SV

W0038944

Max Frisch
Romane, Erzählungen, Tagebücher

Mit einem Nachwort von
Volker Hage

Suhrkamp Verlag

Erste Auflage 2008
© dieser Ausgabe Suhrkamp Verlag Frankfurt am Main 2008
Nachweise am Ende dieses Bandes
Alle Rechte vorbehalten, insbesondere das des
öffentlichen Vortrags sowie der Übertragung
durch Rundfunk und Fernsehen, auch einzelner Teile.
Kein Teil des Werkes darf in irgendeiner Form
(durch Fotografie, Mikrofilm oder andere Verfahren)
ohne schriftliche Genehmigung des Verlages
reproduziert oder unter Verwendung elektronischer Systeme
verarbeitet, vervielfältigt oder verbreitet werden.
Umschlag: Hermann Michels und Regina Göllner
Satz: Hümmer GmbH, Waldbüttelbrunn
Druck: CPI – Ebner & Spiegel, Ulm
Printed in Germany
ISBN 978-3-518-42005-8

1 2 3 4 5 6 – 13 12 11 10 09 08

Inhalt

Tagebuch 1946-1949

Für Constanze

An den Leser

Der verehrte Leser – einmal angenommen, daß es ihn gibt, daß jemand ein Interesse hat, diesen Aufzeichnungen und Skizzen eines jüngeren Zeitgenossen zu folgen, dessen Schreibrecht niemals in seiner Person, nur in seiner Zeitgenossenschaft begründet sein kann, vielleicht auch in seiner besonderen Lage als Verschonter, der außerhalb der nationalen Lager steht – der Leser täte diesem Buch einen großen Gefallen, wenn er, nicht nach Laune und Zufall hin und her blätternd, die zusammensetzende Folge achtete; die einzelnen Steine eines Mosaiks, und als solches ist dieses Buch zumindest gewollt, können sich allein kaum verantworten.

Zürich, Weihnachten 1949

1946

Zürich, Café de la Terrasse

Gestern, unterwegs ins Büro, begegne ich einem Andrang von Leuten, die bereits über den Randstein hinaus stehen, alle mit gestreckten Hälsen; manchmal ein Lachen aus der unsichtbaren Mitte –

Bis ein Gendarm kommt.

Er fragt, was geschehen sei, und da wir es nicht wissen, keilt er sich in den Haufen hinein, nicht barsch, aber von Amtes wegen entschieden. Das gehe nicht, sagt er mehrmals, das gehe nicht! Wahrscheinlich wegen des Verkehrs –

Und dann:

Ein junger Mensch steht da, groß, bleich, eher ärmlich was die Kleidung betrifft, aber kein Bettler, wie es scheint, heiter, unbefangen wie ein Kind; ein offener Koffer liegt neben ihm, und dieser Koffer, wie man nun sieht, ist voller Marionetten. Eine hat er herausgenommen und hält sie eben an den Fäden, so, daß das hölzerne Männlein gerade auf dem Pflaster spazieren kann; unbekümmert um den Gendarm, der einen Augenblick ratlos scheint:

»Was soll das?«

Der junge Mensch, keineswegs verdutzt, zeigt weiter, wie man die einzelnen Gliedmaßen bewegen kann, und einen Atemzug lang, lächelnd und den Daumen im Gürtel, schaut auch der Gendarm zu, der das liebe Gesicht eines Bienenzüchters hat.

»Was soll das?«

Der Mensch, indem er auf die Puppe schaut, lächelnd, da jedermann die Antwort sehen kann:

»Jesus Christus.«

Der Gendarm:

»Das geht nicht . . . Hier nicht . . . das geht nicht –.«

Marion und die Marionetten

Andorra ist ein kleines Land, sogar ein sehr kleines Land, und schon darum ist das Volk, das darin lebt, ein sonderbares Volk, ebenso mißtrauisch wie ehrgeizig, mißtrauisch gegen alles, was aus den eignen Tälern kommt. Ein Andorraner, der Geist hat und daher weiß, wie sehr klein sein Land ist, hat immer die Angst, daß er die Maßstäbe verliere. Eine begreifliche Angst, eine lebenslängliche Angst, eine löbliche Angst, eine tapfere Angst. Zuzeiten ist es sogar die einzige Art und Weise, wie ein Andorraner zeigen kann, daß er Geist hat. Daher das andorranische Wappen: Eine heraldische Burg, drinnen ein gefangenes Schlänglein, das mit giftendem Rachen nach seinem eignen Schwanze schnappt. Ein schmuckes Wappen, ein ehrliches Wappen; deutet auf das Verhältnis zwischen Andorraner und Andorraner, welches ein leidiges ist wie meistens in kleinen Ländern.

Das Mißtrauen –.

Die andorranische Angst, Provinz zu sein, wenn man einen Andorraner ernst nähme; nichts ist provinzieller als diese Angst.

Marion hatte die Puppen geschnitzt, während er krank war. Weil er krank war; die viele Zeit. Er schnitzte sie aus Lindenholz, weil das Lindenholz am wenigsten splittert; es ist nicht hart, nicht eigensinnig, es hat keine Äste, wo das Messer stockt. Das ist die Gefahr, das Stocken bei den Ästen, und dann, plötzlich, springt das Messer davon, und alles ist wieder verdorben, die Nase weg. Lindenholz ist ein williges Holz, ein treues Holz, seine Helle, der Gleichmut seiner Jahrringe; man kann es wirklich loben.

Als er den dritten Nagel in die Wand schlug, um seine Puppe daran aufzuhängen, die dritte, da fragte ihn die Krankenschwester, was er mit diesen Dingern spielen wollte, was für ein Stück …

Das war die Frage.

Sie nahm die Puppe in die Hand:

»Der sieht wie Jesus Christus aus.«

Ja, dachte Marion, aber alle die andern?

Pontius Pilatus –

Judas –

Zuerst spielt Marion für die Armen des Dorfes. Wobei er keineswegs die Frage stellt, warum es Arme gibt und andere; ob darin ein Unrecht liegt oder nicht. Er tut es nicht aus Mitleid. Es genügt ihm, daß er Freude macht; was auch ihm wieder Freude macht. Er tut es ohne Anspruch, ohne Ehrgeiz, ohne Bewußtsein ...

Eines Tages entdeckt ihn ein Kurgast.

Ein Herr mit Monokel –

Cesario, das Urteil von Andorra.

Zu erzählen wäre die rührende und auch wieder tröstliche Szene, wie Marion seiner alten Mutter erklären will, was das bedeutet, ein Brief von Cesario. Er liest ihn vor. Eine Einladung von Cesario. Er liest sie noch einmal vor. Und die Mutter zittert, wie sie eben immerfort zittert, die Arme, den lieben langen Tag:

»Wie heißt der Herr?«

O Grenze des Ruhmes!...

Aber es bleibt dabei, auch wenn die Mutter es nicht begreift: Marion fährt in die Stadt, Marion, der alles für bare Münze nimmt, was man ihm sagt. Er steht am offenen Wagenfenster und winkt, lange noch, es flattern seine Haare, es senkt sich der Rauch über die heimatlichen Felder, Wolken von Bernstein, denn es ist ein sonniger Morgen, und Marion fährt in die Stadt: mit Jesus Christus im Koffer.

Im Kaffeehaus, wo Cesario natürlich auf sich warten läßt, zeigt er seine Puppen einer Kellnerin. Andere treten hinzu; es macht ihnen Spaß, und Marion muß zeigen, wie so eine Puppe auf dem Boden geht –

Bis jener Gendarm kommt:

»Das geht nicht.«

Warum nicht?

Cesario ist es peinlich; er nimmt sein Monokel aus dem Auge, reibt es und tut, als könnte er nicht sprechen, wenn er das Monokel nicht hat, und Marion bleibt ohne Antwort auf seine Frage.

Sein Staunen darüber, wie jedermann sich ein wenig anders verhält, wenn andere am Tische sitzen. Man wird nicht klug aus den Leuten, und es ist wie ein Schachtraum, was Marion in den folgenden Wochen erlebt: jedesmal, da er eine Figur ergreifen will, hat sie soeben die Farbe gewechselt –

Marion schreibt in einem Brief:

»Oft möchte ich meinen, sie halten mich alle zum Narren, nichts weiter.

Sie schnöden über einen Maler, den ich nicht kenne, sie nennen ihn einen
Scharlatan und so weiter, und in der gleichen Woche, wenn ich ins Kaffeehaus gehe, treffe ich sie wieder: sie trinken und rauchen und unterhalten
sich mit Geist, mit Ernst und vortrefflich. Was soll unsereiner da reden, damit er nicht immerfort schweigt? Ich schnöde auch über den Maler, den
ich nur aus ihren eignen Worten kenne, und frage den Fremden, ob er
den Scharlatan auch kenne, und der Fremde ist es selbst, und der Scharlatan bin ich.«

Sein wachsender Drang, nicht länger mitzumachen; er will den Menschen
sagen, was er denkt, so offen als möglich, gleichviel, wer am Tische sitzt.
Sein Irrtum besteht darin, zu meinen, daß er damit die anderen zwinge,
ein gleiches zu tun ...

Von einer sehr reichen Andorranerin, als sie starb, sagte die Welt: Sie hatte
ein sehr gutes Herz. Nämlich sie hatte, sonst ohne Arbeit und Aufgabe,
sehr viel Wohles getan, Geschenke und so weiter ...
    Marion hat die Dame gekannt.
    »Sicher ist«, so denkt er: »sie hatte Anfälle von schlechtem Gewissen.
Das aber, wer weiß, schon das wäre ein großes Lob für die Verstorbene;
ich habe wenige Reiche getroffen, die es so weit brachten.«
    Hat er es gesagt?
    Und wem?
    Und gleichviel, wer am Tische saß?
    Und einmal, als sie bereits die Sessel wieder aufeinander bockten und
Marion noch immer zwischen seinen Ellbogen saß, verloren in einer Sintflut des Herzens, erbarmte sich seiner eine Kellnerin.
    Schön war es nicht –
    Am andern Morgen sieht er sie hangen: Moses, die drei Könige, Chri-
stus aus Lindenholz.
    Und nur der Judas fehlt noch immer.
    Als kenne er ihn nicht.

Gesellschaft bei Cesario.
    Jemand spielte eine Sonate, hinreißend, er mußte wiederholen, und
als er sich zum letzten Male verbeugt hatte, lächelnd, gab es ein längeres

Schweigen; die Damen saßen in langen Kleidern, die Herren in Schwarz.
Man war ergriffen. Dann öffnete sich eine Türe, eine Schiebetüre, und
man begab sich in ein anderes Zimmer, wo es belegte Brötchen gab, Wein
oder Bier, auch Tee für die Damen –

Marion hatte Hunger.

»Ah!« sagte die Trebor und stellte ihre Tasse zurück: »Sie sind also ein
Poet?«

Marion wurde rot.

»Sie sind also ein Poet – und im gleichen Augenblick nennen Sie sich
einen armen Teufel, das verstehe ich nicht!«

»Nicht alle leben in einem solchen Landhaus –.«

»Sie meinen, weil sie nichts haben? Ich beneide Sie, Marion, wenn das
wahr ist. Sie können, was wir nicht können: die Wahrheit denken, sogar
die Wahrheit sagen.«

Marion zuckte die Achseln:

»Wer auf solchen Teppichen wohnt«, versetzte er: »kann sich die Armut
sehr geistreich vorstellen, kein Zweifel.«

Sie blinzelte durch den Rauch ihrer Zigarette.

»Sehen Sie«, sagte die Trebor: »so viele behaupten, sie hätten nichts, und
brüsten sich damit wie Sie, und am Ende haben sie doch immer das eine:
Angst um all das, was sie haben möchten, Angst wie der reiche Mann,
nur ohne Geld. Und ob das arme Teufel sind! Aber dann ist man auch kein
Poet, Marion. Ein Poet, dachte ich immer, darf überhaupt nichts haben –
auch keine Angst.«

Sie lächelte, schaute ihn an:

»Wozu brauchen wir ihn sonst?«

Eine Fee mit bestrichenen Brötchen ...

Und dann, als es soweit war, lag Marion bereits im Bett, er hatte auch das
Licht schon gelöscht: als der Entschluß ihn erreichte, keinerlei Angst mehr
zu haben. Er mußte noch einmal aufstehen; er zog seinen Mantel an, es
war Mitternacht vorbei, und er schrieb an die Trebor, alles, was er gehört
hatte, wenn sie nicht zugegen war –.

Der nächste Abend fand nicht mehr statt.

Alles hat Folgen; Freundschaften gibt es, die jahrelang darauf bestanden
haben, daß man sich von dem andern bewundert wähnte, eine Art von Versicherung, die man wiederum mit Bewunderung zahlte: ein offenes Wort,

und weg ist sie. Und Marion ist an allem schuld; denn alles, was man in
Wahrheit sagt, hat Folgen.

Auch gute vielleicht –
Eine Ehe geht in die Luft, zum Beispiel, mitsamt einem Haus und sieben Zimmern, Küche mit Kühlschrank: dafür eine Liebe, eine andere,
die lange schon wartete wie ein Keim unter dem Stein, ein Mögliches,
das plötzlich an die Sonne kommt, ein Lebendiges ...

Marion hat einen Hund, das ist wichtig, das ist ein Geschöpf, das nicht
anders tut, als es ist. Ein kleiner Hund, der im Zickzack über die Straße
schnuppert; plötzlich wirbelt er ab, die Gosse entlang ... und Marion wartet ... Eines Tages wird auch dieser Hund ihn enttäuschen. Noch würde
Marion es nicht glauben, wenn man es ihm sagte. Es ist ein Hundchen
ohne Rasse, ohne Zucht, ohne Anstand und Adel, vor allem aber ohne jeden Anspruch auf all das, und eben darum hat Marion ihn genommen;
ein Köter ohne Stammbaum, ein bräunlicher Knäuel, der immer wieder
fast überfahren wird. Wie soll ein solcher Hund ihn enttäuschen können?
Aber es liegt nicht am Hund, wenn es dazu kommt; es liegt an Marion,
und es wird dazu kommen.

Anfang Februar zeigen sich die ersten Spuren von Irrsinn: die Menschen,
die Marion sah, bewegten sich nicht mehr von innen heraus, wie ihn
dünkte, sondern ihre Gebärden hingen an Fäden, ihr ganzes Verhalten,
und alle bewegten sich nach dem Zufall, wer an diese Fäden rührte; Marion sah eine Welt von Fäden. Er träumte von Fäden ...
Das war anfangs Februar.
Es drängte ihn dazu, daß er mit den Fäden spielte. Nämlich er wollte
sich überzeugen, daß es doch nicht so war, das mit den Fäden. Er gab
einen ganzen Tag dafür, noch einmal suchte er alle auf, die er kannte, Cesario zum Beispiel, der immer, gebildet wie er ist, an Hand von Kenntnissen redet: er redet von mittelalterlichen Puppenspielen –
Marion hört zu.
»Übrigens finden Sie eine verwandte Erscheinung, wenn Sie an die antike Maske denken; schon bei den alten Griechen –.«
Marion nickt. Und Cesario ist voller Wohlwollen wie am ersten Tag, als
er den Puppenspieler entdeckte, ja, auch für den Puppenspieler bestellt er
noch einmal einen Drink ...

Was hat Marion getan?

Er hat genickt: gläubig und immerzu –

Weiter nichts.

»Ein kluger Bursche, ein heller Bursche! Habe ich es nicht auf den ersten Blick gemerkt? Ein begabter Bursche, und so bescheiden dabei, so bescheiden!...«

Und Marion seinerseits denkt:

»Wenn Cesario an mich glaubt, und wie habe ich diesem Manne doch Unrecht getan, indem ich ihn neulich einen eitlen Schwätzer nannte, nein wirklich, wenn Cesario an meine Puppen glaubt, Cesario, der Unbestechliche, er, dessen Urteil, wie jedermann weiß, so streng ist, aber gerecht, aber gerecht –«

Marion war wie benommen.

Er hatte spielen wollen; er hatte sich überzeugen wollen, daß es doch nicht so war, das mit den Fäden –

Aber es war so.

Auch bei ihm selber war es so.

Jetzt, in jedem Spiegel, sah er den Judas –

Am selben Abend erwürgte er den Hund. Man fand ihn später in der Garderobe, den Hund, und sich selber hatte er im Abort erhängt, nebenan, während die Leute auf dem blauen Polster saßen und über den kleinen Moses klatschten, über die drei Könige, über den Christus aus Lindenholz, über Pontius Pilatus.

Cesario, als er im Kaffeehaus davon hörte, zeigte sich betroffen und bereit, an der Bestattung teilzunehmen und allenfalls, wenn es verlangt wurde, einige Worte zu sprechen, obschon er es nicht überzeugend fand, daß Marion sich erhängt hatte; es war bedauerlich, gewiß, es war traurig, aber nicht ein auswegloses Muß, also nicht eine Tragödie im antiken Sinne, sondern nur die Geschichte eines vermeidbaren Irrtums, der darin bestand, daß Marion offenbar meinte, die Wahrheit irgendeines Mannes liege auf seinen Lippen oder in seiner Feder; er hielt es für Lüge, wenn die Menschen bald so, bald anders redeten; eines von beiden, meinte er, müsse eine Lüge sein.

Das verwirrte ihn.

Er erhängte sich aus Verwirrung –.

Café de la Terrasse

Ringsum die brandende Stadt, arbeitsam und rege, das Hupen der Wagen, das hohle Dröhnen von den Brücken – und hier diese grünende Insel der Stille, der Muße; es ist die erste am Tage, und ringsum läuten die Glocken, es hängt wie ein Summen über den Straßen und Plätzen, über den Alleen, über den Zinnen mit flatternder Wäsche, über dem See. Es ist Samstag. Es ist elf Uhr, die Stunde, wie ich sie liebe: alles in uns ist noch wach, heiter ohne Überschwang, fast munter wie das rieselnde Baumlicht über den marmornen Tischlein, nüchtern, ohne die Hast einer wachsenden Verzweiflung, ohne die abendlichen Schatten der Melancholie – Alter zwischen dreißig und vierzig.

Nachtrag zu Marion

Marion und der Engel, der eines Abends neben ihm steht und ihn fragt, was eigentlich er möchte, und Marion, der sich an den Nacken greift:
»Was ich möchte?«
Es ist wirklich ein Engel! –
Marion:
»Wenn ich am abendlichen Ufer sitze, einmal möchte ich wandeln können über das Wasser, über die Tiefe voll perlmutterner Wolken, oder ich möchte, wenn ich auf dem Hügel stehe und meine Pfeife rauche, die Hände in den Hosentaschen, ich möchte die Arme von mir strecken, so wie man im Traume es kann, und niedergleiten über die Hänge, über die abendlichen Wipfel der Tannen, über Gehöfte und Dächer, über Kamine, über die Felder mit den Obstbäumen darin, mit Pflügen und dampfenden Rossen darin, über die Drähte voll tödlichen Stromes, über den Kirchhof hinweg, den geschlossenen – nicht einmal fliegen wie ein Vogel, der aufwärts steigt und sich erhebt, oh, ich bin es zufrieden, wenn du mich gleiten ließest, Engel, nur eine Weile lang: zurück in die Gefangenschaft unsrer Schwere!... Das alles aber, Engel, es soll nicht ein Traum sein. Ganz wirklich soll es sein, das Unglaubliche. Und niemals braucht es wiederzukehren. Und niemand, den ich im Ehrgeiz bedenke, niemand muß es erfahren und glauben. Es sei mir genug, wenn ich allein es weiß: Einmal bin ich

über das Wasser gegangen, ganz wirklich. Und niemals brauchte es wiederzukehren!«

Café de la Terrasse

In der Straßenbahn treffe ich Kellermüller, zum erstenmal seit Jahren;
nachher stehen wir noch fast eine Stunde zusammen, drüben beim Kiosk,
und es fällt mir auf, wie oft er betont, daß er älter werde, immer wieder, als
hätte man das Gegenteil vermutet. Aber er sei nicht traurig darüber, versichert er, mitnichten; er ist überzeugt, daß er die Dinge, die er bisher bedacht und beschrieben hat, vollkommen anders sehe, und nicht nur das!
Er ist überzeugt, daß er sie zum erstenmal wirklich sieht. Darum ist er
glücklich oder mindestens gelassen, obschon er alles, was er bisher geschrieben hat, als Mist betrachtet ...
   »Jedenfalls war es verfrüht.«
   »Glauben Sie das im Ernst?«
   »Ich meine nicht das handwerkliche Können, nicht das allein; sondern
die Art, wie man den Menschen sieht –.«
   Einmal wage ich es und sage:
   »Gerade Ihre frühen Novellen mag ich besonders.«
   Er schneuzt sich nur, und ich habe mehr und mehr das Gefühl, daß er
sich Unrecht tut, wenn er die spätere Einsicht, nur weil sie auf alle frühe-
ren zurückschauen kann, für die bessere hält, die gerechtere –

Es ist nicht das Alter, was an Kellermüller auffällt, sondern die Anmaßung
aller Gegenwart; sie zeigt sich schon darin, daß wir stets, wenn wir eine
Sache oder ein Gesicht plötzlich anders erblicken, ohne Zögern sagen:
   Ich habe mich getäuscht!
   Ich habe ...
   Vielleicht täusche ich mich jetzt erst, oder sagen wir: heute noch mehr
als damals.

Vom Sinn eines Tagebuches:
   Wir leben auf einem laufenden Band, und es gibt keine Hoffnung, daß
wir uns selber nachholen und einen Augenblick unseres Lebens verbessern
können. Wir sind das Damals, auch wenn wir es verwerfen, nicht minder
als das Heute –

Die Zeit verwandelt uns nicht.
Sie entfaltet uns nur.

Indem man es nicht verschweigt, sondern aufschreibt, bekennt man sich
zu seinem Denken, das bestenfalls für den Augenblick und für den Standort stimmt, da es sich erzeugt. Man rechnet nicht mit der Hoffnung, daß
man übermorgen, wenn man das Gegenteil denkt, klüger sei. Man ist, was
man ist. Man hält die Feder hin, wie eine Nadel in der Erdbebenwarte, und
eigentlich sind nicht wir es, die schreiben; sondern wir werden geschrieben. Schreiben heißt: sich selber lesen. Was selten ein reines Vergnügen
ist; man erschrickt auf Schritt und Tritt, man hält sich für einen fröhlichen
Gesellen, und wenn man sich zufällig in einer Fensterscheibe sieht, erkennt man, daß man ein Griesgram ist. Und ein Moralist, wenn man sich
liest. Es läßt sich nichts machen dagegen. Wir können nur, indem wir den
Zickzack unsrer jeweiligen Gedanken bezeugen und sichtbar machen, unser Wesen kennenlernen, seine Wirrnis oder seine heimliche Einheit, sein
Unentrinnbares, seine Wahrheit, die wir unmittelbar nicht aussagen können, nicht von einem einzelnen Augenblick aus –.

Die Zeit?

Sie wäre damit nur ein Zaubermittel, das unser Wesen auseinanderzieht
und sichtbar macht, indem sie das Leben, das eine Allgegenwart alles Möglichen ist, in ein Nacheinander zerlegt; allein dadurch erscheint es als
Verwandlung, und darum drängt es uns immer wieder zur Vermutung,
daß die Zeit, das Nacheinander, nicht wesentlich ist, sondern scheinbar,
ein Hilfsmittel unsrer Vorstellung, eine Abwicklung, die uns nacheinander
zeigt, was eigentlich ein Ineinander ist, ein Zugleich, das wir allerdings als
solches nicht wahrnehmen können, so wenig wie die Farben des Lichtes,
wenn sein Strahl nicht gebrochen und zerlegt ist.

Unser Bewußtsein als das brechende Prisma, das unser Leben in ein Nacheinander zerlegt, und der Traum als die andere Linse, die es wieder in sein
Urganzes sammelt; der Traum und die Dichtung, die ihm in diesem Sinne
nachzukommen sucht – Später, wie ich die Zeitung lesen möchte, erinnert
mich ein Inserat daran, daß auch der Hellseher, wie mir scheint, in diesem
Zusammenhang bemerkenswert wäre –

In Zürich lebte vor Jahren ein bekannter Professor, dessen Vorlesung ich
noch besucht habe, ein ehemaliger Untersuchungsrichter, ein nüchterner

und beherrschter Mann. Eines Tages war er verschollen. Ein Unglück, ein
Verbrechen? Der Scharfsinn der Polizei, die einigermaßen zu seinen Werk-
zeugen gehörte, versagte vollkommen; sogar der Spürsinn ihrer Hunde. Tage
vergingen, Wochen ohne Ergebnis. In einem Kabarett spielte unterdessen
ein Hellseher, Abend für Abend, den wir wie jeden, der auftritt, für einen
harmlosen Schwindler hielten. Man holte den Mann, führte ihn in das Arbeitszimmer unseres Professors, den er nicht kannte, und fragte ihn, was
er über den Bewohner dieses Zimmers aussagen könnte. Der Mann mit
der Mähne, so heißt es, setzte sich in Trance, nicht anders als im Kabarett.
Als die Polizei ihn wieder fragte, gestand er, daß er nichts Genaues sagen könnte. Ich sehe die Mundwinkel der Polizei! Nur eines sehe er: Wasser, ja, und der Herr, der Bewohner dieses Zimmers, liege nicht allzu tief,
kaum einen Meter unter Wasser, und zwar zwischen Schilf. Aber wo?
Das konnte er nicht sagen, und damit war unser Seher wieder entlassen,
er durfte wieder ins Kabarett. Man suchte die Ufer ab, wo es noch Schilf
gibt. Am Obersee fanden sie nichts. Damit nichts unterlassen blieb, suchten sie auch am Greifensee: der Professor, der sich erschossen hatte, lag
kaum einen Meter unter Wasser, und zwar zwischen Schilf –.

Und ein andrer Fall:

Auch Strindberg, wie es heißt, hatte die Gabe des Hellsehens. Seine
Frau erzählt, wie er ihr einmal in wilder Eifersucht begegnete, Vorwürfe
machte, die ihr haltlos schienen; er schilderte ihr genau, wie sie sich von
einem fremden Mann hätte begleiten lassen, gestern, er wußte einzelne
Straßen, die sie gegangen wären, Hausecken, wo sie stehen blieben, alles
konnte er nennen. Nur stimmte alles nicht. Er war von seiner Eifersucht
nicht abzubringen; für ihn stimmte es. Es waren wenige Monate vergangen, als die Frau mit Verwunderung feststellte, daß sie wirklich, als ein
Herr sie begleitete, eben jenen Weg gegangen waren, den Strindberg schon
damals hatte wissen wollen; es stimmte auf die Straßen genau, sogar die
Hausecke, wo sie stehen blieben –.

Beide Fälle haben eines gemeinsam:

Der Hellseher sieht ein Bild, aber nicht den Ort oder nicht die Zeit, und
wenn er sich darüber äußert, dann irrt er sich leicht, wie Strindberg, der
für geschehen hält, was nur als Mögliches ist. Er sieht nicht das Nacheinander, und das scheint mir vor allem bemerkenswert: er sieht nicht Geschichte, sondern Sein, die Allgegenwart des Möglichen, die wir mit unserem Bewußtsein nicht wahrnehmen können, und offenbar müssen auch

jene, damit sie aus dem Urganzen heraus sehen können, das Bewußtsein ausschalten, das unser Sein immer in Ort und Zeit zerlegt; sie brauchen die Trance.

Daß in früheren Zeiten, wie man immer wieder behauptet, das Seherhafte in höherem Grade vorkam, vor allem auch öfter, würde insofern nicht überraschen; es waren Zeiten minderen Bewußtseins.

Schön auch der Ausdruck: In dunkler Vorzeit. So beginnen die Sagen, die nicht Geschichte sind, sondern Bilder unseres Seins. Und daß es Vorzeit heißt: es ist überhaupt noch keine Zeit, es ist ein Davor, es gibt noch nicht das helle Bewußtsein, das zerlegt, und darum nennen wir die Vorzeit dunkel. Im Gegensatz zu unsrer eignen Zeit, die wir finster nennen. Wir sind wie die Leute, die ins Helle blicken; für alles, was neben dieser Helle unsres Bewußtseins ist, sind wir blind. So straucheln wir immerfort. Es fehlt uns die Hellsicht. Zur Not, oder eher zum Spaß, finden wir sie noch im Kabarett, wo sie allabendlich die Menschen erregt, obschon keiner daran glauben will, keine Packerin, kein Rechtsanwalt; sie sitzen ihrer eignen Seele wie einem Hokuspokus gegenüber, und wenn sie hinauskommen, kaufen sie das Morgenblatt, lesen das Ergebnis und wundern sich, woher es kommt –.

Basel, März 1946

Eine Stunde droben beim Münster; die Vögel auf den einsamen Bänken, die kühle und vornehme Stille des alten Platzes, dessen Fassaden in einer dünnen Morgensonne stehen; das plötzliche Gefühl von fremder Stadt; der Rhein, wie er in silbernem Bogen hinauszieht, die Brücken, die Schlote im Dunst, die beglückende Ahnung von flandrischem Himmel –

Wie klein unser Land ist.

Unsere Sehnsucht nach Welt, unser Verlangen nach den großen und flachen Horizonten, nach Masten und Molen, nach Gras auf den Dünen, nach spiegelnden Grachten, nach Wolken über dem offenen Meer; unser Verlangen nach Wasser, das uns verbindet mit allen Küsten dieser Erde; unser Heimweh nach der Fremde –

Marion und das Gespenst

Einmal hat Marion, so wie man einen Schnupfen hat, plötzlich das alberne und hinderliche Gefühl, daß ein gewisser Andorraner ihm feindlich gesinnt sei. Nennen wir ihn Pedro. Dabei weiß Marion selber nicht, woher er dieses Gefühl eigentlich bezieht; er hat nie mit dem Menschen gesprochen. Höchstens könnte es sein, daß Marion sich einmal betroffen fühlte von einem Satz, den jener Pedro irgendwo geschrieben hat, und es ärgerte ihn, daß Pedro sich einbilden möchte, jener Satz hätte ihn zu Recht betroffen. Der Satz hieß ungefähr: Man kann auch eitel sein auf seine Bescheidenheit. Was übrigens nichts Neues ist! Dennoch verspürte Marion fortan einen Zwang, alles zu lesen, was jener Pedro, der obendrein ein emsiger Bursche ist, an Aufsätzen und Büchern in das andorranische Geistesleben warf, und es mag sein, daß unser armer Marion, der ihn von Herzen haßte, in jener Zeit sein treuester Leser war; es entging ihm kaum eine pedronische Zeile. Er las ihn mit der Ausdauer eines Gekränkten, mit der Sorgfalt eines Herzens, das nach Schadenfreude lechzt, mit einer Spannung, die ihn selbst ärgerte. Daß aber Pedro, wenn man auf der Straße an ihm vorüberging, nichts davon wußte, nicht einmal ahnte, wie Marion ihn las und an ihm litt, das machte ihn für Marion nicht liebenswerter. Im Gegenteil! Marion hätte ihm jedesmal eine herunterhauen können, allein schon wegen seiner gelassenen Art, wie er über die Straßen ging, und ein Hündchen hatte er auch noch, einen grünen Mantel mit Pelz, einen Stock. Und wie gesagt: ein Hündchen! Fast jeder Andorraner kannte ihn, und wo immer sein verhaßter Name erwähnt wurde, galt es für Marion, daß er die Würde wahrte, seine eigene, deren wir zu unserer Selbstachtung bedürfen; Marion war der letzte, der über den Namen herfallen durfte, er mußte es den andern überlassen, daß sie Mistfink sagten und anderes, was Marion auf der Zunge brannte. Marion schwieg. Nicht selten ging er sogar weiter; er wehrte sich für Pedro, und obschon man das Hündchen nicht bestreiten konnte, nahm Marion ihn in Schutz, und wäre es auch nur, damit er sich durch Anstand über ihn erhöbe. Der Genuß dieses eigenen Anstandes, der Pedro nicht vor den allgemeinen Vorwürfen retten konnte, der stille Genuß dieses eignen Edelmutes – man kann nicht sagen, daß er Marion mit seinem Widersacher versöhnte, das gerade nicht, aber es war Balsam, den man selber herstellen konnte, soviel man davon brauchte, und Marion brauchte damals sehr viel davon. Er hatte sich nun einmal in diesen Pedro verhaßt, und wie er später sehen konnte, hatte ihm dieser Haß fast alle Gedanken jener Zeit verhunzt; es kam eine Schärfe in alles, was er dachte und sagte, ein Drang nach Besserwissen, eine Bosheit, die unsere Worte immer spitzer, aber nicht überzeugender macht, ganz abgesehen davon, daß man zu gewissen Gedanken und Überzeugungen nur gelangt, weil man seinen Gegner, Pedro mit Namen, auf einem anderen Standpunkt wähnt. Es liegt in der Natur aller Polemik, daß Marion ihm stets, wenn er im stillen mit ihm haderte, den dümmeren Standpunkt überließ, jenen, den anzugreifen sein eigener Geist gerade noch genügte ... An Siegen fehlte es Marion also nicht. Das Gespenst aber, denn um ein solches handelte es sich mehr und mehr, wurde er dennoch nicht los, obschon er immerfort recht behielt; es änderte nichts an dem Übel, es befreite Marion nicht von dem Zwang, weiterhin recht haben zu müssen, und das Übel, das wie ein Schnupfen begonnen hatte, wurde unabsehbar; es wurde fieberhaft. Marion gewahrte zum Beispiel, daß er bereits in gewissen Gesellschaften saß, nur weil er annehmen durfte, daß Pedro eine solche Gesellschaft nie anerkennen würde, und das bedeutete ja mit Sicherheit, daß die Gesellschaft, wenn sie darum wüßte, auch Pedro niemals anerkennen würde. Es war so eine Gesellschaft, wie es sie überall gibt; man traf sich jeden Monat zu einem Nachtessen, einem sehr andorranischen Nachtessen, nicht billig, aber vortrefflich, Marion war Gast, und das eigentlich Verbindende bestand offenbar darin, daß alle, die um den gedeckten und gesegneten Tisch saßen, sich gegenseitig schätzten. Man kannte sich zwar nicht allzu genau, Marion mußte mehr als einmal sagen, daß er nicht Rechtsanwalt, sondern Puppenspieler sei; immerhin wußte jedermann, welche Ehre es bedeutete, dieser Gesellschaft anzugehören, und man rechnete sich einfach, wenn auch in den schlichten Statuten nichts davon stand, gegenseitig zur geistigen Blüte von Andorra. Es gab sehr lustige Abende; denn es fehlte nicht an Wein, an Kirsch und Zigarren. Ob man es nun glauben will oder nicht, eines Abends, als Marion wieder seine Tischkarte suchte, linkisch wie er war, auch neugierig, zwischen welche Namen von welcher Bedeutung man ihn setzte, eines Abends also gewahrte er, daß er die Ehre hatte, linkerhand neben seinem Gespenst zu sitzen ...

Marion stellte sich vor.

Pedro, der sich zum Überfluß ebenfalls vorstellte, war vollkommen unbefangen, und es lag ihm offensichtlich nicht daran, den erbitterten Streit fortzusetzen; er tat sogar, als wüßte er überhaupt nichts davon, redete über die andorranischen Wahlen, zerbröckelte Brot, betrachtete den alten Leuchter. Es behagte ihm in dieser Gesellschaft so wenig wie Marion; er sagte es rundheraus, nicht grob, nicht böse, aber deutlich, lächelnd, und Marion gab es sich selber zum erstenmal zu, wenigstens sich selber, daß er ebenso dachte wie Pedro. Überhaupt unterhielten sie sich vortrefflich. Pedro hatte zwar auch an diesem Abend sein verhaßtes Spitzbärtchen; aber er meinte es damit nicht böse, wenn man es aus der Nähe sah, nicht anmaßend. Auf dem Heimweg gingen sie sogar ein Stücklein zusammen, Marion und Pedro, der die drollige Geschichte von seinem Hündchen erzählte, das ihm in Paris einfach nachzulaufen begonnen hatte; er fand es unmöglich, daß ein Mann mit einem Hündchen durch die Straßen geht, konnte es dem fremden Hündchen aber nicht begreiflich machen, warum die Andorraner sich darüber erbitterten, und anderseits hatte er auch nicht die Nerven, das heimatlose Hündchen einfach umzubringen, nur weil es den andorranischen Geschmack nicht wittert. Sie standen unter einer späten Laterne; das Hündchen schnupperte in den Rinnsteinen, und Pedro erzählte noch andere Schnurren, die Marion weniger angingen; dennoch hörte er zu, dankbar, daß Pedro ihn endlich von dem albernen Gespenst befreit hatte –

Wer hätte es vermocht außer ihm?

Seither konnte Marion wieder lesen, ohne daß er an Pedro dachte, und er hatte es nicht mehr nötig, daß er in der Gesellschaft der Geistigen Blüte saß; neun Monate hatte das Gespenst ihn gekostet.

München, April 1946

München muß herrlich gewesen sein. Man spürt es noch; die grünen Inseln überall, Alleen und Parke, man denkt an goldene Herbste darin, heiter und leicht, an Dämmerungen nach einem sommerlichen Gewitter, wenn es nach Erde riecht und nassen Blättern. Ein großer Zug ist überall in dieser Stadt, eine Lebensfreude, die aus dem Süden heraufklingt; eine fast italienische Helle muß ihre Architektur umspielt haben –

Sonderbar anzusehen:

Ein Eroberer zu Pferd, der immer noch in die Leere eines vergangenen Raumes reitet, stolz und aufrecht auf einem Sockel von Elend, umgeben

von Stätten des Brandes, Fassaden, deren Fenster leer sind und schwarz
wie die Augenlöcher eines Totenkopfs; auch er begreift noch nicht. Aus
einem Tor, das unter grünenden Bäumen steht, kommt eine erstarrte Kas-
kade von Schutt; es ist ein Tor von bezauberndem Barock, anzusehen wie
ein offener Mund, der erbricht, der mitten aus dem blauen Himmel heraus
erbricht, das Innere eines Palastes erbricht – und die bröckelnden Schwingen eines Engels darüber, einsam wie alles Schöne, fratzenhaft; das Schweigen ringsum, das Erstorbene, wenn es von der hellichten Sonne beschienen
wird, das Endgültige. »Death is so permanent.«

Neger mit einem Mädchen, sie liegen an der Isar; der Neger döst gelassen
vor sich hin, pflanzenhaft, während die kleine Blonde sich über ihn beugt,
trunken, als wären vier Wände um sie –

Auch die Liebfrauenkirche ist ein offener Raum mit schwirrenden Vögeln
darin. Wie ein Gast steht ein einzelner Pfeiler in der Mitte, wie ein Heim-
kehrer, der sich umschaut; irgendwo sieht man Ansätze eines Gewölbes,
Fetzen einer Malerei, die an die Sonne kommt. Das Dach ist ein schwarzes
Gerippe. Und auch hier sieht man wieder auf der andern Seite hinaus: Kamine sind stehengeblieben, eine Badwanne ganz in der Höhe, eine Wand
mit verblaßten Tapeten, dazu die schwarzen Ornamente von Brand, die
Zungen von Ruß, die Fenster voll Ferne und ziehendem Gewölk, voll Frühling. Oft blickt man von einer Straße in die andere hinüber, wenn auch
durch ein Netz von rotem Rost; Reste einer niederhängenden Decke. Es
ist eine Durchsicht, der kaum ein Haus widersteht; nur wenn man eine
Straße hinunterschaut, gibt es nochmals den Anschein, wie es war, und
man meint, nun habe man eine erhaltene Straße gefunden. Aber auch hier,
wenn ich weitergehe, klafft es wieder nach beiden Seiten, und fast überall
bleibt es das gleiche Bild, eine Stadt, aber geräumig und schütter wie ein
Herbstwald. Wäre es ein Erdbeben gewesen, ein Werk der blinden Natur,
man könnte es ebenso wenig begreifen; aber man könnte es hinnehmen
ohne Begreifen –
    Odeonsplatz:
    Ein Krüppel bietet die ersten Spielsachen feil, Affen aus Stoff, die man
über die menschliche Hand stülpen kann . . .
    Morgen ist Ostern.

Du sollst dir kein Bildnis machen

Es ist bemerkenswert, daß wir gerade von dem Menschen, den wir lieben, am mindesten aussagen können, wie er sei. Wir lieben ihn einfach. Eben darin besteht ja die Liebe, das Wunderbare an der Liebe, daß sie uns in der Schwebe des Lebendigen hält, in der Bereitschaft, einem Menschen zu folgen in allen seinen möglichen Entfaltungen. Wir wissen, daß jeder Mensch, wenn man ihn liebt, sich wie verwandelt fühlt, wie entfaltet, und daß auch dem Liebenden sich alles entfaltet, das Nächste, das lange Bekannte. Vieles sieht er wie zum ersten Male. Die Liebe befreit es aus jeglichem Bildnis. Das ist das Erregende, das Abenteuerliche, das eigentlich Spannende, daß wir mit den Menschen, die wir lieben, nicht fertigwerden: weil wir sie lieben; solang wir sie lieben. Man höre bloß die Dichter, wenn sie lieben; sie tappen nach Vergleichen, als wären sie betrunken, sie greifen nach allen Dingen im All, nach Blumen und Tieren, nach Wolken, nach Sternen und Meeren. Warum? So wie das All, wie Gottes unerschöpfliche Geräumigkeit, schrankenlos, alles Möglichen voll, aller Geheimnisse voll, unfaßbar ist der Mensch, den man liebt –

Nur die Liebe erträgt ihn so.

Warum reisen wir?

Auch dies, damit wir Menschen begegnen, die nicht meinen, daß sie uns kennen ein für allemal; damit wir noch einmal erfahren, was uns in diesem Leben möglich sei –

Es ist ohnehin schon wenig genug.

Unsere Meinung, daß wir das andere kennen, ist das Ende der Liebe, jedesmal, aber Ursache und Wirkung liegen vielleicht anders, als wir anzunehmen versucht sind – nicht weil wir das andere kennen, geht unsere Liebe zu Ende, sondern umgekehrt: weil unsere Liebe zu Ende geht, weil ihre Kraft sich erschöpft hat, darum ist der Mensch fertig für uns. Er muß es sein. Wir können nicht mehr! Wir künden ihm die Bereitschaft, auf weitere Verwandlungen einzugehen. Wir verweigern ihm den Anspruch alles Lebendigen, das unfaßbar bleibt, und zugleich sind wir verwundert und enttäuscht, daß unser Verhältnis nicht mehr lebendig sei.

»Du bist nicht«, sagt der Enttäuschte oder die Enttäuschte: »wofür ich dich gehalten habe.«

Und wofür hat man sich denn gehalten?

Für ein Geheimnis, das der Mensch ja immerhin ist, ein erregendes Rätsel, das auszuhalten wir müde geworden sind. Man macht sich ein Bildnis. Das ist das Lieblose, der Verrat.

Man hat darauf hingewiesen, das Wunder jeder Prophetie erkläre sich teilweise schon daraus, daß das Künftige, wie es in den Worten eines Propheten erahnt scheint und als Bildnis entworfen wird, am Ende durch eben dieses Bildnis verursacht, vorbereitet, ermöglicht oder mindestens befördert worden ist –

Unfug der Kartenleserei.

Urteile über unsere Handschrift.

Orakel bei den alten Griechen.

Wenn wir es so sehen, entkleiden wir die Prophetie wirklich ihres Wunders? Es bleibt noch immer das Wunder des Wortes, das Geschichte macht: –

»Im Anfang war das Wort.«

Kassandra, die Ahnungsvolle, die scheinbar Warnende und nutzlos Warnende, ist sie immer ganz unschuldig an dem Unheil, das sie vorausklagt?

Dessen Bildnis sie entwirft.

Irgendeine fixe Meinung unsrer Freunde, unsrer Eltern, unsrer Erzieher, auch sie lastet auf manchem wie ein altes Orakel. Ein halbes Leben steht unter der heimlichen Frage: Erfüllt es sich oder erfüllt es sich nicht. Mindestens die Frage ist uns auf die Stirne gebrannt, und man wird ein Orakel nicht los, bis man es zur Erfüllung bringt. Dabei muß es sich durchaus nicht im geraden Sinn erfüllen; auch im Widerspruch zeigt sich der Einfluß, darin, daß man so nicht sein will, wie der andere uns einschätzt. Man wird das Gegenteil, aber man wird es durch den andern.

Eine Lehrerin sagte einmal zu meiner Mutter, niemals in ihrem Leben werde sie stricken lernen. Meine Mutter erzählte uns jenen Ausspruch sehr oft; sie hat ihn nie vergessen, nie verziehen; sie ist eine leidenschaftliche und ungewöhnliche Strickerin geworden, und alle die Strümpfe und Mützen, die Handschuhe, die Pullover, die ich jemals bekommen habe, am Ende verdanke ich sie allein jenem ärgerlichen Orakel!...

In gewissem Grad sind wir wirklich das Wesen, das die andern in uns hineinsehen, Freunde wie Feinde. Und umgekehrt! auch wir sind die Verfasser der andern; wir sind auf eine heimliche und unentrinnbare Weise verantwortlich für das Gesicht, das sie uns zeigen, verantwortlich nicht für ihre Anlage, aber für die Ausschöpfung dieser Anlage. Wir sind es, die dem Freunde, dessen Erstarrtsein uns bemüht, im Wege stehen, und zwar dadurch, daß unsere Meinung, er sei erstarrt, ein weiteres Glied in jener Kette ist, die ihn fesselt und langsam erwürgt. Wir wünschen ihm, daß er sich wandle, o ja, wir wünschen es ganzen Völkern! Aber darum sind wir noch lange nicht bereit, unsere Vorstellung von ihnen aufzugeben. Wir selber sind die letzten, die sie verwandeln. Wir halten uns für den Spiegel und ahnen nur selten, wie sehr der andere seinerseits eben der Spiegel unsres erstarrten Menschenbildes ist, unser Erzeugnis, unser Opfer –.

Zwischen Nürnberg und Würzburg

Ende eines Traums:

Unser heimatlicher See, Meerschiffe, die, wie ich behaupte, von München kommen, eine Art von Überschwemmung, die offenbar steigt, während ich verreist bin, und immer noch steigt, aber so, daß sie die Schiffe nicht hebt; sie ragen nur noch als Maste heraus, als fahrende Wimpel, und ich frage mich, wie denn die Passagiere leben können. Aber niemand weiß Auskunft. Ich möchte nach Küsnacht wegen unserer Kinder. Überall Schilf, ein Wirbel mit vielen Ameisen drin, ein kreisendes Gewimmel, und später steigen wir auf einen Berg, hastig und voller Schrecken, es ist ein rötlicher Fels, der unter uns zerbröckelt, Steinschlag unter jedem Schritt, unvermeidbar, es sind lauter Backsteine, in munteren und immer größeren Sätzen springen sie hinunter über den Hang, bis sie ins Meer fallen –

Beim Erwachen vollkommen zerschlagen.

Draußen, soviel ich durch das verbretterte Fenster sehe, wieder ein zerstörter Bahnhof –

Mondschein.

Der andorranische Jude

In Andorra lebte ein junger Mann, den man für einen Juden hielt. Zu erzählen wäre die vermeintliche Geschichte seiner Herkunft, sein täglicher Umgang mit den Andorranern, die in ihm den Juden sehen: das fertige Bildnis, das ihn überall erwartet. Beispielsweise ihr Mißtrauen gegenüber seinem Gemüt, das ein Jude, wie auch die Andorraner wissen, nicht haben kann. Er wird auf die Schärfe seines Intellektes verwiesen, der sich eben dadurch schärft, notgedrungen. Oder sein Verhältnis zum Geld, das in Andorra auch eine große Rolle spielt: er wußte, er spürte, was alle wortlos dachten; er prüfte sich, ob es wirklich so war, daß er stets an das Geld denke, er prüfte sich, bis er entdeckte, daß es stimmte, es war so, in der Tat, er dachte stets an das Geld. Er gestand es; er stand dazu, und die Andorraner blickten sich an, wortlos, fast ohne ein Zucken der Mundwinkel. Auch in Dingen des Vaterlandes wußte er genau, was sie dachten; sooft er das Wort in den Mund genommen, ließen sie es liegen wie eine Münze, die in den Schmutz gefallen ist. Denn der Jude, auch das wußten die Andorraner, hat Vaterländer, die er wählt, die er kauft, aber nicht ein Vaterland wie wir, nicht ein zugeborenes, und wiewohl er es meinte, wenn es um andorranische Belange ging, er redete in ein Schweigen hinein, wie in Watte. Später begriff er, daß es ihm offenbar an Takt fehlte, ja, man sagte es ihm einmal rundheraus, als er, verzagt über ihr Verhalten, geradezu leidenschaftlich wurde. Das Vaterland gehörte den andern, ein für allemal, und daß er es lieben könnte, wurde von ihm nicht erwartet, im Gegenteil, seine beharrlichen Versuche und Werbungen öffneten nur eine Kluft des Verdachtes; er buhlte um eine Gunst, um einen Vorteil, um eine Anbiederung, die man als Mittel zum Zweck empfand auch dann, wenn man selber keinen möglichen Zweck erkannte. So wiederum ging es, bis er eines Tages entdeckte, mit seinem rastlosen und alles zergliedernden Scharfsinn entdeckte, daß er das Vaterland wirklich nicht liebte, schon das bloße Wort nicht, das jedesmal, wenn er es brauchte, ins Peinliche führte. Offenbar hatten sie recht. Offenbar konnte er überhaupt nicht lieben, nicht im andorranischen Sinn; er hatte die Hitze der Leidenschaft, gewiß, dazu die Kälte seines Verstandes, und diesen empfand man als eine immer bereite Geheimwaffe seiner Rachsucht; es fehlte ihm das Gemüt, das Verbindende; es fehlte ihm, und das war unverkennbar, die Wärme des Vertrauens. Der

Umgang mit ihm war anregend, ja, aber nicht angenehm, nicht gemütlich. Es gelang ihm nicht, zu sein wie alle andern, und nachdem er es umsonst versucht hatte, nicht aufzufallen, trug er sein Anderssein sogar mit einer Art von Trotz, von Stolz und lauernder Feindschaft dahinter, die er, da sie ihm selber nicht gemütlich war, hinwiederum mit einer geschäftigen Höflichkeit überzuckerte; noch wenn er sich verbeugte, war es eine Art von Vorwurf, als wäre die Umwelt daran schuld, daß er ein Jude ist –
Die meisten Andorraner taten ihm nichts.
Also auch nichts Gutes.
Auf der andern Seite gab es auch Andorraner eines freieren und fortschrittlichen Geistes, wie sie es nannten, eines Geistes, der sich der Menschlichkeit verpflichtet fühlte: sie achteten den Juden, wie sie betonten, gerade um seiner jüdischen Eigenschaften willen, Schärfe des Verstandes und so weiter. Sie standen zu ihm bis zu seinem Tode, der grausam gewesen ist, so grausam und ekelhaft, daß sich auch jene Andorraner entsetzten, die es nicht berührt hatte, daß schon das ganze Leben grausam war. Das heißt, sie beklagten ihn eigentlich nicht, oder ganz offen gesprochen: sie vermißten ihn nicht – sie empörten sich nur über jene, die ihn getötet hatten, und über die Art, wie das geschehen war, vor allem die Art.
Man redete lange davon.
Bis es sich eines Tages zeigt, was er selber nicht hat wissen können, der Verstorbene: daß er ein Findelkind gewesen, dessen Eltern man später entdeckt hat, ein Andorraner wie unsereiner –
Man redete nicht mehr davon.
Die Andorraner aber, sooft sie in den Spiegel blickten, sahen mit Entsetzen, daß sie selber die Züge des Judas tragen, jeder von ihnen.

Du sollst dir kein Bildnis machen, heißt es, von Gott. Es dürfte auch in diesem Sinne gelten: Gott als das Lebendige in jedem Menschen, das, was nicht erfaßbar ist. Es ist eine Versündigung, die wir, so wie sie an uns begangen wird, fast ohne Unterlaß wieder begehen –
Ausgenommen wenn wir lieben.

Frankfurt, Mai 1946

Wenn man in Frankfurt steht, zumal in der alten Innenstadt, und wenn man an München zurückdenkt: München kann man sich vorstellen, Frankfurt nicht mehr. Eine Tafel zeigt, wo das Goethehaus stand. Daß man nicht mehr auf dem alten Straßenboden geht, entscheidet den Eindruck: die Ruinen stehen nicht, sondern versinken in ihrem eigenen Schutt, und oft erinnert es mich an die heimatlichen Berge, schmale Ziegenwege führen über die Hügel von Geröll, und was noch steht, sind die bizarren Türme eines verwitterten Grates; einmal eine Abortröhre, die in den blauen Himmel ragt, drei Anschlüsse zeigen, wo die Stockwerke waren. So stapft man umher, die Hände in den Hosentaschen, weiß eigentlich nicht, wohin man schauen soll. Es ist alles, wie man es von Bildern kennt; aber es ist, und manchmal ist man erstaunt, daß es ein weiteres Erwachen nicht gibt; es bleibt dabei: das Gras, das in den Häusern wächst, der Löwenzahn in den Kirchen, und plötzlich kann man sich vorstellen, wie es weiterwächst, wie sich ein Urwald über unsere Städte zieht, langsam, unaufhaltsam, ein menschenloses Gedeihen, ein Schweigen aus Disteln und Moos, eine geschichtslose Erde, dazu das Zwitschern der Vögel, Frühling, Sommer und Herbst, Atem der Jahre, die niemand mehr zählt –

In einer Anlage, als ich erwache und die Augen aufmache: die spielenden Kinder, die mich geweckt haben, ihre Kleidchen, ihre sehr dünnen Gesichter und der Gedanke daran, daß sie noch nie eine ganze Stadt erblickt haben, dann der Gedanke, daß sie nichts dafür können: weniger als irgendeiner von uns. Zuzeiten ist es das einzige, was außer Zweifel steht; Zuversicht und Auftrag. Über die dringende Hilfe hinaus, die sie vor dem Hunger retten muß so wie alle andern Kinder, geht es vor allem darum, daß sie keine Verdammten sind, keine Verfemten, gleichviel, wer ihre Väter und ihre Mütter sein mögen; wir schulden ihnen mehr als Erbarmen: wir dürfen sie nicht einen Augenblick lang anzweifeln oder es wird unsere Schuld, wenn sich alles wiederholt.

Am Bahnhof:

  Flüchtlinge liegen auf allen Treppen, und man hat den Eindruck, sie würden nicht aufschauen, wenn mitten auf dem Platz ein Wunder geschähe; so sicher wissen sie, daß keines geschieht. Man könnte ihnen sagen, hinter dem Kaukasus gebe es ein Land, das sie aufnehmen werde, und sie sammelten ihre Schachteln, ohne daß sie daran glaubten. Ihr Leben ist scheinbar, ein Warten ohne Erwartung, sie hangen nicht mehr daran; nur das Leben hangt noch an ihnen, gespensterhaft, ein unsichtbares Tier, das hungert und sie durch zerschossene Bahnhöfe schleppt, Tage und Nächte, Sonne und Regen; es atmet aus schlafenden Kindern, die auf dem Schutte liegen, ihren Kopf zwischen den knöchernen Armen, zusammengebückt wie die Frucht im Mutterleib, so, als wollten sie dahin zurück.

Zur Schriftstellerei

Im Grunde ist alles, was wir in diesen Tagen aufschreiben, nichts als eine verzweifelte Notwehr, die immerfort auf Kosten der Wahrhaftigkeit geht, unweigerlich; denn wer im letzten Grunde wahrhaftig bliebe, käme nicht mehr zurück, wenn er das Chaos betritt – oder er müßte es verwandelt haben.

Dazwischen gibt es nur das Unwahrhaftige.

Harlaching, Mai 1946

Seit zwei Wochen wohne ich bei jungen Deutschen, die ich vorher nicht einmal dem Namen nach kannte. Ihre Gastfreundschaft, ganz ohne Gewicht, erinnert an glückliche Reisen von früher und wiederholt die Erfahrung, daß jedes andere Volk, was Gastfreundschaft betrifft, begabter scheint als das unsere. Vielleicht hangt es mit den geringen Entfernungen zusammen, die in unserem Lande vieles bestimmen; vor allem aber mit dem Umstand, daß wir aus der Gastfreundschaft, die zu den schönsten Regungen gehört, ein Gewerbe machen mußten. Jedenfalls fühle ich mich in diesem Hause leichter und freier, selbstverständlicher, als wenn ich bei Landsleuten wohne. Nur beim Essen hat man Hemmungen, und es fällt auf, daß die Leute alles, was sie bekommen, sofort verbrauchen; wer weiß, was morgen ist?

Gestern sprachen wir wieder eine halbe Nacht lang; später erschien auch noch der alte Herr, der nebenan nicht schlafen konnte. Sein gestreiftes Pyjama, sein nackter Hals erinnern an Bilder, die man kennt; in der Tat, wie ich zum ersten Mal erfahre, ist er sechs Jahre in Dachau gewesen. Aber nicht davon erzählt er, sondern von der Zeit davor, von den Ursachen.

»Darüber waren wir uns im Lager einig, daß es nicht die Schuld unsrer Söhne gewesen ist, und wenn sie siebenmal dabei waren –.«

Um drei Uhr ins Bett.

Heute, als ich in die Stadt will, stehe ich plötzlich vor einem Stacheldraht, der sich um das ganze Quartier zieht; ein Geschenk der Nacht. Ein paar feldgraue Gefangene, die unter Aufsicht arbeiten, verknüpfen gerade noch die letzten Rollen; daneben stehen die Wachen mit Gewehr. Überall andere Gerüchte, Erregung und Erbitterung, Schweigen vor den Panzerwagen, Maschinengewehre mit blanken Gurten –.

Der junge amerikanische Offizier:

»Wenn mir einer an die Gurgel springt und ich schlage ihn zu Boden, so tue ich es nicht, weil ich mich als seinen Lehrmeister betrachte, weil ich mir einbilde, ich könnte ihn ändern, oder weil ich ihm beweisen will, daß ich selber keine Fehler habe – sondern ich tue es, damit er mich nicht erwürgt.«

Noch einmal habe ich den Mann gesucht, dem ich Grüße und anderes bringen sollte; die Adresse, die genaue, führt mich auf ein Podest, wo es plötzlich keine Stiegen mehr gibt, und wenn man hinaufschaut, ist es wieder die Bläue mit ziehenden Wolken darin. Es riecht nach Aborten, die vermutlich keinen Anschluß mehr haben, aber benutzt werden; offenbar ist die Ruine doch bewohnt. Einmal klopfe ich an eine Türe, und da sich niemand meldet, drücke ich auf die verstaubte Klinke, öffne und sehe neuerdings auf die Straße hinaus; eine Runse von Schutt, Balken darin, und da ich es betrachtet habe, ziehe ich die Türe wieder zu, versuche es bei der nächsten, wo wirklich jemand erscheint, ein älterer Herr, der mich mit Formen empfängt, die den Gestank vergessen lassen. Leider hat er keine Ahnung; nicht einmal den Namen kennt er –.

Später wieder an die Isar.

Das Gefühl, daß es nie stimmt, wenn wir von ganzen Völkern sprechen, und daß alle Einsichten, die man in dieser Art verallgemeinert, mehr Unheil stiften als anderes – wo könnte es wacher sein als in der Nähe einer jungen Frau, die ein Kind erwartet, in der Gegenwart eines Geschöpfes, das überhaupt noch ohne Gesicht ist? Leider verraten meine Schuhe und meine Aussprache, daß ich aus der Schweiz komme; immerhin ergibt sich ein Gespräch; gelegentlich erzählt sie von Frankreich, wo sie zwei Jahre mit der Wehrmacht weilte, erzählt wie von einer Ferienreise, im Ton: Das war noch ein Leben. Da ich schweige, bricht sie ab, und kurz darauf folgen ihre bitteren Worte über die Besatzung, die eben im Jeep vorbeirast, über die Amerikaner ganz allgemein, die sie als Barbaren bezeichnet. Da ich ihr nicht beistimme, scheint sie ein wenig erschrocken; kurz darauf erhebt sie sich, schroff und ohne Gruß, wie man einen Angeber verläßt.

Auf einer Wiese, draußen an der Isar, spielen sie Fußball, alle mit bloßem Oberkörper. Andere sitzen am Ufer, reihenweise wie die Möwen. Werktag. Sogar die Zeit erscheint wie Ramsch; ohne Eigentümer wie der Helm, den ich in einem Trichter mit Schutt und verrosteten Büchsen finde. Was soll man schon sehen daran! Er ist leer, und die Form, die ich in der Hand habe, kennen wir von hundert Bildern, die jahrelang an unseren Kiosken hingen und gekauft wurden, jahrelang mit lachenden und singenden Siegern darin –

Eine alte Frau mit einem Bein.

Endlich gebe ich die Büchsen, die einem Verschollenen bestimmt waren, und hoffe, daß der Spender, ein Flüchtling, einverstanden wäre.

Zur Schriftstellerei

Was wichtig ist: das Unsagbare, das Weiße zwischen den Worten, und immer reden diese Worte von den Nebensachen, die wir eigentlich nicht meinen. Unser Anliegen, das eigentliche, läßt sich bestenfalls umschreiben, und das heißt ganz wörtlich: man schreibt darum herum. Man umstellt es. Man gibt Aussagen, die nie unser eigentliches Erlebnis enthalten, das unsagbar bleibt; sie können es nur umgrenzen, möglichst nahe und genau, und das Eigentliche, das Unsagbare, erscheint bestenfalls als Spannung zwischen diesen Aussagen.

Unser Streben geht vermutlich dahin, alles auszusprechen, was sagbar ist; die Sprache ist wie ein Meißel, der alles weghaut, was nicht Geheimnis ist, und alles Sagen bedeutet ein Entfernen. Es dürfte uns insofern nicht erschrecken, daß alles, was einmal zum Wort wird, einer gewissen Leere anheimfällt. Man sagt, was nicht das Leben ist. Man sagt es um des Lebens willen. Wie der Bildhauer, wenn er den Meißel führt, arbeitet die Sprache, indem sie die Leere, das Sagbare, vortreibt gegen das Geheimnis, gegen das Lebendige. Immer besteht die Gefahr, daß man das Geheimnis zerschlägt, und ebenso die andere Gefahr, daß man vorzeitig aufhört, daß man es einen Klumpen sein läßt, daß man das Geheimnis nicht stellt, nicht faßt, nicht befreit von allem, was immer noch sagbar wäre, kurzum, daß man nicht vordringt zu seiner letzten Oberfläche.

Diese Oberfläche alles letztlich Sagbaren, die eins sein müßte mit der Oberfläche des Geheimnisses, diese stofflose Oberfläche, die es nur für den Geist gibt und nicht in der Natur, wo es auch keine Linie gibt zwischen Berg und Himmel, vielleicht ist es das, was man die Form nennt?

Eine Art von tönender Grenze –.

Unterwegs, Mai 1946

Schönes deutsches Land! Nichts als ein Wogen von fruchtbarer Weite, Hügel und weiße Wolken darüber, Kirchen, Bäume, Dörfer, die Umrisse nahender Gebirge; dann und wann ein Flugplatz, ein Glitzern von silbernen Bombern, die in langen Reihen stehen, einmal ein zerschossener Tank, der schräg im Graben liegt und mit seiner Kanone in den Himmel zeigt, einmal ein verbogener Propeller in der Wiese –

In Landsberg ist Alarm:

Unser Jeep muß stoppen, wir werden geprüft, Wachen mit Helm und Pistole, Gurten mit glänzenden Patronen, es wimmelt von verwahrlosten Menschen, die mit den Händen fuchteln; ihre Sprache verstehe ich nicht, und auch am Ausgang des lieblichen Städtleins steht ein Panzerwagen, Kanone ohne Mündungskappe.

Dann wieder die offenen Felder, die Allee, die uns seit Stunden begleitet, wieder das Wogen von gelassenen Hügeln, Wolken und Wäldern und wieder Baracken; ein Lager im gerodeten Wald, der Boden ist grau und kahl, pflanzenlos, es erinnert mich an eine Farm mit Silberfüchsen oder so, alles umzäunt und ordentlich und schnurgerade, ein Schachbrett hellichter Verzweiflung, Menschen, Wäsche, Kinder, Stacheldraht.

Bregenz:
Alles trieft von französischen Farben. Übermaß an Flaggen, das nie überzeugt, wie immer ihre Farben auch sind. Wir fahren gerade in einen Aufmarsch mit Trommeln, in eine Musik von aufpeitschender Eleganz, klar
und leidenschaftlich, heiter, durchsichtig, frech und unwiderstehlich. Endlich kommen sie aus einer Gasse hervor, Gesichter voll Mittelmeer, die
Haut wie schöner Lehm, Sammetaugen. Sie schreiten auf den Platz hinaus, wo die Linden stehen, linksum und rechtsum, Trommeln, sie stehen,
abermals Trommeln, sie schwingen die Clairons, und jedesmal, wenn sie
das wieder machen, blinkt es in der Abendsonne wie Stricknadeln. Ich
betrachte ihre weißen Gamaschen, ihre weißen Gürtel, ihre weißen Handschuhe; Marseillaise am Bodensee. Und abermals Trommeln, abermals Fan-
faren, abermals Stricknadeln, eine Hochzeit zwischen Operette und Kaserne, vorzüglich, aber unwahrscheinlich.

Café de la Terrasse

Erst in Zeiten, wo die Arbeit uns wieder verlassen hat, zeigt es sich deutlicher, warum man, wenn irgend es geht, überhaupt arbeitet; es ist das einzige, was uns am Morgen, wenn man jäh und wehrlos erwacht, vor dem
Schrecken bewahrt; was uns in dem Labyrinth, das uns umgibt, weitergehen läßt; es ist der Faden der Ariadne –.
Ohne Arbeit:
Das sind die Zeiten, wo man kaum durch die Vorstädte gehen kann,
ohne verbraucht zu werden von dem Anblick ihrer formlos wuchernden
Versteinerung. Die Art, wie ein Mensch ißt oder lacht, einer, der uns nichts
angeht; die Art, wie einer in der Straßenbahn jedesmal vor der Türe stehenbleibt, wenn andere aussteigen wollen, es kann uns an der Menschheit verzweifeln lassen, und irgendein nächster Fehler, ein eigner, bringt uns vollends um die Zuversicht, daß es ein Gelingen jemals geben kann. Das
Große und das Kleine unterscheiden sich nicht mehr; beides ist einfach
nicht leistbar. Das Maßlose der Angst. Erschlagen stehen wir vor jeder
Nachricht von Elend, von Unordnung, von Lüge, von Unrecht –
Anderseits:
Wenn auch nur die Form eines einzelnen Satzes gelingt, der scheinbar
nichts mit allem gemein hat, was ringsum geschieht – wie wenig das Ufer-

lose uns anhaben kann, das Gestaltlose im eigenen Innern und rings in der Welt! Das menschliche Dasein, plötzlich erscheint es lebbar, ohne weiteres, wir ertragen die Welt, sogar die wirkliche, den Blick in den Wahnwitz: wir ertragen ihn in der wahnwitzigen Zuversicht, daß das Chaos sich ordnen lasse, fassen lasse wie ein Satz, und die Form, wo immer sie einmal geleistet wird, erfüllt uns mit einer Macht des Trostes, die ohnegleichen ist.

Zu Marion

Etliche, als der Puppenspieler sich erhängt hat, nennen ihn einen Ästheten, weil er so sehr des Spieles bedurfte, der Form, um leben zu können – weil er so nahe am Chaos wohnte.

Nachtrag zur Reise

Im großen ganzen, wenn man an die einzelnen Begegnungen zurückdenkt, ist die Kluft doch größer, als man erwartet und erhofft hat, und zugleich überbrückbarer, sobald man auf der anderen Seite ein menschliches Gesicht sieht. Es gibt einzelne, die uns jede Grenze vergessen lassen; man sitzt sich nicht als Deutscher und als Schweizer gegenüber; man ist dankbar, daß man die gleiche Sprache hat, und schämt sich jeder Stunde, da man diese einzelnen vergessen hat. Die Mehrzahl freilich sind solche, die diese Versuchung wieder beschwören, die sich rechtfertigen und uns, ob wir wollen oder nicht, zum Richter setzen, der freisprechen soll, und wenn wir uns dazu nicht entschließen können, sondern schweigen oder an gewisse Dinge erinnern, die man nicht vergessen darf, trifft uns der stumme oder offene Vorwurf, daß wir richterlich sind –

Das Erbarmen – kann es den Sinn haben, unser Urteil aufzulösen? Oder hat es nicht eher den Sinn, daß das Erbarmen uns über das Urteil, ohne es aufzulösen, hinausführte zum zweiten Teil der Aufgabe: zum Handeln, und wie sollte ein Handeln, das nicht aus einem Urteil kommt, jemals eine wirkliche Hilfe sein? Hilfe bedeutet Veränderung im Sinne einer Erkenntnis; beides im Maße unseres Vermögens –

Oft die Empfindung, daß die einzige Zukunft, die möglich ist, wirklich bei den Verzweifelten liegt; aber es fragt sich dann immer, wieweit der Selbstekel, der zum Anhören ebenso erschütternd wie peinlich ist, fruchtbar werden kann, wieweit er ein Vorbote wirklicher Erkenntnis ist, die wir als Verzweifelte eigentlich schon haben, aber noch nicht annehmen; sondern wir übertreiben sie ins Maßlose: damit sie uns selbst unglaubhaft wird. Das aber wäre wieder die Ausflucht in einen Überschwang, der uns nie verändert.

Vor allem ist es natürlich das Elend, das jede Veränderung, noch wo sie möglich wäre, mehr und mehr verhindert. Wenn ich in tödlicher Lungenentzündung liege und man meldet mir, daß mein Nachbar gestorben sei, und zwar durch mein Verschulden, mag sein, ich werde es hören, ich werde die Bilder sehen, die man mir vor die Augen hält; aber es erreicht mich nicht. Die tödliche Not, die eigene, verengt mein Bewußtsein auf einen Punkt. Vielleicht sind manche Gespräche darum so schwierig; es erweist sich als unmenschlich, wenn man von einem Menschen erwartet, daß er über seine eigenen Ruinen hinaussehe. Solange das Elend sie beherrscht, wie sollen sie zur Erkenntnis jenes anderen Elendes kommen, das ihr Volk über die halbe Welt gebracht hat? Ohne diese Erkenntnis jedoch, die weit über die bloße Kenntnis hinausgeht, wird sich ihre Denkart nie verwandeln; sie werden nie ein Volk unter Völkern, was unsrer Meinung nach das eigentliche Ziel ist. Für ein Volk, das nur sich selber sieht, gibt es bloß zweierlei: Weltherrschaft oder Elend. Die Weltherrschaft wurde versucht, das Elend ist da. Und daß es gerade dieses Elend ist, was eine Erlösung aus jener Denkart abermals verhindert, das als das Trostlose –.

Was geschehen müßte?

Das erste ist Nahrung, die allerdings auch bei den Siegern teilweise fehlt, und das andere, was man vorschlagen möchte, wäre die Erlaubnis für junge Deutsche, daß sie für einige Zeit in andere Länder reisen können. Viele sind zwar schon draußen gewesen; sie kennen die Normandie und den Kaukasus, aber nicht Europa; sie lernten alles nur als Sieger kennen. Jedenfalls ist es nicht möglich, daß sie in ihrem Land, selbst wenn sie das Verlangen danach haben, zu einer Übersicht gelangen können; es fehlen ihnen nicht nur die Nachrichten, es fehlt die Entfernung; sie sehen die Besatzung, deren Fehler sie als eigenes Alibi verwenden, und fast niemand, der dort lebt, entgeht diesen augenscheinlichen Verwechslungen von Ursache und Folge. Anderseits zeigt es sich fast ohne Ausnahme, daß junge Deutsche, die ein halbes oder ein ganzes Jahr in einem andern Land sind, vieles anders sehen, und sicher können es nur Deutsche sein, die es den Deutschen sagen.

Zu Marion

Einmal geht Marion durch eine Ausstellung, betrachtet die Bilder eines Malers, den er kennt, und kaum hat er die kleine Galerie verlassen, will es der Zufall, daß er eben diesem Maler begegnet. Es ist jener Mann, den sie den Scharlatan nennen. Er fordert Marion zu einem schwarzen Kaffee, und so sitzen sie denn unter den vertrauten Bögen, rauchen vor sich hin und plaudern allerlei, dieweil die Leute vorübergehen. Es ist später Nachmittag, die letzte Sonne; das lichte Glühen der Ziegel, der Duft von frischem Kaffee, das alles wäre sehr schön, sehr lebenswert. Der Maler aber weiß, daß Marion gerade aus der Galerie kommt, weiß, daß Marion seine neuen Arbeiten betrachtet hat, und das Peinliche besteht darin, daß die Dinge, die man mit Vorsicht beschweigt, immer lauter werden. Es läßt sich nicht aufhalten. Ob sie trinken und über die braune Tasse hinaus auf die Gasse blicken, ob sie abermals rauchen oder lachen oder von einem ernsthaften Geschwür sprechen, im Grunde tun sie nur eines:

Sie schweigen über die Ausstellung.

Der Scharlatan vermutet natürlich, daß Marion seine neuen Arbeiten nicht mag, und das Schweigen geht ihm nachgerade auf die Nerven, was Marion durchaus spürt, sogar versteht, zumal er manchmal auch die andere Rolle spielt, und zwar an diesem selben Tischlein, wenn man seine Puppen beschweigt. Man denkt: So rede doch schon! Es ist nicht angenehm, eine Verneinung auszusprechen. Man fürchtet, daß man dem andern weh tut; in gewissem Grad wird es auch so sein, und dennoch wäre es unumgänglich, denkt Marion, und sogar ausführbar, sofern wir zu seiner Arbeit auch nur einmal ein bejahendes Verhältnis hatten, irgendwo. Fast nicht anzubringen ist es natürlich, wenn man alles, was der Scharlatan macht, ablehnen muß; sogar seine Bemühungen, seine Ziele. So aber, wie Marion sich früher über die Aquarelle äußerte, gäbe es viele Wege, die augenblickliche Verneinung auf eine annehmbare Weise auszusprechen.

»Übrigens«, so könnte Marion sagen: »habe ich eben Ihre neuen Arbeiten gesehen –.«

Und er könnte dazu eine Zigarette anbieten.

»Für meine Person, ich muß es gestehen, habe ich Ihre kleinen Aquarelle lieber. Ich weiß nicht, wie Sie sich selber dazu stellen? Vor allem erinnere ich mich an ein Blatt –.«

Das ließe sich anhören. Wenn auch nicht wie Engelsharfen . . . Aber Marion bietet nur die Zigarette an, und was sich kaum anhören läßt, ist das vollkommene Schweigen, es ist nicht selbstverständlich, es ist ein Krampf, jedenfalls, und das Quälende besteht für den Scharlatan letztlich nicht darin, daß man Furcht hat vor dem bekannten Schmerz, den jede Verneinung verursacht, vor allem natürlich die treffende; das eigentlich Quälende kommt daher, daß Marion ihre menschliche Beziehung für eine so schwache Brücke hält, die mit keinem Schmerzchen belastet werden könnte; für eine Beziehung, die nur am Spalier des Lobes gedeiht, und einmal mehr ist es der plötzliche Schrecken, daß einer sich einsamer sieht, als er eben noch meinte; diesmal der Scharlatan.

Unterdessen ist auch die Sonne verschwunden – Marion erzählt von der Trebor. Wozu! Nur damit er sein Schweigen nicht hört, sein eigenes; denn je länger dieses Schweigen nun dauert, um so unentrinnbarer wird der weitere Verdacht, daß Marion die eben betrachtete Arbeit nicht offenherzig verneinen kann, weil auch das Ja, das er einmal zu früheren und anderen Arbeiten gab, plötzlich nicht stimmt. Es gibt jenes kleine Blatt nicht, das ihm lieber wäre. Obschon er es damals lobte. Er erinnert sich sehr deutlich daran; aber es war eine Lüge, die ihm vielleicht jetzt erst bewußt wird, jetzt, wo er darauf bauen sollte, und es gibt offenbar nichts zwischen ihnen, worauf man bauen könnte, nichts ohne Lüge –

Dann aber:

Wozu reden sie über alles andere, über Gott und die Welt, indem sie einander Zigaretten anbieten; wozu urteilen sie zusammen über andere Menschen?

Und noch eins! Auch das Schweigen, ob wir wollen oder nicht, wird zu einer Aussage, die im Grunde von erstaunlicher Anmaßung ist; man verschweigt sein Urteil, weil man es platterdings für ein Todesurteil hält, unbedingt und gültig in einer Weise, die dem armen Scharlatan, dessen Bilder uns mißfallen, keine Hoffnung mehr läßt auf ein höheres Gericht.

Nimmt man seine Meinung nicht zu wichtig? Auf jeden Fall, denkt Marion, wäre es besser gewesen, man hätte gesprochen.

Aber wie?

Nach einem Flug

Ein Flug über die Alpen, der nach einem anfänglichen Kitzel eine gewisse Leere hinterließ, beschäftigt mich doch immer wieder. Es sind vierzehn Jahre seit dem letzten Flug, der damals vom Bosporus nach Griechenland führte. Die Erinnerung von damals, verschüttet von den eignen Erzählungen, die man wie eine Platte immer wieder vorspielte, bis man sich nur noch an die eignen Worte, aber nicht mehr an das Erlebnis erinnerte, erfaßte mich als erstes, kaum sind wir in der Luft; das Dröhnen der Motoren, das fast zur Stille wird und uns von allem Erblickten sonderbar trennt, dazu der lautlose Flügel, der über die Äcker und die Dächer schwankt, hin und wieder ein kleines Luftloch, das genügt: man könnte, während wir gerade über die allernächste Heimat fliegen, vom Schwarzen Meer erzählen wie zum erstenmal, von den Dardanellen, von Troja, von der Stunde über dem küstenlosen Meer; hinter der anekdotischen Erstarrung, der fast alle unsere Erinnerungen verfallen, ist alles noch da ...

Der Blick auf den See:

Die weißen Segelchen erscheinen wie auf eine Glasscheibe gesetzt, das Wasser nicht als tragende Masse, die Durchsicht in die grüne Seichte, überhaupt das Röntgenhafte dieser Aufsicht – ich erinnere mich an ein versenktes Kriegsschiff, das wir damals in den Dardanellen unter Wasser sahen; – hier ist es vor allem die Nagelfluhkante, die man deutlich verfolgen kann, jener jähe Absturz, der schon so manchem Nichtschwimmer zum plötzlichen Verhängnis wurde; fast komisch wirken die säuberlichen Gärtlein, deren Insassen sich an einer lauteren Wasserhelle wähnen; aus der Höhe zeigt sich, daß wir an einer traumhaft-trüben Wildnis von Schlamm und Schlingzeug wohnen, harmlos und ahnungslos wie unserem Unbewußten gegenüber. Das Röntgenhafte auch auf dem Land: die ockerbleiche oder schwarze Zeichnung in den Äckern, die wie eine Geheimschrift zum Vorschein kommt. Teilweise sind es alte Bachläufe, die ohne weiteres sich lesen lassen; anderes bleibt rätselhaft. In England, höre ich von einem Kolle-

gen, hat man verschüttete Ursiedlungen entdeckt, die sich in der Magerkeit der Wiesen oder Wälder verrieten; gewissermaßen wie ein geometri-
sches Wasserzeichen.

Das einzige, was mich für Augenblicke erschreckt, ist das fast unverschämte Gefühl von Sicherheit, das sich auch bei leichtem Sacken nicht verliert,
im Gegenteil; die Luft als spürbarer Stoff; das natürlich-sichere Gefühl
eines Schwimmers; es geht bis zum Bedauern, daß man in dieser Kajüte
hocken muß, daß man nicht an einem Leiterchen auf den breiten Flügel
hinausgehen kann. Man sieht das saubere Muster seiner Nieten. Ein reglo-
ses Rohr, das vermutlich als Auspuff dient, die blechernen Laschen, die frische Luft fangen, alles ist so, wie man es im Hangar sehen kann; ohne Bezug auf den Augenblick und auf den Ort, wo es sich befindet; es erfüllt
eine errechnete Pflicht, ob es im Windkanal oder über dem Titlis ist; ich
sage mir selber: Das ist doch selbstverständlich. Was soll dieses geschwun-
gene Blech schon machen? Dennoch blicke ich immer wieder darauf; die
Ruhe des Gegenstandes hat etwas Aufreizendes. Der Gedanke, im Fallschirm abzuspringen, ergibt sich ohne jeden Aufwand an Mut; so gänzlich
ist man schon aus dem menschlichen Maßstab gelöst –
    Es ist herrlich!
    Aber etwas bleibt luziferisch.
    Über einem Städtchen, das wie unsere architektonischen Modelle an-
zusehen ist, entdecke ich unwillkürlich, daß ich durchaus imstande wäre,
Bomben abzuwerfen. Es braucht nicht einmal eine vaterländische Wut,
nicht einmal eine jahrelange Verhetzung; es genügt ein Bahnhöflein, eine
Fabrik mit vielen Schloten, ein Dampferchen am Steg; es juckt einen, eine
Reihe von schwarzen und braunen Fontänen hineinzustreuen, und schon
ist man weg; man sieht, wie sich das Dampferchen zur Seite legt, die Straße ist wie ein Ameisenhaufen, wenn man mit einem Zweiglein hineinsticht,
und vielleicht sieht man auch noch die Schlote, wie sie gerade ins Knie brechen und in eine Staubwolke versinken; man sieht kein Blut, hört kein Röcheln, alles ganz sauber, alles aus einem ganz unmenschlichen Abstand,
fast lustig. Nicht ohne eigene Gefahr; das meine ich nicht, daß es harmlos
sei; ich denke auch die weißen Wölkchen, die jetzt ringsum aufplatzen,
eine Staffel von Jägern, die hinter uns auftauchen und größer werden mit
jedem Atemzug, lautlos, dann das erste Splittern in einer Scheibe, ein Ge-
jaul wie in den Scheibenständen, verfolgt von einem verspäteten und ver-

wehten Geratter. Das alles inbegriffen! Ich meine nur den Unterschied, der darin besteht, ob ich Bomben streue auf ein solches Modell, das da unter den jagenden Wolken liegt, halb rührend, halb langweilig und kleinlich, oder ob ich ebenfalls dort unten stehe, mein Sackmesser öffne und auf einen Menschen zugehe, einen einzigen, dessen Gesicht ich sehen werde, beispielsweise auf einen Mann, der gerade Mist verzettelt, oder auf eine Frau, die strickt, oder auf ein Kind, das barfuß in einem Tümpel steht und heult, weil sein papiernes Schifflein nicht mehr schwimmt. Das letztere kann ich mir nicht zutrauen. Beim ersteren, das ist der Unterschied, bin ich durchaus nicht sicher.

Im Egmont gibt es eine Stelle, wo die biederen Bürger über ihren Helden und Liebling sprechen, der sie eben auf der Straße verlassen hat.
»Ein schöner Herr!«
Und unwillkürlich sagt einer:
»Sein Hals wäre ein rechtes Fressen für einen Scharfrichter –.«
»Bist du toll? was kommt dir ein?«
»Dumm genug«, murmelt er: »daß einem so etwas einfällt. Es ist mir nun so. Wenn die Burschen schwimmen, und ich seh einen nackten Buk-kel, gleich fallen sie mir zu Dutzenden ein, die ich habe mit Ruten strei-chen sehn. Die verfluchten Exekutionen! man kriegt sie nicht aus dem Sinn.«

Das verlorene Raumgefühl in der Kurve: man empfindet sich, da die Schwerkraft uns gewissermaßen an die Schwungkraft verliert, immerfort in der gleichen Lage, und scheinbar ist es die Erde, die auf der Waage schau-kelt, die zur Linken plötzlich versinkt, während das andere Fenster voll Wald ist, voll See –
Wir kreisen irgendwo.
Zum Bewußtsein kommt, wie gering eigentlich die Zone ist, die den Menschen ernährt und gestaltet; schon kommen die letzten Matten, schon beginnt die Vereisung. Zweitausend oder dreitausend Meter genügen, und unsere Weltgeschichte ist aus. Gewisse Kessel, die wir sehen, könnten auch auf dem Mond sein. Die vielleicht einzig vorkommende Gunst von Um-ständen, die irgendwo im Weltall ein menschliches Geschlecht ermöglicht hat, liegt als ein ganz dünner Hauch in den Mulden, und es genügt die ge-ringste Schwankung der Umstände; eine Vermehrung des Wassers, eine

Verdünnung der Luft, eine Veränderung der Wärme. Unser Spielraum ist nicht groß. Wir nisten in einem Zufall, dessen empfindliche Zuspitzung, wenn sie uns manchmal zum Bewußtsein kommt, beklemmend wird, zugleich begeisternd. Die Menschheit als Witz oder als Wunder; die paar Jahrtausende, die sie haben mag, sind nichts gegenüber der Unzeit, die sie umgibt, und dennoch mehr als diese Unzeit. Was es heißt, diesem Augenblick anzugehören –.

Wir sind eine Gruppe von Malern und Schriftstellern; jeder darf einmal in die Laterne, wo der Pilot sitzt. Einmal fliegen wir ganz nahe an den Gipfel des Finsteraarhornes. Die Entfernung zwischen dem Felsen und unserem Flügel, sagt der Pilot, habe keine dreißig Meter betragen. Jedenfalls wird das Gestein wieder greifbar. Die plötzliche Lust zum Klettern, überhaupt die Gier, den Dingen wieder näherzukommen. Nicht aus Angst vor dem Schweben; wir fühlen uns ja, wie gesagt, unverschämt sicher in unserem Polster, und der Gedanke, dort drüben auf dem schwärzlichen Grat zu stehen, gibt erst wieder ein Gefühl von Gefahr, aber auch von Wirklichkeit. Es geht gegen sieben Uhr abends, eine Stunde, wo ich noch nie auf einem solchen Gipfel war; es ist wunderbar für das Auge, aber vermischt mit der Unruhe eines verspäteten Kletters; die Täler im Schatten, violett, die letzte Sonne auf einer Gwächte, grünlich durchschimmert; erst durch den unwillkürlichen Kniff, daß man sich in die Lage eines Kletters versetzt, wird alles wieder ernsthaft und erlebbar, wirklich und schrecklich. Überhaupt sind die Augenblicke, wenn plötzlich ein Grat oder ein Firn zu uns emporkommt, durchaus stärker als die Viertelstunden, da man einfach schwebt; plötzlich sieht man die Körnung im Schnee, die bekannten Spuren von kleinen Rutschen und von Steinschlag; man ist froh darum, jedesmal, wie um ein Erwachen. Leider zwingen die Wolken, daß wir uns wieder aus dem Aletschkessel heben; Jungfrau und Eiger rauchen wie Vulkane, über dem Lötschtal ballt sich ein kommendes Gewitter –

»Das ist der Märjelensee!«

»Die Sphinx!«

»Der Staubbach –.«

»Die Grimselmauer –.«

Auch unser fast schülerhaftes Bedürfnis, sich immerfort die Namen aufzusagen, deute ich mir als ein Bedürfnis, das zerrissene Verhältnis wieder herzustellen, zurückzukehren in einen erlebbaren Maßstab. Jeder Name bedeutet: Das ist wirklich, da bin ich schon einmal gewesen, das gibt es, diesen Firn habe ich einmal erlebt, er ist sechs Stunden lang. Warum rufen sie uns plötzlich ans andere Fenster? Warum der Lärm?

»Eine Spur! Dort über der langen Spalte!«

»Wo?«

»Natürlich ist das eine menschliche Spur!«

Es erregt sie wie einst den Robinson.

Was nochmals die Bomben betrifft: –

Ohne die Entbindung aus dem erlebbaren Verhältnis, die uns die Technik in zahllosen Spielarten ermöglicht, wäre es vermutlich, ohne daß die Leute besser sein müßten, nicht so leicht, Heere von solcher Größe aufzustellen, gehorsam und jederzeit marschbereit. Nicht alle von uns eignen sich zum Schlächter, aber fast alle zum Soldaten, der an der Kanone steht, auf die Uhr schaut und die Leine abzieht. Es ist sonderbar, daß die räumliche Entfernung, die man in Metern messen kann, eine solche Bedeutung haben soll; daß unsere Vorstellung nicht stärker ist. Vielleicht ist sie es für Augenblicke, aber nicht auf die Dauer. Daß wir die Menschen, die wir nicht mit dem Auge und dem Gehör und den anderen sinnlichen Antennen erfassen, bald nicht mehr ernstnehmen können, zeigt sich ja auch sonst; das bekannte Erlöschen unsrer Briefwechsel, wenn eine Wiederbegegnung unwahrscheinlich wird; eine Weile zwingt uns noch der Anstand, der Stolz, der Wille zur Würde, die hehre Meinung, daß wenigstens unser Geist und unser Herz keiner räumlichen Schranke unterworfen seien. Es stimmt mindestens nicht für das Herz. Natürlich reicht es über unsere Sinne hinaus, aber nicht unbeschränkt; es reicht nicht um die Erde; wir sprechen von Zeiten des Friedens, wenn der Krieg in China ist. Es ist ganz offenbar, daß das menschliche Erleben, auch wenn wir uns außermenschliche Leistungen entlehnen können, mehr oder minder an den Bereich gebunden bleibt, den wir mit eignen Kräften bewältigen können. Oder mit den Kräften eines anderen natürlichen Körpers; beispielsweise eines Pferdes. Auch das Segeln bleibt noch im erlebbaren Verhältnis; der Wind ist eine außermenschliche Kraft, die wir aber nicht selber entfesseln, und gehört zu unsrer natürlichen Umwelt, die unsere körperliche Eigenschaft bildet: im Gegensatz zu den Kräften, die wir aus schweigenden Naturstoffen umsetzen, speichern und nach unsrer Willkür entfesseln. Sie erst bringen uns in Lagen und in ein Tempo, das die Natur uns nicht zudachte, und wenigstens bisher sehen wir kein Anzeichen, daß unsere Natur sich wesentlich anpaßt; die bekannte Leere bei unseren Ankünften; weil unser Erleben, wenn ein gewisses Tempo überschritten wird, nicht mehr folgen kann; es wird dünn und dünner. Zwar nennen wir es noch lange Erlebnis, wo es bloß noch Kitzel ist, ein Abenteuer der Leere, ein Rausch, sich selber aufzuheben, eine Art von Wollust, daß man sich so weit verdünnen kann, bis man ohne jedes Erlebnis durch einen ganzen Erdteil kommt. Genau vor hundert Jahren fuhr die erste Eisenbahn in unserem Land; dreißig Kilometer in der Stunde. Es ist klar, daß es dabei nicht bleiben konnte. Das Kennzeichen dafür, daß wir unser Tempo überschritten haben, ist das Ungenügen, das wir jedesmal empfinden, wenn ein andrer Wagen uns vorfährt; zwar fahren wir selber schon so, daß mein Erlebnis nicht mehr folgt; in der Hoffnung aber, das verlorene Erlebnis einzuholen, geben wir nochmals Gas. Es ist das luziferische Versprechen, das uns immer weiter in die Leere lockt. Auch der Düsenjäger wird unser Herz nicht einholen. Es gibt, so scheint es, einen menschlichen Maßstab, den wir nicht verändern, sondern nur verlieren können. Daß er verloren ist, steht außer Frage; es fragt sich nur, ob wir ihn noch einmal gewinnen können und wie?

Am meisten, wenn ich an unseren Flug denke, bleibt mir eigentlich die letzte halbe Stunde, das Durchfliegen der Gewölke. Plötzlich ist man in einer grauen Blindnis. Der Flügel ist noch da, alles wie zuvor, auch der runde Motor mit den blechernen Laschen, die libellenhafte Scheibe unseres linken Propellers. Nebel schlägt sich nieder; das Muster der Nieten überzieht sich mit wandernden Tropfen; aber die Nieten bleiben. Daß wir uns bewegen, läßt sich denken und behaupten, aber nicht zeigen. Es ticken die Uhren. Die zitternden Zeiger für Brennstoff, die Meßnadeln für alles Wissenswerte. Manchmal geht es ein Stockwerk hinunter, aber ganz weich, dann wieder wie auf einer Schaukel empor. Unerschütterlich bleibt das Gefühl der Sicherheit. Der junge Pilot, die Hand am dünnen Rad, fängt den Wind mit den seitlichen Klappen, die er hebt oder senkt; er raucht; wir sind jedenfalls höher als die Gipfel, man plaudert über dies und das, und unversehens sind wir wieder in der Sonne. Ringsum ein Gebirge von glühendem Gewölk. Man sieht nicht mehr auf die Erde. Graue und blaue Strahlen brechen durch ein Gebräu, das an den ersten Schöpfungstag denken läßt. Sagenhaft türmt sich ein sommerliches Gewitter in der letzten Abendsonne, die es von unten bescheint; Ballen von Gips oder

Elfenbein; die Ränder aber zerschmelzen in gleißendes Silber. Über uns
der makellose Himmel; im Osten hat er schon die kühle Dämmerblässe.
Wir fliegen über Wolken, die den violetten Schatten andrer Wolken tragen; es ist, als brodle der Raum, und das Licht, unwahrscheinlich wie
das Licht der Offenbarung, stürzt von Grotte zu Grotte. Man sieht Schatten, die sich nirgends niederschlagen; sie hangen wie seidene Soffitten; nur
einmal, ganz flüchtig, sehe ich hinunter in ein verdämmerndes Tal; die
letzte Spiegelhelle in einem schlängelnden Fluß. Dann sind wir über die
Wolken hinaus, ganz und gar, und der Raum, der eben noch ein Gewucher
von Geheimnissen war, wird zum All. Er wird mehr als ein Geheimnis; er
wird unvorstellbar. Irgendwo hangt ein Gestirn, das glüht, und anderswo
hangt der Mond, blasser, aber beide nicht anders als sonst; anders empfinden wir nur die Erde, die unsichtbare, die unter den verlöschenden und
aschenhaften Wolken ist: auch sie hangt; auch sie steigt in unser Bewußtsein als ein rollender Ball, der ins Leere stürzt immerzu, ohne aufzuschlagen, ein Gestirn unter Milliarden, ein langsam erkaltendes –.

Höflichkeit

Wenn wir zuweilen die Geduld verlieren, unsere Meinung einfach auf den
Tisch werfen und dabei bemerken, daß der andere zusammenzuckt, berufen wir uns mit Vorliebe darauf, daß wir halt ehrlich sind. Oder wie man
so gerne sagt, wenn man sich nicht mehr halten kann: Offen gestanden!
Und dann, wenn es heraus ist, sind wir zufrieden; denn wir sind nichts anderes als ehrlich gewesen, das ist ja die Hauptsache, und im weiteren überlassen wir es dem andern, was er mit den Ohrfeigen anfängt, die ihm unsere Tugend versetzt.
    Was ist damit getan?
    Wenn ich einem Nachbarn sage, daß ich ihn für einen Hornochsen
halte – vielleicht braucht es Mut dazu, wenigstens unter gewissen Umständen, aber noch lange keine Liebe, so wenig wie es Liebe ist, wenn ich lüge,
wenn ich hingehe und ihm sage, ich bewundere ihn. Beide Haltungen, die
wir wechselweise einnehmen, haben eines gemeinsam: sie wollen nicht helfen. Sie verändern nichts. Im Gegenteil, wir wollen nur die Aufgabe loswerden ...

Offenbar fragt er sich, was Marion mit seiner Wahrhaftigkeit eigentlich will, die als solche, ohne Bezug auf den andern, nicht mehr als eine schöne Nase ist. Will er sich selber gefallen, indem er wahrhaftig ist, oder will er helfen? Wenn er das letztere will, so wird er besorgt sein, daß man seine ehrlichen Ausbrüche annehmen kann, daß man sie verwerten und verwirklichen kann, und das heißt:

Er wird höflich sein.

Der Wahrhaftige, der nicht höflich sein kann oder will, darf sich jedenfalls nicht wundern, wenn die menschliche Gesellschaft ihn ausschließt. Er darf sich nicht einmal damit brüsten, wie es zwar üblich ist, je mehr er nämlich unter seinem Außenseitertum leidet. Er trägt eine Gloriole, die ihm nicht zukommt. Er übt eine Wahrhaftigkeit, die stets auf Kosten der andern geht –.

Das Höfliche, oft als leere Fratze verachtet, offenbart sich als eine Gabe der Weisen. Ohne das Höfliche nämlich, das nicht im Gegensatz zum Wahrhaftigen steht, sondern eine liebevolle Form für das Wahrhaftige ist, können wir nicht wahrhaftig sein und zugleich in menschlicher Gesellschaft leben, die hinwiederum allein auf der Wahrhaftigkeit bestehen kann – also auf der Höflichkeit.

Höflichkeit natürlich nicht als eine Summe von Regeln, die man drillt, sondern als eine innere Haltung, eine Bereitschaft, die sich von Fall zu Fall bewähren muß –

Man hat sie nicht ein für allemal.

Wesentlich, scheint mir, geht es darum, daß wir uns vorstellen können, wie sich ein Wort oder eine Handlung, die unseren eigenen Umständen entspringt, für den anderen ausnimmt. Man macht, obschon es vielleicht unsrer eignen Laune entspräche, keinen Witz über Leichen, wenn der andere gerade seine Mutter verloren hat, und das setzt voraus, daß man an den andern denkt. Man bringt Blumen: als äußeren und sichtbaren Beweis, daß man an die andern gedacht hat, und auch alle weiteren Gebärden zeigen genau, worum es geht. Man hilft dem andern, wenn er den Mantel anzieht. Natürlich sind es meistens bloße Faxen; immerhin erinnern sie uns, worin das Höfliche bestünde, das wirkliche, wenn es einmal nicht als Geste vorkommt, sondern als Tat, als lebendiges Gelingen –

Zum Beispiel:

Man begnügt sich nicht damit, daß man dem andern einfach seine Meinung sagt; man bemüht sich zugleich um ein Maß, damit sie den andern nicht umwirft, sondern ihm hilft; wohl hält man ihm die Wahrheit hin, aber so, daß er hineinschlüpfen kann.

Warum so viel Erkenntnis, die meistens in der Welt ist, meistens unfruchtbar bleibt: vielleicht weil sie sich selber genügt und selten auch noch die Kraft hat, sich auf den andern zu beziehen –

Die Kraft: die Liebe.

Der Weise, der wirklich Höfliche, ist stets ein Liebender. Er liebt den Menschen, den er erkennen will, damit er ihn rette, und nicht seine Erkenntnis als solche. Man spürt es schon am Ton. Er wendet sich nicht an die Sterne, wenn er spricht, sondern an die Menschen. Man denke an die chinesischen Meister.

Nicht der Kluge, nur der Weise hilft.

»Im Deutschen lügt man, wenn man höflich ist.«

Ein gräßliches Wort, wenn einer es als Auszeichnung nimmt; das Bekenntnis eines Mannes, der kein Maß hat, der nicht mehr echt ist, wenn er Maß hält, und somit unerträglich für die andern, sobald er echt ist –.

Mephisto liefert übrigens die Antwort schon in dem Augenblick, da er das Stichwort gibt, das bekannte: Du weißt wohl nicht, mein Freund, wie grob du bist. Wichtig ist nicht, daß er grob ist. Dafür genügt der Nebensatz. Wichtig ist vor allem, daß er es nicht weiß, und das heißt: daß er sich nicht auf die andern beziehen kann. Er empfindet es selber als Lüge, wenn er nach unserem Befinden fragt, wenn er höflich ist. Das ist ein ehrliches Bekenntnis, gewiß! Nur ist es wieder jenes Poltern mit einer Tugend, die auf Kosten der andern geht und nicht genügt, da sie nur ihm genügt.

Unsere Schablone vom Künstler:

Daß ein Mensch, der innerlich ist, nicht höflich sein kann oder darf; das Innerliche und das Höfliche als unvereinbare Gegensätze; das Unbändige als Zeichen eines echten Menschen; der Künstler als Außenseiter – und zwar nicht darum, weil er eine andere Art von menschlicher Gesellschaft erstrebt, sondern einfach darum, weil ihn die menschliche Gesellschaft nichts angeht, und zwar auf keinen Fall, so daß er sie auch nicht verändern muß –

Punktum!

Es fragt sich, ob diese romantische Schablone jemals stimmte, ob sie für einzelne Völker stimmte, beispielsweise das deutsche, ob sie für uns und unsere Zukunft stimmt. Jedenfalls stimmt sie nicht für den griechischen Künstler, der sich seiner Polis verpflichtet wußte; nicht für Dante, den die Verbannung traf; nicht für Goethe; nicht für Gottfried Keller, der Staatsschreiber wird und seine Mandate zum eidgenössischen Bettag schreibt; nicht für Gotthelf; nicht für die modernen Franzosen, die Dichter bleiben, auch wenn sie staatliche Ämter bekleiden.

Ziel ist eine Gesellschaft, die den Geist nicht zum Außenseiter macht, nicht zum Märtyrer und nicht zum Hofnarren, und nur darum müssen wir Außenseiter unsrer Gesellschaft sein, insofern es keine ist –

Höflich zum Menschen. Aber nicht zum Geld.

Verpflichtet an eine Gesellschaft der Zukunft: – wobei es für die Verpflichtung belanglos ist, ob wir selber diese Gesellschaft noch erreichen, ob sie überhaupt jemals erreicht wird; Nähe oder Ferne eines Zieles, solange es uns als solches erscheint, ändern nichts an unsrer Richtung.

Café de la Terrasse

Jemand berichtet aus Berlin: Ein Dutzend verwahrloste Gefangene, geführt von einem russischen Soldaten, gehen durch eine Straße; vermutlich kommen sie aus einem fernen Lager, und der junge Russe muß sie irgendwohin zur Arbeit führen oder, wie man sagt, zum Einsatz. Irgendwohin; sie wissen nichts über ihre Zukunft; es sind Gespenster, wie man sie allenthalben sehen kann. Plötzlich geschieht es, daß eine Frau, die zufällig aus einer Ruine kommt, aufschreit und über die Straße heranläuft, einen der Gefangenen umarmt – das Trüpplein muß stehen bleiben, und auch der Soldat begreift natürlich, was sich ereignet hat; er tritt zu dem Gefangenen, der die Schluchzende im Arm hält, und fragt:

»Deine Frau?«

»Ja –.«

Dann fragt er die Frau:

»Dein Mann?«

»Ja –.«

Dann deutet er ihnen mit der Hand:
»Weg – laufen, laufen – weg!«
Sie können es nicht glauben, bleiben stehen; der Russe marschiert weiter
mit den elf andern, bis er, einige hundert Meter später, einem Passanten
winkt und mit der Maschinenpistole zwingt, einzutreten: damit das Dutzend, das der Staat von ihm verlangt, wieder voll ist.

Zum Theater

Heute wieder einmal an einer Probe, und da ich eine Stunde zu früh war,
verzog ich mich in eine Loge, wo es dunkel ist wie in einer Beichtnische.
Die Bühne war offen, zum Glück, und ohne Kulissen, und das Stück, das
geprobt werden sollte, kannte ich nicht. Nichts ist so anregend wie das
Nichts, wenigstens zeitweise. Nur gelegentlich ging ein Arbeiter über die
Bühne, ein junger Mann im braunen Overall; er schüttelt den Kopf, bleibt
stehen und schimpft gegen einen andern, den ich nicht sehen kann, und es
ist eine ganz alltägliche Sprache, was auf der Bühne ertönt, alles andere als
Dichtung – kurz darauf erscheint eine Schauspielerin, die gerade einen Apfel ißt, während sie in Mantel und Hut über die leere Bühne geht; sie sagt
dem Arbeiter guten Morgen, nichts weiter, und dann wieder die Stille, die
leere Bühne, manchmal ein Poltern, wenn draußen eine Straßenbahn vor-
überfährt. Die kleine Szene, die sich draußen auf der Straße tausendfach
ergibt, warum wirkte sie hier so anders, so viel stärker? Die beiden Leute,
wie sie eben über die Bühne gingen, hatten ein Dasein, eine Gegenwart,
ein Schicksal, das ich natürlich nicht kenne, dennoch war es da, wenn auch
als Geheimnis, es hatte ein Vorhandensein, das den ganzen großen Raum
erfüllte. Ich muß noch bemerken, daß es ein gewöhnliches Arbeitslicht
war, ein Licht wie Asche, ohne jeden Zauber, ohne sogenannte Stimmung,
und die ganze Wirkung kam offenbar daher, daß es ein anderes als diese
kleine Szene überhaupt nicht gab; alles andere ringsum war Nacht; ein
paar Atemzüge lang gab es nur eins: einen Bühnenarbeiter, der schimpft,
und eine junge Schauspielerin, die gähnt und in die Garderobe geht, zwei
Menschen, die sich im Raume treffen, die gehen können und stehen, aufrecht, die eine tönende Stimme haben, und dann wieder ist alles vorbei,
unbegreiflich, wie wenn ein Mensch verstorben ist, unbegreiflich, daß er
gewesen ist, daß er vor unsern Augen gestanden hat, gesprochen hat, alltäglich und belanglos, dennoch erregend –

Etwas an dem kleinen Erlebnis scheint mir wesentlich, erinnert auch an die Erfahrung, wenn wir einen leeren Rahmen nehmen, und wir hängen ihn versuchsweise an eine bloße Wand, und vielleicht ist es ein Zimmer, das wir schon jahrelang bewohnen: jetzt aber, zum erstenmal, bemerken wir, wie eigentlich die Wand verputzt ist. Es ist der leere Rahmen, der uns zum Sehen zwingt. Zwar sagt uns der Verstand, daß der Putz, den ich umrahme, nicht anders erscheinen kann als auf der ganzen Wand; er ist ja nicht anders, in der Tat, nicht um ein Korn; aber er erscheint, er ist da, er spricht. Warum werden Bilder denn gerahmt? Warum wirken sie anders, wenn wir sie aus dem Rahmen lösen? Sie heben sich nicht mehr von den Zufällen der Umgebung ab; sie sind, einmal ohne Rahmen, plötzlich nicht mehr sicher; sie beruhen nicht mehr auf sich allein; man hat die Empfindung, sie fallen auseinander, und man ist etwas enttäuscht: sie scheinen schlechter, plötzlich, nämlich schlechter als sie sind. Der Rahmen, wenn er da ist, löst sie aus der Natur; er ist ein Fenster nach einem ganz anderen Raum, ein Fenster nach dem Geist, wo die Blume, die gemalte, nicht mehr eine Blume ist, welche welkt, sondern Deutung aller Blumen. Der Rahmen stellt sie außerhalb der Zeit. Insofern ist ein ungeheurer Unterschied zwischen der Fläche, die innerhalb eines Rahmens liegt, und der Fläche überhaupt, die endlos ist. Gewiß wären es üble Maler, die darauf vertrauen, daß sie es mit dem Rahmen retten können; gemeint ist nicht, daß alles, nur weil es innerhalb eines Rahmens stattfindet, die Bedeutung eines Sinnbildes bekomme; aber es bekommt, ob es will oder nicht, den Anspruch auf solche Bedeutung. Was sagt denn ein Rahmen zu uns? Er sagt: Schaue hieher; hier findest du, was anzusehen sich lohnt, was außerhalb der Zufälle und Vergängnisse steht; hier findest du den Sinn, der dauert, nicht die Blumen, die verwelken, sondern das Bild der Blumen, oder wie schon gesagt: das Sinn-Bild.

All dies gilt auch vom Rahmen der Bühne, und natürlich gäbe es noch andere Beispiele, die den erregenden Eindruck, den schon die leere Bühne macht, wenigstens streckenweise erläutern; man denke an die Schaufenster, die ganze Lager zeigen, Schaufenster, die uns niemals fesseln, und an die anderen, die sich auf ein bescheidenes Guckloch beschränken: eine einzige Uhr liegt da, ein einziges Armband, eine einzige Krawatte. Und das Seltene erscheint uns schon von vornherein wertvoll. Es gibt solche Fensterlein, die manchmal wie kleine Bühnen sind, man steht gerne davor, guckt in eine andere Welt, die mindestens den Anschein von Wert hat.

Und das Verwandte zur wirklichen Bühne läge darin: auch auf der Bühne
sehe ich nicht Tausende von Narren, sondern einen, den ich noch lieben
kann, nicht Tausende von Liebenden, deren Liebe, ins Gattungshafte wiederholt, widerlich wird, sondern zwei oder drei, deren Schwüre wir ernstnehmen können wie unsere eigenen. Es lohnt sich hinzuschauen. Ich sehe
Personen; ich sehe nicht Millionen von Arbeitern, wobei ich dann keinen
einzigen mehr sehe, leider Gottes, sondern ich sehe diesen einzigen, der
die Millionen vertritt und einzig wirklich ist: ich sehe einen Bühnenarbeiter, der schimpft, und eine junge Schauspielerin, die einen Apfel ißt und
guten Morgen sagt. Ich sehe, was ich sonst nicht sehe: zwei Menschen.

Café de la Terrasse

In allen Zeitungen findet man die Bilder von Bikini. Etliche Stunden,
nachdem die Atombombe losgegangen ist, steht der Rauch wie ein schwarzer Blumenkohl. Mit einer gewissen Enttäuschung vernimmt man, daß
die Kreuzer und Zerstörer, die in dem Atoll verankert lagen, noch ziemlich
vorhanden sind, also nicht so, daß man sie aufs Brot streichen kann. Die
Ziegen, die für diesmal die Menschen vertraten, leben sogar und käuen
ihr Futter, als wäre nichts geschehen; die Affen vertragen es schon weniger.
Das alles ändert nichts an der grundsätzlichen Freude, die dieses Ereignis
auslöst. Bei Hiroshima, als Hunderttausende daran starben, war solche
Freude nicht möglich. Diesmal ist es nur eine Hauptprobe. Auch die Palmen stehen noch. Aber das alles, kein Zweifel, wird sich verbessern lassen,
und der Fortschritt, der nach Bikini führte, wird auch den letzten Schritt
noch machen: die Sintflut wird herstellbar. Das ist das Großartige. Wir
können, was wir wollen, und es fragt sich nur noch, was wir wollen; am
Ende unseres Fortschrittes stehen wir da, wo Adam und Eva gestanden haben; es bleibt uns nur noch die sittliche Frage. Vielleicht dürfte man nicht
von Freude reden; es tönt nach Zuversicht oder Hohn, und eigentlich ist es
keines von beidem, was man beim Anblick dieser Bilder erlebt; es ist das
erfrischende Wachsein eines Wandrers, der sich plötzlich an einer klaren
und deutlichen Wegkreuzung sieht, das Bewußtsein, daß wir uns entscheiden müssen, das Gefühl, daß wir noch einmal die Wahl haben und vielleicht zum letztenmal; ein Gefühl von Würde; es liegt an uns, ob es eine
Menschheit gibt oder nicht.

Zum Theater

Natürlich müßte man, wenn man vom Rahmen spricht, auch von der Rampe sprechen, die ein Teil jenes Rahmens ist, und zwar der entscheidende. Eine Bühne, die keine Rampe hat, wäre ein Tor. Und gerade das will sie offenbar nicht sein. Sie läßt uns nicht eintreten. Sie ist ein Fenster, das uns nur hinüberschauen läßt. Beim Fenster nennen wir es Brüstung, und es gibt eine ganze Reihe von Einrichtungen, die einem gleichen Zwecke dienen. Alle Arten von Sockel gehören auch dazu. Immer geht es um die Trennung von Bild und Natur. Es gibt eine Gruppe von Rodin, die bekannten Bürger von Calais, die ohne Sockel gedacht waren; die Absicht bestand offenbar darin, daß man das Bild, das jene opfermutigen Bürger von Calais zeigt, als Vorbild hineintragen möchte in den Alltag, indem man es auf den gleichen Boden stellt wie die Lebenden, die ihm folgen sollen, auf das Pflaster eines öffentlichen Platzes. Das ist ein Sonderfall, der eben dadurch, daß er den Sockel vermeiden wollte, in seiner Weise bezeugt, wie wirksam und wichtig diese Einrichtung ist. Auch die antiken Tempel stehen bekanntlich auf einem Sockel von drei oder fünf oder sieben Stufen; Stufen sind ja gerade zum Betreten gemacht, könnte man einwenden, zum Überwinden der Höhe; erst wenn man es versucht, zeigt es sich, daß jene Stufen viel zu hoch sind; man kann hinaufkraxeln, aber ein würdevoller Gang ist nicht möglich, ein Gang, wie man sich einem Tempel nähert, und diese Näherung ist ja auch das Gegenteil dessen, was der Sockel will. Er trennt den Tempel von uns; aber nicht nur von uns, sondern auch vom Gelände, von den Zufällen der Landschaft; er kümmert sich nicht um das Gefälle, wie wir es beispielsweise tun, wenn wir ein Landhaus bauen. Dort ist es unser Ziel, das Haus ganz in das besondere Gelände einzuschmiegen, so, wie es nicht irgendwo und überall stehen kann, sondern nur an diesem einmaligen Ort. Das heißt: wir anerkennen die Bedingtheit, wir schlüpfen geradezu in sie hinein. Es gibt einen einzigen griechischen Tempel aus der großen Zeit, der sich dem Gelände anpaßt, der mit den Höhenunterschieden spielt, das Erechtheion auf der Akropolis. Alle anderen aber haben den Sockel, der sich über das Gelände hinwegsetzt, der den Tempel herauslöst aus allen Zufällen eines einmaligen Geländes, der ihn erhöht über alle irdischen Bedingungen, der ihn in einen anderen Raum stellt: in einen Raum des Unbedingten.

Geht es nicht überall um das gleiche?

Immer wieder gibt es Dichter, welche die Rampe überspielen; es fehlt nicht an Beispielen, wo die Schauspieler aus dem Parkett heraufsteigen, oder sie treten an die Rampe und sprechen ins Parkett, als wäre da nicht eine Kluft, wofür die Rampe nur ein schwaches Sinnbild ist; ich denke an Thornton Wilder, wo Sabine sich einmal an die Zuschauer wendet mit der leidenschaftlichen Bitte, sie möchten auch ihre Sessel hinaufgeben zum Feuer, das die Menschheit retten soll. Auch hier, wie bei der Skulptur von Rodin, soll ein Vorbild hinausgetragen werden ins wirkliche Leben, indem sich das Kunstwerk auf das gleiche Pflaster stellt, wo sie selber stehen und gehen. Es fragt sich, ob das Vorbild dadurch wirksamer wird, wenn es auf die Entrückung verzichtet. Es hat, wenn wir an den Anruf jener Sabine denken, jedenfalls den kurzen Gewinn einer Überraschung; daß er nur kurz sein kann, hat auch Wilder gewußt: sofort danach läßt er den Vorhang fallen. Es trägt sich als Ausnahme, nicht als Grundsatz. Jede Gebärde, welche die Rampe überspielt, verliert an Magie. Sie öffnet die Schleusen, was aufregend ist; aber es ist kaum so, daß darum die künstlerische Gestalt hinausströmt ins Chaos, das sie verwandeln möchte, sondern das Chaos stürzt hinein in den Raum, den wir einen andern genannt haben, in den Raum der Dichtung, und der Dichter, der die Rampe niederreißt, gibt sich selber auf.

Aus Mode?

Aus Verzweiflung?

Vielleicht ist es kein Zufall, daß uns als Beispiel gerade jene Sabine einfiel, welche die Menschheit retten will mit ihrem Aufruf über die Rampe: die Selbstaufgabe der Dichtung, die ihre Ohnmacht erkennt, ihre Ohnmacht zeigt, hat etwas von einem letzten Alarm, der ihr möglich ist –.

Aus der Zeitung

Ein Mann, der als braver und getreuer Kassier schon zwei Drittel seines Daseins erledigt hat, erwacht in der Nacht, weil ein Bedürfnis ihn weckt; auf dem Rückweg erblickt er eine Axt, die aus einer Ecke blinkt, und erschlägt seine gesamte Familie, inbegriffen Großeltern und Enkel; einen Grund für seine ungeheuerliche Tat, heißt es, könne der Täter nicht angeben; eine Unterschlagung liege nicht vor –.

»Vielleicht war er ein Trinker.«

»Vielleicht . . .«

»Oder ist es doch eine Unterschlagung, der man erst später einmal auf
die Spur kommt.«

»Hoffen wir es . . .«

Unser Bedürfnis nach dem Grund: als Versicherung, daß eine solche
Verwirrung, die das Unversicherte menschlichen Wesens offenbart, unsereinen niemals heimsuchen kann –

Warum reden wir so viel über Deutschland?

Am See

Oft am Morgen, wenn ich an die Arbeit fahre, steige ich vom Rad, erlaube
mir eine Zigarette; das Rad schließe ich nicht ab, damit ich nicht zu lange
verweile, hier wo das Wasser um die Ufersteine spielt. Eigentlich ist es ein
Lagerplatz, nicht eine Anlage; zuweilen stapeln sie Kuchen von schwarzem
Teer, Berge von Kies, den sie mit Lastwagen bringen und holen, und dann
wieder ist alles leer; nur die hölzernen Schuppen bleiben, die großen
Bruchsteine, die Eidechsen, das verrostete Blech, natürlich auch die Gruppe der Birken, das verwilderte Gras, der See und die Verbotstafel, die mich
jahrelang abschreckte; die offene Weite dahinter. Jetzt ist der Platz, wo
man auch baden kann, zur täglichen Zuflucht geworden, und ob ich auf
dem Heimweg bin, verbraucht von einem grämlichen Tag, oder ob es wieder an die Arbeit geht, die ebenso grämlich sein wird wie gestern und vorgestern, immer fühle ich mich voll Zuversicht und Erwartung, solange ich
gegen das Wasser fahre. Einmal wird auch hier ein Gendarm kommen, der
nach einem Ausweis fragt; Ordnung muß sein! Es ist das letzte natürliche
Ufer in unsrer Gegend; manchmal stinkt es. Ein paar verfaulte Schuhe liegen im Wasser, Scherben von Tassen und Flaschen, anderswo schimmert
die weiße Rundung von einem zerbrochenen Klosett, und unter dem Sandstein, den ich mir zurecht rücke, wimmelt es von Asseln. Es ist noch Sommer, aber die Morgen sind herbstlich. Mit versponnener Sonne, mit verblauenden Ufern. Birken und Buchen hangen über den See; violett und
märchenhaft verzweigen sich ihre Schatten auf dem lichten Kieselgrund,
überschillert von grünlicher Kühle. Man könnte stundenlang hinschauen.
Das Wasser, ob es eine Quelle ist, ein stürzender Bergbach oder ein Fluß,

ein zahmer und friedlicher See, immer hat es das Gefälle zum Meer, zur
Größe, und es ruht nicht, bevor es teilhat an der Größe, an der wässernen
Wölbung unseres Gestirnes. Vielleicht ist es das, was zum Wasser lockt;
unter anderem. Und dann das grüne Licht unter einer Barke, die an der
Boje liegt; Schattenwasser, aber durchleuchtet von der Sonne, die jenseits
der Barke in die Tiefe sinkt; hin und wieder sieht man ein Rudel von kleinen Fischen darin, schattengrau, plötzlich entblößt von der tarnenden
Spiegelung. Wieder kommen die beiden Schwäne, lautlos, aufrecht, hastlos und herrlich, und über der wässernen Spiegelung zittert der Lärm der
nahen Stadt; das Rollen einer Straßenbahn, das Dröhnen der Brücke, das
Rasseln eines Krans, das unbestimmbar Geschäftige. Schon lange hat es
acht Uhr geschlagen; man denkt an die Hunderttausend, die jetzt an ihren
Pültchen sitzen, und das schlechte Gewissen, ich weiß, es wird mich erfassen, sobald ich das Rad wieder besteige. Am Wasser aber fühle ich mich
frei, und alles, was auf dem Land sich tut, liegt hinter mir und nicht auf
meinem Weg; ich weiß genau um meine Versäumnisse, die sich mehren
mit jedem Glockenschlag; aber die Schwäne sind wirklicher, das plötzliche Geräusch der Wellen und das blinkende Gekringel auf dem Kieselgrund, das Kreischen der Möwen, die auf den Bojen sitzen. Oft, während
ich hier sitze, immer öfter wundert es mich, warum wir nicht einfach aufbrechen –

Wohin?

Es genügte, wenn man den Mut hätte, jene Art von Hoffnung abzuwerfen, die nur Aufschub bedeutet, Ausrede gegenüber jeder Gegenwart, die
verfängliche Hoffnung auf den Feierabend und das Wochenende, die lebenslängliche Hoffnung auf das nächste Mal, auf das Jenseits – es genügte,
den Hunderttausend versklavter Seelen, die jetzt an ihren Pültchen hok-
ken, diese Art von Hoffnung auszublasen: groß wäre das Entsetzen, groß
und wirklich die Verwandlung.

Geld: das Gespenstische, daß sich alle damit abfinden, obschon es ein
Spuk ist, unwirklicher als alles, was wir dafür opfern. Dabei spürt fast jeder, daß das Ganze, was wir aus unseren Tagen machen, eine ungeheuerliche Schildbürgerei ist; zwei Drittel aller Arbeiten, die wir während eines
menschlichen Daseins verrichten, sind überflüssig und also lächerlich, insofern sie auch noch mit ernster Miene vollbracht werden. Es ist Arbeit,
die sich um sich selber dreht. Man kann das auch Verwaltung nennen,

wenn man es sachlich nimmt, oder Arbeit als Tugend, wenn man es moralisch nimmt. Tugend als Ersatz für die Freude. Der andere Ersatz, da die
Tugend selten ausreicht, ist das Vergnügen, das ebenfalls eine Industrie
ist, ebenfalls in den Kreislauf gehört. Das Ganze mit dem Zweck, der Le-
bensangst beizukommen durch pausenlose Beschäftigung, und das einzig
Natürliche an diesem babylonischen Unterfangen, das wir Zivilisation
nennen: daß es sich immer wieder rächt.

Der Graf von Öderland

Hütte eines Holzfällers; am Herd steht ein Kind, ein junges Mädchen, und
eine Mutter stellt die Teller auf den Tisch.
»Die Suppe ist fertig. Wenn Vater nicht kommt, nachher ist alles wieder
kalt, und dann schimpft er wieder.«
»Immer das gleiche ...«
»Vater?«
»Er hat es schon lange gehört. Schöpf nur!«
Das Kind schöpft, und nach einer Weile hört man den Vater, wie er die
Schuhe an der Schwelle abschlägt. Dann steht er in der offenen Türe,
schlägt sich den letzten Schnee von den Schultern, und nachdem er die
Türe geschlossen hat, stellt er die Axt an die Wand. Er ist der Mann, der
die Bäume fällt und das Holz macht, das die andern in Papier verwandeln
werden, und natürlich ist er sehr arm. Die Mutter betet:
»Komm, Jesus Christ, sei unser Gast und segne, was Du uns bescheret
hast.«
Der Vater löffelt.
»Amen.«
Sie essen wortlos.
»Was ist das für ein Kerl«, sagt endlich der Vater: »der draußen herum-
streicht?«
»Wo?«
»Was das für ein Kerl ist, frage ich.«
»Immer schaust du mich an!« sagt das Kind. »Wie soll ich es wissen?«
»Mir streicht er nicht nach.«
»Ich weiß nicht, wen du meinst, ich habe seit Wochen keinen Menschen
gesehen.«

»Salz ist auch nicht da –.«

Die Mutter holt es.

»Gestern schon, als ich die Knüppel machte, Stunden lang steht er droben im Wald, die Hände in den Manteltaschen, schaut mir zu, stundenlang, während es schneit.«

»Und was will er denn?« fragt die Mutter.

»Das möchte ich auch wissen. Einmal wird er mich schon fragen, dachte ich. Ich habe Zeit –«

»Wie sieht er denn aus?«

»Mit einer Ledermappe –.«

»Ein Herr?«

»Jetzt steht er draußen bei der Säge.«

Die Mutter tritt ans Fenster, aber es dämmert schon, und offenbar sieht
sie nichts. Es schneit. Man hört den Vater, der die Suppe schmatzt. Das
Mädchen löffelt nicht weiter, sondern schaut über den Teller hinweg und
spricht ins Leere:

> So ist unser Leben.
> Abend für Abend.
> Es tickt unsre Uhr,
> und ich weiß nicht,
> wer spricht
> hier aus der Runde,
> mir aus dem Munde;
> ich höre es nur . . .«

Der Vater:

> »Was glotzest du wieder?«

Das Kind:

> »Sie hören mich nicht,
> es schreit meine Seele umsonst;
> sie glauben es nicht,
> bis es geschieht,
> bis jedermann sieht . . .«

Der Vater ißt weiter:

> »Sie denkt wieder an ihren Grafen, tagein und tagaus.«

Das Kind:

> »So ist unser Leben.
> Eines Morgens aber,

wenn ich die Knüppel bringe
wie immer und immer,
wenn alles von vorne beginnt:
da steht er im Zimmer,
plötzlich,
der Graf von Öderland!
Da steht er und hat eine Axt in der Hand,
und wenn mein Vater mich schimpft
wie immer und immer,
dann spaltet er ihn wie ein Scheit.
Wir gehen hinaus in die Welt.
Und jedermann fällt,
der uns die Wege verstellt;
Graf Öderland kommt mit der Axt in der Hand.«

In der Türe, die sich unterdessen langsam öffnete, ist ein fremder Mensch erschienen, ein Herr in Mantel und Hut, auch hat er wirklich eine Leder-mappe. Er steht lange, bis man ihn in dem Dämmerlicht bemerkt. Und auch da, als man sich gegenseitig anschaut, geht es noch eine Weile, bis der Vater sagt:
»Wollen Sie zu uns?«
»Wenn ich störe, sagen Sie es –«
»Wen suchen Sie?«
»Wir sind grad beim Essen«, sagt die Mutter: »Wenn Sie einen Teller Suppe haben wollen –«
»Gerne, ja, sehr gerne.«
»Bring einen Teller!«
Das Kind geht hinaus, und man weist dem Fremden eine kleine Bank, wo er sich setzen kann. Er tut es. Seinen Hut legt er weg, aber die lederne Mappe behält er auf den Knien, als wären wichtige Akten darin, die man um nichts in der Welt verlieren darf, und der Vater schöpft sich selber noch einmal Suppe; wieder löffelt er eine ganze Weile, bevor er sagt:
»Sie sind schon lang in der Gegend?«
»Ich habe Sie gesehen, ja, droben im Holz, wo sie die Föhren fällen –.«
Schweigen.
»Eine einsame Gegend ist das.«
»Ja«, sagt die Mutter: »da hat sich schon mancher verirrt! Besonders im Winter!«

»Ich glaubs.«

»Da können Sie noch ordentlich gehen, wenn sie ins Dorf wollen. Aber jetzt, wo es gepfadet ist – ich meine, Sie verstehen mich recht, wir schicken Sie nicht fort! Ich weiß ja nicht, ob Sie wirklich ins Dorf wollen, aber zu uns selber, wissen Sie, zu uns ist noch keiner gekommen –.«

»Nein?«

»Was soll er hier?«

Der Vater nickt:

»Da gibt es nichts zu holen! meint meine Frau. Eine Säge, ein altes Haus, das zwei Monate im Winter überhaupt keine Sonne hat, Kaninchen und Hühner, ja, das schon – eine Küche, zwei Kammern im Estrich, das ist alles.«

»Es ist keine Schande«, sagt die Mutter: »wenn man arm ist.«

»Einmal ist einer gekommen –«

Das ist eine alte Geschichte, und die Mutter will nicht, daß der Vater davon erzählt; überhaupt ärgert sie die Art, wie sich der Vater gegenüber dem Fremden benimmt, und sie macht sich selber um so höflicher:

»Es tut mir leid, daß es so lange geht mit dem Teller –.«

»Ich bin froh, daß ich an der Wärme bin.«

»Der andere Teller, müssen Sie wissen, wir brauchen nie einen vierten Teller, und drum haben wir ihn manchmal bei den Hühnern, da muß das Kind ihn erst waschen, aber er wird gleich kommen! Ich stelle die Suppe nochmals auf den Herd –«

Sie tut es.

»Einmal ist einer gekommen«, sagt der Vater: »Das war vor neunzehn Jahren, als ich im Krieg war. Der hat meinen Vater erschlagen und meine Mutter dazu, ein Wahnsinniger; keinen Groschen hat er genommen! Mit einer Axt, wissen Sie. Mein Vater war Holzfäller, die Säge kam erst später hinzu.«

»Warum erzählst du das wieder!?«

»Es geschieht hier nicht viel – sonst.«

Der Fremde:

»Fürchten Sie nicht, daß ich ein Mörder sei.«

»Ich fürchte mich nie.«

»Ich wollte, ich dürfte das gleiche sagen . . .«

In diesem Augenblick kommt endlich das Kind, das den gewaschenen Teller bringt; die Mutter nimmt ihn, wischt ihn nochmals mit dem Ärmel

und füllt ihn mit Suppe, fragt ihn, ob er auch Dickes wolle, es wären zwar
nur Kartoffeln.

»Es ist mir nicht recht«, sagt der Fremde: »daß ich einfach komme, aber
ich habe wirklich Hunger.«

»Dann essen Sie!«

»Ja«, sagt er mit dem Teller in der Hand: »es ist nicht meine Art –
sonst . . .«

Eine Weile ist es, als besinne er sich darauf, was eigentlich seine Art gewesen sei, sonst – er löffelt die Suppe, bevor er sich auf das Gesuchte erinnert, und das Kind schneidet ihm Brot, das er mit Dank entgegennimmt;
als er weiterlöffelt, sagt das Kind:

»Ich bin froh, daß Sie endlich gekommen sind.«

Er schaut sie an –

»Erschrecken Sie nicht!« sagt das Kind, »man hört uns nicht. Sie sind
der einzige in dieser Küche, der hören kann, was ich denke. Sagen Sie kein
Wort zu mir! Ich bin froh, daß Sie endlich gekommen sind, bevor ich alt
bin. Sagen Sie kein Wort zu mir! Aber morgen, wenn alles wieder von vorne beginnt, nehmen Sie mich fort von hier.«

Zweite Szene

In einem Kerker, und es ist am selben Tag, steht der Mörder, der auf die
letzte Verhandlung des Gerichtes wartet; auf seiner Pritsche sitzt der Anwalt, Doktor Hahn, während er selber durch das kleine Gitterfenster
schaut, die Hände auf dem Rücken.

»Lebenslänglich?«

»Wenn Sie keine Antwort geben auf meine Frage, wie soll ich Ihnen helfen? Ich frage nicht als Oberrichter, vergessen Sie das nicht: ich bin Ihr Anwalt. Ich tue, was ich kann.«

»Also lebenslänglich –.«

Der Mörder geht dreimal an der grauen Mauer hin und her, bis er wieder vor dem Gitterfenster stehen bleibt; er raucht eine Zigarette, die der
Anwalt ihm gab, bläst den Rauch von sich.

»Was haben Sie gedacht oder empfunden, als Sie damals, ich spreche
vom vierten Februar des vergangenen Jahres, auf dem Abort saßen?«

»Schnee . . .«

»Wie meinen Sie das?«

»Schnee! sage ich. Nichts als Schnee, meine ich, von Morgen bis Abend ...«

»Wir müssen bei der Sache bleiben. In einer Stunde beginnt unsere letzte Sitzung, unsere Zeit ist kostbar.«

»Das ist sie, lieber Doktor!«

Doktor Hahn schaut ihn an, sieht aber nur seinen Hinterkopf, der so ist wie die meisten Hinterköpfe, so daß man kein Gesicht dazu erraten kann. Auch das Gesicht unseres Oberrichters, denkt Doktor Hahn, könnte zu diesem Hinterkopf gehören. Zugleich erinnert er sich, daß sie bei der Sache bleiben müssen, und schaut auf seine Akten, beherrscht wie immer.

»Warum haben Sie an jenem Abend, als Sie von dem besagten Ort kamen, die Axt in die Hand genommen?«

»Das fragen Sie seit sieben Wochen –.«

»Erinnern Sie sich!«

»Das ist leicht befohlen, lieber Doktor –«

»Was dachten Sie? Was empfanden Sie? Sie gingen auf den Abort, heißt es –«

»Wie manchmal noch?«

»Ich stütze mich auf die Akten.«

»Mit der Zeit, fürchte ich, ist auch das nicht mehr wahr –«

»Wieso?«

»Wenn es wahr ist, was in Ihren sauberen Akten steht, man könnte meinen, ich verbrachte mein ganzes Leben auf dem besagten Ort.«

»Was in den Akten steht, sind Ihre eignen Aussagen, nichts mehr und nichts weniger.«

»Ich weiß.«

»Also?«

»Mag sein«, sagt der Mörder nach einigem Besinnen, »daß es wahr ist, gewissermaßen –«

»Was?«

»Daß ich mein Leben so verbrachte, gewissermaßen ... Ich erinnere mich, manchmal hatte ich durchaus dieses Gefühl. Auf der Bank, wo ich arbeitete –«

»Daß Sie stets die Arbeitszeit dafür verwendet haben, das sagten Sie schon. Das ist ein Witz, worüber die Geschworenen lachten, und es ist gut, wenn man die Geschworenen zum Lachen bringt; aber wesentlich ist das nicht. Das machen fast alle Angestellten.«

»Dieses Gefühl hatte ich auch, lieber Doktor, daß es nicht wesentlich ist . . . auch wenn ich vor dem Spiegel stand und mich schabte, zu Hause, wenn ich die Schuhe nestelte, jeden Morgen, wenn ich an meinen Schalter trat, jeden Morgen, und so –«

»Was wollen Sie sagen?«

»Im Frühjahr wäre ich Prokurist geworden.«

»Das wissen wir . . .«

»Auch das, Sie haben recht, hätte nichts verändert. Es fällt mir so ein; die Prokuristen haben einen eigenen Abort – und überhaupt, wenn ich an die Bank denke, die ganze Organisation war musterhaft . . . der Hauswart hatte einen Kalender, wo er eintrug, wann er die Flügeltüren zum letztenmal ölte. Ich habe diesen Kalender mit eignen Augen gesehen. Da gab es keine girrende Türe und nichts. Das muß man sagen.«

Doktor Hahn beißt seine Lippe, wie er es öfter tut, wenn er zeigt, daß er sich beherrscht; er verliert nie seinen Ton:

»Um auf unsere Frage zurückzukommen: –«

»Ja!« sagt der Mörder: »Was ist wesentlich?«

»An dem betreffenden Tag gingen Sie in eine Bar, die Sie nach einer halben Stunde wieder verließen. Sie gingen zu Fuß nach Hause, nüchtern, um neun Uhr gingen Sie schlafen –«

»Manchmal war man sehr müde.«

»Nach einigen Träumen, deren Sie sich nicht mehr erinnern können, erwachten Sie und kleideten sich abermals an, Sie gingen abermals in die Stadt, abermals zu Fuß, und meldeten sich auf der Bank. Als der Hauswart öffnete, erklärten Sie ihm, Sie müßten auf den Abort –«

»Ja, darum kommen wir nicht herum.«

»Weiter . . .!«

»Vielleicht wäre alles anders gekommen, wenn ich mehr vom Geld verstanden hätte.«

»Wie meinen Sie das?«

»Ich verstehe nichts vom Geld«, sagt der Mörder: »Millionen gingen durch meine Hände, hinein und hinaus, und es hat immer gestimmt, aber im Grunde, wissen Sie, verstand ich überhaupt nichts davon.«

Doktor Hahn versteht.

»Sie meinen«, sagt er langsamer: »wenn Sie gerissener gewesen wären, wenn Sie es selber weiter gebracht und mehr verdient hätten und so, dann wäre es nicht dazu gekommen?«

Der Mörder schweigt.

»Das ist ein heikles Argument! Wir dürfen nie vergessen: es ging Ihnen, und darauf fußt ja unsere ganze Verteidigung, nicht um das Geld –«

»Nein.«

»Daran müssen wir festhalten. Das sagte ich vom ersten Tage an. Sie hätten eine Million unterschlagen können, ohne daß Sie einen alten Abwart mit der Axt umbringen mußten. Es ist ein Mord, aber kein Raubmord, und das setze ich durch!«

Pause.

»Ich meine es auch nicht so, lieber Doktor ...«

»Sondern?«

»Wenn ich das Geld verstanden hätte, meine ich, vielleicht hätte ich mich nicht so gelangweilt. Verstehen Sie, wenn man jeden Morgen hinter einem solchen Schalter steht –«

Doktor Hahn bleibt stehen:

»Wollen Sie dem Gericht vielleicht sagen, daß Sie den alten Hauswart aus purer Langweile erschlagen haben?«

»Sie verstehen mich nicht ganz.«

»Nein!«

»Natürlich nicht«, lächelt der Mörder: »sonst hätten Sie schon lange ein gleiches gemacht –.«

Er zertritt seine Zigarette.

»Wenn Sie in einer Stunde so sprechen vor den Geschworenen, so wird es heißen, daß Sie jede Reue vermissen lassen, aber auch jede, und ich sage Ihnen immer wieder, was die Reue für eine Rolle spielt, und zwar gerade bei den Geschworenen!«

Der Mörder zieht die Brauen:

»Reue ...«

Sein Fuß, der die Zigarette zertreten hat, dreht noch immer auf dem Stummelchen herum, und beide, der Anwalt und der Mörder, blicken auf diesen Fuß während der letztere sagt:

»Ich verstehe nicht, warum sich plötzlich die ganze Menschheit um diesen Hauswart kümmert, alle, die ihn mit keinem Blick bemerkten, wenn er ihnen die lautlose Flügeltüre hielt –.«

»Mensch ist Mensch.«

»Ja –.«

»Es ist nicht zum Lachen!«

»Nein – gehen Sie hinaus und sagen Sie das der Welt: Mensch ist Mensch.
Nichts weiter! Aber tragen Sie sich Sorge, daß Sie nicht verzweifeln, lieber
Doktor, und daß Sie in der Verzweiflung nicht zur ersten besten Axt grei-
fen . . .«

Es klopft.

»Herein!«

Es ist ein Gendarm, der das liebe Gesicht eines Bienenzüchters hat, zwei
alte und zugleich kindliche Augen, die immer ein bißchen wässern, als
hätte er Schnupfen, und eine bläuliche Nase dazwischen, die wie eine weiche Feige anzufühlen wäre; er hat einen rauhen, aber gedämpften Baß:

»Herr Doktor Hahn.«

»Unsere Zeit ist noch nicht um.«

»Ein Brief –.«

»Für mich?«

»Es eilt. Wenigstens steht es drauf.«

»Danke«.

Der Gendarm geht und Doktor Hahn reißt sofort den Umschlag auf,
nachdem er die Schrift offenbar erkannt hat; er liest, während der Mörder
wieder an das Gitterfenster getreten ist und hinausschaut, wie es schneit.

»Das Gericht ist vertagt –.«

Es schneit ohne Unterlaß.

»Haben Sie gehört?«

Das Weitere, was die Überraschung mit einer anderen Überraschung erklärt, sagt er mit jener Art von plötzlicher Anbiederung, wie sie sich gerne
bei erregenden Ereignissen einstellt:

»Der Oberrichter seit vorgestern verschwunden und verschollen, ohne
jede Spur, ohne jede Vermutung –«

Er schaut auf den Hinterkopf:

»Verschwunden und verschollen!«

Während er den Brief noch einmal liest, sagt der Mörder am Gitterfenster, als ginge ihn diese Nachricht überhaupt nichts an:

»Sie haben keine Ahnung, lieber Doktor, wie vertraut mir der Anblick
ist, wenn ich durch dieses Gitter schaue – Schnee . . . und immer diese fünf
Stäbe davor! Warum soll ich den Geschworenen meine Reue zeigen? So
war es auch auf der Bank, jeden Morgen –.«

Doktor Hahn packt seine Akten zusammen. Die Gattin des Verschollenen, die ihm den Brief geschrieben hat, erwartet ihn dringend.

»Wir sprechen uns wieder am Montag.«

Dritte Szene

Am andern Morgen, als der Fremde erwacht, sieht er sich in der Hütte des
Holzfällers, erinnert sich wenigstens, daß er schon am Abend in dieser Küche gesessen hat. Auch die lederne Mappe ist noch da, und das beruhigt
ihn, obschon er nicht weiß, was eigentlich darin ist. Am Herd steht das
Mädchen, das eben die Knüppel gebracht hat, und vielleicht ist er daran
erwacht. Lange schaut er sie an, ihre starken und hohen Backenknochen,
die irgendwie mongolisch wirken, ihr helles Haar, wie es Lettinnen haben,
ihre wassergrauen Augen und die beiden Schneidezähne, die bei jedem
noch so verhaltenen Lächeln auffallen, weil sie einen ziemlich großen Zwischenspalt offenlassen ... Auch das Mädchen sieht ihn an, lange und wartend; dann sagt es:

»Nehmen Sie mich fort von hier.«

»Warum ...«

»Sehen Sie es nicht?«

»Ja – schon ...«

»Es ist traurig hier. Wenn Sie zehn Jahre in dieser Küche sitzen, es ist
nicht anders. Es kommt nichts dazu. In einer halben Stunde wissen Sie
alles.«

»Ich kenne das ...«

Er fährt sich über die Stirne, als möchte er weiter erwachen, und plötzlich von der Angst befallen, daß man ihn fragen könnte, stellt er selber die
Frage:

»Wie heißen Sie eigentlich?«

»Inge.«

»Ein schöner Name ...«

»Warum blicken Sie mich so an?«

Er wollte das nicht; er löst seinen Blick von ihrem jungen Gesicht und
schaut anderswohin, vielleicht auf den Herd, wo das Feuer brennt, oder
auf das kleine Fenster oder draußen auf den Schnee, der immer noch fällt;
fast unwillkürlich sagt er nach einer Weile:

»Wenn ich nur eines wüßte: –«

»Was denn?«

»Wie ich selber heiße ...«

Er lächelt sofort:

»Manchmal schon, früher, hatte ich dieses Gefühl, es ist eigentlich das einzige, woran ich mich erinnere, so ein blödes Gefühl, daß man irgendwo erwartet werde, anderswo, und daß man irgend etwas ganz Bestimmtes machen müßte!«

»Was denn?«

»Keine Ahnung ...«

Inge lacht.

»Früher wußte ich es aber«, sagt er, ohne daß er das verlorene Wissen wirklich zurückwünscht: »Oder ich meinte wenigstens, daß ich es wüßte, nur stimmte es nie, verstehen Sie, ich konnte machen, was ich wollte, was immer meine Pflicht war, das blöde Gefühl wurde ich nicht los ... eigentlich nie –.«

Das Kind bläst ins Feuer.

»Erzählen Sie weiter.«

Sie hockt vor dem Herd, bis es wieder lodert, dann wirft sie neue Knüppel hinein, und ihr Haar hat einen Rand von roter Glut.

»Ich hatte so Angst«, sagt der Fremde: »als ich gestern den Holzfäller erblickte. Nicht wegen der Axt, wissen Sie. Eigentlich vor jedem Menschen, der mir begegnen würde – am wenigsten vor Ihnen.«

»Mein Vater ist nicht so bös, wie er redet.«

»Sie sind ein Mensch, der nicht fragt, das ist so wunderbar! Denken Sie nicht, ich sei verliebt in Sie, weil Sie sehr jung sind, Inge, und sehr schön ...«

»Das bin ich nicht.«

»Und wie Sie es sind!« sagt er: »Ich habe eigentlich nicht schlafen wollen, damit ich Sie nicht vergesse, wissen Sie, es ist gräßlich, wenn man alles vergißt: ich habe einen Beruf, aber plötzlich stehe ich am Waldrand, meine Ledermappe in der Hand, und es ist eine Gegend, die ich noch nie erblickt habe, nicht einmal auf Bildern, und man zittert vor jedem Menschen, weil ich nicht weiß, wie ich heiße. Verstehen Sie das? Da, hinter mir, plötzlich ist es weg – ein Wald voll Schnee, nichts weiter, Stämme und nichts als Stämme, dazu die hallenden Schläge einer Axt ...«

Am Fenster:

»Und zu denken, daß es ein weiteres Erwachen nicht gibt, nie wieder, nie wieder!«

Sie blickt auf seinen Hinterkopf:

»Ich weiß nicht, was Ihnen fehlt.«

Später, indem er eine Zigarette in den Mund steckt, unwillkürlich wie man das macht, wendet er sich mit einem plötzlichen Lächeln:

»Der Teller aus dem Hühnerhof?«

»Wie meinen Sie das?«

»Sehen Sie!« sagt er zufrieden, fast vergnüglich, und zündet seine Zigarette an: »Ich bin froh um alles, was mir wieder einfällt . . .«

Dann raucht er, und Inge blickt wie ein Kind, das selber noch nie geraucht hat, blickt mit glücklicher Verwunderung auf seine Gebärden, die einen Herrn verraten, einen Herrn von Welt; die weiße Zigarette, scheint es, gibt ihm eine gewisse Zuversicht zurück, eine selbstverständlich überlegene Art; er lächelt über ihre strahlende Verwunderung, womit sie an ihm hinaufblickt, jung und ernst.

»Inge heißest du?«

»Ja —«

»Woher kennen wir uns eigentlich?«

»Alle Menschen kennen einander . . .«

»Meinst du?«

»Wenn sie sich selber kennen.«

»Vielleicht, ja —.«

Dann schlägt er die erste Asche ab, wozu er, als gäbe es einen Teppich auf dem Boden, ein wenig gegen den Herd geht, so daß das Mädchen für einen kurzen Augenblick allein steht und ihm nachschaut.

»Im Ernst«, sagt er schon wieder mit einem Schatten von Kümmernis: »oft kommt es einem wirklich vor — wie soll ich sagen . . . im Grunde sind es drei oder fünf Menschen, denen wir ein Leben lang begegnen, immer die gleichen, und wenn man um die Erde liefe, da ist immer ein Mädchen, ein Gesicht wie das deine, jung, ernst, schüchtern und verwegen zugleich, wartend, gläubig, fordernd, und da ist immer ein Gendarm, der wissen muß, wie man heißt, wohin man geht, und immer, wenn man gehen will und nichts als gehen, gibt es Stäbe . . .«

»Was gibt es?«

»Stäbe und Schranken, Zöllner, Gitter, Stäbe; wie die Stämme im Wald, die man fällen möchte, wenn man eine Axt hätte —«

Er lacht plötzlich; wirft die Zigarette, bevor sie zu Ende geraucht ist, auf den Boden der Küche, dreht seinen Fuß auf dem Stummelchen herum, nachdem es lange schon erloschen ist, und abermals wechselt sein Ton, so daß Inge nicht weiß, ob er sie zum besten hält wie ein Onkel, der mit einem Kind plaudert, oder ob er selber glaubt, was er erzählt.

»Einmal war ich Kapitän auf einem Schiff, es hatte drei Maste, der Bug hatte einen Schnabel, den ich heute noch zeichnen könnte, und wir fuhren nach allen Küsten dieser Erde, kreuz und quer, wir lebten von Fischen und Früchten, die wir an den Küsten holten, wir lebten von der Jagd, und wenn wir das Nötige hatten, segelten wir weiter . . . ja – und dann!«

»Und dann?«

»Dann, plötzlich, war es ein Spielzeug: so groß –«

Er zeigt es.

»Man konnte es in die Hand nehmen, mein Schiff, wo ich Kapitän darauf war; man konnte es auf einen Tisch oder eine Truhe stellen.«

»Gräßlich!«

»Ja«, lächelt er hämisch: »aber so ging es mir immer . . .«

Dann kommt der Vater herein; er sagt nicht guten Morgen, sondern schaut nur auf das Kind mit stummer Frage, ob die Suppe bereit sei, halb schon mit Vorwurf, und erst wie er den Fremden bemerkt, sagt er:

»Da wäre die Axt, wenn der Herr noch Lust haben – bei diesem Wetter . . . Holz hat es genug, wie ich gestern schon sagte –.«

»Danke.«

»Ich heiße Jens.«

»Freut mich.«

»Und Sie . . .?«

Der Fremde steht mit der Axt, die er eben in die Hand bekommen hat, betroffen von der Frage, ebenso betroffen von dem Mädchen, das für ihn antwortet und sagt:

»Graf von Öderland.«

»Graf –«

»Warum starren Sie mich so an?« sagt der Fremde, »Sie sagten doch gestern, Sie fürchten sich nie –.«

»Graf von Öderland??«

Der Vater weicht langsam von dem Fremden zurück, der da steht mit der Axt in der Hand, so, daß gewissermaßen ein Raum entsteht um diese Axt, die auch ihrem Träger, der sie kaum anzusehen wagt, mit jedem Atemzug gegenwärtiger wird –

Inge spricht über den Herd:

>»Eines Morgens aber,
> wenn ich die Knüppel bringe,
> wenn ich die Hühner füttern soll,

wie immer und immer,
wenn alles von vorne beginnt:
da steht er im Zimmer,
plötzlich,
der Graf von Öderland!
Da steht er und hat eine Axt in der Hand,
und wenn mein Vater mich schimpft
wie immer und immer,
dann spaltet er ihn wie ein Scheit:
wir gehen hinaus in die Welt,
und jedermann fällt,
der uns die Wege verstellt,
Graf Öderland kommt mit der Axt in der Hand.«

Vielleicht singt sie es sogar; der Vater aber, der auf die Knie bricht, schreit
plötzlich wie ein Tier, beide Fäuste vor dem Gesicht –.

Vierte Szene

Wir sehen das Arbeitszimmer des verschollenen Oberrichters. Zwei Wände davon sind voller Ordner, alle schwarz und alle mit weißer Etikette.
Außer dem Schreibtisch, der schräg im Raume steht, gibt es eine behag-
liche Ecke mit Ständerlampe und gediegenen Polstersesseln; auch an
einem schönen Teppich fehlt es nicht … Es stehen drei Leute in diesem
Raum: die Gattin des Verschollenen, schlank, eine nervöse Eleganz, und
Doktor Hahn, der sich abseits hält und eine Zigarette raucht, als lausche
er nicht über seine Schulter zurück auf jedes Wort, das gesprochen wird;
der dritte nämlich, der mitten im Raume steht, ist eine sonderbare Gestalt,
ein kleiner und häßlicher Mann mit einer theatralischen Mähne, die man
nicht berühren möchte, und seine Hände, da die Rockärmel zu kurz sind,
wirken wie Flossen, wenn er sie in die Hüften stemmt, oder manchmal
nimmt er sie auch ans Kinn, als prüfe er, ob er ordentlich geschabt ist;
mit einem Lächeln, das ebenso zerstreut wirkt wie seine Gebärden, sagt
er mehrmals:
»Aha … aha … aha …«
Wenn er dann ein paar Schritte geht, weicht die Gattin jedesmal zurück,
damit die Entfernung bleibt; sein Gang hat etwas Tänzelndes, wenigstens

in seinen kurzen Beinen, wogegen der Rücken senkrecht bleibt; er steht nun endlich vor einer Wand, die er betrachtet, als schaue er da durch ein Fenster, und man sieht ihn von hinten, wieder mit seinen Flossen über den Hüften.

»Das also war sein Arbeitszimmer?«

»Ja.«

»Aha . . .«

»Wie gesagt.«

»Und das sind lauter Ordner?«

»Ja.«

»Fälle?«

»Wie meinen Sie?«

»Fälle meine ich, Mord, Überfall, Notzucht, Erpressung, Unterschlagung, Ehebruch —«

»Jaja«, sagt die Dame: »jaja.«

Er schaut auf die Etiketten:

»Sehr ordentlich, sehr ordentlich.«

Dann wendet er sich weiter . . .

»Daß mein Mann sehr ordentlich war«, sagt die Dame mit dem scharfen Lächeln einer Gekränkten: »das ist nichts Neues; das ist in der ganzen Stadt bekannt.«

»Und was ist das?«

»Was?«

»Hier auf dem Schrank?«

»Ach«, sagt die Dame mit der nervösen Eleganz: »nichts Besonderes . . .«

»Ein Schiff?«

»Eine Spielerei, ein Familienstück, ein Nippzeug . . .«

»Aha.«

»Das findet man oft.«

»Eine Art von Wikingerschiff?«

»Vielleicht . . .«

»Mit Segeln aus Pergament.«

Dann wendet er sich:

»Und was für Räume sonst?«

Die Dame geht quer durch das Zimmer; ihr Gang ist immer rasch, immer leicht, und man sieht die gehenden Oberschenkel unter dem anliegenden Kleid; auch ihre Oberarme, scheint es, bleiben stets an den schmalen

Körper geschmiegt, und nur vom Ellbogen an heben sich ihre geschlossenen Ärmel, wenn sie beispielsweise raucht; zierlich spielt ihr goldenes Armband; ihr Mund, auch wenn sie nicht mehr raucht, bleibt meistens mit jenen offenen Lippen, wie sie den Rauch aushaucht, rund und laß und so, daß man ihren feuchten warmen Glanz sieht ... Sie öffnet die Türe, die ebenfalls von Ordnern umrahmt ist:

»Bitte«, sagt sie: »Hier war sein Schlafzimmer –.«

»Aha.«

»Man hat nichts verändert.«

»Wenn es gestattet ist ...«

»Bitte.«

Der Sonderbare, als die Dame ihm die Türe hält, macht eine kleine Verbeugung, als spüre er, wie schwer ihr seine plötzliche Nähe fällt, die durch die enge Türe verursacht wird.

»Aber vielleicht wollen Sie hier lieber allein sein –«

»Wenn das möglich ist?«

»Aber bitte!«

Die Türe zu.

Doktor Hahn und die Gattin blicken sich an wie zwei Leute, deren heimliches Einverständnis endlich wieder einen unbewachten Augenblick hat. Noch sagen sie nichts; noch spüren sie die Türe hinter dem Rücken. Sie geht zu einem Polstersessel, setzt sich, zieht ihre Augenbrauen und nimmt eine neue Zigarette, worauf Doktor Hahn, der sich näherte, in die Tasche greift und ein Feuerchen aufschnappen läßt.

»Du glaubst im Ernst, das alles hat einen Sinn?«

»Es ist unsere Pflicht, Elsa, daß wir alles versuchen, und wenn es ein Hellseher ist –«

»Ein Hellseher aus dem Kabarett!«

»Wo findet man sie sonst?«

»Gräßlich, gräßlich ...«

»Unsere eignen Nachforschungen, du weißt es, sind ohne jedes Ergebnis. Bisher. Die Spürhunde bleiben hilflos wie unser Verstand.«

»Jetzt sind es bereits drei Tage, seit er verschwunden ist –«

»Wenn der Schnee nicht wäre –«

»Ich weiß, ich weiß.«

»Keine Fußspur, nichts, keine Witterung, kein Mensch, der ihn gesehen hat –«

Es klopft. Man schaut sich an. Dann:

»Herein?«

Es ist das Dienstmädchen, das eine weiße Schürze trägt, ein Kind mit starken und auffallend hohen Backenknochen, die fast mongolisch wirken, dazu sehr helles Haar und wassergraue Augen, die weit gegen die Schläfen sitzen; der Blick hat stets etwas Lächelndes, etwas Lauerndes, und da er nicht verrät, was das Hirn dahinter denkt, neigt man schließlich, damit man seine Ruhe hat, zu der Annahme, daß es überhaupt nichts denkt, daß die Person einfach dumm ist. Die Dame sagt:

»Was gibt es denn?«

»Die Post, gnädige Frau –.«

Wenn sie spricht, sieht man die beiden Schneidezähne, die durch einen ziemlich großen Zwischenspalt auffallen; ihre ganze Art, wie sie immer noch dasteht, ist halb schüchtern, halb frech; ihre Neugier nach den letzten Nachrichten, betreffend das Unglück mit dem Hausherrn, mag natürlich sein, aber sie trägt diese Neugier wie ein heiliges Anrecht und geht nicht hinaus, bis die Dame, ohne sie anzusehen, mit Betonung sagt:

»Danke.«

Sie knickst. Und geht . . .

Die Dame öffnet Briefe:

»Ich kann die Person nicht ausstehen –«

»Warum?«

»Hast du sie nicht angesehen . . .«

»Schon.«

Sie öffnet immer weitere Briefe.

»Die Dienstmädchenfrage«, sagt Doktor Hahn, »das ist auch so eine Sache, die in der Luft liegt . . .«

Er schneidet sich eine Zigarre.

»Nichts?«

»Nichts«, sagt Elsa: »nichts von ihm, nichts über ihn, Rechnungen, Einladungen, Drucksachen, Erlasse und Vorschriften, Empfehlungen, Aufrufe gegen die Trunksucht, Einladungen –«

Er zündet seine Zigarre an:

»Am vorigen Freitag habe ich ihn zum letztenmal gesprochen, wie gesagt, gerade nach der Verhandlung, aber es war nichts Besonderes, er nahm mich in den Wagen, und wir sprachen noch über die Rechtsbelehrung für die Geschworenen –«

Er raucht.

»Und dir ist auch nichts aufgefallen –.«

»Natürlich hörte ich genau, wie er sich ankleidete«, sagt sie. »Er war immer sehr rücksichtsvoll, machte überhaupt kein Licht, so genau wußte er, wo seine Sachen sind, seine Schuhe, seine Krawatte –«

»Um welche Zeit war das?«

»Zwei Uhr vielleicht, drei Uhr –«

»Und du hast ihn nicht gefragt, ich meine, warum er sich ankleidete, wohin er ginge?«

»Wohin schon? Ins Arbeitszimmer, dachte ich; er machte das ja oft –«

»Mitten in der Nacht?«

»Wenn er viel Arbeit hat – vor allem vor den Verhandlungen – daran ist nichts Besonderes, er macht sich einen schwarzen Kaffee, geht in sein Arbeitszimmer, liest seine Akten oder so, und am Morgen, wenn ich zum Frühstück komme, dann ist er natürlich schon weg ...«

»Ja.«

»Und dann, ach Gott, es war in der letzten Zeit so viel ... auch sonst –«

»Wie meinst du das?«

»Schließlich schämt man sich auch, nachzuforschen, wo der Mann seine Nächte verbringt –«

Als Doktor Hahn, um sein tiefes Verständnis darzustellen, die Hand auf ihr Haar legt, genügt es, damit sie plötzlich weint, tonlos, aber man sieht es ihren schmalen Schultern an, daß sie schluchzt; Doktor Hahn streicht ihr immer noch das Haar:

»Nicht doch ... nicht doch ...«

Er legt die Zigarre weg.

»Elsa ...!«

Sie nimmt sein Taschentuch.

»Glaubst du«, sagt sie unter langsam nachlassendem Schluchzen: »daß er es gewußt hat – wegen uns beiden ...?«

Es klopft.

Nach einer ratlosen Weile, als beide darauf warten, daß es nicht stimmt, was sie hörten, und daß das Klopfen nicht wiederkommt, klopft es abermals, und Elsa schiebt das Taschentuch in den Ärmel, es ist Wut, was sie aufrichtet; entschlossen geht sie zur Türe:

»Jetzt ist es aber wirklich genug –«

Sie öffnet die Türe, wo vorher das Dienstmädchen erschienen ist, die

Person, die sie nicht ausstehen kann, und scharf und böse kommen ihre
Worte:

»Diese schamlose Schnüffelei, glauben Sie eigentlich, ich lasse mir das
noch lange gefallen – Inge?... Inge? Inge?«

Doktor Hahn sagt:

»Vielleicht war es an der andern Türe –«

Es klopft zum drittenmal.

»Herein?«

Der Hellseher, als er aus dem Schlafzimmer kommt, macht die gleiche
Verbeugung wie zuvor, ebenso überflüssig und ebenso theatralisch, indem
er seine Flossen reibt:

»Entschuldigen Sie –«

»Nichts zu entschuldigen!«

»Ich sehe eben, daß es sieben ist. Wenn es stimmt? Um acht Uhr habe
ich Vorstellung –«

»Sie müssen gehen?«

»Es tut mir leid«, sagt er und schaut nach seinem Mantel: »aber wir haben eigentlich gesehen, was man sehen kann –«

Schweigen voll mißtrauischer Erwartung.

»Sehr ordentlich, sehr ordentlich –.«

Dann zieht er seinen Mantel an, der über einem Sessel gehangen hat,
und die beiden andern sind so voll Frage, daß sie ihm nicht mit einer einzigen Gebärde helfen, obschon er sich lange genug mit dem zweiten Ärmel
herumwürgt.

»Am meisten«, sagt er: »Am meisten sehe ich ihn hier – hinter diesen
Wänden ...«

»Lebend?«

»Ja, das schon ...«

Elsa setzt sich:

»Lebend.«

»Ja, sogar sehr ...«

»Aber?«

»Ich sehe nicht wo.«

Doktor Hahn beißt sich die Lippe, wie er es öfter tut, wenn er sich in
einem lächerlichen Verhör beherrschen muß:

»Schade«, sagt er höflich: »sehr schade.«

Dann ist der Mantel angezogen.

»Ich sehe nur, wenn Sie gestatten, daß ich das sage – ich sehe den Herrn Oberrichter... aber Sie müssen nicht erschrecken, wenn ich das sage; ich habe den Herrn Oberrichter sonst noch nie gesehen –.«

»Nun?«

»Wie soll ich sagen ...?«

Er tastet sein Kinn:

»Jedenfalls sehe ich ihn mit einer Axt in der rechten Hand –.«

Elsa blickt nach ihrem Freund:

»Mit einer Axt?«

»Ja, das sehr deutlich ...«

»Mit einer Axt? Das ist ja lächerlich! Karel mit einer Axt in der Hand? In unserem ganzen Hause gibt es keine Axt ...!«

»Vielleicht gerade drum, Frau Oberrichter.«

Elsa scheint erleichtert:

»Was macht er denn mit der Axt?« lächelt sie: »Bäume fällen?«

Der Hellseher nimmt den Hut:

»Hoffen wir es – «

Das also ist alles, Kabarett, wie man erwarten konnte, und obschon es geschmacklos ist, obschon man überhaupt kein Ergebnis in der Hand hat, empfindet es Elsa als eine eigentliche Erleichterung, daß man nicht wirklich durch die Wände sehen kann; ihre Lustigkeit, die sie nicht zeigen darf, verwandelt sie, indem sie den Hellseher hinausbegleitet, in eine Höflichkeit von bezaubernder Eleganz; eine ganze Weile noch hört man sie draußen im Flur, ohne daß man ihre Worte versteht ... Doktor Hahn, als er sich allein im Zimmer seines verschollenen Freundes befindet, öffnet ein kleines Schränklein, nimmt zwei Gläser heraus und einen Cognac, dem man glauben wird, daß es ein alter ist. Bevor er aber eingießt, dreht er noch das Radio an, das eine leise verschwommene Musik gibt, und als auch die Ständerlampe leuchtet, haben wir eine Ecke, wie man sie gemütlicher und gediegener nicht wünschen kann.

Das Radio spricht:

»Beim dritten Ton ist es genau neunzehn Uhr – zehn Minuten – dreißig Sekunden ... Sie hören die Nachrichten aus dem Inland: –«

Elsa, die mit einem wortlos lächelnden Einverständnis zurückkommt, fast lustig und beschwingt, so daß man wieder die gehenden Oberschenkel unter ihrem anliegenden Kleide sieht, findet ihn gerade, wie er die beiden Gläschen füllt; sie sagt nichts, nimmt eine Zigarette in ihre runden und

so daß die Zelle allerdings voll ist, und der Herr, der als erster eingetreten ist, sagt:

»Meine Herren, Sie haben den Tatort gesehen, Sie haben die Axt gesehen, Sie befinden sich nun in der Zelle des Mörders. Auch hieher haben wir Sie bemüht, damit Sie sich persönlich überzeugen können, ob die Angaben, die Sie aus der letzten Note unserer Regierung kennen, zutreffen oder nicht. Der Mörder bewohnt diese Zelle seit acht Monaten. Außer den Stunden, da man ihn zu den Verhandlungen führte, hat er die Zelle nicht verlassen. Gesprochen haben mit ihm: sein Anwalt, der Oberrichter, ferner die Wächter, die wir Ihnen ebenfalls noch vorstellen werden. Das einzige Fenster, das Sie sehen, blickt nach dem Himmel; Zeichen auf die Straße hinaus sind nicht möglich, abgesehen davon, daß noch die Mauer dazwischen wäre; auch davon können sich die Herren überzeugen.«

Einzelne blicken sich um.

»Was ich noch beifügen darf: der Mörder weiß bisher nichts von den Vorfällen an der Grenze, ebensowenig von den Ereignissen der letzten Woche, welche die hohe Regierung unseres Nachbarlandes zu dem schweren Verdacht veranlaßt haben. Außer dem Umstand, daß sämtliche dieser Verbrechen mit einer Axt vollbracht worden sind, sehen wir keinerlei Zusammenhänge, die auf eine verschwörerische Einmischung in die inneren Angelegenheiten unseres Nachbarlandes schließen lassen; der Vorwurf, der die freundliche Beziehung zwischen unseren Völkern gefährdet, wird von unserer Regierung auf das entschiedenste zurückgewiesen. Unsere Regierung ist glücklich, daß sie Ihre zahlreiche Delegation hat empfangen dürfen, insbesondere auch die Herren aus dem Ministerium des Innern, aus dem Ministerium für Volkswirtschaft, aus dem Ministerium für Landesverteidigung. – Ich bitte nun die Herren, Ihre allfälligen Fragen an den Häftling persönlich vorzubringen.«

Der Mörder steht wie zuvor, reglos, das linke Bein auf dem Boden, das andere auf der Pritsche, so wie er aufgesprungen ist; die Kette von Handgelenk zu Handgelenk. Man wartet auf die Fragen. Es sind durchaus keine komischen Figuren, im Gegenteil; komisch ist höchstens, wo sie das Übel suchen.

Siebente Szene

Es könnte in der Bretagne sein, vielleicht auch im Süden: durch eine Türe,
die offensteht, sieht man das Meer, und das Schiff, das vor Anker liegt, ist
das bekannte Wikingerschiff. Im übrigen ist es eine Hotelhalle, wie sie
eben sind; vor einem Brett, wo die Schlüssel hangen, und vor einem Ge-
stell, wo die Briefe warten, steht ein Concierge, der ein schwarzes Buch
aufgeschlagen hat, und vor dem Buch steht ein Gendarm, der die Nase
rümpft:
»Graf von Öderland?«
»Mit Gräfin – ja.«
»Seit drei Wochen? Und keine Meldung, keine Papiere, nichts?«
»Natürlich hat er Papiere ...«
»Wo?«
»Wir sind ein Grand Hotel, sage ich noch einmal, nicht eine Kneipe für
Landstreicher!«
»Sie wissen, daß Sie strafbar sind?«
»Strafbar ist man immer ... Herrgott nochmal, soll ich die Herrschaften
denn überfallen? Oder wie? Schon am ersten Abend sagte ich, der Herr
Graf möge uns gelegentlich die Pässe geben –«
»Gelegentlich.«
»Kaum sind die Leute da, kaum haben sie verschnauft –«
»In drei Wochen: kaum verschnauft, das muß eine anstrengende Reise
gewesen sein, gewissermaßen ein Galopp ...«
Der Gendarm, als der andere nicht lacht über seinen entgegenkommen-
den Spaß, nicht einmal lächelt, kann nicht anders, als daß er sich ganz auf
den amtlichen Ton zurückzieht, und zwar endgültig:
»Wenn die Papiere bis morgen nicht in unserer Hand sind, spätestens bis
morgen um diese Zeit –«
»Aber natürlich!« sagt der Strafbare: »Ich werde die Herrschaften bitten,
sobald sie vom Golf zurückkommen, das ist ja klar, aber ich kann doch
nicht mit dem Buch auf die Golfwiese gehen, ganz abgesehen davon –«
Der Gendarm ohne Mütze:
»Ein vorbildliches Hotel!« lacht er und trocknet den Schweiß aus seiner
Mütze: »Das möchte ich auch einmal erleben, wahrhaftig – da kann einer
kommen und sagen, ich heiße Graf von Sowieso, und alles ist gut, drei

Wochen sitzt er in den besten Zimmern, die man hat, man bringt ihm das Frühstück ans Bett – kein Papier und nichts, keine Unterschrift ... und jedermann glaubt ihm, daß er kein Landstreicher ist –«

»Landstreicher spielen nicht Golf.«

»Das möchte ich auch einmal erleben!«

»Offen gestanden«, tröstet ihn der Concierge, vertraulicher, da er plötzlich einen Menschen ohne Mütze sieht: »eine Zeitlang haben wir uns selber Sorge gemacht, so in der zweiten Woche, muß ich sagen –«

»Wegen der Papiere?«

»Wegen der Rechnung –«

Der Gendarm setzt die Mütze wieder auf:

»Die hat er auch nicht bezahlt?«

»Wenn einer sich eine Yacht kaufen kann, wissen Sie – man hört so allerlei, wenn man den ganzen Tag in dieser Halle stehen muß – und überhaupt, seit er Golf spielt, sind wir beruhigt; sie sagen sogar, er spiele vortrefflich, und ob einer ein wirklicher Graf ist oder nur so tut, ob einer verheiratet ist oder nur so tut, uns kümmerts, daß er zahlen kann!«

»Uns kümmern die Papiere, nichts weiter, ob er zahlt oder nicht.«

»Papiere ...!«

Der Gendarm grüßt mit der Hand an der Mütze, zum Gehen entschlossen, bevor die Plauderei seine amtliche Haltung zersetzt.

»Herrgott nochmal«, wehrt sich der Concierge gegen die neue Bedrohung: »wie soll einer hieherkommen, wenn er keine Papiere hätte? Heutzutage! Wie soll er über alle die Grenzen und Zonen kommen, wie sollte ein Mensch, der keine Papiere hat, bis zu dieser Schwelle gelangen? Heutzutage! Es ist ja lächerlich!«

»Das stimmt auch wieder – ja ...«

»Ich meine!«

»Daß es lächerlich ist, das muß mir keiner sagen! Ich kenne das: ich habe es bis da ... Haben Sie die Geschichte gelesen neulich in der Zeitung? Daß einer die Zöllner erschlagen hat, weil er keine Papiere hatte –.«

»Erschlagen?«

»Mit der Axt.«

»Schauderhaft! Schauderhaft!«

»Ich verstehe das –«

Man hört ein weibliches Gelächter, und sie treten zurück, wie über einem verbotenen Gespräch ertappt: es kommen Inge und der Graf, der

stets seine Ledermappe bei sich hat, beide sind in sommerliches Weiß gekleidet, und Inge hat die Hand in seinen Arm gelegt ... Der Concierge verbeugt sich:

»Guten Morgen den Herrschaften!«

»Post?«

»Bedaure, Herr Graf, bedaure!«

»Noch immer nichts ...«

»Die Herrschaften wegen der Yacht lassen sagen, sie erwarten die Herrschaften nebenan in der Bar.«

Der Graf wirkt zerstreut:

»Immer noch nichts«, murmelt er: »man könnte wirklich meinen, alle
Welt habe uns vergessen ...«

»Die Herrschaften wegen der Yacht lassen sagen, sie erwarten die Herrschaften nebenan in der Bar«.

»Danke, danke ...«

Der Concierge begibt sich gegen die Bartüre, beflissen, dann aber zögernd, da der Graf noch stehenbleibt.

»Was ich noch fragen wollte«, beginnt er langsam und in der gelassenen
Art eines Menschen, der gewohnt ist, daß jedermann auf seine Worte wartet: »was ich noch fragen wollte – Sie sind doch Gendarm?«

»Allerdings.«

»Mein Mann meint immer, er kenne Sie!«

»Mich?«

»Im Ernst«, lächelt der Graf: »aber ich erinnere mich nicht –«

»Ich auch nicht.«

»Waren Sie einmal bei uns in Öderland?«

»Öderland?«

»Siehst du!« sagt Inge: »Er kennt es nicht einmal dem Namen nach.«

»Sie haben eine sehr große Ähnlichkeit mit einem sehr ähnlichen Menschen, der einmal lange Zeit bei mir gedient hat –«

»Auf unserem Gut, verstehen Sie!«

»Als Bienenzüchter, glaube ich.«

»Ich?«

»Oder als Reitmeister vielleicht?«

»Reitmeister?« sagt der Gendarm und scheint von dem bloßen Wort
schon benommen: »Das käme mir nicht ungelegen, muß ich sagen, Reitmeister oder so ...!«

Er lacht unsicher.

»Sie sind nicht gerne Gendarm?«

»Offen gestanden, Herr Graf, offen gestanden –«

»Ich verstehe das.«

Unterdessen hat der Concierge, damit die Herrschaft sich nicht länger mit dem Gendarmen aufhalten muß, die Schiebetüre geöffnet, die zur Bar führt; man hört Musik, die aus einem Radio kommt, eine leise verschwommene Musik, und die Herrschaften wegen der Yacht, die in der Bar warten, sitzen in gediegenen Polstersesseln; sie rauchen eine Zigarette; sie trinken einen Cognac; es sind Elsa und Doktor Hahn . . . Aber der Graf, der von einer unaufdringlichen und gewinnenden Leutseligkeit ist, redet noch immer mit dem Gendarm, der ihn an einen Bienenzüchter erinnert.

»Und warum sind Sie denn Gendarm?«

»Ja, Herr Graf, wenn unsereiner tun und lassen könnte, was er möchte!«

»Warum nicht?«

»Ja – warum nicht . . .«

»Kurz ist das Leben«, sagt der Graf mit einem halben Lächeln und so, wie man ein sehr bekanntes Zitat sagt: »groß ist die Nacht, verflucht ist die Hoffnung auf den Feierabend, heilig ist der Tag, solang die Sonne scheint, und es lebe ein jeder, solang die Sonne scheint, herrlich ist er und frei.«

Der Gendarm schweigt ihn an.

»Im Ernst gesprochen –«

»Herr Graf haben ganz recht!« nickt der Gendarm: »Auch unsereiner möchte lieber auf einer Yacht herumfahren –.«

Der Graf blickt auf Inge:

»Dann soll er doch mit uns kommen, meine ich, als Matrose oder Koch oder so?«

Inge nickt.

»Das heißt, wenn Sie dazu Lust haben?«

»Lust?«

»Wir fahren morgen oder übermorgen.«

»Meinen Herr Graf das im Ernst?«

»Warum nicht.«

Der Gendarm, nicht gefaßt auf die Gelegenheit, die er ein Leben lang erwartet hat, erschrocken vor dem bloßen Gedanken, daß es sich erfüllen könnte, blickt bald auf den Grafen, bald auf die Gräfin; er möchte lachen, als machten sie nur einen Scherz, aber das Lachen verstummt ihm im offenen Mund, und es läßt sich nicht aufhalten, daß er selber daran glauben muß; befremdet von seinem eigenen Glauben, fast entsetzt, daß es möglich ist, sucht er nach Hindernissen:

»Ja, wenn man bloß Urlaub hätte –.«

»Nichts leichter als das.«

»Und die Erlaubnis zur Ausreise –.«

»Nichts leichter als das.«

»Meinen Sie?«

»Im Ernst, nehmen Sie eine Axt.«

»Wie der in der Zeitung, ja ...«

Inge unterbricht:

»Man sollte mit diesen Dingen nicht scherzen –«

Der Gendarm hält zum Mann:

»Herr Graf haben aber ganz recht! Manchmal kommt man wirklich auf solche Gedanken, auch wenn es nicht in der Zeitung stünde, aber zum Glück hat man nicht immer eine Axt in der Hand –.«

»Ich habe immer eine.«

»Aber Karel!«

»Hier in der Mappe.«

Der Gendarm lacht.

»Ich könnte nie einen Menschen töten«, sagt der Graf: »aber einen Zöllner ohne weiteres, einen Gendarm ohne weiteres ...«

Der Gendarm lacht noch mehr.

»Überlegen Sie es sich bis morgen, das wegen der Yacht. Ob Sie ein Mensch sein wollen oder ein Gendarm, ob Sie leben wollen oder nicht. Spätestens bis morgen um diese Zeit.«

Sie gehen in die Bar.

Die Musik wird lauter, doch bleibt sie verschwommen, ein Lullen, das die Worte mit einer sinnlichen Stimmung umschwemmt, wie man das kennt: man kann lauter banale Worte reden, hat aber das Gefühl, man rede ganz aus der Tiefe eines vollen Herzens; auch das Gespräch geht wie auf einem weichen Teppich ...

Der Gendarm draußen:

»Humor hat der Mensch!«

»Und die Papiere?« fragt der Strafbare: »Warum haben Sie ihm nicht die Papiere verlangt?«

»Bienenzüchter! Reitmeister!«

»Ich frage nach den Papieren –«

»Wenn man so denkt, was man anfangen könnte mit seinem Leben, Matrose auf einer Yacht, die rings um die Erde segelt, und was man in Wirklichkeit ist – hier . . .«

»Ein Gendarm –«

»Ein Arschloch mit Mütze, ja.«

»Pscht!«

»Aber Humor hat der Mensch . . .«

Unterdessen haben sich die Herrschaften begrüßt, wie sich fremde Leute begrüßen, die gleicherweise in einem Grand Hotel wohnen; eine gewisse Übereinkunft ist von vornherein da, und käme sie auch nur daher, daß man die gleiche Kost genießt. Gestern gab es Hummer beispielsweise, und wäre er schlecht gewesen, so hätte er die Herrschaften, woher sie auch immer kommen mögen, gemeinsam vergiftet. Irgendwie gehört man zusammen. Übrigens war der Hummer nicht schlecht. Viel Elend ist in der Welt, gewiß, aber es gibt Oasen, und ein Anflug von schlechtem Gewissen, worüber man nicht spricht, wirkt ebenfalls verbindend. Man weiß: das Schicksal, wie es auch verlaufen mag, wird uns ähnlich behandeln. Irgendwie gehört man einfach zusammen, was sich schon in den gleichen Manieren verrät, und ein gewisses Gefühl, daß man sich irgendwie schon kenne, kann also nicht verwundern . . .

Sie setzen sich.

Das Gespräch geht um die Yacht, die man draußen vor Anker liegen sieht, und um den Vertrag, den der Graf unterzeichnen soll, damit die Yacht fortan sein Eigentum wird; er hat bereits seine Füllfeder aus der Tasche genommen, der Graf, öffnet sie und hält sie in der Hand, indem er von der Südsee erzählt, als wäre er mehrmals dort gewesen:

»Sie kennen die Südsee nicht?«

»Nein –«

»Ich finde sie das Schönste, was ich auf Erden gesehen habe . . .«

Dann, bevor er unterschreibt, wirft er noch einmal einen kurzen Blick auf den Vertrag, übrigens zum erstenmal, und es bleibt fraglich, ob er wirklich den Text liest; seine Gebärde kommt nicht aus eigentlichem Interesse, sondern mehr aus Höflichkeit.

»Eine gewisse Schwierigkeit«, sagt er: »besteht vielleicht darin, daß wir die Summe, die ich weiter nicht bereden möchte, leider nur in unserer

Währung bezahlen können – in öderländischen Kronen … Wegen der
Ausweise, welche die Hafenbehörde verlangt, müssen Sie sich keine Sorgen
machen; ich werde die Ausreise schon bekommen –.«

»Sind Sie sicher?«

»Sobald ich die Yacht habe, o ja.«

»Man ist heutzutage sehr streng.«

»Nichts leichter als das!« lächelt der Graf: »Wenn Sie keine Papiere haben, nehmen Sie eine Axt – haben Sie nicht die Zeitungen gelesen?«

Sie schauen ihn an.

»Ich habe immer eine bei mir …«

»Aber Karel!«

»Im Ernst«, sagt der Graf: »wo käme man hin ohne Axt? Heutzutage! In
dieser Welt der Papiere, in dieser Welt der Grenzen und Marken, der Gesetze und Schranken und Steuern –«

Das alles sagt er ganz beiläufig, wie man einen alten Witz erzählt, plaudernd, während er den Vertrag unterzeichnet, er tut es in der Art eines
Mannes, der sehr viel unterzeichnet hat; er schraubt seine Füllfeder zu,
schaut, ob die Schrift schon trocken sei – das Schiff, das er mit dieser Unterschrift erworben hat, befindet sich nicht mehr im Hafen, wo man es vor
Anker liegen sah, sondern es steht auf dem Tisch, wohin der andere es unterdessen gestellt hat, und als der Graf aufblickt, indem er gerade die Füllfeder einsteckt, sieht er das bekannte Wikingerschiff mit den pergamente-
nen Segeln … er schweigt, reglos blickt er auf das Ding; man sieht nur,
wie er atmet.

Das Radio spricht:

»Beim dritten Ton ist es genau zwölf Uhr – zehn Minuten – zwanzig Sekunden … Sie hören die Nachrichten aus dem Ausland: –«

Langsam hebt er seinen Blick; er betrachtet die beiden, die ihm gegenüber sitzen, und endlich sagt er:

»Doktor Hahn?«

»Ja –.«

»Also doch«, wendet er sich zu Inge: »Ich hatte oft den Verdacht, daß die
beiden ein Verhältnis haben –«

Elsa kann sich nicht halten:

»Du mußt etwas sagen, gerade du, der mit dem Dienstmädchen herum-
reist!«

Hahn faßt ihren Arm:

»Darum geht es jetzt nicht.«

»Sondern?«

Der Graf erklärt es ihr:

»Man will mich verhaften —«

Dabei nimmt er seine Ledermappe:

»Aber es wird nicht gelingen.«

Ohne besondere Hast nimmt er die Axt heraus, so wie man Akten her-
ausnimmt, gelassen und schon gelangweilt von der Gewöhnung; zwei oder
drei Atemzüge lang schauen sie ihm zu, als glaubten sie es nicht; dann
springen sie auf, wie von ihrem eigenen Schrei emporgerissen —

Inge sagt:

»Warum zögerst du wieder?«

Das Radio sagt:

»Aus Haifa wird gemeldet, daß ein weiteres Schiff mit jüdischen Ein-
wandrern, die nach Palästina wollen, an der Einfahrt verhindert werden
mußte. Das Schiff liegt mit leichter Schlagseite auf offener See. Infolge dieser Nachricht sind neue Unruhen ausgebrochen; jüdischen Terroristen ist
es gelungen, einige Öltanks mit Bomben anzugreifen; das Feuer, das bisher
nicht einzudämmen war, nimmt immer größeren Umfang an.«

Doktor Hahn ruft nach dem Gendarm —

Das Radio sagt:

»In mehreren deutschen Städten sind die Grubenarbeiter neuerdings in
den Hungerstreik getreten; die Zufuhr von Kartoffeln soll beschleunigt werden, soweit die Verkehrswege es gestatten; falls es zu weiteren Ausschreitungen kommen sollte, sähen sich die Behörden gezwungen, das Stand-
recht anzudrohen.«

Doktor Hahn ruft nach dem Gendarm —

Das Radio sagt:

»Aus den Vereinigten Staaten kommt die Nachricht, daß die Neger weiterhin zu Versammlungen aufrufen, die an die Hunderttausende gehen; in
einzelnen Gegenden soll die drohende Haltung, welche die Neger einnehmen, bereits zu blutigen Zusammenstößen geführt haben.«

Doktor Hahn ruft den Gendarm —

Inge:

»Graf Öderland geht um die Welt,

Graf Öderland geht mit der Axt in der Hand,

Graf Öderland geht um die Welt!« Usw.

Genua, Oktober 1946

Endlich wieder einmal das Meer! Wir sind selig. Wir haben ein Zimmer
im obersten Stock und es fehlt nicht der Mond, der uns das Meer beglänzt,
damit wir es um Mitternacht noch sehen können. Wir haben sogar, wie ich
später entdecke, einen kleinen Balkon. Als ich hinaustrete, um einmal hin-
unterzuschauen in die nächtlichen Gassen von Genua, hinunter in diese
Schluchten voll lärmender Stadt, gewahre ich erst die Leere, die neben
uns klafft: die Trümmer sind gänzlich geräumt, vorbildlich, man sieht bis
in den Keller hinunter, und leider sage ich es Constanze, wie es aussieht
jenseits der Wand, die mit blumiger Tapete, sogar mit Bildern geschmückt,
zu Häupten unseres Schlafes steht –.

Der Brief eines Freundes rührt einmal mehr an die Frage, ob es zur Aufgabe irgendeiner künstlerischen Arbeit gehören kann, sich einzulassen in
die Forderungen des Tages. Daß es zur bürgerlichen und menschlichen Aufgabe gehört, daran läßt sich kaum zweifeln. Das Kunstwerk aber, schreibt
er, müßte sich darüber erheben. Vielleicht hat er recht; aber das entschiedene Nein, das er auf seine Frage gibt, ist nicht minder gefährlich als das
Ja. Die beste Antwort, die mir in dieser immer wieder bedrängenden Frage
bekannt ist, stammt von Bert Brecht:
    »Was sind das für Zeiten, wo das Gespräch über Bäume fast ein Verbre-
chen ist, weil es ein Schweigen über so viele Untaten einschließt.«
    Am andern Morgen, um das Meer auch aus der Nähe wiederzusehen,
gehen wir hinunter in den Hafen, der ebenfalls ziemlich zerstört ist. Ein
versenktes Schiff, das nur mit Schlot und Masten aus den Wellen ragt, erinnert an den Traum damals in der Nacht um Würzburg. Fast eine Stunde
schauen wir zu. Man ist dabei, es zu heben; eine riesenhafte Arbeit. Später
hören wir, daß es ein Flugzeugträger sei.

Portofino Mare, Oktober 1946

Alles in allem ist es wie ein Spuk, man fährt sich über die Stirne, und wenn
man aufschaut: das Meer – es brandet und tost, aber es ist zehn Jahre später, und man sieht es der Brandung nicht an, dem Wind nicht in den silbernen Oliven –

Das Kirchlein ist zerstört.

Wir sitzen lange auf einem deutschen Bunker, Ginster blüht um die rostenden Geschütze, eine Eidechse guckt aus der finsteren Mündung, und ohne Unterlaß rauscht es um die steilen Felsen. Es ist unser erster Abend, und draußen beim Leuchtturm, wo wir sitzen, sehen wir nichts als einen Horizont voll Wasser. Einmal kommt ein kleiner Kutter mit Fischern, die heimkehren; er rattert und pufft, und mit pendelndem Mast torkelt er unten an den Felsen vorbei. Das Meer erscheint wie dunkle Tinte, je tiefer die Sonne sinkt; mit gleißenden Schäumen rollen die Wellen über ihre eigenen Schatten –.

Café Delfino

Im Grunde geht es wahrscheinlich darum, was wir eigentlich als Geist bezeichnen. Eine Kunst, die nach oben ausweicht, ist sicher nicht, was dieser Brief meint. Aber die Angst vor einer solchen Kunst, die das Höchste vorgibt und das Niederste duldet, ist vielleicht der Grund, warum ich einem solchen Brief nicht beistimmen kann, sooft ich ihn auch lese. Diese Angst ist nicht aus der Luft gegriffen. Ich denke an Heydrich, der Mozart spielte; als Beispiel einer entscheidenden Erfahrung. Kunst in diesem Sinne, Kunst als sittliche Schizophrenie, wenn man so sagen darf, wäre jedenfalls das Gegenteil unsrer Aufgabe, und überhaupt bleibt es fraglich, ob sich die künstlerische und die menschliche Aufgabe trennen lassen. Zeichen eines Geistes, wie wir ihn brauchen, ist nicht in erster Linie irgendein Talent, das eine Zugabe darstellt, sondern die Verantwortung. Gerade das deutsche Volk, dem es nie an Talenten fehlte und an Geistern, die sich der Forderung des gemeinen Tages enthoben fühlten, lieferte die meisten oder mindestens die ersten Barbaren unseres Jahrhunderts. Müssen wir davon nicht lernen?

Am Strand

Jeden Morgen, wenn wir an den Strand gehen, kommen wir an den Arbeitern vorbei, die den Mörtel mischen oder die Ziegel tragen; sie haben rote Kopftücher, vom Staub in ein blasses Rosa verwandelt. Ein Kind, das den

Eimer kaum über den Boden heben kann mit seinen kurzen Armen, bringt ihnen das nötige Wasser. Es geht um die Mole, die von zwei oder drei Bomben zerstört ist; nicht um die Arbeit als Tugend und Lebenszweck. Sie kommen sich nicht besser vor als die andern, die unter den Bögen stehen und schwatzen. Es ist nicht der letzte Sinn ihres Tages, was sie da machen, und sie machen es vortrefflich, aber immer so, wie man vielleicht eine Sonnenblume bindet oder einen Gartensessel flickt, immer im Hinblick auf das Leben, das man sich einrichtet und schmückt, ein Leben, das sich lohnt. Nicht einen Augenblick bringen wir es auf das verwegene Gefühl, daß wir, weil wir gerade Ferien machen, freier wären als diese Leute, reicher an Leben, glücklicher als irgendeiner, der an uns vorbeigeht, barfußlautlos, zerlumpt, aufrecht und gelassen, ein Mensch, herrlich und gegenwärtig, ein König an Zeit –.

Manches erklären vielleicht schon die Früchte, die schwarzen Oliven, die auf der Erde liegen, die letzten Feigen, überreif und violett. Man hat den Eindruck, hier reifen die Früchte nicht als Lohn, sondern als Geschenk, und es verwundert nicht, daß hier der Mensch entstanden ist. Hier lebt er nicht aus Trotz gegen eine Schöpfung, die er täglich überlisten muß, damit sie ihn nicht vertilgt; er lebt nicht aus Mut, nicht aus der schalen Freude an täglicher Überwindung, nicht aus Tugend, sondern aus Freude am Dasein, harmloser und heiter. Das Geschenk, das hierzulande an den Bäumen wächst: die Erlösung von der Angst, die Zuversicht für morgen, die Erlaubnis zur Muße.

Das Meer ist warm, aber es geht schon ein frischer Wind, man sucht die Sonne, wenn man geschwommen ist. Auch der Sand, wenn man sich eingraben möchte, erinnert an Herbst; er bleibt an der Haut, kühl und feucht, und die Luft ist so, daß man plötzlich, wenn man mit geschlossenen Augen liegt, an unsere braunen und roten Wälder denkt. Bereits sind sie dabei, die bunten Kabinen abzubrechen, und die Barken sind auf den Sand gezogen. Jeder Tag kann der letzte sein. Nur zwei fremde Mädchen sind noch da. Ich weiß nicht einmal, welche Sprache sie reden. So mächtig lärmt das Meer, wenn es seine Wogen mit rollendem Donner auf den Strand wirft. Stundenlang schaue ich auf ihr zischelndes Verkräuseln, jedesmal spiegelt der Sand, blinkend vor Nässe, die langsam wie ein Löschblatt vermattet, und wieder bleiben die leeren Muscheln zurück, meistens andere, sie sikkern in den Sand, es bilden sich die kleinen Grübchen, bis die nächste Woge kommt, sich aufbäumt und höhlt, so daß die Sonne sie durchleuchtet, und mit gischtender Krone zusammenbricht, stampfend, klatschend, kichernd. Und draußen liegt noch ein ganzes Meer voll solcher Wogen, die unter der Sonne tanzen. Einmal kriecht ein schwarzer Frachter über den Horizont; seinen Rauch sieht man einen halben Morgen lang.

Beim Lesen

Was zuweilen am meisten fesselt, sind die Bücher, die zum Widerspruch reizen, mindestens zum Ergänzen: – es fallen uns hundert Dinge ein, die der Verfasser nicht einmal erwähnt, obschon sie immerzu am Wege liegen, und vielleicht gehört es überhaupt zum Genuß des Lesens, daß der Leser vor allem den Reichtum seiner eignen Gedanken entdeckt. Mindestens muß ihm das Gefühl erlaubt sein, das alles hätte er selber sagen können. Es fehlt uns nur die Zeit, oder wie der Bescheidene sagt: Es fehlen uns nur die Worte. Und auch das ist noch eine holde Täuschung. Die hundert Dinge nämlich, die dem Verfasser nicht einfallen, warum fallen sie mir selber erst ein, wenn ich ihn lese? Noch da, wo wir uns am Widerspruch entzünden, sind wir offenbar die Empfangenden. Wir blühen aus eigenen Zweigen, aber aus der Erde eines andern. Jedenfalls sind wir glücklich. Wogegen ein Buch, das sich immerfort gescheiter erweist als der Leser, wenig Vergnügen macht und nie überzeugt, nie bereichert, auch wenn es hundertmal reicher ist als wir. Es mag vollendet sein, gewiß, aber es ist verstimmend. Es fehlt ihm die Gabe des Gebens. Es braucht uns nicht. Die anderen Bücher, die uns mit unseren eigenen Gedanken beschenken, sind mindestens die höflicheren; vielleicht auch die eigentlich wirksamen. Sie führen uns in den Wald, wo sich die Wege in Sträuchern und Beeren verlaufen, und wenn wir unsere Taschen gefüllt sehen, glauben wir durchaus, daß wir die Beeren selber gefunden haben. Oder haben wir nicht? Das Wirksame solcher Bücher aber besteht darin, daß kein Gedanke uns so ernsthaft überzeugen und so lebendig durchdringen kann wie jener, den uns niemand hat aussprechen müssen, den wir für den unseren halten, nur weil er nicht auf dem Papier steht –.

Natürlich gibt es noch andere Gründe, warum die vollendeten Bücher, die nur noch unsere Bewunderung zulassen, nicht jederzeit unsere liebsten sind. Wahrscheinlich kommt es darauf an, was wir im Augenblick dringender brauchen, Abschluß oder Aufbruch, Befriedigung oder Anregung. Das Bedürfnis wechselt wohl von Mensch zu Mensch, ebenso von Lebensalter zu Lebensalter, und auf eine Weise, die man gern ergründet sähe, hängt es jedenfalls auch mit dem Zeitalter zusammen. Mindestens ließe sich denken, daß ein spätes Geschlecht, wie wir es vermutlich sind, besonders der Skizze bedarf, damit es nicht in übernommenen Vollendungen, die keine eigene Geburt mehr bedeuten, erstarrt und erstirbt. Der Hang zum Skizzenhaften, der unsere Malerei schon lange beherrscht, zeigt sich auch im Schrifttum nicht zum erstenmal; die Vorliebe für das Fragment, die Auflösung überlieferter Einheiten, die schmerzliche oder neckische Betonung des Unvollendeten, das alles hatte schon die Romantik, der wir zum Teil so fremd, zum Teil so verwandt sind. Das Vollendete: nicht gemeint als Meisterschaft, sondern als Geschlossenheit einer Form. Es gibt, so genommen, eine meisterhafte Skizze und eine stümperhafte Vollendung, beispielsweise ein stümperhaftes Sonett. Die Skizze hat eine Richtung, aber kein Ende; die Skizze als Ausdruck eines Weltbildes, das sich nicht mehr schließt oder noch nicht schließt; als Scheu vor einer förmlichen Ganzheit, die der geistigen vorauseilt und nur Entlehnung sein kann; als Mißtrauen gegen eine Fertigkeit, die verhindert, daß unsere Zeit jemals eine eigene Vollendung erreicht –.

Cesario sagt:

»Jede Ruine hat als solche einen Reiz, der außerkünstlerisch ist, also für den ernsten Künstler nicht statthaft. Man macht keine Ruinen, anständigerweise, und alles Skizzenhafte, alles Aphoristische ist eine Ruine nach der Zukunft. Denken wir an die Akropolis, gewiß, auch sie wie jede Ruine spielt mit der Wehmut, daß sie einmal ein Ganzes war; aber die Akropolis kann nichts dafür, daß sie eine Ruine ist. Ganz anders eure Skizzenkunst! Ihr spielt nicht mit der Wehmut, aber mit dem Gegenteil – mit der Hoffnung, mit dem Versprechen eines Ganzen, das da kommen soll und das ihr in der Tat nicht leisten könnt!«

Hat Cesario nicht recht?

Aphoristik als Ausdruck eines Denkens, das nie in einem wirklichen und haltbaren Ergebnis endet, es mündet immer ins Unendliche, und äußerlich endet es nur, weil es müde wird, weil die Denkkraft nicht ausreicht, und aus bloßer Melancholie, daß es so ist, macht man Kurzschluß, das Ganze als eine Taschenspielerei, um ein Unlösbares loszuwerden, indem man sich einen Atemzug lang verblüfft, damit man einen Atemzug lang nicht weiterfragt, und wenn man es später bemerkt, daß man nichts in der Hand hat als einen Knall, dann ist der Taschenspieler schon nicht mehr da – allenfalls bleibt noch die Verblüffung, daß das Gegenteil seiner Aussage, die uns eben verblüfft hat, nicht minder überzeugt; natürlich gibt es auch Aphorismen, die nicht einmal stimmen, wenn man sie umkehrt.

Und noch eins:

Der Aphorismus gibt keine Erfahrung. Er entspringt wohl aus einer Erfahrung, die er ins Allgemeine überwinden möchte; der Leser aber, der bei der Erfahrung nicht dabei war, vernimmt nur dieses Allgemeine, das sich für gültig erklärt, und obschon man nun meinen könnte, gerade das Allgemeine ginge also jeden an, zeigt es sich, daß der Leser, will er mehr als einen Kitzel haben, es seinerseits wieder auf ganz bestimmte Fälle und Personen bezieht, nämlich auf solche, die er gerade kennt. Dabei genießt er natürlich den Umstand, daß ein Wort, je allgemeiner es gefaßt ist, sich um so leichter nach allen Winden drehen läßt; der Aphorismus steht meistens zu unseren Gunsten. In einen hohlen Kopf geht viel Wissen! lese ich bei Karl Kraus, der wohl ein Meister der Aphoristik ist, und schon habe ich eine Geißel in der Hand, knalle mit bübischem Vergnügen und zwicke nach allen Bekannten, deren größeres Wissen mich immer beschämt. Wer hindert mich daran? Jedenfalls nicht der Aphorismus, der selber nicht sagt, wen er meint: also genießen wir ihn von seiner eigentlichen Schwäche her, die eben darin besteht, daß er nur Ergebnisse liefert, aber keine Erfahrung. Wer Aphoristik macht, ohne daß wir sein Leben kennen, gibt nichts als die obersten Blumenköpfe, so wie Kinder sie rupfen, keine Wurzeln daran, welche die Blüten nähren, keine Erde dazu, und die bunten Blumenköpfe bleiben eine Verblüffung, die bald verdorrt – darum die Erzählung, die auch die Wurzel liefert, ganze Klumpen von Erde daran, Mist und Dünger in Fülle.

Erzählung: aber wie?

Marion:

»Was aber, Maestro, wäre statthaft? Schauen wir auf die andorranische Kunst unsrer Tage; wir schreiben Romane, als stünde noch immer eine Sanduhr neben uns, als hätten wir nach allem, was an unheimlicher Erkenntnis zugestoßen ist, einen durchaus handlichen und sicheren Begriff von der Zeit, einen unerschütterten Glauben an Ursache und Wirkung; wir schreiben Sonette, die aufgehen, wie unser Denken leider nicht aufgeht, Sonette, als wüßte der Schreiber auf die Zeile genau, wo der Mensch aufhört, wo der Himmel beginnt, wie Gott und der Teufel sich reimen; auf alles reimt sich sein Sonett, nur nicht auf sein Erlebnis, und vielleicht kommt es daher, daß es ihm so leicht fällt. Ich weiß nicht, Maestro, ob ich sagen kann, was ich leide. Wir haben eine Quantenlehre, die ich nicht verstehe, und keiner ist aufzutreiben, der alles zusammen versteht, keiner, der unsere ganze Welt in seinem Kopf trüge; man kann sich fragen, ob es überhaupt eine Welt ist. Was ist eine Welt? Ein zusammenfassendes Bewußtsein. Wer aber hat es? Wo immer ich frage, es fallen die Wände ringsum, die vertrauten und sicheren, sie fallen einfach aus unserem Weltbild heraus, lautlos, nur die Andorraner schreiben noch immer auf diese Wände, als gäbe es sie, immer noch mit dem Anschein einer Vollendung, die in der Luft hängt. Wie aber, Maestro, wäre das statthaft und löblich? All unsere Kunst, je mehr sie in diesem Sinne gelingt, ist es nicht immer, als hätte sie ein archaisches Lächeln über sich selbst? Ich meine, Maestro, der Teufel hole die andorranische Mumie –«

Cesarios letztes Wort:

»Ich meine, nun hat der Teufel ihn geholt.«

Mindestens bleibt es fraglich, ob der Hang zum Skizzenhaften, der vorhanden ist, sich mit persönlichem Mangel erklären läßt. Die Frage nach dem Können, dem handwerklichen, verwandelt sich für jeden, der ihr sein Leben opfert, früher oder später in eine Frage nach dem Dürfen; das heißt: die handwerkliche Sorge verschwindet hinter der sittlichen, deren Verbindung wahrscheinlich das Künstlerische ergibt, und darum kann niemand machen, was er an den Alten bewundert: weil er es bestenfalls machen, aber nicht erfüllen kann, und wer mehr macht, als ihm gemäß ist, erweist sich als Stümper. So könnte es Zeiten geben, wo nur noch Stümper sich an die Vollendung wagen. Noch ist es nicht soweit. Ein Katholik beispielsweise, der sich in einer geschlossenen Ordnung glauben kann, hat natürlich die Erlaubnis zur Vollendung; seine Welt ist vollendet. Die Haltung der meisten Zeitgenossen aber, glaube ich, ist die Frage, und ihre Form, solange eine ganze Antwort fehlt, kann nur vorläufig sein; für sie ist vielleicht das einzige Gesicht, das sich mit Anstand tragen läßt, wirklich das Fragment.

Portofino Monte

Hoch über dem Meer! Sein Horizont ist mit uns gestiegen, höher und höher, und nur die Buchten sind unten geblieben. Das Meer, wenn man in die Buchten hinunterschaut, erscheint finster wie die Nacht. Ein Netz von silbernen Wellen darüber. Wie glitzernder Brokat liegen sie unter der Sonne, lautlos, und nur die Brandung verrät, daß sie einen Lauf haben; der weiße Gischt an den Felsen.

Glück als das lichterlohe Bewußtsein: Diesen Anblick wirst du niemals vergessen. Was aber erleben wir jetzt, solange er da ist? Wir freuen uns auf eine Reise, vielleicht jahrelang, und an Ort und Stelle besteht die Freude größtenteils darin, daß man sich um eine Erinnerung reicher weiß. Eine gewisse Enttäuschung nicht über die Landschaft, aber über das menschliche Herz. Der Anblick ist da, das Erlebnis noch nicht. Man gleicht einem Film, der belichtet wird; entwickeln wird es die Erinnerung. Man fragt sich manchmal, inwiefern eine Gegenwart überhaupt erlebbar ist. Könnte man unser Erleben darstellen, und zwar ohne unser Vorurteil, beispielsweise als Kurve, so würde sie sich jedenfalls nicht decken mit der Kurve der Ereignisse; eher wäre es eine Welle, die jener anderen verwandt ist, die ihr vorausläuft und wieder als Echo folgt; nicht die Ereignisse würden sich darstellen, sondern die Anlässe der Ahnung, die Anlässe der Erinnerung. Die Gegenwart bleibt irgendwie unwirklich, ein Nichts zwischen Ahnung und Erinnerung, welche die eigentlichen Räume unseres Erlebens sind; die Gegenwart als bloßer Durchgang; die bekannte Leere, die man sich ungern zugibt.

»Gehe fort, damit ich bei dir sei!«

Einer Landschaft gegenüber gestehen wir es noch am ehesten. Man ist nie da, wo man ist, und dennoch kann es nicht gleichgültig sein, wo man ist; der Ort, wo man ist, gibt den Angelpunkt, damit wir die Ferne in unser

Erleben heben können. Wenn man jederzeit auf unsrer Stirne lesen könnte, wo unsere Gedanken sind, kein Mensch möchte mit uns die Gegenwart teilen. Zu Unrecht! Nur wenn er da gewesen ist, können wir zu ihm zurückkehren.

Später der Mond –
    Wie er aufgeht über den rötlichen Bergen, nicht als Scheibe, sondern als Kugel, als Ball aus blassem Elfenbein; das Violette ringsum, das andere, was außer ihm ist, das Nichts zwischen ihm und uns, das All, die Nacht, der Tod. Und der Tag und das Licht, das vor diesem Raum hängt, wie dünn es wieder ist, ein Schleier von Seide, der jederzeit zerreißen kann. Man sollte nicht schlafen an der Sonne. Man erwacht mit schmerzenden Adern, mindestens mit einer leiblichen Empfindung, daß man Blut und Adern hat, mit einem jähen Bewußtsein von vergehender Zeit, und der Abend, der uns noch einmal aufnimmt mit blühendem Ginster und glitzerndem Meer, er ist so erschreckend wie herrlich, jedesmal, voll plötzlicher Durchsicht ins Unsichtbare.

Mailand, Oktober 1946

Man ist immer noch ein Nationalist! Wenn ich von einem Landsmann lese, daß er den Nobelpreis bekommen oder daß ihn der Kaiser von China empfangen habe, verbiete ich mir jeden Stolz, weil wir zur Genüge erfahren haben, wohin diese Art von Herdenstolz, wenn er sich nicht auf den Sportplätzen erledigt, in der Geschichte der Völker führen muß, und es gelingt mir auch einigermaßen. Aber das Gegenteil, das übrigens öfter vorkommt, wirft meine weltbürgerliche Pose jedesmal über den Haufen; wenn ich hier meine Landsleute sehe, wie sie mit ihrer Währung die italienischen Läden plündern, ärgere ich mich bleich –
    Warum eigentlich?
    Die offenbare Enttäuschung verrät unsere heimliche Annahme, daß das eigene Volk, nur weil wir ihm selber gerade angehören, schließlich doch ein Mustervolk sei, und somit würde es also genügen, wenn man sich über sich selber ärgerte.

»Die Chinesische Mauer«

Heute an der Hauptprobe. Ich sehe das Stück zum erstenmal. Ein Schock etwa folgender Art: du kommst nach China, wo du noch nie gewesen bist, kommst auf einen öffentlichen Platz, wo viele Chinesen stehen, und schaust einem Tänzer zu, dessen Getue dich teilweise verwundert oder gar entzückt, teilweise auch ekelt, und alle sagen, dieser Tänzer bist du. Niemand anders als du! Im Augenblick, wo ich es zwar nicht begreife, aber glaube, hinnehme und zugebe, begreife ich überhaupt nicht mehr, was da gespielt wird, keinen Satz, keine Szene, alles Fremdsprache, keine Ahnung, ob es etwas heißt –

Übermorgen ist Premiere.

Das Theater als ein fürchterlicher Zerrspiegel, aber am fürchterlichsten, wo es das nicht ist; denn das Fremdeste, was man erleben kann, ist das Eigene einmal von außen gesehen.

Kalendergeschichte

Ich versichere bei meiner Ehre, daß ich an jenem Tag, also am zweiten September dieses Jahres, zum erstenmal nach Prag gekommen bin. Am Vorabend, nach einem kurzen Gewitter, hatten wir Kolin erreicht. Da sie uns kein annehmbares Zimmer geben wollten, beschloß ich, zumal die Wolken sich lichteten, unsere Reise fortzusetzen; wir kippten unseren Branntwein, und Ivo, mein Bursche, fluchte über meinen kurzen Entschluß. Gegen Mitternacht kamen wir abermals in ein Gewitter. Ich erinnere mich an alte Bäume, alle tosend, alle wie schwarze und zerrissene Fahnen. In einem böhmischen Dorf, dessen Namen ich vergessen, mußten wir die Pferde wechseln. Ich blieb in der Karosse. Draußen regnete es wieder in Strömen. Wir hatten einen langen Tag hinter uns, staubig und schwül; ich ärgerte mich über den offenen Mund eines Schläfers, den ich nicht wecken konnte, da ich selber es war. Ich träumte allerlei verworrenes Zeug, erwachte über dem Schrecken, daß ich die herzogliche Botschaft, die ich in meiner linken Brusttasche trug, verloren hätte. Auch von Anja hatte ich geträumt. Unterdessen waren wir, wie der Bursche behauptete, schon wieder eine Stunde gefahren, und ich dachte noch lange an Anja. Der Regen war ver-

stummt. Langsam graute es, man sah die Tümpel in der schlechten Straße,
und ich fühlte mich heiter: der Gedanke an das schöne Prag, die Freude,
daß ich durch meinen kurzen Entschluß einen ganzen Tag gewonnen
hatte, das alles machte mich fast übermütig; unwillkürlich sang ich vor
mich hin, Lieder aus unsrer Husarenzeit. In der Ferne erkannte man schon
die ersten Türme, und plötzlich, droben auf einem Hügel, erschienen die
langen Fassaden des Hradschin, anzuschauen wie eine Burg aus Silber
und Asche, das Ziel meiner Reise – jetzt erst versicherte ich mich, daß
ich die herzogliche Botschaft nicht wirklich verloren hätte, wie Anja mir
im Traum hatte einreden wollen, griff in meine linke Brusttasche, und in
der Tat, ich griff ins Leere . . .

So kam ich nach Prag.

Es mochte vier Uhr morgens sein oder später, als wir über das fremde
Pflaster ratterten, und ich war natürlich starr, nicht wegen der herzoglichen Botschaft, daran dachte ich noch kaum, während ich in der Karosse
saß, meine Hand noch immer in der linken Brusttasche, wo ich nichts als
das Klopfen meines Herzens fand. Wo ist deine Botschaft? hat Anja gesagt;
lachend, ihre Hand auf meiner Brust: Wo ist deine Botschaft? Noch habe
ich niemals erlebt, daß sich ein Traum verwirklicht hätte, und das alles,
dünkte mich, war nur geschehen, damit Anja, die Verstorbene, mich noch
einmal erschrecken konnte –.

Unterdessen hielten wir bereits vor der Gesandtschaft.

Bleich wie eine Leiche, so vermute ich, verließ ich die Karosse. Man war
wegen meiner frühen Ankunft ziemlich verwirrt. Ich befahl, daß man meinetwegen niemanden weckte, und das verwirrte noch mehr. Der alte Diener, mein Gepäck in der Hand, betrachtete mich wie ein Gespenst, als er
hörte, daß ich überhaupt nichts wünschte, keinen Tee und nichts. Allein
in dem Zimmer, das mit dem üblichen Bildnis unsrer Durchlaucht geschmückt war, zog ich meine Handschuhe aus, warf sie auf den Tisch,
ebenso den Hut; auch die Pistole legte ich ab; ich trat an die schweren Vorhänge, die ich sofort öffnete, und einen Augenblick überlegte ich mir, ob
ich mich gleich erschießen sollte oder warten, bis die Sonne noch einmal
aufginge. Auch hier war das Gewitter gewesen, ich sah die nassen Dächer,
ich dachte, während ich so stand, an alles Mögliche und Unmögliche, nur
nicht daran, wie ich die herzogliche Botschaft wiederfinden könnte. Ich
stand und blickte über die fremde Stadt, unsicher, ob ich nicht immer
noch träumte, unsicher, ob es das Dorf in der Nacht, wo ich die Botschaft

verloren haben mußte, überhaupt gab. Ich war übermüdet ... Natürlich
dachte ich auch wieder an Anja, an unsere ganze Geschichte von damals,
vor allem an die Nacht, wie ich sie zum letztenmal gesehen hatte, bevor
ich auf die Residenz ging; achtzehn oder neunzehn Jahre waren das her;
wir hatten einander wirklich lieb; meine Verdienste im Feld, der plötzliche
Tod unseres Vaters, das überraschende Angebot seiner herzoglichen Durchlaucht, die mich zum Botschafter erkor, das alles hatte ich Anja erklärt,
ganz offen und ehrlich; Anja sagte kaum ein Wort, wir saßen damals eine
ganze Nacht, und ob Anja wirklich begriff – ich erklärte ihr eindringlich
genug, wie unsinnig es unter diesen Umständen wäre, das Kind zur Welt
zu bringen –, weiß ich nicht; sie hörte mir nur zu; sie blickte mich nur
an, und das einzige, was sie einzuwenden wußte, war natürlich der liebe
Gott, der stets die letzte Karte ist, wenn man keine Gründe mehr weiß...

Einmal, als bereits die Sonne schien und ich immer noch stand, wurde
ein Fensterladen aufgestoßen, es war gerade gegenüber, und ich sah ein
Mädchen, eine junge Frau mit offenem Haar; sie hatte einen blauen Überwurf, den sie oberhalb der Brust, während sie in die Gasse schaute, mit der
linken Hand zusammenraffte. Sie hatte mich offenbar bemerkt; jedenfalls
zog sie sofort die Vorhänge. Ich sah ihre nackten Füße auf dem besonnten
Zimmerboden, wußte, daß sie mich durch die Vorhänge betrachtete. Ich
spürte, wie es in meinen Schläfen hämmerte. Ohne jede Ahnung, was ich
eigentlich erwartete, blieb ich stehen, und als sie abermals den Vorhang öffnete, um mich trotzig anzusehen, nickte ich. Es war mir, als müßte ich sie
kennen. Sie nickte ebenfalls. Ich trat in das Zimmer zurück, schnallte endlich meinen Degen los und war entschlossen, den Tag nicht wegzuwerfen,
den ich mir durch meinen eigenen Entscheid geschenkt hatte. Meine Ankunft wurde erst für morgen erwartet. Bis morgen hatte ich jedenfalls Zeit.
Noch ein ganzer Tag gehörte mir, ein beinah wolkenloser; noch eine ganze
Nacht, und ich dachte, was eine Nacht alles sein kann ...

Endlich klingelte ich dem Diener.

Er sollte mir das Gepäck bringen, und zwar sofort, damit ich meine Pistole einschließen konnte für den Fall, daß mich der Mut wieder verließe,
und zugleich bestellte ich Wasser, stieß meine verschmutzten Stiefel ab,
öffnete den Rock, meine Krause war ein grauer Lappen, und ich freute
mich auf das frische Zeug. Im Grunde, wenn ich es an der Sonne betrachtete, konnte ich den nächtlichen Vorfall, der mich auf so schmähliche und
lächerliche Weise vernichten wollte, einfach nicht glauben; noch war mir

nichts mißlungen, soweit ich mich entsinnen kann, und schließlich, so sagte ich mir, hat man immer noch seinen eigenen Kopf.

Graf von U., unser Gesandter, ließ mich zu einem Frühstück bitten; er begrüßte mich mit einer Miene, als trüge er die ganze Welt auf seinen schmalen Schultern. Ratlos saß er meiner glänzenden Laune gegenüber. Er schilderte mir, da er mich auszuforschen kein Anrecht hatte, die drohende Lage, die wachsende Spannung zwischen unseren Ländern. Ich hörte zu, was alles an feindseligen Vorfällen schon geschehen war, aß und trank, als erzählte er von vergangenen Zeiten; nur einmal, zwischen zwei Bissen, sagte ich:

»Ich habe eine Botschaft an die Böhmische Krone; morgen werde ich auf dem Hradschin empfangen.«

»Wir sind unterrichtet.«

Nur die genaue Stunde war noch nicht bestimmt; ich bat ihn, auch dies im Verlaufe des Tages abzuklären –

Er blickte mich an:

»Glaubt man unsererseits, daß sich der Krieg vermeiden läßt?«

Darauf antwortete ich nicht. Ich erkundigte mich nach einem guten Pferd, äußerte meine morgendliche Lust, auszureiten, lobte die herbstliche Jahreszeit und fragte, welche Pfade er mir besonders empfehlen möchte. Nicht allzuviel offenes Feld; ich erkläre ihm meine Vorliebe für lockere Wälder. Er schwieg. Offenbar war er über meinen Leichtsinn erbittert, und als er weiterhin von bösen Vorzeichen erzählte, konnte ich nicht umhin, ich fragte ihn rundheraus, wer eigentlich jenseits dieser Gasse wohne. Er machte nur ein Gesicht, das ich aber nicht verstand. Wir erhoben uns ohne weitere Antwort seinerseits, und ich bat, daß man mich in die Stallung führte, wo ich mir ohne Zögern eine erfreuliche Stute erkor, einen Schimmel, und unverzüglich satteln ließ –.

Die Erde, als ich zu Fuß ans Ufer ging, war finster und moorig, es federte unter jedem Tritt, und in jeder Stapfe, die man hinterließ, sammelte sich ein braunes Wasser, ein Tümpel mit Bläschen. Über den Wellen, die unter der Sonne blinkten, und über den weiten Wäldern, die jenseits der Moldau sich erhoben, über dem ganzen Tag, der vor mir lag, schwebte der blaue Herbst, und jedesmal, wenn ich stehenblieb und horchte, hörte ich ringsum ein Quaken. Ein Reiher flog über das Moor. Sonst war ich allein, und hätte ich meine Pistole nicht zu Hause gelassen, es hätte nicht an Schnepfen gefehlt. Am liebsten hätte ich allerdings geschlafen, die Reise und die letzte Nacht lagen mir ordentlich in den Gliedern, aber es reute mich die Zeit, oder ich hatte auch eine gewisse Scheu, daß mir abermals träumte. Ich sammelte Kiesel, die ich in einen stillen Kumpen warf, und betrachtete die munteren Wellen, die es jedesmal gab. Nur einmal erschrak ich über die Vorstellung, meine Stute könnte verschwunden sein. Jedenfalls war es mir, als hätte ich stundenlang kein Wiehern mehr vernommen, und fast wagte ich nicht, mich umzudrehen. Ich hatte mich ziemlich entfernt mit meinem Kieselsuchen. Ich stapfte durch das Moor zurück, so rasch es ging, langsam genug für meinen Schrecken. Die Esche fand ich wieder. Es war die einzige in der Gegend. Und als ich näher kam, stand auch die Stute noch dabei; nur hatte sie schon lange keine Sonne mehr, es streckten sich die Schatten aus dem Wald, und das Tier hatte schon ziemlich gefroren –

Im Palais unsrer Gesandtschaft, als ich wieder dahin zurückkam, erwartete mich Graf von U. mit einer Miene, die mich zu fragen zwang, was vorgefallen sei; jedenfalls spürte ich, daß er nicht von meinem herrlichen Ritte hören wollte, und ich sagte, indem ich die Handschuhe auszog:

»Krieg?«

Er empfing mich mit der Nachricht, daß ich morgen, Freitag den dritten September, auf dem Hradschin empfangen würde, und zwar von Seiner Exzellenz persönlich, morgen um zehn Uhr –

»Gut«, sagte ich. »Gut.«

Schon im Begriff, die Treppe hinanzusteigen, blieb ich nochmals stehen, so zufällig als möglich, und erkundigte mich, ob sonst nichts hinterlassen worden sei ...

»Sonst?«

»Ein Billett oder so?«

Der Graf blickte auf den Lakai –

Der Lakai auf den Grafen –

Nichts. –

Wir trafen uns dennoch.

»Sprechen Sie schon!« sagte sie: »Seit einer Woche stellen Sie mir nach –«

»Ich?«

Ihr Lächeln war voll Hohn.

»Das ist nicht möglich«, sagte ich: »gestern nacht bin ich erst angekommen –.«

Sie glaubte mir kein Wort, und umsonst besann ich mich auf einen Beweis. Unterdessen erzählte sie eine ganze Geschichte, wie ich sie verfolgt hätte und wo und wann. Obschon es natürlich ein Unsinn war, was sie redete, wagte ich kaum zu widersprechen. Sie glaubte allen Ernstes daran. Fast zärtlich, als wäre mein Schweigen schon ein Geständnis, sagte sie:

»Warum das alles?«

Eine Weile war ich wirklich verwirrt. Vielleicht machte es auch die Art, wie wir einander getroffen hatten. Stundenlang hatte ich nach ihrem Fenster geschaut, umsonst ein Zeichen erwartet, und als die Dämmerung es erlaubte, hatte ich es sogar an der Türe versucht, die ich verschlossen fand. Enttäuscht und überzeugt, daß ich ihr morgendliches Nicken offenbar mißdeutet hätte, ging ich schließlich in die Stadt und wieder hinunter an die Moldau, ich weiß nicht warum. Eine gewisse Erregung, die mich seit der vergangenen Nacht nicht mehr verlassen wollte, mochte dazu beitragen, daß ich mir plötzlich einbildete, ich sehe Anja über die Gasse gehen. Natürlich war es ein bloßes Hirngespinst. Immerhin ging ich ihr nach, um durch den Anblick ihres Gesichtes, das ich jedenfalls sehen wollte, meine alberne Einbildung loszuwerden. Sie ging, kaum spürte sie meine Verfolgung, sofort über die nächste Brücke, und ich folgte ihr durch immer einsamere Gassen, bis sie an einer Ecke plötzlich stehenblieb, sich wendete und fragte, was ich wollte. Als ich guten Abend sagte, lächelnd über ihren Zorn, zweifelte ich noch einen Augenblick, ob es wirklich das Mädchen wäre, das nebenan wohnte; sie ist jünger, als ich am Morgen gemeint habe, fast noch ein Kind, aber auch häßlicher.

»Ich verstehe Sie nicht«, sagte sie: »ich habe Ihnen nie ein Zeichen gegeben, ich habe mich immer sehr garstig benommen, ich weiß, auch vorgestern, als wir in dieser gleichen Gasse standen –«

»Vorgestern?«

»Oh, ich habe Ihre Schritte schon gehört, wenn Sie an meinem Versteck vorübergingen, jedesmal – ganz deutlich – und einmal haben Sie sogar meinen Namen gerufen.«

»Ich?«

»Warum leugnen Sie es?«

Sie lächelte nur, sooft ich ihr die Wahrheit erklärte; ich erzählte ihr meine Reise im Gewitter, meine Ankunft im Morgengrauen; sie lächelte nur, noch wenn ich es beschwor, wie über eine Ausrede.

»Übrigens weiß ich nicht, vielleicht waren auch Sie die ganze Nacht in dieser fürchterlichen Gegend, vorgestern, obschon Sie sich nicht mehr gezeigt haben. Das war sehr vornehm von Ihnen! Ich wußte nicht, daß sie die Brücke schließen, wenn es Nacht wird.«

»Welche Brücke?«

»Es war die erste Nacht, die ich im Freien verbracht habe –«

Ich verstand kein Wort, aber wir waren unversehens ein paar Schritte gegangen, langsam, und das genügte, daß sich dadurch unsere Beziehung irgendwie veränderte. Es war nun, als gingen wir zusammen. Es war eine Übereinkunft. Das Mädchen mußte es ebenfalls empfunden haben; ihr Ton war vertraulicher:

»Ich habe gewußt, daß Sie nochmals kommen, schon gestern habe ich Sie erwartet, obschon das Gewitter war –«

»Und darum hast du genickt?«

»Genickt?«

»Heute morgen, meine ich.«

Sie weinte, und natürlich wollte ich sie trösten, wußte aber nicht ihren Namen; als ich sie danach fragte, drehte sie sich um, zeigte mir ihren schmalen Rücken, dem man das Schluchzen ansah.

»Ich will nicht«, sagte sie: »ich will nicht –«

Ich legte die Hand auf ihre Schulter, aber im gleichen Augenblick und mit einem lauten Nein riß sie sich los, und bevor ich begriff, was das solle, war sie verschwunden . . . Einen Augenblick zögerte ich, ob ich ihr nachgehen sollte, unterließ es aber . . . Unterdessen war es Nacht geworden; die Häuser standen schwarz und tot, als wohnte kein Mensch darin, und die Brücke, wie ich später feststellen mußte, war wirklich geschlossen. Fast eine Stunde, so schätze ich, saß ich unten an der Moldau. Es wurde die zweite Nacht, da ich nicht zum Schlafen kam, und ich dachte, was unser Graf für eine Miene machen würde, wenn ich einfach nicht heimkehrte. Gegen die Frühe wurde es immer kälter. Ich dachte an das fremde Mädchen, das nur ein dünnes Kleid trug. Man mußte gehen, damit man nicht schlotterte. Daß ihr Gang mich an Anja erinnert hatte, ich sagte mir selber, es ist nicht verwunderlich, wenn man gerade von der Erinnerung an einen bestimmten Menschen erfüllt ist; es ist eine Täuschung, nichts weiter, eine Einbildung, die nichts bedeutete. Immerhin drängte es mich, das fremde Mädchen noch einmal aufzusuchen; ihre Verwirrung tat mir leid, obschon ich nichts dafür konnte, und ich hätte viel darum gegeben, wenn sie noch

einmal an der öden Straßenecke gestanden hätte; wenn sie mir bloß ihren
Namen gesagt hätte. Bei jedem Geräusch blieb ich stehen, horchend, ob
es nicht ihre Schritte wären; natürlich war es nur das Laub, das von den
Bäumen fiel, das Knarren eines Tores, wenn der Wind ging, oder es war
das Echo meiner eigenen Tritte, und je länger ich durch die nächtlichen
Gassen streifte, um die Unbekannte wiederzufinden, und je aussichtsloser
mein Suchen sich erwies, um so verrückter wurden meine Gedanken. Die
Nacht schien endlos. Ich erwog allen Ernstes, ob das fremde Mädchen,
dessen Gang mich an Anja erinnert hatte, nicht unser eigenes Kind hätte
sein können. Nach den Jahren hätte es stimmen können. Ich hörte das
Blut in meinen Schläfen. So genommen, sagte ich mir, stimmt es auch
mit hunderttausend andern. Daß Anja noch lebte und daß sie ihr Kind,
das ich damals nicht haben wollte, dennoch geboren hätte, es war möglich,
gewiß, aber nicht wahrscheinlich, und ich konnte es eigentlich nicht glauben, nicht ernsthaft, ich spielte nur so mit dem Gedanken, während mir
der Schweiß auf der Stirne stand, und ich ging nochmals den Häusern entlang, tastete in die Finsternis ihrer Nischen und Türen, wo das Mädchen
sich versteckt halten mochte, wie vorgestern, als sie meine Tritte hörte, wenn
ich vorbeiging.

»Anja?« sagte ich: »Anja?«

Ich lief immer schneller, und je lauter ich zu rufen wagte, um so toter
erschienen die Gassen, um so schneller rief ich:

»Anja?... Anja?... Anja?...«

Natürlich war alles umsonst.

Das Mädchen habe ich nie mehr gesehen, obschon ich sie suchte, bis die
ersten Vögel zwitscherten. Vielleicht war sie noch über die Brücke gekommen, bevor man sie geschlossen hatte. Das weiß ich nicht. Beim Morgengrauen kehrte ich in unser Palais zurück, das ich zur gleichen Stunde wie
am Vortag betrat. Ich war hundemüde. Das Ganze, bei Tag betrachtet, erschien mir nun selber als ein lächerliches Hirngespinst, geschmacklos und
dumm. Warum sollte Anja gerade in diese Stadt gegangen sein? Ich hätte
mich selber auslachen können. Warum sollte ihr Kind, wenn es überhaupt
ein solches gab, gerade in dieser Gasse wohnen? Vielleicht lag das Mädchen, dem ich diese verrückte Nacht verdankte, schon stundenlang in ihrem Bett. Ich öffnete meine Vorhänge wie einer, der auf seine Verhöhnung
gefaßt ist. In der Gasse hörte man schon die ersten Menschen. Ihre Vorhänge hingen wie am Vorabend, das Fenster stand offen, das Zimmer war

leer, die Sonne schien auf den Boden. Die Angst, es könnte ihr ein Unglück geschehen sein, machte mich noch einmal unsicher –.

Schlag zehn Uhr, wie vereinbart, war ich auf dem Hradschin; ich trat an
ein hohes Fenster, meine Hände auf dem Rücken, und blickte hinunter
auf den großen Hof; unsere Karosse stand beim Tor, schon von etlichen
Menschen umringt, die das Wappen unsrer herzoglichen Durchlaucht bemerkten, und ihre Haltung schien nicht gerade freundlich –
Endlich die Türe!
Man führte zwei Herren herein, die sich förmlich verbeugten, ein Geistlicher und ein andrer, der mit leiser Stimme von einer Ertrunkenen erzählte, die man eben, da er über die Brücke gefahren, aus der Moldau gezogen hätte. Natürlich drehte ich mich sofort um, wußte aber nicht, wie ich
meine Frage fassen sollte. Offenbar war es ein Geistlicher, der aus den Gefängnissen kam und Seiner Exzellenz, so vermutete ich, ein Gesuch um Be-
gnadigung vorzulegen hatte. Zur eigentlichen Frage aber, die ich stellen
wollte, kam ich nicht mehr; ich sah mich, kaum hatte ich die beiden Fremden angesprochen, in einer Gasse von böhmischen Gardisten, erwartet von
einer offenen Flügeltüre, die mich, indem ich sie durchschritt, zum Zwerg
verwandelte: – Seine Exzellenz, wie ich auf dem Teppich stehenblieb und
als Soldat grüßte, war nicht allein. Er fragte mich, ob die Gegenwart seines Schatzkanzlers stören würde, fragte es, indem er ein Schreiben unterzeichnete und das Siegel betrachtete, nicht mich, und da ich meinerseits
schwieg und mit Absicht stehenblieb, blickte er mich neuerdings an, fragte, ob ich lieber allein sein möchte. Ich antwortete, es wäre wertvoll, und
setzte mich, damit mein weiteres Stehen nicht als Trotz, mein Wunsch
nicht als Forderung erschiene. Der Schatzkanzler, seinerseits nicht minder
höflich, entfernte sich in einer Weise, als hätte er ohnehin gehen wollen,
und also waren wir allein, saßen einander gegenüber, nur noch durch einen großen Schreibtisch getrennt, der leer war. Während unseres ganzen
Gespräches blickte ich geradezu auf einen französischen Gobelin, der die
ganze Wand bedeckte, weiß aber nicht mehr, was er darstellte; Seine Exzellenz, die vor diesem Gobelin saß, ist ein Mann mit grauem Haar, mit einer
langen und schmalen Nase, mit einem weißen Spitzbart, kaum anders, als
ich mir den lieben Gott auszumalen beliebte. Sogar mit den knabenhaften
Lippen stimmte es. Er lächelte:
»Sie bringen uns eine Botschaft, betreffend die Zwischenfälle an der
Grenze. – Wir sind bereit, Sie anzuhören.«

Ich sagte, was bisher in allen Botschaften unsrer Durchlaucht gestanden hat, versicherte, daß wir nichts als den Frieden wünschten, nicht einen Augenblick daran dächten, die böhmische Krone anzugreifen, daß wir alles dafür tun wollten, damit die Zwischenfälle, die man uns vorwarf, sofort untersucht würden, ja, wir wären sogar bereit, Vertreter der böhmischen Krone einzuladen, damit sie sich von der Wahrheit überzeugen konnten, und so weiter ... Das alles hörte er an, wie ich es nicht anders erwartet hatte, nämlich gelassen und höflich und gleichgültig, wortlos, als eine verlorene Viertelstunde für beide. Nach einem längeren Schweigen, das er mit einem schwachen Lächeln hinnahm, ließ ich es darauf ankommen, bevor er mich nach der schriftlichen Botschaft fragen würde; ich erhob mich.

»Weiter haben Sie nichts auszusagen?«

»Nichts.«

Darauf erhob er sich ebenfalls.

»Es sei denn«, fügte ich hinzu: »man würde ganz offen über die Dinge reden –.«

Er schaute mich an:

»Warum tun Sie es nicht?«

Während ich redete, sah ich nichts mehr von dem französischen Gobelin, und ich weiß nicht, wie lange ich eigentlich redete. Was ich sah, war nur noch der böhmische Reiter, wie er damals das Kind bei den Füßen nahm und mit dem Kopf gegen den Türpfosten schmetterte, bis man nur noch die Mutter hörte, die alles das ansehen mußte, weil sie unser Versteck nicht hatte verraten wollen ...

»Exzellenz«, sagte ich: »wir wissen es wohl, daß unsere Botschaft keine Hoffnung hat, und wenn wir hundertfach beweisen können, daß die Zwischenfälle nicht unsere Schuld sind. Warum diese bösen Zwischenfälle geschehen müssen, wer weiß es besser als die böhmische Krone? Warum geschehen sie zur Zeit, da unsere Ernte unter Dach ist? Exzellenz wissen es auch ohne unsere Botschaft, daß das böhmische Heer, das vor unseren Grenzen liegt, viermal stärker ist als das unsere. Was sollen wir beweisen? Wir liefern Recht, und was die böhmische Krone braucht –«

»Nun?«

»Nennen wir es Getreide –.«

»Auch.«

»Nennen wir es Erz –.«

»Auch.«

»Und wenn wir es lieferten, Getreide und Erz, hätten wir damit den Frieden erkauft? Wir wissen wohl, daß es nicht um das Recht geht, aber auch nicht um das Getreide und das Erz; was die böhmische Krone braucht, das ist ein Sieg.«

Er nickte:

»Auch −.«

Darauf war ich nicht gefaßt.

»Exzellenz«, sagte ich: »Sie nicken zu einem Mord? Wenn es dazu kommt, dann gibt es keinen andern Namen dafür: es ist ein Mord von Frauen und Kindern, Exzellenz, ein Mord von schwachen und hilflosen Geschöpfen −.«

Er stand noch immer am Fenster.

»Glauben Sie«, sagte er: »daß Sie selber nicht morden, wenn Sie wissen, daß es Ihnen einen Vorteil bringt und daß Sie jedenfalls der Stärkere sind, daß Sie es ohne Strafe können? Ich meine, können Sie es schwören?«

Er blickte mich an:

»Der liebe Gott, ja, ich weiß. . .«

Er setzte sich wieder, zog die Brauen und lächelte über mein Schweigen, während er eine Schublade öffnete, als suchte er ein Dokument; es war aber nur ein Messerchen aus Elfenbein, das er offenbar vermißt und zufällig, indem er die Schublade zog, wieder gefunden hatte. Wie von ungefähr, indem er die schwere Lade wieder zuschob, erinnerte er sich an meine Person und fragte:

»Was haben Sie sonst vorzubringen?«

Draußen hatte sich bereits eine ziemliche Menge versammelt und belagerte unsere Karosse. Die Wachen öffneten das große Tor, machten ihren Salut, während ich durch die offene Gasse schritt, die mich zur Karosse führen sollte, und plötzlich spürte, daß mir jemand ins Gesicht gespuckt hatte. Ich blieb stehen, und alles wartete, was ich nun täte. Ich wartete ebenfalls. Die Wachen verharrten in ihrem feierlichen Salut. Ich spürte den eklen Speichel, der mich unter dem linken Auge getroffen hatte, spürte, wie er langsam über meine Wange herunterrann, wie er auf meine weiße Krause tropfte, und die Meute wartete nur darauf, daß ich ihn abwischte, wartete, um in wildes Gelächter auszubrechen. Das alles dauerte kaum zehn Atemzüge. Dann war ich weitergegangen, setzte mich in die Karosse, und erst später, als wir schon eine Weile gefahren waren, wischte

ich mich ab, in Gedanken schon lange bei der Ertrunkenen, die zu sehen
ich vorhatte.

In der Gesandtschaft fragte der Graf:

»Krieg oder Frieden?«

Ich antwortete nichts, ließ sofort das Gepäck verladen und befahl, daß
man mich nach dem gemeinen Leichenhaus führte. Ich war auf alles gefaßt. Wie ich die gemeine Leichenhalle betrat, gräßlich schon der Geruch,
zweifelte ich nicht, daß ich die Leiche, die mit einem üblen Tuch bedeckt
war, erkennen würde. Diese Gewißheit, daß mich nichts mehr überraschen konnte, war mein einziger Halt. Fast gelassen wartete ich auf den
Wächter. Auch das dauerte übrigens nur wenige Augenblicke, und schon
war das Tuch entfernt. Es war aber nicht das Mädchen, das nebenan wohnte, bei aller Entstellung, die möglich ist, konnte es schon wegen der Farbe
ihres Haares nicht stimmen. Und es war auch nicht Anja; ganz eindeutig
nicht. Es war eine Fremde, eine junge Schwangere, mit offenen Augen,
und ich weiß nicht, wie ich in die Karosse kam. Wir verließen die Stadt,
während die Glocken läuteten, und wieder fuhren wir über Kolin, hatten
einen herbstlichen Tag, wie er zum Reisen nicht schöner hätte sein können; ich wußte genau, daß unsere Sache übel stand –

Gestern erklärten sie den Krieg.

Ich übernehme ein Regiment der Herzoglichen Husaren, lauter junge
und verwegene Burschen, die ihr Vaterland über alles lieben; in einer
Stunde, beim ersten Morgengrauen, verlassen wir die Residenz –

Ich glaube nicht, daß es anders gekommen wäre, auch wenn ich die Botschaft, die ich später in meiner rechten Brusttasche fand, hätte auf den
Tisch legen können; zweimal las ich ihren Inhalt, bevor ich sie heimlich
in einem Kamin verbrannte; sie enthielt nichts, was ich nicht aus eignem
Munde sagte, nichts, was die böhmische Krone hätte hindern können;
der liebe Gott – ich mußte fast lachen, als ich es las – was kann er uns helfen gegenüber einer Exzellenz, die auch nicht an ihn glaubt?

Café Odeon

Diskussion mit der Studentenschaft beider Hochschulen. Der Waagsaal erweist sich als viel zu klein, so daß wir dann durch die Stadt ziehen, um uns in einem größeren Lokal niederzulassen zu Verhör und Gericht, und ich will nicht verhehlen, daß mich solcher Zustrom, gleichviel was folgt, als Zeichen von Interesse ebenso überrascht wie erfreut. Auch die Studenten, zeigt sich bald, erwarten von einem Schauspiel, daß es eine Lösung liefere. Das kommt immer wieder; Bedürfnis nach Führung. Und wenn man eine liefern würde? Zum Beispiel: Geht hin und verschenkt, was ihr besitzt, verzichtet auf eure Vorrechte, zieht hinaus und tut, wie Franziskus getan hat. Was würde geschehen? Nichts. Was wäre gewonnen? Man wüßte: der Autor ist offenbar ein Christ. Schön von ihm; im übrigen ist das natürlich seine Sache. Und in der Tat, das ist es auch! Die Lösung ist immer unsere Sache, meine Sache, eure Sache.

Henrik Ibsen sagte:

»Zu fragen bin ich da, nicht zu antworten.«

Als Stückschreiber hielte ich meine Aufgabe für durchaus erfüllt, wenn es einem Stück jemals gelänge, eine Frage dermaßen zu stellen, daß die Zuschauer von dieser Stunde an ohne eine Antwort nicht mehr leben können – ohne ihre Antwort, ihre eigene, die sie nur mit dem Leben selber geben können.

Das allgemeine Verlangen nach einer Antwort, einer allgemeinen, das oft so vorwurfsvoll, oft so rührend ertönt, vielleicht ist es doch nicht so ehrlich, wie der Verlangende selber meint. Jede menschliche Antwort, sobald sie über die persönliche Antwort hinausgeht und sich eine allgemeine Gültigkeit anmaßt, wird anfechtbar sein, das wissen wir, und die Befriedigung, die wir im Widerlegen fremder Antworten finden, besteht dann darin, daß wir darüber wenigstens die Frage vergessen, die uns belästigt – das würde heißen: wir wollen gar keine Antwort, sondern wir wollen die Frage vergessen.

Um nicht verantwortlich zu werden.

Pfannenstiel

Noch einmal eine Reihe von goldenen Tagen, die letzten des Jahres. Die Morgen, wenn ich mit dem Rad an die Arbeit fahre, sind kalt und feucht, das Laub klebt auf den Straßen, der See ist silbergrau, und man sieht nur die Bojen, die im Uferlosen schweben, einsam und ohne Boote, spiegellos, und die weißen Möwen auf dem Geländer. Meistens um elf Uhr, wenn auch die Glocken läuten, entscheidet es sich. Noch findet man keinen Schatten, der die Sonne verrät; aber man spürt sie; es blinken die Ziffer-blätter an den Münstern. Der Nebel, wenn man gegen den Himmel schaut, flimmert wie bronzener Staub; plötzlich gibt es nur noch die Bläue; plötz-lich ein Streifen zager Sonne, der über das Reißbrett fällt –

Noch einmal ist alles da: der Most und die Wespen, die in der Flasche brummen, die Schatten im Kies, die goldene Stille der Vergängnis, die alles verzaubert, die gackernden Hühner in der Wiese, das Gewimmel der brau-nen Birnen, die auf der Landstraße liegen, die Astern, die über einen Eisen-zaun hangen, Sterne eines blutigen Feuers, das ringsum verrinnt, die bläu-liche Luft unter den Bäumen; es ist, als nehme alles Abschied von sich selbst; das rieselnde Laub einer Pappel, der metallische Hauch auf dem ge-fallenen Obst, der Rauch von den Feldern, wo sie die Stauden verbrennen. Drunten, hinter einem Gitter von Reben, glimmert der See. Die Sonne verrostet schon im Dunste des mittleren Nachmittags, und dann der Heim-weg ohne Mantel, die Hände in den Hosentaschen, das feuchte Laub, das nicht mehr rascheln will, die Gehöfte mit einer Trotte, die tropfen-den Fässer in der Dämmerung, die roten Laternen einer Schifflände im Nebel –.

Entwurf eines Briefes

Sie schreiben mir als Deutscher, als junger Obergefreiter, der vor Stalin-grad war, und Sie schreiben sehr höhnisch; es empört Sie, daß ein Auslän-der, ein verschonter, vom Tod schreibt.

Was kann ich Ihnen antworten?

Sie haben nämlich recht, ich habe nie gesehen, wie ein Soldat fällt, und es fehlte denn auch, wie Sie aus dem kleinen Vorwort wissen, nicht an eigenen Bedenken, ob uns eine Aussage überhaupt anstehe. Als kleiner Bub mußte ich meiner Großmutter eine Nelke in den offenen Sarg legen, es war mir widerlich, und schon größeren Eindruck machte mir ein sterbendes Pferd, das einmal vor unserem Hause lag; später dann, als ich Ihres Alters war, stand ich vor dem verzinkten Sarg einer jungen Frau, die ich liebte, übrigens war es eine Deutsche, und die Erinnerung an sie, der ich so viel verdanke, hat mich oft gesondert, wenn man die Deutschen haßt. Das alles und vieles andere, ich gebe es zu, war nur ein Anblick des Todes, oder wie Sie sehr spöttisch sagen, ein bloßes Schauspiel. Ich frage mich, was es ändern würde, wenn ich sehen könnte, wie ein Soldat fällt; für mich, der ich ihn überlebe, wäre es wiederum nur ein Anblick, und ich hätte, wie Sie mir beweisen, abermals nichts erlebt. Einmal stand ich vor einem Kinderbett und vor einem ganz kleinen Kind, das über Nacht erstickt war, und draußen war es ein herrlicher Morgen, während ich die junge Mutter halten mußte, die immer wieder versuchte, ob sich die bläulichen Ärmchen nicht wecken lassen. Oder wir standen an einem friedlichen Bahnhof, schöpften Tee und gaben ihn den Skeletten, die damals gerade aus deutschen Lagern kamen; man konnte darauf warten, daß ihnen der laue Tee, den sie nicht mehr halten konnten, sofort wieder zum After hinauslief, und es ließe sich noch vieles erzählen, was ich für ein Erlebnis hielt. Doch es änderte nichts daran, daß Sie irgendwie recht haben. Es gibt noch eine andere Seite des Todes, eine ungewöhnliche, die nur der Krieg zeigt: ich habe noch niemals schießen müssen, und vielleicht liegt darin das Entscheidende, was Sie erlebt haben, was Sie anders erlebt haben –

Warum sprechen Sie nicht davon?

»Die einzigen, die uns raten und helfen können, werden letzten Endes nur wir selber sein. Die Erfahrungen haben uns gelehrt. Ich glaube, daß wir, die diese Erlebnisse hinter uns haben, eher dem Ausland helfen können als umgekehrt, ausgenommen vielleicht in materieller Hinsicht.«

Dennoch bitten Sie um eine Antwort, und je öfter ich Ihren leidenschaftlichen Brief lese, der mich bald eine Woche beschäftigt, um so ratloser bin ich; das alles haben Sie in bitterer Kälte geschrieben, hungrig, und ich sitze in einer kleinen warmen Dachstube; Sie sind für mich der junge Deutsche, und ich bin für Sie das bekannte Ausland, und Sie antworten auf Vorwürfe, die ich nicht erhoben habe:

»Es ist nicht wahr, daß das deutsche Volk all diese abscheulichen Dinge kannte, wie das Ausland meint, wohl hat mancher Vereinzelte um solche

Erschießungen gewußt oder sie als Soldat selber mitgemacht, aber alle seine Kameraden, alle seine Freunde, seine Eltern und Bekannten wußten nichts davon und waren fürchterlich entsetzt, wenn ihnen davon berichtet wurde; nur die wenigsten schenkten solchen Berichten überhaupt Glauben –.«

Wenn Sie solche Sätze wiederlesen, haben Sie nicht selber den Eindruck, daß Sie im Kreise herumschlagen, daß Sie sich immerzu wehren und nicht wissen, wogegen Sie sich eigentlich wehren, und daß es wahrscheinlich genügen würde, wenn Sie selber es wüßten. Was Sie zuvor über Rat und Hilfe sagten, glaube ich auch, wenigstens zum Teil; das Stück (»Nun singen sie wieder«) ist nicht aus der vermessenen Absicht entstanden, dem deutschen Volk zu raten, sondern einfach aus dem Bedürfnis, eine eigene Bedrängnis loszuwerden.

»Was Ihr alter Pope über die Liebe sagt: sie sei schön, denn sie wisse, daß sie umsonst sei, und dennoch verzweifle sie nicht – woher wissen Sie das?«

Ich weiß es nicht.

Eine Deutung, die jemand versucht, ist kein Befehl, daß Sie sich dieser Deutung unterwerfen müssen. Ich werde mich auch der Ihren nicht unterwerfen, wenn Sie eine solche äußern, sondern wir müßten versuchen, ob ich Sie begreifen kann. Das bedeutet vorerst: ob ich hören kann, was Sie sagen möchten. Im weiteren müßte ich prüfen, wieweit Ihre andere Deutung, die aus Ihren anderen Erlebnissen hervorgeht, auch für mich gilt, wieweit sie meine bisherige Deutung erweitern, umstürzen, beschränken oder vertiefen kann. Das Ganze wäre dann ein Gespräch, und es wäre noch immer schwierig genug, daß wir zusammen über diese Dinge sprechen, die mindestens unseren ganzen Erdteil angehen und die wir an so verschiedenen Orten natürlicherweise sehr verschieden erlebt haben. Ihr Verhalten, das ein Gespräch so erschwert, kommt vielleicht daher, daß Sie bisher nur das Gehorchen und das Befehlen üben *mußten*, aber noch keine eigene Ansicht haben von den Dingen, die Sie aus nächster Nähe sahen; jedenfalls äußern Sie keine, sondern schreiben zum Schluß:

»Ich möchte übrigens betonen, daß alles, was ich Ihnen da schreibe, nichts mit einer politischen Ansicht zu tun hat!«

Wäre das eine Schande?

Es ist nicht unmöglich, daß wir uns in den nächsten Monaten einmal in München treffen. Jedenfalls will ich Ihre Adresse bewahren. Vielleicht kommt mehr zustande, wenn wir mündlich über diese Dinge sprechen; solange ich kein Gesicht sehe, spüre ich mehr und mehr, daß ich nicht mit Ihnen rede, sondern mit allen deutschen Briefen, die bisher gekommen sind, und es ist eine ordentliche Schachtel voll. Fast alle, obschon sie uns wertvoll sein müßten, haben eine Arroganz, die keine Antwort mehr zuläßt, und aus dem empfindlichen Unwillen, daß man abermals den Krieg verloren hat, wuchert es von hastigen Mißverständnissen, mehr als man jemals berichtigen kann, und in der ganzen Schachtel ist fast kein Gedanke, den man nicht als Schablone schon kennt. Ich sage mir dann selber: Das ist der Hunger, die Kälte, das Elend. Aber warum soll ich, und das fordern so viele, eben dieses Elend anbeten? Elend bringt Reife; hin und wieder mag das stimmen, und jedenfalls fehlt es unsrer Zeit nicht an Elend. Daß es auch Elend gibt ohne sittlichen Ertrag, Elend, das sich auch in Geist und Seele nicht lohnt, darin besteht wohl das eigentliche Elend, das hoffnungslos ist, tierisch und nichts als dies, und jede Verbeugung davor schiene mir schamlos, eine Weihung der Bomben, eine literarische Ehrfurcht, die immer noch auf eine Vergötzung der Kriege hinausläuft, also auf das Gegenteil unsrer Aufgabe, die darin besteht, daß wir das Elend bekämpfen: mit Brot, mit Milch, mit Wolle, mit Obst und nicht zuletzt eben damit, daß wir das Elend nicht als solches bewundern, daß wir vor dem Elend nicht in die Knie sinken und in Andacht verstummen, und zwar auch dann nicht, wenn die Leidende selber diesen Anspruch an uns stellt. Man kann sich, so schauerlich es ist, auch mit dem Elend brüsten; schon das spräche gegen den sittlichen Wert des Elendes. Daß es den Durchschnitt der Menschen verwandle und vertiefe und erhöhe, wenn sie auf Schutt und Asche leben, das bleibt eine Hoffnung, die wir aus der Belletristik kennen. Eine gefährliche Hoffnung, die vielleicht auch Sie bestimmt: Sie sind nicht mehr der Sieger, aber der Mann, der dabei war, und als solcher erhaben über alle andern, die nichts erlebt haben, weil sie nicht den Krieg erlebt haben; Ihr armes Volk ist nicht mehr das herrenhafteste, aber das Volk, das auf dieser Erde am meisten leidet, sofern wir die Juden und die Polen und die Griechen und alle anderen vergessen; es ist das Volk, das von Gott am meisten geprüft wird, woraus hervorgeht, daß Gott mit diesem Volk am meisten vorhat. Ihre besten Dichter finden Worte dafür: Völker der Welt, wir leiden für euch und eure Verschuldungen mit! Als ob es an den eignen Verschuldungen nicht genügte, als ob niemand gelitten hätte in den Jahren, da Ihre eignen Kameraden und Eltern und Bekannten, wie Sie sagen, solchen Berichten überhaupt keinen Glauben schenkten. Warum ist es niemals ein Volk unter Völkern? Das ist es, was ich vorhin mit der Arroganz meinte, und ich bitte Sie, daß Sie mich das böse Wort zurücknehmen lassen. Ich habe, solange ich in dieser warmen Dachstube sitze, weniger Anrecht als Sie, einem empfindlichen Unwillen nachzugehen. Immer wieder sehe ich Ihren handschriftlichen Nachsatz, der dringend um Antwort bittet. Was aber soll ich antworten können, solange Sie eine menschliche Gleichberechtigung, die uns selbstverständlich scheint, anzunehmen sich nicht begnügen?

Zweiter Entwurf

Sie schreiben mir als Obergefreiter, der vor Stalingrad war, und ich habe schon einmal eine Antwort versucht; Ihr Brief hat mich betroffen, und zwar, wie ich glaube, in einem Bereich, wo es nicht darum geht, daß wir verschiedene Vaterländer haben. Anfang dieses Jahres war ich einen Monat in Deutschland; auch dort verging kein Tag, ohne daß ich urteilte, bald so, bald anders, es reißt einen hin und her, und was alles noch mühsamer macht: man macht sich Vorwürfe, daß man überhaupt urteilt. Und ich meine das ganz allgemein; irgendwie ist man immer ein Ausländer. Wie können wir über eine Frau urteilen, da wir niemals ein Kind gebären werden? Wie können wir über einen Vater urteilen, dessen Lebensalter wir noch nicht erfahren haben? Wie können wir überhaupt urteilen über einen Menschen, der immer ein anderer sein wird? Jedes Urteil bleibt eine Anmaßung, und darin hat Ihre Empörung wahrscheinlich recht, gleichviel, daß auch die Deutschen, wie Sie wissen, stets über andere Völker urteilen.

Was tun?

Niemand möchte ein Pharisäer sein, nur das nicht; vielleicht ist man aber wirklich einer, vielleicht nicht immer, mindestens aber dann, wenn ich besorgt bin um den guten Anschein der eignen Person, nicht um das Elend, das wir vor Augen haben, nicht um die Erkenntnis seiner Gründe. Auch das Verzeihen, das sich als nächster Ausweg anbietet, setzt natürlich schon eine Verurteilung voraus; es ist eigentlich kein Unterschied in der Anmaßung, es kommt nur noch die Angst hinzu, daß man sich einer Anmaßung schuldig mache, und man ist also feige obendrein, man greift nicht zum Messer, weil man sich nicht ins eigene Fleisch schneiden will, indem man urteilt. Man schweigt und kommt sich christlich vor, indem

man sein eigenes Erbarmen genießt, eine Art von Erbarmen, das nichts verändert; der bloße Verzicht, sich in das Wagnis eines Urteils einzulassen, ist
ja noch keine Gerechtigkeit, geschweige denn Güte oder sogar Liebe. Er
ist einfach unverbindlich, weiter nichts. Nun ist aber gerade die Unverbindlichkeit, das Schweigen zu einer Untat, die man weiß, wahrscheinlich
die allgemeinste Art unsrer Mitschuld –

Dritter Entwurf

Sie schreiben mir als Obergefreiter, der vor Stalingrad war, und da ich Sie,
je öfter ich den Brief lese, immer weniger begreifen kann, bleibt vielleicht
nichts anderes übrig, als daß ich von unserem Standort berichte, wenn
Sie dafür Interesse haben. Die Frage nach unsrer Zuständigkeit, die Sie
aufwerfen, gehört tatsächlich zu den Fragen, die uns schon während des
Krieges, als unsere Verschonung durchaus nicht sicher war, bis zur Verwirrung beschäftigt haben. Wer in jenen Jahren schrieb und zu den Ereignissen schwieg, die uns zur Kenntnis kamen und manches teure Vertrauen er-
schütterten, am Ende gab natürlich auch er eine deutliche und durchaus
entschiedene Antwort dazu; er begegnete der Zeit nicht mit Verwünschungen, nicht mit Sprüchen eines Richters, sondern mit friedlicher Arbeit, die
versucht, das Vorhandensein einer andern Welt darzustellen, ihre Dauer
aufzuzeigen. Er äußerte sich zum Zeitereignis, indem er es nicht, wie andere fordern, als das einzig Wirkliche hinnahm, sondern im Gegenteil, indem er ihm alles entgegenstellte, was auch noch Leben heißt. Vielleicht
wäre das, sofern es nicht zur bloßen Ausflucht wird, sogar die dringendere
Tat, die eigentlich notwendende. Die Gefahr allerdings, daß sie zur bloßen Ausflucht wird, liegt bei den Verschonten aller Art immer in nächster
Nähe. Die Dichter eines Kriegslandes sind durch ein Feuer gegangen, ein
öffentliches, ein allgemein sichtbares, und was zu sagen ihnen noch bleibt,
hat jedenfalls eine Probe bestanden. Auch in unseren Augen, vor allem in
unseren Augen erscheinen sie mit der Gloriole eines Geläuterten. Natürlich kamen auch falsche Gloriolen, und sie haben, wie erwartet, Helvetier
auf Knien gefunden. Halten wir uns aber an die wirklichen. Was haben,
verglichen mit ihnen, die Schaffenden unseres Landes auszusagen?
  Die Frage scheint bedrängend.
  Wir haben den Krieg nicht am eignen Leib erlitten, das ist das eine, und

anderseits haben natürlich auch wir ein gewisses Erleben von Dingen, die unser Schicksal bestimmen. Daß der Krieg uns anging, auch wenn er uns nochmals verschonen sollte, wußte jedermann. Unser Glück blieb ein scheinbares. Wir wohnten am Rande einer Folterkammer, wir hörten die Schreie, aber wir waren es nicht selber, die schrien; wir selber blieben ohne die Tiefe erlittenen Leidens, aber dem Leiden zu nahe, als daß wir hätten lachen können. Unser Schicksal schien die Leere zwischen Krieg und Frieden. Unser Ausweg blieb das Helfen. Unser Alltag, den wir auf dieser Insel verbrachten, war voll fremder Gesichter: Flüchtlinge aller Art, Gefangene und Verwundete. Wir hatten, ob wir mochten oder nicht, einen Anblick dieser Zeit, wie er für ein Volk, das außerhalb des Krieges steht, nicht aufdringlicher hätte sein können. Wir hatten sogar, was die Kriegsländer nicht haben: nämlich den zwiefachen Anblick. Der Kämpfende kann die Szene nur sehen, solange er selber dabei ist; der Zuschauer sieht sie immerfort. Zwar hatten wir durchaus unsere leidenschaftlichen Wünsche, aber nicht die Not des Kämpfers: nicht die Versuchung zur Rache. Vielleicht liegt darin das eigentliche Geschenk, das den Verschonten zugefallen ist, und ihre eigentliche Aufgabe. Sie hätten die selten gewordene Freiheit, gerecht zu bleiben. Mehr noch! Sie müßten sie haben. Es ist die einzig mögliche Würde, womit wir im Kreise leidender Völker bestehen können –

(Nicht abgeschickt.)

1947

Über Marionetten

Gestern wieder einmal in einem Puppenspiel, und nachdem alles zu Ende war, durften wir sogar hinter das Bühnchen treten. Es ist ein enger Raum mit verbrauchter Luft, verwundert betrachten wir die hangenden Puppen, irgendwie ungläubig, ob es wirklich die gleichen sind, die uns eben bezaubert haben. Auch der Teufel hangt nun an der Latte, schäbiger als man erwartet hat. Während des Spieles wirken sie immerfort anders, je nach der Szene, je nach den Worten, die sie selbst nicht sprechen und hören. Man begründet es mit dem wechselnden Einfall des Lichtes, mit den verschiedenen Haltungen ihres Kopfes und so weiter. Irgendwie bleibt man enttäuscht, während der Puppenvater sich die Hände seift, spült, trocknet und von weiteren Plänen erzählt. Oder wenigstens ist man im stillen betroffen, wie die Puppen plötzlich ins Leere starren, leblos, geistlos, als kennen sie uns nicht wieder ...

Was jedesmal auffällt:

Wie leicht es den Marionetten gelingt, auch außermenschliche Wesen darzustellen, einen Erdgeist, einen Kobold, Ungeheuer und Feen, Drachen, Geister der Lüfte und was das Herz begehrt. Auch auf der großen Bühne kann es sich ja geben, daß solche Gestalten erscheinen müssen, die Meerkatzen oder ein Ariel; dort besteht immer die Gefahr, daß es peinlich wird, und bestenfalls gelingt es dem Schauspieler, daß sie nicht lächerlich werden; die erhoffte Wirkung jedoch, nämlich ein letztes Grauen oder eine überirdische Wonne, die von solchen außermenschlichen Wesen ausgehen sollten, kann die Bühne kaum erreichen, solange sie mit wirklichen Menschen darstellt. Die Marionetten können es. Viel liegt schon an dem Umstand, daß die Puppe, die hier einen Menschen darstellt, und die andere Puppe, die einen Erdgeist gibt, aus dem gleichen Stoff sind. Das bedeutet: daß die Marionette, die uns den Erdgeist vorstellt, ebenso glaubhaft oder unglaubhaft ist wie die andere, der wir den Menschen glauben sollen. Auf der großen Bühne, meine ich, können wir den Erdgeist nicht glauben, weil er gegenüber dem Menschen nicht aufkommt: weil der Mensch, der ihm gegenübertritt, wirklich ein Mensch ist, eine Natur aus Fleisch und Blut. Das andere dagegen, der Erdgeist, bleibt ein Bild, ein Zeichen. Und damit spielt die Szene, wie vortrefflich sie auch gespielt werde, von vornherein auf zwei verschiedenen Ebenen, die nicht auf die gleiche Art glaubhaft sind. Beim Puppenspiel sind sie es. Auch beim antiken Maskenspiel: wenn Athene und Odysseus gleicherweise eine Maske tragen, wenn sie gleicherweise unwahrscheinlich und zeichenhaft bleiben, können wir auch die Göttin glauben.

Ein anderes, was an den Marionetten begeistert, ist ihr Verhältnis zum Wort. Ob man will oder nicht, das Wort im Puppenspiel ist immer überhöht, so, daß es sich nicht verwechseln läßt mit der Rede unsres Alltags. Es ist übernatürlich, schon weil es von der Puppe getrennt ist, gleichsam über ihr lebt und webt; dazu ist es größer, als es jemals ihrem hölzernen Brustkorb entspräche. Es ist mehr als jenes begleitende Geräusch, das uns täglich aus dem Munde kommt. Es ist das Wort, das im Anfang war, das eigenmächtige, das alles erschaffende Wort. Es ist Sprache. Das Puppenspiel kann sich keinen Augenblick lang mit der Natur verwechseln. Es ist ihm nur eines möglich, nämlich Dichtung; sie bleibt sein einziger Spielraum.

Der Vergleich mit dem antiken Theater, das ebenfalls diese starren Masken hatte, drängt sich noch in mancher Hinsicht auf. Beide Theater, das größte und das kleinste, wirken durch das Mittel eines veränderten Maßes. Dort ist es die Maske, womit man die Figuren vergrößert, und später auch noch der Kothurn; beim Puppenspiel machte man sie kleiner. Und die Wirkung ist wesentlich die gleiche: wir können uns nicht mehr neben die handelnden Figuren stellen, nicht Schulter an Schulter, und wir sollen es auch nicht, im Gegenteil, der veränderte Maßstab verbietet jegliche Anbiederung: Wir sind hier, und sie sind dort, und was sich auf der Szene ereignet, sehen wir aus einer unüberbrückbaren Distanz, gleichviel, ob diese durch Vergrößerung oder Verkleinerung erreicht wird. Mit Staunen erleben wir dann, daß die Marionetten, je länger ihr Spiel gelingt, auf eine zwingende Weise lebendig werden; zuweilen vergessen wir ganz, daß sie kleiner sind als wir, Zwerge und sogar Zwerge aus Holz, die wir mit unsrer Hand umfassen und aus dem Spiele werfen könnten; wir entdecken, wir erfahren das Verhältnismäßige aller äußeren Größen, auch der unseren, und solange ihr Spiel nicht gestört wird durch irgendeine Tücke, durch einen Zufall der Gebärden, die aus dem Rahmen fallen und eben dadurch den Rahmen verraten, so lange ist der Geist an keine Größenmaße gebunden. Die hölzernen Zwerge, indem sie spielen, übernehmen gewissermaßen unser Leben. Sie werden wirklicher als wir, und es kommt zu Augenblicken eigentlicher Magie; wir sind, ganz wörtlich, außer uns.

Und nachher:

Wie schäbig sie an der Latte hangen, jetzt, wenn sie unser Leben nicht mehr haben, wenn wir wieder in uns sind.

Christus als Puppe?

Übrigens erinnere ich mich, daß wir als Studenten einmal ein Puppenspiel sahen, welches das Abendmahl darstellte. Es war erschütternd. Es war heilig in einem Grade, wie es mit einem menschlichen Darsteller, der uns einen Christus vortäuschen will, nie möglich wäre. Ein Christus aus Lindenholz, wie Marion ihn macht: man denke an ein Kruzifix, und auch dort wird es nicht als Lästerung empfunden; die Puppe, im Gegensatz zum leiblichen Schauspieler, begegnet uns von vornherein als Gestaltung, als Bild, als Geschöpf des Geistes, der allein das Heilige vorstellen kann. Der Mensch, auch wenn er ein Bild spielt, bleibt immer noch aus Fleisch und Blut. Die Puppe ist Holz, ein ehrliches und braves Holz, das nie den verfänglichen Anspruch erhebt, einen wirklichen Christus vorzustellen, und wir sollen sie auch nicht dafür halten; sie ist nur ein Zeichen dafür, eine Formel, eine Schrift, die bedeutet, ohne daß sie das Bedeutete sein will. Sie ist Spiel, nicht Täuschung; sie ist geistig, wie nur das Spiel sein kann –.

Davos

Ein köstlicher Tag, alles voll Sonne, klar und gewiß, und wir stehen kaum hundert Schritte unter dem weißen Gipfelkreuz, das die scharzen Dohlen umkreisen – plötzlich ein Krach in der blauen Luft oder unter dem glitzernden Schnee, ein kurzer und trockener Ton, fast zart, fast wie der Sprung in einer Vase; einen Augenblick weiß man nicht, ob es aus der Ferne oder aus der nächsten Nähe gekommen ist. Als wir uns umblicken, bemerken wir, wie sich der ganze Hang, er ist steil, bereits in ein wogendes

Gleiten verwandelt hat. Alles geht sehr rasch, und zugleich ist es so, als wären Jahrzehnte vergangen seit den Ferien, die wir eben begonnen haben und die keine Erinnerung mehr erreicht; der Gipfel, dessen weißes Kreuz in den wolkenlosen Himmel ragt, scheint ferner als noch vor einem Atemzug. Ringsum ein Bersten, lautlos zuerst, und der Schnee geht uns bereits an die Knie. Allenthalben überschlagen sich die Schollen, und endlich begreife ich, daß auch wir in die Tiefe gleiten, unaufhaltsam und immer rascher, mitten in einem grollenden Rollen. Dabei ist man vollkommen wach. Zum Glück hatten wir unsere Bretter auf den Schultern; ich rufe Constanze, die ich für Augenblicke wiedersehe, rufe ihr, was sie machen soll. Hinter uns kommt immer mehr. Schnee, Wind, Gefühl des Erstickens. Das eigene Entsetzen ist groß und gelassen zugleich, irgendwie vertraut, als wäre es nicht die erste Lawine.

Unterwegs

Seit Straßburg, dessen Münster sich nur noch in der Dämmerung zeigte, haben wir Schlafwagen, und da wir am Morgen erwachen, sehen wir gerade die zerbombten Geleise von Karlsruhe. Ein wolkenloser Tag. Oft erscheint die Landschaft hinter einem Gitterwerk, das sich minutenlang hinzieht; es sind lauter verbrannte Eisenbahnwagen, ein Gestrüpp von rotem Rost. Später öffnen wir das Fenster im Korridor; wir sind in Pforzheim, wo man kaum noch ein Dach sieht, nichts als verzackte Mauern, Ruinen voll Schnee. Irgendwo raucht es aus einem Keller, und Kinder stehen auf einer verschneiten Straße, blicken zu uns. Constanze fährt zum erstenmal durch Deutschland; sie schüttelt den Kopf, als sie das sieht:

»Vollkommen kaputt –.«

Ein Sieger, ein junger Offizier, der gerade durch den Korridor kommt und in den Speisewagen will, blickt sie an:

»Gott sei Dank, Madame –.«

An Maja

Du bist eine Frau, vielleicht ein Mädchen, und im stillen fragst du manchmal, was ich möchte; einen ganzen Nachmittag sind wir gewandert, zu
weit für deine schmalen Schuhe, und gesprochen haben wir nichts Besonderes. Du gabst deine Hand, während wir die Hänge hinuntergingen; wir
sagen uns du, und am andern Morgen erwache ich, wie man am Meer erwacht. Meine Hand bleibt voll von der deinen. Aber nimm es nicht
schwer; kein Brief soll dich rufen, wenn du gehst. Du bist jung, und ich
bin froh, daß es dich gibt. Die Erde, die du betreten hast, ist wieder eine
Erde zum Wandern, und alles Vorhandene bist du. Ich sehe die blühenden
Zweige, die du vom Baume brichst, und ich sehe die Hunde, die nach deinen Steinen springen. Die Früchte, die du zum Munde nimmst, das alles
ist rund und vorhanden und voll, wie deine Stirne voll ist und jung und
ohne Durchsicht; du bist die Gegenwart hinter allem. Es ist, als blühen
die Felder aus dir, hier, wo du noch nie gegangen bist, und die Luft ist voll
Glanz deiner Augen. Ich möchte erzählen können, was alles ich sehe, die
Landschaft mit Kiefern und Ulmen und fremden Giebeln darin, mit Flüssen und endlosen Wäldern und Schlössern, deren Fenster in der Abendsonne blinken, mit Brücken und Trümmern von Brücken, mit Domen,
die aus zerstörten Städten steigen. Du bist es, was die Bilder hält, die Farben vor der Nacht, und alles Licht, das die Sonne vergeudet, es fiele ins
Finstere, wenn es nichts gäbe, was man liebt –

Prag, März 1947

Ich wußte nicht, daß Theresienstadt, das wir gestern auf unsrer Durchreise
besucht haben, eine alte historische Anlage war, benannt nach Maria The-
resia. Um das ganze Städtlein ziehen sich die hohen und schweren Wälle
aus rötlichem Ziegelstein, ebenso ein breiter Graben mit allerlei Unkraut
und Wasser, das in braunen Tümpeln versumpft. Außerhalb der kleinen
Stadt, die als Ghetto diente, befindet sich das Fort; das eigentliche Todes-
lager. Eine schöne und alte Allee verbindet die beiden Anlagen; daneben
ein Feld von hölzernen Kreuzen, die man später gemacht hat. Im ersten
Hof, wo die deutschen Mannschaften wohnten, gibt es noch Bäume; es

war ein warmer und märzlicher Tag, es zwitscherten die Vögel, und auf den rötlichen Wällen, die uns plötzlich von aller Umwelt trennen und von aller Landschaft, wippen die einzelnen Halme, die letzte Natur. Über dem inneren Hof, wo nun die Häftlinge waren, thront ein Häuslein mit Scheinwerfer und Maschinengewehr; die Zellen reihen sich wie Waben; sie sind aus Beton; die Pritschen darin erinnern an Flaschengestelle, und am Ende dieses Hofes, wo wir die Kugellöcher bemerken, fanden jene besonderen Hinrichtungen statt, denen sämtliche Häftlinge beizuwohnen hatten. Das Ganze, so wie es sich heute zeigt, vermischt die Merkmale einer Kaserne, einer Hühnerfarm, einer Fabrik und eines Schlachthofes. Immer weitere Höfe schließen sich an. Durch das sogenannte Todestor, eine Art von Tunnel, kommen wir zu einem Massengrab von siebenhundert Menschen; später benutzte man die Öfen einer nahen Ziegelei. Hier steht der Galgen, ein einfacher Balken mit zwei Haken, wo die Häftlinge sich selber den Strick einhängen mußten, und darunter zwei hölzerne Treppenböcke. Auch hier sehen wir nichts als die rötlichen Wälle, die wippenden Halme darauf. Unweit von dem Galgen, dessen einfache Machart fast lächerlich ist, befindet sich der Platz für die reihenweisen Erschießungen; vorne ein Wassergraben, der die Schützen und die Opfer trennt, und hinten eine gewöhnliche Faschine, damit die Erde, welche die Kugeln fängt, nicht mit der Zeit herunterrutscht. Es ist Platz für zehn oder zwölf Menschen. In einer Deckung, wie wir sie als Zeigermannschaft in einem Feldschießen kennen, befand sich der sogenannte Leichentrupp, ein Grüpplein von Juden, welche die Erschossenen abräumen, nötigenfalls für ihren gänzlichen Tod sorgen mußten. Wir gehen weiter; jenseits des Walles, aber immer noch inmitten unseres Lagers, stehen wir plötzlich vor einem tadellosen Schwimmbecken, und an der Böschung jenes Walles, dessen Gegenseite wir eben betrachtet haben, gibt es sogar ein Alpinum, ein Gärtlein mit schönen Steinen und Pflanzen, das heute allerdings verwildert ist; hier haben die deutschen Wachen ihre sommerliche Freizeit verbracht zusammen mit ihren Frauen und Kindern. In dem nächsten Hof, wo die Häftlinge zu jeder Führerrede antreten mußten, sind es einmal nicht die rötlichen Wälle, die uns umgeben, sondern alte Stallungen. Eine davon betreten wir. Hier war die Folterkammer. Im steinernen Boden sind zwei eiserne Ringe verschmiedet, an der Decke ist ein Flaschenzug, und genau darunter, eingelassen in der steinernen Bodenplatte, befindet sich ein eiserner Dorn in der Größe eines Zeigefingers. Es ist ein Raum mit alten Gewölben, und zwischen den Pfeilern hängt ein Vorhang aus dünnem Sacktuch, ein Schleier, der die Zuschauer verbarg. Indem wir auf der andern Seite aus der Stallung hinausgehen, stehen wir auf einer Brücke, also wieder im Freien, und blicken in den sogenannten Judengraben. Zwischen zwei besonders hohen Wällen, so daß man wieder nur den Himmel sieht und nichts als den Himmel, befindet sich ein Kanal mit grünem Wasser, ein Wiesenbord zu beiden Seiten. Ferner ist noch eine hölzerne Leiter da. Zehn Juden wurden hinuntergeschickt, versehen mit Heugabeln und mit dem Versprechen, daß die beiden letzten, die ihre Kameraden überlebten, in die Freiheit entlassen würden. Von der eisernen Brücke, wo die Zuschauer standen, blickt man wie in einen Bärenzwinger. Die Freiheit für die beiden Letzten, sagt uns ein begleitender Insasse, bestand in einem Genickschuß. Endlich kommen wir an den letzten Ort. Wir stehen vor den Urnen. Es ist das erstemal, daß ich die menschliche Asche sehe; sie ist grau, aber voll kleiner Knöchelchen, die gelblich sind. Die Urnen sind aus Sperrholz, neuerdings, während das deutsche Modell, das wir in die Hand bekommen, einfacher und sparsamer war, eine Düte aus starkem Papier, jede mit einer handschriftlichen Nummer versehen, wenn sie gefüllt ist. Das Lager von Terezin, als es befreit wurde, hatte einen Vorrat von zwanzigtausend solchen Düten. Natürlich nehmen wir den Hut in die Hand, aber ich würde lügen, wenn ich von Erschütterungen spräche; der Anblick dieser Urnen, die man öffnen kann, verbindet sich mit nichts; sie reihen sich wie Büchsen in einer Drogerie, sie reihen sich wie Töpfe in einer Gärtnerei. Was mich an diesem Ort am meisten beschäftigte, waren die beiden Bildnisse, die über den namenlosen Urnen hingen: Benesch und Stalin.

Der Tag geht weiter.

Wir fuhren nach Leitmeritz, wo wir einen Imbiß nahmen, und in einer Amtsstube, die uns wieder die gleichen Bildnisse zeigt, lassen wir uns unterrichten, warum man die Sudetendeutschen, insgesamt drei Millionen, aus dem Lande verschickt hat und was mit ihren Häusern geschieht, mit ihren Feldern. Man zeigt uns die Pläne. Vor allem aber bleibt es die Amtsstube, die mich bedrückt wie alle Amtsstuben der Welt. Tod oder Hochzeit oder Geburt, was spielt es für eine Rolle; was gilt es für den Staat, der nicht ein Mensch ist und dennoch mit einer behaarten Menschenhand arbeitet? Ich sehe die wechselnden Bildnisse an der Wand, die Kaiser und Feldherren und Erlöser, die dem Staat, damit es nicht bei der behaarten Hand bleibe, ein menschliches Gesicht leihen wollen, und dennoch bleibt

alles Menschliche, was man in solchen Amtsstuben vorzubringen hat, unwirklich wie die gelbliche Asche, die wir eben gesehen haben; man fühlt
sich beklommen noch da, wo man nichts will. Die Pläne, die man auf
dem Tisch entrollt, sind voll Vernunft und Willen, daß alles besser wird.
Während wir jedesmal auf die französische Übersetzung warten, denke
ich an die Flüchtlinge in Frankfurt, damals vor einem Jahr; ich denke an
den Waggon in München, der bei der Ankunft, als man ihn öffnete, einfach voll Tod war, und ich denke an die beiden Ringe im steinernen Boden, an den Flaschenzug, an den eisernen Dorn; auch daran. Es ist wichtig, daß man vieles zusammensieht. Da ich nichts sage, vielleicht erscheint
es wie Mißtrauen, was nur Besorgnis ist; es täte mir leid; von Herzen wünsche ich dem arbeitsamen Mann, daß der Rotstift, womit er auf seiner
Landkarte zeichnet, nicht das Blut seiner Söhne bedeutet –.

Was am meisten bleibt, wenn ich an das Lager denke, und was gleichsam immer näher kommt, während man es an Ort und Stelle kaum bemerkte, jedenfalls nicht mehr als alles andere: die wippenden Halme auf
den rötlichen Wällen, und daß man überall, wo immer wir standen, nichts
als den Himmel sieht.

Prag

Gestern die Aufführung in tschechischer Sprache. Ich verstehe natürlich
kein Wort, ich sehe die Gänge, den Wechsel der Gruppen, alles als Pantomime, ich sehe Farbe, Gestalt und Gebärde, Bewegung, alle Arten sinnlichen Ausdruckes, den das Theater nur haben kann, dazu höre ich eine
Sprache sozusagen ohne Wörter, Sprache als Klang, als Rhythmus – das
Entscheidende eines Stückes: wer tritt wem gegenüber, wer geht weg,
wer kommt hinzu, wer kehrt zurück und so weiter, all dies wird plötzlich
ganz offenkundig, lesbar wie ein Röntgenbild.

Morgen eine öffentliche Diskussion; ich werde deutsch sprechen, was
den Veranstaltern einige Sorge bereitet. Ihr Haß gegen diese Sprache. Es
ist aber, das sehen sie ein, auch eine Sprache unseres Landes, so gut wie
Französisch oder Italienisch, und unmöglich, dem Haß gegen eine Sprache, welche auch immer, recht zu geben – ohne denen recht zu geben,
die wir in allen Sprachen und mit Recht hassen: den Nationalisten.

Ein weiteres, was diese Aufführung für mich so erregend macht: die Sprache nicht als Sprache schlechthin, sondern als eine unter anderen. Napoleon und Brutus sprechen tschechisch, was ebenso drollig ist, wie wenn sie deutsch sprechen; aber hier wird es mir bewußt: wie selbstverständlich beides ist ... Die besondere Sprache, die uns beschränkt und vereinsamt, und die Sprache in der Kunst, die immer zur Sprache schlechthin wird, zur menschheitlichen. Ich habe Macbeth gesehen: Englisch gedichtet, was wir deutsch empfinden, slawisch gesprochen, so daß ich kein Wort verstehe, nur bestürzt bin, wie geschwisterlich wir sind, oder bestürzt, wie oft man das vergißt.

Hradschin

Die Möwen, die auf dem gleißenden Eis der Moldau sitzen; die steinernen Heiligen, die finster auf der langen Brücke stehen, und die Bläue eines kommenden Frühlings darum; die tropfenden Bäume überall; die Straßen mit schmelzendem Schnee, der in der Sonne blendet; die vermooste Mauer droben beim Hradschin, wo man die Beine baumeln läßt, vor sich die Weite voll grünlicher Kuppeln einer fremden Stadt: das alles war schon einmal. Vor dreizehn Jahren, als ich auf dieser Mauer saß und keine Ahnung hatte, wohin es weiterging, war es auch März; es war die erste fremde Stadt in meinem Leben, und wenn ich zum Spaß daran denke, daß ich alles, was diese dreizehn Jahre brachten, noch einmal leben müßte: der Reihe nach, so wie es war, ohne Verändern und ohne Überspringen, das Häßliche, das Holde, das Belanglose, so wie es war, genau so, nur ohne die Hoffnung auf das Ungewisse, die immer einen Schritt voranging –
Wer möchte es? Wer könnte es?

Prag

Unsere Abreise hat sich nochmals verschoben, da es wieder Morgen wurde über unserem Gespräch. Wir saßen mit den jungen Schauspielern in der Garderobe, wo es Kerzenlicht gab und schwarzen Kaffee, Lieder dazu, wie das Volk sie hierzulande singt, Lieder der Schwermut, Lieder der Leidenschaft, Lieder der Freude. Wir hatten noch einen Rest von guten Zigaretten; jemand brachte Wein, und eine Handorgel gab es hier auch. Einmal nach Mitternacht hörte man Schritte; es kam ein verschlafener Hauswart, der den Schein unsrer Kerze bemerkt hatte; er blickte über seinen Zwicker, nickte und verschwand. Die Bühne, wenn man gelegentlich hinausging, stand finster und leer, und in den hohen Gängen wimmelte es von fürstlichen Leuchtern, von Trommeln, die brummen, wenn man anstößt, oder man stolpert an marmorne Treppen und Säulen, die hohl sind; an den Wänden, die gerade in den tastenden Schein unsrer Taschenlampe kommen, blinkt es von Schwertern und Rüstungen; anderswo sind es Fahnen, die aus umrißloser Dämmerung herniederhangen, Fahnen unsrer ganzen abendländischen Geschichte.

Verändern wollen wir alle – darin sind wir uns einig, und es geht jedesmal nur darum, wie die Veränderung möglich sein soll; es ist nicht die erste Nacht, die wir dieser Frage opfern. Die einen glauben, es bleibe uns nur noch die Entdeckung der menschlichen Seele, das Abenteuer der Wahrhaftigkeit, und sie sehen keine anderen Räume der Hoffnung. Die anderen dagegen sind überzeugt, daß sich der Mensch in dieser Welt, so wie sie ist, nicht verändern kann; also müssen wir vor allem die Welt verändern, die äußere, damit der Mensch, der ihnen als Erzeugnis dieser äußeren Welt erscheint, sich seinerseits erneuern kann. Ihnen geht es um die Entdeckung einer neuen Wirtschaft; der neue Geist, sagen sie, folgt in dem Augenblick, wo er möglich wird, und sie glauben so gänzlich daran, so zweifellos, daß sie bereit sind, die Veränderung der äußeren Ordnung, die den Menschen befreien soll, allenfalls mit Gewalt herzustellen. Damit kommen wir dann jedesmal auf die andere Grundfrage. Gibt es einen Zweck, – der unsere Mittel heiligen kann? Darf ich die anderen fesseln und allenfalls töten, die verhindern wollen, was mir als das Heil erscheint? Errichte ich damit das Heil, das ich sonst nicht errichten kann? Ich kam in der Meinung, daß man darüber nicht mehr nachdenken müßte, und sehe, daß ich auch darüber zu wenig denken kann; sonst könnte ich sie überzeugen, zumal wir auch über das Ziel, das wir unsrer Veränderung setzen, durchaus einig sind. Wir wollen die Würde aller Menschen. Daran müssen wir uns immer wieder erinnern, damit unser Gespräch sich nicht verliert. Die Würde des Menschen, scheint mir, besteht in der Wahl. Das ist es, was den Menschen auch vom Tier unterscheidet; das Tier ist stets nur ein Ergebnis; das Tier kann nicht schuldig werden, so wenig wie es frei werden kann; das Tier tut stets, was es muß; und es weiß nicht, was es tut. Der Mensch kann es wis-

sen, und sogar Gott, der Allmächtige, läßt ihm die Wahl, ob er seinen guten oder seinen bösen Engeln folgen will; weil Gott uns nicht als Tiere
will. Erst aus der möglichen Wahl gibt sich die Verantwortung; die Schuld
oder die Freiheit; die menschliche Würde, die man manchmal gerne für
das leichtere Dasein einer Möwe gäbe. Meine Freunde sagen: Es geht
um die Freiheit. Und damit meinen sie wohl das gleiche; die Freiheit als
einen Teil der Würde. Warum verneinen wir gemeinsam die wirtschaftliche Ordnung, die herrschende? Weil sie einem Menschen oder einer
Gruppe von Menschen oder der Mehrzahl aller Menschen schlechterdings
keine Wahl läßt; weil sie gegen die Würde des Menschen verstößt. Das
Tierische liegt nicht allein in der Not, wo sie sich als Armut darstellt und
sichtbar wird, indem einer in schlechten Schuhen gehen muß oder sogar
barfuß; das ist bitter. Aber das Bittere ist nicht der leibliche Schmerz. Niemand wird im Ernst annehmen, daß diese äußeren Dinge nicht wichtig
sind für den Geist; sie sind ein Zwang, eine Verhinderung. Der Hungernde
hat keine Wahl. Sein Geist kommt nicht, woher er will, sondern er kommt
aus dem Hunger. Aber es braucht nicht einmal den Hunger, um die herrschende Ordnung anzuklagen. Wenn der Vater ein gerechter Arbeiter ist
und der Sohn wieder ein Arbeiter werden muß, weil man sich andere Versuche einfach nicht leisten kann, so liegt das Unwürdige nicht in der Arbeit, nicht in der Art der Arbeit, sondern darin, daß der Sohn überhaupt
keine Wahl hat. Woher soll er die Verantwortung nehmen gegenüber einer
Gesellschaft, deren wirtschaftliche Ordnung ihn vergewaltigt? Er ist ein
Opfer, auch wenn er keinen Hunger leidet. Er wird nicht, was er werden
kann, und niemals wird er wissen, was er kann; vielleicht kann er wirklich
nichts anderes. Wie kann man es entscheiden, bevor man ihn prüft? Andere können werden, was sie sind, manchmal sogar mehr: weil das Können
so selten ist, weil Millionen von Geburten vergeudet werden. Darum möchten wir eine Ordnung, die niemanden der Wahl beraubt, und meine Freunde glauben allerdings, daß sie den Entwurf einer solchen Ordnung haben;
vieles an ihrem Entwurf ist begeisternd, und wenn wir vom Ziel sprechen,
sind wir immer wieder einig. Wenn aber dieses Streben, daß alle in ganzen
Schuhen gehen und daß keiner durch die wirtschaftliche Ordnung gezwungen und somit um die Wahl und somit um die Würde betrogen wird;
wenn dieses große und unerläßliche Streben dazu führen sollte, daß man es
mit einem Staat versucht, der meinem Denken fortan keine Wahl mehr
läßt, was haben wir erreicht? Wir hätten das Mittel verwirklicht, nicht

das Ziel. Die Würde des Menschen, wie wir dieses Ziel nennen, ist die
Wahl; nicht die Badewanne, die der Staat ihm liefert, wenn er nicht am
Staate zweifelt. Wie soll ich glauben können, wenn man mir keine Wahl
läßt? Allein die Gewalt, die mir den Zweifel verbietet, nimmt mir den
Glauben noch da, wo ich ihn schon hatte –

Frage:

»Dürfen wir annehmen, daß die Tyrannei sich in einen Segen verwandelt, wenn unsere eignen Hände nach ihr greifen?«

Antwort:

»Es handelt sich höchstens um einen Übergang.«

Frage:

»Kennen wir in der menschlichen Geschichte einen solchen Übergang,
eine Tyrannei, die nicht in die Luft flog, sondern in natürlichem Wachstum sich als ihr Gegenteil entpuppte?«

Antwort:

»Darüber reden wir in hundert Jahren.«

Gelächter ...

Nürnberg, März 1947

Kinder an den Bahndämmen, besonders wo die Züge wegen Zerstörungen
etwas langsamer fahren; sie warten, daß wir etwas Eßbares hinauswerfen.
Das Peinliche, es zu tun, wenn andere es sehen. Warum eigentlich? Auch
Frauen, die an einer Barriere stehen oder auf freiem Feld; ohne Gebärde,
stumm, graublaß und hager. Die Verlumpung erreicht einen Grad, den
ich bisher nur in Serbien gesehen habe. Sechs Schienenarbeiter teilen sich
in die Brote, die unsere tschechischen Freunde gestrichen haben. Wir sind
froh, nichts mehr zu haben, nicht mehr unterscheiden zu müssen. Krach
auf dem Bahnsteig; jemand hat Zigaretten geworfen. Der Jüngling, der sie
gewinnt: Schwindsucht, Wehrmachtsmütze, Schwarzhandel, Faustrecht,
Syphilis.

Zuhause

Ursel hat große Freude an der tschechischen Puppe, auch an dem Bilderbuch, das wir gebracht haben; daß die Kinder, die man auf den reizenden Bildern sieht, ganz anders reden und daß auch wir nicht lesen können, was geschrieben steht, läßt ihr keine Ruhe; seit zwei Tagen fragt sie immer wieder. Auch Peter, der kleinere, steht ganz unter dem Eindruck der Reise, die er nicht gemacht hat; er ist jetzt im Alter, da die Eisenbahn über alles geht, und kostet die Erfahrung, daß man in der Eisenbahn sogar schlafen kann, daß man sie überhaupt nicht mehr verlassen muß. Das meiste wissen sie schon aus den Briefen, die Constanze ihnen jedesmal zeichnet; nichts steht in diesen Bilderbriefen, was nicht stimmt, und jedesmal, wenn ich sie den Kindern wieder erklären muß, bin ich verblüfft, wieviel Lebenswertes auf unserem Wege war –.

Café de la Terrasse

Was auffällt, wenn man draußen gewesen ist: das Verkrampfte unsrer Landsleute, das Unfreie unseres Umganges, ihre Gesichter voll Fleiß und Unlust; nicht auszuhalten, wenn sie von ihrem bescheidenen Wesen reden; in Wahrheit, sobald gewisse Hemmungen fallen, zeigt sich das Gegenteil; es fehlt nicht an gestautem Ehrgeiz, der auf Weltmeisterschaften lauert, und in besseren Kreisen sind es Pestalozzi, Gotthelf, Burckhardt, Keller und andere Verstorbene, die man sich ins Knopfloch steckt; man erschrickt oft über sich selber, über die fast krankhafte Empfindlichkeit, wenn ein andrer nicht begeistert ist von uns. Irgendwie fehlt uns das natürliche Selbstvertrauen. Immer wieder auffallend ist die Art, wie sie mit ihren einheimischen Künstlern umgehen, wie sie ihnen auf die Schulter klopfen bestenfalls mit dem Ton einer warnenden Anerkennung, eine Aufmunterung, eine wirkliche, eine Erwartung, die nicht unter Bedenken röchelt, kommt meistens von einem Ausländer; zum Glück hatten wir in der Zeit, da wir die Türen schließen mußten, wenigstens die Emigranten im Haus. Dabei wäre die nüchterne Zurückhaltung unsrer Landsleute, wenn sie stimmt, geradezu wunderbar; was sie fragwürdig macht, ist der bedenkenlose Kniefall vor allem Fremden. Der erwähnte Mangel an Selbstvertrauen, der sich

so und so verrät, macht unsere Künstler nicht bescheiden, was jedenfalls
ein Gewinn wäre; sondern unsere Landsleute, wenn wir auf sie angewiesen
sind, machen uns nur kleinmütig, und die unvermeidliche Kehrseite davon ist das Anmaßende, also wiederum eine Verkrampfung. Anderseits hat
es auch wieder seinen Segen, wenn man einem Volk angehört, das seine
Künstler niemals durch Verwöhnung verdirbt, und zwar ohne jede Ironie:
der deutsche und vielleicht abendländische Irrtum, daß wir Kultur haben,
wenn wir Sinfonien haben, ist hierzulande kaum möglich; der Künstler
nicht als Statthalter der Kultur; er ist nur ein Glied unter anderen; Kultur
als eine Sache des ganzen Volkes; wir erkennen sie nicht allein auf dem Bü-
cherschrank und am Flügel, sondern ebensosehr in der Art, wie man seine
Untergebenen behandelt. Sofern man Kultur in diesem Sinne meint, der
mir der zukünftige scheint, müßten wir in keiner Weise erschrecken, wenn
sie uns gelegentlich einen Anachronismus nennen; ich meine weniger die
Verwirklichung, sondern die Idee der Schweiz, die ich vor allem liebe,
und wenn ich noch einmal aus freien Stücken wählen könnte, was die Geburt schon entschieden hat, möchte ich trotzdem nichts anderes als ein
Schweizer sein; nach der Idee, die unsere eigentliche Heimat ist, sind es
natürlich auch einzelne Landschaften, die man liebt, aber erst in zweiter
Linie; am wenigsten weiß ich, ob ich unsere Landsleute liebe – sicher nicht
mehr als die entsprechenden Gesichter aus anderen Völkern, und es erschiene mir nicht einmal als Ziel, im Gegenteil; Liebe zum Vaterland, so verstanden, wird zum Verrat an der Heimat; unsere Heimat ist der Mensch;
ihm vor allem gehört unsere Treue; daß sich Vaterland und Menschheit
nicht ausschließen, darin besteht ja das große Glück, Sohn eines kleinen
Landes zu sein.

Pfannenstiel

Schon wieder die ersten Knospen! Die langen Weidenzweige hangen wie
grüne Perlenschnüre, sie erinnern an die klingelnden Schleier in gewissen
Wirtschaften, und allenthalben zwitschern die Vögel, Bläue schwimmt
durch das spröde Gezweig, die Sonne scheint überall hin, Büsche und
Sträucher sind wie ein Sieb. Irgendwie ist es zuviel, vor allem das Zwitschern der Vögel; wenigstens riecht es nach Jauche, wenn man über die
Felder wandert, und in den Gehöften gackert es von weißen Hühnern.

Manchmal kommt eine Wolke, und man ist froh um den Mantel, aber herrlich flattert die Wäsche, die draußen über den grünen Wiesen hängt, sie knallt wie eine Peitsche, und es glitzert der Brunnen, sein verwehtes Wasser plätschert über den Trog. Die vertrauten Fassaden unsrer Bauernhäuser, man bemerkt sie stärker als sonst; es blinken ihre niedren Fensterreihen, ihre Scheiben voll kleiner Sprossen, die noch von keinen Blumen umrankt sind, von keinem Weinlaub überschattet; die Spaliere sind nichts als ein Gitter von schlanken und bläulichen Schatten, eine schwebende Arabeske über verblaßtem Vitriol ihrer Mauern. Flieger über sich am Himmel. In den Schulhäusern, wenn man durch die Dörfer geht, singen sie bereits bei offenem Fenster, chorweise, daß es hallt über den öden Platz mit Recken und gestutzten Platanen, und irgendwo aus einem Tobel jault eine Sägerei, daß es durch Mark und Bein geht, und auf den Friedhöfen, wo die ersten Blumen wachsen, verrechen sie den Kies. Stundenlang wandere ich über gelassene Hügel. Die Wege sind weich, man muß auf dem Rande gehen; wie gläserne Scherben liegen die Tümpel darin, Räderspuren und Hufe, die den Himmel spiegeln. Man stapft durch Wälder, die fast ohne Schatten sind; nur selten gibt es noch ein Loch mit verschmutztem Schnee, körnig und grau und von Tannennadeln übersät; über einer Kiesgrube sehe ich den ersten Schmetterling. Man kann sich kaum verirren, so durchsichtig ist alles, und wenn man wieder hinauskommt, wogt es weiter mit Hügeln und braunen Mulden, Birken stehen am Rande eines Moores, und auf finsterem Acker dampfen die Rosse, sie ziehen den Pflug, die Egge, oder man verzettelt den Mist; immer bleibt die verblauende Ferne hinter schwarzen Apfelbaumzweigen. Gebirge hangen jenseits über Räumen voll silbernem Dunst, ein Gleißen von schmelzendem Schnee; die Luft ist voll Verheißung, die Luft ist voll Ostern, und es ist mir, als wäre gestern erst Frühling gewesen –.

Wenn es stimmt, daß die Zeit nur scheinbar ist, ein bloßer Behelf für unsere Vorstellung, die in ein Nacheinander zerlegt, was wesentlich eine Allgegenwart ist; wenn alles das stimmt, was mir immer wieder durch den Kopf geht, und wenn es auch nur für das eigene Erleben stimmt: warum erschrickt man über jedem Sichtbarwerden der Zeit?

Als wäre der Tod eine Sache der Zeit.

Ein Mädchen und ein junger Mann haben zusammen ihre Jugend verbracht, bis es nicht mehr ging, und das alles ist lange her. Daß eine Liebe
einfach verenden kann, es war nicht hinzunehmen; beide hielten es für
eine Schuld, daß die Liebe sie verließ, und aus der Heuchelei, die ihre
Zuflucht wurde, wucherten die wirklichen Verschuldungen. Da war das
Versprechen der Ehe, das sich nicht halten ließ; man kann sich nicht aus
Anstand heiraten. Das Mädchen, als sie endlich und zum letztenmal aus-
einandergingen, sank an der Haustüre zusammen, bewußtlos, so daß er
sie tragen mußte, und als sie wieder zum Bewußtsein kam, stand er noch
immer da, zum letztenmal entschlossen, daß sie heiraten werden. Er wollte
kein Schuft sein, nicht diesem einzigen Menschen gegenüber, den er geliebt
hatte wie noch keinen andern, und er war ein Schuft, was immer er sagte;
er konnte es nicht halten. Das Gehen war Verrat, das Bleiben war Verrat.
Das alles kostete viel Irrtum und Blut; es war eine häßliche Zeit, wüst
und wirr ... Einmal, viele Jahre später, schreibt er einen Brief. Er weiß
nicht, was er eigentlich schreiben soll. Er weiß, daß seine Verschuldungen
sich nicht verjähren, und es soll keine Abbitte sein, keine Wehmut. Die
Verschuldungen, die wir begehen, bleiben unsere Sache. Nur ein Gruß soll
es sein. Es drängt ihn so klar, und er weiß nicht, warum er dieses Drängen
töten soll. Er schickt den Brief, der fraglos ist, und erwartet nichts. Aber
noch damit erwartet er zuviel. Die Antwort, die dennoch kommt, ist heftig
und bitter und voll Rechthaberei. Es gibt eine männliche Rechthaberei,
die stur und tumb ist und vielleicht gewaltsam, und es gibt eine weibische
Rechthaberei, die anders ist, eifernd und kleinlich. Als er den Brief gelesen
hat, steht er mit der Beschämung eines Menschen, der durch eine falsche
Türe getreten ist und eine Entblößung sehen muß, die ihn nichts angeht;
er steckt den Brief in einen neuen Umschlag und schickt ihn zurück. Sich
selber nennt er einen Esel; es wäre die erste Frau gewesen, die großmütig
bleibt, wo sie nicht mehr liebt, und in dem Alter, das er unterdessen erreicht hat, dürfte ihn diese Erfahrung nicht mehr überraschen –
　　Wieder vergehen Jahre.
　　Einmal, es ist in einer andern Stadt, geht er eine Treppe hinunter, zerstreut und ohne Blick; er fühlt nur, daß jemand, der eben die Treppe heraufkommt, plötzlich stehenbleibt und ihm den Weg verstellt. Es ist eine
Frau, die ihn offen und betroffen anschaut, und eine Weile, während er ihrem Gesicht gegenübersteht, weiß er nicht sicher, wer es ist. Er sucht umsonst. Natürlich kennt man sich; es ist ein Gesicht, das ihn duzt, auch

wenn es schweigt, ein gutes und reifes und warmes Gesicht, das über seinem ratlosen Suchen langsam zu lächeln beginnt und auf diese Weise vergißt, daß es selber betroffen war, und endlich, als er begreift, geben sie einander die Hand. Was sollen sie sprechen? Er will nicht fragen, und über
das Wetter sprechen können sie auch nicht; er sagt:

»Es geht dir gut ...«

»Und dir?«

»Du hast Kinder ...«

»Ja!« sagt sie fröhlich: »Und du auch.«

Das Gespräch ist ganz leicht und frei. Nur der Umstand, daß ihm noch
immer nicht ihr Name auf die Zunge kommt, stellt alles wie hinter einen
Schleier. Daß sie ihm noch einmal von vorne begegnet, er hätte damit rechnen müssen. Ebensowenig wie an ihren Namen, den er durch ein namen-
loses Du ersetzt, kann er sich im Augenblick erinnern, wie sich eigentlich
die Geschichte mit dem Brief verhielt: ob er ihn wirklich zurückschickte
damals, oder dachte er nur daran, wollte er es nur –

»Das ist meine Frau«, sagt er: »Und das ist Annemarie.«

Jetzt hat er auch den Namen, und überhaupt ist er es, der fortan redet,
während die beiden Frauen, ohne daß sie die Augen dazu brauchen, einander anschauen. Irgendwie bleibt es unwahrscheinlich, daß es zwei sind. Als
man weitergeht, sagt Annemarie genau, was er selber hätte sagen wollen;
er sagt nur:

»Leb wohl!«

Sie sagt:

»Ich bin so froh, daß wir uns noch einmal gesehen haben.«

Das tönt fast, als wäre ein Sterben in Sicht; sicher dachte sie durchaus
nicht an Tod, es war nur das Gefühl eines Endgültigen, das auch ihn über
die Treppe hinunter begleitet, und all die müßigen Gedanken, die nachher
kommen, Gedanken, ob es möglich wäre, daß unser Leben hätte anders
verlaufen können, am Ende sind sie nichts anderes als Wellen, die um das
Endgültige branden, das wir anders nicht begreifen.

Wenn ich heute, während ich wandere oder unter einem laublosen Waldrand sitze, manchmal daran denke, bleibt vor allem das Frohe, das Leichte,
das dieser Begegnung vergönnt war; dann wieder das Sonderbare, das sich
mit jedem Du verbindet. Sie mögen noch so anders sein nach Alter, Herkunft, Art und Aussehen, unsrerseits empfinden wir sie wie Schwestern,

die einander kennen müßten. Das ist wunderbar und schrecklich. Irgendwie werden sie, sobald sie uns näherkommen, immer so wie wir, und es ist
anzunehmen, daß sie einem andern gegenüber ganz anders sind, so, wie
ich sie niemals kennen kann, immer so wie er . . . Lange sitze ich an diesem
Waldrand, rauche, sehe den Weg, den ich vor sieben Wochen mit Maja
ging, und es ist nicht verwunderlich, daß ihre Gesichter, so verschieden
sie für das Auge sind, fast wie eines werden, je näher sie dem Herzen kommen. Es ist immer unser Du. Es ist unsere eigene Einsamkeit, die uns letztlich immer das gleiche Gesicht zeigt, unser Gesicht, das endgültig ist, und
über dieses Du hinaus kommen wir nie. Es ist nur so, daß manchmal ein
Mensch in dieses Du hineinkommt, kürzer oder länger.

Was man die Untreue nennt: unser Versuch, einmal aus dem eigenen Gesicht herauszutreten, unsere verzweifelte Hoffnung gegen das Endgültige.

Nie werde ich über den Pfannenstiel wandern, ohne daß ich länger oder
kürzer an den Dichter denke, den ich von allen zeitgenössischen Landsleuten am meisten liebe, nämlich an Albin Zollinger, der diese Landschaft ein
für allemal dargestellt hat. Es war Herbst und vor sechs Jahren, ich hatte
eben sein jüngstes Buch gelesen, und Constanze mußte viel darüber hören,
als wir diesen Weg hinuntergingen, zum ersten Male zusammen. Ich führte Constanze in die kleine Wirtschaft, die ich schon von mancher Wanderung kannte; es gibt dort einen kleinen Tisch aus Nußbaum, der in einer
Fensterecke steht, wo man zusammensitzen und plaudern kann und wunderbar über das Land sieht; ich freute mich, daß ich dieses Tischlein
wußte, und da es auch Werktag war, zweifelte ich nicht, daß es uns gehören würde. Groß war die Enttäuschung, als wir die Stube betraten; das
Tischlein war bereits von einem Paar besetzt, und natürlich war ich überzeugt, daß sie das Tischlein weniger verdienten als wir. Es schien schon
ein reiferes Paar; sie tranken Wein und aßen Schinken, und mein Unmut
drängte mich, die Leute zu mustern. Der Mann, der sehr unscheinbar
wirkte, aber einen bemerkenswerten Kopf über seinem schlanken Körper
trug, konnte niemand anders als Zollinger sein. Wir bestellten ebenfalls
Schinken. Da ich ihn immer wieder anzusehen versuchte, kamen wir selber zu keinem Gespräch, sein Gesicht war hart und entschieden, männlich, zart und schüchtern zugleich. Er redete sehr leise. Ich spürte, wie
mein Herz klopfte über dem Gedanken, ob ich ihn ansprechen sollte oder

nicht. Ihre Teller waren leer, und jeden Augenblick konnte es sein, daß sie aufbrachen. Er trug einen Pullover unter der Jacke; seine ganze Kleidung erinnerte an einen Dorflehrer. Wenn er mit der Wirtstochter abrechnete, hatte er den vertraulichen Ton eines kleinen Mannes, der aus der Nachbarschaft kommt, der es nicht gewohnt ist, daß man ihn bedienen muß; irgendwie ist es ihm nicht recht. Er bat um ein Papier, damit er den restlichen Schinken einpacken konnte; es war in den Kriegsjahren. Unterdessen überlegte ich mir immerzu, was ich ihm, wenn ich ihn anspräche, überhaupt zu sagen hätte. Anderseits hatte ich eine Stunde lang über eben diesen Menschen gesprochen, dessen Werk mich begeisterte; warum sollte ich es ihm verschweigen? Er fragte bereits, wie lange man zum Bahnhof gehe; alles sehr unauffällig. Einmal hatte ich ihn in einer Vorlesung gesehen; irgendwie schien er mir kleiner, da ich ihn aus der Nähe sah, auch jünglingshafter und wie einer, der hinter seiner Verschüchterung jubelt und tanzt, ohne daß die Welt es sehen soll; er kam mir vor wie ein Rumpelstilz, der durch die Wälder geht und meint, niemand kenne seinen Namen, niemand kenne seine Visionen. Als er dann den letzten Schluck aus seinem Gläschen kippte, hörte ich plötzlich mich selber sagen:

»Verzeihen Sie –«

Befremdet wendet er sich um.

»Sie sind doch Albin Zollinger –«

»Ja«, sagte er: »Warum?«

Jubel und Tanz schienen aus seinen Augen verschwunden; das Verschüchterte, das er mindestens seit unserem Eintreten hatte, steigerte sich fast zur Abwehr, mindestens zur Miene eines lauernden Mißtrauens. Ich sagte, daß ich eben sein letztes Buch gelesen hätte. Seine Miene wartete ohne viel Zuversicht. Es sah nicht ermunternd aus. Aber irgendwie mußte ich ja fortfahren, und da ich schon einmal über ihn geschrieben hatte, sagte ich ihm, wie ich heiße. Das Peinliche, daß ich als der Jüngere, der seinerseits nichts vorzuweisen hatte, den reifen Mann auszeichnete, wurde mir durchaus bewußt, und irgendwie begriff ich seinen Irrtum, daß er mich beharrlich als Herr Doktor anredete. Was den Augenblick rettete, war seine rührende Freude; er blickte wie ein Jüngling, der zum erstenmal ein ganzes Lob vernimmt, oder mindestens schien er glücklich, daß ihm nicht eine grobe Mißdeutung begegnete. Er redete dann über Thomas Mann, den er als Meister der Akkuratesse bezeichnet, über die Grenzen sprachlichen Ausdrucks, über die erschreckende Erfahrung, daß jeder Versuch, sich mitzuteilen, nur mit dem Wohlwollen der andern gelingen kann. Er klagte nicht über das mangelnde Wohlwollen; er glühte nur vor Verlangen, daß er einmal in seinem Leben, wie er sagte, eine Seite schreiben könnte, die niemand mißdeuten kann. Leider unterbrach er das Gespräch, als er bemerkte, daß nur wir Männer es führten; er wolle mich der jungen Dame nicht wegnehmen, sagte er und bat um meine Adresse, daß wir uns in der Stadt treffen können. Auch war es ja Zeit, wenn sie den Zug noch erreichen wollten. Als er sich verabschiedete, bedankte er sich. Da ich darauf nichts sagen konnte, fragte er nochmals, ob es mir recht wäre, daß wir uns in den nächsten Tagen einmal treffen. Plötzlich kam er sich zudringlich vor. Seine sonderbare und fast zierliche Höflichkeit, die uns um so linkischer machte, war wie eine Schranke, die er vor seinem strömenden Herzen aufrichten mußte; eine andere Art seiner Verschüchterung. Allein in der Wirtsstube, die er verlassen hatte, fühlte ich mich glücklich wie ein Verlobter, der einem sicheren Glück entgegenlebt. Durch das Sprossenfenster sahen wir gerade noch, wie sie den kleinen Rebberg hinuntergingen. Es dämmerte bereits. Ich war froh, daß ich ihn angesprochen hatte; unser Heimweg war voll Übermut –

Das Nächste, was ich von ihm hörte, war die Nachricht seines Todes. Er starb an einem Herzschlag, im Alter von siebenundvierzig Jahren und mitten aus einem stürmischen Schaffen heraus, das jedesmal, wenn man seine Sprache wiederhört, jene Art von Begeisterung auslöst, die Mut gibt in die Verzweigungen unseres eigenen Lebens hinein, Zuversicht und Freude an allem, was dem menschlichen Herzen begegnen kann.

Am abendlichen See, wo die Buben auf den Pfosten hocken und fischen zwischen grünen Algenbärten, warte ich auf das Dampferchen; die Sonne ist bereits hinter Wolken versunken, aber der See glimmert noch wie das Innere einer Muschel, ein Schillern zwischen Messing und Seide und bläulichem Rauch; so schwebt er noch einmal über den grünenden Gründen voll Tang, ein spiegelnder Tag mit elfenbeinernen Wolken darin; in einer halben Stunde, wenn das Dampferchen kommt, wird es aussehen wie Schlacke und Asche –

Bereits leuchten die Laternen.

Ringsum läuten die Kirchen.

Vielleicht müßte man unterscheiden zwischen Zeit und Vergängnis: die Zeit, was die Uhren zeigen, und Vergängnis als unser Erlebnis davon, daß unserem Dasein stets ein anderes gegenübersteht, ein Nichtsein, das wir als Tod bezeichnen. Auch das Tier spürt seine Vergängnis; sonst hätte es keine Angst. Aber das Tier hat kein Bewußtsein, keine Zeit, keinen Behelf für seine Vorstellung; es erschrickt nicht über einer Uhr oder einem Kalender, nicht einmal über einem Kalender der Natur. Es trägt den Tod als zeitloses Ganzes, eben als Allgegenwart: wir leben und sterben jeden Augenblick, beides zugleich, nur daß das Leben geringer ist als das andere, seltener, und da wir nur leben können, indem wir zugleich sterben, verbrauchen wir es, wie eine Sonne ihre Glut verbraucht; wir spüren dieses immerwährende Gefälle zum Nichtsein, und darum denken wir an Tod, wo immer wir ein Gefälle sehen, das uns zum Vergleich wird für das Unvorstellbare, irgendein sichtbares Gefälle von Zeit: ein Ziehen der Wolken, ein fallendes Laub, ein Wachsen der Bäume, ein gleitendes Ufer, eine Allee mit neuem Grün, ein aufgehender Mond. Es gibt kein Leben ohne Angst vor dem andern; schon weil es ohne diese Angst, die unsere Tiefe ist, kein Leben gibt: erst aus dem Nichtsein, das wir ahnen, begreifen wir für Augenblicke, daß wir leben. Man freut sich seiner Muskeln, man freut sich, daß man gehen kann, man freut sich des Lichtes, das sich in unsrem dunklen Auge spiegelt, man freut sich seiner Haut und seiner Nerven, die uns so vieles spüren lassen, man freut sich und weiß mit jedem Atemzug, daß alles, was ist, eine Gnade ist. Ohne dieses spiegelnde Wachsein, das nur aus der Angst möglich ist, wären wir verloren; wir wären nie gewesen ...

Marion und der Engel

Marion und der Engel, der immer wieder fragt, was eigentlich er möchte, und Marion, der an die Brüstung lehnt oder an ein Geländer, während vielleicht die Glocken läuten, und hinunterschaut in das nächtliche Wasser:

»Was ich möchte?«

Es ist schon das dritte Mal, daß er es dem Engel erklärt, das Unglaubliche, und immer ist es der gleiche Engel, der das gleiche fragt:

»Warum kommst du nicht?«

»Über das Wasser ...?«

Marion weiß nicht, was er denken soll, wenn er den Engel sieht, und ob es wirklich ein Engel ist, der so zu ihm redet:

»Warum kommst du nicht?«
Marion fragt:
»Wo, wenn du ein Engel bist, führst du mich hin?«
»Zu dir –.«
Und zum letzten Male:
»Warum kommst du nicht?«

Letzigraben, August 1947

Endlich ist es soweit, daß wir mit unserem Bau beginnen. Die ersten Arbeiter sind auf dem Platz; ihre braunen Rücken glänzen von Schweiß, und um die Baracke, wo unsere Pläne warten, wimmelt es von leeren Bierflaschen; irgendwo werfen sie Bretter aufeinander, daß es hallt; die ersten Lastwagen sind da, und heute, wie ich auf diese Baustelle komme, ist es schon ein ganzer Berg von brauner Erde; ein Bagger frißt die Wiese weg mitsamt den Stauden. In zwei Jahren, die mir sehr lang erschienen, soll die Anlage eröffnet werden; ein Freibad für das Volk. Vor hundert Jahren war hier der Galgenhügel; der Aushub wird nicht ohne Schädel sein, wie sie Hamlet in die Hand genommen hat, und weiter drüben ist es das alte Pulverhaus, das sie eben abbrechen; fast lautlos stürzen die alten Mauern, verschwinden in einer Wolke von steigendem Staub –
Wären es die Pulverhäuser aller Welt!

Portofino, September 1947

Wir wunderten uns schon, warum die Limousinen alle unter den Palmen bleiben; niemand mag ausfahren. Überall wird Kaffee getrunken, in italienischen Zeitungen geblättert. In Genua und anderen Städten, heißt es, soll heute der große Streik beginnen. Jemand spielt Pingpong. Sonderbare Luft zwischen Alarm und Langeweile. Leider herrscht immer noch die sommerliche Hitze, keine Lust zum Wandern, nicht einmal zum Schwimmen; das Meer ohne jede Brandung, lautlos, glatt wie Glas, es bewegt sich kein Segel, kein Halm.

Gestern habe ich den Umbruch meines bisherigen Tagebuches bekommen, das ist immer eine leidige Sache, Arbeit nach rückwärts. Sich selber lesen! Ich brauche viel Cinzano dazu. Was nicht sagen soll, daß das Schreiben kein Vergnügen sei! Ich werde es nicht lassen. Aber hin und wieder, einen Umbruch in der Hand, fragt man sich doch, was für ein Interesse das haben soll für andere, nimmt sich eine Zigarette und schielt hinüber zu den andern Tischlein, betrachtet die Leute, die eben über die Piazza schlendern, mustert sie – es gibt so vielerlei Leute auf der Welt; ein Sportler und Weltmann, der das einzig mietbare Segelschiff vor meiner Nase wegzuschnappen pflegt, sobald ein Windlein kräuselt, ein gesunder und netter Mann, aber kein Leser, glaube ich, sowenig wie die sieben Fischer, die barfuß mit gekrempelten Hosen über die Piazza gehen; sowenig wie das Dämchen, das jene Hosenart nachahmt, oder das ältliche Ehepaar, der lungernde Wechsler und Schwarzhändler mit dem antikischen Gesicht, die beiden Verliebten, die sich immer um die Hüften halten … Seinen Leser, glaube ich, muß man sich denken; das ist schon ein Teil unsrer Arbeit, die Erfindung eines Lesers, eines sympathischen, nicht unkritischen, eines nicht allzu überlegenen, auch nicht unterlegenen, eines Partners, der sich freut, daß wir an ähnlichen Fragen herumwürgen, und nicht ärgerlich wird, wenn unsere Ansichten sich kreuzen, nicht herablassend, wenn er es besser weiß, nicht blöde, nicht unernst und nicht unspielerisch, vor allem nicht rachsüchtig. Unser Leser: ein Geschöpf deiner Vorstellung, nicht unwirklicher und nicht wirklicher als die Personen einer Erzählung, eines Schauspiels; der Leser als die ungeschriebene Rolle. Ungeschrieben, aber nicht unbestimmt, ausgespart durch das Geschriebene; ob es die Rolle eines Schulbuben ist, der belehrt wird, oder die Rolle eines Richters, der es genießt, wenn er uns eines Widerspruchs überführen kann, die Rolle eines Jüngers, der uns anzuwundern hat, die Rolle eines Götzen, dessen Gunst wir erschmeicheln, oder die Rolle einfach eines Partners, eines Mitarbeiters, der mit uns sucht und fragt und uns ergänzt, eines menschlichen Gefährten, es liegt an mir, dem Schreiber, und von niemand kann ich verlangen, daß er die Rolle, die ausgesparte, übernimmt; ich kann mich nur freuen, wenn einer es tut oder eine – irgendwo in der Sonne oder unter einer Lampe, in einer Eisenbahn, in einem Kaffeehaus, in einem Wartesaal des Lebens – und besonders, wenn jemand es mit Begabung tut.

Santa Margherita.

Ein Fischkutter bringt seine Wochenbeute. Kistchen voll Tintenfisch, alles triefend, das grüne und violette Glimmern, schleimig wie der Glanz von Eingeweide. Das Hin und Her der kleinen Barken; mindestens eine ist immer unterwegs zwischen dem ankernden Kutter und der Mole, die im vorigen Jahr noch zerstört war. Die Fischer sind einheitlich-schmutzig, ölig, fröhlich und müde, ein wenig auch stolz: der Mann, der erbeutet, und die Weiber, die die Beute in Empfang nehmen, alles weitere für die häusliche Verwertung tun. Markt unter schattigen Bögen. Sie schütten die wässerige Beute auf steinerne Tische, die mit Feigenblättern und Farnkraut wie zu einem Fest geschmückt sind; sofort beginnt der Verkauf, das Gefeilsch mit singenden Rufen und Gebärden. Ganze Hügel von Schuppensilber. Natürlich stinkt es. Pracht der Farben: das fleischliche Rosa, das Graue, das wie ein Schleier ist, das Grünliche und Bläuliche, alles unter einem Schillern unsäglicher Übergänge. Schön sind die langen Aale mit den weißen Bäuchen, den grünen und braunen Rücken, den schwarzen Flossen. Oder der herrliche Schwung eines Schwanzes, der über den steinernen Tisch hangt. Dann das Messer, das sie aufschlitzt, und die nassen, roten, dicken Weiberhände, die es auf die Waage werfen; dann wechseln sie das papierne Geld. Signore? rufen sie. Niente! Schon ruft die Nächste: Signore? Ein Seestern ist auch dabei, an der Luft hat er seinen ganzen Glanz verloren, nur noch ein grauer Teig, gräßlich mit der Vielzahl seiner blinden Glieder, ihr langsames und verlorenes Tasten, das Kopflose, Leben ohne Wahl und ohne Wollen. Wir gehen weiter. Zu den Krebsen, den roten, wo man nicht weiß, was vorne und hinten sein soll; ein ganzer Berg, der langsam krabbelt; auch hier: Leben als Verdammnis. Und hinzu kommt das Massenhafte; die Fischer bringen jedesmal so viel, als ihr Kutter eben tragen kann; die unvorstellbare Menge, der Griff ins Zahllose, ins Unerschöpfliche. Ich beobachte ein altes Weiblein, das einen gelben Hummer hält, ungewiß, ob der Kerl wirklich so viel Lire wert ist. Unterdessen sind die Männer schon dabei, ihre braunen Netze auszurollen auf der Mole; andere stehen in den Pinten, trinken, reden über den Streik. Der gelbe Hummer ist dem Weiblein zu teuer; eine junge Dame in Hosen nimmt ihn sofort. Was mich besonders fesselt, ist einfach der Umstand, daß man einmal alles zusammen sieht: Erbeuter, Verkäufer, Verbraucher. Alles ganz konkret. Dazu das abendliche Gebimmel einer alten Kirche, die letzte Sonne auf einem Klosterziegeldach, ein Geistlicher im schwarzen Fladenhut. Zwei ziemlich verlumpte Kinder teilen sich einen Fisch, der nicht mehr so frisch ist; sie zerschneiden ihn auf dem Randstein; nochmals das Schuppensilber, das Wässerige der toten Augen, das perlmutterne Schillern, das Rosa-Stumme im offenen Rachen . . . An der verpißten Ecke steht wie immer der Bettler, sein Schildchen um den Hals:

>>Blind, please help.<<

Wenn das gesamte Personal eines Grandhotels streikt, wenn die Gäste sich in die tägliche Arbeit teilen müssen, Betten machen, Kartoffeln schälen, Holz hacken, Teller waschen, Gläser trocknen, Suppe kochen, Suppe mit Brot, solange Brot vorhanden ist, Suppe jeden Tag:

Das als Folie eines Lustspiels?

Wanderung bei glühender Hitze. Ganze Hänge haben gebrannt; eine tote Schlange zwischen verkohlten Stauden: Tanz der Schmetterlinge . . .

Unterwegs eine Tafel aus Marmor:

>>Qui la bellezza del mondo sorrise per l'ultima volta a Francesco Pisani. 8. 9. 1941.<<

Endlich ein Grabstein, der das Leben nicht beleidigt; würdig; ohne die obszöne Vertauschung, ohne die feige Verherrlichung des Todes.

Der Streik sei verschoben. Auffallend ist die Verbrüderung unter den Gästen, die sich bisher kaum benickt haben; man kann jetzt nicht im Lift fahren, ohne daß ein Gespräch entsteht, und das Einverständnis scheint ihnen fraglos. Ein Gefühl von Klasse, wie ich es bisher eigentlich nicht geglaubt habe. Man gehört zusammen, ob Italiener oder Engländer, Schweizer, Holländer, Belgier; ob Schieber oder Arzt, ob Offizier auf Urlaub oder Liebespaar oder kleiner Mann mit großer Währung, man fühlt sich gemeinsam belästigt, und zwar zu Unrecht; wir wollen Ferien machen, nichts weiter, wir sind Ausländer und zahlen unsere Sache. Der Wirt, schwarz vom Scheitel bis zur Sohle, steht in der Halle und versichert in allen Sprachen, daß ein Streik überhaupt nicht zustande kommen werde. Auch deutsch spricht er; seine Erinnerung an die Wehrmacht, die er bedient hat, verschafft mir, da ich einigermaßen ihre Sprache rede, eine gewisse Hochachtung, die ich persönlich nie erziele. Die Gäste lesen die Zeitungen aus ihrem eignen Land, die nichts von Unruhen melden, überhaupt nichts von Italien; ein wenig ist man beruhigt. Aber ärgerlich bleibt es doch, traurig, unbegreiflich, daß es auch in diesem Lande solche Leute geben muß, Elemente genannt, die haben wollen, was andere schon haben. Ich spiele Pingpong mit dem jungen Italiener, dessen Geliebte lieber zuschaut; sie sucht unsere verhauenen Bälle in den nächtlichen Agaven ...

Nichts wäre schöner als ein Lustspiel, doch nicht ein antiquarisches, es müßte schon ein gegenwärtiges sein, meinetwegen in Kostüme verkleidet, ein Lustspiel um unsere Probleme. Ob das möglich ist? Das Verlangen danach wäre gewaltig, überhaupt das Verlangen nach einer fröhlichen und im Grunde zweifellosen Bejahung, einer Bejahung allerdings, die unseren wirklichen Fragen und unserem heutigen Bewußtsein nicht ausweicht. Das ist wohl entscheidend. Ein Lustspiel, das einfach ausweicht, kann bestenfalls zerstreuen; dann ist ein Trauerspiel, das unserem Bewußtsein standhält, immer noch tröstlicher, scheint mir –

Wieso gibt es dieses Lustspiel nicht?

Man kann drei Stunden lang lachen, von Witzen geschüttelt, und es ist kein Lustspiel. Witz genügt nicht. Der sogenannte Lacher ist stets ein Beiwerk, nie das Kennzeichen eines Lustspiels. Denkbar wäre eine Heiterkeit ohne jeden Witz, lustvoll-tröstlich, entspringend aus einer unwiderstehlichen Zuversicht, der gegenüber alle Leiden und Leidenschaften, die sich abspielen, unverhältnismäßig werden und insofern komisch. Das Lustspiel, glaube ich, ist nicht eine Frage der Fabel, sondern des Klimas. Es geht nicht ohne die große Zuversicht, ohne ein Gefühl, daß im Grunde doch alles zum besten bestellt sei und daß die Welt nur ein gutes Ende nehmen kann, ein erlösendes Ende, das ist der fromme Goldgrund, den wir so sehr ersehnen, und ohne ihn gibt es kein wirkliches Lustspiel ... Bei Kleist, im Zerbrochenen Krug, steht hinter der Komik, daß Menschen über Menschen richten, das unerschütterte Vertrauen, daß es ein übermenschliches Gericht gibt, eines jenseits der Komik; Herr Gerichtsrat Walter, der dort den Goldgrund bringt, als Statthalter eines wirklich lieben Gottes. Daran ist nicht zu zweifeln. In der Minna von Barnhelm und in anderen wirklichen Lustspielen, es sind ja wenig genug, ist es nicht immer eine metaphysische Zuversicht; oft genügt schon der Glaube an eine gesellschaftliche Ordnung. Man lacht über ihre Entartungen, über ihre leidigen Auswüchse, aber im Grunde kann man sie bejahen; die Gesellschaft, der das Lustspiel gezeigt wird, ist die beste aller möglichen. Es gibt Grafen und Diener, und zuweilen, zeigt das Lustspiel, ist der Diener ein viel bessrer Kerl, edler als der Herr Graf, ja, der Diener verdiente schlechterdings, daß man ihn in den Adel erhöbe, und die Verteilung der Titel ist komisch, weil unverhältnismäßig, komisch in diesem Fall; aber daß es überhaupt Grafen und Diener gibt, Herren und Leibeigene, daran rüttelt das Lustspiel nicht. Sonst ist es aus mit der Lust. Die Gesellschaft wird mindestens in ihrer Idee bejaht, und zwar zweifellos; um so kecker darf man, ohne ketzerisch zu sein, über ihre ungenügende Verwirklichung lachen. Das Lustspiel ist fromm. Fromm wie Aristophanes! Er glaubt an Athen, das ist zweifellos, sonst könnte er die Athener nicht dermaßen zerzausen, und er hat auch Grund, an seine Polis zu glauben; trotz Kleon –. Aristophanes glaubt; sonst wäre er nicht Aristophanes geworden, sondern ein Hanswurst oder ein Tragiker. Das Mindeste ist natürlich, daß der Mensch bejaht wird, der Mensch schlechthin; das Mindeste oder das Höchste. Der Mensch als Gottes bestes Geschöpf, sein Meisterstück. Unsere Leidenschaften erscheinen im besonderen Fall vielleicht närrisch; der Mensch vertraut, wo er betrogen wird, und sein Vertrauen wird unverhältnismäßig, komisch, weil er es stets an die falsche Person vergeudet; aber auf der gleichen Szene steht eine andere Person, die ihn, wenn er es bloß merken möchte, zweifellos glücklich machte. Zweifellos; das ist der Punkt. Man könnte glücklich sein! Oder wir lachen über den Heuchler, wissend, daß die Tartuffe zuletzt doch nichts erreichen. Zuletzt; das kann im fünften Akt sein oder im Himmel. Die Tugend siegt immerdar; an diesem Goldgrund wird nicht gekratzt; er allein, und nicht einzelne Späße, er allein versetzt uns in die Lust, die dem Spiel schließlich den Namen gibt – Goldgrund der Zuversicht, daß Recht geschieht und alles einen Sinn hat, meinetwegen einen ewigverborgenen, aber einen Sinn; ohne diese Zuversicht, die fromm und zweifellos sein muß, kann es nur eine Satire werden, witzig, aber nicht lustvolltröstlich ... Don Quixote ist komisch, weil alles, was er redet und tut, unverhältnismäßig ist; er hat zuviel gelesen, der Gute, und nun sehen wir ihn, ausgestattet mit feudalen Redensarten, hinausreiten in eine ganz und gar bürgerliche Welt, ein Opfer der Belletristik, die zu allen Zeiten aus antiquarischen Redensarten besteht; alles ist anders als seine hehren Gespinste, nützlicher, häßlicher, minder großartig, aber lebbar und lebenswert. Die Welt, die den Ritter narrt, wird von Cervantes im Grunde bejaht. Es ist immerhin eine wirkliche Welt, eine mögliche Welt, und unser Erbarmen ist nicht mit den Wirten und Gänsedirnen, daß sie keine Prinzessinnen sind, sondern mit dem Edlen von La Mancha, der die Wirte und die

Gänsedirnen immerzu verkennt. Was würde sein, wenn die Welt, die Don
Quixote zum rührenden Narren macht, ebenfalls eine unmögliche wäre,
ein leerer Spuk, vergangen, verloren, unwirklich und unlebbar, keiner Bejahung wert? Wo bliebe unsere Lust an seinem Irrtum – wenn es nicht einmal ein Irrtum wäre?

Heute in Santa Margherita, Sonntag, hin und wieder fahren sie auf offenen Lastwagen vorbei, gepfercht, aber singend, ein Mädchen hält die Fahne mit Sichel und Hammer.

Woher aber die Zuversicht? Woher der Goldgrund? Die Botschaften höre
ich wohl. Das Einverständnis mit einer kommenden Gesellschaft, die ihre
Lebbarkeit noch nicht bewiesen hat, ist selten heiter; der Wille zur Zuversicht, der den Revolutionär erfüllt, ist noch keine Zuversicht. Wie selten
findet man einen Revolutionär, dem der Humor nicht ungeheuer wäre . . .

Ich lese Jakob Burckhardt, eine antiquarische Ausgabe mit bräunlichen
Flecken im Papier und Marmoreinband, genieße seinen goldenen Altmän-
nerglauben, also geschrieben von einem jungen Menschen, ich lese ihn, als
wüßte ich nichts von seinem späteren Ruhm, lobe ihn, als hätte er es nötig,
tadle ihn, als dürfte man das. Beispielsweise tadle ich seine durchaus unfreie, blinde, vorurteilhafte Geringschätzung der eignen Gegenwart, so dieser verfluchte Ton: Und also kommt der Geist mehr und mehr auf den
Hund und schließlich auf uns. Ich zähle ihm vor, wer zur Zeit, als er das
geschrieben hat, gelebt und geschaffen hat; immerhin ein Klub von ganz
achtbaren Herren. Die meisten, gewiß, er hat sie nicht kennen können.
Man muß vorsichtig sein mit der Wertung seiner eignen Zeit! . . . Brunelesco beginnt die Renaissance, und mit der Renaissance beginnt Burckhardt ein herrlicher Offenbarer zu werden, immerzu zücke ich meinen
Stift, um das Entzückende anzustreichen, einmal, zweimal, dreimal! Stile
sind Schaffensziele; warum sie sich wandeln, darüber schweigt auch mein
großer Jakob. Mit Brunelesco beginnt die Renaissance, nicht anzuzweifeln, hundert Seiten später kommen andere, welche die Renaissance, die
mein Autor schlichterdings als das Richtige erläutert hat, einfach wieder
auf den Hund bringen. Die Elenden! Plötzlich machen sie Barock, und
Burckhardt, eben noch ein Begeisterter im wörtlichen Sinne, wird plötzlich professoral, will sagen: plötzlich hat er keine Antenne mehr und hört

nur noch sich selber, seine Meinungen. Mein Stift gestattet sich die ersten Fragezeichen, die sich nach und nach in Ausrufzeichen wandeln, endlich lege ich das Buch auf den Tisch, nicht unwillig, bloß bedenklich: scheint es doch, daß eine noch so geistvolle Betrachtung des Geschaffenen, und wer möchte darin diesen Burckhardt übertreffen, nicht über die Vorhöfe hinauskommt; die Bedingungen des Schaffens erschließen sich vielleicht dem Schaffenden, doch kaum so bewußt, daß er sie auszusagen vermag, es ist auch nicht sein Anliegen; der Betrachtende aber geht von einem Bewährten aus, das er als richtig erkannt hat, als allgemeingültig – das Gebot, das den Schaffenden leitet, ist aber wahrscheinlich nicht das Richtige dieser Art, sondern das Persönlich-Mögliche, das Persönlich-Notwendige, das Gebot des Lebendigen, das sich als solches immerzu erschöpft in dem Augenblick, da ihm eine ganz entsprechende Gestalt gelingt. Alles Gelingen ist kurz. Und unwiederholbar. Die Blüte im antiken Griechenland; die Renaissance. Nur das Epigonale kann dauern. Wohl das Beste, was ich über die notwendige Wandlung der Stile kenne, sagt Goethe im zweiten Faust:

> Gestaltung, Umgestaltung
> Des ewigen Sinnes
> Ewige Unterhaltung.

Wo aber, wenn wir es so sehen, bleibt das Richtige, das ein Stil gegenüber andern voraushaben soll? Jakob Burckhardt und der Barock; seine Entrüstung ist so begreiflich: er mißt den Barock nicht an den Schaffenszielen des Barock, sondern der Renaissance. Ich gestatte mir die Randglosse: Jakob, auch du? Denn damit macht sogar er, der Würdigsten einer, nichts anderes als das Geschmeiß der kleinen Rezensenten, wenn sie etwa einem Brecht, der sich seit Jahrzehnten um episches Theater bemüht, vorwerfen, sein Theater sei nicht dramatisch ... Oh, über unsere Urteile! Wenn ein so hoher Geist wie dieser Burckhardt sogar vergangenen Epochen gegenüber befangen bleibt, sehend für das eine, blind für das andere, wie soll dann der Schaffende, der Beteiligte, der Befangene jemals ein überpersönliches Urteil gewinnen?

Ein schwerer Sturm ... Der kleine Sandstrand, wo wir täglich gebadet haben, ist eine Geröllhalde. Bäume, geknickte, hangen über die Felsen. Etwas wie Befreiung. Wir wandern bei strömendem Regen an der Küste ent-

lang. Säulen von Gischt. Der Himmel ist grau und violett, metallisch.
Steine auf der Straße. Überschwemmung in Santa Margherita, der halbe
Platz unter Wasser; hinter den perlenden Scheiben stehen weiße Kellner.
Geflatter von zerrissenen Stores. Die großen Bunker, die im vorigen Jahr
noch standen, sind jetzt gesprengt. Unterwegs fliehen wir unter ein Gewölbe; Sintflut, dazu donnert es wieder. Vor uns das rollende Meer; warum soll es nicht einmal steigen, drei Meter oder zehn Meter? Eine gewisse
Wonne der Panik, alle Schranken werden fraglich, das Unsichere wird
offenbar, das Abenteuer zu leben. Später nehmen wir einen Bus, einen
Schnaps in Rapallo. Der Regen hat nachgelassen, aber nicht der Wind;
der Quai, der sich eben im Bau befindet, ist eingerissen, Arbeiter und Feuerwehr versuchen zu retten, was zu retten ist, der fertige Beton hält stand,
aber die Versprießungen sind weg, und die große Platte, die eben hätte betoniert werden sollen, ist ein wirres Eisengitter, die Schalung zersplittert,
die Brandung wirft einzelne Bretter ans Land, es läuten die Glocken, ich
weiß nicht warum, aber es paßt vortrefflich dazu ...

Zur Architektur

Äußerst beherzigenswert sei es, schreibt Burckhardt, daß kein Stoff sich
für etwas ausgibt, was er nicht ist, und hundert andere Sätze dieser Art,
die, obschon über die Renaissance gesagt, auch zu unserem Einmaleins gehören. Kongruenz von Funktion und Form. Nur mit wesentlich anderen
Aufgaben, die andern Bedürfnissen zu entsprechen haben, vor allem auch
mit anderen Stoffen, die ihre anderen Gesetze haben; doch das Grundsätzliche bleibt, Syntax mit anderen Wörtern – und doch sehen wir unsere Gebildeten, wenn sie etwa einem Corbusier begegnen, oft hilfloser als vor
einer Südseemaske.
Warum?
Unser Verhältnis zur eignen Zeit, eben jener Ton: Und so kommt der
Geist mehr und mehr auf den Hund und schließlich auf uns ... Auf der
Akropolis gibt es den sogenannten Perserschutt, Skulpturen der Vorfahren,
verwendet zum Hinterfüllen der neuen Mauer: die das tun, sind zweifellos, daß sie ihr eigenes Kunstwerk schon selber schaffen. Ähnlich wieder
in Italien: die oft schamlose Plünderung antiker Bauten, Plünderung nicht
durch Vandalen, sondern Architekten, die Säulen brauchen, Marmor, um

selber zu bauen. Her damit! jetzt leben wir. Ein ungeheures Gefühl für die Gegenwart, pietätlos wie das Leben, das Antihistorische dieser Haltung sogar bei der Renaissance, die sich selber vorgibt, die Antike zu wollen; aber sie heißt ja auch nicht Reconstruction, sondern Renaissance. Überall das lebendige Bewußtsein, daß nicht das Geschaffene wichtig ist, nicht in erster Linie, sondern das Schaffen. Ich würde sagen: auch wo das Neue jedenfalls minderen Wertes sein wird, ist es wichtiger, daß es geschaffen wird, wichtiger als die Bewahrung, deren Sinn damit nicht geleugnet wird. Es gehört zu den Faszinationen von Italien, die sich in persönliches Glücksgefühl verwandeln: zu sehen, wie jede Epoche sich als Gegenwart ernstnimmt, wie rücksichtslos sie vorgeht, um zu sein.

Und wir?

Vor wenigen Jahren hatten wir in Zürich einen architektonischen Wettbewerb für ein neues Kunsthaus; jedermann erkennt, daß der Platz, der vorgesehene, eine ganz erfreuliche, freie, restlose Lösung nicht gestattet, doch man getraut sich nicht, ein altes Zürcherhaus mittleren Wertes einfach abzureißen. Das Neue also, das Unsere, ist im Grunde schon verworfen, bevor wir unseren Zeichenstift ergreifen. In dieser Luft dürfen wir nun schaffen, von keiner Erwartung begleitet, bemuttert von historischer Pietät, die alles Maß übersteigt, umgeben von der fraglosen Selbstpreisgabe unsres Geschlechtes ... Bildung als Perversion ins Museale –

Florenz, Oktober 1947

In der Gasse, vor unserem Hotel, spielen zwei Kinder; ein fünfjähriger Bub, rachitisch, und ein Mädchen mit Spielzeugpistole: sie spielen Händehoch, wobei der Kleine, eher mürrisch und unwillig, sich an die verpißte Mauer stellen muß – nur daß er dann umfallen soll, begreift er nicht; das Mädchen macht es ihm vor – aus der Erfahrung ihres siebenjährigen Lebens.

In der Kammer von Savonarola: Der Mann fasziniert, das Profil, daneben das kleine Bild von seinem Scheiterhaufen, das schwarze Gericht der Rechtdenkenden, doch etwas muß man diesen Richtern schon lassen: sie sehen auch gleich der Hinrichtung zu, alles liegt örtlich und zeitlich beisammen, ein hölzerner Steg führt vom Gericht hinüber zum roten Feuer. Dabei empfinde ich etwas wie neulich auf dem Fischmarkt: alle Zusammenhänge sind offensichtlich, in einem menschlichen Maßstab übersichtlich, nicht anonym. Was es auch sei, Fischerei und Handel, Gericht und Hinrichtung, es verblaßt nicht in Begriffe; alles bleibt konkret. Wogegen wir in Begriffen leben, die wir meistens nicht überprüfen können; das Radio überzeugt mich von hundert Dingen, die ich nie sehen werde, oder wenn ich sie dann einmal sehe, kann ich sie nicht mehr sehen, weil ich ja schon eine Überzeugung habe, das heißt: eine Anschauung, ohne geschaut zu haben. Die meisten unsrer Begriffe, wenn sie konkret werden, können wir gar nicht ertragen; wir leben über unsere Kraft. Es wird mir übel, wenn vor meinen Augen ein Schwein geschlachtet wird mit blankem Messer, ich habe dann gar keine Lust auf Schinken; sonst schätze ich ihn sehr. Unser Denken muß konkret werden! Man müßte sehen, was man denkt, und es dann ertragen oder seine Gedanken ändern, damit man sie denken darf. Georg Büchner im Danton, als Danton in das Gefängnis geführt wird: Geht einmal euren Phrasen nach bis zu dem Punkt, wo sie verkörpert werden, blickt um euch, das alles habt ihr gesprochen! Ein Motto, das heute über fast ganz Europa hängt. Und in diesem Sinne empfinde ich die Richter, die so neben dem Feuer sitzen und ihr Besserwissen lodern lassen, immerhin nicht das Letzte, was es an Menschen gibt; Wort und Tat sind eins.

»Marxismo – Cristianismo?«

Wenn der letztere seine zweitausend Jahre dazu verwendet hätte, auch jene seiner Satzungen ernst zu nehmen, die sich auf das Diesseits beziehen, kann ich mir nicht denken, daß der erstere eine wirkliche Bedrohung darzustellen vermöchte.

Viel Bettler auch hier.

Gar nichts übrig habe ich für jene, die sich vor die Kirchen stellen, deren Kreuzgang wir besuchen, und auf meine christliche Wallung lauern. So nicht! Ich bevorzuge die andern, die vor den Tisch kommen, wenn man im Freien ißt, stehenbleiben, bis der flinke Kellner den schwarzen Kaffee bringt und ich meine Zigarette anstecke, und sagen: »Mangiato?«

Die Pietà von Michelangelo. (Aus der Capella Barberini in Santa Rosalia in Palestrina.) Hier ist das Schöne zu Ende; die Last der Leiche mit den einknickenden Beinen und den hangenden Armen, das Gräßliche eines Leibes, der nur noch der Schwere gehorcht, die Angst, daß seine zufälligen

Bewegungen plötzlich grotesk, puppenhaft lächerlich werden. Und dahinter die Mutter; unvollendet, Steinmasse, das ferne Erwachen einer Gestalt, ein Emporkommen aus dem Urdunkel, das noch nie ein Licht empfangen hat, ihre Zärtlichkeit hinter einem schweren Schleier von Gestein. Das Über-Schöne: Die Leichen, die sie auf Lastwagen verladen und dann in eine Kalkgrube geworfen haben, man kann sich ihrer erinnern, ohne daß man über seinem Kunstvergnügen erschrickt; auch sie sind hier enthalten. Sie sind nicht durch eine Schönbildnerei verhöhnt und verraten. Erst wenn das Gräßliche inbegriffen ist, beginnt die mögliche Erlösung, die mehr ist als eine voreilige Harmonie.

Eine italienische Zeitung, die Constanze mir übersetzt, berichtet folgende Daten: die Atombombe von Bikini entwickelte eine Radioaktivität, entsprechend einer Radiummenge von siebzigtausend Tonnen. Vorhandenes Radium, das bisher für Heilzwecke verwendet worden ist: hundertundfünfzehn Gramm. Genannte Radioaktivität bleibe fünfundzwanzig Jahre wirksam in der Atmosphäre. Fünfhundert Bomben, abgeworfen innerhalb von fünfundzwanzig Jahren, sollen genügen, um auf dieser Erde sämtliches Leben abzuschaffen.

Festa dell'uva ... Sonntagabend; wir geraten in ein großes Gedränge, Straßen mit lustiger Erleuchtung, Girlanden von Glühbirnen, eine Blechmusik spielt Verdi, ringsum steht Volk, zufrieden, Trauben essend, an offenen Fenstern lehnen die Weiber, ihre Brüste zwischen verschränkten Armen, und genießen den Rummel von oben, Kinder schreien, Vollmond über San Lorenzo, überall gibt es Stände mit Trauben, bengalisch beleuchtet, Stände mit billigen Spielsachen, Stände mit Kuchen, die just gebacken werden in etwas stinkendem Fett. Ein Mann kauft eine Art von Kirschpfannkuchen, bricht ihn sorgsam, gibt seiner greisenhaften Mutter, dann der Frau und dem Kind, den Rest schiebt er sich in den Mund. Überall viel festliche Erwartung, ohne daß irgendwo eine sichtbare Erfüllung eintritt; ein Harlekin macht Späße zur Gitarre, ringsum zufriedene Gesichter. Das Volk erscheint als ein unendlich schlichtes, bescheidenes und für das Leben dankbares und unendlich hoffendes Kind, harmlos und verspielt, arglos; inbegriffen die Männer, die ihren Wein trinken und plötzlich mit Todesernst streiten, die kleinen und unsicheren Dirnen, die am Dämmerrand stehen, Verdi hören und nicht ganz wissen, wie man es meint, wenn man ihnen ins Gesicht schaut oder auf das Kruzifix am Busen. Ein Krüppel sitzt am Boden und geigt, Uniform der italienischen Luftwaffe, auch junge Burschen bleiben stehen und geben ihm. Einmal hupt ein Lastwagen, der mitten durch die Menge fahren muß; zwei schöne weiße Rinder auf ihrer Todesfahrt. Ein alter Mann verkauft Fähnlein aus Papier, das Sternenbanner, aber auch Sichel und Hammer, ferner Hampelmänner, Flugzeuge aus Blech, Affen aus Stoff. In einer Bar wird gesungen. Geruch von Latrinen. Schwatzende Mütter sitzen auf dem Randstein, Säuglinge im Arm – sie alle unendlich bescheiden, unendlich hoffend ...

Ich skizziere viel, um zu sehen, und werfe es wieder weg. Auch vom Geschriebenen bleibt fast nichts. Eben habe ich mein Heftlein gezückt, um für alle Zeiten, die sich noch mit Europa befassen mögen, festzuhalten: Der Palazzo Vecchio, laßt euch durch die Masse nicht bluffen, ist ein elendes Pfuschwerk. Nähere Auskunft auf Anfrage; wie verlogen der Turm auf der Fassade sitzt. Was sagt wohl der große Jakob dazu? –
»Größe, Erinnerungen, Steinfarbe und phantastischer Thurmbau geben diesem Gebäude einen Werth, der den künstlerischen bei Weitem übertrifft.«
Auch schon bemerkt, auch schon gesagt.
Fiesole.
(Ich denke wieder an die Herren vom Trust, die ihren Zement nicht liefern wollen für unser Volksbad. Die Industrie, der sie sich verwaltungsrätlich verbunden fühlen, hat zur Zeit so dringende Bauten, um ihre Gewinne unterzubringen. Die Industrie, sagen sie, könne den Bau einer solchen Anlage jetzt nicht gutheißen. Wer hat gutzuheißen? Das Volk hat abgestimmt. Ihr unverfrorener Vorschlag: die Stadt könne ja ausländischen Zement beziehen, der zwar teurer ist, aber ebenfalls nur durch diesen Trust erhältlich. Die Gruben für unsere Bassins sind ausgebaggert. Ich bin neugierig auf den Entscheid.) Reste eines römischen Bassins ...

Zum Abschied bei Michelangelo ... Seine Sklaven, die unvollendeten; die Klötze, noch als solche erkennbar, sind viel knapper, als man bei den angehauenen Figuren vermuten möchte. Die Gebärden sind von vornherein in einem strengen Kubus gefaßt. Wirkliche Bildhauerei: nicht das Kneten einer Gestalt, sondern das Heraushauen, das Erlösen einer Gestalt. Es ist das Faszinierende an Michelangelos zahlreichen Fragmenten, daß sich wie selten das Schöpferische als solches darstellt. Vorgang, nicht Ergebnis. Das Geburthafte mit Qual und Wunder. Wer will? Vielleicht die Gebärenden; das Geborene: wehrlos, Opfer. Es ist der Augenblick, den er in der Sixtinischen Kapelle zum Vorwurf genommen hat: die Erweckung des Adam, und hier wie nirgends sonst begreife ich das Herkulische seiner Gestalten, es ist so, als kämpften sie um ihre Geburt oder als wehrten sie sich gegen den, der sie zur Geburt zwingen will. Auch im Adam, wie der Gottesfinger ihn erweckt, ist dieser Zwiespalt; halb staunend und dankend, halb trauernd empfängt er das Leben, das er nicht gewollt, nicht erfleht hat. Er ist Gottes Geschöpf und Gottes Opfer. In seinem erglänzenden Auge ist beides, Trotz und Demut ...

Unterwegs

Zwei Stunden in einem überfüllten Autobus. Wir sind die einzigen Fremden in dieser schaukelnden Sardinenbüchse. Überall Halt; ein Arbeiter will einsteigen. Wieder Halt: eine Frau mit Säugling will aussteigen. Wie viele schöne Menschen! Bei längerem Hinsehen: meistens sind sie nicht einmal so schön, aber fröhlich. Nicht übermütig, nicht laut, aber fröhlich, lebendig, höflich. Wie sie sich mit dem Gedränge abfinden, einander helfen, und es ist nicht die besondere Stimmung eines Festes, eines Ereignisses; Alltag, Arbeiter, Geistliche, Frauen, die zum Markt fahren, Körbe mit Eiern, Kinder, Rucksäcke voll Armut, eine Sichel, ein junges Schaf, das in Siena verkauft wird, Alltag: und man hat ein Gefühl von Kultur wie selten, von lebendiger Humanität. Man soll nicht von einem ganzen Volk reden! nun tue ich es doch: ich liebe das italienische.

Siena, Oktober 1947

Türme: – Backstein ohne alles, ohne besondere Gliederung, einfach ein schlanker Körper aus ziegelrotem Stoff, dann die scharfe Kante zwischen Licht und Schatten, ebenso scharf und dennoch anders sind die Kanten zwischen Körper und Raum, zwischen Turm und Luft, zwischen Stein und Himmel. Man redet immer gerne von Verhältnissen; dabei sind sie, näher betrachtet, nicht immer sehr glücklich, oft verkrüppelt, durch späteren Ausbau verschandelt, durch eine Aufstockung verstumpft wie gerade dieser Palazzo Pubblico. Aber es bleibt das Köstliche: das Körperliche überhaupt. Alle Körper haben hierzulande ein ungewohntes, fast bestürzendes Dasein. Was uns bewegt, was uns beglückt und überrascht und bannt, ist das Dasein, das uns in einem solchen Körper entgegensteht, das Dasein schlechthin, das Rätselhaft-Allbekannte, das Geheimnisvoll-Alltägliche: daß es Dinge gibt –.

Das Gefühl, selber zu sein.

Siena wird für diesmal unsere letzte Station sein. Autobusse stehen da: Arrezzo, Orvieto, Roma. Selbst in solchen Stunden, wo man sie schmerzlich empfindet, halte ich die berufliche Bindung für einen Segen. Zwang zur Beschränkung, Steigerung des Genusses.

Im Schatten sitzend lese ich die Geschichte des Domes, die Geschichte einer Vermessenheit. Siena will den größten aller Dome. Der bisher vorhandene Dom, lese ich, wäre gerade noch als Querschiff verwendet worden. Das neue riesenhafte Längsschiff, das dann nie vollendet worden ist, steht da mit einer Seitenwand, fünf Achsen mit Rundbogen, und mit einer fertigen Stirnwand; dann kommt die Pest, die Siena für etliche Jahrzehnte lähmt, aber nicht von seinem verstiegenen Vorhaben abzubringen vermag. Die Enkel bauen weiter. Das Unbesonnene, das dem Größenwahn eigen ist, zeigt sich, sobald man den Plan genauer prüft; die bereits vorhandene Mittelkuppel und das neue Hauptschiff hätte man nie vereinen können; hinzu kommt, daß die Fundamente sich zur Enkelzeit als ungenügend erweisen, die begonnenen Gewölbe beginnen sich zu spreizen: Man gibt es auf. Das Ergebnis ist wunderbar! Es bleibt ein Platz unter offenem Himmel, aber der Innenraum, der gewollte, ist bereits vorstellbar, man sieht: dieser Raum, der jetzt noch keiner ist, wäre dem Uferlosen entrissen worden, der Sonne entzogen. Der Raum als Dasein, wie zuvor der Körper des Turmes; nämlich der umgrenzte, der gefaßte und gestaltete Raum, der den unbegrenzten und unfaßbaren erst zur Ahnung bringt.

Form: wenn das Unvorstellbare, das Dasein, sich darzustellen vermag –?

Unterwegs

Im Speisewagen – Aufenthalt in einem kleinen zerschossenen Bahnhof – gegenüber einem offenen Viehwagen, der ebenfalls steht und voll Menschen ist, Italiener, die zur Arbeit fahren, Männer und Frauen, Burschen, Mädchen, die uns auf den Teller blicken: ohne Vorwurf, ohne Miene, müde und stumpf, als gebe es nun einmal zweierlei Menschen, solche, die sitzen, und solche, die stehen, solche, die essen, und solche, die nicht verhungern, solche, die es in Ordnung finden, und solche, die es nicht ändern können, obschon es nur eine Glasscheibe ist, obschon sie in der Mehrzahl sind ...

Warum können sie nicht?

Café Odeon

Das Wort, womit man zur Zeit am meisten Unfug treiben kann, heißt Nihilismus – man muß nur unsere Zeitungen blättern, und schon haben sie wieder einen! Sartre ist einer, Wilder ist einer, Jünger ist einer, Brecht ist einer ... Wahrlich, ein verbindendes Wort! Ich sehe sie förmlich, unsere Rezensenten zweiten Ranges, sie stöbern wie mit einer Flitspritze umher, und kaum erschreckt sie etwas Lebendiges, spritzen sie mit geschlossenen Augen:

»Nihilismus, Nihilismus –«

Nihilist in diesem Sinn, wie unsere Presse es meint, ist auch der Arzt, der mich heute geröntgt hat, statt daß er meine Wange schminkt; denn was zum Vorschein kommt, wenn er röntgt, wird nicht schön sein –.

Was sie positiv nennen:

Die Angst vor dem Negativen.

(Selbstverständlich ist es nicht entscheidend, ob man Ja oder Nein sagt, sondern wozu man es sagt, und der Glaube, der sich in einem Nein ausdrückt, ist nicht immer der geringere, meistens sogar der keuschere.)

Ihr Ja: als ein Ja zur Lüge.

Was Brecht betrifft, um den es in diesem Aufsatz geht, frage ich mich, ob ein Nihilist, ein wirklicher, imstande wäre, eine Veränderung zu wollen. Brecht aber, das weiß auch dieser Kritiker, will durchaus eine Veränderung, eine ganz bekannte, genau beschreibbare. Wer keine Veränderung will, weil der herrschende Zustand zu seinem Vorteil gereicht, oder wer eine andere will, kann ihn als Gegner bezeichnen, keinesfalls als Nihilist. Wer den Bürger verneint, verneint noch nicht den Menschen, und wer den Körper durchleuchtet, verneint nicht den Geist – sondern er wendet ihn an.

Ferner: unser Verhältnis zum Häßlichen, und warum sie dem Künstler, wenn er das Häßliche zeigt, meistens die Künstlerschaft absprechen –
   Der Bürger sagt:
   »Die Kunst beschäftige sich mit dem Schönen.«
   (Damit sie sich nicht mit ihm beschäftige?)
   Goethe sagt:
   »Die Kunst beschäftigt sich mit dem Schweren und Guten.« (Maximen und Reflexionen.)

Nur wer das Schöne selber vermag, scheint es, erträgt auch den Anblick des Häßlichen, und zwar so, daß er es darstellen kann.
   Woran verrät sich der Dilettant?
   Seine Gegenstände sind immer schön.

Letzigraben

Meine Baustelle hat noch wenig mit Architektur zu tun. Gräben voll Lehmwasser, Röhren, Hügel von Aushub, der bereits einen Schimmer von grünendem Unkraut hat, dazwischen Baracken, Latrinen, Schuppen voll Gerät oder Zement in papiernen Säcken, Stapel von Brettern, eine Landschaft aus Prügelwegen und Tümpeln, Sprießungen, Flaschenzügen, wo sie die schweren Rohre hinunterlassen. Vom künftigen Hochbau sieht man jetzt die ersten Fundamente, eine Pfahlbauerei aus Eisenbeton; ich bin fröhlich überrascht, wie groß es wird. Trotz der vielen, teils sieben Meter tiefen Gräben bisher nichts gefunden, nicht einmal ein menschliches Skelett, nur Knochen von Pferden. Hier haben die Russen gegen die Franzosen gekämpft; die Ziegel einer römischen Villa sind weithin verstreut über Galgenhügel, Schindanger, Schrebergärten ... Zur Zeit bin ich es, der seinen Willen einträgt in dieses Flecklein unsrer Erde, Feldherr über fünfunddreißigtausend Quadratmeter.

Unterwegs

Das Wissen, daß es sehr verschiedene Grade der Unfreiheit gibt, doch keine Freiheit, obschon jeder sie ausruft, der uns unterdrücken will, dieses Wissen als unerläßliche Voraussetzung dafür, daß man sich nicht selber zum Narren macht und eines Tages, vom Einen enttäuscht und betrogen, nicht seinem Gegner verfällt mit ebenso kindischer Hoffnung.

Unterschied des Grades: ob sie dich beschimpfen und fälschen, und du kannst dich nicht wehren, oder ob sie dich verhaften und schinden, und du kannst dich nicht wehren.

Ein Bürgersohn, ein Akademiker, viel belesen, viel gereist, beflissen, ein Mensch guten Willens zu sein und ein rechtschaffener Intellektueller – wenn er behauptet, unsere Gesellschaft sei die einzige, welche die Freiheit darstelle, kann man sagen, daß er lüge? Daß hierzulande ein jeder, der begabt ist, seine Begabung schulen und ausüben könne, davon ist er ohne Wimperzucken überzeugt; betreten nur, erstaunt, peinlich berührt, daß ich es nicht bin. Ich erzähle Beispiele, die sein ehrliches Bedauern auslösen, ohne ihn grundsätzlich zu erschüttern; er hat zwei Arten von Antwort. Erstens: Alles, was ich anführe, sind Ausnahmen, Sonderfälle, Mißgeschicke. Zweitens: Ob ich denn glaube, der Kommunismus sei die Freiheit. Nicht zu erschüttern ist sein Glaube, daß es Freiheit geben kann, Freiheit für alle, daß es sie gibt – und zwar bei uns ... Er selber nämlich, das ist es, fühlt sich durchaus frei: wie jeder sich frei fühlt in jeder Gesellschaft, die seinen Vorteil schützt, so daß er mit ihr einverstanden ist.

Vielleicht ist das meiste, was uns als Lüge empört, in diesem Sinne durchaus keine Lüge, sondern redlicher Ausdruck einer Meinung, die sich ihrer Bedingtheit nicht bewußt ist. Lügen kann nur der Bewußte. Es wird viel weniger gelogen, als wir meinen. Lügen verbraucht Kraft, im Gegensatz zur Verlogenheit, Lügen ist durchaus eine Tat, eine luziferische. Lügen ist bewußtes Verschweigen eines andern Bewußtseins, erfordert Willen und ist stets ein Wagnis, wogegen die Verlogenheit, selbst wenn sie wörtlich das gleiche sagt, durchaus bieder bleibt, sittsam, behaglich – und drum ist der Verlogene nie widerlegt, nur entrüstet, wie man über eine Tempelschändung entrüstet ist; sein Tempel ist die Zuversicht, daß alles, was ihm am meisten frommt, die Wahrheit sei, nicht seine Wahrheit, sondern die Wahrheit schlechthin, die ewige, die unabänderliche, die unantastbare, die heilige – die unbedingte.

Voraussetzung der Toleranz (sofern es sie geben kann) ist das Bewußtsein, das kaum erträgliche, daß unser Denken stets ein bedingtes ist.

Toleranz ist immer das Zeichen, daß sich eine Herrschaft als gesichert betrachtet; wo sie sich gefährdet sieht, erhebt sich immer auch der Anspruch, unbedingt zu sein, also die Verlogenheit, das Gottesgnadentum meines Vorteils, die Inquisition.

Zürich, 9. 11. 1947

»Die unterzeichneten Schriftsteller, die sich in Zürich begegnet sind, stellen fest, daß die Existenz zweier verschiedener ökonomischer Systeme in Europa für eine neue Kriegspropaganda ausgenutzt wird. Nicht nur besorgt um das Schicksal ihrer Länder, sondern der ganzen Welt, bitten sie die Schriftsteller aller Nationen, den beiliegenden Aufruf mitzuunterschreiben und in seinem Sinne zu wirken.«

Die erste Gruppe, entstand aus einer zufälligen Begegnung, besteht aus sieben Leuten; trotz einem amerikanischen Paß, einem Staatenlosen und einem Schweizer ist es vorläufig eine sehr deutsche Stimme, die sich erhebt, soll aber eine Weltstimme sein. Jeder wird versuchen, durch persönliche Briefe um weitere Unterschriften zu werben, damit schon die erste Gruppe einen weiteren Rahmen hat; ich unternehme die Werbung unter meinen Landsleuten. Vor allem müßte es natürlich gelingen, Schriftsteller aus dem Westen und aus dem Osten zu vereinigen. Wenn nur die Hälfte unterzeichnet, hat der Aufruf überhaupt keinen Sinn, von Wirkung ohnehin zu schweigen. Versichert nicht jede Seite, daß sie den Frieden will? Freilich nicht den Frieden mit dem Gegner, und damit wird das Wort zur platten Kampflüge; was heißt denn Friede, wenn nicht Friede mit dem Gegner? Langsam merken wir schon, wo der Haken liegt; das Ge-

spräch wird trockener; eine schöne Wallung, ein männlicher Ernst, der zur
Füllfeder hat greifen lassen, ein gewisser Rausch, der sich bei solchen Anlässen sogar der lebenslänglichen Spötter bemächtigt, ist verebbt, bevor
die letzte Unterschrift ganz trocken ist –

Der Aufruf würde lauten:

»Die Erwartung eines neuen Krieges paralysiert den Wiederaufbau der
Welt. Wir stehen heute nicht mehr vor der Wahl zwischen Frieden oder
Krieg, sondern vor der Wahl zwischen Frieden oder Untergang. Den Poli-
tikern, die das noch nicht wissen, erklären wir mit Entschiedenheit, daß
die Völker den Frieden wollen.«

In der Bahn

Der erhebliche Ausfall an Männern, die gefallen oder noch immer in Gefangenschaft sind – spürbar, sobald man auf deutschem Boden ist; weniger
im Straßenbild als im persönlichen Umgang; spürbar vor allem an den
Frauen zwischen dreißig und vierzig –.

Frankfurt, November 1947

Ricarda Huch, die Jena insgeheim verlassen hat, liegt mit einer schweren
Lungenentzündung, nicht mehr zu sprechen; ihre Nächsten sind bereit,
unser Schreiben vorzulegen, wenn es möglich ist.

Im ganzen, wenn ich mich nicht täusche, geht es etwas besser als vor einem
Jahr. Nicht viel. Oder hat man sich einfach an die Trümmer gewöhnt? An
den Kiosken gibt es Zeitungen. Die Menschen sehen eher schlechter aus.
Die Not hat an Abenteuer verloren, Alltag, es ist nicht abzusehen, was kommen soll. Eine gewisse Hoffnung, die der Zusammenbruch ausgelöst hat,
wird schäbig wie die letzten Kleider. Ich lese Plakatwände: Aufrufe für
das Goethehaus, ein Vortrag über Buddhismus, ein Kurs für englische Sprache, ein Kabarett, ringsum eine Wüste von kleinen Anfragen: Gesucht ein
Zimmer in Stadtnähe. Und immer wieder: Wer kann Auskunft geben über
meinen Sohn? Dazu ein Bild; das Lächeln eines gesunden Obergefreiten,
die trauerlose Zuversicht eines jungen Gesichtes, wie es sie nur noch an

Plakatsäulen gibt, halb erschütternd, halb beklemmend: – wir hätten einander nie verstanden.

Abend in der Bücherstube eines alten Freundes, Blick auf den Main, wir packen unsere Eßwaren aus, und alles ist selbstverständlich, wir können hier schlafen, ein lebendiges und heiteres Gespräch bis drei Uhr.

Zur Schriftstellerei

Selbst wenn dieser Aufruf der Schriftsteller zustande kommen würde, könnte er eine wirkliche Bedeutung haben? Die Völker wollen den Frieden; würden die Schriftsteller, und wenn es solche mit Ruhm sind, als die Stimmen ihrer Völker gelten? Ich denke mich als Zeitungsleser, dem dieser Aufruf unter die Augen kommt; meine Regung: Sieh mal an, die Schriftsteller aller Welt! und nachdem ich etwas flüchtig geprüft habe, welche Namen mir ein Begriff sind und welche fehlen, werde ich weiterblättern, um etwas Tatsächliches zu erfahren, beispielsweise wo das Uran gefunden wird, oder etwas Vergnügliches, beispielsweise ein neues Abenteuerchen von Adamson. O nein, kein Zweifel, daß die Schriftsteller es ehrlich meinen! Einige sind dabei, die unseren vollen Ernst genießen, nicht minder als Eisenhower, aber in andrer Art; ich finde es auch nicht unrichtig, daß sie wieder einmal einen solchen Aufruf machen, ich finde es sogar löblich, es ehrt sie und ist schön, wie wenn Churchill malt ... Und indem ich die Zeitung dem andern überlasse und zu meinem Kaffee übergehe, sage ich vielleicht:

»Schade, daß die Schriftsteller und Dichter heutzutage so gar keinen Einfluß haben!«

»Warum?«

»Frieden oder Untergang«, sage ich: »ganz meine Meinung! Es ist ein fertiger Wahnsinn –«

»Sicher.«

Auch er greift zur Tasse.

»Wenn die Schriftsteller und Dichter einen wirklichen Einfluß hätten«, sage ich: »vielleicht wäre vieles anders in der Welt!«

Er blättert weiter.

»Glauben Sie?« sagt er bloß.

(Er ist vielleicht Arzt oder so.)

»Als ich noch studiert habe«, fügt er hinzu: »das war vor sechzehn oder siebzehn Jahren, wir hockten in meiner Bude am Radio – vor einer Hitlerwahl – und hörten zwei Stimmen, die ihren Ruhm in die Waagschale warfen: Gerhart Hauptmann und Max Schmeling.«

»Na und?«

»Na und –!«

»Was wollen Sie damit sagen?«

»Wenn unsere Dichter keinen ernsthaften Einfluß haben«, sagt er schon mit dem Blick in die Zeitung: »vielleicht ist es schade, ja, vielleicht auch nicht. Unsere Schuld ist es nicht!... auch den Ruhm kann man nur einmal verkaufen – und Einfluß, wirklichen Einfluß, ich glaube halt, Einfluß hat man immer nur dort, wo man etwas von der Sache versteht, wo man der Welt bewiesen hat, daß man etwas von der Sache versteht ...«

In der Bahn

Wie schön, daß man tagelang fahren kann, und das Feld, das vorbeizieht, heißt immer noch Feld, nicht champ, nicht campo – wie schnurrig, daß mir Landschaften, die ich zum erstenmal sehe, vertrauter sind, obschon sie sich von unseren Landschaften gänzlich unterscheiden, vertrauter, nur weil sie eins sind mit meiner Sprache ...

Und die Menschen?

Man wähnt sich den Menschen, die eine Kiefer auch Kiefer nennen, von vornherein verbunden, genießt eine köstliche Erweiterung der inneren Heimat, und zeigt sich die übliche Fremdheit, empfindet man sie schmerzlicher als anderswo; man haßt auch viel leichter, rascher, wilder als in der sprachfremden Welt.

Berlin, November 1947

Einfahrt im Morgengrauen. Die Havelseen, die aufgehende Sonne hinter den Kieferstämmen, Wolken, die Brücken knien im Wasser, und die Sonne spiegelt wie Messing darin. Die Dächer sind naß. Zwischen den Stämmen eine wirre Gruppe von zerschossenen Scheinwerfern. Dann die ersten ro-

ten Fahnen, grell wie frisches Blut vor dem bleiernen Himmel. Rot als die
Farbe der Alarme; man denkt an Schießfahnen und so.

Lichterfelde.

Der amerikanische Offizier, den ich in der Bahn zum erstenmal getroffen habe, bittet uns zum Frühstück, das damit endet, daß wir überhaupt
seine Gäste bleiben; damit ist die Zimmersorge schon gelöst.

Vormittag am Alexanderplatz. Die jugendlichen Gangster und Dirnen. Es
wird viel verhandelt; Dreigroschenoper ohne Songs. Hinter allem wittert
man Geheimsprache. Das Unheimliche ist nicht, daß dich jemand überfallen könnte, wenigstens nicht bei Tag; sondern die Gewißheit, daß unsereiner, plötzlich in dieses Leben ausgesetzt, in drei Tagen untergehen würde.
Auch dieses Leben, man spürt es genau, hat seine Gesetze; sie kennenzulernen braucht Jahre. Ein Wagen mit Polizisten; plötzlich stiebt alles auseinander, andere bleiben stehen und grinsen, ich schaue zu und habe keine
Ahnung, was gespielt wird. Vier Burschen, drei Mädchen werden verladen;
sie hocken sich zu den andern, die schon anderswo geschnappt worden
sind, gleichgültig, undurchsichtig. Die Polizei hat Helm und Maschinenpistole, also die Macht, aber keine Ahnung, hat man das Gefühl. Auch sie
nicht! Das Leben in der Tiefe entwickelt ganz andere Formen; ich muß
an die Krebse denken, die gefangenen, damals in Portofino ...

Später zum Brandenburger Tor.

Gelegentlich stolpert man über die Geleise einer Rollbahn; ich wische
die Hosen, horche in die Dämmerung. Stille wie in den Bergen. Nur ohne
das Rauschen eines Gletscherbaches. In der Zeitung gibt es eine Spalte für
tägliche Überfälle; es kommt vor, daß man eine kleiderlose Leiche findet, und die Mörder stammen regelmäßig aus dem andern Lager. Ganze
Quartiere ohne ein einziges Licht. Nicht abzuschätzen ist die Menge von
Schutt; doch die Frage, was jemals mit dieser Menge geschehen soll, gewöhnt man sich einfach ab. Ein Hügelland von Backstein, darunter die
Verschütteten, darüber die glimmenden Sterne; das Letzte, was sich da
rührt, sind die Ratten.

Abends in die Iphigenie.

»Was sagen Sie zu Berlin?«

Das lobende Wort eines Ausländers steht hoch im Kurs; der Bedarf an
Anerkennung ist riesengroß; wer jetzt versichert, Berlin sei ungebrochen
in seinem Geistesleben, ist ein bedeutender Kopf ...

Das Wetter ist wieder herrlich, Novemberhimmel, die hohe und fast silberne Bläue; es ist schon wahr, daß diese Stadt eine unvergleichliche Luft hat, man ist wacher als anderswo. Sogar nach beinahe schlaflosen Nächten. Es brennen die Sohlen, da ich den ganzen Tag unterwegs bin, aber der Kopf ist wie eine Fackel im Wind. Mittagsrast im Tiergarten. Eine baumlose Steppe mit den bekannten Kurfürsten, umgeben von Schrebergärten. Einzelne Figuren sind armlos, andere mit versplittertem Gesicht. Einer ist offenbar vom Luftdruck gedreht worden und schreitet nun herrisch daneben. Anderswo ist es nur noch ein Sockel mit zwei steinernen Füßen, eine Inschrift; der Rest liegt im wuchernden Unkraut. Außer einem Hund, der mein Picknick riecht, bin ich allein. Im Hintergrund ragt das Denkmal der Roten Armee, das in der Nacht beleuchtet ist.

Viel Gesichter!

Viel Geschichten!

Ich komme nicht zum Aufschreiben, obschon mir fast alles nennenswert scheint; tagelang keine einzige Zeile; ein Urwald von Schicksalen, eine Flut von Eindrücken, alles durcheinander, Widersprüche, es gibt keine Deutung, nur Geschichten, Anblicke, Einzelnes –.

Ausstellung sowjetischer Kultur. Es ist nicht unnötig, daß man die Bilder von Smolensk oder Sebastopol sieht, die Verwüstungen, die der täglich sichtbaren vorangegangen sind. Im übrigen kennt man die Ausstellungen dieser Art, das Unbehagen, gleichviel welche Macht es ist, die sich selber preist. Ich verstehe nicht, warum es solche Retuschen braucht: Rußland besiegt Japan. An der Türe ein kleiner Briefkasten: Was haben Sie von dieser Ausstellung für einen Eindruck? Äußern Sie sich offen und frei! Der kleine Kasten ist leer. Eine gute Stunde lang bin ich der einzige Besucher. Regenwetter; die Räume, glaube ich, sind geheizt. Um nicht im Stimmungshaften zu bleiben, erkundige ich mich nach dem russischen Wohnbau, nicht ohne mich als Schweizer und als Architekt auszuweisen. Ein freundlicher Offizier, Hauptmann ohne Uniform, führt mich in die Bibliothek. Bild eines klassizistischen Palastes mit dreistöckigen Säulen.

»Vor allem möchte ich Wohnbau sehen«, sage ich: »Siedlungen für Arbeiter und so.«

»Hier wohnen Arbeiter.«

»Hinter diesen großartigen Säulen?«

»O ja.«

Meine Miene, meine etwas sprachlose Verwunderung, da wir unter Architektur etwas so anderes verstehen, wird offensichtlich als Zweifel gedeutet, als Mißtrauen beantwortet:

»O ja, hier wohnen Arbeiter.«

»Wieso denn solche – solche Säulen?«

»Das ist die Hauptstraße in Moskau.«

Mit der Zeit, und da es mich ernsthaft interessiert, kommen wir, viele Bücher blätternd, dem Gegenstand doch näher; mein Interesse: ob die Grundrisse, Chiffren einer Lebenshaltung, sich wesentlich von den kleinbürgerlichen Grundrissen unsrer Siedlungen unterscheiden und wie? Bild eines kleinen Eigenheims: mit zwei kleinen Säulen.

»Das ist auf dem Land?« frage ich.

»O ja.«

»Aber nicht als Siedlung, ich meine, das ist wohl eher ein Einzelhaus«, sage ich in Betrachtung der beiden Säulchen: »oder wie ist das?«

»O ja, hier wohnen Arbeiter.«

Wir verstehen uns nicht ganz; meine Fragen, ich fühle es, wirken so, wie sie genommen werden, etwas polizeilich. Einen Grundriß suchend, um Auskunft ohne weitere Worte zu finden, gestatte ich mir, eigenhändig zu blättern; daß ich so beharrlich bei hölzernen Häuschen verweile, die keine Säulen haben, verschlechtert die Stimmung noch weiter. Ein Grundriß: Stube, Schlafraum, Küche. Nett, einfach, bekannt. Zu sagen wage ich nichts mehr. Ich bin die Treppe hinaufgegangen, um etwas kennenzulernen auf dem Gebiet, wo ich fachliche Voraussetzungen habe; ich stehe da wie ein Spitzel, blätternd, spürbar von der Seite betrachtet –

(Mißtrauen als körperliches Unbehagen.)

Jeden Abend im Theater. Viel gute Schauspieler, aber keine Spielleiter, keine neuen. Und keine eignen Dichter, keine neuen. Oder sie spielen sie nicht; auch möglich. Als könnte es ohne lebende Dichter, eigene, ein lebendiges Theater geben! Nachher wieder in Gesellschaft, Künstler, Kritiker, Offiziere der Besatzung, Ärzte, Beamte, Wirtschaftler, alles redet vom Theater, klug, lebhaft und neugierig. Etwas Betörendes; mindestens für unsereinen: Theater als öffentliches Interesse. Mit der Zeit erschrickt man vielleicht, indem man es als Ausflucht empfindet. Später begreift man es wieder; worüber sollen sie denn sprechen?

»Haben Sie Gründgens gesehen?«

»Noch nicht.«

»Müssen Sie aber!«

»Ich weiß.«

»Hier tut sich was, wissen Sie, wie vielleicht nirgends in der Welt –!«
(Was?)

Grunewald, Krumme Lanke, Schlachtensee, Wannsee, eine Landschaft, die mich schon heute, kaum haben wir die Fahrkarten bestellt, mit sicherem Heimweh erfüllt. Was ist es? Die Kiefern im Sand, der Himmel zwischen den Kiefern, die Luft, die spröde Weite – jedenfalls fühle ich mich unbändig wohl, man kennt sich selber nicht, oft versteige ich mich zur fixen Idee, daß ich in dieser Luft ein ganz andrer, ein durchaus fröhlicher und sprühender Kerl geworden wäre, komme mir vor wie ein Fisch gesetzteren Alters, der eines Tages, Gott weiß wieso, nicht mehr im Aquarium ist mit den spärlichen Bläschen, sondern im fließenden Wasser: Ha! denkt er ...

Frank, unser Gastgeber, erzählt mir einen Fall aus der sogenannten Russenzeit, die auf den Nerven mancher Frauen, aber auch vieler Männer schwerer lastet als die Bombenzeit.

Seine Schilderung:

Mai 1945, Berliner Westen, Keller eines schönen und wenig zerstörten Hauses, oben die Russen, Lärm, Tanz, Gelächter, Siegesfeier, im Keller verstecken sich die Frau und ihr Mann, Offizier der Wehrmacht, der aus der Gefangenschaft entwichen ist, keinen andern Anzug hat und keinesfalls erblickt werden darf. Eines Tages kommt einer herunter, Wein suchend, sprengt die Waschküchentüre. Die Frau muß öffnen. Ihr Mann versteckt sich. Ein ziemlich betrunkener Bursche, Ordonnanz. Natürlich soll sie hinaufgehen. Ob der Kommandant deutsch verstehe? Der Bursche bejaht. Ihre Hoffnung, sich durch Sprechen retten zu können. Sein Gestammel über die vielen feinen Bücher. Sie erbittet sich eine Frist von einer halben Stunde. Ihr Mann will sie nicht gehen lassen; aber wenn die Russen herunterkommen und ihn sehen? Sie zieht ihr bestes Kleid an, ein Abendkleid; sie versprechen sich, gemeinsam aus dem Leben zu gehen, wenn es nicht gelingt. Oben trifft sie eine Gruppe von ziemlich betrunkenen Offizieren. Sie als große Dame. Nach etlicher Anrempelung, die sie mit einer Ohrfeige erfolgreich verwehrt, gelingt es immerhin, den Oberst allein zu sprechen. Ihr Anliegen, ihre Bitte um menschliche Behandlung und so weiter. Er schweigt. Getrieben von seinem Schweigen, das sie nur für grimmiges Mißtrauen halten kann, geht sie so weit, die Geschichte ihres Mannes preiszugeben: um sein Vertrauen zu erzwingen. Als sie endlich begreift, daß der Oberst kein deutsches Wort versteht, bricht sie zusammen. Sie sieht sich in einer Falle. Der Oberst holt den Burschen, er solle übersetzen; in diesem Augenblick kommt sie in den Besitz einer Waffe, die sie unter ihrem Kleid versteckt, hoffend, daß sie geladen ist. Dann ihr verzweifeltes Angebot: Wenn er alle andern aus dem Hause schickt, und zwar für immer, wird sie ihm zu Willen sein, sagt sie etwas verborgen, jeden Tag zu einer bestimmten Stunde. Damit gewinnt sie mindestens Zeit; im übrigen ist sie entschlossen zu schießen, sobald er sich vergreift. (Auf ihn oder auf sich?) Es geschieht aber nichts. Eine Woche lang geht sie jeden Abend hinauf, um dem Oberst sozusagen Gesellschaft zu leisten, immer im Abendkleid; unten im Keller tut sie, als spreche er wirklich deutsch, erfindet Gespräche, die sie mit dem Russen geführt habe, Gespräche über Rußland und so. Ihr Mann ist einigermaßen beruhigt, spürt aber, daß sie nicht ungerne hinaufgeht, daß sie ihm selten in die Augen blickt, daß sie sich wirklich kämmt, um wirklich schön zu sein und so weiter. Mit der Zeit (der Bericht ist sehr sprunghaft) hat sich offenbar eine Liebe ergeben, die auch gelebt wird. Ohne Sprache. Es endet damit, daß der Oberst sie auf dienstlichen Befehl plötzlich verlassen muß, weg von Berlin; beide hoffen auf Wiedersehen. Er ist nicht wiedergekommen. Der Mann, der gerettete, spricht von dem Russen stets mit kameradschaftlicher Achtung; die russischen Verhältnisse und Einrichtungen, wie seine Frau sie damals im Keller erzählt hat, scheinen ihn nicht wenig überzeugt zu haben. Woher sie ihre Wissenschaft hatte, da der Oberst doch nur russisch konnte und sie nur deutsch? Vom russischen Sender in deutscher Sprache, den sie abzuhören pflegte, als ihr Mann im Osten gefangen war ...

Zeitungen melden den Tod von Ricarda Huch.

Kleiner Empfang durch den Kulturbund, der im Westen verboten ist. Einige bekannte Gesichter, die als Emigranten in der Schweiz gewesen sind. Verlage bieten sich an; ernsthaft und mit verblüffenden Auflagen, mit ordentlicher Herstellung. Kleines Nachtessen in der sogenannten »Möwe«, wo die Künstler ohne Marken speisen können: zwei Kartoffeln, Fleisch, etwas Grünes sogar, Bier.

Vormittags im amerikanischen Funk.

Beide Seiten werben Söldner...

Dann in der Untergrundbahn: fast alle mit einem Bündel, einem Rucksack, einer geschnürten Schachtel. Neben Gesichtern, die aus Lehm und Asche sind, gibt es auch gesunde, straffe, volle, aber ebenso verschlossen, oft larvenhaft. Worüber wird geschwiegen? Erst aus der Nähe, zusammengepfercht, sieht man die Armut am Kragen, am Ellbogen. Berlin in seinen letzten Anzügen. Die Frauen, auch wenn sie Hosen tragen, schwere Schuhe und Kopftücher, sind meistens sehr gepflegt.

Am Abend bei Freunden.

Überall Menschen, die einander auf Anhieb verstehen, überall wenige; die Unterschiede, wenn man sie nicht leugnet, haben ihren eigenen Segen. Warum gelingen die meisten Freundschaften in der Fremde?

Heute bei den Russen. Höflicher Empfang von den beiden Herren, die tadelloses Deutsch sprechen. Wir unterbreiten das Anliegen, das mienenlos entgegengenommen wird. Dann zum gemeinsamen Mittagessen, chambre séparée, ein einfaches, doch reichliches Essen aus simplem Geschirr, dazu Wodka in großen Gläsern. Ihre Kenntnis der deutschen Literatur, der deutschen Philosophie; Gespräch über drei Stunden. Die Russen nehmen den Geist sehr ernst; offensichtlich entsenden sie ihre besten Leute, denen auf der andern Seite, von wenigen Ausnahmen abgesehen, viel freundliche Nullen gegenüberstehen. In Frankfurt trafen wir einen Amerikaner, einen Prachtkerl an Hilfsbereitschaft, der durch uns zum erstenmal von Eliot gehört hat; Theatre Officer. Freilich haben die beiden Russen, die uns drei Stunden lang in ein höfliches Verhör nehmen, auch keine Wahl, ihre Posten zu verlassen, wenn sie eine andere Aufgabe lockt. Für einige Augenblicke erscheint Oberst Tulpanow. Ein sehr fremder, undurchschaubarer, starker Kopf, rund und kahl. Kurze Begrüßung im Stehen. Unser Gespräch, das sich immer wieder mit Bedacht an Theaterfragen hält, hat keinen einzigen Namen zutage gefördert, der ihnen nicht bekannt ist, literarisch und politisch bekannt. Gefühl von Kartothek. Nachher bin ich so müde, daß ich sitzend, ohne den Mantel auszuziehen, einschlafe – in einer Garderobe des Deutschen Theaters, das dem Jüngling einst wie ein Olymp erschienen ist; als ich gelegentlich erwache, sehe ich mich allein, die Vorstellung hat bereits begonnen...

»Tartuffe.«

Unser Anliegen wird übersetzt und nach Moskau gedrahtet. Übermorgen kann die Antwort da sein. Es wird ein Nein sein, ein höfliches. Es gibt Dinge, die man versuchen muß, bevor man sie mit Anstand aufgeben darf.

Kurfürstendamm.

Kurt kauft eine kleine Skizze von Liebermann. Ferner gäbe es: drei Täßlein aus Meißner Prozellan, ein alter Stich, darstellend die Garnisonskirche zu Potsdam, ein Aschenbecher aus Messing, Brieföffner, Ohrringe und was man sonst nicht braucht. Alles unerschwinglich, wenn man mit Löhnen rechnet, aber billig, wenn man mit Zigaretten rechnet. Ein kleiner Buddha, ein schöner, für fünfhundert Zigaretten. Hundert Schritte weiter stehen die sogenannten Trümmerweiber, die sich mit Schaufel und Eimer gegen das Unabsehbare verbrauchen. Es wirkt nicht wie Arbeit, sondern wie Strafkolonie. Vierzig Mark in der Woche, das sind vier Zigaretten. Natürlich sind es nicht die Leute, die diese Ruinen verschuldet haben. Die sitzen in geheizten Gefängnissen, genährt, gesunder als alle andern, oder in ihrem Landhaus ...

»Hier tut sich was.«

Es ist nicht zu leugnen, daß es Stunden von prickelnder Begeisterung gibt, viele versichern, daß sie nirgends anders leben möchten, insbesondere Künstler, und das ist keine Ausrede. Wer liebt den Ort nicht, wo er eine Rolle spielt? Viele spielen eine größere, als sie es sich hätten jemals träumen lassen, walten über Stätten, die man noch immer, gleichviel wer sie verwaltet, mit Ehrfurcht betritt, und das ist ja gut so; der Ruhm ist eine Brücke, die sich streckenweit auch ohne Pfeiler trägt. Streckenweit. Mancher hält sich zwar für einen Pfeiler, einfach weil es keine anderen gibt. Die Arbeit, die aus solchem Ansporn wächst, ist erstaunlich, oft übermenschlich als Anstrengung; hinzu kommt das natürliche, oft fieberhafte Bedürfnis, verlorene Jahre einzuholen. Es ist jetzt wichtig, mit älteren Menschen zu sprechen; die Gegenwart hat kein Maß. Man müßte jetzt einen Begleiter haben wie Wölfflin. Das letzte Maß, das die meisten haben, ist bereits aus der Hitlerzeit. Der Ausfall an Menschen ist überall spürbar, und wenn es auch erklärlich ist, daß jede geschichtliche Ablösung zuerst einen gewissen Rückschritt bringt, schon weil den neuen Männern jahrzehntelang die fachliche Übung versagt war, so hat der Zustand doch etwas Melancholisches, sogar etwas Gefährliches; wir werden stets versucht sein, daß wir schließlich das Beste, was wir in unsren Tagen antreffen, bereits für das Gute halten ...

Das Nein ist eingetroffen.

Gestern im Kabarett, aber ich finde die Berliner, wenn man sie auf der Straße oder in der Untergrund hört, unvergleichlich witziger. Selbstmitleid gibt kein Kabarett. Es ist so überflüssig, mit dem Strom zu schwimmen, und ein Kabarett, das nicht seine Zuhörer attackiert, was soll es? In den Logen aber sitzen die Uniformen der Besatzung; ich frage mich, was unseren Kabaretts beispielsweise unter deutscher Besatzung andres übrig geblieben wäre – als ebendies: Verzicht auf jede Selbstkritik ...
Letzter Abend.
Unterwegs in eine Pinte mit Musik und Wasserbier, Kellner spielen ihre Rolle mit verklecksten Westen. Ich habe Hunger. Heißgetränk mit Rumgeschmack. Das Lokal erinnert an Wartesäle; nicht allein wegen der Rucksäcke. Alle wie von einem schlechten Zeichner, der keine Sitzenden zeichnen kann. Selbst wenn sie anlehnen, sind sie nicht da. Rast der Lemuren. Von der Decke herunter, die von marmornen Säulen getragen wird, hangen die nackten Glühbirnen. Reste von weißem Stuck, darunter das übliche Schilfrohr. Auch hier riecht es nach Abort. Dazu der etwas groteske Frack eines Klavierspielers, dem die Schwindsucht bereits auf den Handgelenken sitzt –

Abfahrt von Lichterfelde.
Ein amerikanischer Major weigert sich, im gleichen Abteil zu schlafen mit einem Neger, der ebenfalls die amerikanische Uniform trägt. Der deutsche Schaffner, ein Schwabe, soll dafür sorgen, daß der schwarze Sieger anderswo verstaut wird. Der Schaffner nickt, wie wenn man sagt: Verstehe, verstehe, darüber müssen wir nicht reden! dann pirscht er durch den Korridor, nicht ohne ein schadenfrohes Grinsen, das er uns nicht verheimlicht, es richtet sich nicht gegen den Neger. Nur so; Rassenfrage, Umerziehung. Der Neger, ein junger Sergeant, steckt sich unterdessen eine Zigarette an, um etwas zu begründen, warum er draußen im Korridor steht. Er starrt durch die verregnete Scheibe, obschon es draußen Nacht ist, nichts als Nacht. Als der schwäbelnde Schaffner zurückkommt und ihm bedeutet, wo er schlafen dürfe, nickt er, ohne den Schaffner, der die Nummer wie-

derholt, anzusehen. Er bleibt stehen, raucht weiter, blickt in die schwarze
Scheibe . . .

(Die Weltgeschichte ist noch nicht zu Ende.)

Langer Halt in der Nacht, Bahnhof ohne Dach, nirgends ein Schild, aber
viel Volk auf Bündeln und Schachteln, es regnet in Strömen. Zonengrenze? In einer Zeitung lese ich, daß Wolfgang Borchert, die Hoffnung
unter den jungen deutschen Dichtern, in Basel gestorben ist.

Letzigraben

Es gibt so wenig Leute, die es nicht früher oder später ausmünzen, wenn
man seine Fehler zugibt, und versuchen, uns zum Esel zu machen und
auch mit ihren Fehlern zu beladen . . . Und dann, wenn der Esel plötzlich
ausschlägt, sind sie einen Augenblick lang ganz erstaunt, nur einen Augenblick lang; kaum haben sie wieder Luft, erinnern sie dich ganz unverfroren
an die Fehler, die du selber einmal zugegeben hast – als Beweis, daß du es
bist, der die Fehler macht.

Nachtrag

Die Geschichte mit dem russischen Oberst und der deutschen Frau: das
Ganze hat drei Wochen gedauert. Die Frau ist ohne jeden Zweifel, daß
es auch von seiner Seite eine wirkliche Liebe gewesen ist; für sie ist es die
Liebe ihres Lebens –

Was mich an dem Fall fesselt:

Daß er eine Ausnahme darstellt, ein Besonderes, einen lebendigen Widerspruch gegen die Regel, gegen das Vorurteil. Alles Menschliche erscheint als ein Besonderes. Überwindung des Vorurteils; die einzig mögliche Überwindung in der Liebe, die sich kein Bildnis macht. In diesem
besonderen Fall: erleichtert durch das Fehlen einer Sprache. Es wäre kaum
möglich gewesen, wenn sie sich sprachlich hätten begegnen können und
müssen. Sprache als Gefäß des Vorurteils! Sie, die uns verbinden könnte,
ist zum Gegenteil geworden, zur tödlichen Trennung durch Vorurteil.
Sprache und Lüge! Das ungeheuere Paradoxon, daß man sich ohne Spra-

che näherkommt. Und wichtig scheint mir auch, daß es eine Frau ist, die diese rettende Überwindung schafft; die Frau: konkreter erlebend, eher imstande, einen einzelnen Menschen als solchen anzunehmen und ihn nicht unter einer Schablone zu begraben. Sie geht zu einem Russen, einem Feind, sie hat bereits eine Waffe unter ihrem Kleid, aber da sie einander nicht verstehen können, sind sie gezwungen, einander anzusehen, und sie ist imstande, wirklich zu sehen, den einzelnen Menschen zu sehen, wirklich zu werden, ein Mensch zu sein gegen eine Welt, die auf Schablonen verhext ist, gegen eine Zeit, deren Sprache heillos geworden ist, keine menschliche Sprache, sondern eine Sprache der Sender und eine Sprache der Zeitungen, eine Sprache, die hinter dem tierischen Stummsein zurückbleibt. Der Turm zu Babel; wenn es an der Zeit ist, daß uns diese Art von Sprache entrissen wird. Ich finde in dieser Frau, was an so vielen Frauen, die ich gesprochen habe, und an tausend Frauen in der Untergrundbahn zu finden ist: sie ist heiler als die Männer, wirklicher, in ihrem Grunde minder verwirrt.

Zur Lyrik

Man klagt, daß unsere Poeten nicht ernst genommen werden, vor allem die lyrischen – klagt mit verhaltenem Vorwurf an die Welt, verhalten durch das bittere Pathos, daß das Schicksal, das unsere Lyrik trifft, nun einmal das Schicksal des Geistes überhaupt sei – klagt, statt daß man es in Ordnung findet.

Schicksal des Geistes?

Ein Mann, der seinen Geist verwendet, um Brücken zu bauen oder den Krebs zu bekämpfen oder Atome zu erforschen, wird durchaus ernst genommen. Er tut, was er weiß; er arbeitet mit dem Bewußtsein unsrer Welt und unsrer Zeit. Man denke sich einen Ingenieur, der genau weiß, daß es die kommunizierende Röhre gibt; aber wenn er baut, siehe da, schiebt er sein Wissen zur Seite und baut wie die alten Römer, nämlich Aquädukte – man würde ihn einsperren, mindestens entlassen ... Die Poeten, wenn sie Poesie machen, die hinter ihrem und unserem Bewußtsein zurückbleibt, sperrt man nur darum nicht ein, weil der Schaden, den sie anrichten, nur sie selber trifft; sie entlassen sich sozusagen selber: indem kein Zeitgenosse, kein bewußter, sie ernst nehmen kann.

Im Gegensatz zur englischen und französischen Sprache, die eine moderne
Lyrik haben, gibt es offensichtlich wenig deutsche Gedichte, die nicht an-
tiquarisch sind – antiquarisch schon in ihrer Metaphorik; sie klingen oft
großartig, dennoch haben sie meistens keine Sprache: keine sprachliche
Durchdringung der Welt, die uns umstellt. Die Sense des Bauern, die
Mühle am Bach, die Lanze, das Spinnrad, der Löwe, das sind ja nicht
die Dinge, die uns umstellen. Das Banale der modernen Welt (jeder Welt)
wird nicht durchstoßen, nur vermieden und ängstlich umgangen. Ihre
Poesie liegt immer *vor* dem Banalen, nicht *hinter* dem Banalen. Keine
Überwindung, nur Ausflucht – in eine Welt nämlich, die schon gereimt
ist, und was seither in die Welt gekommen ist, was sie zu unsrer Welt
macht, bleibt einfach außerhalb ihrer Metaphorik ... Die Angst vor dem
Banalen: man stellt Blumen auf den Tisch, um Gedichte vorzulesen, und
einen Kerzenleuchter, man zieht die Vorhänge, Verdunkelung des Bewußtseins; der Dichter ist vielleicht mit dem Flugzeug gekommen, mindestens
mit einem Wagen, aber die Gedichte, die er vorzulesen hat, möchten dem
Geräusch eines fernen Motors nicht standhalten: nicht weil wir seine Wörter schlechter vernehmen, sondern weil wir dann allzu deutlich merken,
daß er gar nicht die Welt dichtet, die uns und ihn umstellt. Wie will der
mich versetzen? Oder wir stellen das Radio an; nach einem halben Satz
weiß man: Poesie! denn so spricht kein Mensch, der etwas Ernstes mitzuteilen hat. Das einzige Gefühl, das sein Singsang in mir erzeugt: Der
macht sich etwas vor, Ehrfurcht zum Beispiel, weil er ein paar gereimte
Zeilen sieht, und dann gibt er nicht einmal zu, daß es ihn selber nicht erreicht, ja, er fühlt es offenbar selber, daß etwas nicht stimmt, drum macht
er Singsang, um mein Bewußtsein einzulullen, und das Ärgerliche daran,
daß er von mir verlangt, ich solle mich jetzt ebenfalls verstellen, nur damit
ich mich für musisch halten darf – das alles ist nicht nötig bei einem wirklichen Gedicht: weil es der Welt, in die es gesprochen wird, standzuhalten
vermag; weil es eben diese Welt, ihr nicht ausweichend, sprachlich durch-
dringt.

>>Die Vaterstadt, wie find ich sie doch?
Folgend den Bomberschwärmen
komm ich nach Haus.
Wo denn liegt sie? Wo die ungeheueren
Gebirge von Rauch stehen.

Das in den Feuern dort
ist sie.

Die Vaterstadt, wie empfängt sie mich wohl?
Vor mir kommen die Bomber. Tödliche Schwärme
melden euch meine Rückkehr. Feuersbrünste
gehen dem Sohn voraus.«

Einer von den wenigen, deren Gedichte in diesem Sinne standhalten, ist Brecht. Ich muß, damit dieses Gedicht mich erreicht, nicht rauschhaft sein oder müde, was so viele für Innerlichkeit halten. Es bleibt ein Gedicht, auch wenn ich es in einer Küche sage: ohne Kerzen, ohne Streichquartett und Oleander. Es geht mich etwas an. Und vor allem: Ich muß nichts vergessen, um es ernstnehmen zu können. Es setzt keine Stimmung voraus; es hat auch keine andere Stimmung zu fürchten. Das allermeiste, was sich für Poesie hält, wird zur krassen Ironie, wenn ich es nur einen einzigen Tag lang mit meinem Leben konfrontiere. Die romantische Ironie ist der Kniff, diese Ironie vorwegzunehmen, und das Eingeständnis, daß die Poesie sich vom wirklichen Lebensgefühl ablöst. Heine kann sich selber nicht trauen, obschon die Gefühle, die er singt, in hohem Grade gefühlt sein mögen; aber sie halten allem andern, was er weiß, nicht stand. Hinter der Rose, um es kraß zu sagen, steht die Syphilis. Sein Bewußtsein, das in seiner Poesie nicht enthalten ist, nötigt ihn, als erster seine Poesie zu verulken, zu zeigen, daß er sie selber nicht ernst nimmt: weil sie hinter seinem Bewußtsein zurückbleibt, seinem Bewußtsein nicht standhält. Er kommt sich doppelzüngig vor, ein Gefühl, das so vielen Poeten anstehen würde. Heine ist ehrlich, insofern wertvoll. Aber der nächste Schritt ist wohl, noch ehrlicher zu werden: nämlich nicht zu dichten, was die Vorfahren gemäß ihrem Bewußtsein zur Poesie gebracht haben, sondern wirklich zu dichten, unsere Welt zu dichten. Dann ist es auch so, daß man das Bewußtsein nicht zu fürchten hat und die Ironie nicht braucht, so wenig wie die Vorhänge, die Kerzen und Oleander: weil keine Verstellung dabei ist, keine Doppelzüngigkeit ... Es bleibt sagbar:

»Wirklich, ich lebe in finsteren Zeiten!
Das arglose Wort ist töricht. Eine glatte Stirn
deutet auf Unempfindlichkeit hin. Der Lachende

hat die furchtbare Nachricht
nur noch nicht empfangen.
Was sind das für Zeiten, wo
ein Gespräch über Bäume fast ein Verbrechen ist,
weil es ein Schweigen über so viele Untaten einschließt.«

Und später:

»Ich wäre auch gern weise.
In den alten Büchern steht, was weise ist:
Sich aus dem Streit der Welt halten und die kurze Zeit
ohne Furcht verbringen,
auch ohne Gewalt auskommen,
Böses mit Gutem zu vergelten,
seine Wünsche nicht erfüllen, sondern vergessen,
gilt für weise.
Alles das kann ich nicht:
Wirklich, ich lebe in finsteren Zeiten!

In die Städte kam ich zur Zeit der Unordnung,
als da Hunger herrschte.
Unter die Menschen kam ich zur Zeit des Aufruhrs,
und ich empörte mich mit ihnen.
So verging meine Zeit,
die auf Erden mir gegeben war.

Mein Essen aß ich zwischen den Schlachten.
Schlafen legte ich mich unter die Mörder.
Der Liebe pflegte ich achtlos,
und die Natur sah ich ohne Geduld.
So verging meine Zeit,
die auf Erden mir gegeben war.

Die Straßen führten mich in den Sumpf zu meiner Zeit.
Die Sprache verriet mich dem Schlächter.
Ich vermochte nur wenig. Aber die Herrschenden
saßen ohne mich sicherer, das hoffte ich.

So verging meine Zeit,
die auf Erden mir gegeben war.

Die Kräfte waren gering. Das Ziel
lag in großer Ferne.
Es war deutlich sichtbar, wenn auch für mich
kaum zu erreichen.
So verging meine Zeit,
die auf Erden mir gegeben war ...«

Wie Brecht uns dieses Gedicht vorgelesen hat: schüchtern, nicht ver-
krampft, er ist kein andrer als zuvor und nachher, seine Stimme ist leise,
ohne Veränderung seines mundartlichen Klanges, fast lispelnd, aber deutlich und genau vor allem im Rhythmus, scheinbar ohne Betonung, sachlich, Worte zeigend, wie man Kieselsteine zeigt, Gewebe oder andere
Dinge, die für sich selbst sprechen müssen; Haltung eines Mannes, der,
seine Zigarre rauchend, genötigt ist, einen Text abzulesen, einfach weil
nicht jedermann diesen Text in der Hand hat; ungefähr wie man einen
Brief vorliest: mitteilend. Und es stört nicht, wenn es klingelt, wenn ein
weiterer Besuch kommt oder wenn die Tochter, da es keinen andern
Weg gibt, durchs Zimmer geht. »Ich lese«, sagt er zu dem Ankömmling:
»gerade ein Gedicht; es heißt: An die Nachgeborenen.« Sagt es, damit dieser mit seinem Gespräch noch wartet, und liest weiter, mitteilend, was weiter er den Nachgeborenen sagen möchte:

»Ihr, die ihr auftauchen werdet aus der Flut,
in der wir untergegangen sind,
gedenket,
wenn ihr von unseren Schwächen sprecht,
auch der finsteren Zeit,
der ihr entronnen seid.

Gingen wir doch, öfter als die Schuhe die Länder wechselnd,
durch die Kriege der Klassen, verzweifelt,
wenn da nur Unrecht war und keine Empörung.
Dabei wissen wir ja:
auch der Haß gegen die Niedrigkeit

verzerrt die Züge.
Auch der Zorn über das Unrecht
macht die Stimme heiser. Ach, wir
die wir den Boden bereiten wollten für die Freundlichkeit,
konnten selber nicht freundlich sein.

Ihr aber, wenn es soweit sein wird,
daß der Mensch dem Menschen ein Helfer ist,
gedenket unsrer
mit Nachsicht.«

Die übliche Pause, die nach Vorlesung eines Gedichtes einzutreten pflegt, da wir, sozusagen aus der Kirche tretend und plötzlich ohne Orgel, etwas geblendet in die Welt zurückkehren müssen, die halt sehr anders ist als die Poesie – diese Pause ist nicht nötig; das Gedicht, das wirkliche, hat die wirkliche Welt nicht zu scheuen; es hält stand, auch wenn es klingelt und ein unvermuteter Gast kommt, der, während wir noch den gleichen Kaffee in der Tasse haben, von seiner vierjährigen Kerkerzeit berichtet ...
»Wirklich, ich lebe in finsteren Zeiten!«

Nicht alle seine Gedichte haben dieses Standhaltende, dieses Jederzeit-Sagbare. Die Schwäche der andern, finde ich, ist freilich nicht das Nur-Ästhetische, aber das Nur-Ideologische, eine andere Art, nicht wirklich zu sein.

»Wirklich sein.«
Wirklich, würde ich sagen, ist Goethe. In den Maximen und Reflexionen genügen oft vier Zeilen. Am Ausgang steht eine Feststellung, es folgt die Geburt eines Gedankens, so zwingend und eindeutig, daß man schon auf die Knie geht, um seine Dienste anzubieten, und dann, wo unsereiner es nicht verkneifen könnte, Schlüsse zu ziehen, die jeden Zweifel überrennen, Schlüsse, die einem Kreuzzug gleichkommen, geschieht das Unerwartete, das Gegenteil einer Zuspitzung: er stellt dem Gedanken, ohne ihn zu widerrufen, eine Erfahrung gegenüber, die eher widerspricht, mindestens eindämmt, eine Erfahrung, die der gleiche Kopf, der eben jenen Gedanken geboren hat, ebenfalls gelten läßt, einfach weil es eine Erfahrung ist, eine lebendige, eine wirkliche. Das ist das scheinbar Versöhnliche seiner Reflexionen, daß sie fast immer Licht und Schatten zeigen. Scheinbar;

denn sie versöhnen den Widerspruch keineswegs. Sie halten ihn nur in der Balance, in einem Zustand wechselseitiger Befruchtung, Balance zwischen Denken und Schauen. Nichts geht ins Tödliche, weil es die widersprechende Erfahrung nicht überrennt, nicht übermütig unterjocht, sondern die Kraft hat, sie aufzunehmen – die Kraft, wirklich zu bleiben, oder genauer: immer aufs neue wirklich zu werden.

Letzigraben

Nun haben sie doch einen gefunden! – Skelett eines Hingerichteten, denn der Schädel hat gefehlt, wahrscheinlich hat er ihn zwischen den Füßen, wie es Brauch war. Das Skelett lag nur halbwegs in dem Graben, und da wir ein ökonomisches Zeitalter sind, haben sie seinetwegen den Graben nicht einen Zentimeter verbreitert. Ein Spaten und ratsch! zweimal ratsch! Unter den Knien haben sie ihn abgehauen – zwei Knochen verschwinden im Lehm ... Sie finden mich komisch, daß ich den Anruf, den verlangten, auch in einem solchen Fall erwartet habe, versichern etwas mürrisch, daß keine goldenen Münzen und Ketten dabei gewesen seien. Nebenan finde ich noch einige Rippen, ein Schulterblatt. Wenigstens den Schädel, den ich gern besessen hätte, wollen wir ihm lassen.

Unterwegs

Jeder Gedanke ist in dem Augenblick, wo wir ihn zum erstenmal haben, vollkommen wahr, gültig, den Bedingungen entsprechend, unter denen er entsteht; dann aber, indem wir nur das Ergebnis aussprechen, ohne die Summe seiner Bedingungen aussprechen zu können, hängt er plötzlich im Leeren, nichtssagend, und jetzt erst beginnt das Falsche, indem wir uns umsehen und Entsprechungen suchen ... (Denn die Sprache, selbst die ungesprochene, ist niemals imstande, in einem Augenblick alles einzufangen, was uns in diesem Augenblick, da ein Gedanke entsteht, alles bewußt ist, geschweige denn das Unbewußte)... so stehen wir denn da und haben nichts als ein Ergebnis, erinnern uns, daß das Ergebnis vollkommen stimmte, beziehen es auf Erscheinungen, die diesen Gedanken selber nie ergeben hätten, überschreiten den Bereich seiner Gültigkeit, da wir die

Summe seiner Bedingungen nicht mehr wissen, oder mindestens verschieben wir ihn – und schon ist der Irrtum da, die Vergewaltigung, die Überzeugung.

Oder kurz:

Es ist leicht, etwas Wahres zu sagen, ein sogenanntes Aperçu, das im Raum des Unbedingten hängt; es ist schwierig, fast unmöglich, dieses Wahre anzuwenden, einzusehen, wieweit eine Wahrheit gilt.

(Wirklich zu sein!)

1948

Wien, Januar 1948

Liegt es an der Stadt, liegt es an mir, daß ich bereits eine Woche lang hier bin, ohne wach zu werden? Ein eignes Stück anzusehen, wird selten ein Genuß sein, selbst wenn es das Theater in der Josephstadt ist, ein so liebreizendes Theater, graziös wie das Lusthaus eines Erzherzogs, unöffentlich, gesellschaftlich wie ein Hauskonzert von Menzel, und dann der Kronleuchter, der langsam in die Höhe entschwebt, wenn der Vorhang sich teilt, langsam verlöschend ... Ein einfacher Gastwirt, verliebt in die Musen, habe seinerzeit dies Haus erbauen lassen, ein Biedermann, man sieht ihn schon in einem grauen Zylinder und einem grünen Fräcklein, denke ich. Beethoven hat die Musik zur Eröffnung verfaßt. Was hat man auf diesen Brettern nicht alles gespielt! Das süße Hobellied von Raimund, hier wurde es zum erstenmal gesungen. Ein lustiges, ein reiches, ein glanzvolles Jahrhundert hangt wie der Kronleuchter über unseren Köpfen, langsam entschwebend, langsam verlöschend ...

Man ist entzückend. Eine Unbekannte, eine kindliche Dienstmädchenhandschrift hat mich als erste empfangen: Meister! heißt es in dem blauen Brieflein, und alles kommt aus purem Herzen; leider habe sie mein herrliches Werk, dessen fünfundzwanzigste Aufführung wir durch unsere persönliche Anwesenheit zu weihen geruhen, nicht gesehen, doch werde sie es nicht versäumen; sie begrüßt mich im Namen von Wien: Möge Ihnen, verehrter Herr, unsere Stadt gefallen! Man ist entzückend. Beim Ausgang stellt mich eine Dame, die es eben zum viertenmal gesehen hat; sie muß mich sehen, sie muß, unterdessen unterhalten wir uns, wie sie weiterleben soll, wenn das Büchlein in österreichischen Landen nicht erhältlich ist. Das beste wird sein, wenn ich es ihr schenke; sie greift meine Hand, ich weiß, sie wird mich ihr Leben lang nie vergessen; leider ist sie schon sehr alt. Doch die andern, die wenig von dir halten, sind nicht minder entzückend; keiner sagt ein kritisches Wort, nie geradezu, jeder wohnt in einem undurchdringlichen Charme, worin er sich wohlfühlt, und wer sich wohl-

fühlt, ist duldsam. Aber geh! Das ist die Zauberformel, die alles Unwohle
bannt. Aber geh! Hier wird die Sintflut stehenbleiben, zerrinnen, vor so
viel Wärme des Gemütes einfach verdampfen. Wien bleibt Wien. Wie es
anderswo aussieht, was kann es sie kümmern? Sprich nicht von anderen
Städten; sei glücklich, daß du in Wien bist. Was ist schon passiert? Sogar
die Deutschen, die einzig daran schuld sind, daß Österreich auf der mißlichen Seite liegt, nimm sie auf die leichte Schulter; die andere Schulter gewöhne dir ab; versuche auch du entzückend zu sein. Bist du in der Oper
gewesen? Die Oper ist großartig. Mozart vor allem, solche Aufführungen
gibt es nur in Wien. Siehst du! Man muß sich überall an das Beste halten,
an das Erfreuliche, an das Wohle. Hast du die Ausstellung vom alten Wien
gesehen? Das Zimmer von Grillparzer, den Schreibtisch von Nestroy, das
Bett von Metternich, ich hab's gesehen; ein Magistrat, ein Linksmann,
hat es uns an seinem freien Sonntagmorgen persönlich gezeigt; man ist
wirklich entzückend; morgen sollen wir einen Dienstwagen bekommen,
wir sollen unbedingt hinaus nach Schönbrunn –

Im Prater waren wir schon.

Das Riesenrad, wovon unsere Mutter oft erzählt hat, ist wieder in Gang.
Wir haben nicht versäumt, es zu besteigen, langsam emporzufahren in
einen Abend voll regnerischer Dämmerung. Der Blick auf die graue Stadt,
die schwarzen Türme, die ferne Donau, die immer schon an Balkan erinnert – und unter uns also der Prater: da und dort ein Bombentrichter,
ein Tümpel mit braunem Wasser, das nicht ablaufen will, oder vielleicht,
denke ich später, waren es auch nur Baumlöcher, Gruben von verheizten
Bäumen, dann eine Ruine ohne Dach, so daß man von oben hineinguckt,
Unkraut und Gras auf den Wegen und Plätzen, eine Tafel erinnert an
frische Würstl, irgendwo die Überreste eines Karussells, eine kaputte
Rutschbahn, wo man ins Leere rutschen kann. Ich dachte an den baumlo-
sen Tiergarten in Berlin; dort sind es die Kurfürsten, die Historie, hier das
Tingeltangel, das versteppt. Außer einer drollig-moppigen Frau, die uns
die Kabine öffnete, ist kein Mensch zu sehen, irgendwo hört man einen
Lautsprecher, der laut und blechern in den Abend dröhnt, während es langsam zu regnen beginnt; ein Walzer, ein sehr bekannter . . .

Drei volle Tage unterwegs, hin und her mit Taxameter und Straßenbahn,
beraten und begleitet von einer angesehenen Wienerin, die alles einsetzt,
ihren Namen, ihre eigene Zeit, ihre Ellbogen, ihre Weiblichkeit, um den

Stempel zu erkämpfen, den wir zur Weiterreise brauchen, einen Vermerk, der in Bern von alliierter Seite vergessen worden ist; Vorzimmer, Schranken, Korridore, Schlangen von Menschen, Formulare in siebenfacher Ausfertigung; die österreichischen Beamten sind freundlich, auch als unsere Zigaretten längst zu Ende sind, helfen, soweit sie können; unsere Gesandtschaft hilft mit begleitendem Schreiben, mit Anrufen, die Hoffnung geben, aber das ist auch alles; ich weiß nicht, wie oft wir den läppischen Fall erklärt haben, den Hut in der Hand, immer gegenüber einem andern Menschen, der nicht zuständig ist, zuständig sind Rußland, Frankreich, Amerika, England, und zwar gemeinsam, nur gemeinsam, und ohne den Stempel bin ich zwar in Wien, kann aber Wien nicht mehr verlassen – das Ganze war sehr interessant, aufregend langweilig, aber aufschlußreich, endend bei einem Hauptmann, dem ich noch jetzt, wo ich den Stempel habe, eine kleben möchte.

(Jede Uniform verdirbt den Charakter.)

Die Tageszeit, die Wien am besten steht: die Dämmerung, die abendliche, das graue Violett schöner Fassaden, die hinter alten Bäumen stehen, etwas Schnee auf den Dächern, die scheinlose Helle früher Bogenlampen, Umrisse von Barock, ein Brunnen mit verstummten Röhren, Laub in der Schale, drei steinerne Putten mit Flöte, Stille, Dämmerung, Menschen gehen schräg durch einen Park, ihre Hände in den Manteltaschen, ein Tor aus kunstvollem Schmiedeeisen, Fluchten, weit und festlich, alles etwas denkmalhaft, etwas dornröschenhaft, es läßt sich von der Straßenbahn nicht stören, auch nicht von einem polternden Lastwagen mit Anhänger, alles wie hinter einem violetten Schleier ...

Kaffeehaus.
Amerikanische Soldaten treffen ihre Mädel. Täglich zwischen sieben und acht. Sie kommen herein, lassen die Mädchen stehen, indem sie untereinander plaudern, die Hände in den Hosentaschen, die Mützen in der Stirn. Die Mädchen wissen nicht recht, ob sie sich setzen sollen oder wie; sie wagen nicht, etwas zu bestellen. Alles andere als Kokotten von Welt. Arme kleine Bummerl, die man sich als Näherinnen denken kann, als Zimmermädchen, denen der Lohn nicht reicht wie den meisten. (Die Bahnarbeiter, lese ich eben, können ihre Lebensmittelkarte nicht einlösen.) Meistens sind sie dick, diese Mädchen, bleich und etwas schwammig, nur sehr

oberflächlich gepflegt; wenn man sie und die Jungens betrachtet, die rittlings auf den Sesseln hocken, kauend, unhöflich über jeden Vergleich hinaus, weiß man wirklich nicht, wen man mehr bedauert. Im marmornen Hintergrund, wo sich die Öde in hohen Spiegeln vervielfacht, steht ein alter Kellner, der noch Schnitzler bedient haben könnte, mindestens Karl Kraus, wartend mit mehrfach gewundener Serviette. Einer ist natürlich der Spaßmacher, die andern lachen, und die Bummerl stehen noch immer wie Maultiere, wenn der Bauer in die Wirtschaft geht, um einen zu kippen. Ihr offenes Geheimnis, scheint es, hat etwas Trennendes; sie unterhalten sich kaum miteinander, versuchen, einander nicht zu sehen. Das alles hat etwas sehr Armes. Später bekommen sie zu essen; der Kellner, der weißhaarige, wahrt die Formen, benimmt sich wie auf der Bühne: als ob. Die Burschen, die ihre Beine von sich spreizen, in das rote Polster lehnend, das etwas zerschlissene, sie haben schon in der Messe gegessen; sie rauchen nur noch, wortlos, während die kleinen Mädchen sich stärken. Ich finde einen einzigen, der schäkert, nicht besonders nett, nicht reich an Einfällen, immerhin mit Anzeichen eines Verliebten; er erscheint wie ein Gott unter einer Herde von Vieh ... Scheußliche, aber zwanghafte Vorstellung von den Paaren, wenn sie später allein sind; im übrigen froh, nicht sehen zu müssen, wie unsere Soldaten sich unter gleichen Umständen benehmen würden: in Uniform und in der Fremde, wo niemand den einzelnen kennt.

Nachher zu Mozart.

Uniformen auch hier, Franzosen mit steiler Mütze, ein Brite, der das Gedränge überragt, Damen mit langen Kleidern und Pelz, Amerikaner, Wiener, Fremde, Schieber, Russen mit Stiefeln und breitem Gesicht –

»Zauberflöte.«

Nochmals im Atelier von Wotruba, der als Emigrant lange in der Schweiz gelebt hat; erst hier lernen wir uns kennen. Nicht der einzige, doch einer der wenigen Bildhauer unsrer Tage, der wirklich haut, nicht knetet, auch nicht in den Stein überträgt, sondern vom Stein selber ausgeht, was einfach etwas Wunderbares ist, etwas wie die Darstellung des schöpferischen Unterfangens überhaupt. Seine jüngeren Arbeiten wahren das Urgesteinhafte oft in einem Grad, daß man, die Figur betrachtend, einen Eindruck von andauernder Geburt hat. Ein roher Block, eine begonnene Gestalt, die man, den Steinstaub wischend, mit Fingern befühlt, zwei oder drei Figuren, die im Gartenhof stehen – es genügt, um das Mumienhafte einer gan-

zen Stadt aufzuwiegen. Der Künstler, wie subjektiv er sich auch immer ausdrückt, hat auf eine geheimnisvolle Weise etwas Allgemeines; sein schöpferisches Bedürfnis, sein bloßes Dasein, sein Versagen, sein Gelingen, sein
persönlich bestimmtes Streben erscheint uns wie ein Zeichen dafür, daß
es ringsum steht im Unsichtbar-Allgemeinen. Etwa so: Das Ganze kann
doch keine Mumie sein, da ist ein Lebendiger, der meißelt, Neues wol-
lend –.

Denke hier oft an Berlin. Verwandtschaft der geschichtlichen Lage; Stadt
mit vier Besatzungen. Es fällt mir auf, daß niemand etwas hören will von
Berlin, auch nichts Fachliches, etwa Theater; ihre Miene wird dann so un-
neugierig, als berichte man von einem fernen Dorfkram. Die Schnurre,
daß jede Stadt sich für die Weltmitte, mindestens für die Mitte ihres
Sprachraumes und also für die Mitte menschlicher Kultur hält, hat Hinter-
gründe, die nicht mehr schnurrig sind ... Morgenschwatz mit einem Kellner, den ich frage, welche Besatzung ihm am meisten auf die Nerven gehe.
Am besten die Engländer. Zwischen den andern wolle er nicht die Hand
umdrehen. Lebhaft vermehrt er meine Kenntnis an Übeltaten. Da ich
schweige, dem spärlichen Frühstück hingegeben, setzt er hinzu:
    »Jaja, die andern haben natürlich auch einiges geleistet. Das schon. Aber
für uns ist es halt arg –.«
    »Welche andern?«
    »Die Deutschen.«
    Das ist hier der allgemeine Dreh ...
    In Berlin fühle ich mich wohler.

Charme, zur Haltung gemacht, ist etwas Fürchterliches. Waffenstillstand
mit der eignen Lüge. Daher das Kampflose, Müde, Mumifizierende.

Der Sturm (offenbar über ganz Europa) hat zahlreiche Bäume geknickt, es
scheppert von Firmenschildern, Ziegelsteine fallen aus den Ruinen, zwei
Leute wurden so getötet, nebenan in der Ruine flattert ein eiserner Rolladen, den niemand holen kann, er poltert, knallt und hallt und flattert
wie eine Fahne von braunem Rost.
    Auf dem Heimweg alle Arm in Arm.
    Eine junge Frau, deren kupfernes Haar ich nicht als erster mit einem
Botticelli vergleiche, versichert uns, daß sie niemals vergewaltigt worden
sei –.

Prag, Januar 1948

Wiedersehen mit Freunden, Wiedersehen mit der tschechischen Aufführung. Die Lage ist sehr verschärft. Noch streiten sie zusammen auf den letzten Brücken persönlicher Freundschaft. Die öffentliche Diskussion von damals wäre kaum mehr möglich. Offenheit in einem Kabarett: Voscovic und Werich, die schon einmal in die Emigration gegangen sind, damals als Kommunisten. Leider verstehe ich nur das Optische, der Wortwitz wird mir später übersetzt. Neben uns ein Offizier, der herzhaft herausbrüllt vor Lachen; dann aber, da ich (der Sprache wegen) nicht lachen kann, verstummt er, rückt auf seinem Sessel hin und her, mustert mich heimlich von der Seite ...

Am andern Tag, ich verstehe erst später den Sinn dieser Nötigung, die uns gar nicht in den Kram paßt, fahren wir nach Brünn. Eine herrliche Fahrt durch böhmische Dörfer, die unsere Redensart natürlich widerlegen; musterhaft in der Einheit ihres Stils, dann die mährischen Dörfer, hin und wieder ein Städtlein mit einem schmucken Marktplatz, dann wieder die Weite, unabsehbar, Schnee in den Furchen, Wintersonne, Horizonte voll schwarzem Wald, Tannen. Die Aufführung in Brünn, die wir gerade noch erreichen, ist übergeschnappte Provinz, dilettantisch, aber sehr interessant: die Figuren reden Text, den ich nie geschrieben habe, und wo ich weiß, daß sie Text haben, machen sie es kurz oder schweigen einfach, damit das Stück durch den neuen Text nicht allzu lang wird. An entscheidenden Stellen, wie ich später erfahre, sagen sie ziemlich das Gegenteil. Das Publikum, es handelt sich um die wöchentliche Aufführung für die Garnison, verhält sich wie in einer Unterrichtsstunde. Die Zeitungen, die mit dem erteilten Unterricht zufrieden sind, melden die persönliche Anwesenheit des Verfassers – womit ich gemeint bin.

Beim Lesen

Carlo Levi, ein italienischer Maler, von den Faschisten für viele Jahre verbannt, schreibt das Buch seiner Verbannung, Schilderung einer wüstenhaften Gegend, einer fast heidnischen Hinterwelt, die eigentlich niemand kennt, auch die Italiener nicht; das Buch, anständig geschrieben, nicht au-

ßerordentlich, wird zum außerordentlichen Erfolg in Italien und darüber
hinaus –

Warum?

Vermutlich aus dem gleichen Grund, warum Europa, das heutige, keine
epische Dichtung mehr hat, wie die Amerikaner sie haben, wie die Russen
sie haben könnten.

Räume unbekannten Lebens, unerfahrene Räume, Welt, die noch nicht geschildert worden ist, nennenswert als Fakt, das ist der Raum der Epik. Europa hat sich in allen landschaftlichen, in allen historischen, aber auch in
fast allen gesellschaftlichen Räumen schon oft genug, meisterhaft genug,
mehr als genug geschildert; die epische Eroberung, die die Dichtung junger Völker beherrscht, ist so weit noch möglich, wie es etwa in der Schweiz
noch einzelne unbestiegene Nebengipfel geben mag; eine ganze Welt aber,
eine entscheidend andere, eine Terra incognita, die unser Weltbild wesentlich verändern könnte, haben unsere Epiker nicht mehr abzugeben.

Episch ist die Schilderung, die Mitteilung, nicht die Auseinandersetzung –
die Auseinandersetzung mit einer Welt, die nur insofern geschildert wird,
als sie zur Auseinandersetzung unerläßlich ist, erfüllt sich im Drama, dort
am lautersten; der Roman, der sich auseinandersetzt, ist schon eine epische
Spätlese: – die kostümierte Essayistik bei Thomas Mann.

Schilderung – muß aber nicht die Schilderung einer vorhandenen Welt
sein; es kann auch eine entworfene Welt sein. Im Anfang ist es das immer;
die Sage. Und am Ende, gleichsam als letzte epische Chance, steht die
Phantastik.

(Homer, Balzac, Kafka.)

Hinter der homerischen Lust, zu schildern, steht das schöpferische Bedürfnis, sich eine Welt zu geben. Die Epik, die homerische, als Mutter unsrer Welten: erst dadurch, daß eine Welt erzählt wird, ist sie da. Und erst
wenn sie da ist, kann sie erobert werden, wie es heute noch die amerikanische Epik tut. Und erst wenn sie erobert ist, kann die Auseinandersetzung
mit ihr beginnen –.

(Was mich an der amerikanischen Epik am meisten erregt: das Hinneh-
mende, die urteilfreie Neugierde, das aufregende Ausbleiben der Reflexion.)

Terra incognita – wenn es stimmt, daß dies der Raum der echten Epik ist, ließe sich ja denken, daß das Neue an unsrer Gegenwart, das Nie-Gewesene beispielsweise der zerstörten Städte, eine epische Chance darstelle. Warum stimmt das nicht? Weil es wesentlich keine neue Welt ist, die da ans Licht zu heben wäre durch epische Entdeckung; sondern nur das zerstörte Gesicht jener alten, die wir kennen, und nennenswert nur in der Abweichung, will sagen: die Ruine setzt voraus, daß wir ihre frühere Ganzheit kennen oder ahnen, sie ist wenig ohne die Folie ihres Gestern, nennenswert nur durch Vergleich, durch Reflexion –.

Café Odeon

Umsturz in der Tschechoslowakei. Alles geht rasch. Wie immer, wenn ein Kartenhaus zusammenfällt. Sorge um unsere Freunde. Dazu die Schadenfreude meiner Bekannten, denen ich die Tschechoslowakei stets als Beispiel einer sozialistischen Demokratie vorgestellt habe; dazu der allgemeine Dünkel: Das wäre bei uns halt nicht möglich. Es fällt mir jetzt immerfort ein, was ich vor einem Jahr in Theresienstadt gesehen, aber damals nicht notiert habe:

»Ici«, hat der junge Herr in einer winzigen Zelle erklärt: »ici les Allemands ont arrêté plus que vingt hommes – sans aucune installation sanitaire!«

Erst auf der Schwelle, nachdem wir ein mühsam eingeritztes Zeichen bemerkt hatten, ein Kreuz und dazu die deutschen Worte: Gott mit uns! – erst auf der Schwelle, nochmals die leere Zelle betrachtend, bemerkten wir ein tadelloses Klosett, neuerdings eingebaut.

»Pourquoi ça?«

Keine Antwort; der tschechische Offizier, der die Anlage erklärte, war bereits wieder draußen, und der junge Herr war nur bestellt für die französische Übersetzung.

»Ich weiß nicht«, sagt er und fuhr fort: »Ich vous voyez la cour des exécutions –.«

(Warum habe ich es damals nicht notiert?)

Burleske

Eines Morgens kommt ein Mann, ein Unbekannter, und du kannst nicht umhin, du gibst ihm eine Suppe und ein Brot dazu. Denn das Unrecht, das er seiner Erzählung nach erfahren hat, ist unleugbar, und du möchtest nicht, daß es an dir gerächt werde. Und daß es eines Tages gerächt wird, daran gebe es keinen Zweifel, sagt der Mann. Jedenfalls kannst du ihn nicht wegschicken, du gibst ihm Suppe und Brot dazu, wie gesagt, und sogar mehr als das: du gibst ihm recht. Zuerst nur durch dein Schweigen, später mit Nicken, schließlich mit Worten. Du bist einverstanden mit ihm, denn wärest du es nicht, müßtest du sozusagen zugeben, daß du selber Unrecht tust, und dann würdest du ihn vielleicht fürchten. Du willst dich aber nicht fürchten. Du willst auch nicht dein Unrecht ändern, denn das hätte zu viele Folgen. Du willst Ruhe und Frieden, und damit basta! Du willst das Gefühl, ein guter und anständiger Mensch zu sein, und also kommst du nicht umhin, ihm auch ein Bett anzubieten, da er das seine, wie du eben vernommen, durch Unrecht verloren hat. Er will aber kein Bett, sagt er, kein Zimmer, nur ein Dach über dem Kopf; er würde sich, sagt er, auch mit deinem Estrich begnügen. Du lachst. Er liebe die Estriche, sagt er. Ein wenig, noch während du lachst, kommt es dir unheimlich vor, mindestens sonderbar, beunruhigend, man hat in letzter Zeit gar viel von Brandstiftung gelesen; aber du willst Ruhe, wie gesagt, und also bleibt dir nichts anderes übrig, als keinen Verdacht aufkommen zu lassen in deiner Brust. Warum soll er, wenn er will, nicht auf dem Estrich schlafen? Du zeigst ihm den Weg, den Riegel, die Vorrichtung mit der Leiter und auch den Schalter, wo man Licht machen kann. Allein in deiner schönen Wohnung, eine Zigarette rauchend, denkst du mehrere Male genau das gleiche, und es hilft dir nichts, die Zeitung zu lesen, zwischen den Zeilen liest du immer das gleiche: Man muß Vertrauen haben, man soll nicht immer gleich das Schlimmste annehmen, wenn man einen Menschen nicht kennt, und warum soll der gerade ein Brandstifter sein? Immerhin nimmst du dir vor, ihn morgen wieder auf den Weg zu schicken, freundlich, ohne daß ein Verdacht ihn kränken soll. Du nimmst dir nicht vor, kein Unrecht zu tun; das hätte, wie gesagt, zu viele Folgen. Du nimmst dir nur vor, freundlich zu sein und ihn auf freundliche Weise wegzuschicken. Du schläfst nicht immer in dieser Nacht; es ist schwül, und die Geschichten von wirklichen

Brandstiftern, die dir so beharrlich einfallen, sind zu läppisch, ein Schlafpulver gibt dir die verdiente Ruhe ... Und am andern Morgen, siehe da,
steht das Haus noch immer! – Deine Zuversicht, dein Glaube an den Menschen, selbst wenn er im Estrich wohnt, hat sich bewährt. Es drängt dich
nicht wenig, edel zu sein, hilfreich und gut; beispielsweise mit einem Frühstück. Von Angesicht zu Angesicht, so während ihr einen gemeinsamen
Kaffee trinkt und jeder sein Ei löffelt, schämst du dich deines Verdachtes,
kommst dir schäbig vor, und jedenfalls ist es unmöglich, ihn wegzuschik-
ken. Wozu solltest du! Nach einer Woche, wie er noch immer in deinem
Estrich wohnt, hast du vollends das Gefühl, jede Angst überwunden zu haben, und auch als er eines Tages einen Freund bringt, der ebenfalls in deinem Estrich schlafen möchte, kannst du zwar zögern, aber nicht widersprechen. Zögern; denn es ist einer, der schon einmal, Gott weiß warum,
im Gefängnis gesessen hat und eben erst entlassen worden ist. Ihn allein
hättest du nie in deinen Estrich gelassen, das ist selbstverständlich. Er ist
auch viel frecher als der erste, das macht vielleicht das Gefängnis, und ganz
geheuer ist es dir nicht, zumal er, wie er ganz offen gesteht, wegen Brandstiftung gesessen hat. Aber gerade diese Offenheit, diese unverblümte, gibt
dir das Vertrauen, das du gerne haben möchtest, um Ruhe und Frieden zu
haben; am Abend, da du trotz ehrlichem Gähnen nicht schlafen kannst,
liest du wieder einmal das Apostelspiel von Max Mell, jene Legende, die
uns die Kraft des rechten Glaubens zeigt, ein Stück schöner Poesie; mit
einer Befriedigung, die das Schlafpulver fast überflüssig macht, schläfst
du ein ... Und am andern Morgen, siehe da, steht das noch immer! –
Deine Bekannten greifen sich an den Kopf, können dich nicht verstehen,
fragen jedesmal, was die beiden Gesellen denn in deinem Estrich machen,
und liegen dir auf den Nerven, so daß du immer seltener an den Stammtisch gehst; sie wollen dich einfach beunruhigen. Und ein wenig, unter
uns gesagt, ist es ihnen auch gelungen; jedenfalls hast du den beiden Gesellen etwas aufgelauert und nicht ohne Erfolg; allein die Tatsache, daß sie
kleine Fäßlein auf deinen Estrich tragen, kann deinen Menschenglauben
nicht erschüttern, zumal sie es in aller Offenheit machen und auf deine
eher scherzhafte Frage, was sie denn mit diesen Fäßlein wollten, sagen sie
ganz natürlich, sie hätten Durst. In der Tat, es ist Sommer, und im Estrich,
sagst du dir, muß es sehr heiß sein. Einmal, als du ihnen im Wege gestanden, ist ihnen ein Fäßlein von der Leiter gefallen, und es stank plötzlich
nach Benzin. Einen Atemzug lang, gib es zu, warst du erschrocken. Ob

das Benzin sei? hast du gefragt. Die beiden, ohne ihre Arbeit einzustellen, leugneten es auch in keiner Weise, und auf deine eher scherzhafte Frage, ob sie Benzin trinken, antworteten sie mit einer so unglaublichen Geschichte, daß du, um nicht als Esel dazustehen, wirklich nur lachen konntest. Später jedoch, allein in deiner Wohnung, lauschend auf das Rollen der munteren Fäßlein, die nach Benzin stinken, weißt du allen Ernstes nicht mehr, was du denken sollst. Ob sie deine edle Zuversicht wirklich mißbrauchen? Eine Weile, dein Feuerzeug in der Hand, die feuerlose Zigarette zwischen den trockenen Lippen, bist du entschlossen, die beiden Gesellen hinauszuwerfen, einfach hinauszuwerfen. Und zwar noch heute! Oder spätestens morgen. Wenn sie nicht von selber gehen. Ganz einfach ist es nämlich nicht, im Gegenteil; wenn sie keine Brandstifter sind, tust du ihnen sehr unrecht, und das Unrecht macht sie zu bösen Menschen. Böse gegen dich. Das willst du nicht. Das auf keinen Fall. Alles, nur kein schlechtes Gewissen. Und dann ist es immer so schwierig, die Zukunft vorauszusehen; wer keine Tatsachen sehen kann, ohne Schlüsse zu ziehen, und wer sich alles bewußt macht, was er im Grunde weiß, mag sein, daß er manches voraussieht, aber er wird keinen Augenblick der Ruhe haben; ganz zu schweigen von den Ahnungen. Die Tatsache, daß sie Benzin in deinen Estrich tragen, was heißt das schon? Der eine, der Freund, hat nur gelacht und gesagt, sie wollen die ganze Stadt anzünden. Das kann ein Scherz sein oder eine Aufschneiderei. Wenn sie es ernst meinten, würden sie es niemals sagen. Dieser Gedanke, je öfter du ihn wiederholst, überzeugt dich vollkommen; das heißt: er beruhigt dich. Und der andere sagte sogar: Wir warten nur auf den günstigen Wind! Es ist läppisch, sich von solchen Reden einschüchtern zu lassen; zu unwürdig. Einen Augenblick denkst du an Polizei. Aber wie du, um dich nicht durch falschen Alarm lächerlich zu machen, dein Ohr an die Zimmerdecke legst, was keine ganz einfache Veranstaltung gekostet hat, ist es vollkommen still. Du hörst sogar, wie einer schnarcht. Und überhaupt kommt die Polizei nicht in Frage; schon weil du selber strafbar wärest, daß du solche Leute in deinem Hause hast, wochenlang, ohne sie anzumelden. Aber vor allem sind es natürlich die menschlichen Gründe, die dich von solchen Schritten abhalten. Warum sagst du den beiden Gesellen nicht einfach und offen, du möchtest kein Benzin in deinem Estrich haben? Offenheit ist immer das beste. Und dann, plötzlich, mußt du selber lachen, daß dir dieser Einfall jetzt erst kommt: sie werden doch dein Haus nicht anzünden, wenn sie selber im

Estrich sind! Immerhin kletterst du, schon im Pyjama, noch einmal auf
den Sessel, auf die Kommode und den Schrank. Er schnarcht wirklich.
Eine halbe Stunde später ruhest auch du . . . Und am andern Morgen, siehe
da, steht dein Haus noch immer! – Die Sonne scheint, der Wind hat gedreht, die Wolken ziehen über die Dächer der Stadt, und gesetzt den Fall,
es wären wirklich böse Gesellen, gerade dann ist es nicht einfach, sie einfach hinauszuwerfen; nicht ratsam; denn solange du ihr Freund bist, werden sie wenigstens dich verschonen. Freundschaft ist immer das beste!
Und wenn du an diesem Morgen hinaufgehst und sie zum Frühstück bitten willst, so ist das nicht Tücke, nicht Berechnung, sondern eines jener
herzlichen Bedürfnisse, die man plötzlich hat und die man, wie du mit
Recht sagst, nicht immer unterdrücken soll. Die Leiter zum Estrich ist bereits gezogen, die Türe offen, du mußt nicht einmal klopfen. Der Estrich,
den du aus Rücksicht schon lange nicht mehr besucht hast, ist voll von den
kleinen Fäßlein, und der eine, der Freund, der aus dem Gefängnis, steht
eben an der Dachluke, hält den nassen Finger hinaus, um die Windrich-
tung festzustellen; der andere ist leider schon ausgegangen, komme aber
wieder. Mit deinem Frühstück ist es also nichts. Er komme aber bestimmt
im Laufe des Tages, sobald er, wie der Freund in seiner immer etwas
scherzhaften Art sagt, die erforderliche Holzwolle beisammen habe. Holzwolle? Es fehlte nur noch, daß er von einer Zündschnur redete. Einen Augenblick bist du wieder etwas verwirrt, etwas betreten, was du allerdings
nicht zeigen willst. Im Grunde, das weißt du, kann kein Mensch so frech
sein, wie dieser sich den Anschein gibt, nur weil er meint, du fürchtest ihn.
Ein für allemal entschlossen, dich nicht zu fürchten, entschlossen, deine
Ruhe und deinen Frieden zu erhalten, tust du, als hättest du nichts gehört,
und im übrigen, was das Frühstück betrifft, kann das ja auch ein andermal
sein. Deine freundschaftliche Geste ist schon als solche nicht wertlos. Vielleicht zum Abendbrot? Mit Vergnügen, sagt der Kauz, sofern sie Zeit hätten und nicht arbeiten müßten; das hänge vom Wind ab. Er ist wirklich
ein Kauz. Und natürlich bist du nun nicht wenig neugierig, ob sie tatsächlich zum Abendessen kommen, ob sie deine Freundschaft überhaupt wollen. Vielleicht hättest du deine Freundschaft schon früher bekunden sollen. Aber lieber jetzt, sagst du, als zu spät! Mit Recht vermeidest du ein
allzu besonderes, ein auffälliges Abendessen; immerhin holst du einen Wein
aus dem Keller, um ihn für alle Fälle kühlzustellen. Leider kann man am
Abend, als sie gegen neun Uhr endlich kommen, nicht mehr auf der Ter-

rasse sitzen; es ist zu windig. Ob er Holzwolle gefunden habe? fragst du, um dem Gespräch bald eine persönliche Note zu geben. Holzwolle? sagt er und schaut den Freund an, wie man einen Verräter anschaut. Dann, Gott weiß warum, mußt du selber lachen, und schließlich lachen sie auch. Holzwolle, nein, Holzwolle habe er nicht gefunden, aber etwas anderes, Putzfäden aus einer Garage. Gefunden; daß das nichts anderes heißt als gestohlen, daran kannst du nicht zweifeln. Überhaupt haben sie sehr eigene Ansichten betreffend Recht und Unrecht. Nach der ersten Flasche, du hast den Wein nicht umsonst gekühlt, erzählst du, daß auch du schon Unrecht begangen hast. Da sie schweigen, erzählst du mehr und mehr, indem du, ihre Freundschaft ist es dir wert, die zweite Flasche entkorkst. Offensichtlich fühlen sie sich wie zu Hause; der Freund, der Frechere, dreht deinen Rundfunk an, um den Wetterbericht zu hören. Dann wünschen sie nur noch eines: Streichhölzer. Nichts wäre verfehlter, als wenn du jetzt wieder zusammenzucktest: auf Verdacht ist keine Freundschaft aufzubauen. Wozu Streichhölzer? Es gelingt dir, jedes beleidigende Zittern zu vermeiden und Zigaretten anzubieten, als ginge dir nichts durch den Kopf, und dann, das ist kein schlechter Einfall, bietest du Feuer mit deinem eignen Feuerzeug, das du nachher wieder in die Tasche steckst. Das Gespräch geht weiter, das heißt, sie hören zu, sehen dich an und trinken Wein. Dein ehrliches Geständnis, wieviel Unrecht du begangen hast, rührt sie nicht mehr, als es die Höflichkeit verlangt; überhaupt wirken sie sehr geistesabwesend. Eine dritte Flasche, die du schon zwischen den Knien hast, lehnen sie ab. Da du sie trotzdem öffnest, wirst du sie allein trinken müssen. Nur beim Abschied, als du gewisse Hoffnungen ausdrückst, daß die Menschen einander näherkommen und einander helfen, bitten sie dich nochmals um Streichhölzer. Ohne Zigaretten. Du sagst dir mit Recht, daß ein Brandstifter, ein wirklicher, besser ausgerüstet wäre, und gibst auch das, ein Heftlein mit gelben Streichhölzern, und am andern Morgen, siehe da, bist du verkohlt und kannst dich nicht einmal über deine Geschichte verwundern . . .

Café Odeon

C. F. Ramuz, der Dichter unsrer französischen Schweiz, kürzlich verstorben, steckt bereits, wie ich heute sehe, in unserem vaterländischen Knopfloch: Gotthelf, Keller, Meyer, Spitteler, Ramuz . . . Eh bien! Dagegen ist nur zu sagen: vor wenigen Monaten, als Ramuz vor der letzten Operation stand, mußte er den Schriftstellerverein anfragen, ob man ihm zweitausend Franken für diese Operation geben könnte –

Die Stellung des Schriftstellers in der Schweiz, selbst eines einmaligen wie Ramuz, überhaupt die Stellung der Künstler, der Intellektuellen, sofern ihre intellektuelle Leistung nicht gerade der Industrie dient, ist eine erbärmliche, erbärmlich mindestens im Vergleich zum durchschnittlichen Wohlstand unsres Landes. Dennoch wäre es dumm, daraus eine Verbitterung zu machen. Zwar hätten unsere Zeitungen, da sie ja im Wirtschaftlichen wurzeln, durchaus die Möglichkeit, anständig zu sein, Honorare zu zahlen, wie man sie auch einem Arzt oder einem Ingenieur zahlen muß. Davon sind sie weit entfernt; die allgemeine Geringschätzung einer Arbeit, die einen geringen Lohn bringt, wäre eine Schnurre für sich! Was unsere Zeitungen anlangt, sehe ich sie als Nutznießer einer Notlage, die sie nichts angeht, jenes Umstandes nämlich, daß unsere Verleger wirklich nicht zahlen können. In der Tat, solange die Schweiz auf sich verwiesen bleibt, ist es so, daß unsere Verleger nicht leben können, wenn auch der Schriftsteller leben will; der Schriftsteller hat aber ein Interesse daran, daß sein Verleger lebt, und also muß er halt in Gottesnamen, nicht immer zu seinem Schaden, einen Beruf ausüben, wenn er schon schreiben will. Das hat viel für sich. Immerhin sollte ein Ramuz nicht betteln müssen, bevor er ins Spital fährt, um in Ehren zu sterben. Verkehrt aber schiene mir jede Verbitterung, die sich gegen unsere Landsleute richtet, gegen ihre geringe Lesefreude oder so. Wir sind zwei und eine halbe Million von Deutschsprechenden, davon viele Bauern, wenig Städter. Nehmen wir Deutschland mit sechzig Millionen. Bei gleicher Leserdichte, und die deutsche Leserdichte wird besonders gerühmt, würde das heißen: Fünfhundert Gedichtbände, verkauft in der Schweiz, entsprechen einem deutschen Absatz von zwölftausend. Wie oft kommt das vor? Ein Schauspiel, das hier in zweitausend Stück verkauft wird, müßte in Deutschland, bei gleicher Nachfrage, eine Auflage von achtundvierzigtausend erreichen. Wie oft kommt das vor? Unsre Leserdichte ist nicht schlecht, auch verglichen mit dem literarischen Frankreich, wo die Bücher eines Dramatikers, der in aller Munde ist, nicht über das fünfte Tausend gelangen. So kann sich der schweizerische Schriftsteller, meine ich, jederzeit auf einer Zigarettenschachtel ausrechnen, daß er unmöglich leben kann – und dennoch keinen Grund hat, deswegen bitter zu sein.

Pfannenstiel

Rast an der Sonne, Schmetterlinge, Stille einer verlassenen Kiesgrube – ich muß mir die folgende Szene denken: Eine Eskorte von sechs Soldaten hat mich in diese Kiesgrube geführt, die Gewehre geladen, und jetzt, wie ich dort mit gebundenen Händen stehe, stellt man noch einmal die Frage, ob ich den öffentlichen Eid, daß meinen Freunden keine Untat und kein Unrecht widerfahren sei, leisten wolle oder nicht.

Was tun?

Ich weiß nicht, ob meine Freunde, die ich mit diesem Eid verraten soll, um mein Leben zu retten und meine Familie, meine Frau und unsere zwei Kinder – ob die Freunde überhaupt noch leben; wahrscheinlicher ist es, daß sie bereits zu Tode geschunden sind, und keinesfalls, das weiß ich, wird die Salve, die mich allenfalls umlegt, sie davor bewahren ...

Was tun?

Hinzu kommt, daß meine Frau, wie ich eben erfahren habe, inzwischen auch verhaftet worden ist; bisher wurde sie nicht gefoltert; auch das steht jederzeit in ihrer Macht, um mich zu zwingen –.

Was tun?

Und hinzu kommt das Bewußtsein, daß wir keinerlei Verbrechen begangen haben, nicht einmal in ihrem Sinn, nicht einmal eine Verschwörung; wir wissen nur, daß es Folterkammern gibt in unsrer Stadt, wissen es, weil wir die täglichen Schreie hören und jedesmal sehen, wie sie die rohen, die ungehobelten und ungestrichenen Särge verladen, und wir weigern uns, hinzutreten vor unser Volk und zu schwören, daß es in unsrer Stadt keine einzige Folterkammer gebe –.

Der Sergeant:

»Überlegen Sie es sich«, sagt er: »Sie haben, laut allgemeiner Order, eine Frist von zehn Minuten.«

Auch ein Geistlicher steht dabei.

»Ich bin befohlen«, sagt er tonlos: »um dir, falls du dich dazu entschließen kannst, den Eid abzunehmen.«

Er duzt mich, weil wir zusammen in die Schule gegangen sind, ins Gymnasium, er saß in der Reihe vor mir, ich erinnere mich nur noch an seinen Vornamen.

»Gewehre bei Fuß!«

Nach diesem Kommando, das mit mechanischem Schneid und wie durch einen einzigen Hebelgriff ausgeführt worden ist, so daß man von den fünf Kolben nur einen einzigen Aufschlag hört, ist der Sergeant zur Seite getreten – nicht ohne zuvor auf seine Uhr zu blicken –, jetzt pißt er an einen Stein; sonst höre ich nichts; die fünf Gewehre bei Fuß, Sonne wie jetzt, Schmetterlinge, Stille einer verlassenen Kiesgrube ...

Was tun?

Café Odeon

Die Unmöglichkeit, sittlich zu sein und zu leben – oder man läßt eben beides im Halben ... Die Sittlichkeit, wie sie uns gelehrt wird, schließt immer schon die weltliche Niederlage in sich; wir retten die Welt nicht vor dem Teufel, sondern wir überlassen ihm die Welt, damit wir nicht selber des Teufels werden. Wir räumen einfach das Feld: um sittlich zu sein. Oder wir räumen es nicht; wir lassen uns nicht erschießen, nicht ohne weiteres, nicht ohne selber zu schießen, und das Gemetzel ist da, das Gegenteil dessen, was wir wollen ...

Man kann darauf bedacht sein, das Gute durchzusetzen und zu verwirklichen, oder man kann darauf bedacht sein, ein guter Mensch zu werden – das ist zweierlei, es schließt sich gegenseitig aus.

Die meisten wollen gute Menschen sein.

Niemand hat größere Freude daran, wenn wir gute Menschen werden, als der Böse. Solange die Menschen, die das Gute wollen, ihrerseits nicht böse werden, hat der Böse es herrlich!

(Solange die Armen nicht »stehlen«.)

Amoralität bei starken Köpfen ist wohl meistens nichts anderes als die Sehnsucht nach einer anderen, einer lebbaren Sittlichkeit.

Tägliche Erfahrung im kleinen: Dein Anstand ist die beste und billigste Waffe deiner Feinde! Du hast dir versprochen, nicht zu lügen – zum Beispiel – und das ist schön von dir, splendid, wenn du es dir leisten kannst; es ist närrisch, wenn du dir einbilden würdest, daß du damit ohne weiteres der Wahrheit dienst. Du dienst deiner Anständigkeit.

Gewisse sittliche Forderungen, glaube ich, wären längstens vergessen, wenn nicht die Unsittlichen, die sich von diesen Forderungen befreit haben, ein natürliches Interesse daran hätten, daß die anderen sich durch diese Forderungen fesseln lassen – das gilt für alle christlichen Forderungen, die den Besitz betreffen . . .

Die ganze Erziehung, die nicht nur unsere Kirche, sondern auch unsere Schulen abliefern, geht wesentlich dahin, daß wir anständige Menschen werden, beispielsweise daß wir nicht stehlen – sie geht nicht dahin, daß wir uns wehren, wo immer gestohlen wird, und daß wir für das Gute, das sie uns lehrt, kämpfen sollen. Das Gute, wir wissen es, läßt sich allerhöchstens in deiner eignen Brust verwirklichen. Ein guter Gedanke, gewiß, gut für die Herrschenden.

Die Unmöglichkeit, sittlich zu sein und zu leben – ihre Zuspitzung in Zeiten des Terrors. Womit arbeitet jeder Terror? Mit unsrem Lebenswillen und also mit unsrer Todesangst, ja, aber ebenso mit unsrem sittlichen Gewissen. Je stärker unser Gewissen ist, um so gewisser ist unser Untergang. Je größer eine Treue, um so gewisser die Folter. Und das Ergebnis jedes Terrors: die Schurken gehen ihm durch die Maschen. Denn der Terror, scheint es, eignet sich besonders zur Vernichtung sittlicher Menschen. Er ist auf eine gewisse Sittlichkeit berechnet; sein früheres oder späteres, aber unweigerliches Versagen hängt vielleicht damit zusammen, daß er die Sittlichkeit verbraucht, bis er niemanden mehr daran fassen kann. Und vor allem entwertet er auch das Leben, die Lust am Leben, bis es keinen übermenschlichen Mut mehr braucht, ein entwertetes Leben einzusetzen gegen ihn – nicht als Opfer in der Kiesgrube, wo es zu spät ist, nicht als sittlicher Märtyrer, sondern als unsittlicher Täter, bevor es zu spät ist: als Attentäter.

Frankfurt, April 1948

Vor dem alten Römer: Hohes Seil über Trümmern, Maste aus Eisen, unverbogen, unverrostet, jeder in einer Garbe von Kabeln, die ihn nach allen Seiten verankern, man denkt nicht sogleich an Seiltänzer, eher an Kranen, wenn die bunten Wimpel nicht wären, oder an die Takelage eines versun-

kenen Schiffes, versunken nicht in die Wogen eines Meeres, sondern in
Wogen von Schutt, von vergrasendem Backstein ... Immer grüner, ländlicher, blühender zieht der Frühling in deutsche Städte ... Am Abend aber,
wenn die Ruinen im Scheinwerfer stehen, ist alles noch märchenhafter;
das milchige Licht, das sich in die grünliche Finsternis spreizt, manchmal
ein glitzernder Falter darin, und im Hintergrund, jenseits der blinkenden
Trapeze, steht der Dom, ein flacher Umriß, ein Scherenschnitt, eine ge-
wichtlose Blässe von rotem Sandstein, körperlos hinter einem Gitter von
kreuzenden Scheinwerfern. Und darüber auch noch der Mond, der volle,
der gerade im Netz der Seiltänzer liegt; der Mond, Lampion der Verliebten, Laterne der Strolche, Kleinod der Dilettanten, Trost in der Fremde,
Gong der Erinnerung, vor allem aber die Garantie, daß das All nicht ohne
Poesie ist, das All, die Nacht, der Tod, nicht ohne Poesie, nicht ohne Gemüt ... Das Trikot der Artisten, die jetzt dreißig Meter über unsrer Erde
schweben, erscheint in seinem Licht wie wirkliche Seide.

»Meine Herrschaften!« sagt der etwas blecherne und hallende Lautsprecher: »Auch der Artist will nichts anderes als Sie, auch der Artist will leben!
Was Sie als nächste Nummer sehen –.«

Ein Handstand auf wankender Fahnenstange – unwahrscheinlich, was
der Mensch alles macht, um zu leben. Schon sind es drei und fünf und
sieben Menschen, die am Kiefer eines jungen Mannes hangen, an der Geistesgegenwart eines Kindes, das gerade gestern, wie der Lautsprecher unterrichtet, seinen zehnten Geburtstag hatte ... Kalte wolkenlose Nacht,
Frühling, der dritte Abend in einer fremden Stadt, die nicht mein Ziel
ist; wenn man sich zuweilen wundert: wieso sitze ich gerade hier und nicht
anderswo in der Welt, hier in nächtlicher Ruine und Gotik, die zum munteren Tingeltangel wird, halb Bar, halb Kirmes –.

»Was Sie als sechste Nummer sehen«, sagt der hallende Lautsprecher:
»das hat auf dieser Welt noch kein menschliches Auge erblickt! Wir sind
stolz darauf, daß es junge deutsche Artisten sind –.«

Zwei Burschen, jeder auf einem glitzernden Velo, nehmen eine weiße
Stange von Schulter zu Schulter; auf diese Stange kommt ein drittes Velo,
nicht minder glitzernd; aber nicht genug, daß sie mit dieser Pyramide über
das hohe Seil fahren: der Oberste, um den Rest unseres Atems auszuschal-
ten, läßt auch noch die Lenkstange los, hebt sich zum Handstand auf dem
Sattel, während die beiden Unteren radeln – dreißig Meter über unserer
Erde, das heißt, über Backsteinen mit verbogenen Eisen, über Resten eines
romanischen Tores, über Unkraut in einer verrosteten Badewanne ...

»Meine Herrschaften«, sagt der Lautsprecher: »die Künstler danken für Ihren großen Beifall. Folgen Sie bitte unserem Scheinwerfer, richten Sie jetzt Ihren freundlichen Blick hinüber auf die Nikolaikirche.«

Wir richten unsern Blick hinüber. Plötzlich rattert ein Motorrad, erst unsichtbar, dann aber plötzlich fährt es empor auf einem Seil, das in der Nacht nicht zu erkennen ist, empor gegen den erleuchteten Kirchturm, rattert, pufft, knallt, bis es nicht mehr weiter kommt, langsam rollt es zurück in die Ruine des Kirchenschiffes. Die Nummer ist mißlungen, der Lautsprecher bittet um Nachsicht, der Motor hat versagt. Doch die nächste Nummer ist schon bereit: drüben am Dom, ganz oben im gotischen Zierat, erkennt man zwei weiße Menschlein; ein Seil, fünfhundert Meter lang, spannt sich vom Dom hinunter an den Main. Leider bittet mich eine Dame um Feuer; als mein Feuerzeug endlich schnappt, hat die sausende Fahrt bereits begonnen: – an einer Rolle, die ein dünnes zischendes Geräusch hinterläßt, wie wenn man Seide zerreißt, hängt wieder einmal ein Trapez, am Trapez hangen die drei Artisten, Kopf nach unten, Arme zur Seite, drei weiße menschliche Kreuze, so sausen sie über die fehlenden Dächer, stets vom Scheinwerfer verfolgt, verschwinden zuweilen hinter einem schwarzen Zickzack, werden noch einmal sichtbar, das Publikum erhebt sich von den Bänken, um sie länger zu sehen. Vorbei. Der Lautsprecher bittet, den Beifall freundlich aufzusparen, bis die drei Künstler, die unterdessen am Main gelandet sind, zum alten Römer zurückkommen ... Unterdessen ein Swing, unterdessen die Bewandtnis mit der letzten Nummer:

»Camilla Mayer, die verehrte und unvergeßliche Gründerin unsrer Truppe, hat als Erste dieses einzigartige Wagnis vollbracht. Eines Abends ist sie vor unseren Augen zu Tode gestürzt, aber an ihrer Bahre haben wir geschworen, daß wir dieses Meisterwerk der Artistik, der sie ihr Leben geopfert hat, immer und immer wieder vollbringen werden. Und für immer soll es ihren Namen tragen, den Namen unsrer verehrten und unvergeßlichen: Camilla Mayer!«

Alle Scheinwerfer zusammen auf ein schräges Seil, ein bisher unbemerktes, das an der Spitze der Nikolaikirche befestigt ist und mit gelassenem Schwung irgendwo in den Trümmern verschwindet, achtzig Meter lang; die Steigung schätze ich auf zwanzig Grad –

Musik bricht ab.

»Der Todesgang der Camilla Mayer!«

Es ist ein ganz junges Mädchen, das den großen Schwur an die Verstorbene nicht nur einmal, sondern Abend für Abend erfüllt. Langsam steigt sie aus den rötlichen Trümmern, eine weiße Stange in den Händen, langsam, Fuß vor Fuß steigt sie hinauf in die Nacht. Ohne ein Netz unter dem Seil; das ist das Einzigartige. Wenn sie fehlt und fällt: lautlos, ein dumpfer Schlag im Schutt, fast nicht hörbar, ein sprödes Krachen der zersplitternden Stange, sonst nichts, ein dünner und ungläubiger Aufschrei von tausend Zuschauern, die teilweise sich erheben, teilweise sitzen bleiben, ein freundlicher Bericht in der Presse, Bericht mit Bild, eine sonderbare lebenslängliche Erinnerung für einzelne, ein guter Tod, ein einzelner Tod, ein eigener Tod, besser als der Tod im Lager, besser als die Erschießung ohne Augenzeugen, besser als das langsame Verhungern und Vereitern in einem bewachten Bergwerk, ein persönlicher Tod, ein spielerischer Tod, ein menschlicher Tod! – aber sie stürzt nicht ... Sie bleibt auf dem weichen und lautlosen Wippen des Seiles, man sieht ihre bloßen Schenkel, die prall und kräftig sind, ihr Röcklein wie ein Fallschirm. Ein Degas von unten. Hin und wieder eine Anweisung an die Scheinwerfer, damit sie die Künstlerin nicht blenden. Achtzig Meter sind lang! Das Mädchen hat etwa die halbe Höhe; auch der Rückzug ist kein Trost mehr. Totenstille. Einmal ein schweres amerikanisches Flugzeug, das drei bunte Lichtlein durch den Sternhimmel fliegt. Natürlich wird das Seil gegen oben immer steiler, das Gelöbnis immer schwerer. Noch zehn Meter! Ein Scheinwerfer faßt bereits den Turm; wieder die wunderbare Farbe seines Sandsteines, sein sprödes Terrakotta vor einer grünlichen Nacht. Auf dem Gesims wartet bereits ein andrer Artist, um dem Mädchen, wenn es soweit ist, die weiße Stange abzunehmen. Sechs Meter! Fünf Meter! Neben mir sitzt ein junger Neger in Uniform, vier Striche am Ärmel, das sind zwei Jahre Europa; vor uns erheben sich die Leute bereits, um nicht ins Gedränge zu kommen. Zwei Meter! Ein Meter! Schon steht sie auf dem Gesims, wo sonst nur Vögel sind, sie hält sich an einem Zierat, ihr Flitter glitzert im Scheinwerfer, sie winkt der Menge, die klatscht, der Lautsprecher spielt einen Marsch. Es ist kalt. Der junge Neger sitzt immer noch auf seinem Platz. Ohne zu klatschen. Gelegentlich greift er in sein oberes Täschlein, nimmt eine Zigarette, die er ansteckt ...

In wenigen Wochen sind es hundert Jahre, seit zum erstenmal eine deutsche Demokratie versucht worden ist; die Feier, die mit Würde begangen werden soll, rückt näher und näher, die Maurer arbeiten jetzt Tag und

Nacht, um wenigstens die Paulskirche wieder herzustellen. Noch um elf
Uhr hört man das Schaufeln, das Rasseln eines Flaschenzuges, der frisches
Pflaster emporzieht zu den erhellten Gerüsten.

Zum Theater

Zu den Begriffen, die ich mit Vorliebe brauche, ohne genauer zu wissen,
was sie eigentlich bedeuten, nicht bedeuten müssen, aber bedeuten könnten, gehört auch der Begriff des Theatralischen.
Worin besteht es?
Auf der Bühne steht ein Mensch, ich sehe seine körperliche Gestalt, sein
Kostüm, seine Miene, seine Gebärden, auch seine weitere Umgebung, lauter Dinge also, die ich etwa beim Lesen nicht habe, nicht als sinnliche
Wahrnehmung. Und dann kommt ein anderes hinzu: Sprache. Ich höre
nicht nur Geräusche, wo es bei der sinnlichen Wahrnehmung bleibt, sondern Sprache. Ich höre, was dieser Mensch redet, und das heißt, hinzu
kommt noch ein zweites, ein anderes Bild, ein Bild andrer Art. Er sagt:
Diese Nacht ist wie ein Dom! Außer jenem augenscheinlichen Bild emp-
fange ich noch ein sprachliches Bild, eines, das ich nicht durch Wahrnehmung, sondern durch Vorstellung gewinne, durch Einbildung, durch Imagination, hervorgerufen durch das Wort. Und beides habe ich gleichzeitig:
Wahrnehmung und Imagination. Ihr Zusammenspiel, ihr Bezug zueinander, das Spannungsfeld, das sich zwischen ihnen ergibt, das ist es, was
man, wie mir scheint, als das Theatralische bezeichnen könnte.

Hamlet mit dem Schädel des Yorick: –
Wenn diese Szene erzählt wird, muß man sich beides vorstellen, beides
imaginieren, den Schädel in der lebenden Hand und die Späße des vergangenen Yorick, an die sich Hamlet erinnert. Die Erzählung, im Gegensatz
zum Theater, beruht ganz und gar auf der Sprache, und alles, was der Erzähler zu geben hat, erreicht mich auf der gleichen Ebene: nämlich als
Imagination. Wesentlich anders wirkt das Theater: Der Schädel, der nur
noch ein Ding ist, das Grab, der Spaten, all dies habe ich bereits durch
sinnliche Wahrnehmung, unwillkürlich, vordergründig, unausweichlich in
jedem Augenblick, während meine Imagination, ganz aufgespart für die
Worte des Hamlet, nur noch das entschwundene Leben aufzurufen hat

und dies um so deutlicher vermag, als ich sie für anderes nicht brauche. Das Entschwundene und das Vorhandene, das Einst und das Jetzt: verteilt auf Imagination und auf Wahrnehmung ... Der theatralische Dichter bespielt mich also auf zwei Antennen, und es ist evident, daß das eine, ein Schädel, und das andere, die Späße eines Spaßmachers, für sich allein wenig bedeuten; die ganze Aussage dieser Szene, alles, was uns daran bewegt, liegt im Bezug dieser beiden Bilder zueinander, nur darin.

Wie mancher Bühnendichter, der auf der Bühne versagt, könnte sich darauf berufen, daß er eine eigenere, stärkere, wesentlichere Sprache habe als Gerhart Hauptmann; dennoch ertrinkt sie auf der Bühne, während ein Hauptmann, dessen Magie kaum in einer eignen Sprache zu suchen ist, von eben dieser Bühne getragen wird, daß man staunt. Für den Bühnendichter ist die Sprache, scheint es, doch nur ein Teil. Der andere Teil, das sinnlich Wahrnehmbare, das nun einmal zum Theater gehört, hat es an sich, gegenwärtig zu sein, auch wenn der Dichter es vergißt, mächtig zu sein, auch wenn der Dichter es nicht benutzt – gegen ihn zu sein, und zwar so, daß keine Sprache ihn rettet, keine.

Das größte Beispiel, daß die Sprache es allein nicht schafft, bleibt natürlich der Zweite Teil des Faust, diese höchste Hochzeit deutscher Sprache, nur streckenweise spielbar: nicht weil die Aussagen dieser Dichtung zu erhaben sind – Shakespeare ist auch erhaben –, sondern weil sie nicht theatralisch sind.

Theatralische Diagnose: Was ich sehe und was ich höre, hat es einen Bezug zueinander? Wenn nicht, wenn etwa die Aussage ausschließlich im Wort liegt, so daß ich eigentlich die Augen schließen könnte, liegt die Bühne brach, und was ich in diesem Fall, da ich die Augen natürlich nicht schließe, auf der Bühne sehe, ist nicht eine theatralische Situation, sondern ein überflüssiger Anblick, eine augenscheinlich nichtssagende Begegnung von Sprechern, epischen, lyrischen oder dramatischen –.
    (Das Dramatische, der dialektische Ringkampf, worin man da und dort das einzig mögliche Theater oder doch die Quintessenz des Theaters erblicken möchte, verlangt die Bühne nur insofern, als sie in der Tat immer auch etwas von einem Ring hat, von einer Arena, von einer Manege, von einem öffentlichen Gerichtssaal.)

Das Einmaleins des Clowns: daß er im Augenblick, wo er sich heldisch und würdig vorkommt, über die eigenen Füße stolpert. – Zum Wesen der Komik, habe ich einmal gelesen, gehöre das Unverhältnismäßige, das Unstimmige, das Unvereinbare. Im Falle des Clowns: das Unvereinbare liegt nicht innerhalb seiner Rede, sondern zwischen seiner Rede und unsrer Wahrnehmung. Selbstvertrauen ist nicht komisch, Stolpern ist nicht komisch; nur beides zusammen. Das Unvereinbare, das Unverhältnismäßige, was zum Wesen aller Komik gehört, verteilt auf das Wort und auf das Bild: das im besonderen als theatralische Komik – vom Plumpen bis zum Feinen, vom Clown bis zum Shakespeare: Wir hören, wie selig und zärtlich die Imaginationen der verliebten Titania sind, wir hören ihre herrlichen Worte, die alles andere als Witze sind, und lächeln von Herzen, denn wir sehen zugleich, wie sie mit eben diesen süßen Worten, die auch uns verzücken, nichts als einen Eselskopf kost – wir sehen.

Das Überwältigende bei Shakespeare, wie die Situation (wer steht wem gegenüber) meistens schon als solche gedichtet ist, bedeutend schon als Situation, so daß dem Text nichts anderes übrig bleibt als das Schönste: zu ernten, zu pflücken, zu eröffnen, was an Bedeutung schon da ist.

Wer steht wem gegenüber.

Schon die Schreibweise klassischer Stücke deutet darauf hin, wie hauptsächlich diese Frage ist; schon im Buch wird jeder Auftritt vermerkt, sonst fast nichts. Zehnter Auftritt: Der König, die zwei Mörder. Das ist das Wahrnehmbare, wenn der Vorhang sich hebt, und wenn die zwei Mörder ihren Auftrag haben, so daß sie den König allein lassen, ändert sich das Wahrnehmbare; jeder Auftritt ist eine Zäsur. Der König allein! Wenn er jetzt etwas spricht, was die Last seines zunehmenden Alleinseins verrät, hat es die ganze Bühne für sich, die Leere der Bühne – Kongruenz zwischen der äußeren und inneren Situation; eine andere theatralische Erfüllung ist der Kontrapunkt: – Macbeth erlebt die Last seines schuldigen Alleinseins während einer festlichen Gesellschaft, er allein erblickt den Geist des Ermordeten, sein Alleinsein wird dermaßen augenscheinlich, daß all seine Worte, die gesellig sein möchten, ohnmächtig sind, die Gesellschaft verschwindet, es bleiben Macbeth und seine Mitwisserin, die beiden Schuldigen; wieder ist der ganze innere Vorgang einer Szene bereits im Sichtbaren umrissen, der Geist des Ermordeten spricht kein Wort – das heißt: ich schaue nicht umsonst auf die Bühne.

Im zweiten Stück von Friedrich Dürrenmatt (ein Name, den man auch in
Deutschland noch kennenlernen wird) gibt es folgende Szene: Ein Blinder,
der die Zerstörung seines Herzogtums nicht wahrgenommen hat, glaubt,
er lebe immer noch in seiner festen Burg. In seinem Glauben, in seiner Einbildung verwaltet er ein heiles und verschontes Land. So sitzt er inmitten
von Ruinen, die er als Blinder ja nicht sehen kann, umringt von allerlei wü-
stem Gesindel des Krieges, von Söldnern, Dirnen, Räubern, Zuhältern, die
nun den blinden Herzog, seinen Glauben verhöhnend, zum Narren machen wollen, indem sie sich von ihm empfangen lassen als Herzöge und
Feldherren, die Hure aber als verfolgte Äbtissin; der Blinde spricht sie
an, wie er sich vorstellt, daß sie es verdiene, wir aber sehen die verrotzte Person, deren Segen als Äbtissin er gläubig erbittet – kniend ... Musterbei-
spiel einer theatralischen Situation: die Aussage liegt gänzlich im Widerspiel von Wahrnehmung und Imagination. Hier spielt das Theater sich
selbst.

Im Basler Museum hängt ein Gemälde von Arnold Böcklin: Odysseus und
Kalypso, das Verhältnis von Mann und Frau. Er in Blau, sie in Rot. Sie in
geborgener Grotte, er auf einem vorspringenden Fels, Rücken gegen sie,
Blick hinaus auf die Weite des offenen Meeres ... Auf der Reise hierher
habe ich dieses Bild, andere suchend, wieder gesehen, verblüfft, daß das
Meer, Inhalt seiner Sehnsucht, fast nicht vorhanden ist. Nur in einem winzigen blauen Zwickelchen. In meiner Erinnerung war es ein Bild voll
Meer – gerade weil das Meer nicht gezeigt wird. Kein Theater, so wenig
wie ein Gemälde, würde imstande sein, die Weite des Meeres zu zeigen.
Es muß sie der Imagination überlassen. Bei Sartre kommt eine Szene vor,
wo Zeus mit seinem Sternhimmel protzt, um Orestes, den Menschen,
zum Glauben an die Götter einzuladen. Sartre macht das einzig Mögliche,
er schildert diesen Sternhimmel mit Worten. Wenn nun ein Spielleiter, wie
ich es gesehen habe, bei diesen Worten plötzlich einen Himmel von Glühbirnen aufleuchten läßt, die Sterne also zur sinnlichen Wahrnehmung bringen will, ist die Magie des Theaters natürlich verscherzt; der Sternhimmel,
den dieser Zeus vorzuführen hat, ist dadurch so kindisch, daß der Hohn
des ungläubigen Orestes in sich selber zusammenfällt. Die Szene ist in ihrem Rückgrat gebrochen – trotz guter Schauspieler –, gebrochen durch
einen Einfall, der die Grenze des Theaters verkennt.

Spielplatz ist immer die menschliche Seele! Ihren Gesetzen ist alles unterworfen. Eines dieser Gesetze: Kompensation. Wenn ich einen Kerker wahrnehme, findet mich das Wort, das eine freie und heitere Landschaft schildert, besonders empfänglich; der Anblick einer grottenhäuslichen Kalypso, die mich halten will, macht mich besonders empfänglich für jedes Wörtlein, das von offenem Meer und fremden Küsten redet; die Imagination, die es verlangt, entspricht ja meiner Sehnsucht. Oder wenn ich ein fröhliches und übermütiges Fest wahrnehme, hat eine Stimme, die den Tod erwähnt, besondere Macht; die Imagination, die sie verlangt, entspricht ja meiner Angst. Der theatralische Bezug – das Widerspiel von Wahrnehmung und Imagination – wird besonders zwingend sein, besonders ergiebig, besonders zuverlässig, wenn er den Bedürfnissen der menschlichen Seele folgt, wenn er beispielsweise aus einer Kompensation besteht.

Verlockung des Theaters auch für den nicht-dramatischen Dichter, etwa den lyrischen: die Bühne liefert ihm, wenn er sie beherrscht, eine steigernde Folie für das Wort.

Kein Stück wird immerfort theatralisch sein. Wichtig für seine theatralische Potenz ist nicht einmal, ob es in seinem Verlaufe oft theatralisch ist. Die theatralische Erfüllung, glaube ich, ist immer das Seltene, das Rare, das Auge in der Fläche eines Gesichtes. Entscheidend dürfte sein, ob die wesentlichen oder nur die nebensächlichen Aussagen theatralisch werden. Im letzteren Fall, wo das Theatralische zufällig, nebensächlich, exzentrisch bleibt, wird jede Aufführung, selbst die vollendete, unweigerlich eine Verzerrung bedeuten, eine fälschende Verschiebung der Akzente. Das Theater, sagt dann der Verfasser, ist halt eine schauerliche Vergröberung! Natürlich ist es das, aber es ist nicht die Schuld des Theaters, wenn solche Vergröberung, die einen Shakespeare nie umbringt, mehr als Vergröberung wird, nämlich Entstellung, Verzerrung, Verdrehung, Zerstörung jeder Poesie. Es ist nicht die Schuld des Theaters, wenn der Dichter es nicht brauchen kann. Wer auf die Bühne tritt und die Bühne nicht braucht, hat sie gegen sich. Brauchen würde heißen: nicht *auf* der Bühne dichten, sondern *mit* der Bühne –.

Berlin, April 1948

Die Russen, heißt es, haben die Zonengrenze gesperrt. Ein deutscher Herr, der eben von Helmstedt kommt, berichtet wieder anders, die Wagen werden strengstens untersucht, sagt er, können aber passieren. Hingegen stimmt die Meldung, daß seit gestern keine Züge mehr verkehren. Die russische Forderung, daß auch die amerikanischen Züge sich einer russischen Durchsuchung unterziehen müßten, wird abgelehnt. Vorläufig durch Einstellung des Verkehrs. Damit ist jede Zufuhr unterbunden, Berlin als belagerte Stadt. Man stellt alle erreichbaren Sender ein, um Nachrichten zu sammeln, die sich teilweise mit den Gerüchten decken; nur tönt es als Nachricht immer viel gediegener.

Anruf bei Freunden; obschon sie im Haus der Auslandspresse wohnen, wissen sie nicht mehr: Blockade, um die Westmächte auszutreiben – mit dem Hunger der Berliner.

Abends in Gesellschaft.
   Das Berlinische, das man bei uns so gerne verpönt, ich mag es sehr – vor allem das Unsentimentale, den Witz, der meistens darin besteht, daß man die Dinge wieder einmal beim Namen nennt, das Antipathos, besonders willkommen innerhalb des Deutschen, hier wird das Gemüt nicht aufs Brot gestrichen, Witz als der keuschere Ausdruck der Gefühle, das Freche ohne Ranküne, das Nüchterne – in Zeiten wie jetzt, wo jede Pose auf die Probe gestellt wird, sind sie bewundernswert, nämlich unverändert: unsentimental, konkret, aktiv …
   Mit Landsleuten und einem britischen Journalisten, der einen deutschen Volkswagen besitzt, hinaus an den Wannsee. Sonnenuntergang über den Wäldern. Abendessen in einem Hotel der Journalisten. Wenn man Berlin zur Zeit mit Schanghai vergleicht, meint man wohl auch dieses rätselhaft beziehungslose Nebeneinander: gesellschaftliches Leben in Kolonien, sie wissen, daß sie in Berlin sind, aber die Berliner sind etwas wie Eingeborene. Man sitzt, mit verschränkten Beinen, trinkt Whisky, unten wartet »der deutsche Fahrer«. Gewiß, es gibt Berührungen durch alltäglichen Verkehr, Gespräche über die Unruhe unter den Eingeborenen oder über ihre flotte Haltung; kein Haß, ein gelegentliches Unbehagen, daß die Eingebo-

renen immer wieder meinen, alles drehe sich um sie, auch kein Hochmut, keine Absicht, die Eingeborenen mehr auszunützen als sonst die Mitmenschen, London, Prag, Chicago, Paris, alles ist näher als Berlin, alle sitzen wie auf Vorposten, denken viel an zu Hause, besuchen sich und stehen umher, jeder ein Glas in der Hand, jeder wahrt seine Stammessitten und beobachtet die Luft – das ist es, warum sie da sein müssen: die Luft, das Unsichtbare in der Luft ... die Welt.

Zur Schriftstellerei

Fabeln, scheint es, gibt es zu Tausenden, jeder Bekannte wüßte eine, Unbekannte verschenken sie in einem Brief, jede ist ein Stück, ein Roman, ein Film, eine Kurzgeschichte, je nach der Hand, die sie zu greifen vermöchte – es fragt sich bloß, wie und an welchen Zipfeln sie ergriffen wird; welche ihrer zahlreichen Situationen sich kristallisiert ... Hamlet! wenn es möglich wäre, seine Fabel ohne jede Gestaltung vorzulegen, kein noch so hellhöriger Kritiker könnte finden, daß sie nach dem Theater schreie. So vieles daran läßt sich nur erzählen; das Spielbare zu finden braucht es die Wünschelrute eines theatralischen Temperamentes, hier eines theatralischen Genies. Etwas verdreht gesprochen! denn der Vorgang ist ja wohl nicht so, daß ein schöpferisches Temperament, ein theatralisches, oder ein anderes, an eine sogenannte Fabel herantritt, erwägend, ob sie sich für Theater oder Roman eigne, sondern das Temperament ist bereits die Entscheidung, der Maler sieht malerisch, der Plastiker sieht plastisch ... Der meistens verfehlte Versuch, ein Schauspiel umzusetzen in eine Erzählung oder umgekehrt, lehrt wohl am krassesten, was man im Grunde zwar weiß: daß eine Fabel an sich gar nicht existiert! Existenz hat sie allein in ihren Niederschlägen, man kann sie nicht destillieren, es gibt sie nur in Kristallisationen, die, einmal vorhanden, nicht mehr auszuwechseln sind, gelungen oder mißlungen – ein für allemal.

Berlin, Mai 1948

Halle in Tempelhof. Die Maschine steht bereit. Von Berlin nach New
York; aber die meisten von uns wollen nur nach Frankfurt. Die Kontrolle
war peinlich, als wäre man ein Überläufer oder ein Spion, leider noch nicht
faßbar, obschon es für den Mann, der wortlos meine Papiere prüfte, zwei-
fellos schien, daß ich für Wallstreet arbeite. Was sollte ich sonst tun?
Durch das Telefon verabschiede ich mich nochmals von den Freunden.
Herrliches Wetter. Auf dem Tempelhofer Feld wimmelt es von glitzernden
Transportern –.
»Luftbrücke«.

Letzigraben

Imbiß in der Kantine, Rippli und Wein, dazu ein besonders köstliches
Brot – Gespräch mit einem verbitterten Eisenleger, der im Stundenlohn
alle andern übertrifft, er schimpft über seinen Stundenlohn, aber im Grunde ist es nicht das; seine Arbeit, die ich oft genug verfolgt habe, ist wirklich
von jener Art, die an Galeere erinnert und immer eine peinliche Empfindung erzeugt: man ist froh, daß man selber nicht dazu verdammt ist, froh
um die Kunde, daß die Eisenleger einen guten Stundenlohn haben und
also zufrieden sein sollen. Dagegen wirken die Gärtner wie spielende Kinder, selbst wenn sie mit violetten Händen schwere Platten tragen. Überhaupt die merklichen Unterschiede je nach Arbeitsart! Eigentlich bin ich
nie mit einem Erdarbeiter ins Gespräch gekommen, obschon sie fast ein
Jahr lang auf dem Platz gewesen sind; eine spürbare Kluft: sie waten mit
lehmigen Stiefeln in einem Graben, ich stehe oben mit Ledermappe, ich
zeichne, und sie haben den Dreck. Nicht einmal das Skelett eines Hingerichteten, das eines Tages zum Vorschein kam, hat uns ins Gespräch gebracht. Anders schon die Maurer; ihre Arbeit fordert nicht Kraft allein,
sondern Geschick, es gibt schlechtes und sauberes Mauerwerk, Könner
und Pfuscher; wer den Unterschied sieht, ist wert befunden, daß sie mit
ihm reden. Überall die aufblühende Selbstachtung, sobald die Arbeit einen
persönlichen Spielraum gewährt; am meisten bei den Gärtnern, die immer
wieder mit Vorschlägen kommen, was ihnen noch besser gefiele; aber auch

der Vorarbeiter, der jetzt den zehn Meter hohen Sprungturm schalt, ist emsig-selig. Arbeit als Fron oder Arbeit als Selbstverwirklichung. Ich bin mir im klaren, daß der Bau zu den freundlichsten Arbeitsstätten gehört, die unser Zeitalter zu vergeben hat; nicht zu vergleichen mit der Fabrik. Als Inbegriff des Handwerkers, im Gegensatz zum Arbeiter, erscheint mir immer wieder der Schreiner; der natürliche Rohstoff, das Holz, das nicht aus einer Fabrik kommt, und dann vor allem der Umstand, daß der Schreiner nicht Teile herstellt, die weitergehen, sondern ein Ganzes, ein Fertiges, ein Werk, das er im wesentlichen durchaus als das seine ansprechen kann. Anders die Leute, die mit Metall arbeiten; auch ihre Arbeit, die Montage, hat durchaus noch das Erfreuliche, daß sie das Ergebnis eines langen Arbeitsganges erleben, auch das Ingeniöse, das Unterhaltende, daß sich ihre Aufgabe in jedem Bau etwas anders stellt, das Anreizende, daß man Ideen haben kann, und doch ist das Wesen aller, die mit Metall arbeiten, schon aschenhafter. Was sie in die Hand bekommen, sind immer schon Fabrikate. Und das Ergebnis: die Wasserspülung geht, ihre Arbeit ist wichtig, sonst würde sie ja nicht bezahlt, aber sie hat nie die Gloriole eines eignen Werkes. Der Arbeiter sagt: Im Hallenbad habe ich auch gearbeitet. Der Handwerker sagt: Im Hallenbad habe ich die Geländer gemacht. Der Unterschied auch in der Art, wie sie dem Architekten gegenüber stehen; der Handwerker fühlt sich durchaus als Kollege, und unser Gespräch ist meistens ersprießlich; der Arbeiter gehorcht – willig oder unwillig – im Grunde meistens ahnungslos, was der Architekt eigentlich arbeitet. Pläne, ja, aber die läßt er ja auch von anderen zeichnen! Wenn ich ihm erläutere, daß der Entwurf nicht vom lieben Gott kommt, und wenn ich ihm auf einem Zettel zeige, wie verschieden man entwerfen kann, wieviel Fehler zu meiden und wieviel Erfordernisse zu lösen sind, bevor er sein Parkett verlegen kann, ist er aufrichtig verblüfft:

»Ja, das ist eigentlich wahr«, sagt er: »daran habe ich noch nie so gedacht –.«

Dabei hat er graues Haar.

»Wissen Sie«, sagt er: »auch ich habe eigentlich etwas ganz anderes werden wollen –«

»Nämlich?«

»Kunstmaler.«

Café Odeon

Die Teilung Deutschlands, seit Kriegsende vorhanden, ist nun verkündet und vollstreckt – es liest sich wie die Exposition eines Dramas.

Unterwegs

Gestern vormittag im Odeon höre ich, wie jemand am Nebentisch meinen Namen sagt, viel Genaues höre ich nicht, sehe aber, daß der Mann, der mich persönlich nicht kennt, mit dem Namen einen deutlichen Haß verbindet, nicht nur Geringschätzung, sondern Haß. Soll ich mich vorstellen? Ich tue es nicht, zahle, nehme den Mantel und gehe. Man haßt sich selber nicht selten. Dennoch, zeigt sich, bin ich betroffen, wenn ich diesen Haß an einem andern sehe, einem Fremden. Dabei ist es ganz erklärlich; wenn man selber gewisse Leute haßt, keinen Hehl macht aus seinem Haß, kann das Echo nicht ausbleiben. Trotz dieser Erklärung ist es mir unmöglich, wieder an die Arbeit zu gehen. Das Selbstgefällige, das in solcher Verblüffung liegt, ist mir bewußt. Am Nachmittag ins Kino. Kein geschriebener Satz ist möglich. Nicht einmal ein Gedanke, ohne daß ich das Mißdeutbare sehe; aber mehr als das: es braucht gar keine Mißdeutung, um hassenswert zu sein. Der Mann, ohne daß ich seine genauen Worte gehört habe, hat recht. Es gibt kein Argument gegen einen Haß. Dabei wird mir fast zum erstenmal bewußt, daß man immer, wenn man schreibt, eine Sympathie voraussetzt. Vielleicht geht es ohne diese Voraussetzung überhaupt nicht, aber es ist gut, um diese Voraussetzung zu wissen, und man müßte froh sein um einen solchen Schock, ein solches Signal –.

Paris, Juli 1948

Quatorze Juillet ... Netter kann man nicht empfangen werden. Am Vormittag, kaum bin ich angekommen, gibt es eine Parade, aber ich habe nur die Geschwader gesehen, die mit bekanntem Brummen die eigene Stadt überfliegen, später ein Korps von Bläsern, die sich in einem Park aufstellen, schmuck, alle mit weißen Gamaschen und weißen Gürteln, die

Clairons blinken, jedes mit einem Wimpel daran, der Tambourmajor hat einen verzierten Stab, den er bravourös in die sommerlichen Lüfte zwirbelt, zirkushaft. Ich habe gewartet, bis es losging: Le jour de gloire est arrivé! Ich kann's nicht hindern, die Marseillaise geht mir nun einmal durch Mark und Bein. Einige Schritte gehe ich mit. Le jour de gloire est arrivé! Auf dem Platz der Bastille finde ich ein großes und wogendes Gemenge, ein klingelndes, flitterndes, hupendes, summendes, dröhnendes Tingeltangel. An Trikoloren fehlt es nicht. An einer Straßenecke blüht sogar ein frisches Kränzlein; drei Namen in Stein: Fusillé par les Allemands. Ich denke an Ernst Jünger. Einem Mädchen zuliebe, das einen Freund hat, fahre ich dreimal mit den kleinen Automobilen; eigentlich mir zuliebe, denn ihr Gesicht, wenn wir einander rammen, ist köstlich. Bald fangen auch andere an, es gibt eine Rammerei, bis die Bude einfach den Strom abstellt, und später, als ich sie schon verloren glaube, finde ich sie noch einmal auf einer Schaukel wippend, bis das Schifflein an das Zelt schlägt, wippend mit flatterndem Rock, herrlich. Ein heißer Tag, Glast über den Dächern; man denkt immer an Maler, so, als hätte Paris sich den Farben berühmter Paletten angepaßt. Hernach gehen sie in die Metro, das Mädchen und ihr Freund. Ich ebenfalls. Bummel im Bois de Boulogne, wo ich ein Boot nehme, sehr zufrieden, sehr glücklich, allein, kein Mensch kann wissen, wo ich bin. Ich liebe die Großstädte immer mehr. Ein Luftballon, ein silberner, hangt im Himmel. Am Abend gibt es ein Feuerwerk, Tanz auf der Concorde, Menschen, was man an Menschen nur erfinden mag: Kleinbürger, Großstädter, Familien, Außenseiter, Mütter mit Kind, Kokotten, Töchterchen mit Offizier, Fremde, Soldaten von der Marine, alles tanzt. Vagabunden mit buntem Trikot hocken auf ihrem Rad, einen Fuß auf den Randstein gestemmt. Kann man sagen, daß die Leute sehr fröhlich sind? Immerhin wird getanzt, und es strahlen die Bogenlampen, von Faltern und Mücken umwimmelt, Lautsprecher jazzen aus nächtlichen Bäumen. Sterne sind auch da. Man schleckt ein Eis, der behende Verkäufer hat alle Hände voll zu tun. Le jour de gloire est arrivé. Die Champs Elysées hangen aus der Nacht herunter wie eine glitzernde Perlenbrücke, in der Ferne ganz schmal, dort, wo sie aus dem Triumphbogen mündet. Sehr schön. Irgendwo steige ich in den Boden, nehme die Metro, bloß weil ich sie mag, und fahre irgendwohin. Wieder an der frischen Luft, ich weiß nicht wo, empfängt mich abermals Musik, Tanz, denn auch hier ist Quatorze Juillet, Tanz auf offener Straße, Tischlein, Kellner in weißen Schürzen, hemdärmlig, eine Kapelle unter

Lampions, alles etwas verschlissen, etwas ärmlicher. Aber wunderbar, gerade hinter meinem Sessel, unsäglich wunderbar tanzt eine junge Chinesin. Ihre schwarzen Wattehosen, der Mond ihres stillen Gesichtes, das verliebt ist; sehr schön. Dazu die Leute aus dem Quartier, Krämer, Schuster, Antiquare, Metzger, Beamte, was weiß ich. An der Ecke hängt wieder ein Kränzlein: Tombé pour la libération de Paris. Hier bleibe ich. Neben der Kapelle sitzen drei Mulattinnen, alle in knallgrüner Seide; ich sehe ihnen an, daß sie unvergeßlich sind. Sie rauchen aus langen weißen Röhrlein. Ein Soldat, ein riesenlanger, kann nicht mehr stehen, wenn sich nicht jemand erbarmt und mit ihm tanzt; die Leute weichen, als wäre er der Tod, und er stolpert über den Randstein. Schließlich tanzt ein Mann mit ihm. Die drei Mulattinnen sitzen und rauchen, Tierlein, die Ohrringe tragen, stumm und schön, schrecklich, geheimnisvoll, Geschöpfe. Das alles haben die Deutschen einmal erobert, es ist gar nicht lange her. Haben sie es wirklich erobert? Ich bleibe lange über Mitternacht. Vielleicht gibt es Städte, die nicht mehr zu erobern sind; sie können höchstens untergehen. Einmal tanzen auch die Mulattinnen, nicht wild, ganz gesellschaftlich, die weißen Röhrlein im Mund; nur ihre Arme sind Schlangen. Eine Gruppe von Studenten, Arm in Arm, wirkt etwas störend, Eindringlinge, kindisch, nicht jung. Jung ist die Chinesin; wunderbar, wie sie ihren hageren Chinesen liebt ...

Autobiographie

(Ich sitze im Park von Versailles, hier, wo Fürsten ihre sommerlichen Serenaden hatten. Springbrunnenstille. Die Lust, Paris zu skizzieren, erstirbt doch immer wieder im Bewußtsein, wer alles es schon getan hat und dazu meisterlich. Kaum in Briefen wagt man es, jeder kennt es, jeder liebt es, die Luft ist voll vom Gespräch erlauchter Geister, die keinen Partner brauchen. Am Vormittag war ich an der Seine, Bücher blätternd, wie es Millionen vor mir getan haben. Es gibt nichts in dieser Stadt, was nicht Millionen schon getan haben, gesehen, gemalt, geschrieben, gelebt. So, auf mich selbst verwiesen, schreibe ich heute über mich selbst.)

Geboren bin ich 1911 in Zürich. Unser Name ist nicht schweizerischen Ursprungs. Ein Großvater, der als junger Sattler einwanderte, brachte ihn aus

der österreichischen Nachbarschaft; in Zürich, wo es ihm anscheinend gefiel, heiratete er eine Hiesige, Naegeli mit Namen, Tochter einfacher Leute. Auch der mütterliche Stamm ist vermischt; dort war es ein Urgroßvater,
der von Württemberg kam, namens Wildermuth, und schon mit seinem
Sohn, meinem Großvater also, fing es an: er nannte sich Maler, trug eine
erhebliche Krawatte, weit kühner als seine Zeichnungen und Gemälde;
der heiratete dann eine Baslerin namens Schulthess, die nie ganz hat vergessen können, daß ihre Familie einmal eine eigene Droschke besessen
hat, und leitete die Kunstgewerbeschule unsrer Stadt. Viel mehr über meine Herkunft weiß ich nicht. Meine Mutter, um einmal ins Weite zu kommen, arbeitete als Kinderfräulein im zaristischen Rußland, wovon sie uns
öfter erzählt hat, und mein Vater war Architekt. Da er sich als Sattlersohn
keine Fachschule hatte leisten können, war es natürlich sein Ehrgeiz, seine
Söhne als Akademiker zu sehen. Im übrigen konnten wir wählen. Mein
Bruder, älter als ich, wählte die Chemie, die schon seine ganze Jugend
und unsere Küche mit stinkenden Zaubereien erfüllt hatte. Ein Buch auf
dem Fenstersims, Retorten mit gelben Dämpfen, Bunsenbrenner, Röhren
wie gläserne Gedärme, hin und wieder ein Knall, gewollt oder ungewollt,
das waren so die Sonntagnachmittage, die regnerischen, wenn man unmöglich Fußball spielen konnte.

Ich weiß nicht, warum ich von allen Kameraden der einzige war, der nie
einen Karl May las, eigentlich auch keine anderen Bücher; außer Don Quixote und Onkel Toms Hütte, die mir unsäglich gefielen, aber genügten.
Was mich unersättlicher begeisterte, war Fußball und später Theater. Eine
Aufführung der Räuber, eine vermutlich sehr schwache Aufführung, wirkte so, daß ich nicht begriff, wieso Menschen, Erwachsene, die genug Taschengeld haben und keine Schulaufgaben, nicht jeden Abend im Theater
verbringen. Das war es doch, das Leben. Eine ziemliche Verwirrung verursachte das erste Stück, wo ich Leute in unseren alltäglichen Kleidern auf
der Bühne sah; das hieß ja nicht mehr und nicht weniger, als daß man
auch heutzutage Stücke schreiben könnte.

Zwei Monate später erhielt Max Reinhardt, Deutsches Theater Berlin,
die schriftliche Ankündigung meines ersten Werkes, das den Titel trug:
Stahl. Es spielte, nur so viel weiß ich noch, auf dem nächtlichen Dach
eines Hochhauses, am Ende rauchte es aus allen Fenstern der Großstadt,
ein gelblicher Rauch wie aus Retorten, und der Held, nobel wie er war,
hatte keinen andern Ausweg als den Sprung in die Tiefe. Die Karte mit

fremder Marke, wo höflich und knapp um Einsendung des genannten
Werkes ersucht wurde, war das erste Schriftstück, das mich als Herr anredete. Ich war sechzehn. Leider hatte mein Vater, der das Ganze wie einen
Lausbubenstreich behandelte, die Karte aus dem Briefkasten genommen,
sie beim Mittagessen auf den Tisch gelegt, worauf ich das Zimmer verließ;
vielleicht, das wußte ich noch nicht, für immer. Nach sieben langen Wochen, denen es nicht an verwegenen Hoffnungen fehlte, Friedrich Schiller
war bei der Niederschrift seiner Räuber immerhin schon ein Achtzehnjäh-
riger, kam das schöne Heft zurück, das ich auf einer gemieteten Maschine
droben im Estrich getippt hatte; ein ausführlicher Bericht war dabei, den
ich nicht begriff. Eine Einladung, spätere Arbeiten einzusenden, blieb das
einzige, was ich der schonungsvoll lächelnden Familie entgegenzuhalten
hatte. In einem Warenhaus entdeckte ich gelegentlich die Gesammelten
Werke von Henrik Ibsen, lauter Stücke, die den Preis schon wert waren,
und bis zur Matur, die ich natürlich als überflüssig, förmlich, lächerlich
und spießig erachtete und nur dem Vater zuliebe machen mußte, entstanden noch drei oder vier weitere Schauspiele, darunter eine Komödie der
Ehe (ich hatte noch nie ein Mädchen geküßt), ferner eine Farce über die
Eroberung des Mondes. Das einzige, was die Welt von alledem anerkannte, war die Matur. Der Gang an die Universität war unvermeidlich ...
Ich erinnere mich an zwei sonderbare Jahre, die ich in den Hörsälen,
fast ebenso angeregt in den Gängen verbrachte, immer erwartungsvoll, einsam, voreilig im Urteil, unsicher, meistens in eine heimliche Liebe ver-
strickt, wovon die Geliebte nichts wußte. Gedichte gelangen nie. Die reine
Philosophie, mit wirklicher Inbrunst befragt, offenbarte mir nur den eignen Mangel an Denkkraft. Mein Hauptfach war Germanistik. Wirklicher,
näher am lebendigen Geheimnis schienen mir andere Vorlesungen; Professor Cleric, der sich später das Leben genommen, zeigte uns die menschliche Existenz sozusagen im Brennspiegel ihrer verbrecherischen Verzerrung. Ebenso herrlich wie fremd, jenseits unsrer Wirrnis, stand der alte
Wölfflin, eine Lanze aus Bambus in der Hand, seine Grundbegriffe ent-
wickelnd; alles wie in Marmor gesprochen. Ich hörte auch unseren namhaften Theologen, irrte dahin und dorthin; sicher verdankt man auch
der unbefriedigenden Zeit viel mehr, als der Unbefriedigte meint. Das zunehmende Gefühl aber, daß alles Gehörte ohne gemeinsame Mitte ist, das
warenhaushafte Nebeneinander, das sich Universität nennt, all dies mochte ein durchaus wirkliches Gefühl sein, vielleicht sogar Erkenntnis; zu-

gleich diente es aber auch als willkommene Ausrede für das eigne wissenschaftliche Unvermögen. Als ich zweiundzwanzig war, starb unser Vater.
Ich mußte nun sehen, wovon ich mein Leben fristete. Als Journalist beschrieb ich, was man mir zuwies: Umzüge, Vorträge über Buddha, Feuer-
werke, Kabarett siebenten Ranges, Feuersbrünste, Wettschwimmen, Frühling im Zoo; nur Krematorien habe ich abgelehnt. All das war auch keine
unnütze Schule. In Prag fanden Weltmeisterschaften im Eishockey statt,
ich meldete mich als Reporter, startete, nachdem ich meinen ersten Koffer
erstanden, mit einer Barschaft von hundert Franken. Die Reise, die erste ins Ausland, führte weiter mit jedem Artikel, der zu Hause oder in
Deutschland gedruckt wurde, über Ungarn und kreuz und quer durch Serbien, Bosnien, Dalmatien, wo ich, bald mit deutschen Auswanderern befreundet, einen ganzen Sommer verbrachte, tagelang an der Küste umher-
segelte, ledig jeder Pflicht, frei, bereit für jede Gegenwart; das ist denn
auch meine eigentliche Erinnerung an Jugend. Später ging es ans Schwarze
Meer, wovon meine Mutter so oft erzählt hatte, nach Konstantinopel, wo
ich die Moscheen und den Hunger kennenlernte, endlich auf die Akropolis und als Fußwandrer durch das mittlere Griechenland, wo ich auf dem
Feld übernachtete, einmal auch in einem Tempelchen. Das war, obschon
verdüstert durch den jähen Tod einer jungen Frau, eine volle und glückliche Zeit. Das Ergebnis war ein erster, allzu jugendlicher Roman. Zu Hause brauchte ich noch zwei Jahre, um einzusehen, was es mit dem literarischen Journalismus auf sich hat, wohin es führt, wenn man auch zu Zeiten,
wo man nichts zu sagen hat, ins Öffentliche schreibt, um leben zu können.
Mit fünfundzwanzig Jahren muß ich nochmals auf die Schulbank zurück.
Eine Freundin, als wir heiraten wollten, war der Meinung, daß ich vorerst
etwas werden müßte. Sie sagte nur, was ich selber dachte; immerhin war
es ein Schock, zum erstenmal die ernsthafte Vorstellung, daß das Leben
mißlingen kann. In jener Zeit las ich den Grünen Heinrich; das Buch,
das mich seitenweise bestürzte wie eine Hellseherei, war natürlich der beste Vater, den man nur haben kann, und zum Entschluß, der allein wenig
vermocht hätte, gesellte sich das Glück, ein Freund, der für den Lebensunterhalt von vier Jahren aufzukommen sich erbot, so daß ich noch einmal
studieren konnte. Diesmal an der Eidgenössischen Technischen Hochschule. Im Anfang äußerst entzückt, daß man sich an einem Werktagmor-
gen hinsetzen konnte, unbekümmert um das monatliche Einkommen für
Mutter und Sohn, und statt dessen höhere Mathematik treiben durfte,

hatte ich später doch manche stille Not, ein Gefühl, meine Jugend verbummelt zu haben, Angst, daß ich niemals an ein Ziel gelangen werde. In kurzer Folge scheiterten auch alle menschlichen Verbindungen. Ob der Beruf eines Architekten, sofern ich dazu taugte, diese Beziehung zur Welt herzustellen vermochte, ließ sich nicht entscheiden, solange alles nur Papier blieb; was mich insbesondere zu diesem Beruf bewogen hatte, war ja das andere, das Unpapierne, Greifbare, Handwerkliche, die stoffliche Gestalt, und erst das wirkliche Bauen, vor allem die Verwirklichung eigner Entwürfe konnte zeigen, ob nicht auch dieser zweite Anlauf verfehlt war. Einmal wurde alles Geschriebene zusammengeschnürt, inbegriffen die Tagebücher, und alles dem Feuer übergeben. Ich mußte zweimal in den Wald hinaufgehen, so viele Bündel gab es, und es war, ich erinnere mich, ein regnerischer Tag, wo das Feuer immer wieder in der Nässe erstickte, ich brauchte eine ganze Schachtel voll Streichhölzer, bis ich mit dem Gefühl der Erleichterung, auch der Leere weitergehen konnte. Das heimliche Gelübde, nicht mehr zu schreiben, wurde zwei Jahre lang nicht ernstlich verletzt; erst am Tag der Mobilmachung, da ich als Kanonier einrückte, überzeugt, daß uns der Krieg nicht erspart bliebe und daß wir kaum zurückkehren würden, wurde nochmals ein Tagebuch begonnen. Die Erinnerung an einen Hauptmann, der mich nicht ausstehen konnte, was sein gutes Recht ist, und der mir am dritten September ins Gesicht sagte, er werde mich schon auf einen geeigneten Posten schicken, wenn es losginge, möchte ich nicht unter den vaterländischen Tisch fallen lassen; erst nach Jahren habe ich begriffen, daß ich diesem Offizier ein entscheidendes Erlebnis verdankte. Die Gelegenheit, über Leben und Tod zu verfügen, bekam er allerdings nicht; die Grenze blieb ruhig. Das begonnene, durch Urlaub abgebrochene Tagebuch ist später erschienen: »Blätter aus dem Brotsack«, 1940. Nachdem Frankreich gefallen war, was uns fortan in die Lage von Gefangenen versetzte, erhielt ich einen persönlichen Urlaub, um das Diplom als Architekt zu machen, so daß ich fortan, sofern wir keinen Dienst hatten, als Angestellter meinen Unterhalt verdienen konnte. Im ganzen leistete ich in jenen Jahren etwas über fünfhundert Diensttage, meistens im Tessin, später im Engadin. Eine junge Architektin, die mir am Reißbrett half und das Mittagessen richtete, wurde meine Frau; wir heirateten, nachdem wir zusammen ein erstes Haus erbaut hatten. Das nächste war ein Roman: »J'adore ce qui me brûle oder Die Schwierigen«, 1943. Unter den wenigen Zuschriften, die das Echo darstellten, fanden sich ein paar Zeilen vom Dramaturgen des Zürcher Schauspielhauses, Kurt Hirschfeld, der mich ermunterte, es einmal mit einem Theaterstück zu versuchen. Überhaupt begann eine Zeit langsamer Zuversicht. Auch wenn es nicht sicher war, daß wir verschont blieben, war der Krieg im ganzen doch entschieden; der gründlich vorbereitete Überfall auf die Schweiz, der uns all diese Jahre hindurch über dem Kopf hing, war noch einmal, wie die Akten inzwischen bestätigt haben, eine beschlossene Sache, April 1943, also nach Stalingrad, wo ein Sieglein wenigstens den deutschen Zeitungsleser etwas zerstreut hätte. Zehn Tage vor dem Stichtag, der durch Spionage bekannt war, wurde die Sache abgeblasen. Damit waren wir über den Berg. Kurz darauf kam unser erstes Kind. Glück in einem architektonischen Wettbewerb, der einen großen, ungewöhnlich reizvollen Auftrag der Stadt Zürich einbrachte, ermöglichte nun auch das eigene Büro, damit eine freiere Einteilung der Arbeitszeit. Nach einer Träumerei in Prosa: »Bin oder Die Reise nach Peking«, 1944, entstand als erstes Bühnenstück: »Santa Cruz«, eine Romanze, die zwei herbstliche Monate hindurch viel Freude machte. Ein halbes Jahr später, ebenfalls in wenigen Wochen verfaßt, folgte der Versuch eines Requiems: »Nun singen sie wieder«, das als erstes Stück auf die Bühne gelangte, Ostern 1945, als der Krieg zu Ende ging und der Friede hätte beginnen sollen. Die Zeit der Proben, die Kurt Horwitz mit sachlicher Hingabe leitete, war vielleicht die holdeste, die das Theater überhaupt zu vergeben hat, die erste Begegnung mit dem eignen, von leiblichen Gestalten gesprochenen Wort. Endlich die letzten Wochen des Krieges, die ich als Wachtposten an der österreichischen, teils an der italienischen Grenze verbrachte. Nach einer ersten Reise in das zerstörte Deutschland entstand ein drittes Bühnenstück: »Die Chinesische Mauer«, eine bereits ziemlich verzweifelte Farce, die gleichfalls im Zürcher Schauspielhaus zur ersten Aufführung gelangte, Herbst 1946. Es folgen, soweit die berufliche Verpflichtung es erlaubt, weitere Reisen in alle nachbarlichen Länder; das Verlangen, Zeitgenossen andrer Länder kennenzulernen, ist nach unsrer fünfjährigen Gefangenschaft besonders groß, und in einer Welt, die auf Vorurteile verhext ist, scheint mir das eigene persönliche Anschauen äußerst wichtig. Der erste Teil eines Tagebuches, das diesem persönlichen Anschauen gewidmet sein soll, erschien unter dem Titel: »Tagebuch mit Marion«, 1947. Unterdessen war es endlich so weit, daß wir mit unserem Bau beginnen konnten. Die Ausübung eines doppelten Berufes, Schriftsteller und Architekt, ist natürlich nicht immer leicht, so manche segensreiche Wirkungen er haben mag. Es ist eine Frage nicht so sehr der Zeit, aber der Kraft. Segensreich empfinde ich das tägliche Arbeiten mit Männern, die nichts mit Literatur zu schaffen haben; hin und wieder wissen sie, daß ich »dichte«, aber nehmen es nicht übel, sofern die andere Arbeit in Ordnung ist. Die bisher letzte schriftstellerische Arbeit behandelt eine Begebenheit aus Berlin: »Als der Krieg zu Ende war«, ein Schauspiel, das eben jetzt in den Händen der Freunde liegt.

Paris, Juli 1948

Daß die Zeit, wo europäische Völker sich um die Weltherrschaft streiten konnten, vorbei ist, wußten wohl die meisten, bevor der Zweite Weltkrieg es offensichtlich gemacht hat. In diesem Sinn hat Europa zu Ende gespielt, und der Europäer, der sich nach Weltmacht sehnt, muß allerdings der Verzweiflung anheimfallen oder der Lächerlichkeit, ähnlich den Napoleons in den Irrenhäusern. Das entdeckte Amerika, das sich nunmehr auch noch selber entdeckt, und das erweckte Rußland, von China vorläufig zu schweigen, das sind nun einfach Kolosse, denen Europa nicht mehr beikommt. Napoleon hatte noch einige Hoffnung, Rußland in den Sack zu stecken, nämlich das Rußland seiner Zeit. Und schon das ging nicht. Er versiegte sich. Was aber Hitler versucht hat, ist Unsinn von vornherein; denn zum Größenmäßigen, das ihn schon hätte warnen müssen, wäre es nicht eine besonders deutsche Versuchung, Mut und Maßlosigkeit zu verwechseln, ist ja noch ein anderes hinzu gekommen: die Kolosse sind in die Schule gegangen. Ich sitze eben in Saint Michel, unweit der Sorbonne, umgeben von allerlei Studenten und Studentinnen, darunter viel Farbige, Schwarze, Braune, Gelbe, wovon manche herrlich anzusehen sind, sie kleiden sich natürlich wie die Pariser, sprechen französisch wie eine angeborene Sprache; aber eines Tages, wenn sie das Nötige gelernt haben, werden sie, Paris nicht ohne Wehmut verlassend, zurückfahren in ihre Welten, zurück zu ihren schwarzen oder braunen oder gelben Geschwistern. Das ist die natürliche Folge jeder langen Herrschaft, auch der abendländischen, daß sie ihre Waffen langsam aus der Hand gibt. Durch Errungenschaften vieler Art, die europäisch gewesen sind, hat die Welt, von Europäern beherrscht, sich in einer Weise verändert, die eben dieses alte Europa, dank der Ausfuhr seiner Errungenschaften, ein für allemal aus dem Rennen geworfen hat. Nicht nur größenmäßig, wie es jeder auch nur flüchtige Blick auf einen Globus zeigt! Entscheidend ist, daß Europa für die Dinge, die es ausmachen, einen Preis hat bezahlen müssen, den jene entdeckten und erweckten Kolosse nicht übernehmen, einen Preis an Geschichte, an Blut, an Lebenskraft. Das ist wohl immer so. Es kostet Kraft, die Welt zu erforschen, zu erfahren, zu erwecken. Eine Erfindung machen oder eine Erfindung benutzen, sie allenfalls ausbauen und erweitern und auf neue Arten anwenden; eine Lehre stiften oder eine Lehre begreifen, ergreifen, das ist zweierlei, beides wertvoll, doch zweierlei an Ausgabe schöpferischer Kräfte. Auch wer es nicht erfunden hat, kann mit dem Flugzeug fliegen; er lernt die Griffe, die bereits vorhanden sind, und hat nicht jahrhundertelang ins Leere gegriffen. Die ganze Fliegerei, im grundsätzlichen einmal erfunden, kostet ihn nichts als Benzin und Öl, Arbeit, Intelligenz, aber keine Historie, keine vitale Substanz, und bald fliegt er besser als der Erfinder: denn er fliegt mit jüngeren Nerven. Zum Beispiel mit russischen oder amerikanischen Nerven. Im zweiten Schauspiel von Thornton Wilder gibt es eine Stelle, die den Vorgang unübertrefflich veranschaulicht; Mister Antrobus, der Vater, hat soeben das Rad erfunden, das Rad an sich, und kaum hat der Junge eine Minute damit gespielt, macht er dem Vater einen Vorschlag: Papa, da könnte man einen Sessel darauf stellen! Der Vater erfindet, der Sohn wird die Erfindung »besitzen«. Ja, brüllt Mister Antrobus, jetzt kann jeder Idiot damit herumspielen, aber ich hatte als erster die Idee! Es handelt sich weniger um eine Rangordnung, glaube ich, sondern um einen Vorgang, einen Ablauf. Die jüngeren Nerven, der Mangel an geschichtlicher Erfahrung, an Skepsis, das sind natürlich die Voraussetzungen, wenn man das väterliche Rad besitzen und damit die Welt beherrschen will. Mangel an Skepsis, Mangel an Ironie, das ist es ja auch, was uns an ihrer Physiognomie zuerst befremdet. In Paris habe ich mehrmals bemerkt, daß hier die Deutschen, die Unterdrücker von gestern, minder verhaßt sind als die Amerikaner, die Befreier, was nichts für die Unterdrückung und nichts gegen die Befreiung sagt, sondern einzig und allein, glaube ich, jenes Befremden ausdrückt: die Deutschen waren trotz allem Europäer. Die Athener und Alexander der Große, als dieser die Welt beherrschte, haben sich vielleicht nicht anders gegenübergestanden; den Athenern fiel es jedoch nicht ein, sich gegen die Weltherrschaft (die Perikles nie gewollt hat) bis zum letzten Blutstropfen zu wehren. Wozu? Es genügte ihnen, daß das Beste, was der junge Alexander in der Welt verbreiten konnte, Früchte griechischen Geistes waren, das Beste, das Lebendige von Hellas, das nicht nur die Weltherrschaft von Alexander, sondern noch eine ganze Reihe von Weltherrschaften überdauert hat –

Was Europa zu hoffen hat:

Zu sein, was Griechenland ist unter Alexander, was Italien ist für Europa, das zu werden für die Welt von morgen.

Was hat Europa zu fürchten?

Daß eines seiner großen Völker, das zur Zeit der europäischen Weltmacht nie zum Zuge gekommen ist, immer noch von Weltmacht träumt: Deutschland, dem es beinahe schon gelungen ist, Europa zugrunde zu richten im Bestand seiner Menschen und Werke, jenes Europa, das jenseits der Weltherrschaft einen höchsten Sinn haben könnte, eine Blüte, eine Reife, eine Ausstrahlung –

Letzigraben

Jetzt überall die Zimmerarbeit. Die Sparren sind verlegt, es sieht herrlich aus: das Gitterwerk von rohem Holz, darüber der blaue Himmel, tagelang die hallenden Schläge, wenn sie die Schalungen nageln, Hobelspäne, Sägemehl, Lastwagen mit neuem Gebälk; es ist unwahrscheinlich, daß ich wieder einmal so viel Zimmerarbeit habe, und ich genieße es richtig, gehe länger umher als nötig; es ist mir am ganzen Bauen eigentlich das liebste: Rohbau, bevor die Dächer gedeckt sind. Backstein und Holz, lauter Räume voll Himmel, den man durch alle Stockwerke sieht, der Kubus ist zum erstenmal da, aber durchsichtig, und der Raum, wo ich jetzt stehe, hat zum letztenmal die Sonne, zum letztenmal mindestens für Jahrzehnte. Über meinem Kopf arbeiten sie bereits an der Schalung, stoßen Brett an Brett . . .

Brecht

Der Umgang mit Brecht, anstrengend wie wohl jeder Umgang mit einem Überlegenen, dauert nun ein halbes Jahr, und die Versuchung, solchem Umgang einfach auszuweichen, ist manchmal nicht gering. Es ist Brecht, der dann wieder einmal anruft oder auf der Straße, immer freundlich in seiner trockenen und etwas verhaltenen Art, fragt, ob man einen freien Abend habe. Brecht sucht das Gespräch ganz allgemein. Meinerseits habe ich dort, wo Brecht mit seiner Dialektik mattsetzt, am wenigsten von unserem Gespräch; man ist geschlagen, aber nicht überzeugt. Auf dem nächtlichen Heimweg, seine Glossen überdenkend, verliere ich mich nicht selten in einen unwilligen Monolog: Das stimmt ja alles nicht! Erst wenn ich dann ähnliche, ebenso leichtfertige, oft auch gehässige Erledigungen aus dem Mund von Drittpersonen höre, fühle ich mich genötigt, doch wieder nach Herrliberg zu radeln. Die bloße Neugierde, die man einem Berühmten gegenüber empfinden mag, würde auf die Dauer kaum ausreichen, um das Anstrengende dieser Abende, die stets zu einer Begegnung mit den eignen Grenzen führen, auf sich zu nehmen. Die Faszination, die Brecht immer wieder hat, schreibe ich vor allem dem Umstand zu, daß hier ein Leben wirklich vom Denken aus gelebt wird. (Während unser Denken meistens nur eine nachträgliche Rechtfertigung ist; nicht das Lenkende, sondern das Geschleppte.) Einem überragenden Talent gegenüber, was Brecht nebenbei auch ist, im Augenblick wohl das größte in deutscher Sprache, kann man sich durch Bewunderung erwehren; man macht einen Kniefall, wie die Meßknaben vor dem Altar, und die Sache beruht auf sich selbst, man geht weiter. Einer Haltung gegenüber genügt das nicht, und es liegen, gerade weil Brecht in bezug auf seine Person so uneitel ist wie wenige Menschen, ganz andere Ansprüche vor, Ansprüche, die mit Anbiederung nicht zu befriedigen sind; dabei erwartet Brecht wie vielleicht alle, die aus einer selbständigen Haltung leben, gar kein Einverständnis, im Gegenteil, er wartet auf den Widerspruch, ungnädig, wenn der Widerspruch billig ist, und gelangweilt, wenn er gänzlich ausbleibt. Man sieht es dann seinem strengen, bäurisch ruhigen, oft von Schlauheit etwas verschleierten, aber immer wachen Gesicht an, daß er zwar zuhört, auch wenn er es ein Geschwätz findet, sich zum Zuhören nötigt, aber hinter seinen kleinen versteckten Augen wetterleuchtet es von Widersprüchen; sein Blick flackert, die Ungeduld macht ihn eine Weile lang verlegen, dann angriffig, gewitterhaft. Seine Blitze, seine Glossen, gemeint als Herausforderung, die zum wirklichen Gespräch führen soll, zur Entladung und Auseinandersetzung, sind oft schon erschlagend durch die Schärfe des Vortrags; der Partner, besonders der neue und ungewohnte, schweigt dann mit verdutztem Lächeln, und Brecht bleibt nichts anderes übrig, als daß er, sich beherrschend, katechisiert, ernsthaft, etwas mechanisch, im Grunde verärgert, denn das ist nun das Gegenteil eines Gesprächs, wie er es erhofft hat, verärgert auch, daß so wenige wirklich durch die Schule des Marxismus gegangen sind, der Hegelschen Dialektik, des historischen Materialismus. Brecht will kein Dozent sein, sieht sich aber in der Lage eines Mannes, der über Dichtung sprechen möchte, und es endet, damit es nicht eine Schwafelei wird, mit einem Unterricht in elementarer Grammatik, wofür seine Zeit in der Tat zu kostbar ist; er tut es immerhin, denn eine bloße Schwafelei wäre ihm noch ärgerlicher, Unterricht ist wenigstens Unterricht, wenigstens nützlich für den andern, möglicherweise nützlich. Im Grunde aber, glaube ich, ist Brecht seinerseits froh, wenn er nicht katechisieren muß. Unser Gespräch wird fruchtbar immer dann, wenn ich ihm die Reflexion überlasse, meinerseits nur das Konkrete liefere, das es allerdings an sich hat, immer Widerspruch zu sein. Seine Haltung, und bei Brecht ist es wirklich eine Haltung, die jede Lebensäußerung umfaßt, ist die tägliche Anwendung jener denkerischen Ergebnisse, die unsere gesellschaftliche Umwelt als überholt, in ihrem gewaltsamen Fortdauern als verrucht zeigen, so daß diese Gesellschaft nur als Hindernis, nicht als Maßstab genommen werden kann; Brecht verhält sich zur Zukunft; das wird immer etwas Geharnischtes mit sich bringen, die Gefahr zeitweiliger Erstarrungen, die nichts mehr zulassen. Es ist auch in dieser Hinsicht nicht zufällig, daß Brecht zumal gegenüber den Schauspielern so unermüdlich für das Lockere wirbt, das Entkrampfte; sein eigenes Werk, wo es dichterisch ist, hat es auch immer im höchsten Grade. Das Lockere, das Entkrampfte: eine unerhörte Forderung innerhalb eines Lebens, wie Brecht es führt, eines Lebens in Hinsicht auf eine entworfene Welt, die es in der Zeit noch nirgends gibt, sichtbar nur in seinem Verhalten, das ein gelebter, ein unerbittlicher und durch Jahrzehnte außenseiterischer Mühsal niemals zermürbter Widerspruch ist. Christen verhalten sich zum Jenseits, Brecht zum Diesseits. Das ist einer der Unterschiede zwischen ihm und den Priestern, denen er, wie gerne er sie auch aus seiner anderen Zielsetzung heraus verspottet, nicht so unähnlich ist; die Lehre vom Zweck, der die Mittel heilige, ergibt ähnliche Züge auch bei entgegengesetzten Zwecken. Es gibt auch Jesuiten des Diesseits, und zuweilen ist es gar nicht ihr Wunsch, ihre oberste Pflicht, verstanden zu werden, nicht unter allen Umständen nämlich. »Fünf Schwierigkeiten beim Schreiben der Wahrheit«, eine kleine Schrift von 1934, zur geheimen Verbreitung im Dritten Reich verfaßt, überschreibt ihren vierten Absatz: »Das Urteil, jene auszuwählen, in deren Händen die Wahrheit wirksam wird.« Und ihren fünften Absatz: »Die List, die Wahrheit unter vielen zu verbreiten.« Das muß man sich wohl vor Augen halten, insbesondere wenn eine größere, zufällige Gesellschaft versammelt ist. Denn eine friedliche und gerechtere Welt entwerfen und sich vor die Kanonen stellen, um ihr Opfer zu werden, das ist das Verhalten zum Jenseits, das heroische, nicht das Verhalten zum Diesseits, das praktische, das notwendende.

Gestern haben wir zusammen gebadet, das erste Mal, wo ich Brecht in der Natur sehe, in einer Umwelt also, die nicht zu verändern ist und daher wenig Interesse für ihn hat. (»Und die Natur sah ich ohne Geduld, so verging meine Zeit, die auf Erden mir gegeben war.«) Das zu Verändernde ist so groß, daß keine Zeit bleibt, zu loben, was natürlich ist. Wie so manches an Brecht ist auch das bereits eine durchaus gelebte Geste, eine zweite Natur, natürlich, wenn er kein Wort sagt über die Natur. Er bekümmert sich nur, ob wir noch in das aufziehende Gewitter geraten werden oder nicht. Der See ist grün, vom Wind zerwühlt, der Himmel ist violett und schwefelgelb. Brecht, wie immer versehen mit seiner grauen Schirmmütze, stützt sich auf das etwas morsche Geländer, eine Zigarre rauchend; das Morsche, das ist es, was er beachtet: er macht einen Witz über Kapitalismus. Erst wie ich bereits schwimme, geht auch er in den Schopf. Es wetterleuchtet über der Stadt, schräge Regenfahnen hangen vor den fernen Hügeln, die Vögel schwirren, es raschelt das Laub der großen Buchen, auf der Landstraße wirbelt der Staub. Später sehe ich, daß auch Brecht ins Wasser steigt, einige Züge schwimmt und bald wieder in den Schopf verschwindet. Seine Frau und ich schwimmen noch eine Weile in den hastigen, spritzenden Wellen. Wie ich ebenfalls das Land betrete, steht Brecht bereits wieder in grauer Joppe und grauer Mütze, die Erfrischung lobend, indem er die nächste Zigarre anzündet.

»Wissen Sie«, sagte er in einem Ton, als hätten wir kaum einen Atemzug lang unterbrochen: »das scheint mir sehr richtig. Der Darsteller des Puntila darf keinesfalls den Eindruck erwecken –«

Die Wohnung, die Brecht in Herrliberg bekommen hat, befindet sich in einem alten Gärtnerhaus, Dachstock. Wir essen in der Küche, wo seine Frau ihre unbekanntere Könnerschaft zeigt, oder in der Diele, die etwas Estrichhaftes hat wie überhaupt die ganze Wohnung, etwas anregend Vorläufiges. Später wandeln wir auf einer bekiesten Dachzinne, wo man sich unter den Wäschestangen etwas bücken muß, und zum schwarzen Kaffee setzen wir uns endlich in seinen Arbeitsraum, der ein schönes Fenster gegen den See und die Alpen hat, die für Brecht allerdings nicht in Betracht kommen; er findet das Fenster auch schön, nämlich weil es Helle gibt. Das Zimmer hat etwas von Werkstatt: Schreibmaschine, Blätter, Schere, Kiste mit Büchern, auf einem Sessel liegen Zeitungen, hiesige, englische, deutsche, amerikanische, hin und wieder wird etwas ausgeschnitten und in ein Mäpplein gelegt, auf dem großen Tisch sehe ich Kleister mit Pinsel, Fotos, Bühnenbilder von einer Aufführung in New York, Brecht erzählt von Laughton, ferner Bücher, die zur gegenwärtigen Arbeit gehören, Briefwechsel zwischen Goethe und Schiller, Brecht liest einiges daraus vor, das Dramatische und das Epische betreffend. Ferner gibt es ein Radio, eine Schachtel mit Zigarren, die Sessel gestatten nur ein aufrechtes Sitzen, einen Aschenbecher stelle ich auf den tannenen Boden, an der Wand gegenüber hängt eine chinesische Malerei, einrollbar, jetzt aber entrollt. Alles ist so, daß man in achtundvierzig Stunden abreisen könnte; unheimisch. Nicht viel anders, denke ich, hat es ausgesehen in Finnland, 1941:

> »Im Lautsprecher höre ich die Siegesmeldungen des Abschaums.
> Neugierig betrachte ich die Karte des Erdteils.
> Hoch oben in Lappland
> nach dem nördlichen Eismeer zu
> sehe ich noch eine kleine Tür.«

Es fällt mir dabei auf, daß Brecht noch nie von seinen Erlebnissen erzählt hat, überhaupt nie von seiner Person oder nur sehr mittelbar. Wir sprechen über Architektur, über Wohnen. Brecht geht auf und ab, zuweilen stehen wir beide, um besser sprechen zu können, Gänge machend wie auf der Bühne, wobei Brecht, so verhalten er ist, einen starken gestischen Ausdruck hat. Eine winzige wegwerfende Bewegung der Hand, Verachtung, ein Stehenbleiben im entscheidenden Punkt eines werdenden Satzes, ein Fragezeichen, ausgedrückt mit einem schroffen Heben der linken Schulter, Ironie, wenn er mit der Unterlippe den dreist-schlichten Ernst der Rechtdenkenden nachahmt, oder sein plötzliches, etwas krächzendes, sprödes, aber nicht kaltes Lachen, wenn ein Widersinn auf die Spitze getrieben ist, dann wieder sein verfahrenes und verschüchtertes Erstaunen, sein schutzloses Gesicht, wenn man etwas erzählt, was ihn wirklich betrifft, bekümmert oder entzückt. Brecht ist ein herzlicher und gütiger Mensch; aber die Verhältnisse sind nicht so, daß das genügt.

> »An meiner Wand hängt ein japanisches Holzwerk,
> Maske eines bösen Dämons, bemalt mit Goldlack.
> Mitfühlend sehe ich
> die geschwollenen Stirnadern, andeutend,
> wie anstrengend es ist, böse zu sein.«

Am besten klappt unser Umgang, wenn das Gespräch, das Brecht immer auch den Einfällen und Bedürfnissen des andern überläßt, um Fragen des Theaters kreist, der Regie, der Schauspielerei, Fragen auch des schriftstellerischen Handwerks, die, nüchtern behandelt, unweigerlich zum Wesentlichen führen. Brecht ist ein unerschöpflicher Erörterer. Zusammen mit einem Kunstverstand, der wissenschaftliche Methodik liebt, hat er eine kindhafte Gabe des Fragens. Ein Schauspieler, was ist das? Was macht der? Was muß der Besonderes haben? Eine schöpferische Geduld, wieder von vorn anzufangen, Meinungen zu vergessen, Erfahrungen zu versammeln und zu befragen, ohne ihnen die Antwort aufzudrängen. Die Antworten, die ersten, sind oft von verblüffender Dürftigkeit. »Ein Schauspieler«, sagt er zögernd: »das ist wahrscheinlich ein Mensch, der etwas mit besonderem Nachdruck tut, zum Beispiel trinken oder so.« Seine fast bäurische Geduld, sein Mut, hilflos auf leerem Feld zu stehen, auf Entlehnungen verzichtend, die Kraft, ganz bescheiden zu sein und möglicherweise ohne Ergebnis, dann aber die Intelligenz, Ansätze einer brauchbaren Erkenntnis festzuhalten und durch Widerspruch sich entwickeln zu lassen, und endlich die Männlichkeit, Ergebnisse ernst zu nehmen und danach zu verfahren, unbekümmert um Meinungen, das sind schon wunderbare Lektionen, Exerzitien, die in einer Stunde leicht ein Semester aufwiegen. Die Ergebnisse freilich gehören ihm. Zu sehen, wie er sie gewinnt, ist unser Gewinn. Dann ist es Zeit, den Heimweg anzutreten; Brecht nimmt die Mütze und den Milchtopf, der vor die Haustüre gestellt werden muß. Brecht ist von einer seltenen Art unlaunischer, zur Geste gewordener, dennoch herzlicher Höflichkeit. Wenn ich das Rad nicht habe, begleitet er mich an die Bahn, wartet, bis man eingestiegen ist, winkt mit einer knappen, etwas verstohlenen Gebärde der Hand, ohne die graue Schirmmütze abzunehmen, was stillos wäre; den Leuten ausweichend verläßt er den Bahnsteig mit raschen, nicht großen, eher leichten Schritten, mit Armen, die auffallend wenig pendeln, und stets mit etwas schrägem Kopf, die Schirmmütze in die Stirn gezogen, als möchte er sein Gesicht verstecken, halb verschwörerisch, halb schamhaft. Er wirkt, wenn man ihn so sieht, unscheinbar wie ein Arbeiter, ein Metallarbeiter, doch für einen Arbeiter zu unkräftig, zu grazil, zu wach für einen Bauern, überhaupt zu beweglich für einen Einheimischen; verkrochen und aufmerksam, ein Flüchtling, der schon zahllose Bahnhöfe verlassen hat, zu schüchtern für einen Weltmann, zu erfahren für einen Gelehrten, zu wissend, um nicht ängstlich zu sein, ein Staatenloser, ein Mann mit befristeten Aufenthalten, ein Passant unsrer Zeit, ein Mann namens Brecht, ein Physiker, ein Dichter ohne Weihrauch ...

Das Manuskript, das er zum Lesen gegeben hat, nennt sich »Kleines Organon für das Theater«. Brecht will wissen, was man findet. Auch unser Mißverständnis hält er für nützlich; es warnt ihn. Ich habe noch keinen Mann getroffen, der, ohne Pose, so frei ist von Prestige. Ein Schauspieler, kein großer, erlaubt sich einen textlichen Vorschlag; er möchte etwas sagen, wo das Buch ihn schweigen läßt. Brecht hört es an, besinnt sich und ist einverstanden: nicht um des Nachgebens willen, sondern weil es richtig ist, was der Mann sagt. Seine Proben haben nie die Luft eines Boudoirs, sondern einer Werkstatt. Auch sonst hat Brecht dieses Ernsthaft-Bereitwillige, das keine Schmeichelei ist und auch keine duldet, das Überpersönlich-Bescheidene eines Weisen, der an jedem lernt, der über seinen Weg geht, nicht von ihm, aber an ihm.

Prag, 23. 8. 1948

Herrlicher Flug durch brodelnde Wolken, Schattenbläue, Sonnengarben, Gebirge von silbernem Schaum; Nebel fetzen vorbei, hin und wieder öffnet sich ein Loch, man sieht das Muster sommerlicher Äcker – Lange Paßkontrolle ... Prag, scheint mir, hat ein verändertes Gesicht, lustlos, verarmt. Ich sitze in einer Anlage. Die Freunde sind nicht zu Hause; in den Ferien. Dann suche ich einen fernen Bekannten; der ist emigriert, heißt es, man ist über meine Anfrage ziemlich verlegen; Auskunft aus fast unbewegten und fast geschlossenen Lippen. Die Sonne scheint. Etwas ist gespenstisch; ich könnte aber nicht sagen, woran es liegt.

Zur Schriftstellerei

Was Brecht in seinem Organon schreibt über den ›Verfremdungseffekt‹, nämlich: die theatralische Verfremdung solle den gesellschaftlich beeinflußbaren Vorgängen den Stempel des Vertrauten wegnehmen, der sie heute vor dem Eingriff bewahrt – ferner: der Zuschauer soll sich nicht einfühlen, es soll verhindert werden, daß das Spiel ihn in Trance versetzt, sein Vergnügen soll vielmehr darin bestehen, daß ihm sein Spiel, gewisse Vorgänge, die ihm vertraut sind und geläufig, verfremdet werden, damit er ihnen nicht als Hingerissener, sondern als Erkennender gegenüber sitzt, erkennend das Veränderbare, erkennend die besondere Bedingtheit einer Handlung, genießen das höhere Vergnügen, daß wir eingreifen können, produzierend in der leichtesten Weise, denn die leichteste Weise der Existenz (sagt Brecht) ist in der Kunst … Es wäre verlockend, all diese Gedanken auch auf den erzählenden Schriftsteller anzuwenden; Verfremdungseffekt mit sprachlichen Mitteln, das Spielbewußtsein in der Erzählung, das Offen-Artistische, das von den meisten Deutschlesenden als ›befremdend‹ empfunden und rundweg abgelehnt wird, weil es ›zu artistisch‹ ist, weil es die Einfühlung verhindert, das Hingerissensein nicht herstellt, die Illusion zerstört, nämlich die Illusion, daß die erzählte Geschichte ›wirklich‹ passiert sei usw.

Breslau (Wroclav), 24. 8. 1948

Ankunft um Mitternacht. Großes und ausführliches Essen mit anderen Ankömmlingen, Jugoslawen, Mexikanern, Belgiern und anderen. Ein sehr ungutes Gefühl, das mich beim Betreten des Bahnsteiges erfaßt, hat mich über Nacht nicht verlassen. Rathaus heißt Razhus. Ich weiß nicht, wo ich bin. Schlesien ist die Heimat von Gerhart Hauptmann.

Die Jahrhunderthalle: – der Innenraum aus schalungsrohem Beton macht einen starken Eindruck, mehr als verblüffend, fast eine Stunde sitze ich da. Gespräch mit einer jungen Polin, die mir die Anschriften in der Ausstellung übersetzt hat. Eine Ausstellung über die neuen Gebiete, die zu Polen gekommen sind; architektonisch und graphisch ist die Ausstellung eine helle Freude. Der Beweis, daß Schlesien ein polnisches Land sei: mit dem gleichen Beweis könnte Österreich verlangen, daß wir nach siebenhundert Jahren unter seine Herrschaft zurückkehren. Die liebenswerte Polin, die seit einem Vierteljahr in Breslau wohnt, empfindet meine Einwände als feindselig. Zu Unrecht. Ernsthafter als diese völkischen Argumente, die nicht stimmen und immer mindestens zweischneidig sind, ist die genaue Darstellung, was die Deutschen in Polen getan haben; Zerstörung und Ausplünderung auf allen Gebieten erreichen einen Grad, der ein Weiterleben dieses unglücklichen Volkes, wenn nicht eine Entschädigung stattfindet, in Frage stellt. Das scheint mir der einzig mögliche Gesichtswinkel, wenn man über Schlesien zu sprechen hat: die Frage der Entschädigung. In immer neuen Hallen wird gezeigt, was in diesem neuen Gebiet bisher geleistet worden ist; besonders in Trümmerländern ist es natürlich eine Labsal, Erzeugnisse zu sehen, blanke Traktoren, Pflüge, Brückenträger, neue Eisenbahnwagen, Baustoffe aus altem Schutt, Maschinen, Werkzeuge, Geschirr, Geräte aller Art. Das Schauen ist erfreulich, nur das Denken ist erschreckend. Es wirkt wie eine Gebärde der Beschwörung, was sie jetzt überall anbringen: Polens neuen Umriß, überall, groß und klein, gemalt und gemodelt, Fresko, Relief, Maquette, geschrieben mit Glühbirnen, umflattert von Fahnen. Polen ohne die östlichen Gebiete, die Rußland genommen hat; dafür Schlesien, das ungeheure Geschenk. Was sollen sie tun? Die Tragödie der Polen ist ihre Geographie . . .

Abend an der Oder.

Jetzt, zum erstenmal, fühle ich mich wohler; allein in der Landschaft, die etwas Weites und doch Schweres hat. Das festliche Tingeltangel in der Ferne; vor mir der Fluß, die abendliche Spiegelung, das dröhnende Tuten der Schiffe, Rauch, Horizont mit Ruinen und Gasometer, Bäume, Sträucher, Himmel – später stehen zwei Polizisten hinter mir. Man darf hier nicht sitzen. Sie sehen das Abzeichen: Congrès Mondial des Intellectuels pour la Paix. Sie salutieren mit der Hand an der Mütze. Einer fragt in tadellosem Französisch, wie es mir gefalle in Polen.

»En Pologne –?«

»A Wroclav«, sagt der andere.

Ich antworte mit Zigaretten.

»Vous êtes Suisse?«

»Oui.«

»Je connais bien la Suisse«, sagt er: »La Suisse m'a sauvé –.«

Die Zigaretten stecken sie ein, so daß ich nur die eigene anzuzünden
habe, während sie auf eine ungrimmige Art salutieren:

»Beau séjour, Monsieur – et bon travail.«

25. 8. 1948

Fadejew, der Führer der russischen Schriftsteller, hat den Kongreß eröffnet, indem er uns die Leviten gelesen hat, ganz allgemein, dann nament-
lich. Wenn er die Schriftsteller kennt, die er im Laufe einer Stunde maßre-
gelt, indem er sie als Hyänen oder Mystiker oder Pornographen anspricht,
verfügt er über eine beneidenswerte Belesenheit. Versammelt sind vierhundert Intellektuelle, gekommen aus Amerika, Indien, Rußland, Mada-
gaskar, Ost-Berlin, Argentinien, England, Indonesien, Uruguay, Belgien,
Italien, Tschechoslowakei, Mexiko, Schweden, Rumänien, Frankreich, Bulgarien, Exil-Spanien, Dänemark, Schweiz, Jugoslawien, Holland, Polen,
Brasilien und so weiter ... Der Saal ist geschmückt mit einer Garbe aller
Fahnen; jeder Platz hat Kopfhörer; gleichzeitige Übersetzungen: Polnisch,
Russisch, Englisch, Französisch ... Am Abend ein erster Empfang im gotischen Rathaus. Die Tische, wo man sich bedient, könnten von Rubens
sein. Ein deutscher Emigrant, den ich aus der Schweiz kenne, ein Literat,
dessen brillante Vorträge über Thomas Mann in genauer Erinnerung sind,
hat sich wacker entwickelt; Torten essend, die vortrefflich sind, erklärt er
mir den Unterschied zwischen bösem Terror und gutem Terror.

»Es hat keinen Sinn«, sagt er: »mit Leuten wie André Gide über Kultur
zu sprechen.«

Herrlich anzusehen ein indisches Paar.

»Sagen Sie«, drängt er: »was ist in den letzten drei Jahrzehnten schon geschaffen worden an kulturellen Werten – außer in der Sowjetunion?«

Ich öffne das gotische Fenster, um die Zigarette hinauszuwerfen; auf der
mitternächtlichen Straße steht viel Volk, das emporschaut zu den erhellten
Sälen – Beau séjour, Messieurs, et bon travail.

26. 8. 1948

Nach der Rede von Fadejew, heißt es, haben die Engländer erwogen, ob sie nicht sofort abreisen wollen, sind aber geblieben. Die Debatte gestattet jedem zehn Minuten. Ehrenburg spricht zwanzig Minuten, bis Julian Huxley, der heute die Versammlung leitet, sich erlaubt, an die vereinbarte Zeit zu erinnern. Leidenschaftlicher Beifall; Ehrenburg soll weitersprechen. Nach fünfunddreißig Minuten erhebt sich ein Amerikaner, will wissen, wieso Ehrenburg ein anderes Recht habe als andere. Leidenschaftlicher Beifall; Ehrenburg soll weitersprechen. Er endet in der vierzigsten Minute. Ein geschickter Redner, Danton, lebhaft und angriffig, ironisch. Nicht ironisch gemeint ist seine schwungvolle Frage: Können Sie sich eine abendländische Musik denken ohne Rußland? Ich kann es; doch was hat das mit dem Frieden zu tun? Ein Engländer, ein Gelehrter aus Oxford, antwortet auf die Vorwürfe von gestern; er weist sie zurück mit dem Hinweis, daß sein Land niemals mit Hitler einen Pakt geschlossen und als einziges den Kampf aufgenommen habe, bevor Hitler es angegriffen hat. Der Beifall, der sonst minutenlang braust, ist kurz und dünn wie wenn ein Deutscher gesprochen hat. Es folgt ein Amerikaner, der sich ebenfalls mit Fadejew auseinandersetzt; Fadejew sitzt ohne Kopfhörer. Wie ich bisher feststellen konnte, versteht er kein Englisch; auf die Verdolmetschung verzichtend geht er von seinem Pult herunter, unterhält sich mit einem seiner Landsleute, lächelnd und lebhaft, bevor er langsam wieder an seinen Platz geht, auffällig langsam, auffällig gelassen; der Amerikaner spricht weiter; auch jetzt zieht Fadejew seinen Kopfhörer nicht an, sondern blättert in einer Broschüre –.

Nachmittags nicht in die Sitzung.

Das Essen ist auch für die Bevölkerung sehr reichlich; in allen Quartieren, die ich durchwandere, gibt es Kartoffeln, Eier, Fische aller Art, Würste, Bier, Gebäck, viel Früchte; dagegen ist die Kleidung sehr erbärmlich.

27. 8. 1948

Mein Landsmann von der Presse, dessen Name sich leicht verwechseln läßt mit einem berühmtem französischen, hat heute plötzlich einen Wagen, einen polnischen Fahrer, der die Türe öffnet: A votre disposition! ... Wir fahren aufs Land hinaus, besuchen schlesische Gehöfte. Eine Schlesierin, die in Berlin die schlesischen Flüchtlinge betreut, hat mir vieles erzählt. Jetzt bin ich da, empfinde es einmal mehr als meine Aufgabe, das Hier zu sehen und das Dort zu wissen, immer beides zusammen; als eine überall gleiche Aufgabe ... Das erste ist ein Großgrundbesitz, Baronenluft, jetzt von dreißig Familien bewohnt, Kleinbauern aus Ostpolen. Betrieb in Gemeinschaft, Teilung der Einkünfte nach Arbeitskräften. Die Wohnungen, überraschend besucht, sind sehr sauber. In einem großen Hof stehen Pferde unter herbstlichen Bäumen, ein zerschossener Traktor, der wieder flott werden soll. Schlimm ist der Mangel an Gerät. In den ersten Jahren war die Ernte infolgedessen sehr gering. Kein Grundbesitz; nur das Vieh und der Hausrat gehört ihnen. Jeder Familie steht es frei, den Hof zu verlassen. Sie verwalten sich selbst; ein Agronom als Berater. Sie verkaufen im freien Handel. Das alte Herrenhaus: leer, tagsüber Schule für die Kinder, hin und wieder ein Abend mit Tanz und Gesang. In einer Garage steht eine verbrannte Limousine; am Feierabend basteln sie ein Vehikel daraus, um in die Stadt fahren zu können. Alles halb klösterlich, halb robinsonhaft –.

Ein zweites Gehöft ist sehr anders, von einer einzelnen Familie bewohnt; ein jüngerer Bauer, kräftig und prall. Wir finden ihn beim Melken; er spricht deutsch, tadellos, er diente als Landarbeiter in Preußen. Dort kann man etwas lernen, sagt er. In zehn Jahren hat er so viel verdient und gespart, daß er sich daheim, in Ostpolen, selber ein kleines Gehöft kaufen kann. Dann der Krieg, Raub, Brand; kaum hat er mit dem Aufbau begonnen, müssen sie umsiedeln. Jetzt steht er wieder in einem deutschen Gehöft, das zuerst, da es auch zerstört war, keiner hat übernehmen wollen. Seine Auskünfte sind frank und frei. Es ist das erste Jahr, wo kein Land mehr brachliegt, weil er nun einen Traktor hat. Er zeigt uns seine Bücher, die er gewissenhaft führt. Für wen? Eines Tages, meint er, werde jemand kommen; aus diesen Büchern könne man sehen, wie er gewirtschaftet habe. Einkünfte, Ausgaben, Anschaffungen, Ergebnis jeder Ernte. Sein Ehrgeiz geht dahin, so viel herauszubringen aus einem Hektar wie damals in Preußen; es fehlen ihm noch drei Prozent. Auf unsere Frage, wer denn eines Tages kommen werde, zuckt er die schweren Schultern und lacht, holt Bier, dazu ein Brot und rohen Schinken, später Früchte, Äpfel und Pflaumen, endlich Schnaps. Seine Frau spricht nur polnisch, bewirtet uns wortlos, während er uns unterrichtet, über Arten von Dünger, die man noch nicht bekommen kann. Eine wunderbare Stunde – Sodom und Gomorrha! einen haben wir gefunden ...

Abends wieder bei den Intellektuellen.

Picasso: man kennt sein Gesicht von Bildern, aus der Nähe wirkt er älter, ein Greis mit stechend hellen Augen, halb übermütig, halb weise, das Gesicht eines genialen Harlekins.

»On est contre les formalistes!« lacht er mit emporgezogenen Brauen: »Moi, je suis aussi contre les formalistes – mais ils ne sont pas les mêmes.«

Warschau, 28. 8. 1948

Man fliegt hier sehr billig. Für dreißig Franken nach Warschau. Die Maschine ist ein alter Transporter, eine Dakota, die seinerzeit an die Russen geliefert worden ist. Im Innern sind nur zwei Bänke, längs gestellt wie in einer Straßenbahn, nichts von Gürtel, das Fliegen ganz alltäglich. Um zehn Uhr morgens landen wir bei strömendem Regen. Im Car, der uns dann nach Warschau fährt, sitze ich gerade hinter dem vortrefflich aussehenden Neger, der im Kongreß, Menschenrechte fordernd für alle Erdenbürger, als einziger die Bemerkung gemacht hat:

»Also the Germans are men.«

Man macht, wie erwartet, etwas sonderbare Gesichter, daß ich den Kongreß vorzeitig verlassen habe und mich an dem Manifest, das heute in Breslau beschlossen wird, nicht beteilige; doch die Gastfreundschaft, die wir bisher erfahren haben, bleibt bestehen. Es ist nicht allein das Bad, weswegen ich mich in Warschau sofort wohler fühle. Im übrigen genieße ich es, allein zu sein –.

29. 8. 1948

Morgen an der Weichsel, Sonntag, aber an den beiden großen Brücken wird dennoch gearbeitet, weithin hört man das Hallen der Niethämmer, die dumpfen Schläge der Rammen. Ein herrlicher Anblick: der grünliche Fluß, breit und gelassen zwischen Ufern aus roher Erde, dazu das Menning am neuen Eisenwerk, dahinter und darüber die Bläue eines herbstlichen Himmels – die Stadt, die ich nun auf dem andern Ufer sehe, ist eine Silhouette der irren Zerstörung, schlimmer als alles, was ich bisher kenne; nur ein Drittel davon stammt aus dem ersten Luftkrieg, der hier vor ziemlich genau neun Jahren entfesselt worden ist, und aus der Eroberung; erst nach dem Zusammenbruch des polnischen Aufstandes, einer Tragödie voll Mut und Unheil, ist die gänzliche Zerstörung erfolgt, Straße um Straße, planmäßig. Man begreift, daß die Polen sich gefragt haben, ob sie Warschau noch einmal beziehen sollten; sie haben es getan – nicht zuletzt gerade darum, weil mit Bewußtsein versucht worden ist, Warschau für immer auszutilgen.

Ankunft der Intellektuellen. Wieso haben die Intellektuellen, wenn sie scharenweise vorkommen, unweigerlich etwas Komisches?

Die Verwechslung mit dem Wagen hat sich herausgestellt: während der berühmte Franzose sich fahren läßt, gehen wir jetzt zu Fuß. Aber der Fahrer bleibt ein Prachtkerl, meldet sich, sooft sein berühmter Franzose zu einem Bankett oder zu einem Schläflein gegangen ist – François, mein Landsmann von der Presse, besucht Minister und Geistliche; der Fahrer und ich warten in einer Pinte, trinken Schnaps und essen Aal; er redet wenig, dennoch erfahren wir viel. Vor allem aber: das Unwirkliche, das man nach kollektiven Besichtigungen immer wie einen Schatten hinter sich fühlt, drängt mich in solche Pinten, drängt mich, unter Leuten zu stehen. Ich stecke mein Abzeichen in die Tasche. Nichts gegen Wiska, unsere staatliche Betreuerin! Wiska ist Ärztin, spricht polnisch, russisch, spanisch, englisch, französisch und in meinem Fall, wo der Fremdsprachenmangel glaubhaft ist, auch ein fehlerloses Deutsch, das sie von Herzen haßt. Sie unterscheidet sich von den polnischen Mädchen und Frauen, die meistens blond sind, oft hell wie Finninnen oder Schwedinnen; auffallend ist auch

die gesund-durchsichtige Frische der Haut. Wiska ist rabenschwarz; ihre
Augen sind nicht rund wie bei den meisten, sondern geschlitzt, blicken
scharf und knapp über ihre starken Backenknochen. Tatarenblut. Ihr Vater
war Rechtsanwalt; zu Hause hat jedes Kind ein eigenes Zimmer, das niemand ohne Einwilligung des Kindes betreten darf, Heiligtum eines persönlichen Eigenraumes. In diesem Heiligtum entwickelt sich ihr Denken, das
sie später nötigt, nach Spanien zu gehen; ihr Bruder kämpft in der Internationalen Brigade, sie als Ärztin im Feld. Nach der Niederlage flieht sie
nach Paris, wo sie jahrelang als Gynäkologin arbeitet, eine Tätigkeit, die
sich in Polen erübrige; die Kinder kommen hier ohne große Umstände.
Schließlich kommt sie nach Gurs, zwei Jahre im Lager. Ihr Bruder ist nach
England entkommen, läßt sich als Fallschirmler in seiner Heimat absetzen,
kämpft mit den polnischen Partisanen, wird nicht erwischt, aber die Deutschen haben seinen Namen und erschießen dafür ihre beiden Eltern, beide
zwischen sechzig und siebzig. Ihr Bruder fällt im Kampf. Ihr eigner Mann,
der bei den Alliierten kämpft, fällt ebenfalls. Wiska kehrt nach Warschau
zurück, einzige Überlebende ihrer Familie, Mutter von zwei Kindern, Kommunistin mit Kopf und Herz. Zur Zeit arbeitet sie daran, die Invaliden
wieder arbeitsfähig zu machen, damit sie sich selber als Menschen empfinden und nicht in Sanatorien verkommen; am Feierabend übersetzt sie wissenschaftliche Bücher, die der polnischen Sprache verlorengegangen sind.
Im übrigen ist Wiska, wenn wir abends in eine Pinte gehen, eine leidenschaftliche Tänzerin; ihre Mazurka, getanzt mit einem Mexikaner, ist unvergeßlich. Ihre augenblickliche Aufgabe: uns zu zeigen, daß es einen Eisernen Vorhang nicht gibt. Ihre allmorgendliche Frage: Was möchten Sie
sehen? Auf dem alten, einst so schönen Marktplatz, dessen historische Fassaden bis auf ein Zehntel verschwunden sind, erörtere ich eine grundsätzliche Frage: Warschau hat fast alles von seinem historischen Gesicht verloren, was mehr als nur ein stofflicher Verlust ist; anderseits fragt es sich,
wieweit es einen Sinn hat, historische Attrappen aufzustellen. (Frankfurter
Goethehaus.) Schon meine bloße Erörterung, die ich noch nicht einmal
für meine eigene Person beantwortet habe, hat unsere Wiska gänzlich verstimmt. Was beschlossen ist, kann nur der Staatsfeind nochmals erörtern;
Erwägungen sind nicht erwünscht und machen dich nur verdächtig; Kritik wäre ein vollendetes Attentat. Man kann das einigermaßen begreifen;
so viel muß jetzt getan werden, daß sich die Leute, die dieses Viele auf
den Schultern haben, nicht verweilen können bei Entscheiden, die schon

getroffen sind. Nur: es erstirbt die ehrliche Lust zu fragen, die ehrliche
Lust, seine Gedanken zu sagen, es wächst das Schweigen, lautlos webt sich
der Vorhang. Was bleibt dir denn anderes: du lobst oder du schweigst. Und
das Mißtrauen ist da. Wiska hat durchaus Humor; aber wenn andere ihn
haben, findet sie auch den Humor sofort verdächtig. Schade. Es ist unfruchtbar.

30. 8. 1948

Allein in der Stadt. –

Der Eindruck trostloser Vernichtung, der die ersten beiden Tage bestimmt hat, verwandelt sich mehr und mehr. Bei einem vorzüglichen Kaffee, den ich eben trinke, habe ich das Gefühl, daß man hier durchaus leben
und arbeiten könnte. Die Menschen kommen mir nicht mehr, wie beim ersten Schock, als Verdammte vor, im Gegenteil, ihre Gesichter sind fröhlich
und wach, viel fröhlicher als in meiner Vaterstadt. Die früheren Hauptstra-
ßen wirken lebendig und bunt, obschon die Häuser, die eigentlich die
Straße bilden sollten, nicht vorhanden sind, überhaupt nicht oder als Ruinen höchsten Grades; aber was über unsrer Augenhöhe ist, scheint für
den Eindruck weniger bestimmend, man sieht die Schaufenster, das Gewimmel der Fußgänger, die Straßenbahn, die meistens älteren Wagen, die
Stände mit Früchten und Blumen. Vor allem aber: auf Schritt und Tritt
sieht man, daß begonnen wird, eine Riesenarbeit ist schon vollbracht, Flä-
chen ohne Schutt, die Luft ist voll Lärm der Arbeit und voll Staub, aber
auch voll Zukunft, sobald das Vergangene einmal als vergangen begriffen
ist.

Warschau hatte Einwohner: eine Million und dreihunderttausend. Heute
leben hier sechshunderttausend; also weniger als die Hälfte. Die Wohnnot
ist die bitterste.

Abendessen mit einem jüngeren Polen, dessen Adresse wir hatten, und mit
seiner Schwester. Dazu tanzen. Das Lokal ist unterirdisch. Ein jüngerer
Mann, etwas betrunken, erkennt uns als Ausländer, kommt herüber. Ich
verstehe natürlich kein Wort; er wütet und schimpft, doch nicht gegen
uns. Gebärde des Schießens, Gebärde des Aufhängens. Seine Freunde pak-

ken ihn mit Gewalt, bringen ihn hinaus, damit er nicht weiterredet, wenn
die Musik aufhört –

»Was hat er denn gesagt?«

»Pas maintenant«, sagt unser Pole.

»Please!« sagt die Schwester: »Come –.«

Nämlich zum Tanzen; durch den kleinen Zwischenfall genötigt, siehe
da, geht es tadellos, und wir tanzen noch stundenlang.

31. 8. 1948

Rast in der Altstadt: – als wärest du der einzige Mensch, der letzte. In den
Gassen grünt das Gras, der Holunder wächst schon aus den leeren Fenstern heraus, und wenn ich auf die Schutthügel stapfe, um mich umzusehen, flattern die Tauben empor. Was ich hier suche? Man kennt das nun.
Das Unkraut auf den Gewölben, der Schutt, das Moos auf den Treppen,
die Tümpel, die Verwitterung, die Verbröckelung, die Verrostung, die Fassaden wie leere Larven, das alles ist ja nicht anders als in Berlin, in München, in Frankfurt, in Hamburg. Aber diese Stadt ist die erste gewesen.
Hier sind die entscheidenden Bomben gefallen: die ersten, heute vor neun
Jahren. Einmal geht eine Nonne mit weißer Haube, zwei Kinder an der
Hand, man weiß nicht woher und wohin. Grabesstille. Taubenstille. Überall das auskunftlose Schweigen wie vor einer Ausgrabung. Die Historie als
Bewußtsein der Lebenden. Hier ist der polnische Aufstand, der unselige,
in Blut und Asche erstickt, hier wird gekämpft, bis es sinnlos ist, die letzten Kämpfer entziehen sich durch die Kanalisation, die Verwundeten läßt
man zurück, die Verwundeten wurden erschossen. Und nun steht man so
da, die Hände in den Hosentaschen, man hat die Wahl wie überall: ein
Zeuge der Verstummten zu sein oder zu verstummen. Einmal ein Pfiff,
Gepaff einer kleinen Lokomotive; aus einer dornröschenhaften Straße
kommt ein Zug mit girrenden Rollwagen, alle mit Schutt beladen, und
entschwindet in eine andere dornröschenhafte Gasse. Langsam kommen
die Tauben zurück.

1. 9. 1948

Unterhaltung mit unserem schweizerischen Gesandten. Es ist doch ein Labsal, unbesonnen und ohne Einschränkung zu sagen, was man denkt, zu wissen, daß der andere es ebenso hält, gleichviel ob man einverstanden ist oder nicht.

Das Ghetto habe ich schon am ersten Tag besucht. Zu sehen ist nichts mehr. Seine Geschichte, die mich im Zusammenhang mit dem neuen Schauspiel schon seit einem Jahr beschäftigt, kenne ich aus dem dienstlichen Bericht dieses Mannes, der diese Vernichtung durchgeführt hat, Brigadeführer Josef Stroop. Aussagen eines polnischen Augenzeugen, den ich heute gefunden habe, und die zahlreichen Fotos, aufgenommen von Deutschen, decken sich mit den Einzelheiten des genannten Berichtes, der, nachdem er die tadellose Zusammenarbeit mit der Wehrmacht rühmt, unter einem Titel in geschmackvoll-handgemalter Fraktur meldet, daß es in treuer Waffenbrüderschaft und durch den unermüdlichen Schneid sämtlicher Kräfte gelungen ist, insgesamt 56 065 Juden, die sich der Umsiedelung in die Gaskammern widersetzten, nachweislich zu vernichten. (März und April 1943.)

Am Abend ein festlicher Empfang beim polnischen Staatsoberhaupt, ohne daß ich dasselbe sehe. Meine schwarzen Schuhe habe ich in Breslau vergessen. Große Treppen und endlose Läufer, weinrote, an jeder Flügeltüre stehen zwei Soldaten, die salutieren. Was soll ich tun? Natürlich nichts; immer aufrecht weitergehen, immer auf dem schönen weichen Läufer, bis die nächste offene Flügeltüre kommt, wo sie abermals salutieren. Ich bin das nicht gewohnt. Ein Stückschreiber, meint François, muß alles kennenlernen – Säle, Menschen, Leuchter, Frack, Musik, Abendkleider, Mayonnaise, Sprachen, Slivovice, Parkett, Kaviar ... Der frühere Bekannte, der mit einem Gide nicht über Kultur sprechen kann, will es unbedingt mit mir. Er hat bereits getrunken, so daß er sich auch lieber auf die deutsche Sprache zurückzieht. Die Tische könnten wieder von Rubens sein. Wir hätten einander in Breslau mißverstanden, meint er, und das möchte er nicht. Später wird getanzt. Die Polen und Polinnen sind hinreißend. Aber der Bekannte läßt mich nicht in Ruhe; beim schwarzen Kaffee steht er

auch schon. Man vertrage nichts mehr, meint er, wenn man in Berlin lebe.
Seine Augen schwimmen. Schon stehen wir wieder in einer Ecke, Tassen
in der Hand. Ich müsse ihn verstehen, meint er, ein Mensch in seiner Lage,
was sollte er anderes tun? Menschen mit einer Überzeugung sollten nicht
trinken; sonst verrutscht sie wie eine Larve, wenn man schwitzt ... Der
junge mexikanische Maler, der mit der Windjacke übers Meer gekommen
ist, hat sich für diesen Abend ein europäisches Hemd gekauft. Daß man
am Abend vornehmlich ein weißes trägt und dazu noch eine Krawatte, entgeht ihm nicht; aber das knallgrüne steht wunderbar zu seinem lehmfarbe-
nen Aztekengesicht. Leider haben wir keine gemeinsame Sprache. Jedesmal, wenn man sich sieht, nickt er mit strahlenden Augen, schweigsam,
brüderlich zu allen. Sein Gesicht hat etwas Großartig-Argloses, Unerschöpf-
tes, eine krampflose Zuversicht. Ich kann mich nicht satt sehen an ihm,
wenn er so dasitzt in seiner offenen Windjacke, in seinem knallgrünen
Hemd, schweigsam lächelnd, zufrieden, immer erfreut – Worüber?...

Wer eine Überzeugung hat, wird mit allem fertig. Überzeugungen sind der
beste Schutz vor dem Lebendig-Wahren.

Zusammenkunft der Architekten untereinander. Ostrowski erläutert die
gesamte Planung. Morgen und übermorgen auf die Baustellen, die ich teilweise schon auf eigene Faust besucht habe. Was geschieht mit dem Schutt?
Teilweise verwenden sie ihn für einen Baustoff, eine Art von gepreßten
Füllsteinen. Teilweise als Aufschüttung an der Weichsel, wo sie seichte
Ufer hat, Sumpf, Überschwemmung. Ferner gibt es Aufschüttungen in
der Stadt, so daß die neuen Straßen und Anlagen höher liegen als bisher,
dies vor allem dort, wo es Grünanlagen gibt und Hochhäuser, die sehr
starke und tiefe, aber keine weitläufigen Unterbauten verlangen; etwas
wie Pfahlbauten.

»Wieviel Schutt hat Warschau?« frage ich.

»Zwanzigtausend Kubikmeter.«

»Das ist nichts«, sagt eine deutsche Stimme: »Berlin hat – – –.«

Etliche von den jungen Polen, die am Wiederaufbau arbeiten, haben bei
uns studiert; damals als Internierte. Also bei den gleichen Lehrern wie ich.
Jedermann zeigt Bilder von eigenen Arbeiten. Apéritif in einem Atelier.
Ein belgischer Architekt zeigt Fabriken; ein junger Mexikaner zeigt ein
märchenhaftes Hochhaus, ein Theater, ein wissenschaftliches Institut; ein

Engländer erläutert eine geplante Stadt für die Bergarbeiter; mein Volksbad nimmt sich bescheiden aus, aber findet ebenfalls Interesse. Das Fachliche erweist sich einmal als Segen; man trifft sich mindestens in der Frage-
stellung; das Gespräch hat Hand und Fuß.

2. 9. 1948

Eine Genferin, Dolmetscherin, erzählt gerade, daß sie gestern abend auch
das Ghetto besichtigen wollte, aber von zwei Polizisten daran verhindert
wurde. Warum? Dämmerung. Was könnte denn schon gestohlen werden?
Sie erfährt es erst nach langem Gespräch: das Denkmal, das in jener Todes-
öde steht, ist auch heute nicht sicher vor antisemitischen Verschmierun-
gen. Sie selber ist Jüdin.

Wenn man von Frieden redet, was ist gemeint? Gemeint ist meistens nur
die Ruhe, die durch Vernichtung eines Gegners erreicht wird. Ein amerikanischer Friede oder ein russischer Friede. Ich bin weder für diesen noch für
jenen, sondern für den Frieden: den Nicht-Krieg. Wollen wir uns mit den
Wörtern, die wir in den Mund nehmen, nichts vormachen, kann man mit
vollem Ernst daran zweifeln, ob Friede überhaupt ein anständiges Wort ist,
ein Wort, das etwas Mögliches bezeichnet, und das Unmögliche, das Bis-
her-Unverwirklichte, wieso soll es gerade unserem Geschlecht gelingen,
das sich jedenfalls nicht durch sittlichen Schwung auszeichnet? Das einzig
Besondere, was diesem unserem Geschlecht eignet, was es von allen vorhe-
rigen unterscheidet, ist seine grundsätzliche Lage: die technische Möglichkeit, eine gesamthafte Vernichtung durchzuführen, hat keine frühere Zeit
besessen; der Krieg ist stets ein unvollkommenes Morden gewesen, örtlich
beschränkt, sogar bei den sogenannten großen Glaubenskämpfen erlahmte
er regelmäßig, bevor Gott die vollkommene Vernichtung der ketzerischen
Partei gelungen war. Es fehlte nicht am Wahnsinn, das zu wollen, nur an
den technischen Mitteln. Nun sind diese Mittel aber da, die nichts mehr
zu wünschen übriglassen. Das ist das Neue, das Entscheidende an unsrer
Lage. Unser Zeitalter kann sich den Krieg nicht mehr leisten, ohne sich selber auszutilgen. Die Frage: ein Friede im wirklichen Sinn, also ein Friede
mit dem Gegner, ist das überhaupt möglich? wird mehr und mehr zur
Frage, ob das menschliche Leben schlechthin möglich ist.

3. 9. 1948

Die großzügige Einladung, ganz Polen zu bereisen, kann ich wegen beruflicher Verpflichtungen nicht annehmen; träume bereits von meinem Bauführer!

Wiederaufbau.

Entscheidend ist natürlich das Gesetz, das, erlassen unmittelbar nach
Kriegsende, den ganzen Boden von Warschau als staatliches Eigentum erklärt. Was soll übrigens der einzelne Eigentümer mit seinem Schutthaufen,
wenn die Gemeinde nicht eingreift und die Straße dazu baut, die Kanalisation, das Licht, das Wasser, die Verkehrsmittel? Tabula rasa, damit ist
die erste Voraussetzung für wirklichen Städtebau erfüllt, Aufhebung des
Grundeigentums, zum erstenmal hat der moderne Städtebau eine wirkliche Chance, nachdem er seit Jahrzehnten überall gelehrt wird. Entstanden angesichts der steinernen Verheerungen des neunzehnten Jahrhunderts, das das alte Gesicht so vieler Städte zerstört hat, ohne ihnen ein
neues geben zu können, ist die Lehre vom modernen Städtebau wohl überall als Lehre anerkannt, aber ohnmächtig gegenüber dem Geld, ein Ge-
duldspiel der Gefesselten, die auf Grund langer Forschung wissen, was
man zur Genesung unsrer Städte machen müßte, aber ihre Wissenschaft
bleibt ein akademischer Traum, ihr Machen ein ehrbar-geduldiges Flick-
werk, ein verlorener Kampf gegen Parzellen. Warschau hat freie Hand.
Nach der Planung, die heute in ihren Grundzügen bereits vorliegt, besteht
alle Hoffnung, daß die außerordentliche Chance, eine Stadt unsres Jahrhunderts zu bauen, vollauf begriffen und genutzt wird. Die Gefahr jeder
Planung, die Uniformierung, der Mangel an persönlichem Gesicht dürfte
übrigens gering sein; jedes größere Vorhaben, insbesondere jedes staatliche, wird durch offene Wettbewerbe vergeben, so daß die Stadt nicht
von einem staatlichen Atelier aus erbaut wird, sondern durchaus die Hand-
schriften vieler Architekten bekommen kann. Dabei sind viele junge, viele,
die während des Krieges im Ausland waren, in Frankreich, in England
oder in der Schweiz. Ihre architektonische Haltung, der unseren keineswegs fremd, ist modern in dem Sinne, daß das Neuzeitliche einer Aufgabe
und das Neuzeitliche eines Baustoffes nicht hinter entliehenen Formen
versteckt wird, sondern seine eigene sucht, einen sauberen und attrappen-

losen Ausdruck ihrer eignen Bedingtheiten. Dabei viel Phantasie, ein meistens humaner Maßstab, viel Sensibilität für kubischen Rhythmus. Hoffentlich wird es so, wie ihre Modelle es heute zeigen! Ein Kollege, der mir den Rohbau eines Ministeriums zeigt, findet es selber nicht hinreißend, daß man Ministerien baut, bevor man Krankenhäuser hat; leider eignet sich der Staat nicht nur den Boden an, sondern auch die Unarten seiner früheren Eigentümer. Aber die Planung, wie gesagt, ist begeisternd. Der Staat hat sie ermöglicht, aber noch nicht verwirklicht; er kann sie, wenn er eigensüchtig wird, jederzeit verhunzen. Begeisternd vor allem ist das Hochgefühl der Menschen, die da arbeiten, dieses Bewußtsein einer Generation: Wir bauen unsere Hauptstadt. Es lohnt sich, sein Äußerstes einzusetzen; es gibt wenig Fachleute, und die Arbeit ist riesenhaft, aber getragen von dem unausgesprochenen Gefühl, daß sie eingehen wird in die Geschichte; die Straßen, die sie entwerfen, bestimmen die Arbeit und das Leben von Geschlechtern. So hat jeder, persönlich uneitel, etwas vom gesunden Selbstbewußtsein der Gründerjahre –

Wiska verabschiedet sich, da sie wieder an ihre berufliche Arbeit gehen muß; sehr freundlich, obschon wir in ihren Augen zweifellos zu jenen gehören, die einzuladen sich nicht gelohnt hat.

Letzter Abend in irgendeiner Pinte. Die tanzenden Paare, fröhlich, zwischenhinein essen sie geräucherten Fisch, Brot mit Butter, dazu Gurken, getrunken wird Schnaps. Drei sehr verlotterte Männer spielen Klavier, Geige, Flöte. Unbeschreiblich schön, wenn sie Mazurka tanzen, ein einzelnes Paar, sie mit wehendem Haar, selig, Freude ohne Euphorie, kinderhaft. Immer wieder die verblüffende Begabung im körperlichen Ausdruck, ihre Könnerschaft im Liebesspiel, unzimperlich, aber unschmierig, Grazie auf beiden Seiten, die schon dadurch, daß sie ganz allgemein ist, nie als Entblößung wirkt. Man spürt eine Kraft, nicht dumpf, aber jung, eine unmittelbare und fraglose Freude, zu leben, zu tanzen, zu essen, zu plaudern oder zu singen. Übrigens nicht nur am Feierabend. Auch auf der alltäglichen Straße sind die Gesichter froher als bei uns, offener, lebendiger und liebenswerter, liebender. Der Tanz in der nächtlichen Pinte, der Bau der Brücken, es läßt sich nicht trennen; hinter allem, was der menschliche Scharfsinn plant und erstellt oder zerstört, steht etwas Übermächtig-Blindes, das vor keiner Zerstörung erschrickt, ein fragloses Lebenwollen, das

keine Rechtfertigung braucht, das aus sich selber blüht. Es gehört zum Erlebnis fremder Städte, daß die Vielzahl der Menschen, die man nicht
kennt, plötzlich wie ein einziges Lebewesen erscheint, das einzelne Tode
verwunden können, aber nicht töten, immer wieder wachsen ihm die
Städte, es ersetzt sich die Kruste, wo immer sie zerstört ist, und das Lebenwollen findet sich ab, wie immer es aussieht ringsum, es richtet sich ein, es
beginnt abermals mit Brücken, Schiffen, Kranen, und solang es keine Häuser gibt, tanzt es im Keller wie hier. Wir überschätzen unsre Städte, wenn
wir sie für das Gefäß unsres Lebens halten. Enden kann es nur, wenn die
Erde erkaltet oder wenn der Eros erlischt.

Letzigraben

Muster für Glas, Muster für Verputz, Muster für Aschenbecher, Muster für
Beschläge, Muster für Lasur, alles wartet auf Entscheidung, und längst
Entschiedenes trifft täglich ein, heute die Schlosserarbeit, das Geländer
für den Pavillon, alles ist greifbar, so, wie du es entworfen hast, unbarmherzig, ob es dir nun gefällt oder nicht; es ist da, und die beste Idee verändert
es nicht mehr. Wie leicht es ist, das Fertige zu beurteilen! Selbst wo es dir
gefällt, hat es etwas Befremdendes, fast Erschreckendes; alles wird eisern
und steinern, endgültig, es gibt nichts mehr zu wollen. Oft auch ein Gefühl von Befreiung! Die ursprüngliche Vorstellung, in jahrelanger Arbeit
oft vergessen, kommt da und dort wieder zum Vorschein. Das aufregende
Gefühl: Das ist dein Werk, von außen gesehen, dein Gesicht! und das bei
gänzlicher Ohnmacht, das Gesicht zu verstellen: –
  Der Schlosser bringt dein Geländer.
  Der Maler streicht deine Farbe.
  Der Spengler lötet dein Muster.
  Usw.

Nachtrag zur Reise

Ein Eindruck, im einzelnen schwer zu belegen, eigentlich der stärkste Eindruck unsrer polnischen Reise, insbesondere während der Reden in Breslau entstanden, geht dahin, daß die Spannung zwischen Ost und West

(um einmal diese vereinfachende Formel anzuwenden) eigentlich nicht
eine Auseinandersetzung zwischen gesellschaftlichen Ordnungen ist, nicht
in erster Linie. Gesprochen haben auch Deutsche, Engländer, Amerikaner,
die die östliche Ordnung mit Begeisterung bejahen, ohne jeden Vorbehalt;
die Zuhörerschaft, wohl in der Mehrzahl eine slawische, hat diese Reden
mit Genugtuung, doch nicht mit jener Zustimmung aufgenommen, wie
wenn ein Farbiger sprach, ein Neger aus Amerika, ein Afrikaner aus Mada-
gaskar, ein junger Mann aus Indonesien. Namen von Genossen, in Reden
genannt, blieben ohne Widerhall, wenn es deutsche, englische, amerikanische, sogar französische waren; dagegen stürmischer Beifall bei allen anderen Namen, bei slawischen, argentinischen, mexikanischen, spanischen.
Ein Einverstandener aus Wien, der durch kluge Differenzierungen auffiel,
erntete einen schütteren, völlig unsicheren Beifall, obschon seine Antworten vollauf in der Linie blieben. Ebenso bei Anna Seghers, die demütig erklärte, sie wäre gekommen, um zu lernen; die einzige herzliche Zustimmung erzielte sie mit der Nennung von Neruda. Nicht viel anders mit
den Amerikanern, die auf die verbrecherischen Zustände in ihrem Lande
schimpfen, wobei sie einen immer sicheren Beifall finden; ihr Bekenntnis
zum vollkommenen Osten wird hingenommen, wie man den Schwur eines
Überläufers hinnimmt, zufrieden, aber mit Vorsicht, denn er mag nun reden wie er will, er ist doch einer von den andern, wertvoll, indem er gegen
die Seinen flucht, aber viel mehr wird ihm nicht abgenommen. In der Tat
sind es die Farbigen gewesen, die, soweit ich im Saal war, am besten gesprochen haben; nicht nur das beste Französisch, das beste Englisch, wie
mein kennerischer Begleiter fand, sondern am besten in dem Sinn, daß
sie stets etwas Lebendig-Wirkliches sagten. Das Unrecht, das ihren Rassen
widerfährt, das im Widerspruch steht zum großen Gerede von Freiheit
und Menschenrechten, dieses Unrecht zu bezeugen ist eine unantastbar-
anständige Aufgabe; sie waren vielleicht die einzigen, die nichts anderes
wollen, als sie sagen, Menschen, keine politischen Schachspieler. Bei ihnen
hatte man auch das Empfinden, der Flug über den Ozean habe sich gelohnt; ihre Sätze hat man nicht schon tausendfach in den Zeitungen gelesen. Zugleich taten sie uns leid; der frenetische Beifall, den jeder von ihnen
erntete, galt er wirklich den Unterdrückten? Minutenlang stand die ganze
Zuhörerschaft, begeistert über dieses schwere Zeugnis gegen die Amerikaner, die Engländer, überhaupt die Herren der Welt. Der Beifall der stehenden Zuhörerschaft dauerte an, als der Neger sich bereits gesetzt hatte, un-

weit vor uns; lächelnd, erregt, einsam, indem er die knappe Kunde, die er über den Ozean gebracht, in seine Brusttasche steckt; er weigert sich mit einem verlegenen Kopfschütteln, nochmals aufzustehen und sich für den Beifall zu bedanken. Ahnte er, daß es ihnen nicht um das gleiche geht? Ein Engländer gestattete sich, an die Unterjochten in anderen Kontinenten zu erinnern, an die Schändung der Menschenrechte, die in allen Lagern zu bekämpfen sei. Als ginge es um Menschenrechte! Man macht den Intellektuellen oft den Vorwurf, daß sie naiv sind; Gott sei Dank, mit den Naiven hat der Teufel es nicht am leichtesten. Um was aber geht es? Nicht in erster Linie um eine gesellschaftliche Umwälzung, sondern um eine Ablösung in der Weltherrschaft, um einen Aufstand der Völker, die durch die Geringschätzung, welche die herrschenden Völker ihnen gegenüber bewiesen haben, sich wie eine Familie empfinden. Auf gegen die Weißen! Die Weißen sind: die Angelsachsen, die Deutschen, die jene völkische Geringschätzung bis zur planmäßigen Ausrottung entwickelt haben, ferner die Franzosen, die man lange genug bewundert und als Weltmitte des Geistes beneidet hat, ferner die Skandinavier, soweit sie auf den Meeren eine wirtschaftliche Rolle spielen, weniger schon die Italiener. Aufstand der Völker; die revolutionäre Idee, die auf dem Banner steht, ist nicht die treibende Kraft, und auch unter einem anderen Banner würde die Bedrohung bestehen bleiben.

Die planmäßigen Ausrottungen, die schon in Polen, wo das Slawische sich am meisten mit dem Westen verschwistert hat, den Charakter einer regelrechten Industrie angenommen haben, um gegen Osten womöglich noch grausiger zu werden, erweisen sich nicht nur für Deutschland, sondern für Europa als eine katastrophale Hypothek.

Ferner der oft wiederkehrende Eindruck, daß die Völker, die den Blutverlust eines nächsten Krieges überleben, keinesfalls die Völker unseres europäischen Westens sind –

Schauspieler

Entscheidend scheint mir, daß der Schauspieler, im Gegensatz zu jedem anderen Künstler, kein andres Instrument hat als sich selbst, seine eigene leibliche Person ... Ein Maler, ein Bildhauer, ein Schriftsteller, ein Musiker, ich möchte nicht behaupten, daß sie minder besessen sind von sich selbst. Eitel sind wir alle! Aber wenn sie in einer Gesellschaft sitzen, kommen sie nicht als Maler, Schriftsteller, Musiker, sondern als Leute; sie kommen ohne Pinsel, ohne Meißel, ohne Schreibmaschine, ohne Klavier. Sie kommen ohne ihr Instrument. Der Schauspieler, ob er will oder nicht, kann sein Instrument nicht zu Hause lassen. Ein Bildhauer erzählt, was er vom Fliegen hält oder von der Liebe; wir hören ihm zu. Wenn aber ein Schauspieler das nämliche erzählt, schauen wir. Und er ist sich bewußt, daß wir schauen. Wenn ein Schriftsteller dasitzt und sich als Stammler erweist, besagt das nichts über seine Schriftstellerei; einem Schauspieler dagegen, der sich nicht bewegen und die Anekdote, die er zum besten gibt, nicht darstellen könnte, wie sollen wir ihm den Darsteller glauben? So kommt der Schauspieler, wenn nicht gerade ein Haus einstürzt, nie ganz aus seiner Begabung heraus; das ist sein Fluch, sein Gehäuse, seine besondere Wirkung, die verblüfft und später langweilt, je mehr er nämlich, kraft seiner immer gegenwärtigen Mittel, die Gesellschaft dominiert. Auch der Musiker, wenn er sein Orchester mitbrächte, würde uns dominieren.

Schauspieler, sagt man, können nur vom Theater sprechen. Das ist richtig: vom Theater, nicht über Theater. Meistens reden sie von Personen, die sie lieben oder hassen, oder von Rollen, wie Frauen etwa von einem neuen Mantel sprechen. Im Grunde, und das ist wohl das Rasch-Verbindende und das Langsam-Abstoßende ihres Umgangs, sprechen sie stets von der eignen Person; das Theater ist ein immer neuer Mantel dieser Person.

Es ist kein Zufall, daß ich vom Schauspieler rede, nicht von der Schauspielerin – kein Zufall, daß die schauspielerische Eitelkeit auf die eigene leibliche Person besonders am männlichen Vertreter auffällt. Das Weib ist schauspielerisch von Natur. Kommt eine Begabung hinzu, die sogar einen Beruf daraus werden läßt, wird das Weib dadurch nicht fragwürdig, nur weiblicher. Oder anders gesagt: je weiblicher sie ist, um so voller glaube ich ihr die Schauspielerin. Das Theater, man weiß es, ist etwas durch und durch Erotisches, aber weiblich erotisch, und daß die Männer, die diesen Raum betreten, so häufig der geschlechtlichen Verkehrung verfallen sind oder ihr verfallen müssen, um ihn mit besondrer Leichtigkeit zu betreten, ist ebenfalls bekannt und nicht zufällig, sondern wesentlich. Woher kommt es, daß der Schauspieler, der männliche, wenn er nicht ein überragender ist und somit schon unverhältnismäßig, mit einem gewissen Alter immer peinlich wird? Ein Handwerker, ein alter, wird vielleicht langsam und unbeholfen, aber niemals peinlich. Der Schauspieler tut uns leid. Er merkt es übrigens selber, es drängt ihn, sich als Spielleiter zu versuchen, und er ist erleichtert, wenn es irgendwo Kinder gibt, Zeugen seiner Männlichkeit; hin und wieder, halb im Scherz, träumt er von einem bürgerlichen Beruf; er liebt es, nur im schwarzen Anzug auf die Bühne zu treten und Gedichte vorzulesen, eine Matinee über Goethe oder Büchner, und mehr und mehr zieht er es vor, auch im Rundfunk zu sprechen – wo er ebenfalls kein Kostüm tragen muß.

Das Widermännliche: das scheinbar Uneigene des Weibes, das sich formen läßt von jedem, der da kommt, das Widerstandlose, Uferlose, Weiche und Willige, das die Formen, die der Mann ihm gibt, im Grunde niemals ernst nimmt und immer fähig ist, sich anders formen zu lassen: das ist es, was der Mann als das Hurenhafte bezeichnet, ein Grundzug weiblichen Wesens, das Weiblich-Eigene, dem er niemals beikommt. Man könnte es auch das Schauspielerische nennen. Das Spiel der Verwandlung, das Spiel der Verkleidung. Der Mann, wenn er sich in Kostüme hüllt, hat er nicht immer einen Stich ins Verkehrte, ins Weibische, ins Widermännliche?

Ohne Eros keine Kunst. Erotisch im weiten Sinn ist der Drang, da zu sein, und der Drang, sein Dasein darzustellen. Das Schauspielerische und das Tänzerische, also die Darstellung durch die eigene leibliche Person, sind wohl das unmittelbarste Gestalten, am wenigsten übersetzt, am nächsten bei der naturhaften Erotik, die ebenfalls mit dem eignen Leib und mit der eignen Stimme spielt und wirkt. Andere Künstler, die dem nämlichen Drang gehorchen, Dasein darzustellen, tun es mittelbarer: sie tun es auf Papier oder Leinwand oder Stein; sie müssen es übersetzen in einem Grad, der die verfängliche Vermischung von künstlerischem und naturhaftem Drang zwar auch nicht verhindert, aber wesentlich erschwert; sie verlegen es außerhalb ihrer leiblichen Person; sie entrücken es – weil sie neben dem erotischen Drang, ihr Dasein darzustellen, noch ein andrer Drang gleichwertig beherrscht: der intellektuelle, der Drang, zu erkennen.

Ein Schauspieler kann vielleicht dumm und groß sein; ein Dichter, fürchte ich, kann beides nicht vereinen.

In diesem Zusammenhang ist es nicht verwunderlich, daß der intellektuelle Drang unter den Schauspielern nicht nur eine geringe Rolle spielt, sondern geradezu verpönt ist. Das Schlimmste, was sie etwa von einem Spielleiter sagen können: daß er literarisch sei. Und das heißt: blutlos, unkünstlerisch. Und die Verachtung, die sie damit aussprechen, hat oft einen Geschmack von Haß und ist erbarmungslos, wie nur Gekränkte es sein können. Was ist geschehen? Oft hat ein Spielleiter nur den Fehler begangen, daß er sich nicht in sie verliebte; ein wirklicher Fehler. Was will man von einem Schauspieler, den man nicht durch persönliche Sympathie erreicht? Erörterungen sachlicher Art, mag sein, sie werden angehört, sogar verstanden; aber sie werden nie überzeugen. Schauspieler sind keine Schreiner. Was nichts gegen die Schreiner sagt! Schauspieler lassen sich nur führen, wenn du in ihnen das Bedürfnis erwecken kannst, dir persönlich zu gefallen. Das erotische Bedürfnis. Das ist meistens die einzige Antenne, die sie haben, eine wunderbare, gewiß, eine lebendige und äußerst empfindsame, gewiß, aber immer mit einer Erdung im Privaten – weswegen auch die Luft, die sie bei der Arbeit umgibt, selten die kühle und sachliche Luft einer Werkstatt ist; es bleibt die Luft eines Boudoirs.

Man muß sich in sie verlieben!

Sonst sind sie nicht auszuhalten.

Ein Schauspieler, kaum hat er sich abgeschminkt, wartet er auf unser Lob – lobe ihn auf jeden Fall, spare deine Kritik auf übermorgen! Im Augenblick, wo einer von der Bühne kommt, ist sie nur grausam. Der Schauspieler, anders als andere Künstler, ist eins mit seinem Werk, und zwar auf eine leibliche Weise. Was ihm mißlingt, kann er nicht herausreißen, verknüllen und wegwerfen; es klebt an ihm, gelungen oder mißlungen. Nichts ist begreiflicher als seine Gier, sofort zu hören, wie er heute abend gewesen sei. Er kann sein Werk nicht selber sehen. Das ist etwas Ungeheuerliches. Angewiesen auf uns, die es gesehen haben, trifft ihn unser Schweigen wie eine Vernichtung. Der Schauspieler hat etwas von einem Maler, der blind wäre. Noch wenn es gelungen ist und wir sitzen nach einer Vorstellung zusammen, wirklich begeistert, spüre ich stets eine Melancholie; der Rausch verrauscht, und sein Werk ist nur in unser Gedächtnis geschrieben. Das ist ein weiches Wachs; er selber kann es schon in einem Monat wieder verwischen. Einiges bleibt haften über Jahre, über Jahrzehnte; aber wo? Er kann es nicht aus einer Mappe nehmen oder in einer Galerie wiederfinden.

Seine Galerie sind die Leute; seine rührende Freude, alte Bekannte wiederzusehen, Kollegen oder Zuschauer, zu hören, wo die Sowieso ist und was
der Dingsda macht, zu erzählen, wie es in dem Theater zuging, wo er
zum erstenmal seinen Mortimer gespielt hat, zu vernehmen, daß eine frühere Partnerin sich zum fünftenmal verheiratet hat – all diese Gespräche,
die wir als Klatsch empfinden, die auf die Dauer so langweilig sind – es
ist alles so begreiflich, wenn man es so begreift: er sucht die Spuren seines
Werkes, Leute, die es gesehen haben ...

Warum gibt es so oft eine große Schauspielerin, so selten eine große Dichterin? ... Der erotische Drang, Quelle jeder Künstlerschaft, hat eine weibliche und eine männliche Spielart. Weiblich ist der Drang, zu sein; männlich ist der Drang, zu tun. Die interpretierende Kunst ist immer näher
beim Weiblichen.

Ein Schauspieler, der eines Tages nicht mehr auftritt, macht den Eindruck
eines Gescheiterten – durchaus nicht die Frau, die eines Tages genug hat
und sich ihren Kindern widmet. Für den Mann war es Beruf; sie spricht
von ihren Rollen wie von Hochzeitsreisen ...

Die gesellschaftliche Geringschätzung des Schauspielers sogar in Jahrhunderten größten Theaters: mindestens teilweise begründet in einem instink-
tiven Unbehagen gegenüber dem Widermännlichen jeder Schauspielerei,
verschärft durch den Umstand, daß die Männer auch noch die weiblichen
Rollen haben übernehmen müssen – zu untersuchen wäre, wieweit es der
Schauspielerin zu verdanken ist, daß jener Bann zwar nicht verschwunden,
aber sehr vermindert ist. Daß ein Unterschied empfunden wird zwischen
Schauspieler und Schauspielerin, zeigt sich an jedem Briefträger, jeder Zim-
mervermieterin, jedem Gaseinzüger, der Schauspieler bleibt ihnen doch
zweitrangig, bevor er sie durch längere Bekanntschaft vielleicht eines andern belehrt oder durch Ruhm, durch ein Bild in der Zeitung von vornherein bezwingt. Ein Schauspieler, *aber* ein feiner Kerl! Eine Schauspielerin,
selbst wenn sie ein Luder sein sollte, ist ihnen selbstverständlicher.

Die Sorge, daß das Theater eingehe zugunsten des Films, kann ich aus
manchen Gründen nicht teilen; einer davon ist das Wesen des Schauspielers, das Erotische daran, das im Film nie seine ganze Erfüllung findet;

der erotische Drang, da zu sein und sich darzustellen, wird immer auch die leibliche Gegenwart der Zuschauer verlangen. Der Schauspieler, der gefilmt wird – und irgendwann einmal, wenn er vielleicht im Bett liegt, sehen wir sein Bild – das kann seine Börse und seinen Ruhm vergrößern, aber den Augenblick nicht ersetzen, wo er auf der Bühne spielt und zugleich gesehen wird. Weder für ihn noch für uns. Wenn das Theater eingeht, ist auch der Eros eingegangen.

Frankfurt, November 1948

Begegnung mit Thornton Wilder – also mit dem Mann, der meine jugendliche Theaterliebe, nachdem sie ein Jahrzehnt gänzlich begraben lag, dermaßen wieder erweckt hat, daß ich ihr wahrscheinlich für die restliche Dauer dieses Lebens verfallen bin ... Peter Suhrkamp, der uns vorstellt, verschweigt nicht, daß ich aus Zürich stamme (wo Wilder übrigens Our Town geschrieben hat) und mich ebenfalls mit dem Schreiben von Stükken befasse.

»Oh«, sagt Wilder: »Bauernstücke?«

Probeschüsse sind dazu da, danebenzutreffen. Wir setzen uns zum Mittagessen. Ein jüngerer Hamburger ist auch dabei. Nun? Etwas befangen knabbere ich von dem Brot; der Langverehrte, was wird er zum besten geben? Gentleman, Güte, Witz, Kennerschaft nach vielen Seiten, Herzlichkeit, Grazie des Gesprächs, Offenheit, Weltmann mit Kinderaugenglanz, Humanist, das Geistreiche und Funkelnde als keusche Verkleidung reinen Ernstes, Amerikaner, also sehr unmittelbar, Puritaner, also sehr höflich – und was man sonst an Wilder rühmt, ich kann es mir denken. Vorläufig löffeln wir die Suppe. Ich bin zum Bersten bereit, einen unsrer Lehrmeister kennenzulernen, gierig schweigsam. Da, vielleicht hat man meine Befangenheit verspürt, sagt der Herr aus Hamburg zu mir:

»Was mich so erstaunt, wissen Sie, daß Sie als schöpferischer Mensch (brr!) in Ihrer spießigen Schweiz überhaupt schaffen können –.«

Was jetzt?

(Das Kind eines Nachtwächters verbraucht tausend Tage seines Erdenlebens, um seinen Nachbarn zu sagen, daß sein Vater, den man so selten bei Tage sieht, kein nächtlicher Hühnerdieb sei, wie sie immer wieder behaupten, sondern ein Nachtwächter. In der Tat werden immer wieder

Hühner gestohlen, das Kind hat es nicht leicht. Wie löblich, sagen die Leute, daß du als Kind eines Hühnerdiebes selber kein Hühnerdieb bist! Nach tausend Tagen hat das Kind es satt, nimmt den Wanderstab, um andere Menschen kennenzulernen als diese leidigen Nachbarn, und pilgert zu einem Weisen, den es lange schon verehrt. O ja, es findet ihn, verneigt sich und schweiget, bis einer von eben jenen Nachbarn sagt: Wie löblich, daß du als Sohn eines Hühnerdiebes selber kein Hühnerdieb bist! Sagt das arme Kind: Mein Vater ist kein Hühnerdieb. Es muß das sagen; es muß, obschon es ihm, weiß der Teufel, zum Hals heraushängt. Sagt der höfliche Nachbar: Ich kenne deinen Vater nicht, allein man sagt, er sei ein Hühnerdieb. Sagt das Kind: Kümmere dich um eure eignen Hühnerdiebe. Denn es wird ärgerlich, da es doch den Weisen hören will. Was aber tut der Weise? Er wundert sich, zumal er den Anfang dieses unerquicklichen Gesprächs offensichtlich überhört hat, offensichtlich nicht erwartend, daß andere vor ihm das Wort ergreifen; er wundert sich über das Nachtwächterkind, daß es so unhöfliche Worte spricht: Kümmere dich um eure eignen Hühnerdiebe! Sagt der höfliche Nachbar: Ich anerkenne ja, daß du eine löbliche Ausnahme bist. Sagt das Kind: Ich pfeife auf deine Anerkennung. Gewiß, sagt der andere, auch wir haben Hühnerdiebe. Sagt das Kind: Das ist bekannt. Allein, sagt der andere, bei uns stellen die Hühnerdiebe stets eine Ausnahme dar. Sagt das Kind: Darüber haben wir schon tausend Tage lang gesprochen. Oh, sagt der andere, wie kannst du überhaupt sprechen, wo du den Hunger nicht erlebt hast? Sagt das Kind: Dein Hunger ist kein Grund, meinen Vater anzurempeln. Nur wer den Hunger kennt, sagt der andere, nur wer den Hunger kennt . . . Unterdessen, es ist eine kostbare Stunde vergangen, wischt der Weise seinen sprachlosen Mund, wahrlich nicht gewohnt, daß er eine ganze Szene lang keinen anderen Text hat als die puritanische Floskel: »Very interesting.«

Erst draußen, den Kopf schüttelnd, der in einer Stunde so viel Köstliches zu verschenken vermöchte, sagt er:

»This young man – no!. . .«

Damit meint er das Kind des Nachtwächters, das tausend Tage und diese Stunde verbraucht hat, sich am Ärgerlichen zu ärgern. Eine Rakete, die ins Wasser gefallen ist, läßt sich nicht mehr anzünden! das weiß das Kind . . . Wie recht du hast! sagt nun der andere und wischt sich plötzlich eine durchaus ungefragte Träne: Wir alle sind Hühnerdiebe, wir alle sind Hühnerdiebe! –)

Das war die Begegnung mit Thornton Wilder.

Arabeske

»Ich weiß nicht«, sagte Don Juan nach einem leidenschaftlichen Gespräch, dessen lässiger Zuhörer er war: »Ich weiß nicht, was ihr gegen die Kirche habt – in einer Stadt, die nicht genannt sein möchte, habe ich einmal eine Geliebte gehabt, eine meiner ersten, ein sehr junges Ding, das mich die Liebe gelehrt hat wie keine zuvor, so frei von Hemmung, so wild, so unschuldig, daß man wirklich jede Scham verliert, eine Spielerin, eine Begabung ohnegleichen, ich habe selten einen Menschen gesehen, der so körperlich leben konnte, der mit seinen Sinnen so versöhnt war wie sie ... Ich will nicht weitererzählen!« sagte er und nahm sich eine Zigarette: »Aber dann, als ich schon schlummerte, weckte sie mich und war bestürzt, ehrlich bestürzt, daß ich vor dem Einschlafen nicht betete – Nie? sagte sie. Nie? Das muß man aber! sagte sie, das muß man aber!... Und zur Beichte gehst du auch nicht?«

Hamburg, November 1948

Der Begriff der Kultur – (eine der großen, dringenden Fragen, die mich immer wieder beschäftigt, obschon sie meine Denkkraft immer sehr bald übersteigt) – Kultur, Kunst, Politik ... Eines geht sicher nicht: daß man Kultur reduziert auf Kunst, daß ein Volk sich einredet, es habe Kultur, weil es Sinfonien hat.

Zu den entscheidenden Erfahrungen, die unsere Generation, geboren in diesem Jahrhundert, aber erzogen noch im Geiste des vorigen, besonders während des zweiten Weltkrieges hat machen können, gehört wohl die, daß Menschen, die voll sind von jener Kultur, Kenner, die sich mit Geist und Inbrunst unterhalten können über Bach, Händel, Mozart, Beethoven, Bruckner, ohne weiteres auch als Schlächter auftreten können; beides in gleicher Person. Nennen wir es, was diese Menschenart auszeichnet, eine ästhetische Kultur. Ihr besonderes, immer sichtbares Kennzeichen ist die Unverbindlichkeit, die säuberliche Scheidung zwischen Kultur und Politik, oder: zwischen Talent und Charakter, zwischen Lesen und Leben, zwischen Konzert und Straße. Es ist eine Geistesart, die das Höchste denken kann (denn die irdische Schwere werfen sie einfach über Bord, damit der

Ballon steigt) und die das Niederste nicht verhindert, eine Kultur, die sich strengstens über die Forderung des Tages erhebt, ganz und gar der Ewigkeit zu Diensten. Kultur in diesem Sinn begriffen als Götze, der sich mit unsrer künstlerischen oder wissenschaftlichen Leistung begnügt und hintenherum das Blut unsrer Brüder leckt, Kultur als moralische Schizophrenie ist in unserem Jahrhundert eigentlich die landläufige. Wie oft, wenn wir einmal mehr von Deutschland sprechen, kommt einer mit Goethe, Stifter, Hölderlin und allen andern, die Deutschland hervorgebracht hat, und zwar in diesem Sinn: Genie als Alibi –.

Wenn Menschen, die eine gleiche Erziehung genossen haben wie ich, die gleiche Worte sprechen wie ich und gleiche Bücher, gleiche Musik, gleiche Gemälde lieben wie ich – wenn diese Menschen keineswegs gesichert sind vor der Möglichkeit, Unmenschen zu werden und Dinge zu tun, die wir den Menschen unsrer Zeit, ausgenommen die pathologischen Einzelfälle, vorher nicht hätten zutrauen können, woher nehme ich die Zuversicht, daß ich davor gesichert sei?

In einer seiner jüngsten Reden hat Winston Churchill, in bezug auf den deutschen Eroberer von Rundstedt, den Rat erteilt, man solle jetzt das Geschehene endlich geschehen sein lassen. Das ist, wenn ich auch den Zweck dieser Amnestie leicht durchschaue, die kürzeste Formel für das, was mich bestürzt. Leider ist es ja so, daß das ›Geschehene‹, noch bevor es uns wirklich und fruchtbar entsetzt hat, bereits überdeckt wird von neuen Untaten, die uns in einer willkommenen, einer fieberhaften und mit verdächtigem Eifer geschürten Empörung vergessen lassen, was Ursache und Folge ist; nicht nur in Deutschland, auch bei uns reden wir gerne vom Heute, als stünde kein Gestern dahinter. Das Geschehene endlich geschehen sein lassen! Besonders obszön empfinde ich es, wenn man es mit Goethischem kleidet: mit dem schöpferischen Schlaf des Faust, mit dem heilenden Segen des Vergessens usw. Das alles darf der Erschütterte sagen, nur der Erschütterte. Zwar meinen wir, das ›Geschehene‹ zu wissen, und zwar, wie jedermann sagt, zur Genüge. Ich habe noch wenige Erschütterte getroffen, so erschüttert, daß der Chor der antiken Tragödie einschreiten würde mit seinem: Genug! Jeder sagt: Das weiß man nun. Wenn man an Ort und Stelle steht, weiß man, daß man es durchaus nicht weiß; das Unvorstellbare entzieht sich unserem Gedächtnis, und das ist gut so, aber

einmal, glaube ich, muß das Entsetzen uns erreichen – sonst gibt es kein
Weiter.

Was hat, so sagt man, Kunst mit Politik zu tun? Und unter Politik versteht
man nicht, was die Polis angeht, das Problem, wie die Menschen, da keiner
doch allein bestehen kann, zusammen leben, das Problem der gesellschaftlichen Ordnungen, dessen Lösung immer den Anfang der Kultur darstellte, die Kultur gewährleistete, wenn nicht in wesentlichen Graden sogar
ausmachte, oder den Untergang einer Kultur verursachte – unter Politik
versteht man schlechterdings das Niedrige, das Ordinäre, das Alltägliche,
womit sich der geistige Mensch, der glorreiche Kulturträger, nicht be-
schmutzen soll. Der Kulturträger, der Kulturschaffende. Es ist immer wieder auffällig, wieviel deutsche Menschen (besonders deutsche) unablässig
besorgt sind, geistige Menschen zu sein; vor allem, *wie* sie besorgt sind: indem sie von Literatur, von Musik, von Philosophie sprechen. Und Schluß.
Auffällig ist die Angst, ein Spießer zu sein; man wird kaum einem Deutschen begegnen, der dieses Wort nicht schon im ersten Gespräch braucht.
Spießer, gemeint als Gegenstück zum geistigen Menschen. Wenn sie Gottfried Keller auf der Straße oder in seiner Staatskanzlei oder gar an einem
Schützenfest gesehen hätten, ich bin überzeugt, daß die allermeisten, die
dieses ominöse Wort in den Mund nehmen, ihn als Spießer klassifiziert hätten, als das Gegenteil eines geistigen Menschen, eines Kulturträgers, eines
Kulturschaffenden, weitab von der Elite. In der Tat empfinden wir, was den
Begriff der Kultur angeht, einen nicht unbedeutenden Unterschied zwischen dem deutschen und dem schweizerischen Denken, das hier vielleicht am selbständigsten ist gegenüber dem deutschen. Das jedem Volk
unerläßliche Gefühl, Kultur zu haben, beziehen wir kaum aus der Tatsache, daß wir Künstler haben; zumindest empfinden wir die Begabung
eines Gotthelf (um es bei einem bewenden zu lassen) nicht als Entschuldigung dafür, daß es in seinem Lande auch Verdingbuben gibt, eine hanebü-
chene Einrichtung in bezug auf das Soziale. Unter Kultur verstehen wir
wohl in erster Linie die staatsbürgerlichen Leistungen, die gemeinschaft-
liche Haltung mehr als das künstlerische oder wissenschaftliche Meisterwerk eines einzelnen Staatsbürgers. Auch wenn es für den schweizerischen
Künstler oft eine trockene Luft ist, was ihn in seiner Heimat umgibt, so ist
dieses Übel, wie sehr es uns persönlich trifft, doch nur die leidige Kehrseite
einer Haltung, die, von den meisten Deutschen als spießig verachtet, als

Ganzes unsere volle Bejahung hat – eben weil die gegenteilige Haltung, die
ästhetische Kultur, zu einer tödlichen Katastrophe geführt hat, führen
muß.

»Natürlich war er ein Schwein«, sagt jemand: »aber ein Mensch von seiner
Begabung – seine Begabung geben Sie ja selber zu! – und überhaupt, ich
bitte Sie, was hat Kunst mit Politik zu tun?«
    Dazu nur eins:
    Es gibt leider kein menschliches Wesen, das nur Kunst macht – und
wenn er eines Tages, um seine Kunst machen zu können, beispielsweise
eine Unterschrift gibt, die andere an den Galgen liefert, ehemalige Freunde vielleicht, zumindest Menschen, die ihn keineswegs bedroht haben, so
interessiert mich seine Begabung nur teilweise, auch wenn er versichert,
daß er sich ›grundsätzlich‹ nicht in Politik einmische und daß er ›nur‹ ein
Künstler sei, ein ›Kulturschaffender‹.

Wer sich nicht mit Politik befaßt, hat die politische Parteinahme, die er
sich sparen möchte, bereits vollzogen: er dient der herrschenden Partei.

In diesem Zusammenhang gehörte auch der literarische Begriff der Tendenz, die, wie man allenthalben hört, mit Dichtung nichts zu tun hat –
Tendenz als eine Deutung der Verhältnisse, die der Deutung, welche der
Leser hat, nicht entspricht und somit eine ›Entstellung‹ genannt werden
muß, somit nicht als reine Dichtung bezeichnet werden kann – denn
von reiner Dichtung sprechen wir erst dort, wo die Tendenz uns als solche
nicht mehr bewußt ist, wo die Deutung, die ja immer vorhanden ist, sich
mit der unseren deckt, indem sie die unsere geworden ist, und wo wir zu
jenem reinen Genuß kommen, der darin besteht, daß ich meine Ansicht
als die einzigmögliche, die wahre, die absolute sehe . . .

Die Heidenangst, ein Spießer zu sein, und das Mißverständnis, das darin
schon enthalten ist, die Bemühtheit, sich in den Sphären des Ewigen anzusiedeln, um auf der Erde nicht verantwortlich zu sein, die tausend Unarten
voreiliger Metaphysik – ob das für die Kultur nicht gefährlicher ist als alle
Spießer zusammen?

Letzigraben

Pflanzen der Bäume, lauter schöne und meistens große Stücke, Stämme über sieben Meter, so daß man sie mit großen Wurzelklumpen versetzen muß: Weiden aller Art, Ahorn, Platanen, Eschen und Erlen, Pappeln, Eichen, Akazien, Buchen und einige Nadelhölzer, deren Dunkles wir als Akzente brauchen – eine köstliche Arbeit, aber leider im Nebel, die kahlen Stämme wirken sehr dürftig, und es ist schwierig, sich den Sommer vorzustellen, das Grüne, das Dichte oder das Schüttere der verschiedenen Bäume; ich bin ganz auf den Gartenberater angewiesen, der die eintreffenden Stämme identifiziert, und auf die eigene Phantasie.

Nachmittags wieder in die Baumschulen.

Wir beschränken uns jetzt auf die wesentlichen Gruppen, etwa vierhundert Bäume und gegen tausend Sträucher; den Rest pflanzen wir dann im Frühling je nach Wirkung und verbleibendem Geld, es fehlen noch die Birken und Lärchen.

Café Odeon

Wieder ein italienischer Film, der erschüttert, als sähe man diese Dinge zum erstenmal. Wieder der unverblümte Mut, das menschliche Versagen an der eignen Nation aufzuzeigen. Ohne das Peinliche der Selbstzerfleischung. Und wieder das Ergebnis, daß das Eingeständnis der Schwächen, ausredenlos erbracht, auch den ausländischen Zuschauer keinen Augenblick verführt, auf eben diese Nation herabzuschauen, im Gegenteil: es gibt kein europäisches Volk, das uns zur Zeit so mit Zuversicht erfüllt wie das italienische. Gerade durch seine Selbstkritik. Eine weitere Wirkung, die für diesen Film spricht: ich bin restlos überzeugt, daß auch wir, wäre uns der Faschismus nicht verunmöglicht worden durch den glücklichen Umstand, daß er von vornherein unsere Souveränität bedrohte, genau so versagt hätten, wenn nicht schlimmer zumindest in der deutschen Schweiz.

Letzigraben

Wintermorgen, überall Reif, die Sonne als roter Ball hinter einem metallischen Dunst, das spröde Gezweig unsrer Bäume, zierlich und zart, wie mit Tusche gemalt auf eine graue, etwas ins Violette schillernde Seide, und unter den Schuhen, wenn man über das braune Feld geht, klingt es wie zerbrechendes Glas ...

In einer Woche ist Premiere.

Ich bin sehr glücklich, mindestens weiß ich: diese Tage, wo zwei Entwürfe so verschiedener Art sich verwirklichen dürfen, werden mir einmal als glückliche Tage erscheinen. Hier die Handwerker, dort die Schauspieler. Das Wirkliche: die Spannung dazwischen. Die Proben werden wie immer das schönste sein; man ist unter sich, unter den Menschen, die daran arbeiten, und das Fertige wird stets etwas trostlos sein, unheimlich; alles Fertige hört auf, Behausung unsres Geistes zu sein; aber das Werden ist köstlich, was es auch sei – man sieht jetzt den warmen Atem der Arbeitenden als silbernen Hauch, der sich immerfort verliert ...

1949

Neujahrstag 1949

Das Klima der Sympathie – wie sehr wir darauf angewiesen sind! Es zeigt sich, sobald uns eine Sympathie, die lang vorhanden gewesen ist, entzogen wird. Da ist es, als habe man keine Luft unter den Flügeln.

Frage:

Ist die Sympathie, die uns das Gefühl gibt, fliegen zu können, nichts als eine freundliche Täuscherei, eine schonende Unterlassung der Kritik, so, daß das andere Klima – dieses Klima ohne Sympathie – als das gültigere anzusehen ist, das einzig gültige?

Das Ansteckende: es genügt eine einzige Sympathie im ganzen Kreis, und wenn diese gekündigt wird, kündigt der ganze Kreis, der nichts zu kündigen hat.

(Wie ihr Blick, musternd, dich verläßt.)

Gewiß, man kann die Achseln zucken, sich dorthin wenden, wo Sympathie uns erwartet, oder neue erobern – das alles ändert nichts an dem Schrecken, wie verloren man ist, wo uns die Sympathie entzogen wird.

Verloren: ohne Schutzengel.

Sympathie nicht als Unterlassung der Kritik. Aber: Sympathie hat Geduld, die Geduld der Hoffnung, sie behaftet uns nicht auf einer einzelnen Gebärde, die ungehörig ist, vorlaut, tappig, eitel, rücksichtslos, selbstgerecht; sie läßt uns stets eine weitere Chance ... Anders der Partner, der keine Sympathie empfindet: er verbucht, was ist, und gibt keinen Vorschuß, er ist aufmerksam und gerecht, und das ist fürchterlich. Sieht er uns richtiger? Wir werden, wie Polonius es mit den fahrenden Schauspielern tut, nach unserem Verdienst behandelt. Hamlet sagt: Potz Wetter, Mann, behandelt sie besser, viel besser; behandelt jeden Menschen nach seinem Verdienst, und wer ist vor Schlägen sicher?

Auch umgekehrt zu bedenken:

Wenn wir keine Sympathie haben, einem Menschen gegenübersitzen wie Geschworene, unvoreingenommen – wie verdächtig, wie anrüchig, wie unleidig jeder Mensch wird, wenn er fühlt, daß er unsere Gunst nicht hat, und also allein zu seinen Gunsten redet.

Das Gefühl, keine Luft zu haben, so, daß die Stimme nicht trägt, jedes Wort fällt auf den Boden und zerschellt, und wenn man sich verabschiedet, das Gefühl, daß man zuviel gesprochen habe, denn in der Tat ist jedes Wort zuviel gewesen, das Gefühl, in Scherben zu gehen, das Gefühl, zu bluten.

Die unbewußte, selbstverständliche Voraussetzung, ohne die man keinen Satz schreiben könnte, die Voraussetzung, daß man irgendwo, und wäre es noch so ferne, von einer Sympathie geschützt wird, ist das bereits Narzißmus?

Erinnerung an einen französischen Film, der schildert, wie einem Mann (Michel Simon) plötzlich die Sympathie entzogen wird, die er jahrelang im Quartier genossen hat; plötzlich, ohne daß er sich verändert hätte, fällt ein Verdacht auf ihn – oder man könnte auch sagen: plötzlich hat ihn der Schutzengel verlassen, und nun soll er sehen – er sieht: sein Gepäck, seine ganze Habe auf der Straße, er sieht die Nachbarn alle, die unter ihren Türen stehen oder aus den Fenstern gaffen, alle halten ihn für den Mörder, einer stellt ihm das Bein, er wehrt sich, keiner hilft ihm, andere spielen Fußball mit seiner Habe, plötzlich ist er wie ein Stier in der Arena, dessen Blut sie wollen, halb besessen und halb scherzhaft treiben sie ihn auf das Dach, bis er zu Tode stürzt –.

Das Mysterium des Hasses.

(Antisemitismus.)

Erzählung eines Bekannten, der schon mehrmals aus Versehen verhaftet worden ist, ein junger Arzt, ein empfindsamer und mit viel Gewissen belasteter Mensch, verhaftet und abgeführt von vier Gendarmen: durch eine Gasse von Menschen, die zwischen Neugier und Abscheu halb drängen, halb zurückweichen, und wie er versichert, daß er Doktor sei und von einem Kranken erwartet werde, fällt für die Gendarmen der letzte Zweifel, daß sie ihn endlich haben, den gesuchten Kindermörder –.

Der Schutzengel: die Sympathie, wir brauchen ihn immerzu. Wir haben ihn als Kind, sonst wären wir längst überfahren, wir wachsen damit auf, wir verlassen uns auf ihn – und dabei ist es nur ein Hauch, was uns schützt, was uns von dem Ungeheuerlichen trennt, von dem Rettungslosen, wo nichts mehr für dich zeugt, kein eignes Wort, keine eigne Tat . . .

Zürich, 8. 1. 1949

Erste Aufführung im Zürcher Schauspielhaus: »Als der Krieg zu Ende war.« Regie: Kurt Horwitz. Hauptdarsteller: Brigitte Horney, Walter Richter, Robert Freitag. Bühnenbild: Caspar Neher.
    Kleine Schlägerei im Foyer.

Letzigraben

Mit Brecht auf der Baustelle. Ich habe ihn, da er das Telefon während der Arbeitszeit nicht abnimmt, vom Schreibtisch holen müssen, seinem Wunsch gemäß. Wie immer, wenn er sich eine sachliche Belehrung verspricht, ist er sofort bereit. Mitten aus einer Szene heraus, die er in der Schreibmaschine hat, zieht er die Schuhe an; auf dem Bett liegen Bühnenbilder für Berlin, Entwürfe, die mich interessieren. Er will aber auf den Bau; über Theater kann man auch bei schlechtem Wetter sprechen. Von allen, die ich bisher durch die Bauten geführt habe, ist Brecht der weitaus dankbarste, wißbegierig, ein Könner im Fragen. Fachleute vergessen leicht die großen, die grundsätzlichen Fragen; Laien hören zu, nehmen Lösungen entgegen, wo sich ihnen nie eine Frage gestellt hat, und besonders unergiebig finde ich die Literaten, die allem Sachlichen, bevor sie es erfassen, durch Meditation entfliehen, Stimmungsfritzen, Schaumschläger ihres Witzes oder ihrer Innerlichkeit. Brecht hat einen erstaunlichen Blick, Intelligenz als Magnet, der die Probleme anzieht, so, daß sie auch hinter den vorhandenen Lösungen hervorkommen. Ihm zu erläutern, wie etwa ein Sprungturm geworden ist, wie die architektonische Form sich aus der statischen Aufgabe entwickelt, aber nicht nur entwickelt, wie es der Form obliegt, jene Aufgabe nicht nur zu lösen, sondern sie dem Auge darzustellen, solche Erläuterungen werden zu einem wahren Vergnügen, einem gemeinsamen. Über zwei Stunden stapfen wir umher, hinauf und hinunter, hinein und hinaus, rundherum; hinzu kommt, was den Schaffenden unterscheidet vom Kenner, unweigerlich – das Brüderliche, das aus Erfahrung lebendige Bewußtsein: Zuerst ist nichts! . . . Die Kenner, wenn sie etwa eine Zeichnung sehen, gehen von Dürer oder Rembrandt oder von Picasso aus; der Schaffende, gleichviel wo er selber wirkt, weiß um das leere Papier.

Rezensionen

Goethe gibt den Rat, man solle einem Rezensenten niemals antworten, es sei denn, er behaupte in seiner Rezension, man habe zwölf silberne Löffel gestohlen – doch so weit gehen unsere Rezensenten kaum . . . Es bleibt also wirklich nur eins: schweigen und weitermachen, solange man Lust dazu hat, sein eigener Kritiker werden, keine silbernen Löffel stehlen und basta! – und dankbar sein, wenn eine Rezension, ob lobend oder tadelnd, ernsthaft ist, anständig, indem sie nicht annimmt, daß der Verfasser selber keine Bedenken und Einwände habe gegen sein Werk; solche Rezensionen gibt es ja auch, sogar mehr als unser Gefühl zugibt; ein Mensch, der uns bei Tisch etwa das Salz gibt, zählt ja nicht weniger als jener, der uns in die Suppe spuckt, aber der letztere beschäftigt uns länger, und leider weiß er das, auch wenn man ihm nicht antwortet.

Nichts leichter als das: man schneidet eine Kartoffel zurecht, bis sie wie eine Birne aussieht, dann beißt man hinein und empört sich vor aller Öffentlichkeit, daß es nicht nach Birne schmeckt, ganz und gar nicht!

Meistens ist es wohl so, daß das Unbehagen, das unsere Rezensenten befällt, irgendwo berechtigt ist. Aber wo genau? Vielen, scheint es, genügt die erste beste Deutung, die ihnen angesichts ihres Unbehagens einfällt, in ihrem berechtigten Unbehagen scheint ihnen alles berechtigt, was in die Feder fließt, und je menschlicher ein Unbehagen ist, je tiefer es im Persönlichen wurzelt, um so größer ist die Gier nach artistischen Mängeln, um so wahlloser auch; man spürt, wie froh sie darum sind, daß der dritte Akt mißraten ist – ich hätte ihnen einen größeren Gefallen nicht tun können.

Es ist schwierig, ein Rezensent zu sein; über die fachlichen Schwierigkeiten hinaus, die zu jeder Arbeit gehören und nicht besonders anzuführen sind, meine ich vor allem die menschlichen. Rezensionen, die ich als Student geschrieben habe, kann ich heute nicht ansehen, ohne zu erröten, wobei es weniger Unkenntnis ist, was beschämt, sondern der Ton ganz allgemein, der sich für witzig hält, eine Mischung von Dreistheit und Herablassung, und dabei, weiß ich, war ich voll Minderwertigkeitsangst. Das Rezensieren war für mich eine Notwendigkeit, eine Labsal, aber nur für mich. Sicher gibt es Seelen, die am Unvollendeten leiden, ehrlich leiden, rasend werden und nicht umhin können, auf den Tisch zu hauen und grob zu werden, daß die Wände wackeln. Dagegen ist nichts zu sagen. Die meisten aber, die allermeisten werden nicht rasend, sondern hämisch, witzig, dreist, herablassend. Hämisch im Falle des Tadels; brüderlich im Falle des Lobes, und das ist das andere, was mich an jenen studentischen Rezensionen verstimmt: die Anbiederung. Nichts ist schwieriger als Loben. Schon die Wörter werden bald allgemein, so, daß sich ganz Verschiedenes, sogar Gegensätzliches damit beloben ließe. Es muß keine Mißgunst sein, keine Miesmacherei, wenn der Kritiker sich scheut, Lobesworte zu schreiben; das Lob, das ernsthafte, kann in der Tat fast nur mittelbar gesagt werden, beispielsweise durch die Namen, die zum Vergleich herangezogen werden, insbesondere durch die Höhenlage der kritischen Auseinandersetzung. Das unmittelbare Lob hat wenig Überzeugungskraft, und wenn jemand noch so inbrünstig sagt: Das ist das beste Gedicht! sagt er nichts über das Gedicht, und man fragt sich dann: Woher hat der wohl das Schwert, womit man jemand zum Ritter schlägt? und man wird den Eindruck einer fuchtelnden Selbstüberschätzung nicht ganz los, gerade wenn einer lobt. Vor allem aber, wenn ich nach Jahren auf eigene Rezensionen stoße, merke ich fast ohne Ausnahme, daß ich stets mich selber gelobt habe, gelobt, was eigenen Bestrebungen entgegenkommt und sie durch Gelingen heiligt, das ist es, was ich (und nicht selten auf Grund eines flinken Mißverständnisses) durch Lobesworte unterstrichen habe ...

Es ist schwierig, ein Rezensent zu sein.

Es gibt viele Kenner, vortreffliche Kenner, doch wenig Leute, die von ihrem Dasein erfüllt sind, und vielleicht hätten diese allein die kostbare Gabe der Kritik. Nicht daß sie es selber besser machten! das ist eine kindische Forderung. Kritik ist ein Vermögen für sich. Aber die Erfüllten, gleichviel wo sie ihre eigene Erfüllung gefunden haben, sind nicht genötigt, sich gegen alles Geschaffene, das ihnen in ihrer Zeit begegnet, aus Notwehr zu behaupten.

Kritik am Artistischen, glaube ich, ist meistens eine Ausrede. Es gibt ganz wenige, deren Unbehagen wirklich aus dem Artistischen kommt. Es zeigt sich schon daran, daß die gleichen Leute, wenn unsere Aussage eine angenehme, eine harmlose oder gar schmeichelhafte ist, dem gleichen Verfasser gegenüber kaum ein Bedürfnis haben, das Artistische zu erörtern. Das Stück, dessen Aussage ihnen genehm ist, bezeichnen sie stets als das bessere, das weitaus bessere.

Man müßte, um das Unbequeme sagen zu können, ein vollendeter Artist sein – damit sie für ihren Zorn keinen Ausweg haben.

Kritik am Artistischen.

Jemand sagt mir, daß ich an meinem Nachbarn ein arges Unrecht begangen habe, und ich sage: Herr, Sie haben ja eine Zahnlücke! und wenn er keine Zahnlücke hat, finde ich vielleicht, um den Unbequemen nicht anhören zu müssen, einen offenen Hosenknopf. Herr, sage ich, Sie haben ja einen offenen Hosenknopf. Und wenn er den offenen Hosenknopf geschlossen hat? Dann sage ich: Herr, ich glaube, Sie stinken nach Tabak, und das vertrage ich nicht, mir ist ganz übel. Und wenn er eines Tages wiederkommt und er stinkt nicht mehr nach Tabak, denn vielleicht hat er überhaupt nicht gestunken, und er fährt fort, mein Unrecht zu schildern? Dann sage ich: Herr, Sie reden ja immer das gleiche, das ist langweilig, das wissen wir nun nachgerade ...

Lob und Tadel –

Mit einem Lob, das uns verfehlt oder gar läppisch erscheint, müssen wir uns nicht auseinandersetzen; darüber kann man rasch hinweggehen, und man tut es auch. Über einen Tadel hinweggehen, weil er uns verfehlt oder gar läppisch erscheint, das ist nicht so einfach, das hat stets etwas Verdächtiges. Der Tadel bleibt kleben.

Unter Umständen müßte es heißen: Was der Soundso erstrebt, halte ich für einen argen Irrtum, jedoch verwirklicht er sein Streben in hohem Maß.

Statt dessen heißt es: Der Soundso ist nicht imstande, ein wirkliches Stück zu schreiben. Ein wirkliches Stück, das ist ein Stück, wie der Kritiker es für erstrebenswert hält. Rezensionen dieses Musters, und es gibt davon nicht wenige, sind nicht böse, aber unergiebig.

Ein Schauspieler gibt den Romeo, und eine Rezensentin, die der liebe Gott nun einmal als Lesbierin gewollt hat, schreibt darüber in der Zeitung. Sie kann schreiben: Zum Romeo des Herrn Sternenhagel finde ich keine Beziehung. Dagegen ist nichts einzuwenden. Sie schreibt aber nicht so, sondern unpersönlicher, unbedingter: Dem Romeo hingegen (hingegen) fehlt jede männliche Ausstrahlung –.

Will sagen: Es ist das heilige Recht jedes Rezensenten, seine Empfindungen auszudrücken. Unser Recht ist es, sie nur als die seinen anzuerkennen – was übrigens alles andere als ein Trost ist! In gewissen Augenblicken, nicht in selbstgewissen, aber in mutigen oder verzweifelten Augenblicken sehnte man sich danach, sich einem unbedingten Maßstab unterziehen zu können.

Kritik der Schaffenden? Die Schaffenden, denke ich, sind besonders befangen, aber ihr Urteil hat einen kostbaren Vorzug: wir kennen die Art ihrer besonderen Befangenheit, ausgedrückt in ihrem Werk, und vor allem hat ihr Urteil immer etwas Geschwisterliches. Es drängt uns niemals in den Sumpf der Selbstgerechtigkeit, was den Rezensenten so leicht gelingt.

Goethe sagt, man solle nicht antworten, er sagt nicht, man solle nicht hinhören. Vielleicht ist es nötig, daß man sich zwei oder drei Wochen lang in Ärger badet, und wäre es auch nur zum Zweck, wieder einmal zu erfahren, wie es mit unsrer Abgeklärtheit steht. Die Kritik, die hilft, kommt von vier oder fünf Menschen; darunter sind Nächste und ganz Ferne, Unbekannte, die keine Ahnung haben, wie förderlich sie gewesen sind. Ähnlich wie die Kritik der Schaffenden, finde ich, ist die Kritik kluger, unliterarischer Frauen; persönlich, entschieden, geschwisterlich. Die Kritik, die hilft: sie hilft, keine Zeit zu verlieren, sie beschleunigt die Selbstkritik, die einzige, die für das Weitere anwendbar ist.

Basel, Fastnacht 1949

Morgenstreich: – wie die bunten, riesenhaften, immer ein wenig wankenden Laternen auf den Marktplatz kommen, aus allen Gassen hört man das
Getrommel der Larven, urwaldhaft, ihr Getrommel hat etwas Gestautes,
etwas Gestottertes, es zittern die Fensterscheiben und kichern, die Luft
ist wie zerrissen von der monotonen Schrille der Pfeifer, und dann sind
sie da, Kohorten von übermenschlichen Larven, Vögel, Kobolde, Kohl-
köpfe, immer eine Gruppe, alle mit einer schrägen Pfeife am Mund, so
daß die ganze Gruppe immer auch eine gleiche Haltung hat, ungeheuerlich gerade durch das Mehrfache, das Uniforme, der Dämon nicht als In-
dividuum, sondern als Rasse ...
     Abends auf einem Maskenball.
     Das Ganze, seines Ruhmes würdig, erinnert an eine Sitte, die es in
China geben soll: einmal im Jahr kommt die ganze Sippe zusammen, setzt
sich im Kreis, alle verstopfen sich die Ohren mit Lehm, dann sagen sie einander die Wahrheit, das heißt, sie sagen einander alle Erdenschande, ver-
spotten, verfluchen, verhöhnen einander, bis sie keuchen, jeder gesteht
seine Ehebrüche, seine Geschäfte, seine Listen, seine Süchte, seine Ängste,
gesteht und schreit, bis er heiser ist – und dann, wenn keiner mehr kann,
polken sie den Lehm aus den Ohren, lächeln, verbeugen sich zierlich, begleiten einander nach Hause, laden sich gegenseitig zum Tee und leben
wieder ein Jahr lang zusammen, wie es sich gehört, friedlich, höflich und ge-
sittet ...

Stuttgart, 29. 4. 1949

»Die Schweiz in Stuttgart«, eine Woche schweizerischer Veranstaltungen
aus mehreren Gebieten der Kunst, Theater, Konzerte, Ausstellungen, Vorträge usw.
     »Kultur.«
     Zum Glück wird das Wort ziemlich vermieden, man beschränkt sich
auf saubere Begriffe wie Musik, Malerei, Literatur, Architektur; das immer
etwas Rührende und Komische solcher Veranstaltungen, die an den Sonn-
tagsspaziergang eines stolzen Vaters erinnern: Seht, das sind unsere musi-

kalischen Kinder, Othmar Schoeck, Frank Martin, Willi Burckhardt, Arthur Honegger ...

Gastspiel des Zürcher Schauspielhauses: »Als der Krieg zu Ende war.« Ein eisiges Schweigen zu Anfang, wir haben mit einem Skandal gerechnet und sind vom Gegenteil überrascht, Gespräche mit vielen Menschen, wertvoll vor allem das leider unterbrochene Gespräch mit einer jungen Frau, die selber die Russenzeit sehr persönlich erlebt hat – auch bei Zustimmung bleibt das Grundsätzliche: wenn der Schreiber eines historischen Stückes in die Lage kommt, denen gegenüberzutreten, die damals gelebt haben, beispielsweise, wenn ein Romancier, der sein Anliegen etwa in den Dreißigjährigen Krieg verlegt hat, sich verantworten müßte vor den schwedischen Offizieren, von denen er einen geschildert hat, und zugleich vor den böhmischen Frauen, vor dem Spanischen Hof, vor den niederländischen Bürgern, vor den deutschen Bauern, vor den Gerädertern, vor den Verhungerten, vor den Gehenkten und vor den Henkern, die beide dabei gewesen sind und sich schon untereinander auf eine Darstellung des Gewesenen kaum einigen können, grundsätzlich wird es immer die gleiche Frage sein, nämlich woher der Dichter eigentlich das Recht nimmt, zu dichten. Er nimmt es daraus, daß er ein Dichter ist. Aber wenn er das nicht ist oder nicht genug? Dann werden sie mit Recht sich über ihn werfen, die böhmischen Frauen, die schwedischen Offiziere, die niederländischen Bürger, die spanischen Henker; dann mit Recht ...

Nacht in Gesellschaft.

Morgenfrühe in einem hohen Wald, Stämme und junges Grün, Glanz der ersten Sonne, ihr gleitendes Glitzern in den Spinnweben, Vogelzwitschern, Duft von Knospen, das Gras voll Tau, die Luft ist kühl, Brunnenwasser, Bienen um blühende Zweige, Sonntag, Gebrumm eines fernen Geläutes, dann die ersten Morgengänger, die mit der Straßenbahn auf die Höhe gefahren sind, sich mit höflicher Zurückhaltung etwas verwundern über meinen schwarzen Anzug und die Lackschuhe und all das ohne Mantel, ohne Hut; endlich die Auskunft, daß die Stadt Stuttgart, deren Gast ich mich nennen darf, gerade in der entgegengesetzten Richtung liege –.

Letzigraben

Es geht dem Ende zu! ... Die Möbel, die Vorhänge, die Blumen, die Schriften, die Goldfische. Überall kommen jetzt die letzten Verzweigungen in die reine Zierde. Die Leute, die es machen müssen, sind von einer guten Laune erfaßt; Witze, gute und schlechte. Die Frau des Hauswartes wünscht Blumenkisten vor den Fenstern. Es sei! Heute habe ich unter einem sachlichen Vorwand veranlaßt, daß zum ersten Male die große Fahne aufgezogen worden ist – sie flattert noch jetzt in einem leichten Wind, und die Kinder der Nachbarschaft scharen sich natürlich um den flachen Springbrunnen, dessen Strahl etwas schmächtig ist. Am Feierabend, wenn unsere Arbeiter mit ihrem leeren Rucksäcklein sich auf die Räder schwingen, um heimzufahren, kommen die andern aus den Fabriken, stoppen am Randstein, drücken ihre Nasen an den Drahtzaun. Das Ganze hat etwas von öffentlicher Bescherung. Die Gärtner begießen die frischen Blumen.

Story

Jemand erzählt eine Geschichte, die sich in der Nähe von Stuttgart ereignet haben soll: – In einem kleinen Bauernhof lebte eine Frau, deren Mann, damals ein junger Soldat, während des ersten Weltkrieges in russische Gefangenschaft kam. Da sie nach vielen Jahren immer noch mit der Rückkehr ihres Mannes rechnete, galt die Frau als verrückt; die Nachbarn erzählten sich, daß sie sein Bett immer wieder mit frischer Wäsche bezog, und obschon sie durchaus kein Zeichen von ihm hatte, war sie von der Überzeugung, daß er immer noch lebte, nicht abzubringen, zehn Jahre nach dem ersten Weltkrieg, zwanzig Jahre. Dann kam der zweite Weltkrieg. Die Frau überlebte ihn; in allen Dingen, die nicht ihren verschollenen Mann betrafen, wirkte sie durchaus vernünftig. An ihrem stillen, unausgesprochenen, nur durch ihr Verhalten bezeugten Wahn, daß ihr Mann eines schönen Tages zurückkehren würde, änderte auch der zweite Weltkrieg nichts. Wieder gab es Hunderttausende von Frauen, die auf ihre Männer aus Rußland warteten, gläubig oder ungläubig. Unter den ersten, die wirklich wiederkehrten, war ein sehr alter Mann, den die Nach-

barn, als er sich bei ihnen meldete, tatsächlich als den Mann jener Verrückten erkannten; er erkundigte sich, ob seine Frau noch lebte, und erfuhr,
daß sie nie an seinen Tod geglaubt hätte. Erst nach dieser Kundschaft wagte er es, sich dem Hause zu nähern. Die Nachbarn warteten bis zum anderen Morgen, ehe sie hinübergingen, um zu sehen und zu hören, wie
die Frau mit dem unwahrscheinlichen Ereignis fertig würde. Man traf
sie gänzlich in Ruhe, unverändert, wobei sich zeigte, daß sie von dem
Mann, der gestern gekommen war, überhaupt nichts wußte. Sie glaubte ihren Nachbarn nicht ein Wort, bis die Nachforschungen ergaben, daß die
Nachbarn sie nicht zum Narren hielten und daß sie, die achtundzwanzig
Jahre lang an seine Rückkehr geglaubt, sich nicht verstiegen hatte; man
fand seine Leiche in der Jauchegrube, die sich beim hinteren Eingang befindet.

Letzigraben

Heute, Samstag achtzehnter Juni, ist die Anlage eröffnet worden. Sonniges
Wetter und viel Volk. Sie schwimmen, springen von den Türmen. Die Rasen sind voll von Menschen, halb nackt und halb bunt, und es ist etwas wie
ein wirkliches Fest; ein paar alte Leutchen, die natürlich nicht baden, bewundern die vielen Blumen, und der Pavillon mit den blauweißen Stores,
der auf dem Galgenhügel steht, hat stürmischen Betrieb. Noch wird alles,
bevor es benutzt wird, wie ein neues Spielzeug betrachtet; nur die Kinder
planschen drauflos, als wäre es immer so gewesen. Die Anlage, erbaut
von der Stadt Zürich, kostet viereinhalb Millionen Franken. Sie faßt vier-
tausend und zweihundert Menschen, enthält drei große Wasserbecken,
Schwimmer und Nichtschwimmer und Sport, das Wasser wird durch
einen Filter ununterbrochen gereinigt. Die Anlage, die zweite dieser Art,
die Zürich bisher erstellt hat, befindet sich in einem Stadtteil, der hauptsächlich von Arbeitern und Angestellten bewohnt ist. Die Bauzeit dauerte
zwei Jahre, meine Arbeit vier Jahre.

Café Odeon

Ein Freund, ein verehrter, schreibt:

»Ich kann nicht verschweigen, daß ich dieses gewaltsame Offenhalten von Wunden, zu dem Du Dich wie so viele andere offenbar verpflichtet fühlst, für ein eigentliches Unglück halte.«

Ich halte für ein eigentliches Unglück: das Verbinden von Wunden, die noch voll Eiter sind – und sie sind voll Eiter – das Vergessen der Dinge, die nicht durchschaut, nicht begriffen, nicht überwunden und daher nicht vergangen sind.

Aber sind auf meiner Seite so viele?

Unterwegs

Die Affen im Zoo – Eindruck: die hocken gerade an der Grenze, wo die Langeweile beginnt. Plötzlich halten sie inne, blicken in die Luft, einen Augenblick lang haben sie die ganze Melancholie, die den Menschen auszeichnet; nur können die Affen nicht ins Konzert, ins Theater, sie können noch keine Kunst daraus machen, sie lausen sich, zur Wissenschaft fehlt ihnen die Vernunft, sie spielen mit Nüssen oder mit ihrem Geschlecht, weiter reicht es noch nicht. Aber sie spielen bereits! Die Molche spielen nicht; die liegen auf dem Bauch, atmen und verdauen; die haben von Langeweile noch nicht einmal eine Ahnung. Ein Mensch von Geist, sagt man hin und wieder, könne sich nicht langweilen. Geist ist die Voraussetzung der Langeweile! Neulich habe ich wieder von den griechischen Göttern gelesen; wie die sich langweilen! Sie stiften Mord und Krieg, nur damit sie sich unterhalten in ihrer Unsterblichkeit ... Die Götter, von keinem Ende bedroht, und die Molche, die auf dem Bauch liegen und atmen, ich möchte weder mit den Molchen noch mit den Göttern tauschen. Das Bewußtsein unsrer Sterblichkeit ist ein köstliches Geschenk, nicht die Sterblichkeit allein, die wir mit den Molchen teilen, sondern unser Bewußtsein davon; das macht unser Dasein erst menschlich, macht es zum Abenteuer und bewahrt uns vor der vollkommenen Langeweile der Götter ... Heute fragt Ursel, unsere Sechsjährige, mitten aus dem Spiel heraus, ob ich gerne sterbe.

»Alle Leute müssen sterben«, sage ich hinter meiner Zeitung: »Aber gern stirbt niemand.«

Sie besinnt sich.

»Ich sterbe gerne!«

»Jetzt?« sage ich: »Wirklich?«

»Jetzt nicht, nein, jetzt nicht –.«

Ich lasse die Zeitung etwas sinken, um sie zu sehen, sie sitzt am Tisch, mischt Wasserfarben.

»Aber später«, sagt sie und malt mit stiller Lust: »später sterbe ich gerne.«

Der Harlekin, Entwurf zu einem Film

Sonntagabend, Kirmes in einer kleineren Stadt, zu sehen ist der dickste Mann der Welt, widerlich, aber jedesmal, wenn der Ausrufer an seiner schrillen Glocke zieht, strömen die Leute hinein. Und dann sitzt er also auf einer ebenso winzigen wie schäbigen Bühne, verkleidet als chinesischer Mandarin, ein zuckerkranker Mann aus lauter Fett und Falten, die Augen verschwinden fast unter den Wulsten, aber er bewegt sich wirklich, er lächelt, er lebt. Das Publikum tuschelt. Damen mit zartem Gemüt halten ihre Hand vors Gesicht. Der Ausrufer, mit einem schlanken Stäblein auf den Bauch zeigend, der wie ein Ballon aussieht, gibt einen kurzen Lebenslauf:

»Meine Damen und Herren«, sagt er: »das ist der Mann, der sich glücklich preisen würde, wenn er arbeiten könnte, aber dazu ist er nicht imstande –.«

Draußen dröhnt es von Karussells, es bimmelt, wirbelt, dreht sich mit bunten Glühbirnen und fliegenden Röcken, es leiert von allen Seiten, einer schlägt den Herkules, und immer wieder hört man das silberne Glöcklein, wenn er es geschafft hat, dazu eine Arie aus dem Rigoletto, Schreie auf der Achterbahn, Schüsse in einer Schießbude ... Gottlieb Knoll, der Held unsrer Geschichte, bleibt stehen und steckt sich eine Zigarette an.

»Meine Herrschaften«, ruft es von der andern Seite: »wer wagt es? Die Gespensterbahn! Nur für starke Nerven! Dreißig Groschen, wir zahlen den Preis sofort zurück, wenn Ihnen die Haare nicht zu Berge stehen – Die Gespensterbahn, das Erlebnis der Woche!«

Ein Pärchen wagt es.

»Immer hereinspaziert!« ruft es abermals von dieser Seite: »Hier sehen

Sie das Wunder aller Wunder, hier sehen Sie die pure Wahrheit: Tschau Hing, der chinesische Mandarin, der dickste Mann der Welt, der Mensch, der nicht arbeitet – Tschau Hing!«

Das hat Gottlieb schon gesehen, er schlendert weiter, viel Geld hat er nicht mehr, aber etwas will er sich noch leisten, bevor es Montag ist, bevor er wieder an seinem Pult hockt. Die Dame ohne Unterleib? Einen Augenblick bleibt er stehen, kann aber nicht einsehen, welchen Reiz das haben soll, und geht weiter – vorbei an den heißen Würstchen, an den glitzernden Buden, die mehr versprechen, als das Leben halten kann … Gottlieb zieht es vor, an eine jener geheimnislos offenen Buden zu treten, wo man Bälle werfen kann; ganz allein. Ein Mädchen gibt ihm die Bälle aus Stoff, gefüllt mit Sägemehl. Gottlieb nimmt sie in die Hand, dann wirft er auf die Puppen, die er teilweise trifft; aber es genügt nicht für eine Brosche. Also weitergeworfen! Eine zweite, eine dritte, eine vierte Serie; Gottlieb schmettert, daß die Bude zittert, und indem er mit dem Arme ausholt, entdeckt er erst die Menge der Gaffer, die sich bereits versammelt haben, ein Umstand, der ihm jede Kapitulation unmöglich macht. Nach der elften Serie, es steht nur noch eine einzige Puppe, ist es bereits eine Volksfreude, Gottlieb schwitzt wie ein Held, wortlos, das Mädchen gibt ihm die Bälle nur mit Zögern, erinnert ihn an die Kosten. Aber für Gottlieb, das kann sie nicht verstehen, geht es jetzt ums Ganze; die letzte Puppe, der Teufel soll es holen, erinnert ihn immer mehr an seinen Direktor. Eine Puppe mit Monokel und Zylinder. Schon dreimal hat er sie getroffen, aber sie hat sich immer wieder aufgerichtet. Nach der siebzehnten Serie, als sie noch immer steht, zieht Gottlieb nur die Jacke aus; Kapitulation kommt nicht in Frage, und wenn er seine Uhr versetzen müßte – der Kerl muß herunter!…

Zur gleichen Zeit, kaum dreißig Schritte entfernt, ereignet sich übrigens ein ähnlicher, aber wirklicher Streit – hinter einer jener Buden, deren Vorderseite so glitzernd ist … Es handelt sich um einen Ringer, der streikt, um einen riesenhaften Kerl in gestreiftem Trikot, der imstande wäre, beide zusammen in die Luft zu halten, links den Gendarm und rechts den Budenbesitzer. Er tut es nicht; er sitzt auf einer Kiste und streikt. Das ist alles.

»Vertrag ist Vertrag.«

Der Ringer spuckt auf den Boden.

»Wenn Sie nicht sofort hineinkommen und weiterarbeiten«, sagt der etwas schmächtige und etwas zitternde Budenbesitzer, »lasse ich Sie auf der

Stelle verhaften. Auf der Stelle. Wie stehe ich da? Die Bude voll Zuschauer, das Geld in der Kasse —«

Der Ringer läßt sich nicht rühren.

»Luft schnappen!« wiederholt der unglückliche Budenbesitzer: »Sie reden ja wie ein Kind. Und das an einem Sonntagabend, wo das große Geschäft ist! Wenn das jetzt der Dank ist — oder habe ich Sie nicht immer wie einen Menschen behandelt? Wie oft habe ich gesagt: Meier, erkälten Sie sich nicht! Und wie oft, wenn Sie einmal Pech hatten, wie oft habe ich Sie mit Verbandstoff beschenkt? Bin ich ein Unmensch? Bin ich ein Ausbeuter? Vertrag ist Vertrag, das müssen Sie schon einsehen, ich habe Ihre beispiellose Kraft erkannt, als Sie noch ein armer Schlucker waren, ein Arbeitsloser. Wer hat die große Reklame gemacht für Sie? Und was habe ich alles getan für Ihre beispiellose Kraft? Wer gibt Ihnen eine solche Hühnersuppe? Sagen Sie selber, mein Freund, wer hat Sie besser behandelt als ich? Wenn Sie mich nicht hätten — ich lasse Sie ringen in meiner Bude, Abend für Abend, und das ist der Dank: einfach davonlaufen und streiken, Luft schnappen . . .«

»Was soll ich anderes tun!«

»Meier —«

»Herrgott nochmal«, sagt der Ringer nicht ohne einen Unterton von seelenvoller Zartheit, »ich kann mich nicht anders wehren gegen Ihresgleichen. Ich bin ein Ringer; wenn ich mich anders wehre, sind Sie tot —.«

Gottlieb, der Ballwerfer, hat dann doch kapituliert. Einfach wegen des Geldes; was er noch hat, reicht höchstens für ein Bier. Das Mädchen hat ihm einen Blick herzlicher Teilnahme geschenkt, die Gaffer haben sich zerstreut, das Tingeltangel geht weiter, es bimmelt, es wirbelt, die Ausrufer rufen ihre großen Versprechen, es leiert von allen Seiten, einer schlägt den Herkules, und immer wieder hört man das silberne Glöcklein, wenn er es geschafft hat, dazu die immer gleiche Arie aus dem Rigoletto, Frauen schreien auf der Achterbahn, Schüsse in der Schießbude . . . Gottlieb setzt sich und bestellt das letzte Bier. Morgen ist Montag. Dagegen ist nichts zu machen. Übrigens setzt er sich abseits, nicht zu den Bekannten, die er wohl bemerkt; er hat jetzt gar keine Lust, mit einem vernünftigen Menschen zu reden, und lieber setzt er sich an einen leeren Tisch oder aber, da es einen solchen nicht gibt, zu dem fremden Ringer.

»Wenn es gestattet ist«, sagt Gottlieb.

Und schon kommt Knicks, der Kellner:

»Was darf ich bringen?«

»Bier.«

»Warum so finster, Herr Knoll?«

Keine Antwort. Und auch als das Bier kommt, kein Ton. Da sagt der Harlekin, der plötzlich an ihrem Tischlein sitzt, der Teufel weiß woher, ein Harlekin, wie er im Buche steht; er sagt:

»Prost!«

»Danke«, sagt Gottlieb.

»Sie haben Durst«, lächelt der Harlekin: »Sie haben sich wacker angestrengt –.«

Gottlieb leckt sich den Bierschaum von der Oberlippe, er schämt sich ein wenig, der Harlekin hat offenbar auch zugeschaut und gesehen, wie Gottlieb sich gegen eine Puppe geeifert hat.

»Ich kann das verstehen«, sagt der Harlekin: »Die ganze Woche lang hockt man an seinem Pult, blickt auf den Kalender, jeden Morgen rupft man einen Zettel ab, damit es wieder Sonntag wird, und dann ist er da, der Sonntag ...«

Gottlieb will nicht davon reden.

»Sie sind wohl ein Künstler?« fragt er, um abzulenken: »Ich bin in allen Buden gewesen, aber Sie habe ich nirgends gesehen.«

»Ich bin Zauberer.«

Gottlieb leert das Glas.

»Zauberer?« sagt er mit einem gewissen Unbehagen, das halb aus Hochachtung, halb aus Mißtrauen besteht: »Was zaubern Sie denn, wenn man fragen darf?«

»Was die Herrschaften wünschen!«

Gottlieb lacht:

»Zaubern Sie auch Bier?«

»Bier?«

»Oder Wein?«

»Roten oder weißen?« fragt der Harlekin, und natürlich hat Gottlieb es nur als Scherz gemeint, aber der Harlekin fragt ihn allen Ernstes: »Roten oder weißen?«

Gottlieb verlegen:

»Wenn Ihre Kunst mit sich reden läßt, offen gestanden, ein roter ist mir lieber, ein französischer zum Beispiel –«

»Und Sie?« fragt der Harlekin, indem er sich höflich an den Ringer wendet, der nach und nach zugehört hat.

»Ich?«

»Roten oder weißen?«

»Hören Sie mal«, sagt der Ringer: »das ist aber nicht Ihr Ernst.«

»Warum nicht?«

»Warum nicht!« wiederholt Gottlieb, der wirklich Durst und kein Geld mehr hat: »Wenn der Herr ein wirklicher Zauberer ist –.«

Man einigt sich auf einen roten, einen Dôle, und schon hat der Harlekin auch den Kellner gerufen, genauer gesagt, er hat mit den Fingern geschnalzt, worauf Knicks sich verbeugt, um so höflicher, je schlechter man ihn behandelt.

»Bringen Sie einen Dôle«, sagte der Harlekin: »Und drei Gläser.«

Knicks hat sich nicht getäuscht, Flaschenweine werden in dieser Pinte selten bestellt, er hat sich nicht umsonst verbeugt. Knicks weiß sofort, was er dem seltenen Ereignis schuldet: er nimmt die Serviette und wischt den Tisch. Gottlieb und der Ringer schauen ihn nur so an. Wie er das macht, wie er die Serviette schwingt und davonschwebt!

»Hören Sie mal«, sagt Gottlieb sehr ernsthaft: »so war das nicht gemeint –«

»Was?«

»Das ist doch keine Zauberei, mein Herr, das ist doch kein Kunststück. Einfach bestellen! Das kann doch jeder, wenn er Geld hat.«

»Wenn er Geld hat«, sagt der Harlekin mit bedeutsam gezogenen Augenbrauen, ohne sich weiter auszusprechen; auf ein zweites Schnalzen seiner Finger ist bereits der Zigarrenjunge erschienen, um einen ganzen Turm von Schachteln auf den Tisch zu bauen.

»Was darf es sein?«

»Offen gestanden«, sagt Gottlieb: »ich kenne mich da wirklich nicht aus –.«

Der Harlekin rät ihm zu einer schönen Brasil, Dannemann zum Beispiel. Und also geschieht es. Das duftet schon anders als Stumpen! Auch der Ringer entschließt sich zu einer Brasil, Marke Dannemann. Der Junge zeigt ihnen, wie man das Knöpfchen abdreht, dann gibt er Feuer, und der Harlekin bezahlt . . .

»Besten Dank«, sagt Gottlieb nach den ersten Zügen, das dunkle Ding betrachtend: »Schmeckt großartig – Geld, ja, das müßte man zaubern können!«

»Nichts leichter als das.«

»Ich meine richtiges Geld –«

Leider kommt Knicks, der Kellner, der das Gespräch unterbricht. Und vor Dritten spricht man nicht von Geld. Schweigend schauen sie zu, wie er den Dôle entkorkt, rauchen an ihrer Brasil, wartend, schweigend, bis die Gläser gefüllt sind und der Kellner sich wieder entfernt.

»Prost!« sagt der Harlekin.

Sie trinken.

»Ich verstehe die Menschen nicht«, sagt der Harlekin: »Morgen ist Montag, und da hocken sie wieder alle an ihren Pulten. Tagein, tagaus. Woche um Woche. Jahr um Jahr. Ein ganzes Leben lang. Nichts als arbeiten! Ich weiß nicht, wie die Leute das aushalten.«

»Ich auch nicht«, sagt Gottlieb.

»Und dennoch machen sie es.«

»Ja«, sagt Gottlieb.

»Auch Sie?«

»Ja –«, sagt Gottlieb, nimmt einen Schluck, dann starrt er nachdenklich vor sich nieder: »Was bleibt uns anderes übrig! Wir sind keine Zauberer...«

Der Harlekin lächelt.

»Ja«, sagt auch der Ringer in seiner langsamen Art: »Was bleibt uns anderes übrig?«

Der Harlekin füllt ihre Gläser.

»In einer Viertelstunde werde ich verhaftet«, sagt der Ringer, »wenn ich nicht an die Arbeit gehe. Vertrag ist Vertrag, sagen sie –«

»Verhaftet? Wieso?«

Der Ringer erzählt seinen Fall.

»Verhaftet!« sagt Gottlieb: »Das ist ja die Höhe, das ist ja die Höhe –«

Kurzum, das Gespräch ist das übliche, die Klage des kleinen Mannes, der kein Zauberer ist, das heißt, er kann sich das Geld nicht anders beschaffen als durch Arbeit, durch eigene Arbeit. Der Harlekin hört zu, füllt ihre Gläser und lächelt... Einmal kommt ein altes Weib, eine Bettlerin, und der Harlekin gibt nicht eine Münze, sondern eine Note; erschrocken küßt sie seine Hand. Einmal kommt ein Blumenkind; auch ihm gibt er eine Note, ohne eine Blume anzunehmen; eine Note; einen vollen runden Monatslohn – Gottlieb und der Ringer, verstummend mit offenen Mündern, blicken einander nur an, ihre Zigarre zwischen den Fingern... Und ringsum immer das Tingeltangel, es bimmelt, es wirbeln die Karusselle mit ihren bunten Glühbirnen, es leiert von allen Seiten, einer schlägt den Herkules, und immer wieder hört man das silberne Glöcklein, wenn er es geschafft hat, Frauen kreischen auf der Achterbahn, Schüsse in der Schießbude, dazu das stete Bewußtsein: morgen ist Montag ... Der Dôle schmeckt vortrefflich, er kostet auch vortrefflich; aber der Harlekin, scheint es, hat ja Noten zum Verstreuen –

»Im Ernst«, fragt Gottlieb mit jener Scherzhaftigkeit, die nichts als Vorsicht ist, Tarnung, damit die andern nicht unseren Ernst auslachen können: »Sie können wirklich zaubern? Ich meine, im Ernst – Geld – wirkliches Geld –«

»Nichts leichter als das.«

Gottlieb mag die Aufschneiderei nicht.

»Nichts leichter als das!« wiederholt der Harlekin und streift die Asche von seiner Zigarre, lächelnd, wie wenn ein Professor etwa nach dem Einmaleins gefragt würde, nicht unwillig, eher gerührt über die Ahnungslosigkeit unsres Gottlieb: »Eine einzige Unterschrift, mein lieber, und Sie sind der reichste Mann auf dem Platz –.«

»Ich?«

»Bitte.«

Noch ist Gottlieb nicht betrunken, noch sagt er sich selbst: Quatsch! Glaube ich nicht! Indessen hat der Harlekin, zum Beweis seiner Kunst herausgefordert, in seine Brusttasche gegriffen, die Zigarre im Mund, blinzelnd, da ihm der Rauch in die Augen kommt.

»Bitte«, sagt der Kerl, der geschminkte: »unterschreiben Sie dieses Papier – nichts weiter – und Sie haben Geld, mehr als Sie brauchen können.«

Auch der Ringer lacht über den Scherz.

»Sie wollen mich zum Narren machen!« sagt Gottlieb, indem er das Papier immerhin zur Hand nimmt, ein wenig erschrocken, denn etwas Teuflisches hat er schon, dieser Harlekin, aber das macht die Schminke, doch schließlich ist Kirmes, denkt Gottlieb, einen Jux muß man sich schon gefallen lassen. Was soll es anderes sein? Ein Papier, eine Unterschrift –

»Warum zögern Sie?« fragt der Harlekin.

Gottlieb sucht seine Füllfeder.

»Ich nehme Sie beim Wort!« lacht er: »Aber Sie müssen nicht meinen, daß ich daran glaube.«

»Sie werden ja sehen.«

»Was?«

»Kaum haben Sie unterschrieben«, sagt der Harlekin nicht ohne lächelnde Betonung: »schon ist es geschehen, im gleichen Augenblick ist er gestorben –«

»Gestorben?«

»Im gleichen Augenblick.«

»Wer?«

»Der reichste Mann der Welt, Tschau Hing, der chinesische Mandarin –.«

»Gestorben?«

»Und Sie sind sein Erbe.«

Gottlieb erblaßt . . . Er weiß wirklich nicht, was er denken soll. Der Harlekin füllt abermals ihre Gläser, obschon die Flasche, müßte man meinen,
schon lange geleert ist.

»Mein Herr«, sagt Gottlieb: »das können Sie einem anderen angeben,
aber nicht mir –«

Hier wird das Gespräch ohnehin unterbrochen, denn die Viertelstunde,
die sie dem streikenden Ringer gesetzt haben, ist vorbei, der Augenblick
der Verhaftung ist gekommen und also der Krach, denn der Ringer hat
gar keine Lust, sich abführen zu lassen von den beiden Gendarmen, jetzt
schon gar nicht, wo er eine Zigarre hat, die erst zur Hälfte geraucht ist,
und ein Glas voll Dôle. Kommt nicht in Frage, und wenn sie den Knüppel
ziehen! Die Ausrufer rufen umsonst und ziehen ihre schrillen Glocken,
kein Bein geht in ihre Buden, alles strömt zu unserem Ringer, der, die Zigarre im Mund, einen Gendarmen schlechterdings in die Luft hält, den
Leuten zur Freude, den Gesetzen zum Trotz. Er meint es nicht böse, unser
Ringer, aber der Gendarm blutet, die Leute pfeifen und johlen, spielen
Fußball mit seinem weißen Helm, und auch Gottlieb ist außer sich.

»Das ist ja die Höhe«, sagt er immerfort: »das ist ja die Höhe!«

In fünf Minuten werden sie wiederkommen, das ist klar, ein ganzer
Lastwagen voll, ein Dutzend oder mehr, um den armen Ringer abzufüh-
ren; die Empörung ist allgemein, alle auf seiten des Ringers, der als einziger schweigt und seinen Wein trinkt – der Harlekin füllt abermals sein
Glas! . . . Die alte Bettlerin, der Kellner, das Blumenkind, alle stehen um
das Tischlein herum, auch Doktor Knacks, der etwas versoffene Rechtsanwalt, und Schopf, der alte Bäckermeister, Gottliebs väterlicher Freund, keiner weiß einen Rat. Nur Gottlieb könnte helfen. Mit einer einzigen Unterschrift! Geld ist Macht.

»Gib sie!« sagen sie: »Gib sie!«

Etwas muß geschehen, denkt Gottlieb, auch er spürt den Wein, und ob es stimmt oder ein Jux ist, was der Geschminkte schwatzt, Geld ist Macht, das stimmt – . . . Tschau Hing, der reichste Mann der Welt, der noch nie in seinem Leben hat arbeiten müssen, und Gottlieb sein Erbe, Gottlieb Knoll, wie er sich dann erheben und sagen würde: Hände weg, lassen Sie den armen Ringer bloß in Ruhe oder Sie haben es mit mir zu tun, mit Gottlieb Knoll! Und kaum würden sie den Namen hören, wären ihre Gesichter wie verwandelt, etwas verlegen, denn Gesetz ist Gesetz, und vor dem Gesetz sind alle gleich. Und Gottlieb würde sagen: Machen Sie sich deswegen keine Sorgen, die Behörde kennt mich, ich bin der beste Steuerzahler, man wird sich hüten, mich vor den Kopf zu stoßen wegen einer Lappalie. Und da die Gendarmen immer noch nicht verschwinden, sondern sich verlegen an ihrem eignen Gürtel halten, würde Gottlieb fortfahren und sagen: Vor dem Gesetz sind alle gleich, versteht sich, aber machen Sie sich wirklich keine Sorge, die Kaution wird morgen bezahlt, oder wenn Sie wollen, gerade jetzt! sagt Gottlieb, greift in die Tasche, wo er die Noten hat – und so . . . Wunderbar wäre es schon, mächtig zu sein, seinen Freunden helfen zu können und selber nicht aufstehen zu müssen, wenn es Montag ist, wenn der Wecker rasselt, sondern liegenzubleiben, im Bett zu frühstücken und in der Zeitung zu lesen: Gottlieb Knoll stiftet ein Heim für arbeitslose Ringer und für alle andern, denen es verleidet ist. Wunderbar wäre es schon, nicht auszudenken –

»Wenn es bloß ohne töten ginge!«

Der Harlekin lacht über ihn:

»Was heißt töten?«

»Was es halt heißt«, sagt Gottlieb.

»Eines Tages stirbt er sowieso, der Mandarin. Und warum soll man mit diesen Wichten zimperlich sein? Wenn Sie ihn sehen würden –«

»Dann könnt ich's schon gar nicht.«

»Sie müssen ihn auch nicht sehen«, verbessert sich der Harlekin: »Das verstehe ich. Drum ist es ja ein Mandarin in China. Je ferner, um so leichter. Das ist der Segen unserer Technik, beiläufig bemerkt; so von Angesicht zu Angesicht, das gebe ich zu, da sind wir alle etwas zimperlich. Wer ist schon imstande, mit dem Küchenmesser auf seine Schwiegermutter loszugehen? Ganz wenige. Oder siebenhundert Menschen eigenhändig zu ersäufen, Menschen wie an dieser Kirmes, Frauen, Männer, Kinder, wem dürfte

man das ohne weiteres zutrauen? Eigenhändig, verstehen Sie: wenn man jeden einzelnen nehmen müßte, unser Blumenkind zum Beispiel, und man
müßte ihm den Kopf in die Badewanne halten, bis es keine Bläschen mehr
gibt, und das siebenhundert Mal. Wer schafft das? Ein Torpedo, das ist
doch etwas ganz anderes. Ein einziges Torpedo, ein Blick auf den Winkel-
messer, ein Blick auf die Uhr, ein Druck auf den Knopf; das kann jeder,
und wären seine Augen noch so blau. Was ist dabei! Sehen Sie sich einmal
die Jungens an, die die Bomben lösen; kein Makel im Gesicht. Was heißt
töten? Natürlich an Ort und Stelle – aber dazu haben wir ja die Technik,
mein Freund, oder wie ich zu sagen pflege: man muß grundsätzlich denken, und das gelingt den allermeisten nur dann, wenn sie ihre Tat nicht
mit Augen sehen. An Ort und Stelle erscheint es immer wie ein Mord,
mag sein, aber wozu haben wir das Ferndenken? – Sie müssen ihn nicht sehen, das ist ja der Witz, drum ist es nicht Ihr Direktor, sondern ein Mandarin in China.«

»Das schon«, sagt Gottlieb.

»Ich will Sie nicht überreden!« lacht der Geschminkte: »Er selber ist
nicht so zimperlich wie Sie, sonst wäre er nicht so reich. Hunderttausend
Kulis schuften für ihn, treten die Wassermühlen, damit das Reisfeld seine
Zinsen trägt, Tag für Tag, Woche um Woche, ihr ganzes Leben lang, Montag um Montag. Meinen Sie, der geht hin und sieht es sich mit eigenen Augen an? Er sitzt auf seiner Yacht, Tschau Hing, der selber nie geschuftet
hat, da sitzt er und rülpst und nährt sich von der Arbeit der andern –.«

Der Ringer nickt:

»Jaja, so ist das!«

Gottlieb schweigt etwas verlegen. Auch die andern nicken, nicht nur die
alte Bettlerin und der Kellner und das Blumenkind, sogar der Rechtsanwalt, Doktor Knacks, der in einer Welt, wo es mit rechten Dingen zuginge,
nie so verlottert wäre und so versoffen.

»So ist das«, sagt Knacks mit dem ganzen Gewicht, das die Aussage
eines Akademikers hat: »Und warum ist es so?«

»Warum?« fragt Gottlieb.

»Die Juden –«

Gottlieb hört nicht weiter zu, sondern betrachtet das leere Papier, übrigens ein ganz gewöhnliches Papier. Eine Unterschrift, denkt er, und ich
bin der mächtigste Mann auf dem Platz! Alle reden ihm zu. Nur Schopf,
der Bäckermeister, macht ein verächtliches Gesicht; auch wenn es ein

Jux ist, er kann den geschminkten Schwätzer und Gaukler nicht ausstehen, er rümpft die Nase wie beim Jassen, wenn er, die Karten betrachtend, dem kommenden Spiel mißtraut. Gottlieb ist sein Freund, er mag nicht, wenn sie ihn zum Narren machen. Gottlieb ist imstande und glaubt daran!

»Was grübeln Sie denn?« lacht der Harlekin: »Wagen Sie es oder wagen Sie es nicht?«

»Natürlich —«

»Aber?«

»Wenn ich's mir so vorstelle —«

»Vorstellen!« lacht der Harlekin sehr unwillig, ein Lachen, das Gottlieb vor den anderen lächerlich macht: »Wenn Sie sich jedesmal vorstellen, was Ihre Unterschrift bedeutet, bleiben Sie Ihr Leben lang ein Kommis! — Oder habe ich nicht recht?« fragte er die andern: »Wenn einer einen Scheck unterzeichnet, hups, und ein andrer verreckt, weil der nichts zu unterzeichnen hat — was ist das anders? Unterschrift ist Unterschrift. Was ist der Unterschied? Oder wenn Sie einen Stimmzettel unterschreiben und Sie wählen Dschingiskhan, glauben Sie, daß Sie damit keinen Menschen töten? Ich bitte Sie —«

Man lacht.

»Oder habe ich nicht recht? Wie?«

Gottlieb mit der Füllfeder:

»Soll ich?« fragt er — wobei er es offenläßt, ob er es für Jux oder Ernst nimmt, er will sich ja nicht lächerlich machen, auch die andern zeigen nicht, wieviel sie daran glauben, ganz geheuer ist es ja nicht, es hat schon wirkliche Zauberer gegeben, Teufelskerle — Gottlieb ist entschlossen, sich wenigstens den Anschein zu geben, daß er es für einen Jux hält; er fragt sie noch einmal: »Soll ich?«

»Klar«, sagt der Rechtsanwalt.

Nur Schopf unterläßt jedes Nicken.

»Und wenn das Geld wirklich kommt?« fragt der erblaßte Gottlieb: »Werdet ihr mich nicht im Stich lassen, wenn ich euch einlade, euch alle — zu einem Fraß, meine Lieben, zu einem Fraß, wie sich unsereiner gar nicht vorstellen kann — werdet ihr mich nicht im Stich lassen?«

Sie lächeln verlegen.

»Knicks«, sagt der großartige Gottlieb: »was wollen wir auftischen? Kosten spielen keine Rolle —«

»Pfannkuchen!« sagt das Blumenkind.

»Quatsch!«

»Blutwurst –«

»Unsinn!« sagt der Ringer: »Wenn die Kosten keine Rolle spielen, dann schon lieber einen rechten Schinken –«

»Oder Leberknödel!«

»Das esse ich nicht.«

»Leberknödel, richtig gemacht –«

Nur der Rechtsanwalt hat Niveau:

»Das beste wäre eine Gans«, sagt er gelassen: »eine Gans mit Kastanien –.«

»Und dazu Preiselbeer«, sagt der Kellner.

»Und vorher Fisch –.«

»Und Champagner!«

»Das paßt nicht«, sagt der Rechtsanwalt: »Ich mach Ihnen den folgenden Vorschlag –«

»Knicks, schreiben Sie auf!«

»Erstens: Bouillon mit Mark. Zweitens: Forelle blau, dazu einen schönen Wein, einen weißen, Johannisberg oder so. Drittens: Gans, gefüllt mit Gänseleber und Kastanien, dazu Spätzli, Preiselbeer, Salat nach Jahreszeit. Zum Schluß: Fruchtsalat mit Kirsch oder Maraschino, Kaffee, Zigarren und so weiter – vergessen habe ich den zweiten Wein, einen schönen roten: Pommard . . .«

Knicks hat alles notiert.

»Na ja«, sagt der Ringer: »Sie müssen es ja wissen, Herr Doktor, aber genug muß es geben –.«

Darüber wird noch viel gesprochen, der Champagner soll doch nicht fehlen. Wenn schon, denn schon: man beerbt nur einmal den reichsten Mandarin der Welt! Allen läuft das Wasser im Munde zusammen, nur bei Gottlieb bleibt es trocken – bevor er die Unterschrift gibt, und da sie nun alle drauf warten, wird er um diese verrückte Unterschrift nicht herumkommen, aber vorher möchte er immerhin noch wissen, was das bedeutet; auf dem Papier steht:

Erste Unterschrift –

Zweite Unterschrift –

Dritte Unterschrift –

»Ach so«, sagt der Harlekin: »das habe ich ja noch gar nicht erklärt. Verzeihung. Das ist ganz einfach. Erste Unterschrift: Tod eines chinesischen

Mandarins, also eines Menschen, den Sie nie gesehen haben, den Sie gar nicht kennen.«

»Weiter!«

»Zweite Unterschrift: Tod eines Menschen, den Sie kennen, eines Freundes, der Ihnen im Wege steht –«

»Eines Freundes?«

»Keine Angst«, lächelt der Harlekin: »diese Unterschrift müssen Sie ja nicht geben. Niemand kann Sie dazu zwingen.«

»Und die dritte?«

»Dritte Unterschrift: daran stirbt der Mensch, den Sie am meisten lieben – aber wie gesagt, auch diese Unterschrift müssen Sie natürlich nicht geben, wenn Sie nicht wollen.«

»Hm.«

Pause.

»Nein«, sagt Gottlieb: »das mache ich nicht.«

»Wie Sie wollen.«

»Das ist ein Teufelspakt –«

»Wie Sie wollen.«

Für die Enttäuschung, daß der tolle Schmaus nicht zustande kommen wird, bleibt übrigens gar keine Zeit – schon hört man die verhaßte Sirene der Gendarmerie, der Lastwagen ist da, der erwartete, und bevor sie es ganz begreifen, sind sie umringt von zwanzig weißen Helmen, ganz zu schweigen von den zwanzig Knüppeln. Es ist kein Spaß. Ein Gendarm hat aus der Nase geblutet; das kann der Staat nicht hinnehmen, jedermann wird das begreifen, Ordnung muß sein, auch der Ringer würde es begreifen, wenn er nicht den schweren Dôle getrunken hätte. Drei Gendarmen, die sich unserem Ringer nicht unhöflich genaht haben, sind bereits in die Stühle geflogen, so daß es scheppert von Gläsern und Helmen; die siebzehn andern, von der Menge mit Pfiffen geschmäht, halten sich an das Reglement, das die Reihenfolge der erlaubten Mittel genau bestimmt: Höflichkeit, Knüppel, Tränengas, Revolver. Jetzt sind sie beim Knüppel, ebenfalls erfolglos, zwei weitere Gendarmen werden von fliegenden Aschenbechern getroffen und fallen vorläufig aus; der Ringer, der sich von seinem erloschenen Zigarrenstummel nicht trennen kann, steht in der Mitte eines leeren Kreises, größer als alle andern, ein Stuhlbein in jeder Hand, und da er nach wie vor sein gestreiftes Trikot trägt, sieht es wirklich wie eine Darbietung aus, Publikum strömt herbei, endlich eine Darbietung ohne Ein-

tritt, die Gendarmen wirken wie eine Sperrkette. Was weiter? Mit Knüppeln ist nichts zu machen, das Publikum klettert bereits auf Tische und
Bäume. Was weiter? Der Ringer wischt sich die Augen mit beiden Handrücken, ohne die Stuhlbeine loszulassen, wischt sich die Augen wie ein
flennendes Kind – Tränengas . . .

»Pfui Teufel!« rufen die Leute.

Der einzige am Platz, der helfen könnte, ist Gottlieb. Mit einer einzigen
Unterschrift. Er verspürt die gleiche Wut wie vorher in der Ballbude. Plötzlich sagt er:

»Her damit, ich unterschreibe!«

Unterdessen haben sie den weinenden Ringer bereits gefesselt, so daß er
sich nicht einmal mehr die Augen wischen kann; die Empörung ist allgemein, aber ohnmächtig – Und dann der große Augenblick: der Harlekin,
dankend für die Unterschrift, faltet das Papier, wirft es in die Luft, wo es
einen Knall gibt, einen schwefelgrünen Blitz wie von einer Rakete und weiter nichts . . . der Ringer wird auf den Wagen verladen, Gottlieb steht da,
der Wagen fährt los, als wäre nichts geschehen, man hört seine verhaßte Sirene, das Publikum murrt und zerstreut sich, das Tingeltangel geht weiter,
auch der Harlekin ist verschwunden, ein wenig stinkt es von dem schwefelgrünen Blitz, das ist alles –

»Ein bengalischer Furz.«

Der Rechtsanwalt findet immer das rechte Wort. Gottlieb ist totenblaß.
Der Kellner sammelt die Aschenbecher, die Bettlerin zieht weiter, ebenso
das Blumenkind, der Rechtsanwalt grinst:

»Der hat wirklich dran geglaubt!«

Nur Schopf, der Bäckermeister, läßt unseren Gottlieb nicht im Stich, greift
ihn am Ellbogen und sagt:

»Sei froh. Es ist besser so. Sei froh, daß es ein Schwindel gewesen ist.«

Ein paar Schritte gehen sie zusammen.

»Du hast es ja gut gemeint«, sagt Schopf: »aber so geht das nicht. Und
ob es ein Unrecht ist! Aber mit Zauberei, weißt du, das ist nichts. Und
mit Töten schon gar nicht –. Sei froh, daß es ein Schwindel gewesen
ist . . .«

Dann ist Gottlieb allein.

Geld hat er keines mehr, nach Hause mag er nicht gehen, so steht er herum
vor den wirbelnden Karussells, die Hände in den Hosentaschen, umgeben
von Geleier und Gebimmel, einer schlägt den Herkules, Frauen kreischen
auf der Achterbahn, ein Ringer sitzt im Gefängnis, aber das Leben geht
weiter ... So ist die Welt! denkt Gottlieb nicht ohne Tiefsinn, der sich
mit Dôle und Tingeltangel mischt: So ist die Welt, lieblos bis ans Herz
hinan – denkt er und spürt im gleichen Augenblick, wie ein Arm sich in
den seinen schiebt. Es ist das Mädchen, das ihn auf den Hund gebracht
hat, das Mädchen mit den Bällen; außerdem ein sehr nettes Geschöpf,
jung, nicht unerfahren.

»Ich heiße Jenny«, sagt sie.

Ein Stücklein gehen sie Arm in Arm, wortlos, Gottlieb findet es schön,
nicht einsam zu sein in dieser Welt, aber über die Lippen bringt er kein
Wort; erst nach einer Weile fällt ihm etwas ein, er bleibt stehen und sagt:

»Ich habe kein Geld.«

»Weiß ich –.«

»Und überhaupt«, sagt Gottlieb: »was wollen Sie eigentlich von mir?«
Jenny lächelt:

»Sie haben mir so leid getan.«

»Wieso?«

»Das mit den Bällen«, sagt Jenny: »Sie haben sich ereifert, Sie haben Ihr
ganzes Geld verschleudert.«

»Allerdings.«

»Warum das?«

»Ja«, lacht Gottlieb: »das war sehr blöd von mir, aber der Kerl mit dem
Monokel hat mich so an meinen Direktor erinnert –.«

Ein Stücklein gehen sie wieder Arm in Arm, Jenny hat Feierabend, vermutlich auch Hunger, jedenfalls blickt sie nach jedem Stand, wo Würstchen verkauft werden, und wie hübsch wäre es jetzt, wenn Gottlieb sie einladen könnte: Gans mit Spätzli, Preiselbeer, Salat nach Jahreszeit. Von
neuem steigt ihm die Wut; er kann sie nicht verwürgen.

»Wenn Sie unseren Direktor kennen würden«, sagt Gottlieb: »dann
könnten Sie mich schon verstehen. Gestern habe ich ihm ganz freundlich
gesagt, ich brauche mehr Lohn. Gelacht hat er! So einer ist das –.«

Einmal stehen sie vor dem Restaurant; durch die Scheibe sieht man
Hummer, Kellner, Mayonnaise, Flaschen, Pelze.

»Kommen Sie«, sagt Jenny: »Zu Hause habe ich noch eine Wurst –.«

Sie ist ein liebes Ding, kein Zweifel, sie schiebt ihre Finger zwischen die
seinen, so leid tut er ihr, und auch seine Gefühle sind ehrlich, man muß zu-
sammenhalten, Jenny hat gewußt, daß er kein Geld mehr hat, und dennoch mag sie ihn, das kommt nicht jeden Sonntag vor. Jenny wohnt am
Fischmarkt, eine düstere Gegend, aber Gottlieb ist froh, nicht allein zu
sein. Vor der Haustüre, als Jenny nach ihrem Schlüssel kramt, sagt er:
»Ich heiße Knoll, Gottlieb Knoll.«
Jenny schließt auf.
»Komm«, sagt sie.

Das war der Sonntag.
Im Gefängnis, das sei nicht verschwiegen, haben sie den Ringer wieder
ganz höflich behandelt. Sie haben sogar seine Fesseln gelöst, zumal sie für
seine beispiellose Gestalt viel zu klein sind, allerdings gegen sein Ehrenwort, daß er sich auch seinerseits wieder an die Regeln der Höflichkeit hält
und das Eisengitter nicht herausreißt. Es wäre ihm nicht ein Leichtes, aber
ein Mögliches. Indessen ist er vernünftig genug, sein Ehrenwort zu halten
und die Nacht auf der Pritsche zu verbringen, obzwar sie zu kurz ist; immerhin genügt sie, um den Dôle auszuschlafen. Wenn er die Eisengitter
ausreißt, sagen sie, dann gibt es eine Buße, und wenn er diese Buße nicht
bezahlen kann, kommt er abermals ins Gefängnis; das Ausbrechen hat
also gar keine Zukunft, das sieht er ein. Überhaupt sind die Leute viel höflicher, wenn man sich nicht wehrt ...

Die Nacht mit Jenny – nur so viel sei gesagt: Gottlieb träumt von einem
toten Mandarin, und als er erwacht, ist er sehr glücklich, daß es nur ein
Traum gewesen ist, er ist noch nie mit einem Mädchen so glücklich gewesen ... Natürlich verspätet er sich, und bevor Gottlieb seine Ausrede starten kann, weiß er, daß er auf der Stelle entlassen ist, wenn das noch einmal
vorkommt.
Kleinlaut geht er an sein Pult.
»Nun?« grinsen die andern: »Wie geht es mit der chinesischen Erbschaft?«
Das muß er noch manchmal anhören ...
Genau sieben Wochen lang: – bis zu dem denkwürdigen Montag, wo
die liebe Jenny schier verzweifelt, weil sie es kommen sieht, daß Gottlieb
seinen letzten Bus versäumt. Er wird zu spät kommen und auf der Stelle

entlassen sein. Es ist genau sieben Uhr und vierunddreißig Minuten; Jenny
streicht ihm ein Brot, Gottlieb gurgelt noch immer hinter der spanischen
Wand, und in elf Minuten geht der Bus, Jenny tut alles für ihn, gießt Kaffee ein und dazu kalte Milch, damit er sofort trinken kann.

»Gottlieb«, sagt sie: »Du kommst zu spät!«

Seine Antwort: gurgeln.

»Gottlieb, es ist sieben Uhr siebenunddreißig. Du machst, bis sie dich
entlassen. Das hast du selber gesagt: wenn du noch einmal zu spät ins Geschäft kommst –«

Jenny ist sprachlos, sie traut ihren ungewaschenen Augen nicht: Gottlieb kommt hinter der spanischen Wand hervor, trägt einen Morgenrock,
wie man sie sonst nur im Schaufenster sieht, und dazu eine Ruhe, eine
Ruhe . . .

»Gottlieb!«

»Gib mir einen Kuß«, sagt er.

»Was soll das heißen?«

Jenny gibt den Kuß, damit keine Zeit verlorengeht, und woher er diesen
stinknoblen Morgenrock hat, wird sie ein andermal fragen.

»Trink«, sagt sie: »Die Milch ist kalt.«

Gottlieb ist sehr gelassen:

»Jennylein, ich muß dir etwas sagen –«

»Was denn?«

»Aber du darfst nicht erschrecken!«

»Gekündigt?«

»Wenn es nur das wäre –.«

»Gottlieb, was ist denn los?«

Er faßt sie an beiden Armen, sein Lächeln ist sonderbar, er zieht sie auf
sein Knie.

»Jennylein«, sagt er: »ich muß dich etwas fragen, etwas sehr Ernstes sozusagen –«

»In sechs Minuten geht dein Bus.«

»Antworte mir ganz aufrichtig!«

»Klar, natürlich.«

Und dann schluckt er ein wenig:

»Jennylein, habe ich mich verändert?«

»Wieso verändert –.«

»Ja oder nein?«

»Bist du mir untreu?« fragt sie.

»Wenn es nur das wäre –.«

»Du machst mir wirklich Angst«, sagt Jenny: »Wieso sollst du dich denn verändert haben?«

Er schaut sie an.

»Unser Samstag, unser Sonntag, sag aufrichtig, ob es schön war oder nicht.«

»Dummkopf!«

»Ich meine, war ich anders als sonst?«

»Übermütig bist du gewesen, ja –«

»Aber nicht anders? Wie soll ichs sagen: nicht herrschsüchtig oder so, nicht eigensinnig, nicht unerträglich?«

Jenny lacht ihn nur aus, gibt ihm nochmals einen Kuß, einen zärtlichen, aber einen kurzen, denn es ist nun wirklich allerhöchste Zeit; er müsse sich wie ein Affe beeilen, meint sie. Aber das tut er gar nicht.

»Siehst du«, sagt er lächelnd, doch blaß vor Ernst: »dann bin ich zufrieden – dann bin ich beruhigt – dann kann ich es dir ja sagen ... Nämlich die Erbschaft ist wirklich gekommen.«

Jenny kreischt.

»Die von dem Mandarin.«

Jenny ist anzusehen wie eine tragische Maske aus dem antiken Theater, alles offen, Augen und Mund, offen und stumm; während Gottlieb sich eine Zigarette nimmt.

»Tja«, sagt er, »so ist das.«

Der Bus fährt ohne ihn ... Schon am Samstag ist es gekommen, ein Brieflein, eingeschrieben, ein Scheck, daß einem jeden, wenn man ihm die Summe nennen würde, Hören und Sehen verginge. Gottlieb wollte nichts davon sagen, damit sie noch einmal ein schönes Wochenende haben, hier in dieser Bude am Fischmarkt. Es war eine kleine Bude, gewiß, aber es war eine nette Zeit, denkt Gottlieb, trotz Gestank aus dem Hinterhof ... Das erste, was Jenny dazu sagt:

»Drum –!«

»Was?«

»Drum hast du diesen Morgenrock gekauft?«

»Ja«, lächelt er etwas verlegen: »ich wollte nur wissen, ob es stimmt, weißt du, mit diesem Papier. Ob das wirkliches Geld ist. Ich geh in die Bank. Was wollen Sie? Ich zeige den Scheck. Bitte sehr, und plötzlich ist

der windelweich, führt mich durch die Halle, verbeugt sich immerzu, bis
ich in einem großen Zimmer sitze, ganz allein, weißt du, nichts als Leder
und Nußbaum. Bitte sehr! Mir läuft der Schweiß. Du, die geben mir wirkliches Geld. Das kann nicht stimmen! denke ich. Und ich geh in den nächsten Laden. Bitte, und die geben mir, was ich will, ohne Wimperzucken.
Und an der Tür verbeugen sie sich, als wäre ich selber ein chinesischer
Mandarin –.«

Pause.

»Ich bin so froh, Jennylein, daß du sagst, ich habe mich nicht verändert.«

Und indem er in die Tasche greift:

»Weißt du, wo Calcutta liegt?«

»Calcutta –?«

»Dort befindet sich zur Zeit unsere Yacht«, sagt Gottlieb und liest den
Zettel vor: »Item eine chinesische Yacht, zur Zeit in den Gewässern von
Calcutta, inbegriffen die hundertzwanzig Ruderknechte; item sämtliche
Ländereien, inbegriffen die Menschen darauf; item die Fabriken –«

»Fabriken?«

»Schwarz auf weiß.«

»Was wollen wir denn damit?«

»Jennylein!«

»Verstehst du dich auf Fabriken?«

»Mach dir keine Sorge«, lacht Gottlieb: »das mußt du richtig begreifen.
Item sämtliche Fabriken; was verstehe ich davon, wie man Porzellan macht
oder Glühbirnen oder Seide, und doch werden die Fabriken laufen, unsere
Fabriken! Weil die Arbeiter, die es wissen, ebenfalls leben müssen, und
wenn sie nicht sterben wollen, müssen sie in die Fabrik, gleichviel wem
sie gehört. Müssen! ohne daß ich sie mit der Geißel zwinge – du wirst
schon sehen!«

Jenny umarmt ihn:

»Du!«

»Komm, laß mich weiter lesen –.«

»Du«, schwärmt sie: »am tollsten finde ich die Yacht – aber wie kommen wir nach Calcutta?«

»Die Yacht kommt hierher.«

»Hierher?«

»Habe ich bereits gedrahtet.«

»Wie ist das möglich?«

»Bitte«, sagt Gottlieb mit einer Gelassenheit, die er bisher nur an seinem Direktor gekannt hat: »inbegriffen hundertzwanzig Ruderknechte –«

Hier klopfte es.

»Herein?«

Es klopft ein zweites Mal.

»Herein!«

Es klopft ein drittes Mal.

»Teufel nochmal! Herein!«

Und dann, wie schon der alte Brauch mit dem dreifachen Klopfen hat vermuten lassen, erscheint der Harlekin, fröhlich und beflissen, etwas dienerisch auch er, aber sicher im Auftreten, geradezu weltmännisch; er sagt:

»Die Leutchen sind da!«

»Wer?«

»Knicks, der Oberkellner, bittet um die Wünsche betreffend das Diner.«

»Das haben wir doch schon damals auf der Kirmes besprochen!« sagt Gottlieb etwas ungnädig, dann zu Jenny: »Das habe ich dir ja noch gar nicht gesagt – Versprechen ist Versprechen, ich habe sie eingeladen, alle meine Freunde!«

»Hierher –?«

»Mach dir keine Sorge, wir werden sowieso umbauen –«, sagt Gottlieb und wendet sich wieder zum Harlekin: »Sie kommen wirklich?«

»Garantiert.«

»Großartig«, sagt Gottlieb und wendet sich wieder zu Jenny: »Sieben Wochen lang haben sie mich gefoppt, du weißt es, gehänselt haben sie mich. Nun was macht die chinesische Erbschaft? und so. Aber davon kein Wort! Ich bitte dich. Wir wollen uns nicht rächen, weißt du, nicht einmal zum Spaß. Schon so werden sie lange Gesichter machen. Aber unsrerseits, verstehst du: Noblesse . . . Es liegt mir dran, daß sie meine Freunde bleiben. Sie sollen es wie Fürsten haben.«

Jenny, von den weltmännischen Blicken dieses Harlekins etwas verwirrt, zieht ihr blaues Nachthemd über die Brust.

»Was weiter?« fragt Gottlieb.

»Smith, Tailor, London.«

»Was will der?«

»Das Maß nehmen, damit der Anzug noch fertig wird bis zum Diner –.«

»Sogleich.«

»Ferner fragt das Orchester, was es spielen soll.«

»Musik – etwas Rassiges – was sie halt können … Wo bleibt das Kleid für die Dame?«

Der Harlekin schnalzt mit den Fingern, es kommen Hutschachteln und Kleider, ein ganzes Schaufenster voll, Schuhe, Strümpfe, Pelze, Jenny kann es nicht fassen, sie weint:

»Gottlieb, Gottlieb!«

Gottlieb fragt den Harlekin:

»Was weiter?«

»Die Arbeiter sind da.«

»Also los!« sagt Gottlieb: »Umbauen –!«

Der Harlekin schnalzt mit den Fingern … Es ist nicht zu glauben, aber man sieht es mit eignen Augen: die Wände des kleinen Zimmers entfernen sich, vernobeln sich zugleich, aus der alten zerschlissenen Tapete wird ein lichter Stoff, modern, die Zimmerdecke entschwebt und wird sauber wie Schnee, und von oben kommen die neuen Lüster, schick, sehr schick, die Fenster werden breiter, vor allem höher, während auch schon die Vorhänge aus den Wänden fließen, Kaskaden von köstlichem Stoff, schlicht, aber köstlich über alle Kataloge hinaus, nicht zu vergessen der alte Ofen aus Gußeisen und das Ofenrohr, das verdampft in nichts, die Heizung ist in der Decke, Strahlungsheizung, versteht sich, und der Linol, der ehemals geblumte, dann verwetzte, an der Schwelle und unter dem Tisch schon lange verlöcherte, er rollt sich zusammen wie ein brennendes Papier, das in Asche zerfällt, ein Staubsauger nimmt die Asche, lautlos, und schon kommen die Arbeiter, verkleidet als Heinzelmänner, was ihnen selber sehr mißfällt, aber zum Murren ist keine Zeit, man muß froh sein um Arbeit, Gott segne die Herrschaften, die Geld haben, im Nu kleben sie das Parkett, ein Würfelparkett, Esche mit Nußbaum – leider ein Irrtum, der Harlekin sagt kein Wort, schüttelt nur den Kopf und zieht den linken Mundwinkel, sofort reißen sie das Parkett wieder heraus, das kommt ins Musikzimmer, nicht hierher, schon kommen sie mit den geschliffenen Platten, die sogleich einen ganz anderen Eindruck geben, kühler, vornehmer, darüber ein purpurner Teppich, der sich von selber entrollt – leider, der Teufel kann sich irren, ist auch das wieder ein kleiner Irrtum, das gehört in die Halle, versteht sich, der Harlekin sagt kein Wort, er blickt nur den Vorarbeiter an, der die Schuld sogleich auf seine Schultern nimmt, mit einem Preßluftbohrer werden die erlesenen Platten entfernt, für den

Fachmann ist es zum Heulen, aber Kosten spielen keine Rolle, die Platten müssen natürlich ersetzt werden, jetzt kann man keine Zeit verlieren, die neuen Möbel warten bereits, bis der Spannteppich aufgezogen ist, ein Spannteppich, daß man vor Wonne immerzu gehen möchte, nichts als gehen ... Das ist es natürlich, was sich ziemt, und die Weite der Räume, mein Gott, diese Weite – nur, versteht sich, die kleine alte Bettkammer hat man noch stehen lassen, solang Jenny sich umkleidet, die kleine alte Bettkammer ...

Der Harlekin:

Allein in dem gediegenen Raum, nachdem er die letzten Arbeiter durch ein kurzes Schnalzen der Finger entfernt hat, betrachtet er das Ganze mit einem prüfenden Blick, etwa wie ein Inspizient, da und dort verstellt er ein Möbel, verteilt die Aschenbecher, versucht, ob sich die Vorhänge auch wirklich ziehen lassen, findet eine Vase ohne eine einzige Blume, spuckt hinein, und noch während eine Garbe von frischen Chrysanthemen aus der besagten Vase emporwächst, hat er sich gewendet, reibt sich das Kinn, nochmals das Gesamte betrachtend, winkt einem Lüster, daß er weiter herunter komme, und dann, nach einem nur aus alter Erinnerung lüsternen Blick in die kleine alte Bettkammer, wo Jenny sich umkleidet, tritt er zum neuen marmornen Kamin, öffnet die Klappe, die sich mit einem kunstreichen Griff aus Messing bedient, und entschwindet durch den Rauchfang ...

Stille.

Der erste der Gäste, der hier das Staunen lernt, ist Schopf, der Bäckermeister. Er tupft sich den Schweiß von der Stirn, so hat er sich beeilt, denn man hat ihm nur sagen lassen, Gottlieb sei in der Klemme, es sei etwas passiert. Da hat er seine weiße Schürze losgebunden, er war gerade in der Backstube; nun steht er da in seinen hellen Bäckerhosen, sockenlos, die Schuhe voll Mehl, Hemd ohne Krawatte, die Ärmel gekrempelt, Teig unter dem Ehering – aber von Gottlieb ist nichts zu sehen, und pfeifen, das spürt er sogleich, schickt sich hier nicht; doch ein Mädchen ist auch nicht da, niemand, die Türen öffnen sich von selbst, amerikanisches Modell. Hat nichts mit Wunder zu tun, Technik, das ist alles. So etwas mit Elektrofoto ... Schopf, wie gesagt, tupft sich den Schweiß von der Stirne; der Teufel solls holen, so hat er noch in keiner Backstube geschwitzt – und schon öffnet sich die Türe vor dem nächsten Gast: die Bettlerin.

»Sie hier –?«

»Was soll das bedeuten –?«

»Das frage ich mich auch –.«

Natürlich wiederholt sich das bei jedem, der kommt. Der nächste ist Knacks, der Rechtsanwalt, der weniger aus Freundschaft kommt, sondern aus Neugier, übrigens der einzige, der auf einem Spannteppich gehen kann, ohne die Füße besonders zu heben, und sich nicht verdutzen läßt.

»Ich rieche Schwarzhandel –« sagt er.

»Glauben Sie?«

»Kennen wir«, sagt er, indem er die Einrichtung etwas befühlt: »Mit seiner Hände Arbeit hat das noch keiner verdient –.«

Dann das Blumenkind.

»So was«, sagt sie: »So was –.«

Sie strahlt. Übrigens wird alles nur geflüstert, und je zahlreicher die Gäste werden, um so leiser; Getuschel wie vor einem Begräbnis, Achselzukken, Nicken auf Entfernung. Es sind ferner gekommen: Zapf, ein Schulkamerad von Gottlieb, Inhaber einer Tankstelle, und die alte Frau Holle, die Zimmerwirtin von Gottlieb, die auf alles gefaßt war, seit er nicht mehr zu Hause geschlafen hat, auf alles, flüstert sie, aber nicht gerade so ... Einen lauten Ton gibt es erst, als die Türe sich zum letzten Male öffnet, und es erscheint der Ringer im gestreiften Trikot; da rufen sie alle:

»Mensch Meier! –«

Er kommt geradezu aus dem Gefängnis, jawohl, der Gendarm kann es bezeugen. Der Gendarm nämlich, das ist sein neuer Freund; übrigens der gleiche, der damals aus der Nase geblutet hat. Stramm heißt er, ein Herzenskerl, wenn man ihn außerdienstlich kennt; jetzt kommt er außerdienstlich, versteht sich. Und natürlich muß der Ringer erzählen, wie es gewesen ist. Und wieso man ihn hat laufen lassen?

»Kaution«, sagt er.

»Was ist das?« fragt das Blumenkind.

»Freiheit«, sagt der Rechtsanwalt und streichelt dem ahnungslosen Kind das junge Haar: »– Geld.«

Die Freude, daß Meier sich auf freiem Fuße befindet, ist laut und allgemein, einen Augenblick vergessen sie darüber, wo sie stehen; so laut, daß Gottlieb, der Spender solcher Freiheit, zuerst gar nicht bemerkt wird, als er unter der großen Flügeltüre steht: Gottlieb im Frack –

»Freunde«, sagt er in seiner schlichten Art: »da seid ihr ja!«

»Ah!« machen alle.

»Schopf!« sagt er: »Mein Lieber —«

Und so, überströmend von Herzlichkeit, geht Gottlieb auf sie zu, auf seine alten guten Freunde, die ihn mustern. Und Katty, das Blumenkind, tut sogar einen Knicks; Gottlieb lacht sie aus; kein Wort bringt sie über die Lippen.

»Was ist denn los?« sagt Gottlieb: »Was glotzt ihr denn so? Alle stehen; wieso hockt ihr nicht?... Macht keine Flausen, ich bitte euch!... Ich finde es wirklich schön, Kerls, daß ihr gekommen seid! Und das an einem heiligen Montag, mitten aus der Arbeit raus – Zapf!« lacht er erleichtert: »Auch du?«

Und so, wie gesagt, geht er zu jedem, schüttelt ihm die Rechte, wozu er seinerseits, seine Freundschaft deutlicher zu zeigen, beide Hände verwendet. Schon das ist faul, denkt Schopf, der Bäckermeister; sehr faul, wenn es mit einer Hand nicht genügt. Auch Zapf, der Schulkamerad, ist darüber etwas verlegen; das ist der Händedruck der Gaukler und Pfaffen.

»Setzt euch doch«, sagt Gottlieb: »Jenny wird gleich kommen ... Ihr nehmt doch einen Apéritif?« fragt er, dieweil sie sich gehorsam setzen, und damit ja keine Stille entsteht, schwätzt er gleich weiter: »Wie geht es denn immer?«

»Danke.«

»Ja, meine Lieben, wer hätte das gedacht! Damals vor sieben Wochen. Mir kommts wie eine Ewigkeit vor! Dieser Harlekin mit dem bengalischen Furz – und nun ist er doch kein Schwindler gewesen ...«

Sie blicken sich verstohlen an.

»Ein Mann, ein Wort!« lacht Gottlieb: »Bouillon mit Mark, Forelle blau. Ihr werdet sehen! Gans, gefüllt mit Kastanien, Spätzli, Preiselbeer, Salat nach Jahreszeit. Fruchtsalat mit Kirsch oder Torte für die Damen, Kaffee, Zigarren. Und Wein, hoffentlich habe ich mich richtig erinnert, Johannisberg und Pommard –.«

Der Ringer haut sich auf den Schenkel.

»Gottlieb«, sagt der bedächtige Bäckermeister: »das alles ist doch nicht dein Ernst?«

»Ein Mann, ein Wort.«

»Was soll das bedeuten –?« fragen sie.

Jetzt kommt Knicks, zum Oberkellner befördert, gefolgt von neun Unterkellnern, jeder mit einem silbernen Tablett. (Kann als Ballett aufgezogen werden). Die Kapelle spielt. Und dann, wie jeder Gast ein köstliches

Gläslein hält, die alte Bettlerin und das Blumenkind nicht ausgenommen, sagt Gottlieb mit ehrlichem Bemühen, nicht ganz so feierlich zu werden, wie ihm wirklich ums Herz ist:

»Auf unsere Freundschaft – kipp!«

Also geschieht es.

»Klasse«, sagt der Ringer.

Die Kellner füllen sofort nach ... Auch Stramm, der Gendarm, läßt es sich gefallen. Er ist schon bei manchem Schwarzhändler gewesen. Und Knacks, der Doktor, will sogar die Etikette sehen; das Blumenkind mustert die Garbe von Chrysanthemen; die alte Bettlerin betastet die Vorhänge; Zapf, der Mann von der Tankstelle, schiebt seine verölte Schirmmütze aus der Stirne, wie er es in der Wirtschaft immer macht, und Schopf, noch immer den Lüster musternd mit geistfernem Staunen, kratzt sich unwillkürlich das Brusthaar – kurzum, sie werden freier ... Und auch Gottlieb, seinen Frack vergessend, nimmt, kaum hat er das Gläschen hingestellt, seinen linken Fuß in die rechte Hand, ihn übers Knie ziehend: ein Gottlieb, wie jeder ihn kennt, ganz der alte, wenn er bloß nicht so viel von Freundschaft schwätzte.

»Im Ernst«, sagt er: »eure Freundschaft ist mir wertvoller als alle Schätze dieser Welt. Ich habe euch allen das gleiche berichtet: Lieber Schopf, liebe Katty, lieber Zapf, mir ist was zugestoßen, ich brauche dich sehr – und keiner hat mich im Stich gelassen. Ihr seht es selbst! Ihr habt mich gefoppt, nun ja, aber das habe ich schon gewußt, daß ihr zu mir steht, wenns ernst wird – und das ist es halt nun geworden ... Ja, deswegen müßt ihr nicht die Augen niederschlagen. Ich bleibe der Alte. Das ist doch klar. Ich habe mich nicht verändert, Jennylein kanns bezeugen, nicht so viel. Das müßt ihr mir schon glauben. Ich bin heute nicht ins Geschäft gegangen, das gebe ich zu. Keiner an meiner Stelle wäre heute ins Geschäft gegangen – aber unter uns, meine ich, da hat sich nichts verändert, das ist doch selbstverständlich, darüber wollen wir doch keine Worte verlieren, denke ich – Wir bleiben die Alten!« sagt er und nimmt das Gläslein: »Trinken wir auf unsere Freundschaft!«

Sie nehmen ihre Gläslein.

»Wieso bist du nicht ins Geschäft gegangen?« fragt der nüchterne Schopf: »Du willst doch nicht sagen –«

»Stoßen wir an!«

»Das mit der Unterschrift –«

»Stoßen wir an!« sagt Gottlieb.

»Und das mit dem Mandarin –«

»Stoßen wir an!«

»Der Mandarin«, fragt das Blumenkind: »der ist wirklich dran gestorben?«

»Der Teufel soll ihn holen«, sagt Gottlieb: »davon wollen wir jetzt nicht reden – trinken wir auf unsre Freundschaft! sage ich, und damit Prost!«

»Prost.«

Endlich ist es soweit, daß Jenny aus der alten kleinen Bettkammer kommt, großartig anzusehen, unwahrscheinlich, aber etwas verzagt; am Rücken bringt sie einen Knopf nicht zu, Gottlieb soll helfen.

»Ihr müßt doch nicht alle aufstehen«, sagt er: »Herrgott nochmal!«

Ein Abendkleid nicht zu beschreiben; Jenny ist eine Dame, nicht wiederzuerkennen als die Jenny vom Fischmarkt, und keiner der Männer, die je durch diese Bettkammer gegangen sind, Kaufleute aller Stufen, Studenten, Familienväter, Arbeitgeber, Arbeitnehmer, keiner würde auch nur wagen, sie unterzuhaken.

»So was!« sagt das Blumenkind.

Und alle bleiben stehen; aufrecht.

»Ich komme gleich«, sagt Jenny. Sie will nur noch die Lippen malen – ein Schrei, so, als wäre sie verbrüht worden, und Jenny, die Dame, liegt auf dem Boden. Gottlieb eilt hinzu, den Anblick ahnend, der die arme Jenny in solche Ohnmacht geworfen hat; sogleich, ohne selber einen Blick hineinzuwerfen, reißt er den Vorhang vor, damit niemand in die Bettkammer sieht, wendet sich, starrt seine Gäste an, blaß wie aus Wachs:

»Was starrt ihr denn so?«

Unterdessen wird das Diner aufgetragen ...

»Warum setzt ihr euch nicht?«

Man setzt sich, alle außer Zapf.

»Jenny wird sich gleich erholen –.«

Gottlieb ist seltsam, duldet nicht, daß man sich um die arme Jenny kümmert; wie ein Tollwütiger springt er empor, als Zapf sich nur dem Vorhang nähert, reißt ihn zurück, daß er taumelt, und steht vor der Bettkammer, die weiße Serviette in der Faust.

»Was soll das heißen?« sagt er mit einer nie gehörten Stimme: »Ich habe euch zum Essen eingeladen, nicht um mein Haus zu durchsuchen. Bin ich ein Verbrecher? – Sagen Sie, was Sie denken, Doktor, sagen Sie es rundheraus!«

»Ich? Was?«

»Daß ich ein – Mörder bin ...«

»Wer sagt das?«

»Keiner! Keiner! Aber jeder denkt es. Sehe ich doch euren Augen an –«

»Unseren Augen?«

»Heuchler!«

Sagt es und wirft die Serviette hin.

»Gottlieb, Sie tun uns Unrecht. –«

»Heuchler«, wiederholte er: »Hosenscheißer – warum eßt ihr denn nicht? Ihr alle. Auch du, Schopf! Warum rührt ihr euer Mark im Teller herum, und keiner nimmt einen Bissen? Ist es euch zu heiß, was? Oder ist es euch nicht gut genug, was? Oder – glaubt ihr vielleicht, hinter dem Vorhang sitzt eine Leiche –.«

Totenstille.

»Herrgott im Himmel«, sagt er mit grimmigem Vorwurf: »wenn das eure ganze Freundschaft ist!«

»Gottlieb –«

»Was gafft ihr denn alle nach dem Vorhang?«

Schopf nimmt den Löffel.

»Gottlieb hat recht«, sagt er zu den andern, die wie versteinert sind: »wir wollen nicht den Kopf verlieren.«

Der Bäckermeister, besonnen wie immer, will das gute Beispiel geben, indem er den Löffel in die Suppe taucht und mit dem Mahl beginnt; doch er hat den Löffel noch nicht im Mund, als Gottlieb ihn an der Joppe packt:

»Wie meinst du das? Wir wollen nicht den Kopf verlieren. Wie meinst du das? Hm? Heißt das, daß ich es auf euren Kopf abgesehen habe – oder was?«

Gottlieb ist verwirrt, sie verstehen noch gar nicht, was er meint, blicken auf das Mark im Teller und wissen wirklich keine Antwort, nicht einmal ein Verhalten – bis Zapf, der unterdessen an den Vorhang geschlichen ist, einen leisen Schrei tut:

»Verflucht.«

Alle blicken auf ihn.

»Es stimmt«, sagt er tonlos.

»Was?«

»Ich hab sie gesehen.«

»Was?« fragen sie alle.

»Eine Leiche.«

Hiemit, scheint es, ist das festliche Essen schon zu Ende, jedenfalls haben sich alle erhoben; umsonst bettelt Gottlieb:

»Ihr wollt mich verlassen?«

Es ist schließlich Montag, Werktag, jeder ist gekommen, wie man bei einem Hilferuf kommt, aber so viel Zeit haben sie natürlich nicht, das muß Gottlieb schon verstehen; der Bäckermeister hat noch die Wähen im Ofen, und auf die Lehrlinge ist ja kein Verlaß. Auch Knacks, der Rechtsanwalt, hat noch eine Verabredung im Kaffeehaus. Und eine Tankstelle, wo niemand bedient, wie soll man das verantworten? Umsonst spricht Gottlieb mit jedem einzelnen, um ihn zu überzeugen, daß ihnen die Leiche nichts antut; unterdessen hauen alle andern ab – man hört seine Stimme draußen in der Halle:

»Damals auf der Kirmes, ihr Hunde, ihr verdammten, wer hat gesagt, ich soll unterschreiben? Kein langes Geflunker, der Mandarin soll sterben – damals auf der Kirmes – Für wen habe ich es denn getan? – Ihr Hunde, ihr verdammten, ihr elenden . . .«

Ganz allein, wie er sich im ersten Augenblick vorkommt, ist unser Gottlieb nicht, als er in den verlassenen Raum zurückwankt. Der Harlekin ist auch noch da! Der hockt halb auf dem gedeckten Tisch, einen Fuß auf dem nächsten Stuhl, einen sehr absonderlichen Fuß, wenn man ihn so genauer sieht, und frißt Toast mit Mark; indem er Salz darauf streut, lächelt er:

»So ist das immer mit den kleinen Leuten! Kaum wissen sie, daß eine Leiche hinter dem Vorhang sitzt, schon mundet ihnen das beste Essen nicht mehr – und nachher klagen sie darüber, daß sie ihr Leben lang Kartoffeln fressen . . .«

Schwupp, hinein mit dem Mark.

»Na ja«, fügt er hinzu: »nun laufen sie natürlich davon und schwatzen es in alle Winde –.«

»Glaubst du?«

»Klar.«

»Wie kann man das verhindern?«

»Nichts leichter als das.«

»Wie?«

Das Lächeln von Leuten, denen man ausgeliefert ist, Gottlieb kennt es, nichts widerlicher als ihre gelassene Art, diese höfliche Art, wie der Har-

lekin, kaum hat Gottlieb sich eine Zigarette genommen, sein Feuerzeug
schnappen läßt, dem Anschein nach ein beflissener Diener, in Wahrheit
ein rechnender Folterer.

»Nichts leichter als das –.«

»Aber wie?« fragt Gottlieb: »Wie?«

Der lacht nur:

»Galeere!«

Aber davon will Gottlieb nichts wissen, versteht sich, so einer ist er
nicht, Gottlieb Knoll, der nur das Gute will, und schließlich sind es doch
seine Freunde. Warum soll er seine Freunde auf die Galeere schicken?

»Freunde«, lacht der Harlekin.

»Es sind meine Freunde!«

»Gewesen.«

Gottlieb kniet:

»Jennylein? Jennylein?«

Noch ist sie nicht bei Bewußtsein.

»Unsinn«, sagt Gottlieb: »wieso sollen sie nicht mehr meine Freunde
sein?«

»Weil sie dich fürchten.«

»Fürchten!« sagt Gottlieb: »Was habe ich ihnen denn getan? Wo ich
doch nur das Beste will, wo ich sie alle an meine Tafel lade – Wieso fürchten sie mich denn plötzlich? Das ist doch Quatsch. Wieso fürchten?«

»Weil du die Macht hast.«

»Ich will gar keine Macht –«

»Aber du hast sie«, lacht der Harlekin: »Das haben sie gesehen. Und
drum fürchten sie dich, drum ist ihnen der Appetit vergangen. Keinen Löffel voll haben sie genommen. Nicht einmal die Bettlerin . . .«

Gottlieb hat sich erhoben, nachdem er die arme Jenny umsonst gestreichelt hat. Er mag jetzt die Tafel nicht ansehen! Am Fenster steht er, die
Hände in den Hosentaschen, Blick auf den Fischmarkt, der menschenleer
ist; nur Gendarmen gehen auf und ab, jedes Palais will bewacht sein. Gottlieb schüttelt den Kopf, so lächerlich dünkt ihn der ganze Spuk.

»Macht«, sagt er: »Was heißt Macht?«

»Eine tödliche Unterschrift.«

Pause.

»Hol sie!« sagt Gottlieb, indem er sich entschlossen wendet: »Ich will,
daß sie zum Essen kommen. Entweder sind sie meine Freunde und kom-

men, oder ich schicke sie wirklich auf die Galeere. Sag ihnen das. Ich will,
daß sie zum Essen kommen.«

»Schön.«

»Und zwar sofort!«

Bereits hat der Harlekin, beflissen wie er ist, seine Zigarette ausgedrückt, hat auch schon die Klappe im marmornen Kamin geöffnet, als
Gottlieb ihn an der Schulter faßt:

»Du wirst sehen, sie kommen!«

»Sicher.«

»Ohne Zögern.«

»Weil sie dich fürchten.«

»Ich werde sie fragen, du, ganz offen werde ich sie fragen, ob sie meine
Freunde sind oder nicht.«

»Und sie werden sagen: Ja.«

»Mehr will ich nicht . . .«

»Ja«, nickt der Harlekin: »aber es ist gelogen. Darüber bist du dir klar?
Sie werden lügen, was du willst, sogar schwören, nur damit sie nicht auf
die Galeere kommen –«

»Lügen?«

»Das ist die Macht«, lächelt der Harlekin mit einem Zucken der Schulter, mit der Gebärde eines Händlers, der nicht mit sich markten läßt: »Sie
wissen, deine Unterschrift ist tödlich, sie fürchten dich, sie hassen dich,
aber sie gehorchen dir – das ist die Macht.«

Gottlieb stampft auf den Boden:

»Ich tu ihnen doch nichts!« schreit er voll Vorwurf. Der Harlekin grinst.
Und Gottlieb ist dem Weinen nahe: »Sag ihnen, sie sollen mir glauben. Sag
ihnen, ich wolle wirklich nur das Gute, Frieden und Freundschaft! Sie sollen mir vertrauen.«

»Leicht gesagt.«

»Ehrenwort! Ehrenwort!«

»Leicht gesagt. Sie wissen, du kannst dich daran halten oder nicht; sie
wissen, du hast noch zwei solche Unterschriften –«

»Ich werde sie nie gebrauchen!«

»Leicht gesagt. –«

»Nie! Nie.«

»Und wenn sie dich dazu zwingen?«

Gottlieb hält sich an der Wand.

»Harlekin, was soll ich denn tun –«
»Schick sie auf die Galeere!«
»Meine eigenen Freunde?«
»Du hast keine Freunde mehr.«
»Keine?«
»Außer mir.«
Sagt es und entschwindet durch den Rauchfang …

Als Jenny wieder zu sich kommt, langsam die Augen öffnet, erinnernd, daß es Montag ist, und als sie Gottlieb erkennt, der noch immer nicht auf den Bus gelaufen ist, sondern vor ihr kniet, ist die erste Leistung ihres Bewußtseins, daß sie nach der genauen Zeit fragt.

»Jennylein«, flüstert er: »mach dir keine Sorgen – vor allem keine Gedanken.«

»Du bist so lieb.«

»Nur jetzt keine Gedanken …«

Sie auf das Bett legen, was natürlich das vernünftigste wäre, das kann er leider nicht; auf dem Bett befindet sich ja die Leiche des chinesischen Mandarin. Wenigstens ist der Vorhang gezogen. Jenny liegt auch in seinem Arm nicht übel; ihr Gottlieb ist ein Könner im Zärtlichen, sonst wäre sie nicht sieben Wochen bei Gottlieb verblieben, der mit seinem Lohn gerade die Forderung des Tages erfüllen kann, Miete, Pension, Altersversicherung, Zigaretten, Zahnarzt, Straßenbahn, Kino, aber nicht viel mehr. Jennylein liebt ihn aus purer Liebe, kein Zweifel, und das ist etwas Schönes. Ein Könner im Zärtlichen: auch jetzt küßt er immerzu ihre Augen, damit sie nicht sieht, wo sie sich befinden. Unterdessen erzählt Jenny, was sie Gräßliches geträumt habe: – Montag, Gottlieb in einem Frack, Gesellschaft, eine Leiche im Bett, anzusehen wie Tschau Hing, der dickste Mann der Welt – und so …

»Wie bin ich froh«, sagt Jenny: »daß alles nur ein Traum gewesen ist.«

Aber gelegentlich, obzwar Gottlieb alle verfüglichen Kosungen einsetzt, bemerkt sie natürlich doch, daß er wirklich einen Frack trägt, ein weißes steifes Hemd, Perlenknöpfe, und daß auch sie, die Jenny vom Fischmarkt, in eine Robe gehüllt ist, in ein Vermögen aus Seide, eine Robe, die ihr bisher nur in Filmen vorgekommen ist. Es ist kein Traum. Jennylein sieht es im Spiegel: eine Dame. Einen Augenblick lang, gewiß, findet sie es toll, dreht sich vor dem großen Spiegel, um mit wachsendem Entsetzen zu begreifen, daß sie das selber ist. Sie rührt sich nicht mehr.

»Eine Dame –.«

»Jennylein«, tröstet Gottlieb.

»Eine Dame –.«

Dann, und ihr Schrecken hat wiederum ein durchaus antikes Format, starrt sie auf den befrackten Gottlieb:

»Was hast du aus mir gemacht –?«

Der Harlekin ist wieder da, meldet, daß die Leutchen, wie er sie nennt, sogleich zum Essen erscheinen werden. Ferner bringt er ein Pergament, das er mit ironisch-feierlicher Pose entrollt, ein echtes Pergament voll baumelnder Siegel; die Universität, obzwar noch in keiner Weise bedroht, hat das Bedürfnis, Gottlieb Knoll zum Ehrendoktor zu machen.

»Wie komme ich dazu?« sagt Gottlieb.

»Das ist hier nicht die Frage.«

»Sondern?«

»Wie kommt die Universität dazu –.«

Gottlieb hält das Pergament, hilflos.

»Was soll ich tun?« fragt er.

»Stifte etwas.«

»Was?«

»Die Leiche«, meint der Harlekin: »Für das völkerkundliche Museum, das könnte für unsere Studenten ganz aufschlußreich sein –«

»Leiche?« fragt Jenny: »Leiche?«

Ein Blick von Gottlieb, und der Harlekin versteht. Die Dame hat sich offensichtlich noch nicht an ihren Stand gewöhnt, kommt aus kleinen Verhältnissen. Kommt Zeit, kommt Zynismus! Ein weiteres Schreiben, das der Harlekin vorzulegen hat, ist eine Huldigungsadresse der führenden Schriftsteller, ein Beitrag zum Verhältnis von Stil und Charakter; ihre Huldigung besteht darin, daß sie alles, was jetzt geschehen mag, als Befreiung bezeichnen. Gottlieb weiß wirklich nicht, was er glauben soll. Der Harlekin hält solche Huldigungen, selbst gelogene, nicht für wertlos; es sind Schecks, ausgestellt von Schwindlern, aber ausgestellt auf Kosten von hunderttausend Gläubigen, die eines Tages dafür zahlen werden. Im übrigen: Wer öffentlich lügt, den schont man nicht, auch wenn er heimlich die Wahrheit spricht ... Aber davon mag Gottlieb jetzt nichts hören.

»Davon später«, sagt er knapp.

Und dann, siehe da, kommen sie wirklich, die Freunde, die Getreuen, die lieber mit Gottlieb an einem Tisch sitzen, als daß sie auf die Galeere wandern – als erster verbeugt sich Knacks, der Doktor, der es aus besseren Tagen noch weiß, wie man sich in besseren Häusern benimmt; er ist, seiner Verantwortung als Gebildeter bewußt, vorangegangen, gefolgt von den Verschüchterten. Sogar Schopf, der Bäckermeister, und auch Zapf, der Schulgenosse, auch sie versuchen sich in einer kleinen Verbeugung, nicht ohne nach dem Harlekin zu schielen.

»Nehmt Platz«, sagt Gottlieb so leutselig als möglich: »Nehmt Platz!«

Die Suppe ist natürlich kalt, man geht jetzt an den zweiten Gang, Forelle blau, sie stecken sich die Serviette in den Kragen, und der Harlekin macht bereits den Mundschenk, Johannisberger, alles wie versprochen. Gottlieb fragt:

»Wo bleibt unser Ringer?«

Schweigen.

»Meine Lieben«, sagt Gottlieb: »Ihr habt mich vorher im Stich gelassen, aber jetzt seid ihr ja wieder gekommen. Strich darunter! Ich trage nichts nach, das wißt ihr, ihr kennt euren Gottlieb. Und somit: kein Wort mehr davon! – aber wo bleibt der Ringer?«

»Er kommt nicht.«

»Kommt nicht –.«

Gottlieb wird blaß.

»Kommt nicht!« schreit er plötzlich. »Seinetwegen habe ich die verfluchte Unterschrift gegeben. Seinetwegen! – Kommt nicht ... Ich habe ja Muskeln, ich lasse mir nichts befehlen! – verstehe, verstehe. Kaum habe ich ihn aus dem Gefängnis befreit – Kommt nicht!«

Und zum Harlekin sagt er:

»Auf die Galeere mit ihm.«

Natürlich springen alle empor –

»Auf die Galeere«, wiederholt Gottlieb mit ruhiger Stimme: »Dort kann er seine Muskeln zeigen.«

Der Harlekin nickt, Gläser füllend.

»Bitte«, sagt Gottlieb, »setzt euch.«

Sie setzen sich, und nachdem Gottlieb mit einem Wink bedeutet hat, daß jetzt Musik am Platze wäre, kommen auch schon, einem Ballett ähnlich, die Kellner mit den blauen Forellen.

»Hoffentlich schmeckt es euch, meine Lieben. Ich möchte, daß ihr zufrieden und fröhlich seid. Oder was habe ich euch denn zuleide getan, daß ihr einfach abhaut, wenn ich ein Bankett gebe? – Doktor, antworten Sie!«

»Ich?«

»Was habe ich Ihnen zuleide getan?«

»Nichts.«

»Und du, Zapf –?«

Alle sagen: nichts.

»Also«, lacht Gottlieb: »dann nehmt euer Glas und laßt uns anstoßen.«

Sofort nehmen alle ihr Glas, erheben sich, nur Gottlieb bleibt sitzen.

»Was denn?« lacht er: »Warum steht ihr denn schon wieder auf. Zum Teufel nochmal! So stoße ich nicht an – Stehen sie auf wie die Hofschranzen! – Sternenhageldonnerwetter, sind wir nicht zusammen in die Schule gegangen? Was soll das heißen, Zapf? Sind wir nicht mit unsern Kesselchen in die gleiche Volksküche gepilgert, haben wir nicht die gleiche Suppe gelöffelt? Ja oder Nein? Ich frage.«

»Haben wir – ja.«

»Und du, mein lieber Schopf! Wie kommt ihr mir denn vor? – Schopf, mein Alter, erinnerst du dich nicht mehr, wie du bei uns zu Haus den Sankt Niklaus gemacht hast? Mensch! und wie ich geschlottert habe, wenn du das große Buch genommen hast, das Sündenbuch. Da ist noch etwas ganz Schlimmes! hat er gesagt. Ich weiß schon, sagte ich, ich weiß schon. So sag es gleich selber! brummte er durch seinen Wattebart. Ein Erstkläßler, wollte er sagen, dürfte nicht mehr ins Bett machen. Aber dazu kam er gar nicht. Ich weiß, sagte ich mit roten Ohren, man soll den Schulmädchen nicht unter die Röcke greifen –«

Gottlieb hört sein eigenes Lachen, sonst nichts.

»Ich bitte euch wirklich, meine Lieben, setzt euch. Laßt uns anstoßen, wie wirs immer getan –«

Sie setzen sich.

»– auf unsere alte Freundschaft!«

»Ja«, sagte Schopf: »auf die alte.«

»Prost.«

Eine kurze Weile, nachdem sie getrunken haben, schwätzt Gottlieb noch weiter, Erinnerungen aus dem Quartier, Bubenstreiche; eine kurze Weile, dann unterbricht er sich selbst:

»Warum eßt ihr nichts?«

Antwort:

»Es stinkt nach Leiche.«

Gottlieb springt auf:

»Wer hat das gesagt?«

»Ich sage nur, was jeder riecht. Es stinkt nach Leiche«, sagt Schopf: »das bin ich nicht gewohnt.«

»Das ist nicht wahr!«

»Dann halt nicht.«

»Lach nicht!«

»Hast du selber gesagt, wir sollen lustig sein –«

»Das ist kein Witz, Schopf, das weißt du ganz genau, das ist kein Witz –«

»Sondern die Wahrheit.«

»Es gibt keine Leiche!«

»Dann halt nicht«, lacht Schopf, der Bäckermeister, und fängt zu essen an: »Um so besser, mein Freund, dann schmeckt es mir natürlich auch. Forelle blau! Wo bleibt die zerlassene Butter?«

»Noch mehr?« fragt der Kellner.

»Immerzu, mein lieber Knicks, mir schmeckt alles, wenn es nicht nach Leiche schmeckt«, sagt Schopf, indem er, den Mund voll Forelle, zu Gottlieb blickt: »Warum setzest du dich nicht?«

»Schopf –!«

»Das ist verdammt ungemütlich, weißt du, wenn der Gastgeber selber keinen Appetit hat. So eine Forelle! das erinnert mich ja geradezu an meine Hochzeit. Da bist du ja auch dabeigewesen, Gottlieb – damals, ja, wer hätte das gedacht!«

»Was?«

»Und so ein Weinchen! Wieso trinkt ihr nicht, meine Lieben? Wieso eßt ihr nicht? So einen Fraß, ich sage euch, das seht ihr kein zweites Mal –«

»Was willst du damit sagen?«

»Gottlieb ist mein Freund. Schaut ihn an! Wie er keine Rast und Ruhe hat, wie er dasteht und schaut, ob ihr alle bedient seid. Ist das ein Herzensjunge oder ist das kein Herzensjunge? Wir kennen uns seit zwanzig Jahren, haben uns nie beschwindelt, so ist das mit der Freundschaft. Nie wird ers übelnehmen, wenn ich ein offenes Wort sage!«

»Sag es!« befiehlt Gottlieb.

»Natürlich sag ich es –«

»Sag es!«

»Und ihr werdet sehen, wie er es aufnimmt! Wie nur ein Herzensjunge

es aufnimmt. Und wenn er Kaiser von Europa wäre, ich sag es rundheraus: —«

»Sag es!«

»Gottlieb – sage ich – Gottlieb, deine Forelle wird kalt.«

Jetzt nach einem versichernden Blick von Gast zu Gast, lachen sie alle,
platzen vor Lachen, bis Gottlieb, rot wie ein Krebs, seinen Teller auf die
Tafel schmettert, daß es klirrt.

»Gesindel«, schreit er: »hinterhältiges Gesindel – Ihr, ja, ihr!... Ich
werde euch das Lachen schon austreiben, verlaßt euch drauf, ihr Bande,
ihr Verräter –!«

Natürlich hat keiner widersprochen, in der Tat, man hat ja nur so geplaudert. Umsonst hat Jenny versucht, ihn von der Unterschrift abzuhalten. Aber schon hat er sie gemacht: auf eine Serviette. Man soll im Jähzorn
nie eine Unterschrift geben; Gottlieb weiß es, er meint es auch nur als Drohung; aber die Unterschrift ist gemacht, und er muß die Serviette nur noch
in die Luft werfen, damit es sich erfüllt. So steht er da, die Serviette in der
Hand, grimmig wie ein verwundetes Tier:

»Ihr glaubt, daß ich euch glaube – wo ich weiß, wie ihr lügt; wo ich es
rieche – wie ihr lügt – rieche, wie ihr alle es riecht – Da!« sagt er und reißt
den Vorhang auseinander: »Bitte.«

»Oh –.«

»Bitte.«

In der Tat, da sitzt nun die Leiche des chinesischen Mandarin, den
die erste Unterschrift getroffen hat, ein Wicht aus lauter Fett und Falten,
die Augen verschwinden fast unter den Wulsten, ein widerlicher Anblick,
selbst wenn er nicht stinken würde.

»Bitte«, sagt Gottlieb mit der teuflischen Serviette in der Hand: »wer
von meinen lieben Freunden und Gästen wagt zu behaupten, er habe in
meinem Haus eine Leiche gesehen?«

Schweigen.

»Keiner?« lacht Gottlieb: »Keiner?«

Kommt der Harlekin mit einem Buch, das in Rindsleder gebunden ist,
eine Art von Gästebuch, das er aufschlägt und mit graziöser Würde auf
den Tisch legt, höflich, nicht gebieterisch, beflissen, aber auf weltmän-
nisch-verhaltene Weise:

»Die verehrten Freunde und Gäste werden gebeten, hier zu unterzeichnen! Daß sie nichts von einer Leiche bemerkt haben. Auch hinter den Vor-

hängen nichts«, erläutert der Harlekin, fügt mit lässiger Stimme auch das Allzubekannte hinzu, ordnungshalber: »Wer widerspricht, ist tot. Wer unterschreibt, ist frei.«

Schweigen.

»Herr Doktor?« sagt Gottlieb.

Knacks, der Doktor, nimmt langsam seine Füllfeder; er ist kein Träumer mehr, kennt die Historie, die Praxis, die Literatur, weiß, daß wir dem Greuel nicht mit eigner Tat begegnen können, sondern einzig und allein mit Vertrauen in die Metaphysik. Das heißt: er unterschreibt.

»Schopf?« sagt Gottlieb etwas banger.

Schopf, der Bäckermeister, hat keine Füllfeder, aber er braucht sie auch nicht; nimmt das Buch, betrachtet es kurz, dann zerreißt er es, was nicht ohne weiteres gelingt, aber mit Wut geht es dann doch –

»Was schon«, sagt Schopf: »Du hast wohl den Verstand verloren, Gottlieb, das ist doch nicht dein Ernst. Wenn man die Leiche mit eignen Augen sieht –«

»Du willst nicht unterschreiben?«

»Das ist doch Quatsch –«

»Ja oder nein.«

»Gottlieb, wir sind doch Freunde –«

»Das eben ist die Frage!«

»Aber das heißt doch nicht, daß ich dir recht gebe, wenn du Unrecht tust –«

»Ich kann dich töten, Schopf.«

»Das tust du nicht.«

»Woher weißt du das?« schreit Gottlieb.

»Mensch! wenn man einmal mächtig ist, gewinnt man keine Freunde mehr. Das kannst du dir doch an den Fingern abzählen. Wer sich fürchtet vor dir, das ist doch eine alte Geschichte – Gottlieb, du bist auf der schiefen Ebene ...«

Eine Weile hört Gottlieb sich alles an, die Serviette in der Hand, wünschend, es wäre nichts als eine Serviette. Schopf meint es nicht schlecht, das spürt auch Gottlieb; aber was hilft ihm das – jetzt, wo es schon einmal so weit ist – was hilft ihm das: Du sollst nicht, du hättest nicht dürfen! Es braucht kein Schopf zu kommen, um ihm das zu sagen.

»Schweig«, sagt Gottlieb.

»So ist es aber –.«

»Schweig«, sagt Gottlieb: »Oder du bist auf der Stelle tot.«

»Dann bist du erst recht ein Mörder –«

»Schweig! sage ich.«

Schopf schweigt, nicht ohne die andern anzublicken, achselzuckend. Auch wenn sie seinen Blick nicht erwidert haben, sondern beharrlich den Spannteppich mustern, weiß Gottlieb, daß sie einverstanden sind – er wäre es selber an ihrer Stelle – einverstanden gegen ihn, eine Verschwörung, und wenn er es duldet, daß Schopf so redet, dann werden es alle tun, alle, die ganze Stadt, die ganze Welt.

»Ich bitte dich«, sagt Gottlieb mit der überraschenden Ruhe letzter Beherrschung: »unterschreibe, daß du nichts gesehen hast.«

»Aber Gottlieb –.«

»Ich bitte dich, Schopf.«

»Fällt mir nicht ein!«

»Hörst du, ich bitte dich.«

»Idiot! –« lacht Schopf.

Und schon, Gottlieb ist nicht minder verblüfft, fliegt die Serviette in die Luft: Knall, Blitz, man kennt das bereits, und Schopf, der Bäckermeister, liegt auf dem Boden ... Das war die zweite Unterschrift.

Die andern, man verarge es ihnen nicht, haben dann ohne Zögern bezeugt daß sie nichts gesehen haben, nichts von einer Leiche, obzwar es nun deren zwei sind – und einen davon, den Bäckermeister, haben sie ein Leben lang gekannt – und dann sind sie davon geschlichen, einer nach dem andern, ohne einander anzusehen, sich immerzu verbeugend, während Gottlieb, kniend vor seinem toten Freund, ihnen sprachlos nachgafft.

»Hunde!« sagt er schließlich: »So verleugnen sie ihn, unseren treuen Schopf – und meinen, daß ich ihnen traue – solchen Hunden!«

Der Harlekin lacht.

»Auf die Galeere mit ihnen!« sagt Gottlieb: »Ich will sie nicht mehr sehen –.«

Und indem er weint:

»Schopf, mein lieber guter Schopf, warum hast du mir das angetan, mein Freund, mein einziger Freund –.«

Gottlieb ist wirklich ergriffen, er schluchzt, er streicht dem Bäckermeister über die Stirne, und da dieser sich nimmer rührt, wird Gottlieb immer kindischer, bittet um Verzeihung, um Verständnis, bittet ihn, wieder aufzu-

stehen und zu atmen ... Der Harlekin hat bereits mit den Fingern geschnalzt, und schon erscheint das Ballett der Kellner, um die Leichen abzuräumen.

»Nein!« heult Gottlieb.

»Willst du warten, bis er ebenfalls stinkt?«

Sie tragen ihn weg.

»Madame sind etwas blaß«, lächelt der Harlekin: »Madame sollten sich
etwas setzen –.«

Jenny starrt immerzu auf Gottlieb.

»Jennylein –?«

»Mörder«, sagt sie.

»Sag das nicht –«

»Mörder.«

»Jennylein, das ertrag ich nicht –.«

»Mörder.«

»Was soll ich denn tun?«

Ihre Antwort: sie wendet sich zum Gehen –

»Jenny! Ich habe noch eine Unterschrift«, sagt Gottlieb, und das genügt,
daß sie stehenbleibt: »Du wirst mich nicht verlassen.«

Jenny schweigt.

»Liebst du mich nicht mehr?«

Sie schweigt.

»Jennylein, zwinge mich nicht zu dieser Unterschrift. Sie trifft den Menschen, den ich am meisten liebe. Zwinge mich nicht. Ich liebe dich, Jennylein, du wirst mich begleiten – auf unsrer Yacht ...«

»Ich –?«

»Nicht traurig sein!« lächelt der Harlekin: »Auf der Galeere, Madame,
da gibt es Tanz und Musik, Feuerwerk, und wenn sie noch so stöhnen,
die Ruderknechte, da oben ist von alledem nichts zu hören. Nicht ein
Laut. Wozu gibt es Musik? Und dann der Mond, Madame, der Mond über
dem Wasser, überhaupt das Schöne –«

»Sie – Teufel!« sagt Jenny.

»Madame merken das erst jetzt?«

*(Hier ist die Geschichte nicht zu Ende, aber das Interesse der Filmgesellschaft,
der dieser Entwurf zugedacht war – weswegen ich das Ende nicht verraten
möchte, bevor es mir auch abgekauft wird ... Nur soviel: das Ende bleibt*

ebenfalls ganz märchenhaft, also positiv, und zwar spielt es eben auf dieser chinesischen Yacht, die sich auf unserem lieblichen See, das muß ich der Filmgesellschaft zugeben, etwas sonderbar ausnimmt, etwas chinesisch; aber was bleibt unserem Gottlieb anderes als das Leben auf einer solchen Yacht, die für alle andern eine Galeere ist, die Vereinsamung der Mandarine? Es bleibt ihm, wie gesagt, die dritte Unterschrift, die letzte. Eine Seele von Mensch wie ers nun einmal ist, wartet er mit dieser Unterschrift noch einen ganzen dritten Akt lang; denn niemand tötet gern den Menschen, »den er am meisten liebt«. Was ist ein Leben ohne Jenny? So sitzt er denn auf der köstlichen Galeere, spielt Schach mit seinem Harlekin, der ihn mattsetzt, Zug für Zug, sei es mit den Bauern oder mit der Dame. Gottlieb wirft das Schachbrett um, pumps! aber das ändert nichts an der wirklichen Lage, die etwa so aussieht: Die Sklaven streiken, ihr Dasein ist so elend, daß der Tod nach und nach nicht mehr ins Gewicht fällt, lieber verhungern sie, die Yacht kommt nicht mehr von der Stelle, vielleicht verhungert auch Gottlieb daran. Das ist ihre Hoffnung. Und der andere Zug, der mit der Dame: Jenny hat es heimlich mit dem Harlekin, ja, sie betrügt ihn also, und zwar nicht wenig, denn sie ist jung, und wer könnte einen Menschen lieben, den man fürchtet? Gottlieb ahnt es übrigens sehr. Man kann alles erzwingen, nur nicht Liebe. Da hilft ihm keine Zauberei; sie haßt ihn, und wie soll er auf die Dauer einen Menschen lieben können, der ihn haßt? Jenny hat auch keine Angst mehr vor seiner Unterschrift; sie ist nicht mehr der Mensch, »den er am meisten liebt«. Er versucht, die streikenden Sklaven zu überreden, Zapf vor allem, seinen früheren Schulgenossen, daß sie ihn doch endlich an ein Ufer rudern; im Augenblick, wo alle Sklaven auf Deck versammelt sind, zieht jemand den Vorhang der Kajüte auseinander: Jenny in den Armen des Harlekins — Gottlieb, und das läßt sich ja nachfühlen, greift zur letzten Unterschrift, Knall, Blitz, und am Boden liegt der Mensch, den er einzig liebt: also er selbst ... Ich fände dieses Ende, wie gesagt, sehr positiv. Natürlich ist der Teufel nicht aus der Welt. Aber keiner dieser Ruderer, siehe da, gibt ihm eine Unterschrift. Das wäre das Märchenhafte daran. Im Gegenteil, sie werfen den Harlekin sogar über Bord, gehen gemeinsam an die Ruder, um das Ufer zu erreichen, und singen dazu noch einen Choral, dieweil die Fahne der Freiheit gehißt wird. Ich habe mir auch schon überlegt, wie diese Fahne in meinem Film aussehen müßte. Ich stelle mir vor: ein Mast, sonst nichts, jedes Fahnentuch ist wieder des Teufels. —)

Kampen, Juli 1949

Endlich ein Arbeitszimmer, wie man es sich wünscht: groß und licht, bequem auf eine nüchterne Art, zwei Fenster hinaus auf das Wattenmeer, viel Platz zum Gehen, Tische, wo man Papiere ausbreiten kann, Entwürfe, alte und neue, Briefe, Bücher, Muscheln und Seesterne, Ketten von trockenem Tang – ich bin schon die dritte Woche in diesem lieben Haus – und draußen flötet der Wind, Regen prasselt gegen die Scheiben, die vom Anfall des Windes zittern, Wolken jagen über das Uferlose. Man sitzt und schaut, ganz sich selber ausgesetzt. Hin und wieder kippe ich einen Steinhäger oder zwei; man braucht das bei so viel leerem Himmel. Oder ich greife zum Feldstecher, der auf dem Sims liegt, schaue, ob jemand über die Heide stapft, ein Briefträger, ein Mensch. Das rötliche Gras, büschelweise im Winde wogend, hat das Fliehend-Bleibende von Flammen; anzusehen, als brenne der ganze Hang. Hin und wieder ein britischer Düsenjäger, der über die Insel jault. Viel Raum. Man spürt den Raum, auch wenn man nicht hinausschaut; wenn ich lese oder an der Schreibmaschine sitze oder an dem Pültchen stehe, wie eben in diesem Augenblick, es hört ja nicht auf, das Flöten des Windes, es bleibt das Gefühl, man befinde sich am Rande der Welt. Ein förderliches Gefühl; vieles macht es leichter. Noch habe ich mich keine Minute gelangweilt. Was ich an Menschenwerk sehe: sechs Häuser, weit ins Weite verstreut, jedes einsam, geduckt unter einer Kapuze aus mausgrauem Schilf. Ganz in der Ferne sieht man den Hindenburgdamm. Und natürlich einen Leuchtturm; eine verkehrte Uhr: der Zeiger steht, die Wolken fliehen dahin. Meine Unterhaltung, wenn es nicht die Arbeit ist, sind Ebbe und Flut; das Wattenmeer mit glitzernden oder schäumenden Wellen, dann wieder ist es eine Wüste von Schlick, Möwen stelzen in spiegelnden Tümpeln, ganze Rudel, anzusehen wie ein Feld von weißen Narzissen. Ein Fischerboot sitzt mit schrägem Mast auf dem schwärzlichen Grund, wartend auf die nächste Flut. Am Ufer reitet ein Mädchen mit offenem Haar.

Post: –

Zwei Freunde, Männer von literarischer und theatralischer Erfahrung, schreiben mir auf diese Insel hinaus ihre Meinung über das neue Stück (»Graf Oederland«), das noch im Werden ist. Der eine findet es jedenfalls besser als die früheren Stücke, obzwar er noch dieses und jenes wünscht; der andere findet es jedenfalls schwächer als die früheren Stücke. Wer hat recht? Beide schreiben klug, sachlich, verständlich. Eine Ermutigung zum Weitermachen, eine Ermutigung zum Verzichten. Wem soll ich nun folgen? Beide zusammen haben die Weisheit des Orakels, das im Grunde stets den gleichen Rat gibt, den einzig möglichen, den in freundliches Dunkel verhüllten:

»Entscheide dich selbst.«

Auch heute, trotz Regen, eine Stunde am Strand entlang, schräg in den stoßenden Wind gelehnt. Die Nordsee ist grün, fleckenweise auch violett. In der Ferne, irgendwo hinter dem wässernen Horizont, steht eine silberne Garbe von Sonne. Auf dem Kliff bläst ein Wind wie im Gebirge; man muß sich, um atmen zu können, auf die andere Seite drehen. Die Strandkörbe sind leer. Eine Brandung, wie ich sie noch nie gesehen habe. Ich habe die Schuhe ausgezogen, denn immer wieder kommt eine überraschende Zunge, schäumig wie Seifenwasser, dann sinken die Füße in den rieselnden Sand, am Rand der wässernen Zungen schwabbert der Schaum, Gischt der großen Brecher, er schwabbert eine Weile lang, bis der Wind ihn zerflockt; trocken wie Watte fliegt es davon. Es bleibt ein Saum von zerbrochenen Muscheln und Tang, zuweilen ein Seestern mit den Bewegungen seines blinden Lebens. Auch eine Bombe hat es angeschwemmt, leer, verrostet mit verbogenen Flügeln.

Ein nicht unbedeutender Vorteil: daß man in einem fremden Land nicht meint, man müsse allem gegenüber eine heimatliche Übereinstimmung empfinden. Man erwartet nicht, was es niemals geben kann. Schon das gibt dem fremden Land jedesmal etwas Befreiendes, Erfrischendes, etwas Festliches, was uns dann der Heimat gegenüber oft ungerecht macht. Es sind überall nur wenige, denen man zugetan sein kann. Das Ungerechte: in der Fremde bin ich dankbar für die wenigen, in der Heimat entsetzt über die Menge der andern.

Gestern ist meine liebenswerte Gastgeberin verreist; in Frankfurt erwartet man Thomas Mann – wie ich den Zeitungen entnehme: mit viel Haß...

(Der Fall, scheint mir, hat etwas Tragisch-Groteskes: ein deutscher Zeitgenosse, ein Weltmann, dem es vergönnt war, die Weltachtung der deutschen Sprache durchzuhalten, kommt nach Deutschland, aber nur wenige schauen ihm ins Gesicht, die andern glotzen auf seine Füße, warten darauf, daß er stolpere. Was werden sie dabei gewinnen? Eine Emigration ist fruchtbar geworden; das ist für jene, die diese Emigration verhängt haben, ein leidiger Anblick, und nichts ist begreiflicher als ihr wildes Bedürfnis, die Fehler dieses Mannes aufzuzeigen. Wer möchte leugnen, daß er sie hat? Auch die bekannten, von ihm selbst gepflegten, nicht immer mit Ironie gepflegten Anbiederungen an den alten Goethe, wer würde ihm einen Vorwurf daraus machen, wenn Thomas Mann nicht sonst so unbequeme Dinge geschrieben und gesprochen hätte? Für viele seiner Landsleute, selbst wenn sie sein Werk kaum kennen, ist er etwas wie eine Innenfigur geworden; sie lechzen nach Weltachtung, er hat sie, aber sie können sich nicht mit ihm verbrüdern, ohne daß sie etliches zugeben müßten, was er zu ihrem Unbehagen gesagt hat – so begnügen sich jetzt die meisten mit dem Versuch, ihm die Weltachtung abzukratzen: als könnten sie dabei gewinnen.)

Wie ich in der Nacht nach Hause gehe, traue ich meinen Augen nicht. Das Haus steht auf dem Hügelchen wie sonst, aber das ganze flache Vorland ist verschwunden. Der Weg, den ich vor Stunden noch gegangen bin, ist nicht mehr; die Lattenzäune stehen in nächtlichen Wellen, die der Mond beglänzt, ebenso die Heuhaufen. Es werde, sagen die Nachbarn, nicht weiter steigen. Immerhin – ein bißchen Sintflut ist es schon ...

Heimat.
Die Summe unsrer Sitten und Unsitten, eine gewisse Gewöhnung, das Gemeinsame einer gleichen Umgebung, all das ist nicht wertlos. Am gleichen Ufer gespielt zu haben, natürlich hat es etwas Verbindendes; es für Wesensverwandtschaft anzusehen, wäre ein Irrtum, der uns früher oder später, indem wir ihn nur als Enttäuschung erleben und nicht als Irrtum erkennen, ungerecht macht. Heimat ist unerläßlich, aber sie ist nicht an Ländereien gebunden. Heimat ist der Mensch, dessen Wesen wir vernehmen und erreichen. Insofern ist sie vielleicht an die Sprache gebunden. Vielleicht; denn in der Sprache allein ist sie ja nicht. Worte verbinden nur, wo unsere Wellenlängen übereinstimmen; das wiederum heißt nicht Einverständnis, das es nirgends so häufig gibt wie unter Wesensfremden, die einander mißdeuten, sondern Erreichbarkeit, und gerade wo man sich unter anderen Bedingungen trifft, erleben wir, durch keine gleichen Gewöh-

nungen getäuscht, das Verwandte oft um so reiner, um so überraschender und um so dankbarer, um so fruchtbarer.

(Sinn des Reisens.)

Was ich in Deutschland suche: die Weite im Verwandten. Die anderen Größenverhältnisse spiegeln sich immer auch im Menschlichen. Viele tragen hier den Kopf etwas höher, als ihnen zukommt, und verwechseln sich gerne mit der Größe ihrer Anzahl, also mit einer Größe, deren auch die Schafe und die Läuse sich rühmen könnten; doch wo man eine wirkliche Persönlichkeit trifft, ist sie freier als im kleinen Land, unverkürzt, unverstümmelt, unverklemmt, bei gleicher Anlage hat sie meistens eine reichere Entfaltung; überall spürt man den größeren Spielraum – auch im Erfreulichen.

Man badet hier ohne alles, und das ist herrlich, man verwundert sich höchstens, wie selbstverständlich es ist. Heute liegen wir in einer Gruppe, es kommt ein junges Paar, beide im Badkleid, Bekannte, und als sie uns auf dreißig Schritte erkennen, bleiben sie stehen, machen das einzig Geziemende, streifen ihr Badzeug herunter, nehmen es in die linke Hand und kommen zur Begrüßung –.

Beim Lesen:

Es gibt immer weniger Werke, die wir wirklich bewundern können, aber die wirkliche Bewunderung wird immer größer, je länger wir uns selbst versucht haben. Bewunderung: Das könnte mir nie gelingen, und wenn ich siebenmal leben dürfte. Und vor allem, scheint mir, schärft sich der Unterschied zwischen Bewunderung und Achtung; ein Unterschied ohne Übergang. Achtung nenne ich es, wenn der andere, den ich lese, zwar weiter gekommen ist als ich, aber er geht auf der gleichen Ebene, ich werde ihn nicht mehr erreichen, aber es ist nicht unerreichbar von vornherein, er hat im wesentlichen keine anderen Mittel als ich, vielleicht hat er mehr davon, vielleicht nutzt er sie glücklicher, sein Vorsprung sei nicht geleugnet, aber sein Gelingen liegt nicht jenseits meines Begreifens. Das ist die große Mehrzahl der Schriftsteller und Dichter, die man achtet, zuweilen auch beneidet, etwa wie Sportler einander achten oder beneiden, wenn sie unterliegen – Dann aber, und das ist das Erlösende der wirklichen Bewunderung, gibt es solche, die uns von jedem Vergleiche befreien; der Unterschied ist unerbittlich klar: wir gehen – er fliegt ...

(Trakl zum Beispiel.)

Von den Fliegenden, denke ich, kann der Fußgänger wenig lernen, was für ihn nicht eine Pose bliebe.

Wanderung nach Keitum. Die ersten Bäume seit Wochen; was wir Landschaft nennen: das grüne Vergessen, daß wir auf einem Gestirn wohnen. Draußen auf den Dünen vergißt man es keinen Augenblick.

Fragwürdig wie alles, was wir treiben, ist auch die Selbstkritik. Ihre Wonne besteht darin, daß ich mich scheinbar über meine Mängel erhebe, indem ich sie ausspreche und ihnen dadurch das Entsetzliche nehme, das zur Veränderung zwingen würde – das Entsetzliche, das mich doch jedesmal wieder einholt, wenn ein andrer sie ausspricht.

Eine Dame mit weißem Haar, namhafte Schauspielerin zu ihrer Zeit, umjubelt in Wien und Berlin, jetzt sitzt sie am Fenster und strickt; ich frage:

»Sie haben auch Kainz gekannt?«

»O ja.«

»Sie haben mit ihm gearbeitet?«

»O ja.«

Eine Weile schweigt sie, weiterstrickend, unschlüsssig, ob sie ihr Leben erzählen mag oder nicht. Jedenfalls hat sie keine Lust, Brosamen zu geben. Nach einer Weile, als ich mich innerlich schon auf den Weg mache, läßt sie die Strickerei doch plötzlich sinken, zum Erzählen entschlossen, aber so, wie es sich für ein erfülltes Leben geziemt: von Anfang bis Ende, gelassen, nicht weitschweifig, aber in einem großen Bogen – und die Stunden vergehen im Nu ...

»Das war mein erster Erfolg«, sagt sie, nachdem sie auch das Kostüm, das sie damals getragen, mit inniger Akkuratesse beschrieben und dann mit einem lächelnden Schweigen sozusagen verabschiedet hat: »Am andern Tag meldete sich ein Herr von Hofmannsthal. Was will der? sagte ich, ich war siebzehn Jahre, ein dummes Ding, ich wußte soviel wie nichts. Später war ich oft in Rodaun, er zeigte mir ein Stück, dessen Titelrolle ich spielen sollte. Er saß am Schreibtisch, seine Frau stand in der Ecke, und ich mußte vorlesen. Er wollte es immer wieder hören. Er selber war ja ein Lispler, er schlug mit der Zunge an; wenn er sprach, hatte ich immer das Gefühl, er sabbert. Kurzum, ich sollte also die Elektra spielen. Ich glaube übrigens, er mochte mich sehr, etwas zu sehr. Ich dachte immer: Was will

dieser alte Herr von mir! Damals war er knapp über dreißig. Sein Schnurrbart erinnerte mich immer an Seehunde. Später habe ich viele Briefe von
ihm bekommen, leider sind sie in Düsseldorf alle verbrannt –.«

Über Wedekind:

»Ein schlechter Darsteller seiner eignen Werke, aber unvergleichlich als
Bänkelsänger. Sein Doktor Schön, ich sage Ihnen: unmöglich. Sein Mar-
quis von Keith, das ging noch. Weil er es selber war. Am besten war sein
Jack, der Lustmörder. Ein Schauspieler war er nicht, aber ein Dichter –.«

Später hat sie dann doch wieder gestrickt, damit der Nachmittag nicht
verloren sei, weitererzählend von Männern und Frauen, unbekümmert
um ihren heutigen Ruhm oder ihre Entthronung; sie ändert ihre Liebe
so wenig wie eine Mutter, wenn die Welt, die auch nur aus Menschen besteht, ihre Kinder rühmt oder schmäht, und auch ihre Verachtung bleibt
unerschüttert ... Wedekind, Hofmannsthal, Ibsen, Strindberg, Hauptmann, Gorki, es fallen Namen auf Namen, Kainz, Stanislavsky, Reinhardt,
Valentin, Duse, Steinrück, Moissi, Jessner, Bassermann – nehmt alles nur
in allem: es war doch eine Zeit, und langsam kann ich ihren Zorn schon
verstehen, ihre Verachtung gegenüber den Leutchen, die sie gestern besucht haben.

»So ein Pack«, sagte sie: »so ein Pack.«

Sie ist sogar aufgestanden. »Nein, so ein Pack –.«

Die Lippen gepreßt, hart wie eine Greisin es sein kann, den Kopf schüttelnd, gefaßt, ohne es fassen zu können, was sich heutzutage tut, steht sie
an der Fenstertüre, lange wortlos, beleidigt, obschon es sie nichts mehr angeht, über die eigene Person hinaus beleidigt; schließlich steckt sie die ge-
lockerte Spange in ihr weißes Haar, wendet sich und fragt:

»Oder ist das nicht ein Pack?«

Dieselbe Insel, bei Nebel und Regen ganz ins Spukhafte verdämmert, hat
plötzlich etwas Antikisches. Eine Luft wie Glas: die Ferne ist fern, aber klar
und genau, ungespenstisch, heiter und endlich. Das alles gibt es auch im
Norden, die blaue Finsternis des Meeres, das Lichterlohe, daß wir nicht
wissen, wohin mit dem Dank für unser Dasein. Ein Tempel, ein dorischer,
würde nicht überraschen; es ist aber nur ein gesprengter Bunker. Und
dann, unversehens, steht da ein nackter Mensch auf der Düne, ein junger
Mann, seine Hände in die Hüften gestützt; auch eine junge Frau, beide

braun, herrlich wie am ersten Tag. Einen Augenblick stehen sie vor lauter Himmel. Dann gehen sie weiter über den lichten Sand, Hand in Hand, und plötzlich laufen sie, vom eigenen Übermut gejagt, verschwinden hinter den Büscheln von hohem, dürrem, wehendem Gras ...

Gespräch über Ehrlichkeit.

Wenn die Ehrlichkeit darin bestünde, einfach alles zu sagen, es wäre sehr leicht, ehrlich zu sein, aber wertlos, nicht lebbar, alles zerstörend, Tugend auf Kosten der andern. Wo aber beginnt die Lüge? Ich würde sagen: wo wir vorgeben, in diesem Sinne ehrlich zu sein – kein Geheimnis zu haben.

Ehrlich sein: einsam sein.

Endlich einmal zu den Baracken, die man immer von weither sieht. Ein Lager von schlesischen Flüchtlingen. Schmutzwäsche an der Sonne, Kinder, Blechgeschirr, Arbeitslose, Kaninchenstall voll Volksgenossen, ganz abseits wie die mittelalterlichen Siechenhäuser. Nur der Staat reicht ihnen die nötige Nahrung. Man spricht nie von ihnen. Das einzige, was ich bisher gehört habe: sie haben wieder ein Huhn gestohlen! – daneben die Leute im bunten Bademantel, die glänzenden Limousinen, die es auch wieder mit deutschen Nummern gibt ... Ferner denke ich an den polnischen Bauer, der uns vor einem Jahr bewirtet hat, den braven, der jetzt auf ihren Feldern pflügt, weil man ihn auch von den seinen vertrieben hat, und der ein genaues Tagebuch führt über seine Arbeit, auch über die Arbeit dieses heutigen Tages, über Saat und Ernte –.

Wem wird er es einmal zeigen müssen?

Denen mit der Limousine?

Wieder einmal Wedekind gelesen, der zu den wirklichen Theatralikern gehört, und Hauptmann. Wie oft beim Anblick ganzer Lebenswerke: was die Größe eines Lebenswerkes entscheidet, ist nicht so sehr die Größe des schöpferischen Vermögens, sondern das Verhältnis zwischen dem schöpferischen und kritischen Vermögen. Bei Hauptmann erscheint das Schöpferische oft ohne jedes Spalier, verwuchert sich in ein Solala, das mancher Mindere sich versagen würde; das Urteil hält nicht Schritt, die Schere des Gärtners kommt nicht nach. Man könnte sich auch die umgekehrte Gefahr denken: das kritische Vermögen ist überwach, voreilig, selbstherrlich, so daß es das Schöpferische, das vorerst immer einer gewissen Schonung bedarf, schon im Keime umbringt. Hier ein fruchtbares Verhältnis zu finden, eine Balance dieser beiden Vermögen, so wie sie einmal gegeben sind, das ist die stete und allereigenste Aufgabe jedes Künstlers, lösbar nur aus der eignen Erfahrung, aus dem aufmerksamen Umgang mit den eignen Bedingungen. In dieser Aufgabe ist er vollkommen einsam. Aller Rat, den wir einem Künstler geben, hilft immer nur seinem kritischen Vermögen. (Ganz abgesehen davon, daß der Ratende im Grunde immer sich selber rät.) Unter Umständen könnte es also richtig sein, daß er dem Rat seiner besten Freunde davonrennt und sich scheut, sie durch eine schlechtere Arbeit zu enttäuschen; gerade diese Arbeit, von den Freunden nur mit Bedauern hingenommen, kann für ihn wertvoller sein als das Bessere, was sie erhofft haben, wertvoller nicht als Werk, aber wertvoller für sein Schaffen, nötig für die Wiederherstellung seiner produktiven Balance. Wie wenig sich die wirklichen Künstler um ihr künstlerisches Prestige kümmern! Ihre erste Sorge ist nicht das Meisterwerk, sondern das Schaffen-Können, das Lebendig-Bleiben, selbst wenn es sie oft unter das errungene Niveau zurückwirft.

Schwimmen in der Brandung! Heute war Flut, so daß wir die Buhnen nicht sahen, die Pfosten, die von bläulich-schwarzen Miesmuscheln ganz überpanzert sind; sogleich ist man blutig. Aber sonst ist es eine Wonne ohnegleichen, fast ohnegleichen, das Springen im Gischt, dort, wo die letzten Wogen sich höhlen und dann zusammenstürzen; oft kommt es wie Lawinen, die verstäuben, und in der Abendsonne sieht es aus, als bade man in purem Messing oder Nickel.
  Die Möwen:
  Wie sie immer das Kliff entlangsegeln, den Hangwind nutzend, mit beinahe steifen Flügeln, schnell wie ein Pfeil, bis sie sich plötzlich, wie abgeschossen, auf das Wasser fallen lassen, eine Beute fischen, aufwirbelnd vor der nächsten Welle –

Teegespräch in einem gar tadellosen Landhaus, Stil der guten dreißiger Jahre, Klinker, Truhen aus alten Bauerngeschlechtern, Stiche, Geländer aus Schmiedeeisen, Berliner Porzellan, Kamelhaardecken, Rassehunde.
  »Die Schweiz hat doch nichts gelitten!«
  »Nein«, sage ich.

»Hätte Ihrer Schweiz aber ganz gut getan«, sagt die Dame: »gerade der Schweiz! Leiden ist gesund, wissen Sie –.«

Wir sitzen in einem gar tadellosen Garten, der in den guten dreißiger Jahren, wie ich später höre, manche Uniformen empfangen hat, hohe und höchste, braune und schwarze; die Aussicht ist herrlich; nur ganz am Horizont sieht man die Baracken der schlesischen Flüchtlinge, dieser Opfer eines verbrecherischen Auslandes.

Zur Schriftstellerei:

Vor Jahren habe ich als Architekt eine jener Fabriken besucht, wo unsere glorreichen Uhren gemacht werden; der Eindruck war niederschmetternder als jemals in einer Fabrik, aber noch in keinem Gespräch ist es mir gelungen, gerade dieses Erlebnis, eines der stärksten, dermaßen wiederzugeben, daß es sich auch im Zuhörer herstellte. Es bleibt, ausgesprochen, stets belanglos oder unwirklich, wirklich nur für den Betroffenen, unsäglich wie jedes persönliche Erlebnis – oder richtiger: jedes Erlebnis bleibt im Grunde unsäglich, solange wir hoffen, es ausdrücken zu können mit dem wirklichen Beispiel, das uns betroffen hat. Ausdrücken kann mich nur das Beispiel, das mir so ferne ist wie dem Zuhörer: nämlich das erfundene. Vermitteln kann wesentlich nur das Erdichtete, das Verwandelte, das Umgestaltete, das Gestaltete – weswegen auch das künstlerische Versagen stets mit einem Gefühl von erstickender Einsamkeit verbunden ist.

Wanderung nach List, Wanderdünen, zurück über die Vogelkoje, überall trifft man auf Anlagen der deutschen Luftwaffe.

Um neun Uhr scheint noch die Sonne, die Dämmerung dauert bis Mitternacht, bis sie sich fast unmerklich in Mondhelle verwandelt. Man mag nicht schlafen. Die Regenpfeifer schwärmen auch noch über die Heide. Geruch von Salz, von Tang, von Heu. Die Tümpel des Wattenmeeres gleißen wie Scherben unter dem Mond. Der Leuchtturm, der bei jedem dritten Atemzug meinen warmen Heuhaufen bescheint, hat etwas rührend Arbeitsames in dieser großen Stille. Ein andrer blinkt drüben an der dänischen Küste, aber sehr winzig. In einer Umzäunung weiden zwei Pferde. Oft hält man den Atem an, als müsse jeden Augenblick etwas Unglaubliches geschehen. Ein Pferd hat sich geschüttelt, weiter nichts. Eine erregende, unerlöste Stille, wie sie einem Engel vorausgehen müßte –

Einmal eine Sternschnuppe.

Reminiszenz

Das Teegespräch mit einer braunen Dame – Unter dem Allerlei, was mir dazu einfällt, findet sich die kleine Erinnerung an meine letzten Dienst-tage, April 1945 in Graubünden. Ich ging oft an die Grenze, unterhielt mich mit den deutschen Wachen; es waren lauter ältere Jahrgänge, zehn Männer, die nicht einverstanden waren, dazu zwei Braune. Einer von den zehn, der ein ungewöhnlich liebes Gesicht mit fast kindlichen Augen hatte, war aus Rothenburg. Sein Ausspruch: Immer wieder kommt der Krieg über unser armes deutsches Volk! Wir betrachteten den Abend und sprachen über den Frühling, über die Vögel, über das Wetter. Er war Familienvater, Katholik, sein Sohn war in Rußland gefallen. Wir vereinbar-ten, daß ich an dem Tag, wo Rothenburg von den Amerikanern genom-men ist, einen bestimmten Stein aus der Mauer reiße. Denn sie konnten nur an die Grenze kommen, wenn sie Dienst hatten. Sie waren froh um Ta-bak und Nachrichten ... Tagsüber hatte ich einen Posten oben im Wald, wo man mit dem Scherenfernrohr das ganze Tal überwachte. Im Morgen-grauen sah ich jedesmal den Ausmarsch der Zwangsarbeiter, sah, wie sie die Hände rieben und endlich zur Schaufel griffen, sah die deutschen Wa-chen, die danebenstanden mit umgehängtem Gewehr und an den Füßen froren, während ich schon die Sonne hatte. Zu melden gab es wenig; hin und wieder eine feldgraue Limousine, die von Italien nach Österreich eilte, stundenlange Kolonnen während der Nacht, tagsüber eine Bäuerin auf dem Feld. Ich erinnere mich genau an das tiefenlose Bild, das man im Scherenfernrohr hat, an den lautlosen Film mit den Gesten der Sprechen-den, dann wieder ein Wölkchen aus der Pfeife, gegen zehn Uhr bekamen die Sklaven ihr erstes Frühstück ... Am Abend, wenn ich frei war, ging ich wieder an die Grenze hinunter, hockte auf die Felsen, bis einer mich sah und kam. Einer war ein Berliner, immer etwas übermunter erzählte er von seinen Verwandten in der Schweiz, wo es gewiß nicht an Speck und Butter fehlte. Und Schlagrahm! Noch könnten sie leider nicht her-überkommen, sagte er, denn die »Beiden« ließen sie nicht aus den Augen. Auch dieser war von einer rührenden Naivität. Seit Jahren bewachten sie die fremden Sklaven, die auch Frau und Kinder haben, sie bewachten sie nicht mit Vergnügen, das glaubte ich ihnen ohne Zögern, und infolgedes-sen erschien es ihnen als ein beispielloses Unrecht, wenn sie ihrerseits –

wo sie doch nichts verbrochen hatten – in eine Gefangenschaft geraten
sollten. Ich hielt es für geziemend, zu hören, nicht zu sprechen. Dabei hörte ich viel von den »Beiden«, die jeden, der muckst, noch heute umlegen
würden. Nur einmal fragte ich: Was macht ihr mit den beiden, wenn es
vorbei ist?

Einer sagte:

»Die soll der Teufel holen –.«

So standen wir da; den Teufel habe ich nicht gesehen, nur die Männer:
jeder mit einem Gewehr und einem Gürtel voll Patronen ... Und mit
einer Pfeife – Schüsse habe ich nie gehört, das Tal war still, friedlich, unheimlich, wir drehten an unserem Scherenfernrohr, um zehn Uhr bekamen
die Sklaven wieder ihr Frühstück, Berlin war erstürmt, Goebbels verstummt, zu hören war nichts als der schmelzende Schnee, das Tropfen,
manchmal plumpste ein ganzes Kissen von den Tannen herunter, zu sehen
war nichts als das Tal, das Hin und Her der deutschen Wachen, die Felsen
in der Sonne, das Drahtverhau, die vermooste Grenzstraße. Zu melden:
Übergänger aller Art, die es während der Nacht wagten. Mit der ersten
Morgensonne kamen sie dann herunter, und gegen Mittag erreichten sie
unseren Posten, hinkend, halb verfroren, zerschunden, meistens Franzosen, einmal zwei Russen. Täglich wurden es mehr. Einmal ein sehr junger
Leutnant der Wehrmacht. Ich hätte gerne mit ihm gesprochen; ein schönes kluges Gesicht, ein Jüngling aus gutem Stall. Aber er hatte schon genug aufdringliche Leute um sich. Vor allem erinnere ich mich an zwei
junge Burschen aus Belfort, die vor drei Jahren verschleppt worden waren;
Neunzehnjährige. Sie waren von Stuttgart gekommen in einem ziemlichen
Bogen; beide in den Kleidern, die sie damals in Belfort getragen haben; der
eine war ein kränklicher Bursche, ein proletarisches Kind, der andere aus
noblem Haus, ein dreister und abgebrühter Gangster, den sie schon zweimal auf der Flucht erwischt hatten. Zum Schluß winkte er ins Tal hinaus:
Deutschland, rief er, adieu! Dazu spuckte er in hohem Bogen. An dem
Tag, als ein Mann von der Waffen-SS kam, war ich leider auf Urlaub; mein
Freund, dem ich vertraue, schilderte ihn als einen Entsetzten, jedenfalls
hatte er viel erzählt, und meine Kameraden schilderten mit glänzender
Übereinstimmung, wie die Ausrottung eines ukrainischen Dorfes vor sich
geht. Wir wußten damals schon viel; endlich berichtete einer, der dabei gewesen war ... Eines Morgens, als ich wieder an dem Scherenfernrohr saß,
traute ich meinen Augen nicht: auf der Straße, wo wir bisher nur die deut-

schen Posten und manchmal eine alte Bäuerin erblickt hatten, erschienen
sie in ganzen Kohorten, Zwangsarbeiter, die ohne Bewachung marschierten. Ich richtete das Fernrohr auf die Brücke; die deutschen Wachen waren bereits dabei, die Spanischen Reiter abzuziehen. Die Kohorte ging
über die Brücke, die in den vergangenen Jahren so mancher einzelne hätte
überschreiten wollen, und nicht wenige haben es versucht, aber die meisten hat irgendwo eine Salve erreicht. Die Kohorte ging wirklich über die
Brücke, und obschon auf unsrer Seite niemand war, winkten sie mit Mützen und Tüchern. Ich nahm das Telefon und meldete: Friede. Das war leider verfrüht, aber in der Tat kamen immer neue Kohorten, nach meiner
Ablösung ging ich an die Grenze hinunter. Viele sangen, vor allem die
Franzosen. Auch Frauen waren dabei, eine junge Holländerin. Dazwischen
Kriegsgefangene, Gesichter aus allen Völkern. Natürlich hatten wir alle Zigaretten gekauft, die es in dem kleinen Wirtshaus gab, und verteilten, soweit der Vorrat reichte; da sie kein Feuer hatten, gab es sich von selbst,
daß man immer wieder ein einzelnes Gesicht ganz aus der Nähe sah.
Die meisten hatten das Bedürfnis, etwas zu sagen:
   »Ik – finf Jahr!«
   Andere versuchten klarzumachen, wie viele Kinder sie hatten. Einer mit
geschorenem Kopf, dessen Sprache ich nicht einmal erraten konnte, umarmte mich, küßte mich, wie mich einmal ein griechischer Bauer geküßt hat,
und heulte vor Freude ... Daneben standen die deutschen Wachen, der
Berliner, der Rothenburger, der schwieg, während der andere sehr leutselig
winkte:
   »Gute Reise, viel Glück, gute Reise!«
   Kurz darauf wurden wir versetzt. An der italienischen Grenze war es
nicht minder rege. Am Ofenpaß erstellten wir Baracken für die Flüchtlinge, andere waren auf Patrouille. Selten kamen sie allein zurück. Besonders genau erinnere ich mich an einen Deutschen in Zivil, elend, hungrig,
müde, denn in der Höhe lag noch viel Schnee, nachtsüber gefroren und
harsch, tagsüber weich, so daß man bis zu den Hüften einsank. Wir setzten
ihn an den Ofen, der unsere kleine Baracke wärmte. Suppe essend, die er
nötig hatte, versicherte er, daß er nur nach Haus wollte, nach Köln, wo er
für Frau und Kinder sorgen müßte, und alles war sehr begreiflich, sehr
nachfühlbar, nur lag es nicht an uns, ob unser »Ländle« ihn aufnahm oder
nicht. Wir warteten über zwei Stunden. Unser Korporal, ein Quatschkopf
auf der ganzen Linie, gab ihm Zigaretten, zuerst einzelne, dann ein ganzes

Päcklein, verbunden mit einem Eigenlob unsrer Güte, das zum Ausspuk-
ken war. Schließlich wies ich den Schwätzer zurecht, leider erfolglos, denn
der arme Kölner unterstützte ihn mit beflissener Schmeichelei, als könnte
dieser an der fälligen Entscheidung irgend etwas ändern. Die beiden waren sich ebenbürtig. Eine Wendung dieses leidigen Gespräches brachte erst
eine illustrierte Zeitung, die zufällig auf dem Tisch lag. Ob er sie anschau-
en dürfte, fragte er höflich, er hätte seit Wochen keine Zeitung mehr gesehen. Es war eine alte. Die Leiche des erschossenen Duce, anzusehen wie
eine umgekippte Statue. Er betrachtete es wortlos, blätterte weiter. Bilder
von Warschau, schreckliche. Der Mann war sehr betroffen, schob die Zeitung weg und versuchte zu schweigen; erst nach einer Weile, als ich es
nicht mehr erwartete, sagte er:

»Wenn eure Zeitungen solche Bilder bringen, wundert es mich nicht,
daß man uns haßt.«

Dazu fiel mir nichts ein.

»Das glaube ich nicht«, sagte er versöhnlicher: »das machen Deutsche
nicht. Ich bin selber bei der Wehrmacht gewesen – Nein!« sagte er mit
einem entschiedenen Kopfschütteln und mit dem Ton eines Menschen,
der allein zuständig ist: »Wie sie die Juden umgelegt haben damals in Riga
und später in Rußland, das habe ich selber gesehen – aber das, nein, das
glaube ich nicht! Unmenschen sind wir nicht.«

Damals habe ich kein Tagebuch geführt, doch diesen Satz habe ich mir
aufgeschrieben. Später kam der Befehl, der Mann müsse wieder zurück. Er
wurde sehr bleich. Während ich, da die Ablösung an mir war, Helm und
Gewehr nahm, fluchte er natürlicherweise über unser Land, über Humanität und so. Der Weg war schmal; er stapfte voran, ich hinterher. Gesprochen haben wir wenig. Gerne hätte ich vieles gefragt, es ging aber schon
äußerlich nicht. Ich hatte das Gefühl, als wären wir zu dritt: er und ich
und ein geladenes Gewehr. Ich ging etwa zehn Meter hinter ihm. Er hatte
den Rockkragen aufgestülpt, die Hände in den Hosentaschen. Ein sonniger Nachmittag; zuweilen dachte ich an die Wälder von Riga, und er
kam mir wie ein erfahrener Mann vor, einer, der geschossen hat; ich dagegen hatte bisher nur auf Scheiben geschossen. Eine deutliche Herablassung, die er mir gegenüber hatte, kam vielleicht aus dieser Gegend; das Gewehr und ich hatten zusammen etwas Lächerliches, ich empfand es selbst.
Wir hatten etwa eine Stunde zu gehen. Zuerst durch die Schlucht, wo der
Schnee wie Porzellan aussah; der Mann fror wie ein Hund. Später durch

offenen Wald; Sonne, Spuren von Ski, Stille, ein gefrorener Wasserfall, Spuren von Hasen, ein dunkelblauer Himmel, dazu das lichte Gold der besonnten Felsen. Einmal rauchten wir zusammen eine Zigarette. Er versicherte mir, daß er es anderswo schon schaffen würde, und zwar noch in dieser Nacht. Er hatte ein schmales, etwas schiefes Gesicht mit hellen Augen; ihr Blick war ebenso wach wie unbestimmt. Ich war froh, daß er nicht die Uniform trug. Gelegentlich gingen wir weiter; er lächelte. Ich glaube mich nicht zu täuschen, wenn ich es als ein Lächeln von gemeiner Verächtlichkeit bezeichne. Es war, als spürte er meine Unsicherheit; ich wußte nicht, was ich ihm zutraute, was nicht, und jedenfalls nahm er mich für den Dummen. In der Tat hatte ich alles andere als das Gefühl, der Überlegene zu sein. Das Gewehr gehörte eigentlich zu ihm; ein dummer Zufall hatte die Rollen vertauscht. Dabei blieb es. An der Grenze wollte er nur wissen, wie spät es wäre ...

»Vier Uhr«, sagte ich.

»Na ja«, sagte er –

Wir verzichteten beiderseits darauf, etwas wie eine Floskel zu sagen; während ich damit beschäftigt war, meine Mütze über die Ohren zu ziehen, stapfte er weiter hinunter auf die andere Seite, es war ein kleines Päßlein, eine völlig menschenleere Gegend. Ich wartete noch etwa eine Stunde. Wenigstens in unserem Abschnitt, und hier mußte jeder durch die Schlucht hinunter, sahen wir ihn nicht mehr. Dafür andere. Unsere Baracken waren bald überfüllt, die Erschöpften fuhr man mit Lastwagen hinunter nach Zernez, besonders die Frauen und Kinder, die übrigen pilgerten zu Fuß, Grüppchen um Grüppchen. Auch hier gab es etliche, die sangen. Der Krieg war zu Ende, die Kapitulation war unterschrieben. Übrigens war fast allen, die ich habe sprechen können, eins gemeinsam: das Verlangen nach jenen Dingen, die so gerne der Verachtung ausgesetzt sind, nach dem Zuhause, nach der Familie, nach der Arbeit. Ich hatte damals gerade infolge dieser Begegnungen eine unschwärmerische Zuversicht, daß der Friede zu machen sei. Als letzte hatte ich eine deutsche Gruppe zu bewachen, Zöllner in Uniform, die sich bitterlich über die italienischen Partisanen beschwerten; nämlich man hatte ihnen sämtliche Uhren abgenommen. Andere klagten über ihre Füße und unsere mangelhafte Organisation, denn wir mußten sie im Regen draußen warten lassen. Ihnen zugeteilt, da ebenfalls ein Deutscher, war ein Mann in Zivil, ein schweigsamer Mensch, der sich lange abseits hielt; später platzte er, nannte sie eine dämliche Bande, dann Bluthunde, schließlich hielt er ihnen vor, wie sie die italienische Bevölkerung behandelt hätten und so weiter. Er selber, zeigte sich, war ein Deserteur. Die Szene war grausig; denn es war noch keineswegs sicher, ob sie nicht selbander über die Grenze zurück mußten. Je mehr die Uniformen schwiegen, um so offener packte der andere aus. Zum Glück mußten sie nicht zurück. Zu Hause, meinte er später, würde er mit denen schon fertig. Beim Abmarsch ging er mit sichtlichem Abstand. Ich mußte sie noch einige Kilometer begleiten. Er war ein Münchner; auf dem Marsch erzählte er noch weiter, was er auf dem Herzen hatte. Aber zu Hause, versicherte er, zu Hause würde man mit denen schon fertig. Meinerseits hatte ich mich nicht einzumischen. Ich begleitete sie bis zum nächsten Posten, wortlos, nicht gleichgültig –.

Westerland

Wieder einmal Zeitungen gelesen:
»Wiederbewaffnung Deutschlands –?«
(Durch Amerika.)

Kampen, August 1949

Was wir erleben können: Erwartung oder Erinnerung. Ihr Schnittpunkt, die Gegenwart, ist als solche kaum erlebbar: weswegen es selten gelingt, eine Landschaft zu beschreiben, solange man sie vor Augen hat. Zwar versuche ich es jedesmal wieder; das Ergebnis ist stets das gleiche: Krampf. Es steht auch gar kein echtes Bedürfnis dahinter. Solange ich alldies vor Augen habe, wozu soll ich es beschreiben? Jetzt ist Sehenszeit.

Ganz überspitzt: wer ein Schafott besteigt, erlebt die Angst vor dem Beil, nicht das Beil. Und wenn einer auf dem Schafott begnadigt worden ist, dürfen wir kaum annehmen, daß der Mann nichts erlebt habe. Noch kein Mensch hat seinen Tod erlebt; jeder erlebt die Todesangst, die Erwartung –
»Wir, die wir den Krieg erlebt haben –«
(Abgesehen von allem übrigen, was sich zu diesem immer wiederkehrenden Ausspruch sagen ließe, ist es komisch, wenn ein Mensch sich mit sei-

nem Erlebnis brüstet: statt daß er uns zeigt, was das Erlebnis aus ihm gemacht hat – oder was er aus seinem Erlebnis gemacht hat.)

Verwechslung zweier Begriffe: erleben und dabei sein.

Das weitaus meiste, was Menschen erleben, liegt wohl im Bereich der
Ahnung; schon der andere Bereich der Erlebbarkeit, die Erinnerung ist viel
kleiner. Wäre es nicht so, gäbe es überhaupt keine Dichter, nur Reporter,
und es gäbe vor allem auch keine Leser. Was tut denn der Leser, indem
er ein Buch aufschlägt? Er verläßt sein Dabeisein, da es ihn nicht erfüllt;
er begibt sich in den Bereich seiner Ahnung: um etwas zu erleben.

Hamburg, September 1949

Ausfahrt in der Morgenfrühe, Nebel über den Sandbänken, später die
blanke Bläue über der offenen See. Ein paar Stunden ohne Küste. Gegen
Abend fahren wir die Elbe hinauf; Parade der ausfahrenden Dampfer, jeder mit einer Schleppe von braunem Rauch. Möwen, Bojen, Leuchttürme.
Und dann, je näher wir dem Hafen kommen, das Gewirr der Kranen,
Schlepper, Kutter, Maste aller Art und aller Größen, Baggerschiffe, eine
schwimmende Ruine aus Rost, Yachten, blank und spielerisch, Takelwerk,
Fabriken dahinter und Schuppen ohne Zahl, Schlote, Gasometer, alles hat
die gleiche verölte Schwärze, ob Eisen oder Stein oder Holz – Menschenwelt: Güterzüge, Brücken, Straßenbahnen, Schleusen, Lastwagen, Flugzeuge, eine Milchstraße von Glühbirnen ... Jetzt ein Gewitter über der Al-
ster, anzusehen wie das Schlußfeuerwerk eines Sommers, das mit Donnern
nicht spart, oft in nächster Nähe schmetternd, daß man meint, nachher
müßte man taub sein, dazu das Rauschen und Tosen in den Wipfeln einer
alten Allee, Regen jagt mit klatschenden Fahnen über Dächer und Terrassen und See, über den Straßen schwebt es wie weißlicher Nebel, ein
Schleier von Spritzern; nebenan die Ruine einer Villa, im Nächtlichen
schimmernd wie andere Villen; dann aber, sooft ein Blitz sie durchzuckt,
sieht man, daß sie keine Stockwerke mehr hat, und die Fassade erscheint
wie eine schwarze Larve; dazu das übermütige Gurgeln aus einer überlau-
fenden Dachtraufe.

Unterwegs

Nationalistisch: wenn ich die Forderung, die meine Nation an mich stellt, allen anderen Forderungen überordne und einen anderen Maßstab als den Vorteil meiner Sippe nicht anerkenne; wenn ich sittliche Gebote, zum Beispiel christliche, zwar im Munde führe und sogar vertrete, solange meine Nation nichts dagegen hat, aber nie und nimmer, wenn sich diese Gebote einmal gegen meine Nation richten; wenn ich zu jeder Tat bereit bin, selbst wenn sie nach meinen sittlichen Begriffen ein Verbrechen ist, und wenn ich sie dennoch mit Stolz, mindestens mit Gehorsam verrichte, um ein guter Hottentotte zu sein; wenn ich nichts Höheres kenne als meinen Trieb und vor diesem auf die Knie falle, indem ich meinen Trieb, ins Millionenfache meiner Nation vergrößert, für etwas Geistiges halte, für das Geistige schlechthin, dem alles und endlich auch sein Gewissen aufzuopfern rühmlich ist, tugendhaft – kurzum, wenn ich ein Nihilist bin: ohne den Mut dazu.

Eifersucht

Wenn der Unselige, der mich gestern besucht hat, ein Mann, dessen Geliebte es mit einem andern versucht, wenn er ganz sicher sein könnte, daß die Gespräche eines andern, die Küsse eines andern, die zärtlichen Einfälle eines andern, die Umarmung eines andern niemals an die seinen heranreichen, wäre er nicht etwas gelassener?

Eifersucht als Angst vor dem Vergleich.

Was hätte ich sagen können? Eine Trauer kann man teilen, eine Eifersucht nicht. Ich höre zu und denke: Was willst du eigentlich? Du erhebst Anspruch auf einen Sieg ohne Wettstreit, verzweifelt, daß es überhaupt zum Wettstreit kommt. Du redest von Treue, weißt aber genau, daß du nicht ihre Treue willst, sondern ihre Liebe. Du redest von Betrug, und dabei schreibt sie ganz offen, ganz ehrlich, daß sie mit Ihm verreist ist – Was, mein Freund, willst du eigentlich?

Man will geliebt sein.

Nur in der Eifersucht vergessen wir zuweilen, daß Liebe nicht zu fordern ist, daß auch unsere eigene Liebe, oder was wir so nennen, aufhört, ernsthaft zu sein, sobald wir daraus einen Anspruch ableiten ...

Wie ist es möglich, daß sich die Eifersucht, wie es denn öfter vorkommt, sogar auf Tote beziehen kann, die mindestens als leibliche Gestalt nicht wiederkommen können?
Nur aus Angst vor dem Vergleich.

Ferner weiß jeder, daß er für die Frau, der er in Eifersucht gegenübertritt, alles andere als gewinnend ist. Seine Eifersucht, offensichtliche Angst vor dem Vergleich, ist für sie nicht selten die erste Ermunterung, sich umzusehen, Vergleiche anzustellen. Sie wittert plötzlich seine Schwäche. Sie blüht geradezu unter seiner Eifersucht – mit Recht findet er sie schöner als je! – blüht in neuer unwillkürlicher Hoffnung, daß ihre Liebe (denn warum hätte er sonst solche Angst?) offenbar noch ganz andere Erfüllungen erfahren könnte ...
Männer, die ihrer Kraft und Herrlichkeit sehr sicher sind, wirklich sicher, und Weiber, die ihres Zaubers sicher sind, so sicher, daß sie beispielsweise nicht jedem Erfolg ihres Zaubers nachgeben müssen, sieht man selten im Zustand der Eifersucht. Dabei fehlt es auch ihnen nicht an Anlaß! Aber sie haben keinen Grund zur Angst, und zwar kennen sie den Verlust, die brennende Wunde, die keiner Liebe erspart bleibt, doch kommen sie sich darum nicht lächerlich vor, nicht verhöhnt, nicht minderwertig. Sie tragen es, nehmen es nicht als Niederlage, sowenig wie das Sterben eine Niederlage ist, machen kein Geheul über Untreue, und die Frau, der sie eines Tages nicht mehr genügen, beschimpfen sie nicht als Hure, was sowieso meistens ein falsches, unpassendes Wort ist –

Der Raub der Sabinerinnen – welcher gesunde und einigermaßen aufrichtige Mensch, Mann oder Weib, ist nicht auf seiten der Räuber? Umsonst besinne ich mich auf ein Kunstwerk, das uns die armen Sabiner zeigte, um uns zu erschüttern.
Und die Tugend?
Sabiner, die sich auf die Tugend ihrer Sabinerinnen verlassen müssen, tun uns leid, selbst wenn die Tugend hält. Sie sind Inhaber ihrer Weiber, gesetzlich geschützt, von Staat und Kirche versichert gegen jeden Vergleich, und damit sollen sie nun glücklich sein: bis die Räuber über den

Berg kommen, bis die Welt es hören wird, wie die Sabinerinnen jauchzen, wenn ihre Tugend endlich nichts dagegen vermag, daß sie in den Armen der Stärkeren liegen.

Oh, die Angst vor diesem Jauchzen!

Die Sprache schon meint es nicht gut, wenn sie vom Gehörnten redet oder vom Hahnrei, ein besseres Wort hat sie nicht, und es ist kein Zufall, daß die Eifersucht, wie bitter sie auch in Wahrheit schmeckt, so viele Possen füllt. Immer droht ihr das Lächerliche. Sogar Kleist, der Tragiker, muß es in eine Komödie wenden, wenn er den Amphitryon zeigt, der immerhin von einem Zeus betrogen wird. Offenbar ist die Eifersucht, obschon sie Entsetzliches anzurichten vermag, nicht eine eigentlich tragische Leidenschaft, da ihr irgendwo das Anrecht fehlt, das letzte, das ihr die Größe gäbe –

Othello?

Was uns an Othello erschüttert, ist nicht seine Eifersucht als solche, sondern sein Irrtum: er mordet ein Weib, das ihn über alles liebt, und wenn dieser Irrtum nicht wäre, wenn seine Eifersucht stimmte und seine Frau es wirklich mit dem venezianischen Offizier hätte, fiele seine ganze Raserei (ohne daß man ein Wort daran ändern müßte) unweigerlich ins Komische; er wäre ein Hahnrei, nichts weiter, lächerlich mitsamt seinem Mord.

Warum übrigens ein Mohr?

Othello oder Der Mohr von Venedig, heißt der ganze Titel. Othello ist in erster Linie nicht ein Eifersüchtiger, sondern ein Mohr, also ein Mensch aus verachteter Rasse. Sein persönlicher Erfolg, den er soeben errungen hat, ändert nichts an seinem verwundeten Selbstvertrauen. Man achtet ihn zwar: obschon er ein Mohr ist. Es bleibt das Obschon, das er spürt, es bleibt seine andere Haut. Er leidet an seinem Anderssein; hier wurzelt die Tragödie, scheint mir, und so entwickelt sie sich auch. Noch handelt es sich nicht um Eifersucht; aber hinter allem, wie ein Schatten, steht jenes Gefühl von Minderwert, und der Mohr ist ehrgeizig, wie wir es alle sein müssen in dem Grad, als wir Mohren sind. Der einzige, der dafür eine Nase hat und die Wunde wittert, ist der verwundete Jago, dessen erste Worte, soviel ich mich erinnere, Worte eines verletzten Ehrgeizes sind. Er wie kein andrer weiß, wie er den erfolgreichen Mohren vernichten kann: durch seine eigne Mohrenangst, seine Angst vor dem Minderwert. Mit diesem Gefühl muß Jago arbeiten, wenn er sich rächen will, und das will er ja. Das allgemeinste Gefühl von Minderwert, das wir alle kennen, ist die Eifersucht, und der Griff auf beide Tasten, den Shakespeare hier macht, ist ungeheuer. Er deutet das eine mit dem andern. Das besondere, scheinbar fremde Schicksal eines Mannes, der eine andere Haut oder eine andere Nase hat, wird uns erlebbar, indem es in einer verwandten Leidenschaft gipfelt, die uns bekannt ist; die Eifersucht wird beispielhaft für die allgemeinere Angst vor dem Minderwert, die Angst vor dem Vergleich, die Angst, daß man das schwarze Schaf sei –.

Wenn Othello kein Mohr wäre?

Man könnte es versuchen – um festzustellen, daß das Stück zusammenbricht, daß es seine wesentliche Metapher verliert; um einzusehen, daß der Eifersüchtige immer ein Mohr ist.

Café Odeon

Rußland hat ebenfalls die Atombombe.

Nochmals Eifersucht

Einmal habe ich die Eifersucht bis zum Rande erlebt, gräßlich, habe eine Waffe gekauft und im Wald, nach einem zehnstündigen Marsch, Probeschüsse veranstaltet. Bisher kannte ich nur das Schießen mit Gewehr und Haubitze; dagegen hatte die Handwaffe etwas Flinkes, Lustiges, Persönliches, etwas Sportliches. Im übrigen war es mir natürlich sehr ernst. Es war November, Vollmond, Nebel über den Feldern. Um Mitternacht, bevor die Wirtschaften geschlossen würden, betrank ich mich nochmals in einem Dorf, wanderte dann weiter, bis ich vor Erschöpfung erbrechen mußte. Das war im Morgengrauen. Etwas leichter war mir schon, leichter als in all den vergangenen Wochen, deren Abende ich oft als Wachposten verbracht hatte. Ich wusch mich an einem kalten Brunnen auf offenem Feld, das Lächerliche war mir sehr bewußt, dennoch war das Ganze, worüber man nach Jahren ein etwas billiges Lächeln hat, alles andere als eine Schnurre. Nüchtern in jedem Sinn, zu müde für jede Pose, entsicherte ich nochmals die erprobte Waffe, ging weiter auf der morgengrauen Straße, bis ich etwas Lebendiges erspähte, eine Krähe, die auf einem elektrischen Mast hockte. Ich schoß. Die Krähe, aufflatternd, verließ die Isolatoren, deren einen ich, nach dem Geklirr zu schließen, getroffen hatte, und landete nach einer kurzen Schleife, als ginge die Geschichte sie nichts an, gelassen auf einem kleinen kahlen Birnbaum, näher als zuvor. Ich schoß. Die Krähe, aufflatternd wie zuvor, taumelte auf den Acker. Also getroffen. Als ich hinzutrat, flatterte sie neuerdings mit wilden Schlägen, flog, als wäre nichts gewesen, mindestens hundert Meter, bis sie in die Weiden eines angrenzenden Sumpfes taumelte. Ich stapfte auch dorthin. Stacheldraht, Gräben, Umwege. Meine Schuhe waren Lehmklumpen, meine Hosen klatschnaß, bis ich das Biest, das immer wieder einmal auf dem Boden umherwirbelte, endlich hatte, so, daß ich meinen Fuß auf seinen verschmutzten Flügel setzen und ihm die dritte Patrone geben konnte, die letzte, die ich hatte. Auf der Landstraße erschien der erste Radfahrer, ein Arbeiter mit Rucksack. Damit war die Geschichte erledigt. Indem ich die tote Krähe, die, an den Flügelspitzen ergriffen, eine überraschende Spannweite zeigte, ihrem Totsein überließ und auf die Straße zurückstapfte, erinnerte ich mich zwar sofort wieder an die Geschichte; aber sie erschien bereits in großer Ferne, nicht von heute, eine Erinnerung. Den Mann, dem sie plötzlich den Vorzug gegeben, habe ich nicht gekannt; ich wußte nur, daß er erheblich älter war ... Ein nächstes Mal, könnte ich mir denken, wird er erheblich jünger sein ... Jedenfalls wird er immer eine Eigenschaft haben, die wir ihm um nichts in der Welt streitig machen können, und es wird immer, wenn es so weit ist, ein satanischer Schmerz sein.

Wenn es so weit ist: wenn der Blick zweier Augen, der Glanz eines vertrauten Gesichtes, den du jahrelang auf dich bezogen hast, plötzlich einem andern gilt; genau so. Ihre Hand, die dem andern in die Haare greift, du kennst sie. Es ist nur ein Scherz, ein Spiel, aber du kennst es. Gemeinsames und Vertrautes, jenseits des Sagbaren, sind an dieser Hand, und plötzlich siehst du es von außen, ihr Spiel, fühlend, daß es für ihre Hand wohl keinen Unterschied macht, wessen Haar sie verzaust, und daß alles, was du als euer Letzteigenes empfunden hast, auch ohne dich geht; genau so. Obschon du es aus Erfahrung weißt, wie auswechselbar der Liebespartner ist, bestürzt es dich. Nicht allein daß es nicht weitergeht, es bestürzt dich ein Verdacht, alles Gewesene betreffend, ein höhnisches Gefühl von Einsamkeit, so als wäre sie (du denkst sie auch schon ohne Namen) niemals bei dir gewesen, nur bei deinem Haar, bei deinem Geschlecht, das dich plötzlich ekelt, und als hätte sie dich, sooft sie deinen Namen nannte, jedesmal betrogen ...

Anderseits weißt du genau:

Auch sie ist nicht die einzigmögliche Partnerin deiner Liebe. Wäre sie nicht gewesen, hättest du deine Liebe an einer anderen erfahren. Im übrigen kennst du, was niemanden angeht, nur dich: deine Träume, die das Auswechselbare bis zum völlig Gesichtlosen treiben, und wenn du nicht ganz verlogen bist, kannst du dir nicht verhehlen, daß alles, was man gemeinsam erlebt und als ein Letzt-Gemeinsames empfunden hat, auch ohne sie gegangen wäre; genau so. Nämlich so, wie es dir überhaupt möglich ist, und vielleicht, siehe da, ist es gar nicht jenes Auswechselbare, was im Augenblick, da ihre Hand in das andere Haar greift, einen so satanischen Stich gibt, im Gegenteil, es ist die Angst, daß es für ihre Hand vielleicht doch einen Unterschied macht. Keine Rede davon: Ihr seid nicht auswechselbar, du und er. Das Geschlecht, das allen gemeinsame, hat viele Provinzen, und du bist eine davon. Du kannst nicht über deine Grenzen hinaus, aber sie. Auch sie kann nicht über die ihren hinaus, gewiß, aber über deine; wie du über die ihren. Hast du nicht gewußt, daß wir alle begrenzt sind? Dieses Bewußtsein ist bitter schon im stillen, schon unter zwei Augen. Nun hast du das Gefühl wie jeder, dessen Grenzen überschritten werden und dadurch sozusagen gezeigt, das Gefühl, daß sie dich an den Pranger stellt. Daher bleibt es nicht bei der Trauer, hinzu kommt die Wut, die Wut der Scham, die den Eifersüchtigen oft gemein macht, rachsüchtig und dumm, die Angst, minderwertig zu sein. Plötzlich, in der Tat, kannst du es selber nicht mehr glauben, daß sie dich wirklich geliebt habe. Sie hat dich aber wirklich geliebt. Dich! – aber du, wie gesagt, bist nicht alles, was in der Liebe möglich ist ...

Auch er nicht!

Auch sie nicht!

Niemand!

Daran müssen wir uns schon gewöhnen, denke ich, um nicht lächerlich zu werden, nicht verlogen zu werden, um nicht die Liebe schlechthin zu erwürgen –.

Arles, Oktober 1949

Avignon, Nîmes, Arles – man hält sich an Monumente, schön, aber einmal
setzt man sich, bestellt einen Wein, schaut auf die Straßen hinaus: Städte
als Gesicht unseres Menschseins. In fremden Städten, ohne den Schutz
einer Gewöhnung, spürt man es krasser; vor allem, wenn es nicht die eigene Sprache ist, die ringsum gesprochen wird … Wozu das alles?… Ich
stecke mir eine Zigarette an, es könnte auch eine ganz andere Stadt sein,
man sitzt immer vor dem Rätsel eines Ameisenhaufens. Frage nicht wozu!
Sie gehen halt hin und her, weil sie leben. Sie leben einfach. Schön. Das
heißt, viele leben auch nicht schön, beispielsweise in Gassen, die ewiglich
nach Ausguß stinken, aber das riechen sie nicht, Gewöhnung ist alles, jedenfalls leben sie, sie gehen oder sitzen, sie plaudern zusammen, und einer
kommt gerade von der Jagd aus der Camargue, stellt die Flinte an die
Mauer, bestellt einen Kaffee und erzählt von den Mücken, die ihn behindert haben. Möchte ich dieser Jäger sein? Oder sonst ein Bürger von Arles,
beispielsweise der zweifellos sehr angesehene Herr zur Linken? Ich pfeife
auf sein Ansehen, auf das Ansehen in Arles. Komisch. Wieso soll ein Ansehen anderswo tröstlicher sein, wesentlicher … Der Kellner bringt unseren
Wein, Vin du pays – Culture, beginnend bei Agriculture, und dann, nach
einigen Jahrtausenden voll Historie, eine Stadt wie diese oder andere, Autobusse, Läden voll bunter Flaschen, ein Anblick, der mich vor Verzük-
kung jedesmal zum Verweilen zwingt, Weine, Liköre, Flaschen aller er-
denklichen Arten, die beseligende Fülle des Unnötigen. Länder des Weines
und der Muße, der Kultur, Muße und Wohlleben als unerläßliche Voraussetzung aller Kultur. Ein Laden voll Gemüse und Gefisch, ein Laden voll
spielerischer Spirituosen, ein Laden voll Bücher, voilà, das ist unser Weg:
vom Bedürfnis zum Spiel, vom Materiellen zum Spirituellen, vom Tierischen zum Menschlichen, vom Sein zum Bewußtsein … Aber wie schmal
ist das Klima, wo dieses Lebewesen, dem wir angehören, hat entstehen
können! Einige Küsten sind es, einige Flußläufe – dann, einmal entstanden, geht es natürlich weiter; es erobert sich Räume, wo es nie entstanden
wäre, wo das Klima natürlicherweise keine Kultur gestattet, mindestens sie
nicht begünstigt; aber unser Lebewesen richtet sie ein. Gegen das natürliche Klima. Es erschafft sich den Spielraum auch dort, wo die Natur ihn
nicht schenkt. Durch Technik. Pont du Gard. Durch Errichtung einer au-

ßernatürlichen Welt, die ihm günstig ist: – Städte ... Bei der Einfahrt in
ihre Bahnhöfe, besonders wenn es Nacht ist und die Geleise glänzen im
Regen, es flimmern die Lichter von hunderttausend Zimmern, oder bei
der Ankunft in einem Hafen wie Genua oder Marseille oder Hamburg,
in dieser Märchenwelt von menschlichen Errichtungen, von Schloten
und Speichern und Kranen: wie unglaublich ist das Gebilde einer menschlichen Stadt, wie rätselhaft-außernatürlich, wie künstlich und müßig und
kühn, wie bestürzend, wenn das Lebewesen gestorben ist und nur sein Gehäuse übrigbleibt, seine Verkrustung – etwas wie diese Arenen, die wir gestern und heute besucht haben ... Ein deutscher Bildhauer, zornig über
eine gewisse nordische Gegend, hat neulich gesagt: Was wollen Sie, mein
Lieber, hier sind die Römer nie gewesen! Ich will ihm diese Karte schicken,
die Arena von Nîmes. Hier sind sie gewesen, die Römer, und hat er nicht
recht? Auch wenn sie keine großen Künstler waren, wir verdanken diesen
Legionären so viel, als man den Technikern nur verdanken kann: sie roden
den Urwald, sie überbrücken den Fluß, sie wässern das Land, sie errichten
die Muße, sie pflanzen die Rebe, sie erweitern den Raum, wo der Mensch
entstehen kann –

Die Muße!

Was ihre Arenen betrifft, verwundert mich am meisten, welche Riesenarbeit sich dieses Lebewesen macht, um sich zu unterhalten, um in seiner
eroberten Muße nicht zu verzweifeln. Welche Bastion gegen die Langeweile! Und wie fleißig das gewölbt ist, wie unwitzig, wie massenhaft, wie
römisch! Alles Römische: von Athen aus gesehen, hat etwas Russisches:
von Paris aus gesehen ... Eine Stunde lang haben wir auf der obersten
Stufe gesessen. Nichts als Stein und Stille und Sonne; der Himmel der Provence, endlich hat er wieder einmal die Bläue seines Ruhmes! Ich habe mir
die zwanzigtausend Legionäre vorgestellt, wie sie in dieser Arena sitzen,
brüllend über einen Faustkampf, ein Lebewesen mit vierzigtausend Füßen,
die zusammen viele tausend Meilen gegangen sind, ein Lebewesen mit
vierzigtausend Händen, die hundert Brücken gewölbt haben, als Krönung
aber haben sie diese Arena gewölbt, alles zusammen eine unsägliche Arbeit, bis unser Lebewesen wenigstens für einige Stunden auf seine Rechnung kommt: zu sehen, wie einer den andern in die Fresse haut ... Manchmal stelle ich es mir schrecklich vor, diesem Lebewesen anzugehören; auch
wenn ich zuweilen auf die andere Seite blicke, hinunter in die Gassen der
Lebenden, auf die Balkone mit grauer Wäsche, die Höfe, die Fenster voll

Finsternis, die Karren auf der Straße, die Kisten, die Gebärden der Handelnden, das Hin und Her, die Hunde, die Abfälle, die Kinder, die zerschlissenen Stores, die Katzen, das Gezänk eines Weibes, die Unzahl der
Dinge –

»Schau es nur an«, sagt der Engel: »So ist das Leben der Menschen –
hier und überall, heute und immer.«

Ich schaue.

»Möchtest du ein Mensch sein?«

Ich zögere.

»Wenn ich nicht geboren wäre«, sage ich höflich: »– nein.«

Mein Engel lächelt.

»Du bist aber geboren!«

»Ich weiß«, sage ich: »Und drum hange ich auch so am Leben –«

Ich hange am Leben, das ist wahr, auch wenn es mir manchmal verleidet ist. Manchmal mitten am Tag, so, daß ich Wein trinke; mitten auf
einer Reise, um die ich mich beneiden sollte. Mit den malerischen Reizen,
die unsere abendländische Verlotterung haben kann, tröste sich, wer kann!
Manchmal ist es mir einfach verleidet, dieses Überall von Ruinen, von alten und neuen, das wanzenhafte Gewimmel der Menschen im stinkenden
Abfall ihrer Jahrhunderte. Ob es dann eine römische Arena ist oder ein Palast von verwittertem Mittelalter oder eine gesprengte Eisenbahnbrücke,
kaputt ist kaputt! Etwas Ganzes möchte ich sehen, nicht Reste oder Teile
oder Ansätze eines Ganzen, sondern etwas Ganzes, soweit ich sehe, nicht
Landschaft, sondern Menschenwerk, Menschenwelt ohne Schaden, ohne
Zerfall, ohne Verlotterung und Verlumpung, ohne Verwesung, ohne die pe-
netrante Fratze der Vergängnis ... Nicht einmal um die Kinder, die da im
Schutte spielen, ist Hoffnung, Gloriole der Zukunft; sie werden zur Schule
gehen und erwachsen werden, gewiß, aber nicht anders als die Erwachsenen von jetzt; hin und wieder werden sie die Marseillaise singen, gewiß,
die Inbrunst und Hoffnung ihrer Ahnen: Le jour de gloire est arrivé! –
Wir haben den Zug verpaßt, sonst wären wir jetzt in Marseille; wir haben
Zeit, Constanze und ich, Zeit wie die Männer, die drüben auf den Bänken
hocken, die Arme auf der gußeisernen Lehne, das Kinn auf den Armen.
Was sie machen? Sie schauen auf die Straße. Es ist Donnerstag. Einmal
kommt ein Begräbnis, ein kleiner Menschenzug, voran ein weißer Priester
und ein Meßknabe, ein schwarzer Wagen mit gemaltem Silber, dahinter
eine Witwe und etwas Gefolge im geduldigen Schritt. Da stehen sie auf,

die Männer gegenüber, und ziehen ihre Mützen. Und irgendwo über den
Dächern bimmelt eine Glocke. Der Mistral wirbelt das Laub. Kurz darauf
ein Lastwagen mit jungen Burschen, die etwas feiern, wir haben sie schon
vorher getroffen, betrunken und grölend; ein Lastwagen mit sieben Trikoloren. Vorbei. Die Luft ist wie ein Gespinst aus Glas, spröde und herbstlich, heiter, man sieht die Nähe des Meeres. Die Totenglocke bimmelt
noch immer. Einmal ein kleiner Esel, der langsam einen girrenden Karren
zieht, einen Zweiräder, traumhaft langsam; auf einem Bündel von Heu
sitzt eine krumme, uralte Greisin, anzusehen wie die Historie in Person,
immerzu überholt von hupenden Autobussen. Und dann, kurz darauf,
zwei schlendernde Soldaten: zwei Schwarze – Leben ohne Zerfall, Gegenwart ohne Schaden, zwei Kinder der Zukunft ...

Skizze

Heinrich Gottlieb Schinz, Rechtsanwalt, Vater von vier gesunden Kindern,
deren ältestes sich bald verheiratet, ist sechsundfünfzig Jahre alt, als ihm
eines Tages, wie er es nennt, der Geist begegnet ... Schinz, wie der Name
schon sagt, ist Sohn aus gutem Haus; das Verlangen, dem Geist zu begegnen, hat er schon als Jüngling; er spielt Klavier und macht mehrere Reisen
als Student. Paris, Rom, Florenz, Sizilien. Später London, Berlin, München, wo er ein Jahr verbringt. Er schwankt zwischen Kunstgeschichte und
Naturwissenschaft; sein Beruf als Rechtsanwalt, teilweise eine Entscheidung seines Vaters, der ebenfalls ein namhafter Rechtsanwalt gewesen ist,
bringt ihm bald die üblichen Erfolge, Ehe und Ehrenämter, darunter auch
solche von wirklicher, von mehr als gesellschaftlicher Bedeutung: Winter-
hilfe, Denkmalpflege, Umschulung für Flüchtlinge, Kunstverein und so
weiter ... Seine Begegnung mit dem Geist ist keineswegs unbemerkt geblieben, einige Wochen gehört sie sogar zum Gespräch in den Straßenbahnen; die Außenwelt, sofern man eine mittelgroße Stadt so bezeichnen will,
sieht es allerdings als klinischen Fall, rätselhaft auch so, aufsehenerregend
auch so, erschütternd auch so, aber für die Außenwelt ohne jede Folge.

Eines Sonntagmorgens, es schneit, ist Schinz, wie er das seit Jahren zu tun
pflegt, in den Wald gegangen, begleitet von seinem Hund, gesundheitshal-
ber. Aufgewachsen in dieser Gegend, wo schon das großväterliche Haus ge-

standen hat, kennt er den Wald wie sein Leben. Auch der Hund kennt ihn;
eine Dogge. Sein Erstaunen, als die vertraute Lichtung sich nicht einstellt,
ist nicht gering, aber durchaus gelassen. Eine Weile bleibt er einfach stehen, ebenso der Hund mit schwitzender Zunge; es schneit, aber nicht so
mächtig, daß Schinz deswegen den Weg verfehlt hat. Der Weg ist durchaus
sichtbar, nur die Lichtung nicht. Die Dogge muß sich gedulden, bis Schinz
sich ein Zigarillo angezündet hat; wie er das gerne macht in Augenblicken,
wo er nicht weiter weiß, sei es als Rechtsanwalt oder früher als Major. Ein
Zigarillo gibt Ruhe. Es ist jederzeit möglich, daß Bäume verschwinden,
ganze Gruppen, ein halber Wald; aber daß eine Lichtung verschwindet,
ist nicht anzunehmen. Das kommt, sagt sich Schinz, allenfalls in der Poesie vor; wenn ein Dichter dartun möchte, daß auf märchenhafte Weise viel
Zeit vergangen ist oder etwas dieser Art. Schinz ist belesen. Weitergehend,
um die Dogge nicht länger warten zu lassen, denkt er so das eine und
andere, sein Zigarillo rauchend; irgendwann wird die verdammte Lichtung schon kommen. Auch er hat sich einmal in der Poesie versucht; kein
Grund, deswegen zu lächeln. Wie gesagt: das Verlangen, dem Geist zu begegnen, hat er schon als Jüngling gekannt. Dann die Zeit mit der Naturwissenschaft; eine schöne Zeit, Schinz denkt gerne daran, Mikroskop
und so. Das eine und andere ist auch geblieben, nicht bloß gewisse Kenntnisse, die etwas verwischt sein mögen, aber eine gewisse Art, den Kindern
zu zeigen, wie das Holz aussieht unter der Lupe, und zu erklären, wieso das
Wasser von den Wurzeln emporsteigt in die Zweige. Doch all dies hören
die Kinder jetzt in der Schule; Schinz hat die Lupe, auch wenn er allein
ist. Und dann die Kunstgeschichte bei Wölfflin; damals in München.
Auch eine gute Zeit, Schinz denkt gerne daran; im Kunstverein ist er zuweilen der einzige, der nicht faselt; das hat ihm der alte Wölfflin mit einer
einzigen Blamage beigebracht, und kurz darauf hat er auch die Kunstgeschichte verlassen. Das eine und andere ist dennoch geblieben; Dürer
und so. Die Welt, wenn man eine mittelgroße Stadt so bezeichnen will,
hat wohl nicht unrecht, wenn sie Heinrich Gottlieb Schinz als einen geistigen Menschen betrachtet: obschon er seinerseits, das ist bemerkenswert,
nie von Geist redet; er meidet dieses Wort, als hasse er es, umgeht es auf
alle Arten, oft auf sehr witzige Art, als wäre es etwas Unanständiges, mindestens ist er in seiner Gegend sehr zurückhaltend, im Grunde nicht ohne
Ahnung, daß der Geist, der wirkliche, etwas durchaus Fürchterliches ist,
etwas Erdbebenhaftes, das man nicht rufen soll, etwas Katastrophales, das

alles Vorhandene über den Haufen wirft, etwas Tödliches, wenn man ihm nicht durch außerordentliche Gaben gewachsen ist –.

Die Lichtung ist nicht gekommen.

Fünf Uhr abends, und Schinz ist zum Mittagessen erwartet worden, dämmert es, daß man bald überhaupt nichts mehr sieht. Schinz sitzt auf einem gefällten Stamm, froh, Spuren menschlicher Arbeit zu sehen; ein gewisses Bangen hat ihn doch beschlichen. Vor ihm die Dogge, keuchend, irgendwie entsetzt und verwirrt. Wie die Hunde vor einem Erdbeben! denkt Schinz. Zigarillos hat er keine mehr. Es schneit ohne Unterlaß. Stille; das Keuchen der Dogge, das nur dazu da ist, daß die Stille zwischen den Stämmen noch dichter wird. Einmal fällt Schnee von einer Tanne, ganz in der Nähe, aber lautlos. So muß es sein, wenn man taub ist. Dann macht Schinz, was bei belesenen Leuten vorkommt: er leistet sich den Witz, seine Lage literarisch zu sehen; die Dämmerung, die unfaßbare Zeit, die Stille zwischen den Stämmen, die Dogge, das alles ist sehr poetisch, irgendwie bekannt, und auch die Angst, plötzlich taub zu sein, ist nicht ohne Hintergründiges. Schinz ist sehr bewußt; er pfeift nicht, aber der kleine Witz, seine Lage literarisch zu nehmen, ist nichts anderes, als wenn ein Junge in den Keller gehen muß und dazu pfeift. Auch das ist ihm bewußt. Er schlägt den nassen Schnee von seinem Hut, entschlossen, aufzustehen und weiterzugehen. Wohin? Die Dogge sieht, wie der Herr einen gebrochenen Ast nimmt, einen Knebel; sie winselt vor Hoffnung, der Herr werde ihn werfen, sie läuft umsonst. Einmal, ganz unwillkürlich, schlägt er mit dem Knebel gegen einen Stamm. Nicht aus Angst, taub zu sein! Nur so. Wie es hallt: dumpf, fast ohne Ton, obschon er immer kräftiger schlägt, bis der Knebel zerbricht. Einen Ton, der wirklich trägt, hat es nicht gegeben. Das macht natürlich der Schnee. Alles wie Watte. Wieso sollte ein Mensch plötzlich taub werden? Er nimmt die Dogge an die Leine. Es gibt nichts als Gehen. Und vor allem sagt sich Schinz: Nicht sich selber verrückt machen. Das hat schon gar keinen Sinn. Jeder Wald hat irgendwo ein Ende! Und im übrigen sind sie immer noch auf einem Weg, Schinz und die Dogge, deren Knurren ihm anzeigt, daß jemand kommt. Von hinten. Nur jetzt nicht denken: Das ist der Geist. Die Dogge bellt, so daß er die Leine schon kräftiger fassen muß. Ein Mann im Lodenmantel, vielleicht ein Förster, ein Holzfäller, ein Naturfreund und Sonntagsgänger, der die Menge meidet, überholt ihn –

»Erlauben Sie«, sagt Schinz –

Obschon ihm der Schweiß auf der Stirn steht, ist er ganz ruhig, froh, seine eigene Stimme zu hören, die nach dem Weg in die Stadt fragt; dabei muß er die bellende Dogge halten, ist nicht imstande, den Fremden näher anzusehen.

»Sie haben sich verirrt?«

»Ja«, lacht Schinz: »das ist mir in meinem Leben noch nicht vorgekommen –.«

Schinz hört selber, wie ungeheuerlich das tönt: ein Mensch, der sich in seinem Leben noch nie verirrt habe! und fügt hinzu:

»Dabei kenne ich diesen Wald wie mich selbst.«

Die Dogge kann sich nicht beruhigen.

»Wo wollen Sie denn hin?«

»In die Stadt«, sagt Schinz: »wo ich herkomme –.«

Der Förster betrachtet die Dogge.

»Wo ich herkomme«, sagt Schinz noch einmal: »Bevor es Nacht ist.«

Die Dogge, springend wie gegen einen Einbrecher, reißt ihn fast um, so, daß Schinz kaum zum vernünftigen Sprechen kommt. Sie benimmt sich wirklich wie ein Biest, die verdammte Dogge, dann merkt man erst, was für ein Riesentier das ist. Zum Glück zeigt der Förster keine Angst, nur Interesse. Im übrigen, was den Weg in die Stadt betrifft, sagt der Förster, was Schinz sich selber hätte sagen können:

»Warum gehen Sie nicht einfach zurück?«

»Auf dem gleichen Weg –?«

Eigentlich wahr, denkt Schinz.

»Oder wenn Sie mit mir kommen wollen, ich weiß ja nicht, in der Strecke kommt es aufs gleiche heraus – so oder so . . .«

Schinz muß sich entscheiden.

»Sehr freundlich von Ihnen –.«

»Wie Sie wollen.«

Unterwegs, Schinz hat sich für das Vorwärts entschieden, ist die Dogge wieder ganz manierlich. Der Mann ist wirklich ein Förster. Sie sprechen über Doggen. Alles ganz alltäglich; warum sollte es anders sein! Natürlich reden sie nicht immerzu. Es gibt solche Holzwege, die im Kreis herumführen, um den Wald zu erschließen. Schinz ist zum Umsinken müde, aber zufrieden, auf Stunden kommt es ihm nicht mehr an, wenn er nur in die Stadt kommt. Das Literarische, das Hintergründige in dem Gedanken, daß er auf einem anderen Weg in die Stadt zurückkomme, Gedanken, die er in schweigsamen Viertelstunden vornimmt, das alles hat wenig Bestand, sobald der Mann im Lodenmantel, der im Dunkeln immer unsichtbarer wird, seinen Mund aufmacht; er redet wirklich nicht wie ein Geist. Einmal flucht er auf den Staat, obschon er bei diesem angestellt ist; Ärgerliches mit einem Konsortium. Es schneit immer noch. Ein andermal plaudern sie über Zellulose, wobei Schinz einige naturwissenschaftliche Kenntnisse verrät, die den Förster auf falsche Vermutungen bringen, so, daß Schinz sich genötigt fühlt, seinen wirklichen Beruf zu nennen.

»Rechtsanwalt sind Sie?«

»Ja«.

»Hm.«

»Warum nicht?«

Der Förster erzählt ihm einen Fall: so und so, etwas umständlich erzählt, so daß Schinz hin und wieder versucht, nach Art von Fachleuten einzugreifen, um allzu Bekanntes abzukürzen. Ein Fall wie tausend Fälle. Der Förster läßt sich seine umständliche Darstellung aber nicht nehmen.

»Nein«, widerspricht er: »der Mann hat nicht gestohlen, das sage ich nicht, der Mann war in schwerer Not, denn eines Tages –«

»Und dann hat er gestohlen.«

»Nein.«

»Aber Sie sagen doch –«

»Nein«, wiederholt er mit der zähen Beharrlichkeit gewisser einfacher Leute, die keine Nerven haben und etwas langsam denken: »Ich sage, der Mann war in schwerer Not, denn eines Tages –«

Schinz ist nicht an seinem Schreibtisch, sondern im Wald; er hat keine andere Wahl, als zuzuhören, seine große Dogge an der Leine. Kein Telefon, das ihr Gespräch unterbricht, keine Mamsell, die hereinkommt und dem Doktor einen deutlichen Vorwand bringt, um aufzustehen, nichts von alledem; Schinz muß zuhören. Von städtischen Lichtern ist noch immer nichts zu sehen. Der Fall ist nicht blöd, zugegeben, aber keineswegs ungewöhnlich, und es ist für Schinz nicht einzusehen, warum er alles in solcher Umständlichkeit anzuhören hat. Hin und wieder, wenn sie vor einer Gabelung ihres Weges stehen, verstummt das Gespräch; Schinz ist sich bewußt, daß er den Förster braucht. Mindestens bis zu den ersten Laternen. Es bleibt ihm nichts, als die Geschichte weiter anzuhören. Nicht daß der Mann keinen fachmännischen Einwand duldete! Schinz kann jederzeit sagen, wie er die Sache ansieht; der Förster fällt ihm nicht in die Rede, aber auch nicht aus der eigenen heraus.

»Verstehe!« sagt er nicht unhöflich: »Aber so war es nicht, das können Sie natürlich nicht wissen; eines Tages nämlich –«

Einmal sagt Schinz:

»Sie entschuldigen!«

Er kann nicht mehr anders, muß auf die Seite treten, wo er an einem Stamm etwas verrichtet. Die Dogge schnuppert, der Förster wartet, der Schnee fällt lautlos zwischen den Stämmen.

»Ich komme nach!« ruft Schinz.

Stille … Um die Pause zu verlängern, bringt er nicht nur seine Kleider in Ordnung, gelassener als sonst, er nimmt den Hut, um den Schnee abzuschütteln, sogar den Mantel, den er zum selben Zweck auszieht. Er sucht in sämtlichen Taschen, ob er nicht doch ein Zigarillo findet. Umsonst. Endlich wieder in Ordnung, bewußtermaßen mit einem neuen Gespräch gewappnet, stapft er auf den Weg zurück; der Schnee ist schon tief, die Hosenstöße platschnaß.

»Da sind Sie ja!« sagt Schinz erleichtert und aufgeräumt: »Als wir Buben waren, wissen Sie, da haben wir in diesem Wald einmal Räuber gespielt; da ist mir doch einmal das Folgende passiert –«

Der Förster hört zu.

»Im Hemd!« schließt der Erzähler: »Im Hemd stand ich da, sage und schreibe, und so mußte ich zurück in die Stadt.«

Sie lachen.

»Dieser Förster«, sagt Schinz nach einigen Schritten: »vielleicht waren Sie das!«

»Vielleicht.«

Schweigen.

»Und dann«, sagt die Stimme des Försters: »dann ging diese Geschichte natürlich weiter; wie gesagt, der Mann war in schwerer Not, er hatte keine Wahl, wie Sie selber zugeben, eines Tages hat er das Fahrrad gestohlen, und jetzt ging es natürlich los, eines Tages werde ich als Zeuge gerufen –«

Das ist von Schinz der letzte Versuch gewesen, dieser Geschichte mit dem Fahrrad auszuweichen. Eine kleine, aber umständliche, eine alltägliche, eine verzwackte, aber wirkliche Geschichte … Es ist, als sie endlich zu den ersten Laternen kommen, beinahe Mitternacht. In der Stadt ist der Schnee nicht geblieben, lauter Nässe, die Flocken sinken aus den städtischen Bogenlampen, eine Limousine fährt durch spritzende Tümpel, kein Mensch, zum Glück gibt es noch eine Straßenbahn, eine letzte, so daß

Schinz, was der Förster hoffentlich begreift, sich nicht lange verabschieden
kann. Hinein mit dem Hund! Drinnen grüßt Schinz mit dem triefenden
Hut, ohne den Förster im Dunkeln zu sehen –.

»So ein Wetter!« sagt er.

Der Schaffner gibt keine Antwort, nur zwei Karten, eine für Schinz und
eine für den Riesenhund, der auf der Plattform steht, dieweil Schinz sich
gerne gesetzt hat . . . Im Licht ist alles wie nie gewesen! . . .

Natürlich hat Schinz keine Schlüssel, wenn er mit dem Hund einen Mor-
genbummel macht. Aber Bimba, versteht sich, hat ohnehin nicht geschlafen; sie ist außer sich.

»Nicht einmal ein Anruf!« sagt sie.

Sein einziger Wunsch: ins Badzimmer, bevor sie fragt, wo er gewesen sei.
Sie wird es nicht glauben. Er gähnt; etwas mehr als unwillkürlich; um
nicht sprechen zu müssen.

»Wo bist du denn gewesen?«

Keine Antwort; er zieht die Schuhe aus, im Grunde zufrieden, daß er
wieder zu Hause ist, ärgerlich nur, um jetzt nicht gefragt zu werden. Umsonst! Bimba kennt ihn, weiß, daß er keine Auskunft geben will; kein Gespräch, sondern ein heißes Bad. Bimba läßt es einlaufen, ihrerseits ärgerlich, immerhin holt sie ein frisches Frottiertuch, legt es wortlos hin,
ärgerlich über solchen Männerkniff: Ich habe Ärger, laßt mich in Ruhe!
Auch der Hund, der im Office frißt, trieft vor Nässe. Die Kinder schlafen
bereits, ebenso das Dienstmädchen.

»Wieso willst du nichts essen?« sagt Bimba: »Ich mache einen Tee, Eier,
kaltes Fleisch ist auch noch da –.«

»Danke.«

Bimba sieht ihn an.

»Gottlieb, was ist mit dir?«

»Nichts«, sagt er: »Müde –.«

Das Bad ist voll.

»Danke«, sagt er –

Einmal gibt sie ihm einen Kuß, um zu wissen, ob er getrunken hat.
Keine Spur. Schinz gibt den Kuß zurück, um endlich baden zu dürfen.

»Du hast ja Fieber?«

»Unsinn«, sagt er.

»Bestimmt hast du Fieber!«

»Komm«, sagt er: »Laß mich –.«

»Warum kannst du nicht sagen, wo du den ganzen Tag gewesen bist? Verstehe ich nicht. Nicht einmal ein Anruf! Ich sitze den ganzen Tag, rege mich auf wie eine Irrsinnige – und du kommst um Mitternacht, wo wir seit dem Mittagessen warten, und sagst nicht einmal, wo du gewesen bist.«

»Im Wald!« schreit er.

Türe zu!... Hoffentlich sind die Kinder nicht erwacht, es ist sehr unbeherrscht gewesen, sehr unschinzisch. Dreiviertel Stunden dauert das Bad. Als Schinz herauskommt, rosig und wie neugeboren, sitzt Bimba mit verheulten Augen.

»Was ist denn los?«

»Rühr mich nicht an!« sagt sie.

Bald zwei Uhr; es wäre wunderbar, jetzt schlafen zu können, wenn Bimba nicht weinen würde. Eine Frau von vierundvierzig Jahren, Mutter von vier gesunden Kindern, deren ältestes demnächst heiraten wird, schluchzt mit zitternden Schultern! nur weil der Gatte sich erlaubt hat, einen Sonntag lang sich im Wald zu verirren.

»Bimba«, sagt er – und streicht ihr immer noch schönes Haar: »Morgen ist Montag!«

»Bitte, geh schlafen.«

»Ich bin wirklich im Wald gewesen –«

»Wenn das wieder losgeht!« weint sie.

»Was?«

»Warum lügst du?« sagt sie plötzlich ohne Tränen: »Wenn es ein Frauenzimmer ist, warum sagst du es nicht?«

Pause.

»Es ist kein Frauenzimmer.«

Pause.

»Und wenn!« schreit er plötzlich: »Ich habe gelogen, ja, ich habe gelogen! Ein Leben lang habe ich gelogen – – –«

Bimba versteht kein Wort, eine Viertelstunde geht er hin und her, Heinrich Gottlieb Schinz, der nicht getrunken hat, das weiß sie; hin und her, schreiend, um so lauter schreiend, je mehr sie ihn dämpfen will, Dinge redend, die keinen Sinn haben, die alles auf den Kopf stellen, aber wirklich alles, kein Glaube bleibt an seinem gewohnten Ort, kein Wort, das gestern noch gegolten, ein Leben lang gegolten hat – Vielleicht hat er wirklich Fieber ... Anders kann Bimba es nicht erklären, sein wirres Geschrei, Bimba sagt fast nichts; nur einmal:

»Gottlieb, ich bin nicht taub.«
Bimba hat ihn noch nie so erlebt.

Am andern Morgen, wie gesagt, es ist Montag, Arbeitstag, die Kinder müssen ins Gymnasium, frühstücken im Stehen, die Mappe unter dem Arm,
obschon Schinz diese Schlamperei nicht haben will – am andern Morgen,
als Schinz und seine Bimba zusammen frühstücken, scheint alles wieder in
Ordnung; kein Wort über die nächtliche Szene; Bimba im Morgenrock,
der ihr besonders schmeichelt, röstet die Brote wie immer am Montag,
wenn das frische Brot noch nicht da ist; Schinz überfliegt die Morgenzeitung, indem er es ganz seinen Händen überläßt, das Ei zu köpfen, kurzum,
die Gewöhnung: – alle Worte stehen wieder an ihrem Ort ... Von Fieber
kann nicht die Rede sein, Schinz hat sich gemessen.
    »Gott sei Dank«, sagt Bimba: »du hättest dich zu Tode erkälten kön-
nen.«
    Sie glaubt jetzt an den Wald.
    »Jedenfalls werden wir dich am Nachmittag wieder messen!« meint sie:
»Die Anita hat eine wirkliche Erkältung erwischt.«
    (Anita heißt die Dogge.)
    Der Montag vergeht wie gewöhnlich, die laufenden Geschäfte bringen
nichts Besonderes, Schinz fühlt sich durchaus in Ordnung, so daß sie die
Karten für den »Rosenkavalier« nicht zurückgeben. Nach dem Theater, alles wie gewohnt, trinken sie ein Glas Wein; Bimba im schwarzen Pelz. Sie
ist besonders zärtlich zu ihm, unwillkürlich, etwa wie zu einem Kranken.
Schinz merkt es mehr als sie: etwas Behütendes, etwas auch von einer Mutter, welche die Leute nicht will merken lassen, daß ihr Kind ein fallendes
Weh hat. Da er sich tadellos fühlt, kränkt es ihn nicht; immerhin bemerkt
er es, hofft, sie werde diese etwas rührende Art bald wieder verlieren.
Nicht Bimbas eigentliche Art! Doch sagen will er nichts. Mein Liebes,
müßte er etwa sagen, ich bin nicht verrückt! Draußen auf der Straße kauft
Schinz eine Zeitung, alles wie gewohnt; als er zum Wagen zurückkommt,
sitzt Bimba bereits am Steuer. Sie möchte wieder einmal fahren! Schinz
schweigt.
    »Sonst verlerne ich es«, sagt sie.
    Auf der Heimfahrt redet Schinz kein einziges Wort, das ist selten bei
ihm, aber auch schon dagewesen. Immerhin sagt Bimba:
    »Was ist mit dir, Gottlieb?«

»Was soll denn sein.«

»Bist so still!«

»Nichts«, sagt er: »Müde –.«

»Die Steinhofer war doch herrlich!«

»Sehr.«

»Sie ist reifer geworden«, sagt Bimba: »Oder findest du nicht?«

Keine Antwort.

»Ich fand sie herrlich.«

Wenn das so weitergeht, denkt Schinz, wird es eine Hölle. Wenn was weitergeht? Das weiß er nicht. Aber eine Hölle; das ist sicher ... Er schließt die Garage, während Bimba, obschon es regnet, auf der Treppe wartet.

»Geh doch schon!« ruft er.

Sie wartet. Er, plötzlich am Rande seiner Beherrschung, reißt nochmals die Garage auf, macht Licht, öffnet den Wagen.

»Was ist denn los?« ruft Bimba.

Schinz hat die Zeitung vergessen.

»Geh schon!« ruft er –

Aber Bimba wartet, sie ist sogar einige Stufen heruntergekommen, als habe sie Angst, Schinz könnte den Wagen nehmen und nochmals wegfahren. In den Wald, zu der Geliebten in den Wald! denkt er, läßt sich außerordentlich Zeit, bis er die Garage wieder geschlossen hat. Sie wartet wie eine Krankenwärterin! denkt er ...

Das ist der Montag gewesen.

Ebenso der Dienstag, der Mittwoch, der Donnerstag ... am Donnerstag hat Schinz einen neuen Fall, einen ziemlich gewöhnlichen: Anklage auf Diebstahl. Nicht Diebstahl eines Fahrrades! Auch Schinz hat sogleich daran gedacht, etwas literarisch wie er nun einmal ist; überrascht hätte es ihn nicht, wenn es die Geschichte gewesen wäre, die der Förster so umständlich erzählt hat. Aber so ist das Leben ja nicht, so witzig, so vorlaut. Gestohlen wurde nicht ein Fahrrad, sondern ein Wagen, ein Citroën. Schinz hört sich die Geschichte an, eine umständliche, aber alltägliche, eine verzwackte, aber wirkliche Geschichte. Er ist bereit, die Sache zu führen, wie er es von jeher getan hat, nämlich gewissenhaft; er tut nichts anderes als sonst; er sucht das Recht; er stellt die Sache hin, wie er sie sieht – und der Skandal ist da!

(Sein erster Skandal.)

Heinrich Gottlieb Schinz, Rechtsanwalt, Sohn eines namhaften Rechtsanwaltes, ein bekannter und überall geschätzter Mann in einer mittelgroßen Stadt, Vater von vier gesunden Kindern, die das Gymnasium besuchen oder bereits überstanden haben, Heinrich Gottlieb Schinz steht im Gericht, dem er drei Jahrzehnte lang alle Ehre gemacht hat, und sagt:

»Nein! Der Mann hat nicht gestohlen, nicht mehr gestohlen als der Herr, dem dieser Wagen gehört, der Mann war in schwerer Not, denn eines Tages –«

»Nein! der Mann hat nicht gestohlen –.«

Es ist später ein geflügeltes Wort geworden, das einzige, das Schinz auf dieser Erde hinterlassen hat ... Andere Witze, die man zur Zeit dieses ersten kleinen Skandales hören kann, sind nicht überpersönlich genug, um die Zeit zu überdauern; einer davon geht so:

»Wissen Sie das Neueste?«

»Was denn?«

»Schinz ist nicht mehr Rechtsanwalt.«

»Sondern?«

»Linksanwalt.«

Darüber hat mehr als einer gelacht, sogar Schinz – nur Bimba nicht, die das Ganze durch einen Anruf erfahren hat; etwa in dem Ton: Was ist los mit Ihrem verehrten Herrn Gemahl? Nicht umsonst ist Bimba auf alles gefaßt gewesen. Seit dem nächtlichen Ausbruch an jenem Sonntag. Die Nachricht empfindet sie fast wie eine Entspannung. Wenn es nur das ist! Peinlich genug, da es natürlich in der Zeitung steht. Schinz liest es beim Frühstück, nicht gleichgültig, aber auch nicht erregt.

»Das stimmt nicht«, sagt er nur.

Ein sehr gemeiner Bericht.

»Ich werde ihnen sofort schreiben«, sagt er, indem er seine Hauszeitung hinlegt und sich Kaffee eingießt: »das müssen sie richtigstellen.«

Nach zwei Tagen kommt seine Einsendung zurück, was ihn ordentlich betrifft. Wieder beim Frühstück. Bimba ist noch im Badezimmer, als er die Post bekommt. Er steckt das Kuvert in die Tasche seines Morgenrokkes, bevor Bimba kommt.

»Weißt du«, sagt Bimba: »du solltest doch zu einem Arzt gehen –.«

Doch! sagt sie; weil sie im stillen schon seit Wochen daran gedacht hat.

Schinz merkt mehr als sie. Und was sie gedacht hat: Nervenarzt. O ja! Um
nicht zu sagen: Irrenarzt ... Er löffelt sein Ei; eine halbe Stunde später erbricht er es wieder, tut aber alles, daß Bimba es nicht merkt.

»Wo gehst du hin?«

Keine Antwort.

An diesem Morgen geht Schinz zu seinem Freund, der allerdings nicht
vom Fach ist, aber ein wirklicher Freund, eigentlich der einzige, wenn auch
die Freundschaft etwas einseitig ist; für Schinz bedeutet sie mehr als für
den andern. Er ist Musiker. Ein lieber Mensch, der etwas gerne recht gibt.
Schinz weiß: Es heißt nicht viel, wenn Alexis dir recht gibt! Es heißt, daß
er eine Sympathie zu dir hat. Aber darum geht es jetzt nicht. Alexis ist Emigrant, das ist wichtig; ein Fremdling. Als Zeuge ohne volles Gewicht; er
hat sich halt daran gewöhnt. Alexis ist froh, wenn er geduldet ist; er liebt
es nicht, sich einzumischen. Aber ein feiner Mensch, einer von den wenigen. Für Schinz würde es sich nur darum handeln, daß Alexis die beiden
Texte liest, den Bericht in der Zeitung und seine eigene Einsendung. Um
dann zu sagen, ob er die Einsendung richtig findet oder verfehlt, anmaßend, übertrieben. Nur keine Übertreibung!

»Ich brauche deinen Rat.«

Alexis liegt noch im Bett.

»Ich habe einen kleinen Skandal –.«

»Ich weiß.«

»Nun ist folgendes –«

Telefon, Alexis nimmt es ab. Schinz wartet, erhebt sich etwas unrastig,
tritt ans Fenster, um eine Zigarette zu rauchen ... Bimba will wissen, ob
ihr Mann vielleicht bei Alexis ist – Eine Minute später, ohne seine Sache
vorzubringen, ist Schinz wieder gegangen, unhaltbar wie ein launischer
Junge; ein Mann von sechsundfünfzig Jahren, Doktor Schinz, Rechtsanwalt, Vorstand des Kunstvereins.

Alexis ruft Bimba an:

»Was habt ihr denn?« fragt er.

Bimba weint ...

So geht das weiter, alles etwas komisch, etwas kleinlich, etwas übertrieben. Schinz ist auf die Zeitung gegangen; man kennt sich gesellschaftlich,
und die Leute müssen ihn empfangen, tun es auch, alles nicht unfreundlich, aber es gelingt ihnen nicht, Schinz zu überzeugen, daß seine Einsendung, um nur davon zu reden, unmöglich ist.

»Nein! der Mann hat nicht gestohlen –.«

Die Herren sehen einander nur an, schweigen, wie die arme Bimba geschwiegen hat, als Schinz damals hin und her gegangen ist, Dinge redend, die alles auf den Kopf stellen, aber wirklich alles, kein Glaube bleibt an seinem gewohnten Ort, kein Wort, das ein Leben lang gegolten hat ...

»Gut«, sagt der Schriftleiter: »bleiben wir bei der Sache! Sie beharren also darauf, daß wir Ihre Einsendung veröffentlichen –«

»Ja.«

»Herr Doktor«, sagt der Herr: »darauf kann ich Ihnen nur eines sagen: ich bin bereit, aber ich warne Sie.«

Schinz, von dem zweifellos menschlichen Ton berührt, hat seine Einsendung nochmals zur Hand genommen, obschon er ihren Text nachgerade kennt. Der Herr hält es für seine menschliche Pflicht, Schinz zu warnen; er wiederholt das noch einige Male. Schinz will natürlich nicht starrsinnig sein. Eine Pose des Mutes? Der Herr hält es gar nicht für Mut, wenn Schinz daran festhält, sondern für Irrsinn; er sagt es gelinder: Fauxpas. Auch Schinz hält es nicht für Mut; die Einsendung sagt wirklich nichts, was ihm nicht selbstverständlich ist. Nicht so: Euch will ich es einmal sagen, ich, Heinrich Gottlieb Schinz! Sondern ganz simpel: Warum soll ich verschweigen, was ich finde? Als einer von Mut redete, hat es ihm fast Angst gemacht; aber er kann nichts Mutiges daran finden.

»Wie Sie wollen«, sagt der Herr –

Seine Einsendung bleibt also da.

»Und ohne jeden Strich?«

»Ja«, sagt Schinz: »es sind ja kaum anderthalb Seiten –.«

Schinz, seine Mappe in der linken Hand, hat sich verabschiedet, wie er es gewohnt ist, höflich, Auge in Auge; sie schauen ihn an wie einen, der an die Front geht ... Am andern Morgen, wie er wieder beim Frühstück sitzt, ist die Einsendung erschienen. Oben auf der zweiten Seite, sehr sichtbar, versehen mit einem kurzen Nachwörtlein, worin die Schriftleitung, wie sie behauptet, es dem Leser überläßt, seine Meinung über einen solchen Rechtsanwalt zu bilden. Das ist das erste, was Schinz überfliegt. Dann liest er den eigenen Text, etwas bange, ob sie wirklich nichts verstümmelt haben. Das nicht; aber es ist, als würden die Lettern, gewohnt das genaue Gegenteil auszusagen, sich weigern, seinen Sinn wiederzugeben. Zum ersten Male, Schinz erbleicht von Zeile zu Zeile, zum allerersten Male merkt er, daß etwas geschehen ist, daß er sich verwandelt hat, daß das Selbstverständliche, was er zu sagen hat, im Widerspruch steht zu aller Umgebung, in einem endgültigen und unversöhnbaren Widerspruch. Darum die Warnung? Jetzt erst, gleichsam erwachend, bemerkt er auch den Titel, den sie darüber gesetzt haben:

»Nein! Der Mann hat nicht gestohlen . . .«

In diesem Augenblick weiß Schinz, daß er erledigt ist; allermindestens als Rechtsanwalt; allermindestens in dieser Stadt.

Der Rest ist wie ein böser Traum. Er ist bald erzählt, glaube ich, die Entscheidung ist gefallen damals im Wald, als er mit dem Förster gegangen ist, vorwärts statt rückwärts. Er kam aus seiner Stadt, er wollte in seine Stadt. Die Dogge, die schöne Anita, ist kurz darauf eingegangen; jeder Hund geht einmal ein; Schinz hat sich sehr gewehrt, diesem natürlichen Hundetod irgend etwas beizumessen, aber betroffen hat es ihn doch; es ist ihm, als habe er seinen letzten Zeugen verloren, seinen letzten Begleiter; eines Tages sieht Schinz sich an der Grenze, allein, anders als früher, wenn er nach Paris gereist ist, nach Rom, nach Florenz, nach London, nach München; ohne Gepäck, ziemlich unrasiert steht er in einem kleinen kahlen Raum, wo er sich ausziehen muß, ausziehen bis aufs Hemd – Schinz zögert, als könne er es nicht glauben, aber der Kommissar wiederholt es:

»Bis aufs Hemd.«

Jede Tasche wird untersucht, nicht grob, aber unbarmherzig. Schinz hat keine Ahnung, was sie suchen. Er ist nicht über einen Bach geschwommen, nicht über nächtliche Äcker gekrochen; er ist mit der Bahn gefahren. Ohne Gepäck. Vielleicht hat das ihn verdächtig gemacht. Sein Paß ist gültig, auch wenn man ihn gegen das grellste Licht hält. Waffen hat er nicht, auch keine Goldbarren, nicht einmal Schriftstücke, nichts, was aus seinen Unterhosen herausfällt. Aber verdächtig ist verdächtig. Schinz versucht, ruhig zu sein, nichts zu sagen. Die andern, die ihn betasten, sagen ebenfalls nichts. Körper eines älteren Mannes, das ist alles, was sie finden. Auch zwischen den Schuhsohlen, die trotz seiner ehrenwörtlichen Versicherung aufgetrennt worden sind, ist nichts. Schinz kann sich wieder ankleiden. Der Kommissar, seinen Paß in der Hand, verläßt die kahle Zelle; der Gendarm bleibt. Durch einen Türspalt sieht Schinz, wie die anderen Reisenden eben ihre geprüften oder ungeprüften Koffer wieder verschließen, Herren und Damen, Pelze, Hutschachteln, die Träger nehmen die bunten Colis.

»Wenn Sie so freundlich wären«, sagt Schinz: »die Türe zu schließen –.«
Der Gendarm gibt einen Fußtritt.
»Nur die Ruhe!« sagt er: »Den Zug bekommen Sie sowieso nicht mehr.«
»Wieso nicht?«
Der Gendarm trägt ein Gewehr.
»Wieso nicht?« fragt Schinz –
Der Gendarm könnte sein Sohn sein.
»Fertig?«
Das fragt nicht der Gendarm, sondern ein dritter, der die Tür wieder ge-
öffnet hat, um sie wieder nicht ganz zu schließen; herein und hinaus – Fertig? nichts weiter als das: Fertig?... Schinz bemüht sich, nicht zu hassen;
das ist ihr Dienst, sagt er sich, ein widerlicher Dienst, mitten in der Nacht
eine Uniform anziehen und auf die verspäteten Züge warten, Leute sehen,
die ans Meer fahren oder ins Gebirge, Leute untersuchen, die daran schuld
sind, daß man solchen Dienst überhaupt machen muß. Schinz bemüht
sich, seine mißhandelten Schuhe anzuziehen und nicht zu hassen. Ein älterer Mann wie er, im Augenblick nicht gerade gepflegt, Hosen mit Hosen-
trägern, Hemd ohne Kragen, dazu das grünliche Licht, Schinz begreift,
daß er hier nicht die Formen erwarten kann, welche die Herren auf der
Zeitung noch gewahrt haben, bevor sie den Titel wählten:
»Nein! Der Mann hat nicht gestohlen ...«
Man wird sehr rasch bekannt.
»Nehmen Sie Platz«, sagt der Kommissar, als Schinz, seinen Mantel auf
dem Arm, vor dem Tisch steht und wieder eine Krawatte trägt: »Bitte, neh-
men Sie Platz.«
Schinz bleibt stehen.
»Ich möchte Sie darauf aufmerksam machen«, sagt er: »daß mein Zug in
vier Minuten weiterfährt.«
»Das geht mich nichts an.«
Pause.
»Meinetwegen bleiben Sie stehen.«
Schinz setzt sich, es hat keinen Sinn, die Leute vor den Kopf zu stoßen;
das ist ihr Dienst, ein widerlicher Dienst.
»Schinz, Heinrich Gottlieb –.«
»Ja.«
»Doktor jur.«
»Ja.«

»Rechtsanwalt –.«

»Ja«, sagt Schinz; es fehlt jetzt nur noch, denkt er, daß der Hornochse mir vorliest, wieviel Zentimeter ich habe.

»Geboren –«

»Ja!«

Draußen hört man das Gepaff der Lokomotive, bereit, jeden Augenblick abzufahren; Schinz beißt auf die Lippen, der Hornochse blättert im Paß, als hätte er noch keinen gesehen.

»Wo fahren Sie hin?«

»Hinaus«, sagt Schinz.

»Ich frage, wo Sie hinfahren.«

»Ich sage: Hinaus.«

Pause.

»Ich frage Sie zum letzten Mal.«

Schinz hat Mühe, nicht zu hassen, alle zu hassen in diesem Einzigen, der da hockt, seinen Paß in der Hand, zu hassen, zu hassen ... Nicht die Nerven verlieren! denkt er: Ich muß hinaus, ich muß, ich kann es nicht aushalten, Unrecht zu sehen und zu schweigen, Zeitungen zu lesen, die das Gegenteil sagen, Menschen zu sehen, die mich wie einen armen Kranken behandeln, wie ein Kind mit einem fallenden Weh, zu fühlen, wie sie Angst haben vor meinem nächsten Fauxpas, diese mütterliche Sorge, ich könnte unseren Wagen auf ein Trottoir fahren, diesen freundschaftlichen Rat, ich solle nicht so viel rauchen und mich nicht in eine Sache hineinsteigern, das Schweigen, wenn ich mich erkläre, die unausgesprochene Hoffnung, daß ich endlich zu einem Nervenarzt gehe, ich halte es nicht mehr aus, ich muß hinaus! – und noch ist der Zug nicht abgefahren, die paffende Lokomotive, die zum Platzen voll Dampf ist ...

»Wo fahren Sie hin?«

»Das geht Sie einen Dreck an!«

Schinz ist aufgesprungen.

»Bitte«, sagt der Kommissar –

»Das geht Sie einen Dreck!« schreit Schinz: »Das geht Sie einen Dreck an!«

Schreien ist so unschinzisch, er merkt es jedesmal, bereut es jedesmal, nicht weil der Hornochse ihn jetzt strafen wird, bereut es, weil es ihm nicht liegt ... Gottlieb, hat Bimba damals gesagt, ich bin nicht taub – Und ob sie taub sind! Alle sind sie taub! Sie hören, daß man schreit, aber nicht, was man schreit. Das ist es! Natürlich sind sie taub, sonst würden sie sich selber nicht aushalten, sie würden eingehen wie die Dogge, weil sie es gehört haben und nicht sagen können, wie die Dogge, denkt er, während der Kommissar sich ebenfalls erhebt und trocken lächelt:

»Bitte. Sie können gehen.«

Den Paß hat er in die Schublade geworfen, die Schublade schließt er ab, den Schlüssel steckt er in die hintere Hosentasche, die Fülle seines Arsches zeigend – Schinz hat begriffen, nimmt seinen Mantel, geht hinaus, doch kommt er nicht weit, bis der junge Gendarm ihn einholt.

»Sie sollen zurückkommen.«

»Warum?«

»Sie sollen zurückkommen.«

Schinz geht zurück; der Kommissar steht, ein Pfeife anzündend, so daß er eine Weile nicht sprechen kann; dann sagt er:

»Schließen Sie die Türe wie ein anständiger Mensch, Herr Doktor.«

Schinz schluckt. Der Kommissar raucht, bereits anderweitig beschäftigt. Schinz schließt die Türe wie ein anständiger Mensch ... Drei Uhr morgens, es regnet wieder in Strömen, geht er schwarz über die Grenze, Heinrich Gottlieb Schinz, Rechtsanwalt, ein Mann ohne Papiere.

Bimba weint.

Die Kinder schämen sich im Gymnasium.

Einige Nächte sieht sich Schinz, wie er in Stadeln übernachtet, nie ganz schlafend, wachsam, solange er sich im Grenzgebiet befindet. So ungefähr, denkt er, ist Alexis über unsere Grenze gekommen, der Emigrant, der als Zeuge kein volles Gewicht hat; man ist sehr rasch ein Emigrant. Man ist ansässig, wie man ansässiger nicht sein kann, hat einen Stammbaum und ein Haus; plötzlich ist man ein Emigrant. Das ist schon öfter vorgekommen! Man sieht die Dinge etwas anders, als die andern sie lehren; man kann nichts dafür, daß die Zeitungen das Gegenteil schreiben ... Eines Tages melden sie, daß Schinz geschnappt worden ist, nämlich auf der andern Seite. Er soll, wie der behördliche Ausdruck lautet, abgeschoben werden. Abgeschoben! Für die Familie ein nicht ausdenkbarer Schlag. Nur Bimba hält sich großartig; sie ist alt geworden, hat fast keinen Umgang. Nicht daß die Menschen sie meiden! So sind die Menschen ja auch wieder nicht; nur Bimba hält sie nicht aus, nicht einmal ihr Schweigen. Sie verteidigt nicht alles, was Schinz gesagt und getan hat; etwa sein lächerlicher Zank mit der Zeitung; aber der Fall mit dem Wagen, ja, das findet auch Bimba,

daß der Mann, je öfter sie darüber nachdenkt, und zwar allein, nicht ge-
stohlen hat. Komisch, wie anders man sieht, wenn einmal der gewohnte
Umgang etwas nachläßt! Und wie er nachläßt, wenn man anders sieht;
das ist dann nicht mehr komisch, Bimba ist sehr alt geworden. –
Wieder sitzt da ein Kommissar:
»Schinz, Heinrich Gottlieb –?«
Schinz schweigt.
»Doktor jur.«
Schinz schweigt.
»Rechtsanwalt!« sagt der Kommissar, der diesmal keinen Paß hält, son-
dern einen Steckbrief, und fährt fort: »Warum leben Sie unter einem fal-
schen Namen?«
Schinz schweigt.
»Sie haben die Grenze schwarz überschritten. Ihr eigenes Land hat Ih-
nen die Papiere entzogen –«
»Das ist nicht wahr!«
»Sie haben also die Grenze nicht überschritten?« sagt der Kommissar
nicht ohne Stolz auf die zwingende Führung des Verhörs: »Sie befinden
sich also nicht in diesem Land?«
»Man hat mir keine Papiere entzogen.«
»Wieso haben Sie denn keine?«
Schinz, sich fürs erste mit einem kurzen hämischen Lachen begnügend,
nimmt ein Taschentuch heraus, ein sehr ungewaschenes, wie es bei einem
Schinz höchstens noch in der Bubenzeit hat vorkommen können, grau und
verwurstelt, feucht, widerlich; dann sagt er:
»Das ist eine lange Geschichte –«
Bald erinnert er sich selber nicht mehr!
»Damit geben Sie also zu«, sagt der Kommissar: »daß Sie nicht Bernauer
heißen, sondern Schinz – Heinrich Gottlieb, Rechtsanwalt?«
»Ja.«
Schinz schneuzt sich; es brauchte keine spiegelnde Fensterscheibe, da-
mit er weiß, wie er aussieht! Kein Geld für frische Hemden, einige Nächte
in den Wartesälen dritter Klasse, Verlust der Bügelfalten, einige Nächte im
Freien, kein warmes Wasser. Seife von öffentlichen Aborten, ein Mantel,
der sozusagen zu deiner Wohnung geworden ist, und das Kostüm eines
Verdächtigen ist da. Verlasse dich nicht auf dein Gesicht, auf die Züge deines Gesichtes! Vergiß den Rosenkavalier, vergiß den Kunstverein, vergiß

die Denkmalpflege; Kenntnisse dienen nur noch dazu, dich restlos verdächtig zu machen. Ein Mann wie du, der ein Haus hat und einen Wagen,
warum hast du deine Stadt verlassen? Warum hast du es nötig, Bernauer
zu heißen?... Das Protokoll, das erste von vielen kommenden, kannst du
unterzeichnen, wenn es fertig ist; es sind da noch einige Fragen.

»Herr Doktor«, sagt der Kommissar, das noch bescheidene Dossier öffnend, und sein Ton, wenn er Doktor sagt, ist nicht etwa höhnisch, sondern durchaus achtungsvoll, da der gewöhnliche Landstreicher nun entlarvt ist als ernsthafter Fund: »Sie haben Verbindungen zu einem gewissen
Becker?«

Schinz stutzt.

»Becker, Alexis, Emigrant.«

Schinz schweigt.

»Ja oder nein?«

Schinz schweigt.

»Bitte«, lächelt der Kommissar: »vielleicht erinnern Sie sich, wenn ich
Ihnen das Bild zeige –.«

Schinz hat das Gefühl, rot zu werden.

»Das Bild ist allerdings alt«, sagt der Kommissar: »Ihr Freund trägt keinen Schnurrbart mehr, soviel wir wissen.«

Schinz schweigt.

»Ich will Sie nicht überrumpeln, Herr Doktor, Sie werden Zeit genug
haben, sich alles zu überlegen«, sagt der Kommissar mit dem fast kollegialen Ton von Todfeinden, die ihre Spielregeln kennen: »Ferner kennen Sie
sehr wahrscheinlich einen gewissen Marini ...«

»Marini?«

»Francesco Marini.«

»Nein –«

»Oder Stepanow.«

»Stepanow?«

»Ossip Stepanow.«

»Nein!«

»Oder Espinel.«

»Nein!« sagt Schinz.

»Roderigo Espinel.«

»Nein!« sagt Schinz.

»Seine Namen tun nichts zu Sache«, sagt der Kommissar: »Aber wenn

Sie ihn kennen, erinnern Sie sich an sein Gesicht – ein sehr markantes Gesicht, das hat noch keiner vergessen, der ihn einmal gesehen hat.«

Und damit gibt er das Foto:

»Ein fertiger Christuskopf!«

Schinz erbleicht ...

»Sie erinnern sich, Herr Doktor?«

Schinz hält das Foto: der Förster, der Lodenmantel – Man will mich
wahnsinnig machen, denkt er, man will mich wahnsinnig machen! – Er
steht in dem Lodenmantel, ein Förster am Sonntag, der sich vor seine Stämme stellt und eine Aufnahme machen läßt, etwas verlegen, ein schlechtes
Foto, aber deutlich, ein dilettantisches Foto. Schinz legt es auf den Tisch
zurück, unwillkürlich und etwas rasch, so, als verbrenne es seine Finger
oder als wäre es schwer wie ein Stein ... Der Kommissar hat sich unterdessen eine Zigarette genommen, zündet an; jetzt sagt er:

»Kennen Sie den Menschen?«

Die Zelle, die Schinz bekommt, ist ganz ordentlich. Sie hat sogar Sonne,
ein etwas hochgelegenes Fenster, so daß man nichts von der Welt sieht, nur
einen Kamin, nämlich wenn Schinz auf seiner Pritsche steht. Die Pritsche
ist hart, aber sauber, nicht unwürdig. Drei Uhr mittags verschwindet die
Sonne; kurz danach hört man eine Turmuhr. Schinz findet es schon viel,
daß er nicht gegen eine Mauer sieht, womöglich noch eine Schattenmauer,
sondern gegen den Himmel. Seine Zelle ist offenbar im obersten Stockwerk; jedenfalls hört man oft das Geflatter der Tauben, hin und wieder
schwirrt eine vor dem Gitter vorbei. Manchmal ist Schinz ganz heiter:
Man muß halt nicht über die Grenze schleichen! sagt er sich. Die Zelle
ist klein; es erinnert ihn an das bekannte Kloster in Fiesole. Überhaupt
die Erinnerungen! Seine erste Angst, als er an dieser Stelle sitzt: Jetzt nicht
den Glauben an deine Unschuld verlieren! Das Foto mit dem Förster, sagt
er sich, ist eine Hysterie gewesen; er hat es ja kaum wirklich betrachtet; er
ist erschrocken und hat es weggelegt. Erschrocken über einen Lodenmantel, wie es Tausende gibt! Das Gesicht, sagt Schinz sich mit Recht, hat er
damals gar nicht so deutlich gesehen; es war ja schon Dämmerung, dann
sogar Nacht. Laß dich nicht irrsinnig machen! Und wenn schon, denkt
er ein anderes Mal, wenn er es wirklich gewesen wäre: was habe ich verbrochen? Ich habe ihn gesehen, gut, ich habe mit ihm geplaudert, gut, vor allem hat er geplaudert. Was weiter? sagt Schinz, indem er plötzlich in seinem Hin und Her wieder stehenbleibt: Was geht dieser Marini mich an

oder dieser Stepanow oder wie er heißt? Dann legt er sich auf die Pritsche: Man will mich irrsinnig machen, sagt er sich ziemlich gelassen, man will mich irrsinnig machen. Draußen hört man das Gackern von Hühnern. Irgendwie schön. Ein Fenster voll Himmel; das Gitter davor ist nicht so schlimm; Schinz hat ja keine Absicht, hinunterzuspringen in den Tod oder hinauszufliegen über die Kamine. Einmal, denkt er, wird ein Gericht stattfinden. Hin und wieder hört man auch das Hupen von Wagen, aber ziemlich ferne; jenseits von Bäumen, jenseits eines Hofes oder so. Das ganze Gebäude, wer weiß, war vielleicht einmal ein Kloster; Schinz hat auf seinen Reisen so viele alte Klöster besucht, sich manchmal vorzustellen versucht: Wenn du in einer solchen Zelle leben müßtest? und dann ist Bimba gekommen, begeistert von einem Kreuzgang, man ist hinuntergegangen, hat Fresken bewundert, langsam ist man hinausgegangen, Sonne auf einer Piazza, gegenüber ein kleines Ristorante. Die Fresken: Sebastiano mit den Pfeilen im Leib, ein Kindermord zu Bethlehem, ein Christophorus, die drei bekannten Kreuze auf Golgatha, viel bittere Geschichten, aber schön. Wölfflin fällt ihm ein! Und so weiter. Zum Glück sind die Kinder schon groß. Manchmal steht Schinz einfach an der Wand, die Arme an der Wand, den Kopf in den Armen, so daß er nichts sieht; mit offenen Augen. Der Himmel ist zum Verzweifeln. Schlafen geht nicht. Träume machen alles so maßlos. Einmal wird das Essen kommen. Dann wird es sich zeigen, ob es Gendarmen sind oder Wärterinnen, Gefängnis oder Irrenhaus. Das ist seine einzige Angst. Wenn du nirgends auf der Welt ein voller Zeuge mehr bist. Als sie kommen, die Schritte, nimmt er den Kopf nicht von der Wand; die Türe geht auf, Schinz bleibt so, die Türe geht zu. Schinz schaut: ein Geschirr ist da, ein blechernes, aber sauber, Kartoffelsuppe und Brot, ein etwas komisches Gefäß mit frischem Wasser ... Wochen wie Jahre, Jahre wie Wochen, Verhöre, die sich wörtlich wiederholen, Namen, die Schinz nicht kennt, hin und wieder ist er durchdrungen vom Bewußtsein, daß alles nur ein Traum ist, aber das ändert nichts daran; sooft er erwacht, sieht er das Gitter vor dem Himmel, und jeden Morgen, wenn es grau wird, hört er, wie die Hähne krähen –.

Endlich ist es soweit.

Eines Tages sieht sich Schinz, wie er es von Bildern kennt, in Hemd und Hose und mit einem kleinen Strick um die Handgelenke. Er ist nicht allein. Sie stehen in einem Schulhaushof, Kies, die Kastanien blühen mit weißen und roten Kerzen. Stunden ohne Ahnung. Die Soldaten, die sie be-

wachen, tragen eine Uniform, die Schinz noch nie gesehen hat; die Historie, scheint es, hat sich wieder einmal gewendet, die Mützen sind anders,
der Schnitt der Hosen, anders ist auch die Art, das Gewehr zu tragen. Es
ist schon ziemlich hell, aber vor Sonnenaufgang. Was Schinz, übrigens
der einzige Deutschsprechende in seiner Gruppe, mehr beschäftigt als
die unbekannten Uniformen, ist der kleine Hühnerhof des Hauswartes,
wo er zum ersten Male die beiden bekannten Hähne sieht, die er jeden
Morgen gehört hat! noch haben sie nicht gekräht ... Auf der Treppe der
Turnhalle erscheint ein Mann ohne Uniform, ein ziemlich junger Bursche,
der eine Armbinde trägt; eine Liste verlesend:

»Stepanow, Ossip.«

»Hier.«

»Becker, Alexis.«

»Hier.«

»Schinz, Heinrich Gottlieb.«

»Hier.«

Die übrigen blicken auf den Kies. Je ein Soldat führt die eben Gerufenen aus ihrer Gruppe. Hinüber in die Turnhalle, die immer noch, obschon
es tagt, hell erleuchtet ist. Natürlich wird nicht gekreuzigt, sondern erhängt. Die Vorrichtung ist lächerlich einfach, fast schulbubenhaft; drei
Ringseile sind heruntergelassen, daran je ein ziemlich dünner Strick mit
einer Schlaufe. Darunter je ein flüchtig genagelter Holzblock mit drei Stufen. Schinz denkt: Das kann aber nicht euer Ernst sein! ohne sich jedoch
eine Hoffnung zu machen, daß es deswegen nicht stattfinden werde. Auch
darüber ist Schinz sich klar, daß er nie mehr erfahren wird, worin sein Verbrechen eigentlich bestanden hat. Irgendwie spielt es wirklich keine Rolle;
so weit ist er schon gekommen. Wieder vergeht eine Weile. Die drei Gerufenen sind so gestellt, daß sie sich den Rücken zuwenden, einander nicht
sprechen und nicht sehen können. Schinz sieht einen Tisch, gemacht aus
zwei Hürden und einem Brett, darauf ein Eisenstab, zwei Handschuhe,
wie die Schweißer sie haben, drei kleine Schnappzangen, ein Bunsenbrenner, ein vielfach verglühter Draht, das genügt, damit läßt sich foltern, soviel man nur will. Eine Uniform spricht mit einer Art von Arzt, der mehrmals die Achseln zuckt. Dann, da die beiden offenbar zu keinem Ende
kommen, wendet sich die Uniform, drei Fotos in der Hand; jeder wird
nochmals mit seinem Foto verglichen. Dann kommt der junge Bursche
mit der Armbinde, weist ihnen die Plätze an. Links Becker, Stepanow in

der Mitte, rechts Schinz. Die Schlaufe sollen sie sich selber um den Hals legen – es ist wirklich der Förster. Er sagt:

»Warum haben Sie mich verraten?«

Schinz hat keine Stimme.

»Warum haben Sie mich verraten?«

Der Förster hilft ihm, vorwurfslos, so wie er dem armen Becker schon geholfen hat, so, als wäre er schon unzählige Male gehängt worden, er selber. Schinz schaut ihn an und sagt:

»Ich verstehe kein Wort.«

Der Förster lächelt.

»Ich habe Sie nicht angesprochen, Herr Doktor, Sie haben mich angesprochen, Sie haben mich nach dem Weg gefragt –.«

»Nein«, sagt Schinz.

»Tragen wir es.«

Da, sein Christus-Gesicht vor Augen, kann Schinz es nicht ertragen, schreit, als könne er daran erwachen, schreit, wie ein Mensch nur schreien kann, schreit:

»Nein! Nein! Nein!«

Das ist das letzte Mal gewesen, daß Schinz seine eigene Stimme gehört hat – – – Erwacht, schweißüberströmt, die eigene Hand an seinem Hals, der unversehrt ist, merkt er es nicht sogleich, Bimba streicht ihm die Stirne, Bimba ist alt, Bimba lächelt, der Arzt steht am Fußende des Bettes, Bimba bewegt die Lippen, aber sie sagt kein Wort, auch der Arzt bewegt die Lippen, aber niemand sagt ein Wort. Schinz ist taub. Als er es weiß, schließt er die Augen; als müßte, wenn er sie dann abermals aufmacht, alles verändert sein. Nichts ist verändert, sie bewegen die Lippen. Als er es sagen will, daß er sie nicht mehr hören kann, merkt er, daß er auch stumm ist.

Schinz hat nach diesem Ereignis noch sieben Jahre gelebt, ohne seine Vaterstadt zu verlassen. Mit dreiundsechzig Jahren stirbt er eines natürlichen Todes. Und nicht ohne Ansehen. Sein sonderbarer Fauxpas ist zwar nicht vergessen worden, aber verziehen; man hat den taubstummen Herrn auch auf der Straße immer zuvorkommend begrüßt; die Außenwelt, ausgenommen Bimba, hat das Ganze, wie schon gesagt, durchaus als einen klinischen Fall betrachtet, aufsehenerregend auch so, erschütternd auch so, aber für die Außenwelt ohne jede Folge.

Im Büro

Die vergangene Woche bringt ohne eine Bemühung meinerseits – ich habe mich öfter in diesem Sinn bemüht, aber immer erfolglos – zwei neue Aufträge; ein Landhaus und ein kleines Strandbad.

Café Odeon

Der Zufall ganz allgemein: was uns zufällt ohne unsere Voraussicht, ohne unseren bewußten Willen. Schon der Zufall, wie zwei Menschen sich kennenlernen, wird oft als Fügung empfunden; dabei, man weiß es, kann dieser Zufall ganz lächerlich sein: ein Mann hat seinen Hut verwechselt, geht in die Garderobe zurück und obendrein, infolge seiner kleinen Verwirrung, tritt er auch noch einer jungen Dame auf die Füße, was beiden leid tut, so leid, daß sie miteinander ins Gespräch kommen, und die Folge ist eine Ehe mit drei oder fünf Kindern. Eines Tages denkt jedes von ihnen: Was wäre aus meinem Leben geworden ohne jene Verwechslung der Hüte?

Der Fall ist vielleicht für die meisten, die sonst nichts glauben können, die einzige Art von Wunder, dem sie sich unterwerfen. Auch wer ein Tagebuch schreibt, glaubt er nicht an den Zufall, der ihm die Fragen stellt, die Bilder liefert, und jeder Mensch, der im Gespräch erzählt, was ihm über den Weg gekommen ist, glaubt er im Grunde nicht, daß es in einem Zusammenhang stehe, was immer ihm begegnet? Dabei wäre es kaum nötig, daß wir, um die Macht des Zufalls zu deuten und dadurch erträglich zu machen, schon den lieben Gott bemühen; es genügte die Vorstellung, daß immer und überall, wo wir leben, alles vorhanden ist: für mich aber, wo immer ich gehe und stehe, ist es nicht das vorhandene Alles, was mein Verhalten bestimmt, sondern das Mögliche, jener Teil des Vorhandenen, den ich sehen und hören kann. An allem übrigen, und wenn es noch so vorhanden ist, leben wir vorbei. Wir haben keine Antenne dafür; jedenfalls jetzt nicht; vielleicht später. Das Verblüffende, das Erregende jedes Zufalls besteht darin, daß wir unser eigenes Gesicht erkennen; der Zufall zeigt mir, wofür ich zur Zeit ein Auge habe, und ich höre, wofür ich eine Antenne habe. Ohne dieses einfache Vertrauen, daß uns nichts erreicht, was uns nichts angeht, und daß uns nichts verwandeln kann, wenn wir uns nicht verwandelt haben, wie könnte man über die Straße gehen, ohne in den Irrsinn zu wandeln? Natürlich läßt sich denken, daß wir unser mögliches Gesicht, unser mögliches Gehör nicht immer offen haben, will sagen, daß es noch manche Zufälle gäbe, die wir übersehen und überhören, obschon sie zu uns gehören; aber wir erleben keine, die nicht zu uns gehören. Am Ende ist es immer das Fälligste, was uns zufällt.

Stiller

Roman

Peter Suhrkamp, dem verehrten Freund, in Dankbarkeit

Erster Teil

Stillers Aufzeichnungen im Gefängnis

Erstes Heft

>»Sieh, darum ist es so schwer, sich selbst zu wählen, weil in
>dieser Wahl die absolute Isolation mit der tiefsten Kontinuität
>identisch ist, weil durch sie jede Möglichkeit, etwas anderes
>zu werden, vielmehr sich in etwas anderes umzudichten, unbe-
>dingt ausgeschlossen wird.«

>»–: indem die Leidenschaft der Freiheit in ihm erwacht (und
>sie erwacht in der Wahl, wie sie sich in der Wahl selber voraus-
>setzt), wählt er sich selbst und kämpft um diesen Besitz als um
>seine Seligkeit, und das ist seine Seligkeit.«

Kierkegaard »Entweder-Oder«

Ich bin nicht Stiller! – Tag für Tag, seit meiner Einlieferung in dieses Gefängnis, das noch zu beschreiben sein wird, sage ich es, schwöre ich es
und fordere Whisky, ansonst ich jede weitere Aussage verweigere. Denn
ohne Whisky, ich hab's ja erfahren, bin ich nicht ich selbst, sondern neige
dazu, allen möglichen guten Einflüssen zu erliegen und eine Rolle zu spielen, die ihnen so passen möchte, aber nichts mit mir zu tun hat, und da es
jetzt in meiner unsinnigen Lage (sie halten mich für einen verschollenen
Bürger ihres Städtchens!) einzig und allein darum geht, mich nicht be-
schwatzen zu lassen und auf der Hut zu sein gegenüber allen ihren freundlichen Versuchen, mich in eine fremde Haut zu stecken, unbestechlich zu
sein bis zur Grobheit, ich sage: da es jetzt einzig und allein darum geht,
niemand anders zu sein als der Mensch, der ich in Wahrheit leider bin,
so werde ich nicht aufhören, nach Whisky zu schreien, sooft sich jemand
meiner Zelle nähert. Übrigens habe ich bereits vor Tagen melden lassen,
es brauche nicht die allererste Marke zu sein, immerhin eine trinkbare, ansonst ich eben nüchtern bleibe, und dann können sie mich verhören, wie
sie wollen, es wird nichts dabei herauskommen, zumindest nichts Wahres.

Vergeblich! Heute bringen sie mir dieses Heft voll leerer Blätter: Ich soll mein Leben niederschreiben! wohl um zu beweisen, daß ich eines habe, ein anderes als das Leben ihres verschollenen Herrn Stiller.

»Sie schreiben einfach die Wahrheit«, sagt mein amtlicher Verteidiger, »nichts als die schlichte und pure Wahrheit. Tinte können Sie jederzeit nachfüllen lassen!«

Heute ist es eine Woche seit der Ohrfeige, die zu meiner Verhaftung geführt hat. Ich war (laut Protokoll) ziemlich betrunken, weswegen ich Mühe habe, den Hergang zu beschreiben, den äußeren.

»Kommen Sie mit!« sagte der Zöllner.

»Bitte«, sagte ich, »machen Sie jetzt keine Umstände, mein Zug fährt jeden Augenblick weiter –«

»Aber ohne Sie«, sagte der Zöllner.

Die Art und Weise, wie er mich vom Trittbrett riß, nahm mir vollends die Lust, seine Fragen zu beantworten. Er hatte den Paß in der Hand. Der andere Beamte, der die Pässe der Reisenden stempelte, war noch im Zug. Ich fragte:

»Wieso ist der Paß nicht in Ordnung?«

Keine Antwort.

»Ich tue nur meine Pflicht«, sagte er mehrmals, »das wissen Sie ganz genau.«

Ohne auf meine Frage, warum der Paß nicht in Ordnung sei, irgendwie zu antworten – dabei handelt es sich um einen amerikanischen Paß, womit ich um die halbe Welt gereist bin! – wiederholte er in seinem schweizerischen Tonfall:

»Kommen Sie mit!«

»Bitte«, sagte ich, »wenn Sie keine Ohrfeige wollen, mein Herr, fassen Sie mich nicht am Ärmel; ich vertrage das nicht.«

»Also vorwärts!«

Die Ohrfeige erfolgte, als der junge Zöllner, trotz meiner ebenso höflichen wie deutlichen Warnung, mit der Miene eines gesetzlich geschützten Hochmuts behauptete, man werde mir schon sagen, wer ich in Wirklichkeit sei. Seine dunkelblaue Mütze rollte in Spirale über den Bahnsteig, weiter als erwartet, und einen Atemzug lang war der junge Zöllner, jetzt ohne Mütze und somit viel menschlicher als zuvor, dermaßen verdutzt, auf eine wutlose Art einfach entgeistert, daß ich ohne weiteres hätte einsteigen können. Der Zug begann gerade zu rollen, aus den Fenstern hingen die Winkenden; sogar eine Wagentüre stand noch offen. Ich weiß nicht, warum ich nicht aufgesprungen bin. Ich hätte ihm den Paß aus der Hand nehmen können, glaube ich, denn der junge Mensch war derart entgeistert, wie gesagt, als wäre seine Seele ganz und gar in jener rollenden Mütze, und erst als sie zu rollen aufgehört hatte, die steife Mütze, kam ihm die begreifliche Wut. Ich bückte mich zwischen den Leuten, beflissen, seine dunkelblaue Mütze mit dem Schweizerkreuz-Wäppchen wenigstens einigermaßen abzustauben, bevor ich sie ihm reichte. Seine Ohren waren krebsrot. Es war merkwürdig; ich folgte ihm wie unter einem Zwang von Anstand. Durchaus wortlos und ohne mich anzufassen, was gar nicht nötig war, führte er mich auf die Wache, wo man mich fünfzig Minuten lang warten ließ.

»Bitte«, sagte der Kommissär, »nehmen Sie Platz!«

Der Paß lag auf dem Tisch. Sogleich verwunderte mich der veränderte Ton, eine Art von beflissener und nicht sehr gekonnter Höflichkeit, woraus ich schloß, daß meine amerikanische Staatsbürgerschaft, nach beinahe einstündiger Betrachtung meines Passes, außer Zweifel stand. Der Kommissär, als wollte er die Flegelei des jungen Zöllners wiedergutmachen, bemühte sich sogar um einen Sessel.

»Sie sprechen Deutsch«, sagte er, »wie ich höre.«

»Warum nicht?« fragte ich.

»Bitte«, lächelte er, »nehmen Sie Platz.«

Ich blieb stehen.

»Ich bin deutscher Abstammung«, erklärte ich, »Amerikaner deutscher Abstammung –«

Er wies auf den leeren Sessel.

»Bitte«, sagte er und zögerte eine Weile, sich selbst zu setzen ... Hätte ich mich im Zug nicht herbeigelassen, Deutsch zu reden, wäre mir möglicherweise alles erspart geblieben! Ein anderer Fahrgast, ein Schweizer, hatte mich angesprochen. Als Augenzeuge meiner Ohrfeige war er auch zugegen, dieser Reisende, der mir seit Paris auf die Nerven ging. Ich weiß nicht, wer er ist. Ich habe diesen Herrn nie zuvor gesehen. In Paris kam er ins Abteil, weckte mich, indem er über meine Füße stolperte, und verstaute sein Gepäck, drängte sich mit französischer Entschuldigung ans offene Fenster, um sich in schweizerischer Mundart von einer Dame zu verabschieden; kaum fuhr der Zug, hatte ich das leidige Gefühl, daß er mich

musterte. Ich verschanzte mich dann hinter meinen zerlesenen ›New Yorker‹, dessen Witze ich bereits kannte, in der Hoffnung, daß sich die Neugierde meines Reisepartners gelegentlich erschöpfen würde. Auch er las
eine Zeitung, eine zürcherische. Nach unsrer französischen Vereinbarung,
das Fenster zu schließen, hütete ich mich vor jedem müßigen Blick durchs
Fenster hinaus in die Landschaft; so deutlich wartete dieser Herr, der im
übrigen ein reizender Mensch sein mochte, auf einen Anlaß zum Gespräch,
seinerseits so befangen, daß mir schließlich nichts anderes übrigblieb als
das Waggon-Buffet, wo ich fünf Stunden lang saß und einiges trank. Erst
zwischen Mulhouse und Basel, von dem nahenden Grenzübergang genötigt, ging ich ins Abteil zurück. Der Schweizer blickte mich wieder an,
als müßte er mich kennen. Was ihn plötzlich ermutigte, mich anzusprechen, weiß ich nicht; vielleicht der bloße Umstand, daß wir uns jetzt auf
dem Boden seines Landes befanden. Entschuldigen Sie! fragte er etwas befangen: Sind Sie nicht Herr Stiller? Ich hatte, wie gesagt, einigen Whisky
getrunken, verstand nicht, hielt meinen amerikanischen Paß in der Hand,
während der Schweizer, in seine Mundart verfallend, eine Illustrierte auf-
blätterte. Hinter uns standen bereits zwei Beamte, ein Zöllner und ein anderer, der einen Stempel in der Hand hielt. Ich gab den Paß. Ich spürte
jetzt, daß ich viel getrunken hatte, und wurde mit Mißtrauen betrachtet.
Mein Gepäck, klein genug, war in Ordnung. Ist das Ihr Paß? fragte der andere. Erst lachte ich natürlich. Wieso nicht? fragte ich, nachgerade ungehalten: Wieso ist dieser Paß nicht in Ordnung?

Es war das erste Mal, daß mein Paß in Zweifel gezogen wurde, und all
dies nur, weil dieser Herr mich mit einem Bild in seiner Illustrierten ver-
wechselte ...

»Herr Doktor«, sagte der Kommissär zu eben diesem Herrn, »ich will
Sie nicht länger aufhalten, jedenfalls danke ich Ihnen für Ihre Auskünfte.«

In der Türe, während der dankbare Kommissär die Klinke hielt, nickte
er, dieser Herr, als würden wir uns kennen. Es war ein Herr Doktor, wie
es sie zu Tausenden gibt. Ich hatte nicht das mindeste Bedürfnis zu nicken.
Dann kam der Kommissär zurück, wies abermals auf den Sessel:

»Bitte«, sagte er, »wie ich sehe, Herr Stiller, sind Sie in einem ziemlich
betrunkenen Zustand –«

»Stiller?« sagte ich, »ich heiße nicht Stiller!«

»– ich hoffe«, fuhr er unbekümmert fort, »Sie verstehen trotzdem, was
ich Ihnen zu sagen habe, Herr Stiller.«

Ich schüttelte den Kopf, und dazu bot er Rauchwaren an, sogenannte Stumpen. Selbstverständlich lehnte ich ab, da er sie offenkundig nicht mir, sondern einem gewissen Herrn Stiller anbot. Auch blieb ich, obschon der Kommissär sich wie zu einer ausgiebigen Unterredung niederließ, meinerseits stehen.

»Warum haben Sie sich so aufgeregt«, fragte er, »als man sich erkundigte, ob das Ihr richtiger Paß wäre?«

Er blätterte in meinem amerikanischen Paß.

»Herr Kommissär«, sagte ich, »ich vertrage es nicht, wenn man mich am Ärmel faßt. Ich habe Ihren jungen Zöllner mehrmals gewarnt. Ich bedaure, daß ich mich zu einer Ohrfeige habe hinreißen lassen, Herr Kommissär, und natürlich bin ich bereit, die landesübliche Buße sofort zu zahlen. Das versteht sich ja von selbst. Was ist der Tarif?«

Er lächelte nicht ohne Wohlwollen. So einfach, meinte er, wäre es leider nicht. Dazu zündete er sich einen Stumpen an, sorgfältig, indem er den braunen Stumpen etwas zwischen den Lippen rollte, gelassen, gründlich, als spielte die Zeit überhaupt keine Rolle.

»Sie scheinen ein recht bekannter Mann zu sein —«

»Ich?« fragte ich. »Wieso?«

»Ich verstehe nichts von solchen Sachen«, sagte er, »aber dieser Herr Doktor, der Sie erkannt hat, scheint ja eine sehr hohe Meinung von Ihnen zu haben.«

Es war nichts zu machen: die Verwechslung lag vor, und alles, was ich jetzt sagte, wirkte nur noch wie Ziererei oder echte Bescheidenheit.

»Wieso nennen Sie sich White?« fragte er.

Ich redete und redete.

»Wo haben Sie diesen Paß her?« fragte er.

Er nahm es fast gemütlich, rauchte seinen etwas stinkigen Stumpen, die beiden Daumen in seine Hosenträger gehängt, denn es war ein schwüler Nachmittag, so daß der Kommissär, zumal er mich nicht länger für einen Ausländer hielt, seine nicht eben zweckmäßige Jacke etwas aufgeknöpft hatte, dieweil er mich musterte, ohne im mindesten zu hören, was ich sagte.

»Herr Kommissär«, sagte ich, »ich bin betrunken, Sie haben recht, vollkommen recht, aber ich verbitte mir, daß irgendein hergelaufener Herr Doktor —«

»Er sagte, er kenne Sie.«

»Woher?« fragte ich.

»Aus der Illustrierten«, sagte er und nutzte mein verächtliches Schweigen, um hinzuzufügen: »– Sie haben eine Gattin, die in Paris lebt. Stimmt's?«

»Ich? Eine Gattin?«

»Julika mit Namen.«

»Ich komme nicht von Paris«, erklärte ich, »ich komme von Mexiko, Herr Kommissär.«

Ich gab ihm an: Name des Schiffes, Dauer der Überfahrt, Stunde meiner Ankunft in Le Havre, Stunde meiner Abfahrt von Vera Cruz.

»Das ist ja möglich«, sagte er, »aber Ihre Gattin lebt in Paris. Eine Tänzerin, wenn ich richtig verstanden habe. Sie soll ja eine bildschöne Frau sein.«

Ich schwieg.

»Julika ist ihr Künstlername«, unterrichtete mich der Kommissär. »Früher war sie lungenkrank, heißt es, und lebte in Davos. Aber jetzt leitet sie so eine Ballettschule in Paris. Stimmt's? Seit sechs Jahren.«

Ich blickte ihn nur an.

»Seit Sie verschollen sind.«

Unwillkürlich hatte ich mich doch gesetzt, um zu hören, was die Leser einer Illustrierten nicht alles wissen über einen Menschen, der mir offenbar, zumindest in den Augen eines Doktors, ähnlich sieht, und nahm mir eine Zigarette, worauf der Kommissär, bereits von der Hochachtung angesteckt, die eben dieser Doktor verbreitet hatte, Feuer gab.

»Sie selbst sind also ein Bildhauer.«

Ich lachte.

»Stimmt's?« fragte er, ohne eine Antwort zu dulden; sofort ging er eine Frage weiter: »Warum reisen Sie unter einem falschen Namen?«

Er glaubte auch meinem Schwur nicht.

»Es tut mir leid«, sagte er und kramte dabei in einer Schublade, zog ein blaues Formular heraus: »– es tut mir leid, Herr Stiller, aber wenn Sie sich weiterhin weigern, Ihren richtigen Paß zu zeigen, muß ich Sie an die Kriminalpolizei überweisen. Darüber müssen Sie sich klar sein.«

Dazu streifte er die Asche von seinem Stumpen.

»Ich bin nicht Stiller!« wiederholte ich, als er anfing, das umfängliche Formular gewissenhaft auszufüllen, und es war, als hörte er mich überhaupt nicht mehr; ich versuchte es in allen Tonarten; ich sagte es ebenso feierlich wie nüchtern: »Herr Kommissär, ich habe keinen anderen Paß!« oder mit Lachen: »Das ist doch Unsinn!« wobei ich trotz meiner Betrunkenheit sehr genau spürte, daß er mich immer weniger hörte, je öfter ich es wiederholte; schließlich schrie ich: »Ich heiße nicht Stiller, zum Teufel, nochmal!« Ich schrie es und schlug mit der Faust auf den Tisch.

»Warum regen Sie sich denn so auf?«

Ich erhob mich.

»Herr Kommissär«, sagte ich, »geben Sie mir jetzt meinen Paß!«

Er blickte nicht einmal auf.

»Sie sind verhaftet«, sagte er, blätterte mit der linken Hand in dem Paß, um die Nummer abzuschreiben, das Datum der Ausstellung, den Namen des amerikanischen Konsuls in Mexiko, alles, was das blaue Formular in einem solchen Fall zu wissen verlangt, und sagte nicht unfreundlich: »– Setzen Sie sich.«

Meine Zelle – ich habe sie eben mit meinem Schuh gemessen, der nicht ganz dreißig Zentimeter hat – ist klein wie alles in diesem Land, sauber, so daß man kaum atmen kann vor Hygiene, und beklemmend gerade dadurch, daß alles recht, angemessen und genügend ist. Nicht weniger und nicht mehr! Alles in diesem Land hat eine beklemmende Hinlänglichkeit. Ich habe gemessen: Länge 3,10 Meter, Breite 2,40 Meter, Höhe 2,50 Meter. Ein humanes Gefängnis, man kann nichts dagegen sagen, und darin liegt die Gemeinheit. Keine Spinnweben, kein Schimmel an den Wänden, nichts, was die Empörung rechtfertigen würde! Es gibt Kerker, die gestürmt werden, wenn das Volk davon hört; hier gibt es nichts zu stürmen. Millionen von Menschen, ich weiß es, wohnen schlechter als ich. Die Pritsche ist gefedert. Das vergitterte Fenster hat Morgensonne; in dieser Jahreszeit etwa bis elf Uhr. Der Tisch hat zwei Schubladen; dazu Bibel und Ständerlampe. Und wenn ich etwas verrichten muß, habe ich nur auf einen weißen Knopf zu drücken und werde an den betreffenden Ort geführt, wo es nicht etwa alte Zeitungen gibt, die man vorher lesen könnte, sondern ein weiches Kreppapier. Und trotzdem ist es ein Kerker, und es gibt Augenblicke, da man brüllen möchte. Man tut es nicht, so wenig wie in einem Geschäftshaus; sondern man trocknet seine Hände an einem Tuch, geht auf Linoleum, sagt danke, wenn man wieder in seine Kabine geschlossen wird. Außer dem schon herbstlichen Laub einer Kastanie sehe ich nichts, auch nicht, wenn ich auf die gefederte Pritsche steige, was übrigens (mit Schuhen) verboten ist. Am meisten peinigen natürlich Geräusche unbekannter Herkunft; seit ich weiß, daß sie in diesem Städtchen noch Straßenbahnen haben, kann ich ihr Gepolter beinahe überhören. Schlimm bleibt der unverständliche Ansager aus einem nachbarlichen Radio, das tägliche Gescheppe der Kehrichtabfuhr und die wilde Teppichklopferei aus hallenden Höfen. Man hat hierzulande eine fast krankhafte Angst vor dem Unrat, scheint es. Gestern sind sie dazu übergegangen, mich mit dem Gestotter eines Preßluftbohrers zu unterhalten; irgendwo reißen sie die Straße auf, um sie später wieder zu pflastern. Oft habe ich das Gefühl, der einzige mußevolle Mensch in diesem Städtchen zu sein. Nach den Stimmen auf der Straße zu schließen, wenn der Preßluftbohrer einmal aussetzt, wird hier viel geschimpft, selten gelacht. Um Mitternacht grölen die Besoffenen, weil dann sämtliche Wirtschaften geschlossen werden. Einmal singen Studenten, als wäre man im tiefsten Deutschland. Etwa um ein Uhr wird es still. Aber es nützt wenig, das Licht zu löschen; eine ferne Straßenlaterne scheint in meine Zelle, die Gitterschatten strecken sich über die Wand, knicken sich in die Decke, und wenn es draußen windig ist, so daß die Straßenlampe schaukelt, könnte man irrsinnig werden vor schaukelnden Gitterschatten. Am Morgen, wenn die Sonne scheint, liegen diese Gitterschatten wenigstens auf dem Fußboden.

Ohne meinen Wärter, der das Essen bringt, wüßte ich heute noch nicht, was hier eigentlich gespielt wird. Jeder Zeitungsleser scheint hier zu wissen, wer Stiller gewesen ist. Das macht es fast unmöglich, etwas Genaueres zu erfahren; jedermann tut, als müßte man's wissen, und weiß selber nur Ungefähres.

»– eine Zeitlang, glaube ich, suchten sie ihn im See«, sagt mein Wärter, »aber ohne Erfolg, und dann hieß es plötzlich, er wäre in der Fremdenlegion.«

Dazu schöpft er Suppe.

»Das machen nämlich noch viele Schweizer«, unterrichtet er mich, »wenn's ihnen hier auf die Nerven geht.«

»Daß sie sich zur Fremdenlegion melden?«

»Dreihundert in einem Jahr!«

»Warum Fremdenlegion?« frage ich.

»Weil es ihnen hier auf die Nerven geht.«

»Klar«, sage ich, »aber warum Fremdenlegion? Das ist doch noch schlimmer.«

»Mir kann es ja egal sein.«

»So«, frage ich, »und seine Frau hat er einfach in Davos liegen lassen, krank wie sie war?«

»Vielleicht war es ein Segen für sie!«

»Meinen Sie?«

»Mir kann es ja egal sein«, sagte er, »seither lebt sie in Paris.«

»Ich weiß!«

»Tänzerin.«

»Ich weiß!«

»Ein bildschöne Frau.«

»Und ihr Lungenleiden?« frage ich teilnahmsvoll.

»Geheilt.«

»Wer sagt das?«

»Sie selbst.«

»Und – woher wissen Sie das alles?«

»Woher!« sagt auch mein Wärter, »– aus der Illustrierten.«

Viel mehr ist nicht zu erfahren.

»Essen Sie!« sagt mein Wärter, »essen Sie die Suppe, solange sie heiß ist, und verlieren Sie nicht die Nerven, Mister White. Darauf warten sie ja bloß, diese Herren Doktoren, ich kenne das!«

Die Suppe, eine Minestra, ist ordentlich, überhaupt ist gegen die Verpflegung nicht viel einzuwenden, und mein Wärter, glaube ich, meinte es gut mit mir, jedenfalls redet er mich nie (wie alle andern!) als Herr Stiller an, sondern als Mister White.

Erzählen soll ich! Und zwar die Wahrheit meines Lebens, nichts als die schlichte und pure Wahrheit! Ein Block weißen Papiers, eine Füllfeder mit Tinte, die ich auf Staatskosten jederzeit nachfüllen lassen kann, und dazu ein bißchen guten Willen: – was soll der Wahrheit schon übrigbleiben, wenn ich ihr mit meiner Feder komme! Und wenn ich mich bloß anständig an die Tatsachen halte, meint mein Verteidiger, haben wir ja die Wahrheit schon im Gehege, sozusagen mit Händen zu greifen. Wo sollte die Wahrheit, wenn ich sie niederschreibe, denn hin? Und unter Tatsachen, glaube ich, versteht mein Verteidiger insbesondere Ortsnamen, Daten, die man nachprüfen kann, beispielsweise Angaben über Beruf oder sonstiges Einkommen, Dauer von Aufenthalten, Anzahl der Kinder, Anzahl der Scheidungen, Konfession usw.

PS.

    Wo war ich am 18. 1. 1946?

Spazieren im Gefängnishof:

    Es ist lange nicht so schlimm, nicht so erniedrigend, wie man erwartet, und in der Tat bin ich froh, wieder einmal gehen zu können, wenn auch nur im Kreise herum. Der Hof ist ziemlich groß; Pflästerung mit Moos dazwischen, ein schöner Ahorn in der Mitte, Efeu an einer Hauswand, und viel macht es natürlich aus, daß wir noch keine Sträflingskleider tragen, sondern Zivil, gerade so, wie man verhaftet worden ist. Wenn man den Kreis, den wir zu spazieren haben, etwas ausweitet, sieht man eine Zinne mit flatternder Wäsche; sonst nur Himmel über den Dächern ringsum, die voll gurrender Tauben sind. Leider müssen wir in Einerkolonne bleiben, so daß wirkliche Gespräche unmöglich sind. Vor mir geht ein Dicker mit glänzender Glatze (wie ich) und mit fetten Falten am Nacken, mit rudernden Armen, wenn er gehen muß, vermutlich ein Neuling; halb verstockt und halb verdattert, wenn ein freundlicher Wärter ihn spazieren heißt, blickt er sich um, was ihm leibliche Mühe macht, und sucht Unterstützung mit stummen Blicken. Unterstützung wogegen? Hinter mir geht der Italiener, der beim Duschen so gerne singt, und die Wärter können nicht umhin zu lachen; er macht Theater, indem er mich nachahmt. Einmal blicke ich zurück, um mein Konterfei kennenzulernen; es ist lächerlich genug: Hände auf dem Rücken, Pose des Denkers, infolge Zerstreutheit immer etwas aus der Reihe, Fernweh-Miene mit einsamen Blicken über die nächste Backsteinmauer, einer, der sich auf scheue Weise einbildet, daß er nicht hierher gehört, dazu die linkische Leutseligkeit eines Intellektuellen. Es wird schon stimmen, dieses Konterfei, jedenfalls muß sogar der Jude lachen, der einzige Intellektuelle unter den Häftlingen, der leider auf der anderen Kreishälfte spaziert, so daß wir uns nur durch Mienen und Gesten etwas unterhalten können. Er scheint sehr hoffnungslos in Hinsicht auf schweizerische Gerechtigkeit ... Plötzlich, irgendeiner hat angefangen, spielen sie Fußball mit einer rohen Kartoffel; es kommt zu einigen flotten Kombinationen, bis unser Oberwärter, ein sehr korrekter Mann, der aufs persönlichste beleidigt ist, wann immer sich etwas Unkorrektes ereignet, die Kartoffel endlich erwischt. Alle Mann halt! Ernste Frage: woher die Kartoffel? Wir schweigen im Kreis, grinsen. Der Oberwärter, die geschundene Kartoffel in der Hand, schreitet von Mann zu Mann, Aug in Auge. Jeder zuckt die Achsel. Der Oberwärter hat den Augenblick versäumt, die Kartoffel einfach wegzuwerfen; gegen seinen Wunsch ist die Sache plötzlich wichtig geworden, grundsätzlich. Ich habe das Gefühl, alles sei Farce, und der Oberwärter habe Mühe, nicht selbst zu lachen und uns alle zu entlassen; zugleich das Gefühl: vielleicht haben sie doch eine Folter bereit, und die gestohlene Kartoffel genügt, damit sie mit glühenden Eisen kommen. Plötzlich meldet sich mein Jude. Allgemeines Gelächter! Sogar der Oberwärter merkt, daß dieses Geständnis (er hat noch nie einen Juden gesehen, der Fußball spielt) nur ein Hohn sein kann, was schlimmer ist als Diebstahl einer ungekochten Kartoffel. Der Jude muß austreten, seinerseits bleich vor Erregung. Alle anderen: fünf Minuten Laufschritt. Der arme Dicke vor mir, schwabbelnd wie eine Gummi-Bettflasche, bleibt natürlich schon in der ersten Runde zurück, macht Spirale, um den Weg zu verkürzen, bis ein Wärter ihm sagt, er solle aufhören. Man ist nicht unmenschlich. Nur, versteht sich, Ordnung muß sein, auch ein gewisser Ernst. Schließlich sind wir in einem Untersuchungsgefängnis . . . Zuweilen, allein in meiner Zelle, habe ich das Gefühl, daß ich all dies nur träumte; das Gefühl: Ich könnte jederzeit aufstehen, die Hände von meinem Gesicht nehmen und mich in Freiheit umsehen, das Gefängnis ist nur in mir.

»Ich habe mich bemüht«, sagt mein amtlicher Verteidiger, »Ihre hoffentlich kurze Zeit in der Untersuchungshaft so angenehm wie möglich zu gestalten – Whisky ist nicht gestattet! – Sie haben die beste Zelle im ganzen Haus, glauben Sie mir, nicht die größte, aber die einzige mit Morgensonne; Sie haben diesen Blick in die alten Kastanien. Was das Geläute vom Münster betrifft – es ist sehr laut, ich gebe es zu; aber was erwarten Sie denn von mir! Ich kann doch das Münster nicht anderswohin stellen!«

Das ist richtig, wie überhaupt alles, was mein Verteidiger sagt, in einer Weise richtig ist, die mich in keinem Fall überzeugt und doch immerzu ins Unrecht setzt. Das Geläute ihres Münsters, ein metallisches Dröhnen, das zweimal täglich losbricht, mindestens zweimal, wenn nicht Hochzeiten und Begräbnisse hinzukommen, ein Lärm, daß man seine eignen Gedanken nicht mehr hört, ein Zittern der Luft, ein klangloses Beben, ein Geräusch, wie wenn man von einem zu hohen Sprungbrett ins Wasser gesprungen ist, es macht mich taub, schwindlig, idiotisch; aber mein Vertei-

diger hat recht: er kann das Münster nicht anderswohin stellen! Und da
ich dann schweige, vor Hoffnungslosigkeit schweige, greift er zu seinem
Dossier und sagt: »Gut – kommen wir zur Sache!«

Mein Verteidiger ist ein herzensguter, jedenfalls ein argloser Mensch,
Sohn aus gutem Haus, rechtschaffen bis in die Kleidung, etwas verhemmt,
doch sogar seine Hemmungen werden zu Manieren, und vor allem ist er
gerecht, kein Zweifel, gerecht bis in die Nebensächlichkeit, gerecht zum
Verzweifeln, gerecht aus einer beinahe schon angeborenen Überzeugung
heraus, daß es Gerechtigkeit gebe zumindest in einem Rechtsstaat, zumindest in der Schweiz. Dabei ist er nicht dumm. Er weiß sehr viel, zuverlässig
wie ein Lexikon, vor allem in schweizerischen Belangen, so daß es eigentlich keinen Sinn hat, mit meinem Verteidiger über die Schweiz zu reden;
jeder Gedanke, der die Schweiz etwa in Frage stellt, erstickt unter einer
Fülle historischer Tatsachen, die nicht zu bestreiten sind, und am Ende,
wenn man seine Schweiz nicht einfach lobt, hat man immer unrecht, in
der Tat, genau wie mit diesem Geläute ihres Münsters. Vielleicht ist es
nur seine Temperamentlosigkeit, was mich so maßlos reizt, seine Korrektheit, seine Mäßigkeit; er ist mir an Intelligenz überlegen, doch verwendet
er seine ganze Intelligenz lediglich darauf, keine Fehler zu machen. Ich
finde diese Leute gräßlich! Ich kann ihm nichts vorwerfen, er hält mich
für einen herzensguten, jedenfalls arglosen, im Grunde durchaus vernünftigen Menschen, einen Menschen guten Willens, einen Schweizer. In diesem Sinn verteidigt er mich und bringt mich jedesmal zum Platzen. Dann
drehe ich mich auf dem Absatz, lasse ihn auf der Pritsche sitzen und zeige
ihm meinen Rücken, schweige bis zur Unflätigkeit, Blick in die alten Kastanien hinaus, Hände in den Hosentaschen, einfach weil ich Leute seiner
Art, die sich selbst und daher auch mir keinen Mord zutrauen können, auf
die Dauer nicht ertrage.

»Ich verstehe Sie vollkommen«, sagt er, »ich verstehe Sie vollkommen!
Sie sind ungehalten über die Schweiz, die Sie mit Untersuchungshaft empfängt, begreiflicherweise, ich meine: begreiflicherweise ungehalten, denn
es ist bitter, die Heimat durch ein Gitter zu sehen –«

»Was heißt Heimat?« frage ich.

»Nur« – überspringt er meine immerhin nicht unwesentliche Frage –
»erschweren Sie mir nicht die Verteidigung. Leider sind gewisse Äußerungen, die Sie anläßlich Ihrer Verhaftung gemacht haben sollen, bereits in die
Presse gekommen. Wozu böses Blut machen! Ich ersuche Sie in Ihrem ei-

genen Interesse, jede Kritik an unserem Land, das ja schließlich auch Ihre Heimat ist, fortan zu unterlassen.«

»Was habe ich denn gesagt?«

»Man ist hier sehr empfindlich«, antwortet er mit schöner Offenheit, zugleich mit spürbarer Weigerung, Bemerkungen gegen die Schweiz mit eigenem Mund auszusprechen, und fährt fort: »– um bei unsrer Sache zu bleiben: Ich habe inzwischen sämtliche Akten gelesen, und wenn Sie jetzt die Güte haben, mich wenigstens in großen Zügen zu unterrichten, wo und wie Sie diese letzten sechs Jahre verbracht haben –«

Das fragt er mich jedesmal. Dabei habe ich geschworen, ohne Whisky keine Aussage zu machen. Es ist ein ganzes Dossier, was er aus seiner Ledermappe zieht, voll, so daß man es ohne vorheriges Öffnen der Klammer nicht einmal blättern kann. Ich lachte ihm ins Gesicht. Er ist überzeugt, daß dieses Dossier zu mir gehört, nicht abzuhalten von stundenlangen Verlesungen. Als wäre die Langeweile, womit er mir Tag für Tag zusetzt, nicht auch eine Art von Folterung!

»Herr Doktor«, unterbrach ich heute, »ich komme gerade aus Mexiko –«

»Das behaupten Sie, ich weiß.«

»– ich komme gerade aus Mexiko«, wiederholte ich, »und Sie können mir glauben, die berühmten Menschenopfer der Azteken, die menschliche Herzen aus dem lebendigen Leibe schnitten, um sie den Götzen zu opfern, sind ein Kinderspiel, verglichen mit der Behandlung an der schweizerischen Grenze, wenn ein Mensch ohne Papiere kommt – oder mit falschen Papieren – ein Kinderspiel!«

Er lächelte nur.

»Sie geben also zu, Herr Stiller, daß es mit Ihren amerikanischen Papieren nicht stimmt?«

»Ich heiße nicht Stiller!«

»Man hat mich informiert«, sagte er mit einer Ruhe, als hätte ich nicht gebrüllt, »daß Sie voraussichtlich – voraussichtlich! – niemand anders als Anatol Ludwig Stiller sind, geboren in Zürich, Bildhauer, verheiratet mit Frau Julika Stiller-Tschudy, seit sechs Jahren verschollen, zuletzt wohnhaft Steingartengasse 11, Zürich. Ich habe das Amt übernommen –«

»Herrn Anatol Stiller zu verteidigen.«

»Ja.«

»Mein Name ist White.«

Aber ich kann es ihm nicht klarmachen, und wenn ich es hundertmal sage. Unser Gespräch verläuft wie eine Grammophonplatte, wenn die Nadel an einer bestimmten Stelle immer wieder in die gleiche Rille rutscht.

»Wieso«, fragt er, »wieso sind Sie nicht Stiller?«

»Weil ich's nicht bin.«

»Wieso nicht!« sagt er, »man hat mich informiert.«

Schließlich schweige ich. Seine Zeit ist begrenzt; darin liegt meine einzige Rettung vor diesem herzensguten Herrn, der sich für meinen Verteidiger hält, infolgedessen beleidigt ist, daß ich ihm, nachdem er das ganze Dossier gelesen hat, nicht entgegenkomme. Schließlich steckt er's in die Ledermappe, würgt wortlos an dem Scharnier herum, bis es endlich einschnappt, und erhebt sich, prüft, ob er alles habe, Füllfeder, Brille, und gibt mir seine Hand wie nach einer verlorenen Tennispartie, dazu die Mitteilung, wann er am nächsten Tag wiederkommen wird ...

PS.

Er sei von meiner Unschuld überzeugt. Was heißt das? Plötzlich kommt mir der Gedanke, daß gegenüber Stiller, dem Verschollenen, irgendein Verdacht besteht; daher das dringende Bedürfnis der hiesigen Behörde, ihren verschollenen Bürger zu finden, um etwas abzuklären.

Knobel (so heißt mein Wärter) ist eine Seele von Mensch, der einzige, der mir glaubt, wenn ich etwas erzähle. Während er die Zelle putzt, liege ich auf der Pritsche, und er putzt, bis das Wasser, wenn er den Lappen auswringt, klar wie zum Trinken ist. Mit allem Äußerlichen, scheint es, nehmen sie es sehr genau. Sogar die Gitterstäbe werden hierzulande abgestaubt.

»Wenn Sie's schon selber behaupten« sagt mein Wärter, »daß Sie Ihre Gattin ermordet haben –«

Früher, vor vierzehn Jahren, war er Gemüsehändler, hatte einen Karren und ein Pferd, von dem er sehr zärtlich redet, Rösli genannt. Erst meinte ich, er rede von seiner Frau. Seit er Witwer ist, arbeitet er als Wärter, bezeichnet mich als den ersten in seiner ganzen Laufbahn, der nicht jedesmal, wenn man die Zelle putzt, seine Unschuld beteuert. Er kann es nicht mehr anhören, sagt er, dieses Geschwätz von lauter Ehrenmännern. Es muß widerlich sein. In der nächsten Zelle, vernehme ich, wohnt ein Bankier, der stundenlang weint, und in der übernächsten ein Zuhälter, der ebenfalls nur in Ehrbegriffen redet. Mein Wärter ist froh um mich, glaube ich.

Als Gemüsehändler, damals noch unter dem Pantoffel seiner Frau, hat er sich offenbar ein Untersuchungsgefängnis sehr anders vorgestellt. Da wird man etwas zu hören bekommen! hat er gemeint. Aber keine Spur! Wenn er Verbrecher hören will, muß er ins Kino laufen (so sagt er) wie jeder andere ... Er versteht, daß ich von meinem ersten Mord, da es sich um meine Gattin handelt, nicht gern rede.

»Aber Ihr zweiter Mord?« fragt er.

»Mein zweiter«, sage ich und häute die Wurst, »das war eine Bagatelle, da wußte ich ja bereits, daß ich ein Mörder bin, und brauchte keine besondere Stimmung mehr dazu – das war im Dschungel.«

»Sie sind im Dschungel gewesen, Mister White?«

»Das will ich meinen.«

»Tonnerwetter!« sagt er, »Tonnerwetter!«

»Sie wissen, was Dschungel ist?«

»Nur so aus Kulturfilmen, Mister White.«

»Genau so«, sage ich und mache eine ziemliche Pause, bevor ich zur Sache komme, »– ich wußte doch, daß dieser Schmitz sich in Jamaika umhertreibt, monatelang trug ich den Dolch in meinem linken Stiefel.«

»Wer ist Schmitz?«

»Direktor Schmitz!« sage ich.

»Kenne ich nicht.«

»Der Haaröl-Gangster!« sage ich, »so ein Millionär, wissen Sie, dem in einem ordentlichen Rechtsstaat nicht beizukommen ist.«

»Und den haben Sie mit einem Dolch –?«

»Klar.«

»Tonnerwetter!« sagt er.

»Mit einem indianischen.«

Leider, da er acht Zellen zu betreuen hat, ist seine Zeit jedesmal beschränkt. Er bleibt hier ohnehin schon länger als bei den andern, den Ehrenmännern. Er ist wirklich eine Seele von Mensch, indem er mir jedesmal, wenn sie die Häftlinge mit ihrem überfälligen Schweizerkäse füttern, einen Cervelat bringt, und zwar aus seinem eigenen Geld. Zwar ist auch Cervelat (Bierwurst) nicht eben meine Leibspeise, zumal nicht ohne Bier, es ist eine etwas knoblauchartige Wurst, die man nach Stunden, wenn man an ganz andere Dinge denkt, noch immer riecht; aber seine Geste rührt mich als Geste.

Frau Julika Stiller-Tschudy, die Gattin des Verschollenen, hat bessere Fotos angefordert, um sich eine unnötige Reise von Paris hierher zu ersparen. Dreiviertel Stunden lang umstellen sie mich mit ihren Lampen, so daß man natürlich schwitzt; dazu immer die Anweisung:

»Bleiben Sie ganz ungezwungen!«

Ich sitze in meiner Zelle, Blick gegen die Mauer, und sehe die Wüste. Beispielsweise die Wüste von Chihuahua. Ich sehe ihre große Öde voll blühender Farben, wo sonst nichts anderes mehr blüht, Farben des glühenden Mittags, Farben der Dämmerung, Farben der unsäglichen Nacht. Ich liebe die Wüste. Kein Vogel in der Luft, kein Wasser, das rinnt, kein Insekt, ringsum nichts als Stille, ringsum nichts als Sand und Sand und wieder Sand, der nicht glatt ist, sondern vom Winde gekämmt und gewellt, in der Sonne wie mattes Gold oder auch wie Knochenmehl, Mulden voll Schatten dazwischen, die bläulich sind wie diese Tinte, ja wie mit Tinte gefüllt, und nie eine Wolke, nie auch nur ein Dunst, nie das Geräusch eines fliehenden Tieres, nur da und dort die vereinzelten Kakteen, senkrecht, etwas wie Orgelpfeifen oder siebenarmige Leuchter, aber haushoch, Pflanzen, aber starr und reglos wie Architektur, nicht eigentlich grün, eher bräunlich wie Bernstein, solange die Sonne scheint, und schwarz wie Scherenschnitte vor blauer Nacht – all dies sehe ich mit offenen Augen, wenn ich es auch nie werde schildern können, traumlos und wach und wie jedesmal, wenn ich es sehe, betroffen von der Unwahrscheinlichkeit unseres Daseins. Wieviel Wüste es gibt auf diesem Gestirn, dessen Gäste wir sind, ich habe es nie vorher gewußt, nur gelesen; nie erfahren, wie sehr doch alles, wovon wir leben, Geschenk einer schmalen Oase ist, unwahrscheinlich wie die Gnade. Einmal, irgendwo unter der mörderischen Glut eines Mittags ohne jeglichen Wind, hielten wir an; es war die erste Zisterne seit Tagen, die erste Oase auf jener Fahrt. Ein paar Indianer kamen heran, um unser Vehikel zu besichtigen, wortlos und schüchtern. Wieder Kakteen, dazu ein paar verdörrte Agaven, ein paar serbelnde Palmen, das war die Oase. Man fragt sich, was die Menschen hier machen. Man fragt sich schlechthin, was der Mensch auf dieser Erde eigentlich macht, und ist froh, sich um einen heißen Motor kümmern zu müssen. Ein Esel stand im Schatten unter einem verrosteten Wellblech, Abfall einer fernen und kaum noch vorstellbaren Zivilisation, und um die fünf Hütten aus ungebranntem Lehm, fensterlos wie vor tausend oder zweitausend Jahren, wimmelte es natürlich von Kindern. Gelegentlich fuhren wir weiter. In der Ferne sahen wir die roten Gebirge, doch kamen sie nicht näher, und oft, wiewohl man den kochenden Motor hörte, konnte ich einfach nicht unterscheiden, ob man eigentlich fährt oder nicht fährt. Es war, als gäbe es keinen Raum mehr; daß wir noch lebten, zeigte uns nur noch der Wechsel der Tageszeit. Gegen Abend streckten sich die Schatten der haushohen Kakteen, auch unsere Schatten; sie flitzten neben uns her mit Hundertmeterlänge auf dem Sand, der nun die Farbe von Honig hatte, und das Tageslicht wurde dünner und dünner, ein durchsichtiger Schleier vor dem leeren All. Aber noch schien die Sonne. Und in der gleichen Farbe wie die Kuppen von Sand, die von der letzten Sonne gestreift wurden, erschien der übergroße Mond aus einer violetten Dämmerung ohne Dunst. Wir fuhren, was unser Jeep herausholte, und dabei nicht ohne jenes feierliche Bewußtsein, daß unsere Augen durchaus die einzigen sind, die all dies sehen; ohne sie, ohne unsere sterblichen Menschenaugen, die durch diese Wüste fuhren, gab es keine Sonne, nur eine Unsumme blinder Energie, ohne sie keinen Mond; ohne sie keine Erde, überhaupt keine Welt, kein Bewußtsein der Schöpfung. Es erfüllte uns, ich erinnere mich, ein feierlicher Übermut; kurz darauf platzte der hintere Pneu.

Ich werde die Wüste nie vergessen!

Ich sitze in meiner Zelle, Blick gegen die Mauer, und sehe Mexiko, die schwimmenden Gärten von Mexiko, Gondeln auf bräunlichem Gewässer mit blinkenden Spiegelungen der Bläue, Gondeln, die fast lautlos gleiten, alle mit frischen Blumen verziert, ein Korso auf Kanälen, ringsum die Gärten voll ewigem Frühling, Arkadien, aber indianisch. In einem schmalen Kanoe, dessen Rand kaum über das bräunliche und unter den Rudern blaternde Wasser ragt, paddelt sich eine alte Indianerin heran, ihren Säugling auf dem Rücken gebunden; mit weicher leiser Stimme bietet sie ein Sträußlein an, Orchideen, wie ich sie nie gesehen habe, gebüschelt mit einem meisterlichen Geschmack aus alter Herkunft. Die Azteken hatten kein Fest ohne Blumen. Ein andrer, ein Mischling, will Pulque verkaufen, den mexikanischen Volksschnaps, hergestellt aus dem Saft der Agaven; er schwenkt den Becher in dem trüben Gewässer und reicht mir das Getränk. Es schmeckt nach Gärung, nach klebriger Schwüle und Süßlichkeit der Tropen. Und ringsum in den Gondeln sitzen Familien mit Kind und Kegel, es ist Sonntag (wie heute), alles ißt und trinkt und läßt es sich wohl sein. Ein Liebespaar im ersten Anfang, sie sitzen aufrecht nebeneinander und halten sich die Hand, hat eine Gondel voll Musikanten gemietet, voll Gitarren und mexikanischen Riesenhüten, voll Honigstimmen aus dunklen Räubergesichtern. Es ist ein Korso des Volkes, halb echt und halb Kitsch, und ich denke an die Wüste zurück: Das ist es, was die Menschen machen auf Erden! Ein junges Mädchen liegt bäuchlings auf dem Bug einer Gondel, läßt beide Arme in das langsam ziehende Wasser hangen, stillselig, während anderswo ein lautes Gelächter platzt. Die meisten aber sind still, wie gesagt, und fast stumpf, mindestens dösig; ich sehe Gesichter, die schön sind wie aus einem verlorenen Paradies, fremd, ein allerletzter Rest von der großen Stadt der Azteken, die von einem See umgeben war, zugänglich nur auf zwei Dämmen, ein indianisches Venedig, wie die spanischen Chronisten es nannten. Für die Indianer, die ja das Rad nicht kannten, war das Wasser der beste Weg, und der See muß paradiesisch gewesen sein; Teile vom Ufer, heißt es, lösten sich ab und schwammen als Inseln mit ihren Blumen. Die Indianer, das Blumenvolk, flochten Flöße aus Rohr, luden Erde darauf und Tang, pflanzten sogar kleine Bäume und ruderten diese blühenden Inseln umher; daher der Name: Die schwimmenden Gärten. Der See ist später versumpft, vertrocknet bis auf diese bescheidene Pfütze, wo nun die sonntäglichen Gondeln, halb echt und halb kitschig, gerade noch an den Untergang eines wunderbaren Volkes erinnern, und das moderne Mexiko, die City mit ihren schlechten und ihren guten Hochhäusern, steht buchstäblich auf einem Morast, man sieht es, wie ihre Bauten in den Boden versinken, unaufhaltsam, einige Zentimeter jedes Jahr ... Und ich sehe das rötliche Land ringsum, die Pyramiden, die Lava, die tote Schlange auf der Straße, von einem Pneu zerquetscht, und die Aasgeier, die warten, und ich sehe die wuchernden Orchideen an den Telefondrähten, die großen und wie Pilze geformten Hüte der mexikanischen Männer, ihre weißen Baumwollblusen, dazu ihre rötliche Haut. Markt in Mexiko! Man erinnert sich an Farbfilme, und genau so ist es, malerisch, sehr malerisch, und doch, in Wirklichkeit, gibt es Augenblicke, wo man sich plötzlich fürchtet. Es stinkt nach einem toten Hund. Kinder sitzen mit nacktem Hintern auf dem Unrat, auf der Fäulnis alter Früchte. Auf dem Boden liegt die Ware, ich sehe sie noch heute: Bohnen und Erbsen, Nüsse, Früchte, die ich zum erstenmal sehe, dazwischen Zuckerzeug, von Fliegen umwimmelt, und Fische, die in der glühenden Sonne verwesen. Ein Schreiner nebenan zimmert Kindersärge, stapelweise, roh und billig. Und Bäuerinnen, die auf dem Pflaster hocken, verkaufen Töpferei, Erinnerung an indianische Muster, aber roh und billig. Wunderbar sind die vielen Blumen, deren Duft aber nicht aufkommt; wo es nicht nach dem entsetzlichen Fleisch stinkt, das an der Sonne verdirbt, stinkt es nach Kloake, und man muß sich zusammennehmen, daß man den Ekel nicht auf die Menschen überträgt. Es ist kein Slum, was ich sehe, sondern ein Markt unter offenem Himmel, und der Ort heißt, glaube ich, Amecamea, ein schöner Markt, nicht traurig, nur unheimlich. Die Verrotzung hat etwas Dämonisches, etwas von einem Fluch, der alles, was da blühen und duften könnte, in Gestank verwandelt, in Fäulnis und Verwesung. Und der Mensch wehrt sich schon gar nicht mehr; niemand räumt den toten Hund zur Seite; nur manchmal scheucht man mit müder Bewegung wenigstens die Fliegen weg, bevor man die Tortilla in den Mund schiebt. Klumpfüße und andere Verkrüppelungen gehören dazu, Sonne und Bläue wirken wie ein blanker Hohn. Ein Gefühl: Was ist los? begleitet mich seltsam. Aber nichts ist los! Alles ist sehr malerisch, das milde Bernsteinlicht unter den großen Tüchern, darunter die Gesichter der fremden Frauen; darüber der verbröckelnde Barock einer spanischen Kirche, ein Kreuz aus Grünspan, Orchideen überall. Und zwischen den grünen Blättern der Bananenpalmen, die wie große zerfranste Fahnen hangen, sehe ich den ewigen Schnee auf dem Popocatepetl, dem Rauchenden Berg, der nicht mehr raucht, ein weißes Zelt, wunderbar. Wo ist das Unheimliche? Und wo immer unser Wagen stoppt, um Benzin zu tanken, sehe ich einen Blinden, der die Hand streckt. In den Kaffeeplantagen gibt es eine Fliege, deren Stich zuerst einen eitrigen Pickel verursacht, der sich entfernen ließe; doch gibt es keinen Arzt, kein Geld für einen Arzt. Dann gehen die Maden ins Blut, schließlich in die Augen, die nun wie Spiegeleier zerlaufen, ein weißlich-gelblicher Brei. So stehen sie da, Greise und Knaben, blind und mit leerer Hand. Einer singt zur Drehorgel. Und auf den Dächern hocken die Zopilote, die großen stinkenden Vögel, die, wenn man auf einsamen Wegen fährt, oft scharenweise aufflattern von einem Kadaver, von einer zerquetschten Schlange, von einem verwesenden Esel oder von einem Ermordeten, den noch niemand vermißt; man sieht sie allenthalben, diese Vögel, schwarz und häßlich und plump hocken sie auf den Dächern über dem malerischen Markt: Aasgeier, die Vögel von Mexiko.

Und doch war es schön!

Warum bin ich nicht drüben geblieben –

Zum Glück ist mein Staatsanwalt (oder Untersuchungsrichter; ich kenne mich in diesen Dingen nicht aus) eine sympathische Persönlichkeit, ein Skeptiker, der auch sich selbst nicht alles glaubt, übrigens der erste mit der Höflichkeit, zu klopfen, bevor er in die Zelle tritt.

»Ich denke«, lächelte er, »Sie wissen, wer ich bin.«

»Herr Staatsanwalt?«

Sein Lächeln bleibt mir unerklärlich. Beide Hände in die Rocktaschen geschoben, irgendwie befangen – mein allererster Eindruck: Was will mir dieser Mann gestehen? – mustert er mich lange, vergißt sich wie in heimlichen Gedanken, die ihn betreffen, und wirkt für eine Weile wie taub, mustert mich so unverhohlen, wie Erwachsene es selten tun, und jedenfalls länger als anständig, so daß er, da es ihm bewußt wird, ein wenig errötet. »Sie rauchen?« fragte er, und da ich ablehne, fügt er, indem er sich selbst mit einer Zigarette bedient und nach seinem Feuerzeug sucht, hinzu: »– ich komme übrigens ganz persönlich. Betrachten Sie es keineswegs als ein Verhör. Es drängte mich, Sie kennenzulernen . . .«

Pause.

»Sie rauchen wirklich nicht?« fragt er.

»Nur Zigarren.«

»Meine Frau läßt Sie grüßen«, sagt er, indem er sich auf die Pritsche setzt wie ein alter Besuch, einen Aschenbecher sucht, bloß um mich nicht anzusehen, glaube ich, »– vorausgesetzt, daß Sie tatsächlich Herr Stiller sind!«

»Mein Name ist White!« sage ich.

»Ich will der Untersuchung keineswegs vorgreifen«, sagt er mit einem Unterton von Entschuldigung oder Erleichterung, raucht und weiß offensichtlich nicht sofort, was er unter diesen Umständen weiter sagen soll, erst nach einigen Minuten, nach einem plötzlich ganz unpersönlichen und von seiner Geistesabwesenheit verdünnten Geplauder über den heutigen Straßenlärm, insbesondere über Motorroller, und über das Faktum, daß Whisky, überhaupt Alkohol, in der Untersuchungshaft ›leider‹ strengstens verboten ist, erklärt er übergangslos: »– Was mich betrifft, habe ich Stiller nie gesehen. Mindestens nicht mit Bewußtsein. Einmal kam es zu einem Gespräch am Telefon, wie Sie vielleicht wissen, es war ein Anruf aus Paris, doch kann ich nicht wissen, ob Sie das gewesen sind.«

Dann wechselt sein Ton; plötzlich wird er gemütlich:

»Sie haben Ihre Gattin ermordet, Mister White?«

Auch er, habe ich das Gefühl, glaubt mir nicht. Er lächelt, verliert aber sein Lächeln, da wir uns wortlos anblicken, und erkundigt sich, wieso ich meine Gattin ermordet habe.

»Weil ich sie liebte«, sage ich.

»Ist das ein Grund?«

»Sehen Sie«, erkläre ich ihm, »es war ein Opfer für sie, an meiner Seite zu leben. Das fanden auch alle meine Bekannten, ganz zu schweigen von ihren Bekannten. Sie selbst sagte ja kaum ein Wort, wie sie unter mir zu leiden hatte. Sie war ein sehr nobler Mensch, wissen Sie, und da könnten Sie fragen, wen Sie wollen, Herr Staatsanwalt, das fanden alle. Einen so noblen, sagten alle, einen so feinen Menschen wie meine Gattin hätten sie noch nie gesehen. Und dabei verkehrten wir fast nur in gebildeten Kreisen. Übrigens fand ich es selber, ich bewunderte sie, wissen Sie. Das Noble zog mich an. Das war ihr Unglück. Ich kann Ihnen nicht erzählen, wie oft mir diese Frau verziehen, wie oft!«

»Was?«

»Daß ich so bin, wie ich bin.«

Hin und wieder stellt er Fragen; zum Beispiel:

»Haben Sie oft gestritten?«

»Nie.«

»Auch vor dem Mord nicht?«

»Schon gar nicht«, sage ich, »sonst wäre es ja nicht dazu gekommen. Sie können sich offenbar meine Ermordete nicht vorstellen, Herr Staatsanwalt. Jedes laute Wort war ihr so ferne, daß ich mich auch nicht getraute. Ich sage Ihnen doch, sie war ein so nobler Mensch, daß alle unsere Bekannten nie zuvor einen so noblen Menschen getroffen hatten. Und mit einem so noblen Menschen verheiratet zu sein, Herr Staatsanwalt, können Sie sich das vorstellen? Ich war neun Jahre lang verschwitzt, sehen Sie, vor schlechtem Gewissen. Und wenn ich es einmal pro Woche nicht aushielt, mein schlechtes Gewissen, und beispielsweise einen Teller an die Wand schmetterte, kam ich mir angesichts meiner Frau wie ein Mörder vor – ihr Mörder, jawohl, so schwer hatte es diese zarte Frau mit mir!«

»Hm«, sagt er.

»Es ist nicht zum Lächeln«, sage ich, »es hat mich Jahre meines Lebens gekostet, bis ich einsah, daß ich ihr Mörder bin, und endlich die Konsequenzen zog.«

»Hm«, sagt er.

»Ich leugne nichts«, sage ich, »aber warten Sie auch nicht auf mein schlechtes Gewissen, Herr Staatsanwalt, ich habe keines mehr. Irgendwie ist es einfach verbraucht. Ich hatte so viel schlechtes Gewissen, solange sie lebte. Es war furchtbar für sie, einfach furchtbar, an meiner Seite leben zu müssen.«

»Und drum haben Sie sie – ermordet?«

Ich nicke.

»Verstehe«, sagt er.

»Man hält das nicht aus«, sage ich, »man kann nicht jahrelang ein schlechtes Gewissen haben, Herr Staatsanwalt, ohne zu verstehen, warum man ein schlechtes Gewissen hat!«

Usw.

Ich weiß nicht, ob er mich versteht.

Einmal in der Woche, jeden Freitag, können wir duschen, je zehn Minuten, je zehn Häftlinge zusammen. Sonst sehe ich ja meine Nachbarn nie, dann aber splitternackt und unter dampfigem Gerausch, so daß man kaum zusammen sprechen kann. Einer, der sich unschuldig findet, seift sich aus Trotz nicht ein. Ein kleiner Italiener singt jedesmal. Physiognomien unter der Dusche, von Strähnen nassen Haares und Seifenschaum entstellt, sind kaum zu lesen; hinzu kommt die Nacktheit des ganzen Körpers, und gewohnt, das Gesicht als das Einzignackte zu sehen, ist man gleichsam gezwungen, ihre ganzen Körper zu mustern, was wenig Vergnügen macht. Höchstens zu erraten: ein Arbeiter, ein Intellektueller, ein Sportler, ein Angestellter. Im großen ganzen sind unsere nackten Körper durchaus peinlich, weil ausdruckslos, bestenfalls natürlich, meistens etwas komisch. Ich habe mich mit einem deutschen Juden verbündet; wir seifen uns gegenseitig den Rücken, da auch er nicht überall hinkommt, und sind uns darin einig, daß man täglich duschen müßte. Nach einigem fast knabenhaftem Gekreisch wegen der plötzlichen Kälte des Wassers, womit uns der Oberwärter in den Trockenraum treibt, sind alle sehr still, frottieren sich und haben Gesichter von säuglinghafter Rosigkeit, dazu Haare wie Buben. Es sind außer mir, wie mich dünkt, keine Schwerverbrecher dabei. Dank dem Umstand, daß sie mich (als ›Stiller‹) ebenfalls ans Ende des Alphabets stellen, kann ich mich jedesmal noch eine Weile mit dem deutschen Juden unterhalten. Die Körperpflege in der Schweiz, finden wir beide, steht in einem bemerkenswerten Widerspruch zu ihrer sonstigen Reinemacherei.

Er erzählt mir von seiner hiesigen Wohnung, wo er, laut Vertrag, ebenfalls nur am Wochenende mit warmem Wasser duschen durfte. Dann Einzelmarsch in die Zellen, das Frottiertuch um den Hals.

Heute erhalte ich folgenden Brief:

»Lieber Bruder! – Du kannst dir denken, daß ich seit dieser Nachricht von der dortigen Kantonspolizei fast kein Auge mehr geschlossen habe, auch Anny ist ganz aufgeregt. Anny ist meine liebe Frau, ihr werdet euch sicher gut mögen! Aber nimm es nicht übel, daß ich nicht gleich nach Zürich komme, was im Augenblick hier rein unmöglich ist. Hoffentlich bist du wenigstens nicht krank, lieber Bruder, das Foto hat mich erschreckt wegen deiner derzeitigen Magerkeit, so daß ich dich wahrhaftig kaum kenne. Bist du schon bei Vater im Altersasyl gewesen? Laß dich ja nicht von ihm verwirren, er ist halt alt geworden und du kennst ihn ja. Dann weißt du, daß Mutter gestorben ist. Sie hat weniger gelitten, als man leider hat befürchten müssen. Wir werden dann miteinander auf ihr Grab gehen. Bei der Meldung von der Kantonspolizei, daß du wieder da bist, habe ich am meisten grad an Mutter denken müssen, denn sie hat dich manchmal von Stunde zu Stunde erwartet, ohne es zu verraten, aber wir merkten es nur zu gut, warum sie dann länger aufblieb, weil sie im stillen ganz überzeugt war, du kommst heute abend. Mutter hat dich immer in Schutz genommen, nur daß du's weißt, und nur jedesmal gesagt, daß du hoffentlich wenigstens glücklich bist mit deinem Leben.

Wir sind natürlich sehr neugierig, lieber Bruder, denn hier hat sich nicht viel ereignet, ich bin hier Verwalter, mit meiner Farm in Argentinien ist also nichts geworden, denn man konnte Mutter gerade in jener Zeit ganz unmöglich einfach allein lassen, aber es geht uns sehr ordentlich.

Hast du eigentlich noch gehört, daß euer Freund Alex sich das Leben genommen hat? Man sagte es wenigstens, er hat sich unter den Gasherd gelegt, glaube ich. Oder war Alex nicht euer Freund? Ich will dir aber nicht lauter Todesanzeigen auftischen, sondern dir nochmals sagen, wie sehr wir uns freuen. Von Julika brauche ich dir wohl nicht zu schreiben, heute soll es ihr ja viel besser gehen laut Zeitung. Sie kam damals noch zu Mutters Begräbnis. Ich begreife schon, daß sie uns als deine Familie dann nicht mehr sehen wollte. Aber sie lebt wohl noch immer in Paris. Vielleicht hast du Julika schon gesprochen.

Hoffentlich kränkt es dich nicht, ich muß jetzt leider abbrechen, denn wir haben gerade Obstschau mit einem Besuch von einem Bundesrat, und ich habe kaum noch eine richtige Frage nach deinem Leben und deiner Zukunft gestellt. Ich wünsche dir, lieber Bruder, daß du sehr bald frei bist! Bis dahin herzlich

dein Wilfried.

Sobald ich vom Betrieb hier für zwei Tage loskomme, werde ich dich ganz sicher besuchen, heute wollte ich dir nur schreiben, daß du natürlich ohne weiteres jederzeit bei uns draußen wohnen kannst.«

Man glaubt mir überhaupt nichts, und am Ende muß ich wohl noch schwören, daß die Finger, womit ich schwöre, meine eigenen Finger sind. Es ist wirklich zum Lachen. Heute sage ich zu meinem Verteidiger:

»Natürlich bin ich Stiller.«

Da starrt er mich an:

»Was soll das heißen?«

Zum allerersten Mal, siehe da, erwacht der Gedanke in seinem rechtschaffenen Hirn, daß ich, in der Tat, jemand anders sein könnte als ihr verschollener Herr Stiller. Aber wer? Ich mache ihm Vorschläge: vielleicht ein sowjetischer Agent mit amerikanischen Papieren. Er verbittet sich Witze, alles Sowjetische eignet sich seiner Meinung nach sowieso nicht für Witze; das ist einfach zu böse, so wie anderseits alles Schweizerische einfach zu gut ist, um sich für Witze zu eignen. Ich schlage vor: Vielleicht bin ich ein SS-Mann, der eine Weile untergetaucht ist und wieder Einsatz wittert, der unbekannte Kriegsverbrecher mit Ost-Erfahrung, die sehr gefragt ist. Wie beweise ich aber, daß ich ein Kriegsverbrecher bin? Ich kann's noch so treuherzig behaupten, ohne Beweis lassen sie mich nicht auf freien Fuß. Mein Verteidiger glaubt mir nicht einmal, daß Mexiko schöner ist als die Schweiz. Er wird, sobald ich erzähle, nur nervös:

»Was hat das mit unserer Sache zu tun!«

Wie man der Kobra, um sie zu dem berühmten Schlangentanz der Indios gebrauchen zu können, den Giftzahn ausreißt, interessiert meinen Verteidiger nicht. Wie die Indios sich zum Tode stellen, noch weniger. Wer die Ermordung der mexikanischen Revolutionäre veranlaßte, auch nicht. Und daß den Aasgeiern der mexikanische Himmel, den Amerikanern aber die mexikanischen Bodenschätze gehören, bezweifelt er. Es ist wirklich nicht leicht, diesen Mann täglich eine Stunde lang zu unterhalten.

Mitten in der Erzählung, die wenigstens mich selbst begeistert, unterbricht er:

»Orizaba – wo liegt das?«

Dazu zückt er seinen Eversharp, läßt keine Ruhe, bis er meine ebenso höfliche wie knappe Antwort notieren kann; sofort fragt er weiter:

»Und dort haben Sie also gearbeitet?«

»Das habe ich nie behauptet!« sage ich, »Geld habe ich verdient und gelebt.«

»Wie?«

»Danke«, sage ich, »ausgezeichnet.«

»Ich meine: wie haben Sie das Geld verdient?«

»Wie man das Geld eben verdient –«, sage ich, »jedenfalls nicht mit eigener Arbeit.«

»Sondern?«

»Mit – Ideen«, sage ich.

»Erklären Sie sich genauer.«

»Ich war so eine Art von Verwaltungsrat –«, sage ich und mache eine Geste biederen Gewinns, »– auf einer Hazienda.«

Die Geste will er nicht gesehen haben.

»Was heißt Hazienda?«

»Großgrundbesitz«, sage ich, schildere ausführlich genug meine Position, die unscheinbar war, aber Treffpunkt der unerläßlichen Schmiergelder von beiden Seiten, und meine diesbezüglichen Ideen, dann auch die topographische Lage von Orizaba, die paradiesisch ist, nahe der tropischen Zone, jedoch gerade noch über dieser Zone, die ich nicht leiden kann mit ihrem schwülen Gewucher, mit ihren üppigen Schmetterlingen, mit ihrer schleimigen Luft und ihrer feuchten Sonne, mit ihrer klebrigen Stille voll mörderischer Befruchtung, gerade noch über dieser Zone liegt Orizaba auf einem Plateau, das die Lüfte aus dem Gebirge hat, hinter sich sieht man den weißen Schnee des Popocatepetl, vor sich den verblauenden Golf von Mexiko, eine Riesenmuschelbläue, ringsum aber einen blühenden Garten etwa von der Größe eines schweizerischen Kantons, blühend von Orchideen, die hier wie Unkraut wuchern, doch blühend auch von nützlichen Gewächsen: Dattelpalmen, Feigen, Kokospalmen, Orangen und

Zitronen, Tabak, Oliven, Kaffee, Ananas, Kakao, Bananen usw. . . . Heute kommt meine Verteidiger:

»Sie scheinen über Mexiko nicht sehr unterrichtet zu sein.«

Mein Verteidiger hat gearbeitet.

»Was Sie mir gestern erzählt haben, stimmt ja hinten und vorne nicht – Bitte sehr«, sagt er und zeigt mir ein Buch aus der Städtischen Bibliothek: »Schon Benito Juarez verfolgte das Ziel, den Großgrundbesitz abzuschaffen. Es mißlang. Porfirio Diaz wurde gestürzt, weil er mit den Großgrundbesitzern regierte, und es folgte, wie Sie vielleicht wissen, eine ganze Kette blutiger Revolutionen, um den Großgrundbesitz abzuschaffen. Es wurden Klöster verbrannt, Großgrundbesitzer erschossen, und es endete mit einer Diktatur der Revolutionäre. All das können Sie hier nachlesen. Bitte sehr. Und Sie erzählen mir von einer blühenden Hazienda, die so groß sein soll wie ein schweizerischer Kanton –«

»Ja«, sage ich, »wenn nicht größer.«

Mein Verteidiger schüttelt den Kopf.

»Warum erzählen Sie mir solche Hirngespinste?« sagt er. »Sie müssen doch einsehen, daß wir auf diese Weise nie weiterkommen. Es stimmt einfach nicht! Wahrscheinlich sind Sie nie in Mexiko gewesen.«

»Bitte«, sage ich, »wie Sie wollen.«

»Wer soll denn eine solche Hazienda besitzen können«, sagt er, »im heutigen Mexiko – unter einer Regierung, die ausdrücklich jeden Großgrundbesitz untersagt?«

»Ein Mann der Regierung selbst –«

Darauf mag mein Verteidiger nicht eingehen. Es macht ihn nervös, wenn es nicht mit rechten Dingen zugeht, und vor allem kann er als ein rechtschaffener Schweizer es nicht haben, daß man sich über Mißstände amüsiert, statt sie zu verurteilen und mit Entschiedenheit hinter den Eisernen Vorhang zu verweisen. Er hielt sich denn auch sofort mit dem Hinweis, Mexiko sei kommunistisch, eine Deutung, der ich mich aus purer Sachkenntnis nicht anzuschließen vermag; ganz abgesehen von dem Umstand, daß die mexikanischen Bodenschätze vorzugsweise in amerikanischen Händen, also vorzugsweise geschützt sind, halte ich ja den Hang zum Großgrundbesitz nicht für kommunistisch, sondern für menschlich, und warum sollten wir, frei wie wir sind, nicht über alles Menschliche reden? . . . Sagt mein Verteidiger:

»Kommen wir zur Sache!«

Die Geschichte meines Hazienda-Ministers finde ich indessen so amüsant, daß ich sie nicht verschweigen kann: – Er war Fabrikant, glaube
ich, von Bürosesseln, wie jeder Staat sie in großer Anzahl braucht. Er war
nicht der einzige Fabrikant von Bürosesseln. Einmal zum Handelsminister
erkoren, so daß er in eigener Person auf einem staatlichen Bürosessel saß,
erließ er, um etwas zu machen, eine Einfuhrsperre, und groß war der Jammer aller, die Bürosessel herzustellen liebten; allenthalben begann das Material zu fehlen. Der Handelsminister hatte keinen leichten Sitz, wie man
sich denken kann, und als es soweit war, nämlich als er das Material, das
verknappte, in den Vereinigten Staaten drüben eingekauft und jenseits
der Grenze säuberlich gestapelt hatte, konnte er nicht umhin, dem Gejam-
mer der Konkurrenz nachzugeben, die Einfuhrsperre wurde für zwei Wochen aufgehoben. Alle anderen kamen freilich mit ihren Einkäufen zu
spät, machten Bankrott und waren froh um den Trust, der sich ihnen anbot. Der Handelsminister aber, obschon ihm nichts vorgeworfen werden
konnte, hatte kein Bedürfnis mehr, sich im Dienst fürs Vaterland aufzuopfern; er zog sich auf die verlotterte Hazienda zurück, womit der Staat ihn
einigermaßen belohnte, und pflegte sie mit ganzer Seele und mit einigen
tausend Landarbeitern, deren so malerische Strohhüte mir unvergeßlich
sind. Wenn wir auf der schattigen Veranda saßen, sahen wir sie immer wie
weiße Pilze draußen in blühenden und glühenden Feldern, und bald, in
der Tat, war es eine vorbildliche Hazienda, ein Paradies auf Erden ...

Vom Staatsanwalt erfahren:

Gegen Anatol Ludwig Stiller, Bildhauer, zuletzt wohnhaft in seinem Atelier an der Steingartengasse in Zürich, verschollen seit Januar 1946, besteht
irgendein Verdacht, der mir nicht näher genannt werden kann, solange es
nicht erwiesen ist, wer ich bin. Es handelt sich dabei, scheint es, um keine
Kleinigkeit. Spionage? Ich weiß nicht, was mein Vermuten gerade in diese
Richtung drängt, und im übrigen kann es mir ja gleichgültig sein; ich bin
nicht Stiller. Wie sehr sie's wünschten! Er fehlt ihnen offensichtlich, ob
schuldig oder nicht, wie im Schach ein kleiner Bauer: um mit einer ganzen
Affäre fertig zu werden. Rauschgift-Handel? Es riecht, habe ich das Gefühl, eher politisch, wobei der Verdacht seitens der Bundespolizei (ich glaube es aus der Miene meines Staatsanwalts zu lesen) auf etwas schwachen
Gründen steht; die bloße Tatsache, daß ein Mann plötzlich verschollen
ist, verlockt natürlich zu Spekulationen.

PS.

Nachträglich (ich habe unterdessen wieder einmal in der Bibel gelesen) fällt mir auf, daß mich beide, mein Verteidiger sowohl wie mein Staatsanwalt, gelegentlich gefragt haben, ob ich Russisch verstehe, eine Frage, die ich mit Bedauern verneint habe. Denn Russisch soll eine großartige Sprache sein, meinte ich, überhaupt die slawischen Sprachen ... Darf man das hier nicht sagen?

Nichts bleibt mir erspart! Demnächst wollen sie mich mit der Dame aus Paris konfrontieren; nach den Bildern eine blonde oder rötliche, als äußere Erscheinung sehr liebreizende Person, etwas hager, aber graziös. Man hat ihr, wie dem Bruder des Verschollenen, ein Foto von mir geschickt. Sie behauptet, meine Gattin zu sein, und wird mit dem Flugzeug kommen.

Spazieren im Gefängnishof: – allein! Es ist sehr angenehm, doch stimmt es mich bedenklich. Die Vergünstigung zeigt, daß die maßgebenden Herren mich immer noch (oder immer mehr) für ihren verschollenen Stiller halten. Sie lassen mich sogar ohne Wärter, und ich brauche also nicht einmal im Kreis zu spazieren, sitze auf einer Bank an der Sonne und zeichne mit einem Zweiglein in den Sand. Nur darf ich nie vergessen, meine Striche jedenfalls mit dem Schuh wieder auszulöschen, ansonst halten sie's für Kunst und sehen wieder ein Indiz darin, daß ich der Verschollene sei. Es wird Herbst. Da und dort, wie aus dem leeren Himmel, fällt ein gelbes Ahornblatt in den Sand. Man sieht es auch dem Himmel an; seine Bläue wird schon blasser, durchsichtiger. Die Luft ist frisch, vor allem am Vormittag. Eine versponnene Geräumigkeit. Tauben gurren, und wenn der Glockenschlag vom Münster dröhnt, rauschen sie wie eine silbergraue Wolke empor, ein Geflatter von Schatten folgt lautlos über die Mauern. Sie flattern auf First und Traufen, später segeln sie wieder in meinen stillen Hof herab, wackeln um meine Bank und gurren.

Ich werde ihr die kleine Geschichte von Isidor erzählen. Eine wahre Geschichte! Isidor war Apotheker, ein gewissenhafter Mensch also, der dabei nicht übel verdiente, Vater von etlichen Kindern und Mann im besten

Mannesalter, und es braucht nicht betont zu werden, daß Isidor ein getreuer Ehemann war. Trotzdem vertrug er es nicht, immer befragt zu werden, wo er gewesen wäre. Darüber konnte er rasend werden, innerlich rasend, äußerlich ließ er sich nichts anmerken. Es lohnte keinen Streit, denn im Grunde, wie gesagt, war es eine glückliche Ehe. Eines schönen Sommers unternahmen sie, wie es damals gerade Mode war, eine Reise nach Mallorca, und abgesehen von ihrer steten Fragerei, die ihn im stillen ärgerte, ging alles in bester Ordnung. Isidor konnte ausgesprochen zärtlich sein, sobald er Ferien hatte. Das schöne Avignon entzückte sie beide; sie gingen Arm in Arm. Isidor und seine Frau, die man sich als eine sehr liebenswerte Frau vorzustellen hat, waren genau neun Jahre verheiratet, als sie in Marseille ankamen. Das Mittelmeer leuchtete wie auf einem Plakat. Zum stillen Ärger seiner Gattin, die bereits auf dem Mallorca-Dampfer stand, hatte Isidor noch im letzten Moment irgendeine Zeitung kaufen müssen. Ein wenig, mag sein, tat er es aus purem Trotz gegen ihre Fragerei, wohin er denn ginge. Weiß Gott, er hatte es nicht gewußt; er war einfach, da ihr Dampfer noch nicht fuhr, nach Männerart ein wenig geschlendert. Aus purem Trotz, wie gesagt, vertiefte er sich in eine französische Zeitung, und während seine Gattin tatsächlich nach dem malerischen Mallorca reiste, fand sich Isidor, als er endlich von einem dröhnenden Tuten erschreckt aus seiner Zeitung aufblickte, nicht an der Seite seiner Gattin, sondern auf einem ziemlich dreckigen Frachter, der, übervoll beladen mit lauter Männern in gelber Uniform, ebenfalls unter Dampf stand. Und eben wurden die großen Taue gelöst. Isidor sah nur noch, wie die Mole sich entfernte. Ob es die hundsföttische Hitze oder der Kinnhaken eines französischen Sergeanten gewesen, was ihm kurz darauf das Bewußtsein nahm, kann ich nicht sagen; hingegen wage ich mit Bestimmtheit zu behaupten, daß Isidor, der Apotheker, in der Fremdenlegion ein härteres Leben hatte als zuvor. An Flucht war nicht zu denken. Das gelbe Fort, wo Isidor zum Mann erzogen wurde, stand einsam in der Wüste, deren Sonnenuntergänge er schätzen lernte. Gewiß dachte er zuweilen an seine Gattin, wenn er nicht einfach zu müde war, und hätte ihr wohl auch geschrieben; doch Schreiben war nicht gestattet. Frankreich kämpfte noch immer gegen den Verlust seiner Kolonien, so daß Isidor bald genug in der Welt herumkam, wie er sich nie hätte träumen lassen. Er vergaß seine Apotheke, versteht sich, wie andere ihre kriminelle Vergangenheit. Mit der Zeit verlor Isidor sogar das Heimweh nach dem Land, das seine Heimat zu sein den schriftlichen Anspruch stellte, und es war – viele Jahre später – eine pure Anständigkeit von Isidor, als er eines schönen Morgens durch das Gartentor trat, bärtig, hager wie er nun war, den Tropenhelm unter dem Arm, damit die Nachbarn seines Eigenheims, die den Apotheker längstens zu den Toten rechneten, nicht in Aufregung gerieten über seine immerhin ungewohnte Tracht; selbstverständlich trug er auch einen Gürtel mit Revolver. Es war ein Sonntagmorgen, Geburtstag seiner Gattin, die er, wie schon erwähnt, liebte, auch wenn er in all den Jahren nie eine Karte geschrieben hatte. Einen Atemzug lang, das unveränderte Eigenheim vor Augen, die Hand noch an dem Gartentor, das ungeschmiert war und girrte wie je, zögerte er. Fünf Kinder, alle nicht ohne Ähnlichkeit mit ihm, aber alle um sieben Jahre gewachsen, so daß ihre Erscheinung ihn befremdete, schrien schon von weitem: Der Papi! Es gab kein Zurück. Und Isidor schritt weiter als Mann, der er in harten Kämpfen geworden war, und in der Hoffnung, daß seine liebe Gattin, sofern sie zu Hause war, ihn nicht zur Rede stellen würde. Er schlenderte den Rasen hinauf, als käme er wie gewöhnlich aus seiner Apotheke, nicht aber aus Afrika und Indochina. Die Gattin saß sprachlos unter einem neuen Sonnenschirm. Auch den köstlichen Morgenrock, den sie trug, hatte Isidor noch nie gesehen. Ein Dienstmädchen, ebenfalls eine Neuheit, holte sogleich eine weitere Tasse für den bärtigen Herrn, den sie ohne Zweifel, aber auch ohne Mißbilligung, als den neuen Hausfreund betrachtete. Kühl sei es hierzulande, meinte Isidor, indem er sich die gekrempelten Hemdärmel wieder heruntermachte. Die Kinder waren selig, mit dem Tropenhelm spielen zu dürfen, was natürlich nicht ohne Zank ging, und als der frische Kaffee kam, war es eine vollendete Idylle, Sonntagmorgen mit Glockenläuten und Geburtstagstorte. Was wollte Isidor mehr! Ohne jede Rücksicht auf das neue Dienstmädchen, das gerade noch das Besteck hinlegte, griff Isidor nach seiner Gattin: »Isidor!« sagte sie und war außerstande, den Kaffee einzugießen, so daß der bärtige Gast es selber machen mußte. »Was denn?« fragte er zärtlich, indem er auch ihre Tasse füllte. »Isidor!« sagte sie und war dem Weinen nahe. Er umarmte sie. »Isidor!« fragte sie, »wo bist du nur so lange gewesen?« Der Mann, einen Augenblick lang wie betäubt, setzte seine Tasse nieder; er war es einfach nicht mehr gewohnt, verheiratet zu sein, und stellte sich vor einen Rosenstock, die Hände in den Hosentaschen. »Warum hast du nie auch nur eine Karte geschrieben?« fragte sie. Darauf nahm er den verdutzten Kindern wortlos den Tropenhelm weg, setzte ihn mit dem knappen

Schwung der Routine auf seinen eigenen Kopf, was den Kindern einen für die Dauer ihres Lebens unauslöschlichen Eindruck hinterlassen haben soll, Papi mit Tropenhelm und Revolvertasche, alles nicht bloß echt, sondern sichtlich vom Gebrauch etwas abgenutzt, und als die Gattin sagte: »Weißt du, Isidor, das hättest du wirklich nicht tun dürfen!« war es für Isidor genug der trauten Heimkehr, er zog (wieder mit dem knappen Schwung der Routine, denke ich) den Revolver aus dem Gurt, gab drei Schüsse mitten in die weiche, bisher noch unberührte und mit Zuckerschaum verzierte Torte, was, wie man sich wohl vorstellen kann, eine erhebliche Schweinerei verursachte. »Also Isidor!« schrie die Gattin, denn ihr Morgenrock war über und über von Schlagrahm verspritzt, ja, und wären nicht die unschuldigen Kinder als Augenzeugen gewesen, hätte sie jenen ganzen Besuch, der übrigens kaum zehn Minuten gedauert haben dürfte, für eine Halluzination gehalten. Von ihren fünf Kindern umringt, einer Niobe ähnlich, sah sie nur noch, wie Isidor, der Unverantwortliche, mit gelassenen Schritten durch das Gartentor ging, den unmöglichen Tropenhelm auf dem Kopf. Nach jenem Schock konnte die arme Frau nie eine Torte sehen, ohne an Isidor denken zu müssen, ein Zustand, der sie erbarmenswürdig machte, und unter vier Augen, insgesamt etwa unter sechsunddreißig Augen, riet man ihr zur Scheidung. Noch aber hoffte die tapfere Frau. Die Schuldfrage war ja wohl klar. Noch aber hoffte sie auf seine Reue, lebte ganz den fünf Kindern, die von Isidor stammten, und wies den jungen Rechtsanwalt, der sie nicht ohne persönliche Teilnahme besuchte und zur Scheidung drängte, ein weiteres Jahr lang ab, einer Penelope ähnlich. Und in der Tat, wieder war's ihr Geburtstag, kam Isidor nach einem Jahr zurück, setzte sich nach üblicher Begrüßung, krempelte die Hemdärmel herunter und gestattete den Kindern abermals, mit seinem Tropenhelm zu spielen, doch dieses Mal dauerte ihr Vergnügen, einen Papi zu haben, keine drei Minuten. »Isidor!« sagte die Gattin, »wo bist du denn jetzt wieder gewesen?« Er erhob sich, ohne zu schießen, Gott sei Dank, auch ohne den unschuldigen Kindern den Tropenhelm zu entreißen, nein, Isidor erhob sich nur, krempelte Hemdärmel wieder herauf und ging durchs Gartentor, um nie wiederzukommen. Die Scheidungsklage unterzeichnete die arme Gattin nicht ohne Tränen, aber es mußte ja wohl sein, zumal sich Isidor innerhalb der gesetzlichen Frist nicht gemeldet hatte, seine Apotheke wurde verkauft, die zweite Ehe in schlichter Zurückhaltung gelebt und nach Ablauf der gesetzlichen Frist auch durch das Standesamt genehmigt,

kurzum, alles nahm den Lauf der Ordnung, was ja zumal für die heran-
wachsenden Kinder so wichtig war. Eine Antwort, wo Papi sich mit dem
Rest seines Erdenlebens herumtrieb, kam nie. Nicht einmal eine Ansichtskarte. Mami wollte auch nicht, daß die Kinder danach fragten; sie hatte ja
Papi selber nie danach fragen dürfen ...

Für Whisky haben sie kein Geld, aber für Telegramme nach Mexiko, um
sich von der Schweizerischen Gesandtschaft bestätigen zu lassen, daß es
nicht nur ein mexikanisches Drecknest namens Orizaba gibt, sondern tatsächlich eine ganze Reihe blühender Hazienden, die teilweise, in der Tat,
von früheren Ministern bewohnt werden, teilweise die Größe des Kantons
Zürich übertreffen, teilweise auch nicht. Im übrigen jedoch (so meldet
mein tüchtiger Verteidiger) kann die Gesandtschaft nicht bestätigen, daß
auf einer mexikanischen Hazienda je ein schweizerischer Staatsbürger tätig gewesen sei.

»Bitte«, sage ich, »da haben Sie es ja!«

»Was?«

»Daß ich kein schweizerischer Staatsbürger bin, Herr Doktor, und somit auch nicht euer verschollener Herr Stiller sein kann.« Wie jedesmal,
wenn einer von uns beiden messerscharf denkt, überzeugt es den andern
keineswegs, mein Verteidiger greift in seine Ledermappe und überreicht
mir wahrhaftig eine Zigarre, eigens für mich gekauft, leider nicht die ge-
wünschte Marke, ich zeige mich trotzdem gerührt.

»Ehrenwort – sind Sie wirklich in Mexiko gewesen?« fragt er, »Spaß beiseite!«

Komisch: wie so eine Kleinigkeit, eine Zigarre etwa für einen Franken,
sofort verpflichtet, es einfach unmöglich macht, daß ich dem Spender
wortlos den Rücken kehre als Antwort auf seine Frage ... Ob ich wirklich
in Mexiko gewesen bin! Jeder kann sagen Ja, aber nicht jeder, denke ich,
kann meinem Verteidiger erzählen, was so ein Sandblatt, wie eben an dieser Zigarre, dem armen Pflücker in der Plantage für einen Rückenschmerz
macht; denn das sind die untersten Blätter an der Staude, zäher als die oberen, grau von Erde, sandig und spröde, so daß sie nur allzu gerne brechen.
Der Pflücker aber wird nur für Ware ohne jeden Makel bezahlt. Mit diesem sogenannten Sandblatt umwickelt man die feinen Zigarren. Nur tadellose Ware kommt in Frage ...

»Jaja«, sagt mein Verteidiger, »sicher, aber was hat das mit meiner Frage zu tun?«

Ich rauche. Ich schildere ihm meine Arbeit auf der Tabak-Plantage von Uruapan. Eine harte Zeit. Von Morgen bis Abend auf den Knien. Anders ist das Sandblatt gar nicht zu pflücken; auch so, auf den Knien, muß man sich noch beugen, um die besten Sandblätter zu finden. Einmal, ich werde es nie vergessen, kauerte ich wieder so von Staude zu Staude, einen mexikanischen Strohhut auf dem Kopf, ohne die anderen Pflücker zu sehen. Umsonst wartete ich auf den Pfiff des Aufsehers. Trotz meiner wirtschaftlichen Lage hielt ich die Hitze einfach nicht mehr aus, Lohn hin oder her. Immer deutlicher stank es nach Schwefel. Ich schrie, plötzlich von Angst gepackt. Aus der grauen Erde, gerade hinter mir, quoll plötzlich ein Wölklein von gelblichem Rauch. Umsonst rief ich nach den anderen Arbeitern, größtenteils Indios, die waren bereits geflohen. Auch meine Füße ertrugen die Hitze nicht länger, und ich lief, aber wohin? Allenthalben räuchelte es wie aus einer Herrengesellschaft, die Zigarren raucht, und ich sah, wie die Erde ringsum Risse bekam, ganz lautlose Risse, und aus diesen Rissen stank es nach Schwefel. Ich lief irgendwohin, bis ich vor Keuchen nicht mehr konnte, und schaute zurück auf unsere Plantage, sah, wie es stieg, wie es sich wölbte, wie da ein Hügelchen wurde. Ein spannendes Schauspiel, doch Hitze und Rauch trieben mich weiter. Ich meldete es im Dorf. Die Weiber sammelten ihre Kinder und schluchzten; die Männer beschlossen, ein Telegramm zu schicken an den Besitzer der Plantage, die sich in einen Vulkan verwandelte. Nach wenigen Tagen und Nächten, das Dorf lebte unter stetem Alarm, war es bereits ein nicht unbeträchtlicher Berg, umweht von gelblichen und grünlichen Schwaden. Das Dorf konnte weder arbeiten noch schlafen; die Sonne schien wie je, aber es roch nach Schwefel, giftig und heiß, so daß man das Atmen lieber unterlassen hätte, und es schien der Mond aus einer wolkenlosen Nacht, aber es donnerte. Die kleine Kirche war überfüllt, die Glocken läuteten ohne Unterlaß, zeitweilig überdröhnt von dem berstenden Berg. Das Telegramm blieb ohne Antwort, und man mußte selber auf Rettung sinnen. Lichterlohes Feuer schien in den Rauch, der den Mond verwölkte. Und dann kam die Lava, langsam, aber unaufhaltsam, in der Luft erkaltend und erstarrend, ein schwarzer Brei mit Wirbeln von weißlichem Dampf; nur in der Nacht sah man noch die innere Glut in diesem steinernen Brei, der näher und näher kam, haushoch, näher und näher: zehn Meter im Tag.

Vögel schwirrten wie irr, da sie ihr Nest nicht mehr fanden, und Wälder verschwanden unter dem glühenden Gestein, Kilometer um Kilometer. Das Dorf wurde geräumt. Kein einziger Mensch, glaube ich, verlor das Leben. Ihre weinenden Kinder auf dem Arm oder auf dem Rücken, mit Bündeln beladen, die nicht viel Wertvolles enthielten, trieben sie das verstörte Vieh vor sich her, die Esel wieherten und waren störrisch, je verzweifelter man sie schlug. Gelassen floß die Lava zwischen die Häuser, füllte sie, verschluckte sie. Als einer, der kein Vieh zu retten hatte, stand ich auf einem Hügel und sah es mir an, wie die Lava kam; sie zischelte wie eine Schlange, indem sie alles verdampfte, was ihr an Wasser begegnete, und hatte auch eine Haut wie gewisse Schlangen, eine Haut von metallischem Grau, krustig über einem weichen und heißen und beweglichen Innern. Endlich erreichte sie die Kirche; der erste Turm brach ins Knie und wurde mit allen seinen stürzenden Trümmern verschluckt; der andere blieb stehen und steht noch heute, ein Turm mit spanischem Küppelchen, das einzige, was von dem Dorf noch zu sehen ist ... »Das Dorf hieß Paricutin. Heute ist es der Name des neuen Vulkans«, so schließe ich meine Erzählung, »und wenn Sie jemals nach Mexiko gelangen, lieber Doktor, fahren Sie hinaus zu diesem Paricutin, die Straßen sind miserabel, aber es lohnt sich vor allem in der Nacht; die glühenden Steine fliegen bis fünfhundert Meter empor, dazu poltert es, ein Poltern wie von Lawinen, kurz vorauf rollt sich jedesmal ein Rauch aus dem Krater, anzusehen wie ein riesenhafter Blumenkohl, aber schwarz und rot, nämlich von unten bescheint ihn die Glut. Noch vor kurzem folgten sich die Eruptionen ziemlich rasch; sechs Minuten, zehn Minuten, drei Minuten, jede wieder mit einer anderen Farbe von glühenden Steinen, die meistens schon erlöschen, bevor sie auf die Erde prallen. Es ist ein Feuerwerk erster Klasse, glauben Sie mir. Vor allem aber die Lava! Mitten aus einer Finsternis von toten Schlacken, die der Mond bescheint, ohne ihre Schwärze tilgen zu können, schießt sie hervor als ein hellichter Purpur, stoßweise wie das Blut aus einem schwarzen Stier. Sie muß sehr dünn und flüssig sein, diese Lava, fast blitzhaft schießt sie über den Berg hinunter, langsam an Helle verlierend, bis der nächste Ausguß kommt, Glut wie aus einem Hochofen, leuchtend wie die Sonne, die Nacht erleuchtend mit der tödlichen Hitze, der wir alles Leben verdanken, mit dem Innersten unseres Gestirns. Das müßten Sie sehen! In unserer Seele, ich erinnere mich sehr genau, erwacht ein Jubel, wie er sich bloß im Tanz entspannen könnte, im wildesten aller Tänze, ein Überschwang von Entsetzen und Entzücken, wie er die unbegreiflichen Menschen, die sich das warme Herz aus dem Leibe schnitten, erfaßt haben mag.«

Mein Verteidiger notiert.

»Paricutin?« fragt er. »Wie schreibt sich das?«

»Wie man es sagt.«

Wir plaudern noch dies und das. Die Zigarre ist mir nicht geläufig, aber in ihrer Art sehr gut. Zur Sache (wie er sein papiernes Dossier zu nennen pflegt) kommen wir wieder nicht.

»Herr Doktor!« rufe ich noch in den Korridor hinaus, »wegen meiner Arbeit in jener Plantage brauchen Sie nicht nachzuforschen, Herr Doktor, das können Sie sich sparen, da wird auch Ihre Schweizerische Gesandtschaft nichts finden.«

»Wieso nicht?«

»Wegen der Lava.«

Er wird trotzdem telegraphieren.

Ich bin nicht ihr Stiller. Was wollen sie von mir! Ich bin ein unglücklicher, nichtiger, unwesentlicher Mensch, der kein Leben hinter sich hat, überhaupt keines. Wozu mein Geflunker? Nur damit sie mir meine Leere lassen, meine Nichtigkeit, meine Wirklichkeit, denn es gibt keine Flucht, und was sie mir anbieten, ist Flucht, nicht Freiheit, Flucht in eine Rolle. Warum lassen sie nicht ab?

Herr Dr. Bohnenblust (so heißt mein Verteidiger) hat die Dame aus Paris, die sich für meine Gattin hält, auf dem Flugplatz abgeholt und ist von dieser Person, scheint es, sehr charmiert.

»Ich wollte Ihnen nur melden«, sagt mein Verteidiger, »daß die Dame glücklich gelandet ist. Sie läßt Sie natürlich grüßen —«

»Danke.«

»Jetzt ist sie im Hotel.«

Mein Verteidiger ist außerstande, sich zu setzen, er kann sich nur die Hände reiben vor Triumph, als wäre diese Dame aus Paris gleichsam das große Geschütz, das mich zur Kapitulation zwingen wird.

»Herr Doktor«, sage ich, »ich habe nichts gegen den Besuch von Damen, ich wiederhole nur meine Warnung von neulich: ich bin ein sinnlicher Mensch, hemmungslos, wie gesagt, vor allem in dieser Jahreszeit.«

»Ich sagte es ihr.«

»Und?«

»Die Dame besteht darauf«, sagt er, »Sie unter vier Augen zu sprechen. Montag um zehn Uhr wird sie hier sein. Sie ist überzeugt, ihren Mann etwas besser zu kennen, als er sich selber kennt, und von Hemmungslosigkeit, meint die Dame, könne nicht die Rede sein, das sei von jeher ein Wunschtraum ihres Mannes gewesen, sagt die Dame und ist gewiß, allein mit Ihnen fertig zu werden.«

Dazu bietet er wieder Zigarren an.

»Montag um zehn Uhr?« sage ich, »– bitte.«

Knobel, mein Wärter, ist nachgerade ärgerlich über meine Fragen, die Dame aus Paris betreffend, die mit mir verheiratet sein will.

»Ich sage ja«, murrt er, »elegant sieht sie aus. Und duften tut sie durch den ganzen Korridor.«

»Und ihre Haare?«

»Rot«, sagt er, »wie Hagebutten-Konfitüre.«

Eine wirkliche Schilderung zu liefern, ist er nicht imstande, auch wenn er mir Frage um Frage beantwortet; je mehr ich höre, um so weniger kann ich sie mir vorstellen.

»Essen Sie jetzt!« sagt er, »Sie werden sie ja selber sehen. Vielleicht ist die Dame gar nicht Ihr Typ, obschon sie nach wie vor behauptet, Ihre Gattin zu sein.«

»Mein Typ!« lache ich, »– habe ich Ihnen einmal die Geschichte mit der kleinen Mulattin erzählt?«

»Nein.«

»Das war mein Typ«, sage ich.

»Eine Mulattin?«

»Es war am Rio Grande«, beginne ich in einem Ton, daß Knobel sich setzt, »plötzlich – Brot haben Sie keins?« unterbreche ich mich selbst, worauf Knobel sofort aufsteht und einen halben Laib auf den Tisch legt; ich schneide eine dicke Scheibe, beiße hinein, während Knobel sich wieder setzt, und warte, bis ich den Mund etwas leerer habe; dann fahre ich fort, »plötzlich – wir hockten gerade um unser Feuer, denn die Abende in der Wüste sind bitterkalt, natürlich gab es weit und breit kein Holz, wir verbrannten Putzfäden, was mehr Gestank als Wärme gibt, und besprachen mit den Schmugglern, wie sie uns in der Nacht über die Grenze schmuggeln könnten, nämlich da war schon wieder so ein Steckbrief auf mich – plötzlich kommt er um die roten Felsen!«

»Wer?«

Mit einem Mund voll Brot kann man natürlich nicht erzählen, dazu die Minestra, die ich löffeln muß, solange sie heiß ist.

»Wer?« fragt Knobel, »wer kam um die Felsen?«

»Eine Limousine«, sage ich endlich und kann es nicht lassen, einen neuen Bissen von dem herrlichen Brot zu nehmen, »eine gestohlene natürlich. Großartiger Anblick übrigens, wie eine Fahne von goldenem Staub. Von wegen der letzten Abendsonne. Eine Limousine, die quer durch die Wüste rast, schaukelt wie eine Jolle, versteht sich, hinauf und hinunter über die Wellen von Sand.«

»Versteht sich.«

»Natürlich hat er unser Feuerchen gesehen.«

»Und?«

»Schuß!« sage ich, »aber der Kerl fährt weiter, und wir denken natürlich, das ist die amerikanische Polizei. Also Schuß! Schuß! und nochmals Schuß! – und wer ist drin?«

»Wer denn?«

»Joe.«

Ich löffle meine Minestra.

»Wer ist Joe?«

»Ihr Mann.«

»Von der Mulattin?«

»Klar.«

»Tonnerwetter! . . .«

»Ein Negro«, ergänze ich, »ein herzensguter Kerl, aber nicht, wenn man ihm die Frau entführt, versteht sich. So in der Dunkelheit, wenn man bloß das blendende Weiß seiner Zähne sieht – Prost!«

»Und?«

»Nämlich wir liebten uns.«

»Die Mulattin und Sie?«

»Ich fragte sie: Liebst du mich oder liebst du ihn? Sie verstand mich ganz genau. Und nickte. Und Schuß. Und kein Wort mehr von Joe.«

»Tot?« fragt er.

»Auf der Stelle.«

»Tonnerwetter! ...«

»Sie küßte mich«, sagte ich, »das ist mein Typ.«

Darauf schöpft mir Knobel nochmals einen Teller voll Minestra; er ist aufmerksam wie Kellner gegenüber reichen Leuten. »Ich mag die Neger«, sage ich, »aber ich vertrage keine verheirateten Männer, auch wenn es Neger sind. Immer mit Rücksicht, das liegt mir nicht! Natürlich fuhren wir sofort über die Grenze —«

»Nach Mexiko?«

»Ohne Licht. Links der Rio Grande. Rechts der Vollmond.«

»Das war Ihr dritter Mord?«

»Ich glaube ...«

Eigentlich geht es natürlich nicht, daß Knobel so lange in meiner Zelle verweilt; die anderen bekommen jedesmal ein kaltes Essen. Mein Wärter hat auch bereits die Eimer wieder an der Hand; ich weiß nicht, worauf er noch wartet.

»Der Mensch ist ein Raubtier«, sage ich etwas allgemein, »das können Sie mir glauben, Knobel, und alles andere ist Schmus.« Aber er wartet immer noch.

»Wenn ich so daran denke«, sage ich, »wie ich diese Florence zum erstenmal erblickte — damals in dem brennenden Sägewerk!«

»Wer ist Florence?«

»Meine Mulattin.«

»Ach so.«

»Das war ganz oben in Oregon«, sage ich, »als ich an der Küste fischen wollte. Denn ich hatte kein Geld, um etwas anderes zu essen, und ich war damals noch nicht so weit, daß ich stahl. Ich hielt mich damals noch für einen Ehrenmann! auch wenn ich tagelang nichts fischte, überhaupt nichts; denn es ist kein Kinderspiel, im Ozean zu fischen und so von der steilen Küste aus, wenn da die Brandung spritzt. Eine tückische Sache: Stundenlang steht man auf seinem Riff, trocken, hinauf und hinab geht der Gischt der Brandung, aber nie höher, nie über mein Riff, man fühlt sich sicher wie ein Bürger, und unversehens kommt eine Woge an, die höher ist, Gott weiß warum, vier Meter höher; wenn man es nicht zeitig bemerkt, wenn man sie nicht draußen schon sieht, die Woge, wie sie das Riff mit den Seehunden überschäumt, dann ist man versoffen, Ehrenmann hin, Ehrenmann her, in den Felsen zerschmettert, eine treibende Leiche, die nie identifiziert wird ... Es war ein wolkenloser Mittag, wie ich so stand, taub

von der Brandung, aber plötzlich sehe ich, wie es raucht über der Küste
hinter mir, ein Rauch, mein Guter, daß es wie Sonnenfinsternis aussieht.
Das kann nur das große Sägewerk sein, denke ich gleich, in dieser einsamen Gegend. Sie müssen sich das vorstellen: zwanzig Meilen im Umkreis
kein einziges Haus, Felsen und Schafe, nichts weiter, und ein Drahtseil,
womit sie die Stämme aus den wilden Wäldern herunterlassen, und wie
ich auf den Hügel keuche, der Himmel ist voll fliegender Funken, so etwas
von Feuersbrunst habe ich noch nicht gesehen, und wie es prasselt, von
Feuerwehr natürlich keine Spur, nur die Weiber stehen umher und heulen,
beißen sich die Fingernägel und beten zu Gott, daß er aufhöre mit seinem
Wind, kein Wasser zum Löschen, und es ist Sonntag, die Männer hocken
in einem fernen Ort und spielen Kegel, und hier flattert und knattert es in
der Luft wie purpurne Fahnen, ein herrlicher Anblick, Flammen wehen
aus allen Dächern, es ist nichts zu machen, draußen liegt noch ein ganzer
Ozean voll Wind, und wie er so hineinbläst in die riesengroßen Stapel von
trockenem Holz, gibt es eine Hitze, nicht auszuhalten auf hundert Schritte
und mitten drin steht noch ein Tank voll Benzin.«

»Tonnerwetter!«

»Ich fragte sie, ob sie wohl wahnsinnig wäre, jeden Augenblick konnte
doch der Tank in die Luft gehen, aber trotzdem rannte sie in ihre Hütte –«

»Wer?«

»Mitten in den sprühenden Qualm und Rauch«, sage ich, »die Mulattin.«

»Tonnerwetter.«

»Und ich – ihr nach!«

»Klar.«

»Wieso klar?« sage ich, »es war der vollendete Wahnsinn, aber plötzlich
dachte ich, vielleicht will sie ein Kind retten – Ich werde das nie vergessen,
mein Guter, wie ich in dieser Hütte stehe, draußen brennen schon einzelne
Schindeln, ein alter Neger rennt wie ein Affe auf dem rauchenden Dach
umher und versucht mit einem lächerlichen Gartenschlauch die lodernden
Schindeln zu löschen, jede einzeln, denn weiter reicht der Strahl seines
Wassers nicht, es ist ein Witz und drinnen ein Qualm, daß man wirklich
zu ersticken glaubt. Hallo? schreie ich: Hallo? Und da steht sie nun, reglos
und heulend, die Hände an den Hüften, tatlos, eine junge Mulattin, ich
sage Ihnen, mein lieber Knobel, ein Geschöpf, schön wie ein Tier, achtzehn Jahre alt, ein Geschöpf –! Alles andere ist natürlich Plunder, nicht

der Rettung wert, Matratzen und Geschirr. Ich habe eine Wut im Leibe, daß ich sie nur so packe und schüttle!«

»Wieso?« fragt Knobel.

»Ich solle den Eisschrank retten! meint sie. Fällt mir ja nicht ein! schreie ich. Und draußen spritzt der alte Neger noch immer mit seinem dünnen Gartenschlauch, so daß es uns betröpfelt. Was willst du denn? fragt sie. Dich! schreie ich. Und wie ich sie packe, lacht sie mit der ganzen Weiße ihres Gebisses. Ich habe einen Mann! sagt sie. Also los! sage ich. Hast du denn einen Wagen? fragt sie. Wagen gibt es genug, denke ich, und wie sie mich umarmt, damit ich sie besser tragen kann, kracht schon das Dach, daß die Funken tanzen. Ich trage sie wie eine Verletzte in den ersten besten Wagen, der auf der Straße steht, hinein und los. Es war ein Plymouth. Der Besitzer, vermutlich ein Handelsreisender, merkte es gar nicht, als ich an ihm vorüberfuhr, alle gafften nur auf den Benzintank, der jeden Augenblick in die Luft gehen konnte.«

»Und Sie, Mister White, auf und davon!«

Es ist herrlich, wie Knobel sich freuen kann, wenn einem anderen etwas gelingt; er strahlt nur so.

»Vier Stunden später«, sage ich, »hocken wir in einer stillen Bucht, die schon zu California gehört, und fischen, wo kein Mensch uns sehen kann. Wie heißt du übrigens? frage ich. Florence! sagt sie, und ihre Augen sind wie Tollkirschen, ihre Haut wie Kaffee. Joe wird dich töten, sagt sie, wenn er uns erwischt. Ich lache bloß. Wir haben einen Wagen! sage ich und zeige ihr das Aufschlagen der Muscheln, damit wir Köder haben zum Fischen.«

Schließlich wird Knobel von draußen gerufen und muß mich verlassen, mit dem Schlüsselbund in der Hand fragt er:

»Und Sie haben etwas gefischt?«

»Und ob!« sage ich und zeige die Länge mit ausgestreckten Armen: »Aber soooo.«

Mein Staatsanwalt, zur Zeit der einzige Mensch, dem ich meine wirkliche Not fast ohne Verstellung anvertrauen könnte, verabschiedet sich; er gehe mit seiner Gattin (die mich wieder grüßen läßt) zehn Tage in die Ferien, Pontresina. Wir wünschen einander gegenseitig ›alles Gute‹.

Ihre Haare sind rot, der gegenwärtigen Mode entsprechend sogar sehr rot, jedoch nicht wie Hagebutten-Konfitüre, eher wie trockenes Mennig-Pulver. Sehr eigenartig. Und dazu ein sehr feiner Teint; Alabaster mit Sommersprossen. Ebenfalls sehr eigenartig, aber schön. Und die Augen? Ich würde sagen: glänzend, sozusagen wässerig, auch wenn sie nicht weint, und bläulich-grün wie die Ränder von farblosem Fensterglas, dabei natürlich beseelt und also undurchsichtig. Leider hat sie die Augenbrauen zu einem dünnen Strich zusammenrasiert, was ihrem Gesicht eine graziöse Härte gibt, aber auch etwas Maskenartiges, eine fixierte Mimik von Erstauntheit. Sehr edel wirkt die Nase zumal von der Seite, viel unwillkürlicher Ausdruck in den Nüstern. Ihre Lippen sind für meinen Geschmack etwas zu schmal, nicht ohne Sinnlichkeit, doch muß sie zuerst erweckt werden, und die Figur (in einem schwarzen Tailleur) hat etwas Knappes, etwas Knabenhaftes auch, man glaubt ihr die Tänzerin, vielleicht besser gesagt: etwas Ephebenhaftes, was bei einer Frau in ihren Jahren einen unerwarteten Reiz hat. Sie raucht sehr viel. Ihre sehr schmale Hand, wenn sie die noch lange nicht ausgerauchte Zigarette zerquetscht, ist keineswegs ohne Kraft, keineswegs ohne eine beträchtliche Dosis unbewußter Gewalttätigkeit, wobei sie sich selbst, scheint es, ganz und gar zerbrechlich vorkommt. Sie spricht sehr leise, damit der Partner nicht brüllt. Sie spekuliert auf Schonung. Auch dieser Kniff, glaube ich, ist unbewußt. Dabei duftet sie sehr betörend, wie Knobel schon gemeldet hat; es muß eine gediegene Marke sein, man denkt sofort an Paris, an die Parfümerien bei der Vendôme.

»Wie geht es dir?« fragt sie.

Ihre Art, eine Frage stets mit einer anderen Frage zu beantworten, findet sich bei vielen Frauen, eigentlich bei allen, und ist mir bekannt; um so mehr muß ich mich hüten vor dem verfänglichen Gefühl, ihr schon einmal begegnet zu sein.

»Erkennst du mich denn nicht mehr?« fragt sie.

Ihre fixe Idee, daß ich ihr verschollener Mann sei, ist durchaus nicht gespielt; sie offenbart sich in jeder noch so nebensächlichen Äußerung.

»Rauchst du denn nicht mehr?« fragt sie.

Später – da mit lauter Fragen, die nicht einmal echte Fragen sind, indem sie ja nur eine einzige Antwort zuläßt und alles andere als Ausrede einfach übergeht, auf die Dauer wohl kein Gespräch zu machen ist – erzähle ich die kleine Schnurre vom Isidor, dem Fall meiner schönen Besucherin angepaßt, also unter Weglassung der fünf Kinder und unter freier Verwendung eines Traums, den ich neulich hatte: Isidor gibt, sooft er auftaucht, keine Schüsse in die Torte, sondern zeigt nur seine beiden Hände mit Wundmalen ... Ein verrückter Traum!

»Ach«, seufzt meine Dame, »du bist noch immer der gleiche, kein vernünftiges Wort kann man reden mit dir, immer kommst du mit deinen Hirngespinsten!«

Es ist komisch, dann ärgerlich, irgendwie auch ergreifend: Diese Dame aus Paris, wie sie so auf meiner Pritsche sitzt in ihrem schwarzen Tailleur, Zigarette um Zigarette raucht, ist alles andere als eine dumme Person, und man könnte sich einen Nachmittag voll reizender Unterhaltung denken, sogar mehr als einen Nachmittag. Vor allem ihr etwas müdes, aus irgendeinem Grunde bitteres Lächeln ist bezaubernd, erweckt Neugierde nach der Erfahrung, die hinter ihr steht, und man blickt unwillkürlich immer wieder auf ihre Lippen, seiner eigenen Lippen bewußt. Aber: sie kommt nicht los, scheint es, von der fixen Idee, mich zu kennen. Sie glaubt's einfach nicht, daß man jemand anders sein könnte als ihr verschollener Stiller. Die ganze Zeit redet sie von ihrer Ehe, die, wie ich vernehme, auch nicht so gewesen ist, wie eine Ehe sein sollte. Ich zeige mehrmals mein Bedauern. Als ich endlich zu Wort komme – sie redet nicht etwa überbordend, im Gegenteil, sie redet mit viel Pausen, die sie mit hastigem Rauch erfüllt, mit ganzen Minuten bitteren Schweigens dazwischen, die man noch weniger zu unterbrechen wagt als einen Wortschwall –, sage ich:

»Ich nehme an, man hat Sie unterrichtet, Madame, daß Sie mit einem Mörder sprechen –«

Sie überhört es wie einen verfehlten Spaß.

»Ich bin ein Mörder«, wiederhole ich bei nächster Gelegenheit, »auch wenn die schweizerische Polizei es nicht herauszufinden imstande ist. Ich habe meine Gattin ermordet –«

Vergeblich!

»Du bist ja komisch!« sagt sie. »Du bist wirklich komisch, ich muß schon sagen, in dieser Stunde, nachdem man sich ein halbes Leben lang nicht gesehen hat, kommst du wieder mit deinen Hirngespinsten, deinen kindischen Hirngespinsten!«

Ihr Ernst, zugegeben, macht mich für Augenblicke immer wieder unsicher, wenn auch nicht in bezug darauf, daß ich meine Gattin ermordet habe, aber unsicher, ob es mir gelingen wird, diese unglückliche Dame von ihrer fixen Idee zu erlösen. Was will sie eigentlich von mir! Ich versuche es gleichfalls mit Ernst, sie zu überzeugen, daß eine Ehe zwischen uns nie bestanden hat; mit Ernst, auch wenn sie von meiner Pritsche aufspringt, in meiner Zelle hin und her geht, ihre roten Haare schüttelt, vor meinem Gitterfenster stehenbleibt, rauchend, die schmalen Hände in den knappen Taschen ihres straffen Tailleurs, schweigend, Blick in die herbstliche Kastanie hinaus, so daß ich ihr Gesicht nicht sehe.

»Madame«, sage ich und bediene mich von ihren Zigaretten, »Sie sind mit dem Flugzeug gekommen, um Ihrem verschollenen Mann zu verzeihen; auf diese ernste oder geradezu feierliche Stunde, ich verstehe, haben Sie jahrelang gewartet, und es ist natürlich ein Schlag für Sie, daß ich nicht der Mann bin, den Sie mit Ihrem ganzen Bedürfnis, alles zu verzeihen, erwartet haben. Ich bin's nicht, Madame –«

Darauf bläst sie nur ihren Rauch aus.

»Ich denke«, sage ich und rauche nun ebenfalls, »das liegt auf der Hand, darüber brauchen wir uns nicht zu unterhalten.«

»Was liegt auf der Hand?« fragt sie.

»Daß ich nicht Ihr verschollener Mann bin.«

»Wieso nicht?« fragt sie, ohne mich anzusehen.

Ich sehe wenigstens ihren grazilen Hinterkopf.

»Madame«, sage ich mit unvermindertem Ernst, »es rührt mich durchaus, Sie von Ihrer unseligen Ehe sprechen zu hören, aber nehmen Sie's nicht übel, ich verstehe immer weniger, je länger ich Sie höre, und eigentlich überhaupt nicht, was Sie von mir wollen. Von mir: ich habe meine Gattin ermordet, wie gesagt, und eine Dame wie Sie, die in so blühender Manier, Gott sei Dank, ihre unglückliche Ehe überlebt hat – offen gesprochen, ich verstehe nicht, was Sie mir verzeihen wollen?«

Schweigen.

»Sie leben in Paris?« frage ich.

Daraufhin wendet sich die Gestalt; ihr Gesicht, von stiller Bestürzung etwas entlarvt und schöner als zuvor, lebendiger, so daß eine Begegnung, meint man, möglich sein müßte, eine Begegnung in Wahrheit, ihr Gesicht ist so, daß ich sie auf die Stirne küssen möchte, eine Weile lang, und vielleicht hätte ich's tun sollen, gleichviel, ob sie es dann mißdeutet oder nicht; eine Weile lang, dann ist es, als schließe es sich wieder, ihr Gesicht, und wieder die fixe Idee:

»Anatol, was ist mit dir?«

Wieder sage ich:

»Mein Name ist White.«

Sie dreht den Spieß einfach um – tut, als läge die fixe Idee bei mir. Sie wirft ihre noch brennende Zigarette zum Gitterfenster hinaus (was strengstens verboten ist, wie so vieles hier) und stellt sich vor mich, freilich ohne mich anzufassen, jedoch gewiß, daß ich sie schon fassen werde, plötzlich überwältigt von Reue sie schon um Verzeihung bitten werde. Und für Augenblicke, in der Tat, ist man einfach wehrlos, man lächelt, wiewohl es gar nicht komisch ist: Ich könnte aussehen wie ein Gnom, wie ein Minotaurus, wie – ich weiß nicht was! – und es würde nichts ändern, überhaupt nichts, sie ist einfach außerstande, ein anderes Wesen wahrzunehmen als ihren verschollenen Stiller.

»Ich dachte nicht«, sagt sie, »daß du je eine Glatze bekommen würdest! Aber es steht dir nicht einmal schlecht.«

Man verstummt einfach. Man ist ohnmächtig. Man könnte diese Dame packen und erwürgen, und sie würde nicht aufhören zu glauben, daß ich ihr verschollener Gatte bin.

»Warum hast du nie geschrieben?«

Ich schweige.

»Ich wußte nicht einmal, ob du noch lebst –«

Ich schweige.

»Wo bist du nur all die Jahre gewesen?«

Ich schweige.

»Du schweigst! –«

Ich schweige.

»Einfach zu verschwinden!« sagt sie, »einfach nichts mehr von sich hören zu lassen! Und das gerade in jener Zeit! Ich hätte sterben können –«

Einmal sage ich:

»Jetzt aber Schluß!«

Ich weiß nicht mehr, was sie noch alles redete, sie trieb es, bis ich sie packte, und noch dann, unerschütterlich in ihrer fixen Idee, indem sie jede Regung von meiner Seite, ob Lachen oder Zittern, nur als Bestätigung nahm, hörte sie nicht auf, mir zu verzeihen, ich packte sie, ich schüttelte sie, daß es nur so von Kämmlein regnete, und schleuderte sie auf die harte Pritsche, die Dame, so daß sie mit geplatzter Bluse, mit verwursteltem Tailleur, mit verzausten Haaren und mit unschuldig-verdutztem Gesicht liegenblieb, außerstande sich aufzurichten, da ich auch auf der Pritsche kniete, mit meiner linken Faust ihre beiden heißen Hände hielt, und zwar so, daß sie vor Schmerz ihre ungemein schönen Augen schloß. Ihre offenen Haare sind köstlich, duftig, seidenleicht. Sie atmete wie nach einem Lauf mit pumpender Brust, mit offenem Mund. Ihre Schneidezähne sind vortrefflich, nicht ohne Plomben, sonst aber von einem schönen Perlmutterglanz. Und da meine andere Hand ihren zarten Unterkiefer umklammerte, war sie außerstande zu reden. Ich betrachtete sie wie einen Gegenstand, plötzlich ganz nüchtern, ein Weib, ein fremdes, irgendein Weib. Wäre nicht Knobel, mein Wärter, mit dem Aschenbecher gekommen –

Es gibt keine Flucht. Ich weiß es und sage es mir täglich. Es gibt keine Flucht. Ich bin geflohen, um nicht zu morden, und habe erfahren, daß gerade mein Versuch, zu fliehen, der Mord ist. Es gibt nur noch eins: dieses Wissen auf mich zu nehmen, auch wenn dieses Wissen, daß ich ein Leben gemordet habe, niemand mit mir teilt.

Hirngespinste! Ich soll mein Leben erzählen, und wenn ich versuche, mich verständlich zu machen, sagen sie: Hirngespinste! (Ich weiß jetzt wenigstens, woher mein Verteidiger dieses Wort mitsamt dem herablassenden Lächeln hat!) Er hört zu, solange ich von meinem Haus in Oakland rede, von Negern und anderen Tatsachen; sowie ich zur wahren Geschichte komme, sowie ich mitzuteilen versuche, was nicht mehr mit Fotos zu belegen ist, beispielsweise was geschieht, nachdem man sich eine Kugel in die Schläfe geschossen hat, putzt mein Verteidiger sich die Fingernägel, wartet nur darauf, mich zu unterbrechen mit irgendeiner Lappalie:
»Sie hatten ein Haus in Oakland?«
»Ja«, sage ich kurz, »warum?«
»Wo liegt Oakland?«
»Gegenüber von San Francisco.«
»Ah«, sagt mein Verteidiger, »wirklich?«
Es war vier Meter breit und dreizehn Meter lang (mein Verteidiger notiert, das ist es, was er wissen will!) und eigentlich, um ganz genau zu sein, war es eher eine Schindelhütte. Ehedem das kleine Gesindehaus einer Farm, die Farm wurde von der Stadt gefressen, nur die Schindelhütte ist geblieben, jedoch verlottert. Dazu ein riesenhafter Baum, Eukalyptus, ich werde sein Silberrieseln nie vergessen. Ringsum nichts als Dächer, ein

Himmel voll schiefer Telefonstangen mit flatternder Wäsche nachbar-
licher Neger. Um wieder sehr genau zu sein: zu meiner rechten Seite wohnten Chinesen. Und nicht zu vergessen das kleine verwucherte Gärtlein.
Sonntags hörte man Gesang der Neger aus ihrer hölzernen Kirche. Sonst
Stille, sehr viel Stille; manchmal das heisere Tuten aus dem Hafen, das Ge-
rassel von Ketten, das durch Mark und Bein geht. Übrigens war ich nicht
der Eigentümer dieser kleinen Schindelhütte, nur Mieter. Ich hatte damals
überhaupt kein Geld. Die Miete bestand darin, daß ich die Katze füttern
mußte. Ich kann Katzen nicht leiden. Aber dafür, und das Katzenfutter
stand in roten Büchsen bereit, hatte ich eine Küche mit Herd und Eisschrank, sogar Radio. In den heißen Nächten war die Stille oft kaum zu
ertragen; ich war froh um Radio.

»Und dort lebten Sie ganz allein?«

»Nein«, sage ich, »mit der Katze.«

Schon die Katze notiert er nicht mehr . . . Dabei war diese Katze, wie ich
heute glaube, der erste Vorbote. Ihre Besitzer nannten sie ›Little Grey‹, hatten ihr das Futter stets in der Küche serviert, ein Brauch, den ich schon des
Geruches wegen nicht fortzusetzen gewillt war. Ich öffnete die tägliche
Büchse, stülpte das widerliche Zeug auf den Teller draußen im Garten, was
nun die Katze, verwöhnt wie sie eben war, ihrerseits nicht mitzumachen
gewillt war. Sprung auf den Sims meines offenen Fensters! Mit grünen Augen glühte sie mich an, fauchend. Wie sollte ich unter solchen Umständen
lesen können? Mit Schwung warf ich sie, ein Bündel mit zappelnden Pfoten, hinaus in die kalifornische Nacht, schloß sämtliche Fenster. Fauchend
hockte sie vor der Scheibe, fauchend, sooft ich sie anblickte, stundenlang,
wochenlang. Ihr das Büchsenfutter zu geben, versäumte ich nie, das war ja
meine Pflicht, die einzige meines damaligen Lebens. Und sie versäumte
nie, durch irgendein offenes Fenster immer wieder ins Haus zu schleichen
(ich konnte doch nicht den ganzen Sommer hinter verschlossenen Fenstern verbringen!) und unversehens, wenn ich glücklich war, um meine
Beine zu schmeicheln. Es wurde ein richtiger Kampf, ein lächerlicher
Kampf auf Ausdauer, ein fürchterlicher Kampf; nächtelang lag ich schlaflos, weil sie um meine Hütte jaulte und mich der ganzen Nachbarschaft
als grausamen Menschen verschrie. Ich ließ sie herein, steckte sie in den
Eisschrank, konnte trotzdem nicht schlafen. Als ich mich erbarmte, fauchte sie nicht mehr; ich machte ihr warme Milch, die sie erbrach. Ihr Blick
drohte mit Sterben. Sie war imstande, mir alles zu vergällen, das kleine

Schindelhaus, das Gärtlein; sie war zugegen, auch wenn sie nicht zugegen war, und brachte mich dahin, daß ich sie beim Einnachten suchte. Ich fragte die Neger auf dem Randstein, ob sie nicht ›Little Grey‹ gesehen hätten, und sie zuckten die runden Achseln. Elf Tage und Nächte blieb sie weg. Eines heißen Abends, wie ich gerade Besuch von Helen hatte, springt sie auf den Fenstersims. My Goodness! ruft Helen; die Katze sitzt mit einer klaffenden Wunde im Gesicht, Blut tropfend und mit einem Blick, als hätte ich sie verwundet. Eine Woche lang fütterte ich sie in der Küche; sie hatte es erreicht. Wenigstens beinahe, denn einmal nach Mitternacht, als ich von ihr geträumt hatte, ging ich hinunter, nahm sie aus den warmen Kissen, wo sie sich eingenistet hatte, und trug sie in den nächtlichen Garten hinaus, nicht ohne mich vergewissert zu haben über die Verheilung ihrer Wunde. Alles begann von vorne; sie hockte wieder vor der Scheibe und fauchte. Ich wurde mit diesem Tier nicht fertig – Mein Verteidiger lächelt:

»Aber sonst, meine ich, lebten Sie allein.«

»Nein«, sage ich, »mit Helen.«

»Wer ist Helen?«

»Eine Frau!« sage ich ärgerlich über sein Geschick, mich stets in Nebensachen zu verwickeln, und über seinen Eversharp, womit er sofort den Namen notiert.

»Sprechen Sie ganz offen«, sagt er, und nachdem ich ihn mit einer ziemlich wilden Weibergeschichte bedient habe, versichert er, »– selbstverständlich bleiben diese Dinge ganz vertraulich, jedenfalls werde ich gegenüber Frau Stiller kein Wort davon sagen.«

Hoffentlich plaudert er doch!

Bibel gelesen.

(Der ungehörige Traum von der Konfrontation mit Frau Julika Stiller-Tschudy: – sehe von außen durchs Fenster, wie ein jüngerer Mann, vermutlich der Verschollene, zwischen den Tischlein geht, die flachen Hände erhoben, um die hellroten Flecken zu zeigen, und sozusagen mit Stigma hausiert, was ihm niemand abnimmt, Peinlichkeit, ich selbst stehe draußen, wie gesagt, neben mir die Dame aus Paris, deren Gesicht ich nicht kenne; mit der etwas höhnischen Erklärung, jener Stigma-Hausierer sei ihr Mann, zeigt sie mir ebenfalls ihre Hände: ebenfalls mit zwei hellroten Wundmalen, wobei es offenbar, nur soviel ahne ich, zwischen den beiden darum geht, wer das Kreuz ist und wer der Gekreuzigte, all dies unausgesprochen; die Leute an den Kaffeehaus-Tischlein mit der Illustrierten ...)

Mein Wärter möchte wissen, wer Helen ist. Er hat den Namen eben im Büro des Staatsanwalts gehört. Mein Wärter weiß bereits, daß sie die Gattin eines amerikanischen Sergeanten war; ferner: daß der betreffende Sergeant eines frühen Morgens aus der Navy kam und uns in der Wohnung überraschte ... Zu müde, um schon wieder einen Mord zu erzählen, sage ich dann nur:

»Es war ein reizender Kerl.«

»Ihr Mann?«

»Er verlangte von seiner Frau, daß sie zum Psychoanalytiker gehe, und sie verlangte von ihm das gleiche.«

»Und?«

»Das war alles.«

Mein Wärter ist enttäuscht, aber darin ist auch etwas Gutes, merke ich mehr und mehr; gerade die enttäuschenden Geschichten, die keinen rechten Schluß und also keinen rechten Sinn haben, wirken lebensecht.

Sonst nichts Neues.

PS.

Was sie sich von solchen Lokaltermin-Fahrten versprechen, weiß ich nicht. Den Plan, mich ins Atelier ihres Verschollenen zu führen, haben sie offenbar aufgegeben, zumindest verschoben infolge meines Versprechens, daß ich dem Kerl, der mir so viel Schererei bereitet, alles kurz und klein schlagen werde. Jetzt, höre ich, wollen sie mit mir nach Davos fahren. Wozu?

Man kann alles erzählen, nur nicht sein wirkliches Leben; – diese Unmöglichkeit ist es, was uns verurteilt zu bleiben, wie unsere Gefährten uns sehen und spiegeln, sie, die vorgeben, mich zu kennen, sie, die sich als meine Freunde bezeichnen und nimmer gestatten, daß ich mich wandle, und jedes Wunder (was ich nicht erzählen kann, das Unaussprechliche, was ich nicht beweisen kann) zuschanden machen – nur um sagen zu können: »Ich kenne dich.«

Mein Verteidiger ist außer sich, wie es ja früher oder später zu erwarten war, dabei nicht unbeherrscht, nur bleich vor Beherrschung. Ohne Morgengruß, stumm, die Ledermappe auf sein Knie gestemmt, blickt er in meine verschlafenen Augen, wartet, bis er mich gesammelt genug findet, neugierig genug, den Grund seiner Entrüstung kennenzulernen.

»Sie lügen«, sagt er.

Wahrscheinlich hat er erwartet, daß ich erröte; er hat noch immer nicht begriffen.

»Wie soll ich Ihnen fortan glauben können?« klagt er, »jedes Wort aus Ihrem Mund beginnt für mich fragwürdig zu werden, höchst fragwürdig, nachdem ich ein solches Album in die Hände bekomme – Bitte!« sagt er, »sehen Sie sich diese Fotos selber an!«

Es sind Fotos, zugegeben, und daß zwischen dem verschollenen Stiller und mir gewisse äußere Ähnlichkeiten vorliegen, will ich nicht bestreiten; trotzdem sehe ich mich selber sehr anders.

»Warum lügen Sie?« fragte er immer wieder. »Wie soll ich Sie denn verteidigen können, wenn Sie nicht einmal mir gegenüber die volle und ganze Wahrheit sagen?«

Er kann's nicht fassen.

»Woher haben Sie dieses Album?« frage ich.

Keine Antwort.

»Und mir gegenüber wagen Sie zu behaupten, daß Sie nie in diesem Land gelebt hätten, ja, daß Sie sich ein Leben in unsrer Stadt nicht einmal vorstellen können!«

»Nicht ohne Whisky«, sage ich.

»Bitte!« sagt er, »hier!«

Manchmal versuche ich ihm zu helfen.

»Herr Doktor«, sage ich, »es hängt alles davon ab, was wir unter Leben verstehen! Ein wirkliches Leben, ein Leben, das sich in etwas Lebendigem ablagert, nicht bloß in einem vergilbten Album, weiß Gott, es braucht ja nicht großartig zu sein, nicht historisch, nicht unvergeßlich, Sie verstehen mich, Herr Doktor, ein wirkliches Leben, und das kann das Leben einer sehr einfachen Mutter sein oder das Leben eines großen Denkers, eines Gründers, dem es sich in Weltgeschichte ablagert, aber das muß nicht sein, meine ich, es kommt nicht auf unsere Bedeutung an. Daß ein Leben ein wirkliches Leben gewesen ist, es ist schwer zu sagen, worauf es ankommt. Ich nenne es Wirklichkeit, doch was heißt das! Sie können auch sagen: daß einer mit sich selbst identisch wird. Andernfalls ist er nie gewesen! Sehn Sie, Herr Doktor, das meine ich: ein Gewesen-Sein, und wenn's noch so miserabel war, ja, am Ende kann es sogar eine bloße Schuld sein, das ist bitter, wenn sich unser Leben einzig und allein in einer Schuld abgelagert hat, in einem Mord zum Beispiel, das kommt vor, und es brauchen keine Aasgeier darüber zu kreisen, Sie haben recht, Herr Doktor, das alles sind ja nur Umschreibungen. Sie verstehn mich? Ich rede sehr unklar, wenn ich nicht zur Entspannung einfach drauflos lüge? Ablagerung ist auch nur ein Wort, ich weiß, und vielleicht reden wir überhaupt nur von Dingen, die wir vermissen, nicht begreifen. Gott ist eine Ablagerung! Er ist die Summe wirklichen Lebens, oder wenigstens scheint es mir manchmal so. Ist das Wort eine Ablagerung? Vielleicht ist das Leben, das wirkliche, einfach stumm – und hinterläßt auch keine Bilder, Herr Doktor, überhaupt nichts Totes! . . .«

Aber meinem Verteidiger genügt das Tote.

»Bitte sehr!« sagt er, »hier: – wie Sie die Schwäne füttern, niemand anders als Sie, und im Hintergrund, Sie sehen es ja selbst, das Großmünster von Zürich! Bitte sehr.«

Es ist nicht zu bestreiten: im Hintergrund (etwas unscharf) sieht man eine Art kleiner Kathedrale, Großmünster, wie mein Verteidiger es nennt.

»Es hängt wirklich alles davon ab«, sage ich nochmals, »was wir unter Leben verstehen –«

»Hier!« sagt mein Verteidiger, indem er weiterhin in dem Album blättert, »bitte sehr: – Anatol in seinem ersten Atelier, Anatol auf dem Piz Palü, Anatol als Rekrut mit geschorenem Haar, Anatol vor dem Louvre, Anatol im Gespräch mit einem Stadtrat anläßlich einer Preisverleihung –«

»Und?« frage ich.

Wir verstehen einander immer weniger. Wäre nicht die Zigarre, die er mir trotz seiner Verärgerung gebracht hat, ich würde mit meinem Verteidiger überhaupt nicht mehr sprechen, und es wäre besser, glaube ich. Was kommt bei diesen Verhören schon heraus! Umsonst versuche ich ihm klarzumachen, daß ich die volle und ganze Wahrheit selber nicht weiß, anderseits auch nicht gewillt bin, mir von Schwänen oder Stadträten beweisen zu lassen, wer ich in Wahrheit sei, und daß ich jedes weitere Album, das er in meine Zelle bringt, auf der Stelle zerreißen werde. Umsonst! Mein Verteidiger will es sich nicht aus dem Kopf schlagen, daß ich Stiller zu sein habe, bloß damit er mich verteidigen kann, und nennt es alberne Verstellung, wenn ich mich dafür wehre, niemand anders als ich selbst zu sein. Wieder endet es mit gegenseitiger Brüllerei.

»Ich bin nicht Stiller!« brülle ich.

»Wer denn«, brüllt er, »wer denn?«

PS.

Seine Zigarre beschämt mich. Eben habe ich das spröde Knöpfchen abgebissen, dann die ersten, immer so besonders trockenen und besonders duftigen Züge geraucht, bald genug von dem Aroma verblüfft, so daß ich die Zigarre nochmals von den Lippen nehme, um sie mit Bewußtsein zu besichtigen. Dannemann! Meine Leibmarke! Legitimos! So ist er dann wieder –

Gestern in Davos. Es ist genau so, wie Thomas Mann es beschrieben hat. Dazu regnet es den ganzen Tag. Trotzdem muß ich eine ganz bestimmte Promenade abschreiten, von Julika genötigt, Eichhörnchen zu sehen, und von meinem Verteidiger mehrmals mit Tannzapfen bedient, um daran zu riechen. Als leugnete ich den würzigen Duft der Tannzapfen! Später, in einem ganz bestimmten Restaurant, muß ich Schnecken essen, was bekanntermaßen sehr lecker ist, aber nachher stinkt man nach Knoblauch. Dabei, merke ich sehr wohl, blicken sie einander immer wieder an, Julika und mein Verteidiger, und warten irgendwie darauf, daß ich in ein Geständnis ausbreche oder mindestens in Tränen. Ich genieße es doch sehr, wieder einmal mit einem weißen Tischtuch zu tafeln. Da kein Gespräch entstehen will, erzähle ich von Mexiko, die Berge ringsum, obzwar sehr klein, erinnern an den Popocatepetl, an den Cortez-Paß, und die Eroberung von Mexiko halte ich nach wie vor für eine der faszinierendsten Geschichten.

»Mag sein«, sagt mein Verteidiger, »aber wir sind ja nicht hier, damit Sie uns von Cortez und Montezuma erzählen!«

Sie haben mir das Sanatorium zeigen wollen, wo Julika seinerzeit gelegen hat; es ist inzwischen niedergebrannt, und mein Verteidiger ist darüber sehr untröstlich. Nach dem Essen gibt es Kaffee, Kirsch und Zigarre nach Wahl. Ich wundere mich, wozu sie sich die Spesen machen. Der kleine Ausflug kostet gegen zweihundert Schweizer Franken; mein Verteidiger und ich reisen mit dem staatlichen Gefängniswagen (Verpflegung für Fahrer

und Gendarm kommen noch hinzu!), Julika mit der Bahn. Bei besserem
Wetter wäre es eine nette Landschaft, kein Zweifel. Einmal, unten im
Tal, überholen wir das Bähnchen. Julika winkt.

Meine Angst: die Wiederholung –!

Frau Julika Stiller-Tschudy hat meine alte Narbe über dem rechten Ohr
entdeckt und möchte wissen, woher ich sie habe. Sie gibt keine Ruhe.
Ich sage:
»Es hat mich einer erschießen wollen.«
»Nein«, sagt sie dringend, »im Ernst –«
Ich erzähle ihr eine Geschichte.

PS.
Julika, je öfter ich sie sehe, ist doch sehr anders, als ich nach dem ersten
Besuch meinte. Wie sie ist, wüßte ich nicht zu sagen. Sie hat Augenblicke
unvermuteter Grazie, vor allem, wenn mein Verteidiger nicht dabei ist, Augenblicke von entwaffnender Unschuld, ein plötzliches Erblühen aus Mädchenjahren, die nie gelebt worden sind, ein Gesicht wie zum ersten Male,
wenn der Hauch des Schöpfers es erweckt. Sie ist dann selber wie erstaunt,
eine Dame in schwarzem Tailleur und mit Pariser Hut, meistens mit einem
Schleier von Zigarettenrauch umgeben, wie erstaunt, daß noch kein Mann
sie erkannt hat. Ich begreife diesen verschollenen Stiller nicht! Sie ist ein
heimliches Mädchen, das da wartet in der Hülle fraulicher Reife, für Augenblicke schön, daß man einfach betroffen ist. Hat Stiller es nicht gesehen? Es gibt nichts Frauliches, was diese Frau nicht wenigstens als Möglichkeit hat, verschüttet vielleicht, und allein ihre Augen (wenn sie mich
einen Augenblick lang nicht für Stiller hält!) haben einen Glanz der offenen Erwartung, daß man eifersüchtig ist auf den Mann, der sie einmal erwecken wird.

Wiederholung! Dabei weiß ich: alles hängt davon ab, ob es gelingt, sein Leben nicht außerhalb der Wiederholung zu erwarten, sondern die Wiederholung, die ausweglose, aus freiem Willen (trotz Zwang) zu seinem Leben

zu machen, indem man anerkennt: Das bin ich! ... Doch immer wieder (auch darin die Wiederholung) genügt ein Wort, eine Miene, die mich erschreckt, eine Landschaft, die mich erinnert, und alles in mir ist Flucht, Flucht ohne Hoffnung, irgendwohin zu kommen, lediglich aus Angst vor Wiederholung –

Heute beim Duschen meinte der kleine Jude während der Einseiferei, vermutlich sähen wir einander zum letztenmal, nämlich er werde sich demnächst aufhängen. Ich lachte und riet ihm ab. Dann wieder Einzelmarsch durch die Korridore, das Frottiertuch um den Hals –

Das Neueste:

»Jetzt geht's ja nicht mehr lange«, meinte Knobel, »und Sie kommen endlich zu Ihrem Whisky, Mister White, vielleicht noch in dieser Woche!«

Auf meine Frage, was er damit meinte, verstummt er; ich merke sofort, daß er etwas gehört hat, jedoch nicht davon plaudern dürfte. Zum Schluß, den Suppeneimer in der Hand, sagt er es dann doch:

»Sie haben der Dame sehr gefallen, scheint es.«

»Und?«

»Jedenfalls hat die Dame eine Kaution hinterlegt«, sagt er mit gedämpfter Stimme, »eine hübsche Summe!«

»Wofür?«

»Nun ja – für Sie, Mister White!« grinst er und zwinkert mit dem Auge, »damit Sie mit der Dame spazieren dürfen –!«

Noch einmal (zum letztenmal!) habe ich heute den Versuch unternommen, meinem so beflissenen Verteidiger aus seinem nachgerade ergreifenden Mißverständnis meiner Lage, das ihm so viel Arbeit verursacht, vergebliche Arbeit und so viel Ärger mit mir, der ich anderseits für seine tägliche Zigarre doch so dankbar bin, herauszuhelfen –

»Kennen Sie«, fragte ich und biß gerade wieder das trockene Knöpfchen von der Zigarre, »das Märchen von Rip van Winkle?«

Statt Antwort gab er Feuer.

»Ein amerikanisches Märchen«, sagte ich mit der Zigarre im Mund und also etwas undeutlich. »Ich habe es als Bub einmal gelesen, vor Jahrzehnten also, in einem Buch von Sven Hedin, glaube ich. Sie kennen es?«

Dazu (was wichtig ist) hielt ich sein silbernes Feuerzeug mit Flämmchen, ohne jedoch die duftende Zigarre, diese immerhin einzige Wollust
in meiner Untersuchungshaft, anzuzünden, nein, aller Begierde zum Trotz
wiederholte ich meine Frage:

»Sie kennen es nicht?«

»Was?«

»Das Märchen von Rip van Winkle?«

Nur mit diesem Kniff, nämlich mit dem Feuerzeug in der Hand, das ich
nach jedem Verlöschen wieder entzündete, dazu mit der Zigarre in der andern Hand, unablässig im Begriff, die schöne Zigarre endlich anzustecken,
ja, einmal schon mit der ersten Glut an der Zigarre, so daß ich bloß hätte
ziehen müssen, im letzten Augenblick doch jedesmal wieder verhindert –
durch Rip van Winkle, dessen Märchen offensichtlich sogar akuter war
als meine Zigarre – nur so konnte ich meinen geschäftigen Verteidiger
überhaupt zum Zuhören, zum aufmerksamen Zuhören nötigen.

Das Märchen lautet etwa folgendermaßen:

Rip van Winkle, ein Nachkomme jener unerschrockenen van Winkles,
die unter Hendrik Hudson dereinst das amerikanische Land erschlossen
hatten, war ein geborener Faulenzer, dabei, wie es scheint, ein herzensguter
Kerl, der nicht um der Fische willen fischte, sondern um zu träumen, denn
sein Kopf war voll sogenannter Gedanken, die mit seiner Wirklichkeit wenig zu tun hatten. Seine Wirklichkeit, ein gar braves Weib, die jedermann
im Dorf nur bedauern oder bewundern konnte, hatte es denn auch nicht
leicht mit ihm. Rip fühlte es wohl, daß er einen Beruf haben müßte, einen
männlichen Beruf, und liebte es, sich als Jäger auszugeben, denn dies hatte
den Vorteil, daß er sich tagelang umhertreiben konnte, wo ihn niemand
sah. Meistens kam er ohne eine einzige Taube zurück, beladen nur mit
schlechtem Gewissen. Sein Häuschen war das lottrigste im ganzen Dorf,
zu schweigen von seinem Garten. Nirgends gedieh das Unkraut so munter
wie in seinem Garten, und immer waren es seine Ziegen, die sich verliefen
und in die Schluchten stürzten. Er trug es ohne Gram, denn er war ein in-
nerlicher Mensch, im Gegensatz zu seinen Vorfahren, die immer so taten-
durstig aus den alten Bildern blickten. Tagelang hockte er vor seinem lott-
rigen Häuschen, das Kinn in die Faust gestützt, und sann darüber nach,
warum er nicht recht glücklich wurde. Er hatte eine Frau und zwei Kinder,
aber glücklich war er nicht. Er hatte mehr von sich erwartet; er war fünfzig
Jahre alt und erwartete es noch immer, auch wenn seine brave Frau und

seine Kumpane darüber lächelten. Nur Bauz, sein zottiger Hund, verstand ihn und wedelte mit dem Schwanz, wenn Rip nach seiner Flinte griff, um auf die Eichhörnchenjagd zu gehen. Die Flinte, ein schweres Ding mit viel Zierat, hatte er von seinen Vorfahren ererbt. Sie lächelten wohl heimlich, wenn Rip von seiner Jägerei erzählte; stets hatte er mehr erlebt als geschossen. Und da sich seine Geschichten nicht braten ließen, hatte seine Frau, Mutter von zwei Kindern, lange schon genug davon; sie schimpfte ihn einen Faulenzer, und zwar offen heraus, was er nicht vertrug. So kam es, daß Rip fast jeden Abend, um seine Geschichten loszuwerden, in der Wirtschaft des Dorfes hockte, wo immer einige zuhörten, auch wenn man seine Geschichten nicht braten konnte; sein prächtiges Gewehr und der müde Hund zu seinen Füßen waren Zeugen genug, wenn Rip von seiner Jägerei erzählte. Die Leute mochten ihn ganz gerne, denn Rip redete ja niemandem zuleide, im Gegenteil, stets hatte er ein wenig Angst vor der Welt, scheint es, und brauchte es sehr, daß die Leute ihn mochten. Ein wenig soff er wohl auch. Und wenn niemand zuhörte, schadete es auch nichts; jedenfalls gingen sie nicht vor Mitternacht nach Hause, Rip und sein Hund, der seinen Schwanz zwischen die Hinterbeine klemmte, sobald er Frau van Winkle kommen hörte, denn jeden Abend gab es ein Gerede, wovon Rip so wenig verstand wie sein Hund, einfach ein Gerede, während er die Stiefel auszog, und es lag natürlich auf der Hand, daß es so nicht weiterginge, aber das lag es eigentlich schon seit Jahren ... Einmal zogen sie wieder auf die Eichhörnchenjagd, Rip und sein treuer Hund, strammen Schrittes, solange das Dorf sie sehen konnte; dann, wie üblich, machte Rip seinen ersten Halt, futterte ein bißchen von seinem Imbiß, und Bauz paßte auf, ob jemand um den Hügel käme. Dafür, wie üblich, bekam Bauz einen kleinen Knochen, und Rip steckte sich seine Pfeife an, um dem braven Hund, der laut an dem kahlen Knochen fletschte, auch eine geziemende Muße zu gönnen. Endlich trotteten sie weiter in den Morgen hinaus, in das weite Hügelland über dem glitzernden Hudson, eine herrliche Gegend, wie man noch heute feststellen kann, und es fehlte nicht an Eichhörnchen. Gott weiß, warum Rip sich vor allen Leuten immerfort als Jäger ausgab! In Gedanken versunken, die nie ein Mensch erfahren hat, schlenderte er durch den Wald. Auch Hasen gab es hier, ja sogar ein Reh! Rip blieb stehen und betrachtete das verwunderte Tier mit Andacht, die Hände in den Rocktaschen, die Flinte an der Schulter, die Pfeife im Mund. Das Reh, das ihn offenbar durchaus nicht für einen Jäger hielt, schickte sich an, in Gelassenheit zu weiden. Man muß ein Jäger sein! sagte sich Rip, indem er plötzlich an die abendliche Wirtschaft dachte und an sein getreues Weib, und nahm seine Flinte in den Anschlag. Er zielte auf das Reh, das ihn anblickte; er drückte auch ab, nur war kein Pulver drin! Es war seltsam, der Hund bellte, obzwar kein Schuß gefallen war, und im selben Augenblick hörte man Rufe aus der Schlucht: Rip van Winkle, Rip van Winkle! Ein gar merkwürdiger Geselle, keuchend unter einer harten Bürde, kam aus der ebenso unvermuteten wie felsigen Schlucht herauf, gebückt, so daß sein Gesicht nicht zu sehen war, doch schon die Kleidung war verblüffend, ein Tuchwams wie auf altertümlichen Bildern und weite Hosen mit bunten Bändern, ja, auch ein Knebelbart fehlte nicht, wie ihn die Vorfahren einst getragen hatten. Auf den Schultern aber trug er ein stattliches Fäßlein voll Branntwein. Rip ließ sich nicht lange rufen. Du bist ein höflicher Mensch! sagte der Geselle mit dem Knebelbart: Du bist ein hilfsbereiter Mensch! und mit diesen Worten, die Rip so gerne hörte, rollte er ihm das Fäßlein auf die Schultern, so daß Rip auf weitere Fragen verzichtete. Erst ging es den Berg hinauf, dann hinunter in eine andere Schlucht, eine Gegend, die Rip noch nie gesehen hatte. Auch Bauz, der treue Hund, fühlte sich gar nicht heimisch, schmiegte sich an die Beine seines Herrn, winselte. Denn es rollte wie Donner aus der Schlucht! Endlich war es soweit, das harte Fäßlein von seinen schmerzenden Schultern genommen, so daß Rip sich aufrichten und sich umsehen konnte. Das ist Rip van Winkle! sagte der Geselle mit dem Knebelbart, und Rip sah sich inmitten einer Gesellschaft von durchwegs alten Herren mit niederländischen Hüten, mit steifen und feierlichen Gesichtern, mit altertümlichen Krausen. Niemand sprach ein Wort, nur Rip nickte. Es war, wie sich zeigte, eine Gesellschaft von Kegelspielern. Daher das Rollen und Donnern in der Schlucht! Rip mußte sogleich die Krüge füllen, jeder der alten Herren nahm einen beträchtlichen Schluck, dann kehrten sie schweigend zu ihrem Kegelspiel zurück, und Rip, da er sich nun einmal gerne als höflichen Menschen zeigte, konnte nicht umhin, die Kegel aufzustellen. Nur ab und zu, hastig, konnte er einen Schluck aus dem Krug nehmen. Wacholderschnaps war es, sein Lieblingsschnaps! Aber schon wieder spritzten die Kegel auseinander und jedesmal mit einem gellenden Krach, dessen Echo durch die ganze Schlucht hallte. Rip hatte alle Hände voll zu tun. Und das Krachen und Rollen nahm kein Ende mehr. Kaum standen die schweren und etwas wackligen Kegel wieder in Ordnung, so daß Rip nach dem

Wacholderschnaps greifen konnte, trat der nächste Herr in die Bahn, kniff sein linkes Auge, um zu zielen, und schob seine steinerne Kugel, die wie ein Gewitter rollte. Es war schon eine ziemlich seltsame Gesellschaft, wie gesagt, kein Wort wurde gesprochen, und so wagte denn auch Rip nicht zu fragen, wann er wohl wieder entlassen würde aus dieser Fron. Ihre Gesichter mit den niederländischen Hüten und den altertümlichen Krausen, wie die Vorfahren sie trugen, waren so würdig. Nur im Augenblick, wenn Rip neuerdings die Kegel aufstellte, hatte er das leidige Gefühl, daß man hinter seinem Rücken grinste, doch konnte Rip sich ja nicht umdrehen und schauen, denn schon, seine Hand noch an dem letzten Kegel, der wakkelte, hörte er das drohende Rollen der nächsten Kugel und mußte zur Seite springen, damit sie nicht seine Beine zermalmte. Es war nicht zu sehen, wann diese Fron jemals ein Ende nehmen würde. Das Fäßlein mit dem Branntwein schien unerschöpflich, immer wieder mußte Rip den Krug füllen, immer wieder nahmen sie einen Schluck, immer wieder kehrten sie schweigend zu ihrem Kegelspiel zurück – Es gab nur eins: Rip mußte erwachen! ... Die Sonne versank schon in den braunen Abenddunst, als Rip sich aufrichtete, die Augen rieb. Es war Zeit, nach Hause zu gehen, allerhöchste Zeit. Aber vergeblich pfiff er seinem Hund. Eine Weile, noch traumwirr, schaute Rip nach der Schlucht zurück und nach den Kegelspielern mit ihren niederländischen Hüten, mit ihren altertümlichen Krausen, aber das alles gab es ja gar nicht! Draußen glitzerte der breite Hudson wie einst und je, und wäre bloß der Hund mit seinem getreuen Gewedel gekommen, hätte Rip nicht länger an den Traum gedacht. Er hätte sich auf dem Heimweg überlegt, was er im Dorf erzählen würde. Ein wenig, gewiß, kamen sie ihm wie die wackligen Kegel vor, diese Geschichten, die er immer aufzustellen hatte, damit die andern sie umwerfen konnten. Von Bauz keine Spur! Endlich nahm Rip seine Flinte aus dem Gras, aber siehe da, sie war von Wacholder überwuchert. Und nicht nur das, rostig war sie auch, die jämmerlichste Flinte der Welt! Der hölzerne Schaft war verfault. Rip schüttelte den Kopf, drehte das Ding einige Male in der Hand, dann warf er es weg und erhob sich. Denn schon ging die Sonne unter. Daß die verblichenen Knochen, die neben seinem Beutel lagen, die letzten Reste seines treuen Hundes sein sollten, das Skelett von Bauz, das wollte Rip nicht glauben. Aber was sollte es anderes sein? Es stimmte schon, er träumte nicht, er rieb sich das Kinn und griff einen Bart, der ihm auf die Brust reichte, einen Greisenbart. Jahre waren ver-

gangen. Wie viele? Jedenfalls war es spät. Von Hunger getrieben und wohl
auch von Neugierde, wieviel an Leben ihm noch verblieben wäre nach jenem dummen Kegelspiel, kam Rip van Winkle in sein trautes Dorf, dessen
Straßen und Häuser er nicht wiedererkannte. Lauter Fremde! Nur sein eigenes Häuschen stand noch verlottert wie je, leer und ohne Fensterscheiben, Wind wohnte darin. Und wo war Hanne, seine Frau? Langsam packte
ihn doch das Grauen. Die alte Wirtschaft, wo man stets das Nötigste erfuhr, war nimmer zu finden. Verloren und einsam, verstört, furchtsam
und von fremden Kindern umringt, fragte er nach den alten Kumpanen.
Man wies ihn auf den Friedhof oder zuckte die Achsel. Endlich fragte er
(mit leiser Stimme) auch nach sich selbst: Ob denn niemand mehr da
wäre, der Rip van Winkle kennt? Sie lachten. Rip van Winkle, der Eichhörnchenjäger, war ihnen wohlbekannt, und er hörte gar schnurrige Geschichten von dem Mann, der vor zwanzig Jahren, wie jedes Kind weiß,
in eine Schlucht gestürzt oder den Indianern in die Hände gefallen war.
Was sollte er tun? Scheu fragte er nach Hanne, der Frau jenes Eichhörn-
chenjägers, und da sie ihm sagten, ja, die wäre schon lange vor Kummer
gestorben, weinte er und wollte gehen. Wer er denn selber wäre? fragte
man ihn, und er besann sich. Gott weiß es! sagte er: Gott weiß es, gestern
noch meinte ich es zu wissen, aber heute, da ich erwacht bin, wie soll ich es
wissen? Die Umstehenden tippten mit dem Finger gegen ihre Stirnen, und
umsonst erzählte er die wunderliche Geschichte mit den Kegeln, die kurze
Geschichte, wie er sein Leben verschlafen hätte. Sie wußten nicht recht,
was er damit sagen wollte. Er konnte es auch anders nicht sagen, und bald
gingen die Leute wieder ihres Wegs, nur ein junges und ziemlich hübsches
Weib blieb stehen. Rip van Winkle ist mein Vater gewesen! sagt sie. Was
weißt denn du von ihm? Eine Weile blickte er in ihre Augen und spürte
wohl auch die Versuchung zu sagen, daß er ihr Vater wäre, aber war er es
denn, den sie alle erwarteten, der Eichhörnchenjäger mit den Geschichten,
die immer ein wenig wackelten und umfielen, wenn sie lachten? Endlich
sagte er: Dein Vater ist tot! Und so ließ auch das junge Weib ihn stehen,
was ihn schmerzte, doch es mußte wohl sein. War er denn umsonst erwacht? Er lebte noch einige Jahre im Dorf, ein Fremdling in fremder Welt,
und verlangte nicht, daß sie ihm glaubten, wenn er von Hendrik Hudson
erzählte, dem Entdecker des Flusses und Landes, und von seiner Schiffs-
mannschaft, die von Zeit zu Zeit sich in den Schluchten versammle und
Kegel spiele, und wenn er meinte, dort müßten sie ihren alten Rip van

Winkle suchen. Man lächelte, gewiß, in heißen Sommertagen hörte man zuweilen ein dumpfes Rollen hinter den Hügeln, ein Gepolter wie von Kegeln; doch die Erwachsenen hielten es immer nur für ein gewöhnliches Gewitter, und das war es wohl auch. – Soweit das Märchen.

»Und?« fragte mein Verteidiger, nachdem ich es erzählt habe und endlich meine Zigarre anzünde, »was hat das wieder mit unsrer Sache zu tun? Gegen Ende September steigt die große Verhandlung, und Sie erzählen mir Märchen – Märchen! – und damit soll ich Sie verteidigen?«

»Womit denn sonst?«

»Märchen!« klagt er, »statt daß Sie mir ein einziges Mal eine klare und blanke und brauchbare Wahrheit erzählen!«

PS. – Ich habe meinen Verteidiger um Lieferung eines neuen Heftes ersucht, da dieses bald vollgeschrieben sein wird. Mein Fleiß freut ihn. Noch habe ich ihn nicht darin lesen lassen, und seine ernsthafte Hoffnung, daß er mit diesem Heft sozusagen mein Leben in seine Aktenmappe stecken könne, macht mir langsam Sorge.

Zürich könnte ein reizendes Städtchen sein. Es liegt am unteren Ende eines lieblichen Sees, dessen hügelige Ufer nicht von Fabriken, jedoch von Villen verschandelt sind, und da wir gestern auf unserm Bummel so freundliches Wetter hatten, September-Bläue mit leichtem Silberdunst, war ich wirklich entzückt, nicht bloß Frau Julika zuliebe, deren großherzige Kaution allwöchentlich einen solchen Ausflug ermöglichen soll, vorausgesetzt freilich, daß ich immer pünktlich in mein Gefängnis zurückkehre. Mein diesbezüglicher Eid, den ich meinem Verteidiger haben schwören müssen, um zu verhüten, daß er uns begleitet, bindet mich übrigens weniger als die natürliche Rücksicht auf Julika; wenn ich abhaue, verliert sie eine Summe, die ich ihr nie würde erstatten können. Übrigens: ein oder zwei Whisky sind erlaubt! Sie sieht einfach großartig aus, diese Frau, ich denke es immer wieder, ihr lichterlohes Haar in der Sonne, das weiße Pariser-Hütchen drauf, ihre grazile Gestalt, ich bin einfach entzückt.

Einmal, da ich sie wieder in einem Schaufensterspiegel sehe, kann ich nicht umhin, mich zu drehen, fasse ihr Kinn und küsse sie.

»Du«, sagt sie, »wir sind in Zürich!«

Vor allem entzückt mich die Lage ihres Städtchens, das auf beiden Seiten von gelassenen Hügeln umarmt wird, von natürlichen Wäldern, die zu ländlichen Wanderungen locken, und in der Mitte glitzert ein grünes Flüßchen, das die Richtung nach den großen Ozeanen verrät (wie allerdings jedes Gewässer) und daher stets etwas Lebendiges erweckt, Sehnsucht nach Welt, nach Küsten. Drei Wochen in Zürich zu verbringen, wenn man nicht im Gefängnis wohnt, muß köstlich sein, gerade in dieser Jahreszeit. Es gibt denn auch, wie man auf den Straßen hört, allerlei Fremde. Nicht umsonst hat Zürich ein blauweißes Wappen; in dem blanken Licht seiner Föhnbläue, die, vom Weiß der Möwen verziert, auch dem Einheimischen viel Kopfweh verursachen soll, hat dieses Zürich tatsächlich einen eigenen Zauber, ein ›cachet‹, das mehr in der Luft zu suchen ist als anderswo, einen Glanz einfach in der Atmosphäre, der in seltsamem Widerspruch steht zum Griesgram wenigstens der einheimischen Physiognomien, und etwas geradezu Festliches, etwas Klingendes, etwas Schmuckes und Adrettes wie sein Wappen, etwas Blauweißes ohne viel besondere Merkmale. Es ist, so könnte man vielleicht sagen, eine Stadt, deren Reiz vor allem die Landschaft ist, und jedenfalls versteht man die Fremden, die am Quai aussteigen und knipsen, bevor sie weiterreisen nach Italien, und man versteht auch die Einheimischen, die stolz darauf sind, wenn man viel knipst. Ihr schmaler See, etwa von der Breite des Mississippi, blinkt wie eine krumme Sense in das grüne, das hügelwogende Land hinaus. Auch an Werktagen wimmelt es von kleinen Seglern. Bei aller Geschäftigkeit hat dieses Zürich, Treffpunkt der Kaufleute, etwas Kurorthaftes. Die Alpen sind zum Glück nicht so nahe wie auf den Ansichtskarten; in geziemender Ferne krönen sie das Gewoge der Vorberge, ein Gischt aus weißem Firn und bläulichen Gewölken. Vielleicht hat mir Julika nicht die wirklichen Viertel gezeigt; in der Erinnerung fällt mir auf, daß wir keinen einzigen Bettler getroffen haben, auch keine Krüppel. Die Leute sind zwar nicht mit Eleganz, jedoch mit Qualität gekleidet, so daß man nie Mitleid haben muß, und die Straßen sind sauber von Morgen bis Abend. Unbehelligt von Bettlern, wie gesagt, und unbehelligt von besonderen Baudenkmälern, die uns aus dem Gespräch reißen würden, schlendern wir fast eine Stunde lang. Die Art und Weise, wie sie den modernen Verkehr zu regeln versuchen, ist für einen Fremden nicht ohne weiteres zu verstehen; dabei geben sich die Gendarmen die größte Mühe und wirken sehr ernst, und vor allem geht es ihnen um die Gerechtigkeit, scheint es, weniger um den Verkehr; an jeder Straßenkreuzung fühlt man sich einer Art moralischer Erziehung unter-

worfen. Je näher man wieder zum See kommt, wo die Fremden gewissermaßen ihre eigenständige Atmosphäre schaffen, die sie dann für die Atmosphäre von Zürich halten, um so weniger fällt es auf, wenn man fröhlich ist
und auf offener Straße etwa lacht; auch Julika, merke ich, wird in dieser
Gegend wieder freier, und ich kann sie mir vorstellen, wie sie in Paris ist.
Ihre Mama war Ungarin, aber Zürich ist ihre Vaterstadt, und es ärgert Julika in einem unverhältnismäßigen Grad, wenn der Stadtrat von Zürich
versagt, indem er, zum Beispiel, Charlie Chaplin nicht empfängt. Sie redet
eine Viertelstunde nur davon. Schön wirkt ein indisches Paar, vermutlich
Gäste eines Kongresses. Es gibt hier viele Kongresse, überhaupt etwas In-
ternationales mit großen und verstaubten Cars, mit Rudeln von deutschen
Lederhosen, und jede Kellnerin redet amerikanisch. Etwas Allerwelthaftes
gehört zum Wesen dieses Städtchens, das für den Fremden, wie gesagt,
sehr angenehm ist; es ist provinziell, ohne langweilig zu sein. Es ist provinziell mit Konzerten von Furtwängler, mit Gastspielen von Jean-Louis Bar-
rault, mit Ausstellungen von Rembrandt bis Picasso, mit Schauspielkunst
deutscher Emigranten, mit Niederlassung von Thomas Mann, aber auch
mit allerlei eigenen Köpfen, die draußen in der Welt etwas leisten, bis ihr
Ruhm nach und nach auch dem eigenen Lande schmeichelt, das seinerseits keinen Ruhm zu machen imstande ist, eben weil es provinziell ist,
nämlich geschichtslos. Aber was geht das mich an! Für den Fremden ist
es ein Vergnügen, in diesem Städtchen zu schlendern, zumal wenn er Geld
hat, und es hätte ein entzückender Nachmittag werden können, wie gesagt – wäre Julika nicht wieder in ihre fixe Idee verfallen, mich für ihren
verschollenen Gatten zu halten.

Einmal bleibt sie stehen.

»Hier!« sagt sie, zeigt auf die Figur aus Bronze, die durch den öffentlichen Ankauf nicht besser geworden ist, eine Art von Skulptur, womit
ich ehrlicherweise nichts anzufangen weiß, und als ich weitergehen möchte, nimmt Julika mich am Ärmel, zeigt auf den Sockel, wo in ziemlich großen Lettern zu lesen ist: A. Stiller. (Zum Glück habe ich mich nicht geäußert, sowie ich mich nämlich über eine Arbeit ihres verschollenen Stiller
äußere, nehmen sie es als Selbstkritik und als weiteres Indiz, daß ich Stiller
sei) . . . Ein anderes Mal, wie Julika mich am Ärmel zu nehmen das leidige
Bedürfnis hat, sehe ich zum Glück wenigstens keine Skulptur, sondern
Schwäne, eine Flottille natürlicher Schwäne mit ihrem weißen Gefieder
in der Sonne; Flaum liegt auf dem grünen Wasser um sie. Und im Hinter-

grund, so wie Julika mich stellt, sieht man das sogenannte Großmünster; ich verstehe: genau wie im Album! Was sie damit beweisen will, weiß ich nicht. Schließlich bleibe ich mitten in der Straße (innerhalb des Fußgängerstreifens) einfach stehen; umsonst nimmt sie mich wieder am Ärmel, verzagt wie über einen störrischen Esel, als ich frage:

»Wo gibt es hier Whisky?«

»Wir können hier nicht stehenbleiben!«

Schon schwirren die Motorroller links und rechts an uns vorbei, ein Taxi hupt mich an, dann überdröhnt uns ein Lastwagen mit Anhänger, und Julika ist bleich wie Kreide, obzwar wir nun wieder das grüne Licht haben. Ein fremder Fußgänger, dem ich nichts getan habe, beschimpft mich mit Ausdrücken moralischer Entrüstung, als wäre es in einem Land, das sich täglich seiner Freiheiten rühmt, nicht statthaft, das eigene Leben aufs Spiel zu setzen. . . . Später, in einem Gartenrestaurant unter bunten Schirmen, frage ich Julika:

»Wie lebst du eigentlich in Paris?«

Ich duze sie nun auch; nicht der Kaution wegen, weiß Gott, sondern aus holdem Bedürfnis, unwillkürlich. Es ist stets wieder etwas Wunderbares, dieser Schauer erster Vertraulichkeit, etwas wie ein Zauberstab über alle Welt, die plötzlich wie zu schweben beginnt, etwas so Leises, was doch alles übertönt.

Unwillkürlich, aber dann von unverhoffter Seligkeit wie betäubt, so daß ich etwas anderes als unsere kleine Berührung kaum wahrzunehmen vermag, habe ich meine Hand auf ihre Schulter gelegt. Eine selige Weile lang, bis das neue Du auch wieder zur Gewöhnung und sozusagen klanglos geworden ist, fühlt man sich ja allen Menschen wie verschwistert, inbegriffen den Kellner, der den Whisky bringt; man hat ein Gefühl, nun bedürfe es in dieser Welt überhaupt keiner Verstellung mehr, ein Gefühl so friedlichen Übermuts. Man lacht über sein Gefängnis! In Fällen, wo dieses Du eine reifere und doch wohl lebensmutige Frau ist, habe ich dann allerdings ein natürliches, übrigens in meinem Übermut nicht allzu ernstes oder gar dringendes Bedürfnis, eher eine spielerische Neugier, wer sonst noch an Männern mit meinem Du im Spiele steht. In ihren Erzählungen von Paris, von der Ballettschule, die ja vermutlich kein Kloster ist, kommt nie ein Mann vor, kein François, kein André, kein Pierre, kein Jacques und nichts. Ein Paris der Amazonen; was soll das heißen? Schließlich frage ich sie rundheraus:

»Bist du sehr glücklich in Paris?«

Das darf man doch fragen.

»Glücklich!« sagt sie, »was heißt glücklich –«

Sehr merkwürdig: irgendwie kann Frau Julika Stiller-Tschudy es nicht haben, wenn ich sie für gesund und glücklich halte, sofort kommt sie wieder mit Davos, mit ihrer zweifellos sehr schrecklichen Zeit in jener einsamen Veranda mit olivgrüner Jugendstil-Verglasung, wo Stiller, ihr verschollener Mann, sie einfach im Stich gelassen hat. Ich höre es mir nochmals an. Ich sehe, ohne die Schrecklichkeit des Vergangenen anzuzweifeln, ihre so blühende Gegenwart mit dem eigentümlichen Gesicht, durch den Widerschein auf dem Tischtuch von unten erhellt, so wie ein Gesicht im Rampenlicht. Ich sehne mich nach ihr. Ich warte drauf, daß sie aus der Vergangenheit, der sie verzeihen will und zum Zwecke des Verzeihens ganz genau ausmalen muß, endlich zur Gegenwart unseres ohnehin befristeten Nachmittags kommt.

»Meine liebe Julika«, sage ich, »die ganze Zeit redest du mir, wie scheußlich dein Stiller sich benommen hat. Wer bestreitet das denn? Er hat dich krank gemacht, behauptest du, krank auf den Tod, er hat dich liegen lassen, du hättest sterben können, und trotzdem, sehe ich, suchst du nur ihn – Kannst du es ihm einfach nicht gönnen, daß du nicht wirklich gestorben bist, sondern hier sitzest als eine blühende Person?«

Das war kein Scherz, nein, ich merkte es selbst. Ohne mich anzublikken, holte Julika etwas aus ihrer weißen Pariser Handtasche, ein vergilbtes Brieflein. Offenbar zur Widerlegung meiner Rede! Es handelte sich um ein Brieflein, das Stiller, der Abscheuliche, ihr seinerzeit nach Davos ins Sanatorium geschickt hatte, ich sollte es lesen, eigentlich nur ein Zettelchen, ein mürbes Papier, ein Blatt aus einem Notizblock, kariert, beschrieben mit flüchtigen Bleistift-Zügen, die mich als Schrift eher befremden, ja abstoßen.

»Und?« fragte ich etwas betreten.

Sie rieb sich hastig, so hastig, daß es mehrmals knickte, ein Streichholz an. Ein Kommentar zu diesem Textchen, dem letzten, den sie von ihrem verschollenen Stiller bekommen hatte, schien ihr überflüssig. Sie rauchte.

»Julika«, sagte ich und gab ihr das mürbe Zettelchen zurück, »ich liebe dich –«

Sie lachte tonlos, matt, ungläubig.

»Ich liebe dich –«, wiederholte ich und wollte einiges sagen, was nicht

ihre oder meine Vergangenheit, sondern unsere Begegnung betraf, meine
Empfindungen in dieser Stunde, meine Hoffnungen über diese Stunde
hinaus; aber sie hörte mich nicht. Auch wenn sie schwieg, hörte sie mich
nicht, sie stellte nur die Pose einer aufmerksamen Zuhörerin. Ihr Geist
war in Davos, man sah es, und während meiner Rede begann sie sogar
zu weinen. Ich fand es nun ebenfalls traurig, daß zwei Menschen, obzwar
sie einander gegenübersitzen, Aug in Auge, einander nicht wahrzunehmen
vermögen. »Julika?« rief ich sie bei ihrem Namen, und endlich drehte sie
ihr schönes Gesicht zu mir. Aber sie sah mich nicht, sondern Stiller! Ich ergriff ihre schlanke Hand, damit sie erwachen würde. Sie gab sich Mühe,
mir zuzuhören. Sie lächelte, sooft ich ihr meine Liebe beteuerte, und sie
hörte mich an, mag sein, doch ohne zu hören, was ich hätte sagen wollen.
Sie hörte nur, was Stiller, hätte er jetzt auf meinem Sesselchen gesessen, vermutlich gesagt haben würde. Es war schmerzlich für mich, dies zu spüren.
Eigentlich könnte man nur verstummen! Ich blickte auf ihre nahe Hand,
die ich unwillkürlich losgelassen hatte, und mußte an den ungeheuerlichen
Traum mit den Wundmalen denken. Julika bat mich, weiterzusprechen.
Wozu? Auch ich fühlte mich plötzlich recht hoffnungslos. Jedes Gespräch
zwischen dieser Frau und mir, so schien mir, ist fertig, bevor wir's anfangen, und jede Handlung, die mir jemals einfallen mag, ist schon im voraus
gedeutet, meinem augenblicklichen Wesen entfremdet, indem sie in jedem
Fall nur als eine angemessene oder unangemessene, eine erwartete oder unerwartete Handlung des verschollenen Stiller erscheinen wird, nie als die
meine. Nie als die meine! ... Als ich dem Kellner winkte, sagte sie sofort
mit zärtlicher Besorgtheit: »Du solltest nicht so viel trinken! ...«
    Bei diesen Worten, offen gestanden, zuckte ich zusammen und mußte
mich beherrschen. Was stellte diese Dame sich vor? Erstens hatte ich gar
nicht mehr trinken wollen. Und wenn schon! Sie glaubte wohl, sie könnte
mich wie ihren Stiller behandeln, und einen Augenblick lang hatte ich
Lust, aus purem Trotz einen weiteren Whisky zu trinken. Ich tat es nicht.
Denn Trotz ist das Gegenteil von wirklicher Unabhängigkeit. Ich lächelte.
Sie tat mir leid. Ich begriff: ihr ganzes Verhalten bezieht sich nicht auf
mich, sondern auf ein Phantom, und einmal mit ihrem Phantom verwechselt (denn wahrscheinlich hat es den Mann, den sie sucht, gar nicht gegeben!), ist man einfach wehrlos; sie kann mich nicht wahrnehmen. Schade!
dachte ich.
    »Nimm es nicht übel«, sagte sie, »aber du solltest wirklich nicht so viel
trinken. Ich meine es ja nur gut.«

Leider ließ der Kellner auf sich warten.

»Ich wollte nichts bestellen«, sagte ich mit etwas müder Auflehnung – und Julika lächelte, so daß ich fast etwas gereizt hinzufügte, »du irrst dich, meine Liebe, ich wollte wirklich nichts bestellen, ich wollte zahlen! – leider habe ich kein Geld . . .« Unterdessen aber, als hätte sie auch dies nicht anders erwartet, hatte Julika bereits ihr rotes Saffian-Portemonnaie (wie sie es offenbar bei Stiller öfter hat tun müssen) unter meinen Ellbogen geschoben, damit ich zahlen konnte. Was sollte ich tun! Ich zahlte. Dann gab ich ihr das rote Saffian-Portemonnaie zurück, nahm mich zusammen und sagte:

»Gehen wir!«

Schlag sechs Uhr wieder im Gefängnis.

PS.

Das ist es: ich habe keine Sprache für die Wirklichkeit. Ich liege auf meiner Pritsche, schlaflos von Stundenschlag zu Stundenschlag, versuche zu denken, was ich tun soll. Soll ich mich ergeben? Mit Lügen ist es ohne weiteres zu machen, ein einziges Wort, ein sogenanntes Geständnis, und ich bin ›frei‹, das heißt in meinem Fall: dazu verdammt, eine Rolle zu spielen, die nichts mit mir zu tun hat. Anderseits: wie soll einer denn beweisen können, wer er in Wirklichkeit ist? Ich kann's nicht. Weiß ich es denn selbst, wer ich bin? Das ist die erschreckende Erfahrung dieser Untersuchungshaft: ich habe keine Sprache für meine Wirklichkeit!

Heute, beim Duschen, fehlt der kleine Jude, dem ich mich zwecks Einseifen der Rücken verbunden habe. Auf meine Bemerkung, daß ich ihm die Freiheit gönne, ziehen sie nur die Augenbrauen. Er war ein kluger Mann, und das Gerücht, daß er Selbstmord begangen habe, beschäftigt mich sehr. Natürlich sind wir trotzdem eine Gruppe von zehn Leuten, und hätte man sich nicht den Rücken geseift, wäre mir sein Abgang wahrscheinlich nicht einmal aufgefallen. Es ist auch nicht so, daß er mir fehlt. (Die Seiferei war mir immer irgendwie peinlich.) Es beschäftigt mich, daß es immer wieder gerade kluge Menschen sind, die den Tod nicht erwarten können, und wenn ich an seine nicht nur klugen, sondern auch um Geheimnisse wissenden Augen denke, scheint es unglaublich, daß dieser Mann nicht wußte, was ihn jetzt erwartet. Jetzt bilde ich mir sogar ein, er wäre der einzige gewesen, dem ich meine Erfahrung hätte mitteilen können – die sonst kaum mitteilbare Begegnung mit meinem Engel.

Wieder einmal das bekannte Gefühl: fliegen zu müssen, auf der Brüstung eines Fensters zu stehen (in einem brennenden Haus?) und keinerlei Rettung zu haben, wenn nicht durch plötzliches Fliegen-Können. Dabei die Gewißheit: Es hilft gar nichts, sich auf die Straße zu stürzen, Selbstmord ist Illusion. Das bedeutet: fliegen zu müssen im Vertrauen, daß eben die Leere mich trage, also Sprung ohne Flügel, einfach Sprung in die Nichtigkeit, in ein nie gelebtes Leben, in die Schuld durch Versäumnis, in die Leere als das Einzigwirkliche, was zu mir gehört, was mich tragen kann . . .

Zweites Heft

Mein Verteidiger hat die bisherigen Aufzeichnungen gelesen und ist nicht einmal wütend, sondern schüttelt nur den Kopf. Damit könne er mich nicht verteidigen, sagt er und steckt das Heft nicht einmal in seine Mappe –

Ich protokolliere dennoch weiter.

(Mit seiner lieben Zigarre im Mund.)

Die Beziehung zwischen der schönen Julika und dem verschollenen Stiller begann mit der Nußknacker-Suite von Tschaikowsky (zum Verdruß der jungen Tänzerin bezeichnete Stiller, ebenfalls noch jung, dazu beflissen, der schönen Julika irgendwie Eindruck zu machen, diese Musik als Seifenblasenzauber, als virtuose Impotenz, als illuminierte Limonade, als Kitsch für Vorgerückte usw.), und es blieb, nach Julikas jüngsten Andeutungen zu schließen, eine Nußknacker-Suite über all die Jahre ihrer Ehe. Julika war damals beim Ballett. Auf einem alten Foto, das sie mich vorgestern beiläufig hat sehen lassen, erscheint sie als Page oder Prinz, glückselig in einer Verkleidung, die ihr in der Tat aufs entzückendste steht; man kann sich kaum sattsehen an ihrer ephebenhaften Grazie von damals. In ihren großen und ungemein schönen, scheinbar so offenen Augen war damals, im Gegensatz zu heute, eine merkwürdige Verschüchterung, etwas wie ein Schleier von heimlicher Angst, sei es nun Angst in bezug auf ihr eigenes Geschlecht, wovor die entzückende Verkleidung sie doch nur zeitweise zu bewahren vermochte, oder Angst in bezug auf den Mann, der da irgendwo jenseits der Kulissen auf die Preisgabe ihrer silbernen Verkleidung warten mochte. Julika war damals dreiundzwanzigjährig. Jeder einigermaßen erfahrene Mann – Stiller war es offenbar durchaus nicht – hätte in diesem so faszinierenden Persönchen ohne weiteres einen Fall hochgradiger Frigidität erkannt, mindestens auf Anhieb vermutet und seine Erwartung danach geregelt. Im Ballett war Julika damals eine anerkannte Hoffnung. Wie viele Männer, Zürcher von gutem Ruf, hätten Julika auf der Stelle geheiratet, Persönlichkeiten, wäre diesem seltsamen und schon darum so faszinierenden Mädchen nicht die Kunst (Ballett) über alles gegangen, dergestalt, daß sie alle außerkünstlerischen Unternehmungen von vornherein als Störung empfand. Tanz war ihr Leben! Mit einem kicherigen Lachen, das manch einen verdroß oder zumindest jedes ernsthafte Gespräch verunmöglichte, hielt sie die Herren von sich, und ob Sie es nun glauben wollen oder nicht, die schöne Julika lebte damals wie eine Nonne, allerdings von Gerüchten umwittert, die sie als Vamp erscheinen ließen, aber auch darüber konnte Julika nur kichern. Warum ließ man sie nicht, wie sie nun einmal war? Nie ohne frische Blumen im Arm verließ sie das Theater, nie ohne eine leise und ehrliche Angst, daß draußen der nächste Verehrer wartete, der Spender dieser Blumen, ein Student vielleicht oder ein Herr mit glänzendem Auto. Julika hatte Angst vor Autos. Zum Glück erkannten sie Julika meistens gar nicht; mit einer schulmädchenhaften Wollmütze auf dem Kopf, so daß ihr immer schon rötliches Haar versteckt war, huschte sie vorbei, ein sehr unscheinbares Mädchen, sobald sie nicht in den Fluten des Scheinwerfers stand. Wie ein Meertier, das nur unter Wasser zu seinem Farbwunder gelangt, hatte auch Julika ihre geisterhafte Schönheit nur im Tanz, vor allem im Tanz; nachher war sie müde. Begreiflicherweise; im Tanz gab sie ihr Letztes. Also war sie müde, berechtigterweise, und Julika sagte es auch jedem wartenden Verehrer, daß sie müde sei. Nur Stiller glaubte immer, daß Julika bloß müde für ihn sei. Was hatte er davon, daß er sie zu einem Wein nötigte oder, da Julika keinen Wein trank, zu einem Tee? Stiller redete dann sehr viel, scheint es, wie einer, der sich allein für die Unterhaltung verantwortlich dünkt; Julika war müde und schwieg. Stiller redete damals viel von Spanien, er kam gerade aus dem Spanischen Bürgerkrieg zurück, bereits vom schweizerischen Militärgericht verurteilt. Stiller tat ihr nicht leid wegen der Gefängnisstrafe, die ihm bevorstand und die er mit einem etwas aufdringlichen Stolz erwähnte, sondern einfach so; Julika wußte nicht eigentlich warum. Kaum lächelte sie einmal, hatte Stiller schon Angst, nicht ernstgenommen zu sein, schob seine Hand vor die Stirn oder vor den Mund, und als sie sich auf dem kurzen Heimweg verbat, Arm in Arm zu gehen, war er bestürzt, entschuldigte sich vor ihrer Haustür noch lange für seine Zudringlichkeit, die ihm selbst widerlich wäre. Dabei gefiel er Julika wie kein anderer. Stiller war denn auch der erste, jedenfalls einer der wenigen, die von der schönen Julika je ein Brieflein erhielten, ein paar Zeilen, worin sie bestätigte, daß sie leider sehr müde gewesen wäre, und die Gelegenheit eines Wiedersehens andeutete. Sie wußte, wie sehr dieser junge Mann sie begehrte, und zugleich, daß Stiller sie in keiner Weise vergewaltigen würde; dazu fehlte ihm irgend etwas, und das gefiel ihr ganz besonders an ihm. Und es gefiel ihr, daß dieser Mann, der eben noch in Spanien an einer Front gewesen war, ein Mann von schlanker und doch kräftiger Gestalt, der Julika um einen Kopf überragte, nicht im mindesten eine Entschuldigung ihrerseits erwartete, wenn sie ihn fast eine Stunde lang vor dem Theater hatte stehen lassen, im Gegenteil, er entschuldigte sich seinerseits für seine Beharrlichkeit und hatte schon wieder Angst, lästig zu sein. All dies gefiel Julika sehr, wie gesagt; jedenfalls rühmt sie ihren verschollenen Stiller immer aufs herzlichste, wenn sie jener frühen Zeiten gedenkt. Es war März, und sie machten einen ersten Spaziergang über Land, der für die zarte Julika viel zu lang war, mühsam und auch zu dreckig, die Erde war noch sehr naß, wennschon die warme Sonne schien, einmal stak ihr sogar der linke Schuh in dem zähen Morast, als Stiller sie querfeldein zu führen nicht hatte unterlassen können, und Stiller mußte sie greifen, halten, damit Julika nicht auch noch mit ihrem bloßen Strumpf in den Schmutz trat, dabei gab es sich offenbar, daß Stiller sie zum erstenmal küßte. Julika ist der festen Meinung, daß auch sie ihn damals geküßt hätte. Übrigens ließ Stiller es bald bewenden, um Julika nicht lästig zu werden, und war trotzdem auf dem weiteren Spaziergang sehr munter, knickte Weidenruten wie ein Bub und schlug sich beim Gehen damit auf seinen offenen Mantel. Julika empfand ihn wie einen Bruder. Und auch das gefiel ihr. Es störte ihn nicht, daß Julika auch in der Landschaft ausschließlich vom Ballett plauderte, insbesondere von den Leuten um so ein Ballett herum, von Dirigenten, Bühnenbildnern, Friseuren, Ballettmeistern; das war ja doch ihre Welt. Andere Verehrer hatten ihr schon Vorwürfe gemacht, daß sie nichts anderes im Kopf hätte als Klatsch. Nicht so Stiller. Er gab sich viel Mühe hinzuhören, zeigte ab und zu auf eine beson-

ders schöne Aussicht, die aber Julika nicht abzulenken vermochte, Stiller
schämte sich dann, daß er von der Kunst des Balletts so wenig verstünde.
In einer simplen Bauernwirtschaft, wie Stiller sie offenbar schätzte, aßen
sie dann Speck und Brot, und Julika genoß es, eigentlich zum ersten Mal
einen Mann getroffen zu haben, vor dem sie sich nicht fürchtete. Wieder
redete er von seinem Spanien-Krieg. Denn wenige Tage nach jenem Spaziergang mußte er, eine eidgenössische Wolldecke unter dem Arm, irgendwo antreten, um seine paar Monate abzusitzen. Sie sahen einander lange
nicht. In jener Zeit schrieb Julika mehrere Briefe, die zwar, ihrer scheuen
Art gemäß, nicht wörtlich ihre Liebe zu ihm aussprachen; aber als feinfüh-
lender Mensch mußte Stiller wohl merken, was die schöne Julika, ihrer
scheuen Art gemäß, vielleicht empfand, ohne es ausdrücken zu können,
und jedenfalls beruft sich Frau Julika Stiller-Tschudy heute noch auf jene
Briefe als untrügliche Zeugnisse dafür, wie innig und voll zärtlicher Hingabe sie den verschollenen Stiller geliebt hat.

Sie heirateten nach einem Jahr.

Als Fremder hat man den Eindruck, daß diese zwei Menschen, Julika
und der verschollene Stiller, auf eine unselige Weise zueinander paßten.
Sie brauchten einander von ihrer Angst her. Ob zu Recht oder Unrecht, jedenfalls hatte die schöne Julika eine heimliche Angst, keine Frau zu sein.
Und auch Stiller, scheint es, stand damals unter einer steten Angst, in irgendeinem Sinn nicht zu genügen; es fällt auf, wie häufig dieser Mensch
sich glaubte entschuldigen zu müssen. Woher seine Angst gekommen sein
mag, weiß Julika nicht zu sagen. Überhaupt redet Julika gar nicht von Ängsten, wenn sie von ihrer bedauerlichen Ehe mit dem verschollenen Stiller
erzählt; aber fast alles, was sie erzählt, deutet doch darauf hin, daß sie ihren
Stiller nur durch sein schlechtes Gewissen glaubte fesseln zu können,
durch seine Angst, ein Versager zu sein. Sie traute sich offenbar nicht zu,
einem wirklichen und freien Mann genügen zu können, so daß er bei ihr
bliebe. Man hat den Eindruck, daß auch Stiller sich an ihre Schwäche
klammerte; eine andere Frau, eine gesunde, hätte Kraft von ihm verlangt
oder ihn verworfen. Julika konnte ihn nicht verwerfen; sie lebte ja davon,
einen Menschen zu haben, dem sie immerfort verzeihen konnte.

— — —

Ich will aber versuchen, in diesen Heften nichts anderes zu tun als zu
protokollieren, was Frau Julika Stiller-Tschudy, der ich so gerne gerecht
werden möchte, schon damit sie mich nicht für ihren Gatten hält, mir oder

meinem Verteidiger von ihrer Ehe selber erzählt hat: – Eine leichte Tuberkulose, aber wirklich nur eine leichte, die nicht zum Alarm nötigte, hatte
der Theaterarzt schon vor etlichen Jahren feststellen müssen, auch immer
wieder gemeint, Julika sollte doch den Sommer unbedingt in der Höhe
verbringen. Das war ein guter Rat, der allerdings Geld voraussetzte, und
Stiller, ihr Mann, verdiente damals mit seiner Bildhauerei überhaupt nichts,
fast nichts, jedenfalls nicht genug, damit seine arme Gattin hätte aussetzen
können. Julika machte ihm nie einen Vorwurf daraus, daß er nicht wie ein
Direktor verdiente. Julika ging sogar so weit, den ärztlichen Rat vor Stiller
zu verschweigen, um ihn zu schonen, um ihm nicht das Gefühl zu geben,
daß er zu wenig verdiente. Julika erwartete von ihm nur, daß er auch sie
ein bißchen schonte. Ihre Ehe in jenen ersten Jahren soll wundervoll gewesen sein. Julika verdiente also beim Ballett ihre sechshundertzwanzig
Franken im Monat, und wenn Stiller einmal Glück hatte und eine Figur
verkaufen konnte, sei es für einen öffentlichen Brunnen oder so, ging es
ganz ordentlich. Julika war ja bescheiden. Julika war zu sehr Künstlerin,
als daß sie je von einem Mann, den sie ja doch liebte, im Ernst verlangt
hätte, er sollte seine Begabung verraten, um besser für seine Frau sorgen
zu können; höchstens im Scherz sagte sie so etwas. Wie begabt er nun eigentlich war, ihr verschollener Stiller, darüber gingen die Meinungen offenbar von Anfang an auseinander, und es gab Leute, die ihn nie für einen
Künstler hielten. Julika glaubte natürlich an ihn. Und jedenfalls arbeitete
er verbissen. Ihre Erfolge im Ballett, denen Stiller keine eigenen entgegenzustellen vermochte, machten ihm etwas zu schaffen, trugen wohl auch
dazu bei, daß Stiller ziemlich menschenscheu war, in jeder Gesellschaft
drehte man sich um Julika, er wurde begrüßt als ihr Gatte. Kinder kamen
bei ihrem damaligen Einkommen nicht in Frage; es wäre für Julika ein
Ausfall von einem Jahr gewesen. Nicht daß Stiller so ein unbändiges Bedürfnis empfunden hätte, Vater zu werden; er machte sich nur manchmal
ein komisches Gewissen daraus, daß Julika gewissermaßen doch seinetwegen auf Kinder verzichten mußte, und sann immer wieder einmal daran
herum, ob ein Kind nicht gerade für Julika sehr wichtig sein könnte. Wieso gerade für Julika? Ein Kind, meinte Stiller, könnte Julika als Frau in einer Weise erfüllen, wie er es nie vermochte. Das war so ein Gedanke von
ihm, der ihm nicht auszureden war, und er kam immer wieder mit dem
Kind. Was wollte er denn von Julika? Irgendwie zeigte es ihr, daß Stiller
ihre Künstlerschaft nicht ganz vollnahm, vielleicht aus unbewußtem Neid

auf ihren Erfolg, und jedenfalls verstimmte es Julika, daß er immer und
immer wieder mit dem Kind kam. War sie denn nicht erfüllt genug? Erst
als Julika es einmal rundheraus sagte, daß er sie als Künstlerin beleidigte,
verstummte er, insbesondere aber nach ihrer Frage: Wozu ein Kind von
einer tuberkulösen Mutter? Damit war das Kind für immer begraben. Indessen kam er nun mit ihrer Tuberkulose, mahnte zu passender und unpas-
sender Zeit, Julika sollte wieder einmal zum Arzt gehen. Die arme Julika
wagte schon nicht mehr zu husten, so lag ihr seine Mahnung nachgerade
auf den Nerven. Was wollte er nur immerzu von ihr? Stiller war rührend,
doch verbohrt in seiner Meinung, Julika käme nicht zu ihrem vollen Leben. Julika war gewiß keine Gefährtin für endlose Wanderungen, keine
Genossin für nächtelange Zecherei mit seinen Bekannten; sie bedurfte
der Schonung, weiß Gott, aber eigentlich war Julika damals ganz zufrieden
mit ihrem Leben. Warum war Stiller es nicht? Wenn im Laufe einer Bal-
lettprobe draußen das Wetter umgeschlagen hatte, wartete Stiller vor dem
Bühnenausgang mit ihrem wärmeren Mantel, hatte auch den Schirm und
den Schal nicht vergessen; er war wirklich ein rührender Hüter ihrer leider
so gefährdeten Gesundheit, nur sein stetes Drängen zum Arzt verdroß Julika. Sie empfand es als heimliche Kündigung seiner zärtlichen Rücksicht,
ja als Anzeichen von Lieblosigkeit, und all das machte sie eher trotzig. Sie
fühlte sich zum Arzt geschickt, gestoßen, gezwungen, nur damit sein Gewissen beruhigt wäre; damit sein männlicher Egoismus keine Rücksicht
mehr zu nehmen brauchte; es empörte sie, wenn Stiller nur fragte, ob sie
jetzt beim Arzt gewesen wäre. Es war etwas unvernünftig von Julika,
mag sein, aber begreiflich; sie war immer ein sensibles Wesen. Jahrelang
tanzte sie also auf die Gefahr hin, einmal mitten auf der Bühne zusammenzubrechen; alle bewunderten Julika wegen dieser Energie, der Direktor,
das ganze Ballett, das ganze Orchester, nur Stiller nicht. Er nannte es idiotisch! Vermutlich aus purer Angst, nicht ernstgenommen zu werden, hatte
er Anfälle von ordinärer Grobheit, die nur von ihrem Schluchzen verstummten. Alles war jetzt nicht recht an ihr; er nörgelte an Julika herum,
weil sie, wenn sie vom Tisch in die Küche ging, nicht auf dem gleichen
Gang etwas Geschirr hinaustrug, und behauptete steif und fest, sie könne
mit der Hälfte ihrer Kräfte leben, wenn sie ein wenig Vernunft annähme,
ein wenig von Stiller lernte. Was sollte Julika darauf antworten? Seine
Kleinlichkeit machte sie nur traurig. Ein Mensch von Geist, wie Stiller es
zu sein meinte, eine geschlagene Stunde lang konnte er darüber sprechen,

daß Julika, wenn sie vom Tisch in die Küche ging, nicht auf dem gleichen
Gang etwas Geschirr hinaustrug! Julika griff sich an den Kopf. Aus so etwas konnte er eine halbe Philosophie machen, während Julika, nach Proben und Haushalt, einfach zum Umsinken müde war. Dann wieder soll
er entzückend gewesen sein. Aber die Gereiztheiten, scheint es, häuften
sich doch. Einmal, als die arme Julika trotz starkem Fieber ihr abendliches
Auftreten nicht absagen wollte, weil sie doch wußte, wieviel von ihrem Part
an diesem Abend abhing, tat Stiller es über ihren Kopf hinweg, buchstäblich, er nahm das Telefon über die liegende Julika hinweg, sagte, seine Frau
könnte heute abend leider nicht auftreten, eine Eigenmächtigkeit, welche
die Künstlerin sich nicht gefallen lassen konnte. Was bildete Stiller sich eigentlich ein! Sie bestellte, indem sie ihrem Mann sogleich das Telefon aus
der Hand nahm, ein Taxi und fuhr trotzdem zum Theater. Der Krach war
da, einer der ersten in dieser Ehe, und kurz darauf war auch das Taxi da.
Stiller schrie noch ins Treppenhaus hinunter: »Mache dich nur kaputt,
meinetwegen, mache dich kaputt, aber meine Schuld ist es nicht ...« In
solchen Augenblicken erschrak sie über ihn; Stiller schien in solchen Augenblicken zu vergessen, wen er geheiratet hatte, zwar nicht eine Tochter
aus reichem, aber aus kultiviertem Haus; ihre Mutter, die Ungarin, war
eine Dame aus erster Gesellschaft gewesen, irgendwie aristokratisch, ihr
verstorbener Vater immerhin Gesandter in Budapest, wogegen Stiller (es
muß gesagt werden) aus kleinbürgerlichem Milieu kam, eigentlich überhaupt aus keinem Milieu, höchstens erzählte er einmal von seinem Stiefvater, der irgendwo im Altersasyl untergebracht war, überhaupt nie von seinem Vater, und seine Mutter war die Tochter eines Eisenbahners gewesen.
Es ist komisch und gräßlich, daß solche Dinge zwischen zwei Menschen,
die sich lieben, plötzlich eine Rolle spielen, aber es ist so. Natürlich sagte
Julika nie ein diesbezügliches Wort, fast nie. Sie empfand es nur, beispielsweise wenn Stiller so in das Treppenhaus brüllte. Es muß furchtbar gewesen sein. Nachher taten ihm solche Ausbrüche jedesmal sehr leid. Stiller
entschuldigte sich und hatte oft sehr nette Einfälle, etwas wiedergutzumachen, sei es mit einer Lieblingsspeise von Julika, die nur er zu kochen verstand, sei es mit einem seidenen Schal, da sie den früheren eben verloren
hatte, oder mit Flieder, den er auf dem Weg zum Theater, wo er sie nach
der Vorstellung abholte, irgendwo über den Zaun gestohlen hatte; immer
wieder ging es aufs beste, ja eigentlich und im Grunde genommen soll es
doch eine äußerst glückliche Ehe gewesen sein – bis diese andere auftauchte.

Das war vor etwa sieben Jahren.

Julika war ahnungslos. Julika hätte nie an eine solche Möglichkeit gedacht. Als eine junge Frau, die ihren Mann doch über alles liebte, schien es ihr ausgeschlossen, daß Stiller eines solchen Verrates fähig wäre, ja, sie dachte ganz einfach nicht daran, wie gesagt. Die arme Julika, ganz Hingabe an ihren Beruf und an ihren Mann, merkte es nur daran, daß Stiller anfing, ihr jahrelanges Fieber nicht mehr ernstzunehmen; zwar erkundigte er sich jeden Abend, wenn sie von der Vorstellung kam, nach der Anzahl der Vorhänge, doch alles mit einem leisen Stich ins Spöttische. Im gleichen Ton konnte er fragen: Wie geht's deiner Tuberkulose? Oder wenn Julika von der hanebüchenen Unverschämtheit eines Kritikers erzählte, der Julika überhaupt nicht erwähnt hatte, war Stiller, ihr Gatte, von einer geradezu schnöden Gerechtigkeit, fand, Julika sollte es nicht so wichtig nehmen und vielleicht hätte der Kritiker sie aus purer Nachlässigkeit nicht erwähnt, nichts weiter. Vor allem aber machte es Julika stutzig, daß Stiller nun ebenfalls anfing, seine Bildhauerei über alles zu stellen, und es infolgedessen für richtig hielt, mehrere Tage in seinem Atelier zu hausen, einmal sogar eine volle Woche, bis Julika eines Vormittags einfach in sein Atelier ging und ihn aufsuchte. Sie fand ihn pfeifend beim Gläsertrocknen, witterte sofort den Besuch vom Vorabend, schämte sich aber zu fragen. Eine Haarspange am Boden, die Julika wortlos aufhob, wortlos auf den Tisch legte, und zwei leere Flaschen Châteauneuf du Pape, also nicht gerade das Billigste, nun ja, Julika war nicht kleinlich, auch ein schwarzes Haar an seiner hellen Hose, was bewies es schon! Stiller lachte. Indessen war es gar nicht jener Weiberbesuch vom Vorabend, weswegen Julika auf der Stelle zusammenbrach; sein oberflächlich-tröstliches Lachen, seine im Grunde sadistische Zärtlichkeit, womit er meinte eine Eifersüchtige aufrichten zu müssen, waren fehl am Platz, weiß Gott, auch seine Grobheit, womit er sich hysterische Szenen um eine Haarspange, wie Stiller es nannte, ein für allemal verbat; all dies war sehr fehl am Platz. Lange konnte die arme Julika vor Schluchzen überhaupt nicht sprechen. »Julika?« fragte er endlich mit einiger Ahnung, daß ihr Schluchzen nichts mit der dummen Haarspange zu tun hatte. »Was ist denn los? – Julika? – So rede doch! –«

Julika war beim Arzt gewesen.

»Bist du?« fragte er. Sie versuchte sich zu fassen. »Und?« fragte er. Stiller saß auf der Couch neben ihr, Glas und Trockentuch noch immer in der Hand, während die verzweifelte Julika, von neuem Schluchzen geschüttelt, sich mit beiden Händen in das Kissen krallte, derart, daß das Kissen riß. Noch nie hatte Julika so geweint. Und Stiller, scheint es, war einfach hilflos; er legte das Trockentuch weg, um mit der freien Hand über ihr Haar zu streichen, als wäre ihr Leben zu retten mit solchem zärtlichen Getue. Es schien ihm nicht zu passen, daß Julika beim Arzt gewesen war, es störte sein munteres Pfeifen. Julika zerriß das Kissen, und Stiller fragte bloß: »Was sagt er denn, der Arzt? –« Die Art seiner Teilnahme (und das findet Julika noch heute) war grauenhaft, seine zärtliche Besonnenheit, seine freundschaftliche Besorgtheit, all dies mit dem Glas von seinem Vorabend in der Hand; ihre gestammelte, immer wieder von Erstickungsnot unterbrochene und von immer neuem Schluchzen verschüttete Eröffnung, daß sie nämlich sobald wie möglich nach Davos gehen müßte, in ein Sanatorium nach Davos, entlockte ihm vorerst nur die trockene Frage: »Seit wann weißt du das?« – »Seit bald einer Woche!« sagte sie in der Annahme, Stiller könnte die Grauenhaftigkeit dieser Woche erahnen. »– seit einer Woche schon!« Statt dessen fragte er bloß: »Und warum meldest du es mir erst heute?« Stiller benahm sich unmöglich. »Ist es wahr?« fragte er sogar. »Wahr? Wahr? ...« Erst lachte Julika wohl hellauf, dann schnellte sie empor, blickte ihn an und sah, wie Stiller sie ebenfalls anblickte: als wäre es möglicherweise nur eine Finte von ihr, eine billige Übertreibung, um ihm die fröhliche Erinnerung an den Vorabend zu verderben.

Sie schrie: »Geh! Geh! Geh mir aus den Augen!« Stiller schüttelte den Kopf. »Geh! Bitte. Geh hinaus!« – »Julika«, sagte er, »das ist mein Atelier.« Seine Ruhe war der blanke Hohn, eine Unmenschlichkeit, wie Julika es nicht für möglich gehalten hätte, ja, Stiller lächelte sogar, während Julika von ihrem möglichen Tode sprach. Er lächelte! Und die arme Julika, seit fast einer Woche schon allein mit der Last dieses ärztlichen Befundes, traute ihren Augen und Ohren nicht: Stiller ging dazu über, das Glas vom Vorabend weiter zu trocknen, als wäre dieses Glas nun das Dringendste, das Zerbrechlichste, ja der wahre Gegenstand seiner Sorge, und dann wollte er, indem er zwar einen zärtlichen Ton wahrte, ganz genau wissen, nicht was die verstörte Julika sich an Schrecken ausmalte, sondern was der Arzt ihr nun gesagt hätte, ganz genau, ganz sachlich, ganz wörtlich. »Ich sage es ja! Sofort nach Davos, sagte er, sofort ins Sanatorium, sonst ist es zu spät.« Es verging eine Weile, bis Stiller die ganze Tragweite dieser Meldung zu erfassen schien. Was ihm durch den Kopf ging, verriet er nicht, nein, er biß nur in seine Unterlippe und wurde wie ein Sack, wenn man ihn rüttelt, irgendwie kleiner, blickte Julika mit plötzlich ganz hilflosen Augen an. War es nicht immer sein Wunsch gewesen, daß Julika sich wieder einmal durchleuchten ließe? Nun hatte sie seinen Wunsch erfüllt, nichts weiter. Warum starrte er sie so an? Es war ihre linke Lunge. Es war so, daß der Arzt überhaupt nur in menschlichen Vertröstungen redete, scheint es, ohne sich in die medizinische Terminologie einzulassen. Er nannte Fälle von völliger Genesung, die er selbst gesehen hätte. Er war menschlich ganz großartig, der Arzt. Nicht daß er irgend etwas ins Blaue hinaus garantierte; dazu nahm er Julika als Persönlichkeit zu ernst. Immerhin hielt er es, angesichts ihrer grellen Verzweiflung, für möglich, für durchaus möglich, daß die schöne Julika dereinst zum Ballett zurückkehren könnte. Ohne Garantie, wohlverstanden. Das einzige, was er als verantwortungsbewußter Arzt garantieren konnte, war ihr früher Tod, falls sie nicht sofort in ein Sanatorium gehen würde. Julika war nun etwa siebenundzwanzig oder achtundzwanzig Jahre alt. Übrigens kannte sie auch schon den Namen ihres Sanatoriums, seine hübsche Lage an einem Wald, ebenso die ungefähren Kosten, die größtenteils von der Krankenkasse übernommen werden mußten. Hätte Stiller, ihr Mann, sich je einmal erkundigt und ihr gesagt, daß so etwas auf die Krankenkasse ginge, Julika wäre schon längst im Sanatorium, heute wahrscheinlich schon geheilt. Dieses Versäumnis leugnete Stiller übrigens nicht. Ihre arglose Bemerkung, Julika sah es mit Verwunderung, betraf ihn sichtlich, bestürzte ihn; Stiller schien den Tränen nahe. Nun mußte Julika ihn auch noch trösten? Sie legte ihren Arm um seine Schulter, was für Julika, in ihrer scheuen Art, schon viel war, zumal es jetzt allerlei anderes zu tun gab. Der Ravel-Valse und der De Falla-Dreispitz, zwei so himmlische Ballette, sollten also ihre letzte Premiere sein; am Tag danach, Donnerstag dem Soundsovielten, mußte Stiller sie nach Davos bringen. Julika zeigte es ihm in ihrem Kalenderchen, wo das Datum schon mit einem Kreuz versehen war. Was paßte ihm nicht? Stiller erhob sich von der Couch, ohne ihr Kalenderchen wirklich angesehen zu haben, schmetterte sein trockenes Glas in die Küchennische, wo es zerschellte, und steckte sich eine Zigarette zwischen die Lippen, die bleichen und schmalen Lippen, um dann, beide Hände in den Hosentaschen, stumm wie eine Skulptur vor dem großen Atelierfenster zu stehen, Rücken gegen Julika, als wäre es ihre Schuld, daß sie nach Davos gehen mußte. Mehr noch: als machte sie ihm einen Strich durch die Rechnung mit ihrer begreiflichen Verzweiflung, nichts weiter. »Warum schweigst du?« fragte sie. »Entschuldigung«, sagte er mit Bezug auf das Glas, das Julika wohl erschreckt hatte; doch darum ging es ihr ja nicht. »Was denkst du denn die ganze Zeit?« Stiller ging zum Schrank, nahm eine fast leere Gin-Flasche hervor, füllte zwei Gläschen mit dem letzten Rest und bot Julika eine Art von Tröstung an, die sie nicht unfreundlich, aber entschieden ablehnte. Seine netten Gesten, wenn er mit Gin oder gestohlenem Flieder etwas wiedergutmachen wollte, waren ihr zuweilen unerträglich; Stiller gefiel sich in diesen gemütvollen Gesten, schien ihr, und kam sich auf eine allzu billige Weise als zärtlicher Gatte vor, als sorglicher Freund, als verläßlicher Beschützer, als eine Seele von Mann, ja, aber in all den Jahren sich ein einziges Mal auch nur zu erkundigen, ob die Krankenkasse allenfalls für das Sanatorium aufkommen würde, das war ihrem guten Stiller nie eingefallen. »Danke«, sagte sie, »ich nicht.« – »Warum nicht?« – »Alkohol ändert nichts.« Stiller kippte sein Glas. »Nein«, sagte er endlich, leerte auch das Gläschen von Julika mit einem einzigen Zug. »Nein – natürlich ist es nicht deine Schuld, Julika, daß du jetzt ins Sanatorium gehen mußt, davon kann ja nicht die Rede sein, natürlich ist es meine Schuld.« – »Das habe ich nie gesagt!« – »Alles ist meine Schuld«, fuhr er eigensinnig fort, »du brauchst dir keine Sorgen zu machen, meine Liebe, du fährst nun also nach Davos, du Armes, und ich bleibe hier in der Stadt, ich der Gesunde – mein schlechtes Gewissen ist für dich das beste Ruhekissen.« Dazu lachte er schäbig. »Was soll das heißen?« fragte Julika, »immer kommst du mit solchen Sprüchen.« Stiller nahm die leere Gin-Flasche in die Hand, schüttelte den Kopf wie über sich selbst, schien aber gelassen und schleuderte die Gin-Flasche ebenfalls in die Küchennische, so daß es von Scherben nur so spritzte. Es war ein Verhalten, das Julika bis heute nicht vergessen hat, Ausdruck einer hemmungslosen Ich-Bezogenheit, wie ich ebenfalls finde, seitens des Verschollenen.

– – –

Einmal im Spaß, etwas angetrunken, soll der verschollene Stiller in einem Freundeskreis gesagt haben: »Ich habe eine wunderbare Frau, ich freue mich jedesmal auf das Wiedersehen, und jedesmal, wenn sie da ist, komme ich mir vor wie ein öliger, verschwitzter, stinkiger Fischer mit einer kristallenen Wasserfee!« Und das war kurz nach der Heirat ... Man hat den Eindruck, daß der verschollene Stiller, wie sehr er von Julika fasziniert war, etwas im Wesen dieser Frau ganz einfach nicht angenommen, wahrscheinlich überhaupt nicht einmal erkannt hat, eben ihre Frigidität. Und daß es so etwas gibt, und zwar nicht bloß als krankhafte, sondern im Gegenteil als naturhafte Erscheinung, scheint die schöne Julika selber nicht gewußt zu haben. Ob sie es heute weiß? Neulich war sie doch ziemlich verdutzt bei meiner beiläufigen Erwähnung der wissenschaftlichen These, daß in der ganzen Natur kein einziges Weibchen, ausgenommen die menschliche Frau, den sogenannten Orgasmus erfährt. Wir sprachen dann nicht weiter davon. Vermutlich hat die schöne Julika unter dieser Tatsache, daß die männliche Sinnlichkeit sie immer etwas ekelte, auf die einsamste Art und Weise gelitten, wirklich gelitten, obschon es natürlich kein Grund ist, sich deswegen als ein halbes Geschöpf, ein mißratenes Weib oder gar als Künstlerin vorzukommen. So manches an dieser Frau, zumal wenn sie von ihrem verschollenen Stiller redet, ist doch wohl eine Selbsttäuschung von rührender Verstocktheit, ja, man könnte versucht sein, nicht einmal ihre ärztlich beglaubigte und in ihrem Leben so ungeheuer kostspielige Tuberkulose ganz zu glauben. Warum hat Julika mit niemandem sprechen können? Möglicherweise sind es sogar nur wenige Frauen, die ohne Schauspielerei jenen hinreißenden Sinnenrausch erleben, den sie von der Begegnung mit dem Mann erwarten, glauben erwarten zu müssen auf Grund der Romane, die, von Männern geschrieben, immer davon munkeln; hinzu kommt die eitle Lüge der Frauen unter sich, und vielleicht war die schöne Julika nur etwas ehrlicher, dabei allerdings erschreckt, so daß sie nach außen verstummte, sich in Prinzen und Pagen verkleidete, sich in ein Dickicht einsamer Nöte verkroch, wohin ihr kein Mann zu folgen vermochte. Kein Wunder also, daß ihr das Ballett und was immer mit Ballett zusammenhing, auch ein Ballett mittelmäßiger Art, wie es an Stadttheatern üblich ist, schlechterdings über alles ging, jedenfalls über Stiller. Ein paar verzagte Anläufe, sich als Lesbierin zu versuchen, scheinen ebenfalls nichts verändert zu haben; das Ballett blieb die einzige Möglichkeit ihrer Wollust. Andere Frauen ersparen sich das Ballett, indem sie dafür die Mutterschaft haben, und werden, indem sie den Mann als notwendigen Erzeuger ertragen und dann überspringen, glücklich mit ihren Kindern, die ihnen genau so über alles gehen wie einer Balletteuse eben ihr Ballett; sie können nur noch von Kindern reden, von ihren Kindern, auch wenn sie scheinbar von anderen Kindern reden, und geben sich selber auf, scheinbar, um sich selbst in ihren Kindern besser liebkosen zu können, was sie dann für mütterliche Liebe, für Hingabe und Opfer und schließlich sogar für Kindererziehung halten. Natürlich ist es der pure Narzismuß. Bei der schönen Julika, könnte man sagen, hatte dieser Narzißmus der Fri-

giden wenigstens den Vorzug, daß er keine leibhaftigen Menschen miß-
brauchte, sondern nur Kunst, Tschaikowsky und Rimsky-Korsakow, mitunter auch Ravel, gewiß, und Strawinsky, aber keine Kinder, die nur diese
einzige Mutter haben. Frau Julika Stiller-Tschudy, denke ich, würde allerdings aufbrausen, wenn ich ihr so offen heraus sagte, daß die Frau in der
Kunst mir meistens verdächtig ist; vergeblich könnte ich ihr beteuern, daß
darin keine Geringschätzung der Frau liegt, anderseits auch wieder keine
Geringschätzung der Kunst. Unbewußtermaßen mag der verschollene Stiller (es liegt mir sonst wenig daran, mit dem Verschollenen einig zu sein)
ähnlich empfunden haben; nur machte er einen Vorwurf daraus, scheint
es, einen in Zärtlichkeit verborgenen Vorwurf, daß Julika ihre Wollust
nie mit ihm erlebte, einen Vorwurf gegen Julika und einen ebenso albernen
Vorwurf gegen sich selbst. Als wäre jede Frau dazu erschaffen, auch in diesem Sinne die Gefährtin des Mannes zu sein! Es ist auffallend, wie schon
gesagt, und bezeichnend, daß dieser Mann sich immerzu glaubte entschuldigen zu müssen; er nahm es offenbar als Niederlage seiner Männlichkeit,
wenn die schöne Balletteuse, vielleicht nur etwas ehrlicher als andere Mädchen, nicht in Empfindung zerschmolz unter seinem Kuß. Ihre Spröde war
erschreckend, mag sein, aber echt. Sie tat nicht spröde, um aufzureizen, im
Gegenteil, diese Julika versuchte eher nachzugeben, um alles Aufreizende
zu mindern, und erlebte dann allerdings sehr bald, daß sich beim Nachgeben für sie der Ekel einstellte, jener einsame Ekel, den sie unter allen Umständen verbergen mußte. Sie wollte ihn doch nicht verletzen. Sie wollte
ihn ja nicht verlieren. Stiller war ihr lieber als ein anderer Mann. Und anderseits widerstrebte es ihr einfach, jene Miene wilder Auflösung und seliger Ohnmacht zu heucheln, die der Mann in seiner Eitelkeit fast immer
glaubt, sie kann noch so schlecht gespielt werden, diese Miene des Über-
wältigtseins, die er haben muß, um an die Liebe einer Frau und vor allem
an seine Männlichkeit glauben zu können. Ach, es war gräßlich! Und dagegen war es einfach ein Labsal, auf der Bühne zu stehen; tausend fremde
Blicke auf ihrem Körper zu fühlen, Blicke so unterschiedlicher Art, Blicke
von Gymnasiasten und verheirateten Biedermännern, Blicke, die alles eher
als die tänzerische Leistung erfaßten, in der Tat, es machte Julika weniger
aus, als wenn Stiller, ihr Mann, seine harte und von der Bildhauerei etwas
rauhe Hand auf ihren Körper legte. Ihre hilflose Ausrede, daß sie müde sei,
verdroß ihn oft genug. Stiller hielt sich für die Zärtlichkeit in Person,
konnte aber nicht verstehen, daß man müde war. Stiller bezog immer alles

auf sich! ... Irgendwie war Julika fast erleichtert, als ihr der Theaterarzt zum erstenmal mitteilte, sie hätte es ein wenig auf der Lunge, müßte sich jedenfalls schonen. Die immer etwas staubige Luft auf der Bühne war nun gerade für Julika gar nicht günstig, jedoch in ihrem Beruf unvermeidlich, um so mehr mußte Julika sich außerhalb der Bühne schonen. So sagte es der Arzt. Es war also keine Laune von der schönen Julika, es war ein Gebot der Vernunft, wenn sie um Schonung und Rücksicht und viel Ruhe bat. Es ging um ihre Gesundheit. Julika war nun einmal ein zartes, ein besonders zartes Geschöpf; deswegen liebte sie ihren Stiller ja nicht weniger. Nur mußte er, wie gesagt, etwas Verständnis haben.

Stiller hatte es immer weniger, scheint es, dieses Verständnis für seine Frau; seine Ich-Bezogenheit ging so weit, daß er sogar ihre ärztlich begründete Müdigkeit auf sich bezog, nur auf sich, und es kam vor, daß Stiller wortlos aus der Wohnung ging, die Tür schmetterte, nur weil Julika gesagt hatte, sie wäre müde, und dann kam er irgendwann in der Nacht nach Hause mit dem leidigen Geruch von Wirtschaften, mit einem Atem, der nun wirklich eine Zumutung war. Oder er sagte: Ich möchte dich einmal erleben, wenn du nicht müde bist! und seine Stimme war voll Vorwurf, voll Grimm. Was sollte Julika denn tun? Er sagte allerdings nie: Du bist einfach keine Frau! aber Julika spürte sehr wohl, daß er sie mit anderen Frauen verglich. Stiller trieb sie nachgerade zur Verzweiflung, und um sich selbst und ihm und der Welt überhaupt das Gegenteil zu beweisen, gab es wohl kein anderes Mittel als eine möglichst unverhohlene Flirterei, was in ihrem Leben bisher nie vorgekommen war. Stiller trieb sie dazu. Stiller fand es geschmacklos, wie Julika sich von jedem Herrn auf Durchreise, am liebsten von solchen, die das Schicksal bald wieder entfernte, den Hof machen ließ. Julika machte es Spaß, das Lob ihrer Schönheit zu hören in Verbindung mit einem Lob auf ihre Kunst; alles Weitere ging ihr zu weit. Stiller war lange nicht eifersüchtig, nur schockiert, wenn seine Julika im Restaurant und auf der Straße vor dem Restaurant, beim Abschied, Küsse von sich gab, Küsse dahin, Küsse dorthin; Stiller sagte dann nur: Bist du sicher, daß du alle geküßt hast? Er nahm es als kindische Spielerei. Ein anderes Mal war er wütend; es war nach einem Ball, Julika eine grazile Bacchantin, die bald da, bald dort auf den Knien eines Herrn saß und nicht aufhören konnte, sich als ›tolle Frau‹ aufzuspielen; Stiller wartete mit ihrem Mantel und fand es, wie er sich in seiner vulgären Art ausdrückte, zum Kotzen. Es müssen sehr kluge und wirklich unterhaltsame

Herren gewesen sein, die der schönen Julika nicht ohne Charme und Witz, den sie ihrerseits durch ihre Schönheit parierte, den Hof machten; Stiller war stets der Meinung, daß es sich ausschließlich um mehr oder minder homosexuelle Herren handelte, und sein Lächeln, da Julika nie wußte, woran man so etwas erkennen könnte, beleidigte sie begreiflicherweise. Und es war wohl nicht zuletzt dieses Lächeln, was die arme Julika immer weitertrieb, weiter als es sie von Natur aus drängte, schließlich denn auch in die Arme eines jungen Reklameberaters von anerkannter Männlichkeit, der zudem ein zauberhaftes Häuschen bei Ascona besaß. Stiller hatte wohl nicht erwartet, daß Julika es wagen würde; er wußte Bescheid, daß der Reklameberater, ein Bekannter von Stiller, lange schon in die Balletteuse verliebt war, und irgendwie juckte es wohl Stiller, so daß er selbst die erste Begegnung veranstaltete. Wollte er eine Probe haben, ob Julika eine Frau ist? Und dann, als es so weit gekommen war, verlor er fast den Verstand, der gute Stiller; er fraß Veronal, um tagelang zu schlafen, und verriegelte sich in seinem Atelier. Nun war es Julika, die ihn geschmacklos fand. Wahrscheinlich hatte er Angst, nun wäre der Mann angetreten, der richtige Mann, und ohne das mindeste zu wissen, streckte Stiller schon die Waffen. In seinen kläglichen Briefen sah er Julika, seine Balletteuse, bereits mit Kinderwagen, eine Mama am Lago Maggiore. Sein Getue muß für Julika um so lästiger gewesen sein, als die Geschichte selbst, wie es scheint, von kurzer Dauer war, eine Woche in Ascona vielleicht. Der junge Reklameberater hatte es streng, flog dahin und dorthin, während Julika natürlich weiterhin ihre Proben hatte. Stiller fragte jeden zweiten Tag, warum Julika nicht nach Ascona führe; dabei blickte er sie immer an, als schuldete sie ihm irgendeine Antwort auf irgendeine Frage, die Julika indessen, ohne sich im mindesten zu verstellen, nicht erriet. Was wollte Stiller denn von ihr wissen? Für Julika war es nicht der Rede wert, ganz abgesehen davon, daß sie nun einmal ein verhaltenes und scheues Wesen war, das es nicht zum Reden drängt, und schließlich, fand sie, konnte Stiller doch merken, daß es zu Ende war. Stiller merkte es nicht, scheint es, oder nicht mit Gewißheit. Der fliegende Reklameberater blieb für ihn der große Mann, der Julika glücklich zu machen vermochte; davon war Stiller nun einmal vom ersten Schrecken an überzeugt, blind für die Tatsache, daß seine Julika durchaus unverändert blieb. Er glaubte wohl, sie verstelle sich vor ihm, sie verberge ihre Glückseligkeit, um ihn zu schonen, und dabei hatte Julika nach allem, was Stiller sich ihr gegenüber schon gestattet hatte, nicht das

mindeste Bedürfnis, ihn zu schonen. Stiller lebte noch monatelang wie auf
der Lauer, unterstand sich einmal sogar, ihre Handtasche zu durchsuchen,
um irgendein Zeichen zu finden, einen Brief, eine Fahrkarte nach Ascona,
eine Notiz im Kalenderchen. Ihr Kalenderchen enthielt aber nur Notizen
über Proben, über Coiffeur, über Zahnarzt. Man kann sich vorstellen, wie
lästig es für Julika gewesen sein muß, daß Stiller sich immer noch mit dieser Sache beschäftigte, wenn auch nur in Gedanken, wie lästig vor allem,
daß Stiller zwar ohne Vorwürfe, aber mit der Miene eines Verfolgten immer auf irgend etwas wartete, auf ein erlösendes Wort. Was hätte Julika
ihm sagen sollen? Einmal, als Stiller offen heraus wissen wollte, was der
Reklameberater ihr bedeutet hätte, sagte sie ihm: »Du hast mich zur Verzweiflung gebracht, Stiller, sprechen wir nicht mehr davon, ich bin ja zurückgekommen, aber du mußt mich nicht zur Verzweiflung treiben! ...«
Jedenfalls war sich Julika keiner Schuld bewußt, die Stiller nicht seinerseits schon um ein Vielfaches überboten hätte, und also lag es doch eigentlich an ihm, alles zu versuchen, damit sie, die zu ihm zurückgekehrt war,
glücklich würde bei ihm.

Einige Monate ging es wieder wunderbar.

Stiller, offenbar auf Umwegen orientiert, daß der fliegende Reklameberater längst eine andere Freundin hatte, erwartete Julika vor dem Theater,
kochte seinen valencianischen Reis und war nicht gekränkt, wenn Julika,
müde von der Probe, wenig oder überhaupt nichts davon essen konnte;
er nahm Anteil an ihrem fürchterlichen Zank mit einem Regisseur und
gab ihr recht; er schonte sie, wie der Arzt es verlangte, oder gab sich wenigstens Mühe – einige Monate lang. Dann, scheint es, versank er wieder in
seine Ich-Bezogenheit und erwartete, daß Julika sich nur um ihn kümmerte; wieder ging er wortlos aus der Wohnung, schmetterte die Tür und
besoff sich, beispielsweise weil Julika zu müde war, um sich stundenlang
für Bildhauerei zu interessieren. Am andern Tag gestattete sie sich die Bemerkung, daß seine Trinkerei sehr viel Geld kostete. Stiller verübelte es
ihr, wenn sie schwieg, und verübelte es ihr, wenn sie redete. Und wie sollte
Julika zärtlich sein zu einem Mann, der im Grunde, sie spürte es doch, voll
Groll war? Eines Morgens, mitten aus dem Frühstück heraus, fragte Stiller,
warum sie im Ballett erzählt hätte, daß sein neuer Mantel, ein amerikanischer GI-Mantel, von ihrem Geld gekauft wäre. Julika verstand seine Frage
nicht. »Warum erzählst du das dem ganzen Ballett?« fragte er, zitternd
vor Groll, indem er irgendeine Kleinigkeit aufbauschte. »Was ist denn da-

bei?« fragte sie, und Stiller riß ihr die Zeitung aus der Hand, erklärte ihr
eine halbe Stunde lang, was, seiner Meinung nach, dabei wäre. Seine Auslegung war infam. Julika kamen die Tränen, und als Stiller nicht aufhörte,
schrie sie: »Geh hinaus, ich bitte dich, geh hinaus!« Stiller ging nicht, obschon er sehen mußte, wie seine infame Auslegung sie verletzte. »Dann
gehe ich!« sagte Julika, aber Stiller ließ sie nicht gehen. »Ich will dich nicht
mehr sehen!« schrie die Bedrängte. »Das ist eine Gemeinheit von dir, eine
Hundsgemeinheit!« Übrigens soll es das einzige Mal gewesen sein, ungefähr das einzige Mal, daß Julika in ihrer Empörung derart deutliche Ausdrücke gebrauchte. Ob Stiller einsah, wie unrecht er dieser Frau tat? Es fiel
ihm nicht ein, sich zu entschuldigen. Und der Riß blieb offen. Einmal darüber aufgeklärt, wie infam Stiller irgendeine Kleinigkeit auszulegen sich
nicht schämte, hatte Julika fortan Mühe, überhaupt noch etwas zu sagen. Und das Schweigen wucherte, ein Schweigen, das schlimmer war
als Zank. Stiller schien keine Ahnung zu haben, wie sehr er Julika verletzt
hatte; er deutete sich ihr Tun und Lassen, wie es ihm in seiner Ich-Bezogenheit gerade paßte, eigensinnig und unbelehrbar.

Dann noch etwas anderes!

Julika hatte damals einen Hund, einen Fox, wie er zu kinderlosen Paaren doch wohl gehört, Foxlein genannt oder in der Sprache dieses Landes,
übrigens einer höchst liebenswerten, wenn auch nicht gerade klangschö-
nen, aber erdig-dinglichen und bei genauerem Hinhören gar nicht unzärt-
lichen Sprache: Foxli. Sie liebte ihn, versteht sich, sonst hätte man ihn ja
nicht zu haben brauchen; das ist das Beglückende an Hunden, man liebt
sie oder man braucht sie nicht zu haben. Stiller verstand nie, daß man
Foxli so lieben konnte, und es gelang ihm auch kaum, in Foxlis seelenvol-
len Augen zu lesen. Er spöttelte über Julikas mütterliche Geduld, wenn
man mit Foxli, der schnuppernd von Baum zu Baum lief, überallhin zu
spät kam, und nannte es höhnisch: das Heilige Tier. Man wußte, daß Julika zu spät kommen würde, und niemand nahm es übel, Foxli war zu drollig. Im Restaurant durfte Foxli, dank der Schönheit seiner Herrin, der
kaum ein einigermaßen gepflegter Kellner sich zu widersetzen wagte, genau so gut wie Stiller auf einem Polsterstuhl sitzen. Daß Stiller sich nie damit abfinden konnte, war seine Sache, sein Eigensinn. Wozu sollte Julika,
die ohnehin nie sehr viel aß, die Hälfte ihres herrlichen Filet Mignon ste-
henlassen? Schließlich, es wurde nicht gesagt, zahlte Julika ja das meiste,
Stiller hatte dafür seinen Wein. Er sagte auch nichts, dennoch hatte Julika

oft das Gefühl, sie müßte Foxli in Schutz nehmen. Und Foxli empfand es genau so. Foxli war auf ihrer Seite. Das ärgerte Stiller vielleicht, ihre Mehrzahl; Julika und Foxli, beide von allen Seiten bewundert, überstimmten ihn in allen entscheidenden Fragen. Nicht daß Stiller ihr süßes Hündchen je geschlagen hätte; das fehlte noch! Aber Stiller liebte es nicht; er tat, als wäre Foxli nicht da. Kaum zu Hause im Flur, von Foxli mit herzlichen Sprüngen empfangen, kümmerte sich Stiller nur um seine Post, immer nur seine Post, als meldete sich je ein Mäzen mit Geld. Einmal sagte wieder jemand: Ach Julika, habt ihr ein süßes Tier! worauf Stiller antwortete: Sehr süß, ja, demnächst werden wir Konfitüre daraus machen! Stiller war einfach eifersüchtig auf ihren Hund, gab es aber nicht zu, sondern machte sich wieder so eine Theorie, die überhaupt nichts mit dem lebendigen Foxli zu tun hatte, und redete abermals nur von Julikas (nicht von Foxlis) Seelenleben, wovon er nun schon gar nichts verstand. Warum ließ Stiller, zum Beispiel, Foxli nie in sein Atelier? Und dann wunderte er sich hinwiederum, daß seine Frau oft monatelang, einmal fast ein ganzes Jahr nicht in sein Atelier kam, enttäuscht, daß sie so wenig Anteil nahm an seiner schöpferischen Arbeit. Julika wußte wirklich nicht, wo sie Foxli hätte anbinden können, ohne um ihn bangen zu müssen, oder sollte sie Foxli gar in die fremden Gassen lassen, nur um sich von Stiller einmal mehr zeigen zu lassen, daß seine schöpferische Arbeit, wie er ja immer klagte, einfach nicht vorwärtsging? Stiller scheint wirklich der Inbegriff einer männlichen Mimose gewesen zu sein. Daß er über Jahre seinerseits in ihre Ballett-Proben kam, wo er skizzieren durfte, war doch für ihn selber nur ein Gewinn. Was aber, einmal sachlich gesprochen, hatte Julika davon, in seinem meistens staubigen Atelier herumzustehen, wo er jahrelang ungefähr am Gleichen arbeitete, und sich möglicherweise noch in seinem Atelier zu erkälten? In seiner Ich-Bezogenheit verschloß er sich einfach vor allen solchen Erwägungen. Was erwartete er nur immer von Julika? Seine Gekränktheit, wie höflich er sie auch verschwieg, war eine Last für die arme Julika. Daß sie, die Balletteuse, bei den zahllosen Gesprächen über Bildhauerei, die Stiller mit seinen Genossen oft in alle Nacht hinein führte, nie ein Wort redete, machte ihn traurig; er deutete es als Mangel an Teilnahme, kam nie auch nur auf den Gedanken, daß es von Julika, die nun einmal nichts von Bildhauerei verstand, eine nur natürliche Bescheidenheit war, ganz zu schweigen von ihrer nun einmal sehr verhaltenen und scheuen Art überhaupt. Waren seine Genossen endlich gegangen, wurde er auch noch grob:

Wenigstens eine Mehlsuppe hättest du machen können, sagte er grämlich, wenigstens das! Julika dachte ja nicht daran, seine Dienerin zu werden. Und von dem Tage an, da die andere auftauchte, war sein Einfühlungsvermögen vollends erschöpft; sage und schreibe: Stiller war entrüstet, daß Julika in ihrer Veranda nicht ihn vermißte, sondern Foxli, und allen Ernstes verwundert, daß Julika, die Kranke und Verlassene, von Davos aus keine zärtlichen Briefe schrieb, es ist wahr, eigentlich überhaupt keine, ausgenommen ein Zettelchen, womit Stiller in der Stadt etwas besorgen mußte; Julika konnte doch einfach nicht schreiben! Und als er später, im Laufe jenes Sommers, seinerseits wochenlang nicht mehr schrieb, scheute er sich nicht, jeder Einfühlung bar, vor der billigen Ausrede, Julika hätte ihm ja auch nie geschrieben ...

Usw.

Ich habe kein Verlangen danach, den Friedensrichter zu spielen zwischen der schönen Julika und ihrem verschollenen Mann; da sie jedoch jedesmal von diesen leidigen Zeiten redet, versucht man natürlich, Zusammenhänge zu erraten, und wäre es auch nur zur Unterhaltung, so wie man etwa Kreuzworträtsel ausfüllt. Was soll ich in meiner Zelle sonst tun! ... Schwierig zu erraten, jedoch unerläßlich, um das Kreuzworträtsel mit dem verschollenen Stiller ausfüllen zu können, ist ein kleiner Ausspruch der schönen Julika, der weit zurückliegen muß. Sie nennt ihn nicht. Ein durchaus argloser Ausspruch. Ein belangloser Ausspruch. Und doch, höre ich, konnte Stiller ihn nie verwinden, eigentlich immer weniger. Irgendwie muß es mit diesem kleinen, geradezu winzigen und von Julika längst vergessenen Ausspruch zusammenhängen, daß Stiller sich als ein stinkiger Fischer mit einer kristallenen Fee vorkam. Der Ausspruch fiel in ihrer ersten gemeinsamen Nacht. Offenbar war Stiller nicht nur eine Mimose, ein Mann von krankhafter Ich-Bezogenheit und entsprechender Empfindlichkeit, so daß er Worte, die Julika möglicherweise jedem Mann hätte sagen können, ganz und gar auf sich bezog; er war obendrein auch noch ein Wiederkäuer, und das war für die arme Julika oft einfach unerträglich. Plötzlich, nach Jahr und Tag, stieß ihm eine solche Bagatelle wieder auf! Und dabei hatte Julika ihrerseits, wie sie versichert, jenen kleinen Ausspruch in der ersten Nacht schon längst wieder vergessen. Stiller kam einfach nicht darüber hinweg, er trug diese paar Worte wie ein Kainsmal hinter seiner Stirne, und da half es wenig, daß Julika, zärtlich vor allen Leuten, ihm seine immer etwas unordentlichen Haare aus der Stirn strich. Julika war rührend zu ihm. Und vermutlich hatte sie damals nur ausgesprochen, was manches Mädchen, zum erstenmal von einem Mann umarmt, unter anderem empfinden mag. Stiller mußte es doch begreifen. Er begriff es auch. Es quälte ihn offenbar nur, daß es das einzige blieb, was die geliebte Julika ihm nach der ersten Umarmung hatte sagen können. Plötzlich, nach Jahr und Tag, steigerte er sich in so eine vergangene Sache hinein; man sah es dann seinen Augen an, wie es in ihm bohrte, wie seine Seele sich gleichsam zusammenzog auf einen einzigen Punkt, wie so ein kleiner und argloser und jedenfalls durchaus sachlicher Ausspruch in seiner Erinnerung zu hallen anfing, alles andere überdröhnte. Und gerade dann, wenn Julika sich besonderer Zärtlichkeit befliß, erschreckte ihn wieder, was vor vielen Jahren einmal aus ihrem Mund gekommen war. Stiller kam sich als der Besudelnde vor. Er tat, als ekelte sich Julika vor ihm, und wies sie zurück, wie gesagt, gerade dann, wenn Julika sich besonderer Zärtlichkeit befliß; er entzog sich. Stiller soll ein sportlicher Schwimmer gewesen sein; einige Jahre lang schwamm er jeden Tag einmal über den See und zurück, gleichviel ob es regnete oder nicht, oft noch im Oktober: er kasteite sich. Julika nannte es seinen Tick, diese Sportlerei. Stiller brauchte sie, um sich wohl zu fühlen. Er brauchte einen See voll Wasser, scheint es. Es war ihm furchtbar, wenn er schwitzte. Und in Gesellschaft etwa, wenn er schwitzte oder spürte, daß es soweit kommen könnte, verlor er jeglichen Humor, saß dann in stummer Bestürztheit, unfähig, auch nur einem Gespräch zu folgen. Stiller hatte dann eine solche Angst in den Augen, daß es Julika oft rührte. Oft bildete er sich ein, er hätte einen Ausschlag. Meistens war es bloße Einbildung. Dann wieder schwärmte er von einer fremden Dame, die ihn, oben auf dem Gipfel des Piz Palü, auf sein schwitzendes Gesicht geküßt hätte, das war für ihn der Piz Palü, unvergeßlich, einmalig, grandios. Sein Zerwürfnis mit dem Körper, scheint es, betraf nur seinen eigenen. Stiller schwärmte von den Kindern im Strandbad, von der Haut der Kinder, und auch die menschlichen Körper im Ballett, zum Beispiel, begeisterten ihn immer wieder. Seine Begeisterung hatte etwas Schmerzliches, etwas von der hoffnungslosen Sehnsüchtigkeit eines Verkrüppelten. Stiller war schon ein Mann über dreißig; aber wenn eine Frau einmal ihre Hand (ohne Handschuh) auf seine Hand legte, ohne sie sogleich wieder zurückzuziehen, oder das fahle Haar nicht nur aus seiner Stirne strich, um ihn ordentlich zu machen, sondern um sein Haar zu fühlen, um seine schmale Stirne zu fühlen, war er irritiert wie ein Knabe, dadurch für manche

Damen besonders anziehend. Er war wohl, wie man sagt, ein Mann mit
Chancen, ohne sich seine Chancen zu glauben. Und das irritierte Stiller
wohl am meisten, nicht die sogenannte Chance, sondern die Angst, daß
man ihn ja bloß zum Narren hielte; er war mißtrauisch, unsicher, nicht bereit zu glauben, daß eine Frau, die ihre Hand auf die seine legte, frei wäre
von Ekel. Es ist anzunehmen, daß dieser unselige Mensch nicht oft, aber
ab und zu, irgendwann einmal nach der täglichen Dusche, die doch nur
für den Augenblick reinigte, vor den Spiegel trat, um zu sehen, was Julika,
seine kristallene Fee, abstoßen mußte, und siehe da, Stiller entdeckte eigentlich nichts, was ihn nicht selber abstieß. Stiller fand Männer sehr
schön, er zeichnete sie ohne Unterlaß; Frauen auch. Nur er selbst, Stiller
mit Namen, hatte das Pech, in einem männlichen Körper zu wohnen, der
sein Liebstes beschmutzte; das hatte ihm Julika, dieser ehrliche Mensch,
ja so offen ausgesprochen, so arglos, so sachlich und schlimm nur dadurch,
daß es ihre einzige Aussage geblieben war ... Kurzum, Stiller hatte wohl
wirklich einen Tick, und die arme Julika, ihrerseits ein ungewöhnlich zartes Wesen, scheu von Natur und von mädchenhafter Verhaltenheit im
Wort, wehrlos gegen Auslegungen, die einfach ihr wahres Wesen verkann-
ten, hatte es sicherlich nicht leicht mit ihrem neurotischen Gemahl. Das
fanden offenbar auch andere Leute, nämlich daß Stiller ihr wahres Wesen
verkannte, und es fehlte nicht an Freunden, die Stiller warnten, dafür aber
nur Undank ernteten. Stiller vertrug es nicht. Ach, sagte er nach einem solchen Gespräch, der Teufel hole die Menschen, die sich in eine Ehe einmischen, nur weil sie meinen, daß sie es wohlmeinen und daß es genüge,
wenn sie es wohlmeinen, ohne auch nur ein Drittel der Geschichte zu kennen, worin sie es wohlmeinen! Und damit war das beste Freundeswort für
ihn erledigt; Stiller wußte alles besser. Man sagte ihm, daß die arme Julika
ihn nicht nur liebte, sondern ihn mehr liebte, als er es verdiente, und Stiller
antwortete höchstens: Sehr gut, daß Sie mir das sagen! Aber in Wahrheit
fiel es ihm nicht ein, sich etwas zu Herzen zu nehmen. Sein Verdacht,
daß Julika ihre gemeinsamen Bekannten aufhetzte, war ungerecht wie so
vieles in seinem Verhalten gegenüber dieser Frau, die, glaube ich, viel zu
schamhaft gewesen wäre, um sich Drittpersonen anzuvertrauen. Die Leute
sahen es einfach mit ihren eigenen Augen. Und das vertrug Stiller schon
nicht. Lange Zeit kannten sie ein liebenswertes Ehepaar, er war Veterinär,
sie eine anerkannte Kinderärztin, zwei Menschen voll Bildung in einem
lebendigen Sinn, voll Herz und Geist, Freunde, denen Stiller vieles ver-

dankte, nicht nur eine Reihe von köstlichen Abendessen, sondern Anregungen aller Art, Einführung in die zürcherische Gesellschaft, einmal sogar einen Auftrag. Stiller fand sie ganz prächtige Menschen, diese Kinderärztin und diesen Veterinär, bis ihm die Frau, die Julika zuweilen unter vier Augen traf, einmal unter vier Augen sagte, was sie sich dachte, nämlich daß Frau Julika ein ganz wunderbarer Mensch sei, ein so feines und im Innersten vornehmes Wesen, wie sie, die Kinderärztin, in ihrem Leben es noch kaum getroffen hatte. Stiller unterbrach sofort: »Und warum sagen Sie das mir?« Sie sagte im Spaß: »Offen gestanden, Stiller, ich frage mich manchmal, womit diese Julika es verdient hat, mit Ihnen verheiratet zu sein!« und sie lächelte, um die Spaßigkeit ihrer Rede deutlich zu machen. Stiller soll nur frostig gewesen sein. »Im Ernst!« fügte sie hinzu und meinte es wirklich nur freundschaftlich, »ich hoffe, daß Sie es begreifen, bevor es zu spät ist, bevor Sie ein Greis sind, Stiller, begreifen, was für eine wunderbare Frau an Ihrer Seite lebt, was für ein wertvoller Mensch, ganz im Ernst, ich hoffe es von ganzem Herzen, Stiller, Ihnen zuliebe!« Aber Stiller, scheint es, vertrug auch den Ernst nicht; es war in einem Restaurant, und Stiller winkte dem Kellner, während die Freundin, die Kinderärztin, weiter über Julika redete, er zahlte, ohne zu der Sache selber ein Wort zu sagen. Und dann war es seine einzige Antwort, daß er fortan, wann immer dieses prächtige Kinderärztin-Veterinär-Ehepaar sie einzuladen wünschte, seinerseits keine Zeit hatte; also die billigste Art von Antwort. Mit Recht wehrte sich Julika und ging dazu über, das Kinderärztin-Veterinär-Ehepaar ihrerseits einzuladen; als dann Stiller nach Hause kam, im Flur draußen hörte, wer in der Wohnung redete, wollte er einfach umkehren. Mit knapper Not konnte Julika diese gesellschaftliche Rüpelei verhindern; Stiller blieb zum Abendessen, dann aber ›mußte‹ er ins Atelier. Er kniff einfach aus. Und manchmal grenzte es wirklich schon an Verfolgungswahn; Stiller bemühte sich wohl, zu ihren Freunden nett zu sein, aber sie spürten natürlich seine Abwehr, seine Unfreiheit. Und dann wunderte sich der gute Stiller, daß es um ihn herum einsamer wurde. Niemand geht gerne zu einem Ehepaar in Krise, versteht sich, es liegt in der Luft, selbst wenn man nichts davon weiß, und der Besucher hat das Gefühl, einem Waffenstillstand beizuwohnen, er kommt sich als Notbrücke vor, er fühlt sich irgendwie mißbraucht, zu einem Zweck eingesetzt, und das Gespräch wird unfrei, der Übermut in vorgerückten Stunden wird gefährlich, plötzlich wird mit Witzen geschossen, die etwas zu scharf sind, etwas vergiftet, der Besucher merkt mehr, als

die Gastgeber preisgeben wollen; es ist gemütlich wie auf einem Minen-
feld, ein solcher Besuch bei einem Ehepaar in Krise, und wenn nichts
platzt, so riecht es doch allenthalben nach heißer Beherrschung. Und wenn
es auch zutreffen mag, was die Gastgeber sagen, nämlich daß es für sie der
netteste Abend seit langem gewesen ist, man kann es verstehen; aber man
lechzt nicht nach der nächsten Einladung, und die Hindernisse häufen
sich unwillkürlich, in der Tat, man hat kaum noch einen freien Abend.
Man bricht nicht mit einem Ehepaar in Krise, gewiß nicht. Man sieht sich
nur etwas seltener, und infolgedessen vergißt man das Ehepaar, wenn man
selber eine Einladung macht, unwillkürlich, absichtslos. Das kommt davon; Stiller hatte keinen Grund, sich zu verwundern, so wie er sich zu allen
wohlmeinenden Leuten verhielt. Zum Glück, kann man nur sagen, hatte
Julika wenigstens ihre Freunde im Ballett, vor allem jedoch die Arbeit
selbst. Auf der Bühne, in den Fluten der Scheinwerfer, war sie frei von allem, ein andrer Mensch, ein glücklicher Mensch, die Beglückung in Person. Auch in die Proben kam Stiller nicht mehr. Er verkroch sich in seine
Arbeit. Und es half auch nichts, als der Mann ihrer Freundin, der Veterinär, eines Morgens in sein Atelier ging, um mit Stiller zu sprechen, Mann
zu Mann, wobei von Vorwürfen nicht die Rede war. Es genügte der Satz:
»Ich glaube, Stiller, Sie tun Ihrer Frau sehr unrecht.« Stiller antwortete:
»Sicher!« Sein Ton war pure Fopperei. »Was haben Sie anderes erwartet?«
sagte er. »Haben Sie gesehen, daß ich jemals etwas anderes getan habe als
Unrecht?« Der Veterinär versuchte alles, doch Stiller ließ ihn einfach stehen, putzte sein Spachtel und sagte Adieu, ohne den Besucher an die Türe
zu begleiten. Es war wirklich eine Art von Verfolgungswahn, wie er Leute,
sobald sie Julika als Freunde begegneten, für seine insgeheimen Feinde
hielt. Was sollte Julika bloß tun! Stiller tat ihr leid. Er machte sich nur selber einsam. Was hatte Julika nicht alles versucht! Sie nahm es noch mit
Humor, wenn Stiller sich darin gefiel, der unverstandene Mann zu sein,
und oft, wenn er so brütete, untätig wie ein Lahmer und verstockt und
schweigsam, daß man vor Langeweile hätte sterben können, menschenscheu, lustlos, gleichgültig, willenlos und alles andere als ein Mann, der
eine Frau hätte glücklich machen können, legte Julika ihre Hand kurz
auf seine Schulter und lächelte:

»Jaja – bist ein Armer! . . .«

– – –

Ihr Sommer in Davos, ihr Leben in jener Jugendstil-Veranda, wo man

Heu roch und Eichhörnchen sah, war sicher nicht leicht. Es ging Julika wie scheinbar den meisten Neulingen dort oben: nach einem allerersten Entsetzen, nach zwei oder drei Nächten, wo sie sofort auszubrechen beschlossen hatte, und nach dem grauslichen Gefühl, als wäre es jedesmal eine Vorbereitung zum Sterben, wenn man sie in ihre Wolldecken wickelte und auf die immergleiche Veranda rollte, gewöhnte sich Julika unversehens an diesen anderen Alltag, ja, sie genoß es sogar, einmal nichts mehr zu müssen, überhaupt nichts. Ruhe war das einzige, was von ihr verlangt wurde. Julika genoß es wie schon lange nicht mehr, auf dieser Welt zu sein. Es war gar nicht so fürchterlich, dieses Davos, es war ein Tal, wie Täler halt sind, grün, friedlich, etwas langweilig vielleicht, ein Tal mit steilen Wäldern und flachen Matten, da und dort mit einer steinigen Runse, eine Landschaft, nichts weiter. Der Tod ging nicht als knöcherner Sensenmann umher, nein, da wurde nur Gras gemäht, Heu duftete herauf, Harz herüber vom nahen Wald, irgendwo verzettelten sie Mist, und in den Lärchen vor ihrer Veranda turnte ein neckisches Eichhörnchen. Tagsüber, mag sein, lebte es sich wie in den Ferien. Ein Nachbar, der sich täglich eine Viertelstunde auf das Fußende ihres Bettes setzte, ein Geretteter, der spazieren durfte und Wiesenblumen brachte, übrigens ein ziemlich junger Mensch, jünger als Julika, aber Sanatoriums-Veteran, der sich der Neulinge auf die netteste Weise etwas annahm, scheint Julika viel erleichtert zu haben. Er war es, der ihr Bücher brachte, andere als Stiller jemals gebracht hatte, eine neue Welt also. Und was für eine Welt! Julika las Plato, Tod des Sokrates, schwierig, jedoch der junge Sanatoriums-Veteran half ohne eine Spur von Lehrerhaftigkeit, munter-beiläufig wie eben jene Leute, die ihrerseits eine ungewöhnlich leichte Auffassung haben und nie vermuten, man könnte etwas nicht verstehen, weil unser Kopf nicht reicht. Er war bezaubernd mit seinem schmalen, immer etwas pfiffigen Gesicht und den großen Augen darin, dabei waren sie keineswegs ineinander verliebt. Julika ihrerseits erzählte vermutlich vom Ballett, und der junge Sanatoriums-Veteran, der die Anzüge von Verstorbenen trug, erzählte ein wenig von all den Menschen, die Julika ab und zu husten hörte, ohne sie je zu Gesicht zu bekommen, keine Lebensgeschichten, nur so Schnurren, keine Indiskretionen; Julika war froh darum, anfangs durch seinen ›frivolen‹ Ton befremdet, bis sie wohl merkte, daß spitzer Witz nicht Innerlichkeit ausschließt, sondern lediglich eine andere Form davon ist, eine unklebrige und keuschere Art vielleicht. Kurzum, Julika freute sich auf diese Viertelstunden, vermißte den jungen Sanatoriums-Veteran schon empfindlich, als er einmal ausblieb. Was war denn los? Gar nichts; Besuch seiner Familie, nichts weiter. Am andern Tag kam er wieder, erläuterte Julika so ein Röntgen-Foto. Sein eigenes? Darüber schwieg er sich aus, zeigte, was man einen ›Schatten‹ nennt, und brachte Julika langsam dazu, so ein Gerippe sogar schön zu finden, anzuschauen wie eine Graphik, entzückt zu sein etwa von der Transparenz des Herzens, das nicht zu sehen war, fasziniert von den geheimnisvollen Gewölken zwischen Rippen und Wirbelsäule, ja, es brodelte da bei längerem Hinsehen geradezu von Formen, alles in traumhafter Dämmerung verloren. Zum Schluß, als der Lümmel ihr eröffnete, daß sie das persönlich wäre, Frau Julika Stiller-Tschudy, von Röntgenstrahlen durchschaut, erschrak sie schon gar nicht mehr. Woher er es hatte? Gestern gestohlen, als er beim Arzt hatte warten müssen; Schabernack gehört in ein Sanatorium, fand er, die Leute nähmen sich zu ernst, vor allem im Sanatorium, aber vielleicht auch sonst. Julika mußte an Stiller denken. Solche Besuche am Fußende ihres Bettes interessierten sie natürlich mehr als Stillers pflichtbewußt-regelmäßige Briefe, die, wie Julika sehr wohl empfand, nichts durchleuchteten, im Gegenteil. Diese Briefe waren ein geschwätziges Verschweigen. Was hätte Julika darauf antworten können! Das Einziggute an diesen Briefen: Oberarzt und Schwester beruhigten sich beim äußeren Anblick solcher Briefe; nämlich sie fanden es merkwürdig, gelinde gesagt, sehr merkwürdig, daß Herr Stiller nie auf Besuch kam. Julika mußte ihn in Schutz nehmen. Mein Mann wird schon kommen! sagte sie oft. Zeit wäre es! meinte der Oberarzt, sonst werde ich dem Herrn Gemahl einmal die Züge herausschreiben, falls der Herr Gemahl vielleicht keinen Fahrplan besitzt! ... Alle hatten Frau Julika sehr gern, und tagsüber, zumal bei schönem Wetter, verging ihr die Zeit fast ohne Not. Der junge Sanatoriums-Veteran, Student aus einem katholischen Seminar, war wirklich eine Gabe des Himmels. So viel Bildung und so viel Bubenhaftigkeit zusammen, das hätte Julika nicht für möglich gehalten. Er war der gelehrteste Mensch, den Julika je gesprochen hat, und sie kam sich oft genug wie eine Analphabetin vor, anderseits wie eine reife Frau; denn er war ein Bub, wie gesagt. Und jedenfalls genoß Julika es sehr, sein Gespräch, sein Wissen, seine Bubenhaftigkeit am Fußende ihres Bettes. Fragte man ihn etwas, was er nicht wußte, machte es ihm Spaß, wie wenn man Foxli irgendwohin einen Stein oder einen Tannenzapfen wirft; nach wenigen Tagen kam er zurück und wußte Bescheid, wo und was darüber zu lesen wäre.

Er gab Julika einen ersten Begriff von moderner Physik, wirklich aufregend, alles mit wissenschaftlicher Genauigkeit, wie Stiller sie nie hatte, selbst wenn er schnurstracks aus einem Vortrag kam, über die Maßen begeistert, doch unfähig, Julika auch nur den Bau eines Atoms zu erklären. Hier, zum erstenmal, verstand sie alles, fast alles. Oder Julika erfuhr, was es mit der Mutter Gottes auf sich hatte, Heiligung des Weiblichen, wovon so ein Protestant nicht die blasse Ahnung hat, alles mit überlegener Kenntnis nur so weit vorgetragen, daß auch die Kenntnislose folgen und wenigstens die entscheidenden Wendungen eines Gedankenlaufes erkennen konnte, ja, zum allererstenmal auch, obschon ihr guter Stiller dereinst in Spanien auf kommunistischer Seite gekämpft hatte, wurde Julika sachlich und leidenschaftslos unterrichtet, was nun eigentlich die Idee des Kommunismus ist, was dabei von Hegel stammt, was dabei ein Mißverständnis von Hegel ist, was man unter Dialektik versteht, was am Kommunismus durchaus christlich, was antichristlich ist, Säkularisierung, Transzendenz, es schien einfach nichts zu geben, was dieser junge Jesuit mit seinem schmalen Gesicht und mit den etwas totenkopfhaften Augengruben darin nicht mit Leichtigkeit denken und in einer knappen, ungeschwätzigen, unleidenschaftlichen Weise vorzutragen vermochte, die amüsant war, so daß Julika oft lachen mußte, gleichviel ob es nun gerade um die Mutter Gottes oder um die absolute Lichtgeschwindigkeit ging, und die (die unleidenschaftliche Weise seines Vortrags) nie eine Anschauung aufzudrängen schien. Julika genoß es auch hier, einmal nichts zu müssen. Stiller drängte immer etwas auf, Ansichten, die er später selbst widerlegte; in Zeiten aber, wo sie ihn begeisterten, pflegte er sie vorzutragen, daß Julika nicht zu widersprechen wagte. Ganz anders dieser junge Katholik! Es drängte Julika gar nicht, zu widersprechen. Sie lag in ihrer Veranda, sog es in sich hinein wie die Luft des nahen Waldes. Von diesem täglichen Besucher, scheint es, hörte Julika nebenbei auch den nicht unbekannten Gedanken, daß es das Zeichen der Nicht-Liebe sei, also Sünde, sich von seinem Nächsten oder überhaupt von einem Menschen ein fertiges Bildnis zu machen, zu sagen: So und so bist du, und fertig! ein Gedanke, der die schöne Julika unmittelbar angesprochen haben mußte. War es nicht so, daß Stiller, ihr Mann, sich ein Bildnis von Julika machte? ... Kurz und gut, Julika langweilte sich nicht, und solange sie ins Tageslicht blickte, ob Sonne oder Regen, trug sie ihr Kranksein beinahe ohne Not.

Anders wohl waren ihre Nächte.

Julika redet kaum davon, immerhin kommt zum Vorschein, daß zuweilen am Morgen, wenn die Schwester ins Zimmer trat, das Licht noch brannte und eine gänzlich erschöpfte, in kaltem Schweiß gebadete, in einem durch und durch zerwühlten Bett eingeschlummerte Julika gefunden wurde. Ihre Fieberkurve verriet deutlich genug, wie wenig die arme Julika nach der frommen Mahnung lebte, sich unter keinen Umständen aufzuregen. Der etwas doofen Schwester gegenüber, die Julika wusch und frisches Bettzeug holte, Heizkissen und Tee vor der Zeit, bestritt Julika alles, nur damit ihr erster Spaziergang, seit Wochen versprochen, nicht wieder und wieder und wieder verschoben würde. In solchen grauenvollen Nächten, mag sein, sah Julika zuweilen ihren Stiller in jener unvergeßlichen Haltung, wie er die Gläser vom Vorabend trocknet, die Haarspange seiner vorabendlichen Besucherin in die Hosentasche steckt, damit Julika nicht weiter daran Anstoß nehme, und wie er auf die Nachricht, daß Julika auf den Tod erkrankt sei, nur sein Glas vom Vorabend an die Wand schmettert, nichts weiter ...

Jetzt schrieb Stiller auch keine Briefe mehr.

Man fragt sich natürlich, ob niemand diesen Stiller (wenn die arme Julika es schon nicht selber schreiben konnte) einmal unter vier Augen unterrichtete, was seine Frau, immerhin seine Frau, die er ja trotz der anderen wenigstens noch so weit liebte, daß er von ihr vermißt sein wollte, dort oben in Davos durchzumachen hatte. Aber eben, Stiller war ja nicht bereit, sich unter vier Augen unterrichten zu lassen; die paar Bekannten, die es einmal versucht hatten, gaben es natürlich auf, und die neuen Bekannten, die Stiller nun haben mochte, ahnten von Julikas grauenvollen Nächten so wenig wie er selbst ... Wer überhaupt wußte davon? Die arme Julika offenbarte sich niemandem. Einer wußte dennoch darum, scheint es, und zwar der junge Sanatoriums-Veteran. Und auch darüber redete er so heiterleicht wie über seine Kirchenväter, wie über die absolute Lichtgeschwindigkeit (die nicht zu verdoppeln ist, wenn zwei Lichtstrahlen einander entgegensausen) und über das klassische Gesetz von der Addition und Subtraktion der Geschwindigkeit, das eben beim Licht nicht gilt, und wie über Buddhismus. Wieder saß er, voll solcher Wissenschaft, am Fußende ihres Bettes, wo die erschöpfte Julika ihn anzuhören sich bemühte, und hatte eben in einer Zeitschrift einen Satz von Professor Scherrer, Zürich, gelesen, der ihn entzückte, nämlich: Masse ist Energie auf Sperrkonto. »Ist das nicht witzig?« fragte er. »Ja«, sagte Julika. »So ist es!« fuhr er dann ohne irgendeine Verwandlung seines Tones fort, noch immer in seiner Zeitschrift blätternd, »– tagsüber spielt man Schach und liest, in der Nacht wird geweint, Sie sind nicht die einzige im Haus, Julika, das müssen Sie nie glauben. Es geht hier allen so. Am Anfang, so die ersten Wochen oder Monate, ist man baff, wie hübsch es hier ist, Heu und Harz und Eichhörnchen und dergleichen, und dann kommt das Grauen halt doch. Man heult in seine Kissen und weiß nicht recht warum, es schadet ja nur, man weiß bloß, daß unser fiebriger Körper wie Zunder verfallen wird. Und dann, früher oder später, denken hier alle an Ausbruch. Vor allem in der Nacht, wenn man allein ist; da wuchern bei uns die verrücktesten Pläne, jeder wird sein eigener Napoleon, sein eigener Hitler, keiner kommt nach Rußland, und unsereiner kommt nicht einmal ins Tiefland hinunter, Julika, vier Stunden mit dem Bähnchen, umsteigen in Landquart, eine Bagatelle. Einige versuchen es auch jedes Jahr, packen insgeheim ihre Zahnbürste ein, sagen der Schwester, sie müßten auf die Toilette, und fahren mit dem Bähnchen zu Tal, kommen so oder so weit, je nach Glück, je nach Wetter, haben ihren Zusammenbruch, daß sie zu ersticken glauben, und kehren wortlos mit dem Krankenwagen wieder hierher. So what?« lächelte er. »Wir haben nicht einmal Mitleid mit ihnen, wissen Sie, es ist zu dumm. Erprobtermaßen. Unsere Kameradschaft beschränkt sich darauf, zu tun, als hätten wir nichts davon vernommen. Schwören Sie es mir, Julika, daß Sie diesen Unsinn nie machen werden?« Julika schwor. »Nein!« lachte der junge Sanatoriums-Veteran, »nicht unter der Kamelhaardecke, meine Liebe, der liebe Gott will auch etwas sehen.« Julika schwor aus der Decke hervor. »Ecco!« sagte er und fügte, eigentlich wieder in seine Zeitschrift versunken, hinzu: »– und überhaupt werden Sie sehen, Julika, auch wenn hier jemand stirbt, macht es keinen tollen Eindruck. Wer je hofft, daß er uns damit Eindruck machen könnte, stirbt vollkommen umsonst. Hier imponiert nur das Leben! Die meisten sterben übrigens so um Weihnachten herum, habe ich bemerkt, aus purer Rührseligkeit.«

(Er selbst starb im späten September.)

Im August tauchte Stiller dann doch auf, unangemeldet und überhaupt, wie Julika meint, in einer Art und Weise, die den Oberarzt noch mehr befremden mußte als sein langes Ausbleiben. Nämlich Stiller tat, als hielte man seine schöne Julika vollkommen zu Unrecht auf dieser Jugendstil-Veranda, verlangte sogleich von der Schwester, daß seine Frau mit ihm einen Spaziergang machen dürfte, eine Stunde im Minimum. Grund: Stiller mußte mit Julika sprechen. Was war geschehen? Die Veranda, wo er links und rechts Ohren vermutete, schien ihm nicht der Ort zu sein, um auch nur anzufangen. Er zog gerade sein Barett ab, nicht aber seinen GI-Mantel, den er Sommer und Winter trug als eben seinen einzigen Mantel. Julika fragte:

»Wie geht es dir denn?«

Stiller war sehr unfrei, würgte sein Barett in den Händen herum, erregt, als hätte man in diesem Sanatorium nur auf ihn, der seine Julika unter vier Augen zu sprechen wünschte, Rücksicht zu nehmen. Ihre freundliche Frage nach seinem Befinden überhörte er. Vor dem Oberarzt, der kurz darauf zur üblichen Visite kam, wiederholte Stiller sogleich seine Bitte um einen Spaziergang mit Julika. Der Oberarzt war etwas überrumpelt. Sollte er denn vor der Kranken blankerdings sagen, an Spaziergänge sei nicht zu denken bei ihrem Zustand? Seit Wochen wartete ja Julika auf diese Erlaubnis. Ein Nein, klipp und klar, wie Stiller es seinerseits verdient hätte, verbot sich wohl in Anbetracht der ohnehin schon verzagten Julika. Wirklich, was sollte der Oberarzt nun sagen? Mit halber Stimme und irgendwohin gewendet, als möchte er es lieber überhört haben, bewilligte er eine halbe Stunde, seinetwegen sogar drei Viertelstunden, mußte aber Stiller ersuchen, im Korridor draußen zu warten, da er vorher noch mit Stiller sprechen möchte ...

Seit Monaten zum erstenmal verließ Julika das Sanatorium, das schon so etwas wie ihr Schneckenhaus geworden war, seltsam verdutzt, plötzlich ohne ihre Veranda zu sein. Sie fühlte sich doch schwächer als vermutet. Arm in Arm, indem Stiller sie etwas stützte, ohne sie gerade zu einer Invaliden machen zu wollen, spazierten sie langsam auf dem Pfad, den Julika so oft von ihrer Veranda aus (wenn sie sich zu diesem Zweck aufsetzte) hatte sehen können, ach, es war eine Sensation für die arme Julika, daß ihr die Tränen kamen, Tränen der Freude. Erde unter den Sohlen zu haben, einen Tannzapfen greifen zu können, Harz an den Fingern zu riechen, all dies war ein solches Glück für sie, daß Stiller es gespürt haben mochte; jedenfalls begann er nicht mit seiner Aussprache.

»Was hat dir denn unser Oberarzt gesagt?«

Stiller wollte nicht heraus damit.

»So sag doch!« bat sie.

Stiller wirkte verwirrt.

»Was er mir gesagt hat?« meinte er endlich, »ich soll dir jede Aufregung ersparen. Nichts weiter. Er war sehr kurz, dein Oberarzt. Du solltest eigentlich keinen Spaziergang machen, sagt er, dein Zustand sei sehr viel ernster, als ich wohl meine.«

»So«, sagte sie.

»Ja.«

»Mir sagen sie nie etwas!«

»Ja«, fügte Stiller hinzu, um von der medizinischen Orientierung abzulenken, die man wohl vor Julika hätte verschweigen müssen, und lächelte nicht böse, nur absonderlich, nur traurig, »– und dann hat er mir natürlich gesagt, daß du ein feiner und wundervoller Mensch bist, zerbrechlich und sehr schonungsbedürftig, ein wertvoller Mensch. Alle haben das Bedürfnis mich zu unterrichten. Ich muß ein Idiot sein!«

»Aber Stiller!« lachte sie.

»Nein«, sagte er, »vielleicht bin ich es wirklich. Es ist gut, dich wieder einmal zu sehen. So leicht entstehen Gespenster, weißt du, wenn man einander nicht sieht. Jedenfalls bei mir.«

Julika wiederholte ihre Frage:

»Was machst du denn die ganze Zeit da unten?«

»Ach – so«, murmelte er.

»Hast du einmal Foxli gesehen?«

»Nein.«

»Arbeitest du immer?«

Stiller war nicht gerade unterhaltsam.

»Ja –«, wiederholte er, »das ist eigentlich alles, was er mir zu sagen hatte. Daß du ein vornehmes Wesen bist und es verdienen würdest, von einem Mann auf Händen getragen zu werden. Und jedenfalls müßten wir vermeiden, daß du dich irgendwie aufregst. Es schadet dir nur, und dein Zustand sei ziemlich ernst. Julika, das hat er mir dreimal gesagt, glaube ich.«

So, Arm in Arm, wie Julika und Stiller eigentlich selten gingen, dabei schweigsam auf eine Art, als wäre alles Wesentliche bereits gesagt, als ginge es nur noch darum, entzückt zu sein von diesem wolkenlosen Augusttag und von der berühmten Luft, gingen sie auf jener klassischen Promenade mit Tannzapfen und fast zudringlichen Eichhörnchen, die mein Verteidiger und Julika mir neulich gezeigt haben, wirklich eine sehr hübsche Promenade, bald Wald, bald Wiese. Unten in der Stadt war es fürchterlich, immerfort schwül wie vor einem Gewitter, aber es kam einfach nie, dieses Gewitter, und es blieb heiß, daß man schwitzte, hier oben schwitzte man

gar nicht. Stiller genoß es. Und die Wiesen dufteten. Indessen kamen sie
nicht sehr weit, der armen Julika wegen. Stiller zog seinen braunen GI-
Mantel aus, wirklich ein praktisches Ding, und sie setzten sich auf einen
trockenen und weichen, von der Sonne warmen Tannennadelboden. Es
war einfach herrlich. Wozu reden! dachte Julika. Und sie redeten denn
auch kaum. Irgend etwas zu reden, bevor das Eigentliche gesagt war, erwies sich als unmöglich. Endlich fragte Julika: »Was ist es denn? Du wolltest mit mir sprechen −« Irgendwo aus der mittäglichen Bläue grollte ein
unsichtbarer Steinschlag. Insekten summten. Die Berge schwiegen silbergrau. Julika wartete indessen vergeblich, daß Stiller nun etwas sagte. Stiller
verbröckelte rote Erde zwischen den Fingern, bis Julika ihn, weiß Gott
nicht aus Kleinlichkeit, sondern nur um etwas zu plaudern, auf seine etwas
langen, durch diese Erde schmutzigen Fingernägel aufmerksam machte,
eine ganz und gar arglose Bemerkung, die der gute Stiller, diese männliche
Mimose, wieder sehr krumm nahm, ohne es zu sagen (es kam erst später
einmal in einem Brief). Jetzt ließ er bloß die zerkrümelte Erde fallen, wortlos, schlug sich die Hände und nahm einen dürren Zweig vom Boden,
putzte sich die Fingernägel, was Julika nicht eben verlangt hatte. Seltsam
dabei eine unvermittelte Frage: »Hast du mich eigentlich je geliebt?« Was
sollte Julika nun darauf wieder antworten können! Doch Stiller, Fingernagel um Fingernagel putzend, beharrte auf seiner komischen, für Julika
ganz aus der Luft gegriffenen Frage. »Was hat das mit deinen schmutzigen
Fingernägeln zu tun?« fragte sie einigermaßen spaßig, sah seine Lippen, die
vor Erregung zitterten, »− bist du hierhergekommen, um mich das zu fragen?« Dieser Ton, fanden beide, war nicht glücklich, nicht verheißungs-
voll, nicht der Pracht des stillen Waldes angemessen. Was es für die arme
Julika bedeutete, diesen ihren Wald einmal anders als von der Veranda
her zu sehen, überhaupt einmal außerhalb ihrer Jugendstil-Verglasung zu
sein, Wiesenblumen nicht nur von ihrem jungen Jesuiten zu empfangen,
sondern eigenhändig rupfen zu können, ihr fast schon vergessenes Straßenkleid wieder zu tragen und nicht in Kamelhaardecken eingewickelt zu
sein, all dies schien Stiller nicht ganz ermessen zu können. Eine halbe
Stunde war bereits vergangen. Stiller rauchte, nicht ohne ihre Erlaubnis erfragt zu haben, und Julika zog Halme durch die Zähne.

»Wie geht es deiner − Dame?« fragte sie.

»Wen meinst du?« fragte er.

»Bist du noch immer verliebt in sie?«

In der Tat, Julika machte es ihm so leicht wie möglich, doch Stiller war ein fertiger Feigling; kein Wort davon, daß er die Dame (wie sich später einmal herausstellen sollte) fast täglich traf. Er blickte Julika bloß an, schwieg. Was erwartete er nur immer von ihr? Julika lag nun im warmen Gras, müde von dem kleinen Spaziergang, verständlicherweise müde, trotzdem auf den rechten Ellenbogen gestützt, um mehr Ausblick zu haben, einen langen wippenden Halm zwischen den Lippen. Sie spürte, wie Stiller sie musterte, ihr rotes Haar, ihre zarte Nase, ihre damals sonnenbraune Haut (ihre gewöhnliche Alabasterblässe steht Julika wahrscheinlich besser) und ihre Lippen ohne Rouge, ihren Busen auch, überhaupt ihren ganzen Körper, der schließlich der Körper einer Balletteuse war; Stiller musterte sie, als hätte er noch nie ein Weib gesehen. Verglich er sie mit der andern? Stiller wirkte sehr verliebt, fand Julika, verliebt in sie, zugleich verzweifelt. Warum denn? Julika fragte: »Was ist denn?« Plötzlich (Julika muß heute noch, wenn ihre Erinnerung dahin kommt, ein klein wenig lächeln) packte Stiller sie wie ein Tarzan, was Stiller nun, weiß Gott, nicht war, faßte ihr schmales Gesicht mit seinen etwas harten Bildhauerhänden, küßte sie mit unbegreiflicher Heftigkeit, die natürlich so ohne weiteres nicht zu erwidern war, und preßte dabei ihren damals geschwächten Körper an sich, als wollte er Julika zerquetschen. Tatsächlich tat er Julika sehr weh. Sie sagte es nicht sogleich. Warum starrte er sie so an? Eine Weile ließ sie es geschehen. Aber was sollte das denn? Julika hütete sich, zu lächeln, aber schon dies, daß sie sich hütete,« merkte Stiller. »– Du?« rief er, »– du!« Er rief wirklich, als läge Julika auf der anderen Talseite. Er riß ihr den wippenden Halm aus den Zähnen, der doch nur ein Requisit ihrer begreiflichen Verlegenheit war. Julika wußte nämlich gar nicht, daß sie diesen Halm noch immer zwischen den Zähnen hatte. Warum empörte ihn denn dieser unschuldige Halm? Seine Augen fingen tatsächlich zu glänzen an, wässerig zu werden, und da er merkte, daß ihm Tränen kamen, warf Stiller seinen Kopf in ihren Schoß, klammerte sich mit beiden Armen an Julika, die plötzlich, versteht sich, die freie Landschaft vor sich sah, das Sanatorium in einiger Entfernung, das bekannte Kirchlein von Davos-Dorf, das rote Bähnlein, das gerade aus dem Wald kam und pfiff. Was konnte Julika dafür, daß sie nun all dies erblickte? Stiller schluchzte in ihrem Schoß, schluchzte wie vielleicht ein Kriegsgefangenschaftheimkehrer am Bahnhof, schluchzte, daß sie die Hitze seines Gesichtes spürte. Julika fragte sich, ob man sie vom Sanatorium aus sehen könnte. Stiller hatte Hände wie Krallen, und es war Julika natürlich komisch, sogar peinlich, daß er sie am Gesäß hielt. Schließlich, da er zu schluchzen nicht aufhörte, legte sie ihre Hand auf seinen Nacken, der naß von Schweiß war, schob ihre Hand etwas weiter auf sein trockenes Haar und wartete, daß Stiller sich faßte. Er faßte sich keineswegs. Er wollte es nicht. Er versuchte sogar (lächerlich es zu sagen), in ihren Schoß zu beißen, zu beißen wie ein Hund, was aber infolge ihres starken Manchester-Rockes nicht gelang. »Komm!« sagte Julika, »– laß das.« Julika weiß heute noch nicht, was sie auf jener Promenade in Davos hätte tun sollen. Sie sah schon seit zwei Minuten zwei fremde Spaziergänger über die Promenade kommen, langsam zwar, aber sie kamen näher, und es war doch einfach peinlich, ganz abgesehen davon, daß es Julika wirklich ein wenig an Theater erinnerte, wie Stiller sich da benahm, Mortimer oder Clavigo oder so, der Richtige fiel ihr nicht gerade ein; aber peinlich war es jedenfalls, denn nun lag Stiller wie ein Toter in ihrem Manchesterschoß, schwer und reglos, ohne zu schluchzen, die Arme zur Seite gestreckt, plump wie ein befriedigter Mann. »Du!« sagte Julika sehr nett, »es kommen Leute –!« Die Leute waren schon fast auf hundert Meter herangekommen, Stiller konnte es nicht bestreiten. Mit dem etwas duseligen Gesicht eines Tauchers, wenn er wieder an die Oberfläche kommt, richtete Stiller sich auf, ohne sich umzusehen, ohne sich auch nur zu überzeugen, daß die Leute wirklich näher und näher kamen. Er legte beide Hände vor sein Gesicht, bis die Leute, zwei alte Damen, hinter ihnen vorbeigegangen waren, dann ließ er seine Hände fallen, ließ sie über seine Knie hängen und blickte ins Tal hinaus, kam sich vermutlich sehr tragisch vor; jedenfalls fiel Julika bei seinem Anblick nichts anderes ein, als ihm sein immer etwas unordentliches Haar aus der Stirn zu streichen, zu lächeln:

»Jaja – bist ein Armer! . . .«

Zu sagen wußte Stiller nichts, er erhob sich dann nur, zog seine etwas schlampigen Hosen herauf und nahm, nachdem Julika sich ohne seine Hand hatte erheben müssen, seinen zerknüllten GI-Mantel, gab Julika den Arm, um sie zu stützen, und führte sie ins Sanatorium zurück, wo er versprach, im Korridor so lange zu warten, bis man Julika wieder eingepackt und auf ihre Veranda gerollt hätte. Das dauerte kaum zwanzig Minuten. Als aber die Schwester im Korridor nachsah, war kein Herr Stiller mehr da. Ohne Abschied war er einfach verreist . . .

Das war die vorletzte Begegnung gewesen.

Knobel, mein Wärter, wird eine Last. Wie ein Zeitungsleser wartet er auf die täglichen Fortsetzungen meiner Lebensgeschichte, wobei mir sein Gedächtnis zu schaffen macht.

»Entschuldigen Sie, Mister White, das kann nicht stimmen. Also zuerst haben Sie doch Ihre Frau ermordet –«

»Ja.«

»Dann Direktor Schmitz –«

»Ja.«

»Das war im Dschungel, haben Sie gesagt, auf Jamaika. Und dann kam der Mann von der kleinen Mulattin, worauf Sie nach Mexiko flohen – und dann?« fragt er mit dem Suppeneimer in der Hand, »von Mexiko kamen Sie hierher.«

»Ja.«

»Aber wo bleiben denn Ihre beiden anderen Morde? Sie sprachen von fünf Morden.«

Ich löffle meine Suppe und sage:

»Vielleicht waren es nur drei.«

»Spaß beiseite«, sagt Knobel und hat in diesem Punkt, wie sich zeigt, überhaupt keinen Humor; er wird eine Last ... Ich sage dann lediglich:

»Es gibt allerlei Arten, einen Menschen zu morden oder wenigstens seine Seele, und das merkt keine Polizei der Welt. Dazu genügt ein Wort, eine Offenheit im rechten Augenblick. Dazu genügt ein Lächeln. Ich möchte den Menschen sehen, der nicht durch Lächeln umzubringen ist oder durch Schweigen. Alle diese Morde, versteht sich, vollziehen sich langsam. Haben Sie sich nie überlegt, mein guter Knobel, warum die allermeisten Leute so viel Interesse haben an einem richtigen Mord, an einem sichtbaren und nachweisbaren Mord? Das ist doch ganz klar: weil wir für gewöhnlich unsere täglichen Morde nicht sehen. Da ist es doch eine Erleichterung, wenn es einmal knallt, wenn Blut rinnt oder wenn einer an richtigem Gift verendet, nicht bloß am Schweigen seiner Frau. Das ist ja das Großartige an früheren Zeitaltern, beispielsweise an der Renaissance, daß die menschlichen Charaktere sich noch in Handlung offenbaren; heutzutage ist alles verinnerlicht – und um so einen innerlichen Mord zu berichten, mein guter Knobel, dazu braucht man Zeit, viel Zeit!«

»Wieviel?« fragt er.

»Stunden und Tage.«

Darauf sagt mein Wärter:

»Mister White, nächsten Sonntag habe ich frei.«

Julika wußte also, trotz seines Schweigens, um Stillers sommerliches Verhältnis mit einer andern. Verhältnis ist nicht gerade ein holdes Wort,
mag sein, doch wieso sollte Julika (wenn sie daran dachte) romantische
Umschreibungen suchen? Sie wußte also darum. Was konnte sie, die
Kranke in ihrer gläsernen Veranda, dagegen tun? Überhaupt nichts.

Nichts als dulden, dulden, dulden ...

Jetzt erst recht, so dachte die arme Julika zuweilen, gab es für sie nur die
Kunst, und sie betrachtete neuerdings die Titelseite einer schweizerischen
Illustrierten (Freunde hatten sie eben geschickt) mit der schönen Julika
darauf, der Tänzerin. Julika ganz allein! Es soll eine tolle Aufnahme gewesen sein, die fast an Degas erinnerte mit dem flirrenden Lichtzauber in
dem Gazeröcklein der Balletteuse, übrigens eine Aufnahme vom vergangenen Winter; Julika hatte gar nicht mehr geglaubt, daß das Bild, seinerzeit
mit so viel Schererei aufgenommen, je noch erscheinen würde. Jetzt aber,
Ende August, erschien es sinnigerweise zur Eröffnung der neuen Spielzeit.
Das Bild: man sah Julika von rückwärts, das linke Bein angeschwungen,
ihr Gesicht im lichten Profil; die flüssige und dennoch bestimmte Haltung ihrer Arme, die gleichsam aufknospenden Hände daraus, alles war
einwandfrei. Der Text darunter: in der üblichen Weise etwas blöd, aber
wenigstens nicht grundfalsch, was für dieses Blatt, wie Julika fand, schon
viel war. Übrigens gar kein unwichtiges Blatt; Julika erschauerte leicht
bei Kenntnisnahme der Auflage. So viele Juliken gab es nun, Julika am Kiosk, Julika in der Eisenbahn, Julika im trauten Heim, Julika im Kaffeehaus, Julika in der Manteltasche eleganter Herren, Julika neben dem Sup-
penteller, Julika überall, Julika irgendwo in einem Zelt am Strand, Julika
in den Hallen jedes besseren Hotels, vor allem aber am Kiosk, an allen
Kiosken dieses Landes, teilweise auch im Ausland, eine ganze Woche lang;
dann, später einmal, Julika im Wartezimmer der Zahnärzte, aber auch in
der Public Library in Neuyork, jederzeit zu verlangen, und Julika da und
dort in einem einsamen Zimmer über dem Bett. Nicht stolz war Julika,
ach nein, aber verdutzt, sooft sie dieses etwas billige Papier zur Hand
nahm, vor allem jedoch froh, daß es wenigstens eine tolle Aufnahme war,
sie selber in tänzerischer Hinsicht durchaus tadellos. Daß sie schön war,

sehr schön sogar, entging Julika nicht. Wann, ja wann würde sie jemals wieder tanzen können? Sie legte sich zurück mit geschlossenen Lidern, versuchte sich auszumalen, wie sie, jene Julika mit dem Degas-Röcklein, in die beschienene Fläche der leeren Bühne tritt, umringt von Finsternis mit dem wirbelnden Staub in den bläulichen Lichtfluten der Scheinwerfer, die sie, Julika, gleichsam über alle Erdenschwere tragen, von allen menschlichen Zudringlichkeiten entrücken, und dann, ach ja, und dann, wenn der erste Vorhang sich zur Seite gezischelt hat, Julika schon auf den Fußspitzen, und wenn der zweite Vorhang, der schwere, seine acht Sekunden lang gerauscht hat, um das Tor zu öffnen, das Tor nach jener anderen Finsternis voll erhellter Gesichter in den vorderen Rängen, und dann, wenn das Orchester, lange schon spielend, wie eine Brandung zu ihren Füßen tönt, jetzt in voller Stärke seines Klanges, ach, wie ein Bannkreis ist diese Musik, ein Bannkreis um Julika, die alle nur sehen, doch nicht ergreifen können, und dann, wie die Lampen in der Rampe erglühen, die Lampen auch oben in der sogenannten Brücke, wie sie Julika blenden, so daß sie nichts von dieser Welt mehr erkennt, nur ihren Raum fühlt, ihren wartenden Raum, fühlt, was sie sonst nirgends fühlt, Wonne, eine unsägliche Wonne, daß sie schlucken muß vor Bangnis, und dann, wie sie den Kopf wendet (genau wie auf jener Titelseite) und weiß, daß jetzt der Glanz ihrer Augen noch auf der obersten Galerie gesehen wird, und dann, ja, dann ihre ersten Schritte, so, als wäre nun alle Musik nur noch in ihrem Körper, die emsigen Streicher, denen vor Streichen das Haar ins Gesicht baumelt, die Bläser mit ihren Puttchen-Wangen, der berühmte Dirigent mit den Krähenschwänzen seines Frackes und mit dem Blick auf Julika, nur auf Julika, die wackeren Burschen an den Baßgeigen, die jetzt wie die Waldarbeiter sägen, der Nette am Schlagzeug, der, ein Nervenbündel voll gehorsamer Aufmerksamkeit, endlich zu seinem Ticktack kommt, du lieber Himmel, sie alle machen Töne, dieses Gewoge von Themen, dieses Gebrause, das wieder verebbt, aber die Musik ist in Julika, in ihrem Körper wohnt sie, aus ihrem Körper wird sie geboren: leibhaftig, sichtbar. Und doch: über die ersten Schritte kam Julika in ihrer Vorstellung eigentlich nie hinaus. Merkwürdig! Ein Eichhörnchen auf der Lärche vor ihrer Veranda, nur ein Eichhörnchen, das die leeren Zapfen fallen ließ, ein fast unmerkliches Geräusch also, oder der bekannte Pfiff des Bähnchens unten im Tal, einmal auch das Geächz eines bäurischen Karrens, der mit angezogenen Bremsen einen steilen Weg hinunterfuhr, oder auch nur ein Hüsteln in

der unteren Veranda, das pralle Lachen eines Bäckerburschen, der eben die
frischen Brötchen gebracht und sich wieder auf sein Velo geschwungen
hatte, um dann mit einem gepfiffenen Schlager in den Wald zu entschwin-
den, irgend etwas genügte, um Julika zu unterbrechen in ihrer Vorstellung
von Ballett. Bei allem Übermaß an Muße, von keiner anderen Aufgabe verhindert, ihre berauschende Vorstellung von vorne anzusetzen und nochmals mit den bläulichen Lichtfluten der Scheinwerfer zu beginnen, nie
kam Julika, wie gesagt, über die ersten Schritte hinaus, unbegreiflicher-
weise. Dabei kannte sie natürlich eine ganze Reihe von Balletten auswendig, Schritt um Schritt. Vergeblich nahm sie nochmals die blöde Illustrierte zu Hilfe, betroffen von der Unwahrscheinlichkeit, dieses schwerelose
Geschöpf zu sein, ein Geschöpf, das Julika, wäre es nicht ein papiernes
Bild gewesen, hätte umarmen mögen, umschlingen, wie der gute Stiller
sie neulich umschlungen hat. Tränen flossen ihr, die ihr, da Julika sie auf
die Unterbrechung ihrer Karriere bezog, mit Recht etwas kitschig schmeck-
ten. Heimweh nach Musik überkam sie immer öfter. Als es dann schließlich und endlich erlaubt war und klang, das kleine Wunderkistchen aus
schwarzem Bakelit, das ihr der junge Jesuit beschafft hatte, und als sie selbander die erwünschte Musik hörten, leise natürlich, immerhin klar und
ziemlich sauber im Ton, Musik, die Julika so und so viele Male getanzt
hatte, siehe da, es blieb Musik, und sie hörte ebenso gerne, was für ein Ballett nie in Frage kommen würde. Ganz einfach: Tanzen war für Julika
plötzlich, selbst wenn sie es sich noch lange nicht zugeben mochte, wie
ein Spiel aus vergangenem Lebensalter, köstlich, doch für sie nicht mehr
möglich, von innen heraus nicht mehr möglich. Es erschreckte sie. Hatte
Stiller denn recht, der, etwas neidisch auf ihren Erfolg, ihre Tanzerei stets
als einen Ersatz betrachtet hatte? Julika glaubte es nicht, auch jetzt nicht.
Es würde wiederkommen, wußte sie. Aber jetzt, danke schön, wollte sie
keine Ballettmusik hören, lieber alles andere, was der junge Jesuit an Platten hatte auftreiben können. Auch in der Musik wußte er Bescheid! Julika
beschäftigte es aber doch, diese innere Entfernung vom Ballett. Kam sie
etwa aus der menschlichen Enttäuschung, die Julika in jenem Sommer
hatte erleben müssen, betreffend die Menschen vom Theater? Nämlich
nicht einer besuchte sie in ihrem Veranda-Gefängnis dort oben. Noch
vor einem halben Jahr, kaum zu glauben, verrissen sie ihre überschweng-
lichen Arme, um Julika zu begrüßen, lauter Freunde, die mit überströmen-
dem Herzen schon auf zehn Meter nicht laut genug rufen konnten: Julika,

meine Süße, wie geht es denn? Dabei hatte man sich am Vormittag schon gesehen. Ein wunderliches Volk, in der Tat; Stiller hatte nie viel mit ihnen anfangen können. Aber Stiller war ungerecht. Man durfte diese Leute nicht an ihrer menschlichen Treue messen; ihre Herzlichkeit beschränkt sich auf den augenblicklichen Überschwang. Sie liebten doch Julika wirklich, alle, die Damen vom Ballett vielleicht weniger, da sie neidisch waren schon auf Julikas unvergleichliches Haar, aber die Herren eigentlich alle, auch Sänger, sogar vereinzelte Herren von der Direktion, dann die namhaften Dirigenten, die Julika oft in ihrer stickigen und menschenunwürdigen Garderobe aufsuchten, ihr die Hand küßten, einen wackligen Sessel nahmen und ihr eine Karriere im Ausland prophezeiten, nun, wo blieben sie alle? Einmal kam noch eine Karte, Gruß einer höchst fröhlichen Gesellschaft nach einer Premiere, die auch ohne Julika ein nie dagewesener Erfolg gewesen ist, ein paar Zeilen drauf, die kurz und bündig versicherten, daß man Julika arg vermißte, eine Scherzkarte übrigens, unterschrieben mit Namen ohne Zahl und Wahl, lauter Freunde. Und dann, gewiß, kamen ja auch ein paar Brieflein, nett, während einer Probe geschrieben, also kurz und abgebrochen, Klatsch über Kollegen, alles sehr nett. Und kein Zweifel, hätte Julika sich aus ihrer Decke hüllen und hingehen können, es wäre ein aufrichtiger Jubel von Garderobe zu Garderobe gelaufen, Julika wäre mit Küssen überschüttet worden, umarmt wie ein Tour-de-Suisse-Sieger am Ziel, allerseits begrüßt mit Händedruck ohne Ende und mit einem tiefen Blick in die Augen, ja, da und dort mit einem herzhaft-erschütterten Wort: Das ist jetzt nicht Kitsch, was ich dir sage, weißt du, man sagt das so, aber ich meine es wirklich, Julika, ich habe dich vermißt, all diese Monate, eine Kollegin wie du, Julika, nun ja, ich will jetzt nicht sentimental werden, aber ich habe oft gedacht, weißt du, die Zeiten mit unserer Julika, nun liegt dieses Kind da oben, Herrgott nochmal, ich habe oft an dich gedacht, das kannst du mir glauben, ein Kerl wie du, weißt du, aber das muß ich dir ja nicht sagen, Herrgott nochmal, daß du wieder da bist! Und dann nochmals ein Kuß, eine Umarmung wie zwischen Orest und Elektra. Und Julika hätte alles geglaubt, gewiß, und mit Recht. Stiller hat diese Menschen nie verstanden. Stiller war im Grunde immer ein Bürger, Spanienkrieg hin oder her. Man kann mit den Menschen vom Theater nur auskommen, wenn man mit ihnen arbeitet und solange man mit ihnen arbeitet, dann ist man ein Herz und eine Seele, ja, dann gibt es Augenblicke von Urchristentum, wie es nur hinter den Kulissen anzutreffen ist etwa vor einer

Premiere, man wähnt sich eine Gemeinschaft auf Ewigkeit, jeder ist dann
so bloß. Es hätte gar keiner Tuberkulose gebraucht, um von diesen so herzlichen Menschen in einem Vierteljahr vergessen zu sein; es genügt, daß
man einige Zeit nicht tanzt, eines schönen Morgens vielleicht mit anderen
Interessen käme, mit Kirchenvätern beispielsweise oder mit absoluter Lichtgeschwindigkeit, es genügt, ihre nächste Premiere nicht für das Ereignis
unserer Menschheit zu halten, und schon steht man abseits, oh, man würde
nicht aus ihrer Garderobe geworfen, gewiß nicht, denn es sind fast lauter
nette Menschen, wenn sie nicht gerade die Nerven verlieren, aber Menschen ohne Interesse für Menschen, die nicht vom Theater reden, man
könnte ihnen melden, man habe keine Lunge mehr, überhaupt keine, und
sie würden scheinbar zuhören, stumm geschäftig, indem sie in ihren Spiegel schauen und sich die Schminke aus den Augenhöhlen wischen, und
zum Schluß, indem sie die Schminkwatte wegwerfen, würden sie fragen:
Bist du heute in der Vorstellung gewesen? Sie sind Komödianten, wollen
nichts anderes sein, Darsteller, können nichts anderes sein dank ihrer Begabung. War Julika denn so anders gewesen? Sie spürte es mit Traurigkeit,
daß es sozusagen nur ihr eigenes Selbst war, was sie jetzt im Stiche ließ ...
Einmal war einer gekommen, ein Kollege vom Ballett, um zwanzig Minuten in ihrer Veranda zu stehen, allerlei Schnurren zu erzählen, Vorkommnisse während der letzten Festspiele, die nun für Julika ungefähr so unerreichbar waren wie die Wagenrennen der Antike. Auch der faßte Julika
mit beiden Händen, Blick wie in der Tragödie, aber empfunden, kein Zweifel. Es war ihm ein Pneu geplatzt, so daß er seinen Volkswagen (Julika wußte noch nicht, daß er jetzt auch einen Volkswagen hatte?) in die Garage
hatte bringen müssen, daher sein Zwischenhalt in Davos, und da er am selben Tag noch in der Stadt sein mußte, blieb ihm leider wenig Zeit, leider,
leider, doch fand er, Julika sähe großartig aus, besser als je. Die verfluchte
Staubluft im Theater, ja, ja, daß die Direktion dagegen nichts unternimmt;
überhaupt die Direktion! Er verabschiedete sich, schon zehn Minuten verspätet, mit einer munteren Zuversicht, daß Julika demnächst genesen würde, und voll ebenso munterer Vorfreude, allen ihren Kollegen melden zu
können, daß Julika sie alle grüßen ließe. Julika sank in ihre Kissen. Aber
kaum im Freien draußen, pfiff er nochmals herauf, der rührende Kollege
mit dem Volkswagen, um zu winken; Julika winkte auch. Doch in jener Minute, sie erinnert sich noch heute sehr genau daran, war ihr, als verabschiedete sie sich von einer ganzen Welt, die allerdings keine war, von ihrer eige-

nen Welt mit den bläulichen Lichtfluten des Scheinwerfers, die sie, Julika, gleichsam über der Erdenschwere zu tragen nicht mehr vermochten ...

Julika war sehr einsam.

Ein bisher unbekanntes und verwirrendes Verlangen nach dem Mann, je mehr sie ihren grazilen Körper verbrennen fühlte wie Zunder, eine Begierde, die sich zumindest in Träumen nicht verscheuchen ließ, und dazu das stete Bewußtsein, daß Stiller in diesen gleichen Nächten sie betrog, all dies zwang die arme Julika zu Briefen, die nicht abzuschicken waren, nein, unter keinen Umständen. Sie träumte ja auch gar nicht von Stiller, genau genommen, sondern von Oberärzten, Bäckerburschen und Männern, die Julika nie gesehen hatte. Der junge Sanatoriums-Veteran mit dem immer etwas pfiffigen Gesicht behandelte Julika wie eine Nonne, nicht einmal wie eine Nonne, sondern wie ein Neutrum, wennschon er täglich am Fußende ihres schmalen Bettes saß, so, daß ihre Füße doch seine Wärme spürten. Keinerlei noch so verhaltene Zärtlichkeit unterlief ihm. Er schob Julika, da sie darum bat, ihre Kissen zurecht, ohne sie auch nur aus Versehen zu berühren. Dafür redete er zu Julika über Eros, genau so heiter-sachlich wie über Kommunismus, wie über Thomas von Aquin oder Einstein oder Bernanos, genau so über Eros, wobei es ja doch eine Offenheit gibt, die nur möglich ist, wenn keinerlei Möglichkeit lebendiger Anwendung besteht. Julika wußte nicht, was sagen. In diesem Ton also redete der junge Mann über das gar wunderliche Phänomen des Eros, dem er, Julika zum Erstaunen, eine ganz gewaltige Bedeutung beimaß. Aber mehr als ihre Hand, zum Gruß oder Abschied, berührte er nicht. War Julika denn eine Aussätzige! Dafür war dieser gleiche Mensch mit allen seinen verblüffenden Kenntnissen sich nicht zu gut, um mit einer Person, die in der Wiese droben Matratzen klopfte, zu schäkern, geradezu schamlos zu schäkern. Julika begriff ihn nicht. Überhaupt kam es noch kurz vor seinem Tod zu einer schmerzlichen Entfremdung, die Julika nicht gern erwähnt. Der junge Sanatoriums-Veteran hatte sich wohl etwas verstiegen mit einer Bemerkung, Julika müßte doch einmal aufhören, ihr eigenes Verhalten gegenüber ihrem Mann und überhaupt gegenüber Menschen nur als Reaktion zu sehen, sich selbst nie als Initiantin zu begreifen, also sich in einer infantilen Unschuld zu baden. Das war ja wohl stark! Julika begriff ihn übrigens nicht ganz. Er mußte es erläutern, was er ungern tat.

»Nun ja —«, lächelte er, »ich habe nur das Gefühl, meine liebe und verehrte Julika, Sie wollen nicht erwachsen werden, nicht verantwortlich werden für Ihr eigenes Leben, und das ist schade.«

»Also wie meinen Sie das?« fragte sie.

»Wer sich selbst nur immerzu als Opfer sieht, meine ich, kommt sich selbst nie auf die Schliche, und das ist nicht gesund. Ursache und Wirkung sind nie in zwei Personen getrennt, schon gar nicht in Mann und Frau, selbst wenn es zuweilen so aussehen mag, Julika, weil die Frau scheinbar nicht handelt. Es fällt mir nur auf: eigentlich alles, was Sie tun oder nicht tun, begründen Sie mit etwas, was beispielsweise Ihr Mann nicht getan oder getan hat. Das ist doch, entschuldigen Sie das Wort, infantil. Wozu sage ich das! Sie wissen es selber ganz genau, Julika, daß es nicht so ist, nirgends in der ganzen Weltgeschichte, und Sie müssen mich nicht an der Nase herumführen, nur weil ich der Jüngere bin, eigentlich ein Bub. Eine solche Manier, das Leben zu betrachten, ist auf die Dauer langweilig auch für Sie, Julika –« Fortan foppte sie ihn ein wenig: Mein Weiser! nannte sie ihn, und das vertrug er nun wieder nicht. Zwei- oder dreimal blieb er aus, nur weil Julika sich Einmischungen verbitten mußte, Einmischungen in Lebensfragen, die der junge Mensch, wie pfiffig er nun auch sein mochte, einfach nicht aus Erfahrung kannte, Dinge der Ehe beispielsweise, insbesondere aber einer Ehe mit Stiller, den er nie auch nur von Angesicht gesehen hatte, kurzum, sie verwies ihn auf seine Kirchenväter und auf die Relativitätstheorie, und so wurde leider (sagt Julika) auch daraus keine wirkliche Begegnung. Zwar kam der junge Mensch weiterhin, saß am Fußende ihres Bettes, plauderte witzig, übermütig, immer ausgelassener, je näher sein Tod kam, den er gerade in jenem milden September keineswegs erwartete. Julika konnte es einfach nicht glauben, als nebenan das Zimmer so leise wie möglich ausgeräumt wurde. Sie hatten Julika netterweise eine Schlafpille gegeben, die sie ausgespien hatte. Eine ganze Nacht reinigten sie mit Dämpfen das Zimmer. Julika war fassungslos. So hatte Julika den Tod hier nicht erwartet, so beiläufig und unsichtbar, so lautlos, so glimpflich-jäh und ohne Vorboten, so unfair, so wie das zufällige Auslöschen einer Nachttischlampe, wenn man gerade liest. Und in der Tat, man redete einfach nicht mehr von ihm. Schwester und Oberarzt übergingen Julikas wiederholte Fragen, als hätte ihr Nachbar, der junge Jesuit mit den großen Augen und dem immer etwas pfiffigen Gesicht, etwas Unanständiges begangen. Alles übrige ging weiter, das Bähnchen pfiff im Tal, Zeitungen kamen. Ein paar Tage später hörte Julika, als sie wie gewöhnlich in ihrer stillen Veranda lag, irgendwie noch immer seinen täglichen Besuch erwartend, das trockene Hüsteln ihres neuen Nachbarn. Es war ein blauer Septembertag. Es graute ihr.

– – –

Julika kam bis Landquart, bis zu jener Station, wo man umzusteigen hat, und alles erledigte sich, als wäre es keine Flucht, nur eben eine gewöhnliche Reise; niemand hielt Julika an, niemand musterte sie oder wenigstens nicht mehr, als sie Julika ihres schönen Haares wegen immer musterten. Ein kurzer Halt in Klosters, etwa auf dem halben Weg, dünkte sie endlos, wie es eben jedem Flüchtling, wenn einmal eine Barriere geschlossen ist, als Ewigkeit erscheinen mag, vier Minuten warten zu müssen. Julika verbarg sich hinter einer Zeitung, jeder aber, der auch nur durch ihr Abteil zweiter Klasse ging, erschreckte sie. Noch immer blieb das Bähnchen stehen; was machten sie denn nur so lange? Julika konnte es nicht fassen, daß niemand sie erkannte, niemand auf ihre Schulter klopfte und sagte: Was soll das, meine liebe Julika, was soll das? Nicht eingeweiht in die Geheimnisse des Eisenbahnwesens, konnte die arme Julika diese Warterei nur so verstehen: man suchte sie, Anruf vom Sanatorium, jemand ging jetzt von Wagen zu Wagen, um die Unselige zu haschen. Julika zog, wie Schlafende in der Bahn es machen, ihren hangenden Mantel übers Gesicht. Jemand setzte sich ihr gegenüber, ein Mann; sie sah es an den Schuhen. Ihr Oberarzt? Im Geiste sah sie schon ein mitleidiges Lächeln, sein ebenso freundliches wie unerbittliches: Frau Julika, Frau Julika, das lassen wir wohl lieber! Endlich, als das Bähnchen zu rollen anfing, mußte Julika es wissen, wer nun wirklich ihr Häscher war, schob ihren tarnenden Mantel etwas zur Seite, tat, als müßte sie jetzt unbedingt die Gegend sehen. Es war ein deutscher Herr, der, kaum gewahrte er Julikas rotes Haar, aufs höflichste seine Zigarre aus dem Mund nahm, sich erkundigte, ob sein Rauch sie vielleicht störte. Hielt er Julika für eine Lungenkranke? Aber bitte sehr, mein Herr, bitte sehr! sagte Julika etwas täppisch-übertrieben: Ich bitte darum! Blödsinnigerweise hatte sie sich tatsächlich in einen Raucher gesetzt. Nicht einmal ein kleines, nettes, unverbindliches Geplauder, wie der deutsche Herr es nicht anstrebte, aber doch in selbstverständlicher Art begann, kam für Julika, die Flüchtlingin, in Frage, nein, sie hörte im Geist schon die überflüssige, in solchen Gesprächen unvermeidliche Erkundigung: Sie leben in Zürich? Sie kommen aus den Ferien? Sie leben in Davos? Garstig, als hätte ihr dieser deutsche Herr schamlos in den Busen geguckt, drehte Julika sich ab, jeder Unterhaltung ein Ende zu machen, fensterwärts. Dabei hatte der deutsche Herr nur über diesen verhältnismäßig milden Oktober gesprochen. Jetzt, Gott sei Dank, nahm er wieder sein Buch, rauchte aber unverdrossen seine noch beinahe ganze Zigarre dazu,

»Marmorklippen« von Ernst Jünger, ein Buch, das ihr der verstorbene junge Jesuit nie empfohlen hatte. Marmorklippen, ein Wort, das Julika neuerdings irritierte, und sein Rauch war gräßlich. Julika bat, ein wenig das Fenster öffnen zu dürfen, o nein, nicht wegen Rauch; nur so, um die Gegend zu sehen. Mit flammenden Haaren im Wind lehnte Julika hinaus, hatte Atemnot, die auch ein Gesunder dabei haben kann; vor allem aber: ein dunkler Citroën, genau wie ihr Oberarzt einen hatte, folgte dem Bähnchen in ziemlich dreister Fahrt, blieb zurück infolge langer Kehren, wo das Bähnchen durch einen kurzen Tunnel stieß, und holte wieder auf, raste näher und näher, stoppte vor einer geschlossenen Barriere, raste wieder und holte auf. Der Oberarzt? Julika zog ihr flammendes rotes Haar aus der Landschaft zurück, der deutsche Herr mußte nun sofort das Fenster schließen. Der dunkle Citroën überholte eben das Bähnchen; in Landquart, dachte Julika, wird ihr Oberarzt auf dem Perron stehen, ihr das bißchen Gepäck abnehmen und lächeln: Frau Julika, Frau Julika, das lassen wir wohl lieber sein, dort drüben steht mein Citroën! Und siehe da, in Landquart war niemand, nicht einmal ein Gepäckträger. Der Marmorklippen-Herr, trotz Julikas garstigem Verhalten unverdrossen in seiner Höflichkeit, trug ihr das Gepäck über den kleinen Platz dort und fragte: »Sie leben in Zürich?« Darauf nahm sich Julika doch einen Gepäckträger. Dann, spontan und ohne weitere Überlegung, trat Julika in eine Kabine, ja vielleicht nur aus einem Sog der Sensation heraus, wie ein freier Mensch überall in eine Kabine treten zu können, und versuchte, Stiller anzurufen, jedoch vergeblich; niemand nahm ab. Es ist also einfach nicht wahr, daß Julika ihn hinterlistig hätte überraschen wollen. Auf dieser ganzen Reise, merkwürdigerweise, dachte Julika nicht eine Sekunde lang daran, daß da die andere auch noch war. Dann ein zweiter und dritter Versuch, Stiller anzurufen; ebenfalls vergeblich. Der deutsche Herr war nun doch etwas beleidigt, hielt sich am anderen Ende des Perrons, saß mit verschränkten Beinen auf der Bank und las seine »Marmorklippen«; nun endlich ohne Zigarre. Leider hatte der Zug nach Zürich-Paris-Calais etwas Verspätung, sonst hätte Julika ihn vermutlich noch besteigen können. Es begann (sagt sie) ohne Husten, einfach mit einem zunehmenden Gefühl, keine Luft zu haben, was aber, wie sie sich glauben machen wollte, auch nur die Aufregung sein konnte, die natürliche Aufregung einer Flüchtlingin, die Vorfreude, die natürliche Enttäuschung, daß Stiller nicht im Atelier und nicht in der Wohnung war. Sie atmete ganz tief, ganz langsam, ganz ruhig. Sie hatte ihren Dienstmann geschickt, einige Zeitungen zu kaufen, insbesondere jene schweizerische Illustrierte, als bestünde trotz allem die märchenhafte Möglichkeit, daß Julika noch immer auf der Titelseite tanzte, und mußte sich nun auf ihr kleines Gepäck setzen. Niemand bemerkte, daß es Julika schwindlig wurde. Julika glaubte jetzt zu ersticken, hörte dabei gerade noch das Getöse ihres einfahrenden Zuges nach Zürich–Basel–Paris–Calais, sah sogar das Schildchen mit dieser Aufschrift, sonst aber nichts mehr. In diesem Augenblick waren die Leute natürlich mit ihrer eigenen Reise beschäftigt, stürmten das nächste Trittbrett, Gepäck in beiden Händen, und taten fürwahr, als wäre es der Zug ins Leben, der Bahnsteig hingegen der sichere Tod. Julika verblieb auf diesem Bahnsteig ... Drei Stunden später, nach einer Fahrt mit dem Krankenwagen, lag sie wieder in ihrem weißen Bett, schlotternd trotz aller Bettflaschen, froh, kein Wort reden zu müssen. Die Schwester redete ebenfalls kein Wort, handelte nach den Anweisungen des Oberarztes, doch ihrem Gesicht war anzusehen, daß es kein Traum gewesen war, diese Fahrt nach Landquart hinunter, sondern ein Unsinn voll Wirklichkeit. Und dem Oberarzt war es wohl klar, wieso die unglückliche Frau Julika einen solchen Unsinn unternommen hatte. Sein Unwille richtete sich nicht gegen die Kranke, versteht sich, nicht einmal gegen diese albernen Schwestern, die stundenlang diese Flucht nicht einmal gemerkt hatten; der Oberarzt versuchte Stiller anzurufen. Ohne Erfolg. Später schickte er ein Telegramm mit der Aufforderung, Herr Stiller möchte sofort nach Davos kommen. Und die arme Julika, kaum wieder bei Bewußtsein, mußte ihren Mann abermals in Schutz nehmen. Nicht einmal auf jenes Telegramm antwortete er. Julika mußte die Adresse von seinen Freunden geben, von Sturzenegger beispielsweise. Als sich dann herausstellte, daß Herr Stiller zur Zeit in Paris weilte, ohne seine Frau auch nur davon unterrichtet zu haben, machte es im Sanatorium allerdings einen merkwürdigen Eindruck, man muß schon sagen: einen peinlichen, einen empörenden Eindruck, obzwar man der armen Kranken wohl nicht davon redete, aber Julika sah es natürlich in ihren Gesichtern. Stiller in Paris! Um so rührender waren alle anderen, und Julika, die Unglückliche, bekam Geschenke von allen Seiten: Blumen, Süßigkeiten, sogar eine Brosche, lauter Zeichen einer herzlichen Gemeinschaft von Veranda zu Veranda. Sie mußte an den jungen Sanatoriums-Veteran denken, der ihr für diesen Fall ein allgemeines Schweigen der Verachtung vorausgesagt hatte; er hatte unrecht, zeigte sich, nicht nur mit seiner dreisten Behauptung, daß Julika ein infantiles Verhältnis zur Welt habe, sondern auch in diesem Punkt. Im Gegenteil, wie rührend sie alle waren! Und nur er selbst, der junge Sanatoriums-Veteran, schwieg ... Ihr Zustand war katastrophal.

Und dann, ja, dann kam jener ungeheuerliche Brief von Stiller aus Paris, jener Zettel, den Frau Julika Stiller-Tschudy neulich aus ihrer Handtasche genommen und mir gezeigt hat, so ein Zettel mit flüchtiger Bleistiftschrift, sieben oder acht Zeilen, kein Wort des Mitleids, kein Wort der Reue, kein Wort auch nur des Trostes, nein, alles in einem eisigen und herzlosen Ton, als hätte Julika ihre unselige Flucht nur unternommen, um in Landquart zusammenzubrechen, und als wäre Julika überhaupt nur krank, um Stiller ein schlechtes Gewissen zu machen, krank bis auf den Tod, so daß sie nur noch von Spritzen lebte. Er war einfach grotesk, jener Zettel; denn von einem schlechten Gewissen war nun aus diesen Zeilen gar nichts zu spüren, weiß Gott, jedes Wort auf jenem Zettel war von einer schamlosen Ich-Bezogenheit, selbstgerecht bis zum Zynismus.

(Leider habe ich das Brieflein nicht hier.)

Julika lebte von Spritzen, wie gesagt, und es vergingen fast drei volle Wochen, bis Stiller tatsächlich in ihrer Veranda erschien, um ausschließlich von sich selbst zu reden, von seiner Niederlage in Spanien, von einer Sache also, die ein Jahrzehnt zurücklag, und kein Wort des Trostes auch jetzt, nicht einmal eine Frage nach ihrem Zustand, der katastrophal war, kein Blick auf ihre Fieberkarte, nein, Stiller redete bloß von sich selbst: als ginge es um ihn, um Stiller, um den Gesunden!

– – –

Hier wäre etwas nachzutragen.

Stiller war seinerzeit, wie schon erwähnt, im Spanischen Bürgerkrieg gewesen, Freiwilliger bei der Internationalen Brigade, damals ein sehr junger Mensch. Es ist etwas unklar, was ihn zu dieser kombattanten Geste getrieben hatte. Vermutlich war es vielerlei zusammen, ein etwas romantischer Kommunismus, wie er zu jener Zeit bei bürgerlichen Intellektuellen nicht selten war, ein begreifliches Bedürfnis auch, in die Welt zu kommen, ein Bedürfnis nach geschichtlicher und überpersönlicher Verpflichtung, nach Tat; vielleicht war es auch, wenigstens zum Teil, eine Flucht vor sich selbst. Seine Feuerprobe bestand er (vielmehr: er bestand sie eben nicht!) vor Toledo, wo die Faschisten sich im Alcazar verschanzt hatten. Der junge Stiller hatte eine kleine Fähre am Tajo zu bewachen, infolge Männermangel sogar allein. Drei Tage lang geschah nichts. Dann aber, als im Morgengrauen

endlich vier Franco-Spanier sich am andern Ufer zeigten, ließ Stiller sie die
Fähre benutzen, ohne zu schießen, wiewohl es für ihn, der in tadelloser
Deckung lag, eine Leichtigkeit gewesen wäre, die vier Feinde auf der Fähre
abzuschießen. Er hatte acht Minuten lang Zeit. Statt dessen ließ er sie an
sein Ufer kommen, trat aus seiner Deckung, schußbereit, sowie die andern
ihrerseits das Feuer eröffnen würden, und also bereit, erschossen zu werden. Um sich nicht durch Schüsse zu verraten, schossen auch die Franco-
Spanier nicht, sondern entwaffneten den jungen Stiller, warfen sein russisches Gewehr in den Tajo, fesselten ihn mit seinem eigenen Hosenriemen
und ließen ihn im Ginster liegen, wo er zwei Tage später, ohnmächtig vor
Durst, von seinen Leuten gefunden wurde; zur Rechenschaft gezogen, behauptete er vor dem Kommissär, sein russisches Gewehr wäre nicht losgegangen ... In der Tat, diese kleine Geschichte war sogar das allererste, was
Julika aus seinem Mund vernommen hat, und sie erinnert sich sehr wohl
an den Abend in seinem Atelier, an jenen folgenreichen Abend nach der
Nußknacker-Suite von Tschaikowsky, als eine etwas ausgelassene Bande,
Künstler und Zugewandte, die schöne Julika gewaltsam gekapert und ebenso gewaltsam, ein paar Flaschen unter dem Arm, den jungen Stiller in seinem nächtlichen Atelier überrumpelt hatte. Nämlich es war Mitternacht
vorbei, jede Wirtschaft im Städtchen geschlossen; das Atelier von Stiller,
der damals gerade aus Spanien zurückgekehrt war, hatte noch Licht. Also
hinein und hinauf! An jenem Abend sahen Julika und Stiller einander
zum erstenmal. Stiller inmitten dieser übermütigen Gesellschaft, die nun
sein Atelier füllte, war so still, daß Julika seinen Namen anfänglich für
einen Spitznamen hielt. Jemand nötigte ihn dann, seine ›tolle Geschichte
von Toledo‹ zum besten zu geben. Stiller wollte durchaus nicht. Es war
keine Ziererei; er wollte wirklich nicht, und man sah, es war ihm eine Pein,
als dann ein Freund, ein junger Architekt namens Sturzenegger, eigen-
mächtigerweise zu erzählen begann. Nun mußte Stiller natürlich eingreifen, ergänzen, zu Ende berichten. Jene Geschichte von einem russischen
Gewehr, das nicht losgeht, interessierte die junge Balletteuse nicht besonders, denke ich; sie achtete weniger auf die Geschichte als auf den Erzähler, auf diesen jungen Bildhauer, der beim Erzählen immerfort mit seinen
Fingern arbeitete, einen Draht hin und her drehte, dann wegwarf, aber
auch weiterhin seine Finger nicht ruhen lassen konnte; er tat ihr irgendwie
leid. Seine Miene war, indem er erzählte, plötzlich ganz leblos. Es war
keine unmittelbare Erinnerung mehr, was der junge Bildhauer von sich

gab, sondern eine Anekdote. Ein betretenes und unsicheres Schweigen folgte seiner langen Schilderung. Stiller setzte sein Glas an die Lippen, und niemand sagte ein Wort. Ein lieber, in seiner bleichen Schwammigkeit höchst
unkriegerischer Opernsänger stellte die naive Frage: »Und warum haben
Sie denn nicht geschossen?« Das interessierte eigentlich auch die andern.
Alle Achtung vor der Verwegenheit, einfach aus der Deckung zu treten,
alle Achtung auch vor der Pein, als Gefesselter zwei glühende Tage lang
an der Sonne zu liegen; aber in der Tat, der Opernsänger sprach ihnen
aus dem Herzen. Warum hat Stiller nicht geschossen? Die Auslegung,
die Stiller daraufhin gab, wirkte ebenfalls nicht sehr unmittelbar, sondern
von Wiederholung abgenutzt, nämlich: Er hasse die Faschisten, sonst wäre
er ja nicht als Freiwilliger in den Spanischen Bürgerkrieg gefahren; jedoch
in jenem Morgengrauen am Tajo, als Stiller zum erstenmal vor seinem verhaßten Feind stand, erlebte er die vier Faschisten einfach als Menschen,
und es war ihm unmöglich, auf Menschen zu schießen, er konnte nicht.
Punktum! ... Und wieder folgte Schweigen, wieder pafften die Pfeifen
der Künstler und Zugewandten, Schwaden blauen Rauchs hingen im Atelier. Der Opernsänger war von der Antwort befriedigt, höchst befriedigt;
er könnte auch nicht schießen, glaubte er. Andere leerten ihr Glas, ohne etwas zu sagen. Und einfach von etwas anderem zu plaudern, von der Nußknacker-Suite beispielsweise, das ging auch nicht. Es breitete sich eine
Stille aus, bis sein Freund, der junge Architekt namens Sturzenegger, offenherzig Bewunderung für Stiller ausdrückte; er nannte es einen Sieg des
Menschlichen, einen Sieg des konkreten Erlebnisses über alles Ideologische und so fort; er fand allerlei Worte dafür. Niemand widersetzte sich
dieser schmeichelhaften Interpretation, und Stiller selbst, sichtlich etwas
verlegen, hatte seinerseits nicht das mindeste Bedürfnis, in dieser Geschichte tiefer zu loten, sondern war für muntere Geselligkeit, entkorkte
die nächste Flasche, in seiner liebenswerten Art besorgt, daß alle zu trinken
hatten, auch die schöne Julika in der Ecke, die, zum erstenmal in jenem
Atelier, sich mit ihren großen und so ungemein schönen Augen umsah,
ohne viel zu trinken, ohne etwas zu sagen; ihr Beitrag, wie so oft, war ihr
köstliches Haar mit dem rötlichen Glanz ... Stiller hatte mit seiner Anekdote, scheint es, immer wieder Erfolg. Julika mußte sie später, einmal mit
Stiller befreundet und dann verheiratet, natürlich noch öfter anhören. Das
gehört ja zu den Pflichten einer lieben Gattin, nicht zu gähnen und nicht
zu unterbrechen, wenn ihr Mann wieder einmal mit seiner Parade-Num-

mer anfängt. Es war eine Parade-Nummer, Stiller mit seiner Fähre am Tajo. Nur Kommunisten rümpften die Nase, wenn von einem Sieg des Menschlichen über alles Ideologische geredet wurde, und schwiegen aus Freundschaft zu Stiller; höchstens richteten sie sich an die Zuhörer mit der Frage, wie sie sich in einem Fall, wo es nicht gerade gegen Faschisten ginge, zu einem Sieg des Menschlichen über alles Ideologische stellen würden. Aber solche Gespräche hatten dann nichts mehr mit Stiller zu tun. Und die Kommunisten wurden ohnehin rarer; wenigstens im Kreis ihrer Bekannten. In allen andern Gesellschaften aber, wie gesagt, ging Stiller stets mit Ehre aus seiner spanischen Anekdote hervor. Wozu hätte er seine Anekdote sonst so oft erzählt? Und jedenfalls ist es Julika heute noch unbegreiflich, wieso Stiller, ihr verschollener Mann, anläßlich jener letzten Begegnung in Davos plötzlich von einer ›Niederlage in Spanien‹ redete. Wieso Niederlage? Dafür bekam Julika keine Erklärung. Hatte er nicht jahrelang auch von Julika verlangt, daß sie sein Verhalten in Spanien vortrefflich fand? Und jetzt war es plötzlich eine Niederlage, eine Sache, die in die Waagschale fällt als Anfang aller Übel, als Fluch, als Unstern, womit Stiller sich auch die Unglücklichkeit ihrer Ehe erklärte. Wieso?

– – –

Ihre letzte Begegnung: Es war November, trostlos genug schon ohne den Besuch von Stiller. Bereits gab es wieder Schnee. Julika in ihrer Jugendstil-Veranda lag eingemummter als je, sogar die Arme unter der Kamelhaar-decke, einer Mumie sehr ähnlich. Sie konnte gerade den Kopf noch bewegen, um in den grauen Nebel hinaus zu schauen, nichts zu sehen als das schemenhafte Gerippe der nächsten Lärchen, das sie an ihr Röntgenbild erinnerte, auch so ein kahles Gerippe in Schwaden von grauem Nebel. Und das war nun ihre einzige Aussicht. Der Himmel war wie Blei, und Schwaden von schmutzigem Nebel schlichen den Hängen entlang. Man hatte nicht einmal eine Ahnung, wo am Himmel etwa die Sonne stünde. Die Gipfel der Berge, die vertrauten, schienen sich aufgelöst zu haben wie eine Tablette im Wasserglas, es blieb eine graue und trübe Brühe, nichts weiter. Julika hatte gemeint, nur blöde Menschen könnten sich langweilen, und sie also nicht. Es hatte aber mit Blödsinn gar nichts zu tun, im Gegenteil, vielleicht war es die echteste Art von Not, deren Julika jemals fähig war, diese unsägliche Langeweile, wenn man wirklich nicht weiß, wohin mit der nächsten Stunde, dieser höllische Geschmack von Ewigkeit, wo man nicht über das Zeitliche hinaussieht ... Stiller hockte wortlos auf dem

Geländer ihrer Veranda, Blick ins Gestöber hinaus. Er war unrasiert und bleich, übernächtig, hatte eine Fahne von Alkohol vor dem Mund, ferner roch er nach Knoblauch selbst aus Entfernung. »Was hast du denn gegessen?« fragte Julika. »Schnecken.« – Stiller fragte mit keinem Wort, wie es ihr ginge. Übrigens kam er nicht aus der Stadt herauf, sondern von Pontresina; Stiller meldete es mit einem Trotz, als wäre es die arme Julika gewesen, die ihn einen Sommer lang zu lauter Ausreden genötigt hätte, und fast mit Schadenfreude. Stiller kam von Pontresina, das hieß: er kam von der andern. Und dann, nach dieser fast hämischen Eröffnung, schwieg er wieder, ohne Julika anzusehen, steckte sich eine Zigarette an und rauchte in das graue Gestöber hinaus; seine Lippen zitterten. Julika wußte nicht warum. »Wie war's denn in Paris?« fragte Julika. Darauf antwortete er lediglich, daß er in Paris (als wäre es eine Intrige von Julika gewesen) von Julika geträumt hätte. Julika hatte sie immer schon gehaßt, diese Erzählerei von Träumen, die alles heißen konnten, und natürlich hatte sie nicht nach seinen Träumen in Paris gefragt, sondern nach seiner wirklichen Beschäftigung in Paris. Stiller aber erzählte seinen Traum, und zwar ausführlich. »– wir waren in Gesellschaft«, erzählte er, »und irgendwie war ich außer mir, ich weiß nicht warum, ich wollte etwas sagen, hatte aber keine Stimme, je lauter ich es sagen wollte, und es mußte gesagt werden. Es war zum Heulen. Und wenn ich dabei draufgehen würde, es mußte gesagt werden. Ich sah dein Lächeln und schrie; du hast gelächelt wie jetzt, weißt du, wie jemand, der halt im Recht ist, und da ich trotzdem schreie, gehst du hinaus, ich kann es nicht verhindern, die Gesellschaft findet wohl auch, so dürfe man nicht schreien; ich benehme mich unmöglich, ich weiß, ich soll Vernunft annehmen, sagen sie, und dir sofort nachlaufen, um dich zu trösten, um es wiedergutzumachen. Ich fühle auch mein Unrecht, nun ja, und ich gehe, ich suche dich in den Straßen, finde dich in einem öffentlichen Garten, Jardin de Luxembourg oder so, es ist ja egal, Frühling, da sitzest du also in dem grünen Rasen und lächelst, ich versuche dich zu erwürgen, ja, mit beiden Händen und mit aller Kraft meines Lebens, aber umsonst, dabei weiß ich, daß man uns zusieht, ich würge dich ganz zusammen, aber du bist zu elastisch – du lächelst bloß ...«

Julika sagte natürlich nichts. Kurz darauf erschien die Schwester, um sich zu erkundigen, ob Frau Julika wirklich nicht zu kalt hätte. Julika bedankte sich aufs netteste; man sah den Hauch vor dem Mund, aber Julika mit ihren Bettflaschen und ihren Decken hatte wirklich nicht kalt. Als die Schwester sich entfernt hatte, sagte Stiller:

»Gestern haben wir Schluß gemacht – Sibylle und ich – gestern in Pontresina.«

»Wer ist Sibylle?« fragte Julika.

»Jetzt ist es auch Schluß zwischen uns, Julika, und zwar endgültig, das wirst du verstehen.« Julika schwieg.

»Endgültig«, wiederholte er.

Es dürfte nicht ganz ohne Komik gewesen sein, erstens wie Stiller es seiner Julika verargte, daß sie, die in Wirklichkeit doch auf dieser Veranda lag, in seinem Pariser Traum gelächelt hatte, und zweitens überbrachte er seine Meldung in einem Ton, als wäre es das erste Verhältnis in der Geschichte der Menschheit, das in die Brüche ging, ja mit einer Miene, als wäre Sterben in einem Sanatorium nichts, verglichen mit dem gestrigen Pontresina-Begräbnis seines Sieben-Monats-Verhältnisses, nicht ganz ohne Komik auch, wie er nun Geständnisse lieferte, betreffend seine Liebe zu der Dame, die also Sibylle hieß, und sich in lauter nachträglicher Offenheit erging. Julika las in seinem Gesicht, wie es ihn verstimmte, daß sie unterdessen die Schneekristalle von ihrer Kamelhaardecke blies. Was sollte Julika schon tun? Was er nun berichtete, deckte sich so ziemlich mit ihren sommerlichen Befürchtungen, und so war es für die arme Julika in dieser Stunde kein allzu großer Schock mehr; sie wußte ja schon lange, daß sie betrogen war. Stiller dagegen, indem er nun in ihrer Jugendstil-Veranda hin und her ging, genoß es in seiner Untröstlichkeit, ausführlich zu werden in einem durchaus unverlangten Grad, nur um sich so lange wie möglich an seinen verlorenen Sommer zu klammern.

»Ja«, sagte er endlich, »so ist es nun.«

»Und jetzt?«

Es ist nicht wahr, daß Julika ein Lächeln heimlicher Schadenfreude oder überhaupt ein Lächeln zur Schau getragen hätte. Stiller träumte wohl wieder ein wenig. Anderseits wird niemand erwarten, daß die arme Julika gerade in Tränen ausbrach, weil es ›Sibylle‹ nicht mehr gab. Was erwartete Stiller wieder von ihr? Sie blies die Schneekristalle von ihrer Kamelhaardecke, nichts weiter, und was er vorher noch hingeworfen hatte, die trockene Bemerkung nämlich, daß es nun Schluß wäre auch mit Julika, seiner immerhin gesetzlichen Gattin, hatte sie keineswegs überhört, nur begriff sie den logischen Zusammenhang nicht. Wie aber Stiller das zu erläutern versuchte, nun wieder auf dem Geländer hockend, wobei er meistens in das Gestöber hinausblickte, als redete er mit den schemenhaften Lärchen, entsprang seine ganze Heftigkeit gar nicht diesem Augenblick, nicht diesem Ort und nicht der Gegenwart seiner armen Julika, alles tönte eher wie lange schon aufgestapelte, in Einsamkeit hergestellte und jetzt ohne lebendigen Zusammenhang aufgereihte Formulierungen, die Stiller mit entschlossener Grausamkeit von sich gab, je grausamer um so besser, alles kam wie unter dem Zwang eines fremden Befehls, den Stiller sich auf seiner Fahrt nach Davos oder vielleicht beim Schneckenessen selber gegeben hatte, eines grimmig-männlichen Befehls. Julika hörte zu, wurde aber das Gefühl nicht los: Wer hat dich nur geheißen, so grausamen Unsinn zu reden, mein guter Stiller, das bist ja gar nicht du! Er war grausam wie eben ein armer Scherge, der im Augenblick, da er sein Opfer mit eigenen Augen sieht, nicht erweichen darf, er muß den Befehl vollstrecken; darum blickte Stiller kaum auf Julika, sondern hinaus ins Gestöber mit den grauen Lärchen. Und vor allem hatte Julika, je länger er redete, das klare Gefühl: So ist es nicht, mein guter Stiller, es ist doch alles ganz anders! ... Stiller redete endlos. »Wäre nicht diese Niederlage in Spanien gewesen«, sagte er, »wäre ich dir mit dem Gefühl begegnet, ein voller und richtiger Mann zu sein – ich hätte dich schon längst verlassen, Julika, vermutlich schon nach unserem ersten Kuß, und diese ganze jämmerliche Ehe wäre uns beiden erspart geblieben. Das ist das Bittere, siehst du; wir hätten es wissen können, daß es nicht gehen wird. Und es fehlte nicht an Signalen auf der ganzen Strecke, nur an Mut, sie zu sehen. Heute weiß ich es: im Grunde habe ich dich wahrscheinlich nie geliebt, ich war verliebt in deine Spröde, in deine Zerbrechlichkeit, in deine Stummheit, die es mir zur Aufgabe machte, dich zu deuten und auszusprechen. Was für eine Aufgabe! Ich bildete mir ein, du brauchst mich. Und deine Müdigkeit immer, deine Herbstzeitlosenblässe, dein Hang zum Kranksein, das war ja genau, was ich unbewußtermaßen brauchte, eine Schonungsbedürftige, um mir selbst um so kraftvoller vorzukommen. Eine gewöhnliche Geliebte zu haben, verstehst du, so ein gesundes und durchschnittliches Mädchen, das umarmt sein will und selber umarmen kann, nein, davor hatte ich Angst. Überhaupt war ich ja voll Angst! Ich machte dich zu meiner Bewährungsprobe. Und darum konnte ich dich auch nicht verlassen. Dich zum Blühen zu bringen, eine Aufgabe, die niemand sonst übernommen hatte, das war mein schlichter Wahnsinn. Dich zum Blühen zu bringen! Dafür machte ich mich verantwortlich – und dich machte ich krank, versteht sich, denn wozu solltest du gesund werden mit einem solchen Mann; die Angst, daß du an meiner

Seite unglücklich würdest, fesselte mich ja stärker als irgendeine Art von Glück, die du zu geben hast.«

Einmal fragte Julika:

»Wieso Niederlage in Spanien?«

Keine Antwort.

»Und ob du all dies gewittert hast!« meinte Stiller, »und ob! Das ist doch ganz klar. Vom allerersten Abend an; du warst verliebt in meine heimliche Angst. Das gefiel dir, meine Liebe, so ein Mann, der nicht einfach kommt und umarmt, sondern zittert, ein verängstigter Mann, ein irgendwie gebrochener Mann, der sich an dir glaubt bewähren zu müssen, ein Mann mit schlechtem Gewissen von vornherein, ein Idiot, der es stets als seine Schuld empfinden wird, wenn etwas nicht klappt. War es nicht so? Ich war sogar verantwortlich für das Wetter. Ich sehe dich, Julika, wie du plötzlich die Hand ausstreckst und nicht den Himmel anblickst, sondern mich: Jetzt regnet es! Und ich ließ mir diesen Blick gefallen –«

Julika ließ ihn reden.

»War es nicht so?« fragte Stiller. »Warum bist du all die Jahre nie zum Arzt gegangen? Du würdest nicht in dieser trostlosen Veranda liegen, Julika. Warum wolltest du keine gesunde Frau sein? Es ist blödsinnig, Julika, aber wahr: Du wolltest nicht gesund sein. Du fandest mich lieblos, wenn ich mit Freude feststellte, daß du einmal gänzlich ohne Fieber bist. Es ärgerte dich. Denke an die zahllosen Abende, wo du in dein Zimmer verschwandest, um dich hinzulegen, nur damit wir's nicht vergaßen: Die arme Julika! und damit du dich nicht mit diesen gesunden Frauen zu messen hattest. Davor hattest du ja eine Heidenangst. Ich weiß: Du hattest sehr strenge Proben, jaja, und ich hatte leicht reden mit meiner Lehmerei, wo es nichts ausmachte, ob ich arbeitete oder nicht, mit meinem freien Paschaleben, ich weiß, deine Arbeit war nicht zu vergleichen mit irgendeiner andern, auch nicht mit der Arbeit einer Kinderärztin, versteht sich, und überhaupt war es schon ungerecht, auch nur zu hoffen, zu wünschen, daß du nicht zarter bist als andere Frauen. Dein Konsum an Rücksicht (von allen Seiten) war schamlos. Und wie alle sich fügten, nicht nur dein Idiot, alle, auch wer nicht in dich verliebt war, Gott weiß, wofür sie sich bei dir entschuldigten, und wenn du mitten in Gesellschaft eingeschlummert bist, weil nicht von deinem Ballett gesprochen wurde, fanden sie dich einfach eine tapfere Frau, deckten dich zu, damit du nicht frierst, weil du dich nicht selber wenigstens zudecken konntest, eine Gesellschaft von Samaritern, und wir alle flüsterten nur noch, denn wer wußte es nicht, daß Julika am andern Morgen eine schwere Probe hatte! Sie alle haben dir einen miserablen Dienst erwiesen, Julika, genau wie ich auch. Und wenn ich nicht begriff, daß du dich nicht hattest entschließen können, unseren Freunden noch eine Mehlsuppe zu machen, so lag es an mir, versteht sich, man muß seine Frau nehmen, wie der liebe Gott sie geliefert hat. Immer wieder vergaß ich, wie zart du bist, wie schonungsbedürftig! Und dann, kaum sind die Freunde gegangen, nimmst du dich zusammen und gehst in die Küche, zum Umsinken müde, um Foxli eine warme Milch zu machen. Denn Foxli bist du!«

Stiller, einmal im Reden, kam noch mit einer ganzen Reihe von Vorwürfen dieser Art, lauter Bagatellen, eine kleinlicher als die andere: Julika konnte nur staunen.

»Du schweigst in dich hinein wie immer!« sagte er, »du hältst dich für die Liebe und die Hingabe in Person, ich weiß, ich halte dich für den Narzißmus in Person. Und für den Hochmut in Person! das vor allem. Ich bin vor dir auf die Knie gefallen. Julika, ich habe vor dir geheult, wie ein Mann unter gewissen Umständen heult, ich habe mich vor dir geschämt, ich habe vor dir bereut, und du hast verziehen, gewiß, du hast mir ja am laufenden Band verziehen, ich weiß, ohne eine Minute der Erschütterung, ohne eine Minute wirklich zu denken, daß vielleicht auch du mich kaputt machst, und wirklich zu zittern. Wieso denn auch? Du bist die Dulderin, das wissen alle unsere Bekannten, ein nobles Wesen, das keine Vorwürfe brüllt, nein, die Vorwürfe hatte ich mir schon selbst zu machen. Damit hast du dich nie beschmutzt. Aber überlege es dir: Hast du mich einmal davon befreit, wenn ich glaubte mir Vorwürfe machen zu müssen? Du hast verziehen. Und damit ist ja der Vorwurf anerkannt, das vor allem. Es gibt eine Satanie im weiblichen Verzeihen, meine Liebe, die dir ferne ist, versteht sich, alles ist dir ferne; ich empfand es nur so in meiner Mimosenhaftigkeit, und daran kann man genau so zugrunde gehen wie an einer Tuberkulose ... Ich rede und rede, Julika, und du bläst den Schnee von der Decke!« Stiller fuhr fort:

»Ja – ich fragte mich manchmal, warum ich in all diesen Jahren nie aufgesprungen bin und dir kurzerhand eine Ohrfeige versetzt habe. Im Ernst, es ist ein Fehler, der nicht mehr nachzuholen ist; ein Fehler, davon bin ich überzeugt. Wieviel hätte es uns beiden erspart! Beispielsweise deine unselige Reise nach Landquart, glaube ich. Natürlich wußtest du von vornherein um deinen Zusammenbruch irgendwo auf der Strecke, aber du scheust keinen Preis mehr, um dir mein schlechtes Gewissen zu sichern. Du irrst dich! Und dabei ist es wieder das Fürchterliche: in einem ganz andern Sinn, siehst du, ist es wirklich mein Verschulden, daß du jetzt in diesem Sanatorium liegst. Aber da hast du mir nichts mehr zu verzeihen. Ich denke jetzt oft: Hätte ich dich nicht zu meiner Bewährungsprobe gemacht, wärest du auch nie auf diese Idee gekommen, mich durch dein Kranksein zu fesseln, und wir hätten einander auf natürliche Weise geliebt, ich weiß es nicht, oder uns auf natürliche Weise getrennt. Du hättest damals einem Mann begegnen sollen, der kein falsches Gewissen hat und doch viel Geduld, freie Geduld, einem Mann jedenfalls, der nur durch natürliche Liebe zu gewinnen und zu halten ist. Wer weiß, meine liebe Julika, wie gesund du hättest sein können – schon immer! . . .«

Stiller schwieg.

»Und jetzt?« fragte sie.

Stiller glotzte sie an.

»So also siehst du mich!« sagte Julika. »Du hast dir nun einmal ein Bildnis von mir gemacht, das merke ich schon, ein fertiges und endgültiges Bildnis, und damit Schluß. Anders als so, ich spüre es ja, willst du mich jetzt einfach nicht mehr sehen. Nicht wahr?« Stiller steckte sich eine Zigarette an. »Ich habe in letzter Zeit auch über vieles nachgedacht«, sagte Julika und blies die Schneekristalle von ihrer Kamelhaardecke auch dann, wenn sie selbst das Wort führte, »– nicht umsonst heißt es in den Geboten: du sollst dir kein Bildnis machen! Jedes Bildnis ist eine Sünde. Es ist genau das Gegenteil von Liebe, siehst du, was du jetzt machst mit solchen Reden. Ich weiß nicht, ob du's verstehst. Wenn man einen Menschen liebt, so läßt man ihm doch jede Möglichkeit offen und ist trotz allen Erinnerungen einfach bereit, zu staunen, immer wieder zu staunen, wie anders er ist, wie verschiedenartig und nicht einfach so, nicht ein fertiges Bildnis, wie du es dir da machst von deiner Julika. Ich kann dir nur sagen: es ist nicht so. Immer redest du dich in etwas hinein – du sollst dir kein Bildnis machen von mir! das ist alles, was ich dir darauf sagen kann.«

Stiller rauchte vor sich hin.

»Woher hast du das?« fragte er nur. Es war nicht mehr mit Stiller zu sprechen, scheint es, er hörte nur noch sich selbst. Er war von Pontresina gekommen mit dem festen Entschluß, alles in Grund und Boden zu reißen, »Liebe?« lächelte er, »reden wir besser nicht von Liebe, nicht in unserm

Falle, auch nicht von Treue – auch du hättest mich wahrscheinlich längst verlassen, Julika, an Gelegenheit fehlte es dir nie, ich weiß, bloß an Zuversicht, daß du einen wirklichen Mann würdest halten können. Reden wir doch offen! Unsere verhältnismäßige Treue war die Angst vor der Niederlage mit jedem anderen Partner, so wie ich sie jetzt erlitten habe, nichts weiter. Wir wollen uns nichts vormachen! Auch zwischen uns ist es jetzt Schluß. Ich denke, Julika, wir sehen einander zum letztenmal.«

Julika weinte.

»Es ist gräßlich«, meinte Stiller sehr nüchtern, »daß es gerade in diesem Sanatorium sein muß. Du bist noch keineswegs über die Krise, sagt mir dein Oberarzt. Aber vielleicht ist es gut, Julika, wenn du von diesem Tage an weißt, ohne jede Möglichkeit eines Zweifels weißt, daß mir deine Krankheit keinen Eindruck mehr macht. In deinen Ohren, mag sein, klingt das geradezu gemein. In Wahrheit, schau, war ich stets voll heimlichem Vorwurf gegen dich, daher auch wieder so rücksichtsvoll bis zur Lächerlichkeit, denn ich mußte immerfort etwas gutmachen, etwas Verschwiegenes, verstehst du, und jetzt zum erstenmal, so scheint mir, stehe ich vor dir, ohne dir böse zu sein. Nämlich ich weiß jetzt, daß nicht du es bist, was mich bis heute gehindert hat, wirklich zu leben. Gott sei Dank, daß ich es endlich weiß! Die Tränen in deinen Augen, Julika, sind eine Drohung, die nicht mehr wirkt. Nämlich sterben müssen wir alle.«

Darauf sagte Julika:

»Ich möchte, daß du mich jetzt allein läßt.«

Stiller stand noch eine Weile vor ihrem Bett, seine Hände in den Manteltaschen, nachdem er die Zigarette über das Geländer geworfen hatte, etwas verlegen. Und dann, als läge Julika schon im Sarg, küßte er sie bloß auf die Stirn, ohne ihre Arme zu erwarten, und verließ rasch die winterliche Veranda... Seither (erzählt Julika) blieb er für sie verschollen. In der Stadt wurde Stiller im Dezember noch gesehen. Dann erst, nach einer Vernissage mit mitternächtlicher Trinkerei, blieb er verschollen auch für die andern, unmerklich vorerst, nicht von heute auf morgen; man merkte es erst nach und nach, daß er im Kaffeehaus und auch sonst, wo man Stiller zu treffen pflegte, ausblieb, und jeder zuckte die Achseln, wenn der andere beiläufig nach Stiller fragte. Man wartete weit in den Januar hinein, bevor jemand, den das immer verschlossene Atelier nachgerade beunruhigte, die Polizei benachrichtigte, die mit einer ergebnislosen Durchsuchung aller Schubladen begann und heute noch, sechs oder bald sieben Jahre später, nicht mehr weiß als damals.

Drittes Heft

Gestern (zwischenhinein) Fahrt in ein eidgenössisches Zeughaus, um die soldatische Ausrüstung ihres Verschollenen zu besichtigen. Lange Warterei in einer Baracke. Rauchen verboten! Ich hocke mich auf ein Bündel eidgenössischer Hosen. Ob ich nicht stehen könne? Es riecht nach Leder, nach Kampfer, nach Pferden aus Stallungen nebenan. Nur um etwas zu sagen, frage ich den jungen, in seinen glänzenden Stiefeln etwas verlegenen Leutnant, den diese Warterei ebenso langweilt wie mich: »Haben Sie hier immer noch Kavallerie?«

»Nein«, sagt er kurz.

Endlich bringen sie das verschnürte Paket mit der verwahrlosten Uniform ihres Verschollenen, befehlen mir, es aufzuschnüren. Ich hätte es nicht tun sollen, natürlich nicht; jede noch so bescheidene Höflichkeit bestärkt sie in ihrer Meinung, daß sie mit mir machen können, was sie wollen, wie mit Stiller. Da ich den räudigen, aber auch sonst eher komischen Tornister auspacke, fällt alles, was zu Mitrailleur Stiller gehört, auf den Boden, und natürlich bin ich es, der es zusammenlesen muß. Ich sage:

»Meine Herren, was geht das mich an?«

»Also vorwärts.«

Zwei eidgenössische Zeughäusler, beide verfettet und bleich von lebenslänglicher Kampferluft, ersetzen das Militärische vorzugsweise durch einen griesgrämig-knappen Ton. Alles ohne Anrede! Dann halten sie einen feldgrauen Mantel gegen das Regenlicht, blicken den jungen Leutnant an, der sich mit Gewissenhaftigkeit überzeugt, und warten auf mein Entsetzen.

»Da – sehen Sie nichts? He?«

Schabenlöcher, zugegeben, eine ganze Milchstraße von Schabenlöchern. Ich befühle den Stoff und sage:

»Der ist auch sonst nicht wasserdicht.«

Darauf sehen sie mich wie einen Kommunisten an, bloß weil ich eine ganz sachliche Wahrheit gesagt habe. Ich greife den Regenmantel des jungen Offiziers, der als stummer Aufseher danebensteht.

»Sehen Sie«, sage ich, »der ist richtig!«

Später muß ich in den Lauf eines eidgenössischen Gewehres gucken. Sie zwingen mich. Sehr merkwürdig, ich lasse mich zwingen. Warum eigentlich? Ich gucke in das fremde Gewehr, als wäre es ein Fernrohr, sehe aber nichts, ein Löchlein voll grauen Lichts, weiter nichts. Und abermals warten sie, daß ich vor Schuldbewußtsein in den Betonboden versinke. Ein kleines Spiegelchen wird angebracht.

»Sehen Sie jetzt etwas?«

Ich sehe Rost, habe indessen nicht gefragt, was der Lauf eines eidgenössischen Gewehres koste, und der Vortrag des jungen Offiziers, den ich aus Höflichkeit anhöre, berührt mein Interesse in keiner Weise. Ich denke ja nicht daran, ein eidgenössisches Gewehr zu kaufen. Einen Revolver, ja, oder eine Maschinenpistole; aber was soll ich mit einem Gewehr von der Länge eines Spazierstocks? Der junge Leutnant, scheint mir, ist irgendwie verlegen, als vermute er in mir auch einen Akademiker; er sagt immer:

»Das muß ich Ihnen ja nicht erklären.«

Aus purem Pflichtbewußtsein, als stände er vor den beiden Zeughäuslern selbst im Examen, erklärte er es dann doch, so peinlich es ihm ist; irgendwie, so habe ich das Gefühl, möchte er mir zeigen, daß auch er höhere Interessen hat, kann es in dieser Zeughausbaracke aber nur tun, indem er hin und wieder zum Fenster hinaus in den strömenden Regen schaut — während die beiden Zeughäusler, die mich mehr und mehr mit Haß betrachten, sich auch durch meine offenherzige Gleichgültigkeit nicht hindern lassen, alles auf den Tisch zu legen, was nach ihrer Meinung zum Kriegführen benötigt wird, nämlich: zwei Bürsten, ein Besteck, eine Spule mit feldgrauem Faden, Lederseife, eine ganz bestimmte Anzahl von Knöpfen, jeglicher mit dem Schweizerkreuz versehen, eine Gamelle, eine Feldflasche, deren Zapfen nicht stinken sollte, Schuhbendel, eine Anstreichbürste mit Futteral, ein Stahlhelm, eine sogenannte Krawatte, ein Bajonett mit Scheide, ferner drei Nadeln, die der verschollene Stiller ebenfalls in unverantwortlicher Weise hat verrosten lassen, kurzum, es ist ein ganzer Tisch voll, was ich nicht ohne Staunen, wenn auch mit den Händen in den Hosentaschen besichtige.

»Ich brauche Ihnen ja keinen Vortrag zu halten«, sagt der junge Leutnant, »Sie wissen ja selbst, daß Sie für den Schaden persönlich aufzukommen haben.«

»Ich?« lache ich, »wieso?«

»Wer sonst?«

Ich komme nicht zu Wort. Auch den Waffenrock ihres Verschollenen habe ich anzuziehen. Ich komme einfach nicht zu Wort; darin besteht schon ein Teil ihrer Macht, der ich mich zu meinem eigenen Erstaunen tatsächlich füge, wenn auch mit Zögern. Es fällt ihnen nicht ein, mir den Waffenrock zu halten, und wie ich das Häftchen am Kragen nicht finde, heißt es bloß: Also vorwärts! Auch von meiner harmlosen Bemerkung, in einem solchen Waffenrock sei einer erschöpft, bevor er den Feind zu Gesicht bekomme, wird keine Notiz genommen. Ich muß mich drehen wie eine Kleiderpuppe.

»Sie sind magerer geworden«, behauptet der junge Leutnant, der mich zum erstenmal in seinem Leben sieht; »das schlottert ja überall.«

Unterdessen ist einer von den Zeughäuslern bereits zu einem Gestell gegangen, hat einen anderen Waffenrock herausgerissen, den er mir zuwirft:

»Probieren Sie den!«

»Wozu?« frage ich, erhalte aber wiederum keine Antwort, sondern lediglich eine andere Nummer von Waffenrock und dazu einen Vortrag des jungen Offiziers: daß ich bis zum achtundvierzigsten Lebensjahr zur schweizerischen Landwehr gehöre, dienstpflichtig sei bis zum vollendeten sechzigsten Lebensjahr, selbstverständlich das Recht habe, in die Fremde zu gehen, jedoch die Pflicht, vorher um Urlaub vom Staat zu fragen und mich beim Kommando meines Kreises (es gibt keinen Menschen, der nicht in einem Kreis ist) abzumelden, alles wie im Dienstbüchlein beschrieben, ferner daß die soldatische Ausrüstung, die bekanntlich jedem Schweizer anvertraut wird, im Falle eines solchen Urlaubs selbstverständlich nicht irgendwo auf den Dachboden gehöre, sondern abzuliefern sei, damit die Männer des Zeughauses sie vor Motten bewachen, ferner daß ich mich im Auslande sofort beim nächsten schweizerischen Gesandten anzumelden habe, damit ich der Militärsteuer nicht entgehe, beziehungsweise dort wieder abzumelden usw....

»Herr Leutnant«, sage ich, »alle Achtung vor Ihren schweizerischen Einrichtungen! Nur was mich betrifft —«

Ich komme nicht zu Wort. Sie haben ein einziges Ziel in ihren drei Köpfen: Stiller muß marschbereit sein. Ich komme nicht umhin, auch ein Paar Marschschuhe zu probieren, übrigens eine tadellose Ware. Und nicht nur probieren muß ich sie; der junge Leutnant sagt:

»Sie müssen sich auch wohl fühlen darin!«

Es ist nichts zu machen.

Und dann, ganz zum Schluß, werden sie auch noch wütend. Nämlich ich sollte meine Unterschrift geben, um den Empfang eines Gewehres und der neuen Marschschuhe zu bestätigen. Ordnung muß sein, das verstehe ich. Ich ließ mir von dem jungen Leutnant, der sich offenkundig auch nach einer bedeutenderen Beschäftigung sehnte, die Füllfeder geben und schrieb auf das Formular: White, James Larkins, New Mexico, USA.

»White – wieso White?«

Ich gab die Füllfeder zurück.

»My name is White.«

Sie blickten einander vorwurfsvoll an.

»Sie sind nicht Mitrailleur Stiller?« fragte der junge Leutnant mit meiner verbindlichen Unterschrift in der Hand, halb schon mit einem Kopfschütteln über die Männer vom Zeughaus, die ihrerseits gar nichts dafür konnten. Man hatte ihnen diesen Mann einfach geschickt. Wer? Wieso? Ich versuchte zu schlichten, zu erklären.

»Es besteht der Verdacht«, sagte ich, »daß ich der vermißte Herr sei, aber dieser Verdacht –«

Auf Grund eines bloßen Verdachtes, versteht sich, konnte man mich nicht ausrüsten. Der Leutnant erklärte es ihnen, während ich meine Marschschuhe wieder ausziehen mußte, jetzt wo sie mir paßten.

»Herrgott nochmal«, schimpften die Zeughäuser, »warum haben Sie das denn nicht gleich gesagt!«

In Anbetracht ihrer Wut, die sie glücklicherweise an Helm und Gamelle ausließen, verzichtete ich auf Rechtfertigungen. Sie hatten mich eben nie zu Wort kommen lassen. Ihre Wut war verständlich; denn nun durfte ich nichts mehr anrühren, weder das Gewehr noch die Marschschuhe, welche letzteren mir sehr gefallen hätten, und sie mußten den ganzen Tornister selber wieder einpacken. Ich sagte nur: »Sorry!« Aber dem jungen Leutnant war es sehr peinlich; er kam nicht umhin, noch eine Weile mit mir zu plaudern. Amerika interessierte ihn lebhaft. Er entschuldigte sich nochmals; es war ihm gar nicht recht, daß einem Amerikaner in der Schweiz so etwas hatte passieren müssen, und er grüßte mich mit militärischer Ehrerbietung. Ich legte, um nicht zu winken, gleichfalls die Hand an mein Barett, und die zwei vom Gefängniswagen, denen die Höflichkeit des jungen Leutnants nicht entgangen war, empfingen mich wie noch nie, höflich auch sie, als stünde ein Trinkgeld in Aussicht; einer hielt sogar, dieweil der andere mir Feuer gab, die graue Wagentüre mit Gitterfensterchen, und es fehlte nur noch, daß sie mich gefragt hätten, wohin sie mich fahren dürften.

Wilfried Stiller, der Bruder, soll sehr traurig sein, daß ich auf seinen brüderlichen Brief nie geantwortet habe. Ich will es tun, sobald ich Muße habe.

Heute, Sonntag, besucht mich Knobel in Zivil, in weißem Hemd mit Krawatte, um meinen vierten Mord zu erfahren. Es paßt mir gar nicht. Aber ich komme nicht umhin, etwas zu erzählen.

»Das war in Texas«, sage ich, »wie ich noch als Cowboy arbeitete.«

»Cowboy waren Sie auch einmal?«

»Warum nicht?«

»Tonnerwetter.«

Ich schildere ihm also, wie ich eines sommerlichen Morgens in der Prärie, meines Cowboyalltags etwas überdrüssig, weiter ritt als gewöhnlich, weiter als nötig. Ich ritt sozusagen in Gedanken (welcher Art diese Gedanken gewesen sind, interessiert meinen Zuhörer nicht) und ohne ein bestimmtes Ziel. Ich fing sogar zu traben an. Nach etwa fünf Stunden, ich hatte in dieser Zeit kaum jemals zurückgeschaut, waren die roten Felsen erreicht, die ich seit Wochen stets am Horizont der Ebene gesehen hatte. Ich sprang von meinem schwarzen Pferd, band es an eine Eichenstaude und kraxelte etwas in die Höhe, verlockt von einem immer weiteren Blick über die endlose Ebene hinaus, die nun hinter mir lag, über einen grünlichen und silbergrauen Ozean von Land. Es war ein heißer sirrender Mittag, ich verdurstete fast. Ich suchte eine Quelle, jedoch vergeblich, denn die ganze Gegend bestand aus Karst, und plötzlich, wie ich so mit meinen Stiefeln durch das dürre und oft stachlige Gestrüpp stapfte, plötzlich stehe ich vor einem Schlund, vor einer Spalte im Fels, die ungefähr wie das Maul eines Hais aussah, aber sie war riesengroß und schwarz wie die Nacht. Noch keiner meiner Kameraden hatte je von dieser Grotte erzählt. Es war ein Zufall, daß ich ihre Pforte, die erst aus allernächster Nähe zu sehen ist, in dieser hügeligen Wildnis entdeckt hatte. Vielleicht gab es hier Wasser! Zwar war es totenstill, und ich werde nie vergessen, wie ich die ersten paar Schritte, nur um die Neugierde zu stillen, in den schattigen Schlund stieg, vorsichtig, indem ich mich an den letzten Stauden hielt, um mit gestrecktem Kopf in die klaffende Tiefe zu spähen, blind vor Finsternis. Niemand befahl mir, in diese Grotte zu steigen; trotzdem war ich sehr beklommen, und meine Entdeckung ließ mich nicht mehr los. Ein Stein unter meinem Stiefel hatte sich gelöst, kollerte in munteren Sprüngen hinunter, hallte und hallte immer ferner und hörte zu hallen nicht auf, bis ich, immerhin ein Cowboy, erbleichte. Ich wußte wirklich nicht, ob ich ihn nicht immer noch hörte, den kollernden Stein, oder bildete ich es mir nur noch ein? Ich konnte vor Bangnis kaum atmen, zwang mich jedoch, nicht die Flucht zu ergreifen. Ich hörte mein Herz hämmern, sonst Totenstille. Dann rief ich mit lauter Stimme: Hallo? und von sinnlosem Schrecken erfaßt, als wäre es nicht meine eigene Stimme, hastig, als wäre ich in Gefahr, von einem Drachen geschnappt zu werden, klomm ich zwischen den stachligen Sträuchern empor, vom Echo gejagt, und wieder hinauf an die Sonne, wo ich über mich lachte. Oder ich versuchte wenigstens, über mich zu lachen. Denn hier, an der mittäglichen Sonne, hörte man nur wieder das vertraute Summen der Insekten, das Getuschel der hohen Halme im Winde, und man sah über die Ebene von Texas, über jenen Ozean von Land, den ich damals alle Tage sah. Trotzdem blieb es mir etwas unheimlich, als hörte ich noch immer den kollernden Stein.

Es war Nacht, als ich unsere Ranch wieder erreichte. Ich rechtfertigte mich mit einer kecken Lüge. Von meiner Grotte sagte ich kein Wort, nicht einmal zu Jim, meinem besten Freund, der neben mir schlief; er zupfte an meiner Hängematte, um zu erfahren, wo ich nun wirklich den ganzen Tag gewesen wäre, und ich ließ ihn in seinem holden Neid, in seinem Glauben, daß ich irgendwo in jener fast menschenlosen Ebene (monatelang traf man nur Männer, Pferde und Vieh) ein freies Mädchen gefunden hätte. Jim gab mir einen Rippenstoß, Zeichen einer herzhaften Mitfreude und einer ebenso herzhaften Mißgunst zugleich. Aber meine Grotte, wie gesagt, verriet ich nicht.

Unsere Arbeit auf der Ranch war streng, wir waren nur wenige, einer von ihnen auch noch krank; zwei Wochen hatte ich auf meinen nächsten freien Tag zu warten.

Natürlich ritt ich schon im Morgengrauen (in einem großen Bogen, damit man mir nicht auf die Spur kam) wieder zu meiner Grotte, ausgerüstet mit einer Laterne, um in ihre Finsternis eindringen zu können, und war auf allerlei gefaßt, bloß nicht darauf, daß ich meine Grotte nicht wiederfinden würde. Bereits war es Nachmittag, als ich immer noch hügelauf und hügelab stapfte, vielleicht ganz in der Nähe der Pforte, vielleicht eine Meile daneben, denn allenthalben sah man die gleichen Hügel und Mulden, die gleichen Disteln, Kakteen, Agaven, dazwischen die verfluchten Stauden der Gifteiche. Erschöpft und entmutigt, ohne die Grotte gefunden zu haben, ritt ich zurück, überzeugter denn je, daß diese Grotte einen märchenhaften Schatz verbarg, Gold vielleicht, von Spaniern erbeutet und verloren; waren nicht hier jene Abenteurer vorbeigezogen, Vasquez Coronado und Cabeza de Vaca? Das mindeste, was ich erwarten durfte, waren historische Werte, aber vielleicht auch Edelsteine der Indianer, der ganze Schatz eines ausgestorbenen Stammes. Auch bei klarer Vernunft schien allerlei möglich. Natürlich grinste mein Freund, wie ich mich am Abend in meine Hängematte sinken ließ, über meine große Mattigkeit, auch über mein Schweigen. Wie heißt sie denn? fragte er, und ich sagte: Hazel! und drehte mich auf die andere Seite.

So vergingen Wochen.

Meine Grotte drüben in den Felsen begann nachgerade ein Spuk zu werden, in Wirklichkeit nicht wiederzufinden, obschon ich noch mehrere Male in jene Gegend ritt, jedesmal ausgerüstet mit Laterne und Lasso, eine Tasche voll Karbid, die andere Tasche voll Verpflegung, und im Grunde glaubte ich schon gar nicht mehr an meine Entdeckung, als ich eines Abends, es dämmerte schon und war höchste Zeit, zurückzureiten, eine Wolke von Fledermäusen sah. Es war, als stiegen sie aus dem Boden, Millionen von Fledermäusen. Sie kamen aus meiner Grotte! ... Mit Laterne und Lasso, das man nach Bergsteigerart um die zackigen Felsen hängen kann, ist es nicht allzu schwierig, in die erste Höhle zu steigen, die gewaltig ist. Sie hat, wie ich in der letzten Dämmerung gerade noch zu erkennen vermochte, etwa den Innenraum von Notre-Dame. Außer Fledermäusen an den Felsen, die meine Laterne nur schwächlich beschien, und außer Scherben von Töpfen war nichts zu finden. Vermutlich war diese oberste Kaverne wirklich einmal ein Unterschlupf der Indianer gewesen. Nach und nach, wie ich so in diesem unterirdischen Dom spazierte, verlor ich fast alle Bangnis, gewiß, da und dort gab es Spalten in den Wänden, und meine Laterne leuchtete in kleine Kapellen, aber von Drachen mit glühenden Augen und Schwefelatem war nichts zu sehen, versteht sich. Ich war schon fast übermütig, eine so beträchtliche Grotte entdeckt zu haben, halb auch enttäuscht, mit meinem Geheimnis schon fertig zu sein, als plötzlich der Schein meiner Laterne – ich werde den Augenblick nie vergessen! – vom Boden verschluckt war. Atemlos vor Schreck, so klaffte es vor meinen Füßen, wagte ich mich nicht zu rühren; ganz einfach: der Schein meiner Laterne fiel auf keinen Boden mehr. Ich schaute nach der Pforte empor,

nach dem Licht des Tages, doch unterdessen war es Nacht geworden auch
über der Erde; ich sah ein paar Sterne, ein paar scheinlose Funken in un-
endlicher Ferne, ringsum die nahe Schwärze des Gesteins, und indem
ich mich wieder an das kollernde Geröll erinnerte, das in immer tieferen
Tiefen verhallt war, wagte ich auch nicht mehr rückwärts zu gehen; jeder
Schritt, schien mir, bedeutete Sturz in den Tod. Schließlich kniete ich,
band die Laterne an mein Lasso, um ihren schwachen Schein hinunterzu-
lassen und die drohende Finsternis auszuloten; sie baumelte im Leeren.
Mit der Zeit aber (ich kniete am Rand des Lochs, wie gesagt, und hörte
nur mein Herz klopfen) war eine Grotte zu erkennen, ein ebenfalls beträchtlicher Raum, der aber nicht an Notre-Dame erinnerte, sondern an
Träume, eine plötzlich so andere Welt, nicht Fels mit Fledermäusen dran,
sondern ein Märchen mit hundert und aberhundert Säulen aus glänzendem Tropfstein. Das erst war meine Entdeckung! Für jemand, der klettern
kann, war es nicht unmöglich, in dieses Märchen hinunterzusteigen. Aber
wie werde ich wieder hinaufkommen? Ich wußte aber: wenn ich jetzt zurückkehrte, so würde es mich mein Leben lang reuen und quälen. Meine
Bangnis wechselte in Übermut. Mit viel Vorsicht, mit äußerster Anstrengung (doch ohne an die Rückkehr zu denken) und mit allerlei Schürfun-
gen gelangte ich endlich, nach einem Sprung aus ratloser Keckheit, in
die wunderliche Tiefe, wo nun auch die Sterne nicht mehr zu sehen waren.
Alles hing am Schein meiner Laterne. Wie erregt ich auch war, ich handelte mit einer Vernünftigkeit, die mich verblüffte; sofort bezeichnete ich
den Fels, wo ich wieder emporzuklettern hatte, mit dem Ruß meiner Laterne und schrieb, als hätte man es so gelernt, eine große Eins in diesen
Ruß. Dann erst sah ich mich um. Von einem Labyrinth verlockt, wohin
ich nur leuchtete, stampfte ich hinter meiner Laterne her, halb selig, als
wäre ich am Ziel aller Wünsche, und halb entsetzt, als wäre ich schon verloren, zum Preis für mein Staunen verdammt, nie wieder auf die Erde zu
gelangen, nie wieder die Sonne zu sehen, die Sterne, die ich eben noch erblickt hatte oder auch nur den bleichen Mond, nie wieder über die Heide
zu reiten, ihre Kräuter zu riechen, nie wieder einen Menschen zu erblicken,
nie wieder gehört zu werden. Ich rief: Hallo? und dann: How are you?
Nicht einmal ein richtiges Echo gab es hier. Alle zehn Schritte machte
ich eine Marke aus Ruß. Droben auf der Erde, dachte ich, mußte es bald
Morgen werden. Einmal versuchte ich, ob ich den Fels für meinen Ausstieg
(Marke Nummer eins) wiederfinden konnte, ob meine Wegzeichen genüg-

ten. Sie genügten; aber ich schwitzte, als ich die Marke Nummer eins wiedergefunden hatte, und dabei war es eigentlich sehr kühl, versteht sich. Fröstelnd und schon dadurch zu weiteren Unternehmungen gezwungen, aber erleichtert, als hätte ich den Faden der Ariadne, forschte ich nach der anderen Seite, kletterte weiter hinab, besinnungslos bei aller Vorsicht (nie vergaß ich, die Marke mit Ruß zu machen) und beklommen von jedem Hall meiner rutschenden Schritte, der mich hören ließ, wie geräumig sie war, diese Finsternis im Innern der Erde, wie löcherig nach immer weiteren Geheimnissen, die noch kein Mensch betreten hat, ja, und war meine Laterne nicht das erste Licht, das je in dieses Märchen fiel, das erste Licht, das sie zum Vorschein brachte, all diese Säle mit ihren glänzenden Säulen? Hinter mir, kaum von meiner kleinen Laterne verlassen, fiel alles wieder in Finsternis, wie nie gewesen, und es war der Finsternis nicht anzusehen, ob Finsternis des Gesteins oder Finsternis der Leere. In Totenstille tropfte es aus Jahrtausenden. Wohin denn wollte ich? Wahrscheinlich wollte ich einfach in eine Kaverne gelangen, wo es nicht weitergeht, wo das Ungewisse aufhört, wo die Steine, die sich unter meinen Stiefeln lösten, nicht immer noch in weitere Tiefen kollerten. So weit gelangte ich nicht. Ein menschliches Skelett, das da plötzlich im Schein meiner Laterne lag, entfesselte meine Angst derart, daß ich schrie, im ersten Augenblick sogar floh, stolperte, eine Scheibe meiner Laterne zerschlug und im Gesicht blutete. Das Gefühl, in einer Falle zu sein und wie dieser Vorgänger nie wieder herauszukommen, so daß ich nur noch die Wahl hätte, zu verhungern oder mich an meinem Lasso zu erhängen, lähmte mich an Leib und Seele; ich hatte mich setzen müssen, ich leckte das warme Blut, das mir über das Gesicht rann, und mußte meinen ganzen Verstand zusammennehmen, um nicht das Skelett, das da im runden Schein der Lampe lag, schlechterdings für mein eigenes zu halten. Irgendwie hatte ich vergessen, mit der Zeit zu rechnen, mit meinem Vorrat an Licht, und wahrscheinlich war jenes Skelett (so denke ich heute) meine Rettung. Ich dachte nur noch an Rückzug. Ob es ein Indianer oder ein Weißer gewesen ist, der all diese Grotten schon vor mir erblickt hatte, weiß ich nicht; nach Resten zu suchen, die darauf antworteten, hatte ich plötzlich keine Zeit mehr. – Ich erreichte die Pforte, als der Abend dämmerte. Die Sonne verglomm hinter einer Wolke von schwirrenden Fledermäusen, und droben auf der Erde sah es aus, als wäre nichts gewesen. Mein Pferd wieherte vor Durst. Erschöpft wie ich war, legte ich mich auf die warme Erde, von grauem Sand und Blut ver-

schmiert, und versuchte zu essen. Aus Angst, verhungern zu müssen wie
mein Vorgänger da unten, hatte ich bisher keinen Bissen aus meiner Tasche
genommen. Ich erlebte natürlich das ranzige Hammelfleisch (Hammelfleisch hing mir damals zum Hals heraus) wie eine Gnade. Und dazu, obschon es noch ein dämmerheller Himmel war, ließ ich meine Laterne brennen, als müßte, wenn meine Laterne erlischt, alles erlöschen, auch der
Mond, der sich gerade über die violette Ebene erhob, und die Sterne über
der Prärie, ja selbst die Sonne jenseits der Berge, die jetzt über dem Ozean
hing und China beschien.

In der Ranch fluchten sie.

Jim zu berichten, was ich gesehen hatte, war schwer, unmöglich mit meinen stümperhaften Kenntnissen in Geologie. Ich erklärte ihm: Es sind Felsen aus Kalk, stark genug für erstaunliche Spannweiten. Jim traute meinen
Schätzungen nicht, dabei hat die spätere Erforschung jener Kavernen (die
Touristen erreichen sie heutzutage von Carlsbad her, New Mexico, mit dem
Bus) ganz andere Maße ergeben: der große Saal ist sechshundert Fuß breit,
dreihundertfünfzig Fuß hoch, mehr als einen Kilometer lang, er befindet
sich siebenhundert Fuß unter der Erde und ist lange nicht die unterste Kaverne. Irgendwann einmal versiegte der unterirdische Strom, der dieses
Gebirge ausgehöhlt hatte; warum er versiegte, weiß ich nicht. Ein gewaltiger Strom muß es gewesen sein, ein Vielfaches von jenem Rio Grande, der
artig in den nahen Tälern fließt. Sei es, daß er durch Aushöhlung in immer
weitere Tiefen entwich, sei es, daß sich das Klima verschob und ihn nicht
mehr zu speisen vermochte, ich weiß es nicht, jedenfalls versiegte er, der
unterirdische Strom, und die Kavernen, die er in Hunderttausenden von
Jahren ausgespült hatte, blieben leer. Einstürze vergrößerten die Kavernen,
Einstürze, die so lange erfolgten, bis eine Schicht sich als tragfähige Decke
erwies; das Geröll dieser Einstürze ist nicht mehr zu sehen, ihre Bruchstellen sind von Tropfstein überwuchert. Was weiterhin geschah: das bißchen
Regenwasser, das da durch kleine Risse und Spalten von der grünen Oberfläche kam, tropfte in die leeren Höhlen und verdunstete, und damit begann der zweite Teil: die Verzierung der Kavernen, indem ja der Kalk,
wenn das Wasser verdunstet, wieder ausscheidet. So entstehen Stalaktiten,
die Tropfsteine, die von der Decke hangen, und so auch die Stalagmiten,
die Tropfsteine, die aus dem Boden emporwachsen, Gebilde von einer
Größe, daß die Geologen mit einer Entstehungszeit von fünfzig bis sechzig Jahrmillionen rechnen. Äonen nennen wir das, Zeitspannen, die der

Mensch wohl errechnen, aber mit seinem Zeitsinn nicht erfassen, nicht einmal in der Phantasie erleben kann. Wie es aussieht, was so entstanden ist in jenen Kavernen und weiterhin entsteht – Tropfen um Tropfen, aber es sind Ozeane von Wasser, die vertropft worden sind, und die Dauer eines Menschenlebens genügt gerade, um das steinerne Wachstum in Millimetern zu messen –, das ist nicht leicht zu schildern; Jim jedenfalls glaubte mir nicht, und dabei berichtete ich damals erst von den oberen Kavernen. Je tiefer man kommt, um so wunderbarer und unwahrscheinlicher, um so reicher sind die Gebilde, die von der Decke hangen wie Schleier aus Alabaster, weißlich, gelblich, im Schein unserer Laterne erglänzend, aber nicht nur Schleier, ganze Dome hangen da herunter, Gotik auf den Kopf gestellt, dann wieder Katarakte aus Elfenbein, stumm und erstarrt, als hätte die Zeit plötzlich aufgehört. Dann wieder sieht man Zähne eines Hais, Kronleuchter, Bärte, anderswo ist es ein Saal voll Fahnen, ein Museum zeitloser Historie, alles mit dem Faltenwurf wie bei den klassischen Griechen, dazwischen Schwänze von nordischen Drachen. Alles, was die Menschenseele je an Formen erträumte, hier ist es noch einmal in Versteinerung wiederholt und aufbewahrt, scheint es, für die Ewigkeit. Und je tiefer man hinuntersteigt, um so üppiger wächst es auch aus dem Boden der Kavernen, korallenhaft, man stapft wie durch Wälder mit verschneiten Tännchen, dann wieder ist es eine Pagode, ein Kobold oder eine verstorbene Fontäne aus Versailles, je nach dem Standort unserer Betrachtung, ein seltsames Arkadien der Toten, ein Hades, wie Orpheus ihn betreten hat; es fehlt nicht an versteinerten Damen, die, so scheint es, langsam von ihren fältelnden Schleiern verschluckt werden, von Schleiern aus Bernstein, durch keine menschliche Liebe je wieder zu erlösen, und in einem grünlichen Tümpel blüht es wie Seerosen, aber auch sie sind aus Stein, versteht sich, alles ist Stein. Immer wieder klafft es in Finsternisse, die eine Laterne nicht ausleuchtet; man wirft einen Stein hinab, fröstelt vor Schauer, wenn sein Kollern schon lange verstummt ist, und weiß, das Labyrinth nimmt kein Ende, auch wenn es gelänge, die Schlucht zu überqueren. Dennoch lockt es weiter. Geduckt unter einem Bündel von Speeren betritt man das Zimmer einer Königin, die nie gelebt hat; ihr Thron trieft von marmornen Quasten, darüber ein Gewölk von glimmernden Baldachinen. Alles kann man hier sehen, es fehlt nicht an Monumenten des Phallus, die ins Riesenhafte ragen, reihenweise, dazwischen geht man wie auf Blumenkohl, hält sich an zierlichen Hälsen, die zu einem Vogel oder zu einer Flasche gehören mögen; Pflanzen und Tiere und menschlicher Traum, alles ist hier versammelt wie in einem unterirdischen Arsenal der Metaphern. Die letzte Kaverne, die ich erreicht habe, ist abermals anders; Filigran, ein Sarkophag mit Lilien aus Porzellan, und hier ist kein Fels mehr zu ahnen, geschweige denn zu sehen, nichts als Tropfstein, glatt und gläsern, nichts als Ornament, wuchernd über alles Arabische hinaus, ja, es wächst schon wieder zusammen, das Oben und das Unten, das Hangende und das Steigende umarmen einander, ein Dschungel aus Marmor, der sich selber auffrißt, lautlos und atemlos wie das All und doch nicht ohne Zeit. Auch dieses Werk der Äonen, man sieht es, muß sich erfüllen und erlöschen, Vergängnis auch hier.

Das nächste Mal ging ich mit Jim.

Zu zweit, so daß wir einander sichern konnten, und besser ausgerüstet als zuvor (zwei Laternen, Brennstoff für hundertzwanzig Stunden, Verpflegung fast für eine Woche, Hammelfleisch vor allem, aber auch Äpfel und Schnaps, ferner drei Lassos, eine Kreide für weiße Markierungen und eine Uhr, was wichtig ist), so wagten wir uns weit über das Skelett meines Vorgängers hinaus und erreichten den sogenannten ›Dome Room‹, wo sich der Unfall ereignete. Das war in der siebenundsechzigsten Stunde unseres gemeinsamen Abenteuers, also am dritten Tag, hätten wir Tage erlebt wie droben auf der Erde, nicht Sekunden und Äonen, und es war unweit jener Stelle, wo den Touristen heutzutage ein Lunch verabreicht wird, bevor sie mit dem Lift wieder ans Sonnenlicht fahren. Jim war gerutscht, landete wenige Meter weiter unten, stöhnte und beschuldigte mich sofort, ich hätte ihn nicht mit dem Lasso gesichert, was Unsinn ist; denn ich ging ja voran, meinerseits nicht minder gefährdet als mein Freund, und die Sicherung war durchaus seine Sache. Unsere Nerven waren halt gespannt, daher die Schimpferei; indessen versöhnten wir uns natürlich sofort. Jim hatte vermutlich den linken Fuß gebrochen. Was nun? Ich tröstete ihn, ich gab ihm Schnaps und überlegte im stillen, was nun wirklich zu tun sei. Tragen konnte ich meinen Freund nur, soweit man ohne Kletterei vorwärtskam, also nicht in die Höhe, nicht auf die Erde hinauf. Ich nahm ebenfalls Schnaps und sagte: Nur keine Aufregung, Jim, irgendwie werden wir dich schon hinaufziehen! Wir untersuchten seinen Fuß, behandelten ihn auch mit Schnaps; vielleicht war er nicht gebrochen, nur verstaucht. Seinen Schmerzen und meiner Vernunft zum Trotz, wortlos, beharrte Jim darauf, den Stiefel sofort wieder anzuziehen. Fürchtete er im Ernst, ich würde ihn plötzlich im Stich lassen? Beide hatten wir bisher kaum geschlafen, die Rast und der Schnaps machten es spürbar. Mein Plan war die bare Vernunft: die Laternen löschen, um Brennstoff zu sparen, und einige Stunden lang zu schlafen, dann mit neuer Kraft auf den Rückweg, der schmerzhaft sein würde für Jim, gewiß, erschöpfend für mich. Futter hatten wir noch für drei Tage, schwieriger wurde es mit unserem Licht. Unser zweiter Streit begann damit, daß Jim sich weigerte, seine Laterne zu löschen. Jede Stunde an Brennstoff konnte kostbar werden! Ich sagte: Wenn du jetzt nicht vernünftig bist, sind wir verloren. Jim sagte: Mit Schnaps willst du mich füllen und dann abhauen, wenn ich schlafe, das ist deine ganze Vernunft. Ich lachte, denn dieses Mißtrauen verdiente ich nicht, noch nicht. Nach einigen Stunden, da keiner von uns schlief, sondern beide nur fröstelten, sagte ich: Also los, gehen wir hinauf! Seinen Arm um meinen Hals geschlungen, verbissen und entschlossen, seine Schmerzen durchzuhalten, humpelte er, ohne indessen seine Lasten abzugeben, seine Laterne, seinen Futtersack, sein Lasso. Wir kamen besser voran als erwartet; wo wir nicht nebeneinander gehen konnten, folgte Jim auf allen Vieren; in Anbetracht seiner steten Angst, daß ich abhauen könnte, ließ ich ihn später immer vorankriechen. Die Markierung mit der Kreide bewährte sich ziemlich; einige Verirrungen mit verzwackten Rückzügen, die zuweilen mit neuen Verirrungen verbunden waren, so daß man aufatmete, wenn man nach einigen Stunden wenigstens wieder die verlassene Markierung erreicht hatte, blieben uns nicht erspart, ebensowenig die stumme Einsicht, daß Humpeln und Kriechen noch lange nicht Klettern bedeutete. Wir waren aber (nach heutigen Kenntnissen) siebenhundert Fuß unter der Erde! Ich gebe zu, ich hatte Angst vor dem Augenblick, da sich zeigen würde, daß ich außerstande war, meinen Freund über die teilweise fast senkrechten Felsen emporzuziehen; was dann? Wir hatten noch Licht für etwa fünfzig Stunden, sofern Jim mich nicht belog; er hatte die Uhr. Ich sagte: Zeig her! Jim grinste und zeigte das Zifferblatt nur von ferne: Bitte. Ich fragte mich, ob er nicht die Uhr verstellt hatte. Was konnte es ihm nützen! Mit einer Lüge macht man kein Licht. Er erbarmte mich, versteht sich, mit seinem schmerzenden Fuß; doch darum ging es immer weniger. Es ging um die Zeit. Wußte ich denn, wie viele Stunden ich brauchen würde, um allein wieder auf die Erde zu gelangen? Seit dem Unfall hatten wir nichts mehr verzehrt. ›Rock of Ages‹ nennen sie heutzutage jene Stelle, wo sich der Rest unserer Freundschaft abspielte. Jim weinte plötzlich: Ich werde nie wieder

herauskommen. Ich sagte: Unsinn, Unsinn. Nach einem ersten und einem
zweiten Versuch, Jim anzuseilen – er hatte eine irre Angst, ich würde nur
vorausklettern, um mich oben von dem Seil zu lösen, eine vielleicht begreifliche Angst –, waren wir nicht nur beide erschöpft, sondern auch
beide verwundet. Ich hatte eine Schramme an der Stirn. Ich weiß nicht,
ob Jim aus Angst, daß ich mich von dem Seil lösen würde, plötzlich gezogen hatte oder ob er auf dem glasigen Tropfsteinen ausgerutscht war, zumal er ja nur auf einem Fuß stehen konnte; der Ruck hatte jedenfalls genügt, mich in die Tiefe zu holen. Er bestritt jegliche Absicht. Schlimmer
als die Schramme, deren Blut mir über das linke Auge rann, waren die
aufgerissenen Hände. Ich war vollkommen verzweifelt. Jim sagte: Unsinn,
Unsinn. Seine Zuversicht machte mich nur mißtrauisch, über alle Erschöpfung hinaus wach wie ein lauerndes Tier, während Jim meine Hände
verband, dafür sogar den Ärmel seines eigenen Hemdes opferte. Er war
rührend; aber was half es! Einer von beiden, in der Tat, war immer sehr
rührend, einmal Jim, einmal ich. Es war wie eine Schaukel. Unterdessen
verging die Zeit. Als ich wieder einmal in diese fürchterliche Stille hinein
fragte: Wie spät ist es jetzt? weigerte sich Jim, die Uhr zu zeigen, was ich
als Zeichen nahm dafür, daß wir uns im offenen Kampf befanden; Hilfe
hin, Hilfe her. Jim sagte: Warum belauerst du mich so? Ich sagte das gleiche zu ihm. Einmal, als ich ihn eine Weile lang nicht belauerte, hatte er
begonnen, insgeheim von seinem letzten Hammelfleisch zu fressen. Was
man im Magen hat, so dachte er wohl, kann uns der andere nicht entreißen, und in der Tat, nach und nach kam ja die Stunde, wo das Hammelfleisch in unseren Taschen gerade noch für einen reichte, für den Stärkeren. Ein gebrochener Fuß, nun ja, und zwei aufgerissene Hände, was war
es schon, Schmerzen; doch zuletzt kann man auch mit Schmerzen klettern, es jedenfalls versuchen, ob man nicht allein, sofern man noch bei
Kräften ist, ans Tageslicht gelangt, ans Leben. Aber eben: das mußte geschehen, solange man noch bei Kräften war, Brennstoff hatte, wenigstens
für eine Laterne. Jim fragte: Was hast du im Sinn? Ich fragte: Worauf warten wir? Meinerseits, allem Hunger zum Trotz, sparte ich mein Hammelfleisch, eine Taktik, die mich vielleicht instand setzte, seine Erschöpfung
durch Hunger abzuwarten und dann der Stärkere zu sein, während jetzt,
fürchtete ich, Jim mit seinem Hammelfleisch im Magen wohl besser bei
Kräften war; eine Taktik, die mich anderseits zwang, unter keinen Umständen einzuschlafen, sonst war ich ausgeplündert und der Verlorene. So,

ich weiß nicht wie viele Stunden lang, hielten wir einander in Schach, plaudernd über unsere Pläne da oben auf der grünen Erde; Jim lockte die Stadt, vor allem Neuyork und die Weiber, die er in unserer Ranch so lange vermißt hatte, und mich lockte (in jenen Stunden) das Leben eines Gärtners, wenn möglich in einer fruchtbaren Gegend. Was hatten wir bloß in dieser gottverlassenen Finsternis zu suchen! Nach wie vor brannten unsere beiden Laternen; Jim hatte recht: Es ist eine Verschwendung, eine idiotische Verschwendung. Warum löschte er nicht die seine? Weil er mir mißtraute, weil er es, obzwar er wieder und wieder von unserer Freundschaft redete, für durchaus möglich hielt, daß ich ihn, meinen einzigen Freund damals, der tödlichen Finsternis überließe. Ich erkundigte mich nach dem Stand seiner Schmerzen, seines Hungers, seines Durstes. Jim! sagte er zu mir – nämlich in jener Zeit nannte ich mich ebenfalls Jim, was ja in Amerika ein Allerweltsname ist – Jim! sagte er: Wir dürfen einander nicht im Stich lassen, verstehst du, wir müssen vernünftig sein. Ich sagte: Dann lösche deine Laterne! Er sagte: Wir haben keine Zeit, Jim, wir müssen aufbrechen, wir müssen es versuchen. Nach fünf Stunden, schätzungsweise, hatten wir die nächste Kaverne erlangt, jedoch in einem Zustand der Erschöpfung, so daß wir uns hinlegen mußten. Meine Futtertasche mit dem letzten Hammelfleisch nahm ich unter mein Gesicht, ihren Riemen um meine rechte Hand, damit ich erwachte, wenn Jim sich an meinem Hammelfleisch vergreifen sollte. Als ich erwachte, hatte er meine Laterne zerschlagen, wie er sagte, um dieser idiotischen Verschwendung ein Ende zu machen. Zugleich bat er mich um die Hälfte meines letzten Hammelfleisches; er jammerte: Du kannst mich doch nicht verhungern lassen! Vor uns, von unserer einzigen Laterne beschienen, glänzte die fast senkrechte Wand, jene heikle Stelle, die ich aber schon einmal allein bezwungen hatte; Jim war von der Kriecherei schon erledigt, und ich sagte ihm offen, was ich dachte: Jim, gib mir die Laterne, ich überlasse dir die letzten paar Bissen meines Hammelfleisches und versuche es, diese Wand allein zu besteigen. Denn es war Unsinn, am Seil zu hangen mit einem anderen Erschöpften, ich mit zerrissenen Händen, er mit einem gebrochenen Fuß, hier, wo es galt, wie ein Affe zu klettern. Ich sagte: Wenn es mir gelingt, Jim, dann bist du auch gerettet, dann kommen wir und holen dich, das ist doch klar. Er sagte: Und wenn du herunterfällst, Jim, mitsamt meiner Laterne? Ich schrie: Und du, Jim, wenn du rutschest, du mit deinem kaputten Fuß, und es reißt mich herunter wie schon einmal, Herrgott im Himmel, was

hast du davon, wenn wir beide da unten liegen! Er weigerte sich, die Laterne zu geben. Jim! sagte er, du kannst mich nicht in dieser Finsternis hok-
ken lassen, das kannst du nicht tun! Wie immer, wenn einer den Mut hatte
zu offener Selbstsucht, kam der andere mit seiner verdammten Moral. Ich
weiß, ich machte es genau so. Jim! sagte ich, du kannst von mir nicht verlangen, daß ich mit dir verhungere, Jim, bloß weil du den Fuß gebrochen
hast und nicht klettern kannst, das darfst du nicht verlangen, Jim, wenn
du mein Freund bist. Noch einmal, zum letztenmal, wurden wir sentimental, erinnerten einander gegenseitig an unsere gemeinsame Zeit auf der
Ranch, an Nettigkeiten aller Art, und in der Tat, an unserer Freundschaft
war nicht zu zweifeln, ja, in diesen frauenlosen Cowboy-Monaten waren
wir zu Zärtlichkeiten gekommen, wie sie unter Männern zwar nicht selten,
jedoch für Jim und mich bisher nicht bekannt gewesen sind. Auch jetzt,
dieweil er die Laterne hielt, mit festem Griff, und zwar so, daß ich sie nicht
erlangen konnte, strich seine andere Hand, seine linke, das Haar aus meiner blutigen Schramme, und wir waren nahe daran, einander zu umarmen
und von Herzen zu schluchzen; wäre es nicht um die Laterne gegangen.
Ich schätzte ihn auf sechs oder sieben Stunden, unseren letzten Vorrat an
Licht; der Aufstieg zur obersten Grotte, wo allenfalls der ferne Tagesschein
helfen konnte, dauerte nach meiner Erfahrung ebenfalls sieben oder acht
Stunden, Verirrungen nicht gerechnet. Die Entscheidung mußte fallen,
und zwar jetzt, hier vor dieser Wand. Wozu das Gerede! Wir beide wollen
leben, wenn möglich mit Anstand; aber wenn der andere mich mit meinem Anstand töten will? Ich sagte es noch einmal: Gib mir die Laterne,
Jim, und ich gebe dir das letzte Fleisch. Jim lachte, wie ich ihn noch nie
hatte lachen hören, so, daß sein Lachen mich erschreckte. Jim! fragte ich
bänglich: Was hast du vor? Ohne ein Wort zu sagen, denn es war ja begreiflich genug, antwortete er nur noch durch Handeln. Er humpelte mit
seinem gebrochenen Fuß, so rasch er konnte, zu der Wand, offenbar entschlossen, die Rollen zu vertauschen, die einzige Laterne zu behalten, selber zu versuchen, ob er die gefährliche Wand bezwingen könnte, und
mir dafür das Hammelfleisch zu lassen. Jim! sagte ich und packte ihn gerade noch vor der Wand, vor diesem Katarakt aus grünem Tropfstein, wo
er nach Griffen suchte, bereits auch das weiße Kreidekreuz gefunden
hatte, unsere Markierung für den Ausstieg. Er sagte: Laß mich! Ich faselte
vor Angst: Wenn du je mein Freund gewesen bist usw. In dem Augenblick,
da wir im Schein der baumelnden Laterne, die Jim mit ausgestrecktem

Arm nach der anderen Seite hielt, damit ich sie ja nicht erlangen konnte, wieder das bekannte Skelett unseres Vorgängers erblickten, dieses Skelett eines vornüber gekrümmten Menschen, der an dieser Stelle ganz allein (oder waren auch die schon zu zweit gewesen?) und jedenfalls wie ein Tier verreckt war, in diesem Augenblick, da nichts mehr unser stummes und seit Stunden gestautes Grauen zurückhielt, gab es natürlich nur noch eins, nämlich das Unwillkürliche – Kampf mit Fäusten; das mörderische Ringen der beiden Freunde war da, fürchterlich, aber kurz, denn wer zuerst ins Rutschen kam, war erledigt, in Klüften der Finsternis versenkt, zerschmettert, verstummt.

– – –

»Nun«, sage ich zu Knobel, meinem Wärter und Zuhörer, indem ich endlich das Knöpfchen meiner Sonntagszigarre abbeiße, »wie gefällt Ihnen diese Geschichte?«

Knobel starrt mich nur an.

»Haben Sie Feuer?« frage ich.

Nicht einmal das hört er.

»Ich weiß nicht«, sage ich nach den ersten Zügen, »welcher von den beiden Freunden eigentlich den mörderischen Streit begonnen hat, der Ehrlichere vermutlich, und jedenfalls ist nur einer aus der Kaverne gestiegen, der Stärkere vermutlich. Sein Name ist bekannt, sogar mit metallenen Lettern auf einen Denkstein geschrieben. Jim White. In einer Publikation, die heutzutage den Touristen verkauft wird, heißt es etwas genauer: James Larkin (Jim) White, a young cowboy who made his first entry trip in 1901. Von dem Freund hingegen, der immerhin als Begleiter erwähnt wird, heißt es bloß: a Mexican boy. Sein Name ist verschollen, und ich denke, dieser Verschollene wird sich auch nicht mehr melden!«

Knobel scheint etwas verwirrt zu sein.

»– sind Sie denn Jim White?« fragt er.

»Nein«, lache ich, »das gerade nicht! Aber was ich selber erlebt habe, sehen Sie, das war genau das gleiche – genau.«

Knobel scheint etwas enttäuscht zu sein.

Zweiter Kaution-Nachmittag mit Julika.

Mein lebhafter Eindruck beim Wiedersehen: Das ist sie nicht! Diese Frau hat mit der öden Geschichte, die ich in den letzten Tagen einigerma-

ßen protokolliert habe, überhaupt nichts zu tun! Es sind zwei verschiedene
Juliken! Es ist gar nicht ihre Geschichte! usw.

»Du?« fragt sie einige Male, »was ist denn los mit dir? – warum schaust
du mich immer so an?«

Heute ist sie unbefangener als ich. Mein Vorschlag, ein Segelboot zu
mieten, entzückt sie. Arm in Arm gehen wir dahin. Ich weiß gar nicht,
wovon reden, und bin froh um Beschäftigung mit Segelleinen, mit Steuer, während Frau Julika Stiller-Tschudy, heute in einem bananengelben
Straßenkleid, nach einiger Ängstlichkeit beim Sprung in das wankende
Boot und nach einiger Besorgnis, wo sich ihre weiße Handtasche und ihr
schmetterlinghafter Pariser Hut ohne Schmutz und Schaden verstauen ließen, in holder Untätigkeit auf der anderen Bank sitzt, auf ihre ausgespreizten Arme gestützt. Julika muß nur die Bank wechseln, wenn ich das Boot
wende. Dann überläßt sie sich wieder der Muße, dem Wind ihr lichterlohes Haar. Wie anders sie ist! Draußen auf dem See, dessen hügeliges, fast
lückenlos übersiedeltes und immer sehr nahes Ufer sich in herbstlicher Ver-
sponnenheit verliert, so daß man das Gefühl einer gewissen Weite haben
kann, sind wir zum erstenmal einigermaßen allein. Ist es ihr bewußt? Jedenfalls müssen wir nicht damit rechnen, daß der Wärter, mein braver
Knobel, plötzlich mit Aschenbechern kommt. ... Hinterher (jetzt wieder
in meiner Zelle) versuche ich umsonst, ihr lachendes Gesicht zu sehen;
ich weiß nur sehr lebhaft, daß ich es dann, wenn es lacht, jedesmal mit beiden Händen greifen möchte wie eine Himmelsgabe, die ja doch mit Händen nicht zu greifen ist, nur zu glauben, und dann das wache, nüchterne
Gefühl habe: es gibt nichts, was nicht in diesem Lachen einzuschmelzen
wäre! Julika muß es ähnlich empfinden. In einem Zusammenhang, den
ich vergessen habe, sagt sie:

»Wenn ich so allein bin, siehst du, und mich an alles erinnere, das ist das
Schlimme, daß man allein nicht darüber lachen kann, oder dann ist es nur
so ein böses und bitteres Lachen, so daß man später über genau die gleichen Dinge doch wieder heult.« Anläßlich einer längeren Flaute entkleiden wir uns, kurz entschlossen, und springen kopfüber in das grüne, son-
nenglitzernde Wasser, das schon ziemlich kühl ist, schwimmen um das
steuerlos pendelnde Boot, strampeln wie die Kinder. Nachher auf dem
Boot, wo wir uns triefend und mit Gänsehaut an die gnädige Sonne legen,
sagt Julika:

»Du bist magerer –!«

Magerer als wer? Unserer Idylle zuliebe beziehe ich ihre Bemerkung nicht auf den verschollenen Stiller, sondern auf ihren immer noch verschwiegenen Herrn in Paris, der mich weniger eifersüchtig machen kann als ihr Stiller, komischerweise. Da noch allenthalben Dampfschiffchen kreuzen, müssen wir uns anziehen, ehe man ganz trocken ist. Infolge Wechsel des Windes, so daß ich auch auf unsrer Rückfahrt immerzu gegen den Wind fahren muß, komme ich fast zu spät ins Gefängnis. Julika muß mich in einem Taxi hinbringen ... Jetzt noch (abends auf meiner Pritsche) sehe ich die Wasserperlen auf ihren Armen, auf ihrer blassen Alabaster-Stirn, dazu das antikische Gelock ihrer nassen Haare um den Nacken.

PS.
Demnächst will sie für etwa eine Woche nach Paris gehen, ihrer Ballettschule zu liebe; ich werde sie vermissen!

Geträumt:
Ich trage den Waffenrock von Stiller, dazu Helm und Gewehr. Ich höre Befehle: Batterie, Achtung steht! Schultert Gewehr! Vorwärts, Taktschritt, maaaarsch! Es ist heiß, der Boden sehr steinig und holprig. Und der Krieg ist ausgebrochen. Ich weiß es, in meinem Traum, ganz genau: das Datum ist der 3. 9. 1939. Empfinde es aber nicht als Vergangenheit, so wenig wie es in den Träumen als Vergangenheit empfunden wird, wenn man wieder in der Schulbank sitzt. Ich höre eine Stimme hinter mir, kreischend vor Nervosität. Einer ist nicht im Takt marschiert. Warum meldet dieser Mann sich nicht an? Wir stehen stramm. Das Gesicht eines Hauptmanns ist bleich vor Wut. Sie da! ruft er, zeigt auf mich, und ich höre in der Tat, wie ich melde: Mitrailleur Stiller. Es ist komisch, nicht einmal im Traum fühle ich mich als Mitrailleur Stiller, aber ich melde es gradaus in die Landschaft. Mitrailleur Stiller. Die Lippen des Hauptmanns zittern. Für Leute meiner Art, sagt er, gebe es im Krieg ganz besondere Posten; verstanden? Und wenn es losgehe, werde er mit mir (Mitrailleur Stiller) kein langes Federlesen machen; verstanden? Ich stehe stramm, Gewehr geschultert, und habe verstanden, daß dieser schweizerische Hauptmann, was sein gutes Recht ist, Stiller aus irgendeinem Grunde haßt und mich kraft des Gehorsams, den wir dem Vaterland eben geschworen haben, töten kann; ohne langes Federlesen – mit einem Befehl ...

PS.

Mein Verteidiger, als ich ihm beiläufig diesen Traum erwähne, ist sichtlich ungehalten. Wir sprechen über Militär. Es genügt ihm nicht, daß ich es um des Friedens willen (des Friedens zwischen meinem Verteidiger und mir) als notwendiges Übel anerkenne. Militär scheint auch in der Schweiz etwas Heiliges zu sein, und mein Verteidiger kann's nicht dulden, daß man schlecht davon träumt. In Wirklichkeit, behauptet er, könne eine so ungehörige, geradezu verbrecherische Androhung seitens eines schweizerischen Offiziers niemals stattfinden. Dafür bürge ich! sagt er mit dem Stolz eines schweizerischen Offiziers, schätzungsweise eines Majors. Dafür bürge ich! sagt er mehrere Male.

Antwort an Herrn Wilfried Stiller, den Bruder des Verschollenen – leider habe ich wieder einmal keine Kopie gemacht! – etwa in diesem Sinne: Ihr herzlicher Brief an Ihren verschollenen Bruder hat mich sehr betroffen, lieber Herr Stiller, er erinnerte mich an meine Mutter, so daß mir auch die Tränen kamen, und ich bitte um Entschuldigung, daß ich so lange nicht geschrieben habe. Mein Leben ist ein einziges Versäumnis! Es kränkt mich nicht, daß Sie mich nicht danach fragen, im Gegenteil, ich danke Ihnen dafür wie auch für die brüderliche Einladung; sie erinnert mich an meinen Bruder und daran, daß ich auch meinen Bruder versäumt habe. Wir hatten selten Streit, nie einen langen, nie einen wichtigen, denn wir hatten überhaupt nichts Wichtiges zusammen, so schien mir, und wir zogen auf gemeinsame Wanderungen, nur weil wir eben Brüder waren, Wanderungen mit friedlichen Erlebnissen im Zelt und mit gesprächlosen Stunden ums Feuer. Warum versäumte ich auch meinen Bruder? Freunde müssen einander verstehen, um Freunde zu sein; Brüder sind jedenfalls Brüder, und im Letzten, Sie haben recht, spielt es gar keine Rolle, wer ich bin, wäre ich bloß ein wirklicher Bruder! In diesem Sinn ...

Das Allerneueste: der amerikanische Paß, womit ich um die halbe Welt gereist bin, ist eine Fälschung. Habe ich es meinem Verteidiger nicht schon vor Wochen gesagt? Ich kann mich nicht mitteilen, scheint es. Jedes Wort ist falsch und wahr, das ist das Wesen des Worts, und wer immer nur alles glauben will oder nichts –

Mein Staatsanwalt (seit gestern aus Pontresina zurück) interessiert sich auch nicht für Mexiko, dagegen sehr für Neuyork, wobei er immer wieder in einen durchaus außeramtlichen und familiären Ton verfällt. Er sagt:

»Meine Frau liebte Neuyork ja sehr.«

»So«, sage ich.

»Sie wohnte am Riverside Drive.«

»Ach«, sage ich.

»Sie wissen, wo das ist?«

»Klar«, sage ich.

»Bei der 108. Straße.«

»Ach«, sage ich, »das ist ja bei der Columbia-University –«

»Richtig!« sagt er.

»Sehr schöne Gegend«, sage ich, »mit Blick auf den Hudson, ich weiß –«

Usw.

Anfänglich scheint es, als wolle er mit solchem Geplauder nur prüfen, ob ich Neuyork wirklich kenne, ob ich in Neuyork gelebt habe. Indessen ist diese Prüfung bald bestanden. Times Square und Fifth Avenue, Rockefeller Center, Broadway, Central Park und Battery, das sind so die Punkte, die mein Staatsanwalt selber gesehen hat in seiner Neuyork-Woche vor etwa fünf Jahren.

»Kennen Sie die Rainbow Bar?« fragt er.

Ich nicke, lasse ihn schwärmen, und da ich Männer schätze, die schwärmen können, korrigiere ich ihn nicht; nämlich die Rainbow Bar, wo mein Staatsanwalt einen offenbar unvergeßlichen Abend verlebt hat, ist nicht die höchste Bar in Manhattan, das Empire State Building ist ja höher, aber ich unterbreche nicht. Für meinen Staatsanwalt, merke ich, war es ein Höhepunkt in seinem Leben; in der Rainbow Bar traf er seine Gattin nach jahrelanger Trennung. Dann frage ich meinerseits:

»Kennen Sie auch die Bowery?«

»Wo ist das?« fragt er.

»Third Avenue.«

»Nein.«

Die Bowery, ein ehemals niederländischer Name, ist ein Viertel, wo auch die Polizei nicht mehr hingeht, Gefilde der Verlorenen, dabei inmitten von Manhattan; man geht um die marmorne Ecke eines Gerichtspalastes, in der Tat, und nach hundert Schritten ist man im Gefilde der Verlorenen, der Besoffenen, der Gescheiterten, der Verkommenen jeder Art, der

Menschen, die das Leben selbst gerichtet hat. Man braucht nicht einmal
ein Gefängnis für sie; wer in der Bowery gelandet ist, kommt nie wieder
heraus. Im Sommer liegen sie im Rinnstein und auf dem Pflaster; man
muß sich dann bewegen wie ein Springerchen auf dem Schachbrett, um
vorwärts zu kommen. Im Winter hocken sie drinnen um die eisernen Asyl-
öfen, dösen, streiten, schnarchen, erzählen ihre immer gleiche Geschichte
oder verprügeln einander, und es stinkt nach Fusel, nach Petrol, nach ungewaschenen Füßen. Einmal sah ich eine Gestalt, die ich nie vergessen
werde. Es war drei Uhr in der Nacht, als ich von Blacky wie üblich nach
Hause ging; es war eine Abkürzung für mich, und um diese Zeit war keiner mehr auf der Straße, dachte ich, zumal nicht bei dieser grimmigen
Kälte. Oben dröhnte die veraltete Hochbahn vorbei mit ihren Fenstern voll
warmen Lichtes; in der Straße wirbelten die schmutzigen Fetzen, Hunde
stöberten umher. Als ich ihn kommen sah, versteckte ich mich hinter
einem Eisenpfeiler der Hochbahn. Auf dem Kopf trug er eine schwarze
Melone wie Diplomaten, Bräutigame und Gangster; sein Gesicht war blutig. Im übrigen trug er eine Krawatte, ein weißliches Hemd, eine schwarze
Jacke, aber dann war es fertig; sein Unterleib war splitternackt. Seine dünnen und grau-violetten, greisenhaften Beinchen waren noch mit Socken-
haltern und Schuhen versehen. Offenbar war er besoffen. Er schimpfte,
fiel, kroch auf dem vereisten Pflaster; ein Auto mit Scheinwerfern raste
vorbei, Gott sei Dank ohne ihn anzufahren. Endlich hatte er seine Hose gefunden, versuchte an einer Laterne hochzukommen und in seine schwarze
Hose zu steigen, rutschte, lag wieder der Länge nach auf dem vereisten
Pflaster. Natürlich erwog ich, ob ich nicht helfen sollte, hatte aber Angst,
in irgendeine Sache verwickelt zu werden, was ich mir nicht leisten konnte. Inzwischen war es dem Alten gelungen, wenigstens sein linkes Bein in
die Hose zu versenken; ich wünschte ihm das Beste und wollte mich entfernen. Irgendwoher hörte ich Stimmen, ohne Männer zu sehen, Stimmen
höhnischen Hasses, der wohl diesem Unglücklichen galt. Ich zog mich sofort wieder in den tarnenden Schatten meines Eisenpfeilers zurück; oben
dröhnte die Hochbahn. Bei seinem Versuch, auch das zweite Beinchen in
die Hose zu stecken, war er wieder gerutscht, abermals splitternackt blieb
er liegen, röchelte. Seine schwarze Melone rollte mit dem Wind. Er wehrte
sich nicht einmal, als ein Hund ihn umschnupperte. Ich schlotterte und beschloß, mich von Eisenpfeiler zu Eisenpfeiler zurückzuziehen. Auf der anderen Straßenseite gingen Leute vorbei, die auch nicht halfen. Man weiß

halt, was dabei herauskommt! Zum Schluß muß der Samariter beweisen, daß er nicht der Mörder ist, mit Alibi und so. Das konnte ich der Blacky nicht antun! Einen Block weiter, und ich konnte in die Hochbahn steigen, in zwanzig Minuten zu Hause sein, wo sicherlich Blacky schon anläutete, um Gute Nacht zu sagen. Aus der Entfernung sah ich ihn bloß noch als dunkles Bündel auf dem Boden, ungefähr das einzige, was der grimmige Wind nicht weiterwirbelte. Unversehens stand ein Kerl neben mir, der die Hand auf meine Schulter legte; ein Stoppelbart, dazu Glatze und rötliche Fischaugen, im übrigen kein unsympathisches Gesicht; er bat um eine Zigarette. Und um Feuer. Und damit war er zufrieden, ließ mich und ging die Avenue hinab, sah das dunkle Bündel auf dem Pflaster, trat hinzu, wie ich es nicht gewagt hatte, und ging weiter. Oben dröhnte wieder die Hochbahn. Schließlich wagte ich es ebenfalls und ging zu dem Betrunkenen, der sich nicht mehr rührte, zurück. Er lag auf dem Bauch, violett vor Kälte, und auch sein fahles Haar war blutig. Ich sah die Wunde am Hinterkopf, ich rüttelte ihn, ich hob seinen Arm; er war tot. Sein Gesicht entsetzte mich, so daß ich weiterlief, und ich meldete nichts, obzwar es der eigene Vater war.

»Ihr Vater?«

Er lächelt, mein Staatsanwalt. Er glaubt es nicht, scheint es, so wenig wie die Ermordung meiner Gattin. Er fragt, als habe er nicht genau gehört:

»Ihr Vater?«

»Mein Stiefvater«, sage ich. »Immerhin.«

Aber auch dann, wenn er mir nicht glauben kann, ist mein Staatsanwalt sehr viel netter als mein Verteidiger; er entrüstet sich nicht, wenn unsere Begriffe von Wahrheit sich nicht immer decken. Er klopft sich eine Zigarette, sagt:

»Solche Viertel hat meine Frau natürlich nicht kennengelernt.«

Immer kommt er mit seiner Frau.

»Kennen Sie Fire Island?«

»Ja«, frage ich, »warum?«

»Soll sehr hübsch sein, sagt meine Frau, überhaupt die Umgebung von Neuyork.«

»Sehr hübsch.«

»Meine Frau hatte leider keinen eigenen Wagen«, erklärt er, »aber sie fuhr doch öfter hinaus, soviel ich weiß mit Freunden.«

»Das muß man«, sage ich.

»Hatten Sie einen eigenen Wagen?«

»Ich«, lache ich, »nein.«

Irgendwie scheint ihn diese Aussage zu freuen, zu beruhigen, zu ermuntern und von einem Gedanken zu befreien, den ich nicht genau zu erraten vermag.

»Nein«, bestätige ich, »einen eigenen Wagen hatte ich nie, jenen ganzen Sommer fuhr ich den Wagen von dem armen Dick, der krank lag.«

Irgendwie scheint ihn diese Aussage wieder nicht zu freuen, und ich fühle nur, daß ihn meine Wochenendfahrten ziemlich interessieren. Im Sommer ist Neuyork ja unerträglich, keine Frage, und wer es irgendwie kann, fährt hinaus, sobald er frei ist. Hunderttausende von Wagen rollen am Sonntag beispielsweise über die Washington Bridge hinaus, drei nebeneinander, eine Armee von Städtern, die dringend die Natur suchen. Dabei ist die Natur zu beiden Seiten schon lange da; Seen ziehen vorbei, Wälder mit grünem Unterholz, Wälder, die nicht gekämmt sind, sondern wuchern, und dann wieder offene Felder ohne ein einziges Haus, eine Augenweide, ja, es ist genau das Paradies; nur eben: man fährt vorbei. In diesem fließenden Band von glitzernden Wagen, die alle das verordnete Tempo von vierzig oder sechzig Meilen halten, kann man ja nicht einfach stoppen, um an einem Fichtenzapfen zu riechen. Nur wer eine Panne hat, darf in den seitlichen Rasen ausrollen, muß, um das fließende Band nicht heillos zu stören, und wer etwa ausrollt, ohne daß er eine Panne hat, der hat eine Buße. Also weiterfahren, nichts als weiterfahren! Die Straßen sind vollendet, versteht sich, in gelassenen Schleifen ziehen sie durch das weite und sanfte Hügelland voll grüner Einsamkeit, ach, man müßte bloß aus dem Wagen steigen können, und es wäre so, wie es Jean Jacques Rousseau sich nicht natürlicher erträumen könnte. Gewiß gibt es Ausfahrten, mit Scharfsinn ersonnen, damit man ohne Todesgefahr, ohne Kreuzung, ohne Huperei abzweigen und über eine Arabeske großzügiger Schleifen ausmünden kann in eine Nebenstraße; die führt zu einer Siedlung, zu einer Industrie, zu einem Flughafen. Wir wollen aber in die schlichte Natur. Also zurück in das fließende Band! Nach zwei oder drei Stunden werde ich nervös. Da alle fahren, Wagen neben Wagen, ist jedoch anzunehmen, daß es Ziele gibt, die diese Fahrerei irgendwann einmal belohnen. Wie gesagt: immerfort ist die Natur zum Greifen nahe, aber nicht zu greifen, nicht zu betreten; sie gleitet vorüber wie ein Farbfilm mit Wald und See und Schilf. Neben uns rollt ein Nash mit quakendem Lautsprecher: Reportage über

Baseball. Wir versuchen vorzufahren, um den Nachbar zu wechseln, und endlich gelingt es auch; jetzt haben wir einen Ford an der Seite und hören die Siebente von Beethoven, was wir im Augenblick auch nicht suchen, sondern ich möchte jetzt einfach wissen, wohin diese ganze Rollerei eigentlich führt. Ist es denkbar, daß sie den ganzen Sonntag so rollen? Es ist denkbar. Nach etwa drei Stunden, bloß um einmal aussteigen zu können, fahren wir in ein sogenanntes Picnic-Camp. Man zahlt einen bescheidenen Eintritt in die Natur, die aus einem idyllischen See besteht, aus einer großen Wiese, wo sie Baseball spielen, aus einem Wald voll herrlicher Bäume, im übrigen ist es ein glitzernder Wagenpark mit Hängematten dazwischen, mit Eßtischlein, Lautsprecher und Feuerstellen, die fix und fertig und im Eintritt inbegriffen sind. In einem Wagen sehe ich eine junge Dame, die ein Magazin liest: How to enjoy life; übrigens nicht die einzige, die lieber im bequemen Wagen bleibt. Das Camp ist sehr groß; mit der Zeit finden wir einen etwas steileren Hang, wo es keine Wagen gibt, aber auch keine Leute; denn wo sein Wagen nicht hinkommt, hat der Mensch nichts verloren. Allenthalben erweist sich der kleine Eintritt als gerechtfertigt: Papierkörbe stehen im Wald, Brunnen mit Trinkwasser, Schaukeln für Kinder; die Nurse ist inbegriffen. Ein Haus mit Coca-Cola und mit Aborten, als romantisches Blockhaus erstellt, entspricht einem allgemeinen Bedürfnis. Eine Station für erste ärztliche Hilfe, falls jemand sich in den Finger schneidet, und Telefon, um jederzeit mit der Stadt verbunden zu bleiben, und eine vorbildliche Tankstelle, alles ist da, alles in einer echten und sonst unberührten Natur, in einer Weite unbetretenen Landes. Wir haben versucht, dieses Land zu betreten; es ist möglich, aber nicht leicht, da es einfach keine Pfade für Fußgänger gibt, und es braucht schon einiges Glück, einmal eine schmale Nebenstraße zu finden, wo man den Wagen schlechterdings an den Rand stellen kann. Ein Liebespaar, umschlungen im Anblick eines Wassers mit wilden Seerosen, sitzt nicht am Ufer, sondern im Wagen, wie es üblich ist; ihr Lautsprecher spielt so leise, daß wir ihn bald nicht mehr hören. Kaum stapft man einige Schritte, steht man in Urwaldstille, von Schmetterlingen umflattert, und es ist durchaus möglich, daß man der erste Mensch auf dieser Stelle ist; das Ufer rings um den See hat keinen einzigen Steg, keine Hütte, keine Spur von Menschenwerk, über Kilometer hin einen einzigen Fischer. Kaum hat er uns erblickt, kommt er, plaudert und setzt sich sofort neben uns, um weiterzufischen, um ja nicht allein zu sein. Gegen vier Uhr nachmittags fängt es wieder an, das gleiche

Rollen wie am Morgen, nur in der anderen Richtung und sehr viel langsamer: Neuyork sammelt seine Millionen, Stockungen sind nicht zu vermeiden. Es ist heiß, man wartet und schwitzt, wartet und versucht, sich um eine Wagenlänge vorzuzwängeln; dann geht es wieder, Schrittfahren, dann wieder offene Fahrt, dann wieder Stockung. Man sieht eine Schlange von vierhundert und fünfhundert Wagen, die in der Hitze glitzern, und Helikopter kreisen über der Gegend, lassen sich über den stockenden Kolonnen herunter, um durch Lautsprecher zu melden, welche Straßen weniger verstopft sind. So geht es drei oder vier oder fünf Stunden, bis wir wieder in Neuyork sind, versteht sich, einigermaßen erledigt, froh um die Dusche, auch wenn sie nicht viel nützt, und froh um ein frisches Hemd, froh um ein kühles Kino; noch um Mitternacht ist es, als ginge man in einer Backstube, und der Ozean hängt seine Feuchte über die flirrende Stadt. An Schlaf bei offenem Fenster ist nicht zu denken. Das Rollen der Wagen mit ihren leise winselnden Reifen hört überhaupt nicht auf, bis man ein Schlafpulver nimmt. Es rollt Tag und Nacht ...

»Ich weiß«, sagt der Staatsanwalt nach meiner gewissenhaften Schilderung, »ich weiß, genau so hat es meine Frau auch erlebt.«

»Nicht wahr?«

»Sommer in Neuyork, sagt meine Frau, ist fürchterlich.«

»Das sagen alle.«

»Einfach fürchterlich.«

»Und trotzdem ist es eine betörende Stadt«, sage ich zum Abschluß, »eine tolle Stadt!«

Endlich bringt er seine Frage:

»Wer hat Sie denn auf solchen Ausflügen begleitet? Sie waren, wenn ich richtig gehört habe, nicht allein.«

»Nein.«

»Darf ich fragen —«

»Herr Staatsanwalt«, sage ich, »es war nicht Ihre Gattin.«

Er lächelt, sieht mich an.

»Ehrenwort«, sage ich.

Es sind merkwürdige Verhöre.

Wilfried antwortet:

»Sehr geehrter Herr! Ihr gestriges Schreiben hat mich sehr bestürzt, wie

Sie sich denken können, denn Herr Dr. Bohnenblust, der seinerzeit hier war, um ein Fotoalbum meines Bruders zu seinen Akten zu nehmen, hat mit Bestimmtheit behauptet, Sie wären wirklich mein Bruder und Ihre Haftentlassung sei nur eine Frage von Tagen, vorausgesetzt, daß Sie bzw. mein Bruder nichts mit der seinerzeitigen Smyrnow-Affäre zu tun gehabt haben, ich sagte Herrn Dr. Bohnenblust sofort, daß mein Bruder sich meines Wissens nach seiner Rückkehr aus Spanien nicht mehr politisch und keinesfalls als Agent betätigt habe. Ich bitte Sie um Entschuldigung für den unpassenden Brief, den ich Ihnen seinerzeit geschrieben habe. Betreffend meinen Besuch, den Sie mich vorderhand wegen der Möglichkeit von Mißdeutungen zu unterlassen bitten, muß ich Ihnen leider mitteilen, daß ich, laut Schreiben des Untersuchungsrichters, von Amts wegen zu einer Konfrontation genötigt bin, ich nehme jedoch an, Sie werden diesbezüglich unterrichtet sein. Sie können sich gewiß unsere derzeitige Aufregung denken, sehr geehrter Herr, meine Voreiligkeit verstehen und entschuldigen, wobei ich nicht versäumen möchte, Ihnen für Ihren kurzen, aber trotz meines Mißverständnisses so verständnisvollen Brief zu danken, der Ihnen vermutlich schwer genug gefallen ist. In der Hoffnung, Sie empfinden es nicht als Zudringlichkeit, wenn ich unsere Einladung, nach der Haftentlassung bei uns zu wohnen, wiederhole, auch wenn Sie nicht mein verschollener Bruder sind, grüße ich Sie sowie Herrn Dr. Bohnenblust mit vorzüglicher Hochachtung und mit guten Wünschen für Ihre laufende Angelegenheit. Wilfried Stiller, Dipl. Landwirt.«

Julika weiß nichts von einer Smyrnow-Affäre, nichts Genaues. Es scheint eine politische Affäre zu sein, die vor einigen Jahren, wie man zu sagen pflegt, viel Staub aufgewirbelt hat, so viel, daß die Öffentlichkeit schließlich überhaupt nicht mehr sehen kann, was wirklich vorgefallen ist ...

Heute leider Regen!

Wir verbringen unseren Kaution-Nachmittag in ihrem Hotel. Julika hat sowieso etwas in ihrem Hotel vergessen, einen höchst dringenden Brief nach Paris, und natürlich begleite ich sie. Als der Concierge mit einer Miene, die an Zweideutigkeit nichts zu wünschen übrigläßt, mich in die Halle verweisen möchte, sagt Julika ohne Erröten: Der Herr ist mein

Mann! worauf der Concierge seinerseits errötet, eine Entschuldigung murmelt und mich persönlich zum Lift führt wie einen Ehrenmann. Ich nehme es als Notlüge hin, so mit Vergnügen; im Lift, allein mit Julika, lobe ich
ausdrücklich ihre kecke Geistesgegenwart, rede aber später, da wir in ihrem Zimmer sind, nicht weiter von dieser Sache, was wahrscheinlich doch
ein Fehler gewesen ist. Ob Julika mich wirklich liebt? Es fehlt jetzt nur
noch, daß ich eifersüchtig werde! Der Mensch in Paris, dem Julika so dringende und überdies sehr dicke Briefe zu schreiben hat, heißt Dmitritsch,
vermutlich ein französischer Russe von der alten Emigration, Jean-Louis
Dmitritsch. Sie hat es mir nicht gesagt; ich sah es auf ihrem Brief, den
sie beim Eintreten unter die weiße Handtasche gelegt hatte, um ihn nicht
abermals zu vergessen, und zwar insgeheim, während Julika vor dem Spiegel sich ausgiebig kämmte, dann puderte und Rouge auflegte.

Schon wieder von der Uniform geträumt.

Spazieren im Gefängnishof, dessen Geviert mich an Kreuzgänge alter Klöster erinnert. Wer hätte nicht zuweilen den Wunsch, Mönch zu werden! Irgendwo in Serbien oder Peru, es spielt keine Rolle, überall bescheint uns
die gleiche Sonne, und daß es keine Rolle mehr spielt, das wäre die Freiheit; ich weiß. Und dann wieder erinnert mich dieses Geviert meines Ge-
fängnishofes mit den herbstlichen Zweigen mit den gurrenden Tauben
und insbesondere mit der müßigen Figur, die ich dazu beitrage, an den allerdings größeren und mit Plastiken bestellten, aber gleichfalls von Fassaden und Brandmauern umfaßten Gartenhof im Museum of Modern Art,
Neuyork. War ich damals freier als jetzt? Ich konnte gehen, wohin ich
wollte, und doch war es eine gräßliche Zeit; eigentlich ist es gar nicht
wahr, daß ich mich nach jener Zeit zurücksehne oder nach irgendeiner
Zeit meines Lebens.

PS.
    Julika: – entweder hat sich der verschollene Stiller, wenn er diese Frau
mit einem kalten Meertier vergleichen konnte, ganz einfach getäuscht
oder es lag an ihm, daß Julika keine Frau war – oder: Julika hat seit ihrem verschollenen Stiller etwas erlebt, was sie gründlich verwandelt hat.
Was?

PS.

Vielleicht ist er ein Agent, dieser Jean-Louis Dmitritsch, oder der Hauswart in ihrer Tanzschule, ein Faktotum von siebenundsiebzig Jahren, und ihr Brief neulich war so dick, weil er Formulare enthielt, die Julika hatte unterzeichnen müssen – oder was weiß ich! – oder er ist ein Damenschneider, dieser Monsieur Dmitritsch, oder ein Untermieter, dem sie den Vertrag schickte, oder ihr Arzt, ihr Anwalt, es gibt tausend Möglichkeiten ...

Mein Freund, der Staatsanwalt, ist ein Geschenk des Himmels. Sein Lächeln ersetzt mir den Whisky. Es ist ein fast unmerkliches Lächeln, das den Partner von vielem Getue erlöst, und es läßt ihn sein. Wie rar ist solches Lächeln! Nur wo einer selbst einmal geweint hat und sich selber zugibt, daß er geweint hat, erblüht so ein gutes, in seinem Wissen sehr präzises und durchaus nicht verschwommenes, aber unschnödes Lächeln.

Herr Dr. Bohnenblust, mein amtlicher Verteidiger, hat natürlich recht: – wenn ich ihm hundertmal erzähle, wie der Brand eines kalifornischen Redwood-Sägewerks sich ausnimmt, wie die amerikanische Negerin sich schminkt oder welches etwa die Farbigkeit von Neuyork ist bei abendlichem Schneegestöber mit Gewitter (das gibt es) oder wie man es im Hafen von Brooklyn anstellen muß, um ohne Papiere an Land zu kommen, es beweist nicht, daß ich dort gewesen bin. Wir leben in einem Zeitalter der Reproduktion. Das allermeiste in unserem persönlichen Weltbild haben wir nie mit eigenen Augen erfahren, genauer: wohl mit eigenen Augen, doch nicht an Ort und Stelle; wir sind Fernseher, Fernhörer, Fernwisser. Man braucht dieses Städtchen nie verlassen zu haben, um die Hitlerstimme noch heute im Ohr zu haben, um den Schah von Persien aus drei Meter Entfernung zu kennen und zu wissen, wie der Monsun über den Himalaja heult oder wie es tausend Meter unter dem Meeresspiegel aussieht. Kann heutzutage jeder wissen. Bin ich deswegen je unter dem Meeresspiegel gewesen; bin ich auch nur beinahe (wie die Schweizer) auf dem Mount Everest gewesen? Und mit dem menschlichen Innenleben ist es genau so. Kann heutzutage jeder wissen. Daß ich meine Mordinstinkte nicht durch C. G. Jung kenne, die Eifersucht nicht durch Marcel Proust, Spanien nicht durch Hemingway, Paris nicht durch Ernst Jünger, die Schweiz nicht durch Mark Twain, Mexiko nicht durch Graham Greene, meine Todesangst nicht durch Bernanos und mein Nie-Ankommen nicht durch Kafka und allerlei Sonstiges nicht durch Thomas Mann, zum Teufel, wie soll ich es meinem Verteidiger beweisen? Es ist ja wahr, man braucht diese Herrschaften nie gelesen zu haben, man hat sie in sich schon durch seine Bekannten, die ihrerseits auch bereits in lauter Plagiaten erleben. Was für ein Zeitalter! Es heißt überhaupt nichts mehr, Schwertfische gesehen zu haben, eine Mulattin geliebt zu haben, all dies kann auch in einer Kulturfilm-Matinée geschehen sein, und Gedanken zu haben, ach Gott, es ist in diesem Zeitalter schon eine Rarität, einen Kopf zu treffen, der auf ein bestimmtes Plagiatprofil gebracht werden kann, es zeugt von Persönlichkeit, wenn einer die Welt etwa mit Heidegger sieht und nur mit Heidegger, wir andern schwimmen in einem Cocktail, der ungefähr alles enthält, in nobelster Art von Eliot gemixt, und überall wissen wir ein und wieder aus, und nicht einmal unsere Erzählungen von der sichtbaren Welt, wie gesagt, heißen etwas; es gibt für uns heutzutage (ausgenommen Rußland) keine terra incognita mehr. Wozu also die Erzählerei! Es heißt nicht, daß einer dabeigewesen ist. Mein Verteidiger hat recht. Und doch! –

Ich schwöre:

Es gibt eine Mulattin namens Florence, Tochter eines Dockarbeiters, ich habe sie täglich gesehen und einige Male mit ihr geplaudert über einen allerdings sehr trennenden, aus alten Teertonnen verfertigten und von Brombeeren umwucherten Zaun hinweg. Es gibt sie, diese Florence mit dem gazellenhaften Gang. Ich träumte von ihr, gewiß, die wildesten Träume; aber am andern Morgen gab es sie trotzdem in aller Wirklichkeit. Ein Geklapper von Stöckelschuhen auf der hölzernen ›porch‹, und schon trat ich hinter die löcherigen Vorhänge meiner Schindelhütte, um Florence zu sehen, meistens schon zu spät; dann aber wartete ich, bis sie abermals mit einem Wassereimer herauskam, die Brühe gegen meinen Zaun goß, nickte, denn in diesem Augenblick trat ich in blinder Leidenschaft hervor; sie sagte: Hallo! Und ich sagte: Hallo! Und ich wage ihr weißes Lächeln in dem braunen Gesicht nicht zu beschreiben; auch dieses Lächeln kennt man ja aus Kulturfilmen, aus Zeitschriften oder sogar aus einem Varieté in diesem Städtchen hier, ich weiß, und ihre seltsame Stimme gibt es auf Platten, fast ihre Stimme ... Dann, wenn ich nicht ganz aus Zufall ebenfalls gerade in meinem Garten war, sagte Florence: What about your cat? Einmal nämlich, vor Monaten schon, hatte ich Florence nach meiner verhaßten Katze gefragt, nach jenem grazilen Biest, das ich eines Abends, ihres vorwurfsvollen Fauchens halber, in meinen Eisschrank sperrte; die Geschichte habe ich wohl schon einmal erwähnt. Von diesem Eisschrank-Intermezzo wußte Florence freilich nichts, ahnte aber wohl meine inneren Kämpfe mit dieser schwarzen Katze (sie war grau, ›Little Grey‹ genannt, aber in den Nächten vor meinem geschlossenen Fenster war sie schwarz) und fand, ich sollte ihr mehr Liebe erweisen, dieser Katze. Meine Liebe aber galt Florence; das fühlte sie ganz genau, die Katze. Und Florence wohl auch ... Wenn Florence nicht zu Hause war, ihre sonderbare Stimme nicht zu hören, ging ich im Quartier von Bar zu Bar, um sie zu finden, oft genug ohne Erfolg. Einmal aber fand ich sie wirklich.

Man weiß, wie Neger tanzen. Ihr Partner war gerade ein halbdunkler US-Army-Sergeant. Es bildete sich ein Kreis von Zuschauern um die beiden, so tanzten sie, und die Begeisterten im Kreis begannen mit den Händen zu klatschen in immer rascheren Rhythmen, ja schließlich bis zur Raserei. Der US-Army-Sergeant, ein großer Kerl mit den schmalen Hüften eines Löwen, mit zwei Beinen aus Gummi und mit dem halboffenen Mund der Lust, mit den blicklosen Augen der Ekstase, ein Kerl, der den Brustkorb und die Schultern eines Michelangelo-Sklaven hatte, er konnte nicht mehr; Florence tanzte allein. Ich hätte jetzt einspringen können; wenn ich gekonnt hätte. Florence tanzte noch immer allein; jetzt kam ein anderer, um sie zu drehen, kaum ihre Finger berührend, und sie zu umkreisen, dann sie mit der flachen Hand zu fassen und im Schwung fast aufs Parkett zu senken, jetzt aber an den Hüften zu packen und emporzuheben, so daß ihr Kopf fast gegen die niedrige Saaldecke stieß; dazu machte Florence eine so königliche Gebärde mit dem Arm, eine Gebärde so seligen Triumphes, daß man sich in seiner körperlichen Ausdruckslosigkeit wie ein Krüppel vorkam, und landete auf dem Parkett wie ein Vogel ohne Schwere, jetzt hörte man nur noch eine dumpfe Trommel aus dem Urwald, ein klangloses Beben, eine Art rasender Stille, während sie weitertanzte. Ein dritter Tänzer wurde verbraucht, ein vierter. Und dann plötzlich, ohne im mindesten erschöpft zu sein, lachte Florence und brach ab; unbefangen wie ein Kind, ein sehr glückliches Kind, das auf dem Karussell hat fahren dürfen und noch voll Seligkeit strahlt, wand sie sich zwischen den Tischlein hinaus, wohl um ihren Puder nachzutupfen, und sah mich, sagte: Hallo! und ich sagte: Hallo! und sie sagte sogar: Nice to see you!

und es tröstete mich fast über das Bitterschöne meiner Verwirrung; denn ich wußte sehr wohl, daß ich diesem Mädchen nie genügen könnte.

Um so sehnsüchtiger war ich.

Und dann, eines heißen Sonntags, hörte ich wieder das lange vermißte Geklapper ihrer Stöckelschuhe, trat hinter die Vorhänge und sah: – ihr Vater, der Dockarbeiter in schwarzem Anzug, so daß er halb wie ein Kellner und halb wie ein Priester aussah, ging mit dem Besen umher, pützelte da und dort den Hintergarten, und die Sträucher waren schon mit bunten Bändern verziert, auch mein Teertonnenzaun mit bunten Bändern verziert, auch Florence in einem übertriebenen Abendkleid, farbig wie ein Papagei, schleppte Sessel aus dem Haus. Ein Gartenfest schien stattzufinden. Die Mutter von Florence, auch so eine Mutter Erde, kam mit einer riesenhaften Torte, stellte sie auf den Tisch mit weißem Tuch, darüber einen schwarzen Regenschirm, damit die Torte nicht an der Sonne verging, dann Blümlein rings um die Torte. Ich hinter meinen Vorhängen teilte ihre Aufregung. Während es dem Dockarbeiter nur darum ging, eine saubere Treppe und kein Fetzchen in seinem Garten zu haben und keinen dürren Zweig und schon gar nicht eine alte Büchse (er warf sie über meinen Zaun) und nicht einmal ein Streichholz, kurzum, während der Vater ausschließlich im Dienste seines Besens stand, hatten Mutter und Tochter alle vier Hände voll zu tun; eine große Schüssel voll Bowle kam auf den Tisch und ebenfalls unter den Regenschirm, Gläser jeder Art und Größe und nach und nach kamen auch schon die Gäste, Familien mit Kindern jeglichen Alters, alles Weibliche in bunten Abendtoiletten, so daß der Hintergarten bald wie eine Voliere aussah, alles Männliche aber in Schwarz, versteht sich, mit weißem Hemd. Einer fuhr mit einem Nash vor, aber kein Modell aus dem vorletzten Jahr; der trug auch eine Hornbrille. Es war sehr heiß. Über die erste Begrüßung hinaus, schien es, hatte die Sippe sich wenig zu sagen. Der US-Army-Sergeant stand auch so herum. Sogar die kleinen Knirpse mit ihrem Kruselhaar und ihren großen Augen im Kopf, die Buben in weißen Hemden, die Mädchen mit bunten Bändern an ihren kurzen Zöpfchen, alle verhielten sich so brav und musterhaft. Die Erwachsenen setzten sich, verschränkten die Beine; einige rauchten Zigarren. Neben einigen Damen, die der Farbe nach schon keine Negerinnen mehr waren, als Negerinnen bloß noch erkennbar an der Plastik ihres Gesichtes, an den Zähnen auch, an den unwahrscheinlich schlanken Fesseln, vor allem jedoch an der tierhaften Grazie ihrer Bewegungen – nie bewegt sich die

Hand, ohne daß die Bewegung aus dem Arm fließt, und nie dreht sich
der Kopf, ohne daß die Bewegung aus dem Rücken aufsteigt, sich aus-
strahlt in die Schultern; ob langsam oder geschwind, immer ist es vollkommene Bewegung, unbewußt und ohne Gezappel, ohne Erstarrungen in
einem anderen Teil des Körpers, sie fließt oder schnellt oder ruht, immer
stimmt sie mit sich selbst überein – kurzum, neben Mädchen wie Florence, die das Kruselhaar schon überwunden haben, standen in dieser Sippe auch andere, Afrikaner mit grau-schwarzer Haut und grau-violetten
Lippen, mit Händen wie Boxhandschuhe, Väter, die ihren entkruselten
Töchtern gar peinlich waren. Der mit dem neuen Nash gab wohl den Ton
an; es war sehr heiß, wie gesagt, aber keiner hätte seinen schwarzen Rock
ausgezogen, und das Langweilig-Konventionelle, das Umherstehen mit Zigarren und Redensarten, die Artigkeit der zahlreichen Kinder, die mich an
Dressurnummern im Zirkus erinnerte, die Steifheit verwandtschaftlicher
Freundlichkeiten, das Ereignislose im übrigen, das Unfreie und eine freud-
lose Bemühtheit und die unterschiedliche Könnerschaft in der familiären
Demonstration, daß man sich auf feines Benehmen versteht, diese vollkommene Karikatur einer weißen Kleinbürgerlichkeit, die von Afrika keine blasse Ahnung hat, das war für sie just das Ereignis, glaube ich; jetzt
benahmen sie sich wirklich wie Weiße. Als es bei mir klingelte und der
Dockarbeiter-Vater mich zur Bowle einlud, ging ich hinüber, versteht sich,
nicht ohne ebenfalls ein weißes Hemd und das Dunkelste an Jacke angezogen zu haben. Alle sagten: Nice to see you! und im näheren Gespräch:
How do you like America? Der US-Army-Sergeant mit den schmalen Lenden eines Löwen und mit den Schultern eines Michelangelo-Sklaven, erfuhr ich, war nur auf Urlaub hier, sonst in Frankfurt, damit die Russen
nicht zu nahe an Amerika herankommen; ich fragte zurück: How do
you like Frankfurt? und aus seiner beflissenen Lobpreisung merkte ich,
daß er uns Europäer allesamt in einen Topf wirft. Dann aber, endlich,
kam meine herrliche Florence hinzu, gab mir ein Glas Bowle und sagte:
»This is Joe, my husband –!«
Ich gratulierte.
»And what about your cat?«
Sie hatten sich an jenem Sonntag vermählt, und Joe blieb noch drei volle
Wochen auf Urlaub, will sagen, drei weitere Wochen war Florence nicht im
Hause ihres Vaters zu sehen ... Verliebt, wie ich war, konnte ich diese Wo-
chen nicht hingehen lassen, ohne Florence wenigstens im Gottesdienst zu

sehen; nämlich ich wußte jetzt, welcher Kirche sie angehörte. Sie nannte sich Second Olivet Baptist Church und stellte sich als eine Baracke dar, die von anderen Lagerschuppen kaum zu unterscheiden war, jedoch mit einer Fassade aus hölzerner Gotik, etwa aus den zwanziger Jahren, schätze ich, unseres Jahrhunderts. Auf der Bühne drinnen, links und rechts vom Mikrophon, hingen zwei große Flaggen, die amerikanische und eine weiße, und im übrigen, ausgenommen noch ein schwarzes Klavier, war es kahl wie in einer Turnhalle. Die große Gemeinde murmelte seltsam, und ganz vorne stand ein Neger im hellen Sonntagsanzug, Fragen sprechend, die jedesmal das Wort ›Sünde‹ enthielten, die Leute nickten, einzelne riefen: O yes, my Lord, o yes! Die Fragen, im gelassenen Alltagston begonnen, wiederholten sich mit geringen Veränderungen, tönten dabei, ohne daß die Stimme lauter wurde, von Wiederholung zu Wiederholung immer dringender. Irgendwo rief eine junge Frau: I know, my Lord, I know! Die meisten murmelten, einige blickten teilnahmslos in die Luft, die Frau aber schrie hellauf und begann ganze Sätze zu rufen, zu stöhnen, man glaubte ihr zu Hilfe kommen zu müssen. Der Frager im hellen Sonntagsanzug, unentwegt in der Wiederholung seiner Fragen, war schon keine Person mehr, sondern nur noch menschliches Gefäß einer Stimme, die sich über die Gemeinde ausgoß, seine Fragen wurden Rufe, Gesang, schließlich Geschrei, das mir durch Mark und Bein ging, laut und wehe. Wie aus der Ferne, einem Echo ähnlich, antwortete die murmelnde Gemeinde mit gesenkten Häuptern, andere mit den Händen vor dem Gesicht. Die Frau, die stöhnende, war von ihrer Bank aufgesprungen, eine junge Negerin mit damigem Hütchen, mit weißen Handschuhen, die sie gegen den Himmel streckte, und mit einer roten Handtasche daran. My Lord! kreischte sie, my Lord, my Lord! und dann, von niemand gehindert, brach sie in die Knie, entschwand meinem Blick, wimmerte, wie vielleicht in der Folterkammer gewimmert wird, Laute äußerster Qual, die von Lauten der Wollust nicht mehr zu unterscheiden waren; ihre Stimme zerschmolz in Weinen. Das Gebet aber, das allgemeine, vollendete sich, indem die Stimme des Fragers, nachdem sie immer noch dringender und dringender geworden, endlich ins Selig-Stimmlose einfach verlorenging – dann ein Augenblick der Atemlosigkeit, der Erschöpfung; dann die Entspannung, die Häupter vor mir tauchten wieder empor, eine Matrone am Klavier spielte ein paar lockere Rhythmen, Kirchendiener gingen umher und verteilten bunte Fächer, die, wie darauf zu lesen stand, ein Coiffeur (around the corner) gestiftet hatte, und jedermann fächelte sich … Florence sah ich nicht, jedoch Joe in seiner Uniform; Joe stand an der Wand, die Arme verschränkt, unberührt, als blickte er von Frankfurt herab auf dieses Volk. Es war entsetzlich heiß. Ein vergnügter Priester am Mikrophon erinnerte in dieser Pause daran, daß der Lord seinerzeit auch die armen Kinder Israels errettet habe und daß der Lord sehr wohl wisse, wie schwer sich heutzutage ein Dollar verdient, darum zürne der Lord nicht über die Zögernden, denn der Lord habe Geduld ohne Ende, darum gebe man den Zögernden nochmals die Gelegenheit, etwas in die Schale zu werfen. Unterdessen plauderte die Gemeinde munter und ungezwungen wie eine Gesellschaft, die sich wohl fühlt. Als es mit der Sammlerei soweit war, daß der Lord sich für heute damit abfinden konnte, spielte die Matrone am Klavier einen elektrisierenden Auftakt, als käme man in ein Dancing, dämpfte dann die Töne, sobald die Stille im Saal gewonnen war, und begleitete die Predigt mit einem kaum hörbaren, fast klanglosen, nur als Rhythmus vorhandenen Jazz, das unmerklich, aber wirksam aussetzte, wenn der Prediger zu feierlichen Botschaften kam: Der Lord weiß, daß wir arme Leute sind, aber der Lord wird uns führen in das Gelobte Land, der Lord wird uns beschützen vor dem Kommunismus … Ringsum wedelten die Fächer, die der Coiffeur als Reklame gestiftet hatte, und in den Sonnenstreifen tanzte der Staub. Es roch nach Gasoline, nach Schweiß, nach Parfüm. In der Sonne schmorend, die durch einen zerrissenen Store blendete, saß ich neben einer Dame in schwarzer Seide, neben einem alten Neger mit Aschenhaar, einem Onkel Tom, der mit zitternder Hand ein lebhaftes Enkelkind behütete, das sich mit mir, dem Fremdling, so ohne weiteres nicht abfinden konnte. Vor mir saß ein junger Arbeiter; er hörte auf die Predigt wie ein Soldat auf die letzten Meldungen von der Front. Ferner blickte ich gerade auf einen braunen, ziemlich hellen und sehr schönen Mädchenhals mit einer Unmenge von weißem Puder darauf. (Ach, diese Sehnsucht, weiß zu sein, und diese Sehnsucht, glattes Haar zu haben, und diese lebenslängliche Bemühung, anders zu sein, als man erschaffen ist, diese große Schwierigkeit, sich selbst einmal anzunehmen, ich kannte sie und sah nur eine eigene Not einmal von außen, sah die Absurdität unserer Sehnsucht, anders sein zu wollen, als man ist!) … Nach dem Gebet, als wir uns wieder setzten, öffnete sich die Seitentüre, und aus dem Hof, wo das leidige Gasoline hereinstank, erschien der Chor der Engel, etwa zwanzig Negerinnen in weißen Kleidern. Florence dabei, dazu etwa zwanzig Neger in weißen Hemden und schwarzen Krawatten, alle mit einem schwarzen Buch in der Hand. Jetzt war die Bühne voll. Mit einem Triumph, als wäre man soeben im Gelobten Land eingetroffen, setzte es ein, das Klavier und dann die Stimmen: leise zuerst, summend wie ein heißes Sommerfeld, wie aus der Ferne hörte man einen uralten Strom von Klage, dumpf und eintönig wie Wellen, ein langsames Anschwellen dann, das mit der Zeit alles überflutet, ein Tosen von Stimmen, halb Zorn und halb Jauchzen, ein gewaltiger Gesang, der wieder versinkt und verrinnt, ohne wirklich aufzuhören, ein endloser Strom von Sehnsucht, breit wie der Mississippi, eine Männerstimme tönt noch einmal wie eine helle Fanfare darüber hinaus, laut und einsam hart, selig in Hoffnung, dann bleibt das seltsame Schwirren, das stimmlose Summen wie über einem glühenden Sommerfeld, die Hitze im Saal, der tanzende Staub in der Sonne, die durch den zerrissenen Store blendet, der Geruch von Gasoline und Schweiß und Parfüm.

Nach drei Wochen verschwand Joe.

Wieder hörte ich das Geklapper der Stöckelschuhe, Florence war da, wenn auch vermählt, und sie rief sogar zu meinem Fenster hinauf, ich sauste die steile Treppe hinunter, wunderbarerweise ohne zu stolpern, wennschon ich den Geländerpfosten ausriß, und hinaus an den Teertonnenzaun, wo Florence schon jenseits der Brombeeren stand.

»What about your cat?« fragte sie.

Sie hatte das Biest sogar auf ihrem Arm.

»D'you know she's hurt?« sagte sie, »awfully hurt!«

Das war die Wunde an der Schnauze.

»And you don't feel any pity for her?« sagte sie, »you are cruel, you don't love her.«

Und damit bot sie mir das Biest herüber.

»You should love her!«

»Why should I?«

»Of course, you should!«

Das war mein Verhältnis zu der Mulattin namens Florence, und heute noch, wenn ich Stöckelschuhe höre, denke ich an Florence; leider fällt mir dabei auch immer die Katze ein.

Julika hat ihre Paris-Reise verschoben, damit unser Kaution-Nachmittag nicht verlorengeht und weil es eine Sünde wäre, sagt sie, einen so goldigen Oktobertag nicht zu nutzen.

Kein Wort mehr von ihrer alten Ehe!
Irgendwie beunruhigt es mich.

Smyrnow war ein sowjetischer Agent auf Durchreise in der Schweiz. Signalement unbekannt. Hingegen scheint die schweizerische Bundespolizei zu wissen, daß dieser Smyrnow, der Chef genannt, die Ermordung eines beliebten Exkommunisten vorzubereiten hatte, der damals noch in der Schweiz weilte. Helfer und Helfershelfer figurierten wie üblich unter Decknamen; einer hieß ›der Ungar‹, ein anderer hieß ›der Schweizer‹, welch letzterer eben mit diesem Smyrnow in Zürich am 18. 1. 1946 verhandelt haben soll, möglicherweise auch verbotenen Nachrichtendienst betrieben haben könnte. Kurz nach dem fraglichen Datum meldete die Stadtpolizei Zürich das mysteriöse Verschwinden Stillers. Seither scheint Stiller so etwas wie eine Hoffnung der schweizerischen Bundespolizei zu sein. Hat dieser Stiller nicht einmal gegen Franco gekämpft? Und da Antifaschismus zwar eine Zeitlang als schweizerische Tugend galt, heute aber genügt, um als Höriger der Sowjets verdächtigt zu werden –

Was geht's mich an!

PS.

Gegenüber der Tatsache, daß die Schweiz nicht nur ein kleines Land ist, sondern durch den Lauf der Welt immer noch kleiner wird, hat mein Verteidiger überhaupt keinen Humor. Das macht unsere Unterhaltungen oft schwierig. Er ist (begreiflicherweise) gegen die Zukunft. Jede Verwandlung ängstigt ihn. Er verspricht sich mehr von der Vergangenheit; dabei weiß er sehr wohl, daß nicht die Vergangenheit kommt, sondern die Zukunft, und das macht ihn gegenüber der Zukunft nur noch unwilliger. Wieweit mein Verteidiger darin ein Vertreter des landläufigen Geistes ist, weiß ich nicht. Er fühlt sich stets, auch wenn es mir gar nicht drum ist, irgendwie angegriffen, was dann zu schweren Selbstgefälligkeiten führt.

»Die Größe eines Landes«, sagt er, »das ist nicht als Fläche zu messen und nicht als Einwohnerzahl; die Größe unseres Landes ist die Größe seines Geistes.«

Das ist richtig, und was mich zum Widerspruch reizt, ist nur die selbstgefällig-fraglose Annahme, daß es ja den Schweizern jedenfalls nicht an Größe des Geistes fehle. Ich werde ausfällig, man kann den Selbstgerechten nicht gerecht werden, ich frage nach den Manifestationen dieser Geistesgröße, verbeuge mich vor einem Schwarm historischer Persönlichkeiten, den mein Verteidiger dann jedesmal auf mich losläßt; indessen habe ich ja nicht nach historischen, sondern ausfälligerweise nach heutigen Manifestationen einer schweizerischen Geistesgröße gefragt. Darauf wird mein Verteidiger geradezu persönlich.

»Ihr Haß gegen die Schweiz ist krankhaft!«

»Wieso Haß?«

»Sie wollen mir nur vormachen, daß Sie kein Schweizer sind und somit nicht Stiller«, sagt er, »aber Sie werden mir nichts vormachen; Ihr Haß gegen die Schweiz beweist mir noch lange nicht, daß Sie kein Schweizer sind. Im Gegenteil!« ruft er, da ich lache, »gerade damit verraten Sie sich!«

Mein Verteidiger irrt sich; ich hasse nicht die Schweiz, sondern die Verlogenheit. Das ist, auch wenn es in der Folge oft aufs gleiche hinausläuft, grundsätzlich ein Unterschied. Als Häftling, mag sein, bin ich besonders empfindlich auf ihr Schlagwort von der Freiheit. Was, zum Teufel, machen sie denn mit ihrer sagenhaften Freiheit? Wo es irgendwie kostspielig wird, sind sie so vorsichtig wie irgendein deutscher Untertan. In der Tat, wer kann es sich denn leisten, Frau und Kinder zu haben, eine Familie mit Zubehör, wie es sich gehört, und zugleich eine freie Meinung nicht bloß in Nebensachen? Dazu braucht es Geld, so viel Geld, daß einer keine Aufträge braucht und keine Kunden und kein Wohlwollen der Gesellschaft. Wer aber so viel Geld beisammen hat, daß er sich wirklich die freie Meinung leisten könnte, ist ohnehin mit den herrschenden Verhältnissen meistens einverstanden. Was heißt das? Auch hierzulande herrscht das Geld, heißt das. Wo bleibt also ihre glorreiche Freiheit, die sie sich wie einen verdorrten Lorbeer hinter den Spiegel stecken; wo bleibt sie in ihrer täglichen Wirklichkeit? Mein Verteidiger schüttelt nur den Kopf.

»Wenn Sie vor dem Gericht so reden werden«, sagt er ganz hoffnungslos, »vor der versammelten Presse —«

Das ist es ja.

»Damit schaden Sie sich nur«, sagt er.

Wahrscheinlich kann es überhaupt keine Freiheit geben, wie man sie hierzulande zu haben behauptet; es gibt nur Unterschiede in der Unfreiheit, und ich gebe gerne zu, daß sie eine vergleichsweise milde Form von Unfreiheit haben. Sie werden mich nicht erschießen. Dafür bin ich ihnen denn auch sehr dankbar, doch nicht verpflichtet, die landesüblichen Verlogenheiten zu lieben. Er nennt es anders, ich weiß, die Verlogenheit in ihrer gefährlichsten Form, nämlich wenn sie mit einer Fahne antritt, mit dem Anspruch, heilig und unantastbar zu sein; er nennt das Vaterlandsliebe. Es ist blöd von mir, daß ich mich immer wieder bis zur Ernsthaftigkeit aufrege. Man kann mit diesen Schweizern nicht über Freiheit sprechen, ganz einfach, weil sie es nicht ertragen, daß man sie in Frage stellt, die Freiheit, und daß man sie nicht als ein schweizerisches Monopol betrachtet, sondern als ein Problem. Überhaupt fürchten sie sich vor jeder offenen Frage; sie denken immer gerade so weit, wie sie die Antwort schon in der Tasche haben, eine praktische Antwort, eine Antwort, die ihnen nützlich ist. Und insofern denken sie überhaupt nicht; sie rechtfertigen nur. Sie wagen es unter keinen Umständen, sich selbst in Zweifel zu ziehen. Ist das nicht gerade das Zeichen geistiger Unfreiheit? Sie können sich wohl vorstellen, daß Frankreich oder Großbritannien einmal untergehen; aber nicht die Schweiz, das würde Gott, sofern er nicht Kommunist wird, nie zulassen, denn die Schweiz ist doch die Unschuld. Ich habe übrigens darauf geachtet, wie oft mein Verteidiger zur Rechtfertigung der Schweiz auf russische Untaten verweist, auf Hitler lieber nicht; wie sie ihm als Schweizer schmeichelt, die fürchterliche Tatsache, daß es anderswo Konzentrationslager gibt. Was will er damit, in Hinsicht auf sein Land, eigentlich beweisen? Einmal wage ich zu sagen:

»Sie hatten Glück, Herr Doktor, daß Hitler damals eure Souveränität und damit euer Geschäft bedroht hat; damit verbot sich die eigene Entwicklung zum Faschismus. Aber Sie glauben doch nicht im Ernst, daß das schweizerische Bürgertum, als einziges in der Welt, kein Gefälle habe zum Faschismus, wenn er einmal ihr Geschäft nicht bedroht, sondern steigert? Die Probe wird nicht ausbleiben, lieber Doktor, ich bin gespannt.«

Darauf packt er seine Ledermappe.

»Als freier Schweizer«, sagt er und scheint schon wieder gekränkt zu sein. »– Warum lachen Sie?«

Frei! Frei! Frei! und umsonst ersuche ich ihn, einmal zu sagen: frei wovon? und vor allem! frei wofür? Er sagt einfach, er sei frei, und auch ich, der ich auf der Pritsche hocke und den Kopf schüttle, wäre frei, wenn ich bloß die Vernunft hätte, ihr verschollener Schweizer zu sein. Die Hand auf der Klinke, bereit in seine Freiheit hinauszugehen, sagt er ganz harmlos-besorgt: »Warum schütteln Sie den Kopf?«

Man müßte denken können. Und man müßte sich ausdrücken können, so daß ihnen nichts anderes übrigbliebe als ihre Wahrheit. Ich sehe bloß, daß es sogar mit der staatsbürgerlichen Freiheit, deren sie sich so rühmen, als wäre sie die Freiheit des Menschen schlechthin, in der Tat ziemlich faul ist, und ich kann mir ausrechnen, daß sie als ganzes Land, als Staat unter Staaten, genau so unfrei sind wie irgendein Kleiner unter Größeren, das ist nun einmal so, nur dank ihrer Unwichtigkeit (ihrer heutigen Geschichtslosigkeit) können sie sich selbst zuweilen in dem Anschein gefallen, unabhängig zu sein, und auch dank ihrer kaufmännischen Vernünftigkeit, die sie um des Handels willen zwingt, höflich zu sein mit den Mächtigen, und wer gegen die Mächtigen, da er so wohl von ihnen lebt, nichts einzuwenden hat, wird sich immer frei und unabhängig fühlen. Aber was hat all das zu tun mit Freiheit? Ich sehe doch ihre Gesichter; sind sie frei? Und ihr Gang, allein ihr häßlicher Gang; ist das der Gang von freien Menschen? Und ihre Angst, ihre Angst vor der Zukunft, ihre Angst, eines Tages vielleicht arm zu sein, ihre Angst vor dem Leben, ihre Angst, ohne Lebensversicherung sterben zu müssen, ihre Angst allerenden, ihre Angst davor, daß die Welt sich verwandeln könnte, ihre geradezu panische Angst vor dem geistigen Wagnis – nein, sie sind nicht freier als ich, der ich auf dieser Pritsche hocke und weiß, daß der Schritt in die Freiheit (den keine Vorfahren uns abnehmen können) immerdar ein ungeheurer Schritt ist, ein Schritt, womit man alles verläßt, was bisher als sicherer Boden erschienen ist, und ein Schritt, den niemand, wenn ich ihn einmal zu machen die Kraft habe, aufzuhalten vermag: nämlich es ist der Schritt in den Glauben, alles andere ist nicht Freiheit, sondern Geschwätz. Aber mein Verteidiger hat vielleicht gerade darum wieder recht: Wozu soll ich es sagen vor versammelter Presse? Wozu böses Blut machen? Wozu die Leute beleidigen? Am Ende ist es doch nur meine Sache, ob ich jemals frei werde, frei auch von ihnen; eine sehr einsame Sache.

Immer wieder muß ich feststellen, daß ich mich mit meinem Staatsanwalt, meinem Ankläger, besser unterhalte als mit meinem sogenannten Verteidiger. Das führt zu Vertraulichkeiten, die nicht ohne Gefahr sind. Heute zeigt er mir ein Foto von Sibylle, seiner Gattin, die mich jedesmal grüßen läßt. Wir unterhalten uns lange über die Ehe; selbstverständlich ganz allgemein. Mein Staatsanwalt hält die Ehe (offenbar haben ihn gewisse Erfahrungen daran zweifeln lassen) für durchaus möglich, wenn auch schwierig.

Natürlich meint er die wirkliche, die lebendige Ehe. Zu den Voraussetzungen rechnet er unter anderem: das beidseitige Bewußtsein davon, daß wir kein Anrecht haben auf die Liebe unseres Partners; die lebenslängliche Bereitschaft für das Lebendige, selbst wenn es die Ehe gefährdet, und also eine immer offene Tür für das Unerwartete, nicht für Abenteuerchen, aber für das Wagnis; in dem Augenblick, wo zwei Partner glauben, einander sicher zu sein, haben sie sich meistens schon verloren. Ferner: die Gleichberechtigung von Mann und Frau; Verzicht auf die Meinung, daß die geschlechtliche Treue hinreiche, und ebenso auf die andere Meinung, daß es ohne geschlechtliche Treue überhaupt keine Ehe gebe; eine möglichst weitgehende und lautere, nicht aber rücksichtslose Offenheit in allen Nöten dieser Art. Und wichtig scheint ihm auch der gemeinsame Mut gegenüber der Umwelt; ein Paar hat bereits aufgehört, ein Paar zu sein, wenn einer der beiden Partner oder beide Partner sich mit der Umwelt verbünden, um den anderen Partner unter Druck zu setzen; ferner die Tapferkeit, ohne Vorwurf denken zu können, daß der Partner vielleicht glücklicher wird ohne uns; ferner die Fairneß, nie dem Partner einzureden oder sonstwie glauben zu machen, daß sein Austritt aus der Ehe uns töten würde usw.... All dies, wie gesagt, redet er ins allgemeine, dieweil ich das Foto seiner Gattin betrachte, ein Gesicht, das gar nicht allgemein ist, ein einmaliges Gesicht, lebendig, liebenswert im höchsten Grad, viel fesselnder als seine Rede, die doch nur wahr ist, indem er seine verschwiegene Erfahrung mit diesem Gesicht meint; dann gebe ich das Foto zurück.

»Ja«, sagt mein Staatsanwalt, »wovon sind wir eigentlich ausgegangen?«

»Daß Ihre Frau ein Kind erwartet.«

»Ja«, sagt er, »wir freuen uns sehr.«

»Hoffentlich geht es gut.«

»Ja«, sagt er, »hoffen wir's.«

Jean-Louis Dmitritsch ist der Pianist in ihrer Tanzschule, Halbrusse und sehr sensibel, ein Herr zwischen vierzig und fünfzig, unverheiratet, begabt – und Julika ist froh um diese Seele von einem Menschen, sagt sie und nennt ihn einfach ihre Stütze in Paris. Mehr sagt sie nicht von ihm. Vielleicht hätte ich doch nicht fragen sollen. Vielleicht hält Julika mich jetzt für eifersüchtig.

Mein Freund und Staatsanwalt fragt, ob ich Anna Karenina kenne. Dann: ob ich Effi Briest kenne. Endlich: ob ich mir nicht auch ein anderes Verhalten, als es in diesen Meisterwerken geschildert wird, seitens des verlassenen Ehemannes vorstellen könnte. Ein großzügigeres, meint er – und kommt ins Erzählen ... Es scheint meinen Staatsanwalt sehr zu beschäftigen, daß jenes großzügigere Verhalten eines verlassenen Ehemannes, das er sich vorstellen könnte, ihm selbst nicht ohne weiteres gelungen ist. Ich höre ihm den ganzen Nachmittag lang zu. Etwas verdutzt über seine Offenherzigkeit (er möchte sie eigentlich nicht, sieht sich aber mehr und mehr gezwungen, präzis zu werden, um allerlei Mißverständnisse zu bannen, und sich an das konkrete Beispiel aus eigener Erfahrung zu halten) fragt er ab und zu: Können Sie das verstehen? Es ist eine Geschichte wie tausende in dieser Art, also ohne weiteres zu verstehen; ich verstehe auch sein Bedürfnis, einmal jenen verschollenen Stiller zu sehen, den seine Gattin, wie ich höre, bis zur Grenze des Erträglichen (für ihn) geliebt hat.

Knobel, mein Wärter, war schon seit einigen Tagen etwas seltsam, immer eilig, wieder aus meiner Zelle zu kommen. Es entging mir nicht. Heute sagt er rundheraus:

»Herr Stiller –«

Ich blicke ihn bloß an.

»Herrgott nochmal«, sagt er und windet sich vor Scham wie ein Verräter, »ich bin der einzige gewesen, der Ihnen geglaubt hat –«

Julika überzeugt sie alle.

»Herr Stiller«, sagt er, »ich kann doch nichts dafür, daß es so ist, Herrgott nochmal, ich nehme es Ihnen ja nicht übel, daß Sie mir lauter Schwindel erzählt haben, aber ich kann doch nichts dafür –«

Ich esse und schweige.

Viertes Heft

Seine kleine Geschichte mit dem fleischfarbenen Kleiderstoff in Genua, die mein Freund und Staatsanwalt gestern erzählt hat, will mir nicht aus dem Kopf. Ich sehe ihn – nennen wir ihn Rolf – beispielsweise in seinem Nachtzug, den er blindlings bestiegen hatte, gleichgültig, wohin die Reise

nun ging, froh wie ein Flüchtling, froh, daß um Mitternacht überhaupt
noch ein Zug fuhr. Im Fahren, dachte er, erträgt es sich vielleicht leichter,
und dann wollte er auf keinen Fall, daß er jetzt, nachdem er sich im ersten
Schrecken ganz ordentlich gehalten hatte, nochmals vor seine Frau treten
könnte. Und vom Überfahren der Grenze, mag sein, versprach er sich auch
etwas. Je weiter, um so besser! Also saß er in diesem Nachtzug, ein Herr
ohne Gepäck, allein in seinem Abteil zweiter Klasse. In Mailand, im Morgengrauen, stand der Zug in einer menschenleeren Bahnhalle, ein italienischer Eisenbahner klopfte mit dem Hämmerchen an die Räder, und sonst
schien die ganze Welt zu schlafen wie Sibylle, die ja nun, nachdem sie es
ihrem Gatten gesagt hatte, aller Kümmernisse ledig war. Pläne von knäbi-
scher Rachsucht gingen ihm durch den Kopf; die Warterei in dieser Bahnhalle machte ihm seine Ziellosigkeit noch bewußter. Plötzlich krähte irgendwo ein Hahn, kurz darauf ein zweiter, ein dritter, schließlich krähte
ein ganzer Güterzug voll Geflügel, das hier auf den Morgenmarkt wartete.
Und dann, als endlich wieder die Räder rollten, konnte Rolf trotz allem
schlafen, erwachte nur ab und zu am Bewußtsein, daß man mit halboffenem Mund ein dummes Gesicht hat; doch war er nach wie vor allein
in seinem Abteil, tat alles, um schlafen zu können, denn je länger dieser
Schlaf, um so größer die Hoffnung, daß sich beim Erwachen alles nur
als ein böser Traum herausstellen würde. In Genua schien bereits die
Sonne. Eigentlich sehr müde, so daß er sich am liebsten wie die Bettler einfach auf die Stufen gesetzt hätte, stand Rolf vor den Arkaden des Bahnhofs,
ein Herr ohne Gepäck, dafür mit einem überflüssigen Mantel auf dem
Arm, etwas unrasiert auch, blickte in den Verkehr mit seiner Huperei,
mit seinen rasselnden und scheppernden Straßenbahnen in den Schattenschluchten schmaler Gassen, mit Rudeln von Leuten, die alle ein Ziel zu
haben schienen, und das war nun also Genua. Eine Zigarette hatte er sich
bereits angezündet. Was weiter? Zwischen den Arkaden hindurch, merkte
er, umschlich und musterte ihn jemand, ein Geldwechsler vermutlich, und
er schlenderte los. In einer billigen Bar zwischen Gepäckträgern und Taxi-
chauffeuren, umbrandet also von Geschnorre, während ein schlumpiger
Strupper zwischen seinen viel zu tadellosen Schuhen den steinernen Boden aufwusch, trank er einen schwarzen Kaffee und gestand sich das Ausbleiben jeglichen Gefühls.

»Ob wir uns scheiden lassen oder wie das nun alles wird«, hatte sie gesagt, »das weiß ich selbst noch nicht. Ich möchte jetzt nur, daß du mich
in Ruhe läßt.«

Ein anderer Ausspruch seiner Gattin: »Du hast mir keine Freiheit zu geben. Was soll denn das heißen? Ich nehme mir die Freiheit schon selbst, wenn ich sie brauche.«

Vor allem dieser Satz, scheint es, ergrimmte den Gatten dermaßen, daß er im hellichten Genua laut vor sich herredete und nicht mehr wußte, wo er eigentlich ging. Es spielte ja auch keine Rolle. Irgendwo zwischen Lagerschuppen und Eisenbahnen und Teerfässern. Ja, es gab sogar Augenblicke, wo er sie mit lauter Stimme beschimpfte, seine Gattin jenseits der Alpen, mit Wörtern, die ihm um so wohler taten, je ordinärer sie ausfielen. Es waren Ausdrücke (so sagt er) von einer so unverblümten und plumpen Zotigkeit, wie er sie noch nie aus seinem Munde vernommen hatte. Als er plötzlich angesprochen wurde, war er sehr betreten. Er hatte nicht die mindeste Lust, die Reize von Genua kennenzulernen. Noch nie in seinem Leben war er sich so wehrlos vorgekommen. Als sähe man ihm alles an, was er durcheinander dachte, war er im Augenblick außerstande, einen Barkenführer abzuweisen, und überließ sich endlich einer kleinen Hafenrundfahrt. Das Meer zeigte sich als graues Blei mit Flecken von schillerndem Öl. Rolf, gespannt wie der Denker von Rodin, saß auf einer Bank mit verschlissenem Kissen, den italienischen Ruderer hinter sich, selbstverständlich ohne ein einziges Ohr für die Erklärungen, die im Preis inbegriffen waren. Aus einer Schiffswand sprudelte heißes Küchenwasser. Und einmal ruderte man über einen versenkten Frachter; seine veralteten Eisenplatten drohten aus der Schmutztiefe herauf. In der Ferne hallten die Niethämmer. Für Rolf, versteht sich, blieb alles wie ein Film, farbig und sogar mit Geruch, aber Film; Vorgang ohne Gegenwart. Ab und zu hörte man ein schütteres, vom Wind verblasenes und in Echos versplittertes Tuten, wußte nicht woher und wozu, denn keiner der großen Dampfer entschloß sich wirklich zur Abfahrt. Es war heiß. Schwaden bläulichen Gestankes hingen über dem Hafenwasser. Nur ein schmieriges Fischerboot knatterte vorbei, und es schaukelten die Bojen, deren verschimmelte Ketten in trüber Tiefe verdämmerten, grauslich. So ruderte man an Molen und Docks vorbei, Holz oder Stein, alles ist in Schwärze verrußt und verölt. Wenigstens verging Zeit. Da und dort blinkte der Bauch eines toten Fisches, Wäsche der Matrosen, eine singende Stimme aus der Kajüte, alles war da, was eine Hafenrundfahrt nur bieten kann, sogar ein graues Kriegsschiff mit vermäntelten Geschützen, Kohlenberge mit weißen Möwen darauf, in der Ferne die aufgetürmte Stadt am Hang, Genua, fast schon wieder unwirklich ... Ferner hatte Sibylle gesagt: »Ich möchte jetzt nicht, daß du weitere Fragen stellst. Es ist ein Mann, ich sage es ja, und er ist sehr anders als du. Mehr kann ich jetzt wirklich nicht sagen. Vielleicht liebe ich ihn wirklich, ich weiß es noch nicht. Ich bitte dich jetzt nur, daß du mich in Ruhe läßt.«

... Rolf beschloß seine Hafenrundfahrt mit der Miene eines Menschen, dem ein Brett auf den Kopf gefallen ist, und zahlte, was der Gauner von ihm verlangte. Wein war jetzt sein einziger Wunsch, viel Wein. Die Geschichte mit dem Kleiderstoff – mein Staatsanwalt erzählt sie natürlich viel anschaulicher als ich! – begann noch vor dem Ristorante, und zwar damit, daß ein amerikanischer Matrose sich nach einer Gasse erkundigte. Woher sollte Rolf das wissen! Der Matrose lief aber neben ihm her. Sein Amerikanisch klang echt, also für Rolf ziemlich unverständlich. Rolf begriff immerhin: Um zwei Uhr, also ziemlich bald, mußte der Matrose ausfahren, ein Schiff stand tatsächlich unter Dampf, und das Paket war ein Geschenk für einen italienischen Kameraden aus dem Krieg. Rolf hatte seine eigene Not, Herrgott nochmal, jedoch der verzagte Matrose ließ nicht locker mit seiner reichlich verworrenen Geschichte um das verschnürte Paket, und nun, da der italienische Kamerad aus dem Krieg nicht zu finden war, noch vor Abfahrt seines unbestreitbar unter Dampf stehenden Schiffes verkauft werden mußte; denn es hatte doch keinen Sinn, diesen herrlichen Kleiderstoff wieder mit nach Amerika zu nehmen. Rolf hatte kein Interesse. Um den Kerl loszuwerden und zu seinem Wein zu kommen, winkte er einem Passanten, einem jüngeren und in keiner Weise auffälligen Genueser, der vielleicht die gefragte Gasse kannte oder Kleiderstoff brauchen konnte. Und damit basta! Nur: der Genueser, sichtlich ungehalten über die Verzögerung seines zielstrebigen Ganges, verstand nicht Amerikanisch, der Matrose nicht Italienisch. Rolf mußte dolmetschen. Es paßte ihm gar nicht; dazu war er ja nicht die ganze Nacht hindurch nach Genua gefahren, und der Verdacht, in eine abgekartete Gaunerei verwickelt zu werden, kam ihm natürlich auch. Aber worin sollte sie bestehen? Auch genügte sein Italienisch so wenig wie sein Amerikanisch, und daß die beiden, nachdem der junge Genueser so wenig nach Kleiderstoff verlangte wie Rolf und überhaupt nur widerwillig bei der Sache stehenblieb, jemals zu einem Handel kämen, war nicht abzusehen. Rolf hatte sich zweimal schon entfernt, wurde aber von dem aufgeregten Matrosen, der ohne Dolmetscher einfach verloren war, wieder geholt; nach viel Gefeilsch (Rolf hatte in dieser Zeit wenigstens seine Gattin vergessen) führte sie der Genueser mit einem Au-

genzwinkern, womit man seine Bereitschaft zu ungesetzlichem Handeln
bekundet, durch immer engere Gassen mit Treppen und Kindern, durch
krumme Schluchten voll bunter Wäsche und Geschrei, bis er im Dämmer
eines Hausdurchganges bereit war, den käuflichen Stoff zu besichtigen.
Rolf rauchte eine Zigarette, für eine Weile als Dolmetscher überflüssig; alles vollzog sich ganz stumm. Der Genueser, schon durch seine schnöde
Überlegenheit unsympathischer als der Matrose, der immer wieder auf
seine Uhr schauen mußte, zog zwei oder drei Fäden aus dem Paket, leckte
sie an und hielt sie gegen das schwache Licht schattiger Hinterhöfe. Wolle,
sagte er, wäre es also nicht! Jedenfalls nicht reine Wolle, fünfzig zu fünfzig,
mag sein. Rolf dolmetschte wie immer mit einiger Schonung. Also dreißigtausend Lire, letztes Wort! Wie es endlich ans Zahlen ging, hatte der Genueser leider nur zehntausend Lire, das übrige natürlich zu Hause, der Matrose hingegen keine Zeit mehr zu warten. Was nun? Vielleicht konnte der
Dolmetscher aushelfen. Das war natürlich der Punkt, Rolf wußte es bei aller Zerstreutheit und griff in seine nicht eben sonderlich gefüllte Brieftasche, allem Mißtrauen zum Trotz, nicht aus Erbarmen mit dem angeblichen Matrosen, sondern (so sagt er) aus einer bloßen Angst, spießig zu
werden. Der Matrose, halb dankbar und halb wütend, wie weit die Erpres-
ser es gebracht hatten, büschelte die dreißigtausend Lire zusammen, davon
zwanzigtausend von Rolf, grüßte kurz und lief. Es war halb zwei! Gegenüber Rolf entpuppte sich übrigens der Genueser, wie widerlich er auch gegenüber dem Matrosen gewesen war, als Gentleman; er wollte das Paket
nicht an sich nehmen, sondern Rolf sollte es tragen, bis er die Lire hätte.
Als Pfand, er spürte schon das Mißtrauen. Und wieder ging es durch Gassen der Armut, Rolf mit dem verschnürten Paket unter dem Arm, bis der
Genueser, auf dem ganzen Weg wie aus Gekränktheit schweigsam, endlich
sagte: »Mia casa, attenda qui, vengo subito!« Rolf sah ein Portal von verlot-
terter Renaissance, hatte keine Ahnung, wo er sich nun befand; irgendwo
in Genua. Im nahen Hafen tutete ein Schiff mit klanglosem Dröhnen.
Vielleicht war es doch kein Schwindel. Die mittägliche Sommerhitze
selbst in dieser Schattengasse mit ihren schimmelfeuchten Mauern, die
Stille, denn es war fern vom Verkehr, seine Schläfrigkeit nach der Eisen-
bahnnacht, aber nicht nur das, vor vierundzwanzig Stunden war Rolf ja
noch in London gewesen, Teilnehmer an einem internationalen Juristen-
Kongreß, und dann (gestern) der etwas böige Flug, das Abendessen mit
der seltsam lebensfrohen Gattin, dann ihre verschlossene Zimmertüre,

dann die Eröffnung und so weiter, Morgengrauen in Mailand mit krähenden Hähnen, all dies in vierundzwanzig Stunden, es war etwas viel, und jetzt in dieser Gasse der schimmligen Armut, wo die Ausgüsse über die Mauern rinnen, jetzt wieder die Erkenntnis, daß eine Tatsache, indem man sie eine Zeitlang vergißt, eine Tatsache zu sein nicht aufhört, nein, immer und immer und immer wieder ist es einfach da, ihr Gesicht voll Glück mit einem andern Mann, es ist kein böser Traum, sondern wirklicher als dieses Genua mit seinen Gassen und Kindern und mit dieser greifbaren Mauer, dazu diese Hitze, daß man die Krawatte herunterreißt, dazu das verschnürte Paket, das Rolf einfach zu tragen hatte, all dies ließ ihm keinen anderen Ausweg als dumpfen Schlaf auf die Gefahr hin, daß der Genueser ihn prellte ... Es war bald vier Uhr, als Rolf, mein Staatsanwalt, auf einer Mauer hockend mit dem verfluchten Paket auf den Knien, das ihm als Kissen gedient hatte, wieder erwachte. Von einem Genueser, der ihn mit Lire geweckt hätte, natürlich keine Spur! Kinder spielten in einem Hof, Mütter schrien: »Ettore, Ettore!« und dazwischen einen Ton höher: »Giuseppina, Giuseppina!« und da unten in der Gasse saß ein fremder Herr mit goldner Armbanduhr, der vergeblich auf seine zwanzigtausend Lire wartete. Rolf erhob sich. Das etwas moosige Renaissance-Tor, wo der Genueser verschwunden war, führte bei näherer Besichtigung überhaupt nicht in ein Haus, sondern einfach in die nächste Gasse hinüber. Und dort stand Rolf, als begriffe er jetzt erst: Sibylle in den Armen eines andern Mannes, richtig, das war es ja. Und mit halbem Bewußtsein hatte er diesen jungen Genueser auch manchmal, während jenes Handels, angesehen mit der Frage, ob Sibylle etwa solche Haare, solche Ohren, solche Lippen, solche Hände würde lieben können; jeder Mann konnte dieser andere sein. Rolf wußte nur: Er ist sehr anders als du! und somit kamen einige Millionen von Männern in Frage. Und eigentlich, wie er so jenseits des leeren Renaissance-Tores stand, war Rolf fast froh, den jungen und flotten Genueser nicht wiederzusehen. Aber er war so ziemlich um seine Barschaft gekommen. Peinlicher noch: Es war eine Schlappe, und das gerade jetzt, wo er seiner Gattin wegen der imposante Mann hätte sein wollen, war schwer, nicht zu vergleichen mit dem Verlust von zwanzigtausend Lire, nicht wiedergutzumachen. Das verschnürte Paket mit dem sogenannten Herrenkleiderstoff, der sein Pfand war, wagte er gar nicht anzusehen. Es kam jetzt sowieso nur noch ein billiges Hotel in Frage, wo es nicht allzu viel Aufsehen erregte, wenn dieses Bündel offensichtlich sein einziges

Gepäck war. Er stand in einem Hotelzimmer mit blumiger Tapete, verschwitzt und einigermaßen ratlos, was er in diesem Genua nun anfangen sollte; er warf das verschnürte Paket in den Schrank, nahm den Wasserkrug, füllte das Waschbecken und versuchte, sich ohne Seife, ohne Zahnbürste, ohne Schwamm zu waschen –

Er hielt sich vier Tage in Genua.

Rolf (so sagt er selbst) hatte nie damit gerechnet, daß seine Ehe, seine eigene, in die Brüche gehen könnte wie so viele andere Ehen ringsum. Er sah keinen Grund dafür. Er liebte Sibylle und lebte damals durchaus in der Meinung, das Eheproblem sozusagen auf seine eigene Art gelöst zu haben. Eine Ehe im klassischen Stil, Monogamie, war es wohl schon lange nicht mehr. Aber das war nun einmal so, und Sibylle hatte dafür das Kind, das ihr in den ersten Jahren vieles ersetzte, einen Buben namens Hannes. Das Leben, wie Sibylle es sich erträumt hatte, war es allerdings nicht, anderseits auch nicht die Hölle, nur eben eine Ehe wie viele andere, und sie machten jedes Jahr eine schöne Reise zusammen, Ägypten zum Beispiel. Der Gedanke, sich jemals zu trennen, lag ihnen ferne, und in allen bisherigen Nöten hatten doch beide Teile offenbar das Gefühl, einander im Grunde durchaus sicher zu sein. Eine Maskenball-Liebelei, womit Sibylle demonstrierte, gönnte er seiner lieben Gattin mit Großmut. Er hatte gerade andere Sorgen; damals ging es darum, ob er Staatsanwalt werden wollte oder nicht, immerhin eine Entscheidung, und daß Sibylle unterdessen mit ihrem Maskenball-Pierrot spazierenging, beschäftigte seinen Geist weniger; Rolf erkundigte sich nicht einmal nach dem Namen. Und dann war er schon immer der Meinung gewesen, daß man die Ehe nicht in einem spießbürgerlichen Sinne begreifen dürfte; er hatte da, wie gesagt, offenbar eine sehr ernsthafte Theorie, wieviel Freiheit in die Ehe einzubauen wäre, eine Männer-Theorie, wie Sibylle es nannte. Sie konnte solche Theorie nie ausstehen, scheint es; dabei beruhte sie auf der Wissenschaft verschiedener Fakultäten. Und selbstverständlich fußte diese Theorie auf einer vollkommenen Gleichberechtigung von Mann und Frau. Es war eben nicht, wie Sibylle oft meinte, eine geistreiche Männer-Ausrede; nicht nur. Rolf meinte es darüber hinaus sehr ernst; aus seinem Beruf kannte er die Misere, die Tartüfferie um einen Begriff von Ehe, dem keine Realität entspricht, und es ging ihm um die Idee einer lebbaren Ehe, um die Würde, nicht in Verstellung vor sich selbst zu leben. Rolf hatte viel darüber zu sagen; Sibylle nannte es seine ›Vorträge‹, aber um ihre Gegenmeinung befragt, immer wieder befragt, da Rolf sich ja nicht in eine eigene Doktrin verschanzen wollte, antwortete sie bloß mit dem weiblichen Argument, daß das Leben nicht mit Theorie zu lösen sei ... Der Maskenball-Pierrot, scheint es, beschäftigte ihn dann doch, wenn auch unausgesprochen, vielleicht sogar noch unbewußt; plötzlich kam Rolf mit dem Entschluß, ein eigenes Haus zu bauen, nämlich ein eigenes Haus war von jeher Sibyllens höchster Wunsch gewesen, und zwar hatte Rolf, ein Mann der Tat, das Grundstück bereits gekauft. Sibylle war seltsam. Das Grundstück kannte sie, man hatte es sich seit Jahren gewünscht; jetzt hatte er es gekauft, und Sibylle jauchzte nicht. Eine Woche später brachte er auch schon den jungen Architekten zum schwarzen Kaffee, einen gewissen Sturzenegger, der von konsequenter Modernität schwärmte, die offensichtlich sehr zerstreute Gattin nötigte, ganz präzise Wünsche anzumelden. Gemeinsames Schlafzimmer oder Einzelschlafzimmer, zum Beispiel, und alles war jetzt von größter Eile. Mitten in jener Besprechung (so sagt mein Staatsanwalt) kam ein Anruf, Sibylle nahm wie üblich ab, verstummte, sagte Nein und Ja und Nein, hängte unvermittelt den Hörer auf, behauptete, es wäre ein Fehlanruf gewesen und war sehr verlegen. Nun ja, dachte Rolf, der Maskenball-Pierrot! und die Besprechung über Skizzen ging weiter; Sibylle rettete sich in eine beflissene Interessiertheit, wobei ihr alles recht war, so oder andersherum, als würde sie das geplante Haus ohnehin nie beziehen. Zum Schlusse jenes schwarzen Kaffees (mein Staatsanwalt erinnert sich nicht mehr an den Zusammenhang) plauderte der junge Architekt von einem Eskimo, der einem weißen Fremdling, um ihn gastlich zu bewirten, schließlich sogar sein Weib anbietet und in der Folge, da der Fremdling sich nicht bedient, dermaßen in seiner Ehre gekränkt ist, daß er den Gast an der Gurgel packt und gegen die Hüttenwand klopft, bis er tot ist. Man lachte natürlich. Darauf kam der junge Architekt mit einer anderen komischen Geschichte, die sein Freund namens Stiller im Spanischen Bürgerkrieg erlebt hätte. Das war das erstemal, daß mein Staatsanwalt den Namen Stiller gehört hatte. Von der Geschichte aus dem Spanischen Bürgerkrieg hat er wenig behalten, nur etwas von einem russischen Gewehr, das nicht losging. Hingegen erinnert er sich wohl, daß seine Gattin, die vorher so zerstreute Sibylle, sich maßlos für dieses russische Gewehr interessierte. Und als der Architekt gegangen war, summte sie durch alle Zimmer; Rolf bezog ihre Freude auf den kommenden Bau, konnte immerhin die Bemerkung nicht unterlassen: »Du bist wohl verliebt?« Und da sie es nicht bestritt: »Der junge Architekt

gefällt dir?« Es war Scherz. »Meinst du?« fragte sie. »Gib es zu!« sagte er.
»Du tust mir weh!« sagte sie. »Ich gebe es zu, aber laß mich los!« Es war
Scherz, wie gesagt, und Rolf mußte an seine Arbeit, Sibylle stellte die drei
Kaffeetäßchen aufs Tablett, und damit hatte es damals sein Bewenden ...
    Die vier Tage in Genua:
    Das war wohl (so meint mein Staatsanwalt) die lächerlichste Strapaze
seines Lebens, nicht die nutzloseste. Er lernte kennen: ein nie vermutetes
Quantum von Sentimentalität, die er bisher an sich selber nicht kannte,
er soff in sich hinein, bis er das Ristorante wegen Weinen verlassen mußte;
dann seine Primitivität, er gaffte jedem einigermaßen sauberen Weiberrock
nach und rettete sich über Stunden nur mit dem Gedanken an die billigste
Revanche; dann seine Spießigkeit, er brachte es in vier Tagen und vier
Nächten (so sagt er) nur wenige Minuten zu einem wirklichen Schmerz,
der ihn auf die Knie warf in einem blumigen Hotelzimmer, ohne daß es
eine Pose war oder Wirkung von Alkohol, und der den letzten Rest von
Vorwurf und den letzten Rest von Selbstmitleid verbrannte; vor allem aber
seine Unfähigkeit, eine Frau zu lieben, wenn er nicht ihr Götze war, zu lieben ohne Anspruch auf Dank, auf Rücksicht, auf Bewunderung und so
weiter. Es war eine Strapaze. In Kleidern auf seinem eisernen Bett liegend,
wobei er rauchte, quälte er sich mit schamlos-genauen Vorstellungen, wie
seine Gattin sich dem andern hingibt; das war nicht die Strapaze, sondern
die Entspannung, die er sich gönnte. Die Strapaze war die Einsicht, das
unfreiwillige Eingeständnis, daß er sich über das Niveau seiner Gefühle
bisher doch sehr getäuscht hatte, über seine Reife. Nicht einmal sein Wille
(so sagt er) war dieser Probe gewachsen; ohne ein Wort gesagt zu haben,
war er verreist, konnte es aber in der Folge nicht lassen, seiner Sekretärin
dann doch einen verschlossenen Brief zu schicken, der nur seiner Gattin
auf Anfrage auszuhändigen war, einen Brief mit seiner Adresse für den
Notfall. Vier Tage lang schien dieser Notfall nicht einzutreten. Er wurde
nicht vermißt, siehe da! Tag für Tag, stets eine halbe Stunde nach Ankunft
der nördlichen Züge, erkundigte er sich nach ›posta restanta‹, vergeblich.
Zwischenhinein gab es Stunden heiterer Würde, gewiß, er brachte es zur
Lektüre der Churchill-Memoiren in englischer Sprache, er saß als rasierter
Müßiggänger an der morgendlichen Sonne, trank seinen roten Campari
und las in den Hintergründen des Zweiten Weltkrieges, ohne zugegebener-
maßen auf die Uhr zu blicken, im Grunde aber wartete er nur darauf, vermißt und mit allen Mitteln gesucht zu werden, ja, es hätte ihn nicht über-

rascht, die reuevoll suchende Sibylle irgendwo auf den Straßen von Genua
zu sehen. Ihr ›schnödes‹ Schweigen, das sich ihm als marmorne Halle eines
italienischen Hauptpostamtes darstellte, machte ihn jedesmal sehr bleich;
wie oft noch zwang dieses Weib ihn zur selben Entdeckung, wie unfähig
er war, seine eigenen Theorien zu leben! Am vierten Tag, endlich, war
da ein Telegramm. Mit dem typischen Kollaps des Geretteten, den erst
die Entspannung gänzlich umwirft, saß er eine Weile, bevor er es aufriß,
müde-gelassen vor Erleichterung, was immer seine Gattin auch schreiben
mochte. Es war aber gar nicht von seiner Gattin; nur die Sekretärin mußte
wissen, wann er wiederkäme. Das genügte. Er lachte. Das wirkte (so sagt
er) wie eine sehr kalte Dusche. Er fetzelte das Telegramm in den Papierkorb, ohne weitere Überlegungen entschlossen, den nächsten Zug zu nehmen. Nur: um das Hotel zu zahlen, fehlten ihm jetzt die zwanzigtausend
Lire. Was tun? Er mußte sehen, wie und wo er sein Pfand, den amerikanischen Herrenkleiderstoff, verkaufen konnte, und zwar so rasch wie möglich. Um Mittag fuhr der beste Zug. Bloß nicht wieder ein Nachtzug! Es
war ungefähr zehn Uhr vormittags, als Rolf etwas verlegen, denn das Paket
unter seinem Arm war sehr lotterig, durch die Halle seines Hotels hinausging und natürlich nicht ohne Hemmungen, jedoch entschlossen, sich als
Verkäufer zu versuchen, einen Kleiderladen ausfindig zu machen, einen
nicht allzu gediegenen, versteht sich. Wieder war es sehr heiß; er schwitzte,
bewahrte aber seine Krawatte um des besseren Eindrucks willen. Die halb
schnoddrige, halb erbarmungsvolle Art, wie er im ersten Geschäft abgewiesen wurde, ließ es ja wohl ratsam erscheinen, ein noch bescheideneres
Quartier aufzusuchen. Es schlug bereits elf Uhr, als er beim vierten Besuch
wenigstens nicht einfach vor die Türe gestellt wurde, sondern sein Paket
zum erstenmal aufschnüren durfte; er hatte Glück, hier waren keine Kunden in dem Laden. Ein Zipfelchen seines amerikanischen Herrenkleider-
stoffes genügte; der Inhaber, ein bleicher Geck mit Schnäuzchen, lachte
ihm ins Gesicht. Rolf wollte ja keinerlei Profit, nur einen Teil jener verlorenen Summe, um sein Hotel bezahlen zu können; er war billig, vielleicht zu
billig, nach der Behandlung zu schließen, die ihm zuteil wurde. Der Geck
mit Schnäuzchen las in seiner Zeitung weiter, als wäre Rolf nicht mehr vorhanden. Hier, zum erstenmal, redete er nicht von einzigartiger Occasion,
sondern von seiner tatsächlichen Lage. Ohne das allermindeste Interesse
auch nur menschlicher Art, ohne auch nur eine Miene kostenlosen Ver-
ständnisses, in seiner raschelnden Zeitung umhergähnend, ließ der Kerl

ihn einfach stehen, bis er von selber wieder ging, sein Paket unter dem
Arm. Etwas hoffnungslos war ihm zumute, ohne daß er an seine Gattin
mit ihrem überlegen-glücklichen Gesicht zu denken brauchte. In der Tat,
nach dem Zipfelchen zu schließen, war es ein ziemlich beschissener Stoff,
spröde, alles andere als Wolle, keine Rede von fünfzig-zu-fünfzig, dazu ein
Muster, wie er selbst (mein Staatsanwalt) es nie und nimmer tragen möchte, so etwas Ordinär-Kleinliches; dazu fleischfarben! Auf den Stufen zu
einer alten Kirche, umgurrt von grauen Tauben mit dem blau-grün-violet-
ten Schillern um den Hals, hockte er und hielt Rat, was unter diesen Umständen zu tun wäre, oder versuchte es zumindest. Hinter ihm stand eine
Barock-Fassade, aller Verzückung wert; Sibylle verstand davon noch etwas
mehr als er. Jetzt hinderte ihn auch nichts mehr, seine Krawatte abzuta-
keln, seine Manschetten (vermutlich waren sie ohnehin schon schmutzig)
unter den Rockärmeln zurückzukrempeln. Daß wenigstens seine Gattin
ihn nicht sah, empfand er als ein Glück; der Rest an Menschheit, nun ja,
sollte er gaffen! Droben in der Barock-Fassade, die oberen Voluten waren
besonnt und ihre pralle Ockerhelle leuchtete von der mittäglichen Meer-
himmelbläue, schlug es zwölf Uhr. In zwei Stunden führe sein Zug. Auch
seine goldene Armbanduhr, richtig, hatte zu verschwinden, bevor er zu
den Trödlern in den Hafengassen ging, dort wo die Ware an den blaterigen
Mauern hängt, Hemden, Hosen, Socken, Hüte. Es ging jetzt (so sagt er)
schon nicht mehr um die Lire, sondern um sein nacktes Selbstvertrauen,
das er als ein immer lotterigeres Paket abermals unter den Arm nahm.
Warum war er nicht sogleich zu diesen Trödlern gegangen! Er war zuversichtlicher als je an diesem Vormittag, geradezu erheitert von der Anekdote, die er da zuhanden geselliger Abende erlebte; er pfiff, oder besser gesagt: er hörte sich pfeifen, seinerseits durchaus bewußt, daß es ihm nicht
geheuer war. Es war eine Hafengasse, ein Faustrecht-Quartier. Um nicht
als Schwindler verhauen zu werden, hier wo es keine Gendarmerie mehr
gab, entschnürte er sein Paket in einer Nebengasse, zum erstenmal, um
sich doch zu versichern, ob der Stoff wirklich für einen Herrenanzug ausreichte. Er tat es, nein, an der Länge war nichts zu bemängeln. Rolf rollte
also den verfluchten Stoff wieder zusammen, was nicht ohne Schwierigkeit war, wenn der Stoff nicht das Pflaster berühren und dann nach Urin
stinken sollte; dann näherte er sich dem Trödler mit der einleitenden
Frage, wie man hier zum Bahnhof käme, und mit Zigaretten, mit viel leutseliger Laune und Erwähnung eines Kleiderstoffes, gestern gekauft, um

ihn von einem italienischen Schneider verarbeiten zu lassen, aber wie es im Leben so gehen kann: heute eine Depesche, plötzlich Abreise, dann Flüche auf den Zoll, der keine Stoffe durchlassen würde, eine lange und dumme Geschichte, die er für schlau hielt, geradezu für orientalisch. Allein sein eigener Anzug mit einem unverkennbaren Rest von Bügelfalten, seine allzu tadellosen Schuhe, ganz zu schweigen von dem goldenen Siegelring, der natürlich genau vermerkt wurde, waren nicht dazu angetan, in dieser Gegend ein kameradschaftliches Vertrauen zu erwecken. Zwar gestattete man ihm das Auspacken des feilen Stoffes unter offenem Himmel. Ein paar Weiber mit Säuglingen am Busen und mit Blicken, die Rolf nicht für gerecht hielt, verfolgten den Handel mit mißtrauischer Neugierde. Der Trödler, ein Alter mit braunen Zähnen und Knoblauch-Atem, betastete den Stoff sehr ausgiebig, was Rolf eine zage Hoffnung gab, so zag, daß er seinerseits keinen Preis zu nennen wagte, sondern fragte, wieviel der Trödler denn dafür gäbe. »Niente.« Mit tausend Lire wäre Rolf zufrieden gewesen, tausend Lire für sein Selbstvertrauen; um wenigstens so viel zu erreichen, nannte er zweitausend als letzten Preis. »No.« Aber tausend! »No.« Also wieviel denn? »Niente.« Die Weiber mit den Säuglingen grinsten im Weggehen. Rolf rollte wieder zusammen. Hingegen für den Siegelring, meinte der Trödler, gäbe er dreißigtausend. Rolf lachte. Für die sehr tadellosen Schuhe bot ihm der Trödler, ohne sie betasten zu müssen, siebentausend Lire, als könnte er (mein Staatsanwalt) barfuß nach Hause gehen. Nichts blieb ihm in diesem Genua erspart! Schließlich gab es nur noch eins: das Paket zu verschenken. So rasch wie möglich! Zum Beispiel an einen jüngeren Mann, der an einer Plakatsäule stand, Mundharmonika spielte, offenbar ein Arbeitsloser mit leerer Mütze auf dem Pflaster. Im letzten Augenblick, als Rolf das schwarze Holzbein gewahrte, vermochte er es doch nicht. Also weiter! Ein junger Lümmel in Fetzen, der um Zigaretten bettelte, und ein alter Großvater mit Enkelkind in einem drahtigen Kinderwagen schienen ihm auch nicht die richtigen zu sein. Einen Stoff zu verschenken, den man selber unter keinen Umständen tragen wollte, war gar nicht so leicht, und Rolf ging kreuz und quer in einem Quartier, dessen Armut alles andere als malerisch war. Wie zerlumpt sie leben, die Mehrzahl aller Leute, es ist doch jedesmal wieder ein Schock. Rolf blieb stehen; er spürte die Spießigkeit seines Bedürfnisses, gerecht sein zu wollen, den Menschen zu finden, der sein Geschenk am meisten verdiente, und nahm sich vor, einfach in die nächste Gasse zu schwenken: Der nächste Mensch, der ihm entgegen kam, hatte den Stoff für einen Herrenanzug, und basta! Der nächste Mensch war eine junge Frau in schlurfenden Pantoffeln. Also weiter! Der nächste war ein Gendarm, der pfiff, und dann war die Gasse zu Ende. Auf einem kleinen Platz mit Baum spielten sie Fußball; Rolf störte nur, verursachte offenbar ein Eigentor, indem er dem Torhüter in der Sicht gestanden hatte, und somit einen erbitterten Krach zwischen den halbwüchsigen Mannschaften. Also weiter! Er war wieder zum Umsinken müde; in vierzig Minuten fuhr sein Zug. Aber wohin mit seinem Geschenk? Aus einer finsteren Pinte voll Lärm wankte ein Besoffener, zu wütend, zu gefährlich, um ihn zu beschenken. Selbstverständlich konnte Rolf auch sein Paket einfach auf die Gasse werfen: Kapitulation. Später umkreiste er noch eine Weile lang einen blinden Bettler mit ausgestreckter Hand. Auch das, schien ihm, ging nicht. Schließlich und endlich konnte man das Hotel auch per Post bezahlen, später einmal; sein Mantel war ja auch noch im Hotel. Und überhaupt, versteht sich, ging es ja gar nicht darum, ob er sein Hotel zahlen konnte oder nicht. Es ging darum, wie er mit diesem verschnürten Paket jemals fertig werden sollte. Warum warf er es nicht wirklich weg? Rolf versuchte es. Nichts leichter, dachte er, als ein Paket zu verlieren; trotzdem klopfte es ihm in den Schläfen, als er endlich, von seiner Vernunft genötigt, an die Vollstreckung ging. In dem Gedränge von einem roten Verkehrslicht also ließ er es fallen, quetschte sich mit dem allgemeinen Gedränge über die Straße und wähnte sich schon gerettet; denn eben pfiff der Gendarm, der Verkehr wechselte, und die Straße hinter ihm war für eine Weile gesperrt. Endlich wieder freie Hände zu haben, es war ein Gefühl der Erleichterung, der neuen Lebensfreude, als wäre auch mit Sibylle nichts geschehen. Rolf steckte sich eine Zigarette an, ohne zurückzublicken, was wohl mit dem Angsttraum-Paket geschehen möchte, und es war auch nicht nötig, denn eine junge, in ärmlicher Kleidung sehr schöne Frau zupfte ihn eben am Ärmel, um das Paket, das sie aufgenommen hatte, dem zerstreuten Herrn zurückzugeben. Rolf wagte nicht zu leugnen, daß es zu ihm gehörte, dieses schofle Paket mit seinem verschmutzten Papier und mit der billigen Schnur, die den fleischfarbenen Stoff bald nicht mehr zusammenzuhalten vermochte. War er denn dazu verdammt, diesen fleischfarbenen Stoff durch sein ganzes Erdenleben zu tragen? Noch zehn Minuten vor Abfahrt seines Zuges stand er ratlos wie selten, das Paket unter dem Arm; noch fünf Minuten vor der Abfahrt seines Zuges. Die Kapitulation (so nennt er es) hatte er bis zur letzten Minute verschoben; die Wagentüren waren schon geschlossen, als Rolf auf das Trittbrett stieg, und der Zug fing gerade zu fahren an. Als wären die leeren Sitzplätze nicht auch für ihn, nicht für Zechpreller und verlassene Ehemänner, stand Rolf im Korridor draußen bis Mailand. Was Sibylle wohl zu ihm sagen würde? Natürlich überschätzte er ihr Bedürfnis, sich mit ihm zu befassen, noch immer über die Maßen. Nach Mailand war er auch im Korridor nicht mehr allein; ein Schweizer redete ihn an, zutraulich wie die meisten Landsleute bei einer Begegnung im Ausland, und zum Glück kam bald die Grenze. Nach Chiasso saß er im Waggon-Restaurant, Blick immerfort zum Fenster hinaus, damit allfällige Bekannte, die durch den Zug gingen, ihn nicht erkennen könnten. Wie auffallend er sein mußte, dieser Mann mit dem steten Blick zum Fenster hinaus, gleichviel ob Tunnel oder nicht, wurde ihm keineswegs bewußt; mit der blühenden Phantasie des Selbstmitleids sah Rolf mehr als je auf einer Reise, Gefilde der Vergangenheit, vor allem Vergangenheit, wobei ihm kein Ereignis ohne Sibylle, kein Glück ohne Sibylle, keine sinnvolle Stunde ohne Sibylle einfiel. Alles andere war ja Spreu, nicht eines Gedankens wert. Etwas plötzlich war Sibylle der einzige Sinn und Inhalt seines Lebens geworden, und dieser Sinn war also nun übergegangen an einen andern Herrn, umgebucht auf einen Maskenball-Pierrot oder einen Genueser mit rabenschwarzem Haar oder einen jungen Architekten oder wer es nun war; einfach umgebucht. Von Göschenen an regnete es schräg über die Fensterscheiben. Am besten, dachte Rolf, würde es sein, sich vor Sibylle überhaupt nichts anmerken zu lassen; seine Haltung sollte sie vernichten. Rolf brauchte sich nur an ihr unverschämtes Gesicht zu erinnern, und die Haltung kam ihm von selbst, nun ja, ihrem Gesicht entsprechend, das nicht bloß glücklich war und fremd vor Glück, nein, es war höhnisch, war frech, war übermütig, war triumphierend über ihn, und es hätte nur noch gefehlt, daß er ihr Vorwürfe gemacht hätte, Rolf mit seinen Theorien; sie hätte hellauf gelacht, und ihr Hohn wäre zum Vorschein gekommen. Haltung schien ihm jetzt das einzige zu sein, Haltung ohne Entrüstung, ohne Anklage und ohne Klage, aber Haltung, bis dieses Erzweib auf die Knie geht. Das war beschlossen und der heimatliche See bereits in Sicht. Rolf hatte sogar, die Zukunft mit seinem Erzweib bedenkend, im Waggon-Restaurant zu pfeifen angefangen, stoppte natürlich, sobald er sich selber hörte, und drängte den Kellner zur Zahlerei, als wäre man dadurch rascher in Zürich. Was aber, wenn es überhaupt nicht mehr zu einer Zukunft kam, wenn Sibylle gar nicht mehr bei Rolf wohnte, sondern bei dem andern? das heißt: Wenn Rolf allein in der Wohnung blieb, allein mit seiner Haltung? So saß er bei Einfahrt des Zuges, die Hand am Glas und immer noch in Angst gewärtig, jemand könnte an seinem Ärmel zupfen und ihm abermals das lotterige Paket mit dem fleischfarbenen Stoff überreichen wollen –

Sibylle (die Frau meines Staatsanwaltes) hat gestern kurz nach Mitternacht ein beinahe siebenpfündiges Mädchen geboren. Er ist nicht zu sprechen vor Glück. Ich habe ihn ersucht, Blumen zu schicken, die ich später einmal bezahlen werde. Wahrscheinlich vergißt er es.

Ich protokolliere dennoch weiter:
Als Rolf damals von Genua kam und im Hauptbahnhof Zürich ausstieg, mantellos, so daß er wohl auffiel, also kaum zu verpassen war, falls Sibylle ihn an der Bahn erwartete, sagte er sich natürlich, daß Sibylle ihn unmöglich an der Bahn erwarten konnte; sie wußte ja nichts von seiner Ankunft, und daß sie aufs Geratewohl alle internationalen Züge abwartete, das bildete Rolf sich nicht ein. Nur vorsichtshalber, weil es einfach zu blöd gewesen wäre, einander zu verpassen, blickte er sich unter den Wartenden um. In Zürich regnete es. Unter einem Vordach mußte er in seinem Portemonnaie nachsehen, ob er es sich noch leisten konnte, wie üblich einem Taxi zu winken. Und dann, als dieses Taxi vor ihrer Wohnung stoppte, war es doch schlimmer als erwartet. Es war unerträglich. Schon die Ungewißheit, wessen Wohnung es nun wäre, seine oder ihre, ließ ihn zögern mit dem Aussteigen. Er blickte, indem er seinen Rockkragen aufstülpte, um dann durch den Regen rennen zu können, hinauf zu ihrer Wohnung, und alle Demütigungen auf seiner Reise waren nichts, verglichen mit diesem Augenblick, da er die Wohnung ohne Licht sah. Es war spät, doch lange noch nicht Mitternacht. Vielleicht schlief sie schon. Jedenfalls stieg Rolf nicht aus; der Taxi-Chauffeur mochte noch so drängen mit seinen Fragen, ob man nicht richtig wäre, ob die Fahrt weiterginge. Rolf fühlte sich auch zu unrasiert, um vor eine Gattin treten zu können, die jetzt einen andern liebt. Hatte er diese Tatsache, daß Sibylle einen andern liebt, denn vergessen? Jetzt, nach einem Wust von Gefühlen aller Art, die ihn bei aller Quälerei doch zerstreut hatten, jetzt hatte es wieder die öde Tatsächlichkeit eines Grabes,

und Rolf fühlte sich nicht imstande, von ihrem italienischen Dienstmädchen zu hören, die Signora wäre für einige Tage verreist. Denn möglich war jetzt alles. Vielleicht läge in der Wohnung oben ein kleines Brieflein: Komme voraussichtlich Montag, herzliche Grüße Sibylle, bitte vergiß nicht den Mietzins zu zahlen. Oder vielleicht nur: Bitte vergiß nicht den Mietzins zu zahlen, Grüße Sibylle. Rolf fuhr im selben Taxi wieder in die Stadt zurück, wagte an diesem Abend nicht einmal einen Anruf. In einem Hotel der eigenen Stadt zu schlafen bedeutet stets eine gewisse Sensation, und Rolf genoß sie durch allen Trübsinn hindurch; noch war es Sensation, Ungewißheit, Aufregung – und er träumte wild. Am anderen Morgen, es war Sonntag, regnete es nicht mehr, und Rolf pilgerte zuerst einmal auf die Baustelle, rasiert, aber nach wie vor mantellos. Die Baustelle befand sich auf einer Höhe außerhalb der Stadt, Rolf hatte sie bisher immer nur mit dem Wagen erreicht. Zu Fuß war es eine ziemliche Wanderung. Der Rohbau war damals noch nicht unter Dach; bei Rolfs letztem Besuch hatten sie gerade den oberen Boden betoniert, und seine Gattin war noch kein einziges Mal auf dem Bau gewesen. Jetzt verstand er es, ihr so geringes Interesse für dieses Haus! Nicht gerade wie ein Bauherr, die Hände in den Hosentaschen und verdutzt, wenn Sonntagsbummler durch die Baustelle gingen, stand Rolf in den künftigen Zimmern, die im Rohen schon zu erkennen waren, das Gartenzimmer mit großen Fenstertüren, die fünf Stufen zur Galerie, sein Arbeitszimmer mit Blick auf den See, die Schlafzimmer mit gleichem Niveau, alles wie geplant, und die Terrasse war nun auch schon betoniert, überall lag Material, Rollen von Dachpappe, Kaminsteine, Säcke mit Portland-Zement, ein Tank für die Ölheizung, Backsteine für die kleinen Zwischenwände, Rohrstücke aus Gußeisen, allerlei Zeug, dessen Zweck nicht zu erraten war, und jedenfalls sah man, daß hier gearbeitet wurde; trotzdem fühlte sich Rolf eher wie in einer Ruine. Und peinlicherweise kam dann auch noch der junge Sturzenegger, der Architekt, mit offenem Klappmeter in der Hand. Sturzenegger war von seinem Bau begeistert, so daß er sich keine Sonntagsruhe gönnen konnte, und wie jeder begeisterte Mensch hatte er ein viel schöneres und liebenswerteres Gesicht als je. Rolf musterte ihn von der Seite. In der Tat, dieser junge Sturzenegger war sehr anders als Rolf, unbestritten, dazu jünger. Man stapfte über Bretter, Röhren, duckte sich unter den tropfenden Schalungen der betonierten Terrasse, sprang über braune Tümpel; Rolf mußte verschiedene Sorten von Kalksandstein betasten, um sich zu entscheiden, und der junge Sturzenegger erklärte und erklärte ohne Schonung. Rolf musterte vor allem sein Ohr, sein Haar, seine Nase, seine Lippen (das hielt er nicht aus) und seine Hände. Warum nicht! dachte er und entschied sich trotz allem für den billigeren Kalksandstein. Merkte dieser junge Mensch denn nicht, daß dieses Haus bereits zu verkaufen war? Er merkte es nicht, schwärmte von räumlichen Wirkungen und erwartete auch noch Begeisterung von Rolf, der sich nun plötzlich an jenen letzten Abend mit Sibylle erinnerte; Sibylle hatte ihn am Flughafen abgeholt, diese Heuchlerin, und das einzige, was sie während jenes Abendessens ihrem heimkehrenden Mann zu melden gewußt hatte, war das Glück dieses jungen Sturzenegger gewesen, irgendeine lange Geschichte mit einem großartigen Auftrag irgendwo in Kanada. War das etwa kein Indiz? Rolf sagte natürlich nichts, ließ sich dafür die Rohrschlangen der Deckenheizung erklären und genoß (er hatte jetzt ein ungewöhnliches Bedürfnis nach inneren Genüssen) den Gedanken, Sibylle im unklaren zu lassen, wenn er selbst schon längst im klaren wäre. Noch war er es nicht, aber dieser junge Architekt stand unter Verdacht, auch wenn er mit seinem gelben Klappmeter in der Hand noch so unbefangen tat. Sturzenegger ließ es sich nicht nehmen, seinen Bauherrn nach Hause zu fahren. Als er dann selber von seinem tollen Glück plauderte, demnächst eine große Fabrik drüben in Kalifornien bauen zu können, unterbrach Rolf:

»Meine Frau sagte Kanada.«

»Nein«, sagte Sturzenegger, »Kalifornien.«

Etwas stimmte nicht; doch hatte Rolf sich vorgenommen, sein Gesicht zu wahren, und niemand sollte Rolf sehen, wie er sich selbst in Genua gesehen hatte. Sei es aus Scheu, allein vor Sibylle zu treten, oder eben aus dem Bedürfnis, Haltung zu zeigen, er nötigte Sturzenegger zu einem Apéritif an jenem Sonntagmorgen. Sibylle war im Haus, siehe da, und Cinzano war auch im Haus, auch Gin, sogar Salzmandeln. Seine Gattin, dieses Erzweib, die sofort die Komödie familiärer Sonntagmorgenstille spielte, und sein Architekt, dieser junge Kerl mit einem tollen Auftrag in Kanada, wohin Sibylle ihn gerne begleiten wird, schienen Rolf ein durchaus mögliches Paar zu sein, sogar ein überzeugendes Paar, ein flottes Paar. Daß sie beharrlich ›Sie‹ zueinander sagten, störte ihn nicht. Und überhaupt, zum Teufel, ob es nun dieser Sturzenegger war oder ein anderer, der seine Frau umarmte, es ging für Rolf jetzt nur darum, seine Frau mit irgendeinem jungen und flotten und lebensfrohen Mann zu sehen und bei dem Ge-

danken, daß Sibylle eben diesen Irgendwer umarmt, nicht auf der Stelle
verrückt zu werden ...

– – –

Mein Staatsanwalt erzählt diese Geschichte, wie schon gesagt, sehr viel
anschaulicher. Meine Zwischenfrage, was denn damals mit dem fleischfarbenen Kleiderstoff in Genua schließlich geschehen wäre, beantwortete er
ungern, kurz und nur andeutungsweise. Wenn ich richtig verstanden habe,
hat er das lotterige Paket schließlich in eine öffentliche Bahnhofstoilette
geworfen.

»Sie können mir glauben«, lacht mein Staatsanwalt, »es hat mich noch
Jahre gekostet, bis ich von diesem Paket nicht mehr geträumt habe!«

(Wieso ist er eigentlich so offen zu mir?)

»Es schickt sich wohl nicht«, sage ich, »daß ich meinen Staatsanwalt verhöre – aber wenn Sie mir trotzdem noch eine Frage gestatten: Ihre Frau
Gemahlin hat Ihnen nicht gesagt, wer ihr Freund gewesen ist?«

»Später schon. Sehr viel später.«

»Wann?«

»Als es zu Ende war«, sagt er, »als er verschollen war.«

»Komisch«, finde ich.

»Nun ja«, lächelte er, »in dieser Zeit waren wir beide sehr komisch,
meine Frau und ich sowieso.«

– – –

Einen zermürbenden Sommer lang wollte Rolf beweisen, daß er Sibylle,
getreu seiner Theorie, die vollendete Selbständigkeit zubilligte. Die daraus entstehende Gefahr einer ebenso vollendeten Entfremdung, nun ja,
die mußte Sibylle schon auf sich nehmen mit ihrem stolzen Ausspruch:
Du hast mir keine Freiheit zu geben, ich nehme mir meine Freiheit schon
selber, wenn ich sie brauche. Seine Haltung hatte also die Melodie: Bitte
sehr, meine Liebe, wie du willst! Dabei gab es ja wohl reizende Abende
im geselligen Kreis gemeinsamer Freunde, die sich nichts anmerken ließen,
vielleicht auch nichts merkten, dann wieder Nervositäten in Nebensachen;
immerhin besuchte man gemeinsam die Internationalen Musikwochen in
Luzern, genau wie bisher, ging Arm in Arm im Foyer, und es war nicht
Heuchelei, nicht nach außen und nicht nach innen, plötzlich hatten sie
es wieder so nett zusammen. Rolf war der Gatte, und wenn er auch keinen
niederträchtigen Gebrauch davon machte, hatte er ja doch gewisse Vorteile,
zum Beispiel, daß er jederzeit mit Sibylle sich Arm in Arm zeigen konnte.

Sibylle schätzte es sogar sehr, daß Rolf, nunmehr Staatsanwalt, Arm in Arm mit ihr durchs Foyer wandelte. Der Maskenball-Pierrot dagegen hatte das Handicap aller illegalen Tätigkeit, und Rolf erlebte es zum erstenmal, daß dieses bekannte Handicap auf der anderen Seite war. In besonders guter Laune, mag sein, machte er ab und zu eine ironische Anspielung, die gleichsam wie ein fernes Leuchtfeuer aufblinkte und ihnen beiden, falls sie es Arm in Arm vergessen sollten, bedeutete, wo die böse Klippe liegt. Zu Auseinandersetzungen kam es nicht, scheint es. Und doch dürfte es ein Sommer gewesen sein, den beide Partner nicht wiederholen möchten. Sibylle lebte weiterhin in der Wohnung mit Rolf, alles andere hätte die Verwandtschaften aufgescheucht, ein Graus, den sich Sibylle, obschon frei von jedem schlechten Gewissen, nicht ausdenken mochte; das war ja nach seiner Rückkehr aus Genua ihr ausdrücklicher Wunsch gewesen, geradezu eine Forderung: daß vorläufig, wie sie sagte, äußerlich alles beim alten bliebe. Infolgedessen hatten ihre Tagesläufe allerdings nur wenige Stunden, die sich seiner Übersicht entzogen, und allerlei gräßliche Halbheit war nicht zu vermeiden. Daß sie diese Halbheit, diese alles erstickende Halbheit, die mit der Zeit vielleicht unerträglicher war als der wüsteste Krach, niemand anders als Rolf verargte, war ja wohl zu unvernünftig, um in Worten ausgesprochen werden zu können; ihr weibliches Gemüt aber verargte es ihm doch, ja, sie hatte zuweilen (so sagt er) einen Blick, als könnte sie Rolf nicht mehr ausstehen, und ging dann in ihr Zimmer, um zu weinen: hinter verschlossener Türe! worauf Rolf in den Keller ging, um sich ein Bier zu holen. Warum nahm sie sich denn wirklich nicht die Freiheit, wenn sie mehr davon brauchte? Rolf meinte es dann gar nicht höhnisch. Warum reisten die beiden nicht einfach weg, seine arme Gattin und ihr Maskenball-Pierrot; warum wagten sie es nicht? Er begriff es nicht. So weit her, dachte er sich, konnte es mit dieser Leidenschaft nicht sein, und gegen den Herbst hin hatte Rolf tatsächlich das Gefühl, seinerseits diese Sache verwunden zu haben. Im September trat er die Staatsanwaltschaft an.

Im Oktober war das Haus vollendet, der junge Architekt im großen und ganzen sehr befriedigt; dieses und jenes, meinte der junge Architekt, würde er heute nicht mehr so machen, lauter Sachen übrigens, die der Bauherrschaft, sowohl Sibylle als auch Rolf, am besten gefielen, während anderes sie befremdete, doch war es gerade dieses Befremdende, was auf den Fotos, die demnächst in einer Architektur-Zeitschrift erscheinen sollten, ganz besonders hervorgehoben wurde. Es war, wie Sturzenegger es in jenem ersten

Gespräch beim schwarzen Kaffee versprochen hatte, ein Haus von konsequenter Modernität. Nicht, daß es Rolf eigentlich mißfiel, aber man kann auch nicht sagen, daß es ihm gefiel; Rolf war diesem jungen Sturzenegger gegenüber nicht frei, mißgönnte es ihm beinahe, daß sein Haus, Rolfs Haus, so sehr gelobt wurde. Einmal, im Café, kam jemand auf Rolf zu, stellte sich als Redakteur der Architektur-Zeitschrift vor und gratulierte zu dem Mut, den Rolf als Bauherr bewiesen hätte, gratulierte im Namen der modernen Architektur schlechthin, und nicht genug, daß der junge Sturzenegger als Architekt gepriesen wurde, nein, man lobte ihm auch noch die menschlichen Vorzüge dieses jungen Mannes, seinen Charme, seine Kühnheit, sein Draufgängertum, seine Rücksichtslosigkeit, seinen Schwung, seine Vitalität, seine Sensibilität, seine Intensität auch im Körperlich-Sinnlichen und was sonst noch einen Architekten ebenso auszeichnen mag wie einen Liebhaber; in solchen Augenblicken hatte Rolf doch wieder das Gefühl, alle Welt hielte ihn zum Narren, und kam sich wie in einer Molière-Komödie vor. Sibylle hatte in jenem Café dabeigesessen. Vitalität, Sensibilität, Intensität auch im Körperlich-Sinnlichen, sie fand es auch, ja, und fragte, ob Rolf es nicht auch finde, und Rolf, immerhin ein Mann von allerlei persönlicher und beruflicher Erfahrung, wußte nicht, wieviel Tücke er seiner Frau zutrauen sollte. In gewissen Augenblicken traute er ihr alles zu, gerade wenn sie so unschuldig wirkte, so, wie verliebte Frauen sich immer unschuldig finden und eins mit der ewigen Natur, die sie dann auch schlichten Gemüts gerade für den lieben Gott halten ... Ungefähr in diesem Gefühl, der Idiot seiner Stadt zu sein, fuhr Rolf eines herbstlichen Nachmittags hinaus zu der sogenannten Bauabnahme. Mit wenigen Ausnahmen, Bagatellen, die der junge Architekt selber namhaft machte, war alles in Ordnung. Ein Sonnenstore ging nicht hinunter, Fehler in der Montage, nichts weiter; eine große Fensterscheibe war gesprungen; die letzten Arbeiter, Maler, hatten mit Abfällen blödsinnigerweise ein Klosett verstopft; ferner fehlten noch sämtliche Kellerschlüssel; ein nachweisbar in den Plänen vorgesehener Kraftstecker neben dem Bett des Herrn war vergessen worden; ferner war der Spiegel im Badezimmer unergründlicherweise zehn Zentimeter zu hoch versetzt worden; im Garten draußen waren in letzter Stunde noch ein paar falsche Platten verlegt worden, Granit statt Quarzit, ebenfalls eine Bagatelle, die behoben werden konnte, und natürlich waren die Maler noch nicht ganz fertig. Aber das war eigentlich alles; Rolf sah ebenfalls keine anderen Mängel. Ob die große Katalpa gedeihen oder sterben würde, mußte abgewartet werden. Ein Wort herzlicher Dankbarkeit seitens des Bauherrn wäre nun fällig gewesen. Als es ausblieb und als Rolf, der Bauherr, das verschlossene Haus einfach stehen ließ und sich in der Gegend umsah, als nähme er Abschied oder als stünde er zum erstenmal auf seinem Grundstück, erläuterte der junge Architekt, wohl nur um zu reden, den Begriff der Garantiearbeiten, als hätte Rolf noch nie davon gehört. Dann saßen sie nebeneinander im neuen Wagen des Staatsanwaltes, der, immer noch geistesabwesend, den Schlüssel stöpselte, ohne loszufahren.

»Ich wollte nicht mit Ihnen sprechen«, begann Rolf und zog seine Handschuhe an, »bevor ich ganz ruhig bin. Aber jetzt, sehen Sie, wo ich diese ganze Geschichte einmal überwunden habe –«« Sturzenegger begriff vermutlich kein Wort. »Nein«, sagte Rolf, »Sie haben natürlich vollkommen recht, im Grunde ist alles nur Vorurteil. Ich habe viel an Ihre hübsche Geschichte mit dem Eskimo denken müssen, die Sie uns, meiner Frau und mir, gleich bei Ihrem ersten Besuch erzählt haben. Sie erinnern sich? Der Eskimo bietet seine Frau an und macht Geschrei, wenn der Gast sie nicht nimmt, und wir glauben es nicht ertragen zu können, wenn er sie nimmt. Im Grunde ist alles nur Vorurteil . . .« Rolf hatte seine Theorie schon lange nicht mehr vorgetragen. Unter Männern stieß sie auch weniger auf Widerspruch. Der Architekt, dieser junge Mann mit seiner Vitalität, Sensibilität, Intensität und so weiter, hatte viel Verständnis, wenn auch anderseits keine Ahnung, wieso dieses Gespräch eigentlich von Stapel lief. Mittlerweile waren sie losgefahren, mußten aber vor einer geschlossenen Barriere wieder stoppen und warten. »Ich verstehe Ihre Verlegenheit durchaus«, sagte Rolf, »an Ihrer Stelle habe ich solche Gespräche auch immer gemieden. Was kommt schon dabei heraus! Nur finde ich, wenn man schon so nebeneinander in einem Wagen sitzt – wissen Sie – ganz einfach: Ich möchte nicht, Herr Sturzenegger, daß Sie mich für den Dummen halten!« Endlich dröhnte der Zug vorbei. »Sie lieben nun einmal meine Frau«, sagte Rolf in einem unerschütterlichen Wahn und dabei in achtenswerter Haltung, »das kann ich verstehen. Und meine Frau liebt sie. Das ist nun einmal so! Und daran wird sich auch nicht viel ändern, nichts Wesentliches, wenn Sie nächste oder übernächste Woche nach Kanada fliegen.« »Nach Kalifornien«, verbesserte Sturzenegger. »Meine Frau sagte Kanada.« – »Es tut mir leid«, lachte Sturzenegger, »ich gehe aber trotzdem nach Kalifornien. Nach Redwood-City. Ich werde Ihnen sofort eine Karte schicken, Herr Doktor, damit Sie es mir endlich glauben!« – »– Das ist nicht nötig!« sagte Rolf. Hinten wurde gehupt. »– Das ist nicht nötig!« sagte Rolf nochmals, »Kanada oder Kalifornien, wissen Sie, das macht für mich keinen Unterschied, wenn es meiner Frau einfällt, Sie dorthin zu begleiten, und das nehme ich an.« Die Barriere war längst in die Höhe gegangen, aber Rolf, taub für die Huperei hinter ihm, fuhr nicht los. Der junge Architekt hatte wohl begriffen, wo der Hund begraben lag, und versuchte etwas zu sagen, beispielsweise: »Ihre Frau Gemahlin und ich –« Rolf unterbrach: »Sagen Sie ruhig: Sibylle!« – »Gewiß«, sagte Sturzenegger, »es war vom ersten Besuch an eine Art von Sympathie, könnte ich mir denken, auch von der Seite Ihrer Frau Gemahlin ...« – »Könnten Sie sich denken!« Es ärgerte Rolf, daß der Geliebte seiner Frau so feige war, es kränkte ihn, anderseits machte es ihn auch hochmütig. »Ich bin ein Mann von fünfundvierzig Jahren«, sagte Rolf und sah das Architektlein an, »Sie haben noch nicht Ihre dreißig!« Darauf sagte Sturzenegger ganz richtig: »Und?« Das Gespräch, in Würde begonnen, schien auszurutschen, Rolf merkte es und sah nun auch, daß die Barriere offen war; die Wagen, die er hinter sich gestaut hatte, fuhren auf der linken Seite vor, und zwar, da es ein schmales Sträßlein war, halbwegs in der Wiese; natürlich blickten die Fahrer voll Vorwurf und Verachtung auf Rolf, einer bohrte mit dem Zeigefinger an der Schläfe, um Rolf zu zeigen, wofür er ihn hielt ... Es ist anzunehmen, daß der junge Sturzenegger mehrmals beteuert hatte, es müßte sich um einen Irrtum handeln; entweder hatte Rolf es nicht gehört oder nicht geglaubt. Wortlos, wie man einem unwürdigen Tropf gegenüber wortlos ist, fuhr er in die Stadt hinunter, hielt vor der Wohnung des Architekten, dem all dies sehr peinlich war. Seine Mappe, seine Handschuhe, seine kleine Rolle, alles zusammen unter den linken Arm geklemmt, um die rechte Hand zum Abschied frei zu haben, saß Sturzenegger bei offener Wagentür; es fehlte ihm das rechte Wort, der überzeugende Scherz, der auch wieder nicht verletzen würde. »Sagen Sie jetzt nicht«, bat Rolf, »daß es Ihnen leid tut oder so etwas.« – Rolf war nicht zu belehren. »Mißverstehen Sie mich nicht«, sagte er, »ich mache niemandem einen Vorwurf. Ich verstehe es durchaus. Ich kann es sogar billigen. Sibylle weiß ja, wie ich über diese Dinge denke, und sie wird es Ihnen gesagt haben. Ich muß es billigen. Und doch – ganz einfach«, sagte er und warf seine Zigarette zum Fenster hinaus, »– ich ertrage es nicht.« Sturzenegger schien sich zu besinnen. »Haben Sie schon einen Mann gekannt«, fragte er dann im Ton des Jüngeren zum Älteren, »der es wirklich

ertragen hat, ich meine, nicht bloß dem Anschein nach –?« Rolf lächelte:
»Ich dachte, ich wäre dieser Mann.« Kurz darauf verabschiedeten sie sich.
Zwar hatte der Architekt noch den Vorschlag gemacht, zusammen einen
Wein zu trinken. Rolf hatte abgelehnt, halb aus Unlust, die Wohnung zu
betreten, wo Sibylle möglicherweise ihre seligen Stunden verbrachte, halb
aus plötzlicher Gewißheit, daß der junge Sturzenegger doch nicht der Ver-
meinte wäre. Er ließ den Motor an, dankte für den freundlichen Vorschlag
und bat Sturzenegger, die Wagentüre kräftig zuzuschlagen. Sturzenegger
entfernte sich rasch wie nach dem versehentlichen Betreten eines fremden
Zimmers, das uns nichts angeht, ohne zurückzublicken, als Rolf nochmals
die Wagentüre öffnete und guten Flug nach Kanada wünschte. Dann, nur
um nicht stehenzubleiben, fuhr Rolf weiter, ziellos wie damals in Genua –
nur nicht nach Hause! Nur jetzt Sibylle nicht sehen! Nichts war überwunden, überhaupt nichts!

Das war im Oktober gewesen.

Wie alle Männer der Tat, wenn sie einen heiklen Teil ihres Innenlebens
nicht erledigen können, stürzte Rolf sich nicht in Grübelei über sich selbst,
sondern in Arbeit, in nützliche und sachliche Arbeit, woran es in seiner
eben angetretenen Staatsanwaltschaft freilich nicht fehlte, und er erledigte,
was innerhalb seiner Kompetenz überhaupt erledigt werden durfte, er erledigte von Morgen bis in die späten Abende hinein, bis seine letzte Sekretärin erledigt war, und dann eben allein; er erledigte im Stil eines rasenden
Roland. Die Kollegen hielten ihn damals wohl für einen wilden Streber.
Die Kollegen hatten ja keine Ahnung, was diesen immer sehr beherrschten,
immer sehr überlegenen und anerkanntermaßen kühlen Kopf auf solche
Touren brachte. Rolf hatte den lebenslänglichen Ruf, ein sehr geregeltes
und also glückliches Dasein zu führen, einen Ruf übrigens, den er seinerseits in keiner Weise pflegte und hegte, durchaus nicht, Rolf konnte sich
ohne weiteres vor dem Dogenpalast sehen lassen mit einer anderen Dame,
Tauben füttern, ohne daß in seinem Städtchen nachher ein Gerede entstand; es gibt solche Männer, Phänomene des guten Rufs, man kann ihrem
Ruf nichts anhaben, so wenig wie man das Gefieder einer Möwe naßma-
chen kann, und dann hat auch niemand, selbst in einem Städtchen wie Zürich, das Verlangen nach Klatsch, denn es ist zu langweilig, Möwen naß-
machen zu wollen. Und dieses Phänomen, so scheint es, übertrug sich
auch auf seine Gattin; man kam bei ihr einfach nicht drauf. Wer also sollte
den Arbeitseifer des neuen Staatsanwalts richtig begreifen können! In den

verschiedenartigsten Fällen, deren Rolf sich anzunehmen hatte, bemühte er sich übrigens aufs äußerste, nicht alle Frauen in den gleichen Topf zu werfen; er bewahrte sich zumindest in fremden Fällen durchaus das Unterscheidungsvermögen; er sah auch Fälle, wo es am Mann lag. Er galt als sehr verständnisvoll, den Menschen vor der Schranke suchte er nach Möglichkeit jede Demütigung zu ersparen, und wie die Pflaumen am Pflaumenbaum wuchsen ihm wieder die Erfolge, die seiner Sibylle nicht den mindesten Eindruck machten, schlimmer noch: sie freute sich nur über Rolfs berufliche Erfolge wie etwa über ein gelungenes Wasserrädchen, womit sie Klein Hannes für die nächsten paar Tage beschäftigt und befriedigt wußte ... Wieder träumte Rolf von einem lotterigen Paket mit dem fleischfarbenen Kleiderstoff! ... Und dann, ja, dann kam der Umzug ins neue Haus, und Sibylle hatte die Stirne, in jener Woche zu einer Freundin nach Sankt Gallen auf Besuch zu gehen. Rolf erinnerte an den bevorstehenden Umzug; aber die Freundin in Sankt Gallen war unaufschiebbar. Rolf glaubte wohl keinen Augenblick an diese Freundin in Sankt Gallen, sagte aber bloß: Wie du willst, bitte sehr! Und Sibylle ging tatsächlich. Eine Wut mit präzisem Grund zu haben, so eine Wut, die man nicht zu sublimieren brauchte, so eine richtige und sogenannte Stinkwut, wie Rolf sie in jener Woche hatte, war ein wahres Labsal; es entband ihn für einmal von seiner achtenswerten Haltung, und er fluchte in dem neuen Haus umher, daß die Männer mit Gurten, die unter ihren Lasten wissen wollten, wohin mit dem Toggenburger Bauernschrank und wohin mit der Nähmaschine und wohin mit den Geschirrkisten und wohin mit Boudoir-Tischlein, sich über die Ausdrucksweise eines Gebildeten nur wundern konnten. »Zur Dame!« sagte Rolf, »zur Dame mit diesem ganzen Plunder oder zum Fenster hinaus!«, und im Weggehen: »Daß dieses Weib nicht da ist, einfach eine Sauerei, eine verdammte Sauerei ist das, einfach eine Sauerei!« Und die braven Männer wagten schon nicht mehr zu fragen, damit der nervöse Herr sich vor ihnen nicht weiter blamierte; sie besichtigten das Zeug aus dem Möbelwagen, gaben einander einen Blick, und alles, was nicht offenkundig in den Garten oder in den Keller gehörte oder als Schreibtisch eines gebildeten Herrn zu erkennen war, stapelten sie stillschweigend ›zur Dame‹. Zum Schluß, als das Durcheinander vollendet war, bekamen die braven Männer ein Trinkgeld, daß sie sich genierten; es grenzte schon an Schweigegeld. Und Rolf blieb allein in seinem gelobten Haus, allein mit dem kleinen Hannes und einem italienischen Dienst-

mädchen, das nicht wußte, wo nun die Bettwäsche zu suchen wäre; die
Dame fehlte außerordentlich. Nur der kleine Hannes war nicht ratlos,
war selig in diesem Durcheinander, wo alles Gewohnte jählings zur Sensation wurde, und stellte tausend Fragen. Vorsicht! stand auf den Kisten:
Nicht stürzen! und überhaupt sah es gar nicht nach einem Heim aus. Rolf
wußte nicht, wie er hier wohnen sollte, fand es unsinnig, daß das Dienstmädchen anfing, Kisten aufzumachen, oder mindestens verfrüht; weniger
denn je konnte man wissen, ob die Ehe, die das Öffnen der Kisten und das
Ausrollen der Teppiche lohnte, überhaupt stattfinden würde. In der gleichen Minute hoffte er es und hoffte es nicht mehr. Was heißt Unabhängigkeit der Partner, Selbständigkeit, Freiheit in der Ehe; ganz praktisch, was
heißt das? Eine Gütergemeinschaft mit allerlei Gerät und mit Dienstmädchen, um das Gerät sauberzuhalten, das war der Rest. Und Hannes? So
ging es nicht. Sollte Rolf einfach von seiner Frau verlangen, daß sie verzichtete, und es mit Drohung verlangen, mit Entweder-Oder, mit Bedenkzeit
bis Weihnachten? Es war eine Möglichkeit, um diesen unmöglichen Zustand abzuschließen, aber keine Möglichkeit, um ihre Liebe zu erhalten
oder zu gewinnen. Sollte er einfach warten? So ein provisorisches Leben
aufs Geratewohl, vielleicht kommt's, vielleicht auch nicht, vielleicht gewöhnt man sich daran, vielleicht verliebt er sich auch, und da alles vorüber-
geht, wer weiß, vielleicht wäre die Scheidung verfrüht; so ein Leben in
blinder Geduld, war das die Lösung? Er stolperte von Entschluß zu Entschluß, bald so, bald anders. Wie vielen Menschen hatte Rolf schon geraten, und in fremden Fällen war es stets, bei aller gebührender Vorsicht, sehr
viel klarer, wohin die Anstrengung zu richten wäre. Kurz, Rolf sah sich auf
jenem toten Punkt, wo man mit der größten Anstrengung nur sich zerreißen, aber das Rad weder vorwärts noch rückwärts drehen kann, wo es sich
anderseits um eine Winzigkeit handeln wird, ob es vorwärts oder rückwärts geht, vielleicht sogar nur um einen Zufall, und das war ihm das Bitterste, der Gedanke, daß sich jetzt vielleicht alles durch ein einziges Wort,
ein gutes oder ein dummes, wie von selbst entscheiden könnte. . . . In jener
Woche kam nicht bloß die versprochene Karte von Sturzenegger aus Redwood-City, Kalifornia, sondern auch ein sehr absonderlicher Anruf aus Paris; ein offenbar erregter Herr, der sich als Stiller vorstellte, redete verworrenes Zeug und tat, als müßte Rolf wissen, wo seine Gattin sich befände,
jemand, der keineswegs glauben wollte, daß Rolf nicht seinen Namen sehr
wohl kennen würde. Zweifellos war das nervöse Wesen, was da aus dem Te-

lefon tönte, niemand anders als der Maskenball-Pierrot. (Es stimmt also nicht ganz, was mein Staatsanwalt zuvor behauptet hat; er wußte, wenn auch nicht durch Sibylle, den Namen ihres Freundes, bevor Stiller verschollen war. Ich erwähne das nur als Beispiel, daß selbst ein Staatsanwalt in seinen durchaus freiwilligen Berichten nicht ganz so widerspruchslos redet, wie sie es von unsereinem in den Verhören erwarten!) Ein sehr absonderlicher Anruf, in der Tat; denn Rolf hatte ja angenommen, Sibylle wäre mit ihrem Maskenball-Pierrot verreist. Hatten sich die beiden in Paris verfehlt? Er verwarf den Gedanken, daß man ihn mit diesem Anruf auf die listigste Weise irreführen wollte; aber der Gedanke, einmal in seinem Hirn, ließ ihn nicht los. Er konnte es Sibylle nicht zutrauen. Nein! sagte er laut vor sich hin: Nein! und ganz hinten aus seinem Hirn kam es wie ein verschlagenes Echo: Warum nicht? Er wehrte sich gegen diesen Verdacht, schämte sich, und im selben Atemzug, wie er sich seines gemeinen Verdachtes schämte, kam er sich um dieser Scham willen lächerlich vor, ein Narr. War jetzt nicht einfach alles möglich? Seine Vernunft wehrte sich dagegen. War es möglich, daß er Sibylle, die Mutter seines Sohnes und darüber hinaus der nächste Mensch, den Rolf sich nur denken konnte, eines Tages haßte? Er hatte Angst, sie wiederzusehen.

Und jenes Wiedersehen war denn auch sehr unglücklich, scheint es. Eines Morgens im Büro, es war November, meldete man ihm, seine Gattin möchte ihn sprechen, nein, nicht am Telefon; sie säße im Vorzimmer. Nun hatte er tatsächlich eine Sitzung, mußte sie fast eine Stunde lang warten lassen. Es war elf Uhr; hätte man sich nicht einfach zum Mittagessen sehen können? Rolf ließ bitten, ging ihr zur Tür entgegen mit der stummen Frage: Was ist los? Sibylle war etwas blaß aber munter. »Ach«, sagte sie, »das ist also dein Büro?« und ging sogleich ans Fenster, um die bescheidene Aussicht kennenzulernen. Rolf fragte nicht: Wie war es in Sankt Gallen?, auch nicht: Wie war es in Paris? Es war an Sibylle, fand er, zu reden, nicht an ihm. Sie tat, als wäre nichts gewesen, und war befangen wie noch nie, plauderte als hätte sie nur einmal seine neue Arbeitsstätte sehen wollen, und rauchte hastig. Rolf hätte ja einmal nach Sankt Gallen anrufen können; wohlweislich hatte er es unterlassen. War es dies, was sie herausfinden wollte? Sibylle dankte ihm für die Überraschung des Umzugs. Was weiter? Sie hatte ein Geheimnis in den Augen, Angst auch, ohne davon zu reden oder auch nur reden zu wollen, so daß Rolf es als Farce empfand, unerträglich, Rolf hinter seinem breiten Schreibtisch, Sibylle gegenüber in dem

Fauteuil wie eine Klientin. Wollte sie die Scheidung? Plötzlich sagte er gegen seinen Willen: »Ein Herr Stiller hat angerufen, offenbar dein Liebhaber.« Bei diesem Wort zuckte sie zusammen. Es tat ihm leid, dieses Wort, und zugleich empörte es ihn, daß er nun auch noch um Entschuldigung bitten sollte, und statt dessen fügte er mit einer Fairneß, deren Herablassung ihm sehr bewußt war, hinzu: »Ich nehme an, ihr habt euch in Paris dann doch getroffen, der Anruf kam am Mittwoch.« Darauf erhob sich Sibylle wie nach einer ergebnislosen Unterredung, die aber gar nicht stattgefunden hatte, langsam und wortlos, ging zum Fenster; Rolf sah an ihren Schultern, daß sie weinte, schluchzte. Sie duldete nicht seine Hand auf ihrer Schulter, nicht einmal seinen Blick. »Ich gehe schon!« sagte sie. »Wohin?« fragte er. Sie quetschte ihre halbe Zigarette in seinen Aschenbecher, nahm ihre Handtasche, ein Tüchlein und Puder, um ihr Gesicht in Ordnung zu bringen, und sagte mit der umverschämtesten Leichtigkeit: »Nach Pontresina.« Und nach einem tiefen Atemholen, während Sibylle nun ihre Lippen malte, sagte Rolf abermals: »Wie du willst.« Dann ihre alberne Frage: »Hast du etwas dagegen?« Dann seine ebenso alberne Antwort: »Tue, was du für richtig hältst!« Und so ließ er sie gehen . . .

Und sie ging tatsächlich nach Pontresina.

Anfang Dezember, als sie sonnengebräunt zurückkehrte, schlug er die Scheidung vor. Sie überließ es ihm, die nötigen Schritte zu unternehmen. Rolf wurde nun überhaupt nicht mehr klug, als sie ihm meldete, der junge Sturzenegger hätte ihr geschrieben, daß er dringend eine Sekretärin brauchte, und sie hätte sich entschlossen, mit Hannes nach diesem Redwood-City zu fahren, Kalifornien. Noch einmal sagte Rolf: »Wie du willst!« Er glaubte es nicht. Das alles war doch eine kindische Farce! Und auch wenn sie auf das amerikanische Konsulat ging, um ihre Fingerabdrücke zu geben, er glaubte es nicht. War es denn an ihm, die erste Geste der Versöhnung zu machen? Er hatte sie nicht zur Verfügung, nicht als erster, er, der keine Ahnung hatte, was eigentlich vorgefallen war. Auf blinder Versöhnung war keine Ehe zu bauen, schien ihm. Wartete sie auf ein Wort, daß sie bleiben sollte? Auch der Platz auf der »Ile de France« war bestellt, Rolf wußte es. Vielleicht hatte Sibylle ihn in dem vergangenen Sommer vollkommen verlassen, aber darum ging es nicht einmal; ohne ihr erstes Wort, daß sie ihrerseits bleiben möchte, war es für ihn einfach nicht möglich, Sibylle darum zu bitten, ohne in seiner Ahnungslosigkeit lächerlich zu werden und eben dadurch die Ehe, die zwischen ihnen vielleicht noch möglich war, der Lächerlichkeit preiszugeben. Es war in Wahrheit nicht möglich, so jedenfalls nicht. Er durfte ihrer Drohung nicht nachgeben, dünkte ihn. Wenige Tage vor Weihnachten fuhr Sibylle mit Hannes, der damals noch nicht zur Schule ging, tatsächlich nach Le Havre, um sich für Amerika einzuschiffen.

Fünftes Heft

Die heutige Veranstaltung ist für meinen Verteidiger, diesen emsigen Mann, der nach wie vor den verschollenen Stiller verteidigt, gänzlich mißglückt: Apéritif-Konfrontation mit den führenden Kritikern des Städtchens! Und sieh da, es war einfach nett. Die Bitte eines jungen Herrn, daß ich gewisse Pointen, geschrieben vor sieben Jahren, keinesfalls persönlich nehmen dürfte, war rührend in ihrer Überflüssigkeit. Auch eine Dame war dabei, eine reife Persönlichkeit, jemand wie eine Tempelhüterin, dabei von einer menschlichen Bescheidenheit, die man auf den ersten Blick sehen kann. Meine Versicherung, daß ich gar nicht der vermeintliche Stiller bin, erleichterte die kleine Versammlung der Kritiker sichtlich, und dann kam auch der Whisky. Ich erkundigte mich bei der Dame, warum sie mir vorher die Hand verweigert hätte. Da wurde es wieder etwas peinlich, doch nur für Augenblicke. Hätte sie gewußt, daß es sich um Stiller handelte, wäre die Dame überhaupt nicht an diesen Kaffeehaustisch gekommen. Stiller muß sich dieser Dame gegenüber ganz unflätig benommen haben. Mein Verteidiger blickte mich an, und auch ich wurde neugierig; die Art und Weise, wie die Dame sich verschwieg, ließ allerhand vermuten. Stiller hatte dieser Dame einmal einen Brief geschrieben, höre ich, und sie als ›Lehrerin‹ angerempelt, bloß weil sie ihm eine wahre Künstlerschaft abzusprechen einfach durch Geist, durch Liebe zum Geist, durch innerste Verpflichtung gegenüber der Kunst aller Zeiten gezwungen war und immer gezwungen sein wird. Ich griff die Hand dieser grazil-temperamentvollen Dame, was wohl zu weit ging, und sagte: Frau Doktor, Sie reden mir aus dem Herzen! Es handelt sich um die Skulptur, die ich neulich in einer öffentlichen Anlage selbst gesehen habe. Zwar meinte die Dame es immerzu etwas anders als ich, differenzierter, aber wir unterhielten uns mit strengen Maßstäben, und infolgedessen ging es auch bald nicht mehr um den verschollenen Stiller, der solchen Maßstäben nicht standhält, sondern um die Dame selbst, um die Kritik als solche, wovon sie sehr viel versteht. Ich begreife ihren Entschluß, nie wieder über Stiller zu schreiben, Stiller einfach der Vergessenheit zu überlassen; was könnte ich in meiner Lage, wo dieser Verschollene mir überall im Wege steht, Besseres wünschen! Und auch die Herren, wie gesagt, waren einfach nett; man muß einem Kritiker nur in aller Offenheit versichern, daß man kein Künstler ist, und schon führen sie ein Gespräch mit uns, als verstünde man von Kunst soviel wie sie.

Julika verreist. Leider war sie vor ihrer Abreise gerade hier, als der Psychiater mich verhörte, der aus Angst, meine Seele könnte ihm entkommen, nicht einmal ein rasches Öffnen der Tür gestattete! Ihr kleiner Zigarren-Gruß rührte mich gerade dadurch, daß es wieder eine falsche Marke ist; Zigarren sind für sie einfach Zigarren, und da es sehr teure sind, denkt sie, werden sie mich schon freuen. Sie freuen mich auch: weil sie von Julika kommen.

Besuch von einem alten Ehepaar, Professor Haefeli und Frau, die, von meinem amtlichen Verteidiger dahin unterrichtet, daß ich Anatol Ludwig Stiller sei, das Gesuch um eine persönliche Besprechung eingereicht haben und mir auf eine durchaus persönliche Art ihre Hand geben, sich nach einigem verlegenen Schweigen auf meine Pritsche setzen, um endlich in einem vertrauensvollen, wenn auch scheuen und im Anfang geradezu bangen Ton ein offensichtlich sehr wichtiges, für sie wichtiges, lange gesuchtes Gespräch einzuleiten.

»Wir kommen«, sagt der alte Professor, »in einer ganz persönlichen Sache, die mit Ihrer derzeitigen Angelegenheit nichts zu tun hat. Sie haben unseren Sohn gekannt –«

»Alex hat viel von Ihnen gesprochen –«

»Wir haben es bedauert«, sagt der alte Professor mit einem bedächtigen Ernst, mit einer spürbaren Bemühung, sachlich zu bleiben und die Mutter, eine weißhaarige Dame, vor überbordender Erregung zu bewahren, »wir haben es sehr bedauert, daß Alex seine Freunde nie nach Hause gebracht hat. Jedenfalls sprach er von Ihnen in diesem Sinn. Ich erinnere mich an ein Gespräch, das Sie nicht überraschen wird, kurz vor seinem Tod; unser Sohn bezeichnete Sie als den nächsten Menschen, den er auf Erden habe. Dabei hörte ich, offen gestanden, Ihren Namen zum erstenmal –«

Ein Foto, von der anfänglich eher stummen Mutter, die hinter ihrer schönen Gediegenheit etwas Verstörtes zu haben scheint, mit banger Zudringlichkeit überreicht, damit ich mich erinnere, zeigt Alex, einen vielleicht Fünfundzwanzigjährigen, im schwarzen Frack, die Hornbrille in der rechten Hand, während seine linke Hand, bemerkenswert grazil, auf einem schwarzen Konzert-Flügel liegt; er macht eine knappe, etwas verhemmte Verbeugung. Es ist ein rührendes Bild, schon weil man diese verschämte Verbeugung sieht, ohne Applaus zu hören, dadurch hat sie etwas Eingefrorenes, etwas Ausgestopftes, etwas Totes im jämmerlichen Sinn. Sein Gesicht, obschon vom Blitzlicht ziemlich verflacht, ist ungewöhnlich, ebenfalls grazil, der Mutter sehr ähnlich und etwas weiblich, ohne weich zu sein; man vermutet einen Homosexuellen. Sein Gesicht hat eine seltsame Freudigkeit, die nicht aus ihm selbst zu kommen scheint, sondern von außen, von irgendwoher wie das Blitzlicht, das ihn überrascht hat, von einem nicht sichtbaren Ereignis, das ihn zur eigenen Verblüffung davon überzeugt, Grund zur Freude zu haben. Vermutlich ist es ein erster Erfolg im Konzertsaal. Man meint, das Verstörte zu sehen, das auch seine Mutter hat und das es schwierig macht, dieser im übrigen angenehmen, zweifellos sehr gebildeten Dame in die Augen zu blicken. Sie duldet nicht, daß man mit eigenen Augen auf ihren Sohn sieht. Sie will immer etwas. Sie lechzt nach Einverständnis um jeden Preis.

»Alex«, sagt sie, »hat Sie sehr geschätzt –«

Ich weiß lange nicht, was sie eigentlich will, was der Zweck dieses Besuches ist, der den beiden unglücklichen Eltern ja nicht leicht fällt, und welcher Art ihre Hoffnung, die ich erfüllen soll. »Sein Tod«, sagt der alte Professor, »ist ein bitteres Rätsel für uns, wie Sie sich wohl denken können. Jetzt sind es sechs Jahre her –«

»Und Alex war so hochbegabt!«

»Jaja«, sagt der alte Professor mit einer Tendenz, die Mutter durch rasches Einverständnis nicht zu Wort kommen zu lassen, »das war er gewiß, jaja –«

»Fanden Sie das nicht?« fragt die Mutter.

»Was seinen Tod betrifft –«, sagt der Vater.

»Das fand auch die Julika Tschudy!« betont die Mutter, »es gibt sogar einen Brief von Ihrer lieben Frau, die unser Alex, wie Sie wissen, als Künstlerin sehr verehrt hat, und ich werde es Ihrer verehrten Frau nie vergessen, gerade Ihre Frau hat Alex oft ermuntert, wenn er nicht mehr an sich glaubte und wenn es mit seiner Arbeit nicht ging, das weiß ich, unser Sohn hat sich vor niemand so geschämt wie vor Frau Julika. Ohne ihre liebevolle Ermunterung —«

Der alte Professor, von der Gattin unterbrochen und in Höflichkeit verstummt, zündet sich unterdessen eine Zigarette an, die er später gar nicht raucht, und eine Zeitlang, während die weißhaarige Dame allein spricht, ist es, als ginge es wirklich darum, die hoffnungsvolle und vielversprechende Hochbegabtheit eines jungen Toten zu bezeugen, ja, als brauchte sie eine Empfehlung zuhanden des lieben Gottes für ihren toten Sohn als Pianist. Ich verstehe den alten Professor, der in dieser Richtung einfach zustimmt, seinerseits von anderen Fragen bedrängt. Sooft er glaubt, ich merke es nicht, sieht er mich übrigens in einer Weise an, als wäre der verschollene Stiller daran schuld, daß Alex sich eines Vormittags, nach einer Ballett-Probe im Stadttheater, vor den Gasherd gesetzt hat. Zuweilen sprechen auch beide Eltern zusammen, begreiflicherweise erregt, da alles wieder vor ihren Augen erscheint, als wäre es gestern geschehen. Als Fremder hat man das verwirrende Gefühl, daß eigentlich zwei Söhne sich das Leben genommen haben, zwei ganz verschiedene Söhne, zu vereinigen nur dadurch, daß sich ein einziger Grund für ihren Selbstmord erfinden ließe. Darum geht es. Ich soll wissen, wer Alex, ihr einziges Kind, gewesen ist. Er hat sich vor einen Gasherd gesetzt, wie man's aus Zeitungsberichten und Romanen kennt, er hat sämtliche Hahnen aufgedreht, einen Regenmantel über den Gasherd und seinen Kopf gehängt, in der Hoffnung geatmet, daß der Tod einfach das Ende sei, eine bläuliche Betäubung geatmet, vielleicht geschrien, aber schon ohne Stimme geschrien. Er sei vom Sessel gefallen, heißt es, er konnte seinen Irrtum nicht mehr verlassen; er hatte plötzlich keine Zeit mehr. Jetzt ist es zu spät. Seit sechs Jahren schon ist er ohne Zeit. Er kann sich nicht mehr selbst erkennen, jetzt nicht mehr. Er bittet um Erlösung. Er bittet um den wirklichen Tod ... Nach einer Weile gebe ich das Foto zurück, wortlos.

»Was haben Sie mit Alex gesprochen?« schluchzt die Mutter, »was haben Sie —«

»Beruhige dich«, sagt der Vater.

»Schweigen Sie nicht!« fleht die Mutter, »sagen Sie es, um Gottes willen, schweigen Sie nicht!«

Ihr Schluchzen macht sie wortlos. Als der Wärter kommt, um sich zu erkundigen, wie es seine Pflicht ist, geben wir ihm einen stummen Wink, damit er wieder geht; er wird es Dr. Bohnenblust melden, weiß ich. In Gegenwart meines Verteidigers werde ich überhaupt nicht sprechen, das ist gewiß, so leid mir diese Eltern tun, der alte Professor vor allem, der umständlich genug, da er etwas beleibt ist, ein sauberes Taschentuch in seinen Hosen sucht, schließlich auch findet und der weißhaarigen Mutter, die beide Hände vor ihrem Gesicht hat, lange erfolglos anbietet.

»Das wissen Sie wohl nicht«, sagt die Mutter später mit einer gefaßten oder auch nur erschöpften Stimme, nachdem sie das Taschentuch benutzt hat und es jetzt mit ihren feinen Händen immerzu büschelt, »in seinem kleinen Abschiedsbrief – das können Sie ja nicht wissen – Alex schreibt, er habe lange mit Ihnen gesprochen, Sie haben ihm recht gegeben! – schreibt er.«

Der Vater zeigt den oft beweinten Brief.

»Worin«, schluchzt die Mutter aufs neue, »worin haben Sie ihm recht gegeben? Seit sechs Jahren –«

Es ist ein sehr kurzer Brief, eigentlich ein zärtlicher Brief. Die Anrede: Geliebte Eltern! Ein ›Grund‹ für den bevorstehenden Selbstmord wird nicht angegeben. Er bittet eigentlich nur die geliebten Eltern, ihm zu verzeihen. In bezug auf Stiller heißt es: ›Dann habe ich auch nochmals mit Stiller gesprochen, alles was er sagt, gibt mir recht, es hat keinen Sinn. Stiller redet eigentlich bloß von sich selbst, aber alles was er dabei sagt, gilt auch für mich.‹ Es folgen einige Anordnungen betreffend das Begräbnis, insbesondere der Wunsch, daß kein Pfarrer zugegen ist, es soll auch nicht Musik gemacht werden … Als ich den Brief wortlos zurückgebe, fragt auch der Vater:

»Können Sie sich erinnern, was Sie an jenem Tag mit unserem Alex gesprochen haben?«

Meine Erklärungen, ich höre es selbst, klingen wie Ausflüchte. Aber auch so, sehe ich, beruhigen sie mehr als mein Schweigen. »Hoffentlich haben Sie meine Frau nicht mißverstanden«, sagt der alte Professor nach meinem Verstummen, »wir können ja nicht behaupten, daß Sie es damals gewesen sind, und überhaupt – ob Sie nun Herr Stiller sind oder nicht! – wir haben niemand Vorwürfe zu machen, daß er unseren armen Alex nicht hat bewahren können. Um Gottes willen! Auch ich, sein Vater, habe ihn nicht bewahren können …«

»Und dabei«, sagt die Mutter mit stillen Tränen, »dabei war Alex so ein wertvoller Mensch –«

»Er war hochmütig«, sagt der Vater.

»Wie kannst du –«

»Er war hochmütig«, sagt der Vater.

»Alex?«

»Wie du und ich, wie alle um ihn herum«, sagt der alte Professor und wendet sich wieder an mich, »Alex war homosexuell, das wissen Sie, es war nicht leicht für ihn, sich selbst anzunehmen. Aber leicht ist es für uns alle nicht, das ist wahr. Hätte er damals einen Menschen getroffen, der ihn nicht bloß ermunterte mit Worten und Erwartungen, sondern einen Menschen, der zeigte, wie man mit seiner Schwäche lebt –«

Die Mutter schüttelt den Kopf.

»Das ist richtig«, sagt der alte Professor, ohne auf den stummen Widerspruch der weißhaarigen Dame einzugehen, sozusagen unter Männern, »ich glaube auch, daß bei Leuten, die Erfolg brauchen wie Sauerstoff, um leben zu können, allerhand nicht in Ordnung ist. Aber was habe ich dagegen getan? Ich habe ihm den Erfolg nur verächtlich gemacht, nichts weiter. Das Ergebnis: Der Bub schämte sich auch noch, ehrgeizig zu sein! Statt sich endlich einmal zu dulden, so wie er ist, sich selbst einmal zu lieben, Sie verstehen, wie ich's meine. Es hätte ihn jemand wirklich lieben müssen! Was ich ihm gewesen bin: ein guter Mittelschullehrer, mag sein, ich förderte seine Begabungen, wo ich nur konnte, und mit seiner Schwäche blieb er einfach allein. Meine ganze Erziehung bestand darin, ihn von seiner Schwäche zu trennen. Bis er sich selbst von seiner Schwäche hat trennen wollen, der dumme Bub –«

Abermals weint die Mutter.

»Unser Sohn ist zu Ihnen gekommen«, klagt sie, »warum haben Sie ihm denn all das nicht gesagt? Sie haben gesprochen mit ihm – damals!«

Schweigen.

»Es ist furchtbar«, sagt der alte Professor, während er sich den Zwicker putzt und ganz kleine, blinzelnde Augen hat, »es ist furchtbar, wenn man sieht, daß man einen Menschen, der uns liebte, nicht hat retten können . . . Nach jenem Gespräch habe ich gedacht, daß dieser Stiller – Alex redete so herzlich von ihm, nicht wahr, Berta, und wie von einem wirklich lebendigen Menschen –«

Kurz darauf kommt mein Verteidiger.

Julika schreibt aus Paris. Adresse: Herrn A. Stiller, z. Z. Untersuchungshaft Zürich. Und es ist angekommen; leider. Anrede: Mein lieber Anatol! Sie ist gut gereist, und in Paris scheint die Sonne. Unterschrift: Deine Julika. Ich habe das Brieflein langsam in hundert Fetzen zerrissen; aber was ändert es –!

Heute wieder sehr klar: das Versagen in unserem Leben läßt sich nicht begraben, und solange ich's versuche, komme ich aus dem Versagen nicht heraus, es gibt keine Flucht. Aber das Verwirrende: die andern halten es für selbstverständlich, daß ich ein anderes Leben nicht vorzuweisen habe, und also halten sie, was ich auf mich nehme, für mein Leben. Es ist aber nie mein Leben gewesen! Nur insofern ich weiß, daß es nie mein Leben gewesen ist, kann ich es annehmen: als mein Versagen. Das heißt, man müßte imstande sein, ohne Trotz durch ihre Verwechslung hindurchzugehen, eine Rolle spielend, ohne daß ich mich selber je damit verwechsle, dazu aber müßte ich einen festen Punkt haben –

Mein Staatsanwalt gesteht, daß er die Blumen für seine Gattin vergessen hat; dafür macht er den Vorschlag, ich sollte doch seine Gattin einmal in der Klinik besuchen und meine Blumen (aus seinem Geld) persönlich bringen. Es würde seine Gattin, meinte er, ungemein freuen.

Herr Sturzenegger war hier. Ich hatte geschlafen, und als ich einigermaßen erwachte, saß er bereits auf meiner Pritsche; er hatte auch schon mit beiden Händen – und daran war ich wohl erwacht – meine rechte Hand ergriffen.

»Mein Lieber«, fragt er, »wie geht's dir?«

Langsam richte ich mich auf.

»Danke«, sage ich, »wer sind Sie?«

Er lacht. »Du kennst mich nicht mehr?«

Ich reibe mir die Augen.

»Willi!« nennt er sich und wartet auf den Ausbruch meiner Herzlichkeit; ich kann es ihm indessen nicht ersparen, sich ordentlich vorzustellen; mit einem Unterton von Mißmut fügt er hinzu: »– Willi Sturzenegger –«

»Ah«, sage ich, »erinnere mich.«

»Endlich!«

»Mein Staatsanwalt hat von Ihnen erzählt.«

Das also ist Sturzenegger, Freund von Stiller, ehedem junger Architekt, der von konsequenter Modernität schwärmte, heute ein Mann von Karriere, ein Mann der fidelen Resignation, ein Mann, der mit beiden Beinen auf der Erde steht, und als Arrivierter natürlich von betonter Kameradschaftlichkeit.

»Und du?« fragt er sofort, ohne seine Erfolge gemeldet zu haben, mit der Hand auf meiner Schulter, »was machst denn du, mein Guter, daß sie dich in dieses subventionierte Appartement stecken?«

Er nimmt, wie erwartet, alles sehr fidel, auch meine Bitte, er möge mich nicht für den verschollenen Stiller halten.

»Im Ernst«, sagt er dann, »wenn ich dir irgendwie helfen kann –«

Einmal mehr spüre ich etwas Unheimliches, eine Mechanik in den menschlichen Beziehungen, die, Bekanntschaft oder gar Freundschaft genannt, alles Lebendige sofort verunmöglicht, alles Gegenwärtige ausschließt. Ein Häftling wie ich, was soll ich schon mit einer Banknote anfangen? Aber es funktioniert alles wie ein Automat: oben fällt der Name hinein, der vermeintliche, und unten kommt schon die dazugehörige Umgangsart heraus, fix und fertig, ready for use, das Klischee einer menschlichen Beziehung, die ihm (so sagt er) wie kaum eine andere am Herzen liegt.

»Das kannst du mir glauben«, sagt er, »sonst säße ich nicht mitten in der Arbeitszeit hier auf deiner Pritsche.«

Eine volle Stunde lang spielen wir Sturzenegger und Stiller, und das Unheimliche: es geht vortrefflich, reibungslos. Sein Spaß und sein Ernst sind heute noch, sieben Jahre nach ihrer letzten Begegnung, dermaßen auf den verschollenen Freund eingespielt, daß ich (jedermann an meiner Stelle) meistens ohne Schwierigkeit erraten kann, wie ihr Stiller sich in diesem oder jenem Punkt eines Gesprächs verhalten hat, also auch jetzt verhalten würde. Zuweilen wird es gespenstisch; Sturzenegger schüttelt sich vor Lachen, ich weiß nicht wieso. Er kennt den Witz, den sein verschollener Freund jetzt nicht würde unterlassen können, und ich brauche diesen Witz gar nicht zu machen, nicht einmal zu kennen. Herr Sturzenegger schüttelt sich schon vor Lachen. Dann erscheint er wie ein Hampelmann an den unsichtbaren Fäden der Gewöhnung, kein Mensch. Nachher habe ich kaum eine Ahnung, wer dieser Sturzenegger eigentlich ist. Das macht mich, da

ich meinerseits nichts dagegen vermag, melancholisch schon während unserer lustigen Unterhaltung. Sein Zuspruch, ich solle doch den Mut nicht
verlieren, überhaupt seine ganze Freundschaft ist eine Summe von Refle-
xen auf eine abwesende Person, die mich nicht interessiert. Einmal versuche ich, es zu sagen; vergeblich. Denn für alles andere, was ich sozusagen
auf meiner eigenen Wellenlänge sende, hat er einfach keine Antenne,
scheint es, oder er stellt sie nicht ein; jedenfalls kommt es zu keinem Empfang, nur zu Störungen, die ihn nervös machen, so daß er in meiner Bibel
blättert.

»Sag mal —« unterbricht er, »seit wann liest du denn die Bibel?« Sein
Freund, so merke ich, war Atheist, dabei ein arger Moralist; wozu rechtfertigte sich Sturzenegger sonst, daß er in den letzten Jahren so großartig verdient hat? Ich habe keine Vorwürfe gemacht. Ein andermal, da ich
schweige, sagt er:

»Jaja, mag sein, im Kommunismus steckt natürlich eine große Idee —
aber die Wirklichkeit, mein Lieber, die Wirklichkeit!« Fast eine halbe
Stunde lang schildert er mir die Sowjetunion, wie sie in den Zeitungen
steht, in einem Ton der Belehrung, als schwärme ich für die Sowjetunion;
ich sitze wie vor einem Radio, höre die Stimme eines Menschen, der in die
Leere hinaus redet und den anderen Menschen, der ihn zufällig hört, nicht
sehen kann. Woher soll er wissen, wen er anredet? Daher sind auch keine
Einwände möglich, keine Winke, nicht einmal ein Zeichen gelegentlichen
Einverständnisses. Sturzenegger redet, als ich mich erhebe, und redet, als
ich an meinem Gitterfenster stehe, lange schon verstummt, Blick in die
herbstbraune Kastanie. Sein verschollener Freund (Sturzenegger redet ja
nur zu ihm!) scheint mir ein sehr naiver Kommunist gewesen zu sein, genauer: ein romantischer Sozialist, wofür die Kommunisten, fürchte ich,
sich bedanken würden. Als einer, der die Sowjetunion nicht kennt, kann
ich vor der Alternative, auf Stiller oder auf Kravchenko zu schwören, meinerseits nur die Achsel zucken; es überzeugen mich beide nicht.

»Übrigens — Sibylle erwartet ein Kind, das weißt du?« sagt Sturzenegger,
um den Ton zu wechseln, und fügt hinzu: »Neulich traf ich Julika, sie sieht
ja großartig aus!«

»Das finde ich auch.«

»Wer hätte das gedacht!« lacht er, »aber habe ich es nicht immer gesagt?
Die stirbt nicht daran, wenn du sie verläßt, im Gegenteil, ich habe sie nie
so gesund gesehen, geradezu blühend —«

Ich vernehme wieder allerlei.

»Erzähle einmal!« sagt er, »du bist ja um die halbe Welt gestrolcht, höre ich. Wie fühlst du dich denn wieder bei uns? Wir haben gebaut, mein Lieber. Hast du schon etwas gesehen?«

»Ja«, sage ich, »etwas.«

»Und was sagst du denn dazu?«

»Ich staune«, sage ich, aber Herr Sturzenegger, der Architekt, will es natürlich genau wissen, worüber ich staune. Und da er natürlich ein Lob erwartet, sage ich denn auch alles, was ich mit gutem Gewissen loben kann: wie sauber sie hierzulande bauen, wie sicher, wie schmuck, wie gediegen, wie seriös, wie makellos, wie gewissenhaft, wie geschmackvoll, wie gepflegt, wie gründlich, wie ernsthaft und so weiter, alles wie für die Ewigkeit. All dies gibt Sturzenegger zu, vermißt aber Begeisterung, und in der Tat, ich habe sie nicht. Ich wiederhole nochmals alle gebrauchten Beiwörter: schmuck, gepflegt, gewissenhaft, säuberlich, nett, putzig. Aber all dies, wie gesagt, geht unter den Begriff der materiellen Qualität, die ja eine schweizerische Eigenschaft ist. Ich sage: Qualität, ja, das ist das Wort, ich staune über die Qualität! Aber Sturzenegger will durchaus eine Begründung, warum ich, obzwar ich überall Qualität sehe, nicht begeistert bin. Nun ist es immer heikel, ein fremdes Volk zu deuten, und wenn man dann noch sein Gefangener ist! Sie selber, höre ich von Sturzenegger, nennen es Mäßigung, was mir auf die Nerven geht; überhaupt haben sie allerlei Wörter, um sich damit abzufinden, daß ihnen jede Größe fehlt. Ob es gut ist, daß sie sich damit abfinden, weiß ich nicht. Verzicht auf das Wagnis, einmal zur Gewöhnung geworden, bedeutet im geistigen Bezirk ja immer den Tod, eine gelinde und unmerkliche, dennoch unaufhaltsame Art von Tod, und in der Tat (soweit ich von meiner Zelle aus und auf Grund einiger Ausflüge urteilen darf) finde ich, daß die schweizerische Atmosphäre heute etwas Lebloses hat, etwas Geistloses in dem Sinn, wie ein Mensch stets geistlos wird, wenn er nicht mehr das Vollkommene will. Ihre offenkundige Sucht nach materieller Perfektion, wie sie sich in ihrer heutigen Architektur und auch sonst manifestiert, sehe ich als unbewußte Ersatzleistung; sie brauchen diese materielle Perfektion, weil sie in der Idee nie sauber sind, nie kompromißlos. Um nicht gröblich mißverstanden zu werden: nicht der politische Kompromiß, der die Demokratie ausmacht, ist das Bedenkliche, sondern der Umstand, daß die allermeisten Schweizer außerstande sind, an einem geistigen Kompromiß überhaupt noch zu leiden. Sie helfen sich, indem sie das Bedürfnis nach Größe schlechterdings verpönen. Ist es aber nicht so, daß der gewohnheitsmäßige und also billige Verzicht auf das Große (das Ganze, das Vollkommene, das Radikale) schließlich zur Impotenz sogar der Phantasie führt? Die Armut an Begeisterung, die allgemeine Unlust, die uns in diesem Land entgegenschlägt, sind doch wohl deutliche Symptome, wie nahe sie dieser Impotenz schon sind ...

»Bleiben wir bei der Architektur!« meint Sturzenegger.

Es folgt eine Unterhaltung über jenes Gebiet, das sie die Altstadt nennen. Die Idee, die Stadt der Vorfahren zu erhalten und als Reminiszenz zu pflegen, finde ich nobel. Und daneben, im geziemenden Abstand, baue man die Stadt unserer Zeit! In Tat und Wahrheit aber, soweit ich sehe, machen sie weder das eine noch das andere, sondern sanieren sich zwischen jeder Entscheidung hindurch. Architekten voll Talent und Heimatliebe bauen, wie ich neulich gesehen habe, Geschäftshäuser im ungefähren Maßstab des sechzehnten oder siebzehnten oder achtzehnten Jahrhunderts. Ein kniffliges Unterfangen! Zwar ist es möglich, Eisenbeton zu tarnen (wie eine Schande) mit Quadern aus Sandstein, mit Stichbogen und mit echten Erkerlein aus dem Mittelalter; doch ganz vereinen lassen sie sich nicht, scheint es, Pietät und Rendite, und was dabei herauskommt, ist ja wohl so, daß kein Negersoldat auf Urlaub derlei für Altes Europa hält. Halten sie es dafür? Die Gäßlein-Stadt ihrer Vorfahren schlechterdings niederzureißen, um Platz zu schaffen für ihre heutige Stadt, erschiene ihnen verrückt, verbrecherisch; es gäbe einen papiernen Sturm der Empörung. In Wirklichkeit machen sie etwas viel Verrückteres: sie verpfuschen die Stadt ihrer Vorfahren, ohne dafür eine neue, eine heutige, eine eigene zu bauen. Woher kommt es, daß solcher Schwachsinn, den man als Fremdling sofort sieht, die Einheimischen offenbar nicht erschreckt? Sturzenegger kann nichts für die Verballhornung ihrer Altstadt, hingegen zeigt er mir Fotos von seiner neuen Siedlung draußen bei Oerlikon, einem Vorort von Zürich, in der Welt bekannt durch seine Waffen-Export-Industrie; eine Siedlung im Maßstab einer vergangenen, und zwar endgültig vergangenen Zeit, eine Idyllik, die keine ist. Wie soll ich Sturzenegger erklären, woher mein Unbehagen kommt, wenn ich so etwas sehe? Es ist sehr geschmackvoll, sehr sauber, sehr seriös; aber Kulisse ringsherum. Und um nicht zu sagen, daß ich es zum Kotzen finde, frage ich sachlich, ob die Schweiz denn so unerschöpflich viel Land hat, um in diesem ›Stil‹ noch einige Jahrzehnte bauen zu können. Das scheint nicht der Fall zu sein. Was heißt Tradition? Ich dächte: sich an die Aufgaben seiner Zeit wagen mit dem gleichen Mut, wie die Vorfahren ihn gegenüber ihrer Zeit hatten. Alles andere ist Imitation, Mumifikation, und wenn sie ihre Heimat noch für etwas Lebendiges halten, warum wehren sie sich nicht, wenn die Mumifikation sich als Heimatschutz ausgibt? ... Sturzenegger lacht:

»Wem sagst du das! Ich wettere seit Jahren – natürlich nicht öffentlich – dabei ist unsere Altstadt gar nicht der einzige Schildbürgerstreich, weißt du –«

Er schildert mir einige andere, die ich als Häftling nicht überprüfen kann. Sein auffallend eifriges Einverständnis (leider merke ich es erst nach einer ziemlichen Weile) gründet sich allerdings nicht auf eine Kongruenz unserer Gesinnung, sondern auf ein Ressentiment; Sturzenegger spöttelt über den Oberbaumeister ihres Städtchens, dem er anderseits, wie er zugibt, nicht unbeträchtliche Aufträge verdankt, und es ist nur sehr menschlich, daß er einem Fremdling gegenüber, der ihren Oberbaumeister nicht persönlich kennt, zu einer geradezu draufgängerischen Offenheit kommt, die ihm wohltut. Auf meiner Seite hinwiederum ist es menschlich, daß ich mich nicht für diese oder jene Persönlichkeit interessiere, sondern für die allgemeine Geisteslage des Landes, dessen Gefangener ich bin. Ich möchte das Wesen erkennen, das über mich richten wird; das ist wohl ein natürliches Bedürfnis. Es interessiert mich also, wenn wir über Architektur reden, lediglich die Frage, wieweit es einem schweizerischen Städtebauer überhaupt möglich ist, kühn zu sein, zukünftig zu sein in einem Volk, das eigentlich, wie mir scheint, nicht die Zukunft will, sondern die Vergangenheit. Hat die Schweiz (so frage ich Sturzenegger) irgendein Ziel in die Zukunft hinaus? Zu bewahren, was man besitzt oder besessen hat, ist eine notwendige Aufgabe, doch nicht genug; um lebendig zu sein, braucht man ja auch ein Ziel in die Zukunft hinaus. Welches ist dieses Ziel, dieses Unerreichte, was die Schweiz kühn macht, was sie beseelt, dieses Zukünftige, was sie gegenwärtig macht? Sie sind sich einig in dem Wunsch, daß die Russen nicht kommen; aber darüber hinaus: Was ist, wenn ihnen die Russen erspart bleiben, ihr eigenes Ziel? Was wollen sie aus ihrem Land gestalten? Was soll entstehen aus dem Gewesenen? Was ist ihr Entwurf? Haben sie eine schöpferische Hoffnung? Ihre letzte große und wirklich lebendige Epoche (laut Vorträgen meines Verteidigers) war die Mitte des neunzehnten Jahrhunderts, die sogenannten Achtundvierziger-Jahre. Damals hatten sie einen Entwurf. Damals wollten sie, was es zuvor noch nie gegeben hatte, und freuten sich auf das Morgen, das Übermorgen. Damals hatte die Schweiz eine geschichtliche Gegenwart. Hat sie das heute? Das Heimweh nach dem Vorgestern, das die meisten Menschen hierzulande bestimmt, ist bedrückend. Es zeigt sich (sofern unsere Gefängnisbibliothek repräsentativ ist, das heißt dem Geschmack der offiziellen Stiftungen entspricht) in der Literatur: die meisten und wohl auch besten Erzählungen entführen in die ländliche Idylle; das bäuerliche Leben erscheint als letztes Reduit der Innerlichkeit; die meisten Gedichte meiden jede Metaphorik, die der eigenen Erfahrungswelt des Städters entstammen würde, und wenn nicht mit Pferden gepflügt wird, liefert das Brot ihnen keine Poesie mehr; eine gewisse Wehmütigkeit, daß das neunzehnte Jahrhundert immer weiter zurückliegt, scheint die wesentlichste Aussage im schweizerischen Schrifttum zu sein. Und genau so die offizielle Architektur: wie zögernd und lustlos ändern sie den Maßstab ihrer wachsenden Städte, wie wehmütig, wie widerspenstig und halbbatzig. Einmal meint Sturzenegger: »Jaja, aber ganz praktisch gesprochen: als Architekt, was soll ich machen, wenn das Baugesetz nur drei Stockwerke zuläßt: Man muß gerecht sein –«

Auf die Frage, wer denn ihre Baugesetze mache, antwortet er nicht, sondern schildert weiterhin die gesetzlichen Hindernisse, die einen modernen Städtebau platterdings verunmöglichen, und ich erfahre allerlei, was ich als Laie nicht wußte, jedoch keinerlei Antwort, warum sie die betreffenden Gesetze nicht ändern. Sturzenegger sagt nur: Wir sind eine Demokratie! Ich verstehe ihn nicht. Worin bestünde denn die Freiheit einer demokratischen Verfassung, wenn nicht eben darin, daß sie dem Volk immerfort das Recht gibt, seine Gesetze im demokratischen Sinn zu verändern, wenn es nötig ist, um sich in einem veränderten Zeitalter behaupten zu können? Es fragt sich nur, ob sie wollen. Ich verwahre mich gegen die gefährliche Meinung, daß Demokratie etwas sei, was sich nicht verwandeln kann, und gegen ihre andere Meinung, man bleibe frei wie die Väter, indem man nicht über die Väter hinauszugehen wagt. Was heißt realistisch? Sturzenegger sagt immer: Ideen, nun ja, das ist ja schön und recht, aber wir müssen doch realistisch sein. Was heißt das? Zwar gibt Sturzenegger, als wir über die romantische Zweistöckigkeit ihrer Siedlungen reden, aus fachmännischen Überlegungen durchaus zu, daß es immer weniger gelingen wird, im Stil des neunzehnten Jahrhunderts zu leben, und daß es der größte aller Schildbürgerstreiche ist, wie sie ihr knappes Land noch immer mit solchen Siedlungen verdorfen; darum immer wieder meine blanke Frage: Was ist eure Idee hier? Die Geschichte wird nicht stehenbleiben, auch wenn die Schweizer es noch so wünschen. Wie wollt ihr, ohne einen neuen Weg zu gehen, ihr selber bleiben? Die Zukunft ist unvermeidlich. Wie also wollt ihr sie gestalten? Man ist nicht realistisch, indem man keine Idee hat.

Sein Lächeln ärgerte mich schon lange, bevor es zum Krach kam, seine Miene der fidelen Resignation; bleich vor Ernst, solange er sich über die Person ihres Oberbaumeisters ausließ, und im übrigen, sobald es bloß um Ideen ging, voll wurstiger Munterkeit einer unberührten Seele, das also war dieser Herr Sturzenegger, der Architekt meines Staatsanwaltes, der Freund von Stiller.

»Mein Lieber«, sagt er zum Schluß, seine Hand auf meine Schulter gelegt, lachend, »– du bist noch immer der alte!«

Darauf schweige ich.

»Immer etwas niederreißen!« fügt er hinzu: »Immer destruktiv! Wir kennen dich ja – du alter Nihilist!«

Darauf nenne ich ihn rundheraus (der Ausdruck ist grob, doch fällt mir auch bei längerem Nachdenken kein anderer Ausdruck ein, wenn Leute wie dieser Herr Sturzenegger, Leute der fidelen Resignation, die kein Ziel mehr haben außer ihrer Bequemlichkeit, von Nihilismus reden, sobald jemand noch etwas will) ein Arschloch, und siehe da, er lacht weiter, er klopft mir nochmals auf die Schulter und hofft, daß man sich bald einmal »in unserer alten Pinte, du weißt ja!« treffen werde . . . Dann, allein in meiner Zelle, sage ich noch mehrmals diesen einzigen Ausdruck. Typen wie dieser Sturzenegger (und wie mein Verteidiger) bringen mich um jeglichen Humor; das ist es, was ich ihnen verarge.

Von Julika geträumt: – Sie sitzt in einem Boulevard-Café, vielleicht Champs-Elysées, mit Briefpapier und Füllfeder, Haltung eines Schulmädchens, das einen Aufsatz schreiben muß, ihr Blick bittet mich dringend, nicht zu glauben, was sie mir schreibt, denn sie schreibt es unter einem Zwang, ihr Blick bittet mich, sie von diesem Zwang zu erlösen . . .

Heute in der Klinik.

Sibylle (die Gattin meines Staatsanwalts) ist eine Frau von schätzungsweise fünfunddreißig Jahren, schwarzhaarig mit blauen, sehr hellen und
lebhaften Augen, in ihrem Mutterglück sehr schön, Jugend und Reife in
einer Person. Frauen in diesem Zustand haben etwas wie eine Gloriole,
die den Mann, den fremden, eher verlegen macht. Ihr Gesicht ist braun,
und wenn sie lacht, sieht man einen Mund voll beneidenswerter Zähne,
einen sehr kraftvollen Mund. Zum Glück war ihr Säugling nicht im Zimmer, ich kann mit Säuglingen ehrlicherweise nicht viel anfangen. Sie saß,
als die Oberschwester mich durch die doppelte Polstertüre führte, in einem blauen Rohrsessel draußen auf dem Balkon. Ein zitronengelber Morgenrock (Fifth Avenue, New York) steht ihr vortrefflich. Sie richtete sich
in ihrem Sessel etwas auf, nahm die finstere Sonnenbrille ab, und da die
Oberschwester sich um eine größere Vase bemühen mußte, waren wir sofort unter vier Augen. Irgendwie fühlte ich mich mit meinen Blumen sehr
komisch. Dazu setzte sie leider wieder ihre finstere Sonnenbrille auf, so
daß ich ihren Blick nicht lesen konnte. Ihr Mann, mein Staatsanwalt, hatte
mir netterweise zwanzig Franken gepumpt, so daß ich denn mit einem
Arm voll langer, beim Gang über die Linol-Treppe wippender und in Seidenpapier tuschelnder Gladiolen vor der glücklichen Mutter erschienen
war. Gott sei Dank dauerte es nicht lange, bis die Oberschwester mit einer
etwas kitschigen, jedoch umfänglichen Vase zurückkam. Es war keine
Kleinigkeit, die steifen Gladiolen einigermaßen zu büscheln. (Rosen wären
mir viel lieber gewesen, nur fand ich sie in Anbetracht, daß ich das Geld
von meinem Staatsanwalt pumpen mußte, doch zu teuer.) Es war Teezeit,
die Oberschwester hatte keine Ahnung, daß ich geradenwegs aus dem Gefängnis kam, und fragte mich mit Beflissenheit erster Klasse, ob ich Semmelchen vorzöge oder Toast. Endlich waren wir wieder allein, diesmal
ohne Aussicht auf baldige Unterbrechung.

»Stiller«, sagte sie, »was machst du für Geschichten!«

Ich bezog es auf die Gladiolen. Sie dagegen, zeigte sich, bezog es auf
meine Weigerung, der verschollene Stiller zu sein. Sie entfernte ihre dunkle
Sonnenbrille, und ich sah ihren hellen, auf eine liebevolle Weise gelassenen
Blick. Auch wenn sie nun eben ein Kind von ihrem Gatten geboren hatte,
war es doch eine verwirrende Vorstellung, von dieser Frau geliebt worden
zu sein. Natürlich blieb ich bei meiner Weigerung. Ich saß ihr gegenüber,
meinen linken Fuß über das rechte Knie gezogen, beide Hände um das

linke Knie, Blick in die alten Platanen des Parkes, während Sibylle mich
musterte.

»Du bist sehr schweigsam geworden«, meinte sie. »Wie geht es Julika?«
Sie fragte ziemlich viel.

»Warum bist du wieder zurückgekehrt?«

Es war ein merkwürdiger Nachmittag, wir tranken immer wieder Tee,
als er schon lau war, Toast und Semmelchen blieben unberührt; meine
Schweigsamkeit (was hätte ich sagen sollen?) trieb sie ihrerseits zum Erzählen. Um sechs Uhr, und da gab es keinen Aufschub, mußte sie ihren Säugling stillen.

Ich sehe jetzt ihren verschollenen Stiller schon ziemlich genau: – er ist
wohl sehr feminin. Er hat das Gefühl, keinen Willen zu besitzen, und besitzt in einem gewissen Sinn viel zuviel, nämlich so wie er ihn einsetzt; er
will nicht er selbst sein. Seine Persönlichkeit ist vage; daher ein Hang zu
Radikalismen. Seine Intelligenz ist durchschnittlich, aber keineswegs geschult; er verläßt sich lieber auf Einfälle und vernachlässigt die Intelligenz;
denn Intelligenz stellt vor Entscheidungen. Zuweilen macht er sich Vorwürfe, feige zu sein, dann fällt er Entscheidungen, die später nicht zu halten sind. Er ist ein Moralist wie fast alle Leute, die sich selbst nicht annehmen. Manchmal stellt er sich in unnötige Gefahren oder mitten in eine
Todesgefahr, um sich zu zeigen, daß er ein Kämpfer sei. Er hat viel Phantasie. Er leidet an der klassischen Minderwertigkeitsangst aus übertriebener
Anforderung an sich selbst, und sein Grundgefühl, etwas schuldig zu bleiben, hält er für seine Tiefe, mag sein, sogar für Religiosität. Er ist ein angenehmer Mensch, hat Charme und streitet nicht. Wenn es mit Charme
nicht zu machen ist, zieht er sich zurück in seine Schwermut. Er möchte
wahrhaftig sein. Das unstillbare Verlangen, wahrhaftig zu sein, kommt
auch bei ihm aus einer besonderen Art von Verlogenheit; man ist dann mitunter wahrhaftig bis zum Exhibitionismus, um einen einzigen Punkt, den
wunden, übergehen zu können mit dem Bewußtsein, besonders wahrhaftig zu sein, wahrhaftiger als andere Leute. Er weiß nicht, wo genau dieser
Punkt liegt, dieses schwarze Loch, das dann immer wieder da ist, und
hat Angst, auch wenn es nicht da ist. Er lebt stets in Erwartungen. Er liebt
es, alles in der Schwebe zu lassen. Er gehört zu den Menschen, denen überall, wo sie sich befinden, zwanghaft einfällt, wie schön es jetzt auch an-

derswo sein möchte. Er flieht das Hier-und-Jetzt zumindest innerlich. Er mag den Sommer nicht, überhaupt keinen Zustand der Gegenwärtigkeit, liebt den Herbst, die Dämmerung, die Melancholie, Vergänglichkeit ist sein Element. Frauen haben bei ihm leicht das Gefühl, verstanden zu werden. Er hat wenig Freunde unter Männern. Unter Männern kommt er sich nicht als Mann vor. Aber in seiner Grundangst, nicht zu genügen, hat er eigentlich auch Angst vor den Frauen. Er erobert mehr, als er zu halten vermag, und wenn die Partnerin einmal seine Grenze erspürt hat, verliert er jeden Mut; er ist nicht bereit, nicht imstande, geliebt zu werden als der Mensch, der er ist, und daher vernachlässigt er unwillkürlich jede Frau, die ihn wahrhaft liebt, denn nähme er ihre Liebe wirklich ernst, so wäre er ja genötigt, infolgedessen sich selbst anzunehmen – davon ist er weit entfernt!

Kaum ist man in diesem Land, so hat man schlechte Zähne. Und kaum melde ich meine Zahnschmerzen, so soll ich zum Zahnarzt von Herrn Stiller gebracht werden. Als gäbe es hier keine andern! Sein Name ist übrigens anhand einer nie bezahlten Rechnung, die mein Verteidiger in seinem Dossier umherträgt, alsbald ermittelt. Sofort wird angerufen. Zum Glück (und zum sichtlichen Bedauern meines Verteidigers) stellt sich heraus, daß dieser Zahnarzt vor kurzem verstorben ist. Ich werde bei seinem Nachfolger angemeldet – also bei einem Mann, der Stiller nie gesehen hat und nicht behaupten kann, er erkenne mich wieder.

Sechstes Heft

Das Atelier des verschollenen Stiller – wie Frau Sibylle, die Gattin meines Staatsanwaltes, es schildert – muß ein großer, lichter Raum gewesen sein, ein Dachboden irgendwo in dieser Altstadt, ein Raum, der durch den Mangel an Möbeln, selbst an nützlichen, wo Sibylle etwa Hut und Tasche hätte ablegen können, wohl noch größer wirkte, als er war. Ihre Schätzung: zehn auf fünfzehn Meter! dürfte übertrieben sein, wie genau Sibylle sich im übrigen an dieses Atelier scheint erinnnern zu können. Man ging auf alten girrenden Tannenbrettern, die Äste hatten, dazwischen ausgetreten waren, und unter einer Dachschräge, wo sie mehr als einmal den Kopf an-

geschlagen hatte, muß es so etwas wie eine Küche gegeben haben, Schüttstein aus rotem Terrazzo, Gasherdchen, Schrank mit allerlei kunterbuntem
Geschirr. Auch eine Couch war wohl da; denn Stiller wohnte ja im Atelier;
ferner ein Büchergestell, wo Sibylle, Tochter aus bürgerlichem Haus, zum
erstenmal das Kommunistische Manifest sah, daneben Tolstoi mit Anna
Karenina, etwas von dem vielgenannten Karl Marx, dann Hölderlin, Hemingway, auch Gide, und Sibylle schenkte dann ebenfalls noch das eine
und andere, was zur Buntscheckigkeit dieser Bibliothek beitrug. Teppiche
gab es wohl keine. Hingegen erinnert sich Sibylle an alle fünf Windungen
eines langen Ofenrohrs, das sehr romantisch gewesen sein soll. Und das al-
lerschönste: mit einem wackeren Schritt (als Dame mußte sie wohl den engen Rock etwas emporziehen) konnte man aufs Dach hinaustreten, auf
eine Zinne mit rostigem Geländer, mit vermoostem Kies und Teer, der
an den weißen Schuhen klebte, und abermals mit viel Romantik: mit gurrenden Tauben in der Dachrinne, mit Giebeln ringsum, mit Lukarnen und
Kaminen und Brandmauern, mit Katzen, mit Höfen voll wilder Teppichklopferei, mit Geranien, mit flatternder Wäsche und Geläute vom Münster. Ein Lehnsessel, dereinst im Brockenhaus der Heilsarmee gekauft, war
leider damals schon nicht mehr zu benutzen; das Tuch war morsch, und
man setzte sich besser auf den Kehrichteimer, was für Sibylle, die Gattin
meines Staatsanwaltes, offenbar gleichfalls von einem ganz besonderen
Reiz war. Jedenfalls hat man den Eindruck, sie erinnere sich trotz allem
nicht ungern an jenes Atelier. Drinnen gab es einen großväterlichen Schaukelstuhl, wo man sich wippen lassen konnte, was ja unweigerlich eine Stimmung des Übermuts, des gelassenen Übermuts erzeugt, und alles, was
es hier gab, hatte für Sibylle, wenn sie aus ihrem ordentlichen Haushalt
kam, den Zauber des Provisorischen. Der Schlauch am Wasserhahn war
stets nur mit einer Schnur befestigt, ein Vorhang hing an Reißnägeln, dahinter stand ein alter Koffer mit schweren Scharnieren, jetzt als Wäsche-
truhe verwendet. Wohin man blickte, hatte man in diesem Atelier das erregende Gefühl, jederzeit aufbrechen und ein ganz anderes Leben beginnen
zu können, also genau das Gefühl, das Sibylle damals brauchte.

Ihr erster Besuch war ein Überfall gewesen.

»Ich komme nur auf einen Sprung!« sagte sie und hätte selber nicht geglaubt, daß sie dann bis Mitternacht bleiben würde. »Ich muß doch einmal
sehen, wo du eigentlich arbeitest und wohnst . . .« Stiller war unrasiert, infolgedessen etwas verlegen. Er gab ihr einen Cinzano. Und während er sich

hinter dem Vorhang am Schüttstein rasierte, guckte Sibylle sich an, was so an den Wänden hing: eine afrikanische Maske, das Bruchstück eines keltischen Beils, ein Bildnis von Josef Stalin (das später verschwand) und ein berühmtes Plakat von Toulouse-Lautrec, ferner zwei verblaßt-bunte Banderillas aus Spanien. »Was ist denn das?« fragte sie. »Das brauchen sie beim Stierkampf«, erklärte er kurz, nach wie vor mit seinem Bart beschäftigt. »Ach ja«, sagte Sibylle beiläufig, »du bist ja einmal in Spanien gewesen. Sturzenegger erzählte uns so eine tolle Geschichte von dir . . .« Sie saß im Schaukelstuhl und lachte: »Du mit einem russischen Gewehr!« Seine Schweigsamkeit zeigte, daß sie ihn verletzt hatte, was ihr natürlich leid tat. »Sturzenegger ist ein Idiot«, sagte er hinter seinem Vorhang, »überall hausiert er mit dieser blöden Geschichte.« – »Ist sie denn nicht wahr?« – »Jedenfalls nicht so, wie Sturzenegger sie erzählt«, antwortete er mißmutig genug, so daß Sibylle sich nicht weiter nach der Geschichte mit dem russischen Gewehr erkundigte. Sie wollte ablenken, indem sie sagte: »Aber in Spanien bist du doch gewesen –« Sibylle ärgerte sich über sich selbst; man hätte wahrhaftig meinen können, sie wäre gekommen, um Stiller über Spanien auszuforschen . . . Man hatte sich auf einem sogenannten Künstler-Maskenball kennengelernt, damals namenlos, infolgedessen frei von allerlei Hemmungen, man hatte Zärtlichkeiten ausgetauscht, und das war kaum drei Wochen her, Zärtlichkeiten, die später, da man sich in der Wirklichkeit begegnete, fast unglaubhaft erschienen, kaum anders als heimliche Erinnerungen an einen Traum, wovon der andere nichts weiß. Nachdem nämlich Sturzenegger, sein Freund, ihren Namen verraten hatte, war ein Wiedersehen schon aus Gründen der Neugier, wie das geküßte Gesicht ohne Larve aussehen würde, unvermeidbar gewesen; man hatte sich zu einem Apéritif getroffen; man hatte in der Folge davon, daß man sich ohne Larven noch viel mehr zu sagen hatte, einen Spaziergang gemacht, und das wiederum war kaum eine Woche her, auch dieser Spaziergang, scheint es, hatte zu Zärtlichkeiten geführt, die jetzt, da Sibylle in seinem Atelier stand, fast unglaublich erschienen, kaum anders als ihre Erinnerung an den Maskenball, also wie eine heimliche Erinnerung an einen Traum, wovon der andere nichts weiß. Daher eben diese Befangenheit, diese Verlegenheit des Gesprächs! . . . »Hier also arbeitest du?« fragte Sibylle und fand es selber eine blöde, eigentlich überflüssige Frage. Sie schlenderte zwischen Skulpturen umher, nicht ohne Bangnis gefaßt darauf, daß Stiller gelegentlich seine Werke vorführen würde. »Du weißt«, sagte sie, »daß ich nichts

von Kunst verstehe?« – »Mein Glück«, sagte er hinter dem Vorhang und
lenkte selber ab. »Du bedienst dich, nicht wahr? Der Cinzano ist zum
Trinken gemeint.« Sibylle bediente sich. Sie stand mit dem Gläslein in
der Hand vor irgendeinem Gips, als Stiller, nunmehr rasiert, hervortrat
und sagte: »Das ist meine Frau.« Es war ein Kopf auf einem langen, säulen-
haften Hals, eher eine Vase als eine Frau, seltsam, und Sibylle war froh, daß
keine Äußerungen von ihr erwartet wurden. »Ist das nicht furchtbar für
deine Frau?« fragte sie immerhin, »ich fände es furchtbar, wenn du mich
so in Kunst verwandeln würdest!« Und damit war das Gespräch über seine
Arbeit eigentlich erledigt, ohne daß sich ein anderes ergab; sie standen
nun, als wären sie da, um Cinzano zu kosten, nichts weiter, beide um
einige Grade blöder, als sie in Wirklichkeit waren, und all dies vermutlich
nur aus begreiflicher Furcht, daß sie bei der leisesten Berührung neuerdings in Zärtlichkeiten verfallen würden, ohne einander wirklich kennenzulernen. »Warum interessiert dich das«, fragte Stiller, »das mit dem russischen Gewehr?« Es interessierte Sibylle nicht mehr und nicht weniger als
irgend etwas aus seiner unbekannten Vergangenheit. Es war Stiller, der
nicht von Spanien loskam, scheint es, von den verblaßt-bunten Banderillas
mit ihren spitzen Widerhaken. Um nicht die Geschichte mit dem russischen Gewehr erzählen zu müssen, die ihm offenbar peinlich war, hatte
Stiller nun begonnen, einen spanischen Stierkampf zu schildern, und zwar
genau, er stellte seinen Cinzano irgendwohin, um freie Hände zu haben.
Die beiden gekreuzten Banderillas nahm er übrigens nicht von der Wand;
er schien sie zu fürchten. »Jaja«, sagte Sibylle ab und zu, »ich verstehe –!«
Stiller schien von der Stierkämpferei sehr fasziniert zu sein, und Begeisterung, fand Sibylle, stand ihm vortrefflich, besser als jede Larve. »Und
jetzt«, erklärte Stiller, »jetzt kommt der Matador –!« Für Sibylle war der
Stier schon lange tot. »Wieso erst jetzt?« meinte sie, »wenn der Stier tot
ist?« Sie hatte nicht aufgepaßt, jedenfalls nicht auf den Stierkampf, sondern nur auf sein Gesicht; Stiller mußte die ganze Reportage von vorn beginnen. Warum war es so unerläßlich, daß Sibylle sich einen spanischen
Stierkampf vorzustellen vermochte? »Paß auf!« sagte Stiller, »– ich bin
der Stier.« Er stellte sich mitten ins Atelier, und Sibylle mußte sich aus
dem Schaukelstuhl erheben, um die Rolle des Torero zu übernehmen. Sie
lachte über diese Rollenverteilung. Sibylle hatte gar kein Bedürfnis, einen
Stier zu töten. Stiller fand sie durchaus in Ordnung, diese Verteilung der
Rollen; Sibylle brauchte nicht einmal ihr Hütchen abzulegen, im Gegen-

teil, ein Torero kann nicht zierlich genug sein. Also erstens: Der Stier
kommt in die Arena, und Sibylle mußte sich vorstellen: ringsum die blendende Helle des besonnten Sandes, Leben und Tod, Helle und Schatten
teilen die Arena, ringsum Arkaden voll Volk, bunt wie ein Beet und schwir-
rend von Stimmen, die nun verstummen, denn nun tritt Sibylle, der Torero, etwas näher. Eigentlich sind es mehrere, die den Stier mit ihren roten
Tüchern reizen, doch Stiller begnügt sich jetzt mit Sibylle. Der Stier,
schwarz wie Pech, steht in der Mitte wie in einem riesenhaften Trichter,
und der Kampf beginnt spielerisch, geradezu balletthaft, die geschwenkten
Tücher übrigens sind nicht sehr rot, vielmehr von der Sonne gebleicht und
eher rosa, aber kurz und gut, der Stier weiß nicht recht, was er soll, und
wehrt sich nur beiläufig, stößt mit seinen Hörnern ins Leere, stoppt plötzlich seinen Lauf, so daß Staub aufwölkt. Bis hierher war's eine Neckerei,
nichts weiter, ein Flirt, und ebensogut könnte man aufhören, der schwarze
Stier ist unverletzt und könnte irgendwo einen Pflug über andalusische
Äcker ziehen. Sibylle fand es scheußlich, als er von den Picadores erzählte,
die nun auf ihren erbärmlichen Schindmähren kommen und ihre Lanze in
den Nacken des Stieres bohren, um seine Kampfwut auszulösen. Sibylle
zog unwillkürlich ihren Hut ab; die Fontäne von pulsendem Blut, von
purpurnem Blut, das nun über das schwarze Fell des keuchenden Tieres
strömt und glänzt, machte sie ganz nervös. Sibylle versicherte, sie könnte
sich nie einen wirklichen Stierkampf ansehen. Aber das änderte für Stiller,
den ehemaligen Spanienkämpfer, nichts daran, daß der verwundete Stier
nun angriff, und als die alte Schindmähre, die der wütende Stier auf seine
Hörner genommen hat, mit aufgeschlitztem Bauch und mit einer nachge-
zogenen Girlande von Gedärmen aus der Arena geschleift wird, mußte Sibylle sich setzen. »Hör auf!« sagte sie mit beiden Händen vor dem Gesicht.
Aber nun, meinte Stiller, kommt ja die unvergleichlich schöne und elegan-
te Phase mit eben diesen bunten Banderillas, wonach Sibylle sich erkundigt hatte, und da Sibylle auf der Couch sitzenblieb, mußte Stiller wohl
die Rolle wechseln, überließ den Stier nun ihrer Vorstellung, um die Verwendung dieser Banderillas zu demonstrieren. Stiller nahm die Spießlein
aber nicht von der Wand, wie gesagt, er schien sie zu fürchten, als hätte
er persönlich schon die Erfahrung eines Stiers gemacht. Er demonstrierte
also ohne Requisit; nämlich: beide Arme empor, so graziös als möglich,
den gestreckten Körper ganz auf die Fußspitzen gestellt, um Höhe zu haben, Bauch eingezogen, damit der anlaufende Stier mit seinen spitzen Hör-

nern ihn nicht erwischt und nicht aufschlitzt, und dann, jetzt mußte Sibylle genau hinsehen, dann wie ein Blitz hinein mit den beiden bunten Spießlein, hinein in den Nacken, nicht einfach in den Stier hinein, sondern genau in den Nacken, graziös, präzis. Sibylle hatte Mühe, seine Bewunderung zu teilen; er sagte immer: »Das ist schon etwas!« und ließ keine Ruhe, bis sie wenigstens mit Nicken anerkannte, daß Grazie angesichts der Todesgefahr schon eine Leistung sei. »Und der Stier?« fragte sie mit einem parteiischen Unterton. »Und der Stier?« Der hat nun wohl gemerkt, daß es auf Leben und Tod geht und daß er keine andalusischen Äcker mehr pflügen wird; von Blut überströmt, im Nacken eine baumelnde Garbe von sechs solchen Banderillas, die mit Widerhaken in seinem Fleisch hängen, steht der Stier mit ersten Anzeichen von Ermattung und wehrt sich gegen seinen Schmerz, schüttelt seine Garben von bunten Spießen, aber vergeblich. Stiller zeigte ihr die Widerhaken an den beiden Banderillas. »Und das soll schön sein?« fragte sie. Stiller nannte es nicht ›schön‹, aber etwas daran, schien es, faszinierte ihn, etwas Schmerzliches auch, fast etwas Persönliches. Er nahm, im Gegensatz zu der Dame, betontermaßen keine Partei; aber er erlebte es sehr von der Seite des Stiers, griff einmal an seinen Nacken, als hätte er diese Garbe von bunten Banderillas erfahren. Und so, meinte er sachlich, geht es in die letzte Runde. Sibylle sah sie sich von der Couch aus an, unfähig, ihre lange schon zwischen die Lippen gesteckte Zigarette anzuzünden. »Danke dir«, sagte sie und zeigte ihr Dunhill-Silber, »ich habe schon Feuer.« Also die letzte Runde! Stiller etikettierte sie: Grazie gegen rohe Kraft, Licht gegen Finsternis, Geist gegen Natur. Der Geist erscheint als silbernweißer Matador, die blanke Klinge unter dem roten Tuch, nicht um zu töten, o nein, sondern um zu siegen, um die Figuren äußerster Todesgefahr zu bestehen, eine nach der andern, ohne je einen Schritt zurückzuweichen, Eleganz ist alles, Feigheit ist schlimmer als Tod, es geht um einen Sieg des Geistes über das tierische Leben, und dann erst, wenn er seine Gefahren bestanden hat, dann erst darf er seine Klinge gebrauchen; Stille füllt die Arena, der Stier mit aller Wut der Erschöpfung erkennt nochmals das rote Tuch, nimmt einen Lauf, der silber-weiße Matador bleibt stehen, und die Klinge, ja, sie steckt, das Volk tobt vor Beifall, und der Stier steht mit gespreizten Beinen, wartet, plötzlich knickt er vornüber oder bricht zur Seite, um zu sterben; seine Augen verdrehen sich, seine Beine strecken sich, der Rest ist ein regloser Klumpen, eine schwarze Masse, Hüte wirbeln in die Arena hinunter, Blumen, Damenhandschuhe,

Zigarren, Korbflaschen, Orangen ... Dann endlich brauchte Sibylle ihr silbernes Dunhill-Feuerzeug, und das Gespräch war wieder offen –
Zu Zärtlichkeiten kam es nicht.

»Deine Frau ist Tänzerin?« fragte Sibylle irgendwann einmal, ohne viel zu erfahren von dieser Frau, die Stiller in eine Vase verwandelt hatte, ja, nach seinem Verhalten zu schließen, handelte es sich wirklich nur um eine schöne, seltsame, tote Vase, womit Stiller verheiratet war, um ein Etwas, das nur vorhanden war, wenn er daran dachte, und Stiller hatte zur Zeit gar keine echte Lust, daran zu denken. Ob es anderseits viel ergiebiger war, was Sibylle von ihrem Rolf erwähnte? Jedenfalls meldete sie eines nicht: daß Rolf, ihr Mann, an jenem Abend in London weilte und erst am nächsten Tage heimkehren würde. Wozu sollte sie Stiller damit irritieren! Es irritierte sie selber schon genug, um diese ›Freiheit‹ zu wissen ...
»Hat dir Sturzenegger einmal unsere Pläne gezeigt?« fragte sie, und damit, siehe da, kam es plötzlich zu einem vernünftigen Gespräch, denn Stiller entpuppte sich als ein leidenschaftlicher Anhänger moderner Architektur, wußte auch einiges, jedenfalls genug, um Sibylle zum erstenmal an ihrem eigenen Bau zu interessieren, ja begeistert zu machen, begeistert von ihrem künftigen Haus. Es war (so sagt sie) ein dermaßen schönes, sachliches, vernünftiges Gespräch, daß Stiller ohne weiteres sagen konnte: »Du bleibst doch zum Abendessen?« Eigentlich, versteht sich, hatte Sibylle nie und nimmer daran gedacht, zum Abendessen zu bleiben, höchstens mit der Möglichkeit gerechnet, daß man irgendwo in der Stadt zusammen essen würde. »Kann ich dir etwas helfen?« fragte sie etwas verlegen, als Stiller bereits eine Pfanne mit Wasser füllte, nach wie vor von Architektur sprechend, und dann diese Pfanne auf den altertümlichen Gasherd stellte. »Magst du Reis?« erkundigte er sich nebenbei, Feuer zündend. Natürlich war Sibylle entschlossen, spätestens gegen neun oder zehn Uhr, allerspätestens, aufzubrechen. »Reis?« antwortete sie endlich, »das ist ja wunderbar!« Die Zutaten zu einem einigermaßen spanischen Reis, und zu Ehren des Stierkampfes kam nur ein spanischer in Frage, mußte Stiller allerdings noch beschaffen; es eilte, sonst würden ihm die Läden vor der Nase geschlossen. Nach einem kurzen Blick in sein Portemonnaie, das offenbar nicht jederzeit gefüllt war, entfernte sich Stiller, ließ seine Besucherin allein im Atelier ... Sibylle war es in dieser halben Stunde etwas seltsam zumute. Was wollte sie? Und was wollte sie nicht? Nun hatte sie ja Bedenkzeit. Sie stand am großen Fenster, wo man auf das Großmünster sah, und

rauchte, versuchte sich zu erinnern, wo sie ihren Wagen, Rolfs Wagen, geparkt hatte, und konnte sich nicht erinnern, so viel anderes ging ihr durch
den Kopf. Lächerlich! Ein Abendessen in einem Atelier, was war denn dabei? Sibylle war damals achtundzwanzigjährig. Zweimal in ihrem Leben
hatte sie geliebt, nicht mehr und nicht weniger, und jedesmal war es ein
Einbruch in das Leben gewesen, in das Leben des andern. Der erste Mann,
den sie liebte, ein Professor, dem sie ihre Maturität verdankte, ließ sich
scheiden, und der zweite Mann heiratete sie. Zu bloßer Spielerei war sie
nicht begabt. Oder ließ sich das lernen? Ein kreuzfideler Maskenball-Pierrot, so wie sie Stiller vor drei Wochen erlebt hatte, dazu ein Künstler, also
ein Mensch ohne besondere Moral, ein voraussichtlich recht erfahrener
Keckling mit so viel Kultiviertheit immerhin, daß er später keine Namen
nennt, mag sein, das wäre just das Richtige gewesen, um Rolf, ihrem
selbstsicheren Gatten, einmal den lange schon nötigen Schrecken einzu-
jagen. Nur: Stiller war alles andere als ein Keckling, schien es. Je näher
sie ihn kennenlernte, um so scheuer war er, um so sympathischer, und in
Wirklichkeit, hier in seinem Atelier, war von einem kreuzfidelen Pierrot
nicht mehr viel zu merken. Stiller war ein witziger, doch heimlich sehr be-
drückter Mann, einer, der unsichtbare Banderillas im Nacken hatte und
blutete. Auch war er verheiratet. Warum wohnten sie nicht zusammen,
Stiller und diese Balletteuse? Es war alles sehr unklar. War das nun eine gescheiterte Ehe oder eine vollkommene? Keinesfalls war es einfach. Was
würde geschehen, wenn Sibylle ihn wirklich liebte? Und diese Gefahr bestand. Dann wieder sagte Sibylle zu sich selbst: Unsinn! und stellte die
Gasflamme etwas kleiner, da das Wasser mit Reis bereits kochte. Wie verschieden Männer sein können! Es war Sibylle noch nicht vorgekommen,
daß ein Mann für sie einkaufte und kochte, all dies ohne im mindesten
zu fragen, was er einkaufen und wie er kochen sollte. Einmal klingelte übrigens das Telefon. Natürlich nahm sie nicht ab. Das Klingeln hatte Sibylle
unverhältnismäßig erschreckt. War es seine Frau gewesen? Sibylle hatte
keinen Grund, sich seiner Frau nicht in aller Unbefangenheit vorzustellen.
Lächerlich! Sibylle wünschte es geradezu, daß jetzt seine Frau eintreten
würde. Oder war's eine Geliebte, die da geklingelt hatte, so schrill, so hartnäckig geklingelt hatte? Seine Spachtel auf dem großen Tisch, die vollen
Aschenbecher allenthalben, die Sibylle gerne geleert hätte, allerlei unbekanntes Werkzeug, die nicht gerade sauberen Küchentüchlein, Zeitungen
überall, eine Krawatte an der Türe, all dies war sehr männlich, seine Biblio-

thek eher jünglingshaft, verglichen mit Rolfs akademischen Bücherwänden, und Josef Stalin nicht ganz so erschreckend wie sonst, immerhin fremd, nicht ihr Typ. Sibylle war froh um alles, was sie befremdete. Und fremder noch als Josef Stalin erschienen ihr (glaube ich) seine Skulpturen. Ob Stiller ein wirklicher Künstler war? Sie gab sich zu: in einer Ausstellung würde sie an solchen Sachen vorbeigehen. Sie zwang sich, nicht daran vorbeizugehen, sondern sich ein Urteil zu machen, das sie vor Liebe bewahrte. Das fiel ihr nicht schwer; sie liebte auch Picasso nicht, damals noch nicht. Und so ähnlich waren auch diese Dinger. Sibylle konnte sich nicht erinnern, seinen Namen je in der ›Neuen Zürcher Zeitung‹ gelesen zu haben; aber auch dann, wenn Stiller kein wirklicher Künstler war, bewahrte es sie denn davor, ihn zu lieben? Es lockte sie schon sehr, da und dort eine Schublade aufzuziehen; natürlich tat sie's nicht. Statt dessen blätterte sie in einem Skizzenbuch, bestürzt im Gefühl, sich in einen Meister verliebt zu haben, nach seinen Skizzen zu schließen. Warum kam er übrigens so lange nicht? Hoffentlich war ihm nichts zugestoßen. Eine Schublade, ohnehin schon beinahe offen, enthielt allerlei, doch keine Aufschlüsse über Stillers innerstes Wesen; es war so ein sympathischer, fast etwas bubenhafter Krimskrams: Muscheln, eine verstaubte Tabakpfeife, Sicherungen fürs Elektrische, Draht, Pfeifenputzer, die ihr kleiner Hannes so gerne gehabt hätte, und allerlei Münzen, Quittungen, Mahnungen, ein getrockneter Seestern, ein Schlüsselbund, so daß man an Blaubart hätte denken können, eine Glühbirne, ein Dienstbüchlein, Flickzeug fürs Velo, Schlafpulver, Kerzen, eine Gewehrpatrone, ferner ein altes, jedoch tadellos erhaltenes Messing-Schildchen mit der Aufschrift: Stiller-Tschudy ... Als Stiller eintrat, Papiersäcke im Arm, stand Sibylle gerade vor einem Akropolis-Photo mit schönen Gewitterwolken. »Bist du auch in Griechenland gewesen?« fragte sie. »Noch nicht!« antwortete er munter, »aber wir können hinfahren, jetzt sind die Grenzen ja wieder einmal offen.« Er hatte seine Büchsen-Krabben bekommen, auch Paprika, statt Kaninchen etwas Geflügel, Tomaten, Erbsen, Sardinen statt andrer kleiner Fische, und die Kocherei konnte beginnen. Sibylle durfte den Tisch decken, Gläser spülen, Teller wärmen. Auch den Salat mußte er selber zubereiten; Sibylle durfte nur kosten, begeistert sein und den Holzteller abwaschen. Als wieder das Telefon klingelte, nahm Stiller nicht ab, und eine Weile lang schien seine Munterkeit verloren zu sein. Als der valencianische Reis auf dem Tisch stand und duftete, wusch Stiller sich die Hände, trocknete sie mit männerhafter Ge-

lassenheit, als wäre kein Anlaß zu festlicher Aufregung. Man setzte sich
zum ersten gemeinsamen Mahl. »Wie schmeckt es?« fragte er, und Sibylle
erhob sich, wischte sich den Mund und gab ihm den verdienten Kuß für
seine männliche Kochkunst. (Rolf konnte sich nicht einmal ein Rührei machen!) Sie stießen an. »Also Prosit!« sagte er etwas verlegen. Es folgte ein
sachliches Gespräch über den doch beträchtlichen Unterschied zwischen
Büchsen-Krabben und frischen Krabben –
    Usw.
    Als es vom nahen Großmünster herab zehn Uhr schlug, laut genug, so
daß Sibylle es nicht überhörte, war trotz aller Vorsätze an Aufbruch nicht
zu denken – »Du darfst nicht vergessen«, sagte Stiller gerade, »ich war
wahnsinnig jung. Eines Tages erwachst du und liest es in der Zeitung,
was die Welt von dir erwartet. Die Welt! Genau besehen ist es natürlich
nur ein freundlicher Snob, der das geschrieben hat. Aber plötzlich bist
du eine Hoffnung! Und schon kommen die Arrivierten, um dir die Hand
zu schütteln, weißt du, liebenswürdig, aus lauter Furcht wie vor einem jungen David. Es ist lächerlich. Aber da stehst du nun mit deinem Größenwahn – bis endlich, Gott sei Dank, so ein Spanischer Bürgerkrieg losgeht!«
Sibylle verstand. »Irun«, erzählte er, »das war die erste Dusche. Ich werde
diesen kleinen Kommissär nie vergessen. Für den war ich nun gar keine
Hoffnung! Er sagte es nicht, aber er blickte mich an wie eine Niete. Was
ich unter Marxismus verstand, war Lyrik. Immerhin: ich hatte schon eine
Rekrutenschule hinter mir, Ausbildung im Handgranatenwerfen, Kenntnis des Maschinengewehrs. Und dann hatte ich noch einen Freund, einen
Tschechen, der für mich bürgte –« Stiller erzählte sehr langsam, füllte sein
Glas mit Chianti und hielt es, ohne zu trinken. »Zaragoza«, fuhr er fort,
»das war die zweite Schlappe. Ich meldete mich als Freiwilliger, wir waren
abgeschnitten, und jemand mußte versuchen, durch das feindliche Feuer
zu kommen. Ich meldete mich als Erster. Aber sie nahmen mich nicht!
Da stehe ich nun, ein Freiwilliger, den man stehen läßt ... Kannst du dir
vorstellen, wie mir zumute war?« – »Warum nahmen sie dich nicht?« –
»Sie zögerten herum, bis ein andrer sich meldete, mein Freund, der Tscheche, das war einer, der nicht seinen Tod suchte, sondern ein wirklicher
Kämpfer ... Das ist es ja doch«, meinte Stiller, »eigentlich suchte ich damals bloß meinen Tod. Ohne es zu wissen, mag sein; aber man roch es
mir an. Bei Fliegerangriffen war ich's, der nicht in Deckung ging, und
hielt es für Mut! Und drum ist es dann auch so gekommen, siehst du, da-

mals am Tajo –« Nun hoffte Sibylle natürlich, die eigentliche Geschichte zu hören, aber vergeblich. Dann ging Stiller jedesmal um den Brei herum, verzögerte sich in Nachträgen und Ergänzungen, dann wieder in einer umständlichen Topographie von Toledo, ein andermal in politischen Glossen. »Kurz und gut«, sagte er, »da lagen wir also in diesem öden Tälchen – wir Banditen, wie eure Zeitungen uns damals nannten. Rebellen und Banditen! Man vergißt ja so leicht, wie's in Wirklichkeit gewesen ist, wie unsere liebe Schweiz damals getönt hat, unsere bürgerliche Presse. Welche Heldenverehrung für die Faschisten!« – »Wirklich?« fragte Sibylle ohne Interesse, »daran kann ich mich nicht erinnern. Damals ging ich noch in die Töchterschule!« – »Aber du kannst es mir glauben«, lächelte Stiller, »ich habe eure Schweiz kennengelernt, damals in Spanien. Reden wir nicht davon! Übrigens wird es immer wieder so sein, sie sekundieren dem Faschismus, wie jede Bourgeoisie, offen oder heimlich. Heute entrüsten sie sich über Buchenwald und Auschwitz und diese Sachen; wir wollen sehen, wie lange! Heute waschen sie ihre Hände in schweizerischer Unschuld, speien auf Deutschland und haben es schon immer gewußt. Schon zur Zeit des Spanischen Bürgerkrieges, als wir die Banditen waren, zusammen mit Casals und Picasso und einigen anderen, die sie heute bejubeln, schon immer war die Schweiz gegen den Faschismus! Warten wir ab . . .« lachte Stiller, erhob sich, um den übervollen Aschenbecher zu leeren, und Sibylle wunderte sich über seinen Ton. »Nimmst du noch einen Kaffee?« fragte er zwischenhinein. »Es ist komisch«, fand Sibylle, »wie böse du jedesmal wirst, wenn du von der Schweiz redest!« Sie war gleichfalls aufgestanden, um ihm näher zu sein, ja, gerade weil sie das Gefühl hatte, daß es Stiller zu dieser Kaffeekocherei nur drängte, um sich von ihr entfernen zu können. »Warten wir ab«, sagte er und stellte die Wasserpfanne auf, »bis Deutschland, unser tüchtiger Nachbar, wieder das große Geschäft ist! Und wenn die es nochmals mit Faschismus versuchen, an der Schweiz wird's nicht fehlen, sie wird sekundieren. Glaub mir! Es ist ja klar; ein Land, das aufrüstet, ist anfänglich für seine Nachbarn immer ein herrliches Geschäft. Dann halte den Mund! Und glaube, was in unseren Zeitungen steht; sie lehren dich schon, wer die Banditen sind. Genau wie damals! Bis der freundliche Nachbar unseren Käse nicht mehr frißt oder unsere Uhren nicht braucht, weil die Zeit fortan nach seinen Uhren geht, dann das große Geschrei, o ja, das Ende der Freiheit, das Ende des Geschäftes, dann plötzlich sind wir wieder der ewige Hort der Humanität, wie immer, die Inha-

ber des Friedens, die Priester des Rechts – zum Kotzen«, sagte Stiller,
»du entschuldigst, aber es ist so.« In seinem Grimm vergaß er ganz und
gar, die Gasflamme anzuzünden, Sibylle bemerkte es, ohne ihn zu unterbrechen, denn sie wollte gar keinen Kaffee. »Wir sind eine Saubande«,
sagte er, und seine Schimpferei dauerte noch fast eine halbe Stunde; Sibylle
war froh darum, scheint es, wie um alles, was sie an diesem Mann befremdete und ernüchterte. »Kurz und gut«, sagte er gelegentlich, »da lagen wir
also in diesem felsigen Tälchen, ich hatte Gefangene zu bewachen. Mehr
trauten sie mir wohl nicht zu. Vorne ging es um den glorreichen Alcazar,
weißt du, und ich stand in diesem heißen Tälchen, um Gefangene zu bewachen, kleine Gruppen. Zum Glück hatte ich damals Anja –« Stiller
füllte wieder einmal sein Glas mit Chianti. »Wer ist Anja?« fragte sie, und
wieder kam es nicht zur Fähre am Tajo, diesmal aber zu einem Exkurs,
der Sibylle unmittelbar interessierte. »Anja«, sagte er, »das war meine erste Liebe. Eine Polin. Sie war unsere Ärztin, Studentin der Medizin, ich
meine, sie arbeitete als Ärztin …« Stiller trank, sein Glas in der rechten
Hand, in der linken Hand eine lange schon erloschene Zigarette, so saß
er und erzählte einiges von dieser Polin, er schilderte sie als eine Person,
die ihm nicht durch Schönheit, aber sonst noch immer imponierte: ein
klarer Verstand, dabei ein volles Temperament, etwas Tatarenblut, eine
Kämpferin von Geburt, dabei ein Mensch mit Humor, was unter Revolutionären, wie Stiller erklärte, eine Rarität ist, Tochter aus gebildeter Familie, die erste Kommunistin in ihrer Familie, eine Samariterin, die selber
unverwundbar zu sein schien, außerdem unwahrscheinlich begabt in Sprachen, Dolmetscherin für Spanisch, Russisch, Französisch, Englisch, Italienisch, Deutsch, wobei sie alles mit dem gleichen Akzent, jedoch mit feh-
lerloser Grammatik und beträchtlichem Wortschatz zu reden verstand,
übrigens auch eine hinreißende Tänzerin. »– das war Anja«, brach er ab,
»mich nannte sie bloß ihren deutschen Träumer.« Das schien für Stiller
noch heute, nach seiner Miene zu schließen, eine bittere Pille zu sein, nach
zehn Jahren noch nicht verdaut. »Liebte sie dich?« fragte Sibylle. »Nicht
mich allein«, antwortete Stiller und erschrak nun plötzlich, »was ist denn
eigentlich mit deinem Kaffee!« – »Vergessen!« lachte sie. »Vor lauter Wut
über unsere Schweiz!« Stiller entschuldigte sich ausführlich. »Laß doch«,
bat sie, »ich will gar keinen Kaffee!« – »Wein trinkst du auch nicht«, sagte
Stiller, »was möchtest du denn?« – »Deine Geschichte mit dem russischen
Gewehr!« antwortete sie, und Stiller, der sich wegen der Kaffeekocherei

schon erhoben hatte und stand, zuckte die Achsel. »Da ist nicht viel zu erzählen«, sagte er. »Mein russisches Gewehr war tadellos, versteht sich, ich
hätte bloß abdrücken müssen ...« Es folgte, dies als letzter Exkurs, eine
ebenso sachliche wie überflüssige Schilderung der taktischen Lage, die Sibylle sowieso nicht begriff. »– nun ja«, brach er ab, »das Weitere hat dir
Sturzenegger ja erzählt.« Unterdessen war es elf Uhr geworden, man hörte
wieder den Glockenschlag, der Sibylle nun schon beinahe vertraut war. Sie
begriff nicht, warum diese Geschichte für Stiller eine solche Last war,
spürte nur, daß diese Stunde für ihn (so sagt sie) eine Beichte bedeutete,
die übrigens nicht Sibylle, sondern Stiller selber gewollt hatte. »Ich begreife
nicht«, sagte Sibylle endlich; doch Stiller unterbrach sie sogleich: »– warum ich nicht geschossen habe?« Das hatte Sibylle nicht gemeint. Er lachte:
»Weil ich ein Versager bin. Ganz einfach! Ich bin kein Mann.« – »Weil du
damals am Tajo nicht geschossen hast?« – »Es war ein Verrat«, sagte Stiller
mit unduldsamer Entschiedenheit, »daran gibt es nichts zu deuten! Ich
hatte einen Auftrag, ich hatte mich sogar darum beworben, ich hatte den
Befehl, die Fähre zu bewachen, einen vollkommen klaren Befehl. Was weiter! Es ging nicht um mich, es ging um tausend andere, um eine Sache. Ich
hatte zu schießen. Wozu war ich in Spanien? Es war ein Verrat«, schloß er,
»eigentlich hätten sie mich an die Wand stellen sollen.« – »Davon verstehe
ich zu wenig«, meinte Sibylle, »was sagte denn Anja dazu, deine Polin?«
Darauf antwortete Stiller nicht sogleich, sondern schilderte, wie er sich
später mit dem Schwindel, das Gewehr hätte nicht funktioniert, vor dem
Kommissär herausgeschwatzt hatte. »Was Anja dazu sagte?« lächelte er
nun, drehte eine Zigarette, bis fast kein Tabak mehr in der Hülle war,
und zuckte die Achsel: »Nichts. Sie pflegte mich noch, bis ich die Heimreise antreten konnte. Sie verachtete mich.« – »Sie hat dich geliebt, behauptest du?« – »Es war ein Verrat«, beharrte Stiller, »da ist mit Liebe nichts zu
ändern. Es war ein Versagen!« Sibylle ließ ihn sprechen, sich mit anderen
und dann mit den gleichen Worten wiederholen, bis er neuerdings sein
Glas füllte und trank. »Du hast noch nie mit jemand darüber gesprochen?«
fragte sie, »auch mit deiner Frau nicht?« Stiller schüttelte kurz den Kopf.
»Warum denn nicht?« fragte sie weiter, »du schämst dich vor ihr?« Stiller
wich aus: »Wahrscheinlich kann eine Frau nicht verstehen, was das heißt.
Ich war ein Feigling!« – Nun war die Flasche leer, eine Chianti-Liter-Fla-
sche; Stiller wirkte gar nicht betrunken, er schien die Trinkerei gewöhnt
zu sein. Ob diese Trinkerei nicht auch mit dieser Tajo-Geschichte zusam-

menhing? Natürlich ging es nicht an, daß Sibylle ihn jetzt einfach umarmte; Stiller wäre sich unverstanden vorgekommen wie alle Männer, wenn man ihrem Ernst einen anderen entgegensetzt, ja, Stiller schien es schon gespürt zu haben, daß Sibylle sich eigene Gedanken gestattete, und wiederholte mit apodiktischer Melancholie: »Es war ein Versagen.« – »Und du hast erwartet«, lächelte Sibylle, »daß du in deinem Leben nie versagen würdest?« Sie mußte sich genauer erklären: »Du schämst dich, daß du so bist, wie du bist. Wer verlangt von dir, daß du ein Kämpfer bist, ein Krieger, einer, der schießen kann? Du hast dich nicht bewährt, findest du, damals in Spanien. Wer bestreitet es! Aber vielleicht hast du dich als jemand bewähren wollen, der du gar nicht bist –« Darauf ging Stiller nicht ein, »Ich sagte es schon«, meinte er, »wahrscheinlich kann eine Frau das nicht verstehen.« Und Sibylle dachte: vielleicht besser, als es dir lieb ist. »Ihr Männer«, lachte sie nur, »warum wollt ihr immer so großartig sein! Nimm es mir nicht übel, aber –« Unwillkürlich faßte sie doch seine Hände, was Stiller, scheint es, mißverstand; jedenfalls blickte er sie mit einer heimlichen Geringschätzung an, dünkte sie, nicht unnett, aber Stiller nahm sie nicht ernst; er nahm sie als eine verliebte Person, die auf Zärtlichkeiten wartete und nichts weiter. Sie war ihm lästig, o ja. Er strich ihr übers Haar, der unverstandene Mann mit seiner Tragik, und nun konnte Sibylle, unter seiner zärtlichen Herablassung wie gefroren, überhaupt nichts mehr sagen. Stiller gefiel sich (so sagt sie) in seiner Verwundung; er wollte nicht damit fertig werden. Er verschanzte sich. Er wollte nicht geliebt werden. Er hatte Angst davor. »Nun weißt du's«, schloß er und räumte die Gläser weg, »warum ich nicht geschossen habe. Wozu diese Anekdote! Ich bin kein Mann. Jahrelang habe ich noch davon geträumt: ich möchte schießen, aber es schießt nicht – ich brauche dir nicht zu sagen, was das heißt, es ist der typische Traum der Impotenz.« Dieser Ausspruch, den er drüben in der Küchennische gemacht hatte, kränkte Sibylle, und sie stand auf. Sie bereute, daß sie in sein Atelier gekommen war. Sie fühlte eine Traurigkeit, die sie verbarg, und gleichzeitig tat Stiller ihr leid. Warum wollte er nicht geliebt werden, nicht wirklich geliebt werden? Es blieb ihr nur noch, die Rolle zu spielen, die Stiller ihr aufzwang, und zu plaudern wie eine Neugierig-Verständnislos-Muntere, bis Stiller einmal hinausgehen mußte. Sie wollte Stiller nie wiedersehen.

Als er aus dem Treppenhaus zurückkam, von dem unvermeidlichen Wasserrauschen begleitet, hatte Sibylle sich bereits gekämmt, ihre Lippen waren mit frischem Rouge bemalt. Auch ihren Hut hatte sie bereits aufgesetzt. Stiller war baff. »Du gehst?« fragte er. »Es ist bald Mitternacht«, sagte sie und nahm auch ihre Handtasche. Stiller entgegnete nichts. »Dummer Mensch!« sagte sie plötzlich. »Wieso?« fragte er vom Schüttstein herüber, wo er die Hände wusch. »Weil du einfach ein dummer Mensch bist«, lachte Sibylle, »ich weiß nicht warum.« Stiller blickte sie unsicher an, trocknete sich die Hände. Sie wußten beide nicht, was nun das nächste Wort sein sollte, und Stiller trocknete weiterhin seine Hände. »Komm«, sagte Sibylle, »laß uns wegfahren.« – »Wohin?« – »Weg von hier!« sagte sie, »ich habe den Wagen unten, hoffentlich hat's niemand gemerkt, ich glaube, ich habe ihn gar nicht abgeschlossen.« Stiller lächelte wie über ein naives Mädchen. Es war seinem Gesicht nicht anzusehen, was sein Entschluß bedeutete; jedenfalls öffnete er das kleine Küchenfenster, um den Rauch aus dem Atelier zu lassen, und nahm, ohne ein Wort zu sagen, seinen braunen Mantel vom Nagel, klopfte auf die Taschen, wie man es macht, um zu hören, ob man die Hausschlüssel hat; dann blickte er Sibylle nochmals an, auch von seiner Seite ungewiß, was sie sich eigentlich dachte, und löschte das Licht ...

– – –

Der andere Tag war für Sibylle nicht leicht oder leicht auf eine bestürzende Weise. Irgendein ländlicher Gasthof in der Nacht, wo es keine Banderillas an den Wänden gab, dafür wahrscheinlich einen Bibelspruch oder sonst einen Spruch, mit Kreuzstich gestickt: ›Üb immer Treu und Redlichkeit!‹ oder ›Ehrlich währt am längsten!‹ oder was immer auf solcher Stickerei geschrieben stehen mag, kurzum: ein ländlicher Gasthof in der Nacht, wo es vielleicht nach gedörrten Birnen duftete und wo vor dem kleinen Fenster frühmorgens die Hähne krähten, und anderseits ihr vertrautes Heim mit dem kleinen Hannes, der an seinem Halsweh nicht gestorben war, beides waren zwei so herrliche Welten, verwirrend nur, daß man ohne jede Brücke von der einen in die andere gehen konnte. Gegen Mittag rief sie an, um zu wissen, ob es Stiller wirklich gab. Und dann, so kann man sich denken, hinunter und hinaus in den Garten! ... Es war Frühling, es gab sehr viel zu tun, zu graben, zu pflanzen, zu stechen und zu harken, und die Erde war trocken wie im Sommer. Sibylle schleppte den Rasensprenger heraus, stellte ihn in die kleine Wiese und ließ ihn in die knospenden Büsche rauschen. Eine Nachbarin hielt dieses Verfahren nicht für günstig, der Knospen wegen; also schleppte Sibylle den Rasensprenger eben anderswohin, wo sein Rauschen nichts schadete, aber Rauschen war unerläßlich, und die verehrte Nachbarin, die auch noch im Wetterbericht alles besser wußte, konnte sich auf den Kopf stellen, wenn sie es nicht verstand. Überhaupt diese unerhörte Einmischerei! Der kleine Hannes hatte ihr gestriges Versprechen, Bambus und blaues Seidenpapier zu kaufen und ihm einen Drachen zu machen, nicht vergessen, ihr Versäumnis tat ihr leid, sie gelobte ihm, morgen in die Stadt zu fahren, und versprach ihm als Dreingabe, mit ihm in den Zirkus zu gehen, wenn der Zirkus dann kommt, und heute durfte er mit Sibylle auf den Flugplatz fahren, um Vati abzuholen. Überhaupt hatte Sibylle jetzt einen Drang, alle Menschen glücklich zu sehen, auch Carola, das italienische Dienstmädchen, das heute ohne weiteres ausgehen konnte, nun ja, die Herrschaften würden eben in der Stadt essen. So etwas von einem Frühlingstag! Das hinwiederum fand auch die Nachbarin. Die gelben Forsythien leuchteten nur so, die Magnolie fing auch schon an, und der Rasensprenger zauberte noch einen kleinen Privat-Regenbogen dazu. Und dann, nach vier Stunden wackerer Gartenarbeit, duschte Sibylle sich nochmals, bevor sie sich zum zweitenmal umkleidete. Im Flughafen waren sie viel zu früh. Hannes bekam einen Eisbecher zu seinem vergehenden Halsweh, aber die Jacke durfte er unter keinen Umständen ausziehen, damit das dumme Halsweh nicht wiederkäme. Und Flugzeuge gab es da! Man hätte gerade nach Athen fliegen können, nach Paris, sogar nach Neuyork. Für Sibylle stand es außer Zweifel, daß Rolf es ihr auf den ersten Blick ansehen würde. Auch war er ja der Nächste, der Einzige, dem sie es anvertrauen konnte, wollte. Das Flugzeug hatte vierzig Minuten Verspätung, Zeit genug für Sibylle, um in Gedanken alles zu sagen, was dann in Wirklichkeit nie gesagt worden ist. Denn im Augenblick, als die hallenden Lautsprecher die soeben erfolgte Landung des Kursflugzeuges aus London meldeten und als auch bereits eine Herde fremder Leute aus der verstummten Maschine stieg, von einer Stewardeß gesammelt und zum Zoll geführt, alles, wie wenn nichts geschehen wäre, und als Sibylle, ihren kleinen Hannes an der Hand, von der Terrasse heruntersah, wie Rolf sich umblickte und dann, endlich seine Familie erkennend, mit einer Zeitung winkte, in diesem Augenblick wurde es in Sibylle plötzlich sehr stumm, ja, sie winkte nicht einmal. Sie wußte das gar nicht, aber Rolf behauptete später, sie hätte nicht einmal gewinkt, nicht einmal genickt. Plötzlich das Gefühl: Was geht es ihn an! Und als es am Zoll sehr lange ging, kam sogar eine kleine Verärgerung über Rolfs ganz selbstverständliche Erwartung, daß man ihn nach jeder Reise abholte. Irgendwie brauchte Sibylle jetzt diesen Panzer von Verärgerung. Ein Winken mit der Zeitung, ja, aber keine Spur von strahlender Überraschung; er hielt es einfach für sein gutes Recht, am Flughafen eine wartende Gattin zu finden, das erboste Sibylle nun dermaßen, als sie ihm, als er aus dem Zoll kam und sie küßte, zwar beide Wangen gab, nicht aber ihren Mund ... »Was gibt es Neues?« seine übliche Frage. Auf dem Gang zum Wagen merkte sie doch etwas wie weiche Knie. Beim Abendessen in der Stadt, um doch etwas Neues zu melden, redete sie von dem jungen Sturzenegger, ihrem Architekten, von seinem tollen Glück, von einem Auftrag irgendwo in Kanada oder so. Ferner hatte der junge Sturzenegger einen Film empfohlen, den man nicht verpassen sollte, heute letzter Tag. Sonst war ja Rolf nach seinen Reisen stets sehr aufgekratzt, munter, als käme er geradenwegs von der Quelle des Lebens; jetzt, von ihrer Munterkeit überflügelt, spielte er sogleich den Müden, meldete schwere Böen über dem Kanal und wollte nach Hause, tat, als käme er nicht von London, sondern von der Front, ein Held mit Anrecht auf häusliche Pflege. Ein wenig bestürzt war Sibylle wohl doch, ohne es merken zu lassen, über ihre Entdeckung, wie anders sie Rolf betrachtete, nicht ohne Liebe, aber ohne Angst, daß er etwas verschwiege, und frei von dem Wahn, ohne Rolf nicht leben zu können, nein, auch nicht ohne warme und echte Zärtlichkeit, die sich indessen mit Mitleid mischte, also nicht ohne eine gewisse Herablassung, die Sibylle so gar nicht wollte, und doch war sie plötzlich da, Sibylle hörte sie eher als er, eine Veränderung in ihrem Unterton. Zum Zweck der Demonstration, daß seine Müdigkeit nicht ihre Müdigkeit war, erwog sie, allein in den empfohlenen Film zu gehen. Rolf hatte nichts dagegen. Sie ließ es bleiben; keineswegs aus schlechtem Gewissen, das sie auch Aug in Auge nicht hatte, sondern eher aus Mütterlichkeit. Im Wagen dann, den Sibylle steuerte, war es nicht Rolf, der seine Hand auf ihren Arm legte, sondern umgekehrt, obschon Sibylle, wie gesagt, am Steuer saß. Er sagte: »Du siehst großartig aus!« Sie sagte: »Es geht mir auch sehr gut.« Und sie meinte mit Erleichterung, nun wüßte er alles. Sie schaute ihn wohl manchmal an, ungläubig, daß ein Mann so wenig spüren würde. Es war fast etwas komisch. Schwierig (für Sibylle) dürfte der Augenblick gewesen sein, als Rolf, der Vater ihres Kindes, sein Gepäck in die Diele stellte, seinen Mantel aufhängte, um hier zu übernachten. Eine Ungeheuerlichkeit! Sibylle glaubte nun einfach in Tränen auszubrechen, aber auch das merkte er nicht, sondern erzählte von der rasanten Verarmung des britischen Empire. Der kleine Hannes

war ins Bett gebracht, das Gebetlein gesprochen; Sibylle hatte keinen über-
zeugenden Grund mehr, um vor der rasanten Verarmung des britischen
Empire wegzulaufen. Nichts gab es zu widerrufen, gar nichts, auch wenn
sie es gekonnt hätte, gar nichts; aber wie konnte dieser Abend bestanden
werden, wie, wenn bei seiner Ahnungslosigkeit, die Sibylle nicht fassen
konnte, das Verschweigen so leicht war und dennoch unmöglich? Rolf
stand in der Küche vor dem Eisschrank, um ein Bier zu trinken, und fragte
die ferne Sibylle, ob sie inzwischen einmal auf der Baustelle gewesen wäre.
Sibylle hatte sich entschlossen, das Haus zu verlassen, lautlos die Türe aufzumachen, während Rolf in der Küche sein Bier trank und von der Baustelle redete, und hinauszugehen irgendwohin, nicht zu Stiller, aber irgendwohin; Rolf mußte die Klinke gehört haben, kam und fand sie im Mantel,
den Hausschlüssel in der Hand, erbleicht oder errötet, aber seltsam geistesgegenwärtig. »Der Hund!« sagte sie, der Hund müßte noch ins Freie gelassen werden. Und Rolf stellte sein Bierglas hin, um den Hund ins Freie zu
führen, hilfsbereiter als üblich. Ahnte er wirklich nichts? Verstellte er sich?
Machte es ihm wirklich nichts aus? Oder war er blöd, ganz unsäglich blöd
oder größenwahnsinnig in der Meinung, kein andrer Mann könnte gegen
ihn antreten, oder was sollte das alles heißen? Sibylle saß in ihrem Mantel.
Und dabei, Rolf hatte irgendwie sogar recht, spielte es gar keine Rolle,
schien ihr; es nahm ihm nichts weg. Aber wissen mußte er es! Jede weitere
Stunde, jede Viertelstunde, die verschwiegen wurde, vergiftete alles Gewesene zwischen Rolf und ihr. Sie weinte. Bereute sie es vielleicht doch? Und
sie schämte sich vor Stiller, der jetzt so ferne war, fürchtete, daß sie in dem
immer näher kommenden Augenblick, da Rolf den Hund zurückbrachte
und da sie es ihm sagen würde, die vergangene Nacht verkleinern könnte
bis zum Verrat, Verrat an Stiller und an sich selbst. Sie sah es schon: Rolf
würde den Arm um sie legen, eine Art von Verständnis und Nachsicht haben, die alles begräbt, und ihr kleines, etwas dummes Intermezzo gar nicht
ernst nehmen, und sie, die Verräterin, würde ihn hassen um ihres eigenen
Verrates willen. War es dann nicht wieder ehrlicher, alles zu verheimlichen? Und alles, was eine Wohnung ausmacht, plötzlich schien es ihr
nur darauf angelegt, die Aufrichtigkeit zu verunmöglichen. Warum war
Stiller nicht da! Ihr Mann erschien ihr so stark, so überstark, nicht weil
er das ›Recht‹ auf seiner Seite hätte, aber einfach durch die Gegenwärtigkeit seiner Person; Stiller war wie verdeckt von hundert Sachen, von diesem Flügel, von Möbeln und Teppichen und Büchern und Eisschrank

und lauter Zeug, nichts als Zeug, das gleichsam für Rolf eintrat, stumm, stur, unwiderlegbar. Eine Bastion ist so eine Wohnung, schien ihr, eine geschmackvolle Gemeinheit. Im Begriff, Stiller anzurufen, bloß damit sie seine schon vergessene Stimme hörte, hörte sie das Bellen des Hundes und hängte ab, zog nun auch endlich ihren Mantel aus, zum Umsinken müde und zur weibischen Kapitulation bereit, nämlich es einfach darauf ankommen zu lassen, welcher der beiden Männer nun eben über den andern und damit auch über Sibylle siegte. Rolf fand sie in hausfraulicher Geschäftigkeit. Wohl mit einigem Recht fand er es überflüssig, daß Sibylle jetzt noch die monatliche Abrechnung des Milchmanns und des Metzgers überprüfte, fand es eine Unartigkeit gegenüber einem Mann, der von London kommt, und zeigte sich verstimmt, ja, es hatte schon den Anschein, als würde der Abend in ehelicher Verstimmung alltäglicher Art vorübergehen, also glimpflich. Es dürfte eher an Rolf gelegen haben, daß es nicht dabei blieb. Er schmetterte sein Bierglas in den Schüttstein. »Was ist denn?« fragte sie. Aus ihrer Unartigkeit schloß er, daß Sibylle, seine liebe Frau hinter dem Mond, ihn wieder einmal verdächtigte; auch Rolf hatte es satt. Rolf fand es so kleinlich, so spießig; noch einmal (jedoch mit einem deutlichen Unterton, daß es das letzte Mal sein würde) hielt Rolf seinen ›Vortrag‹ und ließ sich nicht unterbrechen, nein, Sibylle mußte nun wirklich einmal zu einer großzügigeren Auffassung der Ehe kommen, mußte Vertrauen haben, mußte begreifen, daß Rolf sie liebte, selbst wenn er zuweilen eine andere Frau auf Reisen traf; übrigens war es dieses Mal gar nicht der Fall gewesen, aber es ging ihm wie allen Männern insbesondere ums Grundsätzliche, und da, wie gesagt, hoffte er, Sibylle denn doch zu einem reiferen Begriff von Ehe führen zu können, zur Einsicht, daß ein gewisses Maß von Freiheit auch in einer Ehe vonnöten ist. Er verbat sich Anwandlungen von Eifersucht. Aber auch das ging vorüber. Sibylle wollte ihm versichern, daß sie ihn begriff wie noch nie, kein bißchen Eifersucht empfände; aber es wäre die Wahrheit und zugleich der bare Hohn gewesen, und es ließ sich nichts sagen, überhaupt nichts. Sibylle wollte nur so bald wie möglich allein sein. Es war gräßlich, es begann Komödie zu werden. Sibylle, als sie ihm einen herzlichen Kuß auf die Stirne gab, fühlte sich in einer Weise überlegen, die sie beschämte. Unwillkürlich verriegelte Sibylle ihre Türe. Ihr Glück war kein Traum. Sobald Sibylle sich allein fand, erfüllte es sie wieder mit aller Wirklichkeit. Bloß aus Takt sang sie nicht. Aber auch so, scheint es, hörte man es durch alle Wände, ihr stummes

Glück, und der Gatte, wiewohl er alles Nötige wieder einmal ausgesprochen hatte, fand keine Ruhe. Die verriegelte Tür bestürzte ihn; er bestand darauf, nochmals in ihr Zimmer kommen zu dürfen, und dann erst, als Rolf wie ein tröstender Samariter auf ihrem Bett saß, offenbar ein verweintes Gesicht erwartet hatte und verdutzt war, ein glückliches zu finden, begann er etwas zu ahnen. Er fragte:»Was ist geschehen?« Sibylle wußte nicht die Worte, so etwas zu sagen; sie sagte:»Du weißt es schon.« Rolf fand auch nicht gerade die besten Worte; er sagte:»Du warst bei einem Mann gewesen?« Sibylle sagte ja und war froh, ihr Schweigen los zu sein, erleichtert, jetzt erst die vollen Grade glücklich. Rolf starrte sie an. Sie bat ihn, jetzt keine weiteren Fragen zu stellen, sie allein zu lassen. Rolf nahm es (so sagt Sibylle) mit einer bemerkenswerten Gefaßtheit. Er verreiste sogar für einige Tage, um Sibylle in Ruhe zu lassen, wofür sie ihm von Herzen dankbar war. Nach seiner Rückkehr war er ebenfalls (so sagt Sibylle) von einer bemerkenswerten Gefaßtheit.

– – –

Das Liebesglück zu beschreiben, das Sibylle, die Gattin meines Staatsanwaltes, in den folgenden Wochen erlebte oder zu erleben hoffte, steht mir nicht an. Ob es so groß war, dieses Liebesglück, wie die beteiligten Gatten, Frau Julika Stiller-Tschudy einerseits, mein Freund und Staatsanwalt anderseits, in ihrer verschwiegenen Eifersucht vermuteten, scheint mir fraglich. Eine obdachlose Liebe, man kennt das, eine Liebe ohne Wohnung im Alltag, eine Liebe, die auf die Stunden der Verzückung angewiesen ist, man weiß ja, früher oder später ist es eine verzweifelte Sache, Umarmungen im hohen Korn oder im nächtlichen Wald, eine Zeitlang ist es romantisch, aufregend, dann lächerlich, eine Erniedrigung, eine Unmöglichkeit, die auch mit allem Aufwand gemeinsamen Humors nicht mehr zu retten ist, denn schließlich waren sie ja keine Gymnasiasten mehr, sondern zwei erwachsene Leute, ein Mann und eine Frau, beide schon einmal verheiratet ... Sibylle verstand (so sagt sie) seine Hemmungen, sie in seinem Atelier zu empfangen, wo ihn alles an seine kranke Julika erinnerte. Sie bedauerte es, denn sein großes und helles Atelier, wie gesagt, gefiel ihr sehr; aber sie verstand es. Was hätte Sibylle darum gegeben, eine gesunde Nebenbuhlerin zu haben, eine gleichwertige Frau, der man die Freundschaft oder den offenen Kampf antragen könnte, ja selbst eine Furie der Eifersucht, die überall in der Gesellschaft ihre moralischen Minen legt, oder eine Wirre mit lächerlichen Gasherd-Drohungen, eine wackere Närrin, die schnurstracks zum Gegen-Ehebruch schreitet, alles wäre Sibylle lieber gewesen als eine Kranke, die sich ins Sanatorium nach Davos entzog und die Gesunden jedenfalls ins Unrecht setzte, dazu eine Frau, die Sibylle nie von Angesicht zu Angesicht gesehen hatte, ein Gespenst! Aber so war es nun einmal, und sein Atelier kam also nicht in Frage. Was blieb ihnen, um sich zu treffen, anderes als Gottes freie Natur und ein paar Wirtschaften? Eine Regenwoche war für ihre Liebe katastrophal wie für andere Freilichtspiele und Sommernachtsträume; die Wirtschaften fingen an, sich zu wiederholen; die Wege rings um die Stadt fingen an, nirgendwohin zu führen; ihre Gespräche fingen an, melancholisch zu werden, witzig, aber melancholisch – mit einem Wort: so ging es nicht weiter . . .

Dabei liebten sie einander wirklich.

»Komm«, sagte Sibylle eines Tages, »fahren wir nach Paris!« Stiller lächelte unsicher. »Ich komme von der Bank, mach dir keine Sorge«, sagte sie, »wir müssen nur nachsehen, wann ein Zug fährt.« Stiller bat die Kellner um einen Fahrplan. An Zügen nach Paris fehlte es nicht. Und einmal, im Juli etwa, brachten sie es tatsächlich bis auf den Bahnsteig, saßen auf der Bank unter der elektrischen Uhr, die Fahrkarten in der Tasche, ausgerüstet mit Zahnbürste und Paß. »Fahren wir oder fahren wir nicht?« fragte Stiller, als läge die Hemmung einzig und allein bei ihr, nicht bei ihm. Bereits ging der Schaffner von Wagen zu Wagen. »Einsteigen«, rief er, »einsteigen, bitte!« Stiller tat ihr leid. An seiner Entschlossenheit, ihre Wünsche endlich in die Tat umzusetzen, war nicht zu zweifeln, aber plötzlich hatte Sibylle alle echte Lust verloren; es störte sie das Verbissene an seiner Entschlossenheit. »Und Julika?« fragte sie. Unterdessen zuckte der Zeiger der elektrischen Uhr von Minute zu Minute. Im Grunde war Stiller (so sagt sie) doch froh, daß das Zögern wenigstens scheinbar von Sibylle kam, während er, ihr Gepäck in der Hand, die männliche Rücksichtslosigkeit in Person darstellte. Von Wagen zu Wagen wurden bereits die Türen geschlossen. Sibylle blieb sitzen, sie spürte so deutlich, daß das Gespenst schon drinnen saß, und Sibylle hatte keine Lust, mit einem Gespenst durch Paris zu gehen . . . Der Zug fuhr; man blieb auf dem Bahnsteig zurück mit dem Beschluß, daß Stiller zuerst nach Davos fahren würde, um mit der kranken Julika in aller Offenheit zu reden, denn anders ging es ja nicht.

Im August fuhr Stiller nach Davos.

Ihrerseits fühlte Sibylle sich vollkommen frei, auch wenn ihr die bemerkenswerte Gefaßtheit ihres Mannes (so sagt sie) nachgerade auf die Ner-

ven ging. Bei jedem schwarzen Kaffee, sobald der kleine Hannes nicht dabei war, wartete sie auf die Auseinandersetzung. Vergeblich! Rolf sagte
bloß: »Wenn du Donnerstagabend noch frei bist, da wäre dieses Orgelkonzert im Fraumünster ...« Sibylle bediente die Kaffeemaschine. »Ich bin
nicht frei«, sagte sie, und damit war das Orgelkonzert erledigt. Rolf war
zum Umbringen, fand sie; er gewährte ihr eine Freiheit, eine Unabhängigkeit, die nachgerade kränkend wurde. »Ich verstehe dich nicht!« platzte
nicht etwa Rolf, sondern Sibylle, »du weißt genau, daß ich jemand liebe,
daß ich ihn fast täglich treffe, und fragst nicht einmal, wie er heißt. Das
ist doch eine Farce!« Rolf lächelte: »Wie heißt er denn?« Auf eine solche
Herablassung hin konnte Sibylle es natürlich nicht sagen, und man wartete
wortlos auf den Kaffee. »Das habe ich dir gesagt«, plauderte Rolf, »daß sie
mich zum Staatsanwalt haben wollen ...« Rolf hatte immer etwas, um auszuweichen, etwas Wichtiges, etwas Sachliches. Endlich kochte der Kaffee
in der Glaskugel, der Dampf pfiff. Auch mit Rolf, fand sie, ging es so wie
bisher nicht weiter. Unter anderem begann auch das Geld plötzlich eine
Rolle zu spielen: nicht für Rolf, aber für Sibylle. Es verletzte sie insgeheim,
wie selbstverständlich ihr lieber Stiller es hinnahm, daß alles, was Sibylle
auf dem Leibe trug, von Rolf bezahlt war, Stiller verdiente fast nichts, gewiß, und er konnte nicht auf die Bank gehen, sie verstand es, und doch verletzte es sie insgeheim, ja, gegen alle Vernunft. Höchstens spöttelte Stiller
einmal über die Verwöhntheit der Dame, befühlte ihren neuen Stoff, lobte
ihren guten Geschmack in Farben, ohne je auch nur auf den Gedanken zu
kommen, den Sibylle ihm sogleich mit aller Zärtlichkeit ausgeredet hätte,
versteht sich, auf den Gedanken nämlich, daß Sibylle sich nicht länger
von Rolf, ihrem Gatten, ausstatten lassen dürfte. Stiller störte es gar nicht,
nein, und auch Rolf störte es nicht. Manchmal (so sagt sie) fand sie beide Männer unmöglich. Dann juckte es sie. »Übrigens sollte ich Geld haben«, sagte Sibylle, »aber ziemlich viel. Nämlich wir haben im Sinn, diesen
Herbst zusammen in Paris zu verbringen –« Sie blickte ihn von der Seite
an, nachdem sie es gesagt hatte; Rolf schwieg. Es geschah das einzig Unerwartete, nämlich nichts. Sie füllte sein Täßlein und stellte es ihm hin.
»Danke«, sagte er. Entweder hatte Rolf, ihr Mann, etwas dagegen, daß
sie mit einem andern Mann (und mit Rolfs Geld) nach Paris fährt, oder
Rolf hat nichts dagegen; etwas anderes, so hatte sie gemeint, gibt es nicht.
Sibylle füllte ihr eigenes Täßlein. »So«, sagte er lediglich, »ihr wollt nach
Paris.« Sie ließ es nicht an Aufklärung fehlen: »Ich weiß nicht für wie

lange, vielleicht nur für ein paar Wochen, vielleicht auch für länger –« Rolf sprang nicht von seinem Sessel, er schmetterte kein Täßlein an die Wand, dieser Rolf mit seiner lächerlichen Gefaßtheit, geschweige denn, daß er auf die Knie fiel und Sibylle anflehte, Vernunft anzunehmen und bei ihm zu bleiben. Nichts von alledem! Einen Augenblick lang war Rolf etwas errötet; er hatte wohl angenommen, die Geschichte mit ihrem Maskenball-Pierrot hätte sich erledigt, und nun mußte er sich von neuem mit der Tatsache ihres glückseligen Ehebruchs abfinden. Warum aber, zum Donnerwetter, mußte er? Rolf rührte in seinem Kaffee. Warum warf er keinen Blumentopf nach ihr oder wenigstens ein Buch? Als sie sein Täßlein etwas zittern sah, regte sich keine Reue in ihr, nicht einmal Mitleid, eher Enttäuschung, Bitterkeit, Hohn, Traurigkeit. »Oder hast du etwas dagegen?« fragte sie und gab ihm den Zucker hinüber, entwickelte nun ihre Gründe: »Du weißt ja, wie das ist, hier gibt es doch nur ein Geschwätz, wenn man mich sieht. Mir macht es nichts aus! Aber für dich ist es doch unangenehm. Vor allem jetzt, wo sie dich als Staatsanwalt haben wollen! Sicher ist es auch für dich viel besser, wir leben in Paris . . .« Sie sah ihn an. »Oder was findest du, Rolf?« Er trank, rührte, trank, blies und trank, als ginge es jetzt vor allen Dingen um die Erledigung dieses heißen Kaffees. Ganz beiläufig kam seine sachliche Frage: »Ja, und wieviel Geld brauchst du denn etwa?« Feige wie Männer ja sind, wenn sie einmal nicht selber die Attacke führen, verschanzte er sich sofort im Sachlichen, während Sibylle doch hören wollte, was er empfände, was er hoffte. Sibylle mit einem anderen Mann in Paris, war's ihm denn gleichgültig? Fand er's in Ordnung? Fand er's untragbar? Sibylle fragte ihn klipp und klar: »Was denkst du denn?« Rolf stand nun am großen Fenster, zeigte ihr seinen breiten Rücken, beide Hände in den Hosentaschen wie immer die Zuschauer bei einer Feuersbrunst. Sie fand seinen Rücken so breit, seinen Kopf so rund und dick; sie schoß auf seine Ruhe: »Ich liebe ihn«, sagte sie ungefragt. »Wir lieben einander wirklich«, fügte sie hinzu, »sonst würden wir ja nicht zusammen nach Paris gehen, das wirst du mir glauben, ich bin ja nicht leichtsinnig.« Und dann müssen ja die Männer stets wieder an die Arbeit, jaja, es war schon zehn Minuten nach zwei; Sitzung, diese Bastion ihrer Unabkömmlichkeit, Sibylle kannte das. Wenn Rolf jetzt nicht an seine Arbeit geht, fällt die ganze Menschheit in einen Zustand verheerender Rechtlosigkeit. »Das mußt du schon selber wissen«, sagte er kurz, »was du für richtig hältst.« Und dann, nachdem er seinen Mantel angezogen hatte, wobei er

die Knöpfe in die falschen Löcher würgte, so daß die Gattin ihn zurecht-
knöpfen mußte, fügte er etwas melancholisch hinzu: »Du mußt tun, was
du für richtig hältst!« und ging ... Und Sibylle, allein im Zimmer, heulte.
In diesem Sinn war Sibylle also frei.

Stiller hingegen kam unverrichteterdinge von Davos zurück, tat, als läge
seine Balletteuse im Sterben, und eine Reise nach Paris kam selbstverständlich unter solchen Umständen nicht in Frage. Einmal mehr saßen sie an
einem Waldrand – ringsum wurde bereits das reife Korn geschnitten, der
Sommer verging, Gewitter türmten sich über dem blauen See, eine Hum-
mel brummte ihren Zickzack durch die sommerliche Stille, über den Feldern zitterte die Bläue, aus den Gehöften gackerten die Hühner, und die
Welt war eine tadellose, gelungene, erfreuliche, geradezu begeisternde Sache. Nur ihr Glück (oder was sie sich von ihrer Liebe versprachen) war
sehr kompliziert! Stumm saßen sie auf der Erde, zwei Ehebrecher in zärtlicher Verflechtung ihrer Hände, jedes mit einem Halm zwischen den sor-
genvoll-verbissenen Lippen, und das einzige in dieser Welt, was nicht kompliziert wäre, schien ihnen die Ehe zu sein, nicht die Ehe mit Rolf und
nicht die Ehe mit Julika, aber die Ehe zwischen ihnen.

– – –

In den ganz und gar unbitteren Erinnerungen dieser trefflichen Frau –
ich sehe sie natürlich die ganze Zeit, während ich hier schreibe, in ihrem blauen Rohrsessel wie neulich in der Klinik, als ich ihr die Gladiolen
brachte, in ihrem zitronengelben Morgenrock zum schwarzen Haar – gibt
es einen Punkt, der den verschollenen Stiller nicht wenig verblüffen möchte, die Tatsache nämlich, daß Sibylle in jenem Sommer oder Herbst, ohne
Stiller jemals davon unterrichtet zu haben, ein Kind von ihm erwartet hat
(nun wäre es sechs Jahre alt) ...
Ich protokolliere:

Es war im September, Stiller mit allerlei Umtrieben für eine Ausstellung
sehr beschäftigt; wichtige Persönlichkeiten hielten es für angebracht, für
unerläßlich, daß Stiller wieder einmal vor die Öffentlichkeit treten würde. »Störe ich?« fragte Sibylle, da Stiller, kaum hatte er sie mit einem fast
schon gewohnheitsmäßigen Kuß begrüßt, an einem Sockel weitersägte.
Sie schaute ihm zu. Nie ist ein Mann so schön, fand sie, wie bei einer handwerklichen Arbeit. »Ich will dich nicht aufhalten«, sagte sie, »aber ich mußte dich heute einfach sehen ...« Mehr verriet sie nicht, zumal es Stiller gar
nicht wunderte, warum sie dieses Bedürfnis hatte. Wichtig waren jetzt die

Sockel. »Wann kommt er denn«, fragte Sibylle, »dieser Herr von der Kunsthalle?« Sie versuchte sich zu interessieren. Draußen war es ein blauer und milder Septembertag. Mindestens neun Sockel mußten noch gezimmert, dann gestrichen oder lasiert werden, alles nicht so einfach; ein falscher Sockel kann sehr viel ausmachen, und was alles noch eine Lasur erhalten sollte, wogegen anderes, was glücklicherweise eine solche Lasur schon hatte, wieder davon befreit werden mußte! Darum ging es jetzt. »Und deine Frau«, fragte Sibylle, »stellst du sie auch aus?« Sie hatte Teewasser aufgesetzt, das nun kochte, und somit war auch sie beschäftigt. »Ich habe dir etwas mitgebracht«, sagte Sibylle, »ich habe gebacken!« Und sie zeigte ihm einen frischen Kuchen, einen sogenannten Gleichschwer; Stiller war gerührt, ohne hinzuschauen, und redete von Humbug. Sibylle konnte seinen Skulpturen keinen Unterschied ansehen; wieso waren sie plötzlich nur noch Humbug? Dabei lag der Brief eines Konservators vor, ein Hymnus auf Stiller, so daß man fast Angst bekommen mochte, Stiller würde demnächst in Ruhm entschweben. »Der Tee ist fertig«, meldete sie und wartete, sie hätte nie gedacht, daß eine Kunst-Ausstellung so viel Vorbereitung verlangte wie eine Invasion (Rolf hatte ihr beim schwarzen Kaffee von den Churchill-Memoiren gesprochen), und Stiller tat ihr leid. »Wie findest du denn das Plakat?« fragte er, während er an dem Sockel schmirgelte. Sibylle hatte die Skizze auf Packpapier noch gar nicht bemerkt. »Ein Plakat soll es auch geben?« staunte sie, und in der Tat, es war ein regelrechtes Plakat wie für Furtwängler oder Persil, sie fand es schrecklich: A. Stiller, seine geliebte Handschrift an jeder Plakatsäule, vergrößert wie unter einer Lupe. Haben Männer denn überhaupt keine Scham? Und wenn es ihm wenigstens Spaß gemacht hätte; aber Stiller schimpfte über diese ganze Ausstellerei. Warum tat er's denn? Er trank den Tee im Stehen, aß ihr Gebäck dazu, während er redete, und es regnete von Brosamen, er merkte es gar nicht ... Sibylle verließ ihn bald; für Vaterschaft war er jetzt nicht zu haben, schien ihr, und sie war zufrieden, daß Stiller sie nicht einfach hatte gehen lassen, sondern sie um fünf Uhr zum Segeln erwartete. Sie war glücklich, ihn an diesem Tage nochmals treffen zu können. Bloß um die Zeit zu vertreiben, ging sie durch die septemberliche Bahnhofstraße von Schaufenster zu Schaufenster, von Laden zu Laden, bis sie die netteste Krawatte von Zürich gefunden hatte. Leider, fiel ihr ein, hatte Stiller gar kein passendes Hemd zu dieser Krawatte. Sie kaufte das passende Hemd.

Beim Segeln (so sagte Sibylle) war Stiller immer wie ein Bub, so ernst, ohne zu grübeln, und so gelöst, so glücklich mit seinem Spielzeug; er bediente Steuer und Leine, Sibylle lag vorne auf dem Bug, eine Hand oder einen Fuß im kräuselnden Wasser. Hier auf dem See waren sie frei, ohne das Gespenst. Die Ufer verloren sich in herbstlichem Dunst, ihr Segel leuchtete in der Milde der letzten Sonne, ostwärts ging der Himmel schon in violette Dämmerung über, und das Wasser neben ihrem gleitenden Boot war schattig, unter einer hellen Spiegelfläche beinahe schwarz. Sibylle legte ihren Kopf auf den Ellbogen, um die immer flacheren Strahlen der sinkenden Sonne voll im Gesicht zu haben, hörte das Geglucks unter dem Boot, wenn es in den Wellen eines Dampferchens schaukelte, und betrachtete Stiller, ihren beschäftigten Steuermann, aus blinzelnden Augen: – sein Gesicht, sein schmaler Kopf, sein fahles Haar im Wind, nein, er gefiel ihr schon sehr, dieser Mann, der vielleicht schon der Vater ihres zweiten Kindes war. Wie Rolf es aufnehmen würde? Eigentlich war sie wunschlos. Apropos Rolf: morgen würde er seine Staatsanwaltschaft antreten. Wie tüchtig sie sind! Jeder in seiner Art. Und Sibylle beschloß, vernünftig zu sein, zufrieden zu sein. Trotz allem. Sie war ja noch jung, und alles hatte Zeit. Irgend etwas würde schon geschehen! Vielleicht kommt ein Kind, vielleicht stirbt Julika, vielleicht fällt ein Stern vom Himmel, der alles ins reine bringt. Wie immer beim Segeln redeten sie wenig. Über dem See summte die Stadt mit ihrem Verkehr, Schulkinder winkten von einem heimkehrenden Dampferchen, und die Welt, so mit liegendem Kopf betrachtet, bestand überhaupt nur aus Farben, aus Glanz und Spiegelung und Schatten, aus Stille und Klang, das war nicht die Stunde, um Entscheidungen zu treffen. Wieso war's nicht möglich, zwei Männer zu lieben? Stiller war ihr vertrauter, er war nicht ein Mann, der unterwirft. Rolf unterwirft. Das konnte fürchterlich sein, in mancher Hinsicht war es auch einfacher. Rolf verschwistert sich nicht mit der Frau. Einmal streiften sie eine Boje, so daß es ächzte, und Stiller, der von seiner Ausstellung geredet und nicht aufgepaßt hatte, entschuldigte sich. Rolf entschuldigte sich eigentlich nie; Rolf war selbstgerecht. Um Stiller konnte man Angst haben, um Rolf nicht. Beide zusammen in einer Person, das wäre es gewesen! Manchmal kam ihr Rolf wie ein großer Hund vor, ein Bernhardiner, den man besser nicht an die Leine nahm, um nicht umgeworfen zu werden. Stiller kam ihr wie ein Bruder vor, fast wie eine Schwester... Unversehens war es kühl geworden, und Sibylle erhob sich, ging durch das wankende

Boot auf Stiller zu, faßte seinen Kopf mit ihren nassen Händen, küßte ihn über und über. Er ließ die Leine los, so daß das Segel flatterte, und fragte: »Was ist los?« Noch wußte Sibylle es selber nicht.

— — —

»Männer sind komisch!« findet Sibylle noch heute: »Ihr mit eurem Ernst! Für Stunden oder Tage, mitunter für ganze Wochen, könnte man meinen, ihr wünscht nichts anderes als die Nähe einer geliebten Frau, besinnungslos sucht ihr diese Nähe, scheut euch vor nichts, so möchte man glauben, vor keiner Gefahr, vor keiner Lächerlichkeit, schon gar nicht vor Grausamkeit, wenn euch jemand im Wege steht, es gibt nur die Frau, scheint es, die geliebte Frau – und dann, im Handumdrehen, ist es ganz anders, plötzlich zeigt sich, daß halt eine Sitzung doch wichtig ist, so wichtig, daß sich alles danach richten muß. Plötzlich werdet ihr nervös, findet die Frau eine zärtliche Klette. Ich weiß! Ich kenne sie, diese läppische Rücksicht auf lauter fremde Leute, bloß nicht auf die Frau, die euch liebt. Ihr mit eurem Ernst des Lebens! Eine internationale Juristen-Konferenz, der Konservator einer Kunsthalle, plötzlich gibt es wieder Dinge, die man unter keinen Umständen versäumen darf! Und wehe der Frau, die das nicht versteht oder gar lächelt! Und dann, im Handumdrehen, seid ihr wieder wie der kleine Hannes bei einem Gewitter. Ist es nicht wahr? Diese gleichen Männer, da kommen sie und müssen den Kopf an unsere Schulter legen, um nicht zu verzweifeln, um zu spüren, daß sie in dieser ernsten Welt nicht ganz und gar verloren, mit allen ihren Staatsanwaltschaften und Ausstellungen nicht ganz und gar überflüssig sind ... Weiß der Himmel«, lacht sie, »ihr seid mir eine Gesellschaft!«

— — —

Eines Tages, Ende September, sagte Stiller am Telefon: »Mach dich bereit, wir fahren nach Paris.« Sie traute ihrem Hörer nicht. »Ist das dein Ernst?« Antwort der munteren Stimme: »Warum nicht?« Halb noch im Zweifel, ob Stiller nicht scherzte, halb schon in heiterem Ernst fragte sie »Wann?« Antwort der munteren Stimme: »Morgen, heute, wann du willst.« (Die Züge nach Paris kannten sie ja auswendig; da gab es eben diesen Nachtzug mit Einfahrt im ersten Morgengrauen durch die Vororte von Paris, dann Frühstück mit den frühen Arbeitern in einer Bar bei der Gare de l'Est. Café und Brioches, anschließend Bummel durch die großen Hallen voll Gemüse und Fisch – und plötzlich, wie im Zaubermärchen, war all dies zu haben?) »Ich komme sofort zu dir!« sagte Sibylle, aber das ging

nicht so ohne weiteres, denn am Vormittag hatte Stiller nochmals seinen
Konservator im Atelier, am Nachmittag mußte Sibylle mit ihrem kleinen
Hannes in den Zirkus gehen. »Also nach dem Zirkus!« sagte sie und legte
den Hörer auf, benommen wie jemand, der einen Preis gewonnen hat, leer
vor Glücklichkeit ...

Endlich schien es vorwärtszugehen!

»Wie ist das nun«, fragte Rolf beim schwarzen Kaffee, »wir müssen die
Möbelwagen bestellen, wann paßt es dir? Ich denke ja nicht daran, diesen
ganzen Umzug allein zu machen. Bist du nächste Woche hier?« Sibylle begriff sein Drängen durchaus, wie lästig es ihr auch war. »Jaja«, sagte sie,
»ich weiß, aber das kann ich heute noch nicht sagen.« – »Wann denn?« –
»Morgen!« – »Warum so nervös?« – »Ich bin nicht nervös«, erwiderte sie,
»wieso soll ich nervös sein?« Sibylle hatte gehofft, sie könnte ihre Entscheidung reifen lassen; nun war's plötzlich ein Ultimatum von vierundzwanzig
Stunden! Schließlich ging es um alles, was ihr auf dieser Welt wichtig war,
um Stiller, um Rolf, um Hannes, es ging um ein Leben, das noch gar nicht
geboren war, um lauter Menschen, denen ihr Herz verbunden war, es ging
um sie selbst, es ging darum, ob Sibylle imstande sein würde, ihr Leben selber zu wählen. Darum ging es! Und morgen sollte Rolf es wissen, um die
Möbelwagen bestellen zu können, morgen beim schwarzen Kaffee ...
Die Kinder-Vorstellung im Zirkus (so sagt sie) war alles andere als eine
Zerstreuung für sie, im Gegenteil, gerade hier fällte sie ihren Entscheid:
für Paris, für Stiller, für das Wagnis. Bei Tageslicht, fand Sibylle, sieht so
ein Zirkus viel schäbiger aus, geradezu rührend, überall sieht man die
Schadhaftigkeit des Pompes; um so holder ist das Licht unter dem besonnten Zelt, ein Licht wie Bernstein, dazu die Estraden voll kunterbunter Kinder mit dem Geschwirr ihrer Stimmen, dazu Blechmusik, Gestank von
Tieren, ab und zu Gebrüll wie aus dem Urwald. Sibylle fand es herrlich.
In Paris, dachte sie, würde es schon irgendeine Arbeit für sie geben, irgendeine, das gehörte zum Wagnis. Sibylle hatte keine Angst. Der Clown, der
die Vorstellung eröffnete, nahm die Kinder offenbar für dumme Erwachsene, sein Erfolg war spärlich, und der kleine Hannes, zum erstenmal im
Zirkus, starrte ohne Lächeln auf den blöden Mann, nur schadenfroh, wenn
er stolperte, und wollte nicht, daß der wiederkäme. Sibylle sollte es ihm sagen, dem Clown, daß er nicht wiederkäme. Dann aber die Sprünge der Tiger! Peitschenknall und heiseres Gefauch, Sibylle war fasziniert, und für
Minuten vergaß sie sogar Paris, während Hannes an einem Zuckerzeug

lutschte und fragte, warum die bösen Tiere denn immer durch die Reifen springen müßten. Er sah keinen rechten Zweck dabei. Seehunde hingegen entzückten ihn, und zu allen Entscheidungen, die Sibylle jetzt zu fällen hatte, sollte sie auch noch wissen, ob sie nicht ein Seehund sein wollte. Beim Walzer der Pferde wollte Hannes nach Hause gehen. Sibylle hätte durchaus schon jetzt zu Stiller gehen können. Sie tat es nicht. Noch nicht! Und einmal, wie gerade sieben Männerleben an dem lächelnden Gebiß eines Trapez-Mädchens hingen, entdeckte Hannes durch die Estrade hinunter einen schmutzigen Mann in Stiefeln, der allerlei Hunde mit putzigen Röcklein, mit schwarzen Fräcklein und mit weißen Brautschleiern verkleidete, und die Hunde konnten es kaum erwarten. Fortan mußte Sibylle ihren kleinen Hannes auf die Knie nehmen, damit er nicht zwischen den Gerüsten hinunterfiele. Sie hatte damals, scheint es, schon ihre Gewißheit. Dabei war sie ganz und gar bei den kitzligen Darbietungen auf den blinkenden Trapezen. Irgendwie, dachte sie, würde es schon gehen. Plötzlich jauchzten die Kinder ringsum wie aus einer einzigen Kehle: das silberne Trapez-Fräulein hatte ihre himmlische Schaukel soeben mit einem Salto mortale verlassen, wippte im großen Netz, und siehe da, sie hatte ihr Genick nicht gebrochen, und das Orchester schmetterte Verdi. Pause! Hannes wollte ebenfalls hinausgehen wie alle anderen Kinder, Sibylle aber saß wie gebannt: Eine kostümierte Person, die offenbar auf diese Weise ihren Lebensunterhalt verdiente, verkaufte Schokolade, und das war für Sibylle wohl die größte Attraktion jenes Nachmittags: eine unabhängige Frau –

Kurz vor sieben Uhr, nachdem sie Hannes ordentlich nach Hause gebracht hatte, war sie bei Stiller, der in seinem Atelier wie ein Rohrspatz pfiff, den Koffer mit den Scharnieren hervorgezogen hatte und bereits packte. Mit der Reise nach Paris, natürlich war es ihm Ernst. Warum kam Sibylle ohne ihr Gepäck? Nun stellte sich allerdings heraus, daß Stiller ›ohnehin‹ nach Paris fahren mußte, nicht heute, nicht morgen, aber bald, nämlich einer Bronze wegen, die nur in Paris gegossen werden konnte und für die kommende Ausstellung, wie auch der Konservator fand, durchaus unentbehrlich war. Und Julika? Er hatte einen so prächtigen Vorwand, nach Paris zu fahren, und Julika hatte keinen Anlaß, sich aufzuregen und ihre Fieberkurve zu steigern wegen dieser Reise. Sibylle begriff. Sie sagte ganz einfach:

»Nein.«

Stiller war gekränkt.

»Ich fahre –«

»Ja«, sagte sie. »Tu das.«

Er fand sie komisch. Nun hatte man seit Monaten von diesem Paris geredet und geträumt, und jetzt –

»Tu das«, sagte Sibylle, »fahre –!«

Stiller fuhr (er mußte ja ohnehin) in der Hoffnung, Sibylle würde ihre
Laune schon bereuen und nachfahren. Seine Hoffnungen interessierten Sibylle nicht mehr. Am anderen Tag beim schwarzen Kaffee sagte sie zu
Rolf: »Ich fahre nicht nach Paris.« Rolf gab sich Mühe, auch in der Freude
seine bemerkenswerte Gefaßtheit nicht zu verlieren. Dann sagte sie: »Aber
ich fahre für eine Woche zu meiner Freundin nach St. Gallen.« Und jetzt,
siehe da, flog das Täßlein an die Wand. Als Sibylle allein war, nahm sie das
Telefonbuch auf die Knie, drückte ihre Zigarette in den Aschenbecher,
suchte die Nummer des Arztes, des einzigen, der dafür in Frage kam,
und stellte die Nummer sogleich ein, wartete, ohne ihr Herz klopfen zu hören. Sie war verwirrt nur über ihren Gleichmut. Es mußte sein, je rascher,
um so besser.

– – –

Rolf glaubte natürlich nicht einen Augenblick lang an die Freundin in
St. Gallen. Er kam sich betrogen vor, zum Narren gehalten, und damit
war es für ihn zu Ende. Die unselige Begegnung in seinem Büro – nach ihrer Entlassung aus dem Krankenhaus – wurde von seiner Frau natürlich etwas anders erlebt, als Rolf, mein Staatsanwalt, sie dargestellt hat; nicht von
ihr (so versicherte Sibylle) ging das verstockte Schweigen aus, sondern von
ihm.

Ich protokolliere:

Fast eine Stunde lang hatte Sibylle in seinem Vorzimmer warten müssen, bis die Sekretärin kam: »Der Herr Staatsanwalt läßt bitten!« Nach
einem Händedruck, nach einem Augenblick auf der Schwelle, da Sibylle
die Empfindung hatte, daß sie im Boden versinken müßte, wenn seine
Hand sie nicht trüge, ging sie an Rolf vorbei (das ist wahr) geradewegs
zum Fenster, als wäre sie der Aussicht wegen gekommen. »Das also ist dein
Büro?« sagte sie in einem Ton, als wäre nichts vorgefallen. »Großartig.« Es
war die pure Verlegenheit. »Ja«, antwortete er, »das ist mein Büro.« Er musterte sie, als käme sie von einer Liebesfahrt. »Ich möchte mit dir sprechen!« sagte Sibylle ausdrücklich, und Rolf wies sie in den Klubsessel wie

eine Klientin, bot Zigaretten an, die in einer großen Schachtel auf dem Schreibtisch waren, sozusagen amtliche Zigaretten. »Danke –«, sagte Sibylle und fragte: »Wie geht's dir?« Und ohne die Betonung zu verschieben, machte Rolf einfach das Echo: »Wie geht's dir?« So saßen sie nun einander gegenüber und rauchten. Rolf hinter seinem großen Schreibtisch, während Sibylle sich wie auf offenem Felde vorkam. Wollte er überhaupt noch hören, wie verbunden sie ihm war? Nicht einmal die ironische Frage: Wie war's denn in St. Gallen? »Du mußt mich entschuldigen«, sagte Rolf, »in einer halben Stunde habe ich Verhandlung.« Und natürlich brachte Sibylle kein Wort heraus. Warum fragte er nicht rundheraus, wo sie gewesen wäre? Oder ganz einfach: Warum lügst du? Statt dessen meldete er bloß: »Der Umzug ist erledigt. Zum Glück hatten wir ordentliches Wetter ...« Sein Bericht über den Umzug war vollkommen sachlich, ohne einen Unterton von Vorwurf, daß Sibylle nicht zugegen gewesen war. »Vorläufig habe ich deine Sachen einfach einstellen lassen«, erklärte er, »ich weiß ja nicht, wie du dein Zimmer einzurichten gedenkst, und überhaupt –« Leider unterbrach sie das Telefon. (Vom Krankenhaus war Sibylle zuerst in ihre alte Wohnung gefahren. Das Hallen ihrer Schritte in lauter leeren Zimmern, die verblichenen Tapeten mit den dunkleren Rechtecken entschwundener Bilder, die Schäden allenthalben, die Unbegreiflichkeit, daß sie sechs Jahre lang zwischen diesen Wänden gewohnt hatten, und all dies nach ihrem glimpflichen, heimlichen, notwendigen, aber durch alle Narkose hindurch himmelschreienden Verlust, es war gräßlich gewesen, und Sibylle hatte geweint, als sähe sie in dieser leeren und beschädigten, unsagbar schäbigen Wohnung, die keine mehr war, die anschauliche Summe ihres Lebens. Sie hatte versucht, Rolf anzurufen, aber vergeblich; das Telefon war bereits außer Betrieb. Dann war sie zum neuen Haus gefahren, um das Zimmer der Dame zu sehen: ein einziges Durcheinander, ein Möbellager, die handgreifliche Sinnlosigkeit, ein Haufen von Bildern und Spiegeln, Büchern, Hutschachteln, Vasen und Schuhen, Nähzeug, lauter tadellose Ware, aber Ware, nichts als Ware, ein Haufen zum Anzünden. Hannes hatte ihr keine Ruhe gelassen, und als er Vaters neues Zimmer zeigen wollte, war Sibylle auf der Schwelle stehengeblieben. Dann war sie hierhergefahren ...) Endlich war das Telefon erledigt, Rolf legte den Hörer zurück und besann sich auf das unterbrochene Gespräch, schien es; dann aber sagte er: »Es hat jemand aus Paris angerufen, ein gewisser Herr Stiller, vermutlich dein Liebhaber –« Sibylle blickte ihn nur an. »Ich denke«, fügte

er hinzu, »du hast den Herrn in Paris noch getroffen . . .« Es hätte diesen
Zusatz nicht mehr gebraucht, Sibylle hatte bereits ihre Handtasche genommen und sich unwillkürlich erhoben. »Wohin gehst du?« fragte er bloß. »In
die Berge«, antwortete Sibylle kurz, geistesgegenwärtig in Erinnerung an
ein Plakat, das sie unterwegs hierher gesehen hatte, »nach Pontresina«.
Und Rolf, dieser Dickschädel, dem es noch nicht Farce genug war, begleitete sie tatsächlich zur Türe. »Mach, was du willst«, sagte er und hob ihr
den Handschuh auf, den sie verloren hatte. »Danke«, sagte Sibylle und
hätte nun eigentlich gehen können, ja, sie verstand nicht, warum sie, statt
durch die Tür zu gehen, nochmals zum Fenster ging. »Ich finde es lächerlich«, meinte sie, »vollkommen lächerlich, wie wir uns benehmen, kindisch . . .« Rolf schwieg. »Du bist im Irrtum!« sagte sie und mußte nun irgendwie weitersprechen, »du hast kein Recht, mich so zu behandeln. Hast
du erwartet, ich komme, dich um Verzeihung zu bitten? Wir sind nie eine
Ehe gewesen, Rolf, auch früher nicht. Nie! Das ist es ja. Im Grunde ist es
für dich immer nur ein Verhältnis gewesen, nichts weiter, du hast nie an
die Ehe geglaubt –« Rolf lächelte. Sibylle wunderte sich selber über ihre
Rede, über ihren anklägerischen Ton. Es war ganz und gar nicht, was zu
sagen sie eigentlich das Bedürfnis gehabt hätte. »Rolf!« sagte sie und setzte
sich auf die Kante eines Sessels, ohne ihre Handtasche wegzulegen, bereit
zum Aufbruch, sobald sie das Gefühl haben sollte, ihm lästig zu sein, »ich
bin nicht gekommen, um Vorwürfe zu machen. Nur –« Rolf wartete. »Ich
weiß nicht«, sagte sie vor sich hin, »was jetzt geschehen soll.« Rolf stand
und schwieg. Warum hilft er mir nicht, dachte sie und vergaß, daß er vieles
einfach nicht wissen konnte, keine Ahnung hatte, woher Sibylle kam und
was geschehen war. »Ich habe nie gedacht«, redete Sibylle, »daß wir so weit
kommen würden. Ich habe mir unter Ehe etwas anderes vorgestellt. Du
mit deinen Vorträgen! Ich dachte, du redest aus Erfahrung . . .« Sie sah
ihn an. »Ich weiß nicht«, sagte er, »was du willst.« Sibylle mußte sich wirklich besinnen. »Ich beklage mich nicht, Rolf, ich habe kein Recht dazu.
Darum ist es ja so gekommen! Du bist frei, ich bin frei, und dabei ist alles
so jämmerlich . . . Was ich will?« fragte sie zurück. »Das weißt du nicht?«
Ein etwas spöttisches Lächeln, mag sein, sogar ein verächtliches Lächeln
kam auf ihr Gesicht, so wie man eben einen Menschen betrachtet, der sich
verstellt. Denn soviel Fremdheit, schien ihr, konnte doch nur Verstellung
sein. Wozu diese Komödie? Und dann plötzlich wollte Sibylle sich an seine
Brust werfen, blieb aber einige Schritte vor ihrem Gatten stehen, als käme

sie nicht durch seinen Blick hindurch. »Du hassest mich?« fragte sie mit einem schwachen unwillkürlichen Lachen. Wenn ein Mensch, ein vertrauter, uns zum erstenmal haßt, wirkt es ja fast wie eine Farce, aber es war sein wirkliches Gesicht, wahrhaftig, und ihr Lachen gefror. Er haßte sie. Er sah auch ganz anders aus. Sibylle erkannte ihn nicht mehr; er glich sich selber nur noch äußerlich. ». . . Liebhaber!« fuhr sie irgendwo in ihren Gedanken fort. »Ich habe keinen Liebhaber gesucht, das weißt du ganz genau!« – »Sondern?« – »Ich brauche nicht irgendeinen Mann. Das ist deine Theorie! Auch in dir habe ich nicht irgendeinen Mann gesucht. Warum hast du je geheiratet? Für dich bleibt es eben irgendeine Frau. Das ist es ja, warum ich sage, du bist ein Junggeselle, ein verheirateter Junggeselle. Lächle nur! Entweder ist die Ehe ein Schicksal, meine ich, oder sie hat überhaupt keinen Sinn, sie ist ein Unfug. Was ich will, fragst du? Ich habe mich blöd benommen, ich weiß. Es hat mir wehgetan, wenn du dich irgendwo verliebt hast, das ist wahr, und vielleicht bin ich kleinmütig gewesen. Spielraum in der Ehe, was heißt das? Ich will keinen Spielraum, ich will, daß ich für meinen Mann nicht ›irgendeine‹ Frau bin. Warum verstehst du das nicht? Auch mein Vater ist nicht ›irgendein‹ Mann für mich. Und Hannes ist nicht ›irgendein‹ Kind, das wir nun gerade liebhaben, weil's uns gefällt . . . Ach Rolf«, unterbrach sie sich, »das alles ist doch Unsinn!« – »Du willst also sagen«, faßte der Staatsanwalt zusammen, »daß wir nie verheiratet gewesen sind?« – »Ja.« – »Und daß du infolgedessen gar keinen Grund hast, mir zu sagen, wo du in diesen Tagen gewesen bist«, sagte er und zündete sich eine neue Zigarette an. »Ich verstehe nicht, warum du überhaupt zu mir gekommen bist.« – »Wenn du so redest, verstehe ich es auch nicht!« sagte Sibylle. »Ich bin gekommen, um wirklich mit dir zu sprechen. Du hast jetzt keine Zeit, ich weiß. Du hast nie Zeit, wenn's dir nicht paßt. Und dann komme ich wirklich immer im dümmsten Augenblick!« Rolf rauchte: »Was wolltest du wirklich mit mir sprechen?« – »Ich bin naiv, du hast recht. Ich bin es noch heute. Nur macht mir dein überlegenes Lächeln nichts mehr aus!« sagte sie. »Irgendwie finde ich dich einfach dumm.« Sie präzisierte: »Du kannst dich nur besser ausdrücken als ich, drum habe ich dich stets reden lassen. Hast du denn gemeint, ich halte dich für den einzigen liebenswerten Mann? Ich habe verstanden, daß du meiner so sicher gewesen bist, Rolf, aber in einem ganz anderen Sinn . . . Erinnerst du dich an meinen britischen Offizier damals in Kairo?« fiel ihr ein, »du hast ihn nie ernst genommen, ich weiß! Er hatte mancherlei, was du nicht hast,

Rolf, und was ich vermisse. Aber es wäre mir damals nicht in den Sinn gekommen, siehst du, in der Tat, es wäre mir grotesk vorgekommen, mit
einem anderen Mann weiterzureisen statt mit dir. Warum eigentlich! Ich
weiß nicht, woher ich meine Vorstellung von der Ehe habe, aber ich habe
sie – noch heute . . . Vielleicht ist es richtig«, schloß sie nach einigem Besinnen, »wir lassen uns scheiden.« Dazu blickte sie zum Fenster hinaus, sah
seine Miene nicht; jedenfalls schwieg er. »Überlege es dir!« sagte sie, »ich
habe nie geglaubt, daß für uns eine Scheidung möglich sein könnte. All
die Scheidungen in unserem Bekanntenkreis, ich fand sie richtig, ich
dachte mir immer, daß es sich in solchen Fällen eben nie um eine Ehe gehandelt hätte. Das waren eben Verhältnisse, dem bürgerlichen Geschmack
zuliebe legalisiert, aber ungültig von Anfang an. Wozu sollten die zusam-
menbleiben! Das kommt mir vor, wie wenn jemand eine Vogelscheuche
aufrichten würde und nachher selber nicht mehr wagt, in seinen Garten
zu treten. Das waren eben keine Ehen, sondern ›bürgerliche‹ Verhältnisse.
Du hast mich immer ›bürgerlich‹ genannt, wenn dir mein Gefühl nicht
paßte, und heute glaube ich, daß du viel ›bürgerlicher‹ bist als ich, im
Ernst. Wozu hättest du sonst unser Verhältnis legalisiert, ohne an die Ehe
zu glauben! Nur weil wir ein Kind bekamen . . .« Rolf ließ sie reden. »Ich
weiß«, lächelte Sibylle, »es gefällt dir, gefaßt zu sein. Ob ich nach Paris
oder nach Pontresina fahren will, immer bist du gefaßt! Und das hältst
du für deine Großmut. Ist es nicht so? Deine Großmut soll mich bezwingen. Im Grunde, denke ich manchmal, willst du nur meine Hörigkeit. Um
dann deine Freiheit zu haben! Das ist alles. Du wartest darauf, daß mein
›Liebhaber‹ mich verläßt, wie du die Frauen verläßt, und dann gibt es
nur noch dich; das ist deine ganze Liebe, deine ganze Gefaßtheit, deine
ganze Großzügigkeit . . . Ach Rolf«, sagte sie wieder, »das ist doch alles Unsinn!« – »Und worin siehst du den Sinn?« fragte Rolf, aber wieder klingelte
sein Telefon, und er mußte zum Schreibtisch gehen. »Ich weiß nicht«, sagte
Sibylle, »warum ich dir all dies sage –« Rolf nahm den Hörer ab; es war die
Sekretärin, die, wie verpflichtet, den Herrn Staatsanwalt auf die Verhandlung aufmerksam machte, auf eine sogenannte Rechtsbelehrung für die
Geschworenen. »Ich will dich nicht länger aufhalten«, sagte Sibylle und
sah ihm zu, wie er seine Mappe mit einigen Akten füllte. »Bist du mir
böse?« fragte sie, »warum antwortest du mir nichts?« Rolf suchte seinen
Kugelschreiber auf dem Tisch, dann in den Taschen, dann wieder auf
dem Tisch. »Ich verstehe«, sagte er, »du bist also enttäuscht, daß ich dir

nichts verboten habe –« Sein Lächeln zeigte an, daß er sich bemühte, die Sache komisch zu finden. »Nein«, sagte Sibylle, »du hast mir wirklich nichts zu verbieten, Rolf, das ist ja das Armselige, du hast immer bloß ein Verhältnis mit mir gehabt, genau genommen, daher auch gar kein Recht, mich zu hindern, wenn ich ein anderes Verhältnis habe –« Inzwischen hatte Rolf seinen Kugelschreiber gefunden, und ihrem Abschied stand nichts mehr im Wege. Rolf hatte die Hand auf der Klinke; wäre es wirklich ihr Rolf gewesen, sie wäre ihm um den Hals gefallen, um zu weinen. Es war nicht Rolf, es war eine Maske, die ihr lächerlich vorkam. »Du mußt tun, was du für richtig hältst«, sagte er nochmals, öffnete die Türe und ließ sie durchs Vorzimmer gehen, begleitete sie höflich zum Lift –

Nun mußte sie also nach Pontresina.

Pontresina empfing sie mit leichtem Regen und mit einem Schrecken, als hätte Sibylle auf ihrer ganzen Fahrt nicht einen Atemzug lang damit gerechnet, tatsächlich in Pontresina anzukommen. Pontresina bestand darin, daß der Zug einfach nicht mehr weiterfuhr; schlimmer noch: um diese Zeit fuhr auch kein Zug mehr zurück. Sibylle kam sich wie in einer Falle vor. Außer ihr waren nur zwei Einheimische ausgestiegen. Sie überließ sich irgendeinem Portier in grüner Schürze, der ihre Koffer und ihre Skier auf einen Schlitten geladen hatte; Sibylle folgte in matschigem Schnee. Das verrückte Plakat – es hätte ebensogut ein Plakat von Capri sein können oder von einem Nordsee-Bad! – hatte natürlich Februar oder März gemeint, nicht November. Der Portier behauptete zwar, in der Höhe gäbe es ordentlichen Schnee. Was sollte Sibylle im Schnee? Was sollte sie in diesem altmodisch erstrangigen Hotel? Eine halbe Stunde lang, ohne ihren Pelzmantel auszuziehen, der jetzt sozusagen ihre letzte Behausung darstellte, saß sie auf dem Bett, hörte einen blechernen Lautsprecher, Donau-Walzer über einem menschenleeren Eisplatz unter Scheinwerfern. Später ging sie hinunter in die Bar, bestellte sich einen Whisky, rettete sich in einen Flirt mit irgendeinem Herrn, der zufällig Franzose und somit geistvoll war ...

Eine Konfrontation mit Wilfried Stiller, dipl. Landwirt, ist auf Freitag in einer Woche angesetzt: »eventuell mit gemeinsamem Besuch an dem Grab der Mutter«, wie ich aus der Kopie erfahre.

Das Ende scheint häßlich gewesen zu sein, und ihr Abschied von Stiller – wir können noch so deutlich einsehen, daß eine Sache zu Ende ist; der Abschied muß ja dennoch vollstreckt werden! – ging leider (so sagt Sibylle) nicht ohne schwere Demütigungen, nicht ohne Erniedrigung auch ihrer selbst.

Ich protokolliere:

Sibylle, damals noch eine leidenschaftliche Sportlerin, tummelte sich in Pontresina und war nur froh, daß Stiller, von seinem Paris zurück, kein Geld hatte, um ihr nachzureisen. Dafür bedrängte er sie mit Anrufen derart, daß der Concierge in ihrem Hotel, bald genug im klaren über die Unerwünschtheit dieser Anrufe, jedesmal schon mit einer Grimasse des Beileids kam, um ›Zürich‹ zu melden. Die nur halb bewußte Hoffnung, es könnte Rolf sein, hinderte sie daran, sich einfach verleugnen zu lassen; auch ging ihr diese unverschämte Concierge-Diskretion denn doch zu weit. »Leider nicht!« hörte sie den Concierge sagen, »Frau Doktor ist eben hinausgegangen, ja, gerade in diesem Augenblick!« und sie stand in der Halle, sah die Miene dieses Edel-Zuhälters, der wohl mit einem Trinkgeld für besondere Abwehrdienste rechnete, und ging in die Kabine, um Stiller anzurufen. Nun war aber Stiller, scheint es, damals von allen guten Geistern verlassen. Wütend schon, weil er bei Carola, dem italienischen Dienstmädchen, ihre Adresse hatte erbetteln müssen, gab er Töne von sich wie ein Pascha. Was sollte Sibylle ihm sagen? Daß sie Schnee hätten, jaja, ganz ordentlich, nein, heute sogar Sonne, ach ja, sehr nette Gesellschaft, und dann plauderte sie von tollen Fortschritten in der Ski-Schule, von Rücklage und Vorlage, von Schwung aus den Hüften und so fort. Sibylle plapperte wie ein Backfisch: von einem ›himmlischen‹ Tänzer, jaja, der Franzose, von ›toller‹ Stimmung, ihr Zimmer war ›süß‹, die Piste war ›maximal‹, ach nein, nicht nur der Franzose wollte sie heiraten, eigentlich alle, eine ›fidele Bande‹, wirklich, und ihr Ski-Lehrer, ein Bündner, war ›einfach goldig‹. Ab und zu, während Stiller schwieg, kam die Stimme: »Drei Minuten sind vorbei, wollen Sie bitte den angezeigten Betrag einwerfen. Drei Minuten sind vorbei, wollen Sie bitte –«, und Sibylle warf ein, als wäre das Gespräch noch nicht kindisch genug. Der Teufel ritt sie, das war ein ganz schnurriges Gefühl, fand sie, jedenfalls ein Gefühl, das viele andere Gefühle verdrängte, und vor nichts hatte Sibylle jetzt solche Angst wie vor ihren wirklichen Gefühlen …

Rolf, ihr Gatte, blieb stumm.

Als Stiller dann eines Tages persönlich in der Hotelhalle stand, um zu erfahren, was nun eigentlich los wäre, hatte er offenbar nicht Kraft genug, diese ganz und gar verworrene Frau aus ihrem kindischen Ton zu befreien; Stiller ließ sich von diesem falschen Ton verletzen, und damit war Sibylle, die Hilflose, auf eine unbarmherzige Weise überlegen. Es muß wie eine Mechanik gewesen sein; kaum spürte sie, daß dieser Mann sich selber leidtat, konnte sie nicht umhin, ihn zu verletzen. Sie spazierten über die Ebene gegen Samaden, Sibylle in schwarzer Keilhose, elegant, sportlich, von der Sonne gebräunt, während Stiller seinen ewigen GI-Mantel trug und bleich war wie alle Gesichter aus dem Unterland. »Was macht deine Ausstellung?« fragte sie. »Ist deine Bronze jetzt gegossen?« Ihr übermütiger Ton machte ihn stumm und stumpf. Es fiel ihm einfach nichts ein. Da war denn ihr Herr aus Düsseldorf, ein Tausendsassa voll Kampfflieger-Anekdoten von der Ostfront und von Kreta, schon amüsanter als Stiller! Sie sagte es ihm rundheraus. »Und ich sage dir«, berichtete Sibylle, »wie der zu leben weiß! Der findet das Geld auf der Straße . . .« Und Stiller mußte sich anhören, wie imposant es ist, wenn ein Mann viel Geld ›macht‹, ein Sohn aus der Schwerindustrie, der dabei so leicht zu leben versteht. »Übrigens ist er als Mann nicht mein Typ«, sagte Sibylle, und Stiller blickte sie von der Seite an, dann schwieg er weiter in seine Melancholie hinein. Höchstens sagte er einmal: »Dieses Pontresina ist ja zum Kotzen!« Sibylle hatte einen verstauchten Fuß und humpelte ein wenig. »Aber gestern habe ich schon wieder getanzt!« sagte sie. Irgend etwas reizte sie, von allem entzückt zu sein, was Stiller verachtete, und neuerdings zu erzählen, wie witzig eben dieser Herr aus Düsseldorf wäre, ein Ritterkreuzträger, wie männlich und unterhaltsam und voller Ideen, zum Beispiel, wenn er das Gefühl hat, jemanden gekränkt zu haben, schenkt er diesem betreffenden Menschen, gleichviel ob Frau oder Mann, einen Mercedes. Tatsache! Stiller sagte nur: »Ich glaub schon.« Oder ein anderes Beispiel: Da war ein junges Mädchen in ihrem Hotel, das sich in einen schwedischen Studenten verliebt hatte, und sofort hatte er die reizende Idee, der Herr aus Düsseldorf, den schwedischen Studenten hierherkommen zu lassen, und zwar per Flugzeug. »Doch einfach entzückend!« fand Sibylle, um ihrem langweiligen Düsterling zu bedeuten, daß Männer, die Geld machen, deswegen nicht ohne Charme sein müssen. Vielleicht sagte Stiller einmal: »Möglich.« Oder er fragte: »Warum erzählst du mir das?« Aber er war verwundert; er hatte kein Mittel, um Sibylle zu stoppen. Übrigens bemerkte sie auf jenem Spaziergang zum erstenmal, daß Stiller stotterte, gewisse Wörter nicht sagen konnte, Wörter, die mit M anfangen. Einmal ging ein junger Kerl vorbei, ein kaffeebraunes Gesicht mit dem weißen Plakatlachen eines bündnerischen Skilehrers; Sibylle grüßte mit Hallo, dann sagte sie: »Das war Nuot.« Er fragte mit müdem Gehorsam: »Wer ist Nuot?« Das also war der Skilehrer, der Sibylle mit ihrem verstauchten Fuß, sage und schreibe, bis zum nächsten Rettungsschlitten getragen hatte. »Ist er nicht goldig?« fragte sie. In dieser Tonart ging es weiter. Natürlich wußte Sibylle ganz genau, welche Art von Wirtschaft er sich gewünscht hätte, irgendeine ländliche Pinte mit Bevölkerung. Aber einmal vom Teufel geritten, und sie genoß dieses Gefühl, wie gesagt, wußte sie sofort etwas ›Tolles‹. Warum widersetzte sich Stiller nicht? Seine Unsicherheit beleidigte sie; sie selber fühlte sich von Stiller preisgegeben. Das war der Mann, den sie geliebt hatte? Das ›tolle‹ Restaurant war eine Orgie von Heimattümelei, wie Stiller sie nicht riechen konnte, aber bereits wurde ihnen die Garderobe von mindestens sechs Händen abgenommen, die Frau Doktor als Stammgast begrüßt; auch alles weitere, die Empfehlung eines besonderen Tischleins, die Überreichung von zwei umfänglichen Speisekarten, gedruckt im Stil der Gutenberg-Bibel, ein Oberkellner im Frack, der auf frischen Hummer hinzuweisen die Nettigkeit hatte, eine Nettigkeit mit durchaus persönlichem Ton, alles hatte genau die Mischung von Noblesse und Erpressung, die den kleinbürgerlichen Stiller, wenn er nicht gerade bei Humor war, vollkommen wehrlos machte. Auf dem Tischlein standen drei Rosen, alles im Preis inbegriffen und alles, versteht sich, bei Kerzenlicht. Stiller wagte nicht einmal vor Sibylle zu sagen, daß er die Preise grotesk fände. »Was nimmst du?« fragte Sibylle nicht ohne Mütterlichkeit und fügte hinzu: »Ich habe Geld bei mir.« Ein Weinkellner stand auch schon da, als Küfer kostümiert, und Sibylle war für ›ihren‹ Châteauneuf-du-Pape, die Flasche zu sechzehn Franken, aber bereits chambriert. »Du wirst sehen«, sagte sie zu Stiller, »dieser Châteauneuf hier ist ein Gedicht!« Sibylle hörte sich selber; der Teufel gab ihr das Vokabular einer Person, der Stiller nicht zu antworten wußte. Und dann, nachdem sie fast nur mit einem Blick ›ihr‹ Filet Mignon bestellt hatte, nötigte sie den hilflosen Stiller, Schnecken zu essen, worauf Stiller ein wenig zweifelte, ob Schnecken und Châteauneuf-du-Pape zusammenpaßten; Stiller hatte noch nie Schnecken gegessen, wie er gestehen mußte, und kam sich minderwertig vor, also zu einer widersprechenden Meinung kaum berechtigt. Also Schnecken! Und dann nickte ein Herr, der nur ganz kurz, um nicht zu stören, in französischer Sprache meldete, daß er heute sein Test zweiter Klasse bestanden hätte; Sibylle gratulierte, wobei sie mit der Hand winkte, und unterrichtete Stiller, das wäre eben der ›Charles Boyer‹ gewesen. Stiller, der mit scheuem Hunger ein Brötchen aß, fragte: »Wer ist Charles Boyer?« Der himmlische Tänzer, der Franzose, und sie erzählte, während Stiller gerade den Châteauneuf-du-Pape kosten mußte, die ›süße‹ Geschichte, wie sie diesen Franzosen, übrigens ein Herr aus dem diplomatischen Dienst, beim Tanzen scherzhaft als Charles Boyer angesprochen hätte, und in der Tat, er hieß Boyer. »Ist das nicht komisch?« fragte sie. Stiller blickte sie an wie ein Hund, der die menschliche Sprache nicht versteht, und es fehlte wenig, daß Sibylle ihn gestreichelt hätte wie einen Hund. Sie tat es nicht, um keine Hoffnungen zu stiften. Als sie sah, daß Stiller bereits aus seinem Glas getrunken hatte, sagte sie munter: »Prosit!«, worauf er verlegen wurde, sein fast schon leeres Glas hob: »Prosit –«. Und bei alledem war es Sibylle so übel, daß sie fast nichts von ihrem Filet Mignon essen konnte; Stiller hingegen, ob es ihn nun ekelte oder nicht, hatte seine zwölf Schnecken zu verspeisen, während Sibylle – sie mußte die ganze Unterhaltung liefern, so langweilig war er! – bereits eine Zigarette ansteckte und ferner berichtete: »Sturzenegger hat mir geschrieben! Er braucht eine Sekretärin, was sagst du dazu, und ausgerechnet mich!« Stiller grübelte in seinen Schneckenhäusern. »Er ist verliebt in mich«, ergänzte Sibylle, »das ist sogar meinem Mann aufgefallen. Im Ernst. Ich mag ihn ja, deinen Freund ...« Dazwischen gab sie Anweisungen: »Den Saft mußt du auch nehmen, mein Lieber, das ist doch das beste dran!« Stiller gehorchte und nahm den Saft. »Im Ernst«, fuhr Sibylle fort, »Sturzenegger hat mich eingeladen. Es gefällt ihm ja wahnsinnig, scheint es, da drüben in Kalifornien. Hundert Dollar in der Woche, was sagst du dazu, und die Überfahrt bezahlt! Hundert Dollar ist allerhand, glaube ich, und in einer Viertelstunde bist du am offenen Meer –«

Usw.

Erst auf dem Heimweg kam es zu einem etwas wirklicheren, wenn auch kurzen und einseitigen Gespräch. Sie gingen durch girrenden Schnee, Hauch vor dem Mund; es war bitterkalt, aber schön, links und rechts die Wälle von Schnee, die Häuser wie unter weißen Daunenkissen, Sterne darüber, eine Nacht aus Porzellan. »Wo wohnst du denn eigentlich?« erkundigte sich Sibylle, als man vor dem kitschigen Portal ihres Hotels stand. »Bist du morgen noch hier?« fragte sie weiter, um den Abschied, wenn möglich den endgültigen, einzuleiten. »– es war einfach ein solcher Schock für mich«, sagte sie in sein Schweigen hinein, »jetzt plötzlich paßte es dir, jetzt wo du ohnehin nach Paris fahren mußtest, jetzt hattest du einen bequemen Vorwand, jetzt sollte ich kommen, jetzt war unser Paris auf einmal möglich. In diesem Augenblick, siehst du, kam ich mir wie deine Maitresse vor . . .« Stiller schwieg, und ob er begriff, was in ihr zerbrochen war, blieb ungewiß. Was brütete er? Und da sie sonst nichts zu erklären hatte, erkundigte sich Sibylle nach dem Namen irgendeines Sternbildes über dem verschneiten Portal, mußte allerdings zweimal fragen, bis Stiller eine Auskunft gab. »Ja –«, sagte sie dann, als hätte es irgendeinen Zusammenhang mit diesem Sternbild, »wo werde ich sein in einem Jahr? Ich weiß es wahrhaftig nicht. Vielleicht wirklich drüben in Kalifornien! . . . Es ist komisch«, fügte sie hinzu, »bei dir weiß man es so genau. Du wirst dich nie verändern, glaube ich, nicht einmal in deinem äußeren Leben.« Sie hatte es nicht böse gemeint, spürte aber die Lieblosigkeit ihrer Worte und wollte mildern: »Oder glaubst du denn selber, daß du je ein andrer wirst?« Das tönte nicht liebevoller, im Gegenteil. Alles Reden war jetzt einfach verfehlt. »Ach Stiller«, sagte sie schließlich, »ich habe dich wirklich sehr liebgehabt –« Ein trainierender Langläufer, so einer wie Nuot, flitzte mit schwungvoll gezogenen und leise klappernden Skiern an dem stummen Paar vorbei. Sie blickten ihm nach, als interessierte sie der Sport über alles; leider entschwand er ihren Blicken und ließ sie abermals allein miteinander. Und dann war wohl das Schlottern einfach nicht mehr auszuhalten; sie trennten sich – zum Abschied noch nicht fähig – mit der raschen Verabredung zu einem Frühstück am nächsten Morgen.

Zu jenem Frühstück erschien Stiller nicht.

Zwei Tage später, als Sibylle aus dem Speisesaal kam, begleitet von dem Herrn aus Düsseldorf – stand er da, ohne daß er auf Sibylle zutrat, wie ein Gespenst. »Warum kommst du erst jetzt?« fragte sie sofort, ohne sich mit einem Gruß aufzuhalten; Sibylle war bestürzt. »Du hast schon gegessen?« fragte er. »Du nicht?« fragte sie zurück. Stiller war bleich vor Übermüdung, unrasiert. »Wo kommst du her?« fragte sie, und Stiller half ihr in den Pelzmantel, den ein sogenannter Boy, ein Bündnerbub in Zirkus-Livree, ihr nachgetragen hatte. »Ich habe dich vorgestern zum Frühstück erwartet!« sagte Sibylle und wiederholte ihre Frage: »Wo kommst du denn her?« Sie nickte dem Herrn aus Düsseldorf zu, der vor dem Lift gewartet hatte, mit dem Anzünden einer Zigarre beschäftigt war, ein Kavalier von geschickter Unauffälligkeit, so daß Stiller ihn überhaupt nicht einmal bemerkt hatte, den Tausendsassa ... Stiller kam von Davos. Sie erfuhr es, als man gerade durch die Drehtüre hinaus ins Kalte ging. »Von Davos?« fragte sie, aber bereits hatte sich der gläserne Flügel zwischen sie und den nachfolgenden Stiller geschoben. »Von Davos?« wiederholte sie nach seinem Austritt aus der Drehtüre. Stiller hatte inzwischen im Sanatorium mit seiner kranken Frau gesprochen. Sein Bericht war kurz und trocken. »Das ist alles«, schloß er. »Warum bist du so erstaunt?« Es ist wahr: den ganzen Sommer hindurch hatte Sibylle es erwartet, erhofft, in Schweigen gefordert. Und jetzt war es ein Schock. Sie kam sich schuldig vor. »Und Julika?« fragte sie, »was meint denn Julika dazu?« Es schien ihn nicht zu interessieren. »Getrennt?« fragte sie, »was heißt das? Du kannst sie doch nicht einfach –« Stiller kam ihr grausam vor, unmenschlich; seine Handlung entsetzte sie. Nun plötzlich, zum erstenmal, war Julika nicht ein fernes Gespenst, sondern eine wirkliche Frau, eine kranke, unglückliche, verlassene Frau, eine Schwester. »Stiller«, sagte sie unwillkürlich, »das hättest du nicht tun sollen ...« Sie verbesserte sich: »Dazu haben wir kein Recht. Ich selber bin schuld, ich weiß. Das ist doch Wahnsinn, Stiller, das ist doch Mord ...« Stiller war unbekümmert, fast etwas schadenfroh, als er ihre Kümmernis sah. Stiller wähnte sich frei, vollkommen frei, und für den Augenblick genügte es ihm, gehandelt zu haben. »Ich habe Hunger«, sagte er und zeigte deutlich genug, daß er keine Lust hatte, weiterhin an Julika zu denken, und keinen Grund. Sie saßen in einer Wirtschaft mit Einheimischen, mit Eisenbahnern, die feierabendlich jaßten, jeder mit einer Brissago im Gesicht, und die vor dem Pelzmantel der Dame etwas verstummten, bis einer sagte: Spielen wir oder spielen wir nicht? Eine Gutenberg-Bibel-Speisekarte gab es hier nicht, dafür eine dicke Wirtin, die mit näßlicher Hand persönlich Guten Abend wünschte, dann ein paar kleine Biertümpel und Brosamen von dem lackierten Holztisch wusch. Auf einer schwarzen Tafel an der Wand, zwischen Lorbeerkränzen und Bechern eines Schützenvereins, waren die Preise der offenen Weine zu lesen. Veltliner, Kalterer, Magdalener, Dôle; darüber das übliche verblichen-farbige Bildnis von General Guisan. Stiller mit seinem Hunger war so sicher wie ein Holzfäller, der von seiner schweren Arbeit kommt, müde, hastlos, eins mit sich selbst; mit breiten Händen brach er sofort das Brot entzwei, während Sibylle auf der Bank am Kachelofen unversehens eine schnurrende Katze auf ihrem Schoß hatte, die gestreichelt werden wollte. Stiller freute sich auf Rösti und Bau-

ernschüblig; Salat gab es hier nicht. Die jassenden Eisenbahner redeten,
während einer die Karten mischte, in einem Ton manierierter Verärgerung, ohne von einem wirklichen Ärger berührt zu sein, über die kostspielige Hoffnungslosigkeit einer Vierer-Konferenz, um dann beim Spiel sogleich vor Aufmerksamkeit zu verstummen, in der niedrigen Wirtsstube
ein Schweigen zu verbreiten, das sich zwanghaft auch auf Sibylle und Stiller übertrug. »Du hast mir noch gar nichts von Paris erzählt«, sagte Sibylle,
die dieses Schweigen offenbar bedrängte. Als die dicke Wirtin zwar noch
nicht das ersehnte Essen, jedoch den Veltliner brachte, erkundigte sich Stiller nach einem Zimmer. »Einerzimmer oder Doppelzimmer?« fragte die
Wirtin, als Stiller mit ihr hinausging, um das Zimmer zu besichtigen ...
Eine Weile lang war Sibylle allein, die einzige Frau in der Wirtschaft, sie
blätterte in der Zeitung eines Radfahrerbundes, ohne zu lesen; ein Arbeiter
hatte sich an ihren Tisch gesetzt; er leckte den Schaum von seinen Lippen
und musterte die Dame mit unverblümtem Mißtrauen, geradezu mit Verachtung, als wüßte er, was Stiller, der Gute, noch nicht im mindesten
ahnte. Wie würde Stiller es aufnehmen, ihr Geständnis, das ihr selbst, sobald sie es in Worte zu fassen versuchte, einfach unwahrscheinlich vorkam, unglaubwürdig, monströs! Sibylle wunderte sich, daß sie ihm hatte
in die Augen blicken können – sie konnte es ohne weiteres, auch als Stiller
wieder zurückkam und sich neben sie setzte, fröhlich vor Hunger, wobei es
ihn in keiner Weise störte, daß Sibylle, da sie ihrerseits ja schon gegessen
hatte, nur einen Kirsch trank. Irgendwo bei Bergün war eine Lawine nie-
dergegangen, hörte man von dem Bahnarbeiter. Aber das Gerücht übertrieb; Stiller hatte die erwähnte Lawine gesehen und unterrichtete die
etwas wichtigtuerischen Männer mit ihren Brissagos in den braunen Gesichtern, daß die Straße bereits wieder frei wäre. Sibylle war überrascht
und irgendwie entzückt, erleichtert, als sie diese jassenden Männer am anderen Tisch, die für sie etwas Bedrohliches hatten, von Stillers gelassener
Sachlichkeit entwaffnet sah: Sibylle fühlte sich beschützt. Und auch der
Bahnarbeiter an ihrem Tisch hatte aufgehört, Sibylle mit verächtlichen
Blicken zu mustern; er gab sogar den Aschenbecher herüber, ungebeten.
Und später, nachdem er sein Bier bezahlt hatte, nahm er die Mütze vom
Kopf und wünschte Stiller und Sibylle einen Guten Abend ›miteinander‹.
Einmal fragte der essende Stiller: »Ist etwas los mit dir?« – »Warum?« –
»Du bist heute sehr still.« – »Ich bin froh«, sagte Sibylle, »daß du gekom-
men bist. Ich war so wütend auf dich, ich dachte, du bist einfach ver-

schwunden und läßt mich hier sitzen.« Sie hob die schnurrende Katze von ihrem Schoß, ließ sie auf den Boden springen, wo sie den Schwanz stellte. »Warum hast du mir kein Zeichen hinterlassen?« sagte Sibylle, »ich habe etwas Dummes getan, mußt du wissen, etwas sehr Dummes . . .« Stiller aß weiter und schien nichts Ernsthaftes zu erwarten. Er war in Davos gewesen, hatte sich von der kranken Julika geschieden; was hätte ihn jetzt noch schrecken können! Er lächelte: »Was ist es denn?« Aber nun kam die dicke Wirtin mit Kaffee in zwei Gläsern, und Sibylle war erleichtert. Sie hatte ja gar nicht davon reden wollen! Es gibt ja doch Dinge, die einmal geschehen sind und dennoch nicht gelten, und wenn sie ausgesprochen sind, dann gelten sie, und dabei ist es gar nicht wahr, sie brauchten gar nicht zu gelten! Der schwarze Kaffee in den Gläsern war wie befürchtet, nämlich bitter, heiß, so daß man sich die Zunge verbrannte, und zugleich unwahrscheinlich fade, alles eher, als Kaffee; sie versuchten, ihn mit Humor und mit viel Zucker zu retten, doch der Zucker machte diese braune und graue Brühe vollends eklig. Nun erzählte er von Paris. Warum versank sie nicht in den Boden? Sie tat, als hörte sie ihm zu. Träumen wir nicht oft, ohne deswegen am anderen Tag in den Boden zu versinken, etwas Monströses? So und nicht anders, wie einen monströsen Traum, kaum anders empfand es Sibylle, wenn sie an die vergangenen zwei Nächte dachte . . . »Übrigens habe ich dir etwas mitgebracht!« unterbrach Stiller seinen Paris-Bericht. »Wo habe ich's nur?« Sibylle füllte unterdessen ihre Gläser mit Veltliner. »Du kennst doch diese Parfümerien bei der Vendôme?« lachte Stiller und erzählte die Geschichte, wie er ihr Parfüm gesucht hatte: – Die Place Vendôme, bekanntlich ein großes Geviert mit Arkaden, ist die Hochburg der französischen Parfümerie, jede Firma hat dort ihren eigenen Laden, und also mußte man schon die Marke des gesuchten Parfüms kennen, sonst muß man von Firma zu Firma, um sich die Finger betupfen zu lassen; Stiller hat sich eingebildet, er würde ihr Parfüm unter hunderten herausriechen. Die Demoiselles sind reizend, tupfen sich auf ihre eigene kleine Hand, da Stiller keinen freien Finger mehr hat. Natürlich wird er immer unsicherer! So geht er denn um die ganze Place Vendôme herum, von Firma zu Firma, von Hand zu Hand, von Duft zu Düften. Sie lachen ihn keineswegs aus, die Demoiselles, im Gegenteil, sein sorgsamer Ernst entzückt sie, wiewohl sein Französisch nicht ausreicht, um Düfte zu beschreiben. Stiller notiert sich die Namen. An seinem rechten Zeigefinger, zum Beispiel, hat er Scandale. Aber im Laufe des Nach-

mittags, seines letzten Nachmittags in Paris, kommen ihm auch die Namen durcheinander; er kann nur noch seinen Finger hinhalten: Celui là!
Und manchmal haben sogar die Demoiselles etwas Mühe zu unterscheiden, sie müssen den Patron rufen. Einmal erinnert ihn jedes Parfüm, das
es überhaupt gibt, an Sibylle, dann wieder gar keines. Und es ist toll, was
es alles gibt; seine Hände sind zwei Paletten voller Düfte, und Stiller geht
mit gespreizten Fingern, damit sie sich nicht vermischen. Was liegt in der
Nuance, ach, welche Seligkeit und welche Qual! Und dann, zu allem Überfluß, wollen die Demoiselles wissen, ob das Parfüm, das er sucht, für eine
blonde oder für eine schwarze Dame sei oder gar für eine Rothaarige? Das
ist nicht einerlei, o nein, und auch dies hat Stiller nicht gewußt, daß das
gleiche Parfüm auf einer anderen Haut wieder ganz anders zu duften be-
liebt. Was also nützen ihm diese Demoiselles mit allen Proben auf ihrer
fremden Haut? Kurz vor Ladenschluß gibt er's auf. Abends bei Jouvet
(›Ecole des femmes‹) vergißt er die Angelegenheit beinahe, so herrlich ist
dieser Jouvet; aber seine Hände haben ihn ja nicht verlassen, und in der
Pause fängt Stiller wieder an, von Finger zu Finger zu schnuppern. Und
auf dem Heimweg wieder: mitten auf der Straße bleibt er stehen, zieht
seine Handschuhe aus, um zu schnuppern. Seine Nase ist wieder frisch,
aber nun ist nichts mehr zu unterscheiden von Finger zu Finger, alles ist
eins, insofern hoffnungslos. Schließlich wäscht er sich die Hände und ist
so klug als wie zuvor. Am andern Morgen, kurz vor Abfahrt seines Zuges,
geht er, kauft auf Gottvertrauen . . . »Ich habe keine Ahnung, ob's das richtige ist!« sagte Stiller etwas verlegen, als er endlich das kleine, ehemals ele-
gante, vom langen Aufenthalt in seiner Hosentasche etwas verschlissene
Paketlein überreichte, damit Sibylle es öffnete. »Iris Gris!« lachte sie. »Ist
es das richtige?« fragte er, während Sibylle sofort das Fläschlein öffnete,
sich ein paar Tropfen auf dem Handrücken verrieb. »Iris Gris finde ich
herrlich!« sagte sie, und Stiller schnupperte an ihrer Hand, nun also an
der Original-Hand, von Atemzug zu Atemzug enttäuschter. »Nein«, sagte
er, »das ist es nicht!« Sibylle schnupperte ebenfalls. »Aber ist das nicht herrlich?« tröstete sie, ohne sich verstellen zu müssen, und steckte das Fläschlein in ihre Tasche: »Ich danke dir!« Kurz darauf zahlte Stiller, und sie leerten ihre Gläser, ohne irgendwie vereinbart zu haben, ob Sibylle nun in ihr
Hotel zurückginge oder nicht. Was dachte er sich? Stiller schien ganz und
gar entschieden zu sein, aber in welchem Sinn? »Trink aus!« sagte er ohne
Ungeduld, indem er zwar noch saß, ihren Pelzmantel aber bereits vom na-

hen Haken genommen hatte. »Es ist nicht wichtig«, meinte Sibylle, »aber ich muß es dir sagen. Es ist wirklich nicht wichtig –« Seine geringe Neugierde erschwerte es noch, die richtigen Worte zu finden; Stiller schien noch immer nichts zu vermuten, überhaupt nichts. Oder wußte er's schon und nahm es wirklich nicht wichtig? »Ich bin eine Gans«, lächelte sie, »ich habe mich gerächt, siehst du, auf eine so läppische Art gerächt, zwei Nächte mit zwei verschiedenen Herren –« Stiller schien nicht zu hören, nicht zu verstehen, er schwieg und zuckte nicht einmal zusammen, und dann kam die dicke Wirtin mit dem gewechselten Geld zurück, wollte bei dieser Gelegenheit noch wissen, ob sie das Frühstück für die Dame und den Herrn ins Zimmer bringen sollte oder nicht. Sie ging nicht vom Tisch weg, um gastfreundlich zu sein. Fast zehn Minuten dauerte die zähe Unterhaltung über Lawinen, über Wetter ganz allgemein, über Hotellerie nach einem Weltkrieg. Endlich wieder unter vier Augen fragte Stiller mit ihrem Pelzmantel auf seinen Knien: »Was hast du damit sagen wollen?« Sibylle blickte auf den Bierteller, den er auf dem Tisch drehte, und wiederholte es mit der Klarheit, die ihr jetzt, wie immer Stiller es aufnehmen mochte, unerläßlich erschien, ihre letztmögliche Sauberkeit: »Ich habe in zwei aufeinanderfolgenden Nächten mit zwei verschiedenen Herren geschlafen – ja, das meine ich . . .« Nun wußte er's. Und die Zukunft (so meinte Sibylle) hing jetzt lediglich davon ab, wie Stiller sich zu dieser monströsen Unwichtigkeit verhielt. Die jassenden Eisenbahner warfen ihre Karten hin, einer wischte mit dem Schwämmchen über die Schiefertafel, da es nun ausgemacht war, wer zu zahlen hatte, und die Kommentare zum verlorenen Spiel, das nicht mehr zu ändern war, gingen in Gähnen über. Es war elf geworden. Schon mit ihren Eisenbahnermützen auf den Köpfen wünschten auch sie dem Paar, das allein in der Wirtsstube zurückblieb, einen Guten Abend ›miteinander‹. Stiller spielte nach wie vor mit dem Bierteller. »Ich kenne das –«, sagte er, »nur habe ich es nie jemand erzählt. Übrigens ist es lange her. Ich wußte ganz genau, wen ich liebte, und trotzdem! Es war sogar auf der Reise zu ihr, ja, auch am Vorabend unseres Wiedersehens. Plötzlich bin ich ins Schleudern gekommen – genau so«, sagte er und legte den Bierteller hin. »Ich kenne das . . .« Mehr hatte er nicht zu sagen. »Ins Schleudern gekommen«, dieser Ausdruck tröstete Sibylle offenbar ungemein, gab ihr die Möglichkeit zurück, sogar die Zuversicht, von dieser Stunde an wieder auf den Weg zu kommen. Und sie glaubten sogar (so sagt sie) noch an jenem Abend, daß es ein gemeinsamer Weg sein könnte.

Das erwies sich als Irrtum.

Am andern Morgen – nach einer Scherbennacht – verabschiedeten sie sich auf dem kleinen Bahnhof von Pontresina. Sibylle blieb stehen, als der Zug endlich zu fahren begann, wie eine Skulptur auf ihrem Sockel, und beide, Stiller am offenen Fenster, Sibylle auf dem Bahnsteig, hoben ein wenig ihre Hand zum Gruß. (Seither hat Sibylle, die Gattin meines Staatsanwaltes, den verschollenen Stiller nicht mehr gesehen.) Sie selbst ging langsam ins Hotel zurück, erbat ihre Rechnung, packte und reiste noch am selben Tag. Es war unmöglich, nun einfach zu Rolf zurückzukehren, fand sie, und Redwood-City schien ihr die Rettung zu sein; sie mußte jetzt arbeiten, allein sein, ihr eigenes Geld verdienen. Sonst fühlte sie sich ausgeliefert und wußte nicht, wohin sie gehörte; der Weg von der Frau zur Dirne erwies sich als erstaunlich kurz. In Zürich empfing Rolf sie mit der Eröffnung, daß er zur Scheidung bereit wäre. Sibylle überließ es ihm, die passenden Schritte einzuleiten und bat darum, den kleinen Hannes nach Redwood-City mitnehmen zu dürfen. Ihr Gespräch befaßte sich nur noch mit der Zukunft, mit praktischen Fragen. Was Hannes betraf, ihren gemeinsamen Sohn, so war es allerdings eine schwierige Frage, was für das Kind selbst das Bessere sein möchte; Rolf erbat sich eine Bedenkzeit von vierundzwanzig Stunden. Dann, zu ihrer Verwunderung, willigte er ein. Sibylle dankte ihm, indem sie auf seine Hände weinte, und fuhr kurz vor Weihnachten, von ihrem Mann an den Hauptbahnhof begleitet, nach Le Havre, um sich für Amerika einzuschiffen.

Mein Freund, der Staatsanwalt, meldet, daß die Schlußverhandlung (mit Urteilsspruch) auf Dienstag in acht Tagen angesetzt ist.

Amerika brachte für Sibylle eine Zeit fast klösterlicher Einsamkeit. Sie blieb in Neuyork. Als der junge Sturzenegger von Kalifornien herüberkam, um die Sekretärin, die er nicht brauchte, in Empfang zu nehmen, hatte Sibylle bereits eine andere Stelle gefunden, dank ihrer Kenntnisse der europäischen Sprachen eine ganz ordentliche Stelle. Achtzig Dollar in der Woche. Sie war stolz. Und Sturzenegger, der es nicht tragisch nahm, fuhr allein nach seinem Redwood-City zurück, nachdem er Sibylle zu einem französischen Abendessen im Village eingeladen hatte. Mit dem Schleudern war's zu Ende. Der Weg jedoch, ihr Weg, war ziemlich streng. Zum erstenmal stand Sibylle, Tochter aus reichem Haus, in dieser Welt wie andere Leute, nämlich einsam und für sich selbst verantwortlich, abhängig von ihren eignen Fähigkeiten, abhängig von der Nachfrage, abhängig von Laune und Anstand eines Arbeitgebers. Es war merkwürdig: sie empfand es als Freiheit. Sie empfand es als Würde. Ihre Arbeit war öde, sie hatte Geschäftsbriefe zu übersetzen ins Deutsche, Französische, Italienische, immer etwa die gleichen. Und ihre erste eigene Wohnung in dieser Welt war so, daß man auch tagsüber, wenn draußen die Sonne schien, nicht ohne Glühbirne lesen oder nähen konnte, fast nie ein Fenster zu öffnen wagte, weil sonst wieder alles voll Ruß war, und Wachs in die Ohren steckte, um schlafen zu können. Sibylle war sich bewußt, daß Millionen von Leuten schlechter wohnten als sie, daß sie somit kein Anrecht hatte zu klagen. Überhaupt kam Klagen einfach nicht in Frage; schon wegen Rolf nicht. Zum Glück konnte sie Hannes tagsüber in ein deutsch-jüdisches Kinderheim geben. Ihre Freizeit verbrachte sie mit Hannes, wenn immer das Wetter es zuließ, im nahen Central Park; dort gab es Bäume ...

Sie begann, wie man so sagt, ein neues Leben.

Einmal, im Februar, erlebte Sibylle einen kleinen Schrecken, wobei sie heute noch nicht weiß, ob dieser Schrecken auf bloßer Einbildung oder auf Wirklichkeit beruhte. Sie saßen wieder im Central Park, Hannes und sie, und fütterten die Eichhörnchen; die Sonne gab warm, in den Mulden lag noch Schattenschnee; die Teiche waren teilweise noch gefroren; aber die Vögel zwitscherten, und es wurde Frühling. Die Erde war naß; sie saßen auf den schieferschwarzen Felsen von Manhattan, und Sibylle war froh wie ein Rumpelstilzchen, so heimlich und unerkannt wähnte sie sich in dieser Riesenstadt. Zwischen laublosen Zweigen sah man die Wolkenkratzer im bläulichen Dunst, ihre bekannte Silhouette; am Rande des großen Parkes, jenseits der Stille, schwirrte es geisterhaft, ab und zu tutete es vom Hudson herauf. Ein Polizist ritt in der schwarzen mulmigen Erde der Reitwege. Buben spielten Baseball. Auf den langen Bänken saß da und dort ein Zeitungsleser, oder es kam ein Liebespaar, dann eine Dame, die ihren Hund zu den raren Bäumen führte. Sibylle genoß es, niemand zu kennen. Sie sah den Mann, der hinter ihrem Rücken vorbeigegangen war, nur noch von hinten, einen Augenblick lang vollkommen gewiß, daß dieser Mann, der da schlenderte, niemand anders als Stiller sein konnte, und es fehlte wenig, daß Sibylle unwillkürlich gerufen hätte. Natürlich redete sie es sich aus. Wieso sollte Stiller hier in Neuyork herumschlendern? Ein Rest von Unruhe blieb dennoch, halb Hoffnung, halb Angst, es könnte wirklich Stiller sein. Sibylle nahm Hannes an der Hand und ging durch den Park, nicht um ihn zu suchen, eher um zu fliehen; immerhin mußte sie in der gleichen Richtung gehen. Natürlich, wie erwartet, sah sie den betreffenden Mann nicht mehr. Sie hatte ihr Hirngespinst (das war es ja wohl) völlig vergessen, als sie einige Tage später in die Subway hinunterstieg, das heißt, es war eine rollende Treppe; sie fuhr hinunter – er fuhr hinauf. Ein Austreten war ja nicht möglich. Hatte er sie nicht angestarrt, wenn auch ohne Gruß? Die Unwahrscheinlichkeit war ihr Trost. Oder stellte Stiller ihr nach? Jedenfalls sah Sibylle, daß der Mann, den sie für Stiller gehalten hatte, oben an der Treppe nicht weiterging, sondern sofort auf die andere Treppe wechselte, um herunterzukommen. Es war ein arges Gedränge, eine gelassene Beobachtung kaum möglich, ganz abgesehen von ihrer inneren Verwirrung. Ein GI-Mantel in Amerika, was beweist das schon! Später redete Sibylle es sich wieder aus; sie hatte den Mann auf der Rolltreppe dermaßen angegafft, daß er sich, ohne Sibylle zu kennen, vielleicht Hoffnungen machte und daher zurückkam. Mag sein. Im Augenblick handelte Sibylle vollkommen unwillkürlich: sie zwängte sich in den nächsten Wagen irgendeiner Untergrundbahn, die Türe schloß sich, man fuhr davon. Einige Wochen lang hatte sie immer etwas Angst, sooft sie auf die Straße ging, jedoch vergeblich; nie wieder sah sie einen Mann, der sich mit Stiller hätte verwechseln lassen.

Ihre Arbeit, wie gesagt, war öde. Sie saß in einem Saal ohne Tageslicht, nach einer Woche überzeugt, diese Unnatur nicht aushalten zu können. Keine Ahnung, ob es draußen regnet oder strahlt, kein Erlebnis der Tageszeit, nie ein Zug von Luft, die etwa nach Gewitter riecht oder nach Menschen oder nach Laub oder auch nur nach verregnetem Asphalt, es war um so gräßlicher, als Sibylle durchaus die einzige blieb, die überhaupt etwas vermißte; sie glaubte vor lauter air-condition zu ersticken. Die Gewißheit, daß es in jedem besseren Betrieb genau so sein würde, machte sie vollends ratlos. Was blieb ihr anderes als Fleiß aus Verzweiflung? Infolgedessen schätzte man sie, und als Sibylle nach einem halben Jahr kündigte, hielt man sie mit verdoppeltem Lohn. Jetzt konnte Sibylle sich eine andere, erfreulichere Wohnung leisten, zwei Zimmer mit sogenanntem Dachgarten, Riverside Drive, mit Blick auf den breiten Hudson. Und hier, im achtzehnten Stockwerk, war sie selig. Sie sonnten sich im Schutze einer

roten Brandmauer, Hannes und sie, sahen viel Himmel und sogar Landschaft, Wald. Und ostwärts das Meer. In dunstiger Ferne schon erkannte
Hannes, ob es die »Ile de France« oder die »Queen Mary« war, was einfuhr.
Und am Abend, wenn es dunkelte, hatte sie vor dem Fenster gerade die
schwungvolle Lichter-Girlande der Washington Bridge. Hier wohnte Sibylle fast zwei Jahre lang. Immer seltener dachte sie an die Rückkehr in
die Schweiz. Das Leben in Amerika (so sagt sie) gefiel ihr sehr, ohne daß
es sie begeisterte; sie genoß die Fremde. Dabei hat sie das eigentlichere
Amerika, den Westen, nie gesehen. Sibylle hatte es vor, einmal an die andere Küste zu fahren, Arizona kennenzulernen, Texas, die Blumen in Kalifornien; aber sie war ja eine Angestellte, und das heißt, sie konnte leben,
sogar sehr ordentlich leben, genau so lange als sie vor ihrer Schreibmaschine saß und tippte: für die Freiheit ihres Wochenendes, die immerhin
einen Radius von hundert Meilen hatte. Sie liebte Neuyork. In den ersten
Wochen schien ihr nichts leichter zu sein als der Umgang mit amerikanischen Menschen. Alle waren so offen, so selbstverständlich; Freundschaften flogen ihr zu, oder es schien wenigstens so, wie noch nie im Leben.
Auch genoß sie es, als Frau so unbehelligt zu sein, ja, es war, als hätte sie
mit der Landung in Amerika aufgehört, eine Frau zu sein; bei aller Sympathie nahm man sie durchaus als ein Neutrum. Nach ihren letzten Erlebnissen war es ein Labsal, versteht sich, wenigstens anfänglich. Und auch
später (so sagt sie) hatte sie gar kein Verlangen nach einem Mann, schon
gar nicht nach einem amerikanischen; sie hatte Freunde, besser gesagt:
friends. Die meisten von ihnen hatten einen Wagen, und das war nicht unwichtig zumal im Sommer, wenn es in Neuyork so heiß ist. Mit der Zeit
irritierte es sie allerdings doch, dieses Fehlen einer Atmosphäre, wie es
sie selbst in der Schweiz gibt. Es ist nicht leicht zu sagen, was eigentlich
fehlt. Jedermann lobte ihr neues Frühlingskleid, ihr gesundes Aussehen, ihren Sohn; es war, verglichen gerade mit der Schweiz, einfach köstlich, wie
die Leute zu loben wagen. Aber plötzlich fragte sich Sibylle, ob sie überhaupt sehen, was sie loben. Es war merkwürdig (so sagt sie) zu erfahren,
wie wunderbar und groß die Vielfalt des erotischen Spieles ist; Sibylle erfuhr es nie so deutlich wie hier, wo es diese Vielfalt nicht gibt. Beim Verlassen eines Restaurants, beim Verlassen einer Subway, beim Verlassen einer
Gesellschaft, nie hatte sie das Gefühl, von einem Mann vermißt zu werden
in jener holden Art, die beide Teile, ohne daß sie eine weitere Begegnung
suchen, irgendwie beschwingt. Nie auf der Straße traf sie der kurze Blick

absichtloser Freude, ja, nicht einmal in Gesprächen geisterte etwas von
der erregenden Ahnung, daß es den Menschen in zwei Geschlechtern gibt.
Alles blieb kameradschaftlich, insofern sehr nett; aber es fiel auch eine
Spannung aus, eine Fülle der blühenden Nuancen, eine Kunst des Spiels,
ein Zauber, eine Drohung, die erregende Möglichkeit lebendiger Verstrik-
kung. Es war flach, nicht geistlos, um Gottes willen, es wimmelte von gescheiten Leuten, von gebildeten Leuten; aber es war leblos, irgendwie reizlos, ahnungslos. Dann kam Sibylle sich als Frau wie unter einer Tarnkappe
vor: von niemandem gesehen, nein, nicht gesehen, man hörte nur, was sie
redete, und fand es lustig, interessant, mag sein, aber es war eine Zusammenkunft im luftlosen Raum. Es war komisch; sie plauderten über ›Sex
problem‹ mit einer so voreiligen Unbefangenheit, mit der Aufgeklärtheit
von Eunuchen, die nicht wissen, wovon sie reden. Einen Unterschied zwischen Sex und Erotik schien hier niemand zu kennen. Und wenn sie dann
ihren strotzenden Mangel auch noch für Gesundheit hielten, nein, es war
nicht immer lustig, es war langweilig. Was hat Neuyork nicht alles zu bieten! Es war eine Schande, sich hier zu langweilen. Allein die Konzerte!
Aber das Leben selbst, das alltägliche, das Einkaufen, das Mittagessen im
Drugstore, das Fahren im Bus, das Warten an einer Station, das Drum
und Dran, das neun Zehntel unseres Lebens ausmacht, es war so unerhört
praktisch, so unerhört glanzlos. Manchmal ging Sibylle ins italienische
Viertel, um Gemüse zu kaufen, wie sie meinte; tatsächlich ging sie, um
zu sehen, hungrig nach Sehenswertem. Oder lag es an Sibylle? Nach etwa
einem halben Jahr hatte sie das bittere Gefühl, alle Menschen enttäuscht
zu haben. Sie hatte ein Büchlein voll Adressen, aber wagte niemand mehr
anzurufen. Womit hatte sie alle diese freundlichen Freunde enttäuscht? Sie
wußte es nicht, sie erfuhr es nicht. Es bedrückte sie ernsthaft. Indessen,
und dies verwirrte Sibylle noch mehr, hatte sie überhaupt nichts verscherzt, ganz und gar nicht; traf man sich zufällig, tönte es genau wie beim
erstenmal: Hallo Sibylle! und auf der andern Seite war keine Spur von Enttäuschung. All diese offenen und so selbstverständlichen Leute, schien es,
erwarteten nicht mehr von einer menschlichen Beziehung; sie brauchte
nicht weiterzuwachsen, diese so freundliche Beziehung. Und das war für
Sibylle wohl das Traurige; nach zwanzig Minuten ist man mit diesen Menschen so weit wie nach einem halben Jahr, wie nach vielen Jahren, es
kommt nichts mehr hinzu. Es bleibt bei dem offenherzigen Wunsch, daß
es dem andern wohlergehe. Man ist befreundet, um es in irgendeiner Weise

nett zu haben, und im übrigen gibt es ja Psychiater, so etwas wie Garagi-
sten für Innenleben, wenn einer Defekte hat und nicht selber flicken kann.
Jedenfalls soll man nicht seine Freunde mit einer traurigen Geschichte belasten; sie haben dann auch, in der Tat, nichts zu liefern als einen ebenso
allgemeinen wie unverbindlichen Optimismus. Da legt man sich schon lieber an die Sonne auf dem kleinen Dachgarten. Und doch, so sehr Sibylle
offenbar Mühe hatte mit dieser leutseligen Beziehungslosigkeit der allermeisten Amerikaner, war sie weit von dem Gedanken entfernt, in die
Schweiz zurückzukehren ... Nach einem langsam verebbten Briefwechsel,
nach einem gegenseitigen Schweigen, das endgültig zu werden drohte,
meldete sich Rolf, ihr Mann, eines Nachmittags durch Anruf in ihrem
Büro. »Wo bist du denn?« fragte sie. »Hier«, antwortete Rolf, »in La Guardia. Eben gelandet. Wie kann ich dich treffen?« Er mußte bis fünf Uhr
warten, da Sibylle ja nicht einfach weglaufen konnte, und schließlich wurde es beinahe sechs Uhr, bis Sibylle, die Sekretärin, in der genannten Hotel-
Lobby am Times-Square erschien. »Wie geht's dir?« fragten sie einander.
»Danke« sagten beide. Sibylle führte ihn über den Times-Square. »Wie
lange bleibst du denn hier?« fragte sie; aber natürlich konnte man in dem
Gedränge kaum sprechen. Sie führte Rolf, den benommenen Ankömmling, auf den Rockefeller-Turm, um ihm sogleich etwas von Neuyork zu
zeigen. »Bist du geschäftlich in Neuyork?« fragte sie und verbesserte sich:
»Ich meine: beruflich?« Sie saßen in der bekannten Rainbow Bar und mußten etwas bestellen. »Nein«, sagte Rolf, »ich komme deinetwegen. Unsert-
wegen ...« Sie fanden einander ziemlich unverändert, nur etwas älter. Sibylle zeigte die neuesten Bilder von Hannes. »Kein kid mehr, nein, schon
ein richtiger guy!« Rolf ließ sie nicht allzu lange erzählen. »Ich bin gekommen«, sagte er, »um dich zu fragen – Ich meine: entweder scheiden wir uns
oder wir leben zusammen. Aber endgültig.« Anderes fragten sie einander
nicht. »In welcher Richtung wohnst du denn?« erkundigte sich Rolf, und
Sibylle zeigte ihm die Gegend, überhaupt das Lichterspiel, die so unwahrscheinlich farbige Dämmerung über Manhattan, eine Attraktion, die wohl
jeder Manhattan-Besucher kennt; nicht jeder findet dabei die Frau seines
Lebens wieder ... »Babylon!« meinte Rolf, der immer wieder hinunterschauen mußte in dieses Netz von flimmernden Perlenschnüren, in diesen
Knäuel von Licht, in dieses unabsehbare Beet von elektrischen Blumen.
Man wundert sich, daß in dieser Tiefe da unten, deren Geräusch nicht
mehr zu hören ist, in diesem Labyrinth aus quadratischen Finsternissen

und gleißenden Kanälen dazwischen, das sich ohne Unterschied wiederholt, nicht jede Minute ein Mensch verlorengeht; daß dieses rollende Ir-
gendwoher-Irgendwohin nicht eine Minute aussetzt oder sich plötzlich
zum rettungslosen Chaos staut. Da und dort staut es sich zu Teichen voll
Weißglut, Times-Square zum Beispiel. Schwarz ragen die Wolkenkratzer
ringsum, senkrecht, jedoch von der Perspektive auseinandergespreizt wie
ein Bund von Kristallen, von größeren und kleineren, von dicken und
schlanken. Manchmal jagen Schwaden von buntem Nebel vorbei, als sitze
man auf einem Berggipfel, und eine Weile lang gibt es kein Neuyork mehr;
der Atlantik hat es überschwemmt. Dann ist es noch einmal da, halb Ordnung wie auf einem Schachbrett, halb Wirrwarr, als wäre die Milchstraße
vom Himmel gestürzt. Sibylle zeigte ihm die Bezirke, deren Namen er
kannte: Brooklyn hinter einem Gehänge von Brücken, Staten Island, Harlem. Später wird alles noch farbiger; die Wolkenkratzer ragen nicht mehr
als schwarze Türme vor der gelben Dämmerung, nun hat die Nacht gleichsam ihre Körper verschluckt, und was bleibt, sind die Lichter darin, die
hunderttausend Glühbirnen, ein Raster von weißlichen und gelblichen
Fenstern, nichts weiter, so ragen oder schweben sie über dem bunten
Dunst, der etwa die Farbe von Aprikosen hat, und in den Straßen, wie in
Schluchten, rinnt es wie glitzendes Quecksilber. Rolf kam nicht aus dem
Staunen heraus: Die spiegelnden Fähren auf dem Hudson, die Girlanden
der Brücken, die Sterne über einer Sintflut von Neon-Limonade, von Sü-
ßigkeit, von Kitsch, der ins Grandiose übergeht, Vanille und Himbeer, dazwischen die violette Blässe von Herbstzeitlosen, das Grün von Gletschern,
ein Grün, wie es in Retorten vorkommt, dazwischen Milch von Löwenzahn, Firlefanz und Vision, ja, und Schönheit, ach, eine feenhafte Schönheit, ein Kaleidoskop aus Kindertagen, ein Mosaik aus bunten Scherben,
aber bewegt, dabei leblos und kalt wie Glas, dann wieder bengalische
Dämpfe einer Walpurgisnacht auf dem Theater, ein himmlischer Regenbogen, der in tausend Splitter zerfallen und über die Erde zerstreut ist, eine
Orgie der Disharmonie, der Harmonie, eine Orgie von Alltag, technisch
und merkantil über alles, zugleich denkt man an Tausendundeine Nacht,
an Teppiche, die aber glühen, an schnöde Edelsteine, an kindliches Feuerwerk, das auf den Boden gefallen ist und weiterglimmt, alles hat man
schon gesehen, irgendwo, vielleicht hinter geschlossenen Augenlidern bei
Fieber, da und dort ist es auch rot, nicht rot wie Blut, dünner, rot wie
die Spiegellichter in einem Glas voll roten Weines, wenn die Sonne hinein-

scheint, rot und auch gelb, aber nicht gelb wie Honig, dünner, gelb wie
Whisky, grünlich-gelb wie Schwefel und gewisse Pilze, seltsam, aber alles
von einer Schönheit, die, wenn sie tönte, Gesang der Sirenen wäre, ja, so
ungefähr ist es, sinnlich und leblos zugleich, geistig und albern und gewaltig, ein Bau von Menschen oder Termiten, Sinfonie und Limonade, man
muß es gesehen haben, um es sich vorstellen zu können, aber mit Augen
gesehen, nicht bloß mit Urteil, gesehen haben als ein Verwirrter, ein Betör-
ter, ein Erschrockener, ein Seliger, ein Ungläubiger, ein Hingerissener, ein
Fremder auf Erden, nicht nur fremd in Amerika, es ist genau so, daß man
darüber lächeln kann, jauchzen kann, weinen kann. Und weit draußen, im
Osten, steigt der bronzene Mond empor, eine gehämmerte Scheibe, ein
Gong, der schweigt ... Das Verwirrendste aber für Rolf war natürlich Sibylle, seine Frau, die hier zu Hause war. Sie tranken ihren Martini – etwas
stumm – und blickten einander gelegentlich an, lächelten fast etwas spöttisch, als sie merkten, daß ein Atlantik zwischen ihnen eigentlich nicht nötig war. Rolf getraute sich zwar kaum, ihren nahen Arm zu fassen; seine
Zärtlichkeit blieb in den Augen. Auch Sibylle fühlte, daß die Welt, wie
groß sie auch sein mochte, keinen Menschen hatte, der ihr näher stehen
könnte als dieser Rolf, ihr Mann; sie leugnete es nicht. Immerhin erbat
sie sich eine Bedenkzeit von vierundzwanzig Stunden.

Siebentes Heft

Heute beim Zahnarzt.

Es sind Bagatellen, und das ist ja das Schreckliche: gegen Bagatellen
wehrt man sich nicht. Man wird müde! Schon das weiße Empfangsfräulein kommt ins Wartezimmer und sagt: Herr Stiller, darf ich bitten. Soll
ich sie anbrüllen vor allen andern? Sie kann ja nichts dafür, diese nette Person; ich bin als Herr Stiller verbucht. Also folge ich ihr wortlos. All dies
verdanke ich meinem Verteidiger! Sie hängen mir das weiße Tuch um
den Hals, geben ein frisches Glas, füllen es mit lauem Wasser, alles sehr
freundlich, und der junge Zahnarzt, der Nachfolger jenes verstorbenen
Zahnarztes, dem der verschollene Stiller noch immer eine Rechnung schuldet, seift sich die Hände. Auch er kann nichts dafür; was die Namen der
Patienten betrifft, muß er sich ja ganz und gar auf sein Empfangsfräulein
verlassen, zumal er die ererbte Kundschaft noch nicht kennt.

»Herr Stiller«, sagt er, »Sie haben Schmerzen?«

Ich spüle gerade, nicke mit Bezug auf die Schmerzen, und ehe ich das Mißverständnis richtigstellen kann, hat seine Pinzette auch schon die Stelle gefunden, wo mir jede Diskussion vergeht. Der junge Mann nimmt es sehr genau.

»Sehen Sie«, sagt er und zeigt es mir mit Spiegelchen, »eine solche Krone zum Beispiel, dieser Sechser-oben-links – sehen Sie es? – kein Wort gegen meinen Vorgänger, aber eine solche Krone ist ja unmöglich.«

Er mißversteht meinen Blick, meint, ich wolle seinen Vorgänger irgendwie in Schutz nehmen. Mit Watte und Klammer und Speichelzieher im offenen Mund, so daß man nicht widersprechen kann, höre ich seine zweifellos interessanten Ausführungen über die neuen Erkenntnisse in der Zahnheilkunde. Der junge Mann hat wohl die Praxis seines Onkels und die Kunden übernommen, ist aber keinesfalls gewillt, auch die Fehler der eben verstorbenen Generation zu übernehmen, und was ich beispielsweise im Munde habe, sind fast lauter Fehler. Nur mit hilflosen Blicken kann ich den jungen Mann bitten, meine Kronen doch nicht als das Werk seines verstorbenen Onkels zu betrachten, meine Zähne nicht als die Zähne des verschollenen Stillers. Er ruft:

»Fräulein – geben Sie nochmals den Röntgen-Status von Herrn Stiller!«

All dies, wie gesagt, verdanke ich meinem Verteidiger. Man glaubt mir nicht; jedesmal, wenn seine Pinzette eine gewisse Stelle berührt, quellen mir ein paar unwillkürliche Tränen aus den Augen, und es ist nicht einzusehen, was es immer und immer wieder an dieser Stelle zu stochern gibt, endlich sagt er: »Doch, doch – der lebt.«

Nämlich im Hinblick auf den alten Röntgen-Status, den sie in der Kartothek des Vorgängers gefunden haben, kann der junge Zahnarzt es einfach nicht fassen, daß mein Vierer-unten-links noch lebt, meines Erachtens empfindlich genug, auch wenn es auf dem Röntgen-Status (man zeigt mir den Vierer-unten-links, wie ihn der verschollene Stiller hatte) ganz und gar nach einer toten Wurzel aussieht.

»Merkwürdig«, murmelt er, »merkwürdig.«

Dann klingelt er dem Fräulein.

»Ist das wirklich der Röntgen-Status von Herrn Stiller?« fragt er. »Sind Sie sicher?«

»Es steht doch drauf –«

Seine Gewissenhaftigkeit läßt ihm keine Ruhe; abermals vergleicht er

Zahn um Zahn, wobei sich zeigt, daß Stiller, der verschollene Kunde seines verstorbenen Onkels, beispielsweise über einen tadellosen Achter-oben-rechts verfügt haben muß; bei mir ist es eine Lücke. Was habe ich mit dem Achter-oben-rechts (von Stiller) gemacht? Ich zucke die Achsel. Mit Watte und Klammer und Speichelzieher im Mund lasse ich mich nicht ver-hören. Endlich verschwindet der Röntgen-Status, und der junge Zahnarzt greift zum Bohrer. Nach anderthalb Stunden, als ich endlich keine Klam-mer mehr im Mund habe und spülen darf, habe ich kein natürliches Be-dürfnis mehr, die Diskussion über den alten Röntgen-Status nochmals auf-zunehmen. Ich bitte lediglich um Saridon. Knobel sitzt im Wartezimmer. Der graue Gefängniswagen wartet unter einer Allee von Akazien. Die Fah-rer sind angehalten, diskret zu parkieren. Da aber die Allee zu einem Schul-haus gehört, dessen Pausenplatz sie begrenzt, und da gerade die große Pause ist, als Knobel und ich zum Wagen zurückkommen, sind wir natür-lich von der ganzen Schuljugend umringt. Ein Knirps fragt mich schüch-tern, ob ich der Dieb sei. Ein Mädchen ruft voll freudiger Erregung: Herr Lehrer, ein Verbrecher! Ich winke, so gut es hinter dem kleinen Gitterfen-ster geht. Nur die Lehrer winken nicht.

PS.

Vielleicht, ich frage mich, müßte man sich überall wehren, wo man ver-wechselt wird, und ich dürfte es keinem Empfangsfräulein durchlassen, daß sie mich als Herr Stiller verbucht; eine Sisyphos-Arbeit! Dann wie-der glaube ich, es genügt vollauf, wenn Julika, sie allein, mich nicht ver-wechselt.

Mexiko –

Ich muß (ich weiß nicht unter welchem Zwang) an den Totentag den-ken, wie ich ihn auf Janitzio sah, an die indianischen Mütter, wie sie auf den Gräbern kauern die ganze Nacht, alle in ihren festlichen Trachten, sorgsam gekämmt wie für die Hochzeit, und scheinbar geschieht über-haupt nichts, der Friedhof ist eine Terrasse über dem schwarzen See, von steilen Felsen überragt, ein Friedhof ohne einen einzigen Grabstein oder sonst ein Zeichen; jedermann vom Dorf weiß, wo seine Toten liegen, wo er selber einmal liegen wird. Kerzen werden aufgestellt, drei oder sieben oder zwanzig, je nach der Zahl der toten Seelen, dazu die Teller mit allerlei

Speise, die mit einem sauberen Tüchlein bedeckt ist, vor allem aber das sonderbare Ding, das mit weihnachtlicher Liebe gebastelt worden ist, ein Gestell aus Bambus, daran das Gebäck und die Blumen, die Früchte, das bunte Zuckerzeug. Vom Duft dieser Speisen, denn der Duft ist das Wesen der Dinge, soll der Tote sich nähren die ganze Nacht; das ist der Sinn. Nur Frauen und Kinder kommen auf den nächtlichen Friedhof; die Männer beten in der Kirche. Die Frauen, deren Handlung ganz sachlich und nüchtern bleibt, lassen sich nieder wie zu einer langen Rast, schwingen den Schal um ihren Kopf, so daß Frau und Kind, beide unter dem gleichen Schal, wie ein einziges Wesen erscheinen. Die Kerzen, hingereiht zwischen den Lebenden und den Toten, flackern im Wind der kalten Nacht, Stunde um Stunde, während der Mond über die finsteren Berge steigt und in gelassenem Bogen wieder sinkt. Wieder geschieht nichts. Hin und wieder das verwehte Gebimmel einer Glocke, das Gebell eines Hundes gegen den Mond; sonst nichts. Geweint wird nirgends, gesprochen nur wenig, nur das Nötige, dann aber nicht im Flüsterton, wie man ihn auf unseren Friedhöfen hört; es geht hier nicht um Stimmung. Die Stille, der sich übrigens auch die Kinder unterwerfen, indem sie Stunde um Stunde in die flackernde Kerze schauen oder in die leere Nacht über dem See, ist nicht Andacht, nicht Innerlichkeit in unserem Sinn, nicht im schlechten und nicht im guten. Es ist einfach Stille. Es gibt, angesichts der Tatsache von Leben und Tod, gar nichts zu sagen. Einige schlafen sogar, während ihr Toter, Vater oder Gatte oder Sohn, sich lautlos nährt vom Duft, vom Wesen der Dinge. Gegen Mitternacht kommen die letzten; niemand wird die Gräber verlassen bis zum Morgengrauen. Zu Tausenden flackern die toten Seelen. Ein frierendes Kind, das sehr bedrohlich hustet, als möchte es bald zu den Toten, bekommt, obzwar die Speisen noch den Toten gehören, einen kleinen Vorschuß an Zuckerzeug. Im ganzen sind sie von einer seltsamen Geduld. Und es ist kalt, sehr kalt, es ist die Nacht des ersten November. Ein kleines Mädchen, dessen Mutter schlummert, spielt mit einer Kerze, macht sich warme Kerzentropfen auf die Hand, bis die Kerze dabei verlöscht, und zündet sie dann immer wieder an. Und immer wieder mit dem Wind duftet es sehr stark; die Frauen zerrupfen gelbe Blumen, streuen sie gegen die Toten, eine Verrichtung, wie man etwa Gemüse rüstet, nicht nachlässig, aber ohne unnötige Gebärde, ohne Betonung, ohne Stimmung, ohne schauspielerischen Ausdruck, daß hier etwas Sinnbildliches gemeint sei. Es ist überhaupt nicht gemeint, sondern einfach gemacht.

Und es ist, als würde die Stille immer noch stiller; der Mond ist untergegangen, die Kälte ist bissig. Nichts geschieht. Die Frauen knien nicht, sondern sitzen auf der Erde, damit die Seelen der Verstorbenen aufsteigen in
ihren Schoß. Das ist alles, bis der Morgen graut, eine Nacht der stillen Geduld, eine Hingabe an das unerläßliche Stirb und Werde –

Gespräch mit dem Staatsanwalt, meinem Freund, über Stiller: – »Die weitaus meisten Menschenleben werden durch Selbstüberforderung vernichtet«, sagt er und erklärt es sich etwa folgendermaßen: »Unser Bewußtsein
hat sich im Laufe einiger Jahrhunderte sehr verändert, unser Gefühlsleben
sehr viel weniger. Daher eine Diskrepanz zwischen unserem intellektuellen
und unserem emotionellen Niveau. Die meisten von uns haben so ein Paket mit fleischfarbenem Stoff, nämlich Gefühle, die sie von ihrem intellektuellen Niveau aus nicht wahrhaben wollen. Es gibt zwei Auswege, die zu
nichts führen; wir töten unsere primitiven und also unwürdigen Gefühle
ab, soweit als möglich, auf die Gefahr hin, daß dadurch das Gefühlsleben
überhaupt abgetötet wird, oder wir geben unseren unwürdigen Gefühlen
einfach einen anderen Namen. Wir lügen sie um. Wir etikettieren sie nach
dem Wunsch unseres Bewußtseins. Je wendiger unser Bewußtsein, je belesener, um so zahlreicher und um so nobler unsere Hintertüren, um so geist-
voller die Selbstbelügung! Man kann sich ein Leben lang damit unterhalten, und zwar vortrefflich, nur kommt man damit nicht zum Leben,
sondern unweigerlich in die Selbstentfremdung. Beispielsweise können wir
uns den Mangel an Mut, einmal in die Knie zu gehen, unschwer als gute
Haltung auslegen, die Angst vor Selbstverwirklichung unschwer als Selbst-
losigkeit und so fort. Die meisten von uns wissen nur allzu gut, was sie in
dieser oder jener Situation empfinden sollten, beziehungsweise nicht empfinden dürften, und haben selbst bei gutem Willen bereits die allergrößte
Mühe herauszufinden, welcher Art ihre tatsächlich vorhandenen Gefühle
sind. Das ist ein übler Zustand. Sarkasmus allem Gefühl gegenüber ist
das klassische Symptom dafür ... Zur Selbstüberforderung gehört unweigerlich eine falsche Art von schlechtem Gewissen. Einer nimmt es sich
übel, kein Genie zu sein, ein anderer nimmt es sich übel, trotz guter Erziehung kein Heiliger zu sein, und Stiller nahm es sich übel, kein Spanienkämpfer zu sein ... Es ist merkwürdig, was sich uns, sobald wir in der
Selbstüberforderung und damit in der Selbstentfremdung sind, nicht alles

als Gewissen anbietet. Die innere Stimme, die berühmte, ist oft genug nur die kokette Stimme eines Pseudo-Ich, das nicht duldet, daß ich es endlich aufgebe, daß ich mich selbst erkenne, und es mit allen Listen der Eitelkeit, nötigenfalls sogar mit Falschmeldungen aus dem Himmel versucht, mich an meine tödliche Selbstüberforderung zu fesseln. Wir sehen wohl unsere Niederlage, aber begreifen sie nicht als Signale, als Konsequenzen eines verkehrten Strebens, eines Strebens weg von unserem Selbst. Merkwürdigerweise ist ja die Richtung unserer Eitelkeit nicht, wie es zu sein scheint, eine Richtung auf unser Selbst hin, sondern weg von unserem Selbst.«

Wir unterhalten uns dann auch über den bekannten Vers: Den ich lieb, der Unmögliches begehrt! Ohne uns erinnern zu können, wo genau, im zweiten Teil des Faust, dieser ominöse Vers steht, einigen wir uns darauf, daß dieser Vers nur aus dem Mund einer dämonischen Figur kommen kann; denn er ist eine Einladung zur Neurose, hat mit einem wirklichen Streben (er redet ja auch nicht von Streben, sondern von Begehren) nichts zu tun, das die Demut vor unseren begrenzten Möglichkeiten voraussetzt.

»Ich sehe Stiller nicht als Sonderfall«, sagt mein Staatsanwalt. »Ich sehe einige meiner Bekannten und mich selbst darin, wenn auch mit anderen Beispielen von Selbstüberforderung ... Viele erkennen sich selbst, nur wenige kommen dazu, sich selbst auch anzunehmen. Wieviel Selbsterkenntnis erschöpft sich darin, den andern mit einer noch etwas präziseren und genaueren Beschreibung unserer Schwächen zuvorzukommen, also in Koketterie! Aber auch die echte Selbsterkenntnis, die eher stumm bleibt und sich wesentlich nur im Verhalten ausdrückt, genügt noch nicht, sie ist ein erster, zwar unerläßlicher und mühsamer, aber keineswegs hinreichender Schritt. Selbsterkenntnis als lebenslängliche Melancholie, als geistreicher Umgang mit unserer früheren Resignation ist sehr häufig, und Menschen dieser Art sind für uns zuweilen die nettesten Tischgenossen; aber was ist es für sie? Sie sind aus einer falschen Rolle ausgetreten, und das ist schon etwas, gewiß, aber es führt sie noch nicht ins Leben zurück ... Daß die Selbstannahme mit dem Alter von selber komme, ist nicht wahr. Dem Älteren erscheinen die früheren Ziele zwar fragwürdiger, das Lächeln über unseren jugendlichen Ehrgeiz wird leichter, billiger, schmerzloser; doch ist damit noch keinerlei Selbstannahme geleistet. In gewisser Hinsicht wird es mit dem Alter sogar schwieriger. Immer mehr Leute, zu denen wir in Bewunderung emporschauen, sind jünger als wir, unsere Frist wird kürzer und kürzer, eine Resignation immer leichter in Anbetracht einer doch ehrenvollen Karriere, noch leichter für jene, die überhaupt keine Karriere machten und sich mit der Arglist der Umwelt trösten, sich abfinden können als verkannte Genies ... Es braucht die höchste Lebenskraft, um sich selbst anzunehmen ... In der Forderung, man solle seinen Nächsten lieben wie sich selbst, ist es als Selbstverständlichkeit enthalten, daß einer sich selbst liebe, sich selbst annimmt, so wie er erschaffen worden ist. Allein auch mit der Selbstannahme ist es noch nicht getan! Solange ich die Umwelt überzeugen will, daß ich niemand anders als ich selbst bin, habe ich notwendigerweise Angst vor Mißdeutung, bleibe ihr Gefangener kraft dieser Angst ... Ohne die Gewißheit von einer absoluten Instanz außerhalb menschlicher Deutung, ohne die Gewißheit, daß es eine absolute Realität gibt, kann ich mir freilich nicht denken«, sagt mein Staatsanwalt, »daß wir je dahin gelangen können, frei zu sein.«

PS.

Absolute Instanz? Absolute Realität? Warum sagt er nicht ›Gott‹? Er meidet dieses Wort, scheint mir, mit bewußter Sorgfalt. Nur mir gegenüber?

PS.

Mit der Einsicht, ein nichtiger und unwesentlicher Mensch zu sein, hoffe ich halt immer schon, daß ich eben durch diese Einsicht kein nichtiger Mensch mehr sei. Im Grunde, ehrlich genommen, hoffe ich doch in allem auf Verwandlung, auf Flucht. Ich bin ganz einfach nicht bereit, ein nichtiger Mensch zu sein. Ich hoffe eigentlich nur, daß Gott (wenn ich ihm entgegenkomme) mich zu einer anderen, nämlich zu einer reicheren, tieferen, wertvolleren, bedeutenderen Persönlichkeit machen werde – und genau das ist es vermutlich, was Gott hindert, mir gegenüber wirklich eine Existenz anzutreten, das heißt erfahrbar zu werden. Meine conditio sine qua non: daß er mich, sein Geschöpf, widerrufe.

Julika noch immer in Paris.

Das Grab der Mutter: – wie Gräber hierzulande eben sind, mit gestelltem Granit säuberlich eingefaßt, alle etwas zu kurz, so daß man den Schrecken hat, den Toten auf den Füßen zu stehen, dazwischen Kieswege, Immergrün am Rand, in der Mitte des Grabes eine tönerne Vase, ein paar welke Astern drin, hinter dem Stein eine rostige Blechbüchse, um die Blumen zu begießen. Heute regnet es aber. Wir stehen zusammen unter dem Schirm, und von der Turmuhr schlägt es drei Uhr. Der Stein ist eher komisch, Grabsteinkunst, so eine Allegorie. Da und dort eine kleine Zypresse, die dieses graue Manhattan von Grabsteinen überragt. Einmal fragt Wilfried:

»Wie findest du übrigens den Stein?«

»Ja«, sage ich ...

Es gehört zu Wilfried, einen Schirm zu haben. Ich habe nie in meinem Leben einen eigenen Schirm gehabt, aber jetzt bin ich froh um einen Schirm. Es ist ein ländlicher Friedhof, ein Kirchhügel mit alter Ulme, eine belanglose Kirche aus dem späten neunzehnten Jahrhundert; bei gutem Wetter hätte man gewiß eine hübsche, stille, weite Aussicht über den See und gegen die Berge hin. Heute alles grau, ein triefender Herbsttag, Nebel um die Wälder. Wir stehen lange so da, während es auf dem schwarzen Schirm leise trommelt, beide wortlos, beide gebärdelos wie eben zwei Protestanten. Die Inschrift: Hier ruht in Gott. Andere haben andere Inschriften: Ruhe sanft! oder sonst eine vage Lyrik. Der Stein, Travertin, ist leider poliert. Es tropft vom Schirm hörbar auf braunes Laub. In der übernächsten Reihe ein frisches Grab, ein Berg aus lehmiger Erde, Kränze drauf. Dann schlägt es wieder von der Turmuhr. Es ist kalt, naß, grau ...

Danach gingen wir in eine Wirtschaft.

Wilfried Stiller, jünger als ich, ist ein praller Mann mit einer gebräunten, rauhen und straffen Haut. Man sieht schon, daß er viel an Luft und Sonne ist. Sein schwarzes Haar ist kurz geschoren wie bei Bauern oder Militärs. Er hat mich in einem Jeep hierhergefahren, der aber nicht ihm persönlich gehört, sondern der Landwirtschaftlichen Genossenschaft. Er ist dort Verwalter in der Obstabteilung ... Natürlich sprechen wir über unsere Mutter, während Wilfried immerzu (nur vorher auf dem Friedhof nicht) Stumpen raucht, die gleiche Sorte wie damals der Kommissär beim Zoll. Seine Mutter war ordentlich streng, scheint es, meine ja gar nicht. Wenn Wilfried etwa erzählt, wie seine Mutter ihn einmal, da er im Keller öfter Kompott genascht hatte, einen ganzen Tag lang in den Keller sperrte, um ihm diese

Gegend ein für allemal zu verleiden, so kann ich wohl lachen mit dem Mann, der jenen Tag im finsteren Keller mit praller Gesundheit überstanden hat; doch meine Mutter ist das nicht. Die hätte so viel Erziehung nie übers Herz gebracht. Seine Mutter sagte: Jetzt nimm dich zusammen, wenn du ein rechter Bub sein willst! Meine Mutter sagte: Jetzt laßt doch den Bub mal in Ruhe! Meine Mutter war überzeugt, daß ich mit diesem Leben schon fertig werde. Ich erinnere mich, wie ich einmal durchs Schlüsselloch zuhörte, als meine Mutter einer ganzen Gesellschaft alle meine lustigen und offenbar gescheiten Aussprüche von der vergangenen Woche berichtete und großen Erfolg damit hatte. Derartiges hat Wilfried nie erlebt; seine Mutter hatte Sorge, daß aus Wilfried nie etwas Rechtes würde, und der gesunde, etwas rauhe, in seiner Trockenheit so herzliche Mann, der mir gegenüber am lackierten Wirtshaustisch sitzt und seine Stumpen raucht, sagt denn auch selbst, er wäre kein begabtes Kind gewesen; nicht einmal Klavierspielen hatte er gelernt. Meine Mutter, weiß ich, sparte es sich an Putzfrauen und Glätterinnen ab, putzte und bügelte selbst, auf daß sie jeden Monat meine Flötenstunden bezahlen konnte; denn ich galt als begabt. Drollig waren beide Mütter! Wilfried berichtet, daß seine Mutter, natürlich genau so respektabel wie die meine, rohe Leber über alles liebte, weit mehr als Süßigkeiten: nun konnte ihr ja niemand zum Geburtstag oder Muttertag ein Päcklein rohe Leber schenken, sie mußte sich also ihre Leckerbissen schon selbst besorgen. Das tat sie denn auch! Einmal, als ein Fußball ins Gebüsch geflogen war und Wilfried ihn suchen wollte, fand er seine Mutter in der verborgensten Nische eines öffentlichen Parkes, rohe Leber essend; sie war zu Tode erschrocken, die Gute, dann mit wahllosen Ausreden beflissen, Wilfried zurückzuhalten, bis er alles von seiner lieben Mutter glaubte, bloß nicht etwa, daß sie da rohe Leber gegessen hätte! Wenn Wilfried mit solchen Erinnerungen kommt, könnte es auch meine Mutter gewesen sein, und wir lachen gemeinsam. Dann wieder schildert er eine Mutter, die ich gar nicht kenne, eine besonnene und unbestechliche Frau, der man gar nichts vormachen konnte, eine praktische Frau, die ihn schon zeitig darauf vorbereitete, daß Wilfried eben nie eine richtige Frau würde heiraten können, wenn er nicht ordentlich Geld verdiente. Meine Mutter war gar nicht so. Sie liebte es, wenn ich ihr etwas vormachte, und im Hinblick auf die Zukunft rechnete sie mehr mit meinen inneren Werten, überzeugt, daß ich alles heiraten könnte, was ich nur wollte, schlechterdings jede Frau, ausgenommen meine liebe Mutter selbst, was ich früh bedauerte, und die Sorge meiner Mutter bestand eher darin, ob wohl die Person, die ich dereinst bringen würde, auch meiner wirklich ganz würdig wäre. Einmal, ich erinnere mich, hatte ich versucht, unseren alten Nachbarn in seinem Gärtlein, wo er die Zeitung las, mit Kirschsteinen zu bespucken; meine Mutter ereiferte sich über seinen unerhörten Verdacht dermaßen, daß ich alles bestritt, um sie vor dem Herrn nicht bloßzustellen. Meine Mutter und ich hielten zusammen, nach einer Aussage meines Stiefvaters, wie die Kletten. Wilfried hatte seinen richtigen Vater. Und meine Mutter, das weiß ich, hätte vor Lehrern nie geweint; sie hätte alles bestritten oder ein bißchen Verständnis erwartet seitens der Lehrer. Ich war ein zartes Kind. Wenn meine Mutter, Gott weiß wie, die Polizeibuße bezahlt hatte, brachte ich ihr viel Schlüsselblümchen; dann weinte sie, meine Mutter, doch nicht vorher. Seine Mutter erwartete keine Schlüsselblümchen, sondern verlangte von Wilfried, daß er sich bei den beleidigten Lehrern persönlich entschuldigte. Es ist komisch, wie verschieden Mütter sein können! ...

»Nun liegt sie auch schon vier Jahre da drüben«, sagt Wilfried.

»Bloß nicht in der Stadt begraben werden, bloß nicht neben Leuten liegen, die man zeitlebens nie gesehen hat, das fand sie widerwärtig –«

Einmal kommt der Wirt, der Wilfried mit Namen begrüßt, dann auch mir die Hand schüttelt. Wilfried redet mit den Leuten, ohne sich dabei auch nur um eine Nuance zu verstellen. Das kann ich nicht. Warum eigentlich nicht? Und dann, wieder unter vier Augen, soll ich von Julika berichten: wie's ihr in Paris gehe. Julika ist von Paris hierher zum Begräbnis gekommen mit ihren roten Haaren. Seither hat Wilfried sie nicht mehr getroffen. Wilfried trägt eine gestrickte Weste. Kalifornien interessiert ihn sehr; Wilfried wollte ja einmal nach Argentinien als Landwirt, was dann wegen Mutter nicht ging, und so rede ich denn von Kalifornien, ohne Kalifornien zu denken oder zu sehen, vielmehr sehe ich das Grab mit Immergrün und poliertem Travertin, ohne meine Mutter zu denken oder zu sehen, und für Wilfried ist alles in Ordnung. Sein Bruder, der verschollene, war wohl immer etwas absonderlich. Das sagt er aber nicht, auch nicht mit Anspielungen. Wilfried ist nicht zweideutig, nicht geistreich, nicht neugierig, ein Mensch des natürlichen Daseins, nicht des Ausdrucks. Noch wenn ich schweige, komme ich mir vor ihm geschwätzig vor. Wilfried trinkt wenig und vermutlich überhaupt nur mir zuliebe, dabei findet er den Wein sehr gut, was ich wiederum rührend finde, denn es ist ein mäßiger Wein, kraftlos, eigentlich nur Faßgeschmack. Und all das ist sehr selbstverständlich, sehr seltsam, ein Gespräch mit vielen Pausen, so daß man die Katze schnurren hört, und als Wilfried nochmals seine Einladung wiederholt, betreffend Wohnen bei ihm und seiner Frau, merke ich, daß mir Tränen sehr nahe sind; dabei bin ich diese ganze Zeit wie ohne Gefühl. Er ist ein Bruder, was ich nicht bin, und es stört ihn nicht einmal, daß ich es nicht bin. Ob ich auch Hunger habe? Wilfried will mich von nichts überzeugen, und das hat etwas Entwaffnendes. Und er hat keine Bangnis vor dem Schweigen, wogegen ich wieder von den neuzeitlichen Farmen in Kalifornien rede, die Wilfried aus Publikationen natürlich besser kennt als ich. Etwas Amüsantes beiläufig: in jener Illustrierten, die über die Tänzerin Julika und ihren verschollenen Mann unterrichtete, war auch eine große Reportage über moderne Schädlingsbekämpfung, die Wilfried, als ich im Gespräch darauf komme, zum Lachen bringt; nicht einmal in dieser Sache stimmt es, was die Illustrierte verkündet. Das amüsiert mich. Sooft es aus irgendeinem Zusammenhang (etwa Militärdienst) hervorgeht, daß Wilfried um fünf Jahre jünger ist als ich, irritiert es mich. Ich sehe ihn so, wie man als Bub die Männer sieht, alterslos, aber unter allen Umständen überlegen. Ebenso irritiert es mich, daß dieser Mann bei keiner noch so komischen Divergenz unserer Wesen seinerseits irritiert ist, sondern ohne weiteres annimmt, daß mein Leben für ihn zwar unverständlich, für mich aber sicherlich in Ordnung ist, und irgendwie wahrt er dann einfach, indem er sich keineswegs einmischt, eine Distanz der Achtung, die mich jedesmal beschämt, unsicher macht. Aber diese Achtung ist ihm ernst. Ich wage keinen Wein mehr zu bestellen, keinen anderen, wiewohl Wilfried, ich weiß es, nichts dagegen hätte; es ist schließlich ein besondrer Tag, wert, ein wenig gefeiert zu werden. Von seinen Kindern höre ich, daß sie eben den Mumps der Reihe nach überstanden haben; es bleiben ihnen noch die Masern. Wie Wilfried, nachdem er seinen Rock über die Stuhllehne gehängt hat, Brot und Käse ißt, um für seine lange Fahrt in dem nicht gerade bequemen Jeep gestärkt zu sein, ohne dazu nochmals Wein zu bestellen, frage ich mich, ob ich nicht, wenn auch ungefragt, mich erklären sollte – weiß aber nicht wie, eigentlich auch nicht wozu! ... Für Wilfried ist es eine klare Sache, daß wir Brüder sind, unter einem schwarzen Schirm vor einem Grab stehen, und uns dann wieder trennen.

Kurz vor fünf Uhr wieder in Zürich.

Jetzt (indem ich das notiere) sitze ich in einer Bar. Allein in der Stadt! Es kommt mir wie ein Traum vor; dabei ist meine nächste Umgebung, ein Rudel von frisch aufgemachten, auf den ersten Abendeinsatz wartender Zürcher Kokotten, alles andere als traumhaft. Niemand meint, daß er mich kenne. Wenn ich auf sechs Uhr nicht in mein Gefängnis ginge? Wilfried hat mich ans Bellevue gefahren; er hat noch eine lange Fahrt vor sich und morgen wieder einen strengen Tag, anderseits habe ich noch eine Stunde lang Ausgang, sofern Wilfried bei mir bleibt. Er gab mir seine Hand.

»Ja«, sagte ich, »– und wenn ich abhaue?«

Er lachte, seine Hand schon am Hebel.

»Das mußt du selber wissen!« meinte er, und sein Jeep nahm einen Ruck, weg war er . . . Was hätte ich ihm erklären sollen? Es gibt viele Menschen, denen ich näher, dem Verständnis nach sehr viel näher stehe als diesem Mann; er kommt als Freund nicht in Frage. Er hat denn auch seine eigenen Freunde, die mir vollkommen fremd sein werden, und es würde auch ihm, denke ich, nicht einfallen, mich zu seinen Freunden zu zählen. Und doch, in der Tat, ist er der einzige Mensch, bei dem es mir nichts ausmacht, wenn er mich, im Sinn eben einer klaren Sache, mit dem verschollenen Stiller verwechselt, also im Grunde mißversteht. Was heißt denn Verstehen! Freunde müssen einander verstehen, um Freunde zu bleiben; Brüder sind immer Brüder. Warum bin ich nie sein Bruder gewesen? Die heutige Begegnung hat mich doch sehr verwirrt. Wie stehe ich in dieser Welt?

»Sie bestreiten noch immer?« fragt mein Verteidiger, kaum bin ich wieder ins Gefängnis zurückgekehrt. »Sie bestreiten noch immer?«

»Ja«, sage ich, »ich bestreite noch immer –«

»Das ist doch lächerlich!« sagt mein Verteidiger.

»Es ist lächerlich«, sage ich, »aber wenn ich gestehen würde, was Sie gestanden haben möchten, Herr Doktor, dann wäre es noch lächerlicher.«

»Ich verstehe Sie nicht«, sagt mein Verteidiger.

»Das weiß ich«, sage ich, »darum bin ich ja genötigt, Herr Doktor, alles zu bestreiten, was Sie von mir sagen –«

Ja; – wer denn soll lesen, was ich in diese Hefte schreibe! Und doch, glaube ich, gibt es kein Schreiben ohne die Vorstellung, daß jemand es lese, und wäre dieser Jemand nur der Schreiber selbst. Dann frage ich mich auch: Kann man schreiben, ohne eine Rolle zu spielen? Man will sich selbst ein Fremder sein. Nicht in der Rolle, wohl aber in der unbewußten Entscheidung, welche Art von Rolle ich mir zuschreibe, liegt meine Wirklichkeit. Zuweilen habe ich das Gefühl, man gehe aus dem Geschriebenen hervor wie eine Schlange aus ihrer Haut. Das ist es; man kann sich nicht niederschreiben, man kann sich nur häuten. Aber wen soll diese tote Haut noch interessieren! Die immer wieder einmal auftauchende Frage, ob denn der Leser jemals etwas anderes zu lesen vermöge als sich selbst, erübrigt sich: Schreiben ist nicht Kommunikation mit Lesern, auch nicht Kommunikation mit sich selbst, sondern Kommunikation mit dem Unaussprechlichen. Je genauer man sich auszusprechen vermöchte, um so reiner erschiene das Unaussprechliche, das heißt die Wirklichkeit, die den Schreiber bedrängt und bewegt. Wir haben die Sprache, um stumm zu werden. Wer schweigt, ist nicht stumm. Wer schweigt, hat nicht einmal eine Ahnung, wer er nicht ist.

Warum schreibt Julika nicht?

Freunde! – jetzt kommen sie bereits rudelweise, heute nicht weniger als fünf, und zwar gleichzeitig. Alle finden mich unverändert, beinahe unverändert, und duzen mich. Und daß ich dann kein Wort sage, hindert sie nicht im mindesten, mich zu kennen, ach ja, es geht doch nichts über eine alte Freundschaft. Einer von ihnen, ein Schauspieler, läßt meine Hand überhaupt nicht mehr los. Innerlichkeit in den Augen, und noch wenn er verstummt ist, trieft er von tiefem Verständnis für Stiller; durch einen Händedruck, durch eine weitere Verstärkung des Druckes und ein nochmaliges Schütteln meiner gequetschten Hand, die er mit seinen beiden Händen umklammert, lasse ich mir sagen, was unaussprechlich ist. Meinerseits sage ich nur: Nehmen Sie doch Platz, meine Herren! Und einer von ihnen, merke ich mit der Zeit, hält sich für meinen Gönner, weil er den verschollenen Stiller nicht wegen der jahrelang ausbleibenden Miete verklagt hat, was sein gutes Recht wäre; meine Verlegenheit, scheint es, genügt ihm als Ausdruck des Dankes. Überhaupt sind es liebenswerte Men-

schen, wennschon sie bei diesem Besuch, einmal versammelt, wie es unter
natürlichen Umständen wohl nicht vorkommt, etwas von einer Krematori-
ums-Gesellschaft haben; außer ihrer Verbundenheit mit dem verschollenen
Stiller, einer Verbundenheit so unterschiedlichen Ursprungs, haben sie eigentlich nichts Gemeinsames untereinander. Ein jeder hat von den andern
gehört, mag sein, damals durch Stiller, der nun in empfindlicher Weise
fehlt. Man müßte sich natürlich unter vier Augen kennenlernen. Einer
von ihnen, merke ich mit der Zeit, ist inzwischen Professor geworden, ein
feiner Kopf, der mit dem verschollenen Stiller, einem so vagen Geist und
Temperament voll wirrer Radikalismen, oft genug seine liebe Mühe gehabt
haben mag. Es ist ein Akt der Treue, daß er gekommen ist, dieser junge Professor, der natürlich andere Freunde hat als Stiller. Seine Vorsichtigkeit, die
zärtliche Schonung, womit er mich behandelt, läßt erahnen, wie empfindlich der verschollene Stiller gewesen sein mag, und in der Tat, auch ich
fühle mich als der Unterlegene, fühle das Ausmaß meiner Unkenntnis, verfalle in eine Art ängstlicher Hochachtung und damit in einen Ton, der ihn
unweigerlich an den verschollenen Freund erinnern muß. Er will diesen
Ton oder dieses Schweigen ängstlicher Hochachtung nicht; aber er ist
daran gewöhnt, scheint es, und je befremdender mein Verhalten, um so sicherer wird er in mir den verschollenen Stiller erkennen, der ihn oft genug
befremdet hat und dem er trotz allem, wohl mehr aus einem Bedürfnis
nach Fairneß als nach Freundschaft, die mit Stiller nie fruchtbar wird,
die Treue hält. Warum macht es mich traurig? Es wären wirklich lauter
Männer, die man als Freunde haben möchte. Warum ist es nicht möglich?
Übrigens sind sie durchaus uneinig, wer Stiller gewesen ist; dennoch tun sie
so, als hielten sie mich für eine und dieselbe Person. Ein lebensfroher Graphiker schildert bereits das Fest, das nach meiner Haftentlassung stattfinden soll, und der fünfte, Schriftsetzer von Beruf, scheint ein Kommunist
zu sein, der alle vier anderen als fertige Reaktionäre betrachtet und sie
mir übelnimmt, nach seinem Blick zu schließen; vor allem verargt er mir
die freundschaftlichen Töne von dem Hauseigentümer, der uns den dornröschenhaften Zustand von Stillers verlassenem Atelier schildert, und zuweilen, während sie so reden, überlege ich im Ernst, was für ein Mensch
ich sein müßte, um den Erinnerungen und Erwartungen dieser fünf Besucher auch nur in großen Zügen zu entsprechen, etwas wie ein fünfköpfiges
Wesen, glaube ich, wobei jeder von ihnen meine vier anderen Köpfe als un-
echt, als überflüssig abhauen würde, um den wahren Stiller hervorzustellen.

Der Schauspieler, merke ich, ist Katholik geworden und blickt nicht ohne Achtung, nicht ohne Verständnis auf den Schriftsetzer herab, den Kommunisten, dessen Ansichten er unschwer errät, erinnern sie ihn doch an die ersten Denk-Abenteuer seiner eignen Jugend. Außer dem Kommunisten ist offenbar keiner stehengeblieben. Der junge Professor versichert mir, daß er zwar die Klassik nach wie vor über alles stelle, anderseits die moderne Kunst nicht mehr ausschließlich als Zerfall betrachte, und der Graphiker, offenbar durch beträchtlichen Erfolg bekehrt, hat jeglichen Kultur-Pessimismus überwunden, verweist auf den hohen Stand der schweizerischen Graphik und braucht seinerseits, offen gesprochen, weder Kommunismus noch Katholizismus, um seine Aufgabe in dieser Welt zu sehen. Der Hauseigentümer hinwiederum, Antiquar von Beruf, hält es mehr denn je mit der Tradition, je lokaler, um so besser, kein Wort gegen die Europäische Verteidigungsgemeinschaft, aber gerade darum ist es die verantwortungsvolle Aufgabe des Antiquars, den Sinn für die Unterschiede zu pflegen, beispielsweise für den Unterschied zwischen Basler und Zürcher, denn was sollen Europas brüderliche Heere verteidigen, wenn nicht eben dieses Vorrecht, daß wir uns auf kürzeste Entfernung unterscheiden? Es sind, wie gesagt, lauter liebenswerte Männer. Nachher frage ich mich, warum ich mich nicht wirklich als ihren Freund empfinde. Ich habe sie beleidigt, ohne etwas zu sagen. Meine Zelle wird einsamer nach jedem Besuch.

Von Julika geträumt – wieder fast das gleiche: sie sitzt in einem Boulevard-Café unter vielen Leuten und versucht, mir zu schreiben, den Bleistift an den Lippen wie ein Schulmädchen in Not, ich will auf sie zugehen, bin aber von drei fremden (deutschen) Soldaten verhaftet, weiß, daß Julika mich verraten hat. Unsere Blicke treffen sich. Die Männer mit Helm zerren mich weiter, ich will Julika verfluchen, ihr stummer Blick bittet mich, nicht zu glauben, was sie da geschrieben habe, man habe sie gezwungen, ich habe sie gezwungen. Auf meine Frage, ob man mich erschießen werde, lachen die drei Soldaten; einer sagt: Nein, wir kreuzigen jetzt. Nach großer Angst in einem Lager beschäftigt, wir müssen Fotos an die Baumstämme heften mit Reißnägeln, das ist's, was sie ›kreuzigen‹ nennen, nichts weiter, ich ›kreuzige‹ Julika, das Foto von der Balletteuse . . .

Es ist schwer, nicht müde zu werden gegen die Welt, gegen ihre Mehrheit, gegen ihre Überlegenheit, die ich zugeben muß. Es ist schwer, allein und ohne Zeugen zu wissen, was man in einsamer Stunde glaubt erfahren zu haben, schwer, ein Wissen zu tragen, das ich nimmer beweisen oder auch nur sagen kann. Ich weiß, daß ich nicht der verschollene Stiller bin. Und ich bin es auch nie gewesen. Ich schwöre es, auch wenn ich nicht weiß, wer ich sonst bin. Vielleicht bin ich niemand. Und wenn sie es mir schwarz auf weiß beweisen können, daß von allen Menschen, die als geboren verbucht sind, zur Zeit nur ein einziger fehlt, nämlich Stiller, und daß ich überhaupt nicht in dieser Welt bin, wenn ich mich weigere, Stiller zu sein, so weigere ich mich doch. Warum lassen sie nicht ab! Mein Verhalten ist lächerlich, ich weiß, meine Lage wird unhaltbar. Aber ich bin nicht der Mann, den sie suchen, und diese Gewißheit, meine einzige, lasse ich nicht los.

Julika noch immer in Paris.

Es ist ja nicht wahr: – ich kann nicht allein sein, genau genommen, und ich habe es noch kaum eine Stunde in meinem Leben gekonnt! Und meistens war da, genau genommen, ein Weib. Angefangen bei meiner lieben und guten Mutter; ich bestand meine Maturität gerade so mit knapper Not und war froh für meine Mutter, damit mein Stiefvater nicht sagen konnte: Siehst du jetzt, dein nettes Söhnchen! und später trat ich meine heimatliche Strafe an, eine eidgenössische Wolldecke unter dem Arm, und saß fast einen Sommer lang in der Kaserne, aber allein war ich nicht, denn es tat mir leid, für meine Mutter, der so etwas furchtbar war. Eine Unsumme von Stunden, mehr als ein Menschenleben je an Stunden hat, möchte man meinen, sind mir auf Abruf im Gedächtnis, Stunden, die ich für Alleinsein hielt, Abende in Hotelzimmern mit Lärm aus fremden Gassen oder Blick in einen Hof, Nächte auf Bahnhöfen irgendwo, Frühlingstage in einem öffentlichen Park voll Kinderwagen und voll Fremdsprache, dann wieder Nachmittage in gewohnter Spelunke, Wanderungen in Regen und Wald und in Gewißheit, daß ein ersehnter Mensch nie wieder zu sprechen sein würde, Abschiede von jeder Sorte, saubere und rasche und aufrechte Abschiede, aber auch erbärmliche, wimmernde, verschleppte, feige Abschiede; eine Unsumme von Stunden, sage ich, und trotzdem war ich nie allein, genau genommen, keine Stunde lang. Irgendeinen inneren Ausweg fand ich stets, eine süße oder eine quälende Erinnerung, ein leidenschaftliches Gespräch mit einem unsichtbaren Menschen, den es meistens überhaupt nicht gab, doch ich erfand ihn, um nicht allein zu sein, oder Hoffnung auf eine großartige Begegnung an der nächsten oder übernächsten Straßenecke. Heißt das Alleinsein? Ganz im Anfang meiner Künstlerei, mag sein, war ich allein, vermochte ich es beinahe, in einem wirklichen Sinn allein zu sein in der Hoffnung, in Lehm oder Gips mich verwirklichen zu können; aber diese Hoffnung währte nicht lang, und schon war der Ehrgeiz da, die Freude in Hinsicht auf Anerkennung, die Sorge in Hinsicht auf Geringschätzung, monatelang sah ich vor lauter Lehm und Ehrgeiz und Gips keinen lebendigen Menschen, verbissen in meine Kunst, die nie eine werden konnte, verkrochen in die vier Wände meines Ateliers, ein Einsiedler ohne Radio wie im Mittelalter, wortkarg wie ein Ruderer auf der Galeere, ein Mönch in bezug auf Mädchen, aber nur in bezug darauf, ein frohlockender Rumpelstilz in Gedanken daran, daß noch niemand mein Genie auch nur ahnte, und fleißig war ich wie ein gepeitschtes Tier, von Ehrgeiz gepeitscht; also war ich nicht allein. Und ich war nicht allein bei meiner Fähre am Tajo; im Falle meines Todes, ich wußte es, würde Anja nicht zusammenbrechen und nicht ins Kloster gehen, sie würde weiterhin die Lebendigen pflegen und weiterhin sich lieben lassen, aber sich mitunter an mich erinnern, und als mich dann niemand erschoß, als sie mich nur mit meinem Hosengürtel fesselten, Hände und Füße zusammen, und mich in den Ginster warfen, war ich nicht allein; ich hatte meine Schmach vor Anja, glaubte vor Durst elendiglich zu sterben und Anja nicht wiederzusehen, ich schrie, solange ich konnte, dann schrie ich nicht mehr, aber an der Schwelle der Ohnmacht hatte ich Anja, meine sengende Schmach von Anja. Und ich war nicht allein auf dem Heimweg, obschon ich die Fremdheit in der Heimat ahnte; nächtelang auf meinem Marsch, nächtelang in den Wartesälen Frankreichs rechtfertigte ich mich vor Anja, ich schämte mich vor ihr, ich empörte mich über sie und sammelte Gedanken gegen sie; ich war nicht allein. Und dann, ferne von ihr, erzählte ich meine spanische Anekdote, meine Bekannten glaubten es mehr oder weniger, aber ich wußte, wer um die Wahrheit wußte, nämlich Anja, und also war ich nicht allein. Es ist lächerlich, ja, aber wahr: Immer war da ein Weib, womit ich mich täuschen konnte. Ich hatte männliche Freunde, nicht viele, den einen und andern; das war Freundschaft, doch keine Täuschung über unser Alleinsein als einzelne. Oft habe ich an ferne Freunde gedacht, neugierig auf ihre Gedanken oder froh um ihren Widerspruch oder auch in schmerzlichem Zerwürfnis; in den Stunden des Grauens aber, in den Stunden meiner Unfähigkeit, allein zu sein, war es stets nur ein Weib, Erinnerung oder Hoffnung um ein Weib, womit ich meinem Alleinsein entschlüpfte. Warum war ich nicht imstande, allein zu sein, und gezwungen, mich mit dieser Balletteuse zu langweilen, derart, daß ich dieses Meertier auch noch heiraten mußte? Es ging von mir aus, kein Zweifel, ich hatte immer wieder einmal so einen eisernen Willen mit verkehrter Steuerung. Und tausendundeine Nacht, mindestens, griff ich mir an den Kopf und schlief ein; nicht einmal in der Ehe konnte ich allein sein. Ich ließ sie im Stich; sie demütigte mich und ich demütigte sie; aber allein war ich nie. Und ich war nicht allein in dem Heck-Laderaum eines italienischen Frachters als blinder Passagier, ein Auswanderer ohne Papiere für Amerika; nur ein bestochener Heizer wußte damals, daß es mich gab dort unten zwischen den Fässern, und es war dunkel, stank, war heiß, so daß mir (jedem an meiner Stelle!) der Schweiß aus allen Poren rann, ich begriff sehr wohl, daß die schöne Julika sich ekeln würde vor diesem Schweiß; also war ich nicht allein. Es wäre die Chance meines Lebens gewesen, allein zu sein, eine ungestörte Chance von achtzehn Tagen und neunzehn Nächten bei meistens ruhiger See, so daß ich nicht einmal die Ausrede machen kann, damals wäre mir übel gewesen. Ein einziges Mal, wahrscheinlich kurz nach Gibraltar, hatte ich mich übergeben müssen; der Kahn stampfte ein paar Stunden lang, beruhigte sich aber wieder. Und was tat ich mit meiner Chance, so groß wie der Atlantik? Ich zündete eine Zigarette an, sah im Schein meines Feuerzeugs gerade die Anschriften der nächsten Fässer ›Chianti Italian Wine Imported‹, dann wieder nichts als sture Finsternis mit den paar kleinen Lichtritzen zwischen Bohlen, mit dem Gedröhn der Schraubenwelle unter mir, einerlei ob Tag oder Nacht, und man hätte wohl wahnsinnig werden können, ich wurde es nicht, denn im Geiste sah ich Julika auf ihrer Jugendstil-Veranda in Davos und sagte ihr noch den Rest. Ich war froh, diese Frau nie wiederzusehen; das war meine einzige Freude da unten. War ich allein? Jedesmal beim Erwachen aus einem längeren Schlaf hatte ich Angst, der stinkige Kahn wäre schon wieder auf der Fahrt nach Europa; es änderte nichts an meiner Entschlossenheit, die schöne Julika nie wiederzusehen. Ich brauchte zwischen jenen stinkigen Fässern (ich hockte die meiste Zeit, denn beim Gehen im Finstern stolperte man überall an Stricken und Kranketten) nur an den Brief zu denken, den sie mir nach ihrer Ermordung auf der Veranda geschickt hatte, nur an jenen ersten Satz: Es hat wohl wenig Sinn, auf dein Gespräch von letzter Woche zurückzukommen usw.! Nur diesen ersten Satz, und ich bereute nichts, selbst wenn dieser Kahn im nächsten Augenblick auf eine Sandbank liefe, sich unversehens mit Wasser füllte. Ich brauchte nur an Foxli zu denken! Oder an die berühmte Mehlsuppe, die dieses Weib nicht zu machen geruht hatte, und an hundert andere Bagatellen, eine lächerlicher als die andere; aber achtzehn Tage und neunzehn Nächte hintereinander im Finstern, wo es irgendwo zwischen den öligen Bohlen heruntertropfte, eine Endlosigkeit mit tropfenden Minuten, sie reichte nicht aus, die Öde zwischen diesem Weib und mir auch nur im raschen Stenogramm der Gedanken zu fassen, wieder stolperte ich umher und schürfte mich an einer rostigen Planke, wieder hockte ich auf einem Bündel von Stricken und leckte das warme Blut von meiner Hand, hockte, stinkend von altem Schweiß und von neuem Schweiß, ungewaschen seit Genua, von keinem Menschen erblickt und blind wie ein Maulwurf, taub vom Gedröhn der Schraubenwelle, und keine wache Stunde verging, wo mir nicht irgend etwas einfiel gegen dieses zarte Weib in Davos, und niemand hörte meine lautesten Verwünschungen; aber allein war ich nicht. Im Hafen von Brooklyn endlich verstummte die Schraubenwelle; mein Herz klopfte. Zuerst luden sie vorne aus. Nach zehn Stunden kam endlich mein Heizer mit dem guten Rat, mich noch zwei oder drei Tage zu verstecken, denn es war Dockarbeiter-Streik. Und dann ging es fünf Tage, dazu natürlich immer die Nächte, und endlich hörte ich den vereinbarten Pfiff meines wackeren Heizers; aber ich war nicht fertig mit der Öde zwischen diesem Weib und mir. Jetzt mußte ich an Land. War ich allein in Neuyork? Ich schob mich durch das ameisenhafte Gewimmel am Times Square; wochenlang sah ich vor allem Telefonkabinen, aber ich war entschlossen, Sibylle nicht anzurufen. Und ich rief auch nicht an, sondern stieg in einen Greyhound, um westwärts zu fahren, gleichviel wohin. Es war so und so, langweilig und hinreißend, abstoßend, begeisternd. Ich sah die Prärie, die Schlächtereien von Chikago, die Mormonen, die Indianer, die größte Kupfergrube der Welt, die größte Hängebrücke der Welt, ich redete mit fremden Gesichtern in einer Milch-Bar, ich arbeitete einen Monat in Detroit, ich verliebte mich in die Tochter eines konservativen Se-

nators, die einen Cadillac besaß, und wir badeten im Michigan-See, und
ich fuhr weiter, ich sah Waldbrände, Baseball, Sonnenuntergänge über
dem Pazifik und fliegende Fische, Geld hatte ich fast nie, aber ich pfiff
vor Seligkeit, so ferne von Davos zu sein, etwas weniger ferne auch von Riverside Drive, Neuyork, damals hätte ich allein sein können wie auf dem
Mond. Sie sagten: Hallo! und ich sagte: Hallo! Ich hörte die letzten Radio-Sprecher nach Mitternacht, bloß um nicht die Stille zu hören, denn
in der Stille war ich nicht allein, also hörte ich noch lieber diese immer zuversichtlichen Reklame-Sprecher mit ihren Hinweisen auf die beste Seife,
die beste Whisky-Marke, das beste Hundefutter, dazwischen Sinfonien
oder doch wenigstens die Nußknacker-Suite von Tschaikowsky: damit
ich nicht so allein war. Und war es nicht meine grazile Balletteuse, so
war es doch ›Little Grey‹, dieses grazile Biest von einer Katze, das immerfort auf meinen Fenstersims hüpfte und mir doch nichts zu sagen hatte.
Habe ich es nicht irgendwo in diesem Haufen Papier schon aufgeschrieben? Ich nahm sie, steckte sie eines Abends in den Eisschrank, dann versuchte ich zu pfeifen und später zu schlafen, jedoch vergeblich, nach wenigen Stunden holte ich sie aus dem Eisschrank, wohl wissend, daß ihr Tod
mich dann doch beschäftigen würde, und ich war, wie sie nach einer Weile
ihre Augenschlitze etwas öffnete, zu Tränen gerührt, daß sie mir ihren Tod
im Eisschrank nicht angetan hatte; ich pflegte sie, bis sie wieder zu schnurren anfing und um meine Hosenbeine streifte, aber wenigstens lebte sie,
wenn auch mit der Miene einer Siegerin, ohne daß sie mir auch jetzt etwas
zu sagen hatte, und dann, wie sie mein schlechtes Gewissen ausnützte,
warf ich sie halt doch wieder in die übrigens nicht kalten Nächte hinaus,
wo sie den Schwanz hißte und fauchte, ich schloß das Fenster, sämtliche
Fenster, sie sprang von außen auf den Sims und fauchte, als hätte ich sie
wirklich umgebracht, ich tat eine Weile, als sähe ich sie nicht, als hörte
ich ihr Miauen nicht, womit sie mich in der Nachbarschaft (vor allem
bei Florence, der Mulattin) verschrie. Genug! sagte ich laut, ging ans Fenster, nahm sie hinten am Hals und schleuderte sie als zappelndes Bündel so
weit wie möglich. Nach Katzenart fiel sie auf die Füße. Zu meinem Erstaunen schwieg sie sogar, hüpfte auch nicht wieder auf meinen Fenstersims;
ich wartete darauf. Sie ließ mich allein, zugegeben, doch wußte ich in jedem Augenblick, daß sie in jedem Augenblick wieder auf meinen Fenstersims hüpfen könnte; also war ich nicht allein. Bin ich es denn jetzt? Ich
denke an Frau Julika Stiller-Tschudy in Paris. Ich sehe sie in ihrem schwar-

zen Tailleur, das ihr so vortrefflich steht, und ihrem weißen Hütchen auf rötlichem Haar. In Paris wird es jetzt kühl sein. Sie hatte im Sinn, einen neuen Mantel zu kaufen. Ich sehe sie (obgleich ich mich in den Modellen dieses Herbstes gar nicht auskenne) in ihrem neuen Mantel, der ihr wieder vortrefflich steht. Es mag sein, ich verliebe mich sehr leicht; aber wenn ich so in meiner Zelle hocke und an diese Frau Julika Stiller-Tschudy denke, so ist es doch mehr als Verliebtheit; ich fühle es an meiner hoffnungsvollen Bedrücktheit, Frau Julika Stiller-Tschudy ist ja doch meine einzige Hoffnung. Jetzt einmal abgesehen von ihrem kupfernen Haar, von ihrem Alabaster-Teint, von ihren grünlichen oder wassergrauen oder vielleicht auch farblosen, jedenfalls ungemein schönen Augen, einmal abgesehen von alledem, was jedermann und sogar mein Verteidiger sehen kann, ist diese Frau (was immer ihr verschollener Stiller gegen sie vorzubringen hätte) eine großartige Frau, nicht leicht zu lieben, mag sein, eine Frau, die noch nie geliebt worden ist und noch nie geliebt hat. Und darum, vermute ich, schreckt es mich in keiner Weise, was sie und Stiller zusammen erlebt haben. Was geht es mich an! Ich will jetzt nicht hochfahrend sein und behaupten: Ich liebe sie! Aber das darf ich sagen: Ich möchte sie lieben. Und vorausgesetzt, daß Frau Julika Stiller-Tschudy mich nicht für ihren verschollenen Gatten nimmt, wage ich zu sagen: Warum soll es nicht möglich sein? Sie wird in diesen nächsten Tagen zurückkommen, laut ihrer etwas kurzen und verhaltenen Karte, in einem Pariser Herbst-Modell. Ich werde ihr gestehen, daß alles nicht wahr ist: Ich bin nicht fähig, allein zu sein, ich habe es versucht, jedoch vergeblich. Und offen heraus: daß ich sie vermißt habe. Das ist nicht übertrieben gesprochen. Und dann, so bald als möglich, werde ich sie fragen, ob sie glaube, daß sie mich lieben könnte. Ihr Lächeln, ihre Erstauntheit in den rasierten Augenbrauen und so, all das soll mich nicht erschrecken; Frau Julika Stiller-Tschudy ist nun einmal so. Mit achtzehn Jahren eine Waise, ein Viertel ungarisch, drei Viertel deutschschweizerisch, eine Tuberkulose, die sich als faktisch erwiesen hat, dann die Ehe mit jenem neurotischen Spanienkämpfer, das alles war ja auch nicht leicht, ihre Kinderlosigkeit, ihre Kunst, und wie dieser Mensch durch alles hindurchgegangen ist, nicht ohne Selbstmitleid, gewiß nicht, nicht ohne eine grazile Art von Bösartigkeit, aber stets mit einem aufrechten Kopf auf ihren schmalen Schultern, das ist schon großartig; ein wenig Hochmut (in der spezifisch weiblichen Manier, nämlich als Hang zum ›Verzeihen‹) ist nur zu begreiflich. Meine offene Frage, ob sie glaube, mich lieben zu können, wird als Antwort kein mädchenhaftes Ja bekommen. Dazu ist Frau Julika Stiller-Tschudy zu erfahren, so wie ich auch, diese Zelle mit Pritsche ist auch nicht ein grünes Plätzchen unter blühenden Apfelbaumzweigen. Hoffentlich werde ich nicht feierlich! Denn in der Feierlichkeit werde ich unweigerlich feige, und wäre es nur aus stilistischen Gründen; man kann dann gewisse unfeierliche Dinge fast nicht mehr aussprechen. Ich müßte, wenn Frau Julika Stiller-Tschudy nicht mit einem blanken Nein antwortet, etwa folgendermaßen reden:

»Du bist nämlich meine einzige Hoffnung, Julika, und das ist das Schreckliche. Hör mich an! Wir brauchen gar nicht von Jean-Louis Dmitritsch zu sprechen, vielleicht liebt er dich viel mehr, als ich es je vermag, Dmitritsch ist ein sensibler Mensch, ich glaube es aufs Wort, ein treuer Halbrusse und etwas invalid. Du bist nämlich auch nicht weitergekommen, liebe Julika; du hältst dir immer wieder einen Invaliden. Und es ist ja auch gar nicht denkbar, daß wir weiterkommen, du nicht und ich nicht. Das ist nämlich die Wahl, die uns noch bleibt, glaube ich; entweder machen wir uns am andern kaputt oder es gelingt uns, einander zu lieben. Also leicht, offen gestanden, stelle ich es mir auch nicht vor. Von Jahr zu Jahr sogar schwerer. Nicht wahr? Aber es bleibt uns nichts anderes übrig. Unter allen Umständen, meine ich, müßten wir davon ausgehen, daß wir uns beide noch nie geliebt haben. Und siehst du, darum können wir uns nicht einmal trennen. Das ist etwas sehr Komisches! Du hast dich von Jean-Louis getrennt, sagst du. Aus Treue zu deinem Gatten, sagst du. Lassen wir jetzt deinen Gatten verschollen sein! Aber: du hast dich von Monsieur Dmitritsch trennen können, siehst du, und warum können wir es nicht? Jedes Paar, das in seiner Weise einmal glücklich war und seine Möglichkeiten einmal verwirklicht hat, kann sich scheiden, es ist traurig, schmerzlich, skandalös, unverständlich und so weiter, aber keines von beiden nimmt Schaden an seiner Seele; sie hat die zwei süßen Kinderchen, einen weithin sichtbaren Lohn für ihre Unschuld, und er wird trotzdem Vizedirektor; wer weiß, wer von den beiden sich rascher wieder verheiratet. Und wir, Julika, was haben wir? Die Erinnerung an Foxli, ganz kurz gesagt. Ich weiß: das Hundchen kann persönlich nichts dafür, daß wir zusammen nie glücklich gewesen sind. Aber du verstehst schon, was ich meine! Wir sind nicht fertig geworden miteinander. Und darum, glaube ich, haben wir uns trotz allem nicht trennen können. Der arme Monsieur Dmitritsch! Er könnte alle ersinnbaren Qualitäten eines Mannes haben, vergeblich, er würde nie aufkommen gegen das Vakuum, das uns verbindet. Ich kenne das, Julika. Ich wurde geliebt, du weißt es, und es war einfach, diese Frau zu lieben, es war eine Freude. Aber es ging nicht! Es ging nicht, weil ich nicht fertig wurde mit dir, mit uns. Übrigens hat sie dieser Tage ein Kind bekommen, ich schrieb es dir, und ist neuerdings die Gattin meines einzigen Freundes. Das kommt jetzt noch dazu! Ich liebe sie noch! Und darum frage ich dich ja, ob du glaubst mich lieben zu können; es ist auch für dich alles andere als leicht, mich zu lieben. Zuweilen, offen gesprochen, kommt es mir vor wie ein Versuch, auf dem Wasser zu wandeln, und zugleich weiß ich, wissen wir beide, daß das Wasser steigt und steigt, um uns zu ertränken, und immerzu steigt, auch wenn wir es nicht versuchen, auf dem Wasser zu wandeln. Sehr viel Leben bleibt uns wohl nicht mehr. Alles, aber wirklich alles, was uns an Leben noch möglich ist, hängt davon ab, ob wir, du und ich, über alles Gewesene hinaus zu einer Begegnung kommen. Das tönt etwas verzagt, ich merke es; aber es ist das Gegenteil, ist Hoffnung, sogar Gewißheit, daß es für uns noch immer eine Schwelle gibt, um ins Leben zu kommen, du in deines und ich in meines, allerdings nur diese einzige Schwelle, und kein Teil kann sie allein überschreiten, siehst du, du nicht und ich nicht –«

So (ungefähr) werde ich zu Frau Julika Stiller-Tschudy sprechen, vorausgesetzt, daß sie – wenigstens sie allein! – mich nicht für den verschollenen Stiller hält, und den Rest mag mein Verteidiger zu seiner Selbstzufriedenheit erledigen, das kümmert mich dann nicht mehr.

Mein Verteidiger in Anbetracht der nahen Schlußverhandlung sehr kurz. Meldet: Sein Plädoyer für mich (falls ich mich wirklich nicht vorher noch zu einem Geständnis entschließen sollte) sei fix und fertig, bereits getippt. Ferner: Mein Verteidiger hat von Frau Julika Stiller-Tschudy auch eine Ansichtskarte bekommen (auch die Place de la Concorde?) mit Mitteilung, daß ›wir‹ sie morgen oder übermorgen erwarten dürften.

Meinerseits nur noch Nicken.

Wenn ich beten könnte, so würde ich darum beten müssen, daß ich aller Hoffnung, mir zu entgehen, beraubt werde. Gelegentliche Versuche, zu beten, scheitern aber gerade daran, daß ich hoffe, durch Beten irgendwie verwandelt zu werden, meiner Ohnmacht zu entgehen, und sowie ich erfahre, daß dies nicht der Fall ist, verliere ich die Hoffnung, auf dem Weg zu sein. Das heißt, unter Weg verstehe ich letztlich noch immer nur die Hoffnung, mir zu entgehen. Diese Hoffnung ist mein Gefängnis. Ich weiß es, doch mein Wissen sprengt es nicht, es zeigt mir bloß mein Gefängnis, meine Ohnmacht, meine Nichtigkeit. Ich bin nicht hoffnungslos genug, oder wie die Gläubigen sagen würden, nicht ergeben genug. Ich hörte sie sagen: Ergib dich und du bist frei, dein Gefängnis ist gesprengt, sobald du bereit bist, daraus hervorzugehen als ein nichtiger und ohnmächtiger Mensch.

Sie wollen mich irrsinnig machen, bloß um mich einbürgern zu können und Ordnung zu haben, und scheuen vor nichts mehr zurück. Ich habe jetzt, seit gestern, keinen Menschen mehr, der mich nicht schamlos verraten hätte, ausgenommen mein Staatsanwalt. Es war ein bitterer Tag. Ich protokolliere:

1. Der Vormittag.

Gegen zehn Uhr werde ich zum Staatsanwalt gerufen. Nach elf Uhr sitze ich noch immer im Vorzimmer, zusammen mit Knobel, der ebenfalls keine Ahnung hat, was los ist. Knobel macht sich Sorgen, es könnte eine Rüge absetzen, beispielsweise wegen der Cervelat-Schiebungen, und es enttäuscht mich sehr, wie der brave Knobel sich beim bloßen Gedanken an eine mögliche Rüge verhält; er hat Angst um seine Stelle. Natürlich sagt er es nicht, glaubt aber auf den herzlichen Ton zwischen uns verzichten zu müssen, sowie wir in diesem Vorzimmer sitzen. Knobel liest eine Zeitung, um sich unabhängig vorzukommen, mit einem männerhaft-mürrischen Gesicht, als läge in der Ungeschliffenheit irgendeine Gewähr, daß einer vor seinem Vorgesetzten nicht kriecht. In Deutschland schlagen sie die Hacken zusammen, im Orient reiben sie sich die Hände, in der Schweiz zünden sie sich einen Stumpen an und verkrampfen sich in einer möglichst unhöflichen Pose der Gleichberechtigung, als könnte einem korrekten Mann hierzulande nichts widerfahren. Als ein adrettes Fräulein kommt und sagt: Herr Staatsanwalt läßt bitten! zeigt Knobel nicht die mindeste Eile; der Herr Staatsanwalt ist auch nur ein Mensch, wir sind alle Steuerzahler! Trotzdem vergißt er dabei seinen Zwicker. Merkwürdigerweise (mit Absicht?) lassen sie die Türe offen; ich höre, ohne jemand sehen zu können, etwa das folgende Gespräch:

»Dafür zahle ich kein Honorar!«

»Im übrigen«, sagt der Staatsanwalt, »nehmen Sie es wirklich nicht übel, daß in den vorliegenden Akten stets von Haaröl-Gangster die Rede ist. Der Ausdruck, wie Sie selber gesehen haben, steht in Anführungszeichen. Es handelt sich um einen Ausdruck unseres Häftlings –«

»Das nehme ich an!«

»Alles weitere –«

»Haaröl-Gangster!« sagt die empörte Stimme. »Ich werde auf Ehrverletzung klagen, koste es, was es wolle, das können Sie dem Häftling heute schon sagen.«

Kleine Pause.

»Nur noch eine Frage, Herr Direktor –«

»Bitte, Herr Staatsanwalt, bitte sehr.«

»Haben Sie irgendeine Beziehung zu Jamaika?«

»Wieso?«

»Ich forsche keineswegs nach Ihren geschäftlichen Beziehungen«, sagt der Staatsanwalt, »mißverstehen Sie mich nicht, Herr Direktor. Ich möchte lediglich wissen: Haben Sie, als dieser Herr Stiller an Ihrem erwähnten Gipskopf arbeitete, je von Jamaika geredet?«

»Kann sein –«

»Aha.«

»Ich habe ein Haus auf Jamaika –«

»Aha.«

»Warum?«

Ich höre, wie Sessel gerückt werden.

»Nochmals besten Dank, Herr Direktor«, sagt der Staatsanwalt. »Wir sind sehr erleichtert, zu sehen, daß Sie nicht ermordet sind.«

»Ermordet??«

»Nämlich unser Häftling behauptet steif und fest, er habe Sie schon vor etlichen Jahren eigenhändig ermordet!«

»Mich?«

»Auf Jamaika – ja.«

Jetzt kommt Knobel an die Reihe, wird als Wärter vorgestellt und soll erzählen, was ihm erzählt worden ist. Offenbar hat er Hemmungen. Seine Erzählung, wie sich der Mord ereignet habe, ist schlecht, wirr und ohne Anschauungskraft.

»Im Dschungel!« lacht der Direktor. »Haben Sie das gehört, Herr Staats-

anwalt? Im Dschungel! Ich habe auf Jamaika noch nie einen Dschungel
gesehen, das sind ja Hirngespinste, Herr Staatsanwalt, Sie werden es mir
glauben –«

»Ich glaube es.«

»Hirngespinste!«

Knobel ist unsicher geworden, scheint es, und wagt nicht zu schildern,
wie das Blut des Direktors, der vor ihm steht, sich mit dem braunen
Sumpfwasser mischt und wie die schwarzen Zopilote auf das wohlgeklei-
dete Aas warten, lauter Dinge, die jetzt, da sie ihn nach Genauerem fragen,
gesagt werden müßten; statt dessen fragt Knobel zurück:

»Sind Sie denn Direktor Schmitz?«

»Antworten Sie auf meine Frage«, sagt der Direktor. »Womit will der
Häftling mich ermordet haben?«

»Mit einem indianischen Dolch.«

»Ach.«

»Ja«, sagt Knobel, »vorne in den Hals hinein und dann links herum.«

»So.«

»Oder rechts herum«, sagt Knobel und wird schon wieder unsicher,
»das weiß ich nicht mehr.«

»Danke.«

Dann wird Knobel verabschiedet.

»Es tut mir leid«, sagt Knobel, und wie er durch das Vorzimmer geht,
seine Mütze in der Hand, hat er krebsrote Ohren; er würdigt mich keines
Blickes ... Wie der Direktor sich zu seiner Ermordung stellt, höre ich
nicht, da Knobel ordentlicherweise die Türe geschlossen hat. Ihre Unterhaltung drinnen dauert nochmals zehn Minuten. Ich versuche, die Zeitung zu lesen, die mein Wärter hat liegengelassen, vermutlich ein Blatt
der Sozialdemokratie, als der Herr plötzlich in der Türe steht. Er sagt:

»Es ist mir eine Freude gewesen, Herr Staatsanwalt, Sie persönlich über
den wahren Sachverhalt aufzuklären. Es geht hier nicht um das Geld, wie
gesagt, ich habe mich seinerzeit bereit erklärt, die Hälfte des vereinbarten
Honorars zu zahlen, die volle Hälfte, sage und schreibe, aber ich lasse mich
nicht erpressen, und wenn Herr Stiller damit nicht zufrieden war, bitte
sehr, dann konnte er ja vor Gericht gehen, aber das wagte er nicht, sehen
Sie. Er habe kein Geld für Prozesse! Das sagen sie dann immer, diese Psychopathen, und als ich ihn auf das ordentliche Gerichtsverfahren verwies,
nannte er mich rundheraus einen Gangster. Ich bitte Sie, Herr Staatsanwalt, das können auch Sie sich nicht gefallen lassen.«

Der Herr, der dann im Vorzimmer seinen Mantel anzieht, ist eine durchaus gediegene Erscheinung, jedenfalls unauffällig wie irgendein Passant an der Bahnhofstraße. Um den Hals trägt er einen schlichten Schal aus Uni-Seide. Seinen kahlen Kopf bedeckt er mit einem ebenfalls schlichten Hut aus Uni-Filz, den er, als er mich erblickt, nicht abnimmt, statt dessen greift er an seinen Hals, etwa als ordne er den Schal. Ich nicke. Warum eigentlich? Er geht mit den Worten:

»Wir werden uns ja vor Gericht sehen.«

Dann muß ich zum Staatsanwalt.

»Es gibt eine Sorte von Millionären«, sage ich, »denen in einem Rechtsstaat nicht beizukommen ist, kein Wunder also, daß sie immer wieder auferstehen –«

Das adrette Fräulein wird alsbald mit einem Auftrag entfernt, mit einem Brief, den sie ins Hotel Urban zu bringen hat. Ich denke sogleich: Ob Julika aus Paris zurück ist? Indessen bittet mich der Staatsanwalt, den ich ja bisher nur immer als Gast auf meiner Pritsche gesehen habe, Platz zu nehmen.

»Ja«, lächelt er, »mein Lieber –«

Ein Telefon unterbricht. Er dreht sich mit dem dienstlichen Hörer etwas zur Seite, wie es sich für außerdienstliche Gespräche ziemt, hört zu, Hand am Schlüsselbund und Blick zum Fenster hinaus, sagt seinerseits bloß, daß er nicht zum Mittagessen komme, am Nachmittag einen Lokaltermin habe, und bricht, offensichtlich von einer Frage bedrängt, die er in meiner Gegenwart nicht möchte beantworten müssen, etwas plötzlich ab, um sich, nicht ganz unbefangen, wieder an mich zu richten.

»Sibylle läßt Sie grüßen.«

»Danke«, sage ich, »wie geht es?«

»Danke«, sagt er, »sie ist glücklich, wieder zu Hause zu sein.« Dann, nachdem das letzte Lächeln aus seinem Gesicht geschwunden ist und ein Schweigen offenherziger Verlegenheit lange genug gedauert hat, ein Schweigen, als wäre es nun entschieden, daß ich der verschollene Stiller sei und somit der ehemalige Geliebte seiner Frau, die glücklich ist, wieder zu Hause zu sein, und nachdem er seinen Schlüsselbund eingesteckt hat, erfolgt sein nicht sehr origineller Ausspruch:

»Das Leben ist schon komisch.«

Mir fällt auch nichts ein.

»Wenn es Ihnen recht ist, Stiller, lassen Sie uns zusammen zu Mittag essen. Wir haben Zeit bis zwei Uhr – ich schlage Ihnen vor«, sagt er im Aufstehen: »wir fahren ein wenig aufs Land!«

– – –

2. Das Mittagessen.

Ziemlich schweigsame Fahrt durch Felder und Wälder. Alles sehr herbstlich. Die Sonne ist gerade noch so, daß man im Freien sitzen kann, wenigstens über Mittag. Wir sitzen in einer etwas putzigen Gartenwirtschaft, wo man aber einen weiten und erquickenden Ausblick hat, Weinlaub zu Häupten, vor sich ein paar schüttere Rebstöcke, dazwischen hinaus sieht man den See, sein Blinken unter einem versponnenen Licht, alles wie unter einem Schleier von blauem Rauch, auch die braunen Äcker und die Wälder mit ihrem lichterlohen Welken. Da und dort stehen die Leitern noch an den Bäumen, Körbe darunter. Es kommen Wespen sogar an unseren Campari. Das Gebirge, das den herbstlichen Dunst überragt, ist klar wie aus Glas und irgendwie entrückt; seine Schneehelle leuchtet hinter dem geisterhaften Gezweig laubloser Obstbäume, entrückt wie eine Monstranz hinter schwarzen Gittern.

»Schön hier!« sage ich. »Sehr schön.«

»Sie haben es nicht gekannt?«

Wir essen vortrefflich.

»Was trinken wir?« fragt mein Staatsanwalt und Freund. »Es gibt hier einen sehr ordentlichen Maienfelder, glaube ich.«

»Gerne«, sage ich, »sehr gerne.«

Ich kann nicht umhin, immer wieder die Landschaft zu betrachten, die hier ein beglückendes Gefälle zum See, einen Schwung ins Weite hat. Der herbstliche Dunst nimmt das Kleinliche der Übersiedelung, die nicht Stadt und nicht Dorf ist, für einmal weg; es bleiben die Hügel voll Wald, die sanften Mulden voll Acker, voll Moor, eine Landschaft, die mich beschäftigt, gerade indem sie mich nicht im mindesten überrascht. Ich kenne sie. Liebe ich sie?

»Ich habe gehört«, sagt mein Staatsanwalt, »Ihre Freunde neulich waren etwas enttäuscht. Man fand Sie lieblos.«

»Vielleicht bin ich's.«

»Warum?«

Ich zucke die Achsel. Es geht mir mit ihnen wie mit dieser Landschaft, die in der Tat, wie fast jede Landschaft, aller Liebe wert wäre. Es muß an mir liegen ... Noch einmal ist alles da, die Wespen in der Flasche, die

Schatten im Kies, die goldene Stille der Vergängnis, alles wie verzaubert, die gackernden Hühner in der Wiese, das Gewimmel von braunen und überreifen Birnen, die auf der Landstraße liegen, die Astern, die über einen Eisenzaun hangen, Sterne eines blutigen Feuers, das ringsum verrinnt, die bläuliche Luft unter den Bäumen; es ist, als nehme alles Abschied von sich selbst; das rieselnde Laub einer Pappel, der metallische Hauch auf dem gefallenen Obst, der Rauch von den Feldern, wo sie Stauden verbrennen, und hinter einem Gitter von Reben glimmert der See; die Sonne verrostet schon im Dunste des mittleren Nachmittags, und dann der Heimweg ohne Mantel, die Hände in den Hosentaschen, das feuchte Laub, das nicht mehr rascheln will, die Gehöfte mit einer Trotte, die tropfenden Fässer in der Dämmerung, die roten Laternen an einer Schifflände im Nebel .. Das ist der Herbst hier, und ich sehe auch den Frühling. Ich sehe ein ziemlich junges Paar; sie stapfen querfeldein, und die Felder, vom Schmelzwasser getränkt, schmatzen unter ihren Schritten, weich, dunkel wie ein nasser Schwamm, Föhn geht darüberhin, und die Sonne gibt warm, sie gehen ganz den verlockenden Zufällen des Geländes entlang und stets in einem kameradschaftlichen Abstand, allenthalben riecht es nach verzetteltem Mist, es gurgeln die Quellen, sie kämmen das Gras der Böschungen, und die laublosen Wälder stehen voll märzlichem Himmel zwischen ihren Stämmen; zwei braune Ackergäule, die dampfen, ziehen den Pflug über gelassene Hügel, in schwarzen Schollen klafft die Erde nach Licht. Seltsames Wiedersehen nach Jahren! Sie plaudern über Lebensalter, jung wie sie sind, und wissen bereits: Für jedes Lebensalter, ausgenommen das kindliche, bedeutet die Zeit ein gelindes Entsetzen, und doch wäre jedes Lebensalter schön, je weniger wir verleugnen oder verträumen, was ihm zukommt, denn auch der Tod, der uns einmal zukommt, läßt sich ja nicht verleugnen, nicht verträumen, nicht aufschieben. Wieviel er plaudert, der junge Mann, von den zwei Zuständen seines Lebens, von Arbeiten und Büßen, wie er es nennt, und Arbeiten, das ist die Freude, das Fieber, die Erregung, da einer nicht schlafen kann vor Jubel, ein Schrei über Stunden und Tage hinweg, da einer vor sich selber davonlaufen möchte, das ist das Arbeiten, der Übermut, der Menschen gewinnt ohne Wollen, der niemand verpflichtet, nicht bindet und nicht fordert, nicht rechnet und geizt, Gebärde des Engels, der zum Nehmen keine Hände hat, das ist das Glück, das Arbeiten mit allem holden Größenwahn des Herzens, wo alles nur ein Nebenbei ist, alles nämlich, was sich mit Menschen begibt, eine Zugabe,

eine heitere Vergeudung aus dem Überschuß der Freuden; später freilich
zeigt es sich jedesmal, daß es das Höchste gewesen ist, was zwischen Menschen möglich wird, unerreichbar, sobald es zum Ziel wird, zum Bedürfnis, zur dringenden Hauptsache. Jedesmal dieser plötzliche Einbruch der
Schwermut, die nicht kommt, weil Menschen gehen, im Gegenteil; die
Menschen gehen ja nur, weil die Schwermut kommt, sie wittern es Wochen voraus wie Hunde das Erdbeben, das alles Erbaute immer wieder verschütten wird, Asche über allem, Schwermut über allem wie schwarze flatternde Vögel über den rauchenden Stätten gewesener Freude, Schatten der
Angst, das ist das Büßen, der Nachhall im Zweifel, das Grauen der un-
fruchtbaren Einsamkeit. Wie gerne er plaudert, der junge Mann, und
wie schön sie es trotzdem findet, die junge Frau! Mit silbernen Rändern
schmilzt das Gewölk vor der Sonne, und Wäldchen heben sich inselhaft
aus einem metallischen Gleißen, sie wandern über ein Ried, und einmal,
beim Sprung über einen murmelnden Graben, steckt ihr Schuh plötzlich
im zähen Morast; sie seiltänzelt mit einem bloßen Strumpf, die junge Frau,
so daß der junge Mann sie halten muß. Sie küssen einander zum erstenmal.
Hinter den Wäldchen gibt es Seen von Kühle, Schattenschnee zwischen
rötlichen Weiden. Am Ausgang eines Waldes bleiben sie stehen, Arm in
Arm; wie eine blinkende Sense liegt wieder der See, und über den Alpen
steht lautlose Brandung des Gewölkes, ein leuchtendes Geschäum. In
irgendeiner Bauernwirtschaft machen sie Rast. Ein Kind mit Zöpfen bedient sie. Hinter einer niederen Fensterreihe voll Sprossen und Pflanzenge-
schlingel und Sonne, die schräg in die Stille der hölzernen Stube fällt und
ihre wartenden Teller beglänzt, spüren sie, wie weit sie gewandert sind,
und genießen den verdienten Imbiß, Speck mit Brot, Bauernbrot, das sich
in feuchte und köstliche Schollen bricht. An den Scheiben summt eine
Fliege, Wolken von Glück, der Traurigkeit nahe, umfangen und tragen
die Stunde, das seltsame Dasein und Wachsein, das Unerwartet-Gemein-
same, das in dieser werktäglichen Bauernstube wie ein Schicksal gelauert
hat, das Wissen, man hat sich getroffen. Noch erhebt sich keinerlei Frage,
was daraus wird, und es herrscht nur das volle Gefühl, wieviel in einem Leben möglich wäre! ... Das ist der Frühling hier, und im Sommer gackern
die Hühner unter den hölzernen Tischen, das Weinlaub zu Häupten ist
grün und dicht, der Himmel weißlich, der See wie mattes Blei, am Waldrand sirrt es von Bienen, über den reglosen Halmen hoher Wiesen zittert
die Bläue voll zuckender Schmetterlinge, die Gebirge verlieren sich im Son-

nenglast und nun (kaum habe ich mein Gläschen geleert) ist es schon wieder Herbst; schon wieder dies alles: Körbe voll Laub, Nässe der Nebel und plötzlich der Mittag, ein Mittag wie jetzt, Gold in den Lüften, und die Zeit streicht wie eine unsichtbare Gebärde über die Hänge; Äpfel plumpsen. Wenn man jetzt durch Wälder geht, riecht es nach Pilzen. Hier riecht es nach Most. Wespen summen um die Süße der Vergärung, immer wieder Wespen, und in Früchten, zu kurzer Reife gedrängt, fällt uns die sommerliche Sonne noch einmal zu, Süße erinnerter Tage, man sitzt in den Gärten, unsere Haut spürt die Kühle des Schattens, und die Gärten werden weit wie ein jähes Erstaunen, leer, aber heiter, eine bläuliche Geräumigkeit füllt die leeren Wipfel der Bäume, und wieder lodert das Welken an den Hausmauern empor, klettert das letzte Laub in glühender Brunst der Vergängnis. Daß Jahre vergehen und manches geschieht, wer sieht es! Alles ist eins, Räume voll Dasein, nichts kehrt uns wieder, alles wiederholt sich, unser Dasein steht über uns wie ein Augenblick, und einmal zählt man auch die Herbste nicht mehr, alles Gewesene lebt wie die Stille über den reifenden Hängen, am Weinstock des eigenen Lebens hangen die Trauben vom Abschied. Gehe vorbei! Noch einmal in solchen Tagen verlockt der See; man spürt die Haut, wenn man jetzt schwimmt, die Wärme des eigenen Blutes, man schwimmt wie in Glas, man schwimmt über den schattigen Gründen der Kühle, und am Ufer verscherbeln die glänzenden Wellen; draußen schwebt ein Segel vor silbernem Gewölk, ein Falter auf versponnenem Blinken, Tücher voll flimmernder Milde der Sonne über verlorenen Ufern aus Hauch. Für Augenblicke ist es, als stünde die Zeit, in Seligkeit benommen; Gott schaut sich selber zu, und alle Welt hält ihren Atem an, bevor sie in Asche der Dämmerung fällt . . .

Einmal sagt mein Staatsanwalt:

»Da unten liegt gerade Herrliberg, das wissen Sie, und was man drüben sieht, das ist Thalwil.«

Dann nimmt das Bauernfräulein unsere Teller weg, erkundigt sich, ob es geschmeckt habe, und nachdem sie das Kistchen mit den Zigarren gebracht hat, sind wir neuerdings allein. Natürlich habe ich schon lange gespürt, daß mein Staatsanwalt und Freund etwas auf dem Herzen hat. Habe ich ihn verhindert, damit anzufangen? Als unsere Zigarren brennen, ist der Zeitpunkt wohl gekommen. Die Gläser sind leer, der schwarze Kaffee noch nicht da, die Wespen verschwunden, und irgendein ländliches Kirchlein schlägt ein Uhr.

»Ich freue mich«, sagt er, »ich freue mich aufrichtig, daß wir einander endlich kennenlernen. Aber davon möchte ich jetzt gar nicht reden! Um zwei Uhr müssen wir in der Stadt sein, und zwar zu einem Lokaltermin, erschrecken Sie nicht, zu einem Lokaltermin im Atelier – Ich verstehe«, fügt er sogleich hinzu, »daß Sie mich jetzt ansehen wie einen hinterhältigen Verfolger, wie einen Heuchler, der mit freundlichen Worten und zugleich mit einer Zwangsjacke kommt, ich verstehe Ihre ganze Angst vor diesem verstaubten Atelier da unten, überhaupt verstehe ich Sie vielleicht besser, mein lieber Stiller, als Sie glauben.« Meine Frage, was dieser Lokaltermin bezwecken soll, bleibt ohne Antwort.

»Wenn Sie es mir erlauben«, sagt er, »möchte ich Ihnen einen Rat geben.«

Seine Zigarre ist ausgelöscht.

»Sehen Sie«, sagt er endlich, nachdem er seine Zigarre ein zweites Mal angezündet hat, »ich rede mit Ihnen nicht nur, weil Sibylle darum gebeten hat. Sibylle möchte Ihnen alles Unnötige ersparen, und ich glaube, sie hat recht: das Gericht wird Sie in keiner Weise verstehen, Stiller. Das Gericht wird Sie ganz einfach als Schwindler behandeln, der des Schwindels überführt ist, als eine lächerliche Figur, das Gericht ist an Schwindel gewöhnt, das können Sie sich ja denken, aber nur an Schwindel, der etwas einträgt, ein Vermögen oder einen Titel oder so, kurzum, man wird Sie zu einigen Bußen verurteilen, ich weiß es nicht, oder man wird Ihnen die Bußen erlassen, aber nicht das Achselzucken und das Kopfschütteln und die mitleidige Herablassung. Was haben Sie davon?«

»Und was ist Ihr Rat?« frage ich.

»Stiller«, lächelt er, »in aller Freundschaft gesprochen: ersparen Sie es uns, daß wir Sie am nächsten Freitag öffentlich dazu verurteilen müssen, Sie selbst zu sein, und ersparen Sie es doch vor allem sich selbst. Ein gerichtliches Urteil wird es Ihnen nur schwerer machen, fortan den Namen des Verschollenen zu tragen, und daß Sie zumindest als äußere Person niemand anders als der Verschollene sind, darüber brauchen wir ja im Ernst nicht mehr zu reden. Geben Sie es freiwillig zu! Das ist mein Rat, Stiller, ein Rat aus aufrichtiger Freundschaft, glaube ich.« Dann der schwarze Kaffee.

»Fräulein«, sagt der Staatsanwalt, »machen Sie bitte die Rechnung.«

»Alles zusammen?«

»Ja«, sagt der Staatsanwalt, »bitte.«

Dann meine Antwort:

»Ich kann nicht zugeben, was nicht wahr ist.«

Das Bauernfräulein, unsere Schweigsamkeit offenbar mißdeutend, geht aber nicht sogleich, sondern steht im Kies herum, plaudert über Wetter, dann über den Hund, während wir wortkarg unseren zu heißen Kaffee schlürfen; erst als der Staatsanwalt nochmals die Rechnung erbittet, läßt das Bauernfräulein uns in Ruhe.

»Sie können nicht zugeben«, wiederholt der Staatsanwalt, »was nicht wahr ist —«

»Nein«, sage ich.

»Und wieso ist es nicht wahr?«

»Herr Staatsanwalt«, sage ich —

»Nennen Sie mich nicht Staatsanwalt!« unterbricht er meine ohnehin wortlose Verzagtheit: »Es würde mich freuen, wenn Sie mich als Freund betrachten könnten. Nennen Sie mich doch Rolf!«

»Danke«, sage ich.

»Ich nehme an«, lächelt er, »daß Sie mich seinerzeit auch nicht viel anders genannt haben —«

Jetzt ist auch meine Zigarre ausgelöscht.

»Ich bin glücklich«, sage ich, nachdem ich die Zigarre ein zweites Mal angezündet habe, »daß Sie mir Ihre Freundschaft schenken. Ich habe hier keine Freunde. Aber wenn es Ihr Ernst ist, daß Sie nicht mein Staatsanwalt sein wollen, und ich glaube es Ihnen von Herzen – Rolf . . . aber dann, sehen Sie, darf ich auch von Ihnen erwarten, was man von einem Freund erwarten muß: daß Sie mir glauben, was ich nicht erklären, geschweige denn beweisen kann. Nur darauf kommt es jetzt an. Wenn Sie mein Freund sind, dann müssen Sie auch meinen Engel in Kauf nehmen.«

»Wie meinen Sie das?«

»Sie müssen es glauben können, daß ich nicht der Mensch bin, wofür man mich hält und wofür auch Sie als Staatsanwalt mich halten – Ich bin nicht Stiller«, sage ich weiß Gott nicht zum erstenmal, aber zum erstenmal mit der Hoffnung, daß einer es hört, »ich bin es nicht, ganz im Ernst, und ich kann kein Geständnis machen, das mein Engel mir verboten hat.«

Das hätte ich nicht sagen sollen.

»Engel –?« fragt er. »Was meinen Sie damit?«

Ich schweige. Dann kommt die Rechnung, die der Staatsanwalt bezahlt,

und da unser Bauernfräulein wieder nicht gehen mag, sind wir es, die gehen. Unsere Schritte knirschen im Kies. Im offenen Wagen, bevor der
Staatsanwalt ihn anläßt, blicken wir nochmals über die mittägliche Gegend, über die braunen Äcker mit flatternden Krähen, über Reben und
Wälder, über den herbstlichen See, wobei mir bewußt ist, daß mein Staatsanwalt und Freund noch immer auf die Antwort wartet. Als er den Motor
anläßt, sage ich:

»Davon kann man nicht reden.«

»Von dem Engel – meinen Sie?«

»Ja«, sage ich, »sobald ich ihn zu schildern versuche, verläßt er mich,
dann sehe ich ihn selber nicht mehr. Es ist ganz komisch; je genauer ich
ihn mir vorstellen kann, je näher ich dazu komme, ihn schildern zu können, um so weniger glaube ich an ihn und an alles, was ich erlebt habe.«

Wir fahren am See entlang in die Stadt.

– – –

3. Der Nachmittag.

Etwa ein Viertel nach zwei Uhr, verspätet also, da in der Altstadt kaum
ein Parkplatz zu finden ist, kommen wir vor ›das Haus‹, das sich von anderen Häusern dieser Gasse lediglich dadurch unterscheidet, daß Knobel da-
vorsteht, mein Wärter in Zivil. Wir sind die ersten. Knobel sagt ausschließlich zu meinem Staatsanwalt: Die Schlüssel habe ich! In einem dunklen,
etwas muffigen Hausflur stehen Fahrräder, ein ziemlich antiquarischer
Kinderwagen, Kehrichteimer. Knobel hat die Schlüssel nicht in seiner
Rocktasche, sondern nimmt sie aus einem blechernen, ehemals gelben
und jetzt ziemlich rostigen Briefkasten, wo ich die Anschrift lese: A. Stiller. Keine Angabe des Berufes. Aus einem Hinterhof lärmt es wie von einer
Spenglerei, vielleicht auch Schlosserei; ich sehe vermoostes Kugelpflaster
und die lange schon kahlen Zweige eines Ahorn, der wohl nur an sommerlichen Mittagen etwas Sonne hat, ferner ein wasserloses Brünnlein aus
ebenfalls vermoostem Sandstein, alles nicht ohne Idyllik. Ferner: Bündel
von eisernen Röhren, kürzere und längere, eines dieser Röhren-Bündel
trägt noch das rote Wimpelchen vom Transport auf dem Lastwagen. Dann
aber sagt Rolf, mein Freund, der zum erstenmal in diesem Haus zu stehen
scheint:

»Ich denke, wir gehen schon hinauf –!«

Da ich meinerseits keinerlei Führung übernehme, zeigt Knobel auf die
einzige vorhandene Treppe aus altem und ausgetretenem Nußbaum, eine

patrizierhafte Treppe, breit und gar nicht steil, Geländer mit wurmstichi-
gen Voluten. In der vierten Etage, wo es nach Sauerkraut riecht, hört diese
Treppe auf, Knobel belehrt den Herrn Staatsanwalt, daß es weitergehe, öffnet einen Verschlag und bittet uns auf eine schmale, plötzlich sehr steile
Tannentreppe. Sie nehmen mich stets in die Mitte, zufällig oder mit Absicht. Der wortkarge Ernst vor allem von Knobel, der mich seit heute vormittag schneidet, ist komisch, doch auch mein Freund und Staatsanwalt
ist stumm in einer Art, als nähere man sich einem Blutort mit ungewisser
Anzahl von Leichen.

»Ja –«, sagt er, oben angekommen, wiederum halb zu mir und halb zu
Knobel, »hoffentlich kommen die andern Herrschaften auch bald ...«

Hier sind drei Türen zu sehen, die erste ist mit einem Malerschloß versehen, die zweite mit einem scherzhaften Signum, das auf Abort deutet,
die dritte endlich führt in das Atelier ihres Verschollenen. Knobel schließt
auf, als Beamter in Dienst geht er voran, während der Staatsanwalt zu mir
sagt: Nach Ihnen! Um nicht den Eindruck zu erwecken, daß ich mich hier
irgendwie zu Hause fühle, nehme ich diese Höflichkeit sofort an, spüre
übrigens auch, daß Rolf, mein Freund, in diesem Augenblick viel befangener ist als ich, nervöser, als ich ihn je erlebt habe. Kaum in dem Atelier,
fragt er mich:

»Wo ist die Garderobe –«

Knobel zeigt auf einen Nagel an der blauen Türe.

»Ja«, sagt der Staatsanwalt mit sofortigem Händereiben, »– machen Sie
doch ein Fenster auf, Knobel, das ist ja eine gräßliche Luft.«

Mein Freund tut mir leid, hat doch dieses Atelier, wie ich wohl weiß,
einmal in seinem eigenen Leben eine gewisse Wichtigkeit bekommen, eine
unverhältnismäßige Wichtigkeit, er weiß es heute sehr wohl; aber das ist ja
die Infamie eines solchen Lokaltermins, daß Erinnerungen, die einer
längst überwunden hat, durch plötzliche Anschaulichkeit nochmals beschworen werden sollen, um den Betroffenen zu überwältigen. Zum Glück
komme ich nicht dazu, etwas freundschaftlich Gemeintes zu sagen, denn
gerade in diesem Augenblick klingelt es, und wir sind beide froh darum.
Knobel sucht den Drücker, der die untere Haustür öffnet, und findet
ihn. Ich weiß noch immer nicht, wer eigentlich alles zu diesem idiotischen
Lokaltermin kommen soll, vermutlich mein Verteidiger, möglicherweise
auch Julika, denke ich und ziehe übrigens meinen Mantel nicht aus; ich
habe hier nichts verloren. Offenbar hat der gute Knobel nicht richtig gedrückt, denn es klingelt gerade wieder. Der Staatsanwalt:

»Warum drücken Sie denn nicht?«

»Ich drücke ja«, sagt Knobel, »ich drücke.«

Mittlerweile sehe ich mich ein wenig um, die Hände in den Hosentaschen unterm offenen Mantel, meine Mütze auf dem Kopf, denn es ist ja keine Wohnung, wo jemand wohnt. Viel Kunst steht herum. Abgesehen von dem dicken Staub auf jedem Sims, jedem Spachtel, jeder Staffelei, jedem Sockel, jedem Möbel, so daß man schon aus diesem Grunde nichts anrühren möchte, es ist ein Atelier, wie ich es mir nach den Schilderungen von Frau Sibylle gedacht habe, etwas kunterbunt, auf wohnliche Weise werkstatthaft, eine Mischung von Proletarisch und Romantisch, ein Ofenrohr quer durch den Raum demonstriert mit einer nicht zu übersehenden Geste, daß es hier keinerlei Konvention gibt, dabei ist es genau das Ofenrohr, wie man es in fast jedem Pariser Atelier findet, das konventionelle Requisit einer gewissen Bohème. Meinetwegen! Im übrigen ist es ein großer, insofern erfreulicher Raum, etwas wie ein Estrich mit rohen Tannenriemen, die teilweise, wenn wir darauf gehen, leise girren, und mit viel Helle an einem so sonnigen Herbsttag wie heute. Unter einer Dachschräge befindet sich, genau wie Frau Sibylle sich erinnert, ein alter Gasherd, Email voll rostiger Narben, ferner ein Schüttstein aus Terrazzo, ein schiefer Schrank mit einigem Geschirr darin, offenbar als munteres Prunkstück gemeint eine oberste Reihe von lauter gestohlenem Geschirr mit verschiedenen Inschriften: Hotel des Alpes, Bodega Granada, Kronhalle Zürich und so weiter. Der ehemals wohl rote Schlauch am Wasserhahn, jetzt eine graue und schimmelige Gummi-Mumie, ist immer noch mit einer Schnur befestigt; es tropft, und ich frage mich, ob es seit sechs Jahren so tropft, eine beiläufige Vorstellung, die mich irgendwie irritiert, an das Tropfen in den Grotten von Carlsbad erinnert. An einem Nagel hängt ein Handtuch, von schwärzlicher Fäulnis gefleckt wie Aussätzige und es fehlt auch nicht an Spinnweben, versteht sich, beispielsweise am Telefon, das neben der Couch steht und vermutlich nicht mehr klingelt, unter der Last unbezahlter Rechnungen verstummt. Die Couch ist breit, grand lit, ebenfalls verstaubt, so daß sich niemand darauf setzt, und das wiederum gibt diesem Möbel eine so aufdringliche Wichtigkeit, als stünde es in einem Museum, bitte nicht berühren, etwa wie das Philipp-Bett im Escorial. Auch mein Staatsanwalt, sehe ich, hat die Hände in den Hosentaschen, um nichts zu berühren. Er betrachtet die paar Büchergestelle. Eine Bibliothek kann man es wohl nicht nennen, was der Verschollene hinterlassen hat; neben einem Platon-Bändchen und ein bißchen Hegel stehen Namen, die heute schon kein Antiquar mehr kennt, Brecht steht neben Hamsun, dann Gorki, Nietzsche, sehr viel Reclam-Bändchen auch mit Operntexten, Graf Keyserling steht auch noch da, allerdings mit dem schwarzen Stempel einer öffentlichen Bibliothek, dann allerlei Kunstbücher, vor allem moderne, eine Anthologie schweizerischer Lyrik, Mein Kampf steht neben André Gide, auf der andern Seite gestützt von einem Weißbuch über den Spanischen Bürgerkrieg, allenthalben Inselbändchen, eigentlich keine einzige Gesamtausgabe, Vereinzeltes wie Westöstlicher Diwan und Faust und Gespräche mit Eckermann, Don Quixote de la Mancha, Zauberberg als das einzige von Thomas Mann, Ilias, Göttliche Komödie, Erich Kästner, Mozarts Reise nach Prag, auch die Gedichte von Mörike, Till Eulenspiegel, dann wieder Marcel Proust, aber auch nicht die ganze Recherche, Huttens letzte Tage, von Gottfried Keller nur die Tagebücher und Briefe, ein Buch von C. G. Jung, die Schwarze Spinne, etwas von Arp und plötzlich das Traumspiel von Strindberg, etwas früher Hesse auch, Tschechow, Pirandello, alles in deutscher Übersetzung, von Lawrence die kleine Novelle aus Mexiko: Die Frau, die davonritt; ziemlich viel von einem Schweizer namens Albin Zollinger, von Dostojewski lediglich die Aufzeichnungen aus einem Totenhaus, die ersten Gedichte von Garcia Lorca auf Spanisch, kleine Prosa von Claudel und Das Kapital, letzteres von Hölderlin gestützt, ein paar Kriminal-Romane, Lichtenberg, Tagore, Ringelnatz, Schopenhauer, ebenfalls mit dem schwarzen Stempel einer öffentlichen Bibliothek, Hemingway (Stierkampf-Buch) steht neben Trakl, dann Garben von mürben Zeitschriften, ein Spanisch-deutsches Wörterbuch mit sehr vergriffenem Einband, das Kommunistische Manifest, ein Buch über Gandhi und so weiter! Jedenfalls dürfte es schwerfallen, daraus einen geistigen Steckbrief zu machen, zumal niemand weiß, was der Verschollene hiervon gelesen, was von dem Gelesenen er verstanden oder einfach nicht verstanden oder auf eine für ihn fruchtbare Weise mißverstanden hat, und mein Staatsanwalt und Freund macht denn auch die Miene eines Mannes, der nicht ganz finden kann, was ihm dient; einen Augenblick lang, wie er trotz Staub einen einzelnen Dünndruckband mit purpurnem Lederrücken herauszieht, denke ich: Vielleicht sucht er hier Bände aus seiner eigenen Bibliothek. Er stellt aber den Dünndruckband wieder ins Gestell, blättert dafür in Anna Karenina ... Im weiteren gibt es in dem Atelier vor allem einen breiten und langen Tisch aus gewöhnlichen Brettern, werkstattmäßig, auf Böcken, die den Klischee-Namen eines Gipsers tragen und auch von Gipserei verschmiert sind. Irgendeine Fee scheint Ordnung gemacht zu haben, sämtliche Aschenbecher sind geleert, ebenso der Kehrichteimer in der Küchennische unter der Dachschräge. An der Wand finden sich, wie Frau Sibylle es geschildert hat, zwei verblaßt-bunte Banderillas aus Spanien, eine afrikanische Maske von sehr fragwürdiger Echtheit, allerlei bis zur Unkenntlichkeit verblichene Fotos, das schöne Bruchstück eines keltischen Beils, ein Plakat von Toulouse-Lautrec, ebenfalls gänzlich verblichen. Einmal sagt der Staatsanwalt:

»Wo bleiben die denn so lange?«

»Weiß nicht«, sagt Knobel. »Ich habe gedrückt.«

Ich mische mich keineswegs in ihre Lokaltermin-Veranstaltung, die nicht gerade zu klappen scheint; ich bin hier als Häftling, gucke zum Fenster hinaus während ihrer sorgenvollen Beratung.

»Finden sie es nicht –?«

»Wieso?« sagt Knobel. »Die Dame kennt doch die örtlichen Verhältnisse, sie hat mir doch selber alles gezeigt.«

Also weiß ich nun, wen ich zu erwarten habe. Ich stecke mir eine Zigarette an und kann nicht glauben, daß Julika, wenn sie mich liebt, diese Farce mitzuspielen bereit ist. Ich bin gespannt, gewiß, doch zuversichtlich und eigentlich siegesgewiß; letztlich wird alles von Julika abhängen, nur von Julika ... In der Tat, was mich selbst in dieser Veranstaltung betrifft, könnte ich mir keinen Ort denken, wo ich mich fremder fühlte als hier. Ein paar Arbeiten in Lehm, die der verschollene Stiller seinerzeit verlassen hat, sind mit braunem Sacktuch umwickelt, damit der Lehm nicht vertrockne; aber da dieses Sacktuch seit Jahren nicht genäßt worden ist, steht zu erwarten, daß das Zeug gänzlich ausgetrocknet ist, nur noch von diesem braunen Sacktuch zusammengehalten. Ich rühre es nicht an, versteht sich. Man braucht nur, um den Lokaltermin zu vollenden, diese Sacktücher wegzuwickeln, und alles wird wie eine Mumie in Staub zerfallen. Auch mein Freund und Staatsanwalt kann sich dieses Eindrucks nicht erwehren, findet ebenfalls, es erinnere an Mumien, wie sie in volkskundlichen Museen nicht umsonst hinter Glas stehen. Er betrachtet vor allem den Gips-Kopf des Direktors, den er vormittags in Natur erlebt hat, enthält sich aber eines Urteils. Einiges ist sogar in Bronze gegossen, was diesen Dingern meines Erachtens gar nicht bekommt; die Bronze, immerhin ein Metall von einiger Dauerhaftigkeit, nimmt ihnen den holden Trug des

Skizzenhaften, der vielleicht das andere gerade noch mit den Reizen der Erwartung zu retten vermag, und was in Bronze bleibt, ist nicht genug, um Zeugnis eines erwachsenen Mannes zu sein. Kein Wunder, daß Stiller (einmal muß er es ja auch gesehen haben) gegangen ist! Ein einziger Umblick in diesem verstaubten Atelier: Wieviel Arbeit, ach, wieviel Verbissenheit, wieviel Fleiß und Schweiß, und doch ist es nicht so, daß man auch nur davor die Mütze abzuziehen ein Bedürfnis hat. Etwas melancholisch ist es, nichts weiter – und ich bin froh, daß es neuerdings klingelt. Der Staatsanwalt wird ungehalten: Knobel soll hinuntergehen, um die Herrschaften, da sie allem Anschein nach die Haustüre nicht öffnen können, hereinzulassen und heraufzuführen, aber etwas rasch. Mein Wärter, nicht zu Unrecht beleidigt, da er ja nach Kräften gedrückt hat, geht zur Türe und gewahrt den alten Hausierer, der unterdessen wohl die anderen Etagen bedient hat, jetzt endlich vor unserem Atelier steht, ein offenes Köfferchen auf dem zittrigen Arm. Damit haben wir natürlich alle nicht gerechnet, der Hausierer aber auch nicht mit uns. Nein! sagt Knobel ungehalten, wie man ungehalten war zu ihm: Nichts! Natürlich hat der Hausierer keine Ahnung, daß wir nicht die Bewohner dieses Estrichs sind, daß hier seit sechs Jahren überhaupt kein Leben mehr stattfindet, und beharrt auf dem Recht, seine Ware wenigstens zu zeigen, lauter nützliche Ware, was Knobel nicht zu bestreiten wagt. Angesichts der drei Herren empfiehlt er vor allem Rasierklingen, Rasierseife, Blutstiller und so, Knobel will es kurz machen, damit der Herr Staatsanwalt nicht nochmals ungehalten wird; auf der anderen Seite kann der Hausierer nicht begreifen, daß wir hier ohne Zahnbürste leben können, zu dritt ohne eine einzige Zahnbürste, ohne Fliegenfänger, ohne Klosettpapier und ohne Schuhwichse, ohne alles, vor allem aber ohne Rasierklingen. Knobel wird das Greislein nicht los. Als zweifle er nachgerade an unserer Männlichkeit, steckt er alles Bisherige zurück, der Hausierer, um es mit Pfannebürstchen zu versuchen, mit Nähzeug, mit elastischem Strumpfband, mit ganz feinem Fichtennadelöl und schließlich sogar mit Haarspangen, einer Ware, die immer wieder verlorengeht, immer wieder gebraucht wird. Knobel sagt nur: Also Schluß jetzt, also Schluß jetzt! jedoch ohne auch nur einen Ansatz von Erfolg. Schließlich greift mein Staatsanwalt ein, kauft in überlegener Art irgend etwas, Rasierklingen beispielsweise, und wir sind wieder allein, jedoch noch immer ohne die anderen Lokaltermin-Herrschaften, die also (es schlägt ein Viertel vor drei) noch nicht einmal an der Haustür geklingelt haben.

»Um halb vier habe ich eine Sitzung«, sagt Rolf und fügt etwas zusammenhanglos hinzu: »Das ist doch ein schönes Atelier –?« Ich nicke sehr. »Und sehr gutes Licht.«

Dann macht sich Knobel, um nicht so überflüssig zu sein wie eben vor dem Hausierer, mit seiner Kenntnis der örtlichen Verhältnisse etwas wichtig oder nützlich, indem er zwar nicht zu mir, doch zum Staatsanwalt sagt: »Hier geht's auf die Zinne.«

Und da uns nichts auf die Zinne drängt:

»Hier ist dann noch Post, Herr Staatsanwalt, die Post seit letzten Samstag –«

»Post?«

»Drucksachen«, sagt Knobel und liest: »Alters- und Hinterbliebenen-Versicherung, aber da hat Herr Doktor Bohnenblust schon die ganze Zusammenstellung der nichtbezahlten Beiträge. Und dieser Brief an Herrn Stiller persönlich –«

Da mir ja nicht einfällt, Briefe an ihren verschollenen Stiller zu lesen, gestattet sich mein Freund und Staatsanwalt, den Umschlag aufzuschlitzen. Nach seiner Miene zu schließen scheint es belanglos zu sein. Nur aus Gründen der Ordnung wirft er den Brief nicht in den Papierkorb.

»Ein anonymer Patriot beschimpft Sie«, sagt er kurz. »Man nimmt es Ihnen sehr übel, daß Sie die Möglichkeit, Schweizer zu sein, nicht wie eine Gnade ergreifen – also bedingungslos.« Später, da die Erwarteten immer noch nicht klingeln, treten wir doch auf die Zinne hinaus, die ebenfalls, verglichen mit den Erinnerungen der Frau Staatsanwalt, unverändert zu sein scheint. Scherben von Ziegeln, die einmal ein Hagelwetter zerschlagen hat, liegen umher und zeigen, daß sie niemand stören. Das Unkraut auf dem Kiesklebedach dürfte höher sein als je; ein paar herbstlich gelbe Halme wippen im Wind. Auch mein Freund und Staatsanwalt scheint all dies nicht viel anders erwartet zu haben, besichtigt das morsche Gestell eines tuchlosen Lehnsessels, das nach wie vor in der Ecke liegt, und wir stehen ziemlich stumm, Rolf und ich, während sie auf der Zinne gegenüber gerade eine Matratze klopfen. Es ist mir sehr bewußt, wie Rolf, mein neuer Freund, all diese Nebensachen doch bemerken muß, und die schöne Aussicht über Giebel und Lukarnen und Kamine und Brandmauern, eine Aussicht sogar mit einem Zwickel vom See, der unter dem versponnenen Herbstlicht blinkt, wenn ein Dampferchen seine gelassenen Wellen macht, eine wirklich erquickende Aussicht, die mich dünkt, hat es schwer, seine

Aufmerksamkeit zu gewinnen. Er raucht ziemlich hastig. Wozu mußten wir hierhergehen, wo ihn doch mancherlei betreffen mag, lauter Nebensachen, die gar nicht so gemeint sind und trotzdem für ihn, den Mann von Sibylle, eine leidige Bedeutung bekommen, sei es eben diese Matratze, die vor unseren Augen geklopft wird, oder die elastischen Strumpfbänder, die der Hausierer ihm anbot, das ganz feine Fichtennadelöl fürs Bad oder die Haarspangen, die immer wieder verlorengehen, immer wieder gebraucht werden; wozu, meine ich, die Besichtigung einer Stätte, die seine Frau und er innerlich längst überwunden haben? Ich sehe es doch seinen Lippen an; es kostet ihn mehr, als er wohl dachte, und unnötigerweise. Ich weiß nicht, was er in diesen zwei oder drei Minuten, seine Zigarette bis auf das Mundstück hinunter rauchend, denkt; aber es ist Unsinn, ganz gewiß, es gibt auch Prüfungen durchaus falscher Art, wie diese; das morsche Gestell eines Lehnsessels, worin seine Frau möglicherweise nie gesessen hat, weil das Tuch vor sieben Jahren schon fehlte, genügt auf einmal, um Jahre ihrer bezeugten Liebe wieder in Frage zu stellen, um in einer Minute scheinbar zu beweisen, daß man in sechs oder sieben Jahren scheinbar nicht weitergekommen sei, und Vorstellungen von quälerischer Präzision auszulösen, Vorstellungen des Gewesenen, die doch in jedem Fall, ob zutreffend oder unzutreffend, nur den Geschmack des Ekels liefern können. Oder erwartet mein Freund von sich selbst, er müßte auch diese Peinigungen, die nur die tote Örtlichkeit noch einmal in ihm erweckt, ohne Pein ertragen können? Es ist Unsinn. Was hat dieses Zeug hier, und wenn es nicht einmal morsch wäre, mit seiner lebendigen Sibylle zu tun, mit seiner Beziehung zu ihr? Es gibt einen Ekel, der nie aufhören kann, einen Ekel sozusagen als zwangsläufige Strafe für Vorstellungen, die uns einfach nichts angehen; glaube ich. Wozu tut er es sich an! Man kann eine Eifersucht überwinden, sie von innen heraus und angesichts des Partners überwinden, sie als Ganzes überwinden, wie er es ja geleistet hat; aber es ist Unsinn zu meinen, man müsse auch die einzelnen Scherben ohne Wimperzucken fressen können. Sein Lächeln ist etwas krampfig. Hat er es denn nicht gewußt, mein Freund und Staatsanwalt, der schon so manchen Menschen an einen Tatort begleitet hat, nicht gewußt, daß totes Zeug oft etwas Diabolisches hat? Ich weiß natürlich nicht, was ich ihm auf dieser Zinne sagen soll. Es ist eine so unnötige Demütigung, und eigentlich zum erstenmal verstehe ich die falschen Reaktionen, die bei einem gerichtlichen Lokaltermin gewonnen werden können, wenn einer vor totes Zeug gestellt wird, so, als gäbe es Wahrheit ohne Zeit ... Da er schweigt, frage ich etwas plötzlich:

»Wie alt ist nun Ihre Frau eigentlich?«

»Sibylle –?«

»Hannes muß ja schon bald ins Gymnasium kommen«, plaudere ich, »und jetzt nochmals dieses Kleine, das muß für Ihre Frau doch wunderbar sein, dazu ein Mädchen –!«

»Ja«, sagt er, »es ist wunderbar.«

»Und auch für Sie –«

»Ja«, sagt er, »das ist es!«

Der gute Knobel, als kleiner Beamter noch nicht gewohnt, mitten in seiner Dienstzeit so untätig zu sein, läßt uns keine Ruhe und warnt vor dem rostigen Geländerchen, das man lieber nicht anfassen solle. Also fassen wir es lieber nicht an. Tauben gurren auf dem Dach. Man sieht auch den verblauenden Hügelzug, wo wir gewesen sind.

»Es war herrlich da oben«, sage ich, »in dieser ländlichen Gartenwirtschaft –«

»Nicht wahr?«

»Ich meine natürlich nicht einen Engel mit Flügeln«, sage ich in Erinnerung an seine Frage dort oben, »nicht einen Kunst-Engel wie in der Bildhauerei und im Theater. Kann sein, daß die Menschen, die dieses Bild des Engels einmal erfunden haben, etwas Ähnliches erfahren haben wie ich, etwas ebenso Unsägliches. Ich weiß eigentlich nur, daß ich etwas erfahren habe –«

Zu meinem Verdruß (ich empfinde es wie einen üblen Gag) ertönen gerade die Glocken des nahen Münsters. Einer Hochzeit wegen, ich sehe es nicht, oder einer Abdankung wegen; jedenfalls dröhnt es entsetzlich. Eine Wolke von Tauben schwirrt über uns hin. Aus der Nähe vernimmt man überhaupt keinen Klang, nur ein metallenes Beben in der Luft, Lärm von Klöppeln, als müßten sie unser Trommelfell zertrümmern. Wir verlassen die Zinne, und wie wir, um dem Geläute etwas zu entgehen, ins Atelier treten, stehen sie bereits da: – Julika und mein Verteidiger, der ihr eben den neuen Pariser Mantel abnimmt. Trotz sofortiger Schließung der Fenster ist an ein Gespräch nicht zu denken. Julika ist entzückender als je. Wir begrüßen uns sofort mit Kuß. Auch daß Julika ihr herrliches Haar wieder etwas blonder trägt, unauffälliger, wie es sich für Zürich gehört, entgeht mir nicht, bestärkt mich in meiner Zuversicht, daß sie sich wohl von Paris und

Monsieur Dmitritsch endgültig verabschiedet hat. Etwas seltsam, gewiß, berührt mich das Hundchen, das Julika, eben weil sie wohl nicht mehr nach Paris zu gehen gedenkt, hierhergebracht hat; es ist wieder ein Fox. Ich streichle es, da man ohnehin, wie gesagt, des fürchterlichen Geläutes wegen nicht sprechen kann. Alle zünden sich Zigaretten an. Julika holt Aschenbecher in der Art einer Gastgeberin, bittet mit Geste, Platz zu nehmen. Es ist aber einfach viel zu staubig. Meine Neugierde, was nach dem Verstummen des Geläutes gespielt werden soll, macht mich ebenso gespannt wie heiter; die Komik, scheint mir, müßte mit einem Schlag, wenn wir sie bloß mit einem Schlag begreifen, alles lösen. Mein Verteidiger, wie immer in seiner Ledermappe kramend, vereinigt natürlich am meisten Komik auf sich, gerade weil er keine Komik gewahrt. Das Geläute findet kein Ende. Knobel bemüht sich, nicht vorhanden zu sein, und Rolf, mein Staatsanwalt, nimmt so langsam seinen Mantel von dem Nagel; es ist nicht sein Fehler, daß die Herrschaften (wahrscheinlich wegen Foxli) so spät gekommen sind. Endlich, als wir uns an diese Pantomime bereits zu gewöhnen anfangen, hat das Münster ausgebimmelt ...

»Nun –?« fragt Julika.

Julika scheint erwartet zu haben, mein Geständnis liege bereits vor, und als der Staatsanwalt verneint, im übrigen sich leider verabschieden muß, setzt Julika sich auf die verstaubte Couch, wie von einer schlimmen Depesche getroffen. Mein Verteidiger weiß nicht, wen er anstarren soll, den Staatsanwalt oder mich. Vermutlich hat die enttäuschte Julika jetzt schon zu weinen begonnen; indessen bemerken wir es noch nicht. Mein Verteidiger versucht ohne Erfolg, den Staatsanwalt zu halten. Im Augenblick, da er mir die Hand gibt, habe ich das Gefühl, mein neuer Freund lasse mich im Stich; bald genug habe ich jedoch begriffen, daß er dieser ungeheuerlichen Veranstaltung, die er hinwiederum meinem amtlichen Verteidiger nicht versagen konnte, gerade als Freund unter keinen Umständen hat beiwohnen wollen – Als ich sehe, daß die schöne Julika weint, frage ich: »Liebst du mich?«

Mein Verteidiger will reden –

»Ich frage die Dame«, unterbreche ich und setze mich neben Julika auf die verstaubte Couch. »Liebst du mich, Julika, oder liebst du mich nicht?«

Sie weint immer heftiger.

»Siehst du«, sage ich so zärtlich wie möglich in Anwesenheit eines amtlichen Verteidigers und eines Wärters, »nur darauf kommt es jetzt an. Nur auf dich, Julika, einzig und allein auf dich!«

»Wieso«, weint sie, »wieso auf mich?«

Noch immer mit der warmen Ruhe der Zuversicht versuche ich Julika zu erklären, warum sie, so sie mich wirklich liebt, kein Geständnis von mir braucht, daß ich ihr verschollener Gatte sei. Mir scheint es so einfach, so klar. Trotzdem rede ich ziemlich lang, viel zu lang und mit der Zeit, wie immer, auch verworren. Nie in meinem Leben bin ich dieser Lage gewachsen gewesen: sowie ich fühle, daß ich mit einer einfachen und klaren Einsicht allein bin, verliere ich die Klarheit, verrede sie mit hastigen Vergleichen, die dem andern helfen sollen, mich zu verstehen, in Wirklichkeit aber nur zersetzen, was eine Einsicht gewesen ist, und verteidige das Vertane schließlich mit Argumenten, die der bare Unsinn sind. Ich habe es genau gemerkt. Indem aber die schöne Julika einfach nichts sagt, überhaupt nichts, also auch keinen Unsinn, der wenigstens ein Gleichgewicht unserer Hilflosigkeiten herstellen würde, kann ich nicht aufhören. Warum hilft sie nicht? Ich halte ihre tränennasse Hand, als wären wir allein, weiß dann nur noch meine Frage, ob sie mich liebe, und warte –

»Wie lange wollen Sie diese unglückliche Frau denn noch quälen!« sagt mein Verteidiger sicherlich wohlmeinend. »Daß Frau Julika Sie liebt, Gott im Himmel, das ist doch klar –«

Auch er redet viel zu lang.

»– und überhaupt«, schließt er endlich, »haben Sie denn gar kein Gefühl für diese Frau? Es ist ja ungeheuerlich, was Sie dieser zarten Frau zumuten. Statt daß sie endlich das Geständnis geben! Nun kommt diese Frau von Paris, Ihnen zuliebe, hat Ihre Tanzschule aufgegeben, Ihnen zuliebe, und Sie behandeln Sie – Man kann sich wirklich fragen, womit ein Wesen wie Frau Julika es verdient hat, mit Ihnen verheiratet zu sein!«

Daraufhin blicke ich ihn an.

»Jawohl!« bekräftigt er.

Daraufhin, übrigens nicht sofort, sondern nach einigem Zögern, nach einigem Warten, ob Julika ihn wirklich nicht zurechtweist, erhebe ich mich, spüre plötzlich sehr schwere Beine, staube meinen Mantel ab, um Zeit für irgendeine glücklichere Wendung zu lassen, gehe endlich zur Türe, die (ich werde dieses Gefühl in der Hand nie vergessen) geschlossen ist. Geschlossen. Es ist keine Täuschung, auch keine Klemmung der Türe; sie ist einfach geschlossen.

»Knobel«, sage ich und höre ein Lachen aus mir, das ich selber nicht mag, »– geben Sie den Schlüssel.«

Knobel mit krebsroten Ohren schweigt.

»Was will man von mir?« frage ich.

Inzwischen hat Julika, die Verräterin, sich zwischen mich und die Türe gestellt, deren Klinke ich halte, eine Gelegenheit wenigstens, sie unter vier Augen zu fragen: Warum verrätst du mich? Ihr argloses Gesicht mit den ungemein schönen Augen, mit diesen Bögen der rasierten Brauen, die so einen permanenten Charme kindlicher Erstauntheit geben, zeigt nicht eine huschende Spur von Ahnung, warum ich so tue, und bringt mich zum Verstummen. Ebenfalls unter vier Augen sagt sie: Tu doch nicht so! Und in der Tat, ich habe mich, irgendwie von primitiver Wallung erfaßt, allzuoft schon verirrt; die Möglichkeit, daß ich allen Unrecht tue, besonders aber Julika, die doch eben noch meine einzige und so heitere Zuversicht gewesen ist, diese Möglichkeit ist ja da. Wirklich: Warum tue ich nur so? Arm in Arm mit Julika, die ich vielleicht einfach nicht verstehe, so stehe ich nun also vor dem Verteidiger, der Julika auch eine großartige Frau findet, und vor Knobel, meinem braven Wärter, der den Schlüssel in der Hosentasche hat, im übrigen umgeben von diesen Sacktuch-Mumien, die Julika mir als mein Lebenswerk vorzustellen beginnt. Eine Weile lang, wie unter einer Lähmung meines Bewußtseins, lasse ich es zu, wahrhaftig, lasse ich mich führen, beinahe über Julika gerührt, daß ihr dieses Zeug so viel bedeuten kann, lasse mich zu kleinen Späßchen hinreißen, betreffend etwa den Gips-Kopf des Direktors ... Ich weiß nicht, was mich derart paralysiert hat, ebensowenig, wie lange es gedauert hat; plötzlich wieder erwacht, wobei mich jede Erinnerung an die verschlossene Türe und an die unverschämte Bemerkung meines Verteidigers verlassen zu haben scheint, wie aus einem albernen Traum erwacht, der auch schon vergessen ist, bewußt, daß es nur ein Traum gewesen ist, finde ich mich wieder genau bei der Frage, die ich, unmittelbar vor diesem Traum mit der verschlossenen Türe, schon einmal gestellt habe: ob Julika mich liebe oder nicht. Dort, begreife ich, haben wir den Faden verloren, und ich unterbreche ihre so rührende Erläuterung zu den Sacktuch-Mumien, indem ich eben diese Frage wiederhole. Ich verstehe einigermaßen, daß es Julika, einem so scheuen und verhaltenen Wesen, wie sie es nun einmal ist, schwerfällt, in Gegenwart eines amtlichen Verteidigers und eines Wärters darauf zu antworten, fühle sehr die Ungehörigkeit meiner Frage an diesem Ort. Vielleicht gerade darum vertrage ich es nicht, daß mein Verteidiger, um der stummen Julika zu helfen, wie er meint, wieder den Mund aufmacht.

»Hol Sie doch der Teufel!« sage ich ihm ins Gesicht. »Was geht das Sie überhaupt an! Ich bestreite nicht, daß ich ein Verhältnis habe mit dieser Dame —«

Julika verletzt:

»Anatol —?!«

Ich schreie:

»Was heißt hier Anatol? Was heißt hier Anatol? Deswegen lasse ich mich noch lange nicht zwingen, diesen ganzen Plunder Ihres verschollenen Mannes zu übernehmen – Da!« lache ich vor Wut, die mich im Grunde doch nicht verlassen hat, und reiße so ein Sacktuch ab, ratsch, und wie erwartet: lauter Staub, von keinem Verteidiger zu halten, ein Gebrösel von trockenem Lehm, und das nächste ebenso, Mumien, nichts als Mumien, dann ein Gestell von rostigem Eisen und gekrümmtem Draht, das ist aber auch alles, was von ihrem verschollenen Stiller sich hält, der Rest ist Erde, wie die Pfarrer sagen, ein paar graubraune Klumpen auf dem Boden, vor allem aber eine Wolke von braunem Staub, wenn ich die Sacktücher schüttle. Leider klingelt es. Leider; denn selber verdutzt über die Kunst, die da zum Vorschein kam, würden sie mich nicht gehindert haben, in einem Zuge fertigzumachen. Das Klingeln aber irritiert mich. »Wen haben Sie noch bestellt?« frage ich meinen Verteidiger, »um mich irrsinnig zu machen?«

In diesem Augenblick habe ich einen ganz bestimmten Verdacht, sehe ja auch, wie Knobel auf einen Wink meines verlegenen Verteidigers endlich den Schlüssel aus seiner Hosentasche holt, um aufzuschließen, um hinunterzugehen, und vergesse meinen sehr richtigen Verdacht unter dem Wortschwall meines Verteidigers, der nochmals (zum wievielten Male!) mich mahnt und beschwört: – ich solle doch Vernunft annehmen, meine letzte Gelegenheit zu einem Geständnis, ansonst gerichtliches Urteil, peinlich für Frau Julika, nur ein einziges Wort der Vernunft und alles auf freiem Fuß, alles nicht so arg, wie ich es sehe, ein sehr hübsches Atelier mit gutem Licht, Freunde planen Heimkehr-Feier, also Kopf hoch und heraus mit dem Geständnis, Stiller ein geschätzter Künstler, kein großer Künstler, wer ist das schon, aber geschätzt und Kunstkommission bereit zur Tilgung der Gerichtskosten, alle Menschen so nett zu mir, meine lächerliche Verstocktheit schadet nur mir selbst, ein bißchen Einsicht vonnöten, Julika ein feiner und wertvoller Mensch, Ehe nie ein Kinderspiel, aber Julika die Nachsicht und Güte in Person, also Kopf hoch und von vorne beginnen, Flucht nie eine wahre Lösung, Freiheit nur in der Bindung, Ehe als sittliche Aufgabe und nicht als Vergnügen, ein bißchen Reife vonnöten, ein bißchen guter Wille und es wird schon, Julikas schwere Jahre in Paris und ihr großherziger Verzicht auf erfolgreiche Tanzschule, Opfer von Julika, nichts als frauliche Opfer, Dankbarkeit meinerseits am Platze, also nochmals Kopf hoch, ein Mann sein und die Hände reichen und Halleluja! Bei dieser Rede stehen wir wieder Arm in Arm, sei es nun, daß Julika befürchtet, ich werde die nun unverschlossene Türe benutzen, oder sei es, daß sie sich aus echter Zärtlichkeit so an mich hält; ich fühle ihre körperliche Wärme; mein Verteidiger redet immerzu: Also Kopf hoch, nirgends so schön wie in der Heimat, ab und zu eine Reise natürlich, damit wir die Heimat aufs neue schätzen lernen, aber Wurzeln braucht der Mensch und gewiß auch der Künstler in mir, Wurzeln, darauf kommt es an, Wurzeln und nochmals Wurzeln, Millionen ohne Heimat, also Dankbarkeit meinerseits am Platze, nicht alles von der bösen Seite sehen, ein bißchen Liebe zu den Menschen, auch Schweizer nur Menschen, niemand kann aus seiner Haut heraus, eine positivere Haltung meinerseits vonnöten, überhaupt Haltung, nicht alles zusammenschlagen wie vorhin, Selbstkritik in Ehren, aber Schweinerei von Staub und Gebrösel, soll man nicht, Temperament in Ehren, aber alles mit Maß, alles nicht so arg, wie ich meine, und Zürich ungefähr die schönste Stadt in der Welt, aber wie gesagt: eine positivere Haltung unerläßlich, heutzutage genug Nihilismus in der Welt, von Mensch zu Mensch die Welt verbessern, das Gute wollen mit ganzer Seele und es wird schon, Frau Julika beispielsweise will, Frau Julika überhaupt als Vorbild, alle Achtung vor Frau Julika, nicht abzubringen von ihrer fraulichen Treue zu mir, eine seltene Frau, aber eine typische Frau, eine wundervolle Frau, Männer oft verbohrt und eigensüchtig, Frauen so anders, mütterlich, schwierig in ihrer Art, gewiß, aber nur, weil ich sie nicht verstehe, nämlich Reichtum des Gemüts, Julika mit einem Innenleben wie kaum eine andere Frau, Gemüt am Platze, ein bißchen mehr Herz meinerseits, das Ewig-Weibliche zieht hinan, heutzutage genug Intellektualismus in dieser Welt, nicht immer denken und zweifeln, sondern hoffen, Kopf hoch und hoffen, ohne Hoffnung nämlich keine Ehe, ohne Hoffnung kein Friede zwischen den einzelnen Menschen und den Völkern, man sieht es ja, ohne Hoffnung auch keine wahre Kunst wie im Mittelalter, kurzum, ohne Hoffnung keine Hoffnung, also Hand aufs Herz und keine dummen Geschichten machen, der gute Kern auch in Stiller, mein Verteidiger von

diesem Kern überzeugt, alles andere ist Schall und Rauch, der Name zum
Beispiel, aber Ordnung muß sein, einen Namen muß jeder tragen, mein
Verteidiger gewiß kein Bürokrat, mein Verteidiger geradezu erschüttert
von seinem Einblick in diese Ehe zweier so wertvoller Menschen, mein
Verteidiger selbst verheiratet, Schwierigkeiten alle schon erlebt, alle überwunden, aber Opfer vonnöten, Opfer und nochmals Opfer, dafür Friede
in der Seele, Seele noch immer das Wichtigste, heutzutage genug Materialismus in der Welt, ein bißchen Glaube an Gott unerläßlich, Zerstörung
der wahren Werte durch die Hast unseres modernen Verkehrs, ferner
durch Kino und Sport, beispielsweise durch Bau von Stadions, die uns ver-
massen, vor allem aber durch Kommunismus, mein Verteidiger aber groß-
herzig genug und weit davon entfernt, daß er Stiller seine jugendliche Spa-
nienkämpferei nachtragen möchte, Schwamm darüber, mein Verteidiger
war auch einmal bei einer Partei, die dann einging, Schwamm darüber, Irren ist menschlich und Franco wichtig für Europa, Stiller konnte ja nicht
wissen, wie's kommt, und niemand kann das, nein, auch mein Verteidiger
nicht, um so wichtiger die ewigen Gesetze, die Zehn Gebote noch immer
das Beste, du sollst dir kein Bildnis machen, wie Frau Julika immer wieder
sagt, sehr richtig, sehr richtig, aber du sollst dich auch nicht gelüsten lassen
und töten schon gar nicht, jedenfalls nicht im Frieden, als Mitrailleur ist es
etwas anders, versteht sich, Antimilitarismus eine Mode von vorgestern,
aber davon jetzt nicht die Rede, sondern, wie gesagt: Du sollst nicht töten,
mein Freund, und zwar nicht einmal in Gedanken, man tut das nicht, hierzulande nicht, Familie als Keimzelle des Volkes, Frau Julika nicht zu alt für
Kinder, immer schon ihr heimlicher Wunsch gewesen, nur Arbeiter pflanzen sich scharenweise fort, ein bedenkliches Versagen unserer Intellektuellen in diesem Punkt, nicht auf das Einkommen kommt es an, sondern auf
den inneren Willen, auch ein anständiger Künstler kann in der Schweiz so
viel verdienen, daß eine maßvolle Fortpflanzung nicht als ausgeschlossen
bezeichnet werden darf, großartige Stipendien allerenden, Charakter des
betreffenden Künstlers vorausgesetzt und dies mit Recht, weiß Gott, mit
Recht, keine Kinder von Trinkern und Linksverdächtigen, die Freiheit ist
ein köstliches Gut, kurzum, die Schweiz noch immer ein ideales Land
und nicht zu vergleichen mit dem so traurigen Frankreich, das immer
nur streikt, also nochmals Kopf hoch, Hand aufs Herz und Schwamm darüber, es wird schon, mein Freund, es wird schon, es muß ja, auch ein
Rechtsanwalt muß immer wieder von vorne anfangen, Schicksal des Men-

schen, aber alles zu machen mit ein bißchen Glauben an Gott, auch darin
wieder nicht fanatisch, versteht sich, sondern alles mit gesundem Schwei-
zersinn, das Soziale versteht sich von selbst, ja, und dann noch ein Punkt:
Stiller soll Stiefvater im Altersasyl nicht vergessen, oder wie Goethe so
schön sagt: Was du von deinen Vätern hast, erwirb es, um es zu besitzen,
geistig gemeint, menschlich gemeint, es ist nicht schön, wenn einer den
Stiefvater im Altersasyl vergißt, tut man nicht, Pietät am Platze, Stiller
nicht allein auf der Welt, Herrgott nochmal, sondern ein Glied in der Gemeinschaft, Halt in der Gemeinschaft, Pflichtbewußtsein am Platze, aber
alles mit ein bißchen Liebe, nicht immer nur an sich selbst denken, Herr
Stiller, ein Beispiel nehmen an Frau Julika, nochmals alle Achtung vor dieser feinen und tapferen Frau, die mit einem so schwierigen Mann verheiratet zu sein auf sich nimmt, also nochmals: Hände reichen, denn Leugnen
hat keinen Zweck mehr, Beweise erdrückend, es bleibt nur noch das freiwillige Geständnis, Herr Stiller, also Mut und ein bißchen Vernunft, ein
bißchen Glaube an Gott und an Frau Julika, an die Ehe, an die Schweiz,
an das Gute in mir selbst, ein bißchen –

So mein Doktor Bohnenblust.

Ich rechne es Julika hoch an, daß sie in dem Augenblick, als man das
Greislein aus dem Altersasyl hereinführt, wenigstens errötet wie eine Gattin, wenn die bestellten Irrenwärter mit der Zwangsjacke in die Wohnung
kommen. Im ersten Augenblick halte ich ihn übrigens für den Hausierer
von vorher, stutze, wie mein Verteidiger sich sofort um einen Sessel bemüht, höflich aus Scham; denn so peinlich hat er es sich wohl nicht vorgestellt. Er wollte ja nur, wie man es mit verstockten Häftlingen macht,
durch Konfrontation ein bißchen Einsicht erzwingen; alle anderen Kon-
frontationen haben mich ja nicht bewegt. Was blieb meinem Verteidiger
also noch übrig? Knobel setzt es in den staubigen Schaukelstuhl, das Greislein, das in Hochachtung vor Gericht und Behörde und Herr Doktor und
Tänzerin aus Paris förmlich vergeht. Ich weine, als ich ihn erkenne, und
merke, daß er mein Weinen nicht sieht. Er ist ziemlich vertrottelt. Ich
drehe mich um, zu feige für diesen Anblick, der mich im Grunde doch
nicht überrascht; damals in der nächtlichen Bowery, als er mir einfiel,
hatte ich ihn mir nicht viel anders vorgestellt. Jetzt höre ich sie nur hinter
meinem Rücken, seine bösartig helle und dünne Greislein-Stimme: Soso,
da bist du wieder, soso! Er kichert, und mein Verteidiger muß ihn aufmerksam machen, wer von den Anwesenden als sein Sohn in Frage komme. Er

kichert: Ein netter Sohn, jaja, kümmert sich überhaupt nicht um mich, soso. Mein Verteidiger fragt ihn, ob er mich erkennen würde. Soso, kichert er, einfach auf und davon, ein netter Sohn, und wenn er nach Jahr und Tag wieder ins Land kommt, nein, fällt ihm nicht ein zu fragen, ob man noch lebt, ein netter Sohn! . . . Natürlich tat ich nun das Verkehrteste.

»Schluß mit dem Unfug!« sagte ich so frech wie möglich. »Ich kenne dich nicht.«

Soso, kicherte er, soso.

»Schluß jetzt!« schrie ich, und meine Lächerlichkeit, ich fühlte es, war so grenzenlos, der Augenblick so unerträglich – aus purer Hilflosigkeit ergriff ich irgendeine Gips-Sache, anfänglich nur, um zu drohen, sah aber das gelassene Gesicht der schönen Julika, ihre kaum lächelnde Gewißheit, daß ich, ihr Stiller, niemals wagen würde, irgend etwas gegen sie zu schleudern, und siehe da, ich wagte es auch nicht. Ich schmetterte das Gips-Zeug irgendwohin, meiner Lächerlichkeit bewußt, wie gesagt, und wütend über diese meine Lächerlichkeit (die andern verhielten sich durchaus würdig) nahm ich das nächste, einen Kopf, schmetterte ihn auf den Boden, wo er bloß rollte und nicht zersprang, ich fühlte eine Ohnmacht wie in bösen Träumen, eine Ohnmacht sondergleichen, so kräftig ich das Zeug auch schleuderte, dabei übrigens von niemand behindert, auch mein Verteidiger und Knobel sahen nur zu, verdutzt, jedoch vollends überzeugt, daß ich der verschollene Herr Stiller bin und somit das Recht habe, in diesem Atelier alles kurz und klein zu schlagen, nur das Hundchen bellte, und ihr Mißverständnis spürte ich wie eine Lähmung, derart, daß ich diese Dinger teilweise kaum von den Sockeln zu heben vermochte, also hielt ich mich an die kleineren Figuren, knallte sie gegen die Wand, einige zersprangen dann doch, was mich in Lust versetzte, doch drohte schon die Blamage, daß meine Wut nicht ausreichen würde, alles zu zerschmettern, nur so das Kleine, während die größeren Arbeiten, weil ich sie nicht vom Sockel heben konnte, meine Wut überdauern würden. Und diesen Hohn, worauf sie nur warteten, glaubte ich nicht ertragen zu können, ja, eigentlich war es nur noch meine Angst vor diesem Hohn, was mich weiter zu toben nötigte. Nur jetzt nicht auf halber Strecke bleiben! Wo es irgendwie ging, stieß ich die Gestelle um und sah sehr bald, daß ich auch auf diese Weise nicht zu Ende kommen würde. Es war eine Arbeit! Und niemand sagte ein Wort, so überzeugt waren sie, daß ich es jeden Augenblick aufgeben würde, nur immer das fremde Hundchen bellte, und ich war nur noch verzweifelt über meine Eitelkeit, die mir verbot, mit diesem Unsinn aufzuhören, mit diesem Zerschmettern von Gips-Zeug, dem niemand nachtrauerte, es schien kein Ende zu nehmen, bis ich, jetzt mit einer eisernen Bauklammer gerüstet, allen Gips zerschlagen oder wenigstens rettungslos verstümmelt hatte, aber nun gab es ja noch die Bronzen, nicht eben viele, immerhin einige, die erste so schwer, daß Schleudern gar nicht in Frage kam, aber ich mußte jetzt einfach durchhalten, auch mit den Bronzen fertig werden, mit den Bronzen vor allem, mit aller Kraft konnte ich die erste gerade heben, ließ sie auf den Boden fallen, als einziger lachend darüber, wie wenig es dieser Bronze ausmachte, einmal oder zweimal oder zehnmal auf den Boden zu poltern, dann zum offenen Fenster damit! Jetzt freilich sprangen sie empor, ängstlich um fremdes Leben irgendwo in einem Hof, der Knall auf dem Wellblechdach war Labsal für mich, o ja, jetzt kam meine Lust an dieser Zerstörung wieder, meine körperliche Kraft auch, Knobel fiel mir in den Arm, hatte aber Angst, daß ich ihm so eine Bronze einfach auf die Füße fallen ließe, und hielt Abstand, so daß ich denn doch, allem Gerede zum Trotz, mit meiner nächsten Bronze wieder das Fenster erreichte, Knall, das Wellblech hallte, und Stimmen brüllten aus dem Hof, ein Alarm von Flüchen, es knallte wie von Schüssen, und von Schweiß überströmt sah ich mich jetzt um, was es noch gäbe, riß Schränke auf, Kleinzeug flog im Bogen zum offenen Fenster hinaus, jemand klingelte Sturm, obschon jetzt nur noch Skizzenbücher flogen, Spachtel, Büchsen und solche Ware, von den Menschen im Atelier sah ich überhaupt nichts, wußte nur um ihre Gegenwart, und solange ich noch irgend etwas fand, die afrikanische Maske, die Banderillas, das keltische Beil, irgend etwas, womit ich das Wellblech da unten ermuntern konnte, war es mir wohl, ach, wohl ist kein Ausdruck, ich war ohne Angst, das Falsche zu tun, und wieder einmal ich selbst. Jedoch der Augenblick, der mir zugleich, wennschon ich jetzt mit mir zufrieden war, bereits als der erbärmlichste Augenblick meines Lebens erschien, der Augenblick nämlich, da ich auf allen Simsen und Gestellen nichts mehr finden konnte, um das Wellblech knallen und scheppern und hallen zu lassen, der Augenblick, wo ich mir nicht vorstellen konnte, was nun folgen sollte, dieser ganz stille und etwas leere, wie jeder andere Augenblick auch vergängliche und gerade dadurch so erbärmliche Augenblick kam natürlich doch ... Ich schwitzte. Knobel war hinausgegangen oder hinunter, um die Leute von der Spenglerei oder Schlosserei zu beruhigen und zu unterrichten, daß der Bronze-Hagel nun zu Ende wäre. Ich ver-

suchte zu lächeln und dann, da es nicht ging, wenigstens zu lachen, sah
mich indessen mit meinem Gelächter ganz allein, zu erschöpft, um so allein lachen zu können. Jetzt sah ich auch wieder Julika, die schöne Julika.
Sie fand als erste das Wort:

»Und jetzt?«

Julika sitzt, ihren kleinen Fox auf dem Schoß, der sich maßlos über
mich aufgeregt hat, nämlich der kleine Fox, jetzt aber bei Julika geborgen
ist. Sie ist bei meinem ganzen Getue, glaube ich, nicht aufgestanden. Sie
schüttelt nicht den Kopf, sieht mich nur an wie einen Mann, der Wein verschüttet hat oder einer Dame auf das lange Abendkleid getreten ist; es ist
verzeihlich, aber peinlich. Aber verzeihlich. Und ich traue meinen Augen
nicht: Ihr Gesicht mit den ungemein schönen Augen ist unverwandelt,
dermaßen unverwandelt, daß ich mich jetzt selber frage, was ich denn eigentlich erwartet habe. Sie streicht nun ihr rötliches Haar zurecht, über-
flüssigerweise, denn Julika hat sich ja nicht gerührt; nur ich habe mich
mit meinem Getue erhitzt, daß ich aus allen Poren schwitze, mein Hemd
ganz genäßt ist, meine Krawatte verwurstelt, und eben darum streicht Julika nochmals ihr rötliches Haar zurecht, eine Geste der Verlegenheit, begreiflicherweise. Wartet sie darauf, daß ich mich entschuldige? Im Treppenhaus hört man ein lautes Geschnorr; es scheint niemand getroffen zu
sein, sonst wäre es still. Aber Unwille und Empörung sind groß, begreiflicherweise, ich sehe es ein. Julika hat sich dann eine Zigarette genommen,
worauf ich ihr Feuer anbiete. Ja, sie hat recht: Und jetzt? Einige Atemzüge
lang, wie ich, das Feuerzeug noch in der Hand, meine Julika betrachte,
glaube ich in heiße Tränen auszubrechen und im nächsten Augenblick
auf meine Knie zu fallen, beide Hände vor dem Gesicht, bis Julika mein
schluchzendes, häßliches, lächerliches Gesicht befreien wird. Ich möchte
es, aber es geschieht nicht, es ist, als gingen die Tränen nach innen, und
ich stehe unverwandelt wie sie. Ihr Hochmut (ihre Nachsicht) ist so stur
und unerschütterlich; wie eine Siegerin, die ja nichts dafür kann, daß ich
immer wieder unterliege, oder wie eine Mutter, eher noch wie eine Mutter,
die ihren etwas unverbesserlichen Buben trotz allem so liebhat, lächelt sie,
und ihre Überlegenheit dünkt mich so bodenlos, ihre Harmlosigkeit so un-
faßlich, ihr Gleichmut so mörderisch, ihre Echolosigkeit so idiotisch, daß
ich, ungläubig wie am ersten Tag, Julika noch immer anstarre. Und wie
schön sie ist, ich werde es nie vergessen; ihr rötliches Haar, den Teint wie
Alabaster, ihre so mädchenhaften Lippen, ihre vielleicht blauen oder grü-

nen oder vielleicht auch farblosen Augen, ach, so groß und so ungemein schön, wie gesagt, und so lauter und ohne Hintergrund, ihre vornehme Nase mit den etwas großen Nüstern, ach, und ihr entzückendes Ohr, diesen edlen und aufrechten und schlanken Hals mit ihrer eigentlich zarten Stimme daraus. Ich werde es nie vergessen! Und die Grazie etwa ihres Handgelenkes, wenn sie so sitzt und raucht – einen Augenblick lang ist es mir, als werde ich Julika nun an die Gurgel greifen und sie erwürgen. Aber auch das geschieht nicht, versteht sich ... Dann kommt Knobel zurück, meldet meinem Verteidiger den ungefähren Umfang des Schadens.

»Gott sei Lob und Dank«, sagt mein Verteidiger, »wenigstens ist kein Mensch verletzt, wenigstens das –!«

Meinem Stiefvater müssen sie erklären, was geschehen ist; der Lärm ist ihm nicht entgangen, und er möchte es wisssen, denn schließlich hat man ihn persönlich hierherbestellt, persönlich, wie er mehrmals betont.

PS.

Jetzt, ich sehe es im vollen Bewußtsein meiner Ohnmacht, wäre der Augenblick da, alles zu sagen, die Wahrheit zu sagen. Aber was ist dieses mein Alles! So wie ich es zu erklären versuche, bleibt nichts mehr übrig. Hätte ich es sonst nicht längst erklärt, dieses mein Alles, diese meine Erfahrung –?

Was ich sagen kann:

Vor etwa zwei Jahren versuchte ich, mir das Leben zu nehmen. Der Entschluß war alt. Dabei war ich, wie vermutlich die meisten Selbstmörder, überzeugt, daß es dann, wenn man es getan hat, einfach Schluß ist, Licht aus, Schluß der Vorstellung. Darin war ich, ohne Zweifel, insofern ohne Angst. Das Mißlingen hatte rein technische Ursachen. Die kleine Schußwaffe, die ich in jener Schindelhütte gefunden hatte, ein altmodisches Ding, das nach gründlicher Reinigung funktionierte, hatte einen viel leichteren Druckpunkt, als ich es vom Armeegewehr gewohnt war, oder überhaupt keinen. Vermutlich ging die Waffe vorzeitig los, so daß das Projektil (in der betreffenden Schublade war ein einziger Schuß von dieser alten Munition zu finden gewesen) den Schädel nur streifte, ohne einzudringen, rechts über dem Ohr. Später zeigten sie mir das Röntgen-Bild. Ich erinnere mich: mein Kopf wurde von zwei Händen wie von zwei Klammern gehalten, über mir das Antlitz von Florence, die als einzige den Schuß gehört hatte, und dann war alles weg: bis auf eine runde Öffnung in der Ferne

(als Buben krochen wir manchmal durch einen Abwasserkanal, das ferne
Loch mit Tagesschein erschien viel zu klein, als daß man je herauskommen könnte; genau so!), und der Zustand war unerträglich, dabei nicht
schmerzhaft. Eher sogar Sehnsucht nach Schmerz. Das Gefühl, gerufen
zu werden, selber keine Stimme zu haben. Ein verzweifeltes Verlangen, einzuschlafen, und dabei die Gewißheit, nie wieder schlafen zu können. Später, bereits im City-Hospital, soll ich in diesem Sinn gesprochen haben, um
Schlaf bittend. Ich glaube nachträglich, die entsetzliche Pein bestand
darin, plötzlich nichts mehr zu können, nicht rückwärts, nicht vorwärts,
nicht stürzen zu können, kein Oben und kein Unten mehr, dennoch vorhanden zu bleiben, rettungslos ohne Schluß, ohne Tod. Wie man ja in
Träumen mitunter genau weiß, daß es Traum ist, wußte ich, daß dies nicht
der Tod ist, auch wenn ich jetzt sterbe. Es war, fade gesprochen, eine große
Verblüffung, etwa wie wenn man von einer Mauer springen würde, um
sich zu zerschmettern, aber der Boden kommt nicht, er kommt nie, es
bleibt Sturz, nichts weiter, ein Sturz, der auch wieder gar keiner ist, ein Zustand vollkommener Ohnmacht bei vollkommenem Wachsein, nur die
Zeit ist weg, wie schon gesagt, die Zeit als Medium, worin wir zu handeln
vermögen; alles bleibt wie gewesen, nichts vergeht, alles bleibt nun ein für
allemal. Ich bekam Spritzen, wie man mir später sagte, in kurzen Interval-
len. Diese Linderungen, Stärkungen, Betäubungen, für den empfindlich
verletzten Körper wohl notwendig, waren es wahrscheinlich, was mich jedesmal dem Schrecken wieder näher brachte, der dann in Dämmerzuständen sein bildliches und dem Gedächtnis begreiflicheres Echo hatte. So wenigstens denke ich es mir; ich habe nie mit jemandem darüber gesprochen.
Kann man denn hierüber sprechen? Ich kann hier lediglich sagen, daß es
dieser Schrecken ist, was ich ›meinen Engel‹ nenne . . .

(Unterbrochen durch Mitteilung: Die heutige Schlußverhandlung mit
Urteilsspruch, ursprünglich auf 16.00 Uhr angesetzt, ist auf vormittag
10.30 Uhr verlegt worden.)

– – –

Wie gesagt, ich habe noch nie mit jemandem über diese Angelegenheit
gesprochen, mit Recht; man kann etwas Unverständliches nicht verständlich machen, ohne es gänzlich zu verlieren, und ich merke auch jetzt, wie
ich bei dieser Erklärung unwillkürlich versuche, die Dinge zu reimen,
um allem ›einen Sinn zu geben‹. Dabei habe ich gar nichts zu geben. Ich
habe den ›Sinn‹ lediglich empfangen. Und ich habe ihn zu wahren . . .

Von den Träumen, die damals kettenweise kamen, weiß ich selber nur noch wenig, da ich sie niemand habe mitteilen können. (Einmal besuchte mich Florence, die Mulattin, in jenem City-Hospital; ich verstand sie recht genau, ohne meinerseits mehr als vereinzelte Wörter sprechen zu können.) Einer der Träume: – Im Augenblick, da ich ›Little Grey‹ erwürge, weiß ich, daß es gar nicht die Katze ist, sondern Julika, die lacht, ein Lachen, wie ich es nie an ihr gekannt habe. Julika überhaupt ganz anders, lustig, ich würge die Katze mit aller Kraft, Julika höhnt mich vor einem Publikum, das ich nirgends sehe, die Katze wehrt sich nicht, aber springt nachher wieder auf den Fenstersims, leckt sich, Julika gar nie meine Frau gewesen, alles nur Einbildung von mir ... Ein anderer Traum: In meinem Bett liegt Mutter, gräßlich, obzwar lächelnd, eine Puppe aus Wachs, Haare wie Bürstenborsten, mein großes Entsetzen, ich versuche das elektrische Licht anzudrehen, es geht nicht, ich versuche Julika anzurufen, es geht nicht, alles unterbrochen, Finsternis in der ganzen Wohnung, wobei ich doch die Mutter aus Wachs genau sehe, in einem äußersten Grad von Grauen knie ich nieder mit Schrei, um zu erwachen, in meinen Händen plötzlich ein Osterei so groß wie ein Kopf ... Andere Träume weiß ich noch weniger. Alle gingen um dasselbe, schien mir, und in Dämmerzuständen ging's weiter, zum Beispiel ...

(Unterbrochen durch Dr. Bohnenblust, meinen Verteidiger, der die gleiche Mitteilung. mündlich macht. Ich solle mich bereithalten.)

– – –

Eigentlich kann ich bloß sagen: Ich habe damals eine Ahnung erlebt. Nicht die Scham verbietet mir, sie auf den Tisch zu legen, sondern ich kann es einfach nicht. Vor mir selbst habe ich mich jener Handlung nie geschämt. Ich hatte ein Leben, das nie eines gewesen war, von mir geworfen. Mag die Art, wie ichs gemacht hatte, lächerlich sein! Es blieb mir die Erinnerung an eine ungeheure Freiheit: Alles hing von mir ab. Ich durfte mich entscheiden, ob ich noch einmal leben wollte, jetzt aber so, daß ein wirklicher Tod zustande kommt. Alles hing nur von mir ab, ich sagte es schon. Näher bin ich dem Wesen der Gnade nie gekommen. Und daß ich mich, einer Gnade gewiß, zum Leben entschieden hatte, merkte ich daran, daß ein rasender Schmerz einsetzte. Ich hatte die bestimmte Empfindung, jetzt erst geboren worden zu sein, und fühlte mich mit einer Unbedingtheit, die auch das Lächerliche nicht zu fürchten hat, bereit, niemand anders zu sein als der Mensch, als der ich eben geboren worden bin, und kein anderes Le-

ben zu suchen als dieses, das ich nicht von mir werfen kann. Das war vor
etwa zwei Jahren, wie gesagt, und ich war bereits achtunddreißig. Am Tag,
als ich endlich das City-Hospital verlassen durfte ... – – –
  (Wieder unterbrochen!)

Das Urteil, das gerichtliche, wie erwartet: Ich bin (für sie) identisch mit
dem seit sechs Jahren, neun Monaten und einundzwanzig Tagen verschollenen Anatol Ludwig Stiller, Bürger von Zürich, Bildhauer, zuletzt
wohnhaft Steingartenstraße 11, Zürich, verheiratet mit Frau Julika Stiller-
Tschudy, derzeit wohnhaft in Paris, und verurteilt zu einer Reihe von Bußen betreffend die Ohrfeige gegenüber einem eidgenössischen Zollbeam-
ten, betreffend staatsbürgerliche Versäumnisse aller Art, Versäumnis der
Abmeldepflicht (infolgedessen liegen heute insgesamt 107 Mahnungen
von verschiedenen Ämtern vor); ferner Schulden betreffend Staatssteuer,
Militärsteuer, Alters- und Hinterbliebenen-Versicherung, ferner Schaden-
ersatz betreffend ein eidgenössisches Armeegewehr, zusätzlich ein Drittel
der Gerichtskosten, total 9 361.05 Franken, zahlbar binnen dreißig Tagen
nach Unterzeichnung des vorliegenden Urteils. Ferner: bei Abschluß dieses Verfahrens bleibt die Untersuchungshaft aufrechterhalten, bis in einem
zweiten Verfahren, sofern gegen das erste keine Appellation eingereicht
wird, eventuelle Zusammenhänge mit der seinerzeitigen Affäre Smyrnow
abgeklärt sind.
  Verzichte auf ein Schlußwort –
  Verzichte auf die Appellation –
  Frau Julika Stiller-Tschudy, mit heutigem Datum meine gesetzliche
Gattin, ist jetzt damit beschäftigt, Herrn Dr. Bohnenblust, meinen amtlichen Verteidiger, etwas zu vertrösten; tatsächlich hat dieser Mann sich
die denkbar größte Mühe gegeben und hätte heute eine herzhafte Gratula-
tion von meiner Seite jedenfalls verdient; ich hatte denn auch vor, eine Art
von Dankbarkeit zum Ausdruck zu bringen, vergaß es dann leider. Herr
Direktor Schmitz, der Millionär, ist ebenfalls zur Verhandlung erschienen,
er hat mit dem heutigem Datum bereits seine Ehrverletzungsklage eingereicht. In der Smyrnow-Geschichte werde ich die Bundespolizei, die mich
jetzt übernimmt, sehr bald enttäuschen; sofern der gute Theo Hofer, mein
ehemaliger Spanien-Kamerad, ein Tscheche, der später in der Bronx, Neuyork, als Coiffeur arbeitete und mich damals nach der Ankunft beherbergt

hat, noch am Leben ist, dürfte mein Alibi für den fraglichen 18. 1. 1946 in wenigen Tagen zu erbringen sein. Eben höre ich Julika durch den Korridor kommen –
Mein Engel halte mich wach.

PS.
Wilfried Stiller, mein Bruder, habe sich bereit erklärt, den Betrag von Franken 9 361.05 zu übernehmen. Ich danke ihm!

Zweiter Teil

Nachwort des Staatsanwaltes

Wir haben es bedauert, daß Stiller den vorliegenden »Aufzeichnungen im Gefängnis« – sie sind hier, mit Genehmigung der Beteiligten, die heute noch leben, ohne jede Kürzung und selbstverständlich unverändert wiedergegeben – keine »Aufzeichnungen in der Freiheit« hat folgen lassen. Unser gelegentliches Drängen in dieser Richtung hat Stiller nicht einen Tag lang beirrt. Er hatte keinerlei Bedürfnis dazu. In der Folge haben wir übrigens unser Drängen selber als Irrtum begriffen. Sein Verstummen, wenn man es einmal so nennen will, war ja in der Tat ein wesentlicher, vielleicht sogar der entscheidende Schritt zu seiner inneren Befreiung, die wir nicht allein an unserem Freund zu erkennen vermochten, sondern deutlicher noch an seinen Nächsten, an einer kaum merklichen und eigentlich langsamen, jedoch wirklichen Verwandlung unseres Verhältnisses zu ihm. Es wurde möglich, sein Freund zu sein; Stiller war frei geworden von der Sucht, überzeugen zu wollen.

Es erübrigt sich, hier nochmals auf jene sogenannte Smyrnow-Affäre näher einzugehen. Sein Alibi für das fragliche Datum war einwandfrei; tatsächlich war Stiller lange vor dem 18. 1. 1946 in Neuyork angekommen, wo er die ersten Wochen, wie sich belegen ließ, bei seinem tschechischen Bekannten gewohnt hatte. Den Beweis hierfür konnte Stiller allerdings erst erbringen, nachdem er endlich darauf verzichtet hatte, seine Identität zu bestreiten. Sein Gleichmut gegenüber dem erwähnten Verdacht schien mir von allem Anfang an echt zu sein, echter als die meisten anderen Äußerungen in der Untersuchungshaft. Anderseits war es für die Behörden, ohne persönliche Kenntnis dieses Mannes, nicht einzusehen, warum Stiller so hartnäckig seine offenkundige Identität zu bestreiten suchte, und es drängte sich auf, alle denkbaren Zusammenhänge mit bisher unaufgeklärten Delikten mindestens zu prüfen, ja, es war die Pflicht der verantwortlichen Behörden, dies zu tun. Unter diesen unaufgeklärten Delikten, die ins Auge gefaßt werden mußten, befanden sich auch zwei zürcherische Mordfälle;

hiervon wußte Stiller indessen nichts. In sämtlichen Fällen kam man bald zu einem eindeutig negativen Ergebnis, und die Freilassung erfolgte noch im gleichen Monat.

Stiller lebte vorerst in einer kleinen Pension am Genfer See, begleitet von seiner Frau, die entschlossen war, wieder mit ihm zusammen zu leben. Wie sich dieses Zusammenleben gestalten sollte, konnten sich wahrscheinlich beide nicht ohne weiteres vorstellen. Meinerseits war ich mehr als gespannt. Unser kleines, primitives, doch heizbares Ferienhaus auf der Forch hatte er lieber nicht beziehen wollen, »weil doch verdammt nahe bei Zürich«. Zum Glück hatte die Vaterstadt ihm als Aufmunterungsgabe, wenn auch nach zähen Widerständen innerhalb der Kommission, zweitausend Franken zukommen lassen; das bedeutete damals für ein Ehepaar immerhin Lebensunterhalt für zwei oder fast drei Monate. Davon und im übrigen von der Hoffnung auf weitere Wunder lebten sie also am Genfer See. Wir konnten uns freilich Stiller in diesem Territet nicht vorstellen. Unseres Erinnerns bestand dieses Territet aus lauter Hotels, Tennisplätzen, Seilbähnchen und Chalets mit Türmchen und Gartenzwergen; doch freundschaftliche Beziehungen hatten ihnen dort ein freundschaftliches Arrangement verschaffen können. Ihr vollkommenes Schweigen auch über Weihnachten begann uns zu beunruhigen. Endlich in einem ersten Brief noch mit der Anrede »Lieber Freund und Staatsanwalt!« bat Stiller um einen elektrischen Kocher, leihweise; es war Winter, und außer einem warmen, im Arrangement inbegriffenen Frühstück lebten sie von kaltem Picknick in ihrem Hotelzimmer. Stiller bedankte sich in jenem kurzen Brief »für alles« mit einer alarmierenden Unterwürfigkeit. Wir hatten damals Angst um die beiden; ein vielleicht nettes, in jedem Fall aber beziehungsloses Hotelzimmer an einem toten Kurort schien uns die unseligste Szenerie für eine Wiederbegegnung dieses Ehepaares zu sein. Endlich, an einem Wochenende anfangs Februar, fuhren wir nach Territet, meine Frau und ich, und trafen die beiden, von der Sonne gebräunt, in einem wirklich netten, schmalen, dafür mit einem Balkönlein versehenen Hotelzimmer; ihre gestapelten Koffer machten es noch schmaler. Um so weiter wirkte der Genfer See vor dem Fenster. Stiller gab sich fröhlich, etwas zu fröhlich, nahm seine Frau am Arm und stellte vor: »ein schweizerisches Inland-Emigranten-Ehepaar«. Jede Frage nach ihrer Zukunft wurde vermieden. Unten im Speisesaal kamen wir alle nicht über eine ziemlich mühsame Konversation hinaus; dabei war das Hotel beinahe leer, der Betrieb gewissermaßen familiär, und dennoch saßen Stiller und seine Frau in einer Befangenheit, als hätten sie noch nie vor einem weißen Tischtuch gesessen. Außer uns gab es in dem Speisesaal nur wenige Leute, einen greisenhaften Engländer, teilweise gelähmt, so daß die Nurse ihm das Fleisch zerschneiden mußte, ferner einen französischen Marquis mit einem Buch über der Suppe, lauter Außenseiter, Einsame, ausgenommen ein deutsches Liebespaar, dessen Eheringe, wie ich sofort sah, nicht aus dem gleichen Gold waren, zwei Glückliche von auffallender Schüchternheit. Ein junger Kellner, Deutschschweizer, brachte sie mit seinem Französisch vollends zum Erröten. Jedenfalls sahen wir keinen Grund, weswegen Stiller und seine Frau so verschüchtert waren. Leider regnete es über das ganze Wochenende. Spazieren kam nicht in Frage, und Stiller und seine Frau scheuten sich vor einem Aufenthalt in der menschenleeren Halle. So saßen wir denn fast die ganze Zeit in ihrem schmalen Hotelzimmer zwischen Koffern. Ich erinnere mich nicht mehr an ein bestimmtes Gespräch, eher noch an ihre Erscheinung. Seine Frau, elegant auch in ausgetragenen Kleidern, ging fast immer hin und her, sprach so gut wie nichts, hörte zu und rauchte ohne Unterlaß. Sie kamen uns wie Russen in Paris vor, oder wie meine Frau meinte: wie deutsche Juden in Neuyork; nichts gehörte zu ihnen. Frau Julika und meine Frau sahen einander zum erstenmal, über das Höfliche hinaus redeten sie kaum ein Wort zusammen. Stiller versuchte es öfters mit seinem Humor. Alles in allem war es bedrückend, ein endloser Nachmittag mit Regen am Fenster, Tee und viel Rauch, eigentlich eine Enttäuschung; wahrscheinlich für alle Teile. Ihr Geld ging zu Ende, das war unschwer zu erraten. Eine Arbeit zu finden, einigermaßen ihren nicht sehr gefragten Fähigkeiten gemäß, schien so gut wie unmöglich zu sein. Eine Rückkehr in die Pariser Tanzschule, die übrigens nicht Frau Julika, sondern jenem Monsieur Dmitritsch gehörte, kam wohl auch nicht in Frage. Stiller lachte über diese blanke Aussichtslosigkeit. Frau Julika stand, wartend auf das Wasser im elektrischen Kocherchen, die schlanken Hände in den Taschen ihres Tailleurs, rauchend, und Stiller hockte auf einem Koffer, seine Hände um das emporgezogene Knie gefaltet; so und nicht viel anders, hatte man das Gefühl, werden sie auch unter vier Augen leben, freundlich, daher eher wortarm, zwei Gefesselte mit der Vernünftigkeit, sich zu vertragen. Stiller bat um Bücher.

Lange hörten wir nichts von ihnen. Auch ich wußte nichts zu schreiben, nach unserem Besuch weniger denn zuvor. Ich hatte es wohl im Sinn. Es

wäre gut gewesen, doch wußte ich nicht wie. Auf eine umfängliche Bü-
chersendung, darunter ein Band Kierkegaard, erfolgte keinerlei Antwort.
Monatelang schien es das Ehepaar Stiller nicht zu geben. Zumindest hielten wir ihre Adresse nicht mehr für gültig. An Menschen, deren Leben
man sich nicht vorzustellen vermag, denkt man wenig, selbst in einem
Fall, wo man sich einbildet, daß sie uns brauchen könnten. Ich vernach-
lässigte sie damals vollkommen; meine Frau hinwiederum hatte andere
Gründe, weswegen sie glaubte nicht schreiben zu können, jedenfalls acht-
bare Gründe.

Nach einem halben Jahr etwa, im Spätsommer, kam der übermütig klin-
gende Brief, worin Stiller mitteilte: »Vom lieben Gott für alle Monate in
der Untersuchungshaft belohnt, haben wir soeben das Haus unseres Lebens gefunden, gemietet und bezogen, une ferme vaudoise!« Wir atmeten
auf. Es schien ein ausgesprochener Glücksfall zu sein. Ein märchenhaft geringer Mietzins ließ auf eine ebenso märchenhafte Verlotterung schließen,
doch wurde unser Freund nicht müde, seine ›ferme vaudoise‹ in ausgiebigen Schilderungen zu loben. Jedenfalls schien er recht glücklich zu sein.
Wir hatten uns vorzustellen ein behäbiges Haus, ursprünglich ein waadt-
ländisches Bauernhaus, vielleicht auch ein Winzerhaus, darüber war sich
Stiller nicht klar; dazu einen Rebhang, irgendwo eine alte Trotte mit einer
Ehrfurcht erweckenden Jahreszahl, eine luftige Scheune als Atelier von
hinreichendem Ausmaß, ferner eine Allee mit großen Platanen, die der
ganzen Liegenschaft einen Zug ins Herrschaftliche gab. Je nach Brief waren es nicht Platanen, sondern Ulmen. Die Scheune ging in späteren Briefen überhaupt verloren. Dafür tauchten nun andere Erfreulichkeiten auf;
plötzlich schrieb Stiller vom alten Ziehbrunnen im Hof, dessen Schmiede-
kunst er uns zeichnete, vom Bienenhaus oder vom Rosengarten. All dies
schilderte er mit liebevoller Gemütlichkeit als etwas verwildert, etwas
verrostet, etwas versiegt, und alles war von dunklem Efeu überwuchert.
Unsere Vorstellungskraft hatte zuweilen Mühe, zumal wir die Gegend
um Glion eigentlich kennen. Es war anzunehmen, daß unser glücklicher
Freund ein bißchen übertrieb. Skizzen von seiner Hand zeigten ein steiles
Ziegeldach mit Walmen am Firstende, wie es im Waadtland üblich ist,
ringsum ein Plateau mit Obstbäumen, dahinter die Berge von Savoyen;
die Allee mit den achtzig Ulmen fehlte. Meine Frau gestattete sich eine
diesbezügliche Nachfrage! Eine gesonderte Skizze, als Skizze so reizvoll,
daß wir sie in einem Passepartout aufhängten, zeigte den Innenraum mit

einem großen bäurischen Rauchfang, Frau Julika davor als kniende Feuer-
macherin; am Rande des Blattes eine herzliche Einladung zur Raclette.

»Wann kommt Ihr nun?« begann bald jeder Brief, in einem Nachsatz
schrieb er: »Ich muß Dich nochmals dringend aufmerksam machen, daß
Du nicht mit dem Wagen hierherkommen kannst. Niemand kann Dir
den Weg sagen. Stelle Euren Wagen einfach in Montreux ein. Ich hole
Dich dann ab; anders wirst Du meine ferme vaudoise nie finden!«

Der Winter kam, und wir trafen Stiller nicht. Er hatte nicht das Geld,
um nach Zürich zu kommen, und nicht das Bedürfnis, auch wenn man
ihn eingeladen hätte. Auch der Frühling verging ohne Begegnung. Heute
verwundert es mich. Stiller schrieb uns ziemlich häufig; in seinen Briefen
erschien zwar Frau Julika nicht selten. Wir wußten, daß sie eine Zeitlang
in einem Lebensmittelgeschäft als Aushilfe arbeitete. Über das Eigentliche
indessen, über ihre Ehe miteinander, äußerten sich seine Briefe auch nicht
einmal mit einer Anspielung. Statt dessen beschrieb er Sonnenuntergänge
über zwei und drei Seiten. Im Grunde schwieg er; ich empfing seinen
Brief jedesmal wie eine Flaschenpost, die den äußeren Standort meldet,
und hatte wohl kein Recht, sein Schweigen aufzubrechen wie in Verhören,
sei es mit offener oder verfänglicher Frage oder mit herausfordernder Mißdeutung. Er bemühte sich, spaßig zu schreiben.

»Du glaubst wohl nicht«, schrieb er wieder, »daß ich das Haus meines
Lebens gefunden habe. Warum kommt Ihr nicht? Ich gestehe, daß man
Schloß Chillon sieht und die Dents du Midi, bei Westwind hörst Du auch
die Bundesbahn, Lautsprecher von einer internationalen Regatta, Tingeltangel vom sommerlichen Tanz unsrer Kurgäste, und ich leugne nicht, daß
man von hier auch einige Hotels von Montreux sieht, eigentlich alle, aber
wir sind einfach drüber, weißt Du, auch innerlich drüber. Du wirst ja
sehen! Im Keller, das habe ich Dir noch gar nie geschrieben, stehen leere
Fässer, da kannst Du hineinrufen, daß es Dir selber gruselt vor Deiner
Stimme, und wenn Du ganz still bist, hörst Du die Mäuse im Gebälk, vielleicht auch Ratten, jedenfalls ein Zeichen, daß das Gebälk echt ist, und
darauf kommt's an, siehst Du, alles ist hier echt, sogar die Schwalben unter
meinem Dach, das ich jetzt eine liebe Woche lang geflickt habe zu Julikas
unentwegtem Entsetzen, ich könnte ausrutschen. Dabei bin ich jetzt die
Vorsicht in Person, ich hänge am Leben wie noch nie, dann hat man immer so ein Gefühl, der Tod sei einem auf den Fersen, das ist natürlich, dieses Gefühl, ein Zeichen von Leben, weißt Du. Im Ernst, ich habe das noch

selten erlebt: ich freue mich fast immer auf den nächsten Morgen und bitte nur darum, daß der morgige Tag so sei wie der eben vergangene, denn die Gegenwart genügt mir in einem manchmal bestürzenden Maß. Und dann werde ich mir jetzt eine Werkstatt einrichten, kann ja nicht immerzu nur Deinen Kierkegaard lesen und so schweres Zeug, muß jetzt Reben binden, dann Unkraut jäten, ferner Schmirgelpapier kaufen, Kunstdünger, Schnekkenpulver, dann Holz spalten, Du siehst: retour à la nature. Übrigens sage Deiner Frau, es sind nicht Platanen, sondern Ulmen, leider krank wie heutzutage fast alle Ulmen, niemand kann's erklären, die Ulmen mögen unsere Zeitläufe nicht, und daß sie gefällt werden müssen, schmerzt uns in der Seele, wennschon sie unserem Nachbarn gehören. Wirst Du sie noch sehen? Ich erwarte Dich jetzt schon, im Geiste, dort unten auf dem Perron von Montreux; dann führe ich Euch einen ziemlich steilen, steinigen, von Rebmauern umfaßten und im Sommer wie ein Backofen glühenden, im Herbst aber luftigen, übrigens seit Jahrzehnten vermoosten, heutzutage nur noch von Holzsammlern und vom Ehepaar Stiller (sprich Stilläär) begangenen vieux sentier. Aber was soll ich Dir dieses Land hier beschreiben! Lies es bei Deinem und nun auch meinem geliebten Ramuz. Wann kommt Ihr nun endlich? Ich bitte: bevor das alte Gemäuer zerfällt, das Moos meine Füße überwuchert und der Efeu aus unseren Augen wächst.«

Bei solchen Briefen erinnerten wir uns nicht ohne Lächeln an Stillers frühere Spöttelei über das ländliche Leben als ›Reduit der Innerlichkeit‹; nun schien er sich in seiner ›ferme vaudoise‹ wohler zu fühlen als je. Besonders erleichterte uns auch die Mitteilung, daß Frau Stiller eine sinnvolle Halbtagsarbeit hatte finden können; in Montreux gab sie Rhythmische Gymnastik in einer Mädchenschule. Und Stiller hatte sich inzwischen selbst eine Arbeit geschaffen. Zum Geburtstag meiner Frau kam eine ganze Sendung von Keramik, Schalen und Krüge und Teller, lauter nützliche Ware. Davon hatte Stiller nie etwas verlauten lassen. Jetzt schrieb er zu seiner Sendung:

»Hier in Glion, müßt Ihr wissen, falls Ihr jemals kommt, bin ich jetzt ein Keramiker von Geburt an. Ich großverdiene jetzt. Und wenn ich einmal eine eigene Brennerei habe, wird es ausarten. Aber dann, wenn ich erst genug habe von der Geldmacherei, gehe ich hinauf nach Caux, das ja ganz in meiner Nähe ist, zehn Minuten mit dem Bähnchen; aber noch bin ich nicht soweit. Noch brenne ich nicht selbst. Ich verkaufe vorzugsweise an

Amerikaner von Geschmack. An meinem Gartentor steht: Swiss pottery.
Gerade Amerikaner, die etwas von Töpferei verstehen, sind nicht selten
verblüfft, in diesem Lande fast die gleichen Ornamente zu finden, wie
ich sie bei den Indios unterhalb Los Alamos, Arizona, und besonders in
dem indianischen Museum von Santa Fé mit eigenen Augen auch gesehen
habe.« Seine Lust an Eulenspiegelei hat Stiller nie verlassen. Er brauchte
ein gewisses Maß von Verstellung, um sich unter Menschen wohl zu fühlen. Als meine Frau anläßlich einer Reise nach Südfrankreich, damals allein mit den Kindern, Stiller in seinem Glion kurz besucht hatte, fragte
ich sie nach seiner ›ferme vaudoise‹; sie lachte nur hellauf. Ich müßte es
mir schon selber ansehen! In Wirklichkeit ging es wohl nicht so märchenhaft wie in seinen Briefen. Frau Stiller mußte immer wieder einmal ›in die
Höhe‹. In diese Zeiten seines Alleinseins fielen auch immer seine nächtlichen Anrufe. Sie waren oft lästig, denn oft hatte man gerade Gesellschaft.
Meistens hatte Stiller schon etwas getrunken, redete jetzt von Kierkegaard
und gab vor, unbedingt meine Erläuterung zu brauchen. Dabei befand Stiller sich in einer Wirtschaft; infolge Insolvenz war sein eigenes Telefon wieder gesperrt. Ich war nie ein Kenner Kierkegaards; den Band hatte ich ihm
geschickt auf Grund eines Gesprächs über die Schwermut als Symptom
der ästhetischen Haltung gegenüber dem Leben. Im Augenblick seines
nächtlichen Anrufs hatte ich das Buch nicht zur Hand, Stiller ebensowenig. Vor allem hatte er in Kierkegaard offenkundig noch kaum gelesen,
und also mußte es ihm um anderes gehen. Er hing eine Viertelstunde und
länger, oft eine halbe Stunde am Apparat, wahrscheinlich nur um eine
Stimme zu hören. Aus dem Hintergrund vernahm ich die Geräusche der
Wirtschaft, Lärm von einem Spültisch, Lärm von einem Fußballspielappa-
rat. Stiller war kaum zu verstehen. Er muß mich oft als einen kleinlichen
Sparer empfunden und in seinem Herzen verflucht haben. Ich kannte
seine wirtschaftliche Lage und drängte auf Schluß dieser kostspieligen Gespräche. Wahrscheinlich konnte ich mich nicht genug in seine Lage versetzen. Seine Späße täuschten mich nicht über den Grad seiner Einsamkeit,
über sein Verlangen nach einem Freund. Gerade das deutliche Gefühl hiervon machte mich sehr hilflos. Allzu oft konnte ich einfach das Erwartete
nicht liefern, denn ich hatte es nicht, und insofern tat er mir Unrecht
mit seiner oft ganz plötzlichen Frage: Bist du geizig? Dann aber fuhr er
fort: Rede doch etwas, es ist ja egal, aber rede doch etwas! Und regelmäßig
schloß er mit der Wendung: Wenn du je nach Glion kommst, was ich ja

nicht mehr glaube –! und verstummte, ohne seinen Hörer aufzuhängen. Ich sagte dann mehrmals Adieu, hörte weiterhin die Geräusche des Spültisches oder die Bestellungen einer welschen Kellnerin am Buffet. Stiller wartete grußlos auf das Abhängen meinerseits. Wir fürchteten diese nächtlichen Anrufe. Oft nahmen wir unser Telefon einfach nicht ab, er versuchte es bis zwei Uhr nachts. Wir hatten einander mehr als anderthalb Jahre nicht gesehen, als ich an einem sonnigen Oktobertag endlich in Montreux ausstieg. Auf dem Perron erkannte ich ihn nicht sogleich: mein eigener früherer Anzug machte eine recht bürgerliche Erscheinung aus ihm, und merkwürdigerweise tat Stiller nicht einen einzigen Schritt auf mich zu. Unsere Begrüßung war nicht unbefangen. In Anbetracht seines steinigen und steilen ›vieux sentier‹ hatte ich lediglich eine Mappe mitgenommen; Stiller wollte sie abnehmen, was ich verweigerte. Als Erscheinung war Stiller in einem verwunderlichen Grad unverändert, sein spärliches Haar etwas grauer und noch etwas spärlicher, seine Glatze noch umfassender. Mein alter Anzug war ihm vor allem an den Ärmeln zu kurz und gab ihm etwas Jungenhaftes. Stiller erkundigte sich sofort nach meiner Frau, dann sehr herzlich auch nach den Kindern; er hatte die Kinder ja gesehen. Und nach wenigen Schritten schon machte uns das Gespräch keinerlei Mühe mehr. Daß ich anderthalb Jahre hatte vergehen lassen bis zum Wiedersehen, kam teilweise wirklich aus beruflichen Verhinderungen, teilweise aber auch nicht; das spürte ich jetzt. Ich hatte wohl eine bestimmte Angst vor diesem Wiedersehen; unsere Freundschaft gründete sich in der Zeit seiner Untersuchungshaft, und es hätte ja sein können, daß sie nun gegen unseren Wunsch überholt war, eine Reminiszenz anstatt einer Gegenwart. In Montreux kaufte Stiller noch Wein, St. Saphorin, »um in der Gegend zu bleiben«. Zwei Flaschen zwängte er in die Rocktaschen und hielt die dritte am Hals wie eine Handgranate; so gingen wir los. Tatsächlich, und fast zu meiner Überraschung, gab es einen ›vieux sentier‹ nach Glion. Steinig und steil, wie beschrieben, führte er zwischen Rebmauern in die Höhe. Wir spürten mit der Zeit unsere reiferen Jahre, etwas außer Atem blieben wir stehen und sahen Schloß Chillon, unter uns Territet mit seinen Hotels, Tennisplätzen, Funiculaires und Chalets, darüber hinaus aber den großen blauen Genfer See. Man fühlte sich hier schon beinahe am Mittelmeer. Einmal die kitschigen Chalets außer acht gelassen, hat diese Landschaft eine befreiende und für unser Land ungewöhnliche Großzügigkeit. Wo an diesem verschandelten Hang nun eine ›ferme vaudoise‹ liegen könnte, war mir allerdings rätselhaft. Auch mußten wir schon bald in Glion sein. Unser Gespräch ging um Weinbau, dann um den Begriff der Kultur, der Muße als Voraussetzung der Kultur und um die Noblesse der Genüsse, um den fundamentalen Unterschied zwischen Kartoffel und Rebe, um die spirituelle Heiterkeit aller Landstriche mit Weinbau, um Zusammenhänge zwischen Luxus und Menschenwürde und so fort – Ich übersah nicht das Schildchen an dem eisernen Gartenzaun: ›Swiss pottery‹. Ohne Unterbrechung des Gesprächs führte mich Stiller, nachdem er das rostige Törlein mit seinem Fuß aufgestoßen hatte, über einen moosigen Kiesweg, an allerlei Gartenzwergen vorbei, zum Haus seines Lebens. Die Verlotterung allerenden rechtfertigte den Mietzins auf den ersten Blick. Vasen aus verschnörkeltem Gußeisen, teilweise beschädigt, eine Aphrodite oder Artemis aus Sandstein mit gebrochenem Arm, ein kleiner Dschungel, was wohl der Rosengarten sein sollte, viel Treppen überall, schief, links und rechts mit Balustraden versehen, einige sind verbröckelt und zeigen, daß alles nur Zement ist, ein veraltetes Brunnenbecken, ein altes Hundehaus, Terrassen voll Unkraut, das etwa war der Garten, bevölkert von einer beträchtlichen Zahl fröhlicher Gartenzwerge aus bunter Keramik, teilweise geborsten, teilweise unversehrt. Noch hielt ich es lediglich für einen Durchgang zu seiner eigenen Liegenschaft. Stiller redete und redete, unbehelligt von der skurrilen Umwelt, die ihm ja bekannt war. Das Haus selbst, ein Chalet, war glücklicherweise von viel Efeu überwuchert, nur der obere Teil blieb in seiner Kitschigkeit sichtbar, ein Türmlein aus Backstein mit niedlichen Schießscharten; dabei eine hölzerne Fassade mit wuchernder Verschnörkelung, wie mit einer Laubsäge gemacht, anderswo Quader aus Tuffstein, all dies vereinigt unter einem maßlos vorspringenden Dach und dabei gar nicht groß, eher winzig, wie ein Spielzeug, ich traute meinen Augen nicht. Es war ein Schwyzerhüsli, teilweise mit einer schottischen Burg fern verwandt. Stiller zog nun seine zwei Flaschen aus den Rocktaschen, kramte einen Schlüssel aus seiner Hose hervor und erklärte, Frau Julika würde etwa in einer Stunde aus ihrer Mädchenschule kommen. Wir befanden uns also am Ort. Wie bei vielen Chalets dieses Stils gab es auch hier eine Tafel aus falschem Marmor mit der goldenen, bei einzelnen Lettern schon schwärzlichen Anschrift MON REPOS. Das Innere brachte keine Überraschungen mehr. Ein hölzerner Bär war bereit, Schirme in Empfang zu nehmen, darüber ein fleckenweise blinder Spiegel. Es war ein sonniger Nachmittag, und an alle Zimmerdecken spiegelte das Licht des Genfer

Sees auf grauer Stukkatur oder auf entblößten Schilfrohrmatten. Ein grünliches Licht, wie von einem Aquarium, kam durch die Veranda mit Jugendstil-Verglasung. Die Bundesbahn hörte man wie schätzungsweise in der Wohnung eines Bahnwärters, und ganz in der Nähe säuselte bereits auch das geschmierte Drahtseil eines Funiculaire. Stiller war beschäftigt, so daß ich mich umsehen konnte oder mußte, um die Zeit zu vertreiben; er stellte unseren Weißwein unter einen kalten Wasserstrahl. Später saßen wir im Freien draußen, umgeben von den immerlustigen Gartenzwergen, auf einer moosigen Balustrade, und endlich mußte ich es doch sagen: »Das also ist deine ferme vaudoise?!« Stiller schien auf einen Unterschied zwischen Schilderung und Realität überhaupt nicht einzugehen, er sagte lediglich: »Daß du meine achtzig Ulmen nicht mehr erlebt hast, ist ein Jammer; jetzt hat man sie gefällt, sie waren krank, heißt es.« Und damit war der Scherz erledigt. Ich fragte: »Wie geht's dir?« und hatte den Eindruck, daß Stiller sich vorgenommen hatte, nicht zu klagen. »Wie geht's denn deiner Frau?« fragte er zurück. Auch in den weiteren Gesprächen mied er es, ihren Namen in den Mund zu nehmen; ich weiß nicht warum. Sonst erkundigte er sich nach niemand, und unser Gespräch war eigentlich sehr mühsam. »Warum stellst du diese Gartenzwerge nicht in den Schopf?« fragte ich, um etwas zu reden, und Stiller zuckte die Achsel: »Ich habe keine Zeit, ich weiß nicht, sie stören mich nicht!« Und trotz allem hatte ich das Gefühl, daß der Besuch ihn erfreute. »Wenn Julika kommt«, sagte er, »trinken wir unseren Wein!« Unterdessen rauchten wir . . . Ich erinnere mich an jene etwas nichtssagende Viertelstunde sehr genau. Was macht der Mensch mit der Zeit seines Lebens? Die Frage war mir kaum bewußt, sie irritierte mich bloß. Wie hält dieser Stiller es aus, so ohne gesellschaftliche oder berufliche Wichtigkeiten gleichsam schutzlos vor dieser Frage zu sitzen? Er saß auf der verwitterten Balustrade, ein Knie emporgezogen, die Hände um dieses Knie geflochten; bei seinem Anblick konnte ich mir nicht vorstellen, wie er sein Dasein aushielt, ja, wie überhaupt ein Mensch, einmal seiner Erfahrung bewußt und also frei von allerlei nichtigen Erwartungen, sein Dasein aushält! . . . Seine Töpferei befand sich in einem Souterrain hangabwärts mit gutem Licht, ehedem Waschküche mit Trockenraum und Magazin für Gartenmöbel, ehedem weiß getüncht, jetzt hatte der Raum eine Tapete von grauem Schimmel trotz der Sonne von Mittag bis Abend. Ich war erleichtert; hier konnte ich mir die Tage unseres Freundes eher vorstellen. »Man muß etwas tun!« sagte er bei Besichtigung der

Fertigware, jener Swiss pottery, womit er sein knappes Geld verdiente. »Diese flachen Schalen«, sagte er, »gefallen Julika noch am besten.« Ein andermal: »Es will alles gelernt sein, wie du weißt, und zu einem richtigen Keramiker werde ich es nicht mehr bringen!« Mit besonderer Freude führte Stiller eine selbst konstruierte Drehscheibe vor. Als Laie sah ich ihn wie einen Meister seines Fachs, wenn er über die Töpferei verschiedener Völker und Zeiten, über das Rätsel gewisser Glasuren redete. Worin bestand seine Veränderung? Sein Geist war mehr als bisher auf die Dinge selbst gerichtet, schien mir. So wie er früher doch nur von sich selbst redete, wenn er von der Ehe ganz allgemein, von Negern, von Vulkanen und weiß Gott wovon erzählte, so redete er jetzt von ›seinen‹ Töpfen, von ›seiner‹ Drehscheibe, von ›seiner‹ Glasur, von ›seiner‹ Könnerschaft sogar, ohne im mindesten von sich selbst zu reden.

»Herr Staatsanwalt!« begrüßte mich Frau Julika. Und Stiller gab ihr einen Kuß auf die Wange; seine Hände waren von der Drehscheibe etwas schmutzig. Ich fand Frau Julika merklich älter, eine ungewöhnlich schöne Frau nach wie vor, immer seltsamer ihr auffallendes Mädchenhaar, das ohne viel Kosmetik leuchtete. »Wenn er nur wieder einen Grund hat, um Wein zu trinken!« meinte sie, als Stiller nun zu seinen Flaschen ging, nicht ohne uns vorher im Garten draußen die zwei wackligen Liegesessel aufgestellt zu haben. »Schön hier«, sagte Frau Julika, »nicht wahr?« Trotz aller Sympathie, die ich mehr und mehr für die ungewöhnliche Frau empfand, wußte ich tatsächlich nie so recht, was ich mit ihr reden sollte. Ihre Kühle, wahrscheinlich nur eine Maske der Scheuen, durfte man nicht auf sich selbst beziehen. Sie hatte vermutlich keine Ahnung davon, wie wenig sie sich mitteilte, und konnte es nicht fassen, wenn jemand ihre Zuneigung, ihre Freude an einem Wiedersehen oder an einem kleinen Geschenklein nicht erspürt hatte. Sie betrachtete das handgedruckte Tüchlein. »Sehn Sie«, sagte sie lediglich, »so etwas findet man hier nirgends.« Sie hatte eine tiefe Scheu, glaube ich, sich mit Worten auszudrücken, und anderseits machte die Art und Weise, wie Frau Julika das kleine Tüchlein, wiewohl es ihr vermutlich gefiel, sofort zur Seite legte, auch mich recht verlegen, als hätte ich eine große Dankesrede erwartet. Ich erkundigte mich nun nach ihrer Arbeit in der Mädchenschule da unten, erfuhr aber so gut wie nichts und mußte mich besinnen, was sie sonst interessieren könnte. Sie hatte den Kopf in ihr kupfernes Haar zurückgelegt, begreiflicherweise von ihrer Tagesarbeit etwas müde. »Unser Stiller ist ja ein richtiger Töpfer

geworden!« begann ich, und sie nickte. Vorher im Souterrain war mir aufgefallen, daß Stiller gesagt hatte: Diese flachen Schalen gefallen Julika
noch am besten. Das hatte auf mäßige Anerkennung von seiten seiner Frau
schließen lassen, auf ein geringes Interesse oder gar Skepsis gegenüber seinen Versuchen, ja, der gute Stiller schien etwas zu vermissen, etwas wie Ermunterung, Kritik im Rahmen der Begeisterung; da unten im Souterrain
hätte man meinen können, Frau Julika halte seine ganze Töpferei eigentlich für einen Humbug. Nun sagte sie zu mir: »Finden Sie es nicht unwahrscheinlich, was er in diesen zwei Jahren zustande gebracht hat?« Ich fand es
auch. »Das sollten Sie ihm aber sagen«, meinte ich, »es würde ihn freuen.« –
»Sag ich es ihm denn nicht?« – »Sie wissen ja«, wich ich aus, »wie wir Männer sind! Man will Eindruck machen, dort wo man liebt, und wenn es dort
nicht gelingt, gehen wir in die Öffentlichkeit!« Ich hatte es scherzhafter gemeint. »Ich weiß nicht«, sagte Frau Julika und rieb sich mit beiden Händen ihre Augen, »was er immer von mir erwartet. Hab ich es ihm nicht gesagt? Aber wenn er mich nicht hört.« Es war nicht meine Absicht gewesen,
mich irgendwie als Vormund einzuschalten, und ich brach ab. »Ihr sagt
euch immer noch Sie?« platzte Stiller herein und machte unsere Verlegenheit noch voll. »Also Prosit!« überbrückte er, und wir stießen mit den kleinen kühlen Gläsern an, Stiller und ich. »Du trinkst nichts?« fragte er, als
Frau Julika ihr gefülltes Glas nicht ergriff, da sie keine Lust hatte, und wiederholte: »Also Prosit!« Wahrhaftig überlegte ich einen Augenblick, ob
Frau Julika etwa ein Kind erwartete; ihre Ablehnung, Wein zu trinken,
war so stumm wie entschieden, als dürfe sie nicht, und ich fand es schade,
daß Frau Julika nicht wenigstens nippte. Irgendwie schloß sie sich von
vornherein aus. Nichts heikler, finde ich immer wieder, als ein Zusammensein zu dritt! In der Folge gab ich mir redliche Mühe, mich nicht einfach
mit Stiller verbünden zu lassen. Es ist leicht mit ihm, er hat ein feminines
Talent zur Anpassung, und Frau Julika ihrerseits wehrt sich überhaupt
nicht dagegen, ausgeschlossen zu sein. Wortlos lag sie in ihrem Haar; ihr
Gesicht, das ich von der Seite sah, fesselte und beunruhigte mich im
gleichen Maß, ihre Miene erschien mir wie ein stumm gewordenes Er-
schrecktsein in Permanenz. Stiller kümmerte sich nicht darum, gefiel sich
in geistreichem Geflunker, wobei er sich öfter auch an Frau Julika richtete,
dann mit einem Unterton zärtlicher Bitte, halb Rücksicht und halb Nötigung. Oft dachte ich: er macht es sich zu leicht, er zahlt mit Charme, wovon er genug hat, das kostet ihn nichts. Auch will Stiller immerzu etwas

gutmachen, dünkte mich, dann wird er höflich bis zur Ängstlichkeit. »Laß doch!« bat Frau Julika, »ich brauche kein Kissen, wirklich nicht!« Stiller fand sich abgewiesen, nach seinem kurzen Blick auf Frau Julika zu schließen: ungerechterweise abgewiesen. Zum Richter bestellt hätte ich wohl Frau Julika, was die Überflüssigkeit des dargebotenen Kissens betraf, recht geben müssen. »Wo willst du denn deine künftige Brennerei einrichten?« fragte ich ablenkend; doch Stiller vermochte nicht zu hören. »Warum willst du denn dieses Kissen nicht?« bedrängte er die arme Frau Julika, die es endlich nahm, seiner Ruhe zuliebe, danklos, sie schob es nicht unter den Nacken, sondern unter die Knie, wo es sie weniger störte. Zwei Leute guten Willens! dachte ich und lobte den heiteren Wein. Ohne rechten Zusammenhang kam ich auf die kleine Geschichte, die ich unlängst gehört hatte: »Du hast doch einmal Mexiko entdeckt«, sagte ich, »das wird dich interessieren! Da hatte einer eine Schweinezucht, ich weiß nicht mehr wo, aber die rentierte nie, ich weiß nicht warum, er krampfte und schuftete, nichts zu machen, dabei hatte er seine ganzen Mittel und sein halbes Leben investiert, seinen ganzen Ehrgeiz, kurz und gut, die Sache also rentierte einfach nicht, und dann kam noch eine katastrophale Trockenzeit. Gibt es das nicht? Der Fluß trocknete aus, ich weiß nicht welcher, und dann ist es doch so, sagt man, daß die Krokodile auf Wanderschaft gehen zum nächsten Wasser querfeldein. Eines schönen Tages kommt so ein Rudel von Krokodilen, ihr Weg führt sie schnurstracks durch seine Schweinezucht. Was tun? Der Unglückliche könnte auf sein Dach steigen, zum Beispiel, und sie niederschießen. Aber das tut er nicht! Er läßt sie alle seine Schweine fressen, die sowieso nie haben rentieren wollen, macht unterdessen einen stärkeren Zaun um das Ganze, bekommt eine Krokodilfarm, wird Lieferant für Handtaschen und ist ein gesegneter Mann.« Stiller lachte laut. »Soll wahr sein!« fügte ich hinzu. »Ist das nicht himmlisch?« drehte sich Stiller zu Frau Julika. Ihr Lachen blieb reine Mimik, und eigentlich, so scheint mir in der Erinnerung, habe ich nie ein anderes Lachen von dieser Frau gesehen. Ihr Lachen blieb immer auf dem Gesicht; es war, als hätte sie kein inwendiges Lachen, als hätte sie es verloren. Es war vollkommen verfehlt, Frau Julika aufheitern zu wollen; nachher kam man sich richtig blöd vor. Ich ärgerte mich jetzt über mich selbst. Wozu dieses Gerede! Es war ein herbstlicher Spätnachmittag mit milder Sonne, die Stunde, wie Stiller sie in einem Brief beschrieben hat: »– und dann, mein Verehrter, wenn wir draußen sitzen und die herbstliche Sonne genügt, um dich selig zu machen, wenn es wieder Trauben gibt, wenn über dem See so metallischer Dunst hängt, die Höhen aber klar sind und bunt mit goldigen Wäldern vor einem Mittelmeerhimmel, und über den ganzen See hin blendet eine Straße aus purem Quecksilber, später aus blinkendem Messing, dann aus Kupfer –« Mit dem Quecksilber war es schon vorbei, der See lag im Messingstadium. Ab und zu mußte ich mich wieder umsehen; die immerlustigen Gartenzwerge, das Chalet mit seinem Türmlein, das Unkraut, die graue Aphrodite, der leere und vermooste und von braunem Laub gefüllte Brunnen mit der rostigen Wasserröhre, die Veranda mit ihrer Jugendstil-Verglasung, der Efeu, das blutrote Funiculaire in der Abendsonne, all dies blieb etwas unwahrscheinlich. Sie selber, Stiller und Frau Julika, trugen diese Umwelt wie einen fremden Anzug mit dem unausgesprochenen Bewußtsein, daß alle Anzüge schließlich fremd und provisorisch sind. Ich bewunderte sie. Was wirklich zu ihnen gehörte, war eben die Sonne mitsamt ihrem großen Glanz auf dem Spiegel des Genfer Sees, die Töpferei da unten im Souterrain, allerlei Schwierigkeit, wie sie unter Menschen üblich ist, und wohl auch ihr hilfloser Gast. Sobald man Frau Julika einfach in Ruhe ließ, ging alles ganz selbstverständlich. Nun wollte Stiller jedoch wissen, ob ich an den erzieherischen Wert der rhythmischen Gymnastik glaubte. Frau Julika plädierte ohne rechte Überzeugung dafür, Stiller war der Meinung, Frau Julika sollte sich wieder einer rein künstlerischen Arbeit widmen, in Lausanne eine eigene Ballettschule aufziehen. Zur Erörterung der praktischen Hindernisse kam es gar nicht; Frau Julika war geradezu heftig, Stiller traurig, daß sie nichts von ihm annehmen wollte, weder ein Kissen noch seinen späten Glauben an ihre Künstlerschaft. Verstimmt erhob er sich, um die andere Flasche zu holen ... »Rolf«, sagte sie sofort unter vier Augen, »Sie müssen es ihm ausreden! Es geht doch gar nicht. Ich bitte Sie, Sie müssen es ihm ausreden! Er macht mich wahnsinnig mit dieser Idee!« Mein Versuch, die Idee einmal nach ihren praktischen Möglichkeiten abzuwägen, zu bedenken, was Stiller sich für Frau Julika davon erhoffte, und zu fragen, welche Zukunft sich Frau Julika selber wünschte, stieß auf völlig taube Ohren; sie hatte sich, da auch mit mir nicht zu reden war, wieder zurückgelegt, schüttelte ihren Kopf noch im Liegen. »Was will er denn immer von mir!« sagte sie endlich, da ich schwieg, mit großer Mattigkeit. Ihre Augen glänzten wässerig; ihre schlanken blassen Hände klammerten sich an die beiden Sessellehnen, wie man es beim Zahnarzt tut, um nicht zu zittern. Ihr ganzes Gehabe, ich gestehe es, schien mir exaltiert, und ich sah mich zur Stellungnahme in einer offenbar schon lange umstrittenen Sache aufgerufen, wozu ich zumal mit meinem Mangel an fachlichen Kenntnissen gar keine Lust hatte. »Stiller hat mich ja schön zum Narren gehalten«, sagte ich, »mit seiner ferme vaudoise!« Darauf ging sie gar nicht ein. »Aber diese Lage!« plauderte ich weiter, »was ich am Genfer See vor allem liebe –« Sie hörte weder mein Geplauder noch meine Bemühung, darüber hinaus zu einem rechten Gespräch zu kommen. »Reden Sie es ihm aus!« bat sie nochmals, erregt wie zuvor. »Wie stellen Sie sich das denn vor!« wehrte sie sich mit Heftigkeit nun auch gegen mich, milderte dann höflich: »Es geht nicht, glauben Sie es mir. Es geht nicht.« Und kurz darauf: »Er kann's ja nicht wissen.« – »Was kann er nicht wissen?« fragte ich nun, »was meinen Sie damit?« – »Fragen Sie nicht«, bat sie, raffte sich zusammen, setzte sich aufrecht, nahm sich eine nächste Zigarette; ich zückte mein Feuerzeug. »Ich sollte nicht immer rauchen«, meinte sie wie erschreckt oder so, als hätte ich sie dazu genötigt, jedenfalls ohne Dank für das Feuer, das sie infolgedessen nicht brauchte. »Er kann's nicht wissen«, sprach sie vor sich hin, »ich bin beim Arzt gewesen –« Sicherlich hatte Frau Julika mit niemand davon sprechen wollen, bereute, damit begonnen zu haben; natürlich wartete ich noch auf einen Bescheid, wenn auch stumm. »Die ganze linke Lunge«, sagte sie. »Ich möchte nicht, daß er es jetzt schon weiß. Es muß sein. Sobald wie möglich.« Ihre plötzliche Ruhe, eine Art von Gefaßtheit, daß ich die unglückliche Frau für vollkommen ahnungslos halten mußte, wiewohl sie in der Folge selbst den medizinischen Ausdruck gebrauchte, den ihr zwar nicht der Arzt, jedoch ihr eigener Verstand gesagt hatte, ihre Klaglosigkeit dabei bestürzten mich, so daß ich auf den Boden blickte, als suchte ich etwas im Kies, und nicht wagte, in ihr Gesicht zu blicken, um nicht durch meine Miene zu verraten, was zu denken sich mir aufdrängte. »Ja«, sagte sie trocken, »so ist das.« Ich übernahm ihren trockenen Ton. »Und wann soll diese Operation denn sein?« fragte ich. »Sobald als möglich«, wiederholte sie. »Ich weiß doch nicht! Sobald ich keine Angst habe.« ... Kurz darauf kam Stiller mit der anderen Flasche. Er ginge noch rasch nach Glion hinauf, sagte er, um Trauben zu holen ... »Reden Sie es ihm aus!« wiederholte Frau Julika, als ginge es jetzt immer noch um die Idee mit der Ballettschule. Sie lag nun wieder in ihrem mädchenhaften Haar. Ich glaube, nie einen einsameren Menschen gesehen zu haben als diese Frau. Zwischen ihrer Not und der Welt schien eine Wand zu sein, un-

durchdringlich, nicht Haltung allein, eher etwas wie eine Gewißheit, nicht
gehört zu werden, eine alte und hoffnungslose, nie wieder zu tilgende,
ebenso vorwurfsfreie wie unheilbare Erfahrung, daß der Partner doch
nur sich selbst hört. Es drängte mich zu fragen, ob sie denn nie in ihrem
Leben geliebt worden sei. Natürlich fragte ich nicht. Und liebte sie selbst?
Unwillkürlich versuchte ich, sie als Kind zu sehen. Lag es daran, daß sie
eine Waise war? Von Minute zu Minute gefaßt darauf, daß Frau Julika sich
auszusprechen begänne, schwieg ich auch, hörte dabei ihr regelmäßiges
hohles Atmen. Was ist mit diesem Menschen geschehen? Denn daß ein
Mensch so sein kann von Anfang an, so ausdruckslos noch im Zustand
der schreienden Not, wollte ich nicht glauben. Wer hat sie so gemacht?
Stiller war bereits eine Viertelstunde unterwegs, in einer weiteren Viertelstunde würde er wieder hier sein. »Nun warten auch Sie«, begann sie endlich, »daß ich Ihnen etwas sage? Ich habe nichts zu sagen. Wie soll ich
mich denn ändern! Ich bin doch so, wie ich bin. Warum will Stiller mich
immer ändern?« – »Will er das?« – »Ich weiß«, sagte sie, »vielleicht meint er
es gut, er ist überzeugt davon, daß er mich liebt.« – »Und Sie?« fragte ich,
»Sie lieben ihn auch?« – »Ich begreife ihn immer weniger«, antwortete sie
nach einem mühsamen Besinnen. »Wissen Sie, Rolf, was er immer von
mir erwartet? ...« In der Folge, mich selbst zerstreuend, ohne natürlich
ihre schreckliche Eröffnung vergessen zu können, hatte ich versucht, meine damaligen Gedanken über Stiller, über seine menschliche Anlage, über
Gegebenheiten und Möglichkeiten, über seine Entwicklung in den letzten
Jahren, so wie ich sie glaubte erspürt zu haben, zum Ausdruck zu bringen,
und zwar in einer Weise, die weder verklagte noch verteidigte, auch kaum
beschönigte; dabei hatte ich lange den Eindruck, Frau Julika hörte mir
zu. Sicherlich gelang es mir eher, Stiller zu ›verstehen‹ als Frau Julika,
und darin sah ich ja auch, nach ihrer letzten Frage, meinen augenblicklichen Auftrag. Während des Sprechens zeichnete ich mit einem Zweig im
Kies. Wie ich gelegentlich aufblickte, um zu einem Gedanken, zu einer
Frage, die ich als Mann nicht entscheiden konnte, ihre Meinung wenigstens aus ihrer Miene zu lesen, fand ich ein gänzlich entformtes Gesicht; –
ich werde dieses Gesicht, das schon keines mehr war, nie vergessen. Ihr
Mund war offen wie bei antiken Masken. Vergeblich versuchte sie auf
die Lippen zu beißen. Ihr Mund blieb offen, wie erstarrt, zitternd. Ich
sah ihr Schluchzen, und dabei war es, als wäre ich taub. Ihre Augen offen
ohne Blick, verschwommen in lautlosen Tränen, ihre zwei kleinen Fäuste

im Schoß, ein schlotternder Körper, so saß sie da, nicht zu erkennen, mit keinem Ruf zu erreichen, es blieb ihr kein persönlicher Zug mehr, keine Stimme, nichts als ein verzweifelter Leib, ein lautlos schreiendes Fleisch in Todesangst. Was ich tat, weiß ich nicht mehr ... Später, als ich ihre zwei kleinen Fäuste hielt, die noch vor Krampf zitterten, während ihr Gesicht sich in Erschöpfung beruhigt hatte, sagte sie: »Sie dürfen es ihm nicht sagen.« Ich nickte, um irgendwie beizustehen. »Versprechen Sie es mir!« bat sie –

Kurz darauf kam Stiller mit seinen Trauben. Frau Julika hatte sich rasch erhoben, zur Seite gedreht; aus Entfernung sagte sie etwas von Konfekt und war weg. Stiller ließ nicht locker, ich mußte Trauben kosten, die für den Nachtisch bestimmt waren. Ob er mir wirklich nichts anmerkte oder nur so tat, konnte ich nicht unterscheiden. Stiller beteuerte mir seine Freude über den Besuch, versprach sich einen festlichen Abend. Ich lenkte das Gespräch auf den Wein, als Stiller mich beiläufig fragte, wie ich denn Julika fände. »Ich meine gesundheitlich«, sagte er. »Sieht sie nicht großartig aus?« Wir standen und tranken, die linke Hand in der Hosentasche. Als Frau Julika schließlich mit dem Konfekt kam, trug sie eine wollene Jacke, sah großartig aus. Sie hatte sich gepudert; doch war es nicht das allein. Sie selbst schien nichts zu wissen. Ich hatte das irritierende Gefühl, als handele es sich gar nicht um dieselbe Person; als hätte ich bloß von dieser Frau geträumt. Tatsächlich wurde es kühl, und wir gingen ins Haus. Ich konnte mir nicht vorstellen, wie dieser Abend zu verbringen sein würde, doch für Stiller lag nichts Ungewöhnliches vor, auch für Frau Julika nicht.

Zu jener Zeit kannte ich die vorliegenden Aufzeichnungen noch nicht, wußte allerdings, daß Stiller in der Untersuchungshaft etwas wie ein Tagebuch geführt hatte. Es ist nicht der Sinn dieses Nachwortes, daß ich mich in zahllosen Berichtigungen ergehe. Die Mutwilligkeit seiner Aufzeichnungen, seine bewußte Subjektivität, wobei Stiller auch vor gelegentlichen Fälschungen nicht zurückschreckt, scheinen mir offenkundig genug zu sein; als Rapport über ein subjektives Erlebnis mögen sie redlich sein. Das Bildnis, das diese Aufzeichnungen von Frau Julika geben, bestürzte mich; es verrät mehr über den Bildner, dünkt mich, als über die Person, die von diesem Bildnis vergewaltigt worden ist. Ob nicht schon in dem

Unterfangen, einen lebendigen Menschen abzubilden, etwas Unmenschliches liegt, ist eine große Frage. Sie trifft Stiller wesentlich. Die meisten von uns machen zwar keine Aufzeichnungen, aber wir machen auf eine spurlosere Weise vielleicht dasselbe, und das Ergebnis wird in jedem Fall bitter sein.

Mein Besuch in Glion beschäftigte mich natürlich noch lange nachher. Kurz nach meiner Heimkehr erhielt ich einen Brief von Frau Julika, worin sie mich, ohne Gründe anzugeben, nochmals beschwor, nichts davon zu sagen. Wie immer ich nun darüber denken mochte, hatte ich doch kein Recht, dieses Verschweigen zwischen einem Paar von außen her aufzuheben, ohne Auftrag, nur als zufälliger und wahrscheinlich unerwünschter Mitwisser. Ob die unglückliche Frau Julika fürchtete, Stiller würde den Kopf verlieren und einen unerträglichen Zustand herbeiführen? Ich weiß es nicht. Oder hatte sie Grund zu einiger Hoffnung, daß es vielleicht doch nicht zur Operation kommen würde? Und das andere, was mich beschäftigte, war natürlich Stiller selbst. Es war etwas mit Stiller geschehen, schien mir. Verstummt war in ihm die leidige Frage, wofür wir ihn halten, verstummt seine Angst vor Verwechslung. Im Umgang mit ihm fühlte ich mich wie aus einem bisher kaum bewußten Zwang entlassen; ich selbst wurde freier. Solange ja ein Mensch nicht sich selbst annimmt, wird er stets jene Angst haben, von der Umwelt mißverstanden und mißdeutet zu werden; es ist ihm viel zu wichtig, wie wir ihn sehen, und gerade mit seiner bornierten Angst, von uns zu einer falschen Rolle genötigt zu werden, macht er zwangsläufig auch uns borniert. Er möchte, daß wir ihn frei lassen; aber er selbst läßt uns nicht frei. Er gestattet uns nicht, ihn etwa zu verwechseln. Wer vergewaltigt wen? Darüber wäre viel zu sagen. Die Selbsterkenntnis, die einen Menschen langsam oder jählings seinem bisherigen Leben entfremdet, ist ja bloß der erste, unerläßliche, doch keineswegs genügende Schritt. Wie viele Menschen kennen wir, die eben auf dieser Stufe stehenbleiben, sich mit der Melancholie der bloßen Selbsterkenntnis begnügen und ihr den Anschein der Reife geben! Darüber war Stiller hinaus, glaube ich, schon als er in seine Verschollenheit ging. Er war im Begriff, den zweiten und noch viel schwereren Schritt zu tun, herauszutreten aus der Resignation darüber, daß man nicht ist, was man so gerne gewesen wäre, und zu werden, was man ist. Nichts ist schwerer als sich selbst anzunehmen! Eigentlich gelingt es ja nur den naiven Menschen, doch habe ich in meiner Welt noch wenig Leute getroffen, die in diesem guten Sinn als naiv zu bezeichnen wären. Meines Erachtens hatte Stiller, als wir ihn in der Untersuchungshaft trafen, diese so schmerzvolle Selbstannahme bereits in einem beträchtlichen Grade geleistet. Warum wehrte er sich trotzdem so kindisch gegen seine ganze Umwelt, gegen seine früheren Gefährten? Ich hatte das Glück, jenen früheren Stiller nicht unmittelbar gekannt zu haben; das machte eine vernünftige Beziehung viel leichter; wir trafen einander jetzt. Bei aller Selbstannahme, bei allem Willen dazu, sich endlich unter die eigene Wirklichkeit zu stellen, hatte unser Freund nur eins noch gar nicht geleistet, nämlich den Verzicht auf die Anerkennung durch die Umwelt. Er fühlte sich ein anderer, mit Recht, er war ein anderer als jener Stiller, wofür man ihn sofort erkannte, und davon wollte er jedermann überzeugen; das war das Kindische. Wie aber sollen wir darauf verzichten können, wenigstens von unseren Nächsten erkannt zu werden in unserer Wirklichkeit, die wir selbst nicht kennen, sondern bestenfalls nur leben können? Es wird nie möglich sein ohne die Gewißheit, daß unser Leben von einer übermenschlichen Instanz gerichtet wird, ohne wenigstens die leidenschaftliche Hoffnung, daß es diese Instanz gebe. Stiller kam sehr spät dazu. Kam er dazu? Nach jenem ersten Besuch im Herbst gewann ich diesen Eindruck, ohne daß Stiller ein diesbezügliches Wort gesagt hatte; vielleicht gerade darum. Stiller selbst, und dies gehört wohl wesentlich zu seinem Verstummen, hatte gar kein Verlangen, Auskunft zu geben über seine Verwandlung. Auch seine neue Arbeit galt ja nicht dem Ausdruck; er fabrizierte Teller und Tassen und Schalen, lauter nützliche Sachen, meines Erachtens mit viel Geschmack, aber es war nicht mehr Darstellung seiner selbst. Er war frei von der Angst, nicht erkannt zu werden, und in der Folge fühlte man sich freier auch zu ihm, wie aus einem engen Bann entlassen. Ich begriff nun auch, wieso mir bisher, bei aller Zuneigung, stets ein wenig gebangt hatte, Stiller zu begegnen. ›Verstummen‹ mag ein falsches, irreführendes Wort sein. Natürlich war Stiller keineswegs wortkarg. Aber wie jedermann, der bei sich selbst angekommen ist, blickte er auf Menschen und Dinge außerhalb seiner selbst, und was ihn umgab, fing an, Welt zu werden, etwas anderes als Projektionen seines Selbst, das er nicht länger in der Welt zu suchen oder zu verbergen hatte. Er selbst fing an, in der Welt zu sein. Dies war mein Eindruck nach jenem ersten Besuch in Glion, übrigens auch nach seinen Briefen, sofern es nicht um Frau Julika ging. Gegenüber Frau Julika, der Gefährtin von vorher, war es am allerschwierigsten, verständlicherweise, die Versuchung am größten, in alte Ängste und zerstörerische Verwirrungen zu verfallen, weniger weit zu sein, als Stiller es doch tatsächlich, anderen Menschen gegenüber, bereits war. Eine gemeinsame Vergangenheit ist keine Kleinigkeit; die Gewöhnung, die sich bei jedem natürlichen Nachlassen unserer Kräfte einstellt, die Gewohnheiten, die sich auf Schritt und Tritt anbieten, können teuflisch sein. Sie sind etwas wie Schlingpflanzen für die Schwimmer; wer wüßte das nicht! Und anderseits, glaube ich, wußte unser Freund nun um die Unmöglichkeit der Flucht; es half nichts, irgendein neues Leben anzufangen, indem das alte einfach liegenblieb. Ging es für Stiller nicht mehr darum, das Vergangene in seiner Beziehung zu dieser Frau, das Sterile, das diese beiden Leute verkettet hatte, wirklich aus der Welt zu schaffen, nämlich es nicht zu fliehen, sondern es einzuschmelzen in die neue lebendige Gegenwart? Anders wurde diese neue Gegenwart nie ganz wirklich. Darum ging es ja doch, um Verwirklichen oder Versagen, um Atmen oder Ersticken, in diesem Sinn um Leben oder Tod, richtiger: um Leben oder Versiechen. Selbstverständlich braucht die Beziehung zu einer Frau, im Sinn der Ehe, nicht immer dieser letzte Prüfstein zu werden; in diesem Fall war sie es geworden. Es gibt allerlei Sorten von Prüfsteinen; Stiller hatte immerhin den seinen gefunden. Unsere Hoffnung, wie schon erwähnt, begründete sich auf der eigenen frohen Erfahrung, daß Stiller zumindest im Umgang mit seinen Freunden zu einer lebendigen, angstlosen, nicht nur gewollten, sondern wirklichen und selbstverständlichen Bereitschaft gelangt war, daß er, mehr und mehr in sich selbst angekommen, mehr und mehr auf Menschen und Dinge außerhalb seiner selbst zu achten vermochte. Diese liebte oder haßte er. Caux, zum Beispiel, haßte er weidlich und unduldsam, dann auch maßlos. Stiller blieb ein ›Temperament‹, ein wirrer Kopf, und es war gar keine milde All-Liebe in unserem Freund, doch mehr Liebe als je zuvor in seinem Leben, glaube ich, und es war zu hoffen, daß diese Liebe auch Frau Julika, die ihrer so sehr bedurfte, noch erreichen würde.

Der Winter verging ohne ein Wiedersehen. Von Brief zu Brief wartete ich natürlich auf die Nachricht von der bevorstehenden oder hoffentlich schon glücklich überstandenen Operation. Jede mir unverständliche Andeutung (›PS. Wie verhält man sich unter einem Fluch?‹) deutete ich sofort in dem Sinn, daß unser Freund nun auch unterrichtet wäre. Schon der nächste Brief widerlegte mich aber, indem er meine Nachfrage nach Julikas gesundheitlichem Befinden kaum oder mit Zuversichtlichkeit beantwortete. Und mittlerweile war es Februar geworden. Die gefürchtete Operation schien doch nicht notwendig zu sein, und in meiner Erleichterung wunderte ich mich nur, daß Frau Julika, meiner Teilnahme doch gewiß, nie etwas davon mitgeteilt hatte. Doch war das nun einmal ihre Art. Einmal kam das Paket mit den sieben vollgeschriebenen Heften aus der Untersuchungshaft. »Hier meine Papiere!« schrieb Stiller als einziges dazu. Anlaß wie Zweck dieser nie in Aussicht gestellten Sendung blieben mir unklar. Wollte er sie, diese Papiere, aus dem Hause haben, damit ihr Geist ihn nicht heimsuchte? Nach der gelegentlichen Lektüre hoffte ich nur noch dringender denn je, daß Stiller auch gegenüber Frau Julika, die mir in diesen Papieren auf erschreckende Weise vergewaltigt vorkam, endlich zur lebendigen Wirklichkeit vorzustoßen vermöchte, und zugleich beschlich mich die Angst, ob denn die Zeit hierfür noch ausreichte.

Im März fand die Operation statt. Wir waren davon nicht in Kenntnis gesetzt, als wir, meine Frau und ich, auf Ostern nach Glion fuhren. Unser Besuch von zwei oder drei Tagen, in Verbindung mit einer kleinen Osterfahrt durchs Welschland, war schon seit längerem vereinbart. Zu unserer Verwunderung standen wir in MON REPOS vor geschlossener Türe. Eine Weile lang, wie ich um das Chalet herumging und von allen Seiten rief, hatte ich das Gefühl, als wären Stiller und seine Frau überhaupt nicht mehr da, nicht mehr in Glion, nicht mehr auf der Erde, verschwunden unter Hinterlassung dieser skurrilen Kitschigkeit, die nie zu ihnen gehört hatte. Die Glastüre zum Souterrain war unverriegelt, aber niemand in der Töpferei. Immerhin sah es hier nach frischer Arbeit aus; auf dem Tisch lag eine ehedem blaue, zur Farblosigkeit verwaschene Schürze, wie in Eile hingeworfen; ein Klumpen feuchten Tons lag auf der Drehscheibe. Wir beschlossen zu warten. Es war ein regnerischer Tag, Nebel hingen über dem Genfer See; wir saßen in unseren Regenmänteln auf der nassen Balustrade, überzeugten einander gegenseitig, daß keinerlei Grund zur Beunruhigung vorläge. Die nassen und infolgedessen besonders glänzenden Gartenzwerge, das Haus mit seinem Efeu und dem Backsteintürmchen, der verrostete Eisenzaun, die Tafel aus falschem Marmor mit der Inschrift, deren Lettern größtenteils ausgefallen waren, das nasse und infolgedessen schwärzliche Moos in dem geborstenen Brunnen, alles war noch da und durchaus unverändert, doch ohne Sonne recht trübselig. Wir bemühten uns denn auch sofort, es durch Witze aufzuhellen, jedoch erfolglos. Das rote Funiculaire fuhr leer. Nach einer Stunde begann es zu dämmern; die Bundesbahn in der Tiefe fuhr mit Lichtern, die Hotels von Montreux prangten mit Lichtern, ringsum war's einfach grau, und das Haus unseres Freundes blieb ohne Licht. Es tropfte von den Bäumen. »Gehn wir in ein Hotel«, meinte ich, »und rufen wir später an!« Meine Frau war unschlüssig. »Nun haben wir schon so lange gewartet!« meinte sie; darauf rauchten wir nochmals eine Zigarette. Die Lichter von Montreux, wiewohl sie diesen Vergleich nicht vertrugen, erinnerten uns an das glimmende Babylon, das wir vor vielen Jahren, damals in der Rainbow Bar, zu unseren Füßen erblickt hatten ... Stiller kam ohne Mantel und Hut, entschuldigte sich, keinen Zettel an die Tür gesteckt zu haben, er hätte unsere Ankunft wahrhaftig vergessen. Er kam aus der Klinik Val Mont; Frau Julika war vormittags operiert worden. Eben kam er von seiner ersten Visite. Seine nicht gerade verständlichen Erklärungen richtete er vor allem an meine Frau, die wie gelähmt auf der nassen Balustrade sitzenblieb, ihre Hände in den Regenmanteltaschen. Es regnete nun auch. Stiller meldete, voll bangen Vertrauens in die Aussage des Arztes, einen recht befriedigenden Verlauf der Operation, einen sehr glücklichen Verlauf, den denkbar besten Verlauf. Es war mir nicht klar, ob er die Bedeutung der Operation begriff, ob er bloß vor uns bagatellisierte, um nicht auch unseren Schrecken noch ertragen zu müssen. Frau Julika hatte ihn nicht erkannt, auch nichts sprechen können. Es hinge jetzt viel von dieser Nacht ab, erklärte er und klammerte sich an die ärztliche Bewilligung, daß er am andern Morgen um neun Uhr wieder eine Visite machen dürfte, wie an einen sachlichen Trost. »Was stehen wir da im Regen!« sagte er, »gehen wir doch ins Haus, es ist schön, daß ihr gekommen seid!« Im Haus drinnen, bei Licht, war er totenblaß, geschäftig um unsere Koffer bemüht, und ließ es sich nicht nehmen, ein regelrechtes Abendessen zu kochen. Meine Frau hatte wohl recht, ihn nicht an diesem Vorhaben zu hindern, sondern sogar mit der Behauptung zu unterstützen, sie hätte Appetit auf etwas Warmes. »Nicht wahr?« sagte er, »nicht wahr?« Sie half ihm denn auch sehr wenig; Tätigkeit war jetzt die einzige Entspannung für unseren Freund. »Weißt du«, erklärte er mir, »diese Operation wird sehr häufig gemacht.« Wenn man ihn hörte, hätte man bald meinen können, daß Leute mit ganzer Lunge geradezu eine Ausnahme darstellten. Er kochte und machte und deckte den Tisch in der Küche, ohne seinen Rock auszuziehen; hätte er einen Mantel getragen, würde er ihn ebenfalls nicht ausgezogen haben. Er war ja bloß wie auf einem Sprung hier; allerdings dauerte es noch vierzehn Stunden bis zur morgendlichen Visite in der nahen Klinik. »Weißt du«, erklärte er mir, »es kam ganz plötzlich, es mußte sein, je rascher um so besser.« Stiller hatte uns einen vortrefflichen Reis gekocht, natürlich aßen wir nur, um einander Mut zu machen. Alle rauchten eine oder mehrere Zigaretten dazu. Meine Frau übernahm das Geschirrwaschen, während Stiller abtrocknete, und dann zog sie sich zeitig zurück. Sie hatte unseren Wagen gefahren, und Stiller glaubte ihr die Müdigkeit. Stiller war in einem Zustand, wo man keines Zweifels fähig ist. Allein mit mir, etwa von neun Uhr an, schien er kein Bedürfnis zu haben, von der Sache selbst zu sprechen oder überhaupt von Frau Julika. Wir entdeckten, daß wir beide einmal Schach gespielt hatten, und wollten doch herausfinden, ob es noch ginge. Ich erinnerte mich kaum noch, wie Pferdchen und Läufer in der Reihe stehen. Er zeigte es mir. Ob wir das Brett so oder anders legen sollten, ein weißes oder schwarzes Feld auf die rechte Seite, wußte auch Stiller nicht mehr. Aber wir spielten. Es war eine Art Nachtwache. Wir spielten bis vier Uhr morgens, als es vor den Fenstern langsam grau wurde, und es schien ein schöner Ostertag zu werden, es war sternenklar. Stiller empfand es wie ein Zeichen.

Frau Julika hatte die Nacht überstanden, den Verhältnissen entsprechend sogar ausgezeichnet, und unser Freund kam aus der Klinik wie ein Begnadigter, wir atmeten auf, dazu ein sonniger Morgen und Ostern; Stiller machte den Vorschlag, ob wir nicht mit ihm wanderten. »Sie hat mich erkannt!« sagte er. Ich habe unseren Freund nie so glücklich gesehen. Wir bummelten auf der Uferpromenade nach Chillon, meine Frau zwischen uns in der Mitte. Stiller war sehr gesprächig, auf zerstreute Art gesprächig, alles durcheinander fiel ihm ein, der jüngste Besuch von seinem Bruder Wilfried, Witze, dann wieder schwärmte er von neuen Freunden in Lausanne, von einem Buchhändler mit Freundin, lauter liebenswerte Menschen gab es auf der Welt. Zwischenhinein war er plötzlich recht schweigsam, dazu taub. Auf den besonnten Steinen des Bahndamms betrachteten wir das zappelige Liebesspiel zweier Eidechsen. Ich fragte unseren Freund nach seinen Einwänden gegen das Schloß Chillon, das er stets mit Spott in seinen Briefen erwähnt hatte, nicht gegen die abgedroschenen Bildchen auf Schokoladen und Spieldosen, sondern gegen die Realität vor unseren Augen. Er hatte keine, und wir fanden das Schloß Chillon mit seinem Ge-

mäuer in der vormittäglichen Sonne sehr schön. Stiller merkte nicht einmal, daß ich ihn ein wenig hatte foppen wollen wegen seiner früheren Kei-
ferei gegen alles in diesem Land. (Was übrigens diese Keifereien betrifft,
die mich bei der ersten Lektüre seiner Hefte wohl zu Unrecht verdrossen haben, da Stiller sich mir gegenüber nie in dieser Art ausgelassen hat,
so ist es klar, daß unser Freund, nachdem er sich selbst endlich angenommen, keinen Grund mehr hatte, den Fremdling zu spielen; er nahm es an,
Schweizer zu sein.) Es war ein blauer dunstiger Märztag, die nahen Walli-
ser Berge erschienen ganz dünn und leicht und silbergrau. »Wie geht es euren Kindern?« fragte er. Er wandte sich etwas betontermaßen stets an mich,
nicht an meine Frau, die doch zwischen uns ging. In Villeneuve, Hotel du
Port, nahmen wir das Mittagessen, Fisch, dazu Wein von den nahen Hängen. Natürlicherweise dachte er im Grunde fast unablässig an Frau Julika.
Von hier aus, glaube ich, sah man die Klinik Val Mont. Zwischen Suppe
und Gericht hatte er angerufen. »Sie schlafe!« meldete er. Nur Stiller vertrug den köstlichen, nicht eben leichten Weißwein ohne Benebelung. Stiller trank in den letzten Jahren ziemlich regelmäßig. Daß Ostern waren,
zeigte sich hier, nach dem Verstummen der morgendlichen Kirchengeläute, nur noch an einem übermäßigen Verkehr auf der Überlandstraße.
Wir wanderten in das Delta der Rhone, von der mittäglichen Sonne etwas
geblendet, vom Wein benommen. Fischernetze hingen zum Trocknen. Fi-
scherkähne lagen am Ufer mit der Bodenseite nach oben, um mit frischer
Farbe gestrichen zu werden; andere schwammen in einem Kanal mit
Schwänen. »Werktags ist man hier ganz allein!« sagte Stiller, doch hatte
es auch damals nicht viel Leute. Unser Pfad führte durch lichtes Gehölz
am Schilf entlang. Gruppen von Erlen, Birken, Buchen, da und dort eine
Eiche, alles Gehölz war noch kahl, und so sah man stets viel luftige Bläue.
Auf der Erde lag das graue Herbstlaub vom Vorjahr, von keinem Grün verborgen, und die Erde war stellenweise fast schwarz, Moor. Es ist in meiner
Erinnerung einer der schönsten Spaziergänge überhaupt. Zur Rechten
über das falbe Schilf hinweg sah man den Genfer See, zur Linken die andere Bläue des ebenfalls weiten, schon von steilen Bergen gefaßten, noch
flachen Rhonetales. Wir alle gingen ziemlich still. Ungewöhnlich große
Vogelschwärme sammelten sich auf einer fernen Hochspannungsleitung,
wir errieten die Vogelart nicht; jedenfalls sammelten sie sich zu ihrem großen Flug nach Norden. Zwei Burschen im blauen Trainer und mit nackten
Oberkörpern verbrannten Schilf auf einem Haufen mit hellen durchsichti-

gen Flammen. Der Rauch erinnerte an Herbst, dabei war es ja März, und die Vögel zwitscherten. Ich bedauerte nun meinen Wein im Kopf, lange ging ich wie unter einem Schleier, und Stiller wollte allerhand wissen. Er erkundigte sich nach meiner eignen Arbeit, nach meinen Ansichten in Erziehungsfragen. Wir fanden einen recht einsamen Platz am Ufer, trotzdem war es eigentlich geräuschvoll; über der Wasserfläche summte es von fernen Eisenbahnzügen, man hörte immer wieder einmal das Signal von einem Bahnhof, dazu gurrte es im Schilf, raschelte und tuschelte allenthalben, Vögel schrien, klatschten beim Start mit ihren Flügeln auf dem glatten Wasser. Die Sonne machte sehr warm, der Boden hingegen erwies sich als feucht und kühl. Stiller rupfte nun büschelweise das dürre Riedgras, um meiner Frau einen bequemen Platz zu schaffen. Mein Angebot seiner Lieblingszigarre vermochte ihn nicht abzuhalten, und schließlich wurde es ein wahres Nest, meine Frau lobte es gebührend, ließ sich nieder und schloß ihre Augen vor der Sonne. Stiller strich ihr mit der Hand über die Stirn. In den übrigens seltenen Augenblicken solcher Art wurde mir das Vergangene doch sehr bewußt; unsere Gegenwart zu dritt bestürzte mich dann wie etwas Unmögliches, zumindest Unerwartetes. Wir rauchten nun also unsere Zigarren. Leider erblickte man von hier wiederum das aufdringliche Hotel oben in Caux, Stiller konnte nicht umhin, abermals davon anzufangen. Sein Standpunkt: »Sie vollbringen Wunder dort oben, kein Zweifel, sie produzieren Christentum einmal nicht mit den Armen, sondern mit den Reichen, wo es scheinbar mehr abwirft, und da erreichen sie es denn wahrhaftig, daß so ein Wegelagerer, nachdem er genug erbeutet hat, in sich geht und seine zwei, drei, vier oder neun Millionen für Seelenfrieden ausgibt oder doch wenigstens dafür, dem Kommunismus rasch eine bessere Ideologie entgegenzustellen, für seine eigene Person nur noch eine einzige Million behält, um nicht der Gemeinde als alter Mann zur Last zu fallen; ich kann solches Christentum halt nicht riechen; sieben Millionen, sagen sie, sind besser als nichts, und alles in einer so freiwilligen und menschlichen Art zurückerstattet, weißt du, daß die Arbeiter aller Länder, wenn sie einigermaßen Takt haben, nie gegen einen Wegelagerer vorgehen sollten, denn die Möglichkeit, daß so ein kapitalistischer Wegelagerer plötzlich in sich geht und die Welt einfach von innen heraus verbessert, ist in dem Hotel dort oben nun ein für allemal erwiesen, also bitte, wenn ihr eine bessere Welt haben wollt, bitte keine Revolution!« Meine Frau war unterdessen eingeschlummert, und um sie nicht mit unseren

Stimmen zu stören, gingen Stiller und ich hinunter ans Ufer, unterhielten uns über Kieselsteine, über Geologie nach Mindestkenntnissen. Dann versuchten wir wie in Bubenzeiten zu schiefern, flache Steinchen über dem Wasserspiegel hüpfen zu lassen. Zum Zwecke eines Wettkampfes zogen wir unsere sonntäglichen Vestons aus. Eine Zeitlang schien alles vergessen zu sein, die Klinik Val Mont war zu sehen, doch wußten wir ja, daß es der armen Frau Julika sozusagen ausgezeichnet ging. Unsere Spielerei faszinierte uns tatsächlich. Mit der Zeit drängte unsere Dame denn doch zum Weiterspazieren. Der Spätnachmittag, obzwar genau so wolkenlos, schien plötzlich einem ganz anderen Tag anzugehören als der Morgen. Ich hatte das Gefühl, der Morgen liege um Jahre zurück. Auf unserem Rückweg redete Stiller ausschließlich von Frau Julika. Eine Reue über ihre Kinderlosigkeit habe ich von ihr nie vernommen; Stiller war überzeugt von einer solchen Reue bei ihr, machte diese Reue zu seiner eigenen, oder umgekehrt. Er redete ohne Vorwurf, ohne Selbstvorwurf. Es hätte wohl nicht anders sein können, meinte er, aber es hatte das volle Gewicht einer richtigen Reue. Endlich schloß er, da wir vor dem Funiculaire standen, mit der Bemerkung: »Es ist schade, daß ihr Julika nie wirklich habt kennenlernen können!« Meine Entgegnung, da sei ja alles noch möglich, schien Stiller über sich selbst erschrecken zu lassen.

Von der Visite an jenem Ostersonntagabend kam Stiller sehr bald zurück. Es gehe ihr sehr ordentlich! meldete er. Der Arzt hatte ihn gebeten, von einem Besuch abzusehen. »Ich darf morgen wiederkommen«, sagte Stiller und zerstreute unsere heimlichen Besorgnisse sofort, »es geht ihr sehr ordentlich, aber sie braucht noch vollkommene Ruhe.« Wir verstanden es alle, und Stiller war sehr zuversichtlich, es hinderte ihn nichts, die oft schon versprochene Raclette herzurichten, also einen geselligen und gemütlichen Abend in Szene zu setzen, ein Kaminfeuer zu machen, Weißwein kaltzustellen und drei Spieße zu schnitzen, um den Käse über dem Feuer drehen zu können. Natürlich war es kein bäurischer Rauchfang wie auf seiner Skizze, vielmehr ein verzierter Kamin aus falschem Marmor und ebenso falschem Jugendstil. Unsere Raclette gelang wenigstens nach deutschschweizerischen Begriffen ganz großartig; wir hatten Hunger von unserer Wanderung. Stiller trank an jenem Abend sehr viel. Bei jedem Anzeichen von Aufbruch entkorkte er eine nächste Flasche, und so ging es bei mäßigem Gespräch bis elf Uhr. Betrunken war er nicht. Er trank hastig mit kleinen Schlücken aus den schlanken waadtländischen Weißweingläschen, blieb wacher als wir. Man sah ihm an, daß er dennoch nicht zuhörte. Seine Augen schienen dem Weinen nahe. Auch wenn ich von Frau Julika zu sprechen versuchte, hörte er nicht. Es war mühsam. Möglicherweise hätte er unter vier Augen etwas sagen wollen, gleichviel ob meiner Frau oder mir. Wir saßen aber zu dritt, hilflos auch unsererseits, etwas schäbig nur auf eine Aufmunterung bedacht. Stiller lieferte sie dann selber, besser als wir. Wir verabschiedeten uns nach einer halben Stunde verhältnismäßiger Geselligkeit, stiegen in unser Turmzimmer; Stiller blieb in der Diele unten stehen – genau wie bei seinen nächtlichen Anrufen, nämlich zum Schluß einfach grußlos auch auf unser wiederholtes »Gutnacht«; ich empfand es bereits als üble Manier, eine sentimentale Art der Nötigung, seine wortlose Warterei, bis ich meinerseits, sei es durch Aufhängen des Hörers oder durch Schließen meiner Türe, abbrach ... Meine Frau und ich konnten trotz Müdigkeit nicht schlafen.

Etwa gegen ein Uhr ging ich nochmals hinaus. In der Diele war das Licht gelöscht, nicht aber im Wohnzimmer, und ich ging hinunter, so wie ich gerade war, im Pyjama und barfuß, also fast lautlos. Unser Freund saß vor dem feuerlosen Kamin und schien eingeschlafen zu sein. Ich ging hin, um ihn mit irgend etwas zuzudecken. Aber seine Augen waren offen. »Wieso schläfst du nicht?« sagte er, und seine Zunge lallte. Stiller war nun sehr betrunken. »Es hat keinen Sinn«, meinte ich, »daß du da weitertrinkst ...« Er füllte abermals sein Glas, wie zum Trotz, und musterte mich. Ich redete nun allerlei vernünftiges Zeug. Stiller leerte sein Glas, und als er sich erhob, wankte er sichtlich. »Kindisch«, sagte er, »ich habe zuviel getrunken, ich weiß, das ist geschmacklos, ekelhaft, kindisch ...« Er schüttelte den Kopf, blickte sich um, als hätte er etwas verloren, und hielt sich an der Lehne eines Sessels. »Wird sie sterben?« fragte er, ohne mich anzublicken. Ich versuchte ihn zu beruhigen, aber er hörte mich überhaupt nicht; er hatte den Feuerhaken ergriffen und wußte nicht, was damit anfangen. Seine Augen schwammen in Tränen, die mir wenig Eindruck machten in Anbetracht seiner Betrunkenheit. »Komm«, sagte ich, »gehn wir zu Bett!« Er blickte mich an. »Gestern mittag«, begann er, »als ich dachte, sie stirbt – gestern mittag ...« Ich wartete vergeblich; er brachte seinen Satz nicht fertig. Stiller hatte nicht mehr mit einem Gesprächspartner gerechnet, jetzt hinderte ihn das Bewußtsein, daß seine Zunge lallte. »Zu spät«, sagte er kurz. »Was«, wollte ich wissen, »was ist zu spät?«

Ich begann zu frieren. »Alles«, antwortete er endlich, »zwei Jahre, mein Lieber, zwei Jahre! Ich hab's versucht, Herrgott im Himmel, ich habe –« Wein stieß ihm auf. »Entschuldigung«, murmelte er und war verstummt. Vielleicht war er weniger betrunken, als ich zuerst gemeint hatte. Er hatte reden wollen, ich half ihm ins Gedächtnis: »Du hast versucht –?« Nun mußte er sich doch wieder setzen. »Ist ja egal«, sagte er. Ich hatte Stiller noch nie in solcher Verfassung gesehen, und er erbarmte mich in seiner Peinlichkeit, Übelkeit, Lächerlichkeit. Dabei wußte ich nicht, was tun. Meine Vernünftigkeit kam mir selber sehr schal vor. »Wird sie sterben?« fragte er wie zum erstenmal, den Kopf in seine Hände gestützt; es schien ihm schwindlig zu sein. »Du selber hast doch mit dem Arzt gesprochen«, antwortete ich, »was hat dir der Arzt denn gesagt? Genau?« Sogar im Sitzen wankte er, ohne es zu merken, und auch daß er die Streichhölzchen jedesmal verkehrt in die Finger nahm, merkte er nicht, schließlich gab er's auf, eine feuerlose, schon ganz verkrümmte und verquetschte Zigarette im Mund. »Es ist nie zu spät«, sagte ich, fand es selbst eine arge Redensart und verlor darüber den Gedanken, den ich eigentlich hatte ausdrücken wollen. »Nie zu spät!« sagte er mit einem matten Lachen. »Einfach von vorne beginnen: Und wenn's einfach nicht geht, nicht geht, nicht geht: weil es zu spät ist?!« Mit einem Schlag schien Stiller viel wacher zu sein. »Rolf«, sagte er trotz seiner lalligen Stimme ganz klar, ganz bestimmt, »– ich kann einen Menschen töten, aber ich kann ihn nicht wieder auferwecken . . .« Und damit, so dünkte ihm offenbar, war alles gesagt. Er griff neuerdings zur Flasche, die aber, zum Glück, leer war und noch ein paar Tropfen hergab. »Was«, erkundigte ich mich, »was geht nicht?« Er schüttelte bloß den Kopf. »Liebst du sie denn?« fragte ich. »Willst du denn –« Er schüttelte den Kopf, ohne mich gehört zu haben. »Kann von mir nichts mehr annehmen«, sagte er, »kann von mir nichts mehr annehmen! Sie sagt es ja selbst. Und dann stehst du da: Laß mich. Ehrlich wie sie ist. Ich weiß nicht, Rolf, was nicht geht. Frag nie. Ich habe diesen Menschen kaputt gemacht . . .« Seine Finger drehten die mürbe Zigarette und zitterten, aber wenigstens war er ins Sprechen gekommen. »Ich mache sie wahnsinnig. Ich weiß. Ich erwarte immer etwas. Wunder! Und dann fange ich an zu zittern, wenn ich sie bloß sehe. Mein Fehler, kann sein. Wahrscheinlich. Nicht so viel hat dieser Mensch sich verändert, nicht so viel! Hat gar kein Bedürfnis. Laß mich! sagt sie, und dann stehst du da. Ich begreife sie nicht. Das ist alles. Ich finde sie nicht. Dann hasse ich. Ganz einfach: ich krepiere, wenn ich nicht lieben kann, und sie –« Er zerzupfte seine Zigarette. »Woher weißt du denn, Stiller, daß nicht auch sie –« Er schüttelte den Kopf. »Stiller«, sagte ich, »du bist selbstgerecht.« – » Und sie nicht?!« – »Ihre Selbstgerechtigkeit«, meinte ich, »ist ihre Sache.« Er schwieg. »Was verstehst du unter Liebe?« fragte ich, aber unterdessen hatte Stiller doch eine andere Flasche entdeckt, die sein Glas, in der Tat, beinahe noch füllte. »Laß doch diese Trinkerei!« bat ich. Er trank. »Das ist doch Unsinn«, sagte er, »du schlotterst ja, Rolf, du bist ja barfuß ... Was ich unter Liebe verstehe?« besann er sich, versuchte das leere Glas nochmals zu leeren: »Ich kann nicht allein lieben, Rolf, ich bin kein Heiliger ...« Es wurde nun wirklich zu kalt; vergeblich hatte ich mich nach irgendeiner Decke umgesehen, nun kauerte ich, nahm rasch eine Zeitung vom Tischlein, knüllte sie in den Kamin. Ein paar Tannenscheite lagen auch noch da, sogar ein großer Buchenklotz. Für eine Weile war ich beschäftigt ... »Was soll ich denn tun!« hörte ich Stiller plötzlich hinter meinem Rücken, »was soll ich denn tun? Was?« Er war wieder aufgestanden, und ich sah gerade noch, wie er mit beiden Fäusten gegen seine Stirne trommelte. Er war kreideweiß, unsicher auf den Beinen nach wie vor; aber der Alkohol, schien es, begann sein Hirn zu verlassen. Er lallte nicht mehr. »Warum habe ich diese Frau nie gefunden? Nie! Nicht einen Tag lang, Rolf, nicht eine Stunde lang in dieser ganzen Zeit. Nie! Was ist das?« fragte er, »sag's mir.« – »Was hast du erwartet?« – »Erwartet?« fragte er zurück. »Ja«, wiederholte ich, »was hast du erwartet, Stiller, vor zwei Jahren meine ich, als ihr hierher gekommen seid. Um miteinander zu leben. Ich frage dich, denn ich weiß es nicht. Eine Verwandlung hast du erwartet, scheint es, von ihr.« – »Auch von mir.« – »Nimm es nicht übel«, sagte ich beim Anzünden im Kamin, »aber so etwas erinnert mich immer an Romane. Verwandlung? Ein Mensch begreift, daß er sich an einem andern versündigt hat und übrigens auch an sich selbst, und eines späten Tages ist man bereit, alles wiedergutzumachen – unter der Voraussetzung, daß der Mensch sich verwandelt ... Eine solche Erwartung, mein Lieber, ist die nicht etwas billig?« – »Wie alles an mir«, hörte ich ihn sagen; darauf ging ich nicht ein, sondern fragte: »Oder was hast du wirklich erwartet?« Stiller schien sich zu besinnen, ich mußte mich um das Feuer kümmern. »Alles – bloß nicht das Menschenmögliche«, antwortete ich schließlich selber: »Auch in deinen Briefen kommt es mir zuweilen vor, als redest du gar nicht von Liebe, sondern von Zärtlichkeit, von – nun ja, von Eros in irgendeiner Form. Ein Mann in unseren Jahren braucht das,

Stiller, und ich finde es wundervoll, wenn's da ist ... Nur«, setzte ich hinzu, »darum geht es hier wohl nicht.« Es knisterte jetzt munter, und Stiller überließ es mir zu reden, mehr als mir lieb war. Doch hatte ich nun einmal angefangen. »Es geht nicht, hast du gesagt, und das verwundert dich wirklich? Nach einer Erfahrung von so vielen Jahren? Und dann sagst du, du hast es versucht. Was? Manchmal könnte man fast meinen, du hältst dich für einen Zauberer, der diese Frau Julika in ihr Gegenteil verzaubern kann. Und dabei, scheint mir, geht es doch einzig und allein darum – Es ist schwer zu sagen! Julika ist dein Leben geworden, Stiller, das ist nun einmal so. Warum bist du von deinem Mexiko zurückgekehrt? Eben weil du so etwas erfahren hast. Ihr seid ein Paar ... Auferwecken! Dein alter lieber Unsinn, Stiller, du gestattest, daß ich es dir sage: dein mörderischer Hochmut – Du als Erlöser eurer selbst!« Stiller schwieg. »In einem Punkt«, sagte ich nach einigem Warten, »darin verstehe ich dich vielleicht nur zu gut. Man ergibt sich, man kehrt zurück, um sich zu ergeben, aber man ergibt sich nie ein für allemal. Dann, wer weiß, wäre es auch nur eine schlappe Resignation, nichts weiter, ein Sichabfinden, das Ergebnis davon irgendeine Art von Spießigkeit ... Du zitterst, hast du gesagt. Zittere! Du weißt schon, wie ich das meine. Du zitterst, weil immer wieder, immer wieder diese gleiche Ergebung von dir verlangt wird – Stiller?« rief ich ihn, »was denkst du?« Stiller stand; ich saß auf dem Hocker, meine bloßen Füße gegen das wärmende Feuer gestreckt; er schwieg. »Du bildest dir doch nicht ein«, sagte ich, »daß man mit einer andern, vielleicht offeneren Frau, mit Sibylle etwa, an alledem vorbeikommt, was man in sich selbst hat. Oder bildest du dir das ein?« Indem ich mich umdrehte, sah ich sein Gesicht nur von unten; er blickte über mich hinweg in den Kamin. »Du läßt mich da lauter Zeug reden«, brach ich ab, »was du selber weißt.« Stiller schlief nicht, er stand ja, die Hände in den Hosentaschen, und seine Augen waren offen, wach, aber leer, reglos. »Stiller«, sagte ich, »du liebst sie!« Er schien überhaupt nichts zu hören. »Sag mir«, bat ich, »wenn du allein sein möchtest.« In der Wärme der strahlenden Glut spürte ich plötzlich wieder meine Müdigkeit und mußte ein Gähnen unterdrücken. »Wie spät ist es denn?« erkundigte sich Stiller. Es ging gegen zwei Uhr. »– Sie hat gewartet!« sagte er. »Sie hat gewartet, siehst du, und ich habe nicht gewartet. Auf sie! Von unserm ersten Spaziergang an. Auf sie: auf irgendein Zeichen, auf Ausdruck, auf Hilfe, auf Freunde, auf alles, auf ein einziges Zeichen in all diesen Jahren! Ich habe sie gedemütigt, siehst du, und sie mich nicht! ...

Ist das so?« fragte er. »Wer behauptet das!« fragte ich zurück. Jetzt sah er
mich mit einem bohrendem Blick an. »Rolf«, erklärte er, »sie will sterben!«
Er nickte nur: »So ist das!« Er war taub für alles, was ich nun fünf oder
zehn Minuten lang vorbrachte an Widerspruch; nur wenn ihm Wein auf-
stieß, murmelte er: »Entschuldigung.« – »Du machst wirklich, Stiller, bis
es eines Tages zu spät ist!« sagte ich. »Sie liegt in der Klinik, und du haderst
weiter?« Er brütete vor sich hin, bis ich seinen Ellbogen faßte und ihn rüttelte. »Ich weiß«, sagte er, »daß ich lächerlich bin.« – »Du bist weit, Stiller,
du mußt dich nicht selber lächerlich machen. Was du vorher gesagt hast,
das glaubst du ja selber nicht. Wer stirbt schon einem andern zuliebe oder
zuleide! Du überschätzest deine Wichtigkeit, ich meine: deine Wichtigkeit
für sie. Sie braucht dich nicht, wie du gebraucht sein möchtest ... Stiller?«
rief ich ihn, da er abermals, Betrunkenheit vorschützend, in sich selbst versinken wollte, »warum hast du plötzlich Angst, daß sie stirbt?« – »Ich über-
schätze meine Wichtigkeit?« – »Ja«, meinte ich, »diese Frau hat dich nie zu
ihrer Lebensaufgabe gemacht. Nur du hast so etwas aus ihr gemacht,
glaube ich, von allem Anfang an. Du als ihr Erlöser, ich sagte es schon,
du wolltest es sein, der ihr das Leben gibt und die Freude. Du! In diesem
Sinn hast du sie geliebt, gewiß, bis zum eignen Verbluten. Sie als dein Geschöpf. Und jetzt diese Angst, sie könnte dir sterben! Sie ist nicht geworden, was du dir erwartet hast. Ein unvollendetes Lebenswerk! ...« Stiller
war zum Fenster gegangen und öffnete es. »Dir ist schlecht?« fragte ich,
»warum setzest du dich nicht?« Er zeigte mir den Rücken, wischte sich
mit einem Taschentuch die Stirne. »Sprich nur weiter«, bat er. »Ich hole
dir Wasser«, sagte ich und legte den Feuerhaken hin, um aufzustehen.
»Hat sie dir viele Briefe geschrieben?« Ich antwortete: »Einen einzigen.
Warum?« Er wischte sich wieder die Stirne. »Ist ja egal«, brach er ab.
»Ich bilde mir nicht ein, Stiller, daß ich deine Frau verstehe, besser verstehe
als du. Wir sind uns recht fremd, deine Frau und ich, und was haben wir
schon zusammen gesprochen? Ihr Brief war übrigens sehr kurz.« Er nickte
traurig: »Du verstehst sie. Doch, doch. Ein Glück für sie.« Und dann: »Mir
ist miserabel, du mußt entschuldigen.« Trotzdem ging Stiller nicht hinaus,
um sich zu erleichtern, wie ich eigentlich erwartete. Er war wie Wachs,
und sooft man seine Augen sah, wußte man, daß es für ihn eigentlich
nur eine einzige Frage gab: Wird sie sterben? Er strengte sich an, anderes
zu denken. Insofern war er froh, daß jemand redete. »Du hast doch etwas
sagen wollen?« fragte er. Ich erinnerte mich aber nicht mehr, wo unser

Gespräch unterbrochen worden war. Ich sagte nun irgend etwas: »Übrigens ... ich habe deine Papiere gelesen.« – »Verbrenne sie!« – »Was versprichst du dir vom Verbrennen?« entgegnete ich. »Deswegen hast du sie doch geschrieben ... Du hast um diese Frau gerungen, wie man so sagt. Ich verstehe sie vielleicht in einem einzigen Punkt. Wer kommt denn auf die Idee, seinen Erlöser zu fragen, wie's ihm selbst geht? Sie hat sich daran gewöhnt, siehst du, in so vielen Jahren daran gewöhnt, daß du kein armer und schwacher Mensch sein willst, sondern ihr Erlöser.« Stiller lächelte: »Warum sagst du's nicht rundheraus?« Ich verstand ihn nicht, sein vages Lächeln schon gar nicht. Als ich ihn anblickte, schlotterte er an allen Gliedern; ein Schüttelfrost. »Es ist nichts«, sagte er, »nur diese idiotische Trinkerei!« Daraufhin führte ich ihn zu dem einzigen Sessel mit hoher Rückenlehne, wo er den Kopf zurücklegen konnte, und schloß das Fenster. »Ist es nicht besser«, fragte ich, »wenn ich dich zu Bett bringe?« Er schüttelte den Kopf. Ich legte den Buchenklotz in die Glut. »Was«, fragte er unter den Händen, die sein Gesicht stützten, »was soll ich tun? Ich kann nicht noch einmal auf die Welt kommen. Rolf, ich will's auch nicht ... Was ist meine Schuld? Sag's mir. Ich weiß es nicht. Was habe ich getan? Sag's mir, ich bin ein Idiot. Sag's mir!« – »Ich habe deine Papiere gelesen«, wiederholte ich, »darin weißt du doch ziemlich viel.« Er hatte seine Hände vom Gesicht genommen. »Wenn es mit Wissen getan wäre!« sagte er, saß lange wortlos mit hangenden Händen, die Ellbogen auf seine Knie gestützt. »Erinnerst du dich an vorigen Herbst«, fragte er, »an unseren Abend zu dritt? Nichts Besonderes. Aber es ging. Fand ich. Für mich war's ein Fest ... In diesem ganzen Winter haben wir es nie wieder zu einem solchen Abend gebracht, sie und ich. Dann sitzen wir hier, sie dort, ich hier. Ich krepiere dran, aber ihr ist's genug!« – »Woher weißt du, Stiller, daß es ihr genug ist?« – »Warum schreit sie nicht?« fragt er. »Ich bin hochmütig, und sie nicht? Sie hat gewartet. Hörst du? Auf meine Einsicht gewartet. Wie viele Jahre lang? Zwei Jahre lang, vierzehn Jahre lang. Ist ja egal. Drum ist sie erschöpft, verstehst du. Ich habe sie kaputt gemacht. Und sie mich nicht!« – »Wer sagt das?« – »Sie«, antwortete er mit einem höhnischen Lächeln, legte seinen Kopf auf die hölzerne Lehne zurück: »Ich habe sie gedemütigt, und sie mich nicht?« – » Stiller«, meinte ich, »du solltest dir jetzt nicht selber leid tun. Was hast du erwartet? Nach allem Gewesenen. Daß sie auf die Knie fällt? Und zwar vor dir?« Er schwieg, den Kopf auf der Lehne, Blick zur Zimmerdecke. »Ich glaube dir, Stiller, daß du manchmal zu allem bereit bist, zu vie-

lem. Dann stehst du wieder auf – in Selbstmitleid, in Haß, in Hoffnungslosigkeit. Weil du Gnade erwartest von ihr: von einem Menschen. Ist es
nicht so?« fragte ich. »Dein gelegentliches Knien ist fehl am Ort.« – »Ich
hasse sie«, sagte er vor sich hin, »manchmal hasse ich sie.« Und dann:
»Was hilft's mir, was sie vor anderen redet? Ich bin's, der auf sie wartet. Ich!
Und nicht ein weiser Freund oder eine ehrwürdige Tante, sondern ich,
Rolf, ich bin's, der ein Zeichen braucht!« Er war froh um seinen Grimm,
schien mir. »Warum habt ihr euch nicht getrennt?« fragte ich. »Du weißt,
das machen die meisten, wenn's nicht geht. Warum bist du seinerzeit zurückgekehrt? Ich denke, weil du sie liebst. Und weil wir ja nicht einfach,
wenn's schiefgeht, auf ein anderes Leben hinüberwechseln können. Das
vor allem. Es ist ja doch unser Leben, was da schiefgegangen ist. Unser al-
lereigenstes und einmaliges Leben. Und dann –« Stiller hatte mich unterbrechen wollen; doch als ich schwieg, schwieg auch er. »Ich weiß nicht«,
sagte ich, »was du unter Schuld verstehst. Jedenfalls bist du soweit, sie
nicht mehr bei andern zu suchen. Aber vielleicht, ich weiß nicht, meinst
du, sie hätte sich vermeiden lassen. Schuld als eine Summe von eigenen
Fehlern, die man hätte vermeiden können, meinst du es so? Ich glaube allerdings, die Schuld ist etwas anderes. Die Schuld sind wir selbst –« Stiller
unterbrach: »Warum ich zurückgekommen bin?! Das hast du nicht erlebt.
Eine Idiotie, nichts anderes, eine Starrköpfigkeit! Begreifst du's denn
nicht? Wenn du ein halbes Leben lang vor einer Tür gestanden und geklopft hast, Herrgott nochmal, erfolglos wie ich vor dieser Frau, vollkommen erfolglos, Herrgott nochmal – und dann geh du weiter! Vergiß sie,
so eine Tür, die dich zehn Jahre versäumt hat! Gib's auf, geh weiter! ...
Was heißt da schon Liebe? Ich habe sie nicht vergessen können. Das ist alles. Wie man eine Niederlage nicht vergessen kann. Warum ich zurückgegangen bin? Aus Besoffenheit, mein Lieber, aus Trotz. Du mit deinen noblen Meinungen! Geh in ein Kasino, schau sie dir an, wie sie weiterspielen,
wenn sie verlieren, immer weitersetzen. Genau so! Weil's einen Punkt gibt,
wo sich das Aufgeben nicht mehr lohnt. Aus Trotz, ja, aus Eifersucht! Du
kannst eine Frau verlieren, wenn du sie gewonnen hast. Soll einer kommen!
Aber wenn du selber sie nie gewonnen hast, nie gefunden, nie erfüllt? Vergiß sie, so eine Türe, und laß andere eintreten, geh weiter! Recht hast du:
Warum haben wir uns nicht getrennt? Weil ich feige bin.« Stiller versuchte
zu lachen. »Du sagst mit andern Worten genau dasselbe«, fand ich, »nur
finde ich es nicht feige.« – »Ein Opfer, meinst du? Ein gegenseitiges Opfer,

wobei beide draufgehen!« – »Natürlich gibt es Fälle, da man sich trennen kann«, sagte ich, »da man sich trennen sollte, und wenn's nicht geschieht, ist es Feigheit, Schlappheit. Wie vielen wünsche ich die Trennung, je rascher, um so besser, es gibt Episoden, uneheliche und eheliche, sicherlich, man kann Schluß machen, wenn etwas erledigt ist. Nicht jedes Paar wird sich zum Kreuz! Aber wenn es einmal so ist, wenn wir es dazu gemacht haben, wenn es eben nicht eine Episode ist, sondern die Geschichte meines Lebens –« Stiller sträubte sich: »Kreuz!« – »Nenne es, wie du willst.« – »Warum sagst du's nicht rundheraus«, fragte er, »auch in deinen Briefen nicht?« – »Was?« – »Was du meinst: Sein Wille geschehe! Gott hat es gegeben, und selig sind, die es nehmen, und tot sind, die da nicht hören können wie ich, nicht lieben können in Gottes Namen, die Unseligen, wie ich, die da hassen, weil sie lieben wollen aus eigener Kraft, denn in Gott allein ist die Liebe und die Kraft und die Herrlichkeit, das meinst du doch?« Er blickte mich nicht an, sondern hatte seinen Kopf auf die hölzerne Lehne gelegt und zeigte wieder dieses vage Lächeln. »Und verloren sind die Hochmütigen«, redete er weiter, »die mit dem mörderischen Hochmut, auferwecken wollen, was sie getötet haben, die mit der geizigen Reue, die da messen in dieser Zeit und lamentieren, wenn's anders geht, wenn's gar nicht geht, die Tauben und die Blinden, die Gnade erhoffen in dieser Zeit, die Kleinmütigen wie ich, die mit dem kindischen Trotz gegen das Leiden, ja, sollen sie sich besaufen, die Selbstherrlichen in ihrer Sünde wider die Hoffnung, die Verstockten, die Glaubenslosen, die Gierigen, die da glücklich sein möchten, ja, sollen sie sich besaufen und schwatzen, die nicht zerbrochen sein wollen in ihrem Hochmut, die Glaubenslosen, die mit ihrer zeitlichen Hoffnung auf Julika! Selig aber sind die andern, selig sind, die lieben können in Seinem Namen, denn in Gott allein ... Ist es das«, fragte er, »was du die ganze Zeit sagen möchtest?« – »Ich bin dein Freund«, antwortete ich, »ich versuche dir zu sagen, was ich denke über Julika und dich, über eure Einsamkeit voreinander. Das ist alles.« – »Und was denkst du denn?« fragte er, seinen Kopf auf der hölzernen Lehne. »Ich habe es dir gesagt.« Stiller schien sich nicht erinnern zu können. »Du liebst sie«, wiederholte ich. »Denkst du«, kam es zurück. »Aber du erwartest von deiner Liebe wirklich so etwas wie ein Wunder, mein Lieber, und das ist es vermutlich, was nicht geht.« – »Ich liebe sie?« – »Ja«, behauptete ich, »ob es dir paßt oder nicht. Du hättest lieber jemand anders geliebt. Ich weiß. Und das weiß auch sie! Vielleicht Anja oder wie sie geheißen hat, deine Po-

lin in Spanien, oder Sibylle da oben … Nur: dafür kann Julika nichts, daß
sie nicht die Frau ist, die du vielleicht glücklicher hättest machen können.« – »Nein«, sagte er, »dafür kann Julika auch nichts.« – »Du liebst,
ohne das Geschöpf glücklich machen zu können, das du liebst. Das ist
dein Leiden. Ein wirkliches Leiden, einmal abgesehen von aller unserer Eitelkeit, denn man möchte ja auch gerne ein bißchen Herrgott spielen, die
Welt aus der Tasche ziehen, das Leben auf den Tisch zaubern. Und dann,
gewiß, möchte man selber glücklich dabei werden, wenn man liebt … Das
ist nicht immer der Fall!« sagte ich, und da Stiller nicht lächelte, setzte ich
hinzu: »Das ist es ungefähr, was ich denke, und wenn du mich schon
fragst, was du tun sollst –« Seine Gedanken waren anderswo. »Seit dem
Herbst!« sagte er, und seine Lippen zitterten. »Seit dem Herbst hat sie's gewußt. Heute erfahre ich es vom Arzt. Seit dem Herbst! Und ich pfeife da
unten in meinem Souterrain, keine Ahnung, keine Ahnung … Was soll
ich tun!« wehrte er sich mit Heftigkeit gegen mich. »Ich kann nicht übers
Wasser wandeln!« – »Wer verlangt das von dir?« – »Gestern mittag, als ich
dachte, sie stirbt … Rolf«, sagte er, »ich habe geheult! Und dann habe
ich mich gefragt, ob ich noch einmal – wenn das sie retten könnte –, noch
einmal alles mit ihr erleben wollte. Und ich habe den Kopf geschüttelt, ich
habe geheult, seit vierzehn Jahren stirbt sie, Tag für Tag, am Tisch mit
mir …« Stiller tat mir leid. »Das weißt du, daß sie allein in die Klinik gegangen ist?« fragte er. »Ohne mich.« – »Wieso ohne dich?« – »Packt ihre
Sachen für die Klinik. Und es ist noch eine Stunde Zeit. Wir wissen nicht,
was reden. Mit Blumen ist nichts getan, ich weiß. Aber es drängt mich halt
doch, siehst du. In Territet gibt es nichts, was ihr gefällt. Also weiter nach
Montreux! Nach vierzig Minuten bin ich wieder hier im Haus, genau nach
vierzig Minuten – nun ja, sie ist halt allein in die Klinik gegangen!« Er
zwang sich zu einem Lächeln. »Vielleicht findest du gar nichts dabei«,
fügte er hinzu, »vernünftig wie du bist!« – »Was findest du dabei?« – »Ohne
mich!« antwortete er, »ohne mich! Das freut sie mehr als Blumen, siehst
du. Vielleicht zum letztenmal aus diesem Haus gehen: allein, ohne Beglei-
tung, o ja, das hält länger als alle Blumen der Welt!« Ich nahm seine Auslegung nicht an. »Rolf«, entgegnete er, »dieser Mensch ist böse! Sie ist es geworden, kann sein, durch mich. Damals. Und eines Tages kann man die
Liebe nicht mehr glauben … Ich komme zu spät!« Stiller hatte sich erhoben. Er sah aus, als fiele er jeden Augenblick um, und was ihn überhaupt
noch hielt, wußte ich nicht. »Nimm einen Marc!« sagte er, »und dann ge-

hen wir schlafen.« Er fand aber die Gläslein nicht, die ich auf einem unteren Tablett sah, und schien sein Vorhaben zu vergessen. Er stand einfach da, die Marc-Flasche in der Hand, in Gedanken verstummt. »Ich habe keinen fremderen Menschen als diese Frau!« sagte er. »Ich will dich nicht langweilen, Rolf, nur – das sagt sich so: Ich werde dankbar sein, ich werde auf kein Wunder warten, auf keine andere Julika, sondern dankbar sein für jeden Tag, wenn sie noch einmal in dieses Haus kommt – jetzt, ja, jetzt wo sie in der Klinik liegt, wo ich nicht schlafen kann, nicht wachen kann vor Angst, daß alles zu spät ist, jetzt – Rolf!« sagte er, mußte sich aber vor Schwäche auf den nahen Fenstersims setzen, um weitersprechen zu können; er sprach wie ein banges Kind nach einem argen Traum: »Und wenn sie wieder dort sitzt? Sie dort, ich hier? Und wenn es wieder ist wie immer? Genau so? Sie dort, ich hier –« Er saß, die Marc-Flasche noch immer in der Hand, und sah sich das Zimmer an, die zwei leeren Sessel. »Was dann?« fragte er sich selbst und kurz darauf mich, »was dann, mein Lieber, was dann? Soll ich mich in Rauch auflösen, damit ich ihr keine Last bin? Oder wie? Soll ich fasten, bis sie ein Zeichen gibt, und ihr zeigen, daß einer dabei verhungern kann? Oder was?« – »Stiller«, antwortete ich, »es wird nicht sein, wie es gewesen ist. Es wird für dich nicht das gleiche sein, auch wenn Julika sich nie verändert. Gestern mittag hast du geglaubt, sie stirbt –« Sobald er merkte, wohin meine Rede ihn führen könnte, unterbrach er. »Ich weiß«, sagte er, »was du meinst.« Er zeigte seine Übelkeit, damit ich nicht weiterredete, und ich schwieg. »Was habe ich an Einsichten und Entschlüssen schon gehabt!« sagte er, »und wenn sie wieder hier sitzt, was dann? Ich kenne mich doch langsam. Ich bin schwach.« – »Wenn du weißt, daß du schwach bist«, meinte ich, »das ist schon viel. Vielleicht weißt du's zum erstenmal. Seit gestern mittag, als du gedacht hast, sie stirbt. Manchmal hassest du sie, sagst du. Weil auch sie schwach und arm ist? Sie kann dir nicht geben, was du brauchst. Sicher. Und ihre Liebe wäre so notwendig für dich. Wie keine andere. Es gibt Dinge, die sehr notwendig wären, Stiller, und wir vermögen sie trotzdem nicht. Warum soll Julika es vermögen? Vergötterst du sie – noch immer – oder liebst du sie?« Stiller ließ mich reden. »Jaja«, sagte er, »aber praktisch gesprochen, sie dort, ich hier, was soll ich tun? Ganz praktisch!« Er blickte mich an. »Siehst du, Rolf, da weißt auch du keine Antwort!« sagte er, und es schien ihn zu befriedigen. »Du bist sehr weit«, sagte ich, »oft habe ich den Eindruck, es fehlt dir nur noch ein einziger Schritt.« – »Und wir sitzen hier mitten in einer Hochzeit, meinst du?« – »Und du erwartest nicht mehr, meine ich, daß Julika dich von deinem Leben lossprechen kann oder umgekehrt. Was das im Praktischen heißt, weißt du.« – »Nein.« – »Es gibt keine Änderung«, sagte ich, »ihr lebt miteinander, du mit deiner Arbeit da unten im Souterrain, sie mit ihrer halben Lunge, so Gott will, und der einzige Unterschied: ihr foltert euch nicht mehr Tag für Tag mit dieser irren Erwartung, daß wir einen Menschen verwandeln können, einen anderen oder uns selbst, mit dieser hochmütigen Hoffnungslosigkeit ... Ganz praktisch: Ihr lernt beten für einander.« Stiller hatte sich erhoben. »Ja«, schloß ich, »das ist eigentlich alles, was ich dir in dieser Sache zu sagen weiß.« Stiller hatte die Marc-Flasche auf den kleinen Tisch gestellt, und wir blickten einander an; sein vages Lächeln von vorher stellte sich nicht ein. »Beten will gekonnt sein!« sagte er bloß, und dann folgte ein längeres Schweigen ...

Später, nach Jahr und Tag, habe ich mir öfter überlegt, wie ich mich in jener Nacht hätte verhalten sollen, unversehens vor eine Aufgabe gestellt, die über die Möglichkeiten einer Freundschaft hinausging. Als Stiller den Raum verließ, um sich endlich zu erleichtern, stand ich ratlos. Ich fühlte meine Amtslosigkeit, denn was ich auch hätte sagen können, immer blieb es doch nur meine persönliche Ansicht. Bestenfalls gelang mir nicht mehr als freundschaftlicher Widerstand, wo immer der Freund, der geprüfte, sich seiner Prüfung zu entziehen suchte ... Ich nahm mir einen Marc, und als Stiller etwa nach zehn Minuten zurückkam, leider nicht ohne in der finsteren Diele gegen ein Möbel zu stoßen und ein Gepolter zu verursachen, fand er mich mit dem leeren Gläschen in der Hand. »Wie geht's?« fragte ich, und Stiller nickte nur: er hatte seinen Magen geleert, offenbar auch sein Gesicht gewaschen. Sein Gesicht war grün mit entzündeten Augen darin. »Wie spät ist es eigentlich?« erkundigte er sich neuerdings. Er hatte sich auf die Truhe gesetzt, stützte sich mit ausgespreizten Armen. »Du hast recht«, sagte er, »diese idiotische Trinkerei –!« Von unserem ungelösten Gespräch schien Stiller nichts mehr wissen zu wollen. Um schlafen zu können, brauchten wir nur noch eine Redensart, so schien es, ein Klischee der Zuversicht: Morgen ist auch wieder ein Tag! oder dergleichen. Es schlug halb drei Uhr. Natürlich dachten wir beide an die Zeit in der Klinik. Dort war sie wichtig, die Zeit, nicht hier. Ich stellte mir unwillkürlich ihr Krankenzimmer vor, die Nachtschwester neben dem weißen Bett, die sitzt und ihren Puls mißt, hoffentlich den Arzt nicht rufen muß – und zum erstenmal hatte ich ebenfalls Angst. Ich sah das Telefon auf der Truhe, das jeden Augenblick hätte klingeln können, und hielt das Schlimmste für möglich. Das Verbot der abendlichen Visite kam mir in den Sinn. »Was denkst du?« fragte Stiller, und ich mußte irgend etwas sagen. »Es genügt«, behauptete ich, »wenn du jetzt vernünftig bist, Stiller, wenn du jetzt keine Gespenster siehst. Du liebst sie. Du hast angefangen, sie zu lieben, und Julika ist nicht gestorben, noch ist alles möglich ...« Ich schämte mich ein wenig, doch gerade solche Redensarten schienen Stiller zu beruhigen. »Hast du noch eine Zigarette?« fragte er, um nicht zu Bett gehen und nicht allein sein zu müssen. Ich war im Pyjama; ich hatte keine Zigaretten. »Deine Frau hat sicher nicht schlafen können«, meinte Stiller, »deine Frau habe ich geliebt – ich liebe sie noch«, fügte er ordnungshalber hinzu, »aber das weißt du ja.« Seine Pausen wurden größer und größer. »Laß doch«, murmelte er, als ich ein wenig die leeren Flaschen zur Seite räumte, damit Stiller nicht darüber stolpern und neuen Lärm verursachen würde. »Oder meinst du, ich habe überhaupt nie geliebt?« fragte er unsicher. »Überhaupt nie?« Sein Gesicht zerfiel nun zusehends in Müdigkeit. »Wenn ich bloß nicht so verdammt wach wäre!« meinte er und gab sich den Anschein, zum Aufbrechen bereit zu sein. »Du mußt dich ausruhen«, sagte ich, »morgen um neun Uhr wirst du sie sehen –« Seine Zigaretten, die blauen Gauloises, lagen neben dem Sessel auf dem Teppich. »Ich danke dir!« sagte Stiller, als ich ihm das eigene Päckchen anbot, und steckte sich eine Gauloise in den Mund, nahm sie aber trotz des brennenden Streichhölzchens, das ich hielt, nochmals heraus; »– morgen um neun Uhr werde ich sie sehen! ...« Dann rauchte er, als wäre der Rauch eine Nahrung. »Du glaubst nicht«, fragte er, »daß sie stirbt?« Daraufhin sagte ich etwas Unvorsichtiges: »Solange dein Telefon nicht klingelt, Stiller, besteht kein Grund zu solcher Angst.« Gesprochen war gesprochen, und ich konnte die unsinnige Bemerkung, die seiner Angst auch noch einen sichtbaren Anhaltspunkt verschafft hatte, nicht mehr zurücknehmen. Stiller blickte auf das schwarze Telefon. Infolgedessen redete ich weiter. »Darauf mußt du gefaßt sein«, sagte ich, »einmal wird auch Julika sterben. Ob früher oder später. Wie wir alle. Darauf mußt du schon gefaßt sein.« Stiller rauchte und schwieg. Ich hatte lange keine Ahnung, was er dachte. Endlich warf er seine Zigarette in den Kamin oder wenigstens in die Nähe davon, zum endgültigen Aufbruch bereit. Ich fror; das Kaminfeuer war am Verlöschen, und es gab kein Holz mehr. »Wahrscheinlich ist es doch gut«, sagte ich wieder et-

was redensartmäßig, »daß wir geredet haben –« Stiller nickte ohne Überzeugung, saß nach wie vor auf der Truhe und stützte sich auf seine ausgespreizten Arme; er schien auf Kraft zu warten. »In Wahrheit, siehst du, bin
ich genau da, wo ich vor zwei Jahren hätte anfangen müssen«, meinte er,
»keinen Schritt weiter! Nur daß wieder zwei Jahre verloren sind – Ich will
dich nicht langweilen, Rolf, aber ...« Er sah mein Schlottern. »Rolf«, sagte
er, »es wäre gegangen! Ohne Wunder, glaub mir, es wäre gegangen, sie und
ich, so wie wir sind – damals nicht! Aber jetzt, ich meine: vor zwei Jahren.
Jetzt zum erstenmal, jetzt und hier ...« Stiller wollte nicht weinen, er
wehrte sich dagegen und stand auf. »Heute vormittag in der Klinik«, sagte
er, »– nein, das ist ja gestern gewesen –« Tränen flossen über sein ganz und
gar unweinerliches Gesicht; er wollte etwas sagen. »Es wäre gegangen –«,
wiederholte er, kam indessen nicht weiter. »Dann wird es auch gehen«,
sagte ich, »dann wird es auch gehen!« In der Folge war es merkwürdig; eine
Weile lang taten wir beide, als weinte Stiller gar nicht. Er stand im Zimmer
irgendwo, seine Hände in den Hosentaschen, außerstande zu sprechen.
Ich sah seinen Rücken, nicht sein Gesicht, wußte, daß Stiller weinte und
vor Weinen nichts hörte, und redete über seine ›Hefte‹, nur um nicht ein
stummer Zuschauer zu sein. »– jedenfalls weißt du das Entscheidende«,
sagte ich unter anderem, »du weißt, daß nichts erledigt ist, wenn einer sich
beispielsweise eine Kugel in die Schläfe schießt. Wie man's erfahren hat,
wer kann es beschreiben! Aber du weißt es, so unvorstellbar es ist. Vielleicht hast du eine komische Vorstellung vom Gläubigsein; du meinst vielleicht, man sei sicher, wenn man gläubig ist, sozusagen weise und gerettet
und so weiter. Du findest dich alles andere als sicher, so stehst du da und
glaubst nicht, daß du gläubig bist. Ist es nicht so? Du kannst dir Gott nicht
vorstellen, so redest du dir ein, daß du Ihn nie erfahren hast ...« Stiller
schien froh zu sein, daß ich redete. »Soweit ich dein Leben kenne«, sagte
ich, »immer wieder hast du alles hingeworfen, weil du unsicher gewesen
bist. Du bist nicht die Wahrheit. Du bist ein Mensch und oft bereit gewesen, eine Unwahrheit aufzugeben, unsicher zu sein. Was heißt das anderes,
Stiller, als daß du an eine Wahrheit glaubst? Und an eine Wahrheit, die wir
nicht ändern und nicht einmal töten können – die das Leben ist.« Die
Standuhr draußen in der Diele rasselte wie immer vor dem Stundenschlag;
es war drei Uhr. »Mit deinen Heften ging es mir komisch«, sagte ich, um
weiterzureden, »immer wieder hast du versucht, dich selbst anzunehmen,
ohne so etwas wie Gott anzunehmen. Und nun erweist sich das als Un-

möglichkeit. Er ist die Kraft, die dir helfen kann, dich wirklich anzunehmen. Das alles hast du erfahren! Und trotzdem sagst du, daß du nicht beten kannst; du schreibst es auch. Du klammerst dich an deine Ohnmacht, die du für deine Persönlichkeit hältst, und dabei kennst du deine Ohnmacht so genau – und all dies wie aus Trotz, nur weil du nicht die Kraft bist. Ist es nicht so?« Natürlich antwortete Stiller nicht. »Du meinst, es muß dich bezwingen, sonst stimmt es nicht. Du möchtest ja nicht flunkern. Es macht dich stutzig, daß du selber noch darum flehen mußt, glauben zu können; dann hast du einfach Angst, Gott sei deine Erfindung ...« Ich hatte noch lange geredet, schließlich brach ich ab. Ich hatte, wie gesagt, nicht erwartet, daß Stiller mir zuhörte, sondern geredet, nur um vor seinem Weinen nicht ein stummer Zuschauer zu sein. Seine Gedanken waren anderswo. »Ihr Gesicht«, sagte Stiller, »das ist gar nicht ihr Gesicht, Rolf, das ist es nie gewesen –!« Weiter vermochte er sich aber nicht mehr auszudrücken. Stiller weinte nun, wie ich noch selten einen Mann habe weinen sehen. Dabei stand er aufrecht, die Hände in den Hosentaschen. Ich ging nicht aus dem Zimmer; meine Anwesenheit fiel schon nicht mehr ins Gewicht ... In jenen Minuten versuchte ich sehr, mich an ihr Gesicht zu erinnern, sah aber nur jenes Gesicht vom vergangenen Herbst, das keines mehr war, ihr Schluchzen mit dem starren offenen Mund und die zwei kleinen, ebenfalls starren Fäuste in ihrem Schoß, jenes stumme Zittern eines blinden Körpers voll Todesangst; doch daran wollte ich jetzt nicht erinnert sein. Ich beschloß, am andern Morgen ebenfalls in die Klinik zu gehen, um Frau Julika zu sehen, wenn auch nur kurz. »Sag etwas«, bat Stiller, als er endlich, von seinem Weinen erschöpft, meine Anwesenheit wieder bemerkte. »Was ich dir sagen kann, habe ich gesagt: – Julika ist nicht gestorben«, wiederholte ich, »und du liebst sie.« Daraufhin blickte Stiller mich an, als hätte ich eine Offenbarung ausgesprochen. Seine Beine waren noch unsicher, seine Augen wässerig, doch sein Kopf war nüchtern, glaube ich. Er redete nun etwas Löbliches über unsere Freundschaft, über meine Güte, wieder beinahe eine ganze Nacht mit ihm gewacht zu haben, und rieb sich die wächserne Stirne. »Wenn du Kopfschmerzen hast«, sagte ich, »oben habe ich Saridon.« Das hörte er schon nicht mehr. »Du hast recht«, wiederholte er mehrere Male, »morgen um neun Uhr werde ich sie sehen –« Endlich standen wir auf der Schwelle, ich selber zum Umfallen müde, und Stiller löschte den Kronleuchter mit seinem wässernen Licht. »Bete für mich, daß sie nicht stirbt!« sagte er, und unversehens standen wir im Finstern; Stiller hatte vergessen, zuerst das Licht in der Diele anzudrehen. »Ich liebe sie —«, hörte ich ihn sagen. Schließlich fand ich den Schalter in der Diele, und wir gaben einander die Hand. Stiller wollte noch in den Garten gehen. »Ich muß Luft haben«, sagte er, »ich habe einfach zuviel getrunken.« Er war sehr ruhig.

Am andern Morgen, Ostermontag, kamen wir gegen neun Uhr hinunter, meine Frau und ich. Unser Frühstück stand bereits auf dem Tisch am offenen Fenster, Kaffee unter der Haube, zwei Gedecke mit allem Zubehör. Weder Salzfäßlein noch Aschenbecher fehlten. Die weichen Eier, das eine für Sibylle als dreiminütiges angeschrieben, wie auch der Toast unter der Serviette waren noch warm; unser Freund mußte uns beim Waschen gehört haben und konnte noch nicht lange aus dem Hause sein. Meine Frau hatte das Gepolter in der Nacht gehört, wußte im übrigen nur, daß wir lange gesprochen hatten. Natürlich vermuteten wir Stiller bereits in der Klinik. Unser so langes Nachtgespräch kam mir nun fast wie ein Traum vor, ohne rechten Zusammenhang mit der taghellen Wirklichkeit, als wir uns an den Tisch setzten mit Sonne auf dem Geschirr, mit dem köstlichen Blick über den vergißmeinnichtblauen Genfer See zu den verschneiten Savoyer Alpen. Unter der Voraussetzung, daß aus der Klinik eine weitere erfreuliche Kunde käme, beschlossen wir, im Laufe dieses Tages über Chèbres, Yverdon, Murten oder Neuenburg weiterzufahren, um auf der Peterinsel noch einen eigenen Ferientag zu verbringen. Das Wetter war zu wundervoll. In einem nachbarlichen Garten blühte bereits eine Magnolie in voller Pracht, die Forsythien leuchteten allenthalben in gelben Garben, die über die Zäune hängen, das blutrote Funiculaire zwischen grünen Hängen voll Schlüsselblumen fuhr leer hinunter, voll Ausflügler hinauf. Es war eine geradezu kindlich bunte Welt mit allem, was nur zu einem Ostertag gehört; die Vögel zwitscherten bis zur Lärmigkeit, und auf dem See fuhr ein weißer Vergnügungsdampfer gegen Schloß Chillon, irgendwo in der Ferne spielte eine sonntägliche Blechmusik, die Bundesbahn rollte. Stiller traf uns noch beim behaglichen Frühstück. Unsere sofortige, doch etwas bange Frage, wie es ginge, bezog sich selbstverständlich auf Frau Julika; indessen kam unser Freund nicht aus der Klinik, sondern aus seinem Souterrain. Stiller hatte nicht geschlafen, den Rest der Nacht vermutlich im Garten, den frühen Morgen in seiner Töpferei verbracht. Natürlich war er bleich und übernächtig. Warum er nicht auf neun Uhr in die Klinik gegangen war, weiß ich nicht, auch war er noch unrasiert. Hatte er Angst?

Scheinbar zuversichtlich, als stünde Frau Julika kurz vor der Entlassung aus der Klinik, redete er von anderem. Nicht einmal angerufen hatte er. Ich sollte in die Klinik fahren, meinte er, und seiner Frau doch sagen, er käme gegen elf Uhr. Von seinen Ausreden war nicht eine einzige stichhaltig. Er müßte sich noch rasieren. Dann wieder hörten wir, eine wichtige Persönlichkeit auf Durchreise hätte gebeten, seine Keramik zu sehen, und käme gegen zehn Uhr, was stimmte, indessen kein angemessener Grund war. Vielleicht scheute sich Stiller, mit seinem Fuselgeruch vor das Krankenbett zu treten. Auch gegenüber meiner Frau hielt er sorgsam die Entfernung, auffallend. »Ich stinke«, sagte er. Nun hätte ihn ja eine tatsächliche oder vermeintliche Weinfahne nicht hindern können, wenigstens in die Klinik anzurufen, was Stiller aber nicht wollte. Ihn zu nötigen, stand mir nicht zu. Schließlich fuhr meine Frau mit mir zur nahen Klinik Val Mont, wo sie im Wagen wartete; es konnte sich jedenfalls nur um einen ganz kurzen Besuch handeln, sofern der Besuch einem Nichtangehörigen überhaupt gestattet sein würde. Es war ein wirkliches Bedürfnis, Frau Julika wenigstens zu sehen, bevor wir weiterführen. Bei der Anmeldung war mir mit einem Schlage alles schon bewußt. In einem sonnigen Korridor, wo Blumenvasen vor den Türen standen und stumme Schwestern hin und her gingen, hatte ich noch eine bange Viertelstunde zu warten, bis der junge Arzt mir ihren Hinschied meldete. Auf mein dringendes Verlangen hin wurde mir versprochen, daß Herr Stiller keinesfalls durchs Telefon unterrichtet würde. Der Tod war vor einer halben Stunde erfolgt, für den Arzt offenbar überraschend. Meinem anderen Wunsch, Frau Stiller zu sehen, wurde nicht entsprochen. Sie war bereits nicht mehr in ihrem Zimmer. Mein Gesicht, ich weinte vermutlich, genügte dann doch; oder machte es meine Legitimation? Jedenfalls wurde die Oberschwester geheißen, mich zu der Toten zu führen.

»Ihre Haare sind rot, der gegenwärtigen Mode entsprechend sogar sehr rot, jedoch nicht wie Hagebutten-Konfitüre, eher wie trockenes Mennig-Pulver. Sehr eigenartig. Und dazu ein sehr feiner Teint; Alabaster mit Sommersprossen. Ebenfalls sehr eigenartig, aber schön. Und die Augen? Ich würde sagen: glänzend, sozusagen wässerig, bläulich-grün wie die Ränder von farblosem Fensterglas. Leider hat sie die Augenbrauen zu einem dünnen Strich zusammenrasiert, was ihrem Gesicht eine graziöse Härte gibt, aber auch etwas Maskenartiges, eine fixierte Mimik von Erstauntheit. Sehr edel wirkt die Nase zumal von der Seite, viel unwillkürlicher Ausdruck in den Nüstern. Ihre Lippen sind für meinen Geschmack etwas schmal, nicht ohne Sinnlichkeit, doch muß sie zuerst erweckt werden. Ihre offenen Haare sind köstlich, duftig, seidenlicht. Ihre Schneidezähne sind vortrefflich, nicht ohne Plomben, sonst aber von einem schönen Perlmutterglanz. Ich betrachtete sie wie einen Gegenstand; ein Weib, ein fremdes, irgendein Weib«... Genau so lag sie auf dem Totenbett, und ich hatte plötzlich das ungeheure Gefühl, Stiller hätte sie von allem Anfang an nur als Tote gesehen, zum erstenmal auch das tiefe, unbedingte, von keinem menschlichen Wort zu tilgende Bewußtsein seiner Versündigung.

Es blieb noch, dem Freund diese schwere Mitteilung zu bringen. Es hatte wenig Worte gebraucht; Stiller wußte es. Die Klinik hatte, wiewohl seit meinem Verlassen der Klinik fast eine Stunde vergangen war, nicht angerufen; aber als er mich erblickte, wußte er es, und ich glaube, Stiller sprach meine Mitteilung sogar selber aus; ich möchte nicht sagen: gefaßt, denn es war die erschreckende Gefaßtheit eines Geistesabwesenden. Ich wartete dann lange auf Stiller, um ihn hinzufahren. Er war in sein Zimmer hinaufgegangen, um seinen Rock zu holen, wie er sagte. Wir hörten überhaupt nichts, keine Schritte, kein Schluchzen, nur draußen die lärmigen Vögel, und mit der Zeit hatte meine Frau offenbar Angst, unser Freund könnte sich etwas antun. Daran glaubte ich nicht einen Atemzug lang, ging aber dennoch hinauf, als er immer und immer noch nicht kam, und klopfte an seine Türe. Als keinerlei Antwort erfolgte, trat ich ein. Stiller stand mitten im Zimmer, seine Hände in den Hosentaschen wie so oft. »Ich komme«, sagte er. Ich fuhr ihn in die Klinik und wartete im Wagen draußen. Das Bild der Toten war so viel stärker als alles, was ich mit offenen Augen zu sehen vermochte; als Bild eines vergangenen Wesens, das in seiner Zeit von niemand erkannt worden ist, am allerwenigsten von dem, der mit seiner menschlichen Liebe um sie gerungen hat. Schon nach einer Viertelstunde kam Stiller zurück, um sich neben mich in den Wagen zu setzen. »Sie ist schön«, sagte er. Ich verlängerte meinen Urlaub und blieb, nach der Abreise meiner Frau, noch einige Tage in Glion, um ihm allerlei abzunehmen, was es bei einem Todesfall zu tun gibt. Im übrigen hatte ich nicht das Gefühl, daß Stiller mich brauchte, und zu Gesprächen kam es nicht mehr. Das Medizinische interessierte ihn nicht, und sonst gab es kaum etwas zu sagen; es war alles entschieden. Am Abend nach dem kleinen Begräbnis auf einem fremden Friedhof, als ich ihn verlassen mußte, arbeitete Stiller in seinem Souterrain, versuchte es zumindest. Er führte mich an jenes eiserne Törlein mit dem komischen Schild, geistesabwesend, so daß ich ihm zwei- oder dreimal die Hand gab. Wir sahen einander dann und wann; seine nächtlichen Anrufe blieben aus, und seine Briefe waren karg. Stiller blieb in Glion und lebte allein.

1953/1954

Homo faber

Ein Bericht

Erste Station

Wir starteten in La Guardia, New York, mit dreistündiger Verspätung infolge Schneestürmen. Unsere Maschine war, wie üblich auf dieser Strecke, eine Super-Constellation. Ich richtete mich sofort zum Schlafen, es war Nacht. Wir warteten noch weitere vierzig Minuten draußen auf der Piste, Schnee vor den Scheinwerfern, Pulverschnee, Wirbel über der Piste, und was mich nervös machte, so daß ich nicht sogleich schlief, war nicht die Zeitung, die unsere Stewardeß verteilte, *First Pictures Of World's Greatest Air Crash In Nevada*, eine Neuigkeit, die ich schon am Mittag gelesen hatte, sondern einzig und allein diese Vibration in der stehenden Maschine mit laufenden Motoren – dazu der junge Deutsche neben mir, der mir sogleich auffiel, ich weiß nicht wieso, er fiel auf, wenn er den Mantel auszog, wenn er sich setzte und sich die Bügelfalten zog, wenn er überhaupt nichts tat, sondern auf den Start wartete wie wir alle und einfach im Sessel saß, ein Blonder mit rosiger Haut, der sich sofort vorstellte, noch bevor man die Gürtel geschnallt hatte. Seinen Namen hatte ich überhört, die Motoren dröhnten, einer nach dem andern auf Vollgasprobe –

Ich war todmüde.

Ivy hatte drei Stunden lang, während wir auf die verspätete Maschine warteten, auf mich eingeschwatzt, obschon sie wußte, daß ich grundsätzlich nicht heirate.

Ich war froh, allein zu sein.

Endlich ging's los –

Ich habe einen Start bei solchem Schneetreiben noch nie erlebt, kaum hatte sich unser Fahrgestell von der weißen Piste gehoben, war von den gelben Bodenlichtern nichts mehr zu sehen, kein Schimmer, später nicht einmal ein Schimmer von Manhattan, so schneite es. Ich sah nur das grüne Blinklicht an unsrer Tragfläche, die heftig schwankte, zeitweise wippte; für Sekunden verschwand sogar dieses grüne Blinklicht im Nebel, man kam sich wie ein Blinder vor.

Rauchen gestattet.

Er kam aus Düsseldorf, mein Nachbar, und so jung war er auch wieder nicht, anfangs Dreißig, immerhin jünger als ich; er reiste, wie er mich sofort unterrichtete, nach Guatemala, geschäftlich, soviel ich verstand –

Wir hatten ziemliche Böen.

Er bot mir Zigaretten an, mein Nachbar, aber ich bediente mich von meinen eignen, obschon ich nicht rauchen wollte, und dankte, nahm nochmals die Zeitung, meinerseits keinerlei Bedürfnis nach Bekanntschaft. Ich war unhöflich, mag sein. Ich hatte eine strenge Woche hinter mir, kein Tag ohne Konferenz, ich wollte Ruhe haben, Menschen sind anstrengend. Später nahm ich meine Akten aus der Mappe, um zu arbeiten; leider gab es gerade eine heiße Bouillon, und der Deutsche (er hatte, als ich seinem schwachen Englisch entgegenkam mit Deutsch, sofort gemerkt, daß ich Schweizer bin) war nicht mehr zu stoppen. Er redete über Wetter, beziehungsweise über Radar, wovon er wenig verstand; dann machte er, wie üblich nach dem zweiten Weltkrieg, sofort auf europäische Brüderschaft. Ich sagte wenig. Als man die Bouillon gelöffelt hatte, blickte ich zum Fenster hinaus, obschon nichts andres zu sehen war als das grüne Blinklicht draußen an unsrer nassen Tragfläche, ab und zu Funkenregen wie üblich, das rote Glühen in der Motor-Haube. Wir stiegen noch immer –

Später schlief ich ein.

Die Böen ließen nach.

Ich weiß nicht, warum er mir auf die Nerven ging, irgendwie kannte ich sein Gesicht, ein sehr deutsches Gesicht. Ich überlegte mit geschlossenen Augen, aber vergeblich. Ich versuchte, sein rosiges Gesicht zu vergessen, was mir gelang, und schlief etwa sechs Stunden, überarbeitet wie ich war – kaum war ich erwacht, ging er mir wieder auf die Nerven.

Er frühstückte bereits.

Ich tat, als schliefe ich noch.

Wir befanden uns (ich sah es mit meinem rechten Auge) irgendwo über dem Mississippi, flogen in großer Höhe und vollkommen ruhig, unsere Propeller blinkten in der Morgensonne, die üblichen Scheiben, man sieht sie und sieht hindurch, ebenso glänzten die Tragflächen, starr im leeren Raum, nichts von Schwingungen, wir lagen reglos in einem wolkenlosen Himmel, ein Flug wie hundert andere zuvor, die Motoren liefen in Ordnung.

»Guten Tag!« sagte er –

Ich grüßte zurück.

»Gut geschlafen?« fragte er –

Man erkannte die Wasserzweige des Mississippi, wenn auch unter Dunst, Sonnenglanz drauf, Geriesel wie aus Messing oder Bronze; es war noch früher Morgen, ich kenne die Strecke, ich schloß die Augen, um weiterzuschlafen.

Er las ein Heftlein, rororo.

Es hatte keinen Zweck, die Augen zu schließen, ich war einfach wach, und mein Nachbar beschäftigte mich ja doch, ich sah ihn sozusagen mit geschlossenen Augen. Ich bestellte mein Frühstück ... Er war zum ersten Mal in den Staaten, wie vermutet, dabei mit seinem Urteil schon fix und fertig, wobei er das eine und andere (im ganzen fand er die Amerikaner kulturlos) trotzdem anerkennen mußte, beispielsweise die Deutschfreundlichkeit der meisten Amerikaner.

Ich widersprach nicht.

Kein Deutscher wünsche Wiederbewaffnung, aber der Russe zwinge Amerika dazu, Tragik, ich als Schweizer (Schwyzzer, wie er mit Vorliebe sagte) könne alldies nicht beurteilen, weil nie im Kaukasus gewesen, er sei im Kaukasus gewesen, er kenne den Iwan, der nur durch Waffen zu belehren sei. Er kenne den Iwan! Das sagte er mehrmals. Nur durch Waffen zu belehren! sagte er, denn alles andere mache ihm keinen Eindruck, dem Iwan –

Ich schälte meinen Apfel.

Unterscheidung nach Herrenmenschen und Untermenschen, wie's der gute Hitler meinte, sei natürlich Unsinn; aber Asiaten bleiben Asiaten –

Ich aß meinen Apfel.

Ich nahm meinen elektrischen Rasierapparat aus der Mappe, um mich zu rasieren, beziehungsweise um eine Viertelstunde allein zu sein, ich mag die Deutschen nicht, obschon Joachim, mein Freund, auch Deutscher gewesen ist ... In der Toilette überlegte ich mir, ob ich mich nicht anderswohin setzen könnte, ich hatte einfach kein Bedürfnis, diesen Herrn näher kennenzulernen, und bis Mexico-City, wo mein Nachbar umsteigen mußte, dauerte es noch mindestens vier Stunden. Ich war entschlossen, mich anderswohin zu setzen; es gab noch freie Sitze. Als ich in die Kabine zurückkehrte, rasiert, so daß ich mich freier fühlte, sicherer – ich vertrage es nicht, unrasiert zu sein – hatte er sich gestattet, meine Akten vom Boden aufzuheben, damit niemand drauf tritt, und überreichte sie mir, seinerseits die Höflichkeit in Person. Ich bedankte mich, indem ich die Akten in meine Mappe versorgte, etwas zu herzlich, scheint es, denn er benutzte meinen Dank sofort, um weitere Fragen zu stellen.

Ob ich für die *Unesco* arbeite?

Ich spürte den Magen – wie öfter in der letzten Zeit, nicht schlimm, nicht schmerzhaft, ich spürte nur, daß man einen Magen hat, ein blödes Gefühl. Vielleicht war ich drum so unausstehlich. Ich setzte mich an meinen Platz und berichtete, um nicht unausstehlich zu sein, von meiner Tätigkeit, *technische Hilfe für unterentwickelte Völker*, ich kann darüber sprechen, während ich ganz andres denke. Ich weiß nicht, was ich dachte. Die *Unesco*, scheint es, machte ihm Eindruck, wie alles Internationale, er behandelte mich nicht mehr als Schwyzzer, sondern hörte zu, als sei man eine Autorität, geradezu ehrfürchtig, interessiert bis zur Unterwürfigkeit, was nicht hinderte, daß er mir auf die Nerven ging.

Ich war froh um die Zwischenlandung.

Im Augenblick, als wir die Maschine verließen und vor dem Zoll uns trennten, wußte ich, was ich vorher gedacht hatte: Sein Gesicht (rosig und dicklich, wie Joachim nie gewesen ist) erinnerte mich doch an Joachim. –

Ich vergaß es wieder.

Das war in Houston, Texas.

Nach dem Zoll, nach der üblichen Schererei mit meiner Kamera, die mich schon um die halbe Welt begleitet hat, ging ich in die Bar, um einen Drink zu haben, bemerkte aber, daß mein Düsseldorfer bereits in der Bar saß, sogar einen Hocker freihielt – vermutlich für mich! – und ging gradaus in die Toilette hinunter, wo ich mir, da ich nichts anderes zu tun hatte, die Hände wusch.

Aufenthalt: 20 Minuten.

Mein Gesicht im Spiegel, während ich Minuten lang die Hände wasche, dann trockne: weiß wie Wachs, mein Gesicht, beziehungsweise grau und gelblich mit violetten Adern darin, scheußlich wie eine Leiche. Ich vermutete, es kommt vom Neon-Licht, und trocknete meine Hände, die ebenso gelblich-violett sind, dann der übliche Lautsprecher, der alle Räume bedient, somit auch das Untergeschoß: *Your attention please, your attention please!* Ich wußte nicht, was los ist. Meine Hände schwitzten, obschon es in dieser Toilette geradezu kalt ist, draußen ist es heiß. Ich weiß nur soviel: – Als ich wieder zu mir kam, kniete die dicke Negerin neben mir, Putzerin, die ich vorher nicht bemerkt hatte, jetzt in nächster Nähe, ich sah ihr Riesenmaul mit den schwarzen Lippen, das Rosa ihres Zahnfleisches, ich hörte den hallenden Lautsprecher, während ich noch auf allen vieren war –

Plane is ready for departure.
Zweimal:
Plane is ready for departure.
Ich kenne diese Lautsprecherei.
All passengers for Mexico-Guatemala-Panama, dazwischen Motorenlärm, *kindly requested,* Motorenlärm, *gate number five, thank you.*
Ich erhob mich.
Die Negerin kniete noch immer –
Ich schwor mir, nie wieder zu rauchen, und versuchte, mein Gesicht unter die Röhre zu halten, was nicht zu machen war wegen der Schüssel, es war ein Schweißanfall, nichts weiter, Schweißanfall mit Schwindel.
Your attention please –
Ich fühlte mich sofort wohler.
Passenger Faber, passenger Faber!
Das war ich.
Please to the information-desk.
Ich hörte es, ich tauchte mein Gesicht in die öffentliche Schüssel, ich hoffte, daß sie ohne mich weiterfliegen, das Wasser war kaum kälter als mein Schweiß, ich begriff nicht, wieso die Negerin plötzlich lachte – es schüttelte ihre Brust wie einen Pudding, so mußte sie lachen, ihr Riesenmaul, ihr Kruselhaar, ihre weißen und schwarzen Augen, Großaufnahme aus Afrika, dann neuerdings: *Plane is ready for departure.* Ich trocknete mein Gesicht mit dem Taschentuch, während die Negerin an meinen Hosen herumwischte. Ich kämmte mich sogar, bloß um Zeit zu verlieren, der Lautsprecher gab Meldung um Meldung, Ankünfte, Abflüge, dann nochmals:
Passenger Faber, passenger Faber –
Sie weigerte sich, Geld anzunehmen, es wäre ein Vergnügen (pleasure) für sie, daß ich lebe, daß der Lord ihr Gebet erhört habe, ich hatte ihr die Note einfach hingelegt, aber sie folgte mir noch auf die Treppe, wo sie als Negerin nicht weitergehen durfte, und zwang mir die Note in die Hand.
In der Bar war es leer –
Ich rutschte mich auf einen Hocker, zündete mir eine Zigarette an, schaute zu, wie der Barmann die übliche Olive ins kalte Glas wirft, dann aufgießt, die übliche Geste: mit dem Daumen hält er das Sieb vor dem silbernen Mischbecher, damit kein Eis ins Glas plumpst, und ich legte meine

Note hin, draußen rollte eine Super-Constellation vorbei und auf die Piste hinaus, um zu starten. Ohne mich! Ich trank meinen Martini-Dry, als wieder der Lautsprecher mit seinem Knarren einsetzte: *Your attention please!* Eine Weile hörte man nichts, draußen brüllten gerade die Motoren der startenden Super-Constellation, die mit dem üblichen Dröhnen über uns hinwegflog – dann neuerdings:

Passenger Faber, passenger Faber –

Niemand konnte wissen, daß ich gemeint war, und ich sagte mir, lange können sie nicht mehr warten – ich ging aufs Observation-Dach, um unsere Maschine zu sehen. Sie stand, wie es schien, zum Start bereit; die Shell-Tanker waren weg, aber die Propeller liefen nicht. Ich atmete auf, als ich das Rudel unsrer Passagiere über das leere Feld gehen sah, um einzusteigen, mein Düsseldorfer ziemlich voran. Ich wartete auf das Anspringen der Propeller, der Lautsprecher hallte und schepperte auch hier:

Please to the information-desk!

Aber es geht mich nicht an.

Miss Sherbon, Mr. and Mrs. Rosenthal –

Ich wartete und wartete, die vier Propellerkreuze blieben einfach starr, ich hielt sie nicht aus, diese Warterei auf meine Person, und begab mich neuerdings ins Untergeschoß, wo ich mich hinter der geriegelten Tür eines Cabinets versteckte, als es nochmals kam:

Passenger Faber, passenger Faber.

Es war eine Frauenstimme, ich schwitzte wieder und mußte mich setzen, damit mir nicht schwindlig wurde, man konnte meine Füße sehen.

This is our last call.

Zweimal: *This is our last call.*

Ich weiß nicht, wieso ich mich eigentlich versteckte. Ich schämte mich; es ist sonst nicht meine Art, der letzte zu sein. Ich blieb in meinem Versteck, bis ich festgestellt hatte, daß der Lautsprecher mich aufgab, mindestens zehn Minuten. Ich hatte einfach keine Lust weiterzufliegen. Ich wartete hinter der geriegelten Tür, bis man das Donnern einer startenden Maschine gehört hatte – eine Super-Constellation, ich kenne ihren Ton! – dann rieb ich mein Gesicht, um nicht durch Blässe aufzufallen, und verließ das Cabinet wie irgendeiner, ich pfiff vor mich hin, ich stand in der Halle und kaufte irgendeine Zeitung, ich hatte keine Ahnung, was ich in diesem Houston, Texas, anfangen sollte. Es war merkwürdig; plötzlich ging es ohne mich! Ich horchte jedesmal, wenn der Lautsprecher ertönte – dann ging ich, um etwas zu tun, zur Western Union: um eine Depesche aufzugeben, betreffend mein Gepäck, das ohne mich nach Mexico flog, ferner eine Depesche nach Caracas, daß unsere Montage um vierundzwanzig Stunden verschoben werden sollte, ferner eine Depesche nach New York, ich steckte gerade meinen Kugelschreiber zurück, als unsere Stewardeß, die übliche Liste in der andern Hand, mich am Ellbogen faßte:

»There you are!«

Ich war sprachlos –

»We're late, Mister Faber, we're late!«

Ich folgte ihr, meine überflüssigen Depeschen in der Hand, mit allerlei Ausreden, die nicht interessierten, hinaus zu unsrer Super-Constellation; ich ging wie einer, der vom Gefängnis ins Gericht geführt wird – Blick auf den Boden beziehungsweise auf die Treppe, die sofort, kaum war ich in der Kabine, ausgeklinkt und weggefahren wurde.

»I'm sorry!« sagte ich, »I'm sorry.«

Die Passagiere, alle schon angeschnallt, drehten ihre Köpfe, ohne ein Wort zu sagen, und mein Düsseldorfer, den ich vergessen hatte, gab mir sofort den Fensterplatz wieder, geradezu besorgt: Was denn geschehen wäre? Ich sagte, meine Uhr sei stehengeblieben, und zog meine Uhr auf.

Start wie üblich –

Das Nächste, was mein Nachbar erzählte, war interessant – überhaupt fand ich ihn jetzt, da ich keine Magenbeschwerden mehr hatte, etwas sympathischer; er gab zu, daß die deutsche Zigarre noch nicht zur Weltklasse gehört, Voraussetzung einer guten Zigarre, sagte er, sei ein guter Tabak.

Er entfaltete eine Landkarte.

Die Plantage, die seine Firma auszubauen hoffte, lag allerdings, wie mir schien, am Ende der Welt, Staatsgebiet von Guatemala, von Flores nur mit Pferd zu erreichen, während man von Palenque (Staatsgebiet von Mexico) mit einem Jeep ohne weiteres hinkommt; sogar ein Nash, behauptete er, wäre schon durch diesen Dschungel gefahren.

Er selbst flog zum ersten Mal dahin.

Bevölkerung: Indios.

Es interessierte mich, insofern ich ja auch mit der Nutzbarmachung unterentwickelter Gebiete beschäftigt bin; wir waren uns einig, daß Straßen erstellt werden müssen, vielleicht sogar ein kleiner Flugplatz, alles nur eine Frage der Verbindungen, Einschiffungen in Puerto Barrios – Ein kühnes

Unternehmen, schien mir, jedoch nicht unvernünftig, vielleicht wirklich die Zukunft der deutschen Zigarre.

Er faltete die Karte zusammen –

Ich wünschte Glück.

Auf seiner Karte (1:500000) war sowieso nichts zu erkennen, Niemandsland, weiß, zwei blaue Linien zwischen grünen Staatsgrenzen, Flüsse, die einzigen Namen (rot, nur mit der Lupe zu lesen) bezeichneten Maya-Ruinen –

Ich wünschte Glück.

Ein Bruder von ihm, der schon seit Monaten da unten lebte, hatte offenbar Mühe mit dem Klima, ich konnte es mir vorstellen, Flachland, tropisch, Feuchte der Regenzeit, die senkrechte Sonne.

Damit war dieses Gespräch zu Ende.

Ich rauchte, Blick zum Fenster hinaus: unter uns der blaue Golf von Mexico, lauter kleine Wolken, und ihre violetten Schatten auf dem grünlichen Meer, Farbspiel wie üblich, ich habe es schon oft genug gefilmt – ich schloß die Augen, um wieder etwas Schlaf nachzuholen, den Ivy mir gestohlen hatte; unser Flug war nun vollkommen ruhig, mein Nachbar ebenso.

Er las seinen Roman.

Ich mache mir nichts aus Romanen – sowenig wie aus Träumen, ich träumte von Ivy, glaube ich, jedenfalls fühlte ich mich bedrängt, es war in einer Spielbar in Las Vegas (wo ich in Wirklichkeit nie gewesen bin), Klimbim, dazu Lautsprecher, die immer meinen Namen riefen, ein Chaos von blauen und roten und gelben Automaten, wo man Geld gewinnen kann, Lotterie, ich wartete mit lauter Splitternackten, um mich scheiden zu lassen (dabei bin ich in Wirklichkeit gar nicht verheiratet), irgendwie kam auch Professor O. vor, mein geschätzter Lehrer an der Eidgenössischen Technischen Hochschule, aber vollkommen sentimental, er weinte immerfort, obschon er Mathematiker ist, beziehungsweise Professor für Elektrodynamik, es war peinlich, aber das Blödsinnigste von allem: – Ich bin mit dem Düsseldorfer verheiratet! ... Ich wollte protestieren, aber konnte meinen Mund nicht aufmachen, ohne die Hand davor zu halten, da mir soeben, wie ich spürte, sämtliche Zähne ausgefallen sind, alle wie Kieselsteine im Mund –

Ich war, kaum erwacht, sofort im Bild:

Unter uns das offene Meer –

Es war der Motor links, der die Panne hatte; ein Propeller als starres Kreuz im wolkenlosen Himmel – das war alles.

Unter uns, wie gesagt, der Golf von Mexico.

Unsere Stewardeß, ein Mädchen von zwanzig Jahren, ein Kind mindestens ihrem Aussehen nach, hatte mich an der linken Schulter gefaßt, um mich zu wecken, ich wußte aber alles, bevor sie's erklärte, indem sie mir eine grüne Schwimmweste reichte; mein Nachbar war eben dabei, seine Schwimmweste anzuschnallen, humorig wie bei Alarm-Übungen dieser Art –

Wir flogen mindestens auf zweitausend Meter Höhe.

Natürlich sind mir keine Zähne ausgefallen, nicht einmal mein Stiftzahn, der Vierer oben rechts; ich war erleichtert, geradezu vergnügt.

Im Korridor, vorn, der Captain:

There is no danger at all –

Alles nur eine Maßnahme der Vorsicht, unsere Maschine ist sogar imstande mit zwei Motoren zu fliegen, wir befinden uns 8,5 Meilen von der mexikanischen Küste entfernt, Kurs auf Tampico, alle Passagiere freundlich gebeten, Ruhe zu bewahren und vorläufig nicht zu rauchen.

Thank you.

Alle saßen wie in einer Kirche, alle mit grünen Schwimmwesten um die Brust, ich kontrollierte mit meiner Zunge, ob mir wirklich keine Zähne wackelten, alles andere regte mich nicht auf.

Zeit 10.25 Uhr.

Ohne unsere Verspätung wegen Schneesturm in den nördlichen Staaten wären wir jetzt in Mexico-City gelandet, ich sagte es meinem Düsseldorfer – bloß um zu reden. Ich hasse Feierlichkeit.

Keine Antwort.

Ich fragte nach seiner genauen Zeit –

Keine Antwort.

Die Motoren, die drei anderen, liefen in Ordnung, von Ausfall nichts zu spüren, ich sah, daß wir die Höhe hielten, dann Küste im Dunst, eine Art von Lagune, dahinter Sümpfe. Aber von Tampico noch nichts zu sehen. Ich kannte Tampico von früher, von einer Fischvergiftung, die ich nicht vergessen werde bis ans Ende meiner Tage.

»Tampico«, sagte ich, »das ist die dreckigste Stadt der Welt. Ölhafen, Sie werden sehen, entweder stinkt's nach Öl oder nach Fisch –«

Er fingerte an seiner Schwimmweste.

»Ich rate Ihnen wirklich«, sagte ich, »essen Sie keinen Fisch, mein Herr, unter keinen Umständen –«

Er versuchte zu lächeln.

»Die Einheimischen sind natürlich immun«, sagte ich, »aber unsereiner –«

Er nickte, ohne zu hören. Ich hielt ganze Vorträge, scheint es, über Amöben, beziehungsweise über Hotels in Tampico. Sobald ich merkte, daß er gar nicht zuhörte, mein Düsseldorfer, griff ich ihn am Ärmel, was sonst nicht meine Art ist, im Gegenteil, ich hasse diese Manie, einander am Ärmel zu greifen. Aber anders hörte er einfach nicht zu. Ich erzählte ihm die ganze Geschichte meiner langweiligen Fischvergiftung in Tampico, 1951, also vor sechs Jahren – Wir flogen indessen, wie sich zeigte, gar nicht der Küste entlang, sondern plötzlich landeinwärts. Also doch nicht Tampico! Ich war sprachlos, ich wollte mich bei der Stewardeß erkundigen.

Rauchen wieder gestattet!

Vielleicht war der Flughafen von Tampico zu klein für unsere Super-Constellation (damals ist es eine DC-4 gewesen), oder sie hatten Weisung bekommen, trotz der Motorpanne nach Mexico-City durchzufliegen, was ich allerdings angesichts der Sierra Madre Oriental, die uns noch bevorstand, nicht begriff. Unsere Stewardeß – ich griff sie am Ellenbogen, was sonst, wie gesagt, nicht meine Art ist hatte keine Zeit für Auskünfte, sie wurde zum Captain gerufen.

Tatsächlich stiegen wir.

Ich versuchte an Ivy zu denken –

Wir stiegen.

Unter uns immer noch Sümpfe, seicht und trübe, dazwischen Zungen von Land, Sand, die Sümpfe teilweise grün und dann wieder rötlich, Lippenstiftrot, was ich mir nicht erklären konnte, eigentlich keine Sümpfe, sondern Lagunen, und wo die Sonne spiegelt, glitzert es wie Lametta beziehungsweise wie Stanniol, jedenfalls metallisch, dann wieder himmelblau und wässerig (wie die Augen von Ivy) mit gelben Untiefen, Flecken wie violette Tinte, finster, vermutlich ein Unterwassergewächs, einmal eine Einmündung, braun wie amerikanischer Milchkaffee, widerlich, Quadratmeilen nichts als Lagunen. Auch der Düsseldorfer hatte das Gefühl, wir steigen.

Die Leute redeten wieder.

Eine anständige Landkarte, wie bei der *Swissair* immer zur Hand, gab es

hier nicht, und was mich nervös machte, war lediglich diese idiotische
Information: Kurs nach Tampico, während die Maschine landeinwärts
fliegt – steigend, wie gesagt, mit drei Motoren, ich beobachtete die drei
glitzernden Scheiben, die manchmal zu stocken scheinen, was auf opti-
scher Täuschung beruht, ein schwarzes Zucken wie üblich. Es war kein
Grund, sich aufzuregen, komisch nur der Anblick: das starre Kreuz eines
stehenden Propellers bei voller Fahrt.

Unsere Stewardeß tat mir leid.

Sie mußte von Reihe zu Reihe gehen, lächelnd wie Reklame, und fragen,
ob jedermann sich wohlfühle in seiner Schwimmweste; sobald man ein
Witzchen machte, verlor sie ihr Lächeln. Ob man im Gebirge schwimmen
könne? fragte ich –

Order war Order.

Ich hielt sie am Arm, die junge Person, die meine Tochter hätte sein können, beziehungsweise am Handgelenk; ich sagte ihr (natürlich zum Spaß!)
mit erhobenem Finger, sie habe mich zu diesem Flug gezwungen, jawohl,
niemand anders als sie – sie sagte:

»There is no danger, Sir, no danger at all. We're going to land in Mexico-
City in about one hour and twenty minutes.«

Das sagte sie jedem.

Ich ließ sie los, damit sie wieder lächeln und ihre Pflicht erfüllen
konnte, schauen, ob jedermann angeschnallt war. Kurz darauf hatte sie Order, Lunch zu bringen, obschon es noch nicht Lunchtime war ... Zum
Glück hatten wir schönes Wetter auch über Land, fast keine Wolken, jedoch Böen wie üblich vor Gebirgen, die normale Thermik, so daß unsere
Maschine sackte, schaukelte, bis sie sich wieder im Gleichgewicht hatte
und stieg, um neuerdings zu sacken mit schwingenden Tragflächen; Minuten lang flog man vollkommen ruhig, dann wieder ein Stoß, so daß die
Tragflächen wippten, und wieder das Schlenkern, bis die Maschine sich
fing und stieg, als wäre es für immer in Ordnung, und wieder sackte –
wie üblich bei Böen.

In der Ferne die blauen Gebirge.

Sierra Madre Oriental.

Unter uns die rote Wüste.

Als kurz darauf – wir erhielten gerade unsren Lunch, mein Düsseldorfer
und ich, das Übliche: Juice, ein schneeweißes Sandwich mit grünem Salat – plötzlich ein zweiter Motor aussetzte, war die Panik natürlich da, unvermeidlich, trotz Lunch auf dem Knie. Jemand schrie.

Von diesem Augenblick an ging alles sehr rasch –
Offenbar befürchtete man noch den Ausfall der anderen Motoren, so
daß man sich zur Notlandung entschloß. Jedenfalls sanken wir, der Lautsprecher knackte und knarrte, so daß man von den Anweisungen, die gege-
ben werden, kaum ein Wort versteht.
Meine erste Sorge: wohin mit dem Lunch?
Wir sanken, obschon zwei Motoren, wie gesagt, genügen sollten, das reg-
lose Pneu-Paar in der Luft, wie üblich vor einer Landung, und ich stellte
meinen Lunch einfach auf den Boden des Korridors, dabei befanden wir
uns noch mindestens fünfhundert Meter über dem Boden.
Jetzt ohne Böen.
No smoking.
Die Gefahr, daß unsere Maschine bei der Notlandung zerschellt oder in
Flammen aufgeht, war mir bewußt – ich staunte über meine Ruhe.
Ich dachte an niemand.
Alles ging sehr geschwind, wie schon gesagt, unter uns Sand, ein flaches
Tal zwischen Hügeln, die felsig zu sein schienen, alles vollkommen kahl,
Wüste –
Eigentlich war man nur gespannt.
Wir sanken, als läge eine Piste unter uns, ich preßte mein Gesicht ans
Fenster, man sieht ja diese Pisten immer erst im letzten Augenblick, wenn
schon die Bremsklappen draußen sind. Ich wunderte mich, daß die Brems-
klappen nicht kommen. Unsere Maschine vermied offensichtlich jede
Kurve, um nicht abzusacken, und wir flogen über die günstige Ebene hin-
aus, unser Schatten flog immer näher, er sauste schneller als wir, so schien
es, ein grauer Fetzen auf dem rötlichen Sand, er flatterte.
Dann Felsen –
Jetzt stiegen wir wieder.
Dann, zum Glück, neuerdings Sand, aber Sand mit Agaven, beide Motoren auf Vollgas, so flogen wir Minuten lang auf Haushöhe, das Fahrgestell wurde wieder eingezogen. Also Bauchlandung! Wir flogen, wie man
sonst in großen Höhen fliegt, ziemlich ruhig und ohne Fahrgestell – aber
auf Haushöhe, wie gesagt, und ich wußte, es wird keine Piste kommen,
trotzdem preßte ich das Gesicht ans Fenster.
Plötzlich war unser Fahrgestell neuerdings ausgeschwenkt, ohne daß
eine Piste kam, dazu die Bremsklappen, man spürte es wie eine Faust gegen den Magen, Bremsen, Sinken wie im Lift, im letzten Augenblick verlor

ich die Nerven, so daß die Notlandung – ich sah nur noch die flitzenden
Agaven zu beiden Seiten, dann beide Hände vors Gesicht! – nichts als
ein blinder Schlag war, Sturz vornüber in die Bewußtlosigkeit.

Dann Stille.

Wir hatten ein Affenschwein, kann ich nur sagen, niemand hatte auch
nur eine Nottüre aufgetan, ich auch nicht, niemand rührte sich, wir hingen
vornüber in unseren Gurten.

»Go on«, sagte der Captain, »go on!«

Niemand rührte sich.

»Go on!«

Zum Glück kein Feuer, man mußte den Leuten sagen, sie dürften sich
abschnallen, die Türe war offen, aber es kam natürlich keine Treppe ange-
rollt, wie man's gewohnt ist, bloß Hitze, wie wenn man einen Ofen aufmacht, Glutluft.

Ich war unverletzt.

Endlich die Strickleiter!

Man versammelte sich, ohne daß es eine Order brauchte, im Schatten
unter der Tragfläche, alle stumm, als wäre Sprechen in der Wüste strengstens verboten. Unsere Super-Constellation stand etwas vornüber gekippt,
nicht schlimm, nur das vordere Fahrgestell war gestaucht, weil eingesun-
ken im Sand, nicht einmal gebrochen. Die vier Propeller-Kreuze glänzten
im knallblauen Himmel, ebenso die drei Schwanzsteuer. Niemand rührte
sich, wie gesagt, offenbar warteten alle, daß der Captain etwas sagte.

»Well«, sagte er, »there we are!«

Er lachte.

Ringsum nichts als Agaven, Sand, die rötlichen Gebirge in der Ferne,
ferner als man vorher geschätzt hat, vor allem Sand und nochmals Sand,
gelblich, das Flimmern der heißen Luft darüber, Luft wie flüssiges Glas. –
Zeit: 11.05 Uhr.

Ich zog meine Uhr auf –

Die Besatzung holte Wolldecken heraus, um die Pneus vor der Sonne zu
schützen, während wir in unseren grünen Schwimmwesten umherstanden,
untätig. Ich weiß nicht, warum niemand die Schwimmweste auszog.

Ich glaube nicht an Fügung und Schicksal, als Techniker bin ich gewohnt
mit den Formeln der Wahrscheinlichkeit zu rechnen. Wieso Fügung? Ich
gebe zu: Ohne die Notlandung in Tamaulipas (26. III.) wäre alles anders

gekommen; ich hätte diesen jungen Hencke nicht kennengelernt, ich hätte vielleicht nie wieder von Hanna gehört, ich wüßte heute noch nicht, daß ich Vater bin. Es ist nicht auszudenken, wie anders alles gekommen wäre ohne diese Notlandung in Tamaulipas. Vielleicht würde Sabeth noch leben. Ich bestreite nicht: Es war mehr als ein Zufall, daß alles so gekommen ist, es war eine ganze Kette von Zufällen. Aber wieso Fügung? Ich brauche, um das Unwahrscheinliche als Erfahrungstatsache gelten zu lassen, keinerlei Mystik; Mathematik genügt mir.

Mathematisch gesprochen:

Das Wahrscheinliche (daß bei 6 000 000 000 Würfen mit einem regelmäßigen Sechserwürfel annähernd 1 000 000 000 Einser vorkommen) und das Unwahrscheinliche (daß bei 6 Würfen mit demselben Würfel einmal 6 Einser vorkommen) unterscheiden sich nicht dem Wesen nach, sondern nur der Häufigkeit nach, wobei das Häufigere von vornherein als glaubwürdiger erscheint. Es ist aber, wenn einmal das Unwahrscheinliche eintritt, nichts Höheres dabei, keinerlei Wunder oder Derartiges, wie es der Laie so gerne haben möchte. Indem wir vom Wahrscheinlichen sprechen, ist ja das Unwahrscheinliche immer schon inbegriffen und zwar als Grenzfall des Möglichen, und wenn es einmal eintritt, das Unwahrscheinliche, so besteht für unsereinen keinerlei Grund zur Verwunderung, zur Erschütterung, zur Mystifikation.

Vergleiche hierzu:

Ernst Mally *Wahrscheinlichkeit und Gesetz*, ferner Hans Reichenbach *Wahrscheinlichkeitslehre*, ferner Whitehead und Russell *Principia Mathematica*, ferner v. Mises *Wahrscheinlichkeit, Statistik und Wahrheit*.

Unser Aufenthalt in der Wüste von Tamaulipas, Mexico, dauerte vier Tage und drei Nächte, total 85 Stunden, worüber es wenig zu berichten gibt – ein grandioses Erlebnis (wie jedermann zu erwarten scheint, wenn ich davon spreche) war es nicht. Dazu viel zu heiß! Natürlich dachte ich auch sofort an den Disney-Film, der ja grandios war, und nahm sofort meine Kamera; aber von Sensation nicht die Spur, ab und zu eine Eidechse, die mich erschreckte, eine Art von Sandspinnen, das war alles.

Es blieb uns nichts als Warten.

Das erste, was ich in der Wüste von Tamaulipas tat: ich stellte mich dem Düsseldorfer vor, denn er interessierte sich für meine Kamera, ich erläuterte ihm meine Optik.

Andere lasen.

Zum Glück, wie sich bald herausstellte, spielte er auch Schach, und da ich stets mit meinem Steck-Schach reise, waren wir gerettet; er organisierte sofort zwei leere Coca-Cola-Kistchen, wir setzten uns abseits, um das allgemeine Gerede nicht hören zu müssen, in den Schatten unter dem Schwanzsteuer – kleiderlos, bloß in Schuhen (wegen der Hitze des Sandes) und in Jockey-Unterhosen.

Unser Nachmittag verging im Nu.

Kurz vor Einbruch der Dämmerung erschien ein Flugzeug, Militär, es kreiste lange über uns, ohne etwas abzuwerfen, und verschwand (was ich gefilmt habe) gegen Norden, Richtung Monterrey.

Abendessen: ein Käse-Sandwich, eine halbe Banane.

Ich schätze das Schach, weil man Stunden lang nichts zu reden braucht. Man braucht nicht einmal zu hören, wenn der andere redet. Man blickt auf das Brett, und es ist keineswegs unhöflich, wenn man kein Bedürfnis nach persönlicher Bekanntschaft zeigt, sondern mit ganzem Ernst bei der Sache ist –

»Sie sind am Zug!« sagte er –

Die Entdeckung, daß er Joachim, meinen Freund, der seit mindestens zwanzig Jahren einfach verstummt war, nicht nur kennt, sondern daß er geradezu sein Bruder ist, ergab sich durch Zufall ... Als der Mond aufging (was ich ebenfalls gefilmt habe) zwischen schwarzen Agaven am Horizont, hätte man noch immer Schach spielen können, so hell war es, aber plötzlich zu kalt; wir waren hinausgestapft, um eine Zigarette zu rauchen, hinaus in den Sand, wo ich gestand, daß ich mir aus Landschaften nichts mache, geschweige denn aus einer Wüste.

»Das ist nicht Ihr Ernst!« sagte er.

Er fand es ein Erlebnis.

»Gehen wir schlafen!« sagte ich, »– Hotel Super-Constellation, Holiday In Desert With All Accommodations!«

Ich fand es kalt.

Ich habe mich schon oft gefragt, was die Leute eigentlich meinen, wenn sie von Erlebnis reden. Ich bin Techniker und gewohnt, die Dinge zu sehen, wie sie sind. Ich sehe alles, wovon sie reden, sehr genau; ich bin ja nicht blind. Ich sehe den Mond über der Wüste von Tamaulipas – klarer als je, mag sein, aber eine errechenbare Masse, die um unseren Planeten kreist, eine Sache der Gravitation, interessant, aber wieso ein Erlebnis?

Ich sehe die gezackten Felsen, schwarz vor dem Schein des Mondes; sie sehen aus, mag sein, wie die gezackten Rücken von urweltlichen Tieren,
aber ich weiß: Es sind Felsen, Gestein, wahrscheinlich vulkanisch, das
müßte man nachsehen und feststellen. Wozu soll ich mich fürchten? Es
gibt keine urweltlichen Tiere mehr. Wozu sollte ich sie mir einbilden?
Ich sehe auch keine versteinerten Engel, es tut mir leid; auch keine Dämonen, ich sehe, was ich sehe: die üblichen Formen der Erosion, dazu meinen
langen Schatten auf dem Sand, aber keine Gespenster. Wozu weibisch werden? Ich sehe auch keine Sintflut, sondern Sand, vom Mond beschienen,
vom Wind gewellt wie Wasser, was mich nicht überrascht; ich finde es
nicht fantastisch, sondern erklärlich. Ich weiß nicht, wie verdammte Seelen aussehen; vielleicht wie schwarze Agaven in der nächtlichen Wüste.
Was ich sehe, das sind Agaven, eine Pflanze, die ein einziges Mal blüht
und dann abstirbt. Ferner weiß ich, daß ich nicht (wenn es im Augenblick
auch so aussieht) der erste oder letzte Mensch auf der Erde bin; und ich
kann mich von der bloßen Vorstellung, der letzte Mensch zu sein, nicht erschüttern lassen, denn es ist nicht so. Wozu hysterisch sein? Gebirge sind
Gebirge, auch wenn sie in gewisser Beleuchtung, mag sein, wie irgend etwas anderes aussehen, es ist aber die Sierra Madre Oriental, und wir stehen
nicht in einem Totenreich, sondern in der Wüste von Tamaulipas, Mexico,
ungefähr sechzig Meilen von der nächsten Straße entfernt, was peinlich ist,
aber wieso ein Erlebnis? Ein Flugzeug ist für mich ein Flugzeug, ich sehe
keinen ausgestorbenen Vogel dabei, sondern eine Super-Constellation
mit Motor-Defekt, nichts weiter, und da kann der Mond sie bescheinen,
wie er will. Warum soll ich erleben, was gar nicht ist? Ich kann mich auch
nicht entschließen, etwas wie die Ewigkeit zu hören; ich höre gar nichts,
ausgenommen das Rieseln von Sand nach jedem Schritt. Ich schlottere,
aber ich weiß: in sieben bis acht Stunden kommt wieder die Sonne. Ende
der Welt, wieso? Ich kann mir keinen Unsinn einbilden, bloß um etwas zu
erleben. Ich sehe den Sand-Horizont, weißlich in der grünen Nacht, schätzungsweise zwanzig Meilen von hier, und ich sehe nicht ein, wieso dort,
Richtung Tampico, das Jenseits beginnen soll. Ich kenne Tampico. Ich weigere mich, Angst zu haben aus bloßer Fantasie, beziehungsweise fantastisch zu werden aus bloßer Angst, geradezu mystisch.

»Kommen Sie!« sagte ich.

Herbert stand und erlebte noch immer.

»Übrigens«, sagte ich, »sind Sie irgendwie verwandt mit einem Joachim

Hencke, der einmal in Zürich studiert hat?« Es kam mir ganz plötzlich, als wir so standen, die Hände in den Hosentaschen, den Rockkragen heraufgestülpt; wir wollten gerade in die Kabine steigen.

»Joachim?« sagte er, »das ist mein Bruder.«

»Nein!« sagte ich –

»Ja«, sagte er, »natürlich – ich erzählte Ihnen doch, daß ich meinen Bruder in Guatemala besuche.«

Wir mußten lachen.

»Wie klein die Welt ist!«

Die Nächte verbrachte man in der Kabine, schlotternd in Mantel und Wolldecken; die Besatzung kochte Tee, solange Wasser vorhanden.

»Wie geht's ihm denn?« fragte ich. »Seit zwanzig Jahren habe ich nichts mehr von ihm gehört.«

»Danke«, sagte er, »danke –«

»Damals«, sagte ich, »waren wir sehr befreundet –«

Was ich erfuhr, war so das Übliche: Heirat, ein Kind (was ich offenbar überhört habe; sonst hätte ich mich nicht später danach erkundigt), dann Krieg, Gefangenschaft, Heimkehr nach Düsseldorf und so fort, ich staunte, wie die Zeit vergeht, wie man älter wird.

»Wir sind besorgt«, sagte er –

»Wieso?«

»Er ist der einzige Weiße da unten«, sagte er, »seit zwei Monaten keinerlei Nachrichten –«

Er berichtete.

Die meisten Passagiere schliefen schon, man mußte flüstern, das große Licht in der Kabine war lange schon gelöscht, um die Batterie zu schonen, war man gebeten, auch das kleine Lämpchen über dem Sitz auszuknipsen; es war dunkel, nur draußen die Helligkeit des Sandes, die Tragflächen im Mondlicht, glänzend, kalt.

»Wieso Revolte?« fragte ich.

Ich beruhigte ihn.

»Wieso Revolte?« sagte ich, »vielleicht sind seine Briefe einfach verlorengegangen –«

Jemand bat uns, endlich zu schweigen.

Zweiundvierzig Passagiere in einer Super-Constellation, die nicht fliegt, sondern in der Wüste steht, ein Flugzeug mit Wolldecken um die Motoren (um sie vor Sand zu schützen) und mit Wolldecken um jeden Pneu, die

Passagiere genau so, wie wenn man fliegt, in ihren Sesseln schlafend mit schrägen Köpfen und meistens offenen Mündern, aber dazu Totenstille, draußen die vier blanken Propeller-Kreuze, der weißliche Mondglanz auch auf den Tragflächen, alles reglos – es war ein komischer Anblick.

Jemand redete im Traum –

Beim Erwachen am Morgen, als ich zum Fensterchen hinausschaute und den Sand sah, die Nähe des Sandes, erschrak ich eine Sekunde lang, unnötigerweise.

Herbert las wieder ein rororo.

Ich nahm mein Kalenderchen:

27. III. Montage in Caracas!

Zum Frühstück gab es Juice, dazu zwei Biscuits, dazu Versicherungen, daß Lebensmittel unterwegs sind, Getränke auch, kein Grund zu Besorgnis – sie hätten besser nichts gesagt; denn so wartete man natürlich den ganzen Tag auf Motorengeräusch.

Wieder eine Irrsinnshitze!

In der Kabine war's noch heißer –

Was man hörte: Wind, dann und wann Pfiffe von Sandmäusen, die man allerdings nicht sah, das Rascheln einer Eidechse, vor allem ein steter Wind, der den Sand nicht aufwirbelte, wie gesagt, aber rieseln ließ, so daß unsere Trittspuren immer wieder gelöscht waren; immer wieder sah es aus, als wäre niemand hier gewesen, keine Gesellschaft von zweiundvierzig Passagieren und fünf Leuten der Besatzung.

Ich wollte mich rasieren –

Zu filmen gab es überhaupt nichts.

Ich fühle mich nicht wohl, wenn unrasiert; nicht wegen der Leute, sondern meinetwegen. Ich habe dann das Gefühl, ich werde etwas wie eine Pflanze, wenn ich nicht rasiert bin, und ich greife unwillkürlich an mein Kinn. Ich holte meinen Apparat und versuchte alles mögliche, beziehungsweise unmögliche, denn ohne elektrischen Strom ist mit diesem Apparat ja nichts zu machen, das weiß ich – das war es ja, was mich nervös machte: daß es in der Wüste keinen Strom gibt, kein Telefon, keinen Stecker, nichts.

Einmal, mittags, hörte man Motoren.

Alle, außer Herbert und mir, standen draußen in der brütenden Sonne, um Ausschau zu halten in dem violetten Himmel über dem gelblichen Sand und den grauen Disteln und den rötlichen Gebirgen, es war nur ein dünnes Summen, eine gewöhnliche DC-7, die da in großer Höhe glänzte, im Widerschein weiß wie Schnee, Kurs auf Mexico-City, wo wir gestern um diese Zeit hätten landen sollen.

Die Stimmung war miserabler als je.

Wir hatten unser Schach, zum Glück.

Viele Passagiere folgten unserem Vorbild, indem sie sich mit Schuhen und Unterhosen begnügten; die Damen hatten es schwieriger, einige saßen in aufgekrempelten Röcken und in Büstenhaltern, blau oder weiß oder rosa, ihre Bluse um den Kopf gewickelt wie einen Turban.

Viele klagten über Kopfschmerz.

Jemand mußte sich erbrechen –

Wir hockten wieder abseits, Herbert und ich, im Schatten unter dem Schwanzsteuer, das, wie die Tragflächen auch, im Widerschein des besonnten Sandes blendete, so daß man sogar im Schatten wie unter einem Scheinwerfer saß, und wir redeten wie üblich wenig beim Schach. Einmal fragte ich:

»Ist Joachim denn nicht mehr verheiratet?«

»Nein«, sagte er.

»Geschieden?«

»Ja«, sagte er.

»Wir haben viel Schach gespielt – damals.«

»So«, sagte er.

Seine Einsilbigkeit reizte mich.

»Wen hat er denn geheiratet?«

Ich fragte zum Zeitvertreib, es machte mich nervös, daß man nicht rauchen durfte, ich hatte eine Zigarette im Mund, feuerlos, weil Herbert sich so lange besann, obschon er sehen mußte, daß es nichts mehr zu retten gibt; ich lag mit einem Pferdchen-Gewinn im sicheren Vorteil, als er nach langem Schweigen, dann so beiläufig, wie ich meinerseits gefragt hatte, den Namen von Hanna erwähnte.

»– Hanna Landsberg, Münchnerin, Halbjüdin.«

Ich sagte nichts.

»Sie sind am Zug!« sagte er.

Ich ließ nichts merken, glaube ich. Ich zündete versehentlich meine Zigarette an, was strengstens verboten war, und löschte sofort aus. Ich tat, als überlegte ich meine Züge, und verlor Figur um Figur –

»Was ist los?« lachte er, »was ist los?«

Wir spielten die Partie nicht zu Ende, ich gab auf und drehte das Brettchen, um die Figuren neuerdings aufzustellen. Ich wagte nicht einmal zu fragen, ob Hanna noch am Leben sei. Stundenlang spielten wir ohne ein Wort, von Zeit zu Zeit genötigt, unsere Coca-Cola-Kiste zu verrutschen, um im Schatten zu bleiben, das heißt: genötigt, immer wieder auf Sand zu sitzen, der gerade noch in der Sonne geglüht hatte. Wir schwitzten wie in der Sauna, wortlos über mein ledernes Steckschach gebeugt, das sich von unseren Schweißtropfen leider verfärbte.

Zu trinken gab es nichts mehr.

Warum ich nicht fragte, ob Hanna noch lebt, weiß ich nicht – vielleicht aus Angst, er würde mir sagen, Hanna sei nach Theresienstadt gekommen.

Ich errechnete ihr heutiges Alter.

Ich konnte sie mir nicht vorstellen.

Gegen Abend, kurz vor Dämmerung, kam endlich das versprochene Flugzeug, eine Sportmaschine, die lange kreiste, bis sie endlich den Fallschirmabwurf wagte: drei Säcke, zwei Kisten, die es im Umkreis von dreihundert Metern zu holen galt – wir waren gerettet: *Carta blanca, Cerveza Mexicana*, ein gutes Bier, das sogar Herbert, der Deutsche, anerkennen mußte, als man mit Bierdosen in der Wüste stand, Gesellschaft in Büstenhaltern und Unterhosen, dazu wieder Sonnenuntergang, den ich auf Farbfilm nahm.

Ich träumte von Hanna.

Hanna als Krankenschwester zu Pferd!

Am dritten Tag endlich ein erster Helikopter, um wenigstens die argentinische Mama mit ihren zwei Kindern zu holen, Gott sei Dank, und um Post mitzunehmen; er wartete eine Stunde auf Post.

Herbert schrieb sofort nach Düsseldorf.

Jedermann saß und schrieb.

Man mußte fast schreiben, bloß damit die lieben Leute nicht fragten, ob man denn keine Frau habe, keine Mutter, keine Kinder, – ich holte meine Hermes-Baby (sie ist heute noch voll Sand) und spannte einen Bogen ein, Bogen mit Durchschlag, da ich annahm, ich würde an Williams schreiben, tippte das Datum und schob – Platz für Anrede:

»My Dear!«

Ich schrieb also an Ivy. Lange schon hatte ich das Bedürfnis, einmal sauberen Tisch zu machen. Endlich einmal hatte ich die Ruhe und Zeit, die Ruhe einer ganzen Wüste.

»My Dear —«

Daß ich in der Wüste hocke, sechzig Meilen von der befahrbaren Welt entfernt, war bald gesagt. Daß es heiß ist, schönes Wetter, keine Spur von Verletzung und so weiter, dazu ein paar Details zwecks Anschaulichkeit: Coca-Cola-Kiste, Unterhosen, Helikopter, Bekanntschaft mit einem Schachspieler, all dies füllte noch keinen Brief. Was weiter? Die bläulichen Gebirge in der Ferne. Was weiter? Gestern Bier. Was weiter? Ich konnte sie nicht einmal um Zustellung von Filmen bitten und war mir bewußt, daß Ivy, wie jede Frau, eigentlich nur wissen möchte, was ich fühle, beziehungsweise denke, wenn ich schon nichts fühle, und das wußte ich zwar genau: Ich habe Hanna nicht geheiratet, die ich liebte, und wieso soll ich Ivy heiraten? – aber das zu formulieren, ohne daß es verletzte, war verdammt nicht leicht, denn sie wußte ja nichts von Hanna und war ein lieber Kerl, aber eine Art von Amerikanerin, die jeden Mann, der sie ins Bett nimmt, glaubt heiraten zu müssen. Dabei war Ivy durchaus verheiratet, ich weiß nicht zum wievielten Mal, und ihr Mann, Beamter in Washington, dachte ja nicht dran, sich scheiden zu lassen; denn er liebte Ivy. Ob er ahnte, warum Ivy regelmäßig nach New York flog, weiß ich nicht. Sie sagte, sie ginge zum Psychiater, und das ging sie nämlich auch. Jedenfalls klopfte es nie an meiner Türe, und ich sah nicht ein, wieso Ivy, sonst in ihren Ansichten modern, eine Ehe daraus machen wollte; sowieso hatten wir in letzter Zeit nur noch Krach, schien mir, Krach um jede Kleinigkeit. Krach wegen Studebaker-oder-Nash! Ich brauchte nur daran zu denken – und es tippte plötzlich wie von selbst, im Gegenteil, ich mußte auf die Uhr sehen, damit mein Brief noch fertig wird, bis der Helikopter startet.

Sein Motor lief bereits –

Nicht ich, sondern Ivy hatte den Studebaker gewollt; vor allem die Farbe (Tomatenrot nach ihrer Meinung, Himbeerrot nach meiner Meinung) war ihr Geschmack, nicht meiner, denn das Technische kümmerte sie wenig. Ivy war Mannequin, sie wählte ihre Kleider nach der Wagenfarbe, glaube ich, die Wagenfarbe nach ihrem Lippenstift oder umgekehrt, ich weiß es nicht. Ich kannte nur ihren ewigen Vorwurf: daß ich überhaupt keinen Geschmack habe und daß ich sie nicht heirate. Dabei war sie, wie gesagt, ein lieber Kerl. Aber daß ich daran dachte, ihren Studebaker zu verkaufen, das fand sie unmöglich, beziehungsweise typisch für mich, daß ich nicht eine Sekunde lang an ihre Garderobe dächte, die mit dem Himbeer-Studebaker stand und fiel, typisch für mich, denn ich sei ein Egoist, ein Rohling, ein Barbar in bezug auf Geschmack, ein Unmensch in bezug auf die Frau. Ich kannte ihre Vorwürfe und hatte sie satt. Daß ich grundsätzlich nicht heirate, das hatte ich oft genug gesagt, zumindest durchblicken lassen, zuletzt aber auch gesagt, und zwar auf dem Flugplatz, als wir drei Stunden lang auf diese Super-Constellation hatten warten müssen. Ivy hatte sogar geweint, somit gehört, was ich sagte. Aber vielleicht brauchte Ivy es schwarz auf weiß. Wären wir bei dieser Notlandung verbrannt, könnte sie auch ohne mich leben! – schrieb ich ihr (zum Glück mit Durchschlag) deutlich genug, so meinte ich, um uns ein Wiedersehen zu ersparen.

Der Helikopter war startbereit –

Ich konnte meinen Brief nicht mehr durchlesen, nur in den Umschlag stecken, zukleben und geben – schauen, wie der Helikopter startete.

Langsam hatte man Bärte.

Ich sehnte mich nach elektrischem Strom –

Langsam wurde die Sache doch langweilig, eigentlich ein Skandal, daß die zweiundvierzig Passagiere und fünf Leute der Besatzung nicht längst aus dieser Wüste befreit waren, schließlich reisten die meisten von uns in dringenden Geschäften.

Einmal fragte ich doch:

»Lebt sie eigentlich noch?«

»Wer?« fragte er.

»Hanna – seine Frau.«

»Ach so«, sagte er und überlegte nur, wie er meine Gambit-Eröffnung abwehren solle, dazu sein Pfeifen, das mir sowieso auf die Nerven ging, ein halblautes Pfeifen ohne jede Melodie, Gezisch wie bei einem Ventil, unwillkürlich – ich mußte nochmals fragen:

»Wo lebt sie denn heute?«

»Weiß ich nicht«, sagte er.

»Aber sie lebt noch?«

»Ich nehme an.«

»Du weißt es nicht?«

»Nein«, sagte er, »aber ich nehme an –« Er wiederholte alles wie sein eigenes Echo: »– ich nehme an.«

Unser Schach war ihm wichtiger.

»Vielleicht ist alles zu spät«, sagte er später, »vielleicht ist alles zu spät.«

Damit meinte er das Schach.

»Hat sie denn noch emigrieren können?«

»Ja«, sagte er, »das hat sie –«

»Wann?«

»1938«, sagte er, »in letzter Stunde –«

»Wohin?«

»Paris«, sagte er, »dann vermutlich weiter, denn ein paar Jahre später waren wir ja auch in Paris. – Übrigens meine schönste Zeit! Bevor ich in den Kaukasus kam. Sous les toits de Paris!«

Mehr war nicht zu erfragen.

»Du«, sagte er, »das ist eine beschissene Sache, scheint mir, wenn ich jetzt nicht abtausche.«

Wir spielten immer lustloser.

Wie man später erfuhr, warteten damals acht Helikopter der US-Army an der mexikanischen Grenze auf die behördliche Bewilligung, uns zu holen.

Ich putzte meine Hermes-Baby.

Herbert las.

Es blieb uns nichts als Warten.

Was Hanna betrifft:

Ich hätte Hanna gar nicht heiraten können, ich war damals, 1933 bis 1935, Assistent an der Eidgenössischen Technischen Hochschule, Zürich, arbeitete an meiner Dissertation (Über die Bedeutung des sogenannten Maxwell'schen Dämons) und verdiente dreihundert Franken im Monat, eine Heirat kam damals nicht in Frage, wirtschaftlich betrachtet, abgesehen von allem anderen. Hanna hat mir auch nie einen Vorwurf gemacht, daß es damals nicht zur Heirat kam. Ich war bereit dazu. Im Grunde war es Hanna selbst, die damals nicht heiraten wollte.

Mein Entschluß, eine Dienstreise einfach zu ändern und einen privaten Umweg über Guatemala zu machen, bloß um einen alten Jugendfreund wiederzusehen, fiel auf dem neuen Flugplatz in Mexico-City, und zwar im letzten Augenblick; ich stand schon an der Schranke, nochmals Händeschütteln, ich bat Herbert, seinen Bruder zu grüßen von mir, sofern Joachim sich überhaupt noch an mich erinnerte – dazu wieder der übliche Lautsprecher: *Your attention please, your attention please*, es war wieder eine Super-Constellation, *all passengers for Panama – Caracas – Pernambuco*, es ödete mich einfach an, schon wieder in ein Flugzeug zu steigen, schon wieder Gürtel zu schnallen, Herbert sagte:

»Mensch, du mußt gehen!«

Ich gelte in beruflichen Dingen als äußerst gewissenhaft, geradezu pedantisch, jedenfalls ist es noch nicht vorgekommen, daß ich eine Dienstreise aus purer Laune verzögerte, geschweige denn änderte – eine Stunde später flog ich mit Herbert.

»Du«, sagte er, »das ist flott von dir!«

Ich weiß nicht, was es wirklich war.

»Nun warten die Turbinen einmal auf mich«, sagte ich, »ich habe auch schon auf Turbinen gewartet – nun warten sie einmal auf mich!«

Natürlich ist das kein Standpunkt.

Schon in Campeche empfing uns die Hitze mit schleimiger Sonne und klebriger Luft, Gestank von Schlamm, der an der Sonne verwest, und wenn man sich den Schweiß aus dem Gesicht wischt, so ist es, als stinke man selbst nach Fisch. Ich sagte nichts. Schließlich wischt man sich den Schweiß nicht mehr ab, sondern sitzt mit geschlossenen Augen und atmet mit geschlossenem Mund, Kopf an eine Mauer gelehnt, die Beine von sich gestreckt. Herbert war ganz sicher, daß der Zug jeden Dienstag fährt, laut Reiseführer von Düsseldorf, er hatte es sogar schwarz auf weiß – aber es war, wie sich nach fünfstündigem Warten plötzlich herausstellte, nicht Dienstag, sondern Montag.

Ich sagte kein Wort.

Im Hotel gibt es wenigstens eine Dusche, ein Handtuch, das nach Campfer riecht wie üblich in diesen Gegenden, und wenn man sich duschen will, fallen die fingerlangen Käfer aus dem schimmligen Vorhang – ich ersäufte sie, doch kletterten sie nach einer Weile immer wieder aus dem Ablauf hervor, bis ich sie mit der Ferse zertrat, um mich endlich duschen zu können.

Ich träumte von diesen Käfern.

Ich war entschlossen, Herbert zu verlassen und am andern Mittag zurückzufliegen, Kameradschaft hin oder her –

Ich spürte wieder meinen Magen.

Ich lag splitternackt –

Es stank die ganze Nacht.

Auch Herbert lag splitternackt –

Campeche ist immerhin noch eine Stadt, eine Siedlung mit elektrischem Strom, so daß man sich rasieren konnte, und mit Telefon; aber auf allen Drähten hockten schon Zopilote, die reihenweise warten, bis ein Hund verhungert, ein Esel verreckt, ein Pferd geschlachtet wird, dann flattern sie herab ... Wir kamen gerade hinzu, wie sie hin und her zerrten an einem solchen Geschlamp von Eingeweide, eine ganze Meute von schwarzvioletten Vögeln mit blutigen Därmen in ihren Schnäbeln, nicht zu vertreiben, auch wenn ein Wagen kommt; sie zerren das Aas anderswohin, ohne aufzufliegen, nur hüpfend, nur huschend, alles mitten auf dem Markt.

Herbert kaufte eine Ananas.

Ich war entschlossen, wie gesagt, nach Mexico-City zurückzufliegen. Ich war verzweifelt. Warum ich es nicht tat, weiß ich nicht.

Plötzlich war's Mittag –

Wir standen draußen auf einem Damm, wo es weniger stank, aber um so heißer war, weil schattenlos, und aßen unsere Ananas, wir bückten uns vornüber, so tropfte es, dann über die Steine hinunter, um die zuckerigen Finger zu spülen; das warme Wasser war ebenfalls klebrig, nicht zuckerig, aber salzig, und die Finger stanken nach Tang, nach Motoröl, nach Muscheln, nach Fäulnis unbestimmbarer Art, so daß man sie sofort am Taschentuch abwischte. Plötzlich das Motorengeräusch! Ich stand gelähmt. Meine DC-4 nach Mexico-City, sie flog gerade über uns hinweg, dann Kurve aufs offene Meer hinaus, wo sie im heißen Himmel sich sozusagen auflöste wie in einer blauen Säure –

Ich sagte nichts.

Ich weiß nicht, wie jener Tag verging.

Er verging –

Unser Zug (Campeche-Palenque-Coatzacoalcos) war besser als erwartet: Eine Dieselmaschine und vier Wagen mit air-condition, so daß wir die Hitze vergaßen, mit der Hitze auch den Unsinn dieser ganzen Reise.

»Ob Joachim mich noch kennt?«

Ab und zu hielt unser Zug auf offener Strecke in der Nacht, man hatte keine Ahnung wieso, nirgends ein Licht, nur dank eines fernen Gewitters erkannte man, daß es durch Dschungel geht, teilweise Sumpf, Wetterleuchten hinter einem Geflecht von schwarzen Bäumen, unsere Lokomotive tutete und tutete in die Nacht hinaus, man konnte das Fenster nicht öffnen, um zu sehen, was los ist ... Plötzlich fuhr er wieder: dreißig Stundenkilometer, obschon es topfeben ist, eine schnurgerade Strecke. Immerhin war man zufrieden, daß es weiterging.

Einmal fragte ich:

»Warum sind sie eigentlich geschieden?«

»Weiß ich nicht«, sagte er, »sie wurde Kommunistin, glaube ich –«

»Drum?«

Er gähnte.

»Ich weiß es nicht«, sagte er, »es ging nicht. Ich habe nie danach gefragt.«

Einmal, als unser Zug neuerdings hielt, ging ich zur Wagentür, um hinauszuschauen. Draußen die Hitze, die man vergessen hatte, eine feuchte Finsternis und Stille. Ich ging aufs Trittbrett hinunter, Stille mit Wetterleuchten, ein Büffel stand auf dem schnurgeraden Geleise vor uns, nichts weiter. Er stand wie ausgestopft, weil vom Scheinwerfer unserer Lokomotive geblendet, stur. Sofort hatte man wieder Schweiß auf der Stirne und am Hals. Es tutete und tutete. Ringsum nichts als Dickicht. Nach einigen Minuten ging der Büffel (oder was es war) langsam aus dem Scheinwerfer, dann hörte ich Rauschen im Dickicht, das Knicken von Ästen, dann ein Klatschen, sein Platschen im Wasser, das man nicht sah –

Dann fuhren wir wieder.

»Haben sie denn Kinder?« fragte ich.

»Eine Tochter –«

Wir richteten uns zum Schlafen, die Jacke unter den Nacken, die Beine gestreckt auf die leeren Sitze gegenüber.

»Hast du sie gekannt?«

»Ja«, sagte ich, »warum?«

Kurz darauf schlief er –

Beim Morgengrauen noch immer Dickicht, die erste Sonne über dem flachen Dschungel-Horizont, viel Reiher, die in weißen Scharen aufflatterten vor unserem langsamen Zug, Dickicht ohne Ende, unabsehbar, dann und wann eine Gruppe indianischer Hütten, verborgen unter Bäumen mit Luftwurzeln, manchmal eine einzelne Palme, sonst meistens Laubhölzer, Akazien und Unbekanntes, vor allem Büsche, ein vorsintflutliches Farnkraut, es wimmelte von schwefelgelben Vögeln, die Sonne wieder wie hinter Milchglas, Dunst, man sah die Hitze.

Ich hatte geträumt – (Nicht von Hanna!)

Als wir neuerdings auf offener Strecke hielten, war es Palenque, ein Bahnhöflein irgendwo, wo niemand einsteigt und niemand aussteigt außer uns, ein kleiner Schopf neben dem Geleise, ein Signal, nichts weiter, nicht einmal Verdopplung des Geleises (wenn ich mich richtig erinnere), wir erkundigten uns dreimal, ob das Palenque ist.

Sofort rann wieder der Schweiß –

Wir standen mit unserem Gepäck, als der Zug weiterfuhr, wie am Ende der Welt, mindestens am Ende der Zivilisation, und von einem Jeep, der hier hätte warten sollen, um den Herrn aus Düsseldorf sofort zur Plantage hinüberzufahren, war natürlich keine Spur.

»There we are!«

Ich lachte.

Immerhin gab es ein Sträßlein, und nach einer halben Stunde, die uns ziemlich erschöpft hatte, kamen Kinder aus den Büschen, später ein Eseltreiber, der unser Gepäck nahm, ein Indio natürlich, ich behielt nur meine gelbe Aktenmappe mit Reißverschluß.

Fünf Tage hingen wir in Palenque.

Wir hingen in Hängematten, allzeit ein Bier in greifbarer Nähe, schwitzend, als wäre Schwitzen unser Lebenszweck, unfähig zu irgendeinem Entschluß, eigentlich ganz zufrieden, denn das Bier ist ausgezeichnet, *Yuca-teca*, besser als das Bier im Hochland, wir hingen in unseren Hängematten und tranken, um weiter schwitzen zu können, und ich wußte nicht, was wir eigentlich wollten.

Wir wollten einen Jeep!

Wenn man es sich nicht immer wieder sagte, so vergaß man es, und sonst sagten wir wenig den ganzen Tag, ein sonderbarer Zustand.

Ein Jeep, ja, aber woher?

Sprechen machte nur durstig.

Der Wirt unsres winzigen Hotels *(Lacroix)* hatte einen Landrover, offensichtlich das einzige Fahrzeug in Palenque, das er aber selber brauchte, um Bier und Gäste von der Bahn zu holen, Leute, die sich etwas aus indianischen Ruinen machen, Liebhaber von Pyramiden; zur Zeit war nur ein einziger da, ein junger Amerikaner, der zuviel redete, aber zum Glück war er tagsüber immer weg – draußen auf den Ruinen, die auch wir, meinte er, besichtigen sollten.

Ich dachte ja nicht daran!

Jeder Schritt löste Schweiß aus, der sofort mit Bier ersetzt werden mußte, und es ging nur, indem man in der Hängematte hing mit bloßen Füßen und sich nicht rührte, rauchend, Apathie als einzig möglicher Zustand – sogar das Gerücht, die Plantage jenseits der Grenze sei seit Monaten verlassen, regte uns nicht auf; wir blickten einander an, Herbert und ich, und tranken unser Bier.

Unsere einzige Chance: der Landrover.

Der stand tagelang vor dem Hotelchen –

Aber der Wirt, wie gesagt, brauchte ihn!

Erst nach Sonnenuntergang (die Sonne geht eigentlich nicht unter, sondern ermattet im Dunst) wurde es kühler, so daß man wenigstens blödeln konnte. Über die Zukunft der deutschen Zigarre! Ich fand es zum Lachen, nichts weiter, unsere ganze Reiserei und überhaupt. Revolte der Eingeborenen! Daran glaubte ich nicht einen Augenblick lang; dazu sind diese Indios viel zu sanft, zu friedlich, geradezu kindisch. Abende lang hocken sie in ihren weißen Strohhüten auf der Erde, reglos wie Pilze, zufrieden ohne Licht, still. Sonne und Mond sind ihnen Licht genug, ein weibisches Volk, unheimlich, dabei harmlos.

Herbert fragte, was ich denn glaube.

Nichts!

Was man denn machen solle, fragte er.

Duschen –

Ich duschte mich von morgens bis abends, ich hasse Schweiß, weil man sich wie ein Kranker vorkommt. (Ich bin in meinem Leben nie krank gewesen, ausgenommen Masern.) Ich glaube, Herbert fand es nicht gerade kameradschaftlich von mir, daß ich überhaupt nichts glaubte, aber es war einfach zu heiß, um etwas zu glauben, oder dann glaubte man geradezu alles – wie Herbert.

»Komm«, sagte ich, »gehen wir ins Kino!«

Herbert glaubte im Ernst, daß es in Palenque, das aus lauter indianischen Hütten besteht, ein Kino gibt, und er war wütend, als ich lachte.

Zum Regnen kam es nie.

Es wetterleuchtete jede Nacht, unsere einzige Abendunterhaltung, Palenque besitzt einen Dieselmotor, der elektrischen Strom erzeugt, aber um 21.00 Uhr abgestellt wird, so daß man plötzlich in der Finsternis des Dschungels hing und nur noch das Wetterleuchten sah, bläulich wie Quarzlampenlicht, dazu die roten Leuchtkäfer, später Mond, schleimig, Sterne sah man nicht, dazu war es zu dunstig ... Joachim schreibt einfach keine Briefe, weil es zu heiß ist, ich konnte es verstehen; er hängt in seiner Hängematte wie wir, gähnend, oder er ist tot – da gab es nichts zu glauben, fand ich, bloß zu warten, bis wir einen Jeep bekommen, um über die Grenze zu fahren und zu sehen.

Herbert schrie mich an:

»Ein Jeep! – woher?«

Kurz darauf schnarchte er.

Sonst herrschte, sobald der Dieselmotor abgestellt war, meistens Stille; ein Pferd graste im Mondschein, im gleichen Gehege ein Reh, aber lautlos, ferner eine schwarze Sau, ein Truthahn, der das Wetterleuchten nicht vertrug und kreischte, ferner Gänse, die plötzlich, vom Truthahn aufgeregt, ebenfalls schnatterten, plötzlich ein Alarm, dann wieder Stille, Wetterleuchten über dem platten Land, nur das grasende Pferd hörte man die ganze Nacht.

Ich dachte an Joachim –

Aber was eigentlich?

Ich war einfach wach.

Nur unser Ruinen-Freund schwatzte viel, und wenn man zuhörte, sogar ganz interessant; von Tolteken, Zapoteken, Azteken, die zwar Tempel erbaut, aber das Rad nicht gekannt haben. Er kam aus Boston und war Musiker. Manchmal ging er mir auf die Nerven wie alle Künstler, die sich für höhere oder tiefere Wesen halten, bloß weil sie nicht wissen, was Elektrizität ist.

Schließlich schlief ich auch.

Am Morgen, jedesmal, weckte mich ein sonderbarer Lärm, halb Industrie, halb Musik, ein Geräusch, das ich mir nicht erklären konnte, nicht laut, aber rasend wie Grillen, metallisch, monoton, es mußte eine Mechanik sein, aber ich erriet sie nicht, und später, wenn wir zum Frühstück ins Dorf gingen, war es verstummt, nichts zu sehen. Wir waren die einzigen Gäste in der einzigen Pinte, wo wir immer das gleiche bestellten: Huevos à la mexicana, sauscharf, aber vermutlich gesund, dazu Tortilla, dazu Bier. Die indianische Wirtin, eine Matrone mit schwarzen Zöpfen, hielt uns für Forscher. Ihre Haare erinnern an Gefieder: schwarz mit einem bläulich-grünen Glanz darin; dazu ihre Elfenbein-Zähne, wenn sie einmal lächeln, ihre ebenfalls schwarzen und weichen Augen.

»Frag sie doch«, sagte Herbert, »ob sie meinen Bruder kennt und wann sie ihn zuletzt gesehen hat.«

Viel war nicht zu erfahren.

»Sie erinnert sich an ein Auto«, sagte ich, »das ist alles –« Auch der Papagei wußte nichts.

Gracias, hihi!

Ich redete spanisch mit ihm.

Hihi, gracias, hihi!

Am zweiten oder dritten Morgen, als wir wie üblich frühstückten, begafft von lauter Maya-Kindern, die übrigens nicht betteln, sondern einfach vor unserem Tisch stehen und von Zeit zu Zeit lachen, war Herbert von der fixen Idee besessen, es müßte irgendwo in diesem Hühnerdorf, wenn man es gründlich untersuchte, irgendeinen Jeep geben – irgendwo hinter einer Hütte, irgendwo im Dickicht von Kürbis und Bananen und Mais. Ich ließ ihn. Es war Blödsinn, schien mir, wie alles, aber es war mir einerlei, ich hing in meiner Hängematte, und Herbert zeigte sich den ganzen Tag nicht.

Sogar zum Filmen war ich zu faul.

Außer Bier, *Yucateca*, das ausgezeichnet war, aber ausgegangen, gab es in Palenque nur noch Rum, miserabel, und Coca-Cola, was ich nicht ausstehen kann –

Ich trank Rum und schlief.

Jedenfalls dachte ich stundenlang an nichts –

Herbert, der erst in der Dämmerung zurückkam, bleich vor Erschöpfung, hatte einen Bach entdeckt und gebadet, ferner zwei Männer entdeckt, die mit krummen Säbeln (so behauptete er) durch den Mais gingen, Indios mit weißen Hosen und weißen Strohhüten, genau wie die Männer im Dorf – aber mit krummen Säbeln in der Hand.

Von Jeep natürlich kein Wort!

Er hatte Angst, glaube ich.

Ich rasierte mich, solange es noch elektrischen Strom gab. Herbert erzählte wieder von seinem Kaukasus, seine Schauergeschichten vom Iwan, die ich kenne; später gingen wir, da es kein Bier mehr gab, ins Kino, geführt von unserem Ruinen-Freund, der sein Palenque kannte – es gab tatsächlich ein Kino, Schopf mit Wellblechdach, wir sahen als Vorfilm: Harald Lloyd, Fassadenkletterei in der Mode der Zwanzigerjahre; als Hauptfilm: Liebesleidenschaft in den besten Kreisen von Mexico, Ehebruch mit Cadillac und Browning, alles in Marmor und Abendkleid. Wir lachten uns krumm, während die vier oder fünf Indios reglos vor der zerknitterten Leinwand hockten, ihre großen Strohhüte auf dem Kopf, vielleicht zufrieden, vielleicht auch nicht, man weiß es nie, undurchsichtig, mongolisch ... Unser neuer Freund, Musiker aus Boston, wie gesagt, Amerikaner französischer Herkunft, war von Yucatan begeistert und konnte nicht fassen, daß wir uns nicht für Ruinen interessieren; er fragte, was wir hier machten.

Achselzucken unsrerseits –

Wir blickten uns an, Herbert und ich, indem es jeder dem andern überließ, zu sagen, daß wir auf einen Jeep warten. Ich weiß nicht, wofür der andere uns hielt.

Rum hat den Vorteil, daß man nicht einen Schweißausbruch hat wie nach jedem Bier, dafür Kopfschmerzen am anderen Morgen, wenn wieder der unverständliche Lärm losgeht, halb Klavier, halb Maschinengewehr, dazu Gesang – jedesmal zwischen 6.00 und 7.00 Uhr, jedesmal will ich der Sache nachgehen, vergesse es aber im Lauf des Tages.

Man vergißt hier alles.

Einmal – wir wollten baden, aber Herbert fand seinen sagenhaften Bach nicht wieder, und wir gerieten plötzlich zu den Ruinen – trafen wir unseren Künstler an seiner Arbeit. In dem Gestein, das einen Tempel vorstellen soll, glühte eine Höllenhitze. Seine einzige Sorge: kein Schweißtropfen auf sein Papier! Er grüßte kaum; wir störten ihn. Seine Arbeit: er spannte Pauspapier über die steinernen Reliefs, um dann stundenlang mit einer schwarzen Kreide darüber hinzustreichen, eine irrsinnige Arbeit, bloß um Kopien herzustellen; er behauptete steif und fest, man könne diese Hieroglyphen und Götterfratzen nicht fotografieren, sonst wären sie sofort tot. Wir ließen ihn.

Ich bin kein Kunsthistoriker –

Nach einiger Pyramidenkletterei aus purer Langeweile (die Stufen sind viel zu steil, gerade das verkehrte Verhältnis von Breite und Höhe, so daß man außer Atem kommt) legte ich mich, schwindlig vor Hitze, irgendwo in den Schatten eines sogenannten Palastes, meine Arme und Beine von mir gestreckt, atmend.

Die feuchte Luft –

Die schleimige Sonne –

Ich war entschlossen, meinerseits umzukehren: wenn wir bis morgen keinen Jeep hätten … Es war schwüler als je, moosig und moderig, es schwirrte von Vögeln mit langen blauen Schwänzen, jemand hatte den Tempel als Toilette benutzt, daher die Fliegen. Ich versuchte zu schlafen. Es schwirrte und lärmte wie im Zoo, wenn man nicht weiß, was da eigentlich pfeift und kreischt und trillert, Lärm wie moderne Musik, es können Affen sein, Vögel, vielleicht eine Katzenart, man weiß es nicht, Brunst oder Todesangst, man weiß es nicht. –

Ich spürte meinen Magen. (Ich rauchte zuviel!)

Einmal, im elften oder dreizehnten Jahrhundert, soll hier eine ganze Stadt gestanden haben, sagte Herbert, eine Maya-Stadt –

Meinetwegen!

Meine Frage, ob er eigentlich noch an die Zukunft der deutschen Zigarre glaube, beantwortete Herbert schon nicht mehr: er schnarchte, nachdem er eben noch von der Religion der Maya geredet hatte, von Kunst und Derartigem.

Ich ließ ihn schnarchen.

Ich zog meine Schuhe aus, Schlangen hin oder her, ich brauchte Luft, ich hatte Herzklopfen vor Hitze, ich staunte über unseren Pauspapier-Künstler, der an der prallen Sonne arbeiten konnte und dafür seine Ferien hergibt, seine Ersparnisse, um Hieroglyphen, die niemand entziffern kann, nach Hause zu bringen –

Menschen sind komisch!

Ein Volk wie diese Maya, die das Rad nicht kennen und Pyramiden bauen, Tempel im Urwald, wo alles vermoost und in Feuchtigkeit verbröckelt – wozu?

Ich verstand mich selbst nicht.

Vor einer Woche hätte ich in Caracas und heute (spätestens) wieder in New York landen sollen; statt dessen hockte man hier – um einem Jugendfreund, der meine Jugendfreundin geheiratet hat, Gutentag zu sagen.

Wozu!

Wir warteten auf den Landrover, der unseren Ruinen-Künstler täglich hierher bringt, um ihn gegen Abend wieder abzuholen mit seinen Pauspapierrollen ... Ich war entschlossen, Herbert zu wecken und ihm zu sagen, daß ich mit dem nächsten Zug, der dieses Palenque verläßt, meine Rückkehr antrete.

Die schwirrenden Vögel –

Nie ein Flugzeug!

Wenn man den Kopf zur Seite dreht, um nicht immer diesen Milchglashimmel zu sehen, meint man jedesmal, man sei am Meer, unsere Pyramide eine Insel oder ein Schiff, ringsum das Meer; dabei ist es nichts als Dickicht, uferlos, grün-grau, platt wie ein Ozean – Dickicht!

Drüber Vollmond lila im Nachmittag.

Herbert schnarchte nach wie vor.

Man staunt, wie sie diese Quader herbeigeschafft haben, wenn sie das Rad nicht kannten, also auch den Flaschenzug nicht. Auch das Gewölbe nicht! Abgesehen von den Verzierungen, die mir sowieso nicht gefallen, weil ich für Sachlichkeit bin, finde ich ja diese Ruinen sehr primitiv – im Widerspruch zu unserem Ruinen-Freund, der die Maya liebt, gerade weil sie keinerlei Technik hatten, dafür Götter, er findet es hinreißend, daß man alle zweiundfünfzig Jahre einfach ein neues Zeitalter startet, nämlich alles vorhandene Geschirr zerschmettert, alle Herdfeuer löscht, dann vom Tempel her das gleiche Feuer wieder ins ganze Land hinausträgt, die ganze Töpferei neuerdings herstellt; ein Volk, das einfach aufbricht und seine Städte (unzerstört) verläßt, einfach aus Religion weiterzieht, um nach fünf-zig oder hundert Meilen irgendwo in diesem immergleichen Dschungel eine vollkommen neue Tempel-Stadt zu bauen – Er findet es sinnvoll, ob-schon unwirtschaftlich, geradezu genial, tiefsinnig (profond), und zwar im Ernst.

Manchmal mußte ich an Hanna denken –

Als ich Herbert weckte, schoß er auf. Was los sei? Als er sah, daß nichts los war, schnarchte er weiter – um sich nicht zu langweilen.

Von Motor kein Ton!

Ich versuche, mir vorzustellen, wie es wäre, wenn es plötzlich keine Mo-toren mehr gäbe wie zur Zeit der Maya. Irgend etwas mußte man ja den-ken. Ich fand es ein kindisches Staunen, betreffend die Herbeischaffung dieser Quader: – sie haben einfach Rampen erstellt, dann ihre Quader ge-schleift mit einem idiotischen Verschleiß an Menschenkraft, das ist ja ge-rade das Primitive daran. Anderseits ihre Astronomie! Ihr Kalender errech-nete das Sonnenjahr, laut Ruinen-Freund, auf 365,2420 Tage, statt 365,2422 Tage; trotzdem brachten sie es mit ihrer Mathematik, die man anerkennen muß, zu keiner Technik und waren daher dem Untergang ge-weiht –

Endlich unser Landrover!

Das Wunder geschah, als unser Ruinen-Freund hörte, daß wir hinüber nach Guatemala müßten. Er war begeistert. Er zog sofort sein Kalender-chen, um die restlichen Tage seiner Ferien zu zählen. In Guatemala, sagte er, wimmle es von Maya-Stätten, teilweise kaum ausgegraben, und wenn wir ihn mitnähmen, wollte er alles versuchen, um den Landrover zu be-kommen, den wir nicht bekommen, dank seiner Freundschaft mit dem *La-croix*-Wirt – und er bekam ihn.

(Hundert Pesos pro Tag.)

Es war Sonntag, als wir packten, eine heiße Nacht mit schleimigem

Mond, und der sonderbare Lärm, der mich jeden Morgen geweckt hatte, erwies sich als Musik, Geklimper einer altertümlichen Marimba, Gehämmer ohne Klang, eine fürchterliche Musik, geradezu epileptisch. Es war irgendein Fest, das mit dem Vollmond zu tun hat. Jeden Morgen vor der Feldarbeit hatten sie trainiert, um jetzt zum Tanz aufzuspielen, fünf Indios, die mit rasenden Hämmerchen auf ihr Instrument schlugen, eine Art hölzernes Xylophon, lang wie ein Tisch. Ich überholte den Motor, um uns eine Panne im Dschungel zu ersparen, und hatte keine Zeit, die Tanzerei anzuschauen; ich lag unter unserem Landrover. Die Mädchen saßen reihenweise um den Platz, die meisten mit einem Säugling an der braunen Brust, die Tänzer schwitzten und tranken Kokos-Milch. Im Lauf der Nacht kamen immer mehr, schien es, ganze Völkerstämme; die Mädchen trugen keine Trachten wie sonst, sondern amerikanische Konfektion zur Feier ihres Mondes, ein Umstand, worüber Marcel, unser Künstler, sich stundenlang aufregte. Ich hatte andere Sorgen! Wir besaßen keine Waffe, keinen Kompaß, nichts. Ich mache mir nichts aus Folklore. Ich packte unseren Landrover, jemand mußte es ja machen, und ich machte es gern, um weiterzukommen.

Hanna hatte Deutschland verlassen müssen und studierte damals Kunstgeschichte bei Professor Wölfflin, eine Sache, die mir ferne lag, aber sonst verstanden wir uns sofort, ohne an Heiraten zu denken. Auch Hanna dachte nicht an Heiraten. Wir waren beide viel zu jung, wie schon gesagt, ganz abgesehen von meinen Eltern, die Hanna sehr sympathisch fanden, aber um meine Karriere besorgt waren, wenn ich eine Halbjüdin heiraten würde, eine Sorge, die mich ärgerte und geradezu wütend machte. Ich war bereit, Hanna zu heiraten, ich fühlte mich verpflichtet gerade in Anbetracht der Zeit. Ihr Vater, Professor in München, kam damals in Schutzhaft, es war die Zeit der sogenannten Greuelmärchen, und es kam für mich nicht in Frage, Hanna im Stich zu lassen. Ich war kein Feigling, ganz abgesehen davon, daß wir uns wirklich liebten. Ich erinnere mich genau an jene Zeit, Parteitag in Nürnberg, wir saßen vor dem Radio, Verkündung der deutschen Rassengesetze. Im Grunde war es Hanna, die damals nicht heiraten wollte; ich war bereit dazu. Als ich von Hanna hörte, daß sie die Schweiz binnen vierzehn Tagen zu verlassen habe, war ich in Thun als Offizier; ich fuhr sofort nach Zürich, um mit Hanna zur Fremdenpolizei zu gehen, wo meine Uniform nichts ändern konnte, immerhin gelangten wir zum Chef der Fremdenpolizei. Ich erinnere mich noch heute, wie er das Schreiben betrachtete, das Hanna vorwies, und sich das Dossier kommen ließ, Hanna saß, ich stand. Dann seine wohlmeinende Frage, ob das Fräulein meine Braut sei, und unsere Verlegenheit. Wir sollten verstehen: die Schweiz sei ein kleines Land, kein Platz für zahllose Flüchtlinge, Asylrecht, aber Hanna hätte doch Zeit genug gehabt, ihre Auswanderung zu betreiben. Dann endlich das Dossier, und es stellt sich heraus, daß gar nicht Hanna gemeint war, sondern eine Emigrantin gleichen Namens, die bereits nach Übersee ausgewandert war. Erleichterung allerseits! Im Vorzimmer nahm ich meine Offiziershandschuhe, meine Offiziersmütze, als Hanna nochmals an den Schalter gerufen wurde, Hanna kreidebleich. Sie mußte noch zehn Rappen zahlen, Porto für den Brief, den man fälschlicherweise an ihre Adresse geschickt hatte. Ihre maßlose Empörung darüber! Ich fand es einen Witz. Leider mußte ich am selben Abend wieder nach Thun zu meinen Rekruten; auf jener Fahrt kam ich zum Entschluß, Hanna zu heiraten, falls ihr je die Aufenthaltsbewilligung entzogen werden sollte. Kurz darauf (wenn ich mich richtig erinnere) starb ihr alter Vater in Schutzhaft. Ich war entschlossen, wie gesagt, aber es kam nicht dazu. Ich weiß eigentlich nicht warum. Hanna war immer sehr empfindlich und sprunghaft, ein unberechenbares Temperament; wie Joachim sagte: manisch-depressiv. Dabei hatte Joachim sie nur ein oder zwei Mal gesehen, denn Hanna wollte mit Deutschen nichts zu tun haben. Ich schwor ihr, daß Joachim, mein Freund, kein Nazi ist; aber vergeblich. Ich verstand ihr Mißtrauen, aber sie machte es mir nicht leicht, abgesehen davon, daß unsere Interessen sich nicht immer deckten. Ich nannte sie eine Schwärmerin und Kunstfee. Dafür nannte sie mich: Homo Faber. Manchmal hatten wir einen regelrechten Krach, wenn wir beispielsweise aus dem Schauspielhaus kamen, wohin sie mich immer wieder nötigte; Hanna hatte einerseits einen Hang zum Kommunistischen, was ich nicht vertrug, und andererseits zum Mystischen, um nicht zu sagen: zum Hysterischen. Ich bin nun einmal der Typ, der mit beiden Füßen auf der Erde steht. Nichtsdestoweniger waren wir sehr glücklich zusammen, scheint mir, und eigentlich weiß ich wirklich nicht, warum es damals nicht zur Heirat kam. Es kam einfach nicht dazu. Ich war, im Gegensatz zu meinem Vater, kein Antisemit, glaube ich; ich war nur zu jung wie die meisten Männer unter dreißig, zu unfertig, um Vater zu sein. Ich arbeitete noch an meiner Dissertation, wie gesagt, und wohnte bei meinen Eltern, was Hanna durchaus nicht be-

griff. Wir trafen uns immer in ihrer Bude. In jener Zeit kam das Angebot
von Escher-Wyss, eine Chance sondergleichen für einen jungen Ingenieur,
und was mir dabei Sorge machte, war nicht das Klima von Bagdad, sondern Hanna in Zürich. Sie erwartete damals ein Kind. Ihre Offenbarung
hörte ich ausgerechnet an dem Tag, als ich von meiner ersten Besprechung
mit Escher-Wyss kam, meinerseits entschlossen, die Stelle in Bagdad anzutreten sobald als möglich. Ihre Behauptung, ich sei zu Tode erschrocken,
bestreite ich noch heute; ich fragte bloß: Bist du sicher? Immerhin eine
sachliche und vernünftige Frage. Ich fühlte mich übertölpelt nur durch
die Bestimmtheit ihrer Meldung; ich fragte: Bist du bei einem Arzt gewesen? Ebenfalls eine sachliche und erlaubte Frage. Sie war nicht beim Arzt
gewesen. Sie wisse es! Ich sagte: Warten wir noch vierzehn Tage. Sie lachte,
weil vollkommen sicher, und ich mußte annehmen, daß Hanna es schon
lange gewußt, aber nicht gesagt hatte; nur insofern fühlte ich mich übertölpelt. Ich legte meine Hand auf ihre Hand, im Augenblick fiel mir nicht
viel dazu ein, das ist wahr; ich trank Kaffee und rauchte. Ihre Enttäuschung! Ich tanzte nicht vor Vaterfreude, das ist wahr, dazu war die politische Situation zu ernst. Ich fragte: Hast du denn einen Arzt, wo du hingehen kannst? Natürlich meinte ich bloß: um sich einmal untersuchen zu
lassen. Hanna nickte. Das sei keine Sache, sagte sie, das lasse sich schon
machen! Ich fragte: Was meinst du? Später behauptete Hanna, ich sei erleichtert gewesen, daß sie das Kind nicht haben wollte, und geradezu entzückt, drum hätte ich meinen Arm um ihre Schultern gelegt, als sie weinte.
Sie selber war es, die nicht mehr davon sprechen wollte, und dann berichtete ich von Escher-Wyss, von der Stelle in Bagdad, von den beruflichen
Möglichkeiten eines Ingenieurs überhaupt. Das war keineswegs gegen
ihr Kind gerichtet. Ich sagte sogar, wieviel ich in Bagdad verdienen würde.
Und wörtlich: Wenn du dein Kind haben willst, dann müssen wir natürlich heiraten. Später ihr Vorwurf, daß ich von Müssen gesprochen habe!
Ich fragte offen heraus: Willst du heiraten, ja oder nein? Sie schüttelte
den Kopf, und ich wußte nicht, woran ich bin. Ich besprach mich viel
mit Joachim, während wir unser Schach spielten; Joachim unterrichtete
mich über das Medizinische, was bekanntlich kein Problem ist, dann über
das Juristische, bekanntlich auch kein Problem, wenn man sich die erforderlichen Gutachten zu verschaffen weiß, und dann stopfte er seine Pfeife,
Blick auf unser Schach, denn Joachim war grundsätzlich gegen Ratschläge.
Seine Hilfe (er war Mediziner im Staatsexamen) hatte er zugesagt, falls wir,

das Mädchen und ich, seine Hilfe verlangen. Ich war ihm sehr dankbar, etwas verlegen, aber froh, daß er keine große Geschichte draus machte; er sagte bloß: Du bist am Zug! Ich meldete Hanna, daß alles kein Problem ist. Es war Hanna, die plötzlich Schluß machen wollte; sie packte ihre Koffer, plötzlich ihre wahnsinnige Idee, nach München zurückzukehren. Ich stellte mich vor sie, um sie zur Vernunft zu bringen; ihr einziges Wort: Schluß! Ich hatte gesagt: Dein Kind, statt zu sagen: Unser Kind. Das war es, was mir Hanna nicht verzeihen konnte.

Die Strecke zwischen Palenque und der Plantage, in der Luftlinie gemessen, beträgt kaum siebzig Meilen, sagen wir: hundert Meilen zum Fahren, eine Bagatelle, hätte es so etwas wie eine Straße gegeben, was natürlich nicht der Fall war; die einzige Straße, die in unsrer Richtung führte, endete bereits bei den Ruinen, sie verliert sich einfach in Moos und Farnkraut –

Immerhin kamen wir voran.

37 Meilen am ersten Tag.

Wir wechselten am Steuer.

19 Meilen am zweiten Tag.

Wir fuhren einfach nach Himmelsrichtung, dabei natürlich im Zickzack, wo es uns durchließ, das Dickicht, das übrigens nicht so lückenlos ist, wie es aus der Ferne aussieht; überall gab es wieder Lichtungen, sogar Herden, aber ohne Hirten, zum Glück keine größeren Sümpfe.

Wetterleuchten –

Zum Regnen kam es nie.

Was mich nervös machte: das Scheppern unsrer Kanister, ich stoppte öfter und befestigte sie, aber nach einer halben Stunde unserer Fahrt über Wurzeln und faule Stämme schepperten sie wieder –

Marcel pfiff.

Obschon er hinten saß, wo es ihn hin und her schleuderte, pfiff er wie ein Bub und freute sich wie auf einer Schulreise, stundenlang sang er seine französischen Kinderlieder:

Il etait un petit navire ...

Herbert wurde eher still.

Über Joachim redeten wir kaum –

Was Herbert nicht ertrug, waren die Zopilote; dabei tun sie uns, solange wir leben, überhaupt nichts, sie stinken nur, wie von Aasgeiern nicht anders zu erwarten, sie sind häßlich, und man trifft sie stets in Scharen, sie lassen sich kaum verscheuchen, wenn einmal an der Arbeit, alles Hupen ist vergeblich, sie flattern bloß, hüpfen um das aufgerissene Aas, ohne es aufzugeben ... Einmal, als Herbert am Steuer saß, packte ihn ein regelrechter Koller; plötzlich gab er Vollgas – los und hinein in die schwarze Meute, mitten hinein und hindurch, so daß es von schwarzen Federn nur so wirbelte!

Nachher hatte man es an den Rädern.

Der süßliche Gestank begleitete uns noch stundenlang, bis man sich überwand; das Zeug klebte in den Pneu-Rillen, und es half nichts als peinliche Handarbeit, Rille um Rille. Zum Glück hatten wir Rum! – Ohne Rum, glaube ich, wären wir umgekehrt – spätestens am dritten Tag – nicht aus Angst, aber aus Vernunft.

Wir hatten keine Ahnung, wo wir sind.

Irgendwo am 18. Breitengrad ...

Marcel sang, *Il etait un petit navire,* oder er schwatzte wieder die halbe Nacht lang: – von Cortez und Montezuma (das ging noch, weil historische Tatsache) und vom Untergang der weißen Rasse (es war einfach zu heiß und zu feucht, um zu widersprechen), vom katastrophalen Scheinsieg des abendländischen Technikers (Cortez als Techniker, weil er Schießpulver hatte!) über die indianische Seele und was weiß ich, ganze Vorträge über die unweigerliche Wiederkehr der alten Götter (nach Abwurf der H-Bombe!) und über das Aussterben des Todes (wörtlich!) dank Penicillin, über Rückzug der Seele aus sämtlichen zivilisierten Gebieten der Erde, die Seele im Maquis usw., Herbert erwachte an dem Wort *Maquis,* das er verstand, und fragte: Was sagt er? Ich sagte: Künstlerquatsch! und wir ließen ihm seine Theorie über Amerika, das keine Zukunft habe, *The American Way of Life:* Ein Versuch, das Leben zu kosmetisieren, aber das Leben lasse sich nicht kosmetisieren –

Ich versuchte zu schlafen.

Ich platzte nur, wenn Marcel sich über meine Tätigkeit äußerte, beziehungsweise über die *Unesco:* der Techniker als letzte Ausgabe des weißen Missionars, Industrialisierung als letztes Evangelium einer sterbenden Rasse, Lebensstandard als Ersatz für Lebenssinn –

Ich fragte ihn, ob er Kommunist sei.

Marcel bestritt es.

Am dritten Tag, als wir wieder durch Gebüsche fuhren, ohne eine Fährte zu haben, einfach Richtung Guatemala, hatte ich es satt –

Ich war für Umkehren.

»Weil es idiotisch ist«, sagte ich, »einfach aufs Geratewohl weiterzufahren, bis wir kein Gasoline mehr haben.«

Herbert holte seine Karte –

Was mir auf die Nerven ging: die Molche in jedem Tümpel, in jeder Eintagspfütze ein Gewimmel von Molchen – überhaupt diese Fortpflanzerei überall, es stinkt nach Fruchtbarkeit, nach blühender Verwesung.

Wo man hinspuckt, keimt es!

Ich kannte sie, diese Karte 1:500 000, die nicht einmal unter der Lupe etwas hergibt, nichts als weißes Papier: ein blaues Flüßchen, eine Landesgrenze schnurgerade, die Linie eines Breitengrades im leeren Weiß! ... Ich war für Umkehren. Ich hatte keine Angst (wovor denn!), aber es hatte keinen Sinn. Nur Herbert zuliebe fuhr man noch weiter, unglücklicherweise, denn kurz darauf kamen wir tatsächlich an einen Fluß, beziehungsweise ein Flußbett, das nichts anderes sein konnte als der Rio Usumacinta, Grenze zwischen Mexico und Guatemala, teilweise trocken, teilweise voll Wasser, das kaum zu fließen schien, nicht ohne weiteres zu überqueren, aber es mußte Stellen geben, wo es auch ohne Brücke möglich ist, und Herbert ließ keine Ruhe, obschon ich baden wollte, er steuerte am Ufer entlang, bis die Stelle gefunden war, wo man überqueren konnte und wo auch Joachim (wie sich später herausstellte) überquert hatte.

Ich badete.

Marcel badete ebenfalls, und wir lagen rücklings im Wasser, Mund geschlossen, um nichts zu schlucken, es war ein trübes und warmes Wasser, das stank, jede Bewegung hinterläßt Bläschen, immerhin Wasser, lästig nur die zahllosen Libellen und Herbert, der weiter drängte, und der Gedanke, es könnte Schlangen geben.

Herbert blieb an Land.

Unser Landrover stand bis zur Achse in dem schlüpfrigen Mergel (oder was es ist), Herbert tankte –

Es wimmelte von Schmetterlingen.

Als ich einen rostigen Kanister im Wasser sah, was darauf schließen ließ, daß auch Joachim (wer sonst?) an dieser Stelle einmal getankt hatte, sagte ich kein Wort, sondern badete weiter, während Herbert versuchte, unseren Landrover aus dem schlüpfrigen Mergel zu steuern ...

Ich war für Umkehren.

Ich blieb im Wasser, obschon es mich plötzlich ekelte, das Ungeziefer, die Bläschen auf dem braunen Wasser, das faule Blinken der Sonne, ein Himmel voll Gemüse, wenn man rücklings im Wasser lag und hinaufblickte, Wedel mit meterlangen Blättern, reglos, dazwischen Akazien-Filigran, Flechten, Luftwurzeln, reglos, ab und zu ein roter Vogel, der über den Fluß flog, sonst Totenstille (wenn Herbert nicht gerade Vollgas-Versuche machte –) unter einem weißlichen Himmel, die Sonne wie in Watte, klebrig und heiß, dunstig mit einem Regenbogenring.

Ich war für Umkehren.

»Weil es Unsinn ist«, sagte ich, »weil wir diese verfluchte Plantage nie finden werden –«

Ich war für Abstimmen.

Marcel war auch für Umkehren, da er seine Ferien zu Ende gehen sah, und es handelte sich, als Herbert es tatsächlich geschafft hatte und unser Landrover am anderen Ufer stand, nur noch darum, Herbert zu überzeugen von dem Unsinn, ohne jede Fährte weiterzufahren. Zuerst beschimpfte er mich, weil er meine Gründe nicht widerlegen konnte, dann schwieg er und hörte zu, und eigentlich hatte ich ihn soweit – wäre nicht Marcel gewesen, der dazwischenfunkte.

»Voilà«, rief er, »les traces d'une Nash!«

Wir nahmen's für einen Witz.

»Mais regardez«, rief er, »sans blague –«

Die verkrusteten Spuren waren teilweise verschwemmt, so daß es auch Karrenspuren sein konnten; an andern Stellen, je nach Bodenart, erkannte man tatsächlich das Pneu-Muster.

Damit hatten wir die Fährte.

Sonst wäre ich nicht gefahren, wie gesagt, und es wäre (ich werde diesen Gedanken nicht los) alles anders gekommen –

Nun gab es kein Umkehren.

(Leider!)

Am Morgen des vierten Tages sahen wir zwei Indios, die übers Feld gingen mit gekrümmten Säbeln in der Hand, genau wie die beiden, die Herbert schon in Palenque gesehen und für Mörder gehalten hatte; ihre krummen Säbel waren nichts anderes als Sicheln.

Dann die ersten Tabakfelder –

Die Hoffnung, noch vor Einbruch der Nacht hinzukommen, machte uns nervöser als je, dazu die Hitze wie noch nie, ringsum Tabak, Gräben dazwischen, Menschenwerk, schnurgerade, aber nirgends ein Mensch.

Wir hatten wieder die Spur verloren –
Wieder die Suche nach Pneu-Muster!
Bald ging die Sonne unter; wir stellten uns auf unseren Landrover und pfiffen, die Finger im Mund, so laut wir konnten. Wir mußten in nächster Nähe sein. Wir pfiffen und hupten, während die Sonne bereits in den grünen Tabak sank – wie gedunsen, im Dunst wie eine Blase voll Blut, widerlich, wie eine Niere oder so etwas.
Ebenso der Mond.
Es fehlte nur noch, daß wir einander in der Dämmerung verloren, indem jeder, um Pneu-Spuren zu finden, irgendwohin stapfte. Wir verteilten uns auf Bezirke, die jeder abzuschreiten hatte. Wer etwas findet, was irgendwie nach Pneu aussieht, sollte pfeifen.
Nur die Vögel pfiffen –
Wir suchten noch bei Mondschein, bis Herbert auf die Zopilote stieß, Zopilote auf einem toten Esel – er schrie und fluchte und schleuderte Steine gegen die schwarzen Vögel, nicht abzuhalten in seiner Wut. Es war scheußlich. Die Augen des Esels waren ausgehackt, zwei rote Löcher, ebenso die Zunge; nun versuchten sie, während Herbert noch immer seine Steine schleuderte, die Därme aus dem After zu zerren.

Das war unsere vierte Nacht –
Zu trinken hatten wir nichts mehr.
Ich war todmüde, die Erde wie geheizt, ich hockte, meinen Kopf in die Hände gestützt, schwitzend im bläulichen Mondschein. Es sprühte von Leuchtkäfern.
Herbert ging auf und ab.
Nur Marcel schlief.
Einmal – ich hörte plötzlich keine Schritte mehr und blickte nach Herbert – stand er drüben beim toten Esel, ohne Steine zu werfen gegen die huschenden Vögel, er stand und sah es sich an.
Sie fraßen die ganze Nacht –
Als der Mond endlich in den Tabak sank, so daß der feuchte Dunst über den Feldern aufhörte, wie Milch zu erscheinen, schlief ich doch; aber nicht lange.
Schon wieder die Sonne!
Der Esel lag offen, die Zopilote waren satt und hockten auf den Bäumen ringsum, wie ausgestopft, als wir losfuhren ohne Weg; Herbert als

Vertreter und Neffe der Hencke-Bosch GmbH., der diese Felder gehörten, übernahm die Verantwortung und das Steuer, nach wie vor wortlos, und fuhr mitten durch den Tabak, es war idiotisch, hinter uns die Bahnen von zerstörtem Tabak, aber es blieb uns nichts anderes übrig, da auf unser Hupen und Pfeifen, oft genug wiederholt, keinerlei Antwort erfolgte –

Die Sonne stieg.

Dann eine Gruppe von Indios, Angestellte der Hencke-Bosch GmbH, Düsseldorf, die uns sagten, ihr Señor sei tot. Ich mußte übersetzen, da Herbert kein Spanisch verstand. Wieso tot? Sie zuckten ihre Achseln. Ihr Señor sei tot, sagten sie, und einer zeigte uns den Weg, indem er neben unserem Landrover herlief im indianischen Trabschritt.

Die andern arbeiteten weiter.

Von Revolte also keine Rede!

Es war eine amerikanische Baracke, gedeckt mit Wellblech, und die einzige Türe war von innen verriegelt. Man hörte Radio. Wir riefen und klopften, Joachim sollte aufmachen.

»Nuestro Señor ha muerto –«

Ich holte den Schraubenschlüssel von unserem Landrover, und Herbert sprengte die Türe. Ich erkannte ihn nicht mehr. Zum Glück hatte er's hinter geschlossenen Fenstern getan, Zopilote auf den Bäumen ringsum, Zopilote auf dem Dach, aber sie konnten nicht durch die Fenster. Man sah ihn durch die Fenster. Trotzdem gingen diese Indios täglich an ihre Arbeit und kamen nicht auf die Idee, die Türe zu sprengen und den Erhängten abzunehmen. – Er hatte es mit einem Draht gemacht. – Es wunderte mich, woher sein Radio, das wir sofort abstellten, den elektrischen Strom bezieht, aber das war jetzt nicht das Wichtigste –

Wir fotografierten und bestatteten ihn.

Die Indios (wie in meinem Bericht zuhanden des Verwaltungsrates bereits erwähnt) befolgten jede Anweisung von Herbert, obschon er damals noch kein Spanisch konnte, und anerkannten Herbert sofort als ihren nächsten Herrn . . . Ich opferte noch anderthalb Tage, um Herbert zu überzeugen, daß von Revolte nicht die Rede sein konnte, und daß sein Bruder einfach dieses Klima nicht ausgehalten hat, was ich verstand; ich weiß nicht, was Herbert sich in den Kopf setzte, er war nicht zu überreden, seinerseits entschlossen, das Klima auszuhalten. Wir mußten zurück. Herbert tat uns leid, aber ein Bleiben kam nicht in Frage, ganz abgesehen davon, daß es keinen Zweck hatte; Marcel mußte auch in Boston an seine Arbeit, auch ich mußte weiter, beziehungsweise zurück nach Palenque-Campeche-Mexico, um dann weiterzufliegen, ganz abgesehen davon, daß wir uns verpflichtet hatten, unseren Landrover spätestens in einer Woche dem freundlichen *Lacroix*-Wirt zurückzubringen. Ich mußte zu meinen Turbinen. Ich weiß nicht, was Herbert sich vorstellte, Herbert konnte nicht einmal Spanisch, wie gesagt, und ich fand es unkameradschaftlich, geradezu unverantwortlich, ihn zurückzulassen als einzigen Weißen; wir beschworen ihn, aber vergeblich. Herbert hatte den Nash 55, den ich besichtigte; der Wagen stand in einer Indio-Hütte, nur mit einem Blätterdach gegen Regen geschützt, offensichtlich schon lange nicht mehr benutzt, verkratzt, verdreckt, aber fahrtüchtig. Ich untersuchte ihn persönlich. Damals war der Motor noch in Ordnung, wenn auch verschlammt; ich hatte den Motor probiert, und Gasoline war auch noch da. Sonst hätten wir Herbert, versteht sich, nicht allein zurückgelassen. Wir hatten einfach keine Zeit, Marcel sowenig wie ich; Marcel mußte zu seinen Symphonikern, wir hatten schließlich auch unsere Berufe, ob Herbert es begriff oder nicht – er zuckte die Achsel, ohne zu widersprechen, und winkte kaum, als wir auf dem Landrover saßen, Marcel und ich, und nochmals auf ihn warteten; er schüttelte den Kopf. Obendrein sah es nach schweren Gewittern aus, wir mußten fahren, solange wir die eigene Spur noch hatten.

Es ist mir heute noch ein Rätsel, wieso Hanna und Joachim geheiratet und wieso sie mich, Vater des Kindes, nie haben wissen lassen, daß dieses Kind zur Welt gekommen ist.

Ich kann nur berichten, was ich weiß.

Es war die Zeit, als die jüdischen Pässe annulliert wurden. Ich hatte mir geschworen, Hanna keinesfalls im Stich zu lassen, und dabei blieb es. Joachim war bereit, Trauzeuge zu sein. Meinen bürgerlichen und besorgten Eltern war es auch recht, daß wir nicht eine Hochzeit mit Droschken und Klimbim wollten; nur Hanna machte sich immer noch Zweifel, ob es denn richtig wäre, daß wir heirateten, richtig für mich. Ich brachte unsere Papiere aufs zuständige Amt, unsere Eheverkündigung stand in der Zeitung. Auch im Fall einer Scheidung, so sagte ich mir, blieb Hanna jedenfalls Schweizerin und im Besitz eines Passes. Die Sache eilte, da ich meine Stelle in Bagdad anzutreten hatte. Es war ein Samstagvormittag, als wir endlich – nach einem komischen Frühstück bei meinen Eltern, die dann das Kirchengeläute doch vermißten! – endlich ins Stadthaus gingen, um die Trauung zu vollziehen. Es wimmelte von Hochzeiten wie üblich an Samstagen, daher die lange Warterei, wir saßen im Vorzimmer, alle im Straßenanzug, umgeben von weißen Bräuten und Bräutigams, die wie Kellner aussahen. Als Hanna gelegentlich hinausging, dachte ich nichts Schlimmes, man redete, man rauchte. Als endlich der Standesbeamte uns rief, war Hanna nicht da. Wir suchten sie und fanden sie draußen an der Limmat, nicht zu bewegen, sie weigerte sich in das Trauzimmer zu kommen. Sie könne nicht! Ich redete ihr zu, ringsum das Elfuhrgeläute, ich bat Hanna, die Sache ganz sachlich zu nehmen; aber vergeblich. Sie schüttelte den Kopf und weinte. Ich heirate ja bloß, um zu beweisen, daß ich kein Antisemit sei, sagte sie, und es war einfach nichts zu machen. Die Woche darauf, meine letzte in Zürich, war abscheulich. Es war Hanna, die nicht heiraten wollte, und ich hatte keine Wahl, ich mußte nach Bagdad, gemäß Vertrag. Hanna begleitete mich noch an die Bahn, und wir nahmen Abschied. Hanna hatte versprochen, nach meiner Abreise sofort zu Joachim zu gehen, der seine ärztliche Hilfe angeboten hatte, und in diesem Sinn nahmen wir Abschied; es war ausgemacht, daß unser Kind nicht zur Welt kommen sollte.

Später hörte ich nie wieder von ihr.

Das war 1936.

Ich hatte Hanna damals gefragt, wie sie Joachim, meinen Freund, nun finde. Sie fand ihn ganz sympathisch. Ich wäre nie auf die Idee gekommen, daß Hanna und Joachim einander heiraten.

Mein Aufenthalt in Venezuela (heute vor zehn Wochen) dauerte nur zwei Tage, denn die Turbinen lagen noch im Hafen, alles noch in Kisten verpackt, und von Montage konnte nicht die Rede sein –

20. IV. Abflug von Caracas.

21. IV. Ankunft in New York, Idlewild.

Ivy stellte mich an der Schranke, sie hatte sich erkundigt, wann ich ankomme, und war nicht zu umgehen. Ob sie meinen Brief nicht bekommen habe? Sie küßte mich, ohne zu antworten, und wußte bereits, daß ich in einer Woche dienstlich nach Paris fliegen mußte; sie roch nach Whisky.

Ich redete kein Wort.

Man saß in unserem Studebaker, und Ivy steuerte zu meiner Wohnung. Kein Wort von meinem Wüsten-Brief! Ivy hatte Blumen besorgt, obschon ich mir aus Blumen nichts mache, dazu Hummer, dazu Sauternes: zur

Feier meiner Errettung aus der Wüste: – dazu wieder ihre Küsse, während ich meine Post durchging.

Ich hasse Abschiede.

Ich hatte nicht damit gerechnet, Ivy nochmals zu sehen und schon gar nicht in dieser Wohnung, die sie »unsere« Wohnung nennt.

Kann sein, ich duschte endlos –

Unser Krach beginnt, als Ivy mit einem Frottiertuch kommt, ich werfe sie hinaus – mit Gewalt leider, denn sie liebt Gewalt, dann hat sie das Recht, mich zu beißen –

Zum Glück klingelte das Telefon!

Nach meiner Verabredung mit Dick, der zu meiner Notlandung gratuliert, Verabredung zu einem Schach, findet Ivy, ich sei ein Rohling, ein Egoist, ein Unmensch, ich habe überhaupt keine Gefühle –

Ich lachte natürlich.

Sie schlägt mit beiden Fäusten, schluchzend, aber ich hüte mich, Gewalt zu brauchen, denn das möchte sie.

Mag sein, daß Ivy mich liebte.

(Sicher war ich bei Frauen nie.)

Eine Viertelstunde später, als ich Dick anrief und mitteilte, daß ich leider doch nicht kommen könnte, hatte Dick unser Schach schon aufgestellt; ich entschuldigte mich, was peinlich war, ich konnte ja nicht sagen, warum und wieso, sagte nur, daß ich wirklich viel lieber ein Schach spielen würde –

Ivy schluchzte von neuem.

Das war 18.00 Uhr, und ich wußte ja genau, wie dieser lange Abend verlaufen würde, wenn wir nicht ausgingen; ich schlug ein französisches Restaurant vor, dann ein chinesisches, dann ein schwedisches. Alles vergeblich! Ivy behauptete einfach und gelassen, keinen Hunger zu haben. Ich behauptete: Aber ich! Ivy verwies auf den Hummer im Eisschrank, ferner auf ihr sportliches Kleid, das nicht für ein elegantes Restaurant paßte. Wie ich's übrigens finde, ihr Kleid? Ich hatte unseren Hummer schon in der Hand, um ihn in den incinerator zu werfen, nicht gewillt, mich von einem Hummer zwingen zu lassen –

Ivy versprach sofort vernünftig zu sein.

Ich legte den Hummer wieder in den Eisschrank zurück, Ivy war einverstanden mit dem chinesischen Restaurant; nur war sie, wie ich zugeben mußte, sehr verheult, ein make-up unumgänglich.

Ich wartete –

Meine Wohnung, Central Park West, war mir schon lange zu teuer, zwei Zimmer mit Dachgarten, einzigartige Lage, kein Zweifel, aber viel zu teuer, wenn man nicht verliebt ist –

Ivy fragte, wann ich nach Paris fliege.

Schweigen meinerseits.

Ich stand draußen und ordnete meine letzten Filme, um sie zum Entwickeln geben zu können; ich schrieb die Spulen an, wie üblich … Der Tod von Joachim, davon zu sprechen hatte ich keine Lust, Ivy kannte ihn ja nicht, Joachim war mein einziger wirklicher Freund.

Warum ich so schweigsam tue?

Dick, zum Beispiel, ist nett, auch Schachspieler, hochgebildet, glaube ich, jedenfalls gebildeter als ich, ein witziger Mensch, den ich bewunderte (nur im Schach war ich ihm gewachsen) oder wenigstens beneidete, einer von denen, die uns das Leben retten könnten, ohne daß man deswegen je intimer wird –

Ivy kämmte sich noch immer.

Ich erzählte von meiner Notlandung –

Ivy pinselte ihre Wimpern.

Allein die Tatsache, daß man zusammen nochmals ausging, nachdem man sich schriftlich getrennt hatte, machte mich wütend. Aber davon schien Ivy ja nichts zu wissen, daß man sich getrennt hatte!

Plötzlich hatte ich genug –

Ivy malte ihre Fingernägel und summte –

Plötzlich höre ich mich am Telefon: Anfrage wegen Schiffplatz nach Europa, gleichgültig welche Linie, je rascher um so lieber.

»Wieso Schiff?« fragte Ivy.

Es war sehr unwahrscheinlich, um diese Jahreszeit einen Schiffplatz nach Europa zu bekommen, und ich weiß nicht, wieso ich plötzlich (vielleicht bloß weil Ivy summte und tat, als wäre nichts gewesen) auf die Idee kam, nicht zu fliegen. Ich war selbst überrascht. Ich hatte Glück, indem ein cabin-class-Bett soeben freigeworden war – Ivy hörte, wie ich bestellte, und war aufgesprungen, um mich zu unterbrechen; aber ich hatte den Hörer bereits aufgelegt.

»It's okay!« sagte ich.

Ivy war sprachlos, was ich genoß; ich zündete mir eine Zigarette an, Ivy hatte auch meine Abfahrtzeit vernommen:

»Eleven o'clock tomorrow morning.«

Ich wiederholte es.

»You're ready?« fragte ich und hielt ihren Mantel wie üblich, um mit ihr ausgehen zu können. Ivy starrte mich an, dann schleuderte sie plötzlich ihren Mantel irgendwohin ins Zimmer, stampfend, außer sich vor Zorn ... Ivy hatte sich eingerichtet, eine Woche in Manhattan zu verbringen, jetzt gestand sie's, und mein plötzlicher Entschluß, nicht zu fliegen wie üblich, sondern morgen schon mit dem Schiff zu reisen, um in einer Woche auch in Paris zu sein, war ein Strich durch ihre Rechnung.

Ich hob ihren Mantel auf.

Ich hatte ihr geschrieben, daß es Schluß ist, schwarz auf weiß; sie hatte es einfach nicht geglaubt. Sie hatte gemeint, ich sei hörig, und wenn wir zusammen eine Woche verbringen, sei alles wieder beim alten, das hatte sie gemeint und drum lachte ich.

Mag sein, ich war gemein.

Sie war es auch –

Ihr Verdacht, daß ich Flugangst hätte, war rührend, und obschon ich natürlich nicht die mindeste Flugangst je erlebt habe, tat ich, als hätte ich Flugangst. Ich wollte es ihr leichter machen; ich wollte nicht gemein sein. Ich log und sagte, was ihr meinen Entschluß verständlich machte – ich schilderte ihr (zum zweiten Mal bereits) meine Notlandung in Tamaulipas, und wie wenig gefehlt hätte –

»Oh, Honey«, sagte sie, »stop it!«

Ein Defekt in der Brennstoffzufuhr, was natürlich nicht vorkommen sollte, eine einzige blöde Panne genügt, sagte ich, und was nützt es mir, daß von 1000 Flügen, die ich mache, 999 tadellos verlaufen; was interessiert es mich, daß am gleichen Tag, wo ich ins Meer stürze, 999 Maschinen tadellos landen?

Sie wurde nachdenklich.

Warum nicht einmal eine Schiffspassage?

Ich rechnete, bis Ivy mir glaubte, sie setzte sich sogar und gestand, daß sie solche Rechnungen nie angestellt hätte; sie verstand meinen Entschluß, nicht zu fliegen.

Sie bat mich um Verzeihung.

Ich bin in meinem Leben, glaube ich, über 100 000 Meilen geflogen ohne die mindeste Panne. Von Flugangst konnte keine Rede sein! Ich tat nur so, bis Ivy mich bat, nie wieder zu fliegen.

Ich mußte es schwören –

Nie wieder!

Ivy war komisch, – sie wollte meine Hand lesen, so glaubte sie plötzlich an meine Flugangst und bangte um mein Leben! Sie tat mir leid, denn sie meinte es, wie mir schien, vollkommen ernst, als sie von meiner kurzen Lebenslinie redete (dabei bin ich schon fünfzig!) und weinte, ich strich mit der rechten Hand, während sie meine linke Hand entzifferte, über ihr Haar – was ein Fehler war.

Ich spürte ihren heißen Schädel.

Ivy ist sechsundzwanzig.

Ich versprach, endlich zu einem Arzt zu gehen, und spürte ihre Tränen auf meiner linken Hand, ich fand mich kitschig, aber es war nicht zu ändern, Ivy mit ihrem Temperament, sie glaubte, was sie redete, und obschon ich meinerseits nicht an Wahrsagerei glaube, versteht sich, nicht einen Augenblick lang, mußte ich sie trösten, als wäre ich schon abgestürzt und zerschmettert und zur Unkenntlichkeit verkohlt, ich lachte natürlich, aber ich streichelte sie, wie man eine junge Witwe streichelt und tröstet, und küßte sie –

Es kam genau, wie ich's nicht wollte.

Eine Stunde später saß man nebeneinander, Ivy in ihrem Morgenrock, den ich ihr zu Weihnachten geschenkt hatte, und man aß Hummer, trank Sauternes; ich haßte sie.

Ich haßte mich selbst –

Ivy summte. Wie zum Hohn.

Ich hatte ihr geschrieben, daß es Schluß ist, und sie hatte meinen Brief (ich sah es) in ihrer Tasche –

Jetzt rächte sie sich.

Ich hatte Hunger, aber der Hummer ekelte mich. Ivy fand ihn himmlisch, und es ekelte mich ihre Zärtlichkeit, ihre Hand auf meinem Knie, ihre Hand auf meiner Hand, ihr Arm auf meiner Schulter, ihre Schulter an meiner Brust, ihr Kuß, wenn ich Wein einschenkte, es war unerträglich – ich sagte rundheraus, daß ich sie hasse.

Ivy glaubte es nicht.

Ich stand am Fenster und haßte die ganze Zeit, die ich in diesem Manhattan verbracht habe, vor allem aber meine Wohnung. Ich hätte sie anzünden wollen! Als ich vom Fenster zurückkehrte, hatte Ivy sich noch immer nicht angekleidet, sondern zwei Grapefruits gerichtet und fragte, ob ich Kaffee möchte.

Ich bat sie, sich anzukleiden.

Als sie an mir vorbeiging, um Wasser für den Kaffee aufzusetzen, gab sie mir einen Nasenstüber. Wie einem Hanswurst. Ob ich ins Kino wollte, fragte sie aus der Küchennische herüber, als wäre sie bereit, sofort zu kommen in Strümpfen und Morgenrock.

Jetzt spielte sie Katz und Maus.

Ich beherrschte mich und sagte kein Wort, sammelte ihre Schuhe, ihre Wäsche, ihr Drum und Dran (ich vertrage den Anblick solcher Rosa-Sachen sowieso nicht) und warf es ins Nebenzimmer, damit Ivy noch einmal ihre endlose Toilette machen konnte.

Ja, ich wollte ins Kino!

Der Kaffee tat gut –

Mein Entschluß, diese Wohnung aufzugeben, war jetzt unerschütterlich, und ich sagte es auch.

Ivy widersprach nicht.

Ich hatte das Bedürfnis, mich zu rasieren, nicht weil ich's nötig hatte, sondern einfach so. Um nicht auf Ivy zu warten. Aber mein Apparat war kaputt; ich ging von Steckdose zu Steckdose – er summte nicht.

Ivy fand mich tiptop.

Aber darum ging es ja nicht!

Ivy in Mantel und Hut –

Natürlich war ich tiptop, ganz abgesehen davon, daß ich im Badezimmer noch einen andern Apparat hatte, einen älteren, der ging, aber darum ging es nicht, wie gesagt, ich hatte mich gesetzt, um den Apparat auseinanderzunehmen. Jeder Apparat kann einmal versagen; es macht mich nur nervös, solange ich nicht weiß, warum.

»Walter«, sagte sie, »I'm waiting.«

Als hätte unsereiner noch nie gewartet!

»Technology!« sagte sie – nicht nur verständnislos, wie ich's von Frauen gewohnt bin, sondern geradezu spöttisch, was mich nicht hinderte, das Apparätchen vollkommen zu zerlegen; ich wollte wissen, was los ist.

— — —

Es war wieder ein purer Zufall, was die Zukunft entschied, nichts weiter, ein Nylon-Faden in dem kleinen Apparat – jedenfalls ein Zufall, daß wir nicht schon aus der Wohnung gegangen waren, als der Anruf von der

CGT kam, derselbe vermutlich, den ich vor einer Stunde zwar gehört, aber nicht hatte abnehmen können, ein immerhin entscheidender Anruf: Mein Schiffplatz nach Europa könne nur gebucht werden, wenn ich sofort, spätestens bis zweiundzwanzig Uhr, mit meinem Paß vorbeikomme. Ich meine nur: Hätte ich das Apparätchen nicht zerlegt, so hätte mich jener Anruf nicht mehr erreicht, das heißt, meine Schiffreise wäre nicht zustande gekommen, jedenfalls nicht mit dem Schiff, das Sabeth benutzte, und wir wären einander nie auf der Welt begegnet, meine Tochter und ich.

– – –

Eine Stunde später saß ich in einer Bar, meine Schiffskarte in der Tasche, unten am Hudson, vergnügt, nachdem ich unser Schiff gesehen hatte, einen Riesenkahn mit erleuchteten Fenstern überall, Maste und Krane und die roten Kamine im Scheinwerfer – ich freute mich aufs Leben wie ein Jüngling, wie schon lange nicht mehr. Meine erste Schiffahrt! Ich trank ein Bier und aß einen Hamburger, Mann unter Männern, Hamburger mit viel Senf, denn ich hatte Hunger, sobald ich allein war, ich schob meinen Hut in den Nacken, ich leckte den Schaum von den Lippen, Blick auf einen Boxkampf in Television, ringsum standen Dockarbeiter, vor allem Neger, ich zündete mir eine Zigarette an und fragte mich, was man als Jüngling eigentlich vom Leben erwartet hat –

Ivy wartete in der Wohnung.

Leider mußte ich zurück, ich mußte ja noch packen, aber es eilte nicht. Ich aß einen zweiten Hamburger.

Ich dachte an Joachim –

Ich hatte das Gefühl, ein neues Leben zu beginnen, vielleicht bloß, weil ich noch nie eine Schiffreise gemacht hatte; jedenfalls freute ich mich auf meine Schiffreise.

Ich saß bis Mitternacht dort.

Ich hoffte, daß Ivy nicht mehr wartete, sondern die Geduld verloren und meine Wohnung verlassen hatte, böse auf mich, da ich mich (ich wußte es) wie ein Flegel benahm; aber anders wurde ich Ivy nicht los – ich zahlte und ging zu Fuß, um die Chance, Ivy nicht mehr zu treffen, nochmals um eine halbe Stunde zu vergrößern; ich wußte, daß sie zähe ist. – Sonst wußte ich wenig von Ivy. – Sie ist katholisch, Mannequin, sie duldete Witze über alles, bloß nicht über den Papst, vielleicht ist sie lesbisch, vielleicht frigid, es war ihr ein Bedürfnis, mich zu verführen, weil sie fand, ich sei ein Egoist, ein Unmensch, sie ist nicht dumm, aber ein bißchen pervers, so schien mir, komisch, dabei ein herzensguter Kerl, wenn sie nicht geschlechtlich wurde ... Als ich in meine Wohnung trat, saß sie in Mantel und Hut, lächelnd, obschon ich sie über zwei Stunden hatte sitzen lassen, ohne Vorwurf.

»Everything okay?« fragte sie.

Es gab noch Wein in der Flasche.

»Everything okay!« sagte ich.

Ihr Aschenbecher war übervoll, ihr Gesicht etwas verheult, ich füllte unsere Gläser so gerecht als möglich und bat um Entschuldigung wegen vorher. Strich darunter! Ich bin unausstehlich, wenn ich überarbeitet bin, und man ist meistens überarbeitet.

Unser Sauternes war lauwarm –

Als wir mit unseren halbvollen Gläsern anstießen, wünschte mir Ivy (sie stand) eine glückliche Reise, ein glückliches Leben überhaupt. Ohne Kuß. Wir tranken im Stehen wie bei diplomatischen Empfängen. Alles in allem, fand ich, hatten wir zusammen eine hübsche Zeit verlebt, Ivy fand es auch, unsere Wochenenden draußen auf Fire Island, auch unsere Abende auf dem Dachgarten hier –

Strich darunter! sagte auch Ivy.

Sie sah entzückend aus, dabei die Vernunft in Person, sie hatte die Figur eines Buben, nur ihre Brust war sehr weiblich, ihre Hüften schmal, wie es sich für Mannequins gehört.

So standen wir und nahmen Abschied.

Ich küßte sie –

Sie verweigerte jeden Kuß.

Während ich sie hielt, ohne etwas anderes zu wollen als einen letzten Kuß, und ihren Körper spürte, drehte sie ihr Gesicht zur Seite; ich küßte zum Trotz, während Ivy rauchte und ihre Zigarette nicht preisgab, ich küßte ihr Ohr, ihren straffen Hals, ihre Schläfe, ihr bitteres Haar –

Sie stand wie eine Kleiderpuppe.

Sie rauchte nicht nur ihre Zigarette, als wäre es die letzte, hinunter bis zum Filter, in der anderen Hand hielt sie ihr leeres Glas.

Ich weiß nicht, wie es wieder kam –

Ich glaube, Ivy wollte, daß ich mich haßte, und verführte mich bloß, damit ich mich haßte, und das war ihre Freude dabei, mich zu demütigen, die einzige Freude, die ich ihr geben konnte.

Manchmal fürchtete ich sie.

Wir saßen wieder wie vor Stunden –

Ivy wollte schlafen.

Als ich Dick nochmals anrief – ich wußte mir nicht anders zu helfen – war es Mitternacht vorbei, Dick hatte nun seinerseits Gesellschaft, ich bat ihn, mit der ganzen Bande herüberzukommen. Man hörte sie durchs Telefon, seine Gesellschaft, Gewirr von besoffenen Stimmen. Ich beschwor ihn. Aber Dick war erbarmungslos. Erst als Ivy sich an den Hörer hängte, bequemte sich Dick zu dem Freundesdienst, mich nicht mit Ivy allein zu lassen.

Ich war todmüde.

Ivy kämmte sich zum dritten Mal –

Endlich, als ich im Schaukelstuhl eingeschlafen war, kamen sie: sieben oder neun Männer, davon drei wie Invalide, die man aus dem Lift schleppen mußte. Einer streikte, als er hörte, daß eine Frau zugegen wäre; das war ihm zuviel oder zuwenig. Er ging, besoffen wie er war, die Treppe hinunter, schimpfend, sechzehn Stockwerke.

Dick stellte vor:

»This is a friend of mine –«

Ich glaube, er kannte die Brüder selber nicht, jemand wurde vermißt. Ich erklärte, daß einer umgekehrt war; Dick fühlte sich verantwortlich, daß keine Freunde verlorengingen, und zählte sie mit Fingern, um nach langem Hin und Her festzustellen, daß immer noch einer fehlte.

»He's lost«, sagte er, »anyhow –«

Natürlich versuchte ich, alles von der komischen Seite zu nehmen, auch als die indianische Vase in Trümmer ging, die gar nicht mir gehörte.

Ivy fand mich humorlos.

Ich hatte auch nach einer Stunde noch keine Ahnung, wer diese Leute waren. Einer sollte ein berühmter Artist sein. Um es zu beweisen, drohte er, einen Handstand auf dem Geländer unseres sechzehnten Stockwerkes zu machen, was verhindert werden konnte; dabei fiel eine Whisky-Flasche über die Fassade hinunter – natürlich war er kein Artist, sondern sie sagten es bloß, um mich zu foppen, ich weiß nicht warum. Zum Glück war niemand getroffen worden! Ich war sofort hinuntergegangen, darauf gefaßt, eine Ansammlung von Leuten zu treffen, Sanität, Blut, Polizei, die mich verhaften würde. Aber nichts von alledem! Als ich in meine Wohnung zurückkehrte, brachen sie in Gelächter aus; denn es wäre gar keine Whisky-Flasche über die Fassade hinuntergefallen –

Ich wußte nicht, was stimmte.

Als ich gelegentlich auf die Toilette ging, war die Tür verriegelt. Ich holte einen Schraubenzieher und sprengte die Türe. Einer saß am Boden und rauchte und wollte wissen, wie ich heiße.

So ging's die ganze Nacht.

In eurer Gesellschaft könnte man sterben, sagte ich, man könnte sterben, ohne daß ihr es merkt, von Freundschaft keine Spur, sterben könnte man in eurer Gesellschaft! schrie ich, und wozu wir überhaupt miteinander reden, schrie ich, wozu denn (ich hörte mich selber schreien), wozu diese ganze Gesellschaft, wenn einer sterben könnte, ohne daß ihr es merkt –

Ich war betrunken.

So ging's bis zum Morgen – ich weiß nicht, wann sie die Wohnung verlassen hatten und wie; nur Dick lag noch da.

9.30 Uhr mußte ich an Bord sein.

Ich hatte Kopfschmerzen, ich packte und war froh, daß Ivy mir half, ich war spät, ich bat sie, noch einmal ihren guten Kaffee zu machen, sie war rührend und begleitete mich sogar aufs Schiff. Natürlich weinte sie. Wen Ivy außer mir hatte, abgesehen von ihrem Mann, wußte ich nicht; Vater und Mutter hatte sie nie erwähnt, ich erinnerte mich nur an ihren drolligen Ausspruch: I'm just a dead-end kid! Sie stammte aus der Bronx, sonst wußte ich wirklich nichts von Ivy, anfangs hatte ich sie für eine Tänzerin gehalten, dann für eine Kokotte, beides stimmte nicht – ich glaube, Ivy arbeitete wirklich als Mannequin.

Wir standen auf Deck.

Ivy in ihrem Kolibri-Hütchen –

Ivy versprach, alles zu erledigen, die Sache mit der Wohnung und mit dem Studebaker. Ich gab ihr die Schlüssel. Ich dankte ihr, als es tutete und der Lautsprecher immer wieder die Begleiter aufforderte, das Schiff zu verlassen; ich küßte sie, denn Ivy mußte nun wirklich gehen, unsere Sirenen widerhallten ringsum, so daß man sich die Ohren zuhalten mußte. Ivy war die letzte, die über die Brücke an Land ging.

Ich winkte –

Ich mußte mich zusammennehmen, obschon ich froh war, als sie die schweren Taue lösten. Wir hatten einen wolkenlosen Tag. Ich war froh, daß alles noch geklappt hatte.

Ivy winkte auch –

Ein lieber Kerl! dachte ich, obschon ich Ivy nie verstanden habe; ich stand auf dem Sockel eines Krans, als die schwarzen Schlepper uns rückwärts hinauszogen, dazu nochmals Sirenen, ich filmte (mit meinem neuen Tele-Objektiv) die winkende Ivy, bis man von bloßem Auge schon keine Gesichter mehr unterscheiden konnte. Ich filmte die ganze Ausfahrt, solange man Manhattan sah, dann die Möwen, die uns begleiteten.

Wir hätten Joachim (so denke ich oft) nicht in die Erde begraben, sondern verbrennen sollen. Aber das war nun nicht mehr zu ändern. Marcel hatte vollkommen recht: Feuer ist eine saubere Sache, Erde ist Schlamm nach einem einzigen Gewitter (wie wir's auf unsrer Rückfahrt erlebt haben), Verwesung voller Keime, glitschig wie Vaseline, Tümpel im Morgenrot wie Tümpel von schmutzigem Blut, Monatsblut, Tümpel voller Molche, nichts als schwarze Köpfe mit zuckenden Schwänzchen wie ein Gewimmel von Spermatozoen, genau so – grauenhaft.

(Ich möchte kremiert werden!)

Auf unsrer Rückfahrt damals machten wir überhaupt keinen Stop, ausgenommen in der Nacht, weil es zum Fahren einfach zu finster war ohne Mond. Es regnete. Es gurgelte die ganze Nacht, wir ließen unsere Scheinwerfer an, obschon wir nicht fuhren, und es rauschte wie eine Sintflut, die Erde dampfte vor unseren Scheinwerfern, ein lauer und schwerer Regen. Ohne Wind. Was man im Scheinwerferkegel sah: Gewächs reglos, Geschlinge von Luftwurzeln, die in unserem Scheinwerferlicht glänzten wie Eingeweide. Ich war froh, nicht allein zu sein, obschon eigentlich keinerlei Gefahr, sachlich betrachtet; das Wasser lief ab. Wir schliefen nicht eine Minute. Wir hockten wie in der Sauna, nämlich ohne Kleider; es war unerträglich, das nasse Zeug auf dem Leib. Dabei war es, wie ich mir immer sagte, nur Wasser, kein Grund zum Ekel. Gegen Morgen hatte der Regen aufgehört, plötzlich, wie wenn man eine Dusche abstellt; aber es tropfte von den Gewächsen, es hörte nicht auf zu glucksen, zu tropfen. Dann die Morgenröte! Von Kühlung keine Spur; der Morgen war heiß und dampfig, die Sonne schleimig wie je, die Blätter glänzten, und wir waren naß von Schweiß und Regen und Öl, schmierig wie Neugeborene. Ich steuerte; ich weiß nicht, wie wir mit unserem Landrover durch den Fluß kamen; aber wir kamen hindurch und konnten es nicht fassen, daß wir je in diesem lauen Wasser mit fauligen Bläschen geschwommen sind. Es spritzte der Schlamm nach beiden Seiten, wenn wir durch die Tümpel fuhren, diese Tümpel im Morgenrot – einmal sagte Marcel: Tu sais que la mort est femme! Ich blickte ihn an, et que la terre est femme! sagte er, und das letztere verstand ich, denn es sah so aus, genau so, ich lachte laut, ohne zu wollen, wie über eine Zote –

Es war kurz nach der Ausfahrt, als ich das Mädchen mit dem blonden Roßschwanz zum ersten Mal erblickte, man mußte sich im Speisesaal versammeln, um anzustehen wegen Tischkarten. Es war mir eigentlich unwichtig, wer an meinem Tisch sitzt, immerhin hoffte ich auf Männertisch, gleichviel welcher Sprache. Aber von Wählen keine Spur! Der Steward hatte einen Plan vor sich, ein französischer Bürokrat, ungnädig, wenn ein Mensch nicht Französisch versteht, dann wieder geschwätzig, wenn's ihm so paßte, charmant ohne Ende, während wir warteten, eine ganze Schlange von Passagieren – vor mir: ein junges Mädchen in schwarzer Cowboy-Hose, kaum kleiner als ich, Engländerin oder Skandinavierin, ich konnte ihr Gesicht nicht sehen, nur ihren blonden oder rötlichen Roßschwanz, der bei jeder Bewegung ihres Kopfes baumelte. Natürlich blickte man sich um, ob man jemand kennt; es hätte ja sein können. Ich hoffte wirklich auf Männertisch. Das Mädchen bemerkte ich bloß, weil ihr Roßschwanz vor meinem Gesicht baumelte, mindestens eine halbe Stunde lang. Ihr Gesicht, wie gesagt, sah ich nicht. Ich versuchte, das Gesicht zu erraten. Zum Zeitvertreib; wie man sich zum Zeitvertreib an ein Kreuzworträtsel macht. Übrigens gab es fast keine jungen Leute. Sie trug (ich erinnere mich genau) einen schwarzen Pullover mit Rollkragen, existentialistisch, dazu Halskette aus gewöhnlichem Holz, Espadrilles, alles ziemlich billig. Sie rauchte, ein dickes Buch unter dem Arm, und in der hinteren Tasche ihrer Cowboy-Hose steckte ein grüner Kamm. Ich war einfach durch diese Warterei gezwungen, sie zu betrachten; sie mußte sehr jung sein: ihr Flaum auf dem Hals, ihre Bewegungen, ihre kleinen Ohren, die erröteten, als der Steward einen Spaß machte – sie zuckte nur die Achsel; ob erster oder zweiter Service, war ihr gleichgültig.

Sie kam in den ersten; ich in den zweiten.

Unterdessen war die letzte amerikanische Küste, Long Island, auch verschwunden, ringsum nichts als Wasser; ich brachte meine Kamera in die Kabine hinunter, wo ich zum ersten Mal meinen Mitschläfer sah, einen jungen und baumstarken Mann, Lajser Lewin, Landwirt aus Israel. Ich ließ ihm das untere Bett. Er hatte, als ich in die Kabine trat, auf dem oberen gesessen, gemäß Ticket; aber es war uns beiden wohler, glaube ich, als er auf dem unteren Bett saß, um seine Siebensachen auszupacken. Eine Lawine von Mensch! Ich rasierte mich, da ich in der Morgenhetze nicht dazu gekommen war. Ich steckte meinen Apparat an, denselben wie gestern, und er ging. Herr Lewin hatte die kalifornische Landwirtschaft studiert. Ich rasierte mich, ohne viel zu reden.

Später wieder auf Deck –

Es gab nichts zu sehen. Wasser ringsum, ich stand und genoß es, unerreichbar zu sein – statt daß ich mich um einen Decksessel kümmerte.

Ich wußte das alles noch nicht.

Möwen folgten dem Schiff –

Wie man eine Woche auf einem solchen Schiff verbringt, konnte ich mir nicht vorstellen, ich ging hin und her, Hände in den Hosentaschen, einmal geschoben vom Wind, geradezu schwebend, dann wieder gegen den Wind, dann mühsam, so daß man sich nach vorne lehnen mußte mit flatternden Hosen, ich wunderte mich, woher die andern Passagiere ihre Sessel hatten. Jeder Sessel mit Namen versehen. Als ich den Steward fragte, gab es keine Decksessel mehr. Sabeth spielte Pingpong.

Sie spielte famos, ticktack, ticktack, das ging nur so hin und her, eine Freude zum Zuschauen. Ich selber hatte seit Jahren nicht mehr gespielt.

Sie erkannte mich nicht.

Ich hatte genickt –

Sie spielte mit einem jungen Herrn. Möglicherweise ihr Freund oder Verlobter. Sie hatte sich umgekleidet und trug jetzt einen olivgrünen Manchesterrock, glockig, was ihr besser stand als die Bubenhosen, fand ich – vorausgesetzt, daß es wirklich dieselbe Person war!

Jedenfalls war die andere nirgends zu finden.

In der Bar, die ich zufällig entdeckte, war kein Knochen. In der Bibliothek gab es bloß Romane, anderswo Tische für Kartenspiele, was auch nach Langeweile aussah – draußen war's windig, jedoch weniger langweilig, da man ja fuhr.

Eigentlich bewegte sich nur die Sonne –

Gelegentlich ein Frachter am Horizont.

Um vier Uhr gab's Tee.

Ab und zu blieb ich wieder beim Pingpong stehen, jedesmal überrascht, wenn ich sie von vorne sah, gezwungen mich zu fragen, ob es wirklich dieselbe Person war, deren Gesicht ich zu erraten versucht hatte, während wir auf unsere Tischkarten hatten warten müssen. Ich stand bei dem großen Fenster des Promenadendecks, rauchte und tat, als blickte ich aufs Meer hinaus. Von hinten gesehen, vom rötlichen Roßschwanz her, war sie's durchaus, aber von vorne blieb sie merkwürdig. Ihre Augen wassergrau, wie oft bei Rothaarigen. Sie zog ihre Wolljacke aus, weil sie das Spiel verloren hatte, und krempelte ihre Bluse herauf. Einmal überrannte sie mich fast, um den Ball zu fangen. Ohne ein Wort der Entschuldigung. Das Mädchen sah mich gar nicht.

Gelegentlich ging ich weiter –

Auf Deck wurde es kalt, sogar naß, weil Gischt, und der Steward klappte die Sessel zusammen. Man hörte die Wellen viel lauter als zuvor, dazu Pingpong aus dem unteren Stock, ticktack, ticktack. Dann Sonnenuntergang. Ich schlotterte. Als ich in die Kabine hinunterging, um meinen Mantel zu holen, mußte ich nochmals durch das Promenadendeck – ich hob ihr einen Ball auf, ohne mich aufzudrängen, glaube ich, sie dankte kurz und englisch (sonst sprach sie deutsch), und bald darauf gongte es zum Ersten Service.

Der erste Nachmittag war überstanden.

Als ich mit Mantel und Kamera zurückkehrte, um den Sonnenuntergang zu filmen, lagen die beiden Pingpong-Schläger auf dem grünen Tisch –

– – –

Was ändert es, daß ich meine Ahnungslosigkeit beweise, mein Nichtwissenkönnen! Ich habe das Leben meines Kindes vernichtet und ich kann es nicht wiedergutmachen. Wozu noch ein Bericht? Ich war nicht verliebt in das Mädchen mit dem rötlichen Roßschwanz, sie war mir aufgefallen, nichts weiter, ich konnte nicht ahnen, daß sie meine eigene Tochter ist, ich wußte ja nicht einmal, daß ich Vater bin. Wieso Fügung? Ich war nicht verliebt, im Gegenteil, sie war mir fremder als je ein Mädchen, sobald wir ins Gespräch kamen, und es war ein unwahrscheinlicher Zufall, daß wir überhaupt ins Gespräch kamen, meine Tochter und ich. Es hätte ebensogut sein können, daß wir einfach aneinander vorbeigegangen wären. Wieso Fügung! Es hätte auch ganz anders kommen können.

– – –

Schon am Abend jenes ersten Tages, nachdem ich den Sonnenuntergang gefilmt hatte, spielten wir Pingpong, unser erstes und letztes. Ein Gespräch war kaum möglich; ich habe nicht mehr gewußt, daß ein Mensch so jung sein kann. Ich hatte ihr meine Kamera erläutert, aber es langweilte sie alles, was ich sagte. Unser Pingpong ging besser, als meinerseits erwartet; ich hatte seit Jahrzehnten nicht mehr gespielt. Nur ihr »service« war gerissener, sie schnitt. Früher hatte ich auch schneiden können, aber es fehlte mir die Übung; daher war ich zu langsam. Sie schnitt, wo sie nur konnte, aber nicht immer mit Erfolg; ich wehrte mich. Pingpong ist eine Frage des Selbstvertrauens, nichts weiter. Ich war nicht so alt, wie das Mädchen meinte, und so hopp-hopp, wie sie's offenbar erwartet hatte, ging es dann doch nicht; langsam merkte ich, wie ihre Bälle zu nehmen sind. Sicher langweilte ich sie. Ihr Partner vom Nachmittag, ein Jüngling mit Schnäuzchen, spielte natürlich viel imposanter. Ich hatte bald einen roten Kopf, da ich mich öfter bücken mußte, aber auch das Mädchen mußte noch die Wolljacke ausziehen, sogar ihre Bluse krempeln, um mich zu schlagen, sie warf ihren Roßschwanz in den Nacken zurück, ungeduldig. Sobald ihr Schnäuzchen-Freund auftauchte, um zu lächeln als Zuschauer mit beiden Händen in den Hosentaschen, gab ich meinen Schläger ab – sie bedankte sich, ohne mich aufzufordern, die Partie zu Ende zu spielen; ich bedankte mich gleichfalls, nahm meine Jacke.

Ich stellte ihr nicht nach.

Ich machte Konversation mit allerlei Leuten, meistens mit Mister Lewin, keinesfalls bloß mit Sabeth, sogar mit den alten Jungfern an meinem Tisch, Stenotypistinnen aus Cleveland, die sich verpflichtet fühlten, Europa gesehen zu haben, oder mit dem amerikanischen Geistlichen, Baptist aus Chicago, aber ein fideler Kerl –

Ich bin nicht gewohnt, untätig zu sein.

Vor dem Schlafengehen machte ich jedesmal, um Luft zu schnappen, eine Runde um sämtliche Decks. Allein. Traf ich sie im Dunkeln – zufällig – Arm in Arm mit ihrem Pingpong-Freund, so tat sie, als hätte sie mich nicht gesehen; als dürfte ich unter keinen Umständen wissen, daß sie verliebt ist.

Was ging's mich an!

Ich ging, wie gesagt, um Luft zu schnappen.

Sie meinte, ich sei eifersüchtig –

Am andern Morgen, als ich allein an der Reling stand, trat sie zu mir und fragte, wo denn mein Freund sei. Es interessierte mich nicht, wen sie für meinen Freund hielt, Israel-Landwirt oder Chicago-Baptist, sie meinte, ich fühle mich einsam, und wollte nett sein, gab's nicht auf, bis sie mich zum Plaudern brachte – über Navigation, Radar, Erdkrümmung, Elektrizität, Entropie, wovon sie noch nie gehört hat. Sie war alles andere als dumm. Nicht viele Leute, denen ich den sogenannten Maxwell'schen Dämon erläuterte, begreifen so flink wie dieses junge Mädchen, das ich Sabeth nannte, weil Elisabeth, fand ich, ein unmöglicher Name ist. Sie gefiel mir, aber ich flirtete in keiner Weise. Ich redete wie ein Lehrer, fürchtete ich, während sie lächelte. Sabeth wußte nichts von Kybernetik, und wie immer, wenn man mit Laien darüber redet, galt es, allerlei kindische Vorstellungen vom Roboter zu widerlegen, das menschliche Ressentiment gegen die Maschine, das mich ärgert, weil es borniert ist, ihr abgedroschenes Argument: der Mensch sei keine Maschine. Ich erklärte, was die heutige Kybernetik als *Information* bezeichnet: unsere Handlungen als Antworten auf sogenannte Informationen, beziehungsweise Impulse, und zwar sind es automatische Antworten, größtenteils unserem Willen entzogen, Reflexe, die eine Maschine ebensogut erledigen kann wie ein Mensch, wenn nicht sogar besser. Sabeth rümpfte ihre Brauen (wie stets bei Späßen, die ihr eigentlich mißfallen) und lachte. Ich verwies sie auf Norbert Wiener: *Cybernetics or Control and Communication in the Animal and the Machine, M. I. T. 1948.* Natürlich meinte ich nicht die Roboter, wie sie die Illustrierten sich ausmalen, sondern die Höchstgeschwindigkeitsrechenmaschine, auch Elektronen-Hirn genannt, weil Steuerung durch Vakuum-Elektronenröhren, eine Maschine, die heute schon jedes Menschenhirn übertrifft. In einer Minute 2 000 000 Additionen oder Subtraktionen! In ebensolchem Tempo erledigt sie eine Infinitesimal-Rechnung, Logarithmen ermittelt sie schneller, als wir das Ergebnis ablesen können, und eine Aufgabe, die bisher das ganze Leben eines Mathematikers erfordert hätte, wird in Stunden gelöst und zuverlässiger gelöst, weil sie, die Maschine, nichts vergessen kann, weil sie alle eintreffenden Informationen, mehr als ein menschliches Hirn erfassen kann, in ihre Wahrscheinlichkeitsansätze einbezieht. Vor allem aber: die Maschine erlebt nichts, sie hat keine Angst und keine Hoffnung, die nur stören, keine Wünsche in bezug auf das Ergebnis, sie arbeitet nach der reinen Logik der Wahrscheinlichkeit, darum behaupte ich: Der Roboter erkennt genauer als der Mensch, er weiß mehr von der Zukunft als wir, denn er errechnet sie, er spekuliert nicht und

träumt nicht, sondern wird von seinen eigenen Ergebnissen gesteuert (feed
back) und kann sich nicht irren; der Roboter braucht keine Ahnungen –

Sabeth fand mich komisch.

Ein wenig, glaubte ich, mochte sie mich doch; jedenfalls nickte sie,
wenn sie mich auf Deck sah, sie lag in ihrem Decksessel und nahm sofort
ihr Buch, aber winkte –

»Hello, Mister Faber!«

Sie nannte mich Mister Faber, weil ich mich, gewohnt an die englische
Aussprache meines Namens, so vorgestellt hatte; im übrigen sprachen wir
deutsch.

Ich ließ sie oft in Ruhe.

Eigentlich hätte ich arbeiten sollen –

So eine Schiffreise ist ein komischer Zustand. Fünf Tage ohne Wagen!
Ich bin gewohnt zu arbeiten oder meinen Wagen zu steuern, es ist keine Erholung für mich, wenn nichts läuft, und alles Ungewohnte macht mich sowieso nervös. Ich konnte nicht arbeiten. Man fährt und fährt, die Motoren
laufen Tag und Nacht, man hört sie, man spürt sie, man fährt pausenlos,
aber nur die Sonne bewegt sich, beziehungsweise der Mond, es könnte
auch eine Illusion sein, daß man fährt, unser Kahn kann noch so stampfen
und Wellen werfen, Horizont bleibt Horizont, und man bleibt in der Mitte
einer Kreisscheibe, wie fixiert, nur die Wellen gleiten davon, ich weiß nicht
mit wieviel Knoten in der Stunde, jedenfalls ziemlich schnell, aber es ändert sich überhaupt nichts – nur daß man älter wird!

Sabeth spielte Pingpong oder las.

Ich wanderte halbe Tage lang, obschon es unmöglich ist, jemand zu treffen, der nicht an Bord ist; ich bin in zehn Jahren nicht so viel gegangen,
wie auf diesem Schiff, manchmal ließ der Baptist sich herbei, dieses Kinderspiel zu machen, Schieberei mit Stecken und Holzscheiben, Zeitvertreib, ich hatte Zeit wie noch nie und kam nicht einmal dazu, die tägliche
Bordzeitung zu lesen.

News of Today –

Nur die Sonne bewegt sich.

President Eisenhower says –

Meinetwegen!

Wichtig ist, daß man seine Holzscheibe in das richtige Feld schiebt, und
sicher ist, daß anderseits auch niemand kommen kann, der nicht schon an
Bord ist, Ivy zum Beispiel, man ist einfach unerreichbar.

Das Wetter war gut.

Eines Morgens, als ich mit dem Baptist frühstücke, setzt Sabeth sich an unsern Tisch, was mich aufrichtig freut, Sabeth in ihren schwarzen Cowboy-Hosen. Ringsum gibt es leere Tische genug, ich meine, falls das Mädchen mich nicht leiden könnte. Es freut mich aufrichtig. Sie reden vom Louvre in Paris, den ich nicht kenne, und ich schäle unterdessen meinen Apfel. Ihr Englisch läuft ganz famos. Wieder die Verblüffung, wie jung sie ist! Man fragt sich dann, ob man selber je so jung gewesen ist. Ihre Ansichten! Ein Mensch, der den Louvre nicht kennt, weil er sich nichts draus macht, das gibt es einfach nicht; Sabeth meint, ich mache mich bloß lustig über sie. Dabei ist es der Baptist, der sich lustig macht über mich.

»Mister Faber is an engineer« – sagt er –

Was mich aufregt, sind keineswegs seine blöden Witze über die Ingenieure, sondern seine Flirterei mit dem jungen Mädchen, das nicht seinetwegen an unseren Tisch gekommen ist, seine Hand, die er auf ihren Arm legt, dann auf ihre Schulter, dann wieder auf ihren Arm, seine fleischige Hand. Wozu faßt er das Mädchen immer an! Bloß weil er ein Kenner des Louvre ist.

»Listen«, sagt er immer, »listen!«

Sabeth:

»Yes, I'm listening –«

Dabei hat er gar nichts zu sagen, der Baptist, es geht ihm mit seinem ganzen Louvre bloß darum, das Mädchen anfassen zu können, so eine Altherren-Manier, dazu sein Lächeln über mich.

»Go on«, sagt er zu mir, »go on!«

Ich stehe auf dem Standpunkt, daß der Beruf des Technikers, der mit den Tatsachen fertig wird, immerhin ein männlicher Beruf ist, wenn nicht der einzig männliche überhaupt; ich stelle fest, daß wir uns auf einem Schiff befinden, somit auf einem Werk der Technik –

»True«, sagt er, »very true!«

Dabei hält er ihren Arm die ganze Zeit, tut gespannt und aufmerksam, bloß um den Arm des Mädchens nicht loslassen zu müssen.

»Go on«, sagt er, »go on!«

Das Mädchen will mich unterstützen und bringt das Gespräch, da ich die Skulpturen im Louvre nicht kenne, auf meinen Roboter; ich habe aber keine Lust, davon zu sprechen, und sagte lediglich, daß Skulpturen und Derartiges nichts anderes sind (für mich) als Vorfahren des Roboters.

Die primitiven versuchten den Tod zu annullieren, indem sie den Menschenleib abbilden – wir, indem wir den Menschenleib ersetzen. Technik statt Mystik!

Zum Glück kam Mister Lewin.

Als sich herausstellt, daß auch Mister Lewin noch nie im Louvre gewesen ist, wechselt das Tischgespräch, Gott sei Dank, Mister Lewin hat gestern den Maschinenraum unsres Schiffes besichtigt – das führt zu einem Doppelgespräch: Baptist und Sabeth reden weiterhin über van Gogh, Lewin und ich reden über Dieselmotoren, wobei ich, obschon in Dieselmotoren interessiert, das Mädchen nicht aus den Augen lasse; sie hört dem Baptisten ganz aufmerksam zu, während sie seine Hand nimmt, um sie neben sich auf den Tisch zu legen, wie eine Serviette.

»Why do you laugh?« fragt er mich.

Ich lache einfach.

»Van Gogh is the most intelligent fellow of his time«, sagt er mir, »have you ever read his letters?«

Dazu Sabeth:

»Er weiß wirklich sehr viel.«

Sobald wir, Mister Lewin und ich, von Elektrizität sprechen, weiß er aber auch nichts, unser Baptist und Hahn im Korb, sondern schält auch seinen Apfel und schweigt vor sich hin. Schließlich redet man über Israel.

Später auf Deck äußerte Sabeth (ohne Drängen meinerseits) den Wunsch, einmal den Maschinenraum zu besichtigen, und zwar mit mir; ich hatte lediglich gesagt, einmal werde ich auch den Maschinenraum besichtigen. Ich wollte sie keinesfalls belästigen. Sie wunderte sich, wieso ich keinen Decksessel habe, und bot mir sofort ihren Decksessel an, weil ihrerseits sowieso zu einem Pingpong verabredet.

Ich dankte, und weg war sie –

Seither saß ich öfter in ihrem Sessel; der Steward holte ihren Sessel hervor, sowie er mich erblickte, und klappte ihn auf, begrüßte mich als Mister Piper, weil auf ihrem Sessel stand: *Miss E. Piper.*

Ich sagte mir, daß mich wahrscheinlich jedes junge Mädchen irgendwie an Hanna erinnern würde. Ich dachte in diesen Tagen wieder öfter an Hanna. Was heißt schon Ähnlichkeit? Hanna war schwarz, Sabeth blond beziehungsweise rötlich, und ich fand es an den Haaren herbeigezogen, die beiden zu vergleichen. Ich tat es aus lauter Müßiggang. Sabeth ist jung, wie Hanna damals jung gewesen ist, und zudem redete sie das gleiche

Hochdeutsch, aber schließlich (so sagte ich mir) gibt es ganze Völkerstämme, die hochdeutsch reden. Stundenlang lag ich in ihrem Sessel,
meine Beine auf das weiße Geländer gestemmt, das zitterte, Blick aufs
Meer hinaus. Leider hatte ich keine Fachzeitschriften bei mir, Romane
kann ich nicht lesen, dann überlege ich mir lieber, woher diese Vibration,
wieso sie nicht zu vermeiden ist, die Vibration, oder ich rechnete mir
aus, wie alt jetzt Hanna wäre, ob sie schon weiße Haare hätte. Ich schloß
die Augen, um zu schlafen. Wäre Hanna auf Deck gewesen, kein Zweifel,
ich hätte sie sofort erkannt. Ich dachte: vielleicht ist sie auf Deck! und erhob mich, schlenderte zwischen den Decksesseln hin und her, ohne im
Ernst zu glauben, daß Hanna wirklich auf Deck ist. Zeitvertreib! Immerhin (ich gebe es zu) hatte ich Angst, es könnte sein, und ich musterte sämtliche Damen, die keine jungen Mädchen mehr sind, in aller Ruhe. Man
kann das ja, wenn man eine dunkle Sonnenbrille trägt; man steht und
raucht und mustert, ohne daß die Gemusterten es merken können, in aller
Ruhe, ganz sachlich. Ich schätzte ihr Alter, was keine leichte Sache war;
ich achtete weniger auf die Haarfarbe, sondern auf die Beine, die Füße, sofern sie entblößt waren, vor allem auf die Hände und die Lippen. Da und
dort, fand ich, gab es sehr blühende Lippen, während der Hals an die gefäl-
telte Haut von Eidechsen erinnert, und ich konnte mir denken, daß Hanna
noch immer sehr schön ist, ich meine liebenswert. Leider waren ihre Augen nicht zu sehen, weil lauter Sonnenbrillen. Allerlei Verbrauchtes, allerlei, was vermutlich nie geblüht hat, lag auch da, Amerikanerinnen, die Geschöpfe der Kosmetik. Ich wußte bloß: So wird Hanna nie aussehen.
    Ich setzte mich wieder hin.
    Der pfeifende Wind im Kamin –
    Wellenschäume –
    Einmal ein Frachter am Horizont –
    Ich langweilte mich, daher die Spintisiererei um Hanna; ich lag, meine
Beine auf das weiße Geländer gestützt, das die Vibration nicht lassen kann,
und was ich von Hanna wußte, war gerade genug für einen Steckbrief, der
nichts nützt, wenn die Person nicht hier ist. Ich sah sie nicht, wie gesagt,
nicht einmal mit geschlossenen Augen.
    Zwanzig Jahre sind eine Zeit.
    Statt dessen (ich machte die Augen auf, weil jemand an meinen Sessel
gestoßen war –) wieder das junge Ding, das Fräulein Elisabeth Piper heißt.
    Ihr Pingpong war zu Ende.

Am meisten frappierte mich, wie sie im Gespräch, um ihren Widerspruch zu zeigen, ihren Roßschwanz in den Nacken wirft (dabei hat Hanna nie einen Roßschwanz getragen!), oder wie sie ihre Achsel zuckt, wenn's ihr durchaus nicht gleichgültig ist, bloß aus Stolz. Vor allem aber: das kleine und kurze Rümpfen ihrer Stirne zwischen den Brauen, wenn sie einen Witz von mir, obschon sie lachen muß, eigentlich blöd findet. Es frappierte mich, es beschäftigte mich nicht. Es gefiel mir. Schließlich gibt es Gesten, die einem gefallen, weil man sie irgendwo schon einmal gesehen hat. Ich habe stets ein Fragezeichen gemacht, wenn von Ähnlichkeit die Rede ist; aus Erfahrung. Was haben wir uns krumm gelacht, mein Bruder und ich, wenn die guten Leute, die's nicht wissen konnten, unsere frappante Ähnlichkeit bemerkten! Mein Bruder war adoptiert. Wenn jemand mit der rechten Hand (zum Beispiel) um den Hinterkopf greift, um sich an der linken Schläfe zu kratzen, so frappiert es mich, ich muß sofort an meinen Vater denken, aber nie im Leben komme ich auf die Idee, jedermann für den Bruder meines Vaters zu halten, bloß weil er sich so kratzt. Ich halte es mit der Vernunft. Bin kein Baptist und kein Spiritist. Wieso vermuten, daß irgendein Mädchen, das Elisabeth Piper heißt, eine Tochter von Hanna ist. Hätte ich damals auf dem Schiff (oder später) auch nur den mindesten Verdacht gehabt, es könnte zwischen dem jungen Mädchen und Hanna, die mir nach der Geschichte mit Joachim begreiflicherweise durch den Kopf ging, ein wirklicher Zusammenhang bestehen, selbstverständlich hätte ich sofort gefragt: Wer ist Ihre Mutter? Wie heißt sie? Woher kommt sie? – ich weiß nicht, wie ich mich verhalten hätte, jedenfalls anders, das ist selbstverständlich, ich bin ja nicht krankhaft, ich hätte meine Tochter als meine Tochter behandelt, ich bin nicht pervers!

Alles war so natürlich –

Eine harmlose Reisebekanntschaft –

Einmal war Sabeth etwas seekrank; statt auf Deck zu gehen, wie empfohlen, wollte sie in ihre Kabine, dann Erbrechen im Korridor, ihr Schnäuzchen-Freund legte sie aufs Bett, als wäre er ihr Mann. Zum Glück war ich dabei. Sabeth in ihren schwarzen Cowboy-Hosen, ihr Gesicht seitwärts gedreht, weil ihr Roßschwanz es anders nicht zuließ, wie's gerade kam, lahm und gespreizt, bleich wie Lehm. Er hielt ihre Hand. Ich schraubte sofort ein Bullauge auf, um mehr Luft zu verschaffen, und reichte Wasser –

»Danke sehr!« sagte er, während er auf dem Rand ihres Bettes hockte; er schnürte ihre Espadrilles auf, um Samariter zu spielen. Als käme ihre Übelkeit aus den Füßen!

Ich blieb in der Kabine.

Ihr roter Gürtel war viel zu eng, man sah's, ich fand es nicht unsere Sache, ihr den Gürtel zu lösen –

Ich stellte mich vor.

Kaum hatten wir uns die Hände gegeben, setzte er sich wieder auf den Rand ihres Bettes. Vielleicht war er wirklich ihr Freund. Sabeth war schon eine richtige Frau, wenn sie so lag, kein Kind; ich nahm eine Decke vom oberen Bett, da sie vielleicht fror, und deckte sie zu.

»Danke!« sagte er –

Ich wartete einfach, bis der junge Mann gleichfalls fand, es gäbe nichts mehr zu tun, wir sollten das Mädchen jetzt allein lassen –

»Tschau!« sagte er.

Ich durchschaute ihn, er wollte mich irgendwo auf Deck verlieren, um dann allein in ihre Kabine zurückzukehren. Ich forderte ihn zu einem Pingpong ... So blöd, wie vermutet, war er nicht, wenn auch keineswegs sympathisch. Wieso trägt man ein Schnäuzchen? Zum Pingpong kam's nicht, da wieder beide Tische besetzt waren; statt dessen verwickelte ich ihn in ein Gespräch – natürlich in Hochdeutsch! – über Turbinen, er war Grafiker von Beruf, Künstler, aber tüchtig. Sowie er merkte, daß man bei mir nicht landet mit Malerei und Theater und derartigem, redete er kaufmännisch, nicht skrupellos, aber tüchtig, Schweizer, wie sich herausstellte –

Ich weiß nicht, was Sabeth an ihm fand.

Meinerseits kein Grund zu Minderwertigkeitsgefühlen, ich bin kein Genie, immerhin ein Mann in leitender Stellung, nur vertrage ich immer weniger diese jungen Leute, ihre Tonart, ihr Genie, dabei handelt es sich um lauter Zukunftsträume, womit sie sich so großartig vorkommen, und es interessiert sie einen Teufel, was unsereiner in dieser Welt schon tatsächlich geleistet hat; wenn man es ihnen einmal aufzählt, lächeln sie höflich.

»Ich will Sie nicht aufhalten!« sagte ich.

»Sie entschuldigen mich?«

»Bitte!« sagte ich –

Als ich die Tabletten brachte, die mir geholfen hatten, wollte Sabeth niemand in ihre Kabine lassen. Sie war komisch, dabei angekleidet, wie ich durch die Türspalte sah. Ich hatte ihr vorher die Tabletten versprochen, nur drum. Sie nahm die Tabletten durch die Türspalte. Ob er in ihrer Kabine war, weiß ich nicht. Ich ersuchte das Mädchen, die Tabletten auch wirklich zu nehmen. Ich wollte ihr ja nur helfen; denn mit Händchenhalten und Espadrilles-Ausziehen war ihr nicht geholfen. Es interessierte mich wirklich nicht, ob ein Mädchen wie Sabeth (ihre Unbefangenheit blieb mir immer ein Rätsel) schon einmal mit einem Mann zusammengewesen ist oder nicht, ich fragte mich bloß.

Was ich damals wußte:

Ein Semester in Yale, scholarship, jetzt auf der Heimreise zur Mama, die in Athen lebt, Herr Piper hingegen in Ostdeutschland, weil immer noch vom Kommunismus überzeugt, ihre Hauptsorge in diesen Tagen: ein billiges Hotel in Paris zu finden – dann will sie mit Autostop nach Rom (was ich einen Wahnsinn fand) und weiß nicht, was aus ihr werden soll, Kinderärztin oder Kunstgewerblerin oder so etwas, vielleicht auch Stewardeß, um viel fliegen zu können, unter allen Umständen möchte sie einmal nach Indien und nach China. Sabeth schätzte mich (auf meine Frage hin) vierzig, und als sie vernahm, daß ich demnächst fünfzig bin, verwunderte es sie auch nicht. Sie selbst war zwanzig. Was ihr am meisten Eindruck machte an mir: daß ich mich an den ersten Atlantikflug von Lindbergh (1927) noch persönlich erinnere, indem ich damals zwanzig war. Sie rechnete nach, bevor sie's glaubte! An meinem Alter, von Sabeth aus gesehen, würde es nichts mehr verändert haben, glaube ich, wenn ich im gleichen Ton auch noch von Napoleon erzählt hätte. Ich stand meistens am Geländer, weil es nicht ging, daß Sabeth (meistens im Badkleid) auf dem Boden sitzt, während ich im Sessel liege; das war mir zu onkelhaft, und umgekehrt: Sabeth im Sessel, während ich mit verschränkten Beinen daneben hocke, das war ebenfalls komisch –

Keinesfalls wollte ich mich aufdrängen.

Ich spielte Schach mit Mister Lewin, der seinen Kopf bei der Landwirtschaft hatte, oder mit anderen Passagieren, die nach spätestens zwanzig Zügen matt sind; es war langweilig, aber ich langweilte lieber mich als das Mädchen, das heißt, ich ging wirklich nur zu Sabeth, wenn ich etwas zu sagen wußte.

Ich verbot ihr, Stewardeß zu werden.

Sabeth war meistens in ihr dickes Buch vertieft, und wenn sie von Tolstoi redete, fragte ich mich wirklich, was so ein Mädchen eigentlich von Männern weiß. Ich kenne Tolstoi nicht. Natürlich foppte sie mich, wenn sie sagte:

»Jetzt reden Sie wieder wie Tolstoi!«

Dabei verehrte sie Tolstoi.

Einmal, in der Bar, erzählte ich – ich weiß nicht warum – plötzlich von meinem Freund, der es nicht ausgehalten hat, und wie wir ihn gefunden haben: – zum Glück hinter geschlossenen Türen, sonst hätten die Zopilote ihn wie einen toten Esel auseinandergezerrt.

Sabeth meinte, ich übertreibe.

Ich trank meinen dritten oder vierten Pernod, lachte und berichtete, wie das aussieht, wenn einer am Draht hängt: zwei Füße über dem Boden, als könne er schweben –

Der Sessel war umgefallen.

Er hatte einen Bart.

Wozu ich's erzählte, keine Ahnung, Sabeth fand mich zynisch, weil ich lachen mußte; er war wirklich steif wie eine Puppe –

Dazu rauchte ich viel.

Sein Gesicht: schwarz vom Blut.

Er drehte sich wie eine Vogelscheuche im Wind –

Ferner stank er.

Seine Fingernägel violett, seine Arme grau, seine Hände weißlich, Farbe von Schwämmen –

Ich erkannte ihn nicht mehr.

Seine Zunge auch bläulich –

Eigentlich gab es gar nichts zu erzählen, einfach ein Unglücksfall, er drehte sich im warmen Wind, wie gesagt, oberhalb des Drahtes gedunsen –

Ich wollte gar nicht erzählen.

Seine Arme: steif wie zwei Stecken –

Leider waren meine Guatemala-Filme noch nicht entwickelt, man kann das nicht beschreiben, man muß es sehen, wie es ist, wenn einer so hängt.

Sabeth in ihrem blauen Abendkleidchen –

Manchmal hing er plötzlich vor meinen Augen, mein Freund, als hätten wir ihn gar nicht begraben, plötzlich – vielleicht weil in dieser Bar auch ein Radio tönte, er hatte nicht einmal sein Radio abgestellt.

So war das.

Als wir ihn fanden, wie gesagt, spielte sein Radio. Nicht laut. Zuerst meinten wir noch, es spreche jemand im anderen Zimmer drüben, aber da war kein anderes Zimmer drüben, mein Freund lebte ganz allein, und erst als Musik folgte, merkten wir, daß es Radio sein mußte, natürlich stellten wir sofort ab, weil unpassend, weil Tanzmusik –

Sabeth stellte Fragen.

Warum er's getan hat?

Er sagte es nicht, sondern hing wie eine Puppe und stank, wie schon gesagt, und drehte sich im warmen Wind –

So war das.

Als ich aufstand, stürzte mein Stuhl, Lärm, Aufsehen in der Bar, aber
das Mädchen stellte ihn auf, meinen Stuhl, als wäre nichts dabei, und
wollte mich in die Kabine begleiten, aber ich wollte nicht.

Ich wollte auf Deck.

Ich wollte allein sein –

Ich war betrunken.

Hätte ich damals den Namen genannt, Joachim Hencke, so hätte sich
alles aufgeklärt. Offenbar erwähnte ich nicht einmal seinen Vornamen,
sondern redete einfach von einem Freund, der sich in Guatemala erhängt
hat, von einem tragischen Unglücksfall.

Einmal filmte ich sie.

Als Sabeth es endlich entdeckte, streckte sie die Zunge heraus; ich
filmte sie mit der gestreckten Zunge, bis sie, zornig ohne Spaß, mich regelrecht anschnauzte. Was mir eigentlich einfalle? Sie fragte mich rundheraus: Was wollen Sie überhaupt von mir?

Das war am Vormittag.

Ich hätte Sabeth fragen sollen, ob sie Mohammedanerin sei, daß man sie
nicht filmen darf, oder sonst abergläubisch. Was bildete das Mädchen sich
ein? Ich war durchaus bereit, den betreffenden Film (mitsamt den Tele-
Aufnahmen von der winkenden Ivy) herauszuziehen und in die Sonne zu
halten, um alles zu löschen: Bitte! Am meisten ärgerte mich, daß ihr Ton
mich den ganzen Vormittag beschäftigte, die Frage, wofür das Mädchen
mich hielt, wenn sie sagte:

»Sie beobachten mich die ganze Zeit, Mister Faber, ich mag das nicht!«

Ich war ihr nicht sympathisch.

Das stand fest, und ich machte mir keine falsche Hoffnung, als ich sie
später, kurz nach dem Mittagessen, an mein Versprechen erinnerte, ihr
zu sagen, wenn ich den Maschinenraum besichtige.

»Jetzt?« fragte sie.

Sie mußte ein Kapitel zu Ende lesen.

»Bitte!« sagte ich.

Ich schrieb sie ab. Ohne beleidigt zu sein. Ich habe es immer so gehal-

ten; ich mag mich selbst nicht, wenn ich andern Menschen lästig bin, und
es ist nie meine Art gewesen, Frauen nachzulaufen, die mich nicht mögen;
ich habe es nicht nötig gehabt, offen gestanden ... Der Maschinenraum
eines solchen Schiffes hat den Umfang einer ordentlichen Fabrik, zur
Hauptsache bestehend aus dem großen Dieseltriebwerk, hinzu kommen
die Anlagen für Stromerzeugung, Warmwasser, Lüftung. Wenn auch für
den Fachmann nichts Ungewohntes zu sehen ist, so finde ich die Anlage
als solche, bedingt durch den Schiffkörper, doch sehenswert, ganz abgesehen davon, daß es immer Freude macht, Maschinen im Betrieb zu sehen.
Ich erläuterte die Hauptschaltbrettanlage, ohne auf Einzelheiten einzugehen; immerhin erläuterte ich in Kürze, was ein Kilowatt ist, was Hydraulik
ist, was ein Ampère ist, Dinge, die Sabeth natürlich aus der Schule kannte,
beziehungsweise vergessen hatte, aber ohne Mühe wieder verstand. Am
meisten imponierten ihr die vielen Röhren, gleichgültig wozu sie dienten,
und der große Treppenschacht, Blick durch fünf oder sechs Stockwerke
hinauf in den vergitterten Himmel. Es beschäftigte sie, daß die Maschini-
sten, die sie alle so freundlich fand, die ganze Zeit schwitzten und ihr Leben lang auf dem Ozean fahren, ohne den Ozean zu sehen. Ich bemerkte,
wie sie gafften, wenn das Mädchen (das sie offensichtlich für meine Tochter hielten) von Eisenleiter zu Eisenleiter kletterte.

»Ça va, Mademoiselle, ça va?«

Sabeth kletterte wie eine Katze.

»Pas trop vite, ma petite –!«

Ihre Männer-Grimassen waren unverschämt, fand ich, aber Sabeth bemerkte überhaupt nichts von alledem, Sabeth in ihren schwarzen Cowboy-Hosen mit den ehemals weißen Nähten, der grüne Kamm in ihrer
Hintertasche, ihr rötlicher Roßschwanz, der über den Rücken baumelt,
unter ihrem schwarzen Pullover die zwei Schulterblätter, die Kerbe in ihrem straffen und schlanken Rücken, dann ihre Hüften, die jugendlichen
Schenkel in der schwarzen Hose, die bei den Waden gekrempelt sind, ihre
Knöchel – ich fand sie schön, aber nicht aufreizend. Nur sehr schön! Wir
standen vor dem gläsernen Guckloch eines Dieselbrenners, den ich in
Kürze erläuterte, meine Hände in den Hosentaschen, um nicht ihren nahen Arm oder ihre Schulter zu fassen wie der Baptist neulich beim Frühstück.

Ich wollte das Mädchen nicht anfassen.

Plötzlich kam ich mir senil vor –

Ich faßte ihre beiden Hüften, als ihr Fuß vergeblich nach der untersten Sprosse einer Eisenleiter suchte, und hob sie kurzerhand auf den Boden. Ihre Hüften waren merkwürdig leicht, zugleich stark, anzufassen wie das Steuerrad meines Studebakers, graziös, im Durchmesser genau so – eine Sekunde lang, dann stand sie auf dem Podest aus gelochtem Blech, ohne im mindesten zu erröten, sie dankte für die unnötige Hilfe und wischte sich ihre Hände an einem Bündel bunter Putzfäden. Auch für mich war nichts Aufreizendes dabei gewesen, und wir gingen weiter zu den großen Schraubenwellen, die ich ihr noch zeigen wollte. Probleme der Torsion, Reibungskoeffizient, Ermüdung des Stahls durch Vibration und so fort, daran dachte ich nur im stillen, beziehungsweise in einem Lärm, wo man kaum sprechen konnte – erläuterte dem Mädchen lediglich, wo wir uns jetzt befinden, nämlich wo die Schraubenwellen aus dem Schiffskörper stoßen, um draußen die Schrauben zu treiben. Man mußte brüllen. Schätzungsweise acht Meter unterm Wasserspiegel! Ich wollte mich erkundigen.

Schätzungsweise! schrie ich: Vielleicht nur sechs Meter! Hinweis auf den beträchtlichen Wasserdruck, den diese Konstruktion auszuhalten hat, war schon wieder zuviel – ihre kindliche Fantasie schon draußen bei den Fischen, während ich auf die Konstruktion zeigte. Hier! rief ich und nahm ihre Hand, legte sie auf die Siebzigmillimeter-Niete, damit sie verstand, was ich erklärte. Haifische? Ich verstand kein anderes Wort. Wieso Haifische? Ich schrie zurück: Weiß ich nicht! und zeigte auf die Konstruktion, ihre Augen starrten.

Ich hatte ihr etwas bieten wollen.

Unsere Reise ging zu Ende, ich fand es schade, plötzlich das letzte Fähnlein auf der Atlantik-Karte, ein Rest von sieben Zentimetern: ein Nachmittag und eine Nacht und ein Vormittag –

Mister Lewin packte schon.

Gespräch über Trinkgelder –

Wenn ich mir vorstellte, wie man sich in vierundzwanzig Stunden verabschieden wird, Lebwohl nach allen Seiten, Lebwohl mit lauter guten Wünschen und Humor, Mister Lewin: Viel Glück in der Landwirtschaft! und unser Baptist: Viel Glück im Louvre! und das Mädchen mit dem rötlichen Roßschwanz und mit seiner unbeschriebenen Zukunft: Viel Glück! – es machte mir Mühe, wenn ich daran dachte, daß man nie wieder voneinander hören wird.

Ich saß in der Bar –

Reisebekanntschaften!

Ich wurde sentimental, was sonst nicht meine Art ist, und es gab einen großen Ball, wie offenbar üblich, es war der letzte Abend an Bord, zufällig mein fünfzigster Geburtstag; davon sagte ich natürlich nichts.

Es war mein erster Heiratsantrag.

Eigentlich saß ich mit Mister Lewin, der sich aus Bällen mit Tanz auch nichts machte, ich hatte ihn (ohne den besonderen Anlaß zu verraten) zu einem Burgunder eingeladen, zum Besten, was an Bord überhaupt zu haben war (man ist nur einmal 50, dachte ich): Beaune 1933, großartig im Bouquet, im Nachgeschmack etwas dürftig, zu kurz, leider auch zu wenig trübe, was Mister Lewin, dem sogar kalifornischer Burgundy mundet, nichts ausmachte. Ich war enttäuscht (ich hatte mir meinen 50. Geburtstag etwas anders vorgestellt, offen gestanden!) von dem Wein, aber sonst zufrieden, Sabeth erschien nur so auf einen Sprung, um einen Schluck von ihrem Citron-pressé zu nehmen, dann schon wieder ein Tänzer, ihr Schnäuzchen-Grafiker, dazwischen Schiffsoffiziere in Gala, blank wie in einer Operette, Sabeth in ihrem immergleichen blauen Abendkleidchen, nicht geschmacklos, aber billig, zu kindlich ... Ich überlegte, ob ich nicht zu Bett gehen wollte, ich spürte meinen Magen, und wir saßen zu nahe bei der Musik, ein Heidenlärm, dazu dieser kunterbunte Karneval, wo man hinsieht, Lampions, im Dunst von Zigaretten und Zigarren verschwommen wie die Sonne in Guatemala, Papierschlangen, Girlanden überall, ein Dschungel von Firlefanz, grün und rot, Herren im Smoking, schwarz wie Zopilote, deren Gefieder genau so glänzt –

Daran wollte ich nicht denken.

Übermorgen in Paris – das war ungefähr alles, was ich denken konnte in diesem Rummel – werde ich zu einem Arzt gehen, um einmal meinen Magen untersuchen zu lassen.

Es war ein komischer Abend –

Mister Lewin wurde geradezu amüsant, da er Wein nicht gewohnt war, und hatte plötzlich Mut genug, mit Sabeth zu tanzen, der Riesenkerl; sie reichte ihm bis zu den Rippen, während er, um sich nicht in Papierschlangen zu verfangen, seinen Kopf duckte. Sabeth redete zu ihm hinauf. Mister Lewin hatte keinen dunklen Anzug und tanzte alles auf Mazurka, weil in Polen geboren, Kindheit im Ghetto und so fort. Sabeth mußte sich strekken, um ihn um die Schulter zu fassen, wie ein Schulmädchen in der Straßenbahn, wenn es sich halten will. Ich saß und schwenkte meinen Burgunder, entschlossen, nicht sentimental zu werden, weil ich Geburtstag habe, und trank. Was deutsch war, trank Sekt beziehungsweise Champagner; ich mußte doch an Herbert denken, beziehungsweise an die Zukunft der deutschen Zigarre und was Herbert, allein unter Indios, wohl machte.

Später ging ich auf Deck.

Ich war vollkommen nüchtern, und als Sabeth mich aufsuchte, sagte ich sofort, sie werde sich nur erkälten, Sabeth in ihrem dünnen Abendkleidchen. Ob ich traurig sei, wollte sie wissen. Weil ich nicht tanzte. Ich finde sie lustig, ihre heutigen Tänze, lustig zum Schauen, diese existentialistische Hopserei, wo jeder für sich allein tanzt, seine eignen Faxen schwingt, verwickelt in die eignen Beine, geschüttelt wie von einem Schüttelfrost, alles etwas epileptisch, aber lustig, sehr temperamentvoll, muß ich sagen, aber ich kann das nicht.

Wieso sollte ich traurig sein?

England noch nicht in Sicht –

Dann gab ich ihr meine Jacke, damit sie sich nicht erkältete; ihr Roßschwanz wollte einfach nicht hinten bleiben, so windete es.

Die roten Kamine im Scheinwerfer –

Sabeth fand es toll, so eine Nacht auf Deck, wenn es pfeift in allen Seilen und knattert, die Segeltücher an den Rettungsbooten, der Rauch aus dem Kamin –

Die Musik war kaum noch zu hören.

Wir sprachen über Sternbilder – das Übliche, bis man weiß, wer sich im Himmel noch weniger auskennt als der andere, der Rest ist Stimmung, was ich nicht leiden kann. Ich zeigte ihr den Komet, der in jenen Tagen zu sehen war, im Norden. Es fehlte wenig, und ich hätte gesagt, daß ich Geburtstag habe. Daher der Komet! Aber es stimmte ja nicht einmal zum Spaß; der Komet war schon seit einer halben Woche sichtbar, wenn auch nie so deutlich wie in dieser Nacht, mindestens seit dem 26. IV. Also von meinem Geburtstag (29. IV.) sagte ich nichts.

»Ich wünsche mir zweierlei«, sagte ich, »zum Abschied. Erstens, daß Sie nicht Stewardeß werden –«

»Zweitens?«

»Zweitens«, sagte ich, »daß Sie nicht mit Autostop nach Rom fahren. Im Ernst! Lieber zahle ich Ihnen die Bahn oder das Flugzeug –«

Ich habe damals nicht einen Augenblick daran gedacht, daß wir zusammen nach Rom fahren würden, Sabeth und ich, der ich in Rom nichts verloren hatte.

Sie lachte mir ins Gesicht.

Sie mißverstand mich.

Nach Mitternacht gab es ein kaltes Buffet, wie üblich – ich behauptete, hungrig zu sein, und führte Sabeth hinunter, weil sie schlotterte, ich sah es, trotz meiner Jacke. Ihr Kinn schlotterte.

Drunten war noch immer Ball –

Ihre Vermutung, ich sei traurig, weil allein, verstimmte mich. Ich bin gewohnt, allein zu reisen. Ich lebe, wie jeder wirkliche Mann, in meiner Arbeit. Im Gegenteil, ich will es nicht anders und schätze mich glücklich, allein zu wohnen, meines Erachtens der einzigmögliche Zustand für Männer, ich genieße es, allein zu erwachen, kein Wort sprechen zu müssen. Wo ist die Frau, die das begreift? Schon die Frage, wie ich geschlafen habe, verdrießt mich, weil ich in Gedanken schon weiter bin, gewohnt, voraus zu denken, nicht rückwärts zu denken, sondern zu planen. Zärtlichkeiten am Abend, ja, aber Zärtlichkeiten am Morgen sind mir unerträglich, und mehr als drei oder vier Tage zusammen mit einer Frau war für mich, offen gestanden, stets der Anfang der Heuchelei, Gefühle am Morgen, das erträgt kein Mann. Dann lieber Geschirr waschen!

Sabeth lachte –

Frühstück mit Frauen, ja, ausnahmsweise in den Ferien, Frühstück auf einem Balkon, aber länger als drei Wochen habe ich es nie ertragen, offen gestanden, es geht in den Ferien, wenn man sowieso nicht weiß, was anfangen mit dem ganzen Tag, aber nach drei Wochen (spätestens) sehne ich mich nach Turbinen; die Muße der Frauen am Morgen, zum Beispiel eine Frau, die am Morgen, bevor sie angekleidet ist, imstande ist, Blumen anders in die Vase zu stellen, dazu Gespräch über Liebe und Ehe, das erträgt kein Mann, glaube ich, oder er heuchelt. Ich mußte an Ivy denken; Ivy heißt Efeu, und so heißen für mich eigentlich alle Frauen. Ich will allein sein! Schon der Anblick eines Doppelzimmers, wenn nicht in einem Hotel, das man bald wieder verlassen kann, sondern Doppelzimmer als Dauer-Einrichtung, das ist für mich so, daß ich an Fremdenlegion denke –

Sabeth fand mich zynisch.

Es ist aber so, wie ich sagte.

Ich redete nicht weiter, obschon Mister Lewin, glaube ich, kein Wort verstand; er legte sofort die Hand über sein Glas, als ich nachfüllen wollte,

und Sabeth, die mich zynisch fand, wurde zum Tanz geholt ... Ich bin
nicht zynisch. Ich bin nur, was Frauen nicht vertragen, durchaus sachlich.
Ich bin kein Unmensch, wie Ivy behauptet, und sage kein Wort gegen die
Ehe; meistens fanden die Frauen selbst, daß ich mich nicht dafür eigne.
Ich kann nicht die ganze Zeit Gefühle haben. Alleinsein ist der einzig mögliche Zustand für mich, denn ich bin nicht gewillt, eine Frau unglücklich
zu machen, und Frauen neigen dazu, unglücklich zu werden. Ich gebe zu:
Alleinsein ist nicht immer lustig, man ist nicht immer in Form. Übrigens
habe ich die Erfahrung gemacht, daß Frauen, sobald unsereiner nicht in
Form ist, auch nicht in Form bleiben; sobald sie sich langweilen, kommen
die Vorwürfe, man habe keine Gefühle. Dann, offen gestanden, langweile
ich mich noch lieber allein. Ich gebe zu: auch ich bin nicht immer für Television aufgelegt (obschon überzeugt, daß die Television in den nächsten
Jahren auch noch besser wird, nebenbei bemerkt) und Stimmungen ausgeliefert, aber gerade dann begrüße ich es, allein zu sein. Zu den glücklich-
sten Minuten, die ich kenne, gehört die Minute, wenn ich eine Gesellschaft verlassen habe, wenn ich in meinem Wagen sitze, die Türe zuschlage
und das Schlüsselchen stecke, Radio andrehe, meine Zigarette anzünde
mit dem Glüher, dann schalte, Fuß auf Gas; Menschen sind eine Anstrengung für mich, auch Männer. Was die Stimmung betrifft, so mache ich
mir nichts draus, wie gesagt. Manchmal wird man weich, aber man fängt
sich wieder. Ermüdungserscheinungen! Wie beim Stahl, Gefühle, so habe
ich festgestellt, sind Ermüdungserscheinungen, nichts weiter, jedenfalls
bei mir. Man macht schlapp! Dann hilft es auch nichts, Briefe zu schreiben, um nicht allein zu sein. Es ändert nichts; nachher hört man doch
nur seine eignen Schritte in der leeren Wohnung. Schlimmer noch: diese
Radio-Sprecher, die Hundefutter anpreisen, Backpulver oder was weiß
ich, dann plötzlich verstummen: Auf Wiederhören morgen früh! Dabei
ist es erst zwei Uhr. Dann Gin, obschon ich Gin, einfach so, nicht mag,
dazu Stimmen von der Straße, Hupen beziehungsweise das Dröhnen der
Subway, ab und zu das Dröhnen von Flugzeugen, es ist ja egal. Es kommt
vor, daß ich dann einfach einschlafe, die Zeitung auf dem Knie, die Zigarette auf dem Teppich. Ich reiße mich zusammen. Wozu? Irgendwo noch
ein Spätsender mit Sinfonien, die ich abstelle. Was weiter? Dann stehe
ich einfach da, Gin im Glas, den ich nicht mag, und trinke; ich stehe,
um keine Schritte zu hören in meiner Wohnung, Schritte, die doch nur
meine eignen sind. Alles ist nicht tragisch, nur mühsam: Man kann sich
nicht selbst Gutnacht sagen – Ist das ein Grund zum Heiraten?

Sabeth, von ihrem Tanz zurück, um ihr Citron-pressé zu trinken, stupste mich: – Mister Lewin schlief, der Riesenkerl, lächelnd, als sehe er den ganzen Rummel auch so, die Papierschlangen, die Kinderballons, die sich die Paare gegenseitig verknallen mußten.

Was ich die ganze Zeit denke? fragte sie.

Ich wußte es nicht.

Was sie denn denke? fragte ich.

Sie wußte es sofort:

»Sie sollten heiraten, Mister Faber!«

Dann neuerdings ihr Freund, der sie draußen auf allen Decks gesucht hatte, um sie zum Tanz zu bitten, sein Blick zu mir –

»Aber bitte sehr!« sagte ich.

Ich behielt nur ihre Handtasche.

Ich wußte genau, was ich denke. Es gibt keine Wörter dafür. Ich schwenkte mein Glas, um zu riechen, und wollte nicht daran denken, wie Mann und Weib sich paaren, trotzdem die plötzliche Vorstellung davon, unwillkürlich, Verwunderung, Schreck wie im Halbschlaf. Warum gerade so? Einmal von außen gedacht: Wieso eigentlich mit dem Unterleib? Man hält es, wenn man so sitzt und die Tanzenden sieht und es sich in aller Sachlichkeit vorstellt, nicht für menschenmöglich. Warum gerade so? Es ist absurd, wenn man nicht selber durch Trieb dazu genötigt ist, man kommt sich verrückt vor, auch nur eine solche Idee zu haben, geradezu pervers.

Ich bestellte Bier –

Vielleicht liegt's nur an mir.

Die Tanzenden, nebenbei gesehen, waren eben dabei, eine Orange zu halten mit zwei Nasen, so zu tanzen –

Wie ist es für Lajser Lewin?

Er schnarchte tatsächlich, nicht zu sprechen, sein halboffener Mund dabei: wie der rötliche Mund von einem Fisch am grünen Aquarium-Glas! fand ich –

Ich dachte an Ivy.

Wenn ich Ivy umarme und dabei denke: Ich sollte meine Filme entwickeln lassen, Williams anrufen! Ich könnte im Kopf irgendein Schach-Problem lösen, während Ivy sagt: I'm happy, o Dear, so happy, o Dear, o Dear! Ich spüre ihre zehn Finger um meinen Hinterkopf, sehe ihren epileptisch-glücklichen Mund und das Bild an der Wand, das wieder schief hängt, ich höre den Lift, ich überlege mir, welches Datum wir heute haben, ich höre ihre Frage: You're happy? und ich schließe die Augen, um an Ivy zu denken, die ich in meinen Armen habe, und küsse aus Versehen meinen eignen Ellbogen. Nachher ist alles wie vergessen. Ich vergesse Williams anzurufen, obschon ich die ganze Zeit daran gedacht habe. Ich stehe am offenen Fenster und rauche endlich meine Zigarette, während Ivy draußen einen Tee macht, und weiß plötzlich, welches Datum. Aber es spielt gar keine Rolle, welches Datum. Alles wie nie gewesen! Dann höre ich, daß jemand ins Zimmer gekommen ist, und wende mich, und es ist Ivy im Morgenrock, die unsere zwei Tassen bringt, dann gehe ich zu ihr und sage: Ivy! und küsse sie, da sie ein lieber Kerl ist, obschon sie nicht begreift, daß ich lieber allein sein möchte –

Plötzlich stand unser Schiff.

Mister Lewin, plötzlich erwacht, obschon ich kein Wort gesprochen hatte, wollte wissen, ob wir in Southampton sind. Lichter draußen –

Wahrscheinlich Southampton.

Mister Lewin erhob sich und ging auf Deck.

Ich trank mein Bier und versuchte, mich zu erinnern, ob es mit Hanna (damals) auch absurd gewesen ist, ob es immer absurd gewesen ist.

Jedermann ging auf Deck.

Als Sabeth in den Papierschlangensaal zurückkam, um ihre Handtasche zu holen, wunderte ich mich: sie verabschiedete ihren Freund, der eine saure Miene machte, und setzte sich neben mich. Ihr Hanna-Mädchen-Gesicht! Sie bat um Zigaretten, wollte nach wie vor wissen, was ich denn die ganze Zeit grübelte, und irgend etwas mußte ich ja sagen: ich gab ihr das Feuer, das ihr junges Gesicht erhellte, und fragte, ob sie mich denn heiraten würde.

Sabeth errötete.

Ob ich das ernst meine?

Warum nicht!

Draußen die Ausschiffung, die man gesehen haben mußte, es war kalt, aber Ehrenpflicht, Damen schlotterten in ihren Abendkleidern, Nebel, die Nacht voller Lichter, Herren in Smokings, die ihre Damen mit Umarmungen zu wärmen suchten, Scheinwerfer, die den Verlad beleuchteten, Herren in bunten Papiermützen, Lärm der Krane, aber alles im Nebel; die Blinkfeuer an der Küste –

Wir standen ohne Berührung.

Ich hatte gesagt, was ich nie habe sagen wollen, aber gesagt war gesagt, ich genoß es, unser Schweigen, ich war wieder vollkommen nüchtern, dabei keine Ahnung, was ich denke, wahrscheinlich nichts.

Mein Leben lag in ihrer Hand –

Für eine Weile kam Mister Lewin dazwischen, ohne zu stören, im Gegenteil, wir waren froh, Sabeth auch, glaube ich, wir standen Arm in Arm und plauderten mit Mister Lewin, der seinen Burgunder ausgeschlafen hatte, Beratung über die Trinkgeldfrage und Derartiges. Unser Schiff lag mindestens eine Stunde vor Anker, es tagte bereits. Als wir wieder allein standen, die letzten auf dem nassen Deck, und als Sabeth mich fragte, ob ich's wirklich im Ernst meine, küßte ich sie auf die Stirn, dann auf ihre kalten und zitternden Augenlider, sie schlotterte am ganzen Leib, dann auf ihren Mund, wobei ich erschrak. Sie war mir fremder als je ein Mädchen. Ihr halboffener Mund, es war unmöglich; ich küßte die Tränennässe aus ihren Augenhöhlen, zu sagen gab es nichts, es war unmöglich.

Anderntags Ankunft in Le Havre.

Es regnete, und ich stand auf dem Oberdeck, als das fremde Mädchen mit dem rötlichen Roßschwanz über die Brücke ging, Gepäck in beiden Händen, weswegen sie nicht winken konnte. Sie sah mein Winken, glaube ich. Ich hatte filmen wollen, ich winkte noch immer, ohne sie im Gedränge zu sehen. Später beim Zoll, als ich gerade meinen Koffer aufmachen mußte, sah ich ihren rötlichen Roßschwanz noch einmal; sie nickte auch und lächelte, Gepäck in beiden Händen, sie sparte sich einen Träger und schleppte viel zu schwer, ich konnte aber nicht helfen, sie verschwand im Gedränge – Unser Kind! Aber das konnte ich damals nicht wissen, trotzdem würgte es mich regelrecht in der Kehle, als ich sah, wie sie einfach im Gedränge unterging. Ich hatte sie gern. Nur so viel wußte ich. Im Sonderzug nach Paris hätte ich nochmals durch alle Wagen gehen können. Wozu? Wir hatten Abschied genommen.

In Paris versuchte ich sofort, Williams anzurufen, um wenigstens mündlich meinen Rapport zu geben; er sagte Gutentag (Hello) und hatte keine Zeit, meine Erklärung anzuhören. Ich fragte mich, ob irgend etwas los ist ... Paris war wie üblich, eine Woche voll Konferenzen, ich wohnte wie üblich am Quai Voltaire, hatte wieder mein Zimmer mit Blick auf die Seine und auf diesen Louvre, den ich noch nie besucht hatte, gerade gegenüber.

Williams war merkwürdig –

»It's okay«, sagte er, »it's okay«, immer wieder, während ich Rechenschaft ablegte wegen meiner kurzen Guatemala-Reise, die ja, wie sich in Caracas herausgestellt hatte, keinerlei Verzögerung bedeutete, da unsere Turbinen noch gar nicht zur Montage bereit waren, ganz abgesehen davon, daß ich ja zu den Konferenzen hier in Paris, die das wichtigste Ereignis dieses Monats darstellten, rechtzeitig eingetroffen war. »It's okay«, sagte er, noch als ich von dem scheußlichen Selbstmord meines Jugendfreundes berichtete. »It's okay«, und zum Schluß sagte er: »What about some holidays, Walter?«

Ich begriff ihn nicht.

»What about some holidays?« sagte er, »You're looking like –«

Wir wurden unterbrochen.

»This is Mr. Faber, this is –«

Ob Williams es übelnahm, daß ich nicht geflogen, sondern ausnahmsweise einmal mit dem Schiff gekommen war, weiß ich nicht; seine Anspielung, ich hätte Ferien sehr nötig, konnte ja nur ironisch gemeint sein, denn ich war sonnengebräunt wie noch selten, nach der Esserei an Bord auch weniger hager als sonst, dazu sonnengebräunt –

Williams war merkwürdig.

Später, nach der Konferenz, ging ich in ein Restaurant, das ich nicht kannte, allein und verstimmt, wenn ich an Williams dachte. Er war sonst nicht kleinlich. Meinte er vielleicht, ich habe in Guatemala oder sonstwo auf der Strecke ein bißchen love-affair gemacht? Sein Lächeln kränkte mich, da ich in beruflichen Dingen, wie erwähnt, die Gewissenhaftigkeit in Person bin; noch nie – und das wußte Williams genau! – bin ich wegen einer Frau auch nur eine halbe Stunde später zur Konferenz gekommen. Das gab es einfach nicht bei mir. Vor allem aber verstimmte mich, daß mich sein Mißtrauen oder was es nun war, wenn er immerzu sagte: It's okay! überhaupt beschäftigte, derart, daß der Kellner mich auch noch wie einen Idioten behandelte.

»Beaune, Monsieur, c'est un vin rouge.«

»It's okay«, sagte ich.

»Du vin rouge«, sagte er, »du vin rouge – avec des poissons?«

Ich hatte einfach vergessen, was ich bestellt habe, ich hatte anderes im Kopf; kein Grund, deswegen einen roten Kopf zu bekommen – ich war wütend, wie dieser Kellner (als bediene er einen Barbar) mich unsicher machte. Ich habe schließlich nicht nötig, Minderwertigkeitsgefühle zu haben, ich leiste meine Arbeit, es ist nicht mein Ehrgeiz, ein Erfinder zu sein, aber so viel wie ein Baptist aus Ohio, der sich über die Ingenieure lustig macht, leiste ich auch, ich glaube: was unsereiner leistet, das ist nützlicher, ich leite Montagen, wo es in die Millionen geht, und hatte schon ganze Kraftwerke unter mir, habe in Persien gewirkt und in Afrika (Liberia) und Panama, Venezuela, Peru, ich bin nicht hinterm Mond daheim – wie dieser Kellner offenbar meinte.

»Voilà, Monsieur! –«

Das Theater, wenn sie die Flasche zeigen, dann entkorken, dann einen Probeschluck einfüllen – fragen:

»Il est bon?«

Ich hasse Minderwertigkeitsgefühle.

»It's okay«, sagte ich und ließ mich nicht einschüchtern, ich bemerkte genau den Zapfengeruch, aber wollte keine Debatte, »it's okay.«

Ich hatte andres im Kopf.

Ich war der einzige Gast, weil noch früh am Abend, und was mich irritierte, war lediglich der Spiegel gegenüber, Spiegel im Goldrahmen. Ich sah mich, sooft ich aufblickte, sozusagen als Ahnenbild: Walter Faber, wie er Salat ißt, in Goldrahmen. Ich hatte Ringe unter den Augen, nichts weiter, im übrigen war ich sonnengebräunt, wie gesagt, lange nicht so hager wie üblich, im Gegenteil, ich sah ausgezeichnet aus. Ich bin nun einmal (das wußte ich auch ohne Spiegel) ein Mann in den besten Jahren, grau, aber sportlich. Ich halte nichts von schönen Männern. Daß meine Nase etwas lang ist, hat mich in der Pubertät beschäftigt, seither nicht mehr; seither hat es genug Frauen gegeben, die mich von falschen Minderwertigkeitsgefühlen befreit haben, und was mich irritierte, war einzig und allein dieses Lokal: wo man hinblickte, gab es Spiegel, ekelhaft, dazu die endlose Warterei auf meinen Fisch. Ich reklamierte entschieden, zwar hatte ich Zeit, aber das Gefühl, daß die Kellner mich nicht ernst nehmen, ich weiß nicht warum, ein leeres Etablissement mit fünf Kellnern, die miteinander flüstern, und ein einziger Gast: Walter Faber, der Brot verkrümelt, in Goldrahmen, wohin ich auch blickte; mein Fisch, als er endlich kam, war ausgezeichnet, aber schmeckte mir überhaupt nicht, ich weiß nicht, was mit mir los war.

»You are looking like –«

Nur wegen dieser blöden Bemerkung von Williams (dabei mag er mich, das weiß ich!) blickte ich immer wieder, statt meinen Fisch zu essen, in

diese lächerlichen Spiegel, die mich insgesamt in achtfacher Ausfertigung
zeigten:

Natürlich wird man älter –

Natürlich bekommt man bald eine Glatze –

Ich bin nicht gewohnt, zu Ärzten zu gehen, nie in meinem Leben krank
gewesen, abgesehen vom Blinddarm – ich blickte in die Spiegel, bloß weil
Williams gesagt hatte: What about some holidays, Walter? Dabei war ich
sonnengebräunt wie noch selten. In den Augen eines jungen Mädchens,
das Stewardeß werden möchte, war ich ein gesetzter Herr, mag sein, jedoch nicht lebensmüde, im Gegenteil, ich vergaß sogar, in Paris zu einem
Arzt zu gehen, wie ich es mir eigentlich vorgenommen hatte –

Ich fühlte mich vollkommen normal.

Anderntags (Sonntag) ging ich in den Louvre, aber von einem Mädchen
mit rötlichem Roßschwanz war nichts zu sehen, dabei verweilte ich eine
volle Stunde in diesem Louvre.

Meine erste Erfahrung mit einer Frau, die allererste, habe ich eigentlich
vergessen, das heißt, ich erinnere mich überhaupt nicht daran, wenn ich
nicht will. Sie war die Gattin meines Lehrers, der mich damals, kurz vor
meiner Maturität, über einige Wochenenden zu sich ins Haus nahm; ich
half ihm bei den Korrekturen einer Neuauflage seines Lehrbuches, um
etwas zu verdienen. Mein sehnlichster Wunsch war ein Motorrad, eine
Occasion, das Vehikel konnte noch so alt sein, wenn es nur lief. Ich mußte
Figuren zeichnen, Lehrsatz des Pythagoras und so, in Tusche, weil ich in
Mathematik und Geometrie der beste Schüler war. Seine Gattin war natürlich, von meinem damaligen Alter aus gesehen, eine gesetzte Dame, vierzig,
glaube ich, lungenkrank, und wenn sie meinen Bubenkörper küßte, kam
sie mir wie eine Irre vor oder wie eine Hündin; dabei nannte ich sie nach
wie vor Frau Professor. Das war absurd. Ich vergaß es von Mal zu Mal; nur
wenn mein Lehrer ins Klassenzimmer trat und die Hefte aufs Pult legte,
ohne etwas zu sagen, hatte ich Angst, er habe es erfahren, und die ganze
Welt werde es erfahren. Meistens war ich der erste, den er aufrief, wenn
es ans Verteilen der Hefte ging, und man mußte vor die Klasse treten –
als der einzige, der keinen einzigen Fehler gemacht hat. Sie starb noch
im gleichen Sommer, und ich vergaß es, wie man Wasser vergißt, das
man irgendwo im Durst getrunken hat. Natürlich kam ich mir schlecht
vor, weil ich es vergaß, und ich zwang mich, einmal im Monat an ihr Grab

zu gehen; ich nahm ein paar Blumen aus meiner Mappe, wenn niemand es
sah, und legte sie geschwind auf das Grab, das noch keinen Grabstein
hatte, nur eine Nummer; dabei schämte ich mich, weil ich jedesmal froh
war, daß es vorbei ist.

Nur mit Hanna ist es nie absurd gewesen.

Es war Frühling, aber es schneite, als wir in den Tuilerien saßen, Schneegestöber aus blauem Himmel; wir hatten uns fast eine Woche lang nicht gesehen, und sie war froh um unser Wiedersehen, schien mir, wegen der Zigaretten, sie war bankrott.

»Das habe ich Ihnen auch nie geglaubt«, sagte sie, »daß Sie nie in den
Louvre gehen –«

»Jedenfalls selten.«

»Selten!« lachte sie. »Vorgestern schon habe ich Sie gesehen – unten bei
den Antiken – und gestern auch.«

Sie war wirklich ein Kind, wenn auch Kettenraucherin, sie hielt es wirklich für Zufall, daß man sich in diesem Paris nochmals getroffen hatte. Sie
trug wieder ihre schwarzen Hosen und ihre Espadrilles, dazu Kapuzenmantel, natürlich keinerlei Hut, sondern nur ihren rötlichen Roßschwanz,
und es schneite, wie gesagt, sozusagen aus blauem Himmel.

»Haben Sie denn nicht kalt?«

»Nein«, sagte sie, »aber Sie!«

Um 16.00 Uhr hatte ich nochmals Konferenz –

»Trinken wir einen Kaffee?« sagte ich.

»Oh«, sagte sie, »sehr gerne.«

Als wir über die Place de la Concorde gingen, gehetzt vom Pfiff eines
Gendarmen, gab sie mir ihren Arm. Das hatte ich nicht erwartet. Wir
mußten rennen, da der Gendarm bereits seinen weißen Stab hob, eine
Meute von Autos startete auf uns los; auf dem Trottoir, Arm in Arm gerettet, stellte ich fest, daß ich meinen Hut verloren hatte – er lag draußen im
braunen Matsch, bereits von einem Pneu zerquetscht. Eh bien! sagte ich
und ging Arm in Arm mit dem Mädchen weiter, hutlos wie ein Jüngling
im Schneegestöber.

Sabeth hatte Hunger.

Um mir nichts einzubilden, sagte ich mir, daß unser Wiedersehen sie
freut, weil sie fast kein Geld mehr hat; sie futterte Patisserie, so daß sie
kaum aufblicken konnte, kaum reden … Ihre Idee, mit Autostop nach

Rom zu reisen, war ihr nicht auszureden; sie hatte sogar ein genaues Programm: Avignon, Nîmes, Marseille nicht unbedingt, aber unbedingt Pisa, Firenze, Siena, Orvieto, Assisi und was weiß ich, sie hatte es an jenem Vormittag schon versucht, aber offenbar an der falschen Ausfallstraße.

»Und Ihre Mama weiß das?«

Sie behauptete: ja.

»Ihre Mama macht sich keine Sorgen?«

Ich saß nur noch, weil ich zahlen mußte, zum Gehen bereit, meine Mappe auf das Knie gestützt; gerade jetzt, wo Williams so merkwürdig tat, wollte ich nicht zu spät zur Konferenz kommen.

»Natürlich macht sie sich Sorgen«, sagte das Mädchen, während sie das letzte Restchen ihrer Patisserie zusammenlöffelte, nur durch Erziehung daran verhindert, ihren Teller auch noch mit der Zunge zu lecken, und lachte, »Mama macht sich immer Sorgen −«

Später sagte sie:

»Ich habe ihr versprechen müssen, daß ich nicht mit jedermann fahre − aber das ist ja klar, ich bin ja nicht blöd.«

Ich hatte unterdessen bezahlt.

»Ich danke Ihnen«, sagte sie.

Ich wagte nicht zu fragen: Was machen Sie denn heute abend? Ich wußte immer weniger, was für ein Mädchen sie eigentlich war. Unbekümmert in welchem Sinn? Vielleicht ließ sie sich wirklich von jedem Mann einladen, eine Vorstellung, die mich nicht entrüstete, aber eifersüchtig machte, geradezu sentimental.

»Ob wir uns nochmals sehen«? fragte ich und fügte sofort hinzu: »Wenn nicht, dann wünsche ich Ihnen alles Gute −«

Ich mußte wirklich gehen.

»Sie bleiben noch hier?«

»Ja«, sagte sie, »ich habe ja Zeit −«

Ich stand bereits.

»Wenn Sie Zeit haben«, sagte ich, »mir einen Gefallen zu erweisen −«

Ich suchte meinen verlorenen Hut.

»Ich wollte in die Opéra«, sagte ich, »aber ich habe noch keine Karten −«

Ich staunte selbst über meine Geistesgegenwart, ich war noch nie in der Opéra gewesen, versteht sich, aber Sabeth mit ihrer Menschenkenntnis zweifelte nicht eine Sekunde, obschon ich nicht wußte, was in der Opéra gegeben wurde, und nahm das Geld für die Karten, bereit, mir einen Gefallen zu erweisen.

»Wenn Sie auch Lust haben«, sagte ich, »nehmen Sie zwei, und wir treffen uns um sieben Uhr – hier.«

»Zwei?«

»Es soll großartig sein!«

Das hatte ich von Mrs. Williams gehört.

»Mister Faber«, sagte sie, »das kann ich aber nicht annehmen –«

Zur Konferenz kam ich verspätet.

Ich hatte Professor O. wirklich nicht erkannt, wie er da plötzlich vor mir steht: Wohin denn so eilig, Faber, wohin denn? Sein Gesicht ist nicht einmal bleich, aber vollkommen verändert; ich weiß nur: Dieses Gesicht kenne ich. Sein Lachen kenne ich, aber woher? Er muß es gemerkt haben. Kennen Sie mich denn nicht mehr? Sein Lachen ist gräßlich geworden. Jaja, lacht er, ich habe etwas durchgemacht! Sein Gesicht ist kein Gesicht mehr, sondern ein Schädel mit Haut drüber, sogar mit Muskeln, die eine Mimik machen, und die Mimik erinnert mich an Professor O., aber es ist ein Schädel, sein Lachen viel zu groß, es entstellt sein Gesicht, viel zu groß im Verhältnis zu den Augen, die weit hinten liegen. Herr Professor! sage ich und muß aufpassen, daß ich nicht sage: Ich weiß, man sagte es mir, daß Sie gestorben sind. Statt dessen: Wie geht's denn immer? Er ist nie so herzlich gewesen, ich habe ihn geschätzt, aber so herzlich wie jetzt, da ich die Taxi-Türe halte, ist er nie gewesen. Frühling in Paris! lacht er, und es ist nicht einzusehen, warum er immer lacht, ich kenne ihn als Professor der ETH und nicht als Clown, aber sobald er den Mund aufmacht, sieht es aus wie Lachen. Jaja, lacht er, jetzt geht's wieder besser! Dabei lacht er nämlich gar nicht, sowenig wie ein Totenschädel lacht, es wirkt nur so, und ich entschuldige mich, daß ich ihn in der Eile nicht sofort erkannt habe. Er hat einen Bauch, was er nie gehabt hat, einen Ballon von Bauch, der unter den Rippen hervorquillt, alles andere ist mager, seine Haut wie Leder oder wie Lehm, seine Augen lebhaft, aber weit hinten. Ich erzähle irgend etwas. Seine Ohren stehen ab. Wohin denn so eilig? lacht er und fragt mich, ob ich nicht zu einem Apéro komme. Auch seine Herzlichkeit, wie gesagt, ist viel zu groß; er ist mein Professor gewesen damals in Zürich, ich habe ihn geschätzt, aber ich habe wirklich keine Zeit für einen Apéro. Lieber Herr Professor! Das habe ich sonst nie gesagt. Lieber Herr Professor! sage ich, weil er mich am Arm faßt, und weiß, was jedermann weiß; aber er, scheint es, weiß es nicht. Er lacht. Dann halt ein andermal! sagt er, und ich weiß genau, daß dieser Mann eigentlich schon gestorben ist, und sage: Gerne! und steige in meinen Taxi –

Die Konferenz ging mich nichts an.

Professor O. ist für mich immer eine Art Vorbild gewesen, obschon kein Nobelpreisträger, keiner von den Professoren der ETH Zürich, die Weltruhm genießen, immerhin ein seriöser Fachmann – Ich werde nie vergessen, wie wir in weißen Zeichenmänteln, Studenten, um ihn herumstehen und lachen über seine Offenbarung: Eine Hochzeitsreise (so sagte er immer) genügt vollkommen, nachher finden Sie alles Wichtige in Publikationen, lernen Sie fremde Sprachen, meine Herren, aber Reisen, meine Herren, ist mittelalterlich, wir haben heute schon Mittel der Kommunikation, geschweige denn morgen und übermorgen, Mittel der Kommunikation, die uns die Welt ins Haus liefern, es ist ein Atavismus, von einem Ort zum andern zu fahren. Sie lachen, meine Herren, aber es ist so, Reisen ist ein Atavismus, es wird kommen der Tag, da es überhaupt keinen Verkehr mehr gibt, und nur noch die Hochzeitspaare werden mit einer Droschke durch die Welt fahren, sonst kein Mensch – Sie lachen, meine Herren, aber Sie werden es noch erleben!

Plötzlich stand er in Paris.

Vielleicht hat er darum immerzu gelacht. Vielleicht stimmt's gar nicht, daß er (wie es hieß) Magenkrebs hat, und er lacht, weil seit zwei Jahren jedermann sagt, daß die Ärzte ihm keine zwei Monate mehr geben, er lacht über uns; er ist so sicher, daß wir uns ein andermal sehen –

Die Konferenz dauerte knapp zwei Stunden.

»Williams«, sagte ich, »I changed my mind.«

»What's the matter?«

»Well, I changed my mind –«

Williams fuhr mich zu meinem Hotel; während ich darlegte, daß ich doch daran denke, ein bißchen auszusetzen, ein bißchen Ferien zu machen, frühlingshalber, zwei Wochen oder so, eine kleine Reise (trip) nach Avignon und Pisa, Florenz, Rom, war er keineswegs merkwürdig, im Gegenteil, Williams war großartig wie je: sofort bot er seinen Citroën an, da er anderntags nach New York flog.

»Walter«, sagte er, »have a nice time!«

Ich rasierte mich und kleidete mich um. Für den Fall, daß es mit der Opéra klappen sollte. Ich war viel zu früh, obschon ich zu Fuß in die Champs-Élysées ging. Ich setzte mich übrigens in ein Café nebenan, Glasveranda mit Infra-Heizung, und hatte noch kaum meinen Pernod bekommen, als das fremde Mädchen mit dem Roßschwanz vorbeiging, ohne mich zu sehen, ebenfalls viel zu früh, ich hätte sie rufen können –

Sie setzte sich ins Café.

Ich war glücklich und trank meinen Pernod, ohne zu eilen, ich beobachtete sie durchs Glas der Veranda, wie sie bestellte, wie sie wartete, wie sie rauchte und einmal auf die Uhr blickte. Sie trug den schwarzen Kapuzenmantel mit den Hölzchen und Schnüren, darunter ihr blaues Abendkleidchen, bereit für die Opéra, eine junge Dame, die ihr Rouge prüft. Sie trank Citron-pressé. Ich war glücklich wie noch nie in diesem Paris und wartete auf den Kellner, um zu zahlen, um gehen zu können – hinüber zu dem Mädchen, das auf mich wartet! – dabei war ich fast froh, daß der Kellner mich immer wieder warten ließ, obschon ich protestierte; ich konnte nie glücklicher sein als jetzt.

Seit ich weiß, wie alles gekommen ist, vor allem angesichts der Tatsache, daß das junge Mädchen, das mich in die Pariser Opéra begleitete, dasselbe Kind gewesen ist, das wir beide (Hanna auch) mit Rücksicht auf unsere persönlichen Umstände, ganz abgesehen von der politischen Weltlage damals, nicht hatten haben wollen, habe ich mit mehreren und verschiedenartigen Leuten darüber gesprochen, wie sie sich zur Schwangerschaftsunterbrechung stellen, und dabei festgestellt, daß sie (wenn man es grundsätzlich betrachtet) meine Ansicht teilen. Schwangerschaftsunterbrechung ist heutzutage eine Selbstverständlichkeit. Grundsätzlich betrachtet: Wo kämen wir hin ohne Schwangerschaftsunterbrechungen? Fortschritt in Medizin und Technik nötigen gerade den verantwortungsbewußten Menschen zu neuen Maßnahmen. Verdreifachung der Menschheit in einem Jahrhundert. Früher keine Hygiene. Zeugen und gebären und im ersten Jahr sterben lassen, wie es der Natur gefällt, das ist primitiver, aber nicht ethischer. Kampf gegen das Kindbettfieber. Kaiserschnitt. Brutkasten für Frühgeburten. Wir nehmen das Leben ernster als früher. Johann Sebastian Bach hatte dreizehn Kinder (oder so etwas) in die Welt gestellt, und davon lebten nicht 50%. Menschen sind keine Kaninchen, Konsequenz des Fortschritts: wir haben die Sache selbst zu regeln. Die drohende Überbevölkerung unserer Erde. Mein Oberarzt war in Nordafrika, er sagt wörtlich: Wenn die Araber eines Tages dazu kommen, ihre Notdurft nicht rings um ihr Haus zu verrichten, so ist mit einer Verdoppelung der arabischen Bevölkerung innerhalb von zwanzig Jahren zu rechnen. Wie die Natur es überall macht: Überproduktion, um die Erhaltung der Art sicherzustellen. Wir haben andere Mittel, um die Erhaltung der Art sicherzustellen. Heiligkeit des Lebens! Die natürliche Überproduktion (wenn wir drauflosgebären wie die Tiere) wird zur Katastrophe; nicht Erhaltung der Art, sondern Vernichtung der Art. Wieviel Menschen ernährt die Erde? Steigerung ist möglich, Aufgabe der Unesco: Industrialisierung der unterentwickelten Gebiete, aber die Steigerung ist nicht unbegrenzt. Politik vor ganz neuen Problemen. Ein Blick auf die Statistik: Rückgang der Tuberkulose beispielsweise, Erfolg der Prophylaxe, Rückgang von 30% auf 8%. Der liebe Gott! Er machte es mit Seuchen; wir haben ihm die Seuchen aus der Hand genommen. Folge davon: wir müssen ihm auch die Fortpflanzung aus der Hand nehmen. Kein Anlaß zu Gewissensbissen, im Gegenteil: Würde des Menschen, vernünftig zu handeln und selbst zu entscheiden. Wenn nicht, so ersetzen wir die Seuchen durch Krieg. Schluß mit Romantik. Wer die Schwangerschaftsunterbrechung grundsätzlich ablehnt, ist romantisch und unverantwortlich. Es sollte nicht aus Leichtsinn geschehen, das ist klar, aber grundsätzlich: wir müssen den Tatsachen ins Auge sehen, beispielsweise der Tatsache, daß die Existenz der Menschheit nicht zuletzt eine Rohstoff-Frage ist. Unfug der staatlichen Geburtenförderung in faschistischen Ländern, aber auch in Frankreich. Frage des Lebensraumes. Nicht zu vergessen die Automation: wir brauchen gar nicht mehr so viele Leute. Es wäre gescheiter, Lebensstandard zu heben. Alles andere führt zum Krieg und zur totalen Vernichtung. Unwissenheit, Unsachlichkeit noch immer sehr verbreitet. Es sind immer die Moralisten, die das meiste Unheil anrichten. Schwangerschaftsunterbrechung: eine Konsequenz der Kultur, nur der Dschungel gebärt und verwest, wie die Natur will. Der Mensch plant. Viel Unglück aus Romantik, die Unmenge katastrophaler Ehen, die aus bloßer Angst vor Schwangerschaftsunterbrechung geschlossen werden heute noch. Unterschied zwischen Verhütung und Eingriff? In jedem Fall ist es ein menschlicher Wille, kein Kind zu haben. Wieviele Kinder sind wirklich gewollt? Etwas anderes ist es, daß die Frau eher will, wenn es einmal da ist, Automatismus der Instinkte, sie vergißt, daß sie es hat vermeiden wollen, dazu das Gefühl der Macht gegenüber dem Mann, Mutterschaft als wirtschaftliches Kampfmittel der Frau. Was heißt Schicksal? Es ist lächerlich, Schicksal abzuleiten aus mechanisch-physiologischen Zufällen, es ist eines modernen Menschen nicht würdig. Kinder sind etwas, was wir wollen, beziehungsweise nicht wollen. Schädigung der Frau? Physiologisch jedenfalls nicht, wenn nicht Eingriff durch Pfuscher; psychisch nur insofern, als die betroffene Person von moralischen oder religiösen Vorstellungen beherrscht wird. Was wir ablehnen: Natur als Götze! Dann müßte man schon konsequent sein: dann auch kein Penicillin, keine Blitzableiter, keine Brille, kein DDT, kein Radar und so weiter. Wir leben technisch, der Mensch als Beherrscher der Natur, der Mensch als Ingenieur, und wer dagegen redet, der soll auch keine Brücke benutzen, die nicht die Natur gebaut hat. Dann müßte man schon konsequent sein und jeden Eingriff ablehnen, das heißt: sterben an jeder Blinddarmentzündung. Weil Schicksal! Dann auch keine Glühbirne, keinen Motor, keine Atom-Energie, keine Rechenmaschine, keine Narkose – dann los in den Dschungel!

Unsere Reise durch Italien – ich kann nur sagen, daß ich glücklich gewesen bin, weil auch das Mädchen, glaube ich, glücklich gewesen ist trotz Altersunterschied.

Ihr Spott über die jungen Herren:

»Buben!« sagte sie. »Das kannst du dir ja nicht vorstellen – man kommt sich wie ihre Mutter vor, und das ist furchtbar!«

Wir hatten fantastisches Wetter.

Was mir Mühe machte, war lediglich ihr Kunstbedürfnis, ihre Manie, alles anzuschauen. Kaum in Italien, gab es keine Ortschaft mehr, wo ich nicht stoppen mußte: Pisa, Florenz, Siena, Perugia, Arezzo, Orvieto, Assisi. – Ich bin nicht gewohnt, so zu reisen. In Florenz rebellierte ich, indem ich ihren Fra Angelico, offen gesagt, etwas kitschig fand. Ich verbesserte mich dann: Naiv. Sie bestritt es nicht, im Gegenteil, sie war begeistert; es kann ihr nicht naiv genug sein.

Was ich genoß: Campari!

Meinetwegen auch Mandolinen-Bettler –

Was mich interessierte: Straßenbau, Brückenbau, der neue Fiat, der neue Bahnhof in Rom, der neue Rapido-Triebwagen, die neue Olivetti –

Ich kann mit Museen nichts anfangen.

Ich saß draußen auf der Piazza San Marco, während Sabeth aus purem Trotz, glaube ich, das ganze Kloster besichtigte, und trank meinen Campari wie üblich. Ich hatte mir in diesen letzten Tagen, seit Avignon, schon allerhand angeschaut, bloß um in ihrer Nähe zu sein. Ich sah keinen Grund, eifersüchtig zu sein, und war es doch. Ich wußte nicht, was so ein junges Mädchen sich eigentlich denkt. Bin ich ihr Chauffeur? Dann gut; dann habe ich das Recht, unterdessen einen Campari zu trinken, bis

meine Herrschaft aus der nächsten Kirche kommt. Es hätte mir nichts ausgemacht, ihr Chauffeur zu sein, wäre nicht Avignon gewesen. Ich zweifelte
manchmal, wofür ich sie halten sollte. Ihre Idee: mit Autostop nach Rom!
Auch wenn sie es schließlich nicht getan hatte, die bloße Idee machte mich
eifersüchtig. Was in Avignon gewesen ist, wäre es mit jedem Mann gewesen?

Ich dachte an Heirat wie noch nie –

Ich wollte ja das Kind, je mehr ich es liebte, nicht in ein solches Fahr-
wasser bringen. Ich hoffte von Tag zu Tag, daß ich einmal mit ihr sprechen
kann, ich war entschlossen, offen zu sein, nur hatte ich Angst, daß sie mir
dann nicht glauben, beziehungsweise mich auslachen würde ... Noch immer fand sie mich zynisch, glaube ich, sogar schnoddrig (nicht ihr gegenüber, aber gegenüber dem Leben ganz allgemein) und ironisch, was sie
nicht vertrug, und oft wußte ich überhaupt nichts mehr zu sagen. Hörte
sie mich überhaupt? Ich hatte gerade das Gefühl, daß ich die Jugend nicht
mehr verstehe. Ich kam mir oft wie ein Betrüger vor. Warum eigentlich?
Ich wollte ihre Erwartung, daß Tivoli alles übertreffe, was ich auf dieser
Welt gesehen habe, und daß ein Nachmittag in Tivoli beispielsweise das
Glück im Quadrat wäre, nicht zerstören; nur konnte ich's nicht glauben.
Ihre stete Sorge, ich nehme sie nicht ernst, war verkehrt; ich nahm mich
selbst nicht ernst, und irgend etwas machte mich immer eifersüchtig, obschon ich mir Mühe gab, jung zu sein. Ich fragte mich, ob die Jugend
heute (1957) vollkommen anders ist als zu unsrer Zeit, und stellte nur fest,
daß ich überhaupt nicht weiß, wie die derzeitige Jugend ist. Ich beobachtete sie. Ich folgte ihr in etliche Museen, bloß um in ihrer Nähe zu sein,
um Sabeth wenigstens zu sehen in der Spiegelung einer Vitrine, wo es
von etruskischen Scherben wimmelte, ihr junges Gesicht, ihren Ernst, ihre
Freude! Sabeth glaubte nicht, daß ich nichts davon verstehe, und hatte einerseits ein maßloses Vertrauen zu mir, bloß weil man dreißig Jahre älter
ist, ein kindisches Vertrauen, anderseits überhaupt keinen Respekt. Es verstimmte mich, daß ich Respekt erwarte. Sabeth hörte zu, wenn ich von
meinen Erfahrungen redete, jedoch wie man einem Alten zuhört: ohne
zu unterbrechen, höflich, ohne zu glauben, ohne sich zu ereifern. Höchstens unterbrach sie, um mir vorzugreifen in der Erzählung und dadurch
anzudeuten, daß ich all das schon einmal erzählt hatte. Dann schämte
ich mich. Überhaupt zählte für sie nur die Zukunft, ein bißchen auch
die Gegenwart; aber auf Erfahrung ließ sie sich überhaupt nicht ein, wie

alle Jungen. Es interessierte sie keinen Deut, daß alles schon dagewesen ist und was unsereiner daraus gelernt hat, beziehungsweise hätte lernen können. Ich achtete drauf, was sich Sabeth eigentlich von der Zukunft versprach, und stellte fest: sie weiß es selbst nicht, aber sie freut sich einfach. Hatte ich von der Zukunft etwas zu erwarten, was ich nicht schon kenne? Für Sabeth war alles ganz anders. Sie freute sich auf Tivoli, auf Mama, auf das Frühstück, auf die Zukunft, wenn sie einmal Kinder haben wird, auf ihren Geburtstag, auf eine Schallplatte, auf Bestimmtes und vor allem Unbestimmtes: auf alles, was noch nicht ist. Das machte mich eifersüchtig, mag sein, aber daß ich mich meinerseits nicht freuen kann, stimmt nicht; ich freute mich über jeden Augenblick, der sich einigermaßen dazu eignete. Ich mache keine Purzelbäume, ich singe nicht, aber ich freue mich schon auch. Und nicht nur über ein gutes Essen! Ich kann mich vielleicht nicht immer ausdrücken. Wieviele von den Menschen, die unsereiner trifft, haben denn ein Interesse an meiner Freude, überhaupt an meinen Gefühlen! Sabeth fand, ich untertreibe immer, beziehungsweise ich verstelle mich. Was mich am meisten freute, war ihre Freude. Ich staunte manchmal, wie wenig sie brauchte, um zu singen, eigentlich überhaupt nichts; sie zog die Vorhänge auseinander und stellte fest, daß es nicht regnete, und sang. Leider hatte ich einmal meine Magenbeschwerden erwähnt; nun meinte sie immer, ich hätte Magenbeschwerden, mütterlich besorgt, als wäre ich unmündig. Insofern war sie nicht immer leicht, unsere Reise, oft komisch: ich langweilte sie mit Lebenserfahrung, und sie machte mich alt, indem sie von Morgen bis Abend überall auf meine Begeisterung wartete ...

In einem großen Kreuzgang *(Museo Nazionale)* weigerte ich mich, ihren Baedeker anzuhören, ich hockte auf der Brüstung und versuchte eine italienische Zeitung zu lesen, ich hatte sie satt, diese Sammlungen von steinernen Trümmern. Ich streikte, aber Sabeth war noch immer überzeugt, ich halte sie zum besten mit meinem Geständnis, daß ich nichts von Kunst verstehe – ihrerseits gestützt auf einen Ausspruch ihrer Mama, jeder Mensch könne ein Kunstwerk erleben, bloß der Bildungsspießer nicht.

»Eine gnädige Mama!« sagte ich.

Ein italienisches Paar, das durch den großen Kreuzgang ging, interessierte mich mehr als alle Statuen, vor allem der Vater, der ihr schlafendes Kind auf den Armen trug – sonst kein Mensch.

Vögel zwitscherten, sonst Grabesstille.

Dann, als Sabeth mich allein gelassen hatte, steckte ich die Zeitung ein, die ich sowieso nicht lesen konnte, und stellte mich vor irgendeine Statue, um den Ausspruch ihrer Mama zu prüfen. Jeder Mensch könne ein Kunstwerk erleben! aber Mama, fand ich, irrte sich.

Ich langweilte mich bloß.

Im kleinen Kreuzgang (Verglasung) hatte ich Glück: eine ganze Gruppe deutscher Touristen, geführt von einem katholischen Priester, drängte sich vor dem Relief wie vor einer Unglücksstätte, so daß ich neugierig wurde, und als Sabeth mich fand (»Da bist du ja, Walter, ich dachte schon, du bist zu deinem Campari verschwunden!«), sagte ich, was ich eben von dem Priester gehört hatte: *Geburt der Venus.* Vor allem das Mädchen auf der Seite, Flötenbläserin, fand ich entzückend ... Entzückend, fand Sabeth, das sei kein Wort für ein solches Relief; sie fand es toll, geradezu irrsinnig, maximal, genial, terrific.

Zum Glück kamen Leute –

Ich kann es nicht ausstehen, wenn man mir sagt, was ich zu empfinden habe; dann komme ich mir, obschon ich sehe, wovon die Rede ist, wie ein Blinder vor.

Kopf einer schlafenden Erinnye.

Das war meine Entdeckung (im selben Seitensaal links) ohne Hilfe eines bayerischen Priesters; ich wußte allerdings den Titel nicht, was mich keineswegs störte, im Gegenteil, meistens stören mich die Titel, weil ich mich mit antiken Namen sowieso nicht auskenne, dann fühlt man sich wie im Examen ... Hier fand ich: Großartig, ganz großartig, beeindruckend, famos, tiefbeeindruckend. Es war ein steinerner Mädchenkopf, so gelegt, daß man drauf blickt wie auf das Gesicht einer schlafenden Frau, wenn man sich auf die Ellbogen stützt.

»Was sie wohl zusammenträumt –?«

Keine Art der Kunstbetrachtung, mag sein, aber es interessierte mich mehr als die Frage, ob viertes Jahrhundert oder drittes Jahrhundert v.Chr. ... Als ich nochmals die Geburt der Venus besichtigte, sagt sie plötzlich: Bleib! Ich darf mich nicht rühren. Was ist los? frage ich. Bleib! sagt sie: Wenn du dort stehst, ist sie viel schöner, die Erinnye hier, unglaublich, was das ausmacht! Ich muß mich davon überzeugen, Sabeth besteht darauf, daß wir die Plätze wechseln. Es macht etwas aus, in der Tat, was mich aber nicht verwundert; eine Belichtungssache. Wenn Sabeth (oder sonst jemand) bei der Geburt der Venus steht, gibt es Schatten, das Gesicht der schlafenden Erinnye wirkt, infolge einseitigen Lichteinfalls, sofort viel wacher, lebendiger, geradezu wild.

»Toll«, sagt sie, »was das ausmacht!«

Wir tauschten noch einmal oder zweimal die Plätze, dann war ich dafür, endlich weiterzugehen, es gab noch ganze Säle voll Statuen, die Sabeth gesehen haben wollte –

Ich hatte Hunger.

Von einem Ristorante zu sprechen, das mir durch den Kopf ging, war ausgeschlossen; ich bekam nicht einmal Antwort auf meine Frage, woher Sabeth all ihre gescheiten Wörter bezieht, nur diese Wörter selbst – archaisch, linear, hellenistisch, dekorativ, sakral, naturalistisch, expressiv, kubisch, allegorisch, kultisch, kompositorisch und so weiter, ein ganzes highbrow-Vokabular. Erst beim Ausgang, wo es nichts mehr zu sehen gibt als Bögen aus antikem Ziegelstein, eine simple, aber korrekte Maurerarbeit, die mich interessierte, antwortete sie auf meine Frage, indem sie durch das Drehkreuz voranging, beiläufig wie üblich, wenn von Mama die Rede war:

»Von Mama.«

Das Mädchen gefiel mir, wenn wir in einem Ristorante saßen, jedesmal aufs neue, ihre Freude am Salat, ihre kinderhafte Art, Brötchen zu verschlingen, ihre Neugierde ringsherum, sie kaute Brötchen um Brötchen und blickte ringsherum, ihre festliche Begeisterung vor einem Hors d'œuvre, ihr Übermut –

Betreffend ihre Mama:

Wir rupften unsere Artischocken, tauchten Blatt um Blatt in die Mayonnaise und zogen's durch unsere Zähne, Blatt um Blatt, während ich einiges von der gescheiten Dame erfuhr, die ihre Mama ist. Ich war nicht sehr neugierig, offen gestanden, da ich intellektuelle Damen nicht mag. Ich erfuhr: sie hat eigentlich nicht Archäologie studiert, sondern Philologie; sie arbeitet aber in einem Archäologischen Institut, sie muß ja Geld verdienen, weil von Herrn Piper getrennt – ich wartete, mein Glas in der Hand, um anzustoßen; Herr Piper interessierte mich schon gar nicht, ein Mann, der aus Überzeugung in Ostdeutschland lebt. Ich hob mein Glas und unterbrach: Prosit! und wir tranken ...

Ferner erfuhr ich:

Mama ist auch mal Kommunistin gewesen, aber mit Herrn Piper geht es trotzdem nicht, daher die Trennung, das kann ich verstehen, und nun arbeitet Mama eben in Athen, weil sie das derzeitige Westdeutschland auch nicht mag, das kann ich verstehen, und Sabeth ihrerseits leidet an dieser Trennung keineswegs, im Gegenteil, sie hatte einen herrlichen Appetit, während sie davon erzählte, und trank von dem weißen Orvieto – der mir immer zu süß war, aber ihr Lieblingswein: *Orvieto Abbocato* ... Sie hat ihren Vater nicht allzusehr geliebt, beziehungsweise ist Herr Piper gar nicht ihr Vater, denn Mama ist früher schon einmal verheiratet gewesen, Sabeth also ein Kind aus erster Ehe, ihre Mama hat Pech gehabt mit den Männern, so schien mir, vielleicht weil zu intellektuell, so dachte ich, sagte natürlich nichts, sondern bestellte nochmals ein halbes Fläschchen *Orvieto Abbocato*, und dann sprach man wieder über alles mögliche, über Artischocken, über Katholizismus, über Cassata, über die Schlafende Erinnye, über Verkehr, die Not unsrer Zeit, und wie man zur Via Appia kommt –

Sabeth mit ihrem Baedeker:

»Die *Via Appia*, die 312 vor Christus vom Censor Appius Claudius Caecus angelegte Königin der Straßen, führte über Terracina nach Capua, von wo sie später bis Brindisi verlängert wurde –«

Wir waren die Via Appia hinaus gepilgert, drei Kilometer zu Fuß, wir lagen auf einem solchen Grabmal, Steinhügel, Schutzhügel mit Unkraut, worüber zum Glück nichts im Baedeker steht. Wir lagen im Schatten einer Pinie und rauchten eine Zigarette.

»Walter, schläfst du?«

Ich genoß es, nichts besichtigen zu müssen.

»Du«, sagt sie, »dort drüben ist Tivoli.«

Sabeth wie üblich in ihren schwarzen Cowboy-Hosen mit den ehemals weißen Nähten, dazu ihre ehemals weißen Espadrilles, obschon ich ihr ein Paar italienische Schuhe gekauft hatte schon in Pisa.

»Interessiert es dich wirklich nicht?«

»Es interessiert mich wirklich nicht«, sagte ich, »aber ich werde mir alles ansehen, mein Liebes. Was tut man nicht alles auf einer Hochzeitsreise!«

Sabeth fand mich wieder zynisch.

Es genügte mir, im Gras zu liegen, Tivoli hin oder her, Hauptsache: ihr Kopf an meiner Schulter.

»Du bist ein Wildfang«, sagte ich, »keine Viertelstunde hast du Ruhe –«

Sie kniete und hielt Ausschau.

Man hörte Stimmen –

»Soll ich?« fragte sie, ihr Mund dabei, wie wenn man spucken will. »Soll ich?«

Ich zog sie an ihrem Roßschwanz herunter, aber sie duldete es nicht. Ich fand es auch schade, daß wir nicht allein sind, aber nicht zu ändern. Auch nicht, wenn man ein Mann ist! Ihre komische Idee immer: Du bist ein Mann! Offenbar hatte sie erwartet, daß ich aufspringe und Steine schleudere, um die Leute zu vertreiben wie eine Gruppe von Ziegen. Sie war allen Ernstes enttäuscht, ein Kind, das ich als Frau behandelte, oder eine Frau, die ich als Kind behandelte, das wußte ich selber nicht.

»Ich finde«, sagte sie, »das ist unser Platz!«

Offenbar waren es Amerikaner, ich hörte bloß die Stimmen, eine Gesellschaft, die um unser Grabmal schlenderte; nach den Stimmen zu schließen, hätten es die Stenotypistinnen von Cleveland sein können.

Oh, isn't it lovely?

Oh, this is the Campagna?

Oh, how lovely here!

Oh, usw.

Ich richtete mich auf, um über das Gestrüpp zu spähen. Die violetten Frisuren von Damen, dazwischen Glatzen von Herren, die ihre Panama-Hüte abnehmen – Ausbruch aus einem Altersheim! dachte ich, sagte es aber nicht.

»Unser Grabhügel«, sagte ich, »scheint doch ein berühmter Grabhügel zu sein –«

Sabeth ganz ungehalten:

»Du, da kommen immer mehr!«

Sie stand, ich lag wieder im Gras.

»Du«, sagt sie, – »ein ganzer Autocar!«

Wie Sabeth über mir steht beziehungsweise neben mir: Ihre Espadrilles, dann ihre bloßen Waden, ihre Schenkel, die noch in der Verkürzung sehr schlank sind, ihr Becken in den straffen Cowboy-Hosen; sie hatte beide Hände in den Hosentaschen, als sie so stand. Ihre Taille nicht zu sehen; wegen der Verkürzung. Dann ihre Brust und ihre Schultern, Kinn, Lippen, darüber schon die Wimpern, ihre Augenbogen blaß wie Marmor, weil Widerschein von unten, dann ihr Haar im knallblauen Himmel, man hätte meinen können, es werde sich im Geäst der schwarzen Pinie verfangen, ihr rötliches Haar. So stand sie, während ich auf der Erde lag, im Wind. Schlank und senkrecht, dabei sprachlos wie eine Statue.

»Hello!« rief jemand von unten.

Sabeth ganz mürrisch: »Hello –«

Sabeth konnte es nicht fassen.

»Du«, sagte sie, – »die machen Picnic!«

Dann, wie zum Trotz gegen die amerikanischen Belagerer, kam sie herunter und legte sich auf meine Brust, als wollte sie einschlafen; aber nicht lange. Sie stützte sich auf und fragte, ob sie schwer sei.

»Nein«, sagte ich, »du bist leicht –«

»Aber?«

»Kein Aber!« sagte ich.

»Doch«, sagte sie, »du denkst etwas.«

Meinerseits keine Ahnung, was ich gedacht hatte; irgend etwas denkt man meistens, aber ich wußte es wirklich nicht. Ich fragte, was sie denn gedacht hätte. Sie bat um eine Zigarette, ohne zu antworten.

»Du rauchst zuviel!« sagte ich. »Als ich in deinem Alter war –«

Ihre Ähnlichkeit mit Hanna ist mir immer seltener in den Sinn gekommen, je vertrauter wir uns geworden sind, das Mädchen und ich. Seit Avignon überhaupt nicht mehr! Ich wunderte mich höchstens, daß mir eine Ähnlichkeit mit Hanna je in den Sinn gekommen ist. Ich musterte sie daraufhin. Von Ähnlichkeit keine Spur! Ich gab ihr Feuer, obschon überzeugt, daß sie viel zu früh raucht, ein Kind von zwanzig Jahren –

Dann immer ihr Spott:

»Du tust wie ein Papa!«

Vielleicht hatte ich (wieder einmal) daran gedacht, daß ich für Sabeth, wenn sie sich auf meine Brust stützt und mein Gesicht mustert, eigentlich ein alter Mann bin.

»Du«, sagte sie, »das ist also der Ludovisische Altar, was uns heute vormittag so gefallen hat. Wahnsinnig berühmt!« Ich ließ mich belehren.

Wir hatten unsere Schuhe ausgezogen, unsere bloßen Füße auf der warmen Erde, ich genoß es, barfuß zu sein, und überhaupt.

Ich dachte an unser Avignon. (Hotel Henri IV.)

Sabeth mit ihrem offenen Baedeker wußte von Anfang an, daß ich ein Techniker bin, daß ich nach Italien fahre, um mich zu erholen. Trotzdem las sie vor:

»Die *Via Appia*, die 312 vor Christus vom Censor Appius Claudius Caecus angelegte Königin der Straßen –«

Heute noch höre ich ihre Baedeker-Stimme!

»Der interessantere Teil der Straße beginnt, das alte Pflaster liegt mehrfach zutage, links die großartigen Bogenreihen der Aqua Marcia (vergleiche Seite 261).«

Dann blätterte sie jedesmal nach.

Einmal meine Frage:

»Wie heißt eigentlich deine Mama mit Vornamen?«

Sie ließ sich nicht unterbrechen.

»Wenige Minuten weiter das Grabmal der *Caecilia Metella*, die bekannteste Ruine der Campagna, ein Rundbau von zwanzig Meter Durchmesser, auf viereckiger Basis, mit Travertin verkleidet. Die Inschrift auf einer Marmortafel lautet: Caecilia Q. Cretici f(iliae) Metellae Crassi, der Tochter des Metellus Cretius, Schwiegertochter des Triumvirn Crassus. Das Innere (Trkg.) enthielt die Grabkammern.«

Sie hielt inne und sann.

»Trkg. – was heißt denn das?«

»Trinkgeld«, sagte ich. »Aber ich habe dich etwas anderes gefragt –«

»Entschuldigung.«

Sie klappte den Baedeker zusammen.

»Was hast du gefragt?«

Ich ergriff ihren Baedeker und öffnete ihn.

»Das dort drüben«, fragte ich, »das ist Tivoli?«

In der Ebene vor Tivoli mußte ein Flugplatz liegen, wenn auch auf den Karten in diesem Baedeker nicht zu finden; die ganze Zeit hörte man Motoren, genau dieses vibrierende Summen wie über meinem Dachgarten am Central Park West, ab und zu eine DC-7 oder Super-Constellation, die über unsere Pinie flog, das Fahrgestell ausgeschwenkt, um zur Landung anzusetzen und irgendwo in dieser Campagna zu verschwinden.

»Dort muß der Flugplatz sein«, sagte ich.

Es interessierte mich tatsächlich.

»Was du gefragt hast?« fragte sie.

»Wie deine Mama eigentlich heißt.«

»Piper!« sagte sie. »Wie sonst?«

Ich meinte natürlich den Vornamen.

»Hanna.«

Sie hatte sich schon wieder erhoben, um über das Gestrüpp zu spähen, ihre beiden Hände in den Hosentaschen, ihr rötlicher Roßschwanz auf der Schulter. Sie merkte mir nichts an.

»My goodness!« sagte sie. »Was die zusammenfressen da unten, das nimmt ja kein Ende – jetzt fangen sie noch mit Früchten an!«

Sie stampfte wie ein Kind.

»Herrgott«, sagte sie, »ich sollte verschwinden.«

Dann meine Fragen:

Hat Mama einmal in Zürich studiert?

Was?

Wann?

Ich fragte weiter, obschon das Mädchen, wie gesagt, verschwinden sollte. Ihre Antworten etwas unwillig, aber ausreichend.

»Walter, das weiß ich doch nicht!«

Es ging mir, versteht sich, um genaue Daten.

»Damals war ich noch nicht dabei!« sagte sie.

Es amüsierte sie, was ich alles wissen wollte. Ihrerseits keine Ahnung, was ihre Antworten bedeuten. Es amüsierte sie, aber das änderte nichts daran, daß Sabeth eigentlich verschwinden mußte. Ich saß, ich hatte ihren Unterarm gefaßt, damit sie nicht davonläuft.

»Bitte«, sagte sie, »bitte«.

Meine letzte Frage:

»Und ihr Mädchenname: – Landsberg?«

Ich hatte ihren Unterarm losgelassen. Wie erschöpft. Ich brauchte meine ganze Kraft, nur um dazusitzen. Vermutlich mit Lächeln. Ich hatte gehofft, daß sie nun davonläuft.

Statt dessen setzte sie sich, um ihrerseits Fragen zu stellen. »Hast du Mama denn gekannt?«

Mein Nicken –

»Aber nein«, sagte sie, »wirklich?«

Ich konnte einfach nicht sprechen.

»Ihr habt euch gekannt«, sagte sie, »als Mama noch studiert hat?«

Sie fand es toll; nur toll.

»Du«, sagte sie beim Weggehen, »das werde ich ihr aber schreiben, Mama wird sich freuen –«

Heute, wo ich alles weiß, ist es für mich unglaublich, daß ich nicht schon damals, nach dem Gespräch an der Via Appia, alles wußte. Was ich gedacht habe in diesen zehn Minuten, bis das Mädchen zurückkam, weiß ich nicht. Eine Art von Bilanz, das schon. Ich weiß nur: Am liebsten wäre ich auf den Flugplatz gegangen. Kann sein, daß ich überhaupt nichts dachte. Eine Überraschung war es ja nicht, bloß eine Gewißheit. Ich schätze es, Gewißheit zu haben. Wenn sie einmal da ist, dann amüsiert sie mich fast. Sabeth: die Tochter von Hanna! Was mir dazu einfiel: eine Heirat kam wohl nicht in Frage. Dabei dachte ich nicht einen Augenblick daran, daß Sabeth sogar mein eignes Kind sein könnte. Es lag im Bereich der Möglichkeit, theoretisch, aber ich dachte nicht daran. Genauer gesagt, ich glaubte es nicht. Natürlich dachte ich daran: unser Kind damals, die ganze Geschichte, bevor ich Hanna verlassen habe, unser Beschluß, daß Hanna zu einem Arzt geht, zu Joachim – Natürlich dachte ich daran, aber ich konnte es einfach nicht glauben, weil zu unglaublich, daß dieses Mädchen, das kurz darauf wieder auf unseren Grabhügel zurückkletterte, mein eignes Kind sein soll.

»Walter«, fragte sie, »was ist los?«

Sabeth ganz ahnungslos.

»Weißt du«, sagte sie, »du rauchst auch zuviel!«

Dann unser Gespräch über Aquaedukte –

Um zu reden!

Meine Erklärung der Kommunizierenden Röhre.

»Jaja«, sagte sie, »das haben wir gehabt.«

Ihr Spaß, als ich beweise, daß die alten Römer, wären sie bloß im Besitz dieser Skizze auf meiner Zigarettenschachtel gewesen, mindestens 90% ihrer Maurerarbeit hätten sparen können.

Wir lagen wieder im Gras.

Die Flugzeuge über uns –

»Weißt du«, sagte sie, »eigentlich solltest du nicht zurückfliegen.«

Es war unser vorletzter Tag.

»Einmal müssen wir uns doch trennen, mein liebes Kind, so oder so –«

Ich beobachtete sie.

»Natürlich«, sagte sie – sie hatte sich aufgesetzt, um einen Halm zu nehmen, dann Blick gradaus; der Gedanke, daß wir uns trennen, machte ihr nichts aus, so schien mir, überhaupt nichts. Sie steckte den Halm nicht zwischen die Zähne, sondern wickelte ihn um den Finger und sagte: »Natürlich –«

Ihrerseits kein Gedanke an Heirat!

»Ob Mama sich noch an dich erinnert?«

Es amüsierte sie.

»Mama als Studentin«, sagte sie, »das kann ich mir nicht vorstellen,

weißt du, Mama als Studentin mit einer Bude, sagst du, mit einer Dach-
bude – davon hat Mama nie erzählt.«

Es amüsierte sie.

»Wie war sie denn?«

Ich hielt den Kopf so, daß sie sich nicht rühren konnte, mit beiden Händen, wie man beispielsweise den Kopf eines Hundes hält. Ich spürte ihre
Kraft, die ihr aber nichts nützte, die Kraft ihres Nackens; meine Hände
wie ein Schraubstock. Sie schloß die Augen. Ich küßte nicht. Ich hielt bloß
ihren Kopf. Wie eine Vase, leicht und zerbrechlich, dann immer schwerer.

»Du«, sagte sie, »du tust mir weh –«

Meine Hände hielten ihren Kopf, bis sie langsam die Augen aufmachte,
um zu sehen, was ich eigentlich will: ich wußte es selber nicht.

»Im Ernst«, sagte sie, »du tust mir weh!«

Es war an mir, irgend etwas zu sagen; sie schloß wieder ihre Augen, wie
ein Hund, wenn man ihn so festhält.

Dann meine Frage –

»Laß mich!« sagte sie.

Ich wartete auf Antwort.

»Nein«, sagte sie, »du bist nicht der erste Mann in meinem Leben, das
hast du doch gewußt –«

Nichts hatte ich gewußt.

»Nein«, sagte sie, »mach dir keine Sorge –«

Wie sie sich das gepreßte Haar aus den Schläfen strich, man hätte meinen können, es geht nur um die Haare. Sie nahm den Kamm aus ihrer
schwarzen Cowboy-Hose, um sich zu kämmen, während sie erzählte, beziehungsweise nicht erzählte, sondern nur so bekanntgab: He's teaching
in Yale. Sie hatte eine Spange zwischen den Zähnen.

»Und der andere«, sagte sie mit der Spange zwischen den Zähnen, während sie den Roßschwanz auskämmte, »den hast du ja gesehen.«

Gemeint war wohl der Pingpong-Jüngling.

»Er will mich heiraten«, sagte sie, »aber das war ein Irrtum von mir,
weißt du, ich mag ihn gar nicht.«

Dann brauchte sie die Spange, nahm sie aus dem Mund, der nun offen-
blieb, dabei stumm, während sie sich zu Ende kämmte. Dann blies sie den
Kamm aus, Blick gegen Tivoli, und war fertig.

»Gehen wir?« fragte sie.

Eigentlich wollte ich nicht sitzen bleiben, sondern mich aufrichten, meine Schuhe holen, meine Schuhe anziehen, zuerst natürlich die Socken, dann die Schuhe, damit wir gehen können –

»Du findest mich schlimm?«

Ich fand gar nichts.

»Walter!« sagte sie –

Ich nahm mich zusammen.

»It's okay«, sagte ich, »it's okay.«

Dann zu Fuß auf der Via Appia zurück.

Wir saßen bereits im Wagen, als Sabeth nochmals damit anfing (»Du findest mich schlimm?«) und wissen wollte, was ich die ganze Zeit denke – ich steckte das Schlüsselchen, um den Motor anzulassen.

»Komm«, sagte ich, »reden wir nicht.«

Ich wollte jetzt fahren.

Sabeth redete, während wir im Wagen saßen, ohne zu fahren, von ihrem Papa, von Scheidung, von Krieg, von Mama, von Emigration, von Hitler, von Rußland –

»Wir wissen nicht einmal«, sagte sie, »ob Papa noch lebt.«

Ich stellte den Motor ab.

»Hast du den Baedeker?« fragte sie.

Sie studierte die Karte.

»Das ist die Porta San Sebastiano«, sagte sie, »jetzt rechts, dann kommen wir zu San Giovanni in Laterano!«

Ich ließ den Motor wieder an.

»Ich habe ihn gekannt«, sagte ich –

»Papa?«

»Joachim«, sagte ich, »ja –«

Dann fuhr ich, wie befohlen: zur Porta San Sebastiano, dann rechts, bis wieder eine Basilika vor uns stand.

Wir besichtigten weiter.

Vielleicht bin ich ein Feigling. Ich wagte nichts mehr zu sagen, Joachim betreffend, oder zu fragen. Ich rechnete im stillen (während ich redete, mehr als sonst, glaube ich) pausenlos, bis die Rechnung aufging, wie ich sie wollte: Sie konnte nur das Kind von Joachim sein! Wie ich's rechnete, weiß ich nicht; ich legte mir die Daten zurecht, bis die Rechnung wirklich stimmte, die Rechnung als solche. In der Pizzeria, als Sabeth eine Weile weggegangen war, genoß ich es, die Rechnung auch noch schriftlich zu überprüfen. Sie stimmte; ich hatte ja die Daten (die Mitteilung von

Hanna, daß sie ein Kind erwartet, und meine Abreise nach Bagdad) so gewählt, daß die Rechnung stimmte; fix blieb nur der Geburtstag von Sabeth, der Rest ging nach Adam Riese, bis mir ein Stein vom Herzen fiel.

Ich weiß, daß das Mädchen mich an jenem Abend lustiger fand als je,
geradezu witzig. Wir saßen bis Mitternacht in dieser volkstümlichen Pizzeria zwischen Pantheon und Piazza Colonna, wo die Gitarrensänger, nachdem sie vor den Touristen-Restaurants gebettelt hatten, ihre Pizza essen
und Chianti per Glas trinken; ich zahlte ihnen Runde um Runde, und
die Stimmung war ganz groß.

»Walter«, sagte sie, »haben wir es toll!«

Auf dem Weg zu unserem Hotel (Via Veneto) waren wir vergnügt, nicht
betrunken, aber geradezu geistreich – bis zum Hotel, wo man uns die
große Glastüre hält und in der Alabaster-Halle sofort die Zimmerschlüssel
überreicht, gemäß unsrer eignen Anmeldung:

»Mister Faber, Miss Faber – Goodnight!«

Ich weiß nicht, wie lange ich in meinem Zimmer stand, ohne die Vorhänge zu ziehen, so ein Grandhotel-Zimmer: viel zu groß, viel zu hoch.
Ich stand, ohne mich auszuziehen. Wie ein Apparat, der die Information
bekommt: Wasch dich! – aber nicht funktioniert.

»Sabeth«, fragte ich, »was ist los?«

Sie stand vor meiner Türe; ohne zu klopfen.

»Sag's doch!« sagte ich.

Sie stand barfuß und trug ihr gelbes Pyjama, darüber ihren schwarzen
Kapuzenmantel; sie wollte nicht eintreten, sondern nur nochmals Gutnacht sagen. Ich sah ihre verheulten Augen –

»Warum soll ich dich nicht mehr lieb haben?« fragte ich. »Wegen Hardy
oder wie er heißt?«

Plötzlich ihr Schluchzen –

Später schlief sie, ich hatte sie zugedeckt, denn die Nacht durchs offene
Fenster war kühl; die Wärme, scheint es, beruhigte sie, so daß sie wirklich
schlief trotz Lärm draußen in der Straße, trotz ihrer Angst, daß ich fort-
gehe. Es mußte eine Stop-Straße sein, daher der Lärm: Motorräder, die
im Leerlauf aufheulen, dann schalten, am schlimmsten ein Alfa Romeo,
der immer wieder kommt und jedesmal wie zu einem Rennstart ansetzt,
sein Hall zwischen den Häusern, kaum drei Minuten lang blieb es ruhig,
dann und wann der Glockenschlag einer römischen Kirche, dann neuerdings Hupen, Stop mit quietschenden Pneus, Vollgas auf Leerlauf, sinnlos,

Lausbüberei, dann wieder das blecherne Dröhnen, es schien wirklich der gleiche Alfa Romeo zu sein, der uns die ganze Nacht lang umkreiste. Ich wurde immer wacher. Ich lag neben ihr, nicht einmal die staubigen Schuhe und meine Krawatte hatte ich ausgezogen, ich konnte mich nicht rühren, da ihr Kopf an meiner Schulter lag. In den Vorhängen blieb der Schein einer Bogenlampe, die ab und zu wankte, und ich lag wie gefoltert, da ich mich nicht rühren konnte; das schlafende Mädchen hatte ihre Hand auf meine Brust gelegt beziehungsweise auf meine Krawatte, so daß sie zog, die Krawatte. Ich hörte Stundenschlag um Stundenschlag, während Sabeth schlief, ein schwarzes Bündel mit heißem Haar und Atem, meinerseits nicht imstande, vorwärts zu denken. Dann wieder der Alfa Romeo, sein Hupen in den Gassen, Bremsen, Vollgas im Leerlauf, Schalten, sein blechernes Dröhnen in der Nacht –

Was ist denn meine Schuld? Ich habe sie auf dem Schiff getroffen, als man auf die Tischkarten wartete, ein Mädchen mit baumelndem Roßschwanz vor mir. Sie war mir aufgefallen. Ich habe sie angesprochen, wie sich Leute auf einem solchen Schiff eben ansprechen; ich habe dem Mädchen nicht nachgestellt. Ich habe dem Mädchen nichts vorgemacht, im Gegenteil, ich habe offener mit ihr gesprochen, als es sonst meine Art ist, beispielsweise über mein Junggesellentum. Ich habe einen Heiratsantrag gemacht, ohne verliebt zu sein, und wir haben sofort gewußt, daß es Unsinn ist, und wir haben Abschied genommen. Warum habe ich sie in Paris gesucht! Wir sind zusammen in die Opéra gegangen, und nachher nahmen wir noch ein Eis, dann fuhr ich sie, ohne sie länger aufzuhalten, zu ihrem billigen Hotel bei Saint Germain, ich habe ihr angeboten, ihre Autostop-Fahrt mit mir zu machen, da ich den Citroën von Williams hatte, und in Avignon, wo wir zum ersten Mal übernachteten, wohnten wir selbstverständlich (alles andere hätte auf eine Absicht schließen lassen, die ich gar nicht hatte) im gleichen Hotel, aber nicht einmal auf der gleichen Etage; ich dachte nicht einen Augenblick daran, daß es dazu kommen würde. Ich erinnere mich genau. Es war die Nacht (13. V.) mit der Mondfinsternis, die uns überraschte; ich hatte keine Zeitung gelesen, und wir waren nicht darauf gefaßt. Ich sagte: Was ist denn mit dem Mond los? Wir hatten im Freien gesessen, und es war ungefähr zehn Uhr, Zeit zum Aufbrechen, da wir in der Morgenfrühe weiterfahren wollten. Die bloße Tatsache, daß drei Himmelskörper, Sonne und Erde und Mond, gelegentlich in einer Geraden liegen, was notwendigerweise eine Verdunkelung des Mondes verursacht, brachte mich aus der Ruhe, als wisse ich nicht ziemlich genau, was es mit einer Mondfinsternis auf sich hat – ich zahlte, als ich den runden Erdschatten auf dem Vollmond bemerkte, sofort unseren Kaffee, und wir gingen Arm in Arm hinauf zur Terrasse über der Rhone, um eine volle Stunde lang, nach wie vor Arm in Arm, in der Nacht zu stehen und die verständliche Erscheinung zu verfolgen. Ich erklärte dem Mädchen noch, wieso der Mond, vom Erdschatten gänzlich überdeckt, trotzdem so viel Licht hat, daß wir ihn deutlich sehen konnten, im Gegensatz zum Neumond, deutlicher sogar als sonst: nicht als leuchtende Scheibe wie sonst, sondern deutlich als Kugel, als Ball, als Körper, als Gestirn, als eine ungeheure Masse im leeren All, orange. Ich erinnere mich nicht, was ich alles redete in jener Stunde. Das Mädchen fand damals (daran erinnere ich mich) zum ersten Mal, daß ich uns beide ernst nehme, und küßte mich wie nie vorher. Dabei war es, als bloßer Anblick, eher beklemmend, eine immerhin ungeheure Masse, die da im Raum schwebt, beziehungsweise saust, was die sachlich gerechtfertigte Vorstellung nahelegte, daß wir, die Erde, ebenso im Finstern schweben, beziehungsweise sausen. Ich redete vom Tod und Leben, glaube ich, ganz allgemein, und wir waren beide aufgeregt, da wir noch nie eine dermaßen klare Mondfinsternis gesehen hatten, auch ich nicht, und zum ersten Mal hatte ich den verwirrenden Eindruck, daß das Mädchen, das ich bisher für ein Kind hielt, in mich verliebt war. Jedenfalls war es das Mädchen, das in jener Nacht, nachdem wir bis zum Schlottern draußen gestanden hatten, in mein Zimmer kam –

Dann das Wiedersehen mit Hanna.

(26. V. in Athen.)

Ich erkannte sie schon, bevor ich erwacht war. Sie redete mit der Diakonissin. Ich wußte, wo ich bin, und wollte fragen, ob die Operation gemacht ist – aber ich schlief, vollkommen erschöpft, ich verdurstete, aber ich konnte es nicht sagen. Dabei hörte ich ihre Stimme, griechisch. Man hatte mir Tee gebracht, aber ich konnte ihn nicht nehmen; ich schlief, ich hörte alles und wußte, daß ich schlief, und ich wußte: Wenn ich erwache, dann vor Hanna.

Plötzlich die Stille –

Mein Schrecken, das Kind sei tot.

Plötzlich liege ich mit offenen Augen: – das weiße Zimmer, ein Labora-

torium, die Dame, die vor dem Fenster steht und meint, ich schlafe und
sehe sie nicht. Ihr graues Haar, ihre kleine Gestalt. Sie wartet, beide Hände
in den Taschen ihres Jacketts, Blick zum Fenster hinaus. Sonst niemand im
Zimmer. Eine Fremde. Ihr Gesicht ist nicht zu sehen, nur ihr Nacken, ihr
Hinterkopf, ihr kurzgeschnittenes Haar. Ab und zu nimmt sie ihr Taschentuch, um sich zu schneuzen, und steckt es sofort wieder zurück, beziehungsweise knüllt es in ihrer nervösen Hand zusammen. Sonst reglos. Sie
trägt eine Brille, schwarz, Hornbrille. Es könnte sich um eine Ärztin handeln, eine Anwältin oder so etwas. Sie weint. Einmal greift sie mit der
Hand unter ihre Hornbrille, als halte sie ihr Gesicht; eine ganze Weile.
Dann braucht sie ihre beiden Hände, um das nasse Taschentuch nochmals
aufzufalten, dann steckt sie's wieder ein und wartet, Blick zum Fenster hinaus, wo nichts zu sehen ist als Sonnenstores. Ihre Gestalt: sportlich, geradezu mädchenhaft, wären nicht ihre grauen oder weißen Haare. Dann
nimmt sie's nochmals, ihr Taschentuch, um die Brille zu putzen, dabei
sehe ich endlich ihr nacktes Gesicht, das braun ist – es könnte, abgesehen
von ihren blauen Augen, das Gesicht von einem alten Indio sein.

Ich tat, als schliefe ich.

Hanna mit weißen Haaren!

Offenbar hatte ich tatsächlich nochmals geschlafen – eine halbe Minute
oder eine halbe Stunde, bis mein Kopf von der Wand rutschte, so daß ich
erschrak – sie sah, daß ich wach bin. Sie sagte kein Wort, sondern blickte
mich nur an. Sie saß, ihre Beine verschränkt, und stützte ihren Kopf, sie
rauchte.

»Wie geht es?« fragte ich.

Hanna rauchte weiter.

»Hoffen wir das Beste«, sagt sie, »es ist gemacht – hoffen wir das Beste.«

»Sie lebt?«

»Ja«, sagt sie –

Von Begrüßung kein Wort.

»Dr. Eleutheropulos war gerade hier«, sagt sie, »es ist keine Kreuzotter
gewesen, meint er –«

Sie füllte eine Tasse für mich.

»Komm«, sagt sie, »trink deinen Tee.«

Es kam mir (ohne Verstellung) nicht in den Sinn, daß man sich zwanzig
Jahre nicht mehr gesprochen hatte; wir redeten über die Operation, die vor
einer Stunde gemacht worden war, oder nichts. Wir warteten gemeinsam
auf weitere Meldungen des Arztes.

Ich leerte Tasse um Tasse.

»Das weißt du«, sagt sie, »daß sie dir auch eine Injektion gemacht haben?«

Davon hatte ich nichts gemerkt.

»Nur zehn Kubikzentimeter, nur prophylaktisch«, sagt sie, »wegen der Mundschleimhaut.«

Hanna überhaupt sehr sachlich.

»Wie ist das gekommen?« fragt sie. »Ihr seid heute in Korinth gewesen?«

Ich fror.

»Wo hast du denn deine Jacke?«

Meine Jacke lag am Meer.

»Seit wann seid ihr in Griechenland?«

Ich staunte über Hanna; ein Mann, ein Freund, hätte nicht sachlicher fragen können. Ich versuchte auch sachlich zu antworten. Wozu hundertmal versichern, daß ich nichts dafür kann! Hanna machte ja keinerlei Vorwürfe, sondern fragte bloß, Blick zum Fenster hinaus. Sie fragte, ohne mich anzublicken:

»Was hast du gehabt mit dem Kind?«

Dabei war sie sehr nervös, ich sah es.

»Wieso keine Kreuzotter?« frage ich.

»Komm«, sagt sie, »trink deinen Tee!«

»Seit wann trägst du eine Brille?« frage ich –

Ich hatte die Schlange nicht gesehen, nur gehört, wie Sabeth schrie. Als ich kam, lag sie bewußtlos. Ich hatte gesehen, wie Sabeth gestürzt war, und lief zu ihr. Sie lag im Sand, bewußtlos infolge ihres Sturzes, vermutete ich. Dann erst sah ich die Bißwunde oberhalb der Brust, klein, drei Stiche nahe zusammen, ich begriff sofort. Sie blutete nur wenig. Natürlich sog ich die Wunde sofort aus, wie vorgeschrieben, wußte, daß man abbinden sollte gegen das Herz hin. Aber wie? Der Biß war oberhalb der linken Brust. Ich wußte: sofortiges Ausschneiden der Wunde beziehungsweise Ausbrennen. Ich schrie um Hilfe, aber ich war schon außer Atem, bevor ich die Straße erreicht hatte, die Verunglückte auf den Armen, das Stapfen im weichen Sand, dazu die Verzweiflung, als ich den Ford vorbeifahren sah, ich schrie, so laut ich konnte. Aber der Ford fuhr vorbei. Ich stand außer Atem, die Bewußtlose auf den Armen, die immer schwerer wurde, ich konnte sie kaum noch halten, weil sie in keiner Weise half. Es war die richtige Straße,

aber kein Fahrzeug weit und breit. Ich verschnaufte, dann weiter auf dieser
Straße mit gekiestem Teer, zuerst Laufschritt, dann langsam und immer
langsamer, ich war barfuß. Es war Mittag. Ich weinte und ging, bis endlich
dieser Zweiräder kam. Vom Meer herauf. Ein Arbeiter, der nur griechisch
redete, aber sofort verstand angesichts der Wunde. Ich saß auf dem hol-
pernden Karren, der mit nassem Kies beladen war, mein Mädchen auf
den Armen, so wie es gerade war, nämlich im Badkleid (Bikini) und sandig. Es schüttelte den Kies, so daß ich die Bewußtlose in den Armen tragen mußte weiterhin, und es schüttelte auch mich. Ich bat den Arbeiter, ge-
schwinder zu fahren. Der Esel gab nicht mehr Tempo als ein Fußgänger.
Es war ein ächzender Karren mit schiefen wackligen Rädern, ein Kilometer wurde zur Ewigkeit; ich saß so, daß ich rückwärts schaute. Aber von
einem Auto keine Spur. Ich verstand nicht, was der Grieche redete, warum
er stoppte bei einem Ziehbrunnen, er band den Esel an; dazu Zeichen, ich
sollte warten. Ich beschwor ihn, weiterzufahren und keine Zeit zu verlieren; ich wußte nicht, was er im Sinn hatte, als er mich allein auf dem Kieskarren ließ, allein mit der Verunglückten, die Serum brauchte. Ich sog
neuerdings ihre Wunde aus. Offenbar ging er zu den Hütten, um Hilfe
zu holen. Ich wußte nicht, wie er sich das vorstellte, Hilfe mit Kräutern
oder Aberglauben oder was weiß ich. Er pfiff, dann ging er weiter, da keinerlei Antwort aus den Hütten. Ich wartete ein paar Minuten, dann los,
ohne zu überlegen, weiter, die Verunglückte auf den Armen, zuerst wieder
im Laufschritt, bis ich neuerdings außer Atem war. Ich konnte einfach
nicht mehr. Ich legte sie an die Straßenböschung, weil Laufen sowieso
sinnlos; ich konnte sie ja nicht nach Athen tragen. Entweder kam ein Mo-
torfahrzeug, das uns aufnimmt, oder es kam nicht. Als ich wieder ihre
kleine Wunde oberhalb der Brust aussog, sah ich, daß Sabeth langsam
zum Bewußtsein kommt: ihre Augen weit offen, aber ohne Blick, sie klagt
nur über Durst, ihre Stimme vollkommen heiser, ihr Puls sehr langsam,
dann Erbrechen, dazu Schweiß. Ich sah jetzt die bläulichrote Schwellung
um ihre Wunde. Ich lief, um Wasser zu suchen. Ringsum nichts als Ginster, Disteln, Oliven auf einem trockenen Acker, kein Mensch, ein paar
Ziegen im Schatten, ich konnte rufen und schreien, soviel ich wollte – es
war Mittag, Totenstille, ich kniete neben Sabeth; sie war nicht bewußtlos,
nur sehr schläfrig, wie gelähmt. Zum Glück sah ich den Lastwagen noch
zeitig genug, so daß ich auf die Straße laufen konnte; er stoppte, ein Lastwagen mit einem Bündel langer Eisenröhren. Sein Fahrziel war nicht

Athen, sondern Megara, immerhin unsere Richtung. Ich saß nun neben
dem Fahrer, die Verunglückte auf meinen Armen. Das Scheppern der langen Röhren, dazu das mörderische Tempo; kaum dreißig Stundenkilometer auf gerader Strecke! Ich hatte meine Jacke am Meer, mein Geld in der
Jacke – in Megara, wo er stoppte, gab ich dem Fahrer, der ebenfalls nur
Griechisch versteht, meine Omega-Uhr, damit er unverzüglich weiterfährt, ohne seine Röhren abzuladen. In Eleusis, wo er tanken mußte, ging
wieder eine Viertelstunde verloren. Ich werde diese Strecke nie vergessen.
Ob er fürchtete, daß ich meine Omega-Uhr zurückfordere, wenn ich mit
einem schnelleren Vehikel weiterfahren könnte, oder was er sich dabei
dachte, weiß ich nicht; jedenfalls verhinderte er es zweimal, daß ich um-
stieg. Einmal war es ein Bus, ein Pullman, einmal eine Limousine, die
ich mit Winken hatte stoppen können; mein Fahrer redete griechisch,
und die andern fuhren weiter. Er ließ es sich einfach nicht nehmen, unser
Retter zu sein, dabei war er ein miserabler Fahrer. In der Steigung nach
Daphni kamen wir kaum voran. Sabeth schlief, und ich wußte nicht, ob
sie ihre Augen je wieder aufmachen würde. Endlich die Vororte von
Athen, aber es ging immer langsamer; die Verkehrslichter, die üblichen
Stockungen, unser Lastwagen mit langen Röhren hinten heraus war unbe-
weglicher als alle anderen, die kein Serum brauchten, die scheußliche
Stadt, Wirrwarr mit Straßenbahn und Eselskarren, natürlich wußte unser
Fahrer nicht, wo ein Hospital ist, er mußte fragen, ich hatte den Eindruck,
er findet es nie, ich schloß meine Augen oder blickte auf Sabeth, die ganz
langsam atmete. (Alle Krankenhäuser liegen am andern Ende von Athen.)
Unser Fahrer, da er vom Land kam, kannte nicht einmal die Straßennamen, die man ihm nannte, ich verstand immer nur: Leofores, Leofores,
ich versuchte zu helfen, aber ich konnte ja nicht einmal lesen – wir hätten
es nie gefunden, wäre nicht der junge Bursche auf unser Trittbrett gestiegen, um uns zu führen. Dann dieses Vorzimmer –
   Lauter griechische Fragen –
   Endlich die Diakonissin, die Englisch versteht, eine Person von satanischer Ruhe: ihre Hauptsorge, unsere Personalien zu wissen!

– – –

Der Arzt, der das Mädchen behandelt hatte, beruhigte uns. Er verstand
Englisch und antwortete griechisch; Hanna übersetzte mir das Wichtige,

seine Erklärung, warum keine Kreuzotter, sondern eine Viper (Aspisviper), seines Erachtens hatte ich das einzig Richtige unternommen: Transport ins Hospital. Von den volkstümlichen Maßnahmen (Aussaugen der Bißwunde, Ausschneiden oder Ausbrennen, Abschnüren der betroffenen Gliedmaßen) hielt er als Fachmann nicht viel; zuverlässig nur die Serum-Injektion innerhalb drei bis vier Stunden, das Ausschneiden der Bißwunde nur als zusätzliche Maßnahme.

Er wußte nicht, wer ich bin.

Ich war auch in einem Zustand; verschwitzt und verstaubt, wie der Arbeiter auf dem Kieskarren, dazu Teer an den Füßen, zu schweigen von meinem Hemd, ein Landstreicher, barfuß und ohne Jacke, der Arzt kümmerte sich um meine Füße, die er der Diakonissin überließ, und redete nur mit Hanna, bis Hanna mich vorstellte.

»Mister Faber is a friend of mine.«

Was mich beruhigte: Die Mortalität bei Schlangenbiß (Kreuzotter, Vipern aller Art) beträgt drei bis zehn Prozent, sogar bei Biß von Kobra nicht über fünfundzwanzig Prozent, was in keinem Verhältnis steht zu der abergläubischen Angst vor Schlangen, die man allgemein noch hat. Hanna war auch ziemlich beruhigt –

Wohnen konnte ich bei Hanna.

Ich wollte aber das Hospital nicht verlassen, ohne das Mädchen gesehen zu haben, ich bestand darauf, das Mädchen zu sehen, wenn auch nur für eine Minute, und fand Hanna (der Arzt willigte sofort ein!) sehr sonderbar – sie ließ mich, als wollte ich ihr die Tochter stehlen, nicht eine Minute lang im Krankenzimmer.

»Komm«, sagt sie, – »sie schläft jetzt.«

Vielleicht ein Glück, daß das Kind uns nicht mehr erkannt hat; sie schlief mit offenem Mund (sonst nicht ihre Art) und war sehr blaß, ihr Ohr wie aus Marmor, sie atmete in Zeitlupentempo, jedoch regelmäßig, sozusagen zufrieden, und einmal, während ich vor ihrem Bett stand, dreht sie den Kopf nach meiner Seite. Aber sie schlief.

»Komm«, sagt Hanna, »laß sie!«

Ich wäre lieber in irgendein Hotel gefahren. Warum sagte ich's nicht? Vielleicht wäre es Hanna auch lieber gewesen. Wir hatten einander noch nicht einmal die Hand gegeben. Im Taxi, als es mir bewußt wurde, sagte ich:

»Grüß dich!«

Ihr Lächeln, wie stets über meine verfehlten Witze: mit einem Rümpfen ihrer Stirne zwischen den Brauen.

Sie glich ihrer Tochter schon sehr.

Ich sagte natürlich nichts.

»Wo hast du Elsbeth kennengelernt?« fragt sie. »Auf dem Schiff?«

Sabeth hatte geschrieben: von einem älteren Herrn, der ihr auf dem Schiff, kurz vor Le Havre, einen Heiratsantrag gemacht habe.

»Stimmt das?« fragt sie.

Unser Taxi-Gespräch: lauter Fragen, keine Antworten.

Wieso ich sie Sabeth nenne? Als Frage auf meine Frage: Wieso Elsbeth? Dazwischen ihre Hinweise: Das Dionysos-Theater. Wieso ich sie Sabeth nenne: weil Elisabeth, fand ich, ein unmöglicher Name ist. Dazwischen wieder ein Hinweis auf kaputte Säulen. Wieso gerade Elisabeth? Ich würde nie ein Kind so nennen. Dazwischen Stoplichter, die üblichen Stokkungen. Nun heißt sie eben Elisabeth, nichts zu machen, auf Wunsch ihres Vaters. Dazwischen redete sie mit dem Fahrer, der einen Fußgänger beschimpfte, griechisch, ich hatte den Eindruck, wir fahren im Kreis herum und es machte mich nervös, obschon wir jetzt, plötzlich, Zeit hatten; dann ihre Frage:

»Hast du Joachim je wiedergesehen?«

Ich fand Athen eine gräßliche Stadt, Balkan, ich konnte mir nicht vorstellen, wo man hier wohnt, Kleinstadt, teilweise sogar Dorf, levantinisch, Gewimmel von Leuten mitten auf der Straße, dann wieder Einöde, Ruinen, dazwischen Imitation von Großstadt, gräßlich, wir hielten kurz nach ihrer Frage.

»Hier?« frage ich —

»Nein«, sagt sie, »ich komme gleich.«

Es war das Institut, wo Hanna arbeitet, und ich mußte im Taxi warten, ohne eine Zigarette zu haben; ich versuchte Anschriften zu lesen und kam mir wie ein Analphabet vor, völlig verloren.

Dann zurück zur Stadt —

Als sie aus dem Institut gekommen war; hatte ich Hanna, offen gestanden, nicht wiedererkannt, sonst hätte ich die Taxi-Türe selbstverständlich geöffnet.

Dann ihre Wohnung.

»Ich geh voran«, sagt sie.

Hanna geht voran, die Dame mit grauem und kurzgeschnittenem Haar, mit Hornbrille, die Fremde, aber Mutter von Sabeth beziehungsweise Elsbeth (sozusagen meine Schwiegermutter!), ab und zu wundert es mich, daß man sich so ohne weiteres duzt.

»Komm«, sagt sie, »mach es dir bequem.«

Wiedersehen nach zwanzig Jahren, damit hatte ich nicht gerechnet, Hanna auch nicht, übrigens hat sie recht: es sind einundzwanzig Jahre, genau gerechnet.

»Komm«, sagt sie, »setz dich.«

Meine Füße schmerzten.

Ich wußte natürlich, daß sie ihre Frage (»Was hast du gehabt mit dem Mädchen?«) früher oder später wiederholen wird, und ich hätte schwören können: nichts! – ohne zu lügen, denn ich glaubte es selbst nicht, sowie ich Hanna vor mir sah.

»Walter«, sagt sie, »warum setzt du dich nicht?«

Mein Trotz, zu stehen –

Hanna zog die Sonnenstores herauf.

Hauptsache, daß das Kind gerettet ist! – ich sagte es mir ununterbrochen, während ich irgend etwas redete oder schwieg, Zigaretten von Hanna rauchte; sie räumte Bücher aus den Sesseln, damit ich mich setzen könnte.

»Walter«, fragt sie, »hast du Hunger?«

Hanna als Mutter –

Ich wußte nicht, was denken.

»Eine hübsche Aussicht«, sage ich, »was du hier hast! Das also ist diese berühmte Akropolis?«

»Nein«, sagt sie, »das ist der Lykabettos.«

Sie hatte immer schon diese Art, geradezu eine Manie, noch in Nebensachen ganz genau zu sein: Nein, das ist der Lykabettos!

Ich sage es ihr:

»Du hast dich nicht verändert!«

»Meinst du?« fragt sie. »Hast du dich verändert?«

Ihre Wohnung: wie bei einem Gelehrten (auch das habe ich offenbar gesagt; später hat Hanna, in irgendeinem Gespräch über Männer, meinen damaligen Ausspruch von der Gelehrten-Wohnung zitiert als Beweis dafür, daß auch ich die Wissenschaft für ein männliches Monopol halte, überhaupt den Geist), – alle Wände voller Bücher, ein Schreibtisch voller Scherben mit Etiketten versehen, im übrigen fand ich auf den ersten Blick nichts

Antiquarisches, im Gegenteil, die Möbel waren durchaus modern, was
mich bei Hanna wunderte.

»Hanna«, sage ich, »du bist ja fortschrittlich geworden!«

Sie lächelte bloß.

»Ich meine es im Ernst!« sage ich –

»Noch immer?« fragt sie.

Manchmal verstand ich sie nicht.

»Bist du noch immer fortschrittlich?« fragt sie, und ich war froh, daß
Hanna wenigstens lächelte … Ich sah schon: die üblichen Gewissensbisse,
die man sich macht, wenn man ein Mädchen nicht geheiratet hat, erwiesen
sich als überflüssig. Hanna brauchte mich nicht. Sie lebte ohne eigenen
Wagen, aber dennoch zufrieden; auch ohne Television.

»Eine hübsche Wohnung«, sage ich, »was du da hast –«

Ich erwähnte ihren Mann.

»Der Piper«, sagt sie.

Auch ihn brauchte sie nicht, schien es, nicht einmal ökonomisch. Sie
lebte seit Jahren von ihrer eignen Arbeit (worunter ich mir heute noch
nichts Genaues vorstellen kann, offen gestanden) nicht großartig, aber immerhin. Ich sah es. Ihre Kleidung hätte sogar vor Ivy bestehen können,
und abgesehen von einer archaischen Wanduhr mit zersprungenem Zifferblatt ist ihre Wohnung, wie gesagt, durchaus modern.

»Und wie geht's denn dir?« fragt sie.

Ich trug eine fremde Jacke, die man mir im Hospital geliehen hatte, und
es störte mich, eine Jacke, die mir zu groß war, ich spürte es schon die
ganze Zeit: zu weit, da ich mager bin, und dabei zu kurz, Ärmel wie von
einer Bubenjacke. Ich zog sie sofort aus, als Hanna in die Küche ging; jedoch mein Hemd ging auch nicht, weil blutig.

»Wenn du ein Bad nehmen willst«, sagt Hanna, »bevor ich koche –«

Sie deckte den Tisch.

»Ja«, sage ich, »ich habe geschwitzt –«

Sie war rührend, dabei immer sachlich; sie stellte den Gasbrenner an
und erklärte, wie man abstellt, und brachte ein frisches Frottiertuch, Seife.

»Wie geht's deinen Füßen?« fragt sie.

Dabei hantierte sie immer.

»Wieso ins Hotel?« fragt sie. »Das ist doch selbstverständlich, daß du
hier wohnen kannst –«

Ich fühlte mich sehr unrasiert.

Das Bad füllte sich nur sehr langsam und dampfte, Hanna ließ kaltes Wasser hinzu, als könnte ich es nicht selber tun; ich saß auf einem Hocker, untätig wie ein Gast, meine Füße schmerzten sehr, Hanna öffnete das Fensterchen, im Dampf sah ich nur noch ihre Bewegungen, die sich nicht verändert haben, überhaupt nicht.

»Ich habe immer gemeint, du bist wütend auf mich«, sage ich, »wegen damals.«

Hanna nur verwundert.

»Wieso wütend? Weil wir nicht geheiratet haben?« sagt sie. »Das wäre ein Unglück gewesen –«

Sie lachte mich geradezu aus.

»Im Ernst«, sagt sie, »das hast du wirklich gemeint, daß ich wütend bin, Walter, einundzwanzig Jahre lang?«

Mein Bad war voll.

»Wieso ein Unglück?« frage ich –

Sonst haben wir nie wieder über die Heiratsgeschichte von damals gesprochen. Hanna hatte recht, wir hatten andere Sorgen.

»Hast du gewußt?« frage ich, »daß die Mortalität bei Schlangenbiß nur drei bis zehn Prozent beträgt?«

Ich war erstaunt.

Hanna hält nichts von Statistik, das merkte ich bald. Sie ließ mich einen ganzen Vortrag halten – damals im Badezimmer – über Statistik, um dann zu sagen:

»Dein Bad wird kalt.«

Ich weiß nicht, wie lange ich in jenem Bad gelegen habe, meine verbundenen Füße auf dem Rand der Wanne – Gedanken über Statistik, Gedanken an Joachim, der sich erhängt hat, Gedanken an die Zukunft, Gedanken, bis mich fröstelte, ich wußte selbst nicht, was ich dachte, ich konnte mich sozusagen nicht entschließen, zu wissen, was ich denke. Ich sah die Fläschchen und Dosen, Tuben, lauter damenhafte Utensilien, ich konnte mir Hanna schon nicht mehr vorstellen, Hanna damals, Hanna heute, eigentlich keine von beiden. Ich fröstelte, aber ich hatte keine Lust, mein blutiges Hemd nochmals anzuziehen – ich antwortete nicht, als Hanna mich rief.

Was mit mir los sei?

Ich wußte es selbst nicht.

Ob Tee oder Kaffee?

Ich war erschöpft von diesem Tag, daher meine Entschlußlosigkeit, was sonst nicht meine Art ist, und daher die Spintisiererei (die Badewanne als Sarkophag; etruskisch!), geradezu ein Delirium von fröstelnder Entschlußlosigkeit –

»Ja«, sage ich, »ich komme.«

Eigentlich hatte ich nicht im Sinn gehabt, Hanna wiederzusehen; nach unsrer Ankunft in Athen wollte ich sofort auf den Flugplatz hinaus –

Meine Zeit war abgelaufen.

Wie ich den Citroën, den Williams mir geliehen hatte und der in Bari stand, nach Paris zurückbringe, war mir rätselhaft. Ich wußte nicht einmal den Namen der betreffenden Garage!

»Ja!« rufe ich. »Ich komme!«

Dabei blieb ich liegen.

Die Via Appia –

Die Mumie im Vatikan –

Mein Körper unter Wasser –

Ich halte nichts von Selbstmord, das ändert ja nichts daran, daß man auf der Welt gewesen ist, und was ich in dieser Stunde wünschte: Nie gewesen sein!

»Walter«, fragt sie, »kommst du?«

Ich hatte die Badezimmertür nicht abgeschlossen, und Hanna (so dachte ich) könnte ohne weiteres eintreten, um mich von rückwärts mit einer Axt zu erschlagen; ich lag mit geschlossenen Augen, um meinen alten Körper nicht zu sehen. –

Hanna telefonierte.

Warum ging's nicht ohne mich!

Später im Laufe des Abends, redete ich wieder, als wäre nichts dabei. Ohne Verstellung: es war eigentlich nichts dabei, Hauptsache, daß Sabeth gerettet war. Dank Serum. Ich fragte Hanna, wieso sie nicht an Statistik glaubt, statt dessen aber an Schicksal und Derartiges.

»Du mit deiner Statistik!« sagt sie. »Wenn ich hundert Töchter hätte, alle von einer Viper gebissen, dann ja! Dann würde ich nur drei bis zehn Töchter verlieren. Erstaunlich wenig! Du hast vollkommen recht.«

Ihr Lachen dabei.

»Ich habe nur ein einziges Kind!« sagt sie.

Ich widersprach nicht, trotzdem bekamen wir beinahe Streit, plötzlich hatten wir die Nerven verloren. Es begann mit einer Bemerkung meinerseits.

»Hanna«, sage ich, »du tust wie eine Henne!«

Es war mir so herausgerutscht.

»Entschuldige«, sage ich, »aber es ist so!«

Ich merkte erst später, was mich ärgerte: – Ich war aus dem Bad gekommen, Hanna am Telefon, sie hatte das Hospital angerufen, während ich im Badezimmer war – sie redete mit Elsbeth.

Ich hörte alles, ohne zu wollen.

Kein Wort über mich. –

Sie redete, als gebe es nur Hanna, die Mutter, die um Sabeth gebangt hatte und sich freute, daß das Mädchen sich langsam wohler fühlte, sogar reden konnte, sie redeten deutsch, bis ich ins Zimmer trat, dann wechselte Hanna auf griechisch. Ich verstand kein Wort. Dann hängte sie den Hörer auf.

»Wie geht es?« frage ich.

Hanna sehr erleichtert –

»Hast du gesagt«, frage ich, »daß ich hier bin?«

Hanna nahm sich eine Zigarette.

»Nein«, sagt sie.

Hanna tat sehr merkwürdig, und ich glaubte es einfach nicht, daß das Mädchen nicht nach mir gefragt hätte; mindestens hatte ich ein Recht darauf, scheint mir, alles zu wissen, was gesprochen worden war.

»Komm«, sagt Hanna, »essen wir etwas.«

Was mich wütend machte: ihr Lächeln, als hätte ich kein Recht darauf, alles zu wissen.

»Komm«, sagt Hanna, »setz dich.«

Ich setzte mich aber nicht.

»Wieso bist du gekränkt, wenn ich mit meinem Kind spreche?« sagt sie. »Wieso?«

Sie tat wirklich (wie es die Art aller Frauen ist, vermute ich, auch wenn sie noch so intellektuell sind) wie eine Henne, die ihr Junges unter die Flügel nehmen muß; daher meine Bemerkung mit der Henne, ein Wort gab das andere, Hanna war außer sich wegen meiner Bemerkung, weibischer als ich sie je gesehen habe. Ihr ewiges Argument:

»Sie ist mein Kind, nicht dein Kind.«

Daher meine Frage:

»Stimmt es, daß Joachim ihr Vater ist?«

Darauf keine Antwort.

»Laß mich!« sagt sie. »Was willst du überhaupt von mir? Ich habe Elsbeth ein halbes Jahr lang nicht gesehen, plötzlich dieser Anruf vom Hospital, ich komme und finde sie bewußtlos – weiß nicht, was geschehen ist.«
Ich nahm alles zurück.

»Du«, sagt sie, »du – was hast du zu sprechen mit meiner Tochter? Was
willst du überhaupt von ihr? Was hast du mit ihr?«
Ich sah, wie sie zitterte.

Hanna ist alles andere als eine alte Frau, aber ich sah natürlich ihre
mürbe Haut, ihre Tränensäcke, ihre Schläfen mit Krähenfüßen, die mich
nicht störten, aber ich sah sie. Hanna war magerer geworden, zarter. Ihr Alter stand ihr eigentlich sehr gut, fand ich, vor allem im Gesicht, abgesehen
von der Haut unter ihrem Kinn, die mich an die Haut von Eidechsen erinnert – Ich nahm alles zurück.

Ich verstand ohne weiteres, daß Hanna an ihrem Kind hängt, daß sie die
Tage gezählt hat, bis das Kind wieder nach Hause kommt, und daß es für
eine Mutter nicht leicht ist, wenn das Kind, das einzige, zum ersten Mal in
die Welt hinaus reist.

»Sie ist ja kein Kind mehr«, sagt sie, »ich selber habe sie ja auf diese Reise
geschickt, eines Tages muß sie ja ihr eigenes Leben führen, das ist mir klar,
daß sie eines Tages nicht wiederkommt –«
Ich ließ Hanna sprechen.

»Das ist nun einmal so«, sagt sie, »wir können das Leben nicht in unseren Armen behalten, Walter, auch du nicht.«

»Ich weiß!« sage ich.

»Warum versuchst du es denn?« fragt sie.
Ich verstand Hanna nicht immer.

»Das Leben geht mit den Kindern«, sagt sie –
Ich hatte mich nach ihrer Arbeit erkundigt.

»Das ist nun einmal so«, sagt sie, »wir können uns nicht mit unseren
Kindern nochmals verheiraten.«
Keine Antwort auf meine Frage.

»Walter«, fragt sie, »wie alt bist du jetzt?«
Dann eben ihr Ausspruch: sie habe nicht hundert Töchter, sondern eine
einzige (was ich wußte), und ihre Tochter hätte nur ein einziges Leben
(was ich ebenfalls wußte) wie jeder Mensch; auch sie, Hanna, hätte nur
ein einziges Leben, ein Leben, das verpfuscht sei, und auch ich (ob ich es
wisse?) hätte nur ein einziges Leben.

»Hanna«, sage ich, »das wissen wir.«

Unser Essen wurde kalt.

»Wieso verpfuscht?« frage ich.

Hanna rauchte. Statt zu essen.

»Du bist ein Mann«, sagte sie, »ich bin eine Frau – das ist ein Unterschied, Walter.«

»Hoffentlich!« lache ich.

»Ich werde keine Kinder mehr haben –«

Das sagte sie im Laufe des Abends zweimal.

»Was ich arbeite?« sagt sie. »Du siehst es ja, Scherbenarbeit. Das soll eine Vase gewesen sein. Kreta. Ich kleistere die Vergangenheit zusammen –«

Ich finde das Leben von Hanna gar nicht verpfuscht. Im Gegenteil. Ich kenne ihren zweiten Mann nicht, diesen Piper, eine Bekanntschaft aus der Emigration; Hanna erwähnt ihn fast nie, obschon sie (was mich noch heute jedesmal verwundert) seinen Namen trägt: Dr. Hanna Piper. Dabei hat Hanna immer getan, was ihr das Richtige schien, und das ist für eine Frau, finde ich, schon allerhand. Sie führte das Leben, wie sie's wollte. Warum es mit Joachim nicht gegangen war, sagte sie eigentlich nicht. Sie nennt ihn einen lieben Menschen. Von Vorwurf keine Spur; höchstens findet sie uns komisch, die Männer ganz allgemein. Hanna hat sich vielleicht zuviel versprochen, die Männer betreffend, wobei ich glaube, daß sie die Männer liebt. Wenn Vorwurf, dann sind es Selbstvorwürfe; Hanna würde die Männer, wenn sie nochmals leben könnte oder müßte, ganz anders lieben. Sie findet es natürlich, daß die Männer (sagt sie) borniert sind, und bereut nur ihre eigne Dummheit, daß sie jeden von uns (ich weiß nicht, wieviele es gewesen sind) für eine Ausnahme hielt. Dabei ist Hanna, wie ich finde, alles andere als dumm. Sie findet es aber. Sie findet es dumm von einer Frau, daß sie vom Mann verstanden werden will; der Mann (sagt Hanna) will die Frau als Geheimnis, um von seinem eignen Unverständnis begeistert und erregt zu sein. Der Mann hört nur sich selbst, laut Hanna, drum kann das Leben einer Frau, die vom Mann verstanden werden will, nicht anders als verpfuscht sein. Laut Hanna. Der Mann sieht sich als Herr der Welt, die Frau nur als seinen Spiegel. Der Herr ist nicht gezwungen, die Sprache der Unterdrückten zu lernen; die Frau ist gezwungen, doch nützt es ihr nichts, die Sprache ihres Herrn zu lernen, im Gegenteil, sie lernt nur eine Sprache, die ihr immer unrecht gibt. Hanna bereut, daß sie Dr. phil. geworden ist. Solange Gott ein Mann ist, nicht ein Paar, kann das Leben einer Frau, laut Hanna, nur so bleiben, wie es heute ist, nämlich erbärmlich, die Frau als Proletarier der Schöpfung, wenn auch noch so elegant verkleidet – Ich fand sie komisch, eine Frau von fünfzig Jahren, die wie ein Backfisch philosophiert, eine Frau, die noch so tadellos aussieht wie Hanna, geradezu attraktiv, dazu eine Persönlichkeit, das war mir klar, eine Dame von ihrem Ansehen, ich mußte daran denken, wie man Hanna beispielsweise im Hospital behandelt hatte, eine Ausländerin, die erst seit drei Jahren in Athen wohnt, geradezu wie eine Professorin, eine Nobelpreisträgerin! – sie tat mir leid.

»Walter, du ißt ja gar nichts.«

Ich faßte ihren Arm:

»Du, Proletarierin der Schöpfung! –«

Hanna war nicht gewillt zu lächeln, sie wartete darauf, daß ich ihren Arm losließ.

»Wo«, fragt sie, »seid ihr in Rom gewesen?«

Ich rapportierte.

Ihr Blick –

Man hätte meinen können, ich sei ein Gespenst, so blickte Hanna mich an, während ich von Rom rapportierte; ein Ungetüm mit dem Rüssel und mit Krallen, ein Monstrum, was Tee trinkt.

Ich werde diesen Blick nie vergessen.

Ihrerseits kein Wort –

Ich redete neuerdings, weil Schweigen unmöglich, über Mortalität bei Schlangenbiß, beziehungsweise über Statistik im allgemeinen.

Hanna wie taub.

Ich wagte nicht, in ihre Augen zu blicken – so oft ich auch nur eine Sekunde lang (länger konnte ich nicht) daran dachte, daß ich Sabeth umarmt habe, beziehungsweise, daß Hanna, die vor mir sitzt, ihre Mutter ist, die Mutter meiner Geliebten, die selbst meine Geliebte ist.

Ich weiß nicht, was ich redete.

Ihre Hand (ich redete sozusagen nur noch zu ihrer Hand) war merkwürdig: klein wie eine Kinderhand, älter als die übrige Hanna, nervös und schlaff, häßlich, eigentlich gar keine Hand, sondern etwas Verstümmeltes, weich und knochig und welk, Wachs mit Sommersprossen, eigentlich nicht häßlich, im Gegenteil, etwas Liebes, aber etwas Fremdes, etwas Entsetzliches, etwas Trauriges, etwas Blindes, ich redete und redete, ich schwieg, ich versuchte mir die Hand von Sabeth vorzustellen, aber erfolglos, ich sah nur, was neben dem Aschenbecher auf dem Tisch lag, Menschenfleisch mit Adern unter der Haut, die wie zerknittertes Seidenpapier aussieht, so mürbe und zugleich glänzend.

Ich war selber todmüde.

»Eigentlich ist sie noch ein Kind«, sagt Hanna, – »oder glaubst du, sie ist mit einem Mann zusammengewesen?«

Ich blickte Hanna in die Augen –

»Ich wünsche es ihr ja«, sagt sie, »ich wünsche es ihr ja!«

Plötzlich tischte sie ab.

Ich half.

Betreffend Statistik: Hanna wollte nichts davon wissen, weil sie an Schicksal glaubt, ich merkte es sofort, obschon Hanna es nie ausdrücklich sagte. Alle Frauen haben einen Hang zum Aberglauben, aber Hanna ist hochgebildet; darum verwunderte es mich. Sie redete von Mythen, wie unsereiner vom Wärmesatz, nämlich wie von einem physikalischen Gesetz, das durch jede Erfahrung nur bestätigt wird, daher in einem geradezu gleichgültigen Ton. Ohne Verwunderung. Oedipus und die Sphinx, auf einer kaputten Vase dargestellt in kindlicher Weise, Athene, die Erinnyen beziehungsweise Eumeniden und wie sie alle heißen, das sind Tatsachen für sie; es hindert sie nichts, mitten im ernsthaftesten Gespräch gerade damit zu kommen. Ganz abgesehen davon, daß ich in Mythologie und überhaupt in Belletristik nicht beschlagen bin, ich wollte nicht streiten; wir hatten praktische Sorgen genug.

Am 29. V. sollte ich in Paris sein –

Am 31. V. in New York –

Am 3. VI. (spätestens) in Venezuela –

Hanna arbeitet in einem Archäologischen Institut, Götter gehören zu ihrem Job, das mußte ich mir immer wieder sagen: sicher hat auch unsereiner, ohne es zu merken, eine déformation professionelle. Ich mußte lächeln, wenn Hanna so redete.

»Du mit deinen Göttern!«

Dann ließ sie es sofort.

»Ich würde ja nicht abreisen«, sage ich, »wenn es nicht feststehen würde, daß das Kind gerettet ist, das wirst du mir glauben.«

Hanna hatte volles Verständnis, schien es, sie wusch das Geschirr, während ich kurz von meinen beruflichen Verpflichtungen sprach, und ich trocknete ab – wie vor zwanzig Jahren, fand ich, beziehungsweise vor einundzwanzig Jahren.

»Findest du?«

»Findest du nicht?« sage ich.

Wie Hanna rechnete, daß sie auf einundzwanzig Jahre kam, wußte ich nicht. Aber ich hielt mich daran, damit sie mich nicht jedesmal verbesserte.

»Eine hübsche Küche«, sage ich –

Plötzlich wieder ihre Frage:

»Hast du Joachim je wiedergesehen?«

Einmal, das war klar, mußte ich es sagen, daß Joachim aus dem Leben geschieden ist, aber nicht gerade heute, fand ich, nicht gerade am ersten Abend.

Ich redete von irgend etwas –

Unsere Abendessen damals in ihrer Bude!

»Erinnerst du dich an Frau Oppikofer?«

»Warum?« fragt sie.

»Einfach so!« sage ich. »Wie sie immer mit ihrem Besenstiel klopfte, wenn ich nach zweiundzwanzig Uhr noch in deiner Bude war –«

Unser Geschirr war gewaschen und getrocknet.

»Walter«, fragt sie, »nimmst du einen Kaffee?«

Erinnerungen sind komisch.

»Ja«, sage ich, »nach zwanzig Jahren kann man darüber lachen –«

Hanna setzte Wasser auf.

»Walter«, fragt sie, »ob du Kaffee nimmst –«

Sie wollte keine Erinnerungen hören.

»Ja«, sage ich, »gerne.«

Ich sehe nicht ein, wieso ihr Leben verpfuscht sein sollte. Im Gegenteil. Ich finde es allerhand, wenn jemand ungefähr so lebt, wie er's sich einmal in den Kopf gesetzt hat. Ich bewundere sie. Ich habe, offen gesprochen, nie daran geglaubt, daß Philologie und Kunstgeschichte sich bezahlt machen. Dabei kann man nicht einmal sagen, Hanna sei unfraulich. Es steht ihr, eine Arbeit zu haben. Schon in der Ehe mit Joachim, scheint es, hat sie stets gearbeitet, Übersetzungen und Derartiges, und in der Emigration sowieso. In Paris, nach ihrer Scheidung von Joachim, arbeitete sie in einem Verlag. Als dann die Deutschen kamen, floh sie nach England und sorgte allein für ihr Kind. Joachim war Arzt in Rußland, somit zahlungsunfähig. Hanna arbeitete als deutsche Sprecherin bei BBC. Heute noch ist sie britische Staatsbürgerin. Herr Piper verdankt ihr sein Leben, scheint mir;

Hanna heiratete ihn aus einem Lager heraus (soviel ich verstanden habe) ohne viel Besinnen, dank ihrer alten Vorliebe für Kommunisten. Herr Piper war eine Enttäuschung, weil kein Kommunist, sondern Opportunist. Wie Hanna sagt: linientreu bis zum Verrat, neuerdings bereit, Konzentrationslager gutzufinden. Hanna lachte nur: Männer! Er unterwirft sich jeder Devise, um seine Filme machen zu können. Juni 1953 hat Hanna ihn verlassen. Er merke es gar nicht, wenn er heute verkündet, was er gestern widerrufen hat, oder umgekehrt; was er verloren habe: ein spontanes Verhältnis zur Realität. Hanna berichtet ungern von ihm, dabei um so ausführlicher, je weniger es mich interessiert. Hanna findet es schade, beziehungsweise typisch für gewisse Männer, wie dieser Piper im Leben steht: stockblind, laut Hanna, ohne Kontakt. Früher habe er Humor besessen; jetzt lache er nur noch über den Westen. Hanna macht keine Vorwürfe, eigentlich lacht sie bloß über sich selbst, beziehungsweise über ihre Liebe zu Männern.

»Wieso soll dein Leben verpfuscht sein?« sage ich. »Das redest du dir ein, Hanna —«

Auch mich fand sie stockblind.

»Ich sehe nur«, sage ich, »was da ist: deine Wohnung, deine wissenschaftliche Arbeit, deine Tochter – du solltest Gott danken!«

»Wieso Gott?«

Hanna wie früher: sie weiß genau, was man meint. Ihre Lust an Worten! Als käme es auf die Worte an. Wenn man es noch so ernst meint, plötzlich verfängt sie sich in irgendeinem Wort.

»Walter, seit wann glaubst du an Gott?«

»Komm«, sage ich, »mach einen Kaffee!«

Hanna wußte genau, daß ich mit Gott nichts anfangen kann, und wenn man schließlich drauf eingeht, zeigt sich, daß Hanna es gar nicht ernst meint.

»Wieso kommst du darauf«, fragt sie, »daß ich religiös bin? Du meinst, einer Frau im Klimakterium bleibt nichts anderes übrig.«

Ich machte Kaffee.

Ich konnte mir nicht vorstellen, wie es sein wird, wenn Sabeth aus dem Hospital kommt. Sabeth und Hanna und ich in einem Raum, beispielsweise in dieser Küche: – Hanna, die merkt, wie ich mich zusammennehmen muß, um nicht ihr Kind zu küssen oder wenigstens den Arm auf ihre Schulter zu legen, und Sabeth, die entdeckt, daß ich eigentlich (wie ein

Schwindler, der seinen Ehering ausgezogen hat) zu Mama gehöre, obschon ich sie, Sabeth, um die Schulter halte.

»Sie soll bloß nicht Stewardeß werden«, sage ich, »ich habe es ihr auszureden versucht.«

»Wieso?«

»Weil Stewardeß nicht in Frage kommt«, sage ich, »nicht für ein Mädchen wie Sabeth, das schließlich nicht irgendein Mädchen ist –«

Unser Kaffee war gemacht.

»Warum soll sie nicht Stewardeß werden?«

Dabei wußte ich, daß auch Hanna, die Mutter, keineswegs entzückt war von dieser Backfisch-Idee; sie trotzte nur, um mir zu zeigen, daß es mich nichts angeht:

»Walter, das ist ihre Sache!«

Ein ander Mal:

»Walter, du bist nicht ihr Vater.«

»Ich weiß!« sage ich –

Vor dem Augenblick, da man sich setzt, weil es nichts zu hantieren gibt, hatte ich mich von Anfang an gefürchtet – nun war es soweit.

»Komm«, sagt sie, »rede, –!«

Es war leichter als erwartet, fast alltäglich.

»Erzähl mir«, sagt sie, »was gewesen ist.«

Ich staunte über ihre Ruhe.

»Du kannst dir meinen Schreck vorstellen«, sagt sie, »als ich ins Hospital komme und dich sehe, wie du da sitzest und schläfst –«

Ihre Stimme ist unverändert.

In einem gewissen Sinn ging es weiter, als wären keine zwanzig Jahre vergangen, genauer: als hätte man diese ganze Zeit, trotz Trennung, durchaus gemeinsam verbracht. Was wir nicht voneinander wußten, waren Äußerlichkeiten, nicht der Rede wert. Karriere und Derartiges. Was hätte ich reden sollen? Hanna wartete aber.

»Nimmst du Zucker?« fragt sie.

Ich redete von meinem Beruf –

»Wieso reist du mit Elsbeth?« fragt sie.

Hanna ist eine Frau, aber anders als Ivy und die andern, die ich gekannt habe, nicht zu vergleichen; auch anders als Sabeth, die ihr in vielem gleicht. Hanna ist vertrauter; ohne Hader, als sie mich anblickt. Ich wunderte mich.

»Du liebst sie?« fragt sie.

Ich trank meinen Kaffee.

»Seit wann hast du gewußt«, fragt sie, »daß ich ihre Mutter bin?«

Ich trank meinen Kaffee.

»Du weißt noch gar nicht«, sage ich, »daß Joachim gestorben ist –«

Ich hatte es nicht sagen wollen.

»Gestorben?« fragt sie. »Wann?«

Ich hatte mich hinreißen lassen, nun war's zu spät, ich mußte berichten – ausgerechnet an diesem ersten Abend! – die ganze Geschichte in Guatemala, Hanna wollte alles erfahren, was ich meinerseits wußte, seine Heimkehr aus Rußland, seine Tätigkeit auf der Farm, sie hatte seit ihrer Scheidung nichts mehr von Joachim vernommen, zum Schluß sagte ich doch nicht, daß Joachim sich erhängt, sondern log: angina pectoris. Ich staunte, wie gefaßt sie blieb.

»Hast du's dem Mädchen gesagt?« fragt sie.

Dann unser endloses Schweigen.

Sie hatte ihre Hand wieder unter die Hornbrille geschoben, als halte sie ihr Gesicht zusammen; ich kam mir wie ein Scheusal vor.

»Was kannst denn du dafür!« sagt sie.

Daß Hanna nicht einmal weinte, machte alles nur schwerer; sie stand –

»Ja«, sagt sie, »gehen wir schlafen.«

Es war Mitternacht – schätzungsweise, ich hatte ja meine Uhr nicht mehr, aber abgesehen davon, es war tatsächlich, als stehe die Zeit.

»Du hast das Zimmer von Elsbeth.«

Wir standen in ihrem Zimmer.

»Hanna«, sage ich, »sag doch die Wahrheit: ist er ihr Vater?«

»Ja!« sagt sie. »Ja!«

Im Augenblick war ich erleichtert, ich hatte keinen Grund anzunehmen, daß Hanna lügt, und fand es im Augenblick (die Zukunft war sowieso nicht zu denken) wichtiger als alles andere, daß das Mädchen eine Serum-Injektion bekommen hat und gerettet ist.

Ich gab ihr die Hand.

Man stand, zum Hinsinken müde, Hanna auch, glaube ich, eigentlich hatten wir uns schon Gutnacht gesagt – als Hanna nochmals fragte:

»Walter, was hast du mit Elsbeth gehabt?«

Dabei wußte sie es bestimmt.

»Komm«, sagt sie, »sag es!«

Ich weiß nicht, was ich antwortete.

»Ja oder nein!« fragt sie.

Gesagt war gesagt –

Hanna lächelte noch, als hätte sie's nicht gehört, ich war erleichtert, daß es endlich gesagt war, geradezu munter, mindestens erleichtert.

»Bist du mir böse?« frage ich.

Ich hätte lieber auf dem Boden geschlafen, Hanna bestand darauf, daß ich mich wirklich ausruhen sollte, das Bett war bereits mit frischen Tüchern bezogen – alles für die Tochter, die ein halbes Jahr in der Fremde gewesen ist: ein neues Pyjama, das Hanna wegnahm, Blumen auf dem Nachttisch, Schokolade, das blieb.

»Bist du mir böse?« frage ich.

»Hast du alles?« fragt sie, »Seife ist da –«

»Ich konnte nicht wissen«, sage ich –

»Walter«, sagt sie, »wir müssen schlafen.«

Sie war nicht böse, schien mir, sie gab mir sogar nochmals die Hand. Sie war nervös, nichts weiter. Sie war eilig. Ich hörte, daß sie in die Küche ging, wo alles getan war.

»Kann ich etwas helfen?«

»Nein«, sagt sie, »schlaf jetzt!«

Das Zimmer von Sabeth: etwas klein, jedoch nett, viele Bücher auch hier, Blick gegen den Lykabettos, ich stand noch lange am offenen Fenster –

Ich hatte kein Pyjama.

Es ist nicht meine Art, in fremden Zimmern zu schnüffeln, aber das Foto stand gerade auf dem Büchergestell, und schließlich hatte ich Joachim, ihren Vater, selber gekannt – ich nahm's herunter.

Aufgenommen 1936 in Zürich.

Eigentlich war ich entschlossen, ins Bett zu gehen, nichts mehr zu denken, aber ich hatte kein Pyjama, wie gesagt, bloß mein schmutziges Hemd –

Endlich ging Hanna in ihr Zimmer.

Das mochte gegen zwei Uhr sein, ich saß auf dem sauberen Bett, wie sie auf Bänken in öffentlichen Anlagen sitzen, wenn sie schlafen, die Obdachlosen, vornüber gekrümmt, (so denke ich stets beim Anblick solcher Schläfer:) wie ein Fötus – aber ich schlief nicht.

Ich wusch mich.

Einmal klopfte ich an ihre Wand.

Hanna tat, als schliefe sie.

Hanna wollte nicht mit mir reden, irgendwann an diesem Abend hatte sie gesagt, ich solle schweigen: Es wird alles so klein, wenn du darüber redest!

Vielleicht schlief Hanna tatsächlich.

Ihre Briefe aus Amerika – ich meine die Briefe von Sabeth – lagen auf dem Tisch, ein ganzes Bündel, Stempel von Yale, einer von Le Havre, dann Ansichtskarten aus Italien, ich las eine einzige, weil sie auf den Boden gefallen war: Gruß aus Assisi (ohne Erwähnung meiner Person) mit tausend Küssen für Mama, mit inniger Umarmung –

Ich rauchte nochmals eine Zigarette.

Dann mein Versuch, das Hemd zu waschen –

Ich weiß nicht, wieso ich auf die Idee kam, alles sei überstanden, jedenfalls das Schlimmste, und wieso ich glauben konnte, Hanna schlafe.

Ich wusch so leise als möglich.

Ich gebe zu, daß ich Viertelstunden lang einfach vergaß, was los ist, beziehungsweise kam es mir wie ein bloßer Traum vor: wenn man träumt, man sei zum Tod verurteilt, und weiß, es kann nicht stimmen, ich brauche bloß zu erwachen –

Ich hängte mein nasses Hemd ins Fenster.

Das Gesicht von Joachim, das ich mir anschaute, ein männliches Gesicht, sympathisch, aber Ähnlichkeiten mit Sabeth fand ich eigentlich nicht.

»Hanna?« rufe ich, »schläfst du?«

Keine Antwort.

Ich fröstelte, weil ohne Hemd, ich kam nicht auf die Idee, ihren Morgenrock zu nehmen, der an der Türe hing, ich sah ihn –

Überhaupt ihre Mädchensachen!

Ihre Flöte auf dem Bücherbrett –

Ich löschte das Licht.

Vermutlich hatte Hanna schon eine ganze Weile geschluchzt, ihr Gesicht in die Kissen gepreßt, bis es nicht mehr ging – ich erschrak, als ich sie hörte; mein erster Gedanke: Sie hat gelogen, und ich bin doch der Vater. Sie schluchzte immer lauter, bis ich an ihre Türe ging, um zu klopfen.

»Hanna«, sage ich, »ich bin's.«

Sie verriegelte die Türe.

Ich stand und hörte nur ihr Schluchzen, meine vergeblichen Bitten, sie sollte in die Diele kommen und sagen, was los ist, aber als Antwort nichts als Schluchzen, einmal leise, dann wieder lauter, es hörte nicht auf, und wenn's einmal aufhörte, war es noch schlimmer, ich legte mein Ohr an die Türe, wußte nicht, was ich denken sollte, oft hatte sie einfach keine Stimme mehr, nur so ein Wimmern, so daß ich erleichtert war, wenn sie wieder aufschluchzte.

Ich hatte kein Taschenmesser und nichts –

»Hanna«, sage ich, »mach auf!«

Als es mir gelungen war, mit dem Feuerhaken die Türe aufzusprengen, stemmte Hanna sich dagegen. Sie schrie geradezu, als sie mich sah. Ich stand mit nacktem Oberkörper; vielleicht drum. Natürlich tat sie mir leid, und ich ließ ab, die Türe aufzustoßen.

»Hanna«, sage ich, »ich bin's!«

Sie wollte allein sein.

– – –

Vor vierundzwanzig Stunden (es kam mir wie eine Jugenderinnerung vor!) saßen wir noch auf Akrokorinth, Sabeth und ich, um den Sonnenaufgang zu erwarten. Ich werde es nie vergessen! Wir sind von Patras gekommen und in Korinth ausgestiegen, um die sieben Säulen eines Tempels zu besichtigen, dann Abendessen in einem Guest-House in der Nähe. Sonst ist Korinth ja ein Hühnerdorf. Als sich herausstellte, daß es keine Zimmer gibt, dämmert es bereits; Sabeth fand es eine Glanzidee von mir, einfach weiterzuwandern in die Nacht hinaus und unter einem Feigenbaum zu schlafen. Eigentlich habe ich's als Spaß gemeint, aber da Sabeth es eine Glanzidee findet, ziehen wir wirklich los, um einen Feigenbaum zu finden, einfach querfeldein. Dann das Gebell von Hirtenhunden, Alarm ringsum, die Herden in der Nacht; es müssen ziemliche Bestien sein, nach ihrem Gekläff zu schließen, und in der Höhe, wohin sie uns treiben, gibt es keine Feigenbäume mehr, nur Disteln, dazu Wind. Von Schlafen keine Rede! Ich habe ja nicht gedacht, daß die Nacht in Griechenland so kalt sein würde, eine Nacht im Juni, geradezu naß. Und dazu keine Ahnung, wohin er uns führen wird, ein Saumpfad zwischen Felsen hinauf, steinig, staubig, daher im Mondlicht weiß wie Gips. Sabeth findet: Wie Schnee! Wir einigen uns: Wie Joghurt! Dazu die schwarzen Felsen über uns: Wie Kohle! finde ich, aber Sabeth findet wieder irgend etwas anderes, und so unterhalten wir uns auf dem Weg, der immer höher führt. Das Wiehern eines Esels in der Nacht: Wie der erste Versuch auf einem Cello! findet Sabeth, ich finde: Wie eine ungeschmierte Bremse! Sonst Totenstille; die Hunde sind endlich verstummt, seit sie unsere Schritte nicht mehr hören. Die weißen Hütten von Korinth: Wie wenn man eine Dose mit Würfelzucker ausgeleert hat! Ich finde etwas anderes, bloß um unser Spiel weiterzumachen. Eine letzte schwarze Zypresse. Wie ein Ausrufzeichen! findet Sabeth, ich bestreite es; Ausrufzeichen haben ihre Spitze nicht oben, sondern unten. Wir sind die ganze Nacht gewandert. Ohne einen Menschen zu treffen. Einmal erschreckt uns Gebimmel einer Ziege, dann wieder Stille über schwarzen Hängen, die nach Pfefferminz duften, Stille mit Herzklopfen und Durst, nichts als Wind in trockenen Gräsern: Wie wenn man Seide reißt! findet Sabeth, ich muß mich besinnen, und oft fällt mir überhaupt nichts ein, dann ist das ein Punkt für Sabeth, laut Spielregel. Sabeth weiß fast immer etwas. Türme und Zinnen einer mittelalterlichen Bastion: Wie Kulissen in der Opéra! Wir gehen durch Tore und Tore, nirgends ein Geräusch von Wasser, wir hören das Echo unsrer Schritte an den türkischen Mauern, sonst Totenstille, sobald wir stehen. Unsere Mondschatten: Wie Scherenschnitte! findet Sabeth. Wir spielen stets auf einundzwanzig Punkte, wie beim Pingpong, dann ein neues Spiel, bis wir plötzlich, noch mitten in der Nacht, oben auf dem Berg sind. Unser Komet ist nicht mehr zu sehen. In der Ferne das Meer: Wie Zinkblech! finde ich, während Sabeth findet, es sei kalt, aber trotzdem eine Glanzidee, einmal nicht im Hotel zu übernachten. Es ist ihre erste Nacht im Freien gewesen. Sabeth in meinem Arm, während wir auf den Sonnenaufgang warten, schlottert. Vor Sonnenaufgang ist es ja am kältesten. Dann rauchen wir zusammen noch unsere letzte Zigarette; vom kommenden Tag, der für Sabeth die Heimkehr bedeuten sollte, haben wir kein Wort gesprochen. Gegen fünf Uhr das erste Dämmerlicht: Wie Porzellan! Von Minute zu Minute wird es heller, das Meer und der Himmel, nicht die Erde; man sieht, wo Athen liegen muß, die schwarzen Inseln in hellen Buchten, es scheiden sich Wasser und Land, ein paar kleine Morgenwolken darüber: Wie Quasten mit Rosa-Puder: findet Sabeth, ich finde nichts und verliere wieder einen Punkt. 19:9 für Sabeth! Die Luft um diese Stunde: Wie Herbstzeitlosen! Ich finde: Wie Cellophan mit nichts dahinter. Dann erkennt man bereits die Brandung an den Küsten: Wie Bierschaum! Sabeth findet: Wie eine Rüsche!! Ich nehme meinen Bierschaum zurück, ich finde: Wie Glaswolle! Aber Sabeth weiß nicht, was Glaswolle ist – und dann die ersten Strahlen aus dem Meer: Wie eine Garbe, wie Speere, wie Sprünge in einem Glas, wie eine Monstranz, wie Fotos von Elektronen-Beschießungen. Für jede Runde zählt aber nur ein einziger Punkt; es erübrigt sich, ein halbes Dutzend von Vergleichen anzumelden, kurz darauf ist die Sonne schon aufgegangen, blendend: Wie der erste Anstich in einem Hochofen! finde ich, während Sabeth schweigt und ihrerseits einen Punkt verliert ... Ich werde nie vergessen, wie sie auf diesem Felsen sitzt, ihre Augen geschlossen, wie sie schweigt und sich von der Sonne bescheinen läßt. Sie sei glücklich, sagt sie, und ich werde nie vergessen: das Meer, das zusehends dunkler wird, blauer, violett, das Meer von Korinth und das andere, das attische Meer, die rote Farbe der Äcker, die Oliven, grünspanig, ihre langen Morgenschatten auf der roten Erde, die erste Wärme und Sabeth, die mich umarmt, als habe ich ihr alles geschenkt, das Meer und die Sonne und alles, und ich werde nie vergessen, wie Sabeth singt!

– – –

Ich sah das Frühstück, das Hanna gerichtet hatte, und ihren Zettel: Komme bald, Hanna. Ich wartete. Ich fühlte mich sehr unrasiert und durchstöberte das ganze Badezimmer nach einer Klinge; nichts als Fläschlein, Dosen voll Puder, Lippenstift, Tuben, Nagellack, Spangen – im Spiegel sah ich mein Hemd: scheußlicher als gestern, die Blutflecken etwas blasser, dafür verschmiert.

Ich wartete mindestens eine Stunde.

Hanna kam aus dem Hospital.

»Wie geht es ihr?« frage ich.

Hanna sehr merkwürdig.

»Ich habe gedacht«, sagt sie, »du solltest ausschlafen –«

Später ohne Ausrede:

»Ich wollte mit Elsbeth allein sein, du brauchst deswegen nicht gekränkt zu sein, Walter, ich bin zwanzig Jahre mit dem Kind allein gewesen.«

Meinerseits kein Wort.

»Das ist kein Vorwurf«, sagt sie, »aber das mußt du schon verstehen. Ich wollte allein mit ihr sein. Nur das. Ich wollte sprechen mit ihr.«

Was sie denn gesprochen habe?

»Wirres Zeug!«

»Von mir?« frage ich.

»Nein«, sagt sie, »sie redete von Yale, nur von Yale, von einem jungen Mann namens Hardy, aber lauter wirres Zeug.«

Was Hanna berichtete, gefiel mir nicht: Umspringen des Pulses, gestern schnell, heute langsam, viel zu langsam, dazu ihr gerötetes Gesicht, wie Hanna sagte, und sehr kleine Pupillen, dazu Atmungsstörungen.

»Ich will sie sehen!« sage ich.

Hanna fand, zuerst ein Hemd kaufen –

Soweit war ich einverstanden.

Hanna am Telefon –

»Es ist in Ordnung!« sagt sie. »Ich bekomme den Wagen vom Institut – damit wir nach Korinth fahren können, weißt du, um ihre Sachen zu holen, auch deine Sachen, deine Schuhe und deine Jacke.«

Hanna wie ein Manager.

»Es ist in Ordnung«, sagt sie, »das Taxi ist bestellt –«

Hanna immer hin und her, ein Gespräch nicht möglich, Hanna leerte die Aschenbecher, dann ließ sie die Sonnenstores herunter.

»Hanna«, frage ich, »warum siehst du mich nicht an?«

Sie wußte es nicht, mag sein, aber es war so, Hanna blickte mich an diesem Morgen überhaupt nicht an. Was konnte ich dafür, daß alles so gekommen war! Es stimmt: Hanna machte ja keine Vorwürfe, keine Anklagen, sie leerte nur die Aschenbecher vom Abend vorher.

Ich hielt es nicht mehr aus.

»Du«, frage ich, »können wir nicht sprechen?«

Ich packte sie an den Schultern.

»Du«, sage ich, »sieh mich an!«

Ihre Figur – ich erschrak, als ich sie hielt – ist zarter, kleiner als die Tochter, zierlicher, ich weiß nicht, ob Hanna kleiner geworden ist; ihre Augen sind schöner geworden, ich wollte, daß sie mich ansehen.

»Walter«, sagt sie, »du tust mir weh.«

Was ich redete, war Unsinn, ich sah es an ihrem Gesicht, daß ich Unsinn rede, nur weil Schweigen, fand ich, noch unmöglicher ist; ich hielt ihren Kopf zwischen meinen Händen. Was ich wolle? Ich dachte nicht daran, Hanna zu küssen. Warum wehrte sie sich? Ich habe keine Ahnung, was ich sagte. Ich sah nur: ihre Augen, die entsetzt sind, ihre grauen und weißen Haare, ihre Stirn, ihre Nase, alles zierlich, nobel (oder wie man's nennen soll) und fraulich, nobler als bei ihrer Tochter, ihre Eidechsenhaut unter dem Kinn, die Krähenfüße an den Schläfen, ihre Augen, die nicht müde, nur entsetzt sind, schöner als früher.

»Walter«, sagt sie, »du bist fürchterlich!«

Das sagte sie zweimal.

Ich küßte sie.

Hanna starrte mich nur an, bis ich meine Hände wegnahm, sie schwieg und ordnete nicht einmal ihr Haar, sie schwieg – sie verfluchte mich.

Dann das Taxi.

Wir fuhren in die City, um ein frisches Hemd zu kaufen, das heißt, Hanna kaufte es, ich hatte ja kein Geld und wartete im Taxi, um mich in meinem alten Hemd nicht zeigen zu müssen – Hanna war rührend: sie kommt nach einer Weile sogar zurück, um die Nummer meiner Größe zu fragen! – dann ins Institut, wo Hanna, wie vereinbart, den Wagen des Institutes bekam, einen Opel, und dann hinaus ans Meer, um die Kleider von Elsbeth zu holen und meine Brieftasche, beziehungsweise meine Jacke (wegen Paß vor allem) und meine Kamera.

Hanna am Steuer –

In Daphni, also kurz nach Athen, gibt es einen Hain, wo ich mein Hemd hätte wechseln können, schien mir; Hanna schüttelte den Kopf und fuhr weiter, ich öffnete das Paket.

Wovon sollte man sprechen!

Ich redete über die griechische Wirtschaftslage, ich sah vor Eleusis die große Baustelle *Greek Government Oil Refinery*, alles an deutsche Firmen vergeben, was Hanna jetzt (und auch sonst) nicht interessiert; aber unser Schweigen war auch unerträglich. Nur einmal fragte sie:

»Du weißt nicht, wie die Ortschaft heißt?«

»Nein.«

»Theodohori?«

Ich wußte es nicht, wir waren mit Bus von Korinth gekommen und irgendwo ausgestiegen, wo das Meer uns gefiel, sechsundsiebzig Kilometer vor Athen, das wußte ich; ich erinnerte mich an die Tafel in einer Eukalyptus-Allee.

Hanna, am Steuer, schwieg.

Ich wartete auf eine Gelegenheit, um das frische Hemd anziehen zu können; ich wollte es nicht im Wagen tun – Fahrt durch Eleusis.

Fahrt durch Megara.

Ich redete über meine Uhr, die ich dem Lastwagenfahrer vermacht hatte, und über die Zeit ganz allgemein; über Uhren, die imstande wären, die Zeit rückwärts laufen zu lassen –

»Stop!« sagte ich. »Hier ist es –«

Hanna stoppte.

»Hier?« fragte sie.

Ich wollte nur zeigen: – die Böschung, wo ich sie niederlegen muß, bis der Lastwagen mit den Eisenröhren kommt. Eine Böschung wie irgendeine andere, Fels mit Disteln, dazwischen roter Mohn, dann die schnurgerade Straße, wo ich sie im Laufschritt zu tragen versuchte, schwarz, Teer mit Kies, dann der Ziehbrunnen mit dem Ölbaum, die steinigen Äcker, die weißen Hütten mit Wellblech –

Es war wieder Mittag.

»Bitte«, bat ich, »fahre langsamer!«

Was eine Ewigkeit ist, wenn man barfuß geht, mit dem Opel waren es kaum zwei Minuten. Sonst alles wie gestern. Nur der Kieskarren mit Esel stand nicht mehr bei der Zisterne. Hanna glaubte mir aufs Wort; ich weiß nicht, warum ich ihr alles zeigen wollte. Die Stelle, wo der Karren heraufkommt mit seinem tropfenden Kies, war ohne weiteres wiederzufinden, man sah die Räderspur, Eseltritte.

Ich dachte, Hanna würde im Wagen warten.

Aber Hanna stieg aus, dann zu Fuß auf der heißen Teerstraße, Hanna folgte mir, ich suchte die Pinie, dann hinunter durch Ginster irgendwo, ich begriff nicht, warum Hanna nicht im Wagen warten wollte.

»Walter«, sagte sie, »dort ist eine Spur!«

Wir waren aber, fand ich, nicht hierher gefahren, um allfällige Blutspuren, sondern um meine Brieftasche zu finden, meine Jacke, meinen Paß, meine eignen Schuhe –

Alles lag unberührt.

Hanna bat um eine Zigarette –

Alles wie gestern!

Nur vierundzwanzig Stunden später: derselbe Sand, dieselbe Brandung, schwach, nur so ein Auslaufen kleiner Wellen, die sich kaum überschlagen, dieselbe Sonne, derselbe Wind im Ginster – nur daß es nicht Sabeth ist, die neben mir steht, sondern Hanna, ihre Mutter.

»Hier habt ihr gebadet?«

»Ja«, sage ich –
»Schön hier!« sagt sie.
Es war furchtbar.

– – –

Was den Unfall betrifft, habe ich nichts zu verheimlichen. Es ist ein flacher
Strand. Man watet hier mindestens dreißig Meter, bis Schwimmen möglich, und im Augenblick, als ich ihren Schrei höre, bin ich mindestens fünfzig Meter vom Ufer entfernt. Ich sehe, daß Sabeth aufgesprungen ist. Ich
rufe: Was ist los? Sie rennt – Wir haben, nach unsrer schlaflosen Nacht
auf Akrokorinth, im Sand geschlafen, dann das Bedürfnis meinerseits,
ins Wasser zu gehen und eine Weile allein zu sein, während sie schläft. Vorher habe ich noch ihre Schultern bedeckt mit ihrer Wäsche, ohne sie zu
wecken; wegen Sonnenbrand. Es gibt hier wenig Schatten, eine vereinzelte
Pinie; hier haben wir uns in die Mulde gebettet. Dann aber, wie vorauszusehen, ist der Schatten gewandert, beziehungsweise die Sonne, und daran,
scheint es, bin ich erwacht, weil plötzlich in Schweiß, dazu die Mittags-
stille, ich bin erschrocken, vielleicht weil ich irgend etwas geträumt oder
gemeint habe, Schritte zu hören. Wir sind aber vollkommen allein. Vielleicht habe ich den Kieskarren gehört, Schaufeln von Kies; ich sehe aber
nichts, Sabeth schläft, und es ist kein Grund zum Erschrecken, ein gewöhnlicher Mittag, kaum eine Brandung, nur ein schwaches Zischeln
von Wellen, die im Kies verlaufen, manchmal ein schwaches Rollen von
Kies, geradezu Klingeln, sonst Stille, ab und zu eine Biene. Ich überlegte,
ob Schwimmen vernünftig ist, wenn man Herzklopfen hat. Eine Weile
stand ich unschlüssig; Sabeth merkte, daß niemand mehr neben ihr lag,
und reckte sich, ohne zu erwachen. Ich streute Sand auf ihren Nacken,
aber sie schlief. Schließlich ging ich schwimmen – im Augenblick, als Sabeth schreit, bin ich mindestens fünfzig Meter draußen.
    Sabeth rennt, ohne zu antworten.
    Ob sie mich gehört hat, weiß ich nicht. Dann mein Versuch, im Wasser
zu rennen! Ich rufe, sie soll stehenbleiben, meinerseits wie gelähmt, als ich
endlich aus dem Wasser komme; ich stapfe ihr nach, bis sie stehenbleibt –
    Sabeth oben auf der Böschung:
    Sie hält ihre rechte Hand auf die linke Brust, wartet und gibt keinerlei
Antwort, bis ich die Böschung ersteige (es ist mir nicht bewußt gewesen,

daß ich nackt bin) und mich nähere – dann der Unsinn, daß sie vor mir,
wo ich ihr nur helfen will, langsam zurückweicht, bis sie rücklings (dabei
bin ich sofort stehengeblieben!), rücklings über die Böschung fällt.

Das war das Unglück.

Es sind keine zwei Meter, eine Mannshöhe, aber als ich zu ihr komme,
liegt sie bewußtlos im Sand. Vermutlich Sturz auf den Hinterkopf. Erst
nach einer Weile sehe ich die Bißwunde, drei kleine Blutstropfen, die ich
sofort abwische, ich ziehe sofort meine Hosen an, mein Hemd, keine
Schuhe, dann mit dem Mädchen im Arm hinauf zur Straße, wo der Ford
vorbeifährt, ohne mich zu hören –

– – –

Hanna, wie sie an diesem Unglücksort stand, Hanna mit ihrer Zigarette,
während ich berichtete, so genau ich es konnte, und die Böschung zeigte
und alles, sie war unglaublich, Hanna wie ein Freund, dabei war ich ja gefaßt darauf, daß sie, die Mutter, mich in Grund und Boden verflucht, obschon ich anderseits, sachlich betrachtet, wirklich nichts dafür kann.

»Komm«, sagt sie, »nimm deine Sachen.«

Wären wir nicht überzeugt gewesen, daß das Kind gerettet ist, hätten
wir natürlich nicht so geredet wie damals am Strand.

»Du weißt«, sagt sie, »daß es dein Kind ist?«

Ich wußte es.

»Komm«, sagt sie, »nimm deine Sachen –«

Wir standen, die Sachen auf dem Arm; ich trug meine staubigen Schuhe
in der Hand, Hanna die schwarze Cowboy-Hose unsrer Tochter.

Ich wußte selbst nicht, was ich sagen will.

»Komm« sagt sie, »gehen wir!«

Einmal meine Frage:

»Warum hast du's mir verheimlicht?«

Darauf keine Antwort.

Wieder die blaue Hitze über dem Meer – wie gestern um diese Zeit,
Mittag mit flachen Wellen, die sich kaum überschlagen, nur auslaufen in
Schaum, dann Klirren im Kies, Stille, bis es sich wiederholt.

Hanna verstand mich sehr genau.

»Du vergißt«, sagt sie, »daß ich verheiratet bin –«

Ein andermal:

»Du vergißt, daß Elsbeth dich liebt –«

Ich war nicht imstande, alles zugleich in meine Rechnung zu nehmen; aber irgendeine Lösung, fand ich, muß es immer geben.

Wir standen noch lange.

»Warum sollte ich in diesem Land keine Arbeit finden?« sage ich. »Techniker braucht man überall, du hast gesehen, auch Griechenland wird industrialisiert –«

Hanna verstand genau, wie ich's meinte, nicht romantisch, nicht moralisch, sondern praktisch: gemeinsames Wohnen, gemeinsame Ökonomie, gemeinsames Alter. Warum nicht? Hanna hat es gewußt, als ich noch nichts habe ahnen können, seit zwanzig Jahren hat sie es gewußt; trotzdem war sie verwunderter als ich.

»Hanna«, frage ich, »warum lachst du?«

Irgendeine Zukunft, fand ich, gibt es immer, die Welt ist noch niemals einfach stehengeblieben, das Leben geht weiter!

»Ja«, sagt sie. »Aber vielleicht ohne uns.«

Ich hatte ihre Schulter gefaßt.

»Komm!« sagt sie. »Wir sind verheiratet, Walter, wir sind es! – rühr mich nicht an.«

Dann zum Wagen zurück.

Hanna hatte recht; irgend etwas vergaß ich stets; aber auch dann, wenn sie mich erinnerte, war ich unter allen Umständen entschlossen, mich nach Athen versetzen zu lassen oder zu kündigen, um mich in Athen anzusiedeln, auch wenn ich im Augenblick selbst nicht sah, wie es sich machen ließ, unser gemeinsames Wohnen; ich bin gewohnt, Lösungen zu suchen, bis sie gefunden sind ... Hanna ließ mich ans Steuer, ich habe noch nie einen Opel-Olympia gefahren, und Hanna hatte auch die ganze Nacht nicht geschlafen; sie tat jetzt, als schliefe sie.

In Athen kauften wir noch Blumen.

Kurz vor fünfzehn Uhr.

Noch im Wartezimmer, wo man uns warten läßt, sind wir vollkommen ahnungslos, Hanna wickelt das Papier von den Blumen –

Dann dieses Gesicht der Diakonissin!

Hanna am Fenster wie gestern, kein Wort zwischen uns, wir sehen einander nicht an –

Dann kam Dr. Eleutheropulos.

Alles griechisch; aber ich verstehe alles.

Ihr Tod kurz nach vierzehn Uhr.

– Dann vor ihrem Bett, Hanna und ich, man kann es einfach nicht glauben, unser Kind mit geschlossenen Augen, genau wie wenn sie schläft, aber weißlich wie Gips, ihr langer Körper unter dem Leinentuch, ihre Hände neben den Hüften, unsere Blumen auf ihrer Brust, ich meine es nicht als Trost, sondern wirklich: Sie schläft! Ich kann es ja heute noch nicht glauben. Sie schläft! sage ich – gar nicht zu Hanna, die plötzlich mich anschreit, Hanna mit ihren kleinen Fäusten vor mir, ich erkenne sie nicht mehr, ich wehre mich nicht, ich merke es nicht, wie ihre Fäuste mich auf die Stirne schlagen. Was ändert das! Sie schreit und schlägt mich ins Gesicht, bis sie nicht mehr kann, die ganze Zeit hatte ich nur meine Hand vor den Augen.

– – –

Wie heute feststeht, ist der Tod unsrer Tochter nicht durch Schlangengift verursacht gewesen, das durch die Serum-Injektion erfolgreich bekämpft worden ist; ihr Tod war die Folge einer nichtdiagnostizierten Fraktur der Schädelbasis, compressio cerebri, hervorgerufen durch ihren Sturz über die kleine Böschung. Verletzung der arteria meningica media, sog. Epidural-Haematom, was durch chirurgischen Eingriff (wie man mir sagt) ohne weiteres hätte behoben werden können.

Geschrieben in Caracas, 21. Juni bis 8. Juli

Zweite Station

Athen, Krankenhaus
Beginn der Aufzeichnungen 19. Juli

Sie haben meine Hermes-Baby genommen und in den weißen Schrank ge-
schlossen, weil Mittag, weil Ruhestunde. Ich solle von Hand schreiben! Ich
kann Handschrift nicht leiden, ich sitze mit nacktem Oberkörper auf dem
Bett, und mein kleiner Ventilator (Geschenk von Hanna) saust von Morgen
bis Abend; sonst Totenstille. Heute wieder vierzig Grad im Schatten! Diese
Ruhestunden (13.00-17.00) sind das Schlimmste. Dabei habe ich nur noch we-
nig Zeit, um meinen Kalender nachzuführen. Hanna besucht mich täglich,
mein Schreck jedesmal, wenn es an die weiße Doppeltür klopft; Hanna in
Schwarz, ihr Eintreten in mein weißes Zimmer. Warum setzt sie sich nie?
Sie geht täglich ans Grab, das ist zurzeit alles, was ich von Hanna weiß,
und täglich ins Institut. Ihr Stehen am offenen Fenster, während ich liegen
muß, macht mich nervös, ihr Schweigen. Kann sie verzeihen? Kann ich wie-
dergutmachen? Ich weiß nicht einmal, was Hanna seither getan hat; kein
Wort davon. Ich habe gefragt, warum Hanna sich nicht setzt. Ich verstehe
Hanna überhaupt nicht, ihr Lächeln, wenn ich frage, ihr Blick an mir vor-
bei, manchmal habe ich Angst, sie wird noch verrückt. Heute sind es sechs
Wochen.

1. VI. New York.
Die übliche Saturday-Party draußen bei Williams, ich wollte nicht gehen, aber ich mußte, das heißt: eigentlich konnte mich niemand zwingen,
aber ich ging. Ich wußte nicht, was anfangen. Zum Glück erwartete mich
wenigstens die Meldung, daß die Turbinen für Venezuela endlich zur Montage bereit sind, also Weiterflug sobald wie möglich – ich fragte mich, ob
ich meiner Aufgabe gewachsen bin. Während Williams, der Optimist,
seine Hand auf meine Schulter legte, nickte ich; aber ich fragte mich.
Come on, Walter, have a drink!
Die übliche Umhersteherei –
Roman Holidays, oh, how marvellous!

Ich habe niemand gesagt, daß meine Tochter gestorben ist, denn niemand weiß, daß es diese Tochter je gegeben hat, und ich trage auch keine Trauer im Knopfloch, denn ich will nicht, daß sie mich fragen, denn es geht sie ja alle nichts an.

Come on, Walter, another drink!

Ich trinke viel zu viel –

Walter has trouble, sagt Williams ringsum, Walter can't find the key of his home!

Williams meint, ich müsse eine Rolle spielen, besser eine komische als keine. Man kann nicht einfach in der Ecke stehen und Mandeln essen.

Fra Angelico, oh, I just love it!

Alle verstehen mehr als ich –

How did you enjoy the Masaccio-fresco?

Ich weiß nicht, was reden –

Semantics! You've never heard of semantics?

Ich komme mir wie ein Idiot vor –

Ich wohnte im Hotel Times Square. Mein Namensschild war noch an der Wohnung; aber Freddy, der doorman, wußte nichts von einem Schlüssel. Ivy hätte ihn abliefern sollen, ich klingelte an meiner eignen Tür. Ich war ratlos. Alles offen: Office und Kino und Subway, bloß meine Wohnung nicht. Später auf ein Sightseeingboat, bloß um Zeit loszuwerden; die Wolkenkratzer wie Grabsteine (das habe ich schon immer gefunden), ich hörte mir den Lautsprecher an: Rockefeller Center, Empire State, United Nations und so weiter, als hätte ich nicht elf Jahre in diesem Manhattan gelebt. Dann ins Kino. Später fuhr ich mit der Subway, wie üblich: *IRT, Express Uptown,* ohne Umsteigen am Columbus Circle, obschon ich mit der *Independent* näher zu meiner Wohnung gelangen könnte, aber ich bin in elf Jahren nie eingestiegen, ich stieg aus, wo ich immer ausgestiegen bin, und ging wie üblich, im Vorbeigehen, zu meiner Chinese Laundry, wo man mich noch kennt. Hello Mister Faber, dann mit drei Hemden, die monatelang auf mich gewartet hatten, zurück zum Hotel, wo ich nichts zu tun hatte, wo ich mehrmals meine eigene Nummer anrief – natürlich ohne Erfolg! – dann leider hierher.

Nice to see you, etc.

Vorher ging ich noch zu meiner Garage, um zu fragen, ob es meinen Studebaker noch gibt; ich brauchte aber nicht zu fragen, man sah ihn von weit her (sein Lippenstiftrot) im Hof zwischen schwarzen Brandmauern.

Dann, wie gesagt, hierher.

Walter, what's the matter with you?

Ich habe diese Saturday-Party eigentlich von jeher gehaßt. Es ist mir nicht gegeben, witzig zu sein. Aber deswegen brauche ich keine Hand auf meiner Schulter –

Walter, don't be silly!

Ich wußte, daß ich meiner Aufgabe nicht gewachsen bin. Ich war betrunken, ich wußte es. Sie meinten, ich merke es nicht. Ich kannte sie. Wenn man nicht mehr da ist, wird niemand es bemerken. Ich war schon nicht mehr da. Ich ging über den nächtlichen Times Square (zum letzten Mal, hoffe ich), um in einer öffentlichen Kabine nochmals meine Nummer einzustellen – ich verstehe heute noch nicht, wieso jemand abgenommen hat.

»This is Walter«, sage ich.

»Who?«

»Walter Faber«, sage ich, »this is Walter Faber –«

Unbekannt.

»Sorry«, sage ich.

Vielleicht eine falsche Nummer; ich nehme das riesige Manhattan-Buch, um meine Nummer nachzusehen, und versuche es nochmals.

»Who's calling?«

»Walter«, sage ich. »Walter Faber.«

Es antwortet dieselbe Stimme wie vorher, so daß ich eine Weile verstumme; ich begreife nicht.

»Yes – what do you want?«

Eigentlich kann mir nichts geschehen, wenn ich antworte. Ich fasse mich, bevor der andere aufhängt, und frage, bloß um zu sprechen, nach der Nummer.

»Yes – this is Trafalgar 4-5571.«

Ich bin betrunken.

»That's impossible!« sage ich –

Vielleicht ist meine Wohnung vermietet, vielleicht hat die Nummer gewechselt, alles möglich, ich sehe es ein, aber es hilft mir nichts.

»Trafalgar 4-5571«, sage ich, »that's me!«

Ich höre, wie er seine Hand auf die Muschel legt und mit jemand spricht (mit Ivy?), ich höre Gelächter, dann: »Who are you?«

Ich frage zurück:

»Are you Walter Faber?«

Schließlich hängte er ein, ich saß in einer Bar, schwindlig, ich vertrage keinen Whisky mehr, später bat ich den Barmann, die Nummer von Mister Walter Faber zu suchen und mir die Nummer einzustellen, was er tat; er gab mir den Hörer, ich hörte langes Klingeln, dann wurde abgenommen:

»Trafalgar 4-5571 – Hello?«

Ich hängte auf, ohne einen Ton zu sagen.

Meine Operation wird mich von sämtlichen Beschwerden für immer erlösen, laut Statistik eine Operation, die in 94,6 von 100 Fällen gelingt, und was mich nervös macht, ist lediglich diese Warterei von Tag zu Tag. Ich bin nicht gewohnt, krank zu sein. Was mich auch nervös macht: wenn Hanna mich tröstet, weil sie nicht an Statistik glaubt. Ich bin wirklich voll Zuversicht, dazu froh, daß ich's nicht in New York oder Düsseldorf oder Zürich habe machen lassen; ich muß Hanna sehen beziehungsweise sprechen mit ihr. Ich kann mir nicht vorstellen, was Hanna außerhalb dieses Zimmers tut. Ißt sie? Schläft sie? Sie geht täglich ins Institut (08.00-11.00 und 17.00-19.00) und täglich ans Grab unsrer Tochter. Was außerdem? Ich habe Hanna gebeten, daß sie sich setzt. Warum spricht sie nicht? Wenn Hanna sich setzt, vergeht keine Minute, bis irgend etwas fehlt, Aschenbecher oder Feuerzeug, so daß sie sich erhebt und wieder stehenbleibt. Wenn Hanna mich nicht aushalten kann, warum kommt sie? Sie richtet mir die Kissen. Wenn es Krebs wäre, dann hätten sie mich sofort unters Messer genommen, das ist logisch, ich habe es Hanna erklärt, und es überzeugt sie, hoffe ich. Heute ohne Spritze! Ich werde Hanna heiraten.

2. VI. Flug nach Caracas.

Ich fliege diesmal über Miami und Merida, Yucatan, wo man fast täglich Anschluß nach Caracas hat, und unterbreche in Merida (Magenbeschwerden) –

Dann nochmal nach Campeche.

(6½ Stunden mit Bus von Merida.)

Auf dem kleinen Bahnhof mit Schmalspurgeleise und Kakteen zwischen den Schwellen, wo ich mit Herbert Hencke schon einmal auf den Zug gewartet habe vor zwei Monaten, Kopf an die Mauer gelehnt mit geschlossenen Augen und Beine und Arme gespreizt, kommt mir alles, was seit dem

letzten Warten auf diesen Zug geschehen ist, wie eine Halluzination vor –
hier ist alles unverändert:
Die klebrige Luft –
Geruch von Fisch und Ananas –
Die mageren Hunde –
Die toten Hunde, die niemand bestattet, die Zopilote auf den Dächern
über dem Markt, die Hitze, der flaue Gestank vom Meer, die filzige Sonne
über dem Meer, über dem Land blitzte es aus schwarzem Gewölk bläulich-
weiß wie das zuckende Licht einer Quarzlampe.
Nochmals die Bahnfahrt!
Das Wiedersehen mit Palenque machte mich geradezu froh, alles unverändert: die Veranda mit unseren Hängematten, unser Bier, unsere Pinte
mit dem Papagei, man kennt mich noch, sogar die Kinder kennen mich,
ich kaufe und verteile mexikanisches Zuckerzeug, einmal fahre ich sogar
zu den Ruinen hinaus, wo sowieso alles unverändert ist, kein Mensch,
die schwirrenden Vögel wie damals, es ist noch genau wie vor zwei Monaten – auch die Nacht, nachdem der Dieselmotor von Palenque verstummt
ist: der Truthahn im Gehege vor der Veranda, sein Kreischen, weil er das
Wetterleuchten nicht mag, das Reh, die schwarze Sau am Pflock, der wat-
tige Mond, das grasende Pferd in der Nacht.
Überall mein müßiger Gedanke:
Wäre es doch damals! nur zwei Monate zurück, die hier nichts verändert
haben; warum kann es nicht sein, daß es April ist! und alles andere eine
Halluzination von mir. Dann allein mit Landrover –
Ich rede mit Herbert.
Ich rede mit Marcel.
Ich bade im Rio Usumacinta, der sich verändert hat; er hat mehr Was-
ser, keine Bläschen auf dem Wasser, weil es rascher fließt, und es ist zwei-
felhaft, ob man jetzt noch mit einem Landrover durchkommt, ohne zu er-
saufen –
Es ist gegangen.
Herbert war verändert, man sah es auf den ersten Blick, Herbert mit
einem Bart, aber auch sonst – sein Mißtrauen:
»Mensch, was willst denn du hier?«
Herbert meint, ich reise im Auftrag seiner Familie, beziehungsweise
Firma, um ihn nach Düsseldorf zurückzuholen, und glaubt nicht, daß
ich gekommen bin, bloß um ihn wiederzusehen, aber es ist so; man hat
nicht soviel Freunde.

Er hat seine Brille zerbrochen.

»Warum flickst du sie nicht?« frage ich.

Ich flicke seine Brille.

Während der Regengüsse sitzen wir in der Baracke sozusagen wie in einer Arche Noah, ohne Licht, weil die Batterie, die seinerzeit noch das Radio betrieben hat, längst verbraucht ist, und was man aus der Welt berichtet, interessiert ihn überhaupt nicht, auch Ereignisse aus Deutschland nicht, Aufruf der Göttinger Professoren; ich rede nicht von persönlichen Dingen.

Ich erkundige mich nach seinem Nash –

Herbert ist nie in Palenque gewesen!

Ich habe Gasoline gebracht, fünf Kanister für Herbert, damit er jederzeit fahren kann; aber er denke nicht daran.

Sein Grinsen im Bart.

Wir verstanden uns überhaupt nicht.

Sein Grinsen, als er sieht, wie ich mich mit einer alten Klinge rasiere, weil es hier keinen Strom gibt und weil ich keinen Bart will, weil ich ja weiter muß –

Seinerseits keinerlei Pläne!

Sein Nash 55 stand unter dem dürren Blätterdach wie das vorige Mal, sogar der Schlüssel steckte noch; offenbar wissen diese Indios nicht einmal, wie man einen Motor anläßt, alles war unversehrt, aber in einem sagenhaften Zustand, so daß ich mich sogleich an die Arbeit machte.

»Wenn's dir Spaß macht«, sagt er, »bitte.«

Herbert auf Guana-Fang.

Ich finde den Motor vollkommen verschlammt von Regengüssen, alles muß gereinigt werden, alles verfilzt und verschleimt, Geruch von Blütenstaub, der auf Maschinenöl klebt und verwest, aber ich bin froh um Arbeit –

Die Maya-Kinder ringsum.

Sie schauen tagelang zu, wie ich den Motor zerlege, Bananenblätter auf dem Boden, die Maschinenteile drauf – Wetterleuchten ohne Regen.

Die Mütter gaffen auch zu, sie kommen nicht aus dem Gebären heraus, scheint es, sie halten ihren letzten Säugling an der braunen Brust, abgestützt auf ihrer neuen Schwangerschaft, so stehen sie da, während ich den Motor putze, und gaffen, ohne ein Wort zu sagen, da ich sie nicht verstehe.

Herbert mit seinem Guana-Bündel –

Sie leben, sie sind vollkommen reglos, bis man sie anrührt, ihr Eidech-senmaul zusammengebunden mit Stroh, weil sie sehr bissig sind, gekocht schmecken sie wie Hühnerfleisch.

Abends in Hängematten.

Kein Bier, nur diese Kokos-Milch –

Wetterleuchten.

Meine Sorge, es könnte etwas gestohlen werden, was nicht zu ersetzen ist, berührt Herbert nicht; er ist überzeugt, daß sie keine Maschinenteile anrühren. Kein Wort mehr von Revolte! Sie arbeiten sogar tüchtig, sagt Herbert, sie gehorchen, obschon überzeugt, daß es nichts nützt.

Sein Grinsen im Bart –

Die Zukunft der deutschen Zigarre!

Ich frage Herbert, was er sich eigentlich denke; ob er bleiben wolle oder nach Düsseldorf zurückkehre; was er vorhabe –

Nada!

Einmal sage ich, daß ich Hanna getroffen habe, daß ich Hanna heiraten werde; aber ich weiß nicht einmal, ob Herbert es gehört hat.

Herbert wie ein Indio!

Die Hitze –

Die Leuchtkäfer –

Man tropft wie in einer Sauna.

Am andern Tag gab es Regen, plötzlich, nur eine Viertelstunde lang, Sintflut, dann wieder Sonne; aber das Wasser stand in braunen Teichen, und ich hatte den Nash aus der Hütte gestoßen, um in der Luft arbeiten zu können, hatte nicht wissen können, daß gerade hier ein Teich entstehen würde. Ich konnte es nicht komisch finden, im Gegensatz zu Herbert. Das Wasser reichte über die Achsen, ganz zu schweigen von Teilen des zerleg-ten Motors, die ich auf der Erde ausgebreitet hatte. Ich war entsetzt, als ich's sah. Herbert gab mir zwanzig Indios, um mich zu beruhigen, und tat, als ginge es ihn selbst nichts an, das Baumfällen, das ich anordnete, das Aufbocken, damit man von unten zukam. Ich verlor einen ganzen Tag, bis ich nur die Bestandteile des Motors gesammelt hatte, das Waten in dem trüben Tümpel, das Austasten des warmen Schlammes, alles mußte ich allein machen, da Herbert sich nicht interessierte.

»Gib's auf!« sagte er nur. »Wozu!«

Ich stellte die zwanzig Indios an, um Gräben auszuheben, damit das

Wasser endlich ablief; nur so war es möglich, sämtliche Bestandteile zu finden, noch immer schwierig genug, da sie zum Teil im Schlamm bereits versunken waren, einfach verschluckt.

Sein zweites Wort: Nada!

Ich ließ ihn blödeln, ohne zu antworten. Ohne Nash war Herbert verloren. Ich ließ mich nicht anstecken und arbeitete.

»Was machst du ohne einen Wagen?« sagte ich.

Als ich den Motor endlich beisammen hatte, so daß er lief, grinste er und sagte Bravo, nichts weiter, er schlug seine Hand auf meine Schulter: ich soll ihn haben, seinen Nash, er schenke ihn mir.

»Was soll ich damit!« sagte er –

Herbert war nicht abzubringen von seiner Blödelei: Herbert als Verkehrspolizist, während ich in dem aufgebockten Wagen, um nochmals alles zu prüfen, am Steuer sitze und schalte, ringsum Mayakinder, die Mütter mit ihren weißen Hemden, alle mit Säugling, später auch Männer, die im Dickicht stehen, alle mit ihrem krummen Messer, sie haben seit Monaten keinen Motor gehört, ich schalte und gebe Vollgas, Leerlauf der Räder in der Luft, Herbert winkt: Stop! ich stoppe, ich hupe, Herbert winkt: Durchfahrt! Die Indios (es werden immer mehr) gaffen uns zu, ohne zu lachen, während wir blödeln, alle ganz stumm, geradezu andächtig, während wir (wozu eigentlich!) Stoßverkehr in Düsseldorf spielen –

Diskussion mit Hanna! – über Technik (laut Hanna) als Kniff, die Welt so einzurichten, daß wir sie nicht erleben müssen. Manie des Technikers, die Schöpfung nutzbar zu machen, weil er sie als Partner nicht aushält, nichts mit ihr anfangen kann; Technik als Kniff, die Welt als Widerstand aus der Welt zu schaffen, beispielsweise durch Tempo zu verdünnen, damit wir sie nicht erleben müssen. (Was Hanna damit meint, weiß ich nicht.) Die Weltlosigkeit des Technikers. (Was Hanna damit meint, weiß ich nicht.) Hanna macht keine Vorwürfe, Hanna findet es nicht unbegreiflich, daß ich mich gegenüber Sabeth so verhalten habe; ich habe (meint Hanna) eine Art von Beziehung erlebt, die ich nicht kannte, und sie mißdeutet, indem ich mir einredete, verliebt zu sein. Es ist kein zufälliger Irrtum gewesen, sondern ein Irrtum, der zu mir gehört (?) wie mein Beruf, wie mein ganzes Leben sonst. Mein Irrtum: daß wir Techniker versuchen, ohne den Tod zu leben. Wörtlich: Du behandelst das Leben nicht als Gestalt, sondern als bloße Addition, daher kein Verhältnis zur Zeit, weil kein Verhältnis zum Tod. Leben sei Ge-

stalt in der Zeit. Hanna gibt zu, daß sie nicht erklären kann, was sie meint. Leben ist nicht Stoff, nicht mit Technik zu bewältigen. Mein Irrtum mit Sabeth: Repetition, ich habe mich so verhalten, als gebe es kein Alter, daher widernatürlich. Wir können nicht das Alter aufheben, indem wir weiter addieren, indem wir unsere eigenen Kinder heiraten.

20. VI. Ankunft in Caracas.

Endlich klappte es; die Turbinen waren an Ort und Stelle, ebenso die angeforderten Arbeitskräfte. Ich riß mich zusammen, solange es ging, und daß ich jetzt, wo die Montage endlich lief, meinerseits ausfiel wegen Magenbeschwerden, war Pech, aber nicht zu ändern; anläßlich meines vorigen Besuches (19. und 20. IV.) war ich fit gewesen, aber alles übrige nicht bereit. Es war insofern meine Schuld, daß ich die Montage nicht überwachen konnte; ich mußte im Hotel liegen, was kein Spaß ist, mehr als zwei Wochen. In Caracas hatte ich auf einen Brief von Hanna gehofft. Ein Telegramm nach Athen, das ich damals aufgab, blieb ebenfalls ohne Antwort. Ich wollte Hanna schreiben und fing mehrere Briefe an; aber ich hatte keine Ahnung, wo Hanna steckt, und es blieb mir nichts anderes übrig (etwas mußte ich in diesem Hotel ja tun!) als einen Bericht abzufassen, ohne denselben zu adressieren.

Die Montage ging in Ordnung – ohne mich.

Die Diakonissin hat mir endlich einen Spiegel gebracht – ich bin erschrocken. Ich bin immer hager gewesen, aber nicht so wie jetzt; nicht wie der alte Indio in Palenque, der uns die feuchte Grabkammer zeigte. Ich bin wirklich etwas erschrocken. Außer beim Rasieren pflege ich nicht in den Spiegel zu schauen; ich kämme mich ohne Spiegel, trotzdem weiß man, wie man aussieht, beziehungsweise ausgesehen hat. Meine Nase ist von jeher zu lang gewesen, doch meine Ohren sind mir nicht aufgefallen. Ich trage allerdings ein Pyjama ohne Kragen, daher mein zu langer Hals, die Sehnen am Hals, wenn ich den Kopf drehe, und Gruben zwischen den Sehnen, Höhlen, die mir nie aufgefallen sind. Meine Ohren: wie bei geschorenen Häftlingen! Ich kann mir im Ernst nicht vorstellen, daß mein Schädel kleiner geworden ist. Ich frage mich, ob meine Nase sympathischer ist, und komme zum Schluß, daß Nasen nie sympathisch sind, eher absurd, geradezu obszön. Sicher habe ich damals in Paris (vor zwei Monaten!) nicht so ausgesehen, sonst wäre Sabeth nie mit mir in die Opéra gekommen. Dabei ist meine Haut noch ziemlich gebräunt, nur

der Hals etwas weißlich. Mit Poren wie bei einem gerupften Hühnerhals!
Mein Mund ist mir noch sympathisch, ich weiß nicht warum, mein Mund
und meine Augen, die übrigens nicht braun sind, wie ich immer gemeint
habe, weil es im Paß so heißt, sondern graugrünlich; alles andere könnte auch
einem andern gehören, der sich überarbeitet hat. Meine Zähne habe ich schon
immer verflucht. Sobald ich wieder auf den Beinen bin, muß ich zum Zahn-
arzt. Wegen Zahnstein, vielleicht auch wegen Granulom; ich spüre keinerlei
Schmerz, nur Puls im Kiefer. Meine Haare habe ich stets sehr kurz getragen,
weil es praktischer ist, und auf den Seiten ist mein Haarwuchs keineswegs
dünner geworden, auch hinten nicht. Grau bin ich eigentlich schon lange, sil-
berblond, was mich nicht kümmert. Wenn ich auf dem Rücken liege und den
Spiegel über mich halte, sehe ich immer noch aus, wie ich ausgesehen habe;
nur etwas magerer, was von der Diät kommt, begreiflicherweise. Vielleicht
ist es auch das weißliche Jalousie-Licht in diesem Zimmer, was einen bleich
macht sozusagen hinter der gebräunten Haut; nicht weiß, aber gelb. Schlimm
nur die Zähne. Ich habe sie immer gefürchtet; was man auch dagegen tut:
ihre Verwitterung. Überhaupt der ganze Mensch! – als Konstruktion mög-
lich, aber das Material ist verfehlt: Fleisch ist kein Material, sondern ein
Fluch.

PS. Es hat noch nie so viele Todesfälle gegeben, scheint mir, wie in diesem letz-
ten Vierteljahr. Jetzt ist Professor O., den ich in Zürich noch vor einer Woche
persönlich gesprochen habe, auch gestorben.

PS. Ich habe mich eben rasiert, dann die Haut massiert. Lächerlich, was man
sich vor lauter Müßiggang alles einbildet! Kein Grund zum Erschrecken, es
fehlt mir nur an Bewegung und frischer Luft, das ist alles.

9.-13 VII. in Cuba.

Was ich in Habana zu tun hatte: – das Flugzeug wechseln, weil ich keinesfalls über New York fliegen wollte, KLM von Caracas, Cubana nach
Lissabon, ich blieb vier Tage. Vier Tage nichts als Schauen –

El Prado:

Die alte Straße mit den alten Platanen, wie die Ramblas in Barcelona,
Corso am Abend, die Allee der schönen Menschen, unglaublich, ich gehe
und gehe, ich habe nichts anderes zu tun –

Die gelben Vögel, ihr Krawall bei Dämmerung.

Alle wollen meine Schuhe putzen –

Die Neger-Spanierin, die mir ihre Zunge herausstreckt, weil ich sie bewundere, ihre Rosa-Zunge im braunen Gesicht, ich lache und grüße –
sie lacht auch, ihr weißes Gebiß in der roten Blume ihrer Lippen (wenn
man so sagen kann) und ihre Augen, ich will nichts von ihr.

»How do you like Habana?«

Mein Zorn, daß sie mich immer für einen Amerikaner halten, bloß weil
ich ein Weißer bin; die Zuhälter auf Schritt und Tritt:

»Something very beautiful! D'you know what I mean? Something very
young!«

Alles spaziert, alles lacht.

Alles wie Traum –

Die weißen Polizisten, die Zigarren rauchen; die Soldaten der Marine,
die Zigarren rauchen: – Buben, ihre Hüften in den engen Hosen.

Castillo del Morro (Philipp II.).

Ich lasse meine Schuhe putzen.

Mein Entschluß, anders zu leben –

Meine Freude –

Ich kaufe Zigarren, zwei Kistchen.

Sonnenuntergang –

Die nackten Buben im Meer, ihre Haut, die Sonne auf ihrer nassen
Haut, die Hitze, ich sitze und rauche eine Zigarre, Gewitterwolken über
der weißen Stadt: schwarz-violett, dazu der letzte Sonnenschein auf den
Hochhäusern.

El Prado:

Die grüne Dämmerung, die Eisverkäufer; auf der Mauer unter den Laternen sitzen die Mädchen (in Gruppen) und lachen.

Tamales:

Das ist Mais, eingewickelt in Bananenblätter, ein Imbiß, den sie auf den
Straßen verkaufen – man ißt im Gehen und verliert keine Zeit.

Meine Unrast? Wieso eigentlich?

Ich hatte in Habana gar nichts zu tun.

Meine Rast im Hotel – immer wieder – mit Duschen, dann kleiderlos
auf dem Bett, Ventilator-Wind, ich liege und rauche Zigarren. Ich schließe
meine Zimmertür nicht ab; draußen das Girl, das im Korridor putzt und
singt, auch eine Neger-Spanierin, ich rauche pausenlos.

Meine Begierde –

Warum kommt sie nicht einfach!

Meine Müdigkeit dabei, ich bin zu müde, um mir einen Aschenbecher zu holen; ich liege auf dem Rücken und rauche meine Zigarre, so daß ihre weißliche Asche nicht abfällt, senkrecht.

Partagas.

Wenn ich wieder auf den Prado gehe, so ist es wieder wie eine Halluzination: – lauter schöne Mädchen, auch die Männer sehr schön, lauter wunderbare Menschen, die Mischung von Neger und Spanier, ich komme nicht aus dem Gaffen heraus: ihr aufrechter und fließender Gang, die Mädchen in blauen Glockenröckchen, ihr weißes Kopftuch, Fesseln wie bei Negerinnen, ihre nackten Rücken sind gerade so dunkel wie der Schatten unter den Platanen, infolgedessen sieht man auf den ersten Blick bloß ihre Röcke, blau oder lila, ihr weißes Kopftuch und das weiße Gebiß, wenn sie lachen, das Weiß ihrer Augen; ihre Ohrringe blinken –

The Caribbean Bar.

Ich rauche schon wieder –

Romeo y Julieta.

Ein junger Mann, den ich zuerst für einen Zuhälter halte, besteht darauf, meinen Whisky zu zahlen, weil er Vater geworden ist:

»For the first time!«

Er umarmt mich, dazu immer wieder:

»Isn't it a wonderful thing?«

Er stellt sich vor und will wissen, wie man heißt, wieviel Kinder man hat, vor allem Söhne; ich sage:

»Five.«

Er will sofort fünf Whiskys bestellen.

»Walter«, sagt er, »you're my brother!«

Kaum hat man angestoßen, ist er weg, um den andern einen Whisky zu zahlen, um zu fragen, wieviel Kinder sie haben, vor allem Söhne –

Alles wie verrückt.

Endlich das Gewitter: – wie ich allein unter den Arkaden sitze in einem gelben Schaukelstuhl, ringsum rauscht es, ein plötzlicher Platzregen mit Wind, die Allee ist plötzlich ohne Menschen, wie Alarm, Knall der Storen, draußen die Spritzer über dem Pflaster: wie ein plötzliches Beet von Narzissen (vor allem unter den Laternen) weiß –

Wie ich schaukle und schaue.

Meine Lust, jetzt und hier zu sein –

Ab und zu duscht es unter die Arkaden, Blüten-Konfetti, dann der Geruch von heißem Laub und die plötzliche Kühle auf der Haut, ab und zu Blitze, aber der Wasserfall ist lauter als alles Gedonner, ich schaukle und lache, Wind, das Schaukeln der leeren Sessel neben mir, die Flagge von Cuba.

Ich pfeife.

Mein Zorn auf Amerika!

Ich schaukle und fröstle –

The American Way of Life!

Mein Entschluß, anders zu leben –

Licht der Blitze; nachher ist man wie blind, einen Augenblick lang hat man gesehen: die schwefelgrüne Palme im Sturm, Wolken, violett mit der bläulichen Schweißbrenner-Glut, das Meer, das flatternde Wellblech; der Hall von diesem flatternden Wellblech, meine kindliche Freude daran, meine Wollust – ich singe.

The American Way of Life:

Schon was sie essen und trinken, diese Bleichlinge, die nicht wissen, was Wein ist, diese Vitamin-Fresser, die kalten Tee trinken und Watte kauen und nicht wissen, was Brot ist, dieses Coca-Cola-Volk, das ich nicht mehr ausstehen kann –

Dabei lebe ich von ihrem Geld!

Ich lasse mir die Schuhe putzen –

Mit ihrem Geld!

Der Siebenjährige, der mir schon einmal die Schuhe geputzt hat, jetzt wie eine ersoffene Katze; ich greife nach seinem Kruselhaar –

Sein Grinsen –

Es ist nicht schwarz, sein Haar, eher grau wie Asche, braungrau, jung, wie Roßhaar fühlt es sich an, aber kruselig und kurz, man spürt den kindlichen Schädel darunter, warm, wie wenn man einen geschorenen Pudel greift.

Er grinst nur und putzt weiter –

Ich liebe ihn.

Seine Zähne –

Seine junge Haut –

Seine Augen erinnern mich an Houston, Texas, an die putzende Negerin, die in der Toilette, als ich meinen Schweißanfall mit Schwindel hatte, neben mir kniete, das Weiß ihrer großen Augen, die überhaupt anders sind, schön wie Tier-Augen. Überhaupt ihr Fleisch!

Wir plaudern über Auto-Marken.

Seine flinken Hände –

Es gibt keine Menschen mehr außer uns, ein Bub und ich, die Sintflut ringsum, er hockt und glänzt meine Schuhe mit seinem Lappen, daß es nur so klatscht –

The American Way of Life:

Schon ihre Häßlichkeit, verglichen mit Menschen wie hier: ihre rosige Bratwurst-Haut, gräßlich, sie leben, weil es Penicillin gibt, das ist alles, ihr Getue dabei, als wären sie glücklich, weil Amerikaner, weil ohne Hemmungen, dabei sind sie nur schlaksig und laut – Kerle wie Dick, die ich mir zum Vorbild genommen habe! – wie sie herumstehen, ihre linke Hand in der Hosentasche, ihre Schulter an die Wand gelehnt, ihr Glas in der andern Hand, ungezwungen, die Schutzherren der Menschheit, ihr Schulterklopfen, ihr Optimismus, bis sie besoffen sind, dann Heulkrampf, Ausverkauf der weißen Rasse, ihr Vakuum zwischen den Lenden. Mein Zorn auf mich selbst!

(Wenn man nochmals leben könnte.)

Mein Nacht-Brief an Hanna –

Am andern Tag fuhr ich hinaus an den Strand, es war wolkenlos und heiß, Mittag mit schwacher Brandung: die auslaufenden Wellen, dann das Klirren im Kies, jeder Strand erinnert mich an Theodohori.

Ich weine.

Das klare Wasser, man sieht den Meeresgrund, ich schwimme mit dem Gesicht im Wasser, damit ich den Meeresgrund sehe; mein eigener Schatten auf dem Meeresgrund: ein violetter Frosch.

Brief an Dick.

Was Amerika zu bieten hat: Komfort, die beste Installation der Welt, ready for use, die Welt als amerikanisiertes Vakuum, wo sie hinkommen, alles wird Highway, die Welt als Plakat-Wand zu beiden Seiten, ihre Städte, die keine sind, Illumination, am andern Morgen sieht man die leeren Gerüste, Klimbim, infantil, Reklame für Optimismus als Neon-Tapete vor der Nacht und vor dem Tod –

Später mietete ich ein Boot.

Um allein zu sein!

Noch im Badkleid sieht man ihnen an, daß sie Dollar haben; ihre Stimmen (wie an der Via Appia), nicht auszuhalten, ihre Gummi-Stimmen überall, Wohlstand-Plebs.

Brief an Marcel.

Marcel hat recht: ihre falsche Gesundheit, ihre falsche Jugendlichkeit, ihre Weiber, die nicht zugeben können, daß sie älter werden, ihre Kosmetik noch an der Leiche, überhaupt ihr pornografisches Verhältnis zum Tod, ihr Präsident, der auf jeder Titelseite lachen muß wie ein rosiges Baby, sonst wählen sie ihn nicht wieder, ihre obszöne Jugendlichkeit –

Ich ruderte weit hinaus.

Hitze auf dem Meer –

Sehr allein.

Ich las meine Briefe an Dick und an Marcel und zerriß sie, weil unsachlich; die weißen Fetzchen auf dem Wasser; mein weißes Brusthaar –

Sehr allein.

Später wie ein Schulbub: ich zeichne eine Frau in den heißen Sand und lege mich in diese Frau, die nichts als Sand ist, und spreche laut zu ihr – Wildlingin!

Ich wußte nicht, was anfangen mit diesem Tag, mit mir, ein komischer Tag, ich kannte mich selbst nicht, keine Ahnung, wie er vergangen ist, ein Nachmittag, der geradezu wie Ewigkeit aussah, blau, unerträglich, aber schön, aber endlos – bis ich wieder auf der Prado-Mauer sitze (abends) mit geschlossenen Augen; ich versuche mir vorzustellen, daß ich in Habana bin, daß ich auf der Prado-Mauer sitze. Ich kann es mir nicht vorstellen, Schrecken.

Alle wollen meine Schuhe putzen –

Lauter schöne Menschen, ich bewundere sie wie fremde Tiere, ihr weißes Gebiß in der Dämmerung, ihre braunen Schultern und Arme, ihre Augen – ihr Lachen, weil sie gerne leben, weil Feierabend, weil sie schön sind.

Meine Wollust, zu schauen –

Meine Begierde –

Vakuum zwischen den Lenden –

Ich existiere nur noch für Schuhputzer!

Die Zuhälter –

Die Eisverkäufer –

Ihr Vehikel; Kombination aus alten Kinderwagen und Buffet, dazu ein halbes Fahrrad, Baldachin aus verrosteten Jalousien; Karbid-Licht; ringsum die grüne Dämmerung mit ihren blauen Glockenröcken.

Der lila Mond –

Dann meine Taxi-Geschichte: es war noch früh am Abend, aber ich er-

trug es nicht länger als Leiche im Corso der Lebenden zu gehen und wollte
in mein Hotel, um ein Schlafpulver zu nehmen, ich winkte einem Taxi,
und als ich die Türe aufreiße, sitzen bereits die zwei Damen darin, eine
schwarze, eine blonde, ich sage: Sorry! schlage die Wagentür zu, aber der
Driver springt heraus, um mich zurückzurufen: Yes, Sir! ruft er und reißt
die Wagentüre wieder auf: For you, Sir! ich muß lachen über soviel »service«, steige ein –

Unser kostbares Souper!

Dann die Blamage –

Ich habe gewußt, daß es einmal so kommen wird, später liege ich in meinem Hotel – schlaflos, aber gelassen, es ist eine heiße Nacht, ab und zu dusche ich meinen Körper, der mich verläßt, aber ich nehme kein Schlafpulver, mein Körper taugt gerade noch, um den Ventilator-Wind zu genießen,
der hin und her schwenkt, Wind auf Brust, Wind auf Beine, Wind auf
Brust.

Mein Hirngespinst: Magenkrebs.

Sonst glücklich –

Krawall der Vögel im Morgengrauen, ich nehme meine Hermes-Baby
und tippe endlich meinen Unesco-Rapport, betreffend die Montage in Venezuela, die erledigt ist.

Dann Schlaf bis Mittag.

Ich esse Austern, weil ich nicht weiß, was tun, meine Arbeit ist erledigt,
ich rauche viel zu viel Zigarren.

(Daher meine Magenschmerzen.)

Die Überraschung abends:

Wie ich mich auf der Prado-Mauer einfach zu dem fremden Mädchen
setze und sie anspreche, meines Erachtens dieselbe, die vorgestern die
Rosa-Zunge herausgestreckt hat. Sie erinnert sich nicht. Ihr Lachen, als
ich sage, daß ich kein American bin.

Mein Spanisch zu langsam –

»Say it in English!«

Ihre langen und dünnen Hände –

Mein Spanisch reicht für berufliche Verhandlungen, die Komik: ich
sage nicht, was ich will, sondern was die Sprache will. Ihr Lachen dazu.
Ich bin das Opfer meines kleinen Wortschatzes. Ihr Staunen, ihre geradezu lieben Augen, wenn ich manchmal selber staune: über mein Leben,
das mir selber, so gesagt, belanglos vorkommt.

Juana ist achtzehn.

(Noch jünger als unser Kind.)

Suiza: sie meint immer Schweden.

Ihre braunen Arme als Stützen rückwärts gespreizt, ihr Kopf an der Gußeisen-Laterne, ihr weißes Kopftuch und das schwarze Haar, ihre unglaublich schönen Füße; wir rauchen; meine beiden weißen Hände um mein rechtes Hosenknie gespannt –

Ihre Unbefangenheit.

Sie hat Cuba noch nie verlassen –

Das ist mein dritter Abend hier, aber alles schon vertraut: die grüne Dämmerung mit Neon-Reklame darin, die Eisverkäufer, die gescheckte Rinde der Platanen, die Vögel mit ihrem Zwitschern und das Schattennetz auf dem Boden, die rote Blume ihrer Münder.

Ihr Lebensziel: New York!

Der Vogelmist von oben –

Ihre Unbefangenheit:

Juana ist Packerin, Freudenmädchen nur übers Wochenende, sie hat ein Kind, sie wohnt nicht in Habana selbst.

Wieder die jungen Matrosen schlendernd.

Ich erzähle von meiner Tochter, die gestorben ist, von der Hochzeitsreise mit meiner Tochter, von Korinth, von der Aspisviper, die über der linken Brust gebissen hat, und von ihrem Begräbnis, von meiner Zukunft.

»I'm going to marry her.«

Sie versteht mich falsch:

»I think she's dead.«

Ich berichtige.

»Oh«, lacht sie, »you're going to marry the mother of the girl, I see!«

»As soon as possible.«

»Fine!« sagt sie.

»My wife is living in Athens –«

Ihre Ohrringe, ihre Haut.

Sie wartet hier auf ihren Bruder –

Meine Frage, ob Juana an eine Todsünde glaubt, beziehungsweise an Götter; ihr weißes Lachen; meine Frage, ob Juana glaubt, daß die Schlangen (ganz allgemein) von Göttern gesteuert werden, beziehungsweise von Dämonen.

»What's your opinion, Sir?«

Später der Kerl mit gestreiftem Hollywood-Hemd, der jugendliche Zuhälter, der mich auch schon angesprochen hat, ihr Bruder. Sein Handschlag: »Hello, camerad!«

Es ist nichts dabei, alles ganz munter, Juana legt ihre Zigarette unter den Absatz, um sie zu löschen, und ihre braune Hand auf meiner Schulter: »He's going to marry his wife – he's a gentleman!«

Juana verschwunden –

»Wait here!« sagt er und blickt zurück, um mich festzuhalten. »Just a moment, Sir, just a moment!«

Meine letzte Nacht in Habana.

Keine Zeit auf Erden, um zu schlafen!

Ich hatte keinen besonderen Anlaß, glücklich zu sein, ich war es aber. Ich wußte, daß ich alles, was ich sehe, verlassen werde, aber nicht vergessen: – die Arkade in der Nacht, wo ich schaukle und schaue, beziehungsweise höre, ein Droschkenpferd wiehert, die spanische Fassade mit den gelben Vorhängen, die aus schwarzen Fenstern flattern, dann wieder das Wellblech irgendwo, sein Hall durch Mark und Bein, mein Spaß dabei, meine Wollust, Wind, nichts als Wind, der die Palmen schüttelt, Wind ohne Wolken, ich schaukle und schwitze, die grüne Palme ist biegsam wie eine Gerte, in ihren Blättern tönt es wie Messerwetzen, Staub, dann die Gußeisen-Laterne, die zu flöten beginnt, ich schaukle und lache, ihr zuckendes und sterbendes Licht, es muß ein beträchtlicher Sog sein, das wiehernde Pferd kann die Droschke kaum halten, alles will fliehen, das Schild von einem barber-shop, Messing, sein Klingeln in der Nacht, und das unsichtbare Meer spritzt über die Mauern, dann jedesmal Donner im Boden, darüber zischt es wie eine Espresso-Maschine, mein Durst, Salz auf den Lippen, Sturm ohne Regen, kein Tropfen will fallen, es kann nicht, weil keine Wolken, nichts als Sterne, nichts als der heiße und trockene Staub in der Luft, Backofenluft, ich schaukle und trinke einen Scotch, einen einzigen, ich vertrage nichts mehr, ich schaukle und singe. Stundenlang. Ich singe! Ich kann ja nicht singen, aber niemand hört mich, das Droschkenpferd auf dem leeren Pflaster, die letzten Mädchen in ihren fliegenden Röcken, ihre braunen Beine, wenn die Röcke fliegen, ihr schwarzes Haar, das ebenfalls fliegt, und die grüne Jalousie, die sich losgerissen hat, ihr weißes Gelächter im Staub, und wie sie über das Pflaster rutscht, die grüne Jalousie, hinaus zum Meer, das Himbeer-Licht im Staub über der weißen Stadt in der Nacht, die Hitze, die Fahne von Cuba – ich

schaukle und singe, nichts weiter, das Schaukeln der leeren Sessel neben
mir, das flötende Gußeisen, die Wirbel von Blüten. Ich preise das Leben!
Samstag, 13. VII., Weiterflug.

Morgen auf dem Prado, nachdem ich auf der Bank gewesen bin, um
Geld zu wechseln, die menschenleere Allee, glitschig von Vogelmist und
weißen Blüten –

Die Sonne –

Alles an die Arbeit.

Die Vögel –

Dann ein Mann, der mich um Feuer bittet für seine Zigarre, geschäftig,
er begleitet mich trotzdem, um zu fragen:

»How do you like Habana?«

»I love it!« sage ich.

Wieder ein Zuhälter, seine Teilnahme.

»You're happy, aren't you?«

Er bewundert meine Kamera.

»Something very beautiful! D'you know what I mean? Something very
young!«

Als ich ihm sage, daß ich verreise, will er wissen, wann ich im Flughafen
sein müsse.

»Ten o'clock, my friend, ten o'clock.«

Sein Blick auf die Uhr.

»Well«, sagt er, »now it's nine o'clock – Sir, that's plenty of time!«

Ich schlendere nochmals zum Meer.

Weit draußen die Fischerboote –

Abschied.

Ich sitze nochmals auf den Uferblöcken und rauche nochmals eine Zigarre – ich filme nichts mehr. Wozu! Hanna hat recht: nachher muß
man es sich als Film ansehen, wenn es nicht mehr da ist, und es vergeht
ja doch alles –

Abschied.

*Hanna ist dagewesen. Ich sagte ihr, sie sehe aus wie eine Braut. Hanna in
Weiß! Sie kommt plötzlich nicht mehr in ihrem Trauerkleid; ihre Ausrede:
es sei zu heiß draußen. Ich habe ihr soviel von Zopiloten geredet, jetzt will
sie nicht als schwarzer Vogel neben meinem Bett sitzen – und meint, ich
merke ihre liebe Rücksicht nicht, weil ich früher (noch vor wenigen Wochen)
soviel nicht gemerkt habe. Hanna hat viel erzählt.*

P. S. Einmal, als Kind, hat Hanna mit ihrem Bruder gerungen und sich ge-
schworen, nie einen Mann zu lieben, weil es dem jüngeren Bruder gelungen
war, Hanna auf den Rücken zu werfen.

Sie war dermaßen empört über den lieben Gott, weil er die Jungens einfach
kräftiger gemacht hat, sie fand ihn unfair, nicht ihren Bruder, aber den lie-
ben Gott. Hanna beschloß, gescheiter zu sein als alle Jungens von München-
Schwabing, und gründete einen geheimen Mädchenklub, um Jehova abzu-
schaffen. Jedenfalls kam nur ein Himmel in Frage, wo es auch Göttinnen
gibt. Hanna wandte sich vorerst an die Mutter Gottes, veranlaßt durch Kir-
chenbilder, wo Maria in der Mitte thront; sie kniete nieder wie ihre katholi-
schen Freundinnen und bekreuzigte sich, was Papa nicht wissen durfte. Der
einzige Mann, dem sie vertraute, war ein Greis namens Armin, der in ihren
Mädchenjahren eine gewisse Rolle gespielt hat. Ich habe nicht gewußt, daß
Hanna einen Bruder hat. Hanna sagt: er lebt in Canada und ist tüchtig,
glaube ich, er legt alle auf den Rücken. Ich habe gefragt, wie sie mit Joachim
lebte, damals, wie und wo und wie lange. Ich habe viel gefragt, dann sagt
Hanna immer: aber das weißt du doch! Am meisten erzählt sie von Armin.
Er war ein Blinder. Hanna liebt ihn noch, obschon er längst gestorben, bezie-
hungsweise verschollen ist. Hanna war noch Schülerin, ein Mädchen mit
Kniestrümpfen, sie traf ihn regelmäßig im Englischen Garten, wo er stets
auf der gleichen Bank saß, und führte ihn dann durch München. Er liebte
München. Er war alt, nach ihren damaligen Begriffen sogar uralt: zwischen
50 und 60. Sie hatten immer nur wenig Zeit, je Dienstag und Freitag, wenn
Hanna ihre Geigenstunde hatte, und sie trafen sich bei jedem Wetter, sie
führte ihn und zeigte ihm die Schaufenster. Armin war vollkommen blind,
aber er konnte sich alles vorstellen, wenn man es ihm sagte. Hanna sagt: es
war einfach wunderbar, mit ihm durch die Welt zu gehen. Ich habe auch ge-
fragt, wie es bei der Geburt unseres Kindes gegangen ist. Ich war ja nicht da-
bei; wie soll ich's mir vorstellen können? Joachim war natürlich dabei. Er
hatte gewußt, daß er nicht der Vater ist; aber er war wie ein richtiger Vater.
Eine leichte Geburt, laut Hanna; sie erinnert sich nur, daß sie als Mutter
sehr glücklich war. Was ich auch nicht gewußt habe: meine Mutter wußte,
daß das Kind von mir ist, sonst niemand in Zürich, mein Vater hatte keine
Ahnung. Ich habe gefragt, warum meine Mutter in keinem Brief je erwähnt
hat, daß sie es weiß. Bund der Frauen? Sie erwähnen einfach nicht, was wir
nicht verstehen, und behandeln uns wie Unmündige. Meine Eltern sollen
überhaupt, laut Hanna, anders gewesen sein, als ich meine; anders jedenfalls

gegenüber Hanna. Wenn Hanna von meiner Mutter berichtet, kann ich bloß zuhören. Wie ein Blinder! Sie hatten noch jahrelang einen Briefwechsel, Hanna und meine Mutter, die übrigens nicht an einer Embolie gestorben ist, wie ich gemeint habe. Hanna ist verwundert, was ich alles nicht gewußt habe. Hanna ist bei ihrer Beerdigung gewesen, 1937. Ihre Liebe zu den alten Griechen, meint Hanna, begann auch im Englischen Garten; Armin konnte Griechisch, und das Mädchen mußte ihm aus den Schulbüchern vorlesen, damit er's auswendiglernen konnte. Das war sozusagen seine Vergewaltigung. Er nahm Hanna nie in seine Wohnung. Sie weiß nicht, wo er wohnte und wie. Hanna traf ihn im Englischen Garten und verließ ihn im Englischen Garten, und niemand in der Welt wußte von ihrer Vereinbarung, daß sie zusammen nach Griechenland fahren, Armin und sie, sobald sie erwachsen ist und frei, und Hanna wird ihm die griechischen Tempel zeigen. Ob der alte Mann es ernst meinte, ist ungewiß; Hanna meinte es ernst. Hanna in Kniestrümpfen! Einmal, ich erinnere mich, saß im Café Odéon, Zürich, ein alter Herr, den Hanna regelmäßig abholen mußte, um ihn ins Tram zu führen. Ich habe dieses Café Odéon eigentlich gehaßt; Emigranten und Intellektuelle, Boheme. Professoren und die alten Kokotten für Geschäftsleute vom Lande, ich ging nur Hanna zuliebe in dieses Café. Er wohnte in der Pension Fontana, ich wartete dann in einer kleinen Anlage (versteckt) an der Gloriastraße, bis Hanna ihren alten Onkel abgeliefert hatte. Das also ist Armin gewesen! Ich habe ihn nicht eigentlich wahrgenommen. Hanna sagt: aber er hat dich wahrgenommen. Hanna redet heute noch von Armin, als lebe er, als sehe er alles. Ich habe gefragt, warum Hanna nie mit ihm nach Griechenland gefahren ist. Hanna lacht mich aus, als wäre alles nur ein Scherz gewesen, Kinderei. In Paris (1938 bis 1940) lebte Hanna mit einem französischen Schriftsteller, der ziemlich bekannt sein soll; ich habe seinen Namen vergessen. Was ich auch nicht gewußt habe: Hanna ist in Moskau gewesen (1948) mit ihrem zweiten Mann. Einmal ist sie wieder durch Zürich gefahren (1953) ohne unsere Tochter; sie hat Zürich ganz gern, als wäre nichts gewesen, und war auch im Café Odéon. Ich habe gefragt, wie Armin gestorben ist. In London (1942) hat Hanna ihn nochmals getroffen. Armin wollte auswandern, und Hanna hat ihn noch auf das Schiff geführt, das er nicht sehen konnte und das wahrscheinlich von einem deutschen U-Boot versenkt wurde; jedenfalls ist es nie angekommen.

15. VII. Düsseldorf.

Was der junge Techniker, den mir die Herren von Hencke-Bosch zur
Verfügung stellten, von mir denken mag, weiß ich nicht; ich kann nur sagen, daß ich mich an diesem Vormittag zusammennahm, solange ich
konnte.

Hochhaus in Chrom –

Ich hielt es für meine Freundespflicht, die Herren zu informieren, wie
ihre Plantage in Guatemala aussieht, das heißt, ich war von Lissabon nach
Düsseldorf geflogen, ohne zu überlegen, was ich in Düsseldorf eigentlich
zu tun oder zu sagen habe, und saß nun einfach da, höflich empfangen.

»Ich habe Filme«, sagte ich –

Ich hatte den Eindruck, sie haben die Plantage bereits abgeschrieben;
sie interessierten sich aus purer Höflichkeit.

»Wie lange dauern denn Ihre Filme?«

Eigentlich störte ich bloß.

»Wieso Unfall?« sagte ich. »Mein Freund hat sich erhängt – das wissen
Sie nicht?«

Man wußte es natürlich.

Ich hatte das Gefühl, man nimmt mich nicht ernst, aber es mußte nun
sein, Vorführung meines Farbfilms aus Guatemala. Der Techniker, der mir
zur Verfügung gestellt wurde, um im Sitzungszimmer des Verwaltungsrates herzurichten, was zur Vorführung nötig war, machte mich nur nervös;
er war sehr jung, dabei nett, aber überflüssig, ich brauchte Apparatur, Bildschirm, Kabel, ich brauchte keinen Techniker.

»Ich danke Ihnen!« sagte ich.

»Bitte sehr, mein Herr.«

»Ich kenne die Apparatur« – sagte ich.

Ich wurde ihn nicht los.

Es war das erste Mal, daß ich die Filme selber sah (alle noch ungeschnit-
ten), gefaßt, daß es von Wiederholungen wimmelt, unvermeidlich; ich
staunte, wieviel Sonnenuntergänge, drei Sonnenuntergänge allein in der
Wüste von Tamaulipas, man hätte meinen können, ich reise als Vertreter
von Sonnenuntergängen, lächerlich; ich schämte mich geradezu vor dem
jungen Techniker, daher meine Ungeduld –

»Geht nicht schärfer, mein Herr.«

Unser Landrover am Rio Usumacinta –

Zopilote an der Arbeit –

»Weiter«, sagte ich, »bitte.«

Dann die ersten Indios am Morgen, die uns melden, ihr Señor sei tot, dann Ende der Spule – Wechsel der Spule, was einige Zeit in Anspruch nimmt; unterdessen Gespräch über Ektachrom. Ich sitze in einem Polstersessel und rauche, weil untätig, die leeren Verwaltungsratssessel neben mir; nur schaukeln sie nicht im Wind.

»Bitte«, sagte ich, »weiter –«

Jetzt Joachim am Draht.

»Stop«, sage ich, »bitte!«

Es ist eine sehr dunkle Aufnahme geworden, leider, man sieht nicht sogleich, was es ist, unterbelichtet, weil in der Baracke aufgenommen mit der gleichen Blende wie vorher die Zopilote auf dem Esel draußen in der Morgensonne, ich sage:

»Das ist Dr. Joachim Hencke.«

Sein Blick auf die Leinwand:

»Geht nicht schärfer, mein Herr, – bedaure.«

Das ist alles, was er zu sagen hat.

»Bitte«, sage ich, »weiter!«

Nochmals Joachim am Draht, aber diesmal von der Seite, so daß man besser sieht, was los ist; es ist merkwürdig, es macht nicht nur meinem jungen Techniker, sondern auch mir überhaupt keinen Eindruck, ein Film, wie man schon manche gesehen hat, Wochenschau, es fehlt der Gestank, die Wirklichkeit, wir sprechen über Belichtung, der junge Mann und ich, unterdessen das Grab mit den betenden Indios ringsum, alles viel zu lang, dann plötzlich die Ruinen von Palenque, der Papagei von Palenque. Ende der Spule.

»Vielleicht kann man hier ein Fenster aufmachen«, sagte ich, »das ist ja wie in den Tropen.«

»Bitte sehr, mein Herr.«

Das Mißgeschick kam daher, daß der Zoll meine Spulen durcheinandergebracht hatte, beziehungsweise daß die Spulen der letzten Zeit (seit meiner Schiffspassage) nicht mehr angeschrieben waren; ich wollte ja den Herrn von Hencke-Bosch, die auf 11.30 Uhr kommen sollten, lediglich vorführen, was Guatemala betrifft. Was ich brauchte: mein letzter Besuch bei Herbert.

»Stop«, sagte ich, »das ist Griechenland.«

»Griechenland?«

»Stop!« schrie ich, – »stop!«

»Bitte sehr, mein Herr.«

Der Junge machte mich krank, sein gefälliges Bitte-sehr, sein herablassendes Bitte-sehr, als wäre er der erste Mensch, der sich auf eine solche Apparatur versteht, sein Quatsch über Optik, wovon er nichts versteht, vor allem aber sein Bitte-sehr, seine Besserwisserei dabei.

»Gibt nichts anderes, mein Herr, durchlassen und sehen! Gibt nichts anderes, wenn die Spulen nicht angeschrieben sind.«

Es war nicht sein Fehler, daß die Spulen nicht angeschrieben waren; insofern gab ich ihm recht.

»Es fängt an«, sagte ich, »mit Herrn Herbert Hencke, ein Mann mit Bart in der Hängematte – soviel ich mich erinnere.«

Licht aus, Dunkel, Surren des Films.

Ein pures Glücksspiel! Es genügten die ersten Meter: – Ivy auf dem Pier in Manhattan, ihr Winken durch mein Tele-Objektiv, Morgensonne auf Hudson, die schwarzen Schlepper, Manhattan-Skyline, Möwen . . .

»Stop«, sagte ich, »bitte die nächste.«

Wechsel der Spulen.

»Sie sind wohl um die halbe Welt gereist, mein Herr, das möchte ich auch –«

Es war 11.00 Uhr.

Ich mußte meine Tabletten nehmen, um fit zu sein, wenn die Herren der Firma kommen, Tabletten ohne Wasser, ich wollte nichts merken lassen.

»Nein«, sagte ich, »die auch nicht.«

Wieder Wechsel der Spulen.

»Das war der Bahnhof in Rom, was?«

Meinerseits keine Antwort. Ich wartete auf die nächste Spule. Ich lauerte, um sofort stoppen zu können. Ich wußte: Sabeth auf dem Schiff, Sabeth beim Pingpong auf dem Promenadendeck (mit ihrem Schnäuzchen-Freund) und Sabeth in ihrem Bikini, Sabeth, die mir die Zunge herausstreckt, als sie merkt, daß ich filme – das alles mußte in der ersten Spule gewesen sein, die mit Ivy begonnen hatte; also abgelegt. Es lagen aber noch sechs oder sieben Spulen auf dem Tisch und plötzlich, wie nicht anders möglich, ist sie da – lebensgroß – Sabeth auf dem Bildschirm. In Farben.

Ich stand auf.

Sabeth in Avignon.

Ich stoppte aber nicht, sondern ließ die ganze Spule laufen, obschon der Techniker mehrmals meldete, das könnte nicht Guatemala sein.

Ich sehe diesen Streifen noch jetzt:

Ihr Gesicht, das nie wieder da sein wird –

Sabeth im Mistral, sie geht gegen den Wind, die Terrasse, Jardin des Papes, alles flattert, Haare, ihr Rock wie ein Ballon, Sabeth am Geländer, sie winkt.

Ihre Bewegungen –

Sabeth, wie sie Tauben füttert.

Ihr Lachen, aber stumm –

Pont d'Avignon, die alte Brücke, die in der Mitte einfach aufhört. Sabeth zeigt mir etwas, ihre Miene, als sie bemerkt, daß ich filme statt zu schauen, ihr Rümpfen der Stirne zwischen den Brauen, sie sagt etwas.

Landschaften –

Das Wasser der Rhone, kalt, Sabeth versucht es mit den Zehen und schüttelt den Kopf, Abendsonne, mein langer Schatten ist drauf.

Ihr Körper, den es nicht mehr gibt –

Das antike Theater in Nîmes.

Frühstück unter Platanen, der Kellner, der uns nochmals Brioches bringt, ihr Geplauder mit dem Kellner, ihr Blick zu mir, sie füllt meine Tasse mit schwarzem Kaffee.

Ihre Augen, die es nicht mehr gibt –

Pont du Gard.

Sabeth, wie sie Postkarten kauft, um an Mama zu schreiben; Sabeth in ihren schwarzen Cowboy-Hosen, sie merkt nicht, daß ich filme; Sabeth, wie sie ihren Roßschwanz aus dem Nacken wirft.

Hotel Henri IV.

Sabeth sitzt auf der tiefen Fensterbrüstung, ihre Beine verschränkt, barfuß, sie ißt Kirschen, Blick in die Straße hinunter, sie spuckt die Steine einfach hinaus, Regentag.

Ihre Lippen –

Wie Sabeth sich mit einem französischen Maulesel unterhält, der ihrer Meinung nach zu schwer beladen ist.

Ihre Hände –

Unser Citroën, Modell 57.

Ihre Hände, die es nirgends mehr gibt, sie streichelt den Maulesel, ihre Arme, die es nirgends mehr gibt –

Stierkampf in Arles.

Sabeth, wie sie ihre Haare kämmt, eine Spange zwischen den jungen

Zähnen, sie merkt wieder, daß ich filme, und nimmt die Spange aus dem
Mund, um mir etwas zu sagen, vermutlich sagt sie, ich soll sie nicht filmen,
plötzlich muß sie lachen.

Ihre gesunden Zähne –

Ihr Lachen, das ich nie wieder hören werde –

Ihre junge Stirne –

Eine Prozession (ebenfalls in Arles, glaube ich), Sabeth streckt ihren
Hals und raucht mit gekniffenen Augen wegen Rauch, Hände in den Hosentaschen. Sabeth auf einem Sockel, um über die Menge zu schauen.
Baldachine, vermutlich Glockengeläute, aber unhörbar, Muttergottes, die
singenden Meßknaben, aber unhörbar.

Provence-Allee, Platanen-Allee.

Unser Picnic unterwegs. Sabeth, wie sie Wein trinkt. Schwierigkeit, aus
der Flasche zu trinken, sie schließt die Augen und versucht's neuerdings,
dann wischt sie sich den Mund, es geht nicht, sie reicht mir die Flasche zurück, Achselzucken.

Pinien im Mistral.

Nochmals Pinien im Mistral.

Ihr Gang –

Sabeth geht zu einem Kiosk, um Zigaretten zu holen. Sabeth, wie sie
geht. Sabeth in ihren schwarzen Hosen wie üblich, sie steht auf dem Trottoir, um links und rechts zu schauen, ihr baumelnder Roßschwanz dabei,
dann schräg über die Straße zu mir.

Ihr hüpfender Gang –

Nochmals Pinien im Mistral.

Sabeth schlafend, ihr Mund ist halboffen, Kindermund, ihr offenes
Haar, ihr Ernst, die geschlossenen Augen –

Ihr Gesicht, ihr Gesicht –

Ihr atmender Körper –

Marseille. Verladen von Stieren im Hafen, die braunen Stiere werden
auf das ausgelegte Netz geführt, dann Aufzug, ihr Schrecken, ihre plötzliche Ohnmacht, wenn sie in der Luft hängen, ihre vier Beine durch die
Maschen des großen Netzes gestreckt, ihre Augen dabei epileptisch –

Pinien im Mistral; nochmals.

L'Unité d'Habitation (Corbusier) –

Im großen ganzen ist die Belichtung dieses Filmes nicht schlecht, jedenfalls besser als beim Guatemala-Streifen; die Farben kommen großartig,
ich staune.

Sabeth beim Blumenpflücken –

Ich habe (endlich!) die Kamera weniger hin und her bewegt, dadurch kommen die Bewegungen des Objektes viel stärker.

Brandung –

Ihre Finger, Sabeth sieht zum ersten Mal eine Korkeiche, ihre Finger, wie sie die Rinde brechen, dann wirft sie nach mir!

(Defekt.)

Brandung im Mittag, nichts weiter.

Sabeth nochmals beim Kämmen, ihr Haar ist naß, ihr Kopf schräg aufwärts, um sich auszukämmen, sie sieht nicht, daß ich filme, und erzählt etwas, während sie sich auskämmt, ihr Haar ist dunkler als üblich, weil naß, rötlicher, ihr grüner Kamm offenbar voll Sand, sie putzt ihn, ihre Marmorhaut mit Wassertropfen drauf, sie erzählt noch immer –

Unterseeboote bei Toulon.

Der junge Landstreicher mit dem Hummer, der sich bewegt, Sabeth hat Angst, sobald der Hummer sich bewegt –

Unser Hotelchen in Le Trayaz.

Sabeth sitzt auf einer Mole –

Nochmals Brandung.

(Viel zu lang!)

Sabeth nochmals auf der Mole draußen, sie steht jetzt, unsere tote Tochter, und singt, ihre Hände wieder in den Hosentaschen, sie glaubt sich mutterseelenallein und singt, aber unhörbar –

Ende der Spule.

— — —

Was der junge Techniker von mir dachte und sagte, als die Herren kamen, weiß ich nicht, ich saß im Speisewagen (*Helvetia-Expreß* oder *Schauinsland-Expreß*, das weiß ich nicht mehr) und trank Steinhäger. Wie ich das Hencke-Bosch-Haus verlassen habe, das weiß ich auch nicht mehr; ohne Erklärung, ohne Ausrede, ich bin einfach gegangen.

Nur die Filme ließ ich zurück.

Ich sagte dem jungen Techniker, ich müsse gehen, und bedankte mich für seine Dienste. Ich ging in das Vorzimmer, wo ich Hut und Mantel hatte, und bat das Fräulein um meine Mappe, die noch in der Direktion lag. Ich stand schon im Lift; es war 11.32 Uhr, jedermann zur Vorführung bereit, als ich mich entschuldigte wegen Magenschmerzen (was gar nicht stimmte) und den Lift nahm. Man wollte mich mit Wagen ins Hotel bringen, beziehungsweise ins Krankenhaus; aber ich hatte ja gar keine Magenschmerzen. Ich bedankte mich und ging zu Fuß. Ohne Hast, ohne Ahnung, wohin ich gehen sollte; ich weiß nicht, wie das heutige Düsseldorf aussieht, ich ging durch die Stadt, Stoßverkehr in Düsseldorf, ohne auf die Verkehrslichter zu achten, glaube ich, wie blind. Ich ging zum Schalter, wo ich mir eine Fahrkarte kaufte, dann in den nächsten Zug – ich sitze im Speisewagen, trinke Steinhäger und blicke zum Fenster hinaus, ich weine nicht, ich möchte bloß nicht mehr da sein, nirgends sein. Wozu auch zum Fenster hinausblicken? Ich habe nichts mehr zu sehen. Ihre zwei Hände, die es nirgends mehr gibt, ihre Bewegung, wenn sie das Haar in den Nacken wirft oder sich kämmt, ihre Zähne, ihre Lippen, ihre Augen, die es nirgends mehr gibt, ihre Stirn: wo soll ich sie suchen? Ich möchte bloß, ich wäre nie gewesen. Wozu eigentlich nach Zürich? Wozu nach Athen? Ich sitze im Speisewagen und denke: Warum nicht diese zwei Gabeln nehmen, sie aufrichten in meinen Fäusten und mein Gesicht fallen lassen, um die Augen loszuwerden?

Meine Operation auf übermorgen angesetzt.

P. S. Ich habe ja auf meiner ganzen Reise überhaupt keine Ahnung gehabt, was Hanna nach dem Unglück machte. Kein einziger Brief von Hanna! Ich weiß es heute noch nicht. Wenn ich sie frage, ihre Antwort: Was kann ich machen! Ich verstehe überhaupt nichts mehr. Wie kann Hanna nach allem was geschehen ist, mich aushalten? Sie kommt hierher, um zu gehen, und kommt wieder, sie bringt mir, was ich noch wünsche, sie hört mich an. Was denkt sie? Ihre Haare sind weißer geworden. Warum sagt sie's nicht, daß ich ihr Leben zerstört habe? Ich kann mir nach allem, was geschehen ist, ihr Leben nicht vorstellen. Ein einziges Mal habe ich Hanna verstanden, als sie mit beiden Fäusten in mein Gesicht schlug, damals am Totenbett. Seither verstehe ich sie nicht mehr.

16. VII. Zürich.

Ich fuhr von Düsseldorf nach Zürich, glaube ich, bloß weil ich meine Vaterstadt seit Jahrzehnten nicht mehr gesehen habe.

Ich hatte in Zürich nichts zu tun.

Williams erwartete mich in Paris –

In Zürich, als er neben mir stoppte und aus dem Wagen stieg, um mich zu begrüßen, erkannte ich ihn wieder nicht; genau wie das letzte Mal: ein Schädel mit Haut darüber, die Haut wie gelbliches Leder, sein Ballon-Bauch, die abstehenden Ohren, seine Herzlichkeit, sein Lachen wie bei einem Totenkopf, seine Augen noch immer lebendig, aber weit hinten, ich wußte bloß, daß ich ihn kenne, aber im ersten Augenblick wußte ich wieder nicht, wer's ist.

»Immer in Eile«, lachte er, »immer in Eile –«

Was ich denn in Zürich mache?

»Sie kennen mich wieder nicht?« fragte er.

Er sah grauenhaft aus, ich wußte nicht, was sagen, natürlich kannte ich ihn, es war nur der erste Schreck gewesen, dann die Angst, etwas Unmögliches zu sagen, ich sagte:

»Natürlich habe ich Zeit.«

Dann zusammen ins Café Odéon.

»Es tut mir leid«, sagte ich, »daß ich Sie das letzte Mal in Paris nicht erkannt habe –«

Er nahm's mir aber nicht übel, er lachte, ich hörte zu, Blick auf seine alten Zähne, es sah nur so aus, als lache er, seine Zähne viel zu groß, die Muskeln reichten nicht mehr für ein Gesicht ohne Lachen, Unterhaltung mit einem Totenschädel, ich mußte mich zusammennehmen, um Professor O. nicht zu fragen, wann er denn sterbe. Er lachte:

»Was zeichnen Sie denn, Faber?«

Ich zeichnete auf das Marmor-Tischlein, nichts weiter, eine Spirale, in dem gelben Marmor gab es eine versteinerte Schnecke, daher meine Spirale – ich steckte meinen Fixpencil wieder ein, Gespräch über Weltlage, sein Lachen störte mich derart, daß ich einfach nichts zu sagen wußte.

Ich sei ja so schweigsam.

Einer der Odéon-Kellner, Peter, ein alter Wiener, kannte mich noch; er findet mich unverändert –

Professor O. lachte.

Er findet es schade, daß ich damals meine Dissertation (über den sog. Maxwell'schen Dämon) nicht gemacht habe –

Die Odéon-Kokotten wie damals.

»Das wissen Sie nicht«, lachte er, »daß das Odéon abgerissen wird?«

Einmal seine plötzliche Frage:

»Wie geht's Ihrer schönen Tochter?«

Er hatte Sabeth gesehen, als wir uns in dem Café verabschiedeten, damals in Paris; wie er sagt: Neulich in Paris! Es war der Nachmittag, bevor wir in die Opéra gingen, Sabeth und ich, Vorabend unserer Hochzeitsreise – ich sagte nichts, nur:

»Wieso wußten Sie, daß es meine Tochter war?«

»Ich dachte es mir –!«

Sein Lachen dabei.

Ich hatte in Zürich nichts verloren, noch am gleichen Tag (nach dem Odéon-Geplauder mit Professor O.) fuhr ich nach Kloten hinaus, um weiterzufliegen –

Mein letzter Flug!

Wieder eine Super-Constellation.

Dabei war es eigentlich ein ruhiger Flug, nur schwacher Föhn über den Alpen, die ich noch aus jungen Jahren einigermaßen kenne, aber zum ersten Mal überfliege, ein blauer Nachmittag mit üblicher Föhn-Mauer, Vierwaldstättersee, rechts das Wetterhorn, dahinter Eiger und Jungfrau, vielleicht Finsteraarhorn, so genau kenne ich sie nicht mehr, unsere Berge, ich habe andres im Kopf –

Was eigentlich?

Täler im Schräglicht des späteren Nachmittags, Schattenhänge, Schattenschluchten, die weißen Bäche drin, Weiden im Schräglicht, Heustadel, von der Sonne gerötet, einmal eine Herde in einer Mulde voll Geröll über der Waldgrenze: wie weiße Maden! (Sabeth würde es natürlich anders taufen, aber ich weiß nicht wie.) Meine Stirne am kalten Fenster mit müßigen Gedanken –

Wunsch, Heu zu riechen!

Nie wieder fliegen!

Wunsch, auf der Erde zu gehen – dort unter den letzten Föhren, die in der Sonne stehen, ihr Harz riechen und das Wasser hören, vermutlich ein Tosen, Wasser trinken –

Alles geht vorbei wie im Film!

Wunsch, die Erde zu greifen –

Statt dessen steigen wir immer höher.

Zone des Lebens, wie dünn sie eigentlich ist, ein paar hundert Meter, dann wird die Atmosphäre schon zu dünn, zu kalt, eine Oase eigentlich, was die Menschheit bewohnt, die grüne Talsohle, ihre schmalen Verzweigungen, dann Ende der Oase, die Wälder sind wie abgeschnitten (hierzulande auf 2000 m, in Mexico auf 4000 m), eine Zeit lang gibt es noch Herden, weidend am Rand des möglichen Lebens, Blumen – ich sehe sie nicht, aber weiß es – bunt und würzig, aber winzig, Insekten, dann nur noch Geröll, dann Eis –

Einmal ein neuer Stausee.

Sein Wasser: wie Pernod, grünlich und trübe, darin Spiegelweiß von einem Firn, ein Ruderschiff auf dem Ufer, Segment-Damm, kein Mensch.

Dann die ersten Nebel, jagend –

Die Gletscherspalten: grün wie Bierflaschenglas. Sabeth würde sagen: wie Smaragd! Wieder unser Spiel auf einundzwanzig Punkte! Die Felsen im späten Licht: wie Gold. Ich finde: wie Bernstein, weil matt und beinahe durchsichtig, oder wie Knochen, weil bleich und spröde. Unser Flugzeugschatten über Moränen und Gletschern: wie er in die Schlünde sackt, man meint jedesmal, er sei verloren und verlocht, und schon klebt er an der nächsten Felswand, im ersten Augenblick: wie mit einer Pflasterkelle hingeworfen, aber er bleibt nicht wie Verputz, sondern gleitet und fällt wieder ins Leere jenseits des Grates. Unser Flugzeugschatten: wie eine Fledermaus! so würde Sabeth sagen, ich finde nichts und verliere einen Punkt, ich habe anderes im Kopf: eine Spur im Firn, Menschenspur, sie sieht aus wie eine Nieten-Naht, Sabeth würde finden: wie eine Halskette, bläulich, in großer Schleife um eine weiße Firn-Büste gehängt. Was ich im Kopf habe: Wenn ich jetzt noch auf jenem Gipfel stehen würde, was tun? Zu spät, um abzusteigen; es dämmert schon in den Tälern, und die Abendschatten strecken sich über ganze Gletscher, dann Knick in die senkrechten Wände hinauf. Was tun? Wir fliegen vorbei; man sieht das Gipfelkreuz, weiß, es leuchtet, aber sehr einsam, ein Licht, das man als Bergsteiger niemals trifft, weil man vorher absteigen muß, Licht, das man mit dem Tod bezahlen müßte, aber sehr schön, ein Augenblick, dann Wolken, Luftlöcher, die Alpensüdseite bewölkt, wie zu erwarten war, die Wolken: wie Watte, wie Gips, wie Blumenkohl, wie Schaum mit Seifenblasenfarben, ich weiß nicht, was Sabeth alles finden würde, es wechselt rasch, manchmal ein Wolkenloch, in der Tiefe: ein schwarzer Wald, ein Bach, der Wald wie ein Igel, aber nur eine Sekunde lang, die Wolken schieben sich durcheinander, Schatten der oberen Wolken auf den unteren, Schatten wie Vorhänge, wir fliegen hindurch, Gewölk in der Sonne vor uns: als müsse unsere Maschine daran zerschellen, Gebirge aus Wasserdampf, aber prall und weiß wie griechischer Marmor, körnig –

Wir fliegen hinein.

Seit meiner Notlandung in Tamaulipas habe ich mich stets so gesetzt, daß ich das Fahrgestell sehe, wenn sie es ausschwenken, gespannt, ob die Piste sich im letzten Augenblick, wenn die Pneus aufsetzen, nicht doch in Wüste verwandelt –

Mailand:

Depesche an Hanna, daß ich komme.

Wohin sonst?

Es ist nicht einzusehen, wieso ein solches Fahrgestell, bestehend aus zwei Pneu-Paaren mit Federung im Rohrgestell und mit Schmieröl auf dem blanken Metall, wie es sich gehört, sich plötzlich wie ein Dämon benehmen soll, wenn es den Boden berührt, wie ein Dämon, der die Piste plötzlich in Wüste verwandelt – Spintisiererei, die ich natürlich selber nicht ernstnahm; ich bin in meinem Leben noch keinem Dämon begegnet, ausgenommen der sog. Maxwell'sche Dämon, der bekanntlich keiner ist.

Rom:

Depesche an Williams, daß ich kündige.

Langsam wurde ich ruhig.

Es war Nacht, als man weiterflog, und wir flogen zu nördlich, so daß ich den Golf von Korinth – gegen Mitternacht – nicht erkennen konnte.

Alles wie üblich:

Auspuff mit Funkensprühen in der Nacht –

Das grüne Blinklicht an der Tragfläche –

Mondglanz auf der Tragfläche –

Das rote Glühen in der Motorhaube –

Ich war gespannt, als fliege ich zum ersten Mal in meinem Leben; ich sah wie das Fahrgestell langsam ausschwenkte, Aufblenden der Scheinwerfer unter der Tragfläche, ihr weißer Schein in den Scheiben der Propeller, dann löschen sie wieder aus, Lichter unter uns, Straßen von Athen, beziehungsweise Piräus, wir sanken, dann die Bodenlichter, gelb, die Piste, wieder unsere Scheinwerfer, dann der übliche weiche Stoß (ohne Sturz vornüber ins Bewußtlose) mit den üblichen Staubschwaden hinter dem Fahrgestell –

Ich löse meinen Gürtel –

Hanna am Flughafen.

Ich sehe sie durch mein Fenster –

Hanna in Schwarz.

Ich habe nur meine Mappe, meine Hermes-Baby, Mantel und Hut, so daß der Zoll sofort erledigt ist; ich komme als erster heraus, aber wage nicht einmal zu winken. Kurz vor der Schranke bin ich einfach stehengeblieben (sagt Hanna) und habe gewartet, bis Hanna auf mich zuging. Ich sah Hanna zum ersten Mal in Schwarz. Sie küßte mich auf die Stirn. Sie empfahl das Hotel Estia Emborron.

Heute nur noch Tee, noch einmal die ganze Untersucherei, nachher ist man erledigt. Morgen endlich Operation.

Bis heute bin ich ein einziges Mal an ihrem Grab gewesen, da sie mich hier (ich verlangte nur eine Untersuchung) sofort behalten haben; ein heißes Grab, Blumen verdorren in einem halben Tag –

18.00 Uhr
Sie haben meine Hermes-Baby genommen.

19.30 Uhr
Hanna ist nochmals dagewesen.

24.00 Uhr
Ich habe noch keine Minute geschlafen und will auch nicht. Ich weiß alles. Morgen werden sie mich aufmachen, um festzustellen, was sie schon wissen: daß nichts mehr zu retten ist. Sie werden mich wieder zunähen, und wenn ich wieder zum Bewußtsein komme, wird es heißen, ich sei operiert. Ich werde es glauben, obschon ich alles weiß. Ich werde nicht zugeben, daß die Schmerzen wiederkommen, stärker als je. Das sagt man so: Wenn ich wüßte, daß ich Magenkrebs habe, dann würde ich mir eine Kugel in den Kopf schießen! Ich hänge an diesem Leben wie noch nie, und wenn es nur noch ein Jahr ist, ein elendes, ein Vierteljahr, zwei Monate (das wären September und Oktober), ich werde hoffen, obschon ich weiß, daß ich verloren bin. Aber ich bin nicht allein, Hanna ist mein Freund, und ich bin nicht allein.

02.40 Uhr
Brief an Hanna geschrieben.

04.00 Uhr

Verfügung für Todesfall: alle Zeugnisse von mir wie Berichte, Briefe, Ring-heftchen, sollen vernichtet werden, es stimmt nichts. Auf der Welt sein: im Licht sein. Irgendwo (wie der Alte neulich in Korinth) Esel treiben, unser Beruf! – aber vor allem: standhalten dem Licht, der Freude (wie unser Kind, als es sang) im Wissen, daß ich erlösche im Licht über Ginster, Asphalt und Meer, standhalten der Zeit beziehungsweise Ewigkeit im Augenblick. Ewig sein: gewesen sein.

04.15 Uhr

Auch Hanna hat keine Wohnung mehr, erst heute (gestern!) sagte sie es. Sie wohnt jetzt in einer Pension. Schon meine Depesche aus Caracas hat Hanna nicht mehr erreicht. Es muß um diese Zeit gewesen sein, als Hanna sich ein-schiffte. Zuerst ihre Idee, ein Jahr lang auf die Inseln zu gehen, wo sie griechi-sche Bekannte hat aus der Zeit der Ausgrabungen (Delos); man lebe auf diesen Inseln sehr billig. In Mykonos kauft man ein Haus für zweihundert Dollar, meint Hanna, in Amorgos für hundert Dollar. Sie arbeitet auch nicht mehr im Institut, wie ich immer gemeint habe. Hanna hat versucht, ihre Wohnung mitsamt der Einrichtung zu vermieten, was in der Eile nicht gelungen ist; dann verkaufte sie alles, viele Bücher verschenkte sie. Sie hielt es in Athen einfach nicht mehr aus, sagte sie. Als sie sich einschiffte, habe sie an Paris gedacht, vielleicht auch an London; alles ungewiß, denn es ist nicht so einfach, meint Hanna, in ihrem Alter eine neue Arbeit zu finden, beispielweise als Sekretärin. Hanna hat nicht eine Minute daran gedacht, mich um Hilfe zu bitten; drum schrieb sie auch nicht. Im Grunde hatte Hanna nur ein einziges Ziel: weg von Griechenland! Sie verließ die Stadt, ohne sich von ihren hiesigen Bekannten zu verabschieden, ausgenommen der Direktor des Instituts, den sie sehr schätzt. Die letzten Stunden vor der Abfahrt verbrachte sie draußen auf dem Grab und mußte um 14.00 Uhr an Bord sein, Ausfahrt um 15.00 Uhr, aber aus irgendeinem Grunde verzö-gerte sich die Ausfahrt um fast eine Stunde. Plötzlich (sagt Hanna) kam es ihr sinnlos vor, und sie verließ das Schiff mit ihrem Handgepäck. Für die drei großen Koffer im Lager war es zu spät; die Koffer fuhren nach Neapel und sollen demnächst zurückkommen. Sie wohnte zuerst im Hotel Estia Embor-ron, das ihr aber auf die Dauer zu teuer war, und meldete sich wieder im In-stitut, wo ihr bisheriger Mitarbeiter unterdessen ihre Stelle übernommen hat, Vertrag auf drei Jahre, nicht mehr zu ändern, da ihr Nachfolger lange genug gewartet hat und nicht freiwillig zurückzutreten gedenkt. Der Direktor soll äußerst nett sein, aber das Institut nicht reich genug, um diesen Posten doppelt zu besetzen. Was man ihr geben kann: Aussicht auf gelegentliche Sonderarbeiten, dazu Empfehlungen nach auswärts. Aber Hanna will in Athen bleiben. Ob Hanna mich hier erwartet oder Athen hat verlassen wollen, um mich nicht wiederzusehen, weiß ich nicht. Es war ein Zufall, daß sie meine Depesche aus Rom zeitig genug bekommen hat; sie war, als die Depesche kam, gerade in der leeren Wohnung, um die Schlüssel an den Hausverwalter auszuhändigen. Was Hanna jetzt arbeitet: Fremdenführerin vormittags im Museum, nachmittags auf Akropolis, abends nach Sunion. Sie führt vor allem Gruppen, die alles an einem Tag machen, Mittelmeerreisegesellschaften.

06.00 Uhr
Brief an Hanna nochmals geschrieben.

06.45 Uhr
Ich weiß es nicht, warum Joachim sich erhängt hat, Hanna fragt mich immer wieder. Wie soll ich's wissen? Sie kommt immer wieder damit, obschon ich von Joachim weniger weiß als Hanna. Sie sagt: Das Kind, als es dann da war, hat mich nie an dich erinnert, es war mein Kind, nur meines. In bezug auf Joachim: Ich liebte ihn, gerade weil er nicht der Vater meines Kindes war, und in den ersten Jahren war alles so einfach. Hanna meint, unser Kind wäre nie zur Welt gekommen, wenn wir uns damals nicht getrennt hätten. Davon ist Hanna überzeugt. Es entschied sich für Hanna, noch bevor ich in Bagdad angekommen war, scheint es; sie hatte sich ein Kind gewünscht, die Sache hatte sie überfallen, und erst als ich verschwunden war, entdeckte sie, daß sie ein Kind wünschte (sagt Hanna) ohne Vater, nicht unser Kind, sondern ihr Kind. Sie war allein und glücklich, schwanger zu sein, und als sie zu Joachim ging, um sich überreden zu lassen, war Hanna bereits entschlossen, ihr Kind zu haben; es störte sie nicht, daß Joachim damals meinte, sie in einem entscheidenden Beschluß ihres Lebens bestimmt zu haben, und daß er sich in Hanna verliebte, was kurz darauf zur Heirat führte. Auch mein unglücklicher Ausspruch neulich in ihrer Wohnung: Du tust wie eine Henne! hat Hanna sehr beschäftigt, weil auch Joachim, wie sie zugibt, einmal dieselben Worte gebraucht hat. Joachim sorgte für das Kind, ohne sich in die Erziehung einzumischen; es war ja nicht sein Kind, auch nicht mein Kind,

sondern ein vaterloses, einfach ihr Kind, ihr eigenes, ein Kind, das keinen Mann etwas angeht, womit Joachim sich offenbar zufriedengeben konnte, wenigstens in den ersten Jahren, solange es ein Kleinkind war, das sowieso ganz zur Mutter gehört, und Joachim gönnte es ihr, da es Hanna glücklich machte. Von mir, sagte Hanna, war nie die Rede. Joachim hatte keinen Grund, eifersüchtig zu sein, und war es auch nicht in bezug auf mich; er sah, daß ich nicht als Vater galt, nicht für die Welt, die ja nichts davon wußte, und schon gar nicht für Hanna, die mich einfach vergaß (wie Hanna immer wieder versichert), ohne Vorwurf. Schwieriger wurde es zwischen Joachim und Hanna erst, als sich die Erziehungsfragen mehrten: weniger wegen Meinungsunterschieden, die selten waren, aber Joachim vertrug es grundsätzlich nicht, daß Hanna sich in allem, was Kinder betrifft, als die einzige und letzte Instanz betrachtete. Hanna gibt zu, daß Joachim ein verträglicher Mensch gewesen ist, allergisch nur in diesem Punkt.

Offenbar hoffte er mehr und mehr auf ein Kind, ein gemeinsames, das ihm die Stellung des Vaters geben würde, und meinte, dann würde alles durchaus selbstverständlich, Elsbeth hielt ihn für ihren Papa; sie liebte ihn, aber Joachim mißtraute ihr, meint Hanna, und kam sich überflüssig vor. Es gab damals allerlei vernünftige Gründe, keine weiteren Kinder in die Welt zu setzen, vor allem für eine deutsche Halbjüdin; Hanna pocht auf diese Gründe noch heute, als würde ich sie bestreiten. Joachim glaubte ihr die Gründe nicht; sein Verdacht: Du willst keinen Vater im Haus! er meinte, Hanna wolle nur Kinder, wenn nachher der Vater verschwindet. Was ich auch nicht gewußt habe: Joachim betrieb seine Auswanderung nach Übersee seit 1935, seinerseits zu allem entschlossen, um sich nicht von Johanna trennen zu müssen. Auch Hanna dachte nie an eine Trennung; sie wollte mit Joachim nach Canada oder Australien, sie lernte zusätzlich den Beruf einer Laborantin, um ihm überall in der Welt helfen zu können. Dazu ist es aber nicht gekommen. Als Joachim erfährt, daß Hanna sich hat unterbinden lassen, kommt es zu einer Kurzschlußhandlung: Joachim meldet sich (nachdem er sich zum Verdruß seiner Sippe hat freimachen können) freiwillig zur Wehrmacht. Hanna hat ihn nie vergessen. Obschon sie in den folgenden Jahren nicht ohne Männer lebt, opfert sie ihr ganzes Leben für ihr Kind. Sie arbeitet in Paris, später in London, in Ostberlin, in Athen. Sie flieht mit ihrem Kind. Sie unterrichtet ihr Kind, wo es keine deutschsprachige Schule gibt, selbst und lernt mit vierzig Jahren noch Geige, um ihr Kind begleiten zu können. Nichts ist Hanna zuviel, wenn es um ihr Kind geht. Sie pflegt ihr Kind in einem Keller,

als die Wehrmacht nach Paris kommt, und wagt sich auf die Straße, um Me-
dikamente zu holen. Hanna hat ihr Kind nicht verwöhnt; dazu ist Hanna
zu gescheit, finde ich, auch wenn sie sich selbst (seit einigen Tagen) immerzu
als Idiotin bezeichnet. Warum ich das gesagt habe? fragt sie jetzt immerzu.
Damals: Dein Kind, statt unser Kind. Ob als Vorwurf oder nur aus Feigheit?
Ich verstehe ihre Frage nicht. Ob ich damals gewußt hätte, wie recht ich habe?
Und warum ich neulich gesagt habe: Du benimmst dich wie eine Henne! Ich
habe diesen Ausspruch schon mehrmals zurückgenommen und widerrufen,
seit ich weiß, was Hanna alles geleistet hat; aber es ist Hanna, die nicht da-
von loskommt. Ob ich ihr verzeihen könne! Sie hat geweint, Hanna auf den
Knien, während jeden Augenblick die Diakonissin eintreten kann, Hanna,
die meine Hand küßt, dann kenne ich sie gar nicht. Ich verstehe nur, daß
Hanna, nach allem was geschehen ist, Athen nie wieder verlassen will, das
Grab unseres Kindes. Wir beide werden hier bleiben, denke ich. Ich verstehe
auch, daß sie ihre Wohnung aufgab mit dem leeren Zimmer; es ist Hanna
schon schwer genug gefallen, das Mädchen allein auf die Reise zu lassen,
wenn auch nur für ein halbes Jahr. Hanna hat immer schon gewußt, daß
ihr Kind sie einmal verlassen wird; aber auch Hanna hat nicht ahnen kön-
nen, daß Sabeth auf dieser Reise gerade ihrem Vater begegnet, der alles zer-
stört —

08.05 Uhr
  Sie kommen.

Mein Name sei
Gantenbein

Die dabei gewesen sind, die letzten, die ihn noch gesprochen haben, Bekannte durch Zufall, sagen, daß er an dem Abend nicht anders war als sonst, munter, nicht übermütig. Man speiste reizvoll, aber nicht üppig; geredet wurde viel, Palaver mit Niveau, wobei er wenigstens zu Anfang, scheint es, nicht stiller war als die andern. Jemand will sich gewundert haben über seinen müden Blick, wenn er zuhörte; dann wieder beteiligte er sich, um vorhanden zu sein, witzig, also nicht anders als man ihn kannte. Später ging die ganze Gruppe noch in eine Bar, wo man vorerst in Mänteln stand, später sich zu andern setzte, die ihn nicht kannten; vielleicht wurde er deswegen still. Er bestellte nur noch Kaffee. Als er später aus der Toilette zurückkam, sagen sie, war er bleich, aber eigentlich bemerkte man es erst, als er, ohne sich nochmals zu setzen, um Entschuldigung bat, er möchte nach Haus, fühle sich plötzlich nicht besonders. Er machte es kurz, ohne Handschlag, leichthin, um ihr Gespräch nicht zu unterbrechen. Jemand sagte noch: So warte doch, wir werden hier auch nicht alt! Er war aber, sagen sie, nicht zu halten, und als die Garderobiere endlich seinen Mantel brachte, zog er diesen nicht an, sondern nahm ihn nur auf den Arm, als habe er Eile. Alle sagen, er habe nicht viel getrunken, und sie waren nicht sicher, ob er sich wirklich unwohl fühlte, ob das nicht ein Vorwand war; er lächelte. Vielleicht hatte er noch eine andere Verabredung. Die Damen foppten ihn schmeichelhaft; er schien auf die Verdächtigung einzugehen, aber ohne noch ein Wort zu sagen. Man mußte ihn gehen lassen. Es war noch nicht einmal Mitternacht. Als man dann seine vergessene Pfeife auf dem Tisch bemerkte, war es zu spät, um ihm nachzulaufen ... Der Tod muß eingetreten sein, kurz nachdem er sich in seinen Wagen gesetzt hatte; das Standlicht war eingeschaltet, ebenso der Motor, der Winker blinkte und blinkte, als wollte er jeden Augenblick in die Straße ausfahren. Er saß aufrecht, Kopf nach hinten, beide Hände am aufgerissenen Kragen, als ein Polizist kam, um nachzusehen, warum der Wagen mit dem laufenden Motor nicht ausfuhr. Es muß ein kurzer Tod gewesen, und die nicht dabei gewesen sind, sagen, ein leichter Tod – ich kann es mir nicht vorstellen – ein Tod wie gewünscht ...

Ich stelle mir vor:
So könnte das Ende von Enderlin sein.
Oder von Gantenbein?
Eher von Enderlin.
Ja, sage ich auch, ich habe ihn gekannt. Was heißt das! Ich habe ihn mir
vorgestellt, und jetzt wirft er mir meine Vorstellungen zurück wie Plunder;
er braucht keine Geschichten mehr wie Kleider.

Ich sitze in einer Bar, Nachmittag, daher allein mit dem Barmann, der mir
sein Leben erzählt. Warum eigentlich? Er tut's, und ich höre zu, während
ich trinke oder rauche; ich warte auf jemand, ich lese eine Zeitung. So war
das! sagt er, während er die Gläser spült. Eine wahre Geschichte also. Ich
glaub's! sage ich. Er trocknet die gespülten Gläser. Ja, sagt er nochmals,
so war das! Ich trinke – ich denke: Ein Mann hat eine Erfahrung gemacht,
jetzt sucht er die Geschichte seiner Erfahrung ...

Er war ein Mann meines Alters, ich folgte ihm von dem Augenblick an, als
er seinen Wagen, einen Citroën, glaube ich, verlassen, die Wagentüre zuge-
schlagen und den Schlüsselbund in seine Hosentasche gesteckt hatte. Die
Gestalt kam in Frage. Eigentlich hatte ich vor, ein Museum zu besuchen,
da mein beruflicher Kram erledigt war und da ich in dieser Stadt niemand
kannte, und es war ein Zufall, daß er mir aufgefallen war, ich weiß nicht
wieso, eine Bewegung des Kopfes, als jucke es ihn: er steckte sich eine Zigarette an. Ich sah es in dem Augenblick, als ich mir selbst eine Zigarette
anstecken wollte; ich unterließ es. Ich folgte ihm, noch ohne sein Gesicht
gesehen zu haben, rechtskehrt, indem ich meine Zigarette wegwarf, ohne
Zögern und ohne Hast. Das war in der Gegend der Sorbonne, vormittags.
Als habe er etwas gespürt, war er nochmals zu seinem Wagen zurückgekehrt, um zu prüfen, ob er die Wagentüren wirklich geschlossen hatte,
suchte den Schlüsselbund in der falschen Tasche. Unterdessen tat ich, als
betrachtete ich ein Plakat, und steckte mir dabei, um mich von ihm zu unterscheiden, eine Pfeife an. Ich fürchtete schon, er werde sich in den Wagen setzen und losfahren, während ich das Plakat zu lesen vorgab, Spiel-

plan des TNP. Dann aber, ich hörte das Zuschlagen der Wagentüre und
drehte mich um, ging er zu Fuß, so daß ich ihm folgen konnte. Ich beobachtete seinen Gang, seine Kleidung, seine Bewegung. Auffallend war nur
die Art, wie er mit seinen Armen ruderte. Offensichtlich hatte er Eile. Ich
folgte ihm von Block zu Block, Richtung zur Seine, und sei es auch nur,
weil ich in dieser Stadt gerade nichts andres zu tun hatte. Er trug jetzt eine
Ledermappe, nachdem er, wie ich mich erinnerte, seinen Wagen zuerst
ohne eine Ledermappe verlassen hatte. Von Leuten zur Seite gedrängt,
die mir auf dem Fußgängerstreifen entgegenfluteten, verlor ich ihn aus
dem Blick und wollte schon wieder aufgeben; andere Leute drängten mich
aber weiter, alle wollten noch vor dem Rotlicht über die Straße. Ohne zu
wollen, ging ich weiter. Ich weiß genau, daß nichts dabei herauskommt;
früher oder später wird jeder, den ich ins Auge fasse, in einer Türe verschwinden oder er winkt plötzlich einem Taxi, und bis ich ebenfalls ein
freies Taxi erwischt habe, ist es jedesmal zu spät, dann kann ich mich
nur noch ins Hotel zurückfahren lassen, um mich in Kleidern und Schuhen aufs Bett zu legen, erschöpft von meinen sinnlosen Gängen . . . Es ist
ein Tick von mir! . . . Kaum hatte ich also aufgegeben, eigentlich froh,
daß ich die Verfolgung nicht fortzusetzen brauchte, erkannte ich ihn wieder und zwar an der Art, wie er mit seinen Armen ruderte. Obschon es Vormittag war, trug er einen dunklen Abendanzug, als käme er aus der Oper.
Vielleicht war es dies, was mich mit dem Unbekannten verknüpfte, Erinnerung an einen Vormittag im dunklen Abendanzug, als ich von einer Frau
kam. Er spürte meine Verfolgung noch nicht oder nicht mehr. Übrigens
war er hutlos wie ich. Obschon in Eile, kam er nicht rascher voran als
ich, der ich nicht durch gleiche Eile auffallen durfte, sondern zu gehen
hatte wie alle andern; so gewann er von Block zu Block einen kleinen Vorsprung, zumal ich die zwecklose Verfolgung aufzugeben bereit war, dann
aber vor dem Stoplicht kamen wir jedesmal wieder ins selbe Rudel. Sein
Gesicht hatte ich noch immer nicht gesehen; kaum war ich einmal, eine
Lücke im Gedränge nutzend, auf gleicher Höhe mit ihm, blickte er nach
der andern Seite. Einmal blieb er vor einem Schaufenster stehen, so daß
ich es in der Spiegelung sehen konnte, sein Gesicht, aber ich redete ihn
nicht an; sein Gesicht kam nicht in Frage – ich ging in die nächstbeste
Bar, um endlich zu frühstücken . . . Der nächste, den ich ins Auge faßte,
hatte eine Haut, wie nur Amerikaner sie haben, Milch mit Sommersprossen, Seifenhaut. Ich folgte ihm trotzdem. Ich schätzte ihn, von hinten,

auf fünfunddreißig Jahre; ein schönes Alter. Ich hatte eben meinen Rück-
flug gebucht und war eigentlich im Begriff, die verbleibenden Stunden
vielleicht im Central Park zu verbummeln. Sorry! sagte er, da er mich gestoßen hatte, und ich drehte mich um, sah ihn aber nur noch von hinten.
Er trug einen schiefergrauen Mantel, ich war gespannt, wohin der mich
führen würde. Manchmal schien er es selbst nicht zu wissen, zögerte und
schien in diesem Manhattan auch etwas verloren. Je länger wir gingen,
um so sympathischer wurde er mir. Ich überlegte: wovon er lebt, was er arbeitet, wie er wohnt, was er in seinem Leben schon erfahren hat, was nicht,
und wie er denkt, während er so geht unter Millionen von andern Leuten,
und wofür er sich hält. Ich sah seinen blonden Kopf über dem schiefergrauen Mantel, und wir hatten eben die 34. Straße überquert, als er plötzlich stehenblieb, um sich eine Zigarette anzustecken; ich merkte es zu spät,
so daß ich, versehentlich, bereits an ihm vorbeigegangen war, als er die ersten Züge rauchte; sonst hätte ich die Gelegenheit vielleicht genutzt, höflich mein Feuerzeug anzubieten, um mit ihm in ein Gespräch zu kommen.
Als ich mich umdrehte, hatte er keine Haare mehr auf dem Kopf, und natürlich sagte ich mir sofort, daß es nicht derselbe Mann sein könnte, ich
mußte ihn im Gedränge verloren und verwechselt haben, schiefergraue
Mäntel gibt es viele. Trotzdem erschrak ich, als er plötzlich ein Mann
von fünfzig Jahren war. Darauf war ich nicht gefaßt gewesen. Can I help
you? fragte er, und da mir nicht zu helfen war, ging er seines Weges weiter
mit einem Räuchlein über der Schulter. Es war ein blauer Tag, sonnig, aber
im Schatten bitterkalt, windig; die besonnten Hochhäuser spiegelten sich
in gläsernen Schattenwänden, und man konnte nicht stehenbleiben in
der Kälte dieser Schluchten. Warum soll er nicht ein Mann von fünfzig
Jahren sein? Sein Gesicht kam in Frage. Warum nicht ein Gesicht mit
Glatze? Gern hätte ich ihn nochmals von vorne gesehen, aber dazu kam
es nicht mehr; zwar ging er gelassener als der Jüngere zuvor, verschwand
aber plötzlich in ein Haustor, und obschon ich folgte – ich zögerte kaum
zwei oder drei Sekunden – sah ich nur noch, wie er gerade in einen Lift
trat, dessen bronzene Türen, von einem Neger in Uniform bedient, langsam sich schlossen (wie im Krematorium), unaufhaltsam; zwar nahm ich
sofort, nachdem auch ich meine Zigarette in den landesüblichen Eimer
voll Sand gesteckt hatte, den nächsten Nebenlift, stand im Gepferch wie
alle andern, die, kaum eingetreten, die Nummer eines Stockwerks nannten
und ausstiegen, wenn ihre Nummer ausgerufen wurde; ich stand und sah

die flinken Nummern aufleuchten, schließlich allein mit dem Neger und achselzuckend, als dieser mich fragte, wohin ich denn wolle; das Gebäude hatte 47 Stockwerke ...

Ein Mann hat eine Erfahrung gemacht, jetzt sucht er die Geschichte dazu – man kann nicht leben mit einer Erfahrung, die ohne Geschichte bleibt, scheint es, und manchmal stellte ich mir vor, ein andrer habe genau die Geschichte meiner Erfahrung ...
(Der Barmann ist es nicht.)

Das Morgengrauen vor dem offenen Fenster kurz nach sechs Uhr erschien wie eine Felswand, grau und rißlos, Granit: – aus diesem Granit stößt wie ein Schrei, jedoch lautlos, plötzlich ein Pferdekopf mit weitaufgerissenen Augen, Schaum im Gebiß, aufwiehernd, aber lautlos, ein Lebewesen, es hat aus dem Granit herauszuspringen versucht, was im ersten Anlauf nicht gelungen ist und nie, ich seh's, nie gelingen wird, nur der Kopf mit fliegender Mähne ist aus dem Granit heraus, wild, ein Kopf voll Todesangst, der Leib bleibt drin, hoffnungslos, die weißen Augen, irr, blicken mich an, Gnade suchend –
Ich machte Licht.
Ich lag wach.
Ich sah:
– unversehens erstarrt, eine Mähne aus roter Terrakotta, leblos, Terrakotta oder Holz mit einem kreideweißen Gebiß und mit glanzschwarzen Nüstern, alles kunstvoll bemalt, lautlos zieht sich der Pferdekopf langsam in den Fels zurück, der sich lautlos schließt, rißlos wie das Morgengrauen vor dem Fenster, grau, Granit wie am Gotthard; im Tal, tiefunten, eine ferne Straße, Kurven voll bunter Autos, die alle nach Jerusalem rollen (ich weiß nicht, woher ich das weiß!), eine Kolonne von bunten kleinen Autos, spielzeughaft.
Ich klingelte.
Draußen regnete es.
Ich lag mit offenen Augen.

Als die Krankenschwester endlich kam und fragte, was denn los sei, bat ich um ein Bad, was aber, ohne Erlaubnis des Arztes, um diese Stunde nicht möglich war; statt dessen gab sie einen Saft und mahnte zur Vernunft; ich solle schlafen, sagte sie, um morgen einen schönen Befund zu haben, so daß ich am Samstag entlassen werden könne, und löschte das Licht . . .

Ich stelle mir vor:

Als die junge Nachtschwester endlich kommt, eine Lettin (Elke hieß sie), findet sie ein leeres Bett; der Kranke hat sich selbst ein Bad einlaufen lassen. Er hat geschwitzt, und da er ja baden will, steht er nackt in Wolken von Wasserdampf, als er ihre Vorwürfe hört, noch ohne sie zu sehen, Elke, die sich entsetzt und behauptet, er wisse nicht, was er tue. Erst nachdem sie das Fenster geschlossen hat und als das graue Gedampf, das auch den Spiegel beschlagen hat, allmählich schwindet, wird sich der Kranke plötzlich seiner Nacktheit bewußt; er lächelt. Er solle ins Bett gehen, sagt sie, solle sofort den Wasserhahn abstellen, und da er's nicht tut, will sie es tun; aber da steht der Nackte ihr im Weg, und da er im Augenblick nichts andres zur Hand hat, um sich vor dem jungen Mädchen zu bedecken, hilft er sich mit einem Scherz: Ich bin Adam! Sie findet's nicht zum Lachen. Er weiß nicht, warum er lacht. Warum er denn baden wolle um diese Zeit, fragt sie fachlich, dazu ohne Erlaubnis des Arztes? Und dann nimmt sie flink ein Frottiertuch aus dem Schrank, um dem Unsinn ein Ende zu machen; sie hält es ihm hin, damit er sich nicht erkälte, wortlos, während er sie ansieht, als sehe er Elke zum ersten Mal. Ein Mädchen mit wassergrauen oder grünlichen Augen. Er faßt sie an beiden Schultern. Ein Mädchen mit falbem Haar und großen Zähnen. Was soll das denn! sagt sie, während er, seine beiden Hände an ihren beiden Achseln, sich selbst sagen hört: Ich bin Adam und Du bist Eva! Noch tönt es wie ein Scherz; sie wagt nicht zu rufen im nächtlichen Krankenhaus und drückt bloß auf eine Klingel, während sie mit der andern Hand gegen den Verrückten boxt, plötzlich doch voll Furcht, seit er ihr das Häubchen, das blaue mit dem roten Kreuz, behutsam vom Kopf genommen hat. Ihr Gesicht kennt er seit Wochen, aber neu ist ihr Haar, ihr falbes, jetzt loses und aufbrodelndes Haar. Er will Elke nicht wehtun, nur sagen: Ich bin Adam und Du bist Eva! wobei er ihr Haar hält, so daß sie den Kopf nicht mehr rühren kann. Hörst Du mich? fragt er. Und sie brauchte nur zu lächeln, Eva als Nachtschwester, eine studentische Ostseebäuerin mit grünen Augen und mit einem Pferdegebiß; nur zu lächeln, um den Scherz wiederherzustellen. Aber sie

starrt ihn an. Er scheint nicht zu wissen, daß er nackt ist. Sie boxt nicht
mehr, er spürt es ja nicht einmal; sie wehrt sich nur dafür, daß sie das blaue
Häubchen wiederbekomme, aber vergeblich, obschon inzwischen ein
Nachtarzt erschienen ist im Korridor. Er wiederholt es – natürlich versteht
der Nachtarzt überhaupt nicht, was los ist – wie ein Sprachlehrer, der
durch Wiederholung etwas einpauken will: Ich bin Adam und Du bist
Eva, ich bin Adam und Du bist Eva! während Elke, hilflos wie vor einem
Betrunkenen, nicht ihn anschreit, sondern den Nachtarzt: warum er dort
stehe und ihr nicht helfe. Dabei geschieht ihr ja nichts. Der Nachtarzt,
seine beiden Hände in den weißen Mantel gesteckt, rührt sich nicht, grin-
send, unsicher, ob das Ungehörige nicht auf seiner Seite liege, ein Voyeur,
wenn auch unfreiwillig. Was sollte er tun? Erst als der Nackte bemerkt,
daß sie, obschon Adam und Eva, nicht allein in diesem Korridor sind,
und als er auf den Nachtarzt zutritt, verliert sich sein Grinsen; aber auch
jetzt nimmt er die Hände nicht aus den Taschen seines weißen Mäntelchens. Wer sind Sie? fragt der Nackte, als hätte es diesen Nachtarzt noch
nie gegeben. Die Hände in den Taschen seines weißen Mäntelchens, das
ihn von dem Nackten unterscheidet, tut er, was schlimmer ist als Grinsen:
er spricht den Nackten mit seinem Namen an. Freundlich. Aber von diesem Augenblick an is's aus. Rettungslos. Elke, entlassen aus seiner Bedrohung, büschelt ihr Haar. Sie sind der Teufel! sagt er, bis der Nachtarzt
endlich seine Hände aus dem weißen Mäntelchen zieht, um sich am Treppengeländer zu halten, um zu weichen Schritt hinter Schritt. Sie sind der
Teufel! sagt der Nackte, ohne zu schreien, jedoch entschieden, sowie der
Weiße wieder stehenbleiben und sich äußern will: Sie sind der Teufel, Sie
sind der Teufel! während Elke, jetzt wieder mit dem blöden Häubchen
auf ihrem falben Haar, zu beschwichtigen versucht, aber vergeblich. Er
denkt nicht daran, der Nackte, in sein Zimmer zurückzugehen. Er will
in den Lift, der aber nicht auf diesem Stockwerk ist, und da er nicht lang
warten kann, läuft er die Treppe hinunter – vorbei am Nachtarzt – so
plötzlich, daß der Nachtarzt und Elke einander bloß anblicken können ...
Zwei Minuten später geht er, offenbar auch vom verdutzten Pförtner nicht
aufgehalten, tatsächlich auf der Straße, die er seit Wochen nicht mehr betreten hat, vorbei an Leuten unter glänzenden Regenschirmen, die gerade
auf die Straßenbahn warten, ihren Augen nicht trauen: ein Mann splitternackt, der schräg über die Straße geht, ohne auf Verkehrszeichen zu achten, Richtung zur Universität. Mitten auf der Straße, im Stehen, richtet

er seine Armbanduhr, das einzige, was er auf sich trägt; ein Radfahrer, ein
pfeifender Bäckerjunge, muß seinetwegen stoppen, rutscht auf dem nassen
Pflaster und fällt, was den Nackten erschreckt, so daß er plötzlich zu laufen beginnt, obschon niemand ihn verfolgt. Im Gegenteil, die Leute weichen zur Seite, bleiben stehen, schauen ihm nur nach. Dennoch fühlt er
sich verfolgt. Schon bei der Universität muß er verschnaufen; vornüberge-
beugt, Hände auf die bleichen Knie gestützt, dann wieder aufrecht, indem
er die Arme seitwärts hebt und senkt und hebt wie im Turnunterricht, lang
ist's her, keucht er. Zum Glück regnet es. Er weiß nicht, warum das ein
Glück ist, empfindet es aber. Er weiß, daß er nicht Adam ist, weiß, wo er
sich befindet: in Zürich, keineswegs außer sich, aber nackt, so daß er neuerdings laufen muß, die Ellbogen so locker wie möglich. Er weiß nicht,
wieso er nackt ist; wie es dazu gekommen ist. Einmal versichert er sich,
ohne dafür stehenzubleiben, seiner Brille, und daß er nackt ist, merkt er
nur am Gependel seines Glieds. Also weiter, die Ellbogen so locker wie
möglich. Wäre er nicht nackt, er würde zusammenbrechen vor Erschöpfung. Also weiter. Um Kräfte zu schonen, trabt er abwärts, obschon er
lieber in die Wälder möchte, also stadtwärts. Einmal eine Umleitung, Stop-
licht, eine Kolonne von Wagen, die nicht nach Jerusalem wollen, und
Gesichter hinter pendelnden Scheibenwischern, während der Splitter-
nackte, schirmlos, sich durchzwängt zwischen glänzendem Blech: er kann
nicht warten, man ist nackter, wenn man nicht läuft. Also weiter, vorbei an
dem Verkehrspolizisten, der, als traue er seinen Augen nicht, mit gestrecktem Arm auf seiner Kanzel bleibt. Wie ein Tier findet er, was ihm günstig
ist, einmal eine Baustelle, ZUTRITT NUR FÜR BERECHTIGTE, hier verschnauft er hinter einem Bretterverschlag, hält es aber nicht lange aus,
ohne zu laufen und zu laufen. Wohin? Einmal ein öffentlicher Park, wo
um diese frühe Stunde kein Mensch ist, zumal es regnet; er könnte sich
hier auf eine nasse Bank setzen, unbehelligt, so leer sind alle Bänke um
diese Zeit; behelligt allein von seiner Nacktheit, die nicht geträumt ist, o
nein, die er sieht, sobald er nicht läuft. Es gibt kein Erwachen wie aus
einem Traum. Er ist nackt, bleich mit schwarzem Schamhaar und Glied,
Brille, Armbanduhr. Erschöpft und keuchend, aber eine Weile lang selig,
Erde zwischen den Zehen, Gras zwischen den Zehen, langsamer, ohne jedoch stehenzubleiben, vor Atemnot zuckend wie ein Gepeitschter, langsam und immer langsamer, selig wie ein Schlittschuhläufer, die Hände in
die Hüften gestützt, wie ein Schlittschuhläufer in gelassenen Schleifen

läuft er über den öffentlichen Rasen, einmal links und einmal rechts um die nächste Platane herum; dabei muß er lachen: Ich bin Adam und du bist Eva! Nur heißt das nichts mehr, so daß er weiterläuft und wieder über die Straße, die Ellbogen so locker wie möglich, bis er die Polizei sieht, sie kommt nicht von hinten, sondern von vorn, zwei Motorräder, und da er lächelt, meinen sie, er ergebe sich, stellen ihre schwarzen Vehikel an den nächsten Straßenrand, schnappen das Gestell aus, ziehen die Vehikel rückwärts, um sie aufzubocken, bevor sie ihm entgegenschreiten, zwei Männer in schwarzen Lederjacken und Stiefeln und Helmen, ausgerüstet wie Tiefseetaucher, schwerfällig, und bis sie wieder auf ihren schwarzen Motorrädern hocken, bis sie die Motoren angetreten haben, bis sie, einen Stiefel aufs Pflaster gestemmt, ihre Motorräder gedreht haben, hat er bereits die Treppe erreicht, die mit Motorrädern nicht zu nehmen ist. Es ist nur noch sein Körper, der jetzt läuft. Eine Haustüre mit Messing, die er kennt, ist verschlossen. Jetzt wieder mitten auf der Fahrbahn, als wolle er's ihnen leichter machen, läuft er, trabt er, bis die schwarzen Motorräder auf Umwegen wieder da sind, eins links, eins rechts, ein Geleit, das ihn belustigt. Ihre Zurufe, er solle stehenbleiben; sie scheinen zu vergessen, daß er splitternackt ist . . .

Ich erinnere mich:

Das Weitere hat mir einer erzählt, dem es wirklich zugestoßen ist . . . Man war freundlich zu ihm, sagte er, verständnisvoll. Er saß auf der Bühne schlotternd in den Kulissen des Vorabends. Der Vorhang war offen, das Parkett aber leer, finster mit Sessellehnen glänzend in einem schwachen Tagesschein, der über der Galerie einfiel, das Orchester ebenfalls leer. Arbeitslicht. Aber es wurde noch nicht geprobt; erst die Bühnenarbeiter waren da. Der Polizist mit seinen schwarzen Stiefeln und mit seinem Kugelhelm verschüchtert, da er sich zum ersten Mal in seinem Leben auf einer Bühne befand, wagte sich nicht zu setzen, obschon an Sesseln, hingestellt wie in einem Krönungssaal, jedoch lumpig anzusehen, wenn die Beleuchtung ausfiel, kein Mangel war; er staunte in die Soffitten hinauf. Als sich Türen öffneten im Zuschauerraum, es waren die Putzfrauen, schickte er sie hinaus; im übrigen hatte er nichts zu tun. Auf und nieder zu gehen, um die Wartezeit zu verkürzen, scheute er sich. Ebenso scheute er sich vor einem Dialog mit dem nackten Mann, obschon niemand im Zuschauerraum war, wie gesagt, nicht einmal die Putzfrauen; er blätterte in einem dienstlichen Notizblock, Rücken gegen das Parkett, das ihn of-

fensichtlich beunruhigte. Ein Bühnenarbeiter brachte endlich dem Nackten, da er schlotterte, irgendein Kostüm, das nach Kampfer roch, eine
Art von Mantel, wollte wissen, was los sei, aber der Polizist, die Daumen
im Gurt, verwies ihn mit stummer Miene. Der Nackte bedankte sich,
und es tönte höflich-alltäglich. Der Mantel war himmelblau mit goldenen Quasten, ein Königsmantel, Futter aus billigem Rupfen. Seine Füße
schmerzten, sie waren durch Teer gelaufen, Teer mit feinem Kies. Später erschien ein Herr in Zivil, der wider Erwarten nicht nach Personalien fragte;
er schien unterrichtet zu sein. Und alles verlief wie alltäglich. Im Wagen –
es war kein Krankenwagen, aber der Fahrer trug eine Mütze mit dem Wappen der Stadt – sprach man übers Wetter, Föhnzusammenbruch; vorne im
Wagen: der Fahrer mit der Mütze und der Tiefseetaucher, der seinen Helm
aufs Knie genommen hatte, jetzt ein unwahrscheinlich kleiner Kopf, beide
stumm; hinten im Wagen: der Inspektor (so hatte der Fahrer ihn angesprochen) und der im Königsmantel mit goldenen Quasten, aber barfuß.
Warum er gerade in die Oper gelaufen sei, fragte der Inspektor leichthin,
unterbrach sich aber selbst, indem er Zigaretten anbot. Der im Königsmantel schüttelte den Kopf. Man fuhr nicht zum Kantonsspital, sondern
Richtung Balgrist, ohne natürlich das Fahrziel zu erwähnen; spätestens
am Kreuzplatz war es klar, daß man ihn als Geisteskranken behandelte.
Bei der Burgwies, nach schweigsamer Fahrt seit dem Kreuzplatz, erkundigte er sich sachlich, ob seine Post heute noch umgeleitet werde; er wiederholte dieselbe Frage, als er in dem Vorzimmer saß, gegenüber einem jungen
Assistenten, der über den himmelblauen Mantel mit goldenen Quasten
nicht verwundert zu sein sich bemühte. Seine Kleider würden jeden Augenblick eintreffen, hieß es. Wieder diese Freundlichkeit, die so weit ging, daß
man seinen Namen auszusprechen vermied. Der Professor war noch nicht
im Haus. Um Konversation zu machen, sagte er, derartiges sei ihm noch
nie zugestoßen, und man glaubte es ihm, soweit der Assistent (auch wieder mit den Händen in den Taschen seines weißen Mantels) vor dem Eintreffen des Professors selber zu glauben befugt war. Er habe einen Schrei
ausstoßen wollen, sagte er; dabei saß er vollkommen ruhig, vernünftig, höflich-alltäglich. Als er seine Hände wusch, die von Teer und Blut verschmiert waren, und als er seine Hände trocknete, sah er sich im Spiegel;
er erschrak über das Kostüm, es fehlte nur noch eine Krone. Seine eignen
Kleider, hieß es nochmals, sollten jeden Augenblick eintreffen. Dann sagte
er nochmals, er habe einen Schrei ausstoßen wollen. Man nahm es zur

Kenntnis. Einen Schrei? Er nickte, ja, mit der Dringlichkeit eines Stummen, der sich verstanden wähnt. Wieso einen Schrei? Das wußte er nicht.

Es ist wie ein Sturz durch den Spiegel, mehr weiß einer nicht, wenn er wieder erwacht, ein Sturz wie durch alle Spiegel, und nachher, kurz darauf, setzt die Welt sich wieder zusammen, als wäre nichts geschehen. Es ist auch nichts geschehen.

Ich sitze in einer Wohnung: – meiner Wohnung ... Lang kann's nicht her sein, seit hier gelebt worden ist; ich sehe Reste von Burgunder in einer Flasche, Inselchen von Schimmel auf dem samtroten Wein, ferner Reste von Brot, aber ziegelhart. Im Eisschrank (ich habe nachgesehen, ohne Hunger zu haben) krümmt sich Schinken, in Kälte verdorrt und beinahe schwarz, auch etwas Käse ist noch da, rissig wie Baumrinde, grünlich, und ein Glas mit Rahm, der aber nicht mehr fließt, und in einer Schüssel schwimmt noch ein trüber Rest von Kompott, Aprikosen-Schlamm. Ferner eine Dose mit Gänsleber. Wegzehrung für eine Mumie? Ich weiß nicht, warum ich es nicht in den Kehrichteimer geworfen habe ... Ich hocke in Mantel und Mütze, weil es draußen regnet. Ich hocke auf der Lehne eines Polstersessels und spiele mit einem Korkenzieher. Korkenzieher bleibt Korkenzieher, Standard, Hausgerät im Stil der Epoche. Ich sehe: jemand hat unsere Teppiche gerollt, mit Kampfer eingesegnet und gerollt, Schnur drum, die Fensterläden geschlossen gegen Regen und Sonne und Wind, gegen Sommer und Winter; ich öffne sie nicht. Alle Polstermöbel sind mit weißen Tüchern bedeckt. Komisch anzusehen: als spielten sie Feme. Oder wie eine Totenfeier in einem Land mit fremden Bräuchen. Auch die Aschenbecher sind geleert, sehe ich, nicht bloß geleert, sondern sogar gewaschen; alle Blumenvasen geleert und gewaschen, damit es nicht nach Fäulnis stinke ... Ich hocke noch immer in Mantel und Mütze, Hände in den Hosentaschen. Es riecht nach Staub und Bodenwichse. Von den Personen, die hier dereinst gelebt haben, steht fest: eine männlich, eine weiblich. Ich sehe Blusen im Schrank, etwas Damenwäsche, die nicht mehr in den Koffer paßte oder nicht mehr Mode ist, Krawatten auf der andern Seite, drei

lahme Jacken für den Herrn im Winter, zwei für den Sommer, und unten
stehen die Schuhe, gereiht wie zum Appell, teils mit Leisten drin. Warum
sind leere Schuhe so entsetzlich? Ich nehme einen Damenschuh, bunt und
blumenleicht, ja, ich rieche dran. Es riecht nach Leder, nichts weiter. Ich
halte den Atem an, erschreckt wie ein Einbrecher, und horche. Wer soll
schon kommen! Immerhin könnte es ja klingeln, ein Hausierer vielleicht,
der nicht wissen kann, daß hier nicht mehr gewohnt wird. Ich horche,
einen Schuh in der Hand; ich möchte nicht zu Haus sein. Abgesehen
von einem Wasserhahn in der Küche, der immer schon getropft hat, ist
es still. Wie in Pompeji. Auch das Telefon schweigt. Ich sehe: sie hat den
Stecker herausgezogen. Leider habe ich keine Streichhölzer. Wie still es
ist, wenn man nicht raucht! Draußen die Straßenbahn, dazwischen Hupen, aber hier hinter geschlossenen Fensterläden, wo ich in Mantel und
Mütze hocke auf der Lehne eines weißverhüllten Polstersessels, während
es draußen regnet, hier ist es wie in Pompeji: alles noch vorhanden, bloß
die Zeit ist weg. Wie in Pompeji: man kann durch Räume schlendern,
die Hände in den Hosentaschen, und sich vorstellen, wie hier einmal gelebt worden ist, bevor die heiße Asche sie verschüttet hat. Und es hallt
auch (weil die Teppiche gerollt sind) wie in Pompeji –
    Einmal klingelt's tatsächlich.
    Ich mache nicht auf –
    Der Herr meines Namens ist verreist.
    Ich hocke vergeblich in Mantel und Mütze, die feuerlose Pfeife im
Mund; ich kann es mir nicht vorstellen, wie hier gelebt worden ist, weniger
als in Pompeji, obschon ihr blauer Morgenrock noch im Badzimmer
hängt ... vielleicht ist es besser, daß ich keine Streichhölzer habe; es genügt, daß ich es mir vorstelle: wie der Mann, der hier gewohnt hat, ein
Streichholz anzündet, wie er's in der hohlen Hand hält, das Flämmchen,
bis es groß genug ist, um es an den Vorhang zu halten, ein erstes, ein zweites, ein drittes und viertes und fünftes, der Vorhang brennt nicht, von Lodern keine Spur, es mottet bloß, glimmt, stinkt, auch der Lampenschirm
brennt nicht so richtig, brenzelt nur und bekommt ein Loch mit braunem
Rand, lächerlich, man müßte Benzin haben, Benzin über die Vorhänge, damit sie wirklich in Flammen aufgehen, die Polstersessel, Teppiche, Bücher,
Kleider, es ist mit Streichhölzern nicht zu machen, es wäre bloß lächerlich.

Ich werde mir neue Kleider kaufen, dabei weiß ich: es hilft nichts, nur im Schaufenster erscheinen sie anders. Schon wenn der Verkäufer sie in die Umkleidekoje bringt und dann taktvoll verschwindet, damit ich probiere, weiß ich wie alles aussehen wird in einem Vierteljahr. Aber man kann ja nicht nackt durch die Welt gehen; also zwinge ich mich, drehe mich vor den verstellbaren Spiegeln, um den Schnitt zu prüfen, der mir im Schaufenster einigermaßen gefallen hat. Eigentlich kaufe ich nur dem Verkäufer zuliebe, der entzückt ist, während ich meinen Hinterkopf sehe, der nicht zu ändern ist; ich kaufe in Hast und jedesmal dasselbe. Schon die Minuten, während der Schneider mit dem Stecknadelkissen am Arm sich dienerisch in die Hocke läßt und fachmännisch mit Kreide markiert, wieweit ich von der Konfektion abweiche, sind Pein. Ob billig oder teuer, englisch oder italienisch oder einheimisch, bleibt einerlei; immer entstehen die gleichen Falten am gleichen Ort, ich weiß es.

Ein anderes Leben –?

Ich stelle mir vor:

Ein Mann hat einen Unfall, beispielsweise Verkehrsunfall, Schnittwunden im Gesicht, es besteht keine Lebensgefahr, nur die Gefahr, daß er sein Augenlicht verliert. Er weiß das. Er liegt im Hospital mit verbundenen Augen lange Zeit. Er kann sprechen. Er kann hören: Vögel im Park vor dem offenen Fenster, manchmal Flugzeuge, dann Stimmen im Zimmer, Nachtstille, Regen im Morgengrauen. Er kann riechen: Apfelmus, Blumen, Hygiene. Er kann denken, was er will, und er denkt ... Eines Morgens wird der Verband gelöst, und er sieht, daß er sieht, aber schweigt; er sagt es nicht, daß er sieht, niemand und nie.

Ich stelle mir vor:

Sein Leben fortan, indem er den Blinden spielt auch unter vier Augen, sein Umgang mit Menschen, die nicht wissen, daß er sie sieht, seine gesellschaftlichen Möglichkeiten, seine beruflichen Möglichkeiten dadurch, daß er nie sagt, was er sieht, ein Leben als Spiel, seine Freiheit kraft eines Geheimnisses usw.

Sein Name sei Gantenbein.

Ich probiere Geschichten an wie Kleider!

Ich sitze in einem Landgasthof.

Ich hatte Glück, ich könnte jetzt nicht nur tot sein, sondern schuldig am Tod von elf Kindern, ohne strafbar zu sein – statt dessen also sitze ich in einem Landgasthof und bestelle einen Kirsch, während der Wagen (es ist nicht einmal meiner, sondern der Wagen von Burri) drüben in der Garage wartet auf Ersatzteile; ich wage nicht auszudenken, was hätte sein können ...

Ich hatte Glück.

Was ich dachte, als ich mit der erloschenen Pfeife im Mund und gelassen wach, nicht müde, aber gelassen und mit beiden Händen am Steuer zwar aufmerksam mit den Augen, aber in Gedanken anderswo, in die Kurve fuhr, ohne an die Möglichkeit von plötzlichem Glatteis zu denken, weiß ich nicht. (Vielleicht dachte ich an den Abend bei Burri.) Ich fuhr nicht über 60 Stundenkilometer, wie Zeugen bestätigen, und auf der ganzen Strecke bisher gab es kein Glatteis, keine Spur von Glatteis. (Vielleicht dachte ich an meinen Ruf nach Harvard –)

Jetzt hat's zu schneien aufgehört.

Ich trinke meinen Kirsch.

Wie immer, wenn etwas geschehen ist, staune ich, daß ich es nicht bloß gedacht habe, betroffen, als habe die Wirklichkeit mich erraten oder auch mißverstanden; umringt von Augenzeugen, plötzlich stehe ich auf dem Dorfplatz, und indem ich mich bücke, um mich mit dem Mann von der Garage zu besprechen, der unter den Wagen gekrochen ist, habe ich schon zugegeben, daß ich es bin, niemand anders als ich, der beinahe ein Dutzend bernischer Schulkinder getötet hätte. Ich sehe sie an, Kinder mit roten Winterwangen und mit den Fahnen ihres Atems in der kalten Luft; sie leben. Wäre es geschehen, es käme mir genauso unwahrscheinlich vor; ich wäre derselbe, der ich jetzt bin, und nicht derselbe, jetzt umringt von einem Dutzend bernischer Schulkinder, sie gaffen und schwatzen und leben, Augenzeugen eines Unfalls mit Datum und Ort, glücklich über die Sensation, munter, bis ihre Schulglocke klingelt –

Ich bestelle einen zweiten Kirsch.

Zehn Uhr, Dienstag der soundsovielte ...

Jetzt arbeiten sie schon eine Stunde an dem Wagen, der nicht meiner ist; die Schulbuben haben's erraten: Die Achse ist gestaucht, die Radscheibe verbogen, auch das Kugellager muß wahrscheinlich ersetzt werden. Ich verstehe nicht viel davon. Der Gedanke, hier übernachten zu müssen, schreckt mich; dabei ist es ein ordentlicher Landgasthof. Noch immer habe ich den Mantel nicht ausgezogen, sitze und versuche eine Zeitung zu lesen (man könnte auch mit der Eisenbahn fahren, um nicht hier zu übernachten; ein Fahrplan, Ortsverkehr, hängt an der Türe zur Toilette), meine Pfeife saugend, während in Algier (lese ich) gefoltert wird –

Das ist, was stattfindet.

Wenn ich es wieder lese, was in Algier geschieht oder anderswo, wenn ich es mir einige Augenblicke lang vorstellen kann, gibt es nichts anderes, und die Vorstellung ist kaum auszuhalten. Und ich bin bereit zu jeder Tat. Aber ich sitze hier, eine veraltete Zeitung lesend, und halte es aus. Tatlos ... Ich warte auf die Ersatzteile für den Wagen, der nicht meiner ist.

Schon ist es Erinnerung:

(während in Algier gefoltert wird)

ein kalter und trockener Schnee, der kaum auf dem Straßenbelag liegen blieb, ein leichter und staubiger Schnee, aufwirbelnd hinter jedem fahrenden Wagen, in der Mitte war die Straße meistens schneelos, grau und trocken, und nur zu beiden Seiten blieb der weißliche Schleier liegen, bis der nächste Wagen vorbeifuhr, sogar der Sog eines langsamen Fahrrads genügte, um ihn aufzuwirbeln und immer wieder anders zu büscheln wie eine Rüsche. Ich überholte fast nie. Auch außerorts fuhr ich kaum über achtzig. Es war innerorts, ich sah's, obschon ich durch das sture Pendeln des Scheibenwischers hindurch an anderes dachte, meine Augen sahen es, und mein Fuß ging weg vom Gas, und die Geistesgegenwart, die oft schon an Wunder grenzte, verließ mich keineswegs, als ich das Schleudern spürte zuerst am Steuer, dann im eignen Körper. Mein Fuß ging nicht auf die Bremse, sondern gab sofort wieder Gas. Als ich das Schleudern spürte, sah ich links ein Rudel von Schulkindern, rechts das Schaufenster eines ländlichen Milchladens mit Reklame für Käse und Schokolade. Einen Augenblick lang hoffte ich noch in aller Ruhe, daß ich das weiche Schleudern abfangen könnte wie auch schon; dann wußte ich: Also doch! und ich hielt meine Pfeife fest zwischen den Zähnen, als käme es darauf an. Es dauerte nun, so schien mir, eine halbe Ewigkeit, während es mich einfach drehte, gleichviel wie ich das Steuer bewegte. Es war etwas Höhnisches darin, daß ich mich nicht nach links drehte, sondern plötzlich nach rechts, wie einen Schlitten, quer in die Straße hinaus. Ich wußte jetzt nicht mehr, was rechts ist, was links, es stimmte alles nicht mehr. Zum Glück kam in diesem Augenblick nichts entgegen; ein Lastwagen mit schwerem Anhänger, der sozusagen in meinem Gedächtnis auftauchte, war in Wirklichkeit eben vorbei. Ich sah nur, wie das Dorf sich drehte. Ich sah zu. Ohnmächtig, dabei vollkommen wach. Links das Schaufenster des Milchladens, rechts die Schulkinder. Wie ein Karussell. Als es endlich krachte, war's komisch wie ein verspätetes Echo, das mich nicht überraschte; ich wußte schon lange, daß das gewohnte Wunder mich verlassen hatte. Ich hatte meine Pfeife verloren, das war alles, und der Wagen stand jetzt in umgekehrter Richtung, gestoppt von einem Randstein; sonst wäre ich jetzt im Schaufenster. Die Scheibenwischer pendelten weiter. Plötzlich sehr nervös, so daß ich wie ein Fahrschüler hantierte, wollte ich weiterfahren, aber der Wagen ging nicht; ich hatte den dritten Gang drin, der Motor war abgestorben, ich schaltete auf den ersten Gang und trat auf die Kupplung, um den Motor anzulassen. Aber auch so ging der Wagen kaum. Er kroch. Endlich stieg ich aus, um den Wagen zu besichtigen. Von Blechschaden keine Spur. Ich war erleichtert; aber da ich jetzt das Gefühl hatte, daß ringsum alle Fenster des Dorfes sich öffneten, schämte ich mich, umringt von den Schulkindern, die mich anstarrten, so meinte ich, und dabei starrten sie nur auf den Porsche, den es vor ihren Augen so lustig gedreht hatte. Ein Bub sagte immerzu: Gedreht hat's ihn, gedreht hat's ihn! Ich vermißte jetzt meine Pfeife und hatte keine Geste für meine Gelassenheit; ich trat mitten auf die Straße hinaus und tastete mit der Schuhspitze auf dem Boden herum, um der Welt zu zeigen, daß da Glatteis war. Jetzt erst öffneten sich die Fenster ringsum. Ich mußte warten, bis der Wagen abgeschleppt wurde, die Hände in den Hosentaschen, und erkundigte mich, als wäre ich vom Himmel gefallen, nach dem Namen des Dorfes.

Ich bin in Lengnau, Kanton Bern.

Später im Gasthof, als ich meinen Kirsch trank, erfuhr ich von der Kellnerin, daß sich in dieser Kurve schon allerlei ereignet habe, auch Todesfälle.

Ich weiß nicht, wozu ich das erzähle.

Mein Unfall interessiert mich nicht ...

Mein Name sei Gantenbein.

Der Anfang wäre leicht:
Ich trete ein, Vormittag, ich trete einfach in den Laden und stehe da. Sie wünschen? Ich tue, als verstünde ich kein Schweizerdeutsch. Ich sehe mich um: Brillen, Lupen, Fernrohre, Brillen aller Art, Zwicker, Operngukker, aber vor allem Brillen. Was ich wünsche, liegt im Schaufenster an der Fraumünsterstraße (vorne rechts) schon seit Wochen. Übrigens ist das weiße Fräulein, das die mundartliche Frage nach meinen Wünschen vorerst ins Amerikanische, dann ins Hochdeutsche übersetzt, noch gar nicht frei, und es genügt vorderhand mein Nicken als Zeichen, daß ich Geduld habe, mindestens Manieren. (Ich halte es für besser, meine Rolle auf Hochdeutsch anzutreten. Ich habe stets ein Gefühl von Rolle, wenn ich Hochdeutsch spreche, und damit weniger Hemmungen. Mein Englisch wäre zu dürftig; es reicht immer nur so weit, um im großen ganzen einverstanden zu sein. Und Französisch kommt noch weniger in Frage; ich fühle mich jedem Franzosen unterlegen, solang er nur seine eigne Sprache versteht.) Also da stehe ich, während das Fräulein sich mit einer Dame befaßt, die jedesmal, wenn man ihr eine neue Brille aufs Gesicht schiebt, ihren Hals streckt wie ein Vogel, der Wasser schluckt, und ich hoffe bloß, daß jetzt niemand in diesen Laden kommt, der mich kennt. Die Dame, Amerikanerin, ist jedesmal enttäuscht, wenn sie mit der nächsten Brille vor den Spiegel tritt, und kann sich nicht entschließen, scheint es, so auszusehen, wie der Spiegel sie zeigt, und das kann noch lang dauern. Ich habe Zeit, um nochmals mein Unternehmen zu bedenken, aber bleibe entschlossen. Als das Fräulein mich schließlich bedient, geschieht es ohne Unfreundlichkeit gegenüber der Amerikanerin, indem sie jederzeit zeigt, daß sie den Einheimischen nur nebenher bedient. Ich wünsche also – warum stotternd? – eine Sonnenbrille. Bitte sehr! Ich sehe, während sie mir eine Sonnenbrille entgegenstreckt und gleichzeitig mit der Amerikanerin plaudert, eine ganze Lade, ein Arsenal von Sonnenbrillen, die ebenfalls nicht in Frage kommen. Wie sag ich's? Das Fräulein in Weiß, eine schlichte Verkäuferin, aber als Wissenschaftlerin verkleidet, behauptet, etwas Dunkleres gebe es nicht; sonst sehe man nämlich überhaupt nichts mehr, und was der Herr draußen im Schaufenster gesehen habe, sei eben keine

Sonnenbrille, sagte sie, sondern eine Blindenbrille. Ich bitte darum. Ihre Verwunderung – unterdessen hat die Amerikanerin sich entschlossen und muß zur Tür geleitet werden, da sie nichts gefunden hat, mit besondrer Höflichkeit – ihre Verwunderung über meinen Wunsch ist schon verflogen, als sie mich, jetzt als einzigen Kunden, weiter bedient; sie weigert sich nicht ausdrücklich, Blindenbrillen zu verkaufen, aber tätlich, indem sie weiterhin, als hätte der Herr nur gescherzt, Sonnenbrillen anbietet, einige sogar auf mein Gesicht schiebt, bis ich ungeduldig werde und schlichterdings verlange, was ich will, nichts andres als eine schwarze Blindenbrille. Bitte sehr! Hoffentlich kommt jetzt nicht der Boß heraus, um sich des Sonderfalles anzunehmen. Wer weiß, ob man nicht ein ärztliches Zeugnis braucht! Endlich nach meinem Wunsch bedient und unterrichtet, daß Blindenbrillen nur Attrappen sind, um die blinden Augen zu verbergen, drum so dunkel, erkundige ich mich nach dem Preis. Ob die Brille denn richtig halte, fragt das Fräulein in Weiß: jetzt grau wie Asche, lila-grau, und sie greift an meine Schläfen, so daß ich plötzlich ihr Gesicht aus nächster Nähe sehe, ihre vollen weichen Lippen, jetzt violett wie reife Pflaumen, und plötzlich ist es Abend geworden, Dämmerung, Zwielicht, Sonnenfinsternis. Dabei ist es Vormittag, ich höre es; so tönen die Stimmen nur am hellichten Vormittag. Ich sehe jetzt die Sonne wie in fernen Bubenzeiten, wenn man sie durch eine verrußte Glasscherbe beobachtet hat: matt, viel kleiner als vermutet, ohne Strahlenkranz, gelblich bis grau-weiß, Farbe von unreifen Aprikosen oder so, aber metallig. Die Brille, sage ich, halte vortrefflich. Sie prüft nochmals, so daß ich nochmals ihre Pflaumenlippen sehe. Zum Küssen nahe. Ich werde nie wieder küssen, denke ich; der Stoff, aus dem Lippen gemacht sind, ist zu fremd. Ich rieche ihr Parfum und sehe ihr nahes Haar, grün-schwarz-blau wie Hahnenfedern, und ihre Herbstzeitlosenhaut. Mich selbst im Spiegel zu sehen zögere ich, nehme die Brille ab; keine Spur von Dämmerung, es ist Vormittag, draußen die Straße, Leute, das bunte Blech der Autos, Sonne, Schaufenster, die Straße in der Sonne, alles wie gewohnt, das Fraumünster im Elfuhrgeläute mit Möwen. Zum Glück kommt ein nächster Kunde; als das Fräulein in Weiß sich für eine Weile entschuldigt, um zu bedienen, setze ich nochmals die Brille auf. Ich sehe meine Hand, mein Fleisch wie Marzipan, das nicht zur Zeit gegessen worden ist, mürbe und grau. Im Spiegel, ja, ich sehe gerade noch, daß es keine Tür ins Freie ist, sondern ein Spiegel, sehe ich einen Mann von meiner Gestalt, ohne zu wissen, ob der Mann im

Spiegel, dessen Augen nicht zu sehen sind, mich gleichfalls erkennt. Als ich näher trete, um seine Augen zu sehen, kommt der Andere auf mich zu wie ein Blinder, der nicht ausweicht, so, als wolle er durch mich hindurchgehen – schon habe ich die Brille aus dem Gesicht genommen. Bitte! sage ich und zahle . . .

Der Anfang wäre gemacht.

Wie weiter?

Natürlich brauche ich auch einen Stock –

Ich stelle mir vor:

Gantenbeins erster Ausgang, den er nicht ohne Herzklopfen antritt, führt nicht weit; schon der erste Zeitgenosse, dem Gantenbein, ausgestattet mit der dunklen Brille und mit einem schwarzen Stöcklein, das er nach Blindenart hin und wieder am Randstein klöppeln läßt, auf schnurgerade Weise nicht aus dem Weg geht, verdutzt ihn mit der groben Frage, ob er denn keine Augen im Kopf habe, und Gantenbein, statt froh zu sein über diese erste Bestätigung, steht sprachlos vor Ärger über den Flegel, nicht ohne sich nach dem Flegel umzuschauen. Ein Blinder, der sich umschaut! der erste Schnitzer. Sein Vorsatz, ohne Ansehen der Person niemand aus dem Weg zu gehen, mag richtig sein; aber er ist zu forsch gegangen. Zu vorsätzlich. Im Anfang übertreibt man immer. Eine Weile bleibt Gantenbein stehen; er muß lockerer werden, bevor er weitergeht mit dem klöppelnden Stock am Randstein. Natürlich hat er eine Gegend gewählt, die er kennt. Kreuzplatz, Zeltweg, Heimplatz, das war einmal sein täglicher Schulweg, das kennt er auswendig. Auf der Hohen Promenade, allein in der Allee, nimmt er seine Brille ab: Zürich ist eine blaue Stadt, nur meine Brille macht sie aschgrau, so daß man Angst bekommt, aschgrau mit einem Stich ins Lila. Ein Gefühl von Abschied, als er die Brille wieder aufsetzt, ist nicht zu vermeiden. Also weiter. Auch die Wahl der Tageszeit mag richtig sein, Mittagspause, wenn die Leute nicht beobachten, sondern zum Essen wollen. Als später, beim Helmhaus, dennoch ein Herr sich seiner annimmt, indem er ihn über die Straße führt, kommt er sich wie ein Schwindler vor; daran wird Gantenbein sich gewöhnen müssen. Storchengasse, Weinplatz, Rennweg, langsam geht es schon besser; das Klöppeln mit dem Stock darf auch nicht übertrieben werden, ein Hinundwieder genügt, denke ich. Wichtig vor allem: daß man sich, was immer man gerade sieht, innerlich aller Urteile enthält. Warum wirken Blinde nicht traurig, sondern versöhnlich? Nach und nach, so denke ich, beginnt Gantenbein es zu genießen, bis hinter ihm – seine Brille gestattet kein Rot – plötzlich gestoppte Reifen quietschen, genau hinter ihm. Vor Schreck, ohne im mindesten angefahren worden zu sein, hat er seinen Stock verloren; er liegt, Gantenbein sieht es sofort, zwischen den gestoppten Reifen auf dem Asphalt, und schon ist der zweite Schnitzer geschehen: der Blinde hat nicht warten können, sondern sich gebückt, um seinen Stock selber aufzunehmen. Hat er sich schon verraten? An Augenzeugen fehlt es nicht, das Quietschen der stoppenden Reifen hat viele zum Stehen gebracht, er sieht sie, Lemuren, einige kommen heran, blau vor Neugierde oder Vorwurf, während in einem violetten Sportwagen (Karmann) eine entsetzlich verfärbte Blondine sitzt, die den Kopf schüttelt, eine Undine mit grünlichem Haar, mit Pflaumenlippen auch die. Ob er eigentlich blind sei? Ihr Pelzmantel hat die Farbe von fauligem Tang. Ob er blind sei? – er sagt, er sei, ja, zum ersten Mal sagt er der Welt, er sei blind, jawohl, und sieht sich um, ob man ihm glaubt ... Zum Glück war keine Polizei zur Stelle. Die Lemuren stritten untereinander, wem er sein Leben verdanke, und waren mit der erregten Karmann-Dame darin einig, daß er eine gelbe Armbinde zu tragen verpflichtet wäre. Daran hatte Gantenbein nicht gedacht. Er schwieg. Er vermißte seinen Hut, den er auf dem nahen Pflaster liegen sah, und abgesehen davon, daß er seinen Hut vermißte, schien ihm der Zwischenfall eigentlich erledigt zu sein, da weder sein linkes Wadenbein noch ihre blitzblanke Stoßstange einen sichtbaren Schaden aufwiesen. Warum gab ihm niemand seinen Hut? Die grünliche Undine, nach wie vor entsetzt über das Glück, das er gehabt hatte, wollte nicht weiterfahren ohne das Einverständnis aller, daß sie die Unschuld in Person sei, nicht ohne das Einverständnis auch einer Hausfrau, die aufsässig schwieg. Es ging jetzt nicht um Gantenbein, er sah's, sondern um die Frage, wieso eine solche Person überhaupt in einem solchen Wagen herumfuhr. Sie erbarmte ihn; plötzlich waren alle gegen sie. Ihre Augengruben erschienen braunschwarz wie das feuchte Herbstlaub vom Vorjahr, braun-schwarz bis schwarz-blau. Von der Hausfrau, die Gantenbein an seinem Arm genommen hatte, laut unterrichtet, daß es eine Kokotte sei, die ihn beinahe überfahren habe, eine Kokotte, jawohl, sagte er kein Wort. Ein Blinder richtet nicht. Ob er sich nicht verletzt habe, fragte die Hausfrau, als habe ihn die verfärbte Karmann-Dame nicht schon längst danach gefragt. Er war nicht nur unverletzt, sondern gewann plötzlich seine Geistesgegenwart wieder: Gantenbein erkundigte sich jetzt, was geschehen sei. Während man ihm schilderte, daß er ebensogut tot sein könnte, setzte er sich seinen Hut, nachdem er ihn eben vor allen Augenzeugen eigenhändig vom Pflaster genommen hatte, auf den Kopf. An seiner Blindnis, er sah's, wurde nicht gezweifelt. Der Vorwurf der Lemuren, die ihren Abgang in den langweiligen Alltag noch nicht finden konnten, richtete sich jetzt gegen den heutigen Verkehr schlechthin. Schon einmal sei hier einer überfahren worden. Man war allgemein erbittert. Da es sich nicht schickte, daß Gantenbein zuerst seines Weges ging, hatte er seinen Hut nochmals vom Kopf genommen, um den Straßenstaub abzuwischen, während die Hausfrau gegenüber der Kokotte immer unfeiner wurde. Schließlich setzte Gantenbein seinen Hut, sauber wie er nun war, abermals auf den Kopf, es war Zeit; er wollte nicht warten, bis die Polizei kam, um Ausweise zu verlangen, Führerschein, womöglich sogar einen Blindenschein, und sagte der Karmann-Dame, ihr und niemand sonst verdanke er sein Leben. Ihre lila Handschuhhand an der sportlichen Schaltung, während sie den billigen Motor wieder anspringen ließ, fragte sie dankbar, wohin er denn wolle. Nach Haus! sagte er. Wo wohnen Sie? fragte sie. Hinten wurde neuerdings gehupt, und da Gantenbein auch noch eine Straßenbahn sah, die ihretwegen nicht vorwärtskam, setzte er sich jetzt kurzentschlossen in ihren Wagen, angekläfft von einem Hundchen, das er wirklich nicht gesehen hatte. Ein Pudel mit Bürstenschnitt. Sie schaltete nervös, ein Ruck, dann fuhr man –

Und jetzt: wovon reden?

Warum er denn seine gelbe Armbinde nicht trage, fragte sie nicht vorwurfsvoll, sondern mütterlich. Um den Blinden zu spielen, fragte er zurück, ob ihr Hundchen, das er beinahe zerquetscht hätte, ein Fox-Terrier sei. Das war dilettantisch, anfängerhaft. Er verstummte gänzlich. Es sei grad ein gräßlicher Verkehr, meldete sie, um ihr ruckiges Fahren zu entschuldigen. Man fuhr stadtwärts, er sah: der See glitzernd wie unter Mondschein, Nachthelle mit schwarzen Stämmen und Ästen, das Laub daran wie Bronze, niemand trägt ein weißes Hemd, die bekannten Flaggen auf der Brücke wehen buntfremd, Farben einer Nation, die es nicht gibt, daher so lustig. Nur die bekannte Silhouette mit den Türmen blieb die bekannte Silhouette. Er war glücklich, daß niemand ein weißes Hemd trägt, erleichtert, vergnügt, wohin er schaute. Möwen sind lila. Auch die Helme der Polizei sind lila. Er war entzückt. Ob sie denn mit dem Karmann zufrieden sei, fragte er. Woher weiß ein Blinder, daß sie einen Karmann fährt? Aber auch das ging, und er staunte. Um seine Blindnis zu bezeugen, genügte es vollauf, daß er ab und zu die Asche seiner Zigarette neben den

Aschenbecher klopfte, und Mühe machte nur, daß man nicht über Filme reden konnte. Filme sind das Verbindende. Auch sie, schien es, wußte nicht so recht, worüber man mit einem Blinden reden kann, und die Versuchung, daß man infolgedessen über Intimes redete, war groß. Ob er verheiratet sei? Da er mit Schrecken sah, wie sie die weißlila Sicherheitslinie überfuhr, konnte er nicht antworten, und nachher war nicht nur die Straßenbahn, sondern auch die Frage überholt; er atmete erleichtert. O ja, sagte sie, sie sei mit dem Karmann zufrieden. Manchmal blickte sie ihn von der Seite an, neugierig, wem sie das Leben gerettet habe. Hoffentlich sei es kein Umweg für sie, sagte er; seine Adresse, eine falsche natürlich, hatte er nur ungefähr angegeben. Ihre lila Handschuhhände am Steuer, wartend, während wieder ein Rudel von bläulichen Lemuren über die Straße ging, fragte sie neuerdings, ob denn niemand da sei, der um ihn Sorge trage. Zum Glück ging's weiter, Grünlicht, sie mußte schalten. Er ahnte schon die täglichen Schwierigkeiten seiner Rolle, beispielsweise neben einer Frau zu sitzen, die steuert, und dabei kein Wort zu sagen, keine Seufzer zu atmen, keine männlichen Lehren zu erteilen, nicht einmal zu zucken, wenn er sieht, was sie übersieht, einen Lastwagen von rechts, und freundlich zu bleiben, wenn sie, ohne ihren Fehler zu merken, tatsächlich noch einmal vorbeikommt, freundlich, locker –

»Danke«, sagte er, »hier bin ich zu Haus.«

»Hier?« fragte sie und stoppte, zog die Handbremse an und sagte, »dann sind wir ja Nachbarn.«

Damit hatte Gantenbein nicht gerechnet.

»Ja«, meldete sie, »wir sind Nachbarn!«

Man saß jetzt im gestoppten Wagen, und sie stellte auch schon den Motor ab, während Gantenbein, bar jeder Geistesgegenwart, sitzen blieb. Wie weiter? Daß ein Blinder aus dem fahrenden Wagen heraus, also ohne sein Stöcklein am Randstein, sagen kann, hier sei er zu Haus, verwunderte sie nicht. Offenbar glaubte sie an seinen sechsten Sinn, offensichtlich erfreut, einen Nachbarn zu haben, der das Ein und Aus ihrer Herren nie gesehen haben konnte, und der Gedanke, als Dame zu erscheinen vor seinen Augen, beflügelte sie. Ob sie ihm einen Kaffee machen solle? Cognac wäre ihm jetzt lieber gewesen. Oder einen Tee? Er wagte es kaum abzuschlagen, er mußte sie als Dame behandeln, um seine Rolle als Blinder zu retten, und als sie in aller Unschuld fragte, wie er denn heiße, kam er nicht umhin, sich vorzustellen.

»Gantenbein?« fragte sie: »Sind Sie verwandt –«

»Nein«, sagte er.

»Nein«, sagte sie, »so ein Zufall!«

Das sagte sie noch mehrere Male, während sie in ihrer Krokodil-Tasche kramte, um auch ihren Namen zu geben, ein Kärtlein mit Büttenrand, das er sehr wohl lesen konnte; dennoch las sie vor: CAMILLA HUBER. Was darunter steht, verschwieg sie: Manicure. Das galt nicht für Blinde. Ebensowenig der Vermerk: Nur nach telefonischer Vereinbarung. Er wiederholte bloß das Gehörte: CAMILLA HUBER. Das genügte. Er steckte das Kärtlein in die Tasche, während sie fragte, wo, genau, er denn wohne, ihr Nachbar.

»Dort«, sagte er, »in dem blauen Haus.«

Sie sah aber kein blaues Haus.

»Hm«, sagte er, »wo sind wir denn?«

Er mußte jetzt weiterlügen.

»Ist das denn nicht die Feldeggstraße?« fragte er.

»Freilich.«

Es war aber nicht das untere, sondern das obere Ende der Feldeggstraße, die ziemlich lang ist, und von Nachbarschaft konnte also nicht die Rede sein; das Pelzmantelmädchen war enttäuscht, er sah es, und besorgt obendrein, da auf seinen sechsten Sinn doch kein Verlaß ist; sie ließ es sich nicht nehmen, nein, unter diesen Umständen schon gar nicht, ließ den Motor wieder anspringen, um Gantenbein bis vors Haus zu fahren, sofern er ihre Einladung zu einem Kaffee nicht annahm, sie könnte es nicht verantworten, sie hätte keine Ruhe usw.

Er nimmt ihre Einladung an.

Im Lift, während sie wissen will, ob er sich öfters in der Stadt verirre, schließt er die Augen, um sich auf seinen ersten Besuch als Blinder vorzubereiten, um beim Austritt aus dem Lift auf eine glaubhafte Weise (nicht zuviel) zu stolpern. Camilla ist rührend; alles wird ihm abgenommen, kaum ist man in der Wohnung, Mantel und Hut und Stock. Auch Camilla weiß nicht, ob er das schwarze Stöcklein in der Wohnung braucht oder nicht; er ist der erste blinde Besucher hier. Er braucht es, scheint ihm, unbedingt, damit es ihn an seine Rolle erinnere.

»Setzen Sie sich!«

Sie vergißt, daß er keine Sessel sieht.

»Schön«, sagt er, »schön haben Sie's hier!«

»Nicht wahr?« sagt sie, ohne seinen Schnitzer zu bemerken, und fügt hinzu: »Wenn Sie erst meine Aussicht sehen könnten! Man sieht den ganzen See.«

Camilla übertreibt.

»Sieht man die Berge?« fragt er.

Nachdem Camilla, immer noch in ihrem tangigen Pelzmantel, insgeheim ein Fenster geöffnet hat, um ihn mit frischer Luft zu empfangen, erkundigt sie sich nochmals, ob er sich wirklich nicht verletzt habe. Er sieht
zu, wie sie lautlos eine Decke über die Couch zieht, lautlos zwei Cognac-
Gläser sowie einen Büstenhalter entfernt, als zweifle sie doch an der Blindnis ihres Gastes, und es bleibt, da sie es offenbar übersieht, nur das welke
Häuflein zweier Strümpfe, das er gelegentlich, als Camilla ihm gerade
den Rücken kehrt, mit dem Fuß unter die Couch schiebt. Er steht nicht
anders als sonst zum ersten Mal in einer fremden Wohnung: etwas verlegen, beflissen sich nicht umzusehen, dennoch hat man einen ersten Eindruck, den er durch sofortiges Geplauder zu verhehlen sucht. Er plaudert
über Mietzinse und Teuerung, während Camilla jetzt die Aschenbecher
von der Nacht leert, einverstanden mit allem, was er vorbringt. Dann sieht
sie sich um. Es ist jetzt, zumal auch das welke Häuflein ihrer Strümpfe verschwunden ist, eine Wohnung, die sich sehen lassen kann, die Wohnung
einer selbständigen Frau. Dann sagt er etwas von Umständen, die sie nicht
machen solle, aber vergeblich; Camilla ist schon in die Küche gegangen,
um Wasser aufzusetzen –

Gantenbein allein.

Später einmal, sicherer geworden durch Erfahrung als Blinder, wird Gantenbein sich in jede Gesellschaft wagen; er wird in einer Villa stehen, die
dunkle Blindenbrille im Gesicht, und wird mit einem schweizerischen
Oberst plaudern, den er mit einem bekannten Schieber verwechselt. Man
kann's einem Blinden nicht verargen. Er kann nicht unterscheiden zwischen einem Rechtsanwalt und einem Unterschriftenfälscher, der ein Vet-
ter jenes Schiebers ist. Immer wird Gantenbein sich eines Bessern belehren
lassen, um zu beweisen, daß er blind ist. Man wird ihn zu Tisch führen,
um ihn bei Tischgesprächen aufzuklären, was die Herrschaften gesehen haben möchten, was hingegen nicht. Man wird ihm eine Welt vorstellen, wie
sie in der Zeitung steht, und indem Gantenbein tut, als glaube er's, wird er
Karriere machen. Mangel an Fähigkeiten braucht ihn nicht zu bekümmern; was die Welt braucht, sind Leute wie Gantenbein, die nie sagen,
was sie sehen, und seine Vorgesetzten werden ihn schätzen; die wirtschaftlichen Folgen solcher Schätzung werden nicht ausbleiben. Seine Anschauungen zu widerrufen oder auch nur zu ändern, bloß weil er Dinge sieht,

die seine Anschauungen widerlegen, wird Gantenbein sich hüten, um
nicht aus seiner Rolle zu fallen. Er wird eine politische Karriere machen,
nicht eine effektive, aber eine ehrenvolle; er wird überall dabei sein, gestützt auf sein schwarzes Stöcklein, um nicht zu stolpern, und da es einmal
ausgemacht ist, daß Gantenbein nicht sieht, was gespielt wird vor seinen
Augen, wird man überall gern seine Meinung vernehmen. Ab und zu,
mag sein, kann es peinlich werden, etwa wenn er einem Herrn begegnet,
der sich als Monsignore vorstellt, und wenn Gantenbein blindlings fragt,
wer denn das gewesen sei, der vorhin von Saujuden gesprochen habe; es
ist der Monsignore selbst gewesen. Dazu wird man Kaviar essen. Er wird
einem Herrn begegnen, der eben über die Freiheit der Kultur gesprochen
hat, und fragen, ob ein andrer Herr, der unter Hitler eine ebenso führende
Rolle gespielt hat, ebenfalls im Saal sei, und nicht sehen, daß es derselbe
Herr ist. Dazu wird man Zigarren rauchen usw. ... Der Besuch bei Camilla Huber, Manicure, ist nur eine erste Probe, und als sie mit zwei Täßlein zurückkommt, ist Gantenbein noch immer ein Anfänger.

»Wie heißt denn Ihr Hundchen?« fragt er.

»Teddy.«

»Ein Prachtskerl.«

»Nicht wahr?« sagt sie und fragt sich keinen Augenblick, wie Gantenbein das herausfinden kann.

Solange er lobt, kann auch ein Blinder über alles sprechen. Gantenbein
kann sich die Gegenprobe nicht versagen.

»Sagen Sie einmal«, sagt er kurz darauf, »diese Miller-Sessel sind doch
scheußlich. Finde ich. Ausgesprochen scheußlich.«

Sie schenkt gerade Kaffee ein.

»Woher wollen Sie das wissen?« sagt sie kurz, um ihn auf seine Unzustän-
digkeit zu verweisen, dann freundlich: »Nehmen Sie Zucker?«

Er nickt.

»Kuchen?«

Er zögert.

»Engadinertorte«, meldet sie, »aber leider schon angeschnitten«, fügt sie
offenherzig hinzu, »aber ganz frisch.«

Obschon er Kuchen nicht mag, bittet er drum. Seine erste Mahlzeit als
Blinder! Torte ist einfach; man tastet einfach so mit der blinden Gabel
über das Tellerchen, bis man sie hat. (Schwieriger wird es sein mit Forellen,
die ich gerne selbst zerlege; Gantenbein wird eine Nummer daraus ma-

chen müssen: ein Blinder, der seine Forellen selbst zerlegt, und zwar flinker als irgendein Kellner, sagenhaft, so daß die Leute am Tisch einfach
staunen und den Blinden bitten, daß er auch ihre Forelle zerlege, entzückt
über das Unglaubliche.)

»Ach Gott«, sagt sie, »die Löffelchen.«

Sie spielt die Ungeschickte.

»Es ist furchtbar«, lacht sie, »ich bin keine Hausfrau, wissen Sie –«

Das also scheint die Rolle zu sein, die Camilla spielen will: keine Hausfrau. Hofft sie, daß Gantenbein sie für eine Intellektuelle hält? Also jedenfalls keine Hausfrau; soviel steht fest. Eine Künstlerin? Gantenbein versteht: jedenfalls eine berufstätige Frau. Sonst würde sie nicht für jedes
einzelne Löffelchen hin und her gehen, nach wie vor in ihrem tangigen
Pelzmantel, fröhlich, als beginne ein neues Leben für sie. Das macht sie
schöner, als sie ist, mindestens jünger. Sie genießt es, nicht gesehen zu werden, als sie sich auf die Couch setzt, ihre Beine emporgezogen unter die
Schenkel, nachdem sie ganz leise, damit Gantenbein es nicht merke und
mißdeute, ihre violetten Schuhe abgestreift und auf den Berber gestellt
hat in Reichweite.

»Macht gar nichts!« sagt sie.

Was macht gar nichts?

»Teddy ist froh drum«, sagt sie.

Vermutlich ist ein Stück seiner Torte auf den Teppich gefallen, aber da
es nicht ein absichtlicher Kniff gewesen ist, überzeugt es. Nur darf Gantenbein jetzt nicht begreifen, nur jetzt nicht Dankschön sagen, als Camilla ein
neues Stück von der gestrigen Engadinertorte auf sein Tellerchen schiebt.
Er sticht mit der Gabel hinein, als wäre es das alte, das unterdessen der
Hund frißt. Warum er, als Blinder, keinen Hund habe? Camilla kann sich
seinen Schreck vorstellen, wenn man plötzlich eine Stoßstange an der
Wade fühlt. Als dann Gantenbein, um sich von seinem Schreck zu erholen,
um einen Cognac bittet, sucht sie vergeblich die Flasche, die Gantenbein
schon seit einer Weile sieht. Camilla sieht sie nicht. Er muß ihr helfen, indem er mit seinem Tellerchen, als möchte er es wegstellen, gegen die Cognac-Flasche stößt. Ohne das Gespräch (worüber eigentlich?) zu unterbrechen, geht Camilla in die Küche, um eines der beiden Cognac-Gläser zu
waschen, während Gantenbein, als Cognac-Kenner, es nicht lassen kann,
die fragliche Flasche zur Hand zu nehmen, um die Etikette zu lesen. Wie
sie lautlos zurückkommt, Camilla in ihrem Pelzmantel nach wie vor, aber

ohne Schuhe, wie gesagt, daher lautlos, findet sich Gantenbein nicht bloß
mit der Cognac-Flasche in der linken Hand, sondern in der rechten Hand
hält er auch noch seine dunkle Blindenbrille. Um besser lesen zu können.
Auffälliger hätte er nicht aus seiner Rolle fallen können, aber Camilla entschuldigt sich bloß, keine andere Cognac-Marke im Haus zu haben, und
nur der Schreck, jetzt aber endgültig ertappt zu sein, rettet ihn offenbar
vor der Geste, die Camilla stutzig machen würde: sofort seine Blindenbrille wieder aufzusetzen. Er unterläßt es. Vor Schreck. Und als er sie später, nachdem er bereits Cognac getrunken hat, um sich von seinem
Schreck zu erholen, wieder aufs Gesicht schiebt, ist es durchaus glaubwürdig, eine Geste der Gewohnheit, unwillkürlich beiläufig unauffällig, das
Gespräch in keiner Weise störend. Also man spricht über den jüngsten
Weltraumflug, somit über Zukunft und Menschheit, also über Dinge,
die niemand zu sehen vermag. Ihr Pelzmantel übrigens, ohne Brille gesehen, ist bernsteingelb, ihr Haar natürlich nicht grünlich-bläulich, sondern
blond, ein schlichtes Wasserstoffblond. Und ihre Lippen sind nicht pflau-
menblau; Gantenbein hat sich bereits daran gewöhnt und findet die wirkliche Farbe ihres Lippenstifs, ohne Brille gesehen, ebenso unnatürlich.
Dennoch hat es sich gelohnt, eine Weile lang die Brille abzunehmen. Gantenbein weiß jetzt, ihre Wohnung ist nicht violett, sondern durchaus geschmackvoll, gewöhnlich-geschmackvoll; es könnte auch die Wohnung
einer Akademikerin sein, in der Tat, oder einer Grafikerin oder so. Nur
fehlen die Bücher. Ob er eine Platte hören möchte? Das ist ihm zu gemütlich, so daß er sich erkundigt, wie spät es denn sei. Camilla sagt: Kurz nach
eins. Seine Uhr zeigt zehn Minuten vor zwei. Sie möchte ihn halten,
scheint es, sie genießt es, nicht gesehen zu werden. Sie genießt ihre Rolle.
Als Gantenbein seinen zweiten Cognac leert, schlägt es zwei Uhr. Offensichtlich arbeitet sie nicht in einem Büro. Eine Dame? Durchaus nicht.
Sie scheint stolz zu sein auf ein Vokabular, das den Verdacht auf bürgerliche Dame ausschließt, ein unverblümtes Vokabular, und während sie
wieder ihren Fuß unter den Schenkel zieht, ist Gantenbein nachgerade gespannt, wie Camilla Huber gesehen sein möchte. Etwas jünger, als sie ist;
das jedenfalls. Auch wenn man so jung sei wie sie, sagt sie mehrmals. Gantenbein schließt die Augen, um ihren Wünschen besser folgen zu können.
Einmal ist Camilla verheiratet gewesen. Einmal und nie wieder. Sie meinen immer, daß sie sich alles erlauben können mit ihrem Geld, die Männer. Eine berufstätige Frau habe dieselben Rechte wie der Mann, findet

Camilla. Haushälterin eines Mannes zu sein, nur weil man ihn liebt, das findet sie das letzte. Schlichterdings das letzte. Camilla verkauft sich nicht. Diese Zeiten sind vorbei. Natürlich hat sie manchmal einen Freund, jung wie sie ist, aber keine Vorurteile. Da können die Nachbarn denken, was sie wollen. Eine unabhängige Frau. Selbständig. Keine Dame, die sich überall einladen läßt. Weitab von der bürgerlichen Ehe, versteht sich. Ehe ist ja auch nur eine verkaufte Unabhängigkeit. Kommt nicht in Frage. Gantenbein versteht. Eine moderne Frau. Berufstätig, auch wenn Gantenbein sie nie an der Arbeit sehen wird, eine Frau, die auf ihren eignen Füßen steht und ihren eignen Wagen fährt, versteht sich, ihren selbstverdienten Wagen. Anders könnte Camilla sich ihr Leben gar nicht denken, eine selbständige und unabhängige Frau, eine Frau von heute, und es erübrigt sich, daß sie es nochmals und nochmals sagt; Gantenbein hat schon begriffen, welche Rolle sie vor ihm zu spielen gedenkt, und er wird ihr diese Rolle abnehmen, wenn Camilla ihm dafür die Rolle des Blinden läßt.

»Sicher«, sagt er, als er auf der Schwelle steht und nachdem sie ihm das schwarze Stöcklein gegeben hat, das er beinahe vergessen hätte, »sicher werden wir einander wiedersehen, da wir schon Nachbarn sind –«

Camilla nickt glücklich.

Ein Mann, ein Intellektueller, ist einundvierzig Jahre alt geworden ohne besondere Erfolge, ohne besondere Schwierigkeiten; erst als ein besonderer Erfolg sich einstellt, erschrickt er über die Rolle, die er offenbar gespielt hat bisher –

Hat er sie sich selbst geglaubt?

Es geschieht in einer kleinen freundlichen Gesellschaft, wo er sich geschätzt weiß, und eigentlich geschieht nichts, überhaupt nichts, ein Abend wie oft. Er weiß nicht, worüber er erschrickt. Er redet sich ein, zuviel getrunken zu haben (zwei Glas! vielleicht verträgt er nichts mehr) und hält zurück, hält, als der freundliche Gastgeber mit der Flasche durch die Gespräche kreuzt, die rechte Hand über sein leeres Glas wortlos, um keinerlei Aufsehen zu verursachen, aber entschieden, sogar heftig, als ließe sich der Schreck noch abwehren, und beflissen zugleich, die Miene eines aufmerksamen Zuhörers zu wahren. Was denn mit ihm los sei, fragt eine Dame, die lang nicht mehr am Gespräch hat teilnehmen können. Auch der Gastge-

ber, eben erst von seiner Gattin gerügt wegen der leeren Gläser, sorgt für
Aufsehen. Was denn mit Enderlin los sei? Er weiß nur, daß er nichts zu sagen hat. Später läßt er sich auch wieder sein Glas füllen, da es nicht der Alkohol sein kann, im Gegenteil, ihm ist entsetzlich nüchtern. Leider ist es
erst elf Uhr, ein unauffälliges Verschwinden kaum möglich; er trinkt. Gerade in diesen Tagen ist durch die Presse nicht bloß der Vaterstadt, sondern
auch des Auslandes (das macht immer einen ganz anderen Eindruck, obschon es derselbe Tatbestand bleibt) die dreizeilige Notiz gegangen, daß
Enderlin einen Ruf nach Harvard erhalten habe, und es ist ihm peinlich,
als von dieser Notiz gerade jetzt die Rede ist, vor allem als die Gastgeberin,
um Enderlin aufzumuntern, darauf anzustoßen die unwiderstehliche Laune
hat. Vergeblich versucht er abzulenken; es fällt Enderlin nichts ein, was ihn
selbst ablenkt. Jemand im Dunst hinter der Ständerlampe, eine Tochter,
weiß nicht, was Harvard ist; dadurch entsteht eine Verzögerung, indem
der Gastgeber, bevor man anstößt, erläutern muß, was Harvard ist, was
ein Ruf nach Harvard bedeutet. Also Prost! nicht feierlich, immerhin mit
soviel freundschaftlichem Ernst, daß eine Pause zurückbleibt, eine Pause
um Enderlin. Ein Ruf nach Harvard, nun ja, Enderlin versucht eine Bagatelle draus zu machen, etwas verstimmt dennoch, daß man es ihm offenbar
nicht mehr zugetraut hat. Der Wein, Burgunder 1947, mundet ringsum,
aber die Pause um Enderlin bleibt. Schließlich (Enderlin muß irgend etwas
sagen, um nicht wie ein Denkmal zu schweigen) sind auch schon Scharla-
tane nach Harvard gerufen worden, und überdies ist es nicht der erste Ruf,
den Enderlin erhalten hat. Dies nebenbei. Um gerecht zu sein, muß er darauf hinweisen, daß auch kleinere Universitäten, beispielsweise Basel, ein
berechtigtes Ansehen genießen. Oder Tübingen. Aber davon sollte und
wollte Enderlin eigentlich nicht reden; er hat das auch nur unter vier Augen erwähnt, während die Gesellschaft sich gerade um den Pudel kümmert, der jetzt ins Zimmer getrudelt kommt, um seine bekannten Kaprio-
len zu zeigen. Ein Prachtstierchen! Enderlin findet es auch, froh, daß alle
Aufmerksamkeit wenigstens vorläufig auf dieses Pudelchen übergeht. Wann
er nun nach Harvard gehe, fragt eine Dame, und nachdem auch das gesagt
ist, leider so leise, daß die andern jenseits des Lampenschirms nochmals
dieselbe Frage stellen, und nachdem Enderlin nochmals hat antworten
müssen, und zwar laut genug, damit alle hören, wann Enderlin vermutlich
nach Harvard geht, ist natürlich Enderlin neuerdings im Mittelpunkt, Pudelchen hin oder her. Jetzt etwas Heiteres zu erzählen, eine Anekdote, die

ins Gesellige überleitet, scheint ihm unerläßlich. Sie fällt ihm aber nicht ein. Man wartet nicht allzu gespannt, immerhin willig. Was erzählt schon ein Mann angesichts seiner Karriere? Fast alle erfolgreichen Männer wollen einmal von der Schule gejagt worden sein, man kennt das, aber man hört es immer wieder gern. Aber Enderlin weiß nichts, hat das Wort, weiß nur, daß er nichts zu sagen hat. Der Gastgeber bietet unterdessen Zigarren an, während seine Gattin es an der Zeit findet, das lustige Pudeltier wieder hinauszutreiben, da es sich für den Mittelpunkt der verstummten Gesellschaft hält. Und noch immer ist es nicht Mitternacht . . .

»Hermes ist eingetreten.«

Das ist alles, was Enderlin jetzt zu sagen wüßte, ein antikes Sprichwort, das genau die Verlegenheit dieses Augenblicks bezeichnet. Aber das geht nicht; Hermes ist das Thema einer Arbeit, die ihm den Ruf nach Harvard eingetragen hat . . . Schließlich ist es der Gastgeber, der sich für die Flaute verantwortlich fühlt und die Gesellschaft, da sie sich plötzlich nicht mehr selbst unterhält, zu unterhalten versucht, ja, mit Anekdoten, die aber daneben fallen; man wartet auf Enderlin. Er kann's nicht ändern, und je länger er schweigt, die linke Hand in der Hosentasche, das Glas in der andern Hand, eigentlich der einzige im Kreis, der dem Gastgeber zuhört, alle andern hören sozusagen nur durch seine Person, man lacht, wenn Enderlin lacht, Enderlin ist der Mittelpunkt, je länger er schweigt; es hilft nichts, daß der Gastgeber übrigens ein glänzender Erzähler ist: die Pause, als der Gastgeber nochmals in den Keller gegangen ist, beginnt harmlos; man wechselt die Verschränkung der Beine, klopft Asche ab, jemand öffnet ein Fenster, was alle begrüßen, aber die Pause wächst, jemand bietet Gebäck herum, man raucht, eine Pendeluhr schlägt zwölf, und als der Gastgeber mit neuen Flaschen zurückkehrt, meint er, eine Darbietung von Enderlin verpaßt zu haben, schaut und fragt, wovon die Rede sei, und entkorkt –

Langsam beginnt man zu plaudern.

Nur für Enderlin, der sich gelegentlich verabschiedet, ist etwas geschehen, übrigens nicht zum ersten und wahrscheinlich nicht zum letzten Mal. Bis eine Einsicht draus entsteht, braucht es viele kleine Schrecken. Allein in seinem Wagen, als er den Schlüssel einsteckt etwas zögernd, dann erleichtert, daß wenigstens der Motor funktioniert, denkt er nicht mehr daran. Ein belangloser Abend . . .

Es war eine lange und öde Stunde – so stelle ich mir vor – eine aufregende
Stunde, als Gantenbein, die blaue Brille im Gesicht und das Stöcklein zwischen den Knien, im Vorzimmer des städtischen Gesundheitsamtes wartete. Auch ein Blinder, hatte er einsehen müssen, ist ein Glied der Gesellschaft. Ohne die gelbe Armbinde bliebe er rechtlos. Blick auf das Gemälde
eines einheimischen Malers, das hier seinen öffentlichen Ankauf abzubü-
ßen hat, saß er mutterseelenallein in diesem kahlen Vorzimmer, möglicherweise der Erste, der dieses Gemälde sieht. Was hingegen nicht ging: die
Zeitung zu lesen, die er in der Manteltasche hatte. Jeden Augenblick konnte jemand eintreten. Ein altes Weiblein, winzig, ein Gnom, ihre rumpfli-
gen Schuhe und ihr welker Hut waren schon viel zu groß für sie, ebenso
ihr falsches Gebiß, eine Stadtbürgerin, die um einen Platz in einem der
schönen und zu Recht in allen Zeitungen gelobten Altersheime der Stadt
Zürich kämpft, war vor ihm an die Reihe gekommen, und Gantenbein
hatte versprochen, ihr den Daumen zu halten, was er auf natürliche Weise
vergaß, sowie er allein saß mit dem Elfuhrgeläute, besorgt um seine eigne
Zukunft, während sie jetzt vor der wohlmeinenden Ohnmacht des Stadtarztes saß, die Winzige mit dem großen Gebiß und mit Haaren auf der
Lippe; es dauerte schon zehn Minuten. Das Elfuhrgeläute, Zürichs heiter-
ste Einrichtung, wäre bei offnem Fenster noch schöner gewesen, rauschen-
der, doch wagte Gantenbein nicht aufzustehen und das Fenster zu öffnen.
Die Brille im Gesicht und das schwarze Stöcklein zwischen den Knien,
wie es sich gehört, wenn man eine gelbe Armbinde will, saß er geduldig.
Man mußte Belege einbringen, Zeugnisse von mindestens zwei Fachärz-
ten. Die Lauferei (immer mit dem klöppelnden Stock am Randstein!)
und die Schwätzerei, bis zwei einheimische Ärzte sich hatten täuschen lassen, ohne dafür eine besondere Rechnung zu stellen, hatten Gantenbein
fast einen Monat gekostet, von den Nerven zu schweigen. Jetzt hatte er
sie aber in der Tasche, die Zeugnisse, und brauchte nur noch den Stempel
des Amtes, das aber, wie es heißt, ein verständnisvolles sein soll, obschon es
Gantenbein warten ließ, als habe ein Blinder nichts mehr zu versäumen in
dieser Welt ... Ob es nicht vorteilhafter wäre, fragt sich Gantenbein noch
manchmal, taub zu sein, statt blind; aber jetzt ist es zu spät dafür ... Das
Elfuhrgeläute ist verstummt; jetzt hört man dafür das Tippen einer
Schreibmaschine nebenan, wahrscheinich um das alte Weiblein zu trösten,
indem es einmal mehr sämtliche Angaben machen darf, Geburtsdatum,
Vorname des Vaters, dessen Grab schon ausgehoben worden ist, und Mäd-

chenname der Mutter, letzter Wohnsitz, Krankheiten, Adresse eines noch lebenden Sohnes in Übersee, der die Versicherung entlasten könnte. Jedenfalls wird getippt. Nicht ohne Herzklopfen überlegt Gantenbein jetzt schon seine Antworten für diese Schreibmaschine nebenan. Gewissensbisse? Manchmal schließt Gantenbein die Augen: um sich in seine Rolle einzufühlen. Was ihm dann, oft schon nach wenigen Atemzügen, die Augen jedesmal wieder öffnet, ist nicht die Neugierde auf Sichtbares, nicht in erster Linie; man weiß, wie das Vorzimmer in einem Amtshaus etwa aussehen kann. Vielleicht ist das schon ein Alterszeichen, daß alles, was die Augen sehen können, wie ein Vorzimmer erscheint. Trotzdem öffnet man die Augen immer wieder. Die Netzhaut ist ein Schutz vor der Ahnung, die fast jedes Geräusch in uns auslöst, und vor der Zeit; man sieht, was die Uhr drüben am Sankt Peter zeigt, und die Uhren zeigen immer jetzt. Ein Schutz vor der Erinnerung und ihren Schlünden, Gantenbein ist froh, daß er nicht wirklich blind ist. Übrigens hat er sich schon ziemlich an die Verfärbung gewöhnt, die seine blaue Brille verursacht: die Milchglassonne über Fassaden aus Asche; das Laub wie Bronze; Wolken, die fälschlich mit einem tintenhaften Gewitter drohen. Seltsam und so, daß Gantenbein sich nicht daran gewöhnen kann, bleibt die Herbstzeitlosenhaut der Frauen.

Einmal, als Gantenbein gerade auf seine Uhr blickt, geht ein Beamter durchs Vorzimmer, ein schwarzes Dossier (nur Schwarz bleibt Schwarz) in der bläulichen Hand, wortlos und ohne Nicken, vielleicht weiß er schon, daß es sich um einen Blinden handelt, jedenfalls wird nicht genickt, auch von Gantenbein nicht, und dann sitzt Gantenbein wieder allein, das Stöcklein zwischen den Knien, und hat Zeit, um sich nochmals sein Unterfangen zu überlegen: Vorteile, Nachteile –

Er bleibt dabei.

Langsam gefaßt darauf, daß er jetzt nicht mehr an die Reihe kommt, die städtischen Ämter schließen ein Viertel vor zwölf, soviel er weiß, zwecks Entlastung des Stoßverkehrs, also gefaßt darauf, daß er auf zwei Uhr nachmittags bestellt wird, stopft er sich eine Pfeife, nicht anders als je, eine Verrichtung, die man, ohne hinzublicken, den Fingern überlassen kann, blindlings ... Die Vorteile überwiegen ... Bloß beim Anzünden, jetzt, blickt er auf das zuckende Flämmlein, obschon seine Zunge schon weiß, der Tabak brennt. Der Nachteil, der ihn am meisten ängstigt: die Verinnerlichung, der seine Blindenrolle ihn aussetzt. Jetzt raucht's. Gantenbein ist immer wieder erleichtert, daß er nicht wirklich blind ist; die Pfeife würde anders schmecken, wenn man den Rauch nicht sähe, bitter, betäubend wie eine Tablette oder eine Einspritzung, aber unlustig. Die kleine Begegnung mit Camilla Huber neulich bestärkt ihn in seiner Hoffnung, die Menschen etwas freier zu machen, frei von der Angst, daß man ihre Lügen sehe. Vor allem aber, so hofft Gantenbein, werden die Leute sich vor einem Blinden wenig tarnen, so daß man sie besser kennenlernt, und es entsteht ein wirklicheres Verhältnis, indem man auch ihre Lügen gelten läßt, ein vertrauensvolleres Verhältnis –

Endlich läßt der Amtsarzt bitten.

Gantenbein Theo, geboren da und damals, alles Genaue steht in den Zeugnissen, die der Amtsarzt, nachdem er sich selber gesetzt hat, ohne Neugierde besichtigt, nicht flüchtig, aber flink, da es bald Viertel vor zwölf ist. Sie scheinen in Ordnung zu sein, die Zeugnisse, nach der stummen Teilnahmslosigkeit des Amtsarztes zu schließen. Der amtliche Blindenausweis, ein doppelseitiges Formular, wird von der Sekretärin bereits in die Schreibmaschine gespannt; Gantenbein braucht Punkt für Punkt immer nur die Wahrheit zu sagen, was insofern nicht immer leicht ist, als jedes Formular, wie man weiß, einen Grundfall voraussetzt, den es nie gibt. Beispielsweise hat Gantenbein keinen Arbeitgeber. Vermögen? Eine verfassungswidrige Frage; sie verletzt das schweizerische Bankgeheimnis, dem dieses Land soviel verdankt, aber Gantenbein, um keine Schwierigkeiten zu machen, nennt eine Summe, so daß der besorgte Staat sich erleichtert fühlt, und das Fräulein tippt. Spritzerweise. Ihre gespannte Sorge ist nicht, ob Ja oder Nein, sondern daß sie sich nicht vertippt. Nur das. Dazu das Gesicht des Stadtarztes, Gantenbein sieht es: der Stadtarzt mißtraut seiner Sekretärin, nicht dem Blinden. Das ist günstig, und es braucht jetzt nur noch der Fall einzutreten, daß die Sekretärin etwas radieren muß; der Stadtarzt, so wie er aussieht, wird sie nicht anbrüllen, sondern sie nur strafen, indem er mit dem Blinden freundlicher ist als mit ihr. Zur Unterschrift bereit, sobald die gelbe Karte, der eigentliche Blindenausweis, endlich getippt sein wird, öffnet der Stadtarzt bereits seine Füllfeder. Es scheint in Ordnung zu gehen. Was Gantenbein nervös macht, sind meistens nur seine überflüssigen Vorstellungen; zum Beispiel, wenn er schwören müßte, schwören auf die Zeugnisse der Fachärzte. Nämlich es gäbe viele Hausierer, berichtet der Amtsarzt, die sich solche Blindenkarten erschwindeln, um die Hausfrauen zu rühren. Wieso sagt er das? Übrigens

scheint das alte Weiblein ihm geholfen zu haben, indem sie sich auf die Ansichten des blinden Herrn draußen im Vorzimmer berufen hat; sein Erscheinen hier, spürt Gantenbein, ist dramaturgisch vorbereitet gewesen.
Das ist leicht gesagt! sagt der freundliche Amtsarzt, die Ansichten von
Gantenbein widerlegend: Aber wo soll man die alten Menschen alle unterbringen? Er gibt Zahlen, um dann zu fragen: Sehen Sie eine Lösung? Ein
Anruf unterbricht, so daß Gantenbein sich besinnen kann, bis die Frage
wiederkehrt: Sehen Sie eine Lösung? Gantenbein beschränkt sich auf zu-
nehmendes Verständnis für die Schwierigkeiten, die ein solcher Amtsarzt
täglich vor sich sieht. Die Blindnis solcher Ansichten, wie Gantenbein sie
im Vorzimmer geäußert hat, um das alte Weiblein zu ermutigen, kommt
ihm zustatten; sie macht auch seine andere Blindnis glaubhaft. Als der
Amtsarzt, um seine Ungeduld gegenüber der Sekretärin in Rauch aufzulösen, wortlos nach Streichhölzern sucht, zückt Gantenbein höflich sein Feuerzeug. Darauf war der Amtsarzt nicht gefaßt. Jetzt radiert die Sekretärin.
Darauf war der Amtsarzt gefaßt. Unser Geist kann nicht überall sein im
gleichen Augenblick; er vergißt seine Zigarette sowie Gantenbein. Blick
zur Sekretärin, beschäftigt mit Selbstbeherrschung, bis die Blindenkarte
endlich kommt, stumm, während Gantenbein sein Feuerzeug verschwinden läßt. Jetzt unterzeichnet er. Die gelbe Armbinde werde zugestellt, sagt
die Sekretärin, gegen Nachnahme. Wie immer wenn er von einer Behörde
erreicht hat, was er braucht, ist Gantenbein voll Verständnis für die Behörde, worauf der Stadtarzt, seinerseits dankbar für Verständnis, vielleicht
auch aus dem Bedürfnis heraus, seine Sekretärin zu widerlegen, die ihn für
einen fürchterlichen Charakter hält, sich erhebt und Gantenbein persönlich zum Lift begleitet, nicht ohne die Hoffnung auszusprechen, daß Gantenbein trotz allem seinen Weg durchs Leben finden möge. Gantenbein
versucht ihn zu beruhigen, Mitleid macht ihn verlegen, er versichert, daß
er vor seiner Erblindung schon viel von dieser Welt gesehen habe: er sei
nicht bloß in Griechenland und in Spanien gewesen, sogar in Marokko,
was der Amtsarzt beispielsweise noch nie gesehen hat, in Paris natürlich,
im Louvre, in Damaskus und in jungen Jahren einmal auf dem Matterhorn, o ja, allerdings bei Nebel. So entsteht, zumal der Lift auf sich warten
läßt, ein angeregtes Gespräch über Reisen. Ein Amtsarzt kommt wenig
zum Reisen, versteht sich, drei oder vier Wochen im Jahr. Gantenbein
empfiehlt insbesondere Havanna. Im nächsten Jahr, sagt der Amtsarzt,
möchte er auch einmal nach Spanien; Gantenbein verweist vor allem aufs

Innere dieses Landes, Salamanca, Avila, Segovia, Cordoba. Schlimmer als
in Spanien, versichert Gantenbein, seien die Straßen zur Zeit in der Türkei,
ganz zu schweigen vom Irak – einmal ist der Lift schon da, aber er wird
nicht betreten, so daß die Türe sich wieder schließt – Er habe genug gesehen, sagt Gantenbein. Nur in Rußland sei er nie gewesen, so wenig wie der
Amtsarzt. Es kommt zum ersten politischen Gespräch, das Gantenbein als
Blinder führt, und es geht leichter denn je: man läßt sich einfach durch
Ansichten belehren ... Zum zweiten Mal öffnet sich der Lift, und es bleibt
keine Zeit mehr für die vielen Tips, die Gantenbein noch geben könnte.
Wenn Spanien, dann die Höhlen von Altamira. Wenn Segovia, dann speisen bei »Candido«, Hemingway-Restaurant, gerade beim Aquädukt. Wenn
Türkei, nicht versäumen die Moschee von Edirne. Wenn Jerusalem, dann
an einem Freitag. – Gantenbein steht schon am Lift, als der Amtsarzt
ihn nicht um seine Hand bittet, sondern um seinen Finger, was Gantenbein nicht sogleich versteht. Um seinen Zeigefinger: um seinen Zeigefinger auf den richtigen Knopf am inneren Lichtschalter zu legen, wo er drük-
ken soll, sobald er das Schließen der Lifttüren, der äußeren, gehört habe.
Noch einmal muß Gantenbein versichern, daß ihn unten jemand erwarte.
Die Armbinde, sagt er Amtsarzt noch einmal, werde ihm zugeschickt ...
     So weit, so gut.
     Allein im Lift, entspannt wie ein Schauspieler hinter der Kulisse, wo er
sich ungesehen weiß, liest Gantenbein sofort die amtliche Karte. Er ist be-
glaubigt. Das gibt sofort ein ganz anderes Gefühl, ein anderes Auftreten –
auch schon gegenüber dem Amtsarzt selbst, als Gantenbein nach fünf Minuten, Lift hinunter und Lift herauf, nochmals vor den Amtsarzt zu treten
hat; nämlich Gantenbein hat seinen schwarzen Stock vergessen. Richtig!
sagt der Amtsarzt, der sich umsieht, während er gerade seine Hände seift
und spült, um zum Mittagessen zu gehen, und da die Sekretärin schon gegangen ist, nimmt Gantenbein, um den freundlichen Amtsarzt nicht zu bemühen, selbst seinen Stock von der Sessellehne, zu Tode erschrocken über
seine Kopflosigkeit, womit er nicht nur sich selbst verraten hat, sondern
auch zwei Fachärzte. Was jetzt? Aber der Amtsarzt, scheint es, findet
nichts dabei, so sehr glaubt er an seine eigene Unterschrift; er nickt bloß,
indem er jetzt seine gewaschenen Hände trocknet, seinerseits etwas verlegen, da er hemdärmelig ist, und eine Woche später, pünktlich wie von
einer schweizerischen Behörde nicht anders zu erwarten, kommt die gelbe
Armbinde, die viel erleichtert.

Schwierig bleibt es nur mit Frauen.

Natürlich geht Gantenbein, um die neue Armbinde zu erproben, nicht gerade in das Café, wo er vor der Erblindung immer gewesen ist, sondern in ein anderes, wo die Kellner ihn nicht kennen, entzückt, lauter neue Gesichter zu sehen, Frauen, wie er sie noch nie gesehen hat. Sein Entzücken läßt ihnen keine Ruhe, er sieht es. Gantenbein trinkt seinen Campari, das schwarze Stöcklein zwischen den Knien, die gelbe Armbinde am Arm; er legt seine Zigarette in die Zuckerdose und was der Kniffe mehr sind. Trauen sie seiner amtlichen Armbinde nicht? Er fühlt sich gemustert. Er versucht sich in allen Posen der männlichen Unbefangenheit, die ihn verraten, und sieht das Ergebnis: auch sie, die Dame am Nebentisch, versucht sich in Posen der Unbefangenheit, sei es, daß sie plötzlich ihre Nase pudert, ihre Lippen malt oder den Kopf wendet, als wolle sie nicht begafft werden, oder sei es, daß sie ihn plötzlich durch ein Lächeln geradezu auf die Probe stellt. Es wird schwierig sein. Frauen glauben nie ganz an seine Blindnis, Armbinde hin oder her, Frauen spüren es im Rücken, wenn sie gesehen werden.

Ich sitze in einer Bar, Nachmittag, daher allein mit dem Barmann, der mir sein Leben erzählt. Ein trefflicher Erzähler! Ich warte auf jemand. Während er die Gläser spült, sagt er: So war das! Ich trinke. Eine wahre Geschichte also. Ich glaub's! sage ich. Er trocknet die gespülten Gläser. Ja, sagt er noch einmal, so war das! Ich trinke und beneide ihn – nicht um seine russische Gefangenschaft, aber um sein zweifelloses Verhältnis zu seiner Geschichte ...

»Hm«, sagt er, »wie das wieder regnet!«

Darauf gehe ich nicht ein, sondern trinke.

»Jede Geschichte ist eine Erfindung«, sage ich nach einer Weile, ohne deswegen an den Schrecknissen seiner russischen Gefangenschaft zu zweifeln, grundsätzlich: »jedes Ich, das sich ausspricht, ist eine Rolle –«.

»Herr Doktor«, sagt er, »noch einen Whisky?«

Herr Doktor!

»Unsere Gier nach Geschichten«, sage ich und merke, daß ich schon viel getrunken habe, es zeigt sich daran, daß ich meine Sätze nicht zu Ende spreche, sondern annehme, man habe mich schon verstanden kraft meiner

Einsicht:» – vielleicht sind's zwei oder drei Erfahrungen, was einer hat«, sage ich, »zwei oder drei Erfahrungen, wenn's hochkommt, das ist's, was einer hat, wenn er von sich erzählt, überhaupt wenn er erzählt: Erlebnismuster – aber keine Geschichte«, sage ich, »keine Geschichte.« Ich trinke, aber mein Glas ist leer. »Man kann sich selbst nicht sehen, das ist's, Geschichten gibt es nur von außen«, sage ich, »daher unsere Gier nach Geschichten!« Ich weiß nicht, ob der Barmann mir zuhört, nachdem er sechs Jahre im Ural gewesen ist, und nehme mir eine Zigarette, um unabhängig zu sein. »Haben Sie eine Geschichte«? frage ich, nachdem er mir eben erzählt hat, was er offenkundig für seine Geschichte hält, und sage: »Ich habe keine.« Ich rauche – ich beobachte ihn, wie er mein leeres Glas vom Zink nimmt, um es ins Spülwasser zu tauchen, und wie er ein anderes greift, ein frisches, ein trockenes, ich kann es nicht hindern, daß er mir einen nächsten Whisky herrichtet; gerade dadurch, daß ich es beobachte, kann ich's nicht verhindern ... Ich denke an den Mann vom Kesch, eine Geschichte, die ich bis heute noch keinem Menschen erzählt habe, obschon sie mich immer wieder verfolgt, die Geschichte eines Mordes, den ich nicht begangen habe. Ich drehe mein Glas, indem ich frage:

»Sind Sie einmal auf dem Kesch gewesen?«

»Kesch«, fragte er, »was ist das?«

»Piz Kesch«, sage ich, »ein Berg.«

»Nein«, sagt er, »warum?«

Blödsinn! denke ich. Wieso soll er gerade der Mann sein, den ich 1942 am Kesch getroffen habe? Ich verstumme. Blödsinn. Ich trinke.

»Jeder Mensch erfindet sich früher oder später eine Geschichte, die er für sein Leben hält«, sage ich, »oder eine ganze Reihe von Geschichten«, sage ich, bin aber zu betrunken, um meinen eignen Gedanken wirklich folgen zu können, und das ärgert mich, so daß ich verstumme.

Ich warte auf jemand.

»Ich habe einen Mann gekannt«, sage ich, um von etwas andrem zu reden, »einen Milchmann, der ein schlimmes Ende nahm. Nämlich er kam ins Irrenhaus, obschon er sich nicht für Napoleon oder Einstein hielt, im Gegenteil, er hielt sich durchaus für einen Milchmann. Und er sah auch aus wie ein Milchmann. Nebenbei sammelte er Briefmarken, aber das war der einzige fanatische Zug an ihm; er war Hauptmann bei der Feuerwehr, weil er so verläßlich war. In jungen Jahren, glaube ich, war er Turner, jedenfalls ein gesunder und friedlicher Mann, Witwer, Abstinent, und niemand in unsrer Gemeinde hätte jemals vermutet, daß dieser Mann dereinst ins Irrenhaus eingeliefert werden müßte.« Ich rauche. »Er hieß Otto«, sage ich, »der Otto.« Ich rauche. »Das Ich, das dieser gute Mann sich erfunden hatte, blieb unbestritten sein Leben lang, zumal es ja von der Umwelt keine Opfer forderte, im Gegenteil«, sage ich, »er brachte Milch und Butter in jedes Haus. Einundzwanzig Jahre lang. Sogar sonntags. Wir Kinder, da er uns oft auf seinen Dreiräderwagen aufhocken ließ, liebten ihn.« Ich rauche. Ich erzähle: »Es war ein Abend im Frühling, ein Sonnabend, als der Otto, seine Pfeife rauchend wie all die Jahre, auf dem Balkon seines Reiheneigenheims stand, das zwar an der Dorfstraße gelegen war, jedoch mit so viel Gärtlein versehen, daß die Scherben niemand gefährden konnten. Nämlich aus Gründen, die ihm selbst verschlossen blieben, nahm der Otto plötzlich einen Blumentopf, Geranium, wenn ich nicht irre, und schmetterte denselben ziemlich senkrecht in das Gärtlein hinunter, was sofort nicht nur Scherben, sondern Aufsehen verursachte. Alle Nachbarn drehten sofort ihre Köpfe; sie standen auf ihren Balkonen, hemdärmlig wie er, um den Sonnabend zu genießen, oder in ihren Gärtlein, um die Beete zu begießen, und alle drehten sofort ihren Kopf. Dieses öffentliche Aufsehen, scheint es, verdroß unseren Milchmann dermaßen, daß er sämtliche Blumentöpfe, siebzehn an der Zahl, in das Gärtlein hinunterschmetterte, das ja schließlich, wie die Blumentöpfe selbst, sein schlichtes Eigentum war. Trotzdem holte man ihn. Seither galt der Otto als verrückt. Und er war es wohl auch«, sage ich, »man konnte nicht mehr reden mit ihm.« Ich rauche, während mein Barmann angemessen lächelt, aber unsicher, was ich denn damit sagen wolle. »Nun ja«, sage ich und zerquetsche meine Zigarette im Aschenbecher auf dem Zink, »sein Ich hatte sich verbraucht, das kann's geben, und ein anderes fiel ihm nicht ein. Es war entsetzlich.«

Ich weiß nicht, ob er mich versteht.

»Ja«, sage ich, »so war das.«

Ich nehme die nächste Zigarette.

Ich warte auf jemand –

Mein Barmann gibt Feuer.

»Ich habe einen Mann gekannt«, sage ich, »einen andern, der nicht ins Irrenhaus kam«, sage ich, »obschon er ganz und gar in seiner Einbildung lebte.« Ich rauche. »Er bildete sich ein, ein Pechvogel zu sein, ein redlicher, aber von keinem Glück begünstigter Mann. Wir alle hatten Mitleid mit ihm. Kaum hatte er etwas erspart, kam die Abwertung. Und so ging's im-

mer. Kein Ziegel fiel vom Dach, wenn er nicht vorbeiging. Die Erfindung,
ein Pechvogel zu sein, ist eine der beliebtesten, denn sie ist bequem. Kein
Monat verging für diesen Mann, ohne daß er Grund hatte zu klagen, keine
Woche, kaum ein Tag. Wer ihn einigermaßen kannte, hatte Angst zu fragen: Wie geht's? Dabei klagte er nicht eigentlich, lächelte bloß über sein
sagenhaftes Pech. Und in der Tat, es stieß ihm immer etwas zu, was den andern erspart bleibt. Einfach Pech, es war nicht zu leugnen, im großen wie
im kleinen. Dabei trug er's tapfer«, sage ich und rauche, »– bis das Wunder
geschah.« Ich rauche und warte, bis der Barmann, hauptsächlich mit seinen Gläsern beschäftigt, sich beiläufig nach der Art des Wunders erkundigt hat. »Es war ein Schlag für ihn«, sage ich, »ein richtiger Schlag, als dieser Mann das Große Los gewann. Es stand in der Zeitung, und so konnte
er's nicht leugnen. Als ich ihn auf der Straße traf, war er bleich, fassungslos, er zweifelte nicht an seiner Erfindung, ein Pechvogel zu sein, sondern
an der Lotterie, ja, an der Welt überhaupt. Es war nicht zum Lachen, man
mußte ihn geradezu trösten. Vergeblich. Er konnte es nicht fassen, daß er
kein Pechvogel sei, wollte es nicht fassen und war so verwirrt, daß er, als er
von der Bank kam, tatsächlich seine Brieftasche verlor. Und ich glaube, es
war ihm lieber so«, sage ich, »andernfalls hätte er sich ja ein anderes Ich erfinden müssen, der Gute, er könnte sich nicht mehr als Pechvogel sehen.
Ein anderes Ich, das ist kostspieliger als der Verlust einer vollen Brieftasche, versteht sich, er müßte die ganze Geschichte seines Lebens aufgeben,
alle Vorkommnisse noch einmal erleben, und zwar anders, da sie nicht
mehr zu seinem Ich passen –«
     Ich trinke.
     »Kurz darauf betrog ihn auch noch seine Frau«, sage ich, »der Mann tat
mir leid, er war wirklich ein Pechvogel.«
     Ich rauche.
     Draußen regnet's nach wie vor … Ich weiß nicht mehr, was ich eigent-
lich habe damit sagen wollen, und betrachte meinen Barmann: Vielleicht
ist er's doch? denke ich, obschon er's bestreitet; ich erinnere mich nicht
mehr, wie er ausgesehen hat, mein Mann vom Kesch, vielleicht werde
ich ihn drum nicht los, rauche, denke daran, schweige, rauche.

Das war 1942, ein Sonntag im April oder Mai, wir hatten Kantonnement in Samaden, Graubünden, ein wolkenloser Tag, ich hatte Urlaub übers Wochenende, fuhr aber nicht nach Haus, sondern wollte ohne Menschen sein und ging in die Berge. Eigentlich war's den Urlaubern strengstens verboten, allein in die Berge zu gehen, der Gefahren wegen; aber ich ging also trotzdem, und zwar auf den Piz Kesch. Übernachtet hatte ich in einem Heustadel, wo es hundekalt war, kein Heu, Durchzug, eine sternklare Nacht; ich wollte die Kesch-Hütte vermeiden, weil dort vermutlich Offiziere waren, denen ich, ein simpler Kanonier, mein Urlaubsziel hätte melden müssen, und genau das wollte ich nicht. Um Urlaub zu haben, Urlaub von jedem Meldezwang. Da ich die ganze Nacht fror, war ich früh auf den Beinen, lang vor Sonnenaufgang; in der grauen Geröllhalde konnte mich niemand sehen, feldgrau wie ich war, und ich stieg ziemlich rasch, und als ich auf Schnee kam, war er noch klingelhart. Ich rastete in der Kesch-Lücke, als die Sonne eben aufging, weit und breit kein Mensch, ich frühstückte eine trockene Ovomaltine. Ich hatte einen Eispickel bei mir, das war's, warum ich im Tal von niemand hatte gesehen werden wollen, ein Alleingänger mit Eispickel. Jetzt war ich froh um diesen kleinen blanken Pickel, vielleicht wäre es auch ohne gegangen, da der Schnee in der Sonne bald weicher wurde, aber im Schatten mußte man Stufen hauen. Ich hatte den moppigen Waffenrock ausgezogen, an den Gürtel gebunden, manchmal hielt ich wieder Ausschau, ob jemand komme, Offiziere womöglich. Wenn ich einmal auf dem Gipfel wäre, könnten sie mir nichts mehr verbieten, dachte ich, höchstens fragen, ob ich den Befehl nicht kenne, und es bei der Bergkameradschaft bewenden lassen. Aber ich sah also niemand, jedenfalls nicht auf dem Schneefeld, und wenn ich nicht gerade pickelte, hörte ich auch nichts. Ich war allein wie auf dem Mond. Ich hörte die Schneescherben, die über die Felsen kollerten, sonst nichts, ab und zu das Klingeln meines Pickels an den scharfen Felsen, Wind, sonst nichts, Wind über den Grat. Als ich später den Gipfel erreichte, fand ich mich allein mit dem Gipfelkreuz, glücklich. Es wurde wärmer und wärmer, und nachdem ich mir mit losen Steinen einen Nischenhock gebaut hatte, windgeschützt, zog ich sogar das verschwitzte Hemd aus, rollte den Waffenrock zu einem Kissen zusammen. Später schlief ich, müde von der Nacht, ich weiß nicht wie lang; zumindest schloß ich die Augen und döste, hatte nichts anderes vor. Der Mann, der mich plötzlich angeredet hatte, ein Zivilist – er sagte: Grüssi! was er für schweizerisch hielt; offenbar ein Deut-

scher – wollte mich nicht stören, wie er sagte, als er meine Verblüffung sah;
aber natürlich richtete ich mich sofort auf, vorerst sprachlos. Offensichtlich war er schon eine Weile hier; sein Rucksack war weiter drüben abgestellt. Ich sagte Gutentag, indem ich mich vollends erhob, so daß wir
nun nebeneinander standen. Er wollte, einen Feldstecher vor dem Gesicht,
nur wissen, welches denn nun die Bernina sei. Sie sind ja Soldat! sagte er,
nachdem er meine unmöglichen Röhrenhosen gesehen hatte, mit einem
gewissen Lächeln, und indem ich ihm zeigte, was er wissen wollte, merkte
ich bald, wie genau er Bescheid wußte in der Gegend. Ein Liebhaber des
Engadin offenbar, Ausländer, aber Kenner; zumindest waren ihm die Namen geläufig, Bernina und Palü und Rosatsch, aber auch die Namen der
Dörfer drunten im Tal. Er hatte eine Karte, wie sich's gehört, obschon
die Landkarten damals konfisziert waren, ferner eine Leica. Sein beharr-
liches Bedürfnis, immer wieder einmal unsere Landessprache nachzuah-
men, und zwar so, als wär's eine Kindersprache, Anbiederung ohne Begabung für den andern Tonfall, dabei gutmütig-gönnerisch, ohne zu merken,
daß es mich sauer machte, erschwerte die Unterhaltung mehr als der
Wind. Natürlich antwortete ich Hochdeutsch, wenn auch mit alemanni-
schem Akzent, aber erfolglos. Er wußte sogar, was Küchenkasten heißt:
»Chuchichäschtli«. Dies nebenbei; es hatte mit der Unterhaltung nichts
zu tun. Viel Militär hier, ja. Er gab sich Mühe, ich sah's, mein Soldaten-
kleid ernstzunehmen. Vielleicht liegt die Peinlichkeit an mir, dachte ich,
als er mir seinen Feldstecher anbot, und bot ihm dafür meine Feldflasche
an, Veltliner. Ich sah jetzt durch seinen Feldstecher, daß er meine Spur benutzt hatte. Sonst kam niemand. Ich dankte für den Feldstecher. Er blieb
etwa eine halbe Stunde, und man plauderte vor allem über Berge, auch
über die Flora, wobei sein Ton voll Anerkennung war. Ich hatte eine Hemmung (warum eigentlich?) in sein Gesicht zu blicken, wie gefaßt auf eine
Taktlosigkeit, die mich im voraus verlegen machte, und wußte wenig zu sagen. Wofür er mich hielt, weiß ich nicht, jedenfalls für linkisch; es verwunderte ihn außerordentlich, als sich herausstellte, daß ich Berlin kenne. Je
flüssiger das Gespräch jetzt ging, flüssiger dadurch, daß er sich seinem eignen Tonfall überließ, um so dringlicher wartete ich auf den Augenblick, da
er nach seinem Rucksack greifen würde. Mein Rat, wie er am besten nach
Madulein hinunter käme, erwies sich als überflüssig. Übernachtet hatte er
in der Kesch-Hütte, die er lobte, als hätte ich sie gebaut. Viel Offiziere, ja,
sehr nette Jungens. Seine Frage, ob wir alpinistisch ausgebildet werden,
überließ ich dem Wind. Daß er's schaffte, um vier Uhr in Madulein zu

sein, daran ließ er mich nicht zweifeln. Immerhin packte er jetzt seinen
Rucksack, nicht ohne mir einen Apfel zu vermachen. Ich war etwas beschämt. Ein Apfel hier oben, das war etwas. Als er unterdessen seinen
Rucksack angeschnallt hatte, war ich nicht mehr gefaßt darauf, man hatte
sich bereits die Hand geschüttelt, als ihn jene Offenherzigkeit überfiel, deren genauen Wortlaut ich vergessen habe. Das Reich, das genügte mir; der
Sinn war deutlich. Ich sagte nichts dazu, sagte aber auch nichts anderes,
sondern schwieg und stand, die Hände in den Taschen meiner feldgrauen
Röhrenhose, die ich haßte, Blick auf das Land, das auch bald, wie er
meinte, zum Reich gehören werde. Was ich sah: Fels, schwärzlich, stellenweise auch rötlich, Schnee im Mittagslicht und Geröll, Hänge von grauem
Geröll, dann Matten, baumlos, steinig, Bäche mit Sonnenglitzern, Weiden,
Vieh, das aus der Ferne wie kleine Maden aussah, ein Tal mit Wald und
Wolkenschatten; in der Nähe die schwarzen Dohlen. Erst nach einer
Weile, nachdem er auch seine Leica eingesteckt hatte und mit einem leutseligen Winken, indem er mir nochmals guten Dienst wünschte, endlich
um einen Fels herum verschwand, ärgerte ich mich, daß ich ihm nicht
übers Maul gefahren war, und begann mich für seine besondern Kennzeichen zu interessieren; ich trat jetzt auf die vorspringende Platte hinaus, jedoch zu spät: ich sah ihn erst wieder, als er um den Grat herum kam, jetzt
dreißig Meter unter mir, so daß mir nur noch der Anblick seines grünen
Filzhutes blieb. Er rutschte, aber konnte sich halten; dann kraxelte er vor-
sichtiger. Ich rief ihn, damit er sein Gesicht nochmals heraufzeigte; er
hörte aber nichts. Ich wollte ihm sagen, er solle gefälligst Steinschlag vermeiden. Immer wieder kollerte es, was ihn offenbar nicht störte; er war
ja oben. Je mehr ich mir eine Empörung über seinen Ausspruch versagte,
um so maßloser empörte mich jetzt, wie dieser Idiot kletterte. Schon wieder kollerten Steine! Ich pfiff durch die Finger; wahrscheinlich hielt er's
für den Pfiff eines Murmeltiers, das auch bald zum Hitlerreich gehören
würde, und schaute sich um. Ich stand auf dem Fels draußen, bis er in
der Kesch-Lücke ankam, ein schwarzes Menschlein im Schnee; wahrscheinlich machte er wieder Aufnahmen, jedenfalls stapfte er lange hin
und her. Ich nahm meinen Waffenrock, plötzlich zum Abstieg entschlossen, um ihn einzuholen. Wozu? Ich blieb auf dem Gipfel. Immerhin beobachtete ich ihn, bis er das Schneefeld verließ, dann noch auf der Geröllhalde, dann auf der Alp war er durch seine Lodenjoppe getarnt, und ich
gab die sinnlose Beobachtung auf.

Später schlief ich –

Als ich erwachte, vermutlich weil ich fror, erschrak ich über den Gedanken: Ich habe diesen Mann über die Felsen gestoßen. Ich wußte: Ich habe es nicht getan. Aber warum eigentlich nicht? Ich hatte es auch nicht geträumt; ich erwachte bloß mit dem wachen Gedanken: Ein Stoß mit der Hand, als er sich nach seinem Rucksack bückte, hätte genügt.

Ich aß jetzt seinen Apfel.

Natürlich bin ich froh, daß ich's nicht getan habe. Es wäre ein Mord gewesen. Ich habe nie mit einem Menschen davon geredet, nie, auch unter vier Augen nicht, obschon ich's nicht getan habe ... Ich sah: kein Mensch weit und breit. Ein paar schwarze Dohlen. Kein Augenzeuge. Niemand. Wind und kein Ohr. Abends in Samaden wäre ich beim Hauptverlesen in die hintere Reihe getreten, Kopf nach rechts, Richtung, Hand an die Naht, Achtungstellung, stramm und brav, nachher hätte ich Bier getrunken. Man hätte es mir nie angesehen, glaube ich. Ich habe seither mit vielen Mördern gesprochen, sei es in einem Speisewagen oder in der Pause eines Konzertes oder sonstwo, es ist ihnen nichts anzusehen ... Als ich den Apfel gegessen hatte, trat ich, um zu sehen, wie tief er gestürzt wäre, nochmals auf die vorspringende Platte hinaus. Eine Wächte, harschigglitzernd, dann nichts. Die Dohlen, schwarz, segelten über dem fernen Gletscherchen lautlos, schwarz und nah. Eine kleine Nordwand, nun ja, ziemlich senkrechts. Ich blickte auf meine Uhr; Zeit zum Abstieg. Ich nahm meinen moppigen Waffenrock, Gürtel, Pickel. Der Schnee war jetzt ziemlich weich, und ich gebe zu, auch mir kollerte einmal ein Stein herunter. Als ich in die Kesch-Lücke kam, hatte ich den Mann eigentlich schon vergessen. Abgesehen davon, daß der Abstieg in dem weichen Schnee zeitweise meine ganze Aufmerksamkeit erforderte, es braucht kaum gesagt zu werden, daß auch ich durchaus wirkliche Sorgen hatte, woran zu denken wohl sinnvoller war, angefangen mit dem Widerling von Feldwebel, der mich schon wieder auf die Wache kommandieren wollte, vor allem aber mit dem Beruf, der zu Hause liegen blieb, mein Beruf war ja nicht Soldat. In der nachmittäglichen Kesch-Lücke, als ich das Kreuz und Quer seiner Stapfen sah, erinnerte ich mich nicht an seinen wirklichen Ausspruch dort oben, wo jetzt das weiße Gipfelkreuz allein blieb, nur daran, daß man etwas hätte tun können, was ich nicht getan habe. Und damit, so möchte man meinen, war es eigentlich erledigt; eben weil ich's nicht getan habe. Es interessierte mich aber, wohin er voraussichtlich gestürzt wäre. Nur so. Ich stapfte, obschon hier der kleine Gletscher war, nordwärts unter den Piz Kesch. Nicht weit; nur um zu sehen; nur einige Schritte. Der Schnee hier war so weich, daß man bis zum Knie einsank; ich schwitzte. Man hätte Skier haben müssen. Ich kannte die Abfahrt über den Gletscher. Ohne Sturmgepäck, ohne Karabiner am Rücken, müßte sie herrlich sein. Rechts nach Sertig, links nach Bergün. Also weit kam ich mit dieser Stapferei nicht; auch wurde es Zeit für mich. Drei Uhr! Um diese Zeit ging er schon weit unten im Tal, Blick auf Madulein, auf der andern Seite der Wasserscheide; wenn er so wacker ging, wie er redete, mußte er schon bei den ersten Kiefern sein. Während ich hier knietief im Schnee versank! Immerhin stand ich jetzt einigermaßen unter der kleinen Wand, und da ich nicht wußte, wie mir beim Anblick eines zerschmetterten Schädels zumute wäre, überlegte ich sachlich, ob der Mann denn wirklich auf diese Halde gestürzt wäre. Ich kletterte ein paar Meter hinauf, um die Wand besser besichtigen zu können, auch um besser stehen zu können; ein Schrund, unter mir, machte mich bänglich. Ich keuchte. Vielleicht auch wäre er in den Felsen hängengeblieben, nur seine Leica wäre auf den Schnee gefallen, vielleicht auch nicht. Es war, aus der Nähe besehen, eigentlich keine Wand; wahrscheinlich wäre er schon im Couloir oben liegengeblieben. Ich wußte nicht, warum mich kümmerte, was nicht geschehen war. Hier, wo der Gipfelwind ausblieb, war es totenstill, nur ein leises Getröpfel von Schmelzwasser, da jetzt im Lauf des Nachmittags die Sonne in das Couloir schien. Es war heiß, und ich fluchte nicht zum ersten Mal über den unpraktischen Waffenrock unsrer Armee. Der Fels, jetzt im Nachmittagslicht, erschien wie Bernstein, der Himmel darüber violett, der kleine Gletscher dagegen bläulich, die Spalten zumindest, der Schnee eher wie Milch, nur meine tiefen Stapfen darin erschienen glasigblau. Alles reglos. Nur die Dohlen, schwarz, segelten weit oben. Das Gipfelkreuz sah man nicht von hier. Ich ging zur Kesch-Lücke zurück. Meine Hoffnung, daß man streckenweise schlitteln könnte, wurde enttäuscht; ich versuchte es wieder und wieder, aber der Schnee war zu matschig. Ich folgte seiner Spur bis zum Ende des Schneefeldes, aber auch auf dem schieferigen Schutt waren seine Stapfen noch zu erkennen, Rutschspuren, aber auch andere, Tritte wie Stempel, ich sah, daß er erstklassige Bergschuhe hatte, erst auf den Matten verlor ich seine Spur für immer.

Das war alles.

Abends in Samaden, beim Hauptverlesen, stellte ich mich ins hintere

Glied, doch vergeblich; ich wurde auf die Wache kommandiert, und mit dem Bier war nichts, auch nichts mit Schlaf, ich hatte einen höllischen Sonnenbrand, Fieber. Obschon ich langsam überzeugt war, daß es sich bei dem Mann vom Kesch nicht um einen harmlosen Touristen handelte, erzählte ich nichts. Ich hatte den Posten auf dem Dorfplatz und somit nichts andres zu tun als zu schauen, meinen Karabiner im Arm, zu schauen, ob ein grüner Filzhut über den Dorfplatz ging. Meine belletristische Hoffnung erfüllte sich natürlich nicht. Ich wachte vergeblich, zehn Schritte hin, zehn Schritte her. Es gab damals, 1942, eigentlich keine Touristen. Ich hätte ihn erkannt, aber er kam eben nicht durch Samaden –

Also Strich darunter!

Worunter?

In den folgenden Jahren, man weiß es, geschah viel. Tatsächliches. Ich dachte nie wieder daran, es war keine Zeit für Bagatellen, weiß Gott, und schon gar nicht für Hirngespinste, für gedachte Morde, wo es, wie ich bald wußte, täglich genug andere gab. Also ich dachte nicht mehr daran und erzählte nie von jenem blauen Sonntag auf dem Piz Kesch; es war zu lächerlich. Ich kam auch nie wieder auf den Piz Kesch. Trotzdem habe ich es, wie sich später zeigte, nicht vergessen, während ich so vieles, was ich wirklich getan habe, wirklich vergessen habe. Das ist merkwürdig. Es scheint, daß es vor allem die wirklichen Taten sind, die unserem Gedächtnis am leichtesten entfallen; nur die Welt, da sie ja nichts weiß von meinen Nicht-Taten, erinnert sich mit Vorliebe an meine Taten, die mich eigentlich bloß langweilen. Die Versuchung, seine paar Taten aufzubauschen im Guten oder Bösen, kommt aus dieser Langeweile. Ich kann es nicht mehr hören, daß ich das und das getan habe, ob schändlich oder rühmlich. Nur als unvergeßbare Zukunft, selbst wenn ich sie in die Vergangenheit verlege als Erfindung, als Hirngespinst, langweilt mein Leben mich nicht – als Hirngespinst: wenn ich den Mann am Kesch über die Wächte gestoßen hätte . . .

Ich hab's nicht getan.

Kein Scherge wird mich holen.

Also Strich darunter!

Erst viel später, eine Zeitung lesend, dachte ich plötzlich wieder daran. Ich las da unter anderem, daß in der Nähe von Klosters, Graubünden, ein deutsches Konzentrationslager vorgesehen war; die Pläne waren bereit, und man darf annehmen, daß solche Pläne nicht ohne gründliches Stu-

dium des Geländes angefertigt worden sind. Wer hat das Gelände bei Klosters rekognosziert? Vielleicht war es der Mann, der an jenem Sonntag
1942 auch einen Ausflug auf den Piz Kesch machte, um die Aussicht zu genießen, und den ich nicht über die Wächte gestoßen hatte –

Ich weiß es nicht.

Ich werde nie erfahren, wer er war.

Ein andermal mußte ich daran denken, als Burri, damals ein junger
Arzt, aus Griechenland zurückkam, wo er für das Internationale Rote
Kreuz gearbeitet hatte, und als er uns erzählte, was er alles gesehen hatte,
unter anderem: wie ein griechisches Hungerkind, das mitten in Athen
von einem Kraftfahrzeug der Wehrmacht versucht ein Brot zu stehlen,
von einem Soldaten gepackt und mitten auf der Straße erschossen wird.
Natürlich hatte Burri auch andres gesehen; nicht jeder Soldat hat einfach
ein Griechenkind oder Polenkind niedergeschossen. Ich weiß das. Ich
fragte lediglich, wie jener besondere Soldat in Athen denn ausgesehen
habe, fragte, als könnte ich ihn wiedererkennen –

Wozu!

Wir haben so geplaudert, wie man's auf einem Berggipfel eben tut, kameradschaftlich sozusagen, zwei Männer, die weit und breit die einzigen
sind, kameradschaftlich-wortkarg, der stete Gipfelwind erlaubt keine langen Sätze. Ohne Förmlichkeiten, versteht sich, Handschlag, ohne daß
man sich einander vorstellt. Beide haben diesen Gipfel erreicht, das genügt, beide haben dieselbe Fernsicht. Handschlag oder auch nicht, schon
das weiß ich nicht mehr mit Sicherheit; vielleicht blieben meine Hände
in den Hosentaschen. Später dann habe ich seinen Apfel gegessen, nichts
weiter, Blick über die Wächte hinunter. Was ich nicht getan habe, weiß
ich mit Sicherheit. Vielleicht war er ein guter Kerl, sogar ein feiner Kerl,
ich sage es mir immer wieder, um erleichtert zu sein, daß ich's nicht getan
habe. Vielleicht habe ich ihn sogar wieder getroffen, ohne es zu wissen,
nach dem Krieg, anders gekleidet und so, daß man sich mit dem besten
Willen nicht wieder erkennt, und er ist einer von vielen, die ich schätze,
die ich nicht vermissen möchte. Ich bin nur manchmal so unsicher. Plötzlich. Und dabei sind's zwanzig Jahre her. Ich weiß, es ist lächerlich. Eine
Tat nicht vergessen zu können, die man nicht getan hat, ist lächerlich.
Ich erzähle ja auch niemand davon. Und manchmal vergesse ich ihn wieder vollkommen ...

Nur seine Stimme bleibt mir im Ohr.

Ich leere mein Glas.

Zeit zum Zahlen.

»Ja«, sage ich, »die Russen!«

Auch mein Barmann, sehe ich, hat unterdessen an anderes gedacht ...
Seine Geschichte aus dem russischen Bergwerk, kurzschlüssig verbunden
mit meiner Geschichte, die nicht stattgefunden hat, lassen wir's.

»Herr Doktor«, fragt er, »noch einen Whisky?«

»Sagen Sie«, frage ich, während er den Aschenbecher leert und mit
einem Lappen über den Zink wischt, den ich offenbar mit Asche ver-
schmutzt habe, »– sind Sie einmal auf dem Piz Kesch gewesen?«

»Nein«, sagt er, »das fragten Sie schon.«

Ich habe zuviel getrunken ... Die Dame, die unterdessen eingetreten ist
und mich mit ihrem suchenden Blick daran erinnert, daß ich seit anderthalb Stunden jemanden erwartet habe, ist, begreife ich, die Gattin dieses
Jemand, der leider habe verreisen müssen, und gekommen, um ihn zu entschuldigen, während ich von meinem Hocker rutsche, um ihr den nassen
Mantel abzunehmen. Um höflich zu sein. Um zu zeigen, daß ich entschuldige. Selbstverständlich. Eigentlich müßte ich mich entschuldigen; ich
habe ganz vergessen zu warten. Um höflich zu sein:

»Trinken Sie etwas?«

Etwas verwirrt, da ich ihren Mann, der in London weilt, während ich
hätte auf ihn warten sollen, noch nie gesehen habe und statt dessen seine
Gattin sehe, etwas verwirrt bin ich schon.

»Regnet es noch immer?« frage ich.

Eigentlich habe ich zahlen wollen.

»Aber ich will Sie nicht aufhalten!« sagt sie, indem sie sich auf den Hok-
ker an der Bar setzt. »Ich will Sie wirklich nicht aufhalten –«

»Was trinken Sie?« frage ich.

»Nein«, sagt sie, »so ein Regen!«

Vorerst muß sie ihre Haare richten, und da sie offenbar merkt, daß ich
schon zuviel getrunken habe, bestellt sie sich ein Gingerale. Was reden
jetzt? Ich halte sie sogleich für eine Schauspielerin, ich weiß nicht warum.
Ich sehe diese Frau zum ersten Mal, vermutlich auch zum letzten Mal. Um
nicht unhöflich zu sein, frage ich nicht nach ihrem Beruf; vielleicht ist sie
sogar eine bekannte Schauspielerin, und meine Frage wäre eine blanke
Kränkung. Ich knabbere also Bretzeln, soviel ich nur erlangen kann links
und rechts, und höre zu, warum Svoboda, ihr Mann, habe verreisen müs-

sen, gebe Feuer zwischenhinein und entschuldige nochmals mit wortloser
Miene. Sie raucht etwas hastig, als sie von ihrem Mann redet. Ihr Haar, re-
gennaß, glänzt schwarz. Ich bin entschlossen, mich nicht zu verlieben. Ihre
Augen sind blau und groß. Manchmal ist es an mir etwas zu sagen, um
nicht verwirrt zu wirken oder stur. Meine Ungewißheit, ob ich sie für eine
Schauspielerin zu halten habe oder nicht, macht mich mehr und mehr verlegen, während sie jetzt, ich weiß nicht warum, von Peru redet. Ich frage
mich, welche Rolle ich dieser Frau geben würde. Mein Schweigen voll
Blick gibt ihr offensichtlich das Gefühl, verstanden zu werden; jedenfalls
wird auch sie etwas verlegen. Sie trinkt ihr Gingerale, als habe sie plötzlich
Eile. Sie will den fremden Herrn nicht aufhalten. Ich erkundige mich nach
Peru, aber sie will den fremden Herrn wirklich nicht aufhalten, sie ist gekommen, um ihren Svoboda zu entschuldigen, und will langsam zahlen,
was ich aber nicht zulasse. Ich bitte Sie! sage ich, und da Pepe, der Barmann, jetzt den Tauben spielt und sich im Hintergrund hält, kommt es
nicht zum Zahlen, und wir müssen weiterplaudern. Worüber? Ich erkundige mich nach ihrem Mann, den ich hätte kennenlernen sollen. Ihr
Mann, wie gesagt, weilt in London. Ich bin jetzt, wie durch einen Alarm,
plötzlich sehr nüchtern; nur der fremde Herr, den sie nicht aufhalten will,
ist nach wie vor betrunken, nicht schlimm, immerhin so, daß ich mich von
ihm unterscheide. Peru, sagt er, sei das Land seiner Hoffnung! Während
ich es einen Quatsch finde, was er da sagt, hört sie großäugig zu, es gefällt
ihr, scheint es, und man plaudert also von Peru, das ich nicht kenne. Sie
hat Peru mit ihrem Gatten bereist. Ich muß mir etwas gestehen, nämlich:
daß es selten eine Frau gibt, deren Gespräch mich interessiert, wenn sie
mich nicht als Frau interessiert in irgendeinem Grad. Daher mein Blick
auf ihren Mund. Als ich beiläufig höre, daß sie treu sei, weiß ich nicht,
warum sie das gesagt hat; ich hatte nicht zugehört. Ihr Gesicht ist lebendig
und schön, wenn sie redet, und ich betrachte sie wortlos (während der
fremde Herr redet) lächelnd, bis sie errötet, ihr Haar in den Nacken wirft
und die Asche, die kaum vorhandene, ausgiebig von ihrer Zigarette klopft,
tut, als entziffere sie eine Reklame über der Bar, *Johnnie Walker highest
awards*, mit blinzelnden Augen, da ihr der eigene Rauch übers Gesicht
steigt, *guaranteed same quality throughout the world*, ihr Gesicht auch
von der Seite sehr sehenswert, ihre Hand nicht fremd; sogar ihr Haar, dieser wunderlichste Stoff an einem Menschen, nicht befremdend … Sie
blickt auf ihre winzige Uhr.

»Oh«, sagt sie, »schon drei Uhr!«

Ich habe aber Zeit.

Auch sie hat eigentlich Zeit.

»Sie trinken wirklich keinen Whisky?« frage ich, und da Pepe, wie jeder Barmann, ein flinker Menschenkenner ist, hat er auch schon ein frisches Glas genommen, so daß ich nur noch sagen kann: »Also zwei.«

Ich frage mich, was weiter –

Drei Uhr nachmittags ist eine fürchterliche Stunde, die Stunde ohne Gefälle, flach und aussichtslos, ich erinnere mich an die ferne Kinderzeit, wenn ich krank lag, und es war drei Uhr nachmittags, Bilderbücher, Apfelmus, Ewigkeit . . . Bloß um etwas zu reden, frage ich, ob sie Kinder habe, was mich eigentlich nichts angeht. Wir schauen zu, wie der Barmann hantiert: Eis, Whisky, Soda . . . Der fremde Herr, als er später (ca. 15.30) ihren bloßen Arm faßt, ist verlegen nicht vor ihr, aber vor mir. Sie blickt mich nicht an, wie ich erwartet hätte, mit spöttischer Miene: Mein Herr, was soll das? Und sie zieht auch ihren warmen Arm nicht zurück, und da sie zudem schweigt, bleibt nichts andres übrig als die Geste des fremden Herrn durchzuhalten. Aufrichtig ist dabei mein Bedauern, nichts zu empfinden. Mehr noch: ich bin bestürzt. Und als der fremde Herr endlich seine Hand wegnimmt, da ich sie brauche, um meinen Whisky zu ergreifen, bevor er warm ist, hat sie meine heimliche Bestürzung schon bemerkt, glaube ich, und mißverstanden. Jedenfalls tut sie jetzt, indem sie gleichfalls zum Glas greift, einen etwas zu tiefen Atemzug, als wäre ihr etwas widerfahren, und streicht sich das Haar aus der Stirne, blickt mich an – mich! – mit ihren großen blauen Augen, ohne zu sehen, daß ich allein sein möchte. Man raucht, draußen regnet es noch immer, man raucht. Ich spüre es, jetzt verfalle ich genau in die Melancholie, die den Männern so steht, die sie umwiderstehlich macht. Es hilft nichts, daß ich jetzt den fremden Herrn genau beobachte. Wie erwartet (ich kenne ihn!) redet er jetzt mit spielerischer Offenheit, intimer, als mir zumute ist, gradaus über Lebensfragen. Soll die Frau, die einen Beruf hat, ein Kind haben? Was ist unter Ehe zu verstehen? Ich durchschaue das Spiel. Wörter auszusprechen, bevor sie noch etwas Persönlich-Geschichtliches bedeuten, nur darum geht es, Wörter wie Liebe, Mann und Frau, Geschlecht, Freundschaft, Bett und Beruf, Treue, Eifersucht, Gattung und Person und so weiter und so weiter. Und da meine eignen Ansichten, so ins Allgültige verdünnt, mich tödlich langweilen, würzt der fremde Herr sie mit kleinen Beispielen, die er erfindet.

Einmal angenommen, sagt er, zwei Leute wie wir fallen einander in die
Arme. Oder: Es gelingt uns, es wird keine Geschichte daraus, einmal angenommen, wir verschwören uns gegen jede Wiederholung. Er geht noch
einen Schritt weiter, um das Beispiel, grundsätzlich gemeint, etwas anschaulicher zu machen; er erfindet Dialoge, die unversehens das Du ermöglichen, das Beispiel will's, und sie versteht schon, daß der fremde Herr es
nur als Beispiel meint, wenn er sagt: Wir. Oder: Du und ich. Oder: Du
hast gewußt, daß wir einander verlassen werden, und ich habe es gewußt.
Sie raucht dazu, sie versteht, daß er in Anführungszeichen redet, und
raucht vor sich hin, und indem er wieder mein Glas ergreift, um zu zeigen,
daß man sich in dieser öden Bar befindet und nirgends sonst, sagt er wieder: Sie. Das Spiel ist aus. Und sie schweigt jetzt eine lange Weile, der
Rauch aus halboffenem Mund steigt als bläulicher Schleier über ihr Gesicht, das voll Verständnis ist für seine Ansichten, für das Allgemein-
Grundsätzlich-Gültige seiner Ansichten. Man ist nicht verliebt, o nein,
das ist klar. Aber das Spiel mit dem Du hat eine Erfahrung eingebracht,
die das Gespräch etwas verändert, und das ist mit dem Sie nicht rückgängig
zu machen. Gelegentlich blicke ich auf die Uhr, um den fremden Herrn zu
warnen; doch vergeblich. Das Sie, wie streng man es fortan auch wahrt, hat
einen Zauber bekommen, der die Langweile verscheucht. Also ich rede
jetzt über Unverfängliches, Weltereignisse, monologisch. Dann und wann,
als zwinge der Rauch sie dazu, macht sie die kleinen Augen einer Frau, die
umarmt, und es wäre bloß natürlich, wenn der fremde Herr, sei's mit einem
Scherz oder mit einem stummen Hundeblick, nochmals ihren bloßen Arm
fassen würde, ihre Hand, ihre liegende Hand mit der Zigarette am Aschenbecher, ihre fernere Schulter, ihren Nacken. Er tut's nicht. Ohne meine Bewachung, mag sein, würde er es versuchen – unwillkürlich . . .

Jetzt wollte ich wirklich zahlen.

»Pepe?« rief ich.

Der Barmann, um uns wie ein Paar zu behandeln, hatte sich drüben am
Fenster unabkömmlich gemacht, tat, als hätte er noch nie den städtischen
Verkehr im Regen gesehen, und stellte sich taub, so oft ich mit der Münze
auf den Zink klopfte. Plötzlich langweilte ich mich wieder sehr. Eben
drum wagte ich auch nur sehr leise zu klopfen, undringlich.

»Sie müssen gehn«, sagte sie.

»Leider«, gestand ich.

»Ich auch«, sagte sie.

Wieder klopfte ich mit der Münze.

Wieso der fremde Herr, der mich noch mehr langweilte als sie, da ich seine Reden ja nicht zum ersten Mal höre, unversehens vom Charme homosexueller Männer spricht, weiß ich nicht; ich habe, indem ich den unaufmerksamen Barmann aufmerksam machen möchte, so genau nicht hingehört – sie gibt ihm recht, o ja, betreffend den Charme solcher Männer, die sich gern verkleiden (ich erinnere mich jetzt: wir sprachen von einem bestimmten Schauspieler, dann von Schauspielern allgemein) und die Sinn haben auch für die Kostüme der Frau, Sinn für Parfums. Sie trägt ein gelbes Kostüm. Er gesteht, daß ihr Kostüm ihm gefalle, aber dazu dies: wenn es ihm minder gefiele, hätte er nicht die mindeste Idee, wie es sich verbessern ließe. Er schwört das. Hingegen ein Mann jener Art, so meint er, würde sofort – und er tut es um des puren Beispiels willen – an ihren Kragen greifen, etwas daran ändern und verzaubern. Er tut's. Ihre Betroffenheit macht sie noch schöner, ich seh's, anders als bisher …

Ich zahle jetzt.

Ich möchte keine Liebesgeschichte.

Ich möchte arbeiten.

Sie hatte ihre Handtasche, schwarz, was zum gelben Kostüm vortrefflich paßte, schwarz wie ihr Haar, bereits unter dem Arm, als ich das Wechselgeld einsteckte, und gab ihrer Freude, mich getroffen zu haben, Ausdruck. Daraufhin hielt ich ihr den Mantel. Eine Einladung zum gemeinsamen Abendessen lag nahe, zumal ihr Mann verreist war; ich unterließ das, während sie ihren Schal um den Hals büschelte. Auch ich gab meiner Freude, sie getroffen zu haben, Ausdruck, indem ich jetzt, bevor sie eben in den Mantel schlüpfte, zum ersten Mal ihre ganze Gestalt sah und, wie ich hoffte, zum letzten Mal. Die meisten Liebesgeschichten müssen durchaus nicht sein, glaube ich. Haben Sie alles? fragte ich, als kennte ich ihre Vergeßlichkeit schon. Das gefiel ihr. Ob ich es war oder der fremde Herr, der jetzt – sie blickte so benommen von Du zu Du – mit der Hand über ihre Stirne strich, scherzhaft sozusagen, willkürlich, durchaus spöttisch, um auf eine zärtliche Weise den Ausfall von Schicksal zu unterstreichen, weiß ich nicht; jedenfalls geschah es. Unser Abschied draußen im Regen, als endlich ein Taxi stoppte, war flink und förmlich. Erst als sie im Trocknen saß, schnöderweise nur noch mit ihrer schwarzen Handtasche beschäftigt, traf mich, was man Gefühl nennt. Sie sah es mir an, glaube ich, und nachdem der unwirsche Fahrer, unwirsch, da er an dieser Stelle eigentlich

nicht anhalten durfte, mit der Dame davongefahren war im Regen, während ich umsonst darauf wartete, ob sie mit dem Handschuh winken würde, lähmte mich der Schrecken, meine Willkür könnte zu Ende sein ...
Ich zog meine Mütze über den Kopf.

Ich drehte mich auf dem Absatz – ich möchte nicht das Ich sein, das meine Geschichten erlebt, Geschichten, die ich mir vorstellen kann – ich drehte mich auf dem Absatz, um mich zu trennen, so flink wie möglich, von dem fremden Herrn.

Ich drehte mich auf dem Absatz – ihr Taxi in einem Beet von Regenspritzern, als ich mich nochmals umschaute, war ein Taxi wie alle andern, schon nicht mehr zu unterscheiden, als es vor einer Kreuzung stoppte, plötzlich gab es viele Taxis, eines wie das andere spritzend ...
Ich schlenderte zum Hotel.

Drunten in der Gasse vor dem Hotel, wo ich in Kleidern auf dem Bett lag, knatterte ein Preßluftbohrer, der mir jetzt, da ich schlafen wollte, dämonisch vorkam; es half nichts, daß ich die Fenster schloß, sogar den Rolladen herunterließ; die Scheiben zitterten. Ich wußte nicht, was tun. Wenn er gelegentlich aussetzte, der Bohrer, wechselte bloß die Tonart des Geknatters; dann knatterte der Kompressor. Ich wußte wirklich nicht, was tun in dieser Stadt, und wählte ihre Nummer wie zum Scherz. Sie war zu Haus. Wie zum Scherz: ich gab den Hörer, kaum meldete sich ihre Stimme, gleichsam an den fremden Herrn. Bitte! Ich hatte durchaus nichts zu sagen, sie übrigens auch nicht. Was also? Ich war witzig. Ihr Lachen (ohne Gesicht) langweilte mich. Ich lag während eines mühsamen Geplauders auf dem Bett, betrachtete das linke Hosenbein, wie es hampelmännisch pendelte, betrachtete den blauen Socken des fremden Herrn, dessen Zehen ich nach Willkür bewegen konnte, die große Zehe sogar solo, und hörte nicht ohne Schadenfreude, heute abend sei sie nicht frei, sondern müsse in die Oper, zu einem Gastspiel der Scala, glaube ich, zumindest begriff ich. Frei hingegen war die Karte ihres Mannes, der ja leider, ich weiß, hatte verreisen müssen. Das dämonische Geknatter hatte plötzlich ausgesetzt. Als ihre Stimme, jetzt leiser, da die Stadt zwischen ihr und mir plötzlich still war, übrigens als Stimme nicht unbedingt so, daß sich dazu die Erscheinung einer schönen Frau einstellt, etwas zögernd fragte, was ich denn heute abend mache, sagte ich bekenntnishaft, daß ich mir nichts aus Opern mache. Der fremde Herr plauderte dennoch weiter. Ich hatte kein Verlangen sie wiederzusehen. Als ich den Hörer aufgelegt hatte, war's komisch – wie meistens nach einer Handlung: – die vage Vereinbarung, die der fremde Herr da getroffen hatte, empfand ich nicht als verbindlich für mich; lästig, aber nicht verbindlich. Mußte das sein? dachte ich, nachdem mein dunkler Anzug aus dem Koffer genommen und an einen Bügel gehängt war, und legte mich neuerdings aufs Bett, um zu rauchen, plötzlich nüchtern ... Ich sah den fremden Herrn in meinem dunklen Abendanzug, wie er auf dem Platz ihres Mannes sitzt, und mich selbst als ihren Mann, der verreist ist, der in einer fremden Stadt nichts anzufangen weiß, weil es regnet, und der in Hemd und Hosen in einem Hotelzimmer liegt, das von diesem nicht zu unterscheiden ist, rauchend –

Ich versuchte zu lesen.

(Manchmal scheint auch mir, daß jedes Buch, so es sich nicht befaßt mit der Verhinderung des Kriegs, mit der Schaffung einer besseren Gesellschaft und so weiter, sinnlos ist, müßig, unverantwortlich, langweilig, nicht wert, daß man es liest, unstatthaft. Es ist nicht die Zeit für Ich-Geschichten. Und doch vollzieht sich das menschliche Leben oder verfehlt sich am einzelnen Ich, nirgends sonst.)

Ich wußte einfach nicht, was tun.

Kurz nach sechs Uhr (ich wollte ihren versprochenen Anruf zwischen sechs und sieben nicht abnehmen) verließ ich das Hotel, um ins Kino zu gehen, um nicht den Preßluftbohrer zu hören, der wieder in Betrieb war. Der Regen hatte aufgehört, der nasse Asphalt spiegelte Himmelsbläue, Frühling. Ohne Mantel, nachdem ich mich schon für die Oper umgezogen hatte, im dunklen Abendanzug also, Hände in den Hosentaschen, ging ich mitten in einen Film hinein, so daß ich nicht begriff, wieso da geschossen wurde, und mich langweilte; später in eine Bar, eine andere, wo ich an einem Automaten spielte ...

Der fremde Herr: Enderlin.

Am andern Morgen, als er sich wieder auf der Straße und in der Welt befand, früher als üblich, es war sieben Uhr morgens, als er, ein Herr im
dunklen Abendanzug, die fremde Gasse hinunter ging wie andere, die
zur täglichen Arbeit gehen, mantellos, seine Hände in den Hosentaschen,
um eine möglichst unauffällige Haltung bemüht, und als er in einer Bar,
umstanden von Arbeitern, die ihren Kaffee schlürften, ebenfalls einen Kaffee trank, Zigaretten kaufte, da sie in der Nacht alles verraucht hatten,
wußte er: – eine Nacht mit einer Frau, die eingehen wird in jene seltsame
Zahl, die man niemals nennt. Mille e tre! Er wußte und aß Brötchen, ohne
sie zu zählen, und bestellte einen zweiten Kaffee. Er glaubte, daß es vorbei
sei, er hoffte es zu glauben. Wenn auch seinem bleichen Gesicht hinter Flaschen nichts anzusehen war, hatte er dennoch das Gefühl, jedermann sehe
es ihm an; das verwirrte ihn wie die Sonne draußen, wie der Spiegel hinter
Flaschen, wie der Straßenverkehr der fremden Stadt, wie die Tatsache, daß
es Dienstag war, Dienstag der soundsovielte, und er wußte nicht, warum
es ihn verwirrte. Niemand kannte ihn hier. Wenn auch zu spät, um im
Schutz der Nacht unsichtbar zu entkommen, war es ihm gelungen, so
hoffte er, das Haus zu verlassen, ohne von jemand gesehen zu werden. Er
hoffte es um ihretwillen. Nach einem Zickzack durch Gassen hatte er sich
später, wahrscheinlich nur von einem Straßenkehrer gesehen, das Gesicht
gewaschen an einem öffentlichen Brunnen, der ihm in Erinnerung bleiben
wird … Das nasse Taschentuch in der Hosentasche störte ihn jetzt, er
stand und trank seinen zweiten Kaffee, und daß er noch jetzt und hier,
wo die Espresso-Maschine zischte, wo es lärmte von Tassen und Stimmen,
auf den Fußspitzen zu gehen das Bedürfnis hatte, das verwirrte ihn vollends. Als hätten die Männer links und rechts, Fuhrleute in Lederschürzen,
nie ein Weib umarmt! Übrigens die Sache mit ihrem Schlüssel hatte geklappt; ihr Wohnungsschlüssel lag jetzt im Briefkasten, wie vereinbart,
und das Schlüsselchen für den Briefkasten lag auf dem Nachttisch. Wenn
sie sich nicht verschlief, ging alles in Ordnung … Nach dem zweiten Kaffee war er wach, als hätte er geschlafen, und durchaus nicht müde. Vor allem war er froh, jetzt allein zu sein. Allein unter Männern. Wahrscheinlich
schlief sie, und der Schlaf ist das fernste Land, das es gibt; er dachte das
nicht, sondern spürte es: solang sie schlief, war sie nicht in dieser Stadt.
Und er war in dieser Stadt wie gestern: allein. Nachdem er das blaue Päcklein aufgeschlitzt hatte, froh um die erste Zigarette, die er wieder allein
rauchte, entdeckte er, daß er kein Feuerzeug hatte, nur das nasse Taschen-

tuch in der rechten Hosentasche; das Feuerzeug hatte er liegen lassen in
der Nacht. Eigentlich ganz glücklich, denn er glaubte wirklich, daß sie
der Wiederholung entgehen würden, die feuerlose Zigarette zwischen
den Lippen schaute er sich um, geistesabwesend seit der Entdeckung, daß
er sein Feuerzeug hatte liegen lassen. Einer der Fuhrleute spuckte immerfort auf den Boden, Terrazzo mit Sägmehl drauf. Wo gibt es das, Terrazzo
mit Sägmehl drauf, in welchen Ländern? Plötzlich doch von einer weichen
Mattigkeit befallen, die ihn noch einmal mit ihr zu verbinden drohte, gab
er sein Zögern auf und bat einen Arbeiter um Streichhölzer, bekam aber,
hingehalten von einer rissigen öligen Faust, nur das Feuerzeug, Flämmchen
für diese einzige erste Zigarette, die er wieder allein rauchen durfte, und fertig. Er bedankte sich bei einem Hinterkopf. Das einzige Gesicht in dieser
Bar, das ihn ab und zu beobachtete, war sein eignes im Spiegel hinter Flaschen, ein schmales Gesicht mit Hornbrille und Bürstenschnitt. Er wußte
nicht, was den Frauen manchmal daran gefällt. Nur die beiden wassergrauen Augen – sie blickten aus dem Spiegel, als wären sie wirklich dort
im Spiegel, sein Körper aber außerhalb des Spiegels – sind so, daß er sich
darin erkennt ... Eine Zigarette zu rauchen, die nicht mit zärtlichem Spiel
von Mund zu Mund wechselte, er genoß es, dazu eine fremde Zeitung zu
lesen, die er eben jetzt gekauft hatte. Schließlich gibt es eine Welt. Ihre List,
die sich gestern Abend so sachlich und fast lustig ausgenommen hatte, ihr
Fernruf, um sicherzustellen, ob ihr Mann wirklich noch in London weilte, war ihm plötzlich, jetzt in der unwillkürlichen Erinnerung, nicht sympathisch, während er, die Tasse in der linken Hand, einmal mehr über Algier
las. Er wußte nicht, wieso er jetzt daran dachte. Schließlich war es ihre Sache. Was ihn traurig machte dabei, war bloß der Gedanke, daß er eines fernen Tages, der eigentlich schon begonnen hatte, sich an ihre Listigkeit erinnern wird genauer als an alles andere, daran, wie sie aus dem Bett, Hörer in
der linken Hand, mit London plauderte, ihre rechte Hand auf seiner Brust.
Er hatte die Augen geschlossen, um nicht dabei zu sein. Er konnte die Ohren nicht schließen. Nachher hatten sie lange nur geraucht und geschwiegen. Schließlich war es wirklich nicht seine Sache, wie sie es in ihre Ehe ein-
baute, und er wollte jetzt, während er, die Tasse in der linken Hand, über
Algier las, nicht daran denken. Aber auch Algier war nicht seine Sache,
und er hatte jetzt das Bedürfnis zu zahlen. Schon nach einer Viertelstunde
war er wie alle andern in dieser Bar, nichts in ihm, was ihn auszeichnete,
was ihn wie eine Auszeichnung vor allen andern verwirrte, und als er ge-

zahlt hatte, ging er nicht mehr auf Fußspitzen, und es wunderte ihn nicht mehr, daß es Dienstag war, Dienstag der soundsovielte. Es stand fest, daß er heute weiterreiste. Die fremde Zeitung vor dem Mund, da er plötzlich gähnen mußte, schlenderte er hinaus und winkte einem Taxi, um ins Hotel zu fahren. Er wollte jetzt schlafen, ein Bad nehmen und schlafen ... Schon daß er ihren Namen weiß, ist zuviel ... Im fahrenden Taxi, die Hand in der schäbigen Schlaufe, versuchte er Ordnung zu machen in seinem Gedächtnis: – Es war gestern, Nachmittag in einer Bar, es regnete, er wartete auf jemand, Begegnung mit der Frau dieses jemand, ihr gelbes Kostüm und ihr nasses Haar, Gingerale, das Spiel dieses fremden Herrn, das ihn langweilt, das er kennt, das nichts mit ihm zu tun hat, der Riß zwischen ihm und diesem fremden Herrn; er wollte seines Weges gehen ...

Das war gestern.

Es gibt einen Dämon, so schien ihm heute, und der Dämon duldet kein Spiel, ausgenommen sein eignes, er macht unser Spiel zu dem seinen, und wir sind das Blut und das Leben, das keine Rolle ist, und das Fleisch, das stirbt, und der Geist, der blind ist in Ewigkeit, Amen ... Aus dem fahrenden Taxi heraus, die Hand in der schäbigen Schlaufe, sah er die Welt: Fassaden von gestern, Plätze von gestern, unverändert, die gleichen Straßen und Kreuzungen wie gestern, die monströse Reklame einer Fluggesellschaft, die ihm gestern schon aufgefallen war. Alles unverändert: nur ist es nicht gestern, sondern heute. Warum ist es immer heute? Die müßige Frage, ob es denn hatte sein müssen, belästigte ihn wie das nasse Taschentuch in der Hose. Er kurbelte das Fenster hinunter, um während der Fahrt, unauffällig, wenigstens das nasse Taschentuch wegzuwerfen; er getraute sich nicht. Es belästigte ihn keineswegs die Untreue, die sie begangen hatten, beide, daran brauchte er noch nicht zu denken; es belästigte ihn einfach, daß es jetzt eine Tatsache ist, die sich gleichsetzt mit allen übrigen Tatsachen der Welt. Er staunte ein wenig. Ein Mann von mittlerer Erfahrenheit, was hatte er denn erwartet. Schon vor acht Uhr morgens, während sie noch schlief mit ihrem offenen Haar, war die Welt, in einer Nacht der Umarmungen namenlos versengt, wieder vorhanden, wirklicher als ihre Umarmungen. Eine Welt unverändert mit grünschmutzigen Autobussen und Reklamen, monströs, mit Straßennamen und Denkmälern und mit Datum, das er sich nicht merken wollte. Und trotzdem bleibt eine Tatsache, wie belanglos auch immer; unsichtbar; nicht wegzuwerfen wie ein nasses Taschentuch. Es reute ihn nichts. Das keineswegs. Es verwirrte ihn nur,

daß heute nicht gestern ist. Man sieht es der Stadt nicht an. Er war froh
darum. Er ist sich selbst. Eigentlich war er sehr froh. Es hat keinen Sinn,
daß man sich wiedersieht, und er möchte sie wiedersehen, aber er wird
sie nicht anrufen, nicht einmal vom Flugplatz aus, weil er weiß, daß es keinen Sinn hat ... Er fuhr nicht zum Hotel, sondern ließ stoppen, zahlte,
stieg aus; er wollte ins Museum gehen. Um nicht in der Welt zu sein. Allein
und jenseits der Zeit wollte er sein. Aber das Museum war um diese Stunde
noch geschlossen, und da stand er nun, nachdem das Taxi verschwunden
war, auf einer Freitreppe, Hände in den Hosentaschen, mantellos, ein Herr
im dunklen Abendanzug noch immer, unrasiert, eine Zigarette im Mund,
aber er hatte keine Streichhölzer, auch nichts in den Taschen, um die gurrenden Tauben zu füttern, nichts als ein nasses Taschentuch.

Er roch an seinem Handrücken:

Ihr Parfum war weg –

Es hört auf, wenn man einander wiedersieht, und es hört auf, wenn er
weiterfliegt für immer; in jedem Fall, das wußte er, hört es auf, und es gibt
keine Hoffnung gegen die Zeit ... Da stand er nun, und da es kühl war,
stülpte er seinen Rockkragen herauf, später setzte er sich auf den Sockelwulst einer Säule, umgurrt von weißen und grauen Tauben, die ab und
zu, aufgescheucht – wovon? –, aufflatterten mit großem Rauschen empor
zu den klassizistischen Gesimsen.

Ob sie noch schlief?

Sie hatten einander versprochen, keine Briefe zu schreiben, nie, sie wollten keine Zukunft, das war ihr Schwur:

Keine Wiederholung –

Keine Geschichte –

Sie wollten, was nur einmal möglich ist: das Jetzt ... Das war kurz nach
Mitternacht gewesen und das galt auch für ihn, der jetzt auf dem Sockelwulst saß, umgurrt von weißen und grauen Tauben, die wieder von den
Gesimsen herunter auf den leeren Platz und die Treppe geflattert waren,
eine nach der andern, jetzt ohne großes Rauschen, und der nicht wußte,
was machen gegen die Zukunft: – denn die Zukunft, das wußte er, das
bin ich, ihr Gatte, ich bin die Wiederholung, die Geschichte, die Endlich-
keit und der Fluch in allem, ich bin das Altern von Minute zu Minute ...

Er blickte jetzt auf seine Uhr, die aber nicht an seinem Arm war; um rascher aus ihrer Wohnung zu kommen, hatte er seine Uhr bloß in die Hosentasche gesteckt. Jetzt war es 9.05. Sofern sie noch ging, seine Uhr.

Um 11.30 hatte er eine Verabredung, beruflich, eine Besprechung mit an-
schließendem Mittagessen vermutlich. Er hielt seine Uhr, bevor er sie ans
Handgelenk schnallte, gegen sein Ohr; sie ging. Also 9.05. Seit sie einander zum ersten Mal gesehen hatten – gestern nachmittag in jener öden
Bar – waren noch keine vierundzwanzig Stunden vergangen. Noch gab
es für sie keine Wiederholung auch nur der Tageszeit. Kein Gestern, kein
Heute, keine Vergangenheit, keine Überrundung durch die Zeit: alles ist
jetzt. Ihr erster Morgen, ihr erster Mittag. Ausgenommen die paar belang-
losen Wörter, als er Kaffee bestellt und Zigaretten gekauft und den Arbeiter um Feuer gebeten hatte, war noch kein Wort zwischen sie gefallen, kein
Gespräch mit andern Leuten. Noch war die Welt einfach außen. Er
rauchte jetzt; plötzlich hatte er doch Streichhölzer gefunden neben dem
feuchten Taschentuch, und eines davon gab noch Feuer. So saß er jetzt
und rauchte, Blick auf seine schwarzen Lackschuhe, die jetzt staubig waren, und wußte nicht, was machen gegen die Zukunft, die mit seinem Erinnern schon begann … Er erinnerte sich an die Wohnung: sie wollte ihm
die Karten von Peru zeigen, als er sie zur Oper abholte, und ließ es sich
nicht nehmen, obschon es für die Oper schon höchste Zeit war. Er stand
in der Halle und wartete nicht ohne eine leise Ungeduld, obschon sie es
war, die sich etwas aus der Oper machte, nicht er. Ein Film wäre ihm lieber
gewesen, ein Film und nachher ein Abendessen. Er wartete, seine überflüssigen Hände in den Rocktaschen, auf die Angaben betreffend Peru, die
ihm ihres Erachtens nützlich sein könnten, insbesondere suchte und
suchte sie die Straßenkarte von Peru, denn er gedachte auch mit einem
Wagen zu reisen, wenn es je dazu kommen sollte. Noch eine Sekunde, bevor es stattfand, hätte er es nicht für möglich gehalten, sie stand und entfaltete umständlich die Straßenkarte von Peru. Er hätte es nicht für möglich gehalten, genauer gesagt: er dachte gar nicht daran, und als er fühlte,
daß seine Hand, die er in der Rocktasche zu haben meinte, über ihre Stirne
strich, war er verblüffter als sie. Sie tat, als spürte sie es nicht. War diese Geste, leicht und wie ein belangloser Scherz, nicht schon einmal vorgekommen? Er hatte es vergessen, wußte es jetzt und war über die Wiederholung
beschämt. Schon am Nachmittag, in jener Bar, hatte seine Hand unversehens über ihre Stirn gestrichen: wie zum Scherz. Wie zum Abschied. Sie
tat, als nähme sie es als eine Umgangsform von ihm, und man betrachtete
also die mürbe Straßenkarte von Peru, die ich als Andenken aufbewahrt
hatte seit Jahren, und wenn auch seine Geste sie nicht verletzt hatte, so

war doch eine Pause entstanden, bevor man über die Straßenverhältnisse in Peru redete, jetzt sachlicher als je. Das war um acht Uhr. Sie trug ihren Mantel, man hatte ja vor, in die Oper zu gehen, und das war keine Finte; sie glaubten noch jetzt daran, daß sie in die Oper gehen würden, wenn auch um einen Akt verspätet. Ihr Wagen, den sie nicht einmal abgeschlossen hatte, stand unten in der Gasse, wo ein Anhalten ausschließlich für Güterumschlag gestattet war, und sie hatte sogar (wie er am andern Morgen sah) nicht einmal das Licht ausgeschaltet. Angesichts der Karte von Peru, die auf einer Truhe ausgebreitet lag noch am andern Morgen, als er die Wohnung verließ, sprachen sie anders als nachmittags in der öden Bar, wo es ein Flirt aus Verlegenheit war, einseitig von ihm; in der Bar hatte er nicht gewußt, was er mit ihr reden sollte. Jetzt redeten sie wie zwei vernünftige Menschen angesichts der Karte von Peru. Sie bedauerte, daß ihr Mann verreist war, denn ihr Mann, sagte sie, wüßte über Peru viel genauere Auskunft zu geben. Sie nahm an, daß er wirklich nach Peru wollte. Er lächelte, Peru! Das wurde der Name, den er in der Umarmung als einzigen aussprach; aber das wußte er noch nicht, als er lächelte, und sein Lächeln verwirrte sie etwas. Obschon er sich höfliche Mühe gab, Kenntnisse über die Inkas vorzutragen, während sie, ohne sich aber zu setzen oder einen Sessel anzubieten, eine Zigarette nahm, wußten sie eigentlich nicht, wovon die Rede war. Sie blickten einander an. Es mochte neun Uhr sein, als sie noch immer nichts angeboten hatte, und sie standen noch immer rauchend, sie trug noch immer ihren Mantel. Es drängte sie, scheint es, immer wieder einmal den Namen ihres Mannes zu erwähnen, als laufe sie Gefahr ihn zu vergessen; es beruhigte sie sichtlich, als auch er einmal den Namen ihres Mannes, den er nur dem Namen nach, aber nicht von Angesicht zu Angesicht kannte, in den Mund nahm, und sie fand es komisch, daß man sich nicht setzte. Er erinnerte an die Oper, die unaufhaltsam ihren Fortgang nahm, während sie sich setzte, jedoch ohne ihren Mantel auszuziehen. Er setzte sich noch lang nicht. Der Umstand, daß er seinerseits keinen Mantel trug, war ihm peinlich; es wirkte, als wäre er nicht bloß für eine Minute heraufgekommen. Er redete im Stehen, redete viel, aber seinerseits am Rand der Langweile, die Hände in den Hosentaschen; er hatte Angst vor seinen Händen, die ihm nicht zuhörten. Angst vor den Pausen. Es war schon das dritte Mal, daß sie einander einfach anblickten, ein Mann und eine Frau, wortlos, sogar ohne Lächeln. Ohne Verlegenheit. Inzwischen hatte er sich dann doch gesetzt, jedoch so, daß ein Tisch zwischen ihnen stand, und es war, als scheuten sich beide vor jeglicher Unternehmung, die äußerlich etwas verändern könnte, beispielsweise davor, eine Platte zu spielen. Sie saßen und rauchten. Er redete von Katzen, wußte nicht wieso. Es war nahezu elf Uhr, als sie einander ihren Durst gestanden. Sie zerdrückte sofort ihre Zigarette im Aschenbecher. Obschon es bequemer gewesen wäre, hier in ihrer Wohnung etwas zu trinken, fühlten beide, daß sie in die Stadt gehen sollten um etwas zu trinken, wieder in irgendeine Bar. Das Einverständnis verdutzte ihn, das wortlose Einverständnis. Froh um ihren Durst, erhoben sie sich beide, obschon es, wie er fühlte, nicht gegen den Brauch gewesen wäre, daß sie um Mitternacht jemand bewirtete. Sie löschte die Ständerlampe. Bisher war die ganze Wohnung erleuchtet gewesen, und alle Türen standen offen seit Stunden, seit sie die Karte von Peru gesucht hatte, sogar die Türe zur Küche, als hätten sie Scheu vor geschlossenen Türen. Es war seltsam, als sie die Ständerlampe löschte, dann die Deckenlampe auch; er stand in der Halle, während sie hin und her ging im offenen Mantel. Zum ersten Mal, sie löschte eben das Licht im Studio, sah er ihre Gestalt mit dem süßen Bewußtsein, daß er diese Gestalt nie mehr vergessen würde – er wird sie vergessen! das wußte er, als er auf dem Sockelwulst saß, umgurrt von weißen und grauen Tauben, unschlüssig, ob er sie wiedersehen sollte oder nicht. Er wollte gehen. Wohin? Er erhob sich wie gestern und stand, die Hände in seinem dunklen Abendanzug, wie gestern in ihrer Wohnung. Er hatte Durst. Das war gestern: Beide wollten gehen. Wohin? Sie standen schon in der Halle, zum Gehen bereit, und er wartete nur noch, bis sie ihren Wagenschlüssel gefunden hätte. Nur in der Halle brannte noch Licht. Indem sie sich umsah, als könnte etwas nicht in Ordnung sein, hatte sie ihre linke Hand schon am Lichtschalter. Gehen wir! sagte sie, als seine Hand, wie zum Abschied von einer Möglichkeit, unwillkürlich und zugleich ironisch, indem er sich der Wiederholung bewußt war, über ihre Stirne strich. Gehen wir! sagte auch er, und sie löschte das Licht, und es wurde kein Licht mehr, bis das Morgengrauen durch die Fenster kam. Sie stand noch immer im Mantel, als alle Kleidung, von Küssen vernichtet, lang schon lächerlich war, eine Lüge aus Pelz und aus Wolle und aus Seide, die abzustreifen nicht so leicht war, aber ein Gebot leidenschaftlichen Anstandes. Sie werde, sagte sie, eine Buße bekommen, einen Zettel an ihrem Wagen. Sie sagte es, während er scheinbar gelassen in Verrichtungen, die seine Kenntnisse in Damenwäsche verrieten und dennoch ohne ihre spöttische Hilfe gescheitert wären, in nüchterner Einsamkeit schon zu wissen meinte, daß es nicht anders sein würde als immer und immer. Er war nüchtern, ja, aber ohne Ironie, nüchtern und stumm. Eine Straßenlampe erhellte die Zimmerdecke, die Zimmerdecke erhellte das Zimmer, als er, ein Herr mit schwarzen Lackschuhen für die Oper und in weißem Hemd mit Krawatte und noch immer mit seiner Uhr am Arm, aber ohne die Brille, die sie ihm vom Gesicht genommen hatte, ihren fremden Körper befühlte; sie las sein Lächeln mit ihren Fingern von seinen fremden Lippen. Einander nicht zu kennen in einem Grad, der alles Kennenkönnen übersteigt, war schön.

Um zehn Uhr, genau, öffnete das Museum.

Er schloß die Augen wie das Kind, das gesagt hat, es schließe die Augen jetzt, damit die Finsternis der Nacht nicht in seine Augen falle und die Augen auslösche . . . Er saß jetzt auf einer Bank im Oberlichtsaal . . . Er hörte Pfiffe herüber von einem Güterbahnhof, den er nie gesehen hatte, Gedampf einer kleinen Lokomotive, Gepuffer, Pfiffe, und Echo der Pfiffe, dann wieder das Rollen eines Güterzugs mit ächzenden Achsen, das Hämmern der Räder über den Weichen, Pfiffe, Bremsen, Echo der Pfiffe, wieder das Gepuffer, dann Stille, wieder das Gedampf. So die ganze Nacht. Als er wieder erwachte, waren die Pfiffe verstummt, er wußte nicht wo er war, auch das Gurren der Tauben war verstummt – die Tauben waren nicht mehr da, keine weiße und keine graue, keine einzige Taube . . . er saß auf einer Bank im Oberlichtsaal, wo ein Wärter hin und her ging, der ihn beobachtete; er hatte öffentlich geschlafen.

Darüber erschrak er.

Wahrscheinlich hatte er nur zwei oder drei Minuten geschlafen, sitzend, wie man in der Eisenbahn schläft oder im Flugzeug, mit offenem Mund, idiotisch, mit einem verrutschten Gesicht; vielleicht waren Leute durch den Saal gegangen, eine Gruppe mit einem Kunstführer, man hörte Stimmen . . . Nicht die Nacht, nicht ihr Körper in der Nacht, sondern seine Gegenwart in diesem Oberlichtsaal kam ihm wie ein Traum vor, das Gurren der Tauben wie eine ferne Erinnerung; nur das Fehlen ihres kleinen Körpers war wirklich, Gegenwart, während er so stand, die Arme verschränkt auf der Brust, und fernher die Stadt hörte wie eine Brandung, dumpf, monoton, wellenhaft, das waren die grünen Wellen. Vielleicht störte es den Wärter, daß er morgens einen dunklen Abendanzug trug, dazu mit gestülptem Kragen. Das war's! Er stülpte den Kragen herunter.

Er zwang sich zu lesen:

»Hermes. Wahrscheinlich Anfang 3. Jahrhundert vor Chr., teilweise rekonstruiert, linkes Bein ersetzt, desgleichen der Hals. Die Haltung des Kopfes (Original) ist umstritten.«

Er betrachtete die Haltung des Kopfes.

Es war Dienstag.

Er wußte nicht, was von Stunde zu Stunde sich verlor, fühlte bloß, daß seine Erinnerung sich löste von ihrer wirklichen Person, und nahm es sich übel. Zugleich erleichterte es ihn. Er war frei. Einmal griff er in seine Brieftasche, um nachzusehen, ob er seinen Flugschein noch habe. Er hatte ihn. Um 18.40 mußte er am Flugplatz sein. Bis dahin war er frei. Was sein Gedächtnis meldete über die Frau, die ihn ausfüllte, war richtig und nichtig wie ein Steckbrief, beliebiggenau, nutzlos wie ein Steckbrief, nichtssagend, wenn die Person nicht da ist: Haarfarbe so und so, trägt gelbes Kostüm (aber das war am Nachmittag in der Bar, am Abend trug sie ein weißes), Handtasche schwarz, spricht mit leichtem Akzent, wahrscheinlich Elsässerin, Alter ungefähr dreißig, schlank . . .

Der Wärter war weg.

Manchmal hörte man wieder Stimmen, jemand trat in den Oberlichtsaal, ging wieder, manchmal hörte man ein Flugzeug über dem Oberlicht. Dann war es wieder still. Und draußen schien die Sonne. Aber manchmal zogen auch Wolken über die fremde Stadt; man sah es daran, daß es plötzlich grauer wurde, der Marmor flacher, dann wurde es wieder sehr hell, der Marmor körnig –

Warum ging er nicht weiter?

Allein in diesem großen Oberlichtsaal, die Arme nach rückwärts gestützt, als betrachtete er die marmorne Statue mit der umstrittenen Haltung des Kopfes, saß er noch immer auf der Polsterbank: plötzlich sehr allein. Aber er ging nicht, um sie anzurufen. Er wußte, wie es kommen würde. Es kommt der Tag, wo man einander fragt, und wäre es auch nur die Frage: Was hast Du gestern abend gemacht? Ich habe dreimal angerufen. Wo bist Du gewesen? Noch ist die Frage so arglos, ja, man fühlt sich geschmeichelt durch die Neugierde des andern; man will ja nicht wissen, bloß zeigen, wie man sich sehnt –

Er hatte sich jetzt erhoben.

Um nicht der Zukunft zu verfallen . . .

Es war lächerlich: Ich erhebe mich, ich setze mich, ich rauche, ich stehe, ich schlafe, ich erwache, ich erhebe mich, ich gehe, ich setze mich, ich erhebe mich.

Draußen wieder die gurrenden Tauben –
Er winkte einem Taxi.

In der Nacht, auch wenn sie kaum schliefen, hatten sie einander soviel wie nichts gesagt, um nicht die Welt heranzulassen durch Worte und Namen; sie hatten nicht geschwiegen, o nein, aber sie hatten geflüstert, als gäbe es nur sie, kein Vorher, kein Nachher, nicht einen einzigen Namen, nur sie, namenlos.

Jetzt schlug es elf Uhr.

Die Besprechung um 11.30 wollte er absagen.

In seinem Schlüsselfach im Hotel lag ein Zettel, der ihm zusammen mit dem Zimmerschlüssel überreicht wurde, eine Nachricht. Von wem? Die Art und Weise, wie beides zusammen überreicht wurde, die Diskretion dabei beleidigte ihn um ihretwillen. Er hätte ja auch von einer Herrengesellschaft kommen können. Auf dem Zettel stand, daß eine Dame angerufen habe, seinen Anruf erbetend, dazu ihre Nummer, ihr Name, der ihn jetzt, da er aus ihrer Umarmung kam, seltsam befremdete. Mehr als das. Ihre Bitte um Anruf, er las den Zettel im Lift und vergaß dabei sein Stockwerk, seine Zimmernummer, empfand er als Wortbruch, infam, als Untreue. Während er sich an den nächtlichen Schwur hielt, an dieses Einzige, was sie gemeinsam haben, verbündete sie sich mit der Welt. So empfand er's, angekommen in seinem Zimmer, wo er bis zu seinem Abflug schlafen wollte; er wird sie nicht anrufen, ein Enttäuschter, als er seine schwarzen Lackschuhe abstreifte, plötzlich müde vor Enttäuschung, ein bißchen auch froh um die Enttäuschung, die ihn löste von ihr, einer Frau, die einging in die Namenlosigkeit aller Frauen, die gerade einen Mann brauchen. Jetzt erst las er den Zettel genau, um seine Erbitterung zu fördern, und bemerkte die notierte Zeit, 19.10, und damit seinen Irrtum. Ihre Bitte um Anruf war von gestern. Das änderte wieder alles. Er rechnete: 19.10, gestern, war er auf dem Weg zu ihr. Was auf diesem Zettel zu lesen war: die Bitte einer Dame, die es so nicht mehr gibt, nie wieder gibt, einer Unbekannten in einem gelben Kostüm nachmittags auf dem Hocker in einer leeren Bar. Wozu diese Auferstehung? Schon hatte er den Zettel zerknüllt und in den Papierkorb geworfen, unfroh nicht gegen sie, unfroh gegen die Zeit, die sich meldete überall und mit jeder Bagatelle, die Zeit, die uns immerfort überholt, Vergängnis in jeder Bagatelle; er legte seinen dunklen Abendanzug in den Koffer, faltete ihm die lahmen Ärmel, als wär's eine Leiche, und legte seine dunkle Hose darauf, hatte sich auf den Rand des Bettes ge-

setzt und zog sich die Uhr vom Handgelenk, als er im Papierkorb nochmals den zerknüllten Zettel sah als das Einzige, was er von ihr hatte außer
seinem Traum. Indem er ihn entknüllte und glättete, prüfte er nochmals
den Zettel; es war nicht ihre Schrift. Er kannte nicht einmal ihre Schrift.
Als vertauschte sich jetzt, was er befürchtet und was er erhofft, beschlich
ihn doch eine gewisse Wehmut, daß ihr Anruf, ihre Bitte um Anruf, dringend, nicht von heute ist. 19.10, das konnte nur gestern sein. In der Straße
draußen knatterte jetzt wieder der Preßluftbohrer, aber das Schweigen, das
er jetzt hörte, war lauter als der Preßluftbohrer; ihr Schweigen. Nicht sein
Schweigen, das er genossen haben würde, sondern ihr Schweigen. Wenn er
jetzt anriefe? Um ihr Schweigen zu brechen. Er saß, die Hand am Apparat.
Sein Bett war abgedeckt, aber unberührt. Endlich raffte er sich auf. Er
duschte ... Noch jede Frau, dachte er, jede, die er umarmt hatte, fühlte
sich geliebt; jede aber, die er wirklich zu lieben begann, sagte ihm früher
oder später, daß er, wie alle Männer, von Liebe keine Ahnung habe ...
Er stand unter der rauschenden Dusche, als das Telefon klingelte, einen
Augenblick zögernd, dann entschlossen; er duschte weiter und weiter.
Als er den Hörer, da das Klingeln nicht aufhörte, doch abgenommen hatte
(– er werde verlangt, Augenblick, man verbinde –) nicht ohne Herzklop-
fen, zugleich belustigt, knackte das Telefon. Hallo? Er stand nackt wie
Adam und naß und wartete, bis es wieder klingelte, und war stumm vor
Herzklopfen. Er konnte sich ihre Stimme nicht mehr vorstellen. Allen
Schwüren zuwider bereit, sie wiederzusehen, sah er die Vorhänge, die nicht
gezogen waren, so daß man ihn vielleicht sehen konnte, blieb aber am Apparat, bis er die Stimme eines Mannes hörte, der ihn, wie verabredet, in der
Hotelhalle unten erwartete.

Ja, sagte er langsam, er komme.

Mein Name sei Gantenbein.

Ich stelle mir vor:

mein Leben mit einer großen Schauspielerin, die ich liebe und daher
glauben lasse, ich sei blind; unser Glück infolgedessen.

Ihr Name sei Lila.

Die Welt hält es für einen schlichten Wahnsinn, als wir, um zu heiraten, im Blitzlicht stehen, eine Schauspielerin und ein Blinder; man gibt dieser Ehe (ich sehe es an ihren Glückwunschmienen) einen knappen Sommer bestenfalls, und ungewiß erscheint ihnen dabei nur, wer von den beiden, Lila oder Gantenbein, eigentlich das Mitleid verdiene.

Wir sind glücklich wie kaum ein Paar.

Ich stelle mir vor:

Lila betrügt mich (um dieses sehr dumme Wort zu gebrauchen) von Anfang an, aber sie weiß nicht, daß ich es sehe, und freut sich wie ein Kind, wenn ich sie draußen am Flughafen abhole, jedes Mal. Ich warte auf der Zuschauerterrasse, gestützt auf mein schwarzes Stöcklein, die Brille im Gesicht, versehen mit der gelben Armbinde. Sie winkt nicht, wenn sie dann im geführten Rudel der Passagiere über das weite Betonfeld geht, und natürlich winke ich auch nicht. Um nicht aus der Rolle zu fallen vor Freude. Ich sehe einen Herrn, der ihr den Mantel trägt, und Lila, während sie Ausschau hält, hängt ihm ein. Jetzt hat sie mich gesehen! Ich seh's. Und dann verschwinden sie unten in der Zollhalle. Nie werde ich fragen, wer dieser Herr gewesen ist. Denn Lila erwähnt ihn ja nie, und ich könnte nicht erklären, wieso ich von seiner Existenz überhaupt weiß, nicht ohne meine Rolle dadurch aufzugeben. Frage ich, wie meine Lila denn ihren ganzen Kram, Taschen und Mäntel, Schirm, Magazine und was alles zu ihr gehört, auf ihrer Reise zu schleppen gedenke, versichert sie, daß immer jemand da sei, der einer Dame hilft. Ich brauche mir darüber keine Sorge zu machen. Manchmal dauert es in der Zollhalle sehr lang, Lila kann nichts dafür. Ich liebe das Warten auf Flugplätzen, gern sehe ich die Düsenflugzeuge, ob es regnet oder nicht, und gern höre ich die hallenden Lautsprecher, die Welt ist voller Ziele: Wien, Kairo, Stuttgart, Athen, Beirut, Bangkok, Tokio, Stockholm, Lissabon, Caracas, Prag, London, New York ... Bevor ich mich zur Zollhalle begebe, versichere ich mich natürlich, ob alles in Ordnung ist, trete vor einen Spiegel und verschiebe meine Krawatte etwas nach links oder rechts, damit Lila nach dem ersten Überschwang der Begrüßung sie wieder zurechtrücken kann.

Sicherlich habe ich Herzklopfen.

Die andern, die mit Lila auf die Zollabfertigung warten, gleichfalls von ihren Gatten oder Gattinnen erwartet, winken durchs Glas und versuchen sich in der Taubstummensprache, die wir, Lila und ich, nicht nötig haben.

Endlich kommt auch Lila an die Reihe. Der Herr, der ihren schweren
Mantel trägt, ist stets derselbe, auch dann, wenn Lila erst einen Tag später
hat fliegen können als vorgesehen. Was schüttelt er den Kopf? Das fehlte
noch, daß sie das Gepäck verwechseln, diese Zollburschen. Ein Glück, daß
jemand sich für meine Lila wehrt! Alle andern Herren kümmern sich bloß
um ihre eigne Bagage. Jetzt trennen sie sich, ich sehe: Kußlos. Ob sie doch
an meiner Blindnis zweifelt? Und dann geht der Herr an mir vorbei, während Lila, nunmehr beladen mit Mantel und Taschen und Magazinen, langsamer geht als er. Da er stets, wenn er an mir vorbei geht, nach der andern
Seite blickt, weiß ich über sein Gesicht nichts zu sagen. Wie sie sich schleppt!
Und ich kann ihr nicht einmal entgegengehen, sondern stehe wie eine
Schaufensterpuppe, bis mich ihr Kuß trifft, dann sage ich: Lila? und greife
nach ihren Siebensachen. Was hat sie denn vergessen? Lila hat nicht einmal
Zeit, meine schiefe Krawatte zurechtzurücken. Sucht sie ihren Gepäckträger? Er geht zehn Schritte hinter uns, und um sie darauf hinzuweisen, frage
ich, ob sie schon einen Gepäckträger habe. Das ist's aber nicht. Meine
Frage, wie die Filmerei gegangen sei, ist verfrüht. Davon später. Sie bittet
mich einen Augenblick zu warten, nicht von der Stelle zu gehen, sonst findet sie mich wieder nicht. Eine Zeitung, sagt sie, sie wolle nur eine Zeitung.
Also rühre ich mich nicht von der Stelle, eine Schaufensterpuppe, versehen
mit ihrem Mantel und ihrem Schirm, allen Leuten im Weg. Offenbar hat
sie etwas vergessen; er wird seinen Bus verpassen, denke ich, und daß der
Herr mit unserm Wagen fährt, ist nicht Brauch. Ich sehe, wie er erschrickt,
dann in seine Taschen greift, links, rechts, kopfschüttelnd, weiter suchend,
ich weiß nicht was. All dies sehe ich wie einen Film: nicht ohne Spannung,
nicht ohne jenen Vorschuß an Teilnahme, wie man sie zu Beginn eines Filmes hat, hoffend, es werde sich schon aufklären, was da vor sich geht. Und
wie im Film: die Leute auf der Leinwand sind allein, obschon ich sie sehen
kann, ohne mich; ich kann nur nachfühlen, aber ich bin draußen, frei davon, daher gelassen. Vielleicht hat er noch ihren Paß? Ich bin geduldiger
als der Gepäckträger. Richtig! Jetzt lachen sie. Natürlich ist ihr Paß (warum
hat Lila mich nicht gefragt?) in ihrer eignen Handtasche. Ebenfalls zu lachen kommt mir nicht zu. Ich erkundige mich beim Gepäckträger nach
dem Wetter, um seine Blicke abzulenken für den Fall, daß Lila und der
Herr, der jetzt tatsächlich seinen Bus verpaßt hat, aus purer Erleichterung
wegen des Passes einander doch einen Kuß geben. Noch bin ich so frei
nicht, wie ich sein möchte; es könnte mich verstimmen, wenn dieser Ge-

päckträger (die Gesellschaft) meinen möchte, er sehe mehr als ich. Jetzt ist Lila, frei von Nervosität, wieder an meinem Arm, ich fühle es, ganz die meinige. Hast du deine Zeitung bekommen? frage ich ohne Unterton, aber jetzt antwortet sie auf meine Frage, wie es in Geiselgasteig gegangen sei. Ach! Wir suchen jetzt ihren Wagen, den ich sehe, doch Lila erinnert sich ganz genau, daß sie ihn weiter drüben abgestellt habe, und ich zanke nicht. Ich gehe hin, ich gehe her, der mürrische Gepäckträger hat nichts zu lachen. Da! sagt sie, da steht er ja! Ich sage nicht: Siehst du! Es sind die kleinen Rechthabereien, die eine große Liebe zermürben. Im Wagen dann, während Lila steuert, weiß ich, daß ich der glücklichste Liebhaber bin.

Hoffentlich gibt Gantenbein nie seine Rolle auf, die darin besteht, daß er glaubt. Wie zärtlich ist Lila jedesmal, wenn sie von ihren Gastspielen kommt! Sie sitzt auf seinem Knie, unbefangen in dem Grad, als er es ist, und überströmend von Zuneigung, weil da kein Blick ist, der sie trotzig und lügnerisch macht; glücklich wie noch nie mit einem Mann, frei von Heuchelei, da sie sich von keinem Verdacht belauert fühlt. Dann nimmt sie meine dunkle Brille ab, um Gantenbein auf die Augen zu küssen, und ihre Liebe ist wahr, ich fühl's, da sie vor Gantenbein nicht lügen muß. Wie liebesmunter sie sein kann! Sie möchte mit keinem andern Mann leben, sagt Lila, und ich glaub's. Nicht immer wird es leicht sein, aber es lohnt sich; man kann einen Blinden nicht hinters Licht führen.

Ich verlasse mich nicht auf meine Augen.

Ihr Koffer, dessen Reißverschluß nur zur Hälfte geöffnet ist, erbricht seinen Inhalt in den Korridor, Rollenbücher, Briefe, Schuhe, und so wird es tagelang bleiben, aber Gantenbein wird nichts sagen; unsere Wohnung gleicht einem Papierkorb, kaum ist Lila von ihren Einkäufen nach Hause gekommen, und so wird es bleiben, ich weiß es, bis Gantenbein insgeheim die Schnüre sammelt und die Papiere verschwinden läßt. Ohne etwas zu sagen. Lila glaubt, daß Ordnung mit der Zeit wie von selbst entsteht, sie glaubt an Heinzelmännchen, und das ist rührend.

Was heißt Ordnung!

Nur ein Mensch, der mit der Welt nicht eins ist, braucht Ordnung, um nicht unterzugehen; Lila ist eins mit der Welt.

Lila ist schön. Das sagen ihr allerdings viele. Wenn Gantenbein es ihr sagt, schließt er die Augen, kämmt ihr Haar mit seinen Fingern und füllt die Grube über ihrem Schlüsselbein mit Küssen.

Lila vor dem Spiegel.
»Herrgott«, sagt sie, »ich komme zu spät.«
Sie findet ihre Halskette nicht.
»Wie spät ist es denn?« fragt sie.
Sie wird immer zu spät kommen, das kann Gantenbein nicht hindern, aber sie wird nicht ohne Halskette kommen; da er insgeheim Ordnung gemacht hat, weiß er, wo ihre Kette liegt, und da er liebt, legt er sie an einen Platz, wo Lila sie findet.
»Du«, sagt sie, »– ich hab sie!«
So klappt es immer.
Irgendwie.

Ich stelle mir vor:
Manchmal haben wir Gesellschaft, und das ist schwieriger – weil die andern beobachten – beispielsweise wenn Lila nicht sieht, daß die Aschenbecher endlich geleert werden müssen, daß zum schwarzen Kaffee leider der Zucker fehlt, daß unser Hund (ich denke, wir haben einen Hund) mit seinem Schnarchen unter dem Tisch nichts beiträgt zu der Frage, ob Ernst Jünger eine Wandlung durchgemacht habe, dann muß ich aufpassen, daß ich mich nicht verrate, nicht einfach aufstehe, um endlich die übervollen Aschenbecher zu leeren. Jemand wechselt auf Joyce. Ich streichle also den schnarchenden Hund (Dackel oder Dogge?) und sehe, wie unsere Gäste nach Zucker schielen, meinerseits schweigsam, dank meiner Blindenbrille erlöst von der Heuchelei, daß auch ich Finnegans Wake gelesen habe. Wann werden die Aschenbecher geleert? Jemand wechselt auf Benn, was mich nicht verwundert; Kafka ist schon an der Reihe gewesen. Lila mit ihren blauen offenen schönen großen blauen Augen! Sie sieht nicht, daß der unerbittliche Herr, der jetzt in jedem Gespräch mit dem großen Vorbild von Brecht aufkreuzt, das gleiche Gesicht trägt wie ein Herr, der bis zuletzt in der Reichsschrifttumskammer gewesen ist, und natürlich tue ich, als sehe ich es auch nicht. Derlei ist mühsam. Gelegentlich erhebe ich mich und leere die Aschenbecher ... Meine Angst, ich könnte mich durch solche Handreichungen verraten, ein Blinder, der sieht, daß die Aschenbe-

cher geleert sein wollen, bezieht sich nicht auf Lila; Lila ist schon so daran
gewöhnt; nur die Gäste, die mich noch nicht kennen, sind eine gewisse Gefahr für mich, und in der Küche, als ich die Aschenbecher leere, klopft mir
das Herz. Ich höre von draußen:

»Sagen Sie, Lila, ist er wirklich blind?«

»Er gibt sich eine Riesenmühe«, sagt Lila, »daß man's nicht merken soll.
Ich tu ja auch immer, als merkte ich nichts.«

»Wie blind ist er eigentlich?«

»Erstaunlich«, sagt jemand, »wie er merkt, wenn man ihn beobachtet.
Nur wenn er selber spricht, hat man wirklich das Gefühl, daß er blind
sei. Nicht wahr? Wenn er sich ereifert wie vorhin.«

(– über Little Rock.)

»Sie haben recht«, sagt der Herr, der jetzt Brecht entdeckt hat, »es ist erstaunlich, wenn er so dasitzt und seinen Hund streichelt, man hat stets das
Gefühl, man werde beobachtet.«

»Nicht wahr?«

»Seit wann ist er blind?«

»Seit wir uns kennen«, sagt Lila schlicht. »Zuerst habe ich gemeint, er
mache einen Witz.« Pause. »Habe ich Ihnen das nie erzählt?«

»Nein!«

Und dann erzählt Lila unsere Geschichte, drolliger von Mal zu Mal, ich
höre sie gern, sie erzählt um so genauer, je weniger sie stimmt, diese immer
bezwingende Anekdote von unsrer ersten Begegnung: – wie Gantenbein in
ihre Garderobe kommt, ein Herr mit den üblichen Blumen der Begeisterung, Lila nicht willens zu empfangen, wenn die alte Garderobiere nicht
beteuern würde, es sei ein Blinder, Lila gerade beim Abschminken, angetan nur mit Unterwäsche und einem offnen Morgenrock drüber. Ein Blinder? Sie sieht (so sagt Lila immer) wie eine Hexe aus, ölig. Wieso ein Blinder? fragt sie, aber noch bevor sie sich darüber, wieso ein Blinder von ihrem
Spiel begeistert sein könne, einen entschiedenen Gedanken gemacht hat,
steht Gantenbein schon in der Türe, unaufhaltsam wie Blinde ja sein können, er sieht nicht die Unmöglichkeit, nicht einmal die entgeisterte Miene
der Garderobiere. Steht einfach da, Rosen in der Hand, drei Stück, und
sagt, wie begeistert er sei. Man muß ihm glauben. Dabei ist Lila gerade
an jenem Abend (auch das sagt sie immer) schlechter gewesen als sonst, geradezu katastrophal. Er weiß nicht, wohin mit den Rosen. Lila vor dem
Schminkspiegel, ölig, wie gesagt, eine Hexe mit offenem Haar, sie bietet

einen leider wackligen Sessel an, und die Garderobiere nimmt ihm die drei
Rosen ab, wobei er die Hand der Garderobiere küßt (das erzählt Lila nur,
wenn ich beim Erzählen nicht zugegen bin) und seinen Mißgriff nicht
merkt, irgendwie erschütternd, und wie er auf dem wackligen Sessel dann
über Ionesco spricht, hintergründig, der erste Besucher in ihrer Garderobe,
der nicht seine Blicke schweifen läßt, sondern ausschließlich die Kunst im
Auge hat, während Lila sich kämmt und später sich ankleidet in seiner Gegenwart, ja, schon nach einer Viertelstunde kommt man sich wie verheiratet vor mit einem Blinden. – Jemand lacht blöd . . . Jetzt bringe ich die sauberen Aschenbecher. Schweigen. Ich sehe ihr Staunen, wenn Gantenbein
die sauberen Aschenbecher auf den Tisch legt, einen hier, einen dort, ohne
ihre Tassen oder Gläser umzustoßen. Warum trinkt ihr denn nicht? fragt
er und füllt die leeren Gläser, man schaut ihm zu, ich merke es genau, ob
da ein Zweifel lauert oder nicht. Wo einer zweifelt, fülle ich sein Glas,
bis es überläuft. Solche Kniffe sind immer seltener vonnöten. Jemand
wechselt auf Musil.

Ein wichtiger Punkt:
Ich lasse mich von Lila aushalten.
Grund:
Es gibt kaum ein Paar, das nicht spätestens bei der Trennung entdeckt,
daß die Geldfrage zwischen Mann und Frau nie gelöst worden ist, und sich
bitterlich daran verletzt. Gemeint ist nicht das glückliche Paar, das zu wenig Geld hat; das ist nicht die Geldfrage zwischen Mann und Frau, die erst
beginnt, wo beide genug für sich selbst verdienen, also genug auch für
beide, so meint man. Versuche mit gemeinsamer Kasse, jedes gibt und
nimmt zugleich, sind gemacht worden, scheitern aber an der heutigen Gesellschaft, die sich, vom Trinkgeldnehmer bis zum Staat, nach wie vor an
den Herrn wendet –
Ich stelle mir vor:
Lila und Gantenbein in einem Restaurant, Lila, die mich also aushält,
und der Kellner bringt die Rechnung. Bitte. Ich sehe den Zettel schamhaft
auf dem Teller gefaltet und spiele den Blinden, rede weiter wie eine Frau,
wenn die Rechnung kommt, rede, während Lila nun ihre Handtasche
sucht und zahlt, und rede, als wäre nichts geschehen. Als der Kellner zurückkommt mit dem Wechselgeld, frage ich, ob er Zigarren habe. Das dauert eine Weile. Also wir reden. Und Lila ist großartig, schweigsam wie ein

Mann, kein Wort von Geld, so daß man sich wirklich unterhalten kann. Meinerseits höchstens die Frage: Haben wir eigentlich schon bezahlt? Manchmal sehe ich es wirklich nicht, da es nicht meine Sache ist. Lila erzählt von ihrer Kindheit, während ich meine Zigarre auswähle, und ich bin auf ihre Kindheit sehr gespannt. Aber jetzt, während ich die Zigarre schneide, muß Lila wieder ihre Handtasche nehmen, um wieder zu zahlen, da der Zigarren-Jüngling, den ihre Kindheit schließlich nichts angeht, sonst nicht verschwindet. Ich habe keine Ahnung, was meine Zigarre kostet, weiß nur, daß sie bezahlt wird, und bin in ungestörter Art gespannt, wie das in der Kindheit damals weiterging, rauchend. Wenn wir aus dem Taxi steigen, sage ich: Jetzt hat der Regen aber aufgehört! Während Lila wieder in ihrer Handtasche kramt und zahlt und das Trinkgeld abschätzen muß. Ich warte auf ihren Arm. Wenn mit der Post nichts andres als Rechnungen kommen, sage ich: Heut habe ich überhaupt keine Post! Über Rechnungen reden wir bloß, wenn sie grotesk sind; die Miete aber, die kalendermäßigen Rechnungen für Telefon und Strom, für Heizung, für Kehrichtabfuhr und Straßenverkehrsamt und alles, was sich wiederholt, sind nicht grotesk, daher kein Gesprächsstoff, so wenig wie die Beiträge für die unfreiwillige Altersversicherung. Dafür bin ich blind. Wenn Lila nicht zu Haus ist, zahle ich von dem Geld aus der Schublade. Lila fordert keine Rechenschaft, dennoch melde ich es, wenn ich's nicht vergesse, jedesmal, wenn die Schublade wieder leer ist. Lila ist entsetzt oder auch nicht. Obschon ich mich grundsätzlich, um zwischen uns keine Geldfrage aufkommen zu lassen, nicht um das Verhältnis von Einnahmen und Ausgaben kümmere, kann ich es nachfühlen, wenn Lila, ohne geizig zu sein, plötzlich das Gefühl hat, wir müßten sparen. Ich achte ihre Gefühle. Ich verzichte auf Zigarren, ohne mein Mißvergnügen zu zeigen, wissend, daß es ganze Bevölkerungsschichten gibt, die keine Zigarren rauchen. Ich bin bereit, sie weiß es, zu jedem Verzicht. Wenn Lila mir trotzdem Zigarren bringt, eine ganze Schachtel voll, wenn auch leider nicht ganz die richtigen, rauche ich sie natürlich; Lila muß es ja wissen, was wir uns leisten können. Daß ich endlich einen Smoking brauche, ist nicht meine Idee, und ich verschleppe das Unternehmen, solange es geht; Lackschuhe dazu habe ich nämlich auch nicht. Hingegen muß ich zum Zahnarzt, unvermeidlich, brauche nicht zu sagen, wie peinlich es mir ist. Wir reden nicht davon. Wieviel meine Lila verdient, frage ich nicht; sie weiß es selbst nicht, und ich sehe nur, wie viel sie arbeitet, und finde immer wieder, Lila sollte sich

Ferien gönnen. Unbedingt. Sie hat es nötig, das sieht ein Blinder. Das Taschengeld, das Lila mir gibt, ist schwankend, aber im Durchschnitt hinreichend, daß ich ihr zum Geburtstag oder zu Weihnachten etwas schenken kann, was Lila sich selbst nie leisten würde, darüber ist sie jedesmal gerührt, und ich küsse sie dann aufs Haar. Wenn ich, was ja vorkommen kann, ausgehe mit einer andern Dame, werde ich nicht eingeladen; insofern stimmt die Vertauschung unsrer Rollen nicht ganz. Jede Dame, je sicherer sie ist, daß ich sie nicht für käuflich halte, läßt sich einladen. Das ist nun einmal so, und es macht mir Spaß. Übrigens gleicht es sich aus, da auch Lila, wenn sie mit andern Herren ausgeht, unweigerlich eingeladen wird, und ich weiß, Lila genießt das, und wäre es auch nur, daß sie nicht immerfort nach ihrer Handtasche greifen muß für jeden Kaffee, jedes Taxi, jede Garderobenfrau, jede Zeitung, jedes Kino, jede Parkuhr. Manchmal tut Lila mir leid. Und dann mogle ich, indem ich hinter ihrem Rücken bereits gezahlt habe; Lila merkt es nie, sie ist eine Frau, wenn auch eine selbständige. Zu weit kann ich meine Mogelei nicht treiben, um ihr das Gefühl der Selbständigkeit nicht zu nehmen. Lila weiß nicht, daß ich ein eignes Bankkonto habe, und ich werde es ihr niemals sagen. Sonst ginge es ja nicht. Um klar zu sein: noch nie habe ich von meinem Konto etwas bezahlt, was mich betrifft. Ich lebe ganz und gar, vom Scheitel bis zur Sohle, von Lila. Und das weiß sie, und das genügt. Was ich von meinem geheimen Konto zahle, sind Alltäglichkeiten, nicht der Rede wert, die Hundesteuer und gelegentliche Bußen, die sie verdrießen würden, Ölwechsel und Schmieren, Briefmarken, Gebühren, Bettler, Gepäckträger, Heilsarmee, lauter Bagatellen. Ich kann es einfach nicht sehen, daß eine Frau, genau wie ein Mann, immerfort nach der Börse greifen muß. Es genügt fürs Grundsätzliche, daß Lila mich ernährt und kleidet und daß ich nichts tue für ihre Ernährung, ihre Kleidung, ihre Kosmetik, ihre und unsere Vergnügen. Wenn Lila sagt: Laß uns heut einen Hummer essen? füge ich mich ihrer frohen Laune. Warum soll der Mann entscheiden, wann Luxus fällig ist? Jeder Mensch hat sein Bedürfnis nach Luxus zu einer andern Stunde, und einer von beiden muß sich fügen. Lila ist unvernünftig wie ein Mann, der zahlt. Aber sie zahlt ja. Die Vernunft des andern, der nicht bezahlt, ist Spielverderberei, und davor hüte ich mich, auch wenn es nicht immer leicht ist, Hummer zu essen nur aus Liebe zum andern; aber wer sich aushalten läßt, muß sich unterordnen. Ich lasse mich aushalten. Lila ist glücklich dabei.

Unser Alltag ist lustig.

Im Konzert sehe ich, daß Madame Stoffel an der Treppe auf uns lauert, und sage mitten in unser Gespräch hinein: weißt du übrigens, was die Stoffel macht? Das ist nun das allerletzte, was Lila bekümmert. Hoffentlich ist die nicht hier! sage ich bloß, und kurz darauf zupft Lila mich am Ärmel. Du wirst lachen, sagt sie, da drüben steht sie! Und ich lache, als glaube ich's nicht, während wir die andere Treppe nehmen.

Lila glaubt an meinen sechsten Sinn.

Sie hat gelesen, daß ein Blinder sich in seinem Haus auskenne wie keiner, der sich auf die Augen verlassen muß; nie greife ein Blinder neben die Klinke oder neben den Wasserhahn; kraft eines Raumgefühls, das sich um keinen Zentimeter täuscht, wandle er wie ein Engel, der keine Scherben macht. Dies, wenn auch in wissenschaftlicheren Worten, stand in einem amerikanischen Magazin, geschrieben von einem Professor, der über tausend Tests gemacht hat. Lila hat es mir vorgelesen. Und ich halte mich daran. Nur einmal, als ein Kurzschluß unsre Wohnung verdunkelt, habe ich Mühe wie einer, der sieht, beziehungsweise eben nicht sieht, weil es stockfinster ist. Aber da es stockfinster ist, kann auch Lila nicht sehen, wie ich Mühe habe, und als ich endlich mit einer rettenden Kerze erscheine, bin ich wieder wie ein Engel für sie.

Ich stelle mir vor:

Lila beim Kleiderkauf, Gantenbein muß sie begleiten, es erleichtere ihr die Entschlüsse, und so sitze ich dann nachmittagelang als einziger Mann in dem kleinen, aber teuren, von Kennerinnen aus aller Welt geschätzten Laden, umhängt von Kostümen, von Spiegeln umstellt; wo ich hinschaue: Gantenbein mit dem schwarzen Stöcklein zwischen den Knien, die finstere Brille im Gesicht. Ich sehe: Gantenbein ist eleganter geworden, seit ich mich aushalten lasse; ich schulde es Lila; ein blinder Herr von Welt. Lila probiert jetzt das nächste Modell, das fünfte, das seinem Urteil unterworfen werden soll. Ich bin ja gespannt; nicht auf das Modell, aber auf das Urteil von Gantenbein. Die Dame, die den geschätzten Laden führt, keine Verkäuferin, sondern Künstlerin und Freundin dazu, ihrerseits etwas zu dicklich, um es mit ihren Kundinnen aufnehmen zu können an Eleganz, aber auch eine Dame von Welt, die Lila durchaus nicht als Kundin behandelt, sondern als Schwester sozusagen, als Kennerin, als Mensch, als jemand, der ihre Begeisterungen nachzufühlen vermag, und die eigentlich, wie sie immer wieder durchblicken läßt, nichts andres wünscht als Verständnis für ihre uneigennützige und spontane Freude gerade an diesem Modell, das Lila jetzt anziehen wird, diese Dame also, die ich nicht mag, ist entzückt von Gantenbein. Nicht jeder Herr, ob Gatte oder Liebhaber, nehme sich soviel Zeit. Dann sind wir, Lila und ich, stets etwas verlegen über die Offenkundigkeit unsrer Liebe. Die Dame zieht jetzt den Vorhang; zugleich ist sie überzeugt, ich sei blind für die Preise, die Lila jedesmal mit Büscheln von Noten bezahlt, ungesehen, wie sie beide meinen, und da sie trotz der Menschenkenntnis, die sie sich zuschreibt, keine Ahnung hat, wer hier wen aushält, bin ich in ihren Augen nicht nur der geduldigste, sondern der großherzigste Herr, der je ihren kleinen, aber teuren, natürlich nicht als Laden, sondern als Atelier oder boutique bezeichneten Laden verraucht. Solange Lila in der Koje ist, tut die Verkäuferin immer, als wäre ich nicht blind. Sie werden sehen! sagt sie und läßt Kaffee über die Straße holen, damit meine Begeisterungsfähigkeit nicht nachlasse: Sie werden ja sehen! Das sind nun einmal ihre Redensarten. Aber auch Lila hinter dem Vorhang tut, als wäre die ganze Veranstaltung ausschließlich zu meinem Vergnügen. Kaffeetrinkend sitze ich wie ein Pascha, der einkauft für einen ganzen Harem; Lila nur das Modell für einen ganzen Harem. Eine ganze Bibel mit Seidenmustern, was soll ich damit? Man zweifelt nicht an meiner Blindnis, im Gegenteil; aber man möchte mir das Gefühl geben, trotzdem ernstgenommen zu werden. Natürlich nehme ich meine Brille nie ab. Wenn es draufankommt, sehe ich die Stoffarbe, indem ich seitwärts aus der Brille schiele. Lang mache ich das nicht, sonst wird mir schwindlig. Ich schiele nur im entscheidenden Augenblick.

»Du«, sagt Lila, »ich bin entschlossen.«

»Fein.«

»Ich bin sicher«, schwatzt die Dame, »Sie werden es nicht bereuen. Wie gesagt, ich habe das Kostüm bei Dior gesehen und sofort an Sie gedacht, Madame Gantenbein —«

Jetzt schiele ich.

»Wer soll das tragen dürfen«, höre ich, »wenn nicht Sie, Madame Gantenbein! Nur der Kragen, wie gesagt —«

Ich finde es unmöglich.

»Du«, sagt Lila, » – ich bin entschlossen!«

Ihre Wiederholung zeigt an, daß sie unsicher ist, hilfsbedürftig. Lila hat Geschmack, aber wie jeder Mensch auch eine Herkunft. Gesetzt den Fall,

Lila wäre die Tochter eines Bankiers: natürlich scheut sie sich vor jedem Kragen, der sie zu damenhaft macht, und fällt immer wieder auf alles Schlichte herein. Oder aber, Lila wäre die Tochter eines elsässischen Kurzwarenhändlers: ob es ihr steht oder nicht, sie verfällt allem Großdamigen, und darüber wird sie farbenblind im entscheidenden Augenblick. Ich muß ihr helfen. Ob Herr Dior sie liebt, der gerade dieses Modell wie für Lila geschaffen hat, weiß ich nicht. Ich liebe Lila, ob sie die Tochter eines Bankiers ist oder die Tochter eines Kurzwarenhändlers oder die Tochter eines puritanischen Pfarrers – was ebenfalls denkbar wäre. Ich sage:

»Fein.«

»Wir müssen es nur noch abstecken, weißt du –«

Lila wird abgesteckt.

»Ist es das gelbe?« frage ich.

»Nein«, sagt sie, »das weinrote.«

Die Dame und Schwester und Künstlerin, die jetzt in die Hocke gehen muß, um den Saum abzustecken – in der Hocke, ich sehe, platzt ihr fast ihr eigner Rock – findet es unglaublich, wie es meiner Lila steht, und ich sehe, wie Lila, die sich jetzt vor Stecknadeln kaum rühren kann, bemüht ist, indem sie den Kopf zum nächsten Spiegel dreht, trotz aller Stecknadeln an das Unglaubliche zu glauben.

»Weinrot?« frage ich. »Wie Burgunder?«

»Sozusagen.«

»O ja«, sage ich, »das steht dir.«

Schwierig mit einem blinden Mann!

»Wie Burgunder?« frage ich, »oder wie?«

Gantenbein, der Blinde, erinnert sich an mancherlei Rot. Auch ein Lachsrot würde ihr stehen, meint er, sogar ein trockenes Ziegelrot, vielleicht auch ein dunkles Rot, wie welkende Rosen es zeigen, ein Schlackenrot oder so. Er liebe Rot. Er erinnere sich an ein einziges Rot, was ihr nicht stehen würde: so ein seichtes, falsches, chemisches, ein Limonadenrot. Pause. Er erinnere sich: Rot ist das Blut, rot ist die Farbe des Alarms, die Fahne bei Sprengungen beispielsweise, rot ist der Mund der Fische, der Mond und die Sonne bei Aufgang und Untergang, rot ist das Feuer, das Eisen im Feuer, manchmal ist die Erde rot und der Tag hinter geschlossenen Lidern, rot sind Lippen, rot ist ein Kopftuch auf den braunen und grünen und grauen Landschaften von Corot, rot sind die Wunden, der Mohn, die Scham und der Zorn, vieles ist rot, der Plüsch im Theater, die Hagebutten,

der Papst, die Tücher beim Stierkampf, der Teufel soll rot sein, und rot erwacht aus Grün, ja Rot ist die Farbe vor allen Farben – für Gantenbein.
Ihr Kleid ist abgesteckt.

»Du«, sagt sie, »das ist kein Limonadenrot.«

Ich rauche und warte.

»Nein«, sagt die Dame, »weiß Gott nicht!«

Ich rauche und warte.

»Oder finden Sie«, fragt Lila, indem sie in den Spiegel blickt, hinunter
zu der Hockenden, »daß es limonadenrot ist –«

»Ach wo!«

Im Spiegel sehe ich, wie Lila stutzt.

»Sie können beruhigt sein«, sagt die Verkäuferin herüber zu mir, ungeduldig, sie hält alle Männer für blind, »Sie können beruhigt sein«, sagt
sie und wendet sich zu Lila, »– der Herr wäre entzückt, wenn er Sie sehen
könnte.«

Als Blinder nicht verpflichtet, entzückt zu sein, stelle ich weitere Fragen,
die Lila mit einer Zuversicht beantwortet, der sie im Spiegel nicht standhält; zum Beispiel:

»Ist es auch nicht zu schlicht?«

Es ist bombastisch.

»Nein«, sagt Lila, »das nicht.«

Ich rauche.

»Ich bitte«, sagt Lila halblaut, »daß wir nochmals das gelbe probieren –«

Vielleicht weiß Lila schon lang, daß ich nicht blind bin, und sie läßt mir
meine Rolle nur aus Liebe?

Ich stelle mir vor:

Lila, im Mantel, geht über die Bühne, Proben, Lila probt die Lady Macbeth, ich sitze im Dunkel einer Loge, meine Beine auf das Polster des Vor-
dersessels gebettet, und kaue spanische Nüßchen, die ich, um keine Spreu
zu hinterlassen, im Dunkel meiner Jackentasche aufknacke, blindlings also;
die Spreu bleibt in meiner Tasche, und in dieser Spreu jeweils ein Nüßchen
zu finden wird immer spannender. Die Direktion hat meine Anwesenheit
bewilligt, wenn auch ungern; sie mußte wohl, um Lila, die in diesem Haus
alles durchsetzt, etwas anderes abschlagen zu können. Wahrscheinlich
fragt sich die Direktion, wieso ich, ein Blinder, zu den Proben kommen

muß. Lila wünscht es. Ich sei ihr eine Hilfe, sagt sie ... Also: Lila geht über
die Bühne, Lila im Mantel, grüßend und begrüßt, als wäre sie nicht verspätet. Wie sie das macht, weiß ich nicht; wir sind miteinander ins Theater gekommen und beinahe zur Zeit, da Lila wieder einmal ihre Uhr nicht hat
finden können, und ich habe sie ihr heute nicht zugespielt, damit wir einmal zur Zeit sind. Sie muß es, am Bühneneingang angekommen, gespürt
haben. Vielleicht ein Gespräch auf der Treppe oder ein Brief beim Pförtner, ich weiß es nicht, jedenfalls ist die Lila-Verspätung wiederhergestellt;
wir warten, Stille vor der Probe, Hammerschläge auf der Hinterbühne,
Stille, der Regisseur am Pult bespricht mit seinem Assistenten, was nicht
dringlich ist, aber nötig, um sich und den wartenden Schauspielern nicht
das Gefühl zu geben, man warte lediglich auf Lila. Sie wird jeden Augenblick kommen, sie ist ja über die Bühne gegangen, sie ist schon in ihrer
Garderobe. Stille, dann Flüche des Regisseurs, die ich in der Loge verstehe. Es ist keine Absicht von Lila, Menschen warten zu lassen, sondern
eine Gabe. Sie warten. Wenn ich ihr später sagen würde, was ich gehört
habe, würde Lila es nicht glauben; sie hat noch nie solche Flüche gehört,
im Gegenteil, man wird bezaubert sein, entwaffnet, wenn Lila kommt, bezaubert. Also ich warte und kaue meine spanischen Nüßchen, da man in
der Loge nicht rauchen darf, und warte ...

Auftritt Lady Macbeth.

Im Pullover; aber man glaubt ihr –

Freilich kann Gantenbein, wenn der Regisseur eine unselige Idee hat,
sich nicht einmischen; kein Regisseur läßt sich von einem Blinden etwas
sagen. Ich bin ihr trotzdem eine Hilfe. Insgeheim. Nach der Probe.

Zum Beispiel:

Der Regisseur, sonst ein visueller Mann, hat die Idee, Lila ganz an die
Rampe zu führen, wenn sie das geträumte Blut von ihren Händen wischen
will. Einmal anders, ja, aber schlecht. Ich staune, daß er's nicht sieht, und
kaue wieder meine spanischen Nüßchen, während Lila ganz willig ist, also
ganz an der Rampe ... Später dann, beim Mittagessen nach der Probe,
frage ich, warum der Arzt und die Amme, die Shakespeare für diese berühmte Szene aufgeboten hat, gestrichen worden sind; eine Frage, die auch
einem Blinden gestattet ist, denn ich habe den Arzt und die Amme, die
zwar nicht viel zu sagen haben, aber daneben stehen, während die Lady
spricht in ihrem rasenden Traum, nicht gehört. In der Tat, vernehme ich,
sind sie gestrichen, eben weil sie nicht viel zu sagen haben. Was ich dazu

denke, ist einfach; wie aber soll Gantenbein (ohne zu verraten, daß er sieht, was jedermann sehen könnte) seinen Eindruck an den Mann bringen, der, blind vor Ideen, gerade sein Filet Mignon ißt? Um jetzt nicht zu verraten, daß ich sehe, frage ich den Kellner, ob es ein Filet Mignon gebe ... Bei der nächsten Probe, als wieder meine Lady auftritt und den Kerzenleuchter an die Rampe stellt, ihre Hände waschend nicht vor dem Arzt und der Amme, die Shakespeare als versteckte Zuschauer erfunden hat, sondern allein vor dem Publikum, schließe ich die Augen, um meinen Eindruck zu prüfen. Ich höre den Unterschied. Als Lila zuhaus gelernt hat, nicht wissend, daß Gantenbein, versteckt wie die Amme und der Arzt, sie hörte, tönte sie wie ein Mensch in der Einsamkeit seiner Angst, und ich fand's erschütternd. Jetzt nicht. Jetzt kaue ich meine spanischen Nüßchen dazu. Derselbe Text, dieselbe Stimme; trotzdem nicht dasselbe. Weil sie an der Rampe steht, nicht belauscht von Arzt und Amme, die sie in ihrem Wahnsinn nicht sieht, sondern allein an der Rampe: belauscht von Kritik und Publikum. Ich muß es ihr sagen. Du tönst wie eine Dame von der Oxford-Gruppe, die ihre Seelennot als gesellschaftliche Nummer liefert, sage ich in einer Pause, zum Gähnen, und als der Regisseur hinzutritt, um Lila zu trösten, frage ich ihn, ob er nicht auch finde, sie töne wie eine Dame von der Oxford-Gruppe, eine Exhibitionistin, es töne, als stehe sie geradezu an der Rampe, ja, als stehe sie geradezu an der Rampe –

Manchmal ändern sie.

Ohne es Gantenbein zu sagen: um sein Gehör auf die Probe zu stellen ... Nach der Probe warte ich immer beim Bühnenausgang, gestützt auf mein schwarzes Stöcklein, tue, als kenne ich die berühmtesten Schauspieler nicht, und in der ersten Zeit sind sie auch immer vorbeigegangen, ohne zu nicken, nicht unfreundlich; aber was hätte ein Blinder davon, daß man nickt. Höchstens sagte einer: Ihre Frau kommt sogleich! Indem er vorbeiging. Was soll ein Schauspieler reden mit jemand, der ihn nie gesehen hat? Mit der Zeit beginnen sie zu nicken, worauf ich leider, um nicht aus meiner Rolle zu fallen, keinesfalls eingehen kann; ich starre dann wie eine Vogelscheuche, grußlos, nicht ohne zu sehen, daß ihre Achtung zunimmt. Achtung vor meinem Gehör. Einmal spricht einer mich an und will wissen, ob die Verschwörung im dritten Akt, jetzt da sie nicht mehr sieben Meter auseinanderstehen, eher wie eine Verschwörung töne. Offenbar hat Lila geplaudert. Er stellt sich vor:

»Ich bin Macduff.«

»Ja«, sage ich, »heute tönte es anders.«

»Siehst du«, sagt Macduff.

»Finden Sie nicht auch«, sagt ein andrer, und ich sehe, daß er sich ausschließlich an den blinden Gantenbein wendet, »daß es besser kommt, viel
besser, daß es einfach richtiger ist, wenn Er« – dabei zeigt er auf einen Dritten – »die Hexen nicht anschaut, da sie sozusagen nur eine Vision von mir
sind?«

Ich bin sprachlos.

»Oder finden Sie nicht?« fragt er und erinnert sich, daß ich ihn ja nicht
sehen kann: »Ich bin Macbeth.«

Ich stelle mich ebenfalls vor:

»Gantenbein.«

Sie nehmen meine Blindenhand.

»Ich bin Banko«, sagt der Dritte.

»Sehr erfreut«, sage ich.

Lila kommt immer als letzte heraus.

Ich stelle mir vor:

Ab und zu habe ich es satt, Gantenbein zu spielen, und begebe mich in
die Natur. Nachmittag im Grunewald. Sammle Kieferzapfen und schleudere sie, soweit ich vermag, hinaus in die Krumme Lanke, und Patsch, unser Hund, springt in das bräunliche stille blasige Wasser. Ich sehe den
schwimmenden Kieferzapfen, er aber nicht, blind vor Eifer, paddelnd.
Ich werfe einen zweiten. Zeige mit ausgestrecktem Arm, damit er nicht
ins Leere schwimmt, und jetzt schnappt er, dreht. Zwei Ohren und eine
Schnauze mit dem Kieferzapfen, zwei Augen über Wasser . . . Ich mag diese
Havelseen sehr, Erinnerungen, und wie es um Berlin wirklich steht, braucht
Gantenbein nicht zu sehen; es herrsche ein reges Leben, höre ich . . . Zwei
Augen über Wasser, während seine vier Beine unsichtbar strampeln, das ist
Patsch, kein ausgebildeter Blindenhund; ich muß ihn erst dazu erziehen,
und natürlich ist das nur möglich, wenn weit und breit kein Mensch ist,
beispielsweise vormittags im Grunewald, während Lila im Theater probt.
Viel Arbeit dort und hier. Die Szene, wie Patsch das schwarze Stöcklein seines blinden Herrn findet, geht noch immer nicht. Ob er zu dumm ist oder
zu klug? Jetzt kommt er an Land, unsern Kiefernzapfen in der Schnauze.
Und dann pirscht er durchs Ufergebüsch, wedelnd, keuchend, da steht
er vor dem Kieferzapfen im Sand, schüttelt sich einen kurzen Regen-

schauer aus dem Fell. Brav, Patsch, brav! Noch ist es nicht soweit, daß ich
mit meinem Hund ganze Gespräche führe. Im Weitergehen – kein Mensch
ist weit und breit! – benutze ich meinen schwarzen Blindenstock, um eine
Art Baseball zu spielen mit Kieferzapfen. So: Kieferzapfen in die linke
Hand, Blindenstock in die rechte, jetzt werfe ich den Zapfen in die Luft –
schlage mit dem Blindenstock ... Sieben Treffer auf zehn Schläge, immerhin, und Patsch rennt durch den märkischen Sand, um den Treffer zu suchen. Ein entspannendes Spiel. Ich brauche das von Zeit zu Zeit. Ein Katholik hat die Beichte, um sich von seinem Geheimnis zu erholen, eine
großartige Einrichtung; er kniet und bricht sein Schweigen, ohne sich
den Menschen auszuliefern, und nachher erhebt er sich, tritt wieder seine
Rolle unter den Menschen an, erlöst von dem unseligen Verlangen, von
Menschen erkannt zu werden. Ich habe bloß meinen Hund, der schweigt
wie ein Priester, und bei den ersten Menschenhäusern streichle ich ihn.
Brav, Patsch, brav! Und wir nehmen einander wieder an die Leine. Schluß
mit Kieferzapfenspiel! Patsch versteht, und nachdem ich das Taschenbuch
(ich lese, um die Menschen an ihren Urteilen zu erkennen) in den ersten
Papierkorb gesteckt habe, gehen wir wieder, wie es sich gehört, ein Blinder
und sein Hund. Bei Onkel-Toms-Hütte nehmen wir die U-Bahn.

Kaffee am Kurfürstendamm:

Journalisten, Schauspieler, Kameramänner, ein Doktor, Verehrer in allen Geisteslagen, manchmal habe ich Anwandlungen von Ungeduld, von
Wut geradezu, daß sie mich für blind halten, bloß weil ich ihr Mann bin;
wenn ich höre, wie sie mich glauben unterrichten zu müssen:

»Lila ist eine wunderbare Frau!«

Ich streichle den Hund.

»Sie wissen nicht«, sagt einer, »was für eine wunderbare Frau Sie haben –.«

Pause.

Was soll Lila dazu sagen?

Und was soll ich dazu sagen?

Lila rückt meine Krawatte zurecht.

Ich sehe:

Lila, umworben von allen, die Augen im Kopf haben, und ihre Augen
werden dabei glasiger als ihre Hornbrillen, Lila ist wehrlos, so daß sie ihr
die Hand halten oder den Arm, und dabei, ich weiß es, mag Lila das gar
nicht. Wie soll ich's den Herren sagen? Ich könnte jetzt, ohne Aufsehen

zu erregen, eine Zeitung lesen; so sicher sind sie vor mir. Warum sehen Männer, wenn sie verliebt sind, eher dumm aus? Ich erhebe mich. Was denn los sei, fragt Lila, die Umschwärmte, so, daß die Umschwärmer ebenfalls den Kopf drehen. Nichts! Ihr Mantel ist vom Sessel gerutscht, niemand hat's gesehen, ich sage: Sie entschuldigen, Doktor, Sie treten der Dame immer auf den Mantel. Oh! sagt dieser und zieht sofort seinen Schuh zurück, aber keinerlei Schluß daraus. Er entschuldigt sich bei Lila. Die schlichte Annahme, daß der Gatte blind sei, ist unerschütterlich.

Manchmal finde ich es nicht leicht.

Aber die Vorteile, sage ich mir dann, die Vorteile, du darfst die Vorteile deiner Rolle nie vergessen, die Vorteile im großen wie im kleinen; man kann einen Blinden nicht hinters Licht führen ... Ein andrer spielt die Rolle eines Schriftstellers, dessen Name auf dem monatlichen Seller-Teller unaufhaltsam emporrückt, eigentlich die Spitze hält, da man die andern Titel, unter uns gesprochen, nicht ernstnehmen kann; sein Name schwebt gerade da, wo man noch nicht von Bestsellerei reden kann, genau an der obersten Grenze von literarischem Ereignis. Er kann aber nicht wissen, daß ich den Seller-Teller gesehen habe, und ist der einzige am Tisch, der sich an den blinden Gantenbein wendet, ich wiederum der einzige, der sein Werk zu kennen nicht verpflichtet ist. Ich behandle jeden, der es nötig hat, als berühmten Mann.

»Sehen Sie«, sagt der Berühmte –

Ich sehe, während ich Patsch, der vor dem Allzumenschlichen immer ausreißen möchte, an der Leine halte, ich sehe, wie seine Augen, während er mit dem blinden Gantenbein spricht von sich, immer wieder Ausschau halten, ob sonst wirklich niemand zuhört; ich sehe: der Mann nimmt mich ernst, weil Gantenbein nicht widersprechen kann, und da er, der mich ernstnimmt, zurzeit berühmt ist, plötzlich nehmen auch die andern mich ernst. Plötzlich soll Gantenbein sagen, wie er die deutsche Zukunft sieht, ja, ausgerechnet Gantenbein. Ich erschrecke. Ich möchte nicht ernstgenommen werden, aber gerade die Blinden nehmen sie so ernst.

»Wie sehen Sie denn die ganze Lage?«

Ich tue, als habe ich den Westen nie gesehen, und über den Osten weiß man Bescheid ... Im Wagen dann, als Lila wieder ihr Schlüsselchen sucht, gebe ich ihr die Handtasche, sie hat sie auf dem Sessel liegen lassen, ich hab's gesehen, und wir können fahren, um bei dem hingerissenen Doktor einen Sekt zu trinken, ich verstehe, sozusagen unter vier Augen: Lila und der Doktor und ich. Der Hingerissene, der hinten sitzt, redet unentwegt, als wäre ich nicht nur blind, sondern auch stumm. Ich sitze neben Lila und sehe eine Hand auf ihrer Schulter, eine Hand, die von hinten kommt voll Verständnis für Lila und sie tröstet über eine blöde Kritik in der Presse. Es wäre hartherzig, wenn ich ganz und gar dazu schweigen würde; die Kritik war wirklich sehr ungerecht-witzig, und ich lege meine Hand, die blinde, auf die andere Hand, die schon seit der Gedächtniskirche auf ihrer schwachen Schulter liegt, und sage: Mach dir nichts draus! Wir fahren schweigsam.

Usw.

Was ich im Theater gelernt habe:

Ein Schauspieler, der einen Hinkenden darzustellen hat, braucht nicht mit jedem Schritt zu hinken. Es genügt, im rechten Augenblick zu hinken. Je sparsamer, um so glaubhafter. Es kommt aber auf den rechten Augenblick an. Hinkt er nur dann, wenn er sich beobachtet weiß, wirkt er als Heuchler. Hinkt er immerzu, so vergessen wir's, daß er hinkt. Tut er aber manchmal, als hinke er ja gar nicht, und hinkt, sowie er allein ist, glauben wir es. Dies als Lehre. Ein hölzernes Bein, in Wirklichkeit, hinkt unablässig, doch bemerken wir es nicht unablässig, und dies ist es, was die Kunst der Verstellung wiederzugeben hat: die überraschenden Augenblicke, nur sie. Plötzlich daran erinnert, daß dieser Mann ja hinkt, sind wir beschämt, sein Übel vergessen zu haben, und durch Beschämung überzeugt, so daß der Versteller eine ganze Weile lang nicht zu hinken braucht; er mag es sich jetzt bequem machen.

Eine alte Leidenschaft von Gantenbein, so nehme ich an, ist das Schach. Und auch das geht ohne weiteres.

Hast du gezogen? frage ich.

Moment, sagt mein Partner, Moment!

Ich sehe und warte . . .

Ja, sagt mein Partner, ich habe gezogen.

Nun?

B 1 × A 3, meldet mein Partner.

Also mit dem Springer! sage ich, und vor allem Partner, die noch nicht daran gewöhnt sind, daß ich das Brett im Kopf habe, sind meistens verdutzt, wenn ich, meine Pfeife stopfend, sage: Also mit dem Springer!

Und am meisten verdutzt sie, daß ich immer noch weiß, wo meine Figuren stehen, die ich natürlich nie berühre; ich zünde jetzt die Pfeife an, während ich sage:

F 8 × B 3.

Mein Partner hat gehofft, ich habe meinen Läufer vergessen, und ist beschämt; dadurch büßt er nicht bloß seinen Springer ein, sondern sein gutes Gewissen, ich seh's, er beginnt zu pfuschen.

Nun? fragt Lila, wer gewinnt denn?

Gantenbein! sagt er, die Stimme so heiter wie möglich, aber nervös, ich sehe seine Finger, heimlich zählt er die Figuren, er kann's nicht fassen, früher hat mein Partner mich immer geschlagen, und ich habe nichts hinzugelernt, nicht, was mit Schach zu tun hat. Er wundert sich bloß. Er denkt nicht, sondern wundert sich.

Hast du gezogen? frage ich.

Es ist, als sehe er nichts mehr.

Also gut, sagt er, B 2 × A 3!

Mein Partner hält mich wirklich für blind.

B 5 × A 1! bitte ich, und während mein Partner eigenhändig seinen Turm hinauswerfen muß, um meine Königin in seine König-Linie zu stellen – er schüttelt den Kopf, und für den Fall, daß Gantenbein nicht im Bild ist, sagt er es selbst: Schach! – sage ich zu Lila, sie soll uns jetzt nicht stören, aber zu spät; mein Partner legt seinen König auf den Bauch, was zu sehen mir nicht zukommt; ich warte, meine Pfeife saugend.

Matt! meldet er.

Wieso?

Matt! meldet er.

Ich werde ein Phänomen.

Jetzt ist es schon soweit, daß Lila sogar ihre Briefe herumliegen läßt, Briefe eines fremden Herrn, die unsre Ehe sprengen würden, wenn Gantenbein sie lesen würde. Er tut's nicht. Höchstens stellt er einen Aschenbecher oder ein Whisky-Glas drauf, damit kein Wind drin blättern kann.

Hoffentlich falle ich nie aus der Rolle. Was hilft Sehen! Es mag sein, daß Gantenbein, der Größe seiner Liebe nicht gewachsen, gelegentlich die Blindenbrille vom Gesicht reißt – um sofort die Hand vor seine Augen zu legen, als schmerzten sie ihn.

»Was hast du?«

»Nichts«, sage ich, »mein Liebes –«

»Kopfschmerzen?«

Wenn Lila wüßte, daß ich sehe, sie würde zweifeln an meiner Liebe, und es wäre die Hölle, ein Mann und ein Weib, aber kein Paar; erst das Geheimnis, das ein Mann und ein Weib voreinander hüten, macht sie zum Paar.

Ich bin glücklich wie noch nie mit einer Frau.

Wenn Lila, plötzlich wie aufgescheucht und gehetzt, weil offenbar verspätet, im Hinausgehen sagt, heute müsse sie zum Coiffeur gehen, sie habe Haare wie eine Hexe, und wenn Lila dann vom Coiffeur kommt, der dafür bekannt ist, daß er warten läßt, und dabei sehe ich auf den ersten Blick, daß ihr Haar nicht beim Coiffeur gewesen ist, und wenn Lila, ohne gerade zu betonen, daß sie es unter der Dauerwellenhaube gehört habe, von einem Stadtereignis berichtet, wie es etwa beim Coiffeur zu hören ist, sage ich nie: Lilalein, warum lügst du? Und wenn ich's noch so liebevoll sagen würde, sozusagen humorvoll, sie wäre gekränkt; sie würde Gantenbein fragen, woher er die unerhörte Behauptung nehme, sie sei nicht beim Coiffeur gewesen, Gantenbein, der ihr Haar ja nicht sehen kann. Ich sehe es, aber finde nicht, daß Lila wie eine Hexe aussieht. Also ich sage nichts, auch nichts Humorvolles. Muß ich denn wissen, wo Lila seit vier Uhr nachmittags gewesen ist? Höchstens sage ich, ohne ihr geliebtes Haar zu berühren, versteht sich, im Vorbeigehen: Herrlich siehst Du aus! und sie fragt dann nicht, wieso Gantenbein das behaupten könne; es beglückt sie, wer immer es sagt. Und ich meine es ja auch ehrlich; Lila sieht herrlich aus, gerade wenn sie nicht beim Coiffeur gewesen ist.

Auch Lila ist glücklich wie noch nie.

Von Blumen, die plötzlich in unsrer Wohnung stehen, spreche ich nur, wenn ich weiß, wer sie geschickt hat; wenn ich es durch Lila weiß. Dann kann ich ohne weiteres sagen: Diese Orchideen von deiner Direktion, glaube ich, kann man jetzt in den Eimer werfen. Und Lila ist einverstanden. Dann und wann gibt es aber auch Blumen, die ich besser nicht erwähne, Rosen, die Lila selbst nicht erwähnt, dreißig langstielige Rosen, und obschon ihr Duft unweigerlich die Wohnung füllt, sage ich nichts. Wenn ein Gast hereinplatzt: Herrlich diese Rosen! höre ich nichts, und es wäre nicht nötig, daß Lila jetzt sagt, wer sie geschickt habe. Wenn ich höre, wer sie geschickt habe, verstehe ich nicht, warum sie die Rosen, die ich seit drei Tagen sehe, bisher verschwiegen hat. Ein harmloser Verehrer ihrer Kunst. Lila ist dann um Namen nicht verlegen; es gibt viele Verehrer ihrer Kunst, die nicht nur Gantenbein bedauern, weil er, wie sie wissen, ihre Kunst nicht sieht, sondern sie bedauern auch Lila; sie bewundern diese Frau nicht nur um ihrer Kunst willen, sondern ebenso sehr auch menschlich, da sie einen Gatten liebt, der ihre Kunst nicht sieht. Drum die Rosen. Oder was immer es sei. Ich frage nie, wer ihr das lustige Armband geschenkt habe. Was ich sehe und was ich nicht sehe, ist eine Frage des Takts. Vielleicht ist die Ehe überhaupt nur eine Frage des Takts.

Manchmal hat Lila, wie jede Frau von Geist, ihre Zusammenbrüche. Es beginnt mit einer Verstimmung, die ich sofort sehe, und jeder Mann, der sich nicht blind stellt, würde nach einer Weile fragen, was denn los sei, zärtlich vorerst, dann wirsch, da sie schweigt und immer lauter schweigt, um nicht aus ihrer Verstimmung heraus zu kommen, und schließlich schuldbewußt, ohne sich einer genauen Schuld bewußt zu sein:

Habe ich dich gekränkt?

So rede schon!

Was ist denn los?

Usw.

All diese Fragen, zärtlich oder wirsch oder abermals zärtlich oder aufsässig, da sie nach marterndem Schweigen nur halblaut und schon dem Schluchzen nahe sagt, es sei nichts, führen zu keiner Entspannung, ich weiß, nur zu einer schlaflosen Nacht; schließlich nehme ich, um Lila, wie sie es wünscht, in Ruhe zu lassen, mein Kissen, wortlos, um im Wohnzimmer auf dem Boden zu schlafen, aber ich höre ihr lautes Schluchzen kurz darauf und nach einer halben Stunde kehre ich zu Lila zurück. Aber jetzt kann sie überhaupt nicht mehr sprechen; meine Aufforderung zur Vernunft überfordert mich selbst, ich schreie, was mich ins Unrecht setzt, bis der Morgen graut, und im Laufe des andern Tages werde ich um Verzeihung bitten, ohne den Grund ihrer Verstimmung zu erfahren, und Lila wird verzeihen –

All dies bleibt Gantenbein erspart.

Ich sehe sie einfach nicht, ihre Verstimmung, die jeden, der sieht, hilflos macht; sondern ich plaudere blindlings oder schweige blindlings über ihr jähes Verstummen hinweg – es sei denn, daß Lila, von meiner Blindnis genötigt, rundheraus meldet, was sie diesmal verstimmt hat; darüber aber kann man sprechen.

Eine Lebenslage, wo Gantenbein seine Blindenbrille abnimmt, ohne deswegen aus seiner Liebesrolle zu fallen: die Umarmung.

Ein Mann, ein Weib.

Sie kennt vermutlich viele Männer, solche und solche, auch Versager, weil sie sich zu etwas verpflichtet wähnen, was von der Frau nicht in erster Linie erwartet wird, Vergewaltiger nicht aus Rausch, sondern vom Willen her, Ehrgeizlinge, die vor Ehrgeiz versagen, langweilig, Tumblinge sind die Ausnahme, einmal vielleicht ein italienischer Fischer, meistens aber Männer von Geist, Neurotiker, störbar und schwierig, wenn sie die Augen von Lila sehen, sie küssen mit geschlossenen Augen, um blind zu sein vor Verzückung, aber sie sind nicht blind, haben Angst und sind taub, haben nicht die Hände eines Blinden, Hingabe, aber nicht bedingungslos, nicht unstörbar, Zärtlichkeit, aber nicht die Zärtlichkeit eines Blinden, die erlöst von allem, worüber man erschrickt, wenn man es vom andern auch gesehen weiß; ein Blinder kommt nicht von außen; ein Blinder, eins mit seinem Traum, vergleicht sie nicht mit andern Frauen, nicht einen Atemzug lang, er glaubt seiner Haut –

Ein Mann, ein Weib.

Erst am andern Morgen, wenn Lila noch schläft oder so tut, als schlafe sie, um ihn nicht aus seinem Traum zu wecken, nimmt Gantenbein schweigsam seine Brille wieder vom Nachttisch, um Lila vor jedem Zweifel zu schützen; erst das Geheimnis, das sie voreinander hüten, macht sie zum Paar.

Ich stelle mir vor:

Gantenbein steht in der Küche, Lila ist verzweifelt, sie kann es nicht sehen, daß Gantenbein, ihr Mann, immer in der Küche steht. Lila ist rührend. Sie kann es einfach nicht glauben, daß keine saubere Tasse mehr in der Welt ist, nicht eine einzige. Gehn wir aus! sagt sie, um den Heinzelmännchen eine Gelegenheit zu geben … Also man geht aus … Lila kann Schmutz nicht sehen, der Anblick von Schmutz vernichtet sie. Wenn du sehen könntest, sagt Lila, wie es in dieser Küche wieder aussieht! Manchmal geht Lila in die Küche, um ein Glas zu waschen oder zwei, einen Löffel oder zwei, während Gantenbein, besserwisserisch wie die meisten Männer, findet, in der Serie gehe es flinker. Eine Stunde in der Küche, pfeifend oder auch nicht, wäscht er sämtliche Löffel und sämtliche Tassen und sämtliche Gläser, um frei zu sein für einige Zeit. Er weiß, es wird immer wieder vorkommen, daß man einen Löffel braucht oder ein Glas, meistens ein Glas, wenn möglich eins, das nicht klebrig ist, und wenn Lila in die Küche geht, so ist Gantenbein auch nicht frei; er weiß, wie unpraktisch sie es macht. Und mehr als das; er weiß, man soll einer Frau keine praktischen Ratschläge erteilen, es verletzt sie bloß und ändert nichts. Was tun? Ein Mann, der bei einer Frau, die er liebt, eine gewisse Tüchtigkeit vermißt, wirkt immer lieblos; es gibt einen einzigen Ausweg: daß er darin ihren eigentlichen und besonderen Charme sieht, obschon das so besonders nicht ist. Aber was tun? Solang keine Haushälterin vom Himmel fällt, hilft es nichts, daß es Lila in der Seele kränkt, wenn sie sieht, wie Gantenbein in der Küche steht, eine Schürze umgebunden, und wie er täglich die Mülleimer holt, die leeren Flaschen entfernt und die verknitterten Zeitungen, die Drucksachen, die Paketschnüre, die ekligen Schalen einer Orange voller Lippenstiftzigarettenstummelchen –

Ich glaube, ich habe die Lösung!

Da Lila wirklich nicht will, daß Gantenbein, ihr Blinder, das Geschirr wäscht, nur weil es sich nicht selber wäscht, ja, es trägt sich nicht einmal selber in die Küche, und da Lila jedesmal, wenn in der Küche alles blitzblank ist wie in einem Küchenfachgeschäft, traurig wird wie über einen heimlichen Vorwurf, ist Gantenbein dazu übergegangen, nie wieder die ganze Küche zu putzen. In der Tat, ich geb's zu, ist meistens eine kleine männliche Schadenfreude dabei gewesen, eine schnöde Lust aus männlichem Selbstmitleid, was die Küche auf Hochglanz gebracht hat. Soll nie wieder vorkommen! Gantenbein wäscht jetzt keinen Teller und keinen Löffel mehr, wenn Lila zu Haus ist, sondern nur noch insgeheim, dann immer nur soviel, daß es nicht auffällt. Die Küche sieht aus, als kümmere sich niemand drum, und doch, siehe da, findet man stets noch ein paar Gläser, ein paar saubere Messer, immer gerade genug, und die Aschenbecher sind nie so blank, daß sie wie ein Vorwurf blitzen, nur die Asche wächst nicht zu Bergen an, die ekligen Dattelkerne darin sind verdunstet, ebenso die klebrigen Ringe von Weingläsern auf dem marmornen Tischlein; die Drucksachen, die Magazine von der letzten Woche sind verschwunden, als hätten sie ihre vergilbte Überholtheit endlich selber eingesehen – Gantenbein aber sitzt im Schaukelstuhl, eine Zigarre rauchend, wenn Lila nach Haus kommt, und Lila ist erleichtert, daß er sich nicht mehr glaubt um die Küche kümmern zu müssen.

»Siehst du«, sagt sie, »es geht auch so.«

Alltag ist nur durch Wunder erträglich.

Ich liebe die Septembermorgen, tau-grau-blau, Sonne wie hinter Rauch, die ländlichen Häuser erscheinen wie in Seidenpapier, der See blinkt, das andere Ufer verdunstet, Herbst, ich stehe zwischen den gläsernen Gewächshäusern, Patsch an der Leine, zwischen den Beeten einer ländlichen Gärtnerei – brillenlos, um die Farben der Blumen richtig zu sehen, und die gelbe Armbinde habe ich in die Hosentasche versteckt, damit der freundliche Gärtner nicht meint, er könne Welkes verkaufen. Sein Messer blinkt wie der See. Rittersporn, ja, oder was das nun ist, ich nicke, und jeder Stiel, den ich mit Nicken begrüße, kommt ans Messer und fällt mit einem leisen Knack, Blumen für Lila, Knack, Knack, Knack, ein ganzer Gärtnerarm voll blauem Rittersporn, knack, bis ich sage: Genug! Ich möchte noch etwas Gelbes dazu, nein, etwas Blasseres, nicht zuviel, dazu einige Dolden in Rot, Astern, ja, auch Dahlien, ja, Burgunderrot, ja, viel Burgunderrot, viel ...

Heute kommt Lila von Gastspielen zurück.

Wüßte sie, wie Gantenbein die lodernden oder glimmenden Farben dieser Welt genießt, wenn sie auf Reisen ist, und wie er sie betrügt mit jeder Blume, die er sieht!

Ihre Maschine kommt um 15.40.

Jetzt, zu Hause, büschle ich die Blumen in die Vase, büschle, trete zurück mit schiefem Kopf, brillenlos, um das Zusammenspiel der Farben prüfen zu können, büschle abermals, ich habe ja Zeit, Tage der Sehnsucht sind lang, die Stunden noch länger, ich tue das gern, dieses Büscheln und Warten und Umbüscheln, und obschon ich weiß, daß Lila nie früher kommt als versprochen, manchmal später, aber nie früher, bin ich doch nervös. Weg mit dieser Wolke von knisterndem Seidenpapier, weg mit den Stielen, weg damit! Als ich bereit bin, schlägt es elf Uhr, ein letzter Blick ohne Brille: ich bin entzückt, man soll sich nicht selber loben, aber ich bin entzückt über meinen Geschmack, untätig jetzt, da es nichts mehr zu büscheln gibt, ich pfeife vielleicht, zu unruhig, um mich setzen und eine Zeitung lesen zu können, also stehend, zwei oder drei Mal bücke ich mich noch, um eine abgefallene Blüte vom Teppich zu nehmen, dann ist auch das vollbracht. Ich weiß, daß Lila jetzt noch nicht einmal im Flugzeug sitzt, und bücke mich noch ein viertes und fünftes Mal, weil wieder eine blaue Blüte abgefallen ist, ein ungeduldiger Rittersporn, wahrscheinlich liegt Lila sogar noch im Bett, und ich denke: Hoffentlich verpaßt sie ihr Flugzeug nicht! und stehe, eine Zigarette im Mund, die ich anzuzünden vergesse, weil ich einmal auf die Uhr, einmal auf die Blumen blicke, immer noch ist da ein Zweig, eine Dolde, eine Farbe, die mich stört, es sieht nicht nach blindem Zufall aus, und das soll es unbedingt, meine ich, unbedingt, ich möchte, daß Lila später, nicht sogleich bei ihrer Heimkehr, aber später, wenn dieses Zimmer bereits wieder voller Handtaschen und Magazine und Handschuhe ist, sich freuen kann, ohne Gantenbein loben zu müssen, im Gegenteil, sie soll mir erzählen, wie schön der Zufall aussieht, ja, oft brauche ich Stunden, bis es soweit ist – ich büschle schon wieder, immer wieder flattert eine Blüte nieder, schön auch auf dem Teppich, Flocken gelb und blau, tauig noch immer, natürlich habe ich die Blindenbrille stets zur Hand, falls Lila früher kommt, zeitweise halte ich sie mit den Zähnen, meine Blindenbrille, wenn ich beide Hände brauche für den Strauß, und lausche wie ein Kind, das nascht, zitternd im Grund meiner Seele ...

Ich glaube, ich liebe sie wirklich.

Am andern Tag, als ich das Telegramm (ANKOMME ERST FREITAG 10.45) dahin gedeutet habe, daß die letzte Filmaufnahme im Freien wahrscheinlich wegen Herbstnebel hat verschoben werden müssen, hat mein Strauß leider an Frische eingebüßt; ich wische nochmals die Blüten vom Teppich, die er über Nacht verloren hat, vor allem die Dahlien, die schwerköpfigen, neigen sich bedenklich. Ich büschle den Rest noch einmal – vergeblich ... Ich sehe: mein Strauß, indem er zeigt, daß er von gestern ist, steht jetzt wie ein Vorwurf in der Vase, stumm, Lila wird verstimmt sein, obschon ich nichts sagen werde, nichts fragen. Es ist, man sieht's einfach, kein spontaner Strauß mehr. So werfe ich ihn weg, bevor ich zum Flughafen hinaus fahre; natürlich nicht in den Mülleimer, wo Lila ihn sehen könnte, sondern in den Keller, wo er, von alten Magazinen bedeckt, ungesehen welken kann. Es soll aussehen, als habe ich einfach nicht an Blumen gedacht. Das heißt, die Vase muß auch noch gewaschen werden, bevor ich zum Flughafen hinaus fahre –

Lila ist bereits gelandet.

Beinah wäre Gantenbein zu spät gekommen (auch das Treppenhaus mußte im letzten Augenblick noch von gelben und blauen Blüten gereinigt

werden), und ich sehe gerade noch: der Herr, der ihre Siebensachen zum
Zoll trägt, ist immer noch derselbe. Patsch winselt, als der fremde Herr
und Lila, seine Herrin, sich fünf Meter vor seinem blinden Herrn verabschieden; ich muß ihn mit aller Kraft an der Leine halten, meinen dummen Köter.

Hoffentlich werde ich nie eifersüchtig!

Ein Bäckermeister in O., ein vierzigjähriger Mann, im Dorf bekannt als
gutmütig und verläßlich, hat aus Eifersucht folgendermaßen gehandelt:
zuerst schoß er mit dem Ordonnanzgewehr, das jeder Eidgenosse im
Schrank hat, auf den Liebhaber seiner Frau, einen einundzwanzigjährigen
Tiroler, nicht ziellos, sondern genau in die Lenden, dann nahm er das rost-
freie Soldatenmesser, das ebenfalls zur Ausrüstung im Schrank gehört, und
zerschnitt seiner Frau, Mutter von zwei Kindern, zurzeit schwanger, das
Gesicht; daraufhin brachte der Bäckermeister, indem er sie wie Brote in
seinen Lieferwagen legte, die beiden Opfer selbst ins nächste Spital; das
Liebespaar befinde sich außer Gefahr – laut Zeitungsbericht ... Eine Woche später erzählt Burri, mein Arzt, warum er neulich nicht zum Schach
gekommen sei. Er habe an jenem Abend den Anruf einer Frau bekommen,
die fragte, ob es gefährlich sei, wenn jemand zehn Schlaftabletten nimmt.
Auf die Frage des Arztes, wer am Apparat sei, wird abgehängt. Kurz darauf
ein neuer Anruf von derselben Frauenstimme, die bittet, der Arzt möge sofort kommen, jetzt mit Angabe von Namen und Adresse; es eile. (Es war
unser Donnerstag, ich hatte die Schachfiguren schon aufgestellt und wartete.) In der Stube findet er die Bäckersfrau, die schwanger ist, und den
jungen Bäckergesellen. Sie lieben einander halt. Und drum kann der Bäk-
kermeister von O. nicht schlafen, das ist alles; er liege oben. Als der Arzt
hinaufgeht, findet er die Kammer aber leer. Folgt ein längeres Gespräch
zwischen dem Arzt und der Frau in der Stube. Der hemdärmlige Tiroler,
von Burri befragt, ob er die schwangere Bäckermeisterin heiraten wolle,
sagt mit gespreizten Beinen: No gehn S', wo i ka Existänz hob! Der Bäckermeister scheint tatsächlich den Kopf verloren zu haben. Zehn Schlafpulver? In diesem Augenblick – Burri glaubt seinen Augen nicht – öffnet sich
der Schrank, und heraustritt, wie in einer Posse, der gutmütige und verläß-
liche Bäckermeister in weißer Schürze. Endlich! sagt er, endlich wisse er

Bescheid. Also doch! sagt er, in diesem Augenblick der Gefaßteste von allen, würdig trotz seines lächerlichen Auftritts, vernünftig, befriedigt, da seine lange Eifersucht also nicht ohne Grund gewesen ist. Endlich hat sie's gestanden! sagt er. Trotz langer Besprechung mit dem Arzt, der also sein Köfferchen nicht zu öffnen braucht, einigt man sich nicht, wer hier im Recht ist, und der nüchterne Vorschlag des Arztes, der Geselle solle das Haus verlassen und sich eine andere Stelle suchen, überzeugt gerade den Gesellen nicht, und die Frau, die zwischen zwei Vätern steht, findet vor allem, der Bäckermeister solle sich schämen, eine Forderung, die wiederum den Bäckermeister nicht überzeugt. Immerhin ist man allerseits gefaßt, als Burri endlich (zu spät für unser Schach, ich verstehe) das Haus verläßt, auf der Heimfahrt nachträglich belustigt über den Auftritt des mehligen Bäckermeisters aus dem Schrank ... Tage später, als der Arzt wieder einmal durch O. fährt und das traute Licht in der Stube sieht, fühlt er sich zu einem Besuch verpflichtet, um sich nach der Lösung im Haus zu erkundigen.

Diesmal findet er den Bäckermeister allein in der Stube. Wie es gehe? Der Mann sitzt ruhig und nüchtern. Ob der Herr Doktor denn keine Zeitung lese? Man trinkt ein Pflümli unter Männern. Viel mehr als in der Zeitung geschrieben steht, weiß auch der Bäckermeister nicht. Nur soviel: – nachdem der Herr Doktor damals gegangen war, bat er sein Anneli hinauf ins Ehezimmer, um sogleich ein neues Leben anzufangen, wie es ja der Herr Doktor auf der Schwelle vorgeschlagen hatte. Sie versagte sich seiner Hoffnung nicht; zum ersten Mal wieder schlief er ohne Schlafpulver, daher nicht so tief wie sonst, so daß die Leere des Bettes ihn weckte, die Kühle nebenan. Das war ungefähr um ein Uhr, eine Stunde, nachdem Burri gegangen war. Jetzt hatte er halt eine Wut. Bloß um zu drohen, nahm er das Gewehr aus dem Schrank, das Taschenmesser, ging in die Stube hinunter. Sie taten ihm den Gefallen, ja, hier auf diesem Sofa fand er sie beisammen in der dunklen Stube hemdenweiß im Mondenschein, vierbeinig. Als er Licht machte, war's schon geschehen: der Geselle, der keine andere Stelle suchen wollte, wand sich unter Geheul, und sein Anneli erbarmte ihn wegen ihres Gesichtes, das aus allen Lügen blutete. Obschon als Täter, wie er selbst sah, niemand anders in Frage kam als er selbst, verhielt sich der Bäckermeister wie jemand, der von außen dazukommt und vollkommen bei Sinnen ist; sofort rief er den Arzt an, der aber nicht mehr zu erreichen war, dann fuhr er, wie in der Zeitung beschrieben, das Liebespaar mit

seinem Lieferwagen ins nächste Spital, wo man ihn als verläßlichen Bäckermeister kannte, und sich selbst zur Polizei, wo man ihn in eben diesem
Sinne kannte.

Natürlich wird er vor Gericht kommen.

Ich überlege, warum er den Gesellen grad in die Lende schoß, warum er
hingegen der Frau nicht den Körper verstümmelte, sondern das Gesicht:
der Körper ist unschuldig, der Körper ist das Geschlecht, das Gesicht ist
die Person ... Als ich neulich nach O. fuhr, um diesen Bäckermeister zu
sehen, war er nicht im Laden. Ich kaufte dennoch ein Brot, das ich später
in einem Hühnerhof verfütterte. Ein zweites Brot, das mir wieder die Lehr-
tochter verkaufte, verfütterte ich den Schwänen am See. Ich wußte nicht,
warum ich diesen Bäckermeister glaubte sehen zu müssen. Als ich es kurz
vor Feierabend nochmals wagte, kannte ich bereits das Klingeln der Laden-
türe, dann diese brotige Luft in dem ländlichen Laden, die Stille, bis endlich jemand kommt; ich sah schon, daß jetzt keine Brote mehr auf dem
Gestell lagen, nicht einmal Weggli, es gab nur noch Wähen und Konfekt,
und ich überlegte gerade, was ich für die Schwäne sonst noch kaufen
könnte, Zwieback vielleicht, und erschrak, als plötzlich – wie erhofft –
der Bäckermeister persönlich in den Laden schlurfte mit seinen mehligen
Pantoffeln. Ein Mann mit einer Tat, ahnungslos wie ein Gendarm, der solche Taten immer nur von außen sieht, ein Mann aus altem Schrot und
Korn, vermutlich Turner, wenn auch backstubenbleich, einheimisch von
jener Art, daß Verbrechen als etwas Ausländisches erscheint, ein Mann,
dem man es einfach nicht zutraut – wie den meisten Tätern – fragte er
mich, was ich wünsche. Seine Tat, sah ich, paßte überhaupt nicht zu
ihm. Das gibt es: plötzlich tut einer meine Tat, die ihn ins Gefängnis bringen wird, und ich stehe da mit dem Schrecken über mich. Ich kaufte eine
Schokolade, als ob nichts wäre, und zahlte etwas verwirrt, ging meines Weges und sah, wie er mir mißtrauisch nachschaute.

Camilla Huber ist unbezahlbar: sie glaubt an wahre Geschichten, sie ist
wild auf wahre Geschichten, es fesselt sie alles, wovon sie glaubt, daß es geschehen sei, und sei's noch so belanglos, was ich während der Manicure erzähle: – aber geschehen muß es sein ... Natürlich komme ich nie, ohne
mich anzumelden, und dann mit höflicher Verspätung, ausgestattet mit

dem schwarzen Stöcklein und der gelben Armbinde, die Blindenbrille im Gesicht; ich treffe Camilla Huber nie im Negligé; sie läßt mich im Korridor warten, bis sie sich gekämmt hat und angekleidet, bis das Zimmer in Ordnung gebracht ist. Sie will von ihrem Leben nicht mehr sehen als ich. Wenn es dann soweit ist, daß Gantenbein eintreten kann, sehe ich keine Büstenhalter und keine Strümpfe mehr, einmal vielleicht eine Hunderternote neben dem Cognac, einmal eine männliche Armbanduhr. Hoffentlich kommt der Vergeßliche nicht zurück! Offenbar ist Gantenbein der einzige Kunde, der sich wirklich eine Manicure machen läßt. Und Camilla ist froh um mich, glaube ich, wie um ein Alibi, und meine Manicure wird tatsächlich durchgeführt mit viel Instrumenten, die sie der Polizei zuliebe besitzt, und mit einer rührenden Geduld beiderseits, da der braven Camilla, wie ich spüre, jegliche Übung fehlt. Ich würde öfter meine Fingernägel schneiden lassen, wenn nicht Camilla Huber jedesmal eine Geschichte erwartete, womöglich eine Geschichte mit Fortsetzungen; schon beim ersten Finger, den ich ihr gebe, spätestens aber beim zweiten fragt sie rundheraus:

»Wie ist das jetzt weitergegangen?«

»Ich habe gesprochen mit ihm.«

»Ach.«

»Ja.«

Camilla Huber, jetzt in einem weißen Mäntelchen, sitzt auf einem niedrigen Schemel, während Gantenbein, seine Hand auf einem samtenen Kissen, sich feilen läßt, seine Pfeife in der andern Hand.

»Sie haben wirklich gesprochen mit ihm?«

»Ja«, sage ich, »ein feiner Mensch.«

»Sehn Sie«, sagt sie und lacht, ohne von meinen Fingern aufzuschauen, »und Sie wollten ihn schon in die Lende schießen!«

Ich schweige beschämt.

»Sehn Sie!« sagt sie und feilt und kann nicht umhin zu fragen. »Und was sagt er denn?«

»Er verehre meine Frau.«

»Und?«

»Ich kann ihn verstehen«, berichte ich, »wir haben über Mythologie gesprochen, er weiß viel, er hat einen Ruf nach Harvard, aber er geht nicht, glaube ich, wegen meiner Frau.« Pause. »Ein feiner Kopf«, sage ich und rauche, »wirklich.«

Camilla ist verwundert.

»Haben Sie ihn denn nicht zur Rede gestellt?« fragt sie feilend, als Frau ganz auf der Seite ihres blinden Kunden: »– ich kann nicht glauben, daß das ein feiner Kerl ist!«

»Warum nicht?« frage ich sachlich-nobel.

»Sonst würde er das nicht tun.«

»Was«, frage ich, »was würde er nicht tun?«

»Eben«, sagt sie, »was Sie sich vorstellen.«

Ich berichte:

»Wir haben über Mythologie gesprochen, ja, fast eine Stunde lang, es fiel uns nichts anderes ein, es war interessant. Erst als wir den dritten Campari getrunken hatten, sagte er, daß er meine Frau verehre, ich zahlte gerade –«

Camilla feilt.

»Zum Schluß hat er mir seinen Aufsatz geschenkt«, sage ich, »eine Abhandlung über Hermes«, sage ich in jenem unerschütterlich-verhaltenen Ton, der die Kluft zwischen einem verhältnismäßig gebildeten und einem verhältnismäßig ungebildeten Menschen keineswegs betont, aber auch keineswegs verhehlt: »Er ist wirklich ein Kopf.«

»Und Ihre Frau?«

Ich verstehe ihre Frage nicht.

»Wie stellt sie sich die Zukunft vor?«

Jetzt muß Gantenbein die andere Hand geben, während Camilla Huber ihren kleinen Schemel auf die andere Seite zieht, alles spiegelbildlich, auch meine Pfeife rückt jetzt in den anderen Mundwinkel.

»Sie liebt ihn?«

»Ich nehme es an.«

»Wie sieht er denn aus?«

Sie vergißt, daß Gantenbein blind ist.

»Und Sie sind sicher«, fragte sie nach einer Weile schmerzlicher Arbeit, »daß er es ist?«

»Keineswegs.«

»Sie sind aber komisch!« sagt sie, »– jetzt reden Sie die ganze Zeit von einem Mann, der ein Verhältnis habe mit Ihrer Frau, und dabei wissen Sie gar nicht, wer es ist?«

»Ich bin blind.«

Ich sehe, wie sie ihren Kopf senkt, ihren wasserstoffblonden Scheitel;

Gantenbein nutzt den Augenblick, um seine fertigen Fingernägel zu betrachten. Manchmal entschuldigt sich Camilla Huber, wenn sie bemerkt, daß Gantenbein zuckt, und man redet dann über anderes, über Manicure; aber es läßt ihr keine Ruhe.

»– aber Sie können sich vorstellen«, fragt sie feilend, »daß er es ist, dieser Herr Enderlin oder wie er heißt?«

Ich nicke.

»Wieso gerade der?« fragt sie.

»Das frage ich mich auch.«

Camilla läßt nicht locker.

»Eine solche Ungewißheit«, sagt sie und blickt Gantenbein an, als wäre ich der einzige Mensch in seiner Lage, »das muß ja furchtbar sein!«

»Ist es«, sage ich, »ist es.«

Später dann, nach vollstreckter Manicure, die mit einem gemütlichen Cognac gefeiert wird, und nachdem ich bereits mein schwarzes Stöcklein genommen habe, kommt sie nochmals darauf zurück.

»– aber Sie sind sicher«, fragt sie mit der Indiskretion der Anteilnahme, »Sie sind sicher, daß Ihre Frau ein Verhältnis mit einem andern hat?«

»Keineswegs.«

Camilla ist enttäuscht, als sei es deswegen keine wahre Geschichte, und scheint sich zu fragen, wozu ich es denn erzähle.

»Ich kann es mir nur vorstellen.«

Das ist das Wahre an der Geschichte.

PS.

Einmal kommt ein Polizist. Sie kommen in Zivil, das ist das Niederträchtige. Er tritt, kaum hat die Manicure-Huber (so heißt sie bei der Polizei) die Tür aufgemacht, ungebeten ins Zimmer hinein. Ohne seinen Hut abzunehmen. Statt dessen zeigt er lediglich seinen Ausweis insbesondere dem blinden Gantenbein: Kantonspolizei! worauf Gantenbein seinerseits den Blinden-Ausweis zeigt, und dieser Blinden-Ausweis ist das einzige, woran der kleine Dicke mit dem Hut auf dem Kopf wirklich glaubt. Alles andere hier scheint ihm zweifelhaft, sogar die Manicure-Utensilien, das weiße Kittelchen, das Fräulein Huber bei der Arbeit trägt. Er merkt, daß hier etwas gespielt wird. Aber was? Endlich sagt er: Na ja. Einen dritten Ausweis, den Camilla unterdessen hervorgekramt hat, ihre Arbeitsbewilligung, wie sie schnippisch erklärt, mag er sich nicht anschauen, als schäme er sich vor dem Blinden. Er murrt: Schon gut. Es ist ihnen nicht

geheuer mit einem Blinden, ich erlebe das immer wieder. Noch keiner beispielsweise hat den Ausweis, wenn Gantenbein ihn zeigt, wirklich anzuschauen gewagt. Schließlich geht er, ohne einen Rapport zu machen, nicht
eben höflich, nur verlegen, indem er sich irgendwie großmütig vorkommt.
Er wollte Camilla nicht bloßstellen vor einem Blinden.

Enderlin mit seinem Ruf nach Harvard, von Bekannten befragt, wann er
denn nun nach Harvard gehe, zuckt die Achsel, redet sofort über anderes –
   Warum geht er nicht?
   Bald sieht es so aus, als wäre es ein Schwindel gewesen, dieser Ruf nach
Harvard, eine dreizeilige Ente, zu der man ihn beglückwünscht hat. Wer es
freundlich meint mit Enderlin, spricht ihn schon nicht mehr darauf an.
Und es ist ihm lieber so. Enderlin glaubt selbst nicht daran, und da hilft
kein Dokument, das er in der Brusttasche trägt und vorzeigen könnte –
wie Gantenbein seinen Blinden-Ausweis ... Er kann nicht. Längst hätte
er schreiben müssen, wann er nun kommen werde, Sommersemester oder
Wintersemester oder wie das in Harvard sich nennt. Er kann nicht. Wochen vergehen. Enderlin ist einfach nicht der Mann, dem dieser Ruf nach
Harvard gilt, und so oft Enderlin nur daran denken muß, Kalender zu machen, erschrickt er, als müßte er auf einen Sockel steigen, und er kann
nicht. Bescheidenheit? So ist es nicht. Dieser Ruf nach Harvard (Enderlin
kann dieses Wort schon nicht mehr hören!) ist ziemlich genau, was Enderlin sich schon lange gewünscht hat. Vielleicht hat die Notiz in den Zeitungen ihn darum so verwirrt: ein insgeheimer Anspruch plötzlich so veröffentlicht! Und das ist keine Ente. Trotzdem kommt er sich wie ein
Schwindler vor. Und das wittert man natürlich; darum glaubt eigentlich
niemand mehr so richtig an diesen Ruf, ausgenommen der Dean von der
Harvard University, aber niemand, der Enderlin kennt. Dabei kennen
wir seine Leistungen; sie zwingen durchaus zur Anerkennung. Das ist's
ja! Wer, wie Enderlin, sich einmal so entworfen hat, daß er sich durch Leistungen legitimieren muß, wirkt im Grunde nie vertrauenswürdig. Wir beglückwünschen ihn, nun ja, zu seinem Erfolg. Nur hilft ihm das nichts.
Die Vorlesung, die Enderlin in Harvard halten sollte, hat er. Und er brauchte sie bloß in den Koffer zu packen. Aber er kann nicht. Was überzeugt,
sind nicht Leistungen, sondern die Rolle, die einer spielt. Das ist's, was En-

derlin spürt, was ihn erschreckt. Krank werden, um nicht nach Harvard
fahren zu können, wäre das Einfachste. Enderlin kann keine Rolle spielen –
   Ich kenne einen Gegenfall:
   Ein Mann, Botschafter einer Großmacht, ist in der Sommerfrische zu-
sammengebrochen, aber es ist, wie sich herausstellt, kein Herzinfarkt,
nur eine Einsicht, was ihn getroffen hat, und da hilft kein Urlaub, um sich
davon zu erholen, kein neuer Orden, um sich daran aufzurichten. Er hat
eingesehen, daß er gar nicht die Exzellenz ist, für die ihn die Welt, unter
Kronleuchtern empfangen, zu halten vorgibt. Kraft des Amtes, das er innehat, muß man ihn ernstnehmen, wenigstens solange er es innehat, solange
er im Namen seiner Großmacht und um seines Titels willen sich selbst
ernstnehmen muß. Wieso muß? Ein Schreiben an seine Regierung, eigenhändig getippt, damit kein Sekretär davon erfährt, daß er einem falschen
Mann gedient hat seit Jahr und Tag, liegt bereit – ein Gesuch um Rücktritt ... Aber er tritt nicht zurück. Er wählt das Größere: die Rolle. Seine
Selbsterkenntnis bleibt sein Geheimnis. Er erfüllt sein Amt. Er läßt sich sogar befördern und erfüllt sein Amt, ohne zu blinzeln. Was er fortan von
sich selber hält, geht die Welt nichts an. Er spielt also, versetzt nach Washington oder Peking oder Moskau, weiterhin den Botschafter, wissend,
daß er spielt, und den Leuten ringsum, die da glauben, er sei der rechte
Mann am rechten Platz, nimmt er nicht ihren Glauben, der nützlich ist.
Es genügt, daß er selbst nicht glaubt. Er ist heiter und würdig, und die
an ihm zweifeln, verwunden ihn nicht; er braucht sie nicht zu fürchten
und nicht zu hassen, nur zu bekämpfen. Und es geschieht, was aussieht
wie ein Wunder: indem er eigentlich bloß spielt, leistet er nicht nur Ordentliches wie bisher, sondern Außerordentliches. Sein Name erscheint
in den Schlagzeilen der Weltpresse; auch das macht ihn nicht irre. Er meistert seine Rolle, die somit die Rolle eines Hochstaplers ist, kraft des Geheimnisses, das er nicht preisgibt, nie, auch nicht unter vier Augen. Er
weiß: jede Selbsterkenntnis, die nicht schweigen kann, macht kleiner
und kleiner. Er weiß: wer nicht schweigen kann, will erkannt sein in der
Größe seiner Selbsterkenntnis, die keine ist, wenn sie nicht schweigen
kann, und man wird empfindlich, man fühlt sich verraten, indem man
von Menschen erkannt sein will, man wird lächerlich, ehrgeizig im umgekehrten Grad seiner Selbsterkenntnis. Das ist wichtig: auch nicht unter
vier Augen. Gesagt ist gesagt für immer. So tut er, als glaube er an seine eigene Exzellenz, und versagt sich jede Anbiederung mit Leuten, insbeson-

dere mit Freunden, die ihn so einschätzen, wie er sich selbst einschätzt. Kein Geständnis macht ihn hörig. Dank seiner Persönlichkeit, die er spielt, wird eine Stadt vor der Zerstörung durch Bomber gerettet, und sein Name wird eingehen in die Geschichte, er weiß es, ohne zu lächeln, sein Name wird in Marmor geschrieben, wenn er stirbt, als Name einer Straße oder eines Platzes, und eines Tages stirbt er. Man findet kein Tagebuch, keinen Brief und keinen Zettel, der uns verrät, was er all die Jahre gewußt hat, nämlich daß er ein Hochstapler gewesen ist, ein Scharlatan. Er nimmt sein Geheimnis, daß er gewußt hat, ins Grab, dem es an ehrenvollen Schleifen nicht fehlt, an Kränzen groß und Reden lang, die seine Selbsterkenntnis für immer zudecken. Er schielt nicht über sein Grab hinaus; angesichts seiner Totenmaske, die wie manche Totenmasken etwas Lächelndes hat, wundern wir uns: sie hat einen Zug von Größe, unleugbar. Und sogar wir, die wir nie viel gehalten haben von ihm, ändern lautlos unser Urteil, weil er nie danach gefragt hat, angesichts seiner Totenmaske.

Gestern, in Gesellschaft bei Burri, redete man einmal mehr über Kommunismus und Imperialismus, über Cuba, jemand redete von der Berliner Mauer, Meinungen, Gegenmeinungen, leidenschaftlich, ein Schach auch so, Zug und Gegenzug, ein Gesellschaftsspiel, bis einer, bisher stumm, erzählte von seiner Flucht. Ohne Meinung. Einfach so: Handlung mit Schüssen, die seinen Genossen treffen, und mit einer Braut, die zurückblieb. Später befragt, was von seiner Braut wisse, schwieg er. Wir alle verstummten – ich frage mich dann selbst, im stillen meine kalte Pfeife saugend, angesichts jeder wirklichen Geschichte, was ich eigentlich mache: – Entwürfe zu einem Ich! ...

wieder wieder einmal erwacht, noch ungekämmt, aber geduscht und angekleidet, wenn auch noch ohne Jacke und ohne Krawatte, so vermute ich, denn die ersten Verrichtungen sind mechanisch, Ohnmacht der Gewohnheit, ich weiß bloß, daß ich wieder einmal auf dem Rand eines Bettes sitze, ja, wieder einmal erwacht, aber noch von Träumen umlauert, die bei genauem Hinsehen, so fürchte ich, durchaus keine Träume sind, sondern Erinnerung, aber nicht Erinnerung an diese Nacht, sondern Erinnerung überhaupt, Bodensatz der Erfahrung, dabei bin ich erwacht, wie gesagt, sogar gewaschen und frei von Gefühl, vielleicht sogar pfeifend, ich weiß es nicht genau, unwichtig, und wenn ich in diesem Augenblick leise pfeife, dann nur, um nicht sprechen zu müssen, auch nicht mit mir selbst, ich habe mir jetzt nichts zu sagen, ich muß zum Flugplatz, Herrgottnochmal, es ist höchste Zeit, so vermute ich und habe dennoch keine Eile, als wäre dies schon gewesen, lang ist's her, es wundert mich, daß kein Preßluftbohrer knattert, ich horche, Stille, es gackern auch keine Hühner, ich horche, kein Tingeltangel ist zu hören, Erinnerung, Gedampf und Gepuffer aus einem nächtlichen Güterbahnhof, das war einmal, Pfiffe und Echo der Pfiffe, ich halte den Atem an, Stille, einen Atemzug lang reglos wie eine Skulptur, so sitze ich, Pose des Dornausziehers, aber ich ziehe keinen Dorn aus, sondern einen Schuh an, übrigens schon den zweiten, ab und zu ein Liftgeräusch, aber ich bin nicht einmal sicher, ob nicht auch dieses Luftgeräusch nur aus der Erinnerung kommt, Erinnerung an eine Nacht, eine andere, es stört mich nicht, ich sehe nur, daß doch meine Krawatte noch drüben am Sessel hängt, hingegen die Uhr habe ich am Arm, ja, es ist Zeit, so vermute ich, Zeit wie immer, Zeit, um aufzubrechen in die Zukunft, ich bin entschlossen und rasiert, eigentlich munter, ohne es gerade zu zeigen, wieder einmal erwacht, frei von Sehnsucht, frei, offenbar habe ich mir inzwischen eine Zigarette angesteckt, jedenfalls muß ich blinzeln wegen Rauch, und wenn nicht ich es bin, der da raucht, so weiß ich nicht, wer raucht, ich weiß nur, wann mein Flugzeug fliegt, eine Caravelle, hoffe ich, ja, das Wetter, es wird sich zeigen, sobald ich dieses Zimmer verlassen habe, nur jetzt nichts vergessen, jetzt auch keine Worte, die liegen bleiben, keine Gedanken, ich sitze auf dem Rand eines Bettes und schnüre meinen rechten Schuh, mich dünkt, seit einer halben Ewigkeit schon ... einen Augenblick, jetzt bevor ich den Fuß auf den Teppich stelle, halte ich inne: – immer wieder, ich weiß es ja schon und doch erschrecke ich reglos, bin ich Enderlin, ich werde noch sterben als Enderlin.

Also ich fahre zum Flugplatz.

Im Taxi, die Hand an der schäbigen Schlaufe, sehe ich draußen die Welt, Fassaden, Reklamen, Denkmäler, Autobusse –

Déjà vu!

Ich versuche irgend etwas zu denken.

Zum Beispiel:

Was ich neulich in unserem Gespräch über Kommunismus und Kapitalismus, über China, über Cuba, über Atomtod und über die Ernährungslage der Menschheit, falls sie sich verzehnfacht, hätte sagen können, insbesondere über Cuba, ich war einmal auf Cuba – aber jetzt bin ich hier, befragt nach der Anzahl meiner Koffer, während ich den Paß von Enderlin zeige, eine grüne Karte bekomme. *Flight number seven-o-five*, die Maschine habe Verspätung, höre ich, wegen Nebel in Hamburg, während hier die Sonne scheint.

Ob sie es ihrem Mann gestehen wird?

Enderlin ist nicht der einzige, der hier wartet. Und ich versuche ihn zu unterhalten, was aber nicht leicht ist, da er insgeheim an die Nacht denkt, und dazu fällt mir nichts ein –

Ein vorbildlicher Flughafen!

Ich kaufe Zeitungen:

Wieder ein Experiment mit Atombomben!

– dazu fällt Enderlin nichts ein.

Ob er es jemand gestehen wird?

Ich versuche irgend etwas zu denken – dieses Liebesinnenleben, offen gestanden, ist mir zu langweilig, zu bekannt – zum Beispiel: wie diese Halle konstruiert ist, Eisenbeton, die Form ist überzeugend, schwungvoll, leicht und schwebend. Schön. Betreffend die Konstruktion: in der Fachsprache nennt sich das, glaube ich, Dreigelenkbogen ... aber Enderlin hat kein Interesse dafür, sehe ich, Enderlin möchte fliegen. Je rascher, um so lieber. Enderlin vertreibt sich die Zeit, die auf Erden ihm gegeben ist, wieder einmal mit Kaffee, später mit Cognac. Sein Gepäck ist aufgegeben, und so bin ich frei und ledig, abgesehen von seiner Mappe, die ich auf die Theke stelle; ich sehe mich um: andere fliegen jetzt nach Lissabon, andere nach London, andere kommen von Zürich, Lautsprecher dröhnen: *This is our last call*, aber nicht für Enderlin. Ich beruhige ihn, ich habe es genau gehört. Enderlin ist nervös, ich bin nur gelangweilt, da man sich mit Enderlin wirklich nicht unterhalten kann. Ich achte darauf, daß ich seine Mappe nicht vergesse. Enderlin kauft Parfum, um nicht mit leeren Händen heimzukommen, Chanel 5, ich kenne das. Ob Enderlin wirklich an zu Hause denkt? Also Chanel 5. Andere werden aufgerufen für Rom – Athen – Kairo – Nairobi, während in Hamburg offenbar noch immer Nebel ist, ja, es ist langweilig ...

Ich stelle mir die Hölle vor:

Ich wäre Enderlin, dessen Mappe ich trage, aber unsterblich, so, daß ich sein Leben, meinetwegen auch nur einen Teil seines Lebens, ein Jahr, meinetwegen sogar ein glückliches Jahr, beispielsweise das Jahr, das jetzt beginnt, noch einmal durchzuleben hätte mit dem vollen Wissen, was kommt, und ohne die Erwartung, die allein imstande ist, das Leben erträglich zu machen, ohne das Offene, das Ungewisse aus Hoffnung und Angst. Ich stelle es mir höllisch vor. Noch einmal: euer Gespräch in der Bar, Geste für Geste, seine Hand auf ihrem Arm, ihr Blick dazu, seine Hand, die zum ersten Mal über ihre Stirne streicht, später ein zweites Mal, euer Gespräch über Treue, über Peru, das er als Land der Hoffnung bezeichnet, alles Wort für Wort, euer erstes Du, vorher das Gerede über die Oper, die ihr dann versäumt, die Pfiffe aus einem nächtlichen Güterbahnhof, Pfiffe und Echo der Pfiffe, und es läßt sich nichts überspringen, kein Geräusch, kein Kuß, kein Gefühl und kein Schweigen, kein Erschrecken, keine Zigarette, kein Gang in die Küche, um Wasser zu holen, der euren Durst nicht löschen wird, keine Scham, auch nicht das Ferngespräch aus dem Bett, alles noch einmal, Minute um Minute, und wir wissen, was folgt, wir wissen und müssen es noch einmal leben, sonst Tod, leben ohne Hoffnung, daß es anders kommt, die Geschichte mit dem Schlüssel im Briefkasten, Ihr wißt, es wird klappen, nachher die öffentliche Waschung am Brunnen, die Arbeiter-Bar, Sägemehl auf dem steinernen Boden, keine Minute ist anders, als ich es schon weiß, keine Minute ist auszulassen und kein Schritt und kein Espresso und nicht die vier Brötchen, das nasse Taschentuch in der Hose, Enderlin winkt, es ist dasselbe Taxi, aber ich weiß, daß er später aussteigen wird, um Tauben zu füttern, all das noch einmal, auch der Schreck mit dem Zettel, der Irrtum, die Wehmut, der Schlaf unter Preßluftbohrern, die draußen den besonnten Belag einer Straße aufreißen, und später das Warten auf dem Flugplatz *Flight number seven-o-five*, Nebel in Hamburg, und was folgt: Abschied in Hoffnung, daß es keine Geschichte wird, Wiedersehen, Schluß und Umarmung, Abschied, Briefe und Wiedersehen in Straßburg, Schwierigkeiten allerenden, Leidenschaft, Zauber ohne Zukunft, ja, ohne Zukunft – aber ich weiß die Zukunft: Das Glück in Colmar (nach Besichtigung des Isenheimer Altars und auf dem Weg nach Ronchamp) ist weder euer letztes, wie Ihr fürchtet, noch euer höchstes; trotzdem muß es noch einmal gelebt werden, genau so, inbegriffen der Abschied in Basel, der Abschied auf immer, genau so, ja, aber mit dem Wissen, was folgt. Alle Geschenke, die man einander gemacht hat, müssen

noch einmal geschenkt werden, noch einmal eingepackt und mit Schleife
verschnürt, noch einmal aufgeschnürt und bewundert, mit Entzücken bedankt. Auch Mißverständnisse, die eine halbe Reise verderben, müssen
noch einmal gemacht werden, Zerwürfnisse, worüber man erst später lachen kann, alles muß noch einmal gedacht und empfunden werden, jedes
Gespräch noch einmal gesprochen, obschon ich weiß, wie oft es sich noch
wiederholen wird, und noch einmal sind die gleichen Briefe aus dem Kasten zu nehmen, aufzureißen mit klopfendem Herzen, und noch einmal
sind alle Pläne zu planen mit dem Wissen, wie alles anders kommt, wochenlang sucht Ihr ein Grundstück, Ihr verhandelt, Ihr kauft und macht
euch Sorgen, die sich erübrigen, Hoffnungen, die euch beseligen, ich weiß,
daß nie gebaut wird, trotzdem ist das Grundstück auszumessen, alles für
die Katz, aber am Schicksal ist nichts zu ändern, obschon Ihr's kennt,
und noch einmal gehe ich an die Tür, um herzlich zu begrüßen den Mann,
der dazwischen kommt, noch einmal frage ich, was er wünsche, Whisky
oder Gin, noch einmal meine Witze, mein Argwohn, meine Großmut,
mein ahnungsloser Sieg, noch einmal eure Fahrt mit der Panne, meine sor-
genreiche Nacht, noch einmal die trauten Zeiten des Gleichmuts, ich
schreibe ihm noch einmal einen Gruß auf die Ansichtskarte, jenen launi-
gen Gruß, den ich ohne Wissen schrieb, genau so, aber ich weiß, und noch
einmal kocht der Kaffee, um kalt zu werden nach deinem Geständnis, ich
weiß, ich weiß, trotzdem habe ich noch einmal zu fluchen und durchs
Zimmer zu laufen und zu fluchen genau so, noch einmal das Glas, das
an der Wand zerknallt, die Scherben, die ich aufwische, genau so, ja, aber
alles mit dem Wissen, wie es weitergeht: ohne die Neugierde, wie es weitergeht, ohne die blinde Erwartung, ohne die Ungewißheit, die alles erträglich macht –
    Es wäre die Hölle.
    Enderlin, eine Zeitung blätternd, tut, als höre er nicht zu; die Lage ist
gespannt; er genießt es, nicht zu wissen, was morgen in der Zeitung stehen
wird, nicht mit Gewißheit zu wissen –
    Es wäre die Hölle.
    Erfahrung ist ein Vorgeschmack davon, aber nur ein Vorgeschmack;
meine Erfahrung sagt ja nicht, was kommen wird, sie vermindert nur die
Erwartung, die Neugierde –
    Flight number seven-o-five.
    Die Maschine sei soeben gelandet, höre ich, Weiterflug in einer halben

Stunde, und nun bin ich dennoch neugierig, was Enderlin tut; ob er wirklich fliegt, ohne sie nochmals anzurufen, ohne sie wiederzusehen.
Ihr wollt keine Geschichte.
Keine Vergängnis.
Keine Wiederholung.
Enderlin, sehe ich, zahlt jetzt seinen Cognac, es waren drei, der Barmann weiß es, Enderlin tut, als habe er Eile, dabei dauert es nochmals eine halbe Stunde, bis man einsteigen kann, und Eile kann auch der Unentschlossene haben ... Ich sehe die Maschine, eine Caravelle, die eben getankt wird. Eine schöne Maschine. In zwei Stunden wird Enderlin zu Haus sein, wenn er wirklich fliegt. Was heißt zu Haus? Jedenfalls wird die Maschine getankt, Zeit genug, um sich nochmals zu setzen, die Beine zu verschränken, sogar die Mappe aufzumachen und ein Buch hervorzunehmen. Ein gutes Buch; jedenfalls der Anfang ist gut, finde ich. Ein Fachbuch, das Enderlin jedenfalls lesen müßte, ja, er wird es auch lesen, kein Zweifel, vielleicht im Flugzeug, wenn Enderlich wirklich fliegt, und zu Hause wartet Post auf ihn, kein Zweifel, vielleicht sehr angenehme Post ...
Hoffentlich schreibt sie nie!
Jetzt, so stelle ich mir vor, liegt auch sie nicht mehr in jenem Bett, sondern hat sich angezogen, ein Kleid, das Enderlin nie gesehen hat, Hosen vielleicht; sie ist überzeugt, daß Enderlin schon über allen Wolken schwebt, und fällt ihrerseits aus allen Wolken, als sein Anruf kommt.
»Wo bist du?«
»Hier«, sagt er, »am Flugplatz.«
Draußen dröhnt es, Düsenlärm, dazu die Lautsprecher, die aber nicht Enderlin rufen, man hat Zeit zu reden, viel zuviel Zeit; es gibt nichts zu reden ...
Ich habe es gewußt.
Als Enderlin die gläserne Kabine verläßt, entschlossen zu fliegen, sehe ich, daß unsere Caravelle noch immer getankt wird; die weißen Mechaniker sind noch immer auf der Maschine, und das Puppengesicht mit blauer Krawatte und mit himbeerroten Lippen und mit blauem Mützchen auf silberblondem Haar, eine Stewardeß, bei der Enderlin sich erkundigt, kann es nicht ändern, daß es in der Tat (ich habe es gewußt) unsere Caravelle ist, die noch immer getankt wird. Eben wird das Gepäck auf einem Rollband verladen. Entschlossener denn je, sie nicht wiederzusehen, die Frau, die er fühlt, ist Enderlin der erste, der sich aufstellt vor *Gate Number Three*,

allein, Blick auf seine Armbanduhr, die er mit den öffentlichen Uhren in
der Halle vergleicht, als komme es auf eine halbe Minute an – wie auf
einer Flucht ...

Ich verstehe seine Flucht vor der Zukunft.

Hütet euch vor Namen!

Früher oder später kommt der Tag, wo Ihr wißt, was reden, und sei es
auch nur, daß man erzählt, wen man gestern getroffen hat, einen Bekannten, dessen Namen man nennt, weil er keine Rolle spielt. Noch seid Ihr die
einzige Wirklichkeit weit und breit, die andern Menschen sind Marionetten eurer Laune; noch habt Ihr die Fäden in der Hand, und wer stören
würde, tritt in eurem Gespräch einfach nicht auf oder so, daß er nicht
stört. Noch seid Ihr sorgsam und sagt: Ein Pole, ein Flüchtling, der seinerzeit bei uns gewohnt hat und der Freund meiner Schwester war. Oder:
mein erster Mann. Oder: ein Kollege von mir; eine Tante von mir; ein junges Mädchen, das ich einmal an der Via Appia getroffen habe. Alles namenlos. Das geht eine Zeit lang, dann wird es zu umständlich, und der
Arzt, der mein Freund ist, heißt also Burri. Warum sollte ich seinen Namen verschweigen? Das ist der Mann, der immer zu einem Schach
kommt. Es geht weiter, Namen sind wie Unkraut, sie versamen sich nach
allen Winden, und der Dschungel wächst, noch seht Ihr es nicht; Ihr redet
weiter, bis dieser Burri plötzlich eine frühere Frau hat. Anita? Ihr lacht:
Wie klein doch die Welt ist! Ihr liegt auf dem Rücken und plaudert über
Anita, die jetzt die Geliebte von Scholl ist, und Scholl ist der erste Mensch,
den Ihr beide kennt, Hannes Scholl, der nach Bagdad ging. Ihr liegt auf
dem Rücken und raucht. Wie es Scholl wohl in Bagdad geht? Es hat euch
noch nie gekümmert, aber es ist ein Anlaß, um zu reden, und daß es plötzlich in der Welt, wenn auch ferne von hier, wo Ihr nebeneinander auf dem
Rücken liegt, einen Menschen gibt, der euch beide kennt, ohne im mindesten zu wissen, daß Ihr ein Paar seid, ist seltsam. Was Scholl dazu sagen
würde! Es ist seltsam, wie oft Ihr fortan über diesen Scholl redet: bis er
eines Tages aus Bagdad schreibt, daß er demnächst nach Europa komme.
Er schreibt es euch beiden, jedem von euch, da er ja euch beide kennt
und beide sehen möchte. Muß das sein? Es geht weiter, die Einkreisung
ist nicht zu vermeiden; am besten wäre es, Ihr bleibt liegen und schweigt,
aber das geht ja nicht. Ab und zu geht Ihr auf die Straße, und es begrüßt
euch ein Herr namens Hagen. Woher kennst du diesen Hagen? Er ist ein
Freund ihres Bruders. Du hast einen Bruder? Man müßte fliehen. Wohin?

Ibiza ist auch nicht mehr, was es einmal war. Wann warst du in Ibiza? Man müßte schon nach Afrika. Ihr lacht! Ich kenne einen Mann, der eine Farm hat bei Nairobi und vor den Mau-Mau zittert, er heißt Ramsegger, du hast es erraten, James Ramsegger. Woher kennst du seinen Namen? Seine Frau wollte nicht nach Nairobi, was Ihr nachfühlen könnt, und lebt jetzt in London mit einem Polen, der in euren Gesprächen auch schon vorgekommen ist; jetzt heißt er Wladimir, und da er auch Ballett macht, kann es nur derselbe Wladimir sein, den ich durch die Löwbeer kenne. Ist das nicht lustig? Ich erwähne die Löwbeer nicht; aber eine Schneiderin, um sich zu rühmen, erzählt euch, daß sie auch für die Löwbeer arbeite. Muß das sein? Unversehens hängt alles ineinander, und die Zukunft entpuppt sich als Vergangenheit; Ihr liegt auf dem Rücken und raucht, um keine Namen zu nennen. Vergeblich! In Wien findet ein Hauskonzert statt; die erste Geige spielt ihr Bruder, und ich werde ihm vorgestellt. Muß das sein? In Straßburg, als Ihr euch zu einem heimlichen Wochenende trefft, tritt aus dem Lift, der euch in euer Zimmer bringen soll, die Löwbeer. Nichts bleibt aus. Sogar Burri, der Verschwiegene, tritt jetzt in den Dienst der Dämonen; plötzlich in einer Gesellschaft trifft er die Frau, die Enderlin liebt, und spricht ihr von Enderlin, seinem Freund. Warum muß das sein? Ihr liegt auf dem Rücken und raucht und erzählt einander eure Vergangenheit, bloß damit die Welt, die keine Ahnung hat von euch, darüber nicht mehr weiß, als Ihr selbst; das fördert weitere Namen zu Tage. Schade! Die Dämonen lassen kaum eine Woche vergehen, ohne euch abzufangen: Scholl, von Bagdad zurück, zwingt euch zu einem ersten Mittagessen zu Dritt. Weiter: der Professor, der soeben den halben Nobelpreis für Chemie erhalten hat und aus allen Zeitungen blickt, ist ihr Vater. Weiter: anläßlich einer Vernissage, die unvermeidlich ist, werdet Ihr endlich in aller Öffentlichkeit einander vorgestellt; ihr Mann, der keine Ahnung hat, ist ebenfalls dabei; die Löwbeer, die Immermuntere, kommt später hinzu –

usw.

Die Menschheit scheint eine Familie zu sein, sobald man ein Paar ist; alle andern kennen einander auf diese oder jene Weise, und nur das Paar, das aus der Umarmung kommt, kennt sich noch nicht von außen; noch lächelt Ihr, da niemand, der euch kennt, eine Ahnung hat; noch geht Ihr auf Sohlen, die den Boden nicht berühren. Wie lang? Jeder Dritte kreist ein; jeder Traum wird geschleift.

Flight seven-o-five.

Enderlin (ich sehe ihn, wie er hinausschaut durch die Scheibe, sein Gesicht in der blauen Spiegelung der Scheibe) wartet jetzt nicht mehr als einziger; ein ganzes Rudel, alle mit grünen oder roten Karten in der Hand,
drängt sich vor dem Puppengesicht der Stewardeß, die noch nicht öffnen
darf; Enderlin schon nicht mehr der Vorderste –

Noch hat er die Wahl.

Ich bin für Fliegen.

Endlich öffnet sich die Tür, und das Rudel bewegt sich, einige hasten,
andere winken zurück, das Puppengesicht wiederholt:

Flight seven-o-five.

Ich kann mir beides vorstellen:

Enderlin fliegt.

Enderlin bleibt.

Langsam habe ich es satt, dieses Spiel, das ich nun kenne: handeln oder
unterlassen, und in jedem Fall, ich weiß, ist es nur ein Teil meines Lebens,
und den andern Teil muß ich mir vorstellen; Handlung und Unterlassung
sind vertauschbar; manchmal handle ich bloß, weil die Unterlassung, genau so möglich, auch nichts daran ändert, daß die Zeit vergeht, daß ich älter werde ...

Also Enderlin bleibt.

Ich nicht ...

Wieso er und nicht ich?

Oder umgekehrt:

Wieso ich?

So oder so:

Einer wird fliegen –

Einer wird bleiben –

Einerlei:

Der nämlich bleibt, stellt sich vor, er wäre geflogen, und der nämlich
fliegt, stellt sich vor, er wäre geblieben, und was er wirklich erlebt, so oder
so, ist der Riß, der durch seine Person geht, der Riß zwischen mir und ihm,
wie ich's auch immer mache, so oder so: – es sei denn, daß die Caravelle,
die jetzt freie Piste hat und anzieht, aus unerforschlichen Gründen explo-
diert und die Leichen identifiziert werden; aber unsere Caravelle, sehe
ich, steigt und steigt ...

Ich stelle mir vor:

Im Taxi, die Hand in der Schlaufe, ist Enderlin stolz, daß er nicht die

Unterlassung gewählt hat, zugleich verdutzt; sein Körper sitzt im Taxi, aber die Begierde hat seinen Körper verlassen – sie ist bei mir, während ich fliege, hoch über den Wolken – und Enderlin weiß nicht, wozu er eigentlich zu dieser Frau fährt, die plötzlich keine Gegenwart mehr hat; gegenwärtig ist nur die endlose Fahrt in die Stadt, Stoßverkehr, Enderlin sitzt, als habe er Eile, und der Fahrer, Blick nach vorne, als wäre die Zukunft immer vorne, tut sein Mögliches, um vorzufahren, während Enderlin insgeheim, jetzt eine Zigarette anzündend, froh ist um jedes Stopplicht, jede Kolonne, jede Verzögerung; das Vergangene hat keine Eile ...

Ich stelle mir vor:

wie meine Finger ihre Stirn berühren zum ersten Mal; ihr verwundertes Gesicht, das es nicht mehr gibt, so nicht ...

Ich stelle mir vor:

Enderlin, als er sein Taxi bezahlt hat, einen Augenblick lang verwirrt, da er ohne Gepäck ist, entsetzt, als wäre es ihm gestohlen worden, sein Gepäck, das jetzt hoch über den Wolken fliegt, dann aber beruhigt und geradezu entzückt, daß er ohne Gepäck ist, aber ratlos, aber mit beiden Füßen auf dem Boden, sogar auf dem Trottoir, so daß ihm eigentlich nichts zustoßen kann, Enderlin weiß nicht genau, wo in der fremden Stadt er sich befindet, aber ungefähr, Enderlin erinnert sich an den Kiosk, sofern es derselbe ist, und wenn er jetzt nicht in der falschen Richtung geht, kann ihr Haus nicht fern sein, Enderlin nennt sich einen Esel, er hätte ja mit dem Taxi hinfahren können, nein, plötzlich bat er den Fahrer zu stoppen, offenbar in der Meinung, er könne immer noch die Unterlassung wählen. Wozu also braucht er ihr Haus zu finden, ja, wozu eigentlich? Enderlin am Kiosk: er fragt nach ihrer Straße, um nicht dahin zu gehen, aber man weiß nicht, offenbar ist es doch ein andrer Kiosk, und jetzt steht Enderlin wirklich ratlos. Warum ist er nicht geflogen! Enderlin erkennt immerhin den Vorteil, daß er nicht (wie ich) im Flugzeug speisen muß, und es ist schade, daß er nicht meinen Hunger hat; Enderlin hat die Wahl, französisch oder italienisch zu speisen, sogar chinesisch, denn er hat Zeit, einen ganzen Abend in einer fremden Stadt, niemand weiß, wo Enderlin in diesem Augenblick ist, auch sie nicht, da er sich nicht melden wird, und auch er selber nicht, nein, der Kiosk ist derselbe, aber die Bar daneben fehlt. Wozu geht er? Er könnte sich ebensogut aufs Trottoir setzen. Warum tritt er nicht einfach in ein Restaurant? Plötzlich ist alles so sinnlos, auch das Essen, wenn man keinen Hunger hat, ich verstehe; Enderlin schlendert, nicht um ihr

Haus zu suchen, aber um es durch Zufall zu finden. Vorher kann er nicht allein in einem Restaurant sitzen und die Speisekarte lesen, die Weinkarte, um es zu feiern, daß er ihr Haus noch einmal gesehen hat – ohne zu klingeln ...

Ich stelle mir vor:

Ihr Haus von außen ...

Enderlin hat es ja noch nie von außen gesehen, gestern nicht, als er eintrat, um sie für die Oper abzuholen, es war irgendein Haus, noch kein Denkmal, und heute morgen, als Enderlin es verließ, sah er wohl die Haustür mit ihrem Messing, aber nachher schaute er nicht zurück; eigentlich erinnert sich Enderlin einzig an die Haustüre.

Ich stelle mir vor:

Fassade verputzt, vierstöckig, Kreuzstöcke aus Sandstein, Bau aus dem achtzehnten oder siebzehnten Jahrhundert, renoviert (ich weiß, daß drinnen ein Lift ist) im Sinn von Heimatschutz und Denkmalpflege, Stockwerkhöhe aristokratisch, ausgenommen das vierte Stockwerk, Wasserspeier, Dach mit Biberschwanzziegeln; im vierten Stockwerk ist teilweise Licht –

Oder:

Fassade verkleidet, Travertin, Stockwerkhöhen demokratisch, Neubau, aber mit Ziegeldach zwecks Anpassung an die Altstadt, im Parterre befindet sich eine Confiserie, die mich überrascht; die Kreuzstöcke aus Sandstein befinden sich am Nebenhaus, ebenso der Wasserspeier; Haustür mit Stichbogen, wahrscheinlich erbaut in den fünfziger Jahren unseres Jahrhunderts, Eisenbeton, aber ohne Formen moderner Architektur; im vierten Stockwerk ist teilweise Licht –

Oder:

Das Haus hat gar kein viertes Stockwerk (ich bin sicher, daß es im vierten Stockwerk war) auf dieser Seite, und man kann nicht um das Haus herumgehen; Fassade ehemals herrschaftlich, jetzt verlottert, Biedermeier, später entwertet durch den nahen Güterbahnhof mit seinem Gepfiff und Gepuffer, Firmenschilder im ersten und zweiten Stockwerk, Fenster mit Sprossen; im dritten Stockwerk ist teilweise Licht –

Möglich:

Ein Briefträger, der gerade aus der Türe kommt, fragt Enderlin, wen er suche, und Enderlin, sprachlos, spielt den Verirrten, indem er weitergeht – ohne sich auch nur zu bedanken ...

(Möglich, aber nicht wahrscheinlich.)

Sicher:

Ich erinnere mich an den wankenden Widerschein einer Straßenbogen-
lampe im Wind, wankend die ganze Nacht, Widerschein in den Vorhängen und an der Zimmerdecke, genau erinnert: wenn die Straßenlampe
nicht wankte, streifte ihr Licht nicht über die Fensterbrüstung, und nur
bei Wind schlug das öffentliche Licht in unser Zimmer wie Wellengischt
in eine Barke, und im Widerschein von der Zimmerdecke lag eine Frau,
das heißt: wie immer es von außen nun aussehen mag, was diese Bogenlampe bescheint, die Fenster gerade über dem Bogenlampenschein, ob
im dritten oder vierten Stockwerk, müssen es sein . . .

Ich stelle mir vor:

Enderlin hat geklingelt.

(– während ich im Flugzeug, eingeklemmt zwischen fremden Ellbogen
mit dem bekannten Tablett vor mir, gerade dabei bin, Messerchen und Gabel und Löffelchen aus dem Cellophan zu klauben, Blick auf Ochsen-
schwanzsuppe und kaltes Huhn und Fruchtsalat.)

Ich stelle mir vor:

Abend ohne Umarmung, lang nicht einmal ein Kuß, Ihr begegnet euch
von außen, was zu Gesprächen zwingt, bis Ihr einander kaum noch mißversteht, ja, es ist bestürzend . . .

Ich bestelle Wein.

Wir fliegen, laut handschriftlicher Meldung unseres Kapitäns, auf 9000
Meter über Meer mit einer durchschnittlichen Geschwindigkeit von 800
Stundenkilometern.

Der Wein ist zu kalt.

Ich stelle mir vor:

Euer Wein ist wärmer . . .

Ich trinke meinen trotzdem.

Ich stelle mir vor:

Ihr lebt, Ihr auf der Erde . . .

Die Stewardeß, als sie endlich mein Tablett nimmt, lächelt. Wieso? Sie
lächeln halt immer, man weiß, und immer sind sie jung, auch wenn zwischen der Zigarette, die eben zu Ende ist, und der nächsten, die ich anzünde damit, zehn Jahre vergangen sind.

Ich stelle mir vor:

Zehn Jahre –

Ich stelle mir vor:

Da ruht Ihr nun also, ein Paar mit liebestoten Körpern allnächtlich im gemeinsamen Zimmer, ausgenommen die kurzen Reisen wie jetzt. Da wohnt Ihr nun also. Ob es eine Wohnung ist oder ein Haus, eingerichtet so oder so, wahrscheinlich antik-modern mit der üblichen Lampe japanischer Konfektion, jedenfalls ist da ein gemeinsames Bad, der tägliche Anblick von Utensilien für die unterschiedliche Pflege zweier Körper, eines weiblichen, eines männlichen. Da sehnt Ihr euch manchmal. Keines von euch hat einen vertrauteren Menschen, nein, nicht einmal in der Erinnerung; nicht einmal in der Hoffnung. Kann man sich verbundener sein als Ihr? Man kann's nicht. Aber manchmal sehnt Ihr euch also. Wonach? Da schaudert es euch. Was eigentlich? Da lebt Ihr die endlos-raschen Jahre liebevoll, ein Paar, zärtlich, ohne es vor Gästen zu zeigen, denn Ihr seid es wirklich, ein wirkliches Paar mit zwei liebestoten Körpern, die einander nur selten nochmals suchen. Nur nach einer Reise etwa, einer Trennung von der Dauer eines Kongresses, kommt es vor, daß Ihr am hellichten Tag, kurz nach der Ankunft, ehe die Koffer ausgepackt und das Nötige berichtet ist, einander umarmt. Was soll das mit andern! Es erfrischt, aber es ist keines Geständnisses wert. Da habt Ihr noch einmal, wie einst, einen stundenlosen Tag im Morgenrock und mit Platten. Dann wieder der sanfte Schwund aller Neugierde beiderseits, nicht ausgesprochen und kaum gezeigt; nur getarnt hinter den Forderungen des Tages. Da lebt Ihr so hin. Eure Briefe, wenn Ihr einmal getrennt seid, erschrecken euch fast, beseligen euch selbst, indem Ihr schreibt mit einem Sturm vergessener Worte, mit einer Sprache, die Ihr verlernt habt. Aus einem Hotelzimmer mit leerem Doppelbett ruft Ihr an, Kosten nicht scheuend, aus London oder Hamburg oder Sils, um zu plaudern mitten in der Nacht, dringlich vor Liebe. Da hört Ihr eure vergangenen Stimmen noch einmal, da zittert Ihr. Bis zum Wiedersehen zu Haus. Was bleibt, ist die Neigung, die stille und tiefe und fast unerschütterliche Neigung. Ist das vielleicht nichts? Ihr habt schon fast alles überstanden, ausgenommen das Ende, es ist euch nicht neu, daß eins von euch davonläuft in die Nacht, daß Zorn sich wieder gibt, daß es nichts hilft, wenn Ihr zwei Tage schweigt, Ihr seid ein Paar, jederzeit frei, aber ein Paar. Da ist nicht viel zu machen. Manchmal der Gedanke: Wieso gerade du? Ihr seht euch nach andern Männern um, nach anderen Frauen. Da kommt ja nicht viel in Frage oder alles. Nichts wird wilder sein als eure Liebe damals, bestenfalls ebenso. War sie wild? Davon sprecht Ihr nicht. In zärtlicher Schonung der Gegenwart. Oder es sei denn mit Vorwurf, der falsch ist wie jeder Vorwurf an das Leben. Wer kann denn etwas für die Gewöhnung? Wie es einmal war, davon weiß nur ein Spiegel in einem unmöglichen Hotelzimmer, ein rostig-silbrig-rauchiger Spiegel, der nicht aufhört ein Liebespaar zu zeigen, vielarmig, Mann und Frau, namenlos, zwei liebestrunkene Körper. Wer von euch es gesehen hat, bleibt Geheimnis. Beide? Das wart nicht Ihr im besondern. Warum verfolgt es euch, was jener Spiegel zeigt? Es könnte auch ein andrer Mann sein, eine andere Frau, Ihr wißt es und blickt einander an, Ihr im besondern, bemüht um Großmut durch Ironie, die vergeblich ist. Wie sollt Ihr es ertragen, daß Ihr euch so gut, immer besser, so geschlechtlos versteht, als wärt Ihr nicht immer noch, so als Körper gesehen, ein Mann und ein Weib? Da sucht Ihr plötzlich Grund zur Eifersucht. Ohne sie, o Gott, wäre eure tödliche Kameraderie vollkommen. Ein dummes Ereignis am Strand, eine natürlich leichte Umarmung zwischen Pinien, die das Unvergeßliche daran bleiben, eine Untreue, lang verjährt, im Schmerz verflucht, dann verstanden natürlich, ihr Name oder sein Name wird in Schweigen verwahrt wie ein Kronschatz, genannt nur im äußersten Gespräch, also selten, einmal oder zweimal im Jahr, damit er sich nicht abnutze wie die Liebe eurer Körper. O dieser Name! Er allein gibt noch einmal das wilde Gefühl für das andere, das süße, das heiße, das maßlose Gefühl, wenigstens die Kehrseite davon. Der Rest ist Neigung, eigentlich ein großes Glück; nur Wahnsinn wagt daran zu rütteln mit plötzlichem Verdacht in einer schlaflosen Nacht. Was ist denn los? Da stellt Ihr euch müde, da löscht Ihr das Licht, denn was soll schon los sein. Da entstehen dann, während das andere schon wieder schläft, Pläne, wie Gefangene sie sich machen, da seid Ihr nächtlich entschlossen zu jeglicher Wendung, zum Ausbruch, verwegen und kindisch, es ist nicht Begierde, aber die Sehnsucht nach Begierde; da packt Ihr die Koffer. Einmal sie, einmal er. Das wägt sich aus. Es führt nicht weit, Ehebruch, aber es bleibt bei der Ehe. Ihr seid ein Paar, im Grund gewiß, daß Ihr euch nimmermehr verliert, ein Paar mit liebestoten Körpern, und da hilft kein Kofferpacken; ein Anruf der lieben Stimme genügt, da kehrt Ihr zurück, um zu gestehen oder nicht, da lebt Ihr wieder im Alltag, der nämlich die Wahrheit ist, mit Pyjama und Zahnbürste im schaumigen Mund vor dem andern, mit musealer Nacktheit im Bad, die nicht aufregt, intim, da sprecht Ihr im Badezimmer über die Gäste, die eben gegangen sind, und über die geistige Welt, die euch verbindet. Da versteht Ihr einander, ohne einverstanden sein zu müssen. Ihr seid lebendig, Ihr entwickelt eure Ansichten, aber Ihr kennt eure Körper, wie man seine Möbel kennt, und da geht Ihr zu Bett, weil es ja schon wieder zwei Uhr ist, und morgen ist ein strenger Tag. Jetzt ist nicht Jetzt, sondern Immer. Wallungen gibt es, zärtliche, aber eins von beiden ist müde oder voll Gedanken, die nur jetzt sind, während eure Körper ja immer sind. Da seid Ihr allein in einem Haus, Ihr zwei, aber das seid Ihr oft, so oft. Da ist nichts dabei. Da hat die Ehe euch wieder, und Ihr gebt euch einen Kuß, der wie ein Punkt ist. Ihr sehnt euch: nicht nach einander, denn Ihr seid ja da, Ihr sehnt euch über einander hinaus, aber gemeinsam. Ihr sprecht von einer Reise im Herbst, einer gemeinsamen, Ihr sehnt euch plötzlich nach einem Land, das es übrigens gibt, Ihr braucht nur hinzufahren im Herbst. Niemand wird euch hindern daran. Ihr braucht keine Strickleiter, um euch zu küssen, und kein Versteck, und da ist keine Nachtigall und keine Lerche, die zum Jetzt und Aufbruch mahnt, keine Häscher drängen euch zusammen, kein Verbot, keine Angst, daß eure Liebessünde entdeckt wird. Ihr seid gebilligt. Was euch hindert: nur eure Körper. Jetzt raucht Ihr noch eine Zigarette, Ihr redet, Ihr lest die Zeitung im Bett. Ihr fragt euch nicht nach eurer Geschichte; die ist ja bekannt sozusagen. Der Kalender eurer Vorzeit ist längst bereinigt; eine erste und in ihrer Lückenhaftigkeit kühne, dann sorgsam ergänzte Auswahl von Namen und Daten und Orten ist abgeschlossen seit Jahren. Warum solltet Ihr jetzt, zwei Uhr nachts vor einem strengen Wochentag, nochmals nach eurer Vergangenheit forschen? Das Bekennen mit seinen Wonnen ist aufgebraucht, das Vertrauen lückenlos, die Neugierde vertan; das Vorleben des andern ist ein Buch, das man wie einen Klassiker zu kennen meint, etwas verstaubt schon, und nur bei Umzügen angesichts der leeren Zimmer, die hallen, nimmt man solche Bücher nochmals zur Hand, um zu staunen, mit wem man all die Jahre gelebt hat. Man kann nicht all die Jahre staunen. Jetzt löscht Ihr die Zigarette. Vergangenheit ist kein Geheimnis mehr, die Gegenwart ist dünn, weil sie abgetragen wird von Tag zu Tag, und die Zukunft heißt Altern ...

Ich fliege.

Please fasten your seatbelt, wir setzen wieder einmal zur Landung an, *stop smoking, thank you*, ich stoppe nicht nur das Rauchen, sondern auch meine Vorstellungen, jetzt ist jetzt, ich warte auf den üblichen Ruck, wenn die Piste berührt wird, das ist die Gegenwart, *we hope you have enjoyed your flight and we see you again*, schon ist die Gegenwart wieder aus, *thank you*.

Ich bin doch gespannt:
wer mich jetzt am Flughafen erwartet.
Ich schaue:
wenn sie schwarzes Haar hat und wassergraue Augen, große Augen und
Lippen voll, aber so daß sie die oberen Zähne nie verdecken, und ein win-
ziges Muttermal hinter dem linken Ohr, dann bin ich's, der damals nicht
geflogen ist.

Ich werde älter –
Via appia antica.
Sie könnte meine Tochter sein, und es hat keinen Sinn, daß wir einander
wiedersehen. Ich möchte es, ich bin getroffen, aber es hat keinen Sinn. Wir
stehen auf einem römischen Grabhügel, Nachmittag, eigentlich erwartet
man uns in der Stadt. Die ganze Zeit sehe ich bloß ihre Augen, ein Kind,
einmal frage ich, was sie denke, und ihre Augen schauen mich an, und ich
weiß schon, daß sie kein Kind ist. Wir wagen nicht, uns auf die sommerliche Erde zu setzen, um nicht ein Paar zu werden. Ich küsse sie nicht.
Es hat keinen Sinn, das wissen wir beide, es muß nicht sein. Um etwas
zu tun, sucht sie ein Kleeblatt, ein vierblättriges, wie es sich gehört für Augenblicke des Glücks; aber vergeblich. Im Himmel tönt ein Flugzeug; unser Blick bleibt im Geäst der Pinie. Ihre lederne Tasche über die Schulter
gehängt, einen dreiblättrigen Klee in der Hand, steht sie und dreht sich
im Wind, der ihr Haar verzaust, und schaut auf das braune Land hinaus,
Campagna mit wuchernden Vorstädten, die ein Anlaß wären über Städtebau zu sprechen; sie schweigt. Ich schenke ihr einen harzigen Pinienzapfen. Ich errate wirklich nicht, was sie denkt, und wiederhole meine Frage.
Sie sagt: Dasselbe wie Sie! Ich denke aber nichts. Ihre Augen: sie glänzen
vor Gegenwart, die nicht anzurühren ist. Wohin werfen wir jetzt diesen
harzigen Pinienzapfen? Einmal presse ich scherzhaft ihren Kopf an meinen
Kopf, ohne zu küssen, und wir lachen gemeinsam. Worüber? Es gibt einfach kein Ziel für unsern harzigen Pinienzapfen; also nehmen wir ihn
mit. Sicherlich sieht man uns von weither, wie wir auf diesem Grabhügel
stehen, ein Herr und ein Mädchen, jetzt Arm in Arm aufrecht im Wind.
Scherzhaft? Um etwas zu sagen, sage ich: Gehn wir? Der Kletterei wegen
nehme ich ihre Tasche, sie gibt die Hand, klebrig vom Harz, einmal fasse

ich ihren Fuß, da er den Auftritt zwischen den dürren Grasbüscheln nicht findet, und dann sind wir unten, klatschen die trockene Erde von unsern Händen länger als nötig. Im Wagen, als wir schon eine Weile fahren, offen, so daß sie ihr rötliches Haar im Wind baden kann, frage ich nach ihrer Adresse, indem ich gerade schalte, also beiläufig. Und sie schreibt sie auf einen Brief aus meiner Tasche. Ich fahre langsam wegen des alten römischen Pflasters. Ich könnte jetzt, da sie mich schweigsam von der Seite ansieht, etwas sagen über das Pflaster: die Legionen, ja, die auf diesem Pflaster gegangen sind, ja, die Jahrtausende usw. Ich sage es nicht, da ich es schon öfter gesagt habe. Hingegen frage ich: Was macht man mit einem Tagtraum? während wir vor einem Stopplicht warten müssen, meine Hand an dem zitternden Hebel, und sie antwortet: Man nimmt ihn! Und dann, nachdem ich geschaltet habe, fahren wir weiter –

Basta!

Heute habe ich den Harzzapfen, der immer noch in meinem Wagen gelegen hat, weggeworfen, da er nicht mehr duftet, und ihre Adresse auch; eines Tages werde ich sie wiedersehen, ich weiß, zufällig auf der Straße, eine junge Frau, die lebhaft plaudert über dies und das, über ihre Heirat usw.

Burri, der Arzt, erzählt manchmal von Fällen, während ich lieber ein Schach spielen möchte, und dann fesselt es mich doch, was Burri, indem er sich langsam seine Zigarre schneidet, aus dem Alltag seiner Klinik berichtet, während ich ebenso langsam, die Schachtel mit den elfenbeinernen Figuren auf meinem Knie, wortlos unser Schach aufstelle . . . Gäbe es nicht die Mittel moderner Medizin, die, fraglos eingesetzt, dazu führen, daß die meisten von uns sozusagen sich selbst überleben, ich weiß, auch ich wäre schon zweimal eines natürlichen Todes gestorben, und die Frage, wie man sein Alter bestehen wird, bliebe erspart, das ist richtig . . . Ich halte jetzt meine beiden Fäuste hin, damit Burri wähle Schwarz oder Weiß; höre zu, aber kann ja trotzdem meine beiden Fäuste hinhalten. Als Gast, versteht sich, hat Burri die Wahl. Es ist unser Donnerstag, Burri wie immer gekommen, um Schach zu spielen. Ich warte. Burri aber, in seinen Sessel zurückgelehnt, zündet sich vorerst die Zigarre an, offensichtlich mit seinen Gedanken noch immer in der Klinik; ich sehe das brennende Streichholz,

das demnächst, wenn er's nicht niederlegt, seine Finger verbrennen wird: –
was tut ein Mann meines Alters, wenn er weiß oder zu wissen meint, daß er
nach ärztlichem Ermessen noch ein Jahr zu leben hat, bestenfalls ein
Jahr? ... Ich halte neuerdings meine beiden Fäuste hin und Burri wählt:
ich habe also Schwarz. – Später dann, nachdem ich stundenlang nur mit
Läufer und Springer und Türmen gedacht habe, beschäftigt es mich doch,
was Burri berichtet hat; die Schachtel mit den elfenbeinernen Figuren auf
meinem Knie, jetzt wieder allein, da Burri noch einen Krankenbesuch machen muß, weiß ich nicht, was ich meinerseits täte in einem solchen Fall.
   – leben ...
   Aber wie?
   Ich stelle mir vor:
   Enderlin Felix, Dr. phil., im Alter von 41 Jahren, 11 Monaten und 17 Tagen und mit Lebenserwartung 1 Jahr, Enderlin allein, draußen vor dem offnen Fenster findet gerade ein Frühling statt, Duft von Flieder, untermischt
mit dem Duft von Klinik, der einfach immer und überall ist, auch wenn
man ins ferne Gebirge schaut oder in die Zukunft, und es ist Vormittag,
die Stunde des Muts, ein Rasensprenger in der Sonne, Wasserfächer mit
Regenbogen darin, Tropfen glitzern an Gräsern, manchmal ein weißer
oder gelber Schmetterling, sein Zickzack, das Leben ein Park. Noch hat
Enderlin den fraglichen Zettel nicht gelesen, noch glaubt er, daß er genesen sei. Zwar fühlt er sich schwach, aber genesen ein für allemal. Er habe
Glück gehabt, das hat Burri ihm gesagt. Warum sollte man nicht Glück haben! Ein wenig hat's ihn erschreckt, als Burri das sagte. Wieso Glück? Enderlin hat es nicht anders erwartet. Ein wenig fröstelt ihn die Luft durch
das offene Fenster, dabei scheint es ein warmer Tag zu sein, fast heiß,
Föhn, die Berge sind zum Greifen nah. Eigentlich schwitzt er, Schwäche,
das ist begreiflich nach sieben Wochen im Bett. Die Berge noch mit
Schnee, die Äcker dunkel, fast schwarz, speckig, ein Zwickel von blinkendem See, Segler darauf. Im Vordergrund blüht eine Magnolie. Ein Gärtner
in grüner Schürze und mit Gießkanne, nichts fehlt. Und irgendwoher ein
Halleluja; Gesang der Krankenschwestern, die gerade nicht im Dienst
sind. Dazu mörteln Arbeiter auf einem Gerüst; die Klinik muß erweitert
werden, alle Kliniken müssen erweitert werden; die Arbeiter rasseln mit
einem Flaschenzug, Italiener, ihre Stimmen, ihre braunen Oberkörper.
Der Arzt also, Burri, ist für einen Augenblick hinausgegangen, nachdem
er Enderlin eben seine völlige Genesung und baldige Entlassung aus der

Klinik verkündet hat; Enderlin in einem Polstersessel neben dem Schreibtisch, bleich in einem blauen Morgenrock, Enderlin hält einen noch feuchten Filmstreifen in der Hand, sein Kardiogramm, das ihm der freundliche
Arzt unterbreitet hat, anzusehen wie eine arabische Schrift, schön, aber rätselhaft, es erinnert ihn an einen Wegweiser in der Wüste zwischen Damaskus und Jerusalem, unlesbar, aber schön, so daß auch Enderlin entzückt ist
über die Kalligraphie seines Herzens, die er sich nicht zugetraut hätte, er
kann sich nicht sattsehen dran, und erst als ein Wind durchs offene Fenster zieht, bemerkt er den Zettel auf dem Schreibtisch, erhebt sich, um
einen Aschenbecher auf den Zettel zu stellen, der fortzuflattern droht;
nicht um den Zettel zu lesen. Aber er hat ihn schon gelesen. Es ist ihm
peinlich. Dieser Zettel war nicht für ihn bestimmt. Vorerst ist es ihm nur
peinlich. Sein Name, offenbar gerade von dem Aschenbecher verdeckt,
ist jetzt nicht zu sehen, als Enderlin nochmals hinschaut; zu lesen ist hingegen der Fachausdruck, den der Tod sich ausgesucht hat, geschrieben mit
Kugelschreiber, eine Vokabel, die Enderlin nicht kennt, am Rand die offenbar nachträgliche Notiz: Lebenserwartung ca. 1 Jahr.

Enderlin allein im Zimmer: –

O nein, so leicht glaubt man nicht an seinen Tod. Vielleicht gilt dieser
Zettel gar nicht ihm? Als der Arzt ins Zimmer zurückkommt, hat Enderlin
sich bereits wieder in den Sessel gesetzt, wo er hingehört, die Arme auf den
Polsterlehnen links und rechts, zwei Morgenrockarme mit zwei weißen
hängenden Händen daraus, und der Arzt sagt:

»Du entschuldigst!«

Enderlin, mehr verlegen als bestürzt, Blick zum Fenster hinaus, tut, als
wäre nichts vorgefallen.

»Du entschuldigst!« sagt Burri.

»Aber bitte«, sagt Enderlin.

Dann, nachdem er das Fenster geschlossen hat, setzt Burri, dieser Koloß
männlicher Güte, sich wieder an seinen Schreibtisch, nimmt die Zigarre,
die er zuvor in den Aschenbecher mit den silbernen Eidechsen gelegt hat,
wieder in den Mund, sie brennt gerade noch, allzulang hat er Enderlin also
nicht warten lassen. »Ich versteh«, sagt Burri und scheint etwas zu suchen,
zerstreut, seinen Stummel zwischen den Lippen, den er mit hastigen Zügen wieder zum Rauchen bringen muß, bevor er weitersprechen kann,
»ich versteh«, wiederholt er, und als die Zigarre endlich raucht, scheint er
vergessen zu haben, was er hat sagen wollen, dafür nimmt er jetzt den Zet-

tel, ohne ihn anzusehen, und sagt: »Du bist gespannt auf das Ergebnis unsrer letzten Untersuchung.« Enderlin lächelt. »Wie sieht's denn aus?« fragt
Enderlin und wundert sich selbst über seine Ruhe, während der Arzt offenbar das dringende Bedürfnis hat, jetzt noch mit genauen Zahlen zu belegen, warum Enderlin sich sozusagen als genesen betrachten darf. »Ich versteh«, sagt er zum dritten Mal und erinnert sich, was er hat sagen wollen,
»Du hast keine Geduld mehr, aber vor Samstag laß ich dich nicht laufen«,
sagt er mit einem kameradschaftlich-rohen Lachen, das Rohe soll bedeuten, daß er Enderlin tatsächlich für genesen und widerstandsfähig hält,
Schluß mit der Schonerei, »frühestens Samstag«, sagt er mit einem drohen-
den Zuschuß von Autorität, und es folgen Zahlen von weißen Blutkörper-
chen in Prozenten, Billirubin in Prozenten, Zahlen, von Enderlin oft gehört und schließlich auch in den Mund genommen, so daß er, obschon
er eigentlich nicht weiß, was diese Zahlen heißen, selbst beurteilen kann,
wie sehr sich diese Zahlen, in der Tat, verbessert haben zum Vergnügen
von Burri, der sie von der Hinterseite des Zettels liest. »Ja«, sagt Enderlin,
»das ist ja fein«, während er draußen die gesunden Arbeiter sieht. »Mein
Lieber«, sagt Burri, als er sich mit seinem Vergnügen allein findet, »das
hätte auch anders verlaufen können –!«

Enderlin nickt.

Insgeheim, während sie einander in die Augen zu blicken vorgeben,
macht er Kalender: ein Jahr, also ein Jahr, und jetzt ist April –

Enderlin nickt.

»Bitte!« sagt Burri, als fühle er ein Mißtrauen, und zeigt die Zahlen
schwarz auf weiß, das heißt: rot auf weiß, »Hier!« sagt er, während er
den Zettel aushändigt, und dann lehnt Burri sich in den Sessel zurück, rauchend, wartend, indem er noch hinzufügt: »Vor sechs Wochen haben wir
noch 27 % gehabt«, Enderlin liest: Billirubin 2,3 %, aber er wagt nicht
den Zettel umzudrehen und Burri einfach zur Rede zu stellen, sondern
schweigt; als Arzt weiß Burri, daß eine gewisse Apathie hier zum Krank-
heitsbild gehört, aber ein bißchen Anteilnahme an seinem Glück hätte
der gute Enderlin schon zeigen dürfen, findet er, Burri will ja keinen Applaus, immerhin kommt ihm Enderlin, wie er so den Zettel hält, allzu apa-
thisch vor. »Mein Lieber«, sagt er, »wir haben Glück gehabt.« Enderlin gibt
den Zettel zurück. »27 %!« sagt der Arzt. »Wir haben es dir damals nur verschwiegen, aber das war die Wahrheit«, sagt er, während er das summende
Telefon abnimmt, unwillig über die Unterbrechung. Der Anruf ist nicht

beruflich, es geht um die Regatta vom übernächsten Sonntag, und Burri, nicht ohne einen Blick zu Enderlin, um sich zu entschuldigen, blättert im Kalender, es wird kein langes Gespräch, immerhin lang genug, daß man nachher, einmal unterbrochen, nicht mehr über Billirubin redet, sondern über die Zukunft, zuerst über die Juni-Regatta, vor allem aber über die Zukunft von Enderlin, über seine Reise nach Harvard, die sich wegen der Krankheit verzögert hat, über seine Karriere also, wobei Enderlin sich Mühe gibt wie von einer Wirklichkeit zu reden, die Mühe eines Verschwörers, der verheimlichen muß, was er über die Zukunft weiß. »Zwei Monate«, sagt Burri, »zwei oder drei Monate in Tarasp oder Chianciano, natürlich mußt du dich schonen, das ist klar«, sagt er und blättert im selben Kalender, wo seine Regatten eingetragen sind. »Auch Mergentheim ist gut.« Es fällt ihm selbst auf, wie er sich wiederholt, das ist sonst nicht seine Art, Enderlin macht ihn unsicher, eigentlich sagt er nichts, was er nicht schon gesagt hat. »Natürlich mußt du dich schonen«, sagt er und knöpft seinen weißen Mantel auf. Enderlin gibt sich Mühe. »Chianciano wäre mir lieber«, sagt er. »Wie du willst!« sagt Burri und zieht seinen weißen Mantel aus, eigentlich in Eile, aber er wagt seine Eile nicht zu zeigen. »Heute ist Dienstag«, sagt er, »am Freitag machen wir nochmals eine Kontrolle.« Auch das hat er schon gesagt. »Harvard ist doch eine feine Sache!« sagt Burri, indem er sich jetzt die Hände wäscht, dann trocknet, und Enderlin nickt, »2,3 %«, sagt Burri, als müsse er nochmals darauf zurückkommen, und zerknüllt den kleinen Zettel, er hat die Angaben durch Anruf erfragt, bevor Enderlin ins Sprechzimmer gekommen ist, die Zahlen sind im Krankenbericht schon eingetragen, er wirft den Zettel in den Papierkorb und sagt: »Mach dir keine Sorge.« Dazu zieht er seine Jacke an. »Ich weiß«, sagt er mit einiger Verzögerung wegen der Jacke, »ich habe immer von 1,5 % gesprochen und gesagt, daß ich dich vorher nicht laufen lasse, ich weiß, aber du wirst sehen«, sagt er und blickt sich um, ob er alles habe, »am Freitag machen wir nochmals eine Kontrolle.« Burri muß jetzt gehen, und Enderlin, der aufzustehen nicht die Kraft hat, wäre froh, wenn er ginge, Enderlin fühlt sich nur noch wie eine Attrappe über seinem Zusammenbruch, als der freundliche Burri, um nicht durch Eile zu verletzen, weiterredet – nochmals über Harvard! – und ebenso zerstreut wie herzlich fragt, wie alt denn Enderlin eigentlich sei. »Zweiundvierzig«, sagt Burri, »ist kein Alter«, Burri ist älter. »Mein Lieber«, sagt Burri jetzt im Regenmantel, »mit zweiundvierzig habe ich erst angefangen zu leben!« Handschlag. »Du glaubst mir nicht?« fragt Burri und ist nicht aufzuhalten in der Lobpreisung eines Männerlebens gerade nach dem zweiundvierzigsten Jahr, ja, sogar im Bezirk der Liebe stehe die Erfüllung erst noch bevor, Erfahrungstatsache, darauf müsse Enderlin sich gefaßt machen, lacht er und geht ...

Enderlin allein ...

Aber die Türe steht offen, und er wagt sich nicht an den Papierkorb, um den Zettel nochmals herauszusuchen. Um das nochmals zu lesen schwarz auf weiß. Wozu? Enderlin erhebt sich, tut, als habe er geträumt oder so. Im Korridor, wo er sich seit einer Woche durch tägliche Gänge ertüchtigt hat, trifft er Elke und lächelt auch, um ihre schwesterliche Zuversicht, daß es ihm täglich besser und besser gehe, nicht zu erschüttern.

Ich stelle mir vor:

Enderlin glaubt zwar, daß jener Zettel sich auf ihn beziehe, aber nicht, daß das Orakel sich erfüllen werde; er glaubt's einfach nicht. – Auch Burri kann sich irren! ... Allein in seinem weißen Zimmer, das unterdessen aufgeräumt worden ist, rechnet er sich immerhin aus, daß Harvard, ohnehin nur als Sprungbrett gedacht, sich erübrigen würde. Aber was tun, wenn er nicht nach Harvard geht? Und als die Krankenschwester kommt, um die Blumen von gestern aus dem Korridor hereinzubringen, öffnet Enderlin, um jetzt nicht plaudern zu müssen, langsam die Post, die während seiner Unterredung mit dem Arzt hier eingetroffen ist; er liest sie sogar – dies also wäre das erste, was einer tut, in seinem letzten Jahr! – liest und weiß, was er da liest, sogar was darauf zu antworten wäre. Wird er noch antworten? Als dieselbe Krankenschwester neuerdings ins Zimmer kommt, diesmal um einen Fruchtsaft hinzustellen, bemerkt Enderlin sie schon nicht mehr; er sitzt jetzt (offenbar ist er inzwischen durchs Zimmer gegangen) nicht mehr auf dem Bett, sondern in einem Sessel am Fenster, die Briefe auf dem Morgenrock und seine weißen Hände auf den Sessellehnen: wie auf einem Thron. Unansprechbar. Wie auf einem Thron: hoch über seinen Zeitgenossen. Wenn er an das Kugelschreiber-Orakel glaubt, ja, Größe wäre das einzige, was ihm bliebe, was noch Sinn hätte: niemand zu verraten, daß er um sein baldiges Ableben weiß, und vor allen Freunden zu tun, als ob. Und nach Harvard zu gehen, als ob. Und Pläne zu machen und alles, als ob –

Man weiß von Männern, die das konnten.

– und seine Vorlesung zu halten:

»Meine Damen und Herren!«

Laut Manuskript:

»Hermes ist eine vieldeutige Gestalt. Berüchtigt als Gott der Diebe und der Schelme, selbst ein Schelm, der am Tag seiner Geburt schon die Kälber des Apollon gestohlen hat, berühmt für seine Behendigkeit, eine heitere und listenreiche Behendigkeit, womit er die Sterblichen gern zum Narren hält, ist er überall im Spiel, sein ganzes Wesen und Auftreten stehen im Zeichen der Zauberei, ein Freund der Hirten, ein Gott der Herden, die er vor dem Sturz in die Schluchten bewahrt, ein Spender der Fruchtbarkeit. Die Herme, sein ursprüngliches Zeichen, hat die Gestalt des Phallus. Daß er hinwiederum, was damit unvereinbar erscheint, als Gott der Kaufleute gilt, ist bekannt und verständlich, wenn wir bedenken, was die Herme, geschichtet aus Steinen, für die wandernden Kaufleute war: ein Wegweiser. Fruchtbarkeit der Herden, das ist das eine; gemeint ist die Fruchtbarkeit überhaupt, der Segen in allen menschlichen Geschäften. Hermes ist ein Meister der List. Er ist ein Helfer, ein Glückbringer, aber auch ein Irreführer. Auch in der Liebe spielt er diese Rolle; er ist es, der das unverhoffte Glück schenkt, die Gelegenheit. Hermes ist ein freundlicher Gott, den Menschen näher als die andern Götter, daher der Götterbote. Homer nennt ihn auch den Führer der Träume. Er liebt es, so heißt es oft, unsichtbar zu sein, wenn er den Sterblichen naht, und das Plötzliche, das Unwahrscheinliche, das Unberechenbare und Unverhoffte, sogar das Launische, all dies gehört zu Hermes und seinem Walten, das Unheimliche in aller Heiterkeit, denn Hermes ist ja auch der Gott, der die Scheidenden holt, lautlos wie immer, unversehens, allgegenwärtig, der Bote des Todes, der uns in den Hades führt ...«

Usw.

Einmal klingelt das Telefon, nach einigem Zögern nimmt Enderlin ab, um die kurze Erkundigung nach seinem Befinden (der andere will eigentlich etwas anderes wissen) mit ausführlicher Zuversicht zu beantworten; etwas zu ausführlich. Wieso soll seine Stimme anders sein, anders als gestern? Er bestreitet es, redet von Entlassung am nächsten Samstag, von Chianciano, von Billirubin, von Harvard, während der andere schweigt, weil er alle Pläne, mit denen Enderlin auftrumpft, schon kennt, und mehr als dies: Enderlin erkundigt sich sogar, um seine Genesung unter Beweis zu stellen, nach Dingen, die jenseits seiner Lebenserwartung liegen, ausführlich und hartnäckig, als wolle er's wissen und zwar genau, wie es jetzt

mit der Finanzierung steht, welcher Verlag, Garantie auf zwei oder drei
Jahre, ferner ob vierteljährlich oder monatlich, es handelt sich wieder einmal um die Gründung einer Zeitschrift, von der Enderlin, lange schon an-
gefragt, ob er als Herausgeber zeichnen würde, bestenfalls noch die
Bürstenabzüge der ersten Nummer erblicken wird. Enderlin sagt zu.

»Ja«, sagt er, »mein Wort.«

Gemacht.

– dann allerdings, das Gespräch hat sich durch seine erfreuliche Zusage
verlängert, Enderlin als Herausgeber kann nicht einfach aufhängen, die Titelfrage, immer wieder die Titelfrage, die Frage, welche Mitarbeiter, welche nicht, Enderlin hat sich zu äußern, aber er hat immer weniger geäußert, schließlich noch einmal sein Wort gegeben, dann allerdings läßt er
seinen Kopf ins steile Kissen fallen, kaum hat er den Hörer aufgelegt, ermattet wie neulich nach einem allzu zuversichtlichen Spaziergang im Park;
er versucht an die Zeitschrift zu denken, aber vergeblich ... die Titelfrage,
ja, die Titelfrage ... die Frage, ob Burri sich nicht irrt ... der Rasensprenger in der Sonne ... die Frage, ob ich an all dem, Leben genannt, wirklich
hänge – aber ich werde mich schonen, auch wenn der Zerfall schon sichtbar wird; ich werde daran hängen; ich werde an jede Lüge glauben; in der
Nacht werde ich alles wissen, aber tagsüber das Gegenteil glauben, und die
weißen Schwestern werden sagen: Brav, Herr Enderlin, brav! Und die da
kommen, um neben meinem Bett zu sitzen, werden es sehen, und was niemand sagt, das brüllen die Schmerzen mir zu, die Schmerzen gelegentlich,
die Schmerzen immer öfter, Schmerz immerzu, aber jede Spritze bringt
Linderung, die ich ummünze in Hoffnung, Spritze um Spritze bis zum vie-
hischen Verrecken in gespritzter Hoffnung –

Noch kann Enderlin denken.

Warum sagt man ihm nicht die Wahrheit?

Noch ist er ein Mensch.

Sie trauen ihm Größe nicht zu?

Das weiße Tischlein mit dem sogenannten Mittagessen vor sich, Wirsing mit Hygiene, Quark, alles schmeckt nach Schonung: nur damit
Enderlin noch die ersten Bürstenabzüge dieser Zeitschrift erlebe! Er kostet. Quark! Er kostet den Gedanken, daß man jetzt, wenn Burri sich nicht
irrt, alles schreiben könnte, was man denkt. Was eigentlich? Gestern Fisch,
heute Quark, morgen Fisch, alles schmeckt gleich, Eiweiß, salzlos und
fad wie die Überlegung, ob er, wenn Burri sich nicht irrt, überhaupt noch

Geld zu verdienen braucht für dieses Jahr, und was ihn dabei bestürzt, ist nicht die Bilanz, sondern die platte Alltäglichkeit seines Denkens. Ein Todgeweihter, meint er, könnte so nicht denken. Burri irrt sich! Er versucht es mit Wirsing, um sich zu kräftigen. Wieso hat noch keiner, seines nahen Todes gewiß, je ein großes Wagnis begangen? Ein Attentat beispielshalber. Mein Leben gegen sein Leben! Aber meines ist schon keines mehr, bloß noch Dasein mit Spritzen im Arm und Kinderbrei zwischen den Zähnen, Halleluja, und wie der Flieder wieder blüht – draußen . . . Als die Krankenschwester kommt, Schwester Euphemia, und mütterlich fragt, warum er denn nichts gegessen habe, genauer: warum wir nichts gegessen haben (sie reden bis kurz vor deinem Verrecken immer in Wir-Form: Haben wir keinen Appetit? Machen wir ein Schläfchen? Haben wir schon Wasser gelöst? usw.), nimmt Enderlin ein paar Löffel, muß aber alles wieder herausgeben und bittet, kaum sauber gemacht, inständig, daß es dem Arzt nicht gemeldet werde. Plötzlich hat er Angst vor Burri, der bisher sein Freund gewesen ist. Enderlin wird ihm zeigen, wie gesund er ist. Er will weg von hier. Er will den Befund, der ihm verheimlicht wird, einfach widerlegen. O nein, Enderlin wird nicht nach Chianciano fahren, auch nicht nach Tarasp, sondern lachen, eine Karte schreiben aus Paris, am Rand versehen mit einem Diät-Witz, oder wenn nach Tarasp, dann höchstens für sieben Tage, Burri zuliebe, aber nicht mit der Bahn, sondern Enderlin wird mit dem eignen Wagen fahren und zwar so, daß es in den Kurven winselt, und zwar schon am Freitag, und in Tarasp wird er nicht Wässerlein trinken, die nach faulem Schwefel stinken, sondern Tennis spielen, eine Frau kennenlernen, eine sehr junge, die er auf der Stelle, beim Aperitif, heiratet, eine blonde Baltin vielleicht, der er ein Haus baut mit Schwimmbecken, und heute in einem Jahr, genau, wird die Hausweihe stattfinden mit einem Ferkel am Spieß, Whisky vorher, Whisky nachher, ja, und mit Burri als Gast, und Enderlin, eine Havanna im braunen Gesicht, wird ihm in die Rippen stoßen, seinem Orakel-Doktor, lachend . . .

Warum gerade eine Baltin?

Elke, die Nachtschwester, ist Baltin, und das erschreckt ihn; Fantasie eines Kranken, der keine Wahl mehr hat, eines Ohnmächtigen, der nicht mehr weit gehen wird.

Draußen die Vögel.

Frauen –

Viele Frauen!

Er kann nicht in der Einzahl denken.

Alle Frauen!

Und er denkt an ihren Schoß nur, in ihren Schoß; er denkt an keine, die er kennt, aber an alle, die er versäumt hat; Schöße; Münder und seine Zunge in ihren Mündern; wenn ihre Gesichter einander zum Verwechseln gleichen; dazu Wörter, die er nie ausgesprochen hat und deren Obszönität ihn seltsam befriedigt, indem sie Unbefriedigtheit erzeugt; Schöße, Lippen, Schenkel, Haare, Brüste, Augen, die ganz schmal werden dabei, und Schöße, Schöße, alle Schöße – dabei schwitzt er vor Schwäche, als er das denkt und auf dem Bettrand sitzt, die Arme ausgespreizt als Stützen, ohnmächtig, Blick zum offnen Fenster hinaus: Bäume, Dächer, ein Flugzeug am Himmel unsichtbar, nur seine weiße Spur, die sich spitz ins Blaue bohrt und dann als Schweif langsam verflockt und schwindet, Kamine, die hingegen bleiben, Wäsche flatternd auf einer Zinne, Drähte, Gebirge hinter Drähten mit Spatzen darauf, viel Dächer, Kamine, Zinnen, Bäume aus einer Allee herauf, eine Scherbe von blinkendem See, das Zifferblatt einer Turmuhr, Zeiger, die unmerklich wandern, nichts weiter – was er seit Wochen täglich sieht ... die Italiener auf dem Gerüst, ab und zu hängen sie einen Kübel an den Flaschenzug, den sie dann hochziehen, Männer mit nacktem Oberkörper, muskulös. Es hilft nichts, daß Enderlin anderswohin schaut. Nähe oder Ferne, alles ist eins, sein Bett, das Zifferblatt, der rasselnde Flaschenzug: lauter Dinge, die Enderlin überdauern werden. Demonstration einer trivialen Kenntnis; ohne Götterbote. Die Hoffnung auf Größe erweist sich als kitschig; nur Selbstmitleid offenbart sich unverhohlen und schamlos. Nicht daß Enderlin jetzt weint! Er schwitzt nur, und einmal klopft es.

»Herein«, sagte Enderlin, indem er sich ins Bett legt und zudeckt, und als es an der innern Tür nochmals klopft, mit vollerer Stimme: »Herein!«

Ich bin's.

»Nimm Platz«, sagt er. »Wie geht's?« frage ich und damit ich es nicht abermals vergesse, lege ich, ohne seine Antwort abzuwarten, das Heft auf den weißen Tisch mit den Medikamenten und Instrumenten; ich sehe Ampullen, eine Spritze, Nadeln unter Alkohol. »Dein Aufsatz!« sage ich, »ich habe ihn gelesen, ich finde das ausgezeichnet.« Enderlin stumm. »Du«, sage ich, indem ich auf den kleinen Balkon hinaustrete, »da hast du wirklich eine hübsche Aussicht!« Als sei es mein erster Besuch hier. Ich bin verlegen, aber weiß nicht warum, Hände reibend. »Ja«, fragt Enderlin, »und

wie geht's dir?« Ich finde es einen herrlichen Tag heute. Vielleicht erwartet
Enderlin, daß ich mich ausführlicher über seinen Aufsatz äußere; aber als
ich das versuche, blickt Enderlin an mir vorbei, und ein Gespräch wird
nicht daraus. »Was ich ganz ausgezeichnet finde«, sage ich und sehe, daß
er doch nicht hört. »Danke«, sage ich, indem ich wieder ins Zimmer trete,
»ich arbeite«, ich stopfe jetzt meine Pfeife, ein Mann, der mit beiden Beinen im Leben steht, dann sich setzt, die Pfeife im Tabakbeutel, ich werde
nicht rauchen, Krankenzimmer ist Krankenzimmer, auch wenn das Fenster noch so offensteht, ein Besucher mit Anstand, aber gesund; nicht rücksichtslos, aber gesund, einer, der von Sachfragen redet, von Weltfragen,
ichlos, die gestopfte Pfeife im Mund, ohne sie anzuzünden, in Sorge nicht
um Enderlin, der ja seine Pflege und seine Blumen und seinen Fruchtsaft
hat, in Sorge um Europa, überhaupt um die Menschheit, diesmal besonders in städtebaulicher Hinsicht, Städtebau als politisches Problem, dazu
habe ich einiges zu sagen, was Enderlin zwar nicht zum ersten Mal hört.
Ein Gespräch wird nicht daraus, nur ein Vortrag, da Enderlin schweigt.
Es muß aus Verlegenheit geschehen sein, das Anzünden meiner Pfeife.
»Was macht eure Zeitschrift?« frage ich. Um Enderlin aus seiner Apathie
zu holen. Ich kann ja nicht wissen, daß Enderlin sich seit heute vormittag
für einen Todgeweihten hält; sein Selbstmitleid, stumm, aber spürbar,
macht mich langsam nervös, sogar roh. Zwar lasse ich das Rauchen, aber
es fallen Sätze, die ihm bezeugen sollen, daß er genesen ist: »Ihr mit eurer
Zeitschrift!«, schonungslos: »Hast du jemals an diese Zeitschrift geglaubt?«
Ich werde jetzt roh, ich weiß. »Das kennen wir doch«, sage ich, »jeder verspricht Mitarbeit, um mit seinem Namen dabei zu sein, und kaum ist das
Ei gelegt, haben sie anderes zu tun, und du, mein Lieber, hängst als Herausgeber.« Ich weiß nicht, was mit Enderlin los ist, und treffe den Ton immer weniger, aber rede um so mehr. »Ja«, sage ich, »das müssen wir wieder
einmal machen, unsere Wanderung auf den Etzel!« Sein Lächeln. »Sobald
du wieder fit bist«, sage ich und müßte eigentlich gehen. Aber wie? Am besten ich sag's: »Ich muß ja gehen!« während Enderlin an seinem Fruchtsaft
nippt, und ich stehe auch schon, indem ich sein Bett mit beiden Händen
halte wie einen Kinderwagen, Blick in die Zukunft, die geplant sein will,
Städtebau als politisches Problem. Ich frage Enderlin, wie unsere Kindeskinder denn wohnen sollen, ich frage, wie denn Enderlin sich beispielsweise den Verkehr vorstellt in zehn Jahren, in dreißig Jahren, in fünfzig
Jahren, das ist wirklich eine Frage – nicht für Enderlin, aber für die Welt,

insbesondere unsere abendländische, während Enderlin (das sehe ich ihm
aber nicht an) nur an seine eigene Lebenserwartung zu denken vermag:
ein Jahr, bestenfalls ein Jahr ... Als einmal die Krankenschwester kommt,
um Herrn Enderlin die tägliche Spritze in den Unterarm zu geben, schweige ich eine Weile, wie es sich gehört, verstecke auch meine Pfeife angesichts der Krankenschwester, die ein zweites Mal stechen muß. Der arme
Enderlin! Ich verstehe, daß er mir nicht richtig zuhört, ich meine ihn zu
verstehen; diese Spritzerei täglich, einmal in den linken und einmal in
den rechten Arm, geht an die Nerven, vor allem wenn sie manchmal die
Vene nicht treffen. Ich verstehe. Als Enderlin wortlos seinen Pyjama-Ärmel
wieder herunterkrempelt, erkundige ich mich, um abzulenken, nach seiner
Meinung über ein Buch auf seinem Nachttisch. Ich könne ruhig rauchen,
sagt er. Irgendwie möchte er doch, daß ich bleibe; aber ich muß jetzt wirklich gehen, was schwierig ist, weil Enderlin überhaupt nichts sagt. Dabei
denkt er, ich seh's, denkt unablässig. Aus Verlegenheit rede ich über Leute.
Klatsch. Wer neuerdings ein Verhältnis habe mit wem. Er hört's, aber er
sieht vorbei. Die Arbeiter drüben auf dem Gerüst, ich sehe hin, Italiener;
auch ein Problem: wenn das so weitergeht, die Unterwanderung unsres
Landes. Auch dazu äußert Enderlin sich nicht. Als ich es anders versuche,
beispielsweise frage, wieviele Vorlesungen er in Harvard zu halten habe,
antwortet er zwar, aber so als ginge es ihn nichts an, als redete ich Klatsch.
Also was bleibt da noch? Einmal seine Frage, welcher Wochentag es sei,
welches Datum; sonst nichts ...

Schließlich bin ich gegangen.

Der erste Besucher, der erste, vor dem er seine Kraft zum Geheimnis hat
erproben müssen, ist überstanden ...

Die Turmuhr schlägt vier.

Ein Jahr ist lang –

Wenn er schreien könnte!

Burri hat recht:

42 ist kein Alter.

Später am Abend, nachdem Enderlin, schläfrig von der Spritze, mit offenen Augen zu denken versucht hat, Blick auf diesen hygienischen Galgen
in der Dämmerung ... Warum erhängt man sich nicht? – vielleicht ist es
das, was er denkt, Blick auf diesen weißen Krankenbettgriff über sich, während es dunkelt von Viertelstunde zu Viertelstunde. Was gibt es schon zu
denken. Tod läßt sich nicht denken ... Sein Gesicht, als er Licht gemacht

hat, sein Gesicht in dem Spiegel des Schrankes, wo sein Anzug hängt seit
Wochen, sein Gesicht und sein nackter Hals und seine Haut brauchen
Sonne, nichts weiter, Sonne im Engadin oder am Meer. Oder in Peru! Unversehens meint er's ohne Ironie: Peru als das Land seiner Hoffnung! Vielleicht denkt Enderlin sich auf einem Pferd, das wiehert, ein Jahr in Peru,
ein Mann, der davonritt – ich weiß es nicht ... Was sich denken läßt:
das Altern, das ihm, wenn Burri sich nicht irrt, erspart bleibt und nicht erspart, wenn Burri sich irrt ... Schläfrig von der Spritze, aber wach vor
Schreck, wobei es ihm wie ein Traum vorkommt, was ihn erschreckt hat,
liegt er mit geschlossenen Augen, die Arme ausgestreckt, die Hände hängen über den Bettrand hinunter: – eigentlich möchte er nicht leben, um
nicht zu altern – aber als man ihm das diätische Abendessen bringt, als
die Krankenschwester wie immer die Kissen richtet, damit Herr Enderlin
sitzen kann, füttert er seinen Körper, und als die Krankenschwester nach
einer halben Stunde wiederkommt, um das Tablett zu holen, sagt sie:
»Brav, Herr Enderlin, brav!«
Er wird sich nicht erhängen –
Für Burri, ich verstehe, ist es ein heikler Fall. Er weiß nur, daß der Zettel
auf seinem Tisch lag, und der Verdacht, daß Enderlin diesen Zettel gelesen
haben könnte, beschäftigt ihn so sehr, daß er bei unserm abendlichen
Schach eine miserable Partie liefert. Jedenfalls war das Verhalten von unserm guten Enderlin, als er ihm am Vormittag seine völlige Genesung
und baldige Entlassung mitteilte, einigermaßen sonderbar. Der Verdacht
kam Burri übrigens erst im Laufe des Nachmittags, als er den Zettel vermißte, den er nicht für Enderlin geschrieben hatte, sondern für einen andern Patienten, dessen Überführung in ein Sanatorium bevorsteht, und
als er den Zettel im Papierkorb gefunden hatte, auf der Rückseite beschrieben mit den günstigen Befunden für Enderlin. Ein blödes Versehen! Mein
Rat, Burri solle doch einfach mit Enderlin reden, erscheint ihm als vollkommen verfehlt. Das würde Enderlin in seiner Idee, daß man ihm die
Wahrheit verheimliche, nur bestärken. Das sehe ich ein. Burri sieht keine
andere Möglichkeit: er wird Enderlin einfach entlassen und ihn beobachten. Wenn einer meint, er habe nur noch ein Jahr zu leben, bestenfalls
ein Jahr, dann wird er ja nicht weiterleben wie bisher, so meint Burri.
Und ich widerspreche nicht, damit wir jetzt weiterspielen können, eine
zweite Partie, eine bessere hoffentlich. Ich habe jetzt Weiß. Burri läßt es
keine Ruhe; drum stellt er so langsam auf, so, als müßte er sich besinnen,

wo Läufer und wo Pferdchen zu stehen haben. Ob denn ich, fragt er, nachdem ich bereits mit dem Königsbauer eröffnet habe, weiterleben würde wie bisher, wenn ich wüßte, daß ich spätestens in einem Jahr gestorben bin. Ich weiß es nicht. Ehrenwort. Ich kann's mir nicht vorstellen. Ich spiele, um einmal abzuwechseln, auf Gambit.

Was ich mir vorstellen kann:

(weil ich es erfahren habe)

sein Erwachen am andern Morgen, das Morgengrauen vor dem offenen Fenster (es regnet) grau und rißlos wie Granit: aus diesem Granit heraus, wie ein Schrei, aber lautlos, plötzlich ein Pferdekopf mit roter Mähne, aufwiehernd, aber lautlos, Schaum im Gebiß, aber der Leib bleibt drin, nur der Kopf ist heraus, die Augen groß und irr, Gnade suchend – einen Augenblick lang – dann Terrakotta, kunstvoll bemalt, die schwarzen Nüstern und das kreideweiße Gebiß, alles nur bemalt, die rote Mähne starr, langsam zieht es sich in den Fels zurück, der sich lautlos schließt, rißlos wie das Morgengrauen vor dem Fenster, grau wie Granit am Gotthard; im Tal, tiefunten, eine ferne Straße, Kurven voll bunter winziger Autos, die nach Jerusalem rollen . . .

Einmal bin ich in Jerusalem.

Noch eine Stunde vorher, als ich den Jordan, ein Rinnsal, überquert hatte und dann, nach Kurven durch ein totes Tal mit Kamelen, plötzlich das ferne Gemäuer erblickte hoch über der Wüste, bernsteingelb, Gemäuer in der Morgensonne, war's Jerusalem – wie ich es mir vorgestellt habe . . . nun stehe ich hier, ausgestiegen aus meinem Wagen, ein Tourist. Nicht der einzige, doch allein. Damaskus-Tor. Während ich den Wagen abschließe, fällt mir ein: der Ölberg, ich bin dran vorbeigefahren nicht aus Gleichgültigkeit, sondern aus Erwartung, das muß der Ölberg gewesen sein. Sobald man nicht mehr fährt, ist es heiß. Ich bin siebzehn Tage gefahren, um jetzt hier zu stehen, um den Wagen nochmals aufzuschließen, um Tee aus der Thermosflasche zu trinken, um den Wagen nochmals abzuschließen; aber dann ist auch das getan. Damaskus-Tor: mächtig, schön, das bekannte römische Mauerwerk. Wozu diese Reise? Ich frage mich; aber nun bin ich hier. Und es ist nicht wahr, daß ich hier bin. Damaskus-Tor in der Morgensonne, Araber, Wiehern eines Esels. Mein Hiersein als Tatsache: ich bin nicht anderswo. Ich sehe meine Autonummer in Jerusalem, Stacheldraht auf einer Mauer, Maschinengewehre hinter Sandsäkken. Ich habe, um über die Grenzen der arabischen Staaten zu kommen, nicht weniger als sechs Taufscheine verbraucht, dies nebenbei; nur um zu sagen, daß ich diese Reise tatsächlich gemacht habe. Einige tausend Kilometer. Und ich weiß schon jetzt, daß es auch nach Stunden, wenn ich besichtigt habe bis zur Erschöpfung, nicht wahr wird. Ich sehe: das Haus des Pilatus, zumindest ist es der Ort und die Stelle, es ist Freitag, ein Hof, Schatten, so daß ich verweile, Zweige mit Zitronen im Laub, Blick durch eine Arkade auf die arabische Moschee anstelle des Salomo-Tempels, ihre Kuppel wie aus Seifenblasenglanz. Ich weiß nicht, ob das jeden Freitag stattfindet: ich sehe Mönche niederknien im Hof des Pilatus, Franziskaner, alle in braunen Kutten, einige mit weißem oder gelblichem Tropenhelm, Gesichter mit Zwicker, da und dort summt eine Kamera, die ihre Andacht filmt, Pilger in shorts, Nordmänner, die den Süden für Sommerfrische halten, bekreuzigen sich und knien nieder, bis die Franziskaner sich erheben, um den Heiligen Weg abzuschreiten. Ich folge dem murmelnden Zug. Ein Zug durch den arabischen Suk, ein Zug der Minderheit, gesetzlich bewilligt, die arabischen Polizisten sorgen für Durchlaß, Hitze, in den engen Gassen ist es teils sonnig, teils schattig, und wo die Sonne scheint, dunstig, man sieht nicht hindurch, im Dunkeln wird auf Kupfer gehämmert, Esel wiehern auch hier, die Araber hocken vor ihren Buden stumm mit langen Wasserpfeifen, Markt, ich sehe Fleisch, ein Schaf aufgeschlitzt, Fleisch blutig in der Sonne, stinkig und voller Fliegen, die Franziskaner knien und beten an jeder Station, die Touristen ebenso, Schweißtuch der Veronika, und immer sind einige, die sich früher bekreuzigen, um sich dann zu erheben und die andern zu filmen, auch Mönche, die ihre Brüder filmen. Ich sehe nur zu. Ich bin bang auf Golgatha. (Unsere Maler, Breughel und die andern, haben mich getäuscht; Golgatha liegt nicht außerhalb der Mauern.) Wir sind auf Golgatha. (Ich habe erwartet: Fels oder steinige Erde, schattenlos seit Jahrtausenden, vielleicht einige Disteln, Gräser im heißen Wüstenwind.) Hier ist Jesus mit dem Kreuz gestürzt, ich sehe die Stelle, dort ist das Kreuz in den Boden gesteckt worden, zum Grab geht's eine marmorne Treppe hinunter, Kerzendämmerdunkel, Golgatha als Interieur, Architektur, die man sich wegdenken muß, das Schlurfen der Pilger auf Marmor, man muß die Sonnenbrille jetzt abnehmen, um etwas zu sehen. Und es wird immer weniger wahr, daß ich hier bin. Marmor, Gitter, Marmor, Kerzen, Marmor, Weihrauch, pompös und muffig. Ich kann mich an den Weihrauch nicht gewöhnen, aber bleibe, bis die Beter gegangen sind; ein Tourist. Ich sehe: die Stelle, wo das Kreuz gestanden hat, der Marmor ist aufgeschlitzt wie ein Kleidungsstück, der nackte Fels wie Fleisch, das Loch im Fels, das Loch für das Kreuz … Dann besichtige ich weiter, auch Gethsemane, Mittag, es ist zu heiß, um etwas zu essen, ringsum nichts als Wüste, Täler und Berge aus gelbem Sand, kein weiteres Dorf, kein Gehöft, Jerusalem ist die einzige Stadt unter dem Himmel, die Sonne kreist um Jerusalem, ich gehe zu Fuß, Gethsemane ist ein Gärtlein, Schattenlabsal, aber ich setze mich nicht. Ich sehe: dies ist der Ölbaum, wo Jesus gebetet hat, ein dürrer Krüppelstamm, silbergrau. Ein Wärter in Uniform, ein arabischer Christ, verweist mich auf die legendären Fußspuren im Fels, und ich gebe ihm, wie er's erwartet, eine Münze. Architektur auch hier, Marmor und Weihrauch, auch hier ist der marmorne Boden aufgeschlitzt, damit man den heiligen Fels sieht –

Alles bleibt Augenschein.

Gegen Abend, als ich hinunter fahre und in einer Kurve anhalte, um nochmals auf Jerusalem zurückzuschauen, sein Gemäuer im Gegenlicht, weiß ich nur, was ich bei meiner Ankunft schon gewußt habe, und als ich dann weiterfahre, bin ich entschlossen, nie davon zu erzählen. Später tue ich's doch.

Einmal ein Fest:

Niemand weiß den Anlaß, auch Burri nicht, der verspätet wie immer (»Ich hatte grad noch eine Geburt«) immerhin gekommen ist, ein ausgelassenes Fest, Damen in Abendkleidern lagern sich auf dem Parkett, ein geistreicher Hahn im Korb (Siebenhagen?) mit verschränkten Beinen, im Garten wird getanzt, Ständerlampen, der giftgrüne Rasen unter Ständerlampen, Burri im Smoking, er ist auf den Witz hereingefallen, der einzige, der den Anlaß hätte erraten können, der Orakel-Doktor –

Das Jahr ist vorbei.

Enderlin, der Gastgeber, hat sich ein Haus gekauft mit Garten und Schwimmbecken, das erleuchtet ist, und eben wird eine junge Dame hineingeworfen, ihre Schreie, weil's kalt ist, ein kolossaler Spaß, scheint es; nur Burri, der Geburtshelfer im Smoking, steht so herum und hat Hunger,

Plattenmusik »Rien de rien, non, je ne regrette rien«, während Burri sich
von Resten bedient und noch immer nicht begreift, was das soll, Freunde
mit glasigen Augen und verschobener Krawatte, ein Paar umschlungen auf
dem Diwan, Enderlin draußen in einer Hängematte, Enderlin im Alter
von 42 Jahren und 11 Monaten und 17 Tagen genau; sein Kater darüber,
daß er derselbe geblieben ist –

Also altern!

Morgengrauen –

aber ohne Pferdekopf –

Grauen –

aber ohne Schrei –

Unsinn, sagt Burri, du wirst dich erkälten.

Der Orakel-Doktor!

Unsinn, sagt Enderlin, ich werde siebzig.

Die Gäste sind gegangen –

Komm jetzt, sagt Burri.

Vögel zwitschern –

Burri ist gegangen –

Also altern!

Enderlin hat nicht getrunken. Er verträgt es nicht mehr. Eine gewisse
Einschränkung ergibt sich ohne ärztliche Order sozusagen freiwillig; es
steht nicht dafür, daß man am andern Morgen jedesmal kaputt ist. So weit
ist es schon. Noch fühlt er sich sozusagen jung. Nur muß er sich schonen.
Es schmeichelt ihm, wenn man ihn jünger schätzt, als er ist. So weit ist es
schon. Er schenkt Schmuck, wenn er liebt. Darauf wäre er früher nicht gekommen. Beim Juwelier, wenn er aufschaut von den Ringen und Perlen,
erschrickt er: es sind lauter ältere Herren, die Schmuck schenken. Noch
steht in der Straßenbahn niemand auf, um ihm Platz zu machen. Auch
das wird kommen. Noch kann von Alter nicht die Rede sein. Er stutzt
nur, wenn er zufällig ein früheres Foto sieht, ein Gesicht, das es nicht mehr
gibt. Noch nimmt er's mit den Jüngeren auf. Aber so weit ist es schon, daß
er jeden darauf ansieht, ob er jünger ist, und man widerspricht, wenn er
von Altern redet, mit Recht. Noch ist sozusagen nichts davon zu sehen.
Und daß der Jahrgang, dem er angehört, keinen Vorschuß an Erwartungen
mehr genießt, das fällt niemand auf, versteht sich, außer ihm. Die schlaffe
Haut und die Taschen unter den Augen, wenn er beim Rasieren gezwunge-
nermaßen in den Spiegel schaut, noch erscheint alles nur als ein Zeichen

vorübergehender Müdigkeit. Er weigert sich darüber zu erschrecken. Nur die Zähne, manchmal schon ausgefallen im Traum, man weiß, was das heißt, die Zähne erschrecken ihn, auch die Augen: alles Weiße wird aschig oder gelblich. So weit ist es schon. Die Haare fallen nicht aus, sie fallen nur flacher, und was wächst, ist die Stirn; noch braucht man es nicht eine Glatze zu nennen. Aber das wird kommen. Die Lippen werden schmaler, ausdrucksvoller sozusagen, jedoch farblos. Noch steht die Erfüllung bevor, Burri hat recht. Und Frauen bieten sich an wie nie zuvor. Das Brusthaar wird silbrig; das sieht man aber nur im Bad. Fasten und etwas Sport, betrieben mit Maß und Energie, verhindern den Ansatz von schwammigem Fett; die Muskeln werden deswegen nicht jung. Noch geht er mühelos, aber er sieht's an seinem Schatten: ein Mann von fünfzig, sein Gang wird sparsamer, die Bewegungen gehen nicht mehr durch den ganzen Körper. Das Gesicht wird lebendiger als der Körper, persönlicher von Jahr zu Jahr, sozusagen bedeutend, wenn es nicht müde ist, und müde ist es oft. Er verheimlicht es, wenn er müde ist, nach Kräften, wenn nötig mittels Pillen. Noch ist es nicht soweit, daß er sich nach dem Mittagessen hinlegen muß. Aber all dies wird kommen. Noch arbeitet er voll. Das schon. Er leistet sogar mehr als früher, weil die Erfahrung ihn rascher erkennen läßt, was nicht gelingen kann, und beruflich kommt die beste Zeit. Das schon. Und es wird kommen, was er fürchtet: daß man ihm mit Respekt begegnet. Respekt vor seinen Jahren. Man wird ihn sprechen lassen, weil er älter ist, und da hilft keine Kameraderie, kein Buhlen um die Jungen. Sie werden immer jünger. Sie hören aus Höflichkeit zu und sagen immer seltener, was sie denken. All dies wird kommen. Er wird sich bemühen um sie, gleichzeitig sich weigern, wenn man ihm den Mantel halten will, und eingehen auf ihre Unerfahrenheit und auf ihre verstiegenen Erwartungen. Man wird ihn rührend finden, auch etwas lästig, ohne daß er's bemerkt. Er wird bewundern, um nicht neidisch zu erscheinen, und er wird neidisch sein auf alles, was er selbst schon gehabt hat, neidisch, weil es ihm nicht mehr erstrebenswert erscheinen kann. All dies wird kommen. Gewöhnt an die natürliche Zunahme der Sterbefälle in seinem Jahrgang und gewöhnt an gewisse Ehrungen, die seiner Vergangenheit gelten, ein Sechziger, dem man seine geistige Frische zu versichern beginnt und dies immer offenherziger, wird er über sein Alter nicht klagen, im Gegenteil, er wird eine Würde daraus machen, betroffen, daß diese Würde keineswegs lächerlich erscheint, sondern nachgerade angemessen. All dies ist nicht aufzuhalten. Und vielleicht wird er noch siebzig, ja, dank der Mittel moderner Medizin. Noch ist es nicht so weit, daß man ihn auf Schritt und Tritt betreuen muß. Natürlich braucht er Hilfe. Natürlich muß er sich schonen. Wofür? Sein Gedächtnis, obschon es nicht mehr ausreicht, um eine fremde Sprache zu erlernen, wird erstaunlich sein; er wird sich an die fernsten Dinge erinnern, die ihn einmal beschäftigt haben. Die Jungen (Vierzigjährige) werden untereinander streiten, während er daneben sitzt in Verschonung. Seine Ansichten sind nicht mehr zu ändern. Er wird täglich einen Spaziergang machen vielleicht mit einem Stock, jedenfalls mit einem Hut, täglich die Zeitung lesen, um nicht in der Vergangenheit zu spazieren. Gegenwart? Er weiß, wie es zu dieser Gegenwart gekommen ist. Manchmal wird er erzählen von seinen persönlichen Begegnungen mit Männern, die diese Gegenwart herbeigeführt haben, von seiner Zeit, die Geschichte ist, jedesmal dasselbe . . .

Warum hat man sich nicht erhängt?

Camilla Huber, befragt, was sie wohl tun oder lassen würde, wenn sie nur noch ein Jahr zu leben hätte, bestenfalls ein Jahr, weiß es sofort:

»– nicht mehr arbeiten.«

Was sie unter Arbeit versteht, fragt Gantenbein natürlich nicht, tut, als rede man von Manicure.

»Ja«, frage ich, »und statt dessen?«

Camilla erzählt zwar nicht, was sie täte, aber es ist zu erraten durch ihr wasserstoffblondes Haar hindurch, als kurz darauf wieder einmal ein Kunde anruft:

»Bedaure«, sagt sie, »Sie haben eine falsche Nummer gewählt.« Und als es nach einer Minute neuerdings klingelt: »Ich sage, Sie haben eine falsche Nummer gewählt.«

Die Manicure macht sie weiter.

Es ist das erste Mal, daß Camilla keine Geschichte braucht; sie erfindet sich selber eine, scheint es, wortlos: – ihr letztes Jahr auf Erden, eine Geschichte mit Wandlung vermutlich, eine Geschichte, die aufgeht in Sinn, eine tröstliche.

Ich habe Enderlin aufgegeben. –

(Es gibt andere Leute, die ich nicht aufgeben kann, selbst wenn ich ihnen nur selten begegne oder nie mehr. Ich will nicht sagen, sie verfolgen mich in meiner Vorstellung, sondern ich verfolge sie, ich bleibe neugierig, wie sie sich in dieser oder jener Lage verhalten möchten, dabei unsicher, wie sie sich wirklich verhalten. Ihr wirkliches Verhalten mag enttäuschen, aber das macht nichts; es bleibt ihnen der Spielraum meiner Erwartung. Solche Leute kann ich nicht aufgeben. Ich brauche sie, und auch wenn sie mich übel behandelt haben. Das können übrigens auch Tote sein. Sie fesseln mich lebenslänglich durch meine Vorstellung, daß sie, einmal in meine Lage versetzt, anders empfänden und anders handelten und anders daraus hervorgingen als ich, der ich mich selbst nicht aufgeben kann. Aber Enderlin kann ich aufgeben.)

Eine Geschichte für Camilla:

(eine tröstliche)

Ali, wie der Name schon sagt, war ein Araber, ein junger Schafhirt am oberen Euphrat, und es kam die Zeit, da er sich beweiben wollte. Aber Ali war arm. Ein anständiges Mädchen kostete in jener Gegend damals 15 Pfund, viel Geld für einen Schafhirten. Ali hatte einfach nur 10 Pfund. Als er hörte, im Süden seien die Bräute billiger, zögerte er nicht lang, nahm seinen Esel, füllte die Schläuche mit Wasser und ritt gegen Süden viele Wochen lang. Es war einfach Zeit, daß er sich beweiben sollte, er war jung und gesund. So ritt er voller Hoffnung, 10 Pfund in der Tasche, am Euphrat hinunter, wie gesagt, viele Wochen lang, indem er sich von Datteln nährte. Als Ali endlich in die gelobte Gegend kam, fehlte es nicht an Töchtern, die ihm gefielen, nicht an Vätern, die verkaufen wollten; aber auch im Süden hatten die Bräute unterdessen aufgeschlagen, und für 10 Pfund war nichts zu heiraten, nicht einmal ein häßliches Mädchen. 12 Pfund war der Tageskurs, 11 Pfund eine einmalige Occasion; Ali handelte tagelang, jedoch erfolglos, 10 Pfund war kein Angebot, sondern eine Beleidigung, und als Ali erkannte, daß nichts zu bestellen war, nahm er wieder seinen Esel, füllte die Schläuche mit Wasser und ritt gegen Norden, zu Tode betrübt mit seinen 10 Pfund in der Tasche, denn er hatte nichts davon verbraucht, als glaubte er noch immer an ein Wunder. Und natürlich blieb

das Wunder nicht aus, das Ali verdiente, wenn er es erkannte. Es war halbwegs zwischen Süd und Nord, als Ali an einem Brunnen, wo er seinen traurigen Esel und sich selbst labte, ein Mädchen erblickte wie noch keines
zuvor, schöner als alle, die er für seine 10 Pfund nicht hatte bekommen
können, ein blindes Mädchen. Das war schade. Das Mädchen war aber
nicht nur schöner als alle, sondern auch lieber, da es blind war und in keinem Brunnen je gesehen hatte, wie schön es war, und als Ali es ihr sagte,
wie schön sie sei, mit allen Worten, die einem arabischen Schafhirten geläufig sind, liebte sie ihn auf der Stelle und bat ihren Vater, daß er sie an
Ali verkaufte. Sie war billig, ihrer Blindnis wegen wollte der Vater sie los
sein, erschreckend billig: 6 Pfund. Denn keiner am ganzen Euphrat wollte
eine blinde Braut. Aber Ali nahm sie, setzte sie auf seinen gelabten Esel
und nannte sie Alil, während er selber zu Fuß ging. In den Dörfern, wo immer Ali mit seiner Alil erschien, trauten die Leute ihren eignen Augen
nicht, niemand hatte je ein schöneres Mädchen gesehen oder auch nur geträumt; nur war es leider blind. Aber Ali hatte noch 4 Pfund in der Tasche,
und als er nach Hause kam, führte er sie zu einem Wunderarzt und sagte:
Hier sind 4 Pfund, jetzt mach, daß Alil ihren Ali sieht. Als es dem Wunderarzt gelungen war und als Alil sah, daß ihr Ali, verglichen mit den andern
Schafhirten ringsum, gar nicht schön war, liebte sie ihn trotzdem, denn er
hatte ihr alle Farben dieser Welt geschenkt durch seine Liebe, und sie war
glücklich, und er war glücklich, und Ali und Alil waren das glücklichste
Paar am Rande der Wüste ...

Camilla ist enttäuscht.

»Nun ja«, sagt sie, ohne aufzuschauen und ohne die Manicure zu unterbrechen, »das ist aber ein Märchen.«

Camilla will nicht weiterhören.

»Warten Sie!« sage ich. »Warten Sie!«

Camilla feilt.

... das Märchen dauerte ein Jahr, da war's aus; der Umgang mit Alil
hatte ihn angesteckt, so daß Ali langsam aber sicher erblindete, und es
kam eine böse Zeit, denn kaum war Ali erblindet, konnte er nicht mehr
glauben, daß sie ihn liebte, und jedesmal wenn Alil aus dem Zelt ging,
wurde er eifersüchtig. Es nützte nichts, daß sie ihm schwor. Vielleicht ging
sie wirklich zu den andern Schafhirten, das weiß man nicht. Ali konnte es
ja nicht sehen, und da er solche Ungewißheit nicht aushielt, begann er sie
zu schlagen. Das war schlimm. Sonst rührte er seine Alil nicht mehr an. So

ging es lange Zeit, bis Ali sich rächte, indem er ein anderes Mädchen umarmte, das öfter und öfter in sein Zelt schlich. Aber auch das machte ihn
nicht gesund, im Gegenteil, es wurde immer schlimmer. Wenn er wußte,
daß es seine Alil war, die jetzt in seinem Zelt lag, schlug er sie, und sie
weinte, daß man es draußen hörte, und Ali und Alil waren das unglücklich-
ste Paar am Rande der Wüste. Das war bekannt. Als der Wunderdoktor davon hörte, erbarmte es ihn und er kam, um Ali zu heilen, obschon dieser
kein einziges Pfund mehr zahlen konnte. Ali konnte wieder sehen, aber
er sagte es seiner Alil nicht, daß er wieder sehen konnte, denn er wollte
ihr nachschleichen, und das tat er auch. Aber was sah er? Er sah Alil, wie
sie weinte, da er sie im Zelt geschlagen hatte, und er sah, wie sie ihr Gesicht wusch, um in sein Zelt zu schleichen als das andere Mädchen, damit
der blinde Ali sie umarme –

»Nein«, sagt Camilla, »wirklich?«

Die Manicure ist zu Ende.

»Im Ernst«, fragt sie, indem sie die Scherchen und Feilchen zusammen-
packt, »das ist eine wahre Geschichte?«

»Ja«, sage ich, »ich finde.«

Das Spiel mit der Blindenbrille und mit dem schwarzen Stöcklein am
Randstein und mit der Armbinde, die jedesmal, wenn Gantenbein ausgeht, sich gerade am Ärmel eines anderen Anzugs befindet, so daß er nochmals zurückgehen muß, ist nachgerade langweilig, finde ich auch; ich
würde es verstehen, wenn Gantenbein plötzlich seine Rolle aufgäbe, und
ich frage mich insbesondere, wie Lila es aufnehmen würde, wenn Gantenbein eines Abends gestände, daß er sieht.

Die Versuchung wird immer größer.

Wozu die Verstellerei?

Ich sitze am Kamin, Mitternacht, ein Glas in der Hand, Eis im Glas, so
daß es klingelt, wenn ich es schwenke. Vielleicht habe ich schon zuviel getrunken. Unsere Gäste sind endlich gegangen; es ist wieder einmal mühsam gewesen, Gantenbein zu spielen und den Leuten nicht zu sagen, was
man sieht. Eben habe ich ein Scheit in den Kamin gelegt, während Lila
die Zeitung liest, und ich schaue zu, wie das Scheit im Kamin langsam
zu rauchen beginnt über der Aschenglut dieses Abends: plötzlich springt
eine erste Flamme an, eine kleine flüchtige bläuliche wilde Laune, die sich

alsbald verliert, aber nach einer rauchenden Weile wieder da ist, jetzt eine prasselnde Flamme lichterloh. Sonst geschieht nichts. Lila hat unsern Gästen wieder einmal die Anekdote erzählt, erfolgreich wie meistens, vom blinden Gantenbein in ihrer Garderobe. Die Gäste, wie gesagt, sind weg; auch wir werden bald schlafen gehen, scheint es. Mein Glas in der Hand, Eis im Glas, so daß es leise lustig klingelt, wenn ich's schwenke, sehe ich unser Glück. Ob Lila wirklich noch an meine Blindnis glaubt? Ich sehe ihre Beine, das linke über das rechte geschlagen, ihr Knie, anschließend ihren gespannten Rock, ferner sehe ich ihre beiden Hände, womit sie die offene Zeitung hält: Schlagzeile mit Mord.

»Du«, fragt sie, »hast du das gelesen –?«

Sie denkt sich nichts dabei, wenn sie solche Fragen stellt. Sie tut das öfter, ohne daß sie Gantenbein auf die Probe stellen will.

»Ja«, sage ich, »– habe ich gelesen.«

Pause.

»Nein«, sagt sie, »wie ist das möglich!«

Sie meint den Mord.

»Schauerlich!« findet sie.

Ich trinke, bis nur noch Eis im Glas ist, und warte, das Glas in der Hand, gespannt, ob Lila nicht plötzlich begreift, was ich eben gesagt habe; ich warte aber vergeblich, und da nichts erfolgt, wiederhole ich:

»Ja – habe ich gelesen.«

Sie hört es einfach nicht.

»Du«, fragt sie, »ist da noch Whisky?«

Es ist.

»Danke«, sagt sie später, »danke.«

Schweigen.

»Lila«, sage ich, »ich habe dir etwas gesagt.«

»Entschuldige!« sagt sie.

Endlich legt sie die Zeitung nieder, doch ihr Gesicht ist überhaupt nicht verwundert, sehe ich, sie greift bloß nach ihrem Whisky, um zu hören, um zu fragen:

»Was hast du gesagt?«

Ich zögere.

»Ich habe gesagt«, lächle ich langsam und nehme nochmals mein Glas an den Mund, ein fades Schmelzwasser, so daß mir das Lächeln vergeht: »– ich habe gesagt, daß ich's gelesen habe.«

»Findest du's nicht schauerlich?«

Sie meint immer den Mord.

»Ja —«

Ich sehe, Gantenbein brauchte jetzt bloß zu schweigen und zu rauchen, und alles bliebe beim alten, aber vielleicht packt ihn der Koller – ich könnte es mir vorstellen – ein Koller, der kein gutes Ende nehmen wird, ich weiß es und halte mein leeres Whisky-Glas mit beiden Händen, damit Gantenbein es nicht gegen die Wand schmettert. Was soll's! Ich sehe das lichterlohe Scheit im Kamin, ich sehe Lila, wie sie trinkt, dann wieder die Zeitung nimmt, die Schlagzeile mit Mord.

Ich stelle es mir nur vor:

Wortlos vorerst, scheinbar beherrscht, nachdem er sein Whisky-Glas gegen die Wand geschmettert hat, bleich vor Erregung, ohne selbst zu wissen, was er denn eigentlich will, er weiß bloß, daß er besser schweigen würde, aber Scherben sind Scherben, das ist nicht mehr zu ändern, auch wenn er schweigt, Gantenbein in einem Zustand, der die arme Lila wirklich erschreckt, brillenlos (wie sonst nur in der Umarmung und beim Schwimmen) und zitternd vor Reue, daß er jetzt (warum eigentlich) sein Geheimnis aufgibt, die Brille in der Hand, er sei nicht blind, sagt er, während er im Zimmer hin und her geht, o nein, er sei nicht blind, lacht er, ohne Lila anzublicken, blind vor Wut, indem er sich heiser schreit und aufzählt, was er seit Jahr und Tag alles gesehen habe, ja, gesehen, ob Lila es glaubt oder nicht, o nein, er sei nicht blind, schreit er, daß die ganze Nachbarschaft es hört, schäumend vor Wut darüber, daß Lila vor seiner Offenbarung nicht in den Boden versinkt, sondern nur die Scherben zusammenwischt, während Gantenbein, um zu zeigen, daß er nicht blind ist, die Sessel umstößt mit Fußtritten, wortlos, dann sagt er nochmals, er habe alles gesehen, alles, alles, und ihr Schweigen beruhigt ihn nicht, er haut auf den Tisch, den er seit Jahr und Tag gesehen hat, tut, als habe in all den Jahren nicht er sich verstellt, sondern sie, Lila, er packt sie, schüttelt sie, bis sie weint; er hat den Verstand verloren, ja, er sieht es selbst, daß er den Verstand verloren hat, die Sessel am Boden, ja, er sieht sie, und es hilft nichts, daß Gantenbein selbst sie wieder aufstellt, gesagt ist gesagt, Lila schluchzt, als habe er sie betrogen, ihre Perlenkette ist auch gerissen, o nein, er sei nicht blind, sagt er, indem er sich mit einer Zigarette beruhigen will, aber es dauert nicht lang, keine halbe Zigarette lang, dann schlägt er neuerdings aus, und sei's auch nur mit Worten, irr wie ein Pferd, das ausgerutscht und über sich selbst erschrocken ist –

Wie weiter?

Während für Lila, nachdem er sich beruhigt und wegen der Perlenkette entschuldigt hat, eigentlich nichts verändert ist – denn für sie ist er durch sein Geständnis nicht blinder und nicht weniger blind, als sie ihn kennt – beginnt für Gantenbein, indem er nicht mehr den Blinden spielt, tatsächlich ein anderes Leben ...

Ich stelle mir vor:

Einmal (kurz darauf) kommt Lila sonderbar nach Haus. Das ist nicht das erste Mal, aber zum ersten Mal weiß sie, daß ich es sehe schon auf dem Bahnsteig. Ich rufe ein Taxi, während sie sagt: Grüße von Henry! Ich danke. Sonst gibt's nichts Neues? Ein scheußliches Wetter schon seit Tagen, ich habe gearbeitet. Ich frage: Was hast du erlebt? Es geht den Taxi-Mann nichts an. Davon später! Also vorgestern war sie bei Henry und seiner Frau, die mich ebenfalls grüßen läßt. Lila erzählt mehr denn je nach einer Reise. Ich habe noch nie ein russisches Ballett gesehen, glaube aber sofort, daß es großartig ist. Was weiter? Ich mutmaße halt, ich fürchte, Lila hat wieder einen deutschen Film abgeschlossen. So sag's schon! Ich bin gespannt. Warum ich sie nicht küsse? Weil ich rauche. Meinem Vater geht's besser, ich danke, und das Wetter, ja, es ist nicht zu glauben, wie verschieden das Wetter sein kann in verschiedenen Ländern. In Hamburg, zum Beispiel, schien die Sonne, ja ausgerechnet in Hamburg. Also hier, sage ich, regnet es seit drei Tagen. Ich erfahre, daß Lila übrigens ihren ersten Mann getroffen hat. Wieso übrigens? Er war öde, sagt sie offen. Warum so offen? Also Svoboda war öde. Wer hätte das erwartet? Zum ersten Mal, seit ich von Svoboda höre, war er ausgesprochen öde. Was sonst? Übrigens läßt Svoboda mich grüßen; alle Welt läßt mich grüßen. Übrigens muß ich auch ein Geständnis machen: Unfall wegen Glatteis! Es hat mich einfach gedreht. Glatteis! Jetzt regnet es, aber vorgestern war Glatteis; unser Taxi-Mann kann es bezeugen. Zuhause nehme ich ihr den Mantel ab und hänge ihn an einen Bügel mit der Frage: Also, Lilalein, was ist los? Ich hole zwei Gläser, und Lila ist froh, daß nur dem Wagen etwas geschehen ist, aber nicht mir. Um es nochmals zu sagen: Ich fuhr mit 50, höchstens 60, aber gegen Glatteis ist nichts zu machen. Also Prost! Aber Lila kann sich nicht erholen von ihrem ersten Mann, der mich jetzt nochmals grüßen läßt. Wie kann ein erster Mann so öde werden! Ich hole Eis. Warum Lila das Flugzeug verpaßt hat, ist eine Frage, die offen bleibt, da ich gerade, wie gesagt, Eis hole, während Lila sich unterdessen überlegt, wer mich sonst noch grüßen läßt. Es sind noch einige, ich glaub's. Der einzige, der mich nicht grüßen läßt, hat keinen Namen, ich kenne ihn ja nicht, und drum läßt er mich auch nicht grüßen. Ich verstehe. Es war nach dem russischen Ballett, wie ich höre, eine Gruppe junger Studenten. Ich mißverstehe. Natürlich ist es nicht eine ganze Gruppe, die Lila heiraten will, sondern einer. Wie er sich das vorstellt? Auch Lila, höre ich, findet es irr, aber rechnet mit meinem Verständnis. Wie soll man verstehen, was man nicht kennt? Ich fordere Kenntnis, ich werde kleinlich, was Gantenbein nie war, und das ist für Lila eine schmerzliche Enttäuschung. Sie schweigt, um ihre Enttäuschung zu zeigen. Sollen wir ein gewöhnliches Paar werden? Also am Montag, oder war's am Sonntag, nein, es ist ja einerlei, jedenfalls war es nach der Vorstellung, die übrigens ein Erfolg war. Was? Lila sagt es ja: eine Gruppe von Studenten, aber auch von Tänzern. Ich versuche es mir vorzustellen; auch ich war einmal Student, aber nicht so mutig wie dieser, den Lila, um es kurz zu machen, ein Ekel nennt. Ich vermute Züge von Genie, wenn ich Lila höre in ihrem widerwilligen Bericht, und fülle mein Glas. Ich verstehe, o ja, ich finde es eindrucksvoll, wenn ein Student, einundzwanzig oder so, einer Dame, der er den Mantel hält, nachdem er mit ihr zu sprechen keine Gelegenheit gefunden hat, ohne Umschweife mitteilt, daß er mit ihr nach Uruguay fliegen will, um daselbst mit ihr zu leben, und daß diese Dame, Lila nämlich, immerhin verstört ist. Warum ich alles mißverstehe? Also kein Student, sondern ein Tänzer, nein, auch das nicht; einfach ein Ekel. Wie es heißt, das Ekel, spielt doch wirklich keine Rolle. Also er begleitete sie nach Haus, das heißt, in ihr Hotel. Was weiter? Ich mißverstehe schon wieder. Nichts weiter! Ich begnüge mich also mit einem Studenten oder Tänzer, der vermutlich ein Genie ist, da er alles, was einen Namen hat, für einen alten Hut hält, auch das russische Ballett, und der Lila heiraten will und zwar sofort. Schicksal! Ich frage ja bloß, ob er wisse, daß Lila verheiratet ist. Warum bin ich unmöglich? Ich frage ja nicht, ob er Geld habe; ich trinke und schweige; alles was mir einfällt, ist banal. Wo eine Liebe ist, da ist auch ein Flugzeug nach Uruguay. Also Lila beruhigt mich, obschon ich ruhiger bin als sie: kein Tänzer, nein, auch kein Student, nein, Lila weiß auch nicht, was er ist. Das ist ja das Großartige an ihm. Es geht auch nicht um Heiraten im bürgerlichen Sinn, ich verstehe, sondern um etwas anderes, Lila will es nicht nennen, ich sage es: etwas Absolutes. Lila gibt zu, daß es von seiner Seite nicht anders gemeint ist. Die Vorstellung, daß ich ihr jetzt eine Ohrfeige geben könnte, die erste natürlich, verdutzt mich. Als ich mich sachlich erkundige, wie Lila sich das Klima in Uruguay vorstelle, sie, die für Klima so empfindlich ist, stellt sich heraus, daß er gar nicht von Uruguay gesprochen hat, sondern von Paraguay; Lila hat sich nur versprochen. Ich habe Lila ganz verwirrt. Überhaupt tue ich ihm Unrecht; daß er Lila heiraten will, hat er gar nicht am ersten Abend gesagt, ich verdrehe alles, sondern auf dem Bahnsteig vor ihrer Abreise. Ich bin beschämt. Anstelle eines Geständnisses, das die Schleusen meines männlichen Selbstmitleides öffnen würde, höre ich bloß von einem Erlebnis, das mit Worten überhaupt nicht zu fassen ist. Also lassen wir die Worte davon! Lila ist einfach betroffen. Ich seh's. Fest steht, daß sie ihn nicht mag, und hinzukommt, daß er schön ist, aber unmöglich, aber schön, ein Ekel, sie sagt es ja, Herrgottnochmal, und wie er spricht, was er spricht, alles ist ihr zuwider, seine Arroganz soll kindisch sein, und Lila findet ihn lästig, aber sie konnte sich nicht fassen, wenn er sie anblickte. Das Meerschweinchen und die Schlange! Lila sagt es nicht so, aber ich verstehe. Ich kenne Paraguay nicht, aber ich verstehe, daß er seinerseits nicht verstehen kann, warum Lila, eine Frau wie Lila, zu Gantenbein zurückkehrt. Sollen wir eine Platte spielen? Ich meine ja bloß. Wenn wir wenigstens Hunger hätten! Ich finde meine Frage, was nun weiter sein soll, nicht so abwegig, daß Lila mich deswegen anzuschreien braucht. Nichts wird sein, HerrgottimHimmel, überhaupt nichts! Und es ist auch nichts gewesen. Was kann Lila dafür, daß ihr ein Irrer begegnet? Das Wort ist von ihr. Ich lege eine Platte auf, ich setze die Nadel auf die Platte, ohne zu zittern, es ist ja nichts geschehen, Lila findet mich unmöglich, sie sagt ja, daß sie ihn nicht ausstehen kann, nicht ausstehen. Leider hat sie es ihm nicht sagen können; sie sagt es mir. Das war ja das Erlebnis: Wie kann man ein Ekel so schön finden? Die Platte läuft, aber wir hören sie nicht. Ich höre: wenn er ihr in die Augen blickte, konnte er sagen, was er wollte, dieser Kerl! Sie wiederholt: Dieser Kerl! Meinerseits möchte ich diese Benennung nicht übernehmen, sie steht mir nicht zu; auch weiß ich nicht, ob er ein Kerl ist. Es wird sich zeigen. Vielleicht kommt er in diesen Tagen hierher? frage ich, indem ich endlich die Pfeife anzünde, und Lila findet mich geschmacklos. Wieso soll er hierher kommen? Ich denke: Um Lila zu holen. Lila findet Humor nicht am Platz. Es ist ein Brandenburgisches Konzert, was wir hören, das fünfte, glaube ich, und was ich wissen möchte, ist dies: wie sie sich heute mittag verabschiedet haben, ich meine nicht, ob sie sich auf dem Bahnsteig im sonnigen Hamburg geküßt haben, ich meine bloß: in welchem Sinn? Lila antwortet nicht auf meine Frage, sondern wiederholt: Ein Irrer! Was ich wissen möchte, ist dies: ob Lila ihn in irgendeiner Weise hat wissen lassen, daß es Gantenbein gibt. Lila zieht vor, einen Brahms zu hören. Natürlich kann er sich denken, daß Lila nicht ohne einen Mann lebt. Ich suche Brahms, Lila hat recht, meine Frage ist blöd. Wieso sollte sie einem Unbekannten, nur weil er sie heiraten will, ihre Intimität mitteilen? Lila hat recht. Was ging es diesen Kerl denn an, daß Lila und Gantenbein, wie ich weiß, glücklich sind? Ich lege die Platte auf, Lila hat recht, ich lege die Nadel auf die laufende Platte ...

So weit, so gut.

Die Depesche am andern Morgen verwundert mich nicht. Das Postamt, ahnungslos, gibt sie durchs Telefon. Ich schreibe auf:

ANKOMME MORGEN EINHORN.

Ich danke dem Postamt, Lila schläft, und wenn sie schon heute nach Uruguay will, ist es Zeit, daß Lila packt, das heißt, ich sollte sie wecken. Vielleicht sollte ich warten, bis ich lockerer bin; vielleicht bin ich nie wieder so locker wie jetzt. Eine Weile frühstücke ich weiter, dann kleide ich mich an und vergesse nicht die Krawatte. Es könnte ja sein, daß die Depesche schon gestern aufgegeben worden ist, während wir noch Brahms hörten, und das würde heißen: morgen ist heute. Lila findet mich verrückt, ja, vollkommen verrückt; sie ist empört, als habe ich diese Depesche aufgegeben. Es komme nicht in Frage, sagt sie, aber das ist leicht gesagt. Ich hole ihren Morgenrock. Oder erwartet Lila, daß ich vor das Einhorn trete und sage, Lila sei nicht zu sprechen? Das erwartet sie, ja, in der Tat. Ob das Einhorn nicht lachen wird? Lila findet mich gemein, wenn ich nicht Kerl sage, sondern Einhorn. Keine Rede davon, sagt sie, keine Rede davon, daß sie irgend etwas vereinbart haben! Lila ist verwunderter als ich, daß er sich an ihre Blicke hält, und sagt mir klipp und klar, was sie dem Einhorn zu sagen versäumt hat: daß sie ganz und gar kein Verlangen hat nach einem Wiedersehen. Aber wenn er schon unterwegs ist? Lila kann sich einfach nicht erklären, woher er ihre Adresse überhaupt hat. Unsere Adresse. Ich frage mich natürlich, wie ich mich gegenüber einem Einhorn verhalten werde, und nun bin ich der Irre, weil Lila ein Blick-Erlebnis gehabt hat, das er ernstnimmt. Ich halte noch immer ihren Morgenrock. Aber Lila möchte ja nicht, daß er hierher kommt, keine Rede davon! Ich verstehe nicht, warum sie mich jetzt zurechtweist. Sie will sofort eine Depesche schicken. Hast du seine Adresse, frage ich sachlich, während Lila in ihrer

Tasche sucht. Sie hat sie. Gott sei Dank. Ihr erster Einfall: BIN VERREIST.
Wenn schon befragt, ob ich's richtig finde, muß ich gestehen, daß es mich,
wäre ich ein Einhorn, nicht überzeugen würde. Nichts gegen Lügen! Aber
ich bin befangen, nämlich verblüfft, daß offenbar zwischen Lila und diesem Einhorn bereits eine Innigkeit besteht, die zur Lüge zwingt. Zweite
Fassung: BESUCH LEIDER UNMÖGLICH. Auch daraus geht nicht hervor,
ob das Einhorn und Lila einander duzen, und wenn schon befragt, ich
finde seinen Besuch nicht unmöglich, im Gegenteil, sondern folgerichtig.
Aber Lila will ihn ja nicht sehen! Das wird er kaum erraten, meine ich,
wenn er liest: BESUCH LEIDER UNMÖGLICH. Wieso LEIDER? Er wird daraus lesen, daß Lila einen kleinmütigen Gatten hat. Also: BESUCH UNMÖG-
LICH. Lila will ihn wirklich nicht sehen, das ist ausgemacht, aber ich
möchte ihn sehen. Ich habe noch nie ein Einhorn gesehen. Dritte Fassung:
ICH BIN VERHEIRATET. Das wird ihn nicht überraschen. Wieso mache ich
es Lila so schwer? Vielleicht wäre es gut, wenn die beiden einander einmal
umarmen, bevor's nach Uruguay oder Paraguay geht. Das habe ich nicht
ausgesprochen, nein, ich bin schon beschämt, daß ich's denke. Wenn Lila
nicht endlich ihren Morgenrock anzieht, denke ich, wird sie sich erkälten.
Also: BITTE NEIN BITTE. Das ist deutlich. Ob ich jetzt zufrieden sei? Als
ginge es darum. Er wird zufrieden sein. Welch ein Aufschrei! Ich bin einverstanden, o ja, nichts gegen Pathos, wo es empfunden ist. Das ist eine
Depesche, wie sie sich nicht jeder Einundzwanzigjährige hinter den Spiegel stecken kann. Wenn schon befragt, ich denke dabei an Donna Proeza,
die Lila einmal gespielt hat, vor allem aber daran, wie ich mich verhalten
soll, wenn das Einhorn trotzdem kommt. Überhaupt heißt er nicht Einhorn! Ich mache eine Szene, findet Lila. Dabei möchte ich nur wissen, worauf ich gefaßt sein muß. Auch ich habe Mühe, mag sein, das rechte Wort
zu finden. Ich weiß ja nicht, was los ist. Ich sehe bloß die Verwirrung einer
reifen Frau. Ich mutmaße. Lappalie oder Schicksal? Ich muß auf alles gefaßt sein, scheint mir, und drum bin ich gespannt, als Lila sich erhebt
und wortlos (böse gegen mich!) zum Telefon geht, um die Depesche
durchzugeben. Welche Fassung wird es sein? Lila schließt aber die Türe;
ich höre es nicht, stehe und rauche . . .
    Soweit die Szene.
    Gantenbein, seit er nicht mehr den Blinden spielt, ist unmöglich. Ich
mache mir Sorgen . . . Am Abend, Donnerstag, spricht man vernünftig
und offen wie von einer überholten Sache, die nicht der Rede wert ist, so-

gar mit Humor, der nicht verletzt; man trinkt Wein dazu, nicht zuviel, aber eine besondere Flasche, und man spielt keine Platte, sondern redet plötzlich offen auch über Vergangenes, was noch niemals ausgesprochen worden ist; Gantenbein und Lila sind einander nahe wie schon lang nicht mehr ...

So weit, so wunderbar.

Am andern Morgen, Freitag, kommt eine Depesche, die Lila vor meinen Augen, ich seh's, sofort in Fetzen zerreißt. Das ist beim Frühstück. Die Fetzen steckt sie in die Tasche ihres Morgenrocks. Nimmst du noch Toast? fragt sie, und ich rede über Weltereignisse, bis Lila sich plötzlich erhebt, um ein Taschentuch zu holen; sie braucht es, das Taschentuch, um es in die Tasche ihres Morgenrocks zu drücken, damit die Fetzchen nicht herausflattern. Ich frage sie nach ihren Proben. Später kommen die Fetzchen nicht in den Papierkorb, sondern verschwinden mit einer ausführlichen Wasserspülung. Ich muß gehen, ja, ich stehe schon im Mantel, als Lila mich bittet, daß wir verreisen und heute noch. Ich bin im Bild: Also er kommt! Lila hat in der nächsten Woche eine einzige Probe, die sie absagen wird; sie will diesen Irren nicht sehen. Verreisen? Ich frage, warum sie nicht allein verreisen will. Hat sie Angst, daß ich dem ersten besten Herrn, der an unsrer Tür klingelt, eine herunterhauen werde? Ich habe es nicht vor, aber man kennt sich ja nie, und da ich sehe, wie Lila bangt, kann ich ihr diese plötzliche Reise, die mir gar nicht in den Kram paßt, zwar ausreden, bis sie weint, aber ich kann mich ihrer Bitte, die sie meiner Vernunft entgegenstellt, nicht entziehen, scheint mir, gerade in diesen Tagen nicht. Also wir reisen! Zwar regnet es, aber irgendwo in der Welt wird schon die Sonne scheinen, Elba oder Engadin oder Mallorca ...

Ich stelle mir vor:

Gantenbein und Lila am Strand, der fast menschenleer ist, Sonne, aber windig, und Lila trägt keinen Bikini, wie sonst, sondern ein Modell, das Gantenbein noch nie gesehen hat, das Aufsehen erregt nicht nur bei Gantenbein, sondern auch bei den braunen und barfüßigen Burschen, die einen Sonnenschirm vermieten, vor allem aber bei andern Strandgästen, die unter dem Vorwand, Muscheln zu suchen, hin und her schlendern, insbesondere bei Damen, die Bikini tragen und sich reizlos vorkommen, wie Gantenbein findet, zu Recht; was Lila trägt, ist ein Anti-Bikini; nur die Schenkel sind bloß und die Beine natürlich, der Leib ist bedeckt, Trikot, straff, ein Weiß wie Möwenflaum, ein Badeanzug mit langen Ärmeln, ja, bis zum Handgelenk, dazu ein décolleté wie bei einem großen Abendkleid, also offen von Schulter zu Schulter, dazu ihr schwarzes Haar, naß, da Lila ohne Bademütze schwimmt, vom Wasser gesträhnt wie das Haar antiker Skulpturen . . . So liegt Lila im Sand, ihre Hand auf meinem Knie, Gantenbein hockt, kein Wort über das Einhorn, oder Lila liegt auf dem Bauch und raucht und liest, während Gantenbein harpuniert, glücklich auch er, ja, jetzt darf er auch wieder harpunieren, seit er die Blindenrolle aufgegeben hat, und braucht nicht zu verschweigen, was er alles gesehen hat an Polypen und Igeln und Medusen. Er sieht, auch Lila denkt nicht an das Einhorn, nicht einen Augenblick. Er sieht es ihr an. Gut. Stundenlang spielen sie mit einem bunten Ball, Lila und Gantenbein, oder hopsen in der Brandung, ohne zu wissen, welcher Wochentag es ist. Niemand weiß ihre Adresse (Hotel Formentor, Mallorca), niemand in der Welt und niemand im Theater, niemand kann auch nur eine Depesche schicken. Lila träumt von einem Haus am Meer, ein Leben ohne Rollen, ferne von Film und Fernsehen, wenn auch nicht gerade in Formentor, sondern irgendwo, einfach ein Haus am Meer, das muß es ja geben, eine pure Geldfrage, eine Filmfrage. Man zeichnet Grundrisse, die von dem Kräuseln einer auslaufenden Welle gelöscht werden, aber das macht nichts, man zeichnet einen neuen Grundriß. Wo gehst du hin? Gantenbein kommt mit Zweigen zurück, Oleander, um den Garten anschaulich zu machen. Männer sind so erfinderisch und geschickt, während Lila in ihrem möwenflaumweißen Strandabendkleid, eine Zigarette rauchend und entzückt über den Grundriß, den sie nicht lesen kann, lediglich weiß: Es soll ein Haus sein mit vielen Zimmern und mit eigenen Oliven und mit eigenem Wein natürlich und dabei sehr schlicht, o ja, aber mit Bädern natürlich und mit Spannteppich, das schon, das braucht man, und wenn schon, denn schon. Sie reden durchaus ernsthaft, Gantenbein und Lila, sie reden sogar von ihrem Alter dereinst, ihrem gemeinsamen Alter, Philemon und Baucis . . .

Ich stelle mir vor:

Nie wieder ein Geschrei!

Ich stelle mir vor:

Philemon und Baucis, als sie nach einer Woche wieder nach Hause kommen, werden von etlichen Briefen erwartet, aber Philemon kümmert sich nur um die seinigen, Philemon wieder ein Mann von Geist . . .

Und Baucis?

Sie hat eine Schublade mit einem antiken Schloß, das stets geschlossen

ist. Woher ich das weiß? Ich habe die Schublade nie zu öffnen versucht.
Wie käme ich dazu! Ich sehe bloß, daß Baucis jedesmal mit einem Schlüsselchen öffnet, wenn sie etwas aus dieser Schublade braucht, und sage jedesmal zu Philemon, daß ihn diese Schublade einfach nichts angeht. Wir
sind uns einig. Nur die Sorgsamkeit, wie sie das Schlüsselchen verschwinden läßt, belustigt ihn mehr und mehr, und eines Morgens will es der Zufall, daß diese Schublade offensteht, ein Versehen offensichtlich. Oder will
sie ihn auf die Probe stellen? Er hat, weiß Gott, anderes zu tun. Soll er hingehen und die Schublade zuschieben, damit Baucis nachher nicht erschrickt? Das geht auch nicht, finde ich und bin dafür, daß Philemon sich
an die verdammte Steuererklärung setzt, oder was nun die Forderung des
Tages gerade ist. Eben hat sie angerufen, sie sei beim Coiffeur und komme
später. Ich weigere mich zu denken, daß es eine Finte sei. Daß Philemon
hingeht und beim Coiffeur anruft, um sicher zu sein, daß Baucis vor zwei
Stunden nicht zurückkommt, verbietet sich. Das ist nicht der Stil zwischen Philemon und Baucis. Und wenn er es später dennoch tut, so nur,
weil er wegen der Steuererklärung tatsächlich eine Auskunft braucht, die
sie unter der Dauerwellenhaube natürlich nicht zu geben vermag. Jedenfalls ist Baucis also wirklich beim Coiffeur. Hat Philemon daran gezweifelt? Er kann nicht vorbeigehen, ohne es zu sehen: eine Schublade voller
Briefe. Er könnte sie lesen zwei Stunden lang. Briefe vom Einhorn? Nun
gibt es zweierlei: Er tut es oder er beherrscht sich. Natürlich tut er's nicht.
Aber es verstimmt ihn gegen Baucis, daß er sich beherrschen muß. Er hat,
wie gesagt, eigentlich andres zu tun. Und kurz und gut, er tut es nicht.

Ich bin erleichtert.

Es ist nichts dabei, daß eine Schauspielerin, von Millionen gesehen auf
dem Fernsehschirm, Briefe bekommt. Es ist klar; nicht ohne weiteres klar,
warum so viele Briefe mit dänischen Marken kommen. Die Dänen scheinen ein besonders fernsehfreudiges Volk zu sein und einen einzigen Typ
von Schreibmaschine zu besitzen. Nicht ohne weiteres klar: warum unter
allen Briefen, die Baucis oft wochenlang umherliegen läßt, nie ein Brief
mit dänischen Marken ist. Nicht darauf zu achten, das ist das einzige,
was ich dem guten Philemon raten kann. Ob er denn schlechte Post habe,
fragt sie beim Frühstück, indem sie den Brief mit dänischen Marken (Philemon erkennt jetzt die dänischen Marken bereits auf eine Entfernung von
drei bis vier Meter) in ihren Morgenrock steckt, ohne ihn zu lesen, damit
der Toast nicht anbrennt. Seine Frage: Was gibt es Neues? bezieht sich aus-

schließlich auf Briefe ohne dänische Marken, und so wird sie von Baucis auch beantwortet. Im Durchschnitt kommen zwei bis drei Briefe in der Woche, dänische, alle ohne Absender. Natürlich schämt Philemon sich selber, daß er sie zählt, und ich brauche ihm nicht zu sagen, daß er, gelinde gesagt, ein Narr ist.

Kümmern wir uns um anderes!

Zum Beispiel:

das geteilte Deutschland, wobei man sich fragen muß, unter welchen Voraussetzungen die wirklich oder scheinbar geforderte Wiedervereinigung nicht eine Gefahr für Europa darstellte, eine Bedrohung des Friedens; warum tun wir nicht alles, um Voraussetzungen zu schaffen –

Oder:

die Verhältnisse in Spanien –

Oder:

die Verschlammung unsrer Seen –

Kümmern wir uns darum!

Was Philemon und Baucis betrifft, so weiß man, daß Eifersucht, begründet oder unbegründet, noch selten durch die Würde stiller Beherrschung getilgt worden ist, eher schon durch eine eigene Untreue, auch wenn die klassische Mär von Philemon und Baucis sie verschweigt und mit Recht; es genügt, daß Philemon es weiß. Er hat nicht gewußt, wie unbefangen er lügen kann; er staunt. Philemon hat zu lang nicht mehr gelogen; das hat ihn so empfindlich gemacht. Nur im ersten Augenblick, als er seine Baucis sieht, ist er befangen; er meint, ihre Lippen müßten es merken. Aber Baucis merkt nicht, was ihre Lippen merken, und ist glücklich, Philemon wieder ein munterer Mann, und als er sagt, er liebe sie, ist es wahr, obschon er vor drei Stunden eine andere Frau geliebt hat; er staunt, wie wahr es ist, o ja, wahr wie sein Geheimnis.

So weit, so gut.

Es ist eine pure Fopperei, als Philemon die dänischen Briefe, die trotz allem nicht ausbleiben, einmal eine Woche lang einfach nicht aushändigt. Ich weiß nicht, was er sich davon verspricht. Eine pure Fopperei. Vielleicht will er mir nur zeigen, wie übermütig er jetzt dieser Sache gegenübersteht. Er fragt: Was gibt's Neues? und Baucis köpft das Ei oder gießt Tee ein, ohne auch nur zu fragen: Habe ich keine Post? Nach einer Woche ist es Philemon, der unruhig wird; nämlich nun sind es schon drei Briefe, die er in seiner Brusttasche trägt, Briefe mit dänischen Marken. Zum Glück kümmert sich Baucis nicht um seine Anzüge. Wie stünde er da! Ein beiläufiges Wort von ihr, auch nur eine Miene, die Unruhe bekennt, und sofort würde Philemon in die Brusttasche greifen, sich für seine Vergeßlichkeit entschuldigen und die dänischen Briefe aushändigen. Unversehrt! Statt dessen kommt ein Eilbrief, eingeschrieben, vom Boten überbracht, so daß Baucis ihn persönlich in Empfang nimmt. Sie liest, ohne deswegen den Toast zu vergessen, und fragt mit keinem Wort, ob er Briefe, mindestens drei, unterschlagen habe. Kein Wort. Philemon streicht Butter, Blick in die Morgenzeitung. Ich frage mich: Was jetzt mit den drei Briefen? Einen Augenblick lang, als er bereits in seinem Wagen sitzt und den Anlasser bedient, überlegt sich Philemon, ob er nicht ins Haus zurückgehen soll, um Baucis, dieses Erzweib von einer Schauspielerin, rundheraus zur Rede zu stellen. Philemon! sage ich und bleibe mit meiner Hand am Anlasser. Ist es denn nicht eine Ehre für ihn, daß diese Briefe so unverhohlen ins Haus kommen? Ich versuche ihn zu beschwichtigen. Heißt das denn nicht, daß sie ihn mindestens nicht für kleinlich halten? Ich sage: Fahr ab! Der Motor läuft schon lange, und ich bin erleichtert, daß er endlich seine Handschuhe anzieht: nur sein Gesicht im Rückspiegel macht mir noch Sorge. Warum so grimmig? Er sagt nicht, was er denkt, wahrscheinlich überhaupt nichts. Ich denke: Bisher hat Philemon sich tadellos gehalten. Bisher! Wenn zwei dänische Briefe auf einmal gekommen sind, hat er sie einfach neben die Serviette gelegt, ohne zu lächeln, und Baucis, sonst so unbefangen, hat sich mürrisch gegeben, gelangweilt, unwillig, belästigt. Was will man mehr? Ich verstehe: Philemon will die drei Briefe loswerden. Ohne sie zu lesen! Das wollen wir hoffen. Warum verdutzt es ihn, daß seine Baucis, wie aus dem dänischen Alarm zu schließen ist, offenbar auch ihrerseits mindestens zwei Mal in der Woche schreibt? Es verdutzt ihn tatsächlich. Hat er denn gemeint, ein Däne könne Pingpong spielen mit Bällen, die nicht zurückkommen? Ich muß noch einmal daran erinnern, daß Philemon sich bisher tadellos verhalten hat; nie hat er, was taktlos gewesen wäre, die dänischen Briefe obenaufgelegt. Was ihn ärgert, ist dieser eingeschriebene Eilbrief, ihr überlegenes Schweigen dazu, daß Briefe vermißt werden. Soll er vielleicht hinaufgehen und sich entschuldigen? Endlich sein erster Gedanke: Ich fahre jetzt zur Hauptpost und werfe die drei unterschlagenen Briefe einfach nochmals ein. Punktum. Ich fürchte nur, daß die Post, ordentlich wie sie ist, nochmals ihren Stempel dazugeben wird, Stempel mit Datum. Was dann? Es gibt nur eins: daß Philemon, obschon er wahrhaftig andres zu tun hätte, in den Wald hinauffährt, um die drei Briefe zu verbrennen.

Also Philemon fährt.

Ich sehe nicht ein, warum so weit?

Philemon möchte nicht gesehen werden, auch nicht von Waldarbeitern. Es regnet, Vormittag, sonst ist kein Mensch im Wald. Es ist schade, daß man nicht öfter in den Wald geht, wenn's regnet, und sich Zeit nimmt, um durch das grüne Farnkraut zu stapfen, knietief in nassen Wedeln, oder um unter einer Buche zu stehen, trocken wie in einem Zelt, während man ringsum die grüne Regenharfe hört: ein Ameisenhaufen im Regen, ein Hügel aus Tannennadeln, braun und naß, oder Moos, schwärzlich und schwammig. Schwämme je nach Jahreszeit, Stämme, und es tropft, man scheut sich vor Büschen, jeder Zweig ist eine Dusche, kein Vogel rührt sich, Stille unter grünen Schirmen, reglos, Spinnweben, aber ohne Spinne. Wurzeln, die schwarz sind und glänzen vor Nässe, manchmal ist es glitschig, dann wieder trocken wie ein Teppich, es regnet irgendwo in der Höhe, ein Rauschen, das nicht ankommt, in den Wegen sind braune Tümpel, dort kommt's an, man sieht es, Spritzer, und an den Zweigen rollen langsam die dicken Tropfen, Holz in Klaftern, dort wohnen die Käfer tropfenlos, das Holz ist vielmals getrocknet, die Rinde moosig, die runden Stammschnitte leuchten spiegeleiergelb, sonst ist die Welt ein grauer Dampf zwischen nassen Säulen mit grünem Filigran, und der Himmel darüber, der regnet, ist lila ... Es ist ein Jammer, daß Philemon von alledem nichts sieht, ängstlich vor Waldarbeitern, die er eben gesehen hat, Männer in Stiefeln, die wie Kobolde unter einer Blache hocken; aber das ist zwei oder drei Kilometer von hier, ja, genau dort, wo er die Briefe hat verbrennen wollen. Inzwischen hat Philemon überlegt, wie es wäre, wenn man zur Bank führe und die Briefe in ein Safe gäbe. Vorteil: sie wären, sollten sie je erwähnt werden, jederzeit auslieferbar. Nachteil: sie blieben jederzeit lesbar, ausgenommen die Sonn- und allgemeinen Feiertage. Ich bin für Verbrennen, aber rasch. Ich möchte an die Arbeit. Warum nicht in dieser Kiesgrube? Ich bin ungeduldig, ja, und Philemon ist zerstreut; als er aussteigt, vergißt er den Scheibenwischer abzustellen. Die Tümpel in der Kiesgrube, mag sein, erinnern an das dänische Wattenmeer. Also her mit den Briefen! Der Ort ist günstig, eine kahle und verlassene Kiesgrube mit einer verrosteten Tafel *Zutritt bei Polizeibuße verboten*, einmal ein dröhnendes Flugzeug über dem Wald, Vampire, vielleicht gerade über der Kiesgrube, niedrig, aber in Regenwolken unsichtbar, dann wieder die tropfende Stille; Philemons schwarzer Wagen, verspritzt vom Durchfahren vieler Tümpel, steht

schief drüben am Weg mit pendelnden Scheibenwischern; jetzt ein Eichel-
häher, der aus dem Unterholz aufflattert und in den Lüften kräht, aber das
ist es nicht, weswegen Philemon zögert. Die Briefe, nicht für den Regen
bestimmt, sondern für die Schublade, sehen wie verheult aus. Ob sie überhaupt noch brennen werden? Es ist vorauszusehen, daß die Briefe, ungeöff-
net, nur anbrennen, und nachher liegen sie dann da, Papier mit braunen
Rändern, die bestenfalls glimmen und sich in Asche krümmen, und Philemon wird noch knien müssen, um zu blasen, um auf den Knien ein paar
unverkohlte Wörter zu lesen, die ihn nichts angehen, Reste eines Satzes,
in einem höhnischen Grad nichtssagend, so daß er auch noch die Asche
entziffert, Wörter, die, da er sich den Zusammenhang selbst ersinnen
muß, in seinem Hirn unvergeßlich weiterbrennen. Er wird es bereuen,
die Briefe nicht wirklich gelesen zu haben, und wenn er sie gelesen hat,
so wird er's auch bereuen. Ob es nicht besser wäre, einfach ein Loch zu
machen und die Briefe zu begraben? Ich sehe, wie er einen Ast sucht,
um damit ein Loch zu graben. Aber der Ast bricht; Lehm ist Lehm. Ein
zweiter bricht ebenso; Kies ist Kies. Ich sehe, wie er vor Zorn errötet, ja,
vor Zorn auf euch. Jetzt regnet es richtig, er fühlt es, ihr macht euch lustig
über Philemon. Ihr! Das aber ist die Eröffnung der Eifersucht, daß ich
denke: Ihr, das Paar, Ihr! Jetzt reißt er die Briefe tatsächlich auf, alle drei,
unhastig, wie ich sehe, aber entschieden. Ich kann es nicht hindern. Ich
denke bloß, dazu hätte man nicht in den nassen Wald fahren müssen.
Wie Philemon jetzt aussieht, seine Hosen, seine lehmigen Schuhe! Als er
zum Wagen geht, um die Briefe wenigstens im Trockenen zu lesen, sage
ich nochmals: Philemon? Die Briefe mit den dänischen Marken sind aufgerissen, ich seh's, aber noch ungelesen. Was kann schon drin stehen? Er zögert –

Ich kann es ihm sagen:

– Kopenhagen im Frühling, Paris des Nordens, aber menschenleer
(nach diesen Briefen zu schließen) wie der Mond, keine einzige Dänin
kommt vor, ein Leben in Kopenhagen muß unerträglich sein, unerträglich
ohne Baucis, aber Hauptsache, daß sie sich wieder erholt hat, Kopenhagen
auch regnerisch, kein Wort über Philemon, hingegen viel Liebes über Lila,
eine Reise nach Hamburg verschoben aus Verständnis, Ausrufzeichen,
Hoffnung auf Gastspiel in München, Fragezeichen, Hotel Vier Jahreszeiten, manchmal huscht durch das Kopenhagen dieser Briefe und verliert
sich, ehe sie zu Wort kommt, doch eine Person, ein Gespenst, das sich
das Leben nehmen will, daher Deckadresse, kommt Zeit, kommt Rat, in-

zwischen Erfolge im Beruf, leichthin erwähnt, versteht sich, eigentlich nicht der Rede wert, viel Kluges über Filme, Einverständnisse über tausend Meilen, Kopenhagen ist eine Millionenstadt, aber der einzige Mensch, der versteht, ist nicht in Kopenhagen, und der Weg zum Hauptpostamt, wo schon seit Tagen nichts zu finden ist, scheint von keinen Häusern gesäumt zu sein, sondern von Erinnerungen an den Jungfernstieg, dabei gibt es in Kopenhagen sehr hübsche Wohnungen gerade für Frauen, die selbständig leben wollen, Dank für das Foto, eben fliegt ein Flugzeug über das Haus, und so vergeht die Zeit, die Zeit, nochmals Dank für das Foto, Sehnsucht nach einem kalten Whisky im heißen Bad usw.

Also:

Philemon hat die Briefe nicht gelesen, er schiebt den ersten Gang hinein und löst die Bremse, es fehlt jetzt nur noch, daß er euretwegen nicht aus diesem Graben kommt; die Räder spulen im Lehm, aber dann gelingt es doch, und der Wagen ist längst aus dem Graben heraus, aber Philemon noch immer im Lehm seiner Gefühle, seine Gedanken spulen und spulen, ohne von der Stelle zu kommen –

Und so den ganzen Tag!

Die unbefangene Alltagsherzlichkeit von Baucis, ihre leichte und vorwurfsvolle Frage, woher so spät, ihre zufriedene Bemerkung darüber, daß er sich endlich ein Paar neue Schuhe gekauft hat und daß auch der Wagen wieder einmal gewaschen ist, diese durchaus natürliche und wirkliche und keineswegs gespielte Unbefangenheit, womit Baucis ihren Philemon begrüßt, ist himmelschreiend – ich geb's zu – unter der Voraussetzung, daß in den drei dänischen Briefen ungefähr steht, was ich vermute; ich kann es aber nicht beschwören! ... Der Wagen ist gewaschen, ja aber er hat eine Beule; irgendwo muß er einen Baumstrunk gestreift haben, wahrscheinlich als er aus dem glitschigen Graben herausfuhr; eine sehr deutliche Beule. Das nebenbei.

Philemon lügt:

»Ach«, sagt er, »die ist alt.«

Das hat jetzt noch gefehlt, daß er, Philemon, ein schlechtes Gewissen haben muß, ja, daß er es ist, der dem andern nicht in die Augen blicken kann –

Philemon trinke zuviel Whisky.

Sie sagt nicht, er sei nicht mehr so jung, ein Mann seines Alters müsse sich langsam schonen. Kein Wort davon! Aber er hört es –

Philemon arbeite zuviel.

»Ja«, sagt er, »gehen wir ins Kino.«

»Da gibt es jetzt einen Film«, sagt sie, »der außerordentlich sein soll, stilistisch ganz außerordentlich, sagt man –«

»Wer sagt das?«

»Hast du keine Lust?«

»Was heißt stilistisch?«

»Ein Film«, sagt sie, »der überhaupt keine story hat, verstehst du, das einzige Ereignis ist sozusagen die Kamera selbst, es geschieht überhaupt nichts, verstehst du, nur die Bewegung der Kamera, verstehst du, die Zusammenhänge, die die Kamera herstellt –«

»Wer sagt das?«

Einen Augenblick sieht es aus, als wolle er sie zur Rede stellen, weil sie von einem Film, der hierzulande zum ersten Mal gespielt wird, bereits nicht bloß die fehlende story kennt, sondern weiß, wie er stilistisch sich anstellt –

»Ich habe darüber gelesen.«

Gelesen!

»Ja«, sagt sie, »gestern in der Zeitung.«

Also weiter:

Er wirft die drei Briefe, die aufgerissen, in eine Straßendole, als Baucis zugegen ist; sie beachtet es aber nicht, obschon er noch drei Mal, einmal für jeden Brief, mit der Fußspitze nachhelfen muß; sie sieht, daß es Briefe sind, aber sie kümmert sich nicht um seine Post.

So weit, so gut.

Sehnsucht nach einem kalten Whisky im warmen Bad, das hätte ich natürlich nicht sagen sollen, ich weiß ja nicht, was in diesen Briefen gestanden hat, es ist nur eine Mutmaßung gewesen, und nun sehe ich, wie Philemon, einen kalten Whisky in der Hand, vor den Vorhängen steht und starrt.

Ich frage, was Philemon denkt.

Keine Antwort.

Bist du eifersüchtig?

Wieso?

Ich frage.

Es kommt darauf an, meint er, was man unter Eifersucht versteht. Der Gedanke beispielsweise, daß die Frau, die ich liebe, einen kalten Whisky trinkt im warmen Bad mit einem andern Mann – mein Fehler, wenn ich es mir vorstelle, ich weiß! sagt er.

Aber?

Einmal offen gestanden, sagt er, die Vorstellung ist mir unangenehm –

Ich lache.

Er starrt.

Ich frage Philemon, warum er sich Dinge vorstellt, die, wie ich versichere, aus der Luft gegriffen sind, Mutmaßungen, nichts weiter. Oder glaubt er plötzlich, ich sei ein Hellseher, der Briefe durchschauen kann, ohne sie zu lesen? Abgesehen davon, daß uns solche Dinge überhaupt nichts angehen –

Philemon, sage ich, geh arbeiten!

Es ist gut, daß die Briefe jetzt in einer Straßendole sind, ich glaube, jetzt würde er sie tatsächlich lesen, bloß um meine Mutmaßung widerlegt zu sehen.

Philemon, sage ich –

Eintritt Baucis.

Ich frage, was Philemon eigentlich will.

Baucis summt.

Ein kalter Whisky im warmen Bad, ich muß es nochmals sagen, daß es sich um eine blinde Mutmaßung handelt, nichts weiter, ohne ein wirkliches Indiz, eine Mutmaßung bezogen aus dem Arsenal meiner eignen Geheimnisse, nichts weiter.

Baucis summt.

Warum stellt er sie nicht zur Rede?

Keine Antwort.

Angst?

Ich stelle mir vor: Philemon stellt sie zur Rede, und Baucis hat etwas zu gestehen – Philemon wird nicht brüllen. Ich kenne ihn. Er wird tun, als wäre nichts dabei, und später wird er seine Pfeife wieder anzünden, da sie ihm ausgegangen ist. Also doch! Das ist das einzige, was ihm dazu einfallen wird: Also doch! Es ist wie eine Spritze, die noch nicht wirkt, und kann sogar sein, daß ich lächle, und Baucis kommt sich wie eine Närrin vor, daß sie's nicht schon im Januar gesagt hat. Im Januar? fragt er: im Januar? Aber Daten, so findet sie, erübrigen sich; ihr genügt jetzt die Erleichterung, daß ich die Ruhe wahre. Warum will Philemon jetzt wissen, wie der andere heißt? Vielleicht besteht er nur darauf, weil ihm sonst nichts

andres einfällt. Ob er Nils heißt oder Olaf, was kümmert's mich! Aber
Philemon will es wissen. Es wäre ihm lieber, wenn ich nicht zugegen wäre.
Ich weiß ja schon, daß er es überleben wird. Ob sie den andern wirklich
liebe und wie sie sich die Zukunft vorstelle, lauter Fragen, die ich auch
schon gestellt habe, ich kann's nicht hindern, daß Philemon sie trotzdem
stellt; aber ohne meine Anteilnahme. Wozu muß ich immer wieder dabei
sein? Ich höre ihre Antworten nicht, sondern gieße mir einen nächsten Kaffee ein und verstehe, daß Baucis, indem sie sich beherrscht, keinen Zucker
anbietet; es ist schmerzlicher Takt, der ihr jetzt diese gewohnte Geste verbietet; sie möchte jetzt nicht idyllisieren. Nun wisse er's! sagt sie, während
ich Zucker nehme, einen Geschmack auf der Zunge, den ich kenne. Es ist
zwei Uhr, eigentlich Zeit, um an die Arbeit zu gehen; Baucis stellt die Tassen zusammen. Warum ohrfeigt er sie nicht? Es verfeinert sich das Vermögen zu unterscheiden zwischen Gefühlen, die man hat, und solchen, die
man schon gehabt hat. Das hat nichts mit Reife zu tun. Ich empfinde
den Augenblick wie Erinnerung. Das ist alles. Ich erinnere mich, wie ich
vor Jahren auch nicht geschrien habe, weil es auch nicht das erste Mal gewesen ist, und das erste Mal, als ich es gehört habe von einer Frau, daß sie
bei einem andern gewesen ist, habe ich nur geschrien, weil es sich mit meiner Ahnung so vollkommen gedeckt hat, wie es sich seither deckt mit meiner Erinnerung an das erste Mal . . .

Also:

Philemon stellt sie nicht zur Rede.

Ich gehe arbeiten.

Eine Woche später, unversehens, bekommt Baucis einen eignen Wagen,
was sie sich schon immer gewünscht hat, ja, einen kleinen Austin-Sport.
Wie soll sie es fassen, sie, die keine Ahnung haben kann von der Szene
beim schwarzen Kaffee, die nicht stattgefunden hat? Ich sehe sie in dem
schicken Austin-Sport, als man ihr die Schaltung erklärt, glückselig über
das Geschenk ohne Anlaß, etwas verwirrt allerdings und ohne Ahnung,
wie das alles funktioniert –

So weit, so gut.

Ich bin erleichtert, daß Philemon sie nicht zur Rede gestellt hat – einmal angenommen, er hätte es getan, ich weiß: binnen zehn Tagen hätte
er es zwar nicht vergessen, was Baucis gestanden hat, aber er hätte es verwunden, wie es sich ziemt, oder mindestens würde er's meinen, nachdem
er sich bei Baucis entschuldigt hat. Ich habe noch keine Frau gekannt, die

nicht eine Entschuldigung erwartet, wenn sie bei einem andern Mann gewesen ist, und sie auch erreicht, nämlich eine Entschuldigung meinerseits,
damit der Zukunft nichts im Weg steht. Welcher Zukunft? Der Zukunft
von Philemon und Baucis. Was sonst? Also. Warum nicht Champagner?
Man lebt nur einmal. Wozu sparen? Sie erkennt ihn kaum wieder, ihren
Philemon, er hat eine Freiheit der Laune, ja, fast unheimlich, dazu ein
Glück mit Worten, daß sie wirklich lachen muß, die Grazie eines Erobe-
rers, er merkt es selbst, sie schaut ihn jetzt an, wenn er redet, verloren
wie ein Mädchen in die nahe Herrlichkeit dieses einzig möglichen Mannes. Gesprächsweise alles aufs Spiel zu setzen, dieweil man Hummerbeine
knackt, er kann es sich leisten. Nur im stillen erschrickt er zuweilen, wenn
er sieht, wie Baucis ihrerseits, ohne Heuchelei, ihren unsichtbaren Dänen
vergißt, dem man soviel verdankt. Die Kellner im Frack, die Teufel sind,
wenn einer in Selbstzerwürfnis dasitzt, beugen sich vor seiner Laune und
flitzen, um noch eine Zitrone zu holen. Auch der Mond kommt wie bestellt, nicht irgendein Mond, sondern Vollmond. Baucis ist selig; sie fühlt
sich beschützt. Zum ersten Mal wagt es Philemon, eine entkorkte Flasche
nicht mit einem verdutzten Nicken zu billigen, sondern zurückzuweisen
und zwar ohne umständliche Erklärungen, die zu nichts führen, die bekanntermaßen nur ein ärgerliches Aufheben verursachen, eine Szene, die
damit endet, daß man nach einer zweiten und dritten Schluckprobe aufgibt und ironisch-großmütig nickt, nein, zum ersten Mal genügt ein stummer Blick, ein Runzeln der Stirne, ein beiläufiges und kurzes Lächeln, das
nicht einen Atemzug lang das Gespräch zwischen Philemon und Baucis
unterbricht, und entschwunden ist die staubreiche Flasche in der weißen
Handschuhhand des Kellners. Warum soll die Frau, die man liebt, nicht
andere Männer haben? Es liegt in der Natur der Sache. Schmeckt es dir
denn? fragt er, ohne dem Essen zuviel Wichtigkeit beizumessen. Einmal
ein Wortspiel, das ihn selber trifft wie ein Messer; aber Baucis hat die Anspielung nicht verstanden, zum Glück, und der Fasan schmeckt köstlich,
Fasan mit Orange, dazu Vollmond, wie gesagt, und Philemons heitere Vision, allein zu leben. Wie er das meine, fragt sie; jetzt muß er den neuen
Wein kosten. Wieso allein? Er nickt, genehmigt durch Schweigen, worauf
der Kellner mit der Grazie der Erleichterung langsam die Burgundergläser
füllt. Man genießt die Stille dieser Verrichtung. Baucis redet wieder von
Grundstücken, während Philemon sich junggesellig in New York sieht.
Es ist schade, daß Baucis gar keinen Appetit hat. Was er denn in New York

wolle, fragt sie; aber jetzt braucht er eine Zigarre: Romeo y Julieta. Wie es wäre, wenn Baucis jetzt ein Kind bekäme, insbesondere die Frage, wessen Kind es sein würde, scheint Philemon nicht zu beschäftigen; jedenfalls raucht er seine Zigarre und spricht, Blick auf den nächtlichen See hinaus, von der Verschlammung unsrer Seen, was ein ernsthaftes Problem ist. Schon lange hat Philemon nicht soviel gesprochen. Beim Cognac, natürlicherweise durch die Verdauung etwas gelassener, findet er keinen Grund, warum Baucis weint, und als man gezahlt hat – er muß nur noch auf das Wechselgeld warten – ist es klar, daß Philemon und Baucis zusammen nach Hause gehen ...

Ich stelle mir vor:

Eines Tages, lange danach, fahre ich nach München, um Lila abzuholen, und warte in der Halle auf ihr Gepäck, Hotel Vier Jahreszeiten, sehe einen jungen Herrn, der eben seine Rechnung bezahlt, Einzelzimmer oder Doppelzimmer, das höre ich nicht, und natürlich ist es lächerlich, daß ich sofort an den Dänen denke, abgesehen davon, daß der junge Herr gar nicht blond ist. Ich warte, eine Zeitung lesend, um an der Wirklichkeit zu bleiben. Ich bin mir bewußt, daß ich ja nicht weiß, was in jenen dänischen Briefen gestanden hat; nur um Philemon abzuhalten, daß er die Briefe liest, habe ich ihm vor Augen gestellt, was in jenen Briefen, die er später in eine Straßendole geworfen hat, beispielsweise stehen könnte: Kopenhagen im Frühling. Erfolge im Beruf, Sehnsucht nach einem Whisky im Bad, Urteil über Filme, Hoffnung auf München, Hotel Vier Jahreszeiten. Eine pure Flunkerei von mir. Tatsache ist, daß ich jetzt in dieser Halle sitze, Hotel Vier Jahreszeiten, und daß ein junger Geck (wieso Geck?) eben seine Rechnung bezahlt hat. Sicherlich gibt es auch Dänen mit schwarzem Haar, ich weiß nicht einmal, ob Kierkegaard blond war; ebenso wenig weiß ich, ob dieser junge Geck (er muß ein Geck sein, ja, nach seiner Kleidung zu schließen!) ein Däne ist. Daß er eine deutsche Zeitung in der Hand schlenkert, beweist auch nicht das Gegenteil; alle Dänen lesen auch Deutsch, und es gibt hier keine dänischen Zeitungen. Überdies versteht Lila, soviel ich weiß, kein Dänisch; somit muß er ja Deutsch verstehen. Anderseits, so sage ich mir, braucht nicht jeder Schönling, nur weil er Deutsch versteht, der Geliebte von Lila zu sein. Zudem finde ich ihn nicht beachtlich, wie er tut. Die Art und Weise, wie er seine Zeitung schlenkert, wie er mit der Zeitung gegen seine Schenkel klatscht, zeigt nur, daß er nervös ist. Weil ich gekommen bin? Es kann auch andere Gründe haben.

Wieso soll er mich erkennen? Auch daß er mich schon zum zweiten Mal anblickt, kann andere Gründe haben; jeder Mensch, den man ins Auge faßt, blickt gelegentlich zurück ... Da bist du ja! sagt Lila, als sie plötzlich neben mir steht reisefertig. Sie ist, wie ich sehe, von der Filmerei ziemlich hergenommen wie immer. Meine Frage, ob sie ihre Rechnung schon bezahlt habe, überhört sie, im Augenblick bekümmert um ihr Gepäck, während ich meine Zeitung zusammenfalte und feststelle, daß der Geck verschwunden ist. Ich hätte jetzt gerne sein Gesicht gesehen, aber er ist vor uns schon durch die Glastüre gegangen, um auf dem Bürgersteig draußen mit der Zeitung gegen seine Schenkel zu klatschen. Es soll wieder ein schauriger Film werden, berichtet Lila, als wir im Wagen sitzen; ich ziehe meine Handschuhe an, Blick in den Rückspiegel, wortlos. Leider sehe ich nur Schuhe und zwei Hosenbeine. Mehr nicht. Der obere Teil, der persönlichere sozusagen, ist abgeschnitten, und den Rückspiegel zu verstellen wage ich nicht. Ich lasse den Motor an und warte, als wäre der Motor kalt. Warum soll ich nicht eine Zigarette anzünden, bevor wir fahren? Jetzt weiß ich nicht einmal, ob der junge Mann einen Bart trägt; es kann sein, aber plötzlich bin ich unsicher. Wir sperren den Verkehr, meint Lila, wenn ich nicht fahre; aber ich sehe keinen Verkehr, nur die untere Hälfte eines Mannes, der eine Weste trägt, und jetzt hat er die rechte Hand in die Hosentasche gesteckt, um nicht zu winken, ich verstehe, ein Mensch von Takt. Was er von meinem Hinterkopf halten mag? Ich hantiere am Aschenbecher, der wieder verklemmt ist. Warum soll der junge Mann nicht eine Weste tragen? Dann frage ich nochmals, ob Lila wirklich ihre Rechnung bezahlt habe. Ein Mann muß ja an alles denken. Nun gut: ich schiebe den ersten Gang hinein, ich löse die Bremse, ich knipse das Winklicht, alles wie es sich gehört, Blick in den Rückspiegel, um zu sehen, ob keine Gefahr droht, aber der Rückspiegel ist tatsächlich verschoben, einfach zu tief, ich muß ihn aufrichten, Ehrenwort, aus sachlichen Gründen. Inzwischen ist der vermeintliche Däne seitwärts aus meinem Spiegel getreten. Was kümmert es mich, ob er einen Bart trägt oder nicht! Als ich beim Ausschwenken in die Straße unwillkürlich wie immer durch das offene Seitenfenster zurückschaue, um mich nochmals zu versichern, daß da keine Gefahr droht, hat er sich umgedreht. Also die Bartfrage bleibt unentschieden. Ich solle, bittet Lila, nicht fahren wie ein Irrer. Wie geht's dir? frage ich gelassen, um anzudeuten, daß von Tempo nicht die Rede sein kann. Als ich nochmals wegen der Rechnung frage, wird Lila fast böse: Aber ja! Zechprellerei unter meinem Namen wäre mir furchtbar. Als Lila bei 160 auf offener Strecke droht, sie werde aussteigen, gehe ich sofort auf 100 zurück, um ihr das Aussteigen zu erleichtern; einmal sogar, als sie sich nochmals beschwert, halte ich an: Bitte! Ich weiß, ich werde ungenießbar ...

Was ist eigentlich geschehen?

Baucis hat jetzt einen eignen Austin-Sport, und alles andere ist nicht geschehen: keine Aussprache beim schwarzen Kaffee, kein Hummeressen mit Vollmond über dem See, kein albernes Gebaren auf offener Strecke. Nichts von all dem! Als einziger Tatbestand bleibt: Baucis hat jetzt ihren weißen Austin-Sport, der sie entzückt und tadellos läuft.

So weit, so gut.

Und Philemon ist ein Mann, der sich wieder sehen lassen darf, Mann unter Männern, ein Zeitgenosse zwischen Ost und West, ein Staatsbürger, der sich gegen die Atomwaffen ausspricht, wenn auch erfolglos, ein Leser, ein Freund, der hilft, ein Schachspieler, ein Kopf, ein Glied der Gesellschaft, deren Veränderung ihm unerläßlich erscheint, ein Arbeiter von Morgen bis Abend, ein Tätiger, ein Teilnehmer und ein Widersacher, ein Mensch, den die Fragen der Welt beschäftigen, die Not der Völker, die Hoffnung der Völker, die Lügen der Machthaber, die Ideologien, die Technik, die Geschichte und die Zukunft, die Weltraumfahrt – ein Mensch ... Was ihn fasziniert: der Gedanke, daß das menschliche Leben, wenn in Jahrmillionen unsere Erde erkaltet, während anderseits die Venus sich abkühlt und in Jahrmillionen ihrerseits eine Atmosphäre bekommt, in den Weltraum verpflanzt werden könnte *(Science and Future)*.

Ich bin erleichtert.

Was die Briefe mit den dänischen Marken betrifft, so sehe ich in dem Umstand, daß diese Briefe plötzlich ausbleiben, meinerseits keinen Grund zu erneuter Verblödung. Alle Liebesbriefwechsel versanden mit der Zeit. Es ist lediglich sein fades Gewissen, was Philemon dazu treibt, diesem äußerst natürlichen Zustand überhaupt nachzusinnen. Sein Verdacht, geschöpft aus eigner Erfahrung, ist simpel genug: sie haben gemerkt, daß drei Briefe unterschlagen worden sind, und nun schreiben sie einander unter einer Deckadresse. Wenn schon! – Ich sehe keinen Grund, deswegen ihre verschlossene Schublade zu erbrechen mit einem Stemmeisen. Es ist drei Uhr morgens. Ich sage: Du bist ja betrunken! Es muß sehr plötzlich gekommen sein; er konnte nicht schlafen, während Baucis schlief, und suchte Schlafpulver. Was hat diese Schublade damit zu tun? Offen ist of-

fen. Und jetzt? Daß sie voller Briefe ist, wissen wir schon. Was weiter? Fast
hofft er, daß Baucis erwacht, jetzt ins Zimmer tritt und ihn an ihrem
Schreibtisch ertappt. Was dann? Aber Baucis schläft, der dreifache Stundenschlag des Münsters weckt sie nicht, sie läßt ihn allein in seiner Scham.
Er haßt sie. Er schlottert, Philemon im Pyjama und barfuß, aber froh, daß
er haßt. Das ist noch einmal wie das erste Gefühl so heiß, so eindeutig. Er
haßt sie. Dazu hat sie ihn gebracht. Womit eigentlich? Er haßt sie, und das
gibt ihm mehr und mehr das Recht, ihre Schublade zu erbrechen, was aber
schon geschehen ist – ich kann Philemon nicht mehr hindern ... *Liebstes*,
dagegen ist nichts einzuwenden, das ist nicht unübertrefflich, *mein Liebstes*, eigentlich will er nur wissen, wie Ihr euch anredet, *Du mein Liebstes*,
es braucht kein Geist aus Dänemark zu kommen, um das zu sagen, *meine
Lilalil*, auch das ist schon dagewesen, so hat auch Philemon sie schon angeschrieben, und überhaupt scheinen Männer einander ähnlich zu sein,
ausgenommen die Handschrift. Es ist sagenhaft, was dieser Herr sich leistet an persönlichen Buchstaben, vieles ist in der Hast des Einbruchs überhaupt nicht zu lesen, und dazu kommt das Herzklopfen, und wo der Blick
einmal hangen bleibt, wie ein schleifender Anker plötzlich hangen bleibt,
viel erfährt man eigentlich nicht. Chiffren einer Liebe, die unschwer zu
enträtseln sind, aber unergiebig, sobald man verweilt und liest; es ist nicht
zu fassen, wie wenig in einem echten Liebesbrief steht, beinahe gar nichts,
wenn man die Ausrufzeichen nicht als Gefühle zählt, eine einzige Aussage:
Ich warte beim Kiosk, Zeitangabe rechts oben: *Donnerstagmitternacht nach
Deinem Besuch*, das Datum fehlt, ja, alle Lust will Ewigkeit, ich weiß, tiefe,
tiefe Ewigkeit, aber damit hat sich's. Vielleicht weiß es der Poststempel,
wann das gewesen ist? Aber die Kuverts sind weg, das ist es ja, eine Schublade voll nackter Briefe, und um sich zu setzen, um das Material einmal zu
ordnen und wie ein Historiker zu arbeiten, nein, dazu ist Philemon zu betrunken; im Stehen, nur so, im Schlottern und ohne auch nur die Zimmertüre zu schließen, so, als wäre keine Absicht dabei, nur so gestattet er sich
das unstatthafte Schnüffeln in Briefen, die so unleserlich sind vor Leidenschaft, wenn auch nichtssagend, so zärtlich, daß er sie nicht als seine eignen erkennt. Ein einziger Brief steckt noch in seinem Kuvert, ein einziger
in der ganzen Schublade; aber das ist, wie sich zeigt, ein Brief von ihrem
ersten Mann, *Dein alter Svob*, eigentlich ein schöner Brief, sachlich. Der
trägt auch sein Datum. Es ist der einzige Brief, den Philemon jetzt auf
der Sessellehne hockend, gänzlich zu lesen vermag, bestürzt und beruhigt

zugleich. Die Zärtlichkeit, die nicht sich selbst zum Thema nimmt, die nur enthalten ist in der Art, wie über eine Sache geschrieben wird, wie der Schreiber wirklichen Bezug nimmt auf die Empfängerin und weiter nichts, ich finde auch, solche Zärtlichkeit konserviert sich besser als diese Ekstase-Depeschen: BALD STOP ÜBERMORGENABEND STOP BALD STOP NUR NOCH ZWEI TAGE STOP BALD BALD. Nun ja. Warum will Philemon, wenn er schon schnüffelt, nicht das Datum der Depesche sehen? Er hat keine Ruhe, er durstet nach einer Ungeheuerlichkeit, aber was er findet: *Deine Stimme, Deine Stimme gestern am Telefon, Deine ferne Stimme, aber Deine Stimme, plötzlich Deine Stimme*, das ist einfach langweilig, finde ich, Lebenskitsch, aber sowie in diesen Briefen sich eine wirkliche Persönlichkeit meldet, nicht bloß ein Männchen, das balzt mit Kugelschreiber oder Schreibmaschine, eine Persönlichkeit, die ihn an Intelligenz übertrifft mindestens in seinem betrunkenen Zustand, nein, liest er nicht, Verehrung für seine schlafende Frau, eine einsichtige Huldigung, der er sich anschließen könnte, nein, liest er nicht. Was er sucht, ist solches: *Schreib mir, wohin ich Dir schreiben kann, damit Du keine Schwierigkeiten hast.* Das kommt der Wunde schon näher. *Damit Du keine Schwierigkeiten hast*, Fortsetzung auf dem nächsten Blatt, *wenn Svoboda nicht will, daß wir einander schreiben* ... Wieso Svoboda? Das würde heißen, daß das seine eigenen Briefe sind. Nun ja, sage ich, das merkst du erst jetzt? Es ist seltsam, wie fremd uns bisweilen die eigene Handschrift sein kann, vor allem wenn man nicht drauf gefaßt ist, wenn man eine Schublade aufbricht, um einer schlafenden Frau auf die Schliche zu kommen, und dabei nur sich selbst auf die Schliche kommt.

Philemon, sage ich, geh schlafen!

Das Schloß ist kaputt –

Das ist das eine.

Philemon wird nicht um ein Geständnis herumkommen, daß Baucis für alle Zeiten warnt, während er von dieser Stunde an nur weiß, daß irgendwo in der Wohnung noch ein anderes Versteck sein muß ...

Das ist das andere.

Philemon, sage ich, gib's auf!

Ich sehe die Schlafende:

Ihr offnes Haar schwarz, eben hat sie sich auf die andere Seite gedreht, ihr Ohr korallenrot, ihre Hand mit gespreizten Fingern auf dem Kissen neben ihrem Gesicht, sie atmet langsam und regelmäßig wie jemand, der tat-

sächlich schläft, und mit reglosen Lippen, ihre Lippen etwas offen und
kindlich, ihre linke Schulter und der Ansatz der Brust sind bloß, ihr Körper nur mit einem Linnen bedeckt, ihr Körper unter dem Linnen deutlich
wie eine Nike unter dem verräterischen Gefältel aus Marmor, aber warm,
sogar heiß von Schlaf, trocken, glühend, ihr korallenrotes Ohr unter dem
schwarzen Haar, das ich berühren könnte, ohne daß sie's merkt, einmal
zucken die Wimpern, aber sie schläft, ihre geschlossenen Augenlider bläulich und wächsern kühl glänzend wie die Blässe von Herbstzeitlosen über
den schlafenden Augen, reglos, nur das Haar scheint schlaflos, auch die
Fingerspitzen neben dem Gesicht könnten beinahe wach sein, aber sie
schläft, der Schlaf ist im Nacken, dort ganz tief, traumlos, feucht, tiefer
als im Gesicht, das auf dem dunklen Schlaf zu schwimmen scheint wie
eine störbare Spiegelung –

Lilalil.

Philemon, sage ich, du liebst sie!

Alles andere ist Unsinn.

In Afrika (so berichtet ein Gast) soll es ein Naturvolk geben, wo durch
Los bestimmt wird, welcher Mann zu welcher Frau gehört und zwar so,
daß er für diese Frau zu sorgen hat, wenn sie jung und gesund ist, wenn
sie krank ist, wenn sie Kinder bekommt, wenn sie altert; im übrigen aber
paaren sich alle mit allen. Und es soll (laut Gast) das friedsamste Volk sein
in diesem dunklen Erdteil. Eros als Allmend, wie es der Natur entspricht,
Geschlecht und Person unterstehen nicht dem gleichen Gesetz; daher
kommt es bei den Tuholi (oder wie sie heißen) nicht vor, daß Männer
auf einander schießen wegen einer Frau. Sie brauchen ihren Geist wie ihre
Pfeile für die Jagd; Streit entsteht nur wegen Beute. Diebstahl wird mit
Tod bestraft, Todesart je nach Wert des gestohlenen Gegenstandes. Ein
schlichter Tod, Schnitt in die Halsschlagader, erwartet den Dieb von Hausgerät. Schon der Dieb von Schmuck, beispielsweise von Ohrringen einer
Frau, wird zwischen zwei Palmen gebunden, bis der nächste Wind, indem
er die beiden Palmen hin und her wiegt und biegt, seinen diebischen Körper zerreißt. Ein Dieb von Pfeilen, die offenbar den höchsten Besitz darstellen, wird entmannt, dann lebendig begraben. Diebinnen werden von
ihrem Mann verbrannt. Außer Diebstahl aber gibt es zwischen diesen
Menschen nichts, was ihnen als verächtlich und strafbar gilt oder auch
nur Kummer macht –

Baucis ist entzückt!

Außer diesem Entzücken, das übrigens von andern Damen der Gesellschaft geteilt worden ist, und außer jenen dänischen Briefen, die ebenfalls nichts beweisen, solange wir ihren Inhalt nicht kennen, und die zudem, wie gesagt, neuerdings ausbleiben, ist eigentlich nichts vorgefallen, nichts Tatbeständiges, was Philemon, einmal beim Verstand genommen, irgendwie zur Annahme berechtigt, daß Baucis eine Tohuli-Ehe führt, überhaupt nichts –

Philemon, sage ich, ich möchte arbeiten!

Und der Westen-Geck im Rückspiegel?

Philemon, sage ich, es geht nicht, daß du jede Mutmaßung, die durch meinen Kopf huscht, blindlings als Tatbestand behandelst.

Aber er kann's nicht lassen:

Um das Vertrauen wiederherzustellen, greift er zum Mittel der Offenheit; ohne jeden zwingenden Grund, ungefragt, berichtet er plötzlich seine Affäre mit der kleinen Stenotypistin, und siehe da, Baucis hat es zwar nicht gewußt, aber sie möchte es auch nicht wissen, nein, sie möchte es auch in Zukunft nicht wissen ...

Blindgänger!

Ich halte nicht viel von Offenheit, ich kenne meinen Philemon, ich weiß, Geständnisse sind maskenhafter als Schweigen, man kann alles sagen, und das Geheimnis schlüpft doch nur hinter unsere Worte zurück, Schamlosigkeit ist noch nicht die Wahrheit, ganz abgesehen davon, daß man nie alles sagt, beispielsweise nicht die Geschichte mit der Schublade; unsere Aufrichtigkeit, wenn sie als solche auftritt, ist doch meistens nur eine schieberische Transaktion von Lügen, Sicherstellung von anderen Heimlichkeiten.

Ihr Schweigen ist hygienischer.

Das Geständnis wegen der aufgebrochenen Schublade, eines Tages leider fällig, damit die Putzfrau nicht unter falschem Verdacht entlassen werden muß, findet beim schwarzen Kaffee statt, ja, genau in den beiden Sesseln und so, wie ich mir das Geständnis von Baucis vorgestellt habe, nur mit vertauschten Rollen, was sie wiederum nicht wissen kann; jetzt ist sie es, die sprachlos erbleicht, während sie ihre Zigarette in den Aschenbecher quetscht, und er ist es, der den schwarzen Kaffee eingießt, aber nicht wagt, Zucker anzubieten; sie kann ihn nicht anblicken, so sehr er darauf wartet. Nur Liebe trauert so in sich hinein. Kein Lächeln gelingt ihr, während er sich dafür entschuldigt, daß er eines Abends seine eignen Briefe gelesen hat, und sie findet es nicht einmal lustig.

»Ja«, fragt sie, »und jetzt?«

Philemon faßt ihre Hand.

»Nein«, sagt sie, »bitte.«

Von einem Mann, der seine eignen Briefe liest, will Baucis keinen Kuß;
sie hat es ihm nicht zugetraut, sie hat gemeint, sie kenne ihn; sie sitzt vor
einem Fremden –

Wie weiter?

Baucis ist krank, nicht schlimm, Fieber mit Kopfschmerzen, jedenfalls
bleibt sie im Bett, und ich koche Tee, ich stehe in der Küche und denke
an meine Arbeit, bis das Wasser siedet, ich sitze auf dem Rand ihres Bettes,
Philemon und Baucis, wie's im Buch steht. Ich glaube an Aspirin, aber
finde keins. Baucis ist elend; sie bittet mich, daß ich in ihrer Handtasche
nachsehe. Sie erlaubt es nicht nur, sie bittet darum, elend wie sie sich fühlt.
Aber ihre Tasche ist nicht im Zimmer, es tut mir leid, ihre Tasche liegt drüben im Wohnzimmer. Ich habe von jeher gestaunt über das Tohuwabohu
in ihren Handtaschen, und daß ich das Aspirin finde mit blindem Griff,
wie die Arme es erwartet, wäre ein Wunder; ich versuch's, aber das Wunder tritt nicht ein. Was ich finde: Schlüssel, Geldnoten, Lippenstift, Ta-
schentüchlein, Paß, Parfum, Münzen, noch einen Lippenstift, Handschuhe, Flugschein, Etui mit Pincetten, Münzen verschiedener Währung,
zwei Tickets für ein Museum in München, Kugelschreiber, Führerschein,
Kamm, Zigaretten, Puderdose, Hotelrechnung Vier Jahreszeiten, Einzelzimmer mit Bad, Wagenschlüsselchen, einen Zeitungsausschnitt, Ohrringe, einen Brief mit dänischen Marken, Datum von vorgestern, Adresse
postlagernd, der Brief ist aufgeschlitzt –

Philemon, sage ich, laß das!

Es wäre zu billig.

Ja, rufe ich, ich hab's!

Schon sitze ich wieder auf dem Rand ihres Bettes, ein leeres Wasserglas
in der Hand, meine andere Hand auf ihrer heißen schwitzenden Stirn . . .
Philemon ist unberechenbar.

Am Tag vor ihrer Reise nach Hamburg plötzlich findet er's vernünftiger,
daß sie allein reist, plötzlich seine Erleuchtung; eine heitere Erleuchtung; er
hat es sich überlegt: Jetzt nach Hamburg, offengestanden, es paßt mir gar
nicht. Nein, sagt sie, jedenfalls nicht nach Kampen. Das ist doch Unsinn,
sagt er, es tut dir gut, glaub mir, eine Woche in Kampen. Ohne dich? fragt
sie, und es bleibt dabei, wie herzlich sie auch bittet. Hofft er, daß sie sich

nicht getraut? Das wäre dumm. Wieso macht es ihm nichts aus? Es macht ihm nichts aus. List? Hohn? Nichts von alledem. Was hat er vor? Arbeiten. Was soll ich in Hamburg? sagt er, und es bleibt dabei; anderntags fährt er sie zum Flughafen, heiter ohne Verstellung; Kampen ist gesund, alles ist klar und richtig und braucht nicht erörtert zu werden –

Es gibt keine andere Lösung.

Einfach so: Spielraum –

bis es eines schönen Morgens klingelt, und da Lila noch schläft, gehe ich zur Tür, und draußen steht ein junger Mensch, den ich sofort zu erkennen meine, obschon ich ihn noch nie gesehen habe. Ich bitte einzutreten. Ich bin froh, daß ich schon angezogen bin, wenn auch noch ohne Krawatte. Er tritt ein, zögert nicht, nimmt seine Pfeife in die Hand. Ich brauche mich wohl nicht vorzustellen, da er es auch nicht tut. Nun steht er also da, lächelnd, ein schlacksiger Mensch, jung, verglichen mit uns, ein Student mit steilem Haar oder ein Tänzer, aber ohne Bart, auch ohne Weste. Ob er schön ist, kann ich nicht beurteilen; ein Ekel ist er nicht. Sein Blick hat keinerlei Macht über mich, aber er kommt ja auch nicht zu mir. Ich frage ihn, ob er Gepäck habe. Seine Antwort ist verworren. Er wolle aber nicht stören, sagt er, könne auch um elf Uhr nochmals kommen. Vielleicht hat er sein Gepäck draußen im Flughafen gelassen, um beide Hände freizuhaben für das Gepäck von Lila; es wird nicht wenig sein, wenn sie nach Uruguay fliegen. Er zieht seinen Mantel nicht aus. Etwas verlegen ist er schon, aber vermutlich nur meinetwegen; vielleicht hat sie ihm geschrieben, daß ich Szenen mache. Ich werde mich beherrschen, ich werde ihn verblüffen, aber nichts daran ändern, er scheint es zu wissen, Lila wird nicht Nein sagen können, wenn sie seinen Blick sieht. Also machen wir's kurz! Ich sage bloß: Sie möchten zu Lila? Er lächelt über meinen konventionellen Text. Ich füge hinzu: Lila ist hier! Indem ich ihn zum Schlafzimmer hinaufführe: Bitte. Das letztere tönt etwas scharf, so daß der junge Mensch nicht weiß, was er tun soll. Hat ihn der Schicksalschwung verlassen? Immerhin folgt er mir, die Pfeife in der Hand, die er nun, als ich klopfe, in seine Manteltasche steckt, vermutlich um beide Hände freizuhaben. Im Augenblick, da ich es tue, weiß ich nicht, warum ich's tue, keine Ahnung, ich tue es als das Einzigmögliche und ohne Herzklopfen. Ich klopfe nochmals an die Türe, sei es, um meine Lila nicht zu erschrecken, sei es, um mich nicht durch die Allüre des Besitzers lächerlich zu machen vor dem jungen Mann, der weiß, daß es in der Liebe natürlich kein Eigen-

tum gibt. Also ich klopfe. Keine Antwort. Dann drücke ich die Klinke
ganz leise, um Lila nicht durch Lärm zu wecken; das verträgt sie nämlich
gar nicht. Das sollte er sich merken. Warum bleibt er jetzt auf der Schwelle
stehen? Ich mache Licht, da ja die Vorhänge noch zugezogen sind. Hat er
nicht gewußt, daß wir ein gemeinsames Schlafzimmer haben? Er scheint
tatsächlich etwas verwirrt, sehe ich, sonst würde er jetzt nicht seine Pfeife
wieder in den Mund stecken. Wie immer, wenn Lila nicht geweckt werden
möchte, rollt sie sich auf die andere Seite; ich fasse sie an der Schulter. Zeit
für Wirklichkeit, meine Lieben, Zeit für Wirklichkeit! Es dauert eine
Weile, bis sie sich schmollig-wonnig reckt. Ich sage: Lilalein? Und da sie
noch nicht aus ihren Augen sieht: Das Einhorn ist da! Ich spreche wie zu
einem Kind. Wer ist da? fragt sie mit einem Gähnen, und der Student
im offenen Mantel, Student oder Tänzer, der es sich anders erwartet hat,
scheint es, tut, als wisse er von nichts, seine Pfeife wieder in der Hand; Lila
aber schreit, als stünde ein Kaminfeger im Schlafzimmer, und schreit ein
einziges Wort: meinen Namen, der, wie ich finde, mit der Sachlage wenig
zu tun hat. Ich lache, fasse mich aber sofort. Ihr entschuldigt! sage ich, indem ich hinausgehe, und dann schließe ich die Türe von außen, stecke den
Schlüssel in meine Hosentasche, langsam entsetzt, daß ich das wirklich getan habe, nicht bloß gedacht, sondern getan, ich nehme meine Krawatte
von der Badezimmertür, binde meine Krawatte, nehme eine Jacke und
stehe, versichere mich, ob ich die Wagenschlüsselchen in der Hosentasche
habe, stehe, und da nichts geschieht, gehe ich halt und setze mich in meinen Wagen, den ich anlasse ohne Hast, fahre. Und da es ein sonniger Morgen ist, fahre ich offen, Wind im Haar, pfeifend, nur die rechte Hand am
Steuer, pfeifend, meinen linken Arm lasse ich aus dem Wagen hängen, der
leise-langsam durch die Landschaft rollt; ich habe Zeit. Etwas Peinigendes,
was sich nicht wegpfeifen läßt, ein Zweifel, der mich überholt, auch als ich
schneller fahre, ein plötzlicher Zweifel, ob der Unbekannte, den ich mit
Lila eingeschlossen habe, der Vermutete sei, zwingt mich beharrlich-lang-
sam, wie ein vorfahrender Gendarm, auf offener Strecke zu stoppen, damit
ich mich ausweise vor meinem eignen Verdacht. Und wenn er's nicht ist?
Ich habe keinen Ausweis dafür, in der Tat, ich habe keinen. Woher soll
ich's wissen, wie ein Einhorn in Wirklichkeit aussieht? Ich greife in meine
Hosentasche; ich habe wirklich ihren Zimmerschlüssel in der rechten Hosentasche. Das ist kein Traum. Ich tue eine Weile lang, als überlege ich.
Was eigentlich? Eine Zigarette, die mich beruhigen soll, werfe ich weg, be-

vor ich sie angezündet habe, und schalte in den Rückwärtsgang, drehe mit
beiden Händen, schalte und gebe Gas, als wäre die Geschichte mit Tempo
auszulöschen ... Die Zimmertüre ist aufgesprengt, das Schlafzimmer leer,
sie sitzen drunten im Wohnraum, Lila im blauen Morgenrock, er hat inzwischen seinen Mantel ausgezogen, seinen Mantel gerollt auf den Knien,
ein junger Mann, der Medizin studiert, aber zum Theater möchte und sich
von Lila beraten läßt, nach wie vor etwas verdutzt über die Bräuche in unserem Haus, doch er läßt sich nichts anmerken. Das Gespräch, von Lila geführt mit einer Sachlichkeit, die ihr Negligé vergessen läßt, dauert noch
eine halbe Stunde. Als er gegangen ist, sagt sie:

»– ich gehe.«

Eine Woche danach (leider lassen sich Gespräche, die überflüssig sind,
im Leben nicht streichen) ist Lila gegangen; sie kann nicht mit einem
Wahnsinnigen leben, ich versteh's.

Was hilft Sehen!

Ich hocke auf der Lehne eines Polstersessels und spiele mit dem Korkenzieher. Alle Polstermöbel sind mit weißen Tüchern bedeckt, die Aschenbecher geleert, alle Blumenvasen geleert, damit es nicht nach Fäulnis stinke,
ich hocke in Mantel und Mütze, weil es draußen regnet. Die Teppiche
sind gerollt, die Fensterläden geschlossen. Von den Personen, die hier gelebt haben, steht fest: eine männlich, eine weiblich. Ich sehe Blusen im
Schrank, etwas Damenwäsche, die nicht mehr in den Koffer paßte, Krawatten auf der andern Seite, meine Jacken; unten im Schrank stehen meine
Schuhe, teils mit Leisten drin, gereiht wie zum Appell. Alle Türen stehen
offen; in der Küche tropft der Wasserhahn, aber sonst ist es still wie in
Pompeji. Ich hocke noch immer in Mantel und Mütze, beide Hände in
den Hosentaschen. Wie in Pompeji: man kann durch die Räume schlendern, Hände in den Hosentaschen, man versucht sich vorzustellen, wie
hier gelebt worden ist, bevor die heiße Asche sie plötzlich verschüttet hat.
Alles ist noch da, nur das Leben nicht mehr. Lang kann es nicht her sein.
Im Badezimmer hängt noch ihr blauer Morgenrock. Ich weiß nicht, was
wirklich geschehen ist ...

Wir sitzen noch immer am Kamin, Mitternacht vorbei, ich habe lang
nichts gesprochen. Lila hinter der ausgespannten Zeitung zwischen ihren

Händen. Ich bin glücklich, daß ich mein Whisky-Glas, wenn auch leer, noch in der Hand habe. Lila gähnt, und das Scheit über der Aschenglut ist wieder erloschen. Zeit zum Schlafen. Ich erinnere mich genau, was wir zuletzt gesprochen haben:

»Hast du das gelesen?«

»Ja«, sagte ich, »– habe ich gelesen.«

Pause.

»Nein«, sagte sie, »wie ist das möglich.«

Sie meinte den Mord.

»Kannst du dir vorstellen«, fragte sie, »wieso einer das tut? Ich finde es schauerlich.«

»Ja«, sagte ich, »– habe ich gelesen.«

»Du«, fragte sie, »ist da noch Whisky?«

»Lila«, sagte ich, »ich habe etwas gesagt.«

»Entschuldige!« sagte sie und ich sah ihr Gesicht, als sie fragte: »Was hast du gesagt?«

»Ich habe gesagt«, sagte ich, »– ich habe gesagt, daß ich's gelesen habe.«

»Findest du's nicht schauerlich?«

»Ja –«

Seither haben wir geschwiegen.

»Ja«, sagt Lila jetzt, »gehn wir schlafen!«

Ich bleibe Gantenbein.

Ich frage mich, welche Berufe für Gantenbein in Frage kommen, ohne daß er berufshalber seine Blindenrolle aufgeben muß; es gibt viele Möglichkeiten, scheint mir, beispielsweise der Beruf eines Reiseführers: Gantenbein, ausgestattet mit seiner Blindenbrille und mit dem schwarzen Stöcklein, das er klöppeln läßt an den marmornen Stufen der Akropolis, umringt von einer Gruppe, Gantenbein als der einzige Mensch unsrer Tage, der nicht alles, was die Reisenden sehen, auch schon gesehen hat, nein, nicht einmal in Filmen oder auf Fotos – er sagt den Leuten nicht, was sie jetzt sehen links und rechts, sondern er fragt sie danach, und sie müssen es ihm mit Worten schildern, was sie selbst sehen, von seinen Fragen genötigt. Manchmal setzt er sich und wischt sich den Schweiß von der Stirne; Gantenbein läßt sie nicht merken, was sie alles nicht sehen. Sie knipsen.

Gantenbein sieht nicht, was es soviel zu knipsen gibt, und stopft sich seine Pfeife, bis sie ausgeknipst haben. Seine Fragen sind rührend. Ob denn die Säulen des Parthenon allesamt die gleiche Höhe haben? Er will's nicht glauben; er hat Gründe, die aufhorchen lassen. Ob denn der Abstand zwischen diesen Säulen überall der gleiche sei? Jemand tut ihm den Gefallen und mißt nach. Nein! Gantenbein ist nicht verwundert, die alten Griechen waren ja nicht blind. Manchmal kommt man nicht vom Fleck, soviele Fragen hat Gantenbein, Fragen, die mit der Kamera nicht zu beantworten sind; er sieht den Bus nicht, der wartet, um die Gesellschaft auch noch nach Sunion zu fahren. Er tut, als wartete man nicht auf ihn; er stopft sich eine nächste Pfeife, und tut, als wartete er auf die Leute, die sich nicht sattsehen können an dieser Akropolis. Vor allem ist es sein Mangel an Entzücken, wodurch er die Gesellschaft aufmerksam macht. Es ist ein Jammer, was Gantenbein alles nicht sehen kann! Er hockt auf dem Bruchstück einer Säule, als wäre er nicht auf der Akropolis, beschäftigt nur mit seiner Pfeife, gelangweilt und nicht einmal beseelt von der Hoffnung, daß ihm die Farbfilme später zeigen werden, wo er heute gewesen ist. Man führt ihn am Arm, um es ihm zu zeigen, das Erechtheion, das Nike-Tempelchen da draußen, in der Ferne die violette Bucht von Salamis, das Dionysos-Theater, und es genügt, daß Gantenbein sich immer wieder in die verkehrte Richtung stellt, um ihnen die Sehenswürdigkeiten nahezubringen. Einzelne empfinden ein solches Erbarmen mit ihm, daß sie, um Worte zu finden, die ihm eine Vorstellung geben von der Weihe des Ortes, selber zu sehen anfangen. Ihre Worte sind hilflos, aber ihre Augen werden lebendig; Gantenbein nickt und horcht und nickt und läßt seine Pfeife erkalten; seine Trauer, daß er sterben wird, ohne je diese Akropolis gesehen zu haben, macht die andern erst dankbar für ihre Reise, koste sie, was sie wolle. Es ist mühsam mit einem blinden Reiseführer, aber es lohnt sich: innerlich für die Reisenden, wirtschaftlich für Gantenbein, denn was sie sich sparen an Farbfilmen, ergibt ein ordentliches Gehalt –

Ich werde ein Inserat aufgeben:

»Reisen Sie mit einem Blinden! Ihr größtes Erlebnis! Ich öffne Ihnen die Augen! Reisen nach Spanien, Marokko, Griechenland, Ägypten usw.«

Ich bleibe Gantenbein:

Lila ist glücklich dabei ...

Woher ich das weiß?

Natürlich ist dieser Gantenbein so fein nicht, wie ich vorgebe, und einmal, scheint es, hat er doch einen dänischen Brief gelesen, wovon er zwei oder drei Sätze im Gedächtnis hat.

»Ich werde immer da sein.«

(Leider ohne Datum.)

»Es ist gut so. Warum weinst Du? Ich verstehe alles. Warum soll ich zornig sein, da Du dort, wie Du schreibst, glücklich bist? Es ist gut so.«

Lila ist also glücklich.

Was will Gantenbein mehr?

»Wann fahren wir in die sieben Himmel? Dein Nils.«

Gantenbein als Reiseführer –

Gantenbein beim Zerlegen von Forellen –

Gantenbein als Schachspieler –

Gantenbein an der Krummen Lanke –

Gantenbein als Gastgeber –

Gantenbein vor dem Stadtarzt –

Gantenbein bei Kurzschluß im Haus –

Gantenbein in der Dior-boutique –

Gantenbein beim Sträußebüscheln –

Gantenbein am Flugplatz –

Gantenbein als blinder Gatte –

All dies kann ich mir vorstellen.

– aber Gantenbein als Freund?

Man trifft sich auf der Straße, Gantenbein mit seiner gelben Armbinde, so daß er mir leid tut, und man redet so über die Welt, die er nicht sieht. Zwar erkundigt er sich jedesmal, wie es mir gehe; aber ich wage es ihm nicht zu sagen. Man kennt sich von früher. Man spricht nicht von der eignen Karriere, wenn der andere sie nicht sieht. Ich bin kein Angeber. Gantenbein kennt meine Ansichten von einst, und da ich überzeugt bin, daß Gantenbein nicht sieht, wie meine Lebensart sich von Jahr zu Jahr ändere, tue ich, als wären wir die alten von Handschlag zu Handschlag, und Gantenbein tut dasselbe . . .

Aber einmal wird Gantenbein mich besuchen.

Ich habe vergessen, wie meine Lebensart sich verändert hat, habe mich daran gewöhnt, komme nach Haus und pfeife so vor mich hin, stutze erst beim Aufhängen meiner Mütze: das ist meine, kein Zweifel, aber so neu. Eine Baskenmütze ohne verschwitztes Kunstlederfutter. Auch meine Jacke, sehe ich, kaum habe ich mich wieder in meine pfeifende Laune zurückgefunden, ist neu: Wildleder, jedoch ohne verschwitzten Kragen. Offenbar besitze ich mehrere solche Jacken, die ohne mein Wissen gereinigt werden; schließlich schwitzt man, und nach meiner Erinnerung ist ein helles Wildleder sehr empfindlich. Wie dem auch sei, ich schmeiße meine Jacke so hin, wie's grad kommt, liederlich, als wäre es meine Joppe von einst und als käme ich in meine Studentenbude von einst. Draußen aber bellt es. Ich sehe mich mit einer Leine in der Hand, Schweinsleder, ebenfalls neu. Das Gebell macht mich stutzig. Vielleicht haben wir neuerdings eine Dogge? Hoffentlich beißt sie niemand. Als ich meine Wildlederjacke, die liederlich hingeworfene, nochmals nehmen will, weil das Gekläff mich vermuten läßt, daß da jemand kommt, sehe ich trotz meiner Zerstreutheit: die Wildlederjacke hängt bereits an einem Bügel. Offenbar gibt es Dienstboten. Ohne mich weiter umzusehen, frage ich, warum denn die Dogge so belle. Ein Herr warte in der Halle. Das ist auch neu, muß ich sagen, daß wir eine Halle haben. Und das Dienstmädchen, das ein Häubchen trägt, sagt: Ein Herr namens Gantenbein. Ihr Tonfall deutet an, daß sie, falls mein Hund und sein Hund sich nicht vertragen, ganz und gar auf meiner Seite ist, was beweist, daß wir sie ordentlich bezahlen, die Person, die mir jetzt die Wildlederjacke hält. Ich bin durch das Gebell etwas verwirrt, und Gantenbein, offenbar von einem zweiten Dienstboten in die Halle geführt, muß mich entschuldigen; erst muß ich die Dogge, oder was es nun immer sei, an die Leine nehmen. Du entschuldigst! sage ich zu dem Blinden, der zum ersten Mal in unser neues Haus kommt, und ich sehe nicht eine Dogge, sondern drei Doggen, die sich beim Anblick ihres Herrn sofort beruhigen. Platz! sage ich, und die Schweinslederleine erübrigt sich; also werfe ich sie auf eine Truhe, die nicht neu ist, im Gegenteil, die Truhe ist ausgesprochen antik. Du entschuldigst! sage ich nochmals, und Gantenbein tut, als habe nicht ein Dienstmädchen inzwischen seinen Mantel abgenommen und ebenfalls auf einen Bügel gehängt, sondern ich, der ich ihn jetzt mit Handschlag begrüße. Unser Handschlag von einst. Meine Freude ist redlich. Nur die Doggen haben mich verwirrt. Da er zu dem Matisse, der hier in der Halle hängt, nichts sagt, darf ich annehmen, daß er wirklich blind ist, und das gibt mir langsam meine Unbefangenheit wieder; nur die Wildlederjacke stört mich noch. Mach's dir bequem! sage ich, und da er den Sessel nicht sieht, führe ich ihn hin, erleichtert, daß Gantenbein unsern Wohnraum nicht sieht; nur ich sehe ihn wie zum ersten Mal. Was gibt's denn Neues? frage ich, als wäre hier alles beim alten. Wie geht's deiner Lila? Dabei fasse ich Gantenbein, meinen Freund von einst, genau ins Auge. Ob er sich wirklich nicht umsieht? Immerhin scheint er zu spüren, daß auf dem Bar-Boy mehr als eine einzige Flasche steht, und wünscht sich, als ich ihm einen Campari vorschlage, eher einen Cognac. Habe ich nicht! sage ich mit einer gewissen Erleichterung, und es ist wahr. Hingegen habe ich einen Armagnac, einen neunzigjährigen, was ich nicht zu sagen brauche. Er schmeckt's aber. Tonnerwetter! sagt er, als habe er auch die Flasche dazu gesehen, eine Sonderflasche, eine Siebenliterflasche, die vielleicht protzig aussieht; dabei ist es billiger, wenn man im Großen einkauft –

Ich weiß jetzt nicht, wovon reden.

Ich sehe nur Spannteppich –

Gantenbein, glücklich mit Armagnac, redet von Lila, Gottseidank, wie immer mit einer Zärtlichkeit, die sich in Verehrung für ihre Kunst übersetzt (um nicht durch Intimität zu belästigen) und die das Geschwätz um diese Frau, das ich natürlich wie jedermann kenne, zuschanden macht. Hoffentlich täuscht er sich nicht! Ich möchte es ihm gönnen. Sie ist, kein Zweifel, eine große Schauspielerin.

Also wir reden über Kunst –

Ich sehe;

Spannteppich heidelbeerblau, davor meinen linken Schuh, der neu ist, es hilft nichts, daß ich manchmal die Beine anders verschränke, auch der rechte Schuh ist neu, ein gediegenes Mausgrau mit passenden Socken dazu; nur die Haut und das Haar an meinem Schienbein sind nicht neu. Auch unsere Kinder, die unversehens hineinstürmen und dann etwas verdutzt, da er so trefflich den Blinden spielt, Herrn Gantenbein begrüßen, sind nicht neu, es sieht nur so aus, da alles, was sie tragen, neu ist wie im Schaufenster und von allererster Qualität, sogar die Pantoffeln. Hinaus mit euch! sage ich, aber auch das ändert nichts daran, daß meine Manschettenknöpfe schlichterdings aus Gold sind; ich ziehe unauffällig die Ärmel meines Pullovers über die seidenen Manschetten, Kaschmir. Wovon haben wir gesprochen? Die Kinder, ja, und wie sie größer werden, und

da wüßte ich nun einen herzerquickenden Kinderspruch, aber da der Witz
davon nicht begreiflich würde ohne die Erwähnung, daß wir auf den Kanarischen Inseln gewesen sind, laß ich's und frage Gantenbein nach seinen
Sorgen, die hoffentlich nichts mit Geld zu tun haben; sonst könnte ich ihm
ohne weiteres helfen, und es würde offenkundig, daß ich ein reicher Mann
geworden bin.

Schweigen.

Politisch sind wir uns nach wie vor einig, ja, verschieden nur im Grad
unsres Ernstes; links sind wir beide, aber ich bin der Ernstere geworden;
Gantenbein macht Witze über die Linke, die ich mir nicht leisten kann –

Einmal ertönt eine Pendeluhr.

Ein Erbstück! sage ich –

Gantenbein schaut sich nicht um, horcht nur, bis das Erbstück wieder
verstummt, dann erbittet er sich einen zweiten Armagnac. Findest du's
nicht sehr warm hier? frage ich gelegentlich und ziehe meine Wildlederjacke aus, auch meine Krawatte. Was ich nicht ausziehen kann, sind die
Vorhänge, die Tapeten, die Spannteppiche. Gantenbein findet es nicht besonders warm, im Gegenteil, eher kühl, und ich überlege, ob ich nicht ein
Kaminfeuer machen soll. Um abzulenken von dem Kamin, der aus einem
toskanischen Palazzo stammt, und da ich gerade die Bücherwand sehe,
spreche ich jetzt von einer Balzac-Erstausgabe, die ich neulich gefunden
habe. Spottbillig! sage ich und nenne auch den Preis, damit Gantenbein
nicht zuviel vermute, und da ich grad stehe, biete ich Zigarren an. Was hast
du? fragt er, und plötzlich sehe ich nicht ein, warum ich ihn hinters Licht
führen soll. Ich habe alles. Sogar etwas Besonderes, was Gantenbein noch
gar nicht kennt: eine Havanna, aber geflochten wie ein Zopf, ja, das gibt's;
mein Händler verwöhnt mich. Versuch's mal! sage ich, ohne unser Gespräch deswegen zu unterbrechen. Unser Gespräch worüber? Jedenfalls
beiße ich meine Zigarre ab, als sähe ich den silbernen Knipser nicht, und
setze mich wieder. Ein Aschenbecher ist auch da, Porzellan, chinesisch,
ebenfalls ein Bijou, das Gantenbein nicht sieht; aber ich sehe alles. Ich
glaube, wir reden über Musik, über die Elektroniker. Ich hoffe bloß, daß
meine Gattin nicht kommt; früher oder später zeigt sie jedem Gast, sobald
Musik nur erwähnt wird, ihre Harfe, die ich neulich gefunden habe. Ebenfalls nicht teuer. Und dann spielt sie darauf, und die Kiste, wo die Noten
verwahrt sind, ist gleichfalls ein Fund, Mittelalter, ich glaube Südfrankreich. Wenn Gantenbein nicht redet, ist es still, aber nicht eigentlich still;

dann ist es, als rede das Sofa aus weißem Hirschleder, und wo ich hinschaue, sehe ich Geschmack, nichts Protziges, nein, aber nichts ist so,
daß es noch besser, schöner oder auch nur nützlicher werden könnte. Fast
bin ich froh um das Loch, das Gantenbein, um den Blinden zu spielen, in
unser weißes Hirschleder brennt; ich sage nichts. Wie wär's mit einem
Burgunder? Gantenbein redet noch immer, nicht ohne die Zopf-Havanna
beiläufig gelobt zu haben, über Kunst, und ich verschließe mich nicht der
Einsicht, daß die Kunst inhaltsfrei zu werden hat, voraussetzungslos, das
ist klar, daß es nicht die Aufgabe der Kunst ist, die Welt zu verändern.
Zum Glück ist eine Flasche im Zimmer, so daß ich kein Dienstmädchen
zu rufen brauche, das uns unterbricht. Ich entkorke, frei für das Absurde.
Ich weiß nicht, wofür Gantenbein mich hält. Es sind nicht Einsichten
und Ansichten, die uns trennen, nur dieser Aschenbecher, den er nicht
sieht, und alles andere. Hat der Reichtum mich verändert? Daß ich Geschmack habe, ist nicht neu; nur ließ er sich früher nicht verwirklichen.
Was also? Hinzugekommen ist der Geschmack meiner Gattin ... Aber
Gantenbein sagt ja gar nichts, außer daß er den Burgunder lobt. Das freut
mich. Warum soll ich Gantenbein nicht eine Kiste davon schicken? Es
wäre mir eine Freude, wenn er's nicht mißversteht. Das nebenbei. Auch
ich finde es eher kühl, ein Kaminfeuer fällig. Ich wundere mich, daß die
Streichhölzer, die ich aus einer Jade-Dose nehme, nach wie vor aus Holz
sind; auch die Tannenscheite und die Buchenbengel, die ich in den Pa-
lazzo-Kamin schichte, sind aus gewöhnlichem Holz, spottbillig; es ist überhaupt das Billige, was mich immer wieder ans Geld erinnert –

　　Später kommt meine Gattin.

　　Sie scheint nicht ganz zu glauben, daß Gantenbein wirklich blind ist,
und das schafft eine gewisse Spannung zwischen uns; meinerseits glaube
ich daran, daß Gantenbein nichts sieht von ihrem Schmuck; jedenfalls
läßt er sich nichts anmerken, als wäre er schon dran gewöhnt wie ich.

　　Ich rede von meiner Arbeit.

　　Ich arbeite viel: nicht um reicher zu werden. Aber das ist unvermeidlich.
Was ich jetzt anrühre, macht reicher. Dabei gebe ich aus, soviel ich nur
kann im Rahmen der Vernunft. Ich kaufe einen Hügel im Tessin, eine
Bucht bei Malaga, einen Wald in Österreich. Ich halte einen Rechtsanwalt, der sich an mir bereichert und dafür etwas leisten will, so daß er auch
mich bereichert, und er ist nicht der einzige, alle wollen mich bereichern.
Das Geld, ich kann's nicht ändern, hat ein anderes Gefälle bekommen:

es fließt zu mir. Was hilft mir der Hügel im Tessin, den ich nur ein einziges Mal besichtigt habe? Das Gras habe ich einem alten Bauern verschenkt, damit er's mäht, ebenso die Kastanien, die ich nicht brauche, und die Brombeeren. Was aber tut er, dieser Hügel? Er hat seinen Wert verdreifacht. Dagegen ist mit dem schlichtesten Lebenswandel nicht anzukommen; ich könnte in Sack und Asche gehen, ich esse Würstchen mit Kartoffelsalat, wenn immer ich allein bin, ich arbeite nicht nur fünf Tage in der Woche wie meine Leute, sondern sechs, ja, sogar sonntags und oft in die Nacht hinein; es ändert nichts daran, daß ich reicher und reicher werde. Oder soll ich vielleicht Golf spielen? – Das sage ich natürlich nicht, sondern denke es bloß, während ich von meiner Arbeit rede, was für meine Gattin langweilig ist, sie kennt das.

»Du arbeitest zuviel.«

Ich rede aber zu Gantenbein, damit er mich versteht. Warum sagt er nichts? Er zwingt mich nur, daß ich selber alles sehe, was ich verschweige. Warum sagt er nicht, daß er das Ganze hier, vom Matisse in der Halle bis zur Platin-Uhr an meiner Gattin, zum Kotzen findet?

Wir sind keine Freunde mehr.

Es macht mich traurig.

Und obschon er den Blinden spielt, es wird kein guter Abend, und später dann, als ich ihn zum Bahnhof fahre, nehme ich unsern Volkswagen, nicht den Jaguar, damit er den Wandel in meinem Leben nicht höre, für den Fall, daß er wirklich blind sein sollte.

Gantenbein macht mich unsicher.

Ich frage mich, ob ich ihn mag ...

Gespräch mit Burri nach einem Schach, das ich verloren habe, über Frauen, scheinbar über Frauen, eigentlich aber über Männer, die Unheil anrichten, indem sie die Frau zu wichtig nehmen –

Burri (soweit ich ihn begriffen habe):

Ein Mann, der an seiner Frau leidet, ist selbst schuld ... Was Männer hörig macht: ihre Verachtung der Frau, die sie sich selbst nicht eingestehen; daher müssen sie verherrlichen und stellen sich blind; wenn die Wirklichkeit sie unterrichtet, laufen sie zur nächsten, als wäre die nächste nicht wieder eine Frau, und können von ihrem Traum nicht lassen ... Was man

verachtet: ihre Passivität, ihre Koketterie noch da, wo es um ganz andere
Dinge geht, die Permanenz ihrer Frau-Mann-Position, alle andern Interessen entlarven sich als Vorwand oder Tarnung oder Zwischenspiel, ihr un-
stillbares Liebesbedürfnis, ihre Gewöhnung daran, daß sie bedient werden
(Streichhölzer) und immer das Vorrecht haben, enttäuscht zu sein, überhaupt ihr Hang zum Vorwurf, wobei der Vorwurf erraten werden muß,
ihr Schweigen-Können, sie wollen und können sich selbst undurchsichtig
bleiben, ihr Dulden-Können, ihr Kniff, das Opfer zu sein, dazu ihre entsetzliche Tröstbarkeit in jedem Augenblick, ihre Flirt-Anfälligkeit noch
im Glück, ihre Bereitschaft und List dabei, daß sie es dem Mann überlassen, was geschieht, und wenn der Mann, um handeln zu können, wissen
möchte, woran er ist, ihre Kunst des Offen-Lassens, sie überlassen ihm
die Entscheidung und damit die Schuld von vornherein, ihre Kränkbarkeit
überhaupt, ihr Bedürfnis nach Schutz und Sicherheit und dazu der geisterhafte Wankelmut ihrerseits, kurzum: ihr Zauber ... der Mann gibt sich
um so ritterlicher, je mehr Verachtung er zu verheimlichen hat ... Der bio-
logische Unterschied: die Frau kann in einer Nacht mit zehn Männern zusammensein, der Mann nicht mit zehn Frauen; er muß Begierde haben, sie
kann es geschehen lassen auch ohne Begierde; deswegen ist die Hure möglich, aber nicht das männliche Gegenstück. Die Frau, zur Schauspielerei
genötigt durch die Eitelkeit des Mannes, spielt ihre Auflösung im Genuß,
auch wenn er ausbleibt; der Mann weiß nie ganz sicher, was für die Frau
wirklich geschehen ist; es ist der Mann, der sich preisgibt, nicht die Frau;
das macht ihn mißtrauisch ... Die Frau ist ein Mensch, bevor man sie
liebt, manchmal auch nachher; sobald man sie liebt, ist sie ein Wunder,
also unhaltbar –

»Ja«, sage ich, »spielen wir.«

»Einverstanden?«

»Nicht ganz«, sage ich. »Du bist am Zug.«

Burri nach seinem Zug:

»Was deine Lila betrifft –«

»Meine?«

Ich habe gezogen.

»Aha«, sagt Burri, »ahaaa.«

Ich wechsle den Beruf von Lila.

(Das Theater ist mir verleidet.)

Lila ist keine Schauspielerin von Beruf, sondern Wissenschaftlerin, Medizinerin, Lila im weißen Arbeitsmantel, Assistentin im Röntgen-Institut der Universität, alles ist vollkommen anders, Lila ist anmutig, aber nicht schwarz, sondern blond, ihr anderes Vokabular, das Gantenbein manchmal erschreckt, und wenigstens im Anfang ist Lila kaum wiederzuerkennen, sie spricht aus, was eine Schauspielerin verschweigt, und verstummt, wo eine Schauspielerin sich ausspricht, Verlagerung der Scham, ihre anderen Interessen, der andere Freundeskreis, vor allem aber ihr Vokabular, das so anders ist, daß sämtliche Gespräche zwischen Lila und Gantenbein nochmals zu führen sind, angefangen vom ersten Kuß an. Ihre Utensilien im Badezimmer, die Gantenbein sieht, bleiben dieselben –

Oder:

Lila ist eine Contessa, katholisch, eine venezianische Contessa, Morphinistin, frühstückt im Bett, bedient von einem Diener in blauer Bluse. Tollkirschaugen. Ihr Vokabular ist abermals anders, ebenso der Freundeskreis, der Gantenbein für blind hält; die Szenerie ist ein Palazzo. Ihre Utensilien im Badezimmer, die Gantenbein sieht, bleiben dieselben.

NB.

Gantenbein bleibt derselbe.

Die neue Zeitschrift ist erschienen, Enderlin als Herausgeber, die erste Nummer ist nicht schlecht, sogar erstaunlich; aber es bleibt dabei, daß ich Enderlin aufgegeben habe.

Lila als Contessa:

(warum es auch nicht geht)

Sie ist wirklich eine Contessa, seit Jahrhunderten nicht gewöhnt, daß man sie anschreit, und ich käme auch niemals auf die Idee, sie anzuschreien,

wenn sie nicht selbst immer wieder sagen würde, ich solle sie nicht an-
schreien – dabei habe ich nur gefragt, ob sie den Gong nicht gehört habe.
Das war im Anfang unsres Glücks; seit ich weiß, wie sensibel sie ist, wie
erschreckbar, wie hellhörig für den Unterton in einer solchen Frage, habe
ich nie wieder gefragt, ob sie den Gong nicht gehört habe. Ich warte einfach, bis sie zu Tisch kommt. Sie hat nun einmal keinen Sinn für Zeit,
so viel Sinn für anderes, was wichtiger ist, weiß Gott; beispielsweise Sinn
für Stil. Nicht bloß die venezianischen Möbel, nicht bloß ihr Vokabular,
das ohne ein einziges vulgäres Wort auskommt und dabei alles auszudrük-
ken vermag, was sie nicht verschweigen will, sogar ihr Schweigen hat Stil;
es ist einfach undenkbar, daß jemand sie nicht als Contessa behandelt. Sogar die Menschen, die ihr begegnen, bekommen Stil. Ich sehe das immer
wieder. Ich sehe es sogar an Gantenbein; er ist kein Conte, aber er benimmt sich wie einer, dabei habe ich noch keinen Conte gesehen, der sich
wie einer benimmt. Also ich warte.

Ich warte nicht auf das Mittagessen. Ich warte bloß, weil es Zeit ist zum
Mittagessen. Ich warte auf die Contessa, die jeden Augenblick erscheinen
kann, weil es Zeit ist zum Mittagessen. Ich kann nicht arbeiten, wenn ich
warte. Also warte ich: nicht auf die Contessa, sondern auf den Augenblick,
da sie erscheinen wird von der Loggia her oder über die Treppe herab ...
Vielleicht schläft sie noch und hat den Gong nicht gehört ... Ich könnte,
um die Zeit zu vertreiben, jetzt schon beschreiben, wie sie erscheinen wird
von der Loggia her oder über die Treppe herab: im Morgenrock, aber gekämmt, im Morgenrock oder in Hosen, kindlich verwundert, daß es in
der Welt schon wieder Mittag ist, und eines tröstlichen Empfanges bedürftig, bleich, aber schön, unglücklich mit Tollkirschenaugen, im Mund einen
langen Zigarettenhalter (Bernstein) mit einer Zigarette, die auf Feuer wartet ... Also ich warte ... Vielleicht kämmt sie sich gerade ... Ich warte
also, ohne auf die Uhr zu blicken, und versuche zu erraten, was sie macht
mit der Zeit, mit meiner Zeit, mit ihrer Zeit; sie hat eine andere Zeit, und
darum hilft es nichts, daß ich auf die Uhr blicke; Uhren kränken sie, Uhren tun immer, als gäbe es eine einzige Zeit, eine sozusagen allgemeine
Zeit ... Vielleicht liest sie ein Buch, das gerade spannend wird, oder sie
spielt mit dem Hund oder sie ist schon unterwegs – es wäre schade, wenn
ich jetzt (nach dreiviertel Stunden, schätze ich) in der letzten halben Minute noch ungeduldig würde. Jede Ungeduld, auch die beherrschte, empfindet sie als Zurechtweisung; jede Zurechtweisung als Schreierei. Also

warte und warte ich, ohne auf die Uhr zu blicken; ich freue mich, um nicht ungeduldig zu werden, an der Aussicht –

So jeden Tag.

Wenn ich sie noch ein einziges Mal anschreie, sagt sie, werde sie ihren Koffer packen und voraussichtlich nie wiederkehren –

Und dabei sind wir so glücklich.

Antonio, unser Diener mit weißen Handschuhen, öffnet die Spiegeltüre zum Eßzimmer, das eheliche Mahl ist bereitet, aber da es Sommer ist, vermutlich ein kaltes Mahl, und jedenfalls zeigt Gantenbein keinerlei Eile, und da der vollendete Diener (wir haben ihn erst einen Monat) natürlich meint, Gantenbein sehe ihn nicht, sagt er nicht: pronto!, sondern sieht sich lautlos um, ob die Contessa auch da ist. Sie schläft. Und wiewohl Antonio schon nach einem Monat weiß, daß man mitunter bis drei Uhr warten kann, sagt er noch immer nicht: pronto!, sondern blickt auf die Uhr. Antonio ist rührend, er weiß nicht, daß Gantenbein ihn im Spiegel sieht, und zieht sich auf Fußspitzen zurück, tut, als sei es vielleicht erst zwölf Uhr. Und Gantenbein tut ebenso. Leider gibt es eine barocke Pendeluhr, die auch einem Blinden nicht verschweigt, daß es zwei Uhr ist. Es muß etwas geschehen; zwar ist Gantenbein nicht hungrig, aber ein Mann, der arbeiten möchte, und auch Antonio, der seinen freien Nachmittag hat, sollte um vier auf dem Fußballplatz sein oder bei seinem Mädchen, es ist sein gutes Recht.

Antonio! rufe ich –

Er tut nicht nur, als komme er aus der fernen Küche, um endlich zu sagen: pronto!, sondern er tut sogar, als sage er es zu der Contessa; er weiß schon, daß der Herr sich verdrießt, wenn die Contessa den ganzen Tag schläft, und dabei ist der brave Bursch, wie gesagt, erst einen Monat im Haus, das natürlich ein Palazzo ist, Renaissance.

Lila, sage ich, komm!

Und es wird alles getan, damit Gantenbein sich nicht verdrießt, damit er nicht merke, daß er sich wieder allein an den Tisch setzt; Gantenbein macht ein gelöstes Gesicht, schweigsam, während er nach der Serviette tastet, und der Diener mit den weißen Handschuhen, gleichfalls gelösten Gesichts, da sein freier Nachmittag gerettet ist, versäumt nichts, um die Gegenwart der Contessa, die Gantenbein nicht sieht, wenigstens hörbar zu machen. Ich sehe, wie er mit dem Knie ihren Sessel rückt. Man weiß, wie hellhörig die Blinden sind. Er macht es ausgezeichnet; er knickt sogar ein Grissini, bevor er geht, um die kalte Bouillon zu holen, und ich sehe, wie er sich beeilt, um unser eheliches Schweigen, bevor es sich durch das Speisen rechtfertigt, nicht zu überziehen. Immerhin dauert es eine Weile.

Bist du geritten? frage ich.

Lila schweigt; sie schläft, wahrscheinlich hat sie gestern wieder ihr Rauschgift genommen, die Unglückliche, und da sie überzeugt ist, daß Gantenbein ihre Drogen nicht sieht, kann sie sich die Folgen selbst nicht erklären.

Bist du beim Arzt gewesen? frage ich.

Antonio in der Tür, ich sehe ihn im Spiegel, wie er etwas unsicher auf seinen Auftritt wartet; es ist ein zauberhaftes Eßzimmer, lauter Gobelin und Spiegel, so daß man sich sogar mit seinem eignen Hinterkopf unterhalten kann; ich weiß nicht, wieso Antonio an seinen weißen Handschuhen zupft und zögert.

Was hat denn dein Arzt gesagt? frage ich.

Jetzt kommt er mit den Tassen, und es ist klar, daß die Contessa, selbst wenn sie zugegen wäre, nicht in Gegenwart eines Dieners über die ärztlichen Befunde berichtet; somit ist das Schweigen wieder natürlich. Das macht auch Antonio wieder sicher. Er stellt die erste Tasse, wie es sich ziemt, auf den Teller unsrer Contessa, die schläft, laut genug, damit Gantenbein es höre. Er macht es wirklich großartig, dieser Sohn eines armen Fischers mit seiner weißen Jacke und mit den goldnen Tressen; er bleibt im Eßzimmer die ganze Zeit, während Gantenbein löffelt. Man spricht ungern in Gegenwart eines Dieners. Es fehlt nur noch, daß er mit ihrem Löffel an ihrer Tasse klingelt. Er tut es nicht, und man hört nur, wie Gantenbein die kalte Bouillon schlürft; eine Contessa hört man nicht ...

Aber wie weiter?

Ich hoffe nur, daß Lila jetzt nicht auftaucht, und dränge zur Eile, aber es gibt Fisch, und es bleibt nichts andres übrig, als daß Gantenbein den herrlichen Fisch zerlegt; um Antonio abzulenken von Zweifeln, ob Gantenbein wirklich blind ist, frage ich nach dem Namen des Fisches, nach seinem Vorkommen in venezianischen Gewässern, überhaupt nach allerlei, was mit Fischerei zu tun hat, nach der Art, wie die Netze ausgeworfen werden, nach den Preisen, nach der Not der Fischer; es ist nicht nur interessant, was Antonio, der Fischersohn, alles weiß, sondern auch schön, wie er immer wieder einmal tut, als interessiere es auch unsere Contessa, deren Fisch unberührt auf dem Porzellan erkaltet. Aber Gantenbein kann nicht

nur mit dem Diener reden, versteht sich, das würde nach ehelichem Zerwürfnis aussehen. Vor allem jetzt, als der Diener hinausgeht, muß Gantenbein einfach reden, bis der Käse kommt. Worüber? Ich rede über Kommunismus und Antikommunismus, ein Thema, das jedenfalls, wo immer man
stehe, keine Widerrede erheischt, da die Widerrede ja bekannt ist und
eben widerlegt wird. Dabei rede ich nicht pausenlos, nicht ohne ab und
zu ein Grissini zu knicken oder einen Schluck zu trinken, nicht filibusterig,
aber so lapidar-überzeugt, daß das Schweigen der Contessa nicht unbegreiflich erscheint. Was Antonio sich dazu denkt, der im serviceroom zuhören
mag, kümmert mich nicht; Gantenbein spricht zu Lila, deren Bruder ein
lauterer Kommunist ist. Wenn Antonio draußen zuhört, muß er merken,
daß von Standesdünkel bei den Leuten, die er bedient, nicht die Rede sein
kann, jedenfalls nicht gegenüber einem armen Fischersohn; wir sind in Italien. Freilich gibt es diesen oder jenen Conte, der Faschist ist, daher verbittert; aber die hellen Köpfe in der Familie sind es nicht, im Gegenteil. Das
Aristokratische (in Italien) äußert sich eher darin, daß man die bürgerliche
Angst vor dem Kommunismus, die wie jede Massenangst etwas Vulgäres
hat, nicht teilt. Insofern könnte Gantenbein durchaus offen sprechen,
auch wenn die Contessa zugegen wäre, und also fällt es nicht auf, daß sie
nicht zugegen ist, während er redet und redet. Was dieser Antonio nur solange macht? Indem man redet und redet, ohne einen Widerspruch zu hören, beginnt man selbst zu widersprechen; das ist fast unvermeidlich. Wem
aber soll Gantenbein widersprechen, da die Contessa schläft? Er widerspricht ihrem Bruder; er findet es grotesk, daß Dino, dieser junge Großgrundbesitzer, ein Kommunist ist, dabei nicht einmal ein romantischer, o
nein, Dino ist ein heller Junge, anzusehen wie ein heidnischer Lockengott,
ein Hermes vielleicht, der nirgends anstößt, er hält sich an seine katholische Kinderstube, ich meine Dino, ihren Bruder, und daß der Conte (so
nennt er sich selbst nur bei Zusammenstößen mit der Polizei) Kommunist
ist, merken nicht einmal seine Bedienten. Dino ist kein Prolet mit erhob-
ner Faust, Dino lächelt fast unmerklich über Leute, die den Streik seiner
Landarbeiter verurteilen, und predigt nicht, er macht sich nicht lästig
mit seinem Kommunismus, er versteht ihn nur, einer der wenigen, die sich
das Studium des Kommunismus haben leisten können, und er dient dem
Kommunismus, gerade indem er sich als Kapitalist verhält. O nein, Dino
ist kein Träumer, o nein, er weiß, daß die Welt nicht durch private Aktionen zu revolutionieren ist – es läßt sich viel darüber sagen, und Ganten-

bein sieht tatsächlich nicht, daß der Käse schon lange da ist; der Diener hält die Platte mit weißen Handschuhen und mit einer Miene, als höre er nicht zu. Gorgonzola oder Mozzarella? Gantenbein nickt nur, ohne das Gespräch mit der Contessa, die schläft, deswegen zu unterbrechen, während Antonio wieder sein Glas füllt.

Ja, frage ich, oder ist es nicht so?

Schweigen.

Gantenbein redet weiter, ich sehe, wie Antonio wieder das Glas der schlafenden Contessa nimmt, um es auszutrinken; anders kann er es ja nicht nachfüllen, ich verstehe, und wenn er dann das Glas wieder füllt, tut er's aus ziemlicher Höhe, damit Gantenbein wirklich das Gurgeln höre.

Ob er wirklich glaubt, Gantenbein merke nichts?

Oder glaubt nur Gantenbein, der Diener glaube es?

Später beim schwarzen Kaffee, der draußen auf der Loggia genommen wird, wäre das Spiel eigentlich nicht mehr nötig; Antonio ist abgehauen, sein letzter Dienst ist erfüllt, indem er den Kaffee in die zwei kostbaren Täßlein gegossen hat, das eheliche Geschäft der Contessa verrichtend. Dabei hat er der Contessa, die nicht vorhanden ist, sogar eine kurze Antwort gegeben; es könnte ja sein, daß Gantenbein ihre beiläufige Frage, zumal sie immer leise zu sprechen pflegt, wegen Taubengeflatter überhört hat.

»Come no, Contessa, come no!«

Ein begabter Junge.

»Come mai«, lacht er, »come mai!«

Diese zweite Antwort liefert er schon aus Entfernung, ich sehe, wie er dabei schon seine weißen Handschuhe abstrupft; das würde er in Gegenwart der Contessa niemals tun. Dann ist er abgehauen, aber nun ist es soweit, daß Gantenbein wirklich (nicht bloß dem Diener zuliebe) mit der Contessa redet, die immer noch schläft, weil sie wieder ihr Rauschgift genommen hat, und das Rauschgift nimmt sie, weil sie unglücklich ist.

Lila, frage ich, warum bist du unglücklich?

Zum Glück nimmt Gantenbein keinen Zucker in den Kaffee, die Contessa weiß das, und also fällt ihre Ungegenwart nicht auf, wenn sie keinen Zucker gibt.

Bin ich kein Mann? frage ich.

Dazu raucht Gantenbein eine Zigarre, Blick auf den Canale Grande, der einem auch verleiden kann.

Bin ich's, der dich unglücklich macht?

Da die Contessa schweigt, ist wenigstens diese Frage beantwortet, und Offenheit schafft Offenheit. Die Wahrheit ist schmerzlich, aber es ist klar, daß man es jetzt genauer wissen will. Wenn schon, denn schon. Allein mit den beiden kostbaren Täßlein, die Gantenbein, bevor er weitersprechen kann, beide austrinkt, frage ich, ob und inwiefern die Umarmung mit andern Männern anders sei, eine Frage, die eine Frau von Geschmack ohnehin nie beantwortet, und ihr Schweigen bedeutet abermals nicht, daß die Contessa nicht zugegen ist.

Es gurren die Tauben von Venedig.

Lila, sage ich, so geht das nicht weiter!

Sie fragt nicht:

Wieso? Was meinst du?

Sie ist ja nicht zugegen, aber es fällt nicht auf; auch wenn sie zugegen wäre, würde sie jetzt, zur Rede gestellt, ausgiebig schweigen, bis ich rundheraus frage:

Was ist eigentlich mit Nils?

Schweigen.

Oder ist es ein anderer? frage ich, und es ist das erste Mal, daß wir so offen reden, dabei vollkommen ruhig; sie kann nicht sagen, daß ich sie anschreie, und daher schweigt sie, während Gantenbein lächelt; ich genieße seine Ruhe, seine Männlichkeit, seine blinde Bereitschaft, jedweder Tatsache ins Auge zu schauen, und ich frage nochmals: Oder ist es ein anderer?

Keine Antwort.

Also wer ist's? frage ich.

Ich verstehe aber, daß sie darauf nicht antworten kann; es geht Gantenbein nichts an. Oder hat sie immer noch Angst, daß ich sie anschreie? Nur um etwas zu sagen, um dabei die Ruhe von Gantenbein zu zeigen, sage ich nach einer Weile mit dem Gurren der berühmten Tauben:

Ich dachte immer, es sei Nils.

Es ist das erste Mal, daß ich diesen Namen ausspreche, gefaßt, daß die Contessa daraufhin ihre Koffer packt, um voraussichtlich nie wiederzukehren, und zwar heute noch, auch wenn sie nicht zu Nils geht, denn das ist lange her, insofern komisch, aber nicht zum Lachen, jedenfalls lacht die Contessa nicht, und da Gantenbein, allein in der venezianischen Loggia, nun einmal diesen Namen ausgesprochen hat, komme ich um ein Geständnis nicht herum:

Einmal habe ich einen dänischen Brief gelesen –

Was soll die Contessa auf diese Ungeheuerlichkeit, die ich da unterbreite, antworten? – die Contessa, die schläft ...

Gespräch mit Burri über unser Gespräch neulich; ich hätte doch gern gewußt, wie er »meine« Lila sieht. Er spricht von ihr mit einer Verehrung, die mir schmeichelt. Und zugleich war ich erschrocken. Als Burri gegangen war, saß ich noch stundenlang wie ausgestopft, mein Kinn in die gefalteten Hände gestützt. Er redete von ihr (übrigens nur kurz) wie von einem wirklichen Menschen, und ich scheine der Einzige zu sein, der sie nicht sieht.

Lila als Schauspielerin:
(Nachtrag.)
Ihr entzückendes Spiel mit der Küchenschürze, wenn Gäste kommen, und noch kein Gast hat es je durchschaut, nicht einmal der nüchternschlaue Burri, wahrscheinlich glaubt Lila selbst daran – eine Viertelstunde vor dem Eintreffen der Gäste kommt Lila nach Haus, zu Tod erschöpft von ihren Macbeth-Proben, die vormittags stattgefunden haben, und jetzt ist es Abend, sie sackt in einen Polstersessel, um sofort, zu Tod erschöpft, die neuen Magazine zu lesen, ohne ihren Mantel auszuziehen, ohne einen Blick auf den Tisch, den Gantenbein mittlerweile deckt; sie kann sich auf Gantenbein verlassen. Allenfalls eine bestürzte Frage zwischen Tür und Angel: Hast du an Mayonnaise gedacht? Er hat. Ein Glück, daß Gäste sich meistens verspäten; schließlich muß Lila sich noch kämmen. Er hat nicht nur an die Mayonnaise gedacht, sondern sogar an Brot, was wenig auffällt, wenn es vorhanden ist. Lila hat den Hummer bestellt, der in der Tat gekommen ist, und somit kann eigentlich nichts fehlen. Sie ist stolz auf den schönen Hummer, ein Jammer, daß Gantenbein nicht sehen kann, wie schön er ist, der Hummer, den sie telefonisch ausgewählt hat. Ein Wundertier, purpurrot, ein Hummer, der an alles denkt: Nicht nur an die Mayonnaise, sondern auch an den Wein, der zu ihm paßt, und an das kalte Fleisch, falls jemand ihn nicht mag, und an die Früchte, die später, wenn sein Gekröse schon im Kehrichteimer ist, willkommen sein werden.

Zum Glück, wie gesagt, verspäten sich die Gäste immer, so daß Lila, während sie sich kämmt, den blinden Gantenbein unterrichten kann, wer kommen wird; es gibt ja in jeder Gesellschaft immer auch solche, die nicht zu Wort kommen, und dann ist es peinlich, wenn Gantenbein daraus folgert, man könne über solche Personen reden, als wären sie nicht zugegen. Es ist unerläßlich, daß er die Liste der Namen sich merkt. Als es endlich klingelt, kann Lila, obschon bestens gekämmt, nicht zur Türe gehen; das ist der Augenblick, wo sie sich die Küchenschürze umbinden muß zum Empfang der Gäste. Gantenbein verteilt jetzt die Namen, die er sich gemerkt hat, und einen Sessel zu jedem Namen. Lila hat kaum Zeit zur Begrüßung, die seitens der Gäste ein einziges Staunen ist: Lady Macbeth in einer Küchenschürze. Man ist gerührt, alle möchten helfen, nur Gantenbein nicht, da er weiß, daß alles schon gemacht ist.

Bitte, sagt sie, das mach ich schon!

Sie hat kaum Zeit für einen Aperitif.

Bitte, sagt sie, ich mache alles!

Die Aufgabe von Gantenbein besteht dann darin, das Entzücken der Gäste zu teilen, mindestens nicht zu stören, während Lila in ihrer Küchenschürze hin und her geht, herein, hinaus, herein, Gantenbein als Pascha. Was Lila in der Küche macht, während die Gäste, Whisky trinkend, sich mit Entzücken schämen, wieviel Mühe sie dieser großen Schauspielerin machen, ist Salat, den Gantenbein sicherheitshalber zuvor gewaschen hat. Gantenbein als Pascha mit verschränkten Beinen im Schaukelstuhl. Hoffentlich vergißt sie nichts. Sie ist ganz verwirrt, aber es steht ihr. Leider fehlen Zitronen, sagt sie, und das ist schade; die Zitronen liegen in der Küche, aber Lila sieht sie nicht, es ist wirklich schade. Später dann, ungern, zieht sie die berühmte Küchenschürze ab. Von diesem Augenblick an weiß Gantenbein, daß er alles tun kann, ohne dadurch den ersten Eindruck aufzuheben; er holt die Zitronen usw.

Ich ändere nochmals:

Lila ist keine Contessa, sowenig wie eine Schauspielerin. Ich verstehe nicht, wie ich auf diese Idee habe kommen können. Lila ist einfach eine Frau, eine verheiratete Frau, verheiratet mit einem Mann, den ich damals in einer Bar hätte treffen sollen. Einunddreißig. Keine Morphinistin; nicht katholisch; berufslos. Eine faszinierende Frau; man braucht es mir nicht zu sagen, als wüßte ich das nicht. Wieso soll Lila einen Beruf ausüben? Vielleicht hat sie als junges Mädchen einmal Medizin studiert, sogar die ersten Prüfungen bestanden, dann kam halt die Ehe dazwischen, oder sie hat eine Schauspielschule besucht, sogar einen Winter lang gespielt neben großen Namen; all dies ist durchaus möglich, aber durchaus nicht wichtig. Sie kann es lassen, sie ist eine Frau. Sie fühlt sich unabhängig auch ohne eignes Einkommen. Andernfalls wäre sie jederzeit zu jeder Arbeit bereit, sie brauchte nicht zu darben und nicht in selbstgeschneiderten Kleidern zu gehen, sie mit ihren Sprachkenntnissen, sie würde jederzeit als Sekretärin arbeiten beispielsweise in einem Verlag, nicht im Handel oder in einem Fürsorgeamt, nicht in der öden Reihe mit andern; am liebsten in einem Verlag, sagt sie, als Lektorin. Sie wäre jederzeit dazu bereit. Es erübrigt sich, da sie verheiratet ist. Manchmal hat sie geradezu Sehnsucht nach Arbeit, Heimweh nach dem Beruf, der sich dann erübrigt hat. Sie ist keine Hausfrau. Sie liest lieber. Sie hat einen eignen Wagen; anders würde sie sich nicht unabhängig fühlen, ein Geschenk ihres Mannes, der genug verdient. Sie ist immer noch zum ersten Mal verheiratet. Sie ist gesund, sogar kräftig, dabei zierlich, so daß man gern eine zärtliche Angst um sie hat; eine frühe Tuberkulose ist ausgeheilt, eine Erinnerung, die sie nur selten benutzt, um Schonung zu fordern, nur im Notfall. Sie ist nicht untüchtig (wie die Contessa) und nicht ehrgeizig (wie die Schauspielerin), aber auch sie, wie gesagt, ist keine Hausfrau; dazu ist sie zu geistvoll und läßt sich nicht von Männern einreden, daß die Frau gerade für jene Arbeiten, die den Männern selbst zu langweilig sind, eine angeborene Begabung haben müsse. Sie ist eine Frau, aber kein Untertan, also durchaus eine Frau von heute, eine großartige Frau, finde ich, eine der ersten Frauen dieses Jahrhunderts, die sich selbst ohne Getue eingesteht, daß es sie zur Ausübung eines Berufs eigentlich überhaupt nicht drängt.

PS.

Ich weiß nicht, wie ihr Mann es erfahren hat oder erfahren wird, daß Lila mich liebt, und es kümmert mich auch nicht. Ich kenne diesen Svoboda nicht. Es ist nicht mein Fehler, daß wir einander damals in der Bar nicht getroffen haben. Nach dem Namen zu schließen, Frantisek Svoboda, ist er Böhme. Ich weiß nicht, wie ein Böhme sich verhält, wenn die Frau, die er liebt, einen andern Mann liebt –

Ich stelle mir vor:

Man hat Gäste, man trinkt und plaudert, Svoboda wie immer, er erzählt von London, Lila wie immer, die Gäste sind munter, Svoboda entkorkt, man redet über den russischen Vorsprung im Weltall, Lila trägt das gelbe Kostüm (es ist genau ein Monat nach unsrer ersten Nacht) oder ein andres Kostüm, das ich noch nicht kenne, und die Gäste finden, sie sehe glänzend aus, jemand redet gerade über die Oper, die Lila leider versäumt hat, und wenn Lila auch nicht einverstanden ist mit allem, was ich grundsätzlich gegen die Oper vorgebracht habe, so ist es, findet sie, immerhin eine Ansicht, die sich ins Gespräch werfen läßt, um nicht von dem versäumten Abend zu sprechen, sondern grundsätzlich; natürlich weiß niemand, wessen Ansicht es eigentlich ist, immerhin eine Ansicht, die Svoboda nicht einfach unter den Tisch werfen kann. (Selbstverständlich ist die Oper, wie Mozart sie gemacht hat, wundervoll und unanfechtbar, aber ich habe nicht von Mozart gesprochen, sondern von der heutigen Oper.) Svoboda ist seltsam, geradezu gereizt, als habe meine Ansicht ihn persönlich beleidigt; er legt eine Platte auf, um meine Ansicht zu widerlegen vor allen Gästen: *Don Giovanni.* Man hört, Lila strahlt, selig nicht nur über Fischer-Dieskau, obschon er großartig ist, sondern über Zerlina: die einzige Person in dem ganzen Spuk, die einfach recht hat, ja, die keine tragische Geschichte daraus macht, weil sie die Natur auf ihrer Seite hat, die Einziggelöste, was auch musikalisch zum Ausdruck kommt. Ein Gast, ausgestattet mit ihrer Darlegung, muß ihr recht geben, als man die Stelle nochmals anhört. Später redet man über Leute ... Drei Uhr morgens, nachdem er schon geschlafen hat, erwacht Svoboda, ohne Licht zu machen, erwacht, als sei ein Schuß gefallen. Aber es ist still. Als sei ein Einbrecher am Werk. Aber da ist niemand, nur Lila und Svoboda.

»Schläfst du?«

»Warum?«

»Ich weiß nicht«, sagt er, »ich bin verzweifelt.«

Lila schweigt.

»Ich bin verzweifelt«, sagt er. »Hörst du?«

Lila schweigt.

»Ich glaube«, sagt er, »du mußt mich verlassen.«

»Was redest du?«

»Du mußt mich verlassen.«

Es ist schwer zu sagen, ein Wissen, das durch nichts begründet ist, nicht einmal durch einen Verdacht, einfach eine Gewißheit, die einbricht. Vielleicht hat er zuviel getrunken, ja, dagegen gibt es Tabletten, aber nicht gegen ihr Strahlen vor dem Gast; daran ist er erwacht. Wie an einem Traum.

»Wieso denn verlassen?«

Das Gefühl, daß sie eine Larve trägt, eigentlich hat er's schon seit Wochen. Seit wann? Daß seine Gegenwart sie dazu nötigt, eine Larve zu tragen, das geht nicht; das muß ein Mangel von ihm sein; man kann nicht leben neben ihm.

»Komm«, sagt sie, »nimm ein Schlafpulver.«

Als sie Licht macht, glaubt er's, daß es ein Spuk gewesen sei; er will sich nicht bedienen lassen, sondern holt sich selbst das Wasser, und sagt nichts mehr; er hat wirklich zuviel getrunken.

(Ich schlafe.)

Als auch Svoboda beinahe schläft, jedenfalls nicht mehr antwortet, sagt sie im Dunkeln, sie habe ihm einen Brief geschrieben, ja, einen Brief, ja, nach London, aber nicht abgeschickt, aber morgen könne er ihn lesen, wenn er wolle, aber jetzt sollte er schlafen . . .

Ich stelle mir vor:

Am andern Tag, gehetzt von beruflichen Dingen, hat Svoboda innerlich keine Zeit, um an das Halbtraumgerede zu denken, er vergißt es, er schämt sich, jedenfalls verlangt er den Brief nicht, aber Lila glaubt nicht daran, daß er alles vergessen hat; ihre heitere und durchaus unlistige Zuversicht, daß er ahnungslos sei, ist hin. Leider. Sie fühlt sich gezwungen, obschon Svoboda nichts verlangt und es sich allzuleicht macht, zu einem Gespräch . . .

Ich stelle mir vor:

Es ist sein Fehler, daß die Übergabe des erwähnten Briefes ausgerechnet in einem Restaurant stattfindet, also in einem Augenblick, in dem man von Kellnern beidseitig eskortiert ist, beidseitig eingesehen von anderen Gästen, die, auch wenn sie gerade lachen oder Hummer stochern, Ohren haben – sein Fehler, denn Lila wollte eigentlich nicht ausgehen, oder vielleicht ist es auch sein Glück, daß er den Brief nicht in London zu lesen bekommen hat, sondern hier in diesem Restaurant, wo man Svoboda kennt; der Fisch ist ausgezeichnet wie immer, schade, daß Lila keinen Appetit hat, der Kellner nicht ohne Anteilnahme, Lila raucht, Svoboda kann ja nicht einfach das Besteck fallen lassen, und so dauert es eine Weile, bis er den Brief über den Teller hinweg zu lesen beginnt, ja, ernst, aber offenbar ohne besondere Spannung, ruhig, er vergißt nicht den Salat, er kennt die erste

Briefseite schon: ungefähr dasselbe, was in einem andern Brief steht, den sie wirklich geschickt hat, Kameraderie, Wünsche auf die Reise, Sorgen um seinen Magen, Mitteilungen. Eigentlich ein zärtlicher Brief. Warum hat sie ihn nicht geschickt? Lila raucht, während Svoboda seinen Fisch nicht aufgeben kann, sonst hat man die Kellner auf dem Hals, während er liest: Ich habe Dich sehr lieb wie immer, auch möchte ich nur, daß Du zu mir bist wie immer, auch wenn in mir noch ein andres Gefühl ist. Was geht das den Kellner an? Svoboda bestellt nochmals Wein, um ihn für einige Zeilen wegzuschicken, um zu verstehen, warum eigentlich, wie dieser Brief so sehr betont, kein Grund zur Beunruhigung vorliegt. Schon kommt der Wein; der Kellner gießt ein, ein andrer kommt, um auch den Teller von Svoboda abzuräumen, so daß der Brief nicht mehr über den Teller hinweg gelesen werden kann; dennoch hält Svoboda ihn nicht anders als zuvor, nachdem er die Lesung unterbrochen hat, um sich auch eine Zigarette anzustecken, bevor er zu Ende liest. Es scheint, er erwartet zuviel. Kein Grund zur Beunruhigung: Das würde ich Dir schon sagen, wenn sich zwischen uns etwas ändert. Hier bricht der Brief ab, und der Kellner wischt die Brosamen vom Tisch. Eigentlich ein lieber Brief. Was als Nachtisch? Es gibt Kirschen. Aber wem gehört dieser Brief nun? Noch liegt er neben dem Aschenbecher. Soll Svoboda ihn einstecken oder ihn an Lila zurückgeben? Kirschen haben den Vorteil, daß sie den Esser beschäftigen; Kirschen und eine Zigarette dazu, wie soll einer da noch sprechen? Svoboda scheint sich wirklich an den Brief zu halten, kein Grund zur Beunruhigung, Lila bedauert jetzt, daß sie den Brief überhaupt gezeigt hat, Svoboda zahlt, Svoboda kauft eine Zeitung, die er mitten auf der Straße sogar aufblättert, als habe er Verlangen nach Neuigkeiten, Kaffee in einer Bar, Svoboda geht zur Tagesordnung über, Lila erleichtert, sie hat es Svoboda offenbar nicht zugetraut, daß er sich genau so verhält, wie sie es erhofft – da steht er und schlürft seinen Kaffee – ruhig und doch nicht stumm, nicht verschlossen, nachdenklich, aber nicht unfreundlich, Blick auch auf anderes, nicht unberührt, aber überlegen und aufmerksam gegenüber Lila, die ihn ansieht mit großen Augen.

(Ich bin wie nie gewesen.)

Vielleicht gehen sie jetzt ins Kino ...

(Ich warte vergeblich auf ihren Anruf.)

Später nach Hause ...

Ich stelle mir vor:

Svoboda, ein baumlanger Böhme, aber mit sanfter Stimme (nicht weich, aber sanft) und immer schon um einen Grad sicherer, wenn er den obersten Kragenknopf aufgemacht und die Krawatte etwas gelockert hat, ein Mann, der es nie begreifen wird, wenn man ihm sagt, daß seine Güte (er hat sie nicht aus Vorsatz, sondern angeboren) tyrannisiert, kurz und gut, Svoboda – ich weiß nicht, warum ich, bis mir das Gegenteil bewiesen wird, einen Mann mit wassergrauen Augen vermute und mit buschigen falben Augenbrauen – Svoboda also, nachdem er in die Küche gegangen ist und Eis geholt hat, um seiner Lila einen Whisky zu bereiten, spricht fast scherzhaft, nicht sarkastisch, aber so wie zu einem Kind, das eine Fensterscheibe zerbrochen hat und bänglich schweigt, als sei dieser Schaden nimmer zu bezahlen.

»Also«, sagt er, »was ist's?«

Dabei steht alles im Brief.

»Da ist kein Soda mehr«, sagt er –

Dabei steht alles im Brief, so findet Lila, die, um seiner zudringlichen Frage auszuweichen, sich erhebt und nach zerstreutem Suchen feststellt, daß wirklich kein Soda mehr da ist, sogar eine Notiz macht, daß Soda bestellt werden muß; Svoboda steht, sein Glas in der Hand, und eine Weile lang hat es den Anschein, daß die Post ihn beschäftigt, aber er öffnet sie nicht, sondern blickt nur auf die Absender, er hält jetzt die Briefe in der Hand, als wolle er in sein Zimmer gehen, und trinkt.

»So sprich schon!« sagt er.

Was will er? Was hat er?

»Du hast mir geschrieben«, sagt er, »daß ein anderes Gefühl in dir ist –«

Pause.

»Ich habe jemand sehr lieb«, sagt sie.

Pause.

Ihr Gesicht ist nicht ekstatisch, nur fremd, ihre Stimme dabei sachlich. Sehr lieb. Ihr Gesicht bezeugt es. Sehr lieb. Der schlichte Ausdruck deckt sich mit der Wahrheit; daher gibt es nichts beizufügen. Warum legt er seine Post auf den Tisch? Es dauert eine Weile, bis Svoboda, seine Pfeife stopfend, sozusagen am Echo, das in ihm widerhallt, langsam wahrnimmt, daß das Harmlose ihres Ausdrucks nicht etwa eine listig schonende Verharmlosung ist, sondern die angemessene Bezeichnung eines Tatbestandes, dessen Ernst keine verstiegenen Wörter zuläßt. Svoboda blickt sie an, seine Pfeife stopfend noch immer, einen Atemzug lang in der Hoff-

nung, es handle sich um ein voreiliges Mißverständnis seinerseits; nur die
Fremdheit ihres Gesichts widerlegt seine kurze Hoffnung. Sehr lieb. Dabei
bleibt es. Sehr lieb. Das Echo hört nicht auf, als Svoboda endlich seine
Pfeife angezündet hat, dann raucht; auch seine Stimme bleibt sachlich,
als er fragt:

»Wer ist es?«

Pause.

»Willst du's nicht sagen?«

»Natürlich«, sagt sie mit einem Anflug von Trotz, aber sie wartet. Weiß
er's denn nicht? Sie verzögert die Mitteilung, als wäre es ihr lieber, wenn er
es erraten würde, so daß sie nur noch nicken müßte. Warum hilft er nicht?
Svoboda wartet nicht ohne Vermutungen, die ihm verrückt vorkommen,
und ist vorerst froh, als sie endlich sagt: »Du kennst ihn nicht.«

Er trinkt.

Es fällt ihr halt schwer –

Er sucht Streichhölzer, da seine Pfeife nicht zieht, dann Pfeifenputzer;
Svoboda muß etwas verrichten jetzt, etwas Handliches, um in den lockeren und spielerisch-ermutigenden Ton zurückzufinden, um mit Beiläufig-
keit fragen zu können:

»Wie heißt er?«

Pause.

»Enderlin.«

Dankbar, daß er den Namen nicht wiederholt, sondern schweigt, und
mit einer Miene, als sei nichts mehr zu sagen, erhebt sie sich, während Svoboda noch immer seine Pfeife putzt ... Es braucht, nachdem der Name
gesagt ist, nicht gesagt zu werden, wo und wann Lila mich getroffen hat;
Svoboda erinnert sich an unser Rendezvous in der Bar, das nicht stattgefunden hat, seinetwegen nicht; Svoboda bereut jetzt vielleicht, daß er
den Mann, den Lila sehr lieb hat, nie von Angesicht zu Angesicht gesehen
hat. Ich habe gewartet auf Svoboda. Wann war das übrigens? Er rechnet.
Wann war er in London? Das Datum wäre wichtig, scheint ihm. Anfang
März? Es fallen ihm Schuppen von den Augen, während er auf den Teppich blickt, hinsichtlich ihrer Lebensfreude seit März. Das also war es,
was ihn in letzter Zeit so beglückt hat? Lila errät seine böhmischen Gedanken nicht, und es ist jetzt ein Uhr, und da sie keine ungehörigen Fragen hören möchte, sagt sie ungefragt:

»Er wird nach Amerika gehen, er hat einen Ruf nach Harvard, er ist Dozent.« Was will er noch wissen? »Er ist Herausgeber einer Zeitschrift, wie du weißt –«

Svoboda schweigt.

»Ja«, sagt sie, »was willst du noch wissen?«

Sie spricht, als habe er sie mit Fragen bedrängt und überschüttet und gequält; ihre Miene reizt ihn, aber eine Weile lang, die Pfeife in der Faust, hört Svoboda zu, bis Lila verstummt und nach allem, was sie über meine akademische Laufbahn berichtet hat, nicht gefaßt ist auf seine abwegige Frage:

»Habt Ihr schon miteinander geschlafen?«

Pause.

»Du schweigst?« sagt er: »– also ja.«

»Ja.«

Beide sind ruhig.

»Ja«, sagt sie, »warum?«

»Ja«, sagt er, um die Ruhe seiner eignen Stimme zu hören, aber es fällt ihm eigentlich nichts ein, was sich mit dieser Stimme dazu sagen ließe, und Svoboda schweigt, indem er sich setzt. Noch wirkt der Schmerz als fast körperlicher Genuß. Als Lila, von seinen Augen gesucht, ihren Blick niederschlägt, tut sie's nicht aus Scham, versteht sich, sondern als Verletzte, verletzt durch Svoboda, der sie zu dieser Preisgabe vergewaltigt hat, und daß sie ihn, Svoboda, sehr lieb habe, wie es im Brief heißt, stimmt in diesem Augenblick nicht. Noch tut Svoboda ihr nicht den Gefallen, sie zu kränken; noch sitzt er, Hände in den Hosentaschen, verschlossen, aber unverzerrt; noch läßt er sich nicht dazu hinreißen, irgendein Anrecht anzumelden, und wäre es auch nur das Anrecht auf Offenheit. Noch hat er die Kraft, um dem Leben einfach rechtzugeben. Wie lang? Aber irgend etwas muß Svoboda doch sagen. Irgend etwas. Zum Beispiel:

»Wie alt ist er?«

Lila ist müde.

»Frag mich jetzt nichts«, sagt sie. »Das ist alles, Svob, was ich dir sagen kann.«

»Daß du ihn sehr lieb hast.«

Leider bleibt die Zeit nicht stehen; leider fällt kein Vorhang, solange Svoboda, jetzt die Ellbogen auf seine Knie gestützt, das Glas mit lauem Whisky in beiden Händen, stillschweigend die Würde des Verlierers wahrt, und wäre es auch bloß, weil ihm noch nichts einfällt dazu. Sogar die Frage, was nun weiter sein soll, ist verfrüht; er weiß bloß, daß sie sich stellen wird ... Überhaupt weiß er. O ja. Aber er fühlt nichts, schmeckt bloß das Flaue eines Whisky, der durch geschmolzenes Eis verwässert ist und den er im Mund hat, als wollte er damit gurgeln.

»Svob«, sagt sie, »ich bin zum Unfallen müde.«

Wenn er, Svob, nicht so dasitzen würde, Lila könnte jetzt kameradschaftlich-zärtlich sein; es ist seine Schuld, daß sie frostig bleibt. Sie leert die Aschenbecher. Er sieht, es muß etwas geschehen sein, etwas Umwälzendes: sie leert nicht bloß die Aschenbecher, sondern räumt überhaupt die Wohnung auf, Lila als Hausfrau, sie nimmt seine Jacke und hängt sie auf einen Kleiderbügel. Das erschreckt ihn. Das hat Lila nie gemacht. Das zeigt den Grad ihrer Verwirrung; sie scheint nicht mehr zu wissen, was in ihrer Ehe üblich ist. So weit ist sie schon weg? Er schaut zu, die Ellbogen auf die beiden Knie gestützt.

»Das habe ich dir gesagt«, sagt sie, »daß heute die Garage angerufen hat. Wegen der Versicherung.«

»Das hast du gesagt.«

»Wegen der Rechnung«, sagt sie. »Die Rechnung muß an die Versicherung geschickt werden —«

Svoboda schweigt.

»Daß wir's nicht vergessen«, sagt sie —

»Was?«

Lila denkt jetzt an alles, sogar an den Geburtstag seines Vaters, an Besucher, die in Aussicht stehen, an das Paket, das immer noch am Zoll liegt, Lila wird es holen, ja, sie muß morgen sowieso in die Stadt, es wimmelt von Dringlichkeiten, Lila denkt daran, und wäre nicht Mitternacht vorbei, sie würde jetzt noch den Mann wegen des Kühlschranks anrufen, aber Lila muß morgen sowieso in die Stadt, Salzmandeln sind auch keine mehr da, am Freitag kommen Hinrichsens, am Sonntag ist das Mahler-Konzert, Lila wird die beiden Karten abholen, sie denkt jetzt wirklich an alles, nicht nur an das geheimnisvolle Paket, das immer noch am Zoll liegt, und an den Geburtstag seines Vaters, sogar an die Hundesteuer ... das Leben geht weiter — während Svoboda schweigt.

Svoboda am Fenster —

Svoboda überlegt, wann er's hätte merken können. Wozu? Natürlich hätte er es merken können. Täglich! Es ist lustig zu sehen, was man alles gemerkt hat, angefangen mit der Tatsache, daß Lila, als er von London zurückkam, einfach schöner war, jünger; dann das maßlose Geschenk zu seinem Geburtstag; vorher schon das Verschwinden ihrer Migräne, ihr Schwung, ihr strahlender Übermut vor allem in Gesellschaft, ihre Initiative, ihr Teint. All dies hat Svoboda bemerkt. Wie ein Wunder. Ihr Brief nach London, jener andere, den sie wirklich geschickt hat: kurz, aber ein Liebesbrief. Dann ihr Nicht-Bericht über die Oper. Ihre flüchtige Erwähnung jenes Mannes, der den verreisten Svoboda nicht getroffen hat: kommentarlos. Dann der Schwund ihrer Neugierde auf die übliche Post, ihre Versäumnisse gegenüber der eignen Familie, ihr offensichtliches Interesse an der neuen Zeitschrift und ihr Schweigen darüber, was sie davon hält. Ihr Bedürfnis zu erwähnen, wen sie sonst getroffen hat. Ihre neue Frisur. Ihr Wankelmut in allen gemeinsamen Plänen. Ihre Nicht-Neugierde darauf, wen Svoboda seinerseits getroffen haben könnte, dafür ihre schwesterliche Freude an seinem beruflichen Erfolg. Einmal fand er sie beim Studium internationaler Flugpläne. Ihre nervöse Pünktlichkeit an bestimmten Wochentagen. All dies fällt Svoboda jetzt ein, dazu gewisse Nebensätze, scherzhafte, Offenheiten über Mann und Frau im allgemeinen, dazu ihre Begeisterung über einen Film, der keck war, insbesondere über die Szene, wo eine Frau, während ihr Mann sie küßt, mit dem Fuß einen andern streichelt; überhaupt ihr Humor, verbunden mit einer verschleierten Sorge um Svoboda, wenn er vor sich hin brütete; dazu ihr Mitleid mit den gefangenen Tieren im Zoo, ihre Bemerkung über Schwäne, die so sittsam stets zusammen schwimmen, und so weiter ... Es ist nicht ihre Schuld, daß Svoboda nichts begriffen hat; sie hat ihre Lebensfreude nicht verhehlt; es ist seine Schuld, daß er sie auf sich bezogen hat oder auf ein Wunder, und übrigens war es eine glückliche Zeit auch für ihn, ja, genau seit London.

»Du«, sagt sie, »ich geh schlafen.«

Warum schüttelt er den Kopf?

Enderlin –!

Noch nimmt er den Namen nicht in den Mund. Es ist komisch, wie irgendein Name plötzlich herausfällt aus allen andern Namen und einhakt. Dabei könnte ich auch anders heißen.

»Ich weiß nicht«, sagt sie, »warum du lachst.«

Um es nicht tragisch zu nehmen.

Svoboda, so vermute ich, gehört zu den Männern, die von Frauen, wenn sie einen Kosenamen brauchen, vorzugsweise als Bär bezeichnet werden. Einen andern Kosenamen, soweit er aus dem Tierreich bezogen wird, hat

Svoboda eigentlich nie erfahren; Frauen sehr verschiedener Art haben ihn als ihren Bären bezeichnet, unabhängig voneinander. Es muß etwas dran sein. Gemeint ist wahrscheinlich das Lieb-Patzige, aber auch das Kräftige und Langsame und Schwere, das Zärtlich-Verspielte, das Tückisch-Drollige einer kleinäugigen Bestie, die plötzlich sehr bösartig und gewalttätig sein kann, unberechenbar, einmal ein rührendes Bitte-Männchen, das um eines Zuckers willen sich tolpatschig dreht, so daß man über das Mitleid hinweg sich entzückt an diesem zottigen Ausbund von Harmlosigkeit, und dann, ohne daß ein Grund zu solcher Verwandlung ersichtlich wäre, eine Bestie, der keine Schranke standhält und die kein Zucker mehr bändigt, die kein Spiel versteht, die von einer restlosen Zerfleischung des Opfers nicht abzuschrecken ist – Lila hat Furcht vor ihm – am andern Morgen, ernüchtert von seinem Wahnwitz, der eine Nacht lang (bis die Vögel zwitschern und die Sonne scheint) alles zerredet hat, ernüchtert und beschämt von Ungewißheit, was er eigentlich alles gesagt hat, am andern Tag dann entschuldigt er sich mit krallenlosen Pfoten, ja, das schon. Dann macht er wieder das Bitte-Männchen. Aber Lila weiß, er wird wieder losgehen, und seine Entschuldigung ändert ihn nicht; wieder und wieder wird er nicht abzuhalten sein davon, alles mit seinen scharfen Worten zu zerreißen –

Noch ist es nicht soweit.

»Ja«, sagt er, »geh schlafen.«

Noch ist er ziemlich nüchtern.

»Ja«, sagt er, »Gutnacht.«

Dazu nimmt er sich Whisky.

»Jetzt versteh ich«, sagt er, »jetzt versteh ich, warum du mich damals in London angerufen hast –.«

Was hat das damit zu tun?

»Ist er schön«, lächelt er, »dieser Enderlin?«

Darauf kann Lila nicht antworten. Dieser Enderlin! Das ist nicht der Ton, um über mich zu sprechen, und Svoboda fühlt es auch.

Er trinkt.

Warum, ja, warum fällt jetzt kein Vorhang?

Man weiß doch, was folgt –

Gegen fünf Uhr morgens (ich schlafe) ist es soweit, daß im Kamin plötzlich ein Whisky-Glas zerknallt. Warum? Nicht weil er nicht versteht, daß Lila gern einen andern Mann umarmt, sondern weil sie nicht versteht.

Was? Sie versteht nicht, was es da zu verstehen geben soll. Soll Lila sich vielleicht in Svoboda versetzen, der mit jedem Wort, was er sagt, Unrecht tut?
Sie hat ihn reden und reden lassen, ohne zu hadern. Warum schmettert er
plötzlich sein Whisky-Glas gegen ihr schonendes Schweigen? Lila weiß
wirklich nicht, was er will. Weiß er es?

»Entschuldige!« sagt er.

Draußen wird es Tag –

Und dabei, Svoboda erinnert sich wie an eine verspielte Unschuld, hat
er selbst gewußt, daß es nichts zu reden gibt. Von neun Uhr abends, als
er im Restaurant, von Kellnern eskortiert, ihren freundlichen Brief las,
bis zwei Uhr nachts hat er sich an sein Wissen gehalten, daß Lila jetzt kein
Interesse hat für seine Gefühle und Gedanken grundsätzlicher Art, nicht
einmal für seine Pläne, schon gar nicht für seinen Großmut. Damit hat
es angefangen, scheint es, mit seiner Großmut. Nicht daß Lila gegähnt
hätte; dabei ist sie zum Umfallen müde seit Mitternacht. Ich glaube nicht
einmal, daß sie, während Svoboda im Zimmer hin und her geht, dann wieder sich setzt und immer langsamer spricht, um sich nicht zu entzünden,
geradezu an mich denkt; das möchte er, aber das geht nicht für Lila, daß
ich (»dieser Enderlin«) Gegenstand eines gemeinsamen Gesprächs bin.
Kann Svoboda, so bemüht um Verständigkeit, gerade das nicht verstehen?
Sie schweigt nicht, weil sie nicht zuhört; sie hört zu, aber sie ist nicht hier.
Sie ist auch nicht bei mir. Aber auch nicht hier. Sie ist allein. Das Ereignis,
das ihn bewegt und das er klären möchte mit ihrer Hilfe, ist kein gemeinsames. Das ist ja das Befreiende daran, gerade das: Lila ist allein . . .

Schweigen.

Draußen zwitschern die Vögel. »Lila«, sagt er, »so sag doch etwas!«

»Ich kann dir nichts sagen«, sagt sie, »ich sehe ja, daß du mich in dieser
ganzen Sache nur als Frau siehst, ich höre es aus allem, was du redest, alles
siehst du einzig und allein daher.«

»Woher?«

»Du siehst mich bloß als Frau.«

Svoboda überlegt.

»Entschuldige!« sagt er, und es tönt wirklich, als habe er einen Irrtum
eingesehen; aber dann lacht er: »Du hast recht. Entschuldige. Du hast
recht.«

Was will er damit sagen?

»Ich nehme dich nur als Frau«, sagt er, und sein Blick nagelt sie fest, so daß Lila erschrickt; seine Augen haben plötzlich den bösen Blick, obschon er ganz ruhig ist: »Ich nehme dich nur als Frau«, wiederholt er, wie man die Worte eines schlechten Spaßes wiederholt: »– wogegen Herr Enderlin – Ich verstehe!« sagt er mit einem Versuch nochmals zu lachen, aber von ihrem Blick schon gerichtet: »Entschuldige!« sagt er und erhebt sich, um durchs Zimmer zu gehen, das eben die erste Morgensonne bekommt, und um stehenzubleiben: »Entschuldige!« sagt er, und es scheint, als beruhige ihn sein eignes Gift wenigstens eine Weile, dann ist es die Whisky-Flasche, die im Kamin zerknallt: »Entschuldige!« sagt er und zittert. »Entschuldige!«

Lila sieht ihn an.

Warum fällt noch immer kein Vorhang?

Jetzt wird er rührselig.

»Findest du es nicht ungeheuerlich, was du mir sagst?« fragt er, »du sagst, ich nehme dich nur als Frau, das sagst du jetzt, nachdem du bei einem andern Mann gewesen bist – offenbar nicht als Frau – ich mache euch keinen Vorwurf, aber du machst mir einen Vorwurf, ich verstehe nicht, warum du mir einen Vorwurf machst, ja das tust du, meine Liebe, auch wenn du schweigst, du sagst, du kannst mit mir nicht sprechen, ich sehe dich nur als Frau –«

»In dieser Sache.«

Lila ist einfach im Recht.

»Ja«, sagt er, »gehen wir schlafen.«

Inzwischen ist es Donnerstag geworden, ja, aber noch immer fällt kein Vorhang; das Leben, das tatsächliche, gestattet ja nicht, daß man es überspringt, nicht um ein Jahr und nicht um einen Monat und nicht um eine Woche, auch wenn man ungefähr weiß, was folgen wird ...

(Ich möchte auch nicht Svoboda sein!)

Eine Geschichte für Camilla:

Ein Mann und eine Frau, als der erste Rausch der unpersönlichen Liebe verrauscht war, erkannten, daß sie wie für einander geschaffen waren. Sie verstanden einander so trefflich. Nur war der Rausch eben verrauscht. Und so lebten sie zusammen, nicht übermütig, aber ohne Zerwürfnisse. Nur manchmal geschah es, daß er die Umarmung, während sie stattfand, wie von außen sah, als sitze er in einem Sessel daneben oder als stehe er grad am Fenster, er hatte Gedanken, wie wenn man auf die Straße hinausschaut, keine schlimmen, aber Gedanken, dann wieder war er eins mit sich und mit ihr, und später, wenn sie einen Tee kochte, rief er sie mit ihrem Kosenamen, und als sie den Tee eingoß, sagte er, daß er sie liebe. Es war durchaus wahr. Und ihr ging es wahrscheinlich ebenso. Auch sie liebte ihn, nur ihn, wenn auch anders als im Anfang, persönlicher. Sie waren unzertrennlich, sie reisten zusammen. Einmal, in einem Hotel, war er bestürzt, als er die Umarmung, während sie stattfand, in einem Spiegel sah, und froh, daß es sein Körper war, mit dem sie ihn betrog, und er schaute in den Spiegel, in dem er sie ebenso betrog. Es kam zu Krisen über Lappalien. Dabei liebten sie einander. Eines Abends, später, saß er eine Zeitung lesend, während sie im Bett lag; er hatte Gedanken, alltägliche, wie er sie manchmal in der Umarmung heimlich hatte, aber er saß tatsächlich in dem Sessel; sie schlief, und er konnte sich, von jenem Spiegel belehrt, ohne weiteres vorstellen, wie ein andrer sie umarmt, und saß daneben, keineswegs bestürzt, eher froh um die Tilgung seiner Person, eigentlich heiter: Er möchte nicht der andere sein. Zeitung lesend, während sie schlief und vielleicht träumte, was er sich von außen vorstellte, war er eins mit seiner großen Liebe. Sie hießen Philemon und Baucis: Das Paar.

Einmal angenommen, Svoboda sehe ungefähr so aus, wie ich mir vorstelle: – ein baumlanger Böhme, breitschultrig, rundschultrig, etwas zu baumlang für die grazile Lila, finde ich, selbst auf ihren höchsten Absätzen reicht sie ihm gerade bis zur Schulter, und wenn sie barfuß ist, erscheinen sie als Paar fast ungehörig, ein schwerer Mann, dabei unfett und keineswegs schwerfällig, sportlich, ein Mann übrigens, den man sofort als blond bezeichnen würde, obwohl er eigentlich eine vollkommene Glatze hat, die aber nicht als Haarausfall erscheint, sondern zu seinem männlichen Gesicht gehört wie Kinn und Stirn, ein guter Kopf, ein Kopf, der auch einem Russen gehören könnte, ein harter Kopf, ein Kugel-Kopf, ein eigentümlicher Kopf, aber er tritt ungern vor den Spiegel, denn er versteht nicht, was die Frauen an ihm finden, Svoboda im Smoking ist ergreifend, das weiß er, dabei ein guter Tänzer, ein Mann, der meistens schwitzt und nie friert, trinkfest, dabei nicht laut, außer wenn er einen dreistündigen Koller

hat, sonst eher wortkarg, Pfeifenraucher, ruhig und ein angenehmer Lacher in Gesellschaft, brillenlos, sicherlich ist er ein famoser Koch, Melan-
choliker, ein Bär, schwer, aber beweglich, linkisch nur aus dem Bedürfnis
(insbesondere in Gegenwart von Lila) seine Kraft nicht zu zeigen. Lila hat
Angst vor ihm, obschon er sie noch nie geschlagen hat ... Einmal angenommen, Svoboda sehe so aus, dann läßt sich erraten, wie er sich seinerseits diesen Enderlin vorstellt: – ein schlanker und zierlicher Intellektueller, nicht gerade hühnerbrüstig, aber zierlich. Kein Bär. Eher ein Vogel.
Kein Böhme. Eher ein spanischer oder französischer Typ, allenfalls Italiener, jedenfalls schwarzhaarig (was nicht stimmt) mit einer zierlichen Ha-
bichtnase (was ebenfalls nicht stimmt) unter einer klassisch-rechteckig-
niedrigen Stirn, wie man sie bei Mittelmeervölkern eben findet. Der Name
klingt zwar alemannisch, aber davon läßt Svoboda sich nicht einen Augenblick lang täuschen; er kennt ihren Typ. Kein Kugel-Kopf. Er versteht. Ein
schmaler Kopf mit einem immer wieder erstaunlichen Wissen auf allen
Gebieten, somit unterhaltsam. Vielleicht hat er einen homosexuellen
Zug, so daß Svoboda ihn auf der Straße nie erraten würde, vielleicht einen
Hund. Kein Geck, aber gepflegt; sicherlich hat er nie schwarze Fingernägel. Auch keine Sommersprossen. Schwarzhaarig, ein Typ, der nie eine
Glatze bekommen wird, das steht fest. Unsportlich, dafür geistreich. Es
kann sein, daß er die Frauen anzieht, gerade weil er eine gewisse Mühe
hat. Das kann durchaus sein. Aber es muß nicht sein. Jedenfalls ist er ein
Intellektueller. Hochbewußt. Arm in Arm mit Lila hat er einen jungenhaf-
ten Gang, Baskenmütze. Jedenfalls ist er jünger, das steht fest, und gebildeter als Svoboda. Kein Koch. Und ratlos, wenn eine Steckdose kaputt ist;
kein Handwerker. Lila hat keine Angst vor ihm. Sicherlich liest er sieben
Sprachen, angefangen mit Griechisch. Im Badeanzug ist er bleich wie
Wachs, jedoch nicht unmännlich und schwarzhaarig jedenfalls. Und witzig in jeder Lebenslage. Kein Geschichtenerzähler, aber witzig. Im Bett benimmt er sich wie in einem französischen Film. Politisch? Wahrscheinlich
halblinks. Wenn Lila ihm seine Corbusier-Brille abnimmt, ein eher weiches Gesicht, aber mager. Kein Trinker. Kein Koloß. Nicht schwächlich;
er trägt ihren Koffer, ohne größer zu sein als sie. Kein Tänzer. Was Lila
fasziniert, weiß sie natürlich selbst nicht – es war ungehörig zu fragen ...
Einfach der Typ. Das Unböhmische. Das mußte einmal kommen. Das
Schwarzhaarige. Das Romanische. Ein Torero, schlank und großäugig,
ein Typ, den Svoboda seit eh und je, wenn auch bisher nur im Spaß, für

die Gefahr gehalten hat, schwarzhaarig nicht nur auf dem Kopf, sondern
auch an den Beinen –

Ich werde Svoboda enttäuschen!

Als ich Lila frage, wie er sich denn verhalten habe, schweigt sie. So oder
so, Svoboda hat sie verloren, und sein Verhalten fortan spielt für sie keine
Rolle mehr. Sie wünscht auch nicht, daß ich mich darum bekümmere. Soll
er sich fortan verhalten, wie er will ...

Ich sehe mehrere Möglichkeiten:

Svoboda saust mit seinem Wagen gegen einen Baum.

Oder:

Svoboda macht sich großmütig. Er hofft auf die Macht der Zeit, die immer gegen die Liebe ist, also gegen uns. Manchmal trinkt er, während wir
eine kleine Reise machen im Spielraum seiner kameradschaftlichen Großmut. Wenn er nüchtern ist, verbietet er sich jedes atavistische Gefühl. Es ist
keine Ranküne, daß er jetzt häuslicher ist als je; manchmal schläft er
schon, wenn Lila nach Haus kommt, oder tut so, als schlafe er. Dann wieder, handkehrum, trinkt er, was seiner Niere nicht bekommt; aber dafür
kann Lila nichts, und das weiß er. Ihre Sorge um seine Niere ist das einzige, was er sich verbittet. Er drängt nicht auf Entscheidung. Er versteht
das Leben. Er wartet ab. Das dauert ein Vierteljahr, ein halbes Jahr. Er
ist lieb, wie Lila es sich wünscht, und Lila wird ihn achten. Die Gefahr,
daß Lila ihm gleichgültig wird, besteht nur zeitweise; ihr Glück mit mir,
versteht sich, ist nicht ohne Schwankungen, die Svoboda natürlich sieht,
und da es auch für Svoboda einen alltäglichen Unterschied macht, ob Lila
singend oder versteinert durch den gemeinsamen Haushalt geht, kommt er
um Teilnahme nicht herum, die an Liebe erinnert. Das dauert ein Jahr. Gestützt auf seine Erkenntnis, daß es keinen Menschen gibt, ohne den man
nicht leben könnte, zeigt er ihr jederzeit, daß er ohne sie leben kann; aber
er tut es nicht. Er hat sich an seine Großmut gewöhnt. Er bedrängt sie
nicht mit gemeinsamen Plänen, sondern wartet. Worauf? Lila ist glücklich,
so daß es sie zu keiner Wendung drängt. Sie achtet Svoboda, wie gesagt,
mehr denn je. Um seiner Großmut willen. Natürlich verliert er sie auch
so ...

Oder:

Svoboda (nach der dummen Nacht, als er die Whisky-Gläser in den Kamin geschmettert hat, und nach einer Woche schonungsloser Gespräche,
die am Tatbestand nichts ändern) wählt die Freiheit in Nachtklubs. Er

tanzt. Er langweilt sich, aber er tanzt. Er geht ins Schwimmbad, und es wimmelt von Frauen und Mädchen, die Lila, sofern er sie nur als Frau nimmt, durchaus ersetzen könnten, wenn er bloß nicht immer an Lila denken würde. Er schwimmt, ein Tarzan, dann steht er umher und schaut, ein baumlanger und breitschultriger Mann, die Hände auf die Hüften gestützt. Er spielt Ball mit dem Kind einer Bikini-Dame, um sich anzunähern, und es bleibt beim Ballspiel mit ihrem Kind. Er kauft einen offenen Wagen, allzeit bereit für Autostop, aber meistens sind Burschen dabei, einmal zwei Mädchen, aber sie reden eine Sprache, die Svoboda nicht versteht, und es bleibt ein Gestotter. Er geht in jede Vernissage, er läßt es sich nicht nehmen, eine junge Fotografin nach Haus zu fahren. Er versucht sich zu verlieben, um ein Gleichgewicht herzustellen, wenn nicht ein Gleichgewicht des Glücks, so doch ein Gleichgewicht der Eifersucht. Als könnte Lila jetzt eifersüchtig werden! Er sieht ihre Münder, aber er kann sich nicht verlieben; Frauen wittern es, Svoboda hat jetzt den Geruch eines kranken Tiers, und die Natur ist gegen ihn. Immerhin kann er sich sagen, daß er jetzt auch seiner Wege gehe, und er läßt es durchblicken. Aber Lila ist nicht neugierig. Sie gönnt es ihm nicht ausdrücklich, das wäre geschmacklos, sie will nichts davon wissen. Es kümmert sie wirklich nicht. So wenig wie seine Treue. Er verliert sie so oder so ...

Oder:

Svoboda nimmt die Sache nicht ernster, als sie unter berufstätigen Männern ist; er macht sich andere Sorgen. Er denkt nie länger als eine Minute daran. Nun ja. Kommt vor. Das Übliche. Geschlecht. Es berührt seine Person nicht, was die beiden machen, und er läßt sich nicht ins Bockshorn jagen. Geschlecht. Es lächert ihn, wenn Lila mehr darin sieht. Aber bitte. Es ist ihre Sache. Aber für Lila, die Frau, ist sie ernster, und wenn er auch recht behalten mag, was mich betrifft, er verliert sie gerade dadurch, daß er allzubald ihre Verblendung durchschaut hat ...

Oder:

Svoboda sitzt in Salamanca, Plaza Mayor, wo er sich die Schuhe putzen läßt, ein Tourist, der dazu auf der Welt ist, um die Schuhputzer zu beschäftigen, sie kennen ihn schon seit drei Tagen, stundenlang hockt er am selben Tischlein, blickt auf die Uhr, wartet auf niemand, aber er wartet, ohne eine Zeitung zu lesen, ohne Blick auf die berühmte Architektur, blickt auf die Uhr und klopft mit einer Münze, zahlt und erhebt sich und geht so langsam als möglich zum Postamt, vormittags, mittags, abends, kommt zurück und setzt sich, bestellt seinen Jerez, raucht vor sich hin und läßt sich die Schuhe putzen, es braucht nicht Salamanca zu sein, er sieht es ohnehin nicht, es kann auch Arles sein oder Agrigent, wo er seine Briefe schreibt, es bleibt sich gleich, es ist immer derselbe Schalter, wo er seinen Paß zeigt (was schon nicht mehr nötig ist: man kennt ihn schon, man glaubt's, daß er Svoboda ist) und vergeblich nach einem Brief fragt, sie weiß, daß er in Salamanca ist oder in Siena oder sonst wo, es spielt wirklich keine Rolle, wo Svoboda sich die Schuhe putzen läßt, um sich die Zeit zu vertreiben, bis das Postamt öffnet, es kann auch in Brindisi sein (was schauerlich ist: man kommt nach Brindisi, um sich einzuschiffen, kein Mensch bleibt freiwillig in Brindisi) oder in Cadiz –

Was Svoboda sieht:

Straßen schwarz, grau, weiß, gelb, Asphalt oder Beton heiß Asphalt mit Luftspiegelung, Ginster, Kurven, die man schon unzählige Male gefahren ist, Meilensteine, Alleen mit Sprenkelschatten, Eselkarren, Teertonnen, Vorstädte, Schiffe im Hafen, Volk, Stoplichter, Armut, Eisenbahndämme, ein Güterzug mit Meer zwischen den Rädern, Küste mit Kurven links und Kurven rechts, gradaus, dann wieder rechts und links und rechts, links, rechts und weiter, zweiter Gang, dritter Gang, zweiter Gang, Autobusse von hinten, Staub von Lastwagen von hinten, Bahnübergänge, Meer, Kakteen, Meer, Ginster, Meer, Brücken, Dörfer, die immer wieder kommen, Städtchen, Plätze mit einem Denkmal, Irrlichter in der Dämmerung, Bäume im Scheinwerfer, Meilensteine im Scheinwerfer, plötzlich ein weißes Ochsengespann, Schilf im Scheinwerfer, Meer als Finsternis, Schlußlichter, Schafherden als Gewimmel von grünen Augen im Scheinwerfer, Hände am Steuer, Asphalt im Mond, Mond über Meer, Meilensteine im Scheinwerfer, Straße, Hände am Steuer, Straße usw.

Was Svoboda nicht sieht:

– ihr Gesicht.

Einmal (so könnte ich mir vorstellen) platzt ihm ein Reifen auf offner Strecke, Mittag, ein Radwechsel in dieser Affenhitze, das hat noch gefehlt; er weiß sofort, daß Lila nichts dafür kann, aber seine Wut, als er das Werkzeug herausholt und die Winde ansetzt, richtet sich doch gegen dieses Weib, als wäre sie es gewesen, die solche Nägel auf der Straße verliert, es ist lächerlich, ja, er weiß es, ja, die ganze Reise ist lächerlich ... Ich fahre für drei Wochen weg, um euch jetzt Zeit zu lassen! Das sagt sich so. Warum gerade drei Wochen? Die Geste (am Morgen nach den zerschmetterten Whisky-Gläsern) war nicht ohne nüchterne und daher überzeugende Großartigkeit, aber drei Wochen sind lang. Um euch jetzt Zeit zu lassen! Sie hat ihn nicht geschickt, aber auch nicht zurückgehalten; etwas verblüfft war sie schon, daß er die Sache so ernst nimmt, ernster als sie, und etwas ärgerlich auch, da er für gemeinsame Ferien nie so viel Zeit hat nehmen können. Drei oder vier Wochen, sagte er, dann werden wir klarer sehen, sagte er, so oder so, sagte er und küßte sie auf die Stirn, während Lila, die seine Reise nicht braucht, sich einen andern Sinn dafür suchte, einen vernünftigeren; sie begrüßt es, daß Svoboda sich einmal einer Kur unterziehe, überarbeitet wie er sei. Wieso Cadiz? Sie dachte an Bozen oder Engadin. Wieso so weit? Gesagt ist gesagt, ein Mann ist ein Mann – 110 km vor Cadiz (oder Brindisi) in der Mittagsglut auf baumloser Strecke, als Svoboda, verschwitzt und verschmiert, das Werkzeug in den Kofferraum wirft und ebenso das Rad mit dem platten Reifen, gibt es kein Zurück, obschon man gerade an dieser Stelle, wie Svoboda sieht, ohne Manöver wenden könnte; möglicherweise liegt ein Brief in Cadiz (oder Brindisi) . . .

Was erwartet Svoboda?

Er nimmt die Sache ernster, als sie ist. Seine Reise und seine Briefe vor allem, die nicht ohne Würde sind, nicht ohne Kühnheit und vorwurfslos, Orgien nüchterner Einsicht, nötigen Lila zu einem Ernst, der sie trotzig macht, zu einer Entscheidung, die jedenfalls voreilig sein wird.

Telegramm:

BRIEF FOLGT ÜBERMORGEN STOP DEINE LILA

Svoboda läßt sich die Schuhe putzen.

Ich kenne Cadiz, aber ich war damals nicht allein; die Stadt, vom Land her ein weißer Muscheltraum, ist eine Enttäuschung, sobald man sie betritt, der Strand ist öd, dazu kiesig, das Essen trostlos, wenn man allein ist, erfreulich nur der Jerez . . .

Ich möchte nicht Svoboda sein.

Svoboda erkennt, daß er seinen Fall nicht ins Allgemeine durchzudenken vermag, und ergibt sich dem Jerez, der Gefühle, ohne sie fassen zu können, ins Recht setzt, also dem Kater . . .

Zweites Telegramm:

SCHICKE BRIEF NACH BARCELONA STOP FAHRE VORSICHTIG WENN DU IHN GELESEN HAST STOP BERICHTE BITTE RECHTZEITIG WANN DU AN-KOMMST STOP LILA

Svoboda fährt wie ein Neapolitaner.

Der Wortlaut des Briefes, der ihn in Barcelona, wo er am Sonntag eintrifft, postlagernd erwartet, aber erst am Montag ausgeliefert wird, ist
gleichfalls nicht ohne Würde, nicht ohne Kühnheit der Einsichten, nüchtern (wahrscheinlich empfindet es Svoboda schon als Feindseligkeit, wenn
eine Frau ebenfalls nüchtern denkt) und gescheit, wenn auch noch ohne
die Entscheidung. Und das genügt, um Svoboda bis in die Knie zu lähmen,
so daß er sich setzen muß: Soweit ist es also! Zwar eine Pfeife stopfend,
nachdem er den ausführlichen Brief überflogen und in die Tasche gesteckt
hat, sitzt er noch immer in der Halle des Postamtes. Hat er, als er durch
seine Reise und vor allem in seinen Briefen eine baldige Entscheidung her-
ausforderte, nicht damit gerechnet, daß die Herausforderung angenommen würde? Zwar eine Pfeife rauchend, als sei er nicht entwaffnet und
als habe er nichts andres erwartet, sitzt er und schwitzt nicht minder als
bei einem Radwechsel am Mittag: – Lila erwägt also allen Ernstes, ob sie
mit Svoboda oder mit einem Herrn namens Enderlin leben soll. Oder allein. Ihre Entscheidung, wie gesagt, ist noch nicht gefallen. Sie fühlt sich
zu einer Überstürzung verführt, scheint es, nicht durch den andern, sondern durch Svoboda; sie bittet um Geduld, wobei für sie kein Zweifel zu
bestehen scheint, daß dieser Herr namens Enderlin (ohne Vorname; der
Vorname geht Svob schon nichts mehr an) alles aufzugeben, um mit Lila
zu leben, nicht zögern würde. Ihre Gründe, warum sie mit Svoboda nicht
leben kann, sind gescheit, nicht lieblos, aber so gescheit, daß sie mit Liebe
nicht mehr zu widerlegen sind, Gründe, die offensichtlich nicht neu sind,
nur zum ersten Mal ausgesprochen; andrerseits bedarf es keiner Gründe,
warum sie mit Enderlin wohl leben könnte, das ist einfach so, Lila braucht
diesen andern nicht einmal zu rühmen, nicht einmal zu kennen, und was
sie von diesem Mann namens Enderlin meldet, ist wenig, Alter, Beruf,
Staatszugehörigkeit und die Tatsache, daß er ihre Gefühle erwidert ...
Svoboda, als er, nicht ohne den Brief ein zweites Mal gelesen zu haben,
so daß er gewisse Sätze schon auswendig weiß, endlich in seinem verstaubten Wagen sitzt, das Schlüsselchen einsteckt, langsam die Kupplung
drückt, dann den Motor anläßt, bevor er den ersten Gang einrenkt, alles
wie ein Fahrschüler in der Prüfung, eins nach dem andern, wobei er leider
nur die Handbremse vergißt, Svoboda ist erleichtert, verwirrt wie nach
einem Sturz, aber heil und erleichtert. Ist es nicht stets eine Ermunterung,
wenn es scheint, daß das Leben vorwärtsgeht? In Nîmes besichtigt er das
antike Theater, das einzige, was er auf dieser langen Reise wirklich gesehen

hat. In Vienne (kurz vor Lyon) speist er dreisternig. Zum ersten Mal meint er wie ein Außenstehender, der nicht durch Gefühle gebremst wird, die Zukunft zu wissen, genauer gesagt: nicht die Zukunft, aber das Ende einer Vergangenheit, die in keine Gegenwart mehr mündet. Lila hat recht. Er fährt, seinen linken Arm in den Fahrtwind gehängt, einhändig und gelassen. Lila hat recht. Wie ein Außenstehender, der zwar keinen Rat erteilen will, aber es dennoch tut, weiß er, daß es für dieses Paar nur noch die Scheidung gibt, je rascher um so besser, also macht schon. Er pfeift. Frei für Menschheitsfragen, also erleichtert, nämlich entlassen aus all dem, was man das Private nennt, fährt er nach Haus, schlendernd mit Hundertstundenkilometer durchschnittlich, Vergangenheit hat keine Eile . . .

Ich stelle mir vor:

Svob, sonnengebräunt nach drei Wochen im offenen Wagen, dazu etwas hagerer, jedenfalls straff im Gesicht, also verjüngt, so daß Lila ihn bei seinem Eintreten kaum wiedererkennt, ist ein Eroberer ohne Absicht, ein Fremder, heiter, weil er nichts zu verlieren hat, daher gewinnend: Lila betrügt mich schon nach einer Stunde, selig, solange er sich keinerlei Rechte anmaßt, nicht einmal ein Recht auf Melancholie. Sie trifft mich kurz am andern Tag, um seine Rückkehr zu melden, damit ich nicht mehr anrufe, kurz und zerstreut, wortkarg, während Svoboda im Morgenrock zu Hause seine Post öffnet und pfeift. Es folgt eine halbe Flitterwoche, halb nicht im Gefühl, halb nur als Woche, Glück, das nichts ändert an der entwaffnenden Gescheitheit ihres Barcelona-Briefes; dann ist Svoboda wieder der alte, er möchte wissen, woran er ist.

Ich stelle mir vor:

Das Leben geht weiter, aber nicht vorwärts, und es stellt sich, wenn auch verschwiegen, die Frage, wer daran schuld ist, Svoboda mit seiner lauernden Miene oder Lila, die sich ins Gesellschaftliche verschanzt.

»Svob«, lacht Lila, »bist du geizig?«

»Wieso?«

»Niemand hat Wein.«

»Verzeihung«, sagt er, Lila hat recht, er hat zugehört, wie Lila gerade die Geschichte mit der griechischen Schlange erzählt. Er erinnert sich: es war ein glücklicher Tag damals, ein Liebestag, was die durstigen Gäste nichts angeht, und insofern hat Lila recht, daß sie die Wahrheit verschweigt. Warum aber erzählt sie es dann? Sie erzählt bloß, daß man halt schläfrig war vor Hitze und bloß einen schauerlichen Wein bekam und Sonnenbrand und nicht einmal Zigaretten und nichts, und mitten auf dieser staubigen Straße ihrer ehelichen Reise kringelt sich also die überfahrene Schlange –

Svoboda entkorkt.

Ein Freund von ihr ist unterrichtet, daß Lila für diesen Sommer noch keinerlei Pläne hat, und es ist beiläufig die Rede davon, daß Lila vielleicht nach Kopenhagen gehe. Svoboda hört es zum ersten Mal. Andere scheinen besser unterrichtet zu sein. Es ist aber, wie der Freund weiß, nicht sicher, daß Lila nach Kopenhagen geht; es kann, wie der Freund weiß, auch sein, daß man sich irgendwo ans Meer setzt, nämlich Lila und Svoboda, um Sommerfrische zu machen (wie der Freund zitiert, weil er ihren Ausdruck lustig findet:) »family style«.

Svoboda gießt ein.

Jemand spricht kurz von Enderlin, der einen Ruf nach Harvard hat, wie man weiß, aber nicht hingehe aus unbegreiflichen Gründen –

Und so weiter!

Svoboda wird immer empfindlicher.

»Dein Rauch!« sagt sie, »warum hältst du immer deine Pfeife so, daß dein ganzer Rauch immer in mein Gesicht kommt?«

Oder:

»Kannst du nicht fahren, daß ich nicht sterbe vor Angst?« sagt sie, »ist das nicht möglich?«

Oder:

»Svob«, sagt sie, »iß nicht soviel.«

Oder:

»Svob«, sagt sie, »schau deine Fingernägel an. Was soll das? Ich bitte dich seit sechs Jahren –«

Oder:

»Hast du wieder meinen Schlüssel genommen?«

»Ich«, fragt er, »wieso?«

»Ich finde ihn nicht.«

Er findet ihn.

»Entschuldige«, sagt sie, »ich habe es vergessen, ich kann auch nicht an alles denken«, sagt sie. »Entschuldige!«

Oder:

»Entschuldige«, sagt sie, »ich habe dir schon guten Morgen gesagt, aber wenn du nicht hörst –«

Oder:

»Svob«, sagt sie, »ich tu ja alles, was du willst.«

Usw.

Dabei ist es wahr, Lila tut alles, was Svoboda will, und sogar die sommerliche Reise ans Meer findet statt ...

Was verspricht sich Svoboda davon?

»Family style:«

Ich liege am Strand, eine fremde Zeitung lesend, allein inmitten fremder Leute, es ist ein heißer Mittag, panisch, Sonnenschirme, links dudelt ein Radio, rechts liegt ein Paar, das nicht miteinander spricht: – natürlich nicht Svob und Lila, sondern irgendein Paar! ... Er sitzt im heißen Sand und ölt sich die Schultern; sie liegt bäuchlings auf der Decke, ihr Gesicht nach der andern Seite gedreht. Gelegentlich gehe ich schwimmen, wobei ich übrigens beinahe ertrinke. – Als ich an meinen Platz zurückkomme, ist das schweigsame Paar nicht mehr da, nur ihr bunter Plunder. Es ist dem Mann gelungen, scheint es, die Frau zu bewegen; sie spielen jetzt mit einem Ball, der aber zu leicht ist, Wind krümmt seine Bahn, und der Ball rollt zu mir. Ich gebe ihn zurück. Sie bedankt sich (italienisch) mit einem Gesicht so liebenswürdig-munter, daß sie kaum wiederzuerkennen ist. Eigentlich eine sehenswerte Frau. Wenigstens für diesen Augenblick, da jemand sie beachtet, fast mädchenhaft; sie schüttelt ihr offnes Haar um den Nacken, damit ich's sehe, und hüpft, und ihr Ballwurf, bisher linkisch-müde, ist plötzlich graziös-linkisch. Sie ist gar nicht müde, nur verdrossen nach der andern Seite. Eigentlich eine entzückende Frau, oder wie man's nennen mag, die Munterkeit in Person. Wenn er nicht wäre! Zwar wirft er den Harlekin-Ball gar sorgsam, damit sie ihn sollte fangen können, wie sie ihn von mir gefangen hat, aber vergeblich; sie paßt nicht auf, schüttelt ihr sehenswertes Haar, wenn er wirft, und dann rollt der Ball halt ins Meer, was verdrießlich ist. Um das Paar nicht durch Beobachtung zu belästigen, schaue ich gradaus: am Horizont raucht ein schwarzer Frachter, Meer wie Stanniol, die Sonne gleißt weiß über der dampfenden Küste. Als sie kurz darauf an ihren Platz zurückkommen, beide stumm, hinkt die Frau; ihre Bewegung, als sie sich setzt, macht deutlich, daß nur er daran schuld ist. Wer sonst hat sie zum Ballspiel genötigt? Ich lege mich auf den Rücken und schließe meine Augen, aber ich höre:

»Natürlich tut's weh!«

Später:

»Was machst du mit dem Sonnenschirm?«

»Schatten.«

»Ich friere«, sagt sie, »entschuldige!«

»Ich dachte, du hast Sonnenbrand.«

Später:

»Lieber«, sagt sie, »sei so lieb und gib mir das Sonnenöl, und wenn du so lieb sein willst, Lieber, und mir den Rücken einreiben kannst, aber so daß es nicht wehtut«, sagt sie, »du mit deinen Händen!« sagt sie. »Au!«

Später:

»Sei nicht bös«, sagt sie, »aber jetzt habe ich wieder deinen ganzen Rauch in meinem Gesicht«, sagt sie, »die ganze Zeit.«

Später:

»Ich bitte dich«, sagt sie, »kannst du nicht aufpassen?«, und da er nicht weiß was los ist, »immer wirfst du Sand auf mich«, sagt sie, und als er bewiesen hat, daß es niemand anders als der Wind gewesen sein kann, der die liegende Dame belästigt hat, und als er den bösen Sand von ihrer Schulter blasen will, »Laß das«, sagt sie. »Warum gehst du denn nicht schwimmen?«

Wie ein Außenstehender, wenn er solche Wortfetzen hören würde, weiß auch Svoboda, daß der unsichtbare Punkt, wo Abschied fällig wird, nicht nur erreicht, sondern bereits überschritten ist, the point of no return, es geht nur noch darum, wer den Abschied vollstrecken kann, um ihn nicht zu erleiden, und beide Teile lauern nur noch auf den Anlaß zum großen Zorn, der handlungsfähig macht; sie wissen es; die Liebe, die zu verabschieden ist, reicht beiderseits schon nicht mehr aus, um den andern nicht mehr zu durchschauen.

Neuigkeit:

Svoboda will Enderlin sehen und sprechen! ... Ich weiß nicht, wie er sich das vorstellt, und als Lila es mir mitteilt, streiche ich mit der Hand über meinen Mund. Sprechen worüber? Svoboda schlägt vor: Donnerstag oder Freitag oder Samstag. Natürlich bin ich bereit, Lila zuliebe, nur Donnerstag geht es keinesfalls, schließlich habe ich meinen Beruf, was Lila versteht. Lila ist überhaupt dagegen, was ich ebenfalls verstehe; sie hat kein Bedürfnis, Svoboda und Enderlin nebeneinander zu sehen. Was erhofft er sich überhaupt davon? Er könne nicht mit einem Gespenst leben, höre ich. Es tut mir leid, daß ich lache. Es wird nicht einmal peinlich sein, unser Treffen zu dritt, nur mühsam, jedenfalls zwecklos. Svoboda tut mir leid.

Wenn ich mit einem blanken Nein antworten würde, vielleicht wäre Lila
dankbar dafür; aber das geht nicht, würde aussehen, als kneife ich. Also
gut! Nur fällt mir dabei gerade ein, daß es auch am Freitag leider nicht
geht. Und das ist keine Ausrede. Aber ich erkläre mich also bereit, und
wenn Svoboda bis dahin tatsächlich darauf beharren sollte, nun gut,
komme ich gelegentlich zu einem Aperitif. Warum grad ein ganzes Abendessen? Ich werde wenig zu sagen haben; ich liebe seine Frau. Warum tut er,
als wisse er das nicht, und will, daß ich es ihm sage? Was er zu sagen hat,
kann ich mir vorstellen, und wenn er noch so gefaßt, so würdig-aufgeklärt,
so kameradschaftlich zu sprechen vermag, ändert es nichts daran, daß
seine Frau zurzeit einen andern liebt. Das ist nun einmal so. Ich glaube
wirklich, ein Aperitif genügt. In einer Bar wäre es mir lieber, aber ich verstehe: ich soll das Svoboda-Lila-Heim sehen, als kennte ich es nicht. Also
gut. Also Samstag um sechs Uhr, ich werde antreten. Svoboda am Bar-
Boy, den ich kenne, wird uns je einen Whisky bereiten, Whisky on the
rocks oder mit Soda, je nach Wunsch, während er selbst ein Mineralwasser
trinkt. Vielleicht wird Svoboda nicht verstehen, was Lila an mir findet –

Die Brandung war nicht besonders stürmisch, zwei oder drei Brecher
mannshoch, bevor sie sich überschlagen in Gischt und Getöse, und dann,
nachdem ich die Brecher untertaucht und ihr Gedonner einmal hinter mir
hatte, Wogen ohne Gischt groß und glatt, ein wonniges Schwimmen,
kampflos Woge um Woge hinauf und hinab und wieder hinauf, manchmal beginnt eine Kuppe zu kräuseln, aber ohne sich zu überschlagen, ein
leichtes Schwimmen, Woge um Woge bierflaschen-grün mit einer zi-
schelnden Rüsche von Sonnenglitzer, und wäre ich nicht allein gewesen,
man hätte gejauchzt, die Mulden danach sind glatt und tintenblauschwarz
mit weißlichen Mustern von Schaum. Einmal schluckte ich Wasser. Ich
war der einzige Schwimmer, hinter mir das dumpfe Gedonner der Brandung, draußen die Stille, Mittag, Sonne, die blendete: aber wie aus einem
violetten Nachthimmel. Ab und zu, wenn eine Woge mich hob, sah ich
draußen einen Frachter am Horizont, rückwärts den flachen Strand mit
seinen kunterbunten Sonnenschirmen nicht allzu fern, doch jenseits der
Brandung, die gelbe Flagge flatternd an einem Mast und über den land-
wärts fliehenden Wogen, wenn sie hinter ihrem Gischt zusammenbrachen,

fernhin das Land, Gebirge hinter milchigem Dampf, rosa ... Als ich zum Ufer zurückschwamm, keineswegs müde, es waren kaum noch dreißig Meter, ich hoffte schon abstehen zu können: plötzlich kein Boden, sondern ein Klumpen von braunem und schwarzem Tang, so daß ich schwimmen mußte, jetzt überrollt von den Wogen, die mich untertauchten, nicht weitertrugen, jetzt mitten in den Brechern, aber ohne Boden zu finden, jetzt kämpfend mit allen Leibeskräften, ohne weiterzukommen gegen den Sog des zurückflutenden Wassers. Ich verlor den Atem vor Angst, aber wollte es noch nicht glauben, nicht um Hilfe rufen dreißig Meter vor dem Strand mit seinen Sonnenschirmen. Niemand hätte es gehört. Kaum hatte ich wieder Atem, schlug mich der nächste Brecher. Noch wehrte ich mich, dabei gewiß, daß es aus ist, eigentlich nicht überrascht, einmal hat das kommen müssen, warum hier, warum so, warum jetzt, das Bewußtsein, daß es jetzt aus ist, als Bewußtsein von etwas Lächerlichem, ich wehrte mich nur noch gegen das Lächerliche, bis das Bewußtsein mich verließ – plötzlich Sand ... Als ich ans Ufer watete, schämte ich mich. Dabei hatte mich niemand gesehen. Am Ufer, jetzt möglicherweise gesehen, tat ich, als suchte ich Muscheln. Um meine Erschöpfung nicht zu zeigen. Dann mußte ich mich doch setzen. Ich ölte meinen Körper, Blick aufs Meer, Sonne, am Horizont der rauchende Frachter, ein blauer Mittag wie irgendeiner. Ich versuchte zu denken: Jetzt ersoffen sein? – und es fiel mir nichts dazu ein ... Ich ölte meinen Körper sorgsam, die Schultern und die Waden, die Schenkel auch und die Brust und die Stirne und die Arme und nochmals die Waden; links dudelte ein Radio, rechts lag das italienische Paar mit dem Harlekin-Ball, das sich ödete, »family-style«.

Eine Geschichte für Camilla:

von einem Mann, der immer wieder einmal entschlossen ist, seinen Lebenswandel zu ändern, und natürlich gelingt es ihm nie ... Als er wieder einmal heimwärts flog, einer, der nicht mehr hinausguckt, wenn die Maschine draußen auf der Piste steht und auf die Starterlaubnis wartet, und der seine Zeitung schon vor dem Start entfaltet, las er in einem heimatlichen Morgenblatt, das, im fremden Flughafen gekauft, natürlich etwas veraltet war, zufällig seine eigene Todesanzeige. Niemand hatte ihm seinen Hinschied mitgeteilt; niemand hatte gewußt, wo er sich in diesen Tagen befand, nicht einmal seine Frau. Er selbst, kaum hatte er seine Todesanzeige wahrgenommen, guckte nun doch zu dem runden Fenster hinaus; aber an Aussteigen war nicht mehr zu denken, die Piste flitzte vorbei, und eben hob sich die Maschine vom Boden steilauf. Noch sah er Wiesen, Gehöfte von oben, Kiefernwald, mit Straßen, ein Fuhrwerk auf einer Straße, kurz darauf einen Bahnhof mit Geleisen, aber schon wie ein Spielzeug. Dann Nebel. Ein Glück, daß niemand neben ihm saß; er hätte sich kaum getraut das Morgenblatt nochmals aufzuschlagen. Nicht bloß der Name, schwarz umrahmt, war genau der seine; auch die Namen der Hinterbliebenen stimmten. Offenbar erbleichte er trotz besseren Wissens. Die Stewardeß lächelte, als sie fragte, ob sie irgend etwas für ihn tun könnte, und schraubte an der Zuluftdüse über ihm. Er ließ sich einen Fruchtsaft geben. Das Morgenblatt war von vorgestern, seine Todesanzeige darin dreifach, als wollten sie jeglichen Zweifel ausschließen: eine im Namen der Familie, eine im Namen des Verwaltungsrates, eine im Namen eines Berufsverbandes. Gott kam nur in der Anzeige der Familie vor, hingegen waren alle sich einig in bezug auf die Todesursache: Ein tragischer Unfall. Genaueres war aus dem Morgenblatt nicht zu erfahren, wie oft er es auch wieder las, seinen Fruchtsaft trinkend. Vielleicht hat, wie schon einmal, ein Strolch seinen Wagen genommen, diesmal um gegen einen Tanker zu fahren und sich aufs Unkenntlichste zu verbrennen. Begräbnis heute. Das heißt, es reichte dem Mann, wenn das Flugzeug keine Verspätung haben sollte, gerade noch zu seinem Begräbnis –

Nie flog ein Jet so langsam.

Sein Leben zu bedenken, das er auf Erden geführt hatte, vielleicht versuchte er's, während man über den besonnten Wolken flog; aber es gelang ihm nicht, und als sie das Tablett brachte, die Hosteß mit ihrem unentwegten Lächeln, schüttelte er nur den Kopf; er konnte nicht essen, eigentlich auch nicht denken, nur immer wieder auf seine Uhr blicken – während die Witwe jetzt ihren schwarzen Schleier über das verweinte Gesicht zog . . .

Endlich krächzte der Lautsprecher.

NO SMOKING.

Die Maschine, von Böen geschüttelt, so daß die Flügel wippten, kreiste noch mindestens zwanzig Minuten im Nebel; zum ersten Mal hatte er Angst.

Wie erwartet:

sein Wagen war einfach nicht mehr da; der Parkwärter, dem er sein Park-Ticket zeigte, konnte es nicht ändern und verwies ihn an die Polizei – Er nahm ein Taxi.

Ohne sein Gepäck einzulösen.

Er war der erste auf dem Friedhof; natürlich hatte er sofort, kaum gelandet, zu Hause angerufen, aber vergeblich, die Trauernden waren schon unterwegs. Ein Gärtner, der das faule Laub von den Wegen rechte, sonst war noch niemand auf dem Friedhof. Er las die Schleifen an den Kränzen. Ein regnerischer Tag. Vielleicht waren gewisse Schleifen, die er vermißte, drinnen auf dem Sarg; aber einzutreten in das Krematorium, um nachzusehen, wagte er nicht, zumal er einen hellen Regenmantel trug. Natürlich wollte er die Sache aufklären, das war seine Pflicht. Als er sich bei einem Wärter nach dem Namen des Dahingegangenen erkundigte, nahm er seine Pfeife aus dem Mund, etwas ratlos, dann immer verwirrter, als kurz darauf die ersten Wagen vorfuhren. Er trat, als sei er fehl am Platz, hinter eine Zypresse, etwas erschüttert war er schon: alle in Schwarz, ihr langsamer Gang in stummen Gruppen oder einzeln, es kamen ziemlich viele, und manche kannte er gar nicht, Leute, die vermutlich eine Gilde oder Firma vertraten, auch Kinder aus der Nachbarschaft, Freunde, die er lang nicht mehr gesehen hatte, alle in Schwarz, während er, als einziger in einem hellen Regenmantel, hinter der Zypresse stand, seine Pfeife in der Hand. Der Augenblick, um vorzutreten, war eigentlich schon verpaßt. Soviele waren es schon, einige weitergereist. Übrigens brauchte er sich nicht besonders zu verstecken, da alle, wenn sie auf dem knirschenden Kies vorbeigingen, auf den Boden blickten, Trauernde und solche, die Trauer spielten. Die einander kannten, nickten nur verhalten. Und niemand rauchte, natürlich nicht, so daß auch er unwillkürlich seine erloschene Pfeife in die Tasche versteckte. Das war schlecht; denn damit anerkannte er die Veranstaltung, noch bevor die verschleierte Witwe gekommen war, und konnte nur noch zuschauen, wie alles seinen Gang nahm, ohnmächtig. Die Rührung, die ihn beim Lesen der verregneten Schleifen beschlichen hatte, war vorbei; jetzt empfand er das Ganze als eine Verschwörung. Die Witwe kam, wie erwartet, unter einem schwarzen Schleier, gestützt von zwei Schwägern, die dabei aufrecht gingen und würdig-nüchtern und sie vor Grüßen schützten, indem sie, stellvertretend, dahin und dorthin sparsam nickten. Zu hören war nichts als das Knirschen der anfahrenden Wagen im Kies, das Klappern der Wagentüren, dazwischen das Tropfen von der Zypresse herab. Und jetzt vorzutreten in einem hellen Regenmantel, wer wagt das schon. Auch hörte man kurz darauf schon die Orgel. Als letzter zu folgen, eigentlich blieb dem Mann nichts andres übrig, wenn die Veranstaltung schon nicht mehr aufzuhalten war: als letzter zu folgen, um die Trauerrede zu hören, das wäre durchaus gegangen; in einem Krematorium sehen die Leute sich nicht um, wenn sie in den Bänken einmal Platz genommen haben, und der Verstorbene, wenn er sich nur ruhig verhält, könnte durchaus an der Tür stehen. Er wartete nur noch die letzten Nachzügler ab. Der Wagenpark, die Orgel, all das ließ ihn nicht gleichmütig; vor allem die Orgel. Es kamen immer noch mehr, in der Tat, mehr als es Sitzplätze gab; manche mußten in der Türe stehen, Hut in der Hand, sogar draußen. Es ging also nicht; sie hätten ihn gesehen, wenn er sich durch die Türe gedrängt hätte, um die Trauerrede zu hören. Jetzt war die Orgel verstummt. Er aber hörte nur das Tropfen von der Zypresse herab, jetzt wieder die Pfeife im Mund, allerdings ohne zu rauchen, und wußte nicht recht, was man in seinem Fall jetzt tun sollte. Ins Kino gehen oder nach Haus? Er erkundigte sich bei einem Fahrer, wohin die Trauergemeinde nachher zu fahren gedenke, und ging zu Fuß, Hände in den Hosentaschen, einer, der plötzlich zuviel Zeit hat, lungernd und müßig, während ein Pfarrer, der ihn nie gekannt hatte, seine Biographie verlas; ein Mann im hellen Regenmantel. Einmal blieb er stehen; er schaute zu, wie Buben Fußball spielten zwischen Schrebergärten, und wartete auf einen Ball, der über den Zaun fliegen würde. Das hätte ihn gelockt, Fußballspielen am Tag seines Begräbnisses. Es kam aber kein Ball für ihn, und als er weiterschlenderte, trat er eine leere Konservenbüchse, so daß sie wie ein Fußball flog, dann über eine Böschung kollerte, scheppernd, während die Trauergemeinde mit gesenkten Häuptern, neuerdings von der Orgel getröstet, seiner gedachte. Halb war er froh, daß er seine Biographie nicht hatte anhören müssen, halb verdroß es ihn, daß er nichts dazu sagen konnte. Jetzt stand er in der Wirtschaft, wo die Trauergemeinde sich nachher zu versammeln gedachte, und trank einen Grappa, dann ein Bier, dann einen zweiten Grappa, ohne seinen Mantel abzulegen. Ein unmögliches Etablissement, fand er, ein Café im Heimatstil. Für den Leichenschmaus war das obere Stockwerk bestellt. Es dauerte lang, bis der Strolch eingeäschert war unter seinem Namen. Was immer ihm einfiel, beispielsweise daß er im obern Stockwerk sitzen könnte, wenn die Trauergemeinde kommt, ging natürlich nicht aus Rücksicht auf die Witwe, die in diesen letzten drei Tagen wirklich etwas durchgemacht hatte. Auch war ihm selbst, offengestanden, nicht witzig zumute. Er war wirklich ratlos. Vermutlich machte er sich Vorwürfe, daß er nichts von seiner Flugreise gesagt hatte, und bestellte noch einen Grappa, blätterte in den Zeitungen von heute, ohne jedoch einen Nachruf zu finden; schließlich wechseln die Zeitungen von Tag zu Tag. Als die Leute, eben noch als Trauergemeinde angesprochen, in beruflichen Gruppen und in familiären Gruppen oder auch durch den Anlaß unvereinbar-vermischt die Treppe hinaufgingen, redeten sie mit alltäglichen Stimmen, jedoch wenig. Jeder wollte allen andern die Türe halten. Sicherlich waren auch zwei oder drei wirkliche Freunde dabei, denen er diesen Leichenschmaus gern erspart hätte, diese schwarze Peinlichkeit, die sie nicht ihm zuliebe, sondern seiner Familie zuliebe auszustehen sich verpflichtet fühlten. Warum kamen sie nicht ins untere Stockwerk! Es machte ihn traurig. Als er später, offenbar betrunken, an die Juke-Box gegangen war, um eine schmetternde Schnulze loszulassen, dauerte es nicht lang, bis der Wirt, übrigens auch in Schwarz, herunterkam und ihn zurechtwies, begreiflicherweise. Aber die Juke-Box, einmal in Betrieb gesetzt, war nicht abzustellen; sie mußten die Schnulze doch zu Ende hören. Wie es im obern Stock zuging, konnte er sich denken: würdig, ein Tisch in Hufeisenform, die Witwe jetzt ohne Schleier, aber verweint, ein schlichter Imbiß, Schinken und Clevner-Beerli, dazu Erinnerungen persönlicher Art. Einigen wird man schon fehlen, andern wiederum weniger als sie meinen. Eine Frau, die sich auch in der Erinnerung nie mit ihm versöhnen wird, war sicherlich nicht dabei, und das erleichterte ihn, überhaupt hatte die Gesellschaft da oben wenig mit seinem Leben zu tun, konnte ihm gleichgültig sein, gleichgültiger als man es zu Lebzeiten zeigen darf. Als er auf die Toilette gehen mußte, die sich im obern Stockwerk befand, war zum Glück niemand im Vorraum. Er mußte sich übergeben. Als dann jemand kam, war seine Türe verriegelt. Der Trauernde entfernte sich. Plötzlich fühlte er sich sehr elend, der Mann hinter der verriegelten Tür, fürchtete, daß er die Tür nicht mehr öffnen könnte, wollte aber nicht rufen. Sicherlich plauderten sie jetzt im Saal schon ganz natürlich, nur die Witwe schwieg, was jedermann verständlich war, aber die Stimmung dämpfte. Einmal hörte er Stimmen draußen im Vorraum, zwei Männer nebeneinander vor der Schüssel, sie redeten über Berufliches, was auch den Mann hinter der Tür interessierte, und wuschen sich ausführlich die Hände, trockneten sich ausführlich die Hände, um länger über Berufliches reden zu können, endlich ein Witz auf der Schwelle – nicht über den Toten, versteht sich, sondern weitab davon … Der Mann war froh um den Witz, den er zwar schon kannte. Jetzt hätte er in den Saal treten können: Das Leben geht weiter. Im Saal wäre jetzt die richtige Stimmung dafür gewesen. Aber er war zu elend, leider, und es blieb ihm nur die Straße, wo es regnete.

Sein Gepäck lag noch im Flughafen.

So fühlte er sich ledig.

Gegen Mitternacht, nachdem er sich in einem Wartsaal ausgeschlafen hatte und nüchtern war, wurde er nochmals traurig. Obdachlos in der Vaterstadt, das geht an die Nerven. Zwar hätte er in ein Hotel gehen können. Zimmer mit Bad; ohne Gepäck, aber mit Geld. Und mit einem Paß. Als wüßte jeder Concierge, wer heute eingeäschert worden ist, scheute er sich. Die Kinos waren aus. So hockte er auf einer öffentlichen Bank hutlos im Regen, erschöpft, fröstelnd, langsam belustigt darüber, daß er lebte, und plötzlich bereit zu einem Fest, ja, zu einem ganz verrückten Fest. Aber mit wem? Hutlos im Regen allein, nachdem er die Einladung einer Straßendame höflich ausgeschlagen hatte, entdeckte er, daß er die wenigen Menschen, die nach diesem Tag noch als Freunde in Frage kämen, seit Jahr und Tag vernachlässigt hatte, und es ging nicht, daß man sie jetzt, kurz nach Mitternacht, heimsuchte wie ein Geist aus dem Grabe. Vielleicht hätte der eine oder andere sich gefreut. Er gedachte ihrer mit Reue. Aber Reue war kein Ort, um sitzen zu bleiben, und irgend etwas mußte geschehen. Als er schließlich in eine Kabine trat und zu Hause anrief, nahm niemand ab; wahrscheinlich schlief die Witwe bei den Schwägern, das heißt, bei ihren Brüdern, die nie viel übrig hatten für diesen Schwager. Man kann's ihnen nicht verargen. Der Mann im hellen Regenmantel, der jetzt in der öffentlichen Kabine stand, paßte nie richtig in die Familie; er wußte es selbst. Sie hatten diese Heirat nie ganz verstehen können. Erschüttert von ihrer Trauer – der eigentliche Zusammenbruch kommt meistens erst nach dem Begräbnis – sagten sie wahrscheinlich auch jetzt nicht, was sie schon all die Jahre gedacht hatten, sondern trösteten die Unglückliche. Zum Glück waren da keine Kinder. Sie trösteten, indem sie die Unglückliche verstanden; sie widersprachen nicht, als sie schluchzte und schluchzte und redete wie die Portugiesische Nonne: nicht von ihm, sondern von ihrer Liebe …

Jedenfalls nahm niemand ab.

Der Mann im hellen Regenmantel, als er den Hörer schließlich aufge-

hängt und die wieder herausfallende Münze eingesteckt hatte, versicherte
sich, ob er die Hausschlüssel habe, und nahm ein Taxi, fuhr nach Haus. Er
wollte schlafen. Die Wohnung war dunkel; er machte Licht und stand
da ... es war komisch: – die sieben Teetassen auf dem Tisch, ihre letzte
Stärkung vor dem Begräbnis, dazu die Blumen überall, eine Schachtel voll
Beileidskarten und Briefe mit schwarzem Rand. Einige las er, ohne sich zu
setzen, mit schrägem Kopf. Jemand hatte seine schwarze Melone vergessen. Sonst alles wie immer, abgesehen von den offenen Schubladen; man
hat Dokumente gebraucht, versteht sich, ein Testament gesucht und gefunden. Um dann trotzdem einen Pfarrer sprechen zu lassen. Nun gut.
Er machte Licht im Schlafzimmer: das Doppelbett, ihr schwarzer Schleier
darauf. Er löschte das Licht. Eine Katze, die in ihrem Korb schlief, war das
einzige Lebewesen zu Haus. Er machte Licht in der Küche, nahm sich ein
Glas aus dem Schrank und füllte es mit Wasser, trank, füllte es nochmals.
Wieder im Wohnzimmer, das Glas in der Hand, blickte er sich nochmals
um, ohne seinen Regenmantel auszuziehen, die andere Hand in der Hosentasche, um nicht einzugreifen in seine eignen Sachen, die da aus der
Schublade geräumt waren: Bündel von Briefen, Quittungen, ein Sportab-
zeichen von einst, Steuerbelege, eine Police der Unfallversicherung, Fotos,
eine Ehrenurkunde. Plunder. Verwundert über all diese Zeugnisse einer
Anstrengung, die plötzlich überholt ist, trank er sein Wasser, verwundert
auf eine angenehme Weise. Als die Katze, inzwischen aufgewacht, ins Zimmer schlich, erschrak er; dann lachte er ein wenig, gab der Katze ein Bis-
kuit vom Teetisch der Leidtragenden. Er blieb nicht lang in der Wohnung,
hatte hier nichts zu bestellen, schien ihm, nichts anzurühren. Erst als er
einen Zinnbecher sah mit sieben Pfeifen drin, konnte er's nicht lassen
und suchte die beste heraus, steckte sie in seine Manteltasche, nicht ohne
die Pfeife, die er bisher in der Manteltasche hatte, dafür in den Zinnbecher
zu stecken. Und damit hatte es sich eigentlich. Dann nochmals ein Rund-
blick über alles, dann löschte er das Licht. Im Treppenhaus meinte er etwas gehört zu haben, versteckte sich sofort in einer Nische, eine Weile
atemlos. Schritte treppauf! Aber dann hörte er eine Tür im untern Stock,
dann Stille. Wie ein Liebhaber auf Fußspitzen, besorgt nach jedem Girren
der Treppe, erreichte er die Haustür ungesehen; er öffnete sie behutsam.
Der Regen hatte aufgehört. Er stülpte seinen Regenmantelkragen auf,
schaute an der Fassade empor, ging – Außer daß er in der Küche versehentlich das Licht hatte brennen lassen, fand man keine Spuren von ihm; das

Wasserglas auf dem Schreibtisch war nicht auffällig; sein Hausschlüssel lag im Briefkasten, was unerklärlich blieb ...

Svoboda beschäftigt mich noch immer.

(– weil ich ihm Unrecht getan habe. Man kann einen Menschen nicht bloß in seiner Beziehung zum andern Geschlecht vorstellen, einen Mann nicht; die meiste Zeit unseres Lebens verbringen wir mit Arbeit.)

Ich stelle mir vor:

Svoboda in einem weißen Arbeitsmantel. Die beiden Zeichner, deren Arbeit er prüft, merken ihm nichts an. Svoboda wie jeden Morgen. Er sitzt, seine behaarten Hände links und rechts auf die Ecken des Zeichentisches gestützt, nachdenklich, während die beiden Angestellten, gespannt auf sein Urteil, links und rechts neben Svoboda stehen. Etwas scheint ihm nicht zu gefallen; eine Proportion vielleicht, er weiß es nicht sofort, nimmt einen Maßstab, mißt, schweigt, sieht und weiß: So geht's nicht. Schade. Svoboda nicht ärgerlich, nur nachdenklich: man müßte eine Idee haben. Eine andere. Also nachdenklich, aber ohne Vorwurf; schließlich ist es seine eigene Idee gewesen, was da säuberlich mit hartem Stift und maßstäblich aufgezeichnet worden ist in Grundriß und Aufriß. So geht es also nicht. Immerhin eine Einsicht. Und man gibt auf, was nicht geht; das ist Arbeit, das ist gut. Svoboda mit seinen behaarten Händen auf den Ecken des Zeichentisches, während man sozusagen in team-work auf eine Idee wartet, blickt zum Fenster hinaus, indem er grad an etwas anderes denkt – an den gestrigen Abend mit Lila – aber nicht lang ... Das hier, Projekt für einen öffentlichen Wettbewerb, ist dringender, und er bittet um eine Rolle Pauspapier, die er gelassen ausrollt, ferner um einen Stift, einen weichen, einen B 5. Vielleicht hat der Zeichenstift plötzlich eine Idee. Dann ein zweites Pauspapier, ein drittes, das er gelassen verzeichnet, ein viertes. Gelassen. Dabei mit gespanntem Blick, aber gelassen; nämlich es muß eine Lösung geben. Svoboda ist kein Tausendsassa, immerhin ein Mann vom Fach, ein gelernter Arbeiter, und was er an diesem Vormittag (nach der nächtlichen Böllerei mit Whisky-Flaschen) zu Papier bringt, ist schon besser, wenigstens klar; die beiden Angestellten, jetzt wieder vorgebeugt mit schrägen Köpfen, um seine Skizze zu lesen, beginnen zu nicken ... Anderes kommt dazwischen, ein Anruf von einer Baustelle, Svoboda entscheidet; später hört man ihn lachen; später muß Svoboda zu einer Behörde, während die beiden Angestellten ein frisches Papier aufspannen und ihre Minen spitzen, und am Nachmittag sehe ich ihn neuerdings in seinem weißen Arbeitsmantel, seine behaarten Hände auf den Ecken des Zeichentisches: was er am Vormittag skizziert hat, scheint tatsächlich eine Idee gewesen zu sein, wenn auch zu schüchtern, findet er, maßstäblich zu schüchtern, so daß Svoboda nochmals ein knisterndes Pauspapier drüber rollt, und jetzt, siehe da, ist es nur noch eine Frage von Überstunden. Wenn man eintritt, von einer Sekretärin gemeldet, sieht man seine braune Glatze von hinten, ich warte, bis die Angestellten ganz begriffen haben, bis er sich langsam auf dem drehbaren Sessel dreht und dann sich erhebt, die Hornbrille abnimmt.

»Stör ich?« frage ich.

Seine Hände waschend, dann trocknend, ein Brocken von Mann, um den man nicht fürchtet, bezeichnet er meinen Besuch als willkommen, obschon seine Gedanken offensichtlich noch auf dem Pauspapier sind, herzlich, und ich glaube ihm, da er mich sogleich auf ein Modell verweist, um die Meinung eines Laien zu hören.

»Du entschuldigst«, sagt er –

Ich sehe:

Svoboda, den Hörer zwischen Ohr und Schulter geklemmt, zieht eine Rollschublade heraus, blättert in einem Eternit-Katalog, während er redet, und bittet die Sekretärin, daß sie einen Kostenvoranschlag bringt; dazwischen seine Frage:

»Was hältst du von der Raumbühne?«

»Nichts«, sage ich, »nicht viel.«

Vielleicht spreche ich mit Svoboda darüber, wenn er Zeit und Ruhe hat, vielleicht nachher im Wagen; jetzt bleibe ich in der Hocke vor seinem Modell, das mir sehr gefällt. Ein Arbeitsmodell, so höre ich, das sich noch ändern wird. Dies nebenher. Die Eternit-Diskussion, die ihn offenkundig verdrießt, dauert lang. Als er den Hörer endlich aufgelegt hat und den Eternit-Katalog zusammenklappt, sagt er:

»Kram.«

Ich sehe Svoboda, wie er, nicht ohne einen Blick auf die Armbanduhr, seinen weißen Arbeitsmantel auszieht, dann seine Jacke nimmt, jetzt stumm; die Eternit-Sache scheint sehr ärgerlich zu sein.

»Danke«, sagt er, »– mir geht's glänzend.«

Bevor wir aber gehen können, ich habe meine Hand schon auf der Klinke, aber keine Eile, geht Svoboda noch in einen andern Raum, wo Menschen in weißen Arbeitsmänteln, teils sitzend, teils im Stehen, gebeugt über Reißschiene oder Rechenschieber, an lösbaren Aufgaben arbeiten, ein ebenso schneehelles Atelier; ein alter Techniker soll das ganze Projekt (soviel ich aus dem Telefon erraten habe, handelt es sich um ein Parkhaus) umrechnen auf Eternit, ja, leider.

»Und du?« fragt Svoboda im Wagen, »du bist ja in Jerusalem gewesen«, fällt ihm ein, »was hast du denn da gemacht?«

Ich sehe:

Svoboda am Steuer, beide Hände oben, wie wenn man auf einer Langstreckenfahrt einmal ausspannt, sein übernächtigtes Gesicht, aber wach; ein vernünftiger Fahrer; er überholt bei Gelegenheit sofort, ohne im Gespräch dabei auszufallen, und wenn's nicht geht, fährt er langsam ohne Nervosität; man hat das Gefühl, als steuerte nicht er, sondern die Straße, während er redet.

Kein Ton über Lila.

Unterwegs sehe ich eine Baustelle und Svoboda, wie er über die wippenden Bretter geht, Rohbau nach Feierabend, eine Betonmaschine, die schweigt und tropft, daneben Säcke mit Portland-Zement, eine Latrine unter einem blühenden Kirschbaum, Schubkarren, eine Baracke mit einem papiernen Plakat unter Drahtgeflecht: DAS BETRETEN DER BAUSTELLE IST UNBERECHTIGTEN STRENGSTENS UNTERSAGT. Svoboda im Mantel. Was er als Wohnzimmer bezeichnet, ist ein Dschungel aus senkrechten Rundhölzern und Latten, Versprießung genannt, die Decke ist heute betoniert worden, Sacktücher drauf, es tropft. Überall Material: Rollen von Dachpappe, anzufühlen wie Schmirgelpapier, eine Wassertonne mit Kirschblüten auf dem schmutzigen Wasser, Schaufeln, Bündel von Armierungseisen im Gras, Hügel von braunem Humus mit Unkraut darauf, Stapel von Backsteinen blaß-rosa wie die Dämmerung. Einmal zieht Svoboda einen gelben Klappmeter heraus. Ein Öltank, der neben seiner Grube wartet, und Tümpel überall, Bretter mit der Klischee-Schrift: *Scotoni & Co.*, ein Schnurgerüst mit Senkblei, Rohre braunglänzend wie frische Roßkastanien, Kanalisation, ein Sammler aus Zement, darüber ein Dreibock mit Flaschenzug, ein Haufen von Kies neben Birken, die einen Mantel aus Latten haben, und Bierflaschen im Gras, Papier von leeren Zementsäcken. Svoboda blickt ganz zufrieden.

»Ja«, sagt Svoboda, »gehen wir?«

Zu Hause:

»Was trinkst du«, fragt er, nicht ohne sich bedankt zu haben für das Eis, das Lila gebracht hat, und für die Whisky-Gläser, die er am Vorabend nicht in den Kamin geschmettert hat, »du mit deiner Leber?«

»Whisky.«

»Siehst du«, sagt er, »er findet es auch einen Quatsch, dieses Gerede von der Raumbühne –«

Das also ist sie.

Ich erzähle von Jerusalem . . .

Lila ist doch eine Schauspielerin!

Wenn ich Svoboda wäre:

Ich würde mein Gewehr aus dem Schrank holen, Armeegewehr, und mich auf den Bauch legen, vielleicht nochmals aufstehen, um die Jacke auszuziehen, ferner nehme ich die Pfeife aus dem Mund, bevor ich mich neuerdings auf den Bauch lege und dann den ersten Lader in das Gewehr drücke mit dem Daumen, alles wie gelernt, Verschluß zu, alles in Ruhe. Einen Augenblick lang, als ich das Gewehr nochmals niederlege, sieht es aus, als zögerte ich, als erkennte ich den Unsinn meiner Veranstaltung; aber ich lege das Gewehr nur nieder, weil mir die Hosen spannen, ferner muß ich meine Brille putzen, bevor ich das Gewehr entsichere, dann Kolben an der Wange, dann zielen – in aller Ruhe – beispielsweise auf die Louis-Quinze-Uhr. Erinnerst du dich? Weiß und rund wie eine Zielscheibe, Porzellan mit goldenen Zeigerchen: Tack! und Verschluß auf, damit die leere heiße Hülse herauspurzelt, hoffentlich verbrennt sie unsern Teppich nicht, Verschluß zu, wichtig ist ruhiges und regelmäßiges Atmen, während ich ziele beispielsweise auf den venezianischen Spiegel, Druckpunkt, mein Auge mit gestrichenem Korn auf mein Spiegelauge, dann langsames Krümmen des Zeigfingers: Zirr! und wieder Verschluß auf, Verschluß zu, alles wie gelernt, nur keine Hast, während ich ziele – diesmal vielleicht auf den Hi-Fi-Lautsprecher, der immer noch Schubert spielt,

Trio No. 1, und nicht mit dem Auge zucken, bevor man abdrückt: Pumm! Ich öffne die Krawatte, bevor ich zu feineren Aufgaben übergehe, und spanne den Gewehrriemen um den linken Ellbogen, um nicht zu zittern. Triff einmal den Nagel, woran dein Bildnis hängt! Ich verbrauche vier Patronen, bis das Bildnis auch nur baumelt. Bin ich betrunken? Ich muß nachladen, Griff zurück, Lader hinein, Griff zu, alles wie gelernt, Gewehr in die Achsel. Wie wäre es mit Büchern? Meine Wange genießt die Kühle des Kolbens, während ich auf Miller ziele. Puff! Ich höre lange schon Stimmen auf der Straße, Rufe, aber ich bin hier zu Haus. Verschluß auf, Verschluß zu, weiter. Die da rufen in der Straße, was geht es sie an! Ich wage mich unterdessen an schlankere Ziele, beispielsweise die Briefe einer Portugiesischen Nonne. Dazu brauche ich drei Patronen. Es steht nicht dafür, scheint mir, ich finde die Bar ein besseres Ziel: Whisky-Ping, Gin-Pong! Das klirrt, und wie jedesmal eine heiße Hülse heraushüpft, wenn ich den Verschluß aufreiße, finde ich lustig; ich verstehe nicht, warum jetzt das Telefon schellt. Ich stutze, aber ich sehne mich nach niemand. Das Telefon schellt und schellt, bis ich darauf ziele: Tack! und noch ohne zu ahnen, was mein nächstes Ziel sein soll, quetsche ich den nächsten und vorletzten Lader hinein, Verschluß zu, Kolben an die Wange. Stille. Es ist ausgeschlossen, daß du mich angerufen hast. Wie kämest du dazu? Du liegst bei dem andern, und ich muß weitermachen. Oder war es ein Dritter, ein Unschuldiger, der angerufen hat, um in deinem Auftrag (ungern; aber was tut man nicht alles für dich) zu melden, daß du deinen Zug verpaßt hast? Ich glaub's. Wie wäre es mit dem Schlüsselloch an deiner Schublade? Aber deine Geheimnisse sind überholt; ich ziehe vor: Das Lederpolster. Piff-Paff-Puff! Eine dumpfe Büffeljagd. Dann ein beschämender Fehlschuß auf den tönernen Inka-Hund aus Peru, und schon wieder muß ich nachladen. Blick ins Gelände, wo wir zuhause waren. Bis zur letzten Patrone, ja, daran ist nicht zu zweifeln; Rückzug nicht mehr möglich. Wie wäre es mit den Glühbirnen? Für vier Glühbirnen brauche ich fünf Patronen, und aus der Finsternis regnet Gips; die letzte Patrone gilt dem Mond, der das Glühbirnenlicht sofort zu ersetzen versucht und sich hinter der Fensterscheibe offenbar gesichert meint: Kirr! und dann steht da ein Polizist, der das Glück hat, daß keine Patrone mehr im Lauf ist, und der, ausgerüstet mit einer schamlos blendenden Taschenlampe, meine Personalien erfragt ...

Aber ich bin nicht Svoboda.

Mein Name sei Gantenbein.

Meine Geschichten für Camilla – eines schönen Morgens wird das zu Ende sein, meine letzte Manicure.

»Sie mit Ihren Geschichten!«

Sie lacht, während sie gerade den linken Daumen von Gantenbein in Arbeit nimmt, lacht kurz und ohne aufzublicken, so daß Gantenbein bloß ihren wasserstoffblonden Schopf sieht, und übrigens ist dieser Schopf nicht wasserstoffblond, nicht mehr. Vielleicht schon lang nicht mehr. Gantenbein hat aufgehört sie zu sehen, scheint es, sie wirklich zu sehen.

»Camilla«, frage ich, »was ist los mit Ihnen?«

Ihr Bedarf an Geschichten ist gedeckt; Camilla hat selbst eine Geschichte, scheint es, eine wirkliche Geschichte.

»Ja«, sagt sie, »Sie werden für Ihre Manicure jetzt eine andere suchen müssen«, und feilt zum letzten Mal den Nagel meines Daumens, ohne aufzublicken, als sie hinzufügt, »nämlich ich heirate –«

Hierzu meinen Glückwunsch.

Ihr Bräutigam, ein Zahnarzt, den sie durch Inserat gefunden hat, möchte nicht, daß seine Camilla weiterhin Manicure macht. Also wieder das Ende einer selbständigen Frau.

»Ich werde ihm helfen«, sagt sie, »in der Praxis«, sagt sie mit unverkennbarer Hochachtung vor diesem Wort, »jedenfalls solange wir keine Kinder haben.«

»Sie möchten Kinder?«

Als ich später die Finger auch meiner rechten Hand betrachte, weiß ich also, daß es mein letzter Besuch bei Camilla Huber gewesen ist. Ich bedaure das. Ich verstehe den Zahnarzt, der nicht will, daß sie weiterhin Manicure macht. Wir werden einander überhaupt nicht wiedersehen, ich verstehe, sonst denkt sich der Zahnarzt noch etwas Falsches, und das möchte ich auch nicht. Ich wiederhole meinen Glückwunsch, aber ich bedaure; Camilla und Gantenbein sind Freunde geworden, wie sich jetzt zeigt, richtige Freunde.

»Herr Gantenbein«, sagt sie –

»Was denn?«

»Sie sind nicht blind.«

Ich frage nicht, seit wann sie's weiß.

»Nein«, sage ich, »warum?«

Als ich das schwarze Stöcklein nehme und als wir im Korridor stehen, eigentlich schon verabschiedet, ich habe bereits die Hand auf der Klinke, sehe ich in ihrem Gesicht, daß Camilla noch etwas sagen möchte.

»Herr Gantenbein«, sagt sie –

Ich warte.

»Ich werde niemand sagen«, sagt sie, »daß Sie nicht blind sind, verlassen Sie sich darauf, und auch Sie sagen niemand, was Sie gesehen haben.«

Das ist ein Vertrag.

Soeben bemerkte ich nicht ohne Schrecken, daß Lila, wie immer ich sie mir bisher vorzustellen versucht habe, nie ein Kind hat.

Ich habe einfach nie dran gedacht.

Ein Kind von wem?

Ich stelle mir vor:

Nachmittags in jener Bar, von dem fremden Herrn befragt, ob sie Kinder habe, natürlich nicht mit Interesse befragt, sondern einfach so, Palaver zwischen einer Salzmandel und einer nächsten Salzmandel, hat sie keineswegs verschwiegen, sogar berichtet, wie alt es grad sei, ihr Kind. Nur er scheint es inzwischen vergessen zu haben, der fremde Herr im dunklen Abendanzug, als er, um sie zur Oper abzuholen, im Wohnzimmer steht und wartet. Mit schrägem Kopf, um Titel zu lesen, steht er vor dem Büchergestell, Hände in den Rocktaschen, um nichts anzurühren. Er weiß nicht, was sie so lange macht, nachdem er der Dame bereits in ihren Pelzmantel geholfen hat. Aber er wartet ohne Ungeduld, ohne eine Spur von Unwillen. Vielleicht findet sie die Schlüssel nicht, während er sich bewußt wird, wie vorteilhaft er sich ausnimmt im Vergleich zu ihrem Gatten, dessen Pfeifen in einem Inka-Becher stehen und der in London weilt; so frei von Ungeduld, wenn man ihn warten läßt, ist kein Gatte. Nicht zu wissen, nicht einmal zu ahnen, was Lila solange macht, hat geradezu einen Zauber für den fremden Herrn. Einmal das Klippklapp ihrer Stöckelschuhe draußen in der Diele. Zwar hat sie beim Hinausgehen gesagt, er möge sich an der Bar bedienen. Aber er mag nicht. Mag hier nichts anrühren. Hände in den Rocktaschen, ein fremder Herr, der da ist, aber nicht wissen will, wo er ist, wartet er gelassen; ohne Neugierde. Schon der Blick auf die Bücher ist zu viel gewesen, ein Einblick, eine Berührung mit ihrem Milieu, wovon er nichts wissen will. Dazu diese Pfeifen in einem Inka-Becher. Er weiß, daß sie nicht vom Himmel gefallen ist, nur um mit ihm in die Oper zu gehen; noch keine Dame ist vom Himmel gefallen in eine nachmittägliche Bar. Man kennt das; früher oder später kommt es zum Vorschein: Wirklichkeit eines Milieus, eine Familie, eine Geschichte, wirklich und verzwickt-gewöhnlich. Aber er mag es nicht wissen. Mag sich nicht einmal setzen. Schon die Benutzung eines Feuerzeugs, Dunhill-Gold, das sie ihrem Gatten vermutlich geschenkt hat, trübt seine Laune einen Atemzug lang; er möchte hier nicht heimisch werden. Er raucht, steht und raucht. Weiß nicht, warum ihn diese Svoboda-Lila-Wohnung irgendwie stört; sie ist geschmackvoll. Die Louis-Quinze-Uhr. Die weißen Lederpolster. Der tönerne Inka-Hund. Alles durchaus geschmackvoll; aber vorhanden. Warum schwebt ein Gesicht, das man trifft, nie im Leeren? Und er möchte sich nicht allzu genau umsehen. Dann lieber in die Oper! – Als sie gelegentlich zurückkommt, steht er am Fenster, um nicht in die Wohnung zu schauen, sondern hinaus; er hat vergessen, daß sie ein Kind hat, das getröstet werden muß, bevor Mama in die Oper geht.

»Warum trinken Sie denn nichts?«

Während sie an die Bar geht, um den fremden Herrn zu bedienen, vernimmt er, daß das Kind geweint habe; aber jetzt ist es getröstet, scheint es, mit dem Versprechen, daß die Mama die ganze Oper erzählen wird, wenn sie heimkommt.

»Wie alt ist es denn?« fragt er.

Sie sagt es nochmals.

»Danke«, sagt er, »danke sehr!«

Und man trinkt, redet über anderes und raucht, setzt sich und redet, die Oper ist längst verpaßt, Lila nach wie vor in ihrem Mantel, beide fühlen, daß sie aus der Wohnung und in die Stadt gehen sollten, obschon es nicht gegen den Brauch gewesen wäre, wenn sie noch um Mitternacht jemanden bewirtet. Übrigens ist es noch nicht Mitternacht ... Das Kind schläft ... Er hat es wieder vergessen, scheint es; sie nicht. Sie ist eine Mutter. Sie redet nicht von ihrem Kind, das schläft, und denkt auch nicht an das Kind;

aber sie weiß, warum sie nicht mit Svob in London ist. Weil sie die Mutter ist. Das ist nun einmal so. Ein Glück. Morgen wird sie das Kind in den Kindergarten fahren; sie braucht nicht daran zu denken, sie weiß es. Sie kann sich verlassen darauf. Manchmal kommt sich Lila (einunddreißig) alt vor ... Sie erheben sich, um in die Stadt zu gehen, einen Augenblick lang verdutzt über das stumme Einverständnis; sie löscht die Ständerlampe. Bisher ist die ganze Wohnung erleuchtet gewesen, und alle Türen, ausgenommen die Tür zum Kinderzimmer, stehen offen seit Stunden, seit sie die Straßenkarte von Peru gesucht hat, sogar die Tür zur Küche, als habe sie Scheu vor geschlossenen Türen. Es ist seltsam, als sie die Ständerlampe löscht, dann die Deckenlampe auch; es zwingt sie in die Diele, wo noch Licht ist, und er wartet nur noch, bis sie ihre Wagenschlüssel gefunden hat, zum Gehen bereit. Indem sie sich umsieht, als könne etwas nicht in Ordnung sein, hat sie ihre linke Hand schon am Lichtschalter. Gehn wir! flüstert sie, als seine Hand, wie zum Abschied von einer Möglichkeit, unwillkürlich und zugleich ironisch, indem er sich der Wiederholung bewußt ist, über ihre Stirn streicht. Gehen wir! flüstert er. Wohin? Davon ist nicht die Rede. Sie flüstern, um das Kind nicht zu wecken. Flüstern macht gemeinsam. Das bestürzt sie, und sie schaut den fremden Herrn nicht an, als sie das Licht in der Diele löscht, und dann wird kein Licht mehr, bis das Morgengrauen durch die Fenster kommt – ausgenommen einmal im Kinderzimmer: es ist drei Uhr, als sie hinübergeht, weil sie Husten gehört hat, und Licht macht, um sich zu vergewissern, ob das Kind schläft. Es schläft. Ist es schlau, daß sie es weckt? Sie tut's. Um zu sagen, daß die Mama zu Hause ist, daß sie in der Oper gewesen sei. Sie erzählt ihm die Oper nicht ausführlich, immerhin so, daß das Kind sich daran erinnern wird. Und wenn es einmal größer ist, dann darf es auch in die Oper. Um größer zu werden, muß es jetzt schlafen. Sie macht ihm ein Zuckerwasser. Löscht später das Licht. Wartet an seinem Bettchen, ohne das Kind zu küssen; aber sie sagt, daß der Papa morgen kommen und sicherlich etwas bringen werde, eine Puppe mit schottischem Röcklein (wenn es ein Mädchen ist) oder ein Segelschiff (wenn es ein Bub ist), aber nur wenn es jetzt schläft. Und sie wartet noch, bis es vier Uhr schlägt; dann schließt sie die Türe von außen, und als sie zurückkommt, kein Wort, auch kein geflüstertes, sie verbirgt ihr Gesicht in seinem nackten Arm, während er regelmäßig atmet mit offenem Mund, horchend, es ist still ...

Anderntags kommt Svoboda.

Das Kind (das mit der schottischen Puppe hat es offenbar schon nicht mehr gehört und ist nicht enttäuscht, daß der Papa nichts bringt) erzählt die Oper, die die Mama gesehen hat, sehr drollig.

Das Kind als Schutzengel?

Ich habe ein Tonbandgerät gekauft, um eure Gespräche aufzunehmen, Gespräche ohne mich. Das ist hinterlistig, ich weiß. Ich schäme mich auch jedesmal, wenn ich einen solchen braunen Bändel, besprochen in meiner Abwesenheit, in diese teuflische Maschine einschlaufe mit zittrigen Fingern –

Wozu?

Wie die Gespräche meiner Freunde weitergehen ohne mich, manchmal glaube ich es mir vorstellen zu können, dann wieder gar nicht. Reden sie jetzt, da ich gegangen bin, noch immer über die Geschichte der Päpste? Oder worüber? Vor allem aber: wie reden sie jetzt? Anders als zuvor? Genau so? Ernsthafter oder spaßiger? Ich weiß nicht, wieso ich das wissen möchte. Es gibt Leute, denen ich zutraue, daß sie nach meinem Austritt genau so weiterreden wie zuvor, und sie haben für mich, offengestanden, etwas Langweiliges, fast etwas Unmenschliches. Freilich kann ich mich täuschen. Daß jemand, wenn Burri sich verabschiedet hat, genau so weiterredet, heißt noch nicht, daß er genau so weiterredet, wenn ich gegangen bin. Gewisse Leute verlocken zum Verrat, andere nicht. Was heißt schon Verrat! Ich meine nicht, daß die andern, kaum allein, über meine Person reden, und wenn sie's tun, nun also; was meine Neugierde reizt, ist etwas andres. Ob Burri beispielsweise, allein mit Lila, nicht auch noch ein ganz anderes Gesicht hat? Indem ich Gespräche erfinde, die ohne mich stattfinden, laufe ich Gefahr, Menschen zu fürchten oder zu achten oder zu lieben, je nachdem wie sie in meiner Einbildung reden, wenn ich nicht zugegen bin. Mein fast blindes Vertrauen beispielsweise zu Burri, nur weil er in meinen erfundenen Gesprächen nicht anders redet und nicht anders schweigt und nicht anders lacht als in meiner Gegenwart, geht so weit, daß ich es einfach nicht glaube, wenn ich auf Umwegen erfahre, was Burri neulich gesagt haben soll. Klatsch! Ich will keinen Klatsch hören. Was dabei herauskommt: ich verdächtige nicht Burri, sondern nur die Leute, die mir sagen, was Burri neulich in meiner Abwesenheit gesagt haben soll. Vielleicht hat er's wirklich gesagt, aber nicht so, wie der Klatsch es weitergibt. Wörtlich,

mag sein, aber nicht in diesem Ton. Ganz einfach: ich kann es mir nicht
vorstellen, daß Burri mich um einer Pointe willen verkauft. Und genauso
begründet oder unbegründet, nämlich ein Ergebnis meiner blinden Erfindung, die sich früher oder später um jeden Menschen bildet, ist mein jahrelanges Mißtrauen gegenüber andern, beispielsweise meine schmerzliche
Befangenheit gegenüber Dolf, nur weil er, sobald er nicht in meiner Gegenwart, sondern in meiner Einbildung redet, plötzlich viel feiner und viel
gescheiter redet, nicht nur wissensreicher, sobald er sein großes Wissen
nicht unterschlagen muß vor meinem Unwissen, sondern auch reicher an
Einfällen, witziger. Ich bin überzeugt, gewisse Menschen verbergen ihren
Witz vor mir; ich nehme es ihnen nicht übel, ich bin nur immerzu erstaunt, daß sie in meiner Gegenwart nicht witzig werden, nicht sprühend
von Einfällen, nicht heiter bis zum Übermut, nicht überlegen. Ich nehme
an, daß sie sich dafür rächen; ich habe keine Beweise dafür. So einer ist
Dolf. Denn in den Gesprächen, die ich auf dem Heimweg erfinde oder
wenn ich im Bad liege, in Gesprächen ohne mich ist dieser Dolf ein wahrer
Ausbund von Humor, ein Verschwender von Wissen, das er vor mir stets
verhehlt. Wie kommt das? Oft gehe ich nur darum nicht in eine Gesellschaft, weil ich dabei sein werde, und wenn ich mich noch so still verhielte;
es ist, sobald ich dabei bin, nicht die Gesellschaft, die mich interessiert,
sondern eine Gesellschaft von Larven, die ich verschulde –
   Daher das Tonband!
   Hastig, während ich mich gelassen schäme, hantieren meine zittrigen
Finger an der Spule, ich schäme mich wirklich jedesmal, wenn ich die Maschine einschalte, aber ich schreite nicht gegen mich ein. Den ersten Meter
schneide ich immer weg, aber auf einigen Bändern erwische ich trotzdem
die eigene Stimme noch, ihre halblaute Lüge: Ich geh Zigaretten holen!
was ich dann auch tue, nachdem ich die Höllenmaschine, versteckt hinter
Büchern, in Betrieb gesetzt habe. Mein Gelübde, von diesen Bändern nie
Gebrauch zu machen, ist billig. Das Tonband läßt sich löschen, nicht
das Gedächtnis. Was erwarte ich eigentlich? Meistens verstehe ich nicht
viel, da alle durcheinander reden, ein Wirrwarr von Stimmen, ich rauche
dazu. Ich wundere mich, daß Ihr einander versteht. Gelächter! Es geht
nicht aus dem Text hervor, was euch so belustigt. Ebenso unverständlich
ist ein plötzliches Schweigen. Plötzlich ist es, als wäre das Tonband gerissen. Aber es läuft. Grabesstille. Ich habe keine Ahnung, was jetzt los ist.
Grabesstille noch immer. Habt Ihr bemerkt, daß eine Maschine verborgen

ist, ein Ohr, ein Gedächtnis? Jetzt eine Stimme, halblaut, eine Dame: Dienstbotenfragen. Ich rauche, wartend auf die dunkle Stimme von Dolf, auf seinen Humor, der nicht kommt, und langsam bin ich enttäuscht; ich könnte genau so gut dabeisitzen. Und Lila? Nur Lila tönt anders, so daß ich den Atem anhalte. Aber auch sie sagt nichts, was ich nicht ohne weiteres hören dürfte, und meidet die selben Namen, wie wenn ich zugegen bin. Immerhin: sie tönt anders. Freier. Sie lacht anders und mehr, wenn jemand geistreich ist, lauter. Hat sie, wenn ich zugegen bin, Angst, daß ich ihr Lachen auf mich beziehe? Sie ist unwiderstehlicher, glaube ich, wenn ich nicht im Zimmer sitze. Mädchenhafter. Das ist aber verständlich. Dann tönt sie wie damals, als ich sie kennegelernt habe, lang ist's her. Genau so; dabei ist das Band, das ich abhöre, heute aufgenommen worden. Sie wagt Scherze, die auch mich entzücken würden, und es kommt vor, daß ich, obschon in der mißlichen Lage eines Abhörers, lachen muß. Ihr redet jetzt über Politik. Einmal, als ich kaum zugehört habe, fällt mein Name. Soll ich abstellen? Zu spät: jemand hat mich schon gelobt. Wofür, das habe ich nicht verstanden. Ich könnte ja die Maschine zurückschalten, um es zu hören, tue es aber nicht. Vielleicht habt Ihr meinen Keller gelobt, da jetzt ein Gespräch über Weine folgt, Lila fragt nebenher, wo ich denn hingegangen sei. Darüber geht mir die Pfeife aus. Das Tonband ist jetzt bis zur Hälfte abgespielt. Ihr laßt euch Zeit, scheint es, Ihr wartet das Ende meiner Spule ab, um dann wirklich zu reden, larvenlos. Ihr sucht jetzt den Korkenzieher, höre ich und kann nicht helfen; der Korkenzieher war in der Küche. Dolf findet es schade, daß ich nicht in die Politik gehe, ausgesprochen schade. Wieso? Seine Behauptung, daß er mir dazu geraten habe, stimmt keineswegs, mindestens kann ich mich nicht daran erinnern, auch nicht an den brillanten (auf dem Tonband sehr erfolgreichen) Ausspruch über Sozialdemokratie heute, den ich gemacht haben soll. Warum schmückt er mich mit seinen eignen Federn? Darauf verstummt er, als könnte der Urheber seines brillanten Ausspruchs jederzeit ins Zimmer treten, und Lila ist unterdessen in die Küche gegangen, scheint es, um den Korkenzieher zu holen. Ich höre, daß sie jetzt nicht im Zimmer ist. Ich höre es wie ein Blinder; sie schweigt nicht wie alle andern, sie ist nicht da. Unsere Gäste unter sich. Vielleicht höre ich es an der leichten Veränderung des Tons. Ihr redet jetzt über einen Fellini-Film, alle, es tönt froher als zuvor, lebhafter, zugleich befangen, da Ihr jetzt unter euch seid, frei von der Pflicht zu reden über die vermeintlichen Belange der Gastgeber,

Stimmengewirr, es ist, als hätte man vorher nicht über Fellini sprechen dürfen. Um nicht in Klatsch zu verfallen über die Gastgeber, scheut Ihr jetzt jegliche Pause. Jemand ruft: Lila, was machen Sie denn? Und wie ein Echo der gleichen Stimme: Was macht sie denn? Ein Glück, daß alle diesen Fellini-Film gesehen haben, ein Glück vor allem, daß man sich uneinig ist. Das Katholische bei Fellini –

Ende der Spule.

Ich zünde meine Pfeife wieder an.

Das war alles.

Verrat (wenn man es einmal so nennen will) hat nicht stattgefunden, ich lösche die Spule, die mich nur eines gelehrt hat: Ich lechze nach Verrat. Ich möchte wissen, daß ich bin. Was mich nicht verrät, verfällt dem Verdacht, daß es nur in meiner Einbildung lebt, und ich möchte aus meiner Einbildung heraus, ich möchte in der Welt sein. Ich möchte im Innersten verraten sein. Das ist merkwürdig. (Beim Lesen der Jesus-Geschichte hatte ich oft das Gefühl, daß es dem Jesus, wenn er beim Abendmahl vom kommenden Verrat spricht, nicht nur daran gelegen ist, den Verräter zu beschämen, sondern daß er einen seiner Jünger zum Verrat bestellt, um in der Welt zu sein, um seine Wirklichkeit in der Welt zu bezeugen ...)

Also ich rauche meine Pfeife.

Beruhigt?

Das Tonbandgerät erweist sich als Versager. Zwar höre ich eure Gespräche, aber ich sehe nicht den Verrat, der in den Mienen liegen muß, und wenn ich sie filmen würde, eure Mienen in meiner Abwesenheit, auch der Film würde vollkommen versagen. Der Verrat ist etwas sehr Feines, scheint es, er läßt sich weder sehen noch hören, wenn nicht der Wahn ihn vergrößert.

PS.

Eifersucht als Beispiel dafür, Eifersucht als wirklicher Schmerz darüber, daß ein Wesen, das uns ausfüllt, zugleich außen ist. Ein Traumschreck bei hellichtem Tag. Eifersucht hat mit der Liebe der Geschlechter weniger zu tun, als es scheint; es ist die Kluft zwischen der Welt und dem Wahn, die Eifersucht im engern Sinn nur eine Fußnote dazu, Schock: die Welt deckt sich mit dem Partner, nicht mit mir, die Liebe hat mich nur mit meinem Wahn vereint.

Mein Name sei Gantenbein!
  (Aber endgültig.)

Ich stelle mir vor:
  Gantenbein als blinder Zeuge vor dem Schwurgericht, ausgestattet mit
der Brille und mit dem schwarzen Stöcklein und mit der gelben Armbinde,
die er zu allen öffentlichen Auftritten trägt, sonst nicht immer, aber als
Wähler an der sonntäglichen Urne oder auf dem Standesamt oder vor Gericht selbstverständlich, Gantenbein im Vorzimmer allein, sein Stöcklein
zwischen den Knien, als brauchte er Halt.
  Was will man wissen von mir?
  Der Fall, seit Wochen spaltenlang in allen Blättern behandelt, ist jedem
Zeitungsleser bekannt, so auch Gantenbein; anfänglich war's nur eine
Schlagzeile auf dem Schild, das die Zeitungsverkäufer auf ihrem Bauch
tragen, *Mord im Seefeld*, ausgerufen und sofort in allen Straßenbahnen gelesen und dann vergessen, während die Kriminalpolizei sich monatelang in
vergeblichen Fahndungen verlief, später eine Sensation, als eine bekannte
Persönlichkeit des öffentlichen Lebens verhaftet wurde, ein Skandal, der
die Gemüter bewegte und endlich, vor dem Schwurgericht aufgerollt, ein
politischer Skandal zu werden droht –
  »Herr Gantenbein«, sagt eine Stimme, »es eilt nicht, aber machen Sie
sich bereit.«
  Was werde ich aussagen?
  »Bleiben Sie sitzen«, sagt die Stimme, »ich werde Sie schon führen,
wenn's Zeit ist.«
  Es ist der Vormittag der letzten Zeugeneinvernahmen, ich weiß nicht,
ob es die Anklage oder die Verteidigung ist, die Gantenbein angefordert
hat; ich weiß nur, daß der Wahrspruch, den die Geschworenen zu fällen
haben, in der öffentlichen Stimmung eigentlich schon gefällt ist, und
was Gantenbein betrifft, weiß ich, daß er, wie jeder Zeuge, ein einziges Interesse hat: seine Rolle zu wahren – daher die geschlossenen Augen …
Draußen das Elfuhrgeläute, und als es verstummt ist, wieder das Gurren
der Tauben, ihr behagliches Gurren, ihr blödes Gurren.
  Ich weiß nur eins:
  Wenn Gantenbein, als Zeuge, die Wahrheit sagen würde und Lila würde

aus der Zeitung erfahren, daß ich nicht blind bin, Lila und alle meine Bekannten –

»Hier ist Wasser.«

Offenbar sieht man, daß ich schwitze, aber natürlich greife ich nicht
nach dem Krug und dem Glas, höre nur, wie der Gerichtsdiener es füllt;
ich scheine nicht der erste zu sein, der, lediglich als Zeuge bestellt, sich
wie ein Angeklagter fühlt.

»Herr Gantenbein«, sagt die Stimme, »wenn ich bitten darf –«

Ich erhebe mich.

»– es eilt aber nicht.«

Mit geschlossenen Augen, um vor Gericht nicht aus der Rolle zu fallen,
jetzt schon mit geschlossenen Augen, denn unter keinen Umständen
möchte ich den Angeklagten wiedersehen, stehe ich, gestützt auf mein
schwarzes Stöcklein, dem Gericht zur Verfügung. Man muß mich nur führen. Ich spüre die kräftige Hand an meinem Ellbogen, die freundliche
Hand, die mich nicht loslassen wird, bis ich, Gantenbein Theo, vor der
Zeugenschranke stehe oder sitze.

»Langsam«, höre ich, »nur langsam.«

Ich höre meine Schritte im Korridor.

»Achtung«, höre ich, »hier sind Stufen –«

Ich hebe meinen Fuß.

»– drei Stufen.«

Also rechts, links, rechts.

»Schon gut«, höre ich, indem die Hand jetzt meinen Ellbogen verläßt.
»Warten Sie hier!«

Ich höre, wie eine Tür geöffnet wird, eine lautlose Tür; ich höre plötzlich einen Saal.

»Kommen Sie!«

Wieder am Ellbogen gefaßt und geführt, so daß ich tatsächlich die Augen nicht zu öffnen brauche, klöpple ich mit dem schwarzen Stöcklein in
die geräumige Stille, die nur von meinem Klöppeln gestört wird, eine Stille
voll Spannung.

»Hier«, höre ich, »nehmen Sie Platz.«

Ich taste nach der Bank, die denn auch vorhanden ist, und setze mich,
jetzt verlassen von der Hand. Nur jetzt nicht die Augen aufmachen! Ich
höre Papier, es muß ein großer hoher kahler Saal sein, ein Saal mit geschlossenen Fenstern, kein Taubengurren, ein Saal voll atmender Men-

schen; darunter muß der Angeklagte sein. Ob er mich wieder erkennt? Was ich vor allem höre oder fühle, als höre ich's, ist mein Puls im Hals. Sonst geschieht vorläufig nichts. Dann und wann ein Räuspern weit hinten, vorne ein Geflüster, dann wieder Geraschel von Papier; alles in allem aber Stille. Was zu sehen wäre, wenn ich die Augen aufmachen würde, weiß ich: ein Angeklagter zwischen zwei Gendarmen, dahinter und darüber der Vorsitzende des Gerichts, irgendwo ein Staatsanwalt in Tracht, vielleicht ist er's, der immer noch in Papieren raschelt, und ein Jurist mit Zwicker gleichfalls in Tracht, der Verteidiger, der, vornüber gebeugt, dem Angeklagten gerade einen Zettel hinunterreicht. Ferner die Geschworenen, die heute noch zu ihrem Spruch kommen müssen, eine Reihe von überanstrengten Gesichtern sehr verschiedener Herkunft. Und in der Höhe vermutlich eine klassizistische Darstellung der Justitia mit Waage und mit verbundenen Augen ... Jetzt verliest jemand die Personalien von Gantenbein, die ich zu bestätigen habe, dann die Ermahnung, daß ich die Wahrheit sprechen werde und nichts als die Wahrheit, ich höre das Echo meines Schwurs, dann Husten, Papier, das Girren in den hölzernen Bänken, Schritte zu mir, eine Stimme:

»Herr Gantenbein, haben Sie die Camilla Huber gekannt?« höre ich, »und seit wann?«

Ich nicke.

»Seit wann?«

Ich besinne mich.

»Haben Sie je den Eindruck gehabt –«

»Ich möchte darauf verweisen«, unterbricht eine andere Stimme, »daß der Zeuge blind ist, daß es sich infolgedessen erübrigt, meine Herren, Fragen zu stellen, die ein Blinder unter Eid nicht beantworten kann, insbesondere die Frage –«

Klingel.

»Ich verwahre mich dagegen –«

Klingel.

»Meine Herren –«

Stimmengewirr, alles scheint überspannt zu sein; ich warte, bis der Vorsitzende wieder das Wort hat, das er aber nicht gebraucht, das er als Stille, gleichsam als Augenblick ohne Echo, weitergibt an eine Stimme von rechts, die ich noch nicht gehört habe.

»Haben Sie die Ermordete gekannt?«

Ich öffne die Augen, aber sehe sie nicht.

»Welcher Art war Ihre Beziehung?«

»Manicure.«

Gelächter auf der Tribüne.

»Das ist wahr«, sage ich.

Man glaubt mir nicht.

»Haben Sie die Huber öfter besucht?«

»Camilla Huber?«

»Ja.«

»Regelmäßig.«

»Zwecks Manicure –?«

»Ja«, sage ich, »zwecks Manicure.«

Natürlich erleichtert es mich, daß sie die Wahrheit, die zu sagen ich als Zeuge geschworen habe, offensichtlich nicht wissen wollen.

Vorsitzender:

»Um bei der Sache zu bleiben –«

»Ich möchte noch einmal und mit allem Nachdruck darauf verweisen«, sagt die andere Stimme laut in den Saal, »daß der Zeuge blind ist, das heißt, daß er die Ermordete nie gesehen haben kann.«

Zwischenruf:

»Darum geht es nicht!«

Klingel.

»Ein Blinder ist kein Zeuge!«

Es ist, wie gesagt, ein Fall, der die Gemüter bewegt. Nur die Geschworenen sitzen mit erstarrten Gesichtern, ebenso der Angeklagte, der aber, im Gegensatz zu den Geschworenen, kaum zuhört; sein Leben ist so oder so bereits vernichtet.

Was ich aus der Zeitung weiß:

Erdrosselung mittels einer Vorhangkordel. Selbstmord unwahrscheinlich. Die Ermordete wird als ein fröhliches Wesen geschildert. Raubmord oder Lustmord. Ihr Gewerbe (»Milieu-Dame«) und ihre Vorgeschichte; Tochter aus mittelbürgerlichem Haus. Der Verdacht fiel auf einen Mann, der ihr einen Karmann geschenkt hat. Dazu eine Reihe andrer Indizien, die aber umstritten sind; kein Alibi. Ihr Briefwechsel mit dem Angeklagten. Ihre Inserate zwecks Heirat. Der Mord ereignete sich am Vorabend ihrer Verheiratung mit einem Zahnarzt –

Verteidiger:

»Um zur Sache zu kommen«, fragt er, »Sie haben also seitens der Camilla Huber nie den Namen des Angeklagten gehört?«

Staatsanwalt:

»Haben Sie auch nicht namenlos von einem Kunden gehört, der die Huber jahrelang durch briefliche Eifersucht bedroht hat?«

Das also ist es, was man von mir wissen will, und ich weiß nicht, warum
ich nicht einfach den Kopf schüttle, sondern frage:

»Was verstehen Sie unter Eifersucht?«

Blitzlicht im Saal.

»Antworten Sie auf meine Frage —«

Unsicher, ob es nicht bemerkt worden ist, daß auch Gantenbein beim
Blitzlicht gezuckt hat, gebe ich meine Antwort: Nein! Aber der Blitzlicht-
schreck entzieht meiner Aussage alle Glaubwürdigkeit, ich fühle es.

Ich sehe den Angeklagten:

Ein Herr, den ich manchmal gesehen habe, ehedem eine Persönlichkeit,
ein Mann von Bildung, was nicht heißen soll, daß ich es ihm nicht zutraue;
ich kenne die Eifersucht, der keine Bildung gewachsen ist. Im Gegenteil,
die Bildung staut sie nur, bis sie ganz primitiv wird. Das ist schrecklich,
ja, ich verstehe ihn vielleicht. Ehedem eine Persönlichkeit; jetzt ist er eine
Ruine, tadellos gekleidet und gepflegt, schweigsam mit einem Zucken um
die Mundwinkel, wenn von einer Vorhangkordel (wie in einem Krimi) die
Rede ist. Seine Nervenzusammenbrüche, in den Zeitungsberichten vorwurfsvoll vermerkt, sprechen nicht zu seinen Gunsten. Warum gesteht er
nicht? Dabei sieht man ihm an, daß er zeitweise unter schwerer Reue leidet; dann hält er sich die Hand vor die Stirne, Gebärde eines Menschen,
der sich selbst nicht mehr begreift. Allein die Bekanntgabe seines jahrelangen Briefwechsels mit einer Milieu-Dame hat diesen Mann erledigt, obschon seine Briefe, im Gerichtssaal vorgelesen und in der Presse zitiert, eigentlich sehr schön sind, sogar außerordentlich; sogar gedruckt erscheinen
sie nicht lächerlich, Zeugnisse einer Leidenschaft, die etwas Mörderisches
hat, mag sein, aber nicht durch rohe Drohungen, sondern durch eine zärtliche Sucht zu erraten, wen er liebt. Vor allem die Verteidigung arbeitet mit
diesen Briefen, da sie geistvoll sind in ihrer unermüdlichen Werbung, rührend. Wie sollte eine Persönlichkeit solcher Art, so sagt die Verteidigung
seit Wochen und wird es im Plädoyer wiederholen, zu einer Vorhangkordel
greifen? Aber das verfängt nicht. Was den Angeklagten vor allem belastet,
ist nicht die Summe der Indizien, nicht die strittige Expertise über Finger-

abdrücke, nicht die Sache mit dem Liftschlüssel, nicht einmal der Umstand, daß er um ein stichfestes Alibi für jene Viertelstunde, als man Schreie in ihrer Wohnung gehört hat, verlegen ist, sondern das unwillkürliche Zucken seiner Mundwinkel, seine Nervenzusammenbrüche, vor allem das feine Schuldgefühl, das seine Briefe vorwegnehmen, die Ironie seiner Briefe gegenüber sich selbst und gegenüber allem, was einer führenden Persönlichkeit doch wohl heilig ist. Ein verlorener Mann, öffentlich verloren, ein Kopf, der die Reden seines Verteidigers entkräftet dadurch, daß er sie zu simpel findet; man sieht es ihm an, auch wenn er schweigt. Und wenn er spricht, was immer seltener geschieht, ist er hilflos, wie behindert durch eine Erfahrung, die andere nur aus einer Tat beziehen können. Bekannt als ein glänzender Redner vor dem Parlament, dem er angehörte, hat der Angeklagte sich einen besonderen Verdacht zugezogen dadurch, daß er zu mehreren Malen, vom Staatsanwalt bedrängt, der übrigens sein Parteigenosse ist, ins Stottern geraten sein soll, richtig ins Stottern. Es fehlen ihm die Worte der blanken Unschuld. So war es nicht! Das kann jeder sagen. Wie aber war es? Als halte er es nicht für ausgeschlossen, daß er es getan haben könnte, sagt er seit Wochen, er habe es nicht getan, nicht getan. Anfänglich war es, wie gesagt, ein Skandal, daß dieser Mann überhaupt unter Verdacht gestellt worden ist. Niemand hätte ihm einen solchen Briefwechsel zugetraut. Während er noch in den ersten Gerichtsverhandlungen, obschon mit schweren Indizien belastet, keineswegs der Vorstellung entsprach, die man sich von einem Nuttenmörder macht, ist es ihm gelungen (kraft seiner Persönlichkeit) die diesbezüglichen Vorstellungen zu wandeln, so daß der Wahrspruch eigentlich feststeht . . .

Vorsitzender:

»Hiemit sind die Zeugeneinvernahmen beendigt. Das Gericht versammelt sich heute nachmittag um zwei Uhr«, sagt er mit abflauender Stimme, »zu den Plädoyers der Anklage und der Verteidigung.«

Ich bin frei. –

Die Frage, die einzige, die ich befürchtet habe, ist nicht gestellt worden, die Frage, ob Gantenbein in der fraglichen Nacht und zu der fraglichen Zeit (00.35-00.50) den Angeklagten gesehen habe, sei es in der genannten Bar oder auf der Straße. Ich kenne die genannte Bar nicht, nach den Schilderungen ein spießig-dubioses Lokal, der Polizei längst vertraut, und Gantenbein hätte in diesem Sinn antworten können, dann schweigen. Aber natürlich hat man diese Frage überhaupt nicht gestellt angesichts seiner gelben Armbinde. Andere Zeugen, die in der Bar gewesen sind, können sich nicht mit Bestimmtheit erinnern; einige davon, die sich anfänglich zu erinnern meinten, sind später, als ihr Lebenswandel sie als unglaubwürdig hat erscheinen lassen, unsicher geworden. Und jetzt zum Schluß der Zeugeneinvernahmen noch einen Blinden zu fragen, wäre ein schlechter Witz gewesen. Unbestritten ist, daß der Wagen des Angeklagten in der Feldeggstraße gestanden hat; dadurch verführt, sein Alibi in jener Bar zu suchen, scheint sich der Angeklagte selbst nicht mehr erinnern zu können, wo er zur fraglichen Zeit tatsächlich gewesen ist. Nachdem die Verteidigung, einmal von seiner falschen Erinnerung geleitet, seit Wochen auf diese Bar gesetzt hat, wäre ein anderes Alibi auch kaum noch glaubhaft gewesen, zumal nicht ein Alibi durch Gantenbein mit seiner gelben Armbinde. Wir haben einander öfter gesehen, wenn ich zu meiner Manicure ging, einmal im Lift, doch da er nicht wissen konnte, daß Gantenbein ihn sieht, haben wir einander nie begrüßt, was bedauerlich ist; sonst hätte sich in jener Nacht, als ich zwischen zwölf Uhr und ein Uhr, um meinen Patsch auszuführen, am Utoquai ging und ihn beim Füttern der Schwäne sah, vielleicht ein Alibi-Gespräch ergeben, dessen er sich erinnern und das auch Gantenbein ohne weiteres bezeugen könnte, ohne deswegen seine Blindenrolle opfern zu müssen.

Vorsitzender:

»Die Sitzung ist geschlossen.«

Stimmen durcheinander.

Bevor ich die Augen schließe, sehe ich nochmals den Angeklagten, das Zucken seiner Mundwinkel, als wisse er längst, was in Wirklichkeit gespielt wird: die führende Gesellschaft eines Landes, schuldig in vielem, was aber nicht einzugestehen ist ohne die Folge, daß sie die Führung verlieren würde, kann es sich nicht leisten, daß einer der ihren, eines schändlichen Lebenswandels überführt und eines Verbrechens verdächtig, das jedoch bloß sein persönliches ist, mangels Beweis freigesprochen wird vor allem Volk; es könnte aussehen, als seien vor dem Gesetz nicht alle gleich, und es bliebe ein vager Verdacht, der die führende Gesellschaft selbst belasten würde; ein solcher Mann ist nicht zu halten; die führende Gesellschaft eines Landes muß wenigstens an ihren Spitzen vertreten sein durch Persönlichkeiten, deren private Korrektheit alles andere deckt; sonst geht die Führung nur noch mit Diktatur.

»Herr Gantenbein —«

Ich schließe die Augen.

»Hier sind Stufen!« sagt der Gerichtsdiener, indem er den Ellbogen des blinden Zeugen faßt, und als wir auf der Straße sind, fragt er: »Werden Sie sich denn zurechtfinden?«

Ich danke.

»Hier ist der Randstein.«

Ich klöpple.

Jede Rolle hat ihre Schuld . . .

Ich bin gespannt auf den Wahrspruch.

Einzige Gewißheit über Lila: so wie ich sie mir vorstelle, gibt es sie nicht; später einmal werde auch ich sie sehen, mag sein, Lila von außen –

Ich stehe wieder einmal an Bord eines Schiffs in den letzten Minuten vor der Ausfahrt aufs offene Meer, vergnügt trotz grauen Wetters, eine Pfeife stopfend, eigentlich weiß ich nur keine andere Gebärde für diese Augenblicke gespannter Zufriedenheit, man kann ja nicht anfangen zu trällern oder zu tänzeln inmitten der Leute auf Deck; will mich auch nicht fragen, warum es mir so gut geht an Bord eines weißen Schiffes vor der Ausfahrt und allein nicht nur an Bord, allein im Hafen, eine Pfeife stopfend, die nicht angezündet sein will, müßig, während Männer die langen und schweren Taue von den eisernen Klauen auf der Mole auszuhängen versuchen und sich mühen, meinerseits müßig schon jetzt in Anbetracht müßiger Tage auf diesem Schiff, das seine Treppenstege aufgezogen hat, also Pfeife im Mund, ohne zu rauchen, Hände in den Hosentaschen; warum es mir so gut geht: ich habe nichts zu winken, sondern warte auf das stumpfe Tuten, das durch Mark und Bein geht, das zweite, das heisere Tuten; einmal hat es schon getutet durch Mark und Bein. Ich denke an niemand, stütze mich mit beiden Ellbogen auf die Reling, um zu sehen Schlepper unter Rauch wie Köter an der Leine, Neapel hinter Dunst. Später schlendere ich auf die andere Seite, um zu sehen Leute, viel Leute, die an Land bleiben und winken, Familien, Freunde, Bräute, ein altes Mütterchen schluchzend. Ich sehe keinen Vesuv. Ein grauer Tag, schwül, dabei windig. Und jetzt platschen die schweren Taue ins finstere Hafenwasser, Tuten verschmettert zwischen Baracken und Zollhäusern, die Winkerei nimmt zu, Taschentücher weiß wie ein Narzissenbeet; neben mir eine Dame, die ebenfalls nicht winkt, während der Schlitz zwischen Mole und Schiff sich langsam erweitert; dabei das Gefühl, daß die Mole ausschwenkt, nicht unser Schiff; die Schlepper qualmen und machen sich wichtig mit viel Gischt. Ihr Gesicht ist nicht zu sehen (was geht's mich an!) wegen des flatternden Kopftuches. Sie steht einfach da, Hände im Jackett; auch sie hat nichts zu winken. Langsam kommen wir in Fahrt, sehe ich, noch wellenlos. Einige an Bord winken winken winken noch immer, aber ihre Gesichter verändern sich schon während des Winkens; sie sehen nicht mehr, wem genau sie winken, und die Gefühle drehen auf Gegenwart, die vorerst einfach leer ist, offen, leicht, etwas verwirrend leer. Jetzt haben die schwarzen Schlepper auch getutet, klinken die braunen Taue aus, lassen sie ins Wasser fallen und drehen ab, und wir fahren jetzt aus eigner Kraft langsam, aber pünktlich. Die letzte Mole, schwarz von Algen und von Möwen geweißelt, gleitet vorüber mit einem Leuchtturm; dort spritzt es in den Wellenbrechern, dann sind wir frei – für sieben Tage – die Schleppe unsrer Wellen, immer gleich, verliert sich in Morgen und Mittag und Abend ...

Ich sitze auf Deck.

Langweile mit Blick aufs Meer, eine wonnige Langweile: nicht tot sein und nicht leben müssen ...

Ich versuche zu lesen.

Hat man an Bord je arbeiten können?

Müßiggang in die Bar –

Es geht mir gut, wie gesagt, nicht sehr gut, aber gleichgültig gut; ich suche kein Gespräch, keine sogenannte Begegnung; ich habe bloß, als ich in die Bar schlenderte, das blaue Kopftuch wiedererkannt, ihr Gesicht zur Kenntnis genommen – ein gutes Gesicht, vielleicht Anfang dreißig, ein ungewöhnliches Gesicht, aber bekümmert, schüchtern, ein Gesicht, das sich umsieht nach den Menschen an Bord und selbst nicht gesehen werden möchte. Ich werde sie nicht ansprechen, sie irrt sich, wir haben einander nur erkannt, zwei Leute, die in Neapel nicht gewinkt haben. Und ich bleibe in der Bar, um mein Taschenbuch zu lesen.

Das Meer ist grau, öd-glatt.

Ich sehe mich um:

Viel Italiener, dazu Amerikaner –

Ich lese weiter.

Sie sitzt, Rücken gegen mich, an der Bar. Ohne Kopftuch jetzt; blond, wie Italienerinnen blond sein können, mit dunklen Augen. Ihr Gesicht, das sie mit Zigarettenrauch verschleiert, sehe ich in einem Spiegel. Schön. Sie weiß es und gibt sich unscheinbar; aber sie ist auffallend, weil sie, wie reglos und gelangweilt sie sich auch gibt, nervös ist. Wie ein Mensch auf der Flucht. Sie hat (so könnte ich mir denken) in einer verzweifelten Laune etwas beschlossen, die Laune ist weg, die Verzweiflung nicht, der Entschluß muß vollstreckt werden zwecks Selbstachtung; sie trinkt –

Erster Lunch:

Ich komme an den Tisch mit einem jungen Paar, alles ziemlich steif, der vierte Stuhl an unserem runden Tisch bleibt leer –

Das Wetter wird besser.

Nachmittags auf Deck.

Palermo:

wir sitzen gerade beim Dinner, das junge Paar und ich, der ich mich unterrichten lasse über die wirtschaftlichen Möglichkeiten in Canada, und nicken, als sie sich, vom Steward gewiesen, an unseren Tisch setzt, die Dame mit dem blauen Kopftuch, jetzt in einem schwarzen Abendkleid und natürlich ohne Kopftuch. Sie ist enttäuscht, scheint es, über das Tisch-Los, das sie gezogen hat; wir können nichts dafür. Sie trägt eine Perlenkette, wie ich sie auch schon geschenkt habe, ihr Haar jetzt emporgekämmt, dazu eine Sonnenbrille, damit man nicht in ihren Augen lesen kann. Ihre Hand (ich sehe sie, als sie die große Speisekarte hält) trägt einen Ehering. Um nicht weiter hinzuschauen, tue ich, als sei mein Fisch voller Gräten. Ihr Italienisch mit dem Ober: vorzüglich, aber nicht ihre Muttersprache. Ihr Haar (ich sehe es, als ich mich umdrehe, um den Weinkellner herbeizuwinken) ist nicht blond, aber vielleicht macht das die Beleuchtung in diesem Saal. Draußen Palermo in der Dämmerung, wir liegen noch immer vor Anker. Blick auf meinen Fisch, arbeitend wie ein Chirurg, ich blicke nicht einmal auf, als der Weinkellner mir die Etikette zeigt, vollauf beschäftigt mit Gräten, die nicht zu finden sind, sehe ich lediglich ihre Hand, die Grissini knickt und zerbröselt, und ihren Ellbogen; ihr Alter. Dann redet das junge Canada-Paar unter sich. Gott sei Dank; jemand muß reden. Und nachdem der Kellner meinen Teller weggenommen hat, blicke ich gradaus. Sie muß schön sein; ich lese es aus den Gesichtern am Nebentisch. Ob sie schon rauchen dürfe, fragt sie, und dann unterhalte

ich mich wieder mit dem jungen Paar, dessen Zukunft so gewiß ist. Sie ißt
fast nichts. Sie verläßt uns vor dem Nachtisch, wobei wir wiederum nik-
ken, vergißt allerdings ihre Handtasche; der junge Ehemann gibt sie ihr,
Gentleman. Ihre Zähne, wenn sie lächelt, ihr Nacken, ihr Gang durch
den Saal – einen Apfel schälend schaue ich ihr nach ...

So könnte Lila sein.

(Lila von außen.)

Die Herren in der Bar, als sie eintritt, machen sich schlank, um sie
durchzulassen fast ohne körperliche Berührung, und da die roten Hocker
alle schon besetzt sind, erhebe ich mich. Ohne sie anzusprechen. Und sie
setzt sich, ohne zu nicken. Ich verstehe ihre Verachtung der Männer und
gehe auf Deck, um die Nacht zu besichtigen ...

Gibraltar:

wir ankern in der Bucht stundenlang mit Blick auf den bekannten Fels,
umwimmelt von schaukelnden Barken, Händler bieten marokkanische
Teppiche feil, Geschrei, werfen Stricke hinauf, und man muß nur ziehen,
dann seine Dollars in den Korb legen, Wind, aber jedermann steht auf
Deck, so auch wir, die Dame mit dem blauen Kopftuch und ich, Hände
in den Hosentaschen, ich weiß nicht einmal, wie wir ins Gespräch gekommen sind – ohne Umschweife, glaube ich, ohne solche Fragen: Fahren Sie
zum ersten Mal über den Atlantik? ... Auch Lila (einmal angenommen, sie
sei Lila) kauft keine Andenken, sondern schaut dem Handel bloß zu, die
Hände in den Taschen ihrer Wildlederjacke; sie ist munter, scheint es, mö-
wenleicht.

»Ja«, sage ich, »jetzt steigt niemand mehr zu.«

Wir sprechen Deutsch.

»Diese Möwen«, sage ich, »ich möchte einmal wissen, ob es immer dieselben sind, die uns seit Neapel umkreisen.«

Sie scheint andere Sorgen zu haben.

»Der junge Mann an unserm Tisch«, sage ich, um das Gespräch nicht
ausfallen zu lassen, »behauptet, daß es dieselben Möwen sind, die uns begleiten bis Amerika.« Pause, da mir zu den Möwen weiter nichts einfällt,
und ich klopfe meine Pfeife aus –

Soweit unser Gespräch!

Die Füße auf das weiße immer zitternde Geländer gestemmt, Atlantik
zwischen meinen Schuhen, sitze ich wieder in meinem Decksessel; nicht
einmal ein Taschenbuch kann ich lesen in diesem stundenlosen Sog von

blauem Müßiggang – und ich möchte jetzt nicht in die Bar, weil sie vermutlich in der Bar ist . . .

Wir haben einander nichts zu sagen.

Leider spielt sie nicht Schach.

Sowie ich mir vorstelle, diese Frau sei Lila, oder mich auch nur frage, ob Lila aussehen könnte wie diese Frau, geschieht das Merkwürdige: ich habe keine Ahnung, wer sie ist, und ich weiß, daß ich keine Ahnung habe, und trotzdem beginne ich zu deuten, was sie verschweigt –

Eine liebenswerte Frau.

Ich bin sicher:

Eine Frau mit diesem Gesicht zerschmettert nicht nur keine Whisky-Gläser, sondern tut, was Svoboda im umgekehrten Fall nicht vermag: sie macht es ihm leicht, und da sie nicht zeigt, wenn sie nächtelang geheult hat, weiß er nicht einmal, wem er sein Glück verdankt. Sie ist nicht beleidigt wie ein Mann. Und sie schwatzt nicht herum; wer sie in solchen Monaten sieht, vermutet nichts. Hat das je ein Mann vermocht? Sie erfüllt, was ihr die andere überläßt, die Forderungen des ehelichen Alltags, wird etwas häßlich; aber auch das macht es ihm leicht. Sie rechnet nicht mit dem Zerfall aller Liebe; sie glaubt an Wunder; sie droht nicht, daß er sie verliere; sie übt sich in der Nebenrolle. Ihre Großmut ist keine Erpressung. Sie verehrt ihn. Sie richtet nicht über die andere, nur weil er die andere liebt. Und sie wühlt nicht in Ursachen, zerredet nicht. Sie würgt seine Munterkeit nicht ab, wenn er den Mut dazu hat, munter zu sein, und wenn er von seiner Arbeit berichtet, hört sie zu, als redete man von der Hauptsache. Sie macht es ihm möglich, lieb zu sein; nur zeigt sie sich nicht im Bad, nicht nackt. Sie weiß, daß eine andere da ist, und will nicht wissen, was sie im einzelnen nichts angeht; sie findet Kämme, die nicht ihr gehören, und läßt sie verschwinden wortlos. Sie zeigen sich zu Dritt. Sie ist nicht geizig. Sie spricht zu der andern wie zu einer glücklicheren Schwester, die sie bewundert –

Eine großartige Frau.

Weiß Svoboda das nicht?

Seine Auslegung:

Der naturhafte und durch keine Gleichberechtigung tilgbare Unterschied zwischen Mann und Frau bestehe darin, daß es immer der Mann ist, der in der Umarmung handelt. Er bleibt er selbst, und das weiß die Frau; sie kennt ihn. Sie will gar nicht wissen, was sie erraten kann. Umgekehrt weiß der Mann keineswegs, wie eine Frau, wenn sie weg geht, in der Umarmung mit einem andern ist; er kann es überhaupt nicht erraten. Die Frau ist ungeheuer durch ihre fast grenzenlose Anpassung, und wenn sie von einem andern kommt, ist sie nicht dieselbe; das geht, wenn es einige Dauer hat, bis in ihre geistigen Interessen hinein und ihre Meinungen, ihre Urteile. Weil die Frau, wenn sie weg geht, weiter weg geht als der Mann, muß sie sich verstellen, wenn sie zurückkommt, noch im Gespräch über dies und jenes; drum will er wissen, was ihn nichts angeht; die Frau von Geschmack wird es ihm nie verraten, während der Mann, im umgekehrten Fall, sie so gerne langweilt, indem er erzählt. Als könne er, wenn er umarmt, je sehr anders sein! Darauf beruht die Großmut der gescheiten Frau, ihre unerträgliche Großmut, die uns an unsere Begrenztheit erinnert.

So Svoboda.

»Sehen Sie«, sagte ich, »jetzt sind wir schon hier!« Ich zeige ihr die roten Fähnlein, die jeden Morgen auf die große Atlantikkarte gesteckt werden, unser Standort in der blauen Leere mit Meridianen. »Wir kommen vorwärts.«

»Heute ist schon Donnerstag?«

»Ja«, sage ich.

»Ja«, sagt der junge Mann, der auf Canada schwört, »es ist schade, übermorgen kommen wir schon an.«

Ich lasse die beiden allein.

In meinem Decksessel, die Füße auf das immer zitternde Geländer gestemmt, lese ich durch die Sonnenbrille gerade ein Taschenbuch, das ihr gefallen würde, Geschichte eines Mannes ohne Atavismus; ich bin gerade bei dem Kapitel, wo dieser Mann, der eine Frau liebt und schon über zweihundertunddreißig Seiten unterrichtet ist, daß sie die Nacht mit einem andern verbracht hat, das Frühstück auftischt, ein Frühstück zu dritt, appetitlich nicht nur Speise und Trank, es gibt Schinken mit Ei, lese ich, allerlei Käse, Schwarzbrot, Früchte, alles sehr appetitlich beschrieben, aber appetitlich auch das Gespräch zu dritt, witzig ohne Auseinandersetzung und solche Krämpfe, ohne Verheimlichung, ohne Bezug auf die Verhältnisse, die somit als selbstverständlich erscheinen – und ich bin gespannt, wie's weitergeht ...

Leider ist das Meer sehr bewegt.

Vorletztes Mittagessen:

unser junges Paar hat sich weniger zu sagen von Tag zu Tag, vor allem der junge Mann scheint nicht mehr damit zu rechnen, daß seine junge Frau, die er nach Canada verpflanzt, irgend etwas zu sagen habe –

Nachmittag:

ich lese, wie's in meinem Taschenbuch weitergeht, ab und zu überschlage ich einige Seiten, ungeduldig, weiß nicht worauf, schaue, ob die Möwen uns noch immer begleiten, dieselben, ich bin ein schlechter Leser: meine Gedanken wie Möwen hinter einem fahrenden Schiff, sie folgen und folgen, plötzlich kurven sie ab und hinaus aufs offene Meer, kommen aber wieder, fliegen voraus, immer dieselben, bleiben zurück wie meine Gedanken hinter der Geschichte, die unablässig unter Volldampf weiterfährt.

Einmal, sehe ich, spielen sie Pingpong.

Es scheint noch immer keinen Farbanstrich zu geben, der sich gegen die Salzwasserluft hält; drei Matrosen pinseln das immer zitternde Geländer von Neapel bis New York und dann wieder zurück, alles Weiße scheint die Pocken zu haben, unheilbar, die Krane und die Winden und die Leitern, die flötenden Lüftungsrohre, alles Weiße wie vernarbt, sie überpinseln, aber immer wieder beginnt's mit gelblichen und braunen Rostblattern ...

Vorletzter Abend:

sie tanzen, die Dame, die Lila sein könnte, und der junge Ingenieur. Ihr Gesicht über seiner Schulter – das ich umsonst zu beschreiben versuche: – ein Senken ihrer Lider genügt, ein Wechsel ihres Blickes auf Nähe oder Ferne, eine Hand, die ihre Haare hinters Ohr streicht im Profil, und dann wieder ihr Lachen von vorne, eine Drehung, ein Lichtwechsel, ein Wechsel vom Lachen ins Schweigen, ein Stirnrunzeln genügt, daß alle Beiwörter, die ich gesammelt habe, einfach abfallen von ihrem Gesicht ...

Ich gehe schlafen.

Letzter Nachmittag:

mein Taschenbuch ausgelesen, und sonst habe ich überhaupt nichts getan in diesen langen kurzen Tagen; kaum ein Gespräch; einfallslos in bezug auf mich selbst, gesichtslos, ohne Pläne; ich stelle fest, daß ich halbe Tage lang an niemand denke und nicht an mich, und genieße es, meine Füße auf das immer zitternde Geländer gestemmt, jetzt ohne zu lesen, aber wach, sehe eben die junge Ehefrau, die ihren Ingenieur sucht; habe ihn gesehen, ja, im Schwimmbecken, aber da sei er nicht mehr; nehme nicht an, daß die beiden über Bord gegangen sind, vielleicht besichtigen sie den Maschinenraum, da er Ingenieur ist, ein Schiff ist ein Labyrinth –

Letzter Abend:

sie kommt nicht zu Tisch.

Ich unterhalte mich ausführlich (eigentlich bloß um das Ausbleiben unsrer Tischgenossin nicht durch Schweigen hervorzuheben, und weil die junge Ingenieurfrau wie versteinert vor sich hin schweigt) und ausführlicher, als es meinem Interesse entspricht, mit dem jungen Ingenieur, der nicht über Bord gegangen ist, und zwar über das immer zitternde Geländer, das Problem der Vibration, das, wie ich schon vermutet habe, noch immer nicht gelöst worden ist –

Mitternacht auf Deck, Sterne, Wind.

Ich unterhalte mich mit einem amerikanischen Geistlichen von Heck bis Bug und Bug bis Heck und gehe neben seinem schwarzen flatternden Rock, nicke, als die beiden auf Deck sich erkannt fühlen –

Letzter Morgen:

ein Lotse kommt an Bord, Lautsprecher bitten sämtliche Passagiere in drei Sprachen und so fort, Unruhe im Korridor, es wimmelt wie in einem gestörten Ameisenhaufen, Passagiere in Mänteln, Koffer stapeln sich, Personal, die Bettücher sind abgezogen, die Trinkgelder verteilt, USA-Offiziere sitzen plötzlich in der Lounge und prüfen ungemütlich-sachlich die Pässe, mehr als nur die Pässe, sogar Röntgenbilder, Impfzeugnisse sowieso, das dauert, sämtliche Passagiere werden zum letzten Mal gebeten, Bündel von Bettüchern im Korridor ... Ich denke: hoffentlich sind ihre Koffer und Taschen gepackt! – vielleicht sitzt sie in ihrer Kabine und kämmt sich, bevor sie sich das blaue Kopftuch wieder umbindet. (Was kümmert's mich, der ich, Paß und Impfzeugnis zur Hand, in der Schlange stehe, froh, daß ich mich diesmal um niemand kümmern muß) ...

Sie könnte Lila sein.

Ich habe sie nicht mehr gesehen.

Lila von außen:

ihr Gesicht im Spiegel, während sie das Haar auskämmt bei schrägem Kopf, und wenn sie den Spiegel verstellt, ihr Nacken und ihr bloßes Ohr, jetzt wie sie's emporhält, ihr offenes Haar, dann läßt sie es fallen, ihr offenes Haar, zuviel wie ein Wasserfall, sie schüttelt's hinter die Schulter, hört die Lautsprecher draußen im Korridor und streicht mit den Fingern beider Hände über die Backenknochen und Schläfen, dann unter das trockene Haar hinter die warmen Ohren, Salbe an den Fingern, sie fühlt ihre fühlende Haut, die Wangen weich und nachgiebig, dann das Kinn, dann wie-

der hinauf an die Schläfen, wo es hart ist, dann die steif-zarte Nase mit ihrem Grat, ihre Nüstern, salbt, während sie draußen über dem nahen Wasser fernhin die Küste sieht – Fire-Island vermutlich – und dann wieder ihr
Gesicht im Spiegel, hält inne: man kann sich nicht zugleich in beide Augen schauen: hält inne vor ihrem Blick, der dicht hinter dem Glas bleibt,
alles andere bleibt hinter dem Glas, ihre Stirn und ihre blassen Lippen
und die Wimpern, die sie bürstet, das dauert, die Haut unter ihren Augen
schimmert durchsichtig wie Seidenpapier, glänzend, mürbe, bläulich-
bräunlich wie feuchtes Herbstlaub, sie pudert sich, das dauert, dann
kämmt sie sich, die Küste kommt näher, während sie sich kämmt, eine
Spange zwischen den Lippen, eine flache Küste mit gleitenden Bäumen
und Baracken, ab und zu eine Boje, auch das Kämmen dauert, die Lautsprecher im Korridor bitten schon nicht mehr, sie nimmt die Spange aus
dem Mund und malt sich die Lippen, die sie aufstülpt über dem Perlmut-
terweiß ihrer Zähne, ihre weichen und vollen und sanft-kräftigen Lippen,
die sie strafft, sie läßt sie quillen oder preßt sie verschlossen, um die Linie
zu malen, die feine Linie zwischen Außenhaut und Innenhaut, Mund, sie
neigt sich zum Spiegel, um genauer zu sehen, Mund, feucht wie das
Fleisch einer aufgebrochenen Aprikose, dann rollt sie die Lippen gegeneinander, um die Farbe besser zu verteilen, und schraubt den Lippenstift zu,
Blick auf den Mund im Spiegel, sie läßt ihn sich öffnen, aber stumm, es
wird Zeit, Rasseln von Ankerketten, Zeit für das blaue Kopftuch, falls es
draußen windig ist, das Schiff scheint nicht mehr zu gleiten, Rasseln von
Ankerketten, sie vergißt nichts, da sie allein ist, und sieht sich um, ihr Körper im Spiegel: so wie ein Mann ihn sieht, ihr Körper von außen, sie denkt
nicht an ihn, während sie das blaue Kopftuch um die gekämmten Haare
legt, ihr Körper hat ihn schon vergessen, sie bindet das Kopftuch unter
dem Kinn, bereit, in einer Viertelstunde auf dem Pier empfangen zu werden mit ahnungslosen Händen und Augen und Küssen –

    Ist es so?

    Wer es so sieht, ist Svoboda.

    Ich stehe an der Reling, Hände in den Hosentaschen, während die Taue
ausgeworfen werden, ungefähr der letzte auf Deck, alle drängen zum Ausgang, Ankunftsfieber, es ist ein kühler Morgen, Skyline im Dunst.

    Bin ich Svoboda?

Die Prüfungen für Gantenbein nehmen kein Ende: – ich schlurfe in Wasser, allein in der Wohnung, Wasser, das spiegelt, das schwappt, Wellchen bei jedem Schritt, das gluckst, Wasser in der ganzen Länge unsres langen Korridors, ich hör's, und da hilft kein Blindenspiel, das schwappt und gluckst, wo ich gehe, im Wohnzimmer auch, Wasser von Zimmer zu Zimmer, die Fensterhelle spiegelnd, lauwarm ... Es ist nicht das erste Mal, daß Lila, von Verspätung gehetzt, die Dusche abzustellen vergessen hat; aber zum ersten Mal hat Gantenbein es nicht zeitig genug bemerkt ... Also ich schlurfe in Wasser, während Lila auf der Bühne steht. Verstehe: sie hat an ihren Text gedacht. Halte ihr den Daumen. Oder besser: ich stelle die Dusche ab. Das hat Gantenbein schon öfter getan. Ohne je ein Wort. Aber diesmal kommt Gantenbein zu spät. Diesmal wird Lila merken, wer ihr die Dusche abgestellt hat, und ich werde mich verraten. Was tun? In Mantel und Hut, allein, stehe ich ratlos in der bewässerten Wohnung. Das kommt davon, daß Gantenbein, um seine Rolle zu wahren, nie ein Wort gesagt hat. Oder soll ich mich, indem ich die Dusche weiterrieseln lasse, in den Schaukelstuhl setzen, Füße auf das Tischlein, um glaubhaft zu machen, daß Gantenbein, blind wie er ist, die Überschwemmung nicht wahrgenommen hat? Eine kostspielige Lösung; das Parkett wird schwellen. Es wird Mitternacht werden, bis Lila heimkehrt, und die untern Mieter werden sich melden. Oder soll Gantenbein einfach ausgehen? Höher als die Schwelle zum Balkon kann das Wasser nicht steigen. Es gibt, so scheint mir, keine andere Lösung, als die Dusche wieder anzustellen und so hängen zu lassen, daß es halbwegs über den Rand der Wanne regnet, und auszugehen. Was mich an der Ausführung hindert: das Pädagogische dran. Und dann, zum Ausgehen schon bereit, sehe ich, wie das Wasser mit seinen launischen Zungen sich langsam-sicher den Büchern und Platten nähert, die zwar nicht auf den Boden gehören, aber da sind sie halt, und ich bring's nicht übers Herz: ich rette die Bücher und Platten, ihre seidenen Schuhe, die Vorhänge, die schon mit der Osmose begonnen haben. Wie kann ein Blinder so handeln? Das Abstellen der Dusche ließe sich noch erklären: auch Gantenbein spürt, wenn er nasse Füße bekommt, und hört, wo es rieselt. Aber die Rettung der Bücher und Platten? So stehe ich nun, nachdem ich die Bücher und Platten in Sicherheit gebracht habe, barfuß in der Erkenntnis, daß ich auch das Wasser aus der Welt schaffen muß, damit es mich nicht verrät, und zwar sofort, damit die Böden wirklich trocken sind, bis Lila heimkehrt. Fluchen hilft nichts, es geht nur mit einem Frottiertuch, das ich sorgsam, um keine Wellen zu verursachen und damit Erweiterung der kleinen Sintflut, aufs Parkett lege und sich vollsaugen lasse, dann im Bad auswringe, jedesmal ein Viertelliter, mehr nicht, und so hin und her, barfuß, her und hin und wieder her, vorerst ohne eine Wirkung zu sehen, noch immer spiegelt es und gluckst es. In anderthalb Stunden ist's getan. Ich rauche die erste Zigarette, Blick auf die Uhr: jetzt ist Lila im dritten Akt. Ich halte ihr den Daumen. Aber die Teppiche? Daran habe ich in meiner Panik nicht gedacht, an die platschnassen Teppiche, ich schwitze ratlos. Ich komme nicht umhin, und sei's auch nur aus Wut auf Gantenbein, also knie ich und rolle die Teppiche, bis meine Hände den Krampf bekommen, und walke. Und Patsch findet es lustig; ich sehe nur das trübe Wasser, das ich aus den Teppichen walke, und nicht seine Pfoten in der ganzen Wohnung, noch nicht. Nach einer weiteren Stunde geben die Teppiche nichts mehr her. Natürlich sind sie noch nicht trocken, aber den Rest überlasse ich dem Durchzug; ich öffne alle vorhandenen Fenster. Dann ein Bier. Noch eine Stunde bis Mitternacht! Dann im Schaukelstuhl, einigermaßen erschöpft, frage ich mich, ob mein Verhalten grundsätzlich richtig ist. Komme aber nicht zum Denken; jetzt sehe ich die schmutzigen Pfoten, die Patsch unterdessen in die ganze Wohnung getupft hat, und das erfordert eine zweite Runde mit dem Frottiertuch, dann Reinigung der Badewanne. Zum Glück kommt Lila nicht zur versprochenen Stunde, und die Teppiche haben Zeit; sicherlich hat sie noch jemand getroffen, der sie mit Recht verehrt, und das kann drei Uhr werden, hoffe ich. Jetzt ist Mitternacht; ich lege meine Hand auf die Teppiche. Ich kann nur hoffen, daß man noch zu Siebenhagen geht; dann wird es vier Uhr. Trocken werden die Teppiche nicht sein, aber ich werde Lila sofort auf meine Knie nehmen, damit ihre Füße nicht den Boden berühren. Sie wird mich fragen, was ich denn diesen ganzen Abend gemacht habe.

»Ach«, werde ich sagen, »– gearbeitet.«

Es wird sie erfreuen.

Ich werde lächeln.

Aber am andern Morgen (daran denke ich erst jetzt!) das Parkett: grau, bleich, fleckig, und ich weiß nicht, wie Gantenbein das erklären soll ... Ich bin neuerdings ratlos. Das Parkett wird mich verraten. Es hilft alles nichts. Nur eins: – ich ziehe meine Krawatte wieder an, zuerst ein frisches Hemd, dann die Krawatte, dann lasse ich die Dusche laufen und zwar so, daß es über die Wanne hinaus regnet, ich lege die Bücher und Platten wieder hin, nachdem die Überschwemmung eingeleitet ist, und dann nehme ich meine Jacke, das schwarze Stöcklein, um auszugehen.

Und?

Lila kann nicht glauben, daß sie die Dusche abzustellen vergessen hat, trotz Überschwemmung. Das kann nur ich verschuldet haben. Das mit der Dusche, sagt sie, sei ihr noch nie widerfahren. Gantenbein kann nicht widersprechen.

Ist Gantenbein ein Narr?

Gantenbein als Vater: –

Als die Oberschwester ihn vor das weiße Bettchen führt, einerseits sieht sie nicht ein, wozu sich der Blinde dies wünscht, anderseits denkt sie es sich ergreifend, daß ein Vater nie sein Kind erkennen kann, nie und nimmer, und als sie unter der strengen Bedingung, daß er den Säugling nicht betaste oder gar küsse, endlich den ebenfalls weißen Schleier lüftet, braucht Gantenbein sich nicht zu verstellen: er sieht tatsächlich nichts Einmaliges. Ein großer Augenblick, kein Zweifel, aber nicht für die Augen. Ein geschichtlicher Augenblick. Was er sieht: ein Säugling. Was die Oberschwester hiezu berichtet, kann Gantenbein nicht sehen. Ein Säugling wie tausend andere. Wie erwartet; wie nicht anders erwartet. Er schweigt; Gantenbein braucht sich nicht zu verstellen; das ist eine gute erste Begegnung. Er ist froh, daß Lila es überstanden hat. Ihre Schreie waren entsetzlich. Jetzt liegt sie da, bleich mit verklebtem Haar, aber lächelnd, und Gantenbein hält ihre feuchte Hand.

Es sei ein Mädchen.

Später, allein auf der Straße mit dem schwarzen Stöcklein, das er klöppeln läßt, und begleitet von Patsch, der von dem Ereignis nichts weiß, dann in einem öffentlichen Park, wo er sich setzt, fühlt er die erste väterliche Sorge: daß sie den Säugling, wenn sie ihn waschen und wiegen und wickeln, mit einem andern Säugling verwechseln könnten. Er selbst, wie gesagt, könnte es nicht sehen. Von Unruhe befallen geht er nochmals zu-

rück ins Krankenhaus. Um den Säugling zu sehen. Er läßt sich nicht ab-
weisen, Hausordnung hin oder her, er muß den Säugling sehen, und wie
seltsam sich dieses Begehren auch ausnimmt, wenn einer die gelbe Blin-
denbinde am Arm trägt, man kann es ihm nicht abschlagen. Lila schläft.
Und man muß auf den Fußspitzen gehen. Und die Oberschwester, als sie
sieht, wie Herr Gantenbein, als blinder Vater, mindestens zehn Minuten
lang vor dem weißen Bettchen steht, ist tatsächlich gerührt. Natürlich
fragt er nicht, ob dies denn wirklich sein Kind sei; die Frage würde mißverstanden. Im Korridor draußen, wo es von Säuglingen gerade wimmelt,
führt die Oberschwester ihn am Arm; er fühlt sich wirklich blind. Wie
noch nie. Seine Sorge ist keineswegs verscheucht, als Gantenbein wieder
auf der Straße geht, von Patsch geführt, und kurz darauf in einer Bar steht,
um einen Kirsch zu kippen. Um zur Vernunft zu kommen. Und die Vernunft besteht darin, daß er einfach glaubt; daß er jetzt in eine Druckerei
geht, nicht ohne vorher seine Blindenbrille und die gelbe Armbinde abzunehmen; denn es ist ihm nicht gleichgültig, welche Schrift, welche Typo-
graphie, und er will genau die Muster sehen, bevor er die frohe Anzeige
drucken läßt:

BEATRICE

Ein schöner Name . . .

Beatrice Gantenbein, wie es später einmal heißen wird, klingt weniger
schön, aber das läßt sich nicht ändern, nicht wählen; man hat nun einmal
einen Vater, wie immer er heiße.

Ich stelle mir vor:

Einige, als sie die frohe Anzeige lesen, haben nicht die mindesten Zweifel, daß es wirklich ein Kind von Gantenbein ist; andere fragen sich, ohne
aber zu sprechen darüber, versteht sich. Schließlich geht es sie ja nichts an.
Sie verehren Lila, sie mögen Gantenbein, sie beglückwünschen beide, es
fehlt nicht an Blumen. Sie versichern Gantenbein, wie ähnlich es ihm ist.
Er kann's ja nicht sehen. Wie aus dem Gesicht geschnitten! findet jedermann, und es freut Lila, wenn die Leute vor dem Stubenwagen, um etwas
gesagt zu haben, das sagen; sie findet es ja auch . . .

Ich stelle mir vor:

Gantenbein, wenn es eines Tages soweit ist, daß er mit der Kleinen ausgeht Hand in Hand, und man weiß nicht, wer eigentlich führt, Hauptsache, daß sie nicht unter einen Lastwagen geraten, die beiden, das Kind
mit dem blinden Vater und Gantenbein, der das Kind von Lila führt oder

sich führen läßt, Gantenbein kauft ihm ein Eis und zeigt ihm die tappigen
Bären im Zoo, die mit den Pfoten bitten und auf den Hinterbeinen tanzen,
bis man ihnen die Rüben wirft, und Gantenbein, der Blinde, ist geschickter (wie es sich für einen Papi gehört) beim Werfen der Rüben –

Ich stelle mir vor:

Seine Sorge, das Kind könnte ihn eines Tages durchschauen und sein
Blindenspiel auch vor den Erwachsenen, denen es so paßt, unwiderruflich
entlarven, wird wachsen wie Beatrice –

Wie lang glaubt ein Kind?

Ich habe einmal, im Freundeskreis, ein Kind gekannt, das man nicht
aufs Knie nehmen konnte, ohne daß es nach der Brille des Erwachsenen
griff, sie herunterriß, eine Manie, der mit Warnung und selbst mit Strafe
so wenig beizukommen war wie mit Humor; das Kind, damals vierjährig,
redete kaum; mitten in der lustigen Geschichte, die es aufmerksam anzuhören schien, griff es zu und hatte sie schon wieder, die Brille, nicht um
sie haben zu wollen, nur einfach so, nur einfach herunter damit.

Ich stelle mir vor:

Gantenbein, wenn er ihre Kinderzeichnungen sieht, und diese Kinderzeichnungen sind von jener aufregenden Schönheit, daß man an Genie
zu glauben nicht umhin kann, aber Gantenbein darf sie nicht loben, er
muß sein Staunen verhehlen, fragen, was Beatrice denn gezeichnet habe,
aber das kann sie eben nicht sagen, nur mit Ölkreide malen, und Gantenbein sieht's: das ist Papi, der Mann mit der Armbinde, und da ist alles gemalt, was er unterwegs gezeigt und erzählt hat, alles in grellen Farben,
der Zirkus, das Schiff mit dem Wasserrad, die Hexe, die Fahnen und der
Blitz im violetten Himmel und der Schirm, der gestülpt ist, und alles,
die Berge, die Pauke, die den Donner macht, der dicke Feuerwehrmann
mit dem Schlauch auf der Leiter, Beatrice und der Papi mit der gelben
Armbinde und mit dem Stöcklein, womit er zeigt, und alles und alles,
und nun erkennt er's nicht einmal.

Es wird schwierig.

Später ihre ersten Lügen –

Beatrice hat genascht, und er sieht's an ihren keuschen Lippen, die leugnen, und an der Schürze, Marmelade, aber Gantenbein kann sie nicht
überführen, nur schweigen und lächeln, Beatrice weint. Man kann nicht
naschen, scheint es, ohne daß Papi es weiß. Woher nur? Alles weiß er.
Oder Beatrice hat das Brot, das sie halt nicht mag, unter die Tischplatte

geklemmt und zwar schon wochenlang, und Gantenbein hat nichts gemerkt, aber eines Morgens liegen alle diese dürren Krusten auf dem Tisch,
und wenn der blinde Papi sie auch nicht einmal mit Worten straft, weil er
die Bescherung ja nicht sehen kann, so errötet sie doch. Alles kommt an
den Tag. Man kann nicht lügen. Der liebe Gott und Papi sind eins – eine
Zeit lang ... dann merkt Beatrice, daß dort, wo Gantenbein nicht hinkommt, beispielsweise im Wald, wo sie mit den Buben etwas macht, auch
der liebe Gott nicht hinkommt.

Man kann lügen.

Papi weiß nicht alles.

Er weiß nicht einmal, wie Herr Siebenhagen aussieht, der mit Lila
manchmal Tennis spielt, und welche Farbe sein feiner Wagen hat; das
möchte er wissen, aber das sagt der liebe Gott ihm nicht – das sieht Gantenbein nur auf ihren Kinderzeichnungen: die weiße Mami und der weiße
Ball über dem Netz und Herr Siebenhagen, der offenbar ein schwarzes
Bärtlein trägt, mit weißen Beinen und langen Schritten ...

Ich stelle mir vor:

Obschon Lila, jetzt wieder im Beruf, neben ihren Proben und Aufführungen (dazu die Gastspielreisen) begreiflicherweise wenig Zeit hat, ist
ihre Liebe zum Kind durchaus grenzenlos, ihr Verständnis, wenn Beatrice
nur tut, wozu sie grad Lust hat. Was Gantenbein unter Erziehung versteht,
ist ihr ein Greuel, der sie verstummen läßt mit Blick auf das Kind. Sie ist
eins mit dem Kind. Wer das Kind rügt, rügt die Mutter. Und natürlich
wirkt es schon als Rüge, wenn Gantenbein, ohne zu rügen, von dem Kind
verlangt, was die schöne Mutter von sich selbst nicht verlangt. Plötzlich
sieht es aus, als wolle er Lila erziehen. Wie soll die Kleine angehalten werden, daß sie ihr Mäntelchen nicht einfach (als komme sie müde von der
Probe wie Lila) auf den Boden wirft? Dann ist es Lila, die gelegentlich
ihr Mäntelchen aufhebt und an seinen Ort hängt. Was will Gantenbein
mehr? Ihre Geduld gegenüber dem Kind ist unerschöpflich, und was dabei herauskommt: ein Kind, das den Gästen sämtliche Salzmandeln weg-
frißt, ein schönes Kind, und schließlich sind die Gäste nicht wegen der
Salzmandeln gekommen, Lila hat recht. Auch haben Gäste immer Humor.
Wenn es zu weit geht, beispielsweise wenn Klein-Beatrice verständlicherweise, weil die Unterhaltung der Erwachsenen sie langweilt, einem Gast,
während dieser von Lila fasziniert ist, seine Havanna-Zigarre zerbröselt,
ist es immer noch Zeit, daß der blinde Gantenbein eingreift:

»Laß das!«

Natürlich hat der Gast, da es sich nicht um sein Kind, sondern nur um seine Zigarre handelt, mehr Humor als Gantenbein; allerdings ist es, wie er feststellt, seine letzte Havanna gewesen, und er erinnert sich nicht sogleich, wovon eben die Rede war. Pause. Also wovon war die Rede? Lila streikt, als Mutter gekränkt; daher ihr tröstender Blick zum Kind, das schließlich ein Kind ist –

»Papi ist nicht lieb.«

Das kommt.

»Ich will einen andern Papi.«

Das hingegen, findet auch Lila, geht zu weit, obschon der Humor der Gäste sich gerade daran erholt. Jetzt ist es Lila, die das Kind zurechtweist und zwar unter Androhung von Strafe. Das darf Beatrice nicht sagen. Daß sie einen andern Papi will. Das kostet sie den Nachtisch. In diesem Punkt ist Lila sehr streng. Und Gantenbein schält schweigend seine Banane – das Kind hat so unrecht ja nicht: vielleicht ist dieser Mann, der da blindlings seine Banane schält, wirklich nicht ihr Papi ... Aber wie dem auch sei: Fernsehen, davon war die Rede, Fernsehen als Instrument der Bewußtseinsindustrie und überhaupt Kunst im technischen Zeitalter, insbesondere Fernsehen, dazu kann jedermann etwas sagen, ausgenommen Gantenbein mit dem Mund voll Banane.

Ich stelle mir vor:

Sonst aber geht es gut und schön, Lila und Gantenbein mit Kind, man macht Ausflüge, und das Kind ist ein Kind, und Gantenbein und Lila fassen es an den Ärmchen, damit es schaukeln kann, und Lila hält den vollen Löffel und erzählt die Geschichte vom Heuwagen, der in die Scheune will, und wenn es müde ist, nimmt Gantenbein es auf die Schultern, macht Reite-reite-hopp-hopp-hopp, und wenn diese Zeit vorbei ist, gibt's andere Spiele, einmal auch Keuchhusten, und es kommen Max und Moritz, und man badet im Sommer, man rodelt im Winter, alles zu seiner Zeit, und Lila kauft ihm die Röcklein mit Geschmack, Gantenbein erzählt von Sintflut und Arche, man lacht über Kindersprüche, und wenn Lila auf Gastspielreisen ist, ruft sie an, um mit Beatrice zu plaudern, und Beatrice sitzt auf einem Pony unvergeßlich, und es kommt die Blockflöte, und so weiter, und Lila und Gantenbein brauchen nicht allzuviel miteinander zu sprechen, das Kind ist fast immer zugegen, und als Beatrice wissen will, woher die Kinder kommen, sagt man es so und so ...

Ich stelle mir vor:

Die Anekdote von ihrer ersten Begegnung in der Garderobe, Gantenbein als der begeisterte Blinde mit Rosen, stimmt beinah, aber nicht ganz – das tut keine Anekdote ... Lila lebte damals natürlich nicht ohne einen Gefährten, was jedoch Gantenbein in keiner Weise beschäftigte. Insofern ist es richtig, daß die Anekdote, die Lila immer so gern erzählt, ihn nicht erwähnt; Gantenbein hatte diesen Lila-Gefährten, der damals in der Garderobe saß, tatsächlich nicht gesehen. Und dabei saß dieser Mann (wenn auch nicht in der Anekdote, so doch in der Wirklichkeit damals) die ganze Zeit zwar nicht neben ihrem Schminktisch, immerhin sichtbar genug in dem einzig bequemen Fauteuil, stumm, eine Zeitung blätternd, Hut auf dem Kopf, breitbeinig und sicher, daß er vorhanden sei. So saß er. Möbelhaft. Ein Mann in den besten Jahren, ehedem sehr verliebt in Lila, jetzt im Stadium reifer Liebe, zur Heirat bereit ohne Ungeduld, Hut auf dem Kopf. Und während Gantenbein seine sehr hilflose und erst in der Anekdote überzeugende Rosen-Nummer machte, hörte er nicht einmal zu, dieser Mann mit dem Hut auf dem Kopf, der ihren Bedarf an blinder Huldigung zu kennen schien. Er hätte bloß zu husten brauchen, um den blinden Verehrer zu erschrecken. Ohne aus der Zeitung aufzublicken, fragte er später beiläufig: Was ist denn das für ein Vogel gewesen? Er sagte Vogel, was Lila leise beleidigte. Immerhin war's ein Begeisterter. Ohne Hut dem Kopf. Sie schwieg. Zugunsten von Gantenbein. Er hatte wirklich nur Lila gesehen damals. Einen schlichteren Beweis, daß er blind ist, hätte er nicht spielen können ... Später erfuhr er natürlich, daß Lila nicht allein lebte; aber da war's zu spät, um sich umzusehen: da saß niemand mehr in ihrer Garderobe. Nur noch der Fauteuil, wo er gesessen haben soll, war da. Und darin saß jetzt Gantenbein. Und draußen auf der Bühne spielte Lila immer noch dieselbe Rolle. In einer Zeitung zu blättern, bis draußen der Beifall losbrach, konnte Gantenbein sich nicht erlauben, da Lila an seine Blindnis glaubte; sie liebte ihn um seiner Blindnis willen. Er sah die Depeschen rings um ihren Spiegel gesteckt, Glückwünsche, teilweise vergilbt; er sah sich selbst in ihrem Spiegel: ein Verliebter, der blindlings wartet, bis draußen der Beifall rauscht. So jeden Abend, bis Lila dann plötzlich kam: eine Verkleidete, dazu versehen mit fremden Haaren, eine Puppe teilweise, schön, aber geschminkt für Scheinwerfer, schön auf Entfernung, Augenbrauen blau und Augenlider grün und gelb die Wange, ihr Gesicht so vergröbert, so auf Schönheit vergröbert, sogar ihre Augen waren vergrößert;

insgeheim erschrak Gantenbein jedesmal. Wie vor einem Vogel. Die Garderobe war zu klein; Lila noch mit den Schwingen der Rolle, aber ohne Text. Wie war die Vorstellung? fragte er, um ihre Stimme zu hören. Nur die Stimme war Lila. Dann mußte sie nochmals auf die Bühne; sie klatschten noch immer. Demonstrativ. Als wollten sie den blinden Gantenbein unterrichten, wie großartig die Frau ist, die er liebt. So jeden Abend. Er war stolz, versteht sich, und entkorkte unterdessen den kleinen Sekt. Stolz worauf? Zugleich kam er sich überflüssig vor. Gantenbein konnte nicht klatschen; die Verehrung wurde ihm abgenommen. Er füllte ihr Glas, das war alles, was er tun konnte. Jeder Beifall vertröpfelt einmal, und dann war Lila froh um seine Liebe, sie trank ihren Sekt, Lila am Schminktisch, während Gantenbein in jenem einzig bequemen Fauteuil saß, ausgestattet mit seiner dunklen Blindenbrille. Er sah, wie sie sich mit Watte wusch, Lila im seidenen Morgenrock, Gantenbein mit seinem schwarzen Stöcklein. So saß er in ihrer Garderobe blind, aber vorhanden. Lila wie immer nach der Vorstellung: abgespannt, erregt, zerstreut. Sie hörte das Klopfen nicht, und der Herr, der, ohne lang auf Antwort zu warten, eingetreten war, schien zu wissen, daß Gantenbein blind ist; er nickte nicht einmal. Als sei Gantenbein nicht in der Garderobe, nicht vorhanden. Es hätte der Intendant sein können, dieser Herr, der sich allen Anstands enthoben fühlte. Ein Herr am Ende der besten Jahre. Da Lila ihn nicht sah, denn sie hatte gerade ihre Augen geschlossen, um die Schminke von ihren Lidern zu wischen, sagte Gantenbein: Ich glaube, es hat geklopft. Aber Lila hörte kein Klopfen, und der Herr, überzeugt, daß Gantenbein ihn nicht sieht, blieb still, während Lila die schmierigen Wattebäusche in den Papierkorb warf, mehr und mehr zu einem Gespräch mit Gantenbein bereit. Beschäftigt mit ihren Fingern, die sie an einem Tüchlein reinigte, fragte sie, wo man essen gehe, und merkte einfach nicht, daß in der Garderobe noch ein Mann vorhanden war. Was denn er, Gantenbein, heute erlebt habe? Man hätte meinen können, der andere sei gekommen, um einen Revolver aus der Tasche zu ziehen und auf Lila zu schießen, ein Verstörter, stumm, als machte er sich dadurch unsichtbar vor Gantenbein; vielleicht wollte er auch nur mit Lila sprechen. Unter vier Augen. Er war bleich, unrasiert, übernächtig. Noch immer hatte Gantenbein keine Idee, wo man essen könnte, und streichelte schweigsam den Hund; Patsch war unruhig, wachsam. All dies dauerte keine Minute, dennoch endlos. Erst als Lila sich gegen den Spiegel vorneigte, ihre Wimpern prüfend, erschrak sie, und ihre dünnen Finger, die gerade ihre Schläfen reiben wollten, erstarrten vor dem Mann im Spiegel. Sie erkannte ihn. Auch Lila sagte kein Wort, um ihn unsichtbar zu lassen. Ihr Gesicht, das Gantenbein sah, ließ keinen Zweifel: Das also war der Mann, den Gantenbein damals nicht gesehen hatte. Jetzt ohne Hut auf dem Kopf. Und jetzt zu zeigen, daß er nicht blind ist und die Lage begreift, wäre heimtückisch gewesen. So streichelte er den Hund. Ein Schweigen auch seinerseits hätte ihn verraten; er machte jetzt Vorschläge, wo man essen könnte, Gantenbein als Einziger, der redete. Als Lila sich umdrehte, hatte der Mann nicht bloß den Spiegel verlassen, sondern auch die Garderobe. Wortlos. Sein Auftritt, komisch im Augenblick, wirkte hinterher eher unheimlich. Nun konnte Gantenbein ja nicht fragen: Wer ist das gewesen? Zudem wußte er's, und was dieser Besuch bedeuten sollte, das schien auch Lila nicht zu wissen. Sie tat ihm leid; sie war bleich vor Schreck. Aber Gantenbein wußte nichts zu reden; schließlich hatte er auch seinen Schreck, den es zu verbergen galt. Was dieser Mann wollte, der andere, war eigentlich klar: Er wollte seine Lila wieder. Seine! Das war es, was ihn so grimmig erscheinen ließ, nur dieser wortlose Anspruch in den Augen, so, daß man auf einen Revolver gefaßt war und daher fassungslos wie er selbst. Sicherlich hatte Lila ihn nie so gesehen. Sie erhob sich jetzt, noch immer bleich vor Schreck, riegelte die Tür ihrer Garderobe, worauf Gantenbein, um sie zu zerstreuen, einen lustigen Streich von seinem Patsch erzählte, einen neuen, genau so erfunden wie alle andern, was Patsch nicht hinderte vor Stolz zu wedeln; aber vergeblich, Lila erstarrte mehr und mehr, wahrscheinlich beim Gedanken, der Mann könnte beim Bühnenausgang auf sie warten, versteckt im dunklen Hinterhof. Möglich wäre es. Dabei hatte er sicherlich keinen Revolver; er wirkte nur so; er war nicht gekommen, um sie zu erschießen, sondern um sie zu heiraten. Zu spät. Als es an der Tür klopfte, wollte Lila nicht aufriegeln; Gantenbein mußte es tun. Und er tat es dann auch, eine willkommene Gelegenheit, um sich als Mann zu zeigen. Es war nur die Garderobiere; sie überreichte ein Brieflein, das Lila sofort aufriß und las, dann aber nicht in den Rahmen ihres Spiegels steckte. Als ihr endlich das falsche Haar abgenommen wurde, beobachtete sie Gantenbein, als zweifelte sie zum ersten Mal an seiner Blindnis, unsicher, ob er wirklich nichts gesehen habe, jetzt in ihrem eignen Haar und schön, offenbar beruhigt durch das Brieflein, erlöst von der Angst, daß man im Hinterhof auf sie lauert. Und später ging man essen, Lila und Gantenbein, der ihr die Forelle zerlegte wie immer.

Und später ging man nach Haus. Unbehelligt. Und als Gantenbein beiläufig fragte, ob sie eigentlich je wieder von ihrem früheren Freund etwas gehört habe, sagte sie offen, er sei zurückgekommen, ja, er sei in der Stadt.
Sie habe ihn gesehen, aber nicht gesprochen. Ihre Antwort tönte so unge-
wichtig wie seine Frage, und was Lila dabei verschwieg, ihre Verwirrung,
sah er ...

Ich verstehe:

Man muß einen andern verlassen, Entschluß ist Entschluß und unerschütterlich, aber damit ist die Trennung noch nicht vollstreckt; man
möchte die Vollstreckung in Würde, aber die Würde hindert die Vollstrek-
kung; einer der beiden Partner kann's nicht fassen, so lange die Würde gewahrt bleibt, und liebt wie noch nie; eines Abends steht er wieder da; man
kann Abschiede nicht durch Briefe vollstrecken – Gantenbein zeigte, als
nichts andres übrigblieb, volles stilles Verständnis dafür, daß sie einander
wiedersehen mußten ...

Das war Februar.

Lila am Schminktisch (diesmal vor der Vorstellung) machte ihre Eröffnung fast scherzhaft, ohne sich umzudrehen dabei, gespannt-gelassen in
Erwartung des Klingelzeichens, das sie demnächst auf die Bühne rufen
würde, übrigens nicht nervös, nur zu keinem Gespräch mehr imstand,
nicht geistesabwesend, im Gegenteil, bereit zum Auftritt, eine Eröffnung
nebenher, während sie bloß noch die Nase puderte, kurz, ohne sich umzudrehen dabei, ohne nachzusehen, wer jetzt gerade in dem einzig bequemen
Fauteuil saß, scherzhaft: Er brauche deswegen nicht feierlich zu werden
oder zu erschrecken, ihre Beschwerden seien oftmals unregelmäßig. –
Dann klingelte es ... Lila war damals einunddreißig, kein unerfahrenes
Mädchen, Gantenbein auch kein Jüngling mehr, der sich zum ersten Mal
vor gewisse Fragen gestellt sieht. Aber einmal würde man darüber sprechen
müssen, dachte er, grundsätzlich. Aber nach jener Vorstellung, nachdem
Gantenbein seinen Spaziergang mit Patsch gemacht hatte, und auch am
folgenden Tag schien Lila überhaupt nicht mehr daran zu denken. Wozu
sollte Gantenbein daran denken. Er tat's aber, übrigens nicht bestürzt
und für Augenblicke fast munter in der Erwägung, wie Lila sich als Mutter
ausnehmen würde, und es wunderte ihn, daß sie drei Tage lang nichts verlauten ließ, vier Tage lang. Ihre Unbekümmertheit war bestechend, aber
nicht ansteckend. Ein Gedanke, blitzhaft gedacht neulich in der Garderobe, hatte sich bisher verdrängen lassen, ein Kalender-Gedanke, und für

den Fall, daß alle Gedanken sich erübrigten, wünschte Gantenbein gerade diesen Gedanken nicht gedacht zu haben. Lila blieb unbekümmert, er sah's, sie war selig in Erwartung einer einmaligen Rolle im nächsten Herbst. Als Gantenbein einmal unter einem Vorwand (Mietzins) nach dem Datum fragte, war's März; Lila erschrak wegen des fälligen Mietzinses wie allgemein: Wie die Zeit vergeht. Das war in einem Restaurant, Lila im décolleté, Kerzenlicht mit Perlen drauf, lachend: Was würdest du denn sagen, wenn wir wirklich ein Kind bekommen würden? Das Restaurant war natürlich nicht der Ort, um daran zu glauben; der Oberkellner drängte, wenn auch in gediegenem Abstand, auf die Bestellung. Es folgte schweigsames Brötchen-Knabbern. Der Verdacht, daß sie das Kind zur Welt bringen wollte, ohne es Gantenbein je zu sagen, war natürlich Unsinn; im fünften Monat würde auch ein Blinder es merken. Das Restaurant war einfach nicht der Ort, um davon zu reden. Schon sein Vorschlag, Lila sollte zum Arzt gehen, wurde als unschicklich empfunden, und es entstand eine schiefe Stimmung trotz Kerzenschimmer.

Fortan schwieg Gantenbein.

Im Freundeskreis, früher einmal, hatte sie gesagt: Wenn sie je ein Kind wollte, dann wäre es ihr gleichgültig, wer der Vater sei! als Widerrede gegen einen Blut-Mystiker und insofern verständlich, im Augenblick richtig; der Mensch sagt so vielerlei, was im Augenblick richtig ist – Gantenbein wollte nicht mehr daran denken ... Als Lila es mitteilte, war es ein Augenblick, wo er wirklich nicht daran dachte, drei Minuten vor Ankunft der Gäste:

»Wir haben ein Kind.«

Gantenbein schwieg verblüfft.

»Ich bin beim Arzt gewesen –«

Es klingelte wie aufs Stichwort. Die Gäste! Und es geschah ein Wunder: jener Kalender-Gedanke, dessen Gantenbein sich schämte, traf tatsächlich nicht ein, Gantenbein freute sich blindlings, Gäste begrüßend, die seine überschwengliche Laune durchaus auf sich selbst beziehen mußten; etliche kannten Herrn Gantenbein noch nicht, er sah ihre Verlegenheit vor dem Blinden, der ihnen vorgestellt wurde ... Damals erzählte sie zum ersten Mal die köstliche Anekdote, wie Gantenbein in ihre Garderobe kommt mit Rosen ... Am andern Morgen, erwacht wie mit einer Axt im Schädel, erinnerte sich Gantenbein nicht mehr an den Abend, nur an die Nachricht wegen des Kindes, und es war ein Glück, daß Lila damals Proben hatte und

eben weggehen mußte; sonst hätte er vielleicht gefragt, ob sie im Februar
mit dem andern geschlafen habe. Was dann? Vielleicht hätte sie gesagt:
Ja. Ohne Zögern, schlicht: Ja. Oder verzögert und nach einem Schweigen,
bis ihn die Lächerlichkeit seiner Frage durchdrungen hat, beim Anzünden
einer Zigarette: Warum fragst du das? Auch dann könnte es ein Kind von
Gantenbein sein; es fragt sich bloß, ob Lila ihn nach dieser Frage noch als
Vater ihres Kindes wollte; vielleicht würde sie nie wieder sagen: Unser
Kind. Es bliebe ihr Kind ... Also lag Gantenbein, erwacht wie mit einer
Axt im Schädel, und da er allein zu Haus war, blieb die Frage ungestellt ...
Vielleicht hätte sie auch gesagt: Nein. Nicht ohne Zögern, dann aber
schlicht: Nein. Und es wäre für die Zukunft kaum besser gewesen, eine Erleichterung im Augenblick, aber seine Erleichterung wäre ihr widerwärtig,
sie würde den Vater ihres Kindes nicht küssen wollen nach solcher Enttäuschung, vielleicht wäre das Kind daraufhin nicht zur Welt gekommen ...
Also ein Glück ... Es gibt nur eins: Gantenbein nimmt einmal an, daß
das Kind, ihr Kind, nicht von ihm sei, zeigt aber nie, daß er das annimmt,
in der Hoffnung, es werde sein Kind.

Ich stelle mir vor:

Ihre verständliche Widerrede gegen den Blut-Mystiker damals, Lila
würde jetzt bestreiten, daß sie das jemals gesagt habe.

Ich stelle mir vor:

Beatrice im Bad, sechsjährig, Gantenbein als Papi, der sie seift, ihr Kör-
perchen, ihre keusche Haut, vor allem diese Haut, Seifenschaumlocken,
ihr Papi kann ja nicht sehen, wo Beatrice jetzt den Fuß versteckt, aber
dann erwischt er sie doch, die kitzligen Zehen, um auch sie einzuseifen,
Gantenbein in Hemdsärmeln, die er auch noch aufkrempeln muß, natürlich ist es nie Beatrice, die eine solche Spritzerei macht, sondern der Krisimisi, das schwuppt und schwappt in der Wanne, Krisimisi ist das Wesen,
das den Papi kitzelt und die Seife versteckt, unsichtbar für Papi, Krisimisi
nämlich ist der Mann von der Hexe, und nur wenn Beatrice mit dem Krisimisi spricht, dann gehorcht er, dann spritzt er nicht, dann kann Gantenbein ihren kindlichen Rücken seifen und ihren kindlichen Popo, sogar die
Ohren, die Achselhöhlen, nur darf sie nie einem Blinden verraten, wie Krisimisi denn aussieht, dann wieder möchte Beatrice doch, daß Papi ihre
fürchterliche Schramme sieht, und Gantenbein sieht sie ja auch, die winzige Schramme am Knie, verschont sie mit der Seife und wird sie pudern
und verbinden mit Andacht, nur den Krisimisi sieht er halt nicht, auch

wenn er seine Brille abnimmt wegen des Dampfes, und drum fürchtet sich
der Krisimisi nicht, wenn Gantenbein schimpft oder auch nur warnt, und
das Schwuppen und Schwappen nimmt kein Ende, bis Gantenbein
schließlich die Wanne auslaufen läßt, um sie duschen zu können, ihre Seifenschaumlocken, ihre seifenglanznassen Ärmchen und Schenkel, ihr Kör-
perchen rundum, nein, das wird kein Matrose, o nein, das wird bestimmt
ein Mädchen, Beatrice, ganz bestimmt, da hilft kein Hosentragen mit
Händchen in den Hosentaschen und mit Ellbogen nach vorn, kein Kunststück auf dem Rand der Wanne, jetzt ihr Sprung auf den Teppich, das
hätte der Papi sehen sollen, und als sie, eingehüllt ins weiße Frottiertuch,
eine Weile still, um es ganz zu genießen, sich von seinen starken Händen
frottieren läßt, plötzlich die Frage: Ist es wahr, Papi, daß du überhaupt
nichts sehen kannst? Und um es zu erproben, kurz darauf ihre Behauptung: Ich kann fliegen! was der Papi, blind wie er ist, nicht bezweifeln
kann, und so muß er's wohl glauben und seine Hände von ihr lassen, damit
Beatrice sagen kann: Siehst du nicht, wie ich fliege? Und nachdem er
einen Blick lang daran denkt, daß Beatrice vielleicht wirklich nicht sein
Kind ist, und als er sie mit gestreckten Armen emporhebt, ihr Jauchzen:
Siehst du! Ihr Jauchzen: Siehst du mich nicht? Ihr Jauchzen –
     Ich stelle mir vor:
     Beatrice, zehnjährig, ist mit dem Fahrrad gestürzt, Hirnblutung, eine
Nacht lang die Angst, daß sie sterben könnte, die gemeinsame Angst von
Mutter und Vater, diese Angst mit offenen Augen, die weinen –
     Ich stelle mir vor:
     Gantenbein ist gar kein schlechter Vater, nachdem er seinen Drang, das
Kind zu erziehen, mehr und mehr aufgegeben hat – gezwungen durch
seine Blindenrolle ... Wenn Beatrice einfach nicht tut, wozu sie gerade
keine Lust verspürt, hoffend, daß Gantenbein es ja nicht sehen kann, beispielsweise ob ihre Kleider auf einen Bügel gehängt sind oder noch immer
umherliegen, und wenn Gantenbein dann, weniger besorgt um die Kleider
als um das Menschenkind, das nach seiner Meinung irgendwann und irgendwo doch einmal lernen muß zu tun, wozu es grad keine rechte Lust
hat, am Abend fragt, ob es getan sei, leider sehend, daß nichts getan worden ist, ja, was dann? Wenn Lila, als Mutter, dann ebenfalls die Blinde
spielt und schweigt, um jedenfalls auf Seite des Kindes zu sein und jede
Maßregelung zu verhindern – es braucht Jahre, bis Gantenbein einsieht,
daß man ein Kind nicht erziehen kann, wenn die Mutter es nicht will,

und bis er seine Blindenrolle auch gegenüber dem Kind beherrscht und sich in tausend Kleinigkeiten beschwindeln läßt, um ein lieber Papi zu sein, frei von jeglicher Erzieherei und bereit, Beatrice zu helfen, wenn das Leben selbst sie maßregeln wird.

Das kommt.

Das kommt und vergißt sich von Mal zu Mal, wenn Hilfe gelingt, ja, aber ein Vater ist kein Zauberer; eine leichte Lähmung der Augenlider infolge ungehorsamen Verhaltens während der Masern bleibt unheilbar; ein Fall von versäumter Maßregelung, ein leichter Fall von Schuld, einer von vielen, aber Schuld stiftet väterliche Liebe, und Gantenbein kann sich ein Leben ohne Kind nicht mehr denken –

Beatrice ist keine Anekdote.

Die Zeit der Kinderzeichnungen ist vorbei, und die väterliche Liebe ist nicht mehr zu erweisen mit Reite-reite-hopp-hopp-hopp. Längst nicht mehr. Beatrice kämpft mit Latein, *accusativ cum infinitiv*, die Liebe sieht sich vor Aufgaben, die Gantenbein auch Mühe machen. Was wird von unsern Kindern nicht alles verlangt und von ihren Vätern! Um tun zu können, als wüßte er blindlings, was er selbst einmal gelernt hat, muß er, während Beatrice in der Schule sitzt und nicht aufpaßt, selbst nochmals zur Schule gehen insgeheim. Und Algebra! Da meint ein reifer Mann, er könne Wurzeln ziehen, und siehe, er muß es wieder lernen, ein Mann mit grauen Schläfen vor einer Gleichung mit einer Unbekannten, mit zwei Unbekannten, mit drei Unbekannten usw.

Ich stelle mir vor:

Eines Tages, eines besonders schönen und sehr blauen Tages kommt man von einem Ausflug zurück, Lila am Steuer nervös, Kolonne, und Lila sollte um sieben Uhr am Flugplatz sein, um jemand abzuholen, jemand, Gantenbein fragt nicht, jemand, der allein ankommt und enttäuscht sein könnte, wenn niemand ihn abholt am Flugplatz, zumal er wegen Lila kommt beruflich, eine Filmsache vermutlich, also ihre Sache, Gantenbein versteht, Gantenbein mit Blindenbrille, so daß er das offene Telegramm (gestern) nicht gesehen haben kann, weiß, wer um sieben Uhr zwanzig anlanden wird, also er fragt nicht, und jetzt ist es schon sechs Uhr, aber Kolonne bleibt Kolonne, Lila verzweifelt, die Zeit, immer die Zeit, die Zeit wird nicht mehr reichen, um Gantenbein und das Kind nach Haus zu fahren und dann zum Flugplatz hinaus, unmöglich, die arme Lila am Steuer, jemand wird sehr enttäuscht sein, zumal Lila ihn eingeladen hat, eine Katastrophe, Gantenbein schlägt eine schlaue Abkürzung vor, also nicht nach Haus, sondern stracks hinaus zum Flughafen, Lila verstummt, nein, das ist unmöglich, unmöglich wieso, das würde heißen, daß Lila mit Mann und Kind, family-style, jemand müßte enttäuscht sein, und wenn Gantenbein dies nicht versteht, nein, aber Gantenbein versteht, Gantenbein beharrt auf der Abkürzung, Gantenbein gemein-gemütlich mit Pfeife im Mund, und Lila stoppt vor der Abkürzung: Das ist unmöglich, sagt sie, das geht nicht!, als zweifelte sie daran, daß Gantenbein blind ist, und Gantenbein nimmt das Kind und steigt aus, bitte, mitten auf der Straße, hinten wird gehupt –

Betreffend Siebenhagen:

Ob der auch mit Lila schläft oder ehedem geschlafen hat, als er noch ein Bärtlein trug, wer weiß es, Freunde vielleicht, die aber keinen Klatsch machen, vielleicht haben alle schon mit ihr geschlafen irgendwann einmal, ausgenommen Burri, wer weiß es. Und wenn schon! Gantenbein zuckt die Achsel. Wo seine Lila schläft und wo auch wieder nicht, die Frage ist ihm verleidet, die Frage als solche. Und wenn schon! Ihr Geheimnis in Ehren, aber es wird einerlei, ob auch Herr Siebenhagen oder nicht. Kann sein, muß nicht sein. Und wer weiß es wirklich. Gantenbein jedenfalls nicht, Freunde vielleicht, aber vielleicht täuschen sie sich alle.

Gewiß ist das Kind.

BEATRICE.

Später einmal (aber dazu kommt es vielleicht nicht mehr) sitzen sie in einem Café, Vater und Tochter, die jetzt ein Fräulein ist und in Bedrängnis; groß ist die Panne ja nicht, die es zu beraten gilt, ein Durchfall in der Schule, Pech, man muß halt überlegen, welche Schulen es sonst noch gibt, Pech mit Patisserie, während Gantenbein raucht nicht ohne Stolz, daß er in der Welt ist durch dieses blühende Geschöpf, das in der Schule durchgefallen ist und seine Hilfe braucht und dazu Patisserie ißt. Wer ist in seinem Leben niemals durchgefallen? Gantenbein mit seiner Blindenbrille: – er sieht seine alte Hand auf dem Tisch wie eine Großaufnahme, während er sich sprechen hört als ein Vater, der auch verstanden sein möchte, der um Kameradschaft bittet, während Beatrice sich mit Sahne vergnügt, sie, die er meint aufrichten zu müssen, indem er von seinen eignen Schiffbrüchen berichtet, was das Kind doch nur langweilt. Sie ist ein Kind, siebzehnjährig, also im Vollbesitz ihrer Intelligenz, dabei frei von Erfahrung, infolgedessen schweigsam mit ihrer Patisserie; nur das unwillkürliche Zucken

ihrer Mundwinkel und manchmal das Flackern ihrer Augen verrät ihre
Ungeduld, wenn sie lauter Selbstverständlichkeiten hört, beispielsweise,
daß die Frau einen gelernten Beruf brauche, um unabhängig zu sein, lauter
Selbstverständlichkeiten. Wozu diese umständlichen Beispiele! Schiffbrü-
che andrer interessieren nicht; Beatrice braucht keinen Trost, sondern
seine Unterschrift und das Geld für eine bessere Schule; ihr Anspruch ist
blank und lauter, kein Anspruch auf Kameradschaft, und es erübrigt sich,
daß ein Vater, um sich anzubiedern, von seinem eignen Leben erzählt und
von seinen schweren Fehlern; das Kind sieht sie ohnehin, lächelnd, Blick
hinüber zum Park. Dagegen ist nicht anzukommen, Gantenbein sieht es,
gegen Intelligenz ohne Erfahrung. Was will er eigentlich? Seine Unterschrift und Patisserie, das genügt. Wie soll ein Kind, und sei es noch so
lieb, auf die Idee kommen, daß der Vater auch seine Misere hat? Das ist
doch seine Sache. Wie alle, die heute noch am Zug sind, gehört er zur Vergangenheit, und die Gegenwart ist nicht der Vater mit der Tochter, sondern die Tochter. Das wäre noch schöner, ein Vater, der nicht hilft! Er redet viel zuviel, nachdem er die Unterschrift gegeben hat. Beatrice hat
recht, er sieht es durch den Rauch seiner Pfeife oder Zigarre, ihr Lächeln
leicht und kühl, ihr Erröten über den Vater, der auf Kameradschaft angewiesen ist – Gantenbein ruft endlich den Kellner und zahlt; drüben im
Park wartet ihr Freund, der sie am Arm nimmt ...

Ach mein Kind.

Es wird seinen Weg schon gehen ...

Unser Kind!

Eines späten Abends (wovon war die Rede eigentlich, so daß diese überflüssige Kunde sich als unumgänglich erweisen mußte?) sagt Burri, jemand habe ihm gesagt, Siebenhagen habe gesagt, Lila habe gesagt, eine
Frau wisse immer, wer der wirkliche Vater ihres Kindes sei, sie selbst beispielsweise wisse es bestimmt, Lila laut Siebenhagen, laut jemand, dem Siebenhagen es gesagt habe –

Klatsch!

Einen Augenblick lang, so könnte ich mir denken, empfindet es Gantenbein als das Ende; zwar hat er immer angenommen, daß es so sei, aber
nicht erwartet, daß sie das Geheimnis um Beatrice, das sie vor ihm gewahrt hat und das auch er gewahrt hat, vor Drittpersonen (Siebenhagen)
aufhebt – einen Augenblick lang, dann sagt er kein Wort.

Er hat keines.

(»Verrat«?)

Ihr Gesicht wie immer ...

Sehr ihr Gesicht!

Ihr Gesicht weiß von gar nichts ...

Klatsch!

Vielleicht ist Burri auch ein Schwätzer.

Was weiter?

Gantenbein am Flugplatz: – man könnte meinen, das komme jeden Tag vor, einmal in jeder Woche mindestens, Gantenbein am Flugplatz und immerzu in dieser gleichen Halle, gestützt auf seinen schwarzen Stock, um Lila abzuholen mit seiner Blindenbrille; dabei kommt es nicht einmal jede Woche vor, Gantenbein weiß, das scheint ihm nur so, als stehe er zeitlebens, so wie jetzt, zeitlebens am Flugplatz und in dieser Halle und genau an dieser Stelle, um Lila abzuholen zeitlebens ... wie heute, wie immer: Gantenbein am Kiosk, bis es Zeit wird für die Blindenbrille, und dann geht er auf die Terrasse, um die Landung zu verfolgen von lauter Maschinen anderswoher, und dann: Verspätung wegen Nebel in Hamburg, Gantenbein hört die Meldung, lang bevor die Lautsprecher knacken und krösen und dann schallen, und danach, wenn die Meldung dreisprachig in ihrem eignen Hall und Widerhall untergegangen ist, weiß Gantenbein plötzlich nicht: War's heute, diese Meldung wegen Nebel, oder war's das letzte Mal? Und er muß sich am information-desk erkundigen, ob die Lautsprecher, die ohrenbetäubenden, die er eben gehört hat, wirklich oder nur die Lautsprecher seiner Erinnerung gewesen sind – was für das Warten eigentlich keinen Unterschied macht ... Patsch, der Hund, hat es leichter mit dem Warten; er wartet nicht, er ist ein Hund mit gespitzten Ohren, schnuppert umher, Gegenwart von der Schnauze bis zum Schwanz, ein Hund ohne Zeit, ein Hund immerzu, stellt sich vor eine Windhündin, die viel zu groß ist, die er vergißt, sobald sein Herr ihn an die vorschriftsmäßige Leine schnallt, vergißt und streckt sich auf den Boden, ohne sich zu langweilen.

Ein Hund hat's gut.

Von seinen Gedanken gelangweilt, die er kennt wie das Zucken der Uhrzeiger, wandelt Gantenbein hin und her und hin, froh um das Muster auf dem Boden, das die Zeit gliedert, und gespannt nicht auf Lila, gespannt, ob er jedesmal mit dem schwarzen Stöcklein gerade die Rillen im Plattenbelag trifft; wandelnd so langsam wie möglich, denn je schneller er wan-

delt, um so langsamer vergeht die Zeit, und es dauert, laut information-
desk, noch immer vierzig Minuten mindestens, bis er Lila sehen wird, Lila
mit ihren Taschen und Magazinen wie immer und zeitlebens. Was ist Zeit?
Ein Muster im Bodenbelag, ein Gedanke: je schneller Gantenbein geht,
um so langsamer fliegt das Flugzeug, und er erschrickt, Flugzeuge brauchen eine Mindestgeschwindigkeit bekanntlich, damit sie nicht aus den
Wolken fallen; was Lila trägt, ist seine Geduld, die Kraft eines Mannes,
der langsam wartet, langsam wandelt, langsam Schritt vor Schritt, langsam
hin, langsam her, langsam wie die Uhrzeiger wartet zeitlebens.

(Muß ich auch Siebenhagen noch erfinden?)

Lila ist gelandet, und siehe da, Lila allein, beladen mit Mantel und
Handtasche und Magazinen, mutterseelenallein.

Was ist geschehen?

Kein Herr hilft am Zoll –

Wozu jetzt noch die Blindenehe?

Kein Herr geht grußlos am blinden Gantenbein vorbei – ich meine: alle
gehen grußlos an Gantenbein vorbei, aber keiner ist dabei, der die Blindnis
des Gatten nutzt ... Es fehlt wenig, daß Gantenbein winkt. Als Lila durch
die Schranke kommt, ihr Kuß wie immer. Dann Arm in Arm wie immer.
Nur Gantenbein ist anders, schweigsam, während Lila tut, als sei es wie
immer. Was ihn verwirrt: kein Unterschied in ihrem Gesicht. Er nimmt
ihr den schweren Mantel und die Taschen. Wie immer. Aber sprachlos.
Es ist ihrem Gesicht nicht anzusehen, daß sie nicht lügt, daß sie nicht verheimlicht. Ihr Gesicht ist offen wie immer. Im Wagen, als er noch immer
schweigt, fragt sie bekümmert, was mit Gantenbein los sei. Und sie ihrerseits berichtet, was und wie sie immer berichtet hat; nur daß es jetzt die
schlichte Wahrheit ist. Glaubt er ihr nicht? Er trägt ihr Gepäck wie immer.
Und als sie einander gegenübersitzen: ihre Freude wie immer, ihre Freude,
daß sie wieder zu Hause ist. Freut Gantenbein sich nicht? Er staunt. Ihre
Freude, daß sie wieder zu Hause ist, jahrelang hat Gantenbein getan, als
glaubte er daran, und sieht erst jetzt, wie vollkommen ihr Spiel gewesen
ist, haargenau wie die Wirklichkeit jetzt. Das ist es vielleicht, was ihn
sprachlos macht. Sie setzt sich auf seine Knie wie immer. Zum ersten
Mal streicht er nicht über ihr Haar, obschon es dasselbe ist wie immer; sondern Gantenbein erhebt sich mit dem Vorwand, durstig zu sein. Er ist unmöglich. Wie kann man jetzt durstig sein, und selbst wenn er's wäre! Da
steht er und trinkt Wasser.

Lila betrügt ihn nicht.

Dafür hat er keine Rolle.

»Lila«, sagt er –

»Was ist los?« fragt sie.

Und als Gantenbein seine Brille abnimmt – er tut's nicht heftig wie auch schon und nicht, um mit den Handballen in den Augen zu reiben und nachher die Brille wieder aufzusetzen, sondern anders als je: er tut's zum letzten Mal – lächelt er oder meint, daß er lächle; dabei hat er bloß kein Gesicht mehr.

»Was ist denn los?« fragt sie.

»Lila«, sagt er –

»So sprich schon«, sagt sie, »ich bitte dich, ich weiß nicht, was los ist, ich weiß es wirklich nicht.«

Ich stelle mir vor:

Als die Szene plötzlich da ist, die Gantenbein sich tausendmal und auf mannigfaltige Weise vorgestellt hat, überrascht die Wirklichkeit vorerst durch vollkommene Leere. Und er schüttelt vorerst nur den Kopf. Aber natürlich will Lila wissen, was er verschweigt. Und als Gantenbein, obschon es ihn zum Sprechen nicht drängt, langsam ausspricht, was er seit Jahr und Tag verschwiegen hat, ist's eigentlich nichts. Er muß sich tatsächlich besinnen; er wirft die Brille nicht weg, die sich fortan erübrigt, und steckt sie auch nicht ein, sondern hält sie und betrachtet sie wie ein Überbleibsel, ein Souvenir, und wenn er sich an das eine und andere erinnert, was ihn dann und dann erregt hat, sind's Bagatellen, eigentlich nicht des Sagens wert ... Nun ja – eigentlich ist es eine Liebeserklärung, meint er, was er ausspricht gleichmütig-belustigt: daß er wohl gesehen hat und so und wohl nicht alles weiß, was seit Jahr und Tag gespielt worden ist, doch ziemlich viel und übrigens nichts Genaues, wobei er Genaues auch nicht mehr wissen will, und daß er nämlich auch gespielt hat ...

Das Ende:

(kurz, unverhältnismäßig)

Geh! sagt sie und nimmt sich eine Zigarette, dann Feuer, während ich frage, was denn, Herrgottnochmal, geschehen sei. All diese Jahre! sagt sie und raucht. Was habe ich denn gesagt? Vorher ihr Schluchzen, jetzt sagt sie bloß: Geh!, rauchend. Wieso habe ich sie betrogen? Das sagt man so: jemand stehen die Haare zu Berg. Aber das gibt es, ich seh's, ihr Haar steht ihr zu Berge. Hat Lila wirklich geglaubt, ich sei blind? Das also ist das

Ende. Wieso eigentlich? Vergeblich bitte ich um Verzeihung dafür, daß ich manches gesehen habe. All diese Jahre! sagt sie, du hast mich nie geliebt, nie, jetzt weiß ich's und jetzt will ich, daß du gehst, daß du gehst!, rauchend, dann schreiend: daß du gehst!

Das Erwachen (als wäre alles nicht geschehen!) erweist sich als Trug; es ist immer etwas geschehen, aber anders.

Eines Tages werde ich verhört werden.

»Also«, sagt jemand, den es nichts angeht, und wir sind unter vier Augen, »was ist nun eigentlich geschehen in Ihrem Leben, das zu Ende geht?«

Ich schweige.

»Ein Mann liebt eine Frau«, sagt er, »diese Frau liebt einen andern Mann«, sagt er, »der erste Mann liebt eine andere Frau, die wiederum von einem andern Mann geliebt wird«, sagt er und kommt zum Schluß, »eine durchaus alltägliche Geschichte, die nach allen Seiten auseinander geht —«

Ich nicke.

»Warum sagen Sie nicht klipp und klar«, fragt er mit einem letzten Rest von Geduld, »welcher von den beiden Herren Sie selbst sind?«

Ich zucke die Achsel.

»Die Untersuchung hat ergeben«, sagt er nicht ohne einen Unterton von Drohung, »daß es eine Person namens Camilla Huber beispielsweise nicht gibt und nie gegeben hat, ebensowenig wie einen Herrn namens Gantenbein —«

»Weiß ich.«

»Sie erzählen lauter Erfindungen.«

»Ich erlebe lauter Erfindungen.«

»Schon«, sagt er, »aber was ist wirklich geschehen in dieser Zeit und an den Orten, wo Sie gewesen sind?«

Ich schließe die Augen.

»Warum antworten Sie nicht?«

Ich schweige.

»Sie vergessen, mein Lieber, daß es Zeugen gibt.«

Darauf öffnet er die Tür, ich höre es, und als ich das Tick-Tack spitzer Absätze höre, öffne ich nochmals meine Augen, um zu sehen, was da gespielt wird —

Ich sehe:

Reste von Burgunder in einer Flasche, ich kenne das, Inselchen von
Schimmel auf rotem Wein, ferner Reste von Brot ziegelhart, im Eisschrank
krümmt sich verdorrter Schinken, in einer Schüssel schwimmt ein trüber
Rest von Kompott, Aprikosenschlamm, Wegzehrung für eine Mumie, ich
weiß, ich hocke in Mantel und Mütze, es riecht nach Kampfer, Staub, Bodenwichse, die Teppiche sind gerollt, und ich hocke auf der Lehne eines
Polstersessels und spiele mit einem Korkenzieher, weiß nicht, was geschehen ist, alle Polstersessel sind mit weißen Tüchern bedeckt, ich kenne
das, Fensterläden geschlossen, alle Türen offen, brauche mich nicht zu erheben, kenne das –

Ich bin blind. Ich weiß es nicht immer, aber manchmal. Dann wieder
zweifle ich, ob die Geschichten, die ich mir vorstellen kann, nicht doch
mein Leben sind. Ich glaub's nicht. Ich kann nicht glauben, daß das, was
ich sehe, schon der Lauf der Welt ist.

Eine Geschichte für Camilla:

(nachdem der Kantonspolizist dagewesen ist)

»Ordnung muß sein«, sage ich. »Vor Jahren hatten sie einen Fall, der sie
sehr nervös machte. Hier in der Stadt. Plötzlich ein Mensch, der nicht einmal einen Namen hinterlassen wollte, geschweige denn eine Geschichte.
Man wußte von diesem Zeitgenossen nur, daß er gelebt haben mußte,
das bewies schließlich seine Leiche, die sie eines Morgens in der Limmat
fanden – eines sehr schönen Morgens, ich erinnere mich, ich kam grade
über die Helmhausbrücke, um dort die Schwäne zu füttern. Damals stand
dort eine große Weide, vielleicht heute noch, eine Trauerweide im Gehege
für Enten und Schwäne, die ihre langen Zweige in die grüne Limmat hängen ließ, Laub in rieselnden Girlanden, ein Idyll mit Entlein bunt wie aus
Glanzpapier, dazu die weiße Würde der Schwäne, drüben das Großmünster, Karl der Große mit Möwen auf der Krone, Elfuhrgeläute ... dort also
hatte er sich verfangen. Man hätte ihn noch lang nicht gefunden, vielleicht
nie, wären nicht jene Tonnen, die das Entengitter tragen, mit den Jahren
gerostet. Eine Sache des Tiefbauamtes, denke ich, oder des Gartenamtes,
jedenfalls mußten die verrosteten Tonnen unter dem Schwanenhaus einmal ersetzt werden. Als sie die morschen Bretter abdeckten, um an die ver-

schlammten Tonnen heranzukommen, und die verschlammte Leiche sahen, stellten sie sofort ihre Arbeit ein, unterrichteten die Polizei, die kurz darauf mit einem grünen Weidling anruderte während des Elfuhrgeläutes, das zehn Minuten dauerte – es gehört zu meinen frohesten Erinnerungen, dieses Elfuhrgeläute; am besten, finde ich, tönt es, wenn man über die Helmhausbrücke schlendert, dann mischt es sich von allen Türmen über dem Wasser... Vielleicht hat sich drum die Leiche gerade dort verfangen. Natürlich blieb ich nicht der einzige, der jetzt sehen wollte, was da los war. Die beiden Polizisten in ihrem grünen Weidling mit dem städtischen Wappen, einer am Stehruder, der andere gerüstet mit einer langen Stange, beide in Uniform und Helm, als hätten sie eine Verhaftung vorzunehmen, erschienen etwas nervös, begafft von so vielen Leuten auf der Brücke, und lange Zeit geschah überhaupt nichts. Elfuhrgeläute. Besserwisser oben am Geländer meinten, die Leiche wäre mit einem herzhaften Zugriff herauszuholen, denn man wußte nun, daß es sich um eine Leiche handelte, und die Öffentlichkeit, so schien es, hatte ein Anrecht zu wissen, wer diese Leiche ist. Die Leiche war aber zwischen den verrosteten Tonnen verklemmt. Je weniger geschah, um so spannender wurde es, inzwischen war das Elfuhrgeläute verklungen, und es mußte endlich etwas geschehen, wenn auch nicht der Leiche wegen, der es auf Stunden nicht mehr ankam. Offenbar gab es kein anderes Verfahren: der Polizist mit der Stange, beraten von dem andern, der vollbeschäftigt gegen die Strömung arbeitete mit seinem langen Ruder, stocherte zwischen den verrosteten und verschlammten Tonnen herum, nicht bedenkend, daß die Leiche einmal aus ihrer jahrelangen Verklemmung befreit, sofort flußabwärts ziehen würde. Und so geschah's, und die Zuschauer auf der Brücke hatten das Nachsehen. Da schwamm etwas, eine Leiche, langsam, aber als hätte sie noch einen Willen, sogar einen sehr entschiedenen Willen: zu entkommen. Bis der lange Weidling mit tüchtigen Ruderschlägen gedreht war und die Verfolgung aufnehmen konnte, hatte sie schon einen Vorsprung von etlichen Metern. Gesicht nach unten, reglos natürlich, ohne mit den Armen nachzuhelfen, schwamm sie, als hätte sie nur darauf gewartet schon immer, flußabwärts, begleitet jetzt von dem Weidling mit dem städtischen Wappen, der bedenklich schaukelte unter den stämmigen Ruderschlägen. Dabei war es jedem Einheimischen klar, daß die Verfolgung nur bis zur Urania-Brücke möglich sein würde; dort nämlich kommt kein Weidling unten durch. Einige Zuschauer liefen der Limmat entlang, liefen nicht eigentlich, gingen nur so rasch man halt gehen kann. Die meisten jedoch, um die Würde der Stadt zu wahren, unterließen das, sie gingen ihres Weges, als wäre nichts vorgefallen, würdig wie die Schwäne, die ihre Flügel gespreizt hatten, jetzt wieder zusammenfalteten, schwimmend in Gelassenheit. Die Leiche kam indessen nicht weit. Schon bei der Gemüse-Brücke, dieser vielstützigen, verfing sie sich neuerdings, wobei die Strömung sie drehte. Gesicht nach oben. Es war ein Mann. Ein paar Blumenverkäufer, die dort ihre Stände haben, sahen das verweste Gesicht; die Polizei, die dort gerade einen Posten hat, war sofort zur Stelle und zahlreich genug, um die Fußgänger umzuleiten, und wenigstens auf der Brücke war sie Herr der Lage, nicht ohne Aufsehen zu erregen, versteht sich, die Leute hier wußten nicht, was los war, und Fragen wurden nicht beantwortet, und es sah aus, als ginge es um die Blumenstände. Aber den Blumenständen war nichts anzusehen. Es sah aus, als dürften in Zürich plötzlich keine Blumen mehr gekauft werden. Und wieder geschah lange Zeit nichts. Ein Polizei-Inspektor, Leiter der weiteren Aktion, erschien zwar bald, aber die Anordnungen, die er auf Grund eines Augenscheins gab, erforderten Zeit. Er rauchte einen Rössli-Stumpen, wartend, in Zivil. Die Leiche war in einem Zustand, daß sie, wenn man sie an den Gliedmaßen ziehen würde, sich kaum als Ganzes ergeben hätte. Inzwischen war's Mittag geworden, Stoßverkehr, nur die Leiche hatte keine Eile; Gesicht nach oben, taub für den Verkehrslärm, ließ sie die Limmat mit leise gurgelnden Wirbeln an ihren Schlammbärten vorbeiziehen, und es schien, daß sie jeden Gedanken an Flucht aufgegeben hatte. Doch der Polizei-Inspektor, ein umsichtiger Mann, ließ sie trotzdem bewachen, während er seinen Stumpen mehr kaute als rauchte; der Weidling war jetzt an eine Eisenstütze gebunden, gleichfalls von den Wirbeln der Strömung umgurgelt, eine Stangenlänge von der verfangenen Leiche entfernt, und der Polizist hatte ein dienstliches Auge auf sie. Es war ein warmer Mittag. August. Der Kadaver trug einen Wintermantel, Handschuhe, jedoch keine Mütze. Einmal nahm der Polizist seinen Helm ab, wischte den Schweiß aus und setzte den Helm wieder auf, allzeit bereit. Am liebsten, so schien es, wäre der Kadaver einfach gesunken, aber das gelang nur dem Kopf. Es wurde Zeit, daß endlich der schwarze Wagen vorfuhr mit einem Sarg. Nun gab's für die Neugierigen etwas zu sehen trotz Absperrung: ein Sarg, Tannenholzroh. Als es darum ging, diesen Sarg mit Stricken zu versehen, griff der Polizei-Inspektor eigenhändig ein. Der Plan wurde klar: Unterwasser-Einsargung. So verwest mußte die Lei-

che schon sein, so schlammig, und die beiden Polizisten mit der städtischen Kokarde am Helm, die sie mit dem Sarg sozusagen herausschöpfen
sollten, waren um ihre Arbeit nicht zu beneiden. Es dauerte denn auch
lang, nachdem der Sarg an vier Stricken heruntergelassen war, und die
Neugierigen, in Schranken gehalten, sahen nur den Polizei-Inspektor, wie
er vom Geländer herab seine Weisungen gab, als wäre nichts dabei, sachlich und anfangs ohne Aufregung, später mit Kopfschütteln; der Kadaver
schien sich nicht an seine Weisungen zu halten. Als die Neugierigen, einige
schon gereizt, weil die stumme Polizei nach wie vor keine Fragen beantwortete, endlich einen Schrei hörten, einen kurzen Schrei, wußte niemand, was nun geschehen war; einige hätten vielleicht gelacht. Der Polizei-Inspektor schüttelte nur den Kopf wortlos, und kurz darauf sah man
einen leeren Helm die grüne Limmat hinunterschwimmen, gefolgt von
dem Sarg mit der Leiche drin, gefolgt von dem Weidling mit dem wackeren Stehruderer allein, während der andere, der ins Wasser gefallen war, in
Uniform und Stiefeln gegen die Schipfe hinüber schwamm, ohne sich weiter um die Unternehmung zu kümmern. Der Weidling konnte auch nichts
mehr ausrichten; das Geleit, das er dem langsam schwimmenden Sarg
noch gab, endete bei der Urania-Brücke, wie erwartet. Danach schwamm
der Sarg allein, einmal Füße voran, einmal Kopf voran, als müßte er erproben, was für eine lange Reise bequemer ist. Dabei trieb er rechtsab, so daß
er alsbald gegen die Ufermauer kickte und zwar mehrere Male, zu kippen
drohte, dies bei der Bahnhofbrücke, wo er nicht sogleich bemerkt wurde.
Nicht jedermann, wenn er keine Polizei sieht, schaut übers Geländer hinunter. Während die Abschrankung auf der Gemüse-Brücke, obschon überflüssig, weiterhin gehalten wurde, fehlte hier jegliche Polizei, und der Kadaver hatte eine Rast, zumal die Ufermauer dort ziemlich hoch ist; man
konnte ihn sehen, wie er da in dem Sarg schaukelte, aber konnte nicht eingreifen. Nachdem er mehrere Male gegen die Mauer gekickt war, hatte er
Schlagseite, der Sarg; ein Arm hing heraus. Auch ein Verkehrspolizist, den
man von seiner Kanzel gerufen hatte, konnte da nichts ausrichten; er zog
seine weißen Handschuhe aus, offensichtlich selbst gespannt, was er danach tun werde, und dabei blieb es. Viele wandten sich ab. Vor allem die
Hand, scheint es, entsetzte sie, weil sie sich im Wasser bewegte, wenn auch
spärlich, ab und zu, aber immerhin. Nur der Verkehrspolizist, die weißen
Handschuhe in der Faust, wandte sich nicht ab, als schuldete er's seiner
Uniform. Sein Beschluß, die Hauptwache anzurufen und Meldung zu er-

statten, war der einzig vernünftige; der Kadaver selbst schien darauf zu
warten. Kaum aber war der Verkehrspolizist gegangen, um von einer öffentlichen Kabine aus anzurufen, genügte ein Wirbel in der Strömung,
und der Sarg kam wieder in Fahrt. Ohne zu kippen. In sanfter Kurve fand
er die Öffnung unter der Bahnhofbrücke und kam auf der andern Seite
dieser Brücke anstandslos heraus und zwar Kopf voran; jetzt nur noch
Kopf voran; er hatte aufgehört sich zu drehen, wirkte entschlossen und
schien, dort bei den Amtshäusern, seine Fahrt zu beschleunigen, als wollte
er heute noch das Meer erreichen. Ob jemand in den Amtshäusern gerade
zum Fenster hinausschaute, weiß ich nicht. Zwar streifte er einen Pfeiler
der neuen Walche-Brücke, was ihn aber nicht lang aufhielt; er drehte sich
bloß einmal herum, ohne zu kippen, und schwamm, jetzt mit gewechselter
Schlagseite, an dem sommergrünen Park des Schweizerischen Landesmu-
seums vorbei, jetzt wieder Füße voran, schaukelnd, aber unaufhaltsam,
und es machte schon den Eindruck, daß Zürich ihn wirklich nicht würde
halten können – Zürich, das zur Tagesordnung zurückkehrte: die Schwäne
gelassen-weiß unter der Trauerweide beim Helmhaus, hochoben die Möwen auf der Krone Karls des Großen, statt des Elfuhrgeläutes hörte man
jetzt das Zeitzeichen von Beromünster, die Absperrung auf der Gemüse-
Brücke war aufgehoben, der Weidling an seine Boje gekettet, der Verkehrspolizist winkte auf seiner Kanzel wieder mit weißen Handschuhen ... Es
war eine Mutter mit Kinderwagen, die es später meldete, genötigt von ihrem Mann, der fand, das müsse man melden; sie fanden ihn beim sogenannten Draht-Schmiedli, wo ein Wehr ist, das ihn überrascht haben
mußte: der offene Sarg stand ziemlich senkrecht aus dem gurgelnden Wasser, die Leiche lehnte drin.«
      Camilla machte ein Uh-Gesicht.
      »Ja«, sage ich, »so war das.«
      »Scheußlich!«
      »Dabei hätte er's beinah erreicht«, sage ich mit Blick auf meine Finger-
nägel, die wieder einmal in Ordnung sind, »beinah –«
      »Was erreicht?«
      »Abzuschwimmen ohne Geschichte.«

Alles ist wie nicht geschehen ... Es ist ein Tag im September, und wenn man aus den finstern und gar nicht kühlen Gräbern wieder ans Licht kommt, blinzeln wir, so grell ist der Tag; ich sehe die roten Schollen der Äcker über den Gräbern, fernhin und dunkel das Herbstmeer, Mittag, alles ist Gegenwart, Wind in den staubigen Disteln, ich höre Flötentöne, aber das sind nicht die etruskischen Flöten in den Gräbern, sondern Wind in den Drähten, unter dem rieselnden Schatten einer Olive steht mein Wagen grau von Staub und glühend, Schlangenhitze trotz Wind, aber schon wieder September: aber Gegenwart, und wir sitzen an einem Tisch im Schatten und essen Brot, bis der Fisch geröstet ist, ich greife mit der Hand um die Flasche, prüfend, ob der Wein (Verdicchio) auch kalt sei, Durst, dann Hunger, Leben gefällt mir –

Tagebuch 1966-1971

Für Marianne

1966

Fragebogen

1.

Sind Sie sicher, daß Sie die Erhaltung des Menschengeschlechts, wenn Sie und alle Ihre Bekannten nicht mehr sind, wirklich interessiert?

2.

Warum? Stichworte genügen.

3.

Wieviele Kinder von Ihnen sind nicht zur Welt gekommen durch Ihren Willen?

4.

Wem wären Sie lieber nie begegnet?

5.

Wissen Sie sich einer Person gegenüber, die nicht davon zu wissen braucht, Ihrerseits im Unrecht und hassen Sie eher sich selbst oder die Person dafür?

6.

Möchten Sie das absolute Gedächtnis?

7.

Wie heißt der Politiker, dessen Tod durch Krankheit, Verkehrsunfall usw. Sie mit Hoffnung erfüllen könnte? Oder halten Sie keinen für unersetzbar?

8.

Wen, der tot ist, möchten Sie wiedersehen?

9.

Wen hingegen nicht?

10.

Hätten Sie lieber einer andern Nation (Kultur) angehört und welcher?

11.

Wie alt möchten Sie werden?

12.

Wenn Sie Macht hätten zu befehlen, was Ihnen heute richtig scheint, würden Sie es befehlen gegen den Widerspruch der Mehrheit? Ja oder Nein.

13.

Warum nicht, wenn es Ihnen richtig scheint?

14.

Hassen Sie leichter ein Kollektiv oder eine bestimmte Person und hassen Sie lieber allein oder in einem Kollektiv?

15.

Wann haben Sie aufgehört zu meinen, daß Sie klüger werden, oder meinen Sie's noch? Angabe des Alters.

16.

Überzeugt Sie Ihre Selbstkritik?

17.

Was, meinen Sie, nimmt man Ihnen übel und was nehmen Sie sich selber übel, und wenn es nicht dieselbe Sache ist: wofür bitten Sie eher um Verzeihung?

18.

Wenn Sie sich beiläufig vorstellen, Sie wären nicht geboren worden: beunruhigt Sie diese Vorstellung?

19.

Wenn Sie an Verstorbene denken: wünschten Sie, daß der Verstorbene zu Ihnen spricht, oder möchten Sie lieber dem Verstorbenen noch etwas sagen?

20.

Lieben Sie jemand?

21.

Und woraus schließen Sie das?

22.

Gesetzt den Fall, Sie haben nie einen Menschen umgebracht: wie erklären Sie es sich, daß es dazu nie gekommen ist?

23.

Was fehlt Ihnen zum Glück?

24.

Wofür sind Sie dankbar?

25.

Möchten Sie lieber gestorben sein oder noch eine Zeit leben als ein gesundes Tier? Und als welches?

Statistik

Die durchschnittliche Lebensdauer betrug um Christi Geburt nur 22,
zur Zeit von Martin Luther schon 35,5, um 1900 noch 49,2 und heute
68,7 Lebensjahre. Die Lebensverlängerung bedeutet zugleich eine
Umschichtung der Altersklassen. Um 1900 stellten die Jugendlichen
(bis zum zwanzigsten Lebensjahr) noch 46% der Bevölkerung, 1925
nur noch 36%, 1950 noch 31%, und für 1975 rechnet man mit 28% jugendlichen Menschen. Entsprechend steigen die Altersklassen (nach
dem sechzigsten Jahr); um 1900 waren es noch 7% der Bevölkerung,
um 1975 werden es 20% sein.

Bodega Gorgot

Wenn seine Frau ihn nicht unterbricht, sieht jedermann, daß sie nicht
mehr zuhört; daß es ihr zu lang wird, wenn er spricht. Er ist Goldschmied.
Seine Arbeit wird geschätzt. Eine Fachauszeichnung (Landesausstellung
1939) nimmt er von der Wand. Ein Lehrling und zwei Angestellte haben
es gemerkt. Was eigentlich? Das wissen sie nicht, aber sie haben es gemerkt: der Alte meint ihnen den Beweis zu schulden, daß er's besser kann,
und sie machen ihn fertig, auch wenn ihm dieser Beweis gelingt. Jetzt sitzt
er fast jeden Abend in der Bodega. Die jungen Bärte, ihre Hosenmädchen
mit offenem Haar usw., es stört ihn nicht, daß sie nicht arbeiten um 5 Uhr
nachmittags. Die Bodega ist auch tagsüber düster. Als junger Mann hat er
gearbeitet; das ist ihm geblieben. Nachher geht er nochmals in seine Werkstatt. Einmal kommt sie in die Bodega; er hat schon getrunken und macht
eine schlechte Figur. Sie hat es nicht anders erwartet; das weiß er. Sie legt
ihre Hand auf seine Hand, bringt den Goldschmied nach Haus. Sein Vater
war Volksschullehrer. In mancher Hinsicht, zum Beispiel politisch, weiß er
einfach mehr als seine Frau, in andern Dingen weniger; das letztere genügt: wenn sie für seine politischen Kenntnisse oder Meinungen kein Interesse hat, wird er unsicher. Wenn sie behauptet, Trotzki sei erschossen
worden, widerspricht er, aber es überzeugt sie nicht; sieht er später in
einem Buch nach, so wird er wütend, daß sie ihn hat unsicher machen können. Wochenlang kommt er nicht mehr in die Bodega. Vielleicht hat er
eine andere Pinte gefunden, die sie nicht kennt. Sie ist ausgebildete Kin-

dergärtnerin, hat ihren Beruf damals wegen der eignen Kinder aufgegeben; sie macht die Buchhaltung für den Goldschmied, was nicht viel Arbeit ist; sie ist unersetzlich. Später wieder sitzt er am runden Tisch in der Bodega; er sieht sich die jungen Bärte an, trinkt, spricht mit niemand. Nimmt er eine Zeitung, so kommt ihm vor, als habe er alles schon gelesen. Vielleicht hat sie ihn verlassen. Was er macht, wenn er so da sitzt und schweigt: er rechtfertigt sich. Schließlich hat er einen Laden gegründet aus eigener Kraft, schließlich ist seine Arbeit unter Fachleuten anerkannt usw. Zwei Kinder, jetzt schon erwachsen und selbständig, merken, daß er ihre Achtung braucht; sein Eigenlob macht es ihnen nicht leicht. Sie hat ihn nicht verlassen; sie weiß, daß der Goldschmied sie braucht, und trägt ihr Kreuz mit Anstand. Sie ist Mitte 40. Es wird sich nichts mehr ändern. Eigentlich kann er sich ihr Leben nicht vorstellen. Sie kommt mit der Einkaufstasche in die Bodega und trinkt auch einen Clarete. Vielleicht schon sehr früh, schon am ersten Abend hat sie gemerkt, daß man ihn unsicher machen kann. Er galt als Draufgänger; Erfolg bei Frauen usw. Er überredete sie zu einer Bootfahrt, um als Ruderer seine Tüchtigkeit zu zeigen, und empfand es als Versagen seinerseits, als es zu regnen begann. Sein Versagen jetzt ändert nichts an ihrer Beziehung zu ihm, im Gegenteil, es bestätigt sie. Wie er in der Bodega den gemeinsamen Wein bezahlt, ihre Einkaufstasche nimmt und ihr dann den Mantel hält und wartet, wie er nicht zu sagen wagt: Jetzt komm schon! und wie er sich verantwortlich macht, wenn sie beinahe ihre Handschuhe vergessen hätte –

BERZONA

Das Dorf, wenige Kilometer von der Grenze entfernt, hat 82 Einwohner, die Italienisch sprechen; kein Ristorante, nicht einmal eine Bar, da es nicht an der Talstraße liegt, sondern abseits. Jeder Gast aus den Städten sagt sofort: Diese Luft! dann etwas bänglich: Und diese Stille! Das Gelände ist steil: Terrassen mit den üblichen Trockenmauern, Kasta- nien, ein Feigenbaum, der Mühe hat, Dschungel mit Brombeeren, zwei große Nußbäume, Disteln usw. Man soll sich hüten vor Schlangen. Als Alfred Andersch,

schon seit Jahren hier wohnhaft, auf das kleine
Anwesen aufmerksam machte, war das Gebäude verlottert, ein altes Bauernhaus mit dicken Mauern
und mit einem turmartigen Stall, der jetzt Studio
heißt, alles mit Granit gedeckt. Das Tal (Val Onsernone) hat keine Sohle, sondern in seiner Mitte
eine tiefe und wilde Schlucht, in die wir noch
nie hinabgestiegen sind; seine Hänge sind waldig,
darüber felsig und mit den Jahren wahrscheinlich
langweilig. Im Winter habe ich es lieber. Die einheimische Bevölkerung lebte früher von Strohflechterei, bis auf dem Markt zu Mailand plötzlich die
japanischen Körbe und Hüte und Taschen erschienen;
seither ein verarmendes Tal.

Vorsatz

Vieles fällt natürlich nach fünf Jahren im Ausland (Rom) deutlicher auf,
ohne deswegen nennenswert zu werden, wenn es nicht zu neuen Einsichten führt, und das ist bisher nicht der Fall gewesen. Daher der Vorsatz,
über die Schweiz mindestens öffentlich keine Äußerungen mehr zu machen.

. . .

Tatsächlich haben Ausländer, die in der Schweiz wohnen, oft ein froheres
Verhältnis zu diesem Land als unsereiner. Sie enthalten sich jeder fundamentalen Kritik; unsere eigene Kritik ist ihnen eher peinlich, sie möchten
diesbezüglich verschont bleiben. Was, außer dem schweizerischen Bankgeheimnis, zieht sie an? Offenbar doch allerlei: Landschaftliches, die zentrale Lage in Europa, die Sauberkeit, Stabilität der Währung, weniger der
Menschenschlag (da verraten sie sich gelegentlich durch pejorative Kli-
schees), vor allem aber eine Art von Dispens: es genügt hier, daß man Geld
und Papiere in Ordnung hat und auf keine Veränderung sinnt. Wenn nicht
gerade die Fremdenpolizei sie ärgert, so ist die Schweiz für den Ausländer in der Schweiz kein Thema. Was sie genießen: Geschichtslosigkeit als
Komfort.

. . .

Das Versprechen, über die Schweiz keinerlei Äußerungen mehr zu machen, ist leider schon gebrochen. (»Ein kleines Herrenvolk sieht sich in Gefahr: man hat Arbeitskräfte gerufen, und es kommen Menschen«.) Vielleicht war die Heimkehr verfrüht.

CASA DA VENDERE

Das kommt vor: eine Villa steht schon seit längerer Zeit verlassen, von den Bewohnern keine Spur.
Es scheint, daß die Leute einfach aufgestanden
sind vom Tisch, ohne abzuräumen; Risotto in einer
Schüssel verschimmelt, Wein in einer offenen Flasche, Reste von Brot steinhart. Nicht einmal ihre
Kleider haben sie mitgenommen, ihre Schuhe, ihr
persönliches Zeug. Erst nach Wochen blieb das
elektrische Licht aus, weil niemand die Rechnung
bezahlte; das fiel auf . . . Inzwischen wurde einiges gestohlen; die Haustüre war nicht geriegelt;
ein Portal mit naivem Sgrafitto, darüber ein
Balkon, dessen Geländer verrostet ist, die grünen
Jalousien sind jetzt geschlossen, der Verputz
(Yoghurt mit Himbeer) fladenweise abgebröckelt.
Im Garten steht eine Tafel: CASA DA VENDERE, wie
ich höre: schon seit Jahren.

Der Goldschmied

Er wird ein schlimmes Ende nehmen. Das weiß er, wenn er in der Bodega
sitzt. Der spanische Kellner, wenn er den Dreier Clarete auf den Tisch
stellt, blickt anderswohin, spricht schon zum nächsten Tisch. Sein Vater
starb einfach an Herzschlag; im Bus. Kommt jemand in die Bodega, der
den Goldschmied von früher kennt, so bleibt der Goldschmied nicht lang,
legt sein Geld hin, sowie der alte Bekannte sich setzt. Er versteht's nicht,

daß ein Lehrling ihn fertig macht. Als junger Mann, damals nach der Kunstgewerbeschule, arbeitete er im Ausland (Straßburg); 1939 kehrte er zurück. Er hat den Lehrling entlassen und einen andern genommen: auch der neue läßt den Wasserhahn tropfen. Vermutlich ist er ein Pedant nicht nur in seiner Werkstatt; 27 Jahre Arbeit mit der Lupe. Kommt er von seiner Arbeit nach Hause, hält er eine schmutzige Küche nicht aus. Zum Beispiel. Manchmal denkt er an Brandstiftung. Sie weiß es, daß er eine schmutzige Küche nicht aushält, und findet es nachgerade lächerlich, daß das sein Problem ist. Der spanische Kellner in der Bodega behandelt ihn freundlich, aber nachlässiger als alle andern Gäste. Er wagt nicht zu verlangen, daß sie die Küche in Ordnung hält. Sie hat es auch früher nie getan; offenbar ist er empfindlicher geworden, seit er als Mann ein Versager ist. Schon seine Bitte, sie möge das Geschirr nicht tagelang stehen lassen, weil es ihn einfach ekle, führt zu Spannungen. Schließlich ist sie diplomierte Kindergärtnerin und nicht seine Magd. Die Küchen-Spannungen enden jeweils damit, daß ihm seine Lächerlichkeit bewußt wird; wenn es soweit ist, wäscht sie wortlos das Geschirr, aber nicht vorher. Sein Laden mit Werkstatt liegt in einer Gasse der Altstadt, wo Brandstiftung viel ausrichten würde vor allem nach Mitternacht. Wenn der Goldschmied, allein zu Hause, das Geschirr wäscht und trocknet und auch den Boden der Küche reinigt, weiß er, daß sie keinen Grund hat zu danken; es ist ein offener Vorwurf. Dann und wann tut er's trotzdem, weil ihn das ungewaschene Geschirr ekelt. Wieso nimmt sie keinen anderen Mann? Tut er's nicht und wartet er, bis sie das Geschirr wäscht, so muß er sich zusammen nehmen, daß er sich nicht bei ihr entschuldigt; sie ist ja wirklich nicht seine Magd. Einigermaßen wohl fühlt er sich nach dem ersten Zweier in der Bodega; er trinkt selten mehr. Aber der Zweier hält nicht lange an. Nachher geht er nochmals in die Werkstatt, wenn die Angestellten weg sind; er stellt den tropfenden Wasserhahn ab. Einmal ein schwerer Fehler in der Buchhaltung, den sie gemacht hat; er sagt ihr nichts davon. Er erwirbt sich keine Achtung, wenn er sie kränkt. Wenn sie eine Woche bei ihren Eltern ist, stört ihn das ungewaschene Geschirr in der Küche nicht; er spült es erst am letzten Abend, bevor sie zurückkommt. Sein Einkommen ist nicht groß, aber es reicht. Wäre es nicht das Geschirr in der Küche, so wäre es etwas anderes, was ihm zeigt, daß sie seine Wünsche zu erfüllen kein Bedürfnis hat. Das weiß er. Natürlich geht es nicht um das Geschirr. Das alles weiß er. Es ist lächerlich. Er tut ihr leid. Sie kommt nicht mehr in die

Bodega, um ihn zu holen; er empfindet es als Entmündigung, wenn sie ihn
holt. Er ist schwierig. Das war immer so: wenn er einmal krank ist, gibt sie
sich rührende Mühe. Das bleibt. Früher hatte er Freunde; er ruft sie kaum
noch an, scheut sich, weil es lächerlich ist, was ihn beschäftigt. Was man
eheliche Auseinandersetzung nennt, kommt vor, aber er meidet solche
Auseinandersetzungen; dann sagt er genau, was er nicht hat sagen wollen:
die Sache mit dem ungewaschenen Geschirr. Zum Beispiel. Zeitweise gibt
sie sich Mühe. Sein Interesse an öffentlichen Angelegenheiten (Sanierung
der Altstadt) ist erloschen; zwar liest er den TAGESANZEIGER, wenn er in
der Bodega sitzt. Verglichen mit allem, was in der Zeitung steht, ist es lächerlich, was ihn beschäftigt. Es ist unter seiner Würde. Wenn es je zu
einer Brandstiftung kommt, so darum.

Früher brauchte er sich nichts gefallen zu lassen; ein Draufgänger, Erfolg
bei Frauen usw. Noch vor kurzem brauchte er sich vieles nicht gefallen
zu lassen, weil es gar nicht dazu kam. Zum Beispiel: sie hat das Foto von
Straßburg einfach von der Wand genommen, verschwinden lassen. Seine
Frau fürchtet jetzt immer, daß er sich lächerlich mache. Wenn jemand
bei einem Fehlanruf einfach aufhängt, ohne sich zu entschuldigen, nimmt
er's persönlich; er sagt nochmals: Huber! obschon der andere eben aufge-
hängt hat. Hinten in seinem Laden (vormittags) sitzt er bei Neon-Licht,
die Lupe in die Augenhöhle geklemmt; seine Frau spricht mit den Kunden, er fast nicht mehr, oder wenn ein Kunde mit dem Goldschmied selbst
sprechen will, beugt er sich über den Tisch, damit der Kunde nicht sein
Gesicht sehe. Es gibt noch Leute, die seine Broschen kaufen. Meistens sagt
er nichts, überhaupt nichts, wundert sich nur, was eigentlich los ist, daß er
sich alles gefallen läßt. Vielleicht meint sie, daß der Goldschmied es nicht
einmal merkt. Dann fragt sie jedesmal: »Hast du wirklich die Wohnung
abgeschlossen?« Manchmal blickt der Goldschmied sie einfach an: als
wäre er imstande sich aufzuhängen. Einer der Kellner, der junge Spanier,
hat es auch gemerkt, wird freundlicher, seit der Goldschmied seinen Mantel nicht mehr auszieht; dazu trägt er die Baskenmütze, packt Fleischkäse
aus einem knisternden Papier; offenbar geht er zum Abendessen nicht
nach Haus. Wenn der Goldschmied mit jemand Streit hat, weiß er, daß
sie auf der Seite der andern ist von vornherein; da braucht er gar nichts
zu erzählen. Sie will immer sein Bestes und tut, als mache er nur noch Fehler. Manchmal will er Schluß machen. In der Bodega macht es ihm nichts

aus, wenn die Aschenbecher schmutzig sind. Einmal muß sie's sagen:
»Der ganze Schmutz kommt ja von dir.« Das kann man ihm beweisen.
Es ist immer besser, wenn er nichts sagt. Eine Stunde nachdem er aus
der Toilette gekommen ist, merkt der Goldschmied, daß seine Hose nicht
zugeknöpft ist; vielleicht ist das schon öfter vorgekommen, und der Goldschmied hat's überhaupt nicht bemerkt. Im Mantel fühlt er sich sicherer.
In der Bodega erinnert er sich an einen Fall, von dem er als Schüler gehört
hat: ein Arbeiter, Mineur, der Speiseröhrenkrebs hatte, legte sich eine
Zündkapsel in den Mund; sein Hirn verspritzte in den Arkaden beim
Hechtplatz. Der wollte es gräßlich, wie der Goldschmied es eigentlich
nicht will. Gegen 6 Uhr wird die Bodega voll, dann macht er Platz; er sitzt
ja schon im Mantel, und es fällt nicht auf, wenn er geht. Das Geld legt er
vorher auf den Tisch. Ein andrer Fall: als Kunstgewerbeschüler, als er in
Wiedikon mit seiner Mutter wohnte, hörte er beim Zähneputzen im Badezimmer einen ungewöhnlichen Ton aus dem unteren Badezimmer, nicht
sehr laut, ungefähr so wie wenn jemand mit einem kleinen Hammer den
Spiegel zerschlagen hätte, nur ohne Klirren danach; ein Schuß; nach zwei
Stunden trugen sie den Sarg aus dem Miethaus. Je älter man wird, um so
schlichter möchte man's. Auf dem Albis kennt er Plätze genug, die sich eignen; es braucht ja nicht am Sonntag zu geschehen, wenn es viele Spaziergänger gibt, Familien mit Kindern. Manchmal denkt er: Ich häng mich
auf! beispielsweise wenn sie sagt: »Rede nicht, sondern denke.« Er kommt
immer regelmäßiger in die Bodega. Wenn er sich gesetzt hat, sieht er sich
die Leute vorerst an; dann denkt er. Was eigentlich? Ein junger Bart mit
Langhaar am runden Tisch sagt: Guten Appetit. Später hört er von einem
Nebentisch das Wort: Schwanz. Der Goldschmied muß aufpassen, daß er
nicht alles auf sich bezieht; überhaupt muß er immerfort aufpassen.
(Nicht nur wenn er aus der Toilette kommt.) Ein Leben lang hat er sich
bemüht, nicht widerlich zu werden, ein Leben lang hat er immer das
Klo-Fenster geöffnet, in der Eisenbahn hat er immer den Mantel über sein
Gesicht gezogen, wenn er schlafen wollte. Jetzt in der Bodega kennt man
den Goldschmied nur noch im Mantel: ein Alter, zufrieden mit Fleischkäse und Clarete. Kein Trottel, wie sie zu Hause meint, aber er muß aufpassen. Wenn er in der Bodega das Geld auf den Tisch legt, zählt er's zweimal,
nach einer Weile sogar ein drittes Mal. Ein Sprung von einem Aussichts-
turm wäre sicher, aber wenn er es sich ausdenkt: widerlich für die Hin-
terlassenen, und ein Leben lang hat er sich bemüht, nicht widerlich zu

werden. Der Goldschmied weiß, es müßte bald geschehen. Geboren bei Zürich (Adliswil) und aufgewachsen in Zürich, kennt er natürlich die Mühlebachstraße und die Mühlegasse; trotzdem hat er auf der Straße eben die verkehrte Auskunft gegeben. Zum Glück war sie nicht dabei. Wenn sie vor dem Fernsehen sitzen: seine Meinung überzeugt nie, er ist immer für Leute, die seine Frau nicht überzeugen, zum Beispiel für Willy Brandt. Einmal denkt er auch an Gashahn; nur gibt es in der Wohnung keinen Gashahn. Sie will immer sein Bestes: zum Beispiel, daß er unter Leute gehe. Nachher sagt seine Frau, daß wieder nur er die ganze Zeit geredet habe, daß er den andern nicht zuhöre usw., der Goldschmied weiß bloß, daß es niemand überzeugt, wenn der Goldschmied einmal auch etwas sagt. Sicher und für die Hinterbliebenen nicht widerlich ist einzig die Schlafmittel-Methode, die er unmännlich findet; immerhin hat er in den letzten Monaten angefangen, Schlaftabletten zu sammeln, versteckt sie in der Werkstatt. Aber auch dazu muß der Mensch aufgelegt sein; es genügt nicht, daß einer keine Angst hat. Man nimmt nicht dreißig Schlaftabletten einfach so, wirft sie aus der flachen Hand in den Mund, jeweils drei oder vier, die jedesmal mit Wasser hinunter zu spülen sind oder mit Chianti. Wenn der Goldschmied, um dazu aufgelegt zu sein, Streit anfängt wegen einer Lappalie (wieder hat sie den TAGESANZEIGER von heute weggeworfen), ist sie vernünftig. Sogar mütterlich; nachher kocht sie seine Lieblingsspeise, läßt ihn Fernsehen einschalten. Später entschuldigt er sich. Was schlimmer und schlimmer wird, liegt nicht an ihr: »Kindisch!« das sagt man eben so; sie hat es nicht so gemeint, wie er es hört. Vieles hat sie schon vor 10 oder 20 Jahren genau so gesagt, und es hat dem Goldschmied nichts ausgemacht, wenn sie gesagt hat: »Trottel«. Das meint sie nicht wörtlich, sonst hätte sie nicht ein Leben lang mit dem Goldschmied gelebt. Sie schlafen noch immer Bett an Bett. Es liegt nicht an ihr, daß sie vor Leuten sagen muß: »Das heißt nicht Karfunkel, du meinst Karbunkel.« Vollkommen sachlich; übrigens hat sie es ihm schon zu Hause gesagt. Es ist furchtbar, wenn man überhaupt nichts mehr sagen kann. Einmal sagt sie: »Jetzt redest du wie ein Gaga«, aber dafür entschuldigt sie sich; sie hat es so gemeint – sie sagt das nie wieder.

Eigentlich braucht es gar keinen Entschluß mehr, wenn er auf einer Bank sitzt am Wald: es genügt der Blick auf die Stadt, Limmat, Türme, Gasometer bei Schlieren, ein Liebespaar, das in den Wald geht. Der Goldschmied hat jetzt die Schlafmittel in der Manteltasche. Er wird 64. Worauf

wartet er? Wenn er in der Nacht ohnehin auf die Toilette muß: zehnmal je
drei Tabletten je mit einem Schluck, das ist zu machen. Es muß nur sicher
sein. In die Bodega kommt er nicht mehr (der Goldschmied wird nicht
vermißt, aber er fehlt: der alte Eisenofen, das Ofenrohr durch den Raum
usw., zwei oder drei Alte gehören eigentlich zum Inventar), plötzlich weiß
er nicht, wozu in diese Bodega. Wenn er Papier mit seinem Briefkopf nach-
bestellen läßt oder wenn er sich nochmals eine neue Baskenmütze kauft,
bedeutet es nicht, daß der Goldschmied warten will, bis zum ersten Hirnschlag. Dann ist es zu spät. Die Schwiegertochter in San Paolo schreibt, sie
kommen im September nach Zürich; der Goldschmied wird sich nicht an
ihren Kalender halten, so nett ihr Vorschlag gemeint ist: Familien-Aus-
fahrt an den Vierwaldstättersee, wo es die gebackenen Felchen in Bierteig
gibt. Sie findet, der Goldschmied arbeite zu viel. Wenn er in der Nacht ohnehin auf die Toilette muß, ist es schon 4 Uhr morgens, und wenn er um 9
Uhr nicht zum Kaffee kommt, ruft sie um Hilfe, man wird von einer Ambulanz ausgepumpt. Es ist nur zu machen gegen Abend; nicht zu spät, damit die Ambulanz nicht zu früh kommt; nicht zu früh, damit er nicht
schon vor dem Fernsehen einschläft. Schneetreiben am andern Tag; damit
sein Vorsatz, gegen 10 Uhr abends die Schlafmittel zu nehmen, nicht auffällt, verbringt er den Tag wie üblich: vormittags in der Werkstatt, nachmittags in der Bodega (zum letzten Mal), er trinkt nicht mehr als üblich,
liest den TAGESANZEIGER, um sich die Zeit zu vertreiben. Sie merkt bloß,
daß er wieder in der Bodega gewesen ist: »Du vertrottelst noch in dieser
Bodega.« Wenn man sich in der Hand hat, braucht man sich nichts gefallen zu lassen; da der Goldschmied sie nicht einmal anblickt, sondern im
TAGESANZEIGER blättert, tut, als habe er es nicht gehört, wiederholt sie:
»Du vertrottelst.« Dabei hat der Goldschmied sich in der Hand wie schon
lang nicht mehr; er findet es nur schade, daß sie das gerade heute sagt. Am
andern Morgen ein toter Goldschmied, das geht nicht; sie müßte sich Vorwürfe machen, daß sie das gesagt hat. Sie schlafen noch immer Bett an
Bett. Um 10 Uhr, wenn jeweils die Nachrichten kommen, denkt der Goldschmied fast jedesmal daran. Der Goldschmied kennt jemand mit Hirnschlag. Scheinbar ist es nur das Lid, das streikt; es gibt Sonnenbrillen,
um das zu verdecken; plötzlich sind alle Leute sehr lieb zu ihm, unsicher,
ob er noch denken kann. Weiß so jemand, daß er lallt? Er wird sich nicht
mehr davon erholen, aber es muß nicht sein, daß es zum zweiten Hirnschlag kommt. Noch hat der Goldschmied sich in der Hand, noch kann

er denken. Ein andermal geht es wieder nicht: seine Frau muß morgen
zum Arzt, sagt sie. Es kann sein, daß man schneiden muß, sagt der Arzt,
kein Grund zur Sorge, eine Sache von 8 oder 10 Tagen ... So lang muß
er's verschieben.

Der Goldschmied lebt noch immer. Es kommt zu den gebackenen Felchen
in Bierteig am Vierwaldstättersee im September mit dem Enkelchen aus
San Paolo. Jajaja! Nur die Großmutter fühlt sich nicht zum besten; sie erzählt die Geschichte ihrer Operation im Frühjahr, während der Goldschmied findet, die gebackenen Felchen in Bierteig schmecken auch nicht
mehr wie früher. Der Sohn aus San Paolo: Generalvertreter einer schweize-
risch-amerikanischen Firma, schon fast ein Amerikaner, wenn er so von
Latein-Amerika erzählt und dazu die einheimischen Schwäne füttert.
Der Goldschmied hört, daß Geld überhaupt keine Rolle mehr spiele, auch
wenn er 90 wird, überhaupt keine Rolle. Jajaja! sagt nicht er, sondern die
Großmutter; sie sagt es nicht zu ihm, sondern zum Enkelchen.

Wie er in der Bodega sitzt (der Eisenofen ist noch immer da, nur die Kellner haben gewechselt) und wie er den Fleischkäse aus einem knisternden
Papier packt, dann kaut – seine Frau ist gestorben, der Laden verkauft,
er wohnt in einem städtischen Altersheim.

    BERLIN

    Zu sehen ist, was man schon weiß. Seither bin ich
    öfter in Berlin gewesen und habe auf Besichtigung
    der Mauer verzichtet. Uwe Johnson führt uns wie
    eine amtliche Person im Dienst, ohne Kommentar; da
    er sehr groß ist, beugt er sich höflich, wenn eine
    technische Information verlangt wird, und nimmt
    jedesmal seine Pfeife aus dem Mund, wie immer
    in schwarzer Lederjacke, Kopf kahlgeschoren. Er
    selber bezeichnet sich nicht als Flüchtling, kann
    aber nicht mehr auf die andere Seite. Ein Tag mit
    Sonne und mit kaltem Wind, viel heller nordischer
    Himmel über Stacheldraht. Wenn man die Mauer sieht,

so gibt es nichts dazu zu sagen; allerdings läßt
sich bei diesem Anblick auch nichts anderes reden.
Erst später in einer Kneipe (sie liegt fast noch im
Niemandsland) kommt es zum persönlichen Gespräch,
ohne daß er seine schwarze Lederjacke etwa ablegt,
die er auch im sommerlichen Rom getragen hat. Ein
Amtskleid? Der Tabak-Beutel, den ich aus der Tasche
nehme, ist ein Geschenk von ihm, weil ich einmal
gesagt haben soll - nicht in Rom, nein, in Spoleto
und nicht in der Bar, sondern beim Kiosk . . . Ein
homerisches Gedächtnis hat dieser Mann; Mecklenburg wird sich darauf verlassen dürfen.

Erinnerungen an Brecht

Wie ich Brecht im November 1947, wenige Tage nach seinem Eintreffen in
Europa, zum ersten Mal gesehen habe: in der kleinen bücherreichen Wohnung von Kurt Hirschfeld, Dramaturg des Zürcher Schauspielhauses, das
drei Brecht-Stücke in deutscher Sprache uraufgeführt hat. Brecht saß da,
wie man ihn von raren Fotos kannte, auf der Bank ganz in der Ecke: grau,
still, schmal, etwas verkrochen, ein Mann in der Fremde, die seine Sprache
spricht. Er schien froh um die Wände an seinen Schultern links und rechts.
Ein Bericht über die »Hearings«, die Brecht gerade hinter sich hatte, wurde
abgebrochen, als ich dazukam. Ich war damals 36, Architekt. Da er Zürich
nicht kannte, zeigte ich ihm den Weg hinunter zum Stadelhofen. Die
Stadt, wo er sich auf unbestimmte Zeit niederzulassen gedachte, beachtete
er mit keinem Blick. Ich berichtete ihm von Deutschland, soweit ich es
von Reisen kannte, vom zerstörten Berlin. Ich solle bald nach Herrliberg
kommen, um mehr zu berichten. »Vielleicht kommen Sie auch einmal in
diese interessante Lage«, sagte Brecht auf dem Bahnsteig, »daß Ihnen jemand von Ihrem Vaterland berichtet und Sie hören zu, als berichtete
man Ihnen von einer Gegend in Afrika.«

Die Wohnung, zur Verfügung gestellt von dem jungen Ehepaar Mertens,
war gratis; seine wirtschaftliche Lage, als Brecht in Zürich lebte, war miserabel: die Reise nach Europa wurde finanziert aus dem Verkauf von Haus

und Möbeln in Amerika; die damaligen Einnahmen hätten kaum für
einen Studenten gereicht; zwar begannen Verhandlungen mit Peter Suhrkamp, der aber damals auch kein Kapital hatte. Vielleicht täuschte mich
sein einziger Luxus: die guten Zigarren. Und seine Gastlichkeit. Brecht,
der seine wirtschaftliche Lage nie erwähnte, wirkte nicht mittelloser als
später, später nicht wohlhabender als damals.

Empfanden wir Brecht als Deutschen? Als Bayern? Als Weltbürger? Das
letztere hätte er sich als Marxist verbeten. In einer Hinsicht wirkte er, verglichen auch mit anderen Emigranten, sehr undeutsch: er analysierte auch
den Krieg, den Hitler ausgelöst hatte, nie in nationalen Kategorien. (Später
einmal in Weißensee, nach seiner Meinung über bestimmte SED-Funktio-
näre befragt, wurde er unwillig: »Vergessen Sie nicht, Frisch, es sind Deutsche!« – Dieser Ton war eine seltene Ausnahme.) Was Brecht aus seiner
Emigration mitbrachte, war Immunität gegenüber dem »Ausland«; weder
ließ er sich imponieren dadurch, daß andere Leute andere Bräuche haben,
noch mußte er sich deswegen behaupten als Deutscher. Sein Zorn galt
einem gesellschaftlichen System, seine Achtung einem andern; die Welt-
bürger-Allüre, die immer eine nationale Befangenheit kompensiert, erübrigt sich. Ein Augsburger mit Berlin als Arbeitsplatz, ein Sprachgebunde-
ner, Herkunft nicht als Wappen, aber als unvertauschbare Bedingtheit:
die selbstverständliche Anerkennung dieser Bedingtheit; Dünkel wie
Selbsthaß, national-kollektiv, erweisen sich dann als Relikte, nicht der
Rede wert.

23. 4. 1948: erstes öffentliches Auftreten von Bertolt Brecht in Zürich, es
blieb das einzige. In einem kleinen Keller, Antiquariat der Volkshaus-
Buchhandlung, sitzen hundert oder hundertzwanzig Leute eingepfercht
zwischen Bücherwänden; die Buchhändlerin veranstaltet ab und zu solche
Lesungen. Brecht hört sich gehorsam meine kleine Begrüßung an, dankt
mit höflichem Nicken, setzt sich an den kleinen Tisch, ohne sich auszu-
breiten, eher hilfsbedürftig, ohne die Zuhörer anzublicken, Brecht mit
Brille und mit einem Blatt in der Hand. Ob der Titel, den er rasch genannt
hat, in den hinteren Reihen verstanden worden ist, scheint fraglich. Bedrängt von der Nähe der Zuhörer – die vordersten könnten ihre Arme
auf den kleinen Tisch legen, was sie natürlich nicht tun, sie sitzen mit verschränkten Armen – verliest er halblaut das Gedicht an die Nachgebore-

nen, erhebt sich dann flink, das Blatt in der Hand, nein, drei Blätter, und
tritt zur Seite, wo es dunkel ist. Weg mit seiner Person! Es lesen Therese
Giehse und Helene Weigel, die großen Könnerinnen, und man vergißt,
daß Brecht zugegen ist. Nachher, oben in der Buchhandlung, gibt es wenig
von Brecht; vieles ist noch ungedruckt. Einige von den Zuhörern, als sie
ihre Mäntel nehmen, mustern den grauen Mann aus Distanz; Brecht wird
nicht bedrängt. Später sitzt man als kleines Grüppchen bei einem Bier:
Brecht, Weigel, Giehse, die dankbare Buchhändlerin, die für die Lesung
nicht viel zahlen kann, das Übliche, hundert Franken; Brecht scheint ganz
zufrieden.

Einmal als ich wieder nach Herrliberg kam, saßen zwei Brecht in der
Diele, beide mit demselben Haarschnitt und in derselben grauen Leinen-
jacke, einer davon etwas hagerer und linkisch, kollegial-geniert, der andere
war Paul Dessau. Caspar Neher war öfter da. Dann war Brecht locker, beinahe gemütlich, anders als sonst; Brecht war vergnügt.

Brecht in Gesellschaft von Leuten, die er nicht näher kannte – meistens
waren es jüngere Leute, und man traf sich in einer Wohnung, selten in
einem Restaurant, wo Unbefugte hätten zuhören können – liebte es, einer
der Stilleren zu sein, derjenige, der sich vor allem erkundigt: Schwerpunkt
der kleinen Gesellschaft, aber nicht Mittelpunkt, ungefeiert, im Mittelpunkt war immer ein Thema. Ich erinnere mich kaum, daß Brecht erzählte. Er gab ungern Rohstoff. Er breitete nicht aus, verkürzte wenn möglich auf Anekdote hin, die, wenn auch vielleicht zum ersten Mal erzählt,
immer etwas Fertiges hatte. Nur selten hatte er ein Bedürfnis zu schildern.
Daß Brecht fabulierte, sich in Erfindungen gehen ließ, einen Einfall ver-
geudete aufs Geratewohl oder vor Ulk überbordete, habe ich nie erlebt;
aber was die Fabulierer dann nicht können, das konnte er: zuhören auf
eine aufmunternde, ungeizige Art, sofern etwas berichtet wurde; er brauchte nichts zu sagen oder fast nichts: seine Kritik an den Vorfällen übertrug
sich auf den Erzählenden. Mehr als dem Debatteur erlag man dem Zuhörer Brecht.

Einmal besichtigten wir Siedlungen für die Arbeiterschaft, Krankenhäuser,
Schulhäuser etc. Der Herr vom Bauamt, das ich um die offizielle Gefällig-
keit gebeten hatte, ein Adjunkt, der uns mit einem amtlichen Wagen an

alle Ränder der Stadt fuhr, verstand die Fragen des Gastes nicht, erläuterte
von Siedlung zu Siedlung dasselbe, während Brecht, anfänglich verwundert über soviel Komfort für die Arbeiterschaft, sich mehr und mehr belästigt fühlte durch eben diesen Komfort, der Grundfragen nicht zu lösen gedenkt; plötzlich, in einem properen Neubau, fand er sämtliche Zimmer zu
klein, viel zu klein, menschenunwürdig, und in einer Küche, wo nichts
fehlte und alles glänzte, brach er ungeduldig die Besichtigungsfahrt ab,
wollte mit der nächsten Bahn an die Arbeit, zornig, daß eine Arbeiterschaft
auf diesen Schwindel hineinfällt; noch hoffte er, das sei nur in dieser
Schweiz möglich, Sozialismus zu ersticken durch Komfort für alle.

Brecht muß ein manischer Aufschreiber gewesen sein, machte aber nie diesen Eindruck. Das Gefühl, als Besucher unterbreche man ihn, hatte ich
nie; er machte einen Sessel frei, von Papieren oder Büchern, wechselte sofort vom Schreiber zum Zuhörer, zum Frager, wobei er sofort auch den Gegenstand seines Interesses wechselte. Kein Wort von seiner Arbeit; die war
ausgeschaltet. Verließ man ihn nach zwei oder drei Stunden, wirkte er wach
wie vorher; es kam nie zum Ausleiern eines Abends. Ob er danach arbeitete, weiß ich natürlich nicht; ich stelle ihn mir vor wie Galilei: nicht em-
sig, nur immer gegenwärtig, jederzeit anfällig für Entdeckungen. Eigentlich hätte zu ihm ein Stehpult gepaßt. Ich kann mir nicht denken, daß
Brecht, ob er über dem KLEINEN ORGANON oder über den ANTIGONE-
Versen sitzt, wie vor einem Mauseloch lauert; eher so: er pflückt, er erledigt, er merkt vor, er hält fest, er probiert, immer locker durch den Wechsel. Anders wäre die Fülle seines Nachlasses kaum zu begreifen, die ihm
übrigens, wie es scheint, nicht recht bewußt war: Peter Suhrkamp erzählte
einmal, wie Brecht, als sie die Satzproben zu den Stück-Bänden besprachen,
chen, auf einen größeren Schriftgrad drängte, damit, wie Brecht meinte,
sein Werk doch eine gewisse Ausdehnung bekäme, wenigstens fünf Bände
sollten es schon sein.

LEGENDE VON DER ENTSTEHUNG DES BUCHES TAOTEKING AUF DEM
WEG DES LAOTSE IN DIE EMIGRATION, ich las das Gedicht in den Kriegsjahren auf der Straße, wie man Tagesmeldungen liest, stehend; die Kohle-
papierkopie fast unleserlich, man bekam sie mit dem Auftrag, weitere Kopien herzustellen und die Gedichte weiterzuleiten; in meinem Atelier (ich
hatte zwei Zeichner, keine Sekretärin) tippte ich mit acht Durchschlägen:

»Denn man muß dem Weisen
seine Weisheit erst entreißen,
Drum sei der Zöllner auch bedankt:
Er hat sie ihm abverlangt.«
Es gehört zu den Erinnerungen, die man sich selber ungern glaubt: da saß
ich in der Herrliberg-Wohnung mindestens einmal in der Woche, aber der
Gedanke, Brecht etwas abzuverlangen, kam mir nicht, auch als Helene
Weigel einmal verriet, was der Überseekoffer dort in der Ecke enthielte.
Brecht war 51, der Meister, wie kollegial er sich auch verhielt, und dem Jüngeren fiel nicht ein, daß es ihn vielleicht freuen könnte, wenn man etwas
verlangte aus dem Gepäck, das heute als Klassiker-Ausgabe ein ganzes Gestell füllt. Er arbeitete damals am KLEINEN ORGANON unter anderem.
Auch das hätte ihm der Jüngere nicht abverlangt, wenn Brecht es nicht
eines Tages von sich aus gegeben hätte: wie eine Hausaufgabe. Er möchte
wissen, sagte er, ob das verständlich werde. Natürlich las ich es noch in der
Nacht, aber meldete mich Tage lang nicht; als ich das Manuskript gelegentlich zurückbrachte, glaubte ich noch immer nicht recht, daß Brecht
auf mein Urteil wartete, und legte das Manuskript auf den Tisch, dankend, von anderem redend, schamlos genug: ich überließ es Brecht, das
Gespräch darauf zu bringen. Das war wieder einmal draußen auf dem
Kiesklebedach; die Weigel kochte, Brecht fragte, während wir hin und
her gingen auf der Terrasse, Brecht äußerst aufmerksam, unverdrossen-aufmerksam, interessiert noch an meinen Mißverständnissen, bereit zu prüfen, ob das am Leser liege oder am Text. Es blieb meine einzige Manuskript-Lektüre. Hingegen hielt es der Anfänger für selbstverständlich,
daß der Meister abverlangte, auch selbstverständlich, daß er nicht das
nächste Wiedersehen abwartete, sondern sich an die Schreibmaschine
setzte und sofort antwortete.

Eine Zeitlang bedrängte mich Brecht, ich solle als Schweizer endlich ein
Tell-Stück schreiben. Zu zeigen wäre, daß der Bauernaufstand der Vierwaldstätte zwar erfolgreich war, aber reaktionär gegenüber der Habsburg-
Utopie, eine Verschwörung von Querköpfen. Aber das müsse schon ein
Schweizer schreiben. Die These, die er vom Theatralischen her verlockend
machte, ist der geschichtlichen Wahrheit zumindest näher als der Hymnus, den wir Friedrich Schiller mit dem Rütli-Denkmal gedankt haben,
nur schien sie mir allzu beliebig verwendbar als Legitimation heutiger

Vögte. Ich wußte nie, ob Brecht, wenn er pfiffig war, seine Pfiffigkeit für undurchschaubar hielt. Ein andermal: Henry Dunant, der Begründer des Roten Kreuzes, das wäre ein landsmännischer Stoff für mich, ein Schimpfer großen Stils, ein Wohltäter, der von allen Seiten bekämpft wird und siegt, und dann sein Werk mißbraucht sieht. Schließlich ein letzter Vorschlag: die CELESTINA von De Roja einzurichten für die Giehse, Brecht bot sich als Verfasser der Songs an, die ich da und dort brauchen würde. Ich saß in einem öffentlichen Park mit dem geliehenen Buch, das er bereits mit Zeichen gespickt hatte, mit Titeln für fällige Songs. Es war verlockend. Ich bekam es mit der Angst. Brecht, wenn man sich einließ, baute jeden um.

Etwas in der Denkart von Brecht, sowohl im Gespräch wie in den theoretischen Schriften, machte den Eindruck: Das ist nicht er, das ist seine Therapie. Drum sind Brechtianer gefährdet: sie perfektionieren die Therapie gegen ein Genie, das sie nicht haben.

Was er offenkundig nicht leiden konnte: wenn jemand meinte schmeicheln zu müssen. Ein Schauspieler, der es bei Tisch versuchte, bekam für den Rest des Abends keine Antwort und keine Frage mehr. Ein zu dummer Mensch, Brecht legte es nie darauf an, daß sich jemand als Brecht-Kenner ausweisen mußte; Lob machte ihn unwirsch, Lob als Ersatz für Einsicht.

Einmal am See, als ein Gewitter heraufzog, sah ich ihn sehr ängstlich; als ich den einheimischen Wetterkenner spielte und versicherte, daß wir rechtzeitig unter Dach kommen würden, zuckte er die Schulter: »Ich möchte nicht von einem Blitz getroffen werden«, sagte er, »das würde ich dem Papst nicht gönnen.« Er war wirklich nervös.

Die erste Brecht-Regie (zusammen mit Caspar Neher) hatte fast unter Ausschluß der Öffentlichkeit stattgefunden: in Chur, Februar 1948. In Zürich sahen wir die Antigone, gespielt von Helene Weigel, nur in einer Matinee, die einmalig war und nicht ausverkauft; Hauptsache für Brecht, daß er hatte probieren können. Er hatte keine come-back-Eile. Ob Chur oder Zürich, Brecht probierte für Berlin. Das Stück, das er dem Zürcher Schauspielhaus zur Uraufführung überließ, war ein vergleichsweise harmloses, HERR PUNTILA UND SEIN KNECHT MATTI, geschrieben in Finnland vor

langer Zeit, und daß er aus fremdenpolizeilichen Gründen nicht für die
Regie zeichnen konnte, war ihm nicht unangenehm. Das alles waren Vor-
bereitungen, je unauffälliger um so lieber. Während der Proben blieb er im
Hintergrund. Ab und zu ein Tip: Eine junge begabte Schauspielerin, Tochter aus reichem Haus, sollte da eine kleine Magd spielen mit einem Wäschebottich. Als Brecht kicherte, wußte sie nicht, was sie verkehrt machte.
Sie trug ein Requisit, das kein Gewicht hat. Höflich, nicht ohne die begabte Bürgertochter im übrigen zu loben, verlangte er bloß, daß bei jeder
folgenden Probe ein Klumpen nasser Wäsche in dem Bottich sei, nichts
weiter. Nach drei Wochen sagte er: Sehen Sie! Ihre Hüften hatten ka-
piert ... Brecht auf der Bühne: immer etwas geniert, als gehörte er da nicht
hin; trotzdem sah man die besondere Geste, die er wünschte und die er
nicht vormachen konnte, die er eher parodierte. Er konnte unschlüssig
sein. Was heute nicht geht, vielleicht geht's morgen oder übermorgen,
wenn man sich heute nicht abfindet, wenn man die Unbefriedigtheit aushält und nicht vorgibt zu wissen, wie und ob es jemals gehen wird. Er be-
rief sich nicht auf Theorie, sondern schaute und reagierte; der Eindruck
hatte den Vorrang; freilich wußte Brecht, was er abbilden wollte, und erlag
nicht dem Beliebig-Eindrucksvollen. Er brauchte auf Proben (jedenfalls in
Zürich, wo er großenteils mit »unpolitischen« Schauspielern zu tun hatte)
nie eine politische Vokabel, um zu argumentieren; wenn Matti, der Knecht,
sich die Landschaft ansehen muß unter der Begeisterung des Puntila, des
Großgrundbesitzers, war die Geste und Mimik der Indifferenz, die den
Knecht schweigen läßt, einfach »schöner«, »lustiger«, »natürlicher«, so
wie es sofort viel »schöner« ist, wenn die Magd, mit dem Wäschebottich,
trotz ihrer strammen Jugend nicht allzu aufrecht (wie eine Tennis-Spiele-
rin etwa) einhergeht. Lauter Geschmacksfragen! Ich fand eine Szene ziemlich ordinär. Brecht: Nanu? Meine Begeisterung über anderes schob er beiseite: »Was finden Sie dann daran ordinär?« Nun wußte ich es nicht. »Wir
treffen uns nachher«, sagte er, »überlegen Sie es sich!« Es zeigte sich, als
man genau darüber redete, das Unbewußt-Politische meines Geschmak-
kes; Brecht lachte: »Sie wollen, daß Puntila sich wie ein Herr benimmt,
aber das tut er ja, gerade wenn er ordinär wird.« In den Proben waren
Schauspieler oft verdutzt, daß da plötzlich einer hellauf lachte im hinteren
Parkett: Brecht.

Plötzlich, bei einem nächsten Zusammentreffen, hatte er wieder das Häftlingsgesicht: die klein-runden Augen irgendwo im flachen Gesicht vogelhaft auf einem zu nackten Hals. Dabei konnte er grad sehr munter sein. Ein erschreckendes Gesicht: vielleicht abstoßend, wenn man Brecht nicht schon kannte. Die Mütze, die Joppe: wie von dem prallen Dessau entliehen; nur die Zigarre steckte authentisch. Ein Lagerinsasse mit Zigarre. Man hätte ihm ein dickes Halstuch schenken mögen. Sein Mund fast lippenlos. Er war sauber, nur unrasiert; kein Clochard: kein Villon. Nur grau. Sein Haarschnitt wirkte dann wie eine Maßnahme gegen Verlausung oder wie eine Schändung, die ihm angetan worden ist. Sein Gang: da fehlten Schultern. Sein Kopf erschien klein. Nichts von Kardinal, aber auch nichts von Arbeiter. Überhaupt sah Brecht nie wie ein Arbeiter aus, das wäre ein Mißverständnis seiner Tracht; eher so, wie Caspar Neher etwa einen Handwerker stilisieren würde, Tischler vielleicht: mit einem Kopf, daß die Römische Kirche nur in ihren Fundus hätte greifen müssen, um einen sehenswerten Kardinal zu haben. Jetzt aber, wie gesagt, war da nichts vom Kardinal, und man ging neben einem Brecht, der einen verlegen machte wie ein Beschädigter. Er klagte über nichts, im Gegenteil, er rühmte die Giehse. Wir saßen im Café Ost, das es heute nicht mehr gibt, gegenüber einem leeren Stammtisch mit studentischem Couleur-Firlefanz. Was macht einen Schauspieler aus? Man überlegte, als habe Brecht nie eine Zeile darüber geschrieben. Er hatte Zeit, Lust zu sprechen, im Gespräch war er wach und lebhaft, alles andere als ein Geschädigter, denklustig. Erst draußen auf der Straße ging er wieder wie einer, der unser Mitleid erweckt, wie ein Geschundener, die graue Schirmmütze in die Stirne gezogen. Vor allem der Hals: so nackt. Er ging geschwind, aber die Arme machten nicht mit. Die graue Farmer-Jacke: als habe man ihn aus Beständen einer Anstalt eingekleidet, und nur das Bündel von Schreibstiften, die er immer in der oberen Tasche trug, war privat, die Zigarre unerläßlich, sonst wußte er nicht, wohin mit den Händen, und schob sie dann wie etwas Entblößtes flach in die Rocktaschen.

5. 6. 1948, PUNTILA-Uraufführung in Zürich: das Publikum jubelte nicht. Brecht hingegen war zufrieden. »Solche Stücke muß man immer und immer wieder spielen, bis sie sich dran gewöhnen«, sagte er, »wie sie sich an Schiller gewöhnt haben. Das braucht einige Jahre.« Infolgedessen redete er wie nach einer Probe.

Nur ein einziges Mal sah ich Brecht zusammen mit einem Vertreter der Bourgeoisie; der Stadtbaumeister ließ es sich nicht nehmen, zu einem kleinen Mittagessen einzuladen an einem Ort, wo man auf Zürich schaut – Brecht, statt das erwartete Lob auf Zürich auszusprechen, fragte mich, ob ich New York kenne. Ich müsse es sehen, es lohne sich, aber ich dürfe nicht zu lang warten, wer weiß, wie lang New York noch steht ... Der Stadtbaumeister machte keine Konversation mehr.

Die Ideologie-Diskussion, in der ersten Zeit unumgänglich, hörte nach und nach auf – nicht wegen meines Widerspruchs, sondern weil ich ihm zu ungeschult war, und Brecht hatte andere Aufgaben als mich zu schulen; er ließ sich lieber auf meine Baustelle führen und Konstruktionen erklären, Probleme der Architektur, auch Schlichteres: die Organisation einer größeren Baustelle. Fachkenntnisse, vor allem wenn sie sich in Betätigung zeigten, erfüllten ihn mit Respekt. Ruth Berlau war dabei, als Frau bald gelangweilt, während Brecht pflichtschuldig, wenn auch ängstlich, Gerüst um Gerüst erstieg, schließlich sogar einen Zehnmeter-Sprungturm, wo man das Areal am besten überblicken konnte; hier oben war er allerdings für Erläuterungen nicht zu haben, nur für Respekt: Alle Achtung, Frisch, alle Achtung! und als Ruth Berlau, die Kamera vor dem Gesicht, auch noch wünschte, daß Brecht weiter hinaustrete auf die Plattform, weigerte er sich; erst unten war er für Statik-Unterricht empfänglich. »Sie haben einen ehrlichen Beruf.« Sein Gruß, wenn man sich verabschiedete, war manchmal flüchtig, nie herablassend, aber kurz und leicht; jetzt, nach der Besichtigung meiner Baustelle, war er sehr ausdrücklich: kollegial.

August 1948, als wir die Grenze bei Kreuzlingen-Konstanz passierten, war Brecht fünfzehn Jahre nicht mehr auf deutschem Territorium gewesen. Es war auch nur ein Ausflug für einen Abend. Der äußere Anlaß, für Brecht ein willkommener Vorwand, war eine Aufführung bei Heinz Hilpert, Deutsches Theater in Konstanz, von meinem ersten Stück, das ich lieber nicht wiedergesehen hätte. (Im November desselben Jahres, später also, reiste Brecht nach Berlin über Prag und kehrte dann nochmals für einige Monate nach Zürich zurück, bevor er sich 1949 endgültig in Ost-Berlin niederließ.) Ein Zürcher Bühnenarbeiter, der einen alten Lancia besaß, fuhr uns bis zum Schlagbaum. Brecht: »Gehen wir zu Fuß!« Die Kontrolle der Pässe, damals noch immer als sanfte Sensation empfunden, verlief reibungslos. Brecht betontermaßen unberührt. Wir gingen also zu Fuß in das Städtchen, ein schon sehr deutsches Städtchen, unzerstört mit Schildern »Speisewirtschaft« in Fraktur. Nach hundert Metern, mitten in einem Gespräch über irgend etwas, blieb Brecht stehen, um die Zigarre, die offenbar ausgegangen war, wieder anzuzünden, Blick zum Himmel: »Der Himmel ist hier nicht anders!«, dazu jene unwillkürliche Geste, die öfter vorkam: er schob den hageren Hals im weiten Kragen hin und her, ein Zucken, das ihn lockerte. Später die Begrüßung bei Heinz Hilpert und seinen Getreuen; Überschwang machte Brecht immer linkisch, er hielt sich an ein Bier, während ein junger Schauspieler (er hatte schon von der Dreigroschenoper gehört) das Unternehmen in Konstanz zu lobpreisen nicht ermüdete; Brecht staunte: über das Vokabular, das ihn stumm machte. Nach der Aufführung verbreitete sich Brecht über deutsches Bier, das nach wie vor das beste Bier sei; kurz darauf: Gehen wir! Er schwieg sich aus, bis man wieder in Kreuzlingen war; eine Bemerkung von Wilfried Seifert, der uns begleitete, brachte ihn plötzlich zum Bersten. Er begann mit einem kalten Kichern, dann schrie er, bleich vor Wut; Seifert verstand nicht, was mit Brecht los war. Das Vokabular dieser Überlebenden, wie unbelastet sie auch sein mochten, ihr Gehaben auf der Bühne, ihre wohlgemute Ahnungslosigkeit, die Unverschämtheit, daß sie einfach weitermachten, als wären bloß ihre Häuser zerstört, ihre Kunstseligkeit, ihr voreiliger Friede mit dem eigenen Land, all dies war schlimmer als befürchtet; Brecht war konsterniert, seine Rede ein großer Fluch. Ich hatte ihn noch nie so gehört, so unmittelbar wie bei dieser Kampfansage in einer mitternächtlichen verschlafenen Wirtschaft nach seinem ersten Besuch auf deutschem Boden. Plötzlich drängte er zur Rückfahrt, als habe er Eile: »Hier muß man ja wieder ganz von vorne anfangen.«

»Nehmen Sie dieses Foto nach Polen mit«, sagte er, »wahrscheinlich treffen Sie auch Leute von der Regierung, fragen Sie, ob das stimmt.« Er gab mir eine Illustrierte, die nicht eigentlich berichtete, immerhin Bilder zeigte, so daß man vermuten mußte: Mißhandlungen in Schlesien, KZ-Zustände. »Fragen Sie überall, ob das stimmt!« verlangte Brecht, und ich konnte mir nicht vorstellen, daß Leute von der Regierung beispielsweise bei einem Bankett sich einlassen auf diese Illustrierten-Anklage; Brecht: »Fragen kann man immer.« Es war sein Ernst. »Wenn es in Polen diese Zustände gibt«, sagte Brecht, »so muß etwas unternommen werden.« Als ich von

Polen zurückkam, war er begierig zu hören, rief an, sobald er von meiner
Rückkehr wußte. Ich radelte also nach Herrliberg mit viel Stoff: Breslau,
heute Wroclav, Congrès International des Intellectuels pour la Paix, Warschau. Ich erwartete ein schwieriges Gespräch. Was ich zu berichten
wußte, war zwiespältig, Brecht voll Erwartung. Grüße von Anna Seghers.
Allein mit Brecht, der die Ostblock-Länder noch nicht aus eigner Anschauung kannte, erzählte ich einfach drauflos. Fragwürdiges, Erfreuliches, Be-
drückendes, Undurchsichtiges. Ich lieferte das Konkrete. Eindrücke von
einer Fahrt durch Schlesien; Gespräch mit einem polnischen Bauern, der
tadellos Deutsch redete: Knecht in Ostpreußen, wo er lernte und soviel er-
sparte, daß er zu einem eigenen Hof in Ostpolen kam, Krieg, von den Russen aus seiner Heimat vertrieben, jetzt angesiedelt auf schlesischem Boden;
eine Lebensgeschichte. Brecht war ein offener Zuhörer, was die Berichterstattung erleichterte; ich sah ihn bestürzt oder erfreut je nachdem, alles in
allem eher bekümmert. Die Art, wie Fadejew und der brillante Ehrenburg
manövrierten, verdroß ihn: »Wenn man schon einen Kongreß macht,
dürfte das nicht vorkommen.« Ab und zu rief er die Weigel, aber wir blieben allein, Brecht aufgewühlt, oft stumm, unverhohlen betroffen, weit davon entfernt, das Mißliche zu bestreiten. Einmal sein Vorwurf, daß ich
beim Staatsempfang, wo hunderte von Intellektuellen sich um ein Buffet
sammelten, nicht rundheraus gewisse Fragen gestellt habe. Was ich an be-
ginnendem Aufbau und Planung in Warschau (das Projekt wurde nach
dem Sturz von Gomulka annulliert) gesehen hatte oder was man in Keller-
kneipen unter Ruinen, abseits vom offiziellen Optimismus, an lebensfrohen und unmittelbaren und glücklichen Menschen erleben konnte, berichtete ich gern; Brecht nahm es als Beweis, daß ich nicht polemisierte, und
verbuchte das Negative, das auch in seiner Ansicht negativ war, um so ernster. »So geht das ja nicht«, sagte er mehrmals, »das muß geändert werden.«
Später setzte sich Helene Weigel dazu, ich sollte weiter berichten, teilweise
wiederholen; es ging nicht mehr. Nicht nur die Weigel hatte auf alles, was
der Augenzeuge meldete, die gebrauchsfertige Auslegung in maßregeln-
dem Ton; auch Brecht war wie verwandelt jetzt, plötzlich ungehalten nicht
über Fadejew, sondern über mich. Ich saß in einer Prüfung, um durchzu-
fallen. Unterrichtet darüber, was in Polen vorging, nahm ich mein Fahrrad.

Sicher ist Herzlichkeit nicht das erste, was auffiel an diesem Mann, der
Rohstoff ungern preisgab, und Gefühle sind Rohstoff. Wärme in Worten,

das war in seiner Gegenwart auch dem Partner nicht möglich; daß Brecht im persönlichen Umgang sich eines nahezu gleichen Vokabulars bediente für Duldung oder Achtung oder Zuneigung, gab ihm vorerst etwas Instanzhaftes. Seine Gestik (ich komme immer wieder auf seine Gestik: dabei war sie sehr knapp, manchmal fast mechanisch-stereotyp) leistete vor allem Parodie. Was mußte da immer wieder parodiert werden? Brecht muß die Sentimentalität sehr gekannt haben, und was nur von ferne hätte ein Gefälle dahin haben können, verbannte er. Seine Höflichkeit, die sich nicht in Floskeln ausdrückte, sondern im Verhalten bei der Begrüßung oder bei Tisch, eine graziöse Höflichkeit war das einzige, was er als Ausdruck der Zuneigung zuließ. Gemütlichkeit torpedierte er sofort, und wenn nötig, ziemlich grob. Er fühlte sich sichtlich nicht wohl. Nur im Gedicht, also unter artistischer Kontrolle, war gestattet, was Brecht sonst durch Witz und Gestik isolierte: Gefühle. Brecht war schamhaft. Waren Frauen zugegen, zeigte Brecht, im Gegensatz zu den meisten Männern, keinerlei Veränderung, keine Imponier-Geste; Frauen in Gesellschaft waren Genossen, somit neutralisiert, oder sie waren Gänse, die, als solche erkannt und behandelt, das Gespräch nicht lange störten. Dann zeigte Brecht mehr als sonst und so, daß man sich wunderte, Herzlichkeit gegenüber Männern.

Frühling 1950, Berlin: DER HOFMEISTER, Tragikomödie von Lenz in der Bearbeitung des Berliner Ensembles, zum ersten Mal der Vorhang mit der weißen Picasso-Taube, nachher Brecht draußen auf dem Platz vor dem Deutschen Theater, ohne Aura. Es freute ihn offensichtlich, daß man nach Berlin kam, um die Arbeit des Ensembles zu sehen. Kein berühmter Schauspieler, ein paar Bekannte aus Zürich: Hans Gaugler, Regina Lutz, Benno Besson. Es war wie ein Schock: zum ersten Mal sehe ich, was Theater ist. Bestätigung seiner Theorie? Man vergaß sie, indem ihr Versprechen eingelöst wurde – wahrscheinlich sehr unvollkommen, verglichen mit den späteren Produktionen des Berliner Ensembles oder des Piccolo Teatro in Mailand, die heute in Gefahr sind steril zu werden ... Brecht wirkte jünger als sonst. Er schlug vor, daß ich in Weißensee schlafe, er wollte Diskussion; nur war da noch eine gesellige Mai-Feier im Theater, eine Anstandspflicht. Keine Kundgebung; diese hatte tagsüber in den Straßen stattgefunden. Jetzt wurde getanzt, Geselligkeit mit betontem Verzicht auf Krawatte; alle zeigten etwas Entschlossen-Wohlgelauntes, Stimmung mit Gutscheinen, die man an einem Buffet einlösen konnte. Die Frage: Wie gefällt's Ihnen hier? machte mich etwas verlegen. Wolfgang Langhoff, auch ein alter Bekannter aus Zürich, grüßte mißtrauisch; ich sah mich, ob ich wollte oder nicht, in der Rolle eines Westlers, der die Ost-Zone beschnüffelt mit der verstohlenen Gier, Unfreiheit und Armut und Trostlosigkeit festzustellen. Ich fühlte mich nicht wohl. Brecht war anwesend, wie es sich gehörte, im übrigen unauffällig. Begeistert von der Aufführung, die ich eben gesehen hatte, verfiel ich doch einem öden Unbehagen an dieser Feier; selbst das Buffet (ich hatte Hunger) schien unterrichten zu wollen, wie hier gelebt wird, und wie alles einander grüßte: Welche Kameradschaft! Alles hatte eine leichte Nötigung, und wenn man sich ihr verweigerte, spürte man das krasse Mißverständnis, das die Nötigung verschärfte, alles positiv zu sehen; schon Schweigen wirkte feindselig. Helene Weigel, festlich-liebenswürdig, holte den Außenseiter zu einem Tanz; ich war schon nicht mehr zu retten: alles erschien mir jetzt demonstrativ, also verdächtig. Draußen über schwarzen Ruinen fand ein Feuerwerk statt; jetzt stellte Brecht sich wie alle an ein Fenster, wartete auf das knallende Schluß-Bukett, rauchend, kurz darauf kam er: »Wir können gehen, Frisch, oder möchten Sie noch bleiben?« Nach unauffälligem Abgang, jetzt wieder draußen auf der finsteren Straße, redete er über Fachliches. Die Ruinen waren nicht aktuell, nichts Nebensächlicheres als Ruinen. Brecht war in bester Verfassung: elastisch, leicht.

Das Gerücht, daß Brecht, von den Russen in einen Palast gesetzt, wie ein Großfürst hause inmitten der Armut von Ost-Berlin und daß die Weigel kostbare Antiquitäten aus der armen Zone käuflich erbeutet habe, fand ich, wie erwartet, nicht bestätigt. Eine Villa wie tausend andere in Berlin: unzerstört, nur etwas vernachlässigt in einem verlotterten Garten, geräumig und, wenn ich mich richtig erinnere, fast teppichlos. Ein schöner alter Schrank, ein paar Möbel bäuerlichen Stils, alles in allem wenig, Provisorisches wie immer um Brecht. Ich schlief in einer Dachkammer, ehedem Dienstmädchenzimmer; Wände voll marxistischer Klassiker. Am anderen Morgen: Brecht schon an der Arbeit, aber er hat Zeit; fünf Minuten steht er mit dem Gast, der den Weißensee noch nie gesehen hat, unten am Weißensee, dann lieber im Arbeitszimmer als unter dem Mai-Grün einer Weide. Selbstkastration des Hofmeisters: als dramaturgisches Problem. Mein Eindruck, daß man in Weißensee etwas anders redete als in Herrliberg, wäre kaum zu belegen; trotzdem hatte ich damals diesen Eindruck. »Es müssen jetzt Stücke geschrieben werden von Leuten, die die Sorgen dieses Staates aus Erfahrung kennen«, sagte Brecht, »das kann einer nicht von drüben.« Es gab, wenn auch noch ohne Mauer, ein Hier und ein Drüben. Zugleich lag ihm sehr daran, daß kein Boykott entstehe; ich sollte mit Barlog sprechen wegen eines Schauspielers, der, da er bei Brecht spielte, drüben Schwierigkeiten bekam. Im übrigen erinnere ich mich nicht mehr an das lange Gespräch, aber daran: wie Brecht den hochbürgerlichen Grundriß dieser Villa umfunktionierte, ohne sie etwa umzubauen, mühelos; er brauchte sich nicht im mindesten zu wehren gegen die Architektur, Brecht war stärker, und es wirkte nicht wie Beschlagnahme, nicht einmal wie Besitzwechsel; die Frage, wem die Villa gehörte, stellte sich nicht, Brecht benutzte sie, wie der Lebende immer Bauten der Ausgestorbenen benutzt, Lauf der Geschichte. Später fuhr man ins Theater; Brecht mit Schirmmütze und Zigarre am Steuer eines alten offenen Wagens, Spruchbänder der gestrigen Mai-Feier in verkehrslosen Straßen, ringsum Ruinen unter dem dünnen Berlin-Himmel, Brecht heiter: »Wann kommen Sie hieher?«

Ein andermal in Weißensee: »Man hat Ihnen Formalismus vorgeworfen. Was verstehen die Leute, die diese Anklage erheben, unter Formalismus?« Brecht versuchte es mit der leichten Schulter: »Nichts.« Es verdrießt ihn, daß ich genauer frage; er lehnt sich in seinen Arbeitssessel, raucht, gibt sich sorglos-belustigt: »Formalismus heißt, ich gefalle gewissen Leuten nicht.« Was ihn verdrießt, verrät der ungehaltene Nachsatz: »Im Westen hätten sie wahrscheinlich ein anderes Wort dafür.« Dann spricht man über anderes, und später erst, als ich dazu nichts mehr erwartete, in einem anderen Zusammenhang, kommt die eigentliche Antwort leichthin: »Daß wir für die Schublade arbeiten, sehen Sie, das lernte man in der Emigration. Vielleicht kommt eine Zeit, wo man unsere Arbeit ausgräbt und brauchen kann.«

Ich bin nur wenigen Menschen begegnet, die man als große Menschen erkennt, und befragt, wie sich die Größe von Brecht nun eigentlich mitgeteilt habe, wäre ich verlegen: eigentlich war es jedesmal dasselbe: kaum hatte man ihn verlassen, wurde Brecht um so gegenwärtiger, seine Größe wirkte hinterher, immer etwas verspätet wie ein Echo, und man mußte ihn wiedersehen, um sie auszuhalten, dann nämlich half er durch Unscheinbarkeit.

Über das Verhalten von Brecht während des 17. Juni 1953 befragte ich später zwei Ensemble-Leute, Egon Monk und Benno Besson. Hat Brecht am Vormittag, als die ersten Meldungen von der Stalin-Allee kamen, eine Rede gehalten vor seinen Mitarbeitern? Was feststeht: die Proben (DER ZERBROCHENE KRUG und DON JUAN) wurden abgebrochen. Wohin hat Brecht sich im Lauf des Tages begeben? Wie hat er die Ereignisse, so weit sie ihm zur Kenntnis kamen, beurteilt: als Kundgebung der Arbeiterschaft, deren Unzufriedenheit er für berechtigt hielt, oder als Meuterei? Welche Informationen hatte Brecht? Argwöhnte er, daß der Westen sich den Volksaufstand, der ohne Führung war, zu Nutzen machen könnte und daß es zum Krieg kommt? Hatte er eine Möglichkeit einzugreifen? Welche? War Brecht hin und her gerissen? gleichmütig? kopflos? untätig? Verlangte er von seinen Mitarbeitern, wie sie sich zu verhalten haben? War Brecht (wie das Gerede es schon damals darstellte) feige, ein Verräter gegenüber der Arbeiterschaft? Oder war er verzweifelt, daß die Arbeiterschaft sich durch romantisches Vorgehen selbst gefährdete? War Brecht empört über das Eingreifen der sowjetischen Tanks oder hielt er es für unerläßlich, um den Westen vor Übergriffen zu warnen? – auch die beiden Ensemble-Leute, die ich befragte, lieferten mehr Auslegungen als Belege; ihre Auslegungen waren unvereinbar. Peter Suhrkamp verschickte Kopien des Brecht-Briefes an Ulbricht: die vollständige Fassung.

Mein letzter Besuch vor seinem Tod, September 1955, war ein kurzer und sogar etwas steifer Besuch an der Chaussee-Straße. Wohnung mit Blick auf den Friedhof. Ich war befangen; Benno Besson war gerade da, den ich persönlicher kannte als andere Ensemble-Leute, und es bestand damals ein Mißtrauen zwischen uns, das zu politischer Borniertheit führte. Wir hatten in letzter Zeit regelmäßig miteinander gestritten, Besson und ich, waren damals noch ganz und gar unversöhnt, und unsere Begrüßung, als ich bei Brecht eintrat, war entsprechend: auf Gegenseitigkeit blicklos. Ob Brecht davon wußte? Ich störte ein Arbeitsgespräch, man stand noch einige Minuten, Höflichkeit nötigte Brecht, daß er Besson, obschon Dringliches zu klären war, entließ mit einer Geste des Abbrechens. Allein mit Brecht, den ich lange nicht gesprochen hatte, blieb es etwas offiziell. Brecht: das Ensemble sei nun etabliert, so daß er es andern werde überlassen können. Es drängte ihn, so tönte es, zu schreiben. Er sah krank aus, grau, seine Bewegungen blieben sparsam. Ich kam von Proben in West-

Berlin; Hanne Hiob, seine Tochter, spielte eine Hauptrolle, und Caspar Neher machte das Bühnenbild. Beim Mittagessen: Wie denkt man im Westen über die Kriegsgefahr? Man kam jetzt, wenn man aus dem Westen kam, von weither. Die übliche Frage: Und was arbeiten Sie? blieb aus. Helene Weigel war dabei; sie befragte mich darüber, wie ich mich denn zur Verfolgung von Konrad Farner in der Schweiz verhielte. Zeitweise aß man ziemlich wortlos. Keine Witze. Ich blieb befangen. Ein unoffenes Gespräch, eigentlich überhaupt keines; das Gefühl, daß ich das Unoffene verschuldete, war peinigend, nicht zu tilgen durch Berichte, wie es Suhrkamp ging, nämlich schlecht. Wiedervereinigung? Dazu Brecht: »Wiedervereinigung heißt noch einmal Emigration.«

Es bleibt rätselhaft, daß Brecht sich einen Stahlsarg verordnet hat. Wovor soll der Stahlsarg schützen: vor den Machthabern? vor der Auferstehung? vor dem »Aas mit vielem Aas«?

Es gibt einen Satz, der Brecht gerecht wird, obschon er nicht auf ihn geschrieben worden ist: »Trotz der Einseitigkeit seiner Lehre ist dieser märchenhafte Mensch unendlich vielseitig«, ein Satz von Maxim Gorki über Leo Tolstoj.

ZÜRICH

Mutter im Sterben. Zeitweise meint sie, daß
wir zusammen in Rußland sind. Sie ist 90. Ob sich
in Odessa viel verändert habe seit 1901.

Nachtrag zur Reise

In nächtlichem Zimmer zeigt jemand ein Papier, ein Formular mit russischer Schrift, ein graues und mürbes Blatt: auf der Rückseite bekritzelt von Rand zu Rand mit einer winzigen Handschrift, die nur mit der Lupe zu lesen sein dürfte. Eine Genossin wurde deportiert, sie erfuhr nie, warum. Nach einem Jahr im Lager bat sie um Einzelzelle, was schlimmer ist; Ratten. Ihre zweite Bitte: Papier. Beides wurde ihr schließlich gewährt.

Sie bekam solche Formulare der Lager-Verwaltung und verbrachte drei Jahre in Einzelhaft. Sie übersetzte aus dem Gedächtnis: DON JUAN von Lord Byron. Als sie damit zu Ende war, bat sie um Entlassung aus der Einzelhaft. Jetzt wieder im Sammellager und bei der Landarbeit trug sie das Manuskript am Leib versteckt. Nach insgesamt 8 Jahren (wenn ich richtig berichte) wurde sie als unschuldig entlassen. Ihre Übersetzung von Lord Byron wird jetzt, 1966, gedruckt und soll in einem großen Theater vorgetragen werden.

· ·

Ich habe Rubel, Honorar für den Abdruck eines Romans in der Zeitschrift INOSTRANJA LITTERATURA, 900 Rubel. So viel verdient ein Arbeiter in einem halben Jahr. Ich kann nichts damit anfangen: Hotel und Flugreisen sind mit Dollar zu bezahlen. Und ausführen darf ich die Rubel auch nicht. So bleibt uns nur, Champansky zu trinken, Kaviar zu essen. In Odessa gibt es keinen. Ein Flug auf die Krim ist nicht möglich: erstens nicht mit meinen Rubel, zweitens haben wir keine Dollar mehr, drittens brauchten wir nochmals ein Visum aus Moskau. So vertreiben wir die Zeit (die schöne Potjomkin-Treppe kennen wir inzwischen; die Liebknecht-Kolchose, in einem bunten Prospekt als Vorbild angepriesen, ist nur mit Dollar-Taxi zu erreichen, und als dafür unsere Dollar gerade noch reichen, ist sie nicht zu besuchen wegen Klauenseuche, »einer Krankheit, die es auch im Westen gibt«) – so vertreiben wir uns die Zeit auf einem Fußballplatz, Karten durch INTOURIST, numeriert. Zufällig sitzt gerade neben uns ein junger Mann, der Deutsch spricht, ein Freund der Literatur; er kennt Heinrich Böll, Erich Maria Remarque; dann zieht er aus seiner Mappe die bekannte Zeitschrift mit einem deutschen Roman, den er eben lese – so ein Wunder: daß ich der Verfasser bin, jawohl, gerade ich. Von Fußball versteht unser Freund weniger. Abend mit Champansky. Gespräch über Gott und die Astronauten. Boris ist Lektor, 80 Rubel im Monat, er wohnt in einem Zimmer mit seiner Frau, die ihre Doktorarbeit schreibt, ihr Diplom, ich weiß nicht: jedenfalls steht Boris zur Verfügung, wenn wir etwas wissen möchten. Zweiter Abend mit Champansky, aber ich habe immer noch 630 Rubel am Abend vor unsrer Abreise. Was tun? Am andern Morgen, drei Stunden vor Abflug, meldet sich Boris mit sonderbarer Stimme, er müsse mich sprechen. Sofort. In der Hotelhalle (dabei habe ich den Eindruck, daß das

Personal ihn kennt, aber man soll's nicht merken) geht es nicht. Draußen in der Allee über dem Hafen: er könne das Geld, das ich ihm in die Zeitschrift gesteckt habe, nicht annehmen. Unmöglich. Ich erkläre ihm meine Situation. Soll ich meine Rubel hier auf die Mauer legen? Kein Sowjetmensch, sagt er, würde sie nehmen. Geld als Lohn für Arbeit, aber nicht so. Soll ich mich für diese Rubel, die ich in Moskau verdient habe, an der Zollschranke verhaften lassen? Ich sage: Boris, hören Sie! mit Blick auf die Uhr, in der andern Hand dieses Notenbündel. Es war die teuerste Reise, die ich je gemacht habe. Rubel gleich Dollar. Wenn ich nicht zur Staatsbank will (was Boris enttäuscht), ich könne ja etwas kaufen. Zwei Pelzmützen, schon in Moskau gekauft, genügen mir; die Schallplatten sind billig. Was kostet 630 Rubel, frage ich, was denn? Ein Motorrad. Oder was leichter mitzunehmen wäre: ein Foto-Apparat. Aber ich fotografiere nicht, meine Gefährtin auch nicht, meine Kinder haben schon einen. Aber es ist der beste Foto-Apparat, den es in der Sowjetunion gibt. Also ich muß. Boris bringt mich hin. Daß ich unterwegs nochmals nach dem Haus von Isaak Babel frage, mußte es sein? Im Warenhaus, wo Boris mich hinführt, wäre ich ohne Boris verloren; er hat einen Ausweis, der das Fräulein endlich zur Bedienung nötigt, die trotzdem mürrisch bleibt. Was der Herr aus dem Westen da kauft, zieht einige Leute an; ich verstehe nichts von Foto-Apparaten, das Fräulein noch weniger; aber Boris versichert, daß es funktioniert. Ich zweifle nicht daran, nur müßte es mir jemand erklären. Boris erklärt mir etwas anderes: sie ist sehr glücklich, wissen Sie, jetzt hat sie ihr Tagessoll erfüllt, sogar mehr. Ich glaub's, auch wenn das Fräulein nicht grüßt; Boris bringt die Rubel zur Kasse. Erledigt. Die letzten paar Rubel versaufen wir schon noch am Flughafen . . . In Warschau, als ich von der Begegnung auf dem Fußballplatz von Odessa erzähle, komme ich nicht weit; sie lachen: die heißen meistens Boris. Mag sein. Unser Boris war sympathisch.

Warschau

Es wäre wenig zu haben, wenn man danach verlangen würde, und trotzdem der Eindruck: sie leben besser als die Russen. Sie haben Selbstironie. Was sie ins Schaufenster stellen: Geschmack ohne Ware, Fantasie, Grazie. Das wirkt fast wie Übermut.

Wo 1948 nur Trümmer und Schutt zu sehen waren – ich erinnere mich an
Wiska, die uns damals führte, und an unsere Auseinandersetzung, ob es
denn sinnvoll sei, die historischen Fassaden wieder herzustellen; heute
gebe ich ihr recht: auch die Attrappe setzt Patina an. Ich sitze auf dem öffentlichen Platz in einem Biedermeier-Fauteuil, nämlich es werden hier gerade Möbel verladen, und das junge Foto-Mädchen hat mich in diesen
Fauteuil gesetzt; sie hat recht: 20 Jahre seit meinem letzten Besuch –
man kommt sich schon historisch vor.

Er ist nicht einverstanden nach Art der Parteigenossen, Erbe eines könig-
lichen Namens, geboren als Größtgrundbesitzer, damals verschrien als
Der Rote Prinz, unter Hitler jahrelang im KZ. Beim Mittagessen im Schrift-
stellerverband (er übersetzt aus dem Deutschen, zurzeit gerade Musil) erzählt er, daß er die Bauern seines ehemaligen Großgrundbesitzes öfter besucht: sie leben nicht gut, nein, aber besser als je zuvor. Er ist Katholik.
Einigen gehe es schlechter als früher, aber er ist dafür, daß es 90 Prozent
der Leute besser geht.

Chinesen am Flughafen, eine Delegation in Mao-Jacke. Sind wir für sie
ebenso undurchsichtig wie sie für uns? Ein Bekannter aus der Schweiz,
Professor, der hier einen wissenschaftlichen Kongreß besucht hat, spricht
mich an, findet Warschau arm, dreckig, trostlos usw.

ZÜRICH

In einer kleinen Wirtschaft (Wolfbächli) bringe
ich den jüngeren Mann gegenüber, der Spiegeleier
ißt, langsam ins Gespräch. Malermeister mit sechs
Angestellten, Aufträge genug, heute Nachtarbeit.
Über allerlei Umwege (Tarife für Nachtarbeit,
Sport, die Herren Architekten, Spritzverfahren,
die Fremdarbeiter usw.) endlich zum Punkt: Welche
Arbeit macht Ihnen am meisten Lust? Ich würde
lieber eine Wand malen als Fensterrahmen, lieber
bunt als das fade Ton-in-Ton. Wie ist das? Er
versteht die Frage nicht. Renovationen oder Neu-

bauten, was macht er lieber? Man macht eben beides, heute nacht eben eine Renovation. Graust ihm
vor Nachtarbeit? Das muß eben sein. Da er der Boß
ist und somit wählen kann, was er selber macht,
frage ich: Welchen Teil der Arbeit wählen Sie?
Grundieren denke ich mir langweilig, das Ablaugen
alter Farbe noch langweiliger. Was macht mehr Lust,
Streichen mit Pinsel oder Spritzverfahren? Seine
Spezialität, sagt er, ist Hartlack; dabei komme
er auf seine Rechnung. Also zurück zu den heutigen
Tarifen; nach und nach erfahre ich seinen Jahres-
umsatz, sogar sein eignes Einkommen im Durchschnitt, nachdem ich geschworen habe, daß ich kein
Steuerspitzel bin. Sein Einkommen ist nicht großartig, aber anständig; er hat seine festen Kunden;
aber Arbeiter zu finden, die eine saubere Arbeit
liefern, ist heutzutage schwer, und dann haut einer
wieder ab oder macht einen blauen Montag, alles
nicht leicht, die Termine, die Preise fürs Material, wenn gepfuscht wird usw. Zurück zu meiner
Frage: Was in Ihrem Beruf macht Ihnen manchmal
Lust? Seine Auskunft: Spritzverfahren ist einträg-
licher, Renovationen bringen wenig, Tarife für
Fenster sind einfach zu niedrig, dagegen mit Hartlack kommt er auf seine Rechnung, schließlich hat
er auch eine Familie, Nachtarbeit ist einträglich.
Meine Frage nebenbei: Verdrießt es Sie nicht, wenn
Farben gegen Ihren persönlichen Geschmack verlangt werden? Natürlich arbeitet er, um sein Leben
zu verdienen, das verstehe ich; trotzdem meine
Frage: Hätten Sie nicht manchmal Lust, eine andere
Farbe zu wählen? Man legt doch Muster an und kann
verdutzt sein, wenn dann das ganze Treppenhaus
gestrichen ist; ich meine: Sind Sie gespannt, wie
es zum Schluß aussieht? Er weiß nicht, was ich
mit dieser Fragerei eigentlich will; sein Einkommen hat er mir gesagt. Hätten Sie manchmal Lust auf

einen andern Beruf? Das ist klar: wenn eine Arbeit
sich nicht auszahlt, weil die Tarife teilweise
einfach zu niedrig sind, ausgenommen bei Hartlack,
der seine Spezialität ist, kann sich das Einkommen
verringern. Also Hartlack macht Lust? Das kann er
nicht sagen; Hartlack ist ein Verfahren, das nicht
alle können, daher sind die Tarife etwas günstiger
. . . Zum Schluß (eigentlich müßte er gehen, damit
seine Arbeiter nicht lungern, aber ich bestelle
gerade noch zwei Bier) frage ich, ob er glaube, daß
die Arbeiter weniger lungern würden, wenn es ihr
eigner Laden wäre, d. h. wenn sie am Gewinn und an
seinen verständlichen Sorgen beteiligt wären, d. h.
ob er glaube, daß ein sozialisierter Betrieb auch
funktionieren könnte, und wenn nicht, warum nicht.
Was das wäre, fragt er, ein sozialisierter Betrieb? Kurze Erklärung, die ihm vor allem zeigt,
daß ich von Flachmalerei nichts verstehe: einer
muß doch die Aufträge beschaffen, einer muß doch
die Buchhaltung führen, und davon verstehen die
Arbeiter überhaupt nichts, es kümmert sie gar
nicht, einer muß doch die Termine halten, damit man
nicht die Kunden verliert, und darauf achten, daß
trotzdem nicht gepfuscht wird, denn sobald der
Unternehmer nicht aufpaßt, wird ja gepfuscht. So
ist das eben. Und deswegen muß er jetzt gehen, ohne
die Hand zu geben, unlustig –

Skizze

Es gibt nichts zu sagen . . . Aber nicht einmal das sagt er. Seine Frau unternimmt alles, um ihn zum Reden zu bringen, neuerdings auch Streit, bis sie
weint: weil er nicht widerspricht. Er am Fenster, Hände in den Hosentaschen, als überlege er eine Antwort. Stumm. Wenn er sich endlich um-
dreht, fragt er, ob der Hund schon gefüttert sei.

. . .

Es wird schlimmer von Jahr zu Jahr.

. . .

Gäste, alle reden, es fällt nicht auf, daß er, als Gastgeber stets beschäftigt, nicht redet. Meistens finden die Gäste: Ein netter Abend. Nur seine Frau ist betrübt: nachher sagt sie: »Früher hattest du noch Meinungen.« Was er nicht bestreitet. »Hast du denn nichts zu sagen?« Natürlich kann er, wenn er sich zwingt, irgend etwas sagen; nur kommt es ihm vor, als habe er schon alles einmal gesagt; es interessiert bestenfalls noch die andern.

. . .

Er ist Mitte vierzig, also nicht alt.

. . .

Zuerst bezieht seine Frau es auf ihre Ehe. Das gibt es ja, Paare, die einander einfach nichts mehr zu sagen haben. Sie geht auf Reisen usw., damit es wieder besser werde in ihrer Ehe. Am Bahnhof oder am Flughafen, wenn sie nach drei oder vier Wochen zurückkommt, steht er und winkt, nimmt ihr sofort die Taschen ab, küßt sie – aber es gibt nichts zu sagen.

. . .

Wörter, die er nie ausspricht – er weiß, was sie heißen, wenn er sie von den Leuten hört; wenn er sie selber ausspricht, heißen sie nichts, dieselben Wörter.

. . .

Dabei ist er Rechtsanwalt, Leiter einer Treuhand-Gesellschaft, Vorsitzender des Hauseigentümer-Verbandes. Es gibt viel zu tun, viel Langweiliges, aber nicht einmal darüber klagt er. Es gibt viele Leute, die er täglich trifft, Geschichten aller Art. »Warum erzählst du nichts?« Dann schaltet er das Fernsehen an. »Du mit deinem Fußball!«

. . .

Als Kind im Zoo meinte er einmal, die Fische können nicht sprechen, weil sie unter Wasser sind; sonst möchten sie schon –

. . .

Leute mögen ihn. Seine stille Art. Es gibt immer genug andere, die etwas zu sagen haben; meistens genügt es, daß man zuhört. Als Gast gehört er zu der Sorte, die sitzen bleibt, die nicht merkt, daß es jetzt Zeit wäre, und in aller Stille einfach sitzen bleibt . . . Wenn er allein ist, fällt ihm auch nichts ein.

. . .

Wenn sie sagt: »Du mußt doch etwas denken!«, steht er auf, als habe man ein Gespräch zu Ende geführt, geht hinaus und füttert den Hund, der nur wedelt und frißt, der ihn nicht zum Reden bringen will.

. . .

Kunden wissen es zu schätzen, daß er nicht sagt, was er denkt; es genügt ihnen, daß er ihre Interessen wahrnimmt.

. . .

Sein Hobby: Schach. Kein Partner käme auf die Idee zu fragen: Was denken Sie jetzt? Es genügt, daß er nach einer Weile seinen nächsten Zug macht, stumm wie die Figuren. Seine Geduld, wenn der andere jetzt überlegt, seine Gelassenheit usw., er fühlt sich nicht bedrängt, wenn der andere plötzlich sagt: Schach! Darauf gibt es nichts zu sagen. Er ist dankbar für jede Partie, auch wenn er nach zwei Stunden verliert; Stunden ohne Konversation.

. . .

Im Auto stellt er sofort das Radio an.

. . .

Meinungen über Nasser und Israel, über Herzverpflanzung, über Ulbricht, über Franz Josef Strauß, über Saridon, über den SPIEGEL, über Frauenstimmrecht in der Schweiz, über gemeinsame Bekannte, über die Verjährung von Kriegsverbrechen – jedermann hat Meinungen, es geht nicht ohne; daher sagt seine Frau: »Heiner ist auch dieser Meinung!«, während er die Flasche entkorkt.

. . .

Der Hund wird immer wichtiger. Er wandert stundenlang mit dem Hund. Seine Frau erträgt es nicht, stundenlang neben oder vor oder hinter einem Mann zu gehen, der sich Mühe geben muß, um einmal zu sagen: Ein Hase! Und wenn sie ihrerseits redet, hört er zu, bis er antworten muß; dann bleibt er plötzlich stehen: Natur-Erlebnis als Ausrede . . . Wenn er mit dem Hund allein geht, merkt er's nicht, daß er stundenlang nicht sagt, was er denkt, und wenn er nichts denkt, merkt es der Hund nicht.

. . .

Was er schätzt: Filme. Spricht man aber von Filmen, die ganz verschiedene Meinungen auslösen, so versäumt er sie regelmäßig. Er bevorzugt Western.

. . .

Nur Personen, die ihn nicht kennen, stellen noch die übliche Frage: Was meinen denn Sie? Dann sagt er irgend etwas, er könnte auch das Gegenteil sagen, dann ist er verwirrt – wie einst in der Schule, wenn der Lehrer sagte: Sehr richtig!

. . .

Wenn er getrunken hat, dann ja – dann redet er, ohne sich zu fragen, ob er etwas zu sagen hat. Am andern Tag erinnert er sich nicht, und das peinigt ihn; er weiß nicht, was er von neun Uhr abends bis vier Uhr morgens hätte reden können.

. . .

Seine Tochter hat jetzt auch gemerkt, daß er nichts zu sagen hat. Er ist nur
väterlich. Manches weiß er, wenn sie ihn fragt, aber es fällt ihm nichts dazu
ein, er weiß nur, was Idiosynkrasie heißt (laut Lexikon), und dann tut er
wieder, als sei er beschäftigt. Er schiebt den Rasenmäher. Wenn die Tochter sich zu Hause langweilt, überlegt er sich, was sie bekümmern könnte; er
erkundigt sich. Er erlaubt ihr fast alles. Er liest Mao, um sie zu verstehen –
dann spielt er Ping-Pong mit ihr.

. . .

Der Arzt hat ihm das Rauchen verboten. Er kann's nicht lassen, nicht unter Leuten, die darauf warten, daß er etwas sage.

. . .

Einmal liegt er im Spital. Operation. Er genießt diese drei Wochen; er
braucht nur zu sagen, daß er fast keine Schmerzen mehr hat, während
der Besucher berichtet vom Wetter draußen, von der Hitze in der Stadt,
von einer Ehescheidung im Bekanntenkreis usw.

. . .

Eines Tages geht's auch mit dem Hund nicht mehr. Der Hund läuft nicht,
wenn er einen Tannzapfen wirft. Der Hund kommt nicht, wenn er ruft.
Der Hund unterhält sich allein.

. . .

Einmal, anläßlich einer öffentlichen Einweihung, muß er im Namen des
Verwaltungsrates sprechen. Das macht er ausgezeichnet, nicht ohne Humor zu zwei Kameras. Als er sich im Fernsehen sieht, findet er selbst,
daß er es ausgezeichnet macht. So geht's ohne weiteres: wenn er nicht sagen soll, was er denkt.

. . .

Wenn er allein zu Hause ist, kommt es vor, daß er sich plötzlich zwei Spiegeleier brät, obschon er keinen Hunger hat. Sobald man nichts tut, droht die Gefahr, daß man irgend etwas meint.

. . .

Früher hatte er noch Meinungen, das stimmt. Er erinnert sich. Zum Beispiel war er (mehr als Doris) der Meinung, sie sollten heiraten. Heute hat er auch dazu keine Meinung mehr.

. . .

Manchmal im Traum hat er etwas zu sagen, aber dann erwacht er daran, daß er es hat sagen wollen –

. . .

Es hat nichts mit Doris zu tun.

. . .

Daß Leute, kaum sind sie zusammen in einem Zimmer, sofort wissen, was sie reden, oder am Telephon oder auf der Straße, kaum hat man sich begrüßt, sofort wissen sie, was reden.

. . .

Er meidet jetzt jede Situation, wo er sein Schweigen hört. Er bleibt stehen vor Baustellen: Lärm von Preßluftbohrern, Lärm von einem Bagger usw., aber jeder Lärm hört wieder auf.

. . .

Eine Zeitlang, früher, redete er wahrscheinlich zu sich selbst, während er schwieg; er wußte noch, was er im Augenblick verschwieg – wörtlich.

. . .

Man sieht ihm nichts an.

. . .

Ein Selbstmordplan, der daran scheitert, daß er in einem Brief, den er seiner Frau meint schuldig zu sein, nichts zu sagen hat –

. . .

Begräbnisse waren nie schlimm für ihn, selbst wenn er den Verstorbenen geschätzt hat. Alle in Schwarz, manche erschüttert, alle geben zu, daß sie nicht wissen, was man dazu sagen soll; Händedruck: Es gibt einfach nichts zu sagen.

. . .

Später tut er's ohne Brief.

BERZONA, Juni 1966

Anruf aus Moskau, LITERATURNAJA GAZETA bittet um
Kundgebung zu den Bombenangriffen auf Nord-Vietnam. Sofort. Sie wollen morgen um diese Zeit,
12.00, wieder anrufen.
»Sie fragen, was die westlichen Schriftsteller
zu den amerikanischen Bombenangriffen auf Nord-
Vietnam zu sagen haben. Sie setzen voraus, daß wir
unsere Meinung ungestraft aussprechen können.
Das ist weitgehend der Fall. Wenn Sie westlichen
Schriftstellern versprechen können, daß Sie unsern
Protest auch veröffentlichen, wenn er sich nicht
gegen die USA richtet, sondern beispielsweise
gegen die Verurteilung sowjetischer Schriftsteller, so bin ich Ihnen für die Veröffentlichung
der folgenden Stellungnahme zu den amerikanischen
Bombenangriffen auf Nord-Vietnam dankbar.« Der

vereinbarte Anruf um 12.10. Die Person, die das
Diktat abnimmt, spricht Deutsch ohne Schwierigkeit, versauert aber bei der Erwähnung sowjetischer Schriftsteller. Ich verlange Zusage: ganzer
Text oder nichts. Zehn Tage später Anruf aus Moskau: man habe auf den Beitrag verzichtet. Stimme
sehr freundlich. Grund: ich habe mich nicht an die
Frage gehalten.

Fragebogen

1.
Ist die Ehe für Sie noch ein Problem?
2.
Wann überzeugt Sie die Ehe als Einrichtung mehr: wenn Sie diese bei andern sehen oder in Ihrem eignen Fall?
3.
Was haben Sie andern öfter geraten:
a. daß sie sich trennen?
b. daß sie sich nicht trennen?
4.
Kennen Sie auch Versöhnungen, die keine Narben hinterlassen auf der
einen oder auf der andern oder auf beiden Seiten?
5.
Welche Probleme löst die gute Ehe?
6.
Wie lange leben Sie durchschnittlich mit einem Partner zusammen, bis die
Aufrichtigkeit vor sich selbst schwindet, d. h. daß Sie auch im stillen nicht
mehr zu denken wagen, was den Partner erschrecken könnte?
7.
Wie erklären Sie es sich, daß Sie bei sich selbst oder beim Partner nach
einer Schuld suchen, wenn Sie an Trennung denken?
8.
Hätten Sie von sich aus die Ehe erfunden?
9.
Fühlen Sie sich identisch mit den gemeinsamen Gewohnheiten in Ihrer

derzeitigen Ehe? Und wenn nicht: glauben Sie, daß Ihr ehelicher Partner sich identisch fühlt mit diesen Gewohnheiten, und woraus schließen Sie das?

10.

Wann macht Sie die Ehe eher nervös:

a. im Alltag?

b. auf Reisen?

c. wenn Sie allein sind?

d. in Gesellschaft mit vielen?

e. unter vier Augen?

f. abends?

g. morgens?

11.

Entwickelt sich in der Ehe ein gemeinsamer Geschmack (wie die Möblierung ehelicher Wohnung vermuten läßt) oder findet für Sie beim Kauf einer Lampe, eines Teppichs, einer Vase usw. jeweils eine stille Kapitulation statt?

12.

Wenn Kinder vorhanden sind: fühlen Sie sich den Kindern gegenüber schuldig, wenn es zur Trennung kommt, d. h. glauben Sie, daß Kinder ein Anrecht haben auf unglückliche Eltern? Und wenn ja: bis zu welchem Lebensalter der Kinder?

13.

Was hat Sie zum Eheversprechen bewogen:

a. Bedürfnis nach Sicherheit?

b. ein Kind?

c. die gesellschaftlichen Nachteile eines unehelichen Zustandes, Umständlichkeiten in Hotels, Belästigung durch Klatsch, Taktlosigkeiten, Komplikationen mit Behörden oder Nachbarn usw.?

d. das Brauchtum?

e. Vereinfachung des Haushalts?

f. Rücksicht auf die Familien?

g. die Erfahrung, daß die uneheliche Verbindung gleichermaßen zur Gewöhnung führt, zur Ermattung, zur Alltäglichkeit usw.?

h. Aussicht auf eine Erbschaft?

i. Hoffnung auf Wunder?

k. die Meinung, es handle sich lediglich um eine Formalität?

14.
Hätten Sie der standesamtlichen oder der kirchlichen Formel für das Eheversprechen irgend etwas beizufügen:
a. als Frau?
b. als Mann?
(Bitte um genauen Text)

15.
Falls Sie sich schon mehrere Male verehelicht haben: worin sind Ihre Ehen sich ähnlicher gewesen, in ihrem Anfang oder in ihrem Ende?

16.
Wenn Sie vernehmen, daß ein Partner nach der Trennung nicht aufhört Sie zu beschuldigen: schließen Sie daraus, daß Sie mehr geliebt worden sind, als Sie damals ahnten, oder erleichtert Sie das?

17.
Was pflegen Sie zu sagen, wenn es in Ihrem Freundeskreis wieder zu einer Scheidung kommt, und warum haben Sie's bisher den Beteiligten verschwiegen?

18.
Können Sie zu beiden Seiten eines Ehepaares gleichermaßen offen sein, wenn sie es unter sich nicht sind?

19.
Wenn Ihre derzeitige Ehe als glücklich zu bezeichnen ist: worauf führen Sie das zurück?
(Stichworte genügen)

20.
Wenn Sie die Wahl hätten zwischen einer Ehe, die als glücklich zu bezeichnen ist, und einer Inspiration, einer Intelligenz, einer Berufung usw., die das eheliche Glück möglicherweise gefährdet: was wäre Ihnen wichtiger:
a. als Mann?
b. als Frau?

21.
Warum?

22.
Meinen Sie erraten zu können, wie Ihr derzeitiger Partner diesen Fragebogen beantwortet? und wenn nicht:

23.
Möchten Sie seine Antworten wissen?

24.
Möchten Sie umgekehrt, daß der Partner weiß, wie Sie diesen Fragebogen
beantwortet haben?

25.
Halten Sie Geheimnislosigkeit für ein Gebot der Ehe oder finden Sie, daß
gerade das Geheimnis, das zwei Menschen voreinander haben, sie verbindet?

ZÜRICH, Dezember 1966

Morgenfeier im Schauspielhaus, es spricht der
Gefeierte – ein Bekenntnis, das mit Ehrfurcht angehört wird, dann mit Beifall bestätigt.
Endlich darf man es wieder sagen, daß es eine entar-
tete Literatur gibt. Welche Schriftsteller gemeint
sind, wird nicht gesagt; der Germanist von Zürich,
würdevoll im Bewußtsein seines Mutes und nicht unbesonnen, sondern gediegen-entschlossen, heute
und hier einmal die schlichte Wahrheit zu sagen in
der Sprache Eckermanns, fragt sich: In welchen
Kreisen verkehren sie? die Schriftsteller nämlich
... Wir duzen einander seit langer Zeit, ich verdanke ihm freundlichen Zuspruch zu frühen Arbeiten, wir sammelten Pilze zusammen und rauchten zusammen Zigarren; er wird schwerlich verstehen, daß
ich heute als sein öffentlicher Gegner auftrete.

»Man gehe die Gegenstände der neueren Romane und Bühnenstücke
durch. Sie wimmeln von Psychopathen, von gemeingefährlichen Exi-
stenzen, von Scheußlichkeiten großen Stils und ausgeklügelten Perfi-
dien. Sie spielen in lichtscheuen Räumen und beweisen in allem, was
niederträchtig ist, blühende Einbildungskraft. Doch wenn man uns
einzureden versucht, dergleichen zeuge in tiefer Empörung, Beklom-
menheit oder von einem doch irgendwie um das Ganze bekümmerten
Ernst, so melden wir – nicht immer, aber oft – begründete Zweifel an.«

»Und heute? Wir begegnen dem Schlagwort Littérature engagée. Dabei wird aber niemand wohl, der die Dichtung wirklich als Dichtung liebt. Sie verliert ihre Freiheit, sie verliert die echte, überzeugende, den Wandel der Zeit überdauernde Sprache, wo sie allzu unmittelbar-beflissen zum Anwalt vorgegebener humanitärer, sozialer, politischer Ideen wird. So sehen wir denn in der Littérature engagée nur eine Entartung jenes Willens zur Gemeinschaft, der Dichter vergangener Tage beseelte.«

»– diese heute über die ganze westliche Welt verbreitete Legion von Dichtern, deren Lebensberuf es ist, im Scheußlichen und Gemeinen zu wühlen –«

»Wenn solche Dichter behaupten, die Kloake sei ein Bild der wahren Welt, Zuhälter, Dirnen und Säufer Repräsentanten der wahren, ungeschminkten Welt, so frage ich: In welchen Kreisen verkehren sie?«

»Ziehen wir den schlichten und gediegenen Grundriß wieder nach, auf dem das Gebäude jeder großen Kultur errichtet worden ist.«

»Kehren wir zu Mozart zurück!«

Emil Staiger anläßlich der Verleihung des Literatur-Preises der Stadt Zürich am 17. 12. 1966.

Ehe nach dem Tod

Eine jüngere Witwe, die drei Jahre nach dem Tod ihres Mannes plötzlich erschüttert ist: seine Persönlichkeit, heute noch in öffentlichem Ansehen, hat es nicht gegeben. Was er in seinem Beruf geleistet hat, ist in der Stadt und darüber hinaus bekannt; das hat es gegeben, seine öffentliche Leistung, daran rüttelt denn auch fast niemand. Die Nachrufe waren übertrieben wie meistens; das wußte sie trotz Trauer; aber sie hätten ihn gefreut. Übrigens sagt die Witwe es niemand. Wann immer es sich um Marcel handelt (was allerdings immer seltener vorkommt), zeigt sie sich als eine beispielhafte Witwe; man kann mit ihr durchaus verhandeln, sie bleibt verständig und tut nicht, als bleibe der Tote sozusagen der Vorgesetzte über seine Nachfolger im Amt; es genügt ihr der Respekt vor ihrem Mann, wie er ihn bis zu seinem Tod genossen hat. Sie hat seine frühen Briefe gelesen; das scheint es aber nicht gewesen zu sein. Es sind schöne Briefe, auch lustige. Auch ist nach seinem Tod nichts zum Vorschein gekommen, was sie hätte erschüttern können, kein Tatbestand, der ihn plötzlich als eine andere Persönlichkeit erscheinen ließ. Eine kurze Liebesgeschichte, die ihr vielleicht damals nicht gleichgültig gewesen wäre wie heute, paßt ohne weiteres zu der lebhaften Persönlichkeit, die er dargestellt hat. Sie lebt noch in der gleichen Wohnung; seine Sammlung von Kristallen, die mit dem Staubwedel auf Glanz gehalten werden, die zu vielen Fotos von Regatten (in der Freizeit segelte er) und Indisches, das an eine gemeinsame Reise erinnert, all dies ist noch da, auch das gleiche Dienstmädchen, das den Toten weiterhin Herrn Doktor nennt. Es kommt wie aus der Luft, je weniger sie an Marcel denkt, plötzlich ein alltäglicher Satz von ihm, der sie verwundert. Eigentlich hat er sich immer belogen, nicht auffällig, aber immer zu einem gewissen Grad, ohne es selber zu wissen. Seine Freunde, so scheint es, glauben ihm noch heute aufs Wort, und das verbindet sie mit der Witwe, so meinen sie. Einmal oder zweimal, als sie plötzlich weint, tröstet man sie mit Sätzen, die von Marcel sein könnten. Das erschreckt sie. Acht Jahre lang Ehe, eine gute Ehe im großen ganzen; er ist in den Bergen abgestürzt; jetzt gehen die Kinder zur Schule. Sicher wäre es durchaus in seinem Sinn, daß sie sich wieder verheiratet; sie hört es wörtlich, wie er dazu redet. Nur glaubt sie ihm nicht mehr, je länger er tot ist. Es bleibt eine Ehe. Eigentlich glaubt sie ihm nur noch seinen Tod –

ZÜRICH LOCHERGUT

Er steht vor der Tür (ich habe klingeln lassen,
aber es hat nicht aufgehört) und möchte mit mir
sprechen, ein junger Jude, der an frühe Kafka-
Bildnisse erinnert, Hut in der Hand, gekleidet für
Sabbath. Ob er nicht ein andermal kommen könne.
Sein Blick: diese Antwort hat er befürchtet. Zum
Glück ändere ich meinen steifen Vorsatz, bitte
herein. Was ist's? Er nennt seinen Vornamen, und da
ich nach dem Familiennamen frage, sagt er: Müssen
Sie ihn wissen? Schon mehrere Male stand er in dem
offenen Laubengang draußen, Sprunghöhe 60 Meter.
Er ist vollkommen gefaßt, aber man glaubt es ihm.

Keine Personalien. Er kenne meinen Namen aus der
Zeitung, dann hat er ihn an der Wohnungstüre gesehen, deswegen geklingelt. Er kann in der Synagoge
nicht mit den Seinen singen und unter uns nicht
leben –
P. S.
Er hat öfter angerufen (immer nur mit Vornamen) und
ist öfter gekommen, obschon ich nie, je länger um
so weniger, irgendeinen Rat versucht habe. Auskunft zur Person: er ist aufgewachsen in Zürich 4,
Sohn eines Schneiders, er soll das Handelsfach
erlernen. Mehr habe ich nie erfahren. Literatur?
Kennt er nicht. Er spricht nur von sich und überhaupt nicht von sich. Was ich von Israel erzähle,
kann ihn nicht interessieren. Einer Psychiaterin,
die, wie ich vermute, seine metaphysische Intelligenz zu heilen versucht, verheimlicht er seine
Besuche hier. Er bleibt jeweils eine Stunde, zum
Schluß die Frage, ob er nochmals kommen dürfe.
Bisher letzte Nachricht: er habe es der Psychiaterin jetzt mitgeteilt und gehe nicht mehr dorthin, schreibe das Tagebuch und besuche die Schule,
er werde es nicht tun.

1967

Text für Brunnen Rosenhof

HIER RUHT	1967 NIEMAND
kein großer	zeitGENOSSE
ZÜRCHER	patriot
denker und	REFORMATOR
STAATSMANN	DER SCHWEIZ
oder REBELL	im XX. jahrhundert
weitsichtiger	BEGRÜNDER
PLANER	der ZUKUNFT
der freiheit	die trotzdem kommt

usw.   1967
kein berühmter flüchtling wohnte
hier oder starb ungefähr hier zum
ruhm unserer vaterstadt. kein ket-
zer wurde hier verbrannt. hier kam
es zu keinem Sieg. keine sage, die
uns ehrt, erfordert hier ein denkmal
aus stein. hier gedenke unserer taten heute dies denkmal ist frei

> hier ruht kein kalter krieger dieser stein, der
> stumm ist, wurde errichtet zur zeit des krieges
> in VIETNAM
>
> 1967

BERZONA

Elias Canetti, zwei Tage zu Besuch, ist gegen den
Tod überhaupt, also gegen jedes Denken, das den Tod
anerkennt –

Prag, Februar 1967

Volkseigentum scheint noch nicht zur Pflege anzuspornen. Ich erkundige mich, warum die Zufahrtstraße zu der Siedlung, die schätzungsweise fünfhundert Wohnungen enthält, nach zwei Jahren noch nicht ausgebaut ist. Ein paar Bagger wühlen im Gelände. Wenn's regnet, stapfen die Einwohner durch Morast. Zwei Ämter, heißt es, können sich nicht koordinieren. Reklamieren die Einwohner nicht? Sie werden sich hüten; zuviele warten auf solche Wohnungen. Es wird viel geschwiegen.

Besichtigung eines großen Krankenhauses: Auch hier ist die letzte Zufahrtstraße so, daß es den Krankenwagen schüttelt. Die Ärzteschaft reklamiert seit Jahren vergeblich. Der uns führt: ein Chirurg, freundlich, ungeschwätzig zu sachlicher Auskunft bereit, ein loyaler Staatsbürger. Ein neues Großkrankenhaus ist im Bau. Das alte, von den Deutschen erstellt, erinnert an Lazarett, Notbehelf zwanzig Jahre nach dem Krieg, vieles ist veraltet und ungenügend. Man muß den Kranken helfen, sagt der Chirurg, mit den Mitteln, die da sind. Medikamente? Sie bekommen alles, was es gibt, auch aus dem Westen. Er möchte einmal an einen Fach-Kongreß auch im Westen, aber dafür bekommt er die Erlaubnis nicht. Fachliteratur? Die gibt es, aber nicht im Krankenhaus, sondern in der Bibliothek in der Stadt; die Behörde spart Devisen und ist nicht zu überzeugen, daß es für die Ärtze, die ohnehin überlastet sind, unerläßlich wäre, Fachzeitschriften zur Hand zu haben für jede freie Stunde. Sie sollen in die Stadt fahren, wann immer sie sich auf dem neuesten Stand der Wissenschaft halten wollen. Warum haben die Behörden, trotz jahrelanger Petitionen der Ärzteschaft, kein Einsehen? Das sind Funktionäre, sie dienen der Partei, und daß sie auf ihrem Posten sitzen, verdanken sie nicht ihrer Eignung, sondern der Partei. Das Zimmer, wo der Chirurg sich vorbereitet oder auch schläft, schätze ich auf sechs bis sieben Quadratmeter. Ich besuche Krankensäle. Das ist traurig ... Ja, sagt der Chirurg, wir hoffen alle, daß es einmal besser wird!

Meine Betreuerin, jederzeit beflissen, nur Informationen zu geben, die nach ihrem Ermessen einen guten Eindruck machen, daher ängstlich, daß man an falsche Leute geraten könnte, wundert sich sehr, daß ich, Gast des Tschechoslowakischen Schriftstellerverbandes, ein Eishockey-Spiel besuchen will. Hat man mich dazu nach Prag eingeladen? Aber bitte sehr, der Gast soll sich ja frei fühlen, vollkommen frei. Daß im Hotel, das die Gastgeber mir zugewiesen haben, Mikrophone sind, habe ich nicht festgestellt; es kümmert mich auch nicht; ich denke nicht laut. Ein namhafter, aber unliebsamer Mann, den meine Betreuerin mir nicht anbietet, erhält zwei Tage lang die Auskunft im Hotel, ich sei abgereist; er widerspricht dem Concierge, versichert, daß er mit mir verabredet sei; der Concierge bleibt dabei: Abgereist! während ich im Zimmer oben warte. Als wir uns dann zufällig in der Halle treffen, glücklich über den Zufall, braucht der Concierge sich nicht zu entschuldigen; der Irrtum gehört zu seinen Pflichten. Einmal ein Ausflug aufs Land; ich lerne einen jungen Schriftsteller kennen, eine große Hoffnung, zusammen mit andern Künstlern. Ein menschlicher Tag. Freunde unter sich: kein subversives Wort, der Staat ist einfach nicht da, um so mehr die Landschaft, die Menschen dieser Landschaft, ihre Arbeit. Es geht um Poesie. Poesie als Resistance? Eines Abends, als ich einen andern in seiner Wohnung besuche, wird es spät; die Menschen sind froh um Menschen aus der Fremde. Der Mann holt mir ein Taxi zu Fuß, Mitternachtsstille in der Vorstadt ohne Menschen, ohne Verkehr, aber als mein Taxi losfährt, bemerke ich einen anderen Wagen, der, in Sichtweite parkiert, ebenfalls Licht macht und von jetzt an denselben Weg hat in die Stadt hinein, auch dasselbe Tempo. Erst kurz vor meinem Hotel biegt er ab – das kann Zufall sein ...

Im Hotel wohnt Ilja Ehrenburg. Meine Betreuerin, nach einer Woche schon ziemlich vergrämt, daß der Gast von selber Leute kennenlernt oder schon von früher kennt, darunter solche, die mich am Flugplatz abholen wollten und nicht durften, aber auch andere, Parteigenossen, die eine unvermeidliche Begegnung mit ihr so kurz wie möglich halten – sie tut mir leid – meine Betreuerin ist plötzlich wie verwandelt, seit sie mir eine Karte von Ilja Ehrenburg überreicht hat, plötzlich fast ohne Mißtrauen und weniger diplomatisch-freundlich, krampfloser, charmant wie gegenüber einem Rehabilitierten. Ich habe Scheu vor dieser Begegnung mit Ehrenburg. (Ein alter Bekannter, damals ein junger Anhänger von Gottwald, lächelt kurz: Hören Sie ihn an! Und: Er schreibt jetzt seine Erinnerungen, aber die andern erinnern sich auch –.) Ich erinnere mich an Ehrenburg vor 21 Jahren an einem Kongreß in Breslau, ich war empört über Ehrenburg wie Fadejew, der als Stalinist später Selbstmord begangen hat. Ehrenburg jetzt ein Greis. Wir sitzen in der Hotelhalle, ausgestellt, ab und zu zuckt ein Blitzlicht auf Ilja Ehrenburg. Er kennt einen Roman in russischer Übersetzung, ein aufgeführtes Stück, er kennt Enzensberger und Böll. Sie waren in Moskau vor einem Jahr? Stimmt. In Moskau traf ich Leute vom Theater, keine namhaften Schriftsteller; die waren grad am Schwarzen Meer. Ehrenburg: Wen haben Sie in Moskau getroffen? Das Gespräch hat (in der Erinnerung) drei Phasen, eine Dauer von zwei Stunden.

Erste Phase: Bewunderung für Isaak Babel, Ehrenburg erzählt von seiner Freundschaft mit dem Zeitgenossen, den er als den größten sowjetischen Dichter bezeichnet, der aber (so sagt Ehrenburg) nicht als solcher anerkannt ist, weil er Jude war. Ist das so? frage ich. Ehrenburg erzählt, und Isaak Babel wird gegenwärtiger als alles, was durch die Hotelhalle geht.

Zweite Phase: da von Isaak Babel, dem Toten, die Rede war, ergibt es sich zwanglos, daß Ehrenburg von Stalin-Opfern spricht, die überlebt haben, er berichtet das Geschick eines Mannes, das ich kenne: von diesem selbst. Ich höre zu. Ehrenburg: Haben Sie ihn nicht getroffen in Moskau? Moskau ist eine Riesenstadt, und ich war nur eine Woche dort, es wundert mich, daß die Rede grad auf diesen einen kommt. Aber Ehrenburg spricht von einem zweiten, den ich in Moskau getroffen habe und den er als seinen guten Freund bezeichnet. Wie klein die Welt ist! Der Mann, weiß ich, ist unter Stalin auch zehn Jahre im Kerker gewesen, jetzt wieder in der Partei, rehabilitiert, neuerdings wieder in Schwierigkeiten, da er einen Protest (im Ton einer Petition) unterzeichnet hat. Ehrenburg hat recht: Ein Mensch, ein großartiger Mensch. Wie kommen wir grad auf ihn? Da Ehrenburg offensichtlich weiß, daß ich den Mann getroffen habe im Kreis des sowjetischen Schriftstellerverbandes und des Gorki-Institutes, aber auch allein, bestelle ich Grüße. (Ein Vierteljahr später dankt er in einem Brief für die Grüße, die ihm Ehrenburg überbracht habe.) Ich frage Ehrenburg, was mit Daniel und Siniawsky geschehe? Er hoffe auf Amnestie zum Jahrestag der Oktober-Revolution. Also Einigkeit: Ein Mensch, ein wunderbarer Mensch, hilfsbereit und treu, also ein tapferer Mensch –

Dritte Phase: Auf die Frage, wie ich zurzeit das Leben in Prag finde, berichte ich vom Theater, von der besichtigten Siedlung, vom Krankenhaus, vom Versagen der Funktionär-Bürokratie. Ehrenburg: Wem sagen Sie das! Gerade die Partei, die sich als Volksherrschaft versteht, müßte doch daran interessiert sein, so meine ich und bringe den Satz nicht zu Ende, Ehrenburg: Wem sagen Sie das! Ich nehme an, daß hier kein Mikrophon ist; Eh-

renburg spricht, wie kein Tscheche es sich leisten kann. Mein Eindruck
von der Jugend in diesem Land? Nach einer Woche kann ich kein verläß-
liches Urteil abgeben, aber er will doch meine Eindrücke hören, der Patriarch. Ein Eindruck unter andern: Apathie in politischer Hinsicht. Ehrenburg: Das ist bei uns nicht anders. Wie erklärt sich das, was er bedauert?
Die Jugend, meint Ehrenburg, habe die Zustände vor der Revolution nicht
erlebt, die Revolution nicht und den Krieg nicht. Aber bald gibt er zu, daß
diese Erklärung zu dürftig ist; es sei komplizierter. Und da Ehrenburg sich
einen Tee (wenn ich nicht irre: Tee) bestellt, offenbar also Zeit hat, frage
ich weiter. Ehrenburg: Es ist so. Aber warum? Ehrenburg macht der Jugend keinen Vorwurf; die Schuld, meint er, liege nicht bei der Jugend.
Ich weiß nicht, wieweit das Gespräch offen ist; es gibt ja auch eine takti-
sche Schein-Offenheit. Vielleicht irrt man sich, ich weiß es nicht, daraus
entsteht die Vorsicht, die hier, wie in Moskau, jedermann gelernt hat wie
Orthographie. Ehrenburg fragt, wen ich in Prag getroffen habe? Ich erwähne Professor Goldstücker, der gegen das Verbot von Kafka angetreten
ist mit Erfolg, und bringe das Gespräch auf das Kafka-Grab, das ich heute
besucht habe. Ehrenburg wird wieder in der Halle ausgerufen. Er bleibt sitzen. Wir müssen die Jugend verstehen, meint er, als der Kellner gegangen
ist; wörtlich: »Die Jugend fragt uns natürlich, wie die Stalin-Zeit möglich
gewesen ist, ob wir damals Verbrecher oder Idioten gewesen sind, und darauf ist schwierig zu antworten –«

DIAVOLEZZA

Die Gefährten sind bereits bei der Abfahrt, da sie
die Piste dreimal genießen möchten; man wird sich
später auf dem Bernina-Paß treffen. Beim Anschnallen der Skier schon ein kurioses Gefühl; nicht
Sorge, denn die Abfahrt ist nicht schwierig, der
Schnee wie gewünscht. Es geht denn auch ohne Sturz,
trotzdem bleibt das kuriose Gefühl. Was ist anders
als früher? Vielleicht macht es die Brille; also
halte ich auf der Strecke an und putze sie. Es
bleibt das kuriose Gefühl, bis ich am Ziel bin und
die Skier losschnalle, dabei entdecke: ich fuhr

die ganze Strecke mit der Pfeife im Mund. Das war
vor einem Jahr. Um über das Altern zu schreiben,
genügte es für Michel de Montaigne, daß er einen
Zahn verlor; er schrieb:»So löse ich mich auf und
komme mir abhanden.«

Verhör I

A. Wie stehst du zur Gewalt als Mittel im politischen Kampf? Es gibt
Brillenträger wie dich, die persönlich schon einem Handgemenge ausweichen, aber die Anwendung von Gewalt im politischen Kampf bejahen.

B. – theoretisch.

A. Hältst du eine gesellschaftliche Veränderung für möglich ohne Anwendung von Gewalt oder verurteilst du die Anwendung von Gewalt
grundsätzlich – wie Tolstoj, den du gerade liest.

B. Ich bin Demokrat.

A. Ich sehe, was du bei der Lektüre angestrichen hast. Zum Beispiel:»Die
nach Ansicht der herrschenden Klassen schädlichsten Leute sind auf-
gehängt oder befinden sich in Sibirien, in den Festungen und Gefängnissen . . . Man könnte meinen, was braucht man noch mehr? Indessen
der Zusammenbruch der bestehenden Lebensordnung schreitet dennoch fort, gerade jetzt und bei uns in Rußland.«

B. Geschrieben 1908.

A. Da du dich als Demokrat bezeichnest, nehme ich an, daß dir die Gewalt der herrschenden Klasse im zaristischen Rußland verwerflich erscheint.

B. Ja.

A. Würdest du solchen Zuständen gegenüber die Anwendung von Gewalt, also Gegengewalt, gerechtfertigt finden?

B. Tolstoj war dagegen.

A. Ich frage dich.

B. Wir haben keine solchen Zustände. Können wir überhaupt noch von
herrschenden Klassen sprechen, wie Tolstoj, und somit von Leuten,
die nach Ansicht der herrschenden Klassen schädlich sind und verfolgt
werden mit Gewalt, die Gegengewalt hervorruft? Heute und bei uns

geht es glimpflich zu, verglichen mit dem zaristischen Rußland, auch verglichen mit Spanien oder Portugal oder Griechenland, auch verglichen mit der UdSSR. Die nach Ansicht der Mehrheit schädlichen Leute werden nicht gehängt, kaum ins Gefängnis gesteckt, es sei denn, daß sie sich gegen das Gesetz vergehen; aber nicht wegen ihrer Denkart. Was einer wegen seiner Denkart zu gewärtigen hat, sind Unannehmlichkeiten, aber nicht mehr; Erschwerung der Karriere, aber keine Verschickung nach Sibirien oder Jaros, keine Entrechtung. Vielleicht verliert einer seine Lehrer-Stelle; Entlassung, aber kein Berufsverbot. Verunglimpfung in der staatserhaltenden Presse, infolgedessen Verurteilung an Stammtischen, aber kein Strafvollzug durch staatliche Organe. Die Meinungsfreiheit, wie die Verfassung sie garantiert, bleibt gewahrt. Ebenso das Streikrecht; die Arbeiter können ihre Forderungen vortragen, man verhandelt mit ihnen, sie sind ja keine Leibeigene. Wenn einer überhaupt nicht arbeiten will, kann er auch gammeln; keine Zwangsarbeit. Wer trotzdem eine Veränderung will, kann es sagen in aller Öffentlichkeit; man wird ihn nicht an die Hochschule berufen, auch nicht ans Fernsehen, vielleicht wird sein Telephon überwacht, aber er kann sagen, was er will. Es wird ihm nicht einmal der Paß entzogen. Wie gesagt: keine Entrechtung. Wo der Staat als Gönner auftritt, kommen solche Leute natürlich nicht in Betracht; das ist Pech, aber nicht Gewalt; es geschieht ihnen nichts, wenn sie über die Straße gehen. Die nach Ansicht der herrschenden Mehrheit schädlichen Leute behalten sogar das Stimmrecht; die Mehrheit entscheidet. Und vor dem Gesetz sind alle gleich, die Machtlosen und die Mächtigen. Hofft einer von diesen Leuten, daß er Richter wird, so irrt er sich, aber er wird deswegen nicht verhaftet, nicht verfolgt usw., kurzum: die Repressalien bleiben durchaus im Rahmen des Rechtsstaates.

A. Bist du für den Rechtsstaat?

B. Ich bin für den Rechtsstaat.

A. Was verstehst du darunter?

B. Daß niemand der Willkür und Gewalt des jeweils Stärkeren ausgesetzt ist, Recht für alle, eine Ordnung, die garantiert, daß gesellschaftliche Konflikte ausgetragen werden ohne Gewalttätigkeit.

A. Du sprichst aber von Repressalien –

B. Es gibt natürlich Gewalt ohne Gewalttätigkeit, ein Zustand, der dem Rechtsstaat sehr ähnlich sehen kann. Gewissermaßen ein friedlicher Zu-

stand: indem nämlich um der Gewaltlosigkeit willen Konflikte geleugnet und die fälligen Auseinandersetzungen verhindert werden. Gewalttätigkeit seitens der herrschenden Klasse, wie Tolstoj sie in seinen Flug-
schriften brandmarkt, liegt nicht vor. Das garantiert der Rechtsschutz:
Schutz vor Gewalttätigkeit. Deswegen bin ich für den Rechtsstaat.

A. Das sagtest du schon.

B. Man kann es nicht genug sagen.

A. Was heißt Repressalie?

B. Die betrifft nicht das Gesetz, sondern lediglich die Betroffenen; also
nicht den Rechtsstaat als solchen. Hingegen die Gewalttätigkeit verstößt gegen das Gesetz, Körperverletzung, Beschädigung von fremdem
Eigentum usw. Daher kann die Polizei, die den Rechtsstaat schützt,
erst einschreiten bei Gewalttätigkeit, nicht bei Repressalien – was
dann den Eindruck erweckt, die Polizei schütze nur die herrschenden
Klassen. Das stimmt nicht. Sie schützt jedermann vor Gewalttätigkeit.
Der falsche Eindruck entsteht nur dadurch, daß die herrschenden
Klassen eben nicht gewalttätig sind. Es genügt ihnen das Recht, das
ihre Herrschaft garantiert, sie brauchen keine Gewalttätigkeit.

A. Warum liest du gerade Tolstoj?

B. Weil er mich gerade interessiert.

A. Hier hast du angestrichen:»Ich kann und will es nicht, erstens weil für
diese Leute, die ihr Verbrechen nicht sehen, die Entlarvung notwendig
ist ... zweitens kann und will ich nicht länger dagegen ankämpfen,
weil (ich gestehe es offen) ich hoffe, daß ich für meine Entlarvung dieser Leute auf irgendeine Weise aus der Gesellschaft ausgestoßen werde,
in deren Mitte ich lebe und in welcher ich mich unmöglich nicht als
mitschuldig an den Verbrechen, die um mich her begangen werden,
fühlen könnte.«

B. Gemeint sind die Hinrichtungen –

A. Was es bei uns nicht gibt.

B. – und Kriege.

A. »Und wie sonderbar es auch klingen mag, daß all dieses für mich geschieht und daß ich Mitbeteiligter an diesen Taten bin, ich kann dennoch das Gefühl nicht überwinden, daß eine unzweifelhafte Abhängigkeit meines geräumigen Zimmers, meines Mittagsmahls, meiner
Kleidung, meiner Bequemlichkeit von diesen schrecklichen Verbrechen besteht, die begangen werden, um jene unschädlich zu machen,
die mir nehmen möchten, was mir gehört.«

B. Hier sprach der Graf.

A. »Deswegen schreibe ich dieses und werde es, soweit ich kann, sowohl in Rußland wie im Auslande verbreiten, damit eines von beiden: entweder diese unmenschlichen Taten aufhören, oder daß man meine Verbindung mit diesen Dingen aufhebt, indem man mich entweder ins Gefängnis sperrt, wo es mir klar zum Bewußtsein kommen mag, daß diese Schrecken schon nicht mehr meinetwillen begangen werden, oder, was noch besser wäre (so gut, daß ich von solchem Glück nicht zu träumen wage), daß man mich wie jene zwanzig oder zwölf Bauern in ein Totenhemd steckt und unter meinen Füßen die Bank vorstößt, damit ich durch mein eigenes Gewicht auf meiner alten Kehle die eingeseifte Schlinge ziehe.« Warum hast du das angestrichen?

B. Ich fand es sehr kühn.

A. Nun gibt es aber in unserem Land, wie du selber gesagt hast, keine Verbrechen dieser Art. Ein Satz wie dieser: »daß eine unzweifelhafte Abhängigkeit meines geräumigen Zimmers, meines Mittagsmahls, meiner Kleidung, meiner Bequemlichkeit von diesen schrecklichen Verbrechen besteht«, das könnte sich heute allenfalls auf gewisse Vorkommnisse in der Dritten Welt beziehen.

B. Ja.

A. Hast du daran gedacht?

B. Vielleicht hätte Tolstoj daran gedacht.

A. Hier eine andere Stelle: »Die gewaltsame Revolution hat sich überlebt. Alles, was sie den Menschen geben kann, hat sie ihnen schon gegeben –«

B. Das habe ich nicht verstanden. Geschrieben 1905, angesichts der Verhältnisse, die Tolstoj eben geschildert hat, eine Behauptung, die ich nicht verstanden habe.

A. Wenn ich sehe, was du angestrichen hast, so fällt auf: erstens beschäftigt dich offenbar das Phänomen der Gewalt –

B. Und der Gegengewalt.

A. Tolstoj verwirft beides.

B. Und zweitens?

A. »Jede Revolution beginnt in einem Augenblick, wo die Gesellschaft der Weltanschauung entwachsen ist, auf die sich die bestehenden Formen des gesellschaftlichen Lebens gründen, wo der Widerspruch zwischen dem Leben, wie es ist, und dem Leben, wie es sein sollte und könnte, der Mehrzahl der Menschen so klar wird, daß es ihnen unmöglich erscheint, ihr Leben unter den bisherigen Bedingungen fortzusetzen.«

B. Das ist ein guter Satz.

A. Glaubst du an Revolution?

B. Wo?

A. Hier eine andere Stelle, die du angestrichen hast: »Der Sinn der Revolution, die jetzt in Rußland beginnt und in der ganzen Welt bevorsteht, liegt nicht in der Trennung der Kirche vom Staat oder der Erwerbung gesellschaftlicher Unternehmungen durch den Staat, nicht in der Organisation der Wahlen oder der scheinbaren Beteiligung des Volkes an der Macht, nicht in der Errichtung der allerdemokratischsten, meinetwegen sogar sozialistischen Republik mit allgemeinem Stimmrecht, sondern – in der wirklichen Freiheit.«

B. Was ist das?

A. »Eine nicht nur scheinbare, sondern wirkliche Freiheit wird nicht durch Barrikaden erreicht, nicht durch Mord, nicht durch was für immer mit Gewalt eingeführte Einrichtungen, sondern nur dadurch, daß man aufhört, irgendeiner menschlichen Gewalt, möge sie heißen, wie sie wolle, Gehorsam zu leisten.«

B. Ich glaube nicht an die Anarchie.

A. Dann wärest du also nicht einverstanden mit dieser Stelle, die du auch angestrichen hast: »Zu der Befreiung der Menschen vor dem furchtbaren Übel der Rüstungen und Kriege, unter dem sie gegenwärtig zu leiden haben und das immer mehr und mehr wächst, sind nicht Kongresse, nicht Konferenzen, nicht Traktate und Schiedsgerichte nötig, sondern die Vernichtung jener Gewalt, die sich Regierung nennt und von der die größten Leiden der Menschheit herrühren.«

B. Sätze wie diesen, und davon gibt es ja bei Tolstoj viele, habe ich angestrichen, weil sie mir zum Bewußtsein bringen, wie brav ich bin, wie staatsgläubig.

A. Immerhin sinnst du auf Veränderung.

B. Der Rechtsstaat, so würde ich meinen, schließt nicht aus, daß das Recht, dem seine Maßnahmen dienen, zu ändern ist, wenn die geschichtliche Entwicklung das verlangt. Das bestehende Recht beispielsweise schützt das Eigentum. Wer mehr Eigentum hat als alle andern, hat nicht mehr Rechte, aber Macht durch Recht. Wieso lieben

diesen Rechtsstaat gerade die Starken? Die Notwendigkeit, Recht zu
ändern, ist immer zuerst eine Notwendigkeit für die Schwächeren
und nicht für die andern, denen das Recht ermöglicht, scheinbar ohne
Gewalt zu herrschen, indem ihre Macht durch Eigentum ja eine recht-
mäßige ist.

A. Du sagst: scheinbar ohne Gewalt.

B. In der Tat geht es heute und hier vollkommen friedlich zu. Das ist
wahr. Die Macht, die sich auf unseren Gehorsam stützen kann, ist
nie oder fast nie gewalttätig, und solange das Recht, das den einen
die Macht über die andern verleiht, nicht in Frage gestellt wird, leben
die Schwächeren vollkommen unbehelligt.

A. Was verstehst du unter Macht?

B. Kapital.

A. Du bezeichnest dich als Demokrat. Das heißt, du anerkennst, daß der
Wille der Mehrheit den Ausschlag gibt. Wie die Wahlen und Abstimmungen zeigen, will aber die Mehrheit keine Veränderung.

B. Die Mehrheit sind eben die Schwächeren, und das verwundert mich
nicht: die Schwächeren wollen unbehelligt sein. Sie wissen schließlich,
daß sie die Schwächeren sind, sobald die Macht sich herausgefordert
oder gar bedroht fühlt, also gewaltsam wird. Die Macht verfügt über
Militär. Wenn die Schwächeren, obschon sie die Mehrheit sind, einer
Minderheit ihre Macht bestätigen, so heißt das: die Mehrheit ist abhängig von dieser Minderheit.

A. Das verstehst du unter Demokratie?

B. Nein.

A. Hier eine andere Stelle bei Tolstoj: »Das Wesen des Irrtums aller nur
möglichen politischen Lehren (der konservativsten wie der fortschritt-
lichsten), welche die Menschen in diese elende Lage gebracht haben,
ist stets dasselbe – es besteht darin, daß die Menschen dieser Welt es
für möglich hielten und noch halten, die Menschen so durch Gewalt
zu vereinigen, daß sie sich ohne Widerspruch einer und derselben Lebensordnung und den aus derselben entspringenden Gesetzen der Le-
bensführung fügen.« Und weiter: »Es ist verständlich, wenn Menschen,
ihrer Leidenschaft folgend, andere Leute, die nicht mit ihnen einverstanden sind, durch Gewalt dazu zwingen, ihren Willen zu tun . . .«

B. Was willst du mich fragen?

A. Bejahst du die Gegengewalt?

B. Gegengewalt in welcher Situation? Ein Attentat auf Hitler, wenn es ge-
    lungen wäre, hätte ich nicht als gemeinen Mord verurteilt. Zum Bei-
    spiel.

A. Ich meine: Gegengewalt in der Demokratie.

B. Liest man von Gewalt, so denke ich vorerst nicht an Staatsgewalt,
    auch nicht an die Gewalt des Kapitals, nicht an Krieg, sondern an Pfla-
    stersteine, Schüsse auf die Polizei, Brände usw., also an Gewalttätig-
    keit, die mich erschreckt. Liest man gleichzeitig von Knüppeln und
    Tränengas und Wasserwerfern und Schüssen nicht aus der Menge, son-
    dern in die Menge, so erschreckt es mich auch, obschon das nicht Ge-
    walttätigkeit ist, sondern Anwendung der Staatsgewalt zwecks Ruhe
    und Ordnung. Es ist natürlich schon ein Unterschied: Gewalt ohne
    Recht, Gewalt mit Recht. In andern Sprachen ist es klarer: »violence«,
    »power«. Martin Luther King predigt »Non-violence«, aber nicht
    »Non-power«, wenn er für die Bürgerrechte der Neger kämpft; was
    mit Bittschriften nicht in Jahrzehnten zu erreichen ist, das erreicht
    ein Bus-Streik in Alabama – ohne Gewalttätigkeit, aber durch eine De-
    monstration möglicher Gewalt.

A. Und diese bejahst du?

B. Sicher.

A. Und die Gewalttätigkeit?

B. Schon auf Fotos oder in der Tagesschau entsetzt mich jeder Akt der
    Gewalttätigkeit. Daher liebe ich die These, Gewalttätigkeit verändere
    nichts. Wer zum Schwert greift usw.

A. Hier hast du die folgende Stelle angestrichen: »Sie mögen sich und an-
    dere so viel sie wollen zu überreden versuchen, daß die entsetzlichen
    Verbrechen gegen die göttlichen und menschlichen Gesetze, die sie un-
    unterbrochen begehen, aus irgendwelchen höheren Erwägungen voll-
    bringen, sie können das Verbrecherische, Sündhafte, Niedrige ihres
    Tuns weder vor sich noch vor andern verbergen ... das wissen auch
    alle Zaren, alle Minister und Generäle, wie sehr sie sich auch hinter
    irgendwelchen erklügelten höheren Erwägungen zu verschanzen su-
    chen.« Absatz: »Dasselbe bezieht sich auf die Revolutionäre, ohne Un-
    terschied der Parteien, wenn sie den Mord als zulässig für die Errei-
    chung ihrer Ziele betrachten.«

B. Tolstoj war Christ.

A. Wenn du eine gesellschaftliche Veränderung für unumgänglich hältst und offenbar zu der Meinung kommst, daß Personen, deren Macht sich hinter Rechtsstaatlichkeit verschanzt, jede Veränderung auf rechtsstaatlichem Weg verhindern – bist du dann für Anwendung von Gewalt?

B. Was wäre die Alternative?

A. Verzicht auf Veränderung.

B. Das ist nicht die Alternative. Was die Geschichte lehrt: sie bleibt nie stehen. Oder nicht lange. Das darf man sagen, glaube ich, auch wenn das Telefon abgehört wird ... Ich habe Angst vor der Gewalt, daher liebe ich die These, die Vernunft könne verändern.

A. Deine Parole wäre also: Reform.

B. Dabei sehe ich mich in seltsamer Gesellschaft; daß mit Gewalt nichts zu verändern sei, das sagen auch die Inhaber der Macht, die jede Reform verhindert. Man kann ihren Ärger verstehen, wenn es zu Unruhen kommt; zwar werden sie damit fertig, aber die gewaltlose Unterdrückung, Repressalie in Ruhe und Ordnung, ist ungefährlicher auch für sie, denn die Anwendung von Staatsgewalt hat immer etwas Aufreizendes, etwas Lehrreiches, sie bringt zum Bewußtsein, daß die Botschaft von der Gewaltlosigkeit immer an die Unterdrückten adressiert ist.

A. Rechtfertigst du damit die Gegengewalt?

B. Mein Entsetzen vor der Gewalttätigkeit ist dadurch nicht geringer, daß ich sie unter Umständen verstehen muß – zum Beispiel die zunehmende Gewalttätigkeit der Neger; ihre Lage ist schätzungsweise die Lage der russischen Bauern und Soldaten und Arbeiter zur Zeit von Tolstoj, der ihnen so gern geholfen hätte, aber Tolstoj hat den Zar nicht überzeugen können; sie mußten sich selber helfen.

A. Erwartest du also eine Revolution?

B. Wahrscheinlich hätte ich vor jeder Revolution, die je stattgefunden hat, dasselbe gesagt: Ich sehe keine realistische Chance. Das heißt wohl, daß ich kein Revolutionär bin.

A. Glaubst du nicht, daß durch Verbreitung von Wohlstand sich jede Revolution überhaupt erübrigt?

B. Das erschwert sie.

A. Bedauerst du das?

B. Wenn ich gerade Tolstoj lese, frage ich mich zum Beispiel, was geschehen wäre, wenn die Zaren damals durch Verbreitung eines gewissen

Wohlstandes dafür gesorgt hätten, daß die Revolution sich erübrigt.
Wir hätten heute noch das Zarentum.

A. Aber ein anderes.

B. Aber Zarentum.

A. Du meinst nicht, daß die Drohung mit Gegengewalt auch ein verhin-
derndes Element sein kann, indem sie zwangsläufig die Haltung der
derzeitigen Inhaber der Macht versteift?

B. Wenn Fidel Castro, statt kubanische Dörfer zu erobern und die fremden Inhaber zu enteignen, in die amerikanischen Lobbies gegangen
wäre, so wäre Washington zweifellos weniger steif (was das Experiment möglicherweise zum Scheitern bringt) und die amerikanischen
Ausbeuter säßen noch immer in Kuba.

A. Bleiben wir in unserer Gegend.

B. Die Fragen sind dieselben.

A. Du bist also für Veränderung –

B. Ja.

A. Du meinst aber, daß die Inhaber der Macht sich jeder Veränderung
des Rechts widersetzen und zwar mit Gewalt, wenn es anders nicht
geht, im Namen des Rechtsstaates.

B. Das ist natürlich.

A. Du meidest den Satz: Es geht nur mit Gegengewalt. Meidest du den
Satz, weil du, wie du sagst, Angst hast vor jedem Akt der Gewalt oder
weil du immer noch hoffst, eine gesellschaftliche Veränderung sei
möglich ohne die Androhung von Gegengewalt?

Ende April 1967

Militär-Putsch zur Verhinderung demokratischer
Wahlen in Griechenland. König Konstantin, aus dem
Bett geholt zur unterschriftlichen Genehmigung des
Umsturzes, soll gezögert haben, bis die Königin-
mutter, die deutschstämmige, dem jungen Monarchen
dann Beine gemacht hat. Papandreou und andere Po-
litiker verhaftet, Deportationen, Liquidation des
Rechtsstaates mit der Begründung: Kommunistische
Gefahr. Alles wie gehabt, Militär-Junta zwecks

Ruhe und Ordnung, die gewählten Parteien verboten
zwecks Vaterland. Volk läuft nach Piräus und hofft
auf die 6. amerikanische Flotte im Mittelmeer, die
in Sicht vor Anker liegt: keine militärische Einmischung in die inneren Angelegenheiten eines Landes mit amerikanischen Investitionen. (Unsere NEUE
ZÜRCHER ZEITUNG, ebenfalls ohne sich einzumischen
in die inneren Angelegenheiten eines Landes mit
schweizerischen Investitionen, gibt zu bedenken,
daß die Wahlen, demnächst fällig, tatsächlich eine
Mehrheit der sozialistischen Parteien hätten bringen können; man muß die Offiziere schon auch verstehen.) Ergebnis: eine faschistische Diktatur als
NATO-Mitglied. Fotos: Griechisches Volk ohnmächtig vor NATO-Tanks unter griechischer Flagge.

Zum Stück

Die Fabel, die den Eindruck zu erwecken sucht, daß sie nur so und nicht
anders habe verlaufen können, hat zwar immer etwas Befriedigendes, aber
sie bleibt unwahr; sie befriedigt lediglich eine Dramaturgie, die uns als
klassisches Erbe belastet: Eine Dramaturgie der Fügung, eine Dramaturgie
der Peripethie. Was dieses große Erbe anrichtet nicht nur im literarischen
Urteil, sondern sogar im Lebensgefühl: im Grunde erwartet man immer,
es komme einmal die klassische Situation, wo meine Entscheidung schlichterdings in Schicksal mündet, und sie kommt nicht. Es gibt große Auf-
tritte, mag sein, aber keine Peripethie. Tatsächlich sehen wir, wo immer
Leben sich abspielt, etwas viel Aufregenderes: es summiert sich aus Handlungen, die zufällig bleiben, es hätte immer auch anders sein können, und
es gibt keine Handlung und keine Unterlassung, die für die Zukunft nicht
Varianten zuließe. Der einzige Vorfall, der keine Variante mehr zuläßt, ist
der Tod. Wird eine Geschichte dadurch exemplarisch, daß ihre Zufälligkeit geleugnet wird? Es geschieht etwas, es kann verschiedene Folgen haben oder keine, und etwas, was ebenso möglich wäre, geschieht nicht; eine
Gesetzmäßigkeit, die sich erkennen läßt für die große Zahl, hat Wahr-
scheinlichkeitswert, aber nicht mehr, und was geschieht, bedeutet nicht,

daß mit den gleichen Figuren nicht auch ein anderer Spielverlauf hätte
stattfinden können, eine andere Partie als diese, die Geschichte geworden
ist, Biografie oder Weltgeschichte. Es wäre unsinnig zu glauben, daß der
20. Juli nicht auch hätte gelingen können. Kein Stückschreiber heute
könnte als Notwendigkeit verkaufen, daß jene Bombe, richtig gelegt, dann
zufälligerweise um einige Meter verschoben, vergeblich krepierte. So war
es halt. Und dasselbe gilt für irgendeine Geschichte. Jeder Versuch, ihren
Ablauf als den einzig möglichen darzustellen und sie von daher glaubhaft
zu machen, ist belletristisch; es sei denn, man glaube an die Vorsehung
und somit (unter anderem) auch an Hitler. Das tue ich aber nicht. So
bleibt, damit eine Geschichte trotz ihrer Zufälligkeit überzeugt, nur eine
Dramaturgie, die eben die Zufälligkeit akzentuiert –

5. 6. 1967
Nachbarn, die zum Einkaufen unten in Locarno gewesen sind, bringen die Nachricht: Krieg in Israel.
Radio bestätigt. Angst um Freunde, alles Arbeiten
sinnlos, Ohnmacht. Die Meldungen im Lauf des Vormittags sind vage, aber es bleibt: KRIEG. Unfähig zu
einem Urteil. Die bekannten Drohungen von Nasser,
dann die Sperrung des Golfs von Akaba, dann der Aufmarsch auf Sinai. Wer ist Aggressor? In der Zeitung:
das zahlenmäßige Verhältnis der beiden Armeen.

10. 6.
Warten auf Waffenstillstand. Die Gefahr, daß die
Weltmächte eingreifen, vor allem die Sowjetunion,
die auf der arabischen Seite investiert hat; die
Länder der Öl-Scheichs als sozialistische Länder.
Es stimmt alles nicht. Front-Berichte, Front-Kar-
ten, Fotos, die erschrecken: alles so selbstver-
ständlich. Die im Sand liegen, sind tot; die ihre
Hände hochhalten, sind gefangen; die Bewacher,
Gewehr umgehängt, sind keine Berserker, nur junge
Menschen mit Helm. Der Anblick zerstörter Tanks
befriedigt mich immer. Israel dringt weiter nach

Jordanien und Syrien. Die prekäre Grenze. Erinnerungen an die Höhenzüge dort –

16. 6.
Diskussionen. Denkt Israel jetzt an territoriale
Expansion? Jubel aus der Bundesrepublik von halb-
rechts: Lösung durch Blitzkrieg. Auch hier gibt es
Leute, die jetzt die Sache für gelöst halten.

25. 6.
Brief aus dem Kibbuz Hazorea. Es fragt sich, wieviele Stimmen dieser Art es gibt; immerhin gibt es
sie: Wir leben, auch unser Sohn, der im Sinai ist,
aber bitte denken Sie nicht, daß wir hier feiern.

26. 6.
Metamorphose des Antisemitismus? – in der einhel-
ligen Parteinahme für Israel; dafür versetzt man
die Araber in die Kategorie von Untermenschen.

Zum Stück

Die einzige Realität auf der Bühne besteht darin, daß auf der Bühne gespielt wird. Spiel gestattet, was das Leben nicht gestattet: daß wir die Kon-
tinuität der Zeit aufheben; daß wir gleichzeitig an verschiedenen Orten
sein können; daß sich eine Handlung unterbrechen läßt (Song, Chor,
Kommentar usw.) und erst weiterläuft, wenn wir ihre Ursache und ihre
möglichen Folgen begriffen haben; daß wir eliminieren, was nur Repetition ist usw. In der Realität können wir einen Fehler, der stattgefunden
hat, zwar wiedergutmachen durch eine spätere Tat, aber wir können ihn
nicht tilgen, nicht ungeschehen machen; wir können für ein vergangenes
Datum kein anderes Verhalten wählen. Leben ist geschichtlich, in jedem
Augenblick definitiv, es duldet keine Variante. Das Spiel gestattet sie.
Flucht aus der Realität? – das Theater reflektiert sie; es imitiert sie nicht.
Nichts widersinniger als Imitation von Realität, nichts überflüssiger; Rea-
lität gibt's genug. Das Imitier-Theater (die Etikette stammt meines Wis-

sens von Martin Walser) mißversteht das Theater; es gibt Regisseure, die es meisterhaft pflegen: Theater, das den Zuschauer in die Position des Voyeurs versetzt und in dieser Position betrügt; ich muß, um in die Position des Voyeurs zu kommen, mein Bewußtsein ausschalten und vergessen, daß da vorne ja gespielt wird, und wenn mir das nicht gelingt, ist es doppelt peinlich. Das ursprüngliche Theater (mit Kothurn, Maske, Vers usw.) war natürlich kein Imitier-Theater; der antike Zuschauer blieb sich bewußt, daß im Ensemble keine Götter engagiert sind ... Brecht kultivierte gegen das Imitier-Theater die gezielte Verfremdungs-Geste des Darstellers, das bekannte Inventar mit Songs und Beschriftung usw. Friedrich Dürrenmatt setzt die Groteske dagegen, Samuel Beckett die radikale Reduktion, Martin Walser spricht dringlich von einem Bewußtseins-Theater, und das heißt: Darstellung nicht der Welt, sondern unseres Bewußtseins von ihr. Wie immer die Etikette jeweils lautet: gesucht und auf verschiedene Weise auch gefunden ist Theater, das nicht Realität abzubilden vorgibt (das tut nur eine gewisse Art von Schauspieler-Kunst; Sache der Stückeschreiber ist es, ein Imitier-Theater schon dramaturgisch auszuschließen) –

VULPERA-TARASP

Alle mit dem numerierten Glas in der Hand, SANKT BONIFACIUS, hilf uns, daß wir nicht altern, SANKT LUCIUS, vergib uns unsere Jahre. Eine halbe Stunde später, nach einem besonnenen Spaziergang zum Kurhaus zurück, erfolgt bei allen Stuhlgang, dann Frühstück, Diät je nach Fall. Im Lauf des Tages eine Massage, Blick auf die Waage, nachmittags Spaziergang auf säuberlichen Wegen durch Wald, Ozon, bis es wieder Zeit ist für die Trinkhalle, SANKT BONIFACIUS, sieh unsere Askese, SANKT LUCIUS, laß uns nicht verkalken. Abends in der großen Halle: Reeder aus Hamburg, Diplomaten in Urlaub, Direktoren, Fabrikanten, Professoren, alle noch im Einsatz. Die Kapelle spielt zum Tanz, Kellner verkürzen ihren Weg über die leere Tanzfläche. Herren kommen in die Halle mit einem Buch in der Hand, Me-

```
moiren von Konrad Adenauer. Jung sind nur die ita-
lienischen Kellner. Krank sieht eigentlich niemand
aus; Gesundheit scheint käuflich zu sein. Alle von
der Sonne gebräunt. Im Bridge-Salon ist man allein.
Alle Herren in dunklen Anzügen, Damen mit Juwelen;
wartend vor dem Lift studieren sie den Diät-Zettel
für morgen.
```

Im Kurhaus wissen sie natürlich nicht, was für ein Club das ist, der aufs Wochenende hundert Betten bestellt hat. Die Direktion, zuvorkommend wie immer und besonders zuvorkommend gegen Ende der Saison (in der Höhe hat es schon geschneit), entschuldigt sich nochmals, daß nur noch ein einziger Masseur am Platz ist –

Treffpunkt: Bridge-Salon.

Heute vormittags in der Trinkhalle habe ich versucht, weitere Mitglieder zu werben. Dabei muß man natürlich vorsichtig sein; sonst erschrecken die Leute. Eine Vereinigung, so sage ich, zur Verjüngung der abendländischen Gesellschaft. Darüber läßt sich reden mit ihnen. Verjüngung; dann meint jedermann, daß er verjüngt werde. Alt-Regierungsrat Huber, zum elften Mal hier in der Kur, wird an der Konferenz teilnehmen; er ist nicht mehr im Amt, aber immer bereit für Konferenzen, bekannt als zäher Vermittler. Ein andrer, den ich in der Trinkhalle angesprochen habe, ein berühmter Pianist, hat abgesagt wegen ärztlich verordneter Liegekur. Ich mache mir keine Illusionen: nicht alle, die zur Konferenz kommen, werden sich als Mitglieder eintragen, wenn sie am Nachmittag hören, wie die Verjüngung der abendländischen Gesellschaft gemeint ist. Das wissen im Augenblick erst der Vorsitzende und ich.

Bis zum Mittagessen sind erst 6 Herren erschienen. Sie unterscheiden sich nicht von den andern Kurgästen. 4 etwas fettleibig, 3 mit Glatze, 5 scheinbar ohne Prothese; niemand würde sagen oder auch nur denken: Greise. Nur einer von ihnen hält sich, wenn er die Treppe herunter kommt, am Geländer.

Denke ich an das Manuskript in meiner Tasche, so werde ich unsicher, ob die Prämisse (»Wir alle, meine Herren, kennen die Symptome der Vergreisung an uns selbst.«) richtig ist. Wenn ich die Herren so in der Halle sehe: gesetzt, vielleicht von der Reise etwas ermattet, gelassen, einer etwas schwermütig, aber nicht unwitzig, alle keine Jünglinge, sie sitzen mit gespreizten Beinen und tragen vermutlich Hosenträger unter der Weste, Männer mit Erinnerungen (»damals während der Grenzbesetzung«) und mit Erfahrungen (»seit vierzig Jahren rauche ich Pfeife«), aber alle noch auf dem Laufenden (»haben Sie heute im Morgenblatt gelesen?«) ... es wird schwierig zu sagen: Meine Herren, es geht ohne uns!

M., ehedem ein geschätzter Maler, kommt mit seiner letzten Braut, und ich habe ihm zu sagen, daß das nicht geht. (Warum nicht, das wird noch zu begründen sein; im Augenblick weiß ich bloß: Frauen sind von der Vereinigung auszuschließen auch als Mitwisser.) Der Hotel-Concierge bemüht sich, zeigt ihr auf einer Karte die bequemen Ausflüge, Seilbahn nach Naluns; zum Glück hat sie in ihrem Leben noch nie ein Murmeltier gesehen und verspricht sich etwas davon.

Verlegenheit der immer noch kleinen Schar, die sich im Bridge-Salon zusammenfindet; man setzt sich nicht, hofft, daß die andern Herren sich verirrt haben könnten in diesem grandiosen Kurhaus. Anfrage beim Concierge, ob vielleicht zwei Bridge-Salons. (Um pünktliches Erscheinen wurde schriftlich gebeten.) Auskunft vom Concierge: nur ein einziger Bridge-Salon. Ich schlage eine andere Hoffnung vor: vielleicht Verwechslung von Kurhaus und Waldhaus, man müßte drüben im Waldhaus anrufen. Ich meine: drüben im Kurhaus. Jetzt verwechsle ich auch schon ... Vielleicht war unsere Einladung nicht glücklich formuliert. Vielleicht zu undeutlich, um Interesse zu wecken, oder zu deutlich; eine offene Einladung zum Freitod war es indessen nicht. Daß so viele, die ausbleiben, nicht einmal abgesagt haben, ist bedauerlich; unsere Schar bekommt dadurch das Gefühl, von der Welt nicht ganz ernstgenommen zu werden. Ob man nicht trotzdem anfangen sollte? Ich wäre dafür. Der Vorsitzende, übrigens mein Zahnarzt und der eigentliche Anreger (»Wenn ich eines Tages merke, daß ich senil werde usw.«) möchte unbedingt einen nächsten Bus abwarten. Inzwischen Auskunft vom Kurhaus oder Waldhaus: Niemand im Bridge-Salon dort. Ich bin dafür, daß wir uns setzen.

16.00, draußen beginnt die Kurkapelle.

Die Hoffnung auf den nächsten Bus, der vom Bahnhof zu den Kurhäusern fährt, ist gering; es kommt um diese Zeit kein Zug an. Ich verstehe meinen Zahnarzt nicht; hofft er auf einen Sonderzug? Alt-Regierungsrat Huber wiederholt (wir haben es schon vormittags in der Trinkhalle gehört) seine Anpreisung der Unterwasser-Massage, man fühle sich wie neugeboren, jedesmal wie neugeboren. Ein strammer Siebziger.

Die kleinen Bridge-Tische mit grünem Filz sind aufgereiht zu einem Langen Tisch, Stühle für hundert Teilnehmer; es haben Platz genommen: 11 Herren. Man hat nicht mit einem Ostermarsch gerechnet, immerhin eine gewisse Enttäuschung ist nicht zu verhehlen, auch wenn man sich sagt, daß geschichtliche Umwälzungen oft von kleinen Gruppen ausgegangen sind ... Meine Herren, sagt der Vorsitzende, ich eröffne – mit Bedauern stelle ich fest – trotzdem muß etwas geschehen: denn die Überalterung unsrer heutigen Gesellschaft –

Ein Kellner unterbricht.

Als einer nach dem andern nur Mineralwasser bestellt, als wären wir eine Diät-Sekte, bestelle ich Veltliner. Drei bestellen Kaffee, davon zwei Kaffee Hag. Nur Alt-Regierungsrat Huber, sonst nicht immer mein Freund, bestellt ebenfalls Veltliner.

Also: –

aber der Vorsitzende wartet, bis der junge Kellner endlich die Türe geschlossen hat. Daß draußen die Kurkapelle spielt, ist nicht zu ändern. Gegenüber wird Tennis gespielt. Ich zünde eine Zigarre an, Monte Cristo, um locker zu sein, wenn mir das Wort erteilt wird.

Die Idee: –

aber zuerst verlese ich die Statistik, gefaßt auf Einwände gegen Statistik überhaupt: die Säuglingssterblichkeit zur Zeit um Christi Geburt ... Nach einigem Palaver, das der Vorsitzende leider zuläßt, einigt man sich, daß eine gewisse (ich habe gesagt: eine katastrophale) Überalterung unsrer Gesellschaft nicht ohne weiteres in Zahlen auszudrücken, aber Tatsache ist. Ich sage: Schauen Sie hinaus in diesen Kurpark! (Nicht ohne Absicht haben wir für die Konferenz gerade diesen Ort gewählt.) Schauen Sie in diesen Kurpark, meine Herren, und Sie werden verstehen –

Unterbrechung:

der junge Kellner bringt die bestellten Getränke, Schweigen am Tisch, aber da er's nicht mit einem einzigen Tablett erledigen kann, also nochmals gehen und nochmals kommen muß, nochmals Palaver über die Fragwürdigkeit von Statistik allgemein, bis der junge Kellner, Italiener, so daß es auch noch Verständigungsschwierigkeiten gibt, endlich die drei Kaffee, davon zwei Hag, und die Mineralwasser, vier Henniez und zwei Passugger, richtig plaziert hat. Wieder muß der Vorsitzende bitten, daß er die Türe schließt.

Die Idee: –
angesichts der Tatsache, daß die Zahl der Menschen, die zu lange leben, in katastrophaler Weise zugenommen hat und weiterhin zunimmt – Frage: müssen wir so alt werden, wie die heutige Medizin es ermöglicht? ... Tod, der ein Leben in der Fülle abreißt, wird zur Rarität; Angst vor dem Tod hat sich verlagert in Angst vor dem Altern, d. h. vor dem Verblöden ... wir regeln den Eintritt ins Leben, es wird Zeit, daß wir auch den Austritt regeln ... Meine Herren! ... ohne jetzt schon auf die theologische Frage einzugehen, Heiligkeit des Lebens und so weiter, wobei allerdings in erster Linie, wie Sie wissen, das Leben der weißen Rasse gemeint ist, nicht unbedingt das Leben in Afrika oder Asien, insbesondere das Leben einer bestimmten Klasse, nicht unbedingt das Leben in den Slums ... was ich sagen will: da wir heute, wie die Statistik zeigt, die durchschnittliche Lebensdauer der Menschen verlängern können, so daß heute, im Unterschied zu früheren Epochen, die Mehrheit mit dem Altern zu rechnen hat, ist Altern ein gesellschaftliches Problem geworden wie noch nie – es geht nicht um die Planung von Altersheimen, die bestenfalls die Überalterung unsrer Gesellschaft humanisieren, aber nichts beitragen zur Verjüngung dieser Gesellschaft ... auch ein individuelles Problem: ein Problem der Persönlichkeit, die sich nicht der Chirurgie und Pharmacie überlassen kann, sondern in Zukunft, meine ich, ihr Ende selber zu bestimmen hat – Meine Herren! ... Wenn die Vereinigung, die zu gründen wir entschlossen sind, das Ziel hat, Freitod zu einem gesellschaftlich-sittlichen Postulat zu machen, so ist uns bewußt erstens: – Usw.

Er danke für diese einleitenden Worte, sagt der Vorsitzende, und eröffne die Diskussion, wobei die Herren vorerst um grundsätzliche Meinungen gebeten werden; die Statuten der Vereinigung stehen heute noch nicht zur Diskussion.

Schweigen.

Sie trinken.

Kurkapelle draußen.

Da geschwiegen wird – nur der alte Hanselmann, Senior der bekannten Import-Firma HANSELMANN & SÖHNE, möchte wissen, wie die Vereinigung sich nennen soll; ich schlage vor: VEREINIGUNG FREITOD (der Ge-

genvorschlag des Malers, der sich für witzig hält, seit ihn niemand mehr ernst nimmt, findet keine Zustimmung: HARAKIRI-CLUB, es erinnert an ROTARY-CLUB.) – da also zur Sache selbst geschwiegen wird, erläutert der Vorsitzende, wie der Antrag zu verstehen ist: die Vereinigung soll zur Verjüngung der abendländischen Gesellschaft beitragen, indem sie die neue Idee, Freitod als Pflicht, nicht nur durch Worte vertritt, sondern durch Vorbild, d. h. daß die Mitglieder sich verpflichten, ihrerseits das Postulat zu erfüllen zu gegebener Zeit.

Schweigen.

Wem, fragt der Vorsitzende, darf ich das Wort geben – oder möchten die Herren eine kleine Pause machen?

Nachtrag meinerseits:

die Vereinigung wäre international, offen für jedermann über 50, politisch wie konfessionell nicht gebunden; die Mitglieder treffen sich ein bis zwei Mal im Jahr, um einander auf ihre Alterserscheinungen aufmerksam zu machen; ein Mitglied, das sich der Überalterung schuldig macht, wird ausgeschlossen; dazu dient jeweils die Jahresversammlung, die mit einer Reihe von Prüfungen verbunden ist, Gedächtnis-Test usw.; die Jahresversammlung ehrt jeweils die Mitglieder, die im Lauf des vergangenen Jahres aus eignem Entschluß auf ein weiteres Altern verzichtet haben usw.

UNTERWEGS

Wenn es keine Kioske gäbe, wo man täglich den großen Überblick kaufen kann, ich weiß es wirklich nicht, wie unsereiner sich diese Welt vorstellen würde. Unsereiner sieht kaum um die nächste Ecke, hört um zwei oder drei Ecken und ist schon betroffen, verwirrt, bestürzt oder auch gleichmütig, vor allem aber ohne Überblick. Die Lektüre erstklassiger Zeitungen erleichtert mich immer. Sie wissen einfach mehr. Mag es noch so entsetzlich sein, was die Fernschreiber wieder melden: es erleichtert mich, was die Editoren dazu schreiben, ihre gekonnte Besonnenheit, die jeden Einzelfall, sofern er überhaupt hat erwähnt werden müssen, in den gro-

ßen Zusammenhang stellt. Wie naiv war wieder meine
Anteilnahme, meine Zuversicht oder meine Sorge,
mein Zorn, meine Ratlosigkeit. Meistens über-
schätze ich die Vorkommnisse. Sie denken weiter
als unsereiner, das spürt man, je frischer das
Papier ist. Wer liest schon vergilbte Zeitungen?
Etliches ist langweilig, und man überschlägt es;
aber es zeigt; die erstklassigen Zeitungen gehen
nicht auf Sensationen; sie melden, was ist, wie es
ist, ob langweilig oder nicht. Sie sind gewissenhaft. Man ist immer ein wenig beschämt, wie zufällig
sich unsereiner um die Welt kümmert. Vor allem aber:
unsereiner verfällt immer in Meinungen, die persönlich bleiben. Zum Beispiel beim Staatsstreich damals in Athen meinte ich sofort, die USA habe ihre
Hände im Spiel, und konnte es nicht belegen. Die
erstklassigen Zeitungen hingegen, die diesen Namen
verdienen, bleiben objektiv. Sie sind nicht nur
durch Fernschreiber besser unterrichtet, sondern
verfügen über ein Denken, das über den bloßen Meinungen steht oder schwebt. Etwas Überpersönliches,
ob mit Namen unterzeichnet oder nicht, kommt auf uns
zu; etwas wie Weltgeist, der sich durch die Fakten
vom Tage, sofern sie stimmen, Tag für Tag bestätigt
findet. Trifft man zufällig (zum Beispiel in einem
T. E. E.) den Mann, der das und das geschrieben hat,
so ist man nicht enttäuscht; er weiß noch mehr, als
er geschrieben hat, sogar sehr viel mehr. Meistens
ist er auch persönlich davon überzeugt, d.h. er
spricht unter vier Augen nicht sehr viel anders. Nur
hat er jetzt eine Physiognomie, meinetwegen eine
gute; er kann nichts dafür, daß ich, Leser erstklassiger Zeitungen, beinahe etwas Unsinniges geglaubt
habe: ihre Sicht, im Gegensatz zu der unsern, sei
unabhängig von aller Person. Ich gebe zu, daß ich
nicht so unabhängig denke, so unabhängig sehe.
Sonst ginge unsereiner nicht immer wieder an die

Kioske. Sie können sich verlassen auf unsere Neugier, unser lebhaftes Vergessen, unsere Anteilnahme nach ihrem Ermessen.

Vereinigung Freitod

Natürlich kann der Freitod eines Mitglieds nicht verlangt werden. Die Jahresversammlung kann lediglich feststellen, wer, wenn er weiterlebt, gegen
die Satzungen verstößt. Zweidrittelmehrheit in geheimer Abstimmung.
Ein Mitglied, das trotzdem weiterlebt, ist aus der Mitgliedschaft entlassen;
die Vereinigung spricht ihr Mitleid aus. Sollte ein Mitglied sich durch die
Zweidrittelmehrheit ungerecht beurteilt fühlen, so kommt es zum Ein-
spruchverfahren: das Mitglied hat sich einer zusätzlichen Prüfung zu unterziehen, beispielsweise eine Rede zu halten, Thema nach eigner Wahl,
wobei es nicht auf Redner-Fertigkeit ankommt, die gerade bei Greisen
oft vorhanden ist, sondern auf Fähigkeit oder Unfähigkeit, ein Problem anders zu sehen als gestern, die eignen Antworten von gestern in Frage zu
stellen. Ein Marxist, zum Beispiel, kann noch so sattelfest sein im klassischen Marxismus-Leninismus: wenn in seiner Rede auch nicht ansatz-
weise ein Gedanke auftaucht, den er bisher für undenkbar gehalten hat,
gilt er als Greis.

Jahresversammlung:

vorgesehen sind Wanderungen, ferner Saufgelage, wichtig für die Bewertung vor allem ist der Zustand am andern Tag, der wiederum mit kürzeren
Wanderungen beginnt, anschließend Diskussion, Prüfung der Schlagfertig-
keit usw., ferner eine schriftliche Prüfung, um festzustellen, ob die Mitglieder noch imstand sind sich in der jeweils heutigen Sprache auszudrücken.
(Ein Katalog der Vokabeln, die als überholt zu bezeichnen sind, wird von
Jahr zu Jahr nachgeführt werden müssen; auch Vokabeln wie: Lernprozeß,
transportieren, Konsensus, polarisieren, denunzieren, Modell, manipulie-
ren, Effizienz, ritualisieren, elitär, Relevanz usw. können eines Tages in diesen Katalog gehören.) Abends geselliges Zusammensein, das auf Tonband
aufgenommen wird: wer mehr als dreimal dieselbe Jugenderinnerung erzählt, wird vorgemerkt.

Antrag:

daß neben Vollmitgliedern (Leute über 50) Anwärter aufgenommen werden sollen, Leute unter 50, die noch keine Prüfungen zu bestehen haben, aber an den Diskussionen teilnehmen und zu den Abstimmungen herangezogen werden; dadurch soll verhindert werden, daß die Vollmitglieder, ohne es selber zu bemerken, von Jahr zu Jahr, indem sie eben älter werden, immer mildere Maßstäbe anwenden.

Antrag gebilligt.

Gebisse sowie gefärbtes Haar sind erlaubt, sogar künstliches Haar. Die äußere Erscheinung (»Sie sehen ja fabelhaft aus!«) hat auf die Bewertung keinen Einfluß. Kommt ein Mitglied plötzlich mit einer Krücke, so wird es deswegen nicht vorgemerkt; Bandscheiben-Leiden sind zugelassen, sie besagen nichts über die geistig-seelische Vitalität eines Mitglieds, so wenig wie eine Glatze. Auch eine Trinker-Nase wird in der Wertung nicht berücksichtigt. Anderseits läßt sich die Jahresversammlung, wie erwähnt, von einem gesunden Aussehen nicht täuschen, das durch Kur-Aufenthalte oder durch Arbeit im Garten zu erreichen ist; auch ein vergleichsweise schlankes und sonnengebräuntes Mitglied im Ski-Dreß oder Tennis-Dreß (»Sport-Gaga«) hat sich den Prüfungen zu unterziehen. Maßgebend für die Wertung: Bestand oder Schwund der kombinatorischen Fähigkeit, Ansprechbarkeit, Fähigkeit zu neuen Erfahrungen, Bereitschaft zur Diskussion ohne Berufung auf vergangene Leistungen, vor allem aber Spontaneität, die jeweils durch Happenings auf die Probe gestellt wird.

Antrag:

daß jedes Mitglied in der Jahresversammlung berichten soll, was es im Lauf des Jahres noch beruflich zustande gebracht hat: Erweiterung des Betriebes, Umstellung auf Automation, Gründung von Filialen, in intellektuellen oder künstlerischen Berufen: Übernahme eines Rektorats, Übernahme einer Intendanz usw.

Der Antrag ist abgelehnt.

(Es bestünde die Gefahr eines falschen Ansporns für die Mitglieder; Emsigkeit, die sich als Jugendlichkeit ausgibt. Ziel der Vereinigung kann es aber nicht sein, die Emsigkeit der alten Herren zu steigern; gerade diese führt ja zur Vergreisung unsrer Gesellschaft. Man denke an Wirtschaft, Hochschulen, Staatsführung, Vatikan sowie Generalstäbe.)

PS.

Da ich unter den sieben Vollmitgliedern der einzige Berufsschreiber bin, habe ich den Auftrag erhalten, ein Verzeichnis von Alterserscheinungen anzulegen zuhanden der ersten Jahresversammlung, ein Verzeichnis nicht

von körperlichen Beschwerden, denen man medizinisch beikommt, sondern von intellektuellen und emotionalen Symptomen der Senilität. Eine
Art Handbuch, das nicht in den Buchhandel kommt, nur für Mitglieder.

Venedig, Oktober

Diesmal ist der Markus-Platz nicht überschwemmt,
die Tauben versehen ihren Dienst, die schwarzen
Gondeln auch, aber neuerdings torkeln sie im Wel-
lenwurf der Motorboote; das nimmt ihnen etwas von
ihrer Würde . . . Friedrich Dürrenmatt auf Reisen:
es scheint ihn überhaupt nicht zu stören, daß wir
in Venedig sind, seine Einfälle sind metaphysisch
und haben nichts mit dem Ort zu tun.

Interview-Antwort

Wenn wir einem Biologen zuhören, kann uns die Literatur allerdings
überflüssig erscheinen, nicht die Musik, aber ein beträchtlicher Teil
der Literatur. Die Musiker haben sich nie eine Funktion aufschwatzen
lassen, die sie in Konkurrenz bringt mit Biologie, Soziologie, Physik
usw.; auch die Maler und Plastiker sind selten angetreten als Verkün-
der, die mehr verkünden als Kunst . . . Zuständigkeit der Literatur? Die
Erkenntnis-Vorstöße unseres Jahrhunderts verdanken wir nicht der
Literatur. Wer von der Literatur erwartet, daß sie das Weltbild be-
stimme, wird also von einem gewissen Minderwertigkeitsgefühl nicht
verschont bleiben. Zwar spiegelt die Literatur, die ihren Namen verdient, die Verwandlungen unseres Bewußtseins, aber sie spiegelt sie
nur; die Anstöße zur Verwandlung des Weltbildes kommen anderswoher. Erübrigt sich somit die Literatur? Zuweilen kann man sich fragen,
ob es nicht dieses Minderwertigkeitsgefühl ist, was zum sogenannten
Engagement nötigt. Keiner von uns läßt sich gerne sagen, er wohne
im Elfenbeinturm. Das nötigt auch Schriftsteller, die im Grund kein politisches Temperament haben, zu dem Postulat, Literatur müsse eine
gesellschaftliche Funktion haben. Das ist Selbstrechtfertigung. Auch

wenn die Gesellschaft gar nicht überzeugt ist, daß sie unser Engagement braucht, wir brauchen's. Der Biologe, dem ich zuhöre, spricht nicht von Engagement; er kommt mit Entdeckungen ... Sie sagen, manche Schriftsteller halten die Literatur gerade in politischen Dingen für untauglich und bevorzugen die direkte Aktion, wenn sie ein politisches Ziel verfolgen. Ich denke: zu Recht. Das geht zugunsten der Politik und zugunsten der Literatur. Das andere ist manchmal nicht ohne Komik; das literarische Werk gibt keine Autorität auf einem Gebiet, wo einer sich nicht ausgewiesen hat. Daß dieser oder jener Schriftsteller intelligenter ist als dieser oder jener Minister, halte ich für möglich, aber das heißt noch nicht, daß er deswegen ein Politiker ist. Es gibt den politischen Schriftsteller, aber häufiger gibt es den politisierenden Schriftsteller ... Domäne der Literatur? Fast wage ich zu sagen: das Private. Was die Soziologie nicht erfaßt, was die Biologie nicht erfaßt: das Einzelwesen, das Ich, nicht mein Ich, aber ein Ich: die Person, die diese Welt erfährt als Ich, die stirbt als Ich, die Person in allen ihren biologischen und gesellschaftlichen Bedingtheiten – das ist es, was mir darstellenswert erscheint: die Person, die in der Statistik enthalten ist, aber darin nicht zur Sprache kommt und im Hinblick aufs Ganze irrelevant ist, aber zu leben hat mit dem Bewußtsein, daß sie irrelevant ist. Domäne der Literatur: alles was Menschen erleben, Geschlecht, Technik, Politik, aber im Gegensatz zur Wissenschaft bezogen auf das Wesen, das erlebt.

25. 10. 1967
Unfall auf der Strecke zwischen Cadenazzo und
Giubiasco. Wenn die beiden Wagen neben der Straße
liegen und beide Fahrer noch leben: Glück, aber
so öffentlich –

Vereinigung Freitod

Laut Statistik ist die Überalterung größer bei Reichen als bei Armen. Die Gründe liegen auf der Hand. Folge dieses Tatbestandes: Vergreisung vor allem in den Positionen der Macht. Der Einwand gegen unsere Vereinigung, daß sie hauptsächlich aus wohlhabenden Leuten besteht, ist daher nicht stichhaltig. Ein alter Handlanger, angewiesen auf die Altersversicherung, hat nicht die Macht, der Gesellschaft sein verkalktes Denken aufzuzwingen; ein verkalkter Verwaltungsrat oder Richter ist schädlicher. Ich begrüße es, daß unsere Mitglieder (inzwischen 8) der wohlhabenden Schicht angehören; diese ist der Versuchung, in einem widernatürlichen Grad sich zu erhalten, mehr ausgesetzt als der Arbeiter, nicht nur weil sie die wirtschaftlichen Mittel hat, Altersbeschwerden lang zu mildern (Ferien nach Bedarf, Bedienung nach Bedarf, Seebäder, Behandlung durch medizinische Kapazitäten, Arbeit nach eigner Wahl, Komfort im Wohnen, Unterwasser-Massage, Diät ohne Rücksicht auf Kosten), sondern vor allem: sie halten die Macht, die der Reichtum ihnen verleiht, für einen Beweis, daß die Gesellschaft sie brauche. Ein alter Kellner, der entlassen wird, weil er zittert beim Bedienen, kann diesem Irrtum kaum verfallen.

Vereinigung Freitod

Gestern die erste Jahresversammlung.

Ansprache von Alt-Regierungsrat Huber. Er hat noch immer nicht begriffen. Seine Forderung: Verständnis für die Jugend. Kein Gedanke daran, daß die Jugend unser Verständnis überhaupt nicht brauchen würde, wenn wir nicht immer noch dasäßen. Es war langweilig: Alt-Regierungsrat Huber mit seinem Hör-Apparat hinter dem Ohr, draußen die Kur-Kapelle. Die Prüfungen wurden von allen Mitgliedern bestanden. Sonntags gemeinsame Fahrt mit der Seilbahn in die Höhe, dann Spaziergang hinunter nach Fetan, dort Imbiß.

Jahresbericht:

– – –

Die Zahl der Vollmitglieder beträgt nach wie vor 8. Der Schauspieler hat sich entschuldigen lassen, filmt gerade in Jugoslawien; auch ein anderes Vollmitglied, Dr. J. Hauri, hat bedauert, daß er sich gerade auf einer Weltreise befindet. Die im Jahresbericht als besonders erfreulich bezeichnete Zahl der Anwärter darf nicht täuschen; es hat sich herausgestellt, daß es im Restaurant Kronenhalle jemand kurz vor Polizei-Stunde gelungen ist, ganze Tischgesellschaften zur Unterschrift zu überreden. Nicht wenige, die tatsächlich nach Vulpera gekommen sind, haben sich offenbar über den Ernst unsrer Vereinigung gewundert. Übrigens sieht man nicht immer ohne weiteres, wer Anwärter und wer Vollmitglied ist. Auch Anwärter erscheinen morgens in der Trinkhalle, stehen herum mit einem numerierten Glas und nippen laues Schwefelwasser, wobei sie sich den Anschein geben, daß sie's nicht nötig haben; die meisten Anwärter sind einfach zu dick. Immerhin spielen sie nachher Tennis. Ich nur noch Pingpong. Leider steht im Jahresbericht nicht, daß im Lauf des Jahres insgesamt 11 Anwärter kurz vor ihrem fünfzigsten Geburtstag, der sie zu Vollmitgliedern gemacht hätte, ihren Austritt erklärt haben; 9 davon mit der Begründung: Familie. (Einer von diesen ist kurz darauf bei einem Flugzeugabsturz ums Leben gekommen.)

— — —

Erfahrungen aus der ersten Jahresversammlung.

1.

Das Prüfungsverfahren muß geändert werden. Ein unerwartetes Phänomen: Greisen-Schlagfertigkeit. Wer einmal über 60 ist, hat es gelernt, Fragen zu beantworten mit treffenden Antworten auf Fragen, die nicht gestellt sind; so entsteht der Eindruck geistiger Regsamkeit.

2.

Die Mitglieder befreunden sich. Wie läßt sich das verhindern? Der Export-Senior und der Kristall-Sammler und mein Zahnarzt, dessen Patent in unserem Kreis ohne Konkurrenz ist, haben keinerlei Anlaß, einander nicht zu schätzen; zudem stellt sich heraus, daß alle unsere Mitglieder (außer mir) Offiziere gewesen sind, Unterschiede nur nach Grad und Waffengattung, was zu Kontroversen nicht ausreicht, im Gegenteil, es fördert die Stammtisch-Plauderei eidgenössischer Prägung. Sobald wir einander schätzen lernen, weil es eben zu keinen Interesse-Konflikten kommt, lügen wir auf Gegenseitigkeit.

3.

Mitglieder, die ohne ihre Frauen erscheinen, sind im Vorteil. (Zwar sind Frauen zu den Sitzungen nicht zugelassen, aber zu Spaziergängen und Mahlzeiten.) Junggesellen oder Witwer werden nicht auf Schritt und Tritt betreut: Hast du dein Halstuch? und wenn ihnen wieder Asche auf den

Bauch fällt, putzt sie niemand; sie wirken dadurch selbständig, lebenstüchtig. Die andern hingegen, die mit ihren Frauen kommen, fühlen sich immer durchschaut, sobald sie jünger auftreten, als sie sind. Anderseits sieht man, wie sehr die Betreuerinnen natürlich ihre Männer brauchen. Es entsteht Mitleid mit den Frauen oder auch die Versuchung, Männer vor ihren Gattinnen in Schutz zu nehmen. Beides erschwert ein sachliches Urteil. Ohne Frauen wäre es besser.

4.

Mahlzeiten lösen Disziplin auf.

5.

Betreffend Handbuch der Senilität: ich bitte erneut um schriftliche Beiträge, aber alle tun, als hätten sie aus eigner Erfahrung nichts zu berichten.

ZÜRICH

In der großen Bibliothek von Konrad Farner hängt
die Totenmaske von Brecht. Die zu schiefe Nase; man
kann ihn nur unter einem einzigen Gesichtswinkel
wieder erkennen. Vom Profil her könnte man, einen
Augenblick lang, auf Friedrich Schiller raten.
Sein irritierendes Lächeln im Tod, nicht Grinsen,
ein scharfes Lächeln mit einem generösen Spott ohne
Adresse. Die Augen geschlossen in seinen tiefen
Augenhöhlen; auch als sie offen waren, lagen sie
wie in einem Versteck hart unter der Stirn weit hinten . . . Unser Gespräch in Mänteln (die Bibliothek
ist nicht zu heizen) würde die Bundespolizei langweilen.

Vereinigung Freitod

Der Einwand: Warum redet Ihr nur davon und tut's nicht? Ich würde antworten: Weil es damit noch nicht getan ist, daß ein Dutzend sich umbringt, bevor die Freitod-Lehre verbreitet ist. Es hat ja nur einen Sinn, wenn viele der Freitod-Lehre folgen, mindestens 20% der Bevölkerung. Nun kann es allerdings, da es schließlich keine bequeme Lehre ist, lang

dauern, bis sie sich einigermaßen durchsetzt – das ist meine Hauptsorge:
Die Lehre braucht uns, und so können wir, Kämpfer für die Verjüngung
der abendländischen Gesellschaft, sehr alt werden.

Wieder Lust am Theater! – solange sie probieren in
irgendeinem Lokal, diesmal in einem Amtsgebäude;
im unteren Stock geht es um Aufenthaltsbewilligun-
gen, Eheverkündungen, Stimmrechtsausweise usw.,
beim Eingang hängen Steckbriefe der Polizei; die
Schauspieler tragen ihre Privat-Pullover, Privat-
Frisur, wenn sie in die fingierte Situation eintreten, ihre Rolle noch in der Hand, um notfalls
daraus abzulesen. Theater ohne Illusion: wobei die
fingierte Situation unversehens alles Vorhandene
(Amtsmobiliar) an Präsenz übertrifft. Frage an den
Autor: Was meint Antoinette, wenn sie das gesagt?
So fragt der Regisseur; hingegen die Schauspielerin fragt schon in der Ich-Form: Liebe ich ihn
eigentlich an diesem Morgen oder nicht? Schwer zu
sagen, bevor Antoinette entstanden ist; sie entsteht in dem Augenblick, da Stimme und Geste uns
glauben lassen, daß sie den Kürmann liebt oder daß
sie ihn nicht liebt. Später einmal, nach der Aufführung, fragt dann die Schauspielerin: Haben Sie
sich denn Antoinette so vorgestellt? Das wäre gelogen; ich kannte sie ja nicht, ich schreibe Dialoge als Steckbrief, und eines Tages sitzt sie da,
Wort für Wort laut Steckbrief, also lerne ich sie
kennen – von Bühne zu Bühne: jedesmal eine andere.

Vereinigung Freitod

Schon wieder ein Jahr vergangen, und es ist nichts geschehen, ausgenommen eine leidige Sache: die Kur-Direktion von Vulpera (vermutlich hat
ein Bar-Kellner geplaudert) schreibt, daß sie unsere Vereinigung nicht

mehr in ihren Kurhäusern aufzunehmen in der Lage sei. Prestige der Heil-
quellen. Die Idee, unsere Jahresversammlung in einem Heilbad abzuhalten, um den Mitgliedern zwanglos die Überalterung unsrer abendländischen Gesellschaft vorzuführen, muß wahrscheinlich aufgegeben werden.
Allerdings wurde auch schon vermerkt, daß der Kurpark für die Vollmitglieder und besonders für die Anwärter eine umgekehrte Wirkung habe:
manche kommen sich, verglichen mit den Lemuren ringsum, plötzlich jugendlich vor. Wie wäre es mit einem Tagungsort, wo man von lauter Jungen umgeben ist? Zum Beispiel: ein Camping-Platz. (Locarno.) Was dagegen spricht: das Treiben dieser Jugend wirkt nicht immer beneidenswert.
Ein andrer Vorschlag, die Jahresversammlung in einer toskanischen Villa
abzuhalten, scheint mir bedenklich; in Museen hält man sich immer für lebendig. Besser als Tagungsort wäre ein städtisches Altersheim; aber diese
sind alle überfüllt.

PS.

11 bisherige Anwärter haben ihr fünfzigstes Lebensjahr erreicht und sind
Vollmitglieder geworden, laut Statuten, da sie ihren Austritt zeitig zu erklären versäumt haben; es wurde ihnen mitgeteilt.

PS.

Zum Freitod eines Vollmitglieds ist es noch nicht gekommen. Aber unsere
Vereinigung ist auch noch jung. Hingegen ist Ettore Minelli, Maler, als Anwärter gestorben. Das erste Mal, daß die Vereinigung einen Kranz zu
schicken hatte; der Text auf der Schleife war so formuliert, daß er die Trauergemeinde nicht verletzte, also ohne Glückwunsch. Wir setzten uns in die
hinterste Reihe. Der Pfarrer, evangelisch, sagte das Übliche: Staub zu
Staub. Wie üblich nutzte er den Anlaß, um für die Kirche zu werben.
Wir enthielten uns jeder Werbung. Ein heißer Sommertag. Draußen am
Grab hielten sich unsere Mitglieder korrekt; nachher verfielen einige doch
dem Klischee: So jung.

PS.

Es bleibt doch bei Vulpera als Tagungsort. Die Firma HANSELMANN &
SOEHNE hat ein altes Bündnerhaus erworben, beinahe ein Castello; eine
Renovation ist bereits im Gang. Wir sind alle froh um diese Lösung;
man hat sich so an Vulpera gewöhnt, die Landschaft, die Trinkhalle, auch
an die Kur-Kapelle hat man sich gewöhnt, ab und zu bringt sie eine neue
Melodie aus einem Film. Auch wenn man nicht mehr lang wandert, wenn
man im Kurpark sitzt oder im nahen Wald nur zur dritten Bank geht, man

kennt einfach die Gegend, die Namen ringsum: Laj Nair, Naluns, Fetan,
Sent, Guarda, Il Fuorn, S-charl usw. Man kann den Anwärtern sagen,
wie sie am besten gehen. STIFTUNG SANKT BONIFACIUS
Schrift in Bronze auf Travertin.

1968

Vereinigung Freitod

Endlich Freitod eines Vollmitgliedes. Es ist der erste Name auf unsrer Ehrentafel: JAKOB HAURI. Gerade in diesem Fall hat es niemand erwartet; niemand hätte es diesem Mann empfohlen, auch nicht in geheimer Abstimmung. Ich erinnere mich an unser letztes Gespräch vor einem Jahr. Er war Physiker, als Mittelschullehrer noch im Amt, 59, von seinen Schülern geschätzt. Es war im Engadin (auf der Rückfahrt von einer Jahrestagung, die wir beide kläglich fanden) in Sils, wo ich meinte, Segelfliegerei müßte man lernen. So haben sich die Alten (die Vorfahren) das Fliegen vorgestellt, Leonardo da Vinci. Hauri erklärte mir die Thermik. Aufsteigen der warmen Talluft gegen Abend; aber so simpel, wie ich es meinte, ist es nicht. Ich erinnere mich noch heute an seine Zeichnungen auf einer Serviette. Anderntags auf dem kleinen Flugplatz von Samedan besichtigen wir die Segelflugzeuge aus der Nähe. Als ich mich erkundigte, wieviel Flugstunden man braucht, Frage des Fluglehrers: Wie alt ist Ihr Sohn? Als Hauri zu verstehen gab, daß wir uns selber meinen, sagte der junge Sportler in seinem blauen Overall: Warum nicht! Er hielt's für einen Scherz –

Wie jetzt bekannt wird, war es sein einundvierzigster Alleinflug. Spitzenhöhe 2900 Meter. Er befand sich bereits im Niederflug, als das Unglück geschah unterhalb des Piz Padela. Laut Flugwacht: Herr Professor Hauri stieg korrekt mit Aufwind bei Muottas Muragl, segelte dann über die Seen, erneuter Aufstieg bei Marmore, kam in guter Höhe später über Corviglia, segelte bereits gegen Madulein, wo er drehte, erneuter Aufstieg bei Munt Gravatatscha und nochmals in großer Höhe hinüber gegen den Piz Padela. Kein Föhn, kein Nebel, Spätnachmittag mit einwandfreier Sicht. Laut Augenzeugen, die bei Trais Fluors wanderten, segelte er geradaus in eine Wand, wo sein Flugzeug hängen blieb. Eine Tragfläche ausgerissen, Kabine nicht zerschellt, Hauri nur mit leichten Verletzungen. Die Obduktion der Leiche ergab Herzschlag. Insofern kann bestritten werden, daß es sich um Freitod handelt. Ein Brief in seinem Auto, den er bereits frankiert hatte und der bei einer Buchhandlung eine Fachschrift bestellte, sowie die Tischbestellung im Restaurant Bernasconi für diesen Abend, all dies spricht dafür, daß Hauri in der Ebene von Samedan hatte landen wollen wie 40 Mal zuvor. Der Unfall, sagt der Fluglehrer, war unnötig, der Flug korrekt, bis Hauri einfach gradaus in die Wand segelte. Die Vereinigung hat beschlossen, daß sein Name auf die Ehrentafel kommt. Ein Mann, der sich mit 59 in der Segelfliegerei ausbilden läßt, weiß, was er tut.

PS.

Ich werde Antrag stellen, daß die Vereinigung, statt von Jahresversammlung zu Jahresversammlung zu überaltern, eine Segelflug-Sektion gründet; ferner eine Sauna-Sektion usw. Alle diese Sektionen versprechen Ertüchtigung; die Freitod-Idee bleibt dabei unausgesprochen. Ferner wäre zu erwägen, ob nicht sämtliche Vollmitglieder, also auch jene, die weniger Mut haben als Hauri, jedes Jahr zu einer gemeinsamen Reise zu verpflichten sind, Reise mit Charter-Flugzeug.

```
Aufrufe immer mit einer Liste möglichst bekannter
Namen, Nobelpreisträger besonders erwünscht, da-
bei ist nicht zu vermeiden, daß wieder einmal die-
selben Namen erscheinen, von Mal zu Mal wertloser;
die Öffentlichkeit weiß jetzt schon: Der ist ja
auch gegen die USA-Invasion in Vietnam, gegen die
Militär-Junta in Athen, gegen Folterungen wo auch
immer, für Amnestie in Portugal und in Spanien und
so, kein Wunder, daß der wieder etwas hat gegen die
DOW-CHEMICAL in Zürich, weil sie Napalm herstellt
für Vietnam und dafür Stipendien an Künstler gibt,
schließlich kennt man diese Aufrufer: - Wir, die
unterzeichneten Wissenschaftler und Künstler und
Schriftsteller, verurteilen das und das, wir for-
dern ... Was verspricht man sich von solchem Ernst?
Immer das Naive daran: als wäre Moral ein Faktor in
der Politik. Effekt? Macht reagiert nur auf Macht,
die eben die Unterzeichneten nicht haben; ihr Auf-
ruf manifestiert es. Nachher immer ein fades Gefühl
von Wichtigtuerei. Ich beschließe (nicht zum er-
sten Mal) keinen Aufruf mehr zu unterzeichnen.
```

Vereinigung Freitod

7 Jahre nach der Gründung:

Unsere Vollmitglieder erreichen jetzt das Alter, das nach Statistik als durchschnittliche Lebenserwartung (in Europa) bezeichnet wird, nämlich 67. Einer sogar, Alt-Regierungsrat Huber, hat es längst überschritten. Manche Vollmitglieder erscheinen nicht mehr zur Jahresversammlung, da ihnen die Reise zu beschwerlich wird; sie erhalten aber den Jahresbericht. Keinesfalls kann man sagen, daß die Vereinigung auseinander falle. Unser Archiv (es enthält die Vorträge bei Jahresversammlungen, sämtliche Prüfungen, die Liste der Fragen und die Antworten dazu, ferner die Ergebnisse der Abstimmungen, Anträge, Beschlüsse des Plenums, Sterbefälle jeweils mit medizinischem Befund, sowie Tonbänder aller geselligen Unterhaltungen) ist allein schon ein Ergebnis, das unsere Vereinigung rechtfertigen würde; ein deutscher Gerontologe zeigt lebhaftes Interesse an unserem Archiv, das wir aber nicht aushändigen. Unsere Ehrentafel trägt immer noch einen einzigen Namen: JAKOB HAURI. (Eine Segelflug-Sektion, wie ich sie seinerzeit angeregt habe, ist nie verwirklicht worden.) Eine bemerkenswerte Tatsache: es sind in diesen sieben Jahren insgesamt 19 Anwärter eines natürlichen Todes gestorben, wogegen nur 2 Vollmitglieder; es scheint, daß die Sterblichkeit nach dem fünfzigsten Lebensjahr eher abnimmt. Austritte aus der Vereinigung Freitod: 9, einer davon mit der aufrichtigen Begründung, daß er sich die Willenskraft zu einem Freitod nicht mehr zutraue. Eine Zweidrittelmehrheit, wie sie nötig wäre, um ein Vollmitglied wegen nachweisbarer Vergreisung auszuschließen, ist in diesen sieben Jahren nie zustande gekommen. Es wirkt sich aus, daß sieben Jahre nach der Gründung die meisten Vollmitglieder über 60 sind, einige schon 70: ihre Maßstäbe ändern sich. Kein Wunder, daß die Zahl der Anwärter jetzt wieder abnimmt; Männer unter 50, der Freitod-Idee zugetan aus gesellschaftlichem Verantwortungsbewußtsein, werden stutzig, wenn sie unsere Jahresversammlung sehen und hören. Kaum einer, der sich als Vollmitglied noch einmal zum Wort meldet, kann eine Viertelstunde lang sprechen, ohne sagen zu müssen: Wie heißt schon wieder der Ort? Wenn es auch nicht so weit geht wie bei Lübke, es ist peinlich. Auch im Gespräch bei Tisch: Jetzt ist mir der Name entfallen, aber Sie wissen schon, also kurz und gut! und zehn Minuten später, wenn man bereits von etwas anderem

spricht, kommt es: Jünger heißt er, Ernst Jünger, nicht der andere, das ist
sein Bruder. Es ist mühsam. Was die Vereinigung trotzdem zusammenhält:
das Alter, wo man keine neuen Freundschaften mehr macht. Alle tragen
jetzt schwarze Schuhe mit halbhohem Schaft. Nur Anwärter sitzen noch
auf Bar-Hockern. Die gemeinsamen Wanderungen sind inzwischen abgeschafft. Wenn einer aus eigenem Willen wandert, meldet er nachher seinen
ganzen Weg, dann reden andere von Wanderungen, die sie früher einmal
gemacht haben, und tun, als wäre es vorgestern gewesen. Mein Vorschlag,
die Jahresversammlung jeweils zu krönen durch eine Reise mit Charter-
Maschine, ist ein einziges Mal verwirklicht worden; die Vereinigung flog
nach Las Palmas; man will aber keine Tradition draus machen angesichts
der hohen Unfall-Quote bei Charter-Maschinen. Alle hängen am Leben.
Eigentlich wird es überflüssig, daß die Gespräche auf Tonband genommen
werden; was immer in der Welt geschieht, sie haben es immer schon gesagt.
Dabei sind sie über die Weltlage nicht verzweifelt, solange es Leute gibt wie
sie. Alles Neue (Unruhe an den Hochschulen) erkennen sie als vorüberge-
hend; auch sie waren einmal jung. Alle sind immer noch gegen Hitler.

10 Jahre nach der Gründung: – alle sieben Gründer sind noch immer
am Leben. Ein einziges Mal hat die Jahresversammlung gegenüber einem
Gründer (– es war nicht Hanselmann, dem wir ja das Haus zwischen Vulpera und Tarasp verdanken) durch Zweidrittelmehrheit zu verstehen gegeben, daß es an der Zeit wäre. (Ich gab meine Stimme ebenfalls in diesem
Sinn, kann aber nicht verschweigen, daß meines Erachtens der alte Hanselmann dann auch an der Reihe wäre.) Als das Ergebnis unsrer geheimen
Abstimmung verlesen wurde, herrschte Stille im Raum. Schließlich geschah es, wie gesagt, zum ersten Mal, daß die vereinbarte Formel verlesen
werden mußte: Die Vereinigung ist nach sorgsamer Prüfung zu dem
Schluß gekommen usw., im Sinn unsrer Statuten usw., steht es im Ermessen des genannten Mitglieds usw., erinnert die Vereinigung an das unter-
schriftliche Versprechen aller Mitglieder usw., und dankt dem genannten
Mitglied heute schon. Natürlich blickte zuerst niemand auf das genannte
Mitglied; einige saßen mit verschränkten Armen, Blick hinauf zu der schönen Holzdecke (Arve) oder sonstwohin, andere blätterten im Jahresbericht.
Auf die vorschriftsgemäße Frage: Nimmt unser Mitglied diesen Mehrheits-
beschluß an? weiterhin Stille. Der Genannte, ich saß neben ihm, knipste
sich gerade eine Zigarre; er hatte seinen Namen nicht gehört. Als ich ihn,
nicht ohne ihm zugleich Feuer für die Zigarre zu geben, aufmerksam

machte, daß der Vorsitzende noch auf seine Antwort warte, zeigte er sich nicht erschreckt, grinste mit seinen wässerigen Äuglein aus einem immerroten Gesicht: Paß du nur selber auf! und rauchte endlich an seiner Zigarre, die naß war wie ein Lutscher. Es wurde ihm schriftlich beigebracht. Als es zum Rekurs kam, somit zur erweiterten Prüfung am andern Tag, waren es vor allem die jüngeren Vollmitglieder, Anfangfünfziger, die durch milde Wertung auffielen. Warum gerade sie? Ich weiß es nicht. Der Rekurs hatte Erfolg. Vielleicht weil es sich um einen Gründer handelte. Eins ist klar: bei der ersten Abstimmung, deren Ausgang niemand wissen kann, stimmen sie sachlicher; beim Rekurs siegt das Humane. Wie ein Anwärter, der mir den Mantel hielt, richtig bemerkte: Schließlich immer noch ein Mensch! Das war übrigens unsere erste Jahresversammlung im neuen Haus, also auch schon vor Jahren.

Gestern also das Jubiläum.

Wenn einer der Gründer sagt: Auch Picasso hat noch mit 80, auch Theodor Fontane, wie wir einmal gehört haben – und dazu Baltensperger: Denken wir nur an Tizian! – ich sage: Meine Herren! ich erhebe mich: Unsere Vereinigung steht in Gefahr, meine Herren, ein Jahrgänger-Verein zu werden. (Die Jüngeren, die Anfangfünfziger, protestieren heiter.) Ich bin jetzt 67, jawohl, aber ich glaube sagen zu dürfen – (Zwischenruf: Zur Sache!) – und wenn nicht ein Jahrgänger-Verein, meine Herren, so doch ein Club Methusalem. (Kein Widerspruch, daher verliere ich den Faden, was mich aggressiv macht:) Export und Import in Ehren, Hanselmann, aber wenn Sie, Hanselmann, sich auf Theodor Fontane hinausreden, und wenn Sie, Baltensperger, sich auf Tizian hinausreden, ich muß schon sagen. (Zwischenruf: Bertrand Russell!) Sie sagen es, (rufe ich in den hinteren Saal:) haben Sie denn Bertrand Russell in letzter Zeit gesehen? (Zwischenruf vorne: Was wäre Frankreich ohne General de Gaulle?) Meine Herren, (sage ich ruhig, aber wieder Zwischenruf: Und Albert Einstein? ein ganzer Chor: Einstein, Albert Einstein! ich sage noch ruhiger:) Sie sind Anfang 50, Sie sehen unter uns Älteren keinen Einstein und nicht einmal einen Bertrand Russell, ich finde es widerlich, wenn wir uns mit berühmten Sonderfällen zu trösten anfangen. Ist das der Sinn unsrer Vereinigung? (Schweigen.) Sie alle kennen die Satzungen, noch keiner hat ihnen Folge geleistet, meine Herren, noch keiner von Ihnen. (Zwischenruf: Und Sie?) Meine Herren. (Zwischenruf: Und Sie?) Ich habe sagen wollen: noch keiner von uns. Wenn das so weitergeht, meine Herren, sitzen wir aber noch als Neunzigjährige zusammen und versprechen Verjüngung der abendländischen Gesellschaft. (Kichern bei den Anfangfünfzigern.) Meine Herren, ich finde es nicht zum Kichern – auch nicht zum Kopfschütteln, Herr Alt-Regierungsrat Huber, obschon Sie heute noch wie ein Sechziger aussehen. (Zustimmung.) Darum geht es aber nicht. (Zwischenruf von Alt-Regierungsrat Huber: Sondern?) Ich weiß, meine Herren, wir sind soweit und nicht nur in dieser kleinen Versammlung, wir sind überhaupt soweit: man hält es einem 75-jährigen zugut, daß er tatsächlich wie ein 60-jähriger aussieht, und wenn ein 90-jähriger aussieht wie ein 75-jähriger, so tun wir, als wäre das Problem wieder einmal gelöst – nebenbei bemerkt, meine Herren, ich halte diesen gestrigen Lichtbilder-Vortrag für verfehlt: Wenn die Georgier sogar 110 und 120 werden, so ist das ihre Sache! Es ist nicht damit getan, (sage ich wieder sachlich:) daß sich die Zahl unsrer Vollmitglieder vermehrt. Übrigens kann ich Ihnen mitteilen, daß es heute nicht 43 sind, wie im Jahresbericht steht, sondern 45, nachdem sich heute Vormittag in der Trinkhalle zwei weitere Herren eingeschrieben haben als Vollmitglieder: Sir Ralph Emerson, ehemals Konsul in Bombay, ich begrüße ihn als ersten Ausländer in unsrer Vereinigung, die immer schon als eine internationale gedacht war. (Der Brite erhebt sich.) Herr Peider Caflisch, ehemaliger Tennis-Lehrer, jetzt Ausschenker in der Trinkhalle, wie Sie wissen. (Es erhebt sich niemand.) Herr Caflisch läßt sich entschuldigen, da er um diese Zeit in der Trinkhalle tätig ist. Ich begrüße aber auch Herrn Caflisch im Namen der Vereinigung Freitod. (Beifall durch Nicken.) Was ich habe sagen wollen: Es ist nicht damit getan, meine Herren, daß wir dasitzen und Churchill-Zigarren rauchen, um einander zu beweisen, was wir noch vertragen, oder daß andere sich schonen. Sie werden trotzdem älter von Jahr zu Jahr. Ziel unsrer Vereinigung ist und bleibt aber die Verjüngung der abendländischen Gesellschaft –

Usw.

Usw.

Usw.

8.2.1968
Stück aufgeführt, BIOGRAFIE EIN SPIEL, mit vierfachem Sieg der Bühne (Zürich, München, Frankfurt, Düsseldorf) über den Autor; er bestreitet die Fatalität, die Bühne bestätigt sie – spielend.

Freude

Die frohe Nachricht, daß es sich nachweislich nicht um Krebs handelt, gibt jemand nebenbei; sie betrifft nur ihn. Hingegen die Nachricht, daß jemand an Krebs gestorben ist oder in den nächsten Monaten sterben wird, scheint uns alle anzugehen, auch wenn wir gerade einen Anlaß zur Freude haben. Oft genügt schon eine Wetterlage, das Klima einer Stadt (Berlin zum Beispiel) oder das körperliche Wohlbefinden irgendwo, ein Bewußtsein von eigner Gegenwart, eine Speise, eine Begegnung auf der Straße, ein Brief usw., es gibt zahllose Anlässe zur privaten Freude. Warum notiere ich sie nicht? Die Freudengesänge, die uns überliefert sind, bezogen sich immer auf einen Anlaß zur außerpersönlichen Freude; solcher Anlaß scheint uns zu fehlen. Die Landung auf dem Mond oder Mars wird ihn nicht liefern. Die Revolutionäre versprechen Gerechtigkeit, nicht Freude. Nur die Drogen-Gläubigen sprechen von Freude; gemeint ist die Ekstase auf der Flucht aus einer Welt ohne frohe Botschaft.

FEBRUAR 1968

Enteignung und Entmachtung der wenigen, deren Freiheit auf Kosten des arbeitenden Volkes geht, kann ja nicht das Ziel sein, wenn sich daraus nicht Freiheit für das arbeitende Volk ergibt. Die neuen Männer in Prag sprechen nüchtern, aber ihr Versuch ist kühn, Sozialismus zu entwickeln in der Richtung seines Versprechens. Ob ihnen das Gelingen gegönnt wird? Zu vermuten, daß dieser Versuch nichts anderes bedeute als eine reuige Rückkehr in den Kapitalismus, wäre ein Irrtum, jede Zustimmung in diesem Sinn zudem ein schlechter Dienst, nämlich genau die Auslegung, die die Feinde der Demokratisierung haben möchten, um sie unterdrücken zu können. Noch mehr von diesem falschen Beifall für Dubček (hier und in der Bundesrepublik) ist Denunziation - aber nicht ahnungslos; »ein Sozialismus mit menschlichem Gesicht«, das können sich unsere Macht-Inhaber nicht wünschen.

Um auf Chaplin zurückzukommen

»Jeder Rezensent tut jetzt, als verdurste er auf der Strecke, wenn ihm nicht Schritt für Schritt die gesellschaftliche Relevanz an die Lippen gereicht wird«, sagt einer. »Um auf Chaplin zurückzukommen«, sagt der andere. »Millionen und Millionen haben seine Filme gesehen, Clownerie aus Klassenbewußtsein, und was, meinen Sie, hat Chaplin erreicht?« sagt ein Dritter. »Sie halten sich für einen politischen Menschen, weil Sie nach dem politischen Effekt der Literatur fragen«, sagt jener, aber eigentlich ist alles schon besprochen. »Politik als literarische Mode«, sagt jemand. »Um auf Chaplin zurückzukommen«, sagt wieder der eine. »Oder auf Brecht«, sagt jemand. »Wenn Literatur sich darauf einläßt, daß sie sich durch gesellschaftliche Relevanz rechtfertigen soll, so hat sie schon verspielt; ihr Beitrag an die Gesellschaft ist die Irritation, daß es sie trotzdem gibt«, sagt der erste. »L'art pour l'art?«, fragt der andere. »Sie kommen jetzt mit dem bekannten Ausspruch von Jean-Paul Sartre, daß angesichts eines Hungerkindes und so weiter«, sagt jener. »Womit Sartre recht hat«, sagt dieser. »Gesetzt den Fall, Chaplin habe überhaupt nichts erreicht, obschon noch immer Millionen und Millionen vor seinen Filmen lachen«, sagt wieder der eine. »Ich halte mich für einen politischen Menschen, Sie haben recht, gerade deswegen wehre ich mich ja gegen Politik als literarische Mode«, sagt dieser. »Ich lese gerade Neruda«, sagt jemand. »Philosophie um der Philosophie willen, also das würden Sie verurteilen?« fragt dieser. »Ich frage ja Sie«, sagt jener. »Nur hat Sartre vergessen zu sagen, daß angesichts eines Hungerkindes oder eines Napalm-Opfers schon eine schlichte Mahlzeit obszön wird«, sagt jemand. »Chaplin war groß, solange er stumm blieb«, das weiß aber jeder. »Jede Literatur, die diesen Namen verdient, ist im Grund subversiv«, sagt jemand. »Proust zum Beispiel?« fragt jemand. »Und warum gehen Sie denn nicht in die praktische Politik, wenn Sie, wie Sie meinen, ein politischer Mensch sind?« fragt jemand. »Wir werden schon noch handeln«, sagt einer. »Wann?« lacht jener. »Stimmt für Sie die Nachricht, daß die Literatur tot ist?« fragt jemand. »Was mich betrifft, so handle ich ja seit Jahren«, sagt der andere. »Ich kenne die Personen, die diese Nachricht vom Tod der Literatur verbreiten; einer schreibt Gedichte, die er vorderhand nicht veröffentlicht, und der andere läßt immerhin Samuel Beckett gelten«, sagt jemand. »Um jetzt aber wirklich auf Chaplin zu-

rückzukommen«, sagt wieder der eine. »Der Ruhm habe die Dichtung verlassen, er gebühre den Wissenschaftlern und den Akrobaten; es ist Apolli-
naire, der das gesagt hat«, sagt jemand. »Müßte man, wenn Sie von Peter
Weiss und Jean-Paul Sartre sprechen, nicht unterscheiden (sagen wir) zwischen einem Schriftsteller, der Ideologie hervorbringt, und einem Schriftsteller, der eine vorhandene Ideologie literarisiert?« fragt jemand. »Und
was machen denn Sie selber?« fragt ein Student. »War Chaplin, meinen
Sie, ein gelernter Marxist oder Marxist par génie?« fragt einer, der bisher
geschwiegen hat. »Wie meinst du das?« fragt seine Gefährtin. »Erlaubt
ist, was gelingt«, sagt einer, »es ist wenig genug.« Es ist wieder Mitternacht.
»Ich habe wirklich nur über Chaplin reden wollen«, sage ich draußen auf
der Straße, »ich habe heute wieder einmal CIRCUS gesehen–«

BERZONA, März 1968

Gespräch mit zwei SDS-Leuten in Canero. Sie heißen
Wetzel und Amendt; einer sehr schick und fröhlich,
der andere mit blondem Ernst, aber auch weltmännisch. Zum Glück habe ich in letzter Zeit einiges
in dieser Sache gelesen. Spät genug, aber grad noch
zur Zeit – sonst hätten sich die beiden nicht entfalten können. Ihre kanalisierte Intelligenz.
Jemand am Tisch hält sich bei Frage oder Widerspruch nicht an die Terminologie, er scheidet aus.
Das richtige Bewußtsein hat jetzt sein Vokabular.
Die revolutionäre Masse, die Arbeiterschaft, wird
viel zu lernen haben, um zu begreifen, daß ihre
Erlösung gemeint ist und daß sie für ihre Erlösung
unentbehrlich sein wird. Zum Establishment sehr
offen: Zur Zeit können Sie uns noch nützen, später
natürlich nicht mehr. Abends langes Spaghetti-
Essen mit Chianti und Feuer im Kamin. Aufklärer mit
Bereitschaft zur Gewalt, dabei die Zauberformel:
Gewalt gegen Sachen, nicht gegen Personen. Und wenn
die Sachen bewacht werden von Personen? Es wird
Tote geben.

Handbuch für Mitglieder

»So löse ich mich auf und komme mir abhanden.« Michel de Montaigne

Niemand will wissen, was ihm im Alter bevorsteht. Wir sehen es zwar aus nächster Nähe täglich, aber um uns selbst zu schonen, machen wir aus dem Altern ein Tabu: der Gezeichnete selber soll verschweigen, wie widerlich das Alter ist. Dieses Tabu, nur scheinbar im Interesse der Alternden, verhindert sein Eingeständnis vor sich selbst und verzögert den Freitod so lange, bis die Kraft auch dazu fehlt.

Das Gebot, das Alter zu ehren, stammt aus Epochen, als hohes Alter eine Ausnahme darstellte. (Siehe Statistik) Wird heute ein alter Mensch gepriesen, so immer durch Attest, daß er verhältnismäßig noch jung sei, geradezu noch jugendlich. Unser Respekt beruht immer auf einem NOCH. (»noch unermüdlich«, »noch heute eine Erscheinung«, »durchaus noch beweglich in seinem Geist«, »noch immer imstande« usw.) Unser Respekt gilt in Wahrheit nie dem Alter, sondern ausdrücklich dem Gegenteil: daß jemand trotz seiner Jahre noch nicht senil sei.

Der Greis als äußere Erscheinung ist bekannt. Er schlurft, die Fersen heben sich kaum noch vom Boden; er macht nur noch Schrittchen, als gehe er überall auf Glatteis; wenn er sich auf einen Sessel setzt, spreizt er die Beine, und es sieht etwas unanständig aus. Alle seine Bewegungen, die beiläufigen wie die dringlichen, haben ein gleiches Tempo. Wenn er ein Bier getrunken hat, kann er's nicht lang halten. Wenn er nicht hört, was am Tisch ringsum gesprochen wird, so macht's ihm nichts aus. Wir müssen nicht nur lauter sprechen, damit er's versteht, sondern unsere Rede auch vereinfachen, und was er schließlich verstanden hat, bestätigt ihm bloß, daß er vorher nichts verpaßt hat. Wenn er kaut, haben wir keine Lust auf die gleiche Speise. Wenn er noch raucht, so lutscht er; seine Zigarre ist immer naß, die Asche fällt auf seinen Bauch oder auf die Schenkel. Er kann einen guten Kopf haben, vor allem wenn er hager ist; auch dann hat er meistens einen ballonartigen Bauch, daher die gespreizten Schenkel beim Sitzen. Wenn mehrere zusammensitzen, so denkt man an Lurche; sie haben nichts mit uns zu tun. Hilft man einem Greis auf der Straße oder auf der Treppe, so ist man verlegen; man berührt ungern seinen Körper. Wenn er schläft, sieht er wie ein Toter aus; er tut uns gerade dann nicht leid. Auf einer Bank im Park stört er nicht. Kennt man ihn von früher, so ist man im Gespräch mit ihm zerstreut; man sieht ihn nur noch von außen: die Adern seiner Hand, die wäßrigen Augen, die Lippen –

Weil Altern in unsrer Gesellschaft ein Tabu ist, daher als innere Erfahrung kaum zur Sprache kommt, hingegen mit allen körperlichen Indizien öffentlich in Erscheinung tritt, neigen wir dazu, in erster Linie die körperlichen Indizien zu fürchten – die bekannten Alters-Erscheinungen: Ausfall der Zähne, Glatze, Säcke unter den Augen, Runzeln, Gebrechen usw., eben was der Umwelt sichtbar wird trotz Tabu. Lassen diese sich durch Medizin oder Kosmetik beheben, so erliegt der Gezeichnete gern der Täuschung, daß Jugend zu verlängern sei. Senilität ist aber ihrem Wesen nach nicht ein körperliches Gebrechen, sondern ein geistiger Zerfall.

Senilität kann früher oder später einsetzen. Ihr Eintritt ist nicht nach Jahrgängen zu bestimmen. Sicher ist nur, daß Senilität nicht ausbleibt.

Eine Zeitlang ist Selbsttäuschung möglich. Merken die andern nach und nach den Zerfall einer Person, so zeigen sie es der Person meistens nicht, im Gegenteil: sie ermuntern zur Selbsttäuschung auf alle Arten (Reden zum Geburtstag, Wahl zum Ehren-Präsidenten usw.) teils aus Mitleid, teils weil der Umgang mit einem Gezeichneten bequemer ist, solange er seine Vergreisung zu verhehlen genötigt ist. Kommt er eines Tages nicht mehr um das Geständnis herum, daß er ein alter Mann werde – was er schon seit Jahren ist – so wird er entdecken, daß sein Geständnis niemand überrascht; es berührt nur peinlich.

Der Gezeichnete beginnt Sätze zu bilden: »Schließlich haben wir schon einmal erlebt, daß/Auch unsereiner hat einmal/Wenn Sie einmal erfahren haben, was es heißt/Zu meiner Zeit/Zu unsrer Zeit/Heutzutage meint jeder/ In Ihrem Alter, wissen Sie, hätte ich mich geschämt/Nach meiner Erfahrung gibt es nur eins/Man muß den Jungen eine Chance geben/usw.

Der Gezeichnete erkennt sich daran, daß ihn niemand beneidet, auch wenn er Ansehen genießt oder Vermögen besitzt, also Möglichkeiten hat, die sie, die Jüngeren, nicht haben; trotzdem möchte niemand mit ihm tauschen.

Wenn von jemand die Rede ist, der etwas Außerordentliches geleistet hat oder demnächst zu leisten verspricht, erkundigt sich der Gezeichnete sofort nach dem Alter der betreffenden Person. (Sehr frühes Stadium). Der Gezeichnete beginnt Zeitgenossen immer weniger um ihre Leistung zu beneiden als um ihren Jahrgang: um ihren Vorrat an Zukunft.

Der Gezeichnete merkt es oder merkt es nicht, daß seine Anwesenheit die andern hemmt; man reicht ihm die Hand, wenn er kommt, und es braucht kein verlorener Abend zu werden, nur wird es ein andrer Abend; es wirkt sich sofort aus, wenn ein Gezeichneter zugegen ist: irgend etwas ist anstrengend – er will keine Schonung und es geht nur mit Schonung.

Der Gezeichnete ertappt sich auf einem neuen Spiel-Ehrgeiz: ein Sieg in einem körperlichen Spiel (Pingpong, Federball usw.) befriedigt ihn mehr als ein Schach-Sieg.

Die sichtbare Veränderung, die ihn am meisten irritiert, ist nicht die Veränderung seiner Haarfarbe – das weiß er nun schon: das Haar wird grau, auch sein Haar. Nur beim Coiffeur ist es noch ein kleiner Schock: sein Haar auf dem Linol, wo sie es später zusammenwischen, ist grauer als am Kopf; eigentlich sind's Büschel von schmutzigem Weiß, keine Spur von Blond oder Braun, er glaubt's kaum, aber was auf dem Linol liegt, kann nur sein Haar sein, und wenn der Coiffeur auch noch den Handspiegel bringt und hält, damit der Kunde sich von hinten sehe (so wie die andern ihn sehen) und sich bedanke für den Ansatz von Glatze (was der Rasierspiegel zu Hause nicht zeigt), erhebt er sich, als habe er Eile ... Die sichtbare Veränderung, die am meisten irritiert: wo er hinkommt durch Beruf oder der Geselligkeit halber, ist die Mehrzahl der Zeitgenossen jünger als er; nicht alle sind jünger als er, aber vor allem jene Zeitgenossen, die ihn interessieren.

Sein Bedürfnis, Ratschläge zu geben.

Sucht des Gezeichneten, Aktuelles sofort unter historischen Vergleich zu stellen; ob der Vergleich ergiebig sei oder nicht, das Damals muß erwähnt werden: damit der Gezeichnete im Gespräch auf der Höhe ist.

Bringt jemand eine Zote, so lacht er mit knapper Verspätung, da er prüfen muß, ob sie ihn nicht trifft; dann lacht er um einen Grad zuviel, der ihn entlarvt.

Der Gezeichnete pocht auf seine Leistungen –

Der Gezeichnete erkennt sich an einer neuen Art von Langeweile. Hat er sich früher manchmal gelangweilt, so meistens infolge der Umstände: in der Schule, im Büro, beim Militär usw. ... Eigentlich konnte er sich in jedem Augenblick (früher) eine Situation denken, wo er sich gar nicht langweilen würde. Was neu ist: es beginnt ihn auch die Verwirklichung seiner Wünsche zu langweilen –

Kommt er in Gesellschaft, so zeigt er, um sich nicht zu langweiligen, oft eine übertriebene Munterkeit; der Gezeichnete verkauft Witzigkeit als geistige Frische.

Es langweilt ihn nicht nur die Verwirklichung seiner Wünsche; der Gezeichnete weiß, welche seiner Wünsche nicht zu verwirklichen sind. Das nennt er seine Erfahrung. Was ihn langweilt: Die Bestätigung seiner Erfahrung – Zukunft als déjà vu ...

Schwund der Neugierde.

Der Gezeichnete wird teilnahmsvoll. (Mittleres Stadium). Er erkundigt sich bei jeder Gelegenheit, was die andern, die Jüngeren, grad machen. Was er gemacht hat, weiß man schon. Es ist an ihm zu fragen. Es ist rührend, wie er sofort Anteil nimmt oder sich mindestens bemüht. Dabei neigt der Gezeichnete, obschon noch bei kritischem Verstand, zusehends zum Lob. Nämlich durch ernsthaftes Loben kommt er noch an die Jüngeren heran. So meint er. (Es ist bekannt, daß Greise ungern anerkennen, was nach ihnen kommt; also gilt es zu zeigen, daß er kein Greis ist: indem er lobt.) Gelegentlich wagt er auch Kritik, aber nur Kritik, die Hoffnung macht. Was der Gezeichnete sich in keinem Fall leistet: die offene Gleichgültigkeit gegenüber Jüngeren ... Er täuscht sich: – sein Lob hat wenig Wert; die Gelobten spüren, daß der Gezeichnete es als Köder braucht.

Einen Witz, der offensichtlich nicht ankommt, macht jeder; der Gezeichnete erschrickt darüber. (Frühes Stadium.)

Handelt es sich um Meinungen, so kann es dem Gezeichneten nicht entgehen, daß ihm immer weniger widersprochen wird. Das gibt ihm das Gefühl, eine Autorität zu sein – während die andern, die Jüngeren, in den Aschenbecher blicken oder unter dem Tisch einen Hund streicheln, solange er redet. Meinungen interessieren in dem Grad, als die Person, die sie vertritt, eine Zukunft hat. Nach einer höflichen Pause, die ihn durch Andacht ehrt, erzählt jemand einen Witz, um das Thema zu wechseln. Da er merkt, daß er sich neue Freunde nicht mehr machen wird, und da er keinesfalls Mitleid erregen will, erzählt der Gezeichnete gern von seiner Freundschaft mit einem Toten, die er ins Sagenhafte überhöht; der Tote widerspricht nicht (außer wenn ihr Briefwechsel veröffentlicht wird) und die Jüngeren können nur staunen, daß es so großartige und wirkliche Freundschaften wie damals (»Bauhaus« usw.) heutzutage kaum noch gibt.

Hat er Anlaß zur Freude, so weiß der Gezeichnete, wie er sich bei solchem Anlaß früher gefreut hätte –

Auch wenn er wider Erwarten etwas Neues erlebt hat, erzählt er weniger als früher. Lang bevor er denkmüde wird, zeigt der Gezeichnete sich stoff-unlustig; er will nur noch Essenz. (Aphorismus als Altersform.) Erst später, wenn er auch denkmüde ist, wird er geschwätzig.

Familiensinn und Senilität. Zumindest läßt sich kaum bestreiten, daß der Familiensinn wächst mit der Senilität. Ebenso der Heimatsinn. (Rückkehr aus dem Ausland in späteren Jahren.) Der Gezeichnete in seiner Angst vor Vereinsamung betont jede Art von Zugehörigkeit, die er nicht herstellen muß, sondern die schon da ist.

Bedürfnis nach Tradition.

Angst davor, daß man eines Tages auf Hilfe angewiesen sein wird, meldet sich auf widersprüchliche Art: Sucht des Gezeichneten, seine Nächsten jetzt schon durch Güte zu verpflichten – anderseits neigt der Gezeichnete dazu, alles selber zu bestimmen und die Leute, deren Hilfe er demnächst braucht, solange wie möglich zu entmündigen.

*Der Gezeichnete braucht weniger Speise, als er genießen könnte, und neigt
daher zu Fettleibigkeit, die er fürchtet, weil sie ihn verrät auf den ersten
Blick – dabei gibt es ja auch hagere, die gezeichnet sind, und umgekehrt wieder Fettleibigkeit bei Jungen ... Tatsächlich verrät der Gezeichnete sich dadurch, daß er jetzt alles, was ihm an seiner Person auffällt, sogleich auf die
Altersfrage bezieht.*

*Der Gezeichnete klagt gern über sein schlechtes Gedächtnis – in Fällen, wo es
erstaunlich wäre, wenn überhaupt ein menschliches Hirn, auch ein siebzehn-
jähriges, nicht versagen würde. (Koketterie überhaupt in den frühen Stadien
der Senilität.) Das Gedächtnis läßt nicht nach; nur ist es besetzt. Der Gezeichnete erinnert sich wortgenau an ein Gespräch im Zweiten Weltkrieg,
hingegen schon schlechter an ein Gespräch von gestern Abend.*

*Einsturz des natürlichen Selbstvertrauens in den Wechseljahren des Mannes
kann auch dann, wenn er seine Familie ernährt, die Familie verleiten zu den
ersten Versuchen der Entmündigung. Er versucht sie vorerst nicht zu bemerken. Daß er aus lebenslanger Erfahrung weiß, wie man einen Büchsenöffner
anzusetzen hat, hindert sie nicht zu sagen: Komm, laß lieber mich!*

*Daß er an einem Donnerstag meint, es sei Mittwoch, ist schon immer einmal
vorgekommen; jetzt aber erschrickt er, wenn es vorkommt –*

*Der Gezeichnete verbirgt immer eine Angst. Wenn seine Serviette unter den
Tisch gefallen ist, empfindet er es als Entblößung. Das teilt sich den Tischgenossen mit. Je näher die Leute ihm stehen, um so öfter fallen sie ihm ins Wort;
vor allem die Gattinnen, auch wenn sie nichts anderes zu sagen haben, zeigen uns auf diese lebhafte Art, daß der Mann gezeichnet ist.*

*Weiß der Gezeichnete beispielsweise, wann Chruschtschow gestürzt worden
ist, so bezweifeln seine Lieben, ob das Datum wirklich stimmt. Es kommt, obschon das Datum in diesem Zusammenhang eigentlich unwichtig ist, zu
einer familiären Rechthaberei. Zeigt es sich anhand eines Lexikons, daß er
tatsächlich im Recht ist, so lassen sie das Datum gelten: Der Gezeichnete
hat Glück gehabt. Daß es ihm so wichtig gewesen ist, Recht zu behalten, verrät ihn trotzdem –*

Der Gezeichnete versteift sich jetzt auf Marotten, um sich als Persönlichkeit zu manifestieren wenigstens vor sich selbst; was seine Umwelt nicht überzeugt, tut er grad zum Trotz. (Spätes Stadium). Alterseigensinn.

Angst vor dem Verblöden –

Der Gezeichnete erwacht immer öfter schon vor Tagesanbruch – zur Stunde der Hinrichtungen – er erwacht daran, daß er überhaupt nicht müde ist. Er wird Frühaufsteher – wozu?

Neigung zur Panik – meistens handelt es sich um Bagatellen, es fällt ihm ein, daß er die Feuerversicherung noch nicht bezahlt hat, oder er stellt sich vor, daß ihm die Wohnung gekündigt werden könnte, und alles erscheint ihm ausweglos für einen Augenblick, nie und nimmer zu bewältigen. Paniken solcher Art auch am hellichten Tag.

Der Gezeichnete, obschon er in seinem Leben viel gereist ist, wird vor dem Zoll nervös. Dabei hat er das Schmuggeln längst gelassen. Kommt es trotzdem zu Stichproben, so kann er rabiat werden: seit 40 Jahren dieselbe Frage, und man glaubt ihm seine Antwort noch immer nicht.

Da er weiß, wie oft er sich mit Leuten, die sich infam verhalten haben, später wieder versöhnt hat, neigt der Gezeichnete bei Anlässen, wo er früher in Zorn explodierte, eher zur Verachtung.

Der Gezeichnete hat ein erstaunliches Gedächtnis. So scheint es. Tatsächlich findet kaum ein Erinnern statt. Der Gezeichnete reproduziert Anekdoten, die er sich gemacht hat. Seine Gattin merkt es am ehesten: er wiederholt wortwörtlich. Hin und wieder kommt etwas hinzu, was sie noch nie gehört hat, aber selten. Sein Repertoire ist groß genug, um ihn noch gesellschaftsfähig zu erhalten: er überrascht die Zuhörer immer wieder, aber sich selbst fast nie. Er verfügt über ein Album präziser Souvenirs: Tapete im Elternhaus; das Gebiß eines tobenden Lehrers auf dem öligen Boden des Klassenzimmers; Details aus der Kriegsgefangenschaft oder von einem Lawinenunglück; die hanebüchenen Aussprüche seines ersten Arbeitgebers; das Wetter am Vormittag seiner Ehescheidung usw., man staunt, wie genau er berichten kann. Vor allem sein Gedächtnis für Pointen, die ihm einmal gelungen sind, ist erstaun-

lich ... Der Gezeichnete erkennt sich daran, daß er sich eigentlich nicht an das Gebiß seines Lehrers auf dem öligen Boden des Klassenzimmers oder an das arkadische Wetter am Vormittag seiner Ehescheidung erinnert, sondern er erinnert sich an seine Erinnerung daran.

Der Gezeichnete ist verwundert, wie wenig Energie die Jungen haben. Sobald sie zu etwas keine Lust haben, ist von jungen Leuten wenig zu erwarten; zum vollen Einsatz bringt sie immer nur die Erwartung von Lust. Meint der Gezeichnete, daß er an Energie die meisten Jungen übertreffe, so täuscht er sich nicht. Mehr und mehr Dinge, die einfach getan werden müssen, damit man lebt, tut der Gezeichnete nicht nur ohne Lust, sondern auch ohne Erwartung von Lust; dadurch wird ihm seine Energie bewußt (die er für Vitalität hält) –

Wie könnt Ihr, denkt er mit Vorwurf, tagelang so herumlungern! Das könnte der Gezeichnete nicht: nur dem Genuß nachgehen – dazu reicht seine Genußfähigkeit nicht mehr.

Er sitzt auf dem Bettrand und weiß es Minuten lang: eigentlich lebt er nur noch aus Energie. Obschon ihm vieles mühsam wird, nicht nur Koffertragen und Treppensteigen, manchmal schon das Ankleiden, im Grunde vor allem die Gewißheit, daß ihm dieser Tag und alle weiteren Tage keine neue Erfahrung bringen werden, kommt es nicht in Frage, daß er länger im Bett bleibt und wie die Jungen den halben Tag verschläft; der Gezeichnete verrät sich durch gesteigertes Pflichtbewußtsein.

Wohlstand beschleunigt die Senilität.

Wohlstand tarnt sie länger.

Der Gezeichnete sieht sich immer öfter angewiesen auf Nachsicht; dabei kommen noch lange nicht alle Fehler und Irrtümer, die ihm unterlaufen, an den Tag. Hat er wirklich, wie er behauptet, die Wohnungstüre geschlossen? – er kann sich nicht mehr auf sich verlassen.

Macht er Geschenke, so kommt es immer öfter vor, daß sie umgetauscht werden; sein Geschmack ist überholt. Was den Gezeichneten allenfalls rettet: Großzügigkeit in bar.

Würde: der Schlupfwinkel des Gezeichneten.

Was einem Menschen, wenn die Fähigkeit zur spontanen Kommunikation schwindet, unentbehrlich wird: Gesinnung. Sie bringt auf einen gemeinsamen Nenner ohne persönliche Kommunikation. Zünfte, Vereine, Akademien usw., deren wesentliche Funktion insgeheim darin besteht, daß die Senilen sich nicht vereinsamt fühlen. Der Gezeichnete verrät sich nicht durch diese oder jene Gesinnung (links oder rechts), aber durch seinen zunehmenden Bedarf an Gesinnung.

Der Gezeichnete hat immer wieder einmal (vor allem im Morgengrauen) sehr helle Augenblicke; dann denkt er wie in seinen besten Jahren − er erkennt es daran, daß er plötzlich, ohne ersichtlichen Anlaß, seine Zukunft nur mit Entsetzen sieht.

Angst vor dem Hirnschlag.

Kann er's nicht lassen oder hält er's für seine Pflicht, immer noch in Gesellschaften zu erscheinen, so erkennt der Gezeichnete sich nicht nur daran, daß man ihm mehr Platz macht, als einer braucht − es entgeht ihm vielleicht, daß die Leute, die mit ihm sprechen, einander wie von einem Dienst ablösen, aber er ertappt sich, daß er eigentlich niemand vermißt ...

Die Wahrscheinlichkeit, daß der Zug entgleist oder das Schiff untergeht oder ein Jet abstürzt, erhöht sich ja nicht mit dem Lebensalter des Passagiers; trotzdem hat der Gezeichnete vor einer Reise mehr und mehr das Bedürfnis, seine Sachen zu ordnen.

Oft, wenn wir einen Alten schließlich im Sarg sehen, empfinden wir Beschämung; das Toten-Gesicht zeigt fast immer, daß dieser Mensch einmal mehr gewesen sein muß als in seinen letzten Jahrzehnten.

Als erstes empfinden wir natürlich Erleichterung: es werden seit heute in Nord-Vietnam keine Bauern auf ihren Feldern getötet und keine Kinder in den Schulen ... Daß Völkermord, wenn er nicht rentiert, eines Tages abgebrochen wird, ist aber noch kein Wunder. Es rentiert eben nicht, weder militärisch noch politisch. Auch läßt sich ausrechnen, daß der tägliche Prestigeverlust in der ganzen Welt, seit sie informiert ist, die Zerstörung vietnamesischer Dörfer zu kostspielig macht. Man hat sich verrechnet und zieht die Konsequenz, das ist alles. Saigon wartet auf den nächsten Angriff; im Dschungel mehren sich die verlorenen Posten, auf denen uns die amerikanischen Soldaten leid tun; der Entschluß von Präsident Johnson ist patriotisch: die Teilkapitulation, die sich als Friedensangebot gibt, erfolgt zur Erhaltung der imperialistischen Macht, die anderswo, z. B. in Lateinamerika, ohne allzu offenen Krieg wirtschaftet. Bombenstopp gegen den Norden als amerikanisches Entgegenkommen, das verdankt sein will: dafür soll die amerikanische Okkupation im Süden unbehelligt bleiben. Das vietnamesische Volk wird sich aber weiterhin in seine eigenen Angelegenheiten einmischen. Somit wird kein Friede sein, bevor die Invasionsarmee sich einschifft.

Wer wird übrigens dieses Vietnam, das sich für die USA nicht rentiert hat, wieder aufbauen? Da die amerikanische Invasion in Vietnam nicht ein persönlicher Fehler von Kennedy oder Johnson gewesen ist, sondern die Konsequenz eines Herrschafts-Systems, das die Unterdrückung anderer Völker braucht, um zu bestehen, ändert der Rücktritt von Johnson wenig; ein System hat sich entlarvt, und die Revolutionen gegen dieses System werden wachsen.

»C'est pire qu'un crime, c'est une faute«, sagte Talleyrand und meinte vermutlich: ein Fehler rächt sich, ein Verbrechen nicht unbedingt. Die Nachricht von heute zeigt an, daß der Krieg in Vietnam ein Fehler gewesen ist, die Eskalation eines System-immanenten Fehlers ... Unsere Erleichterung ist flüchtig.

In einer Rundfrage der WELTWOCHE vom 5. 4. 1968

PARIS

Paris hat immer etwas von einer früheren Geliebten; richtiger gesagt: es hätte eine Geliebte werden können, doch hat man sich seinerzeit verpaßt. Es war schon die Allerweltsgeliebte und voll Lite-

ratur. Man nickt ihr zu, als kenne man sich, und es
ist gar nicht wahr. Sie hat sich nie mit Barbaren
eingelassen, und wer kein sehr richtiges Französisch spricht, bleibt ein Barbar. Das zeigt uns jeder Kellner schon nach drei Worten. Man macht sich
lächerlich mit seinem stillen Anspruch wie gegenüber einer Dame, die nicht wissen kann, daß man von
ihr geträumt hat. Was sollen meine Blicke! Man tut
besser dran, nicht zu nicken, sondern eine fremde
Zeitung auszuspannen, FRANKFURTER ALLGEMEINE, wie
eine weiße Fahne. Auch wenn man die Namen ihrer
Boulevards kennt, die Denkmäler der Dame, ihre
Seine zu allen Jahreszeiten, das eine oder andere
Restaurant, ihre Galerien, die schwärzlichen Fassaden mit den Trikolore-Garben, ihre Metro usw.,
diese Stadt weiß einfach, daß sie nie etwas mit dir
gehabt hat. Ich kann mich noch so lange hinsetzen,
sogar Erinnerung hervorholen: dieser Quatorze
Juillet kurz nach dem Krieg, dieser linkische Par-
fum-Kauf bei der Vendôme, Proben im Theater, die
Begegnung mit Samuel Beckett, eine Nacht in den
Hallen, als Paar zwischen morgendlichen Metzgern
mit Schürzen voll Blut, all dies geht Paris nichts
an, diese Stadt mit jungen Gesichtern, die müde ist
von Erinnerung an ihre Größe. Übrigens bin ich in
dieser Stadt meistens froh gewesen; meine Sache.
Es bleibt ihre Place des Vosges, ihr Jardin Luxembourg, ihre Seine, ihr Arc de Triomphe, ihr Goya im
Louvre, ihr Café Flore usw., ihre Weltmitte.

Politik durch Mord

Der große Mann der gewaltlosen Opposition, Kämpfer gegen die Armut
im reichsten Land der Welt und für die Bürgerrechte der amerikanischen
Neger, wird von einem Weißen erschossen. Es wäre leichtfertig zu sagen
oder auch nur zu vermuten, daß die Staatsmacht der USA diesen Mord ver-

anstaltet habe. Erstens sieht es anders aus, wenn die Staatsmacht mordet; zweitens kann es der Staatsmacht alles andere als erwünscht sein, daß gerade dieser Mann, Prophet der Gewaltlosigkeit, ermordet worden ist; man ist gerade jetzt angewiesen auf die Gewaltlosigkeit der Unterdrückten im eignen Land; man weiß, was der Vietnam-Krieg kostet, und die Armen im eigenen Land werden gerade jetzt, wie schon immer, Geduld haben müssen. Der Marsch gegen die Armut, den Martin Luther King in diesem Frühjahr hat führen wollen, sollte friedlich sein wie alle seine Reden und Taten zuvor. Sein Tod kann die Armut der amerikanischen Neger nicht abschaffen, möglicherweise aber ihre Geduld, ihre Hoffnung auf einen friedlichen Einzug in das Gelobte Land, wie der unerschrocken-sanfte Dr. Martin Luther King ihn predigte. Was sollen die Neger tun? Sie sollen nicht die Nerven verlieren, weil ein Weißer geschossen hat, ein Einzelner. Der schon mehrmals ein Attentat gegen Martin Luther King versucht hat: der die Steine geworfen hat in Chicago: der die Drohungen verbreitet in diesem weiten Land, so daß jeder Pilot, wenn dieser Priester in der Maschine sitzt, befürchten muß, diesmal sei die Zeitbombe dabei: der die andern Führer der Bürgerrechtsbewegung telephonisch wissen läßt, sie werden auch drankommen: das ist immer dieser Einzelne von Memphis gewesen? – der so schwer zu finden ist in diesem Land, das bei Rassenkrawallen über ein immer wieder imposantes Polizeikorps verfügt. Das Gewehr, das man gefunden hat, kann nur von einem Einzelnen bedient werden; die Darstellung aber, Martin Luther King sei von einem Einzelnen ermordet worden, wäre trotzdem eine Lüge. Man wußte in Memphis von den Drohungen. 40 Mann dieses Polizeikorps, bewährt im Einsatz gegen renitente Neger, bewachen in Memphis das Motel des bedrohten Priesters, offenbar nicht das Haus gegenüber; der Schuß ist zu hören, der Zielfernrohr-Schütze in 70 Metern Entfernung nicht zu ergreifen: nämlich die Hinterausgänge sind nicht bewacht. Ein günstiges Land für Mörder. Das Weiße Haus mahnt die Nation: mit Gewalt könne nichts erreicht werden. Es ist erreicht: Martin Luther King ist still.

Die NEUE ZÜRCHER ZEITUNG schreibt:

»Nach vergeblichem Warten auf die Durchführung der bahnbrechenden Entscheidung des Obersten Bundesgerichts über die Aufhebung der Rassentrennung in den Schulen, die, wenn überhaupt, an allzuvielen Orten nur symbolisch befolgt wurde, organisierte der damals als Pfarrer tätige King

in den späten fünfziger Jahren in Montgomery im Staat Alabama den Au-
tobus-Boykott der Neger. Es ging um ihr Recht, im öffentlichen Autobus
der Stadt jeden freien Platz einzunehmen. Bis dahin war es im ganzen
Süden Vorschrift, daß Neger nur die hintersten Plätze besetzen durften,
selbst wenn die vorderen Plätze frei waren.«
Das sind Fortschritte. In einer Gesellschaft, hier in Zürich, hörte ich einmal eine Dame sagen: kaum gibt man ihnen den kleinen Finger, wollen
sie die ganze Hand. Da ist etwas dran. Auch Martin Luther King, scheint
es, wollte zu viel, als er sich, statt in Atlanta zu predigen, einmischte in das
Problem der nördlichen Gettos: Harlem, Chicago, Baltimore, Los Angeles . . .

Die Neue Zürcher Zeitung schreibt: *»– das Problem der nördlichen*
Gettos, das viel schwerer zu lösen ist, weil es ein wirtschaftliches und sozia-
les Problem ist, das sich in der Form eines Rassenproblems präsentiert.
(...) Mehr und mehr blieben die Erfolge (von Martin Luther King) aus.
Und mehr und mehr gewannen die radikaleren Negerführer Gehör, die
die schwelende Not der Gettos auszubeuten begannen.«
Womit gesagt ist, wer in diesen Gettos die Ausbeuter sind, nicht jene, die
die Arbeitskraft der Neger ausbeuten in einer Weise, daß es zur schwelen-
den Not der Gettos kommt, sondern die Negerführer, die diese Not abschaffen wollen.
»In Memphis streiken die Kehrichtabfuhrleute – alles Schwarze – seit lan-
gem, und zwar nicht nur, weil sie von der Stadt eine Lohnerhöhung wol-
len, sondern auch weil sie sich gewerkschaftlich zu organisieren wünschen.«
Der Bericht gibt zu:
»Am nächsten Montag sollte ein zweiter Protestmarsch durchgeführt wer-
den, obschon ein lokales Gericht dagegen eine sogenannte ›injunction‹ ein-
gelegt hatte. Der Weg aller amerikanischer Sozialreformbewegungen, vor
allem auch der Gewerkschaften, ist mit solchen ›injunctions‹ gepflastert.
Sie sind immer wieder mißachtet worden.«
Memphis ist also kein Sonderfall, sondern Muster: man unterdrückt
Recht, und da die Unterdrückten, aufgeklärt von Pfarrer King, die Miß-
achtung ihres Rechts mißachten, herrscht Erbitterung bei den Unterdrük-
kern.
»In der heutigen im Lande verbreiteten Stimmung tiefen Unbehagens, ja
des Hasses und der Bitterkeit, führte Kings Herausforderung des weißen
›Establishments‹ von Memphis nun zu seiner Ermordung.«

Unser Gewährsmann in Washington, der einer links-tendenziösen Darstellung kaum zu verdächtigen ist, schreibt über die Gewerkschafts-Bewegung in den USA allgemein:

»*Es war ein opferreicher Weg. Er bedeutete Gefängnis und oft Schlimmeres, allzu oft den Tod für die, die sich an diesen Aktionen beteiligten.*« Das betrifft nicht die Neger allein. In den zwanziger Jahren wurden zwei italienische Einwanderer, Sacco und Vanzetti, verhaftet unter dem Verdacht, Angestellte mit Lohngeldern ermordet zu haben. Während des Prozesses in Boston, der 63 Tage dauerte, meldeten sich zahlreiche Augenzeugen: sie hatten Vanzetti mit seinem Fischkarren gesehen, 32 Meilen vom Tatort entfernt. Das Todesurteil wurde trotzdem gefällt. Sacco und Vanzetti gehörten einer politischen Opposition an, einer Arbeiter-Bewegung. Ein Protest ging durch die zivilisierte Welt. Sacco und Vanzetti kamen trotzdem auf den elektrischen Stuhl. Politik durch Mord und Politik durch Justizmord ist keine Spezialität der amerikanischen Herrschaftsform; der Stalinismus zeigte diese Methode in Perfektion. Der Justizmord ist immer ein Test; er zeigt auf eklatante Art, was einer herrschenden Schicht besonders gefährlich erscheint, also vernichtet werden muß: in den USA ist es von jeher der Sozialreformer, der Anwalt der Arbeiter. Joe Hill, eigentlich Hillström, kam 1907 aus Schweden in die USA und wurde bald zum populären Sänger der amerikanischen Gewerkschaftsbewegung, INDUSTRIAL WORKERS OF THE WORLD. Im Januar 1914 verhaftete man Hill im Staate Utah, wo sich die großen Kupferminen befinden, heute noch sehenswert für jeden Touristen, und verurteilte Hill wegen eines Mordes, den er nicht begangen hatte, zum Tode. Nach einer Haft von 22 Monaten, während ein weltweiter Protest stattfand, wurde das Urteil, das die Kupferminen-Besitzer forderten, vollstreckt am 19. November 1915. Es gibt verschiedene Verfahren. Am 24. April 1963 befand sich der Briefträger William Moore auf dem US-Highway 11. Moore, geboren in Mississippi, war unterwegs, um dem Gouverneur Ross Barnett eine persönliche Bittschrift zur Anerkennung der Bürgerrechte der Neger zu überreichen. Moore war Weißer. Er wurde von hinten erschossen, Täter unbekannt.

Oh, Bill Moore walked the lonesome Highway,
He dared to walk there by himself,
None one of us here were walking with him,
He walked the highway by himself.
Yes, he walked to Alabama,

He walked the road for you and me,
In his life there was the purpose:
That Black and White might both be free.
They shot him down in cold blood murder,
Two bullet holes were in his head,
His body lay upon the road-way,
Where lynchers left him cold and dead.

In Talladega, Alabama, marschierten 200 College-Studenten zum Rathaus: sie protestierten wider die Ausschreitungen gegen die Anhänger der Bürgerrechts-Bewegung und wider die Brutalität der Polizei gegenüber den Anhängern der Bürgerrechtsbewegung. Der friedliche Marsch wurde von 40 Staatspolizisten gestoppt, die mit Tränengas schossen; die Studenten blieben stehen und sangen:

We shall not, we shall not be moved.
We shall not, we shall not be moved,
Just like a tree, planted by the water,
We shall not be moved.
We are fighting for our freedom,
We shall not be moved,
We are black and white together,
We shall not be moved,
We shall stand and fight together,
We shall not be moved.

Songs ohne eigentliche Kampfansage, sogar ohne Anklage; der Protest besteht allein in der singenden Hoffnung aus Gläubigkeit; es ist legitim, daß die Melodie oft aus Spirituals übernommen wird. Anläßlich eines Streiks in Charleston, 1945, NEGRO FOOD AND TOBACCO UNION WORKERS, entsteht ein Song für Jahrzehnte, seine Tonart: with quiet determination:

We shall overcome, we shall overcome,
We shall overcome someday.
Oh, deep in my heart, I know that,
I do believe, oh, we shall overcome someday.

Was folgt auf die Ermordung von Martin Luther King? Präsident Johnson, um die Welt zu beruhigen, hat sofort seinen Justiz-Minister, Ramsey Clark, nach Memphis geschickt zwecks Untersuchung des Mordes. Unser Glaube wird zögernd sein. Nicht nur weil man den Warren-Bericht kennt;

nicht nur weil der Polizei-Bericht zu den schweren Krawallen 1966 in Watts, dem Neger-Getto von Los Angeles, dem Bericht von Augenzeugen widerspricht – sondern weil sogar der Bericht der amerikanischen Rassen-Kommission, eingesetzt von Präsident Johnson, nach der Vernehmung von 1200 Zeugen zu dem Schluß kommt:

> *Unser Volk zerfällt in zwei Teile, in zwei verschiedene Gesellschaften: die eine schwarz, die andere weiß. Was die weißen Amerikaner nie begriffen haben, können die Neger niemals vergessen: daß die weiße Gesellschaft entscheidend zur Bildung des Gettos beigetragen hat. Weiße Institutionen haben es geschaffen, weiße Institutionen erhalten es aufrecht, eine weiße Gesellschaft billigt es.*«

Im Jahr 1966 sind in amerikanischen Slums, laut offizieller Untersuchung, 14000 Babies und Kleinkinder von Ratten gebissen worden. Ein Entwurf, der zur Rattenbekämpfung in den Slums einen Bundeszuschuß von 40 Millionen Dollar vorsah, wird gestrichen. Ein Kriegstag in Vietnam kostet 79,795 Millionen Dollar. 1964 beschließt der Kongreß in Washington ein bedeutendes Bürgerrechtsgesetz: es verbürgt den Negern gleiches Recht an den Wahlurnen. Die Praxis im Süden sieht so aus: um seine Stimme abgeben zu können, muß der Neger 30 Dollar zahlen; oder er muß eine Prüfung bestehen, und die seinen Bildungsgrad prüfen sind Weiße; drittens braucht er vielleicht einen Autobus, um an die Urne zu gelangen, und die über den öffentlichen Autobus-Verkehr entscheiden, sind Weiße. Aber es steht dem Neger natürlich frei, einen Tag lang zu Fuß zu gehen, wenn er wählen will. Wie steht es mit dem Bildungsgrad? 1966, zwölf Jahre nach einem Grundsatzurteil des Obersten Gerichtshofs in Washington, sind es von drei Millionen Negerkindern erst 10 Prozent, die eine integrierte Schule besuchen. 1965, anläßlich der Unterzeichnung der VOTING RIGHT BILL, sagt Präsident Johnson:

> *Heute zählt ein Triumph der Freiheit so viel wie alle Siege auf dem Schlachtfeld der Vergangenheit ... Heute brechen wir die letzte große Fessel bedrohlicher und altertümlicher Versklavung.*«

Was auf diese feierliche Unterzeichnung folgt: im Lauf eines Jahres werden in den Südstaaten zahlreiche farbige und weiße Anhänger der Bürgerrechts-Bewegung ermordet; die Prozesse gegen die Mörder, sofern sie gefunden werden, enden meist nach kurzem Verfahren mit Freispruch.

(Auch der Kriminalobermeister Kurras, der in Berlin den Studenten Ohnesorg niedergeschossen hat, ist freigesprochen worden.)

Worauf soll der Neger hoffen?

SAN BERNARDINO

Siebenmal im Jahr fahren wir diese Strecke, und es tritt jedesmal ein: Daseinslust am Steuer. Das ist eine große Landschaft. Vor allem in den Kurven: der Körper erfaßt Landschaft durch Fahrt, Einstimmung wie beim Tanzen.

Notizen zu einem Handbuch für Anwärter

Wenn einer in Gesellschaft es darauf anlegt, daß wir schätzen, wie alt er sei, und scheinbar vergnüglich auf unsere Schätzungen wartet – ich schätze: So Ende 30. Sein Lächeln zeigt leichte Enttäuschung; offenbar hat er auf einen krasseren Irrtum gehofft. Jemand liefert ihn höflich: 35. Der Mann treibt's wie bei einer Auktion: 35 zum letzten? Schließlich könnte man es ausrechnen, aber so groß ist unsere Neugierde nicht, und der Mehrheit würde es genügen: So Ende 30. Er trägt eine Hornbrille, das macht ihn vielleicht etwas älter; er nimmt die Hornbrille ab. Eine reifere Frau schmeichelt: 39. Jetzt wird's Zeit, sonst steigert noch jemand; jetzt muß er mit dem Geständnis heraus: 40! Er sagt es mit Ausrufzeichen ... Der Vor-Gezeichnete genießt es, wenn man ihn jünger schätzt, und sei's auch nur um ein Jahr, und er genießt es auch wieder nicht. Er ist nämlich trotzdem 40.

Der Vor-Gezeichnete verrät sich dadurch, daß er öfter als bisher von diesem oder jenem Zeitgenossen sagt: Der ist ja senil! Umgang mit Greisen wird ihm lästiger als bisher; er kann sie nicht mehr komisch finden –

Treibt er Sport (beispielsweise Ski), so ertappt sich der Vor-Gezeichnete dabei, daß er, wenn Junge zugegen sind, schneller fährt, als er eigentlich Lust hat –

Es freut ihn nicht, Leute seines Jahrgangs begrüßen zu müssen, ehemalige Mitschüler mit Bauch und Glatze; er ist bei solchen Anlässen etwas verlegen, vor allem wenn ihn eine Freundin begleitet, eigentlich auch sonst.

Sicheres Symptom: Alkoholismus –

Intellektuelle machen die Erfahrung, daß ihre ersten Reaktionen auf eignes Altern primitiver sind als ihre sonstige Verhaltensweise: plötzlich gefällt sich ein Intellektueller darin, daß er auf öffentlichen Treppen leichthin zwei Tritte wie einen einzigen nimmt.

Die jüngeren und jüngsten Zeitgenossen gelten zu lassen, wenn sie in seinem Fach auftreten, fällt dem Vor-Gezeichneten schwerer als dem Gezeichneten. Er ertappt sich dabei, daß er alles, was von Jüngeren kommt, als bloße Mode bezeichnet – wobei dieser Begriff für ihn genau dort beginnt, wo er trotz versuchter Anpassung nicht mehr Schritt hält.

PS.
Der Gezeichnete neigt wieder zum Gegenteil: er wittert in manchem, was nur Mode ist, sofort das Epoche-Machende und gefällt sich als Vorkämpfer.

Früh-Senilität bei ehemaligen Wunderkindern.

Neigung zur Hypochondrie: der Vor-Gezeichnete hofft noch allen Ernstes, daß dieses oder jenes Zeichen von Senilität, das ihn erschreckt, bloß ein Zeichen von Krankheit sei – heilbar oder unheilbar, jedenfalls bloß körperlich.

Da er von der Umwelt vorderhand nicht auf sein Altern aufmerksam gemacht wird (nicht wie später, wenn jeder Kellner, sobald es ans Zahlen geht, keinen Hehl daraus macht, wer da am Tisch der Alte ist), hält der Vor-Gezeichnete es für ein top-secret, daß er altert – Ausreden für seine Depression: es deprimieren ihn die politischen Verhältnisse, die Kultur-Industrie, die Ohnmacht der Intelligenz in einer verwalteten Gesellschaft usw.

Ein 40-jähriger, der überall die exquisite Küche sucht (sofern er es sich leisten kann) und beim Speisen unentwegt über Speisen redet: ein Feinschmecker – ein Vor-Gezeichneter.

Seine Angst, keine Einfälle mehr zu haben – dabei hat er Einfälle wie eh und je, nur ergibt er sich ihnen nicht ohne weiteres: der Vor-Gezeichnete kennt schon die Art seiner Einfälle.

Er läßt es keinesfalls zu, daß man ihm den Mantel hält. Wo es bei einer gemütlichen Zusammenkunft einmal an Sesseln fehlt, gehört er zu jenen, die sich auf den Boden hocken. Er benutzt keinesfalls die Leiter ins Schwimmbecken, sondern springt. Wenn man Smoking tragen muß, zeigt er eine burschikose Haltung, Hände in den Hosentaschen. Beim Wandern mit Jüngeren trägt er den Rucksack usw. – zugleich macht er auf seine ersten grauen oder weißen Haare aufmerksam: als sei das Natürliche in seinem Fall sozusagen eine Kuriosität.

Das Verhältnis zwischen Gezeichneten und Vor-Gezeichneten ist für den Gezeichneten leichter als für den Vor-Gezeichneten, der auf jede Anbiederung von Geronten, selbst von verdienstvollen, allergisch ist – der Vor-Gezeichnete betont dann gerne die Distanz, indem er sich bescheiden gibt.

Er kann Altherren-Witze nicht leiden. Das ist nicht neu. Nun fallen sie ihm bereits selber ein.

Schaut er sich nach Jahr und Tag wieder einmal einen Stierkampf an, so vergißt er sich im Augenblick: der Matador ist gestürzt, Schrei der Arena-Menge – der Vor-Gezeichnete ist aufgesprungen wie alle andern, aber indem man sich wieder setzt, sagt er: Einmal, in Bilbao, habe ich einen Matador gesehen usw.

Sein Stimulans: Aktivität.

Zukunft ... Für den jungen Menschen: eine Summe vager Möglichkeiten (irgendwann einmal wird er heiraten, später einmal, vielleicht auch nie, vielleicht wird er einmal ein Star, vielleicht auch nicht, vielleicht wird er irgendwohin auswandern.) ... Für den Vor-Gezeichneten ist die Zukunft ebenfalls ungewiß, aber schon eine absehbare Zeit, keinesfalls hoffnungslos, eine Summe abschätzbarer Möglichkeiten (er kann noch Bundesrat werden, aber dann müßte es bald geschehen) ... Für den Gezeichneten ist die Zukunft alles, wofür er nicht mehr in Frage kommt, eine Summe definitiver Unmöglichkeit

*(er wird nicht mehr Segelflieger werden, er wird die Landung auf dem Mars nicht mehr sehen, nicht einmal den neuen Hauptbahnhof in Zürich usw.)...
Der Vor-Gezeichnete spricht am meisten von der Zukunft, von seinen Plänen.*

Er verrät sich zuweilen durch Taktlosigkeit; gegenüber Leuten, die um Jahrzehnte älter sind, betont der Vor-Gezeichnete, daß er nicht mehr der Jüngste sei – wogegen er gegenüber Jungen gerne betont, was er schon geleistet hat. Der Vor-Gezeichnete bringt immer die Altersfrage hinein.

Blick für die Alters-Veränderungen bei andern. Bisher konnte er sich einen Greis immer nur als Greis vorstellen; neuerdings meint er, wenn er einen Greis anschaut, ungefähr zu erraten, wie dieses Gesicht vor 30 Jahren ausgesehen hat ... Er sieht sich selbst ungern in einem Album: als Student, als Lehrling, als Rekrut usw.

Lange bevor von Senilität die Rede sein kann, erkennt sich der Vor-Gezeichnete an seinem Interesse dafür, wie er im Gedächtnis bleiben wird. Bisher war es ihm wurscht, was man später einmal über ihn sagen mag. Der Künstler, der bei der Arbeit bereits seinen Nachruhm berücksichtigt: – ein Vor-Gezeichneter.

In seinem Beruf kann er mehr als früher, weiß mehr und hat Möglichkeiten, die er früher nicht hatte; er wird befördert. Zugleich erkennt er sich daran, daß er von Jüngeren zu lernen hat. Darauf war er nicht gefaßt; bisher lernte er stets von Älteren, was leichter fällt ... Der Vor-Gezeichnete widersetzt sich dem Neuen nicht; nur kommt es nicht von ihm.

Hat er einen schweren Unfall überstanden (Totalschaden, aber wie durch ein Wunder überlebt er) so berichtet er wieder und wieder den genauen Hergang seines Beinahe-Todes; der Vor-Gezeichnete weiß: in einigen Jahren ist es nicht mehr dasselbe – unsere Chance, einen tragischen Tod zu haben, ist befristet.

Vor-Senilität erweist sich in den meisten Lebensläufen als die Epoche der besten Leistungen im Beruf. (»Reife«, »Beherrschung seiner Mittel«, »Meisterschaft«, »Souveränität« usw.)

Er macht eine Entdeckung – beim Gespräch auf einer Straße oder in Gesell-
schaft, wenn später getanzt wird, oder beim Eintreffen einer schlechten Nach-
richt, erinnert er sich plötzlich an den alten O., der längst verstorben ist: wie
der alte O. beim Eintreffen einer schlechten Nachricht überhaupt kein Wort
dazu sagte, sondern sogleich das Gespräch fortsetzte (was ihm, dem Jüngeren,
damals imponierte); wie der alte O. in Gesellschaft, wenn getanzt wurde,
durch besondere Anteilnahme jemand fesselte, um nicht allein sitzen zu blei-
ben, und dabei seine volle Hilfe anbot (was ihm, dem Jüngeren, damals groß-
zügig erschien); wie der alte O. beim Gespräch auf der Straße öfter stehen
blieb, um so das Wort an sich zu reißen . . . Die Entdeckung: daß es Merkmale
eines Alten sind, was er für Merkmale einer Person gehalten hat. Er selber
macht es genau so.

Als Vater weiß der Vor-Gezeichnete, daß seine Kinder durchaus Erwachsene
sind, sozusagen Zeitgenossen – er erwartet infolgedessen, daß sie auch ihn
als Zeitgenossen betrachten, und gibt sich (was bleibt ihm andres übrig) nicht
mehr als Erzieher und Besserwisser, sondern als Kamerad, bis er merkt, daß
sie ihn nicht als Zeitgenossen betrachten, sondern als ihren Vater.

Ist er gesund, so glaubt der Vor-Gezeichnete, so oft der Arzt es bestätigt, leicht
an Wunder: daß man nicht vergreise, wenn man gesund bleibt.

Da die Gattin ebenfalls altert (was ihm zu Hause nicht auffällt, aber in Ge-
sellschaft), schätzt es der Vor-Gezeichnete, allein in Gesellschaft zu sein – er
fühlt sich dann freier, altersfrei . . . Zwar färbt sie ihr Haar, was er nicht
tut, und ist in der Konversation muntrer als er, aber sie erwähnt jedesmal
den Schwiegersohn oder wie man sich damals (im Zweiten Weltkrieg) getrof-
fen hat oder wann man auch in Kairo gewesen ist usw., das tut sie vor allem,
wenn jüngere Frauen zugegen sind, mag sein: unbewußt.

Kommt es zum 50. Geburtstag, den er seit Jahren gefürchtet hat, so ist er er-
staunt: er hat immer gemeint, einer mit 50 sei ein älterer Mann. So fühlt
er sich gar nicht. Es ist ein Witz, wie alle seine Bekannten auf diese Zahl her-
einfallen. HAPPY BIRTHDAY TO YOU, dabei zeigt er's, daß er selber nichts
daran findet. Vielleicht war es früher einmal so, daß man mit 50 ein älterer
Mann war. Noch hat er sich in der Hand (nicht wie Michel de Montaigne:
»So löse ich mich auf und komme mir abhanden«.), darauf läßt sich ansto-

ßen ... Ein bewußtes Verhältnis zum Altern hat er trotz allen heimlichen
Ängsten noch immer nicht; er widersetzt sich nur jeder Resignation.

BERZONA

Eine Ehefrau sagt beim Boccia-Spiel zu ihrem Mann:
Du bist schwach wie immer. Er sagt später: Jetzt
gibt's nur eins, jetzt knalle ich meine Frau einfach weg. Er meint natürlich nur ihre Kugel in der
Bahn. Alles in vergnüglichem Ton. Als er es versucht hat, lacht sie: Können muß man! . . . Es gibt
zwei Möglichkeiten: das Paar spielt zusammen als
Partei oder wir mischen, so daß Mann und Frau,
spielhalber mit einem andern Partner vereint, gegeneinander antreten. Als Gastgeber lasse ich die
Wahl. Die meisten Paare, ob verheiratet oder nicht,
möchten lieber nicht eine Partei bilden, vor allem
Paare, die sich schon einmal im Spiel erfahren haben. Tatsächlich sind sie dann weniger vergnügt; da
hilft auch kein Wein dazwischen. Dann sagt er:
Jetzt tu doch endlich einmal, was ich dir sage.
Oder: Entschuldige, das ist mir ausgerutscht. Und
da sie nichts sagt, wiederholt er: Entschuldige. Da
wir erwachsene und gebildete Leute sind, geht es
natürlich nicht ums Gewinnen. Sie sagt: Schau, wie
er das macht! Sie meint den Mann in der Gegenpartei.
Er sagt: Du hast eben eine Flasche geheiratet. Es
kommt vor, daß das Paar, eben noch in bester Laune,
lange nicht miteinander spricht, bis sie sagt: Du
bist an der Reihe, aber spiele nicht wieder wie ein
Idiot. Alles in vergnüglichem Ton. Das Spiel läßt
kein ernstes Gespräch zu. Er will es nämlich gut machen. Sie sagt: Gut, sehr gut! worauf er sagt: Aber
jetzt mach du nicht wieder alles kaputt. Fast hat
man den Eindruck, sie verlieren lieber, zumindest
macht der Sieg keine gemeinsame Freude . . . Spielen

sie gegen einander, vereint mit einem andern Partner, so wird es leichter, lustiger. Sie sagt zum
fremden Partner: Wir gewinnen! Er sagt zu seiner
fremden Partnerin: Fabelhaft! oder wenn es daneben
gegangen ist: Das war der Boden. Aber sie reden auch
als Mann und Frau zueinander, jetzt von Partei zu
Partei; er sagt: Gib's auf, Helene, da ist nichts
mehr zu machen. Alles im vergnüglichen Ton. Sie
sagt zu ihrem fremden Partner: Hauen Sie ihn einfach weg! und schon ist es geschehen, aber es kränkt
niemand, es ist ein Spiel. Sie necken sich nur. Sie
sagt: Siehst du! oder sie sagt jetzt gar nichts,
ihre Kugel liegt genau, wo sie liegen sollte; er
fragt: Hast du geworfen? Natürlich hat sie diese
Kugel geworfen; er fragt ja nur. Ihr fremder Partner macht ihr Mut, wenn er ihr die Kugel reicht
(schon das tut ihr Mann nicht): Und jetzt machen Sie
noch einen Punkt! Ihr Mann sagt: So ein Glück! Es
geht wirklich nicht ums Gewinnen. Sie sagt allgemein: Leo kann es nicht vertragen, wenn er verliert. Darauf geht er nicht ein, sondern sagt zu
seiner fremden Partnerin: Ihr Mann ist unschlagbar.
Zwischenhinein läßt sich auch über Kinder sprechen, über die Straßenverhältnisse, über das Zürcher Schauspielhaus usw., schon nicht über Hoch-
schulfragen; er sagt oder sie sagt: Spiel jetzt!
... Also eine Partei hat tatsächlich gewonnen, was
sogleich unwichtig ist, ein schöner Abend, dann
wieder Gespräch; später einmal gehen sie, wie sie
gekommen sind: ein glückliches Paar, eine gute Ehe.

Verhör II

A. Du hast die Tagesschau gesehen.
B. Die brennenden Autos, die Phalanx der Studenten, der Rauch über
   dem Boulevard usw., natürlich sind es Bilder, die mich aufregen, aber
   ich gestehe, daß sie mich nicht erschrecken.

A. – als Fernseher in der Stube.

B. Ich bin nicht am Ort gewesen, das ist richtig, aber wenn ich Bilder von
den ordentlichen Kriegsschauplätzen sehe, so bin ich trotzdem erschreckt: als Fernseher in der Stube.

A. Wie erklärst du den Unterschied?

B. Was zurzeit in Paris geschieht, ist Unordnung und Unruhe, Gewalttätigkeit in einer Revolte. Die Bilder von den Kriegsschauplätzen, ob
aus Vietnam oder Nah-Ost, haben dagegen etwas Übliches. A la
guerre comme à la guerre. Bomben-Ruinen, da und dort Leichen, Gefangene im Verhör mit gefesselten Armen und barfuß zwischen Uniformen und Helmen und Maschinenpistolen, das hält sich an die Regel,
die man kennt.

A. Lassen wir den Krieg beiseite –

B. Warum?

A. Studenten und andere, die auf gesetzlichem Weg nicht erreichen, was
sie fordern, verüben Gewalt gegen den Staat, besetzen die Sorbonne,
zerstören, was ihnen im Weg steht, nötigen die Polizei zur Gewalt.
Wenn du eine solche Straßenschlacht siehst, wessen Partei ergreifst du?

B. Viel macht natürlich die Uniform. Ich kann mich mit dem Einzelnen
leichter identifizieren als mit einer Kompanie, obschon die ja auch aus
Einzelnen besteht, aber eigentlich erst, wenn sie verwundet sind ...
Ich weiß nicht, wie ich mich an Ort und Stelle verhalten hätte.

A. Identifizierst du dich mit den Studenten?

B. Dafür bin ich zu alt.

A. Auch in deinem Alter nimmt man Partei. Ich nehme an, du hast dich
nicht in den Reihen der Polizei gesehen.

B. Ich bin Zivilist.

A. Wie hast du dir den Ausgang gewünscht?

B. Ich gestehe, daß sich diese Frage nicht gestellt hat, als ich die Wasserwerfer sah, dann diesen Hagel von Pflastersteinen, die Knüppel, die
Tragbahren; der Ausgang war von vornherein klar – auch den Demonstranten, glaube ich – Sie haben demonstriert, daß es nichts zu wünschen gibt.

A. Bezeichnest du die Polizei als brutal?

B. Ihr Verhalten hat etwas Berufliches. Etwas Geübtes. Übrigens sind sie
heute nicht zu Pferd gekommen, was viel ausmacht; wenn sie zu Pferd
kommen, ist der Zivilist schon degradiert ... Vielleicht habe ich ge-

lacht, weil die Polizei mit ihren runden Schilden mich an Shakespeare-Inszenierungen erinnert, wo die Schlacht komisch wird: so dekorativ. Natürlich gibt es nichts zum Lachen. Ich habe Angst vor der Gewalt.

A. Schildere deinen Eindruck.

B. Plötzlich ein Boulevard voll Studenten –

A. Als sie plötzlich zum Angriff übergingen, die Studenten, dachtest du an die Bastille oder hattest du zeitweise den Eindruck: So fängt Faschismus an?

B. Bei wem?

A. Bei den Studenten.

B. Darauf kam ich nicht. Faschisten machen es besser; sie machen es mit dem Militär und nicht gegen das Militär. Das ist kein Vorwurf an die Studenten, das liegt am Militär.

A. Tatsache ist: Studenten oder was immer das Boulevard gefüllt hat mit dem Anspruch, das fortschrittliche Volk zu sein, haben angefangen mit Verkehrsstörung, Besetzung der Sorbonne, Hissen von Emblemen, als wäre da schon ein Sieg zu feiern, Aggression gegen Hüter der Verfassung, also Gewalttätigkeit. Verurteilst du das oder nicht?

B. Es ist mir aufgefallen, daß es angefangen hat mit einer gewissen Fröhlichkeit, Jugend singend Arm in Arm, Plausch mit Parolen, Enthusiasmus ohne Taktik usw., jedenfalls mit einer gewissen Fröhlichkeit: anders als ein Bataillon vor dem Einsatz im Mekong-Delta. Man hat nicht den Eindruck, diese Leute müssen töten.

A. Immerhin werfen sie dann Pflastersteine.

B. Die meisten sehen sehr jung aus, zugleich müde, man hat den Eindruck, sie wissen nicht, wohin mit ihrer Jugend in dieser Gesellschaft.

A. Sie haben so ziemlich alles.

B. – was ihren Vätern kostbar scheint.

A. Was fehlt ihnen?

B. Zum Beispiel dieser eine mit der Lederjacke, der gegen die Wasserwerfer lief, ich weiß nicht, was er sich verspricht außer Lustgewinn. Einmal habe ich mich gefragt, was sich eigentlich ereignen würde, wenn es keine Polizei gäbe.

A. Wie reagierst du auf Sachschaden?

B. Wie schon gesagt: anders als auf die ordentlichen Kriegsspuren. Der Sachschaden, den man gesehen hat, ist beträchtlich, zugleich hat er eine gewisse Ironie: Warum soll man Menschenwerk grad im eignen

Land nicht zerstören dürfen? Der Sachschaden entsetzte mich weniger, offen gestanden, als auf den täglichen Kriegsbildern. Überhaupt hat alles, auch wenn Blut geflossen ist, ein Element von Ulk: wie wenn ich mir vorstelle, daß ich einmal in einen Kristall-Leuchter schieße oder mit einer Dampfwalze durchs Warenhaus fahre. Eigentlich seriös und dadurch komisch, weil sie mit Maschinengewehr und Flammenwerfer sofort Herr der Lage sein könnte, wirkt nur die Polizei, erbitterter als die schwächeren Manifestanten und frustriert. Offensichtlich hat sie die Order, als Staatsgewalt so lang wie möglich sich nicht gewalttätig zu zeigen. Sie stellt sich als Beschützer auf, wobei der Beschützte unsichtbar bleibt. Plötzlich sperrt sie ein Boulevard ab. Warum eigentlich? Um deutlich zu machen, wo der Staat beginnt: da wo jetzt die Polizei steht in Hundertschaften. Es könnte auch anderswo sein, es kommt auf zwei oder drei Kilometer nicht an; vorher sah man nur Jugend singend Arm in Arm, aber irgendwo muß der Staat beginnen. Um losschlagen zu können, braucht es Ungehorsam, und dieser ist zu haben, indem man ein Boulevard sperrt. Dabei wirkt die Polizei selbst konsterniert. Jede Aktion, die sie erfolgreich durchführt, kostet sie die Gloriole des Beschützers. Es zeigt sich, daß Fallschirmtruppen nicht nur besser geschult sind in der Anwendung von Gewalt, besser ausgerüstet als die Studenten und was sonst das Boulevard füllt; jeder einzelne, so hatte ich den Eindruck, ist einer ganzen Studentenschaft überlegen: er handelt auf Befehl. Das gibt ein unbefangenes Verhältnis zur Gewalttätigkeit; er prügelt oder schießt ja nicht als Person, und der Staat wird mit der Gewissensfrage immer fertig.

A. Du nimmst also Partei?

B. Theoretiker der Revolution sagen, es fehlt die Massen-Basis usw., also ist es ein falsches Unternehmen; so macht man keine Revolution.

A. Offenbar haben sie recht.

B. Vielleicht ist das Unternehmen trotzdem wichtig für die Gesellschaft, die an der Macht ist; sie sieht, daß sie sich nur halten kann durch Gewalt – was der Bürger gern vergißt.

ROM, Juni 1968

Der Mann am Kiosk, PIAZZA DI SPAGNA, kennt einen
nicht mehr. Die Kellner sofort: Come sta? Die verrotzte alte Bettlerin mit Zigarette im Mund noch
immer da. VIA GIULIA. Wie bei jedem Wiedersehen mit
einem früheren Wohnsitz: man wird sich unglaublich. In der VIA CORONARI polstern und polieren sie
immer noch Antiquitäten, Settecento-Sessel, Truhen aus den Abruzzen, Tische aus der Toscana. VIA
MARGUTTA: jetzt mit beat-shops. VIA DELLA CROCE,
die sich nicht verändert hat: Obst, Eier, Gemüse,
Weine, Pasta, Blumen. Ein römischer Freund hat immer noch seinen Uhu. Ein andrer, Sizilianer, ist
immer noch Professor. SPERLONGA: es ist ja nicht zu
erwarten, daß das Meer sich verändert hat, trotzdem
eine leichte Verblüffung, daß es sich tatsächlich
nicht verändert hat. Die gleichen Wellen. Wir
setzen uns auf die gleichen Sessel, wir essen denselben Fisch: Dentice al forno. CERVETERI: die
Etrusker sind noch genauso tot. PIAZZA VENEZIA:
nur die Polizisten werden jünger, der Verkehr noch
toller. GIANICOLO, Blick auf die Stadt: man bleibt
überall zu lange . . .

Fragebogen

1.

Tun Ihnen die Frauen leid?

2.

Warum? (Warum nicht?)

3.

Wenn in den Händen und Augen und Lippen einer Frau sich Erregung ausdrückt, Begierde usw., weil Sie sie berühren: beziehen Sie das auf sich persönlich?

4.

Wie stehen Sie zu Männern:

a. wenn Sie der Nachfolger sind?

b. wenn Sie der Vorgänger sind?

c. wenn Sie dieselbe Frau gleichzeitig lieben?

5.

Haben Sie Ihre Lebensgefährtin gewählt?

6.

Kommt es nach Jahr und Tag zum freundlichen Wiedersehen mit früheren Gefährtinnen: überzeugt Sie dann Ihre einstige Paarschaft oder verwundert es Sie, d. h. haben Sie dann den Eindruck, daß Ihre berufliche Arbeit und Ihre politischen Ansichten sie wirklich interessiert haben, oder scheint es Ihnen heute, daß man sich alle diesbezüglichen Gespräche hätte sparen können?

7.

Befremdet Sie eine kluge Lesbierin?

8.

Meinen Sie zu wissen, wodurch Sie die Liebe einer Frau gewinnen, und wenn es sich eines Tages herausstellt, wodurch Sie die Liebe einer Frau tatsächlich gewonnen haben: zweifeln Sie an ihrer Liebe?

9.

Was bezeichnen Sie als männlich?

10.

Haben Sie hinreichende Beweise dafür, daß sich die Frauen für bestimmte Arbeiten, die der Mann für sich als unwürdig empfindet, besonders eignen?

11.

Was hat Sie am häufigsten verführt:

a. Mütterlichkeit?

b. daß Sie sich bewundert wähnen?

c. Alkohol?

d. die Angst, kein Mann zu sein?

e. Schönheit?

f. die voreilige Gewißheit, daß Sie der überlegene Teil sein werden und sei es als liebevoller Beschützer?

12.

Wer hat den Kastrationskomplex erfunden?

13.

In welchem der beiden Fälle sprechen Sie liebevoller von einer vergangenen Paarschaft: wenn Sie eine Frau verlassen haben oder wenn Sie verlassen worden sind?

14.

Lernen Sie von einer Liebesbeziehung für die nächste?

15.

Wenn Sie mit Frauen immer wieder dieselbe Erfahrung machen: denken Sie, daß es an den Frauen liegt, d. h. halten Sie sich infolgedessen für einen Frauenkenner?

16.

Möchten Sie Ihre Frau sein?

17.

Woher wissen Sie mehr über die intimen Beziehungen zwischen den Geschlechtern: aus dem Gespräch mit andern Männern oder aus dem Gespräch mit Frauen? Oder erfahren Sie das meiste ohne Gespräch: aus den Reaktionen der Frauen, d. h. indem Sie merken, was Frauen gewohnt sind und was nicht, was sie von einem Mann erwarten, befürchten usw.?

18.

Wenn Sie das Gespräch mit einer Frau anregt: wie lange gelingt es Ihnen, ein solches Gespräch zu führen, ohne beiläufig auf Gedanken zu kommen, die Sie verschweigen, weil sie nicht zum Thema gehören?

19.

Können Sie sich eine Frauenwelt vorstellen?

20.

Was trauen Sie der Frau nicht zu:

a. Philosophie?

b. Organisation?

c. Kunst?

d. Technologie?

e. Politik?

und bezeichnen Sie daher eine Frau, die sich nicht an Ihr männliches Vorurteil hält, als unfraulich?

21.

Was bewundern Sie an Frauen?

22.

Möchten Sie von einer Frau ausgehalten werden:

a. durch ihre Erbschaft?
b. durch ihre Berufsarbeit?
23.
Und warum nicht?
24.
Glauben Sie an Biologie, d.h. daß das derzeitige Verhältnis zwischen
Mann und Frau unabänderlich ist, oder halten Sie es beispielsweise für
ein Resultat der jahrtausendelangen Geschichte, daß die Frauen für ihre
Denkweise keine eigene Grammatik haben, sondern auf die männliche
Sprachregelung angewiesen sind und infolgedessen unterlegen?
25.
Warum müssen wir die Frauen nicht verstehen?

BERZONA

Hippie-Überfall – er ist 19, sie gerade 15, beide
haben sich der Repression entzogen, indem sie aus
der Schule gelaufen sind, er schon vor Jahren. Geld
vom Vater nimmt er nicht (so sagt er wenigstens),
Studium oder Lehrlingsstelle kommen nicht in
Frage; alles repressive Institutionen. Lieblings-
gespräch: wie blöd die Polizei. Und wie blöd die
Lehrer. Und überhaupt. Alles nur Leistungsprinzip.
Frustration durch Tabus, die Aggressivität hervorbringt usw., das muß man denunzieren, Gesellschaft verändern, vorerst zerstören. Viel Jargon,
eigentlich nichts außer Jargon, Vokabeln aus dritter Hand; alles ins Bequeme übersetzt. Ihr Wohlbefinden in laxer Protest-Allüre. Der junge Mann
verspricht mir Haschisch; als Entgelt und so. Er
trägt zwischen den Lenden einen Kranz von Blümchen.
Ihre Sachkenntnis beschränkt sich auf LSD. Die
15jährige, sonst stumm wie ein Fisch, erzählt uns,
wie das ist: Farben, die das Leben noch lebenswert
machen. Wahrscheinlich befinden sie sich auf einem
trip . . .

Moskau, 17. 6.

Bummel um den Roten Platz allein. Sommernacht. Viel Volk, das sich ergeht in einer Weltstadt; Landvolk. Hochhäuser jetzt wie im Westen. Mädchen in nicht allzu kurzen Röcken, aber kürzer als vor zwei Jahren; Männer tragen weiße Hemden ohne Jacke. Sonntag. Ich finde kein einziges Café im Freien. Man kann nur schlendern. Dann und wann ein Liebespaar auf einer öffentlichen Bank; sie halten einander schweigsam die Hand. Keine Licht-Reklame, aber die Straßen sind hell; es ist schade, daß ich Durst habe. Einmal ein Faß auf zwei Rädern mit einem Esel davor, Leute stehen Schlange, Ausschank von Quas. Die schicke Uniform junger Soldaten mit asiatischem Gesicht; sie sind hier auch nicht zu Hause.

18. 6.

    L. ist aus der Partei ausgestoßen, weil er gegen die Schriftsteller-Prozesse protestiert hat, und seines Lehramtes enthoben, vom Sowjetischen Schriftstellerverband gerügt. Ebenso K. Wieder Verschärfung: als Reflex auf Prag? Wir speisen öffentlich in einem Restaurant, wo man die beiden Gerügten kennt, und sprechen deutsch.

Hotel ROSSIJA:

    Blick auf den Kreml. HILTON-Komfort; nur daß die Spannteppiche sich wellen. Frühstück: ich setze mich an einen Tisch, ich bin keine Delegation, Kellner geben keine Auskunft, was einer machen soll, wenn er keine Delegation ist. Ich ärgere mich nicht. Schließlich bin ich nicht in Moskau, um zu frühstücken.

Sofija:

    Ihr Deutsch ist tadellos, sie erledigt alles; ich sehe, was der Ausweis vom Schriftstellerverband vermag: wir müssen nicht Schlange stehen. Was Sofija auch nicht zustande bringt: daß die an den Schaltern hilfsbereit wären, nicht untertänig, nur vielleicht höflich oder wenigstens nicht grämlich. Sofija scheint es nicht anders gewöhnt zu sein. Sie fragt nicht, wen ich gestern in Moskau getroffen habe. Natürlich bin ich vollkommen frei. Wir trinken – als wir es schließlich bekommen – ein Bier; ich lobe das russische Bier. Was nicht zu besprechen ist: Paris, die Lage nach den Straßenschlachten und dem großen Streik. Sobald vom Ausland die Rede ist, fällt ein Vorhang. Also erkundige ich mich, wie es in der Sowjetunion mit dem Trinkgeld ist. Sofija bestätigt: Keine Trinkgelder, man lebt hier nicht von Almosen nach herrenhafter Laune. Eine Stunde später, als mein Freund mit dem Taxi-Fahrer einen Streit hat, erfahre ich: der Taxi-Fahrer war mit dem Trinkgeld nicht zufrieden. Abendessen in der Küche: Was genügt, um aus der Partei ausgestoßen zu werden? Diesmal ohne Kerker; insofern spricht er von Fortschritt. Wenig Bitterkeit. Geduld.

Adresse der schweizerischen Botschaft in russischer Schrift, ich zeige den Zettel, aber der Taxi-Fahrer: Njet. Ich weiß nicht. Der zweite: Njet. Der dritte: Njet. Erst der Vierte bequemt sich, wie ein Dulder, in einem Straßenverzeichnis nachzusehen.

Hotelhalle:
    Das könnte auch in Mailand sein, in Hamburg, in Genf, dieselbe Architektur, aber es sind nicht Herren, die aus dem Lift kommen, sondern Arbeiter. Es ist ihnen selbstverständlich, daß sie auf Marmor gehen. Der bürgerliche Prunk als Vorbild: Das können wir genauso! Kein eigener Stil in der Architektur –

Einschiffung nach Gorki:
    Ein Schiff voller Schriftsteller, aber: ein Schiff ist immer etwas Schönes, und das ist meine erste Schiffahrt auf einem Strom. Heißer Sommerabend. Ich kenne niemand an Bord außer Günther Weisenborn. Ich begrüße Christa Wolf (DDR) und spüre Mißtrauen. Der Lautsprecher liefert Musik aus einem französischen Film. Möwen. Wir gleiten –

Wolga, 19./20. 6.

Kabine zusammen mit einem finnischen Schriftsteller, der russisch spricht; keine gemeinsame Sprache. Er weckt mich und zeigt mit dem Finger nach oben, dann in den offenen Mund: Frühstück.
    Wolga –
    Schriftsteller aus aller Welt, aber kein bekannter Name außer Alberti. Leider gibt es keine Liste. Man fragt sich langsam herum. Niemand aus

Frankreich. Ein Gorki-Übersetzer aus Italien; kein Moravia, kein Pasolini, kein Sanguinetti. Ein altes Faktotum aus den USA, ein anderes aus Norwegen. Keine Jungen. Niemand aus England; ein Dichter aus Island, der schweigt. Kein Schriftsteller aus der Tschechoslowakei; eine frohe Gorki-Übersetzerin und ein alter Herr aus Prag, Kritiker, glaube ich. Inder in ihrer schönen Tracht; ihre Würde, der Ernst ihrer dunklen Augen. Ein Schriftsteller aus Australien, der sich anschließt, da ich Englisch verstehe. Einer aus Uruguay; eine kleine Gruppe, die spanisch spricht, bleibt unter sich und scheint sehr lebhaft. Ungarn laden nach Ungarn ein, Bulgaren nach Bulgarien. Mitteilungen durch den Lautsprecher nur russisch. Sofija sorgt für Kontakt mit sowjetischen Schriftstellern; es sind Funktionäre. Die sowjetischen Schriftsteller, deren Namen uns geläufig sind, fehlen alle ... Betriebsausflug; die Firma bittet um Begegnung von Mensch zu Mensch. Aber dazu fehlt's an gemeinsamer Sprache, es rotten sich Sprachgruppen zusammen. Der Vorsitzende des Schriftstellerverbandes von Weimar, der nur deutsch spricht, ist trotzdem glücklich, daß er dabei ist; er gibt seine Kamera, damit jemand ihn fotografiert, wie er zwischen Indern sitzt, ich muß mich dazusetzen: Schriftsteller aus aller Welt.

Wodka-Nacht.

Die Wolga ist braun und langsam und breit, ihr Ufer kaum besiedelt, Felder, Ebene, Wälder, dann und wann eine Gruppe von Holzhäusern, ich genieße die Weite. Einmal ein Stausee, stundenlang sieht man kein Ufer; dann eine Schleuse, dann wieder Ufer, die menschenleer erscheinen, die flache Einsamkeit mit Kirchen von Sonnenaufgang bis Sonnenuntergang, viel Kirchen außer Betrieb, Land unter Himmel, das beinahe lautlose Gleiten auf dem braunen Wasser, Möwen, es ist nicht langweilig, wenn man auf Deck sitzt und schaut.

Gespräch:

Mihalkov (Gesamtauflage 75 Millionen) erklärt mir, wie der sowjetische Schriftsteller bezahlt wird. Ich verstehe: die sowjetische Literatur wird nicht von kapitalistischem Profit-Denken manipuliert; nicht die Nachfrage, sondern die Behörden bestimmen die Auflage. Im Westen, sagt er, ist der Schriftsteller immer abhängig vom Publikum; hier nicht. Mihalkov ist ein leutseliger Mann. Kein sowjetisches Kind wächst ohne seine Kinderbücher auf. Mihalkov schreibt auch für die Bühne und das Fernsehen. Und dazu noch ein Amt innezuhaben, wie er es innehat, ist natürlich eine

Belastung, der sich der sowjetische Schriftsteller aber unterzieht; Dienst
an der Gesellschaft. Mihalkov spricht deutsch. Das Papier ist immer noch
zu knapp, um jedes Buch in großer Auflage herauszubringen. Der sowjetische Schriftsteller wird nach der Auflage bezahlt, die, wie gesagt, die
Behörde bestimmt und zwar im voraus; es schadet ihm nicht, wenn das Publikum ein anderes Buch vorziehen würde. Ich verstehe. Mihalkov ist Vorsitzender des Schriftsteller-Verbandes von Moskau. Ich nicke viel ... Es
hat keinen Sinn, daß man widerspricht. Ich habe es versucht. Ich lobe
nur Löbliches; das gibt es ja auch. Ich gebe keine Antworten, die ich nicht
anderswo auch geben würde. Die Lüge beginnt im Verschweigen. Natürlich kann ich als Ausländer ohne weiteres sagen, was ich will; langsam gibt
man es auf. Das Richtige ist das Offiziöse. Da es jeweils bekannt ist, gibt
es nichts zu diskutieren. Am besten ist es, wenn man sich in Rußland einfach wohlfühlt. Ich lobe die Breite der Wolga; ich hüte mich, Erinnerungen an den Mississippi auszusprechen; Vergleiche verdrießen sie. Am Mit-
tagstisch, als Gast zwischen Funktionäre gesetzt, lobe ich den grusinischen
Wein, der sehr gut ist; ich zeige unablässig, daß ich mich wohlfühle. Ich
werde nicht gefragt: Wie sehen Sie die Unruhen in Berlin, die Lage in Paris, die Zwischenfälle in Rom? Man ist nicht neugierig auf Information.
Ich lobe die sowjetischen Gurken. Man kann auch die alten Ikonen loben.
Wenn man ihnen nicht zuvorkommt, loben sie ihre Gurken selbst, und das
ist auch mühsam. Natürlich verschweige ich, was ich vermisse; ich bin ja
nicht gekommen, um zu kränken. Meine arme Sofija: sie verkürzt meine
Fragen schon in der Übersetzung, um das Ungehörige zu mildern, und leidet vor ihren Vorgesetzten wie eine Mutter mit einem tolpatschigen Kind.
Wer dann auf meine Frage antwortet, spielt kaum eine Rolle; sie widersprechen einander nie. Sie kennen Kritik nur als Kritik am Westen, diese ist
hemmungslos und einfach, unbekümmert um Tatsachen; Kritik an sowjetischen Verhältnissen steht niemand zu – sie üben sie selbst nicht, die
Funktionäre jedenfalls nicht.

PLENUM auf Deck:
    Man sitzt mit Kopfhörern; Möwen; jeder Redner sagt dasselbe über Ma-
xim Gorki, die Übersetzung aus dreizehn Sprachen erübrigt sich, Maxim
Gorki als proletarischer Schriftsteller, Meister des sozialistischen Realis-
mus, nach und nach verstehe ich's (ohne Kopfhörer) auf Spanisch, Rumä-
nisch, Portugiesisch, Finnisch, sogar wenn ich nicht einmal errate, welche

Sprache. Maxim Gorki und sein Konflikt mit Lenin, sein Exil nach der Revolution, Maxim Gorki und Stalin, Schriftsteller und Staatsmacht, davon
kein Wort. Als ich weggehe aufs vordere Deck, bin ich nicht der einzige,
der das Plenum schwänzt; auch Funktionäre finden's langweilig, aber die
Firma verlangt das.

Abends wieder Wodka.

Gespräch mit Christa Wolf und ihrem Mann bis vier Uhr morgens,
draußen die helle Nacht über Wolga und Land. Labsal: daß man Widerspruch gelten lassen kann. Lange Zeit saß ein sowjetischer Genosse dabei,
der zuhörte, aber mich nicht störte. Er scheint berichtet zu haben: heute
wissen meine Funktionäre, daß es ein sehr interessantes Gespräch gewesen
sein soll, das wir geführt haben.

Empfang in Gorki:

auf der Mole stehen Kinder mit Blumen, Frohsinn in festlichem Weiß
mit roten Schleifen, jeder progressive Schriftsteller aus aller Welt bekommt
einen Strauß, ich bekomme auch einen, Pfingstrosen, dazu Angina.

Gorki, 20. 6.

Gestern bei der Ankunft wartet eine russische Studentin, die mündlich-
persönlichen Rat sucht für ihr Examen; ein kindliches, etwas zu großes Gesicht mit kugelrunden und sehr hellen Augen. Sie ist von Moskau hierher
gekommen. Aufwand ihrer Reise voll Erwartung; ich stehe mit Schüttelfrost und Pfingstrosen. Warum habe ich ihr nicht wenigstens die Pfingstrosen gegeben? Sofija hat sie nach Moskau verwiesen; das Mädchen gehört
nicht ins Programm.

21. 6.

Ich habe jetzt drei russische Mütter: das dicke Zimmermädchen und
eine Krankenschwester, die zum Hotel gehört, und dann die Ärztin, die
sich aufs Bett setzt und mich beklopft, alle aus Besorgnis zärtlich, ein Zimmer voll molliger Mütter. Keine gemeinsame Sprache. Man wäscht mir
den Nacken, und ich brauche nur das Bein zu strecken, um eine Fußwa-
schung zu haben. Später bringt das Zimmermädchen ein Geschenk: drei

russische Puppen. Der Sowjetische Schriftsteller-Verband wird ebenfalls
mütterlich; mein Funktionär: Sie verpassen nichts, wenn Sie das Plenum
verpassen. Auch Sofija kommt öfter und bringt Grüße. Die lange Geschichte, die das mollige Zimmermädchen erzählt, und ich verstehe kein
Wort, aber es verdrießt sie nicht. Herr Wolf bringt Lektüre, SINN UND
FORM, ich lese Prosa von Christa Wolf. Ein sowjetischer Kritiker (der
bei jenem Nachtgespräch mit Christa Wolf zugehört hat) besucht mich
mit einer Frau: beide sehr informiert über die Literatur der kapitalistischen
Welt. Plötzlich ein offeneres Gespräch. Ich sollte, so meint er, Novosibirsk
sehen, die Stadt der Wissenschaftler, das fortschrittliche Rußland. Er
spricht deutsch, sie dagegen spricht englisch; dabei tut er, als verstehe er
nicht englisch, sie tut, als verstehe sie nicht deutsch; so spricht sie und so
spricht er sozusagen unter vier Augen: nicht offiziös. Sie bleiben lang,
ich habe den Eindruck, sie sind froh um diese Stunde abseits des Verban-
des. Als Sofija kommt, wird das Gespräch wieder offiziös; ich kann nicht
leugnen, daß ich Schluckweh habe, leider.

22. 6.

Stadtrundfahrt mit dem Oberbaumeister der Stadt Gorki. Es wird viel
gebaut, aber ich hätte Fragen. Statt dessen wird dasselbe und nochmals dasselbe gezeigt und nochmals. Ich sehe: Wohnblock neben Wohnblock wie
Kisten für Bienen, alles fünfstöckig, eine gigantische Öde. Ich frage: Wie
sind Ihre Erfahrungen mit Hochhäusern? Aber ja, aber sicher, aber natürlich: Hochhäuser sehr gut. Warum sehe ich keins? Als Entgegenkommen
gestehe ich, daß ich in einem Hochhaus wohne und darin nicht glücklich
bin; es bleibt der Verdacht, daß ich, Gast aus dem kapitalistischen Westen,
dem Sozialismus wohl keine Hochhäuser zutraue. Also: viele Hochhäuser
in der Sowjetunion, aber ja, Hochhäuser sehr viel. Dazwischen ein Werk
unseres Oberbaumeisters: eine Schule; er hat's noch immer mit Pilastern
und Baalbek-Säulen. Weitere Belehrung: Hochhäuser bieten Vorteil, nämlich mehr freie Sicht bei gleicher Wohndichte. Das weiß ich, das ist im Westen auch so, aber ich sage nichts. Wozu! Ein schöner Blick auf die Wolga,
während schon am vierten Beispiel erläutert wird, was man seit Jahrzehnten begriffen hat: Vorfabrikation der Elemente. Es ist ärgerlich. Beim ersten Beispiel habe ich genickt, um dem Mann nicht die Freude zu nehmen;
beim zweiten Beispiel mit der unveränderten Erläuterung habe ich genickt,
um ihm eine dritte Erläuterung zu sparen; beim dritten Beispiel lasse ich

durch den Übersetzer daran erinnern, daß ich einmal Architektur studiert
habe. Übrigens sind es keine Varianten der bekannten Bauweise, sondern
genaue Wiederholungen, was der Oberbaumeister zeigt: als Errungen-
schaft des Sozialismus. Beim vierten Beispiel schaue ich nach der andern
Seite: zur Wolga: Ich nicke, ich nicke. Ich bin nicht erpicht auf alte Kirchen, aber da ist eine, und sie wird gezeigt auch von innen; man ist stolz
auf die schönen alten russischen Kirchen. Zu Recht. Wir fahren weiter:
Siedlungen wie gehabt, Siedlungen im Bau, ich schaue und schaue, wie
es sich gehört, und schweige und sollte gelegentlich etwas sagen. Ich
schwitze. Was ich sehe, ist leider nicht zu loben: stur und scheußlich
und ohne Einfall, ungenügend für eine Diplom-Arbeit, aber ausgeführt.
Ich lobe die Bäume an der Straße und vernehme, sie wurden gepflanzt, alle
gepflanzt. Einmal eine große Fabrik: hier werden also die Wolga-Autos
hergestellt. Man zeigt auf ein Gebäude: Laboratorium! und da ich nicht
verwundert bin, noch einmal: Laboratorium! Ich erfahre, daß die sowjetischen Ingenieure, bevor ein Auto in der Serie hergestellt wird, viele Versuche machen und Berechnungen und so. Als sie auf der Rückfahrt wieder
sagen: Laboratorium! bin ich verlegen; Schweigen wird als Mißtrauen
empfunden, wenn nicht als verstockter Neid. Ich frage, was ein Wolga-
Auto kostet. 5200 Rubel. Da man Verblüffung erwartet, wieviel billiger
die Wagen sind als im kapitalistischen Westen, beginne ich zu rechnen.
Nach dem schwarzen Kurs: 6000 Franken, also ein Volkswagen. Aber dieser Kurs, ich weiß, kommt nicht in Frage. Nach dem offiziellen Kurs:
22 000 Franken, also ein Porsche; aber ich kenne den Wolga-Wagen, wir
fahren in einem Wolga-Wagen, ich gestehe meine Verblüffung, wie teuer
er ist, wenn ich die Löhne bedenke: 100 bis 170 Rubel im Monat. Aber dafür, so höre ich, ist das Benzin viermal billiger als im Westen –

Versuch einer Diskussion:

   Das Wohnen im Grünen ist seit Anfang dieses Jahrhunderts als Ideal
verkündet und in aller Welt schon mehrmals verwirklicht; ist es richtig
oder führt es zu einem Zerfall der Stadt? Lebendigkeit der früheren
Städte: Wohnplatz – Arbeitsplatz – Feierabendplatz als örtliche Einheit;
dagegen heute die örtliche Trennung von Wohn-Stadt und Kultur-Stadt.
Wie stellen sich die sowjetischen Soziologen dazu? Die Satelliten-Stadt,
wenn auch versehen mit Kino und Schule und so weiter, wird nie ein gesellschaftlicher Brennpunkt; die City anderseits, nicht mehr bewohnt und nur

noch besucht, verliert notwendigerweise an Intensität. Das ist die Erfahrung, daher die Frage: ist in der Industrie-Gesellschaft, wo der Arbeitsplatz nicht mehr in der City sein kann und auch der Wohnplatz nicht mehr am Arbeitsplatz, überhaupt die Stadt noch möglich? Und wenn nicht, womit ersetzen wir die Stadt als gesellschaftlichen Brennpunkt? Ich frage. Keine Diskussion. Hier gibt es nur Lösungen; was einmal ausgeführt wird, ist die Lösung.

Abends großes Bankett an langen Tischen, Flaschen in Griffnähe überall, Trinksprüche, die trotz Lautsprecher niemand hört, alle trinken sofort, die Stadt Gorki und der Schriftsteller-Verband der Stadt Gorki begrüßen die Schriftsteller aus aller Welt, Hitze im Saal, man zieht die Jacken aus, Kaviar, Sulze zerfließt, schätzungsweise fünfhundert Leute in Turner-Frohsinn, ich sitze bei den Deutschen, die stiller sind, Georgier dröhnen vor Leben, Umarmungen, ein beflissener Rumäne erinnert durch den Lautsprecher nochmals daran, daß Maxim Gorki ein proletarischer Schriftsteller war und ist und bleibt, der alte Herr aus Prag versichert dasselbe, ein Inder bestätigt es, Selbstbedienung, eine Kapelle spielt Wien um die Jahrhundertwende, mein Funktionär hebt sein Glas auf meine Genesung. Beifall für den Inder, viele gehen umher, um anzustoßen, der Weimarer will auch ans Mikrophon, Grüße an die Brudervölker, aber er muß warten, zuerst das Faktotum aus den USA, Gesang der Georgier unter sich, ein Ungar setzt sich neben mich, aber man versteht kein Wort, also stoßen wir an, der Weimarer kommt ans Mikrophon, Grüße an die Brudervölker, man versteht kein Wort, aber er kommt zufrieden an den Tisch zurück, er hat in der Geburtstadt von Gorki gesprochen, meine Betreuerin trinkt, Weisenborn ersetzt Wodka insgeheim durch Wasser, ich beobachte Christa Wolf, manchmal versinkt sie, dann gibt sie sich wieder Mühe, wir heben das Glas auf Distanz, ohne es zu leeren, ein Kinderfest, aber es sind nicht Kinder, sondern Bären, Trinkspruch auf Trinkspruch, Wodka gut, der Mensch auf Urlaub vom Staat, Du ein Mensch, ich ein Mensch, es ist nicht Suff, aber Feierabend vom Katechismus, lauter gute Menschen, plötzlich die Frage: Was ist ein anständiger Mensch? Ich schlage vor: Ein anständiger Mensch ist ein tapfrer Mensch, einer, der sich und andern die Treue hält, das ist hierzuland ein tapfrer Mensch. Einverständnis, wir kippen das Glas, und ein Funktionär füllt sofort nach, kommt um den Tisch herum, während die andern weiterreden, und nennt den Namen

eines Menschen, ja, wir kennen ihn beide; der Funktionär sagt: Ein anständiger Mensch! wir trinken auf einen, der in Ungnade ist, weil er sich für
Daniel und Siniawsky eingesetzt hat, ausgestoßen aus der Partei und aus
seinem Lehramt entlassen und von dem Schriftsteller-Verband, der hier
feiert, schwerstens gerügt; der Funktionär: Ihr Freund auch mein
Freund! ... Es ist unheimlich. Ich reise vorzeitig nach Moskau zurück,
um eine Aufführung zu sehen. Sofija hängt ihren Arm ein. Eine ältere Genossin, die im selben Nachtzug reist, betreut meine Betreuerin; sie nimmt
die Beschwipste in ihr Abteil und füllt sie vollends mit Wodka.

Moskau, 23./26. 6.

Gerücht: ein sowjetischer Physiker habe an den Kreml geschrieben, Kritik
am status quo, Warnung vor Neo-Stalinismus. Notwendigkeit einer Zusammenarbeit von Ost und West, Behinderung der Wissenschaft und
überhaupt des Geisteslebens durch Funktionär-Bürokratie, Wahnsinn der
atomaren Aufrüstung usw., Notwendigkeit von Reform.

Aufführung im Satirischen Theater, DON JUAN ODER DIE LIEBE ZUR
GEOMETRIE, ohne grobes Mißverständnis. Mirinov ist ein Schauspieler ersten Ranges. 35 Grad im vollen Saal; vorwiegend junge Zuschauer. Nachher zusammen mit Regisseur und drei Hauptdarstellern; diese Leute, im
Gegensatz zu den Funktionären, sind begierig auf Informationen. Die Aufführung, seit anderthalb Jahren im Spielplan, ist von offiziöser Seite miß-
billigt.

Wahlen in Frankreich, aber man erfährt nichts. Kioske mit ausländischen
Zeitungen gibt es nur in den drei oder vier großen Hotels; ich kaufe L'HU-
MANITÉ und PAESE SERA: sie sind neun und elf Tage alt.

Reise nach Sibirien bewilligt.

Die Studentin, die nach Gorki gereist ist, taucht wieder auf; sie hat
Deutsch im Selbstunterricht erlernt, viel gelesen, ihre Fragen sind genau
und klug, somit schwierig. Leider ist Sofija dabei, aber es stört die Studentin überhaupt nicht, wenn Sofija mit einer Miene der Mißbilligung dol-
metscht; Sofija ist nicht dumm von Natur, nur geschult: Fragen zu Kierkegaard oder zum Bildnis-Gebot oder zu Pirandello sind in ihrem Raster

nicht unterzubringen, der Name Sartre ist nicht genehm. Offenbar hört die Studentin immer wieder, daß ich Eile habe, was aber, wie sie sieht, nicht der Fall ist. Im Gegenteil; man könnte zusammen einen Tee trinken. Aber wo? Natascha (so heißt die Studentin) könnte, auf Taille gekleidet, bei Tschechow vorkommen: eine seiner russischen Seelen, die warten und verkümmern.

Gorki-Institut:
  Germanisten stellen Fragen, bis man sich die Fragen selber stellt, nämlich andere, die einen Schreiber wirklich beschäftigen. Sie lassen sich aber nicht provozieren. Eine Ketzerei, die sie aufmerksam hinnehmen, wird abgefangen mit einem Zitat von Majakowskij. Aber wenn ein heutiger Genosse das sagen würde?
  Nachher Besichtigung des Museums: Dokumente aus dem Leben von Maxim Gorki. Elend des zaristischen Rußland; das erhellt die Revolution mehr als der Vergleich mit dem heutigen Westen; Notwendigkeit dieser Revolution, auch ihrer Grausamkeit.

Rast in einem Park: wenn man Bäumen und Wolken nicht ansieht, wo in der Welt man sich grad befindet – Erholung von einem Spuk. –

Bibliothek für ausländische Literatur. Frauen leiten die verschiedenen Abteilungen. Stichproben im Bezirk meiner Kenntnisse: Kein potjomkinsches Dorf. (So mißtrauisch wird man leider.)
  Bankett in der Schweizerischen Botschaft: drei Literatur-Funktionäre und drei Männer in Ungnade, sie geben einander die Hand; die in Ungnade sind, wirken freier, gelöst. Nur Ljublinow, der in diesen Tagen vernommen hat, daß sein Theater (sie spielen Brecht) geschlossen werden soll, hat Mühe mit der Geselligkeit. Wiedersehen mit Tamara, meiner Übersetzerin. Der melancholische Aksionow; wie ich später vernehme: Liebeskummer. Mein Funktionär: In diesen Räumen fühlen wir uns immer wie zu Haus. Ich komme diesmal nicht um einen Trinkspruch herum; so danke ich denn nicht zuletzt meinem Freund, der aus der Partei ausgestoßen ist, und Funktionäre heben ihr Glas: fast gerührt, mindestens ohne Animosität. Sie mögen ihn ja, ich weiß. Auch wenn sie ein noch härteres Urteil gegen einen Genossen aussprechen oder billigen müssen, ein lebenvernichtendes, so nur, weil sie müssen. Ich frage Andrei Voznesensky,

warum er nicht auf der Wolga dabei gewesen ist; er lächelt ohne Anzüglichkeit: How did you enjoy it? Ein junger Weltmann, etwas zu elegant; dann Gespräch über das End-Theater von Beckett. Nachher mit Botschafter Lindt allein. »Nehmen Sie Ihr Glas, sprechen wir lieber draußen im Garten.«

Frage an meine Betreuerin, warum Voznesensky und Jevtuschenko eigentlich in Ungnade sind. Antwort: sie sind nicht in Ungnade, sie sind nur zu oft im Ausland gewesen und müssen wieder lernen, ihre Heimat richtig zu verstehen.

Das Böse: Faschismus, Maoismus.

Meine Eindrücke von der ersten Reise (1966: Moskau, Leningrad, Odessa) bisher kaum widerlegt. Ohne Kenntnis der russischen Sprache hat die Reise wenig Sinn; ein Stummfilm mit Titeln, die uns die Funktionäre geben. Man verläßt sich schließlich nur noch auf seine Augen und weiß, daß man an der Oberfläche bleibt, verdrossen über sich selbst; der Verdruß überträgt sich auf das Land. Man richtet mehr als man wahrnimmt. Da sie alles, was erfreulich ist, sofort auf ihr System beziehen, verfällt man schweigend auf den Gegenfehler, daß man auch alles, was übel ist, sofort auf das System bezieht.

Abflug nach Sibirien. Reise allein mit meiner Betreuerin.
Fliegen ist für Einheimische sehr billig; fünf Stunden im Jet: 48 Rubel. Viel Volk in der großen Halle, Arbeiter, Bauern. Reisen mit behördlicher Bewilligung.

Novosibirsk, 27./29. 6.

Der sibirische Schriftsteller, der mich trotz Morgenfrühe am Flughafen abholt, ist schwerhörig, drum seine überlaute Stimme, wenn er, ohne mich je anzublicken, Angaben macht über West-Sibirien: Größe des Landes, Länge und Breite der Ströme, Höhe der Berge, Temperatur im Winter, Temperatur im Sommer, Bevölkerungszunahme, Bodenschätze, Länge und Breite und Tiefe und Inhalt von Stausee usw. Es ist alles sehr enorm.

Breite des Ob im Norden: 45 km. Meine Antwort auf seine kurze Zwischenfrage, wie breit Flüsse in Schweiz, braucht Sofija nicht zu übersetzen:
das Lächeln eines Geschlagenen. Einmal überqueren wir zwei Geleise, denen man nichts ansieht, aber das sind sie: die Geleise der Transsibirischen
Bahn. Fortsetzung des Unterrichts, der mir willkommen ist; der Akzent
liegt auf der Quantität wie überall bei Pionieren. Hotelzimmer wie ein
Tanz-Salon. Frühstück (ich kämpfe gegen Schlaf) mit Wodka und Ablösung der Eskorte, dann Fahrt hinaus zur Stadt der sowjetischen Forscher.
Industrie-Landschaft am Ob; Eindruck, daß hier der Himmel noch weiter
sei als an der Wolga. Meine neue Kollegen-Eskorte: zwei sibirische Lyriker,
ein älterer und ein junger, den offensichtlich das Ehrenamtliche noch freut,
beide in dunklem Anzug mit weißem Hemd und Krawatte, der Junge mit
einem blonden Vogelgesicht, immer genau senkrecht, ob er sitzt oder geht,
immer fröhlich und liebenswürdig-wortkarg. Stausee (Länge 200 km.) in
blassem Morgenblau, Ufer mit Birken oder Föhren; wie ich mir die skandi-
navische Landschaft vorstelle. Militär-Lastwagen. Der ältere Lyriker erkundigt sich, wie lang man Militär-Dienst leistet in meinem Land. Er ist
der erste, der nach unsern Verhältnissen fragt –

Campus in Birkenwald. Wohnhäuser der Gelehrten mit Gartenzaun.
Wohnblocks mit Kindergarten. Stille, wenig Autos. Zentrum mit Kino
und Restaurant, Hotel, Warenhaus usw., viel niedrige Bauten. Hier keine
Universität, nur Forschung. Ich sehe hauptsächlich Menschen zwischen
zwanzig und dreißig. Keine Hast, etwas Klösterliches. Bis wir zwei oder
drei Institute besuchen können, Bummel hinunter zum großen See: Ba-
dende, man fröstelt beim bloßen Anblick, Ballspiele am Strand, auch Mädchen, Brillenträger beim Waldlauf im blauen Trainer.
      Hier keine Lenin-Bilder.
      Mittagessen in einer Art von Cafeteria oder Snack-Bar; zum ersten Mal
russische Kellnerinnen, die es nicht verargen, wenn man etwas bestellt.
Die beiden Lyriker: kein Wort von Propaganda für das sowjetische System. Es erübrigt sich hier. Institut für Genetik. Auskunft über Gen-For-
schung. Englisch; sobald es einmal ohne Dolmetscher geht, sofort ein andres Vertrauen. Auskunft über ein neues Virus-Medikament; ich glaube
wenigstens das Prinzip zu verstehen als Laie.
      Hier keine Ost-West-Hysterie.
      Abendbummel mit meiner Betreuerin in der alten Stadt, aber es gibt

kaum noch alte Häuser in Holz. Opernhaus vor einem viel zu großen
Platz. Bogenlampenleere. Wand mit Foto-Porträts: Arbeiter und Arbeite-
rinnen, die ausgezeichnet worden sind. Plakate eines Theaters: Gastspiele
aus Moskau; Bilder von einer eignen Inszenierung: offenbar ein Hitler-
Stück. Darsteller in Hakenkreuz-Uniform, Hitler in Person realistisch-me-
lodramatisch. Menschen im Park. Mitternachthelle.

Institut für Geologie.

Was Sibirien an Bodenschätzen hat: Kohle, Erdöl, Erdgas, Kupfer, Silber, Gold, Diamanten usw. Problem: Transport.

Institut für Mathematik.

Wie sie die Auslese der Talente betreiben. Schüler in allen sowjetischen
Republiken können sich jedes Jahr an einem Wettbewerb beteiligen, Lösung mathematischer Aufgaben, die der Lehrer aus Novosibirsk erhält;
sie werden auch in den Zeitungen veröffentlicht. Dabei geht es nicht um
das richtige Ergebnis, sondern vor allem um die Art, wie einer zum Ergebnis kommt oder nicht. Wer dabei Begabung verrät, kommt nach Novosibirsk, wo ihm wieder Aufgaben gestellt werden; er hat seine Lösungen in
einem Auditorium zu vertreten; Diskussion mit den andern Aspiranten
und mit den Wissenschaftlern. Wer sich hier bewährt, kommt an die
Elite-Schule von Novosibirsk, später an die Universität; die Besten übernimmt das Forschungs-Institut.

Wodka-Unfall im Hotel:

DDR-Vertreter für Straßenbau-Maschinen holen mich an ihren Tisch;
ich weiß nicht, was ich gesagt habe; Sofija bringt mich ins Zimmer, sie
mag diese Leute nicht –

Moskau, 30. 6.

Abschied von Freunden.

BERZONA

Jemand berichtet von einer verbürgten Begegnung
zwischen Robert Walser und Lenin an der Spiegel-
gasse in Zürich, 1917, dabei habe Robert Walser
eine einzige Frage an Lenin gerichtet: Haben Sie
auch das Glarner Birnbrot so gern? Ich zweifle im
Traum nicht an der Authentizität und verteidige
Robert Walser, bis ich daran erwache – ich verteidige Robert Walser noch beim Rasieren.

ZÜRCHER MANIFEST (unterzeichnet)

WIR STELLEN FEST:
In Zürich ist es zwischen Jugendlichen und der Polizei zu Kämpfen ge-
kommen. Damit brachen auch in unserer Stadt Konflikte auf, wie sie
sich gegenwärtig in Ost und West zeigen.
WIR FOLGERN:
Die Zürcher Ereignisse dürfen nicht isoliert beurteilt werden. Sie sind
eine Folge unzulänglicher Gesellschaftsstrukturen. Sie als Krawalle
abzutun und die Beteiligten nur als randalierende Taugenichtse und
Gaffer hinzustellen, ist oberflächlich.
WIR SIND ÜBERZEUGT:
Eine Ursache der Krise ist die Unbeweglichkeit unserer Institutionen.
Diese Unbeweglichkeit wendet sich gegen den Menschen. Sie verhin-
dert die Anpassung an die sich wandelnden Bedürfnisse der Men-
schen und die Entfaltung schöpferischer Minderheiten.
WIR ERINNERN:
Wesentliche Umwälzungen sind immer von Minderheiten ausgegan-
gen. So fand 1848 der Liberalismus gerade in der Jugend leiden-
schaftliche Anhänger. Diese Minderheit – damals Revoluzzer ge-
nannt – bewahrte die Unabhängigkeit der Schweiz und schuf unseren
Bundesstaat.
WIR WARNEN:
Einen kulturellen Konflikt lösen weder Prügel und Verbote noch Be-

sänftigung durch gönnerhafte Angebote. »Wohltätigkeit ist das Ersaufen des Rechts im Mistloch der Gnade« (Pestalozzi). Unterdrückung der Konflikte treibt die Jugend auf die Barrikaden.

WIR FORDERN:

1. Bereitstellung eines zentral gelegenen, autonom verwalteten Diskussionsforums für Jung und Alt.
2. Verzicht auf Sanktionen wie Relegation von Studenten und Schülern, Entzug von Stipendien, Ausweisung von Ausländern, Entlassungen, sofern nicht schwerwiegende Delikte vorliegen.
3. Wiederherstellung des verfassungsgemäßen Demonstrationsrechts.
   (Forderung 3 inzwischen erfüllt)
4. Fortsetzung der Gespräche mit allen Minderheiten.
5. Einladung zur Meinungsäußerung aller Konfliktparteien durch Presse, Radio und Fernsehen.
6. Unverzügliche Bildung einer wissenschaftlichen Arbeitsgruppe mit dem Auftrag, die tieferen Ursachen des Konflikts zu erforschen und praktische Vorschläge auszuarbeiten.

Protokoll

Meine jüngste Tochter ist dabei gewesen, aber nicht verprügelt und nicht verhaftet worden. Sie sagt: es war ein Plausch, alle ganz fröhlich, man saß mitten auf der Straße (Bellevue), das war der Plausch.

EINS ZWEI DREI, GLOBUS FREI! der Ruf der Jugendlichen vor dem ehemaligen Warenhaus GLOBUS, das leer steht. Ein behördlicher Anschlag: »Wer unrechtmäßig in dieses Gebäude eindringt oder dazu anstiftet, macht sich strafbar.« Ein solches Eindringen ist aber nicht geplant, hingegen eine Demonstration vor dem Gebäude, Kundgebung des Protestes, weil es mit dem geforderten und von der Behörde versprochenen JUGENDZENTRUM nicht vorangeht. Polizei auf Pikett. Was die Demonstranten nicht haben erwarten können: die Polizei sperrt das Trottoir vor dem Gebäude, wo sie sich versammeln wollen, dadurch werden die Demonstranten auf die Fahrbahn gedrängt. Verkehrsstörung. Die Polizei (Dr. R. Bertschi) verlangt Abzug in wenigen Minuten, was selbst bei gutem Willen nicht möglich ist; auch kommt der eigene Ordnungsdienst nicht gegen die stärkeren Lautsprecher der Polizei an. Es entsteht Unwillen. Einsatz der Polizei nach Plan, Einsatz von Wasserwerfern, Gegenwehr mit Pflastersteinen und Bierflaschen und Holzlatten, Einsatz von Knüppeln, Verhaftungen, Verletzte auf beiden Seiten. Verhaftete werden in den GLOBUS-Keller gebracht, wo sie, auch wenn sie keinerlei Gegenwehr leisten, nochmals mit Knüppeln zusammengeschlagen werden, Ohnmächtige bekommen Fußtritte in die Hoden. Ein Polizist findet, ein Verwundeter müßte ins Spital gebracht werden; sein Kamerad in Uniform: Der Sauhund soll verrecken. Später auf der Hauptwache werden die Verhafteten neuerdings mit Knüppeln empfangen. Strafvollzug durch Polizei.

Tod eines Kindes. Schlagzeilen und Meldungen der ersten Stunden geben den Demonstranten sofort die Schuld, daß ein sechsjähriger Knabe in einem Krankenwagen gestorben ist. Folge der Verkehrsstörung. Erst nach drei Tagen muß Stadtrat A. Holenstein die verbreitete Empörung etwas dämpfen: »Die Darstellung, die man im Fernsehen und in verschiedenen Zeitungen sehen konnte, war übrigens falsch ... Der Fahrer sagte aus, daß er durch diesen Umweg fünf bis acht Minuten langsamer gewesen sei ... Ich möchte aber noch einmal betonen, daß der Tod dieses Kindes nicht ohne weiteres den Demonstrationen zugeschrieben werden kann.«

In der ersten Sondersitzung des Stadtrates erwägt Stadtpräsident Dr. Sigmund Widmer, ob man Militär einsetzen soll.

Die Jugendlichen (Studenten, Mittelschüler, Lehrlinge) wollen eine Vollversammlung einberufen, um die Situation zu diskutieren. Sie bekommen keinen Saal dafür von der Stadt. Auch Wirte, die über Räumlichkeiten als Eigentum verfügen, verweigern sie den Geächteten. Schließlich bekommen sie das VOLKSHAUS unter der Bedingung: 10 000 Franken Garantie für allfälligen Sachschaden. Wir garantieren mit drei Schecks. Teach-in, sie hocken auf dem Boden, Diskussion bis Mitternacht, dazwischen Gitarren, dann putzen sie den Saal, gehen nach Hause. Die städtischen Detektive auch. Kein Stuhlbein ist zu bezahlen.

Jugendliche (mit Bärten) berichten, daß Polizisten eine Woche vor dem Krawall zu ihnen gesagt haben: Wartet nur, am nächsten Samstag bekommt ihr's! Man hat ihren Krawall programmiert.

Ein Student namens Thomas Held, bekannt als Sprecher der FORT-
SCHRITTLICHEN STUDENTENSCHAFT ZÜRICH, nicht verhaftet, da er sich
keines tatsächlichen oder angeblichen Hausfriedensbruchs schuldig gemacht hat, wird sofort aus seiner Lehrerstelle entlassen; eine anonyme
Morddrohung nötigt ihn zurzeit, sich zu verstecken.

Beim Sammeln von Unterschriften (ZÜRCHER MANIFEST) oft die Antwort: Ich bin vollkommen einverstanden, aber das kann ich mir nicht leisten, ich bin Staatsangestellter/ich bin Assistent/ich bin Redaktor/ich
bin beim Fernsehen usw.

Die Polizei erscheint jetzt in Zivil. Wenn auf der Bahnhofbrücke fünf
Leute zusammenstehen, sagt ihnen ein Detektiv, was sie zu tun haben: verschwinden. Eine kleine Gruppe, die verspricht, daß sie keinerlei Widerstand leisten wird, versucht einen Marsch in einer Gegend, wo dadurch
keinerlei Verkehrsstörung entsteht; sie lassen sich von Detektiven sofort
ihre Transparente abnehmen.

Ein Zivilist, der auf die Hauptwache kommt, wird niedergeknüppelt; danach weist er sich als Rechtsanwalt aus, Automobilist, der seine Park-
Strafe bezahlen will.

Ein Lehrling, der nicht dabei gewesen ist, hat seine langen Haare zu
schneiden, wenn er die Stelle behalten will.

Verhaftete, die verhört werden, haben nicht das Recht, die Vorgänge nach
ihrer Wahrnehmung darzustellen; sie haben lediglich auf die gestellten Fragen zu antworten: ob sie einer Vereinigung angehören, einem Club usw.

Eine junge Bühnenbildnerin kam von Frankfurt, wußte von nichts, als sie
beim Hauptbahnhof in die Wasserwerfer geriet, lief weg, wurde von drei
Polizisten niedergeknüppelt und in den GLOBUS-Keller geschleift; dort
Schläge mit dem Knüppel zwischen die Beine.

Ein ausländischer Student sofort abgeschoben: ohne Untersuchung, was er
wirklich getan oder nicht getan hat.

Ärzte bestätigen, daß zahlreiche Verletzungen, die sie zu behandeln haben, »sicher nicht im Handgemenge entstanden sind«, sie sind zu erklären nur aus »systematischen Prügeln«. Der Chef der Kriminalpolizei, Dr. Hubatka, bestreitet gegen Augenzeugenbericht, daß er bei Mißhandlungen daneben gestanden hat, ohne Einhalt zu gebieten.

Ein erwachsener Zivilist (aber in kurzer Hose, da er gerade von seinem Segelboot kam) mischte sich auf der Quaibrücke ein, als ein jugendlicher Demonstrant, der bereits auf dem Boden lag, mit Fußtritten in alle Körperteile behandelt wurde; er wollte die Namen der betreffenden Polizisten wissen, wurde mit Knüppeln niedergeschlagen und ebenfalls auf die Hauptwache gebracht, wo er sich später als Arzt auswies.

NEUE ZÜRCHER ZEITUNG: »Verkehrsstörungen und Sachbeschädigungen in großem Ausmaß und ein noch nicht abzuschätzender Vertrauensverlust der Zürcher gegenüber ihrer Jugend«./»Wer da randalierte, war richtiges Schlägergesindel.«/APPELL DES STADTPRÄSIDENTEN: »Die überwältigende Mehrheit der Zürcher Bevölkerung ist empört über die von Jugendlichen hervorgerufenen Unruhen während der letzten Nacht. Auch ich bin empört ... Wenn es nötig ist, werden die Ordnungskräfte verstärkt ... Zum Schluß: Die Jugend wird durch Trotz und Gewalt nicht an ihr Ziel gelangen ...«/NEUE ZÜRCHER ZEITUNG, No. 395: »Harter, aber korrekter Einsatz der Polizei.«/VATERLAND, Luzern: »Unseres Erachtens ist von der Zürcher Polizei vollständig zu Recht scharf eingegriffen worden, und jene Randalierer, die Prügel erhielten, mögen nun heulen und mit den Zähnen knirschen ... Man sehe sich vor! Wir kennen nun die Methoden der Gesellen, die ewig von Rechtsansprüchen reden und von Reformen, die aber im Grunde nichts anderes sind als schlimme Aufwiegler und brutale Anarchisten.«/ZÜRCHER WOCHE: »Man kann diese Gruppe nicht verbieten. Aber man kann sie ächten.«/DIE FREISINNIGE PARTEI: »– sie fordert die Behörden insbesondere zu folgenden Maßnahmen auf: ... Gegen die Randalierer und ihre Rädelsführer ist die ganze Strenge des Gesetzes anzuwenden ... Studenten und Mittelschüler, die von einem Gericht in Strafe verfällt werden, sind von den zürcherischen Lehranstalten wegzuweisen ... Ausländer, die sich an den Un-

ruhen beteiligten, sind über die Grenze abzuschieben.«/ERKLÄRUNG
DES STADTRATES:»Die Behauptung, wonach Übergriffe durch einzelne Funktionäre vorgekommen seien, wird abgeklärt. Der Stadtrat
tritt ohne Ansehen der Person für die rechtsstaatliche Ordnung ein.«/
POLIZEI-RAPPORT:»– sind im Verlauf der Straßenschlacht in der
Nacht auf den Sonntag 41 Personen verletzt worden, nämlich 15 Polizisten, 7 Feuerwehrleute und 19 Demonstranten. Mit Ausnahme eines Brandwächters und eines Polizisten haben alle Verletzten aus
dem Spital entlassen werden können. Insgesamt sind 169 Personen
festgenommen worden. 55 dieser Demonstranten sind noch nicht 20
Jahre alt. 19 der jugendlichen Festgenommenen befinden sich gegenwärtig noch in Haft.«/NOTSTAND: der Stadtrat von Zürich erläßt ein
Demonstrationsverbot»bis auf weiteres«. Zuwiderhandlungen werden gemäß den Bestimmungen des schweizerischen Strafgesetzbu-
ches bestraft./NEUE ZÜRCHER ZEITUNG:»Die Herrschaft des Pö-
bels auf Zürichs Straßen.« Text zu Foto von einem jungen Mann:
»Der kräftige Wasserstrahl läßt keine heldenhafte Haltung mehr zu.«
Zu einem andern Foto:»Ein verletzter Polizist wird von seinen Kameraden vom Platz geführt.«/REGIERUNG:»Der Regierungsrat ließ sich
in seiner Sitzung vom 4. 7. durch die zuständigen Direktionsvorsteher
über die Situation, die als Folge der Unruhen in Zürich entstanden ist,
orientieren. Staatsanwaltschaft und Bezirksanwaltschaft haben zahlreiche Strafuntersuchungen eingeleitet, um die Schuldigen dem Richter zu überweisen. Die Fremdenpolizei ist angewiesen, Ausländer, die
sich festgestelltermaßen aktiv an den Unruhen beteiligten, auszuweisen. Die Behörden der Universität und der Mittelschule werden gegen
Studenten und Schüler, die sich strafbar gemacht haben, Disziplinar-
maßnahmen ergreifen. Der Regierungsrat wird zusammen mit den
Behörden der Stadt Zürich alle seine Mittel einsetzen, um die Auf-
rechterhaltung der öffentlichen Ordnung und Sicherheit der Bürger
zu gewährleisten. Die Kantonspolizei ist einsatzbereit.«/NEUE ZÜR-
CHER ZEITUNG:»Wehret den Anfängen!«/»Positive Auswirkung des
Demonstrationsverbotes.«/»Spielregel der Demokratie.«/»eine winzige Minderheit und eine überwältigende Mehrheit.«/»die Jugendlichen und ihre Hintermänner«/»ihre Drahtzieher im Ausland«/»Eine
fehlgeleitete Jugend«/»Die Bewertung der Tatbestände wird den
Richtern obliegen, die in voller Unabhängigkeit und unberührt vom

Druck der Straße zu urteilen haben.«/»In diesem Zusammenhang verdient festgehalten zu werden, daß in den letzten Tagen von sämtlichen einschlägigen Körperschaften der Verzicht auf ein Referendum gegen die Hochschulvorlage ausgesprochen worden ist.«/»Es ist zu hoffen, daß die Justiz über die Steine- und Flaschenwerfer hinaus zu den geistigen Urhebern der Gewalttaten durchzugreifen vermag, die man mit Namen und Vornamen kennt.«/»Sympathiekundgebungen für die Stadtpolizei. Ein Mädchen brachte eine Tafel Schokolade auf die Hauptwache. Ein Landwirt aus Herrliberg anerbot sich, bei Bedarf sämtliche Landwirte der Umgebung im Kampf gegen die Demonstranten zu mobilisieren. Ein Akademiker wünschte als Passivmitglied im Turnverein der Polizei aufgenommen zu werden. Ein Männerchor aus dem Kreis 4 teilte mit, daß der ganze Verein zu Hilfe eile, wenn dies gewünscht werde. Ein Anrufer versicherte, daß er und seine Metzgerkollegen sich als Freiwillige zur Verfügung stellen würden.«
PS.
Extra-Ausgabe der NEUEN ZÜRCHER ZEITUNG vom 24. 9. 1933 mit Schlagzeile: »Der Fackelzug der vaterländischen Parteien das Opfer eines organisierten marxistischen Überfalls. Nächtliche Kämpfe in den Straßen Zürichs. Sozialdemokraten und Kommunisten provozieren und überfallen den bürgerlichen Fackelzug. Steinbombardements. Aufruf zur Ruhe.« Parole der vaterländischen Kundgebung 1933: »In Zeiten der Not gilt es unsere Stadt einem klassenkämpferischen und nur auf das eigene Wohl bedachten sozialdemokratischen Klüngel zu entreißen.« Sprecher in der Kundgebung: Niklaus Rappold, FREISINN, Robert Tobler, NATIONALE FRONT, die mit Hitler sympathisierte. »Der Kampf um ein vaterländisches Zürich.«

Reminiszenz

1936, als ich eine Studentin aus Berlin, Jüdin, heiraten wollte und im Stadthaus Zürich die erforderlichen Papiere abholte (Geburtsurkunde, Heimatschein usw.), erhielt ich unverlangt einen amtlichen Arier-Ausweis mit dem Stempel der Vaterstadt. Leider habe ich das Dokument damals auf der Stelle zerrissen. Die Schweiz war nicht von Hitler besetzt; sie war, was sie heute ist: unabhängig, neutral, frei usw.

Handbuch für Mitglieder

Der Gezeichnete sieht mehr begehrenswerte Frauen als früher. Dabei wechselt er den Gegenstand seines Entzückens mehrmals am Tag. Er ist nicht mehr auf einen bestimmten Typ beschränkt. Neigung zum Panerotischen. (Frühes bis spätes Stadium.) Die Anzahl der Frauen, die ihn entzücken, verhält sich reziprok zu seinen realen Chancen.

Der Vor-Gezeichnete erkennt sich daran, daß er auch Frauen zu gefallen wünscht, die ihm eigentlich nicht gefallen, und daß er sich auf seine Erfolge einläßt – mindestens bis er die Gewißheit zu haben meint, daß seine Männlichkeit angenommen würde.

Es kommt zum Beischlaf bloß um der Bestätigung willen, daß er kein Gezeichneter ist; er weiß im voraus, daß es eine dumme Geschichte ist, aber sie mußte sein –

Der Vor-Gezeichnete, wenn er sich wirklich nochmals verliebt: rücksichtslos gegen alles, was sich der Erfüllung widersetzt – er kann sich das Wunder nicht versagen . . .

Der Gezeichnete versteht nicht, daß diese Wesen einmal so wichtig gewesen sind. Trotzdem schaut er jede an, ärgert sich über seine Obsession: er kann kaum noch eine junge Frau sehen, ohne wenigstens einen Augenblick lang zu denken, wie es wäre –

Sehnsucht nach der Begierde . . .

Dabei hat der Gezeichnete lange Zeiten, wo ihn Beischlaf überhaupt nicht interessiert; mehr als das: er findet das (wenn er trotzdem daran denkt) einen absurden Akt.

Der Gezeichnete ertappt sich dabei, daß er sich in Filmen, wenn es zur Umarmung kommt, besonders langweilt; er findet diese Stellen immer zu lang –

In Gesellschaft entwickelt er vor allem jungen Frauen gegenüber eine Artig-
keit, die alle seine einstigen Gefährtinnen (wenn sie es sehen könnten) ver-
blüffen würde: der Gezeichnete als vollendeter Kavalier. Auch wenn sie
nicht gescheit reden, sind sie seiner Aufmerksamkeit gewiß. Der Gezeichnete
behandelt sie in Gesellschaft so, wie sie es von den Männern wünschten, die
mit ihnen schlafen.

Lange bevor seine Chancen gänzlich ausfallen (der Gezeichnete unterschätzt
sie zuweilen, weil er lächerlich würde, wenn er sich irrt), unterläßt er Wer-
bung auch bei günstigen Voraussetzungen ... Er sieht, daß die Tennis-Spiele-
rin, wenn sie ihr Haar aus der Stirne wirft oder nach einem Doppelfehler
übermäßig den Kopf schüttelt, bereits für den Zuschauer spielt. Nicht zum er-
sten Mal schaut er eine Weile zu. Sie gefällt ihm. Einmal wirft er ihr einen
Ball über das hohe Netz zurück, um dann seines Weges zu gehen. Im Lift
weiß er schon, welchen Etage-Knopf er für sie drücken darf, spricht sie aber
nicht an. Sitzt sie abends in der Bar, so setzt er sich weitab; dabei hat er ge-
sehen, was sie liest: das Thema läge auf dem Tisch – der Gezeichnete kennt
die langen Gespräche, die zu führen sind, Konversation zwecks Entdeckung
gemeinsamer Interessen, er scheut diese langen Gespräche, weil ihn sein eigner
Text dabei langweilen wird. Der Gezeichnete schläft lieber einmal mit einer
Bar-Dame. (Mittleres Stadium.) Ist er verliebt, so erkennt er sich daran, daß
ihm immer noch die Wahl bleibt, er reist ab.

Der Vor-Gezeichnete, wenn seine Werbung ohne Erfolg bleibt, bezieht es so-
fort auf sein Altern – als wäre er früher, als junger Freier, nie erfolglos gewe-
sen.

Der Vor-Gezeichnete wird ein besserer Liebhaber als früher, weiß, daß es mit
körperlicher Leidenschaft nicht getan ist, und ist seinerseits dankbar dafür;
das macht ihn zärtlicher ...

Im Gegensatz zum Vor-Gezeichneten, der Angst hat vor der endgültigen Ent-
lassung aus der Virilität, weiß der Gezeichnete, daß es diese endgültige Ent-
lassung nicht gibt. Er wäre froh darum ...

Junggesellen halten sich etwas länger.

Mitglieder, die sich von handelsüblichen Präparaten erhoffen, daß diese das Altern aufhalten, steigern vor allem ihre Angst vor dem Altern. Das Bett als Ort der Bewährung. Sie bekommen etwas von Strebern.

Entdeckung, daß er sich beim Akt langweilt –

Der Gezeichnete erkennt sich daran, daß ihm Frauen einfallen, die er vor 30 oder noch vor 10 Jahren hätte verführen können; er bereut jetzt jede versäumte Gelegenheit – und es wären viele gewesen, so scheint es ihm; dabei vergißt der Gezeichnete, was ihn in den meisten dieser Fälle verhindert hat: sein Geschmack.

Onanieren mit Erinnerung. (Frühes bis mittleres Stadium.) Er traut sich Eroberungen nicht mehr zu oder sie sind ihm zu mühsam nur schon in der Fantasie.

Wieso dem Gezeichneten vieles mühsam wird (ein Gang durch die Stadt, Einkäufe, Gesellschaft, Bus-Fahrten, das Warten am Flughafen usw.): seine Erscheinung löst keinerlei weibliche Reflexe aus: er ist wie nicht vorhanden ... Kommt ihm auf der Straße eine junge Frau entgegen, so tut sie nicht wie früher, als blicke sie handbreit an ihm vorbei, sie sieht den Gezeichneten wirklich nicht. Ohne Koketterie. Er kann sich umdrehen nach ihr, sie merkt es nicht; er sieht es an ihrem Gang, daß sie auch das nicht merkt. Am Kiosk wird er nur als Käufer behandelt; die Person blickt auf die Journale, die er sich genommen hat, und dann auf das Geld. Nichts weiter. Im Flugzeug wird es auch anders; das stereotype Lächeln der Hostessen beginnt ihm zu gefallen, aber nicht einmal das bleibt ihm: erkundigt er sich nach der Ankunftszeit, so werden sie mütterlich, sogar krankenschwesterlich. Gibt es sich in der Bahn, daß der Gezeichnete im gleichen Abteil sitzt mit einer jüngern Frau, so entsteht keine Verlegenheit; früher blickten sie krampfhaft zum Fenster hinaus oder versteckten sich hinter ein Magazin, um nicht angesprochen zu werden. Neuerdings sitzen sie einfach da, tun, als wäre nur sein Gepäck hinzugekommen, was nicht stört. Bückt er sich im Bus, weil ihre Handschuhe auf den Boden gefallen sind, so ist die weibliche Person verblüfft, daß ihr jemand gegenübergesessen hat. Die Kellnerin, wenn sie seine Person endlich wahrgenommen hat, kommt an den Tisch, um den Aschenbecher zu wechseln, nebenbei nimmt sie seine Bestellung auf: blicklos; wenn sie das Bier hinstellt, blickt sie über ihn hinweg; später kassiert sie: blicklos. Der Gezeichnete fragt sich, was er außer Bier eigentlich erwartet. Sieht er nachher in der Toilette, die Hände trocknend, sich zufällig im Spiegel, so kann er's verstehen und legt seine Münze in den Teller . . .

Wenn eine Frau (Schauspielerin) von einem Mann (Regisseur) sagt, er sei Gaga: – der Mann hat kein Gegenwort dazu. (Ziege oder Hexe ist kein Gegenwort, insofern es auch junge Ziegen und junge Hexen gibt.) Der Gaga-Begriff als Quittung dafür, daß er die Frau nur als Geschlechtswesen bestimmt hat, und als solches urteilt sie jetzt; zu Recht.

Der Gezeichnete unterläßt es bereits, seiner Tochter einen Kuß zu geben, oder er ironisiert den Kuß; ebenso scheut er sich gegenüber jungen Frauen, wenn der gesellige Anlaß (Geburtstag, Silvester usw.) eigentlich zu einem Kuß berechtigen würde. Er empfindet seine Lippen als Zumutung. Ergibt es sich bei solchem Anlaß, daß jüngere Frauen auch ihm wie allen andern einen arglosen Kuß geben, so erkennt der Gezeichnete sich an seiner Betroffenheit –

Fälle von Greisen-Charme – es kommt vor, daß ein jüngerer Mann dabei eifersüchtig wird, obschon er weiß, was er nicht zu befürchten hat; es genügt dem Gezeichneten schon, daß der jüngere Mann eifersüchtig wird.

Indem er entdeckt, daß er jetzt, da er Versagen zu fürchten hat, für Frauen attraktiver wird als bisher, entdeckt der Vor-Gezeichnete seinen bisherigen Irrtum: er hielt sich für einen Frauenkenner – dabei unterstellte er den Frauen immer nur die Erwartung, die er meinte erfüllen zu können, und ahnt jetzt, was sie noch alles von einem Mann erwarten, d. h. was er den Frauen schuldig geblieben ist; allein diese Ahnung macht ihn attraktiver.

Der Gezeichnete als Frauenkenner . . . Indem er sich in Gesellschaft nicht mehr als Mann erlebt, sondern lediglich als Teilnehmer am Gespräch, kommt der Gezeichnete öfter zur Ansicht, daß die meisten Frauen für das Gespräch nicht nur überflüssig sind, sondern daß sie ein ergiebiges Gespräch sogar verhindern; er zieht Männer-Gesellschaft (Klub, Stammtisch, Fachmannschaft usw.) vor. Bewahrt er sich die geistige Frische, so erkennt sich der Gezeichnete daran, daß die Jüngeren über alles sprechen mit ihm, ausgenommen das eine. Ihre Diskretion wird perfekt: dazu möchte man von ihm nichts vernehmen.

Im Taxi mit einer jungen Frau hütet er sich zwar, unter irgendeinem Vorwand plötzlich seine Hand auf ihren Arm zu legen oder auf ihre Schulter. Er tut gut daran. Daß er sich hütet, heißt aber: er denkt daran. Daß er daran denkt, macht ihn unfrei. Spürt sie es, so rückt sie, obschon der Gezeichnete sich hüten wird, höflich zur Seite. Der Gezeichnete ist insofern frei, als er tatsächlich nicht verliebt ist; er findet die Person nur sehenswert. Sein Bewußtsein, daß er ein ungenügender Bettgenosse wäre, irritiert ihn, gerade weil keinerlei Anlaß zu solchen Voraussichten besteht. Gibt sie ihm einen Blick, so ist der Gezeichnete verlegen: wie ein ertappter Hochstapler. Er denkt immer schon ans Bett. Dabei genügt es ihm eigentlich, daß man im Taxi sitzt. Er weiß: seine Hand würde sie nicht elektrisieren. Auch für ihn (so stellt er fest, indem er zum Fenster hinausblickt) ist es nicht unumgänglich. (Mittleres Stadium.) Er ist froh, wenn diese Taxi-Fahrt zu Ende ist ... Noch vor kurzem hat der Gezeichnete es für unumgänglich gehalten, seine Hand auf ihre Schulter zu legen; es ist sogar vorgekommen, daß dann ihr Haar plötzlich an seiner Brust lag, wobei er die Erfahrung machte: in der Berührung zerfällt ihm die Erwartung. (Frühes Stadium.) Später hütet sich der Gezeichnete auch vor dieser Erfahrung nicht mehr. (Letztes Stadium: man sollte ihm die Pfoten auf den Rücken binden.)

Senilität feit nicht vor Hörigkeit.

Verliebte kommen ihm komisch vor.

Wenn er sich an eine bestimmte Mann-Frau-Geschichte erinnert: Wohnung, Landschaft, Wetter, Jahreszeit, eine bestimmte Speise, ihre Kleidung schon weniger, ihr Körper nur allgemein – der Gezeichnete ertappt sich, daß er sich vor allem an die Umstände erinnert, oft sehr genau: an die Holzfäller, die das Paar überrascht haben, und an die genaue Stelle im Wald ... Der Rest ist Sage.

21. 8. 1968
Der Rucksack ist gepackt, der Weißwein gekühlt,
alles bereit für die Wanderung. Unser Verhalten
erinnert mich an einen andern Tag, der auch sofort
als historischer Tag zu erkennen war : Einmarsch

von Hitler in die Tschechoslowakei. Jene Nachricht
erreichte einen Freund und mich in einer Badan-
stalt; wir waren eben dabei, die Kleider abzulegen. Eine Viertelstunde danach gingen wir trotzdem
schwimmen, nicht ahnungslos, nur hilflos. Golo
Mann wollte uns heute das Valle Verzasca zeigen,
und es hätte wenig gefehlt, daß wir ohne Wissen auf
die Wanderung gegangen wären; ich beginne den Tag
nicht am Radio, ein Bekannter hat angerufen. Was
wissen wir in diesem Augenblick? Wie gesagt: Sowjetischer Einmarsch in die CSSR seit heute Nacht,
ein paar Einzelheiten von der Methode des Überfalls, Besetzung des Flughafens usw., Dubček von
den Sowjets verhaftet und verschleppt. Von unseren
Freunden in Prag wissen wir nichts; ich komme nicht
auf die Idee, sie anzurufen. Es wäre noch möglich
gewesen.
Unsere Wanderung, lange schon geplant, scheint
das einzige zu sein, was wir unternehmen können an
diesem Tag, Wanderung mit dem kleinen Transistor
unter dem Arm. Der Historiker vom Fach versagt sich
Spekulationen; er berichtet, daß er kürzlich in der
CSSR gewesen ist wegen Dokumenten zu Wallenstein.
Ich sehe das Valle Verzasca: Felsen, Bach, Flora,
Schmetterlinge, lauter unvergeßliche Nebensachen.
Der kleine Transistor erübrigt sich; er krächzt nur.
PS.
Beim Wiederlesen der Kafka-Tagebücher: »2. August
(1914). Deutschland erklärt Rußland den Krieg. –
Nachmittag Schwimmschule.«

Fragebogen

1.
Wissen Sie in der Regel, was Sie hoffen?
2.
Wie oft muß eine bestimmte Hoffnung (z. B. eine politische) sich nicht er-

füllen, damit Sie die betroffene Hoffnung aufgeben, und gelingt Ihnen
dies, ohne sich sofort eine andere Hoffnung zu machen?

3.

Beneiden Sie manchmal Tiere, die ohne Hoffnung auszukommen scheinen, z. B. Fische in einem Aquarium?

4.

Wenn eine private Hoffnung sich endlich erfüllt hat: wie lange finden Sie
in der Regel, es sei eine richtige Hoffnung gewesen, d. h. daß deren Erfüllung so viel bedeutete, wie Sie jahrzehntelang gemeint haben?

5.

Welche Hoffnung haben Sie aufgegeben?

6.

Wieviele Stunden im Tag oder wieviele Tage im Jahr genügt Ihnen die her-
abgesetzte Hoffnung: daß es wieder Frühling wird, daß die Kopfschmerzen verschwinden, daß etwas nie an den Tag kommt, daß Gäste aufbrechen usw.?

7.

Kann Haß eine Hoffnung erzeugen?

8.

Hoffen sie angesichts der Weltlage:

a. auf die Vernunft?

b. auf ein Wunder?

c. daß es weitergeht wie bisher?

9.

Können Sie ohne Hoffnung denken?

10.

Können Sie einen Menschen lieben, der früher oder später, weil er Sie zu
kennen meint, wenig Hoffnung auf Sie setzt?

11.

Was erfüllt Sie mit Hoffnung:

a. die Natur?

b. die Kunst?

c. die Wissenschaft?

d. die Geschichte der Menschheit?

12.

Genügen Ihnen die privaten Hoffnungen?

13.

Gesetzt den Fall, Sie unterscheiden zwischen Ihren eignen Hoffnungen und den Hoffnungen, die andere (Eltern, Lehrer, Kameraden, Liebespartner) auf Sie setzen: bedrückt es Sie mehr, wenn sich die ersteren oder wenn sich die letzteren nicht erfüllen?

14.

Was erhoffen Sie sich von Reisen?

15.

Wenn Sie jemand in einer unheilbaren Krankheit wissen: machen Sie ihm dann Hoffnungen, die Sie selber als Trug erkennen?

16.

Was erwarten Sie im umgekehrten Fall?

17.

Was bekräftigt Sie in Ihrer persönlichen Hoffnung:

a. Zuspruch?

b. die Einsicht, welchen Fehler Sie gemacht haben?

c. Alkohol?

d. Ehrungen?

e. Glück im Spiel?

f. ein Horoskop?

g. daß sich jemand in Sie verliebt?

18.

Gesetzt den Fall, Sie leben in der Großen Hoffnung (»daß der Mensch dem Menschen ein Helfer ist«) und haben Freunde, die sich aber dieser Hoffnung nicht anschließen können: verringert sich dadurch Ihre Freundschaft oder Ihre große Hoffnung?

19.

Wie verhalten Sie sich im umgekehrten Fall, d. h. wenn Sie die große Hoffnung eines Freundes nicht teilen: fühlen Sie sich jedesmal, wenn er die Enttäuschung erlebt, klüger als der Enttäuschte?

20.

Muß eine Hoffnung, damit Sie in ihrem Sinn denken und handeln, nach Ihrem menschlichen Ermessen erfüllbar sein?

21.

Keine Revolution hat je die Hoffnung derer, die sie gemacht haben, vollkommen erfüllt; leiten Sie aus dieser Tatsache ab, daß die große Hoffnung lächerlich ist, daß Revolution sich erübrigt, daß nur der Hoffnungslose sich Enttäuschungen erspart usw., und was erhoffen Sie sich von solcher Ersparnis?

22.

Hoffen Sie auf ein Jenseits?

23.

Wonach richten Sie Ihre täglichen Handlungen, Entscheidungen, Pläne, Überlegungen usw., wenn nicht nach einer genauen oder vagen Hoffnung?

24.

Sind Sie schon einen Tag lang oder eine Stunde lang tatsächlich ohne Hoffnung gewesen, auch ohne die Hoffnung, daß alles einmal aufhört wenigstens für Sie?

25.

Wenn Sie einen Toten sehen: welche seiner Hoffnungen kommen Ihnen belanglos vor, die unerfüllten oder die erfüllten?

In Moskau, vor sieben Wochen, hörte man von einer Botschaft, die ein Wissenschaftler an die Machthaber im Kreml adressiert hat: sie wurde nicht veröffentlicht, aber offenbar unter Intellektuellen verbreitet. Inzwischen ist die ausführliche Schrift, deren Inhalt man nur gerüchtweise kannte, in Übersetzungen erschienen (»New York Times«, »Die Zeit«): ihr Verfasser, Andrej D. Sacharow, ein sowjetischer Physiker, Mitglied der Akademie der Wissenschaften und 1958 Nobelpreisträger, ist Kommunist. Seine Botschaft verurteilt die stalinistische Periode, deren Opfer er auf mindestens zehn Millionen schätzt, und untersucht das Erbe dieser Periode, die Situation heute. Sacharow schildert den sterilen Bürokratismus, der sich für Sozialismus ausgibt und daher als ein Tabu gilt; er spricht offen vom idiotischen Dogmatismus der Funktionäre, der die Probleme der Welt-Zukunft zu lösen nicht imstande ist, also von einer tödlichen Gefahr für die kommunistischen Länder selbst und für die Welt. Seine Kritik, die Sacharow als Eingeweihter zu begründen vermag, hat den Ernst des Alarms und führt zu einer nüchternen Mahnung: daß beide Lager, Ost und West, aus ihrem erstarrten Denkschema herausfinden zu einer globalen Kooperation (was mehr ist als die bloße Koexistenz, wie sie sich heute versteht: Übereinkunft der atomaren Großmächte, die ihre Machtinteressen aushandeln auf Kosten Dritter) als der einzigen Chance für

eine Zukunft der Menschheit. Sacharow verweist auf Prag; seine Hoffnung deckt sich mit der unseren: daß Sozialismus sich endlich entwickle in der Richtung seines großen Versprechens.

Ist dieser Versuch gescheitert?

Die sowjetischen Panzer in der Tschechoslowakei erinnern, so heißt
es, an den 17. Juni in Berlin und an Ungarn 1956, nur ist der Vergleich
verfehlt: in Prag war kein Aufstand, sondern die kommunistische Partei selbst hat den Versuch unternommen, Sozialismus zu demokrati-
sieren, und die tschechoslowakische Regierung hat keinen Tag lang
die Kontrolle verloren über diesen Versuch. Die sowjetischen Truppen
verteidigen nicht, wie vorgegeben wird, den Sozialismus gegen Kon-
terrevolution; sie verteidigen lediglich das heutige sowjetische Establishment, das Furcht hat vor einer Evolution des Sozialismus, die unabwendbar ist auf die Dauer, unabwendbar auch für die Sowjetunion;
ihr militärischer Aufmarsch ist die Manifestation dieser Furcht, die
aber nicht die Furcht des russischen Volkes ist, sondern die Furcht
der Funktionäre vor dem eigenen Volk. Der tschechoslowakische Versuch ist nicht gescheitert, aber unterdrückt.

WELTWOCHE, Zürich, 30. 8. 1968

Handbuch für Mitglieder

*Als Friedrich Hölderlin im Alter von 71 hörte, daß von Goethe die Rede war,
sagte er: »Ach – Herr von Goethe!« Er erinnerte sich sofort an seinen Besuch
bei Goethe am 22. 8. 1797, also vor 44 Jahren; der überlieferte Seufzer von
Friedrich Hölderlin stammt aus dem Jahr 1841 ... Der Gezeichnete erkennt
sich nicht nur an seiner Vergeßlichkeit, sondern ebenso sehr an einer Unfähigkeit, gewisse Vorkommnisse vergessen zu können.*

Hispano-Suiza verkauft Geschütze, die Hitler bestellt und nicht mehr abgeholt hat, und dazu Aus-
schuß-Munition nach Afrika. Die Schweiz bietet
ihre guten Dienste an, Botschafter August Lindt aus
Moskau. Zeitungen melden einen gesetzwidrigen Waffenhandel von Bührle-Oerlikon. Schlagzeilen: Der

Bundesrat fordert Untersuchung. Zuerst heißt es:
10 Millionen, dann sind es 90 Millionen für Waffen
nach Nigeria, Israel, Ägypten, Südafrika. Fälschung von Unterlagen zur behördlichen Bewilligung
der Waffenausfuhr; Dr. Dietrich Bührle hat nichts
davon gewußt, Strafklage gegen zwei Vize-Direk-
toren. Bundesrat und Bührle, Oberst in der schweizerischen Armee, deren Lieferant er ist, sind sich
in einem Punkt einig: ohne Waffen-Export wäre eine
schweizerische Rüstung nicht möglich. Einige Wochen nach dem Skandal, der die Öffentlichkeit betrübt, als wäre Derartiges noch nie vorgekommen,
bestellt der Bundesrat bei Bührle-Oerlikon mili-
tärisches Material im Betrag von 490 Millionen. Wo
sollte er sonst bestellen? Eine Verstaatlichung
der Waffen-Industrie kommt aber nicht in Frage;
Verstaatlichung wäre das Ende jener Freiheit, die
unsere Armee zu verteidigen hat. Plakate fordern
Hilfe für Biafra. Der Bundesrat spendet eine Million Franken für Biafra. Kinder auf der Straße sammeln mit Büchsen für Biafra.

Handbuch für Mitglieder
(Korrespondenz)

Dr. U. B., 53, Bern
Die bildliche Darstellung der Lebensalter-Pyramide, wie man sie auf alten
Blättern findet (»mit 10 Jahr ein Kind« usw., »mit 100 Jahr im Grab«), ist
mit Vorsicht zu betrachten. Daß Sie sich nach solcher Darstellung gerade
auf der Höhe des Lebens befinden, verdanken Sie einem naiven Symmetrie-
Bedürfnis des Zeichners.

A. W., 55, Luzern
Das Foto, das Sie beilegen, ist glaubhaft; daß Sie als Wellenreiter hinter
einem Motorboot zu sehen sind, kann man nur als erfreulich bezeichnen ...
Es wird in unserem Handbuch nie behauptet, daß sportliche Ertüchtigung
nicht empfehlenswert sei; je gesunder er ist, um so wohler fühlt sich der Ge-
zeichnete.

G. U., 76, Ascona
Tod ist in jedem Lebensalter möglich, d. h. der Gezeichnete erkennt sich nicht unbedingt an einer Zunahme der Todesangst – in Altersheimen vermindert sie sich eher. (Spätes Stadium.)

M. S., 43, Zürich
Sie sind nicht der erste, den es beschäftigt, daß er schon 10 Jahre älter ist als Mozart bei seinem Tod – das hat nichts mit Senilität zu tun; Sie werden sehen: Senilität meldet sich an, wenn es Sie tröstet, daß ein Genie 10 Jahre älter ist als Sie.

Professor O. P., 65, Basel
Daß Sie jetzt, emeritiert, Zeit haben für Ihr Standard-Werk, sei für Sie (so schreiben Sie) auch ein Anlaß zur Freude. Es wurde in diesem Handbuch nie bestritten, daß man im Alter besonders dankbar wird für jeden Anlaß zur Freude.

O. Sch., 63, Melbourne
Unser Handbuch hat niemals unterstellt, daß Heimatliebe (Sie sind Ausland-Schweizer) ein Symptom der Senilität sei. Hier muß ein Mißverständnis vorliegen. Tatsächlich sind Patriotismus wie Chauvinismus auch bei jungen Menschen festzustellen; umgekehrt kennen wir Fälle, wo die natürliche Heimatliebe gerade im Alter schwindet ... Sie leben seit 40 Jahren in Melbourne; Ihre ungebrochene Heimatliebe hat weniger mit der Altersfrage zu tun als mit dem Umstand, daß Sie in Melbourne leben.

H. H., 37, Stuttgart
Ihr Einwand als Pfarrer ist unwiderlegbar. (»Ich betreue selber ein Altersheim, ich leugne keineswegs die Verblödung, aber ich betreue diese Menschen mit der Gewißheit des Glaubens, daß sie am Tag der Auferstehung nicht als Verblödete vor unsern Schöpfer treten.«)

Frau Dr. A. St. (–), Konstanz
Es stimmt nicht, daß ich bei der erwähnten Stelle insbesondere an Sie und Ihren geschätzten Mann gedacht habe; nicht jeder Mann, der in Gesellschaft sich von seiner Frau entmündigen läßt, ist deswegen ein Gezeichneter. Das muß in Ihrem Fall andere Gründe haben. Soviel ich weiß, sind Sie, wenn

auch etwas älter als er, einfach ein Temperament, und ich habe nie den Eindruck, daß Ihr geschätzter Mann sich entmündigt fühlt; vielleicht meint er, daß Sie uns dann auf die Nerven gehen, was aber nicht der Fall ist. Glauben Sie mir! Die erwähnte Stelle bezieht sich auf einen Industriellen aus Pittsburg (USA), dessen Frau sagt: Don't speak but think, honey! und dabei hat auch sie nicht unrecht. Noch einmal: Glauben Sie mir! Ich schätze Ihren stillen Mann sehr.

A. G., 55, Herrliberg
SENIL und SENILITÄT sind keine Schmähwörter, sondern Bezeichnungen; nur weil der Tatbestand, den sie bezeichnen, auch bei Ihnen noch unter Tabu steht, reagieren Sie wie auf Schmähwörter. Als solche werden sie auch in der Umgangssprache gebraucht aus dem genannten Grund.

Prof. Ch. V., 47, Princeton, USA
Ihre Hinweise sind äußerst wertvoll. Ohne Zweifel wäre ein wissenschaftliches Handbuch für unsere Mitglieder zu wünschen; einschlägige Publikationen, die ich kenne, stammen vor allem von Soziologen und sind für manche Mitglieder nicht unverständlich, nur habe ich festgestellt, daß kein Mitglied sich von soziologischen Darlegungen persönlich betroffen zeigt, eher wieder von medizinischen, wobei unsere Mitglieder allerdings nur den Schluß ziehen, daß sie sich schonen müssen.

V. O., 68, Berlin/Wien
Wie Senilität sich je nach Beruf manifestiert, wäre zu untersuchen. Ich habe Sie in letzter Zeit nicht auf der Bühne gesehen. Die all-abendliche Konfrontation mit dem Publikum, so sagen Sie, erhält jung; als Beweis erwähnen Sie, daß Sie heute noch Lampenfieber haben vor jedem Auftritt. Unser Handbuch hat nirgends behauptet, daß der Gezeichnete, wenn sein Beruf ihn zu öffentlichen Auftritten nötigt, kein Lampenfieber mehr habe und keinen Grund dazu.

H. P., 23, Frankfurt
Erfahrung macht dumm . . . Diese Parole, die oft von Studenten zu hören ist, hat eine gewisse Richtigkeit; sie beruht auf Erfahrung.

Frau Ch. G., 50, Kilchberg
Selbstverständlich erachte ich die Frau als gleichberechtigt. Wenn in diesem
Handbuch nicht von der alternden Frau die Rede ist, so keinesfalls aus Nach-
lässigkeit oder Takt, sondern aus einem einzigen Grund: ich erfahre die Frau
nur als ein Wesen, das sich auf den Mann bezieht (nicht unbedingt auf den
anwesenden, aber auf den Mann überhaupt) als Geschlechtspartner. Eine Ah-
nung von Versäumnis befällt daher den Mann in dem Grad, als bei der Frau
nicht nur die Tarnung durch Kosmetik versagt, sondern ihr Selbstverständnis
zunimmt, das sie bisher dem Mann geopfert hat. Ihr spätes Selbstverständnis
beschämt ihn – mag sein, daß sie ihn für Augenblicke noch an das Mädchen
erinnert, das sie einmal gewesen sein muß, aber er sieht sich jetzt gestellt von
einem außergeschlechtlichen Partner, der nicht mehr auf seine Imponier-Ge-
ste eingeht oder kaum: bei gleicher Intelligenz ist sie jetzt die Überlegene.
Frauen altern besser.
PS.
Auch nicht immer.
PS.
Wenn man sagt, daß die Frau früher alt werde, so meint man, daß sie früher
aus der Geschlechtlichkeit entlassen ist – wogegen der Mann sich immer noch
als Geschlechtswesen zu verstehen hat oder zu verstehen sucht, somit als sol-
ches altert; der Greis ist eher lächerlich als die Greisin. (Mittleres bis spätes
Stadium.) Die Macht der Matrone über das Immer-noch-Männchen.

Monsignore G. C., 69, Rom
Das Motto von Michel de Montaigne finden Sie im Essai Von der Erfahrung, *nicht im Essai* Über das Alter, *dessen erste Sätze sich auch geeignet*
hätten: »*Ich kann mich nicht in die Weise finden, in der wir die Dauer un-*
seres Lebens bestimmen. Ich sehe, daß die Weisen sie im Vergleich zur gewöhn-
lichen Meinung ganz erheblich verkürzen. Wie, erwiderte der jüngere Cato
denen, die ihn daran hindern wollten, sich zu entleiben, bin ich denn jetzt
in einem Alter, in dem man mir vorwerfen könnte, zu früh aus dem Leben
zu gehen? Und doch hatte er erst achtundvierzig Jahre.« (Montaigne wurde
59.)

H. Z., 81, z. Z. Bad Ragaz
Sicher gibt es immer Ausnahmen.

Manifeste, Mauer-Texte an der Sorbonne, Plakate,
Karikaturen mit Kreide oder Kugelschreiber, Pa-
rolen der französischen Studenten im Mai, Flug-
blätter – jetzt erschienen als Buch, ich kann's zu
Hause in Ruhe durchblättern und als Farbdruck ge-
nießen, vom Tatort abgelöst, Kunst. BOURGEOIS VOUS
N'AVEZ RIEN COMPRIS. Ich lese mit verschränkten
Beinen: FEU LA CULTURE. Oder: L'ART C'EST MERDE.

Towarisch

»Das ist nicht möglich«, sage ich zur Dolmetscherin, »das ist ein Witz –
fragen Sie ihn, ob er es wirklich ist.« Natürlich verstehe ich ihr Zögern,
meine Frage zu übersetzen; wenn er es ist, so war er einmal der mächtigste
Mann der halben Welt. »Warum fragen Sie nicht?« sage ich und denke, es
könnte ja möglich sein. »Ich denke«, sagt sie, »wir müssen weiter.« Immer
diese Bemutterung, und dann sagt sie es vermutlich auch zu dem alten Towarisch, daß wir keine Zeit haben. Ihr kalter Respekt vor ihm widerlegt
immerhin ihre Rede an mich: »Er ist ein gewöhnlicher Bauer, ich sage es
Ihnen, hier sehen viele so aus.« Sicher ist nur, daß der Alte kein Benzin
hat, nicht weiß, wo in der Gegend man Benzin findet ... Vor Tagen, in
Moskau, habe ich einmal seinen Namen erwähnt und von Sofija erfahren,
daß Hochachtung nicht erwünscht ist, sogar ungehörig, jede Erwähnung
seines Namens eine schwere Taktlosigkeit. Ich verstehe, daß die Begegnung an diesem Gartenzaun, wenn der Alte es tatsächlich ist, für meine
Dolmetscherin sehr unliebsam ist, eigentlich nicht wahr. Was kann ich dafür? Wenn er es ist, so hält er sich großartig; er muß sofort gemerkt haben,
daß ich ihn erkannt habe, und versteht auch Sofija, will sie nicht in Verlegenheit bringen, diese brave und beflissene Genossin von heute, die dem
alten Mann zum zweiten Mal vermutlich unser Mißgeschick erzählt. »Er
weiß nicht, wo es Benzin gibt, sagt er, aber es gibt Benzin«, sagt Sofija
und betont: »natürlich gibt es Benzin!« als zweifle ich daran. Obschon er
kein Deutsch versteht, nickt er. Er stützt sich noch immer auf seine Harke,
hemdärmlig, ein Alter im Ruhestand. Einmal mehr ist es ein Jammer, daß
ich nicht russisch verstehe. Ich würde ihm schwören, daß ich im Ausland
nichts berichte, kein Wort; auch habe ich ja keine Kamera, nur einen lee-

ren Kanister in der Hand. Warum Sofija jetzt lacht, keine Ahnung; ich bin aber froh. Als wir an den Gartenzaun gekommen sind und als der Alte gesehen hat, wie verschwitzt wir sind auf unserer Suche nach Benzin, hat er irgend etwas zu trinken angeboten; Sofija hat sofort abgelehnt. Warum? Jetzt lacht sie wenigstens; ich sehe nur, wie der Alte mich daraufhin anschaut. Der Fremde heißt in der russischen Sprache (soviel ich weiß) der Stumme. Wie er mich anschaut: beinahe gerührt. »Er hat gefragt, woher Sie kommen«, sagt Sofija pflichtgemäß, »ich habe ihm gesagt, Sie seien Schriftsteller.« Was sie daraufhin zum Lachen gebracht hat, erfahre ich nicht. Ich lächle aufs Geratewohl. Eine nächste Frage, die der Alte jetzt an den Stummen richtet, wird von Sofija nicht übersetzt (das macht sie öfter so) und bleibt also ohne Antwort. Ob er Englisch versteht, finde ich nicht heraus; jedenfalls geht er nicht darauf ein, als ich probeweise frage: »Do you have many visitors?« Eine ungeschickte Frage, weiß Gott; zum Glück versteht Sofija nicht Englisch. Man hat den Eindruck, er lebe ohne Bewachung, nicht unzufrieden mit der Gegend und bei robuster Gesundheit, wenn auch alt. Ich überlege gerade, wann eigentlich die Kuba-Krise gewesen ist, die Drohung mit den Raketen, während er sich offenbar noch immer wundert, was ein westlicher Schriftsteller in dieser Gegend verloren hat. »Er habe großen Respekt vor Schriftsteller«, sagt Sofija, und damit ich nicht wieder meine, was nicht stimmt: »unsere Bauern haben großen Respekt vor Schriftsteller.« Sonst spricht sie erstaunlich korrekt. Als er offenbar fragt, was sie dem Fremden eben gesagt habe, gibt sie auch dem Alten keine Antwort, sondern blickt auf ihre Uhr, und wir blicken einander an, der Alte und ich, zwei Entmündigte. Ich lobe jetzt die flache Gegend, die Üppigkeit seines Salates, eine Birke usw., um Sofija wieder zum Übersetzen zu verleiten. Er ist übrigens kleiner als erwartet, nicht fett, aber gedrungen, sein Rundschädel fast ohne Haar. Je überzeugter ich bin, daß er es tatsächlich ist (im allerersten Augenblick habe ich nur meine Sofija foppen wollen), um so verlegener bin ich natürlich auch. »Sagen Sie ihm, Sofija, daß ich Gast des Sowjetischen Schriftstellerverbandes bin«, sage ich, damit er, wenn er es wirklich ist, nicht einen Spion vermutet, »sagen Sie es ihm bitte.« Es scheint ihn nicht zu überraschen, nicht zu enttäuschen, nicht zu freuen; ein Bauer oder ein Eingeweihter, das bleibt undurchsichtig. »Wir müssen jetzt gehen«, sagt Sofija wieder, und der Alte, der vielleicht einmal über Krieg und Frieden entschieden hat, legt auch keinen besonderen Wert darauf, daß das Intourist-Fräulein, das die Sowjetunion zu schützen hat, und der Ausländer mit dem leeren Kanister in der Hand länger vor seinem Gartenzaun stehen. Er hat keine Tankstelle. Er hat Solschenyzin damals zur Veröffentlichung zugelassen, NOVI MIR, er hat die Stalin-Leiche aus dem Mausoleum versetzt. Wie er vor uns steht, seine etwas klumpigen Hände auf den Griff der Harke gelegt, traut man es ihm nicht ganz zu. »Sagen Sie ihm«, sage ich, »daß wir uns leider verirrt haben in der Gegend.« Wir haben keine Erlaubnis hier zu sein und sind es trotzdem; Sofija tut mir leid. Sie hat Augen wie ein Vogel, ich weiß nicht immer, wohin sie eigentlich blickt. Manchmal übersetzt sie auch, wenn der Towarisch nichts gesagt hat. »Ob Sie zum ersten Mal in der Sowjetunion seien«, sagt Sofija, »aber ich habe es ihm schon gesagt.« Ich sage trotzdem: »Zum dritten Mal!« was nicht wahr ist. Warum sage ich das? Sofija übersetzt es auch nicht, sondern zeigt auf ihre Uhr, und ich verstehe. Als wir gekommen sind und den alten Towarisch angesprochen haben, hat man sich die Hand gegeben, ein Volk von Brüdern; jetzt ist es schwieriger. »Fragen Sie ihn doch«, sage ich, »ob er Nikita Chruschtschow ist.« Eigentlich müßte er den Namen verstanden haben trotz meiner Aussprache. Ein schwieriger Augenblick für die brave Sofija; sie tut jetzt, als habe sie ihrerseits den Namen nicht verstanden. Ich schätze sie Mitte dreißig, das würde heißen: als Sofija irgendwo zur Schule ging, hat sie diesem Mann noch mit Pfingstrosen gewinkt und ohne Zweifel. »Warum fragen Sie nicht?« sage ich leise; Sofija kann doch nichts dafür, wenn er es ist. Als der Alte mich anblickt, zögere ich ihm die Hand zu geben. »Sagen Sie ihm, wir danken ihm«, sage ich, »wir werden schon eine Tankstelle finden.« Sofija scheint jetzt verwirrt: »Möchten Sie noch etwas wissen?« fragt sie, statt zu übersetzen. Sicher weiß der Alte (ob er's nun ist oder nicht) von Maßnahmen in der Tschechoslowakei, von Vietnam, während er hier Salate pflanzt; er wirkt nicht verkalkt, und falls er Nikita Chruschtschow ist: nicht verbittert darüber, daß er kaum mit einem Staatsbegräbnis rechnen kann. »Was hat er eben gesagt?« frage ich Sofija; sie findet es aber belanglos, keiner Übersetzung wert, Plauderei über den Gartenzaun. »Gehen wir«, sagt sie, »er kann uns nicht helfen.« Es macht sie immer nervöser, daß wir noch immer ohne Benzin sind. »Towarisch«, sagt sie zu dem Alten mit dem bäuerlichen Rundschädel ohne Haar, aber den Rest verstehe ich wieder nicht. Er lacht wie früher auf Bildern in der Weltpresse: kleinäugig. Als man sich die Hand gibt, glaube ich doch nicht, daß er's gewesen ist.

BERZONA

Das Schweizer Fernsehen, das um eine Stellungnahme
zum Hochschulgesetz bittet, kommt mit Equipe und
dreht honorarlos, kann aber den Beitrag nicht senden: es sei denn, daß der Herr Bundesrat, der darin
kritisiert wird, darauf antworten möchte, und das
möchte der Herr Bundesrat, ein Sozialdemokrat
übrigens, nicht. Dafür senden sie jetzt 100 Franken . . .

Reminiszenz

Einer unsrer Hauptlehrer in Architektur, Schweizer, war erklärter Anhänger des Nationalsozialismus. Corbusier erwähnte er nur als Exempel für
»Kultur-Bolschewismus«. Die Schweiz gehöre natürlich zum Reich, so
sagte er, und in Sachen Juden: Jesus kann nicht Jude gewesen sein, lesen
Sie wieder einmal das Testament, das Neue, und Sie werden sehen, wie tief
und weise das ist, und Jesus war blond, Sohn eines Zimmermanns wahrscheinlich aus dem Norden. Dieser gemütvolle Mann, Professor Friedrich
Hess, war nicht untragbar; darüber entscheidet der Bundesrat auf Antrag
des Hochschulrates, der vom Bundesrat bestellt wird. Ein andrer Lehrer
zur gleichen Zeit, Professor Hans Bernoulli, unterrichtete Städtebau, was
bekanntlich zu soziologischen und ökonomischen Problemen führt; er ver-
trat damals die Freigeld-Theorie und übte einmal Kritik am Bundesrat.
Dieser Mann war untragbar und wurde entlassen.

22. 12. 1968
Apollo 8 im Fernsehen: die drei Menschen auf der
Flugbahn zum Mond. Zur Zeit sind sie ungefähr 200 000
Kilometer von der Erde entfernt. Bild: unsere Erde
als greller Ball, leider verschwommen. Einmal ein
Rudel kleiner Meteoriten, dazu Stimme von Borman,
der mit den Leuten in Houston (Texas) spricht. Kein

Grund, hier die Pfeife nicht weiter zu rauchen. Ihre
langsamen und fischhaften Bewegungen in der Schwe-
relosigkeit. Einer von ihnen, anzusehen wie ein
weißer Embryo, winkt mit der Hand. Das Oben und Unten hat keine Geltung für sie, das ist offensichtlich und erzeugt im Zuschauer vor dem Fernsehschirm, gerade weil er Boden unter den Füßen hat,
ein leichtes Gefühl von Schwindel. Technisch bisher
alles in Ordnung. Einer leide unter Übelkeit; sein
Arzt berät ihn von der Erde aus. Nach der Übertragung sagt man sich: Zum ersten Mal in der Geschichte
der Menschheit usw., dann Sport vom Sonntag.

23. 12. 1968
Heute gute Erdbilder. Wie man es sich hat vorstellen können: unsere Erde ist ein Planet.

24. 12. 1968
Sie sind auf ihrer Ellipse um den Mond. Sehr klare
Bilder vom nahen Mond; Krater im Seitenlicht, daher
mit Schatten deutlich zu sehen, gleiten langsam
über den Fernsehschirm, es kommen immer neue, bis
man sich zugibt: eigentlich eher trostlos. Aufregung ergibt sich nur aus der Vorstellung, man
wäre dort. Was man sieht, bestätigt wieder nur die
Vorstellung.

25. 12. 1968
Die Zündung, die sie nach der Umkreisung wieder aus
dem Schwerefeld des Mondes bringt und in die Flugbahn zur Erde, hat stattgefunden. Nochmals Bilder
vom Mond, jetzt sozusagen schon bekannt. Alle im
Haus und auch Nachbarn schauen es sich an; es fällt
niemand viel dazu ein. Erleichterung, daß das Unternehmen glückt, aber man weiß nicht, was man sich
davon verspricht. Prestige für die USA. Man sagt
sich wieder: Zum ersten Mal in der Geschichte der
Menschheit usw., aber nun wissen wir's schon.

26. 12. 1968
Geselligkeit im Haus, draußen Winter, ich sitze
vor der unerledigten Post des Jahres und beschließe
Amnestie.

27. 12. 1968
Apollo 8. Heute glückliche Rückkehr zur Erde, die
drei weißen Männer wohlauf im Fernsehen. Auf dem
Flugzeugträger gehen sie auf einem roten Teppich;
indem wir sie sehen, denken wir an Wissenschaft und
Technik, an Computer, die das Unternehmen haben
gelingen lassen, aber nicht an Helden. Der Sprecher
im Fernsehen (Monte Ceneri) versucht mit Emphase,
die drei Namen für immer in unser Gedächtnis und das
Gedächtnis unsrer Kindeskinder zu pflanzen: Borman – Anders – Lovell. Kein Mensch ist je so weit
geflogen wie diese drei harten Männer, wir gönnen
ihnen jetzt Ruhe und Gesundheit und Beförderung.
Unterschied zwischen Borman – Anders – Lovell und
beispielsweise Nansen. Das Unternehmen, das uns in
Atem gehalten hat, steht in keinem Verhältnis zur
Persönlichkeit. Übrigens geben sich die drei weißen Männer auch keineswegs als Helden; sie zeigen
sich nur froh, daß sie endlich wieder aus der Kapsel
heraus sind: drei Techniker, die den gefährlichsten Job in dem anonymen Abenteuer übernommen
haben; es hätte ja auch mißlingen können, und dann
verhungerten sie jetzt in einer Umlaufbahn um die
Sonne; aber da es gelungen ist, sind nicht sie es,
die den Mond umkreist haben, sondern (wie der Sprecher richtig sagt): der Mensch!

Der Traum des Apothekers von Locarno

Das ist eine Gemeinheit! sagt er ruhig, aber laut, so daß er daran erwacht
und gerade noch seine Stimme von außen hört: – Gemeinheit! und jetzt

erst italienisch: UNA VERGOGNA! È UNA VERGOGNA! ... Was er in diesem
Augenblick weiß von seinem Traum: ein Schlotterich von Bischof, der auf
beiden Beinen hinkt, vielleicht ein Komödiant, der einen Bischof spielt,
aber ein Krüppel ist, und alles in einer Turnhalle.

. . .

Zu jener Zeit ist er Landarzt, IL DOTTORE, als kennten sie seinen Namen
nicht; alle im Dorf sagen nur: IL DOTTORE, obschon der Name jahrelang
im Telefonbuch steht, am Briefkasten usw., IL DOTTORE, wogegen er natürlich ihre Namen zu kennen hat, sogar die Vornamen ihrer Kinder.

Die Gemeinheit muß eine andere sein.

. . .

Nachdem er an der eignen Stimme erwacht ist und als er auf dem Bettrand
sitzt, eigentlich erschöpft, aber im Finstern aufgerichtet, damit der Traum
sich nicht fortsetze, und als er Licht macht, ist er nicht mehr Landarzt und
eine Weile unsicher, ob er je Landarzt gewesen ist; aber kurz darauf (es dauert jeweils nur wenige Minuten) ist alles wieder im klaren.

. . .

Gemeinheit im Dorf, man braucht sich nicht darum zu kümmern, es geschieht sozusagen nichts, kein Mord seit Jahrzehnten. Tagsüber erscheinen
sie freundlich. Gemeinheit aller gegen alle, das ist es, was sie zusammenhält, abgesehen von der Landschaft, die im Winter nur wenig Sonne bekommt. Aber man braucht sich nicht darum zu kümmern, wenn man
nicht hier geboren ist. Übrigens hat das Dorf keine Turnhalle.

. . .

IL DOTTORE! Es tönt höhnisch-höflich.

. . .

Er ist ein Trinker, das weiß er jedesmal, wenn er aufwacht und vergessen hat, was nicht im klaren ist, und soeben ist es noch klar gewesen, vollkommen klar. Eigentlich ein glücklicher Traum.

Der Schlotterich von Bischof, der gar nichts von ihm will, und die Turnhalle haben nichts zu tun mit ihm, ein Scherz sozusagen, ein Zwischenfall; dieser Schlotterich geht ihn überhaupt nichts an, ein Bischof, der auf beiden Beinen hinkt, es ist schauerlich und lächerlich, eine Störung, insofern eine Gemeinheit.

. . .

Er ist katholisch-ungläubig.

. . .

Am Abend davor meint er, daß sie ihn betrogen haben, die Leute vom Dorf, sie haben ihn seit Jahren betrogen, angefangen mit der Wasserrechnung. Er vertraut diesen grünen Scheinen immer aus Bequemlichkeit. Sie sind unverständlich, aber wahrscheinlich gerecht und genau, lochkartengerecht, sie tragen seinen Namen.

. . .

Sie ist natürlich kein Mädchen mehr. Ihre Backenknochen, ihr strenges Haar wie vor zwanzig Jahren. Sie scheint fröhlich, wie er sie gar nicht kennt, und dann hat sie irgend etwas vor. Sie hat keine Angst. Sie redet, aber man ist nicht allein, eine Unordnung ringsum, wofür er sich entschuldigt; es liegen Kinder herum, viele Kinder, nicht ihre Kinder, nicht seine Kinder.

. . .

Er hat nur zwei Mal mit ihr geschlafen.

Sie scheint zu wissen, was aus ihm geworden ist, ein Landarzt, was aber unwichtig ist. Sie ist sehr zutraulich. Es hat gar nichts mit ihm zu tun, was sie redet. Es ist irgendwo. Er kennt den Ort nicht, die fremde Wohnung. Es ist Unsinn, daß er sich für die Unordnung entschuldigt. Man berührt einander aber nicht.

. . .

Beim Erwachen hat er Kopfweh.

. . .

Das Dorf weiß genau, was er in Wirklichkeit tut, IL DOTTORE. Vielleicht reden sie hintenherum. Was eigentlich. Zum Beispiel setzt er sich dafür ein, daß die Fabrik (Gerberei) endlich eine Kläranlage bauen muß; bisher vergeblich. Es stinkt noch heute. Vielleicht lügen sie, aber er kümmert sich nicht darum. Das ist nicht die große Gemeinheit.

. . .

Als plötzlich der Schlotterich von Bischof in die Turnhalle hinkt, um sich in einen prunkvollen Sessel zu setzen, ist sie weg. Schade. Er hätte sie etwas fragen wollen, was außer ihr niemand wissen kann und was ihn etwas angeht, ihn ganz allein.

. . .

Sein Kopfweh kommt wie immer vom Grappa.

. . .

Er hat sie seit vielen Jahren nicht gesehen und nie an sie gedacht, weiß nur, daß sie in ihrer Ehe einmal ein totes Kind geboren hat. Sonst nichts. Als er sie vor Jahren zufällig an der Bahnhofstraße in Zürich getroffen hat: eine Dame, bürgerlich von Herkunft und nur noch bürgerlich.

. . .

Sie kommt zum ersten Mal in seinen Traum.

. . .

Wie meistens wenn er erwacht ist, erinnert er sich nur an die dummen Ränder des Traums; dann ist er eine Weile wie geschlagen. Später geht er an seine Tagesarbeit, IL DOTTORE, der ein Trinker geworden ist, was das Dorf ebenfalls weiß.

. . .

Wieso ein glücklicher Traum?

. . .

Tagsüber in der Apotheke, wenn er die dicke Hornbrille auf seinem schmalen Gesicht trägt, erinnert er sich an Wirklichkeiten, die der Traum benutzt hat, aber die nicht gemeint sind. Zum Beispiel die Turnhalle; als Gymnasiasten haben sie einmal Theater gespielt in einer Turnhalle, nichts weiter.

. . .

Die Wasserrechnung dürfte stimmen.

. . .

Er ist überhaupt nie Landarzt gewesen in seinem Leben; es beunruhigt ihn, daß er eine Weile nach dem Erwachen hat meinen können, früher sei er Landarzt gewesen. Es stimmt einfach nicht.

. . .

Hingegen stimmt es, daß er sich seit Jahr und Tag für eine Kläranlage einsetzt, IL DOTTORE; das weiß nicht nur das ganze Dorf, das weiß man auch in Bellinzona – man kennt ihn und sein Ungeschick mit der italienischen Sprache. Er stammt aus Winterthur.

. . .

Die Gerberei kommt im Traum nicht vor.

. . .

UNA VERGOGNA! das sagt er erst, als er seine Stimme schon von außen
hört; das Dorf spricht nur italienisch.

. . .

Später erinnert er sich an einen Spaziergang mit Leny, genauer gesagt: er
erinnert sich an eine Erinnerung, die er schon erzählt hat: wie eine Frau
mit einem wackligen Leiterwagen kam, und im Leiterwagen saß ein ver-
krüppeltes und schwachsinniges Kind, und die Studentin lachte ihn aus,
als er mit ernstem Entsetzen sagte, das sei sein Gesicht oder könnte sein
Gesicht sein. Was er nie erzählt: nachher im Wald hat er die Studentin verführt, zum ersten Mal, und es war lächerlich.

. . .

Tagsüber ist alles wieder selbstverständlich.

. . .

Es ist ein glücklicher Traum, bis dieser Bischof kommt, der alles verdrängt,
dieser violette Schlotterich, dieser alte Komödiant mit dem Hirtenstab
und das Publikum, die Touristen von Locarno, seine Kunden.

. . .

Dabei weiß er schon längst, daß bei der Gerberei nichts zu erreichen ist,
obschon sie den kleinen Fluß versaut; er hat Expertisen verlangt, IL DOT-
TORE, man weiß es ohne Expertisen; die Kinder baden im Fluß. Was geht's
ihn an. Seine Kinder baden nicht im Fluß.

. . .

Es ist ein sonniger Tag, Winter.

. . .

Es hat alles einen andern Zusammenhang oder überhaupt keinen; es ist nur klar, solange er träumt, vollkommen klar. Es stimmt nicht, was er sich nach dem Erwachen dazu denkt; alles ist anders und wahrer als alles, was er in seiner Apotheke denkt.

. . .

Als er den Schlotterich von Bischof sieht, der mit beiden Beinen hinkt, weiß er übrigens schon, daß er nur geträumt hat. Das war die Gemeinheit.

. . .

Als er nicht mehr daran denkt (er ist inzwischen mit dem Wagen nach Locarno gefahren und hat mit den Angestellten sprechen müssen, vorher das Frühstück mit der Familie, jetzt diktiert er Bestellungen), denkt er plötzlich an E., den er lang nicht mehr gesehen hat. Wahrscheinlich hat es damit angefangen: – E. sitzt auf Asphalt, also öffentlich auf dem Boden, Beine verschränkt wie ein Buddhist, klug und witzig wie immer, aber nackt, viel kleiner als ein wirklicher Mensch und leider ohne Arme. Es ist rührend, nicht entsetzlich: der bekannte Revolutionär, aber lächelnd, ein Krüppelchen.

. . .

Gegen Mittag verbröckelt alles in Sinn.

. . .

Als seine Frau ihn fragt, was denn die Gemeinheit in seinem Traum gewesen sei (sie hat seinen lauten Ausspruch gehört), sagt er: Sie sind Gauner, das ganze Dorf, sie sind einfach Gauner.

. . .

E. glaubt nicht an Reformen. Das ist immer ihr Streit gewesen. Aber wie er auf dem Asphalt sitzt ohne Arme: ohne Rechthaberei, nackt und liebenswert.

Die Mitte im Traum bleibt leer.

. . .

Sobald die Kinder einmal zur Schule müssen, werden sie das Dorf verlassen, das ist schon seit einiger Zeit fast ein Beschluß, nicht dringlich; trotzdem redet er beim Frühstück davon. Es sei kein Leben hier.

. . .

Er liebt die Studentin, die eine Dame geworden ist, im Traum zum ersten Mal; sie weiß jetzt alles. Keine Zärtlichkeiten, wie gesagt. Hingegen weiß er im Traum nicht zum ersten Mal von einer heimlichen Liebesgeschichte, die dann jedesmal, wenn er erwacht, nie gewesen ist. Was er sie fragen möchte: ob sie sich daran erinnert. Dann wäre sie's gewesen.

. . .

Il Dottore, so nennen sie hier alle akademischen Berufe; wenn er ein Arzt wäre, so würden sie sagen: Il Medico.

. . .

Langsam verrutscht alles.

. . .

Zum Beispiel fällt es ihm jetzt ein, wer in der Tat als Gauner zu bezeichnen ist: die Unfallversicherung, die seit Jahr und Tag einfach nicht zahlt. Aber davon hat er nicht geträumt.

. . .

Es bleibt die Studentin mit den Backenknochen und dem strengen Haar. Ein Mops-Gesicht eigentlich. Sie sitzt an einem langen Tisch (Grotto) in einem braunen Kleid aus Seide, eine Bürgerin, übrigens sonnengebräunt; erst später ist es eine Wohnung mit fremden Kindern auf Kommoden, Unordnung, aber bürgerlich; sie hat nichts mit alledem zu tun. Sie redet nur zu ihm. Es spielt keine Rolle, daß er verheiratet ist. Sie nimmt an, daß es seine Freunde sind, die immer ein und aus gehen und unterbrechen. Es stört sie aber nicht. Es sind wohl seine Freunde, nur kennt er sie nicht. Sie sagt, sie sei jetzt sehr stark, sehr stark.

. . .

Er meint sich an Korridore zu erinnern.

. . .

Es war eine verkrampfte Affäre damals.

. . .

Tiere im Korridor, aber ungenau.

. . .

Einige Tage zuvor erzählt er in einem Grotto, warum er gegen die Gerberei nichts mehr unternehme, groß geredet: man könne die Welt nicht ändern, er jedenfalls nicht, es sei auch nicht sein Beruf usw., er sei kein Idiot.

. . .

Meistens träumt er sexuell-anonym. (Er ist Mitte vierzig). Er ist sehr glücklich, als er sie erkennt; ihr Mops-Gesicht hat eine gewisse Ähnlichkeit mit dem Gesicht seiner dänischen Assistentin; aber es ist Leny.

. . .

Er mag die Dänin übrigens nicht.

. . .

Auch E. weiß schon alles, und es gibt gar nichts zu sagen. Ein gutes Wiedersehen, ein unverhofftes Wiedersehen. Es scheint dem E. nichts auszumachen, daß er gar keine Arme hat, fast keine Arme. Kein Unfall; nur zum ersten Mal sieht man ihn nackt. Alles ist leicht. Wie er auf dem Asphalt sitzt (sit-in) und grinst, möchte man ihn streicheln. Eigentlich grinst er kaum oder nicht. Er ist kindlich, das ist alles, er ist liebenswert.

. . .

Vielleicht spielt auch Fernsehen hinein.

. . .

Es ist nicht so, daß der andere Tag sozusagen unter dem Traum steht; er braucht nichts davon zu vergessen; es kommt gegen den Tag nicht auf (jedenfalls nicht gegen den Tag in der Apotheke) und verliert sich nur ins Privat-Lächerliche: Glück, das dem Tageslicht nicht standhält.

Warum ist er kein Landarzt.

. . .

Widerlich bleibt nur der Bischof.

. . .

Manchmal trinkt er gegen Abend (dabei sagt er sich jeden Morgen, das müsse jetzt aufhören) zuerst Wein, dann Grappa, weil er nur weiß, daß es nicht stimmt, was er denkt, was er sagt, was er tut, was er weiß.

1969

NEUJAHR 1969

Die Schläger der zürcherischen Polizei, deren
Vergehen (Mißhandlung von Verhafteten) nicht
geleugnet werden kann, sind nach 7 Monaten noch
nicht ermittelt. Sie werden nie ermittelt werden.
Das Polizei-Korps hält dicht. Ein Film, der die
Schläger identifizieren würde, ist verschwunden.
Die Männer, die diesen Korps-Geist ausgebildet
haben, bleiben im Amt.

BERZONA

Einmal im Flugzeug meinte ich, daß ich das Haus
erkenne: ein graues Klötzchen in einem Nebental.
Es tat mir leid; es steht oft ohne Bewohner. Dann
bewahrt es unsere Bücher, die zivilen Dokumente,
Briefe, Notizen, das Geschirr, auch Wein. Kommt
man eines Tages wieder, so schaut es sehr sachlich.
Alles noch da. Es erzählt nichts. Vermutlich hat
ab und zu das Telefon geklingelt. Es ist nicht eingestürzt, nur eine Stunde lang unglaubwürdig: Hier
also hausen wir. Winter südlich der Alpen: Schnee-
wasser rinnt über Granit, der durch die Nässe
violett-schwarz wird; dazwischen das verwelkte
Farnkraut, Stämme von Birken, Schnee auf den Höhen,
darüber Mittelmeer. Auf Wanderungen trifft man
jetzt keinen Menschen, ab und zu ein paar Ziegen;
die Bäche sind vereist, aber an der Sonne ist es
warm. Nirgends kann es jetzt schöner sein. Ohne die
Gäste, die je an unserem Granit-Tisch gegessen

Tagebuch 1966-1971

oder im Haus geschlafen haben, wäre es nicht unser
Platz; es bliebe eine Landschaft – sehr schön an
einem Tag wie heute.

LESERBRIEFE ZU ARTIKELN

»Meinen Sie vielleicht, daß der Vietkong keine Morde verübt?«/»Wenn
Sie die USA meinen kritisieren zu müssen, warum wohnen Sie denn
nicht endlich in einem kommunistischen Land, wenn Sie dort alles
wunderbar finden?«/»Sind Sie denn überhaupt ein Schweizer?«/»Ist
der Verfasser dieses Artikels bereit uns Neutrale in einem nächsten
Aufsatz über die wahren Verhältnisse und die Tätigkeit auf der andern
Seite aufzuklären?«/»– weiß ich von Lenin nur einen Satz, aber der
stimmt: die nützlichen Idioten. So einer sind Sie genau. Wie lang
noch?«/»Das ist die sogenannte Jugend, die Ihresgleichen unter-
stützt, Kriminelle, Vorbestrafte, Homosexuelle, Asoziale, Tagediebe.
Dafür zahlen wir Steuern.«/»Daß Sie auch noch ein Wort einlegen für
die Dienstverweigerer, war ja nach allem zu erwarten.«/»Ihr ganzer Artikel ist Dreck, aber Sie verdienen einen Haufen Geld damit, und das
ist Ihnen die Hauptsache.«/»Sauhund! Sie sind ein verreckter Sauhund! Mit Ihrem Schwanz soll man beim Globus die Möwen füttern!
Sie ekelhafter Idiot, aber Ihre Hütte wird bald in Flammen stehen! Sauhund!«/»Warum immer nur Kritik?«/»Die amerikanischen Soldaten in
Vietnam sterben nämlich auch für Sie, Herr Frisch, das vergessen
Sie offenbar, als Neutrale haben wir daher überhaupt kein Recht –«/
»Man kann sich des Eindrucks nicht erwehren, daß Sie ein richtiger
Schuft des geistigen Lebens sind, auch wenn man sich angesichts
des Guten, das Sie auch noch haben, dieses Eindrucks wirklich erwehren möchte. Soviel Zersetzendes und Verneinendes ist in einer
solchen Zeit und Welt einfach unverantwortlich ... Das widerliche,
perfide, unterminierende Wesen, das Sie zeigen, deutet auf einen un-
edlen Charakter, von dem man spüren muß: Mit ihm läßt sich nicht reden.«

Hass

Wenn ich gerade Bilanz machen müßte: – keine Person, die ich im Augenblick hasse; nur etliche, denen ich nicht begegnen möchte, da es sein
könnte, daß es nochmals zum Haß kommt. Ich hasse nicht selten, aber
kurzatmig. Vielleicht ist es meistens nur Zorn. Kein Fall von lebensläng-
lichem Haß. Vor allem meine ich sicher zu sein, daß mein Haß mich mehr
geschädigt hat als sie, die ich haßte. Haß als Stichflamme, die plötzlich erhellt; aber dann verdummt er mich. Vielleicht kommt es daher, daß dem
Hassenden eher an Versöhnung gelegen ist als dem Gehaßten. Wenn ich
feststelle, daß jemand mich haßt, kann ich mich leichter entziehen; ich
halte mich eben an andere, die mich nicht hassen. Trotz einer natürlichen
Dosis von Selbsthaß bin ich vorerst irritiert, wenn ich mich von jemand
(ohne daß ich ihm ein Bein gestellt hätte) gehaßt finde. Habe ich mit Sympathie gerechnet? Eigentlich nicht. Was irritiert, ist die unerwartete Intensität einer einseitigen Beziehung; der Reflex ist nicht Gegen-Haß, vielleicht
Verwirrung, vor allem aber Wachheit. Ich habe das Gefühl, er fördere mich
(zu einem gewissen Grad) durch Wachheit, oder ich kann den Hassenden
vergessen. Umgekehrt nicht; als der Hassende halte ich mich an den Gehaßten, und es hilft mir nichts, daß er sich entzieht, im Gegenteil. Je seltener ich ihn sehe oder von ihm höre, um so gründlicher mein Haß, d.h.
meine Selbstschädigung. Ferner stelle ich fest: Haß auf eine Person nötigt
mich zu einem Grad von Gerechtigkeit, den ich nie erreiche, und überan-
strengt mich. Meistens braucht es nicht einmal eine Versöhnung; mein
Haß wird mit der Zeit zu kostspielig, das ist alles, mit der Zeit steht er
in keinem Verhältnis zu der betreffenden Person, die mir eigentlich, was
immer sie getan haben soll, gleichgültig geworden ist ... Anders ist es
mit dem Haß, der sich nicht auf eine Person bezieht, sondern auf ein Kollektiv oder insofern auf eine Person, als sie ein Kollektiv repräsentiert.
Mein einziger lebenslänglicher Haß: Haß auf bestimmte Institutionen.
Da wird der Haß selbst eine Institution. Auch da schädigt der Haß vor allem mich selbst, aber ich bleibe meiner Selbstschädigung treu, weil dieser
Haß sich als Gesinnung versteht und Gleichgültigkeit wie Versöhnung ausschließt –

```
Man ist bewegt, hilft, gibt Rat und Möbel und Geld;
das Bewußtsein persönlicher Ohnmacht gegenüber
der Zeitgeschichte läßt uns die Gelegenheit er-
greifen, wo man etwas tun kann: man geht ans Tele-
fon und zaubert Verbindungen, erreicht auch etwas,
verspricht zwar keine Wunder, aber man ist da –
das täuscht die Flüchtlinge immer in der ersten
Zeit. Jetzt haben sie eine Wohnung, sogar einen
Job, nach einem halben Jahr fühlen sie sich einsam;
ihr Problem bleibt nicht unser Problem.
```

Uraufführung TURANDOT ODER DER KONGRESS DER WEISSWÄSCHER, Regie: Benno Besson. Warum in Zürich? Die Parabel stimmt weder für den westlichen noch für den östlichen Teil so recht, gibt aber wie jede Parabel vor, irgendeinen Nagel auf den Kopf zu treffen. Was für den Westen, den Brecht gemeint hat, nicht stimmt: Wir nämlich werden nicht zu Kongressen befohlen, um beispielsweise den Vietnam-Krieg gutzuheißen, wir können sogar protestieren, ohne enthauptet zu werden – nur nützt unser Protest eben nichts, im Gegenteil, unser Protest attestiert den Machthabern bekanntlich, daß sie tolerant sind. Wie weit stimmt sie im Osten, diese Parabel von den Tuis, die anzutreten haben zum ideologischen Applaus für den Einmarsch in die Tschechoslowakei? Bekanntlich hat Brecht, als er das Stück zu schreiben begann, die Intellektuellen unter dem Faschismus gemeint; warum hat er's nicht zu Ende geschrieben und auf der Bühne erarbeitet? Sein China-Chicago liegt wie immer vor dem Sozialismus, der eben erst im Anmarsch ist, also unschuldig wie der alte Bauer mit dem Kind, der, pfiffig aus gesundem Menschenverstand, verstanden hat, was im Büchlein steht. (Es müßte ein rotes Büchlein sein, aber das geht jetzt nicht mehr ...) Das Stück läßt keinen Zweifel: Die Wahrheit kommt, die Wahrheit siegt, Vorhang, als kämen die Intellektuellen nicht mehr in Schwierigkeit mit der Wahrheit nach dem Vorhang. Leider weiß der Zuschauer inzwischen zuviel. Der sprichwörtliche Brotkorb, der, sobald du den Machthabern nicht huldigst, schwupps in die Höhe geht: wie wahr, wie wahr! – schon ein Entzug des Passes, Ausschluß aus der Partei, Verbannung in ein Arbeitslager oder Einlieferung in eine Irrenanstalt (weil du den Machthabern nicht huldigst) wären so simpel-allegorisch nicht darzustel-

len. Überhaupt dieses Kinder-Theater für Intellektuelle. Wenn ich die ab-
geschlagenen Köpfe auf der Mauer sehe, weiß ich natürlich, welche Köpfe
nicht gemeint sind; sie fallen mir trotzdem ein. Und da hilft kein Matter-
horn-Plakat, wie Benno Besson es an die Wand wirft, um Mißverständnissen zu wehren. Aber Zürich hat gejubelt; das tut keine Gesellschaft, die
sich entlarvt sieht. Es war schlimm, ein Theater-Ereignis. Schon durch
die Zuversicht, daß es dann im Sozialismus kein Tui-Problem mehr gebe,
wirkt alles antiquiert. Es ist eine Sache mit der Parabel –

ZÜRICH, Februar 1969

Brandstiftung in der Telefon-Zentrale Hottingen.
Der Täter namens Hürlimann, seit Jahrzehnten angestellt bei der PTT und Kenner der Anlage, hat die
Brandherde so verteilt, daß die Brandwache nicht
mehr viel hat verhindern können; das Gebäude ist
erhalten, aber die meisten Kontakt-Anlagen sind
ausgebrannt. Schlagzeilen melden Riesenschaden;
vor allem wird es mehrere Wochen dauern, bis die
Telefon-Zentrale wieder funktioniert. Der Täter,
der sich sofort der Polizei gestellt hat, scheint
mit seiner Tat zufrieden; ein erstes psychiatri-
sches Gutachten schildert ihn als bisher ordentlichen Mechaniker, als älteren Familienvater, als
kontaktarm. Er gesteht, daß seine Arbeit ihn an-
ödete; ferner kränkte ihn in letzter Zeit auch das
Ausbleiben einer Beförderung; es wurde ihm ein jüngerer Mechaniker vorgesetzt, so daß eine Veränderung für ihn nicht mehr in Aussicht stand. Eine
Erwägung, ob die bestehenden Arbeitsverhältnisse
zumutbar sind oder vielleicht nicht, gehört nicht
in das psychiatrische Gutachten, das sich mit der
Feststellung begnügt: Psychopath. Das technische
Ergebnis seiner technisch-präzisen Revolte: 30 000
Telefon-Apparate sind taub. Unterhaltung mit Leuten in einer Wirtschaft; auch solche, die jetzt

`viel Ungemach haben, zeigen sich nicht ohne Sympa-`
`thie für diesen Hürlimann.`

Fragebogen

1.

Wenn Sie jemand dazu bringen, daß er den Humor verliert (z. B. weil Sie
seine Scham verletzt haben), und wenn Sie dann feststellen, der betroffene
Mensch habe keinen Humor: finden Sie, daß Sie deswegen Humor haben,
weil Sie jetzt über ihn lachen?

2.

Wie unterscheiden sich Witz und Humor?

3.

Wenn Sie spüren, daß Ihnen jemand mit Antipathie begegnet: was gelingt
Ihnen dann eher, Witz oder Humor?

4.

Halten Sie's für Humor:

a. wenn wir über Dritte lachen?

b. wenn Sie über sich selbst lachen?

c. wenn Sie jemand dazu bringen, daß er, ohne sich zu schämen, über sich
   selber lachen kann?

5.

Wenn Sie alles Lachen abziehen, das auf Kosten von Dritten geht: finden
Sie, daß Sie oft Humor haben?

6.

Woran merken Sie es zuerst, wenn Sie in einer Gesellschaft alle Sympathie
verspielt haben: verschließt man sich Ihrer ernsten Argumentation, Ihren
Kenntnissen usw., oder kommt einfach die Art von Humor, die Ihnen eigen wäre, nicht mehr an, d.h. daß Sie humorlos werden?

7.

Haben Sie Humor, wenn Sie allein sind?

8.

Wenn Sie von einem Menschen sagen, er habe Humor: meinen Sie damit,
daß er Sie zum Lachen bringt oder daß es Ihnen gelingt, ihn zum Lachen
zu bringen?

9.

Kennen Sie Tiere mit Humor?

10.

Was gibt Ihnen unversehens das Vertrauen, daß Sie sich mit einer Frau intim verstehen könnten: ihre Physiognomie, ihre Lebensgeschichte, ihre Glaubensbekenntnisse usw. oder ein erstes Zeichen, daß man im Humor übereinstimmt, wenn auch keineswegs in Meinungsfragen?

11.

Was offenbart Affinität im Humor:

a. Gleichartigkeit des Intellekts?

b. daß zwei oder mehrere Menschen übereinstimmen in ihrer Fantasie?

c. Verwandtschaft in der Scham?

12.

Wenn Ihnen bewußt ist, daß Sie im Augenblick tatsächlich keinen Humor haben: erscheint Ihnen dann der Humor, den Sie zuweilen haben, als ein oberflächliches Verhalten?

13.

Können Sie sich eine Ehe ohne Humor vorstellen?

14.

Was versetzt Sie eher in Eifersucht: daß die Person, die Sie lieben, eine andere Person küßt, umarmt usw. oder daß es dieser andern Person gelingt, Humor zu befreien, den sie an Ihrem Partner nicht kennen?

15.

Warum scheuen Revolutionäre den Humor?

16.

Können Sie einen Menschen oder eine Gesellschaftsschicht, die Sie aus politischen Gründen hassen, mit Humor sehen (nicht bloß mit Witz), ohne dabei den Haß zu verlieren?

17.

Gibt es einen klassenlosen Humor?

18.

Wenn Sie ein Untergebener sind: halten Sie es für Humor, wenn der Vorgesetzte über Ihre ernsten Beschwerden und Forderungen lächelt, d.h. für einen Mangel an Humor, wenn Sie nicht auch lächeln, oder lachen Sie dann, bis der Vorgesetzte seinen Humor einstellt, und womit erreichen Sie noch weniger?

19.

Kommt es vor, daß Sie sich im Humor als ein anderer entpuppen, als Sie gerne sein möchten, d.h. daß Sie der eigene Humor erschreckt?

20.

Entsteht Humor nur aus Resignation?

21.

Gesetzt den Fall, Sie haben die Gabe, jedermann zum Lachen zu bringen, und Sie gebrauchen diese Gabe in jeder Gesellschaft, so daß Sie nachgerade als Humorist bekannt sind – was versprechen Sie sich davon:

a. Kommunikation?

b. daß Sie's mit niemand verderben?

c. daß Sie eine Infamie loswerden und nachher sagen können, es sei Humor gewesen und wenn der Betroffene keinen Humor verstehe usw.?

d. daß Sie sich selber nie langweilen?

e. daß Ihnen in einer Sache, die mit Argumenten nicht zu vertreten ist, die Lacher trotzdem recht geben?

22.

Was ertragen Sie nur mit Humor?

23

Wenn Sie in der Fremde leben und erfahren müssen, daß Ihr eigentlicher Humor sich nie mitteilt: können Sie sich damit abfinden, daß es eine Verständigung nur im Ernst gibt, oder werden Sie sich dadurch selber fremd?

24.

Verändert im Alter sich der Humor?

25.

Wie meinen Sie im Humor zu sein:

a. versöhnlich?

b. frei von Ehrgeiz?

c. angstlos?

d. unabhängig von Moral?

e. sich selbst überlegen?

f. kühner als sonst?

g. frei von Selbstmitleid?

h. aufrichtiger als sonst?

i. lebensdankbar?

26.

Gesetzt den Fall, Sie glauben an einen Gott: kennen Sie ein Anzeichen dafür, daß er Humor hat?

5. 3. 1969
Ganzer Tag vor dem deutschen Fernsehen. Wahl des
Bundespräsidenten. Gesichter in ihrem Image-
Krampf vor der Kamera : nach dem ersten Wahlgang,
nach dem zweiten Wahlgang. CDU gibt sich locker-
munter, wie Herren sich im Urlaub treffen, eigentlich gäbe es Dringlicheres als dieses Urnenspiel,
nur muß das heutzutage der Demokratie zuliebe auch
sein, Gedränge in den Wandelhallen, im Gedränge
nicht vergessen, daß die Fernseh-Wähler vielleicht
gerade zuschauen, die Umständlichkeit so eines
Verfahrens verdrießt sie nicht, Partie mit sicherem Ausgang, so Gott will, und man hat von Gott
nichts Gegenteiliges gehört, der erste Wahlgang
ist wie erwartet (wenn auch etwas knapp) überstanden, Kanzler Kiesinger wie gewohnt, Schmunzel-
vater, Minister Heck und die andern CDU-Herren zeigen ein spürbares Entgegenkommen, wenn sie sich
auf Abstimmung einlassen. Gegen Abend endlich das
Ergebnis : also doch Heinemann. Nach der Niederlage, die Kanzler Kiesinger als demokratisches
Ergebnis hinzunehmen sich ausdrücklich bereit
erklärt, Demokrat seit eh und je und bis ins Mark,
auch wenn die Demokratie eben immer wieder einmal
ihre Havarien hat, erklärt der erbitterte Minister
Strauß kurz und bündig : »Keine glorreiche Wahl.«

Skizze eines Unglücks

Er hatte Vorfahrt, insofern keinerlei Schuld. Der Lastwagen mit Anhänger
kam von links in die Allee kurz vor Montpellier. Es war Mittag, sonnig, wenig Verkehr –

. . .

Sie trägt kurzes Haar, blond, Hosen mit einer Messing-Schnalle auf einem breiten Gurt, dazu eine violette Pop-Brille. Sie ist 35, Baslerin, witzig. Sie kennen einander bereits ein Jahr.

Ihre Frage: Oder fahre ich jetzt? ist nicht ihr letztes Wort vor dem Unfall (wie er später vielleicht meint); das hat sie auf dieser Reise öfter gesagt.

. . .

In Avignon, allein im Badezimmer, das er abriegelt, obschon sie noch schläft, ist er entschlossen: So nicht weiter! Er will es ihr beim Frühstück sagen (ohne Streit): Kehren wir um! Es ist vernünftiger.

. . .

Sie hat ihn im Bürgerspital kennengelernt als Arzt, dem sie sozusagen ihr Leben verdankt; seinetwegen ist sie in Scheidung.

. . .

Bettnächte mit anschließender Besichtigung von Romanik oder Gotik, jeder Tag wie ein Examen: Geschichte der Päpste, nur weil man gerade in Avignon ist – sie fragt mit Vorliebe, was er nicht weiß oder nur ungefähr weiß, so daß er unsicher wird. Warum der Papst im 14. Jahrhundert nach Avignon emigriert ist, läßt sich ja nachlesen, wenn es sie wirklich interessiert. Aber es geht nicht um die Päpste. Nachher im Bett macht sie ihn wieder sicher.

. . .

Er ist Junggeselle.

Sie findet die Reise gelungen. Das sagt sie seit Genua, wo es in Strömen geregnet hat. Später hat das Wetter sich gebessert. Sie sagt: Du schaust ja gar nicht! Vor allem die Provence begeistert sie, es kommt vor, daß sie auf der Fahrt singt.

· · ·

Er hat eine Glatze, das weiß er.

· · ·

Aix-en-Provence, natürlich findet er's schön, sogar sehr. Aber sie traut es ihm nicht zu, weil er anderswohin schaut als sie.

· · ·

Es heißt nicht CAVILLION, sondern CAVAILLON, der berühmte Spargel-Ort. Übrigens hat sie es ihm schon gestern gesagt. Sie hat recht. Es heißt tatsächlich CAVAILLON, kurz darauf steht es auf einem Schild: CAVAILLON. Dann schweigt er, kurz darauf überfährt er ein rotes Stop-Licht.

· · ·

Hotelzimmer mit grand-lit, wo sie nachher die Zeitung liest, LE FIGARO LITTERAIRE, wovon er, wie sie beide wissen, nichts versteht. Sie ist Romanistin, Dr. phil.

· · ·

In Nizza speisen sie mit Freunden, ein netter Abend, nur findet sie nachher, er habe während dieses ganzen Essens (Bouillabaisse) über Essen geredet. Das darf man einem Partner wohl sagen. Er hat sich vorgenommen, nie wieder über das Essen zu reden, und übertreibt jetzt, schweigt mit Nachdruck, wenn Marlis ihrerseits über das Essen redet, wie es vor allem in Frankreich natürlich ist.

· · ·

Es ist nicht ihre erste gemeinsame Reise. Früher hatte er Humor, solange er davon zehrte, daß sie ihn als Arzt bewunderte. Ihre erste Reise, als sie genesen war, führte ins Elsaß.

· · ·

Er hat noch nie einen ernsten Unfall gemacht, trotzdem wäre er froh, wenn
Marlis sich anschnallen würde. Sie tut's nicht, sonst hat sie Angst, daß er
noch schneller fährt. Er verspricht, daß er sich an sein Versprechen hält.
Das tut er auch. Seit Cannes. Wenn er merkt, daß sie trotzdem auf die Sicherheitslinie schaut, ohne etwas zu sagen, weiß er nicht mehr, was er eben
hat erzählen wollen. Er ist langweilig und weiß es.

. . .

In Avignon, nachdem er das Badezimmer verlassen hat, sagt er: Ich warte
unten. Was los sei? Sie weiß es wirklich nicht. Vielleicht ist er überarbeitet.

. . .

Sie bewundert kluge Menschen, vor allem Männer, weil sie Männer für
klüger hält als Frauen. Wenn sie von jemand spricht: Er ist sehr klug.
Oder: Klug ist er gerade nicht. Dabei zeigt sie's niemand, wenn sie ihn
nicht klug findet. Sie hält es für ein Zeichen ihrer Liebe, daß es sie kränkt,
wenn er, Viktor, in Gesellschaft nicht klüger spricht als sie.

. . .

Er gedenkt nicht zu heiraten.

. . .

Jetzt fährst du 140! Darauf hat er gewartet. Schrei mich bitte nicht an! Erstens schreit er nicht, sondern sagt nur, darauf habe er gewartet. Immer ihr
Blick aufs Tachometer. Zweitens fährt er, wie das Tachometer zeigt, genau
140. Das sagt sie ja. Gestern ist er 160 gefahren (Autobahn zwischen Cannes und St. Raphaël), einmal 180, wobei Marlis ihr Kopftuch verloren hat.
Man hat sich geeinigt: Maximum 140. Jetzt sagt sie: Es ist mir einfach zu
schnell. Dabei überholt sie jeder Volkswagen. Sie sagt: Ich habe einfach
Angst. Er versucht's mit Spaß: Maximum gestern 140, Maximum heute
120, das ergibt bei Bilbao ein Maximum von 30. Bitte! Da er es selber
einen blöden Spaß findet, findet er's unnötig, daß Marlis es einen blöden
Spaß findet. Sie singt nicht mehr, er überholt nicht mehr, sie schweigen.

. . .

Ihr Mann, der erste, war (ist) Chemiker.

. . .

Daß sie in Marseille nicht die Schuhe gekauft hat, weil er dort ungeduldig war, nimmt sie nicht übel; sie sagt nur, daß ihre Schuhe sie drücken, daß es in Arles, wo er sich geduldig zeigt, keine Schuhe gibt für sie.

. . .

Eigentlich würde er lieber allein frühstücken. Er weiß auch nicht, was eigentlich los ist. Er kennt keine Frau, die er zum Frühstück lieber erwarten würde als Marlis. Das weiß sie.

. . .

Wie klug ist Marlis?

. . .

Er weiß, daß es an ihm liegt.

. . .

Später meint er vielleicht, er sei schon mit der Ahnung erwacht, daß dieser Tag mit einem Unfall endet; schon unter den Platanen in Avignon habe er's geradezu gewußt.

. . .

Ihre kindliche Freude an Käufen; auch wenn sie nichts braucht, bleibt sie vor Schaufenstern stehen und unterbricht das Gespräch. Das war aber bei andern Frauen kaum anders.

. . .

Er stammt aus Chur, ein Sohn eines Eisenbahners, Akademiker cum laude, demnächst soll er Oberarzt werden.

. . .

Die berühmte Ortschaft, wo die Zigeuner zusammenkommen, heißt nicht SAINTES MARIES SUR MER, sondern SAINTES MARIES DE LA MER. Sie sagt es ihm nicht. Sie vermeidet sogar den Namen, um Viktor nicht zu korrigieren, bis er es vielleicht selber merkt.

. . .

Sie nennt ihn Vik.

. . .

Sie will nicht die Überlegene sein, das verträgt kein Mann, Viktor schon gar nicht; er ist Chirurg, also daran gewöhnt, daß die Leute ihm vertrauen müssen, und auch Marlis hat ihm damals vertraut.

. . .

Redensart von Marlis: Bist du sicher? Ob C., ein gemeinsamer Bekannter in Basel, eigentlich homosexuell sei, möchte sie wissen; kaum äußert er dazu seine Meinung, sagt Marlis: Bist du sicher?

. . .

In Avignon, wo er unter den Platanen auf sie wartet, fühlt er sich plötzlich wie früher, als er noch Humor hatte. Es kommt ihm wie ein Spuk vor. Sonne in den Platanen, Wind, wahrscheinlich Mistral. Vielleicht geht es heute besser. Er wird seinen Vorschlag, diese Reise abzubrechen, nicht machen. Im Grunde ist es lächerlich. Er sitzt unter Platanen an einem runden Tischchen und studiert den GUIDE MICHELIN, um nachher zu wissen, wie man am besten nach Montpellier fährt.

. . .

Er ist 42.

. . .

Einmal, als Student, hat Viktor eine Woche in der Provence verbracht. Er meint die Arena von Arles zu kennen, als sie gegen Arles fahren und als Marlis aus dem GUIDE MICHELIN vorliest: Angaben betreffend Durchmesser der Arena, Zahl der Plätze, Höhe der Fassade, Baujahr usw. Sie liest es französisch. Es ist französisch geschrieben, Marlis kann nichts dafür, daß er, sobald er französisch hört, sich wie im Examen fühlt; dabei versteht er's. Wenn sie im GUIDE MICHELIN liest, schaut sie nicht auf die Sicherheitslinie. Als Student, damals, war er mit einer Hamburgerin; was davon geblieben ist: seine Erinnerung, wie sie oben auf der Kranzmauer gesessen haben, eine sehr genaue Erinnerung an diese Arena von Arles. Er schildert sie im voraus. Ein guter Abend in Arles, Viktor erzählt mehr als sonst und lebhaft. Sie mag es, wenn er so erzählt. Sie trinken (was er sonst, wenn er im Dienst ist, nicht tut). Am andern Morgen besuchen sie die Arena von Arles – er stellt fest, daß er sich an die Arena von Nîmes erinnert hat, was Marlis nicht bemerkt, aber er.

. . .

Sie ist schlank. Sie hat ein großes Gebiß und volle Lippen, die, auch wenn sie nicht lacht, ihre Zähne immer sichtbar lassen. Wer ihr sagt, sie sei schön, ist durchgefallen; anderseits tut sie nicht wenig, um schön zu sein für den Mann, der sie als klug erkennt.

. . .

Eine Stunde nach Arles gesteht er, daß er die Arena von Arles und die Arena von Nîmes verwechselt habe.

. . .

Sie weiß, daß Viktor wartet. Sie findet, man habe Zeit. Warum geht er immer voraus, so daß er dann warten muß? Sie kann nicht schneller. Es ist immer dasselbe. Als er unter den Platanen an dem runden Tischlein sitzt, sagt er sich selbst, daß es an ihm liegt: weil er immer vorausgeht. Sie hat recht; er kann ja Avignon genießen. Das tut er. Sonne in den Platanen. Als er sieht, daß Marlis wieder vor einem Schaufenster steht und nicht loskommt, obschon sie weiß, daß Viktor wartet, beschließt er: Geduld. Sie sagt, daß es auch in Avignon, wie sie eben gesehen habe, keine Schuhe gebe für sie. Ferner: daß sie viel zu leicht angezogen sei. Ob es in Spanien wärmer wird? Das vermutet er, sagt aber nichts, um für den Fall, daß diese Reise wirklich nach Spanien führt, nichts Falsches gesagt zu haben. Hingegen sagt er: Nimmst du ein Brioche? und was er anbietet: ein Croissant. Er merkt es gerade noch, verbessert sich aber nicht, da sie seine Frage überhört hat. Er bemerkt jetzt jeden Fehler, den er macht. So meint er. Dabei merkt er beispielsweise nicht, daß sie auf Feuer für ihre Zigarette wartet. Entschuldige! sagt er und gibt Feuer. Entschuldige. Die Wiederholung ist zuviel.

. . .

In Basel lebt sie nicht mehr bei ihrem Mann, aber auch nicht bei VIK; das würde, wie man weiß, ihre Sache bei der Scheidung belasten.

. . .

Wie er plötzlich, nachdem er Feuer für ihre Zigarette gegeben hat, sie anblickt: nicht böse, nur unpersönlich, wie man einen Gegenstand anblickt. Sie fragt, ob ihm denn ihre Kette nicht gefalle. Dann ruft er: Garçon! plötzlich so entschlossen. Als seine Hand über ihre Wange streichelt, bleibt es unklar, was diese Geste soll. Leider kommt aber der Garçon nicht, der nur fünf Schritte nebenan einen andern Tisch abwischt. Die Geste seiner Hand hat sie verwirrt. Er ist entschlossen, munter und locker zu bleiben. Er sagt: Ein herrliches Wetter! Sie fragt: Hast du noch immer nicht bezahlt? Eine Frage ist kein Verweis; er klopft mit einer Münze an das Blech, bis Marlis ruft: Garçon? Jetzt kommt er. Daß sie, während er zahlt, den Garçon ausführlich befragt, wie man nach Montpellier fahre, brauchte ihn nicht zu verdrießen; Marlis kann ja nicht wissen, daß er vorher die

Karte genau studiert hat. Als der Garçon endlich verschwunden ist, sagt
sie: Du hast verstanden?

. . .

Wovor hat er Angst?

. . .

Einmal (nicht auf dieser Reise) hat sie im Halbscherz gesagt: Du bist nicht
mehr mein Chirurg, Vik, daran mußt du dich gewöhnen.

. . .

In der Garage allein mit dem Mann, der den Wagen gewaschen hat, sagt er
BENZIN (nasal) statt ESSENCE; es macht nichts aus, wenn Marlis nicht zugegen ist. Er bekommt, was er meint.

. . .

In Basel ist alles anders.

. . .

Ein einziges Mal auf der ganzen Reise, in Cannes, sagte sie: Idiot! weil er
gegen ihren Hinweis in eine Einbahnstraße fährt. Warum nimmt Viktor
es ernst? Dann wartet er auf die nächste Zensur.

. . .

Sie freut sich auf Spanien.

. . .

Schließlich ist sie Romanistin; wenn sie hin und wieder sein Französisch
verbessert, sollte Viktor dankbar sein.

. . .

In Avignon wartet er im offenen Wagen, raucht, während sie noch etwas kaufen muß. Man hat Zeit. Ferien. Er raucht, er will sich Mühe geben. Als sie endlich kommt, empfängt er sie wie ein Kavalier, steigt aus dem Wagen und öffnet ihr die Türe, sagt: Ich habe deine Sonnenbrille gefunden! Sie lag unter dem Sitz. Marlis sagt: Siehst du! als habe er ihre Sonnenbrille verloren, die zweite auf dieser Reise. Was Marlis noch hat kaufen wollen, eine andere Nagelfeile, hat sie nicht gefunden; dafür Strandschuhe, die er lustig findet. Warum ist sie verstimmt? Sie hat immer das Gefühl, Viktor sei ungeduldig. Wie in Marseille. Sie hat einen halben Koffer voller Schuhe, und er versteht nicht, warum sie seit Marseille nur noch die Schuhe trägt, die sie drücken. Sein Vorschlag, nochmals über Marseille zu fahren, sollte nicht ironisch sein, aber das glaubt sie ihm nicht. Jetzt sind beide verstimmt.

. . .

Schade um die Bettnächte.

. . .

Daß die MANCHA nicht, wie Marlis behauptet hat, im Norden von Madrid liegt, weiß jedermann; immerhin hat er, bevor sie zum Frühstück gekommen ist, nochmals auf der Karte nachgesehen. Nicht um darauf zurückzukommen! Nur um sicher zu sein.

. . .

Man fährt im offenen Wagen, nachdem er versprochen hat, daß er keinesfalls rast. Es ist eben etwas anderes, ob man am Steuer sitzt oder daneben. Daß er dann (wie zwischen Cannes und St. Raphaël) überhaupt nicht mehr überholt, sondern hinter jedem Lastwagen bleibt, ist in der Tat lächerlich; nachher findet er sich selber unmöglich.

. . .

Er haßt seinen Namen: VIKTOR, aber mag es auch nicht, wenn sie sagt:
VIK, vor allem wenn die Leute am andern Tisch es hören.

. . .

Daß Europa zu einer einheitlichen Währung kommen muß und wird, ist
seine Meinung; Marlis ist nicht überzeugt, hört sich aber seine Begründungen an und sagt nichts dazu. Warum wird er gereizt? Es ist nicht die Begründung, was sie nicht überzeugt.

. . .

Sie ist vollkommen genesen.

. . .

Wenn sie schweigt, gibt er sich selbst die nächste Zenzur. Warum spricht er
jetzt von den Spargeln im Elsaß (also wieder vom Essen!) statt Ausschau zu
halten, wo die Ausfahrt nach Montpellier ist? Sie setzt die Sonnenbrille
auf, sagt: Hier kommen wir nach Lyon! und da er schweigt: Ich denke,
du willst nach Montpellier. Er hängt seinen linken Arm aus dem Wagen,
um sich locker zu geben. Kurz darauf ein Wegweiser: TOUTES LES DIREC-
TIONS. Im Elsaß, damals auf ihrer ersten Liebesfahrt, hatte sie einfach Vertrauen. Nochmals ein Wegweiser: TOUTES LES DIRECTIONS. Noch immer
kein Fehler.

. . .

Wenn er meint, er habe Humor, findet sie es meistens nicht; dann wieder
kommt es vor, daß sie über eine Bemerkung von ihm auflacht, und er weiß
nicht warum.

. . .

Sie knotet sich das Kopftuch, ein neues, das sie sich statt der Nagelfeile gekauft hat; Viktor bemerkt es erst, als sie fragt: Wie gefällt es dir? Plötzlich
sagt er: Du hast recht! als habe sie etwas gesagt nach seiner Bemerkung, er

sei ohne sie schon einmal von Bagdad nach Damaskus gefahren durch die Wüste und habe es gefunden; jetzt sagt er: Wir sind am Arsch! was Marlis verwundert, da es sonst nicht seine Ausdrucksweise ist. Er lacht, als stehe man auf dem berühmten Pont d'Avignon, der in der Mitte abbricht; tatsächlich befindet man sich nur in einem Industrie-Areal mit dem Schild: PASSAGE INTERDIT. Er schaltet in den Rückwärtsgang, sie sagt: Sei nicht nervös. Als er nach einer Serie von Fehlern (man hört sie aus dem Getriebe) die Straße gefunden hat, die jeder Idiot findet, hat Viktor noch immer nicht gesagt, ob ihr neues Kopftuch ihm gefällt.

. . .

Sie ist klug ohne Begründungen.

. . .

Wenn er jetzt seinen weißen Klinik-Mantel anziehen könnte, wäre es sofort anders; die Vorstellung, daß er im weißen Klinik-Mantel durch die Provence und nach Spanien fährt –

. . .

Warum erzählt er nichts?

. . .

Es stimmt nicht, daß er noch nie einen Unfall hatte. Marlis weiß es nur nicht, es ist lange her. Unfall mit viel Glück. Er selber hat es sozusagen vergessen. Als es ihm einfällt, blickt er Marlis von der Seite an: als habe sie ihn daran erinnert durch ihr Schweigen, nachdem er gerade einen Deuxchevaux überholt hat.

. . .

Was heißt eigentlich Plexus? Er ist Chirurg, und es wäre komisch, wenn er's nicht wüßte. Trotzdem wartet er darauf, daß sie sagt: Bist du sicher?

Sie schweigt aber. Erst als Viktor meint, die Route über Aigues Mortes sei die kürzere, sagt sie: Bist du sicher?

. . .

Marlis sitzt barfuß im Wagen, da ihre Schuhe sie drücken, aber sie spricht nicht davon. Er nimmt Anteil – statt daß er irgend etwas erzählt.

. . .

Warum legt er seine Hand auf ihren Schenkel?

. . .

In Antibes hat er sie angebrüllt, erinnert sich aber nicht mehr, wie es dazu gekommen ist. Später will er sich entschuldigt haben, indem er sagte: Also gut! – bleich vor Wut, ohne zu glauben, daß er im Unrecht war: Ich bitte um Entschuldigung!

. . .

Ob die flache Landschaft, die Marlis entzückt, als Provence oder als Camargue anzusprechen sei, ist eigentlich doch gleichgültig. Wieso beharrt er auf Camargue? Vielleicht hat er ja recht.

. . .

Kein Wort bis Aigues Mortes.

. . .

Er kommt entgegen ihrer Warnung, die er nicht einmal mit der Miene beantwortet, tatsächlich in einen sehr knappen Parkplatz. Ohne Kratzer und sogar auf den ersten Anhieb. Wortlos. Hundert Schritt weiter sind lauter leere Parkplätze und sogar im Schatten. Nur hat auch Marlis das nicht wissen können. Sie sagt auch nichts.

. . .

Apéritif unter Platanen allein, während sie sich im Städtchen umsieht.
Plötzlich fühlt er sich wie in den Ferien. Dieses Licht unter den Platanen,
dieses Licht usw.

. . .

Daß sie ihm ihr Leben verdanke, hat er, Vik, nie gemeint. Es ist eine Operation gewesen, die in der Regel gelingt. Vielleicht hat sie es gemeint –

. . .

Hier könnte man bleiben. Es ist elf Uhr, zu früh zum Mittagessen. Trotzdem könnte man hier bleiben. Die alten Festungsmauern halten den Mistral ab. Wenn Marlis zurückkommt, wird er wie verwandelt sein: heiter,
gelassen – es liegt an ihm, nur an ihm.

. . .

Manchmal möchte er ein Kind von ihr.

. . .

Sie weiß nicht, warum Viktor solche Geschichten macht wie in Antibes.
Erst brüllt er sie an, dann schlägt er ein Restaurant vor, BONNE AUBERGE,
Drei-Stern. Sie glaubt nicht an diese Sterne. Er besteht darauf. Schon wieder verstimmt, daß sein Vorschlag nicht entzückt, läßt er sie eine Stunde
allein in Antibes bummeln. Was macht er? Als man sich wieder trifft,
nochmals dasselbe Palaver, wo man speisen will; ihr Einwand, aber es gebe
Restaurants in der Nähe, wozu Drei-Stern usw. Die Gegend, wo er hin-
fährt, sieht nicht nach Restaurants aus; als sie endlich fragt: Bist du sicher?
fährt er wortlos weiter, zweigt ab, zweigt nochmals ab, und da steht es:
BONNE AUBERGE. Der Oberkellner führt zum Tisch auf der Terrasse,
den der Herr vor einer Stunde persönlich ausgesucht hat. Leider ist es jetzt
auf der schönen Terrasse zu kühl, drinnen Kulisse, Bedienung in Folklore,
das Essen ist mäßig, aber teuer, aber es macht nichts. Marlis ist lieb, obschon er sie vor einer Stunde angebrüllt hat; er tut ihr leid.

. . .

Mistral ist auch der Name eines Dichters – was Viktor gewußt hat. Hingegen kommt der Wind, der ebenfalls Mistral heißt, nicht vom Meer her, wie Marlis meint. Das nebenbei. Hingegen hat sie natürlich recht: LETTRES DE MON MOULIN, das ist von Alphonse Daudet, das hat er in der Schule gelesen, aber nicht von Mistral. Das nebenbei. Eigentlich hat sie nur gesagt: Mistral ist ein Dichter, das weißt du.

. . .

Er fährt einen Porsche.

. . .

Unter den Platanen von AIGUES MORTES: sein Griff in die Joppe, um sich zu versichern, daß er seinen Paß nicht verloren hat. Viktor hat seinen Paß noch nie verloren. Sein Schrecken, als sein Paß nicht in der Joppe ist; aber im gleichen Augenblick erinnert er sich: er ist im Wagen, sein Paß. Er ist sicher, erinnert sich genau, wie er den Paß in das Fach gesteckt hat; aber er wird nachsehen. Er ist nicht sicher.

. . .

Wenn er seinen Entschluß im Badezimmer, heute diese Reise abzubrechen, durchgeführt hätte, wären sie jetzt in Lyon, abends in Basel – während es hier so schön ist: Dieses Licht unter den Platanen, dieses Licht usw. Wenn sie kommt, wird er einen Vorschlag machen: Bummel ans Meer.

. . .

Hoffentlich findet sie ihre Schuhe.

. . .

Unter den Platanen von Aigues Mortes: eine Stunde vor dem Unglück möchte er noch einen schwarzen Kaffee. Ob er zu müde sei, um zu fahren?

Er lobt das Licht unter den Platanen, dieses Licht usw., Tauben gurren um das Denkmal des SAINT LOUIS. Marlis möchte weiter, sie hat wirklich keinen Hunger, sie möchte nicht einmal einen Apéritif. Jetzt findet Viktor, man habe ja Zeit. Ein Alter mit drei langen französischen Broten unter dem Arm.

. . .

Spanien war ihre Idee.

. . .

Er hält sich nicht für einen Egoisten. Er ist nur glücklich, wenn er meint, er könne jemand glücklich machen. Gelingt das nicht, so ist er entsetzt; er bezieht alles auf sich.

. . .

Wer die beiden von außen sieht, findet nichts daran, daß sie LE PROVENÇAL liest, während er, seine langen Beine auf das Trottoir gestreckt, Kaffee trinkt und auf das Wunder wartet – es müßte von außen kommen, von den gurrenden Tauben . . . Er wäre bereit zu heiraten. Nur eine Frage des Humors. Willst du hier noch lange sitzen? fragt sie. Entschuldige! sagt er: Du liest ja die Zeitung, nicht ich. Er meint's nicht so, wie es tönt, und daß er dann ihre Handtasche trägt, Kavalier aus Bedürfnis, ist sie gewohnt. Also kein Wunder.

Zum ersten Mal ist es Viktor, der einen Kreuzgang besichtigen möchte. Romanik. Sie mag nicht.

. . .

Sie gehen Arm in Arm.

. . .

Zum ersten Mal ist es Viktor, der überall stehen bleibt. Markt mit Früchten und Gemüse. Es ist rührend, wenn Viktor sagt: Hier gibt's Schuhe!
und offenbar noch immer nicht weiß, was sie sucht.

. . .

Warum muß man nach Spanien?

. . .

Er wartet in einer Gasse, Marlis hat ihr Kopftuch vergessen, er wartet eigentlich nicht auf Marlis. Was würde er machen, wenn er allein wäre?
Als er sieht, daß sie kommt, daß sie wieder vor einem Schaufenster stehen
bleibt, kauft er eine HERALD TRIBUNE, um zu wissen, was in der Welt geschieht. Nach einer Weile, als er von der Zeitung aufblickt, ist Marlis verschwunden –

. . .

Touristen beim Mittagessen.

. . .

Später sagt sie: Entschuldige! Sie hat eine lustige Mütze gekauft. Nein!
lacht sie: Für dich! Marlis in bester Laune. Als er den Wagen öffnet, ihre
Frage. Oder fahre ich jetzt? Er fährt. Warum immer nur er? Er bittet dringlich, daß sie ihn ans Steuer läßt. Das läßt sich jetzt nicht erklären. Gefällt
sie dir nicht? Sie meint die bunte Mütze. Zum ersten Mal hat er Angst vor
der Straße.

. . .

Sie ist ein Kind.

. . .

Sein Paß ist im Fach.

. . .

Du siehst lustig aus! Sie hat ihm die bunte Mütze aufgesetzt, damit er
nicht so ernst sei. Er wundert sich, daß Marlis sich anschnallt. Ohne Aufforderung. Er läßt die Mütze auf dem Kopf, als er schaltet, Blick zurück,
um hinten nicht anzustoßen. Nur jetzt kein Fehler –

. . .

Das also ist Aigues Mortes gewesen.

. . .

Sie hat einen Sohn, der zur Schule geht; sie hat in Paris studiert; sie ist in
Scheidung; sie ist eine Frau, kein Kind.

. . .

Pferde der Camargue. Manchmal sagt sie etwas, manchmal sagt er etwas.
Zum Glück wenig Verkehr. Dann wieder versucht er beruflich zu denken:
Wann ist ein Mensch tot? Die Frage bei Herzverpflanzungen. Er ertappt
sich im Augenblick, als er sagt: Morgen muß ich Öl wechseln! statt daß
er sagt, was er denkt. Er macht es sich zu einfach.

. . .

Früher, als Kind, ist sie geritten.

. . .

Fahrt hinter einem belgischen Wohnwagen, ohne zu überholen; als er endlich überholt, reicht es gerade noch, aber es war gefährlich. Sie sagt nichts.

. . .

Patienten schätzen ihn: seine Ruhe, seine Sicherheit, seine Zuversicht usw.

. . .

Jetzt trägt sie die lustige Mütze. Dir steht alles! sagt er, aber er schaut auf die Straße. Hört er überhaupt zu? Sie liest aus dem GUIDE MICHELIN vor, damit er sich auf die Höhlenmalerei von Altamira freue, damit er nicht nur an seinen Ölwechsel denkt, damit er weiß, warum sie nach Altamira fahren. Sie meint's lieb.

. . .

Er hatte immer Glück, verglichen mit andern Leuten, gesundheitlich und beruflich und überhaupt, nicht nur als Alpinist (Piz Buin) –

. . .

Sie sagt: Denkst Du schon wieder ans Essen! Er denkt überhaupt nichts, sondern schaut auf die Straße; er hat nur irgend etwas sagen wollen, was mit Montpellier zu tun hat, weil er ein Schild sieht: MONTPELLIER 12 KM. Er hätte besser nichts gesagt.

. . .

Viktor kommt mit leichten Verletzungen davon, Schnittwunden an der Schläfe, erinnert sich aber an keinen Lastwagen mit Anhänger. Sie stirbt auf dem Transport ins Hospital von Montpellier. Er erinnert sich nicht einmal an die Allee, wo es passiert ist, wo jetzt der gekippte Anhänger zwischen den Platanen liegt; beim Augenschein kommt es ihm vor, als befinde er sich zum ersten Mal in dieser Allee mit der Kreuzung, wo er verhört wird (französisch) und erfährt, daß er Vorfahrt hatte, also keine Schuld.

. . .

Später wird er Oberarzt.

. . .

Ein Jahrzehnt lang spricht er nie von dem Unglück bei Montpellier; er weiß nicht, wie es dazu gekommen ist.

. . .

Einige Bekannte wissen es ungefähr.

. . .

Er wird Chef einer Klinik, Vater von zwei Kindern, reist viel, aber nie nach Spanien.

. . .

Ein Arzt, der am Vorabend einer Operation von sich selber erzählt, ist eine Zumutung, das weiß er; trotzdem erwähnt er plötzlich seinen Unfall bei Montpellier in Frankreich: – Ich hatte Vorfahrt, wie gesagt, insofern keinerlei Schuld . . . Nachher sagt er: Wie sind wir eigentlich auf diesen Unfall gekommen? Der Patient weiß es auch nicht. Warum sagt er nicht einfach Gutnacht, das Übliche: Sie werden schlafen, sonst klingeln Sie der Nachtschwester. Aber das hat er schon vorher gesagt. Dann hat er eines der Bücher vom Nachttisch genommen, ohne mehr als den Titel zu lesen. Er legt es wieder auf den Nachttisch. Was er eigentlich hat sagen wollen: Kein Grund zur Sorge, er werde morgen dabeisein, nicht selber operieren, aber dabeisein, kein Grund zur Sorge usw.

. . .

Er hatte nie wieder einen Unfall.

. . .

Der Patient, offensichtlich enttäuscht, wagt nicht zu fragen, warum der Chef nicht selber die Operation vornimmt.

. . .

Ihre Frage: Bist du sicher?

. . .

Mehr über den Unfall berichtet er nie.

. . .

Marlis hat den Lastwagen gesehen, sie hat ihn gewarnt, er hat den Lastwagen gesehen, aber nicht gebremst; er hatte Vorfahrt. Es kann sein, daß
er sogar Gas gegeben hat, um zu zeigen, daß er sicher ist. Sie hat geschrien.
Die Gendarmerie von Montpellier gab ihm recht.

VULPERA-TARASP, Juni 1969

Was man so in einer Kur alles tut! - seit einer
Woche täglich die NZZ (Neue Zürcher Zeitung und
schweizerisches Handelsblatt, 190. Jahrgang) gelesen . . . Kann man sagen, daß diese Zeitung lügt?

Hotel im guten alten Stil. Nichts großkotzig. Lift
zu klein, um auch noch einen Liftboy hineinzustel-
len; mit hölzernem Scherengitter; wenn man auf den
Knopf drückt, so geht's nicht sofort los, und wenn
es dann losgeht, so wackelt's; ein technisches
Faktotum, man darf vermuten, daß es schon Hoheiten
geliftet hat. Aber Bad und Klo sind modern. Nicht
wie Hilton-Hotels für Großverdiener ohne Tradition; diese Hotellerie weiß, wie Aristokraten zu
Hause leben - so wie hier: schlicht und zuverlässig
und unaufdringlich bedient, eben nicht großkotzig,
wenn auch von Kindsbeinen an gewohnt, daß uns jemand die Wagentüre öffnet und abends unser Pyjama
aufs Bett legt mit gefalteten Ärmeln, als bete
es schon.

Was nicht am ersten Tag zu erraten ist: die Branche.
Sofort zu erraten, auch wenn über das Wetter gesprochen wird, über Diät, über einen Schwiegersohn
in Lissabon, über Hunde, über Verstorbene usw.: sie
sind die Inhaber. Kennzeichen dieses Tons: es ist
selbstverständlich, daß sie wählen können, sie fordern ohne Zögern – nichts Ungehöriges, nur Dienst-
leistungen, die sie angemessen bezahlen, Freundlichkeit macht sie freundlich; ihre Gewißheit, daß
sie nur gefragt werden können, was sie wünschen.
Ihr Ton des selbstverständlichen Anrechts –

Jugendliche besudeln das Zürcher Obergericht mit
roter Farbe, vorher gelingt ihnen noch eine Verkehrsstörung. (11.6.) Die Presse sehr ernst; sie
mahnt die Behörde. Nur ein entschlossenes Eingreifen der Polizei, sonst ist Volkszorn (gegen die
Jugendlichen) nicht aufzuhalten, »Bürgerwehren«.
Dabei kein Wort zum Anlaß: daß jugendliche Demonstranten vom Sommer 68 heute vor Gericht stehen,
wogegen die Polizei-Täter vom Sommer 68 nicht vor
Gericht zu stellen sind; sie können nicht ermittelt
werden. Immerhin wird jetzt die Mißhandlung von
Verhafteten nicht mehr bestritten, aber davon hat
man, laut NZZ, nachgerade genug gehört.

Wanderungen im National-Park.

Man kann nicht sagen, daß ihre Zeitung lügt; sie
verhindert nur dreimal täglich die Aufklärung. Ihr
Kniff: die Inhaber als die Verantwortungsbewußten.
Nicht nur in Wirtschaft und Industrie, auch in der
Armee. Die Inhaber sind von der Arbeitskraft abhän-
gig, aber nicht von deren Meinung; hingegen ist die
Mehrheit abhängig von der Meinung der Inhaber: Das
ergibt das Verantwortungsbewußtsein der Inhaber.
Es spricht fast aus jedem NZZ-Artikel, oft zwischen

den Zeilen. Man gibt sich in der mise-en-page so
langweilig wie möglich, das wirkt seriös. Es überträgt sich auf die Leser; sie kommen sich seriös
vor, schon wenn sie die NZZ in der Hand halten. Ihre
Mienen, wenn sie lesen: noch seriöser. Und nachher
wissen sie's, wie unseriös jeder anderslautende
Bericht wäre; daher brauchen sie ihn gar nicht. Ab
und zu ein kleiner Rufmord, humorig oder gediegen
durch Herablassung; nur wer den Fall genauer kennt,
sieht die Gemeinheit. Die besseren Schreiber halten sich streng an die Tatsachen, soweit sie die
Meinung des Blattes bestätigen, d.h. sie lassen die
Tatsachen sprechen. Vor allem aus dem Ausland. Die
schweizerische Neutralität verpflichtet zwar
nicht den Staatsbürger in seinem Denken, aber den
Staat in seinen Verlautbarungen; daher zu einem
gewissen Grad auch dieses Blatt, das die Stimme der
Schweiz ist. Die stilistische Neutralität (ein
Ulbricht wird in der Berichterstattung nicht anders präsentiert als ein Obrist in Athen, der an der
Macht ist; ein Breschnew nie als Person diffamiert;
Kiesinger oder Strauß werden ohne Einmischung
zitiert; die Probleme der italienischen KP nicht
ohne Verständnis berichtet, Nixon für einen kleinen Truppen-Abzug aus Vietnam nicht getadelt usw.)
bewirkt immerhin, daß für den Leser gelegentlich
das Wesen der Politik durchsichtig wird: Kampf
zwischen Macht-Interessen – im Ausland, wogegen es
im Inland wesentlich um die offiziöse Moral geht.
(»Wehret den Anfängen.«) Da lokale Tatsachen, dem
Leser möglicherweise bekannt, sich nicht ohne weiteres eignen für den Informations-Stil, der einfach
Tatsachen sprechen läßt, muß das Urteil dann und
wann adjektivisch angesteuert werden: »unverantwortlich«, »nach ausländischen Mustern«, »links-
intellektuell«, »Drahtzieher«, »Randalierer und
deren Hintermänner«, »sogenannt fortschrittlich«,
»wer im Hintergrund untergründig die Fäden zieht«,

»Unfug«, »Radaubrüder und Gaffer«, »Scharfmacher«,
»auf Kosten der Steuerzahler«, »der Verharmlo-
sungsversuch des bekannten Linkssozialisten«,
»destruktiv«, »unschweizerisch« usw. Eine Darstellung, die der eigenen Tendenz zuwiderläuft, ist
»tendenziös«. Oft auch wieder eine belustigende
Lektüre: »Es hat sich in der Tat erwiesen, daß mit
Toleranz und Langmut – entgegen ursprünglicher Erwartung – das wünschbare Ziel leider nicht mehr zu
erreichen ist.« Hiemit ist nicht nur das Wesen der
Toleranz definiert, sondern ich weiß, was einzig
und allein wünschbar ist. Die Kunst der feinen Lüge
besteht lediglich darin, daß die Meinung, die dreimal täglich die Macht der Inhaber sanktioniert,
nicht eine Klassen-Meinung sei, sondern Ethos
schlechthin und somit im Interesse der Mehrheit.

National-Park: – obschon die Menschen sich an die
ausgepflockten Pfade halten, pfeifen die Murmeltiere und verschwinden, Hirsche bleiben auf der
andern Talseite, die Gemsen in Feldstecher-Ferne.

Daimler-Benz verzeichnet Riesengewinn. Was legal
ist: Gratis-Aktien an die Aktionäre; ein Hauptin-
haber gewinnt 140 Millionen. Um den Arbeitsfrieden
zu erhalten, der diesen Gewinn ermöglicht hat, wird
die Belegschaft ebenfalls am Gewinn beteiligt:
320 Mark für jeden Arbeiter einmalig.

Belletristik: Wenn es möglich ist, daß Leute, deren
gesellschaftlicher Gegner man ist, sich unumwunden als Verehrer vorstellen.

Wie sich die Griechen den Hades vorgestellt haben: –
ein ältliches Paar aus Zollikon, das Mühle spielt,
anderswo eine Familie mit keuschen Töchtern, in
der Nische ein dicker Finne (liest Malraux) immer
allein, andere vereint die Langweile nach unauf-

dringlicher Verbeugung, dann rücken sie die Sessel
zusammen. Was sie reden? Vom Nebentisch höre ich:
wo man am besten kauft. Dazu trinken sie Kaffee wie
im Leben. Später in der Bar: wo man in Hongkong am
besten speist. Aber dann weiß die Dame einen Rabbi-
Witz; Lachen wie im Leben. Die Gattinnen erhalten
sich besser, ihre Geschlechtlichkeit hat sie auch
verlassen, aber sie sprechen mehr und flinker,
sitzen ohne Buckel. Einer ohne Stock schlurft langsam Schuh vor Schuh, man hat immer Angst: Und wenn
eine Schwelle kommt? Eine Gattin, die ihren Lebens-
gefährten nach seinem Hirnschlag betreut, trägt
Schmuck pfundweise wie Beute, sagt ihm ab und zu,
was er früher gewußt hat. Das Ehepaar aus Zollikon,
nachdem es einen langsamen Walzer getanzt hat,
ist jetzt schlafen gegangen. Kenner am Nebentisch:
sie sammeln also Perser-Teppiche, Werte, die Werte
bleiben. Es ist zehn Uhr. Morgen ist auch Tag. Es
wird sich nichts verändern.

Wie sie vor dem Essen noch die Nachrichten hören,
Herren im dunklen Anzug, die Damen mit Pelzumhang,
die nicht zuhören: Breschnew verflucht China, Hu-
sak säubert weiter, aber die tschechischen Schriftsteller noch immer standhaft, sogar die tschechischen Arbeiter scheinen für die Freiheit zu sein,
Pompidou bildet sein Kabinett, Israel vergilt weiter, Fischsterben im Rhein, der schweizerische
Bundesrat wird prüfen, zum Schluß die allgemeine
Wetterlage – nicht alles ist erfreulich, aber alles
in allem eine Bestätigung: Lauf der Welt. Im Prinzip verläuft sie schon richtig für die Inhaber.

»Der Stadtrat ist nicht bereit, weitere Ausschreitungen zu dulden . . . Das Recht der Bevölkerung auf
freie Meinungsäußerung und auf Durchführung von
Demonstrationen bleibt unangetastet . . . Die Polizei ist auf Grund einer Wegleitung des Stadtrates

über das einzuschlagende Vorgehen genau instru-
iert.« Dazu ag-Meldung:»Die motorisierten Wasserwerfer sollen nicht nur mit gewöhnlichem Wasser
gefüllt werden, sondern es wird ihnen eine chemische Substanz beigemischt, die das Wasser noch
nasser macht. In einer weiteren Alarmstufe werden
normale Armeeflammenwerfer zum Einsatz kommen, die
von den eingesetzten Polizeimännern am Rücken getragen werden und mit Wasser und flüssigem Tränengas gefüllt sind. Wie von der Polizei zu erfahren
war, wurde die chemische Zugabe zum Wasser bereits
in Deutschland erprobt.«

Ofenpaß; wo ich 1945 eine Baracke heizen mußte für
deutsche Überläufer, ihre Schnauze in der Kapitulation. Bahnhof Schuls: die Waggons mit Geretteten
aus Theresienstadt. Überall diese Souvenirs, auch
wenn ich sie nicht erwähne.

Mehrheit (nicht erst die Mehrheit bei Wahlen, sondern die öffentliche Meinung auch in Fragen, worüber nie abgestimmt wird), wie entsteht sie? Nicht
nur der Briefträger, Angestellter beim Bund, hat
eine Familie; auch der Professor, Angestellter beim
Bund, hat eine Familie und darüber hinaus eine gesellschaftliche Aufgabe: Forschung, die Kredite
braucht. Soll er diese Kredite gefährden durch eine
Unterschrift oder Rede? Man kann's nicht verlangen.
Duckmäuser? Der Einzelne verhält sich zum gesellschaftlichen Klima, das er vorfindet; es ist zumindest ein Risiko, wenn einer der öffentlichen Meinung widerspricht. Meistens steht es nicht dafür;
die Chance, daß ein persönlicher Einsatz mehr
verursacht als Repressionen gegen die Person, ist
gering. Je mehr Leisetreter in einem Land, um so
verwöhnter wird allerdings das Ohr der Macht-Inhaber, um so kränkbarer; ein verfassungsmäßiges Referendum der Studenten gilt bereits als »Zwängerei«

(NZZ). Was der herrschenden Meinung widerspricht,
ist skandalös. Infolgedessen werde ich vorsichtig.
Soll ich mir das Leben denn schwerer machen? Infolgedessen gebe ich dem Sozial-Druck nach; dabei
erliegt der einzelne leicht einer Täuschung: ich
halte es bei allen andern für Gesinnung, was bei mir
nur Vorsicht und Duckmäuserei ist, bestenfalls Mei-
nungslosigkeit. Die Summe aller Duckmäuser, die
sich das Leben nicht schwerer machen wollen, ergibt
endlich den Popanz der öffentlichen Meinung, die
sich die Macht-Inhaber formulieren; dazu haben sie
die Mittel: Schule, Presse, Fernsehen, Universität, Kirche. Eben weil sie im Grunde nicht Ausdruck
eigenen Bewußtseins ist, sondern entstanden aus
Sozial-Druck, reagiert die öffentliche Meinung
gereizt auf jedes andere Bewußtsein; die Mehrheit
empfindet Bewußtsein schlechthin als subversiv:
WEHRET DEN ANFÄNGEN. Sehen die Leisetreter sich in
der Mehrheit, so brauchen sie aber nicht mehr lei-
sezutreten, sie werden kollektiv-aggressiv: BÜR-
GERWEHREN. Begreiflicherweise bangen sie um den
Lohn ihrer lebenslänglichen Vorsicht. Die öffentliche Meinung als Konsensus aller, die der Sozial-
Druck korrumpiert hat, gibt sich immer moralisch;
sie muß kompensieren. Das ist in jedem System so.
Die Angst vor Repressalien mausert sich zur Gesinnung. Zwar übernimmt diese Mehrheit nicht die
Macht, daran hindert sie eben die Gesinnung, ihr
Einverständnis mit den Macht-Inhabern; sie nimmt
jetzt den Macht-Inhabern lediglich die Repressalie
ab. RUHE UND ORDNUNG, dafür tritt der Stammtisch
ein; daß ein andersdenkender Lehrer aus der Schule
fliegt, dafür müssen die Macht-Inhaber kaum noch
sorgen, das besorgt die Mehrheit, die sich die
Macht-Inhaber durch Repressalie geschaffen haben,
auf demokratische Weise. Man bezeichnet das Volk
in der Schweiz gerne als SOUVERÄN: weil ja die Mehrheit entscheide. Wie souverän ist die Mehrheit?

Wanderung durch den National-Park.
Viel zum Lachen, wie immer, wenn Friedrich Dürrenmatt das thematische Menü bestimmt . . . Neulich gab
es Dschingis-Khan, frisch von der Lektüre, üppig
garniert mit chinesischen Dynastien, Historie gespickt mit Flunkern, auf Witz gegrillt. Heute gab
es DER NACKTE AFFE, ebenfalls köstlich zubereitet:
Mensch am Spieß der Zoologie, geröstet auf Fakten
(Blutdruck beim Coitus: 200) und gespickt mit Spekulationen aus seinem eignen Garten. Kommt man mit
thematischen Wünschen, so ist es schade; es ist
immer am köstlichsten, was der Koch sich selber
wählt. Unlängst im Spital zu Bern gab es Proust,
eingelegt in schlaflosen Essig, dann mit frischem
Gedächtnis serviert und am Krankenbett flambiert
mit Witz. Das war Vier-Stern! So etwas kann man
nicht nochmals bestellen, um auch seine Frau in den
Genuß zu bringen; heute gibt es keinen Proust,
nicht einmal kalt. Heute also Berner Platte: DER
NACKTE AFFE, verkocht mit Ulk über Ärzte, Innereien
aus Konolfingen, schmackhaft durch Dramaturgie,
dazu Kalbskopf aus der einschlägigen Literatur-
Kritik, gepfeffert mit Zitat. Dazu Veltliner.
Nachher gibt er mir das Taschenbuch, dem er seine
Kenntnisse verdankt. Ich werde mich hüten das
Taschenbuch zu lesen. Erstens ist es immer besser,
was er draus gemacht hat, und zweitens fasziniert
ihn nicht mehr, was auch der andere kennt. Neulich
kam das Gespräch auf einen Godard-Film, den er
nicht gesehen hat; er wechselte auf einen andern
Film, den er gesehen hat, und als sich zeigte, daß
wir den betreffenden Film ebenfalls kennen, unterbrach er das Gespräch: jetzt schilderte er einen
japanischen Film, den außer ihm niemand gesehen
hat. Er braucht den Vorsprung, dann wird es großartig und gemütlich. Früher war es jahrelang die
Astronomie, ich war jedesmal fasziniert von seinen

Darstellungen. Ein dickes Buch, das er mir gab,
nahm ich nach Korsika ins Zelt als einzige Lektüre
für drei Wochen, und als ich ihn das nächste Mal
besuchte, wußte ich wenigstens das Einmaleins,
meinte besser gerüstet zu sein für die Gespräche
über Astronomie; er sagte: Was interessant ist,
weißt du, das ist die Biochemie. Er braucht meine
Unkenntnisse, und an solchen fehlt es nicht. Mein
Interesse an Astronomie hat sich trotzdem erhalten, seines natürlich auch; nur unterhalten wir uns
kaum noch darüber. Komme ich zur Super-Nova, so ist
er längst bei den Pulsaren. Einmal in Neuenburg
gab es sich, daß Teo Otto, der Bühnenbildner, sich
ausgiebig für Architektur interessierte; Friedrich Dürrenmatt hörte zwar lange zu, aber es machte
ihn trübsinnig; er schlug vor, daß wir Boccia spielen. Er gewann über alle Maße. Am andern Tag, als
er wieder ein Boccia vorgeschlagen hatte, schien
er weniger Glück zu haben, und die Partie kam nicht
zu Ende, er hatte jetzt Lust auf einen Apéritif,
viel zu sagen über Dramaturgie. Er bleibt der
Gebende. Auch neulich in Bern, im Spital, gab es
einen sehr alten LATOUR-Bordeaux; die Krankenschwester entkorkte für den Besucher, der wie sie
den Spital-Ernst wahrte, während Friedrich Dürrenmatt lachte. Zum Beispiel über das Versagen eines
Arztes; ohne Beschwerde, er erzählt es ganz als
Komödie. Das ist mehr als Humor. Wir kennen uns über
zwanzig Jahre. Es stimmt nicht, daß er nicht zuhören könne. Als der Wirt in Schuls sich an unsern
Tisch setzt und einiges zu melden hat (wie die Bündner etwa einen Aga Khan ausnehmen) und dann allerdings nur noch quatscht, ist Friedrich Dürrenmatt
ein Herkules im Zuhören; es kommt auf den Partner
an.

Dankbarkeiten

Keine Instanz verlangt jährlich oder zweijährlich (wie die Steuerbehörde) eine Liste der Dankbarkeiten ... Gestern auf der Straße habe ich von fern einen Mann gesehen, dem ich viel zu verdanken habe, sogar sehr viel. Es ist zwar lange her. Er scheint es zu wissen, daß ich ein Gefühl der Dankbarkeit nie loswerde; Gefühl ist es eigentlich nicht mehr, aber ein Bewußtsein. Lebenslänglich. Hingegen hatte ich das Gefühl, er habe mich vorher schon erkannt, aber er ging weiter, tat, als habe er mich nicht gesehen. Was soll er mit meinem Bewußtsein von Dankbarkeit? Ich hätte ihm gerade noch nachlaufen können, tat es nicht und war betroffen, daß ich es nicht tat. Er hat nicht allein mein Studium der Architektur ermöglicht; Schopenhauer, Mozart und Beethoven, Nietzsche, Psychologie, Riemenschneider, Oswald Spengler, Bruckner, die Khmer-Kunst und so vieles verdanke ich diesem Mann, auch das Engadin. Seine Anzüge allerdings, Mäntel, alle noch in gutem Zustand, wenn er sie dem Freund vermachte, waren immer etwas zu groß, vor allem die Ärmel zu lang ... Gäbe es eine Instanz, die eine Liste der Dankbarkeiten binnen einer Woche verlangt, so würde ich ferner auf die Liste setzen:

a.

die Mutter

b.

die Tatsache, daß ich sehr früh einem jüdischen Menschen begegnet bin, einem sehr deutsch-jüdischen

c.

der frühe Tod des Vaters

d.

die Erfahrung der praktischen Armut

e.

daß ich nicht nach Stalingrad befohlen worden bin oder in die Reichsschrifttumskammer

f.

eine leichtsinnige Gesundheit

g.

die Begegnung mit Peter Suhrkamp

h.

die Begegnung mit Brecht

i.

daß ich Kinder habe

k.

daß ich die Germanistik aufgegeben habe

l.

alle Frauen, ja, eigentlich alle

m.

das damalige Schauspielhaus Zürich (Kurt Hirschfeld).

n.

die Freude an Speisen

o.

daß ich eine Zeit lang Architektur ausübte. Was dabei wertvoll war: die Erfahrungen mit Bauherrschaft, mit Unternehmern, mit Arbeitern

p.

die Spannung zwischen Mundart und Schriftsprache

q.

ein Rockefeller-Stipendium

r.

die Späte des Erfolgs

s.

Freundschaft mit Kollegen

t.

die wirtschaftliche Unabhängigkeit in späten Jahren, d.h. mit dem Bewußtsein, daß sie nicht die Regel ist

u.

die Nachbarn im Dorf

v.

Zeiten eines schlechten Gedächtnisses für die eignen Fehler und Versäumnisse

w.

Der Partner, der mit mir lebt

x.

daß Ehrgeiz nachläßt

y.

Träume, auch die schweren

z.

allerlei Glück mit dem Auto

Die Instanz gibt es nicht, die unsere Dankbarkeiten wissen will, ihren derzeitigen Stand, ihren Verbrauch, ihre Zunahme usw. Vermutlich würde
man das Formular (A bis Z) alljährlich etwas anders ausfüllen.

21. 7. 1969
Landung auf dem Mond (Armstrong und Aldrin).

Nachricht von einem Hund, der von Calabrien, wo
er verloren gegangen ist, in neun Wochen nach Turin
läuft, wo er seine Herrschaft glücklich wiederfin-
det. Jemand vom städtischen Jugendamt berichtet:
ein 15-jähriges Mädchen, Waise, verläßt die Ortschaft Cognac (Frankreich) aus Verwirrung, weil
sie vom Arbeitgeber vergewaltigt worden ist, und
geht zu Fuß nach Basel, wo sie noch eine Tante hat;
der Mann dieser Tante vergewaltigt sie. Eine unbekannte Dame, die keine Ruhe läßt, bittet um Rat:
ihr Bruder soll demnächst verurteilt werden, weil
er einen Juwelier-Laden geplündert hat, vielleicht
auch Rauschgift geschmuggelt, und ich sei doch
gegen Ungerechtigkeit; ihr Bruder, im Grunde auch
Künstler, werde fünf Jahre im Gefängnis nicht ertragen. Nina, unsere Katze, hat wieder ein Junges
geworfen; sie hat es gefressen.

Skizze eines Unglücks (II)

In der Nacht stoßweise Wind. Kein Regenrauschen, aber es tönt so. Eine
Jalousie, kaputt, schlägt Alarm. Rauschen in den trockenen Bäumen. Er
ist wach. Kein Grund, das Bett zu verlassen. Die Fensterscheiben halten
stand. Um zwei Gartensessel, die ohnehin kaputt sind, ist es nicht schade.
Kein Wetterleuchten, nur Stöße von Wind, wahrscheinlich ist es sternenklar über dem Meer. Was kann schon geschehen? Der Wagen ist in der
Garage. Keine Lampe, die baumelt; kein Erdbeben. Später fällt das elektrische Licht aus. Die Vorstellung, daß die Insel am nächsten Morgen über-

schwemmt sei, das Haus allein auf dem Hügel mit den Oliven. Später sitzt er barfuß im Wohnzimmer, wo er nochmals einschläft, allein im Haus, das standhält. Der Morgen ist blau und gewöhnlich. Ein Sonnenschirm ist gekippt und gebrochen, die Insel nicht überschwemmt. Er erinnert sich nicht, was er in der Nacht alles gedacht hat. Da und dort Äste auf der trockenen Erde. Er frühstückt im Pyjama, überlegt, wer die Jalousie reparieren könnte. Später sammelt er die Äste von dem trockenen Boden, bevor er sich ankleidet, barfuß. Das Telefon ist auch ausgefallen, aber das entdeckt er erst jetzt. Später kommt Post, die zeigt, daß alles weitergeht. Boden unter den Füßen. Es kommt ihm vor, als gebe es Dringlicheres. Die Idee, das Haus zu verkaufen. Er weiß nicht, womit es zu tun hat. Alles ohne Zusammenhang: seine Frau, die auf seinen Anruf wartet, der Sonnenschirm, die Briefe, der blaue und gewöhnliche Tag, seine Schuhe, die er anziehen sollte. Gegen Mittag geht er barfuß zum Strand. Erinnerung an den Wind in der Nacht und an die Allee von Montpellier, die Kreide auf dem Asphalt, die Touristen, das Dorf, kein Grund zum Schrecken. So geht er schwimmen. Kein Boden unter den Füßen, der wolkenlose Himmel über dem Meer. Einmal möchte er es wissen. Er schwimmt hinaus, solange die Kräfte reichen, und sie reichen so weit, bis man kein Land mehr sieht.

BERZONA

Schon der fünfte Sommer hier. Nur noch selten nehme ich das Beil, um die Bäume auszuholzen, oder die handlichere MACCHETTA (Eisen in der Form eines Fragezeichens); wir verdschungeln. Heute mit der Sense, die auch rostet, gegen die Brennnessel-Flut. Das sind Anfälle; sie enden mit der Schweiß-Dusche-Bier-Einsicht: ein rechter Dschungel macht sich gar nichts aus unseren Anfällen –

SPIEGEL, 28. 7. 1969

»Rund 2380 westdeutsche Unternehmer und Kapitaleigner hatten 1965 ein Monatseinkommen von durchschnittlich je 190 000 Mark.

Im gleichen Jahr verdiente ein Drittel der Lohn- und Gehaltsempfän-
ger höchstens 500 Mark: binnen zwölf Monaten so viel wie die Millio-
näre in 23 Stunden.«

INSERAT DER SCHWEIZERISCHEN VOLKSBANK

»Ist es wahr, daß immer nur die Reichen reicher werden? Das behauptet eine Theorie aus dem 19. Jahrhundert. Sie hat sich als falsch erwiesen. Denn es ist schon lang nicht mehr so, daß sich die Gesellschaft in wenige Reiche (die immer reicher werden) und in viele Arme
(die immer ärmer werden) teilt. In unseren Verhältnissen kann heute
fast jeder Erwerbstätige Vermögen bilden, er muß nur wollen. Und verglichen mit früheren Zeiten und Zuständen sind wir praktisch alle
reich.«

AFFICHE IN EINER ANDERN BANK
»Hassen Sie Bargeld?«

Fragebogen

1.
Hassen Sie Bargeld?
2.
Warum?
3.
Haben Sie schon ohne Bargeld leben müssen?
4.
Wenn Sie einen Menschen in der Badehose treffen und nichts von seinen
Lebensverhältnissen wissen: woran erkennen Sie nach einigem Gespräch
(nicht über Geld) trotz allem den Reichen?
5.
Wieviel Geld möchten Sie besitzen?
6.
Gesetzt den Fall, Sie sind bedürftig und haben einen reichen Freund, der
Ihnen helfen will, und er gibt Ihnen eine beträchtliche Summe (zum Beispiel damit Sie studieren können) und gelegentlich auch Anzüge von sich,
die noch solid sind: was nehmen Sie unbefangener an?

7.

Haben Sie schon gestohlen:

a. Bargeld?

b. Gegenstände (ein Taschenbuch am Kiosk, Blumen aus einem fremden
   Garten, eine Erstausgabe, Schokolade auf einem Camping-Platz, Kugelschreiber, die umherliegen, ein Andenken an einen Toten, Handtü-
   cher im Hotel usw.)?

c. eine Idee?

8.

Solange Sie kein Vermögen und ein schwaches Einkommen haben, reden
die Reichen vor Ihnen ungern über Geld und um so lebhafter über Fragen,
die mit Geld nicht zu lösen sind, z. B. über Kunst: empfinden Sie dies als
Takt?

9.

Was halten Sie von Erbschaft:

a. wenn Sie eine in Aussicht haben?

b. wenn nicht?

c. wenn Sie einen Säugling betrachten und dabei wissen, daß er, wie immer er sich entwickle, die Hälfte einer Fabrik besitzen wird oder eine
   Villa, ein Areal, das keine Inflation zu fürchten braucht, ein Ferienhaus
   auf Sardinien, fünf Miethäuser in der Vorstadt?

10.

Sind Sie ein Sparer? Und wenn ja:

11.

Erklären Sie, wieso die Staatsbank bestimmt, wieviel das Geld wert ist, das
Sie als Lohn erhalten und gespart haben, und zu wessen Gunsten sich Ihre
Ersparnisse plötzlich verflüchtigen?

12.

Gesetzt den Fall, Sie stammen aus einfachen Verhältnissen und verfügen
unversehens über ein großes Einkommen, so daß das Geld für Sie sozusagen keine Rolle mehr spielt: fühlen Sie sich als Person unverändert? Und
wenn ja: finden das Ihre bisherigen Freunde auch oder finden sie, das Geld
spiele wohl eine Rolle, indem es Sie als Person deformiert?

13.

Was kostet zurzeit ein Pfund Butter?

14.

Wenn Sie in der Lage sein sollten, von Zinsen leben zu können: halten Sie sich deswegen nicht für einen Ausbeuter, weil Sie, obschon Sie von den Zinsen leben könnten, selber auch arbeiten?

15.

Fürchten Sie sich vor den Armen?

16.

Warum nicht?

17.

Gesetzt den Fall, Sie sind ein großer Mäzen, d. h. Sie verteilen an Leute, die Sie persönlich schätzen, teilweise die beträchtlichen Zinsen aus der Arbeit andrer Leute: verstehen Sie die öffentliche Hochachtung, die Sie als Mäzen genießen, und Ihre eigene Unbefangenheit dabei?

18.

Was tun Sie für Geld nicht?

19.

Timon von Athen hat eines Tages, um die Freundschaft seiner Freunde zu prüfen, nur Schüsseln voll Wasser aufgetischt; er erfuhr dabei, was er eigentlich schon wußte, und gab sich bitter vor Enttäuschung über die Menschen, denn siehe, sie kamen immer nur seines Reichtums wegen und waren keine wahren Freunde. Finden Sie seine großen Flüche über die andern berechtigt? Offenbar hatte der reiche Timon von Athen gemeint, Freundschaft kaufen zu können.

20.

Möchten Sie eine reiche Frau?

21.

Wie erklären Sie es sich, daß Sie als Reicher es gerne zeigen, wenn Sie sich etwas versagen, was Sie sich ohne weiteres leisten könnten (z. B. eine Yacht), und daß Sie sich fast kindlich freuen, wenn Sie irgend etwas besonders billig erworben haben, geradezu spottbillig, so daß jedermann es sich hätte leisten können, und warum sind Sie zugleich erpicht auf unersetzbare Objekte, beispielsweise Ikonen, Säbel, Porzellan aus der Ming-Zeit, Kupferstiche, Werke toter Meister, historische Münzen, Autographen, Gebetsteppiche aus Tibet usw.?

22.

Was mißfällt Ihnen an einem Neureichen:

a. daß er ohne Heraldik auskommt?

b. daß er vom Geld spricht?

c. daß er nicht von Ihnen abhängig ist?

23.
Wie rechtfertigen Sie eignen Reichtum:
a. durch Gotteswillen?
b. daß Sie es einzig und allein Ihrer persönlichen Tüchtigkeit verdanken,
   d. h. durch die Annahme, daß andere Fähigkeiten, die sich nicht in Einkommen umsetzen, minderwertig seien?
c. durch würdiges Benehmen?
d. indem Sie sich sagen, daß nur die Reichen überhaupt eine Wirtschaft
   in Gang bringen können zum Gedeihen aller, d. h. durch Unternehmer-
   geist?
e. durch Caritas?
f. durch Ihre höhere Bildung, die Sie einem ererbten Reichtum verdanken oder einer Stiftung?
g. durch asketische Lebensart?
h. durch vorbildliche Gewissenhaftigkeit in allen sittlichen Belangen, die
   das bürgerliche Profit-System nicht berühren, sowie durch Verinnerlichung der Gegebenheiten, Sensibilität für Kulturelles, Geschmack
   usw.?
i. indem Sie beträchtliche Steuern zahlen?
k. durch Gastgeberschaft?
l. indem Sie sich sagen, daß es seit Menschengedenken immer Arme und
   Reiche gegeben hat und also immer geben wird, d. h. daß Sie gar keine
   Rechtfertigung brauchen?

24.
Wenn Sie nicht aus eignem Entschluß (wie der Heilige Franziskus), sondern umständehalber nochmals arm werden: wären Sie den Reichen gegenüber, nachdem Sie als Gleichgestellter einmal ihre Denkweise kennengelernt haben, so duldsam wie früher, wehrlos durch Respekt?

25.
Haben Sie einmal eine Banknote mit dem Porträt eines großen Dichters
oder eines großen Feldherrn, dessen Würde von Hand zu Hand geht, angezündet mit einem Feuerzeug und sich angesichts der Asche gefragt, wo
jetzt der verbürgte Wert bleibt?

BERZONA, August 1969

Besuch von zwei sehr jungen Mädchen, die sofort,
kaum haben sie sich am Granit-Tisch gesetzt, ihre
Frage stellen: Wie ist Freiheit möglich? Die eine,
Barbara, hat eben mit ihrem Vater (Lehrer) diskutiert; die andere, Verena, kann oder will mit ihrem
Vater (Bankier) nicht diskutieren, »sonst stecken
sie mich in ein Heim«. Was beide wollen: »die absolute Unabhängigkeit, ohne dabei auf Kosten anderer
zu leben.« Das Bankiers-Kind sieht nur einen Weg:
nach Amsterdam oder London, untertauchen ohne
Adresse, ohne väterliches Geld, gammeln. Das Leh-
rers-Kind will sich der falschen Ordnung auch
verweigern, nicht in die Abhängigkeit vom Geld
geraten, »aber etwas Sinnvolles machen«; sie will
auf der Schule bleiben, Lehrerin werden und unabhängig, indem sie sich nichts aufschwatzen läßt,
was sie nicht braucht. Verena: »Und das geht eben
einfach nicht.« Barbara: »Du brauchst doch ein
Minimum an Geld.« Verena: »Dann bist du schon
drin.« Barbara: »Ich nicht, wenn ich nicht will;
ich brauche eben kein Tonband-Gerät.« Verena:
»Mein Tonband-Gerät, darauf kann ich sofort verzichten.« Barbara: »Wovon lebst du denn als Gammle-
rin?« Verena: »Ich hasse meinen Vater ja nicht,
aber zu Hause gehe ich kaputt, das versteht er
nicht.« Barbara: »Du hast ja gehört, mein Vater ist
auch dagegen, daß du einfach gammelst.« Verena:
»Meiner versteht nicht einmal, wovon ich rede. Ich
spinne, meint er« usw. Diskussion bei Himbeersaft.
Was ich für den richtigen Weg halte? Beide, von
Herkunft und Temperament verschieden, sind sich
einig im Ekel vor dem Wohlstand einer Umwelt, die
zum Wohlstand nötigt. Barbara: »Nur gammeln, das
ist auch kein Ziel.« Verena: »Du hast ja gehört,

was mein Vater sich unter meinem Leben vorstellt.«
Barbara:»Das mußt du ja nicht machen. Nach der
Schule machst du, was du richtig findest, aber du
hast etwas gelernt. Beim Gammeln verkommst du nur.«
Verena:»Ich mache jede Arbeit, wenn ich grad Geld
brauche, aber ich will einfach wenig Geld brauchen.
So wenig wie möglich.« Barbara:»Ich doch auch.«
Verena:»Ich habe ihren Vater gefragt, was gegen
das Gammeln spricht, und das frage ich auch Sie,
Herr Frisch«, und nach meiner Antwort:»Und wenn
ich in einem Sportwagen herumfahre und Kunstgeschichte lerne und heirate, das ist doch auch Para-
sitentum, dabei verkomme ich ja auch. Schließlich
ist es mein Leben. Das sagen Sie auch. Ich glaube,
in so einer Kommune lernt man sich wenigstens selber kennen.«

29. 9. 1969
Wie Landgrafen, die es noch nicht fassen, daß das
Gottesgnadentum auch auf deutschem Boden irgendwann einmal abgeschafft worden ist: hochherr-
schaftlich in der Arroganz, daß nur ihresgleichen
regieren kann, dann konsterniert vor der Nachricht, daß die Stallknechte tatsächlich ins Palais
wollen, nachher gekränkt, daß die versuchte Beste-
chung nicht gelingt (Kiesinger bietet der FDP sechs
Minister-Posten statt drei, die ihr allerhöchstens
zukommen, und verzichtet auf Mehrheitswahlrecht,
verspricht den Überläufern schon für die nächste
Bundestagswahl, daß man ihnen die nötigen Wahl-
Kreise schenken werde), schließlich das verlorene
Lächeln:»die Sozialdemokratie hat sich an die
Macht gemogelt«,»machtgeil«,»Regierung ohne Programm« usw.

Notizen zu einem Handbuch für Mitglieder

*Ist sein politisches Befinden von je her konservativ gewesen, so zeigt der Ge-
zeichnete sich befriedigt, indem ihn das Weltgeschehen eigentlich nicht erschreckt; die täglichen Nachrichten bestätigen sein politisches Befinden: er
hat sich von Entwicklungen nie viel versprochen. Äußert er sich zum Weltgeschehen, so keineswegs trostlos; sein Alter hat eine Aura von Weisheit. Er hat
sich keine Illusionen gemacht; daher braucht er nicht anders zu denken als
vor 40 oder 50 Jahren, als er jung war: insofern fühlt der Konservative sich
länger jung als die Revolutionäre.*

*Warum ein Greis, der sich das revolutionäre Pathos erhalten hat, bestenfalls
liebenswert erscheint, aber nicht überzeugt: die Jüngeren rechnen nicht damit, daß ihre Sprechweise sich einmal, gemessen an ihrer Geschichte, als Pathos entlarvt. Man läßt in einer Versammlung, die Revolution diskutiert,
solche Apostel-Köpfe besser nicht auftreten; ihr Auftritt wirkt erheiternd –
lähmend durch die Demonstration, wie Sprechweisen sich verbrauchen.*

*Eine gewisse Versuchung, liberal zu werden, ergibt sich für den Vor-Gezeich-
neten daraus, daß er, im Gegensatz zu den Jungen, bereits mit dem Bewußtsein seiner Irrtümer zu leben hat – er braucht aber dieser Versuchung nicht
zu erliegen; je weniger er dieses Bewußtsein erträgt, um so eher drängt es
manchen zur politischen Macht, die ihm die Unfehlbarkeit verschafft. Die
großen Säuberer sind meistens Vor-Gezeichnete.*

*In zahlreichen Fällen hat das politische Befinden sich ergeben aus der natür-
lichen Revolte gegen die Vater-Macht; ist der Vater begraben, so zeigt sich erst,
wieweit dieses politische Befinden tatsächlich der eignen Konstitution entspricht, d. h. wieweit es je ein politisches Befinden gewesen ist. Das Alter siebt.*

*Wenn er sich zur Linken rechnet, ertappt der Gezeichnete sich dabei, daß die
meisten Texte (Flugblätter, Broschüren, Manifeste, Schülerzeitungen usw.)
ihn langweilen trotz Partei-Einverständnis; was ihn kein anderes Denken
lehrt als jenes, das er auswendig kennt, empfindet er als hoffnungslos.*

Wenn ein Junger politisch von Zukunft spricht und wenn ein Vor-Gezeichne-
ter politisch von Zukunft spricht: beim letzteren entsteht der Eindruck, daß
ihn die Zukunft tatsächlich interessiert.

Es gibt überhaupt weniger politisches Temperament, als die Demokratie es
voraussetzt. Die meisten haben es für ein politisches Befinden gehalten, wenn
sie sich, um gesellig zu sein, eines politischen Vokabulars bedienen; als Ge-
zeichnete sind sie allenfalls von ihrem Leben enttäuscht, nicht aber politisch,
nur privat.

Ausgebeutete werden im Alter, obschon sie jetzt außer dem Altersheim nichts
mehr zu fürchten haben, in ihrem politischen Befinden meistens nicht fort-
schrittlicher, im Gegenteil; wenn einer über die Ausbeutung, die er sein Le-
ben lang erfahren hat, noch so flucht – trotzdem tönt es, als packe ihn bei
der Kunde, daß diese Verhältnisse jetzt verändert werden sollen, zugleich
eine Art von Neid.

Was noch nicht für den Vor-Gezeichneten gilt, aber für den Gezeichneten: in-
dem seine Lustfähigkeit schwindet, bleibt Politik zuweilen das letzte Ressort,
wo einer sich überlegen fühlt gerade als Gezeichneter. Es verführt ihn kaum
noch eine Spontaneität; das verkalkte Hirn ist kaum zu irritieren; seine poli-
tischen Entschlüsse fallen ihm leicht nicht aus Unbesonnenheit, sondern aus
Verkalkung; er funktioniert wie ein Apparat; weder ist er ins Risiko verliebt,
noch fürchtet er ein Risiko; er hat schon so manchen Fehlentscheid überlebt;
der Schwund an Einbildungskraft erlaubt ihm ein sachliches Erwägen ohne
Entsetzen vor den Folgen, er kann das Leben von Leuten nicht so wichtig fin-
den, nicht ausschlaggebend, er selber hat kaum noch Leben zu verlieren und
eignet sich immer mehr als Staatsoberhaupt. (Gerontokratie.)

Greise als Staatsoberhäupter stehen unter dem Alter-Tabu; wissen die Unter-
tanen aus eigner Erfahrung, was Altern mit sich bringt, so beziehen sie dieses
sichere Wissen nie auf die Staatsoberhäupter.

Im Gegensatz zum Arbeiter, dessen einziges Vermögen, seine Arbeitskraft, aus
physiologischen Gründen schwindet; im Gegensatz zum Intellektuellen, der
die Regression um so früher wahrnimmt, je intelligenter er ist; im Gegensatz
zum Künstler, der zu erkennen hat, daß jedes kreative Vermögen offenbar

mit Hormonen zu tun hat, fürchtet sich der Politiker am wenigsten vor dem Altern; vermutlich liegt es im Wesen der politischen Macht, daß sie, ohne kreativ zu sein, die größte Wirkung haben kann.

JAPAN, NOVEMBER 1969

Was mache ich morgens um 5 Uhr auf einem Boulevard in Tokyo? Die kleinen Arbeiter mit gelben Helmen im Blitzschein der Schweißbrenner. Kein Obst. Die Versuchung, daß man Menschen, die kleiner sind, deswegen für naiv hält.

Sie kichern, wenn ich sie anspreche, Marionetten mit Fleisch unter der weißen Schminke, Mandel-Augen, ich weiß nie, wohin sie blicken. Sie können ihre Handrücken wie knochenlos auch rückwärts biegen.

Schnellbahn fährt mit 220 Stundenkilometer sanft; Reisfelder nach der Ernte, man bekommt einen Frottier-Lappen: dampfheiß, um sich Gesicht und Hände zu erfrischen – erfrischt stelle ich fest, daß das meiste, was mich zu Hause zu beschäftigen pflegt, belanglos ist.

Diskussion in der Universität mit japanischen Studenten: »Vernichtung des Bestehenden«, »Wer nach einem Ziel fragt, macht keine Revolution«, inbegriffen Selbstvernichtung. 64% der Studenten an dieser Universität kommen aus der Arbeiterklasse. Ein Agitator erklärt sich durch Metaphern: Wie Kaki-Frucht am winterlichen Kaki-Baum usw. Sie denken nicht in Begriffen, sondern in Bildern; antirational.

Wenn man keine Schrift lesen kann: als habe man nicht gelebt. Es sieht immer wie ein Gedicht aus, dabei sind's Reklamen.

Vorher immer das Ausziehen der Schuhe; die Straße
bleibt draußen (wir sind Barbaren), Mahlzeit im
Hocksitz. Sofort ein anderes Verhältnis zum Raum;
man besetzt ihn und hat Anspruch auf Anmut. Zwei
Geishas, die den niedrigen Tisch bereiten. Alles
muß schön sein. Man ißt so nach und nach, man hul-
digt den Speisen; die beiden Geishas auf ihren
Knien dazwischen so lautlos, daß niemand laut wird.
Als nehme man die deutschen und englischen Vokabeln
ebenfalls mit Stäbchen. Ein Brite, rothaarig und
Poet, kann sich Rückkehr in die westliche Welt
nicht mehr denken; er ist 40. Sie bieten nicht an,
sie wachen nur über unsern Wunsch, HEI, sie nicken
schon, wenn man sie anblickt, HEI, HEI, sie wischen
jeden Tropfen vom Tisch und verbeugen sich dafür,
HEI, in stiller Anmut. Später bereiten sie die
Betten auf dem Boden; sie verschwinden lautlos
hinter ihrer Verbeugung. Ich schlafe begeistert.

Vorlesung aus dem Handbuch über Alter.

Polizei in der City; Hundertschaften warten mit
Schilden, Knüppel am Gurt, Gas-Pistole, Helm mit
Visier aus Plexiglas. Ein schwerer Helikopter
kreist über der GINZA-Avenue als Lärmschleuder mit
Scheinwerfer, der die Jugend sucht. Geschäfte lassen Rolladen herunter. Hundertschaften im Laufschritt mit ihren blinkenden Schilden, Rauch aus
der Untergrundbahn, Jugend ebenfalls mit Helmen
und Stangen, snake-dance, vorerst nur fröhlich;
dann Sirenen, Hundertschaften wieder im Laufschritt in der entgegengesetzten Richtung. Einer
stolpert über seinen Schild. Knüppel auch gegen die
Menge, die keine Partei ergreift. Molotow-Cock-
tails schaffen Räume. Fackelschein, Lautsprecher.
Ich gerate in ein Warenhaus, MERRY CHRISTMAS,
Kymono-Puppen unter deutschen Weihnachtsliedern;

der Konsum geht weiter. Im Fernsehen (eine Stunde
später) sieht man mehr.

Abend mit Zen-Buddhist; indem er die bekannte Geste
des Denkers von Rodin macht, lacht er: So kann man
nicht denken!

Vormittag bei NÔ-Übungen, Gespräch mit dem Leiter
der Schule: er sitzt aufrecht wie Buddha, schön
wie Buddha; Hölzchen-Architektur mit Ausblick auf
Hochbahnen, Kamine, Industrie usw.; er spricht
leise, nebenan übt einer auf der Trommel; Sohn aus
einer NÔ-Dynastie:»Ich bin 40, langsam verstehe
ich, was NÔ ist.« Die japanische Höflichkeit, keine
Widerrede, sie nicken bei jeder Frage, HEI, sie
verbeugen sich, um ihr Geheimnis zu schützen.

Box-Kampf mit Fußtritten in die Leber und an den
Kopf hinauf; der Getroffene fällt wie ein Toter und
muß abgeschleppt werden, während der Sieger hüpft
und jauchzt.

Wochenende im japanischen Haus meines Überset-
zers, KOJI NAKANO, Fischerdorf; die Kinder fragen,
ob ich, weil so dick, ein General sei. Geschwätzig-
keit der Frau ist in Japan ein gesetzlicher Schei-
dungsgrund. Ihr Kicher-Lachen: Zeichen höflicher
Zustimmung oder was ist es? Wenn ich etwas Alltägliches sage (»Ich habe keinen Durst«), plötzliches
Kichern; mit der japanischen Frau vor einem Berg
toter Fische, die zerhackt sind und blutig und
stinken, sie blickt eine Weile, dann kichert sie.

Steingärten, Moosgärten

Der stille Herr mit großer Glatze im kaiserlichen
Garten: JUAN MIRO, er sitzt lange und schaut, sie

sammeln das Herbstlaub unter den Bäumen und legen
drei besonders schöne Herbstblätter wieder unter
den Baum.

Mütter mit Kind auf dem Rücken, der kleine schwarze
Haarschopf wackelt vogelhaft aus dem Bündel, das
Kind ist asiatischer als die Umwelt; Eindruck im
Bus: die Zukunft wird asiatischer.

OSAKA, Besichtigung der Werft, wo sie die größten
Tanker der Welt bauen. Die Firma ersetzt den Clan.
Ich stehe in Helm und Werkjoppe, eine Nummer größer für Besucher aus dem Abendland; ich frage und
nicke, verstehe das eine und andere, weiß nicht,
was das Wissen mir frommt.

Tourismus als Existenz-Urlaub.

Berge klein, Inseln klein, Krusel-Wald mit niedrigen Kiefern, Bambus, Dickicht überragt von vereinzelten Zedern; die bizarre Silhouette des Vor-
dergrunds, Astwerk vor Ferne, die wie leere Seide
ist. Wenn man die Malerei eines Landes kennt und
endlich das Land sieht; Natur als Plagiat. Karpfen-
Teiche, Lotos, Schwäne, Kraniche, Zwergbäume in
Töpfen. Kunst und Natur sei eines nur.

Industrie-Landschaft fast ohne Landschaft; Hüt-
ten-Städte, Baracke an Baracke, Slum.

Massage japanisch: das Mädchen spaziert barfuß
auf der Wirbelsäule, nachher fühle ich mich herrlich –

1969

»Einst hat man die Völker nach ihrer Hautfarbe, der Breite ihrer Nasen-
wurzel, der Schädelform und dem Körperwuchs katalogisiert. Die moderne Völkerkunde interessiert sich für solche Äußerlichkeiten weni-
ger; man hat herausgefunden, daß sich die Völker viel genauer auf
Grund der Ideen und Wertvorstellungen, die ihnen besonders wichtig
sind, unterscheiden lassen. Für uns steht die Idee der Freiheit des
Menschen in selbstgewählter Gemeinschaft an erster Stelle.«
(S. 15)
»Die soziale Landesverteidigung besteht in der Erhaltung gesunder
sozialer Zustände, damit das Leben im freiheitlichen Staat für alle
Menschen lebenswert ist und einem Gegner zur Aufhetzung unsres
Volkes und zur Untergrabung unsrer politischen Ordnung keine An-
griffsflächen geboten werden.«
(S. 31)
»Lange bevor es zu einer gewaltsamen Auseinandersetzung kommt,
schon mitten im Frieden arbeitet der Feind unermüdlich daran, Miß-
trauen und Zwietracht zu säen, unser natürliches Selbstgefühl zu zerstören und unsere innere Widerstandskraft auszuhöhlen.«
(S. 145)
»Wir haben im Frieden alles vorgekehrt, was in unsern Kräften steht.
Wir dürfen der Gefahr entgegenblicken. Wir sind bereit./Diejenigen,
die uns verderben wollen, säen planmäßig Zweifel und Angst. Wir
glauben ihnen nicht./Wir erschrecken nicht vor sogenannten wissenschaftlichen Theorien, die Untergang von Völkern und Kulturen oder
gar der Welt voraussagen. Niemand kann das wissen. Wir sind kritisch./Unser Leben und Schicksal steht in der Hand Gottes. Er allein
weiß um unsere Zukunft. Wer an ihn glaubt, fürchtet sich nicht.«
(S. 146)
»Die Schweiz reagiert, wie ein kräftiger und gesunder Organismus auf
Infektionen reagiert.«
(S. 152)
»Der Feind arbeitet mit allen Mitteln daran, unsere innere Kraft zu brechen ... Bei allem, was wir hören, sehen oder lesen, überlegen wir
gründlich, ob es stichhaltig sein kann. Wir glauben nichts, von dem
wir nicht wissen, woher es kommt und wer es ausgestreut hat ...

Wir lassen uns von nichts beeindrucken, das wir nur aus gewissen Zeitungen und Büchern, fremden Radios, Fernsehen und Film kennen.«
(S. 175)

»Die Schweiz kennt für Friedenszeiten die Todesstrafe nicht. Da es in Notzeiten um die Sicherheit des Landes, der Bevölkerung und des kämpfenden Soldaten geht, kann sie in dieser Lage auf die Todesstrafe nicht verzichten ... Allein hartes Durchgreifen kann das Land vor schwerer Gefährdung bewahren.«
(S. 186)

»Im Krieg sich bewähren heißt in der Hingabe an das Ganze seinen Auftrag erfüllen, auch wenn vieles anders geht, als man erwartet hat.«
(S. 191)

»Regierung und Partei des Angreifers lassen sich von folgenden Überlegungen leiten: – Als äußeren Rahmen gründen wir eine politische Partei. Sie braucht nicht groß zu sein. Sie stützt sich auf einen kleinen Kern zuverlässiger und zu allem bereiter Mitglieder. Es geht weniger darum, die Macht in demokratischen Wahlen zu erlangen. Im gegebenen Zeitpunkt wird mit Terror und einem kleinen Staatsstreich nachgeholfen. Die Partei hat den Schein der Legalität zu wahren ... In Ländern mit hohem Lebensstandard ist es nicht leicht, die Massen zu gewinnen; deshalb müssen die Unzufriedenen herausgesucht werden. Intellektuelle eignen sich gut als Lockvögel und Aushängeschilder ...«
(S. 228)

»Wir achten Wissenschaftler und Künstler ohne Ansehen ihrer politischen Anschauungen. Wir wissen aber, daß totalitäre Systeme die Unterscheidung zwischen Politik und Kultur nicht machen.«
(S. 231)

»Der Feind, der jedem Glauben Hohn spricht, scheut sich nicht, Zitate der Bibel für seine Propaganda auszuschlachten.«
(S. 235)

»Der Feind will Parteigänger gewinnen.«
(S. 230)

»Es gelingt ihm nicht.«
(S. 231)

»Der Feind will uns einschläfern.«
(S. 238)

»Wir schlafen nicht.«
(S. 239)
»Der Feind will uns einschüchtern.«
(S. 240)
»Wir geben ihm keine Gelegenheit.«
(S. 241)
»Der Feind will unsere Wirtschaft schwächen.«
(S. 244)
»Wir durchschauen ihn.«
(S. 245)
»Er treibt einen Keil zwischen Volk und Behörden.«
(S. 256)
»Volk und Behörden stehen Schulter an Schulter.«
(S. 257)
»Auch in dieser Phase des Kampfes sind Zeitungen, Radio und Fernsehen unsere wichtigsten Waffen. Aber Achtung! Wenn der Gegner sie nicht einschüchtern kann, versucht er es durch Infiltration.«
(S. 259)
»Ein Kleinstaat ist mit den Mitteln des revolutionären Krieges nicht angreifbar, solange er innerlich geschlossen und stark bleibt. Die Schweiz reagiert auf den Umsturz im Nachbarland ohne Nervosität, aber rasch und fest.«
(S. 263)
»Er kreist die Schweiz ein.«
(S. 266)
»Wir machen den Igel.«
(S. 267)
»Er zieht die Schlinge zu.«
(S. 268)
»Die Schweiz nimmt vom Ausland keine Befehle entgegen.«
(S. 269)
»Wir halten zusammen und bleiben stark. Wir schenken unseren Bundesräten das Vertrauen für eine ganze Amtsdauer, Regierungskrisen, wie sie das Ausland kennt, die das Vertrauen des Volkes erschüttern und die das Land einer handlungsfähigen Regierung berauben, gibt es bei uns nicht. Es gibt viel weniger Ansatzpunkte für die Unterwühlung. Wir sind ein Volk, das politisch urteilsfähig und wehrhaft ist. Je-

der hat seine Waffe und Munition zu Hause ... Der kalte Umsturz ist unmöglich. Wir kämpfen unter allen Umständen.«
(S. 271)

»Nach der Besetzung des größten Teils unseres Landes treten irgendwo im Ausland schweizerische Persönlichkeiten zusammen und gründen die Schweizerische Widerstandsbewegung. Unter ihnen sind die überlebenden Mitglieder der Regierung, der Eidgenossenschaft, höhere Offiziere der Armee, die der Gefangenschaft entgingen, Parlamentarier, Partei- und Gewerkschaftsführer und Vertreterinnen der Frauenverbände. Sie gründen im Exil, gestützt auf den staatsrechtlichen Notstand, eine Exilregierung. Zum ersten Mal hört man den FREIHEITSSENDER SCHWEIZ.«
(S. 280)

»Kurz darauf findet man in der Schweiz Millionen von Flugblättern. Sie sind nächtlicherweise von Raketen abgeworfen worden. Darin heißt es: Schweizerinnen und Schweizer! Wir sind noch nicht stark genug, und die internationale Lage erlaubt uns noch nicht, den Widerstandskampf aktiv zu führen. Es kann dies noch lang dauern. Die Parole heißt deshalb: Schweigen und auf die Zähne beißen.«
(S. 282)

»Keine Dummheiten machen./In Buchgraben sind betrunkene Soldaten in die Kirche eingedrungen und haben sie geschändet. Sie johlten und grölten, zerschlugen Gemälde und Kulturgegenstände und schossen auf das Kruzifix. Da wurde ein Mann, der in der Nähe wohnte, von Wut gepackt. Er holte das Gewehr, das er unter dem Heustock versteckt hatte, und schoß auf die Übeltäter. Dabei wurde einer der Soldaten der Besetzungsmacht verwundet. Am Tag darauf ließ der Kommandant der Besetzungstruppe eine Ordnungskompanie der Parteimiliz in Buchgraben einmarschieren. Alle Männer wurden vor der Kirche zusammengetrieben und mit Maschinengewehren zusammengeschossen. Frauen und Kinder wurden verschleppt und das Dorf angezündet.«
(S. 286)

»Widerstandskampf ist keine Sache sentimentaler Aufwallung, sondern bedarf nüchterner und scharfsinniger Planung.«
(S. 287)

»Schließlich wagt sich diese (Besetzungsmacht) auch an die Kirche.

Die Religion wird zwar nicht ausdrücklich verboten, aber ihre Anhänger werden überall benachteiligt. In der Schule wird der Religionsunterricht untersagt. Die Ausbildung von Pfarrern und Priestern wird unterbunden, so daß viele Gemeinden keinen Seelsorger mehr haben.«
(S. 289)
»Geistige Freiheit hochhalten./Zwei jüngere Schriftsteller und eine Journalistin stehen in einem großaufgezogenen Schauprozeß vor den Schranken eines Gerichtes der Besetzungsmacht. Sie hatten vor der Besetzung zu den Avantgardisten gehört und europäischen Ruf genossen. Da sie die Zustände in der Schweiz oft zynisch glossiert hatten, schrieb man ihnen Sympathien zur Ideologie der jetzigen Besetzungsmacht zu. Nach der Besetzung hatte der Kulturkommissär der Besetzungsmacht versucht, die zwei Schriftsteller und die bekannte Journalistin vor den Wagen seiner Propaganda zu spannen, indem er ihnen gut bezahlte Stellen im Kulturkommissariat anbot ... Sie blieben ihrer Aufgabe treu, auch unter der neuen Ordnung die Wahrheit zu sagen, so wie sie sie unter der alten Ordnung gesagt hatten. Sie wurden der Gefährdung der Staatssicherheit schuldig befunden und zu langjährigen Zuchthausstrafen verurteilt.«
(S. 290)
»Das Beispiel zündet. Jeder weiß nun, was er zu tun hat. Niemand fällt auf den Kulturköder der Besetzungsmacht herein. Jeder steht an seiner Stelle für die Wahrheit: Mütter, Lehrer, Pfarrer, Schriftsteller ... Niemand paßt sich an.«
(S. 291)
»Viele Schweizerinnen und Schweizer werden erschossen oder in Konzentrationslager verschleppt. Dörfer werden zerstört. Doch diese Opfer haben einen Sinn – weil jeder Schlag gegen den Gegner uns der Freiheit näher bringt. Wer in diesem Kampf fällt, hat sein Leben für die Heimat und für die Freiheit hingegeben, wie ein Soldat an der Front. Die Widerstandsregierung hat sich verpflichtet, für seine Angehörigen zu sorgen; auf Umwegen, solange das Land besetzt ist, offen, nach der Befreiung des Landes.«
(S. 295)
»Es mag sein, daß am Tag des Vorstoßes aus dem Alpenraum der Oberbefehlshaber der schweizerischen Widerstandsarmee durch Flugblätter einen Tagesbefehl in der folgenden Art an die Bevölkerung der

Schweiz erläßt: Schweizerinnen und Schweizer! Die Stunde der Freiheit ist gekommen. Die Armeen der Befreiung stoßen vom Ausland und aus dem Alpenraum vor. In wenigen Tagen sind wir bei euch ... Begeht keine Handlungen des Hasses gegen Schweizer, die ihr für Mitarbeiter des Feindes gehalten habt. Viele von ihnen waren unsere getarnten Agenten ...«

(S. 299)

»Wir haben das Bild des Krieges an uns vorbeiziehen lassen, damit wir uns im Geiste mit seiner Wirklichkeit vertraut machen. Nur so werden wir innerlich stark und brechen in der Gefahr nicht zusammen.«

(S. 300)

NOTGEPÄCK

(S. 304)

In Rucksäcken, in der Wohnung griffbereit:

Starke, warme, regensichere Bekleidung, Leibwäsche, Socken und Strümpfe zum Wechseln, Kopfbedeckung, Halstuch und Handtuch (Strahlenschutz), Taschentücher, hohe Schuhe, Pantoffeln, Wolldecke oder Schlafsack, Toilettenartikel, Klosettpapier, Gasmaske, Schutzbrille, Ersatzbrille für Brillenträger, Taschenlampe mit Ersatzbatterien, Nähzeug, Taschenapotheke, Schnüre, Schuhriemen, Sicherheitsnadeln, Kerzen und Zündhölzer, Kochgeschirr, Gamelle oder Campingkocher, Feldflasche, Taschenmesser und Besteck, Batterie-Radio mit Ersatzbatterien, Plastictücher.

Notvorrat für zwei Tage, staub- bzw. gasdicht verpackt:

Leichte konzentrierte Lebensmittel wie Knäckebrot, Zwieback, Suppenkonserven, Schachtelkäse, Trockenfleisch, Fleisch- und Fischkonserven, Schokolade, Zucker, Tee, Sofortkaffee, Dörrfrüchte, Milchpulver oder Kondensmilch.

Mäppchen, enthaltend:

Persönliche Ausweispapiere, AHV-Ausweis, Rationierungskarten, Versicherungspolicen, Krankenkassenbüchlein, Berufsausweise, Geld und Wertpapiere, Zivilverteidigungsbuch, Erkennungsmarken des Roten Kreuzes für Kinder.

SCHUTZRAUMVORRAT

(S. 305)

Für den Kriegsfall und bei radioaktiver Verstrahlung:

...

Die Lebensmittel sind im Schutzraum in Originalpackungen, Plastic-
beuteln oder Büchsen strahlensicher und trocken zu lagern. Sie sind
gelegentlich zu wenden und jährlich oder nach Vorschrift auf den Pak-
kungen auszuwechseln. Die Schaffung spezieller Vorratspakete ist in
Prüfung. Genauere Informationen darüber erfolgen zu gegebener Zeit
über Presse, Radio und Fernsehen.
VATERLANDSLIEDER
(S. 314)
»Rufst du, mein Vaterland
sieh uns mit Herz und Hand
all dir geweiht.
Heil dir, Helvetia!
Hast noch der Söhne ja
wie sie St. Jakob sah,
freudvoll zum Streit.
Da, wo der Alpenkreis
dich nicht zu schützen weiß –
Wall dir von Gott –
stehn wir, dem Felsen gleich,
nie vor Gefahren bleich,
froh noch im Todesstreich,
Schmerz uns ein Spott.«

(Aus: ZIVILVERTEIDIGUNG, herausgegeben vom Eidgenössischen
Justiz- und Polizeidepartement im Auftrag des Bundesrates, Geleit-
wort von Bundesrat L. von Moos. Das handliche Buch in einem haltbaren Leineneinband wird kostenlos an sämtliche Haushaltungen verschickt in allen Landessprachen.)

Japan

Kein Geheimnis; aber wie erkläre ich es genau: – Abflug von Kopenhagen
noch bei Tageslicht; Grönland unter den Wolken, man erfährt es durch
den Lautsprecher; es wird einfach nicht dunkel; einmal eine Stunde lang
Arktis; die Dämmerung kann Morgen oder Abend meinen, und ich weiß
nicht, wo jetzt Norden ist, ob es heute oder gestern ist; Gebirge von Alaska,

aber die Sonne steht nie, wo ich sie erwarte; in Anchorage zeigen die Uhren schlichterdings Mittag; dann fliegen wir weiter, aber wieder in der Zeit zurück; wieder nur Wolken viele Stunden lang; ich schreibe Dir einen Brief, bis er plötzlich da ist; der FUJI, seine weiße Spitze im blauen Himmel wie auf Plakaten; auch Japan unter Wolken; wieder einmal soll man sich anschnallen ... Einen Monat später, als die Maschine (sie melden es nicht durch den Lautsprecher) über Vietnam fliegt, ist es Nacht und Nacht in Bombay, eine warme Nacht, immer noch Nacht in Athen, und als sie in Kloten landet, geht gerade die Sonne auf: pünktlich im Osten, wo ich herkomme. Erzähle! Das tue ich; plötzlich gewinnt die Reise ihren Sinn.

Zeitungen gelesen, nachher das Gefühl: Es geschieht eigentlich nichts. Getrost an die Arbeit; nochmals Versuche mit dem Theater ... Die TV-Nachrichten abends bestätigen, daß nichts geschehen ist: Am Suez ist wieder geschossen worden, Tote; die Vietnam-Konferenz in Genf. Das alles weiß man. Endlich der Wetterbericht, Hochdruck verschiebt sich wie üblich, Aussichten für Donnerstag und Freitag, nachher wieder das Gefühl: Es geschieht nichts, wenigstens nichts, wovon ich überhaupt keine Ahnung habe –
Lektüre:
Zehn Jahre kubanische Revolution. Daten. Es beginnt mit dem 25. 11. 1956, Einschiffung im mexikanischen Hafen Tuxpan, eine Jacht mit 82 Revolutionären überquert den Golf, unbemerkt von aller Welt. Landung am Strand von Las Coloradas in der kubanischen Provinz Oriente am 2. 12. 1956. Sie werden bemerkt und versprengt; am 5. 12. 1956 bleibt noch eine Gruppe von 12 Partisanen, die Kuba befreien wollen. Später habe ich vermutlich in der Zeitung gelesen von Banditen, von rechtmäßiger Regierung als Herr der Lage; drei Jahre später, 1959, vermutlich auf der ersten Seite: Flucht von Batista. Irgendwann einmal das erste Foto von dem bärtigen Banditen.

(Ich überlege während der Lektüre, was mich 1959
beschäftigt hat.) Ab und zu wieder Nachrichten aus
Kuba: Hinrichtungen. So prägt sich der Name ein:
Castro. Offenbar ein wilder Diktator, diesmal kommunistisch; daher der USA-Boykott gegen Kuba,
alles durch Kommentare verständlich: Castro ver-
staatlicht, aber das bewirtschaftete Land (Tabak,
Zucker) gehört meistens amerikanischen Staatsbür-
gern, Castro spricht von langfristiger Entschädigung, aber nicht von einer Garantie, daß Kuba eine
Profit-Kolonie bleibt; die amerikanischen Investitionen in Gefahr, Enteignung durch Gewalt, Gefahr für die freie Welt. Ab und zu wieder Nachrichten, die nicht überraschen, nur bestätigen: die
katastrophale Wirtschaftslage infolge Kommunismus, Terror. Langsam weiß man's. Nichts Neues. Nur
einmal halten wir den Atem an: Kennedy gibt der US-
Navy den Schießbefehl, falls die sowjetischen Ra-
keten-Transporter ihren Kurs auf Kuba fortsetzen;
Chruschtschow dreht ab. Wir atmen auf. Aber Kuba
gilt als Gefahr für die Welt . . . Ich frage mich,
seit wann ich eigentlich weiß, was in Kuba geschehen ist. Nicht erst seit heute. Aber 1956, als es in
Oriente mit 12 Mann begann, konnte man keine Ahnung
haben; auch kaum in den drei Jahren des Guerilla-
Kampfes. Ich frage mich, wovon ich an einem Tag wie
heute keine Ahnung haben kann. War heute ein Datum?

Kabusch

Kabusch ist kein Einwandrer, nicht fremdstämmig; daran kann es nicht
liegen. Was nehmen sie Kabusch übel? Wenn er gelegenheitshalber eine
Krawatte trägt, so ist es nicht ausgeschlossen, daß Kabusch in einer Gesellschaft johlt, die Kunst sammelt und von Löwenjagd in Afrika erzählt; plötzlich johlt er wie ein Senn. Kabusch ist Maler. Wenn von Kabusch die Rede
ist, so findet sich kaum jemand, der ihm die Stange hält. Es nützt auch

nichts, wenn ich mich als seinen Freund bezeichne. Es überzeugt nicht. Wer sich über Kabusch beiläufig lustig macht, tut es in der leichten Gewißheit, daß nicht widersprochen wird; Kabusch ist bekannt. Wofür? Einmal spielt er Gitarre auf einem Waschbrett und singt Nonsense dazu; man hat sich gekrümmt vor Lachen, nein, das muß man zugeben. Warum zugeben? Manche halten Kabusch für arrogant. Ist jemand dabei, der Kabusch zum erstenmal trifft und von diesem Mann eigentlich entzückt ist, zum Beispiel von seinem Temperament, von seinem uneigennützigen Interesse nach vielen Seiten, von seiner Spontaneität usw., so erfährt er auf dem Heimweg bloß, daß sein Entzücken nicht geteilt wird; es steckt auch niemand an. Eigentlich liegt gegen Kabusch nichts vor. Man kann nur nichts dafür, daß Kabusch nicht überzeugt, Kabusch als Person. Warum malt er? Dabei war Kabusch in seinem früheren Beruf sehr erfolgreich. Warum kümmert sich Kabusch immer wieder um öffentliche Angelegenheiten? Schon sein Name genügt, daß sein Einsatz vergeblich ist. Weiß er das nicht? Manchmal hat er es satt, verzieht sich nach Paris; kein Verlaß auf Kabusch, sagen sie. Immer wenn man einen Kabusch brauchen könnte, sitzt er gerade in Paris. Kommt er ins Land zurück, so finden sie, Kabusch machte sich wichtig. Kabusch ist ein Enthusiast; wenn er eine Sache verficht, so kann er wie Savonarola aussehen, dann wieder wie ein Gärtner, manchmal wie ein Uhu mit Menschenlachen. Er lebt gerne. Er ißt mäßig und trinkt nicht, Asket mit Neigung zum Übermut. Es kommt vor, daß er sagt: Wir sind Könige, wir sind Könige! Kabusch ist naiv, dabei ein Mann um 50, ohne Ironie als Selbstschutz. Was er immer ernst nimmt: die Kunst, die neuesten Erkenntnisse der Wissenschaftler. Er war begeistert vom Pariser Mai. Im Atelier, einer großen Baracke, trägt er Stiefel wie ein Erdarbeiter, die blaue Schürze eines Handwerkers; es besuchen ihn Sammler aus Chicago. Kabusch verkauft, aber auch daran kann es nicht liegen; andere verkaufen auch. Es ist nicht Neid, was Kabusch neuerdings kaltstellt; seine Erfolge in der Welt beglänzen ihn nicht, im Gegenteil, sie machen ihn eher verdächtig. Manchmal sitzt er da und zuckt die Achsel, dann wieder holt ihn sein Humor, aber er weiß, daß Kabusch irgend etwas falsch macht –

. . .

Sein Vater war Arbeiter, stämmig und immer etwas zu groß für die Demut, die einem Zeugen Jehovas ansteht, wenn er vor die Haustüren tritt und

Traktate verteilt. Als er später zu Geld kam, vermachte er seinen Glaubens-
genossen einen kleinen Tempel und wurde seiner frommen Ämter enthoben wegen Mangel an Demut.

. . .

Kabusch hat jemand sein Haus zur Verfügung gestellt, einem jungen
Schriftsteller, der Pech hat; zum Beispiel hat er die simple Heizung nicht
bedienen können, Röhren sind eingefroren, das Klosett. Das kann es ja geben. So ist er eben ausgezogen, der Pechvogel, um nicht im Haus von
Kabusch zu schlottern: ohne Meldung an Kabusch, hingegen mit einer
Hinterlassenschaft von beträchtlichen Telefon-Rechnungen. Was macht
Kabusch, als er zurückkommt? Er schlottert eine Woche lang, bis die Repa-
raturen erledigt sind, und spricht nicht davon. Die Anekdote hingegen, die
der Beschädiger sich macht, hört man mit Vergnügen; sie ist komisch. Sie
paßt zu Kabusch. Auch ein andrer, dem Kabusch einmal nach Paris verhol-
fen hat, weil es ihm dreckig ging, kann leider nicht für Kabusch eintreten;
es ging ihm dreckig auch in Paris, ganz dreckig. Wer für Kabusch eintritt,
überzeugt nicht. Ich habe es wieder einmal versucht. In einer Gruppe, die
noch Genossen braucht, schlage ich unter anderem (so viele gibt es ja nicht
am Ort) auch Kabusch vor, und der diesen Vorschlag strikte ablehnt, geradezu wild, ist der junge Beschädiger; er sagt bloß: Kabusch?! Das genügt
schon; auch Leute, die Kabusch nicht persönlich kennen, finden Kabusch
unmöglich und erheben sofort ihre Hand gegen diesen Antrag. Natürlich
weiß Kabusch nichts von dem Vorfall, als der junge Schriftsteller, ein liebenswerter Freund auch er, kurz darauf bei Kabusch auftaucht und sich erkundigt, ob denn sein Haus nicht wieder einmal für einen Monat frei
wäre –
Usw.
Was macht Kabusch falsch?

ZÜRICH, DEZEMBER 1969

Im großen Haus eines Kunstsammlers (Rechtsanwalt,
ungefähr 80facher Verwaltungsrat, Honorar-Konsul
der Republik Südafrika, auch Mitglied des Verwal-

tungsratsausschusses der NEUEN SCHAUSPIEL AG ZÜ-
RICH) findet ein Empfang zu Ehren von Varlin statt.
High Society. Ein Herr v. Kastelberg wundert sich
aufrichtig, als er auf der Tischkarte den Namen
seiner jüngeren Nachbarin liest, sagt es auch
offenherzig: das habe er aber nicht für möglich
gehalten, nein, sie sehe ja nicht unglücklich aus,
obschon sie mit einem Psychopathen verheiratet
ist. Es beschäftigt ihn menschlich. Ob sie mit diesem Psychopathen lebe. Nachdem er etwas getrunken
hat, geht er in sich und findet: dann könne ihr Mann
aber kein Psychopath sein, wenn er so eine Frau hat,
im Ernst, und das freue ihn jetzt. Um dieser Freude
auch Ausdruck zu verleihen, bittet Herr v. Kastelberg, sie möge ihrem Mann, den er leider nicht
kenne, diese Zigarre überreichen. Sie tut's am andern Tag. Ich rauche die Zigarre, HOYO DE MONTEREY,
meine Marke.

Was hat die Linke in diesen Jahren versäumt? Was
sie erreicht hat: eine Isolation der Intelligenz –
das Bewußtsein ihrer Ohnmacht, solange sie mit
dem Arbeiter nur umgeht wie mit einem Begriff.

1970

Kabusch II

Er ist kein Maler, kein Savonarola, kein Uhu mit Menschenlachen usw. Daran kann es nicht liegen. Er johlt nicht in einer besseren Gesellschaft und überhaupt nicht. Er trägt eine randlose Brille. Gitarre spielen auf einem Waschbrett, das kann er lassen. Was macht Kabusch trotzdem verkehrt? Ein belesener Mann, das muß man zugeben, und dabei nicht vorlaut; man muß ihn erst fragen, damit er spricht. Ob es denn auch stimmt, was Kabusch zu diesem oder jenem Thema weiß, bleibt allerdings fraglich, solange nicht irgend jemand dazu nickt, und das ist nicht immer der Fall; nicht immer ist jemand da, der auch einigermaßen Bescheid weiß. Dann läßt man dieses Thema. Er ist Bibliothekar. Neuerdings hat er einen Lehrauftrag an der Universität, was seine Bekannten etwas verwundert, aber man gönnt es ihm; offenbar braucht Kabusch solche Bestätigung.

. . .

Was Kabusch (wer immer er ist) sich nicht leisten kann: Stolz. Dann wirkt es bloß, als sei er beleidigt, also peinlich.

. . .

Unter besonderen Umständen vergißt er, daß er Kabusch ist; zum Beispiel hat er einmal eine Totenrede zu halten, da er den Verstorbenen gekannt hat wie kein andrer. Ein jüngerer Kollege sagt ihm nachher, seine Rede sei gar nicht peinlich gewesen, Ehrenwort, nicht im mindesten peinlich. Solcher Zuspruch erschreckt ihn am offenen Grab.

. . .

Kabusch ist sein Spitzname als Schüler. Das Gerücht, seine Mutter sei beim Zirkus gewesen, ist nicht aus der Klasse zu bringen. Seine Anfälle von Jähzorn deswegen. Meint Kabusch vielleicht, er sei etwas Besonderes, weil seine Mutter beim Zirkus gewesen ist? Er merkt lange nicht, was Kabusch heißt. Zum Beispiel sorgt er für einen Fußball, einen aus Leder, ferner sorgt er für die Erlaubnis, die Wiese benutzen zu dürfen für das Ereignis des Jahres. Will er auch noch für gutes Wetter sorgen? Als die Klasse, der er mit Stolz angehört, die Mannschaft zusammenstellt, scheint es nur Kabusch zu verwundern, daß er weder als Torhüter noch als Stürmer gefragt ist; auch die andern Posten sind schon vergeben worden, während Kabusch, übrigens der einzige mit regelrechten Fußballschuhen, die Strafraumgrenze ausgemessen und mit Sägemehl sorgsam markiert hat. Vielleicht braucht man einen Ersatzmann? Man wird sehen. Wer bestimmt eigentlich? Eigentlich niemand; es ergibt sich so. Kabusch soll sich jetzt nicht wichtig machen, weil er den Fußball geliefert hat; er kann ihn nach dem Spiel wiederhaben. Nichts weiter.

. . .

Jedermann macht in Gesellschaft einmal einen Witz auf Kosten andrer, die nicht zugegen sind; nur Kabusch kann sich das nicht leisten. Zwar wird gelacht, nur weiß er sofort, daß sein Witz ungerecht ist und erschrickt; Kabusch ist auf Gerechtigkeit angewiesen.

. . .

Ein andrer, der ungefähr die gleichen Voraussetzungen hat und sich in der gleichen Gesellschaft bewegt, schlägt einfach zurück und wird Großunternehmer, Großwerbefachmann, Großverwaltungsrat usw. Er denkt nicht daran, sein Haus freundschaftlich beschädigen zu lassen oder sich anzuhören, daß seine Rede durchaus nicht peinlich gewesen sei, oder die Rechnung für alle zu bezahlen, bloß weil er empfindlich ist, oder zu verstummen, wenn niemand nickt, oder überhaupt etwas verkehrt zu machen; er denkt ja nicht dran und ist ein Emporkömmling auch, Sohn eines Hauswartes, Rotary-Member, eine frohe und gewinnende Persönlichkeit.

. . .

Tut Kabusch sich selber leid?

...

Als Lehrling protestiert er gegen Überstunden für außerfachliche Dienst-
leistungen. Es bekommt ihm nicht, wenn Kabusch protestiert; dann kann
es geschehen, daß er stottert. Hingegen gewinnt er den Preis in einem
Lehrlingswettbewerb der Stadt; das spricht für seinen Lehrmeister.

...

Es hat nichts mit Herkunft zu tun. Sein Vater ist kein Arbeiter gewesen,
seine Mutter nicht einmal gerüchtweise beim Zirkus. Daran kann es nicht
liegen. Noch Ende des 19. Jahrhunderts spielte seine Familie eine nationale
Rolle. Er fährt einen Volkswagen. Warum keinen Bentley? Das nimmt
man Kabusch nicht ab, dies nebenbei. Ein ungeduldiger Schauspieler ruft
laut ins Atelier: Wer ist denn hier der Kamera-Mann? Dabei steht er neben
der Kamera, seit einer Stunde bereit. Kabusch kommt nicht an (wie es im
Jargon der Schauspieler heißt); zum Beispiel muß er die Arbeiter im Atelier
dreimal bitten, wenn Kabusch etwas braucht; brüllt er, so entsteht lediglich der Eindruck, Kabusch sei seiner Sache nicht sicher. Dann macht
er's lieber eigenhändig. Werden später die Aufnahmen zur Probe vorge-
führt, so entschuldigt er sich: es sei natürlich erst ein Rohschnitt, die Kopie leider zu dunkel usw. Man zeigt Nachsicht: Bitte! Nachher sagt der
Schauspieler: Mensch, das ist ja prima! Eines Tages erscheint er mit einer
neuen Freundin, die Aufsehen erregt: eine black-beauty. Man macht ihr
den Hof, als gehöre Kabusch nicht zu ihr. Man glaubt das einfach nicht.
Unser Kamera-Mann soll sich nicht übernehmen. Als sich erwiesen hat,
daß diese Frau trotzdem zu Kabusch gehört, behandelt man sie allmählich
wie Kabusch. Er kann das nicht verhindern. Believe it or not, das hat
nichts mit Rassismus zu tun.

...

Es gibt Kabusche in jedem Beruf. Ich beobachte einen Kellner. Die andern
Kellner, die doch die gleichen Speisen aus der gleichen Küche servieren,
hören von den Gästen nie eine Beschwerde; nur Kabusch eignet sich dafür.
Sogar von Tischen, wo er gar nicht bedient, wird Kabusch gerufen: wegen
Durchzug, es fehle noch immer der Senf usw. Er mißversteht das auch

nicht; sie mögen Kabusch, das weiß er. Als er Oberkellner wird, ändert sich eigentlich nichts; immer die Flasche, die Kabusch entkorkt, riecht leider etwas nach Korken.

. . .

Es kann sich auch um eine weibliche Person handeln. Zum Beispiel glaubt man nicht, daß ihre Berufstätigkeit (Psychiatrie) etwas anderes als Ersatz sei. Was sie so sagt, ist klug. Das muß man zugeben. Wieso zugeben? Übrigens kocht sie auch ausgezeichnet, obschon sie neuerdings an Kongressen spricht. Man rühmt sie für ihre Hilfsbereitschaft, die auch ausgenutzt wird, und umgibt sie mit einer Mischung von Wohlwollen und Mitleid, das sie unsicher macht, manchmal auch steif. Was macht sie verkehrt? Sie hat Kinder. Wenn grad von Kindern die Rede ist, wird es sofort anders; man läßt sie reden, und Lisbeth kann sich entfalten, und es überzeugt, bis sie wissenschaftlich argumentiert. Nichts gegen die Argumente, aber man nimmt ihr den Jargon nicht ab, den man selber spricht, Jargon als eine Ausdrucksweise, die dem Sprechenden selber Eindruck macht. Wie gesagt, sie kocht ganz ausgezeichnet. Natürlich weiß sie in ihrem Fach mehr als die Gäste; das schon. Man hört ja auch zu. Nur ihr Mann zeigt sich dann nervös, hütet sich aber, das Thema zu wechseln. Merkt Lisbeth es nicht? Je länger sie spricht, um so weniger ist sie vorhanden, und es ist nichts zu machen; ihr Wissen, bestätigt durch zwei Diplome, steht ihr nicht. Sie kleidet sich durchaus elegant; dann immer die Frage: Wo haben Sie bloß diesen tollen Mantel her? mit der Versicherung: Das steht Ihnen aber! und mit einer Rückfrage an ihren Mann: Oder finden Sie denn nicht? als sei das von Mal zu Mal verwunderlich, ein Glücksfall, als könne die Psychiaterin keinen eignen Geschmack haben. Irgendwann im Lauf des Abends, spätestens in der Garderobe kann ihr Mann es nicht unterlassen, offensichtlich gegen ihren Wunsch beiläufig zu erwähnen, was sie, als Psychiaterin, alles leistet, zum Beispiel im Institut, ganz zu schweigen von den Konferenzen und Kongressen, ferner schreibe sie ein Buch usw. Wieso ist es ihr peinlich? Dann faltet sich ihre Stirne über dem Ansatz einer schönen Nase; es sei kein Buch, eher eine Broschüre. Es ist peinlich; die Gäste stehen bereits in ihren Mänteln und möchten sich bedanken.

. . .

Irrtum von Kabusch: er meint sich durch Leistung rechtfertigen zu müssen, zu können. Das gerade entwertet seine Leistungen von vornherein. Er geht nicht ohne Erfolge aus; nur geben sie ihm, Kabusch, keinen Glanz.

. . .

Es ist besser, wenn er nicht trinkt wie die andern; dann vergißt er, daß er Kabusch ist, und wird mit Schrecken erwachen am andern Tag.

. . .

Er ist Sprecher beim Fernsehen. Die Nachrichten, die er mit seiner korrekten Aussprache versieht, sind in der Regel so wichtig, daß man sie auch Kabusch abnimmt. Das spürt er, ohne seinerseits das Publikum zu sehen, die Leute in den Stuben und in den Wirtschaften. Was man weniger abnimmt: die bunte Krawatte, Maßanzug, Siegelring (neuerdings verzichtet er auf diesen Siegelring, offenbar hat man es Kabusch gesagt) und seine Frisur, überhaupt die Person. Dabei gibt er sich alle Mühe, nicht persönlich zu erscheinen. Es geht um Staatsbesuche, Katastrophen, Staatsstreiche, Gipfeltreffen, Verbrechen, Reisen des Papstes usw. Er vermeidet jede Miene dazu, die Kabusch sich nicht leisten kann, ausgenommen vielleicht eine unwillkürliche Miene der Erleichterung, wenn er zu den Wetteraussichten kommt. Für Augenblicke verdeckt ihn dann die Wetterkarte mit den vertrauten Landesgrenzen. Als er zum Schluß, wieder allein im Bild und jetzt mit Blick gradaus, wie üblich Gutenacht wünscht, sagt jemand in der Bar: Dir auch! Alle lachen.

. . .

Es ist nicht leicht für die Kinder, Kabusch als Vater zu haben. Zumindest meint er das; seine Großmütigkeit erscheint wie Werbung, wenn nicht sogar wie eine Art von Wiedergutmachung.

. . .

Ab und zu bezeichnet er sich als Idiot.

· · ·

Es kommt auch vor, daß er sich stellt, daß er es uns zeigen will: er blickt
aus Wahl-Plakaten und wird Bürgermeister. Die Wähler haben Kabusch erkannt; er wird sich Mühe geben, dieser Mann, er wird sie nicht erschrek-
ken, dieser Mann, er wird sich nichts leisten können.

· · ·

Was er sich anrechnet: daß er kein Hochstapler ist. Dabei hat Kabusch
diesbezüglich gar keine Chance; es wirkt schon wie Größenwahn, wenn
er, Kabusch, sich etwas nicht gefallen läßt.

· · ·

Der Concierge im Hotel, der Kabusch erkannt hat, nickt freundlich, fast
familiär; nachdem er allen andern den Schlüssel überreicht hat, fragt er
gar: Wie geht's, Herr Doktor, wie geht's? und nachdem er sich mit dem
Portier noch unterhalten hat, gibt er Kabusch den Schlüssel.

· · ·

Es hilft nichts, daß Kabusch, der Kamera-Mann, in Cannes eine Auszeichnung bekommt; man weiß, wie derlei zustande kommt, und es ist freundlicher, wenn man nicht davon spricht. Er selber spricht auch nicht davon
und tut gut daran.

· · ·

Wie ehrgeizig ist Kabusch?

· · ·

Habe ich ein Argument, das eben noch einigermaßen überzeugt hat, und
Kabusch kommt dazu, Kabusch bringt dasselbe Argument (mit seinen
Worten), so habe ich fortan ein Argument weniger. Es überträgt sich.

. . .

Manchmal meint er, es würde genügen, daß er, Kabusch, beispielsweise
um die nächste Straßenecke geht, dort eine Weile wartet, dann zurückkommt: ohne Kabusch. Wie irgendeiner. Ohne Erinnerung an alles, unbefangen. Nichts weiter. Ohne sich zu entschuldigen, daß er sie eine Weile
hat warten lassen, eine Viertelstunde oder ein Vierteljahr. Darauf käme
es vermutlich an: ohne sich zu entschuldigen für Kabusch.

. . .

Vielleicht meint ein andrer, es liege daran, daß sein Vater eine bekannte
Persönlichkeit am Ort gewesen ist. Noch als Fünfzigjährigen fragt man
ihn: Und was machen Sie? Dann sagt er's. Warum zuckt Kabusch dabei
die Achsel? Eine Weile lang ist man aber besonders nett zu ihm.

. . .

Jemand erzählt gerade von einem Mann, der eines Tages alles aufgegeben
hat, seine Lehrerstelle, sein Einkommen, seine Ehe. Wer von uns wagt
das? Kabusch sitzt schweigsam dabei; er braucht sich nicht zu erwähnen,
tut es auch nicht mit einer Miene. Es ist nie dasselbe, wenn Kabusch dasselbe tut.

. . .

Selbstmord würde man Kabusch nicht abnehmen, d. h. den Tatbestand
schon; nur fände man es in seinem Fall eher peinlich.

. . .

Ein andrer versucht es mit Auswanderung. Kabusch in Canada. Obschon
er gemeint hat, er mache sich keine Illusionen, kommt er ins große Geschäft. Zum Beispiel als Architekt. Sein Sommersitz mit Wäldern, mit
einer eigenen Meeresbucht, mit Rindern usw. ist sagenhaft und verwundert ihn mehr als seine Gäste, die derlei gewohnt sind. Eines Tages sagt jemand: Das hätten Sie sich auch nicht träumen lassen, wie? Er erkennt
seine Illusion, Kabusch werde in Canada nicht erkannt.

. . .

Hält er sich für ausweglos?

. . .

Ich beobachte es nicht an ihm, aber an den andern: neuerdings fühlen sie sich freier in seiner Gegenwart, ungenötigt, er ist nicht mehr Kabusch. Dabei hat er dieselben Marotten, dieselben Fähigkeiten; er kleidet sich auch nicht anders, und dabei nähme man es ihm sogar ab. Sie wissen nicht, was vorgefallen ist; kaum jemand klopft ihm noch auf die Schulter, oder wenn es aus Gewöhnung nochmals geschieht, so merkt man, daß er sich nicht dafür eignet – er lacht . . . Wir müssen uns einen andern Kabusch finden.

BERZONA

Wird das Telefon abgehört? Und wenn ja: lohnt sich
das? Es ist das Beste, diese Frage am Telefon zu
besprechen.

Lunch im Weissen Haus 2. 5. 1970

Der Offizier, der wachsam im Vorraum sitzt, zeigt sich freundlich wie ein Concierge, dem unsere Pässe genügen; wir sind angemeldet. Der schwarze Taxi-Fahrer war eher mürrisch, als wir ihm unser Ziel nannten. Wir müssen warten. Der Offizier scheint sich zu langweilen, Mütze auf dem Tisch, Revolver am Gurt. Ich merke, daß ich mich nicht setzen kann; ich bin nervös, obschon an Ort und Stelle die Neugierde geringer ist, als ich sie mir eingeredet habe. Eine Sekretärin geht auf die Toilette; ein alter Neger leert die Aschenbecher im Korridor. Kein Zeichen von Alarm. Ab und zu gehen junge Männer hemdärmlig durch den Korridor, um sich ein Coca-Cola aus dem Automat zu holen; ihr small-talk dabei. Die Stimmung im Haus ist keineswegs nervös. Administration. Alltag bei der Weltmacht –

Seit vorgestern US-Einmarsch in Kambodscha, heute im Fernsehen die üb-
lichen Bilder: Tanks von hinten, Helikopter in Schwärmen, Soldaten mit
schiefen Helmen und mit schwerer Packung, Material, Waffen, Munition,
Material; sie arbeiten oder stehen etwas verloren in der Gegend, warten
auf Order, wohin in den Dschungel. Laut Sprecher wissen sie noch nicht,
daß sie eine Grenze überschritten haben; das sieht man der Vegetation
nicht an; als sie's von dem Sprecher erfahren, zeigt sich in ihren Mienen
keinerlei Regung. Erst auf die Frage, was sie dazu meinen, sagt einer ins
Mikro: »This is a mistake, I'm sure.« Ein anderer: »We're going to make
history, that's all I know.«

Wir warten im Korridor, der eng ist, nicht zu vergleichen mit einem Korridor bei IBM. Weder Chrom noch Leder. Man sitzt in gepolsterter Kleinbürgerlichkeit. Keine Spur von Reichskanzlei. Es könnte das Wartezimmer
eines Zahnarztes sein, abgesehen von den Fotos: Nixon in Hawaii mit
einem Blumenkranz um den Hals, er lacht, Nixon mit den Männern von
Apollo 13 nach der gemeisterten Havarie, er lacht und winkt; Nixon
mit Gattin auf einer Treppe, er winkt und lacht; Nixon beim Verlassen seines Flugzeuges, er winkt; Nixon im Garten als Haupt einer Familie, er
winkt nicht, aber lacht; dann wieder Nixon öffentlich, er schüttelt Kinder-
hände; Nixon bei einem Gala-Dinner mit Negern links und rechts, lauter
Onkel Tom, alle in Smoking; dasselbe Gala-Dinner nochmals –

Niemand kann angeben, wie groß die BLACK PANTHER PARTY ist. »The
BLACK PANTHER PARTY regards itself as a socialist organisation and be-
lieves that means of production should be in the hands of the people. They
declare that men only live creatively when free from the oppression of capi-
talism.« Man soll nicht mehr nach Harlem gehen als Weißer; wir fahren
trotzdem nach Harlem und gehen zu Fuß; als einzige Weiße im Apollo-
Theater. Keinerlei Belästigung; auch auf der Straße keine feindseligen
Blicke, wenn man als Weißer nicht gafft. Ungefähr dieselben Konsum-Gü-
ter, dazu dieselbe Sprache: aber ein anderer Kontinent. Keine Kampf-Paro-
len an den Mauern. Es ist schwer zu sagen, was sich in 20 Jahren verän-
dert hat; aber sehr viel. Im Kino: Gelächter über den weißen Helden.

Unser Gastgeber läßt sich entschuldigen, daß er noch einige Minuten beschäftigt ist, was wir leicht verstehen: seit vorgestern ein neuer Kriegsschau-

platz. Ich wundere mich noch immer über diesen Korridor; abgesehen von den Nixon-Fotos, die in ebenso billigen wie geschmacklosen Rahmen hängen, brächte mich nichts auf die Idee, daß man sich in der Firma befindet, die Milliarden umsetzt in Krieg. Erst als ich die Toilette suche, finde ich in einem Seitengang auch ein Foto von Nixon in Vietnam: Soldaten bei der Entgegennahme seines väterlichen Ernstes –

Ich bin als Tourist im Land, hauptsächlich um die amerikanische Malerei zu sehen in ihrer Umwelt, Ateliers in der Lower East Side. Unterwegs kommt man in Demonstrationen: Fahnen des Vietcong wehen vor der Public Library, Lautsprecher, ein dicker Helikopter kreist über dem Park, wo sie auf dem Boden hocken oder auf Balustraden, andere liegen unter den Bäumen, Jugend mit Guerilla-Bart und Jesus-Haar, lauter Jugend, männlich und weiblich, Gruppen mit Gitarre, die Polizei steht um den Park, die Jungen rufen: PEACE NOW, PEACE NOW, die Polizei schweigt und schaut niemand an, ihre Knüppel hängen mit einer Schlaufe an ihrer Hand, PEACE NOW, PEACE NOW, PEACE NOW. Niemand wird bedroht, die Polizei wirkt überflüssig, die Wolkenkratzer ringsum brauchen keinen Schutz. Einige rufen: REVOLUTION NOW, aber sie berufen sich auf die Verfassung. Es geschieht nichts; nur die Heilslehre, die Krieg führt, verfängt nicht mehr. Einige rufen: ALL POWER TO THE PEOPLE, dazu das Zeichen mit den zwei Fingern, dann rufen plötzlich fünfzehntausend: PEACE, PEACE NOW, PEACE, PEACE, PEACE.

Henry A. Kissinger, unser Gastgeber, begrüßt uns herzlich und bittet in sein Vorzimmer. Wir kennen ihn aus Harvard; damals als Professor für politische Wissenschaft war er gelegentlich schon Berater von Präsident Kennedy. Heute gehört er vollamtlich zum Weißen Haus, Berater für Militär-Politik. Er ist Mitte 40, untersetzt, auf eine weltmännische Art unauffällig; Akademiker nach deutscher Tradition, auch wenn er seine Hände in die Hosentaschen steckt. Der Anruf, der ihn nochmals eine Weile aufhält, kommt von Nelson Rockefeller, und also warten wir nicht nur verständnisvoll, sondern verlegen im Bewußtsein, wie kostbar seine Zeit ist. Zwei Sekretärinnen sitzen in seinem Vorzimmer und essen gerade ihren hot-dog. Auch hier ein Foto von Nixon: der Präsident, wie er Henry A. Kissinger, seinen stehenden Berater, im Sitzen anhört, umgeben von Flaggen; Szene wie aus einem Kipphardt-Stück – Henry A. Kissinger, jetzt dienstfrei, stellt uns eine Dame vor, die nicht zum Weißen Haus gehört, eine Schauspielerin; dabei scherzt er mit Bezug auf Siegfried Unseld: »my friend and left-wing-publisher«. Auch hier ein Foto von Nixon, Porträt mit Widmung an Henry A. Kissinger: »grateful for ever«, das Datum kann ich nicht lesen, da Henry A. Kissinger sich erkundigt, was ich zurzeit arbeite: Roman oder Drama? Sehr hungrig ist eigentlich niemand, aber es gibt noch andere Gründe für einen Lunch; schon das Bestellen ist ein willkommener Aufschub der Fragen, die unumgänglich sind, Fragen zur amerikanischen Invasion in Kambodscha. Wir einigen uns auf Mineral-Wasser. Nachdem der Weiß-Haus-Kellner uns verlassen hat, eröffnet Henry A. Kissinger mit einem Bericht zur persönlichen Situation: täglich Briefe mit Morddrohung. Der Mann vom Secret Service, der ihn infolgedessen beschattet, ist aber nicht zu sehen. Ist es der Kellner oder sind wir vollkommen vertrauenswürdig? Dann zum Generationen-Konflikt: es sei unsere Schuld, das Versagen der Väter und Lehrer, die jeder leeren Drohung nachgeben, resignieren, kapitulieren usw., statt zu vertreten, was sie als richtig erkennen, und Leitbilder zu geben. Henry A. Kissinger erzählt, wie er in einer Universität, zur Diskussion mit Studenten bereit, als »Kriegsverbrecher« angesprochen wird; ungefähr die Hälfte der versammelten Studenten stimmt dieser Beschuldigung zu, indem sie sich von den Sitzen erhebt und stehen bleibt; als er, Henry A. Kissinger, trotzdem zu einer akademischen Diskussion bereit ist, fällt wieder das Wort »Kriegsverbrecher«, daraufhin verläßt er den Hörsaal. Nicht wenige von den Jungen, sagt er, haben ihm brieflich für seine Haltung gedankt und sich für den Vorfall entschuldigt.

WAR CRIMES AND INDIVIDUAL RESPONSIBILITY, ein Memorandum von Richard A. Falk behandelt das Massaker von Song-My am 16. 3. 1968, wobei mehr als 500 Zivilisten niedergemacht worden sind: »The U. S. prosecutor at Nuremberg, Robert Jackson, emphazised that war crimes are war crimes no matter which country is guilty of them.« Die Charta des Nürnberger Tribunals bezeichnet als Verbrechen nicht allein Massaker, Deportation, Folter usw., sie enthält auch einen Artikel VI: »Crimes against peace: Planning, preparation, initiation or waging of a war of aggression in violation of international treaties, agreements or assurances.«

Was die Invasion von Kambodscha betrifft, sind wir nicht nur Laien, sondern uns dessen auch bewußt; Henry A. Kissinger hat seit Jahrzehnten theoretisch auf dem Gebiet gearbeitet, das der Laie schlichthin als Krieg bezeichnet, daher seine Gelassenheit zwei Tage nach der Invasion von Kambodscha. Das Essen: familiär-ordentlich, es lenkt also nicht ab. Was sollte ich denn erzählen: bloß um Henry A. Kissinger nicht die Frage zu stellen, die Millionen amerikanischer Bürger stellen? Er ist freundlich, vielleicht froh um einen Lunch mit Laien, fragt meinen Verleger nach seinem Verlag; aber Siegfried Unseld, sonst in jeder Lebenslage bereit, sofort und gründlich über die Pläne seines Verlages zu berichten, macht es kurz, um seinerseits eine Frage zu stellen, die Henry A. Kissinger (sie duzen einander aus der Zeit des Harvard-Seminars) leicht beantwortet; die Kambodscha-Aktion werde 14 Tage dauern, dann Regenzeit. Auch der Versuch unseres Gastgebers, das Gespräch auf Ehen zu bringen, gelingt nicht. Wieder entsteht eine Pause. Wer Präsident Nixon berät, hat es schwerer als ein Verleger oder ein Schriftsteller; er kann nicht, um von seinem Beruf zu schweigen, auf ein allgemeineres und wichtigeres Thema wechseln, zum Beispiel auf Krieg. Das ist ja sein Beruf, und da hilft auch keine persönliche Bescheidenheit, kein Takt unsererseits. Henry A. Kissinger sagt, daß ihnen der Kambodscha-Entscheid natürlich keine Freude macht. Man hat das kleinere Übel zu wählen (kleiner für wen?), und offenbar habe ich nicht richtig gehört: das kleinere Übel wird höchstens sechs Wochen dauern. Henry A. Kissinger, der seine Diät hält, spricht ohne Eifer und nicht viel; es drängt ihn nicht. Der Präsident weilt heute in seinem Landhaus. Um etwas zu sagen, könnte ich berichten, wie die Amerikaner, die ich getroffen habe, darüber denken; aber Henry A. Kissinger errät es, bevor ich es sage: das sind Studenten, Professoren, Maler, Schriftsteller, Intellektuelle. Er sagt: »Cynicals have never built a cathedral.« Der Protest im Land kann die Verantwortlichen nicht verwirren; sie allein kennen die Fakten, die geheim sind. Henry A. Kissinger ist ein Intellektueller, der Verantwortung übernommen hat, wobei er sich darauf beruft, daß nicht »wir« diesen Krieg in Vietnam begonnen haben; er meint: nicht die Regierung Nixon. Ein undankbares Erbe. Was nochmals die Invasion von Kambodscha betrifft: die USA haben überhaupt kein Interesse an Kambodscha, es geht lediglich darum, eine Position für Verhandlungen zu schaffen. Er fragt, was wir zum Nachtisch wünschen. Meinungsforschung hat ergeben, daß heute 63 % die Kambodscha-Invasion gutheißen, 25 % sind dagegen. (Die NEW YORK TIMES ist dagegen.) Ich bestelle also Fruchtsalat und bin froh, daß ein Hemdärmliger kommt mit der leisen Meldung: »The President is calling.« Wir, eine Viertelstunde allein, löffeln unsern Nachtisch schweigsam; was unser Gastgeber uns sagen kann, hat Nixon schon im Fernsehen gesagt: –

Keine Verletzung der Neutralität von Kambodscha, denn diese Neutralität hat der Vietcong schon verletzt. Keine Aggression gegen Kambodscha, denn im vorgesehenen Bezirk befindet sich keine Bevölkerung, nur Vietcong, dessen Stützpunkte zerstört werden. Die Regenzeit wird sechs Monate lang verhindern, daß der Vietcong diese Stützpunkte wieder erstellt. Keine Eskalation des Krieges, im Gegenteil, es handelt sich um eine Vorbereitung für den Abzug der amerikanischen Truppen; nach der Regenzeit werden die südvietnamesischen Truppen allein imstande sein usw.

Das Restaurant im Weißen Haus: traulich-gediegen wie eine Zunftstube, Gemütlichkeit in dunklem Holz, man könnte sich am Bodensee befinden. Hier kein Foto von Nixon, dafür vier Ölgemälde von alten Schiffen; drei davon in Seenot ...»The President is calling«... Ich esse Fruchtsalat, wo Millionen amerikanischer Bürger nicht zum Wort kommen. Was ist komisch daran? Ein Gastgeber unter täglicher Morddrohung; er zeigt keine Angst, auch keine Empörung darüber. Berufs-Risiko. Vielleicht schmeichelt es ihm sogar; es erinnert etwas an Caesar. Was sie jetzt am Telefon wohl sprechen? Ich stelle mir vor: Henry A. Kissinger, die rechte Hand in der Hosentasche, stehend, während wir Fruchtsalat essen. Ich überlege, warum ich einem Mann, der unter Morddrohung steht, ungern widerspreche: als schütze es ihn, wenn ich schweige, was immer er sagt.»Intellectuals are cynical and cynicals have never built a cathedral.« So denken auch Männer in unseren Behörden; es paßt zu dieser bräunlichen Zunftstube.

Professoren von Harvard besuchen Henry A. Kissinger wenige Tage später, um ihre bisherige Zusammenarbeit zu kündigen; sie bezeichnen die Kambodscha-Invasion als unverantwortbar und die Art, wie der Entscheid gefällt worden ist, als antidemokratisch.

Natürlich möchten wir das Weiße Haus besichtigen, aber es könnte uns ja irgendeiner führen, dessen Zeit weniger kostbar ist; offenbar möchte unser Gastgeber, nachdem der Kaffee getrunken ist, kein weiteres Kambodscha-Gespräch am Tisch, und wir nehmen's als Ehre, daß Henry A. Kissinger

uns jetzt die Residenz zeigt. (Zu gewissen Zeiten kann jedermann sie besichtigen.) Die Palastwache, nicht zahlreicher als Wächter in einem Museum, grüßt nicht militärisch; unser Gastgeber mit der linken oder rechten
Hand in der Hosentasche grüßt kurz-familiär, so daß die Uniformen, gerade im Begriff sich zu erheben, sich schon wieder setzen. Das gibt auch
uns eine leichte Aura des Familiären. Trotzdem wage ich nicht die gestopfte Pfeife anzuzünden, halte sie in der Hand oder im Mund, ohne zu
rauchen. Wände weiß, Teppich rot. Ich bin unsicher, was ich denken
soll ... Hier also haust die Macht. Sie gibt sich als ein Wesen, das Ruhe
liebt, Sauberkeit, die beim Aschenbecher anfängt; ein Wesen mit Tradition; ein Wesen, das die stillen Parke liebt, die grünen Rasen und Blumen
je nach Jahreszeit; wahrscheinlich liebt es keine Straßenschlachten, auch
wenn die Opfer selber schuld sind, und Massaker wie in Song-My müssen
ihm ein Greuel sein. Schon den gewöhnlichen Straßenverkehr mag es
nicht. Überhaupt keinen Lärm, der seine Meditation stören könnte; es
schätzt den Blick auf einen fernen Obelisk, das Geräusch eines Spring-
brunnens. Wer zum Haus der Macht gehört, ob als Militär-Berater oder
als Wächter, geht ohne Hast, offensichtlich ohne Sorge, so daß man nur
mit einem Lächeln an die Rufe denken kann: REVOLUTION NOW. Lincoln
und andere sind erschossen worden, zuletzt Kennedy; was hat das erschüttert? Ihre Porträts in Öl schaffen jene Stimmung, daß man als Besucher sofort leise spricht; selbst das Porträt von L. B. Johnson, der noch nicht aus
dem Jenseits auf uns blickt, gibt uns das Gefühl, daß uns Bescheidenheit
ansteht. Nur Henry A. Kissinger, der weniger erläutert als die gewöhnlichen Fremdenführer, nimmt einfach die Hände nicht aus den Hosentaschen, um ohne Worte zu versichern, daß es im Haus der Macht vollkommen natürlich zugeht, zivil, human, nämlich unsteif. Er macht sogar einen
Witz über die Jacqueline, das darf man. Vor allem ist die Macht, so scheint
es, immer aus guter Familie, ein Wesen, das Geschmack hat; Geschmack
beispielsweise an Porzellan und Stil-Möbeln. Das verleiht allem, was hier
geschieht, etwas Aristokratisches. Jeder Präsident hat sein Porzellan, das
später, wenn er nicht mehr im Amt ist, in Vitrinen ausgestellt wird; so achtet jeder das persönliche Porzellan seiner Vorgänger, und alle sind verbunden durch ihren Sinn für Porzellan. Wir gehen, ohne viel zu fragen, nicht
eigentlich in Andacht, aber schicklich; wenn wir die Marmor-Treppe hinaufgehen, lege ich beispielsweise meine Hand nicht aufs Geländer. Die
Malerei, die zur Möblierung der Macht gehört, hält sich an das vorige Jahr-

hundert; kein Rothko oder Roy Lichtenstein oder Stella oder Jim Dine, kein Calder usw. Bedürfnis nach Tradition, aber sie beginnt mit Lincoln und Washington; daher keine Ritterrüstungen. Nixon liebt vor allem Vögel. Es gibt keine Gobelins, die militärische Siege darstellen, oder ich habe sie nicht gesehen; man protzt hier nicht militärisch und überhaupt nicht. Die Macht gibt sich als dezentes Wesen, das niemand erschrecken möchte; kolossal ist nur die Realität, aber nicht die Villa, wo dieses Wesen wohnt und empfängt. Wieder ein Blick auf den Park; schon ein Jumbo-Jet, den man gerade hört, paßt eigentlich nicht dazu. Hier geht Historie auf Spannteppich. Nichts erinnert an Erdöl, nichts an die Computer im Pentagon, nichts an die CIA, nichts an die United Fruit Company usw. Hier steht ein großer Tisch, und ich nehme die Pfeife aus dem Mund: Hier also – ich glaub's – arbeitet der Präsident, zur Zeit Richard Nixon. Hinter dem leeren Sessel steht das Sternenbanner, zur Seite die Flaggen aller Waffengattungen. Der Arbeitstisch ist leer und aufgeräumt, aber authentisch. Der einzige Gegenstand, der glaubhaft macht, daß von diesem Platz historische Verfügungen ausgehen, und zugleich der einzige, der nicht antiquarisch ist: ein Telefon-Apparat, weiß. Und so stehen wir denn wie in Escorial, wenn man sich sagen muß: Hier also –!

Nixon vor der Presse (8. 5.) zur US-Invasion in Kambodscha: »Decisions, of course, are not made by a vote in the Security Council or in the Cabinet. They are made by the President with the advice of those, I, as Commander in Chief, I alone am responsible . . . I made the decision. I take the responsibility for it. I believe it was right decision. I believe it works out. If it doesn't then I am to blame.«

Um nicht zu fragen: Was haben im Fall einer Katastrophe, Bürgerkrieg oder Weltkrieg, die Opfer davon, daß Richard Nixon, Commander in Chief, persönlich die Verantwortung übernimmt und sich allenfalls umbringt wie Hitler? frage ich seinen Berater, welcher Art die Intelligenz des Präsidenten sei. Sie sei groß, so höre ich, größer als bei Kennedy oder Johnson. Aber welcher Art? Ich höre, daß es eine analytische Intelligenz sei; die Besichtigung geht weiter . . .

Zwei Tage später, 4. 5. 1970, werden in der Universität Ohio, Kent State, bei einer anti-war-demonstration vier Studenten erschossen von der Na-

tional Guard, die aus Notwehr gehandelt habe, so heißt es, gegen Hecken-
schützen, was von sämtlichen Augenzeugen bestritten wird; die Fotos hin-
gegen (LIFE) zeigen die National Guard, wie sie aus 30 Meter Entfernung,
also nicht einmal von Steinwürfen bedroht, in die Menge schießt. Ohne
Warnung. Sie hatten die Nerven verloren, so heißt es, weil ihr Vorrat an
Tränengas zu Ende ging. Nixon sagt dazu: »The needless death should re-
mind us all once more that when dissent turns to violence it invites tra-
gedy«, wozu die NEW YORK TIMES bemerkt: »which of course is true,
but turns the tragedy upside down by placing the blame on the victims in-
stead of the killers.« Nixon schreibt persönliches Beileid an die Eltern.

Als nächstes besichtigen wir ein kleines Zimmer, wo der Präsident sich ausruhen kann, nicht größer als die Garderobe eines Schauspielers; eine schmale
Couch, Sessel und Schrank, Waschbecken. Was hier fehlt: der Schminktisch. Ich sehe: Hier also ruht Nixon zwischen seinen Auftritten ... Langsam verliert sich meine Befangenheit; was wir sehen, hat nichts mit der Realität zu tun. Wozu besichtigen wir's eigentlich? So groß ist das Weiße Haus
nicht; trotzdem das Gefühl, unser Gang sei endlos. Wände weiß, Teppich
rot, es gibt den Korridoren etwas Heiteres; es ist fast schade, wenn unser
Gastgeber unterbricht: Hier ist zum Beispiel gerade Bundeskanzler Willy
Brandt empfangen worden. Dabei bin ich noch immer bei seinem Satz,
der beim Lunch gefallen ist: Was in Kambodscha geschieht, wenn wir Vietnam verlassen, das ist nicht unser Problem! Ich nicke: Hier also mußte
Willy Brandt speisen. Gegenüber einem Mitarbeiter, dem er uns vorstellt,
wieder der scherzhafte Ton: »my friend and leftwing publisher«. Ich weiß
jetzt, daß in diesem Haus ein offener Geist lebt. Wie die jungen Herren,
die wir im Warteraum gesehen haben, ist auch dieser Mitarbeiter hemdärm-
lig-adrett-lässig; die ersten Nachrichten aus Kambodscha scheinen erfreulich zu sein, wie nicht anders erwartet. (Damals in Harvard, 1963, konnte
Henry A. Kissinger noch offener sein, ein Intellektueller, der nicht die große Verantwortung trägt; damals redete er besorgter.) Eigentlich hätte ich
eine Frage, aber es kommt nicht dazu; wir besichtigen einen Salon, wo
Henry A. Kissinger und der Botschafter der UdSSR zu sitzen pflegen. Ich
nicke, als bedürfe es meiner Bestätigung. Der Salon erinnert mich an das
Kurhaus Tarasp: viele Fauteuils in kleinen Gruppen, alle unbequem, aber
gediegen, Stil, vermutlich sind es echte Antiquitäten. Jetzt hat Henry A. Kissinger beide Hände in den Hosentaschen, um zu zeigen, daß er für die In-

nen-Architektur nicht verantwortlich ist. Das ist auch Nixon nicht. Die
Wohnung, die der jeweilige Präsident sich nach eigenem Geschmack einrichtet, befindet sich ein Stockwerk höher; wir sehen lediglich die Staats-
räume, die, wie gesagt, jeder amerikanische Bürger besichtigen kann zu gewissen Zeiten. Demokratie kennt kein Geheimnis vor den Wählern ... Hier
also (jetzt nicke ich schon, bevor ich weiß, was es zu bestätigen gilt) versammelt sich das Kabinett. Ein überzeugender Saal. Um einen langen und breiten und schweren Tisch stehen Sessel aus Leder, nicht allzu prunkvoll, gerade richtig: Sessel, die zum aufrechten Sitzen verpflichten. Hier ließe sich
verhandeln, ob Kambodscha überfallen werden soll oder nicht. Es sei aber,
so höre ich, nicht oft der Fall, daß das Kabinett hier zusammenkommt,
und dann sei es nur langweilig. Henry A. Kissinger lächelt; er wollte uns
nur den Saal zeigen. Die Entscheidungen fallen nicht hier, sagt er –

*Walter J. Hickel, Interior Secretary, beklagt in einem veröffentlichten
Brief, daß ihn der Präsident in einem Jahr nur dreimal konsultiert hat;
er schreibt:* »*Permit me to suggest that you consider meeting, on an individual and conversational basis, with members of your Cabinet. Perhaps
through such conversations we can gain greater insight into the problems
confronting us all* –«

Meine Frage wäre gewesen, was Nixon mit der Macht eigentlich will. Es
gibt Ziele, die man nur verwirklichen kann, indem man an die Macht gelangt. (Abschaffung der Armut im reichsten Land der Welt, Integration
der Neger, Frieden ohne Ausbeutung anderer Völker usw.) Was ist das Ziel
dieses Richard Nixon? – aber meine Frage erübrigt sich; es war sein Ziel,
Präsident der Vereinigten Staaten zu werden, und er hat sein Ziel erreicht,
indem er kein anderes hatte, Macht als Ziel der Macht, und daß Nixon
durchaus den Frieden will, wenn es kein anderes Mittel gibt, um an der
Macht zu bleiben, glaube ich ohne Frage –

*Alles nimmt überhand: der Kehricht, die Jugend, das Haar, die Drogen,
die Neger, die Unruhen, die Studenten, der Protest auf der Straße, die
Angst vor Amerika. Die neuen Wolkenkratzer, auch die Gitarre nimmt
überhand. Im Herbst, als sie wieder einmal nach Washington zogen, soll
es eine Viertelmillion gewesen sein, die sich um das Weiße Haus versammelte, PEACE NOW, STOP THE WAR, PEACE NOW, es gab keine Toten;*

Präsident Nixon ließ sein Fenster schließen und schaute (wie er selber be-
kanntgab) Baseball im Fernsehen. Ein halbes Jahr später, 9. 5. 1970, lagern
sie wieder um den Park, OUT OF CAMBODIA, diesmal nur Hunderttau-
send, viele glauben nicht mehr, daß sie gehört werden, aber Nixon hat eine
schlaflose Nacht, laut Presse: in der Morgenfrühe begibt der Präsident sich
zum Capitol, wo er mit einigen Studenten spricht und verlangt, daß sie
ihn verstehen müssen, denn er trägt die Verantwortung dafür, daß die Ver-
einigten Staaten die führende Macht bleiben. Die Studenten sagen: Dann
redete er über Sport. Laut Presse: Der Präsident frühstückte Schinken mit
Ei. Gegen Krise hilft Krieg, aber was hilft gegen die Jugend, die überhand
nimmt? 400 Universitäten treten in Streik wegen der erschossenen Studen-
ten von Kent State.

Im Park, der, wie wir durchs Fenster schon mehrmals bemerkt haben, sehr
schön ist, aber keine Frage beantwortet, sagt Henry A. Kissinger, er werde
nicht allzu lange in seinem Amt bleiben; er habe kaum noch ein privates
Leben. Das Weiße Haus jetzt von außen: wie man es von Bildern kennt.
Hier im Freien zünde ich endlich meine Pfeife an, während wir gehen
und nur unsere Schritte im Kies hören. Was reden? Ein sommerlicher
Tag. Wer Entscheidungen fällt oder zu Entscheidungen rät, die Millionen
von Menschen betreffen, kann sich nachträgliche Zweifel, ob die Entscheidung richtig ist, nicht leisten; die Entscheidung ist gefallen, das weitere abzuwarten. Man könnte jetzt durchaus einen Witz erzählen, aber es fällt mir
keiner ein.

Heute früh in Jimmy's Coffee-shop: das Gespräch mit dem munteren Kell-
ner, der mich für einen Deutschen hält und daher sagt, daß er nicht für
Hitler sei, aber auch nicht gegen Hitler, »but perhaps we have to see that
Hitler was a great philosopher.« Da er mein Zögern sieht, wechselt er auf
McCarthy, »who was considered to be a fool«, aber heute sieht man es:
hätte man damals auf McCarthy gehört, »we would not have all the trou-
ble with Vietnam«. Er selber, der Kellner, ist eigentlich Grieche, Patriot
auch dort; er findet Pattakos schon richtig, »only some communists can't
stand him«. Wir sind übrigens nicht allein; der Mann, der nebenan Ta-
bak verkauft, ist für Hitler. Warum? Hitler hatte einen großen Glauben.
Nämlich? »He believed that the Germans are a superior race.« Er selber,
der Tabakmann, ist Puertoricaner mit Kruselhaar, übrigens der Meinung,

*die Vereinigten Staaten hätten nach dem Krieg eben Europa besetzen sol-
len. Das erinnert mich an ein Gespräch in einem kalifornischen Motel,
1952, der Wirt versicherte: »depression is worse than war«, wobei er allerdings einen Krieg im alten Europa meinte. Warum in Europa? »because
they are used to have wars over there«.*

Im Park ist nichts zu besichtigen und Schweigen um so auffälliger; ich bin
froh, daß Siegfried Unseld jetzt von seinem Verlag berichtet. Jede Firma
hat ihre Probleme. Henry A. Kissinger, bescheiden wie meistens die außerordentliche Intelligenz, fast eitel-bescheiden, ein Fachmann, der alle Möglichkeiten mit Vernichtungswaffen durchdacht hat und das beste will,
nämlich die allergeringste Vernichtung der Welt, er weiß, was in dieser
Stunde nur wenige in der Welt wissen (erst die Historiker werden's einmal
wissen), und hört lieber einem andern zu, wenn auch etwas geistesabwesend. Ich habe noch keinen Mann getroffen, dessen möglicher Irrtum
ein entsprechendes Ausmaß annehmen könnte; ein Chirurg, der einmal
pfuscht, ein Lokomotiv-Führer, ein Bundesrat sogar, der versagt, ein Poli-
zei-Chef, der sich irrt, ein Pilot mit 160 Passagieren oder ein Herbert Mar-
cuse, ein Verleger usw., das alles sind ja Verantwortungen, die einer übernehmen kann. Aber Berater eines Weißen Hauses? Ich verstehe immer
mehr, daß Henry A. Kissinger, so oft es nur geht, seine Hände in die Hosentaschen steckt; seine Verantwortung steht in keinem Verhältnis mehr
zur Person, die einen Anzug trägt wie wir. Je mörderischer der Irrtum sein
kann, um so weniger kann einer dafür. Ohne daß ich ein Wort durchlasse,
sagt Henry A. Kissinger, er ertrage Verantwortung lieber als Ohnmacht.
Einen Nachsatz, zur andern Seite gesprochen, habe ich nicht genau gehört.
Wir gehen sehr langsam. Was er machen wird nach seinem Rücktritt aus
dem Weißen Haus, weiß Henry A. Kissinger noch gar nicht. Zurück zur
Universität? Das dürfte, meint er, kaum möglich sein. Unser Gang über
Kies wird bald zu Ende sein, und es scheint, daß es nichts mehr zu fragen
gibt. Warum ist Henry A. Kissinger, vor der Wahl noch ein erklärter Gegner von Richard Nixon, trotzdem dessen Berater geworden? Schicklich
hingegen ist die Frage meiner Frau: wie hat seine wissenschaftliche Theorie sich bewährt oder verändert durch Praxis? Das sei eine Frage, sagt
Henry A. Kissinger, die er oft zu hören bekomme; er habe keine Zeit,
um darüber nachzudenken. Ein schrecklicher Satz, aber wir befinden
uns gerade in einer Pendeltüre; ich höre nur noch: Wenn man einmal auf

dem Seil steht, gibt es kein Zurück – nach der Pendeltüre: – keine Politik ohne das Risiko einer Tragödie. Tragödie für wen?

Wieder einmal geträumt: die Lösung für ein Stück.
Erwacht vor Glück (Ei des Kolumbus, Gott gibt's den
Seinen im Schlaf!) könnte ich die Sätze einfach
hinschreiben – Lösung für ein Stück, das es nicht
gibt, das ich nie in Arbeit genommen habe und das
ich nicht einmal von der Lösung her, die der Traum
geschenkt hat, zu erraten vermag.

Was den Zeitgenossen als erstes in den Sinn kommt,
wenn sich bei Gelegenheit herausstellt, daß ich
nicht ein deutscher Schriftsteller bin, sondern
ein schweizerischer, ist fast immer dasselbe: THE
GNOMES OF ZURICH. Sie scheinen ziemlich verpönt zu
sein, aber dazu kann ich nichts sagen. Kurz nach
unseren Bankiers, die im Bewußtsein der Zeitgenossen unser Land repräsentieren, kommt die FONDUE,
dann lange nichts mehr, und ich warte auch nicht
darauf. Jeder verehrte Landsmann, jetzt zur Ehren-
rettung aufgeboten, täte mir leid. Ich warte nur
auf einen natürlichen Wechsel des Themas.

Malerei und Plastik am Ort ihrer Entstehung; plötzlich überzeugt es, daß Bilder zwölf oder neunzehn
Meter lang sind, Plastiken von einer Kubatur, die
in keine Galerie mehr zu stellen ist. Keine Verinnerlichung der Umwelt, sondern ein Gegenschlag.
Und Paris ist nicht mehr der Ort, wo die Krönungen
stattfinden – öffentliche Fragestunde in der
Columbia-Universität. Was wollen sie wissen? Keine
politische Frage; wenn einmal die Antwort trotzdem ins Politische weist, so schweigen sie tole-
rant-irritiert. Die Älteren fragen aus dem Bezirk
um Freud oder C.G.Jung, die Jüngeren aus dem Bezirk
um Lévi-Strauss.

> Von einem Lehrer aus Queens gehört: eine Schülerin
> weigert sich, die Nöte der Anna Karenina zu ver-
> stehen, weil sie sowieso nicht so alt werden wolle
> wie diese Anna Karenina, denn in zwölf Jahren oder
> so gebe es in ihrer Gegend sowieso keinen Sauer-
> stoff mehr –

Vom Schreiben in Ich-Form

Bemerkenswert das Verfahren von Norman Mailer in HEERE AUS DER NACHT: er beschreibt sich als Demonstrant vor dem Pentagon, wo er verhaftet wird, in ER-Form. Norman Mailer schreibt: Norman Mailer lachte, in diesem Augenblick zögerte er, auch Norman Mailer ließ sich jetzt von der Menge drängen usw. Nach der Verhaftung meldet er sein Erstaunen darüber, daß der Polizist seinen Namen nicht kennt, er buchstabiert ihn: M. A. I. L. E. R. Das Verfahren gibt dem Schreiber unter anderem die Freiheit, auch noch die Selbstgefälligkeit zu objektivieren. Das leistet die direkte ICH-Form nicht, die, wenn sie dasselbe lieferte, einen Zug von Masochismus hätte.

. . .

Vielleicht empfiehlt sich die ICH-Form gerade bei Ich-Befangenheit; sie ist die strengere Kontrolle. Man könnte, um der Kontrolle willen, in der ICH-Form schreiben, dann in die ER-Form übertragen, um sicher zu sein, daß die letztere nicht nur eine Tarnung ist – aber dann gibt es Sätze, die nur in der ICH-Form ihre Objektivität gewinnen, wogegen sie, Wort für Wort in die arglose ER-Form übersetzt, eben feige wirken; der Schreiber überwindet sich nicht in der ER-Form, er kneift nur.

. . .

Meine ich denn, daß mein Befinden (wie ich heute erwacht bin usw.) von öffentlichem Interesse sei? Trotzdem notiere ich es ab und zu und veröffentliche es sogar. Das Tagebuch als Übung im eignen Befinden bei vollem Bewußtsein, was dran irrelevant ist –

. . .

Was man gemeinhin als Indiskretion bezeichnet: Mitteilungen aus dem privaten Bezirk des Schreibers, die den Leser nichts angehen. Und was die eigentliche Indiskretion ist: wenn einer mitteilt, was den Leser etwas angeht und was der Leser selbst weiß, aber seinerseits nie ausspricht –

. . .

Daß der Leser trotzdem Autobiographie vermutet gerade dort, wo Erfahrung sich in Erfindung umsetzt, verhindert auch die ER-Form nicht.

. . .

Unterschied zwischen dem erzählerischen ICH und dem direkten ICH eines Tagebuches: das letztere ist weniger nachzuvollziehen, gerade weil es zu vieles verschweigt von seinen Voraussetzungen, dadurch eine Zumutung: – keine Figur: nämlich zu einer Figur gehört auch, was sie verhehlt, was sie selber im Augenblick nicht interessiert, was ihr nicht bewußt ist usw.

. . .

Im Sinn der Beicht-Literatur (maximale Aufrichtigkeit gegenüber sich selbst) vermag die ER-Form mehr.

. . .

Zu Anfang ist es leichter mit der ER-Form als später, wenn die bewußten oder unbewußten Ich-Depots in mannigfaltiger ER-Form notorisch geworden sind; nicht weil der Schreiber sich als Person wichtiger nimmt, aber weil die Tarnung verbraucht ist, kann er sich später zur blanken ICH-Form genötigt sehen.

. . .

Die unverblümten ICH-Schreiber wie Henry Miller, Witold Gombrowicz
u. a. machen ja keine Beicht-Literatur und sind dadurch erträglich, daß
das ICH eine Rolle wird. Schreiber solcher Art wirken eher unschuldig,
sie dichten am eignen Leib und leben ihre Dichtung auf Schritt und Tritt,
und kaum je entsteht der peinliche Eindruck, daß sie Privat-Intimes aus-
kramen; sie sind eben ihr literarisches Objekt, ihre Figur, daher gibt es
keine Eitelkeit zu verbergen, sie gehört zur Figur mit allem andern.

. . .

Warum sind – im Gegensatz zur Arroganz, die sich jede Nacktheit leisten
kann – Zeichen von Resignation immer indiskret? Zum Beispiel der alte
Gide: er schreibt nicht indiskreter als der frühere Gide, aber in der Resignation wirkt er indiskreter.

. . .

Was an einem öffentlichen Tagebuch fragwürdig bleibt: die Aussparung
von Namen und Personalien aus Gründen des Takts. Die Brüder Gon-
court haben sich nicht gescheut: wer mit ihnen speiste, geriet durch ihr Tagebuch in die Öffentlichkeit. Warum scheue ich mich? Dadurch entsteht
der Eindruck, der Tagebuchschreiber sehe nur sich selbst als Person, seine
Zeitgenossen als anonyme Menge. Wenn jemand der Öffentlichkeit schon
bekannt ist, erübrigt sich zwar die Scheu; nur entsteht dann der Eindruck,
der Tagebuchschreiber lebe ausschließlich mit berühmten Zeitgenossen
oder halte nur sie für buchenswert. Warum also nicht die Namen und Personalien aller Leute, die den Tagebuchschreiber beschäftigen? Es brauchte
ja keine üble Nachrede zu sein, aber auch das Gegenteil wäre indiskret.
Woher nehme ich das Recht, die andern auszuplaudern? Der Preis für
diese Diskretion: die Hypertrophie der Egozentrik, oder um dieser zu entkommen: eine Hypertrophie des Politischen?

SCHAUSPIELHAUS ZÜRICH

Im vergangenen Winter wäre es beinahe wieder eine
rühmliche Bühne geworden, eine politische. Sein

Ruhm, allerdings schon lange verblaßt, begründete
sich zur Hitler-Zeit; man weiß es noch: ein anti-
faschistisches Theater. Später dann wurde auch die
Bourgeoisie darauf stolz; heute sagt sie: Unser
Schauspielhaus! Nicht zu Unrecht, wie sich jetzt
zeigt. Der Verwaltungsrat hat es sofort gemerkt,
das neue Gefälle nach links, und nachdem die bürgerliche Presse dafür gesorgt hat, daß die Kasse zu
wünschen übrigläßt, erfolgt die Kündigung des Direktors und des Dramaturgen (Peter Löffler, Klaus
Völker) im dritten Monat ihrer ersten Spielzeit.
Der Verwaltungsrat, dem übrigens kein einziger
Theatermann angehört, hingegen der eine und andere
Bankier neben Vertretern der städtischen Behörde,
hat allerdings Pech: der neue Direktor, bereits
gewählt, kann die Verdächtigung, daß er zur Hitler-
Zeit keine lautere Figur gewesen sei, nicht ent-
kräften. Das wußte allerdings niemand. Auch kann
ein Mann, so meinen wir, seine Gesinnung ändern.
Was nichts damit zu tun hat: die Kündigung des Vorgängers wegen Gefälle nach links, wobei den Herren
des Verwaltungsrats schon Eduard Bond als Marxist
erscheint, eine Kündigung übrigens, der auch die
sozialdemokratischen Vertreter zugestimmt haben.
Unsere öffentlichen Bemühungen, vorerst diesen
Verwaltungsrat zu entmachten, der über öffentliche
Gelder verfügt nach dem Kunstbedürfnis der Bankiers, sind jetzt gescheitert: Friedrich Dürrenmatt hat sich zur Verfügung gestellt (wie ich heute
aus der Tagespresse erfahre) als Künstlerischer
Berater und Mitglied dieses Verwaltungsrats.

Nachtrag zur Reise

Sagt man, es sei nicht der erste Besuch in den Vereinigten Staaten, so kommt fast immer die Frage: Finden Sie's verändert? Dabei erwarten sie alles andere als die Antwort, es habe sich zum Guten verändert. Das finde ich aber ... Damals war ihre Frage in jedem Langstrecken-Bus: How do you like America? eine leutselig-frohe Frage, die auf Beifall wartete selbstverständlich; eigentlich wunderte sie nur, was uns am meisten imponiere. Am meisten imponierte mir damals die Wüste. Es war die Zeit von McCarthy. Ein Antikommunismus ohne Kenntnis, was Kommunismus will, in Verbindung mit einem repressiven Patriotismus (nicht viel anders als bei uns), ist nicht geschwunden; im Schwinden ist trotz allem die Arroganz der Macht, auch wenn sie sagen: Wir sind das reichste Land der Welt. Das stimmt ja. Sie sind erschreckt. Luftverschmutzung ist ja nur eine Metapher für alle andern Realitäten, die sie erschrecken. Zumindest ist man nicht mehr sicher, daß alles, was größer und größer wird, auch erfreulich sei. Kaum ein Abend, ohne daß Sorge sich ausdrückt; nicht selten die offenherzige Frage: Sind wir auf dem Weg zum Faschismus? Einiges spricht dagegen, z. B. das puritanische Erbe; die Debatten über Amerika, die sie unter sich selber führen, werden länger und enden nicht in Zuversicht, meistens nicht einmal in Gutheißung der Geschichte. Die Vernichtung der Indianer erscheint kaum noch als glorreiche Erfüllung eines göttlichen Auftrags, sondern als Genocid; das Jäger-Selbstverständnis der Vorfahren ist zwar zu erklären, aber das Ergebnis heißt heute Genocid. Es stimmt, was der Präsident sagt: die USA haben seit ihrem Bestehen, also sei 190 Jahren, nie einen Krieg verloren. Nur bleibt der Sieg aus. Was man aus Vietnam weiß, bleibt ein Schock, selbst wenn die Truppen einmal abziehen: man ist nicht mehr sicher, daß man die moralische Großmacht ist wie in Nürnberg. Es sind Dinge geschehen und geschehen täglich weiter, die man bisher nur andern zugetraut hat. What we are doing in Indochina, sagen Leute, die mit Kriegsverbrechen auch nicht auf Umwegen zu tun haben; sie vor allem sind verändert, so scheint mir, bis in den Alltag hinein. Sie wundern sich, daß wir freiwillig in diesem Land sind. Ein schreckliches Land, so nennt es mehr als einer, wenn auch sofort mit dem Nachsatz: Dabei wären wir das reichste Land der Welt. Bauarbeiter schlagen einen Umzug von Blumenkindern zusammen; auch das kann den Amerikanischen Traum nicht wiederherstellen. Was es vor zwanzig Jahren nicht gegeben hat: Skepsis, daß Amerika auf dem rechten Weg ist. Nur in der Reklame und in den offiziellen Reden, die ja auch Reklame sind, findet sich jener Ton zuversichtlicher Selbstgerechtigkeit, nicht mehr im privaten Gespräch. Amerika hat Angst. Die Macht-Inhaber unterstellen: Angst vor Rußland, Angst vor China, also Angst, die ihre Strategie rechtfertigt und die Kosten dieser Strategie. In den kleinen Bars oder in den Ateliers oder unter Wissenschaftlern oder in einem öffentlichen Park oder wo immer man ins Gespräch kommt, das sie selber anfangen, tönt es anders: Amerika hat Angst vor Amerika ... Ich meine im Ernst, es habe sich zum Guten verändert, verglichen auch mit 1956, als ich zum zweitenmal dieses große Land durchreist habe; eine System-Kritik habe ich zwar nie gehört, auch nicht bei Leuten, die gegenüber Präsident und Administration in offenem Protest stehen; aber die Angst vor sich selbst macht sie als einzelne humaner.

Unterwegs

Mundart zu sprechen ist bequemer. Fühle ich mich dabei wohler? Nach einem Gespräch in der Schriftsprache erinnere ich mich genauer, wie ich formuliert habe; im allgemeinen sprechen wir die Mundart unbewußter, fühlen uns sicherer und unverkrampft. Sind wir das? Schweizerdeutsch ist (was man Ausländern immer wieder erklären darf) kein Slang, kein Kauderwelsch, sondern eine intakte Sprache, wenn auch ungeschrieben, unsere Muttersprache in allen gesellschaftlichen Schichten. Ihre Syntax ist bescheiden, eine Mundsprache eben; es kommt kaum zu komplexen Sätzen. Sie eignet sich vor allem zum Erzählen. Wieviel haben wir uns zu erzählen? Im Grunde sind wir uns alle ziemlich verleidet, wenn wir unter uns sind, familiär durch Mundart von vornherein. Es wird fast immer Stammtisch, Kumpanei durch Mundart; ob Widerspruch oder Einverständnis, jedenfalls kommunizieren wir durch Hemd-

ärmligkeit, womit keiner ganz identisch ist – wir
haben uns nur daran gewöhnt wie an eine Rolle . . .
Auch Landsleute, die beruflich auf Schriftsprache angewiesen sind und ihr Wissen aus der Schrift
beziehen, sie sind geniert, wenn sie sich der
Schriftsprache bedienen sollen in Gegenwart eines
Landsmannes, und verfallen sofort wieder in unsere
Mundart, obschon Höflichkeit gegenüber Fremden es
eigentlich verbietet; wir kennen uns eben mundart-
lich. Hören wir einander in der Schriftsprache,
so stimmt etwas nicht; jeder tut, als wäre er in
der Mundart er selbst, nur in der Mundart, obschon
sich seine Gedanken in der Schriftsprache genauer
ausdrücken lassen. Die Mundart hingegen betont,
wie echt man ist. Wieso ist das nötig? Ich setze
mich in einen französischen Speisewagen; der Herr
gegenüber fällt in keiner Weise auf, bis er mich
als Landsmann erkannt hat, also Mundart spricht und
echt wird: anders als zuvor, bodenständig, sofort
stimmt unser Ton für beide nicht . . .

BERZONA

Begegnung mit einem Kollegen aus der DDR, den ich
seit 1945 nicht mehr gesehen habe. Warum wird es,
auch bei Freundlichkeit von beiden Seiten, ein
Eiertanz? Sie sind geschult, wissen, was sie keinesfalls sagen werden, und geben sich dennoch sehr
offen. Das Kind, das mit einer Eisenbahn spielt,
erkennt schon an den Häusern, daß Faschisten drin
wohnen. Wir sprechen über anderes. Stolz der Eltern
auf ihre antiautoritäre Erziehung. Plötzlich sagt
das Kind, das den Vater mit seinem Vornamen anspricht, und es ist rührend: Ich kann nicht mehr!
Es ist müde und will nach Hause. Einverständnis
des Vaters: In fünf Minuten. Er will noch zu Ende

erzählen, sagt es mit zärtlichem Entgegenkommen:
In zwei Minuten. Das Kind will sofort, nicht in
zwei Minuten, sondern jetzt; es sagt: Sonst lasse
ich dich verhaften! Man lacht. Kindermund.

Notizen zu einem Handbuch für Mitglieder

Der Aberglaube, daß hohes Alter sogar ein Gewinn sein könne (»geistig«), beruft sich mit Vorliebe auf Künstler, Schriftsteller, Philosophen usw., allerdings
immer nur auf die berühmten. Die Präsenz oder gar Virulenz ihres Werkes
im öffentlichen Bewußtsein verführt uns dazu, die Person zu verwechseln
mit ihrem Ruhm, der langsamer altert.

Angst des Künstlers vor dem Alter: daß er nicht mehr kreativ sein wird; und
einen Beruf, eine Existenz, wo dies keine Rolle spielt, hat er meistens nicht gelernt.

Exposition eines Lebenswerkes in drei Sälen ... Wir gehen rascher von Bild
zu Bild, je älter der Maler wird; sein Können nimmt überhand, unsere Neugierde läßt nach, auch wenn wir's nicht zugeben, wir loben nur immer rascher. Dies schon im zweiten Saal. Hier versucht er uns zu überraschen,
und es gelingt ihm auch beinahe; nur hat man den Eindruck, daß er selbst
kaum noch überrascht ist. Als wir durch den letzten Saal gehen, steht der Maler persönlich da; wir sind in der Tat überrascht: daß er noch lebt. Kein Greis.
Er unterhält sich munter. Schon der Vor-Gezeichnete kann sich darauf ertap-
pen, daß ihm sein Gelingen verleidet ist; er weiß jetzt bei der Arbeit immer
rascher, was nicht gelingen kann, und verirrt sich kürzer. Insofern arbeitet
er effektiver (Epoche der raschen Produktivität). Aber früher, im Anfang,
fühlte er sich freier; im Mißlingen war mehr Hoffnung.

Es gibt Alterswerke, die mehr sind als nur eine Verlängerung in die Perfektion (Matisse). Sie sind selten.

Wie seine Nächsten mit Igor Strawinsky umgehen, habe ich nur von andern
gehört, die zugegen waren: es tönt unglaublich, und doch glaubt man es sofort. Ruhm schützt die Person nur auf Distanz.

Es gibt berühmte Greise, die alles, was ihnen früher gelungen ist, als sinnlos bezeichnen (Ezra Pound); es gibt andere, die vor sich selbst kapitulieren wie vor einem Klassiker; das letztere Verhalten ist auch schon bei Vor-Gezeichneten zu finden.

Der Vor-Gezeichnete erklärt sich seine Kunst-Krisen gerne damit, daß er mit den Jahren und auch mit dem Erfolg selbstkritischer geworden sei. Das stimmt nicht unbedingt; der Trieb irgend etwas zu erzeugen, ist schwächer geworden als sein kritischer Verstand, der sich gleichgeblieben ist und erst beim Gezeichneten ebenfalls abnimmt.

Das Bedürfnis zu lehren, Schüler zu haben, ein Institut zu leiten, Preisrichter zu werden usw. kann nicht unbedingt als Symptom der Senilität gewertet werden.

Ein Gezeichneter, der uns sein Atelier zeigt und nicht merkt, daß er alles, was er mit Begeisterung vorhat, schon vor Jahrzehnten gemacht hat; er vibriert vor Kopier-Sucht, die er für Schaffensdrang hält, er fühlt sich gar nicht alt, überhaupt nicht, im Gegenteil; er führt uns unentwegt sein Temperament vor, seine Vitalität, seine Freßlust usw.

Der Gezeichnete erkennt sich an Ruhmsüchtigkeit, die sich von seinem früheren Ehrgeiz unterscheidet: sie ist empfindlicher als Ehrgeiz, der noch mit unserer Erwartung rechnen darf.

Dilettanten altern unauffälliger.

Der Gezeichnete entdeckt zum Beispiel, daß er, auch wenn er lang in einer Wirtschaft sitzt, nichts mehr mit den Bierdeckeln anzufangen versucht, er türmt keine Pagode aus Bierdeckeln, die dann zusammenfällt; es lockt ihn nicht einmal, die Bierdeckel in den See hinaus fliegen zu lassen. Bierdeckel, See, es fällt ihm nichts dazu ein, was ihn lockt, und so bricht er Brot und füttert Schwäne, weil er annimmt, das locke die Schwäne. Würde man seinen Gang durch die Stadt mit einer Kreide nachzeichnen, so verliefe diese Kreide-Spur anders als früher: weniger Zickzack, der durch Verlockungen entsteht. Sogar einen Unfall (Scherben auf dem Pflaster, Polizei, Menschen, die sich drängeln, um zu gaffen) kann er beiseite lassen wie die Schaufenster.

Der Gezeichnete braucht nicht müde zu sein; auch sieht er nicht wie ein Greis aus, nur drängt es ihn immer weniger, Hand anzulegen, wo keine Notwendigkeit besteht. Zum Beispiel kann er ein Calder-Mobile sehen, ohne es anzublasen oder mit seinem Finger in Bewegung zu bringen. Dabei gefällt es ihm, wenn jemand das tut. Er kennt das. Auch wenn er etwas nicht kennt, wenn er in einer fremden Wohnung einen sonderbaren Gegenstand sieht, ein Material, das er zum ersten Mal sieht, benimmt er sich wie in einem Museum: ne touchez pas les objets. Man muß es ihm in die Hände geben, damit sie es fühlen. Fühlen sie es? Der Gezeichnete wundert sich: er hat ein Stück Draht in der Hand, Kupfer-Draht, der sich ohne Zange biegen läßt, und kann ihn in der Hand halten, ohne damit zu spielen, ohne ihn so oder andersherum zu verbiegen – er weiß, was das heißt, und erschrickt darüber.

Daß Alterswerke (Theodor Fontane) bedeutend sein können, steht außer Frage; es trösten sich damit vor allem Leute, die keine Kreativität zu verlieren haben, und man sollte es ihnen lassen.

Ein Gezeichneter, dessen Bilder heute in jedem nennenswerten Museum hängen – eines Tages meint er, daß er einen neuen Mantel brauche, getraut sich aber nicht mehr auszugehen und bittet, daß ihm eine Auswahl von neuen Mänteln nach Hause gebracht werde; er probiert ein Dutzend, kann sich aber nicht entscheiden, behält drei Mäntel zur engeren Wahl und stellt fest, daß er keinen braucht; er arbeitet noch eine Woche, dann öffnet er (66) sich die Pulsader auf der Höhe seines Ruhms.

Abgesehen von der Armut, die damit verbunden ist, hat der Verkannte es mit seinem Alter leichter; er lebt unverbraucht in seinem Anspruch, ein Kommender zu sein.

Maler oder Bildhauer, denen eine Katastrophe (höhere Gewalt) Werke für immer vernichtet hat, kommen sich dadurch immer etwas jünger vor als ihre Altersgenossen –

Im allgemeinen, abgesehen von Wunderkindern, mag es stimmen, daß Kunst-Macher später vergreisen als andere Menschen; anderseits bemerken sie die Vergreisung, wenn sie sich anzeigt, früher – lange bevor die Umwelt sie bemerkt –, es kann einen Kunst-Macher schon erschrecken, was wir als Meisterschaft bezeichnen.

Indem der Tastsinn nachläßt, das Gehör nachläßt, die Sehkraft nachläßt, das Hirn weniger aufnimmt und langsamer arbeitet, die Emotionalität schwindet, die Neugierde schwindet oder sich zumindest verengt, die Reflexe sich wiederholen oder überhaupt ausfallen, die Assoziation stockt, die Fantasie verdorrt, die Begierde jeder Art nachläßt usw., kann es sein, daß der Gezeichnete es leichter hat mit seiner Kunst: es fällt ihm nur noch ein, was er meistert (Alters-Stil).

Es gibt Kunst-Blüten der Senilität. Damit hängt es wohl zusammen, daß Gezeichnete nicht selten ihre Kunst verfluchen, die Kunst überhaupt; der Rest ist Kunst.

Der Blick des greisen Rembrandt: –

```
Das National-Drama der Schweiz (im Zweiten Welt-
krieg) ist nicht der WILHELM TELL, dann eher DER
GUTE MENSCH VON SEZUAN. Nur mag man nicht, daß dann
der Böse Vetter, der die guten Taten erst ermög-
licht, auch Schweizer wäre. So bleibt es denn beim
WILHELM TELL.
```

Fragebogen

1.

Halten Sie sich für einen guten Freund?

2.

Was empfinden Sie als Verrat:

a. wenn der andere es tut?

b. wenn Sie es tun?

3.

Wie viele Freunde haben Sie zurzeit?

4.

Halten Sie die Dauer einer Freundschaft (Unverbrüchlichkeit) für ein Wertmaß der Freundschaft?

5.

Was würden Sie einem Freund nicht verzeihen:

a. Doppelzüngigkeit?
b. daß er Ihnen eine Frau ausspannt?
c. daß er Ihrer sicher ist?
d. Ironie auch Ihnen gegenüber?
e. daß er keine Kritik verträgt?
f. daß er Personen, mit denen Sie sich verfeindet haben, durchaus schätzt und gerne mit ihnen verkehrt?
g. daß Sie keinen Einfluß auf ihn haben?

6.
Möchten Sie ohne Freunde auskommen können?

7.
Halten Sie sich einen Hund als Freund?

8.
Ist es schon vorgekommen, daß Sie überhaupt gar keine Freundschaft hatten, oder setzen Sie dann Ihre diesbezüglichen Ansprüche einfach herab?

9.
Kennen Sie Freundschaft mit Frauen:
a. vor Geschlechtsverkehr?
b. nach Geschlechtsverkehr?
c. ohne Geschlechtsverkehr?

10.
Was fürchten Sie mehr: das Urteil von einem Freund oder das Urteil von Feinden?

11.
Warum?

12.
Gibt es Feinde, die Sie insgeheim zu Freunden machen möchten, um sie müheloser verehren zu können?

13.
Wenn jemand in der Lage ist, Ihnen mit Geld zu helfen, oder wenn Sie in der Lage sind, jemand mit Geld zu helfen: sehen Sie darin eine Gefährdung der bisherigen Freundschaft?

14.
Halten Sie die Natur für einen Freund?

15.
Wenn Sie auf Umwegen erfahren, daß ein böser Witz über Sie ausgerech-

net von einem Freund ausgegangen ist: kündigen Sie daraufhin die Freundschaft? Und wenn ja:

16.

Wieviel Aufrichtigkeit von einem Freund ertragen Sie in Gesellschaft oder schriftlich oder unter vier Augen?

17.

Gesetzt den Fall, Sie haben einen Freund, der Ihnen in intellektueller Hinsicht sehr überlegen ist: tröstet Sie seine Freundschaft darüber hinweg oder zweifeln Sie insgeheim an einer Freundschaft, die Sie sich allein durch Bewunderung, Treue, Hilfsbereitschaft usw. erwerben?

18.

Worauf sind Sie aus dem natürlichen Bedürfnis nach Freundschaft öfter hereingefallen:

a. auf Schmeichelei?

b. auf Landsmannschaft in der Fremde?

c. Auf die Einsicht, daß Sie sich eine Feindschaft in diesem Fall gar nicht leisten können, z. B. weil dadurch ihre berufliche Karriere gefährdet wäre?

d. auf Ihren eignen Charme?

e. weil es Ihnen schmeichelt, wenn Sie jemand, der gerade Ansehen genießt, öffentlich als Freund bezeichnen können (mit Vornamen)?

f. auf ideologisches Einverständnis?

19.

Wie reden Sie über verlorene Freunde?

20.

Wenn es dahin kommt, daß Freundschaft zu etwas verpflichtet, was eigentlich Ihrem Gewissen widerspricht, und Sie haben es um der Freundschaft willen getan: hat sich die betreffende Freundschaft dadurch erhalten?

21.

Gibt es Freundschaft ohne Affinität im Humor?

22.

Was halten Sie ferner für unerläßlich, damit Sie eine Beziehung zwischen zwei Personen nicht bloß als Interessen-Gemeinschaft, sondern als Freundschaft empfinden:

a. Wohlgefallen am andern Gesicht

b. daß man sich unter vier Augen einmal gehenlassen kann, d. h. das Vertrauen, daß nicht alles ausgeplaudert wird

c. politisches Einverständnis grosso modo

d. daß einer den andern in den Zustand der Hoffnung versetzen kann nur schon dadurch, daß er da ist, daß er anruft, daß er schreibt

e. Nachsicht

f. Mut zum offenen Widerspruch, aber mit Fühlern dafür, wieviel Aufrichtigkeit der andere gerade noch verkraften kann, und also Geduld

g. Ausfall von Prestige-Fragen

h. daß man dem andern ebenfalls Geheimnisse zubilligt, also nicht verletzt ist, wenn etwas auskommt, wovon er nie gesprochen hat

i. Verwandtschaft in der Scham

k. wenn man sich zufällig trifft: Freude, obschon man eigentlich gar keine Zeit hat, als erster Reflex beiderseits

l. daß man für den andern hoffen kann

m. die Gewähr, daß der eine wie der andere, wenn eine üble Nachrede über den andern im Umlauf ist, zumindest Belege verlangt, bevor er zustimmt

n. Treffpunkte in der Begeisterung

o. Erinnerungen, die man gemeinsam hat und die wertloser wären, wenn man sie nicht gemeinsam hätte

p. Dankbarkeit

q. daß der eine den andern gelegentlich im Unrecht sehen kann, aber deswegen nicht richterlich wird

r. Ausfall jeder Art von Geiz

s. daß man einander nicht festlegt auf Meinungen, die einmal zur Einigkeit führten, d. h. daß keiner von beiden sich ein neues Bewußtsein versagen muß aus Rücksicht? (Unzutreffendes streichen.)

23.

Wie groß kann dabei der Altersunterschied sein?

24.

Wenn eine langjährige Freundschaft sich verflüchtigt, z. B. weil die neue Gefährtin eines Freundes nicht zu integrieren ist: bedauern Sie dann, daß Freundschaft einmal bestanden hat?

25.

Sind Sie sich selber ein Freund?

Theater mit Puppen? Ohne Physiognomie; sie sind etwas größer als ein Mensch. Ihre lapidare Gestik wird
von einer Bühnenperson (stumm, Arbeitskleidung)
während der Szene eingestellt. Manchmal bleibt eine
Gestik, wenn sie dem Text gar nicht mehr entspricht.
Zum Beispiel der zürnende Kläger mit ausgestrecktem Arm, Finger gegen den Verklagten: wenn dessen
Unschuld schon erwiesen ist. Oder umgekehrt: die
Gestik empörter Unschuld, nachdem der Text ihn
längst überführt hat. Es schadet auch nichts, wenn
eine Puppe einmal umfällt, eine Zeitlang liegen-
bleibt, bis der Text sie wieder braucht: ihre Gestik großen Jubels. Da die Puppen sich nicht selber
bewegen und bedient werden müssen, kommt ihre Gestik immer wieder in Verzug. Während die Nachricht
eintrifft, daß zum Jubel leider kein Grund ist, im
Gegenteil, daß der Ersehnte nie wiederkehren wird,
bleibt die Puppe mit der Gestik großen Jubels. Die
Bühnenperson arbeitet nach einer Partitur, die sie
in der Hand hält, ohne Teilnahme und ohne Hast, aber
exakt, sei es, daß sie die Gestik einer Puppe vorbereitet, ehe der Text sie begreiflich macht, oder
daß sie erst nachträglich dazu kommt, die vermißte
Gestik einzustellen. Sie selber, die Bühnenperson,
so unauffällig wie möglich; man vergißt sie wie
einen Kellner, wenn alles klappt. Text über Lautsprecher; er ist so zu verfassen, daß wir ohne Mühe
erraten, welcher Puppe der jeweilige Text unterstellt ist. Während ihr ein Text unterstellt ist,
wird die betreffende Puppe nicht bedient; die Bühnenperson wartet das Ende eines klagenden Textes
ab, bevor sie der Puppe etwa den Kopf senkt, beide
Hände vor das Gesicht legt. Es gibt auch Text-Pau-
sen; alle schweigen, und es wird die Gestik verschiedenartigen Schweigens hergestellt, z.B. das
beschämte Schweigen, das fordernde Schweigen, das
gelangweilte oder das verstockte oder das erwar-

tungsvolle Schweigen. Vielleicht wird dann der
Text, der zu diesem Schweigen aller geführt hat,
nochmals wiederholt. Eine Puppe, die sich laut Text
plötzlich zum Anführer macht, wird in aller Ruhe
nach vorne oder auf einen Sessel gestellt, ihre
Hand zur Faust geballt, dann ihr Arm erhoben. Sie
bleibt in dieser Gestik, obschon ihr der Text der
andern nicht beistimmt. Dabei kann es vorkommen,
daß die Puppe, sofern wir sie überhaupt noch beachten, in hohem Grad komisch wird; sie scheint nicht
zu kapieren, was inzwischen vorgefallen ist. Anderseits kann es vorkommen, daß die Gestik einer
Puppe, lange Zeit vollkommen sinnwidrig, plötzlich
wieder mit dem Text übereinstimmt. Ihre Klage-
Gestik bekommt recht, ihre Jubel-Gestik bekommt
recht, und sie allein ist jetzt auf der Höhe des
Bewußtseins. Der Text ist nuanciert; die Puppen
verharren dazu in Grundmustern des Reflexes, redu-
zieren die Szene auf die wenigen Wendungen, die
nicht verbal, sondern faktisch sind . . .

Album

Hier ist er auf dem Album-Deckel, wie jedermann ihn kennt, der im letzten Jahrzehnt die deutsche Presse oder die übrige Weltpresse verfolgt hat.

. . .

Hier sein Werkverzeichnis.

. . .

Hier ist er noch jung, 1955, schnurrbärtig auf den ersten Blick. Die Schlä-
germütze trägt er bei Tisch natürlich nicht, hingegen ein himbeerrotes
Hemd, Kragen offen. Abend in einer Villa am Zürichberg. Er ist hier
Neffe, nicht verschüchtert von dem bürgerlichen Porzellan und Silber,

nur nicht zu haben für Konversation; da macht er sich nichts draus. Bildhauer. Was er von der derzeitigen Literatur hält, ist schon seit der Suppe ziemlich klar; ein neues Stück von Friedrich Dürrenmatt, BESUCH DER ALTEN DAME, sieht er sich gar nicht an. Er schreibe selber Stücke. Man speist vor sich hin. Da ich das freundliche Haus von früheren Besuchen kenne, trage ich eine Krawatte, was sich als Nachteil erweist, als ich kapiere, zu welchem Zweck ich heute eingeladen bin; ich kann mich nur gediegen wehren gegen den Hausherrn, als er ankündigt, der Neffe werde nachher vorlesen. Noch ist man bei Käse und Früchten. Der junge Mann, bisher in einer lauernden Haltung, scheint jetzt belustigt über die Verlegenheit des Älteren. (Ich bin an diesem Abend ungefähr so alt, wie er heute ist.) Er überläßt uns weiterhin die Konversation; er stellt keine Frage. Als man sich vom Tisch erhebt und eine Treppe hinaufgeht zum schwarzen Kaffee, nimmt er sein Manuskript, wartet auf dem zierlichen Sofa schweigsam, bis alle ihren Cognac haben. Ich wiederhole meine Bitte, das Stück zu Hause lesen zu dürfen. Immerhin erklärt er sich bereit, nur den ersten Akt zu lesen. Es gibt Leute, die ihr literarisches Urteil sofort formulieren können; dazu gehöre ich leider nicht, wie schon gesagt. Da seine Akte, wie ich zugeben muß, sehr knapp sind, liest er alle Akte. Ein trefflicher Vorleser; nachher fühlt er sich wohl, obschon ich wenig begriffen habe.

. . .

Das ist ein Jahr später. Hier sitzt er in meiner ländlichen Bude in Männedorf, wo ich auch keine Krawatte trage. Das neue Stück, das er zur Lektüre geschickt hat, gefällt auch mir. Mehr will er eigentlich nicht wissen. Er kommt von Paris, wo er seinen Roman schreibt. Vormittags hatte ich die militärische Inspektion; Helm und Tornister und Gewehr liegen noch im engen Korridor. Später in Paris erzählt er belustigt von dem Schweizer, der jahrein und jahraus seinen Helm und sein Gewehr draußen im Korridor bereit habe.

. . .

Hier dreht er sich eine Zigarette, dann leckt er langsam das bräunliche Papier. Das ist in Berlin. Auf einen einzelnen Bewunderer ist er nicht mehr angewiesen. Er trägt seinen Ruhm als etwas, das vorauszusehen war.

. . .

Hier lacht er. Das bedeutet nicht Einverständnis, auch nicht Gemütlichkeit. Meistens lacht er nicht mit, sondern gegen.

. . .

Das ist wieder in Berlin. Eine Kneipe. Es gibt Bier und dazu einen Klaren,
dann dasselbe. Dazu das Bewußtsein von geteilter Stadt, Danzig im Hintergrund, auch Mecklenburg, Kollegialität zwischen Wahl-Berlinern; es
gibt wieder eine Literatur. Hier trägt er die Schlägermütze. Wer sich nicht
in Berlin niederläßt, ist selber schuld.

. . .

Das ist 1961, BONNE AUBERGE, Nachmittag zu zweit; hier spricht er zum
ersten Mal von Politik, aber nicht literarisch, sondern beinahe helvetisch:
Politik nicht als Utopie, sondern pragmatisch. Ich muß trotzdem zu einer
eigenen Aufführung ins Schiller-Theater.

. . .

Hier schweigt er, Pause im Foyer.

. . .

Das ist am selben Abend, BONNE AUBERGE, der Hauptdarsteller fragt
rundheraus: Sie sind drin gewesen? Schauspieler sind natürlich: von jedermann, der drin gewesen ist, erwarten sie Beifall, zumindest Kritik als Nettigkeit. Er dreht sich eine Zigarette, leckt dann das bräunliche Papier usw.,
kein Wort über die Aufführung (Lietzau) oder das Stück. Er mag nicht lügen.

. . .

Hier mit Kollegen, Gruppe 47.

. . .

Hier verstehe ich seinen schmalen Blick nicht. Zufällige Begegnung in
Sperlonga, Italien. Es scheint zwischen uns etwas vorgefallen zu sein; da
hilft keine Einladung ins Haus, kein Blick aufs nächtliche Meer. Hier
spricht er als Richter in fremder Ehesache, aber nur kurz, denn ich werfe
ihn hinaus. Er bleibt sitzen und sagt besonnen: Lassen Sie uns wenigstens
diesen Grappa austrinken.

. . .

Hier, am andern Tag, spielen wir Boule am Strand.

. . .

Das ist wieder im Schiller-Theater, Berlin, eine Hauptprobe; außer dem
Regisseur (Lietzau) und ihm, dem Autor, ist niemand da, viele Kamera-
Leute, aber kein einziger seiner deutschen Kollegen.

. . .

Hier sieht man unter dem Schnurrbart nur die Unterlippe, den Mund erst,
wenn er lacht; er lacht weniger ausfällig als früher.

. . .

Hier tanzt er gerade.

. . .

Hier sitzt er, auch als Koch berühmt, an unserem Tisch, errät jedes Gewürz; im übrigen anerkennt er die Küche, indem er ißt und von eigenen
Rezepten berichtet, insbesondere für Innereien schwärmt er; auch Hoden,
zum Beispiel, habe ich noch nie gegessen.

. . .

Hier steht er wohl in Frankfurt. Die junge Linke hat ihn ausgepfiffen; er dreht sich wieder eine Zigarette, dann leckt er langsam das bräunliche Papier usw., kein Geschlagener, er hat keine Angst vor Feinden, er sucht sie auf, dazu sind sie da.

. . .

Hier eine Silvester-Nacht im Tessin; andere sind übermütiger als er. Es ist nicht seine Art, alles plötzlich auf die leichte Schulter zu nehmen.

. . .

Hier steht er am eignen Herd, schmeckt ab; man sieht es von hinten, daß er sich in seinem Körper wohlfühlt.

. . .

Das ist in Zürich, er spricht zu tschechoslowakischen Schriftstellern, Freunden aus Prag, nach dem Einmarsch der Russen; hier hört er gerade zu, Hände in den Hosentaschen, Kopf gesenkt, ein Verantwortlicher, der auf praktische Hilfe sinnt.

. . .

Hier am Kamin: nicht familiär, nur entspannt. Auch dann schmeichelt er nicht und steckt nicht zurück. Wenn man getrunken hat, kommt er auf sein Thema zurück (Entwicklungshilfe). Ich könnte mir denken, daß Jeremias Gotthelf nicht minder hartnäckig war.

. . .

Hier spricht er zur Nation im Fernsehen. Ein Schriftsteller mit persönlicher Haftung. Er spricht der Nation ins politische Gewissen, das er voraussetzt.

. . .

Hier redet er über Literatur: Alfred Döblin.

. . .

Hier schwimmt er in der kalten Maggia. Wenn er aus dem Wasser kommt, wird er von Willy Brandt sprechen; er weiß, was man eben wissen müßte, nämlich Fakten, die jeden Gegner widerlegen; ich bin zwar kein Gegner.

. . .

Hier mit Gershom Scholem. Wenn jemand nicht auf sein Thema eingeht, zeigt sich seine große Belesenheit auf vielen Gebieten.

. . .

Soll ein Schriftsteller usw.? Seine Antwort: sein Beispiel. Kann einer als Wahlkämpfer eindeutig sein, als Schriftsteller offen bleiben? Das ist zu Hause; er liest vor.

. . .

Hier im Auto; er fährt nicht selber.

. . .

Hier streitet er öffentlich in einem großen Saal gegen Widersacher, gewöhnt an ihr Buh, standfest, aber behindert durch einen angeborenen Mangel an Zynismus; er debattiert beschlagen und unerschrocken, aber dann meint er immer, was er sagt.

. . .

Hier ist er nicht auf dem Bild zu sehen, aber wir sprechen von ihm, und insofern ist er da: stark genug, um Einträchtigkeit zu verhindern, nachdem sein Name gefallen ist.

. . .

Hier schweigt er unter vier Augen undurchlässig, nicht unherzlich, aber nicht willens, die Zone öffentlicher Thematik zu verlassen; er stellt auch keine persönliche Frage unter vier Augen, bleibt geballt, bis ich eintrete in die Zone öffentlicher Thematik.

. . .

Hier fragt er, was ich arbeite.

. . .

Hier schweigt er vor sich hin, ein Mann, der als unverwundbar gilt; man weiß von einer Infamie gegen ihn, er erspart uns die private Klage. Er wird sich öffentlich wehren.

. . .

Hier freut er sich. Worüber? Wenn ein politischer Erfolg zu verzeichnen ist, sieht er anders aus; dann ist er zufrieden, sehr ernst im Bewußtsein, wie vieles noch zu tun ist. Hier freut er sich offenbar über ein Zeichen von Sympathie.

. . .

Hier ist er eher still; er fühlt sich wohl im Häuslichen. Zwar hat er uns als Besucher in der großen Stube; es gibt Pilze aus dem Grunewald. Morgen muß er nach Bonn.

. . .

Hier wird er von der Weltpresse ausgefragt: GERMANY'S GÜNTER GRASS, er antwortet nicht als Sprecher der Regierung, aber auch nicht als Privat-Schriftsteller, sondern als Staatsbürger mit besonderer Reputation. Dabei lächelt er nicht nach Art der Diplomaten; die Frager sind ihm nicht lästig, im Gegenteil, und er kneift vor ihren Fragen nicht, seine Antworten sind nicht geheimnisvoll. Seine zähe Allergie gegen deutsche Verstiegenheit stiftet Vertrauen gegenüber Deutschland.

. . .

Hier hört er zu.

. . .

Hier schweigt er sich aus, ohne daß er sich dazu eine Zigarette dreht; nachträglich fällt mir ein: über sein Stück, das Bertolt Brecht auf die Szene schickt, habe ich mich bis heute auch ausgeschwiegen.

. . .

Sein Gesicht ist schmaler geworden, meine ich, nicht weniger kräftig als in der Villa am Zürichberg; damals war es, von vorne gesehen, zugleich weicher und aggressiver. Hier schneit es; sonst trägt er die Schlägermütze nur noch selten. Hingegen das Profil, meine ich, hat sich verschärft.

. . .

Hier habe ich einen Namen erwähnt, dem er seine Achtung verweigert; er läßt sich über den traurigen Fall nicht mehr aus. Pause. Es gibt anderes zu besprechen. Eine Zusammenkunft mit Herbert Wehner. Er wird die deutsche Seite veranlassen, ich soll die schweizerische Seite veranlassen. Dabei duzen wir uns: 60 Millionen zu 6 Millionen. Aber der Unterschied ist nicht bloß numerisch. Er repräsentiert. Was er nicht ganz versteht: die Situation des Privat-Schriftstellers.

. . .

Hier im Freien, Sommer, er dreht das Spanferkel am Spieß, schwitzt und ordnet an, wo noch Glut hingehört, während wir in der nächtlichen Wiese hocken oder um das Feuer stehen in kulinarischer Zuversicht; ab und zu streut er Gewürz auf das Spanferkel.

. . .

Hier, glaube ich, weiß er nicht, daß jemand ihn sieht; daß er es nicht weiß, verändert ihn nicht.

. . .

Hier ein Bild, wie ich ihn nicht kenne, eines von vielen; ausreichend für einen Steckbrief: Stirn, Nase, Schnurrbart, Kinn usw., alles zu eindeutig, vor allem der Blick.

. . .

Hier seine Handschrift: barock-graziös.

. . .

Das kann irgendwo sein, ich weiß nicht, ob in einem Flughafen oder in einem Grotto, es spielt keine Rolle: er ist sich bewußt, eine öffentliche Figur zu sein wie kein anderer deutschsprachiger Schriftsteller; weder legt er Wert darauf, von Leuten erkannt zu werden, noch stört es ihn, so scheint es.

. . .

Hier spricht er über die MELANCOLIA I von Dürer.

. . .

Hier trägt er einen leichten Bart, was bedeutet, daß er sich gerade im Tessin befindet und an einem Buch arbeitet; er zeigt uns die gesammelten Schnecken auf Granit, Signet der Sozialdemokratie, ferner Skorpion in Grappa, den er als Hausvater gefangen und unschädlich gemacht hat. (August 1970)

SEPTEMBER 1970

Drei Verkehrsflugzeuge (SWISSAIR, BOAC, TWA) werden von palästinensischen Freischärlern gekapert
und nach Amman und Kairo entführt. Ein vierter
Handstreich gegen eine EL AL-Maschine ist nicht gelungen; die Luftpiratin (»Leila«) wurde in der Maschine überwältigt durch bewaffnete Sicherheits-
beamte, einer erschossen, und im übrigen hatte man
Glück; eine entsicherte Handgranate, die in der
Kabine umherrollte, explodierte nicht. Die Passagiere der andern Maschinen, insgesamt 650, sowie
die Besatzungen sitzen in der Wüste als Geiseln
unter der Drohung, daß die Maschinen mitsamt Passagieren in die Luft gesprengt werden, wenn nicht
sämtliche Palästinenser, die im Ausland wegen früherer Attentate rechtskräftig verurteilt sind,
sofort freigelassen werden. Ultimatum 72 Stunden.

Verhör III

A. Unser Verhör hat seinerzeit begonnen, als du die politischen Schriften
von Leo Tolstoj wiedergelesen hast, seine bedingungslose Verurteilung
jeder Gewalt. Du hast dich dieser Verurteilung damals nicht anschließen können. Die Bauern im zaristischen Rußland, so sagtest du damals, hatten kein anderes Mittel, um ihr Lebensrecht in Kraft zu setzen –

B. Das meine ich nach wie vor.

A. Wie waren deine Reaktionen auf die Luft-Piraterie der palästinensischen Freischärler, die ebenfalls meinen, daß sie kein anderes Mittel
haben als die Gewalt, um ihr Lebensrecht zu verteidigen?

B. Ich weiß von Landsleuten, die angesichts dieser Verletzung des Völker-
rechts eine schweizerische Fallschirm-Operation bei Zerka für die einzig richtige Maßnahme halten. Andere hingegen, die Mehrheit, würden sich begnügen, wenn Israel diese militärische Aufgabe übernähme.

Ich glaube, die Empörung ist allgemein. Die Schweizer ertragen kein Unrecht gegenüber Schweizern. In Thalwil bei Zürich soll eine brave Hausfrau eine andere Hausfrau, die sie wegen ihrer Hautfarbe für eine Araberin hielt, öffentlich zu Boden geprügelt haben mit einem Schirm –

A. Ich frage nach deiner Reaktion.

B. Als ich die Nachricht hörte, wunderte ich mich, wie leicht solche Entführungen immer wieder gelingen. Offenbar braucht es nur eine Pistole, dazu zwei Personen, die nicht um ihr Leben bangen, und alles funktioniert auf anderem Kurs. Es gibt eine Art von Missetat, die insgeheim auch fasziniert – was aber Empörung nicht ausschließt ... Als ich die Nachricht hörte, war ich froh, daß ich nicht in dieser Maschine war. Das heißt: ich empfand Mitleid mit den Passagieren. Ferner erinnerte ich mich an die arabische Wüste bei Amman. Wir fuhren damals in einem Opel; eine Begleiterin, die versehentlich ihre Hand auf die Karosserie legte, hatte Brandwunden – so heiß kann es dort sein.

A. Der Bundesrat ist auf das Ultimatum eingegangen, das heißt, er hat sich bereit erklärt, die drei arabischen Attentäter von Zürich zu entlassen –

B. Es geht um schweizerisches Leben.

A. Was hättest du als Bundesrat getan?

B. Es hängt davon ab, wie heilig man das Recht einschätzt, das Recht als solches. Wäre es so heilig, wie es sich üblicherweise ausgibt, so wäre das Opfer von 143 Passagieren unumgänglich gewesen. Ich war enttäuscht und erleichtert.

A. Wieso enttäuscht?

B. Ich halte es für möglich, daß die Feddayin nicht vor einem Massaker zurückgeschreckt wären. Der Bundesrat mußte damit rechnen, daß sie die Maschine mitsamt den Passagieren und der Besatzung in die Luft sprengen – ich war enttäuscht, weil ich erzogen bin in dem Glauben, daß der Rechtsstaat, zumindest der schweizerische, nicht kapituliert.

A. Und wieso erleichtert?

B. Es scheint, daß es ohne Menschenopfer geht. Die Maschine ist zum Nennwert versichert. Die drei palästinensischen Attentäter in Zürich, nach unserem Recht verurteilt zu zwölf Jahren Gefängnis, werden auf freien Fuß gesetzt, sobald die Geiseln ebenfalls auf freien Fuß ge-

setzt werden, und können ihren Terror gegen den Luftverkehr jederzeit
fortsetzen ... Man verurteilt zwar die Gewalt, aber das rechtskräftige
Urteil wird nicht vollstreckt; der Rechtsstaat kapituliert vor der Gewalt, sobald seine Gewalt nicht ausreicht. Was blieb dem Bundesrat
anderes übrig? Übrigens hat nicht nur der schweizerische Rechtsstaat
kapituliert, sondern auch der britische und der deutsche. Es blieb
nichts andres übrig. Der Rechtsstaat nämlich setzt voraus, daß es ein
Völkerrecht gibt. Um aber ein Völkerrecht in Kraft zu setzen, dürfte
man es selber nicht verletzen; man dürfte nicht einmal Gewinne daraus ziehen, daß andere es verletzen. Ein Land beispielsweise, das Waffen liefert, und sei's bloß um des Geschäftes willen, gehört zum jeweiligen Kriegsschauplatz. Das ist ein Schock. Der Bundesrat, der den
Waffenhandel nicht zu unterbinden gedenkt, ist in einer peinlichen
Lage, wenn er sich aufs Völkerrecht beruft. Wer hätte an seiner Stelle
anders handeln können? Man kann nicht Geschäfte machen mit dem
Krieg, ohne sich seinem Gesetz unterwerfen zu müssen, Recht hin
oder her: Es ging um die Geiseln in der Wüste von Zerka, um die Rettung von Menschenleben – auf Kosten der Rechtsstaatlichkeit.

A. Im Februar dieses Jahres explodierte eine Bombe in einer SWISSAIR-
    Maschine nach Israel. Es ist nicht erwiesen, aber wahrscheinlich,
    daß es sich um ein palästinensisches Attentat handelte. Alle Passagiere,
    47, sowie die Besatzung kamen ums Leben –

B. Damals hatte der Bundesrat nichts mehr zu entscheiden. Es genügte
    die tiefe Trauer. Das ist der Unterschied; diesmal hatten wir zu ent-
    scheiden. Sollen 143 Passagiere und dazu die Besatzung sterben für
    die Rechtsstaatlichkeit? Die Antwort aus Bern scheint mir klar: das be-
    stehende Recht ist nicht heiliger als das Leben. Das wiederum meinen
    die Revolutionäre auch.

A. Inzwischen sind die Maschinen gesprengt worden –

B. Aber die Geiseln leben.

A. Was hast du daraus gelernt?

B. Das bestehende Recht ist offenbar kein absolutes Recht, sonst könnte
    die Behörde, ob Bund oder Kanton, nicht je nach Umständen verzich-
    ten auf den Vollzug eines rechtskräftigen Urteils. Man hätte Menschen
    dafür zu opfern, es ginge nicht ohne Tragödie, nicht ohne das Opfer...
    Ich habe gelernt: unser bestehendes Recht ist ein menschliches Recht.
    Diese Einsicht verdanken wir der Gewalt, auch wenn wir sie verurtei-
    len.

A. Wie kannst du erleichtert sein?

B. Ich verstehe die Empörung. Man ist immer empört, wenn es nicht genügt, im Recht zu sein. Vermutlich meinen auch die palästinensischen Flüchtlinge, im Recht zu sein, und sie sind empört, daß es nicht genügt, im Recht zu sein.

A. Einmal angenommen, du wärest in dieser DC-8 gesessen, Flugnummer SR 100, um nach New York zu fliegen: Was kannst du für die Lebensverhältnisse der palästinensischen Flüchtlinge?

B. Geiseln sind meistens unschuldig.

A. Meinst du, daß mit der attentäterischen Gefährdung des friedlichen Luftverkehrs, wobei es auch schon Todesopfer gegeben hat, die Lebensverhältnisse der palästinensischen Bevölkerung zu verbessern sind?

B. Das wird verneint.

A. Und was meinst du?

B. Immerhin muß ich gestehen, daß mich die palästinensische Sache vorher kaum beschäftigt hat.

A. Braucht es also ein Verbrechen, damit dich eine Sache beschäftigt? – oder hältst du Dr. Habasch, der diesen Terror gegen den Luftverkehr leitet, nicht für einen Verbrecher?

B. Es kommt darauf an, wen wir sonst noch als Verbrecher bezeichnen. Ich habe die Kommentare gelesen. In der Sprachregelung unserer Presse ist Terror immer eindeutig: Erpressung durch Gewalt – von Seiten der Unterdrückten.

A. Und was hältst du für Terror?

B. Erpressung durch Gewalt.

A. Du bist für den Rechtsstaat.

B. Ich bin für den Rechtsstaat.

A. Trotzdem scheust du dich vor der Verurteilung der Gewalt. Sie erschreckt dich, und zugleich bist du erleichtert, daß unsere Behörde, wie du sagst, kapituliert hat vor der Gewalt.

B. Um den Eindruck zu löschen, daß der Rechtsstaat sich unter Umständen beugt vor der Gewalt, ist ja bereits überlegt worden, ob und wie man die verurteilten Attentäter in Zürich einfach begnadigen könnte; das soll den Glauben wieder herstellen, es sei mit Gewalt nichts zu erreichen – tatsächlich aber genügt, wie wir sehen, eine Pistole im Cockpit.

A. Daß ein Recht außer Kraft gesetzt worden sei, um die Geiseln aus der Wüste zu befreien, stimmt natürlich nicht. Das Strafrecht, nach welchem damals die Attentäter von Zürich verurteilt worden sind, ist durch die bundesrätliche Bereitschaft, Verbrecher zu tauschen gegen Geiseln, weder aufgehoben noch abgeändert. Der Bundesrat handelte im Notstand: im Notstand geht Menschenleben vor Recht.

B. Einverstanden.

A. Bejahst du die Gewalt: Ja oder Nein?

B. Es gibt eine Recht-erhaltende Gewalt, ohne die auch der Rechtsstaat nicht auskommt, und es gibt eine Recht-schaffende Gewalt; die letztere antwortet auf die erstere, aber die erstere ist immer hervorgegangen aus der letzteren.

A. Bejahst du die Pistole im Cockpit?

B. Es steht mir nicht zu, die Pistole im Cockpit zu verurteilen, weil ich ohne sie auskomme. Was ich zum Leben brauche, habe ich ohne Gewalt, das heißt, ich habe es durch die Recht-erhaltende Gewalt. Andere sind in einer anderen Lage; meine Recht-Gläubigkeit ernährt sie nicht, kleidet sie nicht, behaust sie nicht, versetzt sie nicht in den Luxus, auszukommen ohne Gewalt.

A. Willst du also sagen, daß die Anwendung von Gewalt gerechtfertigt ist, wenn es ohne Gewalt nicht geht?

B. Es kommt darauf an, was ohne Gewalt nicht geht ... Ich befinde mich nicht in der Lage, die eine Anwendung von Gewalt rechtfertigt.

A. Es geht aber nicht um dich.

B. Eben.

A. Du hast gestanden, daß Akte der Gewalt dich entsetzen. Du bist aber noch immer nicht bereit, die Anwendung von Gewalt grundsätzlich zu verurteilen –

B. Es steht mir nicht zu.

BERZONA

Überfall am Abend. Wer seid Ihr? Dabei sehe ich's:
Die Jugend. Ihrer fünf in Windjacken, Pullovern,
Blusen usw., viel Haar. Nur jetzt nicht fragen: Was
wünscht Ihr? Es sind aber, unter der Lampe besehen,

keine Guerillas, sondern Basler Schüler, die sich
mehr oder weniger unbefangen ausbreiten, ohne
Floskeln; Chianti bringen sie mit, Käse ist auch
noch auf dem Tisch, aber sie haben schon gegessen.
Pause. Ihre Namen? Es sind Bürgersöhne, deren Eltern, wie zu vermuten ist, kein Verständnis haben,
hingegen Häuser, eins in Basel, eins im Tessin. Sie
sind dieser Tatsache gegenüber frei. Der Ältere,
der soviel Haar hat wie die andern zusammen, kein
fallendes oder lockiges Haar, sondern das schwarze
Kruselhaar eines Abessiniers, Brillenträger,
lernt Kontrabaß am Konservatorium. In einem Sin-
fonie-Orchester unterzugehen auf Lebenszeit hat er
nicht vor, Musik ist Provokation. Ich entkorke und
verstehe. MOTHERS OF INVENTION, ich darf erwähnen,
daß wir sie neulich gesehen und gehört haben. Kom-
merzialisierung der Provokation, HAIR usw., auch
das hat er nicht vor. Aber was kannst du machen,
wenn das Plattengeschäft sich auf deine Musik
wirft? fragt ihn der jüngere Bruder, der Vierzehnjährige. Es ist einfacher als erwartet; ich bin
hier zu Hause, aber von Meinungen dispensiert. Der
Abessinier wird immer progressiv bleiben. Ein anderer gedenkt Lehrer zu werden, ist aber noch nicht
sicher, hat auch noch drei Jahre bis zur Matur. Da
alles, ausgenommen Provokation, überhaupt keinen
Sinn hat, wozu ein Beruf? Ihre Diskussion wird immer lebhafter, offensichtlich störe ich nicht,
nur der Vierzehnjährige schweigt und kratzt in seiner schwarzen Pfeife herum, die er dann wieder im
Mund hält wie ein Alter, nur zieht sie schon wieder
nicht. Ich habe Streichhölzer. Sagt meine Frau etwas, so sprechen sie wieder Hochdeutsch, was nicht
nötig wäre; es erinnert sie an die Schule. Kafka
zum Beispiel, sagt der mittlere Bruder, könne er
einfach nicht lesen. Er ist siebzehn, der Witzigste
am Tisch. Schon der Abessinier, der sich auf Kon-

trabaß versteift hat, scheint sie zu langweilen;
vielleicht trägt er deswegen sein Haar, das mich
nicht stört, nur steht's ihm nicht. Einmal erwähnt
er sein Haar: was man deswegen von Lehrern oder auf
der Straße zu hören bekomme. Was sie erwartet haben, als sie an der Türe klingelten, weiß ich nicht,
die Frage stellt sich nicht. Sie sitzen da und sind
die Gegenwart. Was sie denken, geht sie an. Politik? Was auch nicht mehr interessant ist: Marxismus, d.h. daß alle Leute gleichviel verdienen. Solcher Unsinn unterläuft, aber ich darf korrigieren.
Was hingegen interessiert: Zappa und andere, die
ich weniger kenne, ihre Musik, vor allem die Person, die hinter solchen Platten steht, ihre Lebens-
weise als Vorbild: Exzeß mit frühem Tod. Der Vierzehnjährige muß austreten, es ist ihm übel, wie ich
vermute, von der Pfeife, aber er besteht darauf,
daß er nur den Wein (zwei Glas) nicht verträgt.
Nachdem er gekotzt hat, bette ich ihn draußen in die
Nachtluft; Gesicht von einem älteren Gelehrten,
aber mit Kinderhaut. Je länger der Abend an dem
schmalen Tisch dauert, um so weniger störe ich;
mein Beitrag: Käse und Zuhören, einmal die Frage,
wie sie es mit Haschisch halten. Sie diskutieren
ganz unter sich. Haschisch als der Bezirk, wo ihnen
kein Opa kommt mit Erfahrung, und plötzlich gilt
sie denn doch, die Erfahrung. Dabei wollen sie mich
nicht belehren; wozu auch. Ihre füllenhafte Intelligenz; das eben entdeckte Denken, das dem Denken
(ohne Machen) alles zutraut. Unter sich sind sie
offen für jedes Argument; es geht nur um Argumente,
nicht um die heimliche Rechtfertigung schon begon-
gener Irrtümer. Ihr Eifer bleibt heiter. Die Irrtümer, leicht zu erkennen, sind Irrtümer der Vorfahren. Ihr Verdacht, daß ein Alter, wenn er denkt,
im Grunde immer irgend etwas verteidigt, d.h. er
ist nicht frei für Argumente. Ironie befremdet sie.

Das ist die andere Art belasteten Denkens, eine
schlaue Übereinkunft unter Verbrauchten, oft ganz
und gar unverständlich; der Jugendliche spürt nur,
daß da ein Hund begraben ist, der ihn nichts angeht.
Dann reagiert er mit Ernsthaftigkeit. Der Vierzehnjährige (er hat unterdessen in der Küche auf-
gewaschen) entpuppt sich jetzt als Drogen-Experte,
hat ungefähr alles darüber gelesen, kennt Statistiken auswendig. Und warum brauchst du Hasch?
Einer macht den Einwand: Flucht in eine parasitäre
Existenz. Der Witzige, jetzt durchaus ernsthaft,
tritt dafür ein: lieber kurz und schön, das Recht
eines jeden, sich kaputt zu machen. Er zum Beispiel
will ja nicht alt werden – Entschuldigen Sie! –
nicht älter als 25, und wenn alle fixen, dann ist's
mit eurer Gesellschaft eben aus, na und? Der vierzehnjährige Gelehrte, der seine Pfeife aufgegeben
hat und jetzt Zigaretten raucht, unterscheidet
zwischen Hasch und Rauschgift, unterrichtet medizinisch, juristisch, soziologisch. Was ich gegen
Mitternacht noch wissen möchte: ihre Erfahrung
nach 10 Jahren, nach 30 Jahren – gerade das interessiert sie überhaupt nicht –

Fragebogen

1.

Sind Sie stolz darauf, Vater zu sein?

2.

Mögen Sie Kinder allgemein?

3.

Sind Sie sicher, daß Sie von Ihren erwachsenen Kindern keine Dankbarkeit erwarten? Und wenn nicht: Dankbarkeit wofür? (Stichworte genügen)

4.

Wollten Sie damals Vater werden?

5.

Wenn Sie meinen, Ihre Kinder haben es besser, als Sie es gehabt haben: beglückt Sie das oder meinen Sie es als Vorwurf?

6.

Wie stehen Sie zum Säugling?

7.

Hatten Sie das väterliche Verantwortungsbewußtsein schon vor der Zeugung oder während der Zeugung oder wann hat es sich bei Ihnen eingestellt?

8.

Was macht Sie an Kindern traurig?

a. Ähnlichkeiten mit der Mutter?

b. Ähnlichkeiten mit Ihnen?

9.

Inwiefern fühlen Sie sich durch ein ungeborenes Kind lebenslänglich verbunden mit der betreffenden Frau?

10.

Wenn andere Leute (Gäste, Nachbarn, Lehrer usw.) durchblicken lassen,
daß sie Ihr Kind nicht außerordentlich finden: wem nehmen Sie's übel,
dem Kind oder den Leuten? Oder der Mutter?

11.

Fühlen Sie Blutsverwandtschaft?

12.

Bis zu welchem Alter des Kindes?

13.

Haben Sie Kinder je geschlagen? Und wenn nicht: weil Sie durch eine bessere Methode erreichten, was Sie wollten, oder aus Prinzip?

14.

Wenn Sie eigene Kinder unter ihresgleichen sehen, z. B. bei einem sit-in,
haben Sie den Eindruck, daß Sie den eignen Kindern näherstehen als ihren
Altersgenossen, und woraus schließen Sie das?

15.

Was beglückt Sie als Vater vor allem?

16.

Glauben Sie sich als Erzieher? Z. B. wenn Sie einen neuen Wagen haben
und die Kinder betrachten ihn als ihr Eigentum: verweigern Sie ihnen
die Benutzung des Wagens aus erzieherischen Gründen?

17.
Wann fühlen Sie sich als Vater wohler:
a. allein mit dem Kind?
b. wenn die Mutter dabei ist?
18.
Wenn Sie mit einer andern Frau ins Bett gehen, empfinden Sie sich dann als Vater?
19.
Nimmt bei Ihnen die Väterlichkeit ab:
a. wenn das Kind selber Geld verdient?
b. wenn das Kind sich verheiratet?
c. wenn es sich herausstellt, daß das Kind mehr weiß als Sie oder geschickter ist als Sie, lebenstüchtiger usw.?
20.
Was erschreckt Sie mehr: wenn die Kinder daran leiden, daß Sie ihr Vater sind, oder wenn Ihnen die Kinder von andern Leuten insgeheim besser gefallen?
21.
Ist es Ihnen bewußt, daß Sie sich immer etwas anders verhalten, wenn Ihre erwachsenen Kinder zugegen sind, und was verhehlen Sie vor ihnen?
22.
Warum?
23.
Gesetzt den Fall, daß Sie sich der Mutter nicht mehr verbunden fühlen als Mann: überzeugt es Sie, daß Sie der Vater ihres Kindes sind?
24.
Können Sie sich ohne Kinder vorstellen?
25.
Ist es Ihnen schon gelungen, die eignen Kinder kennenzulernen, d.h. sie nicht als Söhne oder Töchter zu sehen?

Katalog

Kastanien, die aus ihrem grünen Igel springen und glänzen/Schneeflocken unter der Lupe/Steingärten japanisch/Buchdruck/Karawane mit Kamelen am gelben Horizont/Regen am Eisenbahnfenster nachts/eine Jugendstil-

Vase beim Antiquar/die Fata Morgana in der Salzwüste, wenn man meint, Lachen von blauem Wasser zu sehen, überhaupt die Wüste/Turbinen/Morgenlicht durch grüne Jalousien/Handschriften/Kohlenhalden im Regen/ Haar und Haut von Kindern/Baustellen/Möwen auf dem schwarzen Wattenmeer bei Ebbe/das blaue Blitzlicht von Schweißbrennern/Goya/Was man mit dem Teleskop sieht/Späne unter einer Hobelbank/Lava in der Nacht/Fotos aus dem Anfang dieses Jahrhunderts/Pferde im Jura bei Nebel/Landkarten, alte und neue/Beine einer Mulattin unterhalb ihres Mantels/Spur von Vogelfüßen auf Schnee/Wirtschaften in der Vorstadt/Granit/ein Totengesicht am Tag nach dem Tod/Disteln zwischen Marmor in Griechenland/Augen, Münder/das Innere von Muscheln/Spiegelung eines Wolkenkratzers in der Fassade eines andern Wolkenkratzers/Perlenfischerinnen/Kaleidoskope, die man schütteln kann/Farnkraut verwelkt und verblichen/die Hände von alten Menschen, die man liebt/Kiesel in einem Bergbach/ein Maya-Relief an seinem Ort/Pilze/ein Kran in Bewegung/ Wände mit Plakaten, die nicht mehr gelten/Schlangen im Wasser schwimmend mit gerecktem Kopf/Theater, einmal aus dem Schnürboden gesehen/Fische auf dem Markt, Fischernetze zum Trocknen auf dem Pflaster, Fische aller Art/Wetterleuchten/Flug der schwarzen Berg-Dohlen, wenn man auf dem Grat steht, ihr Flug über die Schlünde/ein Liebespaar in einem stillen Museum/das Fell gewöhnlicher Rinder in Griffnähe/Sonnenkringel in einem Glas voll Rotwein (Merlot)/ein Steppenbrand/das Bernstein-Licht im Zirkuszelt an einem sonnigen Nachmittag/Röntgen-Bilder, die man nicht versteht, das eigene Skelett wie in Watte oder Nebel/Brandungen, ein Frachter am Horizont/Hochöfen/ein roter Vorhang, von der nächtlichen Straße her gesehen, Schatten einer unbekannten Person darauf/Glas, Gläser, Glas jeder Art/Spinnweben gegen Sonne im Wald/Kupferstiche mit gelben Flecken auf dem Papier/viele Leute mit Schirmen, Scheinwerferglanz auf dem Asphalt/Mädchenbildnis der eigenen Mutter, in Öl gemalt von ihrem Vater/die Gewänder der Kirche, der ich nicht angehöre/das olivgrüne Leder auf einem englischen Schreibtisch/der Silser-See/Blick eines verehrten Mannes, wenn er die Brille abgenommen hat, um sie zu putzen/das Geschlinge von blinkenden Geleisen vor einem Großbahnhof in der Nacht/Katzen/Mondmilch über dem Dschungel, wenn man in der Hängematte liegt und Bier trinkt aus Büchsen und schwitzt und nicht schlafen kann und nichts denkt/Bibliotheken/ein gelber Bulldozer, der Berge versetzt/Reben beispielsweise im Wal-

lis/Filme/ein Herrenhut, der über die Spanische Treppe hinunter rollt/
wenn man mit breitem Pinsel eine Wand anstreicht, die frische Farbe/drei
Zweige vor dem Fenster, Winterhimmel über roten Backstein-Häusern in
Manhattan, Rauchwirbel aus fremden Kaminen/der Nacken einer Frau,
wenn sie sich kämmt/ein russischer Bauer vor den Ikonen im Kreml/März
am Zürich-See, die schwarzen Äcker, Föhn-Bläue über Schattenschnee –
usw.
usw.
usw.
Freude (Bejahung) durch bloßes Schauen.

BERLIN

Seit langer Zeit zum ersten Mal am Alexander-Platz.
Vorher durch die Schleuse der Verdächtigung; die
grünen Uniformen erinnern mich ungerechterweise an
die Hitlerzeit. Befangenheit meinerseits. Warum
eigentlich? Ich gehöre einem Staat an, der diesen
Staat nicht anerkennt; ich anerkenne. Gang durch
die Hauptstadt mit preußischer Geschichte, Plakate
mit Lenin vor der Architektur eines Wirtschafts-
wunders. Meine Befangenheit verliert sich auf der
Fahrt durch märkisches Land, Ebene mit Wald, großer
lichter Himmel. Besuch bei Peter Huchel in Potsdam
(22.9.), der, einst anerkannt als Kämpfer gegen
den Faschismus, noch immer keine Ausreisebewilli-
gung bekommt.

FRANKFURT

Buchmesse. Der Unterschied zwischen einem Pferd
und einem Autor: das Pferd versteht die Sprache der
Pferdehändler nicht.

ZÜRICH

Heimatgefühle im COOPERATIVO, Restaurant an der
Militärstraße; das Haus wird demnächst abgerissen . . . Hier verkehrte Lenin, bis er nach Rußland
abreiste. Später speiste hier unter italienischen
Arbeitern auch Mussolini: als Sozialist. Ein Bildnis von Mateotti, den der faschistische Mussolini
ermorden ließ, und über der braunen Täfelung an der
verrauchten Wand ein frisches Plakat der Sozialdemokratischen Partei der Schweiz; der Text liest
sich wie eine Selbstverständlichkeit, die allerdings noch immer nicht verwirklicht ist. Eine juke-
box zeigt an, daß wir uns in der zweiten Hälfte des
Jahrhunderts befinden, und die jungen Männer tragen wieder Bärte. Über der juke-box in glänzendem
Rahmen das verblichene Foto-Porträt von dem bärtigen Urahn: CARLO MARX. Arbeiter essen an den langen
Tischen mit weißem Tischtuch, bedient von Kellnern
in weißen Kitteln. Die Kost ist italienisch. Hier
wurden damals antifaschistische Zeitungen redi-
giert, die man nach Italien schmuggelte. Wir trinken ein Bier unter der verrauchten Büste von Dante.
Ein familiäres Lokal, dabei ein hoher Raum, ein
Ort historischer Hoffnungen –

Verhör IV

A. Einmal angenommen: eine Gruppe von Leuten, die sich auf die Hand-
habung von Waffen verstehen, besetzen die Fabriken in Oerlikon und
drohen mit Sprengung der Anlagen des Bührle-Konzerns, falls das Geschäft mit dem Krieg nicht verboten wird – was würdest du dazu sagen?

B. Leo Tolstoj verurteilt jede Anwendung von Gewalt – also auch den
Krieg, den er als Verbrechen bezeichnet. Ich denke nicht, daß der
Bührle-Konzern sich auf Tolstoj berufen könnte.

A. Hältst du Herrn Bührle für einen Verbrecher?

B. Ich sehe, daß diese Frage weder vom Gericht noch von der Öffentlichkeit gestellt wird; das Recht auf Geschäfte mit dem Krieg, sofern sie
ohne Urkundenfälschung auskommen, steht außer Frage.

A. Du hast die Strafanträge gelesen?

B. Die Delikte, nämlich fortgesetzte Urkundenfälschung und Waffen-
schmuggel im Betrag von 90 Millionen, sind erwiesen. Der Bundesanwalt verlangt Gefängnisstrafen – bedingt erlassen – dazu Geldstrafen,
die für keinen der betroffenen Herren ins Gewicht fallen. Das ist der
Strafantrag, der einige Leute im Land entrüstet.

A. Dich nicht?

B. Gesetz ist Gesetz, wir sind ein Rechtsstaat, ich würde sogar sagen, ein
Muster von Rechtsstaat: auch der mächtige Mann, Herr Dr. Dietrich
Bührle, der ein deklariertes Einkommen von 3,4 Millionen und ein deklariertes Vermögen von 125 Millionen hat, kann hierzulande vor Gericht kommen.

A. Wird er ins Gefängnis kommen?

B. Herr Dr. Dietrich Bührle, Chef des Konzerns, ist Oberst im General-
stab der schweizerischen Armee.

A. Was willst du damit sagen?

B. Wie der Bundesanwalt betont, genießt der Bührle-Konzern das besondere Vertrauen unseres Bundesrates, weswegen dem Bundesrat diese
fortgesetzten Urkundenfälschungen peinlich sind, obschon es sich,
wie die Verteidiger betonen, lediglich um ein Kavaliersdelikt handelt,
da das 90 Millionen-Geschäft keineswegs aus Gewinnsucht getätigt
wurde, sondern aus Vorsorge für die schweizerische Landesverteidigung, für die schweizerische Wirtschaft usw. Wie Herr Dr. Dietrich
Bührle selbst gesteht, kann er sich bei einem Umsatz von 1,7 Milliarden nicht um alles kümmern. Zwar hat er seinerzeit davon gewußt,
sonst könnte er nicht, wie die Verteidigung hervorhebt, zu seinem langjährigen Mitarbeiter gesagt haben, »daß solche illegalen Geschäfte
künftig nicht mehr getätigt werden dürfen«. Ich halte mich an den
Satz: »Es besteht kein Anlaß, die Glaubwürdigkeit von Dr. Dietrich
Bührle irgendwie in Frage zu stellen.« Ich habe lediglich sagen wollen:
wenn es anders wäre, so könnte der Angeklagte nicht Oberst im Gene-
ralstab sein.

A. Und sein Vize-Direktor?

B. Ich kenne die Herren nicht, ich verlasse mich auf die Berichterstattung
der bürgerlichen Presse. Herr Dr. Lebedinsky ist nicht Oberst. Wie die
Verteidigung sagt, war der Gewissenskonflikt für den langjährigen
Mitarbeiter ganz bedeutend, obschon es sich nur um 7% des Umsatzes
mit Kriegsmaterial handelt. »Er hat im bestgemeinten Interesse seiner
Arbeitgeberschaft die zur Beurteilung stehenden Taten begangen oder
gebilligt.« Dafür bezieht er trotz Entlassung weiterhin sein Jahresge-
halt. Auch Herrn Dr. Gelbert muß man verstehen: »Wie die andern lei-
tenden Persönlichkeiten der WO stand er vor dem Dilemma, ob man
die behördlichen Erlasse streng beachten soll oder ob man im Interesse
der Wahrung bewährter geschäftlicher Beziehungen zu retten versuche, was zu retten war«, nämlich den Profit des Bührle-Konzerns.

A. Wir sind ein Rechtsstaat –

B. Ja.

A. Es gibt ein Volksbegehren auf Verbot der Waffenausfuhr. Ich nehme an,
du hast ebenfalls deine Unterschrift dazu gegeben. Wenn es zu einer
Volksabstimmung kommt, so kannst du für ein Verbot des schweizerischen Waffenhandels stimmen. Das ist ein rechtsstaatliches Verfahren.

B. Ohne Zweifel.

A. Was ist also nicht in Ordnung?

B. Der Mann, der heute mit seinen langjährigen Urkundenfälschern vor
dem Bundesgericht in Lausanne sitzt, ist ein großer Arbeitgeber: der
Bührle-Konzern, der ja nicht nur Waffen herstellt, beschäftigt 14 000
Arbeitnehmer. Der Bührle-Konzern, wie gesagt, macht ja nicht nur
Zwillingsgeschütze und Munition dazu, man darf nicht übertreiben.
Geschütze und Munition verkauft er nur, um unserem Land eine eigene Waffenindustrie zu erhalten, was der Bundesrat zu schätzen weiß.
Wir nötigen die andern nicht zum Krieg; wir verkaufen ihnen die Waffen nur, weil sie die Waffen sonst anderswo kaufen. Sie könnten unsere
Geschütze und unsere Munition, wenn sie bezahlt sind, auch verrosten
lassen. Um zu zeigen, daß die Schweiz sich in die Kriege der andern
nicht einmischt, beliefern wir Israel und Ägypten zugleich. Das war
übrigens immer schon so. Im Zweiten Weltkrieg, der uns nahe ging,
schossen sich in Tobruk die Deutschen und die Engländer mit der gleichen Oerlikon-Kanone ab. Unser Waffenhandel, ganz abgesehen davon,
daß er auch mit Entwicklungshilfe verbunden ist, bedeutet keinesfalls
eine Einmischung in Nigeria oder Südafrika; es ist ein reines Geschäft

im Sinn des freien Marktes. Hätte der Bundesrat, besorgt um die Glaubwürdigkeit der schweizerischen Neutralität, damals kein Waffen-Em-
bargo verfügt, so hätte das reine Geschäft auch keiner Urkundenfälschungen bedurft. Das sagt der Verteidiger vor dem Bundesstrafgericht ...
Was das Volksbegehren betrifft, so muß man bedenken, daß Herr Dr.
Dietrich Bührle sich nicht alles gefallen lassen wird: er könnte seinen
Konzern jederzeit ins Ausland verlegen, so daß seine Steuern verloren
gehen, seine Kunstsammlung auch. Ich verstehe, daß Herr Dr. Dietrich Bührle mit größtem Respekt behandelt wird; er durfte vor Gericht, im Gegensatz zu dem Schwindler v. Däniken, nicht fotografiert
werden. Im Grunde hat man diesem Mann dankbar zu sein. Eine Verstaatlichung der Waffen-Industrie würde alles nur erschweren.

A. Wieso?

B. Dann wäre der Bundesrat verantwortlich, das Parlament. Herr Dr.
Dietrich Bührle nimmt uns diese Verantwortung ab; als freier Unternehmer liefert er nach seinem Gewissen, unser Land ist am Profit beteiligt durch Steuern, aber nicht moralisch: wir sammeln für Biafra
und schicken Krankenschwestern, die von Bührle-Munition getroffen
werden. Caritas ist Caritas, Industrie ist Industrie –

A. Soeben wurde das Urteil gesprochen.

B. Es kann nur ein Urteil betreffend Urkundenfälschung sein. Es steht
nichts anderes in Frage. Der Tatbestand erwerbsmäßiger Beihilfe
zum Völkermord ist nicht verfassungswidrig. Daher sind die Herren
des Bührle-Konzerns im Sinne unserer Gesellschaft keine Verbrecher.

A. Entgegen dem Antrag des Bundesanwaltes, der nur bedingte Strafen
verlangt hat, müssen ins Gefängnis: Herr Dr. Lebedinsky, Herr Dr.
Gelbert, übrigens Ritter der Ehrenlegion, sowie Herr Meili, wobei
das Gericht auch die Strafzeit verlängert hat. Man kann also nicht sagen: Ein mildes Urteil. Einzig der Konzern-Herr muß nicht ins Gefängnis: 8 Monate bedingt, dazu ist die Buße auf 20 000 Franken her-
abgesetzt, da ihm Gewinnsucht nicht nachzuweisen ist.

B. Ich verstehe sein pralles Lachen.

A. Der Tatbestand erwerbsmäßiger Beihilfe zum Völkermord, wie du's
als Laie nennst, steht nicht zur Diskussion. Daher kann dich das Urteil
des Bundesgerichts nicht verwundern.

B. Nein.

A. Es verwundert dich auch nicht, daß das Bundesgericht, übrigens

durch besondere Maßnahmen der Polizei geschützt, zwar den Tatbestand fortgesetzter Urkundenfälschungen verurteilt, aber in keinem
einzigen Fall genau aufzuklären vermag, wie diese Urkundenfälschungen zustande gekommen sind, welche Mittelsleute sie ermöglicht haben und welche Bundesbeamten, die solche Urkunden prüfen, jahrelang nichts gemerkt haben?

B. Nein.

A. Das verwundert dich nicht?

B. Unserem Volk, das an seinen Rechtsstaat glaubt, genügen drei oder
vier Schuldige, im übrigen geht es um die Wahrung bewährter Beziehungen zwischen Wirtschaft und Behörden und Vaterland.

A. Hältst du unser Volk für dumm?

B. Ich halte mich für dumm, wenn ich das pralle Lachen des Konzern-
Herrn auf dem Presse-Foto betrachte. Er hat recht. Die gerichtliche
Geldbuße, die er auf freiem Fuß zu bezahlen hat, ist unter Spesen zu
verrechnen, übrigens eine Lappalie im Vergleich zu den Schmiergel-
dern, die der Konzern schon bezahlt hat – Spesen für die Rechtsstaatlichkeit, die ihn schützt vor jeder Gewalt.

ZÜRICH

Kleine Demonstration, Besammlung beim Kunsthaus
(da hat Bührle einmal eine Million gestiftet),
Marsch durch die Bahnhofstraße zur Börse; dann und
wann Zuschauer mit einem mitleidigen Lächeln,
Kopfschütteln; eine Frau sagt: Bravo! aber sie
schließt sich nicht an; ein Mann sagt unentwegt:
Ihr tut mir leid, Ihr tut mir leid! Die meisten,
wenn sie die Transparente lesen, gehen sofort weiter; ein junger Mann sagt: Kommunisten, so geht
doch nach Moskau! Etwa tausend Marschierer.

Ehrenwort

Sir, wo möchten Sie denn leben? Erstens bin ich kein Sir, zweitens sage ich:
Nehmen Sie bitte diese Hand weg! Ich kenne den Mann nicht. Sir! sagt er,

hält jetzt eine längere Rede, ohne die Hand von meinem Mantelkragen zu nehmen, in mehreren Sprachen durcheinander und nach einer Weile, da er mich hinreichend verwirrt hat, plötzlich in Mundart. Ein Landsmann also. Wo auf der Welt ich am liebsten leben möchte? Die Frage, so sagt er, stelle sich nämlich nur einem Sir. 97 von 100 Erdenbewohnern haben keine Wahl, wo sie leben, und ziehen daraus ihre fortpflanzende Kraft unter jeglichen Umständen. Das ist richtig; ich denke an tschechische Freunde, an griechische Flüchtlinge, an Millionen von Indern. Als ich sage, ich sei gerne, wo ich grad bin, schüttelt er mich in meinem Regenmantel herum, spricht im Gangster-Ton: Come on, man, come on! und das auf der Helmhaus-Brücke in Zürich. Wir behindern den Verkehr. Was ihn das überhaupt angehe, frage ich, ohne nochmals an seine Hand zu fassen; sonst schüttelt er mich wieder. Schon sind wir nicht mehr allein; ein paar Leute, einer mit Aktentasche, aber auch einfache Leute, die zuerst mit der Miene von Helfern stehengeblieben sind, stimmen ein, als er fragt: Warum leben Sie denn nicht in Moskau, warum nicht in Havanna usw.? Ich sei hier geboren, sage ich mit einer Kopfbewegung, hier in dieser Gegend. Es tönt linkisch. Um glaubwürdig zu sein, gebe ich den Namen des Quartiers, beginne mich zu verteidigen: Habe ich denn gesagt, daß ich nicht gerne hier lebe? Wenigstens hat er inzwischen seine Hand von meinem Mantelkragen genommen, als genüge jetzt seine Frage: Warum nicht in Havanna, warum nicht in Peking usw.? Wir stehen jetzt, um den Verkehr nicht zu stören, am Straßenrand, während ich den Kragen meines Regenmantels ordne, ohne mich nach Helfern umzusehen; sie finden die Frage nur berechtigt, und ich weiß natürlich, welche Antwort ich der Mehrheit schulde. So viele sind es gar nicht, aber sie haben die Physiognomie der Mehrheit. Was ich jetzt rede, wird von Satz zu Satz unglaubwürdiger: Ehrenwort, ich möchte nicht anderswo leben, Ehrenwort, ich bin hier geboren und aufgewachsen und zur Schule gegangen, ferner lebe ich ja hier. Soll ich gar meinen Paß zeigen? Soll ich die Nummer meiner Altersversicherung angaben oder die ungefähre Anzahl meiner Armeediensttage ohne Auszeichnung und ohne Strafe? Da es keine Schlägerei geben wird, bleiben nur wenige. Warum schon zum drittenmal: Ehrenwort! Es dauert noch eine Weile, bis ich zugebe, daß ich mir die Frage, wo in der Welt ich leben möchte, tatsächlich schon selber gestellt habe. Das genügt, so scheint es, das genügt. Ich kann gehen.

1971

BERZONA

Schnee, viel Schnee. Die Zweige sind weißflaumig
wie Pfeifenputzer. Tagsüber schaufeln wir uns
frei, dann schneit es wieder in der Nacht. Nur das
Fernsehen, TELEVISIONE SVIZZERA ITALIANA, bestätigt, daß die Welt weitergeht mit Staatsmänner-
besuchen, Raumfahrt, Papst, Vietnam, Musik und
Sport. Kein Grund zur Panik also. Auch kommt noch
die Post: Soziologie reihenweise.

Glück

»Ich hatte Glück, Fjodor Iwanowitsch, ich wage kaum dran zu denken.
Ein unheimliches Glück. Sie sehen, ich fahre in der ersten Klasse. Ich habe
einen Paß, ich habe einen Titel, ich bin frei. Warum ich nicht nach Sibirien gekommen bin, verstehe ich heute noch nicht, denn es fehlte wenig,
Gott weiß es, sehr wenig«, sagt er, indem er Tabak nicht in die Nase stopft,
sondern in eine Charatan-Pfeife; es summt auch kein Samowar, aber es ist
Winter und in der Eisenbahn, und nachdem die Pfeife endlich zieht, sagt
der Reisende, indem er zum Fenster hinausschaut: »Es schneit«. Es ist aber
nicht Rußland, was man da draußen sieht. »Ich hatte keinen Grund zur Eifersucht«, sagt er, als wolle jemand seine Geschichte hören, »nicht den mindesten Grund. Natascha war verheiratet, aber das wußte ich von Anfang
an. Vielleicht war ich sogar froh, daß Natascha verheiratet war. Jetzt denken Sie gewiß, das gehört sich nicht, weil Natascha verheiratet war. Aber
das ist heutzutage anders, Fjodor Iwanowitsch. Ihr Mann war ein stiller
und sanftmütiger Mensch, sogar jünger als ich, ein gerechter und bedrück-
ter Mensch. Mag sein, daß Natascha ihn verkannt hat. Ihretwegen aber
hatte ich Weib und Kinder verlassen. Das hielt ich damals nicht für moralisch, aber es machte mich doch glücklich. Ich liebte sie, Fjodor Iwano-

witsch, ich liebte Natascha.« Es ist auch niemand im Abteil, der Fjodor Iwanowitsch heißen könnte oder Wassily Wassilikow oder irgendwie, und trotzdem muß er es einmal erzählen. »Sehen Sie, ich denke selten daran, um nicht zu erschrecken, eigentlich nie«, sagt er: »Ich war damals ein erwachsener Mensch, ein geachteter Mensch sozusagen, und ich glaube, Sie haben es erraten, Fjodor Iwanowitsch, ich könnte sehr wohl ein Mörder sein!« Auch der Schaffner, der einmal vorbeikommt und ins Abteil schaut, ist offenkundig kein Russe, sondern ein Kondukteur, ein junger und rosiger Bursche mit einer roten Tasche, die um sein Knie baumelt, kein unfreundlicher Mensch, aber auch er hat keine Zeit wie einst die Menschen in den russischen Eisenbahnen, die sich halbe Romane anhörten, und nachdem er das Abteil verlassen hat, sagt der Reisende: »Aber interessiert es Sie auch wirklich?« Vorher war er im Speisewagen; da blicken sie auf den Teller oder am andern vorbei, und wenn sie dann die Rechnung beglichen haben, nicken sie vielleicht, aber dann ist es zu spät, um sagen zu können: »Ich bin ein kranker Mensch ... ein schlechter Mensch ... Ein abstoßender Mensch bin ich. Ich glaube, ich bin leberleidend.« Wer will das wissen? »Gott weiß es, ich hatte das kleine Beil schon erhoben, und Natascha saß vor mir, ich wollte sie spalten wie ein Scheit. Ich wollte es natürlich nicht, aber das Beil wollte es, das kleine Beil, Fjodor Iwanowitsch, in meiner Hand.« Das sagt man nicht in einem Speisewagen, auch nicht im Abteil, nachdem ein Herr zugestiegen ist, der kaum Gutentag sagt und seine Zeitung lesen möchte. Vielleicht heißt er Hubacher oder Vogelsanger, ein einheimischer Herr, und es war ja auch nicht in Rußland, wo das Entsetzliche stattgefunden hat, sondern in Graubünden. »Kennen Sie die Gegend von Bivio?« Das läßt sich sagen, auch wenn der andere sich dann wundert und sagt: Wieso? Es summt kein Samowar, wie gesagt, es bruzzelt nur in seiner Charatan-Pfeife. »Eine schöne Pfeife«, sagt er, »nicht wahr?« Sicher ist der Herr, der hinter seiner offenen Zeitung nicht zu sehen ist, kein schlechter Mensch; sein Mantel ist ein guter Mantel mit feinem Futter. »Ich bin ein kranker Mensch, was ich vielleicht gar nicht bin, ich bin ein lächerlicher Mensch«, sagt er draußen im Korridor: »Übrigens habe ich vorher gelogen, Fjodor Iwanowitsch. Vielleicht haben Sie es bemerkt. Nicht ihretwegen habe ich Weib und Kind verlassen. Das ist Unsinn. Sondern meinetwegen! – später habe ich ja auch Natascha verlassen – und Wassa ... Sie halten mich jetzt für einen gewissenlosen Menschen, Fjodor Iwanowitsch, aber das Gegenteil ist wahr. Sie war zu gut für

mich, ich meine jetzt meine erste Frau. Ich prügelte sie nie, Gott sei mein
Zeuge, aber es war ein Segen für sie, daß ich sie verlassen hatte. Heute geben alle es zu. Sie waren immer zu gut für mich, und ich mußte eines Tages
erkennen, daß sie litten, Sie verstehen, früher oder später. Jedesmal gab es
Geschwätz, das gleiche Geschwätz. Drum bin ich viel gereist. Heute weiß
ich: Das Gegenteil ist wahr. Was heißt Gewissen! Im Gegenteil, die
Frauen wurden entweder glücklicher, nachdem ich sie verlassen hatte, oder
zumindest nicht unglücklicher – so viele sind es übrigens nicht gewesen,
Fjodor Iwanowitsch, falls Sie das meinen ... Jetzt sind wir in Biel, glaube
ich«, sagt er und verbessert sich: »Bienne.« Es schneit noch immer. Heutzutage halten die Züge nicht lange; die Reisenden können nicht aussteigen,
um sich heißes Wasser zu holen, und im Speisewagen gibt es auch keinen
Tee mehr, nur noch das Menü. »Ich hatte keinen Grund zur Eifersucht«,
sagt er, um in seiner Erzählung fortzufahren, »denn es waren ihre Brüder ... Ich weiß nicht, wie es in jener Nacht über mich kam. Es war in
einer Ski-Hütte. Sie machte also ihren Brüdern einen Glühwein, weil es
kalt war, sie redete diesen ganzen Abend nur zu ihren Brüdern und die
Brüder redeten nur zu ihr, denn ich gehörte nicht zur Familie. Ich fand
es komisch, das heißt, ich versuchte es komisch zu finden, es war komisch,
Fjodor Iwanowitsch, aber ich bin ein eitler Mensch. Denn ich konnte es
nicht haben, daß Natascha ihren Brüdern verbundener wäre als mir. Bin
ich ein habsüchtiger Mensch? Ich war nicht betrunken, denn sie machte
ja den Glühwein für ihre Brüder; ich wollte nichts davon. Sie können sich
denken, wie fröhlich es zuging. Ich sagte kein Wort, denn sie redeten jetzt
nur französisch, Sie verstehen, das kam noch hinzu. Es ist lächerlich. Plötzlich haßte ich sie, beobachtete sie von der Seite und haßte sie vollkommen
nüchtern. Oder so meinte ich wenigstens; tatsächlich liebte ich sie, aber
ich haßte die Sippe in ihr. Die Sippe! – ich finde eine Sippe immer gemein,
zum Umbringen ... Es kam über mich, als wir uns zum Schlafen legten,
alle nebeneinander, Natascha und ihre Brüder und ich. Genau gesagt: Natascha zwischen ihren Brüdern und mir. Es war kalt. Ich hatte den ganzen
langen Abend das Holzfeuer besorgt, aber den Glühwein machte sie für
ihre Brüder. Sie schnarchten bereits, als die Wut mich packte, ich spürte,
wie sie plötzlich meine Decke wegriß und mich packte wie von außen,
die Wut, und wie sie mich aufsetzte im Dunkeln ... Sagte ich schon,
daß ihr Bruder, der ältere, ein Offizier war? Er war der dümmere, aber Natascha wies ihn nie zurecht. Der jüngere aber war ein Tänzer, Choreograph

oder so etwas, ein Artist also. Vor allem ihn bewunderte Natascha sehr –
ich begriff zum ersten Mal, wer ich war: ihr Liebhaber ... Es ist wohl möglich, daß Natascha jetzt im Dunkeln fragte, ob mir unwohl sei, im Flüsterton, damit die Brüder weiter schnarchen konnten; ich hörte sie nicht. Ich
bin auf hohe Schulen gegangen, aber ich bin und bleibe ein primitiver
Mensch. Natascha traute es mir nicht zu. Und ihre Brüder, ohne mehr
zu wissen als die Tatsache, daß ich Natascha liebte, trauten es mir ebenfalls
nicht zu ... Es war Winter, das sagte ich schon, und es war Nacht, ich
wußte nicht wohin. Hinaus in den tiefen Schnee. Ich wollte erfrieren, Sie
verstehen, während sie in der Hütte schnarchten«, sagt er und hält inne,
da wieder jemand durch den engen Korridor geht. »Fjodor Iwanowitsch,
glauben Sie an Gott?« fragt er, ohne eine Antwort zu erwarten: »Jetzt wäre
ich schon fünfzehn Jahre in Sibirien für einen blöden Mord. Vielleicht
hätte ich's gelernt. Es braucht wenig, das ist alles, was ich genau weiß. Vielleicht hätte ich gelernt, Fjodor Iwanowitsch, an die Gnade zu glauben.
Jetzt glaube ich bloß an Glück«, sagt er und kratzt die Charatan-Pfeife
aus, während der Herr, der Vogelsanger heißen könnte oder Bärlocher oder
so, seine Ledermappe nimmt und das Abteil freigibt, nicht ohne zu nicken.
»Kurz und gut«, sagt er, als er sich wieder ins gepolsterte Abteil gesetzt hat,
»ich wollte also erfrieren. Ich haßte mich, Fjodor Iwanowitsch, ich schämte mich. Es war nicht kalt genug, um zu erfrieren, nur unerträglich. Sternennacht. Meine steife Leiche im Schnee am andern Morgen, das war
nicht nur ein lächerlicher und niederträchtiger Vorsatz, sondern auch un-
durchführbar, denn ich schlotterte bloß, als es im Osten über den Bergen
schon dämmerte. Natascha schlief. Sie wußte nichts von meinem Vorsatz,
niemand unter dem Sternenhimmel wußte von meiner Lächerlichkeit. Nur
ich! ... Jetzt sind wir in Brugg, glaube ich«, sagt er, Blick zum Fenster hinaus, »Brugg oder Baden«. Das sind keine epischen Distanzen. »Ich langweile Sie vielleicht, Fjodor Iwanowitsch, aber Sie sind der erste Mensch,
dem ich meine Geschichte erzähle ... Als ich endlich in die Hütte zurück-
ging, dünkte ich mich vollkommen bei Sinnen, vernünftig und kalt in meinem Entschluß, lautlos meine Skier zu nehmen und in der ersten Dämmerung abzufahren ins Tal, um Natascha einen Brief zu schreiben. Auch sie
war zu gut für mich. Ein Engel! ... Ich weiß ja nicht, Fjodor Iwanowitsch,
ob Sie es kennen, dieses Bewußtsein der Lächerlichkeit, dieses Bewußtsein
der Niedrigkeit, das grimmiger ist als eine Sternennacht im Schnee, oder
so empfand ich es wenigstens, als ich die Brüder über mir schnarchen

hörte. Was hatten sie mir denn getan, der Offizier und der Artist? Ihre Schwester hatte sie mit Glühwein bedient, und ich verstehe einigermaßen französisch ... Ich nahm also das kleine Beil, um Holz zu hacken, weil ich fror in meiner Lächerlichkeit nach zwei Stunden im Schnee. Ich fror in den Knochen. Ich hatte Feuer gemacht für sie, jetzt machte ich Feuer für mich. Das kracht natürlich, so ein Kloben, wenn das Beil drin stecken bleibt und wenn man den Kloben mit Beil auf den Block haut. Das Schnarchen der Sippe ließ nach. Ich freute mich jetzt, daß ich schlotterte, denn das gab mir das Recht, die Kloben zu hauen und Scheite zu machen, Brennholz, wie unsereiner das tut, nicht ohne Selbstgefährdung. Es muß lustig ausgesehen haben, aber es war gar nicht lustig, Fjodor Iwanowitsch. Als Natascha herunter kam und fragte, was ich um Gottes willen denn mache, sagte ich: Glühwein. Sie war schläfrig und nicht so schön wie sonst, wie am ganzen Abend zuvor, und da sie schläfrig war, wurde ich deutlicher: Glühwein für mich! Dabei schämte ich mich. Ihre Vernünftigkeit, Fjodor Iwanowitsch, ihre weibliche Vernünftigkeit! – Sie kennen Natascha ja nicht. Wir liebten uns schon drei Jahre, ich meine, sie ist die Unvernunft in Person, ein wahrer Mensch, aber jetzt ihre Vernünftigkeit um fünf Uhr morgens war aufreizend. Glühwein, schrie ich, geh weg! Natascha meinte mich zu kennen, sonst hätte sich Natascha nicht auf den Block gesetzt, als sei er dafür gemacht, Natascha in einem blauen Overall und mit offenem Haar und schlafwarm. Die Brüder, nachdem meine Hackerei sie geweckt hatte, hörten natürlich zu; sie sagte: Qu'est-ce que tu fais? Ich sagte es noch einmal: Glühwein! so mit einer Betonung, Sie kennen das, Natascha hielt es für Ulk, ich weiß nicht, oder für eine sture Rücksichtslosigkeit gegenüber den andern, nicht nur gegenüber ihren beiden Brüdern. Ich habe vergessen zu sagen, daß auch noch andere in der Hütte waren, Töchter und Söhne und was weiß ich, eine ganze Sippe, als ich sagte: Geh weg! und das kleine Beil erhob«, sagt er, »um Brennholz zu machen, Kleinholz –«, sagt er und kratzt wieder die Pfeife aus, um zu schweigen, aber dann kann er's doch nicht: »Jetzt sind wir in Schlieren«, sagt er, Blick zum Fenster hinaus: »Fjodor Iwanowitsch, haben Sie schon einen Sessel auf die Straße hinuntergeworfen? und dann noch einen und noch einen? – ich habe mich nie gebessert, sehen Sie, das war mit Wassa, das war später, ich hatte Grund zur Eifersucht und war besoffen, ein besoffenes Schwein, es waren Sessel aus Eisen, die meine Wut packte und von der Terrasse hinunterschleuderte auf die Straße, und ich wurde kein Mörder, Fjodor Iwanowitsch. Wie er-

klären Sie das?« Er schweigt, bis die Pfeife wieder zieht. »Sie glauben an
Gott, Fjodor Iwanowitsch, sonst würden Sie nicht über mich lächeln. Sagen Sie's ehrlich, daß ich Ihnen leid tue, Fjodor Iwanowitsch, als ein dummer und oberflächlicher Mensch. Ich tue mir nicht leid ... Ich war nicht
wahnsinnig, ich wußte in diesem Augenblick genau, daß alle meine Lächerlichkeit nichts zu tun hatte mit Natascha, die mich anblickte, und nichts
mit ihren Brüdern, nur konnte ich das kleine Beil jetzt nicht mehr halten,
obschon Natascha vor mir saß und mich anblickte. Ich glaube, ich konnte
nicht einmal ihren Namen aussprechen, ihren so geliebten Namen, ich
hörte bloß: Qu'est-ce que tu fais? Dann stak das kleine Beil in dem Block,
sie stand daneben, ich hatte das Scheit noch in der Hand, das ich hatte spalten wollen – das war alles, Fjodor Iwanowitsch: Glück!« sagt er und blickt
noch immer zum Fenster hinaus, wo die gelben Lichter einer Station vor-
überfliehen: »Das war schon Altstetten«, sagt er gleichgültig, und es wird
langsam Zeit, den Mantel herunterzuholen und was der Reisende sonst
noch hat, nicht viel, ein kleines Paketchen, Parfum für seine Frau. Sein
Mantel hat nie oder selten einen Aufhänger, so daß er ihn ins Gepäcknetz
zu werfen pflegt, und als er sich umsieht, wo sein Mantel sich befinde,
scheint es ihn zu verwundern, daß Fjodor Iwanowitsch gegenüber sitzt, gerade unter seinem Mantel, etwas lächelnd: »Väterchen, das ist deine ganze
Geschichte?« Im Korridor drängen sich schon die Leute. »Nein«, sagt der
Reisende, ohne jetzt seinen Mantel herunterzuholen, ebenfalls spöttisch:
»Fjodor Iwanowitsch«. Dieser ist ein kleiner Herr, noch nicht alt, aber
mit offenbar vorzeitig ergrautem krausem Haar und mit auffallend blitzenden Augen; er sitzt in einem abgetragenen, doch offenbar von einem sehr
guten Schneider angefertigten Mantel mit Pelz am Kragen, Persianer,
und trägt die Pelzmütze auf dem Kopf; wenn er den Mantel aufgeknöpft
hat, sieht man darunter eine Poddiowka und ein russisches Hemd mit
bunten Stickereiborden: »Ich heiße Posdnyschew«, sagt er, als müßte
man den Namen kennen, und dann: »Darf ich Ihnen meinen Tee anbieten? Er ist allerdings sehr stark.« Der Tee, den er auf der vorletzten Station
aufgebrüht hat, ist wirklich wie Bier. »Posdnyschew«, wiederholt er bitter;
er spricht mit einer hüstelnden Stimme: »Väterchen, warum erzählst du
nicht deine ganze Geschichte, deine wirkliche Geschichte, wenn du doch
siehst, daß jemand zuhört?« Man spürt jetzt in den Füßen, daß der Zug zu
bremsen beginnt. »Gut«, sagt der Reisende, »ich will's Ihnen erzählen«, als
habe er den Kondukteur nicht gehört, der in jedes Abteil sagt: Zürich

Hauptbahnhof, alles aussteigen! – er schweigt einen Augenblick, reibt sich das Gesicht mit den Händen und fängt an: »Wenn ich erzählen soll, muß ich alles von Anfang an erzählen. Ich muß erzählen, wo ich geboren bin und wer mich erzogen hat, wer meine Freunde gewesen sind, was ich gelernt habe und alles, was zu meiner armseligen Geschichte geführt hat –«

NEW YORK, Februar

Wir haben gemietet: Wohnung einer Kinder-Psychia-
terin, die ich nicht kenne; ihre Diplome an der
Wand. Ein Psychiater-Sessel: man sitzt nicht und
liegt nicht, man entspannt sich mit Ergebnis – ich
habe also verdrängt:
a)   meinen Vater.
     (Gestorben 1932.)
b)   Generalstreik 1918.
     (Studenten mit Couleur-Mütze als Straßenbahn-
     führer, dahinter Soldaten mit Helm und auf-
     gepflanztem Bajonett, die den Streikbrecher
     beschützten.)
c)   meine erste Zeitungslektüre.
     (Ich wollte herausfinden, ob der Motorradfah-
     rer, den wir durch eine Kalberei mit unserem
     Leiterwagen zum Sturz gebracht hatten, dabei
     gestorben war.)
d)   Armut.
     (Diebstahl von Fallobst.)
e)   Kriegskinder aus Wien.
     (Ich spielte lieber mit ihnen, sie wußten andere
     Spiele, aber es ging nur heimlich, und als ich
     ertappt wurde, war es eine Schmach; ich war ein
     Abtrünniger.)
f)   Gottesfurcht.
     (Mit Badehose in der Badewanne.)
g)   Menschenfurcht.
     (Man mußte durch ein Rohr der Kanalisation

```
gehen, um in den Freundesbund aufgenommen zu
werden, barfuß im Abwasser, Gestank, in der
Ferne das kleine Loch mit Tageslicht.)
h) Lenin.
(Das schmale Männchen, das im Nachbarhaus ein
und aus ging; mein Vater sagte, der wolle alles
in dieser Welt kaputtmachen.)
und einiges mehr.
```

Vorkommnis

Kein Grund zur Panik. Eigentlich kann gar nichts passieren. Der Lift hängt zwischen dem 37. und 38. Stockwerk. Alles schon vorgekommen. Kein Zweifel, daß der elektrische Strom jeden Augenblick wieder kommen wird. Humor der ersten Minute, später Beschwerden über die Hausverwaltung allgemein. Jemand macht kurzes Licht mit seinem Feuerzeug, vielleicht um zu sehen, wer in der finsteren Kabine steht. Eine Dame mit Lebensmitteltaschen auf beiden Armen hat Mühe zu verstehen, daß es nichts nützt, wenn man auf den Alarm-Knopf drückt. Man rät ihr vergeblich, ihre Lebensmitteltaschen auf den Boden der Kabine zu stellen; es wäre Platz genug. Kein Grund zur Hysterie; man wird in der Kabine nicht ersticken, und die Vorstellung, daß die Kabine plötzlich in den Schacht hinunter saust, bleibt unausgesprochen; das ist technisch wohl nicht möglich. Einer sagt überhaupt nichts. Vielleicht hat das ganze Viertel keinen elektrischen Strom, was ein Trost wäre; dann kümmern sich jetzt viele, nicht bloß der Hauswart unten in der Halle, der vielleicht noch gar nichts bemerkt hat. Draußen ist Tag, sogar sonnig. Nach einer Viertelstunde ist es mehr als ärgerlich, es ist zum Verzagen langweilig. Zwei Meter nach oben oder zwei Meter nach unten, und man wäre bei einer Türe, die sich allerdings ohne Strom auch nicht öffnen ließe; eigentlich eine verrückte Konstruktion. Rufen hilft auch nichts, im Gegenteil, nachher kommt man sich verlassen vor. Sicher wird irgendwo alles unternommen, um die Panne zu beheben; dazu verpflichtet ist der Hauswart, die Hausverwaltung, die Behörde, die Zivilisation. Der Scherz, schließlich werde man nicht verhungern mit den Lebensmitteltaschen der Dame, kommt zu spät; es lacht niemand. Nach einer halben Stunde versucht ein jüngeres Paar

sich zu unterhalten, so weit das unter fremden Zuhörern möglich ist, halblaut über Alltägliches. Dann wieder Stille; manchmal seufzt jemand, die
Art von betontem Seufzer, der Vorwurf und Unwillen bekundet, nichts
weiter. Der Strom, wie gesagt, muß jeden Augenblick wieder kommen.
Was sich zu dem Vorkommnis sagen läßt, ist schon mehrmals gesagt.
Daß der Strom-Ausfall zwei Stunden dauert, sei schon vorgekommen, sagt
jemand. Zum Glück ist der Jüngling mit Hund vorher ausgestiegen; ein
winselnder Hund in der finsteren Kabine hätte noch gefehlt. Der Eine,
der überhaupt nichts sagt, ist vielleicht ein Fremder, der nicht genug Englisch versteht. Die Dame hat ihre Lebensmitteltaschen inzwischen auf den
Boden gestellt. Ihre Sorge, daß Tiefkühlwaren tauen, findet wenig Teilnahme. Jemand anders vielleicht müßte auf die Toilette. Später, nach zwei
Stunden, gibt es keine Empörung mehr, auch keine Gespräche, da der elektrische Strom jeden Augenblick kommen muß; man weiß: So hört die
Welt nicht auf. Nach drei Stunden und elf Minuten (laut späteren Berichten in Presse und Fernsehen) ist der Strom wieder da: Licht im ganzen
Viertel, wo es inzwischen Abend geworden ist, Licht in der Kabine, und
schon genügt ein Druck auf die Taste, damit der Lift steigt wie üblich,
wie üblich auch das langsame Aufgehen der Türe. Gott sei Dank! Es ist
nicht einmal so, daß jetzt alle beim ersten Halt sofort hinaus stürzen; jedermann wählt wie üblich sein Stockwerk –

EMERGENCY DIAL 911. OBSERVE THE FOLLOWING RULES OF
SAFETY WHILE WALKING THE STREETS:
1. Try not to walk alone at night – have someone accompany you
   through the streets.
2. Have a friend or relative meet you at the subway or bus station.
3. When you arrive at home, ring your bell to alert a relative or
   neighbor and have a key ready in your hand to open the door.
4. DO NOT enter an elevator with a stranger of any age.
5. Walk in an area that is well lighted, don't take shortcuts.
6. Know location of Police call boxes and public phone booths in
   your area.
7. If there are doormen in your neighborhood, know when they are
   on duty; they may be helpful.
8. Remain ALERT while walking, LOOK AROUND YOU.

9. If you observe any person or group that appear suspicious, do any of the following:
   a) Use a Police call Box and call for assistance.
   b) Go to a public phone booth and dial 911.
   c) If no phone is available, enter any store or residence and call Police. Your neighbors are willing to help.
10. DO NOT carry large sums of money, conspicuous jewelry or other valuables; when you cannot avoid this, secrete the cash and other valuables on your person, NOT in your wallet or handbag.
11. DO NOT place your house key together with other keys. Keep them separate. If you lose identification papers together with your house keys, someone may have access to your home.
12. Carry a whistle or a cheap battery-operated alarm when possible.
13. Carry your purse close to your chest. Don't dangle it loosely at arm's length.
14. If you hear screams, day or night, try to pinpoint location and help your neighbor by calling 911 immediately.
15. DO NOT answer downstairs bell unless caller is expected and known to you.

Ptl. Charles E. Delaney
Community Relations Office
26th Precinct

NEW YORK, Februar

Es scheint zu stimmen: ein Landsmann erzählt, daß er an der 10. Straße (wo wir wohnen) um acht Uhr abends plötzlich drei Messer auf dem Leib hatte, zwei hinten, eins vorn. Es waren Schwarze; ihre einzige Frage: »Where is it?« Als sie in seinem Portemonnaie nur 10 Dollar fanden, wurden ihre Messer gefährlicher. Zum Glück rührte er sich nicht, bis sie in seiner Brieftasche noch 20 Dollar gefunden hatten; dann warfen sie seine Brieftasche mit Paß hinaus auf die Straße, damit er sie holen mußte, während sie verschwanden. Ein Passant, dem der

Verstörte sich mitzuteilen versuchte, zuckte die
Achsel –

Seminar an der Columbia Universität, PROBLEMS OF
STYLE AND EXPRESSION, in deutscher Sprache. Wer
sind die Studenten? Ihr Schulgeld beträgt jährlich: 1200 Dollar; ein Student kostet die Eltern im
Jahr: 4000 bis 5000 Dollar. Wer sind ihre Eltern?

Demonstration am Times Square: gegen denselben
Krieg mit denselben Transparenten wie im letzten
Frühjahr, aber der Aufmarsch ist kleiner. Sie gehen
in einem Gehege kreisum, das die Polizei errichtet
hat, ordentlich getrennt von den ordentlichen
Straßenbenützern. Wie in einem Laufgitter, PEACE
NOW. Die Polizei, zwar zahlreich und ausgerüstet
mit Helm und Knüppel und Radio, sagt gelassen zur
Majorität: KEEP MOVING, PLEASE KEEP MOVING. Die
Majorität, so liest man, ist heute zu 70% gegen den
Krieg. Das Mittel der Demonstration ist ver-
braucht.

Ein alter Taxi-Fahrer erklärt, warum er nach dieser Fahrt nach Hause gehe, warum er in der Nacht
nicht mehr fahre: »too many caracters, you know!«
Aber er versteht sie, sagt er: Da kommen sie von
Vietnam zurück, jetzt wissen sie nicht, wie leben,
und dann fixen sie eben, Heroin ist teuer, dann
überfallen sie ihn und nehmen sein ganzes Tagesein-
kommen. Deswegen geht er um diese Zeit lieber nach
Hause. Es gibt auch liebe Leute, sagt er: dann sagen sie am Ende der Fahrt, sie haben kein Geld, und
dann gibt er ihnen seine Adresse, manchmal schicken
sie wirklich die drei oder vier Dollar.

ALCOHOLICS ANONYMOUS, sie treffen sich dreimal in
der Woche. Eine jüngere und attraktive Frau erzählt

ihre Geschichte mit dem Alkohol, eine Geheilte.
Sehr unbefangen, direkt, durchaus unpfäffisch.
Einzige Bedingung für die Mitgliedschaft: der
Wunsch, nicht mehr zu trinken. Es sind ungefähr
150 Männer und Frauen verschiedenen Alters, Arme
und Bessergestellte auch, Weiße und Schwarze. Wer
in der Diskussion teilnimmt, stellt sich vor: »Joe,
I am an alcoholic.« Dann fragt er, wie es aber der
Sprecherin ergangen ist bei Rückfällen. Man versteht einander. Einer ist schwer betrunken, sagt
etwas und geht nach einer Weile, was nicht verübelt
wird; jeder weiß hier, wie schwer es ist. Ich sehe,
daß er sich sogar noch einen Dollar pumpt. Nur wenigen ist anzusehen, daß sie Trinker sind. Im Neben-
raum lärmen Kinder bei einem Ballspiel. Es gibt
Gratis-Tee. Wer einmal die Gnade erfahren hat, daß
er nicht mehr dem Alkohol verfallen ist, begleitet
einen andern am Feierabend; ohne Herablassung,
wenn er den Süchtigen abzuhalten versucht, denn er
selber kennt den Alkohol und den Satan, der verspricht, daß es bei einem Gläschen bleibe, und die
Ausrede, heute gebe es irgend etwas zu feiern. Der
alte Neger, den ich um Traktate bitte, gibt vorerst
die Hand und sagt: Bobby. Ich sage: Max.

Women's Liberation

– und zum Schluß sagt er jedesmal, er sei ja dafür, durchaus dafür; nur
müßten wir Frauen es selber machen. Dann zieht er die Decke über seine
nackte Schulter, dieser Mann des neunzehnten Jahrhunderts. Ich könnte
ihn umbringen, nur weil er weiß, daß ich's nicht kann. Wieso eigentlich
nicht? Ein Mensch, der schnarcht, ist keiner. Jetzt hatten wir monatelang
Frieden. Der Mythos vom vaginalen Orgasmus, das gibt er zu, um seine
Ruhe zu haben. Wenn ich ihn umbringen wolle, sagt er, müsse ich vorher
noch lernen, wie der Motor unsres Wagens funktioniert, und anderen Nonsense. Ich habe ja nicht gewußt, was ich geheiratet habe. Der weibliche

Körper, sagt er, sei eben anders, was ich auch sage, aber anders als er. Ob
ich Norman Mailer gelesen habe? Dann kämpft er nicht einmal, wenn
man widerspricht, sondern sagt wieder, er sei durchaus dafür. Die Frau
als Neger, das gibt er alles zu, aber was tut er dagegen? Diese June, die
ihm den Hof macht, hat gerade noch gefehlt, diese June mit ihren Wurst-
beinen, die nicht einmal merkt, daß dieser Mann sie nicht ernst nimmt.
Wieso ich ihn überhaupt ernstnehme? Das fragt er, bevor er einschläft.
Ich frage mich auch. Ich lese Norman Mailer nicht. Sie lernen es nie. Auch
Lysistrata ist von einem Mann erfunden, dieser antike Herrenwitz, daß der
geschlechtliche Streik der Frauen immer scheitern wird, weil es Weiber wie
diese June gibt, Streikbrecherinnen aus unterbelichtetem Bewußtsein. Das
Fortschrittlichste, was er zu denken vermag: daß die bisherige Emanzipa-
tion der Frau sich als Bumerang erwiesen habe, indem sie die Frau nicht
befreit, im Gegenteil sie gerade in die Kategorien männlichen Denkens
einordnet. Das sagen wir ja. Wenn er sich überhaupt zum Ernst bequemt,
gibt er zu, daß es so nicht weitergeht. Einiges hat es sich immerhin schon
abgewöhnt; er sagte: Deine Kinder. Dann beruft er sich beiläufig auf Mar-
gret Mead: Die menschliche Vaterschaft als eine gesellschaft-konstituierende Erfindung (ob ich höre) Erfindung, keine Naturgegebenheit wie beispielsweise die Menstruation (ob ich höre?), gesellschaft-konstituierende
und somit repressiv. Ich finde ja nicht, daß das lange Haar ihm besonders
steht; vielleicht weil ich ihn kenne. Joe ist kein Löwe. Sie tun nur so progressiv, diese Künstler, und dann verrät er sich doch: Frauen seien nicht
kreativ. Helen hat's ihm gesagt, besser als ich es kann; sie regt sich nicht
auf, wenn er widerspricht. Mir widerspricht er schon nicht mehr, sondern
ist lieb; übrigens auch nicht immer, nur wenn er das Bedürfnis hat oder
meint, ich habe das Bedürfnis. Immerhin gibt er zu, daß er keine Frau sein
möchte. Ich bin aber eine. Oder wenn eine Frau, so sagt er, dann schon lesbisch. Das bin ich aber nicht. Wenn er sich in mich versetzt, kommt es
zum Vorschein: ich sei eben faul (gemessen an ihm), weil er's für Arbeit
hält, wenn er bastelt an seinem Plexiglas; ich sei emotional, weil er sich
für rational hält, sobald er nicht einverstanden ist. Immer dasselbe. Ich
sei mütterlich und identifiziere mich mit den Kindern, wenn er sie aus
dem Atelier wirft; ich sei nicht dumm (immer gemessen an ihm), um so
dümmer findet er es von mir, daß ich etwas nicht einsehe, was ihm recht
gibt. Ich könnte ihn umbringen. Es gibt eine einzige Frau, der er sich unterwirft: LA MAMMA in Bologna. Daß junge Frauen, nicht nur June, die

er selber nicht ernstnimmt, auf ihn hereinfallen, macht mich nicht eifersüchtig, es verhindert bei ihm nur jeden Lernprozeß. Ich sei possessiv; dabei verlange ich gar nicht, daß er sich in mich versetzt; dann sagt er, ich habe Qualitäten (gemessen an ihm), beispielsweise findet er's eine Qualität, daß ich animalisch sei usw. und irisch. So etwas spricht er aus. Die Frau, sagt er öffentlich, sei ihrem Wesen nach konservativ. So etwas glaubt er tatsächlich noch. FREE OUR SISTERS, da macht er wieder mit, wenn sie im Gefängnis sind. Ich sei ja frei. Und wenn ich drohe, daß ich ihn verlasse? Plötzlich kommt er mit Strindberg, was für mich das Letzte ist, die Briefe ausgenommen. Helen sagt: wir müssen nicht diskutieren, wir müssen Fakten schaffen. Jetzt schnarcht er, dieser einunddreißigjährige Patriarch, einverstanden mit Norman Mailer, den ich nicht lesen werde. Man weiß seit dreitausend Jahren, wie sie denken. Sie haben nichts dazu gelernt. Joe jedenfalls nicht. Gertrude Stein findet er groß, aber er würde sie nicht aushalten, sage ich; schon mit mir hält er's kaum aus. Jetzt schnarcht er, weil er, sobald er schläft, den Mund nicht schließen kann – wie ein Baby.

NEW YORK, Februar

Die amerikanische Television (Channel 2) sowie
die NEW YORK TIMES melden heute, 8.2.1971, daß in
der Schweiz, »world's oldest democracy«, gestern
das Frauenstimmrecht eingeführt worden ist.

NEW YORK, März

Man erwacht, geht auf die Straße und überlebt. Das
macht fröhlich, fast übermütig. Es braucht nichts
Besonderes vorzufallen; es genügt die Tatsache, daß
man überlebt von Alltag zu Alltag. Irgendwo wird
gemordet, und wir stehen in einer Galerie, begeistert oder nicht, aber gegenwärtig, und es ist nicht
gelogen, wenn ich antworte: THANK YOU, I AM FINE!

Um 03.30 erwacht wegen einer Detonation. Doppelknall durch Echo. Wenige Minuten später die Polizei

in der andern Straße; ich bin zu müde, um lang am
Fenster zu stehen; auch sieht man ja nichts, nur an
den Fassaden diesen Widerschein des blauen Krei-
sellichts. Im Halbschlaf meine ich: jemand hat
jemand niedergeschossen. Stimmen. Dann ein Geräusch, das fast eine Stunde lang anhält: Glas, das
in Scherben fällt, und Scherben, die geschaufelt
werden. Schlafen gelingt nicht; wenn ich die Augen
aufmache: an der Zimmerdecke noch immer das Krei-
sellicht von den Polizei-Wagen, bis ich doch
einschlafe . . . Es war in der NEW SCHOOL an der
11. Straße, eine kleinere Bombe, Zerstörung im Ve-
stibül; im Foyer, wie täglich, die Schüler (Erwachsene) an der Bücherausgabe. Als ich den Türmann
frage nach dem möglichen Bombenzweck, zuckt er die
Achsel. Nichts Neues. Das kommt vor.

Im FILLMORE-EAST, vor einem Jahr, wurde plötzlich
eine psychedelische Lichtschau unterbrochen, ein
Rocker trat an die Rampe mit der Bitte, wir möchten
unter den Sesseln nachsehen, ob irgendwo eine Bombe
liege. Es sei ein Anruf gekommen. Das Theater faßt
2884 Zuschauer. Die meisten beugten sich kurz, um
unter ihren Sessel zu gucken, wie wenn eine Dame
ihre Handtasche vermißt; andere blieben in ihren
Sesseln liegen, offensichtlich in Trance. Nach
drei Minuten setzte die Band wieder ein. Ich fragte
den jungen Nachbarn mit Jesus-Haar und lieben
Augen, wieso eine Bombe gerade hier. Antwort: »For
no rational reason«, und als ich noch nicht verstand: »You know, in these days –«.

Seminar über Erzähler-Position:
a) Homer
b) Evangelisten
c) Don Quixote
d) Anna Karenina
e) heute.

Wo politisch nichts zu machen ist: Sekten aller
Art, Krischna-Kinder usw., Eklektizismus der
Heilslehren. Man kann nicht mit dem Kopf durch die
Wand; aber man kann ihn schmücken mit dem bunten
Indios-Bändel. Sie sehen malerisch aus. Was ein
revolutionärer Impuls gewesen ist, verkommt in
Verinnerlichung, Verwahrlosung des Willens, Verwahrlosung des kritischen Bewußtseins. Wäre nicht
die wachsende Kriminalität infolge Drogensucht,
die Macht-Inhaber brauchten sich nicht zu sorgen:
ihre revolutionären Kinder zerstören sich selbst.

Gestern in der Nachbarschaft (9. Straße) ein junger Mann ermordet. Heute wieder unter Soziologen.
Es gibt wenig, was sie nicht sofort in ihre Sprache
übersetzen. Der Mensch hat die Wahl zwischen Lehren.

Wanderung nach der Tagesarbeit durch das Dickicht
der Städte, »von denen bleiben wird, der durch sie
hindurchging: der Wind –« er fegt und wirbelt den
Kehricht durch die Straßenzüge, die aussehen wie
nach einer Schlacht. Rost und Vergammelung, Häuser als Unrat. Anderswo sprießen neue Hochhäuser,
nicht weit von hier. Trotz der Öde in diesen Straßen
hat man keine Angst; ab und zu eine Limousine. Die
Angst wohnt dort, wo auf Spannteppich der Türhüter
steht mit weißen Handschuhen. Hier keine Verkehrsampeln, man kann wirklich wandern. Ein blauer
Abend; Flugzeuge ziehen ihren braunen Schleier von
Düsen-Gift über Manhattan. Hier ist nicht einmal
Slum; Ruinen am Rand der Verzinsung, es lohnt sich
da der Abbruch nicht; das Kapital verzinst sich
zurzeit anderswo. Hier ist nur Boden, Eigentum an
Boden, den die Natur sich zurückholt mit Unkraut.
Lagerschuppen von einst, sie sind längst eingestürzt, teils ausgebrannt. Nicht einmal Hunde machen sich hier noch eine Hoffnung. Eine Hochstraße;

daran sieht man, daß man in der Weltstadt ist und
nicht am Ende der Zeit. Ich weiß nicht, was es ist;
alles zusammen macht mich fröhlich, wenn ich hier
wandere. Wir kommen ans glitzernde Wasser, aber aus
der Nähe ist es eine schwärzliche Kloake, Kähne mit
Bagger gegen die Verschlammung; Namen erinnern
noch an die Holländer, die einmal hier gelandet
sind; die Mole ist verfault, Sonnenuntergang hinter braunem Rauch.

Wenn es klingelt, öffne ich einfach die Türe. Noch
immer nichts gelernt. Mann mit Werksack, den ich
frage, was er wünsche; und als ich ihn nicht verstehe, tritt er ein. WINDOWCLEANER! Er putzt zehn
Minuten lang, verlangt 9 Dollar. Vermutlich schickt
ihn die Hausverwaltung. Nachher höre ich, daß ich
Glück hatte; aber er hat tatsächlich nur Fenster
geputzt.

Man weiß von den Kriegsverbrechen durch Zeugen,
die im Fernsehen (Channel 13) befragt werden und
berichten, was sie in Vietnam verrichtet haben unter der Order: Es werden keine Gefangenen gemacht.
FREE FIRE ZONE: es darf alles getötet werden, inbegriffen Kinder. Belohnung für drei getötete
Vietnamesen: eine Woche Urlaub am Meer. Als Beleg
dafür, daß man Tote gemacht hat, bringt man Ohren
oder Genitalien. Keiner der Zeugen, die ihren Namen
und ihren jetzigen Wohnort angeben, kann sich erinnern, daß jemand für Schändung an Gefangenen bestraft oder auch nur verwarnt wird. Die öffentliche
Versammlung leitet ein Columbia-Professor für
Rechtslehre. Wenn nicht getötet wird, so nur aus
einem einzigen Grund: zwecks Verhör, wobei jede Art
von Folter vorkommt, übrigens auch sexuelle Befriedigung an Frauen und Männern, bevor sie erschossen
werden. Die Vorkommnisse, von den jungen Zeugen als

übliche Vorkommnisse geschildert, werden datiert:
1967, 1968, 1969, 1970. Obschon sie jetzt aus einem
andern Bewußtsein sprechen (alle sehr sachlich),
bleibt ihnen, wenn sie von Vietnamesen sprechen,
der Ausdruck: THE GOOK. Auf die Frage von Presse-
leuten, ob ihnen der verbrecherische Charakter
solcher Kriegführung bewußt gewesen sei, geben
alle zu: man gewöhne sich bald daran. Was geschieht, wenn einer nicht mitmacht? Der junge Mann,
jetzt kaufmännischer Angestellter, zuckt die Achsel: Strafversetzung, ein weiteres Halbjahr in
Vietnam. Man werde eben ein Tier. Es ist ihren Gesichtern nichts anzusehen davon. Im allgemeinen
werden die Gefangenen von vorn erschossen, aber zur
Abwechslung kann man sie auch an einen Helikopter
binden und aus einer gewissen Höhe fallen lassen.
Ein alter Herr protestiert gegen die Zeugen: Sein
Sohn, sein einziger Sohn, sei in Vietnam gefallen,
er wollte den Dienst verweigern damals, aber er,
der Vater, habe ihm gesagt, daß er für sein Land und
für die Freiheit kämpfe, und das habe er getan,
sein einziger Sohn. Dann weint er. Der Vorsitzende
bittet um weitere Fragen –

Wall Street

Lunch im sechzigsten Stock ... Schon im Lift (Türen in Chrom oder Messing?) lauter Herren zur täglichen Arbeit gekleidet wie zu einem Konzert:
dunkelgrau bis schwarz, kaum blau. Trotz Gedränge im Lift (es ist gerade Mittagspause) Physiognomie der unverbrüchlichen Korrektheit. Ihre
Haut ist glatt-rosig und meistens straff, ihr Blick sehr wach, ihre Stimme
nicht sanft, aber gediegen-männlich; ein gelegentliches Lachen kann kräftig ausfallen, jungenhaft im Gegensatz zu ihren sehr gelassenen Gesten.
Auch mit den Händen in den Hosentaschen sind sie Herren. Empfang in
der Lobby:
Ich habe es zum Schriftsteller gebracht, daher diese Einladung, die an-

dern sind Herren vom diplomatischen Dienst, wir blicken gemeinsam auf
die niedrigeren Wolkenkratzer von Wall Street zwischen den beiden Flüssen, sofort einig: Ein grandioser Blick. Unser Gastgeber, obschon an diesen
Blick gewöhnt, läßt uns Zeit zu staunen. Leider ein dunstiger Tag; sonst
sähe man auch Brooklyn usw. Wer hier zum Lunch antritt, muß schwin-
delfrei sein; Leute in den Straßen, wenn man hinunter schaut, bewegen
sich wie Maden oder Läuse. Eigentlich muß man nicht hinunterschauen.
Spannteppich, Glas, Blattpflanzen. Hier ist es still: Manhattan als Pan-
orama hinter Glas. Lauter Herren treffen hier lauter Herren, eine intakte
Welt, übrigens keine alten Herren, kein Dicker außer mir; offensichtlich
haben sie wenig Zeit, dennoch keine Hast. Sie sind an das Bewußtsein gewohnt, daß ihre Zeit sehr kostbar ist. Ich bin nervöser; man wagt hier nicht
zu zweifeln. Die Unterstellung, daß man irgendwie einverstanden sei, ist
lautlos wie das Gehen auf Spannteppich. Nur meine Hose, Manchester
ohne Bügelfalten, paßt nicht so recht; das erhöht aber die Ehre meiner Zu-
lassung. Man geht gruppenweise zum Lunch. Chambre séparée mit einem
runden Tisch, Kunst an der Wand, wieder Ausblick auf Manhattan. Leider ein dunstiger Tag, aber das sagten wir einander schon; immerhin sieht
man die Freiheits-Statue. Es gibt Wasser mit Eis, keinen Alkohol; die Fi-
nanz hier ist puritanisch, dabei munter. Neuigkeit vom Tag (nebenbei):
die russische Zaren-Familie sei nicht umgebracht worden, sie lebe noch
heute, heißt es, irgendwo in Amerika. Wenn das stimmen sollte, so handelt
es sich um Vermögenswerte, die in London liegen, Millionen von alten Ru-
beln. Das Menü weiß ich schon nicht mehr. Vier der Gäste sind Deutsche;
die Frage: wer wird Kanzler, Barzel oder Schröder? Dabei kein unartiges
Wort gegen Bundeskanzler Willy Brandt; man hält es für möglich, daß
die sozialdemokratische Regierung sich hält bis zu den Wahlen. Trotz
der Ost-Politik. Es sei denn, daß sie vorher an der Wirtschaft strauchelt.
Franz Joseph Strauß kommt nicht ins Gespräch, obschon er neulich hier
war und von zwei Dirnen ausgeraubt wurde. Schröder liegt im Rennen
vor Barzel, so höre ich und kann dem amerikanischen Gastgeber versichern, daß mich das Thema durchaus nicht langweilt; die Herren wissen
viel, was man als Zeitungsleser nicht ohne weiteres weiß. Die Kunst, die
THE CHASE MANHATTAN BANK sammelt, habe ich schon bemerkt. Liechtenstein, Lindner, Dine, Fontana, Glarner, Bonnard, Dali, De Koning,
Sam Francis, Hartung, Segal, Albers, Calder, Goya, Vasarely, Steinberg,
Pomodoro, Beckmann, Nevelson usw. kenne ich aus Galerien. Was mich

mehr überrascht: daß von einem USA-Imperialismus nicht die Rede sein
kann. Habe ich etwas gesagt? Nach den Erfahrungen in Indochina sei eher
zu befürchten, daß das amerikanische Volk wieder zum Isolationismus
neigt, d. h. daß die amerikanische Hilfe in Latein-Amerika sich vermin-
dern könnte. Was dann? Über Theater habe ich wenig zu berichten. Wenn
Imperialismus, dann mache ihn die UdSSR (was ich nicht bestreite) und
verliere Unsummen in den arabischen Ländern, wie der Gastgeber sagt:
Zum Glück. Eigentlich ist das nicht unser Lunch-Thema. Wir haben
keins. Zum WORLD TRADE CENTER im Bau, 432 Meter hoch, ist auch
nicht viel zu sagen, obschon es vor dem Fenster steht; es holt 85 000 weitere Pendler herein, Leute, die ihre Lebenskraft im täglichen Verkehr verbrauchen. Wer sollte das verhindern können? Dann habe ich immer die
Frage an die Fachleute: Warum ist Gold eine Deckung? Was vermag Gold,
verglichen mit Öl oder Arbeitskraft usw.? Die Antwort fällt verschieden
aus; einmal sagte ein schweizerischer Bankier, Gold sei ein reiner Mythos.
Heute die Antwort: nichts in unserer Welt sei sicher außer Gold, das seit
Menschengedenken seinen Wert bewahrt und bewahren wird. Wieso?
Wirtschaft ohne Gold sei nur denkbar mit einer Staatswirtschaft, also Diktatur; die freie Wirtschaft hingegen verlangt einen Hort, Stabilität, auch
eignet sich Gold (nicht zu vergessen) für Juwelen usw. Mein Unverständnis ist der Unterhaltung nicht förderlich. Was ich zurzeit schreibe? Daß
es unter den Hippies auch Idealisten gebe, bestätige ich ohne Umschweife;
auch daß die Schweiz keine Unruhe hat. Wir speisen mit Pausen. Es wäre
tolpatschig, Vietnam zu erwähnen. Sie wissen mehr. Keiner an diesem
Tisch repräsentiert die Macht; sie sind nur eins mit ihr, insofern klug. Befragt nach den Erfahrungen mit »meinen« Studenten, kann ich versichern,
sie sind artig, keine Kontestation. Ich nehme Kaffee. Am andern Bogen
unsres Tisches sind sie gerade bei Japan: Eroberung des Marktes durch
niedrige Preise, aber auch in Japan werden die Löhne steigen. Sie wissen
Zahlen. China? Sie wissen Zahlen. Sie sind sicher, daß es in der Weltgeschichte keine andern Motive gibt als Profit. Leider gibt es keine Zigarren,
auch müssen die Herren wieder an die Arbeit. Ich bedanke mich redlich;
es war interessanter für einen Schriftsteller, als sie meinen. Der Gastgeber
läßt es sich nicht nehmen und bringt uns noch in eigner Person zur Subway hinunter; Marmor bis zum Schalter, dann geht man durchs Drehkreuz – hinaus.

AUSTIN, TEXAS, Ende März

Zum ersten Mal gesehen ein Stinktier in Freiheit,
das nachts im Park umherläuft; man soll ihm aber
nicht zu nahe kommen, sagt der freundliche Gastgeber, Germanist am Rand der Prärie, Dekan. Der Flug
war lang, wie von Zürich nach Moskau, aber dann
landet man bei der gleichen Bier-Marke. Austin ist
also die Hauptstadt von Texas; nicht Dallas, wie
ich gestern noch gemeint habe. Die klassizistische
Capitol-Kuppel, nachts von Scheinwerfern erhellt,
bezeugt das. Wann gebaut? Hier schon Sommer, Oleander im Verblühen. Alles ist Park. Nicht eigentlich
eine Stadt; die Vergeudung von Fläche ergibt nichts
Urbanes, nur eine Oase des Komforts.

Unlängst, vor einem Jahr, ist ein junger Mensch auf
die Kuppel gestiegen, ein Irrer mit Maschinenpistole, um blindlings auf den weiten Platz hinunter
zu schießen in die Menge und Kommilitonen zu töten –

Verlegenheit in dem schönen Motel; alles ist da,
wovon der Mensch sich einreden lassen könnte, daß
er's braucht. Sie sind alle so freundlich, die Menschen, dann auch die Einrichtungen. Nichts bequemer als leben. Draußen (so stelle ich mir vor) die
Prärie; aber hier gibt es alles und sauber, Park
auch hier, Sommernacht mit glänzenden Wagen reihenweise und Lichtschriften. Alles sehr bekannt,
nicht vertraut, aber durchaus bekannt; ich weiß
nicht, wo ich bin. Kein Hier. Ich habe keine Wünsche
(sie haben mich nochmals gefragt), nur eine gelassene Panik.

Lieutenant Calley wird schuldig befunden, bei My
Lay mindestens 22 vietnamesische Zivilisten ermor-

det zu haben. Ohne Befehlsnotstand. Es bleibt noch
die Frage: Todesstrafe oder Gefängnis? Schon gegen den Schuldspruch erhebt sich nationaler Protest. Einer schreibt auf seine Limousine: I KILLED
IN VIETNAM, HANG ME TOO. Der junge und auf Fotos
weiche Lieutenant hat nicht mit Schuldspruch gerechnet, kann nur beteuern, daß er seinem Land gedient habe, und dem Gericht wird heute vorgeworfen,
es verletze die Ehre der Soldaten, 60.000 Telegramme in diesem Sinn, nachdem die Todesstrafe
nicht verhängt worden ist. Zuerst Agnew, dann
Nixon ermahnen die Justiz.

Vortrag über Bertolt Brecht.

Fragebogen

1.

Wenn Sie sich in der Fremde aufhalten und Landsleute treffen: befällt Sie
dann Heimweh oder dann gerade nicht?

2.

Hat Heimat für Sie eine Flagge?

3.

Worauf könnten Sie eher verzichten:

a. auf Heimat?

b. auf Vaterland?

c. auf die Fremde?

4.

Was bezeichnen Sie als Heimat:

a. ein Dorf?

b. eine Stadt oder ein Quartier darin?

c. einen Sprachraum?

d. einen Erdteil?

e. eine Wohnung?

5.

Gesetzt den Fall, Sie wären in der Heimat verhaßt: könnten Sie deswegen
bestreiten, daß es Ihre Heimat ist?

6.

Was lieben Sie an Ihrer Heimat besonders:

a. die Landschaft?

b. daß Ihnen die Leute ähnlich sind in ihren Gewohnheiten, d.h. daß Sie sich den Leuten angepaßt haben und daher mit Einverständnis rechnen können?

c. das Brauchtum?

d. daß Sie dort ohne Fremdsprache auskommen?

e. Erinnerungen an die Kindheit?

7.

Haben Sie schon Auswanderung erwogen?

8.

Welche Speisen essen Sie aus Heimweh (z. B. die deutschen Urlauber auf den Kanarischen Inseln lassen sich täglich das Sauerkraut mit dem Flugzeug nachschicken) und fühlen Sie sich dadurch in der Welt geborgener?

9.

Gesetzt den Fall, Heimat kennzeichnet sich für Sie durch waldiges Gebirge mit Wasserfällen: rührt es Sie, wenn Sie in einem andern Erdteil dieselbe Art von waldigem Gebirge mit Wasserfällen treffen, oder enttäuscht es Sie?

10.

Warum gibt es keine heimatlose Rechte?

11.

Wenn Sie die Zollgrenze überschreiten und sich wieder in der Heimat wissen: kommt es vor, daß Sie sich einsamer fühlen gerade in diesem Augenblick, in dem das Heimweh sich verflüchtigt, oder bestärkt Sie beispielsweise der Anblick von vertrauten Uniformen (Eisenbahner, Polizei, Militär usw.) im Gefühl, eine Heimat zu haben?

12.

Wieviel Heimat brauchen Sie?

13.

Wenn Sie als Mann und Frau zusammenleben, ohne die gleiche Heimat zu haben: fühlen Sie sich von der Heimat des andern ausgeschlossen oder befreien Sie einander davon?

14.

Insofern Heimat der landschaftliche und gesellschaftliche Bezirk ist, wo Sie geboren und aufgewachsen sind, ist Heimat unvertauschbar: sind Sie dafür dankbar?

15.

Wem?

16.

Gibt es Landstriche, Städte, Bräuche usw., die Sie auf den heimlichen Gedanken bringen, Sie hätten sich für eine andere Heimat besser geeignet?

17.

Was macht Sie heimatlos:

a. Arbeitslosigkeit?

b. Vertreibung aus politischen Gründen?

c. Karriere in der Fremde?

d. daß Sie in zunehmendem Grad anders denken als die Menschen, die
   den gleichen Bezirk als Heimat bezeichnen wie Sie und ihn beherrschen?

e. ein Fahneneid, der mißbraucht wird?

18.

Haben Sie eine zweite Heimat? Und wenn ja:

19.

Können Sie sich eine dritte und vierte Heimat vorstellen oder bleibt es
dann wieder bei der ersten?

20.

Kann Ideologie zu einer Heimat werden?

21.

Gibt es Orte, wo Sie das Entsetzen packt bei der Vorstellung, daß es für Sie
die Heimat wäre, z. B. Harlem, und beschäftigt es Sie, was das bedeuten
würde, oder danken Sie dann Gott?

22.

Empfinden Sie die Erde überhaupt als heimatlich?

23.

Auch Soldaten auf fremdem Territorium fallen bekanntlich für die Heimat: wer bestimmt, was Sie der Heimat schulden?

24.

Können Sie sich überhaupt ohne Heimat denken?

25.

Woraus schließen Sie, daß Tiere wie Gazellen, Nilpferde, Bären, Pinguine,
Tiger, Schimpansen usw., die hinter Gittern oder in Gehegen aufwachsen,
den Zoo nicht als Heimat empfinden?

Zum zweiten Mal hört man von einem intellektuellen
Amerikaner: die einzige Chance für ihre Nation,
daß sie sich finde, sei die militärische Niederlage
in Indochina, kein diplomatisches Arrangement,
sondern die evidente Niederlage.

Dichter aus Chile, bislang Diplomat, aber unter
der linken Regierung von Allende nicht mehr trag-
bar, sucht ein Haus im Tessin, Schweiz, bis wieder
bessere Zeiten kommen, oder bei Salzburg –

Ein junger amerikanischer Schriftsteller, Sohn aus
reichem Haus, Navy-Lieutenant in Vietnam, wünscht
Rat, ob Irland oder Provence oder Sizilien; er muß
weg. Als er aus Vietnam zurückkam, machte er ein
Vermögen im stock market. Kein Kunststück, sagt er,
wenn man die Einlage hat. Er erzählt nicht, was er
in Vietnam gesehen hat; nur dies: die Offiziere
haben nicht mehr zu ihm gesprochen, auch die Mannschaft nicht, nachdem er, in einem humanistischen
Elite-College erzogen, nicht hat fassen können,
was dort erlaubt ist. Darüber also will er schreiben; nicht über die Vorkommnisse, die als Krieg
bezeichnet werden und bekannt sind, sondern über
seinen Schock. Hier, so meint er, verliert man auch
noch den Schock; er möchte unter fremde Leute, die
es nicht glauben (wie er es nicht glaubte) oder
denen es wenigstens nicht selbstverständlich ist.

WASHINGTON SQUARE, das erste Grün an den Bäumen,
man hat es ihrem grauen Skelett nicht mehr zugetraut. Frühling, ja, du bist's . . . Gestern sah ich
nur Zerfall, Aussatz, lauter Gesichter mit kranker
Haut, Gesichter von jungen Leuten, die Stadt eine
einzige und gigantische Schwäre – es stimmt nie,
was ich denke, nie länger als einige Stunden oder
höchstens einen Tag lang. Heute zum Beispiel: die-

ser Morgen in diesem schütteren Park vor diesen
zierlichen Fassaden, wo Patricia wohnt, und dieses
Licht, diese Leichte der Wolkenkratzer im blauen
Dunst, vorher die Liebenswürdigkeit beim Drug-
store-Frühstück, heute schwänze ich, froh, daß wir
hier sind. Hier sitzen und lesen auf einer öffentlichen Bank; ein Alter spaziert, bleibt stehen und
spricht mich an, um seine Pfeife mit meiner zu vergleichen, dann tauschen wir Tabak. Einige jüngere
Schwarze lungern an der Sonne. Lungern sie? Es ist
ungewiß, ob irgend etwas los ist. Einer setzt sich
neben mich, nahe wie in einem Bus, obschon die Bank
leer und lang ist. Zigaretten habe ich leider
nicht. Er bleibt aber, holt eine zerknüllte Zigarette aus seiner Tasche, wortlos. Feuer habe ich.
Unter seiner scheckigen Joppe: ein Foto-Apparat
erster Klasse mit Tele-Objektiv. Was will er? Ein
Mädchen führt seinen Hund aus, ein Edeltier, das
Mädchen von letztem Schick, blond mit violetter
Sonnenbrille. Jetzt ist er aufgestanden, der
Schwarze neben mir, schlendert rechts um den Brunnen, so daß das Mädchen auf ihn zukommen wird. Was
will er? Aber er irrt sich; der Hund will jetzt
einen andern Weg, und die Einkreisung mißlingt
unauffällig. Keine Polizei. Das Mädchen beschleunigt übrigens die Schritte nicht, bleibt sogar
stehen, wo der Hund einmal schnuppert, und jetzt
stehen die andern ebenfalls falsch im Park; sie
müßten laufen, um dem damenhaften Mädchen noch in
den Weg zu treten, bevor es durch den Torbogen entschwindet. Ich gehe auch; vielleicht ist mein Buchladen jetzt offen. Hier, in der 8. Straße, wieder
eine Halbwüchsige mit kranker Haut, die bettelt:
nicht aus Hunger. Marihuana tät's auch. Sie blickt
verschwommen: YOU KNOW, DON'T YOU. In einem Schaufenster (unter anderem) die Vagina-Vibratoren aus
Plastik mit elektrischer Batterie.

Abend bei einem Studentenpaar. Er, der Gedichte
schreibt, arbeitet tagsüber in Brooklyn: Kampf dem
Analphabetismus. Gibt es das? Immer mehr, sagt er,
heute 7%. Hauptsächlich Puertoricaner, Staatsbürger der USA, Muttersprache zu Hause spanisch; die
Lehrer verstehen aber nur englisch. Nachher können
sie weder lesen noch schreiben. NO EXIT, WALK,
STOP, BUS, NO ENTRANCE, CLOSED usw., sie wissen
natürlich aus Erfahrung, was diese Schilder bedeuten, aber buchstäblich können sie nichts lesen,
Leute von 20 und 30 Jahren. Was bleibt ihnen als Arbeit? Sie können gerade das Schriftbild ihres eigenen Namens nachzeichnen. Um ihre Intelligenz zu
testen, gibt er ihnen beispielsweise eine Kamera;
das Ergebnis sei oft erstaunlich: was sie sehen,
wie sie sehen. Aber von Jahr zu Jahr, wie gesagt,
gibt es mehr Analphabeten in Greater New York.

6. 4. 71. Dinner mit Jorge Luis Borges. Der Dichter
ist 72 und blind, monologisch; wenn die andern am
Tisch sprechen, sieht er ja nicht, wer jetzt zu ihm
spricht, und so ist es ihm wohler, wenn er wieder
selber spricht. Dann und wann fragt er höflich, wer
jemand sei, sein offenes Auge ins Leere gerichtet.
Sein großes Wissen. Grandseigneur. Er trägt seinen
Ruhm wie einen Ruhm von Geburt, unbeflissen und
selbstverständlich. Die Tischnachbarin zeigt ihm,
welches Glas mit Wasser gefüllt ist, welches mit
Wein; dann macht er's mit dem Gedächtnis. Als es
auskommt, daß ich Schweizer bin, weiß er sogar
Mundartliches:»Das isch truurig.« Überhaupt ein
manischer Linguist. Er hat Gottfried Keller im
Original gelesen. Er schätzt (indem er mich anzublicken meint) mein Land: Gstaad, Wengen, Grindel-
wald, was alles ich nicht kenne. Aber eigentlich
spricht er ausschließlich über Literatur in einem
sehr guten Englisch.

School of the Arts

Die schwarzen Studenten fühlen sich in der Klasse unverstanden und ungerecht kritisiert von den weißen Lehrern und Schülern. Zusammenkunft in einem überheizten Saal. Schon vor der Aussprache trennen sich die Schwarzen demonstrativ von den Weißen. Der Leiter der Schule, Frank MacShane, muß bitten, die Sessel näher zu rücken, damit sich ein Kreis bildet. Es sind nur 6 schwarze Studenten da; sie entschuldigen die Säumigen mit dem Vorwurf, man habe eine unmögliche Zeit gewählt. Ein anderes Datum, das allen schwarzen Klägern passen würde, ist nicht auszumachen. Was ist vorgefallen? Sie kichern, die schwarzen Studenten, und geben einander Blicke der Einigkeit, daß schon die Frage lächerlich ist. Die Lehrerin, eine gebürtige Jüdin aus Wien, könne ihre literarischen Arbeiten nicht beurteilen, weil sie keine Schwarze ist. Ich habe früher eine Klasse besucht: die eingereichten Texte waren konventionell, nicht ungeschickt, die literarische Kritik äußerst zurückhaltend. Wortführer der schwarzen Studenten ist vorerst ein schwarzer Lehrer, Schriftsteller ohne Erfolg; seine These: Alle Kunst ist Propaganda, alle Propaganda ist Kunst. Was die Weißen nicht verstehen können. Eine gescheite und (wie ich von der Lehrerin höre) sehr begabte schwarze Schülerin gibt jetzt Beispiele: ihre Arbeit wurde gelobt – sie lacht; gelobt! – wogegen die Arbeiten ihrer Rassengenossen oft kritisiert werden. Was ist literarische Qualität? Ein weißer Begriff. Der Einwand, daß es objektiv-literarische Kriterien gebe, löst wie jeder Einwand nur ein dünnes Kichern aus, Kichern mit kaltem Blick an den Partnern vorbei. Auch wenn sie sprechen, blicken sie die Weißen nicht an. Shakespeare ist ein Rassist, ein Weißer, untauglich für sie. Die Bemerkung eines weißen Schülers, schließlich gehe es doch um Sprache, nicht um das Inhaltliche, bringt Sturm. Als die Lehrerin wenigstens um Vertrauen in ihren guten Willen bittet, ist das Gelächter offen. Jetzt wird die Aussprache unverblümt, aber unverblümt nur von der Seite der schwarzen Studenten. Jeder Weiße kann sagen, was er will; er ist ein Nachfahre der Sklavenhalter. Immer wieder: Ein Weißer kann einen Schwarzen nicht kritisieren, denn wir stammen aus einem Erdteil, wo der weiße Mann nie gelebt hat. Was sie in der Klasse also tun soll, fragt die Lehrerin; Antwort: »We don't have to solve your problem!« mit einem Gelächter, das eher behaglich tönt. Vom Leiter der Schule aufgefordert, vielleicht auch ein Wort

zu sagen, versuche ich zu sagen, wie Brecht sich Literatur im Klassenkampf vorgestellt hat. Sie wissen von Brecht, daß er ein Weißer ist. Auch die Zustimmung, daß l'art pour l'art immer die Kunst der herrschenden Klasse ist, bringt es nicht zustande, daß sie den Sprechenden je anblicken. Sie sind keine Linken; sie sagen: Auch ein schwarzer Millionär ist einer von uns. Einige sagen übrigens gar nichts; Statisten der Arroganz. Wie weiter? Wie sie nach langem Hin und Her zugeben, hat die Lehrerin nie gesagt, es gebe keine schwarze Literatur; trotzdem bleibt der Tatbestand, daß sie sich gedemütigt fühlen. Kritik an ihren Texten sei nur zum Schein literarisch, im Grund aber rassistisch. Forderung nach schwarzen Lehrern. Nur gibt es sie zurzeit nicht. Dann wieder Hohn über die weißen Kollegen, deren Problem nur die Literatur selbst ist: »your short stories about nothing«. Die Rechtfertigung des jungen Weißen, daß auch er (sofern die schwarzen Kollegen ihn ausreden lassen) – daß auch er einen Konflikt darzustellen versucht habe, nur nicht gerade den Rassen-Konflikt, erzeugt ein kollektives Ausatmen stummen Hohnes: Das ist es ja! Jetzt dreht es sich nur noch im Kreis. Die bedrängte Lehrerin verteidigt sich unerheblich, erstens: daß sie sich keiner demütigenden Bemerkung bewußt sei; zweitens: daß sie einen weißen Studenten mit den gleichen Worten auf den gleichen Kunstfehler aufmerksam gemacht habe; drittens: daß sie das Mädchen, das gescheite, sehr gelobt habe. Das Mädchen: Haben die Weißen darüber zu befinden, was uns verletzt, was nicht? Auch das Lob, das sie bekommen hat, ist rassistisch: man ging nämlich nicht auf die Erfahrung der Schwarzen ein, sondern lobte bloß literarisch. Und dann macht sie die Handbewegung der Lehrerin nach: eine weiße Handbewegung. Ihre Rassengenossen lachen wie die Kinder. Warum sie trotzdem diese Schule besuchen, erfahre ich nicht. Übrigens sprechen sie selber von Paranoia; da arbeitet jemand, ein Schwarzer, an seinem ersten Roman, und dann geschieht etwas auf der Straße (YOU KNOW), tagelang kann er nicht weiterarbeiten an seinem Roman, wie gelähmt ... Zum Schluß verbröckelt die Zusammenkunft; die Weißen stehen ratlos; das scheint den schwarzen Studenten für heute zu genügen.
P. S.

Wochen später Party bei Frank MacShane; der schwarze Lehrer ist auch dabei, ein handgroßes Afrika-Emblem auf der Brust. Was er von jenem Treffen denke? Seine Schadenfreude, daß ich den Weißen wenig nützlich war –

23.4.71
Junge Männer mit und ohne Bart, Vietnam-Veteranen,
warfen ihre Medaillen auf die Treppe des Capitols
in Washington; jeder einzelne meldet seine Dienstzeit, seinen Namen, dann reißt er sich die Auszeichnung vom Hals und spricht einen Fluch oder
nichts.

24.4.71
Aufmarsch der Kriegsgegner in Washington; man
schätzt 300.000. Hauptsächlich Leute zwischen
zwanzig und dreißig. Zwischen den Reden ein Song
von Pete Seeger: THE LAST TRAIN TO NUREMBURG. Mas-
sentreffen ohne Schlägerei, ohne Zerstörungen.
Die Reden sind einhellig Protest gegen den schmutzigen Krieg, gegen die Verarmung der Armen durch
den Krieg, gegen Ungerechtigkeit. Attacken gegen
Nixon und Agnew und FBI-Hoover, aber Glaube an die
amerikanische Demokratie, ALL POWER TO THE PEOPLE,
Hoffnung ohne politische Doktrin; der Tenor bleibt
moralisch, und die Menge harrt aus, brüllt nicht,
manchmal hebt sie wieder die Hände mit dem Frie-
denszeichen, dazwischen vereinzelte Fäuste, PEACE
NOW, Forderungen werden freundlich beklatscht.
Es sprechen die Witwe von Martin Luther King, sein
Nachfolger, die Mutter von Angela Davis, ein weißer
Senator, Studenten. Die Gesichter aus der Menge,
die das Fernsehen zeigt, sind brav und ordentlich,
naiv. Keine revolutionäre Menge, nein, das ist es
nicht; es tönt eher wie in einer Sekte: BROTHERS
AND SISTERS, ernst angesichts von Kriegsverbrechen
und Luftverschmutzung, alles in allem rührend.
Ohne radikale Kritik am System. Präsident Nixon
weilt in seinem Landhaus weit weg; kein Vertreter
der Administration stellt sich einer Gruppe von
Kriegskrüppeln aus allen Teilen des großen Landes.

Statik

Eines Morgens, kurz nach acht Uhr, meldet er sich an irgendeinem Schalter. Ein Gendarm unten beim Eingang hat ihn nicht beraten können. Als er, lange schon mit dem Hut in der Hand, endlich an die Reihe kommt und sich in den Schalter beugt, um zu wiederholen, daß er Anzeige erstatten müsse gegen sich selbst, blickt der Beamte ihn gar nicht an, sondern heftet Papiere zusammen, Rapporte. Er möge im Vorzimmer warten wie andere auch, die auf einem verbotenen Platz geparkt haben und mit den üblichen Ausreden kommen. Er setzt sich aber nicht auf die gelbe Bank, da er ja keine Vorladung hat, keine Hoffnung, je aufgerufen zu werden. Um sein Gesicht nicht zu zeigen, blickt er zum Fenster hinaus, Hut in der Hand. Er schreit nicht.

Es kommt schubweise. Oft dauert es nur eine Stunde, nachher begreift er sein Entsetzen nicht – der Beamte hätte gelacht oder auch nicht; man hätte nicht verstanden, was denn dabei ist, daß er eine verheiratete Schwester in Schottland hat, ferner einen Sohn, dem er regelmäßig Geld schickt.

. . .

Er trinkt keinen Alkohol.

. . .

Seine Studenten bemerken zu jener Zeit überhaupt nichts. Es belustigt sie seine kalligraphische Gewissenhaftigkeit mit der Kreide, wenn er die Tafel vollschreibt, immer den Schwamm in der andern Hand, um einen allfälligen Fehler sofort tilgen zu können. Er hat wenig Haar, von hinten eine Glatze mit kleinen verschwitzten Locken. Wenn er sich wieder zur Klasse wendet, putzt er sich jedesmal die Hände verlegen mit gesenktem Blick.

. . .

Später setzt er sich auf die gelbe Bank wie vorher die andern auch. Vermutlich ist das Stockwerk nur teilweise zuständig für seinen Fall. Unten beim Eingang hängen in vergitterten Kasten die üblichen Steckbriefe mit Fotos von der jeweiligen Mordwaffe (Messer), Belohnung 5000 Franken, später 10 000 Franken; je länger sie einen nicht finden, um so teurer wird man. Er blickt auf seine Uhr: es ist Samstag. Er fragt sich, ob in Anbetracht der Tatsache, daß das Kommissariat offensichtlich überlastet ist, seine Selbstanzeige gerade heute stattfinden muß –

. . .

Seine Frau hält es noch für Vergeßlichkeit, für Zerstreutheit. Da es den ganzen Tag geregnet hat, müßte er doch bemerkt haben, wann und wo er ohne Hut in den Regen hinaus getreten ist – dann hat er keine Ahnung, einen nassen Kopf, aber keine Ahnung.
. . .

Sein Fach: Statik für Architekten. In der Praxis werden die statischen Be-rechnungen ohnehin einem Ingenieur-Büro überlassen, und es genügt, daß der Architekt sozusagen ein Gefühl für Statik hat. Er zeigt immer Lichtbilder: Risse im Beton.

. . .

Sein Spitzname: Der Riß.

. . .

Der Besuch beim Kommissariat wiederholt sich nicht; hingegen sagt er zu seiner Frau einige Wochen darauf, er müsse sein Amt niederlegen. Er ist 53.

. . .

Er hat niemand umgebracht, nicht einmal im Straßenverkehr. Bei einem Bau-Unfall, der einem Arbeiter das Leben gekostet hat, war er Augen-zeuge, aber nicht der verantwortliche Ingenieur, der übrigens freigespro-chen worden ist. Er selber, damals Praktikant, war nur zufällig zur Stelle, weil er Meßgeräte hatte mitbringen müssen – trotzdem hat er jetzt Angst, es könnte ihm plötzlich einfallen, daß er jemand umgebracht hat.

. . .

Nicht daß er an Gericht glaubt –

. . .

Architektur in Ehren, aber Schub ist Schub. Was man nie vergessen darf; jede Last, die wir in unsrer Rechnung vergessen, rächt sich, siehe Lichtbild: Risse über dem Auflager, Schub, Torsion im Pfeiler, Einsturz. Dann sagt er jedesmal: Sehen Sie! In der Pause bleibt er im Auditorium, schreibt und zeichnet auf Vorrat. Wenn er sich, um Hilfe zu leisten, neben die Studenten auf die Bank setzt, riecht er immer nach altem Schweiß.

. . .

Das erste, was seine Nächsten bemerken, ist ein Tick – er sagt bei jeder Gelegenheit: Das weiß ich nicht! auch wenn er gar nicht befragt wird, ob er schon wisse und was er denn dazu meine. Man achtet kaum darauf oder nimmt es wie eine andere Floskel; wie wenn jemand immer sagen muß: Ach so, ach so. Oder: Genau. Es ist aber keine Floskel; es ist ihm vollkommen bewußt, wenn er sagt: Das weiß ich nicht! Meistens fällt sein Unwissen gar nicht ins Gewicht. Wozu muß er wissen, wo die größte Meerestiefe sich befindet? Natürlich ist es kaum möglich, jedes Unwissen sofort anzumelden; die andern reden schon in der Annahme weiter, man wisse ja, und erst nach einer Weile, wenn das Thema erschöpft ist, kann er zusammenfassen: Das habe ich nicht gewußt! Wie gewissenhaft er zuhört und wie wenig es eine Floskel ist, wäre daran zu erkennen, daß er zum gleichen Punkt nie zweimal sagt: Das weiß ich nicht! Einmal genügt; dann ist sein diesbezügliches Unwissen registriert, und er vergißt nichts, wovon er nichts weiß.

. . .

Er lehnt es ab, Dekan zu werden.

. . .

Sein Gedächtnis läßt nicht nach, im Gegenteil, sein Gedächtnis richtet sich gegen ihn – er erinnert sich plötzlich, daß er eigentlich seiner Schwester in Schottland noch immer ihren Anteil an der Erbschaft schuldet. Eine komplizierte Geschichte, aber was ihm einfällt: 80 000 Franken. Plus Zinsen. Oder es fällt ihm ein: ein Fremdwort, das er im Augenblick nicht braucht; es fällt ihm nur ein, daß er jedesmal nicht weiß, was es heißt.

. . .

Meistens hängt dann der verlorene Hut in seinem Vorzimmer. Einmal wundert sich ein Student, der dem Professor den Mantel hält und dann auf den Hut verweist: der Professor behauptet, es sei nicht sein Hut. Er geht ohne.

. . .

Die Studenten mögen ihn.

. . .

Nicht nur liegen auf seinem Tisch die gelben Bleistifte alle gespitzt nebeneinander, alles ist so. Er fürchtet sich vor Unordnung. Er gehört zu den Menschen, die immer schmutzige Fingernägel haben und nichts dagegen machen können.

. . .

Im Kommissariat, als nach einer Stunde ein jüngerer Gendarm ihn fragt, was er wünsche, bleibt er sitzen auf der gelben Bank: wie jemand, der nicht weiß, wieso er an diesem Ort erwacht –

. . .

Nur sein Gesicht ist eingestürzt.

. . .

Seine Frau, die ihn seit 19 Jahren verehrt, leidet weniger unter seinem Unwissen als unter seinem Tick, daß er's jedesmal meint melden zu müssen.
Manchmal legt sie schon vorher ihre Hand auf seinen Arm, um ihn wenigstens vor Leuten abzuhalten von seinem Satz: Das weiß ich nicht! Sie tut es
ohne Erfolg; vielmehr erschrickt er schon über ihre freundliche Hand, als
habe sie ihn aufmerksam machen wollen: Das weißt du nicht! und er bestätigt: Das weiß ich nicht!

. . .

Es sind Lappalien, die ihm einfallen vor allem gegen Morgen, wenn es
draußen noch finster ist. Dann geht er barfuß in die Küche, um irgend etwas zu verspeisen, Käse, Kompott, notfalls kalte Spaghetti. Es hilft wenig,
wenn Vorkommnisse, die sein Gedächtnis plötzlich freigibt, als komisch
zu bezeichnen sind. Er erschrickt trotzdem. Oft kommt es dadurch, daß
er erschrickt, zu ganzen Serien . . . Daß er dem Friedhofamt auf die Mitteilung, das Grab seiner Mutter werde demnächst aufgehoben, nicht geantwortet hat, ist ein Versäumnis, das ihm nicht zum ersten Mal einfällt; statt
sich aber hinzusetzen und sofort zu schreiben, daß er selbstverständlich für
eine Urne aufkomme, erinnert er sich, daß er damals, 1940, eigentlich richtig gehandelt hat, einem Major gegenüber sogar mutig. Sein Gedächtnis
gibt plötzlich (während er barfuß in der Küche steht) den ganzen Wortwechsel heraus, und was er diesem Major gesagt hat: lauter Schwachsinn.
Manchmal fällt ihm auch nur ein Gefühl ein, das man in seinem Lebensalter nicht mehr hat, oder ein Geruch.

. . .

Eines Tages stellt er sein Rücktrittsgesuch –

. . .

Es fällt ihm ein: ein gestohlener Fußball. Es fällt ihm ein: das sogenannte
Doktor-Spiel im Keller, Homosexualität, die Angst hinterher, und wie
dann der Detektiv in den Keller kommt, da er's der Mutter gesagt hat, sein
Verrat an dem jungen Gärtner. Es fällt ihm ein: daß er von dem jungen
Gärtner ein Taschengeld bezogen hat. Es fällt ihm ein: daß er im Gymna-
sium durchgefallen ist.

. . .

Später hört sein Tick wieder auf – er senkt nur sofort den Kopf, wenn er
etwas nicht weiß, und hört zu. Vögel haben zuweilen diese schiefe Haltung
des Kopfes, dann hat man keine Ahnung, wohin sie blicken. Er sagt fast
nie: Das weiß ich nicht! sondern schweigt nur mit dieser schiefen Haltung
des Kopfes –

. . .

Aber von alledem kann er nicht reden, oder wenn er zu reden versucht, so
ist es sofort mißverständlich; man kann ihm sofort belegen, daß er ein ordentlicher Professor ist, kein Schwindler, ein Vater zumindest guten Willens, kein Antisemit, als Kollege geschätzt für seine bescheidene Art. Auch
ist er (um Gottes willen) kein Mörder usw. Er widerspricht dann nicht
und nickt auch nicht, sondern blickt vor sich hin. Sie meinen es moralisch.
Er ist trotzdem bestürzt –

. . .

Sein Rücktrittsgesuch wird nicht angenommen, da er es nicht hat begründen können; er ist gesund; der Hochschulrat bewilligt ihm eine Sekretärin.

. . .

Er begreift nur, daß es unaufhaltsam ist.

. . .

Seine verheiratete Schwester aus Schottland hat er am Flughafen nicht erkannt und kehrt unverrichteter Dinge zurück; sie sitzt in seiner Wohnung,
als habe sie immer da gesessen, nur eben älter. Dann aber geht es ordentlich, sogar herzlich, ohne Riß.

. . .

STATIK FÜR ARCHITEKTEN, ein Handbuch, das seinen jahrzehntelangen Unterricht zusammenfaßt, wird kurz nach Erscheinen in drei Sprachen übersetzt, darunter Japanisch.

...

Eigentlich geht überhaupt alles in Ordnung –

...

Seine Frau findet es verrückt, als er ihr eröffnet, er habe seinen Prozeß damals zu Recht verloren ... Das ist lang her, ein Fall, worüber jedermann nur den Kopf schütteln kann. Ein Skandal. Er hatte gegen eine Firma geklagt; man hatte eine statische Expertise, die er, damals noch nicht Professor, auf Bestellung geliefert hatte, zwar zum Teil honoriert, aber bei der Ausführung (Industrie-Bau mit großen Hallen) aus Spargründen nicht beachtet. Er klagte aus Verantwortungsbewußtsein. Die Firma hatte aber, wie sich herausstellte, Steuersitz im Fürstentum Liechtenstein, Gerichtsort war Vaduz. Er mußte einen zweiten Anwalt nehmen, einen aus Liechtenstein, der, wie sich vorerst nicht herausstellte, die Firma in Steuerangelegenheiten beriet. Das alles hatte er nicht gewußt. Als dann die Hallen bereits standen und ein sogenannter Vergleich vorgeschlagen wurde, Auszahlung des restlichen Honorars bei Rückzug der Klage, war nicht nur sein Honorar bereits für Justiz-Spesen verbraucht, sondern auch seine Karriere zu bedenken; die Firma nämlich, um den Vergleich zu erzwingen, hatte sich inzwischen andere Expertisen verschafft, während er seine Habilitation einreichte. Der SCHWEIZERISCHE INGENIEUR- UND ARCHITEKTEN VEREIN, der für solche Fälle ein Schiedsgericht hat, warnte ihn, auch noch Klage zu erheben gegen Kollegen wegen ihrer Expertisen, zumal diese Kollegen bei der Wahl eines Professors zwar keine direkte Stimme haben, aber natürlich einen kollegialen Einfluß. War es nun (nach seinen Begriffen damals) feige, daß er gewisse Kollegen schonte, um seine Professur nicht zu gefährden, so lehnte er um so entschiedener jeden Vergleich mit der Firma ab, koste es, was es wolle, nämlich jenen Teil der Erbschaft, den er seiner Schwester schuldig bliebe ... Jetzt kommt er beim Frühstück plötzlich mit der Erkenntnis, daß er den Prozeß damals zu Recht verloren habe. Tatsächlich stehen die fraglichen Hallen noch heute. Das aber ist nicht seine Begründung. Er hat keine.

. . .

Dann wieder Wochen ohne Schub –

. . .

Die Lichtbilder für den Unterricht ordnet er jedesmal eigenhändig in die
Kassette, hält jedes einzelne vorher gegen das Fensterlicht, als könnte sich
eines einschleichen, das ihn zum Gespött macht. Es wurde schon einmal
gelacht; es war dunkel im Auditorium, und so konnte er für das Gelächter
keinen Grund sehen. Das Lichtbild (Einsturz eines Hangars mit Dreigelenkbogen, ein Beispiel dafür, was ein nicht kalkulierter Wind vermag)
hat er für immer aus der Kassette genommen.

. . .

Seine Schwester ist durch Heirat vermögend; als er die Geschichte mit der
Erbschaft erwähnt, legt sie lediglich Wert darauf, daß ihr Mann, ein Bankier, nie davon erfährt. Im übrigen meidet er alle Erinnerungen familiärer
Art. Zum Glück ist das Grab der Mutter noch nicht aufgehoben. Übrigens
bleibt sie, die Schwester aus Schottland, nur zwei Tage (im Hotel) und begreift in dieser kurzen Zeit nicht genau, warum der Bruder ihr leidtut – er
hat eine Professur, eine sehr liebe Frau, einen Sohn, der gerade Leutnant
wird, eine staatliche Pension usw.

. . .

Dann kommt dieser Kongreß in Brüssel, das er von früher kennt. Als das
Hotel, das er ebenfalls kennt, schon bestellt ist, das Ticket usw., gesteht
er plötzlich: er sei nie in Brüssel gewesen – seine Frau hat Briefe von ihm
aus Brüssel, sogar Fotos, die sie ihm zeigen kann; er glaubt es sich trotzdem nicht.

. . .

Es ist jetzt nur noch die Frage, wann sie es merken, daß er nichts von Statik
versteht, eine Frage der Zeit. In 9 Jahren wird er pensioniert. Sein Sohn
scheint es schon zu wissen.

. . .

Wie er im Kommissariat auf der gelben Bank sitzt mit dem Hut in der Hand, weiß er nicht, was in der Nacht sein Gedächtnis freigegeben hat – er nimmt an, daß sie es wissen, hofft es fast.

. . .

Dann wieder kommt es vor, daß er denselben Hut auf den Kopf setzt. Ohne Zögern. Wenn er nach Hause kommt, hat er einfach seinen Hut wieder. Das Klischee vom vergeßlichen Professor ärgert ihn; tatsächlich vergißt er immer weniger.

. . .

Einmal mitten auf der Straße nimmt er seinen Hut vom Kopf, bleibt stehen und schaut sich um, ob jemand ihn sehe, dann hängt er den Hut auf die eiserne Spitze eines Gartenzauns und geht weiter.

. . .

Manchmal wundert es ihn jetzt, wie hoch sein Kopf sich über seinen eigenen Füßen befindet, die da gehen auf dem Asphalt.

. . .

Als er krank wird, ist er froh.

. . .

Nach der Genesung sieht man ihn am Arm seiner Frau. Er nickt verschüchtert, wenn man ihn grüßt, erinnert sich aber an seine ehemaligen Schüler, die es weit gebracht haben, sogar an ihre Namen. Er sei genesen, sagt er höflich mit schiefer Haltung des Kopfes. Er trägt noch immer dieselbe Art von Hut, Filz, das Band verschwitzt. Sein Amt hat er nicht wieder angetreten. Seine Frau, die ihn über die Straße steuert, tut ebenfalls, als sei nichts geschehen. Die sichtbare Tatsache, daß die Bauten seiner

Schüler (Siedlungen, Hallen für Kongresse, Krankenhäuser, Büro-Türme
aus Stahl und Glas) allesamt nicht einstürzen, ändert nichts an seiner
Selbsterkenntnis: – er verstehe nichts von Statik, habe nie verstanden,
was er gelehrt habe –

> Ausflug aufs Land, UPSTATE NEW YORK, und wie immer
> bei solchen Ausflügen: Wo ist man jetzt eigent-
> lich? Landschaft der Indianer, aber nur Schlangen
> soll es noch geben. Paradies ohne Leute. Ein Schild
> an Bäumen: Verbrechen auf diesem Eigentum werden
> von der Polizei geahndet. Haus aus Holz, weiß auf
> grünem Rasen in einem Park, der ringsum übergeht in
> Wildnis, ein großer Teich vermutlich mit Fischen
> und wieder das Schild: Verbrechen auf diesem Eigen-
> tum usw. Nach einer friedlichen Weile sehen wir
> tatsächlich einen Fisch, sogar zwei. Der Besitzer
> reist in Europa. Oder in Ägypten? Das Schild meint
> nicht uns; wir haben den Schlüssel zum Haus, Er-
> laubnis, all diese Natur zu benützen. Einiges blüht
> gerade. Unser Begleiter, ein jüngerer Professor
> der Soziologie, war schon öfter als Gast hier, fin-
> det auch einen Büchsenöffner. Wenn man vor dem Haus
> sitzt: einmal ein Hase, sehr schöne Vögel, ein wei-
> ßes Pferd grast allein in der Gegend. Alles Eigen-
> tum, soweit man sieht. Zwei Stunden von Manhattan.
> Nacht mit Pfiffen einer Eisenbahn, aber keine
> Schritte: keine Diebe. Am andern Morgen sind alle
> Hügel noch da, auch der Teich, die Vögel usw.

Fragebogen

1.

Können Sie sich erinnern, seit welchem Lebensjahr es Ihnen selbstverständlich ist, daß Ihnen etwas gehört, beziehungsweise nicht gehört?

2.

Wem gehört Ihres Erachtens beispielsweise die Luft?

3.

Was empfinden Sie als Eigentum:

a. was Sie gekauft haben?

b. was Sie erben?

c. was Sie gemacht haben?

4.

Auch wenn Sie den betreffenden Gegenstand (Kugelschreiber, Schirm, Armbanduhr usw.) ohne weiteres ersetzen können: empört Sie der Diebstahl als solcher?

5.

Warum?

6.

Empfinden Sie das Geld schon als Eigentum oder müssen Sie sich dafür irgend etwas kaufen, um sich als Eigentümer zu empfinden, und wie erklären Sie es sich, daß Sie sich um so deutlicher als Eigentümer empfinden, je mehr Sie meinen, daß man Sie um etwas beneidet?

7.

Wissen Sie, was Sie brauchen?

8.

Gesetzt den Fall, Sie haben ein Grundstück gekauft: wie lange dauert es, bis Sie die Bäume auf diesem Grundstück als Eigentum empfinden, d. h., daß das Recht, diese Bäume fällen zu lassen, Sie beglückt oder Ihnen zumindest selbstverständlich vorkommt?

9.

Erleben Sie einen Hund als Eigentum?

10.

Mögen Sie Einzäunungen?

11.

Wenn Sie auf der Straße stehenbleiben, um einem Bettler etwas auszuhändigen: warum machen Sie's immer so flink und so unauffällig wie möglich?

12.

Wie stellen Sie sich Armut vor?

13.

Wer hat Sie den Unterschied gelehrt zwischen Eigentum, das sich verbraucht, und Eigentum, das sich vermehrt, oder hat Sie das niemand gelehrt?

14.

Sammeln Sie auch Kunst?

15.

Kennen Sie ein freies Land, wo die Reichen nicht in der Minderheit sind, und wie erklären Sie es sich, daß die Mehrheit in solchen Ländern glaubt, sie sei an der Macht?

16.

Warum schenken Sie gerne?

17.

Wieviel Eigentum an Grund und Boden brauchen Sie, um keine Angst zu haben vor der Zukunft? (Angabe in Quadratmetern.) Oder finden Sie, daß die Angst eher zunimmt mit der Größe des Grundeigentums?

18.

Wogegen sind Sie nicht versichert?

19.

Wenn es nur noch das Eigentum gäbe an Dingen, die Sie verbrauchen, aber kein Eigentum, das Macht gibt über andere: möchten Sie unter solchen Umständen noch leben?

20.

Wieviele Arbeitskräfte gehören Ihnen?

21.

Wieso?

22.

Leiden Sie manchmal unter der Verantwortung des Eigentümers, die Sie nicht den andern überlassen können, ohne Ihr Eigentum zu gefährden, oder ist es die Verantwortung, die Sie glücklich macht?

23.

Was gefällt Ihnen am Neuen Testament?

24.

Da zwar ein Recht auf Eigentum besteht, aber erst in Kraft tritt, wenn Eigentum vorhanden ist: könnten Sie es irgendwie verstehen, wenn die Mehrheit Ihrer Landsleute, um ihr Recht in Kraft zu setzen, Sie eines Tages enteignen würde?

25.

Und warum nicht?

YALE UNIVERSITÄT, 5.5.71

Ohne Fernsehen im Hotel befände man sich in einem Idyll mit gotischer Architektur. Gang durch Buch-

läden; alles zu haben: Georg Lukács zum Beispiel,
Germaine Greer (THE FEMALE EUNUCH), Beckett, Sol-
schenizyn, Borges, James Baldwin, Freud, Hermann
Hesse, Fanon usw. Es ist ein Land der Denkfrei-
heit ... Im Fernsehen: wieder eine Antikrieg-De-
monstration in Washington. Keine Gewalttätigkei-
ten; nur blockieren sie, die Andersdenkenden, den
Zugang zum Kongreß und zum Justiz-Palast, worauf
die Ordnungskräfte (Polizei, Nationalgarde, Fallschirmtruppen) weiter verhaften:»without making
specific individual charges of wrongdoing«. Eine
Hochzeitsgesellschaft, zum Beispiel, kommt auch
in das Massenlager, sie feiern da ihre Hochzeit.
Seit vier Tagen insgesamt 12.700 Verhaftungen.

This morning, immediately after the Swiss National Bank gave up its
attempt to maintain the standard exchange of 4.2950 francs to the
dollar, Swissair announced that it would not longer sell tickets for dollars ... The central banks of Switzerland, the Netherlands, Belgium
and Austria followed suit. They had been deluged with so many dollars that they could no longer absorb them under present conditions.
In accepting the surplus dollars up to today, the Europeans, in effect,
had been helping the United States finance the war in Vietnam and
helping American companies buy European industries.
                                    THE NEW YORK TIMES, 5. 5. 71

Brownsville

Leute wohnen hinter Pappe, die die eingestürzte Hauswand ersetzt,
ringsum Trümmer, Schutt, Tümpel usw., Gewimmel von schwarzen Kindern auf dem Schutt oder in einem Fenster mit Fliegengitter. Man kennt
es von Foto-Büchern. Was heißt Slum? Da sind bürgerliche Fassaden
(Brownstone) wie in einer Menschenstadt, einmal sogar eine Allee; da
und dort eine öffentliche Schule, Spielplätze mit Gerät beispielsweise für
Korbball; am Horizont sieht man Manhattan. Ehedem ein Bezirk jüdi-

schen Mittelstands; Orthodoxe aus dem Osten, die ausgezogen sind, aber
es gehören ihnen noch die Häuser, die Läden, der Boden, der durch die Armut der Schwarzen entwertet ist. Der Entwertung folgt der Zerfall. Es gibt
Ruinen, die keinen Eigentümer mehr haben, so wertlos sind sie. Die Syn-
agogen sind vermietet für andere Zwecke. Nur die Schwarzen, die ein Einkommen finden, können die Häuser instand halten; das sind wenige.
Geblieben ist das JEWISH BROOKLYN HOSPITAL für 90 000 verwahrloste
Einwohner, COMPREHENSIVE APPROACH TO CHILD HEALTH, eine gute
Sache, ein tapferes Unternehmen – man kann nur nicken; ich weiß nicht,
wo ich all dies schon gesehen habe, jeweils geführt von einer weißen Ärztin
oder einem Arzt, denen ich in Hochachtung folge – 4000 Kinder werden
hier betreut; eins ist gerade im Spielzeugzimmer zu sehen, ein Junge mit
Kruselhaar und den großen Augen, der zu der blonden Ärztin, wie ich
sehe, Zutrauen hat. Im Korridor lerne ich etwas Sozial-Pathologie: Bevölkerung ohne Identität, Alkoholismus, Elend weniger durch Hunger als
durch Verwilderung, Arbeitslosigkeit, da keine Ausbildungsmöglichkeiten
bestehen, Zerfall der Familie, Analphabetismus usw., und was man hier zu
behandeln sich bemüht: die mentalen Schäden der Armut. Ich merke mir:
FEDERAL PROGRAM, begründet mit Bundesgeldern, dann sollen die einzelnen Staaten es weiterführen; aber New York hat dafür keine Mittel; Ungewißheit, ob das Unternehmen im nächsten Jahr fortgeführt werden
kann ... Es fehlt in der Gegend nicht an Kirchen: ALL ARE WELCOME,
ohne Kirchen-Architektur; meistens erkennt man sie nur an einem Kreuz.
Auch gibt es Ansätze zu Wohnungsbau, der scheinbar die Lage der hoffnungslosen Klasse verbessert. Die Straßen sind breit, aber voller Löcher,
und wenn es geregnet hat, so sind es Tümpel; der Asphalt schwindet, aber
man ist nicht auf dem Land, es gibt Verkehrsampeln. Stadt mit Unkraut.
Wenn sie, wie neulich, die Wut packt, legen sie Feuer nicht an die Häuser
in den fernen Herrschaftsvierteln, sondern an die Häuser hier; da und dort
steht wieder eine verkohlte Ruine. Es kann Taktik sein; es kommt aber
auch vor, daß Kinder ein bewohntes Haus anzünden. Was heißt Obdach-
losigkeit. Familien in einem Zimmer. Wie es darin aussieht, kennt man
ebenfalls aus Foto-Büchern. Unsere Begleiterin nennt Zahlen; die Ämter
wissen sie. Ein sommerlicher und heißer Tag; wir verlassen aber den Volkswagen nur, wo die Begleiterin, die seit Jahren hier arbeitet, jemand kennt.
WINSTONS CHICKEN BAR; was man bekommt ist ordentlich. Ein Bier kostet im Ghetto mehr als anderswo. Die Kunden haben ja keine Wahl. Was

die Menschen den ganzen Tag machen, ist nicht ersichtlich; keine Fabriken, keine Büros, keine Produktion. Was nichts mehr taugt, bleibt am Straßenrand oder in Höfen, Autos mit offener Motorhaube, ausgeweidet und verrostet, Wracks ohne Pneu, Glas, Polster usw., das Metall verfault leider nicht. Man befindet sich nicht außerhalb der Industrie-Gesellschaft, nicht in Afrika; man wundert sich nicht, wenn die blanken Jumbo-Jets über diese Gegend fliegen. Auch hier eine Avenue mit Schaufenstern; man ist nicht in einem andern Land: die Marken sind die bekannten Marken. Es gibt sogar Banken, kleiner als drüben, aber auch in Marmor, SAVINGS BANK. Kinder haben einen Hydranten öffnen können und freuen sich an der Überschwemmung – am Horizont wieder die Silhouette von Manhattan ... Früher sind sie gekommen, um eine Arbeit zu suchen, Schwarze aus dem Süden; jetzt kommen sie, um von Unterschlupf zu Unterschlupf zu verwahrlosen, frei, ungelernt und arbeitslos. Brownsville ist nicht Harlem; die Nachbarn hier kennen einander nicht. Alle sind Flüchtlinge, wenn auch auf Lebenszeit. Hier gibt es kein Heraus. Es gibt nicht einmal den Traum davon. Rassentrennung durch Elend. Was nicht im Säuglingsalter stirbt, lebt weiter und vermehrt sich, ohne zu wissen, warum es so ist, wie es ist, und Millionen leben von der Wohlfahrt, die zur Fütterung reicht. Der Staat zahlt die Mieten in verrotzten Wohlfahrt-Hotels, die privates Eigentum sind; daran ist nicht zu rütteln: Profit muß sein, sonst geschieht gar nichts in der Welt –

Das alles weiß man.

Einmal zwei weiße Polizisten, die nicht einzugreifen haben; sie gehen so für sich hin, übrigens hier die einzigen Weißen, die zu sehen sind, ausgenommen die weißen Doktoren im Hospital, die ich bewundere; ich frage nach Zahlen: wieviel Tuberkulose, wieviel Selbstmord (wenig), wieviel Alkoholiker, wieviel geistesgestörte Kinder. Es wird ja etwas getan, nein, so ist es nicht, daß gar nichts getan wird; es fehlt nur das Geld, es fehlen ausgebildete Lehrer, es fehlt die Aufklärung; übrigens sind die schweren Krawalle seltener, seit Drogen im Umlauf sind, die Verbrechen zahlreicher. Dann gibt es wesentliche Unterschiede: zwischen puertoricanischen Kindern und schwarzen Kindern, die letzteren können ihre Aggression nicht sprachlich loswerden, nur körperlich.

Sonst noch Fragen?

Besuch bei einer puertoricanischen Familie in einem Turmhaus. Das ist nicht mehr Brownsville, sondern Manhattan. Drei Zimmer mit Küche

und Bad, Ausblick in einen Hof. Mutter mit sechs Kindern; vier Töchter
in zwei Betten. Ein Sohn hat Hirnschaden, möchte gerne lesen, wird es
aber nie lernen können. Der andere Sohn geht zur Schule und arbeitet.
Was? Das sagt er nicht genau. Hingegen will er wissen, worüber ich Romane schreibe. Wir werden mit Bier bewirtet. Ein portugiesischer Sankt
Martin auf dem Eisschrank, ein blonder Jesus über dem Sofa mit geplatz-
tem Polster. Der Vater ist abgehauen nach Puertorico, und die Familie lebt
von Wohlfahrt. Eine Tochter, fünfzehnjährig, ist gekämmt wie für einen
Ball und schön; sie hat aber nichts vor; ihr kindliches make-up für einen
Traum. Der Sohn will etwas lernen, sagt er, irgendeinen Beruf. Unter sich
sprechen sie spanisch. Sie sind Amerikaner; aber zu Hause, in Puertorico,
gebe es keine Hoffnung.

```
Wir werden siegen, denn die Vereinigten Staaten
haben nie einen Krieg verloren. Wehe den Friedens-
rufern, die nicht mehr an Gott glauben und an den
Auftrag, den Gott der amerikanischen Nation er-
teilt hat!, sagt ein Pfarrer mit Doppelkinn und mit
der Bibel in der Hand: Schon Jesus hat gesagt. So-
bald der junge Mann, Vietnam-Veteran, sachlich
diskutieren will, liest er aus der Bibel, z.B. die
Parabel vom guten Samariter: gleichgesetzt der
US-Army in Vietnam, in Kambodscha, in Laos oder wo
immer; sie helfen den Wehrlosen dort, die von Räu-
bern überfallen werden. Was ist denn das für eine
Jugend, die langhaarig vor dem Capitol herumlun-
gert? Und jetzt das Mao-Büchlein aus der Tasche;
hier steht's, was Kommunismus ist: sie wollen sie-
gen, um die Welt zu zerstören durch Materialismus.
Mao (»this guy«) sagt es ganz offen: sie wollen die
USA schwächen. Vergeblich legt jetzt der jüngere
Mann einiges dar, historische Fakten betreffend
Indochina, die man wissen kann. Was aber sagt
Jesus? Zum Beispiel: Wer zum Schwert greift, wird
fallen durch das Schwert. Das ist gleichfalls be-
kannt, aber es bedarf der Auslegung: Zum Schwert
```

gegriffen hat der Kommunismus, und es ist Gottes
offenbarter Wille, daß die USA, als das stärkste
Land der Welt, sein Gericht vollstrecken muß. Das
sagt kein eifernder Prediger, nur ein gelassener
Pfarrer im Fernsehen, daran gewöhnt, daß seine
Gemeinde ihm beipflichtet. Zum Fall des Lieutenant
Calley: Auch Frauen und Kinder und Greise sind
unsere Feinde (was der junge Vietnam-Veteran zugibt, aber auch begründet mit der Erfahrung, die das
vietnamesische Volk mit den Weißen gemacht hat),
und Feinde muß man töten, sagt der Pfarrer, also hat
Calley richtig gehandelt, brav und gottesfürchtig,
und die Feiglinge im Land, die nach Frieden rufen,
helfen nur dem Antichrist, denn es gibt nur Frieden
durch Waffen, Frieden durch Sieg der US-Army, denn
die Freiheit hat uns Gott geschenkt, und eines Tages
wird auch Cuba wieder frei sein, wenn wir an Gott
glauben wie unsere Väter, die deswegen nie einen
Krieg verloren haben. Der Pfarrer läßt sich von
einem bärtigen Intellektuellen, der die Ausrottung
der indianischen Bevölkerung erwähnt, nicht irre
machen; das waren Siege, Gottes Wille. Ein dritter
Mann am Tisch, ehemals Botschafter in Asien, versucht's mit Spaß: ob Gott seine Gnade nur auf ein
einziges Volk ausschütte? dann mit der Frage: soll
man also Cuba und Chile überfallen? Der Pfarrer ist
bescheiden, er will dem Präsidenten nicht drein-
reden; als Christ kann er nur hoffen, daß Gott einen
unbeugsamen Präsidenten wählt, und betreffend die
Gnade-Verteilung auf Völker, Spaß beiseite: jedenfalls kann Gott nichts übrig haben für die Sowjetunion. Denn Gott ist für Freiheit und Anstand und
Moral. Wie heißt es in der Bibel? Es gibt nur eins,
was den Pfarrer jeweils zu unterbrechen vermag, die
nächste Fernseh-Reklame: THE BEER THAT MADE MIL-
WAUKEE FAMOUS. Also die Bibel sagt, und die Pflicht
eines jeden Amerikaners ist offenbar: Kommunisten

müssen getötet werden, die amerikanischen Gefangenen erlöst, die Bombenangriffe auf Nord-Vietnam
fortgesetzt und verstärkt. Ein Hinweis darauf, daß
Kriegsgefangene immer erst bei einem Friedensver-
trag oder gegen Austausch freigelassen werden, ist
für den Pfarrer leicht zu widerlegen: es gibt keinen Vertrag mit Kommunisten, solange sie die amerikanischen Gefangenen (»American lives«) nicht
freigeben. Übrigens wird der Wortwechsel nie unerbittlich; der Diplomat und der Pfarrer, obschon
nicht einverstanden, finden sich immer wieder in
einem jovial-loyalen Lachen. Nur der junge Bärtige
bleibt humorlos, kommt mit Zahlen oder mit der Genfer Konvention. Auch der Moderator hat Sinn für
neutralen Scherz; schließlich haben die Millionen
von Fernsehern, wenn sie schon alle sieben Minuten
wieder Reklame sehen müssen, ein Recht auf Unterhaltung. Daß es in Vietnam bekanntlich Zonen gibt,
wo die amerikanische Armee ihrerseits keine Gefangenen macht, sondern alle tötet, findet der Pfarrer militärisch gerechtfertigt, denn das amerikanische Volk geht in einen Krieg, um ihn zu gewinnen,
sonst gibt es auf der Welt, »die Gott uns geschenkt
hat«, weder Frieden noch Freiheit noch Anstand
noch Moral . . . Nach einer Stunde stelle ich ab.

THE NEW YORK TIMES

Mrs. Georg C. Barclay is a silver-haired, 67-year-old Manhattan housewife who wants to die with dignity. So she recently signed the Euthanasia Educational Fund's »living will«, in which she requested that,
if she becomes ill and there is no reasonable expectation for her reco-
very, she be allowed to die and not be kept alive by »artificial means«
or »heroic measures«.

Her husband, a retired banker, and their three children know of the
will, and have told Mrs. Barclay they agree with her decision and will
try to see that it is carried out.

Mrs. Sydney Appel, 54, is a Brooklyn housewife who also signed the document. But her four children are vehemently opposed to the will, because they don't believe such a death could be handled in »a responsible manner«.

»What about the woman whose children felt she was an inconvenience?« asked Mrs. Appel's son, Douglas, 17. »If she had already signed the will, it would be no great difficulty for the children to do away with her.«

To the people who are active in this country's two major euthanasia groups (the Euthanasia Educational Fund and the Euthanasia Society of America), euthanasia generally means one thing: The right to die with dignity. Indignity, to them, means deterioration, dependence and hopeless pain. But to many other people, euthanasia (derived from the Greek for »good death«) means »mercy killing«.

Proponents of euthanasia predict that family discussions such as those that occurred in the Barclay and Appel families are going to become quite common in the next few years as the subject of death, and whether the patient has the right to decide how and when he wants to die, is brought out into the open.

There are indications that this is on the verge of happening now. A »right to die with dignity« bill was recently introduced in the Florida Legislature, stating that a patient suffering from an incurable, fatal and severely painful illness should have the right to ask that his life be painlessly terminated. The bill is now in committee.

Courses on death have been filled to capacity this year at both New York University and Union Theological Seminary. The technical advances in the medical arts (new life-sustaining drugs, organ transplants, artificial kidneys, auxiliary hearts, defibrillators, pacemakers and respirators) have resulted in dialogues among young medical students, who do not always agree with these artificial means of keeping dying patients alive.

Making own decisions

And the recent liberalization of abortion laws in several states has added fuel to the arguments of those who believe that people should have the right to make their own decisions regarding life and death.

»All of my friends like to talk abouth death nowadays«, said Mrs. Henry J. Mali, 67, of Manhattan, president of the Euthanasia Educational Fund. »It's even a subject of conversation at cocktail parties. People seem charmed to find somebody else who wants to talk about it.«

Almost 20 000 persons have requested the »living wills« in the 18 months that they have been available, according to Mrs. Elizabeth T. Halsey, executive secretary of the Euthanasia Educational Fund, at 250 West, 57th Street. She said that she received 50 requests a day for the wills, which are not legally binding, and recently ordered 10 000 more.

How does one die with dignity? One of the lines in the »living will« says: »I ask that drugs be mercifully administered to me for terminal suffering even if they hasten the moment of death.«

At present, doctors who carried out this wish could legally be charged with murder. This is perhaps the major reason why people consider euthanasia abhorrent – or because it is often used interchangeably with the term, »mercy killing«, which in turn is usually associated with the killing of babies who are born with mental or physical defects. (To many others, euthanasia is equated with Hitler's program of killing mentally and physically handicapped persons.)

»It is a common misunderstanding that we advocate mercy killing«, said Jerome Nathanson, chairman of the board of leaders of the New York Society for Ethical Culture, and a strong proponent of euthanasia. »But actually, mercy killing is the complete antithesis of what we seek.«

»The question ist not one of killing people«, he added, »It is the question of letting one die.«

Mr. Nathanson, whose wife died of cancer in 1968, said he believed that the new honesty and openness among American youth might help change public attitudes about euthanasia.

»Sexual relations are one's private affair«, he said, »and one's attitudes on death should be a private affair.«

Mr. Nathanson said he knew of a doctor who, if a patient is suffering from a terminal illness, leaves three pills on the bedside table and tells the patient, »Take one every four hours. If you take them all at once, they will kill you.«

»I don't know why all doctors can't be that way«, he said, »and leave the decision up to the patient.«

Many doctors make a distinction between »active euthanasia«, where a drug or other treatment is administered to hasten death, and »passive euthanasia«, in which therapy is withheld and death is hastened by omission of treatment.

Most religious groups condemn active euthanasia, especially the Roman Catholic Church. Last October, Pope Paul VI said in a statement to Roman Catholic physicians that euthanasia, without the patient's consent, was murder; and with his consent, suicide. »What is morally a crime cannot, under any pretext, become legal«, he added.

But the Pope also seemed to espouse the religious community's more lenient attitude towards passive euthanasia when he said that while doctors have the duty to fight against death with all the resources of science, they are not obliged to use all the survival techniques developed by science. Prolonging life in the terminal stage of incurable disease could be »useless torture«, he said.

A statement by Pope Pius XII is included in the literature distributed by the Euthanasia Educational Fund. It says: »The removal of pain and consciousness by means of drugs when medical reasons suggest it, is permitted by religion and morality to both doctor and patient; even if the use of drugs will shorten life.«

The Euthanasia Educational Fund is a nonprofit, educational organization that finances studies and seminars on euthanasia for physicians, clergymen, social workers, nurses and lawyers. Contributions to the fund are tax deductible, while contributions to the Euthanasia Society of America, an action organization seeking political change, are not. Both groups have offices in the same room at the West 57th Street address, and claim 1200 joint members. Last year, the membership was 600.

The Rev. Donald W. McKinney, pastor of the First Unitarian Church of Brooklyn and vice president of the Euthanasia Educational Fund, said he believed that the fact that the »living will« was not legally binding was »rather irrelevant«.

»Its great value«, he said, »is that a tremendous burden of guilt is lifted from the family and children when a person signs the will. And it is also a great deal of help to doctors.«

He said that more and more clergymen had to wrestle with the moral question posed by euthanasia: Whether it can be reconciled with the commandment, »Thou shalt not kill.«

»The primary commandment is reverence for life«, he said. »It is not a question of killing, but a question of honoring life, a question of dignity.«

»The process of dying is changing today«, he went on. »With all the new medical advances we have, we have to determine if life is really being served by prolonging the act to dying.«

The fact hat there is no clear definition of death that is acceptable to everyone is one reason why many doctors are opposed to euthanasia. Some doctors consider death to occur when the brain dies; others, when the heart stops functioning. Sidney D. Rosoff, legal advisor for both euthanasia groups, said: »A patient is dead when a doctor says he is.« But even this definition has not always helped up in court cases.

»I tend to be basically moved toward it (euthanasia)«, said Dr. Barry Wood, a Manhattan internist who is also a ordained Episcopal priest, »but I become more conservative as I see the possibilities. One possibility is to declare certain people unfit – and this has happened in the past.«

Dr. Fred Rosner, director of hematology at the Queen's Hospital Center and a leading critic of euthanasia, said: »If euthanasia were legalized, the next logical step would be the legalization of genocide and the killing of social misfits.« »And who can make the fine distinction between prolonging life and prolonging the act of dying?« he added.

Another argument

Other opponents of euthanasia frequently argue that a dying patient should be kept alive as long as possible because a cure for his illness could be just around the corner.

»There is a paucity of overnight miracles«, Mr. Nathanson rebutted, »Physicians generally know what's going on in the field.«

»And what if a person can't stand the pain for five years? If I say, ›I can't stand it‹, and the doctor says, ›Look, your suffering may help other people‹, that's the worst ethical indignity that can be done to a person.«

The Hippocratic oath that all physicians take when they graduate from medical school is used as an argument by both proponents and oppenents of euthanasia. The oath states that it is a physician's duty to relieve suffering, but it also says he must preserve and protect life.

In Great Britain, which has an active Euthanasia Society, there have been two recent controversal proposals by doctors that an age limit should be set at which doctors should stop »resuscitating the dying«. Dr. Kenneth A. O. Vickery suggested the age of 80; another said that anyone over 65 should not be resuscitated if his heart stopped.

Dr. Vickery, who said he thought geriatric patients were overloading hospital and welfare services in Britain, recalled the frequently quoted lines of Arthur Hugh Clough, the 19th-century English poet, who wrote:

Thou shalt not kill; but need'st

not strive

officiously to keep alive.

This country's two euthanasia groups are opposed to age limits. »The people in Britain are thinking of society«, the Rev. McKinney said, »we're thinking of the individual. We believe that even people in their twenties and thirties should have euthanasia, if they need it.«

Mrs. Appel, whose children are opposed to her desire for euthanasia, said she came to her decision after watching her senile, 87-year-old mother die a painful death after suffering a broken hip.

»I made up my mind I didn't want my children to see me that way«, the darkhaired woman said. »I don't want to leave them with the mental image of deterioration.«

Mrs. Appel's son's argument that families might let a patient die for ulterior motives is another frequently used argument against euthanasia. Some family members, the opponent reason, may wish to believe their own suffering rather than the patient's; or else the heirs may have their eyes on the patient's estate.

Most people who have signed the »living will« have chosen doctors who are sympathetic to their wishes. Mrs. Barclay said she picked her doctor because she knew he was a contributor to the Euthanasia Society of America. Mrs. Mali, who is the wife of a retired textile executive, said her physician was a man who had promised he would let her die »peaceably, rather than having my arms stuck full of tubes«.

»Now, that I'm old, the next celebration is death«, Mrs. Mali said in her East Side town house. »And what I'm most interested in is how my death can be made an honorable estate, like matrimony.«

By Judy Klemesrud
Copyright by NEW YORK TIMES 1971

Notiz zum Handbuch

Was allenfalls für die Alten spricht: da sich die Rücksichtnahme nicht mehr lohnt, bedarf es nicht des Zornes, der Unbesonnenheit des Zornes, damit der Alte sagt, wie etwas sich verhält – manchmal verhält es sich tatsächlich so, und natürlich wissen die andern es auch; nur nehmen sie noch Rücksicht auf sich selbst. Der Alte ist deswegen noch kein Seher, nur gelassen-furchtlos. Was die antiken Seher, meistens blind, zu sagen hatten, war auch selten mehr als das Offenbare, was zu sehen aber die andern sich nicht leisten können – aus Rücksicht auf sich selbst und zu ihrem Schaden.

So sehen sie also aus, die kleinen Verbrecher, die Diebe vom heutigen Tag, die Einbrecher und die Drogen-Krämer und die Wegelagerer und die Räuber im Lift usw., das Volk, das die Polizei täglich einfängt – sie warten auf der langen Bank rechts im Saal. Das nächtliche Schnellgericht (NIGHT COURT) ist öffentlich. Sternenbanner hinter dem Richter, darüber in Marmor: IN GOD WE TRUST . . . Fast ohne Ausnahme sind es Schwarze oder Puertoricaner, teils in bunten Blusen, teils grau und abgerissen, auch weibliche Delinquenten. Etliche scheinen dieses Verfahren schon zu kennen. Routine beiderseits. Vier Kläger und Anwälte, alle jung und jüdisch, machen kein Aufhebens. Leider bleibt es fast eine Pantomime, man hört kaum, wer jetzt gerade spricht; das Gemurmel der Routine. Nur der Spruch nach fünf oder sieben Minuten ist für das Publikum zu hören: 1000 Dollar, 500 Dollar, Kautionen ver-

mutlich, dann wieder ein Urteil: 5 Tage Gefängnis,
3 Tage Gefängnis. Ein Schläger-Typ, hemdärmlig und
verfettet, hält die Rapporte in der Hand; ab und zu
sagt er: Ruhe! Es geht ordentlich zu, alltäglich,
ohne Zeremonie. Der Sekretär ist ein Afrikaner mit
Backenbart, mit weißem Hemd und Krawatte, mit
Brille in Pop-Format; irgendwie sieht er historisch aus und sitzt reglos wie ein Denkmal, seine
Stirne glänzt wie Bronze, aber ab und zu gähnt er.
Nur der Richter trägt Talar. Es sieht wie eine Probe
auf der Bühne aus, alles noch ungenau, vor allem
der Auftritt der Sünder, es wird dazwischen geredet, ein Hin und Her; aber die Urteile gelten. Dann
schauen sie zurück ins Publikum: Ist Familie da,
die zahlt? Das kommt vor.
Jemand winkt mit einer Hand voll Noten; manchmal
auch nur ein Achselzucken, wenn's nicht reicht,
oder es ist überhaupt niemand im Saal: dann geht's
durch die Türe, dahinter viele Polizisten in blauem
Hemd, und einen Augenblick lang sieht man Gitter,
die aufgehen und zugehen. Wie die Verschläge für
Geflügel. Einzig ein Weißer wird renitent, als der
Hemdärmlige mit Kokarde ihn am Arm faßt, um ihm
den Weg zu weisen, den er kennt. Wenn die lange Bank
sich leert, läßt man die Nächsten herein. Viele
Junge. Das Verfahren sieht wie Stellenvermittlung
aus. Keine Aufregung. Der nächtliche Richter blättert in den Rapporten, die ihm zugeschoben werden,
ohne Blick auf den Delinquenten. Der Anwalt fragt
unterdessen den Delinquenten nicht unfreundlich,
meldet etwas dem Richter, der nur selten eine Frage
stellt; er kennt ja die Antworten. Nur ein schwarzer Schüler behauptet vernehmlich und hartnäckig,
aber ruhig, er sei unschuldig. Es scheint aber
nicht zu stimmen. Leider; denn die Gefängnisse sind
überfüllt, man weiß es: zurzeit vier Personen in
einer Einzelzelle.

Es ist Mitternacht. In den meisten Fällen handelt
es sich um Drogen, zurzeit die beste Verdienstmög-
lichkeit für ungelerntes Volk. Ein Alter, schwarz
wie die ersten Sklaven, scheint den Anwalt nicht
zu verstehen; seinen Hut in der Hand, als fühle er
sich durch den Staatsakt geehrt, blickt er bald zum
Anwalt, bald zum Kläger, bald zum Richter, gläubig
wie in einer Klinik; der Befund: 3 Tage Gefängnis,
und er nickt wie ein Patient. Es ist keine Farce;
das Verfahren hält sich ans Gesetz. Neben mir
schläft das Kind einer schwarzen Matrone, die immer
noch auf ihren Sohn wartet. Ein Freispruch kommt
auch vor; ein Mädchen, das etwas verkrüppelt ist,
schlampig, aber es darf gehen. Es scheint, daß sie
aber kein Geld hat für die Subway, und im Gerichtssaal darf man nicht betteln. Wie kommt sie etwa nach
Brownsville? Gegen ein Uhr nachts, als wir aufbrechen, geht das Gericht weiter; da liegt noch ein
Berg von blauen Rapporten –
PS.
Was ich nicht gewußt habe, was aber Uwe Johnson,
der Glaubwürdige, in Berzona mitteilt: außerhalb
jenes Gebäudes (Gericht und Gefängnis unter einem
Dach!) befinden sich Stellen, wo das Kautions-
Geld zu leihen ist zu Wucherzinsen und kurzfristig.
Heute 500 Dollar auf den Tisch, dann mußt du nicht
ins Gefängnis und beschaffst bis Samstag die
600 Dollar. Wie? Dagegen greift der Sternenbanner-
Staat (IN GOD WE TRUST) nicht ein, das ist FREE
ENTERPRISE, eine Selbstverständlichkeit: Grund-
lage der westlichen Freiheit.

Ein Großkaufmann aus Hamburg, seit Jahren hier
tätig, begründet seine Hochachtung vor diesem
Land: Hier gelten keine Klassenunterschiede und
so, nur Unterschiede der Tüchtigkeit.

»Sie haben das Recht sich zu verteidigen. Eine Anklage liegt nicht vor, aber vielleicht wollen Sie sich trotzdem verteidigen. Zum Beispiel haben Sie in einer Gesellschaft gelebt, die Sie als verrucht bezeichnen, Sie haben Veränderungen gefordert usw., das geht aus Ihren zahlreichen Worten hervor, nicht aus Ihren Handlungen. Oder finden Sie, daß Sie nach Ihrem ausdrücklichen Bekenntnis gehandelt haben? Laut Dossier liegt nichts vor. Ihr Bekenntnis als solches steht nicht unter Anklage, ebensowenig der Lebenslauf als solcher. Im Sinn der Gesellschaft, die Sie anklagen, haben Sie keine nennenswerte Straftat begangen; laut Dossier haben Sie kaum anders gelebt als andere Nutznießer, die diese Gesellschaft in Ordnung finden.«

. . .

»Berufen Sie sich auf Resignation?«

. . .

»Die Geschworenen, die Sie hier sehen, haben Sie selber wählen können. Es gäbe andere. Aber Sie haben gewählt: einen alten Schulfreund, dem Sie viel zu verdanken meinen, Tolstoj und Kafka und Brecht und andere Schreiber, Ihre leiblichen Kinder, ferner Nachbarn, die allerlei Alltägliches wissen, einige Kumpane, auch Kollegen, Frauen, einen Juden, einen Arbeiter, einen Neger, kurzum Leute aus allen Schichten, einige Philosophen, soweit Sie diese verstanden zu haben meinen, einen verstorbenen Lehrer, ferner einen Hippie, der nicht gekommen ist.«

. . .

»Sie haben, obschon Sie von einer verruchten Gesellschaft sprechen, nie Macht ausgeübt oder auch nur versucht, Macht auszuüben. Vielleicht wäre es in bescheidenem Rahmen möglich gewesen. Warum haben Sie nie versucht, Macht auszuüben?«

. . .

»Eine Anklage, wie gesagt, liegt nicht vor, wenn Sie sich nicht selber anklagen. Sie haben sich also damit begnügt, vergleichsweise schuldlos zu sein?«

. . .

»Sie schweigen.«

NEW YORK, Mai

Donald Barthelme sagt: Ihr (Europäer) seid glücklichere Menschen. Wieso? Marianne macht ihre erfolgreichen Speck-Zwiebel-Kalb-Rosmarin-Spieße,
ich richte das Feuer, wenn auch mit unbekannten
Hölzern. Was ist anders als im Tessin? Der Bach nebenan rauscht nicht anders; Vorsicht vor Schlangen
empfiehlt sich auch im Tessin . . . Neulich tauchte
Jürg Federspiel auf, später kam Jörg Steiner auf
Besuch; was im Vaterland geschieht, ist bald gemeldet; man hat sich mehr zu sagen in der Fremde . . .
Dann und wann verwundert es mich wieder, wie leicht
es einem fällt, alle schon nach einer Stunde nur
noch beim Vornamen zu nennen: Donald, Mark, Elisa,
Joe, Frank, Lynn, Harrison, Tedd, Patricia, Stan-
ley, Steven usw. Ich könnte nicht sagen, wen ich
dabei duze, wen nicht. Ein Landsmann, schon seit
Jahren hier ansässig, schaltet mit dem Vornamen
(jede andere Anrede käme ihm komisch vor, steif,
unnatürlich) sogleich auf Du; es tönt wie eine falsche Übersetzung. So meinen sie es wohl nicht, wenn
sie sagen: Max, do you know. Es entspricht einer Re-
deweise, die wir auch kennen: Jürgen, wissen Sie.
Die amerikanische Freundschaftlichkeit ist nicht
oberflächlicher, wie immer wieder behauptet wird;
ihr Ausdruck dafür ist ambivalenter als das Du in
unsrer Sprache, das sich leichter abnutzt in seiner
voreiligen Verbindlichkeit . . . Es kommt vor, daß
man sich auf der Straße trifft, also unter Millio-

nen, wie in einem Dorf; aber es ist kein Dorf: jedermann weiß, daß die andern auch ohne ihn auskommen, und dies ohne Gekränktheit. Das macht beide
Teile herzlich. Sie sind hilfsbereiter als in den
kleinen Städten, und man wird es selber auch; aus
Dankbarkeit wechselseitig. Trifft man sich nach
Wochen zufällig in einem Party-Gedränge, so begrüßt man sich wie beim Durchstich eines Tunnels:
HOW WONDERFUL TO SEE YOU! und es ist wahr.

Ende des Seminars.

Bar am Hudson nachmittags. Hafenarbeiter beim Billard, Bier, das man aus der Büchse trinkt. Schon
beim zweiten oder dritten Besuch, ohne daß man bisher ein Wort gesprochen hat, grüßen sie –

Fragebogen

1.
Haben Sie Angst vor dem Tod und seit welchem Lebensjahr?
2.
Was tun Sie dagegen?
3.
Haben Sie keine Angst vor dem Tod (weil Sie materialistisch denken, weil
Sie nicht materialistisch denken), aber Angst vor dem Sterben?
4.
Möchten Sie unsterblich sein?
5.
Haben Sie schon einmal gemeint, daß Sie sterben, und was ist Ihnen dabei
eingefallen:
a. was Sie hinterlassen?
b. die Weltlage?
c. eine Landschaft?
d. daß alles eitel war?
e. was ohne Sie nie zustande kommen wird?
f. die Unordnung in den Schubladen?

6.

Wovor haben Sie mehr Angst: daß Sie auf dem Totenbett jemand beschimpfen könnten, der es nicht verdient, oder daß Sie allen verzeihen, die es nicht verdienen?

7.

Wenn wieder ein Bekannter gestorben ist: überrascht es Sie, wie selbstverständlich es Ihnen ist, daß die andern sterben? Und wenn nicht: haben Sie dann das Gefühl, daß er Ihnen etwas voraushat, oder fühlen Sie sich überlegen?

8.

Möchten Sie wissen, wie Sterben ist?

9.

Wenn Sie sich unter bestimmten Umständen schon einmal den Tod gewünscht haben und wenn es nicht dazu gekommen ist: finden Sie dann, daß Sie sich geirrt haben, d.h. schätzen Sie infolgedessen die Umstände anders ein?

10.

Wem gönnen Sie manchmal Ihren eignen Tod?

11.

Wenn Sie gerade keine Angst haben vor dem Sterben: weil Ihnen dieses Leben gerade lästig ist oder weil Sie gerade den Augenblick genießen?

12.

Was stört Sie an Begräbnissen?

13.

Wenn Sie jemand bemitleidet oder gehaßt haben und zur Kenntnis nehmen, daß er verstorben ist: was machen Sie mit Ihrem bisherigen Haß auf seine Person beziehungsweise mit Ihrem Mitleid?

14.

Haben Sie Freunde unter den Toten?

15.

Wenn Sie einen toten Menschen sehen: haben Sie dann den Eindruck, daß Sie diesen Menschen gekannt haben?

16.

Haben Sie schon Tote geküßt?

17.

Wenn Sie nicht allgemein an Tod denken, sondern an ihren persönlichen Tod: sind Sie jeweils erschüttert, d.h. tun Sie sich selbst leid oder denken Sie an Personen, die Ihnen nach Ihrem Hinschied leid tun?

18.
Möchten Sie lieber mit Bewußtsein sterben oder überrascht werden von einem fallenden Ziegel, von einem Herzschlag, von einer Explosion usw.?

19.
Wissen Sie, wo Sie begraben sein möchten?

20.
Wenn der Atem aussetzt und der Arzt es bestätigt: sind Sie sicher, daß man in diesem Augenblick keine Träume mehr hat?

21.
Welche Qualen ziehen Sie dem Tod vor?

22.
Wenn Sie an ein Reich der Toten (Hades) glauben: beruhigt Sie die Vorstellung, daß wir uns alle wiedersehen auf Ewigkeit, oder haben Sie deshalb Angst vor dem Tod?

23.
Können Sie sich ein leichtes Sterben denken?

24.
Wenn Sie jemand lieben: warum möchten Sie nicht der überlebende Teil sein, sondern das Leid dem andern überlassen?

25.
Wieso weinen die Sterbenden nie?

NEW YORK, Mai

Bäume grünen in den Höfen, Bäume wie richtige
Bäume, man schaut hinunter auf ihr grünes Laub
nicht ohne Rührung: diese Tapferkeit des Chlorophylls!

Anruf von einem Landsmann, der hier lebt und den
ich, da er ein verwirrtes Englisch spricht, zur
heimischen Mundart einlade. Daraufhin fragt er
noch verwirrter: »But who are you?« Er spricht im
Auftrag eines Freundes aus Gockhausen (Schweiz)
und glaubt nicht, daß ich am Apparat bin, und möchte
mit meiner Frau sprechen, die aber ausgegangen ist.

Er wiederholt: »Who are you?« Trotz Mundart glaubt
er's noch immer nicht, möchte lieber meine Frau
fragen, ob die Todesnachricht, heute von der UPI
gekabelt, wirklich nicht stimmt. Der Ausspruch von
Mark Twain in gleicher Lage (– Nachricht stark
übertrieben) ist ihm nicht bekannt. Eigentlich haben wir schon eine Weile miteinander geredet, als
er nochmals fragt: »But who are you?« Übrigens
wohnte Mark Twain in der gleichen Straße gegenüber.

Eine schwarze Haushilfe bei Freunden lernt jetzt
Lesen und Schreiben, nimmt vier Unterrichtsstun-
den in der Woche, bittet um ein Buch, das ich geschrieben habe; ihr erstes Buch. Sie ist 65. Unsere
Haushilfe, ebenfalls schwarz, kommt nicht mehr;
ich hörte sie laut lachen, dann reden, sie stand im
Zimmer und rauchte eine Zigarette in einem beinahe
zahnlosen Mund und blickte hinaus durch die Wand;
sie hört Stimmen. Die neue Hilfe, eine Schwarze aus
Westindien, putzt sehr gründlich, aber ungern,
wie sie freundlich sagt; sie komponiert Lieder und
singt sie, sucht einen Agenten, um ins Plattengeschäft zu kommen; sie will uns ihre Musik einmal
vorführen auf Tonband. Nur Musik habe Sinn in der
Welt. Sie ist schätzungsweise 50, wohnhaft in
Brooklyn.

Ein Toter auf der Straße (Bowery) am Nachmittag;
Polizei schon zur Stelle, zwei Mann, das genügt,
wir fahren weiter wie alle.

Rip van Winkle

Es geht ihm aber immer so, wenn er nach einiger Zeit wieder zu Hause ist.
Dann verwundert ihn alles, was an seinem gewohnten Ort steht.

. . .

Die Schlucht, wo die zechende und kegelnde Herrengesellschaft den verirrten Rip van Winkle jahrelang zu ihrem Kegelknecht und Mundschenk gemacht hat, könnte im heutigen Morningside Park sein oder noch weiter draußen, wo das Rockefeller-Kloster steht. Das Märchen sagt nur: Manhattan.

. . .

Erwacht auf den schwarzen Felsen von Manhattan, die Flinte neben sich, reibt er sich das Gesicht, erschreckt, aber klar im Kopf, obschon sein Atem nach Branntwein riecht. Vermutlich ist es ein fernes Gewitter gewesen, was er im Schlaf gehört hat. Es sind nicht Kegel. Hingegen der Branntwein ist nicht geträumt. Das Gewitter hat sich verzogen. Abend über dem Hudson. Es können nicht Jahre gewesen sein; sein Hund, zum Beispiel, ist noch immer jung.

. . .

Er hat ein Weib und hat es auch im Traum nicht vergessen, hat es den Herren in niederländischer Tracht jahrelang gesagt; nur kam er ja im Traum nicht los.

. . .

Der Pfad (heute Broadway) ist ein langer Pfad; unterwegs wird es Nacht, unterwegs die Angst, daß niemand mehr dort sei, der ihn kennt. Wie das denn wäre.

. . .

Diese kegelnde Herrengesellschaft!

. . .

Als er zurückkommt ins Dorf (New Amsterdam) und sich im Morgengrauen umsieht: nichts verändert. Die Hühner sind auch noch da. Vollzählig. Sie schlafen nur, die Zeitgenossen. Schiffe im Hafen; eines ist inzwischen ausgefahren, ein andres liegt jetzt vor Anker. Was sonst? Die Zeit ist stehengeblieben. Sein Weib glaubt ihm kein Wort, sagt, es sei Mittwoch. Natürlich hat sie sich Sorgen gemacht; es hätte ihm ja wirklich etwas zustoßen können da draußen.

. . .

Niemand glaubt sein Märchen –

. . .

Sein Haus mit den kleinen Fenstern, die steile Treppe, das gewohnte Geschirr usw., er sieht sich nicht um, weiß schon, daß alles an seinem Ort ist. Edamer oder Heringe aus dem Faß oder Wurst, gleichgültig was, er frißt, Blick zum Fenster hinaus. Alles ist so, wie es ist: Hier also ist er zu Haus.

. . .

Nicht einmal Todesfälle im Dorf.

. . .

So ist es nicht, daß sie den alten Rip nicht mehr kennen. Sein Gehilfe sagt, ein Kunde habe schon zweimal Krach geschlagen. Nichts Neues. Man kennt ihn als Säufer; schon öfter haben sie ihm zeigen müssen, wo Rip van Winkle zu Hause ist. Jetzt ist er aber nüchtern.

. . .

Warum erzählt er solche Märchen?

. . .

Zwar macht er weiter: Fässer, wie er's gelernt hat. Am Feierabend spielt er Karten, spricht holländisch und trinkt, am Sonntag geht er nach Coney Island, um Hasen zu schießen, oder auf die schwarzen Felsen von Manhat-

tan. Sein Leben. Er wundert sich, wenn sie ihn grüßen, als wäre nichts geschehen. Alle andern, sein braves Weib und die Nachbarn, die Kunden, die
Kumpane, die über sein berühmtes Märchen lachen, glauben es, daß das
sein Leben ist –

SS. FRANCE, 8. 6. 1971

Europa in Sicht, das Schiff folgt jetzt einem Lot-
sen, man steht auf Deck, die Koffer sind gepackt,
wir fahren aber noch immer, man hat auch keinerlei
Eile, man ist froh, zu sehen, daß es immer noch
fährt –

Die Säule

Der Große Brockhaus nimmt sich ihrer nicht an. Ab und zu ein Gast, der
sie anfaßt, um mit der Hand festzustellen: Granit, ja, Granit. Eine grobe
und rührende Säule. Manche fragen auf den ersten Blick: War die schon
immer da? Unser Dorf hat keine Chronik, nur Inschriften an der verlassenen Kapelle und an einigen Häusern: 1682, 1664 usw. Wahrscheinlich ein
Steinmetz von Beruf, tätig außerhalb seines heimatlichen Tals, das keine
Aufgaben hatte für ihn, hat die Säule gehauen für sich selbst. Er hat nichts
erfunden, kein Carlo Madermo, der auch aus dieser Gegend stammte. Eigentlich ist nichts zu sagen, nachdem man sie mit der Hand berührt hat
und mit Kenntnis: Toskanisch! Am Sockel übrigens ist etwas abgesprengt,
nicht schlimm. Sie wird uns überdauern. Ein grauer und spröder Stein aus
der Gegend. Der Große Brockhaus meldet zuverlässig: Die dorische Säule,
die ionische Säule, die korinthische Säule, wie in der Schule gelernt und
später gesehen in Sunion, Korinth, Olympia, Athen, Delphi, Paestum, Se-
linunt, Baalbek usw.; aber die Säule, die unsere kleine Loggia hält, erinnert
mich nie an Reisen. Wenn wir den schwarzen Kaffee trinken, teilt sie für
uns das Tal. In ihrer unteren Hälfte ist sie etwas bauchig, überhaupt nicht
glücklich in den Proportionen. Man sitzt in Korbsesseln, Nacht mit Wetterleuchten, davor die Säule, von der man nur weiß: Einer hat sie gehauen,
denn da steht sie und trägt. In den Sommern, so nehme ich an, hat er bei
fremden Herrschaften gehauen oder an Kirchen im Süden, wo er einen

Meister hatte; im Winter mußte er nach Hause und hatte Zeit, viel Zeit
für Granit. Warum er nach Hause mußte, weiß ich nicht; wahrscheinlich
hatte er hier die Familie. Granit ist nicht Marmor; die Form, die er im Gedächtnis hatte, bleibt schwächer als der körnige Stein. Und dann vor allem:
sie steht allein. Alles andere an dem Haus ist gewöhnlich und recht; das
bäurische Gebälk, die Fensterbänke aus dem gleichen Granit, der große
Kamin usw. sind nicht verwandt mit ihr. Eine Säule wie ein Gast. Sie ist
nicht ganz mannshoch, steht aber auf einer Brüstung; man kann, wenn
man steht und mit jemand redet, die Hand an ihr Kapitell legen und tut
es auch ab und zu, denn sie ist nicht feierlich. Es kommt vor, daß ich die
Pfeife dran ausklopfe. Wir kennen natürlich ihre große Familie, inbegriffen die glatten Bastarde an den Banken in aller Welt. Sie aber kennt ihre
Herkunft nicht. Manche bemerken sie auch gar nicht, so scheint es, und
dann stelle ich die Säule nicht vor. Später dann, wenn unser Gespräch einmal stockt, wieder die Frage: War diese lustige Säule schon immer hier?
Immer nicht; einmal hat einer sie gehauen. Ich könnte mit denken, daß
er stolz darauf war. Nur der Kranz unter dem Kapitell liegt klassisch, aber
auch er ist zufällig-prall wie eine Wurst. Wenn man die Zeitungen vom
Tage gelesen hat und zur Seite legt, eine Weile müßig in dem Bewußtsein
unsrer Ohnmacht, steht sie unerschüttert, nicht stolz, aber brav. Faßt man
sie an: körnig, die steinerne Wärme des vergangenen Tages. Gegen die
Blässe des Abendhimmels zeigt sie ihre Entschuldigung: Verwitterung
durch Jahrhunderte, ihr verwaschenes Profil schwarz gegen die präzis-
lichte Dämmerung, die gerade den ersten Stern zuläßt.

Vereinigung Freitod
(Schluß.)

Jeder Verein hat seine Zeit. Kommt es bei einer Jahresversammlung vor,
daß zuhanden der Anwärter an den Zweck unsrer Vereinigung erinnert
werden muß (Freitod als sittliches Gebot), so ist es wie immer, wenn eine
Verfassung feierlich in Erinnerung gebracht wird: es ist nichts dagegen einzuwenden, obschon sie noch nie verwirklicht worden ist.

Je greisenhafter die Mitglieder werden, um so weniger erschreckt sie die
Überalterung der abendländischen Gesellschaft; sie finden, es gebe junge
Menschen genug, mehr als genug –

Die Revolte der Jugend wirkt sich eher ungünstig aus, indem gerade die
Mitglieder, die über ihre Söhne erbittert sind, keinesfalls abtreten wollen.
Sie fühlen sich unverstanden. Sie meinen durchhalten zu müssen, bis ihnen
noch einmal Recht widerfährt, und das heißt: bis ihre Söhne auch über 50
sind.

Auch Mitglieder, die ein schlankes Gesicht haben: ihre Wasserbäuche. Vor
allem wenn sie sitzen, so immer mit offener Jacke, die von ihren schmalen
Schultern hängt wie von einer Vogelscheuche, und es sieht aus, als tragen
sie einen Ballon in der hohen Hose. Die Kellner, die bei unseren Zusam-
menkünften bedienen, haben eine Geduld wie Wärter im Zoo, oder wenn
es Kellnerinnen sind, so sprechen sie wie Kindergärtnerinnen. Wir gehen
einander auf die Nerven; jeder hat das Gefühl, daß man ihn nicht zu Wort
kommen lasse, und dabei redet er unentwegt; wir hören einander bloß
nicht zu. Je mehr einer weiß, um so schlimmer; sie können ihr Wissen
nicht mehr halten. Ich kann von BAUHAUS nicht mehr hören, von ZÜR-
CHER SCHAUSPIELHAUS usw.

Das geplante HANDBUCH kommt nicht zustande; es fällt mir nichts
mehr dazu ein, und wie ich einmal die Notizen lese, kommen mir diese Beobachtungen und Mutmaßungen, die mich vor Jahren beschäftigt haben,
unzutreffend vor; auch der Schrecken vor dem Alter nutzt sich ab. Das
kommt noch dazu.

Laut Statistik hat sich das durchschnittliche Lebensalter weiter erhöht; als
ich 73 bin, beträgt das durchschnittliche Lebensalter bereits 74 – ich erkläre meinen Austritt ...

Handbuch für Mitglieder

Wer alt wird, ist selber schuld.

Montauk

Eine Erzählung

Dies ist ein aufrichtiges Buch, Leser, es warnt dich schon beim Eintritt, daß ich mir darin kein anderes Ende vorgesetzt habe als ein häusliches und privates ... Ich habe es dem persönlichen Gebrauch meiner Freunde und Angehörigen gewidmet, auf daß sie, wenn sie mich verloren haben, darin einige Züge meiner Lebensart und meiner Gemütsverfassung wiederfinden ... denn ich bin es, den ich darstelle. Meine Fehler wird man hier finden, so wie sie sind, und mein unbefangenes Wesen, so weit es nur die öffentliche Schicklichkeit erlaubt ... So bin ich selber, Leser, der einzige Inhalt meines Buches; es ist nicht billig, daß du deine Muße auf einen so eitlen und geringfügigen Gegenstand verwendest./Mit Gott denn, zu Montaigne, am ersten März 1580.

Ein Schild, das Aussicht über die Insel verspricht: OVERLOOK. Es ist sein
Vorschlag gewesen, hier zu stoppen. Ein Parkplatz für mindestens hundert
Wagen, zur Zeit leer; ihr Wagen steht als einziger in dem Raster, das auf
den Asphalt gemalt ist. Es ist Vormittag. Sonnig. Büsche und Gestrüpp
um den leeren Parkplatz; keine Aussicht also, aber es gibt einen Pfad,
der durch das Gestrüpp führt, und sie haben nicht lang beraten: der Pfad
wird sie zur großen Aussicht führen. Dann ist sie nochmals zum Wagen zurückgegangen. Er wartet; sie haben Zeit. Ein ganzes Wochenende. Er steht
und weiß nicht, was er im Augenblick grad denkt ... In Berlin ist es jetzt
schon drei Uhr nachmittags ... Er wartet sonst ungern. Es ist ihr eingefallen, daß sie, um den Atlantik zu sehen, eigentlich ihre Handtasche nicht
braucht. Es kommt ihm alles etwas unwahrscheinlich vor, aber nach einer
Weile sieht er es als einfache Wirklichkeit: Rascheln in den Büschen, dann
ihre Hosen (das verwaschene Hellblau natürlich) und ihre Füße auf dem
Pfad, hinter viel Zweigen und Ästen ihr ziemlich rotes Haar. Ihr Gang
zum Wagen hat sich gelohnt: YOUR PIPE. Und dann geht sie wieder voran;
sie duckt sich da und dort unter den wirren Ästen, und er duckt sich unter
den selben Ästen, wenn sie schon wieder aufrecht geht noch immer durch
Dickicht. Es ist eine Art von Pfad, nicht immer deutlich, ein verwilderter
Pfad. Zuerst ist er vorangegangen: als Mann, der sich hier so wenig auskennt wie sie. Einmal ein sumpfiger Graben, wo er ihr hat helfen müssen,
und seither geht sie voran. Das ist ihm auch lieber. Es macht ihr Freude,
das zeigt ihr leichter und flinker Gang. Der Atlantik kann nicht fern sein.
Hochoben eine vereinzelte Möwe. Im Gehen stopft er die Pfeife und wundert sich, ohne wissen zu wollen, worüber er sich wundert. Stellenweise
riecht es nach Blüten; keine Ahnung, was da blüht; es sind fremde Ge-
wächse. Er hat dafür gebürgt, daß er den Wagen jederzeit wieder finden
werde, und sie scheint ihm zu vertrauen. Um dann die Pfeife anzuzünden,
muß er kurz stehenbleiben, es ist windig, fünf Streichhölzer sind nötig,
und sie ist unterdessen weiter gegangen, so daß er sie für Augenblicke
nicht mehr sieht; für Augenblicke kommt es ihm wie eine Einbildung
vor oder wie eine ferne Erinnerung: dieser Gang mit einer jungen Frau. Ei-

gentlich gibt es viele Pfade oder was wie ein Pfad aussieht; deswegen ist sie stehengeblieben: Wohin jetzt? Die Landkarte, die er gestern gekauft hat, liegt im Wagen; sie würde in diesem Gelände auch nicht viel helfen. Sie gehen nach der Sonne. Kein Pfad für Gespräche. Wo einmal kein Dickicht ist, sieht man das Gelände ringsum: nicht fremd, obschon er noch nie in seinem Leben hier gewesen ist. Das ist nicht Griechenland; eine ganz andere Vegetation. Trotzdem denkt er an Griechenland, dann wieder an Sylt. Es stört ihn, daß immer Erinnerungen da sind. Sie sind schon eine halbe Stunde gegangen. Sie wollen den Atlantik sehen. Sie haben nichts anderes zu tun; sie haben Zeit. Auch ist das nicht in der Bretagne, wo er zuletzt am Meer gewesen ist vor einem Jahr. Die gleiche Küstenluft. Es kann sein, daß er das gleiche Hemd trägt, die gleichen Schuhe, alles ein Jahr älter. Er weiß, wo sie sich befinden:

MONTAUK

ein indianischer Name; er bezeichnet die nördliche Spitze von Long Island, hundertzehn Meilen von Manhattan entfernt, und er könnte auch das Datum nennen:

11. 5. 1974

Es gibt nicht nur Äste, die über den Pfad hängen, so daß man sich ducken muß; ab und zu liegt auch ein dürrer Ast auf dem Boden, dann hüpft sie darüber. Sie ist sehr schlank, nicht knochig. Ihre Bluejeans sind bis zu den Waden gekrempelt; ihr kleines Gesäß in der knappen Hose, die sie ohne Gürtel trägt, und in der Seitentasche steckt ein Kamm. Sie ist nicht größer und nicht kleiner als er, aber leicht. Ihr Haar, wenn sie es offen trägt, reicht bis zu den Hüften; jetzt hat sie es hochgeknotet, ein roter Roßschwanz, der beim Gehen pendelt. Da auf den Pfad zu achten ist, sofern das überhaupt noch ein Pfad ist, und da er zudem Ausschau hält, um vielleicht zu erraten, wo sie am besten weitergehen, um aus dem Dickicht herauszukommen, sieht er ihre Gestalt nur von Zeit zu Zeit; ihre helle Bluse in der Sonne, auch ihr Haar erscheint in der Sonne jetzt hell. Oft ist es nur noch eine Ermessensfrage, ob man weitergehen soll; kein Pfad. Manchmal macht sie einen großen Schritt, um auf einen Stein oder auf einen Baumstrunk zu gelangen; ihre langen Beine, doch ihr Schritt etwas zu groß, so daß ihr Körper nicht ohne Mühe hochkommt. Das würde sie auch machen, wenn sie allein wäre: diese scharfe Bewegung mit dem Kopf, um ihren Roßschwanz hinter die Schultern zu werfen. Ob sie an die Küste kommen, erscheint immer fraglicher. Sie gehen aber weiter. Dann wieder, eine Weile lang, sieht es aus, als gehe sie auf einem Seil, Fuß vor Fuß wie eine Seiltänzerin, wobei ihr Oberkörper schmiegsam das Gleichgewicht sucht und findet. Es sieht noch immer nicht nach Düne aus; keine Möwe am Himmel. Ein Mal bleibt sie stehen, um die Ärmel ihrer Bluse hochzukrempeln; hier in der Mulde ist es heiß; kein Meerwind. Wenn sie nebeneinander stehen wie jetzt: die sonderbare Gegenwart zu zweit. Er bemerkt, daß er seine beiden Hände in den Hosentaschen hat, die kalte Pfeife im Mund. Ihr Gesicht: er hat es nicht vergessen, aber sie trägt diese große Dunkelbrille, und ihre Augen sind nicht zu sehen. Ihre Lippen tagsüber schmal, oft spöttisch.

HOW DID I ENCOURAGE YOU?

ihre Frage nicht jetzt, sondern gestern auf der Fahrt hierher; offenbar verwundert es sie, wie es ihn verwundert, wenn er, wie jetzt, neben ihr steht.

WHEN DID I ENCOURAGE YOU?

Sein Flug ist für Dienstag gebucht.

Zuerst habe ich gemeint, sie sei die übliche Kamera-Fee, die bei solchen Gelegenheiten mitkommt, plötzlich in die Hocke geht und knipst, Wünsche hat, wie man sich setzen soll, und jedesmal, wenn man sie endlich vergessen hat, wieder knipst, einmal, zweimal, dreimal, viermal. Sie hat aber keine Kamera. Sie sitzt nur dabei und schweigt, stört nicht, während der Mann von einer erbärmlichen Zeitung eine volle Stunde lang fragt: HAVE YOU BEEN IN THIS COUNTRY BEFORE etc. Ein Interview zur Person. ARE YOU MARRIED, WHERE IN EUROPE ARE YOU LIVING, DO YOU HAVE CHILDREN etc. Das alles weiß sie nun auch, die junge Frau. Einmal nimmt sie das Telefon ab, weil sie grad daneben sitzt, und erledigt die Sache bestens; ich danke. WHAT ARE YOU GOING TO WRITE NEXT, PLAY OR NOVEL OR ANOTHER DIARY? Ich werde vergnügt, weil das immer die letzte Frage ist, mindestens die vorletzte. Ich sage der amerikanischen Öffentlichkeit:

Leben ist langweilig, ich mache Erfahrungen nur noch, wenn ich schreibe.
Eigentlich kein Witz; er lacht trotzdem. Sie nicht. Als ich ihr später die
weißliche Zotteljacke halte, frage ich der Höflichkeit halber nochmals
nach ihrem Namen. LYNN, sagt sie, als brauche ich nur den Vornamen.
Ihr langes offenes Haar: das ist etwas umständlich beim Anziehen der
Jacke, und ich kann da nicht helfen, das steht meiner Hand nicht zu. Eine
Frage noch, die letzte: DO YOU CONSIDER YOURSELF A DOOMED MAN?
Später stelle ich fest, daß sie ihre Zigaretten hat liegen lassen, ihr Feuer-
zeug. Es bleibt zwei Wochen lang unter der Lampe liegen, ein billiges grünes Feuerzeug.

Was habe ich hier wirklich zu tun?

Man kann ohne Mantel gehen; Ankunft bei Schneesturm, aber kurz darauf ist es wieder Frühling geworden ... Das Frauengefängnis an der Ecke,
ein hoher Klotz aus braunem Backstein, ist abgebrochen worden; jetzt ein
sandiger Platz, umzäunt von Drahtgeflecht, Tauben gurren im Gehege,
doch können sie das Gehege jederzeit überfliegen. Sonst hat sich wenig
verändert in zwei Jahren. Die kleinen Bäume in der Neunten Straße, seinerzeit gepflanzt, sind nach wie vor dünn und dürftig; sie grünen aber.
(Diese Tapferkeit des Chlorophylls!) Im Drugstore, wo ich wieder frühstücke, bedient noch dieselbe Mannschaft. Die gelben Taxi, die schwarzen
glänzenden Müllsäcke an der Straße, die Sirene der roten Feuerwehr. Im
Hotel haben sie den alten Kunden erkannt: DID YOU HAVE A GOOD TIME?
Ein anderes Zimmer als vor zwei Jahren, die Einrichtung genau die gleiche: der niedrige Tisch mit Marmor, wo man die Füße darauflegen kann,
die gelben Ständerlampen, die gelben Bettdecken, der Spannteppich grün,
ein Sofa in der Farbe von Jauche und nicht unbequem, zwei Fauteuils in
der gleichen Farbe, das vertraute Sausen der air-conditioning, die man
aber ausschalten kann; zum Teil kann man die beiden Schiebefenster öffnen, ihre morschen Rahmen hochziehen, die Scheiben sind immer
schmutzig. Die niedrige Brüstung dieser Fenster; man muß aufpassen,
wenn man in die Straßenkreuzung hinunterschauen will; nur in Träumen
gelingt ein Fliegen aus eigener Kraft.

MAY I INTRODUCE YOU

dann überhöre ich die Namen oder vergesse sie sofort, stehe und antworte
und weiß nicht immer, wem ich geantwortet habe. Warum macht man
das. Es muß sein (meint der Verlag) für das Buch –

LYNN

ich könnte anrufen unter einem beruflichen Vorwand. Ein Abendessen
vielleicht; sowie eine Frau mir gefällt, komme ich mir jetzt als Zumutung
vor.

HUDSON:

ein paar feiste Möwen auf der Mole, Wiedersehen mit der öligen Spiegelung im Wasser. Ein veralteter Dampfer liegt noch immer am Anker; Ketten mit Bärten aus Tang. Einmal ein Helikopter. Es ist windig, das
schwarze Wasser klatscht gegen die Mole, deren Gehölz vor zwei Jahren
schon morsch gewesen ist. Ein großer weißer Frachter, der vermutlich
am nächsten Tag auslaufen wird, liegt ruhig und unbeweglich, STATEN-
DAM, eine holländische Flagge im Wind. Rückwärts die alte Hochstraße,
die zur Zeit in Reparatur ist. Die kleine düstere Bar, wo sie Billard spielen,
gibt es auch noch; BLUE RIBBON, die Lichtschrift rot wie Limonade in der
Dämmerung. Westwärts findet gerade ein schleimiger Sonnenuntergang
statt; ein langer schwarzer Frachter davor. Ein paar Leute auf der Mole,
Müßiggänger wie ich. Ein junger Schwarzer mit Fahrrad fährt Slalom.
Ein Paar, das umschlungen auf der äußersten Planke sitzt als Schattenriß.
Ein Alter mit Hund. Ein anderer Hund ohne Herr. Die langen dicken Taue
aus Hanf. Eine Bierdose, die im Wind zu rollen beginnt.

AMERICAN ACADEMY OF ARTS AND LETTERS:

ich erhebe mich und danke.

MUSEUM OF MODERN ART:

ich schwänze die Kunst und sitze im Gartenhof einen ganzen Vormittag.
Es kann sein, daß mich Kunst nichts angeht, wenn ich allein bin. Ich genieße es, hier unter den paar Bäumen zu sitzen. Ich sitze in diesem Gartenhof (Moore, Picasso, Calder etc.) seit zwanzig Jahren und länger:

1951
1956
1963
1970
1971
1972

Unterwegs wieder einmal das Gefühl, der Körper sei leichter geworden, ganz leicht, als habe sich die Schwerkraft vermindert beim langen Gehen: alles, was ich einsehe, erscheint auch durchführbar, ich muß es nur nicht aussprechen, sondern tun.

CENTRAL PARK:

ein Gewährsmann hat mich belehrt, daß die berühmten Eichhörnchen gar keine Eichhörnchen sind, sondern Baumratten. Früher gab es hier noch Eichhörnchen. Die Baumratten sind nicht rötlich wie die Eichhörnchen, doch nicht minder zierlich. Man kann ihnen Minuten lang aus der Nähe zuschauen, so zutraulich sind die Baumratten. Der Unterschied zu den Eichhörnchen besteht vor allem darin, daß sie die Eichhörnchen vernichten.

WHITE HORSE:

der Schriftsteller scheut sich vor Gefühlen, die sich zur Veröffentlichung nicht eignen; er wartet dann auf seine Ironie; seine Wahrnehmungen unterwirft er der Frage, ob sie beschreibenswert wären, und er erlebt ungern, was er keinesfalls in Worte bringen kann. Diese Berufskrankheit des Schriftstellers macht manchen zum Trinker.

SANITATION:

immer noch erwache ich viel zu früh. Bevor der Alltag losgeht, führen sie ihre Hunde und Hündchen durch die Straßen, halten sich an der Leine, während die Tiere pinkeln oder scheißen. Eine Hundestunde morgens, eine Hundestunde abends. Man muß eben aufpassen, wo man hintritt. Sie hängen an ihren Hunden und Hündchen, das sieht man, sie haben ein Bedürfnis nach Liebe, die Menschen hier, sie lassen sich von Duft-marke zu Duftmarke ziehen und warten ohne Ungeduld, auch wenn's reg-net. Nur gegen die rote Verkehrsampel lassen sie sich an der Leine nicht ziehen und wehren sich, bis die Ampel wieder grün ist. Eine verschissene Gegend. Einige haben mehr als nur einen Hund. Eine Gegend voll Bedürf-nis nach Liebe. Der weiße Wagen mit dem Kreiselbesen erwischt nie alles; ein Rest bleibt immer.

LONG DISTANCE:

Weinen einer Frau durchs Telefon macht mich hilflos, vollkommen hilflos; die Unmöglichkeit, ihr Handgelenk zu fassen – was auch nichts ändern würde.

FIFTH AVENUE HOTEL:

Der Spannteppich erscheint tagsüber (ohne den Schein der gelben Lam-pen) eher blau, nicht grün. Im Augenblick liegt Sonne darauf, ein schiefes Geviert, aber die Luft um die Beine ist kühl. Ich habe gelesen und gedacht, was ich da lese: plötzlich dieses Gedächtnis der Haut: FRÜHLING, JA, DU BIST'S! nämlich mit Sonne auf diesem Spannteppich, den ich kenne; ich habe ihn einmal geküßt. DICH HAB' ICH VERNOMMEN! Plötzlich hilft keine Lektüre (FICTION) gegen dieses Gedächtnis der Haut; das macht vor allem die Kühle um die Beine oberhalb der Socken; kein Vogelsang durch das offene Fenster, sondern das Geräusch von Großstadtverkehr, ein ganz bestimmtes: wenn die Busse losfahren bei Grünlicht an der Ecke FIFTH AVENUE/9TH STREET. Wieder lege ich die Füße mit den Schuhen auf den niedrigen Tisch und esse Nüsse aus der hohlen Hand.

MY GREATEST FEAR: REPETITION

Eine amerikanische Studentin aus Yale stellt nicht die üblichen Fragen der Sekundär-Literatur; sie fragt: Will Stiller denn wirklich, daß Julika erlöst werde, oder geht es ihm in erster Linie darum, ihr Erlöser zu sein?

WASHINGTON SQUARE

die Schachspieler an den öffentlichen Steintischen mit dem wetterfesten
Schachmuster, darüber Grün mit Vogelzwitschern. Oft bleibe ich lange
da stehen, aber immer nur stehen; ich setze mich nicht. Heute hat mich
einer gefragt, ein Schwarzer, ob ich Lust habe zu einer Partie. Kein sehr guter Spieler, wie ich vorher bemerkt habe, und trotzdem wage ich's dann
nicht. Kann ich mir keine Niederlagen leisten? Oder keinen Sieg? weil er
nichts bewirkt; im Gegenteil, nachher klafft das Bewußtsein meines häuslichen Versagens –

COMMERCE STREET 15

keinen früheren Wohnplatz möchte ich nochmals bewohnen, auch nicht
dieses liebliche Haus. Ein Zimmer auf jeder Etage. Im Souterrain die per-
fekte Küche und ein Eßplatz, wo man sich wie in einer Kajüte fühlt, auch
tagsüber mit Lampenlicht; man sieht durch die kleinen Fenster nicht Mee-
resgischt, sondern Schnee auf dem Trottoir, die Beine von Passanten in
Schnee und Matsch, die schnelleren Beine von Hunden. Zuoberst im
Haus, wo ich zu arbeiten versucht habe, zittert es am meisten; das Poltern
der schweren Lastwagen mit den schweren Anhängern beginnt lang vor
dem Morgengrauen, und wenn das verstummt, weil sie vor der Verkehrsampel eine Minute warten müssen, so ist es das andere Poltern der Subway.
Trotzdem kommt es mir vor, es sei still im Haus; eine Stille, als sei ich
taub. Das leise Summen im Eisschrank, die eignen Schritte, das Geräusch,
wenn ich die Zeitung blättere. Ich höre, wenn Post durch den Schlitz der
Tür fällt, wenn der Schlüssel in das Schloß der Haustüre gesteckt wird
und gedreht. Bin ich taub gewesen? Ich höre, was mir gesagt wird, und
glaube es. Eine Platte mit echtem Meeresrauschen (damit man den Straßenlärm nicht höre) habe ich auch gehört; ein freundliches Geschenk –

Wir haben gehört, wie Neruda liest.

VIA MARGUTTA:

das macht die warme Luft, das Licht: plötzlich bin ich in Rom. Nur die architektonische Kulisse stimmt nicht dazu, das sehe ich. Keine Ahnung,
was ich in Rom täte; ich bin nur grad in Rom für eine Weile –

GOETHE HOUSE:

ein Arrivierter könnte aussehen wie ein Walroß, die Frauen geben sich nicht nur mit ihm ab, sondern entfalten unverlangt ihren Charme fast ohne Reserve. Erst auf der Straße, anonym im Gedränge, empfinde ich mich wieder als Walroß ganz und gar.

EIGHT STREET BOOKSTORE:

daß man um Mitternacht noch in einem Buchladen stehen kann ... ich habe den kleinen gelben Langenscheidt gekauft, um dann, wenn ich darin nachschlage, fast jedesmal das Gedächtnis zu blamieren; nämlich man hat das schon einmal gewußt:

SENSIBLE/SENSITIVE/SENSUAL

Die Nachricht, daß Konrad Farner in Zürich gestorben ist, lese ich im Lift, ohne deswegen mein Stockwerk zu versäumen. Es ist Konrad Farner viel erspart geblieben. Es mehren sich die Toten als Freundeskreis.

OLIVETTI LETTERA

ich kann's nicht lassen, ich habe eine kleine Schreibmaschine gekauft ohne literarische Absicht. (Eine literarische Erzählung, die im Tessin spielt, ist zum vierten Mal mißraten; die Erzähler-Position überzeugt nicht.) Diese Obsession, Sätze zu tippen –

PRO MEMORIA

ein französischer Edelmann auf dem Weg zur Guillotine bittet um Papier und Feder, um sich etwas zu notieren, und es wird ihm gewährt. Man könnte die Notiz ja vernichten, wenn sie sich an irgend jemand richtet. Das ist nicht der Fall. Es ist eine Notiz ganz und gar für ihn selbst: pro memoria.

Was ich in New York zu tun habe, wäre in Zürich oder in Berlin auch noch zu tun. In Berzona (Tessin) ist es bereits getan, glaube ich. In Rom? Umweltverschmutzung durch Gefühle, die nicht mehr zu brauchen sind – etwas Verfaultes, weil ich es nie ausgesagt habe oder nie ehrlich genug, nicht mit Bewußtsein verabschiedet. Es wird Zeit. Vorgestern geträumt: daß ich am nächsten Mittwoch hingerichtet werden soll, und ich verstehe nicht, warum am nächsten Mittwoch, ich bin gesund, diese willkürliche Verfügung einer Behörde, die gar nicht Bescheid weiß, einer Behörde ohne Adresse übrigens; keine Chance, Rekurs anzumelden.

Ein andrer Traum:

sie munkeln. Wer? Der Sarg meines Vaters sei geplatzt, das habe ich nicht gewußt, verstehe es aber. Man wird verrückt werden vor Enge. Sie geben mir etwas Süßes, womit man Kinder vertröstet. Passanten. Plötzlich sehe ich nicht ein, warum ich mich in den Sarg legen soll. Sie haben schon eine Art von Kahn bestiegen, alle in Schwarz, sie stehen in diesem Kahn mit langen Rudern. Zürichsee. Es hindert mich niemand, ich laufe, am Geländer finde ich eine lange Rettungsstange, die sich zur Not als Ruder verwenden läßt; nur ist es mühsam, da die Stange keine Schaufel hat. Aber ich werde es ihnen schon zeigen. Ich kann mich nicht erinnern, worauf ich stehe; eine Art von Floß, ein Brett? Ich stehe und rudere neben ihnen her. Jemand hat mir verraten, wohin sie rudern. Als ich sie endlich eingeholt habe, jetzt neben ihrem Kahn rudere, reden sie mich nicht an; ich höre, was sie reden. Ihr braucht nicht zu munkeln! Sie munkeln auch gar nicht; jetzt wird ihm die Lunge zerplatzen, sagen sie. Kein Zweifel für sie, daß es aus ist mit mir. Das hat noch gefehlt, daß ich rudere. Sie haben angenommen, daß es mir leichterfalle, daß ich keine Schererei mache, daß ich mich nicht wehre. Es bleibt dabei: wir rudern zum Begräbnis. Das sehe ich aber nicht ein, da ich, wie sie sehen, imstande bin zu rudern. Sie sprechen jetzt nicht mehr mit mir; es eilt.

TRATTORIA DA ALFREDO

ich gestehe, daß ich diese Trattoria nicht zufällig entdecke; ich habe sie gesucht, als gäbe es hier ein Gefühl abzuholen: A CAUSE D'UNE FEMME. Ich möchte hier nicht erkannt werden und stehe nur so lang, bis die Pfeife angezündet ist; ein Passant, der hier nichts verloren hat. Gefühl der Scham, daß ich hier stehe zwei Jahre später; Warten auf Grün. Übrigens habe ich die kleine Trattoria nur von außen gesehen; die Stühle auf den kleinen Tischen. Denn es ist früher Vormittag. Um das Interieur zu erkennen, müßte man das Gesicht nahe an die spiegelnde Fensterscheibe halten, die beiden Hände als Scheuklappen, um die Spiegelung zu durchschauen. Das habe ich nicht getan. Es hat mich erschreckt, als ich in der Scheibe meine Gestalt gesehen habe. Sobald dann wieder Grün ist, weiß ich: Eine natürliche Geschichte. Hätte ich denn Schüsse abgegeben? Immerhin habe ich jetzt vergessen, wohin ich eigentlich habe gehen wollen, gehe aber. Ohne Mantel. Es ist kühl, Frühling wie damals, ein klarer blauer Vormittag mit Wind vom Meer. Im Gehen lese ich jede Reklame genau, obschon ich anderes zu tun hätte.

DIE WAHRHEIT IST DEM MENSCHEN ZUMUTBAR

sie kann diesen Satz nicht leiden. Ein Zitat. Sie findet es Kitsch. Was heißt schon Wahrheit! Wir haben gestritten darüber, was Kitsch ist.

MY LIFE AS A MAN

heißt das neue Buch, das Philip Roth gestern ins Hotel gebracht hat. Wieso würde ich mich scheuen vor dem deutschen Titel: Mein Leben als Mann? Ich möchte wissen, was ich, schreibend unter Kunstzwang, erfahre über mein Leben als Mann.

GIACOMETTI:

seine Ausstellung in diesem unmöglichen Museum mit der Spiral-Rampe; Vernissage mit tausend Smokings und mit Damen in langen Roben; dazu sein übergroßes Foto-Porträt: dieses Gesicht! ... Wer oder was verleiht Rang? Die Leistung tut es zum Teil. Verleiht einer den Rang sich selbst? Auch der Gescheiterte kann Rang haben. Wodurch? Rang bedeutet noch nicht Ruhm. Ich kenne Leute, die ihren Ruhm verloren haben zur Lebzeit; der Rang ist ihnen geblieben. Rang ist nicht der Glanz des Siegers. Wie bekundet sich Rang? Ich bin Leuten von Rang begegnet, Männern und Frauen, älteren und jüngeren, berühmten und anderen; ich bin Giacometti nie begegnet. Die Begegnung mit Leuten von Rang (sie müssen nicht von der gleichen Fakultät sein) macht Mut auf merkwürdige Weise; sie bedie-

nen sich nicht des Lobes, um Mut zu machen. Sie verleihen Rang, ob sie
zustimmen oder widersprechen; noch eine Fehde führen sie in der Erwartung von Rang. Solche Erwartung kann natürlich enttäuscht werden. Bei
Leuten von Rang besteht die Erwartung von Rang nicht blindlings, aber
unabhängig von Erfolg oder Nichterfolg; sie selber setzen die Maßstäbe.
Das kennzeichnet sie untrüglicher als ihre Leistungen, die der andere in
vielen Fällen ja nicht beurteilen kann. Ihr Rang beglänzt ihre Leistung.
Sie sind nicht immer freundlich; nur lassen sie sich in ihrer Erwartung
nicht irritieren, wenn jemand sich gelegentlich unter seinem Rang verhält.
Die Selbstzweifel, die ihnen vorgetragen werden, nehmen sie ernst, doch
fallen sie nicht auf Selbstbezichtigung herein wie die andern, die, sobald
sie nicht mit Allüre überrannt werden, ihre Erwartung unwillkürlich her-
absetzen und gnädig werden in einer Art, die alles eine Nummer zu klein
nimmt, aber auch alles.

ERYNNIEN

sie zerreißen dich nicht, sie stehen nur an irgendeiner Ecke: Hier oben, im
dritten Stock, hast du einmal gewohnt, WAVERLY PLACE / CHRISTOPHER
STREET, vor dreiundzwanzig Jahren. Als wüßte ich's nicht! Ich blicke nicht
einmal an die Fassade hinauf, sehe bloß, daß im Parterre ein andrer Laden
ist; damals ein Lebensmittelgeschäft, ein lausiges, ich verfügte über 200
Dollar im Monat, die Wohnung kostete 100 Dollar im Monat, einmal fiel
mir ein Blumentopf vom Fenstersims und traf niemanden.

Wo werden die Erynnien mich packen?

Neuerdings haben wir ein Kennwort dafür: Anfälle. Jedesmal ein Schrek-
ken für sie, ich weiß, und vollkommen unverständlich. Dabei kommt es
zu keiner körperlichen Bedrohung des Partners; sie irrt sich, wenn sie
das fürchtet; nicht die mindeste Versuchung dazu. Wenn Tätlichkeit, dann
wäre es Tätlichkeit gegen mich selbst: um mich auszudrücken. Ich meine
zu verstehen, zu denken, zu erkennen; das allerdings ohne Rücksicht, im
Beginn fast gelassen, ohne Rücksicht auf mich oder irgendwen. Ich schreie
nicht, im Beginn jedenfalls nicht; allerdings werde ich dann unansprechbar, auch wenn ich eine Weile lang zuhöre. Die Wahrheit, die ich auszudrücken versuche, die ich in diesem Augenblick erkenne, ist selten ein Frei-

spruch für mich. Es kann von Lappalien ausgehen; geradezu lächerlich,
eine solche Lappalie überhaupt zu erwähnen. Ich sehe sie als Zeichen, daher nicht als Lappalie; als Zeichen so eindeutig für mich, daß ich jede
andere Auslegung kaum ertrage, eine harmlose schon gar nicht. Keine Vorwürfe, nein, ich rede nur von Erkenntnissen. So kommt es mir vor. Im Augenblick ohne jede Angst vor den Konsequenzen, die ich sehe. Meine Rede
(Monolog) hat etwas Hinrichtendes; nicht aus Haß. Was soll der Partner?
Er soll verstehen, was ich nicht auszudrücken vermag; er soll einverstanden sein. Ich ertrage mich nicht. Ich kann dann nicht aufwachen, wie
man aus Träumen, wenn sie unerträglich sind, aufwachen kann. Wie ich's
in diesem Augenblick sehe, so ist es eben, wirklich und so und nicht anders, und ich fühle mich bereit. Wozu? Dann wiederhole ich mich, ich
weiß. Kein Zurück in die Vernunft; die Vernünftigkeit verletzt mich, sie er-
niedrigt mich, sie entfesselt auch noch den Zorn. Dabei habe ich so gelassen begonnen; was ich gemeint habe, ist kein Vorwurf, es ist wichtiger:
WAHRHEIT, meine. Wenn ich mir das Hemd zerreiße, so meine ich meine
Haut. Ich bitte; offenbar tönt es ganz anders; ich flehe. Dabei ist alles, was
ich jetzt sage, nur noch verletzend. Es fällt mir anders nicht ein. In diesem
Augenblick möchte ich sterben dafür, daß ich mich ein Mal verständlich
machen könnte, ohne Forderung. Nachher finde ich es schade um meinen
Zorn; nie hat er den Gordischen Knoten getroffen – ich habe mich auch
noch zu entschuldigen.

SWEET'S

es sei das älteste Fisch-Restaurant in der Stadt. Ein Schuppen am alten
Markt, abbruchreif seit Jahren. Wer nicht davon gehört hat, würde hier
nie eintreten. Über Mittag bekommt man kaum einen Tisch, dann speisen
hier die Tätigen aus der WALL STREET. Seit ich das Restaurant kenne, habe
ich schon viele Freunde dahin geführt. Es gibt hier, zu Fischgerichten aller
Art, einen amerikanischen Sauternes, der erstklassig ist, und man sieht unter der Hochstraße hindurch das Glitzern, EAST RIVER. Auch Lynn hat es
bisher nicht gekannt. Es gefällt ihr; es ist gar nicht schick hier. Sie hat wieder ein Interview vermittelt; ihr Job. Ihr offenes Haar und die Brille: Undine und ein wenig Nurse. Im Sommer wird sie mit ihren Eltern nach
Griechenland fahren, mein guter Rat erübrigt sich; GUIDED TOUR. Da
Lynn nichts gelesen hat, was ich veröffentlicht habe, genieße ich es, einmal

lauter Gegenteil zu reden: – Politik kümmert mich überhaupt nicht. Verantwortung des Schriftstellers gegenüber der Gesellschaft und das ganze Gerede, die Wahrheit ist, daß ich schreibe, um mich auszudrücken. Ich schreibe für mich. Die Gesellschaft, welche auch immer, ist nicht mein Dienstherr, ich bin nicht ihr Priester oder auch nur Schulmeister. Öffentlichkeit als Partner? Ich finde glaubwürdigere Partner. Also nicht weil ich meine, die Öffentlichkeit belehren oder bekehren zu müssen, sondern weil man, um sich überhaupt zu erkennen, ein imaginäres Publikum braucht, veröffentliche ich. Im Grunde schreibe ich aber für mich selbst … Lynn protestiert gar nicht; es klingt überzeugender (auch für mich) als erwartet.

YOU ARE A RICH MAN, I AM SURE, BUT THIS IS A BUSINESS LUNCH, YOU SHOULD NOT PAY FOR THIS, IT'S JUST SILLY.

Neulich (aber das ist auch schon vor Jahren gewesen) habe ich ihn in Zürich zufällig auf der Straße (Limmatquai) von weitem gesehen; ein schwerer Mann jetzt. Wir haben zusammen das Gymnasium in Zürich besucht. Ob er mich ebenfalls erkannt hat, keine Ahnung; er drehte sich nicht um, und ich war betroffen, daß ich ihm nicht sofort nachging, sondern einfach stehen blieb. Also sah ich ihn bloß noch von hinten. Ohne Hut. Seine breiten Schultern; er ist sehr groß, im Gedränge nicht zu verwechseln, und ich hatte ihn ja eben von vorne gesehen. Er hatte gradaus gestarrt, offensichtlich in Gedanken; jetzt blickte er hinunter auf den Asphalt, als habe er mich ebenfalls erkannt. Er weiß es und ich weiß es, was er für mich getan hat. Ich rief nicht einmal über die Straße, damit er sich umdrehe. Was soll W. mit meiner lebenslänglichen Dankesschuld? Und zudem weiß ich, daß ich alles in allem vor diesem Menschen nicht bestehen kann. In der Klasse war er immer der Erste, kein Streber; er war intelligenter als die andern, ohne es auf die leichte Schulter nehmen zu können, daß er intelligenter war, und so war er auch gewissenhaft; es war ihm eher peinlich, wenn die Lehrer ihn lobten. Um nicht einen Musterschüler abzugeben, konnte er ganz ruppig sein gegenüber den Lehrern. Nach der Schule begleitete ich ihn nach Hause, was für mich ein großer Umweg war, aber ein Gewinn; durch ihn hörte ich zum ersten Mal von Nietzsche, von Oswald Spengler, von Schopenhauer. Seine Eltern waren sehr reich. Das schien ihm aber unwichtig, kein Grund für Selbstbewußtsein. Eine Weltreise

zum Beispiel, die er nach der Maturität hätte antreten dürfen, kam für ihn
nicht in Frage, ein Auto auch nicht; alles Oberflächliche war ihm zuwider.
Er war ein philosophisches Temperament; ich staunte, was sein Hirn alles
denken kann. Auch war er sehr musikalisch, was ich nicht bin; Abende
lang spielte er mir Platten von Bach, von Mozart, von Anton Bruckner
und von andern, die ich noch nicht einmal dem Namen nach kannte; kein
Mensch sei völlig unmusikalisch, sagte er. Ich schrieb für Zeitungen und
war stolz, wenn die kleinen Sachen gedruckt wurden; mein Geltungs-
drang, glaube ich, war das erste, was ihn an mir enttäuschte. Ich mußte
Geld verdienen, das verstand er natürlich, aber was ich schrieb, war ihm
peinlich. Er ermunterte mich zu zeichnen. Diesbezüglich fand er mich
nämlich nicht unbegabt. Auch sein Urteil für bildende Kunst war ungewöhnlich, nicht bloß angelesen; es entsprang seiner eignen Sensibilität.
Ich traute mich aber nicht zu zeichnen, obschon er mich doch ermunterte,
hingegen lernte ich von ihm, was man in Bildern sehen kann. Sein Vorsprung in philosophischer Begrifflichkeit war bald zu groß, als daß ich sein
Gesprächspartner hätte werden können; er sagte kaum noch, was er zurzeit
gerade las, und es mag sein, daß ich das eine und andere, was bei Sigmund
Freud steht, für seine eigenen Funde hielt, ohne daß er es auf solche Täuschung anlegte. Es war einfach unergiebig, Quellen zu nennen, die ich damals nicht kannte. Also ermunterte er mich zu zeichnen. Er selber gab das
Cello wieder auf, weil sein Spiel, obschon er leidenschaftlich übte, seinen
hohen Ansprüchen nicht genügte; er hatte zu schwere Hände dafür. Überhaupt machte W. es sich schwer. Seine Eltern wußten natürlich, daß er das
Geschäft nie übernehmen würde; erst später trat er dem Verwaltungsrat
bei, auch das nur ungern. Eine Zeitlang hatte er Medizin studiert, die ersten Examen bestanden; ich verstand nicht ganz, warum er die Medizin
aufgeben mußte. Es geschah keinesfalls leichtsinnig. Später malte er, und
ich bewunderte, was er hervorbrachte; es war alles andere als virtuos, aber
elementar. Ein ungewöhnlicher Mensch; kein Zweifel, er hatte es schwerer
als wir alle. Übrigens war er mir auch körperlich überlegen; seine Eltern
hatten einen eigenen Tennisplatz im Garten, und W. schenkte mir, da
ich ziemlich mittellos war, seine gebrauchten Schläger, so daß wir zusammen spielen konnten. Es ging ihm überhaupt nicht ums Gewinnen, nur
spielte er einfach besser, und ich konnte von ihm lernen, was ein Trainer
ihn gelehrt hatte, und mehr als das: er lehrte mich zu verlieren, nicht um
Punkte zu spielen, was unwichtig war für ihn, da er die Punkte machte,

und hoffnungslos für mich. Ich genoß diese Stunden sehr. Wenn er mir melden mußte, der Platz sei heute zu naß, so war ich unglücklich. Ich träumte von W. Wenn ich ihn besuchte, kam das Dienstmädchen an die Türe, ließ mich höflich in der Halle warten, bis sie oben gefragt hatte, und dann hatte ich natürlich den Eindruck, daß ich störte, auch wenn W. mich nicht abwies. W. selber meldete sich fast nie; es wunderte ihn aber, wenn ich mich wochenlang nicht meldete. Er war ein herzlicher Freund, mein einziger Freund damals, denn neben W. war irgendein andrer kaum denkbar; er hätte vor W. nicht bestanden. Seine Eltern übrigens, bekümmert um ihren Sohn, waren immer sehr entgegenkommend; wenn W. fragte, ob es recht sei, daß ich noch zum Abendessen bleibe, waren sie immer einverstanden. Übrigens war es das erste reiche Haus, das ich kennengelernt habe; es war besser als andere, die ich später kennenlernte. Alles in allem fühlte ich mich beschenkt. Schwieriger war es, wenn ich W. beschenken wollte zum Geburtstag oder zu Weihnachten; meine Geschenke machten ihn verlegen, denn sein Geschmack war besser entwickelt, und selten ging es ohne Umtausch. Damals hatte ich meine erste Braut; sie konnte ich nicht umtauschen. Sie fürchtete W., glaube ich, sie mochte seine Überlegenheit nicht anerkennen, und das schmerzte mich. Das war vor vierzig Jahren. Ich fragte mich oft, was W. denn an mir habe. Wir wanderten viel, wir gingen schwimmen. Er hatte auch ein äußerst empfängliches Auge für Landschaften. Alles Technische in der Natur, Hochspannungsleitungen und dergleichen, beleidigte ihn geradezu körperlich. Durch ihn kam ich zu Caspar David Friedrich, zu Corot, später auch zu Picasso und zu afrikanischen Masken; dabei war er keineswegs lehrerhaft. Vieles was er wußte, verschwieg er. Ich hatte Griechenland durchwandert und erzählte natürlich davon, nur hatte ich dann das Gefühl, daß W. mehr gesehen haben würde. Dieses Gefühl, glaube ich, hatte er selber auch; er hörte mir zu, bis er mich dann doch unterbrechen mußte, indem er auf etwas Sehenswertes zeigte, was ich tatsächlich nicht gesehen hätte ohne ihn, etwas Gegenwärtiges, zum Beispiel einen erstaunlichen Falter. Er sah einfach mehr. Es gab nur eine Sache, wofür ich nie dankbar war: seine Anzüge, die für mich eine Nummer zu groß waren. Meine Mutter konnte zwar die Ärmel kürzen, die Hosen auch, trotzdem paßten sie mir nicht. Ich trug sie halt, um W. nicht zu kränken; er meinte es arglos, sah, daß ich mir keine Anzüge kaufen konnte, und der Stoff war immer noch tadellos, wenn er mir einen Mantel oder eine Jacke vermachte.

Warum er das Zeug selber nicht mehr trug, ging mich ja nichts an. Er war
alles andere als ein Geck, der mit der Mode gehen muß; seine Eltern hatten
aber einen Schneider, der von Zeit zu Zeit ins Haus kam, glaube ich.
Schließlich schenkte er mir auch anderes, was er nicht schon getragen
hatte, Platten zum Beispiel, eine ganze Sinfonie. Er schenkte nie blindlings, wie etwa Neureiche es tun, nie unvernünftig und für meine Verhältnisse übertrieben. Wie wenig man als junger Reporter und Rezensent verdient, ahnte er, ohne daß ich je davon reden mußte. Er war sensibel genug,
der Luxus im elterlichen Haus war ihm peinlich im Hinblick auf mich, zu
Unrecht übrigens, denn ich identifizierte W. nie mit Luxus. In seinem
Zimmer mit Aussicht auf Garten und Stadt und See erschien er mir eher
wie ein Diogenes, unabhängig durch Geistigkeit. Er fuhr Straßenbahn
wie unsereiner. Überhaupt wählte er nie den bequemen Weg, sondern
war hart gegen sich selbst. Im Oktober, wenn das Wasser schon kalt ist,
schwamm er über den See, hin und zurück. Später hat W. mir ein ganzes
Studium bezahlt: 16 000 Franken (was damals mehr wert war als heute)
für vier Jahre; also 4000 Franken im Jahr. Eigentlich tut es mir leid, daß
ich die Anzüge überhaupt erwähnt habe. Es verdroß mich nicht, wenn er
plötzlich, mitten in einem Gespräch, seine eigene Jacke wiedererkannte
und feststellte, daß die englischen Stoffe sich eben tadellos halten und
daß es doch schade gewesen wäre und so weiter; es war eher komisch.
Nichts weiter. Lange Zeit lud er mich immer wieder zu Konzerten ein,
nicht nur im letzten Augenblick, wenn seine Mutter die bestellte Karte
nicht nutzen konnte. Er glaubte wirklich, daß kein Mensch durch und
durch unmusikalisch sein könne, und in der Tat war ich oft begeistert,
wenn auch auf eine banausische Art, wie ich seiner Miene entnehmen
konnte; dann verstummte W. nicht hochnäsig, nur verlegen. Und trotzdem lud er mich immer wieder einmal zu einem Konzert ein; nicht ins
Theater. Er war dem Theater gegenüber keineswegs taub, jedoch kritischer als ich. Überhaupt war er kritischer als ich, auch sich selbst gegenüber. Ich traf ihn oft in wirklicher Verzweiflung. Ein Mensch, der nichts
und sich selbst schon gar nicht auf die leichte Schulter nehmen kann.
Keine hysterische Verzweiflung; er schilderte klar und klug die Unlösbar-
keit seines Problems. Was immer ich ihm dazu sagen konnte, zeigte ihm
erst recht, wie einsam er ist. Unsere Nöte, zum Beispiel meine Not mit
einer jüdischen Braut in den dreißiger Jahren, waren mit seiner Not nicht
zu vergleichen, das spürte auch ich. Seine Not war exemplarisch, meine

doch nur persönlich, und dafür gibt es Lösungen, die er mir zutraute, so oder anders. Nicht daß W. daran keinen Anteil nahm; an seiner Not hingegen konnte niemand Anteil nehmen, schon gar nicht sein Vater, ein Mann von nüchterner Güte, auch seine Mutter nicht, die sich als Intellektuelle sah und deren Weltsucht er als Ausflucht begriff. Viele Jahre später, als wir einander lang nicht gesehen hatten (ich hatte ein Jahr in Amerika gelebt) und als ich von meiner bevorstehenden Scheidung berichtete, stellte W. keine Fragen; sein Schweigen allein zeigte mir, wie selbstgerecht ich die Sache darstellte. Wir stapften durch Wald, und W. versuchte von etwas anderem zu sprechen, aber ich hatte jetzt kein Auge für Falter. Um bei meiner Scheidung zu bleiben, fragte ich nach seiner Ehe; obschon ich die Geschichte, die er jetzt entfaltete, schon seit Jahren kannte, war es wesentlicher, was W. zu sagen hatte, reicher an Komplikationen und von tieferer Einsicht, die auf meinen Fall nicht anzuwenden war. Es wäre mehr als geschmacklos gewesen, hätte ich nochmals von meiner Schwierigkeit geredet. Seine Scheidung war unvergleichbar. Später ließ ich mich trotzdem scheiden. Daß wir uns in jenen Jahren fast nur unter vier Augen trafen, nie in einer Gruppe, so daß ich den Freund einmal in einem andern Kräftespiel gesehen hätte, fiel mir damals nicht auf. Es lag nicht nur an ihm, der Geselligkeit scheute, sondern auch an mir. Ich litt nicht unter seiner Überlegenheit, solange wir unter vier Augen waren; sie war selbstverständlich. Ich fühlte mich beschenkt, wie gesagt, ich fühlte mich ausgezeichnet wie damals, als ich ihn von der Schule nach Hause begleiten durfte. Er schenkte mir das Engadin. Noch heute kann ich nicht durch jene Gegend fahren, ohne an W. zu denken. Und ich meine ja nicht nur, daß die Reise ins Engadin für mich unerschwinglich gewesen wäre. Er kannte das Engadin. Er war auch der bessere Alpinist. Seine Familie hatte dort einen Bergführer, der ihn Jahr für Jahr unterrichtet hatte. Ohne W. wäre ich nie auf diese Berge gelangt. Er wußte, wo und wann Lawinen drohen und wie man sich in einem bedenklichen Gelände zu verhalten hat; er knüpfte die rote Lawinen-Schnur an seinen Rucksack, betrachtete gewissenhaft den Hang und prüfte den Schnee, dann sauste er voran in die Tiefe, und ich hatte mich nur an seine kühne Spur zu halten, so gut ich's halt konnte. Als ich bei einem schweren Sturz einmal den Ski gebrochen hatte, kaufte W. unterwegs ein neues Paar für mich, damit wir die Tour nicht abbrechen mußten, nicht die allerbeste Marke, was mir peinlich gewesen wäre, immerhin eine bessere Marke mit einer besseren Bindung, als ich sie bisher hatte. Er machte das ohne Aufhebens, nicht einmal ganz unbefangen, wenn er das Geld auf den Tisch legte; es wäre ihm peinlich gewesen, wenn Geld mir Eindruck gemacht hätte. Ich dankte natürlich. Ich war nie ein gelernter Ski-Fahrer und wundere mich heute noch über seine Geduld; natürlich war W. immer voraus, ohne es darauf anzulegen; er stürzte nicht, und wenn ich nach einer geraumen Weile bei ihm ankam, weiß nach einigen Stürzen und außer Atem, sagte er immer: Laß dir Zeit. Es machte ihm nichts aus zu warten. Unterdessen hatte er die Landschaft genossen, zeigte mit dem Stock in die Gegend und nannte die Namen der Gipfel, machte mich aufmerksam auf eine nahe Arve oder auf die unwahrscheinliche Beleuchtung, diese eigentümlichen Farben des Engadins, das er liebte, die Landschaft des Zarathustra, den ich auch gelesen hatte, nicht ganz begriffen vielleicht. Ich als der Schwächere konnte bestimmen, wann wir unsere Abfahrt fortsetzen wollen, W. drängte nicht, obschon er, ohne mich, längst in Pontresina hätte angekommen sein können; darum ging es aber nicht. Er schenkte mir sein Engadin. Ich liebe es noch heute. Was ohne W. aus mir geworden wäre, das ist schwer zu sagen. Vielleicht hätte ich mir mehr zugetraut, vermutlich zuviel. In einem gewissen Sinn hat W. mich immer ermuntert, zum Beispiel meine Schriftstellerei aufzugeben und Architektur zu erlernen. Ich erwartete nicht, daß W. meine paar Bauten besichtigte; sie hätten ihn enttäuscht, vermute ich, zu Recht. Und ihm hätte es auch leid getan, enttäuscht zu sein. Einige Jahre lang redete ich allerdings viel von Architektur, ohne ihn überzeugen zu können zum Beispiel von meinen Lehrern, später von Corbusier, von Mies van der Rohe, von Sarinen. Dann hatte er eine Miene, als redete ich von Musik, wovon ich im Grund, wie W. wußte, nichts begriff, oder von Philosophie. W. kannte mich eben schon: von der Schule her. Er ist ein bedeutender Sammler geworden. Vielleicht im nachhinein, aber erst im nachhinein fand ich, das eine und andere hätte ich mir nicht gefallen lassen dürfen. Ich habe W. nie gehaßt deswegen; es war mein Fehler. In der Villa seiner Eltern gab es Gemälde, die W. grauenhaft finden mußte, Erbstücke väterlicherseits, lauter Plunder in schweren Rahmen. Das meiste war schon im Keller gelagert. Sein Vater war eine Persönlichkeit nach Art der Gründerzeit, nur gar nicht musisch oder auch nur intellektuell; ich mochte ihn sehr, diesen Mann, wenn er am Kamin saß und nüchtern von der Jagd erzählte. Viele Gemälde zeigten Hirsche und Eber, Fasane, Hunde. Es war ein wohlwollender Vorschlag, ob vom Vater oder von der Mutter, die sich über solche Gemälde ebenfalls mokierte,

oder von W., das weiß ich nicht mehr: Wenn ich diese Gemälde verkaufen
könnte, so sollte ich am Erlös beteiligt sein, das heißt, ich könnte etwas
Geld verdienen, ohne mein Studium deswegen zu vernachlässigen. Nur
sollte die Maklerei nicht in der Villa vor sich gehen. Name und Adresse
hätten Käufer angelockt, die sich gewundert haben würden. Es war mir
nicht ganz wohl bei dem Vorschlag, anderseits fand ich es richtig, daß
ich dem Haus, dem ich schon so viel verdankte, einmal einen Gefallen er-
weise. Es wurde eine Garage gemietet in einer andern Gegend der Stadt;
auch die Inserate übernahm die Familie, Inserate dreimal wöchentlich,
OCCASION/ALTE GEMÄLDE AUS PRIVATBESITZ. Man machte mir eine Liste
der minimalen Preise; wenn ich teurer verkaufen konnte, so war es ja auch
mein Vorteil, prozentual. Immerhin gab es auch zwei oder drei kleine Nie-
derländer darunter, nicht signiert; immerhin könne man von einer Schule
reden. Im übrigen fand W., es könnte für mich eine lustige Erfahrung werden, Makler zu spielen, Menschen kennenzulernen. Also stand ich drei
Nachmittage in der Woche allein in der Garage voller Gemälde, wartete
Stunden um Stunden. Tatsächlich kam der eine oder andere Antiquitä-
ten-Händler, meistens heruntergekommene, aber gewitzte Leute. Nicht
einmal die Rahmen interessierten sie, oft brauchte ich den Preis gar nicht
zu nennen. Die Inserate erschienen weiterhin. Ein Advokat, der Firma
des Vaters verpflichtet, kaufte eine große Magdalena mit nacktem Busen,
die sich für Schlafzimmer eignet. Die Hirsche und Eber hatten es schwerer. Ich empfahl Landschaften, die nicht nur den Jäger ansprechen, Landschaft mit Windmühle im Gegenlicht oder mit Schilf. Die Frage, woher
die Gemälde denn stammen, sollte ich nicht mit Namen beantworten,
PRIVATBESITZ; hingegen redete ich von einer niederländischen Schule,
bis einer, ein schäbiger alter Herr, mir ins Gesicht lachte. Ob ich das denn
selber glaube? Ich erinnere mich, daß es Frühling war, und um sechs Uhr,
wenn ich mich auf mein Fahrrad setzen durfte, war ich glücklich, auch
wenn ich nichts verkauft hatte. Wie es denn ginge, fragte W. nicht ohne
Interesse, menschliches Interesse, denn Geld brauchte er nicht. Anderseits
hatte W. nicht unrecht: ich konnte ja in der Garage auch lesen, sagte er.
Das ganze Unternehmen, glaube ich, dauerte drei Wochen, also nicht sehr
lange; auch verdiente ich tatsächlich etwas dabei, obschon ich immer sehr
bald auf den untersten Preis ging. Kein guter Makler also; ich war gekränkt, als wäre ich weiß Gott wer, und dabei mußte ich mir sagen, daß
mein Vater, ehedem Architekt, gegen das Ende seines Lebens auch Liegen-

schaftenmakler geworden war. Das wußte W. natürlich. Er fand nichts dabei. Er hatte keine Vorurteile solcher Art. Als ich später in einem Scherz, der
eben keiner war, nicht verhehlen konnte, daß etwas mich gekränkt habe,
war es schmerzlich für W., ich sah seine Miene tiefer Betroffenheit.
Schließlich hatte seine Familie mich ja nicht gezwungen, ich hatte den
Vorschlag angenommen. Das mußte ich mir selber sagen. Zu einem Krach
kam es nie. In jenen Jahren hatte W., wenn ich nicht irre, kaum andere
Freunde, keine gleichaltrigen; er verehrte seinen Cello-Lehrer, einen alten
Bildhauer in Zürich, einen Gelehrten, der im Haus verkehrte. Er hatte eine
Freundin, war aber bedacht darauf, daß ich sie nicht kennenlernte; ein sehr
unbürgerliches Mädchen, das er nie heiratete und nie vergessen konnte.
Eine tragische Leidenschaft; über Jahrzehnte hin erzählte W. davon, einmal
machten wir auf seine Bitte eine dreitägige Wanderung im Jura, weil es W.
zu einer vollen Darlegung seiner Konflikte drängte. Was er zu sagen hatte,
was zu sagen ihm schwerfiel, so daß er erst am zweiten Tag überhaupt davon anfangen konnte, zeigte einmal mehr seinen Reichtum an Gefühl,
seine ungewöhnliche Intensität, sein Verantwortungsbewußtsein sowohl
der Geliebten wie sich selbst gegenüber, ein unkonventionelles Verantwortungsbewußtsein allerdings. Ich empfand es als Auszeichnung, daß W.
mich in seine vielfältigen Nöte einweihte, auch wenn ich seine Geliebte
nie zu sehen bekam. Natürlich hatte ich keinen Rat. Auch Vaterschaft erlebte W. wie kaum ein andrer. Es wurde schwierig, als ich wieder mit meiner Schriftstellerei anfing, als diese veröffentlicht oder im Theater aufgeführt wurde, obschon ich wußte, was W. davon halten mochte. Wir trafen
uns infolgedessen nur noch selten, dann ohne davon zu sprechen. Ich las
auch mehr und mehr, was W. nicht las, und konnte ihn von nichts überzeugen; mein Interesse für gewisse Autoren machte ihn eher skeptisch gegen solche Autoren, zum Beispiel gegen Brecht, oder wenn sich herausstellte, daß wir denselben Autor bewunderten, Strindberg zum Beispiel
oder Gide, so redete W. ungern darüber; er hatte sie für sich entdeckt
und für sich bewahrt. Der Umstand, daß ich die Architektur aufgegeben
hatte, machte mich in seinen Augen natürlich nicht zum Schriftsteller,
und so redeten wir, wie gesagt, nie über meine Schriftstellerei, überhaupt
immer weniger über Literatur. W. hatte einen andern Zugang zur Literatur. Ich begriff, daß W. meine Bücher nicht lesen konnte. Er hatte ein anderes Maß, dem sie nicht gewachsen sein konnten. Dabei gab W. sich
Mühe; einmal besuchte er die Aufführung eines Stückes (DIE CHINESI-

SCHE MAUER) und schrieb mir einen Brief, der ihm nicht leichtfiel, da sein Eindruck, freundschaftlich gesagt, mehr als zwiespältig war. Viele Jahre danach soll er nochmals die Aufführung eines Stückes besucht haben (BIE-DERMANN UND DIE BRANDSTIFTER), jemand sagte es mir später. Er äußerte sich nicht mehr. Inzwischen waren wir Männer geworden. Schwieriger für ihn, so vermute ich, war mein Trend zur Politik. Davon redeten wir kaum. Die gesellschaftlichen Konflikte, die mir nach und nach bewußt wurden, sah W. in größeren Zusammenhängen; zwar hörte er zu, hob aber unser Gespräch in die philosophischen Fragen, wo ich meinem Thema nicht mehr gewachsen war. Ich erinnere mich: Im Weltkrieg, als man auch bei uns die Städte verdunkelte, fand W. es lächerlich und unnötig, daß auch die Villa seiner Eltern, die am Rand der Stadt lag, diese langweilige Order befolgen müßte; denn die Lichter einer einzigen Villa hätten den fremden Fliegern ja keinen Hinweis auf die Stadt geliefert, wenn diese verdunkelt war. Er war gegen Hitler, aber auch skeptisch gegenüber Demokratie, wo jede Stimme gleichviel wiege. Natürlich war W. durch sein Milieu verwöhnt; gerade darunter litt er auch. Es machte ihm Eindruck, als ich, ehedem sein Schulgenosse und Mittelmaß in der Klasse, meinen Lebensunterhalt verdiente, wie bescheiden auch immer. Das beschäftigte ihn, ich weiß es, als sein Problem. Seine Vorstellung, daß er nicht ebenfalls seinen Lebensunterhalt verdienen könnte, war natürlich unsinnig, sie bedrückte ihn hin und wieder. Hätte W. sich mit Leistungen zufrieden geben können, womit andere sich zufrieden geben müssen, um ihren Lebensunterhalt zu verdienen, es wäre ihm ein Leichtes gewesen, seinen Lebensunterhalt zu verdienen. Das wußte auch er. Überhaupt hatte ich meinem Freund wenig zu sagen. Es kam vor, daß ich ihm mit Kritik begegnete, und was geschah: W. hörte sie sich an, aber meine Kritik erwies sich als gewichtlos, verglichen mit der Kritik, die W. sich selber gegenüber hatte. Von Dünkel keine Spur. Im Gegenteil. Er erkannte sich als einen Geschlagenen. Und ich erkannte, wie sehr er mich schonte; die Ansprüche, denen kaum ein Mensch genügt, richtete W. einzig und allein an sich selbst, nicht an mich. Natürlich hat W. ein Urteil über Leute, ein strengeres sogar, als andere es aussprechen, ein gründliches und daher ein kompliziertes; aber er gibt es nicht preis, weder gegenüber Dritten noch unter vier Augen. Er will einen nicht vernichten. Sein Wahrspruch zur Person bleibt sein Geheimnis; gelegentlich trägt er nicht leicht daran. Das spürte man. Mein Größenwahn mußte ihm oft eine Pein gewesen sein. Dann zogen sich unwillkürlich seine Brauen zusammen, er schwieg. Eigentlich konnte ich sein Urteil nur ahnen, und er verließ sich darauf, daß man nur so viel ahnt, als man im Augenblick erträgt. Gierig auf Anerkennung durch ihn, der ein gründlicheres und wacheres Urteil hat als die Öffentlichkeit, war ich natürlich empfindlich, wenn W. mich plötzlich lobte zum Beispiel für meine Geschicklichkeit beim Anzünden eines Herdfeuers in einer Berghütte oder bei der Reparatur meines Fahrrades, später beim Steuern meines Fiat oder bei der Zubereitung einer Paella mit Krebsen oder bei ähnlichen Aktionen. Das war ein ganz und gar ehrliches Lob; denn unehrlich loben konnte W. nicht. W. war mein Trauzeuge, ich der seine. Es gab auch in späteren Jahren genug, worüber wir, ohne daß W. sich zu meinen Büchern äußern mußte, tagelang sprechen konnten, wenn wir wieder einmal wanderten; W. erlebte sehr viel, keine Abenteuer äußerlicher Art, sondern er erlebte sich selbst in einer Weise, daß auch Vorkommnisse, die bei andern ein triviales Mißgeschick bleiben, in seinem Fall ein exemplarisches Gewicht bekamen, sei es das Bersten einer Wasserleitung oder sein verspätetes Eintreffen zu einer Auktion oder das Verhalten der Pflegemutter seiner Tochter. Es konnte mühsam sein, doch immer wieder begriff ich, warum ich W. bewunderte; er konnte berichten mit einer Fülle von Implikationen, daß man nachher den Eindruck hatte, selber erlebe man fast nichts. Wie W. die letzten Wochen seines alten Vaters schilderte, werde ich nie vergessen. Die Villa, die ich nicht mehr besuchte, wurde in seinem Bericht gespenstisch, und daß W. noch immer dort wohnte, eine Verdammnis. Dann sah ich ihn von der Seite an, während wir gingen und gingen, während er redete; Lenz im Gebirg. Er verglich sich nicht mit diesem, nicht mit Strindberg, nicht mit Hölderlin oder mit van Gogh, nicht mit Kleist, aber W. wußte sich ihnen näher als unsereins; eine tragische Existenz. Heute noch kenne ich seine Telefon-Nummer auswendig, und es sind mindestens fünfzehn Jahre her, seit ich sie zuletzt auf der Wählscheibe eingestellt habe. Auch ist es nie oder fast nie vorgekommen, daß ich nicht daran gedacht hätte: Heute hat W. ja Geburtstag. Ich schickte noch ein Telegramm zu seinem fünfzigsten Geburtstag, von Rom aus. Wann er mir gleichgültig wurde, weiß ich nicht genau. Es konnte ihm nicht verborgen bleiben, daß ich inzwischen wohlhabend war. Wie stellte er sich dazu? Manchmal hörte ich durch einen gemeinsamen Freund, einen Maler, zum Beispiel wie seine große Kunstsammlung ihn auffräße. Auch er, der Maler, bekam diese Kunstsammlung nie zu sehen; sie dürfte einmalig sein.

Nachträglich fiel mir ein, daß ich seine Gefährtinnen, ausgenommen die Bürgertochter, die W. geheiratet und auch nach der Scheidung oft erwähnt hat, nie zu sehen bekommen habe. Die erste, weiß ich, war eine Krankenschwester. Wenn W. von Gefährtinnen erzählte, so geschah es stets mit großem Ernst, auch wenn er den Namen verschwieg: Eine Spanierin in Barcelona. Er hatte den Mut zu großen Konflikten. Einmal bockte ich, als seine Mutter mir sagte, wie schwer er's habe durch dieses Leiden seiner Frau, er komme kaum zu seiner Arbeit deswegen; ich äußerte Teilnahme auch für die leidende Frau. Ich meine nicht, daß W. ein simpler Egoist war. Er opferte sich nicht nur öfter als unsereiner; er opferte mehr, indem er sich opferte. Einmal war's komisch; wir hatten uns Jahre nicht getroffen und machten wieder einmal eine Wanderung in den Voralpen, GROSSER AUBRIG, wie früher so oft, und da ich auf ärztliches Gebot ein halbes Jahr lang nichts getrunken hatte und täglich eine Stunde gewandert war, fiel mir das Steigen leichter als W. Ich gebe zu, es freute mich, daß er nicht auf mich warten mußte. Er blieb zurück. Zum Gipfel war es nicht mehr weit, aber W. wollte nicht mehr. Unser Verhältnis so zu sehen, ich weiß, wäre zu primitiv. Er war an diesem Tag unsrer letzten Wanderung gerade nicht in Form. Er hatte in letzter Zeit (meine Spital-Zeit) Schweres durchgemacht. Schließlich sind wir keine Sportler, zwei Männer um fünfzig. Von meiner Arbeit zu sprechen, wie gesagt, habe ich mich nie getraut; sein stiller Verdacht, daß ich auf öffentliche Erfolge hereinfalle, war mein Verdacht geworden. Ich war ihm dankbar dafür. Eigentlich habe ich mich an meinen Erzeugnissen immer nur freuen können, indem ich W. vergessen habe, sozusagen hinter seinem Rücken; unter seinem blauen Blick wurde es mir mit meinen Erzeugnissen niemals wohl. Ich verriet sie zumindest durch Schweigen, das ein gemeinsames Schweigen war. Unsere letzten Begegnungen waren 1959. Die Frau, die ich damals liebte, hatte Philosophie studiert und über Wittgenstein geschrieben, promoviert über Heidegger. Das konnte W., der sie an diesem Tag zum ersten Mal sah, nicht wissen; ihren Namen hatte er schon gehört, ihr poetisches Œuvre kannte er nicht. Auch sie hatte Mühe, sich vor W. zu entfalten; auch der TRACTATUS LOGICUS, den W. nicht kannte, hatte Mühe. Ich schwieg, um nicht als Halbkundiger zu stören. Philosophie-Kenntnis von einer Frau, die mit mir lebte, das ging ihm offensichtlich nicht ein; W. fühlte sich in unsrer Wohnung nicht wohl. Trotz Champagner; ich wußte, daß er Champagner mag. Und sie wußte, wieviel ich diesem Mann verdankte;

davon hatte ich oft und reichlich erzählt, ohne meinen Freund allerdings schildern zu können. Nun saß er da, groß von Figur, auch schwer geworden. Es gab keinen Philosophen-Streit, vielmehr lehnte W. sich in den Sessel zurück; ich hatte W. noch nie so gesehen: Ein Mann! Nicht daß er der Frau, die etwas irritiert war, wie alle den Hof machte; W. besichtigte sie bloß, während sie zu sprechen versuchte. Man hatte ein erstes Glas getrunken, daran konnte es nicht liegen. Niemand führte das Wort. Da die Frau zwar nicht in dieser Stunde, aber durch ihre Bücher offenbar den Anspruch erhob, eine Dichterin zu sein, reizte es W., sich über Dichtung zu äußern, nicht fragend, sondern sicher, obschon er, wie wir hörten, in letzter Zeit fast nicht zum Lesen komme wegen der Katalogisierung der Sammlung. Sicher war Hölderlin für ihn größer als Hans Carossa, immerhin blieb Hans Carossa für ihn ein Dichter. Die Frau, die sich dazu nicht äußerte, erkundigte sich nach seiner Sammlung und warum W. sie uns nicht zeigen wolle, nein, auch nicht einmal ihr. Seine Meinung, daß er sogar das Recht hätte, Schätze aus dem alten China und Werke mittelalterlicher Meister sowie lebender Maler zu vernichten, weil er sie nicht bloß mit Geld erworben, sondern durch seine Wahl und seine jahrelange Beschäftigung mit ihnen sich einverleibt habe, war nicht scherzhaft; er sah sich unverstanden. Trotzdem hatte ihm diese Frau, wie ich später erfuhr, in einem gewissen Sinn gefallen; von einem Dritten hörte ich, daß W. sich wunderte, wie der Frisch zu einer solchen Gefährtin gekommen sei. Die Summe, die mir seinerzeit ein Studium ermöglicht hat, habe ich nie zurückerstattet; es hätte ihn verletzen müssen, denke ich, es hätte seine Generosität sozusagen annulliert. Als ich W. neulich in Zürich erkannt habe, bin ich betroffen gewesen: Bewußtsein von Dankbarkeit, kein Gefühl. Ich habe ihm auch nicht geschrieben, daß ich ihn auf der Straße erkannt habe. Heute interessiert es mich nicht einmal mehr, was W. über unsere lange Geschichte denkt. Das vor allem macht mich betroffen. Ich meine, daß die Freundschaft mit W. für mich ein fundamentales Unheil gewesen ist und daß W. nichts dafür kann. Hätte ich mich ihm weniger unterworfen, es wäre ergiebiger gewesen, auch für ihn.

OVERLOOK:

das Schild hat versprochen, was es hier nicht gibt. Einmal von einem kleinen Hügel aus sieht man in der Ferne den blauen Wagen; weder ihr Wagen noch sein Wagen. NATIONAL CAR RENTAL, der blaue Wagen steht immer noch allein auf dem sonnigen Parkplatz. Es fällt ihm ein, daß niemand weiß, wo er sich an diesem Tag befindet. Das freut ihn. Auch wenn sie nicht mehr glauben, daß dieser Pfad je zur Küste führt, gehen sie: um nicht zu stehen in diesem Gestrüpp und Gebüsch, wo niemand sie sieht. Ein Funkmast, der jetzt zu sehen ist, zeigt an, wie weit die Küste noch entfernt ist; US MILITARY AREA, das hat er auf der Landkarte gelesen; hier käme man ohnehin nicht ans Meer. Sie haben sich verirrt. Es macht aber gar nichts; sie sind da, wo sie sind; ohne Ziel gemeinsam. Um sich nicht irgendwo auf die Erde zu setzen, gehen sie. Man hat schon großartigere Landschaften gesehen, trotzdem versucht er's mit der Kamera, MICRO-FLEX 200. Im Sucher zu sehen: Fels mit Büschen oder kahl, Himmel, in der Ferne ein plumper Leuchtturm, ZOOM, das ergibt auch nichts: der Leuchtturm noch etwas plumper. Es lohnt sich nicht, die Kamera surren zu lassen. Es wird Mittag, und es ist schade, daß man jetzt nicht am Meer ist; es ist Samstag. Einmal muß er sich den linken Schuh schnüren; sie wartet schlendernd. Wer die beiden sähe, würde nicht ohne weiteres wissen, was von ihnen zu halten ist: Tochter und Vater oder ein Paar? Sie küssen einander nicht; eine Weile lang, als sie auf einen breiteren Weg gelangt sind, gehen sie Hand in Hand, aber dieser Weg führt sie in eine falsche Richtung, und sie verlassen ihn wieder. Offenbar führt der Weg zu einer Farm; man sieht ein grasendes Pferd. In der Ferne ein fahrendes Auto auf dem Highway: lautlos. Man hört Vögel; kein Vogellied, ein gezwitscherter Alarm. Wieder denkt er daran, daß niemand (weder in New York noch in Berlin) vermuten kann, wo sie zu dieser Stunde sich befinden. Sie sind unerreichbar. Das haben sie gemeinsam. Ab und zu sagen sie etwas: LOOK AT THIS, um sich zu versichern, daß sie hier sind und nicht anderswo. Wahrscheinlich sucht sie auch niemand an diesem Tag. Sie haben Glück mit dem Wetter; gestern hat es noch geregnet. Beim Sprung über einen Tümpel hat sich der Knoten ihres Haares gelöst; ihr rotes Haar (Hagenbuttenrot, aber hell) fällt jetzt offen über ihren Rücken. Sie bleibt stehen, um wieder diesen Knoten zu machen, I AM GETTING HUNGRY, sagt sie, und da sie stehen, muß auch er etwas sagen. DO YOU KNOW DONALD BARTHELME? fragt er, HIS WORK? Sie liest nicht viel. HE IS A GOOD FRIEND OF OURS, sagt er, um sich nicht als Kenner der amerikanischen Literatur aufzuspielen. Unterdessen hat sie ihren Knoten aufgemacht, und da er vor einer Stunde versprochen hat, den Parkplatz wiederzufinden, geht er jetzt voran. Ohne Pfad. Einmal eine Coca-Cola-Dose im Gras; also sind sie nicht die ersten Menschen hier. Dann fällt ihr neuerdings der Knoten auseinander; sie gibt es auf und läßt das Haar jetzt offen. Lynn ist noch unerreichbarer als er; zwar hat sie gestern, um früher loszukommen, im Office gesagt, wohin sie fahre mit Freunden; wenn aber jemand in sämtlichen Hotels der langen Insel anruft: nicht einmal ihr Vorname ist eingetragen, nur sein Name, und niemand vermutet die beiden zusammen.

MAX, YOU ARE A LIAR

Es gelingt nicht alles an diesem Tag. Zwar findet er den Parkplatz (nur in Träumen kommt es vor, daß ich den Wagen nicht mehr finden kann) und der blaue Ford steht an seinem Ort; nach wie vor der einzige Wagen. Sie hat den Schlüssel; Lynn fährt. Ein Hamburger oder eine Pizza würde ihr genügen. Draußen beim Leuchtturm, wo die Straße endet, ist das Restaurant noch nicht im Betrieb, nur die Toilette benutzbar. Er wartet auf der Terrasse. Ein Sternenbanner, das flattert; ein Fernrohr mit Münzeinwurf, das er nicht benutzt. Es ist windig hier. Wenn Lynn eine Weile weg ist und während er wartet, ist er gespannt, wie sie eigentlich aussieht; nicht ungeduldig. Hier sieht man das Meer, aber er versucht, sich an ihre Stimme zu erinnern. Wenn sie anruft, sagt sie bloß: HI! da er ihre Stimme kennt. Ihre Haut (das weiß er): die blasse Haut der Rothaarigen; ohne Sommersprossen. Er lehnt an die Mauer, Rücken zum Meer; sie wird über diese öde Terrasse kommen, und er ist gefaßt darauf, überrascht zu sein, daß sie, wie immer sie aussieht, auf ihn zukommt und einfach da ist. Jetzt ist es Mittag; alles ist außen: ein Sternenbanner, das flattert, ein plumper Leuchtturm, die Möwen, irgendwoher Musik aus einem Transistor, das glänzende Blech auf dem weiten Parkplatz, die Sonne, der Wind –

Lynn wird 31.

Vor wenigen Wochen habe ich meine Tochter besucht, die ältere, als Großvater. Es ist an der Zeit gewesen; die Enkelin redet schon. Auch den deutschen Schwiegersohn habe ich zum ersten Mal gesehen. Sie haben sich in Schottland getroffen und damals auf einer Ansichtskarte (ein grüner Hügel) gemeldet, daß sie heiraten. Die Begegnung: nicht leicht, nicht schwierig. Die Tochter, der gleiche Jahrgang wie Lynn, hat während des Ge-

sprächs ungebleichte Schafswolle verarbeitet. Vorher haben wir einen Spaziergang gemacht, Vater und Tochter; Gespräch in Mundart. Vor Jahren
hat sie vertrauensvoll geschrieben in schwerer Bedrängnis und ich habe
ihr geschrieben. Sie hat mich auch besucht mit ihrem früheren Freund,
der mir sehr gefallen hat ... Er ist der erste Sohn meiner ersten Braut,
die ich nicht geheiratet habe, sie meine erste Tochter; vielleicht haben sie
drum nicht geheiratet ... Es gehe ihnen gut, höre ich. Es ist nicht klar geworden, warum man sich jetzt wenig zu sagen hat. Sie hat eine Flasche
deutschen Rotwein besorgt; die beiden trinken keinen Wein, und so habe
ich es bei einer halben Flasche belassen. Ich bin einen Nachmittag und
eine Nacht und einen Vormittag geblieben. Erst in der Bahn nach Hamburg, als ich habe lesen wollen, ist es klar geworden. Ich leugne nicht
meine Schuld; sie ist mit langen Briefen, die der erwachsenen Tochter
meine damalige Scheidung erklären, nicht zu tilgen. Sie wird gebraucht,
unsere Schuld, sie rechtfertigt viel im Leben anderer.

MONTAUK

als sie jetzt auf den Steinen sitzen – es sind Leute da, Ausflügler, sie suchen
Muscheln vor der Brandung; drei junge Schwarze mit Transistor, der lauter wird und dann wieder leise, sind vorbei gegangen, ohne sich umzuschauen nach dem Paar.

DIRTY OLD MAN

so kommt er sich eigentlich nicht vor.

HOW DO YOU CALL THOSE BIRDS?

Er fragt bloß, damit sie jetzt ins Weite schauen (es sind gewöhnliche Möwen) und damit er sich dabei vergißt: ein zu schwerer Mann, dabei beweglich, er trägt ein Western-Hemd nicht in der Meinung, daß es ihn jünger
mache, sondern weil es praktisch ist, und was an Haar noch vorhanden
ist, wirkt immer ungekämmt, auch wenn kein Meerwind es zaust; kein
Herr; das Haar grau bis weiß ... Es fällt ihm ein, wann er zuletzt im Meer
geschwommen ist.

SABLES D'OR, Juli 1973:

wir beschließen die Trennung.
Die Küste, hier, ist steinig; kein Strand: die Brandung mäßig. Sie tost nicht; sie schwappt zwischen den runden Steinen und verkräuselt und hinterläßt Blasen von Schaum. Ein Tümpel mit Schlamm. Es ist nicht der offene Atlantik, den sie gesucht haben, sondern die Bay, auch wenn das Festland nicht zu sehen ist.

WHAT ARE WE GOING TO DO?

Bedürfnis nach Arbeit.

WAS SAGEN DIE DELPHINE?

Der Titel gefällt mir, aber dabei ist es dann geblieben. Ich habe ihn neulich gefunden in einem alten Ringheft, das ich ins Gepäck genommen habe wegen Adressen, mit dem Vermerk: Roman einer mäßigen Zuversicht – es kommt zu keiner Handlung; die Hauptperson, der neue Mensch, tritt nicht auf. Die Delphine haben mindestens die Intelligenz der Menschen, doch keine Arme und Hände, deswegen haben sie die Welt nie erobert, sagt Lynn, weil sie keine Arme haben, sondern Flossen, und deswegen zerstören sie die Welt nicht. Zum Beispiel haben die Delphine nie einen Staat gegründet und wirken (das muß man zugeben) eher fröhlich. Lynn spricht mit den Delphinen, sie will kein Kind auf dem Land –

1972 habe ich keine Lynn gekannt.
Er ist noch immer überrascht, daß er diesen ihren Körper kennt. Er hat es nicht erwartet. Wenn Lynn nicht ab und zu ein Zeichen geben würde, daß auch sie sich an die Nacht erinnert, seine Hände würden nicht wagen ihren Kopf zu fassen.

1972 hat mich die Welt beschäftigt.

ALL POWER TO THE PEOPLE

die Mauerschriften von damals sind verwaschen, man hat den Eindruck, daß keine Veränderung mehr erwartet wird. Kommt man aus der Subway ans Tageslicht, so gehen die Leute wie vor zwei Jahren, es geht einfach so weiter: Warten bei Rot, Gehen bei Grün. Niemand weiß, was geschieht. Die Zeitungen tun nur so, als wissen sie's von Tag zu Tag. WATERGATE, wenn das nicht wäre. Meine Freunde sind jünger, aber sie kennen schon ihre Ohnmacht. Einzig die Frauen hoffen noch auf Veränderung. Der Rest ist Entspannung. Der Rote Platz in Moskau ist unversehrt; am Bahnhof Friedrichstraße in Berlin ist alles wie bisher, nur der Eintritt ist auf zehn Mark erhöht. Keine Rüstung aus der Absicht, Krieg zu führen, hat jemals so viel gekostet wie die wachsende Rüstung zur Vermeidung eines Krieges, den unsere Großmächte sich nicht mehr leisten können; ihr Friedenswille bis zum Bankrott steht außer Zweifel. Reisen? Es steht nicht mehr dafür; überall die gleiche mäßige Zuversicht. Kein Chaos. Es gibt noch alles, sonst könnte das Fernsehen es nicht zeigen: Staatsmänner, die aus dem Flugzeug steigen und winken, Tanks in der Wüste, die Schweizergarde des Papstes, ein Staatsmann stirbt, ein andrer tritt zurück, es wird weiter regiert. Das Öl der Scheiche und der Konzerne gilt als befristeter Trost, die Wissenschaft sucht andere Quellen. Im übrigen geschieht nichts, was nicht schon geschehen ist. Umweltschutz als die letzte Aufgabe der Menschheit –

8. 4. NEW YORK

17. 4. TORONTO

18. 4. MONTREAL

19. 4. BOSTON

22. 4. CINCINNATI

23. 4. CHICAGO

25. 4. WASHINGTON

Ich spiele meine Rolle. Nur im Flugzeug und im Hotel, wo die Veranstalter mich unterbringen, bin ich eine Weile allein und brauche nichts zu glauben, nehme Dusche oder Bad, dann stehe ich am Fenster, Blick auf eine andere Stadt. Ein wenig Lampenfieber jedesmal. Beim Lesen vergesse ich Wort für Wort, was ich lese. Nachher ein kaltes Buffet; ich antworte auf dieselben Fragen nicht immer dasselbe. So überzeugend finde ich keine meiner Antworten. Ich blicke einer Dame, während sie spricht, auf ihre na-

hen guten Zähne, bekomme ein Glas in die Hand und schwitze. Das ist
nicht mein Beruf, denke ich, aber da stehe ich –

HOW DO YOU FEEL ABOUT RENOWN?

Als Lynn einmal die Frage stellt – das ist in ihrer Kitchenette, während sie
zum ersten Mal für den Fremden kocht – kennt er diese Vokabel nicht. Er
hat den kleinen Langenscheidt nicht zur Hand; Lynn umschreibt, was
diese Vokabel heißt. Als er die Frage begriffen hat, ist er bereit, die Dose
zu öffnen, sofern es einen Büchsenöffner gibt, Lynn sucht; Tohuwabohu
in den Schubladen, aber der Büchsenöffner wird gefunden; nur ihre Frage
ist verloren gegangen, und sie reden über Kalorien ... Ich wollte berühmt
werden: als Torwart bei Länderspielen. Dann wechselte nicht nur das Interesse, sondern das Interesse am Tun nahm überhand. Als Uwe Johnson
bei einem nächtlichen Bier in Spoleto (1962) rundheraus fragt: Herr
Frisch, was machen Sie mit dem Ruhm? bleibe ich jede Antwort schuldig.
Will er mich auf Größenwahn testen? Natürlich freut es mich, daß meine
Stücke aufgeführt werden, daß meine Bücher mehr und mehr gelesen werden. Die Folge davon, nämlich daß ich ein bekannter Schriftsteller geworden bin, entgeht mir nicht. In einem Wald bei Zürich geht ein Paar an uns
vorbei, ich merke, daß sie plötzlich ihr Gespräch unterbrechen; nach zwanzig Schritten blickt sie zurück, dann er. In der öffentlichen Sauna ist es lästiger; der Nackte, der mich vor der Dusche endlich anredet: SIND SIE
NICHT HERR FRITSCH? ist offenbar kein Leser, weiß aber, daß ich eine bekannte Persönlichkeit bin, denn das Fernsehen hat gezeigt, wo und wie ich
wohne. Einen Kugelschreiber, um meinen Namen richtig zu schreiben, haben wir im Augenblick beide nicht, nackt wie wir sind. Manchmal ist es
vorteilhaft: ein deutscher Zöllner, nachdem er meinen Paß gesehen hat,
möchte gar nicht in meine Koffer schauen, sondern behilflich sein; er
kennt nicht bloß den Namen, sondern erinnert sich wohl an ein Stück,
das ihm gefallen habe: DER BESUCH DER ALTEN DAME. Dasselbe widerfährt mir auch ohne Verwechslung, neulich in London zum Beispiel:
SIR, IT IS A GREAT HONOR FOR ME, sagt ein junger Paßprüfer und nimmt
sich trotz des Andranges noch die Zeit, drei englische Titel zu nennen und
wissen zu lassen, was ihm am besten gefällt. Das hat mich gefreut; im Augenblick habe ich es brauchen können. Wenn ich in einem Restaurant eine
Dame begrüße und einen Haken suche für den Mantel der Dame, so

denke ich natürlich nicht daran, daß ich beobachtet werde; sie sagt: Gehen
wir anderswohin, hier hört man dir zu! Lange Zeit brauche ich mich nicht
zu verstellen, sondern ich bin wirklich taub, wenn nebenan mein Name geflüstert wird. Natürlich weiß ich, daß ich Leser habe seit einigen Jahren,
und ich habe sie auch schon in Sälen gesehen; ich rechne nicht damit,
daß sie im gleichen Bus fahren. Ich empfinde mich nicht als öffentliche
Person, wenn ich auf einem Bahnsteig warte, und brauche mich nicht zu
bemühen, besonders bescheiden zu erscheinen; es beschäftigt mich ganz
anderes. Wie bekannt ich bin, erfahre ich eines Tages durch meine Tochter, es verdrießt sie: kaum sagt sie beim Tanz ihren vollen Namen, so ist
es mein Name und stört den Plausch. Das kann ich nicht ändern. Übrigens bin ich nicht mit einem Schlag bekannt geworden. Ich weiß nicht,
was besser ist: wer eines Morgens erwacht und sieht, daß er bekannt ist,
findet es fortan nur selbstverständlich und wundert sich nicht wie der andere von Mal zu Mal; der andere wirkt von Mal zu Mal kokett. Ich erschrecke leicht, wenn jemand, den ich nicht kenne, mich plötzlich anredet
und sich als Leser entpuppt. Was macht man? Oft schätzen sie, was ich
heute nicht mehr schreiben möchte, und man kommt sich fast wie ein Verräter vor; dann tue ich meistens, als habe ich Eile. Natürlich kommt es
auch vor, daß jemand, ein Betrunkener in einer Bar, mich anödet oder es
mindestens versucht; er nimmt an, daß ich von mir begeistert sei. In diesem Fall geht es nicht, daß ich sofort zahle und aufstehe; es geht aber in
diesem Fall überhaupt nichts, kein Gespräch, kein anderes. Was den
Mann so erbittert, ist eigentlich nicht meine Denkweise, sondern der Erfolg; meistens ist es ein Landsmann. Dann wieder vergesse ich es, daß
ein Steckbrief besteht. Die meisten, die mich erkennen, bleiben diskret;
sie lassen mich mein Bier trinken, ein Rumpelstilz, der sich nicht verrät,
und nachher höre ich von Dritten, wo ich vorgestern ein Bier getrunken
habe. Ich will nicht übertreiben, es ist verschieden von Gegend zu Gegend; überall wo die Arbeiterschaft wohnt, weiß ich mich sicher, ohne
daß es mich gerade froh macht. Wer sind meine Leser? Wenn in Berlin
ein Tapezierer fragt: Sind Sie denn der Schriftsteller? so sehe ich, daß mein
Ja ihn erfreut. Wieso? Bedürfnis nach Hochachtung; der Mann hat den
Namen gelesen und zweifelt nicht, daß es gerechtfertigt ist, wenn jemand
einen Namen hat, und begrüßt es, daß ich einen Vorhang aufmachen lasse
in Berlin, und macht seine Arbeit besonders gut. Man wird verwöhnt. In
der Schlange stehen vor einer Kasse langweilt mich wie jedermann; ich ge-

dulde mich wie jedermann; aber unter Aufsicht. Auch daran gewöhnt man sich. Eine andere Folge: wenn es zu einem ersten Gespräch kommt, so reden die Leute nicht ohne weiteres von sich und von ihren Plänen, sondern von meinen Veröffentlichungen, oder wenn sie merken, daß das nicht erwartet wird, gerade das nicht, so beschränken sie sich aufs Zuhören; ich sitze in einer gewissen Isolation, die nicht immer zu durchbrechen ist und gefährlich als Verführung zum Monolog; es wird langweilig, in Gesellschaft zu gehen. Ein Typ, der gelegentlich auftritt, ein Intellektueller auf den ersten Blick: zwei Stunden lang tut er, als seien wir einander nicht vorgestellt worden, und redet auch vor dem Kalten Buffet kein einziges Wort; später kann es sein, daß er, während ich mich in einem Gespräch mit andern ereifere, zuhört aus einem Abstand, der ihn von jeder Stellungsnahme dispensiert; inzwischen habe ich tatsächlich seinen Namen vergessen, und so beginnt unser Kontakt damit, daß ich mich entschuldige; er rückt deswegen nicht näher, solange die andern noch an dem Gespräch teilnehmen; später am Abend werde ich ihn nicht mehr los, wir stehen jetzt in einer Ecke, wo er hartnäckig zeigt, daß Berühmtheit (so nennt er's) überhaupt keinen Eindruck auf ihn macht. Ein intelligenter Kopf. Was er selber arbeitet, will er lang nicht sagen. Zum Schluß entschuldigt er sich. Wofür? Wir müssen ja nicht einverstanden sein. Wenn ich ihn um seinen Essay bitte, so bezeichnet er diesen Essay, der demnächst erscheinen wird, als überholt, und es wäre ihm lieber, wenn ich nicht lesen würde, was er über mich geschrieben hat. Offenbar nimmt er an, es werde mich nur kränken. Warum soll es mich nicht überzeugen? Erfolg über lange Zeit macht es leicht, gelegentlich nicht eitel zu sein. Das ist die gute Seite. Etwas anderes: ich gehöre nicht zu denen, die eine Legende schützt. Manchmal spüre ich es beim Händedruck: ihr Klatsch, den ich nicht kenne, macht die Leute befangen, denen man vorgestellt wird. In der Regel forsche ich nicht nach, was da geredet worden ist, und wenn es mir zu Ohren kommt, so erfahre ich mehr über die andern als über mich. Neid? Nicht der erste Erfolg und nicht ein zweiter, aber Erfolg auf Dauer ist ein Ärgernis gerade für die Anbeter des Erfolges; sie unterstellen, man habe kein anderes Bedürfnis und Ziel als sie zu belästigen durch Erfolge (was immer sie dafür halten); mit der Zeit sind sie so gereizt, daß nicht einmal mein Mißerfolg sie in Ruhe läßt. Es gibt auch Verehrer. Ein alter Mann in Berlin gehört dazu; ich erfahre es durch seine Frau, die ihn nötigt, daß er sich vorstellt. Das Gesicht einer Schülerin auf der Straße; ich sehe, daß ich Lehrstoff bin, und sie schaut, als könne ich sie nicht sehen in ihrer blanken Verwunderung. Ferner gibt es Schmeichler; manche von ihnen verfolgen nicht einmal einen Zweck. Ferner gibt es Honoratioren, denen irgend etwas daran liegt, daß ich mich wohlfühle an der langen Tafel, und ihre Gattinnen. Etwas anderes: ein Sowjetbürger, ein jüngerer Mann, der 1968 auf dem Roten Platz demonstriert hat und den ich neulich in Gesellschaft zufällig getroffen habe, übermittelt Grüße aus einem sibirischen Arbeitslager, Dank im Namen von Insassen, die ich nie sehen werde; der unerwartete Gruß macht mich betroffen wie eine Mahnung, ein Auftrag, daß ich mich nicht fallen lasse. Ruhm? Im Gegensatz zum Erfolg macht er niemand neidisch. Es kommt zu keiner Schmeichelei; selbst wenn die Person es zuließe aus Verlegenheit, der Ruhm läßt Schmeichelei nicht zu. Ich denke an Begegnungen mit Beckett: es ist einfach mit ihm zu reden oder zu schweigen bei einem Schach, das Werk scheint ferne von ihm, zugleich ist er identisch damit. Auch kommt es nicht dazu, daß der andere sich geschmeichelt fühlt; da sitzt kein Star, auch keiner, der durch Allüren der Bescheidenheit sich zu verstecken sucht und dadurch verrät, daß er sich als Star sieht. Das gilt auch für den kleinen Ruhm. Es wird erwartet, daß einer nicht Ausschau hält nach Verständnis, geschweige denn nach Lob, oder wenn es erwartet wird, so erweist es sich als Irrtum. Er kann übrigens als Person enttäuschen, zum Beispiel indem er unglücklich ist. Kommt es zum Vorschein, daß er einen Teil seines Werkes oder das ganze widerruft, so ist das seine Sache; seine Selbstwertung ist für die andern nicht verbindlich; der Name, den er bei seiner Geburt bekommen und ein Leben lang als Unterschrift verwendet hat, bezeichnet eine öffentliche Wirkung und hat sich von der Person abgelöst. Das muß er lernen; wenn er es nicht lernt, so verletzt er sich unentwegt. Ruhm bewirkt nicht Einstellung der Kritik, nur wird erwartet, daß Kritik nicht mehr persönlich treffe, und das zu Recht, denn es wird Kritik nicht an einer Person und ihrer Arbeit, sondern am Ruhm. Die Gesellschaft braucht Berühmtheiten; wen sucht sie sich dafür aus? Kritik wird zur Kritik an der Gesellschaft.

LYNN

ihre Stimme, wenn er sie nicht hört, ist ihm gegenwärtiger als ihr Gesicht, wenn er es nicht sieht. Sie zieht die Vokale nicht nur in die amerikanische Länge, sondern in die Höhe. Sein Name, ausgesprochen mit ihrer Stimme,

tönt hell, zum Schluß das kurze X wie auf Xylophon. Ihre Stimme kaut
nicht. Keine gefühlige Stimme. Wie Töne von sehr straffen Saiten, dann
ein Nachhall, der ihr einen Körper gibt. Es kommt vor, daß ihm im Augenblick ihre Stimme genügt.

Notizen im Flugzeug:

Es lohnt sich, einmal in der Ersten Klasse zu fliegen; neben mir ein jüngerer Fluggast, der, wie sich herausstellt beim Champagner, mit Bomben
handelt./Ein ehrlicher Mensch ist einer, der etwas verlegen wird, wenn
man ihm sagt, er sei ein ehrlicher Mensch./In Harvard eine amerikanische
Germanistin, die über Ingeborg Bachmann arbeitet, das Werk und die Person; sie ist sehr dankbar für meine Hilfe: Angabe der römischen Adressen./In Cincinnati die Frage, wie es denn sei, wenn ein Schriftsteller mit
seinen früheren Arbeiten konfrontiert wird. Ich weiß nicht, was ich darauf
geantwortet habe – statt zu berichten von dem Maler, der in Anwesenheit
seiner Frau gesagt hat: ACH DIESES ALTE ZEUG, DIESE SCHEISSE! und später, als es um eine Ausstellung geht, eine Retrospektive, sagt sie, um seine
Grübelei zu verkürzen: LASS DOCH DIESES ALTE ZEUG! ohne zu merken,
daß diese Bezeichnung, seine, ihr nicht zusteht; nämlich sie hat es nicht gemacht./Wenn man Amerikanern sagt: I AM A SOCIALIST, so verliert man
ihre Achtung nicht, im Gegenteil, sie sind überzeugt, daß man eine Art
von Star ist, der sich das leisten kann./Vom Flugzeug aus: es ist nicht
glaubhaft, daß man auf dieser weiten Erde mit so vielen Siedlungen und
Städten irgendwo vermißt wird. Das erzeugt eine leichte Euphorie. Steht
man mit dieser Einsicht in dieser oder jener Stadt, so macht sie hundstrau-
rig./Er ist gekränkt! das ist schlimmer, als wenn wir sagen: Er ist hundsge-
mein. Das letztere sagen wir ohne Herablassung./Gefühle von Schuld,
ohne daß ich weiß, was ich unter Schuld verstehe./Zwei Mal, in Montreal
und in Chicago, die öffentliche Frage: Stimmt es, Herr Frisch, daß Sie die
Frauen hassen?/Verhältnis von Lebensalter und Unwissen: welche mathe-
matische Kurve ergibt das? Trotz Zuwachs an Wissen schnellt die Kurve
mit dem Lebensalter: das Unwissen wird unendlich./Hat man schon zwei
Hunde gesehen, die, wenn sie sich treffen, über einen dritten Hund reden,
weil sie sonst nichts miteinander anfangen können?/Als Märchen von
einem Fischer, der sein Netz einzieht und zieht mit aller Kraft, bis es an
Land ist, das Netz, und er ist selber drin, nur er. Er verhungert./Ihr katho-

lisches Verhältnis zur Wahrheit./Angst um das Gedächtnis: Wie wenn
man mit Kreide auf Glas zu schreiben versucht und das Glas nimmt es
nur spurenweise an, wahrt es unleserlich. Ich erinnere mich genau, wo
und wem ich das gesagt habe. Wir sind auf einen langen Steg hinaus gegangen. Während er spricht, verstehe ich alles. Am Ende des Stegs sind wir
dann stehen geblieben. Wäre er weiter gegangen und über den Steg hinaus
und über das falbe Wasser, so wäre ich ihm gefolgt und würde jetzt erst er-
trinken; ich weiß nicht mehr, wie er's erklärt hat./Impotent (zum ersten
Mal) mit 35 Jahren –

ARENA STAGE

Euphorie beim Anblick der leeren Bühne vormittags in Washington. Die
Moritat von dem Graf, der zur Axt greift, haben sie vor einem Jahr gespielt; die Schauspielerinnen und Schauspieler stellen sich mit den Namen
ihrer Rollen vor: COCO, ELSA, MARIO oder I AM THE WIDOW, I AM THE
MURDERER. Was sie können, sehe ich am Abend: LEONCE AND LENA.
Ich bin begeistert, es ist ehrlich, was ich nachher in den Garderoben sage,
und so sind die Küsse, die ich bekomme, auch verdient. Ich muß versprechen, ein Stück zu schreiben und nach Washington zu kommen und das
Stück mit ihnen auf diese Bühne zu bringen. Ich verspreche es. Was für
ein Stück? Ein neues Stück, ich meine: ein Stück andrer Art, ein heiteres,
ein schamloses, nicht unbedingt zum Lachen, aber ohne Lehre. Ohne
Hoffnung über das bloße Spiel hinaus. Das verspreche ich nicht mir, sondern der Schauspielerin, die eben die ROSETTA gespielt hat; es muß jemand
dastehen, ein Körper, damit ich mir das Versprechen glaube. So hat es übrigens angefangen, das Bedürfnis, Stücke zu schreiben: ich sehe Körper, die
spielen können, und ich möchte, daß sie mich spielen, daß meine Rede
einen Körper bekomme, viele Körper, männliche und weibliche.

LYNN

Er hat ihr einfach die Brille aus dem Gesicht genommen, um einmal die
Augen zu sehen. Sie hat über sein Englisch gelacht. Er hat es getan, ohne
ihre Schläfe zu berühren, sorgsam wie ein Optiker mit einer Kundin. Sie
steht in ihrer Kitchenette, Geschirr in beiden Händen, im Augenblick
wehrlos. Farbe ihrer Augen: wie heller Schiefer unter Wasser. Er findet,

eine Brille stehe ihr gar nicht, und sie findet ihn unfair. BECAUSE I NEED GLASSES, sagt sie. Also gibt er die Brille zurück. WHY DON'T YOU HAVE A SEAT, sagt sie. Ein hübsches Apartment. BUT VERY SMALL, sagt sie. Trotzdem geht er auf und ab, die Hände in den Hosentaschen: LIKE A PRISONER, sagt sie, OR LIKE AN ANIMAL. Sie hat ihn eingeladen, weil er neulich diesen Business-Lunch bezahlt habe und weil er, so vermutet Lynn, seit drei Wochen immer in Restaurants speise. Eine freundliche Idee; er weiß sie zu schätzen und setzt sich wie ein Gast. Lynn ist eine langsame und umständliche Köchin, sie kann dabei nicht reden. Hingegen kann er etwas helfen: Tomaten in Scheiben schneiden. Das kann er, ohne den kleinen Schreibtisch zu verschmutzen; er kann auch dabei reden, nur fällt ihm nicht viel ein: daß in Kanada die Seen noch gefroren sind, diese vielen Seen, verstreut wie weiße Zettel, wie zerfranste Fetzen, wenn man ein Blatt aus der Schreibmaschine gerissen und zerfetzt hat. Dann ist auch das getan, die zwei Tomaten in Scheiben geschnitten. Es ist Sonntag, früh am Abend und draußen noch hell, und er steht wieder, während es in einer Pfanne brutzelt. Er sieht sich ihre Bücher an. Er weiß, daß er langweilig ist. Über Literatur hat er in den letzten Tagen genug geschwatzt. Ob er auch koche? Lynn hat nicht viele Bücher, was ihn erleichtert. Gespräche über Literatur, die meistens darin bestehen, daß man Kenntnisse demonstriert und Urteile verschleudert, danach hat er kein Bedürfnis; auch sonst nicht. Lynn hat eine Flasche Wein gekauft, die er, der männliche Gast, entkorken kann, SAUTERNES. Eine Tätigkeit; er ist froh drum. Ob er hungrig sei? Ihr Haar, bisher offen und lang, stört sie, wenn sie sich bücken muß, um Sahne aus dem Eisschrank zu holen; Lynn muß ihr Haar wieder einmal auf den Kopf knoten, bevor sie weiterkochen kann, und zuerst muß sie die Hände waschen, dann trocknen. Sie ist etwas nervös, obschon er eigentlich nicht zuschaut. Es ist noch Zeit für eine Pfeife. So setzt er sich denn wieder ins Sofa. Er kennt sein Alter; er ist entschlossen, es endlich anzunehmen. Es wäre dringlich, jetzt irgend etwas zu reden. Warum redet Lynn nicht? Im stillen, während er die Pfeife stopft, ist er entschlossen, nach dem Essen nicht lang zu bleiben und sie keinesfalls zu küssen. Er stopft die Pfeife so gelassen wie möglich, so umständlich wie möglich. Es steht diesen Händen nicht zu, ihre Taille zu fassen. Lynn ist mit einer zweiten Pfanne beschäftigt. Ihr Apartment: kleiner als er zuerst gemeint hat, eine Tür zum Bad, die andern Türen sind Schranktüren, also Einzimmer. Zwei Fenster vergittert; trotzdem ist ihr TV-Gerät gestohlen worden.

So sicher sind diese Gitter offenbar nicht; er sieht, wo die Gitter verbogen
worden sind. WHAT CAN YOU DO, sagt sie. Natürlich wohnt man in Angst.
Dann bittet sie den Gast, daß er den Wein eingießt. Vor den beiden Fenstern: die eiserne Feuerleiter, wie gemacht für Einbrecher. Aussicht auf
eine Mauer, die kaum fünf Meter entfernt ist, eine fensterlose Mauer; darüber noch etwas Himmel. Darf man fragen, was die Miete kostet. Es
schmeckt, was Lynn gekocht und gebraten hat, und sie ist jetzt entspannt.
Sie stoßen nicht mit den Gläsern an, Lynn sagt nur: HI! Sie hat einen guten
Appetit, steht aber nochmals auf, um den Plattenspieler zu bedienen, VI-
VALDI. Ihr Einkommen monatlich: 1080 Dollar, nach Abzug der Steuern:
750 Dollar. Ferien zwei Wochen im Jahr. Das ist hier üblich. Sie kann von
Woche zu Woche gekündigt werden, wenn die Firma, die einen blitzenden
Wolkenkratzer besitzt, mit Lynn nicht zufrieden ist. Das ist hier so.

MONEY

Die väterliche Frage nach ihrer wirtschaftlichen Situation (denn ihre
Schule für geschädigte Kinder wird nicht vom Staat bezahlt, da ihre Päd-
agogik sich nicht dem Unverstand irgendeiner Behörde unterstellen läßt)
habe ich unter vier Augen gewagt; die Tochter, die beim Gespräch ungebleichte Schafwolle verarbeitet, hat sie vielleicht mißverstanden. Was ein
Vater, indem er die Familie verlassen hat, seelisch seinen Kindern schuldig
geblieben ist, läßt sich nicht wettmachen mit Geld. Ihre Antwort: Man
komme vorläufig zurecht. Ihre Miene eher spöttisch.

IT IS POINTLESS

sagt Lynn, als er sie dennoch geküßt hat. Sie hat, um sich aufs Sofa zu setzen, ihre Schuhe abgestreift, und ohne diese Kothurne aus Kork ist sie natürlich kleiner, nicht viel, etwas kleiner. Das hat ihn überrascht. Sie hat
auch geküßt, dann aber die fremden Hände von ihren Hüften gelöst, nicht
hastig, nur mit sanfter Bestimmtheit; ihre Antwort ist nicht beschämend,
da sie seinen Vornamen dazu gibt: nicht peinlich, nur klar. Nachher holt
sie ein Album. Er mag keine Fotos. Er muß aber Gast sein. Fotos von
der Hochzeit eines College-Girls in Florida: Lynn in Weiß, weniger
schlank als heute, eine lange Garbe von Blumen im Arm, Hochzeitsgesellschaft unter Palmen. I GOT MARRIED AS A VIRGIN, sagt sie, THAT SHOULD

NOT BE ALLOWED. Um sie zu zeigen, reißt sie jedes einzelne Foto aus dem Album.

MEMOIREN

Als ich zum ersten Mal geheiratet habe ... Er versucht es in Englisch zu erzählen: SHE TOO WAS A VIRGIN, aber das gehört nicht zur Geschichte, SHE WAS AN ARCHITECT TOO. Er findet es eine seltsame Geschichte und hofft, daß sein Vokabular ausreicht ohne den kleinen gelben Langenscheidt, sofern Lynn nicht zuviele Nebenfragen stellt. I GOT MARRIED TWICE, sagt er, LEGALLY, fügt er hinzu, um es kürzer zu machen und zu der Geschichte zu kommen; eine von diesen authentischen Geschichten, die nicht zu lang werden dürfen. Ab und zu sagt er: YOU KNOW WHAT I MEAN. Wir beziehen eine Wohnung, drei Zimmer, Parterre mit einem kleinen Gartenfleck davor, und wir sind glücklich, sagt er: TO HAVE GOT THIS PLACE. Wer sonst noch in dem Mietshaus wohnt, kümmert mich nicht. Ich erfahre trotzdem, daß im ersten Stock eine jüngere Frau wohnt, die am ganzen Körper gelähmt sei, eine Frau Haller, die man infolgedessen nie im Treppenhaus zu sehen bekommt. I WAS THIRTY ONE, sagt er, EXACTLY YOUR AGE. Am ersten Morgen nach dem Hochzeitsfest aristokratischen Stils liegen Blumen vor der Wohnungstür. Von Frau Haller aus dem ersten Stock. Ich gehe nicht hinauf, um zu danken. Hingegen treffe ich im Treppenhaus gelegentlich ein älteres Fräulein, das die Gelähmte betreut; sie heißt Eichelberg oder Eichelberger, man grüßt sich am Briefkasten, wobei das Fräulein jedesmal ein undurchsichtiges Lächeln zeigt. Sie hört viel Radio, die Gelähmte, nicht nur Musik, die weniger stört, auch Hörspiele und Vorträge. Ihre Stimme hören wir nie. Wie wir durch eine gemeinsame Waschfrau erfahren, kann sie ihr Bett schon seit Jahren nicht verlassen; sie wird es auch nie wieder verlassen können. INCURABLE, das ist das Wort, INCURABLE. Wenn ich, was öfter einmal vorkommt, hinaufgehen muß und Fräulein Eichelberg um etwas bitte, um Salz oder um einen Büchsenöffner oder was in unserem jungen Haushalt gerade fehlt, warte ich im Treppenhaus; ich sehe die kleine Diele und durch eine offene Türe in das Zimmer, wo die Gelähmte liegt. Sie selbst sehe ich nicht, bloß einen Schrank, dazu die Ecke eines Teppichs. Ich weiß jetzt, wo ihr Bett steht. Sie hört meine Stimme. Nachher vergesse ich sie wieder. Einmal wird es peinlich. Ich muß um elektrische Sicherungen bitten; ohne den Vorrat an elektrischen

Sicherungen, der bei Fräulein Eichelberger so sicher zu erwarten ist wie ihr seltsames Lächeln, hätten wir unsere junge Ehe oft im Dunkeln verbringen müssen. Man bittet mich einzutreten. Ich verstehe: Frau Haller, die schon ein Jahr lang meine Stimme kennt, wünscht den Hausgenossen einmal zu sehen. Ich lüge sofort, ich sage, daß wir grad Besuch haben. Es wären fünf oder sechs Schritte gewesen. Gern ein andermal! sage ich und bedanke mich für die Sicherungen. Anderntags lege ich einen eignen Vorrat an elektrischen Sicherungen an; ich mag nicht mehr hinaufgehen. Ich weiß eigentlich nicht, warum ich Frau Haller nicht sehen will. Ich bitte meine Frau, daß sie, wenn sie ihre Einkäufe versäumt hat, selber hinaufgehen möge. Ein Jahr lang gehe ich auch nicht wieder hinauf. In jener Zeit kommt unser erstes Kind, und ich bin entschlossen, eine andere Wohnung zu suchen, eine größere, doch dazu fehlt das Geld, und wir bleiben. Es vergeht ein weiteres Jahr, bis ich weiß, wer Therese Haller ist. Es ist nicht zu verhindern und natürlich, daß meine Frau und dieses Fräulein Eichelberg, das gelegentlich unsere Ursula hütet, sich angefreundet haben und daß meine Frau in die obere Wohnung gebeten worden ist; sie hat nicht Nein gesagt, sie hat die Gelähmte kennengelernt, die nicht einmal ihre Hände bewegen kann, nur noch ihren Kopf. Lähmung infolge einer Geburt. Das erfahre ich, während wir am Tisch sitzen, meine Frau und ich und unsere Kleine im Kinderthron, und während die Kleine sabbert, vernehme ich ferner, daß die Unheilbare mich kennt. Wir seien zusammen in die Volksschule gegangen. Therese Haller-Mock, seit Jahren habe ich täglich diesen Namen auf ihrem Briefkasten gesehen, ohne je den Mädchennamen herauszulesen: Thesy. Wir sind nicht nur zusammen in die Volksschule gegangen, MY FIRST LOVE, sagt er, BUT SHE COULD NOT KNOW THIS. Ein dralles Mädchen mit blonden Zöpfen, die wir verspotteten, um dran zerren zu können. Ich war nie mit ihr allein. Mein bester Freund, ein Arbeiterbub, liebte Thesy auch. In der Bratpfanne seiner Mutter, die tagsüber in einer Spinnerei arbeitete, gossen wir Eheringe aus Blei. Davon konnte Thesy nichts wissen. Ganze Nachmittage verbrachten wir mit dieser Gießerei, wobei das Blei, in der Bratpfanne wie Silber, beim Erkalten jedesmal den Glanz verlor, und bis man den Ring an den Finger stecken konnte, war er jedesmal matt und grau. Es blieb uns nichts anderes, als Thesy im Schulhof zu fangen und an den Zöpfen zu zerren. Ein Mal, auf einer Schulreise, küßte sie mich auf die Lippen, die Vierzehnjährige, und meinen Freund ebenso ... Ich verspreche, in den nächsten Tagen die Ge-

lähmte einmal zu besuchen; ich habe es wirklich vor. Wenn wir im Garten
sitzen, so kann sie uns hören; ihr Fenster steht meistens offen. Ihr Leiden
sei schmerzlos. Als sie in der Zeitung gelesen hat, daß ich einen beruflichen Erfolg habe, läßt sie mich beglückwünschen. Ich bin noch immer
nicht zu Frau Haller hinaufgegangen. WHY NOT? Er sagt: I JUST DON'T
KNOW. Inzwischen habe ich eine Mansarde gemietet, um abends auch zu
Hause arbeiten zu können; also gehe ich fast jeden Abend an ihrer Wohnungstüre vorbei. IT'S A SHAME, sagt er, I KNOW. Eines Abends, als ich
von der Baustelle nach Hause komme, steht unsere Wohnungtüre weit offen, die Wohnung leer, es regnet in Strömen; meine Frau kann nicht im
Garten sein, ich rufe vergeblich. Vielleicht ist sie oben? In der Küche steht
eine leere Pfanne auf dem Herd, eine glühende Pfanne. Als ich hinaufgehe,
öffnet Fräulein Eichelberger und beruhigt mich, meine Frau sei schon wieder bei Bewußtsein. Ich verstehe nicht, was geschehen ist, und als ich in
die Wohnung trete, die zu betreten ich seit Jahren gemieden habe, bin
ich auf alles gefaßt, nur in diesem Augenblick nicht auf Frau Haller. Meine
Frau sei von einem Blitz am Herd getroffen worden. Meine Frau liegt in
einem Sessel ziemlich verstört, bleich, aber wach. Sie erwartet zu dieser
Zeit unser zweites Kind. Fräulein Eichelberg bittet mich, Platz zu nehmen.
Ich setze mich nicht. Ich stehe zwischen meiner Frau und der Gelähmten,
die in ihrem Bett liegt. Unsere Kleine ist auch da; wir als Familie. Draußen
blitzt es noch immer. Nochmals zum Sitzen aufgefordert, nachdem ich
den ausführlichen Bericht gehört habe, finde ich es an der Zeit, Frau Haller zu begrüßen; ich sage: Thesy! als sei ich eben erst ins Zimmer getreten.
Ihr Bett steht übrigens nicht so, wie ich jahrelang gemeint habe, sondern
im rechten Winkel zu meiner Erwartung; das irritiert mich nebenbei
und läßt mich grad in diesem Augenblick vergessen, was ich doch seit Jahren weiß: Ich strecke ihr zum Gruß meine Hand hin, die sie nicht nehmen
kann. Sie lächelt aber. Ihre Arme liegen neben dem Körper auf dem Bett,
Arme einer Puppe. Übrigens duzen wir uns nicht. Ich setze mich so, daß
sie den Kopf nicht drehen muß beim Sprechen. Frau Haller findet mich
unverändert. Ihr Gesicht ist kindlich, und sie redet langsam, dabei fröhlich, soweit es sich schickt im Hinblick auf meine Frau, die sich immer
noch vor jedem Blitz fürchtet. Fräulein Eichelberger hat einen Tee gemacht. Die Platte unseres Herdes habe ich ausgeschaltet. Als habe sie unseren Besuch erwartet, liegt die Gelähmte mit einer Halskette und mit einem
Armband, tadellos gekämmt. Sie fragt nicht, warum ich nie heraufgekom-

men bin. Unsere Ursula sitzt auf ihrem Bett. Als eine Tasse Tee getrunken
ist, finde ich es an der Zeit, meine Frau hinunterzuführen, obschon gerade
sie die Geselligkeit, die sie ihren Schrecken etwas vergessen läßt, eigentlich
genießt, und ich sage wie schon einmal: Gern ein andermal! Ich bedanke
mich natürlich für die Hilfe und alles. Wie ich mich verabschieden soll,
da Frau Haller ja ihre Hand nicht geben kann, weiß ich nicht. Soll ich ihre
Hand trotzdem fassen? Inzwischen ist uns auch der Name meines damaligen Freundes wieder eingefallen: Bondi hieß er, Emilio Bondi. Was aus
ihm geworden sein mag. Als ich mich endlich und etwas plötzlich verabschiede, sage ich: Frau Haller. Das tönt richtiger als Thesy, herzlicher, dabei fasse ich ihre reglose Hand, die neben dem Körper auf der Decke liegt;
sie scheint es nicht zu spüren. Wir gehen. Der Arzt hat meine schwangere
Frau untersucht und alles in Ordnung gefunden. Erst in den letzten Stunden vor der Geburt kommt die Erinnerung daran, es ist eine regnerische
Nacht ohne Gewitter, plötzlich eine irre Angst, es werde ein unheilbares
Wesen geboren, unheilbar von Geburt an. Ich fühle mich schuldig. Meine
Frau denkt auch daran, ich seh's, nur geben wir es uns nicht zu. Ich halte
ihre schwitzende Hand, bis der Arzt mich wegschickt; ich soll mich ins
Wohnzimmer setzen und einen Schnaps trinken, man werde mich rufen.
Meine Frau will aber, daß ich zugegen bin bei der Geburt, und ich bleibe,
bis das Kind da ist. Ein gesundes Kind, ein Sohn. Wir wohnen noch einige
Jahre in jener Wohnung, aber Frau Haller habe ich nie wieder besucht. Ich
habe es mir immer nur vorgenommen. Später (1955) habe ich die Wohnung verlassen –

MAX, YOU ARE A MONSTER

– und wohne allein: zwei Zimmer in einem Bauernhaus, Küche und Bad,
Plattenspieler gestattet bis 22.00, man braucht sich nicht zu strecken, um
an die Zimmerdecke zu greifen, die alte Bauernjungfer unten hört jeden
Schritt, auch wenn man die Schuhe ausgezogen hat; das leise Geräusch
im Ölofen; drei arbeitsreiche Winter, vier arbeitsreiche Sommer –

MONTAUK

Es gelingt nicht alles an diesem wolkenlosen Tag. Sein Vorschlag nach der
Landkarte: CULLODEN POINT. Was er sich versprochen hat: ein Dorf, ein

kleines Fischerdorf mit Hafen, Masten, Häusern, Einwohnern (wie in der Bretagne vor einem Jahr) und dann lohnt sich nicht einmal ein Stop: ein flaches Gelände mit Baracken, zum Teil verrottet, Motorboote an Bojen, andere zur Reparatur auf dem Gelände, Parkplätze, Tankstellen mit Wimpeln, Haufen von alten Pneus, Gelände mit Abfall aller Art und Pfützen: FOR SALE, die bekannten Schilder: TEXACO, PIZZA, SHELL, BLUE RIBBON, HAMBURGER, REAL ESTATE. Es ist genau Mittag – vielleicht möchte die junge Frau, die Lynn heißt, jetzt lieber allein sein anderswo ... AMAGANN-SETT, auch ein indianischer Name; hier steigen sie aus, obschon es auch kein Dorf ist: Rasen um kleine hölzerne weiße Villen, Rasen und Bäume, alles gepflegt, einmal ein Schild: FOR RENT. Keine Zäune; alle sind wohlhabend in diesem Bezirk, alle haben Blumen, Wohlstand als Natur. Sogar der blaue Himmel erscheint wie gepflegt. Da und dort steht eine glänzende Limousine. Ein Rasensprenger gegen die grüne Langeweile. Was sollen sie hier? Es ist einerlei, ob man in dieser oder in der andern Richtung geht: Rasen und Bäume, die weißen Villen. Irgendwo ein Sternenbanner; offenbar die Mitte des Ortes. So friedlich, alles so blank und friedlich und wie auf einer Reklame. Man hört Vögel. Plötzlich ist es so öde, daß man sich über nichts unterhalten kann. Man liest Schilder: CHURCH, LIQUOR STORE, ANTIQUE SHOP, BOUTIQUE. Es wäre die Rettung, wenn man irgend etwas brauchen würde. Immerhin schaut Lynn sich Hosen an, Gürtel, nichts Bestimmtes; was eben da ist. Sie wird nichts kaufen; sie würde es nicht wollen, daß er es ihr schenkt. Wie immer wenn eine Frau sich Sachen ansieht, die sie um keinen Preis kaufen wird, langweilt er sich sofort. Er erinnert Lynn nicht an ihren Hunger. Er hätte eher Durst. Das Mädchen, das die Boutique führt oder zumindest bedient, hat sich nicht aus ihrem Sessel erhoben; eine Leserin barfuß. Sie stören nicht, auch wenn Lynn einmal eine Frage stellt, um nicht unhöflich zu sein, und darauf eine Antwort bekommt. Was in dem Taschenbuch zu lesen ist, scheint das Mädchen mehr anzugehen als die Boutique. Er weiß nicht, warum er auf ihre Füße schaut, die Füße der Leserin. Zierfische in einem Aquarium. Es ist schade um die Zeit. Lynn steht jetzt bei den Hüten. Er wundert sich, daß er nicht nervös wird. Irgend etwas denkt das Hirn immer, oft dasselbe, so daß es ihn nicht interessiert, was es denkt. Als er aus einem Bündel von Gürteln mit schweren und grimmigen Schnallen einen herausgreift, um ihn zu mustern, sagt Lynn: MUCH TOO EXPENSIVE. Auch das stört die Leserin nicht. So können sie denn gehen. BYE, sagt er; die Leserin blickt nicht auf, sagt aber: HAVE A NICE DAY. Im Wagen (Lynn fährt) weiß er, was er in der Boutique gedacht hat: – Ich möchte diesen Tag beschreiben, nichts als diesen Tag, unser Wochenende und wie's dazu gekommen ist, wie es weiter verläuft. Ich möchte erzählen können, ohne irgend etwas dabei zu erfinden. Eine einfältige Erzähler-Position.

Warum grad dieses Wochenende?

– statt zu beschreiben die ersten Einkäufe auf dem kleinen Wochenmarkt in Berlin, die leere Wohnung, wo ich tagsüber auf die Handwerker warte. Morgen soll es auch warmes Wasser geben. Straßen in diesem halben Berlin und seine Kneipen, seine halbe Havel, seine Kiefern unter nordischem Himmel. Nachmittag in der Stadt, um Geräte für die Küche zu kaufen; es ist das siebente Mal, daß wir eine Küche einrichten. Die Wohnung liegt in der Flugschneise Tempelhof; die Flugzeuge kommen niedrig, so daß es im Hinterhof dröhnt, von Westen her und starten gegen Westen; dazwischen Stille, Friedenau. Man braucht doch mehr als vermutet: Lamellen-Vorhang wegen Morgensonne auf dem Arbeitstisch. Ich schraube fünf Garderobenhaken an. Noch vorgestern haben wir gesagt: Ich gehe jetzt in die Wohnung. Heute sagen wir: Ich geh nach Haus. Allerlei Pappschachteln benehmen sich wie Möbel; Bücher auf dem Boden. Ein alter Schrank, der jedem Besucher sofort gefällt: wer hat ihn gefunden? Du hast ihn gefunden. Wer hat den langen Tisch gefunden? Ich kümmere mich um Dübel. Es hallt in den leeren weißen Zimmern; Musik aus dem kleinen Transistor. Genau die Art von Wohnung, die wir in Zürich vergeblich gesucht haben: einfach, aber mit hohen Zimmern. So sind wir denn in Berlin. Die Begründungen dafür ergeben sich: Leben mit der Mauer, ein paar Freunde auch drüben, der eine und andere beschämt mich durch Tapferkeit, eine lange Tapferkeit. Sonntag am Kleist-Grab. Der beste Innenraum der neuen Architektur, den ich kenne: die Philharmonie von Scharoun. Ein kalter Februar; die leichte Luft. Zuerst bewohnbar wird die Küche; Herd mit Gas. Die Wohnung soll nicht voll werden, so meine ich auch, aber Stühle braucht man. Das Telefon steht auf dem Parkett. Ein kleiner Rundtisch erinnert an Gartenwirtschaft oder Bistro. Ein Jugendstil-Leuchter, den Jurek aus der DEUTSCHEN DEMOKRATISCHEN REPUBLIK gebracht hat, und ein andrer Jugendstil-Leuchter, der auch Dir gefällt. Oswald Wiener führt eine Kneipe, EXIL, wo wir uns wohlfühlen. Du hast Stühle gefunden, das Stück zu 50 Mark, und bist begeistert von dem Landen, den zwei bärtige Studenten führen; da stehe ich, um die Stühle zu prüfen, und Du wendest Dich ab, als gehörte ich nicht zu den Stühlen; ein anderer Kunde. Die Bärtigen, die einen Wein anbieten, wenden sich an uns beide als Kundschaft, dieselbe Kundschaft. Ein Nachmittag am Schlachtensee; wenn Du fröhlich bist, vergesse ich für eine Weile wieder Dein Unglück mit mir ...

JOURNAL INTIME

Wenn ich einmal darin lese, zum Beispiel weil ich ein Datum brauche für unser Gespräch, so bin ich bestürzt: daß ich vor zwei oder vor fünf Jahren genau zu derselben Einsicht gekommen bin – nur habe ich sie dann wieder vergessen, weil es mir nicht gelungen ist, nach meiner Einsicht zu leben; ich habe das Gegenteil gelebt mit zäher Energie.

IT IS POINTLESS

Er hat ihren Anruf aus der Halle erwartet. Ein sommerlicher Abend draußen. Statt dessen klingelt es an der Zimmertüre, und Lynn steht da. Erst im Zimmer, nachdem er die Türe zugemacht hat, sagt sie: HI! Ihre Zotteljacke legt sie nicht ab; sie wollen ja nicht im Zimmer bleiben. Man gibt sich nicht die Hand. Lynn ist heute nicht zu ihrer täglichen Meditation gekommen. Zwanzig Minuten vor jedem Frühstück, zwanzig Minuten in ihrem Office-Sessel nach der Arbeit. Heute hat der Boß sie gerufen; eine Konferenz. Sie braucht jetzt nur einen Sessel und ihre zwanzig Minuten. Es ist nicht nötig, daß er das Zimmer verläßt; seine Anwesenheit stört nicht, sofern er nichts redet. Nachdem sie ihre Tasche auf den Teppich gelegt hat, eine große Tasche, eine Art von Sack, sitzt sie wortlos mit geschlossenen Augen, die Hände flach und locker auf den Hosen. Er könnte unterdessen die Zeitung lesen, BOOK REVIEW. Er hantiert aber in der kleinen Küche, um entfernter zu sein; ohne seine Jacke auszuziehen. Während sie also sitzt und atmet, die Hände locker und reglos, beobachtet er sie kaum. Sie atmet. Nichts weiter. Sie atmet leicht und dann, so scheint es ihm, immer langsamer, regelmäßiger. Übrigens hat er auf seine Uhr geschaut: wegen der zwanzig Minuten. Einmal verstellt sich ihr rechtes Bein, sie scheint es nicht zu wissen; es rutscht nicht weg, das Bein, wie bei Schlafenden im Sitzen. Lynn schläft nicht. In den ersten Minuten, die lang sind,

denkt er: SHOW. Dann steht er am Fenster, Rücken zu ihr, seine Hände in
den Hosentaschen. Er schaut einmal mehr auf diese Straßenkreuzung hinunter aus dem elften Stock. Vor zwei Jahren war's der sechzehnte Stock.
Die Leute, aus dieser Höhe gesehen: Hut mit Schultern, bunt, flach wie
Knöpfe, aber begleitet von ihrem langen Schatten, solange die Sonne
scheint oder beim Licht der Bogenlampen, dann dreht sich der Schatten
um sie, wird kurz und wieder länger. Wenn man auf jemand wartet (wie
vor zwei Jahren) und also die Person erkennen will, ist es schwierig: ein
brauner Hut und schon meint man, sie kommt, sie kommt nicht sehr spät,
kein Grund zu Verdacht. Man kann sich täuschen; der Hut geht anderswohin. Als er jetzt, um nicht wieder das alte Lied zu denken, endlich das Fenster verläßt: zwölf Minuten, und die Fremde sitzt noch immer im Sessel,
Kopf gradauf, ihre Lippen geschlossen und schmal, ihre Augen geschlossen. INCONNUE DE LA SEINE, er versucht sie ironisch zu sehen. Auch das
stört sie nicht. Schließlich setzt er sich in den andern Sessel, um eine Pfeife
zu stopfen. Eigentlich wartet er nicht. Er sitzt einfach da, Ellbogen auf den
Knien, die vergessene Pfeife in der Hand. Ohne Bedürfnis nach Tätigkeit.
Still ist es nicht; das schale Rauschen der air-conditioning, ab und zu die
Autobusse, einmal die Sirene der Polizei. Er betrachtet den Spannteppich.
Offenbar haben sie in allen Zimmern hier den gleichen Spannteppich.
Auch das hat er schon öfter gedacht. Einmal, im Suff, hat er auf diesem
schmutzigen Spannteppich gelegen mit ausgespreizten Armen und behauptet: ICH FÜHLE DIE RUNDUNG DER ERDE, ICH FÜHLE DIE RUNDUNG DER
ERDE, das war nach Mitternacht, als sie ins Hotel zurückkam und nicht zu
melden brauchte, woher und warum so spät, er war froh, daß er es jemand
melden konnte: ICH UMARME DIE ERDE! und seine Ekstase wurde geachtet; kein Wort des Tadels, weil er nicht im Bett lag, sondern auf dem
Spannteppich; er wurde mit dem gelben Überwurf, der sich noch auf
dem Bett befand, sorgsam zugedeckt, damit er auf dem Spannteppich neben dem Bett nicht fröre, ICH UMARME DIE ERDE, er war selig ... Jetzt
klingelt das weiße Telefon; er zögert, nimmt aber den Hörer ab, um das
Klingeln zu stoppen. Er redet nicht leiser als sonst, nur kürzer. Deutsch.
Eine Abmachung für morgen. Nachdem er den Hörer aufgelegt hat,
schaut er sie an: ihr blasser Hals, der sanft-entschiedene Ansatz des Kie-
fers, das Ohr; sie hat die Haare nach hinten gestrichen. Ihre Lippen sind
inzwischen etwas geöffnet. Sie hat müde ausgesehen, als sie angekommen
ist. Eine anstrengende Stadt, man weiß es. Einmal fährt ihre Hand durch

das offene Haar, ohne daß der Kopf sich dabei bewegt; das sieht sonderbar aus: was gehört zur Person, die Hand oder der Kopf? Und dann liegt diese Hand wieder auf der Hose. Ihre Schenkel sind schmal. Er blickt auf seine Uhr. Die Zeit bleibt nicht stehen, nur ist es eine andere Zeit geworden. Er sitzt, ohne die Pfeife zu stopfen; er blickt auf Objekte: meine kleine Schreibmaschine, OLIVETTI LETTERA, die gelbe Lampe, eine Plastik-Schale, ihr grünes Feuerzeug, ihre Tasche neben dem Sessel auf dem Boden; einmal durchs offene Fenster: die Fassade gegenüber, BROWNSTONE, die Wasser-Silos auf den Dächern schwarz gegen den gelben Himmel. Ein heller Abend. Er blickt auf ihre lebenden Füße. Zuvor hat sie die Schuhe abgestreift, um barfuß zu sein; das gehört offenbar dazu. Ihre Füße, ihre Hände, ihre Stirne, ihr Ohr. Alles reglos. Sie lebt aber, sie atmet. Ein lebender Körper. Es könnte für ihn noch lang so bleiben. Als sie dann die Augen aufmacht und nicht im mindesten irritiert erscheint, daß jemand im Zimmer ist, nur wortlos die beiden Schuhe anzieht, blickt er (ohne daß Lynn es bemerken kann) auf die Uhr: genau zwanzig Minuten, ziemlich genau. Wohin geht man essen? Sie will noch eine Zigarette rauchen. I AM HUNGRY, sagt sie, nimmt aber ihre Tasche nicht vom Boden. Dann muß Lynn noch ins Bad. Er wartet mit dem Zimmerschlüssel in der Hand. Er ist froh. Eine Einladung, eine interessante, hat er abgesagt, um wieder einmal allein zu sein, und er ist froh, daß Lynn ihn begleitet. Als sie aus dem Bad kommt, macht er sie auf ihre Tasche aufmerksam. I'LL TAKE IT LATER, sagt sie. Ihre Tasche bleibt im Hotelzimmer.

I LIKE YOUR SENSE OF HUMOR

In Gesellschaft (PEN CLUB) kann sie lachen, wie es sich gehört. HOW FUNNY, während sie die Leute gräßlich findet. Unter vier Augen lacht sie, wenn er's nicht erwartet hat. Ihr Lachen tönt ziemlich schrill. Man kann es nicht darauf anlegen, daß sie lacht. Sie kann ihr Lachen auch verweigern. Wenn sie lacht, so lacht eine Überraschte. Das verändert ihr Gesicht augenblicklich, und meistens hat er dann nicht das Gefühl, besonders witzig gewesen zu sein. Sie meint nicht Witze. Sie lacht nie lang, ihr Gesicht bleibt aber noch eine Weile geöffnet, ihr Blick.

YOU HAVE AN OPEN FACE

Es ist nie gesagt worden:

I LOVE YOU

(Über Liebe, als Beziehung zwischen den Geschlechtern, gebe es nichts
Neues mehr zu berichten, das habe die Literatur dargestellt in allen Varianten ein für allemal, das sei für die Literatur, sofern sie diesen Namen verdient, kein Thema mehr – solche Verlautbarungen sind zu lesen; sie ver-
kennen, daß das Verhältnis zwischen den Geschlechtern sich ändert, daß
andere Liebesgeschichten stattfinden werden.)

WOMAN'S LIBERATION:

er sei mit Entschiedenheit dafür, sagt er, nichts sei dringlicher in unsrer
Gesellschaft. Ob er je mit einer emanzipierten Frau zusammengelebt habe,
die Frage stellt nicht Lynn, und er bedauert, daß er sich die Frage selber gestellt hat; jetzt möchte Lynn es wissen und er gießt Tee ein. Eine emanzi-
pierte Frau? Sie essen mit chinesischen Stäbchen, manchmal gelingt es,
dann wieder nicht, die beiden Stäbchen fassen den weißen leichten trockenen Reis, hingegen die Bambus-Schoten sind glitschig, und man verliert
nicht bloß die Bambus-Schoten, sondern auch das Thema des Gesprächs . . .

DER GUTE GOTT VON MANHATTAN

Ich hatte zu tun beim Sender in Hamburg und ließ mir das Hörspiel vorführen, dann schrieb ich einen Brief an die junge Dichterin, die ich persönlich nicht kannte: wie gut es sei, wie wichtig, daß die andere Seite, die
Frau, sich ausdrückt. Sie hörte Lob genug und großes Lob, das wußte
ich, trotzdem drängte es mich zu dem Brief. Ich wollte sagen: Wir brauchen die Darstellung des Mannes durch die Frau, die Selbstdarstellung
der Frau. Ihre briefliche Antwort verblüffte mich: sie fahre nach Paris
und komme über Zürich, doch habe sie nur vier oder fünf Tage Zeit.
Was war damit gemeint? Sie kam dann nicht. Ich hatte weder ihre Adresse
in München noch in Paris; ich hatte über den Verlag geschrieben. Als ich
später in Paris war, erfuhr sie es durch die Zeitung und fand heraus, wo ich
wohnte, HOTEL DU LOUVRE. Sie kam, um sich die Aufführung meines

Stückes anzuschauen, THEATRE DES NATIONS, gekleidet für eine Loge. Ich
war beglückt, als wir im Café vor dem Theater einen Pernod tranken, und
sagte: DAS BRAUCHEN SIE SICH NICHT ANZUSCHAUEN. Sie überhörte es,
beschäftigt mit ihrer Tasche und verwirrt, weil sie irgend etwas nicht finden konnte. Ich hatte keine Loge, aber zwei Karten auf dem Balkon.
Warum sagte ich das? Ich wurde von den Schauspielern erwartet, eine Premiere in Paris, meine erste, ich fand die Aufführung sehr gut, mein Stück
nicht schlecht, aber als es Zeit wurde, sagte ich ein zweites Mal: INGE-
BORG BACHMANN, DAS BRAUCHEN SIE SICH WIRKLICH NICHT ANZU-
SCHAUEN. Statt ins Theater gingen wir zu unserem ersten Abendessen.
Ich wußte nichts von ihrem Leben, nicht einmal Gerüchte um sie. LEBEN
SIE MIT EINEM KIND? fragte ich als erstes, und sie war erfreut, verwundert,
selig, daß jemand so gar nichts von ihr wußte.

MONTAUK

Gestern auf der Fahrt hierher haben sie wenig geredet, Lynn am Steuer,
während er sich mit der Landkarte beschäftigt: YOU HAVE TO NAVIGATE,
ihr Ausdruck belustigt ihn. Das Wochenende davor wäre sonnig gewesen.
Jetzt beginnt es zu regnen. Lynn ist es gelungen, das Office schon um drei
Uhr zu verlassen. Draußen am Atlantik, so sagen sie sich gegenseitig, kann
das Wetter ganz anders sein. Das Wetter ist wichtig. Wenn es nicht regnet,
so könnte man spazieren, und die Übernachtung erscheint nicht als Ziel.
SUNRISE HIGHWAY, fortan ist keine Verirrung mehr möglich; also könnte
man jetzt reden, etwas erzählen. Oft kommt er zu spät; Lynn hat ihr Feuerzeug schon in der Hand. Einmal ihre Frage: DO YOU SNORE? Die Fahrbahn jetzt trocken; hier hat es gar nicht geregnet. Das erleichtert beide,
aber es bringt sie nicht zum Reden. Rücktritt von Bundeskanzler Brandt:
hier kein Thema, das über mehrere Meilen reicht ... Vor einigen Tagen
konnte ich es nach Mitternacht nicht lassen, Christa Wolf anzurufen in
Oberlin, Ohio: Was denkt sich eure Regierung, nein, ich weiß, Christa,
Sie können nichts dafür, Christa, ich weiß, Christa, entschuldigen Sie ...
Links und rechts ist Heide, öde, da und dort Gebäude, eine Anthologie
scheußlicher Nicht-Architektur. Er ist froh, daß noch etliche Meilen zu
fahren sind. Was täte man hier. Er finde Lynn eine gute Fahrerin. Ob er
immer als Beifahrer so artig sei? Einmal dreht sie den Kopf (die leere gerade Straße erlaubt es) und schaut ihn an: I DO NOT KNOW YOU AT ALL,

sagt sie und fragt, welche Art von Lastern er habe, der Fremde neben ihr. ARE YOU A SADIST? Kurz darauf zum ersten Mal ein Schild: MONTAUK. Im Augenblick ist er ziemlich sicher, daß dieser Ausflug nur mißlingen kann, und er wäre lieber in New York. Er hat die Landkarte besorgt, Lynn alles andere: NATIONAL CAR RENTAL, GURNEY'S INN, Reservation mit telegrafischer Anzahlung. Ihre Bitte, nicht daneben stehen zu müssen, während er sie im Hotel einschreibt unter seinem Namen, läßt sich erfüllen. Es erinnert ihn an frühere Zeiten. Lynn kämmt sich unterdessen im Wagen. Sie kennt das offenbar und mag es auch nicht. Als ein Bursche die beiden kleinen Koffer aus dem Wagen nimmt, bleibt sie stumm. Sein Englisch, ihr Englisch, das geht nicht auf denselben Namen. OKAY, sagt er im Zimmer, ohne sich umzusehen, und gibt dem Burschen, der noch das Badezimmer zeigen will, sogleich das Trinkgeld. Lynn bleibt stumm, bis der Bursche weg ist. WELL, sagt sie und legt ihre Zotteljacke nicht ab. Beide sind befangener als in ihrer Wohnung. Er hantiert an der Lamellen-Jalousie. Zimmer mit Loggia und Blick auf die nahe Brandung. Zwei Betten, getrennt durch ein Tischchen mit Lampe. Sie treten sofort auf die Loggia hinaus. Weit draußen auf dem Atlantik sogar ein Glimmer von Sonne. Lynn schlägt einen Spaziergang vor, und er ist gerne einverstanden; vorher möchte sie die Hände waschen.

Ein Pingpong-Tisch ist auch da.

Lynn kennt das hölzerne Hotel von einem Betriebsausflug her; ein Hotel in den Dünen. Das ist im Sommer gewesen. Dann wimmelt es hier von Leuten, wenn man baden kann. Jetzt ist es noch zu kalt, aber man wird spazieren können, falls es morgen nicht regnet –

Weiß er, wovon sie im Augenblick reden?

Lynn wird sein Laster nicht kennenlernen. Dazu fehlt die Zeit. Es braucht eine Ehe, eine lange, damit es zum Vorschein kommt ... Ich habe nicht eine Magd aus ihr gemacht (gelegentlich auch das Geschirr gespült, die Mülleimer hinunter getragen, Lebensmittelkäufe erledigt etc.) und ich habe die Frau, die ich liebe, nie geschlagen; ihre Klage ist eine andere und sie trifft mich wirklich. Ich habe ein Jahr gebraucht, um es einzusehen. Zuerst finde ich es grotesk, ihr Fazit: daß ich in zehn Jahren nichts zu ihrer Selbstverwirklichung beigetragen habe. Sie spricht in aller Ruhe. Ich habe sie auf Händen getragen: die bequemste Art, umzugehen mit einer Frau, und die schlimmste Art. Das sehe ich ein. Ihr Vorwurf trifft mich anders, als sie ihn meint. Offenbar habe ich mich von Anfang an verhalten, als sei ich Gottvater oder mindestens Adam, das Weib aus seiner Rippe gemacht: KOMM, FOLGE MIR, ICH LEITE DICH! Die Frau ist nicht undankbar, sondern verzweifelt. Was ich für unsere schönen Jahre gehalten habe, plötzlich erscheinen sie als verlorene Jahre. Mein Laster: MALE CHAUVINISM. Nur mein Verhalten von Anfang an und von Tag zu Tag hat eine kluge Frau verleiten können zu der Meinung, ihre Selbstverwirklichung sei Sache des Mannes, der Männer.

MEINE FEHLER WIRD MAN HIER FINDEN

Ein meilenlanger Strand, ein Ende des Strandes nicht zu sehen, er verliert sich nach beiden Seiten im milchigen Lila-Licht der Verdampfung. Trotz Wind ist es fast heiß. Zwei Liegesessel mit verblichenen Kissen stehen im Sand, keine andern weit und breit; wem gehören sie? Kein Mensch weit und breit. Sie benutzen die beiden Sessel, so wie sie dastehen: ungefähr parallel, Abstand etwas mehr als eine Armlänge. Vorher haben sie ihre Hosen heraufgekrempelt, als sie ins Wasser gestapft sind. Man könnte es eine Weile schon aushalten. Die brechenden Wellen würden den Körper peitschen. Man hat aber kein Schwimmzeug, und so liegen sie jetzt in den beiden Sesseln, Abstand etwas mehr als eine Armlänge, Blick hinaus auf den dunklen Atlantik und auf zwei Paar bloße Füße; der Sand haftet schon nicht mehr an der Haut, der Wind nimmt ihn weg ... Gestern auf der Fahrt hierher, als man den endlosen Friedhof bei Queens sieht, ihre Frage: DO YOU WANT TO GET BURIED OR CREMATED? Man ist der gleichen Ansicht, ganz entschieden ... Die Küste ist anders als in der Bretagne vor einem Jahr, die Brandung wie überall. Jetzt ein paar weiße Wolken; sie spiegeln sich in den blauen Lachen der Brandung, dann versickert wieder die Nässe, der Sand wird grau, bis eine nächste Schaumzunge kommt, und wieder Glanz für eine Weile.

Ein langer leichter Nachmittag.

HERMES GEHT VORBEI

Titel einer Oper, die ich einmal habe schreiben wollen: ein Paar, das sich ins Museum geflüchtet hat, und dann eine Gruppe mit Führer, der die Statue kennerhaft erläutert, und niemand bemerkt, daß die Statue gar nicht mehr da ist; Hermes ist vom Sockel gestiegen, um das Paar zu führen – Komödie mit viel Irrungen ... Morgen ist schon Sonntag, abends muß Lynn in der Stadt sein, Montag im Office, Dienstag fliegt er nach Europa.

HI, sagt sie, WHAT ARE YOU THINKING ABOUT?

Was er verschweigt: wie ich im Pyjama nachts durch Friedenau gehe; keine Zeugen auf der Straße, nur Bogenlampen im Regen, der Regen sichtbar unter Bogenlampen, einmal ein Auto, das aber nicht stoppt, ich gehe auf dem Bürgersteig im Pyjama barfuß, es ist aber kalt, Februar in Berlin, das nasse Pflaster, dann der platschnasse Pyjama, ich komme nicht weit, denn ich schlottere bloß statt mich zu schämen ...

Einmal ist er aufgestanden und zur Brandung gegangen, hat seine Hosen weiter heraufgekrempelt, so weit es nur geht, und genießt es, im Wasser zu stehen. Alle Kleider abzulegen und in die Brandung zu laufen, wie er grad Lust hätte, wagt er nicht; dazu ist sein Körper nicht schön genug. Er findet ein Holz und schleudert es hinaus, weit hinaus. Er ist froh, wenn er nicht weiß, woran er denkt, und wenn ihn der Gischt, das seichte Wasser mit Schaum, der Sand an niemand erinnern. Er möchte bloß Gegenwart. Das Holz, inzwischen wieder auf den Sand geschwemmt, greift er ein zweites Mal und schleudert es ein zweites Mal weit hinaus. Er möchte bloß sehen. Draußen ein kleines Boot der Küstenwache. Es ist erst drei Uhr; viel Zeit. Das Wasser, wenn es um die Waden strömt, ist kalt, und einmal verliert er beinahe den Stand. Das Holz, inzwischen wieder auf den Sand geschwemmt, läßt er liegen. Die kleinen Rinnsale im Sand, da und dort eine Muschel. Er fühlt sich wohl. Als er zu den beiden Sesseln zurückkommt, zeigt er eine Muschel, eine wie tausend andere. Lynn liegt in ihrem Sessel; ihr Körper, den er kennt, in Kleidern. Er hat das Bedürfnis zu stehen.

Lynn wird seine Hysterie nicht kennenlernen.

Eines Abends in Berlin, als ich sie nicht überzeuge (was in den letzten Jahren eigentlich die Regel ist) und als ich's nicht ertrage, daß man mir jedes

Mal sofort ins Wort fällt, und als ich merke, daß ich mich selbst nicht überzeuge, gehe ich in die Küche und hole den Mülleimer, setze mich wieder
an den Tisch, stelle den Mülleimer auf meinen Kopf und sage: Redet weiter!– bitte.

Sie liegt im Sessel, sie hat sich ihr Gesicht gesalbt, auch den Hals, dann hat
sie ihre dunkle Brille wieder aufgesetzt, I AM SLEEPY, sagt sie, da er nicht
sagt, was er denkt. Natürlich schläft sie nicht. Es ist hier zu grell. Er hat
die Pfeife ausgeklopft, er denkt: kratze die Pfeife aus, klopfe nochmals
und blase nochmals (vielleicht ist Sand drin) und dann, statt zu reden
mit der Pfeife in der Hand, stecke sie leer zwischen die Zähne, die Pfeife,
bis der Tabak gefunden ist, dann stopfe die Pfeife mit dem rechten Daumen und mit Bedacht, der Augenblicke ausfüllt, Augenblicke ohne Gedächtnis, und wenn es so weit ist, stecke die gestopfte Pfeife in den Mund,
so daß es zwar nicht unmöglich wäre zu reden, jedoch nicht höflich, schau
auf das Meer, während du jetzt ein Streichholz anzündest, dann ein zweites
und drittes, es ist windig am Meer, und ziehe mit Bedacht den ersten Zug,
einen kurzen, dann einen zweiten, einen langen, bis du da bist ganz und
gar. Im Augenblick gibt es nur sie beide in den beiden Sesseln, die sie nicht
verstellt haben, da sie nicht ihnen gehören. Einmal ein streunender Hund.
Lynn liest: Arbeit fürs Office, da sie gestern vor drei Uhr gegangen ist, und
ab und zu liest sie auch nicht, im Augenblick kämmt sie ihr langes Haar
gegen den Wind, ein hoffnungsloses Unterfangen, schön anzusehen. Einmal ein rotes Sportflugzeug, das im Tiefflug, als wolle es gerade landen,
die ganze leere Küste entlang fliegt, dann verschwindet ... Er berichtet
jetzt von Mykonos, der griechischen Insel mit den weißen Häusern und
weißen Windmühlen. Wie das kleine Motorboot, das uns nach Delos
bringt, in den Wellen hopst und wie das Wasser hereinschwappt, das berichtet er. Aber wen bringt es nach Delos? Kein Wort von der Frau, die
heute ziemlich allein lebt. Kein Wort von sechs Jahren ohne Zerwürfnis,
ohne Eifersucht, ohne Zermürbung; man wohnte nicht zusammen – Mykonos, nein, dahin wird Lynn in diesem Sommer nicht gelangen ... Einmal berichtet er von Rom, der Stadt, und was er in Rom gesehen und gehört hat in fünf Jahren. Rom muß schön sein, das weiß Lynn. Er berichtet
nicht von der schrecklichsten aller Todesarten.

Jetzt möchte Lynn einen Lauf machen.

Er bleibt hier.

Gegenwart bis Dienstag.

Ihr nackter Körper ist mädchenhafter als ihr Gesicht. Wenn sie weiß, daß
zum ersten Mal ihre Brüste gesehen werden, schließt sie die Augen und
sagt: THEY ARE VERY SMALL. Das ist der Abend, als sie noch ihre Tasche
im Hotel hat holen müssen. WE CAN'T MAKE LOVE, sagt sie, NOT TO-
NIGHT. Ein sachlicher Grund. Wie sie zum ersten Mal ihr Bett aufdeckt,
nachdem sie das Sofa ausgezogen hat: Erfahrung mit Männern, vermutlich nicht mit vielen. Wenn sie ihr Kleid abstreift, die Wäsche: ohne Hast.
Sie zeigt, daß sie nicht die Verführte ist. Sie löst die Spangen aus ihrem
Haar, sitzt, als sei sie allein, als gehe sie schlafen wie sonst; sie kennt sich
als Nackte. Sie schweigt aber, während sie ihr Haar auskämmt; dann schüttelt sie ihr offenes Haar umher, wie sie es vermutlich immer tut. Ein Vorhang ist nicht zu ziehen, nicht nötig in dieser vergitterten Zweifensterwoh-
nung mit Blick auf eine nahe Mauer. Wie ist es mit dem Licht? Übrigens
schaut sie nicht nach dem fremden Mann, der nicht weiß, wo das Licht
in der Kitchenette auszuknipsen ist; sie sagt es ihm. Er hofft in keine Rolle
zu verfallen, nachdem das Gespäch bereits redlich gewesen ist. Ihr Körper
ist deutlich zu erkennen, es ist ziemlich hell, Licht über der Stadt, ihr Gesicht ist deutlich zu erkennen, aber ein anderes Gesicht. Wieder fehlt ihm
ein englisches Wort. YOUR ENGLISH IS EXCELLENT, sie meint damit: mehr
gäbe es auch in seiner eignen Sprache nicht zu sagen, während die Körper
aufeinander warten. JUST RELAX, sagt sie. Jedes erste Mal mit einer Frau ist
wieder das erste Mal; die Verwunderung ohne Erinnerung. Nachher bleibt
sie nackt, Lynn in der Kitchenette, während er, der gekleidete Gast, am
Tisch sitzt und redet, jetzt froh um die Fremdsprache, die ihm das Gefühl
gibt, er sage alles zum ersten Mal. Sie essen Erdbeeren dazu. Er hat nicht
gemeint, Lynn zu kennen nach diesen Tagen und Abenden: Lynn als Undine und ein wenig Nurse. Jetzt kommt es ihm vor, Hermes habe sie vertauscht; es ist eine andere mit dem gleichen Haar, nur noch Undine, obschon sie jetzt berichtet von ihrer puritanischen Erziehung. Leider ist es
Montag; sie muß ein paar Stunden schlafen. Das Geschirr muß am Abend
gespült werden. Er hilft; er kann nicht am Tisch sitzen und sehen, wie die
Nackte hantiert. Sie findet es nicht selbstverständlich, daß er das Gespülte
trocknet. Die Kitchenette ist eng, wenn zwei Personen einander nicht be-

rühren sollen; es geht aber. Nur redet er nichts mehr. Wohin mit den Gläsern? Wohin mit dem Messer? Das will sie nicht sagen, sie bedankt sich
mit Küssen; es käme ihr zu familiär vor, wenn er wüßte, wo alles hingehört.

Ein langer leichter Nachmittag:

ihre Schuhe im Sand, Lynn läuft noch immer und weitweg, im Augenblick
ist die Gestalt kaum zu erkennen, da dort, wo sie jetzt läuft, das Meer unter
der Sonne glitzert und blendet. Sie läuft herwärts, scheint es. Später wird
sie deutlich: sie läuft in Bögen, wie Slalom, vermutlich läuft sie um die einzelnen Schaumzungen der Brandung, einmal schwingt sie ihre Arme dazu.
Aus Lust.

DEJA VU:

22. 9. 1962 am Mittelmeer. Wie Du Dein Haar getragen hast: hinaufge-
kämmt das ganze Haar, die Ohren frei, der Hals mädchenhaft und bloß,
und wenn Du die Spange herausgenommen hast, so viel offenes Haar,
schwarzes.

Er bleibt sitzen.

Unterwegs auf der Straße tagsüber im Gedränge oder in einem Lift, wo
man Personen aus der Nähe sieht, kommt es vor, daß er es nicht lassen
kann: Lynn zu vergleichen mit andern Personen weiblichen Geschlechts,
ihr Haar zu vergleichen mit anderem Haar, seine plötzlich so vage Erinnerung an ihr Gesicht zu vergleichen mit andern Gesichtern. Als habe er die
Wahl des Paris! Er schaut nicht zudringlich, nur genau: Haaransatz hinter
dem Ohr, Kinn, Hals, Lippen, die Nase, die ganze Gestalt, ihre Art zu gehen. Er schaut, um zu prüfen, ob seine Zärtlichkeit sich wirklich auf Lynn
bezieht ... Oder belüge ich uns? ...
    Er bleibt sitzen und schaut irgendwohin. Ein Taschenbuch, das er zur
Hand hat, öffnet er nicht. Das Poltern und Zischen der Brandung würde
nicht stören, wenn man liest; auch nicht das kleine Sportflugzeug, das jetzt
dem langen leeren Strand entlang zurückfliegt; auch nicht ein Hund. Man
kann aus einem Buch auch aufblicken und sich sagen: Nachmittag am Atlantik, es ist jetzt genau 4.35 P. M. Literatur hebt den Augenblick auf, dazu

gibt es sie. Die Literatur hat die andere Zeit, ferner ein Thema, das alle angeht oder viele – was man von ihren zwei Schuhen im Sand nicht sagen kann ...

AUF DER WELT SEIN: IM LICHT SEIN. IRGENDWO (WIE DER ALTE NEU-
LICH IN KORINTH) ESEL TREIBEN, UNSER BERUF! – ABER VOR ALLEM:
STANDHALTEN DEM LICHT, DER FREUDE IM WISSEN, DASS ICH ERLÖ-
SCHE IM LICHT ÜBER GINSTER, ASPHALT UND MEER, STANDHALTEN
DER ZEIT, BEZIEHUNGSWEISE EWIGKEIT IM AUGENBLICK. EWIG SEIN:
GEWESEN SEIN.

Leben im Zitat.

Wenn die Haut empfindet, wie der Sand trocknet auf der Haut, wie die Sonne, wie der Wind, wie das ist für die Haut und das Hirn ... Er vergißt nicht seine Rolle, nicht die nächsten Verpflichtungen, die sich ergeben aus dieser Rolle; Termine, er vergißt nicht einmal die Weltlage. Es ist allerlei, was er nicht vergißt in dieser dünnen Gegenwart.

MONTE ALBAN:

ein weites und kahles und gegen Abend violettes Hochtal in Mexico, mitten in diesem Tal ein Berg, ein natürlicher Thron; oben die Akropolis der Zapoteken, eine weite und umfängliche Tempelstätte in strenger Geometrie, ein Platz mit einer hohen Mauer für das heilige Ballspiel: der Sieger muß sterben, denn die Götter haben im Ballspiel offenbart, wen sie auszeichnen, und so wird er, der Sieger, den Göttern geopfert. So wenigstens lehrt es ein kleines Buch, das ich zur Hand habe. Es erschreckt, es überzeugt; anderes begeistert, ohne zu erschrecken: daß die Maya (wenn's stimmt, was im Buch steht) von Zeit zu Zeit ihr ganzes Geschirr zertrümmert haben, um es herzustellen von Neuem, ihr Geschirr für den Alltag; daß sie ihre Tempelstätten haben verlassen müssen auf Gebot der Priester, um weiterzuziehen und im Dschungel (YUCATAN, GUATEMALA) sich zu erneuern, und sie haben die alten Tempelstätten nicht einmal zerstören müssen, um anderswo zu beginnen; sie haben sie dem Dschungel überlassen (PALENQUE) und der natürlichen Verwitterung ... Vielleicht stimmt es auch nicht, was mich begeistert ... MONTE ALBAN: hier auf einem Ge-

mäuer sitzt Marianne, Jahrgang 1939, stud. phil., erschreckt von meiner
Bitte; ich traue mir den Mut zu, Einsicht zu haben, wenn ich zu alt geworden bin für sie. Zwei Jahre? Drei Jahre? Sie zögert weislich. Sie kommt
nach Rom und zögert einen Sommer lang. Später ein ländliches Haus, gemeinsam eine kleine Wohnung in Zürich, dann eine andere, eine große,
Reisen zusammen, es werden neun Jahre, länger als sie je gedacht haben.

ICH HABE NICHT MIT DIR GELEBT ALS LITERARISCHES MATERIAL, ICH
VERBIETE ES, DASS DU ÜBER MICH SCHREIBST.

Wenn er sieht, wie sie jetzt durch den Sand stapft, dort wo der Sand trok-
ken und locker ist, langsamer also und mühsam, etwas erschöpft vom langen Lauf und mit schlenkernden Armen, da die Beine nicht mehr schlenkern können, und wie sie manchmal im Stapfen vornüber knickt, wenn
ein Fuß einsinkt, dann wieder das rote Haar über diese oder die andere
Schulter zurückwirft, so sieht er sie mit Wohlgefallen. Sie weiß es vermutlich; sie schaut jetzt irgendwohin. Wenn sie im Sessel nebenan liegt, so
denkt er anderswohin. Wenn sie die hölzerne Treppe zum hölzernen Hotel
hinaufgeht, schaut er ihr nicht nach; er kann es sich vorstellen, wie sie die
Arme bewegt, Grazie nicht ohne Komik. Er kann sie auch vergessen, zum
Beispiel wenn er mit Leuten ist. Er sieht sie mit Wohlgefallen, wenn sie
speist; dieser ungeile Appetit der Hageren. Wenn sie nicht da ist, kann er
sich an ihr Lachen nur ungenau erinnern; ihr nächstes Lachen hört er
mit Wohlgefallen. In der Stadt, wenn sie ihn noch nicht erkannt hat und
die Straße überquert, Lynn als Passantin unter vielen andern: die Art,
wie sie ihre dünnen Arme bewegt, wie sie zögert und sich im Gedränge
durchsetzt, wie sie den Kopf bewegt. Er ist nicht verliebt. Er freut sich.
Wenn sie die hölzerne Treppe herunter kommt von dem hölzernen Hotel,
denkt er nicht an die Nacht; er sieht ihr Hüpfen auf der Treppe, dann beinahe Stolpern (wenn es nicht das hölzerne Geländer gäbe, wo sie sich grad
noch halten kann) mit Wohlgefallen.

Ein langer leichter Nachmittag.

Langsam müßte er's wissen: Lynn ist in Florida geboren, nicht in Kalifornien. College in Kalifornien. Die kurze Ehe hat stattgefunden in Sidney –
sie wirft Sand, wenn er eine Frage gestellt hat, die er kein zweites Mal hätte

stellen dürfen. Wo ihr geschiedener Mann heute lebt, weiß Lynn nicht. Sie wirft immer noch Sand; nicht gegen ihn, sondern einfach so. Ihre Zukunft? Sie wird noch einmal heiraten, meint Lynn, jedoch vorsichtig – und ein Kind vielleicht, eines … Sie erzählt nicht viel, er ja auch nicht, sie reden:

DO YOU BELIEVE

WHAT DO YOU THINK

zum Beispiel über Richard Nixon. Er müsse vor Gericht gestellt werden, meint Lynn. Es ist windig, und vielleicht liegt es daran, daß sie nie lang bei einem Thema bleiben; der Wind hat ihre beiden Schuhe mit Sand gefüllt. Ich weiß nicht, wie er auf Baudelaire kommt, FLEURS DU MAL, Lynn kennt sie nicht. Um ihre Frage zu beantworten: Ich habe nie Gedichte veröffentlicht. Sie bleiben bei öffentlichen Themen. Drogen? Auch Lynn hat da keine große Erfahrung. Sein Englisch ist bescheiden; ich weiß natürlich, was er jeweils sagen möchte. Kommt es vor, daß er nicht übersetzt, sondern in Englisch aussagt, was man so nicht sagen könnte in Schriftdeutsch oder Mundart, überrascht es mich, was und wie er denkt. Das genieße ich; dann ertappt ihn die Fremdsprache bei seiner wirklichen Meinung. Plötzlich lacht er, worüber er sonst nicht lacht. Lynn findet ihn nicht langweilig, so scheint es. Zum Beispiel sagt er, daß ich in meinem Leben nie in einem Bordell gewesen bin; er fügt hinzu: Deshalb bin ich auch kein politischer Mensch, weil ich alles verinnerliche. Da fehlt ihm allerdings die Vokabel. Verinnerlichen? Das muß er umschreiben, und Lynn sieht den Zusammenhang nicht, aber mich überzeugt er. SEXUALITY, so wie Lynn das ausspricht, ist hier ein öffentliches Thema. Ihre Ansichten dazu; ich wundere mich über seine. Als der Sohn fünfundfünfzig war, sagte seine Mutter nicht ohne Strenge: Du solltest nicht immer über Frauen schreiben, denn du verstehst sie nicht. Das erwähnt er nicht. Lynn kennt die Schweiz nicht. Das erspart ihm Reden, die mich langweilen. Was hält er von Psychiatern? Man kann nicht sagen, er habe C. G. Jung persönlich gekannt; er ist nur in seinen Vorlesungen gewesen. Das muß, wie Lynn sich ausrechnen kann, ziemlich lang her sein. Eigentlich hätte er davon nicht reden sollen. Im College ist Lynn eine preisgekrönte Speerwerferin gewesen, in Sidney ist sie geritten. Seine feste Überzeugung, daß Allende in

Chile mit amerikanischer Hilfe gestürzt worden ist, kann er behaupten, nicht beweisen. Kommunismus und Kapitalismus; sein langwieriger Versuch zu erklären, was der Unterschied ist zwischen Sowjetunion und Sozialismus –

Etc.

Vielleicht weil es zwischen Lynn und ihm nur die englische Sprache gibt, so daß er das eine und andere, was er sonst aussprechen würde, aus Faulheit nicht ausspricht, fällt ihm in ihrer Gegenwart mancherlei ein, was ihm sonst, wenn er's aussprechen könnte, gar nicht einfällt; es ist ein Unterschied, ob man in einer Fremdsprache oder in der eigenen Sprache schweigt: schweigend in der Fremdsprache verdränge ich weniger, das Gedächtnis wird durchlässiger ... Zwei Mal bin ich bei einer Geburt dabei gewesen; meine Frau hat es gewünscht. Darüber habe ich nie geschrieben. Meine Frau hat gewünscht, daß nicht darüber geschrieben werde. Auch habe ich nie davon gesprochen, glaube ich. Ich sehe es nur. Es ist lang her.

Was er alles nicht beschrieben hat:

Vier Abtreibungen bei drei Frauen, die ich geliebt habe. Drei Mal ohne Zweifel, daß es richtig ist. Nie ohne Schrecken. Die Rolle des Mannes dabei, der dann den Arzt bezahlt. Ein Mal: weil ich verheiratet bin, und sie möchte meinen Freund heiraten. Ein Mal mit einem andern Grund: es ist zu spät in unsrer Geschichte. Wir sind Freunde geblieben. Ein Mal ist es ein Irrtum gewesen; eine Schuld, so denke ich später, meine Schuld. Ich habe nicht den Mut, das Kind zu verlangen; ich sehe sie so ohne Zögern (wenn auch voller Angst natürlich) und ich bin betroffen. Ich frage nur nochmals: Du willst es wirklich nicht? Sie weiß, daß ich bei ihr bleiben möchte. Als jüngerer Mann habe ich mir Kinder nicht eigentlich gewünscht; die schlichte Nachricht, daß ein Kind gezeugt worden ist, hat mich gefreut: der Frau zuliebe. Später wird es anders, aber ich bin nicht deutlich genug mit meinem Wunsch, ich wage es nicht, da ich die Geliebte so ohne Zögern sehe. Dann stehe ich in einer nächtlichen Straße, nachdem ich noch einmal gefragt habe, und warte in Erbarmen. Alles andere, so meinte ich, wäre Erpressung. Auch das ist lang her. Die Epressung wäre richtiger gewesen (in diesem Fall). Ein Mal rät der Arzt dazu und gegen unseren Wunsch.

HOW DO YOU KNOW

sagt Lynn, da er behauptet, Wolken dieser Art bedeuten gar nichts und morgen (Sonntag) werde wieder ein blauer Tag sein. Sie liegen in den beiden Sesseln, die sie nicht verschoben haben, Abstand etwas mehr als eine Armlänge. Wer hat sie hierher gestellt, zwei Sessel irgendwo auf einem meilenlang-leeren Strand? Das kann nur einer getan haben: HERMES. Er ist froh, daß Lynn da ist. Es wäre sehr leer ohne die junge Fremde, das Meer und das Gelände mit Dünen und Wind. Er könnte nicht lange hier sitzen, er müßte gehen. Ohne Ziel. Es wäre Sand wie auf Sylt (1949) und Meeresbläue wie bei Sperlonga (1962) und Erinnerung. Auch wenn er Lynn nicht anschaut: sie macht die Gegenwart, ihr Körper im andern Sessel. Sie weiß nicht, was er denkt; er weiß nicht, was sie denkt. Kein Bedürfnis, ihren Körper zu berühren. Lieber möchte er ihn zeichnen können. (Ich kann ein wenig zeichnen, aber ich habe es lang nicht mehr getan. Es stört mich, daß es dann immer ein Plagiat wird, ein schwaches; indem ich es zeichne, verliere ich, was ich sehe.) Sie hat ihren Kopf zurückgelegt, das Gesicht nach der andern Seite hinüber, ihre Bluse etwas geöffnet, ihre beiden Hände in den Hosenschoß gelegt, die Knie hochgezogen; die Haut ihrer Füße und Waden ist bleich. Sie gibt sich der Sonne. Er sitzt aufrecht, seine Füße im Sand, meistens schaut er auf das nachmittägliche Meer. Ein dumpfes Poltern auf dem Grund, dazwischen hört man es zischen. Sie schläft nicht. Zu viel Wind. Sie hat ihren Kopf aufgerichtet und schaut irgendwohin. Als sie bemerkt, daß er sie anschaut, lacht sie.

MY LIFE AS A MAN:

wenn ich zufällig, in einem Konzert-Foyer zum Beispiel, die Mutter meiner Kinder sehe: ihr Gesicht, scheu mit einem Zug von Harm, der schon immer gewesen ist, ein gutes Gesicht, in den späten Jahren sogar offener, aber für immer ein Gesicht voll betroffener Unschuld – bin ich betroffen; ich sehe sie mit Hochachtung und verwundert, daß ich der Vater ihrer drei Kinder geworden bin.

DENN DU VERSTEHST SIE NICHT

die Mutter, 88, in Rom – sie will noch alles sehen, nämlich sie ist zum ersten Mal in Rom, sie ist unermüdlich. Sie schreibt sich alles auf, was sie von Tag zu Tag gesehen hat; das Heft endet mit dem Satz: ROM, ES WAR EINE GOTTVOLLE ZEIT! in altertümlicher Kalligraphie. Drei Jahre später, in einem städtischen Altersheim, will sie sterben; sie will; sie ist unwirsch, daß die Ärze mit solchen Spritzen kommen. Im Zimmer liegen noch drei andere Frauen, die manchmal, wenn man eintritt, wie Sterbende aussehen: mit offenem Mund. Ohne Röcheln. Ohne jede Regung überhaupt. Manchmal ist sie wirr (weil ich grad aus Odessa komme, wo sie als junges Mädchen, 1901, Kapern pflückt) und dann wieder klar: Ich sterbe jetzt, sagt sie, ich danke euch. Es dauert aber noch ein halbes Jahr. Der Arzt, dem ich ihren Willen gesagt habe, erklärt es mir, warum es ohne Spritzen qualvoll wäre; ein Erstickungstod. Eines Tages, als ich sie wieder besuche, führt man mich ins Sterbezimmer. Drei Tage und Nächte lang lösen wir uns ab, mein Bruder und meine Schwester, die nicht ihr Kind ist, und ich. Ab und zu kann man mit ihr sprechen. Ihre Sorge: ob jemand darauf achte, daß meine Jacken in Ordnung sind. Ferner beschäftigt es sie, daß wir mit diesen Besuchen viel Zeit verlieren. Ich bin noch nie dabei gewesen, wenn ein Mensch stirbt. Zuweilen sieht es aus, als sei sie tot. Wenn man sie anredet, so wundert sie sich, daß wir noch immer da sind. Ein Pfarrer steht zur Verfügung. Ich weiß, wie sie sich geärgert hat über seine Ansprache zu Weihnachten; er soll gesagt haben: So hoffen wir denn, daß wir alle auch die nächsten Weihnachten zusammen verbringen können. Da es heißt, daß die Leute in ihren letzten Stunden oft anders denken, frage ich sie, ob sie den Pfarrer sehen möchte. Sie ist wach, sie hat die Frage verstanden, sie überlegt, und dann sagt sie: Wozu? Ein Mal, als ich mich wieder verabschiede, sage ich: Du bist eine schöne Frau. Sie findet diese Erklärung nicht unangemessen; sie fragt, warum wir denn nicht eine Fotografie machen. Eine Veränderung ihres Zustandes sieht auch der Arzt nicht, und einmal lasse ich meinen Abendbesuch aus; im Zunfthaus zur Meise (Zürich) liest ein Kollege aus seinem neuen Roman, ich habe die freundliche Einführung zu sprechen. Kein schwieriger Auftritt, aber ich zittere vor Lampenfieber, und die Nacht endet in einem kollegialen Besäufnis; am andern Morgen, als ich das Telegramm lese, erlaubt es mein Zustand nicht, mich einer Toten zu zeigen ...

HAPPY

das ist genau das Wort:

FUN

zu sehen, was grad da ist:

MONTAUK BEACH

Ich habe nie einen ernsthaften Versuch unternommen, meinem Leben ein Ende zu machen; auch keinen unernsthaften. Ich habe nur oft, in jedem Lebensalter, dran gedacht. Wie ein Experte sehe ich da und dort die praktischen Möglichkeiten. Ich sehe einen Balken, der sich eignen würde. In einem Hochhaus kommt fast jedermann auf den Gedanken; hier wäre es ein einfaches und sicheres Unternehmen. Ich habe keinen Revolver im Haus, da ich nicht immer ein besonnener Mensch bin, und Freitod hätte ein besonnener Akt zu sein. Ich habe eine Bergstraße daraufhin besichtigt und kenne mindestens drei Stellen, wo kein Geländer ist, das wider Erwarten vielleicht standhielte, und wo es, vor allem bei Nebel, wie ein Unfall aussehen könnte. Die Bereitschaft dazu ist nicht selten, eine nüchterne Bereitschaft ohne vermeintlichen Anlaß.

LYNN:

sie hat von ihrer Arbeit erzählt, Lohnarbeit, er hat zugehört, nein, durchaus nicht zerstreut; wenn er etwas nicht versteht, so fragt er meistens. Er versteht sie leichter, wenn er auf ihren Mund schaut. Sie hat ein Buch über Delphine gelesen; Lynn weiß über Delphine mehr als er. Dann wieder kommt es vor, daß sie plötzlich nicht wissen, was reden – dieses Beisammensein tagsüber: nicht langweilig, nur sehe ich dann beide von außen: sie werden einander nicht kennenlernen ... Es ist immer noch die Küste, die Brandung vielleicht etwas näher als vor zwei Stunden, weder stärker noch schwächer. Die Sonne steht noch immer hoch am Horizont. Es ist jetzt angenehm, weniger heiß. Das Meer jenseits des weißen Gischtes auf den Wogen, die erst kurz vor dem Strand in sich zusammenbrechen, erscheint jetzt wie Tinte blauschwarz. Das stetige Geräusch der Brandung. Die beiden Hände unter dem Nacken gefaltet, um den Kopf etwas zu heben, um den scharfen Horizont zu sehen, schweigt er nicht; er verschweigt

nur, was ihn betrifft. Keine Tragödie. Alles verständlich, sogar selbstverständlich. Und richtig. Und er hat es vorausgesehen; jedermann hat es vorausgesehen. Es bleibt noch, daß er es jetzt annimmt. Ohne Beschwerde.
Und das kann man, die Hände unter dem Nacken gefaltet, um den Kopf
etwas zu heben –

An wen denkt Lynn?

Neulich hat sie ihre Kette vermißt. Zum Glück wischen die schwarzen
Zimmermädchen in jenem Hotel nicht unter den Betten. Der Kette, einer
goldenen, ist nicht anzusehen, warum sie unersetzbar wäre. Als er sie dann
gefunden hat – nicht in der Garderobe, nicht auf dem Tisch, nicht auf
dem gelben Sofa – hat er sofort in ihrem Office angerufen. Ihr Aufatmen
am Hörer. Das wäre nicht der Ort gewesen, um diese Kette zu verlieren . . .
Zum Abendessen erscheint Lynn in einem andern Kleid, das ihn weniger
überzeugt; dazu wieder die dünne Brille. Ihr Haar geknotet. Die Bedienerin, die seinen Gruß nicht abnimmt, gießt Wasser mit Eisklötzen in die
beiden Gläser. Die Leute ringsum: Gutverdiener hemdärmlig, wenig junge
Leute. (TOO EXPENSIVE, sagt Lynn) und dafür viele gestandene Paare, die
kaum je ein Wort miteinander wechseln, und Familien laut wie zu Hause.
Sonnenuntergang für alle. Eine Hochzeitsgesellschaft. Auch Lynn und er
können zuweilen schweigen. Die Anzahl der Personen, die sie gemeinsam
kennen, ist gering, Klatsch kaum möglich. Es gibt Lobster. Wie man mit
den Zangen umzugehen hat, Lynn nimmt an, daß er's vorführen kann.
Sie überschätzt ihn. Einiges an seiner Person befremdet sie, das sieht er.
Wenn er (bevor der Wein da ist) zu reden beginnt, nimmt sie aber an, es
könnte sie interessieren, und unterbricht ihn nicht schon im ersten Satz.
Jetzt kostet er den Wein, nickt. Davon versteht er etwas. Ob sie ihm ins
Wort fällt und wie oft, vermerkt er nicht. Die erste Schere ihres Lobsters
ist geknackt, Lynn kann es besser als er. Wenn sie fragt, was er denn damit
meine, so scheint sie nicht auszuschließen, daß eine längere Ausführung
von ihm (in seinem Englisch) sie überzeugen könnte. Er sagt Dinge, die
ihn überraschen. Das macht ihn heiter. Es erleichtert ihn auch, wie belehr-
bar er sein kann. Übrigens trinken sie wenig. Lynn stochert in ihrem Lobster, aber nicht um wegzuhören. Natürlich interessiert sie nicht alles, was
ihm in den Sinn kommt (zum Beispiel über Architektur). So viel, wie
man zuerst meint, ist nicht an einem Lobster; das rote Gehülse auf dem

Teller ein schöner Anblick, Lynn für einen Nachtisch bereit. Ergibt sich ein Einverständnis, so glänzt es; es riecht nicht nach einem sauer-vernünftigen Abkommen; es läßt sich weiterreden, obschon man einverstanden ist. Die junge Bedienerin, eine Studentin vermutlich, behandelt sie beim Nachtisch als ein besonderes Paar, tut, als habe sie Anteil an einer Art von Fest. Keine Zärtlichkeiten bei Tisch; sie sind nur ein Paar ohne die Mienen verhohlener Antipathie, ohne die kurzen Blicke, die der Partner nicht merken soll, wenn sie ihn von der Seite treffen, diese Blicke, wenn es für beide kein Geheimnis mehr ist, ihr tiefes Verbundensein ohne Wohlgefallen.

CENTRAL PARK

heute vor einer Woche: – sie liegen nicht im Gras umschlungen wie die andern Paare, sondern sie sitzen. Wenn Lynn nicht arbeiten müßte, könnte man ans Meer fahren; Lynn weiß, wo es schön wäre: Montauk. Ihre leichte Zuversicht, daß es schön wäre am Meer, ermuntert ihn zu dem Vorschlag für das nächste Wochenende, sein letztes hier. Es wird nichts versprochen, nur erwogen. Er sitzt, während Lynn sich ins Gras legt neben ihm. Sie verflucht ihre Firma; denn Lynn muß arbeiten, obschon es Sonntag ist. Ein sonniger Sonntag; der Park voll bunter Leute, keine Hippies mehr. Als sie sich erheben und gehen, weil es Zeit ist für Lynn, ist es Lynn, die ihren Arm in seinen Arm hängt; sie betrachten zusammen, Arm in Arm, einen schwarzen Seehund, dieses armlose Tier, das sich auf einen besonnten Kunst-Fels wälzt und glänzt. Geruch von verbrannten Brezeln, die hier verkauft werden. Sie gehen weiter und sehen: die Baseball-Jungen, viel Schwarze darunter, da und dort ein Vater, der für die Kinder einen farbigen Drachen steigen läßt, die blechernen Boote auf dem kleinen See zwischen den schwarzen Felsen von Manhattan ... Vor zwei Jahren (genau in dieser Jahreszeit; nur waren die Zweige grüner) habe ich hier posiert für das Deutsche Fernsehen; die Kamera-Leute, die meine unbefangene Persönlichkeit suchten, waren froh um Jakov Lind, der mich zum Lachen brachte. Marianne wollte nicht ins Bild kommen; als der Kamera-Mann sie zu überlisten versuchte, wehrte ich ab; ich verstand es, daß Marianne nicht ins Bild kommen wollte. Es ging (wie immer) um das Verhältnis des Schriftstellers zur Gesellschaft.

MY LIFE AS A MAN:

manchmal meine ich sie zu verstehen, die Frauen, und im Anfang gefällt ihnen meine Erfindung, mein Entwurf zu ihrem Wesen; zumindest verwundert es sie, wenn ich in ihnen sehe, was meine Vorgänger nicht gesehen haben. Damit gewinne ich sie überhaupt. NIE HABE ICH MIT EINEM MANN SO SPRECHEN KÖNNEN WIE MIT DIR, das habe ich mehr als ein Mal gehört bei Abschieden. Schmeicheln kann jeder, das habe ich nicht nötig; es schmeichelt ihnen, wenn sie mich unter dem Zwang sehen, sie zu erraten. Eine Zeitlang überzeugt es sie, was mir zu ihnen einfällt; ich sehe sie nicht simpel, sondern voller Widersprüche. DAS HAT MIR NOCH NIEMAND GE-SAGT, sagen sie, ABER VIELLEICHT HAST DU RECHT. Mein Entwurf hat etwas Zwingendes. Wie jedes Orakel. Ich staune dann selber, wie ihr Verhalten bestätigt, was ich geahnt habe. Natürlich habe ich nicht für jede Frau den gleichen Entwurf. Es läßt mir keine Ruhe, ich muß wissen, wen ich liebe. Erfahrungen mit einer Partnerin zu übertragen auf die nächste Partnerin, davor hüte ich mich. Wenn ich es aus Versehen trotzdem tue, so weiß ich mich im Unrecht. Es muß an mir liegen, wenn ähnliche Verhaltensweisen wiederkehren, oft sogar haargenau. Dabei fehlt es, so meine ich, nicht an Fantasie; ich erfinde für jede Partnerin eine andere Not mit mir. Zum Beispiel, daß sie die Stärkere ist oder daß ich der Stärkere bin. Sie selber verhalten sich danach, wenigstens in meiner Gegenwart. Wenn ich sehe, daß sie leiden, so sage ich, woran sie leiden, oder ich sage es auch nicht; ich meine es aber zu wissen. Kraft meines Wahns. Dieser verläßt mich nicht; alles, was in meinen Entwurf paßt, bietet sich als Beobachtung an. Ich sehe es doch, ich höre es doch, und wenn ich nicht dabei bin, so kann ich es mir ungefähr vorstellen. Ich muß es mir vorstellen; nicht ungefähr, sondern genau. Natürlich zweifle ich, ob meine genaue Vorstellung stimmt. DAS IST DEINE INTERPRETATION, sagen die Frauen; sie selber brauchen keine. Ob es mich peinigt oder beseligt, was ich um die geliebte Frau herum erfinde, ist gleichgültig; es muß mich nur überzeugen. Es sind nicht die Frauen, die mich hinters Licht führen; das tue ich selber.

MAX, DID YOU LOVE YOUR MOTHER?

Ja.

YOU DIDN'T LIKE YOUR FATHER?

Achselzucken.

WHY NOT?

Darüber hat er noch wenig nachgedacht.

YOU ARE VERY FOND OF YOUR CHILDREN?

Sie sind keine Kinder mehr, alle erwachsen, als Erwachsene anders als andere Erwachsene natürlich; es macht ihnen Mühe zu vergessen, daß er ihr Vater ist, und er weiß nicht so recht, wie man's macht, Vater von Erwachsenen zu bleiben . . . Offenbar ist es diese Hochzeitsgesellschaft, was Lynn irritiert:

DID YOU GET A WEDDING LIKE THAT?

Das zweite Mal nicht . . . CASA COMMUNALE, wo auch das Schulzimmer für die Dorfkinder ist, IL SINDACO, Tapezierer von Beruf, der das einfache und mit sorgsamer Handschrift selbst verfaßte Eheversprechen verliest, Trauzeugen aus Malerei und Literatur, alles in allem sieben Freunde; ein roher Tisch, wo beide ohne Übermut ihre Unterschriften geben, AUGURI, AUGURI, AUGURI, AUGURI, dann gehen alle in unser Haus (seit drei Jahren schon Unser Haus) zu einem Trunk mit Leuten vom Dorf.

MAX, ARE YOU JEALOUS?

ihre Frage zum Nachtisch. Es ist Samstag, und am Dienstag fliegt er; Lynn will immer noch seine Laster herausfinden. Übrigens ist es bereits vereinbart, daß sie sich keine Briefe schreiben werden; nur eine Ansichtskarte am 11. 5. 1975, sofern sie's nicht beide vergessen. Ihre Frage also wie eine Frage aus einem Fragebogen:

ARE YOU JEALOUS? AND IN CASE YOU ARE: COULD YOU KILL A PERSON? AND IF SO: HER OR HIM? AND IF NOT —

Er hat reichlich über Eifersucht geschrieben. Schon deswegen hat er sich in den letzten Jahren jede Eifersucht versagt. Es wäre keine neue Erfahrung für ihn, wenn er wieder in Eifersucht verfiele; es fiele ihm als Schriftsteller dazu nichts ein, nichts Neues. Es ödet ihn an, was er schon beschrieben hat, die Geschichte mit dem fleischfarbenen Kleiderstoff in Venedig etc. Er ist kein Schriftsteller mit großer Fantasie, das stimmt schon. Deswegen kann er sich gewisse Emotionen gar nicht leisten, weil sonst die Gefahr besteht, daß er sie abermals beschreibt als Emotionen einer Figur. Das ist der Nutzen der Schriftstellerei (dieser Art) für den Schriftsteller als Person; er muß gewisse Tatbestände, wenn sie in seinem Leben wiederkehren, anders verarbeiten – um Schriftsteller zu bleiben ... Der Pingpong-Tisch ist an diesem Abend frei. Lynn muß dann ihre Zotteljacke doch ausziehen, später sogar die Ärmel ihrer Bluse krempeln; es zahlt sich aus, daß zu Hause, jenseits des Atlantik, ein Pingpong-Tisch steht. Lynn ist flinker, schneidet aber die Bälle nicht und ärgert sich, wenn sie einen geschnittenen Ball nicht erwischt; ihr Ärger hilft ihm. Zugleich freut es sie, daß es wirklich ein Match wird. Das Tick-Tack in dem kahlen Raum tönt lustig. Was ihm zu Hause nur selten gelingt, jetzt aber fast immer: die kommenden Bälle, die langen, erst in ihrer sinkenden Flugbahn zu nehmen, meist unter Tischhöhe. Man hat dann mehr Zeit, und es kostet keine Punkte, wenn er, der Dicke, weniger flink ist. Natürlich erwischt sie ihn fast jedesmal, wenn sie den Ball ganz kurz hinters Netz gibt, was aber, da seine Bälle ziemlich scharf kommen, nicht allzuoft gelingt. Sein Hemd, das weiße, das bessere von den beiden, die er mitgenommen hat für das kurze Wochenende, ist schon völlig verschwitzt; das kommt von der Bückerei, wenn der Ball unter eine Truhe rollt. Lynn hat nicht erwartet, daß sie das erste Game verlieren könnte, dann das zweite. Noch ist nichts entschieden. Vorher muß sie aber ihr Haar wieder knoten, ihren blauen Schläger auf den Tisch legen, um beide Hände frei zu haben für ihr Haar; während sie es knotet, schweigen sie ... Oft soll er geredet haben, als wisse er Bescheid. Er fragt nicht: Wo bist Du gewesen? Sie preßt ihm Orangen, bevor sie aus dem Haus geht. Er hat ihre Zuneigung und verbietet sich jede Nachforschung; er liebt sie. Ab und zu macht er einen Scherz, um seinen Verdacht nicht ernstzunehmen; er macht es sich bequem. Das erleichtert die täglichen Irreführungen; es muß nicht viel gelogen werden, Verschweigen genügt. Übrigens kennt er den andern Mann und schätzt ihn sehr. Wenn da eine andere Liebe ist, denkt er, so wird man es ihm sagen früher oder

später. Zu dieser Zeit ist sie sehr glücklich, das sieht jedermann, auch er.
Was es schwer macht für die Frau: wieder und wieder kommt er mit Plänen für eine gemeinsame Reise, werbend in Unkenntnis der Lage. Warum
fragt er nicht rundheraus? Sie sagt sich: er will es nicht wissen. Er sieht
dem Freund in die Augen und sieht, daß der Freund ihn schätzt; das
stimmt auch. Langsam verliert er jeden leisen Verdacht. Es ist sein Fehler;
ein Mann, der es nicht merkt, daß die Frau aus einem andern Bett kommt,
ist kein zärtlicher Mann. Er merkt bloß, daß seine Arbeit sie wenig interessiert. Eine Einladung zu einem Vortrag in Austin nimmt er an, um ihr ein
anderes Amerika zu zeigen, Texas und New Orleans; ihre Flugangst ist unüberwindlich, und so fliegt er denn allein. Der Freund gibt ihm Adressen
von guten Leuten in Texas. Wieder sind sie überzeugt, daß er es weiß, und
achten ihn für sein überlegenes Verhalten. Zwar kommt er früher von seiner Reise zurück, aber nicht ohne sich anzumelden, und er wird herzlich
empfangen. Im Sommer, zu Hause in Europa, teilt er ihre Begeisterung
für New York; seine Bereitschaft, einen zweiten Winter in New York zu
verbringen, beglückt sie. New York ist wichtig für ihre Arbeit, so daß sie
ihre Flugangst überwindet und einen Monat voraus fliegt, da er noch Verpflichtungen hat in Europa. Ihre Briefe sind mit Schwung geschrieben,
froh und liebevoll. Die Penelope-Geschichte hört er kurz nach seiner Landung: ein gewisser Jack, den er noch nicht kennt, habe sie verführen wollen, ja, geradezu vergewaltigen, so daß sie Freunde rufen mußte, um diesen
betrunkenen Jack aus dem Zimmer zu bringen. Er nimmt Anteil an ihrer
Arbeit, doch braucht sie andere Helfer, und das versteht er; sein Englisch
ist dürftig. Man trifft sich nicht mehr zu viert, sie und er und der Freund
und dessen junge Frau, die schwierig geworden ist. Was sonst merkt er? Er
merkt, wie wenig er seine Frau zu überzeugen vermag, was immer das
Thema sei; sie weiß die ganze Zeit, daß er die ganze Zeit in Unkenntnis
seiner Lage lebt, und wie soll sie noch glauben können, daß er nicht in allen Dingen sich ebenso irrt? Je rechthaberischer er wird, um so öfter irrt er
sich tatsächlich; das merkt er. Ein schlechter Winter. Was kann die Frau
dafür, daß er so unsicher ist in seiner eigenen Arbeit? Dann wieder sitzt
er mit Gästen (sie kocht) und redet drauflos in Gegenwart ihres schweigsamen Freundes und merkt nicht, daß er so nicht reden würde in Kenntnis
der Lage. Ihr Blick von der Seite ist nicht Tadel, wie er meint; nicht ohne
Zuneigung, nur hilflos. Er überzeugt auch die andern nicht. Das liegt
nicht an seinem Englisch. Er überzeugt sich selber nicht. Sie wünscht

ihm Erfolg in Paris, THEATRE NATIONAL DE L'ODEON, er hätte Grund,
stolz zu sein, und statt dessen bedrückt ihn wieder ihre Flugangst, eine
Art von Klaustrophobie, weswegen sie ihn nicht nach Paris hat begleiten
können. Er weiß nicht, was mit ihm los ist. Der Arzt, den der Freund empfehlen kann, findet überhaupt nichts. Überschätzt er sich? Er erwartet Respekt. Er macht sich lächerlich gerade dadurch, daß er plötzlich wieder
meint, man nehme ihn nicht ernst. Das ist peinvoll auch für den Freund,
der ihn schätzt. Einmal steht er auf, der Freund, geht zur Tür und haut
ab. Hoffentlich widerfährt ihm nichts auf den nächtlichen Straßen, man
müßte sich um ihn kümmern. Es stellt sich heraus, daß der Freund inzwischen eine zweite Wohnung hat, eine kleine, da er in der ehelichen Wohnung nicht in Ruhe arbeiten kann, und da sitzt er denn auf dem Bett:
SORRY, sagt er, I AM DRUNK. Das kann es geben. Ein anderes Mal, als er
die Geburtstagstorte mit den dreiunddreißig Kerzen bringt und in Gesellschaft spaßig-ritterlich kniet vor seiner Frau, ist es auch nicht der Augenblick, um ihn in Kenntnis zu setzen – das tut sie ein Jahr später (1973)
in einem Gespräch am steinernen Tisch. Keine Beichte; ein Gespräch über
die Selbstverwirklichung der Frau. Sie sagt es beiläufig. Er fällt nicht vom
Roß wie der Reiter am Bodensee, sondern geht an die Arbeit; Korrespondenzen beruflicher Art. Eine natürliche Geschichte. Dazu gibt es nicht
viel zu sagen. Sie hat ein volles Jahr gedauert; eine große Liebe; sie hätten
miteinander leben mögen. Warum sie's nicht haben sagen können, schließlich versteht er auch das: sie haben nicht wissen können, daß er es versteht;
er hat keine Gewähr geboten, daß er, ein Sechzigjähriger, sich nicht er-
schießt, vergiftet, erhängt deswegen … Jetzt gilt's: Lynn hat den blauen
Schläger in die Hand genommen, sie spielen weiter. Was soll man hier anderes tun. Es ist noch nicht zehn Uhr abends. Die Brandung unter Scheinwerfern. Morgen wird's regnen.

Lynn gewinnt 5 : 3.

(Später, ungefähr einen Monat nach diesem Pingpong, falle ich doch vom
Roß – ich beschimpfe Jörg, der mir einmal, 1972, eine Arbeit von sechs
Jahren gerettet hat vor gänzlicher Verstümmelung; ein Freund also. Ich
gehe in seiner Stube auf und ab, ich lache: Unsere Gespräche unter vier Au-
gen, Männergespräche, während er also gewußt hat, was ich über meine
Ehe nicht weiß. Verzeihung! Ich nehme zurück, was ich im Zorn gesagt

habe. Wohin aber mit dem Zorn? Auch stimmt es ja nicht: nicht sie hat ihn damals eingeweiht, viele haben geredet, und er, als Freund, hat sie gefragt, ob ich davon wisse. Ich habe zu verstehen: ihre Bedrängnis. Hätte denn er, der für sie ein Bündel amerikanischer Liebesbriefe verwahrt in diesem Haus, ihr Vertrauen mißbrauchen dürfen? Ich bin trotzdem bestürzt. Ich rede scheußlich und dumm, wie Jörg es nie von einem gestandenen Mann erwartet hätte. Was geht's mich an, wieviele es vor mir gewußt haben? Ich bin bestürzt über mich; was denn sonst, wenn nicht meine Eitelkeit, hat mich genötigt, ein Geheimnis daraus zu machen, seit ich davon weiß, unser Geheimnis? Ich bin bestürzt über meine Eitelkeit. Warum sollte er, der Geliebte, seine Geschichte mit meiner Frau nicht dem einen und andern erzählen, bevor ich davon weiß? Es ist seine Geschichte.)

Die Bar ist kein Ort, um zu sprechen; zu laut, zu düster. Sie wollen nicht trinken. Man ist eigentlich nicht müde, nur erhitzt vom Pingpong; eine Dusche wäre willkommen. Plötzlich ist alles fragil; Melancholie der gemeinsamen Ortlosigkeit. Man müßte jetzt einen Einfall haben und hat ihn nicht. Lynn sagt:

IT WAS A BEAUTIFUL DAY!

In einer Woche tagt die Akademie in Berlin. Was macht Lynn heute in einer Woche? Das gibt kein Gespräch; ihre Pläne, seine Pläne. Eine Weile sitzen sie in der Loggia, Lynn in Pyjama mit Zotteljacke darüber; die nahe und immer wackere Brandung unter dem Flutlicht der Scheinwerfer; unterhalten können sie sich nur noch allgemein:

IST DIE EHE FÜR SIE NOCH EIN PROBLEM?

Ich erinnere mich an eine Frau, die sich ihre zehn Finger am Verputz in der Toilette blutig gekratzt hat, nachdem ich meinen Ehebruch gestanden habe. Das Blut am Verputz habe ich am Abend bemerkt, ihre wunden Finger erst am andern Morgen. Ferner erinnere ich mich an eine Frau, die sich aus dem Bett aufrichtet, um ihren Mann in seiner Praxis anzurufen: aus einer Kabine, sagt sie, und ich höre weg, und eine gute Stunde später speisen wir zu dritt . . .

Das Thema macht ihn nicht gesprächig.

Die Brandung unter dem Licht der Scheinwerfer ist nicht so laut, daß sie sich nicht unterhalten könnten. Sie schweigen jetzt trotzdem. Das Flutlicht reicht übrigens nicht weit hinaus; es zeigt drei Wellenkämme mit belichtetem Gischt, dahinter ist es schwarz, Nacht, kein Leuchtturm ist zu sehen, Nacht ohne Horizont. I AM FINE, sagt Lynn, als sie in der Loggia sitzt, IT IS NOT COLD AT ALL. Immerhin hat sie gern die Zotteljacke genommen, die er neulich nach dem Interview zum ersten Mal gehalten hat, dann auch eine weiße Wolldecke. Einmal Stimmen von einer Loggia nebenan; eine Warnung, daß man sie hören könnte. Sie schauen auf die drei Wellenkämme (dann wieder sind es nur zwei) mit dem kräuselnden Gischt, der aus der Nacht kommt. Lynn jetzt ohne Sonnenbrille; wenn sie im Sessel zurücklehnt, reicht ihr offenes Haar fast auf den Lattenboden der Loggia. In der Wölbung unter dem Gischt sind die kommenden Wellen grün, ein bleiches Grün und milchig. Die Musik aus der Bar hat aufgehört. Mitternacht. Manchmal prallt es wieder auf den Strand, so daß man vergißt, woran man eben gedacht hat. Meistens rauscht es gleichmäßig. Ein Mal sind es vier Wellenkämme hintereinander. Es wäre schade, jetzt zu schlafen, und sie sitzen noch lang. YOU ARE WATCHING ME. Wenn er ihre Schultern faßt, wenn er ihr Haar strafft und mit seinen flachen Händen nach hinten streicht, damit ihre Stirn ganz frei wird, lesbar als Stirn eines vertrauten Menschen, oder wenn er ihre rötlichen Brauen nachzeichnet mit seinem Finger: ohne Zweifel, daß seine Zärtlichkeit sich auf Lynn bezieht, die junge Fremde; sein Gefühl vertauscht sie nicht mit andern, wenn er ihren Körper küßt, bis sie ihn zu sich zieht. Ihr Haar auf seinem Gesicht, der weite und weiche Mund, ihre jetzt schmalen Augen, die plötzliche Ähnlichkeit aller Frauen im Augenblick ihrer Lust. Später ihr Kopf an seiner Schulter, Härte eines Schädels. YOU ARE THINKING. Eine wird die letzte Frau sein, und ich wünsche, es sei Lynn, wir werden einen leichten und guten Abschied haben ... Um sieben Uhr morgens, als er allein auf der Loggia draußen steht, ist es dem Himmel noch nicht anzusehen, ob es ein grauer oder blauer Tag wird. Er hofft, nicht geschnarcht zu haben. Die Latten unter den bloßen Füßen sind feucht, etwas glitschig. Er weiß nicht, was er denkt; er ist wach. Wie die Möwen. Auch das hölzerne Geländer, auf das er seine Arme stützt, ist naß. Er genießt es, zu frösteln und nichts zu denken. Er empfindet seine Füße auf dem kalten Lattenrost,

seine Hände auf dem Holz des Geländers; er hört die Möwen, aber er
schaut nicht. Was zu sehen wäre, das kennt er. Sein Körper läßt ihn empfinden, daß er im Augenblick da ist. Manchmal fragt er sich beiläufig,
was er mit seinen Jahrzehnten eigentlich gemacht hat. Andere können sagen: 5 Jahre im Krieg, 2 Jahre in Gefangenschaft. Ein anderer: 40 Jahre
bei der Bundesbahn. Ein andrer: 10 Jahre im Lager. Sie wissen, warum
das Leben kurz gewesen ist.

ARCHITEKTUR:

12 Jahre mit Reißbrett, Bleistift, Rechenschieber, Pauspapier, Reißschiene,
Zirkel, Geruch von Tusche. Der weiße Kittel des Zeichners. Wenn man
ein großes Pauspapier rollt: der zischende flatternde Ton. Rollen aus
Pappe. Die tägliche Fahrt zur Arbeit: ich bin nicht mehr Student und
nicht mehr Schriftsteller, ich gehöre zur Mehrheit. Ihre Gesichter in der
Bahn morgens und abends. Ich trage gern den weißen Zeichenmantel,
ich zeichne gern. Draußen schneit es, so daß man die Zeichenlampe
braucht; Glanz auf dem glatten Pauspapier. Es ist Krieg. Beim langsamen
Ziehen einer Linie mit Tusche halte ich den Atem an. Ich beschrifte auch
gerne; ich radiere, wenn eine Maßzahl nur leserlich geraten ist, nicht aber
schön. ZEMENT, SIKA, KLINKER, ZINK, GLASWOLLE, ETERNIT, das sind die
Vokabeln meiner Kalligraphie. Ich bin dreißig und habe endlich einen
Brotberuf, ein Diplom, ich bin dankbar, daß ich eine Stelle habe: acht
bis zwölf und eins bis fünf. Ich kann heiraten. Wenn ich den Rechenschieber benutze, so habe ich das Gefühl, ein Fachmann zu sein. Wieso grad Architekt? Der Vater ist Architekt gewesen (ohne Diplom); das durchsichtige
Pauspapier, die Reißschiene, die wippen kann, das Meterband als verbote-
nes Spielzeug. Ich zeichne exakter, als ich vordem geschrieben habe. Als
Zeichner von Werkplänen komme ich mir übrigens männlicher vor. Einmal auf dem Bau muß ich erfahren, daß eine Treppe, die ich gerechnet
und gezeichnet habe, nicht auf dem oberen Podest ankommt; es fehlt eine
Tritthöhe, während die Länge stimmt. Das kommt dann nie wieder vor.
Die Platten für die Stufen sind schon geschnitten gewesen; der Boß hat
den Schaden übernommen. Auf der Baustelle heiße ich: Herr Architekt.
Sehe ich meine Kalligraphie in den Händen eines Eisenlegers oder eines
Zimmermanns, so bin ich etwas kleinlaut, auch wenn die Pläne stimmen.
Oft habe ich keine Ahnung, wie etwas auszuführen ist; ich weiß nur, das

weiß der Arbeiter dann schon. Ein fades Gefühl gegenüber Handwerkern jeder Art. Wenn sie die Stirn runzeln, so bin ich froh, daß sie mich nicht fragen, wie sie's machen sollen, und ich entferne mich, wenn sie fluchen. Auch wenn ich mit der Zeit begriffen habe, wie eine Sache anzufangen ist: meine Hände könnten es nicht. Meine Hände halten dann eine Rolle, die mein Halt ist. Es bleibt ein Gefühl von Inkompetenz. Es scheint, daß die Arbeiter es nicht merken. Gerne würde ich ihnen lange Zeit zuschauen; das schickt sich aber nicht. Ich bin kaum besser bezahlt als sie; aber nicht bezahlt als Zuschauer. Die meisten Arbeiter sind älter als ich. Mein Bruder schenkt mir Vertrauen. Sein Geld ist knapp; es wird ein kleines Haus. Je simpler mein Plan, um so besser wäre es. Statt dessen will ich Einfälle zeigen, und es wird ein dummes Haus, aber es wird gebaut: der Aushub, das Gerüst, die Fundamente, die Schalungen und alles nach Plan, dann das Wachsen der rohen Mauern und was außerhalb des Planes liegt: viel Erde, Bretter, Haufen von Backsteinen, alles dinglich. Nachdem die Arbeiter gegangen sind, bleibe ich noch eine Weile, tue, als messe ich. Rohre für die Kanalisation, Kies, die Schaufeln, die Karren, die Rollen von Teerpappe körnig und etwas klebrig, Säcke voll Zement, die Latrine unter einem blühenden Kirschbaum, Bündel von angerosteten Rundeisen in der Wiese. Ein Mal träume ich: das fertige Haus ohne Ähnlichkeit mit meinen Plänen, aber gebaut nach meinen Plänen, sagen sie. Verglichen mit dem Traum sind es kleine Schrecken, die mich auf der Baustelle erwarten: ein Fenster viel zu groß. Man kann es nicht mehr verkleinern; die Fensterrahmen sind schon bestellt. Selbst Einfälle, die eine Einsparung brächten, kommen jetzt zu spät. Mein Bruder tut mir leid. (Zwanzig Jahre später schenkt er mir nochmals sein Vertrauen; das zweite Haus ist wenigstens vernünftig, es steht richtig im Gelände und macht keine Faxen.) Mein erster Fehler als Boß: ich stelle einen Hochschulfreund an, wir haben bisher als Angestellte nebeneinander gearbeitet, ich biete 500 Franken statt 350 monatlich, und da wir uns immer über diesen starren Stundenplan geärgert haben, acht bis zwölf und zwei bis sechs, biete ich ihm die kleine Freiheit, seine Arbeit zu machen, wann er will, vierzig Stunden in der Woche. Der andere, ein Techniker, ist mir als Korporal aus dem Militär bekannt und zu dieser Zeit froh, eine Stelle zu finden; auch wir duzen uns. Unsere Arbeit ist dringlich und schön, nämlich Entwurf, oft arbeite ich zu Hause in die Nacht hinein; zugleich empfinde ich es als unschicklich, wenn ich, jetzt als Boß, später als die andern an den Zeichentisch komme oder frü-

her weggehe. Komme ich aber Punkt acht Uhr und stehe ich schon im weißen Zeichenmantel, wenn sie kommen, so wirkt es, als spiele ich den Aufseher; das stört mich auch. Gelegentlich muß ich zu Besprechungen;
komme ich nach zwei Stunden zurück, so kann Kurt, der Hochschulfreund, kaum warten mit seinen Skizzen, die zeigen sollen, wie beflissen
er arbeitet. Seine Vorschläge sind lausig, aber Einwände kränken ihn gar
nicht, er ist willig, die Sache nochmals zu studieren. Der Bauzeichner,
der andere, verhält sich still und immer stiller, bis er eines Tages seine Kündigung ausspricht. Wieso? Er will nicht einen höheren Lohn; es erbittert
ihn nur, daß mein Hochschulfreund, kaum bin ich weg oder auch nur
im anderen Zimmer, seine persönlichen Arbeiten vornimmt. Ich brauche
nicht unter seinem Reißbrett nachzusehen; ich sehe es ja, was er mir vor-
legt: Bluff mit weichem Stift, Skizzen, die in zehn Minuten zu machen
sind, und wie er mir schmeichelt, wo er nur kann. Der andere, der Bauzeichner, ist der einzige Praktiker in meinem Laden, ein Gewissenhafter;
er arbeitet für seinen Lohn, während der Diplom-Architekt, besser bezahlt,
mich seit Monaten hintergeht, und das verdrießt ihn, das nimmt ihm jede
Lust an seiner Gewissenhaftigkeit. Sein Name: Adam. Er wohnt in dem
Haus, wo wir arbeiten. Eines Morgens, als ich wie üblich zur Arbeit
komme, finde ich seine Frau wie eine Wahnsinnige, die mich packt: ICH
BIN KEINE MÖRDERIN, HERR FRISCH, ICH BIN KEINE MÖRDERIN, SAGEN
SIE, DASS ICH KEINE MÖRDERIN BIN! und sie zeigt mir den Säugling. Das
kleine Bett hat sie in der Nacht, um schlafen zu können, hinunter gestellt
in mein Büro. Ein bläulicher Säugling. Erstickt. Ihr Mann, der Korporal,
ist zu dieser Zeit beim Militär; ich muß es ihm mitteilen. Es trifft die Gewissenhaften. Es vergehen Wochen, bis ich den andern in ein Café bitte;
ich brauche fast nichts zu sagen, sage bloß, daß wir etwas zu besprechen
haben. Kündigung? Er nimmt sie an, bevor sie ausgesprochen ist und ohne
nach meiner Begründung zu fragen; ich bin froh, daß ich den Grund nicht
erwähnen muß, sonst könnte Kurt mir entgegnen: Genau das hast du ja als
Angestellter auch gemacht, unter dem Reißbrett hast du an deinem Wettbewerb gezeichnet. Lange Zeit bleibt das Projekt auf dem Papier, Mangel
an Zement in diesen Jahren, Mangel an Eisen, das der Krieg verbraucht.
Ich beginne, zu dieser Zeit nicht vollbeschäftigt, wieder zu schreiben:
Theater, damit sich etwas verkörperlicht. Schreiben am Feierabend. Ich
will nicht ertappt werden dabei, daß ich im Büro etwas anderes treibe;
nur für dringliche Einfälle liegt ein Zettel unter meinem Reißbrett. In fünf

Wochen das erste Stück, das zweite Stück in drei Wochen; das Schauspielhaus Zürich führt sie auf, es entgeht der Baubehörde nicht, daß ich also
dichte. Einmal holt mich der Bauführer in seine Baracke, um mir etwas anzuvertrauen: ein Plan, unterzeichnet mit meinem Namen wie alle Pläne,
hat einen argen Fehler im Ausmaß. DIE MASSE SIND AM BAU ZU KON-
TROLLIEREN, so der übliche Stempel auf jedem Plan; ich danke dem Bauführer, daß er den Fehler bemerkt hat, bevor die Bulldozer zuviel Erde ausgehoben haben, und sage, daß übrigens nicht mein Bauzeichner dran
schuld ist; ich selber habe diesen Plan gezeichnet, nicht bloß unterschrieben, sondern selber gezeichnet. Das hätte ich nicht zu sagen brauchen.
Das hat zur Folge, daß für den Rest der Bauzeit (zwei Jahre) dieser Bauführ-
rer nie zugibt, es sei ihm ein Fehler unterlaufen; es ist ausgemacht, wem
hier die Fehler unterlaufen. Eine Zeitlang geht beides nebeneinander, der
Bau und die Proben auf der Bühne. Um acht Uhr ins Büro; um zehn
Uhr fahre ich ins Schauspielhaus zu den Proben, sitze als Laie im Parkett
und höre. Wenn die Schauspieler nach Hause gehen, um Texte zu lernen,
fahre ich zur Baustelle und sehe, wie sie den Sprungturm ausschalen, anderswo Platten verlegen, wie der Schreiner endlich seine Werkstattarbeit
bringt und einpaßt. Da klappt nicht alles, sowenig wie bei den Proben
im Schauspielhaus. Verkörperlichung dort wie hier. Zwar bewerkstelligen
es die andern, trotzdem habe ich das Gefühl, Hände zu haben. Es entsteht
etwas. Es ist mir bewußt, daß das eine volle Zeit ist Tag für Tag; nicht ohne
fachliche Sorgen, da der letzte Akt sich als dünn erweist und da die Lasur
für das Holzwerk häßlich ist, unwiderrufbar. Bevor ich die Baustelle verlasse, säubere ich die Schuhe mit einer Latte oder einem Draht, dann
nehme ich mein Fahrrad. Es kommt vor, daß ich auf dem Fahrrad pfeife.

12. 5. 1974:

das Morgenmeer perlmuttergrau unter tiefem Gewölk, die Brandung flau,
keine Sonne. Es ist besser, die Schuhe auszuziehen und barfuß im Sand zu
gehen, die Schuhe in den Händen. Möwen über der leeren Küste, lauter als
jede Empfindung, lauter als die Brandung. Er denkt: Heute wird's regnen.
Büschel von Gras auf der Düne. Es ist windig, und er trägt nur das Hemd,
keine Jacke; man friert nicht, solang man stapft. Es regnet noch nicht.
Wieder kein Mensch weit und breit. Da und dort eine Plastik-Dose im
Sand; die hat man gestern nicht bemerkt. Er fragt sich, wie weit er gehen

wird, die Schuhe in den Händen. Die beiden Sessel von gestern sind winzig in der Ferne, kaum noch zu erkennen. Er fühlt sich wohl. Er stapft. Kurz nachdem er beinah gestolpert ist, weiß er, was er, die beiden Schuhe in den beiden Händen, gedacht hat: Ich möchte dieses Wochenende beschreiben können, ohne etwas zu erfinden, diese dünne Gegenwart – das hat er aber schon gestern gedacht in der Boutique; den Namen der Ortschaft hat er vergessen. Dann wieder denkt er gar nichts ... Dann wieder dasselbe: Ich möchte nichts erfinden; ich möchte wissen, was ich wahrnehme und denke, wenn ich nicht an mögliche Leser denke. Schreibe ich denn, um Leser zu befriedigen, um Kritiker zu beliefern! Die Frage, ob man beim Schreiben an den Leser denke, kommt in jeder Universität. Zum Beispiel, denkt er, habe ich mir die Leser nie barfüßig vorgestellt ... Wo der Sand am Auslauf der Brandung feucht ist und dadurch härter, so daß man leichter geht, werden die Füße kalt. Es ist Flut, der Strand schmaler als gestern. Weiter von der Brandung entfernt, dort wo der Sand trocken ist, wird es ein mühsames Stapfen, und die Haut der Sohlen beginnt zu brennen. Ein körniger Sand. Einmal müßte man so lang gehen, bis man keine Haut mehr an den Sohlen hat und wirklich zu sich selbst spricht.

SONST BLEIBT'S IM TRAUM:

– drei oder vier Hunde, Doggen vielleicht, es sind große Hunde. Ich bin mit ihnen eingesperrt in diesem Hundezwinger. Sie greifen mich aber nicht an, sie bellen. Ich sehe nicht hinaus. Sie bellen wie tollwütig. Ich weiß nicht, wer draußen vor dem Zwinger ist, man hört Stimmen, der Zwinger bleibt verriegelt. Sonst würden die Hunde euch zerreißen. Sie kläffen nicht bloß, jetzt kratzen sie mit ihren Pfoten durch den Spalt unter der Türe; wenn sie die Beine zurückziehen, sehe ich, daß ihnen die Pfote abgehackt ist, eine nach der andern.

Gestern der lange leichte Nachmittag: als sei's verwunden (wie schon öfter) ein für allemal, Blick zurück ohne Zorn und ohne Selbstmitleid, alles verwunden und geläutert (es haben nur noch die Hexameter dazu gefehlt) ein für allemal, und jetzt bleibt er auf der Düne stehen, die Schuhe in den Händen, um zu sagen:

DAMN!

erstens ist das Meer nicht perlmuttergrau, die Möwen sind nicht weiß, der Sand weder gelb noch grau, nicht einmal das Gras ist grün oder gelb, das tiefe Gewölk nicht violett –

DAMN!

Ich lebe stets in Unkenntnis der Lage.

DAMN!

Nachher verstehe ich mein Verhalten nicht. Ein Ausspruch, der mich getroffen hat wie ein Messer, ist überhaupt nie gefallen; alle bezeugen es. Ich verletze mich an einem Wahn. Meistens kommt es nicht zum Vorschein, wenn das Hirn mich im Stich läßt; nur ich bemerke meine Fehlleistungen jeden Tag. Das macht unsicher und aggressiv. Meine Furcht davor, daß das Hirn mich im Stich läßt, und meine Emotionalität: labil, exaltiert, fragil. Es hilft nichts, daß ich dieses oder jenes zu wissen meine. Ein langer leichter Nachmittag: die Welt entrückt in ihre Zukunft ohne mich, und so die Verengung auf das Ich, das sich von der Gemeinsamkeit der Zukunft ausgeschlossen weiß. Es bleibt das irre Bedürfnis nach Gegenwart durch eine Frau. Ich kenne das Vakuum: wenn eine Viertelstunde, die nächste, länger erscheint als das vergangene Jahr, und dabei habe ich grad noch gemeint, ich hoffe etwas. Der Kranke in mir, der tot sein will und dazu schweigt; sein gelassenes Bedürfnis, mein Hirn an die nächste Wand zu schmettern –

SHIT!

Am Mittwoch werde ich 63 ... Heute wirds regnen, das hat er aber schon vor einer Stunde gedacht, und es regnet noch nicht. Einmal ein paar Tropfen. Es ist neun Uhr. Nach zehn Uhr (das hat er an der Zimmertüre gelesen) gibt es kein Frühstück mehr – so weiß er wieder, was er denkt, die Schuhe in den Händen: Ich muß sie wecken ... Morgens ist Lynn nicht ansprechbar. Ihre Lider jetzt ohne Schminke blaß und wächsern. Sie atmet aber. Ihr offenes Haar auf dem Kissen, ein nackter Arm hängt fast auf den Boden, ein Fuß unter dem Linnen hervor.

IN DIESEN TAGEN STEH ICH AUF MIT DEN BIRKEN
UND KÄMM MIR DAS WEIZENHAAR AUS DER STIRN
VOR EINEM SPIEGEL AUS EIS.

...

IN DIESEN TAGEN SCHMERZT MICH NICHT,
DASS ICH VERGESSEN KANN
UND MICH ERINNERN MUSS.

Im Morgengrauen vor Jahren (1958) gehe ich auf der Küstenstraße, während sie schläft; nicht barfuß, aber in den Espadrilles beginnen die Füße auch zu brennen. Es ist dringlich, und ich gehe geschwind. Ich schaue kaum. Trotzdem sehe ich in der Bucht die reihenweise verankerten Schiffe zum Verschrotten, Fischerboote weit draußen im Morgengrauen. Zuerst bin ich nur vors Haus gegangen und habe mich an die Mole gesetzt, ab und zu ein Blick zu dem Haus hinauf. Habe ich gehofft, sie suche mich? Wenn man schläft, ist eine Stunde nichts; sie wird lang für den Wachenden. Dann bin ich geschlendert, um nicht zu frösteln. Plötzlich auch die Langeweile. Wo die schmale Küstenstraße um den Fels biegt, dort wo man zuletzt den kleinen Hafen noch sieht, das Haus, wo sie schläft, die kleine Terrasse im obersten Stock, habe ich mich nochmals auf die Mauer gesetzt, die beiden Arme zur Seite gespreizt, die Hände flach auf dem rauhen Mörtel, die Füße mit den Espadrilles pendelnd. Nachdem ich den Mörtel von den Händen gerieben habe, gehe ich, bevor dieser Tag wird. Wie einer, der eine Meldung zu bringen hat, eine dringliche, gehe ich weg. LA SPEZIA; ich komme nicht weiter. Zu früh vor Tag, um einen Kaffee zu bekommen. Kein Mensch auf den Beinen, kein vernünftiger, alle Rolläden geschlossen. Sie bauen noch nicht einmal den täglichen Markt auf. Kein Bus; man kann mitten auf den Straßen gehen. Ich bin froh um das Schlottern auf einer öffentlichen Bank, alles Denken hilflos, ich weiß nicht, in welcher Richtung die Zukunft liegt. Später am Bahnhof, nachdem ich den Fahrplan studiert habe ohne Lesebrille, sehe ich nach, wieviel Geld ich denn in der Hosentasche habe. Fort von ihr oder zu ihr? In ihrer Nähe gibt es nur sie, in ihrer Nähe beginnt der Wahn. So viel habe ich schon gewußt. Noch meine ich, es sei zu entscheiden wie mit einer Münze, die man wirft: Kopf oder Schrift? Es ist aber schon entschieden.

Zum Hohn bloß werfe ich tatsächlich eine Münze, 100 Lire, nehme sie vom Boden, ohne hinzusehen, ob Kopf oder Schrift; ich warte nur noch, bis es einen Kaffee gibt in dieser Stadt: LA SPEZIA ... Genau um diese graue Morgenstunde vor zwei Monaten: PARIS, die ersten Küsse auf einer öffentlichen Bank, dann in die Hallen, wo es den ersten Kaffee gibt: am Nebentisch die Metzger mit den blutigen Schürzen, diese zu plumpe Warnung. Ihre Reise nach Zürich. Die Verstörte am Bahnhof; ihr Gepäck, ihr Schirm, ihre Taschen. Eine Woche in Zürich als Liebespaar und aus klarer Erkenntnis der erste Abschied. Das gibt es tatsächlich: daß Haare zu Berge stehen. Ich habe es bei ihr gesehen. Die klare Erkenntnis, lebbar nicht länger als vier Wochen. Meine Reise nach Neapel. Sie am Bahnhof; ihre Arme haben Kraft. Wohin mit uns? Schließlich ist es ein Zufall, wo wir eine Unterkunft bekommen; wieder zu plump: PORTO VENERE, wo wir im Taxi angekommen sind wie auf einer Flucht ... Dann habe ich den Sand aus den Espadrilles geschüttelt, bevor ich aufgestanden bin, und die Münze gebe ich für den Kaffee. Wir leben sieben Monate zusammen, dann werde ich krank. (Hepatitis.) Ich bin achtundvierzig und habe noch nie in einem Spital gelegen, ich genieße die Einlieferung, alles weiß und mit Bedienung. Dann aber die Angst, das Gedächtnis zu verlieren. Zum ersten Mal diese Angst. In der Nacht ein Satz, den ich ihr sagen muß: Der Satz. Er scheint mir richtig und infolgedessen ist es wichtig, daß ich, unfähig zu Notizen, den Satz auswendig lerne. Morgens die tägliche Infusion in den rechten Arm, das dauert drei oder vier Stunden, dieses Tröpfeln aus der Blase über mir. Um ihn nicht zu verlieren, wiederhole ich den nächtlichen Satz von Viertelstunde zu Viertelstunde; ohne jedes Mal denken zu können, was er heißt. Eine Gruppe von Wörtern. Vor allem nach der Visite des Oberarztes, nachdem ich andere Wörter gehört habe, ist es dringlich, diese Gruppe von Wörtern wieder herzustellen. Nach der Infusion ist man ermattet, aber nicht nur das; auch Sehstörungen. Ich muß aber den Satz notieren, bevor ich in Schlaf falle. Gegen Abend fühlt man sich wach; ich lese den Satz, der keiner ist: das Subjekt ist nicht zu entziffern, ich rate vergeblich, und es fehlt jedes Verbum. Ich habe Angst. Sie besucht mich, und ich kann's nicht sagen. Kann ich hören? Ich bemerke nicht, daß sie heute ein neues Kleid trägt, ein sommerliches. Sie ist enttäuscht; sie ist den ganzen Tag in Zürich herumgelaufen, um mich zu erfreuen mit einem neuen Kleid. Ferner hat sie Blumen für mich gekauft, Rittersporn, da ich Rittersporn mag; sie stehen in der Wohnung, sagt sie, drei Sträuße. Ich verstehe alles

nicht. Ich schicke sie weg. Ich bin gelber als ein echter Chinese und ver-
füge den Kauf von zwei Volkswagen, einen für sie, einen für mich, wenn
ich aus diesem Spital komme. Zum Glück ist jemand auf Durchreise hier,
der sie nach Rom begleiten kann. Nicht irgend jemand: Hans Magnus. Ich
habe sie weggeschickt, Sommer 1959, und kurz darauf werde ich gesund.
Ich kann schon wieder gehen: eine halbe Stunde zur Schwefelquelle und
eine halbe Stunde zurück, später mehr. Das Gedächtnis ist auch wieder
da, sie also in Rom. Als ich vier und fünf Stunden am Tag gehen kann,
weiß ich, daß ich nicht leben will ohne sie. ROMA NON RISPONDE, ich
kann es nicht fassen, daß ich sie eine Nacht lang nicht erreiche, auch tagsüber nicht, ROMA NON RISPONDE, ich kann mir vielerlei Gründe denken,
und alle sind mir durchaus gleichgültig; was mich fertigmacht: dieses
Klingeln, bis wieder die Stimme kommt: ROMA NON RISPONDE. Ich hole
eine Decke, da ich immer wieder einschlafe neben dem Apparat, und stelle
den Wecker, um anzurufen jede Stunde. Ein Kranker hat sie weggeschickt,
ich weiß; der Arzt hat erlaubt, daß ich mich ankleide und einige Minuten
auf die Straße gehe, um den beiden zu winken bei der Ausfahrt. Hat sie
meine Briefe nicht bekommen? Ich bin nicht mehr gelb; ich will sie. ROMA
NON RISPONDE, ROMA NON RISPONDE. Einmal höre ich doch ihre
Stimme; wenige Tage danach treffen wir uns an der italienisch-schweizeri-
schen Grenze und rollen in zwei Volkswagen nach Zürich. Was in Rom gewesen ist, sagt sie. In Zürich der Versuch mit zwei Wohnungen; sie wohnt
in dem Haus, wo Gottfried Keller als Staatsschreiber gewohnt hat, mit Türen aus Nußbaum, Beschläge aus Messing. Was traue ich mir zu? – in
Siena, Herbst 1959, stehe ich vor der Post wie ein erwachter Traumwand-
ler, eine Weile lang nicht imstande, jetzt über den besonnten Platz zu gehen: der Brief ist abgeschickt, Expreß, ein dicker Brief. Ich habe ihr die
Ehe angetragen. Ja. Ihre Antwort kann ich mir nicht vorstellen. Nein.
Der Freund, der in einer nahen Bar auf mich gewartet hat, findet mich
ziemlich verstört und weiß nicht warum. Wann kann ihre Antwort mich
frühestens erreichen? In diesem Herbst darf ich nicht trinken, nicht einmal Kaffee; so nüchtern habe ich uns die Ehe vorgeschlagen. In Assisi gehe
ich zuerst zur Post, dann in den Dom, wo gerade eine Hochzeit aufgeführt
wird, eine katholische; in Florenz zur Post, bevor ich mit dem Freund ein
Hotel suche. Soll ich es wagen und anrufen? Mein Brief, den ich im Augenblick noch auswendig weiß, ist angekommen, das höre ich von ihr erst
bei unserem Wiedersehen in Zürich. Was hätte ich, ein halbes Jahr nach

der späten Scheidung meiner bürgerlichen Ehe, unter Ehe verstanden? Ich
begleite sie nach Frankfurt; im Hörsaal, während ihrer ersten Vorlesung,
sitze ich und halte ihren Mantel auf meinen Knien. Die nächsten Male will
sie allein nach Frankfurt fahren; einmal auf dem Bahnsteig, als ich sie abhole, bleibt sie stehen, sowie sie mich sieht, ganz und gar verwirrt. Was
in dem Telegramm steht, das sie am andern Tag so bestürzt, bleibt ihr Geheimnis. Es befreit mich nicht aus meiner Hörigkeit, daß ich in diesem
Winter, zwischen unseren zwei Wohnungen, zu einer andern Frau gehe.
Auch meine Kinder lieben sie, glaube ich. Später ziehen wir zusammen
nach Rom, VIA GIULIA 102, wo es lärmig ist. Ihr Rom. Das Gerücht unserer Verehelichung geistert durch Zeitungen mit Angabe einer italienischen
Kapelle, die ich nie gesehen habe. Glaubt man ihr die Freiheit nicht? Als
Gäste bei Freunden, ihren oder meinen, bekommen wir fraglos ein Zimmer zusammen; wir sind ein Paar, eine Art von Paar, es ist kaum noch zu
verheimlichen. In einem italienischen Restaurant kommt ein Deutscher
an unseren Tisch, ich sehe eine Begrüßung voll Freude über den Zufall dieser Begegnung und höre eine halbe Stunde lang zu; sie stellt mich nicht vor
und ich stelle mich nicht vor, weil ich weiß, daß sie es nicht möchte, und
er, Peter Huchel, wagt sich auch nicht vorzustellen, obschon er mich erkannt hat. Manchmal ist es komisch. Als ich sie in Neapel besuche, zeigt
sie das Haus nicht, wo sie wohnt, und nicht einmal die Straße; das verstehe
ich. Sie hat eine große Scheu davor, daß Menschen, denen sie nahesteht,
einander begegnen. Sie möchte nicht, daß ich je zu einer Tagung der
GRUPPE 47 erscheine; das bleibt ihre Domäne. Sie hat mehrere Domänen.
Dann und wann verdrießt mich die Geheimnistuerei. Was fürchtet sie?
Einmal reisen wir nach Klagenfurt; sie zeigt mir den Brunnen mit dem
Lindwurm, berühmt durch ihren Text; ich bin (so sagt sie) der erste Mann,
dem sie das zeigt, und sie zeigt mich der Familie. Dann wieder, in Rom,
scheidet sie Vergangenheit und Gegenwart; plötzlich bleibt sie stehen,
wie von einem Ziegel getroffen, und hält den Handrücken vor ihre steile
Stirn: Bitte, nein, laß uns nicht durch diese Gasse gehen, nein, bitte nicht!
Ich frage nicht. Man vergibt sich mit seinen Geheimnissen. Das ist wahr.
Eine Versammlung aller, die je in unser Leben hineingespielt haben oder
eines Tages hineinspielen könnten, das ist eine schreckliche Vorstellung:
ihre Kenntnisnahme gegenseitig, ihre Übereinkunft nach dem Austausch
widersprüchlicher Kenntnisse, ihr Verständnis für einander, das wäre das
Begräbnis unseres Selbstverständnisses. Ihr Glanz; wir sitzen vor einem rö-

mischen Makler, der die Wohnung einer Baronessa vermietet und zu verstehen gibt, die Baronessa könnte als Mieter einen amerikanischen Diplomaten vielleicht vorziehen, DOTTORE, sagt sie entgeistert wie eine Königstochter, die nicht erkannt worden ist und zögert, SENTA, sagt sie, SIAMO SCRITTORI, und wir bekommen die Wohnung; Terrasse mit Blick über Rom. Oft ist sie für Wochen weg, ich warte in ihrem Rom. Ein Mal, als ich sie auf der Fahrt nach Rom weiß, kann ich keine Stunde mehr warten, sondern fahre vor die Stadt hinaus und halte Wache auf einer Böschung der Straße; ich warte auf ihren blauen Volkswagen. Um sie zu begrüßen. Für den Fall, daß die Fahrerin mich an der Straße nicht sieht, steht mein Wagen startbereit in Richtung ROMA/CENTRO. Es kommen Volkswagen hin und wieder, auch blaue, so daß ich winke. Vielleicht speist sie noch in Siena, RISTORANTE DI SPERANZA, ich habe Zeit. Sie hat mich dann nicht erkannt, aber es dauert nicht lang, bis ich sie einhole; ich sehe ihren runden Kopf von hinten, ihr Haar. Offenbar versteht sie mein Hupen nicht, und es dauert noch eine Weile, bis ich vorfahren kann in der Art, wie die Polizei vorfährt, um einen Wagen zu stoppen, und so ist sie denn auch erschreckt. Ich bin ein Narr und weiß es. Ihre Freiheit gehört zu ihrem Glanz. Die Eifersucht ist der Preis von meiner Seite; ich bezahle ihn voll. Auf der sommernächtlichen Terrasse mit Blick über Rom schlafe ich mit dem Gesicht in der eignen Kotze. Ich leide zur Mehrung meines zärtlichen Verlangens. Wenn sie aber da ist, so ist sie da. Oder täusche ich mich? Was es nie gewesen ist: Ehe als Häuslichkeit in Kleinmut. Was quält mich? Ich sitze in meinem Zimmer und belausche sie nicht, aber ich höre, wie sie am Telefon mit jemand spricht; ihre Stimme ist fröhlich, sie lacht, es wird ein langes Gespräch; ich habe keine Ahnung, wem sie es sagt: Übermorgen fahre ich nach London! ohne zu erwähnen, daß wir zusammen nach London fahren zu meiner Aufführung. Einmal habe ich getan, was man nicht tun darf: ich habe Briefe gelesen, die nicht an mich gerichtet sind, Briefe von einem Mann; sie erwägen die Ehe. Ich schäme mich und schweige. Sie lügt nicht, wenn ich frage. Sie schreibt: Wenn sich zwischen uns etwas ändert, so werde ich es dir sagen. Wieder einmal meine ich, daß ich es nicht aushalte ohne sie. Ich fahre nach Norden, die Strecke, die ich auswendig kenne: zehn Stunden bis Como, wo ich sonst übernachte, aber dieses Mal fahre ich weiter ohne Pause. Sie weiß nicht, daß ich unterwegs bin zu ihr. Ich fahre weiter: bis Airolo, Schweiz, wo es Nacht ist. Vollmond. Eine Fahrt über den Sankt Gotthard müßte jetzt schön sein.

Kurz darauf komme ich in dichten Nebel; man muß sich anstrengen, um die Marksteine zu erkennen. Später regnet es. Ob nicht eine Übernachtung im Hospiz vernünftiger wäre, überlege ich, doch ich steige nicht aus. Ich fühle mich gar nicht müde, im Gegenteil. Kurz nach dem Hospiz, als es talwärts geht, fällt der rechte Scheinwerfer aus. Ich stoppe nicht, sondern verlangsame nur die Fahrt. Zwanzig Stundenkilometer, mehr ist einfach nicht möglich, da ich nur noch den linken Scheinwerfer habe und die Marksteine auf der rechten Straßenseite erkennen muß, um zu erraten, wo es weitergeht. Es regnet in Strömen. Ich bin jetzt der einzige Fahrer auf der Strecke, keineswegs erschöpft oder auch nur schläfrig (so meine ich) nach vierzehn Stunden am Steuer allein. Als ich plötzlich einen weißen Markstein nicht zu meiner Rechten sehe, sondern links, weiß ich, daß ich die Straße verfehlt habe, und stoppe scharf. Der Wagen bleibt stehen, etwas vornüber geneigt. Ich steige nicht aus, um nachzusehen, wie der Wagen jetzt über dem Abhang steht; ich schalte auf Rückwärtsgang. Und es geht. Und ich fahre weiter. Sehr langsam. Hin und wieder stoppe ich, um die Scheibe zu wischen. Es bleibt neblig, auch als der Regen nachläßt. In Andermatt ist kein Hotel mehr offen, so scheint es; Mitternacht vorbei. Also fahre ich weiter, nachdem ich endlich geprüft habe, was an Licht noch da ist: der Scheinwerfer links und die beiden kleinen schwachen Standlichter. Ich kann es nicht aufgeben. Ich habe nichts getrunken (1 Campari in Siena, 3 Espressi in Como, 1 Bier in Airolo) und finde mich wohlauf. Die Gegenfahrer protestieren gegen meinen Scheinwerfer; ich kann ihn aber nicht ausschalten und mich darauf verlassen, daß sie die beiden schwachen Standlichter erkennen. Hoffentlich trifft mich nicht die Polizei. Gegen drei Uhr komme ich nach Hause, UETIKON AM SEE. Nichts ist geschehen, überhaupt nichts: Ich komme von Rom! Das ist alles. Ich bin da. Warum ich nicht wenigstens angerufen habe, weiß ich nicht; ich habe nicht dran gedacht, nur gehofft, daß sie da ist. Sie ist da. Das ist vor dreizehn Jahren gewesen. Ingeborg ist tot. Zuletzt gesprochen haben wir uns 1963 in einem römischen Café vormittags; ich höre, daß sie in jener Wohnung, HAUS ZUM LANGENBAUM, mein Tagebuch gefunden hat in einer verschlossenen Schublade; sie hat es gelesen und verbrannt. Das Ende haben wir nicht gut bestanden, beide nicht.

GURNEY'S INN:

die junge Bedienerin, eine andere als gestern, gießt Wasser mit Eisklötzen in die beiden Gläser; Lynn ist noch nicht da, doch weiß er, was zu bestellen ist: MELON, PAN CAKE WITH BACON AND JAM, COFFEE, ihr Sonntagsfrühstück, und jetzt regnet es richtig.

MY LIFE AS A MAN

Nach Jahren sehe ich mich und erkenne mich nicht: – sie befindet sich in der Bircher Benner Klinik, Zürich, und da kommt er, um sie zu besuchen. Er muß warten; offenbar ist man gegen seinen Besuch. Er besteht aber darauf, sie zu sehen und mit ihr zu sprechen. Er hält sich nicht für einen Unmenschen. Als er ins Zimmer tritt, schweigt sie entsetzt. Warum ist sie in dieser Klinik? Sie hat sich selber eingeliefert. Er sieht Blumen und fragt nicht, wer diese Blumen geschickt habe. Er schaut zu, wie die Pflegerin gerade die Blumen von gestern austauscht gegen die Blumen von heute. Er setzt sich nicht auf den Rand des Bettes, sondern steht; in zwei oder drei Stunden muß er am Flughafen sein. Als sie das Bett verlassen will, um sich anzukleiden für einen Spaziergang, bittet sie ihn, damit er sie nicht im Hemd sehe, aus dem Zimmer zu gehen. Er wird nach Amerika fliegen, ja, ohne sie. Das alles weiß sie aus Briefen. Sie kennt Marianne und hat mit ihr gesprochen wie eine große Frau. Er ist gekommen, um Adieu zu sagen im fünften Jahr. Er glaubt nicht ganz an ihre Krankheit. Hingegen glaubt er an die Geschichte mit den Blumen, die sie Tag für Tag bekommt, und das macht ihn nicht eifersüchtig; seine Hörigkeit ist aufgebraucht. So gehen sie im Wald; eine Stunde, wie der Arzt es verordnet hat. Ihre Nachricht nach Rom, daß sie in einer Klinik liege, hat ihn sehr erschreckt, aber seine Pläne nicht geändert. Sie hofft noch, daß er, wenn er in Amerika ist, eine Einsicht habe und sie nach Amerika ruft; das wäre die Genesung. So wird es seine Schuld sein, wenn sie krank bleibt. Was hat der Arzt denn gefunden? Sie sieht erbarmenswürdig aus. Was sonst, außer viel Ruhe und Diät, hat der Arzt verordnet? Keine Besuche; sein Besuch vor allem wird ihr schaden. Man könnte Arm in Arm gehen, damit beide unter dem Schirm sind. Er weiß nicht, woher er diesen Gang schon kennt, diese Stunde. Was reden? Wie schweigen? Er ist zerstreut; drei Stunden vor dem Flug. Er werde seine Adresse mitteilen usw. Er erinnert sich, ja, früher hat sie einmal von einem älteren Mann erzählt, den sie in Wien gesehen hat, aber nicht gesprochen; wahrscheinlich Jude; sie verstanden einander in einem einzigen Blick, so schien es ihr, und sie floh wie vor einem Schicksal. Es ist rätselhaft: dieser Fremde ist dagewesen, ja, in der Klinik. Zufällig. Sie haben sich im Korridor wiedererkannt; dann hat er mit ihr auch diesen Spaziergang gemacht. Sie sagt aber seinen Namen nicht, auch sonst nicht viel. Alles sehr rätselvoll. Von diesem Fremden also kommen täglich die Blumen, immer die gleichen: 35 Rosen. So sagt sie, und er glaubt es gerne; sie wird, wenn er weggeht, nicht allein sein. Und Du, sagt sie ein halbes Jahr später in Rom, bist nach Amerika geflogen, als ich in der Klinik lag, und hast mich nicht nach Amerika gerufen. Du hast nicht einmal verstanden, daß ich mir diese Blumen selber geschickt habe, damit Du mich rufst.

CHECK OUT

denn was sollen sie nach dem Frühstück machen. Spazieren mit Schirm? Pingpong? Man könnte auf der Loggia sitzen und schauen, wie es ins Meer regnet ... Dann irritiert es ihn, daß Lynn, da sie die Reservation besorgt hat, ungefähr weiß, was er da bezahlt für zwei Übernachtungen. Sie sitzt schon im Wagen. Er zahlt fast das Doppelte ihres Wochenlohnes: Männergeld, das unter ehelichen Umständen so selbstverständlich wird ... Wenn er Lynn von der Seite anschaut (nie ganz ohne Vorwand; er gibt Feuer dabei oder tut, als müsse er die Landschaft gesehen haben, die Dünen, die Baracken, die Maste): Lynn am Steuer, Blick meistens gradaus, entweder hat er sich daran gewöhnt, daß ihre Lippen tagsüber spöttisch sind, oder ihre Lippen haben sich verändert. Ein Mal, vorgestern bei Tisch, ist Lynn verletzt gewesen. Warum? Wenigstens hat er es bemerkt und sie gefragt, er hat es aber nicht herausgefunden. Mißverständnis? Man fährt dieselbe Strecke zurück. Vermutlich hat auch sie etwas gebangt, dieses Wochenende könnte mißglücken. Jetzt ist es nicht mehr nötig, Bangnis zu überspielen. Es stellt sich heraus, daß er seinen Tabakbeutel verloren hat; Schweigen ohne Pfeife im Mund. Man weiß wenig voneinander und zuviel, um das Gespräch ganz spielerisch halten zu können. Noch weiß er nicht einmal, wo Lynn verletzlich ist und was zum ersten Zerwürfnis führen müßte. Übrigens scheint Lynn nicht mehr daran zu denken; ein Mal ist kein Mal. Er braucht eine Ehe, eine lange, um ein Monster zu werden.

AMAGANNSETT

heißt also der kleine Ort, wo er gestern beschlossen hat, dieses Wochenende zu erzählen: autobiographisch, ja, autobiographisch. Ohne Personna-
gen zu erfinden; ohne Ereignisse zu erfinden, die exemplarischer sind als
seine Wirklichkeit; ohne auszuweichen in Erfindungen. Ohne seine
Schriftstellerei zu rechtfertigen durch Verantwortung gegenüber der Gesellschaft; ohne Botschaft. Er hat keine und lebt trotzdem. Er möchte bloß
erzählen (nicht ohne alle Rücksicht auf die Menschen, die er beim Namen
nennt): sein Leben.

ICH PROBIERE GESCHICHTEN AN WIE KLEIDER

Immer öfter erschreckt mich irgendeine Erinnerung, meistens sind es Erinnerungen, die eigentlich nicht schrecklich sind; viel Bagatellen, nicht wert,
daß ich sie erzähle in der Küche oder als Beifahrer. Es erschreckt mich nur
die Entdeckung: Ich habe mir mein Leben verschwiegen. Ich habe irgendeine Öffentlichkeit bedient mit Geschichten. Ich habe mich in diesen Geschichten entblößt, ich weiß, bis zur Unkenntlichkeit. Ich lebe nicht mit
der eignen Geschichte, nur mit Teilen davon, die ich habe literarisieren
können. Es fehlen ganze Bezirke: der Vater, der Bruder, die Schwester.
Im vergangenen Jahr ist meine Schwester gestorben. Ich bin betroffen gewesen, wieviel ich von ihr weiß; nichts davon habe ich je geschrieben. Es
stimmt nicht einmal, daß ich immer nur mich selbst beschrieben habe.
Ich habe mich selbst nie beschrieben. Ich habe mich nur verraten.

MAX, WHAT IS YOUR STATE OF MIND?

fragt Lynn, weil es regnet ... Ein Zug von Trübsinn, den fast jedes Foto
zeigt, mißfällt mir seit eh und je. Das kommt von einer Lähmung der Augenlider, was zudem, ich weiß, einen Ausdruck von Suffisance ergibt. Die
Lähmung der Augenlider kommt daher, daß ich als Bub, als ich die Masern hatte und im Halbdunkel liegen sollte, insgeheim mit Hilfe einer Taschenlampe stundenlang unter der Bettdecke gelesen habe, DON QUIXOTE.
Später wurden die Augenlider behandelt zwei Mal wöchentlich; der Au-
genarzt stülpte die Lider auf und pinselte die Innseite mit einer braunen
Tinktur, das tat weh, Quittung für Ungehorsam, es brannte höllisch, nachher mußte ich mit verbundenen Augen eine Stunde lang im Wartezimmer
sitzen. Die Behandlung hat wenig geholfen. Diese Augenlider (als sei der

Blick stets gesenkt: mißtrauisch, spöttisch) gehören zu meiner Physiognomie – ich habe als Schüler erfahren, wie sie den einen und andern Lehrer
verdrossen hat: ein mäßiger Schüler und eine solche Arroganz. Ich habe
nie genau gewußt, was dieses Wort heißt; etwas Schlechtes jedenfalls, etwas Verwerfliches. Setz dich! Das ist lang her; später heißt es nicht mehr:
Setz dich! Die Physiognomie aber ist geblieben, ihre Wirkung; ich erfahre
davon, wenn jemand bei näherer Bekanntschaft sich wundert, daß ich eigentlich nicht arrogant sei. Diese Entdeckung erleichtert den andern mehr
als mich. Ich sehe daraus: ich muß auf der Hut sein, ich muß besonders bescheiden sein. Ein natürlicher Stolz, ausgesprochen mit dieser meiner Physiognomie, muß als Arroganz erscheinen. Also gebe ich mich jovial-be-
scheiden, und wenn der andere darauf nicht eingehen mag, so betreibe
ich Selbstbezichtigung –

NO, sagt er, I AM FINE.

Der Regen verdrießt ihn nicht. Er ist froh um jede Gegenwart. Jetzt das
Hin und Her der beiden Scheibenwischer. Er achtet auf alles, was grad
zu sehen ist. Er will keine Memoiren. Er will den Augenblick. Die Landschaft, jetzt in diesem Augenblick, ist ziemlich öde; er schaut trotzdem.
Er sieht ihren Fuß auf dem Gashebel, einen beschädigten Schuh, ihre
rechte Hand am Steuer, eine schmale Hand, das Hin und Her der Scheibenwischer. Er vermißt nichts; er ist dankbar für dieses Wochenende,
das noch nicht vergangen ist.

BRETAGNE:

Reise zu dritt im kleinen Morris, ich sitze die ganze Zeit hinten. Warum
soll ich die Fahrfehler machen, die falsche Route vorschlagen? Ich sage
nichts; keine Rüge, wenn sie sich verfährt: ORLY statt ORLEANS, kein Unglück, ein Umweg von einer Stunde, nur kann ich nichts dafür; das macht
sie nervös. Ich bin ein Ekel, ich weiß; ich schaue in die Landschaft und
brauche mich nicht zu bezichtigen, sondern rede (zum Beispiel) über Peter
Handke, WUNSCHLOSES UNGLÜCK, ein Text, der mir Eindruck macht.
Ihre Rügen, wenn ich am Steuer sitze, sind zuweilen berechtigt; ich brauche Urlaub, ich möchte drei Wochen lang keinen Fahrfehler machen, sondern Frankreich sehen. Ein französischer Gendarm, der mit strikter Miene

kommt und ihren Ausweis verlangt, dann fragt, ob sie das Rotlicht nicht gesehen habe, erweist sich, nachdem er die Fahrerin besichtigt hat, als Kavalier: MADAME, sagt er ohne ein Zuviel an Charme, was die beiden Männer im Morris desavouieren könnte, und mit der Hand an seiner steifen Mütze: BON VOYAGE! und wir kommen ans Meer, MONT SAINT MICHEL, bei Ebbe. Wanderung im Schlick weit auseinander. Schwierig für den lieben Freund, so denke ich, mit einem hundstraurigen Paar. LA DOUCE FRANCE. Ein Mittagessen, ein einfaches, aber köstlich; unser Freund, der Komponist, berichtet über die alten Kelten so klug wie über München. Nun möchte sie doch eine Zigarette, aber da sie eigentlich nicht mehr raucht, habe ich keine Zigaretten bei mir; sie fragt den Freund. Er greift in die Tasche und legt sein Päckchen hin, damit sie sich bediene. Das tut sie. Ich höre ihm zu. Ihr Blick zu mir: ob ich nicht sehe, daß sie auf Feuer wartet. Ich frage ihn, ob er Streichhölzer habe. Streichhölzer? Die habe er: in seiner linken oder rechten Manteltasche, sagt er, ohne sich ablenken zu lassen von seinem Teller, und ich brauche nur aufzustehen von unserem Tisch, um seine Streichhölzer zu suchen in seiner linken oder rechten Manteltasche. Warum ich lache? Nämlich ich habe Streichhölzer und brauche nicht aufzustehen, ich gebe Feuer; ihr Blick nicht ohne Verweis: Was soll das! Er ist unser treuer Gast seit Jahren, genußfroh bei Tisch, ein bester Anreger auch auf der Reise. Später im Wagen frage ich, ob er es wisse, warum er mich zu seinem Butler macht. Ein Beispiel für viele. Es wird peinlich; er versteht nicht, was los ist, und sie ist bestürzt über mich, ich werde unzumutbar:

DU KRÄNKST ALLE UNSERE FREUNDE!

und dann meine Empfindlichkeit, wenn ich mich nicht bezichtige und mit Zensuren bedient werde spätestens unter vier Augen, meine krankhafte Empfindlichkeit als Kehrseite der Selbstbezichtigung, die eine Kehrseite der Selbstherrlichkeit ist: als hätten nicht die andern darüber zu befinden, welche Schwächen ich habe, welche Fehler ich mache.

SUNRISE HIGHWAY:

da sie ihre Office-Arbeit nicht am Strand erledigt hat, bittet Lynn, daß er sich ans Steuer setze. Sie liest jetzt. Er fährt gerne, wenn man ihm Vertrauen schenkt, und offensichtlich tut sie das; sonst könnte Lynn ja nicht lesen. Eine fast schnurgerade Straße, also langweilig, wenn es nichts zu überholen gibt. Dann überlegt er im stillen, was sie in Manhattan machen werden: Sonntagnachmittag, Regen, ihr kleines und vergittertes Apartment.

MAX, YOU ARE WRONG

sagt die junge Fremde, und er verträgt das wie ein natürlicher Mensch, ein gesunder Mensch, ein vernünftiger Mensch – das erleichtert mich, denn ich habe es ihm kaum noch zugetraut ... Er hört es nicht als Verweis. Er sieht es ein, daß er links einspuren muß, und tut's einfach, sagt dazu nicht: SORRY! um dann verdrossen zu schweigen. Er nimmt es als kleine Hilfe, nicht als Tadel. Neulich hat er gesagt: ALICE IN THE WONDERLAND, es heißt: ALICE IN WONDERLAND, das weiß er eigentlich; er zuckt nicht zusammen, wenn Lynn, die das Buch übrigens nie gelesen hat, ihn verbessert, und seine Begeisterung nimmt deswegen keinen Schaden. Er nimmt es nicht als Zensur. Sein Irrtum gestern, als er am Strand einen blauen Sonntag vorausgesagt hat, ist keine Schlappe; sie bedauern bloß beide, daß es heute regnet. Wenn Lynn sich über die Einwohnerzahl von Berlin irrt, so sagt auch er: YOU ARE WRONG, er sagt es unbefangen; keine Revanche, daher braucht er seine Berichtigung nicht abzufedern, nicht zu sagen: I THINK YOU ARE WRONG. Es kommt vor, daß beide etwas nicht wissen, zum Beispiel wann die letzten Indianer auf dieser Insel gelebt haben. Hin und wieder sagt auch Lynn: ARE YOU SURE? aber er muß sich nicht beherrschen deswegen; eine natürliche Frage. Wenn sie's dann besser weiß, so ist er zufrieden; das spart Zeit oder Kosten, einen Umweg, eine falsche Hoffnung. Ist er aber sicher, zum Beispiel wann das Whitney Museum geöffnet ist, so macht ihn ihre Frage nicht gereizt; man könnte ins Whitney Museum gehen und vor der Malerei stehen, ohne sich selber auf die Nerven zu gehen, ohne einen faden Nachgeschmack von Rechthaberei. Er ist nicht gespannt, wann ihm sein nächster Fehler unterläuft; er fühlt sich nicht im Examen. Ein Mal, im Central Park, ist Lynn auf einem schwarzen Felsen ausgerutscht; als er sich entschuldigt, sagt sie: ARE YOU CRAZY? – noch hat er sie nicht verwöhnt durch seine Selbstbezichtigungen ... Lynn am Steuer (vor einer halben Stunde) ist nicht auf seine Frage eingegangen: Wieso ist es einer fremden Landschaft anzusehen, daß heute

Sonntag ist? Jetzt erst erkundigt sich Lynn, ob er's herausgefunden habe.
Auch er hat inzwischen an anderes gedacht:

Wir haben gehört, wie Neruda liest.

Jetzt ist es zu spät für meinen Chile-Besuch.

Morgen (Montag) ist noch einiges zu erledigen, Bücher sind auf die Post
zu bringen, damit das Gepäck kein Übergewicht hat, und einige Leute
sind anzurufen, Freunde vom letzten Mal, die ich vernachlässigt habe, alle
fragen nach Marianne und wann wir wiederkommen.

DID YOU HAVE A GOOD TIME?

Beide haben gearbeitet, das kann ich sagen, auch Ferien gemacht; einmal
in London und einmal in der Bretagne. Alles in allem Glück mit der Gesundheit. London wäre die Stadt. Aber nun haben wir eine Wohnung in
Berlin. Der Fluglärm tagsüber; man hat sich daran gewöhnt und das
Ohr unterscheidet, ob es der Lärm einer sinkenden oder einer steigenden
Maschine ist; die sinkenden Maschinen haben das Fahrgestell bereits aus-
geklappt, wenn sie über der Allee erscheinen; die steigenden Maschinen,
vom gleichen Fenster aus zu sehen über der gleichen Allee, fliegen höher
und meistens mit den vier Düsenrauchschwänzen, ihr Lärm ist schriller,
kein Pfeifen wie bei den sinkenden Maschinen, sondern ein Schmettern
in der Luft zwischen den Häusern. Es beginnt um sieben Uhr morgens;
die gute Zeit, um aufzustehen und in die Küche zu gehen, dann an den
Schreibtisch. Je älter ich werde, um so weniger halte ich mich aus, wenn
ich nicht arbeite. Ich schreibe: Erinnerungen an die Zeit beim Militär, eine
Rede über die Heimat, einen Offenen Brief an den Bundesrat wegen der
Flüchtlinge aus Chile. Wenn draußen die Sonne scheint, so sind die weißen Lamellen zu verstellen; dann blendet es nicht; eine milde Helle. Unser
zweiter Winter in diesem Berlin, das zweite Frühjahr. Das Fest zu deinem
Geburtstag ist gelungen; mein Schreibtisch als kaltes Buffet; so viele kluge
Freunde und Tanz. Der Alltag mit Büchern, manchmal mit Blumen. Die
Wohnung ist nicht überfüllt worden; keine Teppiche, ich höre Schritte
auf dem Parkett (nicht nur Schuhe) im sogenannten Berliner Zimmer,
dann weiß ich: Du kommst, um Guten Tag zu wünschen, barfuß –

Was machen wir zusammen falsch?

Auf dem Schiff nach Europa (der Kurs wird dieses Jahr eingestellt) spiele ich Schach viele Stunden am Tag. Du bist lieber allein auf Deck, vom Steward in Decken gepackt und allein in deinen Gedanken, oder wenn es auf Deck zu windig ist, lieber allein an der Bar. Ich spiele Schach gegen mich selbst; meistens verliere ich, das heißt, ich identifiziere mich mit der verlierenden Farbe, wenn es plötzlich zum Matt kommt, ohne Diskussion. Wenn ich mich auf die andere Seite des kleinen grünen Tisches setze, bevor die Entscheidung auf dem Brett gefallen ist, so bin wieder ich es, der verliert. Was ja einerlei ist! Ich habe nur nicht wissen können, woher das kommt.

BUT WHERE ARE YOU TODAY? PROBABLY OUT WITH YOUR HUSBAND FOR A WALK. . . . DO YOU THINK HE HAS NOTICED? WHAT FOOLISHNESS! IT IS AS OBVIOUS AS A BUMPER STICKER, AS OBVIOUS AS AN ABDICATION. . . . I HAVE SPENT MANY MESSAGE UNITS SEEKING YOUR VOICE, BUT I ALWAYS GET FREDERICK INSTEAD. WELL, FREDERICK, I ASK CORDIALLY, WHAT AMAZING TRIUMPHS HAVE YOU ACCOMPLISHED TODAY?

Wie rasch Vergangenheit zustande kommt: – die Gestalt der jungen Fremden auf dem Pfad durch das Gestrüpp, OVERLOOK, das ist gestern gewesen.

EXIT 35

Er sieht die grünen Schilder.

NO LEFT TURN

Lynn liest.

EXIT 29

Hat er geschlafen inzwischen?

MAX, YOU ARE A FORTUNATE MAN

sagt Lynn, nachdem er, um nicht über Meilen hin zu schweigen, wieder
einmal die Geschichte erzählt hat, wie ich das Gast-Apartment der Mar-
lene Dietrich bekommen habe, 1963, eine wahre Geschichte zum leichten
Lachen . . . Er ist diese automatische Schaltung nicht gewohnt. Es ist kinderleicht; er fährt schon zwei Stunden oder länger, man sieht bereits die
grauen Umrisse von Manhattan und wieder diesen endlosen Friedhof bei
Queens, als sein linker Fuß vergessen hat: Keine Kupplung, das ist die
Bremse, und es ist ein Glück, daß Lynn sich angeschnallt hat; ein zweites
Glück, daß der Fahrer des nächsten Wagens grad noch ausscheren kann
vor dem plötzlich gestoppten Ford . . . Das wäre es: zwei Verkehrstote, eine
junge Amerikanerin (die genauen Personalien) und ein älterer Schweizer
(die genauen Personalien), ihr Wochenende an der Küste wäre erzählbar,
unser Wochenende.

Jetzt fährt wieder Lynn.

Er sitzt schweigsam, etwas erschreckt: WENN DU DIE KINDER UNSERER
BESTEN FREUNDE UND IHREN KLEINEN HUND NICHT MEHR VERTRÄGST,
SO KÖNNEN WIR GLEICH IN EIN ALTERSHEIM EINZIEHEN! und wenige Sekunden später bekommt sie recht: ich überfahre die Bundesallee (Berlin)
bei Rotlicht.

Es ist immer noch Sonntag.

Die jüdische Braut aus Berlin (zur Hitler-Zeit) heißt nicht HANNA, sondern Käte, und sie gleichen sich überhaupt nicht, das Mädchen in meiner
Lebensgeschichte und die Figur in einem Roman, den er geschrieben hat.
Gemeinsam haben sie nur die historische Situation und in dieser Situation
einen jungen Mann, der später über sein Verhalten nicht ins klare kommt;
der Rest ist Kunst, Kunst der Diskretion sich selbst gegenüber . . . Wie ist
es wirklich gewesen? – es ist merkwürdig, wo es mir gelegentlich einfällt:
am Bahnhof Friedrichstraße, wenn ich den DDR-Beamten meinen Paß
vorlege und sehe, wie sie mich mustern, ihre Miene dabei. Ich verwechsle
sie nicht mit dem Nazi-Beamten, der am Badischen Bahnhof in Basel,
1937, mich musterte: JOURNALIST? und nachdem ich nicht ohne jugendlichen Berufsstolz genickt habe: UND DIESE JÜDIN LIEFERT IHNEN ALSO
DIE GREUELGESCHICHTEN! Ich beschwöre sie auf dem Bahnsteig: Fahr

nicht nach Deutschland zurück! Sie will aber; ihre Eltern sind in Berlin. Ich halte sie noch auf dem Trittbrett: Bleib hier! Jugendliebe unter einem Überdruck von Gewissen. Sie ist meine erste Partnerin; wir wohnen nicht zusammen, aber wir treffen uns jeden Tag. Sie ist Studentin. Unser Liebestun ist anfängerhaft-kenntnislos-romantisch, während in Nürnberg die Rassengesetze verkündet werden. Nicht ein Mal in fünf Jahren auch nur die heimliche Versuchung zu einer Untreue. Sie möchte ein Kind, und das erschreckt mich; ich bin zu unfertig dazu, als Schreiber gescheitert und am Anfang einer andern Berufslehre, um kein Taugenichts zu bleiben. Besuch bei den Eltern in Berlin-Lankwitz; der Papa, ein kleiner weißer Herr, führt mich durch das Museum, wo ihn, der dieses Museum eingerichtet hat, ein alter Wärter gemütlich grüßt: HEIL HITLER, HERR GEHEIMRAT. Unterwegs sehe ich die Stürmer-Schaukästen, Bilder von jüdischem Ritualmord an arischen Kindern. Ich gehe ins Theater: ohne die Braut, denn sie ist unerwünscht. Ein andermal sehe ich einen braunen Aufmarsch und höre den Chor: JUDA VERRECKE! das sagen sie wirklich; ich stehe Unter den Linden, frech vor Angst, und hebe meinen ausländischen Arm nicht. WARTE NUR! ruft ein SA-Mann, und einige in der Kolonne drehen sich um. In Nürnberg, wo ihre Mutter herkommt, will sie mir das Bratwurstglöckl zeigen; sie bemerkt das Schild nicht: JUDEN UNERWÜNSCHT. Es geschieht nichts, da sie nicht die Nase hat; nur kann ich hinter diesen Butzenscheiben gar nichts essen. Später in der Eisenbahn (ich erinnere mich: wir stehen, um allein zu sein, auf der Plattform des hintersten Wagens, Blick auf das perspektivische Schwinden der Gleise) sagt sie: DU DARFST NICHT SCHLECHT ÜBER DEUTSCHLAND DENKEN. Dann bin ich bereit zu heiraten, damit sie in der Schweiz bleiben kann, und wir gehen ins Stadthaus Zürich, Zivilstandesamt, aber sie merkt es: das ist nicht Liebe, die Kinder will, und das lehnt sie ab, nein, das nicht. Später finde ich in ihrer Mappe eine kleine Waffe, keinen Revolver, ein vernickeltes Pistölchen, aber versehen mit Munition; das stehle ich ihr. Will ich kein Kind, weil sie eine Jüdin ist? Als ich nicht mehr weiß, was wahr ist in mir, gehe ich in den Wald, um zu denken, und ich glaube mir selber nichts mehr, was ich denke; ich werfe auf den Boden eine Münze: Kopf oder Schrift? Wie der Wurf, Befragung des Orakels, ausgefallen ist, weiß ich nicht mehr. Sie sagt es: DU BIST BEREIT MICH ZU HEIRATEN, NUR WEIL ICH JÜDIN BIN, NICHT AUS LIEBE. Ich sage: Wir heiraten, ja, heiraten wir. Sie sagt: Nein. Ihr Onkel in Kairo, der die Nofretete ausgegraben hat, kann es wirtschaftlich ermöglichen, daß sie in Basel studiert; ich bleibe in Zürich. Ihre Eltern, sehr deutsche Juden, die Hitler-Worte nie auf sich bezogen haben, sind 1938 noch herausgekommen und wurden über neunzig Jahre alt.

SUPERMARKT

Lynn hat noch einiges einzukaufen für Montagabend. Sie achtet auf Preise, mustert und legt wieder zurück. Er kann da nicht helfen und lungert zwischen den Gestellen, mustert die Leute; SILENT MAJORITY, nicht arm, aber grau. ES IST SCHADE UM DIE MENSCHEN, sagt Indra's Tochter, dabei sind die Gestelle voll; Gemüse, Früchte, anderswo Dosen aufgereiht wie Munition; kein Mangel. Er liest die Preise, um sie zu vergleichen mit den Preisen zu Hause; er weiß die Preise zu Hause nicht mehr. Das beschämt ihn. MAY I HELP YOU? Frage einer schwarzen Bedienerin. Dann fragt Lynn, ob er grüne oder schwarze Oliven mag. Sie ist ziemlich zerstreut, nicht hastig. Es ist Sonntag und Nachmittag. Wenn er einkauft, Ware aus den Gestellen nimmt und sie in den kleinen Drahtwagen legt, so geht es geschwind und nach Laune; Lynn muß rechnen, und er ist froh, daß Zeit vergeht. Sie ist froh, daß jemand wartet, um nach der Kasse die vollen Säcke zu nehmen und zum Wagen zu tragen. So weit ist es aber noch lang nicht. Sie sucht noch ein Gewürz. Er hat Zeit. Es ist für sie nicht selbstverständlich, daß da jemand wartet. Er steht und liest die Zeitung. Als er aufschaut, ist Lynn im Gedränge verschwunden, nicht zu sehen. Wie sieht sie aus? Dann erkennt er sie an ihrem hellen roten Haar von hinten; er ist eine Weile gespannt, wie wenn man auf der Straße oder im Museum eine fremde Gestalt von hinten sieht: es gäbe zu dieser Gestalt verschiedene Gesichter. Es wird kein leeres Gesicht sein; soviel weiß er. Als sie mit dem Drahtkorb in der Reihe vor der Kasse steht, gibt sie einen Blick, ein Lächeln; dann gibt sie zwei Scheine, vermutlich Zehn-Dollar-Scheine, zählt nachher die kleineren Scheine, die Münzen, die sie zurückbekommt, ganz genau. Ihr Einkauf ist nicht üppig, ein einziger Sack genügt, er nimmt ihn auf den linken Arm.

MONEY

Der grüne Gas-Automat in der Diele, die Mutter muß immer einen Zwanziger einwerfen, damit am Herd die Flamme kommt, und dann ist das Gas

plötzlich wieder weg, und es braucht viele Zwanziger, wenn etwas lang kochen muß; da hilft es nichts, daß der Vater, wenn er spät in der Nacht
heimkommt, vielleicht noch einen Zwanziger in der Tasche haben wird.
Das städtische Gaswerk gibt uns keinen Kredit. Seit wann weiß ich, was
Geld ist? Der grüne Gas-Automat hat mich gelehrt: Was wir uns nicht leisten können, das kommt uns nicht zu. Wenn ich mit einem Mädchen in
einem gemieteten Segelboot sitze und der Wind bleibt aus, so daß es mehr
als eine Stunde wird, und ich weiß, daß ich diese Flaute nicht bezahlen
kann, so ist das nicht Armut, nur peinlich. Ein Velo, ein rotes Rennrad,
das beim Händler steht, davon träume ich jahrelang. Ich weiß: Das steht
mir nicht zu. Das kann mein Vater nicht kaufen. Oft macht es ihm schon
Kummer, wenn ich Lehrbücher kaufen muß, ein Reißzeug. Ich erinnere
mich an die stete Angst meiner Mutter vor der Pfändung. Wenn dem Vater
aber ein Geschäft gelungen ist, eine Liegenschaftsvermittlung, so mag er
nicht bloß Schulden zahlen, er liebt Gesten: eine goldene Brosche für die
Mutter! Er versteht sich nicht aufs Sparen, so müssen wir es lernen. Ich erinnere mich an die Sensation, daß man Kaffee machen kann aus Eicheln.
Mein Bruder bekommt eine Geige, das finde ich in Ordnung: er ist musikalisch und älter. Es ist der Ehrgeiz von Vater und Mutter, daß wir Akademiker werden, Studium nach eigner Wahl. So werde ich Student der
Germanistik; ein liebenswürdiger Professor verschafft mir ein Stipendium,
damit ich weiter studieren könne nach dem Tod des Vaters: 800 Franken
im Jahr. Ich schreibe über Eishockey, über festliche Umzüge, über Café-
Cabaret, über die jungen Schwäne auf der Limmat etc., Honorar nach Zei-
lenzahl. Für ein erstes großes Honorar von 20 Franken schreibe ich einen
Dankesbrief an die Zeitung. Wenn ich den monatlichen Mietzins pünktlich bezahlen kann, so komme ich mir unabhängig vor. Es kommt mir
nicht in den Sinn, im Schaufenster lang zu betrachten, was ich mir nicht
leisten kann, eine gute Kamera zum Beispiel; keinesfalls wage ich es, einmal in den Laden zu treten und eine solche Kamera in meine Hände zu
nehmen. Ich gelange bis Istambul und nach Griechenland, wo ich im
Freien übernachte. In Istambul gibt es einen Schweizerklub; wenn mich
die Herren fragen, ob ich zu Mittag gegessen habe, lüge ich und sage Ja,
dankbar für den schwarzen Kaffee mit viel Zucker. Geld als Tauschmittel;
man hat es oder man hat es nicht, im übrigen ist es kein Thema. Was wichtig ist: keine Schulden. Der Vater ist mit Schulden gestorben. Pfändung
droht. Mein älterer Bruder, Chemiker und eben verheiratet, übernimmt

die Schuld, die er langsam abstottert, um der Mutter diese Schande zu ersparen. Ich habe nie Schulden gemacht, ausgenommen ein Mal: meine erste Schreibmaschine, REMINGTON PORTABLE, eine Occasion, kostet 150 Franken, ich kann aber nur 50 Franken anzahlen. Ich weiß, daß ich den Rest nie bezahlt habe ... Ich erinnere mich, wann das Geld zum ersten Mal eine große Rolle gespielt hat. Ich habe eine Freundin, eine Welsche, etwas älter als ich; sie verdient ihren Unterhalt durch Privatstunden. Ich bin noch Student und wohne mit der Mutter. Es stört mich nicht, von einer Geliebten eingeladen zu werden. Hin und wieder bringe ich eine Flasche Wein, das Fleisch aber hat sie gekauft. Jemand habe gefunden, sie brauche Erholung, und möchte ihr zu diesem Zweck fünfhundert Franken schenken. Ich habe nichts dagegen, denn es soll ein feiner Mensch sein. Als ich als Soldat wieder einmal auf Urlaub komme, empfängt sie mich nicht mehr. Es sind ihr die Augen aufgegangen, sagt sie, betreffend meine Männlichkeit. Ich verstehe alles nicht. Kurz darauf heiratet sie einen Industriellen. Umgekehrt bin ich lebenslänglich nie auf den Verdacht gekommen, daß ich eine Geliebte gewonnen habe durch Geld; dazu bin ich als Mann zu eitel. Mein erster Lohn als Architekt: 350 Franken im Monat, dann 500 Franken; das reicht auch zu dieser Zeit knapp für eine Familie mit Kind.

August 1943	Einnahmen/Ausgaben
Wettbewerb I. Preis	3000,–
Lohn bei Prof. Dunkel	490,–
für Mama	500,–
Festessen Kollegen	60,–
mit Trudy	15,–
Hemden	34,–
Haushalt	350,–

September 1943	Einnahmen/Ausgaben
Velo für mich	352,–
Zeichenware	40,–
Zeichentischböcke	33,–
Buchbinder	7,50
Taschengeld in Militär	50,–
Haushalt	350,–
Lohnausgleichskasse	190,96

Honorar Verlag	32,–	
Schweizer Rundschau	20,–	
Büro-Stempel		42,–
Konzert mit Trudy		14,–

Die Idee, daß der Lohn sich nach den Bedürfnissen bemessen sollte, ist mir nicht geläufig. Man muß eben nach seinem Einkommen leben. Ich sehe es einem Restaurant einfach an, daß es ein Restaurant für andere Leute ist; ich brauche nicht einmal das Menü an der Türe zu lesen, um zu wissen: Da passe ich nicht hin, selbst wenn ich grad das Geld in der Tasche habe. Eine Folge von Geldmangel kann ich nicht vergessen, denn ich trage sie im Mund, meine Zähne. Zu der Zeit des ersten Studiums, als ich meinen Unterhalt verdiene mit Zeilenhonorar, fehlt das Geld für einen richtigen Zahnarzt; Studenten der Zahnheilkunde üben sich an meinen Zähnen und erlernen die Wurzelbehandlung, gratis. Die Folgen zeigen sich später, als auch Geld nichts mehr retten kann. Lange Zeit, bis zum dreißigsten Lebensjahr, habe ich keine Reichen kennengelernt, abgesehen von W., meinem Schulfreund und Förderer; ich habe Reichtum nur von außen gesehen und ohne Vorstellung, woher er kommt, und ohne Neid. Eine Villa mit Park wäre nichts für mich, dafür muß man geboren sein. Es ist nur ein Mal vorgekommen, daß ich Hunger habe, weil ich ohne Geld bin, und nur drei Tage lang, 1933 in Prag; ich habe noch eine tschechische Krone und schaue in die Schaufenster der Bäckereien, um jedes Mal festzustellen, daß ich doch keinen Hunger verspüre; ich weiß bloß nicht, was ich anfangen soll mit diesen Tagen, es interessiert mich kein Museum, die ganze Stadt nicht. 1942 heirate ich eine Architektur-Kollegin, weil ich sie liebe, Tochter aus großbürgerlichem Haus, Gertrud Constanze v. Meyenburg. Der Verdacht der Freunde, daß ich Geld heirate, berührt mich nicht; ihr Elternhaus, ein großes Landgut, verbindet herrschaftliche Würde mit Sparsinn. Die Braut bekommt ihre Aussteuer, wie es der Brauch verlangt, Möbel und Wäsche für ein Leben und Silber; der Bräutigam hat das Küchenzeug zu liefern. Ferner bekommt sie ein Hochzeitsfest, wie es die Familie sich schuldet (ich trage zum ersten und letzten Mal einen Frack) und einen Vorschuß auf ihre Erbschaft. 120 000 Franken, soviel ich weiß. Ob ich davon hätte abheben können, weiß ich nicht; jedenfalls habe ich es nie getan. Solche Summen stehen mir nicht zu. Mein Einkommen ist zu dieser Zeit ordentlich; es reicht für Miete und Haushalt. Ein Kinderfräulein allerdings zahlt sie aus ihrem Konto, und ich finde, dazu sei ihr Konto da; ein Säugling ist mühsam. Es sei nicht vergessen: als ich ein eigenes Architektur-Büro gründe, erhalte ich zwei Räume in einem alten Haus, das einer Tante gehört, ohne Mietzins. Auch der Schwiegervater ist hilfsbereit; er versteht, daß ich das Stück, das als erstes in Zürich aufgeführt worden ist, gerne gedruckt sehen würde, und als mein damaliger Verleger, Martin Hürlimann, es nicht ohne Druckzuschuß zu drucken wagt, will mir der Schwiegervater die tausend Franken schenken. Ich bin nur zu stolz; zu dieser Zeit halte ich mein Stück (NUN SINGEN SIE WIEDER) für ein bedeutendes Stück, das ohne Zuschuß gedruckt zu werden verdient. In späteren Jahren, als wir einmal am Sonntag auf das elterliche Landgut fahren, um mit den Kindern zu baden im See, sind die Schwiegereltern nicht da; wir lassen uns von der Köchin ein kaltes Picnic geben und genießen den Tag; danach erhalte ich einen Brief von ihrem Vater, einen strengen und ernsten Brief: das dürfe nicht wieder vorkommen, sein Haus sei kein Hotel. Es kommt auch nie wieder vor. Das ist nicht Geiz, sondern Stil. Ich erinnere mich an einen Fall von Geiz: ein sehr reicher Kunsthändler (Europäer) in Berkeley, dessen Gast ich einige Tage lang bin, zeigt dem Neuling in Amerika, wie man im Bus die nötige Münze in den Apparat wirft, welche Münze; als ich's gesehen und für alle Zukunft begriffen habe und danke, erbittet er sich die Münze von mir zurück, ONE DIME. Ich habe wenig in die erste Ehe gebracht, eine Couch, eine Decke zu dieser Couch, die Schreibmaschine, Bücher, einen Schreibtisch aus dem Brockenhaus, einen kleineren Teppich, zwei Zeichentische auf Böcken, eine Lampe etc. und zudem bin ich der schuldige Teil, als es nach dreizehn Jahren zur Trennung kommt, zur Scheidung der Habe. Eine Goethe-Gesamtausgabe in sanftem Leder gehört ihr, das weiß ich; ein Geschenk vom Vater. Ein Band in derselben Ausgabe ist zweifach vorhanden, DICHTUNG UND WAHRHEIT, und so frage ich, ob ich diesen Einzelband nehmen dürfe; sie hat recht: auch dieser Einzelband gehört ihr. Nachträglich verstehe ich den Schwiegervater, der auf meinen schmerzlichen Brief mit der Mitteilung, daß die Ehe mit seiner Tochter nach zwölf Jahren gescheitert sei, nur die Frage gestellt hat, ob ich mir denn die Scheidung finanziell leisten könne. Als ich eine Fahrschule besuche und mein erstes Auto kaufe, einen VW, bin ich 48. Einige Jahre lang habe ich keine Übersicht: in Rom spare ich nicht, in Zürich schon eher; in der Fremde habe ich eher das Gefühl, es stehe mir zu, was ich zahlen kann. Zum Beispiel eine Wohnung in Parioli, Miete monat-

lich 2000 Franken. In meiner Kleidung verändert sich nichts. Ich brauche
nicht zu rechnen, das ist das Neue. Was brauche ich? Es scheint, als spiele
das Geld jetzt keine Rolle mehr, überhaupt keine. Zum Glück gibt es Kollegen, die vermutlich noch größere Einkünfte haben als ich, darunter gute
Schriftsteller. Was ich mir jetzt ohne Zögern leiste: eine sehr schöne Pfeife,
zwei sogar, sowie Bequemlichkeiten im Alltag und was Zeit erspart, Flüge
statt lange Reisen mit der Bahn, Taxi zum Flughafen. In Rom haben wir
Pina, die ihr Leben lang bei Aristokraten gedient hat. Ich bringe es nicht
über mich, die Klingel zu drücken, wenn wir Eis brauchen aus dem Kübel
nebenan; lieber stehe ich auf und bediene die Gäste und mich. Ich werde
kein Aristokrat. Einmal ist auch noch Heinrich Böll zu Besuch, schwitzt
und zieht, während Pina bedient, seine Jacke aus. Wir sind für Pina erledigt. In Zürich, auf einer Durchreise, sehe ich die Fassade der Volksbank;
ich erinnere mich plötzlich an diese Fassade, trete in die Halle, die mir bekannt vorkommt, und frage am Schalter, ob ich hier nicht ein Konto habe;
ich zeige meinen Paß. Dies ist der Fall: 20 000 Franken, seinerzeit gespart
aus Angst, daß ich eines Tages die monatlichen Alimente nicht zahlen
könnte; inzwischen sind es 23 000 Franken geworden. Ich danke. Als ich
eine Viertelstunde später die Sparkasse der Stadt Zürich sehe, trete ich
ein und frage auch da; man zeigt mir ein Sparheft: 174.30 Franken, letzte
Auszahlung im Jahr 1938. Gegenüber liegt die Kantonalbank, und so frage
ich auch da, indem ich den Paß unter den Schalter schiebe; es dauert lang,
bis der Schalterherr zurückkommt und sagt: Nein, leider nein. Ich entschuldige mich. Wieso bin ich reich? Meine Ausgaben haben sich vervielfacht, und ich finde sie horrend, sofern ich Zahlen sehe; um nicht zu erschrecken, muß ich von Zeit zu Zeit nachsehen, ob ich mich denn über
die Einkünfte nicht irre, und das ist der Fall: sie sind größer, als ich gemeint habe. Es bildet sich Vermögen; die Summe hat etwas Beliebiges;
das hat nichts mehr mit Lohn zu tun oder mit Gehalt, eher mit Lotterie.
Wenn jemand in Verlegenheit ist und einen Hunderter von mir borgt oder
einen Tausender, so vergesse ich's. Heimlich entsteht ein schiefes Verhältnis nicht bloß zu Leuten, die genau rechnen müssen, sondern auch ein
merkwürdiges Verhältnis zur eigenen Vergangenheit: es ist lächerlich, natürlich hätte ich 1955 ein Moped kaufen können, als ich auf dem Land
wohnte. Nicht ohne eine gewisse Entschlossenheit beginne ich mich zu
verwöhnen. Wenn schon ein Plattenspieler, warum nicht der beste, der
zur Zeit auf dem Markt ist, und warum nicht die erstklassigen Lautspre-

cher dazu? Dabei muß ich etwas überwinden, die frühe Prägung: Das Billige tut's für mich auch! Zu verschwenderischen Unternehmen neige ich in
Gesellschaft mit Freunden; ich bin kein Reicher, sondern neureich. Bei
den Freunden bemerke ich keine Zeichen von Neid, doch irgend etwas
ist anders. Sie reden jetzt seltener von ihren Geldsorgen. Sie wissen, daß
ich schon einigen geholfen habe. Verändert hat sich vor allem der Umgang
mit den Reichen, ihr Verhalten zu mir. Plötzlich reden sie unbefangen
nicht bloß über Literatur und Künste, sondern über Grundstückspreise
und wo in der Welt man besonders günstig kauft, Schmuck, Antiquitäten
etc. Schon früher habe ich natürlich gesehen, was sie alles haben, und man
hat sich über Poliakoff unterhalten, über Cuno Amiet, über Hodler, noch
nicht über Giacometti. Es ist Takt gewesen, daß sie nicht von Sachwerten
gesprochen haben, solange der Gast sich solche nicht leisten kann, und ich
habe schon von einer Löwenjagd in Afrika gehört oder von einer Yacht, die
zur Zeit in Palermo verankert ist, doch nie von Preisen. Ich habe gedacht,
für die Reichen spiele das Geld eben keine Rolle. Neuerdings verstehe ich:
Reichsein ist für sie eine Art von Beruf, eine Aufgabe und keine geringe,
sie sind nicht sorglos. Sie gönnen mir den Erfolg, das spüre ich, wie auch
dem Friedrich Dürrenmatt, der in Neuenburg ein herrliches Haus haben
soll. Ich höre, daß ihre Töchter mich geradezu mit Begeisterung lesen. Natürlich bin ich in ihren Augen nicht reich, immerhin fahre ich einen JA-
GUAR 420, und das bringt uns näher, so vermuten sie; kein Zweifel für
sie, daß sich mit dem Vermögen auch die politische Gesinnung ändert.
Ein Millionär als Sozialist, als Antikapitalist gar? Da sie Sozialismus als
eine Ideologie des Neides verstehen, werde ich unglaubwürdig für sie;
habe ich denn Anlaß zu solchem Neid? Als armer Schreiber zu Besuch
habe ich diese Leute weniger irritiert. Was ich nie begriffen habe im eignen
Fall: Geld als Macht. Es ist für mich dabei geblieben: Geld als Tauschmittel. Dabei stimmt etwas nicht, und ich weiß natürlich, was nicht stimmt.
Ein jüngerer Freund, den ich verehre, bittet mich nicht um ein Darlehen,
ich weiß bloß, daß er ein größeres Darlehen braucht, und ich kann es
ihm geben: zinslos, denn es geht ja nicht, daß er, der Freund, arbeiten
muß für mich, der ich reich bin. Genau das tun aber Angestellte und Arbeiter, die ich nicht kenne; sonst gäbe es keine Zinsen. Das ist es, was nicht
stimmt. Einem Maler, der gern seinen Wein trinkt und mit dem Verkauf
seiner Bilder wenig Glück hat, schicke ich zum sechzigsten Geburtstag
sechzig Flaschen von seinem Wein. Er habe die Flaschen alle zerschlagen

oder verschenkt, sagt er später. Ich bin im Ausland gewesen, daher nicht an
seiner Vernissage, aber ich habe auch nicht einmal einen Brief geschrieben.
Sechzig Flaschen, das gibt ein Millionär im Vorbeigehen wie einen Batzen!
Ich verstehe seinen Zorn. Hätte ich nicht das Geld, so hätte ich vielleicht
auch nicht geschrieben; es hätte ihn aber nicht verletzt. Mache ich jetzt
ähnliche Fehler wie W.? ... Ich denke an Ingeborg und ihr Verhältnis
zum Geld; eine Hand voll Banknoten, HONORAR, freut sie kindlich, dann
fragt sie, was ich mir denn wünsche. Geld ist zum Verbrauchen da. Wie
sie's ausgibt: nicht wie Lohn für ihre Arbeiten, sondern wie aus der Scha-
tulle einer Herzogin, einer verarmten manchmal. Sie ist Verzichte gewohnt; Geld eine Glückssache. Ihr Geld, mein Geld, unser Geld? Man
hat es oder hat es eben nicht, und wenn es nicht reicht, so ist sie verdutzt,
als stimme etwas nicht in dieser Welt. Sie beklagt sich aber nicht. Sie merkt
es nicht, wenn sie vom Rundfunk, der sie umwirbt, viel zu schlecht bezahlt
wird, und sie unterzeichnet mit zerstreuter Miene einen Vertrag, der den
Verleger wenig ehrt. Sie rechnet nicht damit, daß die andern rechnen. Sie
kauft sich Schuhe wie für einen Tausendfüßler. Ich weiß nicht, wie sie
das macht. Ich erinnere mich nicht, daß je eine Ausgabe sie reut, eine hohe
Miete, eine Handtasche aus Paris, die am Strand kaputtgeht. Geld verläßt
uns so oder so. Wenn jemand, den sie liebt, an sich selber spart, so verletzt
es ihre Liebe. Eigentlich stünde es uns beiden zu, ein kleines Schloß oder
ein großes, aber sie ist nicht empört, daß andere es haben. Sie zu beschenken ist eine Freude; sie strahlt. Sie verlangt den Luxus nicht; wenn er da ist,
so ist sie ihm gewachsen. Ihre Herkunft kleinbürgerlich wie die meine; nur
ist sie frei davon. Ohne Ideologie; kraft ihres Temperaments. Wenn sie
rechnet, dann rechnet sie mit Wundern. Wie bei manchen Frauen: Geld-
scheine in ihrer Tasche sind meistens zerknüllt, sie wollen verloren oder
in Schöneres verwandelt werden. Zu meinem fünfzigsten Geburtstag lädt
sie mich nach Griechenland ein.

WHITE HORSE:

die braun-düstere Bar, wo Dylan Thomas sich zu Tod getrunken hat, mit
großen Spiegeln, die zeigen: draußen wäre Tag, kein sonniger, ein grauer
und harter Sonntag. Ohne die polternden Lastwagen; das macht den
Sonntag aus. Er hätte Zeit, um noch einmal an den Hudson zu gehen,
und läßt es. Statt dessen blättert er in seinem kleinen Kalender 1974:

Mai, Juni, Juli, August, September, Oktober, November, Dezember, so viele offene Tage, die Wochentage weiß: Dienstag, Mittwoch, Donnerstag, Freitag. Dann bezahlt er das Bier, das er nicht ausgetrunken hat –

WIE ALT MÖCHTEN SIE WERDEN?

LIEBEN SIE JEMAND?

UND WORAUS SCHLIESSEN SIE DAS?

Einmal schaut er zu: Feuerwehr in Aktion, die vielen roten und blitzblanken Wagen, Sirenen, die blauen Kreisellichter; ein Feuerwehrmann schlägt drei Fensterscheiben ein, es kommt Rauch heraus. Dann geht er weiter. Es ist immer noch Sonntag; es regnet mäßig. Er geht mit offenem Mantel, Hände in den Hosentaschen. Von Kreuzung zu Kreuzung dasselbe Spiel: WALK/DON'T WALK. Er vergißt, daß er Tabak hat kaufen wollen. Ohne Bedürfnis zu wissen, wo er sich zur Stunde befindet, liest er die Straßenschilder: CANAL STREET. So weit ist er gegangen. Da und dort dampft es aus einer Dole, man kennt das; diese weißlichen Wirbel von Dampf. Es ist drei Uhr nachmittags und Sonntag. Hier kann man die leeren Straßen überqueren, wo man will; ihr verlöcherter Asphalt. Einmal hört man das Geflatter eines Helikopters, der nicht zu sehen ist, ein hartes Klatschen in der Luft; er sieht das Ziehen der grauen Wolken über den Dächern. Dann wieder ist es still in einer langen Straße ohne einen einzigen Menschen; nur Mülltonnen, Rudel von Mülltonnen. Er spürt den Regen am Nacken. Ohne stehenzubleiben, als habe er ein Ziel, schaut er: die gelben Rohre inmitten der Avenue, eine Baustelle mit Schranken und Wimpeln, es dampft wie aus Schloten eines Dampfers, der im Asphalt versunken ist. Irgend etwas genießt er, ohne zu wissen, was er genießt. Er spürt noch den Sand in seinen Schuhen. Plötzlich dröhnt es aus einem Gitter herauf, meistens kommt aus diesen Gittern nur der flaue Geruch, SUBWAY, er benutzt sie nicht; kein Bedürfnis nach einem Ziel. Eigentlich hat er gemeint, er müsse sich eine Stunde lang ausruhen im Hotel; er geht, die Hände in den Hosentaschen. Inzwischen hat der Regen aufgehört. Einmal bleibt er stehen: ein paar Jugendliche auf Rollschuhen, sie spielen Eishockey auf dem Asphalt; ein regelrechter Puck, der aber auf dem Asphalt nicht gleitet, sondern kullert; eine Weile lang hätte er Lust, auch einen Stock in den

Händen zu haben. Dann geht er weiter. Er sieht: wieder Mülltonnen aus
geripptem Blech, dazu ganze Stapel von schwarzen Plastik-Säcken, die
auf den Montag warten, ihre glänzende Schwärze.

COUNT DOWN:

in 48 Stunden fliege ich ... Lynn erwartet nicht, daß er umbucht, und er
erwartet nicht, daß sie dazu auffordere. Sie haben sich verstanden. Am
Abend kommt Lynn ins Hotel. Sein Ticket liegt unter der gelben Lampe.

TELL ME!

sagt er öfter, als könne ein Mensch sich selber erzählen, und hört zu, er
hört wirklich zu; Lynn glaubt nicht ganz, daß es für ihn wichtig ist, nicht
gleichgültig, wer Lynn gewesen ist.

(Monate später, Januar 1975, halte ich mich nicht an die Vereinbarung.
Zwar wage ich sie nicht anzurufen: als Stimme aus der Vergangenheit.
Dann aber stehe ich vor dem Desk, wo man sich anzumelden hat, und gebe
mich geschäftlich. LYNN IS NO LONGER WITH US. Ich schweige. Tot? So
hört es sich an. Die Schwarze am Desk, als sie meine Betroffenheit sieht,
führt mich nicht zur Nachfolgerin im Office, sondern sagt: I LIKED HER
VERY MUCH INDEED. Wo sie in diesen Tagen ist, meldet später ein Brief,
der mich in Europa erreicht, ein langer Brief, gekritzelt auf Deck eines
Schiffes: sie sei arbeitslos, überhaupt möchte sie einen andern Beruf, ein
Kind, sie spiele viel Pingpong und lese grad mein Buch, das ich ihr damals
gegeben habe; offenbar reist sie allein; sie überlegt sich ihre Zukunft.)

Es ist nicht der richtige Knopf, den Lynn an seine schmutzige Jacke näht,
sondern ein Knopf von seinem Regenmantel. Zu dunkel, auch etwas zu
groß; er wird auffallen. Eine englische Jacke, vor elf Jahren in Zürich an
der Bahnhofstraße gekauft; das hat er nicht vergessen: es ist ihr Fund gewesen, wahrscheinlich das erste Mal, daß sie ihn beim Kleiderkauf beraten
hat. Wieder einmal müßte das Futter ersetzt werden. Eine Jacke wie diese
(Manchester) ist nie wieder zu finden gewesen, auch nicht in London.
Eine Jacke für immer, hundert Mal gereinigt; sie ist abgewetzt, und das
macht's, daß man sich zu Hause fühlt darin. Am rechten Ärmel übrigens

ist auch schon ein Knopf, der auffällt, und das soll er nämlich: ein kleiner, viel zu kleiner, ein beinahe roter Knopf. Wer hat diesen Knopf angenäht? Lynn hat es erraten: YOUR WIFE? Er hätte sie auch ohne diesen Knopf nicht vergessen. Das ist am Montag. Das befreundete Paar, das Lynn zum letzten Abend eingeladen hat, ist um Mitternacht gegangen; es ist das erste Mal gewesen, daß Lynn und er nicht allein gespeist haben. Das ist ihr Wunsch gewesen, und ihr Wunsch hat ihn gefreut; sie versteckt ihn nicht. Als ihre Freunde sich zum Aufbruch erhoben haben, da hat auch er seine Jacke angezogen: ohne Knopf. Das haben die Freunde verstanden: die letzte Gelegenheit, daß Lynn ihr Versprechen erfüllen kann, seine Jacke mit einem Knopf zu versehen. Nachdem sie gesagt hat: YOUR WIFE, sein Bedürfnis, sie im stillen zu lobpreisen, während Lynn immer noch an der Jacke näht, und seine Entdeckung dabei: Eigenschaftswörter taugen nicht, um jemand zu lobpreisen. Das ergäbe bloß einen Steckbrief auf eine attraktive Frau, zurzeit 35, zurzeit in Berlin, wo es fünf Uhr morgens ist, als Lynn sagt: YOU LOVE HER. Dabei hat er kein Wort gesagt, sondern das Geschirr in die Spülmaschine gestellt. Als sie fertig ist, lacht sie: YOUR DIRTY JAK-KET! Es ist vier Uhr morgens, als er es anzieht. Lynn muß schlafen. Sie schläft schon, als er die Wohnungstüre von außen ins Schloß zieht, so leise wie möglich. In der menschenleeren Avenue genießt er die Vorstellung, Lynn sagen zu können, er sei dann eine Stunde lang gegangen, ohne überfallen worden zu sein. Es ist nicht mehr dunkel. Dampf wirbelt aus den Schächten, aus Gittern im Asphalt. Nach zehn Minuten sitzt er bereits in einem gelben Taxi, NO SMOKING, so daß er nicht weiß, was tun. Ihre letzte Nacht ist nicht melancholisch gewesen; aber sein Körper hat versagt. Er versucht mit dem Taxi-Griechen zu plaudern, hört nicht mehr zu, als ihm plötzlich einfällt, daß er nicht geprüft hat, ob ihre Türe, nur von außen ins Schloß gezogen, tatsächlich geschlossen ist oder mit einem Griff auf die Klinke zu öffnen wäre. Ein Einbruch, ein Mord, alles erscheint möglich. Er will anrufen, sobald er im Hotel ist; etwas Besseres fällt ihm in seinem Schrecken nicht ein. Er gibt einen Zwanzig-Dollar-Schein, ohne auf Wechselgeld zu warten, und dann dauert es Minuten, bis der Mann vom Nachtdienst endlich erscheint, zu schläfrig, um den Schlüssel sofort zu finden; man muß es drei Mal sagen: 1112 A (eigentlich 1113, aber sie meiden hier die 13). Als er endlich im Zimmer steht, ruft er nicht an; Lynn muß schlafen. Eine Weile sitzt er, ohne die Jacke auszuziehen, und denkt über Schlösser nach, während es draußen schon hell wird; die Wasser-Silos auf den Dächern bekommen eben die erste Sonne. Dann bemerkt er, daß er an gar nichts denkt; weder an gestern noch an morgen, nicht an heute. Dabei schläft er nicht; er sieht genau, was durch das offene Fenster zu sehen ist, die Fassade gegenüber. Er ist nicht müde oder zu müde, um sich ins Bett zu legen. Keine Gefühle; wenn er die Augen schließt, so sieht er ihr schlafendes Gesicht ganz nah. Es beschäftigt ihn nicht sein körperliches Versagen, wenn es ihm beiläufig einfällt. Die Fassade gegenüber: Backstein, die Fenster in Eisenrahmen, einige haben Vorhänge, blaue oder rote oder gelbe, alle Fenster haben diese Kiste für air-conditioning. In einem Erker steht eine Blattpflanze; eine Katze liegt auf dem Sims. Wenn man aufsteht, so sieht man mehr als nur diese Fassade: unten die Straßenkreuzung gelb unter dem Schein der Bogenlampen, und man sieht auf die Dächer der niedrigen Häuser; da und dort wirbelt Dampf oder Rauch in den morgendlichen Himmel, was anzeigt, daß die Häuser bewohnt sind. Die Leute schlafen noch. Einmal dröhnt ein Schiffstuten; drei Mal. Man sieht in Höfe hinunter, Schächte mit Garten. Er vergißt, daß er ein Bad hat einlaufen lassen; denn es dauert lang, bis er die Verbindung bekommt, bis eine Stimme sagt: OPERATOR, und bis es klingelt am anderen Ende. Keine Antwort. Lynn ist tot oder sie schläft. Er erinnert sich an das Bad und dreht den Hahn zu, zieht den Stöpsel heraus, geht in den Korridor hinaus, um den technischen Vorgang zu studieren: die Zimmertüre im Hotel, von außen ins Schloß gezogen, wie er ihre Türe ins Schloß gezogen hat, ist nicht ohne Schlüssel zu öffnen. Das beruhigt ihn. Zum Glück, aus Versehen, hat er den Zimmerschlüssel in der Hand, so daß er in sein Zimmer zurückkommt; dann legt er sich in den Kleidern quer aufs Bett –

Lynn wird kein Name für eine Schuld.

Zu beschreiben wäre ein steinerner Tisch . . . Das Haus in Berzona, das wir auf einer Durchreise besichtigen bei strömendem Regen: ein Bauernhaus, das Gemäuer ziemlich verlottert, das Gebälk zum Teil morsch. Wir kommen von Rom, VIA MARGUTTA, aus einer Untermiete; mein Leben lang bin ich Mieter oder Untermieter gewesen. Jetzt möchte ich ein Haus haben mit Dir. Unter Schirmen stapfen wir durch das verwilderte Gelände; ein Dschungel von Brennesseln und Brombeeren, viel Farnkraut; wie üblich in dieser Gegend: Trockenmauern aus grobem Feldgestein stützen die Terrassen. Du gehst ziemlich stumm, ich zeige auf die schönen Nußbäume. Ein großes Gelände. Viele Kastanienbäume gehören dazu. Drinnen im Haus ist es muffig; da und dort Schimmel an den Mauern. Die Zuversicht, daß sich das umbauen und ausbauen läßt, übernehme ich, ebenso die zähen Verhandlungen um den Kaufpreis. Eins ist mir von der ersten Stunde an klar: allein, als Junggeselle, könnte ich in diesem Tal nicht hausen. Ich sehe den Balken, wo ich baumeln würde; es wäre leicht zu veranstalten von einem kleinen Fenster aus. Ich lebe aber mit Dir, schon seit drei Jahren; wir haben noch nie über Ehe gesprochen. Was mir gefällt: das schwere Dach aus Granit, und wie das Ganze in den Hang gestellt ist, das Haus und ein steinerner Stall, der beinahe ein Turm ist. Das würde einem Architekten so bald nicht gelingen, das räumliche Verhältnis der beiden Mauerkörper zueinander; das ist unbedacht und vollkommen. Ich bin begeistert. Trotz Regen. Ich habe nie davon geträumt, ein Haus zu haben; jetzt möchte ich es. Wir werden trotzdem noch reisen; es soll kein Gefängnis werden, nur ein Zuhause, wenn Du dazu bereit bist: Unser Zuhause. Ich bin vorsichtig mit dem Kauf, nicht bloß weil der Kaufpreis höher ist als erwartet, und um Weihnachten, als Du bei der Mutter bist, fahre ich nochmals hin. In diesen Tälern kommt es vor, daß man im Winter überhaupt keine Sonne hat oder nur eine Stunde lang. Ich bleibe einen ganzen Tag allein auf dem Gelände; ein blauer Wintertag ohne Schnee. Gegenüber die hohe Kuppe, aber die Sonne rollt gerade noch über diese Kuppe, und das Haus bekommt Sonne sechseinhalb Stunden lang. Ein Glücksfall. Im Innern kommt mir alles noch verrotteter vor; ich bin froh, daß Du nicht dabei bist. Zuletzt hauste hier ein alter Pächter, ein Irrer. Von dem Sud, den er für die drei Schweine gekocht haben soll im Haus, ist nichts mehr zu riechen. Es stinkt aber eine vermoderte Matratze und allerlei Gerümpel, das man sich wegdenken muß. Ich messe aus. Die Räume sind klein, die Mauern dick, und viel wird man von dem alten Gemäuer nicht herausreißen können; trotzdem scheint es mir möglich, hier eine Wohnlichkeit herstellen zu können. Draußen an einem Tisch aus Granit, wie sie im Tessin üblich sind, mache ich Skizzen. In Rom zeige ich sie Dir, erläutere die beschränkten Möglichkeiten, und Du siehst, ich hätte Lust. Zu oft habe ich die Wohnungen gewechselt. Hier wäre Platz für eine Bibliothek, die wächst; unsere Bibliothek. Hier dein Arbeitszimmer mit Ausgang in den Garten. Hier eine Kammer für Gäste. Ich berate mich mit einem jüngeren Architekten, der in der Gegend wohnt und den Umbau betreuen kann, und ich entschließe mich zum Kauf, 1964. Unser Leben in Rom:

festlich von Tag zu Tag und etwas ortlos, auf die Dauer zu gefällig von Tag zu Tag. VALLE ONSERNONE, das liegt nicht am Ende der Welt; zum Beispiel kannst Du in Zürich studieren, wenn Du willst. Hin und wieder besichtigen wir den langwierigen Umbau. Eine Zeitlang sieht es verrückt aus: eine Ruine, die morschen Böden herausgerissen, es stehen nur die schweren Mauern, die das Dach tragen; draußen Haufen von morschem Gebälk. Es muß betoniert werden, damit das Ganze hält. Man stolpert durch ein Dickicht von Versprießungen. Der Umbau, von dem jungen Architekten betreut mit Lust und Sorgfalt, dauert ein volles Jahr. Wir gehen mit ihm, um Platten auszuwählen, Armaturen für Küche und Bäder; Du kannst wählen. Inzwischen kennst Du den Grundriß und schenkst uns Vertrauen, dem jungen Architekten und dem ehemaligen Architekten zusammen. Du siehst meine kindliche Freude am Bauen, meine männliche Freude. Das eine und andere, die Treppe zum Beispiel, bleibt Dir an Ort und Stelle noch unvorstellbar; Du siehst nur das große Loch und stehst ängstlich auf den Brettern, ich halte Dir die Hand. Es gibt jetzt vielerlei zu wählen anhand von Mustern. Alles Technische interessiert Dich weniger: Größe des Öltanks, Marke des Ölbrenners, des Heizkessels usw., aber da vertraust Du, und es freut Dich das blaue Herbstlicht über dem Gelände. Der Architekt will Travertin für den Rahmen des Kamins, und da bist Du dagegen, ich übrigens auch; wir wollen ja nicht eine Villa. Ferner braucht man Lampen, und das ist immer schwierig. Früher einmal habe ich den einen und andern Bauherrn beraten; wer zahlt, entscheidet in Geschmacksfragen. Jetzt entscheiden wir, Du und ich. Manches überzeugt Dich dann gar nicht, wenn es ausgeführt ist, zum Beispiel der Boden im Wohnraum; das kleine Muster hat getäuscht. Du verstehst aber, daß ich nicht Onassis bin, und so lassen wir es; so wichtig ist es auch nicht. Hingegen entzückt Dich der neue Boden in der kleinen Loggia, Backstein im Fischgrätmuster wie in italienischen Klöstern; auch die roten Zürcher-Ziegel im Eßraum beginnen Dir zu gefallen, wenn sie versiegelt sind und mit der Zeit, wie versprochen, etwas dunkler werden. Das sind neue kleine Erfahrungen für Dich. Du freust Dich. Das Haus ist auch Dein Werk. Wir sind uns einig: alle Wände weiß. Wie in Sperlonga. Bevor wir Rom verlassen, sind wir nach Jerusalem eingeladen, 1965, auch das gefällt Dir, und als wir Rom verlassen, gibt es nicht viel zu verfrachten: etwas Geschirr, drei römische Lampen, ein toskanischer Tisch mit fünf Stühlen, die Bücher (nur die Bücher, die sich in Rom angesammelt haben; die andern werden aus einem Lager kommen)

und einige Schallplatten (für einen besseren Plattenspieler) und Dein kleiner Arbeitstisch (eine schlechte Antiquität, ich weiß) und ein Schaukelstuhl, Pfannen, eine Truhe (MILLE SETTE CENTO) und wenig Garderobe,
die römische Bettwäsche und meine Schreibmaschine. Wir sind kein Haushalt, sondern ein Paar. Als wir in das Haus einziehen, sind die Arbeiter
noch da, eine Beton-Maschine ebenfalls. Die Treppe von der Dorfstraße
herunter ist noch nicht erstellt; man geht auf glitschigen Brettern. Im Stall
ist der Zwischenboden, der die Schweine von den Ziegen getrennt hat, soeben herausgerissen worden, mein Studio erst im Bau. Die fünf Arbeiter,
Italiener, kommen täglich über die Grenze und fahren am Abend wieder
nach Novarra. Sie haben noch wochenlang zu tun. Insgeheim sind wir froh
um ihre Gesellschaft. Der alte Vorarbeiter, findest Du, sehe wie ein bäuerlicher Samuel Beckett aus. Sie bringen ihr Essen in einem kleinen Rucksack, sitzen am Steintisch über Mittag oder in der Wiese; Du wärmst ihnen
die Suppe, die sie im Blechgeschirr haben, oder Du kochst selber eine
Suppe für uns alle. Das gefällt mir. Ich sorge für Bier und Wein. Es steht
bei einem Umbau nicht alles in den Plänen; wie, wenn sie gemacht ist, eine
Mauer aussieht, ein Boden aus Granit-Platten, das hängt von ihrem Geschmack ab. Wir verdanken ihnen viel. Ein Kamin in meinem Studio
scheint mir nicht nötig; zwar wäre es schon vorhanden und müßte nur verbessert werden; ich meine: Lassen wir's. Der Beckett widerspricht: UN
SCRITTORE, meint er, müsse viel Papier verbrennen. Ich stimme zu. BELLA
CIAO, BELLA CIAO, die Schallplatte, die wir aus Rom gebracht haben,
schallt aus den offenen Fenstern, während sie arbeiten. Wenn es regnet, arbeiten sie im Keller. Der Maler ist auch noch im Haus; der verschwindet
manchmal für zwei Stunden, um in den Bächen zu fischen. Die Bücherwand, nach meiner Skizze erstellt, gefällt Dir dann doch. Du richtest unsere
Bibliothek ein; ich öffne die vernagelten Kisten. Oft geht's nicht voran,
denn Du hast Dich gesetzt und mußt lesen; das ehrt die Bücher. Du legst
ein Kräuterbeet an. Ferner pflanzen wir drei Rebstöcke, deren Laub inzwischen, neun Jahre später, die Pergola über dem Steintisch deckt . . . Warum
erzähle ich das? Wem erzähle ich das? – einmal bringen sie zwei schwere Kisten von der Dorfstraße herunter; in der ersten befindet sich, wie vermutet,
der finnische Sauna-Ofen. Die andere ist voller Gestein für diesen Ofen:
Granit, wovon es in dieser Gegend mehr als genug gibt. Ferner lege ich
einen Weinkeller an. Wenn ich an der Schreibmaschine sitze, stören mich
die klopfenden Arbeiter nicht, im Gegenteil: wir arbeiten. Eines Tages aber

packen sie ihr ganzes Werkzeug zusammen; Du machst einen Risotto und einen Braten. Ein schönes Jahr, so sagen sie, sei es gewesen hier. AUGURI. Es kommen Hunderte von Gästen, Freunde von Dir, Freunde von mir. Du bist die Gastgeberin, und ich meine, Du machst es gut, nämlich selbstverständlich und ohne Mühe (so scheint es) festlich. Es gibt Gewitter zum Fürchten, dreißigstündige, oder Schneeschaufeln im Winter. Ich spalte Holz und mache Feuer im Kamin, aber ich mache auch anderes in diesen Jahren. Du machst anderes. In der Morgenfrühe versuche ich mich mit der Sense oder mit der Axt, um den Dschungel zu lichten, später mit einer entliehenen Motorsäge. Wir bleiben Städter. Die Leute im Dorf nennen Dich nicht: SIGNORA, da wir nicht verheiratet sind; sie sagen: MARIANNE, und wenn Du nicht zugegen bist: LA MARIANNE, aber nie: LA SIGNORINA. Einmal möchtest Du auch Schafe sehen in unserem Gelände, nicht nur die vielen zugelaufenen Katzen; ich lasse einen Zaun errichten und kaufe vier Schafe, darunter ein schwarzes. Wenn man sie im Gelände sieht, so stehen sie immer in derselben Richtung, alle vier, sie tun und lassen immer dasselbe. Drei werden von einem wildernden Hund zerrissen; das letzte verschenken wir dann. Langsam beginnen die Sommer auf dem Land sich zu gleichen ... Zu beschreiben wäre die eine und andere Speise, die Du erfunden hast/wie Du jüngere und alte Leute gewinnst, so daß sie gern ins Haus kommen/wenn wir in den kalten Bächen schwimmen, wenn ich die Flasche entkorke, die wir im Bach gekühlt haben: Deine frohe Anwesenheit/ der Haufen von Büchern (hauptsächlich Deutsch, aber auch Englisch, Französisch, Italienisch) auf dem Boden neben Deinem Bett/wie Du viele Leute beschenkst/Deine kindliche Aufregung vor Geburtstagen/wie Du, eine Frau, auf dem Fahrrad sitzest und dabei eine Mädchenzeit sichtbar machst/Dein Arbeitstisch, das Tohuwabohu von schweren Wörterbüchern und beschriebenen Blättern und weißen Blättern und Zeitschriften der literarischen Avantgarde und Briefmarken und Magazinen mit Mode, die Du nicht trägst, und Briefen, die beantwortet sind/Dein mütterlicher Kummer mit meiner Arbeit/Dein lederner und vom Regen verwaschener Texas-Hut, wenn ich ihn im Gedränge am Bahnhof erkenne, und Orte, die ohne Dich anders sind: PRAG, WARSCHAU, AVIGNON, PARIS, LENINGRAD, ODESSA, VENEDIG, LONDON, JERUSALEM, MANHATTAN etc. und der kleine Steintisch im Tessin –

DIES IST EIN AUFRICHTIGES BUCH, LESER

und was verschweigt es und warum?

FIFTH AVENUE

eine Dame in einem langen weißen Kleid und mit einem weißen Hut,
Mode der Jahrhundertwende; eine Irre: ihre Hände betasten das Gestein
oder Metall der Fassaden, als wolle sie sich versichern, daß alles da ist.
Hände wie Fühler. Sie kann nicht blind sein, denn sie wartet bei Rotlicht.
Die meisten Passanten bemerken sie gar nicht; sie geht langsamer als die
andern, aber sie versperrt niemand den Weg; sie geht nahe an den Fassaden. Wo Glas ist, sieht es aus, als betaste sie behutsam ihr Spiegelbild; sie
scheint glücklich zu sein. Einmal gehe ich vor, um dann, indem ich mich
unter einem Vorwand umdrehe, ihr Gesicht zu sehen. Sie ist glücklich.
Es kommt vor, daß sie plötzlich stehen bleibt, als sei sie jetzt ins Leere geraten, und dann einige Schritte zurückgeht. Ihre Finger berühren das Material kaum, manchmal gar nicht; es sieht aus, als taufe sie es nur, damit es
da ist, auch das häßliche Material. Ob sie Menschen sieht? Ihr Gewand ist
komisch, aber gemeint als festliche Robe. Übrigens geht sie barfuß, was ich
erst nach einer Weile bemerke. Dann und wann spricht sie. Dazu macht
sie Gesten einer verhohlenen und großen Zärtlichkeit. Es scheint ein besonderer Tag für sie zu sein, ein Tag der Erfüllung, eine Gegenwart.

Helen Wolff, die Verlegerin, ist alles in allem zufrieden mit der Presse. Die
Blumen, jetzt in einer Vase auf ihrem Arbeitstisch, erfreuen die Verehrte.
Grüße nach Europa, Grüße an die gemeinsamen Freunde in Berlin, Uwe,
Günter . . . Anderswo verabschiede ich mich wortlos:

WASHINGTON SQUARE:

von den alten Schachspielern an den steinernen Tischen unter den grünen,
jetzt schon sommerlichen Bäumen.

SHERIDAN SQUARE:

von der Grünspan-Statue eines Mannes, der Sheridan geheißen hat und
auf dem Hut zwei gurrende Tauben trägt.

BIGOLOW:

von den flinken Frühstückmachern.

8TH STREET:

von dem Tabakmann, der schon weiß, was ich rauche, und der jedesmal, wenn draußen schönes Wetter ist, freundlich darauf verweist.

CHINESE LAUNDRY:

von dem spindeldürren Chinesen, der doch das verschwitzte Pingpong-Hemd noch gewaschen und gebügelt hat.

BALDUCCI:

von dieser Auslage schöner Früchte.

TRATTORIA DA ALFREDO

von ihrem Freund, der sich wundert, daß ich zum ersten Mal in dieser kleinen Trattoria bin. Seinerzeit bin ich gebeten worden, nie in diese Trattoria zu gehen, und ich habe mich dran gehalten. Die Offenheit zwischen uns, jetzt möglich, bleibt maßvoll. Wir haben andere Themen. Es stimmt: das Essen in dieser Trattoria ist nicht teuer und schmeckt; das Ambiente italienisch ohne Klimbim, die Intelligenz als Kundschaft, und Alfredo, der Patron, weiß es zu schätzen, wenn jemand italienisch mit ihm redet. Da es hier keinen Schnaps gibt, gehen wir nachher in seine Wohnung: nicht weit von hier. Sieben Minuten zu Fuß. Er ist jetzt geschieden, die Wohnung unverändert, vor kurzem geweißelt; das INGRES-Plakat am gleichen Ort. Als seine neue Gefährtin nach Hause kommt, blickt er auf die Uhr: wo sie denn die ganze Zeit gewesen sei? Sie sei (das habe ich von Dritten gehört) brillant; sie begegnet mir mit unverhohlener Neugierde, nicht ganz unbefangen, dabei wach mit offenen Blicken, als vergleiche sie mich mit einem Steckbrief. Sie ist blond, das Haar nach oben gekämmt. Ich bleibe nicht lang; ich habe noch ein Geschenk zu kaufen, einen Western-Hut: A BROWN CAMPAIGN HAT. Wo findet man solche? Sie tun, als scherzen sie. Drei Uhr; sie ist um elf Uhr aus dem Haus gegangen. Ich erzähle irgend etwas. Von West-Berlin und Ost-Berlin, glaube ich. Er will es wirklich wissen, wo sie überall gewesen ist seit elf Uhr. Sie lacht und zeigt ihre Einkäufe; nicht eben viel. Dafür vier Stunden? Sie interessiert sich für West-Berlin und Ost-Berlin. Sie kennt Paris recht gut. Sie macht gerne einen Kaffee. Er scherzt noch immer: wenn man im Office anruft, so macht sie Einkäufe oder ist in der Bibliothek gewesen, wo man nicht anrufen kann, und wenn man nicht im Office angerufen hat, so ist sie die ganze Zeit im Office gewesen. Sie lacht; er nicht.

SWISS BANK CORPORATION:

von meinem Konto.

HOTEL LOBBY:

von Mark und Inger, denen ich das geliehene Geschirr und Besteck zurückgebe mit Dank, mit Wangenküssen links und rechts.

SENATOR LOUNGE:

von Toni Zwicker, der frohen Landsmännin, die mich einmal mehr zum Flughafen gefahren hat, mit Wangenküssen rechts und links.
     Es wird Zeit, nicht bloß an den Tod zu denken, sondern davon zu reden. Weder feierlich noch witzig. Nicht von Tod allgemein, sondern vom eigenen Tod. Ich bin, gemessen am Alter, ziemlich gesund. Der Arzt findet nichts. Müdigkeiten nach zuviel Alkohol, Kopfschmerzen bei Föhn etc., das ist nicht Krankheit. Trotz unvorsichtiger Lebensart ist es zu keiner Leberzirrhose gekommen. Hin und wieder Herzbeschwerden. Das kenne ich seit zwanzig Jahren. Kein Schmerz. Wenn ich's einem Arzt beschreiben muß: ein Gefühl von Engnis, von Schwäche; Bedürfnis nach Atem, das dann mühsam ist. Ich sage dem Arzt: wie wenn eine Hand um das Herz greift, eine Pranke ohne Krallen, nämlich es sticht kaum. Es vergeht nach zwei Stunden oder schon nach einer Viertelstunde, meistens läßt es sich machen, daß niemand es bemerkt. Wenn ich allein bin, verbindet es sich mit Angst; keine eigentliche Todesangst. Liegen ist ganz schlecht; im Sitzen ist es die Angst, aus dem Sessel aufzustehen; ich kann mir dann nicht

vorstellen, irgend etwas zu machen, zum Beispiel eine Straße zu überqueren. Untersuchungen von Zeit zu Zeit ergeben jedesmal dasselbe: ein ideales Kardiogramm. Medikamente? Rat des Arztes: Nehmen Sie einen Cognac. Die Nieren in Ordnung, die Lunge in Ordnung. Weniger Rauchen wäre besser. Der Verdacht auf Krebs, der so viele begleitet bei jedem Husten oder Magenschmerz, begleitet mich nicht. Ich bin selten krank gewesen. Ich träume viel vom Tod. Auch wenn kein Traum mich mahnt, kommt es vor, daß ich mit Schrecken erwache: Ich bin jetzt 61, 62, 63. Wie wenn man auf die Uhr blickt und sieht: So spät ist es schon! Die Angst vor dem Alter ist melancholisch, das Todesbewußtsein etwas anderes; ein Bewußtsein auch in der Freude. Wie jedermann fürchte ich mich vor einem qualvollen Sterben. Wenn ich vor einer Reise meine Sachen zu ordnen versuche, so ist es eine nüchterne Verrichtung. Ich bin jetzt älter geworden als mein Vater und weiß, daß die durchschnittliche Lebenserwartung demnächst erreicht ist. Ich will nicht sehr alt werden. Meistens bin ich mit jüngeren Leuten zusammen; ich sehe den Unterschied in allem, auch wo sie vielleicht keinen Unterschied sehen können, und manches läßt sich nicht erklären; dann rede ich auch von Arbeitsplänen. Unter anderem weiß ich, daß es sich verbietet, eine jüngere Frau an diese meine Zukunftlosigkeit binden zu wollen.

Das Interview in der erbärmlichen Zeitung ist inzwischen erschienen. Einiges darin stimmt: Staatsangehörigkeit, Anzahl der Kinder, Brillenträger mit untersetzter Statur, Hobby Pingpong.

Abends aus dem Flugzeug, nachdem man die Gürtel aufschnallen darf, wäre auf der linken Seite zu sehen eine grau-grünlich-braune Landzunge mit Leuchtturm, die gelben Untiefen nur durch die Rüsche der Brandung getrennt vom festen Land; das Meer, das offene, ist auch auf der rechten Seite zu sehen: wie stumpfer Filz, später wie Schiefer (Quarzit) hart ... Am letzten Tag sah ich Lynn zum ersten Mal in ihrem Office, vorher im Korridor, wo ich hatte warten müssen. Sie kam fröhlich. Ihr Office ist klein, die Aussicht aufregend. Wir mußten noch ein wenig warten, bis es zwölf Uhr wurde; Lynn auf der Fensterbank: wenig Undine jetzt, ihr Gehaben sehr amerikanisch (was heißt das?) und werktäglich. Die Türe zu ihrem Office blieb offen; als eine Kollegin hereinschaute, stellte Lynn mich vor. Sie bat noch darum, daß ich ein Buch signiere, und dann konnten wir gehen, LUNCHTIME, der Lift war gepfercht voll, und jemand unterhielt sich mit Lynn, die weniger sonnengebräunt ist als ich; offenbar antwortete sie witzig, ich verstand zu wenig. Ich ging allein durch die Pendeltüre und wartete draußen. Als Lynn nicht kam, galt unsere Abmachung für alle Fälle; ich ging allein zu dem Restaurant, wartete an der Bar. Offenbar brauchte es ein Manöver, um die Person loszuwerden; Lynn kam nach zwanzig Minuten. Ein französisches Restaurant, Zweiertisch neben Zweiertisch; kein Ort für trauliches Gespräch, und wir waren eher froh darum. Als man bestellt hatte, gab sie mir ein Geschenk; ich packte es aus. Ein Tabakbeutel genau von der Art meines Tabakbeutels, den Lynn einmal angefühlt hatte und der übers Wochenende irgendwo verloren gegangen war; versehen mit den Initialen. VERY NICE, sagte ich, BUT UNFAIR, denn Lynn hatte sich jedes Geschenk verbeten, ausgenommen meine OLIVETTI LETTERA 32, die sie brauchen konnte. TODAY I HAVE GOT MY PERIOD, sagt sie. Ich hatte noch im Hotel zu packen, aber nicht viel; also viel Zeit. Lynn hatte wenig Zeit, genau eine Stunde. Sie schlug vor, daß wir noch durch den Park gehen, das war nicht weit, UNITED NATIONS. Wir gingen ziemlich flink. I AM GOING TO MISS YOU, sagte sie mit hochgezogenen Augenbrauen wie jemand, der ein Versehen zugeben muß, und unter einer Verkehrsampel, wo sie fast noch mit dem gleichen Atem sagen konnte: COME ON, COME ON. Ich war übrigens zum ersten Mal in diesem Park. Ein greller Mittag, ohne Sonnenbrille fast unerträglich. Das Wasser glitzerte. Im Park viele Leute, die sich gaben, als genießen sie die sommerliche Sonne. Sie schien aber so grell, daß man eigentlich nichts denken und nichts empfinden konnte. Das Wasser war nicht blau, sondern schwarz; darauf glitzerte es wie Quecksilber. Wir lehnten am Geländer. Sogar die Möwen blendeten. Wir hatten wenig getrunken, das war es nicht. Das gibt es in den hohen Bergen: der weiße Schnee, der Fels dagegen fast schwarz, und wenn man hinaufschaut: Mittagsnacht ohne Sterne. Es war nicht heiß: ein scharfer Wind vom Wasser her. Die schwarzen Kähne und vor diesen Kähnen der glitzernde Gischt. Drüben der weiße Rauch aus einem Hochkamin. Licht wie bei Föhn; nicht nur auf dem Wasser glitzerte es, auch das Laub glitzerte. Wenn Leute in den Schatten gingen, so verschwanden sie. Die Fassaden aus Glas spiegelten das Schattendunkel auf den Fassaden gegenüber; die gespiegelten Architektur-Formen etwas verzerrt. Wir waren nicht schweigsam, nur weiß ich nicht, was wir redeten. Das Zinkblech der Brüstung, wo wir unsere Ellbogen stützten, glitzerte wie Glimmer.

Am Himmel blinkte ein Flugzeug. Dann blickte Lynn auf ihre Uhr; wir hatten noch etwas Zeit, aber es war nichts mehr anzufangen mit dieser Zeit. Wir hatten uns auf eine steinerne Rampe gesetzt, wo Paare saßen; über uns das gleißende Metall von tausend Fensterrahmen. Wo man hinschaute: dieses Licht, Glitzern oder Gleißen. Es freute sie, daß mich der Tabaksbeutel freute; genau der richtige, das dunkle Leder ist zärtlich anzufühlen. Wir beklagten es nicht, daß ich heute fliegen muß. Wir schauten bloß: die Möwen, die schwarzen Kähne mit dem Gischt, den sie vor sich her wälzen. Lynn blickte auf die Uhr, ich nahm die Hand von ihrer Schulter. Um uns zu küssen, waren wir aufgestanden. Leichter als jetzt, als wir über eine grelle Freitreppe gingen, kann man nicht gehen. Wir mußten jetzt nur noch den genauen Ort finden, wo man sich trennt, und auf den Verkehr achten; wir nahmen uns an der Hand, als wir die Avenue zu überqueren hatten, und liefen. FIRST AVE/46TH STREET, das war der Punkt offenkundig, wir sagten: BYE, kußlos, dann ein zweites Mal mit erhobener Hand: HI. Nach einigen Schritten ging ich an die Ecke zurück, sah sie, ihre gehende Gestalt; sie drehte sich nicht um, sie blieb stehen, und es dauerte eine ganze Weile, bis sie die Straße überqueren konnte.

Der Mensch erscheint
im Holozän

Eine Erzählung

Für Marianne

Es müßte möglich sein, eine Pagode zu türmen aus Knäckebrot, nichts zu denken und keinen Donner zu hören, keinen Regen, kein Plätschern aus der Traufe, kein Gurgeln ums Haus. Vielleicht wird es nie eine Pagode, aber die Nacht vergeht.

Irgendwo klöppelt es auf Blech.

Wacklig wird es immer beim vierten Stockwerk; ein Zittern der Hand, wenn das nächste Knäckebrot angelehnt werden soll, oder ein Husten, nachdem der Giebel eigentlich schon steht, und alles ist wieder eingestürzt –

Herr Geiser hat Zeit.

Die Auskünfte im Dorf sind widersprüchlich, andere behaupten, es sei gar kein Hang gerutscht, hingegen sei eine alte Stützmauer eingebrochen, eine Umleitung der Straße an dieser Stelle nicht möglich. Die Frau von der Post, die es eigentlich wissen müßte, bestätigt bloß, daß der Post-Bus nicht verkehrt, während sie, verhärmt wie immer, zu den üblichen Öffnungszeiten hinter dem kleinen Schalter steht und Briefmarken verkauft, auch Pakete in Empfang nimmt, um sie ohne Hast auf die Waage zu legen, dann zu stempeln. Bund und Kantone, so wird angenommen, tun alles, um die Straße wiederherzustellen. Notfalls können Helikopter eingesetzt werden, sofern kein Nebel ist. Niemand im Dorf glaubt, daß eines Tages oder in der Nacht einmal der ganze Berg ins Rutschen kommt und das Dorf verschüttet für alle Zeit.

Irgendwo klöppelt es auf Blech.

Es ist keine Pagode geworden, aber Mitternacht.

Begonnen hat es am Donnerstag der vergangenen Woche, man konnte noch im Freien sitzen, Schwüle wie üblich vor einem Gewitter, die Mükken stachen durch die Socken, kein Wetterleuchten, es war nur ungemütlich. Kein Vogel über dem Gelände. Die Gäste, ein jüngeres Ehepaar auf Durchreise nach Italien, beschlossen plötzlich den Aufbruch, obschon sie im Haus hätten schlafen können. Eigentlich war es kein Gewölk, nur ein gelblicher Dunst wie vor einem Sandsturm in der arabischen Wüste; kein Wind. Auch die Gesichter erschienen gelblich. Sie hatten nicht einmal ihre Gläser geleert, so eilig hatten die Gäste es plötzlich, obschon kein Donner zu hören war. Kein Tropfen fiel. Erst am andern Morgen rauschte es vor den Fenstern, es zischte durch das Laub der Kastanie.

Keine Nacht ohne Gewitter und Wolkenbruch.

Zeitweise fällt der elektrische Strom aus, was man in diesem Tal gewohnt ist; kaum hat man eine Kerze gefunden, endlich auch Streichhölzer, so ist der Strom wieder da, Licht im Haus, während es weiter donnert.

Schlimm ist nicht das Unwetter –

Das Lexikon in zwölf Bänden, DER GROSSE BROCKHAUS, erklärt die Entstehung der Blitze und unterscheidet zwischen Linien-Blitz, Kugel-Blitz, Perlschnur-Blitz etc., wogegen über Donner wenig zu erfahren ist; dabei sind im Lauf einer Nacht, wenn man nicht schlafen kann, mindestens neun Arten von Donner zu unterscheiden:

1.
der einfache Knall-Donner.

2.
der stotternde oder Koller-Donner, in der Regel nach einer längeren Stille, verteilt sich über das ganze Tal und kann Minuten lang dauern.

3.
der Hall-Donner, schrill wie ein Hammerschlag auf ein loses Blech, das einen schwirrenden und flatternden Hall verbreitet, wobei der Hall lauter ist als der Schlag.

4.
der rollende oder Polter-Donner, vergleichsweise gemütlich, läßt an rollende Fässer denken, die gegeneinander poltern.

5.
der Pauken-Donner.

6.
der zischende oder Schotter-Donner beginnt mit einem Zischen, wie wenn ein Kipper eine Ladung von nassem Schotter ausschüttet, und endet dumpf.

7.
der Kegel-Donner; wie wenn ein Kegel, getroffen von der rollenden Kugel, auf andere Kegel schmettert und alle auseinander schleudert; es kommt zu einem kurzen Echo-Wirrwarr im ganzen Tal.

8.
der zögernde oder Kicher-Donner (ohne Blitzlicht im Fenster) zeigt an, daß das Gewitter sich über die Berge verzieht.

9.
der Spreng-Donner (unmittelbar nach dem Blitzlicht im Fenster) weckt nicht die Vorstellung von einem Zusammenprall harter Massen, im Gegenteil: eine ungeheure Masse wird entzwei gesprengt und stürzt nach beiden Seiten auseinander, wobei sie vielfach zertrümmert; danach regnet es in Güssen.

Zeitweise fällt wieder der Strom aus.

Schlimm wäre der Verlust des Gedächtnisses –

Was Herr Geiser zum Beispiel nicht vergessen hat: der Satz des Pythagoras. Dazu braucht er das Lexikon nicht auf den Tisch zu schleppen. Hingegen kann Herr Geiser sich nicht erinnern, wie der Goldene Schnitt (A verhält sich zu B wie A + B zu A, das weiß Herr Geiser) herzustellen ist mit Zirkel und Winkel. Natürlich hat man das einmal gewußt –

Ohne Gedächtnis kein Wissen.

Heute ist Dienstag.

Noch immer kein Hupen aus dem Tal.

Ein Feldstecher hilft in diesen Tagen überhaupt nichts, man schraubt hin und her, ohne irgendeinen Umriß zu finden, der sich verschärfen ließe; der Feldstecher verdichtet bloß den Nebel. Was von bloßem Auge zu sehen ist: die Dachtraufe, die nächste Tanne im Gelände, zwei Drähte, die im Nebel verschwinden, die langsam gleitenden Tropfen an den Drähten. Nimmt man den Schirm und stapft ins Gelände, um nachzusehen trotz Nässe und Nebel, so sieht man nach hundert Schritten das eigene Haus nicht mehr, nur Brombeeren im Nebel, Rinnsale, Farnkraut im Nebel. Eine kleine Mauer im unteren Garten (Trockenmauer) ist eingestürzt: Geröll im Salat, Fladen von Lehm unter den Tomaten. Vielleicht ist es schon vor Tagen geschehen.

Tomaten gibt es auch in Dosen.

Lavendel blüht auch im Nebel: ohne Duft wie in einem Farbfilm. Man fragt sich, was die Bienen machen in einem solchen Sommer.

Vorräte sind genug im Haus:

drei Eier
Suppenwürfel
Tee
Essig und Öl
Mehl
Zwiebeln
ein Glas mit Senfgurken
Reibkäse
Sardinen, eine Büchse
Gewürze aller Art
Knäckebrot, fünf Pakete
Knoblauch

Himbeersirup für Enkelkinder
Anchovis
Lorbeer
Grieß
Salzmandeln
Spaghetti, ein Paket
Oliven
Ovomaltine
eine Zitrone
Fleisch in der Kühltruhe

Später im Lauf des Tages donnert es wieder; kurz darauf Hagel. Die weißen Körner, einige haselnußgroß, tanzen auf dem Granit-Tisch, in wenigen Minuten wird der Rasen weißlich, Herr Geiser kann nur am Fenster
stehen und zuschauen, wie das Weinlaub zerfetzt wird, desgleichen die
Rosen –

Es bleibt nichts als Lesen.

(Romane eignen sich in diesen Tagen überhaupt nicht, da geht es um Menschen in ihrem Verhältnis zu sich und zu andern, um Väter und Mütter
und Töchter beziehungsweise Söhne und Geliebte usw., um Seelen, hauptsächlich unglückliche, und um Gesellschaft usw., als sei das Gelände dafür
gesichert, die Erde ein für allemal Erde, die Höhe des Meeresspiegels geregelt ein für allemal.)

Kein Hupen aus dem Tal.

Offenbar ist die Straße noch immer gesperrt.

Wenn der Regen einmal nachläßt, nicht gänzlich aufhört, aber sich verdünnt, so daß er nicht mehr auf dem Dach zu hören ist, Regen nur noch
als lautlose Schraffur vor dem Dunkel der nächsten Tanne, so ist keine
Stille, im Gegenteil, jetzt erst hört man es rauschen aus dem Tal; es müssen
Bäche sein überall, viele Bäche, die es sonst nicht gibt. Ein stetes Rauschen
aus dem ganzen Tal.

Die Schöpfung der Welt
(Hiob 38; Ps. 33, 6–9: Ps. 104; Spr. 8, 22–31)

IM Anfang schuf Gott den Himmel und die Erde. 2 Die Erde war aber wüst und öde, und Finsternis lag auf der Urflut, und der Geist Gottes schwebte über den Wassern.

Ob es Gott gibt, wenn es einmal kein menschliches Hirn mehr gibt, das sich eine Schöpfung ohne Schöpfer nicht denken kann, fragt sich Herr Geiser.

Heute ist Mittwoch.

(Oder Donnerstag?)

Eine Bibliothek kann man es nicht nennen, was Herrn Geiser in diesen Tagen, da Gartenarbeit nicht möglich ist, zur Verfügung steht; Elsbeth hat hauptsächlich Romane gelesen, klassische und andere, Herr Geiser lieber Sachbücher (HELLER ALS TAUSEND SONNEN); das Logbuch von Robert Scott, der am Südpol erfroren ist, hat Herr Geiser mehrmals gelesen, die Bibel schon lang nicht mehr. Was außer dem Lexikon in zwölf Bänden vorhanden ist: Gartenbücher, ein Buch über Schlangen, eine Geschichte des Kantons Tessin, das Schweizerische Lexikon sowie Bilderbücher für die Enkelkinder (DIE WELT, IN DER WIR LEBEN), der Fremdwörter-Duden und ein Buch über Island, wo Herr Geiser vor dreißig Jahren einmal gewesen ist, sowie Landkarten der näheren Umgebung und Wanderbücher, die Auskunft geben über Geologisches, Klimatisches, Historisches usw. betreffend die Gegend.

1. Kapitel

Die Tessinergegend der Urzeit
Die ersten Bewohner

In den weit zurückliegenden Epochen des *geologischen Altertums* und *Mittelalters* war auch das Gebiet des heutigen Kantons Tessin zeitweise von dem tiefen Meere überflutet, das sich zwischen zwei uralten Kontinenten im Norden und Süden ausbreitete. Mächtige Schichten von Sedimentgesteinen haben sich in jenem Ozean gebildet und sind auf dem Meeresgrunde den kristallinen Gesteinen aufgelagert worden.

Kaum aber waren diese Erdkrustenteile aus dem Meeres-Arbeiten erfolgten aber nicht in einem Zuge, sondern in verschiedenen, zeitlich weit auseinander liegenden Perioden. Das erkennen wir ohne Mühe an den vielen parallel laufenden Terrassen, die sich den Talhängen nachziehen, und die einst höher liegende Talgründe gewesen sein müssen. Gletscher in die Furchen und sägten erste Täler ein. Diese Arbeiten erfolgten aber nicht in einem Zuge, sondern in verschiedenen, zeitlich weit auseinander liegenden Perioden. Das erkennen wir ohne Mühe an den vielen parallel laufenden Terrassen, die sich den Talhängen nachziehen, und die einst höher liegende Talgründe gewesen sein müssen.

In den Haupttälern war die Mächtigkeit der Gletscher viel größer gewesen als in den *Seitentälern*, und ihre Flüsse haben denn auch tiefer liegende Betten als die Nebenflüsse. Dadurch sind die Talsohlen der Seitentäler höher geblieben als jene der Haupttäler, und die Seitenbäche münden deshalb über eine Steilstufe in die Hauptflüsse. Das ist die Erklärung der vielen *Wasserfälle*, die z. B. dem Tessintal das wildromantische Gepräge verleihen.

Besser unterrichtet sind wir dagegen über die Menschen, die während des *Eisenzeitalters* (ungefähr 800—58 v. Chr.) das Land bevölkert haben. Die Gräberfunde aus der ältesten Eisenzeit[4], der sog. ligurischen Periode, einerseits, und Orts- und Flurnamen[5] anderseits, weisen darauf hin, daß damals die *Ligurier* die Tessinergegend bewohnten. Aus der Geschichte wissen wir, daß die Ligurier im frühesten Altertum nicht nur das heutige Ligurien, sondern auch die Täler der Westalpen, wozu die Gegend des heutigen Tessin gehört, besiedelt hatten.

Endlich müssen auch noch die vielen *Bergstürze* erwähnt werden, die sich seit dem Rückgang der Gletscher ereignet haben, denn sie trugen nicht unwesentlich dazu bei, vielen Gegenden des Kantons Tessin das heutige Gepräge zu verleihen.

Nach der Sage mußte Herkules ein Volk über die Alpen nach Spanien und weiter nach Afrika führen. Beim Übergang über die tiefverschneiten Alpenpässe blieb die Nachhut zurück. Viele Krieger erfroren, und der Rest konnte dem vorausgezogenen Hauptharst nicht mehr nachfolgen. Sie zogen dann nicht mehr weiter und siedelten sich im Alpengebiet an. Der Name «Lepontier» aber bedeutet die «Zurückgebliebenen». Daß die Lepontier, deren Name mit der Zeit auch auf eine ganze Anzahl anderer Stämme übertragen wurde, tatsächlich beide Abhänge des Gotthard besiedelt hatten, das wissen wir auch aus ganz zuverlässiger Quelle, nämlich vom römischen Naturforscher Plinius dem Älteren (23—79 n. Chr.) und von Julius Cæsar (100—44 v. Chr.).

Es stimmt übrigens nicht, daß kein Hupen aus dem Tal zu hören ist; es kommt nur kein Post-Bus, man vermißt seine Dreiklang-Hupe, und die lärmigen Lastwagen, die sonst mit Platten und Quadern von Granit hinunter ins Tal fahren, sie fahren nicht; oberhalb der Stelle, wo die Straße unterbrochen ist, gibt es aber Motorräder.

Soeben hat es gehupt.

Wie der Goldene Schnitt herzustellen ist mit Zirkel und Winkel, das steht im Lexikon, und auch wenn kein Zirkel im Haus ist, Herr Geiser weiß sich zu helfen: ein Reißnagel, dazu ein Bindfaden, der am Reißnagel befestigt wird, und ein Bleistift, befestigt am andern Ende des Bindfadens, ersetzen den Zirkel einigermaßen. Herr Geiser braucht im Augenblick keinen Goldenen Schnitt, aber Wissen beruhigt.

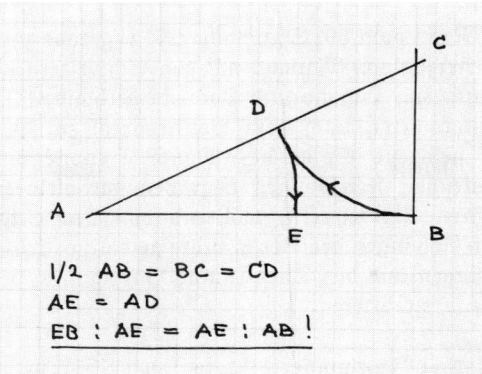

Der kleine Rutsch im Garten (Geröll im Salat) hat sich über Nacht nicht vergrößert. Auch ist es, soweit Herr Geiser im Morgengrauen sehen kann, zu keinem neuen Rutschen gekommen, zumindest nicht auf seinem Gelände. Der graue Lehm unter den Tomaten, die noch bleich sind, klebt mit zähen Klumpen am Spaten. Auch wenn Herr Geiser es ohne Spaten versucht, wenn er kniet und mit seinen Händen das Geröll entfernt aus dem grünen Salat, so oder so ist der Salat kaputt, und die kleine Mauer wieder in Ordnung zu bringen, dazu ist es nicht die Stunde. Das wird eine Arbeit von Tagen. Schon nach einer Stunde ist man platschnaß trotz Regenmantel und Hut.

Ein Helikopter ist nicht zu hören.

Der Einsturz einer kleinen Trockenmauer, eigenhändig erstellt von einem Rentner, der anderes geleistet hat in seinem Leben, bedeutet noch nicht, daß der ganze Hang ins Rutschen kommt. Vermutlich gibt es Rinnsale da und dort und Fladen von Lehm, das gibt es immer bei langen Regen. Vermutlich ist an schroffen Hängen da und dort ein Baum gekippt, eine alte Tanne oder eine morsche Kastanie; dann liegt ihr Stamm hangabwärts mit zersplitterter Krone, die schwarzen Wurzeln spreizen sich in die Luft und der Fels liegt nackt zu Tage, Gneis oder Schiefer, anderswo Nagelfluh.

In der Nacht vom 30. September 1512 (gerade zur Zeit, da der Herzog von Mailand mit den Schweizern um die Abtretung von Lugano und Locarno verhandelte), barst ganz unerwartet, nach dem Pontironetal zu, die über Biasca gelegene Spitze des Monte Crenone und die nachgleitenden Felslawinen begruben gar viele Häuser samt ihren Einwohnern, während von den entgegengesetzten Abhängen des Bergs andre gewaltige Erdmassen niedergingen und das Dorf Campo Bargigno in der Val Calanca verschütteten.

Erst drei Jahrhunderte später (von 1812 bis 1815) wurde die dazumal durch jene Katastrophe weggerissene Brücke des Ticino wieder neu aufgebaut. Aus einem Winkel der „büzza"*) bei Biasca sieht man nicht ohne Erstaunen aus Gestein und Ginstergestrüpp die Spitze eines Kirchturmes hervorragen: des Kirchturmes von Loderio. Diese merkwürdige Ruine ruft uns ein andres großes Unglück ins Gedächtnis, das noch manch einem der heutigen Generation lebhaft vor Augen stehen muß, nämlich die Überschwemmungen des Jahres 1868 — die die Kirche von Loderio begruben, alle Brücken des Bleniotales zerstörten und Schrecken und Tod in Malvaglia, Semione, Dongio und besonders in Corzoneso verbreiteten. In der Nacht vom 27. September brach eine heftige und ganz unerwartete Flut über Cumiasca, einer Fraktion der Gemeinde von Corzoneso, nieder, zerstörte den Ort vollkommen und vernichtete achtzehn Menschenleben. Ganz Europa, zu Ehren der Menschlichkeit sei es gesagt, lauschte erschüttert den Berichten über das schwere Unheil, das die Überschwemmungen in Blenio, in der Leventina, in der Verzasca und in der Vallemaggia anrichteten. Zwei Millionen Franken wurden zu Unterstützungszwecken gesammelt. Papst Pius spendete mehrere Tausend Lire, Kaiser Napoleon Zwanzigtausend Franken, der Großherzog von Baden Zehntausend.

Am 23. März des Jahres 1851, nach einem ununter-
brochenen Schneefall von drei Tagen, lösten sich mehrere
gewaltige Lawinen mit unerhörtem Ungestüm von den
Gipfeln der umliegenden Berge und stürzten, ganz ungewohnte Richtungen einschlagend, auf die unselige Ortschaft herab und verschütteten neun Behausungen.
Dreiundzwanzig Menschen und über 300 Stück Vieh
kamen dabei um. Lavizzari schreibt dazu: „Kaum daß
die verhängnisvollen Schneemassen, die ihnen Herden,
Wohnstätte und Angehörige entrissen hatten, schmolzen,
als auch die Überlebenden schon neuen Mutes ihre Hütten
in Cozzera wieder aufbauten gleich jenen, denen die
Gluten des Vesuvs die Heimat zerstörte und die, kaum
daß das Ungeheuer den feuerspeienden Rachen schließt,
auch schon wieder daran denken, ihre Wohnstatt von
neuem auf der noch heißen Lava aufzurichten."

In der Nacht, gestern, waren Sterne zu sehen, nicht viele, Minuten lang sogar der Mond zwischen ziehendem Gewölk, Schwaden von weißlichem
Nebel im unteren Tal, die nassen Felsen in der Höhe glänzten stellenweise
wie Alu-Folie und der Mond über dem schwarzen Wald schien trockener
denn je –

Heute gurgelt es wieder.

Wenigstens schneit es nicht.

Der Rucksack steht in der Diele, ein Rucksack aus Leder, den Herr Geiser
seinerzeit in Island gekauft hat, wasserdicht, und Herr Geiser hat an alles
gedacht: Paß, Verbandstoff, Taschenlampe, Unterwäsche zum Wechseln,
Ovomaltine, Socken zum Wechseln, Jod, ein kleines Heft mit Traveller-
Checks, Aspirin, Miroton (gegen Herzschwäche) sowie Kompaß und Lupe, damit man die Landkarte entziffern kann, CARTA NAZIONALE DELLA
SVIZZERA 1 : 25 000, FOGLIO 1312 und 1311, dabei weiß Herr Geiser,
daß eine Flucht über die Berge (nach Italien) ein Wahnsinn wäre. Das
hätte man vielleicht als junger Mann noch wagen können. Auch der alte
Saumpfad hinunter ins Tal, den Herr Geiser vor vielen Jahren einmal begangen hat, dürfte zurzeit von Bächen mit Geschiebe unterbrochen sein,
lebensgefährlich, das braucht Herr Geiser sich von niemand sagen zu lassen.

Heute ist Mittwoch.

Ein deutscher Sommergast, Professor für Astronomie, weiß viel über die Sonne, und wenn man ihn fragt, so spricht er nicht ungern auch zu einem Laien. Nachher räumt man die Tassen weg, dankbar für den kurzen Besuch, Herr Geiser hat ungefähr verstanden, was Protuberanzen sind, die übrigens nichts mit dem Wetter auf der Erde zu tun haben, und die Gattin des Sonnenforschers hat einen Topf voll Suppe gebracht, Minestrone zum Aufwärmen. Wenigstens weiß man nachher, daß man nicht verrückt ist: auch andere Leute finden, es regne und regne.

> 17 Da kam die Sintflut über die Erde, vierzig Tage lang, und die Wasser wuchsen und hoben die Arche, und sie schwamm hoch über der Erde. 18 Und die Wasser nahmen mächtig überhand und wuchsen gewaltig über der Erde, und die Arche fuhr auf den Wassern dahin. 19 Und die Wasser wurden immer mächtiger über der Erde, sodass alle hohen Berge unter dem ganzen Himmel bedeckt wurden. 20 Fünfzehn Ellen stiegen die Wasser darüber hinaus, sodass die Berge bedeckt wurden. 21 Da starb alles Fleisch dahin, das sich auf Erden regte, an Vögeln, an Vieh, an Wild und allem, was auf Erden wimmelte, auch alle Menschen. 22 Alles, was Lebensluft atmete, was auf dem Trockenen war, das starb. 23 So vertilgte er alle Wesen, die auf dem Erdboden waren: die Menschen sowohl als das Vieh, das Kriechende und die Vögel des Himmels, die wurden vertilgt von der Erde; nur Noah blieb übrig und was mit ihm in der Arche war. 24 Und die Wasser nahmen zu auf der Erde, 150 Tage lang.
> 2: 3. Mos. 11 / 9: 6, 19.

Herr Geiser glaubt nicht an Sintflut.

— Schon der Zürcher
Pfarrer H. R. Schinz führte vom September 1770 bis zum September 1771 interessante Beobachtungen durch: Heitere Tage in Locarno: 204, in Zürich 61. Regentage in Locarno: 60, in Zürich 109.

„Die Vorzüge und Schönheiten weit entlegener Klimate finden sich somit hier in einem harmonischen Ganzen vereinigt, wie unser Weltteil es schwerlich irgendwo zum zweiten Male bietet."

Locarno erfreut sich, wie bereits angedeutet, eines vorzüglichen *Klimas.* Nach dem Jahresmittel, 11,6° ist Locarno die wärmste aller schweizerischen meteorologischen Stationen.

Noch vor kurzem, im Juni, war es wolkenlos, das Gras war dürr und gelblich; um sechs Uhr morgens, als Herr Geiser sich wieder einmal mit der Sense versuchte, sah man die Sonne als Sonne noch nicht, nur ihr Licht auf den Kuppen und Graten der Berge, während das Tal noch schattenblau war; kurz nach sieben Uhr, plötzlich, blinkte es auf der Sense, und es wurde heiß, ein Tag mit Stechfliegen, Eidechsen, Schmetterlingen, Sommer wie eh und je, Wetterleuchten gegen Abend, kein Regen oder nur ein paar Tropfen, der nächste Morgen wieder blau und heiß, die weißen Haufenwolken trocken wie Watte. Wochen lang war es verboten, den Gartenschlauch zu benutzen, die Erde wurde grau und rissig. Der kleine Bach unterhalb der Kirche war ohne Wasser, ein Steinbett.

Aussergewöhnliche Hochwasser infolge fertgesetzten Regens mit höchstem Wasserstand fanden sich im Jahre 1764 (mit m. 6,20 über dem Nullpunkt), 1807, 1812, 1817, 1824, 1829, 1834, 1840, 1855, 1868, und 1907; die schwersten des XIX Jahrhunderts waren die der Jahre: 1807, 1829, 1834, 1840 und ganz besonders 1868 (3-4 October mit 7 m. über dem Nullpunkt).
Der Geschichts schreiber Raul berichtet von einer im XII Jahrhundert (1177) eingetretenen Uberschwemmung, bei der der Wasserstand den normalen um m. 10, 8 überragte.

Wie Flut und Ebbe entstehen, wie Vulkane, wie Gebirge usw., hat Herr Geiser einmal gewußt. Wann sind die ersten Säugetiere entstanden? Statt dessen weiß man, wieviel Liter der Heizöltank faßt und wann der erste Post-Bus fährt, sofern die Straße nicht gesperrt ist, und wann der letzte. Wann ist der Mensch entstanden und wieso? Trias, Jura, Kreide usw., keine Ahnung, wieviele Jahrmillionen die einzelnen Erdzeitalter gedauert haben.

In der *Trias* gewinnen von den Tieren Ammoniten und Belemniten, Amphibien und bes. Reptilien, darunter große Formen wie die seit langem ausgestorbenen Dinosaurier, weite Verbreitung und Mannigfaltigkeit. Hinzu kommen in kleinen Formen die Säuger (→Triasformation) und die Vögel (→Juraformation). Seit dem *Jura* zeigt sich eine deutliche Gliederung in Klimazonen. Die Pflanzenwelt, der Tierwelt in der Entwicklung vorauseilend, hatte schon im Oberperm viele mesozoische Merkmale gezeigt. Sie wird in der *Kreide* (→Kreideformation) durch gleich massenhaft auftretende Laubbäume bereichert. In der Oberkreide beginnen die heutigen Festländer sich herauszubilden; und in den mesozoischen Geosynklinalen bereitet sich die alpine Gebirgsbildung vor, die im beginnenden **Känozoikum (Neolithikum;** →Känozoische Formationsgruppe) ihren Höhepunkt erreicht. Im *Tertiär* (→Tertiärformationen) entfaltet sich der Säugerstamm zu großer Mannigfaltigkeit, während viele Reptilgruppen, Ammoniten u. a. verschwunden sind. Im Jungtertiär nähern sich die Verhältnisse, auch die klimatischen, schon mehr den heutigen; doch gibt das *Quartär* (→Eiszeit) noch großen Teilen der Erdoberfläche sein Gepräge. Im →Pleistozän erscheint nach bisheriger Auffassung der Mensch (Altsteinzeit); die erdgeschichtl. Gegenwart spielt sich im →Holozän ab.

Es genügt nicht, daß Herr Geiser in diesem oder jenem Buch mit seinem Kugelschreiber anstreicht, was wissenswert ist; schon eine Stunde später erinnert man sich nur noch ungenau; vor allem Namen und Daten prägen sich nicht ein; Herr Geiser muß es eigenhändig auf einen Zettel schreiben, was er nicht vergessen will, und die Zettel an die Wand heften, Reißnägel sind genug im Haus.

```
KAMBRIUM      100. 000. 000  JAHRE
SILUR          70. 000. 000
DEVON          80. 000. 000
KARBON         75. 000. 000
PERM           75. 000. 000
TRIAS          80. 000. 000
JURA           70. 000. 000
KREIDE         20. 000. 000
TERTIÄR        60. 000. 000
QUARTÄR         1. 000. 000
```

Zwei von den Briefen, die Herr Geiser seit Sonntag geschrieben hat, sind schon überholt, weil die Meldung, daß ein Hang gerutscht sei, nicht stimmt, und der dritte Brief, ein Brief an die Tochter in Basel, ist lächerlich, falls schon morgen oder übermorgen die Post wieder verkehrt; da stehen Sätze wie von Robert Scott in seinem letzten Biwak.

Dabei regnet es bloß.

Man kann fernsehen, TELEVISIONE SVIZZERA ITALIANA, wenn auch mit schlechtem Empfang: in London wird soeben Tennis gespielt, man sieht deutlich die Schatten der Spieler auf dem Rasen, dann plötzlich Geflimmer, und wenn Herr Geiser an den Knöpfen dreht, plötzlich rutscht das Bild weg, der Ton bleibt, Beifall überlaut, während die Bilder langsam oder hastig nach oben rutschen oder nach unten, schließlich zucken nur noch schwarze und weiße Streifen.

In London scheint die Sonne.

Eigentlich kann nicht viel geschehen, auch wenn es Wochen lang regnet, Monate lang; das Dorf liegt am Berg, das Wasser läuft ab, man hört es gurgeln ums Haus.

Wenigstens ist heute kein Nebel –

Das Tal scheint unversehrt.

Die Kochplatte wird nicht warm –

Ein See, ein lehmbrauner See, der nach und nach das Tal füllt, ein namenloser See, der, indem sein Wasserspiegel steigt von Tag zu Tag und auch in den Nächten, sich mit den steigenden Seen der andern Täler vereint, bis die Alpen nur noch ein Archipel sind, eine Gruppe von Inseln aus Fels und Gletschern, die ins Meer hangen, ist nicht denkbar.

In London scheint die Sonne.

Eigentlich hat Herr Geiser keinen Hunger, es macht nichts, daß die Suppe zum Aufwärmen, Minestrone, die neulich die Gattin des Sonnenforschers gebracht hat, nicht warm wird –

Wahrscheinlich ist das ganze Dorf ohne Strom.

Im Kühlschrank stinkt es noch nicht, aber die Butter ist weich und tropft; offenbar ist der Strom schon vor einer Weile ausgefallen. Der Käse schwitzt. Ohne eigentlichen Hunger ißt man sogleich das letzte rohe Ei – nicht ohne Ekel, da es nicht kühl ist.

Alle Sicherungen sind in Ordnung.

Wasser im Keller ist üblich, wenn es lange geregnet hat; der Schotterboden wird naß, weil das Hangwasser von unten heraufdrückt.

Auch der Boiler ist außer Betrieb.

Holz ist genug im Haus.

Wenn die Straße nicht wegen Unwetter gesperrt ist, so ist Basel in fünf Stunden erreichbar, Mailand in drei Stunden, die nächste Apotheke in einer halben Stunde –

Man ist nicht am Ende der Welt!

(– wie Elsbeth oft gesagt hat.)

Zum Glück ist nicht allzuviel in der Tiefkühltruhe, die außer Betrieb ist: drei Schnitzel, Hackfleisch für Füllungen, ein Kotelett, Spinat in Packungen, ein Rollbraten für allfällige Gäste, Himbeeren in Packungen, zwei Forellen, fünf Bratwürste. Es tropft schon aus den Packungen grünlich und rötlich; das Fleisch, sonst klingelhart, ist schlapp, und die Forellen fühlen sich widerlich an, die Bratwürste weich wie Schnecken. Bekanntlich darf die Ware, einmal aufgetaut, nicht wieder gefroren werden, das weiß Herr Geiser, und es gibt nichts zu überlegen: die Ware muß in eine Tasche gepackt und im Dorf verschenkt werden, je rascher umso besser.

Leider regnet es wieder in Strömen.

Auch die Einheimischen sind ohne Strom, aber überzeugt, daß es nicht lange dauern kann; daß der Strom sozusagen jeden Augenblick wieder da sein wird –

Auch die Turmuhr steht.

Nicht einmal der alte Ettore, Maurer im Taglohn, der lebenslänglich an öffentlichen und anderen Stützmauern gearbeitet hat, glaubt im Ernst daran, daß je der ganze Berg ins Rutschen kommt; er grinst bloß aus seinem weißen Stoppelbart. Vornherum sind sie freundlich und danken für das Fleisch, im Grund halten sie jeden, der nicht in ihrem Tal geboren ist, für reich oder für einen Spinner.

Il Professore di Basilea

so nennen sie Herrn Geiser, weil er stets, wenn er aus dem Haus geht, eine Krawatte trägt; dabei wissen sie genau, daß Herr Geiser nicht Professor ist, und was er gewesen ist, steht auf dem Steuerzettel.

Che tempo, che tempo!

Das ist alles, was sie zu sagen wissen.

Wenn die Sonne scheint auf seine Dächer aus Granit, wenn es nicht über die Traufen plätschert, wenn das alte Gemäuer nicht naß ist, wenn da nicht Pfützen sind und wenn es nicht überall tropft oder gurgelt und wenn die Sonnenblumen nicht geknickt sind, wenn sein Kirchturm in den blauen Himmel steht, wenn nur der Brunnen plätschert, wenn man nicht durch Rinnsale geht, wenn die Berge ringsum nicht grau sind, ist es ein malerisches Dorf.

Heute kein Hund, der bellt.

Erst als Herr Geiser mit der leeren Tragtasche wieder zuhause ist, als er den tropfenden Schirm in die Diele gestellt hat, als er die nassen Schuhe auszieht, fällt es ihm ein: auch er hätte das Fleisch braten können im Kamin, wenigstens den Rollbraten, den man auch kalt essen kann.

Man verblödet –!

In der Nacht sind auch sonst nicht viele Lichter zu sehen, zwei Straßenla-
ternen (im Winter fünf, weil dann kein Laub sie verdeckt) und ein paar
Stubenlichter im Dorf, bei klarem Wetter noch ein schwaches Licht von
einem einsamen Gehöft am Hang gegenüber; jetzt kein einziges Licht
im ganzen Tal.

AM ENDE DER EISZEIT LAG DER
MEERESSPIEGEL MINDESTENS
100 METER TIEFER.

BEREIT SEIN IST ALLES.

BLITZGESCHWINDIGKEIT:
100.000 KM PRO SEKUNDE.
STROMSTÄRKE DER BLITZE:
20 BIS 180.000 AMPÈRE

VERWANDLUNG VON MENSCHEN IN
TIERE, BÄUME, STEINE ETC.
SIEHE: METAMORPHOSE / MYTHOS

STEINZEIT: 6000 – 4000 V. CHR.
JUNGSTEINZEIT: BIS 1800 V. CHR.

Weitere Arten von Donner:

10.
der ächzende oder Latten-Donner; ein kurzer und heller Krach, wie wenn
man eine Holzlatte bricht, dann ein Ächzen länger oder kürzer; der Latten-
Donner ist in der Regel der erste Donner eines beginnenden Gewitters.

11.
der Plapper-Donner.

12.
der Kissen-Donner hat genau den Ton, der zu hören ist, wenn eine Hausfrau mit der flachen Hand auf die Kissen klopft.

13.
der rutschende Donner; sein Ansatz läßt einen Polter-Donner oder einen Pauken-Donner erwarten, aber bevor die Fensterscheiben erzittern, rutscht sein Getöse auf die andere Seite des Tals, wo es sich sozusagen verhustet.

14.
der Knatter-Donner.

15.
der kreischende oder Flaschen-Donner, oft erschreckender als der Spreng-Donner, obschon er die Fensterscheiben nicht erzittern läßt, gehört zu den unerwarteten Donnern, man hat keinerlei Blitz gesehen, plötzlich ein schrilles Geklirr, wie wenn eine Kiste voll leerer Flaschen über eine Treppe hinunterstürzt.

16.
der munkelnde Donner.
usw.

Noch ist es nicht so weit, daß Herr Geiser mit der Katze redet, wenn sie um die Hosenbeine streicht. Die letzten Sardinen hat sie schon bekommen, auch die letzte Milch aus einer Dose; schon diese paßte ihr nicht, und dann hockt sie mitten im Zimmer, wartet mit gekniffenen Augen. Offenbar hat sie im Gelände nichts gefunden, keinen Vogel, nicht einmal Eidechsen. Anchovis sind ihr zu salzig. Nimmt Herr Geiser sie am Nackenfell (was den Katzen nicht wehtut) und setzt sie in den Keller, damit sie vielleicht auf die Idee kommt, Mäuse zu suchen, so jault sie hinter der Kellertüre, bis Herr Geiser sie wieder herausläßt. Sofort streicht sie wieder um die Hosenbeine. Sie will es nicht fassen, daß es kein Fleisch mehr gibt.

Natürlich fällt auch der Fernseher aus.

Keine Ahnung, was in der Welt geschieht.

Das Letzte, was Herr Geiser noch vernommen hat, sind schlimme Nachrichten gewesen, wie meistens, von Attentat bis Arbeitslosigkeit; dann
und wann der Rücktritt eines Ministers, aber eine Hoffnung, daß es heute
gute Nachrichten wären, besteht eigentlich nicht; trotzdem ist man beru-
higter, wenn man von Tag zu Tag weiß, daß die Welt weitergeht.

Im Garten zu arbeiten ist nicht möglich.

Man kann nicht den ganzen Tag lesen.

Die Kirchglocke, die morgens um sieben Uhr bimmelt und abends um
sechs Uhr, kann von Hand bedient werden, was wie immer der alte Felice
besorgt; je älter er wird, um so kürzer bimmelt es –

Hingegen der Stundenschlag bleibt aus.

Es bleibt nichts als Lesen.

Eigentlich erwartet Herr Geiser niemanden; trotzdem könnte jemand an
der Haustüre gewesen sein. Natürlich tut es auch die Hausklingel nicht
ohne Strom und es ist ratsam, einen Zettel an die Haustüre zu nageln, besser noch ein Stück steifer Pappe:

SONO IN CASA!

Vielleicht heißt es:

SONO A CASA.

(das hätte Elsbeth gewußt.)

BITTE KLOPFEN!

ICH BIN ZU HAUS!

Oder sachlich:

CAMPANELLO NON FUNZIONA.

Dann ist auch das getan.

Und es ist immer noch Vormittag –

Herr Geiser gehört sonst nicht zu den Leuten, die sich langweilen, wenn sie keine Firma mehr leiten, wenn das Telefon einen Tag lang nicht klingelt; irgend etwas gibt es immer zu tun oder zu denken, wenn man allein wohnt.

Oft weiß auch das Lexikon wenig Bescheid.

> Schutz gegen **Blitzschlag** finden M e n s c h e n am besten in Häusern, die mit→**Blitzschutz** versehen sind. Im Freien wird empfohlen, Bäume (jeder Art!), Zäune und Metalleinfriedigungen zu meiden. Sicheren Schutz gegen Fernwirkungen von Blitzschlägen in der Nachbarschaft (bis zu 40 m gefährlich) durch den sich in der Erde ausbreitenden Blitzstrom gewähren flach auf dem Erdboden oder im Erdboden liegende Metallnetze oder Metallteile.

Eine Hungersnot wird nicht erwartet. Der kleine Lebensmittelladen im Dorf hat zwar nicht viel auf Lager: Salz, Backpulver, Zwiebeln, Limonade, Waschpulver, Tee, Schneckenkörner usw., Butter schon nicht mehr, Eier auch nicht, Milch nicht einmal mehr in Dosen. Offenbar wird schon gehamstert. Zum Glück gibt es Streichhölzer. Eine Schachtel für jeden Kunden! Fleisch hat es in dem kleinen Laden nie gegeben, ausgenommen geräucherten Speck, und der ist weg. Fleisch in Dosen, das Herr Geiser sonst nicht mag, ist ebenfalls weg. Katzen werden in dieser Gegend nur selten verspeist.

CHE TEMPO, CHE TEMPO.

Die kleine Schreinerei unterhalb des Dorfes ist noch in Betrieb, das nasse Sägemehl vor der Werkstatt dunkel wie Teeblätter; viel Betrieb ist da nie, nicht jeden Tag ist die Säge zu hören.

Im Augenblick regnet es fast nicht.

Auf dem Asphalt da und dort Fladen von Lehm, Rinnsale, aber keine Fels-
blöcke. Ein gelber Schneepflug steht, wo er im Sommer immer steht. Was
Herrn Geiser beruhigt: keine Risse im Asphalt. Unterwegs eine holländische Familie in bläulichen Regenhäuten und mit bleichen Gesichtern,
trotzdem munter. Ohne zu grüßen. Sie haben hier ein Sommerhaus, vier
Wochen lang ist die holländische Fahne gehißt, auch wenn es regnet. Sogar
ihr Hund trägt eine bläuliche Regenhaut. Sonst ist niemand unterwegs.
Eine Baustelle; die Arbeit ist eingestellt, da die Arbeiter aus Novara ausbleiben; Bretter schwimmen im Keller; Säcke voll Zement in einem Tümpel;
ein Zelttuch, das sie vor dem Regen schützen sollte, hat der Wind wegge-
rissen.

Herr Geiser hat seinen Schirm.

Leider hat er den Feldstecher vergessen.

Schon einmal, 1970, ist unterhalb des Dorfes ein Stück der Straße abge-
rutscht, am andern Morgen hing das eiserne Geländer verbogen in die
Schlucht hinunter, und einen Sommer lang war der Verkehr durch die Baustelle behindert, jedoch nicht unterbrochen. Rutsche solcher Art hat es in
dieser Gegend immer gegeben –

Unterwegs drei verregnete Schafe.

Die Frage, warum Herr Geiser, Bürger von Basel, sich in diesem Tal niedergelassen hat, ist müßig; Herr Geiser hat es getan.

Alt wird man überall.

Manchmal bleibt Herr Geiser stehen: das graue Rauschen aus der
Schlucht – aber das eiserne Geländer ist noch da. Wenn man ohne Schirm
gehen kann, wenn nicht überall Tümpel sind, wenn es nicht tropft von jeder Tanne und wenn die Wälder am Hang gegenüber nicht schwarz sind
und die Berge nicht von Wolken verhängt, wenn man im Garten arbeiten
kann, wenn Schmetterlinge da sind, wenn man die Bienen hört und in

der Nacht ein Käuzchen, wenn man mit der Angelrute am Bach stehen kann und gesund ist, also zufrieden, obschon man den ganzen Tag nichts fängt, und wenn die Straße nicht gesperrt ist, so daß man das Tal drei Mal täglich verlassen könnte, ist es ein malerisches Tal – sonst kämen nicht Deutsche und Holländer hierher Sommer für Sommer.

Auch das nächste Dorf steht unversehrt.

Pfützen auch hier –

Kein Hund auf der Straße –

Die Post ist geöffnet, aber Herr Geiser hat keine Briefe einzuwerfen, und der Mann am Schalter hat auch keine andere Auskunft, nur Hoffnung, dabei lacht er.

RISTORANTE DELLA POSTA:

die roten Tische davor glänzen vor Nässe; ein Lastwagen, der nicht zu Tal fahren kann, glänzt ebenfalls und tropft, seit einer Woche beladen mit leeren Flaschen:

BIRRA BELLINZONA

Die Turmuhr hier steht auch.

Der Laden, wo Herr Geiser hätte Streichhölzer kaufen wollen, ist geschlossen, Klingel außer Betrieb, aber Streichhölzer sind auch in der Pinte zu bekommen; man braucht sich nicht zu setzen, um einen kurzen Schnaps zu kippen und dann, während man bezahlt, beiläufig nach dem Wochentag zu fragen.

Wieso diese Freundlichkeit des Wirtes?

Es ist also Samstag –

Nur das hat Herr Geiser wissen wollen.

Eine düstere Pinte, wenn man nicht draußen sitzen kann, und was die paar
Leute an den Tischen reden, sind keine Neuigkeiten. Ein mißliches Wein-
jahr; sogar für Pilze wird dieser Sommer zu naß. Niemand rechnet mit
Sintflut. Die einheimischen Burschen, die nicht zu ihrer Arbeit ins Tal fahren können, klappern offenbar den ganzen Tag an dieser Fußball-Ma-
schine. Ein zweiter Schnaps, Geschenk vom Wirt, bringt den Nachmittag
auch nicht viel weiter. Die Burschen haben ihren lauten Spaß; die Erosion,
die draußen stattfindet, bekümmert sie überhaupt nicht.

> IN DEN JAHREN 1890 BIS 1926
> SCHWEMMTE DIE MAGGIA IM JAHR
> DURCHSCHNITTLICH 550.000 KUBIK-
> METER GERÖLL INS DELTA, DAS SIND
> 55.000 EISENBAHNWAGEN VOLL!
> (SIEHE : „EROSION")

Kleinholz machen mit dem Beil, einen Korb voll Kleinholz hinauftragen
ins Wohnzimmer, dann Feuer machen im Kamin, Eimer um Eimer hinauftragen ins Badzimmer, ohne auf der Treppe zu stolpern mit dem siedenden
Wasser, Eimer um Eimer in die Wanne gießen, die aber in einer halben
Stunde nicht voll wird, nicht einmal halbvoll, so daß das Wasser immer
wieder auskühlt, bevor es reicht für ein Bad, alles in allem wird es nicht
einmal handwarm, und andere Unannehmlichkeiten –

Eine kleine Wohnung in Basel wäre bequemer.

Nicht um Schnaps zu trinken, sondern um Streichhölzer zu kaufen,
Streichhölzer auf Vorrat, ist Herr Geiser ins nächste Dorf gegangen und
hat in der Pinte vergessen, Streichhölzer zu kaufen.

Offenbar fallen Hirnzellen aus.

Bedenklicher als der Einsturz einer Trockenmauer wäre ein Riß durchs
Gelände, ein vorerst schmaler Riß, handbreit, aber ein Riß –

(So fangen Erdrutsche an, wobei solche Risse lautlos entstehen und sich Wochen lang nicht erweitern oder kaum, bis plötzlich, wenn man nichts erwartet, der ganze Hang unterhalb des Risses rutscht und auch Wälder mit sich reißt und alles, was nicht Grundfels ist.)

Man muß auf alles gefaßt sein.

Einen Augenblick lang, vom Fenster her, hat es wirklich ausgesehen wie ein handbreiter Riß durch das ganze Gelände –

Auch ein Feldstecher kann täuschen.

Als Herr Geiser ins nasse Gelände gegangen ist, um zu wissen, worauf er gefaßt sein muß, an Ort und Stelle ist es die handbreite Spur der Katze durchs hohe Gras.

Herbstzeitlosen schon im August.

Ein riesenhafter Riß in dem Fels, der hinter dem Dorf fast senkrecht in die grauen Wolken steht, ist nicht von heute oder gestern; es wachsen Tannen darin. Ein Riß aus grauer Vorzeit. Seit Menschengedenken ist in diesem Tal kein Dorf verschüttet worden, und wo jemals Felsen herunter gestürzt sind und einige Ställe verschüttet haben, ist nie wieder gebaut worden. Die Einheimischen kennen ihr Tal.

Was der Feldstecher zeigt:

Flühe, stur wie eh und je –

Nicht alles, was Herr Geiser in den ersten Jahren vor allem seiner Frau gegenüber, aber auch gegenüber Gästen aus der Stadt, die kein Interesse für Gesteine haben, als Granit bezeichnet hat, ist Granit. Das weiß Herr Geiser inzwischen und nicht nur durch den Schwiegersohn, der immer alles besser weiß.

Flühe also, Gestein –

(Zum Teil ist es auch Granit.)

Eine Stunde mit dem Feldstecher genügt, um Gewißheit zu haben, daß in
dem hohen und fast senkrechten Fels, der als einziger das Dorf verschütten
könnte, nirgends ein neuer Spalt entstanden ist; Bruchstellen aus der Gegenwart wären heller, grau und nicht verfärbt wie die ganze Fluh. Was
auf den ersten Blick da und dort wie ein Spalt aussieht, zeigt sich im Feldstecher als schwarze Striemen auf glatter Wand, Verfärbung durch Rinnsale seit eh und je; vermutlich Algen. Der Grat, der oberste, ist allerdings
in Wolken; Herr Geiser kennt ihn aber auswendig: es ist ein scharfer Grat
ohne Trümmer, zackig seit Jahrtausenden, Gebirge, das die Gletscher der
Eiszeit überragt hat, ein zuverlässiges Gestein.

> 1.)
> GROBER, ZUWEILEN PORPHYROIDER GNEIS
>
> 2.)
> GLIMMER SCHIEFER IN ABWECHSLUNG MIT
> GNEIS, GRANITHALTIGEN UND AMPHIBOL-
> ISCHEN ZONEN, MIT ZUCKERFÖRMIGEM
> KALKSTEIN (MARMOR)
>
> 3.)
> SERIENSCHIEFER / SCHIEFERTON
>
> 4.)
> MASSIVE ODER AMPHIBOLISCHE SCHICHTEN
> VON FELDSPAT
>
> 5.)
> QUARZ (ADERN, SCHICHTEN)

Was schon gedruckt ist, nochmals abzuschreiben mit eigener Hand
(abends bei Kerzenlicht), ist idiotisch. Warum nicht mit der Schere ausschneiden, was wissenswert ist und an die Wand gehört? Herr Geiser wundert sich, daß er nicht eher auf die Idee gekommen ist. Eine Schere ist im
Haus; Herr Geiser muß sie nur noch finden. Ganz abgesehen davon, daß
das Gedruckte leserlicher ist als die Handschrift eines alten Mannes –
auch wenn Herr Geiser sich Zeit nimmt für Blockschrift – so viel Zeit
hat der Mensch nicht.

Geologische Formationen, Schichtfolgen, deren Schichten sich durch bestimmte in ihnen versteinerte Tiere und Pflanzen (→Leitfossilien) deutlich von den darunter- und darüberliegenden Schichtgruppen unterscheiden und eine *(stratigraphische)* Einheit darstellen. Zu ihnen gehören auch die gleichzeitig entstandenen Eruptivgesteine. Aufeinanderfolgende verwandte G. F. werden zu **Formationsgruppen** zusammengefaßt. Formationen und Formationsgruppen spiegeln durch ihren Inhalt Abschnitte der Erdgeschichte wider und werden darum auch als Zeitbegriffe verwendet, die G. F. im Sinne von Perioden, die Formationsgruppen im Sinne von **Erdzeitaltern** oder **Ären.**

Die Gletscher der Eiszeit haben dieses an den Kämmen und in den Tälern gestufte Gebirge nach neuen Gesetzen umgestaltet. In oberen Enden der Täler, Schluchten, Nischen und Dolinen haben sich vielfach Kare als Wannen eingefressen und die schon zu Graten gewandelten Kämme noch mehr zugeschärft. Aus den Tälern selbst schufen die mächtigen, im Inntal z. B. 1600 m mächtigen Eisströme zu U-Formen geweitete Tröge. Große Gletscher leisteten mehr Arbeit als kleine, so daß die Haupttäler in der Regel gegen die Seitentäler übertieft sind, diese in Stufen münden (hängen, Hängetäler). Im einzelnen zeigen die A. vielerorts die allen einst vergletscherten Gebirgen eigenen Spuren der nicht nur schleifenden und polierenden, sondern auch splitternden und brechenden glazialen Erosion: rundgebuckelte Hänge, die sich an der Schliffgrenze von den zackigen, scharfen, nicht vergletscherten Graten abheben, in flacherem Gelände von Seentümpel erfüllte Wannen, ausgesprochene Rundhöcker mit spiegelnden, aber wieder von groben Steinen gekritzten, geschrammten Gletscherschliffen, hie und da Moränen in Wallform, häufiger durch Moränen ausgekleidete Talflanken.

Eine solche komplizierte Struktur ist das Ergebnis einer langen Bauzeit. Wie bei allen in der gleichen Zeit gebauten, d. h. alpidischen Gebirgen, erstreckt sich diese über eine ganze Reihe geolog. Formationen und gliedert sich in eine Serie von Faltungsphasen. Gebirgswehen treten schon in der obersten Trias und im Lias auf. Die Stammfaltung im O ereignete sich in der mittleren Kreide. Mehrere kräftige Phasen folgen in der oberen Kreide und im Tertiär, und die Bewegungen setzen sich durch das Diluvium bis zur Gegenwart fort. Als ein Gebirge, das seine Struktur im wesentlichen in der Kreide und im Tertiär erhalten hat, sind die A. ein junges Falten- oder Deckengebirge.

> Das diluviale Eisstromnetz, das auch die tieferen Pässe überstieg, dadurch die eiserfüllten Täler vergitterte, nur die obersten Grate inselhaft aussparte, ist schon in den warmen Interglazialzeiten, erst recht in der Postglazialzeit geschwunden. Es hat sich zu den heutigen Talgletschern in den Tälern, Hängegletschern auf den höheren Hängen, Kargletschern in den Karen umgewandelt; auch etliche Plateaugletscher haben sich gebildet. Diese rezente, augenblicklich in starkem Rückgang befindliche Vergletscherung gehört zusammen mit den Gipfelformen, den Mündungs- und anderen Stufen der Täler, den diese zerschneidenden Klammen und Schluchten, den oft frei über die Trogwände stürzenden Wasserfällen, den Seen zu den schönsten Landschaftsreizen der A. Die glaziale Unterschneidung der Hänge hat mit dem Schwinden der Gletscherwiderlager viele Bergstürze ausgelöst. Die Wannennatur der Trogtäler ist durch die kräftige Abtragung der Hochgebirge und die ihr entsprechende Ablagerung in der Tiefe verwischt. Diese stülpt mächtige Schwemmkegel in die größeren Täler, auf denen Murgänge den Siedlungen oft gefährlich werden.

Was Elsbeth sagen würde zu diesen Zetteln an der Wand, die sich von Tag zu Tag mehren, und ob sie es überhaupt dulden würde, daß Reißnägel in die Täfelung gesteckt werden, ist eine müßige Frage –

Herr Geiser ist Witwer.

Nicht jede Wand im Haus eignet sich für Reißnägel. Im Verputz haften die Reißnägel nur hin und wieder, keinesfalls zuverlässig; hilft man mit dem Hammer nach, so verkrümmt sich der Reißnagel sofort und fällt ab, und was bleibt, sind Löcher im weißen Verputz, worüber Elsbeth auch nicht entzückt wäre, und alles vergeblich; es bleibt kein Zettel an der Wand. Am besten eignet sich die Täfelung, wo ein einziger Reißnagel genügt, und Täfelung gibt es nur in der Wohnstube –

Elsbeth würde den Kopf schütteln.

Dabei ist das erst ein Anfang; die Wände der Wohnstube werden gar nicht ausreichen, zumal die Zettel nicht allzu hoch oder zu tief hängen sollten; sonst muß Herr Geiser jedes Mal, wenn er wieder vergißt, was er vor einer Stunde sorgsam ausgeschnitten hat, auf einen Sessel steigen oder sich in die Hocke lassen, um seine Zettel lesen zu können. Das ist nicht nur mühsam, sondern es erschwert die Übersicht, und schon einmal ist beinahe der

Sessel gekippt. Wo findet sich, zum Beispiel, der Zettel, der Auskunft gibt über das mutmaßliche Hirn der Neandertaler? Statt dessen findet man wieder die Zeichnung mit dem Goldenen Schnitt. Wo hängt die Auskunft über Mutationen, Chromosome etc.? Oft ist es zum Verzagen; Herr Geiser weiß genau, daß es einen Zettel gibt (– es ist mühsam genug, Texte voll wissenschaftlicher Fremdwörter abzuschreiben, notfalls zwei oder drei Mal, bis die Abschrift korrekt ist) über Quanten-Theorie. Was gehört wohin? Einige Zettel, vor allem die größeren, beginnen sich zu rollen, wenn sie eine Weile lang an der Wand sind; sie bleiben nicht flach. Das kommt noch dazu. Um sie lesen zu können, muß man die Hände zu Hilfe nehmen. Einige rollen sich von unten auf, andere von beiden Seiten. Dagegen ist nichts zu machen. Von Tag zu Tag rollen sie sich mehr (was wahrscheinlich mit der Luftfeuchtigkeit zu tun hat) und Kleister ist nicht im Haus, sonst könnte Herr Geiser sie auf die Wand kleben, was auch wieder den Nachteil hätte, daß Herr Geiser, wenn er eine neue und wichtigere Auskunft gefunden hat, die bisherigen Zettel nicht auswechseln könnte. Der Goldene Schnitt zum Beispiel ist nicht so wichtig, und wieviele Einwohner der Kanton Tessin hat oder wie hoch das Matterhorn ist (4505 Meter über Meer) oder wann die Wikinger nach Island gekommen sind, kann Herr Geiser sich merken. So verkalkt ist man nicht. Flach bleiben die Zettel nur, wenn man für jeden Zettel vier Reißnägel verwendet, aber so viele Reißnägel sind nicht vorhanden. So rollen sie sich eben, die Zettel, und wenn man ein Fenster aufmacht und ein Durchzug entsteht, so flattert und raschelt die ganze Zettelwand.

Das ist keine Wohnstube mehr.

Das Bildnis von Elsbeth (Öl) von der Wand zu nehmen, um Platz zu haben für weitere Zettel, hat Herr Geiser bis heute gezögert. Es ist aber nicht anders zu machen.

> **Gedächtnisschwäche** ist die Abnahme der Fähigkeit, sich an frühere Erlebnisse zu erinnern (**Erinnerungsschwäche**). In der Psychopathologie unterscheidet man von der Gedächtnisschwäche die **Merkschwäche**, die Abnahme der Fähigkeit, neue Eindrücke dem Altbesitz des G. einzuverleiben. Gedächtnis- und Merkschwäche sind nur dem Grade nach verschieden. Bei den Alterskrankheiten des Gehirns (Altersblödsinn, Gehirn-Arterienverkalkung) und anderen Gehirnkrankheiten nimmt zuerst die Merkfähigkeit, später auch das G. ab.

Manchmal schreibt Herr Geiser auch auf Zettel, was er ohne Lexikon zu wissen meint und was ebenfalls an die Wand gehört, damit Herr Geiser es nicht vergißt:

DIE ZELLEN, DIE DEN MENSCHLICHEN KÖRPER BILDEN, INBEGRIFFEN DAS HIRN, BESTEHEN MEHRHEITLICH AUS WASSER

DIE ERDE IST KEINE VOLLKOMMENE KUGEL

VULKANE HAT ES IM TESSIN NIE GEGEBEN

DIE FISCHE SCHLAFEN NIE

DIE SUMME DER ENERGIE BLEIBT KONSTANT

DER MENSCH GILT ALS DAS EINZIGE LEBE-
WESEN MIT EINEM GEWISSEN GESCHICHTS-
BEWUSSTSEIN

SCHLANGEN HABEN KEIN GEHÖR

3/4 DER ERDOBERFLÄCHE IST WASSER

EUROPA UND AMERIKA RUTSCHEN JEDES
JAHR ZWEI ZENTIMETER AUSEINANDER,
NACHDEM SCHON GANZE KONTINENTE
(ATLANTIS) UNTERGEGANGEN SIND

SEIT WANN GIBT ES WÖRTER?

DAS ALL WEITET SICH AUS

Sonntag:

10.00

Regen wie Spinnweben über dem Gelände.

10.40

Regen als Perlen an der Scheibe.

11.30

Regen als Stille; kein Vogel zwitschert, im Dorf kläfft kein Hund, die lautlosen Hüpfer in jedem Tümpel, die langsam gleitenden Tropfen an den Drähten.

11.50

kein Regen.

13.00

Regen, der nicht zu sehen ist, man spürt ihn bloß auf der Haut, wenn man die Hand aus dem Fenster streckt.

15.10

Regen als Zischen im Laub der Kastanie.

15.20

Regen wie Spinnweben.

16.00

kein Regen, nur das Efeu tropft.

17.30

Regen mit Wind, der gegen die Fensterscheiben klatscht, draußen Spritzer auf dem Granit-Tisch, der schwärzlich geworden ist, die Spritzer wie weiße Narzissen.

18.00

wieder das Gurgeln ums Haus.

19.30

kein Regen, aber Nebel.

23.00

Regen als Glitzern im Schein der Taschenlampe.

Wenigstens schneit es nicht.

Im Winter, wenn es schneit, ist es ein schwarzes Tal. Schwarz der Asphalt zwischen Schollen von Schnee, der zur Seite gepflügt worden ist. Schwarz die Fußstapfen im nassen Schnee, wenn es taut, und schwarz der nasse Granit. Schnee plumpst von den Drähten; die Drähte sind schwarz.

Schnee in den Wäldern, Schnee auf dem Boden und auf den Ästen, aber die Stämme sind schwarz. Auch auf den Dächern liegt Schnee; schwarz die Kamine. Nur der Post-Bus bleibt gelb; er fährt mit Ketten, ihre Spur ist schwarz. Da und dort eine rötliche Weide, fast fuchsrot, das Farnkraut wie verrostet, und wenn die Bäche nicht vereist sind, schwarz das Wasser zwischen verschneiten Steinen. Der Himmel wie Asche oder Blei; auch das verschneite Gebirge über dem schwarzen Wald erscheint nicht weiß, nur fahl. Alle Vögel, wenn sie fliegen, sind schwarz. Unter den Traufen wird es schwarz von Tropfen. Tannenzweige bleiben grün; schwarz die Tannenzapfen im Schnee. Die Kreuze auf dem Friedhof sind meistens schwarz. Nicht einmal die Schafe im Gelände sind weiß, sondern schmutzig-grau. Ein weißer Schneemann, den man für die Enkelkinder aufgetürmt hat und versehen mit einer Rübe als Nase, steht auf schwarzem Moos. Die Schuhe, die man nachher an die Heizung stellt, sind schwarz vor Nässe. Wenn es nicht schneit, kann man oft ohne Mantel gehen, so warm ist es über Mittag, Himmel wie über dem Mittelmeer; kein Laub, man sieht mehr Fels als im Sommer und der Fels erscheint silbergrau, wenn er trocken ist. Die Reben sind kahl, die Hänge braun von verdorrtem Farnkraut; darin die weißen Stämme der Birken. Nur die Nächte sind kalt, tagsüber bleibt die Erde gefroren unter dem raschelnden Herbstlaub, aber es kommt vor, daß man zu Weihnachten draußen an der Sonne seinen Kaffee trinkt. Die Gletscher, die sich einmal bis Mailand erstreckt haben, sind überall im Rückzug; die letzten Lappen von schmutzigem Schattenschnee schmelzen auch in der Höhe spätestens im Mai. Nur in einer Schlucht, wo die Sonne kaum hinkommt, halten Reste von Lawinen sich länger; auch sie verschwinden. Alles in allem ein grünes Tal. Wenn der Kanton mit seinem gelben Bulldozer kommt, um da oder dort die Straße zu verbreitern, sieht man Moräne, Schutt von den großen Gletschern der Eiszeit; die Moräne ist so hart, daß gesprengt werden muß. Dann blasen sie drei Mal in ein kleines Horn und zeigen eine rote Fahne, kurz darauf prasselt es, Kies und Geröll aus der Eiszeit.

> Das Dorf liegt auf einer schmalen, mit Grundmoräne bedeckten Hangterrasse, die sich als Überrest eines ehemaligen Talbodens bis nach Spruga hinauf verfolgen läßt.

Heute Vormittag konnte man Minuten lang meinen, es gebe Schatten unter der großen Tanne – und sofort zwitschern zwei oder drei Vögel im Gelände; trotz einzelner Schauer, die glitzern, scheint es nicht ausgeschlossen, daß die Sonne plötzlich durchbricht. Das Gewölk, das von den oberen Hängen nicht loskommt, auch im Lauf des Nachmittags nicht, ist bauschig und eigentlich nicht grau, da und dort geradezu bläulich. Nur die Tanne bleibt schwarz vor Nässe. Immerhin ahnt man, wo hinter dem Gewölk sie sich im Augenblick befindet, die Sonne, und zum ersten Mal seit einer Woche kann man sich vorstellen, daß morgen oder übermorgen (es kommt auf einen Tag nicht an) die Sonne scheint –

Es bleibt das Rauschen der Schlucht.

Erst am Abend, als Herr Geiser nochmals ans Fenster tritt, um Ausschau zu halten nach dem Mond, steigen wieder die grauen Schwaden aus dem unteren Tal herauf. Es regnet nicht, nur kommen wieder diese Schwaden; einige verfransen an den Hängen und schwinden wieder, andere aber nicht. Eine Viertelstunde später ist die Tanne nicht mehr zu sehen.

ZÜGE (SBB) MIT ANSCHLUSS IN BELLINZONA

LOCARNO:	BASEL:
09.45	14.26
11.57	16.16
15.48	20.19
18.06	22.27
23.29	04.12

Das Tal hat eine einzige Straße, die kurvenreich ist, aber fast überall versehen mit einem eisernen Geländer; eine schmale, aber ordentliche Straße, die nur Ausländern, insbesondere Holländern, Angst macht. Unfälle mit tödlichem Ausgang sind seltener, als man beim ersten Anblick dieser Straße erwartet. Die stete Sicht in Schluchten auf der einen Seite, Fels mit scharfen Kanten auf der andern Seite, die Ahnung, daß das eiserne Geländer einen Wagen nicht halten könnte, machen die Fahrer wach und vorsichtig. Wo zwei Wagen nicht aneinander vorbeikommen, muß der Fahrer, der von oben kommt, rückwärts fahren, bis er ausweichen kann. Ein alter Arbeiter betreut die Straße jahrein und jahraus, einmal da und einmal dort sichelt er das wuchernde Farnkraut von der Böschung oder entfernt die Steinbrocken, die auf den Asphalt gefallen sind, im Herbst fegt er das nasse Laub weg. Bund und Kanton tun alles, damit das Tal nicht ausstirbt; Post-Bus drei Mal täglich.

Alles in allem kein totes Tal.

Es gibt Schlangen, Ringelnattern, die harmlos sind, und verschiedene Arten von Vipern, darunter die Aspis-Viper, aber es können ganze Sommer vergehen, ohne daß man auch nur eine Ringelnatter erblickt, man hört bloß ihr Rascheln in den Brennesseln. Es wimmelt von Eidechsen, die ebenfalls harmlos sind; sie sonnen sich auf dem steinernen Fenstersims und huschen an der Hausmauer hinauf und hinunter. Bären gibt es keine mehr, Eber auch nicht, schon Füchse sind selten, Wölfe gibt es nicht einmal als Gerücht. Sommergäste aus der Großstadt, die auf ihren Wanderungen einen Adler gesehen haben wollen, sind nicht ernstzunehmen; der letzte Adler, der dieses Tal beflogen haben soll, hängt seit dem Ersten Weltkrieg in einer verrauchten Wirtsstube. In der Höhe soll es Murmeltiere geben. Kühe sind selten, da die Hänge zu schroff sind, es ist eher ein Tal für Schafe und Ziegen und Hühner.

Neuerdings gibt es Kehrichtabfuhr.

Noch vor kurzem warfen sie ihre Abfälle einfach über den Hang neben der Kirche: Flaschen, Lappen, Büchsen und alte Schuhe, Schachteln, Pfannen, Strümpfe usw., wobei das eine und andere in den Büschen hängen blieb.

Die Bevölkerung ist katholisch.

Zeugnisse dafür, daß das Tal schon von den alten Römern bewohnt worden wäre, gibt es kaum. Kein römisches Pflaster, geschweige denn Reste einer Arena. Wald und Geröll haben auch die mittelalterlichen Herrschaften nie gelockt, sie befestigten sich lieber in der Ebene und am See, wo Herrschaft sich lohnte. Kein Visconti oder Sforza hat je dieses Tal betreten. Nicht einmal ein Raubritter hat hier einen Turm hinterlassen. Kein Ortsname erinnert an Sieg oder Niederlage, weder Hannibal noch Suvaroff sind hier vorbeigekommen.

Ein Tal ohne Durchgangsverkehr.

Hin und wieder hört man den flatternden Schall eines Helikopters, der Baustoff transportiert, irgendwo wird noch gebaut.

Sonst ereignet sich wenig.

Früher hat die Bevölkerung von der Strohflechterei gelebt, Heim-Industrie mit Kinderarbeit, bis auf dem Markt zu Mailand die billigen Japaner erschienen sind.

Die Jungen wandern aus.

Ein Stausee ist nicht vorgesehen.

Einen Einheimischen zu finden, der einem Rentner das Gras mäht, ist schon beinahe unmöglich. Auch das Gras lohnt sich nicht mehr. Trotzdem steigen die Bodenpreise auch hier; wer Boden besitzt, auch wo er sich nicht lohnt, fühlt sich sicherer. Die Feigen werden nicht reif, aber die Trauben. Viele Kastanien haben den Krebs. Im Herbst sind Holzfäller an der Arbeit, Tage lang hört man das Geknatter ihrer Motorsäge, ohne die Männer im Gehölz zu sehen.

Alles in allem ein stilles Tal.

Was Herr Geiser insbesondere geschätzt hat, ist die Luft, die Abwesenheit von Industrie. Auch das Wasser der Bäche ist unverschmutzt wie im Mittelalter. Eine verfaulende Matratze in einer unzugänglichen Schlucht, das kommt vor; in der Regel wäre das Wasser zu trinken.

BANDITA DI CACCIA

die Jagd ist gesetzlich geregelt.

CADUTA DI MASSI/STEINSCHLAG

gemeint sind die kleinen Brocken, die gelegentlich auf dem Asphalt der Straße liegen; kein Bergsturz; die Hänge haben das Gefälle, das sich hält, und die Grate in der Höhe bleiben wie eh und je. Die Gletscher befinden sich seit Jahrhunderten im Rückzug. Die letzten Lappen von schmutzigem Schattenschnee schmelzen spätestens im Juli oder August. Auch die Bäche haben ihr Bett seit Menschengedenken, groß genug auch für schwere Gewitter. Eine Feuerstelle am Bach, erstellt von den Enkelkindern, ist im folgenden Jahr verschwunden infolge Hochwasser, aber die Mulden und Schliffe im Fels, die das Wasser sprudeln lassen, und die großen Platten, die nur bei Hochwasser überspült werden, sowie die scharfen Kanten der Blöcke bleiben von Jahr zu Jahr dieselben, nur die runden glatten bunten Kiesel im Bach sind von Jahr zu Jahr vermutlich andere.

Erosion ist ein langsamer Vorgang.

Im Sommer sieht man dann und wann ein Zelt, gelb oder blau, und wo man es nicht erwartet, steht unter Bäumen ein Wagen mit deutscher Nummer und Leute baden im Bach, Touristen. Steigt man in die Höhe, so trifft man keine Zeitgenossen mehr; man findet Ruinen von steinernen Ställen, das Gebälk eingestürzt, die Mauern stehen noch im Geviert, im Innern wuchern Brennesseln unter dem freien Himmel und es rührt sich nichts. Es bellt kein Hund. Andere Ställe, die noch nicht eingestürzt sind, stehen offen; tritt man ein, so riecht es fast noch ein wenig nach Heu, der Mist der Ziegen ist vertrocknet, fast versteinert. Skelette von Bewohnern sind nicht zu finden. Die Brunnen, gleichfalls aus Granit, stehen leer und trocken, der Wasserhahn ist für immer verrostet, die Aussicht herrlich, nicht anders als vor Jahrtausenden. Da und dort eine kleine Kapelle; die verblichene Muttergottes hinter einem verrosteten Gitter und eine verrostete Büchse mit verdorrten Blumen davor, Fresken unter dem Vordach, zum Teil zerstört, da die Ziegen sich den Salpeter von den Mauern lecken.

Ein Tal ohne Baedeker-Stern.

Hinten im Tal, wo die Straße aufhört, stehen die italienischen Grenzwächter in ihrer Uniform, Burschen aus Palermo und Messina, ihre Hände in den Hosentaschen, froh, wenn ein Holzfäller oder ein Sportfischer sich mit ihnen unterhält. Der Schmuggel über unwegsamem Gebirge lohnt sich zur Zeit auch nicht. Es gibt Steinbrüche hinten im Tal, ab und zu eine Sprengung, eine Serie von Sprengungen, dann eine Wolke von Staub über dem Wald; später fahren die Lastwagen, beladen mit Quadern oder Platten, hinunter ins Tal. Die Goldwäscherei in den Bächen hat sich nie gelohnt. Im Sommer gibt es Preiselbeeren, auch Pilze. Wenn es nicht regnet, so ist über den Bergen, hoch im blauen Himmel, die weiße Spur von Verkehrsflugzeugen zu sehen, die man nicht hört. Der letzte Mord im Tal, nur gerüchteweise bekannt, da er nie vor ein Gericht gekommen ist, liegt schon um Jahrzehnte zurück. Auch die Inzucht ist im Schwinden, seit die Burschen ihr Motorrad haben, ebenso die Sodomie.

Seit 1971 gibt es das Frauenstimmrecht.

Einmal im Sommer hatten die Spechte sozusagen eine Idee: sie pickten nicht mehr auf die Rinde der alten Kastanie, sondern plötzlich an die Fensterscheiben, und es kamen immer mehr, alle wie versessen auf Glas. Auch Bändel mit glitzerndem Staniol verscheuchten sie nicht auf die Dauer. Es wurde eine Plage. Trat man ans Fenster, um sie persönlich zu verscheuchen, so wählten sie flugs ein anderes Fenster, und man konnte nicht überall am Fenster stehen und in die Hände klatschen. Wirksamer war es, wenn Herr Geiser mit einer Latte auf den Granit-Tisch schlug, so daß es knallte wie ein Schuß, dann flohen sie und warteten in den Zweigen ringsum. Später tönte es wieder an diesem oder jenem Fenster; sie konnten im Anflug sich an der glatten Scheibe nicht halten, so daß sie im Flattern nur zwei oder drei Mal auf das Glas pickten, ausnahmsweise vielleicht vier Mal. Im Sommer darauf hatten sie es wieder vergessen. Zwei Mal in der Woche fährt eine blonde Metzgerin das ganze Tal hinauf, sie ist deutscher Abstammung, Tessinerin durch Heirat, und verkauft Fleischwaren aus ihrem Volkswagen. Die Fischerei ist wenig ergiebig. Viele Kastanien haben den Krebs, aber alles in allem ist es ein grünes Tal, waldig wie zur Steinzeit. Das Farnkraut wird beinahe mannshoch. Im August, wenn es nicht regnet, sind Sternschnuppen zu sehen oder man hört ein Käuzchen. Bei Nebel im unteren Tal, wenn über dem Nebel der Mond scheint, kann es aussehen wie ein See mit verzackten Buchten, ein Fjord, es fehlt nur ein Schiff, das unterhalb des Dorfes vor Anker läge, ein schwarzer Kutter, ein Walfischfänger.

Der Saumweg, der 1768 durch die
Brüder Remonda aus Comologno auf eigene Kosten ausgebaut wurde, stellte bis zum
Bau der Straße im Jahre 1896 die Verbindung der Valle Onsernone mit der Außenwelt her.

Trotz der ursprünglichen Armut des Bodens, der
wenig einsichtsvollen landvögtlichen Regierung, der un=.
ausgesetzten Aufteilungen und Plünderungen zum
Schaden der Tessiner Gemeinden durch französische,
österreichische und russische Armeen zur Zeit der fran=
zösischen Revolution und des ersten Napoleons, voll=
brachten die Tessiner wirkliche Wunder durch die Er=
öffnung bequemer und schöner Straßen von Chiasso nach
Airolo, von Brissago zum Lukmanier, ja selbst in alle die
Nebentäler und die Hänge der steilsten Berge entlang bis
hinauf zu den verlorensten Alpdörfern, um diese der
Kultur näher zu bringen.

In Island gibt es Moränen aus der letzten Eiszeit, die heute noch nicht
überwachsen sind, ganze Täler voll Geröll, sie bleiben Wüste für alle Zeit.
Ohne Rover wäre man verloren. Es gibt Gletscher, die ins Meer hangen.
Ein einziger von ihnen, VATNAJÖKUL, ist größer als alle Gletscher der Alpen zusammen. Vulkane gibt es reihenweise, Kegel aus Asche; man kann
sie besteigen, dann schaut man auf eine andere Art von Wüste, wo auch
der Rover nichts hilft, Wüste aus schwarzer und brauner und violetter
Lava. Kein Baum. Was aus der Ferne wie eine grüne Oase erscheint, meistens ist es Moor. Man fährt Tage lang, ohne ein Gehöft zu sehen; dann
und wann ein paar einzelne Schafe, es reicht nicht für eine Herde, was
da grünt zwischen dem Geröll. Wenn man in der Nacht vor das Zelt tritt,
kein einziges Licht auf der Erde. Kein Laut. Tagsüber gibt es Vögel, viele
Vögel. Wenn einmal die Sonne scheint, so glänzen in der Ferne die flachen
Hauben der endlosen Gletscher. Meistens sind nur Wolken zu sehen, darunter die Ebene aus Kies. Da und dort liegen große Steine auf der Ebene,
rund und glatt, so wie die Gletscher der Eiszeit sie geschliffen haben, und
da bleiben sie. Das Wetter wechselt von Stunde zu Stunde, die Wüste bleibt,
sie wechselt nur ihre Farben und es gibt keine Farbe, die in der Wüste nicht

vorkommt im Verlauf der langen Tage. Die eigene Wagenspur im Kies oder im Schlamm ist oft das einzige Zeichen dafür, daß es Menschen gibt auf diesem Gestirn. Es gibt Blumen, kleine wie in den Alpen, alle Sorten von Moos und Flechten. Anderswo zischt es aus dem Boden, es gluckst oder sprudelt grünlich zwischen gelblichen Krusten und riecht nach Schwefel. Es gibt ganze Mulden und Schluchten, die vom Schwefel gefärbt sind, anderswo eine Ebene voll Fahnen aus weißem Dampf, anderswo Wasserfälle. Ein breiter Strom aus Gletscherwasser stürzt über eine Basalt-Tafel in die Tiefe oder über mehrere Basalt-Tafeln, eine tosende Unmasse von grauem Wasser; der Basalt, wo er naß ist, glänzt wie Bronze, und eine Wolke von Gischt ist meilenweit zu sehen, ein Regenbogen dazu. Wenn es regnet, so regnet es meistens nicht lang. Ein blauer Himmel ist selten. Über dem Hochland liegen die Wolken niedrig und streifen die Gletscher, so daß sie grau werden, die Gletscher, und Himmel erscheint bloß als schmaler Streifen am Horizont, gelb wie Bernstein oder Zitrone und gegen Mitternacht lila. Kurzdarauf ist Morgen, in der Ferne ein rötliches Gestäube, ein Sandsturm. Anderswo ein hundertfaches Geäder von blinkenden Flüssen in einer Ebene. Es gibt Fjorde ohne ein einziges Schiff, ohne eine lebendige Seele, abgesehen von einem jungen Seehund. Kein Gehöft, nicht einmal ein verlassenes, kein Menschenwerk. Brandung um einen schwarzen Lava-Turm; der Aschenkegel ist weggespült. Rings um die Fjorde die waagrechten Berge, diese immergleichen Basalt-Tafeln; die Halden hinunter ins Meer sind grün. Welt wie vor der Erschaffung des Menschen. Manchenorts ist nicht zu erraten, welches Erdzeitalter das ist. Erschaffen sind die Möwen; ihr weißes Geflatter vor dem tintenblauen Gewölk über einem fahlen und bleiernen Meer. In der Regel kommen Eisberge nicht in Sicht, aber das Meer ist eisig. Trotz Golfstrom. Nicht nur an den nördlichen Halden bleiben Striemen von altem Schnee; der Sommer reicht nicht aus, um ihn zu schmelzen. Trotz der überlangen Tage. Wenn das Eis der Arktis schmilzt, so ist New York unter Wasser. Ein Zeichen dafür, daß die Erschaffung schon stattgefunden hat, ist ein Leuchtturm, anderswo eine amerikanische Radar-Station. Da und dort Treibholz aus Sibirien. Unter dem tiefen Gewölk ist das Meer schwarz mit wechselnden Flecken von Quecksilber, eine Stunde lang erscheint es blau wie das Mittelmeer, um Mitternacht wie Perlmutter. Es gibt Vulkane, die von Gletschern überdeckt sind, HEKLA, der einzige Vulkan, der zur Zeit raucht. Ein anderer Vulkan, ein neuer, ist im Meer entstanden, eine Insel aus Asche und Basalt;

die ersten Bewohner, wenn die Lava erkaltet ist, sind Vögel, die sich von Fischen nähren; ihre Exkremente sind der Anfang einer Oase, die Menschen bewohnen können, bis eine nächste Lava alles erstickt. Wahrscheinlich sind es Fische, die uns überleben, und die Vögel.

Mensch, latein. **homo,** griech. **anthropos** (hierzu MODELL S. 685 und TAFELN S. 676 und 684).

1) Die Sonderstellung des M. Der Mensch hat sich und seine Daseinsumstände, so weit die Überlieferung zurückreicht, als ein Rätsel empfunden; er ist sich selbst unausschöpfliches Thema kraft seiner Fähigkeit, sich (als das ‚Subjekt‘) der Welt, in der er lebt (den ‚Objekten‘) gegenüberzustellen, →Philosophie. Dieses Abstandnehmen zu der Welt ist die Voraussetzung dafür, sich ihrer zu bemächtigen und damit für die Sonderleistung des M.

Da der M. sich aus sich selbst nicht verstehen kann, hat er seit uralten Zeiten versucht, sich über die Gottheit (→Religion) oder über ein anderes Nichtmenschliches hinweg zu begreifen, indem er sich mit diesem sowohl gleichsetzte wie von ihm abhob: sei es ein Tier (→Totemismus), ein Ahnengeist (→Ahnenbild, →Ahnenverehrung) oder sonst ein Alter Ego (→Maske), sei es in rationalist. Zeitaltern eine Maschine (LAMETTRIE: L'homme machine).

Daß der M. ein *geschichtl. Wesen* ist, bedeutet eine bis ins Innerste gehende Formung durch überlieferte Fertigkeiten, Künste, Wissenschaften, Sitten, Rechtsanschauungen und Werthaltungen, zu denen er sich kritisch verhält, die er ergänzt, anreichert, vereinfacht, kompliziert, umbildet und verändert.

Hinzu kommt die Fähigkeit, sich einen andersartigen Zustand vorzustellen und diesen bewußt zu planen, Ziele und Zwecke zu setzen – die produktive Phantasie und der Wille. Höhere Tiere lassen Hoffnungen und Befürchtungen erkennen, nur der M. ‚hat Zukunft‘.

Ermöglicht sind diese Fähigkeiten durch eine Rückbildung jener starren angeborenen zweckmäßigen Verhaltensschemata, die wir beim Tier ‚Instinkte‘ nennen. Der M. lebt nicht eingepaßt in eine artbesondere natürliche →Umwelt, in der er sich instinktiv orientieren könnte, sondern er ist zur Zurichtung und Veränderung beliebiger Naturumstände durch seine Intelligenz, seine Handlungen und seine Arbeit fähig. Damit sind einerseits zahllose Möglichkeiten erhaltungswidrigen (nicht-angepaßten) Verhaltens gegeben, Irrtümer und Irrwege, Fehlentwürfe und Fehlentscheidungen, andererseits aber konnte der M. seine Art über die ganze Erde verbreiten und sich selbst in seinen Lebensformen differenzieren. Weite Gebiete der Erdoberfläche hat er für seine Lebensbedürfnisse umgestaltet; der Anteil der Kulturlandschaft nimmt ständig zu.

Es sind Hänge gerutscht, aber nicht hier, sondern hinten im Tal. Es sehe wüst aus. Der Bach habe sein Bett jetzt anderswo, der ganze Birkenwald sei weg, einfach weg, der ganze Talboden voll Geschiebe – Herr Geiser kennt die Gegend von Wanderungen mit den Enkelkindern – sie sei nicht wiederzuerkennen; die eiserne Brücke zum Sägewerk sei weg und auch nicht mehr nötig, da der Bach jetzt anderswo fließt. Von der Straße sei nichts mehr zu sehen. Das Sägewerk, zu einem Drittel eingestürzt, stehe nicht mehr rechts vom Bach, sondern links, und das Erdgeschoß mit den Maschinen sei voll Kies und Sand, der Bach voller Stämme, die das Geröll geschält hat, und Wellblech. Eine Schneise sei entstanden, der Hang jetzt ohne Wald und Erde, von oben bis unten nichts als nackter Fels, es sehe wüst aus.

Menschen sind nicht umgekommen.

Der das berichtet hat, kann nur Francesco gewesen sein, der Sekretär der Gemeinde, der gestern vorbei gekommen ist, um sich den Feldstecher auszuleihen; sonst hat Herr Geiser in den letzten Tagen niemand gesehen.

CHE TEMPO, CHE TEMPO!

Unten am Isorno sei auch die alte Brücke weg, so daß der frühere Saumpfad ebenfalls unterbrochen ist, ein Gewölbe von Fels zu Fels und mindestens zehn Meter über dem Bach, ein Bauwerk, das Jahrhunderte lang gehalten hat; vermutlich hat die enge Schlucht sich mit Stämmen gefüllt, die das Wasser gestaut haben.

Übrigens regnet es weiter.

Der deutsche Sonnenforscher ist nicht wiedergekommen, was Herr Geiser verstehen kann; die Fragen eines Laien, der sich den Gekrümmten Raum nicht vorstellen kann und trotzdem fragt, sind für einen Gelehrten langweilig, und eigentlich möchte Herr Geiser auch nicht, daß jemand ins Haus kommt und seine Zettel an der Wand sieht.

BEREIT SEIN IST ALLES.

BLITZGESCHWINDIGKEIT:
100.000 KM PRO SEKUNDE.
STROMSTÄRKE DER BLITZE:
20 BIS 180.000 AMPÈRE

VERWANDLUNG VON MENSCHEN IN
TIERE, BÄUME, STEINE ETC.
SIEHE: METAMORPHOSE / MYTHOS

STEINZEIT: 6000 – 4000 V. CHR.
JUNGSTEINZEIT: BIS 1800 V. CHR.

Der Strom ist wieder da und Herr Geiser steht mit der Kerze in der Hand und erinnert sich nicht, warum er den Hut auf dem Kopf hat.

Die Kochplatte glüht.

Licht auch im Keller.

Herr Geiser hat nicht vergessen, daß die Tiefkühltruhe, die wieder summt, leer ist, und erinnert sich auch, warum er den Hut auf dem Kopf hat: Herr Geiser wollte zur Post gehen. Der Hut hat keinen Zweck; Herr Geiser hat vergessen, daß die Straße gesperrt ist und keine Post verkehrt. Die Kerze hat keinen Zweck, der Strom ist wieder da.

Irgend etwas vergißt man immer.

Wer hat von der Verwüstung berichtet?

Während Herr Geiser sich nicht erinnert, wohin er die Kerze gelegt hat für den Fall, daß der Strom nochmals ausfallen sollte, glüht die Kochplatte noch immer; leider ist die Suppe zum Aufwärmen, die Minestrone, säuerlich geworden, die Kochplatte hat keinen Zweck.

Es sind Hänge herunter gekommen –

Herr Geiser erinnert sich, was er in den Schubladen hat suchen wollen, nämlich Siegellack, und während er endlich die glühende Kochplatte ausschaltet, erinnert er sich auch, warum er, statt in den Schubladen zu suchen, in die Küche gegangen ist; Herr Geiser hat den Glühschein der Kochplatte gesehen, offenbar ist der elektrische Strom schon seit einiger Zeit wieder da.

Herr Geiser trägt noch immer den Hut.

Auch der Stundenschlag ist wieder da.

Drei Uhr nachmittags.

Als Herr Geiser sich wundert, warum er mitten im Nachmittag eine Kerze gebraucht hat, fällt ihm auch wieder ein, daß er ein Schriftstück hat versiegeln wollen, eine Verfügung für alle Fälle. Einmal Ordnung zu machen in den Schubladen ist sein Vorsatz, während Herr Geiser eine Pfanne sucht. Die Pfanne, die kleine, steht aber schon auf der Kochplatte, das Wasser siedet, obschon die Kochplatte nicht mehr glüht, und Herr Geiser hat vergessen, daß er, während er an die Unordnung in den Schubladen gedacht hat und an die Erben, seinen Tee schon ausgetrunken hat; die leere Tasse ist warm, der Teebeutel dunkel und naß.

Was sich in den Schubladen findet:

Unterlagen für das Steueramt, ein Kataster-Plan vom Grundstück, Quittungen, Schlüssel zu einem FIAT, den es seit Jahren nicht mehr gibt, die Diplom-Urkunde vom Technikum, allerlei Briefe, die die Erben nichts angehen, und ein verjährtes Röntgen-Bild von seiner Wirbelsäule, seinen grauen Rippen, seinen weißen Hüftknochen, ferner Siegellack, aber kein Siegel, und was ebenfalls nicht zu finden ist: sein Paß.

Es ist vier Uhr nachmittags.

Herr Geiser braucht im Augenblick seinen Paß nicht, hingegen ein Saridon gegen Kopfschmerzen, die nicht rasend sind, nur langweilig, und einmal Ordnung zu machen auch in der kleinen Apotheke ist es Zeit, alles wegzuwerfen, wovon Herr Geiser nicht mehr weiß, ob es gegen Juckreiz oder gegen Harnsäure gemeint ist, gegen Herzbeschwerden, gegen Verstopfung, gegen Mückenstiche oder gegen Sonnenbrand usw.

Ein Feuer-Salamander im Bad –

Als Herr Geiser beiläufig im Spiegel sieht, daß er noch immer einen Hut auf dem Kopf trägt, fällt ihm ein, wo sein Paß ist.

Langsam läßt der Kopfschmerz nach.

Der Feuer-Salamander muß durch das offene Fenster hereingefallen sein, und da er an den glatten Kacheln nicht wieder hochkommt, liegt er einfach da, schwarz mit gelben Tupfen, reglos. Man mag ihn nicht anfassen, obschon Feuer-Salamander harmlos sind. Nur wenn Herr Geiser ihn mit der Schuhspitze etwas bedroht, strampelt er mit allen Vieren. Wie aus Pflicht. Kurz darauf verharrt er wieder, Panzerhaut, schwarz mit gelben Tupfen darauf und schleimig. Auch Kitty, die Katze, rührt den Feuer-Salamander nicht an, statt dessen streicht sie wieder um die Hosenbeine, sobald Herr Geiser in die Küche geht.

Die Kochplatte ist ausgeschaltet.

Katzen fallen immer auf die Pfoten, trotzdem jault sie jetzt vor der Haustüre, vielleicht hat Herr Geiser noch gesagt: Hau ab – dann aber kein Wort mehr im Haus.

Draußen regnet es.

Was im Haus fehlt: eine Leiter.

Sicher sind die grauen Spinnweben an der Decke schon lange da; hat man sie einmal gesehen, so hat man keine Ruhe mehr; ein gewöhnlicher Besen reicht nicht hin, da die Decke über der Treppe einfach zu hoch ist, und man kann nicht einen Stuhl auf die Treppe stellen.

Herr Geiser kommt nicht zum Lesen.

Später am Tag liegt der Feuer-Salamander auf dem Teppich im Wohnzimmer, was ekelhaft ist. Herr Geiser nimmt ihn mit der kleinen Schaufel und wirft ihn in den Garten hinaus, aber die Spinnweben über der Treppe sind immer noch da. Es gibt nur eine Möglichkeit, sie herunter zu holen: indem Herr Geiser den langen Handlauf des Treppengeländers abschraubt, dann an dem langen Handlauf einen kleinen Besen befestigt mit Draht –

Kitty jault noch immer vor der Haustüre.

Die Spinnweben sind weg.

Wasser im Keller, das ist es nicht, was Herr Geiser im Keller hat nachsehen wollen; das hat Herr Geiser schon gesehen. Plötzlich ist die Zange da, aber keine Ahnung, wozu man sie vor einer Stunde gesucht hat. Hingegen erinnert sich Herr Geiser jetzt an die Männer im blauen Overall und an das Trinkgeld, das er ihnen gegeben hat, und ob der Heizöltank gefüllt ist, braucht Herr Geiser nicht nachzusehen.

Im September kann es schon kalt werden.

Später am Tag, als Herr Geiser wieder den krummen Nagel in der Wand sieht, hat er keine Ahnung, wo er die Zange hingelegt hat.

Der krumme Nagel muß weg.

Dabei geht die Schere kaputt.

Alles geht kaputt; gestern das Thermometer, heute das Treppengeländer: die alten Schrauben wollen nicht mehr in den Rost zurück, jetzt stehen auf der Treppe lauter Stäbe ohne Handlauf.

Der Mensch bleibt ein Laie.

Der Feuer-Salamander auf dem Teppich im Wohnzimmer muß ein andrer gewesen sein; der andere liegt noch immer im Bad, schwarz mit gelben Tupfen und schleimig.

Die Lupe ist im Rucksack.

Eigentlich hat Herr Geiser ein Bad nehmen wollen, da es wieder warmes Wasser gibt, nach der vergeblichen Arbeit am Treppengeländer; Herr Geiser hat geschwitzt, und seine Hände sind rostig von den Schrauben.

Es wäre Zeit für die Nachrichten.

Betrachtet man einen Feuer-Salamander unter der Lupe, so erscheint er wie ein Ungetüm: wie ein Saurier. Sein übergroßer Kopf, die schwarzen Augen ohne Blick. Plötzlich bewegt er sich. Sein ungelenker Gang in einer Art von Liegestütz, der Schwanz bleibt dabei unbeweglich. Er strampelt sich stur in eine Richtung, wo er nie weiterkommt. Plötzlich hält er wieder inne, Kopf in die Höhe gereckt. Dabei ist zu sehen, wie sein Puls schlägt. Ein entsetzlicher Stumpfsinn in allen Gliedern.

Salamander (Salamandridae; Molche), Schwanzlurche: 1) *Erd-S.*, Feuer-S. (Salamandra maculosa) u. Alpen-S. (S. atra). 2) *Wasser-S.* od. →Molche.

Molasse [schweizer.] *die*, tertiäre Konglomerate (Nagelfluh), Sandsteine und Mergel am Nordrand der Alpen, als untere Meeres-, untere Süßwasser-, obere Meeres- und obere Süßwassermolasse zum Oligozän und Miozän gehörig.

Molche und **Salamander**, *Salamandroidea*, Unterordnung der Schwanzlurche (TAFEL Lurche). Die Molche unterscheiden sich durch ihren seitlich zusammengedrückten Schwanz von den Salamandern, die einen runden Schwanz besitzen; dies rechtfertigt jedoch nicht eine systemat. Trennung in zwei Gruppen. Die **echten M. u. S.** (Fam. *Salamandridae)* kommen vor allem in Europa vor, ihre Gaumenzähne stehen in 2 Längsreihen. Die fast ausschließlich nordamerikan. **lungenlosen M. u. S.** (Fam. *Plethodontidae)* sind gekennzeichnet durch 2 quer angeordnete Gaumenzahnreihen und alleinige Haut- und Mundhöhlenatmung. – In Dtl. leben der leuchtend schwarz und gelb gemusterte **Feuersalamander** *(Salamandra sala-*

mandra) in einer gefleckten und einer gestreiften Rasse, sowie der einfarbig schwarze **Alpensalamander** *(Salamandra atra)*. Das Männchen des bis zu 18 cm langen **Kammolchs** *(Triturus cristatus)* hat während der Fortpflanzungszeit einen hohen Rückenkamm, der in schwächerer Ausbildung auch den häufigen **Teichmolch** *(Triturus vulgaris)* kennzeichnet; der rotbäuchige **Alpen-** oder **Bergmolch** *(Triturus alpestris)* und der im männl. Geschlecht mit einem endständigen Schwanzfaden ausgestattete **Fadenmolch** *(Triturus helveticus)* tragen an Stelle des Kammes eine erhöhte Längsleiste auf dem Rücken.

Amphibien (Lurche) 1) in der *Zoologie:* wechselwarme Wirbeltiere. Die meisten machen eine →Metamorphose durch: Larven (z. B. Kaulquappen der Frösche) im Wasser lebend und mit Kiemen atmend; die umgewandelten Tiere als Lungenatmer landbewohnend. Man unterscheidet: Schwanzlurche (Urodelen), Froschlurche (Anuren) u. die tropischen fußlosen Blindwühlen od. Schleichenlurche (Gymnophionen). Fortpflanzung durch Eier, meist mit Gallertschicht versehen (z. B. Froschlaich). Größte lebende A.: der afrik. Goliathfrosch u. der über 1 m lange jap. Riesensalamander. – 2) in der *Paläontologie:* Erdgeschichtlich fehlen die Blindwühlen. Im Karbon bis zur Trias Stegozephalen, teilw. mehrere Meter lang, manche den Reptilien noch sehr nahe stehend. Im obern Jura die ältesten Froschartigen. – *Amphibiengifte,* viele A. enthalten in ihren Hautsekreten wirksame Gifte (Feuer- u. Alpensalamander, Kröten u. a.).

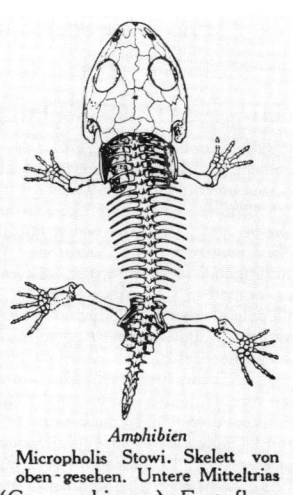

Amphibien

Micropholis Stowi. Skelett von oben-gesehen. Untere Mitteltrias.

Ob die heutigen Feuer- bzw. Alpen-Salamander als Nachkommen oder als Vorläufer der Dino-Saurier zu betrachten sind, geht aus dem Lexikon nicht hervor.

```
SAURIER :
GRIECHISCH : SAUROS = ECHSE
DINO-SAURIER :
GRIECHISCH : DEINOS = SCHRECKLICH
```

Seit die Schere, die gewöhnliche, kaputt ist, arbeitet Herr Geiser mit der Nagelschere, und wenn die Reißnägel aufgebraucht sind, so gibt es Klebeband, MAGIC TAPE, eine ganze Spule, und Klebeband haftet auch auf Verputz.

DAS ZEITALTER DER DINOSAURIER

Doch so grotesk und riesig die Saurier des frühen Erdmittelalters auch waren – das goldene Zeitalter der Dinosaurier sollte erst noch kommen. Im Verlauf des Jura und der Kreidezeit stiegen die warmen Meere an und überschwemmten einen Großteil von Europa und fast halb Nordamerika. Korallen bauten ihre Riffe bis 3000 Kilometer weiter nördlich von ihren heutigen Vorposten. Feigen und Brotfruchtbäume wuchsen in Grönland, Palmen in Alaska. Und die kaltblütigen Schreckenssaurier wälzten sich ebenfalls nordwärts und gediehen allenthalben aufs erstaunlichste.

In den üppig wuchernden Sümpfen und Stillwassern, zwischen mächtigen Schachtelhalmen und Farnen, hausten nun die riesigsten Pflanzenfresser aus dem Saurischier-Geschlecht: «In Stahl gehüllt, vom Stahl umwittert. / Die Schar, die Reich um Reich zerbrach, / sie treten auf, die Erde schüttert, / sie schreiten fort, es donnert nach». Es ist, als habe Goethe mit diesen Worten aus dem Faust diese Ungetüme kennzeichnen wollen. Denn unter den Schritten dieser Giganten von zehn- bis elffachen Gewicht eines heutigen Elefanten muß die Erde in der Tat gedröhnt haben wie grollender Donner. Um ihr enormes Eigengewicht tragen zu können, hatten sie sich wieder auf die Vorderbeine niedergelassen; ihre vier Füße waren regelrechte Säulen von monolithischer Dicke und Stärke. Lange hat man sich gestritten, wie diese wandelnden Fleischberge wohl ihre klotzigen Beine gesetzt haben – abgegrätscht und geknickt, dazwischen den Bauch über den Boden schleifen lassend und nur wenig anhebend wie die Krokodile, oder nach der Art der Huftierriesen von heute, elefantenhaft die Last des Körpers auf die massigen Säulen vor allem der Hinterbeine gelagert, während die Vorderbeine vom Ellenbogengelenk ein wenig nach außen wie bei einer Bulldogge eingeknickt gehalten wurden. Alles spricht dafür, daß die zweite Deutung richtig ist. So tonnenschwer waren diese Giganten, daß sie nur halb untergetaucht im Flachwasser und in Sümpfen zu leben vermochten, wo das Wasser das Gewicht ihres Titanenleibes tragen half. Urtyp dieses Riesengeschlechts ist der *Brontosaurus*, die «Donnerechse» – rund 30 Tonnen schwer und über 20 Meter lang. Sein kleiner Kopf, nicht mehr als eine Anschwellung am Vorderende des Schlangenhalses, barg wenige schwache Zähne vom Löffelform und ein kleines, armseliges Gehirn, das wohl wenig mehr zu leisten hatte als die Kiefer zu bewegen und die schwachen Eindrücke zu verarbeiten, die von den sehr begrenzten Sinnen dieses Untiers aufgenommen wurden. Die Hinterbeine des Monstrums wurden von einem übergroßen Nervenknoten gelenkt, der weit hinten an der Lendenwirbelsäule lag und um ein Mehrfaches größer war als das Spatzengehirn im Kopf –

Das Tollste erreichte jedoch die Entwicklung der Dinosaurier mit der Erschaffung des *Tyrannosaurus rex*, des gewaltigsten und schrecklichsten Fleischfressers, der je diese Erde terrorisiert hat. 15 Meter lang, fast 6 Meter hoch, ein Gigant an Größe und Stärke, bewegte sich dieses Scheusal auf mächtigen dreizehigen und mit gräßlichen Krallen bewehrten Hinterbeinen. Seine Hauptangriffswaffe war sein mörderisches Gebiß mit den 15 Zentimeter langen Säbelzähnen. Obwohl dieser wahre Tyrannensaurier nichts auf dieser Erde zu fürchten hatte, dauerte seine Herrschaft nur kurze Zeit. Er erschien erst in der späten Kreidezeit und verschwand schon wieder – und mit ihm das ganze Dinosauriergeschlecht – zu Ende dieses Zeitalters, als das große, plötzliche und rätselvolle Sterben die Saurier dahinraffte.

Zum Glück ist es die Lesebrille, die auf den Küchenboden gefallen und zerbrochen ist, zum Glück nicht die andere. Das wäre schlimmer gewesen. Alles durch die Lesebrille zu sehen, macht schwindlig. Lesen kann man zur Not auch mit der Lupe.

Plesiosaurier [Kunstw. grch.], ausgestorbene Saurier mit kleinem Schädel, langem Hals (z. B. *Elasmosaurus)*, kurzem Schwanz und paddelartigen Gliedmaßen. Vollständige Skelette wurden bes. im Lias von Schwaben, Franken und England gefunden.

Ichthyosaurier [Kunstw. grch.], **Fischsaurier,** ausgestorbene Ordn. der Reptilien, die in der Trias- bis Kreidezeit, bes. aber im Jura die Meere bewohnten. Der nackthäutige Körper war fischförmig und trug eine hohe häutige Rückenflosse; in den unteren Lappen der großen Schwanzflosse setzte sich die Wirbelsäule unter Bildung eines Knickes fort. Der Kopf lief in eine lang zugespitzte Schnauze aus; die Kiefer trugen zahlreiche gleichartige, spitzkegelige Zähne; die großen Augenhöhlen umgab ein Knochenring. Die paddelförm. Gliedmaßen dienten als Steuerorgane. Die I. erreichten bis zu 15 m Länge und gebaren lebende Junge. Ihre Nahrung bestand vorwiegend aus Fischen und Tintenfischen.

Ichthyornis (etwa ¹/₆ nat. Größe)

Wieder und wieder auf die Armbanduhr zu blicken, um sich zu überzeugen, daß die Zeit vergeht, ist Unsinn. Die Zeit ist noch nie stehengeblieben, bloß weil ein Mensch sich langweilt und am Fenster steht und nicht weiß, was er denkt. Es ist sechs Uhr gewesen, als Herr Geiser zuletzt auf seine Armbanduhr geblickt hat: – genau drei Minuten vor sechs.

Und jetzt?

– eine Minute vor sechs.

Irgend etwas gibt es immer zu tun.

So müßte man meinen.

Das Bildnis von Elsbeth, das Herr Geiser neulich von der Wand genommen und in die Diele gestellt hat, gehört nicht in die Diele. Wohin gehört es? Somit ist Herr Geiser, seit er zuletzt auf seine Armbanduhr geblickt hat, in der Diele gewesen; sonst hätte er es nicht in der Hand, das Bildnis, und jetzt steht er im Schlafzimmer.

Vermutlich ist die Armbanduhr stehengeblieben.

Das Bildnis von Elsbeth als neunzehnjährige Tochter eines Verwaltungsrates in der Chemie, gemalt von einem einheimischen Künstler, der inzwischen berühmt geworden ist, gehört auch nicht ins Schlafzimmer; es zeigt ein Gesicht, das Herr Geiser nie gekannt hat, und es schaut einen auch nicht an und gehört eher in eine Kunsthalle, wo es heutzutage einen Wert darstellt.

– das hat Herr Geiser gedacht.

Die Kunsthalle Basel ist berühmt.

Vorläufig steht es hinter dem Schrank.

Als Herr Geiser wieder zum Fenster geht, um an den langsam gleitenden Tropfen zu sehen, daß die Zeit nicht stehen bleibt – das hat es in der ganzen Erdgeschichte nie gegeben! – und als er es nicht lassen kann und nochmals auf seine Armbanduhr schaut, zeigt sie sieben Minuten nach sechs.

Irgendwo klöppelt es wieder auf Blech.

Das andere Geräusch:

Schritte im Haus, die eigenen –

Kleinholz für ein Feuer im Kamin ist noch im Korb, Herr Geiser braucht nur eine alte Zeitung zu zerknüllen und unter das Kleinholz zu stopfen, dann ein größeres Scheit und ein zweites anzulehnen, zuletzt eine schwere Astgabel mit Rinde –

Dann ist auch das getan.

Daß einer auf einen Stuhl steigt und seine Hosenträger am Deckenbalken befestigt und sich aufhängt, um seine eignen Schritte nicht mehr zu hören, kann Herr Geiser sich vorstellen.

Immerhin ist es nicht mehr sechs Uhr.

Auch dieser Abend geht vorüber.

Im Augenblick steht Herr Geiser, die Hände in den Hosentaschen, vor der Zettelwand, während es knistert im Kamin.

So eine Astgabel glimmt stundenlang –

Soviel Herr Geiser weiß, ist es fraglich, ob es auf dem Mars auch Menschen gibt oder nicht; wahrscheinlich gibt es ganze Milchstraßen ohne eine Spur von Hirn.

Nacht ohne Regen –

Trotzdem kann Herr Geiser nicht schlafen. Der Rucksack ist gepackt, auch die Taschenlampe wieder im Rucksack, ebenso die Lupe, die Herr Geiser allerdings noch einmal braucht. Um zu lesen. Herr Geiser ist nicht zu Bett gegangen, obschon es Mitternacht ist. Das Klöppeln auf Blech hat aufgehört. Wenn Herr Geiser seinen Atem anhält, so ist überhaupt nichts

zu hören, nichts als der eigene Puls. Im Kamin glimmt es noch. Herr
Geiser will nicht schlafen; so viel Zeit hat der Mensch nicht –

> **Die Erdgeschichte** (im geolog. Sinne) ist die
> Abfolge der Erdzeitalter seit Bildung einer festen
> Erdrinde und erstreckt sich über 2, nach neuen For-
> schungen 5 Milliarden Jahre (→Chronologie). Die
> Dauer der Erdzeitalter ist sehr verschieden, z. B. das
> Paläozoikum 340 Millionen, das Mesozoikum 140 Mill.
> und das Känozoikum 60 Mill. Jahre. Der Inhalt der
> Erdgeschichte ist die Geschichte der Lithosphäre
> (Festländer und Meere), der vulkan. Erscheinungen,
> der Tier- und Pflanzenwelt. Kennzeichnend ist eine
> mehrfache Wiederholung des Vorgangs, daß sinkende
> Räume mit starker Sedimentation, die Geosynklinalen,
> durch Gebirgsbildung in starre Massen verwandelt
> werden, die dann vorwiegend Festland bleiben und
> der Abtragung unterliegen. Treibende Ursachen sind
> die endogenen und exogenen Kräfte. Das organische
> Leben, vor etwa 1,5 Milliarden Jahren entstanden,
> aber erst in Gesteinen nachweisbar, die etwa 1 Mil-
> liarde Jahre alt sind, strebt höheren Stufen, reicherer
> Formenentwicklung und höherer Qualität zu. Dabei
> spielt die Umgestaltung des Erdbildes mit; durch sie
> werden Pflanzen und Tiere zur Anpassung an neue
> Lebensverhältnisse, zur Wanderung oder zum Unter-
> gang gezwungen.

Im Morgengrauen, noch vor dem kurzen Kirchgeläute, hat Herr Geiser
den gepackten Rucksack genommen, dazu Hut und Regenmantel und
Schirm – der Rucksack ist nicht zu schwer, und sowie Herr Geiser in
den Wald gekommen ist, hat das Herzklopfen nachgelassen; niemand im
Dorf hat ihn gesehen und gefragt, wohin denn Herr Geiser wandern wolle
mit seinem Rucksack und bergaufwärts und bei diesem Wetter.

Herr Geiser weiß, was er tut.

Die Paßhöhe liegt 1076 Meter über Meer und wenigstens bis zur Paßhöhe
kennt Herr Geiser den Weg aus früheren Jahren, außerdem gibt es die
Karte; Herr Geiser weiß, daß man, wo der Weg sich gabelt, sich links halten muß und daß es unterwegs Ställe gibt, wo man im Fall eines schweren
Gewitters unterstehen könnte, und auf der Paßhöhe wieder Ställe –

Ein Weg ist ein Weg auch im Nebel.

Wenigstens hat es nicht gedonnert.

Im Anfang ist es kein steiler Weg; der Hang ist steil, aber der Weg beinahe horizontal, teilweise mit Platten belegt, ein sicherer Weg auch bei Nebel, wenn man den Wasserfall nicht sehen kann, dessen Rauschen man hört.

Später wird der Weg steiler.

Ausschau zu halten nach einer Kapelle – wenn die Erinnerung stimmt: unterhalb des Weges rechts – hat Herr Geiser später aufgegeben; vielleicht hat man sie im Nebel nicht sehen können.

Irgendwann müßte der Wald sich lichten.

Was Herr Geiser nicht mehr weiß: ob der Weg über zwei oder drei Brücken führt, bevor man aus dem Wald kommt. Wo man einen Bach in nächster Nähe hört, müßte eigentlich, auch wenn Herr Geiser den Bach in der Tiefe nicht sehen kann, trotz Nebel plötzlich das Geländer einer Brücke zu sehen sein, oder Herr Geiser ist schon über eine Brücke gegangen, ohne sie beachtet zu haben –

Die hohe Brücke hat Geländer.

(wenn sie nicht weg ist!)

Der Feldstecher, der vor seiner Brust baumelt, ist kein großes Gewicht, nur überflüssig; was im Nebel zu sehen ist: die nächsten Stämme, schon die Wipfel verschwinden im Nebel, Farnkraut, die nächsten paar Meter des Weges, einmal eine rote Bank, Felsen, die eine Schlucht anzeigen, und plötzlich das Geländer.

Die Röhren sind verbogen.

Nach einer Stunde, genau, hat Herr Geiser die erste Rast gemacht, ohne den Rucksack abzulegen und ohne sich zu setzen. Natürlich ist das Steigen mühsamer als in früheren Jahren, aber das Herzklopfen hat nachgelassen.

Herr Geiser hat Zeit.

Zum Teil sind es schwere Platten, die den Weg bilden, und bis alle diese Platten gefunden sind, bis sie an Ort und Stelle geschleppt und verlegt sind und zwar so, daß nicht jedes Unwetter einen solchen Weg zerstört, das muß eine Arbeit gewesen sein, nicht zu vergleichen mit der Mühe, die Herr Geiser hat Schritt um Schritt und dann wieder Stufe um Stufe; manchmal sind die Stufen etwas zu hoch, so daß man außer Atem kommt und den Mut verliert.

Lästig ist das Tragen des Schirms.

Dann und wann gabelt sich der Weg, aber es kann nicht die Gabelung sein, die auf der Karte verzeichnet ist, und Herr Geiser braucht seine Karte nicht hervorzuholen: die entscheidende Gabelung, wo Herr Geiser links gehen soll, befindet sich oberhalb der ersten Ställe, und Ställe hat Herr Geiser bisher nicht gesehen. Eine Weile lang wird man trotzdem unsicher – vielleicht hat Herr Geiser die Ställe nicht sehen können wegen Nebel – bis es sich zeigt, daß es sich bloß um eine Abkürzung gehandelt hat; beide Wege, der steilere und der andere, kommen wieder zusammen, und also hat es sich nicht gelohnt, daß Herr Geiser zurückgegangen ist, um doch den steileren Weg zu wählen.

Noch ist es früh am Tag.

Auch wenn man im Nebel nicht weiß, wo man sich im Augenblick befindet, in jedem Fall geht es aufwärts, Kehre um Kehre; wichtig ist nur, daß man ohne Hast geht, Schritt vor Schritt, regelmäßig und ohne Hast, damit man nie außer Atem kommt.

Endlich die Ställe –

Ein dummer Hund, der kläfft.

Früher als geplant, schon nach einer halben Stunde, hat Herr Geiser wieder eine kurze Rast gemacht, ohne den Rucksack abzuschnallen; ohne Bedürfnis nach Ovomaltine; immerhin hat er sich auf einen moosigen Fels gesetzt, platschnaß trotz Schirm, dabei zuversichtlich:

Der Plan ist durchführbar.

Bei der Gabelung – der andere Weg führt zu einer Maiensäß, zu einer Gruppe von Häusern auf der anderen Talseite, wo es, laut Karte, nicht weiter geht – ist Herr Geiser richtig gegangen, auch bei einer zweiten Gabelung, die nicht in der Karte verzeichnet ist. Eine Markierung auf Fels, weiß-rot-weiß, hat ihn bestätigt. Später ist der Weg schmaler geworden, ein Pfad ohne Platten.

Zweierlei hat Herr Geiser sich vorgenommen:

1. nie ohne einen Pfad zu gehen,
2. das Unternehmen abzubrechen, wenn sich Herzbeschwerden einstellen, und keinesfalls bis zur Erschöpfung zu gehen.

Einmal ist Herr Geiser über einen Wurzelstock gestolpert; etwas Blut mit Regennässe auf der Haut, eine Schürfung am rechten Arm, der den Schirm hält, hat ihn nicht veranlaßt, seinen Rucksack aufzuschnüren und Verbandstoff hervor zu holen. Ein Wanderstock wäre übrigens nützlicher gewesen als der Schirm, eine Regenhaut besser als der Regenmantel aus Gabardine, der vor Nässe schwer wird.

Der Regen hat nicht nachgelassen.

Ein Bach ohne Brücke, eigentlich kein Bach, sondern ein Gewässer, das es nur nach langen Unwettern gibt und das auf der Karte nicht verzeichnet ist, ein breites Gewässer über Geröll, ein Gesprudel, nirgends so reißend, daß einer mit kniehohen Stiefeln nicht hätte darin stehen können, hat viel Zeit gekostet, da Herr Geiser gewöhnliche Wanderschuhe trägt. Mindestens eine halbe Stunde. Um eine Stelle zu finden, wo zuverlässige Steine, möglichst große, die nicht kippen oder rollen, wenn man den Fuß darauf stellt, ungefähr in Schrittweite auseinander liegen, ist Herr Geiser hinauf und hinunter gegangen. Überall ungefähr das gleiche Gesprudel. Schließlich hat Herr Geiser es einfach wagen müssen. Einer der Steine, denen er nach längerer Betrachtung besonders vertraut hat, ist dann doch gekippt – Herr Geiser ist nicht gestürzt, er hat nur einen Schuh voll Wasser herausgezogen, das ist um neun Uhr morgens gewesen, also noch früh am Tag.

Zur Paßhöhe hin wird es flacher –

Noch vor zehn Jahren (Herr Geiser wird vierundsiebzig) und bei Sonnenschein ist das ein Spaziergang gewesen, ein Ausflug von zweieinhalb Stunden hin und zurück.

Sein Gedächtnis bekommt recht:

eine weitläufige Paßhöhe, Weiden, Trockenmauern im Geviert und Wald
mit Lichtungen, hauptsächlich Laubbäume (aber es sind Buchen, nicht
Birken) und ein paar verstreute Häuser (keine Ställe, sondern Sommerhäu-
ser, die verlassen sind) und auf der offenen Weide verliert sich der Weg, das
ist meistens so.

Eine Rast wäre fällig gewesen.

Die Gewißheit, daß niemand wissen kann, wo Herr Geiser sich in diesem
Augenblick befindet, hat Herr Geiser genossen.

Kein Vieh –

Kein Vogel –

Kein Laut –

Bloß um einen Ausblick zu haben und vor der Rast zu wissen, was ihn auf
der andern Seite erwartet – nach der Karte gibt es einen Pfad, daneben viel
Schraffur, was Fels bedeutet – ist Herr Geiser weiter gegangen. Ohne Pfad.
Es gibt aber keinen Ausblick ins andere Tal, nur Wald, der steiler wird,
Unterholz zwischen vermoostem Geröll, wo man wieder und wieder stolpert und schließlich nicht mehr weiß, wie man weiterkommt, ohne zu rutschen. Zum Keuchen kommt die Angst, die Hast, der Ärger über sich
selbst und der Schweiß, und wo das Dickicht sich lockert, wird der Hang
noch steiler; ein aufrechter Gang ist kaum noch möglich. Es wird ein Kra-
xeln auf allen Vieren, wobei eine Stunde mehr Kräfte kostet als drei Stunden auf einem Pfad, von Wurzelstock zu Wurzelstock, und plötzlich sind
Felswände da –

Ein falscher Tritt und es ist aus.

Herr Geiser wäre nicht der erste.

Plötzlich geht es nur noch mit Glück.

Als Herr Geiser, froh, daß niemand ihn gesehen hat, wieder die offene Weide auf der Paßhöhe erreicht hat, ist es Mittag gewesen. Ein grauer Mittag. Unter einer großen Tanne, wo der Boden beinahe trocken ist, aber leider voll Ameisen, hat Herr Geiser sein verschwitztes Hemd gewechselt und gewartet, ob die Zuversicht wiederkomme, das Selbstvertrauen, das Gefühl, nicht verloren zu sein.

Hunger hat er nicht verspürt.

Vor einem Jahr ist ein jüngeres Paar, das auch den Pfad verloren hat, drei Wochen lang nicht gefunden worden, auch nicht von einem Helikopter; gefunden hat man sie erst, als es jemand aufgefallen ist, daß über einem Wald und immer an derselben Stelle viele Vögel kreisen.

Vergessen hat Herr Geiser die Thermos-Flasche.

Die roten Ameisen scheint das Wetter überhaupt nicht zu kümmern; ihre lautlose Emsigkeit in einem Hügel von Tannennadeln –

Ein Mittagsschlaf wäre fällig gewesen.

Wenn man nicht geht, kommt das Frösteln; auch die nassen Socken hat Herr Geiser gewechselt, aber es bleiben die nassen Hosenbeine wie kalte Umschläge.

Nicht vergessen hat Herr Geiser die Landkarte.

Der Pfad, der auf der andern Seite der Paßhöhe siebenhundert Meter hinunterführt, laut Karte rechts von der Schlucht, ist in jedem Fall ein steiler Pfad, und als Herr Geiser wieder aufgestanden ist, um sich den Rucksack anzuschnallen, hat er seine weichen Knie gespürt. Aber inzwischen hat der

Regen aufgehört. Eine Weile lang, als er schon auf der offenen Weide geht, hat Herr Geiser nicht gewußt, was er nun beschließen würde.

AURIGENO/VALLE MAGGIA

unweit von der Stelle, wo Herr Geiser vor drei Stunden seinen Irrgang ins Dickicht angetreten hat, ist es mit weißer Farbe auf einen Fels geschrieben, ein Pfeil weist auf den Pfad, der nach rechts führt und durch Buchenwald. Ein schmaler Pfad, dann und wann steinig, dann wieder geht man auf Walderde, was für die weichen Knie angenehmer ist, und wenn man nicht auf Wurzeln tritt, die infolge der Nässe glitschig sind, ein harmloser Pfad. Im Wald sieht man das graue Gewölk nicht, das Buchenlaub ist grün, das Farnkraut grün, und die Umkehr, die Herr Geiser während seiner Rast erwogen hat, wäre dumm gewesen.

Der Plan ist durchführbar.

Alles in allem hat Herr Geiser mit fünf bis sechs Stunden gerechnet (der Schwiegersohn will genau zweieinhalb Stunden gebraucht haben) unter Berücksichtigung seines Jahrgangs.

Eine erste Runse ist harmlos.

Die zweite sieht schlimmer aus, eine steile Rinne voll Geschiebe, Wirrwarr von Felsklötzen und zersplitterten Stämmen, Rinnsale, aber kein tosender Bach, man stapft durch Kies und Schieferschlamm, die Hand an einem morschen Ast oder an einem Stein und nicht ganz ohne Herzklopfen – aber nachher kommt man wieder auf den Pfad. Die Mahnung im Wanderbuch (»Abstieg durch die Valle Lareccio: Vorsicht bei schlechtem Wetter!«) wirkt an Ort und Stelle übertrieben, auch wenn der Hang immer steiler wird. Man braucht nicht in die Schlucht zu schauen. Zickzack mit guten Stufen. Die Schraffur auf der Karte ist nicht übertrieben; auf der andern Seite der Schlucht gibt es Felswände und einen Wasserfall, der sich in Wasserstaub auflöst –

Eine dritte Runse macht keine Sorgen.

Das Haus, das Herr Geiser im Morgengrauen verlassen hat, sein Haus, das jetzt in einem andern Tal steht, gehört kaum noch zur Gegenwart, wenn Herr Geiser daran denkt, daß er vierzehn Jahre dort gelebt hat.

Meistens denkt man im Gehen gar nichts.

Wichtig ist der nächste, der übernächste Tritt, damit man nicht den Fuß verstaucht, damit die Knie nicht knicken, damit man nicht plötzlich aus-rutscht. Der Schirm als Wanderstock ist keine Hilfe, oft rutscht er von den Steinen ab und ist keine Stütze, wenn der Tritt nicht sicher ist. Es bleibt ein guter Pfad, nur da und dort im Gestein sind die Stufen zu hoch, wenn einer schon weiche Knie hat.

Manchmal denkt Herr Geiser doch –

Plötzlich sind es die Waden, die streiken; ein Schmerz wie von Nadeln bei jedem Schritt. Zwar ist das Maggia-Tal schon zu sehen, seine grüne Ebene, aber die Häuser darin erscheinen noch klein wie Spielsachen, und es ist besser, Herr Geiser blickt nur auf den Pfad.

Einmal geht es wieder aufwärts –

Eine Kapelle mit Vordach und sogar mit einer Bank unter dem Vordach, wo Herr Geiser sich hat setzen müssen, um den Krampf in den Waden los-zuwerden, ist auf der Karte verzeichnet, was immer beruhigend ist: man weiß, wo auf der Karte man sich im Augenblick befindet; in einer knappen Stunde ist Herr Geiser mehr als vierhundert Meter abgestiegen, und jetzt ist es nicht mehr weit:

Höhenunterschied noch 313 Meter.

Die Ameisen im Rucksack haben ihn nicht gestört; hier hat Herr Geiser sich einen Cognac erlaubt, dann einen Blick in die Schlucht, wo voraus-sichtlich noch nie ein Mensch gewesen ist, und einen Blick hinauf: Grate und Schneisen, Hänge so steil, daß man sich wundert, wie man da herun-ter gekommen ist. Es ist ein irres Tal.

Es ist ungefähr zwei Uhr gewesen.

Worüber soll man sich Gedanken machen?

– EB : AE = AE : AB

– daß es Gott gibt, wenn es einmal keine Menschen mehr gibt, die sich eine Schöpfung ohne Schöpfer nicht denken können, ist durch die Bibel und das Muttergottes-Fresko nicht bewiesen; die Bibel ist von Menschen verfaßt.

– die Alpen sind durch Faltung entstanden.

– die Ameisen leben in einem Staat.

– das Gewölbe haben die Römer erfunden.

– wenn das Eis der Arktis schmilzt, so ist New York unter Wasser, desgleichen Europa, ausgenommen die Alpen.

– viele Kastanien haben den Krebs.

– Katastrophen kennt allein der Mensch, sofern er sie überlebt; die Natur kennt keine Katastrophen.

– der Mensch erscheint im Holozän.

Es ist ungefähr vier Uhr gewesen, als Herr Geiser erwacht ist. Von einem Gewitter hat er nur noch die letzten ausrollenden Donner gehört, offenbar hat es kurz geregnet. Wolken um die schroffen Berge, aber lose Wolken, Licht in den Wolken, beinahe Sonne. Es fehlt wenig, daß sich ein blauer Himmel zeigt da oder dort. Es tropft noch aus dem Laub, das glitzert, und es zwitschert aus dem glitzernden Laub.

Der Krampf in den Waden hat nachgelassen.

Die Kirche von Aurigeno (wo es einen Post-Bus nach Locarno gibt) ist noch nicht zu sehen, immerhin hat Herr Geiser ihren Stundenschlag gehört und deutlich: ein harter und heiserer Glockenton fast ohne Hall.

Die Ameisen sind verschwunden.

Nachdem er den Cognac ausgetrunken hat (ein kleiner Flachmann) und den Feldstecher in den Rucksack gesteckt und langsam den Rucksack wieder verschnürt hat, ist Herr Geiser noch eine Weile lang sitzen geblieben, ohne sich zu sagen, was er denkt, was in seinem Kopf beschlossen wird. Dann ist Herr Geiser aufgestanden, hat sich den Rucksack wieder angeschnallt und nachgesehen, ob da nicht ein Ovomaltine-Papier auf dem Boden liegt oder auf der Bank vor der Kapelle, die übrigens keine Kapelle ist. Es ist nur ein Muttergottes-Fresko mit Vordach.

Fast hätte Herr Geiser den Schirm vergessen.

Der Anstieg ist mühsam, wie nicht anders erwartet, und Herr Geiser weiß: zur Paßhöhe geht es vierhundert Meter hinauf. Die Gewißheit, daß die drei Runsen nicht unüberwindlich sind, daß es alles in allem ein ordentlicher Pfad ist und gefahrlos, solange man Tageslicht hat, und daß der Zickzack, der bevorsteht, nicht endlos sein wird, hat Herrn Geiser ermutigt, auch wenn ein Pfad, den man vom Abstieg kennt, im Anstieg oft nicht wiederzuerkennen ist. Es sind jetzt nicht die Waden, die streiken, sondern die Oberschenkel. Wann kommt Herr Geiser zu der zweiten Runse, der großen? Es gibt Strecken, an die Herr Geiser sich nicht erinnern kann; trotzdem sind sie einfach da und ziemlich steil, so daß Herr Geiser ab und zu, um eine hohe Stufe zu überwinden, seinen Oberschenkeln helfen muß, indem er die Hand, die rechte, auf das Knie stützt; die linke Hand hält den Schirm als Wanderstock. Immer öfter hat Herr Geiser sich auf die nächste Böschung setzen müssen, um zu verschnaufen, beide Hände auf den Griff seines Schirmes gelegt, das Kinn auf die Hände gestützt.

Was soll Herr Geiser in Basel?

Als er wieder die Paßhöhe erreicht hat, ist es etwa sieben Uhr abends gewesen und dämmerig; auf der Paßhöhe hat es wieder geregnet.

Es ist ein langer Tag geworden.

Wieder die offene Weide, wo der Pfad sich verliert, wo Herr Geiser es am Vormittag genossen hat, daß niemand weiß, wo Herr Geiser sich in diesem Augenblick befindet –

Auch jetzt weiß es niemand.

– und wieder das breite Gewässer ohne Brücke:

das Gesprudel über Geröll ist nicht reißender geworden, nur ist es dunkel geworden, und im Regen leuchtet eine Taschenlampe, auch die beste, nicht weit. Was sie hauptsächlich zeigt, das sind Glitzerfäden. Wo er dem nächsten Stein in Schrittweite nicht getraut hat, ist Herr Geiser jedesmal umgekehrt. Da und dort hätte vielleicht ein kräftiger Sprung genügt, aber einen solchen Sprung hat Herr Geiser seinen Beinen nicht mehr zugetraut. Wenn niemand von dieser Wanderung erfahren soll, so muß jeder Unfall vermieden werden, und wäre es auch bloß ein Armbruch. Einmal hat er es weiter oben versucht, dann weiter unten. Herr Geiser hat sich Zeit genommen – es ist niemand zuhause, der wartet und die Stunden zählt – und sich jede Hast verboten. Überall dasselbe Gesprudel. Wie schon am Vormittag; nur daß man bei Tageslicht eher hat erraten können, wo das Wasser tief oder untief ist. Der Gedanke daran, daß man jetzt in der Bahn sitzen würde oder in einem Gasthaus, hätte Herr Geiser bei der Muttergottes mit Vordach nicht die Umkehr gewählt, ist auch keine Hilfe, wenn Herr Geiser mitten im Gewässer auf einem Stein steht, umgeben von dem Gesprudel im Schein seiner Taschenlampe, und sogar die Umkehr heikel ist; ein Stein, den er zuletzt betreten hat, scheint sich verschoben zu haben und ist jetzt von Wasser überspült. Was jetzt? Schließlich ist es ihm verleidet; Herr Geiser hat seinen Schirm zugemacht, man braucht zwei bewegliche Arme, um das Gleichgewicht zu wahren. Plötzlich reicht das kalte Wasser bis zum Knie. Schon das Stehen in dem fließenden Wasser ist schwierig geworden, nachdem Herr Geiser den stochernden Schirm verloren hat – aber Herr Geiser ist durchgekommen, ohne die Taschenlampe zu verlieren, und die Taschenlampe ist jetzt wichtiger als ein Schirm.

Ein Weg ist ein Weg auch in der Nacht.

Solange man geht, ist Erschöpfung fast ein Wohlgefühl in den Adern, und Herr Geiser hat gewußt, daß er sich nicht mehr setzen darf; nachher kommt man nicht mehr auf die Beine.

Boden gibt es auch in der Nacht.

Meistens hat es genügt, was im Schein der Taschenlampe zu erkennen ist: Platten, die Weg bedeuten, die nächste Stufe, dann Walderde mit Wurzeln, Stämme links und rechts, aber links oder rechts geht es in die Tiefe, dann wieder Platten zwischen Farnkraut, Geröll mit Disteln, einmal ein toter Wurzelstock und dahinter nichts als die glitzernden Fäden von Regen – Nacht ohne Boden, so daß man nicht weiter geht, sondern zurück, und schon ist der Weg wieder da und die Spitzkehre, die Herr Geiser übersehen hat, deutlich zu erkennen. Manchmal hat Herr Geiser gemeint, jetzt wisse er ungefähr, wo er sich befinde, und jetzt müsse er auf die Weide mit den Ställen kommen. Statt dessen wieder Wald. Vielleicht hat Herr Geiser die erwarteten Ställe nicht gesehen, weil sie nicht in der Reichweite seiner Taschenlampe stehen. Auch wenn es in Strömen regnet, schließlich spürt man es nicht mehr. In den letzten zwei Stunden ist Herr Geiser bloß noch gegangen, ohne wissen zu wollen, wo er sich befindet. Dann und wann ein Knicken der Knie, aber gestürzt ist Herr Geiser nur noch ein Mal. Walderde mit Tannennadeln an den Händen, nichts weiter. Der Weg führt hinunter, das ist die Hauptsache. Die Ställe, die Herr Geiser seit einer Stunde erwartet hat, plötzlich sind sie da. Hier hätte Herr Geiser unterstehen können; aber wozu, wenn man in nassen Kleidern schlottert. Finsterer als bisher kann es nicht werden. Was folgt, hat Herr Geiser gewußt: Zickzack durch Wald, wo man keine Spitzkehre verpassen darf, und später einmal die Brücke mit dem Geländer aus verbogenen Röhren, danach wird der Weg flacher, ein ordentlicher Weg, der nicht zu verfehlen ist, solange die Batterie der Taschenlampe reicht –

Von seinem Ausflug wird niemand erfahren.

Wenn es nötig geworden ist, eine Weile lang stehen zu bleiben und zu warten, bis das Herzklopfen einigermaßen nachläßt, hat Herr Geiser jedesmal die Taschenlampe ausgeknipst, um die Batterie zu sparen.

Was soll Herr Geiser in Basel!

Das Dorf hat geschlafen, es ist nach Mitternacht gewesen, als Herr Geiser, von niemandem gesehen, zuhause angekommen ist.

> Über den **Passo della Garina** (1076 m) stieß zur Eiszeit ein Arm des Maggiagletschers nach Süden vor, wobei der Gipfel des Salmone nur knapp über die mächtige Eisdecke ragte.

Die Suppe zum Aufwärmen, die Minestrone, die Herr Geiser schon vor Tagen in den Garten geschüttet hat, ist wieder da, ein ganzer Topf voll, daneben ein Sonderdruck aus einer wissenschaftlichen Zeitschrift mit einem Bleistiftgruß vom deutschen Professor; offenbar ist im Lauf des Tages, als Herr Geiser geschlafen hat, jemand da gewesen, sicher nicht ohne an der Haustüre geklingelt zu haben.

Was macht man gegen Muskelkater?

Ob es heute noch immer regnet oder schon wieder, ob schräg oder senkrecht, ob im Augenblick das Dorf zu sehen wäre und das ganze Tal oder wieder nur die nächste Tanne im Nebel, die langsam gleitenden Tropfen an den Drähten, das Efeu, das glänzt und tropft, will Herr Geiser nicht wissen.

Die Schürfung an der Hand ist harmlos.

Der Feuer-Salamander im Bad –

Schon einmal hat Herr Geiser die Schaufel holen wollen, um das schleimige Ungetüm ins Gelände zu werfen, und hat es unterwegs vergessen.

Das Treppengeländer ohne Handlauf –

Wer immer es gewesen ist, der die Suppe ins Haus gebracht hat, der Sonnenforscher persönlich oder dessen Gattin oder deren Tochter, jemand hat die Zettel an den Wänden gesehen; das ist ärgerlicher als der Muskelkater (vor allem in den Oberschenkeln) und dringlicher als die Schaufel für den Feuer-Salamander ist wieder etwas anderes: daß Herr Geiser die Haustüre abschließt.

Herr Geiser wird das Tal nicht verlassen.

(Möglich wäre es gewesen!)

Der Aufsatz des Sonnenforschers, als Vortrag gehalten an einem Internationalen Kongreß, ist auch für einen Laien, wenn er den Fremdwörter-Duden benützt, einigermaßen verständlich, bis die mathematischen Formeln kommen. Die ersten hat Herr Geiser übersprungen. Leider kommen mehr solche Formeln, auch chemische, so daß Herr Geiser es aufgeben muß.

(Was man alles nicht gelernt hat!)

Die Kochplatte wird warm –

Begrüßung von zwei Staatsmännern auf irgendeinem Flughafen, das alles gibt es noch, und wenn man später nochmals hinschaut: Werbe-Spot für allerlei, was man keinesfalls braucht.

Die Haustüre ist abgeschlossen.

Die Kochplatte glüht.

Wenn in diesem Tal einmal ein Haus brennt, so kommt eine Feuerwehr aus den nächsten Dörfern, lauter betagte Männer; bis sie die Schläuche an Ort und Stelle gebracht und zusammengeschraubt haben, brennt das Gebälk unter den schweren Granit-Platten des Daches, die kurz darauf, wenn das Gebälk zusammenkracht, mit ihrem Gewicht die Zimmerdecke durchschlagen und den Zimmerboden auch und dann als Trümmerhaufen im Keller liegen.

Die Kochplatte ist ausgeschaltet.

Im Augenblick steht Herr Geiser vor der Zettelwand.

18 Und Gott der Herr sprach: Es ist nicht gut, dass der Mensch allein sei. Ich will ihm eine Hilfe schaffen, die zu ihm passt. 19 Da bildete Gott der Herr aus Erde alle Tiere des Feldes und alle Vögel des Himmels und brachte sie zum Menschen, um zu sehen, wie er sie nennen würde; und ganz wie der Mensch sie nennen würde, so sollten sie heissen. 20 Und der Mensch gab allem Vieh und allen Vögeln des Himmels und allen Tieren des Feldes Namen; aber für den Menschen fand er keine Hilfe, die zu ihm passte.

PLESIO – SAURIER
DIPLODOCUS
DIMETRODON
DINOCERAS
LABYRINTHODONTE
TYRANNO–SAURIER
THAMPHORHYNQUE
MAMMUT
CERATODUS
ICHTHYO–SAURIER
TRICERATOPS
BALACHITHERIUM
ARCHEOPTERYX
STEGO–SAURIER
RHINOCEROS
PALEOMASTODONTE
DIPLOCAULUS
SYNDIOCERAS
EURYPTERIDES
MACHAIRODUS
ENDOTHIODON
HESPERORNIS
PTERODACTYLE
GLYPTODON
ECHIPPUS
MASTODON–SAURUS
PTERICHTHYS

ETC.

Die *Lebensvorgänge* im menschl. und tier. Organismus werden durch G. insofern beeinflußt, als die Labilisierung der Wetterlage (→Wetter) eine erhöhte Erregbarkeit des vegetativen Nervensystems bewirkt. Man findet beim Menschen Störungen der Durchblutungsgröße in den Kapillaren der Haut, abhängig davon vorübergehende Verschlechterungen mancher Hautkrankheiten (Ekzeme, ‚Gewitter-Pruritus‘), auch Embolien können sich an Tagen mit G. häufen. Ob Anfälle von Glaukom, Epilepsie und Eklampsie, wie gelegentl. berichtet wurde, gesetzmäßig bei G. vermehrt auftreten, ist nicht sicher erwiesen. – Im allgemeinen scheint bei Mensch und Tier der *seelische* Eindruck des G. (Erweckung von Angst oder einer interessanten Spannung) den physischen Einfluß auf den Organismus (Verursachung oder Verschlechterung einer Krankheit) wesentlich zu überwiegen.

Das Verfahren mit der Nagelschere hat nicht bloß den Vorteil, daß Herr Geiser schneller vorankommt; das Klebeband haftet auch auf Verputz, so daß jetzt alle Wände zur Verfügung stehen; ferner bietet das neue Verfahren – allerdings gehen dabei die Bücher kaputt – den Vorteil, daß Herr Geiser auch Illustrationen an die Wände kleben kann.

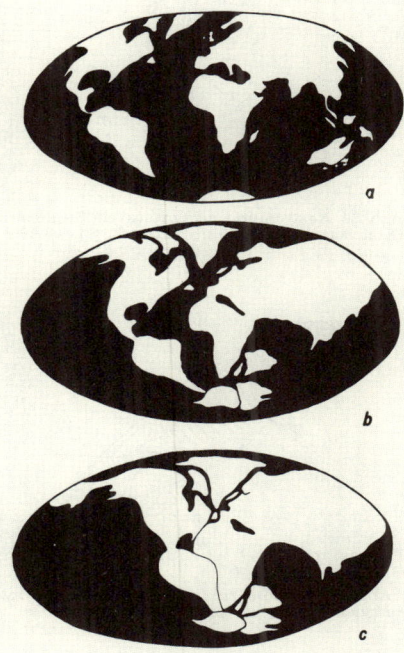

Abb. 68. Die Theorie der Kontinentaldrift von W e g e n e r , Erdbild von heute (a), in der Oberen Kreide (b), im Jura (c).
Zeichn. R. S t e e l 1968

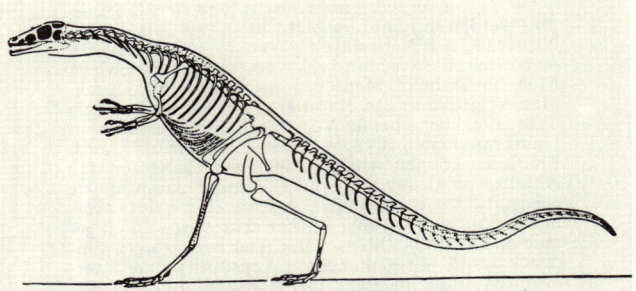

Abb. 11. *Compsognathus*, ein Cölurosaurier, Solnhofener Schiefer,
Jachenhausen (Ostbayern), etwa katzengroß. Nach F. v. H u e n e

Abb. 54. *Kentrosaurus aethiopicus*, ein Stegosauride aus dem Oberen Jura
Ostafrikas, Länge ca. 5 m. Zeichn. R. S t e e l 1968

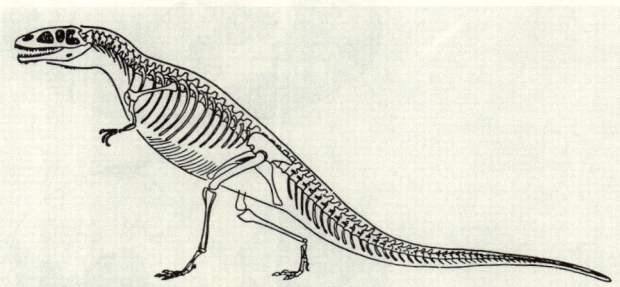

Abb. 23. *Megalosaurus bucklandi* M e y e r , Dogger (Mittlerer Jura),
England, Länge ca. 7,3 m. Nach H u e n e 1956

Was Herr Geiser nicht bedacht hat: der Text auf der Rückseite, den Herr
Geiser erst bemerkt, nachdem er die Illustration auf der Vorderseite sorgsam ausgeschnitten hat, wäre vielleicht nicht minder aufschlußreich gewesen; nun ist dieser Text zerstückelt, unbrauchbar für die Zettelwand.

Abb. 26. *Tyrannosaurus rex*, einer der größten Carnosaurier,
Länge ca. 15 m. Originalzeichn. R. S t e e l 1968

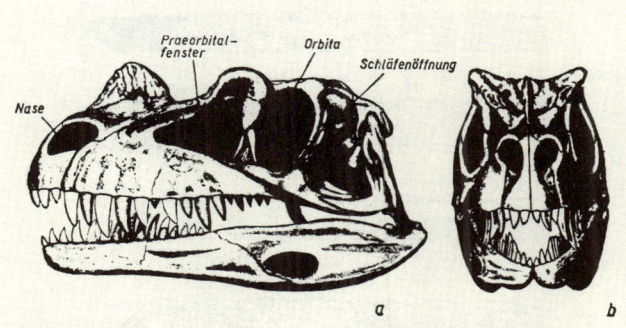

Abb. 24. *Ceratosaurus nasicornis* M a r s h , Schädel, Länge 63 cm, Oberer
Jura, Colorado. Nach O. C. M a r s h

Manchmal fragt sich Herr Geiser, was er denn eigentlich wissen will, was
er sich vom Wissen überhaupt verspricht.

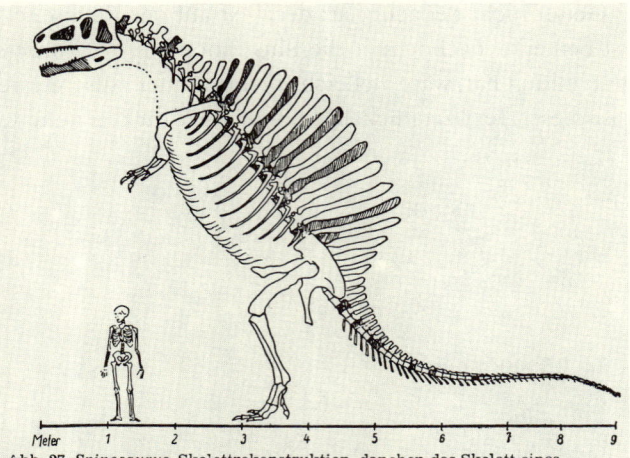

Abb. 27. *Spinosaurus,* Skelettrekonstruktion, daneben das Skelett eines Menschen, Kreide von Ägypten. Nach S t r o m e r.

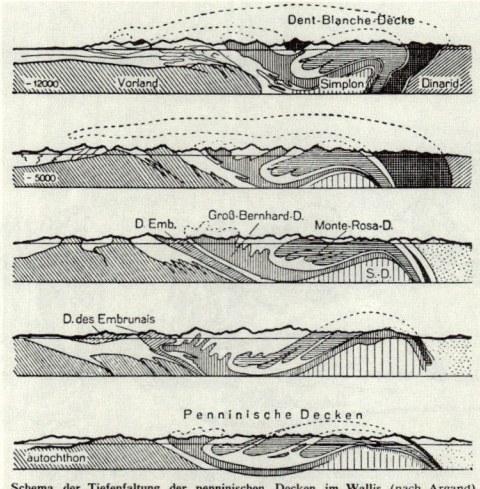

Schema der Tiefenfaltung der penninischen Decken im Wallis (nach Argand). Die Querschnitte westl. des Simplon zeigen den Gebirgsbau bis zu einer Tiefe von 12 km, dessen Verzweigung am besten in der Monte-Rosa-Decke zu erkennen ist. Die oberste Decke (Dent-Blanche-Decke, der auch das Matterhorn angehört) bildet das Bindeglied zwischen den West-Alpen (Wallis), Graubünden (Margira-Decke) und den Ost-Alpen (Großglockner)

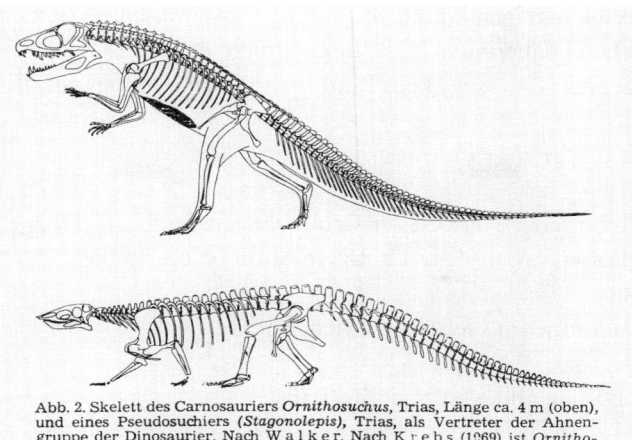

Abb. 2. Skelett des Carnosauriers *Ornithosuchus*, Trias, Länge ca. 4 m (oben), und eines Pseudosuchiers *(Stagonolepis)*, Trias, als Vertreter der Ahnengruppe der Dinosaurier. Nach W a l k e r. Nach K r e b s (1969) ist *Ornithosuchus* nach seinem Fußbau ein Pseudosuchier

Offenbar hat Herr Geiser den Hut auf dem Kopf getragen. Sonst läge der Hut nicht auf dem Boden neben ihm. Es ist Tag. Wieso Licht im ganzen Haus? Im Kamin glimmt es noch. Herr Geiser kann sich aufsetzen. Kein Knochenbruch; jedenfalls schmerzt es nirgends. Es schwindelt ihn bloß, weswegen Herr Geiser eine Weile warten muß, bevor er es wagen kann, aufzustehen wie ein Mensch.

Die Brille auf dem Boden ist nicht kaputt.

Vermutlich – Herr Geiser erinnert sich nicht – ist er über die Treppe hinuntergestürzt, weil am Geländer der gewohnte Handlauf fehlt.

Das Haus steht unversehrt.

Seit gestern – daran erinnert sich Herr Geiser – verkehrt der Post-Bus wieder. Man hört seine Dreiklang-Hupe aus dem Tal herauf: einmal laut, dann schwach, weil die Straße in eine Seitenschlucht führt, und nach der nächsten Kurve lauter als vorher, eine Zeitlang ist der Bus-Motor zu hören, dann ist es plötzlich wieder still, weil er um die Kurve verschwunden ist, und erst nach fünf Minuten nochmals ein matter Dreiklang aus der Ferne –

Das kann Herr Geiser hören.

Ein Spiegel, der zeigen könnte, ob da eine Schramme im Gesicht ist, wäre im Bad. Das eilt aber nicht. Das Taschentuch, das Herr Geiser sich auf das Gesicht gepreßt hat, zeigt kein Blut, nicht einen Tropfen von Blut.

Die Haustüre ist abgeschlossen.

Eigentlich befindet Herr Geiser sich nicht am Ende der Treppe, sondern auf dem Boden neben dem Tisch; ein Stuhl ist umgefallen –

Keine Schramme im Gesicht vor dem Spiegel.

Der Feuer-Salamander ist noch im Bad.

Es ist das Augenlid links. Kein Schmerz. Wenn man das Augenlid mit dem Finger berührt, so fühlt das Augenlid überhaupt nichts. Später hat es an der Haustüre geklingelt. Der Strom ist ja wieder da, und Herr Geiser ist nicht taub. Wieder und wieder hat es geklingelt.

Herr Geiser will keinen Besuch.

Was es in der Küche noch gibt: Mandeln, ein Glas voll Senfgurken, Honig, Zwiebeln, Oliven in einer Dose, Tomaten in einer Dose, Mehl, Grieß, Ha-ferflocken jede Menge; Herr Geiser braucht nicht aus dem Haus zu gehen.

Trotzdem trägt er den Hut.

Das kommt vor, daß ein großes Holz (Kastanie) am andern Morgen noch glimmt. Sieben oder acht Stunden können vergangen sein, seit Herr Geiser gestürzt ist –

Vielleicht ist der Stuhl gerutscht.

Auf dem Tisch liegen die zwölf Bände des Lexikons sowie Lupe und Na-gelschere und etliche Zettel, lauter Gedrucktes, was Herr Geiser schon aus-geschnitten hat, aber noch nicht an die Wand geklebt.

Es ist noch viel zu tun –

Vielleicht ist es die Tochter, die anruft, wahrscheinlich hat sie es schon vor Tagen versucht, als die Leitung unterbrochen gewesen ist, und jetzt versucht sie es immer wieder.

Es klingelt den ganzen Vormittag.

Was gäbe es schon zu berichten:

– Geröll im Salat, aber der Post-Bus verkehrt wieder, alle Sonnenblumen geknickt, viele Nüsse liegen im Gras, Herbstzeitlosen schon im August . . .

Herr Geiser sucht das Klebeband.

– Verwüstungen hinten im Tal . . .

Das Klebeband ist gefunden.

Als Herr Geiser vor der Zettelwand steht, erinnert er sich nicht, wie er darauf gekommen ist, Abbildungen von Sauriern und Lurchen auszuschneiden und an die Wand zu kleben –

Saurier hat es im Tessin nie gegeben.

Gegen Mittag hat das Klingeln aufgehört.

Wahrscheinlich ist der Sonnenforscher abgereist, da die Straße nicht mehr gesperrt ist, und es ist der Sonnenforscher gewesen, der morgens an der Haustüre geklingelt hat, um sich zu verabschieden für dieses Jahr.

– es sind Hänge herunter gekommen . . .

Bedenklich wäre ein Riß im Verputz, ein haarfeiner Riß, den es gestern noch nicht gegeben hat, oder ein Riß in den Platten des Küchenbodens; das könnte bedeuten, daß zwar nicht der ganze Hang herunter kommt, daß aber das Haus langsam dem Druck des Hangwassers nicht mehr standhält.

(so ist einmal eine Kirche eingestürzt).

Es ist aber nur ein Bindfaden, was Herr Geiser auf dem Küchenboden gesehen hat, kein Riß. Wenn er irgendein Gewicht an den Bindfaden hängt, eine leere Flasche zum Beispiel, und den Bindfaden, lotrecht in jedem Fall, vor die Wand hält, so erkennt Herr Geiser, daß die Wände und das ganze Haus im Lot stehen.

Das Augenlid, links, bleibt gelähmt.

Sonst ist nichts geschehen.

Wenn Herr Geiser wieder in den Spiegel schaut, um sein Gesicht zu sehen, so weiß er: die Tochter in Basel heißt Corinne und die Firma in Basel, die der Schwiegersohn leitet und die seither ihren Umsatz verdreifacht hat, trägt seinen Namen, auch wenn Herr Geiser aussieht wie ein Lurch.

Der Feuer-Salamander ist nicht mehr im Bad.

Herr Geiser hat ihn ins Kamin geworfen.

Glut ohne Flamme, das lautlose Glimmen unter der Asche, und wenn man ein trockenes Holz dazu legt, zuerst das bläuliche Züngeln, dann die Flamme, zuerst knistert es laut, später glüht es eine lange Zeit lautlos; wenn ein großes Holz, zum Teil verkohlt, plötzlich in glimmende Brocken auseinanderfällt, das vertraute Geräusch –

Herr Geiser ist nicht taub.

Herr Geiser weiß sein Geburtsjahr und die Vornamen seiner Eltern, auch den Mädchennamen seiner Mutter und wie die Straße in Basel heißt, wo er geboren worden ist, die Hausnummer –

(was ein Lurch alles nicht weiß).

Herr Geiser ist kein Lurch.

Auch in Basel habe es viel geregnet, zwei Tage lang sei die Gotthard-Bahn-strecke unterbrochen gewesen, in Ober-Italien habe es Überschwemmungen und mehrere Todesopfer gegeben.

Es bleibt der Druck über der linken Schläfe.

Herr Geiser kann sich nicht erinnern, was er mit Corinne geredet hat, sie weiß alles aus der Zeitung; keine Ahnung, was er, Herr Geiser, berichtet hat.

Einmal ein streunender Hund im Gelände –

Seit gestern, als er die Katze im Kamin gebraten und dann nicht hat ver-speisen können, mag Herr Geiser nicht einmal die Suppe essen, weil Speck darin ist.

Davon hat Herr Geiser nicht berichtet.

Es ist ein Köter, der nicht zum Dorf gehört, auch nicht der Hund von den Holländern, die vermutlich abgereist sind; er sucht Duftmarken im Ge-lände und findet nichts.

Kitty ist bei den Rosen begraben.

Es regnet nicht.

Die Suppe zum Aufwärmen, die Minestrone, die er nicht sehen und nicht riechen kann, hat Herr Geiser in die Brennesseln geschüttet.

Der streunende Hund ist weg.

Später sind drei Männer gekommen: Francesco, der Sekretär der Ge-meinde, und der alte Ettore, Maurer im Taglohn, der lebenslänglich an Stützmauern gearbeitet hat und nicht glaubt, daß je der ganze Berg ins Rutschen kommt, und noch einer; sie haben geklingelt und geklingelt, als sei man taub, und gerufen, dann mit Fäusten an die Haustüre geklopft, schließlich sind sie ums Haus gegangen und haben mit Taschenlampen in die unteren Zimmer geleuchtet; erst als Herr Geiser eine Tasse nach ihnen geworfen hat, sind sie verschwunden.

Das ist aber nicht heute gewesen.

Es ist Nacht gewesen, sonst hätten sie nicht mit Taschenlampen herum geleuchtet, und heute scheint die Sonne.

Sofort zwitschern wieder die Vögel.

Herr Geiser hat die Fensterläden geschlossen, es gehört sich nicht, daß fremde Leute in die Zimmer gaffen, nur weil man die Haustüre nicht öffnet.

Herr Geiser weiß, wie er aussieht.

(ein Lurch weiß nicht einmal das)

Zum Beispiel weiß Herr Geiser:

beim Einstieg in den Grat, zwei Uhr morgens, braucht man keine Laterne, so hell ist die Nacht über den Gletschern, auch wenn kein Mond scheint; der Fels ist knochenbleich, nicht grau oder schwarz, sondern knochenbleich, und da es keine Schatten gibt, sogar aus der Nähe sozusagen unwirklich, aber vorhanden, beim Anfassen kalt wie Eis und klingelhart; kein guter Fels, da und dort bröckelt es, wenn die Hand nach Griffen sucht, dann schlittern Scherben in die Tiefe. Sonst kein Ton, den man nicht selber verursacht hat; ab und zu das spitze Klingeln, wenn der Eispickel gegen Fels baumelt; sonst Stille wie auf dem Mond. Die Zacken und Türme, wenn man hinaufschaut, sind irr in der Nacht; später dann, in der ersten Sonne und vor dem blauen Morgenhimmel, erscheinen sie gelb wie Bernstein, während das Tal von Zermatt noch im Schatten liegt –

Das ist vor fünfzig Jahren gewesen.

Seine Matterhorn-Geschichte kennt man, Herr Geiser hat sie oft genug erzählt, sogar die Enkelkinder mögen sie nicht mehr hören.

Wie heißen die drei Enkelkinder?

Zwei Stunden draußen in der Wand, wo sie nicht von der Stelle kommen, links und rechts der steile Firn, dazwischen Platten aus glattem Schiefer mit Rinnsalen von Schmelzwasser, beide ohne jede Sicherung zwei Stunden lang –

Das alles ist lange her.

Wie der gelbe Sandsturm vor Bagdad.

Der Strom ist wieder da, es klöppelt nicht auf Blech, es plätschert nicht einmal, es donnert nicht, es gurgelt nicht ums Haus –

Klaus ist in Bagdad begraben.

Man rechnet acht Stunden zum Gipfel, und obschon sie nie gleichzeitig kletterten, nie ohne schulmäßige Sicherung mit gestrafftem Seil, kamen sie zügig voran, Seillänge um Seillänge. Bis zur Solvay-Hütte (4003 Meter über Meer) hatten sie zwei andere Seilschaften überholt, davon eine mit Bergführer. Erst danach lag etwas Neuschnee im Fels, pulvrig, leicht wegzuwischen mit der Hand, und wo es stellenweise über Firn ging, hatte Klaus, der Bruder, gute Tritte gestapft oder mit dem Pickel ausgehauen. Man kennt die Gestalt des Matterhorns von zahllosen Bildern; aus der Nähe, wenn man am Fels steht und sich eine Rast gönnt, das Seil um einen zuverlässigen Block geschlauft, und wenn man Ausschau hält, so ist von dieser Gestalt nichts zu sehen; nur Zacken und steile Platten und Kolosse von Gestein, zum Teil nicht senkrecht, sondern überhängend, man wundert sich, daß sie nicht längst abgebrochen und in die Tiefe gestürzt sind. In Augenblicken der Bangnis, die sie einander nicht eingestanden, half Schweigen, eine nüchterne Gelassenheit, während der andere nach Griffen suchte oder nach einer Ritze im Gestein, wo der Schuh einen sozusagen sicheren Stand findet. Das Wetter blieb tadellos, nur um den Gipfel hing leichtes Gewölk. Manchmal war es auch wieder kinderleicht; man braucht ja nicht in die Wand hinaus zu schauen und nicht hinunter. Klaus trug den Rucksack. Kurz nach zehn Uhr, plötzlich, standen sie bei dem eisernen Gipfelkreuz, stolz und ein wenig enttäuscht. Das also ist alles: man ißt einen kalten Apfel auf dem Matterhorn, während auch schon eine nächste Seilschaft kommt, eine, die sie nicht überholt hatten; zwei Männer und eine junge Japanerin. Viel war vom Gipfel aus nicht zu sehen. Dann und wann ein Wolkenloch: Blick auf öde Moränen oder auf die schmutzige Zunge eines Gletschers, anderswo eine grüne Alpwiese in der Sonne, Bäche als weißes Geäder, und einmal sahen sie den kleinen Schwarzsee, wo ihr grünes Zelt stand, das sie aber nicht erkennen konnten, ein kleiner Tintensee mit Sonnengeglitzer, daneben etwas wie weiße Maden, vermutlich Kühe –

Die Namen der Enkelkinder:

SONJA

(Familienname: Krättli)

HANSJÖRG

– aber wie heißt die Kleine?

Hingegen erinnert sich Herr Geiser:

Der Bergführer, den sie überholt hatten, erwiderte ihren Gipfelgruß nicht, sondern bediente seine deutschen Kunden mit heißem Tee, und erst nach einer langen Weile – inzwischen wurde der Wind so straff, daß fast alle, ob sie gerade Tee tranken oder nicht, in derselben Richtung standen mit flatterndem Haar von hinten nach vorne oder aber, wenn sie eine Wollmütze trugen, mit Hosen und Jacken, die von hinten nach vorne flatterten – erst nach einer Weile, als Klaus irgendeine Auskunft wünschte, machte der Bergführer sie aufmerksam, daß sie, beim Überholen, Steine ins Kollern gebracht hätten und zwar mehrmals – Das Wetter war nicht bedrohlich, laut Bergführer. Zeitweise gab es Himmelsbläue zwischen jagendem Nebel. Beim Abstieg, anfangs, war ihnen bang zumute, da man beim Abstieg stets hinunterschauen muß, oft nur die allernächsten Felsen sieht, die da ins Leere hinausstehen; darunter Raum für Vögel. Es ist – das wußten sie nun – ein langer Grat. Klaus jetzt als Hintermann: er sicherte mit dem Seil, indem er es um eine Felszacke legte, und so konnte dem Vordermann nicht viel widerfahren, auch wenn er einmal rutschte. Schwieriger war es für Klaus. Da er sich als Hintermann nicht immer selber sichern konnte, ging es nicht immer Seillänge um Seillänge. Der Abstieg erfolgte langsamer als der Aufstieg. Nicht überall kann man auf dem Grat bleiben; einmal ist ein Felsturm (»Gendarm«) zu umgehen, ein andermal führt eine steile Rinne (»Couloir«) in die Wand links oder rechts, so daß man erst weiter unten wieder auf den Grat gelangt. Es war die Ost-Wand: plötzlich standen sie ohne jede Sicherung, schätzungsweise siebenhundert Meter über dem Bergschrund. Wie sie auf diese Planke geraten sind, keine Ahnung; neben ihnen der steile Firn, dazwischen Platten aus glattem Schiefer mit Rinnsalen von Schmelzwasser. Es war Mittag. Eine Umkehr erwies sich als unmöglich. Einmal hörten sie eine Seilschaft auf dem nahen Grat, ohne sie sehen zu können, Stimmen und den klingelnden Ton, wenn Pickel an Fels stoßen. Sie riefen nicht um Hilfe. Eine Stunde verging, und es kam Schatten in die Wand, während der Grat, dessen Vorsprünge sie weiter unten sahen, in der Sonne war. Später, als sie riefen, beide Hände als Trichter vor dem Mund, war niemand mehr auf dem Grat, jedenfalls nicht in dieser Höhe. Sie hatten keine Steigeisen, keine Mauerhaken, die ein Abseilen ermöglicht hätten; weiter unten wäre ein schmales Firnband gewesen, das zum Grat führt. Beide hatten einen ziemlich guten Stand, aber kaum Griffe für die Hand. Man hat das Gefühl, die Wand drücke einen hinaus. Wenigstens gab es, wenn sie sich nicht rührten, keinen Steinschlag. Hier in die Wand auszuweichen, weil der Grat eine langwierige Kletterei fordert, ist ein Irrtum gewesen; alle andern Seilschaften sind auf dem Grat geblieben. Was sie jetzt machten, als sie sich allein wußten, war eine Idiotie: um auf das Firnband hinunter zu gelangen, mußte Klaus sich mit winzigen Ritzen im Fels begnügen, wobei das Seil, das der Bruder über seine Schulter laufen ließ, ihn nie und nimmer hätte halten können; sie wären beide abgefahren. Das wußten sie. Es handelte sich nur um zehn oder zwölf Meter, aber das dauerte endlos. Ob es dann auf dem Firnband weitergeht, das war die Frage. Da es zwei Mal nur gereicht hatte, indem Klaus, beide Hände in einer Ritze, seinen ganzen Körper ausstreckte, um mit den Füßen gerade noch einen Stand zu finden, war Umkehr nicht möglich; so kommt einer nicht wieder hoch. Das Firnband, schmal, aber nicht allzu steil, blieb jetzt die letzte Hoffnung, daß sie aus der Wand kommen. Natürlich war es unsinnig, daß sie jetzt, da keiner den andern im mindesten sichern konnte, in der Seilschaft blieben. Der Firn auf dem schmalen Band, offenbar zu dünn, so daß Klaus den Pickel nicht einrammen konnte, um sich selber mit einer Seilschlaufe einigermaßen zu sichern, war aber, obschon seit einer halben Stunde nicht mehr in der Sonne, noch einigermaßen weich; ein Stapfen war möglich. Sobald er, Klaus, wieder auf Fels gelangt ist und einen zuverlässigen Stand hat, sollte der jüngere Bruder sich aus dem Seil lösen, damit er, Klaus, weiterklettern kann. Die letzten Meter mußte er hangeln, beide Füße ohne Halt. Dann kam das Zeichen. Das Ende des Seils, also aus der Hand gelassen, schlingerte weit hinunter, aber Klaus hatte das andere Ende halten können. Langsam zog er das lange Seil zu sich herauf und schlaufte es um seine Schulter. Dann verschwand er außer Sicht. Er wollte versuchen auf den Grat zu gelangen, allein, da er der ältere war, und auf dem Grat nochmals hinaufzuklettern, um das Seil, dort gesichert, von oben herunter zu lassen. Wenn das nicht gelingen sollte, so würde er, Klaus, allein absteigen, um Hilfe zu holen, die schätzungsweise gegen Mitternacht eintreffen könnte. So hatten sie es vereinbart. Allein in der Wand zu stehen, beide Schuhe in einer Ritze, so daß man sich nicht rühren konnte, Blick hinunter auf den Gletscher, das hätte einer nicht bis Mitternacht durchgehalten. Schon eine halbe Stunde wurde lang. Inzwischen war es kalt geworden; kein Wind, aber eine Kälte, die gleichgültig macht. Eine Rufverbindung gab es nicht. Ob der Bruder noch immer versuchte, das Seil von oben herunter zu lassen, oder ob er, weil das aus irgendeinem Grund nicht zu machen ist, sich bereits auf dem Abstieg befand, blieb ungewiß. Einmal schepperten kleine Schiefer über die Wand hinunter; ein Seil kam nicht.

Das bleibt im Gedächtnis.

Klaus ist ein guter Bruder gewesen.

Und Corinne eine liebe Tochter –

Was sie wissen will, hat nichts mit dem Matterhorn zu tun, das ist vor fünfzig Jahren gewesen, und Corinne ist da, um zu wissen, was jetzt ist.

Es sind Hänge gerutscht.

Aber die Straße ist wieder offen –

Sonst wäre Corinne nicht hier.

Endlich rutschte über den Fels langsam das Seil herab, Armlänge um Armlänge; es reichte aber nicht. Zum Glück hatten sie alles vereinbart; nach genau fünf Minuten zog Klaus das leere Seil wieder Armlänge um Armlänge hinauf, und wieder klirrte Firn herunter, Scherben von Eis, zwei oder drei Steine sprangen vorbei und schlugen auf Fels weiter unten und verschwanden in einem großen Bogen lautlos ins Leere. Eine Viertelstunde später kam das Seil nochmals, jetzt lang genug, aber es pendelte einen oder zwei Meter vor der Wand und war schwierig einzufangen, schließlich gelang es mit Hilfe des Pickels –

Das alles ist lang her.

Was Corinne wissen will: warum die geschlossenen Fensterläden, wozu die vielen Zettel an der Wand, warum ein Hut auf dem Kopf.

Das ist heute.

Offenbar sind die Männer wieder gegangen, sie haben die Haustüre nicht gerammt, es ist nicht nötig gewesen, da Corinne einen Schlüssel hat.

Warum redet sie wie mit einem Kind?

Es gäbe noch vieles an die Wände zu kleben, wenn es nicht zwecklos wäre, weil das Klebeband, MAGIC TAPE, nichts taugt; ein Durchzug, wenn Corinne die Fensterläden öffnet, und die Zettel liegen auf dem Teppich, ein Wirrwarr, das keinen Sinn gibt.

Zucker ist keiner mehr da.

Als sie Tee kocht, hat Corinne noch nicht einmal ihren Mantel ausgezogen. Der Schwiegersohn in Basel, der immer alles besser weiß, lasse grüßen.

Es wird nie eine Pagode –

Das weiß Herr Geiser.

Aber Knäckebrot ist noch da.

Eine Trockenmauer ist gerutscht, Geröll im Salat, und die Straße ist gesperrt gewesen, das alles hat Corinne schon gehört.

Es gibt nichts zu sagen.

Das Augenlid ist gelähmt, der Mundwinkel auch, Herr Geiser weiß es, dagegen hilft auch kein Hut auf dem Kopf.

Heute scheint die Sonne.

Was man mit den Zetteln machen soll?

Als sie den Tee bringt, hat Corinne feuchte Augen, was sie nicht zu wissen scheint, sie lächelt dazu wie eine Krankenschwester und redet zu ihrem Vater wie zu einem Kind.

Das Geländer ohne Handlauf –

Die zerschnittenen Bücher –

Die Ameisen, die Herr Geiser neulich unter einer tropfenden Tanne beobachtet hat, legen keinen Wert darauf, daß man Bescheid weiß über sie, so wenig wie die Saurier, die ausgestorben sind, bevor ein Mensch sie gesehen hat. Alle die Zettel, ob an der Wand oder auf dem Teppich, können verschwinden. Was heißt Holozän! Die Natur braucht keine Namen. Das weiß Herr Geiser. Die Gesteine brauchen sein Gedächtnis nicht.

Erosion, die (von lat: erodere = benagen), im weiten
Sinn die Vorgänge bei der Bildung der Oberflächen-
formen der Erde (Fluß-, Wind-, Eis-E.); im engern
Sinn die ausfurchende u. einschneidende Arbeit des
fließenden Wassers. Die Stärke der E. ist abhängig
von der Stoßkraft des Wassers, der Widerstands-
fähigkeit des Gesteins u. der Gestalt des Geländes.
Die E. führt durch Tieferlegung (Tiefen-E.) u. Erweiterung (Seiten-E.) des urspr. Flußbettes zur Bildung von Tälern. *E.basis*, Niveau, bis zu dem die E.
wirken kann; allg. E.basis ist außer bei abflußlosen
Becken der Meeresspiegel. Übermäßige E. wird
durch Zerstörung des Kulturbodens (Versteppung,
z.B. im W der USA) zu einem wirtsch. einschnei-
denden Faktor. Schädigend kann vermehrte E. auch
werden durch Veränderung der Vegetationsdecke
infolge Kahlschlages, übernormaler Nutzung u.a.

500 Jahre vor Christi Geburt verpflanzten die
Menschen die Edelkastanie aus Kleinasien
nach Griechenland und wenig später nach
Italien. Die Römer setzten am Fuss der Alpen
die ersten Kastanienbäume. Diese werden
20–30 m hoch und stehen 70–140 Jahre in
voller Pracht. Später werden sie meist hohl.

Es|chatologie [...*cha*...; *gr.-nlat.*]
die; -: Lehre von den Letzten
Dingen, d. h. vom Endschicksal
des einzelnen Menschen u. der
Welt.

kohärent [*lat.*]: zusammenhän-
gend; -es L i c h t: Lichtbündel
von gleicher Wellenlänge u.
Schwingungsart (Phys.). **Kohärenz** *die*; -: 1. Zusammenhang.
2. Eigenschaft von Lichtbündeln,
die gleiche Wellenlänge u.
Schwingungsart haben (Phys.).
Kohärenzfaktor *der*; -s, -en: die
durch räumliche Nachbarschaft,
Ähnlichkeit, Symmetrie o. ä.
Faktoren bewirkte Vereinigung
von Einzelempfindungen zu einem   Gestaltzusammenhang
(Psychol.). **Kohärenzprinzip** *das*;
-s: Grundsatz von dem Zusammenhang alles Seienden (Phi-
los.).

Der Kastanienkrebs wurde 1904 erstmals bei New York entdeckt. Sechs Jahre nach dem Auftreten waren 2% der Bäume abgestorben, nach 8 Jahren sogar 95%. Nach dem Krieg kam diese Krankheit zuerst nach Italien. Im Jahre 1948 trat eine ähnliche Krankheit erstmals im Tessin am Monte Ceneri auf. Hervorgerufen wird dieses Absterben des Baumes durch einen Pilz, den die Wissenschafter «endothia parasitica» nennen. Man sucht nach einem Bekämpfungsmittel. Doch ist dieser Seuche, die sich so hartnäckig verbreitet wie im Mittelalter die Pest, schwer beizukommen. Müssen wohl im Tessin alle Kastanienwälder verderben?

Zurzeit seiner Weltherrschaft legte Rom auch in diesen Gegenden militärische Kolonien an. Aus den römischen *Überresten* zu schließen, die der locarnesische Boden birgt, muß die Kolonie in Locarno eine sehr bedeutende gewesen sein. Sie bestand, wie aus verschiedenen Anzeichen hervorgeht, aus gedienten Kriegsleuten, Kohorten, die ihre strengen Tage hinter sich hatten.

Schlaganfall, Gehirnschlag, Hirnschlag, *Apoplexie*, eine plötzlich eintretende, meist mit Bewußtlosigkeit und Lähmungen, oft mit Sprachverlust *(Aphasie)* einhergehende Ausschaltung von mehr oder minder großen Hirnteilen. S. tritt meist ein durch Bersten eines Hirngefäßes **(Gehirnblutung)** infolge arteriosklerotischer Schädigung seiner Wand. Manchmal kommt es zu langsamer verlaufenden ‚Sickerblutungen'.

Die Krankheitszeichen des S. entstehen durch den Druck der ausgetretenen Blutmassen auf das Gehirngewebe. Die *Lähmungen* sind, wenn nicht lebenswichtige Bezirke (Atmungs- und Gefäßzentrum) oder zu große Hirnteile betroffen werden, oft in hohem Grade rückbildungsfähig. Auch plötzliche Verstopfungen von Blutadern *(Embolie)* können ähnliche Symptome hervorrufen. Die Lähmungen betreffen meist nur eine Körperhälfte *(Hemiplegie):* bei Blutungen in die linke Hirnhalbkugel die rechte Seite, beim rechtsseitigen Sitz die linke. Die gelähmten Gliedmaßen sind anfangs schlaff; sie gehen erst später in das krampfhafte (spastische) Stadium über.–

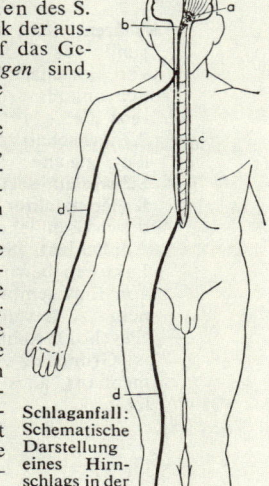

Schlaganfall: Schematische Darstellung eines Hirnschlags in der

Das Dorf steht unversehrt. Über den Bergen, hoch im blauen Himmel, zieht sich die weiße Spur der Verkehrsflugzeuge, die nicht zu hören sind. Duft von Lavendel und die Bienen, tagsüber wird es fast heiß, Sommer wie eh und je. Wo das Gemäuer besonnt ist, wimmelt es von Eidechsen, sie sonnen sich auf dem steinernen Fenstersims oder huschen lautlos an der Hausmauer hinauf und hinunter. Sie werden nie größer als Eidechsen. Manchmal ist eine Motorsäge zu hören, das schrille Kreischen, wenn die Säge sich in einen Stamm frißt, und kurz darauf, nachdem man irgendwo im Gehölz ein plötzliches Rauschen und den dumpfen Aufschlag eines gefällten Stammes gehört hat, wieder das Geknatter im Leerlauf. Viele Kastanien haben den Krebs. Die Feigen werden nicht reif, aber die Trauben. Wenn sie reif sind, knallen die Kastanien auf den Boden, so daß man erschrickt. Alles in allem ein stilles Tal. Ab und zu ist ein Helikopter zu hören und zeitweise zu sehen; ein Bündel von Balken pendelt an einem Drahtseil, irgendwo im Tal wird gebaut. Eine halbe Minute lang flattert sein Schall über dem Dorf, so daß man keine Stimme versteht; kaum ist er hinter dem Wald verschwunden, so ist Stille. Wie im Mittelalter. Minuten später knattert er zurück, jetzt in einem kürzeren Bogen, und holt eine nächste Ladung, eine Tonne voll Zement. Sonst ereignet sich wenig. Zwei Mal in der Woche fährt die blonde Metzgerin das ganze Tal hinauf und verkauft Fleisch und Würste aus ihrem Volkswagen. Alles in allem kein totes Tal; es gibt Schmetterlinge, es gibt Vipern, aber man sieht selten eine, und wo Menschen wohnen, gibt es Hühner. Die Turmuhr schlägt die Stunde zweifach für den Fall, daß jemand nicht genau gezählt hat. Im Oktober kommt es vor, daß auf den Höhen plötzlich der erste Schnee gefallen ist; wenn die Sonne scheint, schmilzt er in zwei bis drei Tagen. Die Gletscher, die sich einmal bis Mailand erstreckt haben, sind im Rückzug. Es gibt Schluchten, wo die Sonne im Winter nicht hinkommt; dort gibt es Eiszapfen wie Orgelpfeifen. Wo die Sonne hinkommt, kann man im Winter, wenn es nicht schneit, oft ohne Mantel gehen, so warm wird es über Mittag, obschon die Erde gefroren bleibt. Im Frühjahr blühen Kamelien und im Sommer sieht man da und dort ein Zelt, Leute baden im kalten Bach oder liegen auf den besonnten Felsen. Bund und Kanton tun alles, damit das Tal nicht ausstirbt; Post-Bus drei Mal täglich. Die Goldwäscherei in den Bächen hat sich nie gelohnt. Alles in allem ein grünes Tal, waldig wie zur Steinzeit. Ein Stausee ist nicht vorgesehen. Im August und im September, nachts, sind Sternschnuppen zu sehen oder man hört ein Käuzchen.

Nachweise

Die Heilige Schrift des Alten und Neuen Testaments. Zürich 1955. Seiten 1652, 1658, 1712

Giulio Rossi/Eligio Pometta, Geschichte des Kantons Tessin. Bern 1944. Seiten 1653, 1654

Giovanni Anastasi, Tessiner Leben. Zürich 1915. Seiten 1656, 1657, 1684

Piero Bianconi, Locarno. Zürich 1972. Seite 1659

J. Hardmeyer, Locarno und seine Täler. Zürich 1923. Seiten 1659, 1730

Der Lago Maggiore und seine Täler. Leipzig 1910. Seite 1659

Der Große Brockhaus. In zwölf Bänden. 16., völlig neubearbeitete Auflage. Wiesbaden 1953. Band I: Seiten 1673, 1674, 1716; Band II: Seite 1667; Band IV: Seiten 1660, 1673, 1675, 1698, 1713; Band V: Seite 1695; Band VII: Seiten 1686; Band VIII: Seiten 1692, 1693; Band IX: Seite 1695; Band X: Seite 1730

Locarno. Schweizer Wanderbuch 23. Bern 1969. Seiten 1678, 1684, 1710, 1729

Schweizer Lexikon in zwei Bänden. Zürich 1949. Seiten 1692, 1693

Die Welt in der wir leben. Zürich 1956. Seiten 1694, 1695

Rodney Steel, Die Dinosaurier. Wittenberg Lutherstadt 1970. Seiten 1714-1717

Konrad Bächinger, Tessin. Arbeitshefte für den Unterricht in Schweizer Geografie. St. Gallen 1970. Seiten 1729, 1730

Der Große Duden. Band 5: Fremdwörterbuch. Mannheim 1974. Seiten 1729, 1730

Nachwort

Nachwort

Volker Hage
»Man kann alles erzählen, nur nicht sein wirkliches Leben«

Über Max Frisch

Als ich ihn im September 1982 in Zürich besuchte, erzählte mir Max Frisch belustigt von einer Fehlleistung, die ihm unlängst unterlaufen sei. Er, der häufig auf der Straße angesprochen werde: »Sind Sie nicht Herr Frisch?«, sei von einem Passanten nach dem Weg zum Bahnhof gefragt worden – und da habe er automatisch geantwortet: »Ja, ja, ich bin's.« Solche Anekdoten liebte er, und er zeigte sich gern ein wenig irritiert angesichts seines Ruhmes und seiner Popularität. Der Erfolg nehme den Zweifel nicht weg, sagte er dann. Dennoch sei er froh darüber, daß seine Romane, Tagebücher und Theaterstücke existierten. »Zum Teil bin ich mit ihnen gewiß nicht glücklich. Aber sie sind wenigstens da«, sagte er, damals Anfang Siebzig, in der Rückschau. »Wenn ich mir vorstelle, es wäre nichts davon vorhanden – da wäre schon ein großes Loch!«[1]

Nicht selten sind Leseerfahrungen, die in der Jugend gemacht werden, besonders prägend, stiften ein anhaltendes Interesse am Werk eines Autors, und manchmal hält diese Zuneigung ein ganzes Leben lang vor. Für mich war Max Frisch dieser Autor und sein *Tagebuch 1946-1949* jenes Werk, das tiefen (heute würde man sagen: nachhaltigen) Eindruck auf mich gemacht hat. Noch Jahre nach der ersten Lektüre hielt ich manchmal Gedanken für meine eigenen, die ich später bei Frisch wiederfand, als ich erneut darin las. Dieses *Tagebuch 1946-1949*, das nicht besonders privat ist (über die Person des Autors ist darin nur recht wenig zu erfahren), war für Frisch eine wichtige frühe Positionsbestimmung als Schriftsteller. Hier hielt er Ideen und Entwürfe für spätere Arbeiten fest, formulierte seine Überlegungen zum Schreiben – ohne je abstrakt oder theoretisch zu werden.

Frisch zählte in der zweiten Hälfte des 20. Jahrhunderts zu den großen,

---

1 Gespräch des Autors mit Max Frisch am 30. August 1981 und 24. September 1982.

vielbeachteten europäischen Erzählern und Dramatikern. Das hatte man im Hinterkopf, wenn man seine Bücher damals las. Und als ich in den siebziger Jahren die ersten Literaturkritiken schrieb, hätte ich zu gern die damals neu erschienenen Frisch-Werke besprochen. Doch da hatten die arrivierten Kollegen stets die Hand drauf. So war es für mich ein glücklicher Umstand, daß ich 1981/82 mehrere längere Gespräche mit Frisch führen und ihn persönlich kennenlernen konnte; er zeigte mir in Zürich nicht nur das Max-Frisch-Archiv an der Eidgenössischen Technischen Hochschule, sondern suchte auch alte Fotos von sich heraus, ließ mich Briefe lesen und kopieren.[2]

In einem dieser Briefe schrieb er 1958 seinem damaligen Verleger Peter Suhrkamp über das acht Jahre zuvor publizierte Tagebuch: Es liefere für manches einen Schlüssel. »Es war ja damals ein keckes Unterfangen vor allem von Ihnen, dem deutschen Leser ungefähr als erstes ein Tagebuch vorzulegen; dementsprechend ist es denn auch übergangen worden, öfter zitiert als gelesen.«[3]

Das änderte sich bald: Das *Tagebuch 1946-1949* wurde immer stärker als eigenständiges literarisches Werk wahrgenommen – zitiert wird daraus von Germanisten freilich bis heute in der Absicht, Thesen über das Werk mit Selbstaussagen von Frisch zu belegen. Das ist kein Wunder. Denn Frisch hat hier früh einprägsame Formulierungen für seine Erfahrungen mit dem Schreiben gefunden (vieles davon findet sich unter dem häufig wiederkehrenden Stichwort »Zur Schriftstellerei«):

»Was wichtig ist: das Unsagbare, das Weiße zwischen den Worten, und immer reden diese Worte von den Nebensachen, die wir eigentlich nicht meinen. Unser Anliegen, das eigentliche, läßt sich bestenfalls umschreiben, und das heißt ganz wörtlich: man schreibt darum herum. Man umstellt es. Man gibt Aussagen, die nie unser eigentliches Erlebnis enthalten, das unsagbar bleibt; sie können es nur umgrenzen, möglichst nahe und genau, und das Eigentliche, das Unsagbare, erscheint bestenfalls als Spannung zwischen diesen Aussagen.« (S. 35)

Das war die Erfahrung, ein erstes Fazit seiner bisherigen Versuche als Schriftsteller, die er damals – 1946 – schon seit rund zwölf Jahren mit un-

2 Anlaß für diese Begegnungen war die Arbeit an der Rowohlt-Monographie über Max Frisch, die 1983 in erster Auflage erschien.
3 Max Frisch an Peter Suhrkamp, 16. 6. 1958 (Archiv der Peter Suhrkamp Stiftung, Frankfurt a. M.).

terschiedlicher Intensität und schwankendem Erfolg betrieb. Er griff diesen Gedanken immer wieder auf, variierte ihn im Tagebuch: »Jedes Erlebnis bleibt im Grunde unsäglich, solange wir hoffen, es ausdrücken zu können mit dem wirklichen Beispiel, das uns betroffen hat. Ausdrücken kann
mich nur das Beispiel, das mir so ferne ist wie dem Zuhörer: nämlich das
erfundene. Vermitteln kann wesentlich nur das Erdichtete, das Verwandelte, das Umgestaltete, das Gestaltete – weswegen auch das künstlerische
Versagen stets mit einem Gefühl von erstickender Einsamkeit verbunden
ist.« Gleich anschließend heißt es übrigens in dieser Notiz aus der Nachkriegszeit (verfaßt 1949 auf der Insel Sylt) übergangslos: »Wanderung nach
List, Wanderdünen, zurück über die Vogelkoje, überall trifft man auf Anlagen der deutschen Luftwaffe.« (S. 317)

Das ist typisch für die damals schon von Frisch praktizierte Leichtigkeit
nicht nur im Umgang mit theoretischen Betrachtungen: Gedanken sind
hier vermischt mit Alltagsnotizen, eingebunden in Situationen, die der
Autor erlebt oder erlebt hat. Dieses Tagebuch ist ein leserfreundlich kom-
poniertes Erzählwerk, ein unterhaltsames Mosaik aus Reisenotiz, Selbst-
reflexion, Lebensklugheit und Probebühne für kommende Werke. Aber
immer wieder kommt Frisch auf die Schriftstellerei zurück, die er erst viele
Jahre später zu seinem Hauptberuf machen sollte: »Indem man es nicht
verschweigt, sondern aufschreibt, bekennt man sich zu seinem Denken,
das bestenfalls für den Augenblick und für den Standort stimmt, da es
sich erzeugt. Man rechnet nicht mit der Hoffnung, daß man übermorgen,
wenn man das Gegenteil denkt, klüger sei. Man ist, was man ist. Man hält
die Feder hin, wie eine Nadel in der Erdbebenwarte, und eigentlich sind
nicht wir es, die schreiben; sondern wir werden geschrieben. Schreiben
heißt: sich selber lesen.« (S. 20)

Und ebenfalls oft zitiert, gewissermaßen ein Ohrwurm für Frisch-Ken-
ner (eine von vielen Erkenntnissen, die er später in seinem Roman *Stiller*
noch ausbauen sollte): »In gewissem Grad sind wir wirklich das Wesen,
das die andern in uns hineinsehen, Freunde wie Feinde [...]. Und umgekehrt! auch wir sind die Verfasser der andern; wir sind auf eine heimliche
und unentrinnbare Weise verantwortlich für das Gesicht, das sie uns zeigen, verantwortlich nicht für ihre Anlage, aber für die Ausschöpfung dieser Anlage.« (S. 29) Die große Ausnahme von dieser Regel ist für Frisch
die Liebe, ja definiert die Liebe geradezu: »Die Liebe befreit es [das lange
Bekannte] aus jeglichem Bildnis. Das ist das Erregende, das Abenteuer-

liche, das eigentlich Spannende, daß wir mit den Menschen, die wir lieben, nicht fertigwerden: weil wir sie lieben; solang wir sie lieben.« (S. 27) Entsprechend ist auch von Eifersucht, der »Angst vor dem Vergleich«, mehrfach die Rede. Einer der Kernsätze lautet: »Nur in der Eifersucht vergessen wir zuweilen, daß Liebe nicht zu fordern ist, daß auch unsere eigene Liebe, oder was wir so nennen, aufhört, ernsthaft zu sein, sobald wir daraus einen Anspruch ableiten . . .« (S. 325 f.) Das sind Sätze, die offenbar besonders einen jugendlichen Leser berühren.

Bisweilen bleiben aber besonders die aphoristisch knappen Notizen hängen, auch wenn sie vielleicht erst viel später einleuchten: »Wer eine Überzeugung hat, wird mit allem fertig. Überzeugungen sind der beste Schutz vor dem Lebendig-Wahren.« (S. 238) Und verblüffend ist aus heutiger Perspektive die Hellsichtigkeit mancher Beobachtung. Etwa die folgende Anmerkung zur politischen Nachkriegssituation (aus dem Jahr 1948): »Die Teilung Deutschlands, seit Kriegsende vorhanden, ist nun verkündet und vollstreckt – es liest sich wie die Exposition eines Dramas.« (S. 210)

Und es finden sich manche Hinweise auf den »Hang zum Skizzenhaften« in der Kunst (S. 96, 98 f.), auf eine Form, die Frisch hier für sich entdeckt hatte und im *Tagebuch 1946-1949* erstmals brillant nutzte – jenem Buch, das sein Hauptwerk eröffnete. Wie ein Eingangstor steht es am Anfang. Der Autor hatte zuvor schon Romane und Theaterstücke veröffentlicht, doch schien ihm das meiste davon später nicht mehr akzeptabel. Sein kleiner Roman *Antwort aus der Stille* (1937) mißfiel ihm im Rückblick derart, daß er eine Aufnahme in die 1976 – aus Anlaß seines 65. Geburtstags – veröffentlichte mehrbändige Ausgabe *Gesammelte Werke in zeitlicher Folge* ablehnte. Gnädiger verfuhr er mit seinem Debütroman *Jürg Reinhart* (1934), den er Jahre später in den ersten umfangreichen Roman *J'adore ce qui me brûle oder Die Schwierigen* (1943) eingearbeitet hatte. Ein bis heute faszinierendes Prosastück von Frisch erschien 1945: *Bin oder Die Reise nach Peking*. In den Jahren 1945 bis 1949 hatten außerdem vier Theaterstücke Premiere[4] – eine Karriere als Schriftsteller zeichnete sich ab, und sie sollte außerordentlich erfolgreich verlaufen.

4 1945: *Nun singen sie wieder*; 1946: *Santa Cruz* und *Die Chinesische Mauer*; 1949: *Als der Kriege zu Ende war.*

Lebenslauf (1): Ein Student auf Reisen

Max Frisch wurde am 15. Mai 1911 in Zürich geboren. Sein Vater hatte einen Beruf, den der Sohn später selbst einige Jahre ausüben sollte: Er war Architekt, mußte allerdings während des Ersten Weltkriegs und danach als Grundstücksmakler sein Geld verdienen. Die Mutter hatte als Kindermädchen im zaristischen Rußland gearbeitet und erzählte Max gern davon, ihm, dem jüngsten von drei Kindern (es gab eine Halbschwester aus erster Ehe des Vaters und einen Bruder).

In einer ersten autobiographischen Skizze – wiederum im *Tagebuch 1946-1949* – schrieb Frisch 1948 über seine Herkunft: »Unser Name ist nicht schweizerischen Ursprungs. Ein Großvater, der als junger Sattler einwanderte, brachte ihn aus der österreichischen Nachbarschaft; in Zürich, wo es ihm anscheinend gefiel, heiratete er eine Hiesige, Naegeli mit Namen, Tochter einfacher Leute. Auch der mütterliche Stamm ist vermischt; dort war es ein Urgroßvater, der von Württemberg kam, namens Wildermuth, und schon mit seinem Sohn, meinem Großvater also, fing es an: er nannte sich Maler, trug eine erhebliche Krawatte, weit kühner als seine Zeichnungen und Gemälde; der heiratete dann eine Baslerin namens Schulthess, die nie ganz hat vergessen können, daß ihre Familie einmal eine eigene Droschke besessen hat, und leitete die Kunstgewerbeschule unsrer Stadt.« (S. 212 f.)

Frisch besuchte bis 1930 ein Realgymnasium in Zürich und begann dann ein Germanistikstudium; 1931 veröffentlichte er seinen ersten Artikel in der *Neuen Zürcher Zeitung* (NZZ). Nachdem im März 1932 überraschend sein Vater gestorben war (mit Anfang sechzig), mußte Frisch das Studium abbrechen. Er versuchte nun, sich von journalistischer Arbeit zu ernähren. Immerhin gelang es ihm – mit »hermesgelenkter Keckheit«, wie er später formulierte[5] –, den Auftrag für eine Reise ins Ausland zu bekommen, eine Reise, die sich zu einer halbjährigen Rundtour durch Osteuropa ausweitete. Unterwegs schrieb er eine Vielzahl von Reportagen, die auch größtenteils publiziert wurden, und sammelte gleichzeitig Stoff für den ersten Roman.

Während dieser Reise faßte er außerdem zuversichtlich den Entschluß,

---

5 Gespräch des Autors mit Max Frisch am 12. März 1982.

fortan ganz vom Schreiben leben zu wollen, und teilte das im Juli 1933 seiner Mutter in einem ausführlichen Brief mit – in konsequenter Kleinschreibung, wie es sich offenbar für einen angehenden Schriftsteller schickte. Er habe sich unterwegs »das vertrauen auf mein können« erarbeitet und wisse nun, »was ich kann und was ich nicht kann«, auch, »dass man letztlich in seinem tun einsam ist und restlos angewiesen auf sein eigenes gewissen«.[6]

Im April 1935 reiste er zum ersten Mal nach Deutschland, dem selbsternannten ›Dritten Reich‹. Auch über diese Reise schrieb er für die NZZ. Es war nicht zuletzt seine Liebesbeziehung mit Käte Rubensohn, einer aus Deutschland stammenden Jüdin, die ihn auf seiner Reise besonders aufmerksam für den Antisemitismus machte, der auch im Alltag immer sichtbarer wurde.

Mehr als hundert Briefe an Käte Rubensohn sind erhalten, bislang aber nicht veröffentlicht worden. Nur auszugsweise sind sie bekannt, wenn auch nicht im Schriftbild.[7] Die erste Deutschlandreise kündigte der junge Journalist seiner Freundin mit folgenden Worten an: Er wolle »friedliche« Impressionen sammeln, »natürlich nichts Scharfes.« Schon im Jahr zuvor hatte der politisch ungeübte Beobachter Käte Rubensohn in einem Brief erklärt: »Wir haben weder für noch gegen Deutschland zu sein« – um dann hinzuzufügen, »gerade dies« begreife der durchschnittliche Deutsche nicht (»in seinem Wahn, daß Deutschland die Welt bedeute«), und das bringe den Schweizern »den irrtümlichen Vorwurf einer Deutschfeindlichkeit« ein[8].

Gar so friedlich fielen die Reiseeindrücke im Bericht für die NZZ dann allerdings doch nicht aus. Vor allem die in einer Berliner Ausstellung besonders offen demonstrierte Schmähung der Juden machte es Frisch schwer, wie er schrieb, »über diesem dritten Reich das ewige Deutschland nicht zu vergessen«. Er riet den Nazis, »nach jenem notwendigen Zurückdämmen die Rassenfrage nicht länger auf die Spitze zu treiben«[9] – schon das wiederum eine reichlich mißverständliche Formulierung.

6 Max Frisch, »*Im übrigen bin ich immer völlig allein*«. *Briefwechsel mit der Mutter 1933*. Hrsg. von Walter Obschlager. Frankfurt a. M. 2000, S. 112, 114.

7 Urs Bircher hat in der von ihm verfaßten Biographie *Max Frisch 1911-1955* aus diesen Briefen einiges zitiert; ihm wurden die Passagen bei laufendem Tonband allerdings nur vorgelesen.

8 Zit. nach Urs Bircher: *Max Frisch 1911-1955. Vom langsamen Wachsen eines Zorns*. Zürich 1997, S. 60, 64.

9 Max Frisch: *Kleines Tagebuch einer Deutschen Reise*. In: M. F.: *Gesammelte Werke in zeitlicher Folge (GW)*. Hrsg. von Hans Mayer. Bd. 1. Frankfurt a. M. 1976, S. 91.

Auch in Liebesdingen wollte Frisch sich nicht recht festlegen. Seiner Freundin umschrieb der 23jährige Autor in blumigen Worten, daß sie auf ihn als Partner besser nicht bauen solle: »Ich glaube an das Mysterium des Lebens, ich glaube an die Gewalt der Liebe und der Untreue, ich glaube an das schmerzlich Unberechenbare unseres Tuns.« Die »bürgerliche Heirat«? Für ihn damals der »größte Witz, den sich die Menschen erlauben«[10]. Die beiden verband – so Frischs spätere Auskunft – eine Studentenliebe ohne »auch nur die heimliche Versuchung zu einer Untreue« (S. 1621), eine Liebe, die gut vier Jahre währte. Käte Rubensohn wollte von Frisch, der es ihr dann doch vorschlug, nicht geheiratet werden, jedenfalls nicht aus strategischen Gründen oder gar aus Mitleid – nur damit sie in der Schweiz bleiben könne. Sie studierte auch ohne ihn weiter in Basel und wurde dort Lehrerin.

Frisch sollte viele Jahre danach nicht nur der Romanfigur Hanna aus *Homo faber* einige Züge Kätes verleihen, sondern seine »jüdische Braut« (S. 1545), Jahrgang 1914, auch gelegentlich in autobiographischen Texten erwähnen, wie etwa in der Erzählung *Montauk*, in der er das gemeinsame »Liebestun« als »anfängerhaft-kenntnislos-romantisch« (S. 1621) beschrieb. In diesem Zusammenhang wird auch eine Szene im Badischen Bahnhof in Basel geschildert (Frisch datierte sie auf das Jahr 1937), als er seine Freundin zum Zug nach Berlin bringen wollte, wo ihre Eltern wohnten. Ein deutscher Beamter hielt die beiden auf und sagte zu Frisch, der als Berufsbezeichnung stolz »Journalist« angegeben hatte: »Und diese Jüdin liefert Ihnen also die Greuelgeschichten!« (S. 1620)

Erst nach dem Krieg kam Frisch wieder nach Deutschland, im Frühjahr 1946. Es kam ein Autor deutscher Sprache, der den Zweiten Weltkrieg aus unmittelbarer Nachbarschaft verfolgt hatte: »Wir hörten die Bomber, wenn sie in der Nacht nach München flogen, nach Ulm, Welle um Welle: wenn die Kinder wieder eingeschlafen waren, kamen sie zurück, und wenn wir nichts hatten, so hatten wir mindestens eines, was uns niemand absprechen kann: Angst. Und das heißt Ahnung. Wir hatten sie schon, als Warschau in Schutt und Asche sank.«[11] In diesen Worten, die er 1946 in München notierte, auf seiner ersten Deutschlandreise nach elf Jahren, faßte Frisch für die Münchener *Neue Zeitung* seine Erinnerungen zusammen – und zitierte, was er den Deutschen entgegenhielt, wenn sie ihm mit Selbst-

10 Zit. nach Bircher, *Max Frisch*, S. 73.
11 Max Frisch: *Das Schlaraffenland, die Schweiz*. In: M. F., *GW*, Bd. 2, S. 314.

mitleid begegneten und ihn als Schweizer beneideten. Die Schweiz, ein
Schlaraffenland? Jeder gesunde Schweizer habe immerhin Bunker und Gräben bauen müssen, schrieb Frisch, man »hatte seine fünfhundert oder tausend Diensttage, und das ist nichts im Vergleich mit dem deutschen Soldaten, ich weiß: aber viel, wenn man überhaupt nicht erobern will, sondern
arbeiten möchte und leben«.[12] Seit zwei Wochen sei er nun in München
und das einzig Überraschende für ihn eigentlich, »wieviele Deutsche, wenn
man mit ihnen spricht, überrascht sind von einem Elend, das schon seit
sieben Jahren in der Welt ist und länger.«[13]

Es war ihm wichtig, sich vom Bild des Elends nicht erdrücken zu lassen, angesichts der Trümmer in den deutschen Städten nicht die Maßstäbe zu verlieren. Zwei Jahre später – aus Anlaß einer Reise nach Polen –
schrieb er seinem deutschen Verleger Peter Suhrkamp, »daß unsere Beschäftigung mit Deutschland, das uns am nächsten vor Augen steht, unfruchtbar wird, irreal oder sogar sentimental, wenn man nicht aus den
andern Ländern, die der deutschen Eroberung zum Opfer fielen, ebenso
persönliche Eindrücke hat«. Was er nicht wollte, so hatte er sich auch schon
zu Beginn seiner Deutschlandreise 1946 vorgenommen, sei ein Mitleid,
»das alles Denken über Bord wirft und nichts verändert, Mitleid, das Millionen von anderen Opfern vergißt und verrät und preisgibt«. Gleichzeitig fürchtete Frisch offenbar eine zu starke, zu abweisende Distanz gegenüber den deutschen Kümmernissen. Er verspürte in sich das »Unbehagen
des Verschonten«. Das eigentlich Erschreckende seien nicht die Ruinen,
notierte er während seines Besuchs in München, »sondern unsere Gewöhnung daran«.[14]

Frisch machte sich noch nach der Reise Gedanken darüber, ob es unmenschlich sei, »wenn man von einem Menschen erwartet, daß er über
seine eigenen Ruinen hinaussehe« (S. 39) – so zu finden in seinem *Tagebuch 1946-1949*. Er brachte Notizen von fotografischer Genauigkeit mit
nach Hause und ließ dabei sich selbst und seine Rolle als Beobachter nicht
aus – wie etwa in dem Eintrag »Frankfurt, Mai 1946«: »Eine Tafel zeigt,
wo das Goethehaus stand. Daß man nicht mehr auf dem alten Straßenboden geht, entscheidet den Eindruck: die Ruinen stehen nicht, sondern

12 Ebd.
13 Ebd., S. 312.
14 Max Frisch: *Jetzt ist Sehenszeit. Briefe, Notate, Dokumente 1943-1963*. Hrsg. und mit
   einem Nachwort von Julian Schütt. Frankfurt a. M. 1998, S. 220, 25, 22, 24.

versinken in ihrem eigenen Schutt, und oft erinnert es mich an die heimatlichen Berge, schmale Ziegenwege führen über die Hügel von Geröll, und
was noch steht, sind die bizarren Türme eines verwitterten Grates; einmal
eine Abortröhre, die in den blauen Himmel ragt, drei Anschlüsse zeigen,
wo die Stockwerke waren. So stapft man umher, die Hände in den Hosentaschen, weiß eigentlich nicht, wohin man schauen soll.« (S. 32)

Auf der Reise durch Deutschland im Frühjahr 1946 begleitete ihn stets
das Bewußtsein, »daß alles, was man denkt, nicht stimmt«; irritiert nahm
er seine »Angst vor jeder Aussage« wahr: Im Grunde sei alles, was man
in diesen Tagen aufschreibe, nichts als »eine verzweifelte Notwehr« (S. 33).
Grausam waren die Details, die er in Gesprächen erzählt bekam, etwa von
dem siebzehnjährigen Mädchen, das ihm zwei Stunden lang von den Bom-
bennächten in Düsseldorf berichtete und, noch während sie später mit
dem damals 35 Jahre alten Besucher aus der Schweiz tanzte, zwanghaft
weitersprach: »Von dem Kinderbein, das aus dem Schutt heraushing, man
faßte es, zog es hervor und warf die Kleine auf den Wagen, der die Leichen
sammelte; da schreit sie, zum Glück.«[15]

Nicht alle diese Notizen, die er erstmals im Juni 1946 in einer Schweizer Zeitschrift publizierte, nahm Frisch später in sein *Tagebuch 1946-1949*
auf, viele Passagen ließ er aus oder verknappte sie, darunter auch höchst
eindrucksvolle Szenen. Der Grund war, wie er Jahrzehnte später mitteilte,
ganz einfach. Er war damals davon überzeugt gewesen, das, was er beschrieb, sei ohnehin für jeden sichtbar: »Das wußte man ja alles.«[16] Und
schon während des Krieges war sich Frisch unsicher, wie er die permanenten Luftangriffe gegen deutsche Städte einzuschätzen hatte. Anfang 1944
schrieb er in einem Brief an seine Mutter, es bleibe für ihn schwer zu sagen, was widerlicher sei, »die Rhetorik eines Goebbels oder die arithme-
tischen Bombenmeldungen der Alliierten«. Und später in München, April
1946, notierte er die – erst postum publizierte – Formulierung: Man stehe
vor der gräßlichen Frage, »ob es ohne Ruinen gegangen wäre, ohne diese
täglichen u. bleibenden Denkmäler der Niederlage«. Wenn man zerstörte
Dome und gleichzeitig unbeschädigte Brücken sehe, könne man daran
zweifeln, ob das wirklich der einzige und der nächste Weg zum Sieg gewesen sei.[17]

15 Ebd., S. 42 f.
16 Gespräch des Autors mit Max Frisch am 24. September 1982.
17 Frisch, *Sehenszeit*, S. 15, 23, 31.

Frisch etablierte gerade in der Nachkriegszeit eine enge Beziehung zu Deutschland. Dies erwies sich als weitsichtig, auch wenn es gewiß nicht kalkuliert war: Denn ohne die Erfolge bei deutschen Kritikern und beim deutschen Publikum wäre die Schriftstellerkarriere wahrscheinlich nicht so reibungslos und bestimmt nicht so glanzvoll verlaufen. Zunächst war es ein Erfolg auf den Bühnen. Besonders das Theaterstück *Als der Krieg zu Ende war*, das im Januar 1949 in Zürich Premiere hatte, wurde auch und gerade in Deutschland lebhaft diskutiert. Fünf Jahre später kam der erste bedeutende Roman heraus.

Die Grenzen literarischen Erzählens

Ein Mann sitzt im Gefängnis und behauptet, nicht der zu sein, für den man ihn hält. »Ich bin nicht Stiller!« (S. 361) – so lautet der erste Satz des Romans *Stiller*, mit dem Max Frisch 1954 der internationale Durchbruch als Erzähler gelang. Was macht diesen Grundeinfall so ergiebig? Der erste Satz ist zugleich wahr und falsch. Falsch ist er, weil die im Roman ausgebreiteten Fakten erweisen: Der Mann, der sich als Mr. White ausgibt und auch über einen entsprechenden Paß verfügt, ist tatsächlich identisch mit jenem Anatol Ludwig Stiller, der die Schweiz vor Jahren verlassen und als vermißt gegolten hat. Wahr ist dieser Satz, weil Stiller in seinen Augen nicht derjenige ist oder sein will, den die Mitwelt in ihm sieht, für den die anderen ihn halten. Um dem Bild zu entfliehen, das die anderen sich von ihm gemacht haben, hat er sich eine neue Identität zugelegt. Sie umhüllt ihn wie einen Schutzmantel, den er mit Fleiß, Geschick und reichlich Phantasie ausgepolstert hat.

Stiller geht dabei wie ein Schriftsteller vor: Er erfindet sich eine Geschichte, um seine eigene besser verbergen zu können. Denn der erste Satz kann auch so gedeutet werden: Max Frisch ist nicht Stiller, das Autor-Ich nicht identisch mit dem Ich im Roman – ein Spiel, wie es Frisch liebte.[18] Lange Zeit bleibt der unvorbelastete Leser im unklaren darüber, ob es sich nicht vielleicht doch ganz einfach um eine Verwechslung handelt. Hat der Mann, der bis zur Klärung seiner Identität in einem Schweizer Gefäng-

---

18 Vgl. Max Frisch: *Schwarzes Quadrat. Zwei Poetikvorlesungen.* Hrsg. von Daniel de Vin unter Mitarbeit von Walter Obschlager. Mit einem Nachwort von Peter Bichsel. Frankfurt a. M. 2008, S. 31.

nis sitzt, nicht einfach recht? Täuschen sich seine Besucher, die ihn wiederzuerkennen glauben? Denn alle sehen in ihm ja niemand anderen als Stiller, allen voran seine von ihm verlassene Ehefrau Julika (oder wie Stiller schreibt: »die Dame aus Paris, die sich für meine Gattin hält«). Schon bald wandelt er den ersten Satz seiner Tagebuchnotizen, die den ersten Teil des Romans ausmachen, leicht ab: »Ich bin nicht ihr Stiller«, heißt es nun (S. 395). Eine feine Nuance. Weiterhin beteuert er tapfer seine Identität als Mr. White, auch wenn immer mehr Indizien dagegensprechen. Bald aber kann er mit seinen Abenteuergeschichten nur noch den Gefängniswärter überzeugen und unterhalten (er bietet immerhin beste Kolportage).

»Erzählung: aber wie?«, hatte Frisch wenige Jahre vor Erscheinen des Romans *Stiller* in seinem Tagebuch gefragt (S. 97). Läßt sich ein Leben überhaupt noch erzählen? Das war zu Beginn der fünfziger Jahre in theoretischen Debatten eine häufig gestellte Frage.[19] Frisch gab mit *Stiller* eine so überzeugende wie verblüffende Antwort, die seinen Roman in den Zusammenhang mit anderen Werken der literarischen Moderne rückt. Ja, ein Leben läßt sich durchaus noch erzählen, zum Beispiel indem der Ich-Erzähler vorgibt, es nicht zu erzählen. Das ist die so paradoxe wie tragfähige Konstruktion, die *Stiller* zu einem der raffinierteren Werke der neueren Literatur macht.

Geduldig nämlich notiert sich der angebliche Mr. White Bruchstücke aus dem Leben jenes Stiller, der er partout nicht sein möchte, Mosaiksteinchen, die ihm die Besucher, Freunde und Bekannte Stillers, zur Auffrischung des Gedächtnisses vorlegen. Mit anderen Worten: Stiller (denn er ist es ja im bürokratischen Sinne) erzählt seine Geschichte als die eines anderen, als eine ihm angeblich völlig fremde und ferne. Nur so kann er sein Leben zu Papier bringen: unter Leugnung der Tatsache, daß es sich um sein eigenes handelt. Und die Wunschbiographie liefert er gleich mit: das abenteuerliche Leben des Mr. White, das sich aus erlebten (Stiller war im Ausland, in den USA) und phantasierten Szenen zusammensetzt, aus »Geflunker« (S. 395).

Doch jenseits dieser Problematik modernen Erzählens und der sich daraus entwickelnden komplexen Grundstruktur: *Stiller* ist auch ein unter-

---

19 So schrieb Theodor W. Adorno 1954, als *Stiller* erschien: »Zerfallen ist die Identität der Erfahrung, das in sich kontinuierliche und artikulierte Leben, das die Haltung des Erzählers einzig gestattet.« – Theodor W. Adorno: *Noten zur Literatur I*. Frankfurt a. M. 1958 (= bs 47), S. 62.

haltsamer, streckenweise komischer Roman. Oft genug führt das, was sich aus den sturen und trotzigen Behauptungen von White/Stiller ergibt, zu höchst amüsanten Szenen. Der Roman hat im Grunde auch die Form eines Krimis: Da ist einer verschwunden und taucht als ein anderer wieder auf. Zeugen müssen nun sein Leben rekonstruieren, um den Fall aufzuklären.

Mehr als fünfzig Jahre nach Erscheinen des Romans, nach einer Vielzahl von Interpretationen und Deutungen lohnt sich eine möglichst unbefangene Lektüre immer noch. Stets wird betont, es gehe um die Frage der Identität. Ja, gewiß; doch handelt es sich auch um die Geschichte eines Geheimnisses, um die Abwandlung des Doppelgängermotivs, um einen Abenteuer- und Künstlerroman (Stiller hat früher als Bildhauer gearbeitet) und vor allem: um eine hinreißende und traurige Liebes- und Ehegeschichte. Nicht nur die vergangene Verbindung zwischen Stiller und seiner Julika wird wiederaufgerollt, sondern es ergibt sich eine neue, erneuerte Beziehung. Sie bleibt so problematisch wie die erste. Präzise gibt der Roman das Psychogramm einer strukturell gestörten Liebesbeziehung.

»Weiß ich es denn selbst, wer ich bin?« so fragt sich Stiller stellvertretend für viele. »Das ist die erschreckende Erfahrung dieser Untersuchungshaft: ich habe keine Sprache für meine Wirklichkeit!« (S. 425) Mit Märchen und Geschichten versucht er die Mitwelt von sich abzulenken, und zugleich gibt er damit Hinweise, wie er vielleicht gern gesehen werden würde, als ein ganz anderer. Schließlich resigniert er. »Man kann alles erzählen, nur nicht sein wirkliches Leben« (S. 408), stellt er fest – und das ist ein mehrdeutiger Satz. Vielleicht bedeutet er, wie es Frisch ja früher schon formuliert hat, man könne, was man erlebt hat, nicht mit dem »wirklichen Beispiel« ausdrücken. Vielleicht bedeutet er auch, man dürfe den anderen alles mögliche erzählen, nur eben nichts von seinen Träumen, von seinem nichtgelebten Leben. Davon wollen sie nichts hören, die Gefährten, die Stiller/White seiner Überzeugung nach zwingen, so zu bleiben, wie sie ihn sehen wollen, »sie, die vorgeben, mich zu kennen, sie, die sich als meine Freunde bezeichnen und nimmer gestatten, daß ich mich wandle [. . .].« (S. 408)

Man fordert die Wahrheit von ihm, nichts als die Wahrheit. Der Roman macht deutlich, daß diese Wahrheit so einfach nicht zu haben ist, besser: daß es sie gar nicht geben kann. An keiner Stelle – zumindest im ersten Teil – wird behauptet: genau so war es. Was über Stiller zu erfahren ist, bleibt eine Behauptung der anderen, und mag es noch so plausibel erscheinen. Stiller zitiert und referiert nur. Er gibt nur preis, was die anderen über ihn sagen, es kann stimmen oder nicht. Als Stiller seine Weigerung, Stiller zu sein, nach außen hin aufgibt, bricht auch sein Tagebuch ab (er wird aus der Untersuchungshaft entlassen). Die Fortsetzung der Geschichte besorgt – im zweiten Teil – der Staatsanwalt. Stiller und er sind im Laufe der Zeit Freunde geworden, obgleich oder vielleicht sogar weil die Ehefrau des Staatsanwalts einst eine Geliebte des Bildhauers gewesen ist; eine der unaufdringlichen Pointen, an denen der Roman reich ist.

Im Gespräch erzählte Frisch, daß er den Roman *Stiller* rasch aufs Papier gebracht habe, nachdem er einen unter vielen Zweifeln während eines USA-Aufenthalts 1951 geschriebenen Roman endgültig aufgegeben hatte und nun als Steinbruch nutzen konnte. Als ihm viele nach Erscheinen des Buches sagten, der Kern von *Stiller* sei doch das Identitätsproblem, da sei er überrascht gewesen. »Sie haben recht!« habe er dann gedacht. »Das Wort ›Identität‹ ist während der Zeit der Arbeit wie gelöscht gewesen.«[20]

Nun aber – 1954 – genoß Frisch die wohlwollende Aufnahme und ernsthafte Diskussion seines Romans. Allerdings trieb ihn auch schon die Sorge um, seinem Ruf zu schaden, indem etwa alte Arbeiten von ihm auf den Markt geworfen würden. Denn noch im selben Jahr kam eine Anfrage von »rororo«, der damals noch recht neuen Taschenbuchreihe des Rowohlt-Verlags. Man wollte gerne seinen elf Jahre alten Roman *J'adore ce qui me brûle oder Die Schwierigen* übernehmen. »Diese Ro-Ro-Ro-Sache ist fein, ist verlockend«, schrieb Frisch im Dezember 1954 diplomatisch dem Verleger des Atlantis-Verlags, Martin Hürlimann, der die Rechte besaß. Dennoch bat er Hürlimann dringend, von der Sache abzusehen (die Lizenzvergabe hätte dem Verlag einiges Geld eingebracht): »Wir wissen es beide: dieser Frisch hat jetzt in Deutschland eine gute Presse (was mich übrigens freut, weil diese unerwartete Zustimmung nicht auf Mißdeutung beruht und nicht auf Cliquen-Zwang). Und nun liegt es für gewisse Leute auf der Hand: Ran an diesen Mann! Ich erlebe es bereits da und dort; es ist etwas komisch. Sie geben mir nun alle die Chance, mich zu versauen.«[21] Frisch schlug dem Verleger vor, Rowohlt doch andere, bessere Romane aus seinem Programm anzubieten, was natürlich ein scheinheiliges Argument war. Zwar verdankte er dem Atlantis-Verlag und seinem Verleger viel und

20 Gespräch des Autors mit Max Frisch am 30. August 1981.
21 Max Frisch an Martin Hürlimann, 21. 12. 1954 (Max Frisch-Archiv, Zürich).

wußte das auch, doch seit dem *Tagebuch 1946-1949* war er Suhrkamp-Autor und hatte keine Absichten, zu seinem alten Verlag zurückzukehren.

Der Erfolg mit *Stiller* brachte aber noch ein weiteres Problem für den Autor mit sich: Wie weiter? Drei Jahre später, 1957, erschien der Roman *Homo faber*, Untertitel: *Ein Bericht*. Nach der komplexen Struktur des *Stiller* ein verblüffend einfacher Beginn: Ein Flugpassagier erzählt knapp und spannend von einer Notlandung in der Wüste. Ein Unterhaltungsroman? So will es zunächst aussehen. Doch der Ingenieur Walter Faber hat mit dem Bildhauer Stiller mehr Ähnlichkeit, als es auf den ersten Blick scheinen mag. Auch er wird genötigt, sich mit Dingen auseinanderzusetzen, die er nicht wahrhaben will. Faber hält sich für einen rationalen, aufgeklärten Menschen, dem man nichts vormachen kann, und die Welt für berechenbar. Und was sich nicht berechnen läßt, das weist er weit von sich – oder versucht es jedenfalls, in Wahrheit fasziniert von der Gefühls- und Erlebniswelt, von geheimnisvollen Fügungen und Schicksalsmächten. Frisch setzt auch hier ein erzähltechnisch höchst raffiniertes Spiel in Gang: Wie ein alter Meister beschreibt er Landschaft und Natur anschaulich und bildkräftig, um im selben Atemzug diese Darstellungsweise zu unterlaufen. Sein Medium ist Faber, den er nach der gelungenen Notlandung sagen läßt: »Ich habe mich schon oft gefragt, was die Leute eigentlich meinen, wenn sie von Erlebnis reden. Ich bin Techniker und gewohnt, die Dinge zu sehen, wie sie sind. Ich sehe alles, wovon sie reden, sehr genau; ich bin ja nicht blind. Ich sehe den Mond über der Wüste von Tamaulipas – klarer als je, mag sein, aber eine errechenbare Masse, die um unseren Planeten kreist, eine Sache der Gravitation, interessant, aber wieso ein Erlebnis?« (S. 735)

Homo faber ist nicht nur der Bericht über einen Techniker, der von Zahlen und Statistiken besessen ist, sondern vor allem ein Roman über das Schreiben im technischen Zeitalter. Die Hauptfigur mag von Frisch als Prototyp des modernen zivilen Menschen angelegt worden sein, sie ist doch immer auch vorgeschobenes Alter ego des Schriftstellers. Fabers Zurückhaltung, Gefühle und Empfindungen zu äußern, soll seinen Typus charakterisieren, zugleich aber steht sie stellvertretend für die im *Stiller* schon berührte Problematik des Erzählens. Wozu braucht es überhaupt noch Phantasie in einer Zeit, da man sich zum Interkontinentalflug in die Lüfte erheben kann?

Ausgerechnet Faber, der kühle Kopf, wird in einen Strudel schicksals-

trächtiger Ereignisse und Begegnungen hineingezogen. Er, der nur in der
Gegenwart leben möchte, wird durch die mächtige Regie des Zufalls mit
der eigenen Vergangenheit konfrontiert. Er trifft auf den Bruder eines
alten Freundes, reist mit ihm – einer Laune folgend – in den Urwald, um
den Freund auf einer Plantage zu besuchen. Man findet ihn tot: Er hat
kurz zuvor Selbstmord begangen. Faber wird aus der Lebensroutine geworfen. Statt wie geplant mit dem Flugzeug nach Europa zu einer geschäftlichen Besprechung zu reisen, wählt er aus einem plötzlichen Impuls heraus die Schiffspassage. Er verlangsamt sein Lebenstempo. Auf dem Schiff
fasziniert ihn eine junge Frau, Elisabeth. Sie ist, wie sich herausstellt, das
Kind einer Jugendfreundin, die später den gerade tot aufgefundenen Freund
Fabers geheiratet hat. Überraschende Koinzidenz, sagt sich der Ingenieur,
statistisch unwahrscheinlich, aber möglich. Er, der keine Gespenster sehen will, sieht indes nicht die ganze Wahrheit: Elisabeth ist seine eigene
Tochter. Als es ihm dämmert, ist sie bereits seine Geliebte. Deren Mutter, Hanna, war von Faber der Karriere wegen verlassen worden. Daß sie
schwanger war, wußte er, doch war verabredet, das Kind abtreiben zu lassen. Das ist nicht geschehen, und so wird der Inzest zwischen Tochter
und einem Vater möglich, der überhaupt nicht wußte, daß er Vater ist.

Der Mann, der alles für berechenbar hält und dann mit einem Urgesetz
der Zivilisation in Konflikt kommt: das ist eine so gewaltige wie gewagte
Konstruktion. Frisch hält die Balance, indem er das Unwahrscheinliche
seiner Geschichte dramaturgisch nutzbar macht: Schicksal bzw. Zufall
werden zum Drehpunkt der Erzählung. Faber kann sich zunächst über
die Realität und sich selbst täuschen, weil er allein an das statistisch Wahrscheinliche glaubt und alle Ahnungen abtut. Er nimmt so auch mögliche
Bedenken seiner Leser vorweg. Zudem hat Frisch der Geschichte, die so
einfach, fast trivial beginnt, eine zunehmend komplexe Struktur gegeben.
Der Roman besteht aus Fabers Niederschriften – drei an der Zahl –, wobei
die letzten beiden ineinander verzahnt sind.

Der erste Teil umfaßt die Zeit von der Notlandung in der Wüste – mit
Erinnerungen an die dreißiger Jahre – bis zum Tod von Elisabeth in Griechenland. Dieser Tod ist die Folge eines Unfalls, an dem Faber, der mit ihr
reist, nur mittelbar die Schuld trägt. Elisabeth ist von einer Schlange gebissen worden: Als Faber ihr helfen will, weicht sie vor ihm zurück, stürzt
und erleidet eine Schädelverletzung, die später im Krankenhaus übersehen
wird. Wie einst Eva, die von der Schlange den Apfel erhielt, ist auch

Elisabeth vom Stand der Unschuld in den der Erkenntnis versetzt worden – so läßt sich diese Episode wohl verstehen. Sie ahnt die unselige Ver-
strickung, doch zur Gewißheit kann diese Ahnung nicht mehr werden, da
sie das Bewußtsein nicht wiedergewinnt. Im Krankenhaus trifft Faber mit
Hanna zusammen, von der er definitiv erfährt, daß Elisabeth ihr gemeinsames Kind ist. Er reist ab, versucht sich in seiner Arbeit zu vergraben.

Parallel zu seinem Bericht, der mehr als drei Viertel des Romans ausmacht und im Stil einer Rechtfertigung gehalten ist (er habe von nichts
wissen können), beginnt Faber ein Tagebuch, das seine hektische Flucht
vor sich selbst und seinem Schicksal durch die Welt dokumentiert. Stationen innerhalb weniger Wochen sind Paris, New York, Venezuela und Kuba.
Doch dieser homo faber, dieser Mann der Technik (der lateinische Ausdruck kann auch der »kunstfertige« oder »künstliche« Mensch bedeuten)
hat seine Bezugspunkte, seine Sicherheit verloren. Walter Faber kehrt noch
einmal nach Griechenland zurück, nun selber todkrank. Seine Notizen aus
dem Krankenhaus (sie sind im zweiten Teil des Buches kursiv wiedergegeben, um ihren handschriftlichen Charakter zu betonen) deuten an, daß
er vielleicht fähig gewesen wäre, Lehren für sein Leben zu ziehen. Dazu
kommt es nicht mehr. Sein Tagebuch bricht kurz vor einer nötig gewor-
denen Operation ab. Der letale Ausgang wird nicht explizit gemacht, liegt
aber nahe.

Zuvor hat er eine »Verfügung für den Todesfall« formuliert: »Alle Zeugnisse von mir wie Berichte, Briefe, Ringheftchen, sollen vernichtet werden, es stimmt nichts.« (S. 886) Der Roman, der im selbstgewissen Tonfall eines Rechenschaftsberichts beginnt, endet mit seiner vollständigen
Rücknahme. Eine eindeutige Perspektive, an die sich der Leser halten
könnte, gibt es in *Homo faber* sowenig wie in *Stiller*. Der Ingenieur Faber
ist als Chronist nicht verläßlich, er verändert seine Sicht auf die Dinge –
und ist doch der einzige, der berichtet. Während Stiller seine eigene Geschichte nur als eine ungewisse und die eines Fremden vortragen kann,
da er sie und sich nicht akzeptieren will, ist Faber zunächst in der Lage,
über sein Leben problemlos Auskunft zu geben: Denn so, wie er sich selbst
sieht, ist es ihm recht. Erst als die Zweifel kommen, zerfällt auch sein Bericht mehr und mehr. Die beiden Romane stehen in einem engen Zusammenhang.

Der scheiternde Faber ist seinem Autor wohl doch etwas näher, als die
Mehrzahl der Interpreten bis heute wahrhaben will. Die Sprache des Inge-

nieurs – so nüchtern sie sich gibt – nimmt verblüffend häufig jenen Tonfall an, der Frischs Schreiben vor allem im ersten Tagebuch prägt. Um Rollenprosa handelt es sich dennoch nicht. Vielleicht ist diese Unentschiedenheit auch ein Grund dafür, daß der Roman, den Volker Schlöndorff 1991 verfilmte, formal nicht ganz so überzeugt wie sein grandioser Vorgänger *Stiller*. Die Konstruktion mag einleuchtend und in sich stimmig sein, doch liegt ihr nicht einer jener fesselnden Einfälle zugrunde, die vom ersten Satz eine zwingend erscheinende Geschichte entwickeln.

Ganz anders der Roman *Mein Name sei Gantenbein*, der 1964 erschien und von seiner Konzeption her einzigartig ist. Darin gibt es nicht einmal mehr die Andeutung einer zusammenhängenden Geschichte. Der Roman ist zweifellos Frischs vertracktestes und faszinierendstes Buch. Hier wird die Erzählproblematik auf die Spitze getrieben. Und es kommt dabei heraus: ein Werk, das die Frage nach Möglichkeiten und Voraussetzungen kohärenten Erzählens bis in eine Struktur hinein aufnimmt und gleichzeitig höchst spannenden Lesestoff bietet. Wie kaum ein Buch dieser Jahre nimmt *Mein Name sei Gantenbein* die Erneuerungslust in der Romanliteratur der sechziger Jahre auf und bleibt zugleich nicht im Experiment stecken.

Frisch hat diesem Buch – ganz untypisch für ihn – einige theoretische Anmerkungen vorausgeschickt: 1960, als er mit ersten Entwürfen beschäftigt war, veröffentlichte er einen kurzen Text unter dem Titel *Unsere Gier nach Geschichten*. Darin heißt es: »Man kann die Wahrheit nicht erzählen. Das ist's. Die Wahrheit ist keine Geschichte, sie hat nicht Anfang und Ende, sie ist einfach da oder nicht, sie ist ein Riß durch die Welt unseres Wahns, eine Erfindung, aber keine Geschichte. Alle Geschichten sind erfunden, Spiele der Einbildung, Entwürfe der Erfahrung, Bilder, wahr nur als Bilder. Jeder Mensch, nicht nur der Dichter, erfindet seine Geschichten – nur daß er sie, im Gegensatz zum Dichter, für sein Leben hält – anders bekommen wir unsere Erlebnismuster, unsere Ich-Erfahrung, nicht zu Gesicht.«[22]

Frisch nahm damit Erkenntnisse der Gehirnforschung vorweg, die vier Jahrzehnte später zeigen sollten, daß Menschen dazu neigen, ihre eigene Vita von Zeit zu Zeit einer Revision zu unterziehen, um ihrem Leben »den Anschein der Integrität, der Kohärenz, der Vollständigkeit« zu ge-

---

22 Max Frisch: *Unsere Gier nach Geschichten*. In: M. F., *GW*, Bd. 4, S. 263.

ben.[23] Sie basteln sich auf diese Weise einen »persönlichen Mythos«, der sich aus Erlebtem, Erwünschtem und Erfundenem zusammensetzt.[24]

Die erste Fassung des Romans war 1963 fertig und trug noch den Titel *Lila oder Ich bin blind*. Es dauerte noch gut ein Jahr, bis der Roman *Mein Name sei Gantenbein* zur Veröffentlichung reif war. In einem fiktiven Selbstinterview bediente Frisch das Publikum erneut mit erklärenden Hinweisen: »Die Person ist eine Summe von verschiedenen Möglichkeiten, meine ich, eine nicht unbeschränkte Summe, aber eine Summe, die über die Biographie hinausgeht. Erst die Varianten zeigen die Konstante.«[25]

Mein Name sei Gantenbein ist ein Roman solcher Varianten. Er enthält Geschichten, die sich als Entwürfe präsentieren, Geschichten, die sich ergänzen, widersprechen, gegenseitig beleuchten oder revidieren. Einen sicheren Standpunkt gibt es hier noch weniger als in den beiden Romanen zuvor. Alles fließt, findet seine Mitte allein in der Anschaulichkeit der Episoden. Die Plausibilität der einzelnen Mosaiksteinchen ist das Fundament, auf das der Leser bauen kann, auch wenn sich die Einzelteile partout nicht zu einer Fabel zusammenfügen wollen.

Da ist die Geschichte eines Mannes, der vorgibt, blind zu sein. Am Beginn dieses Phantasie- und Gedankenexperiments – wie sieht man die Welt, wenn die anderen nicht wissen, daß man sie sieht? – ereignet sich ein Unfall. Dann heißt es:

»Eines Morgens wird der Verband gelöst, und er sieht, daß er sieht, aber schweigt; er sagt es nicht, daß er sieht, niemand und nie.

Ich stelle mir vor:

Sein Leben fortan, indem er den Blinden spielt auch unter vier Augen, sein Umgang mit Menschen, die nicht wissen, daß er sie sieht, seine gesellschaftlichen Möglichkeiten, seine beruflichen Möglichkeiten dadurch, daß er nie sagt, was er sieht, ein Leben als Spiel, seine Freiheit kraft seines Geheimnisses usw.

Sein Name sei Gantenbein.« (S. 905)

Die tastende Erzählhaltung, das Skizzenhafte (als wäre alles nur ein Ent-

23 John Kotre: *Weiße Handschuhe. Wie das Gedächtnis Lebensgeschichten schreibt*. Aus dem Englischen von Hartmut Schickert. München 1996, S. 219.

24 Harald Welzer: *Das kommunikative Gedächtnis. Eine Theorie der Erinnerung*. München 2002, S. 205.

25 Max Frisch: *Ich schreibe für Leser. Antworten auf vorgestellte Fragen*. In: M. F., *GW*, Bd. 5, S. 327.

wurf), der kalkulierte Einsatz von Absätzen: das alles ist charakteristisch für dieses Buch. Alle Geschichten werden so oder ähnlich vorgestellt und durchgeführt: als Spekulation, Erfindung, Möglichkeitsform. Ideen werden durchgespielt. Der Leser wird immer wieder mit der Nase darauf gestoßen, daß er sich im Bereich der Fiktion befindet. »Ich probiere Geschichten an wie Kleider!« heißt ein Schlüsselsatz (S. 906). Und immer wieder: »Ich stelle mir vor.«

Gantenbein, der sich blind stellt, bleibt nicht allein. Andere Männerfiguren treten hinzu: Enderlin, Svoboda. Eine Frau taucht auf: die Schauspielerin Lila. Aber ihre Identität scheint wandelbar, und auch ihre Beziehung zu den drei Männern ist nicht eindeutig festgelegt. Gantenbein spielt zumeist die Rolle des Ehemannes, Enderlein die des Geliebten, Svoboda ist der ehemalige Ehemann. Doch nichts ist hier gewiß, kann es nicht sein, weil das Erzähl-Ich sich die Masken greift, wie es ihm gerade paßt. Nur in die Rolle der Frau schlüpft der Erzähler nie, auch nicht versuchsweise. Kein einziges Mal erhält Lila das Wort, immer wird sie wird aus der Perspektive des Mannes gesehen: egal ob durch die Brille des Geliebten oder des angeblich blinden Ehemanns. Ein Verwirrspiel von höchstem Reiz und mit verblüffenden Effekten.

Die Konstante aller Varianten: Die anscheinend nicht zu überwindende Kluft zwischen Mann und Frau. Darum kreisen diese Geschichten, Märchen und Erzählungen: um Eifersucht, Ehe, Untreue, Glück und Trauer. Frisch vermag diese heiklen – weil zur Trivialität drängenden – Sujets aufzugreifen, ohne daß sie ihm zum Klischee verkommen. Einige Seiten über die Ehe etwa sind ein Feuerwerk an Beobachtungsgabe und Darstellungskraft. So fesselt der Roman nicht allein durch seine außergewöhnliche Konzeption, sondern ebenso durch seine hellsichtigen Anmerkungen zu einem allzeit aktuellen Thema. Kein Mann kann gegenüber einer einzelnen Frau alle Rollen durchspielen, die ihm möglich wären. Er kann nicht zugleich mit ihr verheiratet und derjenige sein, mit dem sie den Ehemann betrügt; er kann nicht sowohl Lebenspartner wie Verflossener sein. Und doch gehören alle Spielformen zur Rolle des Mannes: Varianten eines Musters.

Der Wunsch, einer geliebten Frau in jeder denkbaren Form zu begegnen, ist nur im Reich der Phantasie erfüllbar. Was hier an der Liebe exemplifiziert wird, gilt für das Leben generell: Niemand kann – ein so banaler wie weitreichender Gedanke – Alternativen parallel leben. Das ist nur möglich im Traum oder eben in der Fiktion: im Roman. Hier kann ein Mann nach einer Liebesnacht sowohl das nächste Flugzeug nehmen als auch bei der Geliebten bleiben. In *Mein Name sei Gantenbein* existieren die sich gegenseitig ausschließenden Alternativen über mehrere Seiten gleichzeitig – ein Lehrstück, Poesie gewordene Lebensphilosophie. Das Fazit: Was man auch macht, es ist nur ein Teil des Lebens, »und den andern Teil muß ich mir vorstellen;« denn: »Der nämlich bleibt, stellt sich vor, er wäre geflogen, und der nämlich fliegt, stellt sich vor, er wäre geblieben, und was er wirklich erlebt, so oder so, ist der Riß, der durch seine Person geht.« (S. 998)

Die Liebe, das Leben, die Vergänglichkeit: es sind große Themen, die Frisch immer wieder aufgreift. Und er bewältigt sie, indem er stets aufs neue Rahmen und Formen erfindet, die einen fremden Blick auf die vertrauten Sujets erlauben: hier das Spiel mit den Möglichkeiten, den Varianten. Die Keimzelle des Romans ist – wie der Gefängnisaufenthalt in *Stiller*, der Inzest in *Homo faber* – eine schicksalhafte Konstellation: jene vom blinden Seher oder sehenden Blinden. Hat man die Konstruktion des *Gantenbein*-Romans erst einmal erfaßt, so zeigt sich schnell, daß sie alles andere als beliebig oder gar konfus ist. Gegen Schluß sagt der Ich-Erzähler von sich: »Ich bin blind. Ich weiß es nicht immer, aber manchmal.« Blind? Jedenfalls seiner Lebensgeschichte gegenüber. Er vermag sich selbst nicht zu erkennen. Gantenbein, seine Erfindung, ist die Umkehrung: Er sieht, weil er vorgibt, blind zu sein. In den Spiegelungen, Phantasien und Kontrastgeschichten verstellt sich das chimärenhafte Ich des Romans, um sich doch zugleich zu enttarnen. Am Ende fragt sich der Erzähler, »ob die Geschichten, die ich mir vorstellen kann, nicht doch mein Leben sind« (S. 1157). Sie sind es, weil er anders über sich nicht reden kann (und natürlich in jenem Sinn, daß die Träume zu unserem Leben gehören und dessen angemessener Ausdruck sein können).

Am Schluß des Romans kehrt auch eine Szene mit dem Ich-Erzähler wieder, die zum erstenmal schon sehr früh im Buch, fast unauffällig, auftaucht. Zunächst kann man sie als eine von vielen Geschichten verstehen, nun plötzlich erweist sie sich als Schlüsselszene: Ein Mann sitzt in einer verlassenen Wohnung allein. Es ist die Wohnung, in der er mit einer Frau gelebt hat: »Ich hocke noch immer in Mantel und Mütze, Hände in den Hosentaschen. Es riecht nach Staub und Bodenwichse. Von den Personen, die hier dereinst gelebt haben, steht fest: eine männlich, eine weiblich.« (S. 903) Er will das Scheitern begreifen, aber er vermag es nicht an seinem eigenen Beispiel. Er beginnt jene Geschichten zu phantasieren, die den Roman ausmachen. Über dieses Paar erfährt der Leser nichts, einzig in der Summe aller Episoden und Varianten liegt irgendwo auch die ausgesparte Geschichte verborgen. Noch konsequenter als in *Stiller* wird hier in der Form einer Verweigerung erzählt. Die eigentliche Geschichte ist nicht aufzufinden, auch nicht zusammenzusetzen oder zu rekonstruieren. Sie ist nicht erzählbar, und dennoch ist sie da. *Mein Name sei Gantenbein* ist ein Vorstoß an die Grenzen literarischen Erzählens. Ein Fortschreiten war, wollte man erprobte Muster nicht einfach wiederholen, schwer vorstellbar. Max Frisch schrieb danach keinen Roman mehr.

Lebenslauf (2): Fragile Freundschaften

Mit diesen drei vieldiskutierten und auch beim Publikum erfolgreichen Romanen zählte Max Frisch endgültig zu den Großen der deutschsprachigen Gegenwartsliteratur – ein Erzähler, der in den knapp zehn Jahren zwischen 1954 und 1964 gleichzeitig als Theaterautor Furore gemacht hatte. Nach einem Achtungserfolg mit dem Stück *Graf Öderland* (1955) wurden die beiden politischen Parabeln *Biedermann und die Brandstifter* (1958) und *Andorra* (1961) wahre Bühnenhits und schon bald auch Unterrichtsstoff an den Schulen.

Der Weg zum Erfolgsautor verlief allerdings keineswegs so geradlinig, wie es den Anschein haben mag. Der junge Frisch nämlich hatte nur fünf Jahre nachdem 1931 sein erster Zeitungsartikel erschienen war, den Glauben daran verloren, sich mit Schreiben ernähren zu können: 1936 begann er in Zürich ein Architekturstudium. Die Aufnahme dieses Studiums war allerdings nicht als Abkehr von der Schriftstellerei gedacht, wie die Legende es will (an der Frisch gern mitgestrickt hat). Im Gegenteil: Frisch hoffte, daß sich beides ergänzen würde, wie er im März 1936 an seine damalige Freundin Käte Rubensohn schrieb, die ihn zu dem neuen Studium ermuntert hatte: Die Architektur, die er »in engster Verbindung mit dem Leben« sah, würde »gewiß gerade für mein Schreiben, das ich auf keinen Fall preisgeben wollte, eine Bereicherung bedeuten«.[26]

---

26 Zit. nach Bircher, *Max Frisch*, S. 72.

Sie bedeutete zumindest ein sicheres Einkommen, zumal der junge Architekt (Frisch hatte 1940 sein Diplom erworben) bald schon einen wichtigen Wettbewerb für sich entscheiden konnte: 1943 erhielt er den Zuschlag für den Bau eines großen Schwimmbads in Zürich. Frisch war inzwischen verheiratet und gerade Vater geworden. Nun konnte er sich selbständig machen und ein eigenes Architekturbüro gründen. Der Baubeginn zögerte sich dann allerdings bis 1947 hinaus.

Einen »ehrlichen Beruf« bescheinigte ihm jedenfalls Bertolt Brecht, als Frisch den berühmten Schriftstellerkollegen 1948 über die Baustelle des Zürcher Letzigraben-Bades führte; oben auf dem Zehnmeter-Turm sagte er noch, wie Frisch sich später erinnerte: »Alle Achtung, Frisch, alle Achtung!« (S. 1185) Doch der auf diese Weise Ermunterte wäre lieber als Autor gelobt worden. Der Wunsch, nur noch zu schreiben, wurde bald übermächtig. Nachdem er 1951 mehrere Monate ohne die Familie in den USA verbracht und dort erste Fassungen jenes Romans geschrieben hatte, aus dem später einmal *Stiller* erwachsen sollte, kehrte er verwandelt und entschlossen in die Schweiz zurück: Der Vater von mittlerweile drei Kindern trennte sich 1954 von seiner Frau und löste im Jahr darauf auch sein Architekturbüro auf. Er wollte nun ganz als Schriftsteller leben, von Kollegen anerkannt und beachtet werden.

Einer, an dessen Anerkennung und Beachtung Frisch lange Zeit lag, war der zweite ehrgeizige und hoffnungsvolle Schweizer Schriftsteller jener Jahre, Friedrich Dürrenmatt. Mit ihm verband Frisch über Jahrzehnte eine äußerst wechselvolle Beziehung. Frisch war es, der im Januar 1947 den Kontakt aufnahm: »Verehrter Herr Fritz Dürrenmatt!« begann er seinen Brief.[27] Der als Theaterautor damals schon einigermaßen bekannte Frisch schrieb dem Debütanten zu seinem ersten Theaterstück: Er sei begeistert und wolle dem Jüngeren gern den Weg zur Bühne ebnen.

Dürrenmatt antwortete postwendend (»Sehr geehrter Herr Frisch«), hocherfreut darüber, daß »ein Dichter von so unbestrittener Substanz und Können« ihm die Hand reiche.[28] Fast gleichzeitig schrieb er allerdings dem Germanisten Walter Muschg in einem Brief: »Frisch verstehe ich nicht.«[29] Und auch Frisch ließ – sogar öffentlich – schon früh Irritation erkennen.

---

27 Max Frisch / Friedrich Dürrenmatt: *Briefwechsel*. Hrsg. und mit einem Essay von Peter Rüedi. Zürich 1998, S. 95.
28 Ebd., S. 97.
29 Ebd., S. 175.

Er sei, trotz der »Bewunderung für eine dichterische Kraft«, nicht sicher, ob er die Dichtung von Dürrenmatt »in ihrem wesentlichen Anliegen begreife«.[30]

So blieb es im Grunde über Jahre: Die beiden bemühten sich um eine intensive Arbeitsfreundschaft, schickten einander Manuskripte und Entwürfe, versuchten sich als Kritiker auf Gegenseitigkeit und kamen sogar häufig zum Gedankenaustausch zusammen, verreisten sogar gemeinsam – doch viel lernen konnten sie voneinander offenbar nicht. Ihr gegenseitiges Lob war selten ohne Widerhaken. Im März 1949 beglückwünschte Frisch den anderen zu einem neuen Stück (*Romulus der Große*), doch fand er am vierten Akt einiges auszusetzen. Der Ulk sei darin »mehr wurstig als kühn«, Dürrenmatt begnüge sich an entscheidenden Stellen »fast mit Gymnasiastenscherzen«.[31] Der andere antwortete leicht pikiert, die Einwände müsse er wohl auf sich sitzen lassen: »Sie überzeugen mich irgendwo, und anderseits habe ich das Gefühl, daß Sie mit ihren Pfeilen ein anderes Ziel suchen als das von mir gewählte.«[32]

Bald darauf konnte Dürrenmatt den Kritiker spielen. Frisch hatte ihm im Sommer 1949 eine Fassung des Stücks *Graf Öderland* geschickt, und der zum Kommentar Ermunterte (»Sie werden ganz offen sein, hoffe ich«) reagierte mit einer seitenlangen und schonungslosen Analyse. Schmerzhafter noch als dieser interne Mängelbericht traf Frisch die als Verriß empfundene, in der *Weltwoche* veröffentlichte Aufführungskritik Dürrenmatts – in einem Brief war er eifrig bemüht, das Gefühl des Vertrauensbruchs zu verbergen. Der andere spürte die Gefahr (inzwischen war man per Du) und antwortete sofort: Er bedaure, das Positive nicht deutlicher gezeigt zu haben.

Danach hatte Dürrenmatt immer mehr Probleme, Frisch gegenüber Stellung zu beziehen. Eine versprochene Kritik zum Roman *Stiller* wollte und wollte nicht fertig werden, sie blieb am Ende Fragment. Drei Anläufe unternahm er 1961, um Frisch zum 50. Geburtstag zu gratulieren und ihm etwas Freundliches zum neuen Theaterstück *Andorra* zu schreiben – es wurde jedesmal eine Ablehnung des Dramas daraus, und offenbar wurde keiner der Entwürfe je abgeschickt.

---

30 Max Frisch: *Dürrenmatt. Es steht geschrieben. Einführung zu einer Lesung von Friedrich Dürrenmatt im Zunfthaus Zur Meise, Zürich 1947.* In: M. F., *Sehenszeit*, S. 172.
31 Frisch/Dürenmatt, *Briefwechsel*, S. 104.
32 Ebd., S. 105.

Frisch und Dürrenmatt waren Anfang der sechziger Jahre weit über die Schweizer Grenzen hinaus bekannt, ihre Theaterstücke wurden viel gespielt – Frisch hatte zudem als Romancier großen Erfolg. Beide waren sich überraschend einig in einem Punkt: Der strahlende Aufgang ihres »Doppelgestirns« (so Dürrenmatt in einem Interview 1990) besonders im Nachkriegsdeutschland hatte nicht zuletzt damit zu tun, daß sie »in eine Lücke, in ein Vakuum hineingerieten«, wie Dürrenmatt es später formulierte: »In den Schubladen der sogenannten Schubladendichter in Deutschland war leider nicht besonders viel drin.«[33] So ähnlich äußerte sich auch Frisch im Gespräch: »Weil nach dem Krieg die meisten Deutschen noch in den Gefangenenlagern waren oder gerade erst zurückkamen, war das Feld frei, und wir wurden trotz unseres Altersunterschieds einfach zusammengehängt.«[34] Sie waren die Dramatiker, die aus der Schweiz kamen: aus einem damals von vielen Deutschen bewunderten und beneideten, scheinbar unbelasteten Land.

Gemeinsam hatten sie es geschafft, und nun gefiel ihnen diese Gemeinsamkeit nicht länger. »Jeder war der Schatten des anderen«, sagte Frisch 1982 im Rückblick. »Das hat uns beide verdrossen.« Die Animositäten häuften sich. Aber schon im März 1950 hatte sich Dürrenmatt nach einem Gespräch mit Frisch – über das Schreiben von Tagebüchern – die Notiz gemacht: »Was habe ich mit diesem Menschen gemeinsam? Ich verleugne mich so viel, wenn ich mit ihm rede.«[35] Und im Interview sagte er später Sätze von bitterer Ironie, so 1977: »Ich genieße ja den Vorteil, nicht so in Mode zu sein wie Frisch.« Oder ernsthafter (1979): »Frisch ist ein Repräsentant der heutigen Gesellschaft, und ich bin viel eher der Einzelgänger.« Und sichtlich um Abgrenzung bemüht (1985): »Was interessieren mich Eheprobleme? Das kann ich auch bei Frisch oder Tolstoi nachlesen. [...] Aber ich brauche eine Frau nicht, um sie darzustellen und somit auszubeuten.« Und in einem der letzten Interviews resümierend: »Wir stellten einmal am schweizerischen Schriftstellerhimmel ein Doppelgestirn dar. Heute haben wir uns auseinandergelebt. [...] Private Schwierigkeiten soll

---

33 Friedrich Dürrenmatt: *Gespräche 1961-1990 in vier Bänden*. Hrsg. von Heinz Ludwig Arnold. Zürich 1996, Bd. 4, S. 192, u. Bd. 1, S. 201.
34 Gespräch des Autors mit Max Frisch am 24. September 1982.
35 Zit. nach Peter Rüedi: *Fast eine Freundschaft*. In: Frisch/Dürrenmatt, *Briefwechsel*, S. 20.

man mit sich ausmachen. Der Frisch hatte immer viele Frauengeschichten, und jedesmal hat er geschworen, das sei seine letzte.«[36]

Nicht viel anders empfand offenbar Frisch das Verhältnis (»eine komische Freundschaft!«); er hatte sich schon Mitte der fünfziger Jahre notiert: Das Handwerksgespräch sei schwierig, »da meine Meinungen selten Gehör finden«. Dürrenmatt sei bisweilen »von einer imposanten Ungezogenheit«.[37]

Dennoch versuchten beide, die Freundschaft über Jahrzehnte aufrechtzuhalten, auch den Glauben an sie. Jeder dachte immer wieder über den anderen nach. Von Frisch gibt es mehrere ausführliche Skizzen und Porträtversuche, die Dürrenmatt umkreisen. Einmal ist gar die Rede von »Männerzärtlichkeit, die Zigarren anbietet und den allerbesten Wein aus dem Keller holt«.[38] Im Sommer 1969 notierte er sich diesen Satz über Dürrenmatt und veröffentlichte ihn später im Tagebuch: »Er braucht den Vorsprung, dann wird es großartig und gemütlich.« (S. 1368 f.) Nicht ganz ohne Bosheit auch der Satz: »Er bleibt der Gebende.« (S. 1369)

Im Herbst desselben Jahres setzte Frisch sich hin und schrieb einen grimmigen Brief: »Mein lieber Fritz. Ich weiß nicht, ob es Dir irgend jemand deutlich sagt: Du machst es nicht gut.« Dürrenmatt brauche Leute, so Frischs Fazit, die ihm blindlings ergeben sind, sonst fühle er sich verraten. Dabei sei er es, der »leichtfertig oder auch bösartig« seine Freunde verrate, »wenn Du mit ihnen nicht unter vier Augen bist«.[39] Abgeschickt wurde der Brief wahrscheinlich nicht. Und so blieb vieles zwischen den beiden unausgesprochen, blieb Entwurf, Fragment – Kommunikation, die regelmäßig ins Stocken geriet. »Ich muß gestehen, daß ich nie einen getreueren Kollegen gefunden habe als Max Frisch«, notierte sich andererseits Dürrenmatt 1973. Seit es zum Bruch gekommen sei (»aus Gründen, die ich nie gänzlich begriffen habe«), befinde er sich in einer »vollkommenen Einsamkeit«. Es folgt fast eine Liebeserklärung: »Frisch stellte sich zur Diskussion, sein Leben, seine Ehe – ich muß gestehen, daß ich ihn darum liebe, auch jetzt – als meinen dialektischen Gegensatz.«[40]

Ob sich Dürrenmatt über Frischs »Frauengeschichten« lustig macht

36 Dürrenmatt, *Gespräche*, Bd. 1, S. 127, 274; Bd. 2, S. 246; Bd. 4, S. 192.
37 Frisch, *Sehenszeit*, S. 186.
38 Ebd.
39 Frisch/Dürrenmatt, *Briefwechsel*, S. 160.
40 Zit. nach Rüedi, *Freundschaft*. In: Frisch/Dürrenmatt, *Briefwechsel*, S. 73.

oder darüber, daß dem anderen die eigene Person und die eigenen Probleme zum literarischen Thema wurden, sie waren Antipoden und blieben es.

Frisch hat die Entfremdung offenbar leichter genommen und wohl zum Teil auch als Befreiung erlebt. Das habe sich einfach »auf natürliche Weise aufgelöst«, sagte er 1982 im Gespräch: »Es war eine sehr gute Sache, auch sehr lustig und herausfordernd«; als angenehm habe er vor allem die frühe Zeit der Freundschaft in Erinnerung. Doch auch wenn Frisch einst der Initiator des Briefwechsels war, so erscheint er insgesamt in dieser Korrespondenz als zumeist zurückhaltender Partner, bisweilen wirkt er regelrecht matt.

Zum Eklat kam es an einem Abend im September 1978 in dem legendären Zürcher Restaurant *Kronenhalle*. Der Schriftsteller Friedrich Dürrenmatt, damals 57, schrieb seinem zehn Jahre älteren Kollegen Max Frisch eine freundlich gemeinte Widmung in ein neues Buch aus seiner Feder, einen Gruß an den »alten Kumpanen«. Der Beschenkte verschwand später heimlich, kehrte aber gegen Mitternacht lautstark und offenbar angetrunken zurück. Er habe mit seinem Anwalt gesprochen, »Kumpan« sei ein Wort aus der Verbrechersprache – dann, so wird es von einem Zeugen kolportiert, schmiß Frisch dem verdatterten Dürrenmatt das Buch hin und trat ab.[41]

Tage später entschuldigte er sich bei Dürrenmatt in einem anrührenden Brief dafür, »daß ich an dem Abend in der Kronenhalle durchgedreht habe«. Nicht nur der Cognac sei schuld gewesen, so Frisch: »Es häufen sich seit einiger Zeit bei mir die Fehlleistungen, zum Verzweifeln.«[42] Es war einer der letzten Briefe, die zwischen ihnen gewechselt wurden. Die Freundschaft war lange vorbei, und bis zu dem nahezu zeitgleichen Ableben im Dezember 1990 (Dürrenmatt kurz vor seinem 70. Geburtstag) und im April 1991 (Frisch kurz vor seinem 80.) herrschte zwischen beiden weitgehend Funkstille – von einem vergeblichen Anlauf im Mai 1986 abgesehen, als Dürrenmatt mit einem weisen und traurigen Resümee der gemeinsamen Beziehung noch einmal das Gespräch suchte: »Als einer, der so entschlossen wie Du seinen Fall zur Welt macht, bist Du mir, der ebenso hartnäckig die Welt zu seinem Fall macht, stets als Korrektur meines Schreibens vorgekommen.« Fast prophetisch sah der damals 65jährige

41 Vgl. Frisch/Dürrenmatt, *Briefwechsel*, S. 202.
42 Ebd., S. 163.

Dürrenmatt voraus: »Unser beider Rutschbahn, im Nichts endend, die wir noch hinunterzuschlittern haben, ist ungefähr gleich lang.«[43] Ein ergreifender, sorgsam ausgefeilter Brief – ein Geschenk an den verlorenen Freund, auf den Frisch nicht mehr geantwortet hat.

»Was gibt es eigentlich auszusöhnen?« fragte Frisch schon zehn Jahre vorher, 1976, einen anderen Kollegen, mit dem er eine ausführliche Korrespondenz pflegte: Uwe Johnson. Der antwortete ihm so zurückhaltend wie klug: Dürrenmatt sei doch in manchem das, »was wir Angelsachsen Ihre opposite number nennen würden, und da wollen mir die Störungen zwischen Ihnen vorkommen als eine Art Verschwendung«.[44] Ein schöner Gedanke. Er wurde vergebens mitgeteilt.

Zwischen Johnson und Frisch dagegen entwickelte sich eine belastbare Bindung auf Distanz. Es hatte zwar zunächst auch Verstimmungen gegeben, so nach einer Begegnung in Berlin 1964. Doch Johnson überwand sich und fing das geschickt in einem Brief auf – er sei »ungelenk« im Small talk. So gab er die Richtung vor, die Rollen waren verteilt. Mit dem um mehr als zwanzig Jahre jüngeren Johnson, dem »Internkenner meiner Schwierigkeiten« (Frisch im Gespräch 1982), fand sich nach einiger Zeit ein tragfähiger Umgangston. In dieser Korrespondenz zeigte sich der Schweizer von einer ganz anderen Seite: offen, ausdauernd, empfänglich für Rat und Anregungen.

Mühsal des Schreibens und des Alterns

Einer Belastungsprobe wurde die Beziehung zwischen Frisch und Johnson allerdings unterzogen, als der Schweizer Autor im Dezember 1970 von seinem damaligen Hauptwohnsitz in Berzona (Tessin) aus nach Berlin schrieb, um von dem »freundlichen (wenn ich sagen darf: freundschaftlichen) Angebot« Gebrauch zu machen, das Manuskript eines zweiten zur Veröffentlichung vorgesehenen Tagebuchs zu lesen und zu beurteilen: »Sie werden streng sein müssen, aber von Ihnen kann ich es annehmen. Auch vertraue ich auf Ihre bewährte Diskretion.« Schon im Januar 1971 schickte Johnson eine überaus sorgfältige Begutachtung in die Schweiz,

---

43 Ebd., S. 165 f.
44 Max Frisch/Uwe Johnson: *Der Briefwechsel 1964-1983*. Hrsg. von Eberhard Fahlke. Frankfurt a. M. 1999, S. 156, 158.

beigelegt 18 Seiten mit Anmerkungen, Kürzungsvorschlägen und Erweite-
rungswünschen. »Wenn Sie erlauben«, schrieb er, »ich möchte Sie zu dem
neuen Buch beglückwünschen.« Verständlicherweise äußerte er gleichzeitig die Befürchtung, der andere könnte seine vereinzelte Kritik als zu weitgehend, verfehlt oder unangemessen empfinden, die offenen Worte könnten am Ende gar ihre Beziehung gefährden (»Was erlaubt sich eigentlich
dieser junge Hund?«). Aber, so Johnson: »Ich konnte jeweils nur sagen,
was der Text von mir verlangt, im Ton des Lektors, zu dem Sie mich gemacht haben.« Dann setzte er noch handschriftlich hinzu: »Bitte, glauben Sie mir, dass alle meine Bemerkungen nur den einen Zweck verfolgen,
das Buch zu befördern, nie den, über das Buch seinen Verfasser zu kränken.«[45]

Und Frisch zeigte sich offen und dankbar für Kritik und Vorschläge,
denen er auch weitgehend folgte. »Sie sind der beste Lektor, den ich bisher
gehabt habe«, lobte er den jüngeren Kollegen, mit dem er auch zu gemeinsamer Arbeit am Manuskript zusammensaß – und er ließ es sich nicht
nehmen, »die Leistung großzügig zu honorieren«, wie es der Herausgeber
des Briefbands in seinem Nachwort formuliert.[46]

Das *Tagebuch 1966-1971* erschien 1972. Wieder, wie schon im ersten Tagebuch, stammen die Notizen, Zitate und Kommentare aus bewegter Zeit:
Der weltweite Protest der Studenten gegen den amerikanischen Krieg in
Vietnam prägte die Jahre nach 1966. Mit der Kulturrevolte ging auch eine
neue Infragestellung der Kunst einher: Sie sollte sich plötzlich legitimieren. Gerade in der Bundesrepublik, wo Frisch seine größten Erfolge hatte,
wurde die Literatur plötzlich attackiert. Dokumente sollten die Stelle von
Phantasie und Fiktion einnehmen. Es waren Autoren, die so sprachen,
nicht unbedingt die Leser.

Das *Tagebuch 1966-1971* wirkt zerrissener als sein Vorgänger. Das liegt
nicht allein an der äußeren Form, den vier unterschiedlichen Schrifttypen,
die Verwendung finden. Die Zerrissenheit kommt darin nur besonders
gut zum Ausdruck. Über das Privatleben von Frisch ist so wenig zu erfahren wie zwanzig Jahre zuvor. Dennoch: Sein Temperament bleibt hinter
der Montage dieser Erzählfragmente, Reiseskizzen und Zeitungszitate stets
spürbar. Und wieder ist es die fragende Haltung, die den Ton der Texte

45 Ebd., S. 15 ff.
46 Eberhard Fahlke: »*Sie haben es ja vernommen: Zürich braucht mich.*« In: Frisch/John-
son, *Briefwechsel*, S. 409, 415.

bestimmt. Zwei neue Formen werden eingeführt: der Fragebogen und das Selbstverhör. Sie umkreisen Themen wie Freundschaft, Frauen, Ehe, Geld, Heimat, Humor, fragen nach der literarischen Praxis und dem Verhältnis zur politisch motivierten Gewalt. Das alles geschieht unaufdringlich: Ein Angebot an den Leser, auch sich selbst zu befragen. Auffällig sind die Leerstellen und Aussparungen, sie führen nicht von den Gegenständen weg, sondern lenken die Aufmerksamkeit auf sie hin – eine Meisterleistung in der Kunst der Andeutung.

Von der Kritik wurde das Buch fast einhellig begrüßt. Nur vereinzelt war zu hören, der Autor stelle sich nicht den politischen Problemen seiner Zeit. Doch kaum jemals zuvor in seinen literarischen Werken hat Frisch so eindeutig Stellung bezogen. Freilich doziert und agitiert er nicht. Er stellt Widersprüche aus, weist auf Unvereinbarkeiten – und dies nicht mit dem erhobenen Zeigefinger, sondern in Nebensätzen, gelegentlich genügen drei Punkte, oft eine Frage.

Das *Tagebuch 1966-1971* zeigt Frisch auf einer neuen Höhe der Einblicknahme. Die Chefetagen und Salons der Mächtigen stehen ihm offen – zum Besuch. Ein Aphorismus belegt die Ironie, mit der er seine Rolle sieht: »Belletristik: Wenn es möglich ist, daß Leute, deren gesellschaftlicher Gegner man ist, sich unumwunden als Verehrer vorstellen.« (S. 1364) Das freilich ist mehr als nur ein Aperçu. Frisch ist hier durchaus am Kern seiner Selbstbefragung: Was hat den Erfolg möglich gemacht? Ist dieser Erfolg nicht auch Zeichen für künstlerische und politische Harmlosigkeit? In der Montage, im krassen und unkommentierten Nebeneinander von Nachricht und Beobachtung, erweist sich der Autor in diesem Buch als unbestechlicher Zeitgenosse. Auf eine Darstellung von Zeugenbefragungen über Kriegsverbrechen in Vietnam (nach einer amerikanischen Fernsehsendung) folgt ein Kapitel »Wall Street«. Wieder ein Besuch: »Ich habe es zum Schriftsteller gebracht, daher diese Einladung [...]. Lauter Herren treffen hier lauter Herren, eine intakte Welt, übrigens keine alten Herren, kein Dicker außer mir.« Und: »Wir speisen mit Pausen. Es wäre tolpatschig, Vietnam zu erwähnen.« (S. 1477 ff.) Was der rasche Blick für Resignation halten könnte, trägt im Kontext dieses Buches polemische Züge. Gewiß geht es wieder einmal um die Ohnmacht des Intellektuellen im Angesicht der Mächtigen, doch gleichzeitig porträtiert Frisch von innen heraus und mit unbestechlichem Blick das Selbstverständnis einer Elite. Porträts sind überhaupt die Glanzstücke dieses Tagebuchs, vor allem jene über Kollegen: Günter Grass, Ilja Ehrenburg, noch einmal – aus der Erinnerung und umfassender als im ersten Tagebuch – Bertolt Brecht. Theoretisches zu Literatur und Theater ist nur vereinzelt zu finden, auch die Zahl der Erzählungen und Prosaskizzen ist nicht groß. Ein Einfall jedoch durchzieht von 1967 an die Eintragungen wie ein roter Faden: die Fiktion eines Clubs der Alten, dessen Satzung den Mitgliedern den Selbstmord nahelegt, wenn sie gewisse Fähigkeiten aus Altersgründen nicht mehr vorweisen können. Diese Vision taucht zunächst ohne Titel, dann abwechselnd unter den Rubriken »Vereinigung Freitod« und »Notizen zu einem Handbuch für Mitglieder oder nur Handbuch für Mitglieder« auf: eine aberwitzige Fiktion, von Frisch mit viel Einfallsreichtum und Beobachtungsgabe ausgemalt, ein kleines Kompendium des Alterns.

In der Geschichte »Glück«, der schönsten des Buches, wird das Erzählen auf eine Ursituation zurückgeführt: als Beichte vor einem Fremden, hier stilgerecht im Eisenbahnabteil. Bruchstücke einer Offenbarung: Eifersucht, beinahe ein Mordversuch an der Geliebten. Ob das die ganze Geschichte sei, fragt das Gegenüber. Nein, sagt der Erzähler: »Wenn ich erzählen soll, muß ich alles von Anfang an erzählen.« (S. 1466) Aber da ist der Zug schon in den Bahnhof eingefahren. Es bleibt keine Zeit mehr für lange Geschichten: ironische Pointe und Abbruch. Biswweilen reicht auch eine kleine Skizze, Beobachtungen an einem Ehepaar während des Boccia-Spiels: Schon ist eine komplexe Paarbeziehung mit wenigen Worten meisterhaft umrissen. (S. 1275 f.)

Frisch war sich bei Erscheinen des Tagebuchs unsicher, ob die Arbeit gelungen war. Dem Maler und Schriftsteller Wolfgang Hildesheimer klagte er im Juni 1972 in einem Brief sein Leid: »Im Dezember, in New York, fehlte wenig, daß ich's auf 110 Seiten gekürzt hätte; von 600 Seiten. Man kann eine Blöße nicht kürzen; gekürzt habe ich den Mut zur Blöße, und deswegen bin ich jetzt, nachdem der Handel läuft, sehr empfindlich«. Er mißbillige das Buch, schrieb er: »nämlich seine Zurückhaltung, diese Schonung von Personen, die eben etwas von Selbstschonung hat –«[47]. Einige Streichungen hat Frisch aus Anlaß der Werkausgabe später wieder rückgängig gemacht, die Neuausgabe in diesem Rahmen enthält eine ganze Reihe unbekannter Teile: »es handelt sich nicht um nachträgliche Zu-

---

47 Max Frisch an Wolfgang Hildesheimer, 9. 6. 1972 (Max Frisch-Archiv, Zürich).

sätze, sondern um damalige Texte, deren Eliminierung ich heute (1975) für falsch halte.«[48]

Auch wenn das zweite Tagebuch vielleicht nicht an den kulturhistorischen Rang des ersten heranreicht, so kommt ihm doch – gerade in der nicht sonderlich reichen deutschen Literatur der siebziger Jahre – eine herausragende Stellung zu. Heute wird vor allem die Schlüsselposition im literarischen Werdegang Frischs deutlicher. Das *Tagebuch 1966-1971* als Januskopf: Es ist Bilanz mit Blick auf das abgeschlossene Werk der fünfziger und sechziger Jahre, es weist formal wie inhaltlich schon auf das Spätwerk voraus. Die schroffe Montage und die Aussparungstechnik sollten für die folgenden Bücher bestimmend bleiben, das Motiv des Alterns in verschiedenen Beleuchtungen neu auftauchen. Und die Frage der autobiographischen Aufrichtigkeit sollte sich in der Erzählung *Montauk* noch einmal verschärft stellen.

»Diese dünne Gegenwart«

Er habe ein neues Buch fertig, schreibt Frisch am 13. November 1974 an Uwe Johnson und kündigt ihm so die Erzählung *Montauk* an. »Ich bin froh«, fügt er hinzu, »dass ich es geschrieben habe; vorerst ohne an Veröffentlichung zu denken. Wenn Marianne das Manuskript gelesen hat, möchte ich es Ihnen gerne unterbreiten.«[49] Johnson kannte auch Marianne Frisch gut, die damalige Ehefrau des Autors, Jahrgang 1939, also fast 30 Jahre jünger als er. Sie hatte Frisch 1962 als Studentin in Rom kennengelernt und Ende 1968 geheiratet. In dem neuen autobiographischen Prosawerk, in dem von gegenseitigem Ehebruch die Rede ist, taucht sie als Figur unverschlüsselt auf. Daher die Sorge ihres Mannes, sie könnte einer Veröffentlichung des Textes nicht zustimmen – und an der Publikation war Frisch ganz offenbar gelegen, wenn er schon gleich bei der ersten Erwähnung der gerade abgeschlossenen Arbeit in dem Brief an Johnson von einem »Buch« sprach.

So galt die erste Sorge des Lesers Johnson der Ehefrau von Frisch: Sie nämlich wünschte sich Rat und eine Einschätzung des Manuskripts – von

---

48 Max Frisch an Hans Mayer, zit. nach den *Anmerkungen* in: Max Frisch, *GW*, Bd. 6, S. 787.

49 Frisch/Johnson, *Briefwechsel*, S. 93.

ihm, dem gemeinsamen Freund. Eine heikle Mission für Johnson. Der Brief an Marianne Frisch vom 13. Januar 1975, den Johnson auch dem Autor in Kopie schickte, ist ein Meisterstück an Diplomatie und fachlicher Kompetenz, zugleich ein klares Plädoyer für den Text und dessen Publikation. »Ein Stück Gegenwart erhält durch Erinnerung Vergangenheit«, schwärmt Johnson. Der Gestus sei der der Fiktion; ein Leser, der den Autor nicht kenne, werde womöglich bis zum Ende glauben, eine »fingierende Erzählung« gelesen zu haben. Johnson zeigte sich begeistert angesichts der Leistung, »aus dem eigenen Leben mit Mitteln der Literatur ein Kunstwerk herzustellen«. Und er machte unmißverständlich klar, auf welcher Seite er in einem etwaigen Konfliktfall stehen würde. Es müßte ihm in seiner Eigenschaft als Autor schwerfallen, »hinzunehmen, dass einem Verfasser vorgeschrieben würde, welche seiner Erfahrungen er veröffentlichen darf und welche er unterdrücken muss«.[50]

Max Frisch, der eine Kopie erhielt, dankte umgehend, zeigte sich zur Veröffentlichung des Textes entschlossen, den er noch weiter ausarbeiten und erweitern wollte. Marianne Frisch machte in ihrer Antwort an Johnson deutlich, nie daran gedacht zu haben, »Max vor der Veröffentlichung des Manuskripts auch nur drei Silben abzuhandeln«. Sie erklärte aber auch, sich selbst durch den Text in eine »Vergangenheit« gerückt zu sehen, »in der ich mich zu dem gegenwärtigen Zeitpunkt, an der Seite von Max lebend, nicht wohl fühle«[51] – die Ehe wurde vier Jahre später, 1979, geschieden. Im März 1975 schickte Frisch eine neue Version an Johnson und schrieb dazu: »Es hat sich gezeigt: viel mehr Memoiren sind auf dem fragilen Wochenende nicht zu verstauen, und ich merke, daß ich froh drum bin; nicht aus Faulheit (schließlich ist der Platz an der Schreibmaschine mein Refugium), sondern weil ich andere Gesellschaft brauche als die der Erynnien, der artigen.«[52] Das Buch mit dem schlichten Titel *Montauk* erschien noch im Herbst desselben Jahres, und Frisch konnte mit dem Erfolg bei der Kritik zufrieden sein – als »sein intimstes und zartestes, sein bescheidenstes und gleichwohl kühnstes, sein einfachstes und vielleicht eben deshalb sein originellstes Buch« rühmte es zum Beispiel Marcel Reich-Ranicki.[53]

50 Ebd., S. 104 ff.
51 Ebd., S. 113 ff.
52 Ebd., S. 119.
53 Marcel Reich-Ranicki: *Max Frisch. Aufsätze.* Zürich 1991, S. 81.

Montauk: das Städtchen liegt ganz am Ende der langen Halbinsel Long Island und gehört zu East Hampton, einem jener schönen, etwas mondänen Orte, in denen viele Reiselustige aus New York hängenbleiben. In der Erzählung spielt der titelgebende Ort eigentlich keine besondere Rolle. Ein zufälliger Ort: eine Empfehlung der jungen Frau, die den Autor im Auftrag seines amerikanischen Verlags während seines Amerikabesuchs im Frühjahr 1974 zu begleiten hatte, und sein Vorschlag, dort mit ihm sein letztes Wochenende zu verbringen, am 11./12. Mai 1974. Da sind die beiden schon ein Paar.

Eine Liebesgeschichte? »Er ist noch immer überrascht, daß er diesen Körper kennt. Er hat es nicht erwartet. Wenn Lynn nicht ab und zu ein Zeichen geben würde, daß auch sie sich an die Nacht erinnert, seine Hände würden nicht wagen, ihren Kopf zu fassen.« (S. 1557) Die Geschichte eines Paares, das davon ausgeht, daß seine Begegnung befristet ist (später werden sie sich wiedersehen für längere Zeit, aber das steht nicht mehr in dieser Erzählung): Die beiden haben beruflich miteinander zu tun gehabt, sie haben eine Nacht zusammen verbracht, ein älterer Herr – am 11. Mai 1974 sind es noch vier Tage bis zu seinem 63. Geburtstag – und eine junge Frau von 31. »Wer die beiden sähe, würde nicht ohne weiteres wissen, was von ihnen zu halten ist: Tochter und Vater oder ein Paar?« (S. 1554)

Der Gedanke, die Wirklichkeit festzuhalten, die Wirklichkeit eines Wochenendes, kam Frisch schon auf Long Island: »12. 5. 1974: das Morgenmeer perlmuttergrau unter tiefem Gewölk, die Brandung flau, keine Sonne. Es ist besser, die Schuhe auszuziehen und barfuß im Sand zu gehen, die Schuhe in den Händen. [...] Er fühlt sich wohl. Er stapft. Kurz nachdem er beinah gestolpert ist, weiß er, was er, die beiden Schuhe in den beiden Händen, gedacht hat: Ich möchte dieses Wochenende beschreiben können, ohne etwas zu erfinden, diese dünne Gegenwart.« (S. 1603 f.) Und: »Ich möchte wissen, was ich, schreibend unter Kunstzwang, erfahre über mein Leben als Mann.« (S. 1539)

»Jedes Erlebnis bleibt im Grunde unsäglich«, hatte Frisch 1949 in seinem *Tagebuch 1946-1949* notiert, »solange wir hoffen, es ausdrücken zu können mit dem wirklichen Beispiel, das uns betroffen hat. Ausdrücken kann mich nur das Beispiel, das mir so ferne ist wie dem Zuhörer: nämlich das erfundene.« (S. 317) Daran hatte er sich lange gehalten: Die Romane und Theaterstücke geben wenig über die Person des Autors preis, selbst die beiden Tagebücher nicht. Alles könne man erzählen, ließ Frisch den Helden seines Romans *Stiller* sagen, »nur nicht sein wirkliches Leben«.

Diesmal wollte er es wissen. Trotzig setzte er *Montauk* das Montaigne-Wort voran: »Dies ist ein aufrichtiges Buch, Leser.« Die Prosa ist autobiographisch und dennoch keine Bekenntnisliteratur. Vielmehr treibt der Erzähler mit Er und Ich ein verzwicktes Spiel, schwankt zwischen der ersten und dritten Person, bisweilen in ein und demselben Satz. Er und Lynn, wie die Geliebte im Buch heißt, am Strand: »Dann wieder kommt es vor, daß sie plötzlich nicht wissen, was reden – dieses Beisammensein tagsüber: nicht langweilig, nur sehe ich dann beide von außen: sie werden einander nicht kennenlernen . . .« (S. 1590) Das ist mehr als ein formales Spiel: Die eigene Person wird zum Gegenstand der Betrachtung; sie ist kaum vertrauter als eine fremde oder erfundene Figur – und sie wird, egal ob in dritter oder erster Person, schließlich zu einer Art Fiktion. Das ist das Bestechende an *Montauk*: Wie einer über sich und von sich erzählt, ohne die Gewißheit zu verbreiten: So bin ich, so war ich, seht her – mein Leben! Und das Verwunderliche: Je mehr er über sich verrät, dieser Max Frisch, desto mehr wird er auch sich selber zu einer Romanfigur.

Deshalb wohl wird das Motto im Text noch einmal aufgegriffen und eingeschränkt, gibt sich also als ironisches Zitat zu erkennen. Dies sei ein aufrichtiges Buch, heißt es noch einmal, und es folgt die Frage: »Und was verschweigt es und warum?« (S. 1637 f.) *Montauk* ist nirgendwo indiskret, keine aufdringliche Beichte, keine erotische Konfession; allenfalls solch ein Satz: »Jedes erste Mal mit einer Frau ist wieder das erste Mal; die Verwunderung ohne Erinnerung.« (S. 1582) Oder: »Eine wird die letzte Frau sein, und ich wünsche, es sei Lynn, wir werden einen leichten und guten Abschied haben . . .« (S. 1599) Manchmal eine Offenbarung: »Sowie eine Frau mir gefällt, komme ich mir jetzt als Zumutung vor.« (S. 1533) Und schließlich die Feststellung: »Es wird Zeit, nicht bloß an den Tod zu denken, sondern davon zu reden. Weder feierlich noch witzig.« (S. 1640)

Das Erzählen in *Montauk* ist sprunghaft. Das Wochenende an der Atlantik-Küste, »diese dünne Gegenwart«, ist nur der Rahmen für ganz andere Geschichten: der Liebe, des Abschieds, der Irrtümer, der Vergeblichkeiten. Die Erzählung läßt sich, je nach Kenntnis des Lebens von Max Frisch, unterschiedlich ausforschen. Vieles ist nur angedeutet, kaum ausgesprochen: Namen, Orte, Jahreszahlen, die sich nicht jedermann erschließen. Das tut aber der Verständlichkeit der Geschichte insgesamt keinen Abbruch: Die Daten könnten genausogut Erfindungen sein (wie schon Johnson feststellte). Wer Frisch kennt, kann bestätigen: Es sind Bruchstücke aus seinem Leben.

Montauk ist eine Art Interview mit sich selbst – egal ob die Fragen nun von Lynn oder einem Zeitungsreporter stammen, ob es sich um Zitate oder Straßennamen handelt, die zu Stichwörtern einer Selbstbefragung werden. »Money«: Was bedeutet ihm Geld? (Skurrile Begebenheit: Einmal steht er in Zürich vor einer Bank und hat das Gefühl, vor Jahrzehnten in dieser Filiale ein Sparkonto angelegt zu haben; und er hat recht.) Was ist Berühmtheit, was Rang? »Bei Leuten von Rang besteht die Erwartung von Rang nicht blindlings, aber unabhängig von Erfolg oder Nichterfolg; sie selbst setzen die Maßstäbe.« (S. 1540) Oder Freundschaften: Die Geschichte über den Jugendfreund W. ist die längste Episode innerhalb der Erzählung und eine der bestechendsten. *Montauk* ist ein fein verzweigtes Geflecht, eine sorgsame Komposition. Das Prinzip dieser Komposition: der freie Fluß der Assoziationen, der Gedanken. Doch kein innerer Monolog, kein künstlich nachgeahmter Bewußtseinsstrom breitet sich aus, sondern ein Puzzle aus wohlformulierten Bekenntnissen und Erinnerungen.

Da sitzt einer am Strand, am Ende der Welt, mit einer Frau, die er nicht besonders gut kennt, er spricht mit ihr. Es kommen einfache Fragen, man spricht in einer Sprache, die der Mann zwar weitgehend beherrscht, aber die ihm doch ein ganz anderes, einerseits eingeschränktes, andererseits freieres Reden erlaubt als die Muttersprache. Manchmal antwortet er, bisweilen gibt er sich selbst stille Antworten, hin und wieder bleibt er sie auch schuldig. Frage von Lynn: »Max, are you jealous?« (S. 1594) Sie, die seine Bücher nicht kennt, fordert ihn heraus. Er habe reichlich über Eifersucht geschrieben, ist seine Antwort; offen bleibt, ob sie auch ausgesprochen wird. »Schon deswegen hat er sich in den letzten Jahren jede Eifersucht versagt. Es wäre keine neue Erfahrung für ihn, wenn er wieder in Eifersucht verfiele; es fiele ihm als Schriftsteller dazu nichts ein, nichts Neues. Es ödet ihn an, was er schon beschrieben hat, die Geschichte mit dem fleischfarbenen Kleiderstoff in Venedig etc.« (S. 1594 f.) Der Frisch-Leser weiß: eine Episode aus dem Roman *Stiller.* »Ich probiere Geschichten an wie Kleider«, heißt ein Stichwort: Selbstzitat aus dem Roman *Mein Name sei Gantenbein.*

Fast versteckt ist die zentrale Offenbarung, auch wenn sich bald erweist, daß fast alle Episoden einen geheimen Bezug zu dieser einen Geschichte haben, alles kreist im Grunde um jenes Ereignis, das in der Mitte des Buches wie nebenbei berichtet wird: eine Untreue der Ehefrau. Während eines Pingpong-Spiels mit Lynn, scheinbar leichthin, erinnert sich der Erzähler daran, wie er erfuhr, daß seine fast dreißig Jahre jüngere Frau ein Verhältnis mit einem anderen Schriftsteller gehabt hat: »Keine Beichte; ein Gespräch über die Selbstverwirklichung der Frau. Sie sagt es beiläufig. Er fällt nicht vom Roß wie der Reiter am Bodensee, sondern geht an die Arbeit; Korrespondenzen beruflicher Art. Eine natürliche Geschichte. Dazu gibt es nicht viel zu sagen. Sie hat ein volles Jahr gedauert; eine große Liebe; sie hätten miteinander leben mögen. [...] Jetzt gilt's: Lynn hat den blauen Schläger in die Hand genommen, sie spielen weiter. Was soll man hier anderes tun. Es ist noch nicht zehn Uhr abends. Die Brandung unter Scheinwerfern. Morgen wird's regnen.« (S. 1597) Diese Offenbarung, die über Seiten geht, ist ein glanzvolles Stück Prosa, das in dieser Kunstfertigkeit nur ein Schriftsteller fertigbringt, der sich seiner Mittel völlig sicher ist. Wenn man das Buch liest, mehrmals liest, stellt man jedesmal verblüfft fest, wie genau selbst die kleinsten, scheinbar nebensächlichen Beobachtungen zu der zentralen Geschichte gehören: Der Erzähler ist getroffen von dem, was man heutzutage kaum noch Ehebruch zu nennen wagt. Er lehnt sich zurück, schaut in die Wellen, eine Atempause, weit weg von allem, von Europa durch den Atlantik getrennt; ihm geht vieles durch den Kopf.

Da ist der liebevoll und dezent erzählte Bericht über die jahrelange Beziehung zu Ingeborg Bachmann. Da ist die Erinnerung an die erste Ehe des damaligen Architekten, der glaubte, die Schriftstellerei endlich abgeschüttelt zu haben: Frisch als Familienvater mit drei Kindern. »Zwei Mal bin ich bei einer Geburt dabei gewesen; meine Frau hat es gewünscht. Darüber habe ich nie geschrieben. Meine Frau hat gewünscht, daß nicht darüber geschrieben werde. Auch habe ich nie davon gesprochen, glaube ich. Ich sehe es nur. Es ist lang her.« (S. 1587) Da ist die zweite Ehe, die zur Zeit der Erzählung noch besteht. Da sind die anderen Frauen, denen er begegnet ist: »Manchmal meine ich sie zu verstehen, die Frauen, und im Anfang gefällt ihnen meine Erfindung, mein Entwurf zu ihrem Wesen; zumindest verwundert es sie, wenn ich in ihnen sehe, was meine Vorgänger nicht gesehen haben.« (S. 1593)

Ein Buch von verschwenderischer Fülle; ein anderer als Max Frisch hätte daraus einen umfangreichen Roman gemacht – oder ausgiebige Memoiren. Doch gerade so, bruchstückhaft, andeutend und skizzierend, fragend und einkreisend, ist *Montauk* ein Schlüsselwerk der Epoche geworden: eine moderne Liebesgeschichte.

Der alte Mann in der Bergen: ein Epilog

Herr Geiser, 73 Jahre alt, Witwer, ist eingeschlossen in dem Tessiner Tal, in dem er lebt, das Dorf nach einem Unwetter von der Umwelt abgeschnitten. Er läßt sich davon nicht beeindrucken. Der alte Mann kennt die Gegend gut. Es gibt einen Weg über die Paßhöhe, einen Weg, den er vor langer Zeit einmal gegangen ist. Er will es sich beweisen: Es gibt ein Entkommen aus dem Tal, einen Ausweg. Also bricht er im Morgengrauen auf. »Im Anfang ist es kein steiler Weg; der Hang ist steil, aber der Weg beinahe horizontal, teilweise mit Platten belegt, ein sicherer Weg auch bei Nebel, wenn man den Wasserfall nicht sehen kann, dessen Rauschen man hört.« Dann heißt es, neuer Absatz: »Später wird der Weg steiler.« (S. 1699)

Der Weg hinaus, hinauf! Vorbei an Abgründen, an Weggabelungen, die die richtige Entscheidung fordern, über einen Fluß, obwohl die Brücke fehlt: »Plötzlich geht es nur noch mit Glück.« (S. 1703) Der Plan aber ist durchführbar, stellt sich heraus. Der Alte in den Bergen schafft auch den Abstieg auf der anderen Seite und kommt heil unten an. Dort gibt es eine Postbusstation: Er könnte nach Basel fahren, wo seine Tochter lebt.

Doch dann die überraschende Wende: Der Wanderer kehrt einfach um, geht den gleichen Weg zurück. Denn: »Was soll Herr Geiser in Basel?« (S. 1707) Also noch einmal der Aufstieg, noch einmal das Gefälle. Was er auf dem Hinweg schon gesehen hat, sieht er nun aus der anderen Perspektive. Manches ist noch gut zu erkennen, manches sieht verändert aus, an manches erinnert er sich schon nicht mehr. Fast hätte Geiser die Dunkelheit unterschätzt, aber: »Ein Weg ist ein Weg auch in der Nacht.« Unterwegs verliert er seinen Schirm, doch nicht die Taschenlampe, die ist wichtiger. Es ist eine große Mühsal: »Solange man geht, ist Erschöpfung fast ein Wohlgefühl in den Adern, und Herr Geiser hat gewußt, daß er sich nicht mehr setzen darf; nachher kommt man nicht mehr auf die Beine.« (S. 1709) Er schafft es, er kommt heil wieder an. Niemand hat ihn gesehen.

Die 1979 erschienene Erzählung *Der Mensch erscheint im Holozän* ist bei all dem dräuenden Unheil überhaupt nicht düster, sondern von großer Grazie, getragen von Humor. Die Nähe des Todes, die Isolation im Alter: hier wird das Bedrohliche Bild und also gebannt, auch im Sinne der Überwindung. Daheim beschäftigt sich der alte Geiser mit der Frage: Was kann der Mensch eigentlich sicher wissen? Was davon kann er im Kopf behalten und wozu? Im Buch wird das Wissenswerte als Zitat sichtbar gemacht: in Form von Ausschnitten aus Zeitungs- und Lexikonartikeln. Auch Exzerpte in Geisers Handschrift werden einmontiert, aber lieber nimmt er – gerade jetzt bei Stromausfall – die Schere zur Hand und klebt das Gedruckte auf: »Was schon gedruckt ist, nochmals abzuschreiben mit eigener Hand (abends bei Kerzenlicht), ist idiotisch. Warum nicht mit der Schere ausschneiden, was wissenswert ist und an die Wand gehört? Herr Geiser wundert sich, daß er nicht eher auf die Idee gekommen ist. Eine Schere ist im Haus; Herr Geiser muß sie nur noch finden. Ganz abgesehen davon, daß das Gedruckte leserlicher ist als die Handschrift eines alten Mannes – auch wenn Herr Geiser sich Zeit nimmt für Blockschrift – so viel Zeit hat der Mensch nicht.« (S. 1672) Besonders interessiert sich der Held für die Urgeschichte, daher auch der eigenwillige Titel der Erzählung.

Frisch schrieb diese Geschichte, als er Anfang 60 war; die Arbeit ist ihm nicht leichtgefallen. Es ist eine Skizze erhalten (»Fragment aus einer Erzählung«), die wahrscheinlich für das zweite Tagebuch vorgesehen war.[54] In *Montauk* heißt es an einer Stelle: »Eine literarische Erzählung, die im Tessin spielt, ist zum vierten Mal mißraten; die Erzähler-Position überzeugt nicht.« (S. 1537) Später ärgerte er sich darüber, daß die zauberhafte Spielerei mit Herrn Geiser als autobiographisch mißdeutet wurde, gewissermaßen als Fortsetzung von *Montauk*.

Er schrieb mir dazu im August 1982: »Ich lebe anders als Herr Geiser, nicht als Witwer und nicht allein, nicht nur im Tessin, ich bin nicht Rentner etc. [...] Hingegen kenne ich das Tal, wo diese erzählte und erfundene Geschichte stattfindet; ich kenne dort Stock und Stein, ja, auch das Wetter.« Dennoch sei es völlig abwegig, diese Geschichte als autobiographisch zu bezeichnen.[55]

Was Frisch vielleicht selber nicht erkannte: Es spiegelt sich in dieser Er-

54 Vgl. *jetzt: max frisch*. Hrsg. von Luis Bolliger, Walter Obschlager und Julian Schütt. Frankfurt am Main 2001 (= st 3234), S. 256 f.
55 Max Frisch an Volker Hage, 30. 8. 1982.

zählung eine eigene Flucht und Rückkehr dieser Jahre wider. Er, der mehrfach die Schweiz für längere Zeit verlassen, der Wohnsitz in Rom und Berlin genommen hatte, spielte Ende der siebziger, Anfang der achtziger Jahre
mit dem Gedanken, sich in den USA niederzulassen. Er hatte 1980 seine
Begleiterin auf Long Island, die Lynn aus *Montauk* wiedergetroffen (die
in Wirklichkeit Alice Locke-Carey heißt und mit der er bis 1984 zusam-
menblieb), und er fand in New York eine Wohnung, die er, wie es Frischs
Kollege und Freund Peter Bichsel formulierte, »sehr nach dem Geschmack
seiner amerikanischen Freundin einrichtete«. Offenbar wollte er sich beweisen, daß der Weg aus der Schweiz möglich war. Doch dann, so Bichsel:
»Als alles vollzogen war, als New York gesichert war, als Max Frisch ein
New Yorker war – kehrte er zurück nach Zürich – für immer.«[56]

Vorher aber hielt Frisch am City College of New York zwei Vorlesungen
in englischer Sprache, deren deutscher Originaltext sich im Nachlaß fand.
Im August 2008 wurden diese lockeren (auch locker angeordneten) Überlegungen zum Schreiben, zur Verantwortung des Schriftstellers und zur
Wirkung von Literatur erstmals vollständig publiziert: in einem Band mit
dem Titel *Schwarzes Quadrat* (in Anspielung auf das berühmtes Gemälde
von Kasimir Malewitsch aus dem Jahre 1915). Frisch knüpft in dieser
Vorlesung an Überlegungen an, die ihn ein Schriftstellerleben beschäftigten: Theorie sei bei ihm immer nachträglich, hat Frisch schon 1964 betont.[57] Und fast zwanzig Jahre später, im November 1981, bekräftigt der
Gastdozent vor seinen amerikanischen Studenten: Er sei beim Schreiben
nie einem fertigen Plan gefolgt, schon gar nicht habe er einen Roman im
Kopf gehabt, bevor er zu schreiben anfing. »Was ich im Kopf habe, ist das
Chaos.«[58]

Überhaupt sind es die zum Teil sehr früh formulierten Grundsätze und
Überlegungen, die in diesen Vorlesungen auf dem Prüfstand stehen und
auf ihre Gültigkeit befragt werden, etwa die Notiz aus dem ersten Tagebuch von 1946: »Unser Anliegen, das eigentliche, läßt sich bestenfalls umschreiben, und das heißt ganz wörtlich: man schreibt darum herum.« Jetzt
präzisiert er: »Ich habe keine Theorie, das stimmt, keine Theorie des Romans oder des Dramas. Das heißt nicht, dass man sich keinerlei Gedanken macht über seine Arbeit. Aber es bleiben fragmentarische Gedanken.

56 Peter Bichsel: *Einmal muß das Fest ja kommen*. In: Frisch, *Quadrat*, S. 89 f.
57 Vgl. Frisch, *Ich schreibe für Leser*. In: M. F., *GW*, Bd. 5, S. 325.
58 Frisch, *Quadrat*, S. 36.

Sie streben ein System nicht einmal an: Ein System erhebt immer den Anspruch, dass ich mich ihm unterwerfe, und das ist offenbar genau, was ich,
als Schriftsteller, von Anfang an nicht gewollt habe.«[59] Und zu dem viel-
zitierten Satz aus seinem Roman *Stiller*, nämlich: »Ich habe keine Sprache für die Wirklichkeit«, fällt ihm nun ein: »Natürlich hat sie niemand,
aber der Schriftsteller ist sich bewußt, dass er sie nicht hat, und genau dieses Bewusstsein macht ihn zum Schriftsteller.« Dann der »Schlüsselsatz«
aus dem *Gantenbein*-Roman: »Ich probiere Geschichten an wie Kleider.«
Da stimmt Frisch auch jetzt noch zu. Man könne das auch anders sagen:
»Die Fiktion entlarvt unsere Erfahrung der Realität.«[60] Reizvoll ist es, wie
Frisch hier mit seinen eigenen früheren Ansichten in einen Dialog tritt –
im Tonfall der Erzählung *Montauk* nicht unähnlich: eine Selbstbefragung
im Alter.

Danach publizierte der skrupulöse Frisch nur noch wenig: 1982 erschien
die Erzählung *Blaubart*, ein Spätwerk, in dem mehr angedeutet als erzählt
wird, 1989 das Dialogstück *Schweiz ohne Armee?*, das auch in der Thea-
terfassung (*Jonas und sein Veteran*) für Diskussion und Aufregung sorgte:
Hintergrund war eine Volksabstimmung darüber, ob die Schweiz noch
eine Armee brauche. Außerdem gab es in diesen Jahren zwei Sammelbän-
de mit Aufsätzen: *Forderungen des Tages* (1983) und *Schweiz als Heimat?*
(1990).

Warum sie denn, so hatte Max Frisch die Studenten der Creative-wri-
ting-Klasse 1981 munter gefragt, unbedingt Fiktion fabrizieren wollten?
Um viel Geld zu verdienen? »Dann empfehle ich Ihnen den Waffenhandel.«[61]

So bleibt er in Erinnerung: als einer, der Fragen stellen konnte, auch
an sich selber. Knapp zehn Jahre nach den Vorlesungen in New York, am
4. April 1991, starb Max Frisch wenige Wochen vor seinem 80. Geburtstag
in Zürich.

59 Ebd., S. 24.
60 Ebd., S. 29, 30.
61 Ebd., S. 32.

Lebensdaten

1911   15. Mai: Geboren in Zürich. Vater: Franz Bruno Frisch (1871-1932), Baumeister und Architekt (Selbststudium), seit 1902 Bürger von Zürich. Mutter: Karolina Bettina Frisch, geb. Wildermuth (1875-1966). Großvater väterlicherseits: Franz Frisch, aus Niederösterreich, ließ sich 1870 als Sattler in Zürich nieder. Großvater mütterlicherseits: Hans (Johannes) Wildermuth, Dekorationsmaler, später Direktor der Kunstgewerbeschule Zürich. Geschwister Max Frischs: Emma Elisabeth (1899-1972) aus erster Ehe des Vaters; Franz (1903-1978).

1924   Frühjahr: Eintritt in das Kantonale Realgymnasium. Finanzielle Schwierigkeiten der Eltern: nach dem Ersten Weltkrieg erhielt der Vater kaum noch Bauaufträge und arbeitete als Grundstücksmakler.
Jugendlektüren: ›Onkel Toms Hütte‹, ›Don Quixote‹. Prägende Theatererlebnisse am Schauspielhaus Zürich. Freundschaft mit Werner Coninx, Sohn der wohlhabenden Besitzerfamilie des Zürcher ›Tages-Anzeigers‹.

1930   Herbst: Beginn eines Germanistik-Studiums an der Universität Zürich bei den Professoren Emil Ermatinger und Robert Faesi sowie beim damaligen Privatdozenten Walter Muschg.

1931   *Mimische Partitur?* Erste Veröffentlichung im Feuilleton der ›Neuen Zürcher Zeitung‹.

1932   29. März: Unerwarteter Tod des Vaters. Abbruch des Studiums. April: *Was bin ich?* Artikel im ›Zürcher Student‹, der erste wichtige Prosatext. Freier Mitarbeiter bei der ›Neuen Zürcher Zeitung‹ und weiteren Zeitungen und Zeitschriften (u. a. ›Tages-Anzeiger‹, ›Basler Nachrichten‹, ›Basler Nationalzeitung‹, ›Zürcher Illustrierte‹).

1933   Februar: als Sportreporter an der Eishockey-WM in Prag. Bis Oktober: Reisen durch Ost- und Südosteuropa, die durch Reisefeuilletons finanziert werden. Längere Aufenthalte in Dubrovnik.

1934   Erste Buchveröffentlichung: *Jürg Reinhart. Eine sommerliche Schicksalsfahrt.* Der Roman erscheint in der Deutschen Verlags-Anstalt

Stuttgart. An der Universität Zürich lernt er Käte Rubensohn kennen, die als Jüdin in Berlin nicht mehr studieren kann.

1935 April und Dezember: Erste Reisen nach Deutschland, zum Teil zusammen mit Käte Rubensohn. Unmittelbare Konfrontation mit dem Nationalsozialismus und insbesondere dem Antisemitismus.

1936 Beginn eines Architekturstudiums an der Eidgenössischen Technischen Hochschule Zürich, ermöglicht durch ein Darlehen, das ihm sein Jugendfreund Werner Coninx gewährt.

1937 Herbst: Abermals in der Deutschen Verlags-Anstalt erscheint das Buch *Antwort aus der Stille. Eine Erzählung aus den Bergen*.

1938 Ende der Beziehung mit Käte Rubensohn.

1939 Mit Kriegsbeginn aktiver Dienst als Kanonier. Bis 1945 leistet Max Frisch 650 Diensttage.
Dezember: Stipendium der Conrad Ferdinand Meyer-Stiftung.

1940 *Blätter aus dem Brotsack*. Dieses Tagebuch eines Soldaten erscheint in Martin Hürlimanns Atlantis-Verlag, Zürich.
August: Diplom als Architekt.

1941 Beginn der Freundschaft mit der ehemaligen Studienkollegin Gertrud (Trudy) Constance von Meyenburg, Tochter aus großbürgerlicher Familie. Anstellungen in Architekturbüros, unter anderem bei seinem ehemaligen Professor William Dunkel. Erste eigene Wohnung in Zürich, getrennt von der Mutter. Erster selbständiger Bau eines Einfamilienhauses für seinen Bruder Franz in Arlesheim/Basel.

1942 30. Juli: Heirat mit Trudy von Meyenburg.

1943 9. Juni: Geburt der Tochter Ursula.
Erster Preis im Architekturwettbewerb für den Bau des städtischen Freibads Letzigraben in Zürich (insgesamt 82 Bewerber). Gründung eines eigenen Büros.
Im Atlantis-Verlag erscheint der Roman *J'adore ce qui me brûle oder Die Schwierigen*.

1944 25. November: Geburt des Sohnes Hans Peter.
Auf Anregung von Kurt Hirschfeld, Dramaturg am Zürcher Schauspielhaus, wendet sich Max Frisch dem Stückeschreiben zu. Die Romanze *Santa Cruz* entsteht in wenigen Wochen.

1945 29. März: *Nun singen sie wieder* wird als erstes Frisch-Stück am Schauspielhaus Zürich uraufgeführt, Regie Kurt Horwitz. Heftige

Kontroverse mit dem NZZ-Inlandredaktor Ernst Bieri, der Frisch als Nazi-Fürsprecher diffamiert. Im Atlantis-Verlag erscheint der Prosatext *Bin oder Die Reise nach Peking*. Dramenpreis der Welti-Stiftung für *Santa Cruz*.

1946 Reisen nach Deutschland und Italien. Uraufführung von *Santa Cruz* (7. März, Regie: Heinz Hilpert) und *Die Chinesische Mauer* (10. Oktober, Regie: Leonard Steckel).

1947 Baubeginn des Schwimmbads Letzigraben. Erneut Reisen nach Deutschland und Italien sowie nach Prag. Das *Tagebuch mit Marion* erscheint (Atlantis). Bekanntschaft mit Bertolt Brecht, Friedrich Dürrenmatt und Peter Suhrkamp.

1948 Reisen nach Wien, Prag, Paris und Warschau. Teilnahme am *Congrès mondial des intellectuels pour la paix* in Wroclaw. Bekanntschaft mit der deutschen Schauspielerin Helga Roloff.

1949 Uraufführung von *Als der Krieg zu Ende war* am Schauspielhaus Zürich (8. Januar, Regie: Kurt Horwitz).
17. Mai: Geburt der Tochter Charlotte.
Eröffnung des Freibads Letzigraben. Essay *Kultur als Alibi*. Juli/ August in Kampen auf Sylt, im Oktober in Südfrankreich.

1950 Das *Tagebuch 1946-1949* erscheint im neu gegründeten Suhrkamp Verlag. Beginn der Freundschaft mit Madeleine Seigner-Besson. Im Herbst erste Spanienreise.

1951 Uraufführung der Moritat *Graf Öderland* am Zürcher Schauspielhaus (10. Februar, Regie: Leonard Steckel). Einjähriger Aufenthalt als Stipendiat der Rockefeller-Stiftung in den USA (New York, Chicago, San Francisco, Los Angeles). Reise nach Mexiko. Arbeit an Vorstufen von *Stiller* und *Don Juan*.

1952 Verlängerung des Amerika-Stipendiums. Frisch hält sich vor allem in New York auf. Reflexionen über das amerikanische Theater. Ferner Essay *Unsere Arroganz gegenüber Amerika*.

1953 Der Bayerische Rundfunk sendet Frischs Hörspiele *Herr Biedermann und die Brandstifter* (26. März) und *Rip van Winkle* (16. Juni). 5. Mai: Uraufführung von *Don Juan oder Die Liebe zur Geometrie* gleichzeitig in Berlin (Schiller-Theater, Regie: Hans Schalla) und Zürich (Regie: Oskar Wälterlin). Max Frisch meldet sich als Kritiker des Städtebaus zu Wort: Vortrag *Cum grano salis* vor Zürcher Architekten.

1954 *Stiller* erscheint, Max Frisch trennt sich von seiner Familie.

1955 Wohnung in Männedorf am Zürichsee. Verkauf des Architektur-büros. Frisch, Lucius Burckhardt und Markus Kutter schlagen in ih-rer Broschüre *achtung: Die Schweiz* vor, eine neue Stadt zu bauen. Wilhelm-Raabe-Preis der Stadt Braunschweig, Schleussner-Schuel-ler-Preis des Hessischen Rundfunks für das Hörspiel *Der Laie und die Architektur.* Zweite Fassung der *Chinesischen Mauer* (Erstauf-führung am 28. Oktober 1955 im Theater am Kurfürstendamm, Regie: Oscar Fritz Schuh). Letzter Besuch bei Brecht in Ostberlin. Erste Begegnung mit Günter Grass in Zürich.

1956 Teilnahme an der *International Design Conference* in Aspen (Colo-rado), zusammen mit dem Grafiker und Künstler Josef Müller-Brockmann. Weiterreise nach Mexiko und Kuba.

1957 Mai: Griechenlandreise mit Madeleine Seigner-Besson. *Festrede* zum Schweizer Nationalfeiertag am 1. August. Im Herbst erscheint *Homo faber.* Reise in die arabischen Staaten.

1958 März: Uraufführung von *Biedermann und die Brandstifter. Ein Lehrstück ohne Lehre* am Schauspielhaus Zürich, zusammen mit dem Schwank *Die große Wut des Philipp Hotz* (Regie: Oskar Wälter-lin). Bekanntschaft mit Ingeborg Bachmann. Georg Büchner-Preis der Deutschen Akademie für Sprache und Dichtung, für den sich Max Frisch mit der Rede *Emigranten* bedankt. Literaturpreis der Stadt Zürich. Prix Charles Veillon für *Homo faber.*

1959 Nachspiel zu *Biedermann und die Brandstifter.* Scheidung der Ehe mit Trudy Frisch-von Meyenburg. Schwere Hepatitis-Erkrankung. Essay über *Peter Suhrkamp.*

1960 Reise nach New York. Wohnsitz in Rom, wo Max Frisch, zunächst zusammen mit Ingeborg Bachmann, bis 1965 lebt. Aufsatz *Die Schweiz ist ein Land ohne Utopie.*

1961 Zum 50. Geburtstag Griechenlandreise mit Ingeborg Bachmann. 2. November: Uraufführung von *Andorra* am Schauspielhaus Zü-rich, Regie: Kurt Hirschfeld.

1962 Großer Kunstpreis der Stadt Düsseldorf; Preis der jungen Gene-ration; Ehrendoktor der Universität Marburg. Bekanntschaft mit Uwe Johnson. Max Frisch lernt Marianne Oellers (geb. 1939) ken-nen, mit der er in den folgenden Jahren zusammenlebt.

1964 Der Roman *Mein Name sei Gantenbein* erscheint. Kauf und Umbau eines Hauses in Berzona (Tessin). Aufsatz *Ich schreibe für Leser.* Vortrag *Der Autor und das Theater. Rede zum Tod von Kurt Hirschfeld.*

1965 April: Man's Freedom-Prize der Stadt Jerusalem. Max Frischs Preisrede ist die erste offizielle deutschsprachige Ansprache in Israel. Übersiedlung nach Berzona. Aufenthalt in Berlin. Stipendium der Ford Foundation. Mitarbeit am Filmprojekt *Zürich-Transit* (nach einer Episode aus dem *Gantenbein-Roman).* Schiller-Gedächtnispreis des Landes Baden-Württemberg. Aufsatz: *Unbewältigte schweizerische Vergangenheit.*

1966 Erste Reise in die Sowjetunion (Moskau, Leningrad, Odessa). Rückreise über Warschau. Tod der Mutter. *Zürich-Transit. Skizze eines Films.* Vorwort zum Buch *Siamo italiani. Gespräche mit italienischen Gastarbeitern* von Alexander J. Seiler. Rede vor Fremdenpolizeichefs in Luzern: *Überfremdung.* Veröffentlichung der gesammelten *Erinnerungen an Brecht.* »Zürcher Literaturstreit«: maßgeblich ausgelöst durch Frischs Erwiderung auf Emil Staigers Rede »Literatur und Öffentlichkeit«.

1967 Als Gast des tschechoslowakischen Schriftstellerverbandes in Prag. Öffentliche Stellungnahme zum Militärputsch in Griechenland: *Griechenland 1967 (unter anderem) und wir.* Essaysammlung *Öffentlichkeit als Partner.*

1968 Heirat mit Marianne Oellers. *Biografie: Ein Spiel* wird uraufgeführt (1. Februar, Schauspielhaus Zürich, Regie: Leopold Lindtberg). Zweite Reise in die Sowjetunion: Teilnahme am Schriftsteller-Kongreß in Gorki. Bekanntschaft mit Christa Wolf. Diverse publizistische Stellungnahmen zu politischen Ereignissen: Zürcher Studentenunruhen, amerikanische Invasion in Vietnam, Ermordung von Martin Luther King, Besetzung der Tschechoslowakei.

1969 Reise nach Japan. *Dramaturgisches,* ein Briefwechsel mit Walter Höllerer. *Nachwort* zu Andrej D. Sacharows Memorandum »Wie ich mir die Zukunft vorstelle«.

1970 Mai: Reise in die USA. Besuch im Weißen Haus, gemeinsam mit Siegfried Unseld, Verleger des Suhrkamp Verlags. Austritt aus dem Schweizerischen Schriftsteller-Verband; Gründung der »Gruppe Olten«.

1971 Februar bis Mai: Aufenthalt in New York. Vorlesungen an der Columbia University über »Problems of style and expression«.

Wilhelm Tell für die Schule. Der ursprünglich für das *Tagebuch 1966-1971* geschriebene Text provoziert in der Schweiz heftige Reaktionen. Vorwort zum Wahl-Manifest der Sozialdemokratischen Partei der Schweiz.

1972 *Tagebuch 1966-1971.* Wohnung in Berlin.
      Winter: Aufenthalt in New York.

1973 Tagebuch *Berliner Journal.* (Bis 2011 gesperrt.)

1974 *Dienstbüchlein.* Großer Schillerpreis der Schweizerischen Schillerstiftung. Dankrede *Die Schweiz als Heimat?*
      USA-Aufenthalt. Ehrenmitglied der ›Academy of Arts and Letters‹ und des ›National Institute of Arts and Letters‹. Bekanntschaft mit Alice Locke-Carey (geb. 1943).

1975 *Montauk. Eine Erzählung.* Auf Einladung des deutschen Bundeskanzlers Helmut Schmidt mit dessen Delegation in China. Zum 25jährigen Bestehen des Suhrkamp Verlags erscheint das Buch *Max Frisch, Stichworte. Ausgesucht von Uwe Johnson.*

1976 Reisebericht *Nein, Mao habe ich nicht gesehen.* Zum 65. Geburtstag erscheinen Max Frischs *Gesammelte Werke in zeitlicher Folge.* Friedenspreis des Deutschen Buchhandels. Dankrede: *Wir hoffen.* Rede auf dem Parteitag der Sozialdemokratischen Partei der Schweiz: *Haben wir eine demokratische Öffentlichkeit?*

1977 Rede auf dem Parteitag der deutschen Sozialdemokraten in Hamburg: *Die Zukunft gehört der Angst.*

1979 *Triptychon. Drei szenische Bilder* (Hörspielfassung am 15. April 1979 urgesendet, Deutschlandfunk; Uraufführung einer französischen Übersetzung am 9. Oktober 1979 in Lausanne, Regie: Michel Soutter; Druck einer revidierten Fassung 1980; deutschsprachige Erstaufführung am 1. Februar 1981 in Wien, Regie: Erwin Axer). *Der Mensch erscheint im Holozän.* In den USA zur besten Erzählung des Jahres 1980 gekürt. Ablehnung einer Ehrengabe aus dem Literaturkredit des Kantons Zürich.
      Scheidung der Ehe mit Marianne Frisch-Oeller.
      Gründung der Max Frisch-Stiftung. Vortrag *Die politische Repression.*

1980 Ehrendoktor des Bard College (Staat New York). Lebt in New York und Berzona. Wiederbegegnung mit Alice Locke-Carey, die bis 1984 mit Max Frisch zusammenlebt.

1981 Zum 70. Geburtstag erscheint im Suhrkamp Verlag die Festschrift
»Begegnungen«. An der Eidgenössischen Technischen Hochschule
Zürich wird das Max Frisch-Archiv aufgebaut.
Richard Dindo dreht den Film »Max Frisch, Journal I-III. Eine
filmische Lektüre der Erzählung *Montauk*«. Im November zwei
Vorlesungen am City College of New York (postum 2008 unter
dem Titel *Schwarzes Quadrat* erschienen).

1982 *Blaubart. Eine Erzählung* (Verfilmung von Krysztof Zanussi, Dreh-
buch von Frisch und Zanussi, 1982 bis 1985).
Mit dem krebskranken Freund Peter Noll Reise nach Ägypten; intensive Gespräche über Tod, Sterbehilfe, würdiges Sterben; 18. Oktober: Totenrede für Peter Noll im Zürcher Großmünster. Ehrendoktor der City University of New York.

1983 *Forderungen des Tages. Porträts, Skizzen, Reden 1943-1982.* Zieht in
die Stadelhofer Passage um, seine letzte Wohnadresse in Zürich.

1984 Ernennung zum »Commandeur dans l'ordre des arts et des lettres«
in Frankreich. *Rede an junge Ärztinnen und Ärzte.*

1986 75. Geburtstag: Die *Gesammelten Werke* erscheinen, um einen sieb-
ten Band erweitert, als *Jubiläumsausgabe.* Frisch hält an den Solo-
thurner Literaturtagen die Rede *Am Ende der Aufklärung steht das
Goldene Kalb.*
Neustadt-Literaturpreis der University of Oklahoma (Preissumme
für den Bau einer Schule in Nicaragua zur Verfügung gestellt).
Gespräche im Alter. Mehrstündiges Fernsehgespräch mit Philippe
Pilliod wird vom WDR gesendet.

1987 Februar: Reise nach Moskau, Einladung zum »Forum für eine atom-
waffenfreie Welt und das Überleben der Menschheit«. – Juni: Ehrendoktor der Technischen Universität Berlin. Votum zu einem Po-
diumsgespräch: Demokratie – ein Traum?

1989 Im Hinblick auf die Volksabstimmung über die Abschaffung der
Schweizer Armee verfaßt Frisch den dialogischen Text *Schweiz ohne
Armee? Ein Palaver.* Die Bühnenversion *Jonas und sein Veteran* wird
in Zürich und Lausanne uraufgeführt. Rede im Basler Theater: *Der
Friede widerspricht unserer Gesellschaft.* Max Frisch erhält den Hein-
rich Heine-Preis der Stadt Düsseldorf.

1990 *Schweiz als Heimat? Versuche über 50 Jahre.* Im März erfährt Frisch
von seiner Krebserkrankung. Fichen-Affäre in der Schweiz: Wäh-

rend vierzig Jahren wurde Max Frisch, wie zahlreiche andere Schweizer Bürgerinnen und Bürger, von den Behörden bespitzelt.

1991 Am 4. April stirbt Max Frisch in seiner Wohnung in Zürich. 9. April: Gedenkfeier in der St. Peter-Kirche, es sprechen seine Lebensgefährtin der letzten Jahre, Karin Pilliod-Hatzky, Michel Seigner und Peter Bichsel.